程千帆全集

第四辑

1

程千帆——著

闲堂书简

凤凰出版社

图书在版编目（CIP）数据

程千帆全集. 第四辑 / 程千帆著 ; 莫砺锋主编. --
南京 : 凤凰出版社, 2023.10
ISBN 978-7-5506-3977-5

Ⅰ. ①程… Ⅱ. ①程… ②莫… Ⅲ. ①程千帆（1913-2000）—全集 Ⅳ. ①Z427

中国国家版本馆CIP数据核字(2023)第152750号

书名	程千帆全集(第四辑)
著者	程千帆
主编	莫砺锋
责任编辑	孟清 许勇 郭馨馨
装帧设计	姜嵩
责任监制	程明娇
出版发行	凤凰出版社(原江苏古籍出版社) 发行部电话025-83223462
出版社地址	江苏省南京市中央路165号,邮编:210009
照排	南京凯建文化发展有限公司
印刷	苏州市越洋印刷有限公司 江苏省苏州市吴中区南官渡路20号,邮编:215104
开本	652毫米×960毫米 1/16
印张	174.25
字数	2506千字
版次	2023年10月第1版
印次	2023年10月第1次印刷
标准书号	ISBN 978-7-5506-3977-5
定价	780.00元(全4册)

(本书凡印装错误可向承印厂调换,电话:0512-68180638)

1995 年 6 月，签名赠书青年学子

1992年5月25日，第三次全国古籍整理出版规划会议在北京召开。左起：余冠英、詹锳、程千帆

左起：程千帆、袁行霈、邓广铭、张璋

1992年9月21日，与博士生合影。前排左起：周勋初、程千帆。后排左起：陈书录、蒋寅、巩本栋、程章灿、张伯伟、莫砺锋、曾广开、曹虹、张宏生、姚继舜、王青

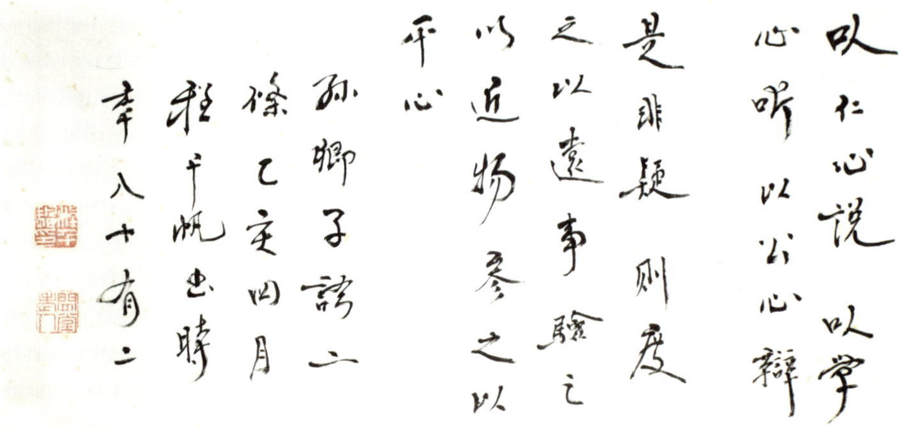
以仁心说 以学
心听以公心辩
是非疑则度
之以远事验之
以近物参之以
平心
孙卿子语二
条乙亥四月
程千帆书时
年八十有二

行书荀子语

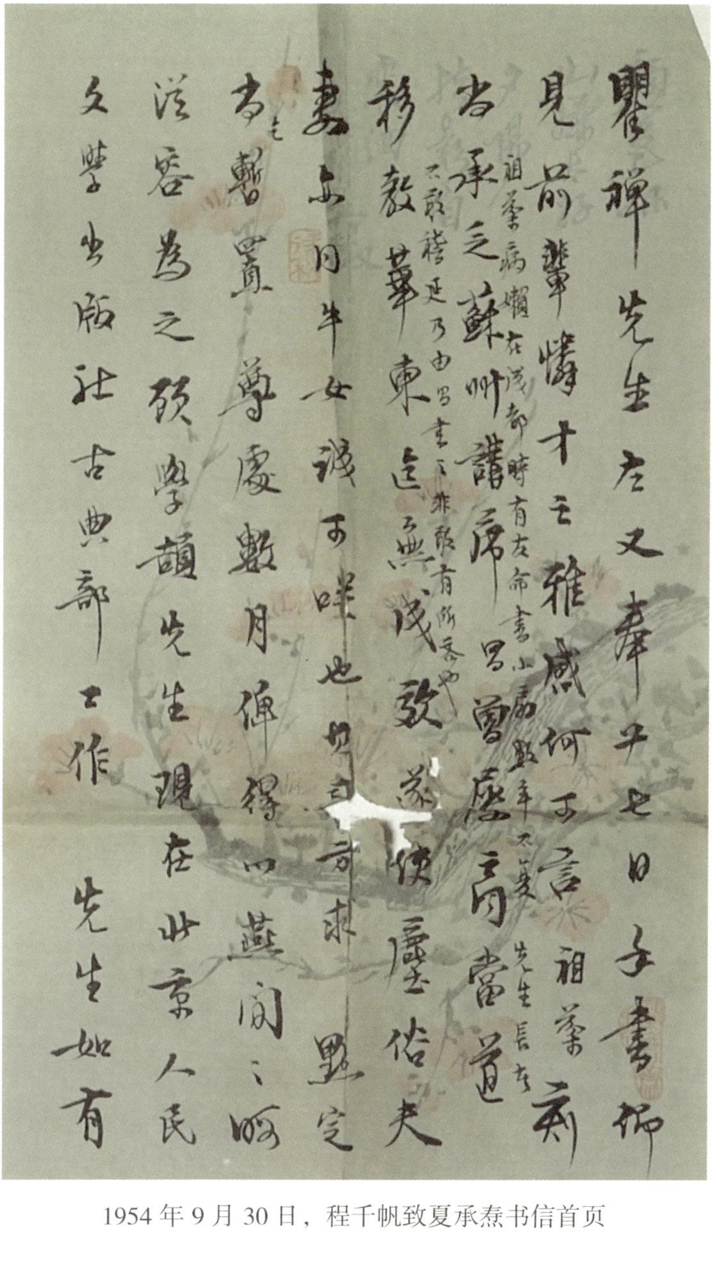

1954 年 9 月 30 日，程千帆致夏承焘书信首页

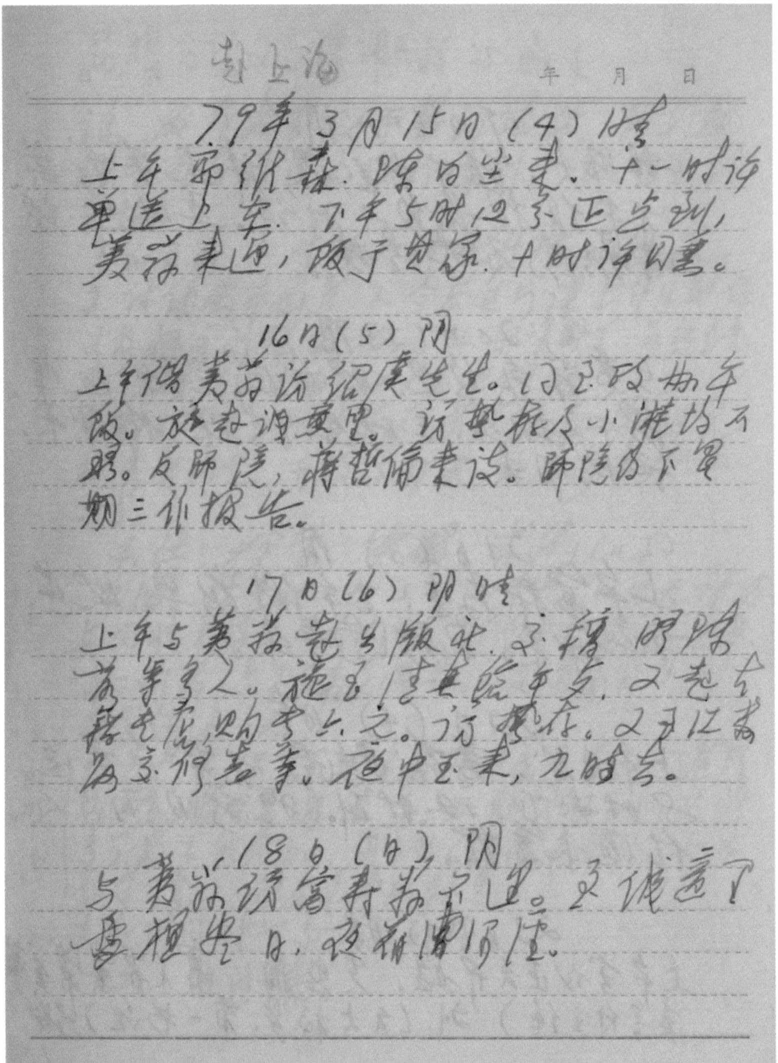
年　月　日

79年3月15日（4）晴

[illegible]

16日（5）阴

[illegible]

17日（6）阴晴

[illegible]

18日（日）阴

[illegible]

《闲堂日记》书影

总　　序

1997年年底，程千帆先生与河北教育出版社商妥出版《程千帆全集》事宜。当时程先生年事已高，精力欠佳，又适逢病目不能看细字，就命我编定全书。河北教育出版社且让我为《全集》写一篇总序。次年4月，我拟就“总序”，经程先生审定后交出版社付梓。由于卷帙浩繁，编纂校对与排版印刷均费时日，《全集》直到2000年12月方得问世，此时程先生已于半年前遽归道山。斗转星移，二十多年转瞬即逝。《程千帆全集》早已绝版，求购甚难，读者要求重版之呼声越来越高。今年适值程先生诞辰110周年，凤凰出版社决定重版《全集》，增收程先生的书简、日记等文字，形成一部名符其实的新版《程千帆全集》。凤凰出版社与程先生之哲嗣丽则师姐均提议仍由我承担编纂之责，我屡辞不成，乃勉强承乏。为了集思广益，特地成立《程千帆全集》学术委员会，成员有：徐有富、莫砺锋、张三夕、蒋寅、张伯伟、张宏生、曹虹、程章灿、严杰、李立朴、张辉、景凯旋、巩本栋、陈书录、曾广开、姚继舜。又成立《程千帆全集》编纂委员会，成员有：程丽则、莫砺锋、姜小青、倪培翔、史梅、徐兴无、刘重喜、董晓、倪蛟、徐雁平、童岭。在上述人员以及凤凰出版社的责编林日波、郭馨馨等人的鼎力合作下，新版《全集》业已编成付梓，出版社循旧例请我重写一篇总序。我在曾呈程先生过目且刊于旧版《全集》卷首的“总序”中说：“我立雪程门已一十九年，当然很乐意有此机会以服弟子之劳，于是当仁不让地承担了核对材料、订正文字等工作。至于作序，则自惭鲁钝，未能传先生之芬芳。为人作序本易得佛头著粪之讥，况且程先生的学术墙高数仞，我怎有能力说清其中的'宗庙之美、百官之富'呢？思之再三，只好勉为其难，先把全集中各类著作的写作经过及主要内容作些介绍，再简单地谈谈自己的体会，但愿对读者稍有裨益。"岁月荏苒，我的上述想法并无改变。由于新版《全集》增收程先生遗著数种，新版分册与旧版分卷之标准也有差异，故本序不避重复，对新版《文集》各册所收著作之写作经过及主要内容介绍如下。

第一、第二两册所收的是校雠学著作，即第一册之《校雠广义·版本编》《校雠广义·校勘编》与第二册之《校雠广义·目录编》《校雠广义·典藏编》。校雠学本是一切学术的门径和基础，程先生在就读于金陵大学时就对这门学科有强烈的兴趣，毕业后曾在金陵大学、武汉大学等校主讲这门课程，并开始写一部全面地论述校雠学各个分支内容的书。可惜这项工作在上世纪五十年代被迫中断。到了1979年，程先生在南京大学重新开始指导研究生，把校雠学定为硕士生的主要课程，亲自站在讲台上为我们讲授。我们三个同学则边听课边记录，整理成《校雠学略说》，曾以油印稿的形式在几所大学流传。程先生发现徐有富对这门课有特别强烈的兴趣，几年后便让有富代他讲授这门课，而且师生合作，对《校雠学略说》进行大幅度的扩充、改写。经历十个寒暑，终于完成皇皇四大册的《校雠广义》。全书问世后，好评如潮，获奖无数。著名学者陶敏评为"体大思精"，洵为公论。《校雠广义》的成书，有富兄做出的贡献极其重要。程先生在给舒芜的信中自述著书过程说："弟撰《校雠广义》，合版本、校勘、目录、典藏而一之，发意在四十年代，中更世变，未成其书。已成部分，又为狂童毁其卡片。到南京后，弟子徐君不敏而好学，有'参也鲁'之风。邀之合作，迄今又十年，居然卷帙可观。"但是此书的首创之功，当然属于程先生。自清代以来，专治校雠学的学者代有其人，有关校雠学的著作也不断出现。然而，对校雠学的四个重要部分即版本、校勘、目录、典藏进行全面系统的论述，且将论述重点由历史源流转向实际应用，则《校雠广义》堪称开创之作。读者不仅能从本书中了解这门传统学问的历史形态，而且能获得如何运用它进行文史研究的实际指导，后者也许是这部书最重要的价值。

第三册所收的是文史研究著作，即《史通笺记》《文论十笺》《唐代进士行卷与文学》三种。程先生所写的纯史学著作有《史通笺记》一种。《史通》是中国古代史学理论名著，很受史学界重视。可是此书虽经卢文弨、浦起龙等学者之整理、注释，而难解、误解之处仍然很多。程先生从青年时代起就下苦功钻研《史通》，并曾在大学开设《史通》课程。他广搜善本，博采各家校记及有关论著，以“笺记”的形式对前人研究《史通》的成果进行总结，并且提出了许多独到的见解，发前人所未发。此书实为近代《史通》研究中最重要的著作之一，程先生因此被史学名家周一良先生誉为“子玄(刘知幾)之功臣”。《文论十笺》是文学批评史著作。程先生对古代文论有深入的研究，此书从浩如烟海的典籍中精选出十篇文章，先作详赡的笺注，然后结以案语。从表面上看，此书仅是一部简要的文论读本，但它的实际意义远远溢出于此。本书所选的文章计有陆机一篇、刘知幾两篇、章学诚五篇、章炳麟一篇、刘师培一篇，选目独具手眼。其编排不按时代而依内容，也具有现代意识。十篇文章分别副以“论文学之界义”“论文学与时代”等标题，事实上构成了具体而微的理论体系。文末的案语也多有精到的见解，颇能帮助读者领会文章的现代意义。正因如此，此书很受读者欢迎，自 1942 年以《文学发凡》的书名刊布以来，屡经修订，多次重版。《唐代进士行卷与文学》是文学史专题研究。程先生对陈寅恪先生的道德文章十分钦佩，在学术研究中深受陈氏的影响，本书就是借鉴陈氏倡导的诗史互证之法所取得的硕果。早在 1936 年，程先生把陈寅恪的著名论文《韩愈与唐代小说》由英文译成中文，从此对陈文中涉及的“行卷”这种历史现象进行了长期的钻研，终于写成这本专题论著。本书对行卷这种伴随着唐代科举考试的文化现象作了全面的考察，并对行卷与文学的关系作了实事求是的分析。这样，文学史界长期聚讼纷纭而不得确解的一个问题，即唐代科举对文学到底有何影响，就得到了令人信服的解答。本书篇幅不大，但内容丰富，论点新警，切切实实地解决了文学史研究中的一个难题，深受国内外学术界的重视。本册所收三种著作的性质不完全一致，但都属于广义的史学研究。程先生一向喜爱史学，即便在农村牧牛饲鸡时，仍分秒必争地通读了从晋到隋的多部史书，渊博的历史知识使他在处理古代文学的历史背景时如鱼得水，也使他在论述古代文学专题时总能“思接千载，视通万里”，从而体现出重视“长时段”的史家眼光。

第四、第五册所收的是文学史著作，因篇幅关系，第四册收《两宋文学史》一种，第五册收《元代文学史》和《程氏汉语文学通史》两种。《两宋文学史》是程先生与吴新雷教授合著的，两位作者都对宋代文学史下过很深的功夫，但相对而言，程先生对宋代的诗词古文理解得更深一些，而吴教授则对小说戏曲研究得更多一些，所以他们的合作获得了取长补短、相得益彰的效果。《两宋文学史》有两个明显的优点：一是论述了一些长期被忽略的内容，如宋代四六等；二是对于重要作家及其代表作品有更细致深辟的阐述，如吴文英词。然而更重要的则是它非常注重揭示史的线索，在突出大作家的历史作用的同时，也对形成文学潮流的中小作家群予以充分的关注。此外，它非常注意一代文学的整体风貌，在清晰地勾画各种文体内部的发展脉络的同时，也对不同文体之间的互相影响进行了论述，如宋四六对小说戏曲的影响等。虽说最后一点由于缺乏学术积累的前资而展现得不够充分，但这毕竟体现出力求创新的探索精神，格外引人注目。《元代文学史》是程先生与弟子吴志达教授合著的，此书从属稿到出版，经历了一番艰难曲折的漫长过程。此书原名《元代文学史讲义》，是程先生在武汉大学时编写的讲义。1957 年春季，程先生开始讲授元代文学史。课程尚未结束，他在一夜之间被打成“右派”，随即失去讲课的资格。在前途未卜，不知此生能否重上讲坛的情况下，程先生以高度的责任感和坚毅顽强的意志续写讲义，计划写完后即付印。可惜形势急转直下，程先生很快开始“侧身刍牧间十八年”的苦难生涯，一切写作都不再可能，付印的计划更成泡影。此时全书尚未完稿，但部分手稿幸得保存。二十多年后，程先生与当年曾听他授课的弟子吴志达谈起修订《元代文学史讲义》之事，意在嘱托弟子续完全书，然未及深谈，程先生遽归道山。三年以后，志达学长主动请缨续修此书，陶芸师母遂将遗稿交付之。志达学长本着光大师门学术的强烈意愿，仔细体会原稿的学术观念，努力回忆当年亲聆音旨所得的印象，对原稿进行修订、增补，尽经十年辛苦，终于完成全书，篇幅则从原稿的十余万字扩展到二十余万。出于谦抑，也出于对程先生的敬仰之情，志达学长将此书署作“程千帆著，吴志达修订”。考虑到志达学长所付出的辛勤劳动及实际贡献，也考虑到收入全集的另外两种文学史著作的署名通则，现将《元代文学史》改署为师生合著。程先生与志达学长泉下有知，当获俞允。《元代文学史》付梓后颇获学界好评，志达学长的高足陈文新教授之评语最称妥当：“这部由特殊的作者在特殊时代写成的特殊的文学史，在林林总总的中国文学史著述中，必将以其特殊的价值引起学术界的高度关注。”《程氏汉语文学通史》是程先生与弟子程章灿教授合著的，因师生二人都姓程，故书名冠以“程氏”二字。中国古代的史家以“通古今之变，成一家之言”为最高目标，所以最能体现中国史学精神的史学著作应是贯通古今且具有鲜明史观的通史。程先生治学文史兼擅，他的文学史研究也贯彻了上述史学精神。他认为研究文学史不应局限于某一段时期，只有贯通古今才能准确把握整个中国文学的来龙去脉，并深入理解其内在精神。上世纪四十年代末，程先生在武汉大学任教时，曾应历史系主任吴于廑先生之请，为历史系学生讲授中国文学通史。那门课由他独自承担，从上古一直讲到近代，从而留下一部通贯整个文学史的讲义，《程氏汉语文学通史》即根据该讲义为基础进行充实、提高而成。本书的论述重点不再是某些作家作品，而是中国文学从古至今的发展过程，诸如文学观念的传承演变，各种文体的兴盛衰落，文学技巧的发展变化，以及这些演变过程的社会历史背景和文化意义。与以往的文学史著作相比，本书的最大特点是它不再满足于提供文学史的许多断片或轨迹点，而是力图描绘出一条完整的线索来。以五十多万字的篇幅涵盖从上古迄现代的全部中国文学史，本书可称开创之作。

第六册所收的是关于古典诗歌的论著，即《古诗考索》《被开拓的诗世界》《杜诗镜铨批抄》《读宋诗随笔》四种，前二种是论文集，后二种是批点与品评。程先生学术研究的范围相当广阔，然而他用力最勤、创获最巨的则是古典诗歌的研究。也许可以说，关于古典诗歌的论文标志着程先生学术造诣的最高峰。《古诗考索》共收论文 39 篇，所涉内容上起汉末古诗，下迄今人所作旧体诗，而以唐诗为主。所论题旨小至一字一句意义的辨析，如《陶诗“少无适俗韵”的“韵”字说》；大至整个古典诗歌的内在规律的探讨，如《古典诗歌描写与结构中的一与多》。这些论文中最受学界称道的是从研究具体作品入手而终于导出有普遍意义的结论，也即人们通常称为“小中见大”者，如《张若虚〈春江花月夜〉的被理解和被误解》。显然，它们最重要的价值不在于解决了某些具体的问题，而在于为学界提供了方法论的启迪。《被开拓的诗世界》则是一部关于杜诗的论文集，其中部分论文是程先生指导学生莫砺锋、张宏生分别写成的，故师生三人共同署名。程先生对杜甫深为敬仰，对杜诗研究下过很深的功夫，曾在好几所大学里开设过杜诗课程。他晚年在南京大学重开此课，除了讲授杜诗学知识外，更着重启发学生进行专题研究，本书实即程先生的杜诗研究与杜诗教学的双重成果的结晶。有关杜诗的研究论著早已汗牛充栋，本书的特点是始终把杜诗置于古典诗歌史的长河中进行考察，从而为杜诗学提供了崭新的切入点和宏阔的视野。《杜诗镜铨批抄》是以传统方式对杜诗所作的批语，因所论杜诗之编次皆从《杜诗镜铨》，故有此称。原来附于《被开拓的诗世界》之后，现抽出自成一编。《读宋诗随笔》原名《宋诗精选》，因其中部分选目与《古诗今选》重复，编入全集时乃删去注释而保留解说，并改称今名。此书以“随笔”的形式来评析作品，行文有较大的自由度，故修短合度，笔随兴至，既有点到为止的三言两语，也有淋漓酣畅的大段议论。书中有许多关于宋诗的真知灼见，又出之以平易晓畅的文字，真正做到了深入浅出，也更鲜明地呈现出程先生的学术个性。

第七册所收的是古典诗歌作品选，即《古诗今选》一种。此书的属稿始于 1956 年，是程先生与沈祖棻先生合作进行的，后因沈先生不幸去世，乃由程先生独立完成。此书的内容包括八代诗、唐诗和宋诗三个部分，涵盖了五七言诗歌史上最重要的几个时期。选本是中国文学史上一种特殊的批评方式，程先生对此深有会心，所以此书从选目、注释到讲解、评析，都很有特色，充分体现了选家的诗学观点。在《古诗今选》之前，具有通代性质的古诗选本主要有三部：一是宋末元初方回所选的《瀛奎律髓》，它是一部唐、宋两代的律诗选本。二是清代王士禛所选的《古诗选》，它专选历代的五言古诗和七言古诗，五古部分上起汉代，下迄唐代；七古部分则上起汉代，下迄元代。三是清代曾国藩所选的《十八家诗钞》，它上起汉末的曹植，下迄金代的元好问。这三部古诗选本都是《古诗今选》参考的范本。然而《古诗今选》毕竟有很强的独创性，它所体现的选家眼光已经超越前人。在诗体上，《瀛奎律髓》专选五七言律诗而不选古体诗和绝句，《古诗选》则专选古体诗而不及律诗和绝句，《十八家诗钞》虽然不限诗体，但它于王维、孟浩然只选五律，于宋代的苏轼、黄庭坚、陆游三家则不取五古，仍然多有局限。《古诗今选》则各体皆收，而且在五七言诸体之外选入少量优秀的六言诗、杂言诗，以示在五七言诗成为诗体主流后仍有其他诗体的存在。这样就能让读者对古典诗歌的艺术形式有比较完整的把握。《古诗今选》的选目也有非同寻常的特点和价值。在八代诗人中，入选作品较多的诗人依次是：陶渊明 12 首，鲍照 8 首，曹植 7 首，庾信 6 首，阮籍、左思、谢灵运、谢朓皆为 4 首。如果说陶渊明高踞八代诗史的首席是从苏轼以来的传统看法，那么将鲍照列于第二位，以及将庾信列于大谢之上，显然是独到的选家眼光。在唐代诗人中，入选作品较多的诗人依次是：杜甫 33 首，李白 27 首，王维 16 首，白居易 15 首，韩愈 11 首，刘禹锡、李商隐皆为 10 首，李颀、王昌龄、元稹、杜牧皆为 7 首，孟浩然、岑参、柳宗元、李贺、温庭筠皆为 6 首，陈子昂、张九龄、高适、李益、韩偓皆为 5 首。在这份名单中，韩愈、刘禹锡、李颀、柳宗元、韩偓的地位都比一般的唐诗选本有所提升，而入选杜诗超过王维诗的一倍，尤见手眼。在宋代诗人中，入选作品较多的诗人依次是：苏轼 22 首，王安石 17 首，黄庭坚、陆游皆为 15 首，陈师道、陈与义皆为 10 首，欧阳修、范成大皆为 7 首，杨万里、林景熙皆为 6 首，梅尧臣、刘克庄、谢翱皆为 5 首。其中王安石之位居第二，黄庭坚之与陆游平起平坐，二陈之超过欧公与范成大，都是不同寻常的选法。如果从通代的角度来看，《古诗今选》中入选作品较多的大诗人名单中前五位分别是：杜甫、李白、苏轼、王安石、王维，而白居易、黄庭坚、陆游三人则并列第六。显然，这不但对那种崇唐黜宋的传统诗学观念有着摧陷廓清之功，而且体现出宏通的视野和深远的眼光。从入选作品的诗体来看，《古诗今选》也有鲜明的特点。此书对各种诗体无所轩轾，但对于各家的诗体倾向则非常关注，比如王昌龄的 7 首诗全是七绝，充分显示出这位“七绝圣手”的特长。又如韩愈的 11 首诗全是古体，充分显示出其雄奇古奥的风格。此外如李商隐的 10 首中选律诗 8 首、绝句 2 首，陆游的 15 首中选五言诗 1 首、七言诗 14 首，都充分体现出各家在诗体上的特点和优点。凡此种种，皆说明《古诗今选》是一部眼光深邃、个性鲜明的通代诗选，它体现出程先生对整个诗歌史的独特观照，也体现出复归诗歌审美本质的独特旨趣。

第八册所收的是诗文作品，即《闲堂诗文合抄》《闲堂文薮》和《桑榆忆往》三种。《闲堂诗文合抄》是程先生各体文学作品的汇总。程先生生于诗人之家，自幼即与诗结下了不解之缘。即使在那些风雨如磐的黑暗岁月中，也始终不废吟事。可惜他中年因非罪获谴，旧稿毁于一旦，所以平生的五七言诗作只残存二百余首。这些诗中不乏清丽芊绵之作，也有廉悍奥峭之篇，但其主导风格，则正如钱仲联先生在《序闲堂诗存》中所云，“于蒹葭楼主人为近”，也即近于黄节先生的诗风。黄节诗风本以陈后山为宗，故程先生的诗风也以平淡质朴为基本特征。然而它们在平淡的语言外表下蕴藏着抑塞历落、豪荡感激之情，它们通过对自身遭遇的悲欢离合的诉说而表达了儒者“能好人能恶人”的淑世情怀。程先生平生不甚作词，所存词作仅有《闲堂词存》中的十余首，但其中不乏情文并茂之佳作，例如哀悼沈祖棻先生的两首《鹧鸪天》与哀悼王瑶先生的两首《浣溪沙》，都是感人至深的传世名篇。程先生晚年颇喜用文言撰文，这些文字短小精悍，文采斐然，已臻老成之境，具有美文性质，故单独编为一辑，题作《闲堂文存》。自从新文化运动以来，文言文逐渐退出文坛。其实文言、白话各有优点，不宜偏废。《闲堂文存》所收作品，大多属于序跋及墓铭、墓表之类，当然与此类文体之历史渊源有关。但其中也有怀人、忆旧的短文，如追怀唐圭璋先生的《圭翁杂忆》，内容与收进《桑榆忆往·音旨偶闻》的《忆刘永济先生》《黄季刚老师逸事》诸篇相近。前者用文言而后者用白话，但都将前辈学人的嘉言懿行写得栩栩如生，形神兼备。春兰秋菊，各有千秋。这正体现出程先生在文体论上兼收并蓄、不拘一格的通达意识。程先生虽然以研究古代文学而知名，但他决不是埋首于故纸堆而不问窗外事的学究。他对现实非常关心，对当代文学也十分注意。他在青年时代曾热心于新诗创作，与好友孙望先生等组织了“土星笔会”，并创办新诗刊物《诗帆》。虽说他后来因专注于古代文学研究而不写新诗，但留存下来的新诗作品却是现代诗史上不可忽略的一个记录。现经整理删选，把这些作品编成《新诗少作》，附于《闲堂诗文合抄》之末。《闲堂文薮》也是程先生的论文集，所论内容较杂，有别于《古诗考索》之专论诗歌，故另编此集。程先生认为全书内容“繁如薮泽”，乃沿用唐人皮日休《文薮》之题。本书共分三辑：第一辑 8 篇，其中《韩愈与唐代小说》一篇，是陈寅恪先生于 1936 年以英文发表的论文，收入本辑的是作者的译文。其他 7 篇涉及散文、辞赋、词曲、小说、戏剧等各种文体。第二辑是汉魏六朝文学散论 3 篇，原是作者 1946 年在武汉大学讲授文学史的讲义，今天看来，仍有可参考之处。第三辑 8 篇，皆有关校雠目录学。写作时间约在 1935 年至 1942 年，是为在金陵大学和武汉大学讲课之用。后来此类课程久不设置，直至 1980 年后程先生为南京大学和山东大学的研究生讲授“校雠学”课程时，始由同学录音整理成为《校雠学略说》，是为日后《校雠广义》的蓝本。这 8 篇文章是程先生校雠学思想的滥觞之源，自然具有独立的学术史意义。《桑榆忆往》是程先生的回忆录，乃张伯伟教授所编。此书分成四个部分，第一部分是《劳生志略》，是程先生的口述自传，由张伯伟记录成文。第二部分是《音旨偶闻》，共收 4 篇文章，内容是程先生对刘永济、黄季刚与汪辟疆三位老师的回忆。第三部分是《书绅杂录》，共收 7 篇文章，内容都是程先生讲学的记录稿，记录者既有及门弟子，也有程先生的外孙女张春晓，当然，后者也是程先生的再传弟子。第四部分是《友朋评议》，共收 8 篇评议程先生学术的书评，撰者既有程先生的学界友人，也有其弟子或后辈。《桑榆忆往》内容丰富，形式多样。程先生的一生经历曲折，数次遭遇沧桑世变，时代的风风雨雨在他心中留下了不可磨灭的记忆。他年轻时及见许多学术宗师，如黄季刚、胡小石、刘衡如、胡翔冬、吴瞿安、汪辟疆等，都是他亲承音旨的前辈。又如陈寅恪、朱光潜、朱自清、庞石帚等，都是他有所请益的学者。他的夫人沈祖棻教授是当代杰出的女词人，患难夫妻，文章知己，学术上多收切磋之益。凡此种种，都成追忆。程先生诲人不倦，他常为弟子或其他后学释疑解惑，留下许多言简意赅的学术观点。程先生的学术研究深受学界重视，友朋及弟子对其学术成就的评论皆从某个侧面体现其人其学的特点。总体看来，这部回忆录不仅是程先生个人生平事迹的记录，而且是时代的一个缩影，从中可见几代学人的嘉言懿行和歌哭悲欢，具有学术史的意义。

第九册所收的是书简，即《闲堂书简》一种。初版《程千帆全集》于 2000 年问世以后，师母陶芸先生认为程先生写给亲朋友好的书信中有许多商讨学术的内容，可以作为其著作的补充，应予整理成书。在程先生的后人和学生的帮助下，经过征集、誊录、编次等步骤，陶先生终于将近千封书简整理成书，并于 2004 年由上海古籍出版社出版。十年以后，此书漏收的书简陆续出现，所收书简的系年等方面也发现了一些错误，在程门弟子及程丽则师姐等人的共同努力下，于 2013 年出版了增订本。其后我们又收集到遗简三百余通，于是重加增订，收入全集。程先生是一位真正的学者，他好学深思，终生不倦，他的书信中最常见的内容便是商讨学问。由于是书信，不可能发表长篇大论，但是那些简约的三言两语往往闪耀着真知灼见。试举一例：《致张三夕》之二七中纠正学界关于陈寅恪的一种误解："陈先生说'寅恪平生为不古不今之学'，汪荣祖竟然认为这是指他专攻中古史，即魏晋六朝、隋唐五代。这不但与事实不合，也完全不解陈先生的微旨。'不今不古'这句话是出在《太玄经》，另外有句话同它相配的是'童牛角马'，意思是自我嘲讽，觉得自己的学问既不完全符合中国的传统，也不是完全跟着现代学术走，而是斟酌古今，自成一家。表面上是自嘲，其实是自负。根据他平生的实践，确实也做到了这一点，即不古不今、亦古亦今、贯通中西、继往开来。”程先生还常常在书信中为学生或其他年轻学人答疑解难，或指示治学门径。也举一例：《致余恕诚》之四曰：“承问课题，我觉得唐代文学是一座很大的富矿，到现在还有很多领域没有开发，特别是文学与文化和政治的关系，陈寅恪虽提出唐代内乱与外患的连环性，这个题目在文学上的表现就很少人涉及过，如果先生有兴趣，是否将这个问题作一个比较彻底的清理。这可能在文学上表现的不多，但间接上可以开发的不少。”书信是最纯粹的“个人化写作”，它最能体现作者的真性情。程先生的书信大多直抒胸臆，在毫无修饰的文字中洋溢着真情实感，例如《致万业馨》之二三云：“千帆自到南大后，得可传业者数人，著述得诸友生之助，亦大体完成。残年八十有六，耳聋目盲，自然之数，故终日枯坐，亦无可埋怨处。惟偶然细数平生，虽经忧患似若无可悲者，然为国为民，亲情友谊，则愧负实多。朱古微晚年词云，‘忠孝何曾尽一分’，‘可哀惟有人间世’，每一念及，辄忉怛不能去怀。出版社多劝录音，说平日可念之事。但每一念及，则泪如泉涌，岂尚有心及于文字？”此种文字，真乃尼采所谓“以血书者”的天地间至文。程先生的书信忠实地记录了一个正直的知识分子走过的人生道路及其心路历程，也记录了大量关于文坛和学林的珍闻、掌故，活跃着许多著名人物的身影，全书具有极高的史料价值。

第十、第十一册所收的是日记，即《闲堂日记》一种。日记是古已有之的一种文体，原属史官之职责，如汉人刘向《新序》云：“司君之过而书之，日有记也。”其后文人逐日记事之文亦称“日记”，宋人陆游谓“黄鲁直有日记，谓之‘家乘’，至宜州犹不辍书”（《老学庵笔记》）。及至晚清，遂出现以李慈铭《越缦堂日记》为代表的“四大日记”，成为影响颇巨的特殊著作。一般来说，日记的主要优点是逐日记事与始终不辍，从而具备较高的史料价值。程先生的日记，始于少时在家塾有恒斋中读书之时。他进入金陵大学后，还曾将日记中有关《礼记》的部分整理成文公开发表。可惜程先生后来屡遭动荡，已无法每日作记，即使作记也难以妥善保存。所以现存的程先生日记，竟是始于 1979 年 3 月 15 日，其时他年近七旬，已臻暮年。虽然如此，这部日记仍然多达 13 册，前 12 册主要由程先生手记，少数地方由陶芸先生代记。后 1 册则全由陶芸先生代记。日记记录了程先生晚年生活的主要内容，举凡教学、著述、出差开会、亲友交往等，应有尽有，细大不捐。虽然残缺不全，仍如吉光片羽，价值非凡。试看徐有富教授所编《程千帆沈祖棻年谱长编》，全书篇幅为 900 页，自 1909 年至 1978 年仅有 283 页，而从 1979 年迄 2000 年则多达 617 页，主要得益于日记之功。程先生晚年目昏手抖，日记之字迹相当潦草，难以辨认，整理者程丽则师姐与程门再传弟子许勇付出了辛勤的劳动，厥功甚伟。

第十二册所收的是附录四种，其中《治学小言》一书曾于 1986 年由齐鲁书社出版，前有王仲荦先生之序，后有陶芸先生之后记，正文则为短文 19 篇，内容以治学方法为主，兼及大学文科与中学语文等问题。依照程先生本人的意见，初版《全集》未收此书。如今在程先生身后重编《全集》，理应补收，因其篇幅短小，内容又不易归类，故附于本册。《古诗讲录》一书原题《程千帆古诗讲录》，张伯伟教授编，人民文学出版社 2020 年出版。程先生晚年移砚南京大学后，曾先后为 1976 级本科生讲授“历代诗选”，历时一年；为 1977 级本科生讲授“古代诗选”，历时一学期；为 1979 级硕士生讲授“杜诗研究”，历时一学期。当时没有留下音像资料，令没有机会“亲承音旨”的后学倾想不已。幸亏三门课程分别留存徐有富、张伯伟、曹虹三位弟子的记录，第一门课程的上半部分则有进修生陈治群的记录，张伯伟据之整理编纂，遂成此书。张伯伟教授在编后记中说：“三门课程，‘历代诗选’以时间为序，讲解汉魏晋宋齐梁陈隋唐宋诗歌；‘古代诗选’则以专题为单元，范围也还是八代唐宋诗歌；‘杜诗研究’属于专家诗，是以问题为中心展开。虽然三门课程各有重心，但都是围绕具体的诗歌作品。传统的文学研究范围，包括文学理论、文学批评、文学史，但核心是文学作品。没有作品，就没有文学的理论和历史；不深入理解作品，文学的历史与理论就只能停留在表象的描绘和空泛的议论。这是千帆师的一向主张，不仅体现在研究工作中，也贯彻在教学实践上。”评价此书的价值，言简而意赅。《逸稿》专收程先生的逸稿。程先生曾在各类报刊发表文字甚多，年代久远，或存或佚。今将近年来发现之逸稿汇成一编，附录于此。《学术年表》乃专为此次重版《全集》而编，乃由徐有富率徐雁平、丁思露、杨珂等人合作而成。有富兄曾撰《程千帆沈祖棻年谱长编》，掌握谱主资料极为丰赡，由他亲率弟子编制此表，定能删繁就简，驾轻就熟，必有可观，遂附于此，以为《全集》之压卷。

从以上的粗略介绍可以看出，程先生的学术视野十分宏阔，研究领域相当广泛，从而取得了多方面的研究成果。这部六百多万字的全集，就是他一生上下求索的结果，是他六十年心血的结晶。那么，程先生的学术研究，有没有一以贯之的精神呢？我以为是有的，那就是沈祖棻先生在《古典诗歌论丛》的后记中所揭橥的，“将考证与批评密切地结合起来”，“将批评建立在考据基础上”。考证与批评是中国传统的文学研究的两翼，前代的优秀学者本是两者兼通的。可是到了现代，随着学术成果积累的日益丰厚和学术研究分工的日益细密，这两项工作渐渐分道扬镳，学者或精于此，或长于彼，互相隔膜，绝少往来。甚者至于互相轻视，唯我独尊。精于考证的学者常常觉得专事批评的人流于空疏，而长于批评的学者则往往认为专攻考证的人陷于烦琐。在古代文学研究界大声疾呼且身体力行地把两者结合起来的学者，程先生当是当代第一人。

一般说来，文学研究，尤其是古代文学研究，主要有四个层次。一是文献学的研究，即对浩如烟海的典籍进行校勘、辑佚、整理，力求提供确实可靠的文本。二是历史学的研究，即对千头万绪的文学史实进行考订、甄别、梳理，力求掌握文学史长河中每个环节的真实面目及其来龙去脉。三是美学的研究，即对古代文学作品的自身价值进行解读、阐释、评析，力求最充分地实现现代人对古代作品的审美接受。四是哲学的研究，即从哲学思辨的高度对古代文学进行宏观的把握，力求揭示其根本规律及其在民族文化乃至世界文化中的特殊地位和普遍意义。从程先生的著述及日常言论来看，他所说“考证”包含着前两项内容，而“批评”则包含着后两项内容。由此可见，程先生所倡导的方法实际上就是对古代文学作全面的、多层次的研究，是由表及里、由浅及深的学术门径。应该指出，在现代的学术环境中，分工是不可避免的，一部分学者把精力集中于某一个层次的研究是完全合理的。程先生对此并无异议，他对同辈乃至后辈学人专攻某一层次的研究而得到的成就都深表赞许。但是，就整个学术界而言，必须有部分学者兼通考证与批评，而专攻其一的学者也不能与另类研究隔膜、疏离，这才能够融会贯通，真正达到较高的学术境界。程先生的研究工作正是在这种思想的指导下进行的，这部文集正是他运用这种方法的范例。

程先生重视文献整理，他亲自主编《全清词》和《中华大典・文学典》，而且下大功夫钻研校雠学。他重视史实考订，为了弄清唐代行卷之风的真相，曾在史料中钩沉索隐达数十年。他具有卓异的审美能力，在艺术体会和风格辨析方面尤见功力。他也善于从纷繁杂乱的现象中抽象出理论来，曾对古典诗歌的一些普遍规律有所揭示。更重要的是，程先生并不把考证和批评视为各自独立、畛域分明的两类工作，而把它们看作互相依存、不可割裂的一个整体。他的文学史著作和文学史专题论著固然是兼有考证与批评的综合研究，他的许多单篇论文也同样是融考证与批评于一体的范文，例如《张若虚〈春江花月夜〉的被理解和被误解》《一个醒的与八个醉的》等文，都是从对史实的精密考证和对作品的细致分析入手，双管齐下，然后推导出重要的结论。程先生在古代诗歌的研究中所以能触手生春，独得圣解，除了天性颖悟和思力强劲等因素，正确的方法论无疑是重要的原因。

读者很容易注意到以下事实：这部《全集》的总字数不是很多，而且有好几种著作是程先生与他人合作的，这是特殊的时代所造成的结果。1957 年，像同时代的许多学者一样，正当盛年的程先生因直言而获罪，从此被剥夺了近二十年的工作时间。等到阴霾散尽，大地春回，程先生重返课堂和书斋时，他已年过花甲。妄加的罪名可以平反，贬损的待遇可以恢复，但是被耽误的时间却是无法挽回的。从 45 岁到 65 岁的二十年光阴，正是从事文史研究的学者一生中的黄金阶段。尽管复出后的程先生夜以继日地努力工作，尽管他的才思依然十分敏锐，但要想亲手完成计划中的全部学术课题，毕竟力不从心。况且重执教鞭的程先生视教学为第一要务，为培养后辈而倾注了大量的时间和精力！于是程先生的好几种著作采取了与人合作的方式，合作者中有他的同事，更多的则是他亲自指导的学生。应该说，这些合作实际上也是程先生培养后辈的一种方式，合作者通过实际操作而获得了方法训练，也通过讨论质疑而锻炼提高了思辨能力，所以它们具有薪尽火传的特殊意义。然而毋庸讳言，如果程先生没有丧失二十年时间，如果他一生的学术活动没有中断，那么他完全可以在年富力强的时候从容不迫地独自完成这些著作，并使它们的学术水准更上一层楼，他也一定能够写出更加卓越的其他著作。可惜历史是不能假设的，于是这部《全集》只能以目前的状态呈现在读者面前。希望后来的读者看到这部《全集》时，千万不要忘记它是一位生活在 20 世纪历经坎坷的学者的学术记录，是一部忧患之书。

2023 年 7 月 20 日

受业莫砺锋谨序

目　次

闲堂书简

陶芸 编
程章灿 许勇 增订

致吕亮耕（一通）

吕亮耕，诗人。曾任《国民日报》、衡阳《大刚报》、《中华时报》、《大华晚报》、九江《型报》等报副刊编辑、总编辑、主笔，衡阳市中学语文教师。

亮耕兄：

因心绪不佳，多时不通音问，顷由孙望兄寄示大札，知已到衡阳。回雁峰的落日，女神峰的朝霞，该早收入诗集矣。近来生活稍稍安定，而远不及长沙流浪朝不保夕之愉快。白凤、白鹤何在？兄之处否？其他诗友，如有消息亦恳一并赐处。望兄为病所苦，尤令人不胜怀念也。尊著诗集即出，乞速寄阅。近来教堂，坐望论道，实赖佳什，启我心胸也。衡阳文化事业如何？桂林会更热闹，乐山则殊无聊。匆匆不尽，即颂

吟安！

弟帆拜上

三月三日（一九四二年）

致李小缘（二通）

李小缘，图书馆学家、目录学家。曾任金陵大学图书馆馆长、南京大学图书馆副馆长。

（一）

小缘先生撰席：

《集刊》及《清华学报》各一册，谨以璧还。余嘉锡《提要辨证》，所中诸君子顷如不用，可否惠假一观？又《文摘》第一卷闻已出版，拟请赐以粉纸本一册。如须购买，亦乞将价目示知，俾便遵办。专肃，祇请

道绥!

会昌叩头

五月十八日(一九四三年)

(二)

小缘吾师尊鉴:

止强兄书来,敬悉受业往岁随文研所存皖箱箧,已荷鼎力代运回京,不胜铭感。除请止强兄代为备款取回外,谨特专函申谢。不尽区区,即叩道安!

受业会昌拜上

四月十一日(一九四七年)

致朱自清(一通)

朱自清,现代著名作家。曾任清华大学中文系教授。

(上略)关于部颁中国文学系科目表之讨论,拙作粗发其凡,诸贤踵事,渐臻美备。顷又得读《高等教育季刊》二卷三期"大学国文教学问题"特辑所载大作,研论致密,立说圆融,庶几可为绳准。其中下采刍荛,持议无间,固不烦更加申述;而有尊见系诸家所未及而为鄙意所赞同者,尊文未见及或所说有与鄙意未能尽合者,窃敢附于诗人切磋之义,续加补充与讨论。幸察览焉。

1. 赞同此次尊见者二事

(一) 尊表此次修订旧章,最显著者,厥为文学史及历代文选、历代诗选之分段讲习。前者全部分必修,后者一部分必修。此点甚佩卓识。其在尊意,或以此为达成中文系以文学史研究为中心之重要方法。(文学史之研究,固应为中文系之中心工作,特如何始能使此项中心研究发生最大效果,则诸家之意,恐不能无出入。鄙意以为当由考证、欣赏、批评、习作四端入手。学者各依性分修养,出其所长,一致百虑,殊途同归,乃克成此大业，此非顷所能详，容更为文乞教。）鄙意则以为此项办法，尤可使学者习作能各依所好，自由发展。进一步则文学史与文、诗选同时分段，可使学子于所愿致力之某一阶段，纵横断面取得考证、欣赏、批评、习作诸方面之连系，而获得更专门高深之修养。此无论其偏重任何方面，固均有相得益彰之效，而无安于所习、毁所不见之误者也。

（二）部颁表选修科目甚可非议，众意佥同。察其所由，不外一则本系课程之繁驳，二则他系课程之羼杂。前者实缘近代学风务为新诡，教者不知研究与教学目的各有不同，每以研究之方法施诸教学。影响所及，遂多巧立名目，任意设课之弊。此点拙作《论今日大学中文系教学之蔽》一文已详加论列。后者则似缘当局诸君期中文系学者进于通博之途，故欲其于外文史哲诸科，多加肄习。此虽合理之举，然亦无须列入表中，使人生“不调和”之感。大作之言尤是。今尊表自中国哲学史以下，外国语或西洋文学史以上十科悉加删剃，拨烦除秽，实为至当。窃尝以为科目之为必修或选修，当以某科在整个文学史上生命之长短，影响之大小，与夫本身之价值为准。故于尊表改词曲为选修一节，亦无异议。惟文学概论及应用文二科，鄙意不拟除去，下详。

2. 尊见所未及者一事

季刊同期王驾吾先生焕镳《大学国文教学问题之讨论》一文中论今日中文系之困难有云：“以此寥寥可数之人，为此时尚相违之学，而又罕具根柢之材，其教学之难，已较他科为甚。区区三年之光阴，又不使尽其力以专于此事，乃复多其方而夺其时，爪其肤而摇其本。时凿之为偶梗焉，时凿之为尊俎焉，时凿之为椿栖焉。一材而百用，虽大智不能也。故毕业以去者，上之不能究天人之故，穷万里之精；中之不能传社会之情，写事物之变；下之不能当书牍之任，应时俗之需。不知其果何用乎？今拟大学中文系除必修之哲学史学外，他系之课，概为选修，以集中心力，而不旁骛。”谨案：此之所论，实获我心。兹更将此种现象之累害、成因及解决方术略论如次：

依据现行部颁法令，文学院公共必修科目之学分数，与各系必选修科目合计之学分数，其比例约为前者占八分之三强，后者占八分之五弱。故中文系学者所读本系课程，事实上不能超过二年有半。年来教学经验所得，悉学者罔不深以此类庞杂纷歧之课为苦。考在教部颁行此项院际公共必修科目以前，各校中文系亦每规定必修他系课程，然均不外西洋文学、中国史学、中国哲学之属。与其中国文学，固可肸蚃相通。今则公共必修学程过多之故，中文系之学者在一年级竟完全不能读本系之课，二年级所得受读者，亦不过文学史等三科。教学两方，均感时间之不足，无法完成其目标。而学者尤以大学一年级无异于高级中学之延长（彼辈通常称曰高中四年级），为之短气。此实各系之共同危机，而非中文一系之事也。揣当局之意，无非一则感于现时中学成绩之低落，再则欲养成知类通方之人材。故积极推行增加公共必修之制。此其意甚可取，其术则实疏。盖就实况言之：学者既入大学，各有专攻，其对他系学程，除少数好胜求博者外，常以其与本系学程之关系深浅者而为轻重。故中文系之学者，于史哲诸科，视自然科学之类，其学习之用心与否，直不可同年而语。在他系教者方面，亦每以其为中文系之学生，初不能或不愿一视同仁。如理院为他院设数学，文院为他院设国文、英文、中西史，多数学校于教员之支配，皆未甚措意；实无习作者，即每班达一二百人，绝鲜肯牺牲其教授之精力以从事于此类课程，或多开班次者，即其明证。在此因循敷衍之情形下，而言补救中学课程之不足，实等缘木求鱼。且如上所言，现时公共必修者，有语文学，有哲学，有社会科学，有自然科学，五光十色，烂漫杂陈，有如百货公司。初不省每系有每系之重点，其所修他系之课程，绝不能以院为单位，强行画一。如史学系学者对社会科学之训练，自较中文系为重，中文系学者对本国史学之训练，亦必较自然科学为重。若谓遵行现制，必产通人，则古今文史大儒多矣。岂得以其未习自然科学，即谓非通人乎？以此言通，徒见其执。吾斯之未能信矣。

部颁公共必修科目，以院为单位者，既不能补救中学程度，又不能必定造就通材。则其不妥，更无庸多述。今谓他系课程之必修，必与本系相配合。以中文系而论，除国文一科须另成一组，单独用班，加深教材，严施训练而外，其余似宜以外国语六学分，中国通史六学分，逻辑四学分，社会科学概论四学分（包括社会、教育、政治、经济诸方面之基本知识）为限。

前三科设第一年，后一科设第二年。如此则学者受课虽少，而通识未必减低。同时入校即有本系课程，庶可增加其兴趣，坚定其趋向矣。至于中学程度如何补救，各系必修他系课程如何规画，改制后中文系课程如何支配，在此均不及论。惟减少不必要之公共必修学程，以节省学者之精力，提高其程度，则实当务之急，恐无人能加以反对者也。

3. 与尊见有出入者四事

（一）大作中论欣赏、批评与习作之关系，谓并无有机性。二者可以分开。在批评学日趋发达之今日，欣赏、批评亦必豫之以学。此理诚然。顾有二端当考虑者：即吾国文学批评，以文学家向重创造之故，视文学作品，成绩不免落后，历代专家及专书俱属寥寥。如今虽可借助异域，然系统理论之介绍，舍朱孟实（光潜）先生《文艺心理学》外，似尚无第二部可读之书。此书所及，又不过理论中之一种。且西洋批评之方式是否尽适于吾国作品，亦是问题。因此鄙意以为：在目前状况下，习作对于建立批评学之系统理论，尚不失为一种助力。（前论文学史之研究应从四方面同时着手，亦即此理。）若他日批评之学已借助于理学、美学、艺术、哲学、考证学等科而系统建立，则学者方有“学”可“豫”。今恐尚非其时。此其一。再则文学批评，方式非一；诸家取径，各有所偏。或重直觉，或重经验，或以演绎，或以归纳。万物并育而不相害，道并明而不相悖，宇宙中自有此理。下走尝与友人长于西洋批评理论者论文，每觉其对于一作品之整个印象颇多妙解，而于此作品之表现方法则有隔膜。空宗所云“到一境，证一境”之说，似非不能成立之理由。则习作经验对于批评贡献之大小，似当以其批评方式为衡，未可遽云其视阅读经验为落后也。此其二。友人叶石荪（麐）先生尝语予：“西洋批评家亦多兼工创作，特其创作之名为批评所掩耳。”此事下走一无所知，惟叶石荪淹游，其言当可据信。

（二）尊表历代文选分四段。第一段为周秦。鄙意周秦古书，全属经典，既有专书之设，且鼓励学者多加探讨，则此段可删。盖其取材，恐不能外经、子、语、策、楚辞诸书。此不特有类以前浅尝即止之群经选读、诸子选读等科，亦不无屋下架屋、床上施床之况。故此科宜仅分八代及唐宋两段，每段一年，学者任选其一可矣。

（三）尊意以语言学在中文系不及声韵学之重要，因反部表，改前者为选修，后者为必修。其事甚富。然居常念中文系（文学组）之语言学，不能如语言文字组之以比较研究为主，而当注意中国语言对于古文字、文法、文辞之特殊影响。设能将此点疏通证明，教者即可谓尽其能事。盖此能使学者能知本国文学成立之所以然，而不仅知其当然也。似此，语言之学亦未可废。折中之法，或于声韵学科中分一部分时间讨论之。

（四）尊表选科中删去文学概论及应用文二目。鄙意则前者必须开设，后者不妨开设。盖近世文学理论，异轨同奔，纷然淆乱，家有所宣，人各为说。后进小生，习见短书，每每逃杨归墨，出主入奴。如文言白话大众语拉丁化之争，言志明道之争，创造模拟之争，师古变新之争，初不能明其底蕴，而道听途说，习非胜是者，在所多有。此由现时各大学中文系主持人既有所偏，则其毕业生自亦思各以其道易天下。中学教员之意见，既多不同，降而至于中学毕业生升入大学，遂尤相左。且也，此守旧或趋新之学者，又不能白归白，贲归贲，各入其所愿入之学校，于是聚首一堂者，或斥文言为妖孽，或谓语体为浅鄙。或排诋西文，谓夷夏之防必严；或迷信洋化，谓经史之学可废。此辈于基本观念且无所知，又奚能冀其循序渐进。是必先药以宏道之论，破其愚蒙之见，始可言文。而负此责任者，则文学概论是。故迩来窃意此科宜列入一二年级必修，以其至少在最近数年之中，尚于学者为必要也。若应用文之范围，可大分交际应用文及公牍应用文、约据应用文三项，于学者毕业后服务社会，颇为需要，用是选习者多与。各体文习作虽亦可注重应用，然公牍、约据，胥有成规，似不宜并为一谈也。（下略）

（1943 年秋）①

---

① 整理者按：此信原载吴宓主编《武汉日报·文学副刊》第 8 期（1947 年 2 月 3 日），题为《再论大学中国文学系科目——与朱自清教授书》。文后附有 1943 年 9 月 19 日朱自清复函："顷承损书论大学中国文学系科目，兼文赐金陵大学中国文学系课程纲要一通，感谢感谢。尊论翔实可佩。只以开课伊始，未能逐条商榷。尊意历代文选第一段可删，鄙见极以为然。文学概论一目，私意文学批评可以包之，概论似终嫌肤廓也。余尚待详论。王驾吾先生意见，亦尚未敢苟同。容稍暇当就来教详陈鄙见。先此奉复，不备。弟朱自清顿首。三十二年九月十九日。"

致闻宥（四通）

闻宥，曾任华西协合大学中文系教授、中央民族学院教授。

（一）

《甲申除夜偶题》

沉沉王气未全收，行胜依然据上游。乐府旧传三妇艳，儒冠新负百年忧。侵肌海色灵山迥，逐鹿围场绝域秋。七度西川尽今夕，所惭江令渐皤头。

《寄怀结桂渝州》

稻畦当户又芊芊，萧寺劳生坐渺然。末俗怨恩轻往复，世情甘苦有中边。鸡虫得失悲盈路，忠义提携合仰天。一字哦成聊寄与，近来哀乐倘能传。

《对雨》

萧萧杂佩竹梢鸣，脉脉清川鬓底萦。一沐渐稊凋后绿，数飞终怯夜来惊。高唐枕席长哀郢，宋玉才华旧擅荆。凄恻丹心竟何用，经时制泪又缘缨。

《重到嘉州有怀子苾成都》

滩声驱梦卷思潮，寒焰腾腾乱寂寥。横舍陆沉真左计，倩魂心结比天遥。向来孤介惟君会，细数悲欢不自聊。眠食而今复何似，定知消减沈郎腰。

《戏题中庭牡丹赠同舍》

绰约双姝宛转香，一般花艳总惊郎。荒台莫作三生梦，绛蜡聊分半夜光。

《抗战云终，念翔冬、磊霞两先生旅榇归葬无期，泫然有作》

八岁荒嬉愧九泉，南郊宿草换新阡。爆声满天角声死，留命东还真偶然。

灯下杂录拙作，奉尘清诲。前以匆促得车，未克奉行，殊用疚愧，伏乞

谅之。此上

在宥先生道案

会昌嘉州西郊写稿

时乙酉秋九月(一九四五年)

(二)

在宥先生左右:

别来忽已两月,伏维动定咸宜为颂。昌夫妇月初分于沪、渝飞鄂,即来山中布署家庭,颇极烦琐。顷幸毕功,已上课矣。菉前在沪奉教,以适困顿,未能作覆,殊为歉仄。承询其近作,所得无多,俟暇再录上乞正。华大研究所在上海所印集刊,如有剩余,不识可见惠数册否?以昌仅见其目,渴望一读也。专上,祗候

著安!

会昌、祖菉同敬上

十一月十八日(一九四六年)

(三)

在宥先生左右:

前书作就,值新年假期未发。忽奉廿八日手书及诗一章,沉哀在骨,殊令人不能为怀也。蒙赐集刊(尚未递到),至为感激。山居孤陋,深幸时获嘉贶一开启之也。吴雨僧先生顷在此间《武汉日报》办一《文学周刊》,不宷能以较为通俗之论文见寄以光篇幅否?不尽。祗复,顺颂

道安!

会昌、祖菉同敬启

一月四日(一九四七年)

(四)

在宥先生道案:

前上一笺,计尘左右。山居孤寂,弥念清辉。不宷比来意兴复何似

也？菜前送教部审查各件证件，皆已发还，惟著作品未交下。又证书例须贴印花五元，前在蓉时曾专函华大文书组，除附款足用外，并请其于证书取得后寄至武大，不悉此事刻已办妥否？敬乞便中一查。小词三首呈正。迩日体力少佳，惟仍以不能伏案为苦耳。不尽。即颂

撰安！

沈祖棻拜上

鹧鸪天

镜里蛾眉只自看，花飞叶落损华年。春风卷幕难通顾，修竹凝妆独倚寒。　　情似茧，恨如环，秋听殷地逼哀弦。人间那有相逢事，极目苍茫一惘然。

在宥先生正律

三十六年元日祖棻呈稿①

致孙望（七通）

孙望，原名自强，字止畺。曾先后任教于金陵大学、南京师范大学。与程先生是金陵大学中文系大学同学。

（一）

止畺兄：

兄四月廿二日手札迟至今日（六月一日）始收到，恐系京中邮局所积压也。闻南京解放前略有抢劫，学校或不致波及，沪上则弟寄寓处甚安，可谓市井不惊、秋毫无犯者矣。焕明事，因弟在沪情形不熟，竟无可为力，日内晤蛰存时，当试问之，恐彼亦未必有办法，因目下尚在接管时期，一切仍旧贯，亦即一切付行私事均谈不上也。祖棻已于上月十五出院，伤口幸平复，惟身体太弱，胃肠失调，时有腹泻，幸无大碍。弟刻待长江通航，即携家西上，惟何日启行，尚不得知。永芬兄仍在京否？乞兄以电话询问相

---

① 整理者按：此信为程先生手书。

告如何？不尽。即颂
道安！

弟昌顿首
一九四九年六月一日

（二）

罿兄：

两奉手教及金大课表等四份，甚感。日来忙得不可开交（校务、学习及家事），故未即复。武大中文系课表，近方定一草稿，须得学生同意及文教部核准，方可作数，大致与北大为近。一年级国文，已非必修，广泛征求意见结果，少数系取消，多数系改选修，教材预备用《开明新编高级国文读本》（完全白话，朱、叶编）作底子，而略加增省。此间小说选及戏剧选改必修，无人教，或须弟出马。小说方面，兄研究有素，藏书亦多，能就所藏先开一目见示，并于必要时借阅否？张守义事如何，萸荪已否就职？祖棻近日尚好，不尽。即颂
教安！

弟昌顿首
一九五〇年八月九日

（三）

止罿兄：

赐书敬悉，兄事诚愿留意，但目前系事虽由弟主持，然不知明年暑假若何，照一般推测，当有较大变动，只好到时再看耳。文研所汇刊（现有二、三、四、五四卷）弟缺第一卷（闻已无有，能买到最好），又六、七、八以次诸卷，前过京曾与兄谈过，请即购寄。又弟授文学史关于小说戏剧亦然（尤其平话章回体等），颇阙材料，吾兄藏有：一、郭箴一《中国小说史》（文化史丛书），二、阿英《晚清小说史》（商务），三、李辰冬《红楼梦研究》（正中），四、李辰冬《三国水浒与西游》，祈寄下假阅。如有单篇论文，亦乞赐寄。又商务所出郑振铎《困学集》（文学研究会创作丛书），南京能买到否？统祈注意为幸。祖棻

伤口发炎，迄未完全复元，系务又极忙迫，苦恼不可言。匆匆，即颂
道安！

弟昌顿首

1950 年 12 月 18 日

（四）

止薑兄：

病想已好转。念念！

金大图书馆转来索书单一纸，云有祖棻借《陆士衡诗注》未还。弟记得离金大时书均还清，事隔多年，已无法查考，希兄惠与声明遗失，照价赔偿，该款若干，并请代付、示知，以便汇奉。

弟土改四个来月，昨始返校，即将投入三反运动矣。匆匆，即颂
俪安！

弟昌上

1952 年 2 月 3 日

（五）

自强兄：

前得汉生兄信，云兄夫妇皆病，此公大而化之，不言其详。弟复书尚云：何不去庐山避暑，以资小休。今日得一日手书，始知所病皆不轻。然观兄字迹如旧，当已复元。惟焕明必须长期休息。弟有一想法，即或不能退休，亦望长期病休，先在家中闲住一年再说，但是，不能带小宝贝。只有令媳躬自抚育，而兄从经济方面助之。弟目前亦即用此法也。闻罗布麻叶治高血压有奇效，但多服易致腹泻。可询中医，焕明体质，服之宜否？闻此事后，极忧虑，甚望其将息速愈也。

多慈画像二张，一上海印者，色泽较匀称，其武汉所印一张上半较深，下半较浅（即弟所云有“黄鹤”字者，或弟寄出时已裁去其字，后又忘之）。兄可将印得好的一张及手稿六张交国璋兄制版。其色泽不匀的一张及各底片则暂存兄处。

系主任事，以武大而论，皆以耆年硕德作门面，垂拱而治，各事皆由党员副系主任管，老头子概不过问，左丘明所谓“政由宁氏，祭则寡人”也。若如此，则亦可担任。若有职有权，反而麻烦。兄亦可凡事皆推诿，久之，则自然“拱默”矣。但研究生却“拱默”不得，因要出货色也。

弟大约8月20—25日之间东下，本拟早走，但热至41度，无法清理什物，又恐生病，故只能推迟。匡校长命派一干部来接，所不敢承，已婉谢之。丽则夫妇可护送。

不必回信。待国璋兄返时交与照片可也。专上，即颂

著安！

弟昌顿首

1978年8月5日

（六）

望兄、焕明姐：

十二月二日离开南京，四日抵武汉，倏已一月。兄姐近况，时在念中，隆冬严寒，望多加珍重。

弟等寓湖北大学专家楼招待所，有暖气，吃饭也在此楼中，无事不需出大门，弟一直未发病，皆暖和之功也。每周为研究生和青年教师谈两次，一次校雠学，一次诗歌，听者约二十余人，尚不觉累。此外则批改积压的研究生作业和修订《两宋文学史稿》，因很少来客，又无杂务烦扰，工作进行顺利。堪以告慰。

来此后因天寒未尝出游，亦未去武大探望老友，准备放寒假后再出行。

南京学潮是否已告结束？

《日本汉诗选》何时能出书？念念。

暇盼来函示知近况，请寄湖北大学中文系转。

敬颂

阖府康吉！

弟千帆、陶芸敬上

1987年1月4日

弟拟于三月中返宁。又及。

（七）

望兄：

得来示，知贵体小恙，良以为念。不出门，不问事，保养第一也。弟在此迄未发病，看来老年必需设法保暖。然作假洋鬼子之机会，亦不常有，故返宁后，即当研究今年过冬方法。小煤炉似不够热，煤油炉又污染甚重，不知如何是好。

《日本汉诗选》已见初样，甚以为喜。然江苏出版社校对甚不行，为此，弟已专函陆国斌，请其特别注意，不可腾笑海外。亦望兄嘱吴锦仔细校之也。

此间讲座到三月十四日止，或出长沙一游（刻尚未定），月底返宁即不成问题也。

即颂

全家好！

弟帆

1987年2月19日

致赵景深（三通）

赵景深，曾任北新书局总编辑、复旦大学中文系教授。

（一）

景深先生：

十多年前，我在南京，曾为《青年界》写稿，与你通信多次，并曾为你搜集一些鼓书资料，不知你还记得否？

解放前，我到上海去复旦看子展先生，都不巧，没有遇着你。

我现在写信给你，是希望请求你一些帮助。

我想搜集一点现代学者讲小说戏曲的书——论文集。如像你的大作，以及阿英先生的、叶德均先生的，等等。现在此间都无买处，不知你能想到办法否？为了一本《晚清小说史》，我找了许多地方都没找着。无论新书旧书，只要有，我都想买。

其次，关于弹词、宝卷等俗文学，好像你原准备在商务出个选本，可是始终未见。你多年讲授俗文学史，卓著成绩，如果这些资料有印就的，能否寄我一份，或抄一个目录给我？

我在武大教文学史，可是非常惭愧，对这方面留心太少。现在关于这方面必须多讲一些，因此，很希望你能给以协助。

匆匆，希望得着回信。

敬礼！

程千帆

11 月 8 日（1949 年）

（二）

景深先生：

来示收到。尊著《弹词选》，我极希望能再借一个月到四十天（六月二十六号），因我编的《古典文学简史讲义》，才写到散曲，得再有上述那么多的时间，就可以编到弹词了。如果先生急着要，我要先摘录后即寄还，请示知。

先生的著作，我只买到① 世界版《小说戏曲丛考》，② 永祥版《银字集》，③ 商务版《弹词考证》，其余一概没有。除了随函附上一万元，请代购修文堂那本书（他没有寄来）赐寄外，其余各种，如蒙惠赐或代购，非常感谢。

还有，我想买下列各书，如果先生知道哪家书店有（最好能告知价目），请示知。（最近我托北京来薰阁找一部《清平山堂话本》，有抄配，还索十万元，您看是不是太贵了。）

① 开明版《六十种曲》（洋、线装均可）

② 商务版《孤本元明杂剧》

③ 钱南扬《宋元戏曲百一录》

④ 冯、陆《南戏拾遗》

再您上次说的阿英的《俗文学论丛》极不易得，如果遇着，请代留心为感。

我暑假还要到上海来的，希望能进一步在许多具体问题上向您请教。

热烈的握手！

5月6日（1950年）

（三）

景深先生：

赐书四册又代购一种均收到，非常感谢。尊著文学史均有，唯《大鼓研究》《弹词选》如有售处，仍希代谋。《六十种曲》及《孤本元明杂剧》不知何店有，乞便中惠示。此类书借之图书馆，总不很方便，如有购处，总冀罄于绵力，置之案头。子展先生闻久病，现在怎样，念念。有徐哲东先生原在震旦大学，院系调整后，不知在复旦否？匆匆敬覆，即颂

著安！

程会昌拜上

五月十六日（一九五三年）

致吴奔星（四通）

吴奔星，曾任江苏师范学院中文系、南京师范大学中文系教授。

（一）

奔星兄：

祖棻的事承您关心，非常感谢。现由她直接给您写上一函，请酌办。我相信她在您领导和支持之下是能够进步和胜任的。

白凤前些时有信来，希望到武大，但此间情况已全非昔比，真是爱莫能助了。潜斋兄拟介之入华中，但亦不知有定否？

希望得着您的回信。

热烈地握手！

弟会昌

十月六日（一九五二年）

（二）

奔星兄：

星期一（三日）下午务请届时来舍（如散会迟，可径至南大南园小吃部）。请通知北桦、孙望两对及中玉兄。

票收到，谢谢。

顺颂

刻安！

弟昌顿首

十二月一日（一九七九年）

（三）

奔星兄：

要一个已经多年洗手不干的强盗再去打家劫舍是困难的。我皈依佛门已久，不再向耶稣基督念“阿门”了。祝

好！

弟帆

（1988 年 1 月 28 日）①

（四）

奔星老兄：

惊闻嫂夫人仙游，甚感悲痛。吾兄笃于伦纪，琴瑟情深，老怀当更不堪。惟愿达生安命，以自排遣而已。天寒衰病，不能踵唁，谨此奉慰。专肃，顺颂

① 整理者按：1988 年，吴奔星主编《中国新诗鉴赏大辞典》，邀请程先生自荐新诗并就一些名篇写赏析文字，程先生以强盗洗手不干婉辞。日期据《闲堂日记》补。

近安！

弟程千帆敬上

陶芸同此

一月十六日(一九九三年)

致开明书店(一通)

负责同志：

你店现已结束，我有《诗论骈枝》一书，系将版权卖给你店的(时在四九年春天)，稿费老早取了，但书一直未出。此类情况，想也很多，你们有无统一处理办法，乞示。

我有这么一个意见，即希望你们将此稿转送北大余冠英、王瑶两教授处，请他们介绍在棠棣出版社的《古典文学丛刊》印出，如果能出版，则我可以将已领稿费还给你们。(附上一函，请酌办。)

你们店中出的《六十种曲》还有没有？如有，我希望购一部。现在市上买不到，或许你们仓库中还有。

如王伯祥先生仍在店中工作，此信希望他能作复。此致

敬礼！

程会昌

五．十七(一九五三)

致刘彦邦(十五通)

刘彦邦，初肄业金陵大学中文系，后转入四川大学毕业，沈祖棻先生的学生。

(一)

彦邦：

8 月 20 日来信收到。你已经找到工作，而且工作得很愉快，使我们很高兴。文书工作虽然琐碎一些，但对提高自己的政策水平是有极大的

帮助的，这样，也就对业务有所帮助。如果每天能抽出一点工夫来自修，即□还是可以作一个业余的研究者的。……（以上墨水污染，字迹涣漫不清。）祖棻在江苏师范学院（地址：苏州天赐庄）任教，身体比前好些。一个女孩（我们只有一个孩子）随着她，已近七岁了。

兆显之死，深为可惜，其《词注》我们未全读，如已清稿，可试寄：上海康平路九号新文艺出版社古典部钱伯城先生处，并声明是我介绍的，看有无出版可能。（以下缺页）

（约在1954年秋冬之交）

（二）

彦邦老弟：

前得书即奉复，旋得王淡芳君书，知已收到为慰。

昌定8月半以后东下，此后惠书请寄“南京汉口路南京大学中文系”。

匆匆，即颂

俪茀！

会昌

8月6日（1978年）

（三）

彦邦足下：

损书又陶、萧两君诗词均奉悉。回念往事，益增忉怛。道恕是仙乔先生外甥，少年已有惊人之句，今尚不得出其所学以诒后生，诚可叹惜。其夫人亦昌旧识，如过谈，甚盼代达相慰之意。定梁处通问时，亦乞道念。新到事冗，未能别致书也。来此一旬，诸多扰攘，工作尚未确定，但校长等以礼相待，不似武汉之狂悖，为可告慰耳。匆复，即颂

俪安！

会昌顿首

九月四日（一九七八年）

来示请寄“南京大学13舍222号”。

（四）

彦邦足下：

七日手书奉悉。民院事确如淡芳所说，以双方同时进行为宜。似可再请君惠兄与国瑜兄一商。戈壁舟夫妇不相识，但知二人均治现代文学。如成立研究所，总得有研究古典文学之人。如有老人参加，昌总直接间接有些关系，或可推挽。幸注意及之。出版社似不如大学与研究所，然亦胜水利局也。昌及子苾所著书四五种，均被上海、北京索去，刻在审查中，尚未正式通知，亦不便遽尔索还。将来如条件不合（如社中要多修改，则宁可不出。子苾既逝，其遗稿尤不可轻动），或再与四川一商。顷争鸣之风尚不普遍，出版界条条框框不少，昌宁俟河清，不愿逐流也。进行情况，随时见示。即颂

著安！

昌顿首

十月十一日（一九七八年）

（五）

彦邦老弟：

損书知成都大学之事已成，极以为慰。多年学非所用，今乃始展其骥足，真使千里外故人有齿豁头童祝圣时之感也。今之少年束书不观，弟能胜任决无问题，然亦不可掉以轻心，要当敬业研几以臻远大耳。子苾诗集已印成，词集刻正四校，即可付印，约再有两月当寄上也，今后上课情况如何，望以见告。春寒，珍重珍重。即颂

俪安！

昌顿首

2月24日（1979年）

今后来信寄南大中文系。

（六）

彦邦弟：

来信收到。弘度先生《词筏》，确系刊在重庆中国文化服务社出版之《读书通讯》上，如 1940—42 无之，则请往下查。总之，是在抗战期中，46 年以前。

道恕代为努力寻觅，极所铭感。

泽荪所要南大大一国文用书，即江苏人民出版社所出《古代文学作品选》上下二册，已托人去买，非久，当同《古诗今选》下册一同寄上。此外，今年尚有子苾及帆新书各一种可出，届时当奉上不误。

五月东坡讨论会，因与赴山东大学讲学之时间冲突，恐不能来。但以后入川仍有机会也。祝

近佳！

千帆

三月二日（一九八〇年）

（七）

彦邦同志：

赵世伟君交来三月五日函，又四月廿八日函均收到。赵君延长进修事，已解决。《诵帚词筏》续篇既不见于《读书通讯》，亦暂难再行踪迹。烦代为向道恕致谢。昌将于十日去上海为教部所办之文学批评史师训班讲课约一周，然后赴济南践孟伦先生之约，为山东大学研究生讲课。返宁时当已在六月下旬。遇诸旧友如淡芳等，望告知之。即颂

吟茀！

东坡之会，争取来，然未敢必。

昌顿首

5 月 2 日（1980 年）

（八）

彦邦老弟：

惠书及所寄食品均收到，甚感。此间点心不及成都，然大体可食，故不烦远馈。惟贱躯患气管炎，久而不愈，因之有肺气肿现象。不知能为觅得川贝母少许见寄否。（亦可谋之淡芳，渠颇通药理也。）杜老云："多病所须惟药物，微躯此外更何求？"深有味乎其言。匆复，即颂

俪弗！

帆顿首

十一月五日（一九八〇年）

（九）

彦邦老弟：

承惠食物及尖贝，极感。杜老所谓"多病所须惟药物，微躯此外更何求"，以此益感故人情重也。

近月来，总觉中气不足，上课有困难。西医云：乃动脉硬化缺氧所致。此亦自然之理，不足多计较也。

闻川局日好，极慰。老病不能把晤，西笑而已。

子苾《唐人七绝诗浅释》乃校稿，数月后可出，容寄上。即颂

俪安！

千帆

十一月十五日（一九八〇年）

（一〇）

彦邦、淡芳仁仲：

贱辰远荷存注，以退休之俸分赠，高谊真令人感动也。去美之事似皆未办妥，高年亦实以不远行为宜耳。近应江苏古籍出版社之约，为子苾诗词编一全集附笺其中本事，又将汪旭初先生评语录入，年底年初或可竣事。老瞀不能精思，惟此事差可为，其中若干事件，惟我知之，若不注出，

则后之人又当如《锦瑟》之难解，故亦非无意义也。暇时盼来信。顺颂
阖家安吉！

千帆

九月十三日（一九九二年）

（一一）

彦邦老弟：

10 月 16 日寄函及《银杏》两册均收到。人老则懒，事理之常，何可自咎？

庞先生集极盼阅读。但以寄出之事望之君惠，则不知何年何月。彼曾提议以彼此见寄之诗各写一卷子相赠，我当即写寄。而彼则几十年而终不动笔也。望弟办此事如何？（想要三册，川中出版书此间难得，可分致友好也。）

友人赴美未住满签证期即返者多。一不会开车，二不会外语。只有自囚家中等儿女下班，乃有人说话，可谓哑囚，况方侍高堂大年乎？惟夫人已去美，不知能动员其归来否？

我亦日衰，耳聩甚，目亦眚。看报只能随便翻翻，不能逐字过目也。但委心任运耳。

淡芳近日心情当略舒缓。其孙王愚在浦口分校就读。目前我去分校，值其上课未得见，以饼饵数事寄之。少年从未离家，想要一段时间才能适应也。

小诗望共淡芳阅之。即颂
安好！

千帆

十一月六日（一九九四年）

（一二）

彦邦老弟：

来函及致丽则函均已收到。9 月 16 日刘婉姊妹来宁，由宏生安排好

住处并陪同来寒舍，初次见面，非常高兴。在宁期间曾晤谈多次，并与门人莫砺锋、张伯伟、张宏生等接谈数次，彼此均得益不少。刘婉这次回国，走访了上海、南京很多学者，再去北京后，对她回美后著书想必有所帮助。一虹也和丽则谈了几次，丽则并赠送了几篇小文，以后她们可以成为笔友，经常通信。贱辰系 9 月 21 日，适逢星期日，家中儿孙们均要来团聚。故一虹、刘婉姊妹在 20 日设筵为我祝寿，我本不敢当，但她们均谓系父母之命，我不敢辞。遂与陶芸、丽则、春晓一起赴筵，宏生、伯伟亦在座，甚欢。谢谢你们的盛情。

听刘婉介绍，老弟在美国住宅环境及生活条件均较好，我亦放心。只是数年不见，甚盼能回国小住，来宁盘桓数日，以慰远念。

今年夏季不甚炎热，我身体还好，未曾生病，心脏病亦多年未发作，只是老衰日甚，耳聋，眼花，腿亦不良于行，更谈不上工作，终日枯坐而已。几部未完成之著作均赖学生协助，今明两年可出数种。淡芳近亦有信来，顺告。

敬颂

俪安！并候

阖府安吉！

刘婉姊妹今日将去北京。

赠婉书数册，多弟未见，翻阅可遣日。

千帆、陶芸

1997.9.25

（一三）

彦邦老弟：

接奉来书已多日，因天气暑热，身体不适，未能即复，为歉。天眉四月底抵宁，七月中旬去北京转机返美。在宁时因查出有胆石病，曾住院治疗，耽搁多日，未动手术，似亦无大患。待去美后如再发，当在美治疗。但因此未能在宁多游览，更不暇去外地旅游。但难得在家住了多日，此处情况及国内动态也大体知道。望弟与之联系。

弟现住波士顿，虽较寂寞，但有幼孙为伴，当亦多乐趣。波士顿一带华人很多，天眉往来朋友大多为华人，如弟能找到一些能谈得来的华人朋友，也可增加乐趣。而该地夏季凉爽，亦为我们所羡。

我近来不但耳聋目瞀，精神亦极差，终日思睡，举步亦难，不知是高温所致，抑或即体力日衰。待天气凉爽后，如尚能出行，则或能稍恢复健康。

我的眼疾曾多次请医生检查，均云白内障不严重，不必动手术，但亦未能说出病根所在。我想就是视神经老化所致。有时也能看一点大字书，但一二十分钟即感到模糊，不能再读。只好整日昏睡，混日子而已。

多年未见，如今冬能返国，过宁小叙，则可大慰老怀。甚盼能如愿也。河北教育出版社为我出全集，进行甚快，其中现成的书已送来初校，只是尚有一二种未完稿，预计明年底当可出版。顺颂
俪安！

千帆、陶芸
1998.8.8

（一四）

彦邦老弟：

接来函，奉悉一一。尊夫人腿疾入院治疗后，想已出院休养。美国医生外科手术一般皆可，不过传说伤筋动骨一百天，回来后仍须好好休息，不能多操劳。请代问候。

天眉回到美国后，每次来信都提到想邀请你们二位去 Burlington 聚谈。她有一批中国朋友常来往，如弟能结识一些中国朋友，也可略减寂寞。今冬不能回国，希望明年春暖花开时，能返乡一叙。

近年来我更加衰老，耳几全聋，借助助听器还须在耳边大声讲，才能听到一点。眼花不能看书，写字困难。最近两足浮肿，走路亦困难。但每日仍勉强至附近走走。整日枯坐度日而已。

天气已凉，Boston 冬日寒冷，盼多保重。

顺祝

俪安！

千帆、芸上

1998.10.27

（一五）

彦邦老弟：

接奉来函，悉嫂夫人手术成功，又西迁至暖地过冬，甚慰。弟现住地区华人较多，应可有交谈者，不致太枯寂。但中美人情习俗皆不尽同，尤其是语言不易娴熟，如能回国定居，当较习惯。现在国内购房者甚多，如有单位购置之房，亦不甚贵。尊夫人原在川大有住房，应可申请。现新建之住房均为住宅区，有人负责管理。弟仍可与淡芳等老友盘桓，令媛一虹可在身边照顾。我觉得不比在美国差。至于刘婉等可令其隔一两年回国探亲一次，来回飞机票有时只需一千美元以内。小女天眉亦尚未决定是否长期留美，她一两年都回来看望一次。鄙意惟供参考而已。

我因心脏旧疾入院治疗已一个月，现大有好转，待再做一系列检查后当可出院，请勿念。南京今冬至今尚未大冷，但大水后必有大寒，我们还是作好了思想准备。顺颂

阖府新春欢乐！

千帆、陶芸

1998.12.29

致夏承焘（二通）

夏承焘，字瞿禅，晚号瞿髯。著名词学家。

（一）

瞿禅先生左右：

奉廿七日手书，仰见前辈怜才之雅，感何可言。祖棻刻尚承乏苏州讲席（祖棻病懒，在成都时，有友命书小扇，数年不复。先生长者，不敢稽延，

乃由昌书之，非敢有所吝也），昌曾屡商当道移教华东，迄无成效，遂使尘俗夫妻亦同牛女，诚可笑也。其词方求点定，尚乞暂置尊处数月，俾得以燕闲之暇，从容为之。

顾学颉先生现在北京人民文学出版社古典部工作，先生如有书问，径寄该社当可收到。

承命为尊著制序，所不敢辞，惟不知文体以用文言抑白话为当。此书先生当自有题记，如用文言，则昌亦当学步，以免有损全书风格，至希惠示，以便遵办。

心叔先生治学博通廉悍，夙所钦迟，无缘陪接，但深驰仰。前闻卧疴甚久，刻想早经康复，晤时尚乞致意。

丁丑前昌家寓杭州，夏腊归省，颇得湖山之乐，今匆匆十余载矣。来岁假中，不知能来杭奉谒兼寻旧游踪迹否？

谨上，顺颂

道安！

会昌叩头

九月三十日（一九五四年）

季思先生想已返粤，渠亦欲东归，然未能也。

（二）

瞿禅先生左右：

久未奉候，伏维杖履安泰。顷承惠赐《论词绝句》，彊翁之后，此其嗣音，而经涉广漠，剖析毫芒，则又过之。窃谓乃一部诗体写成之词史也。《涉江诗》《词》印就，邮奉二册，想已收到。经营匪易，越岁始成，而款式印工终不如意为憾。先生海内宗匠，多识学界胜流，不审尚有何人应寄呈乞教。如荷便中属夫人开示名单，极所欣感。

专此布谢，祇颂

道安！

会昌顿首

九月十五日（一九七九年）

致新文艺出版社（三通）

（一）

负责同志：

今寄上《宋诗选》的全部稿件，请查收。

篇目方面，较原来寄上的拟目略有出入，主要的是将直接反映民生疾病而艺术性不高的作品减去了一些，而将别的好诗加了一些，使这选本的面貌较为丰富。

注释方面，也参酌了作家出版社拟定的办法，将你们原来的规定略加变通，例如：并不是每一首都有解题，而只将难懂的加以说明。（你社已出的一些选本，也是如此。）

我们两人的工作都很忙，所以这工作拖迟了很久，很抱歉。如果你们审读后，觉得有些要改动的地方（一定有的），而这些地方又不影响整个选本的基本精神和选注原则，那么，最好就由你们代为修改后付印。因为如交还给我们改，可能又拖上几个月的时间。此点，请研究决定。

在排好付型之前，最好能将清样寄给我们（最好寄两份）亲校一次，以便有最后改正的机会。

如果你们找外审，希望你们能和我们事先取得联系。我们认为：夏承焘教授、刘大杰教授担任这本小书的外审是比较适宜的。

盼复。

此致

敬礼！

程千帆、缪琨

十月十二日（一九五六年）

（二）

编辑部：

12 月 3 日，编务（56）字 0035 号来函收悉。《宋诗选》能于本月发排，很好。

来函指出的六点，五点均系我们失照或笔误，承指示，甚感。

只有第四点，刘子翚的卒年，拟请再覆查一下朱熹的刘屏山墓表。因据《宋史》卷 434，刘的年龄为四十七岁，如卒于 1149，则其生年为 1103 而非 1101，也应连带改正。我手边无朱集，希望你们能代查。

再王庭珪……庐陵人，庐陵下不必加注“江西吉安”字样，因已在前欧阳修条下注过了。

这次在京开会，和刘大杰先生同住一房，得闻您社有许多新猷，很是觉得高兴。

望复，即致

敬礼！

程千帆

12 月 7 日（1956 年）

（三）

编辑部：

据编务（56）第 0035 号函，知拙注《宋诗选》已于去年 12 月发排。现在，我们希望知道：

① 何时可以校稿，

② 第一次印数多少，

③ 大致何时可以出版？

即希示复。此致

敬礼！

程千帆

二月十三日（一九五七年）

致古典文学出版社（三通）

（一）

编辑部：

编务(57)233 号函收到。

《宋诗选》望能连原稿寄还，让我们亲校一次，当迅速寄还不误。

陆诗，我们的注解不错。这首诗可能是陆集中最早作品之一。绍兴十年，岳飞部将牛皋确曾攻入西京（洛阳）。岳飞虽年轻，但当时已多白发，他的《小重山》词"白首为功名"一句亦可为旁证。请参看我在《文学研究》创刊号中的论文。

敬礼！

程千帆

四月九日（一九五七年）

（二）

编辑部：

《宋诗选》校稿及《古典诗歌论丛》改稿寄上，乞查收。

你们寄来的那册《古典诗歌论丛》，因系第一次印本，错字很多，如要据以重排，很不可靠。我没有用，现仍还给你们。

《论丛》最好能用原纸型（因已数校，错字少）。可能有个别的篇页要重排。凡我改动了的地方，都折了角，请研究。如不全部重排，可不必再送作者校对。如重排，则仍以亲校一次为好。

此致

敬礼！

程千帆

五月三日（一九五七年）

（三）

负责同志：

①《宋诗选》，我们有些改动，重印之前，务请函“武大中文系缪琨”索取改本，校正后再付印。

②《古典诗歌论丛》，我原说，如重排，愿自校一次。现因此书你们决定在第三季度出，而七、八两月，我又准备离校旅行，不容易接上头，因此就决定自己不再校对了。如有一些考证性的错误，望代为改正。

特此奉闻，即致

敬礼！

程千帆

七月八日（一九五七年）

致李俊民（二通）

李俊民，曾任新文艺出版社社长、古典文学出版社社长。

（一）

李俊民同志：

我和缪琨同志合注的《宋诗选》，去年接您社信，说12月付排，大约一个多月前，我曾去一信问何时可以校稿，未得复，请一查。因我们要安排一下时间。同时，暑假中可能走动，怕临时接不上关系，耽搁校对工作。

我的《古典诗歌论丛》想由您社重印一下，想大杰兄已转达。因为在运动中挨了一下“一棒打杀”的短评，不愿增加麻烦，因此当时就要文艺联合出版社不要印了。但后来有些同志，例如何其芳同志，认为，这种做法，无论是批评家或被批评者，似都不好。书还是应当重印。所以我就想将它再选择一下付印。

我希望你们能帮我找到原由文艺联合出版社保存的原稿，如找不到，则找一本第三次（或第二次）印刷的原书也好，因为我手边只有两本，想保存。如找不着,则只有即据我的书修改,请协助。

盼复。此致

敬礼!

程千帆

四月九日(一九五七年)

(二)

俊民同志:

古社(57)第324号函(4月22日)收到。

《古典诗歌论丛》承允重印甚感。我这次修订,主要是想抽掉一些篇,使其更其成为一个资料性的论文集,当中有四五处,需要有所增删。但不多。是否要重排,可以请你们审阅改稿后决定,我无意见。

稿费问题,原约是"依照印数与全书总字数,每千字每千部付1.3个折实单位,以实销实结支付,每两个月结算一次",当时我记得是约合每千部人民币88元。且不说这个方法对作者是多么刻薄,现在折实单位也没有了,就很难算。我想重印这书,并非为报酬,报酬可以在新出的几本书中取得。但我仍希望还是改成新办法,一个定额若干册,每千字若干元。这,你们可根据经营情况决定。据刘大杰兄在京说,这批重印本,有的可照定额一万,每千字10元计。这书销路不会太大,定额一万差不多,如你们认为还不够千字10元的标准,那么,再降低点也无所谓。(但如您将它看一遍,就会觉得它的产生要比《宋诗选》不知难多少倍。——这是题外的话。)总之,我对文艺联合出版社那个老办法印象很坏,不想再沿用它。出版家和作家,是可以谈心的。因此我就直率地写了这些。

希望听取您的意见。

此致

敬礼!

程千帆

4月27日(1957年)

致人民文学出版社(一通)

人民文学出版社:

你社 69 年 5 月致武汉大学革委会嘱其转告我退还《近代文学史稿》预支稿费 400 元之信业已读了。完全同意你们的意见。我现在每月的生活费是 65 元,除按月退还另一出版社预支稿费 20 元外,尚剩 45 元。决定从 6 月份起,也按月退还你们 20 元。除特殊情况外,每月照寄不误。

敬礼!

程千帆

1969. 6. 12

通讯处:武汉大学 9 区 29 号。

致王淡芳(二十三通)

王淡芳,四川大学中文系毕业,程先生的学生。

(一)

淡芳足下:

连得三书,又七言律诗两首,极感存注。至于详述服食养生之道,药物之宜,尤见关切。容当试行,如衰疾有所减轻,胥来示之所赐也。佳作深稳,虽多时不作,而笔力自在。次首尤工。第一首首句“远”字应平,末句“白”字亦应平。世间所传“一三五不论,二四六分明”之语,盖曲家之说,于诗律无与,观清世诸家所为声调谱可见,又末句亦微近率。今僭易首句为“秋雁迢迢寄故情”,末句为“惭愧新篇咳唾成”,何如?东坡次韵参寥禅师有“无数新诗咳唾成”之句,其所从出也。苏诗于吾弟风格为近,大可用功。仆数年前曾细读荆公诗,详校一过。近日却看苏诗,不独赏析文词,亦可排遣幽忧之疾。得弟音信后,偶忆此老一绝云:“当年衫鬓两青青，强说重临慰别情。衰发只今无可白，故应相对话来生。”真觉其善于言情，吟诵再四，不知涕之无从也。又知锦城风物如恒，且踵事增华，弥念旧日旅游之乐。记三十年前，有一弹筝老叟常在望江楼奏技，偶与友人高石斋月夜听之。石斋赋诗云：“钿蝉金雁不胜秋，四座无声泪欲流。今夜月明江水阔，断肠人在望江楼。”今石斋久不通问，而彼叟坟上白杨，当已合抱，真可伤也。十余年来，既不事教学，反得以三余之暇，翻帙故籍，了得《史通笺记》及《唐代文学探赜》二书，共约三十万言。虽不能付之梓人，以求教于当世通儒硕学，然亦聊免饱食终日，无所用心之诮。惜无副本，不得呈乞吾弟为之订正。昔曹孟德一代豪杰，尚以老学为难，则吾辈更宜自勉，又不待言也。以来书有重理旧业之雅意，聊复及之。相片一张，是九月中与子苾结缡三十五年所照，谨以奉寄。又子苾近诗数章，钞乞吟正。渠今日出门就医，归后已极疲乏，不可复作书，嘱代致意。匆复，即颂
俪苐！

会昌顿首

1973年□月17日

（二）

淡芳足下：

三月八日及四月六日手札及甩手疗法抄本均收到。前函未及时作复，盖以祖棻久病，经时不愈，心情不佳，乞谅之也。承关心贱躯，详示养生之道，实有至理。

论诗数百言，虽愚等不足以当扬诩，而风格之辨析，则诚如所说。窃谓题材、主题、环境、经历，古今相同者多矣。独风格因人而异，本之个性，发于语言，有不可强致者。读诗作诗，不从风格之辨析入手，终同面墙。今来论于此着眼，所谓探骊得珠也。顾学颉原在人民文学出版社任编辑，近年随文化部五七干校下放湖北咸宁县。咸宁古又称永安。其地有温泉可以疗疾，又盛产桂花，每年采撷制为香精出口。拙诗“温谷兰汤”一首即咏其下放事。“倚杖荒原”则58年昌在湖北蕲春县八里湖农场劳动时作。偶奉命养鸡，忆得鲍参军“腰镰刈葵藿，倚杖牧鸡豚”之语，因成该句耳。

寄施蛰存诗所云“将军”云云，盖以施本以短篇小说名家，所著《上元灯》及《将军的头》二篇，三十年代曾脍炙人口，及老退以金石拓片之考证自娱。此翁已近十年未通音问，亦不知其存殁矣。书法一道，昌未尝入门，然颇觉其有益性情，周子充诗云“晚知书画真有益”，殆亦此意。闲暇时亦偶临抚褚河南，草书则孙吴郡，然不能持之以恒，故终无所得。近世此道尤衰，良可惋叹。得来书，如闻空谷足音也。即颂

俪茀！

会昌手上

1973年4月12日

（三）

淡芳大弟：

陈简斋诗集有胡稚仲孺笺注本，乃宋诗宋注之一，虽不及任子渊之注山谷、后山集，然所笺时事有非后人所知，亦甚可贵重。书旧难得，自商务印书馆影印于《四部丛刊》中，遂得家弦而户诵之矣。江宁蒋苏庵又尝以此本影刻行世，附有冯蒿庵所为校勘记及刘辰翁评本，较商务本所搜集为备。但此书刷印无多，恐顷不易购置，可试于四川省立图书馆或川大图书馆假读。

简斋于东坡关系不深。其诗自黄、陈出而归宿于杜老，简严雄浑是其所长，无后山之枯涩及山谷之怪巧，然思力沉厚处亦似不及。鄙意南宋诗人中，简斋与放翁、诚斋实各具面目之三大宗师，非余子可及，能反复吟诵当有悟入处。融化苏、陈二家，自出机杼，成面目，自无不可。放翁诗漂亮，易引人喜爱，故特流行。诚斋、简斋，非于诗用过功夫者，不易知其好处也。行期在即，难以详论。

昌顿首

1973年6月16日

（四）

淡芳大弟：

返家后得读致子苾书数通，深感关切，以事冗未能作复，惟录拙作一

卷，聊酬高义，想已得达左右矣。顷又奉二月廿七日书，并惠雅什，眷言夙昔，感何可言！得知有肺气风痹之疾，尤极悬念。年事渐长，则体质渐羸，此亦恒情，在所难免，惟冀善自葆爱，勿使加剧而已。惠诗情深语挚，风格沉稳，实为合作。其中略有可商者，则第一句之“一”字，第四句之“乃”字，于律当平声；第五句用苌弘事未尽贴切；末句入汉川，汉水分东西，西汉水即嘉陵江，东汉水乃今汉水，至汉口乃与长江合。足下如东下者，则当沿江，而不得沿东汉水由鄂西北以至武昌，故于地理亦小有出入。今试酌为更定如下：

风雪灯前意黯然，书来尚喜及春先。沉身不废三千牍，弹指仍惊十八年。膏火自煎悲旧事(用步兵诗及《庄子・山木》篇意)，乌头终白感新天。衰颜岁岁江楼望，何日停舟鹤渚边(武昌黄鹤楼别名鹤渚)？

改诗非易事，而改正能诗如足下者之作则尤难。以数十年相与游艺之雅，故僭为之，未必有当，供参酌可耳。拙作寄江南故人四首，亦偶乘兴为之，及今观之，殊未谨饬，幸惟二三知己见之，不足为外人道也。“虎闼”句系用梁陶弘景挂衣冠神虎门而归隐事，今通作神武门，以唐高祖之祖名虎，故唐人皆改虎为武或兽。“门”字以调声改用“闼”字，乃本杜诗“凄凉大同殿，寂寞白兽闼”。白兽闼即白虎门也。弘景居山，梁武或咨以国事，有山中宰相之称(诗中陶孟皆实有所指，以非君所熟识之人，故不复觇缕)。清初朱彝尊字竹垞，别署金风亭长。金风集指所撰《曝书亭集》。集中有一绝云：“海内文章有定称，南来庾信北徐陵。谁知著作修文殿，物论翻归祖孝征。”孝征亦当时文士，《北齐书》《北史》有传。竹垞此作自是有慨于清初文苑，因反其意以自广耳。盼英见东坡百步洪诗序，以借指数十年前金陵桡女之慧丽者多能为游客道六朝故迹、秦淮旧闻也。春寒颇重，不良于行，蛰居斗室，复作得二诗，别纸录上，聊可见多年心境，与前小律同也。子苾近复小病，未能作书，属代致候。专此奉复，即颂

俪安！

会昌顿首

1975年3月7日

（五）

淡芳大弟：

日前奉复一书，附去近作二诗，想已收到。顷又得五日来札，知甚爱沈吴兴书，因发尘箧，检出行书四纸，楷书对联一幅，又谢乐至、潘怀宁书各一纸，别邮奉寄。其宋词长联乃是吴县汪先生往年集以见赠者，华阳乔大壮先生为之题诗作跋，而秋明老人书之，均极精善，故子苾夸为三绝。自诸老云亡，不可复得矣。汪先生名东，字旭初，号寄庵，余杭先生高足弟子，子苾业师，所从受词学者也。乔先生乃清末名宿学部侍郎茂萱（名树枏）之孙，名曾劬，字大壮，诗词名家，兼精篆刻。潘先生名式，字伯鹰，早年以小说名家，晚治诗古文，而尤精书法。其所写沈诗三首，足以见师友渊源，故以奉赠。无量翁书不衫不履，风韵天然，当为弟所熟知。又附上子苾怀人诗卷，望便中传观。卷有余纸，如有兴致，亦可邀一二友生赋诗作跋其后，备艺林一故实。君惠先生旧与结邻，过从甚密，拙作无妨示以一二，惟不必广传他人。子苾卷则凡所怀之人见存者皆可告之，以敦夙好也。承询拙作用事，海盐指明胡震亨，号遁叟，著《李诗通》。钱塘指清王琦，字琢崖，著《李太白集注》。古之注李者惟二家为最善。宋儒陆佃解毛诗“伊其相谑，赠之芍药”云：芍药破血，赠与女郎，欲使其无子（见吴旦生景旭《历代诗话》所引）。结子字则用唐人宫词“自是桃花贪结子，错教人怨五更风”也。昌将于三月廿日后返沙洋。天候渐暖，所患亦逐渐减轻，幸释远注。子苾一病旬日，近始略健，并以奉闻。即颂

俪安！

会昌顿首

1975 年 3 月 11 日

（六）

淡芳大弟：

近偶读李卓吾《藏书》卷四十六《王羲之传》引陆羽云：“徐吏部不受右军笔法，而体裁似之；颜太保受右军笔法，而点画不似，何也？有博古君子

曰:徐得右军皮肤眼鼻也,所以似之;颜得右军筋骨心肺,所以不似也。”前寄潘伯鹰所书小楷,自跋云:略师量华亭自鲁公以求登善之意,盖亦此旨。曾涤生论诗,以为山谷出于玉溪,因作一绝云:绵邈发幽响,奥缓生光莹。太息涪翁去,无人会此情。而李、黄两家外貌固绝不相类。以知艺事之传承,必遗貌取神,乃能洞悉其渊源变化。诗书一理也。前子苾转来手书,知赏玩沈、潘诸家书迹,遂至忘餐。深识雅怀,会心不远,为可羡也。在此粗安,承注极感。即颂

俪福!

会昌敬白

1975 年 5 月 15 日

(七)

淡芳足下:

连得数书,老懒未能及时奉答,为愧。别纸录呈五诗,前四绝句乃旧作,五律一首则所以奉酬相慰喻之厚,然未足以尽鄙怀也。所论杜苏之别,乃玩索有得之言,非是率尔戏论。古代诗人多数以官为业,以尚志为事,故穷则独善,达则兼善。然性分遭际,因人而异,故有知其不可为而为如杜者;亦有知其不可为而遂转而隐退,或玩世如苏者。乐天前半同杜,后半同苏。蕃变虽各殊其趣,大抵不出此数种类型,然辞人才子垂名艺苑自致隆高者,皆由其风格艺术不相沿袭,各擅胜场,历劫常新,彼此不能相贸代。故研治文学,但注意思想题材,而不重视其艺术,则文学亡。其蔽与但重艺术而不重思想题材,厥失维均。玩索古贤之作,于其风格独特之处,尤宜加意。此狂瞽之言,但能为吾弟言之耳。古人于诗不忌重字,不特句中,即韵脚亦不甚忌,如子建《美女》,两押“难”字,谢客《述祖德》,两押“人”字,亦初不论其同义与否。东坡于一篇之中,两押“耳”字,“忽忆钓台归洗耳”,“亦念人生行乐耳”,自注云:二耳不同,故得重用。则重视此事始于宋人。大概近体诗以不重韵脚为佳(老杜长律亦间有重韵者)。至于句中之字,则无论古近体皆不必多避复字,至如钟记室所谓文多拘忌,伤其真美也。所读三书,郭、章二作尚未得见,范书尝细阅之,其长处诚如

来论，嫌其文笔稍涩，叙述不甚动人。以此知刘子玄论史有三长，阙一不可，为不易之论也。四川大学历史系教授缪彦威（钺）先生文史兼擅，人亦温文尔雅，吾弟识之。如有机缘相过从，当有进益。王君文才月前过汉，曾来小坐。渠系随四川师院参观团沿江东下，约本月中旬反蓉。如往访之，当可审知仆等近况也。手复，即颂
俪安！

会昌顿首
1976年1月3日

（八）

淡芳大弟：

来示及庞、曾诸老轸念旧游伤逝之情，如何可言？石帚先生尤所密迩，论学之余，杂以诙笑，与之相交，真所谓如饮醇醪也。忆访之苏坡桥，同步田野间，有权贵汽车疾驶而过，先生则口占云："上有无心肝，下有蒙口鼻。"后缀成短古一首，惜忘其全文矣。弟能于暇日一展其墓，此老有知，当亦欣然。

闲敬白
1976年1月18日

（九）

淡芳足下：

返家度岁，得读惠书又临松雪道人书一纸，极以为慰。先君精于篆隶，昌愧不能世业，于书道懵无所知。今读临本，甚觉能用中锋，神采秀发，自非临池多年未易臻此。往读东坡诗云："少陵评书贵瘦硬，此论未公吾不凭。"又云："颜公变法出新意，细筋入骨如秋鹰。"反观颜书，除《臧怀恪》及《勤礼碑》外，若《仙坛记》等实甚厚重；苏公之书亦颇丰腴，则知所谓细筋入骨，非关点画之肥瘦。若筋骨壮健，则肥瘦无不相宜，亦犹人之形貌也。学赵书得其秀易，得其遒难；其秀易识，其遒难知。若董华亭、王梦楼则视赵棱角为多为易见也。固愿于此消息之，庶百尺竿头，更进一步。

自愧春蚓秋蛇，而辄妄有献替，盖自附于不善《易》者喜言《易》之流，发謦说以博一笑耳。前作《咏史》①，其一盖指宋美龄与蒋经国争权不胜去美（义山有《月夜寄宋华阳姊妹》诗）；其二则指张铁石等滞港不得回台。盖读参考时偶戏咏之，不但不可为外人道，且亦不可存稿也。昌户口尚未办妥，然不拟再去，探亲假满后当托辞续假，想其事于一二月必可妥帖，不致久稽。新岁舍妹携雏来住，扰攘多日，顷始少宁帖，稽复为歉。顺颂

俪茀！

会昌顿首

1976年2月11日

（一〇）

淡芳足下：

所寄诗卷似已遗失，极为可惜。四凶既窜，天象昭回，凡在生民，孰不额手？然"老去师丹多忘事，少来之武不如人"。今既荷天慈，老归林壑，亦不拟更着麻衣以待至公矣。重劳远念，聊复言之。君惠避地渝州，闻已遄返，残年征辔，困顿可知。迩来长日无俚，辄重抄旧文，略有损益，已毕功者《唐诗考索》一卷，共六篇。又《唐代进士行卷与文学》一篇，乃一五万言之长文，可另成一册。如有机缘，甚望能寄，共商略耳。天候渐寒，诸希保重。即颂

侍茀！

会昌顿首

1976年11月12日

（一一）

淡芳足下：

来书两通并奉悉。远承矜唁，感不可言。忧患残年，更无生意，惟随

① 整理者按：《咏史》指《咏史二绝》："青骨登真涨海边，华阳小妹泪涓涓。生憎子晋笙歌沸，西土逃禅绣佛前。""雄虺封狼正守阍，眷闱游子复何言。蓬莱山对方壶岛，弱水回风总断魂。"《闲堂诗文合抄》未收。

顺天命以待尽而已。子苾遗著,词有定稿,已有精抄。诗数百,多近数年作,俟体力少可,即将理董,不知足下能为缮一清本否?昌目力已衰,不能更作小楷也。前致君惠书已略言之,不识已否代达?别有《宋词赏析》《唐人七绝诗笺证》二书均未完,亦思为之写清,或可印出,诗词则无法耳。哀哉若人!此戋戋者何足以表现其天情才性之万一,如赖此以传,已极可悲,矧尚不可必邪!作字甚艰,不多及。即颂

近安!

会昌顿首

1977年8月12日

(一二)

淡芳足下:

两奉手书又所撰挽诗及彦邦数诗,诵之惟增呜咽。锦城诸友致哀江楼,盖见生死交情,子苾地下有知,亦当铭感,况后死者哉!比日翻检尘箧,其遗著除零星札记及书端眉批卒难理董者外,有《涉江词》三卷、诗数百首,又《宋词赏析》及《唐人七绝诗浅释》二书皆属稿及半而未成。后二者经整理后或可争取出版,当由昌勉力为之。其词皆解放前作,有定稿,由昌手抄,经本师汪先生作序并圈点之,由刘弘度先生再加圈点。本不拟再抄,后友人以为此乃子苾平生精力所萃,为海内名贤所极推重,现在条件虽无法木刻或铅印(如有可能,则昌虽百方乞贷,亦必为之,惜乎其不可也),但亦应设法油印数百册,分致挚交,俾免亡佚。然若付油印,其中亦略有需加删除处,故仍拟烦足下另写一本,将来即据足下写本刻印。其款式及应行改动之处,则每页加签说明,既可无损原本,又不致流行时发生误会。然此时佳纸精笔均属难得,已函京沪知友代求,一俟购得,当即将纸笔及加签后之《涉江词》原本寄奉。成都旧有官堆纸尚佳,不知顷可得否?如京沪之纸均不合用,则用纯白纸(内衬墨格)缮写亦可。又成都笔墨有可用者否?均乞示知。此事大约一月内可办。此其一。至其诗稿则较零乱,尚须加以排列。早年所作收集仅得十余篇,其中有数篇五律绝佳,竟无法收集,可叹可叹!此事约需二三月乃可,写成清本,再由足下精

抄。此其二。子苾夙称足下书法,如其诗词能由足下精抄一本,亦足偿其平生之愿。昔人诗云:"传世遗文胜托孤。"足下于昌所求一诺无辞,可谓深识此意矣。心情凄怆,君惠、仲镛先生及文才、国武、彦邦处,未能一一作书致谢,晤时乞为致意。即颂

俪茀!

会昌顿首

1977年8月24日

将来抄成后尚须装订,并做木夹板,不知成都能办否?

(一三)

淡芳足下:

昨得书即复一函,想先达。顷得文才书云,看过丁戊稿,亦觉其中有当删当改处,与昌前书意合。因此希望弟与刘、王细阅再寄回,其有所疑者别纸书之,以便统一删正。文才所举二例,其一与昌合,亦见人心之所同然也。昌自经巨变,颇昏瞀,见事时或不明,故切望相助耳。阅报知川中大熟,生活方面当日有改善,惟工作恐亦较前繁重,望善自保重。不尽。即颂

俪茀!

会昌顿首

1977年11月27日上午

(十四)

淡芳足下:

一日及十八日惠示均奉悉。所谈各点均极中肯。词稿抄毕,复承细校,感激不尽。铅印之事顷又有变化,一时恐不易实行,此类事往往如此,非俟印出,即不能算数。如一时不能铅印,则谋油印。油印本亦拟照诸君所提意见,悉以斟酌删订,以期妥善。俟抄件寄下之后,当由昌先研究,再请南京二三老友为之细酌,宁可少印一些,以不出麻烦为主也。子苾关于词学遗著,已由昌着手整理,亦有一二出版社愿一观览,看是否可付印。

此事亦是印出方能算数。全书大约十七八万字，已抄好三分之二，再有一二月当可抄毕，仍拟寄专攻词学之老友一加审定，再交出版社，俾臻精善。其论词细密而平实，实有过人处，抄时真有“少游已矣，虽万人何赎”之感。冬寒，珍卫为望。专颂
俪安！

会昌顿首
1977年12月26日

（十五）

淡芳足下：

十七日手书奉悉。承告词中改字有复重处，甚是。细思其人既往，仍以不改为是，不如将《清平乐》后二首删去。词本不甚忌重字，宋人词名篇重字不少，但“侍婢”之类亦不宜存也。不知以为何如？关于遗著请人作序事，现之出版社不甚赞同。犹忆二十余年前，夏瞿禅先生《唐宋词人年谱》将付印，命会昌作序，勉力成之，而为出版社所拒，夏老极以为歉。今若请唐、吴为之，又恐蹈覆辙。翻检今时出版之书，序实不多，亦可见也。会昌但为后记数百字，介绍所收各篇由来，无一褒语，或不致拒印耳。游仙十章皆言第二次世界大战时事，皆比兴之词，吾弟以意会之可耳。拙著已定稿者仅《史通笺记》《唐诗考索》《唐代进士行卷与文学》三种，又与子苾合著《古诗今选》亦毕功。此外尚有《宋元文学史稿》已有初稿，然手中无书，不易整理，俟看将来缘法可耳。匆复，即颂
俪安！

会昌顿首
1978年2月27日

（十六）

淡芳足下：

前奉三月五日书，以无多事，未即复为歉。顷又得四月八日札，备悉相存之意，感感。子苾诗词在宁付印之事，已大致定局。然托人业余刻蜡

纸,势不能速成,能在今年年内印出,即属可喜,不敢更存奢望也。其余诸稿,除《七绝诗释》在整理中,《宋元文学史》尚未动手之外,已悉交北京及上海出版社。惟各家说多缺纸张,能否审查接受印行,即接受何时可出版,均无法预计,只有听之而已。冠英论唐诗之文已读,甚平实可取,以之冠一选本作导言,斯亦足矣,如欲深谈,则非一文所能任也。四川落实政策,《人民日报》曾报道,颇为各地重视。由来书观之,似亦但具端倪,然犹大胜此间耳。昌之出处,极承诸友关心,南京之事亦仅初步商洽。《大易》称"吉凶悔吝生乎动",自更忧患,余悸余生,亦未敢轻诺。足下告以稍待时日,极为有理,然武大则不可重作冯妇,其间委曲非足下所知,亦非书函所能尽,如有缘会,或面罄耳。闻川中生产恢复甚速,已可人月供豕肉二斤,此间则仍是一斤,十余年未动,亦见天府物力之富厚。加之主者得人,故拨乱反正速于置邮传命,诚为可喜。文才、国武诸君想现必大忙,或不常晤,见时希为道意。复颂
俪福!

会昌顿首

1978年4月12日

(十七)

淡芳足下:

十七日及廿二日手书均奉悉。十一号文件此间亦已传达,昌虽未与会,然所闻略同。大约各地执行先后及程度均各不同,而涉及每一具体之人又各不同,其情势有非可逆睹者。昌余悸余生,殊不欲为此事多费气力,惟随顺世缘,静以待之。东坡尝谓,己与乐天才名相远,而安分寡求庶几近之。昌之于二公,殆微尘之与昆仑,然亦窃慕此四字为能近道。宁沪老友方为代谋,亦姑妄俟之而已。若此间则相忌者多,不可重出,以致亢龙之悔也。所抄词稿,尽可从容为之,以足下书法夙为子苾所喜,精写一份,亦是因缘,既不流布,则何时竣事均无关系,惟恐占用时间太多为歉耳。自主席致陈帅函发表,颇多谈形象思维之文,而一涉及古文旧史,则殊多谬误,郢书燕说,皮傅牵挽,比比皆是,既不肯好学深思,心知其意,又

不甘多闻阙疑，慎言其余，而争鸣云云，恐今尚非其时。长夜披卷，为之太息。君惠前有书来，亦劝以退拙二字，可感。彦邦久不通问，盖行政工作尤忙于教学也。匆复，即颂
俪安！

会昌顿首
1978年4月25夜

（十八）

淡芳老弟：

惠示奉悉。昌之出处及著述诸事备承关注，极见厚谊，感何可言！近二月来，形势发展甚速，各地约往任教者略有数处。除武大曾约复职之外，南京大学、南京师范学院、安徽师范大学（在芜湖）及华东师范大学均荷存记。昌因南京是少年负笈之地，旧友较多，辄思前往（因已完全退休，与武大无组织关系，故彼无法留难），顷尚在研究中，大约一二月内可以定夺。回顾涉猎文史四五十年，灼见真知亦实有限，然此戋戋亦思传之其人，不欲携往九泉之下，作为晋谒阎罗之贽，如此而已，非有它也。承询昌及子苾著作，其正交北京中华书局者三种，皆昌作：

一、《史通笺记》

二、《唐诗考索》

三、《唐代进士行卷与文学》

交上海古籍出版社者两种：

一、《古诗今选》（二人合作）

二、《学词记微》（子苾作）

又子苾所著《唐人七绝诗浅释》，约二十余万言，正由昌加紧整理，已完成三分之二，毕功后亦拟交上海古籍出版社。目前纸张奇缺，即使审查通过，恐亦须一二年之后，乃可印行。亦惟静俟其安排。倘得令亲从旁催促，或可略快耳。子苾诗词在南京油印，进行较快，希望年内能成书。其平生成就仍在填词，至于论著，虽于今之读者更有沾溉之益，非其至也。自四凶殄灭，拨乱反正，各地生活均有改善，此地虽不如西川，然视往昔，

已不可同年而语。但冀长治久安，现代化之国策更无干扰，此则衰白余生所不胜祷祝者也。近想更忙，诸望珍卫。即颂
教安！

昌顿首
1978年5月26日

（十九）

淡芳足下：

三十日书奉悉。数日前君惠亦有书来，知履历已由国瑜转送当局，此事或尚需省一级党政负责人审批，故须少待，乃可知其成事与否也。词序吾弟所议极是，然依原句（因中有删节），于抑扬抗坠之节，亦有未善，如易两字作“政治日坏，民生日艰”，则意义连贯，声势稳顺。汪先生如在，或亦掀髯许之。倘弟以为不甚唐突，或即照此抄写，仍乞酌之。诗词均印四百册，如有余，当多寄数册（先不要告人），顷尚不能确定。其原稿及抄本暂存弟处无妨。诗稿近已印讫，待装订。词稿则尚在刻写中，惟冀半年内能毕功耳。顷方为人审阅讲稿，稍冗，不尽。即颂
俪福！

昌顿首
1978年10月4日

（二十）

淡芳老弟：

惠示奉悉。厂方如因一时无人接手，不放，则不妨先约暑期离开，即使将来民族学院满员，成都大学新办，亦未尝不可涉足。诗集已完全装好，词集亦已刻好，正四校中。想两三个月后当可寄至左右。足下手抄本如一时找不到人装订，可暂搁置，此事江南尚有办法也。近欲求黄钺《韩诗正讹》，杳不可得。忽记旧尝以此书奉赠，不审尚在否？如在，顷又不用，请挂号寄下，用毕再行奉还，如何？改正事，此间曾派一副书记去武汉，据云当秉公办理，究竟如何，殊难逆睹。此事在昌视之，殊不足轻重，

听之可矣(名义早恢复)。三月下旬,本有昆明之行,审定古代文论教材。顷战事爆发,不知改地改期否?容俟再告。见君惠(达人可师也)时乞致声。即颂

俪安!

会昌顿首

1979年2月24日

(二一)

淡芳、彦邦老弟:

去岁淡芳十月九日及两弟同月十九日信,均早收到。适值我于十月十二日大发心脏病,卧床人民医院达三月之久,直到今年前十来天始勉出院,仍未完全平复。心跳每分钟80—90,亦有早搏,每分钟数个至十余个不等。但此病无药可医,只能静养。且已用去公费4000元,亦无颜再拖,故出院心中较安。现诸事俱废,枯坐而已。所托写杜诗鉴赏事更谈不上,道恕更望婉言之,当能见谅也。

彦邦夫妇出国之事,迄未闻再谈,当未成行。目前世界风云动荡,应否西游,仍应慎之。近月拙著《诗世界》(附诗存)及《诗论选集》(附序跋文)即将出版,当分别奉寄,望将道恕、寄尧、振铎、国武、李仲屿诸公,在川大家庭地址见告为幸。

病中乏力,不多及。祝

安好!

千帆

一月二十三日(一九九一年)

(二二)

淡芳、彦邦弟:

彦邦2月2日信,淡芳同日信,又新来4月30日信均收到。我因数月来身体仍不见好转,又还有些必不能不做之事,因此久久未复,尚冀谅之。

欧伯衡处，今别寄与潘老倡和一纸，祈便中转去。今晨寄出新出之书十余册，祈妥为分致，裨川中故人知我相忆之情。又别有二种，数月后亦可出，届时当奉上也。

老年人去国外旅行，因彼邦生活节奏过快，实不相宜，今决不去亦佳，惟愿儿女辈能返国一省视耳。

前寄淡芳《三百年……评点汇录》一书，不知已札迻完毕否？此书印数极少，无法购得。如用毕，幸寄还。

我因体弱，在家时多，即出外散步，亦只在学校周围，回想数年前，尚得与两弟盘桓，为之惘惘。

前有一美籍犹太女汉学家来华开会（去年十一月在南京开唐代文学国际会议），曾托其赠二种与高友工教授，迄今数月，未得高复，今将彼女地址写如别纸，望彦邦弟寄与女公子，一询高先生，感感。或由女公子代我一询车淑珊（即彼女）亦可。

专此，即颂

阖府安适！

千帆

五月七日（一九九一年）

（二三）

夫人已否做了手术？健康情况如何？极念！极念！望告知。沈集笺本早寄仲镛，不知何以竟未收到（他友皆得并有复函）。已另寄一册，又无复函，可怪也。希一询之（寄北师大中文系）。

帆顿首

3月28日（1995年）

致杨翊强（七十通）

杨翊强，曾先后任教于武汉大学、黄石师范学院、长沙电力学院。程先生任教武汉大学时的学生。

（一）

翊强兄：

惠书奉悉，即寄 90 元。昨日看了此间床架，觉质量差，仍想在沙洋买一付，故又补寄 60 元。祈代购：① 床架一付，② 棕棚一张，③ 方桌一张。余款作包扎运输费。原拟买二床，因丽则已在此买四尺五寸大铁床一张，价仅七十余元，故只寄一床之款。

我在此□□□□□□据验血，“抗○”比常人高一倍，亦无特效药，惟要保暖休息。又拔去一牙，补二牙。交通不便，又不大能走，故甚疲乏。如无特殊情况，仍想六月中旬返沙。祖棻近又患病，未能另信。欢迎你暑假过汉时来玩。即颂

近安！

弟昌顿首

6 月 3 日(1974 年)

（二）

翊强兄：

我定 22 日返沙洋。

我的行李（被褥、箱子等）在德培兄处，如果能由你在前一两天代为运回牛房，就可使我返后可立即铺床休息。（我上次返汉，坐了几小时的长途汽车，抵汉后，几乎动不得了。）房门钥匙，外间的在老李处，内里的在老刘处。此事，请务必费心帮一下忙。余面叙，祝

好！

会昌

1976 年 3 月 10 日

（三）

翊强：

最近零零星星听到一些消息，说是襄沙要“卷堂大散”“飞鸟投林”了。

也好,不死不活的局面是搞不出四个现代化的。“穷则变,变则通,通则久”,二爷的话不失为辩证观点。很记挂几个老朋友,能来信详细一点谈谈他们的情况和打算吗?特别是关于你自己的。我现在手已基本好了,正在尽力整理逝者的遗著。如果不及时搞出来,我一归天,就必然湮没。如果我将来去见上帝,看见她坐在旁边吃糖果,如海涅所说的,怎样向她交代呢?这是伤心话,不是玩笑。祝
好!并候夫人好!

昌

二十三日(一九七七年夏后某月)

(四)

翊强:

来信收到。伯母大人仙游,闻之痛悼。你孝思素笃,多年拂郁,未能奉养,情怀可知,亦无可空言相慰。你是否决定回乡?闻荆州地委决定办一师范学院,有中文系,极阙人,而且此次即招生,情势甚迫。你是否可要陈蜀光代你联系,去后,根据中央恢复科学职称之政策及多年不加之低工资此次调整之政策,去后估计当可得一五十余元之低级讲师,请考虑。荆州师范学院情况,可托德培嘱其长子韩铁打听一下。愧我久脱离学术界,无法推毂耳。即颂
近安!

昌顿首

十一月十一日(一九七七年)

(五)

翊强:

来信收到。能到荆师,最好。

如果实现,希望做到下列三句话:

多做事,

少说话,

不吵架。(极重要)

(能容于物,物亦容矣!)

现在,是不要空头支票而要硬通货的时候。希望你,如果去了,在78年——

① 把课教得稳稳当当。

② 争取在《中国语文》上发表一篇科学论文。

然后,③ 80年写出一本像样的书来。形势发展得极快,不要管什么加工资,八块十块的,完全没有必要。(我不是灵通人士,但可能比你略灵。)现在是要“拿出东西来”! 党不会埋没人。

嫂夫人是个胳膊上走马、拳头上站人的能干脚色。她对你是爱之深,望之切。苏秦第一次回家,妻不为炊,嫂不下机。这一历史故事你应该记得。你如果泄气,就非她的本意了。好好地献身于祖国的科学事业吧,首先是为人民,其次也为家庭。

我工作很忙,简直多年没有这样忙过。又恢复到57年以前,每天没有三千字不下书桌了。一以忘忧,二以赎罪,三以比武。

五十年代的大学毕业生,今天是宝,你知道吗?

再说一次(希望你不要见怪),到了新单位,脾气要收敛一些。说老实话,我关心你,不放心。(看后烧毁!)祝

好!

帆

1977年12月29日

(六)

翊强:

来信收到。政协与我已无关系,你的想法太天真了。老沈问题已解决,已回,他处可住,我家中亦可住。丽则春节前后在厂中分娩,不会回家。现科学人员应归队。原在大学的,即不应留中学,此点倒是可以“据理力争”,如你一向爱说的。韩、张已返,均晤。苏老泉二十七,你可能太老,但高适五十岁才学作诗,你就还小。千里之行,起于跬步,你难道现在

不能够就开始每天坚持学习两小时吗?我六十五,每天还干五小时哩。经济问题,要自力更生。英国前几年穷得要命,现在北海抽出石油,就把赤字消灭了。国犹如此,何况于人?沙洋的鸡好不好买,丽则生孩子,要买点鸡,如好买,想请你代买几个(老母鸡),顺便带来。月超可能年前搬家,托他也可。买来,放韩家先养着,你看行不行?如可,即寄钱来。我现在回想起一些很有趣的事。在六十年代,我搞点业务,被批得一塌糊涂,现在怎么样呢?遗憾的是成绩太小了。存货无多,供不上市场的需要,即没有为社会主义文化作更多的贡献。姚雪垠每天三点钟起床,写两小时,再去劳动,十余年如一日,《李自成》是在这种艰苦条件之下写出来的啊!你还年轻,来得及,努力吧。但更重要的是,多动手,不动口。祝

好!

帆

十五日下午(一九七八年一月)

冷得要命,写不成字。

(七)

老杨:

来信收到。前次之事,似乎未见下文,恐又在某个环节上卡住了。能有几个月时间认真读书,机会难得,要抓紧。如果有为科学而献身的精神,当然极好。否则,至少也要有恒心,能够耐得住寂寞。不然,什么也搞不成。立介毛遂自荐,组织联系,可到湖南师范学院。路遇之,云在办手续,其他无新闻也。祝

努力!

昌顿首

三月三日(一九七八年)

史太君云:不是冤家不聚头。然既已聚头,则应当是冤仇宜解不宜结了。慎之慎之。

（八）

翊强：

收到详信，备悉忧乐之情。感谢你们为五味姜费了那么大的事。老伯年事已高，为人子者，自然一则是以喜，一则以惧，但能尽心，即是行孝也。武大的事，一切殆出常情之外，你何必不安心管资料，然后挑灯夜读，自得其乐。腐鼠不成滋味，庄生言之久矣。如能到邵阳师专，也很好。吴代芳在郴州师专（现又改为湖南师范学院郴州分院）。你何妨与之联系一下。不急，但也不能不动。李某处谈之何益，他要你不要多提要求，我倒很赞成，虽然对这一问题，理解可能完全两样。夫人动手术后，家庭生活当可正常，大概男方缺陷较难弥补，女方，外科医生是完全可以解决的。也许不能生育，那也就算了。让她来同居一个时期，彼此感情肯定要好起来。将来能游南京，极表欢迎。请代向张雪明、李开金两位先生问好。顺颂

安吉！

昌顿首

十月四日（一九七八年）

刚才接待了外宾回来，得了你的信，较累，不多写。又想到，如果在武大，这也是不可能的，虽然根本算不了什么。我的工作重点今年在培养中年教师，为他们详细修改讲义。另外，作几次方法论的专题报告。

（九）

翊强：

来电收到。今晨已致电博老家属吊唁，并函耀先先生，请其送花圈时代送一个。这事，由耀先出面代办，比由你出面好。但请你与他联系一下，跑跑腿。此老一生为人纯笃谨慎，学问就不必说了。也许当局可能就此做点文章，隆重追悼，借以维系人心，号召忠义，也是好事。我一直在打杂，什么都做，而以写东西为主。剧作家陈白尘现在是南大中文系主任。他最近写了一个电影剧本——《大风歌》，写吕后篡国失败的事，很动人。

我也帮他看一看有关汉代制度语言诸问题。祖棻的稿子，有一部关于宋词的，即将发排，诗词集仍在刻印，手稿、遗像及封面题签都已制版，很考究。夫人已来否？近事近情，来封详信谈谈，我一直还是很记挂你的。张实、向志学近也有信来。祝

安好！

帆

十月二十六日下午（一九七八年）

（一〇）

翊强：

今午适发一信，顷又得二十四五日信，详告博老逝世情况，甚感。花圈事，即请与耀老商量，代办一下。如时间来得及，请代买一付挽联，也请开金先生写一下。照如下写，来不及就算了。

博平先生　挽词

丘原无起日

江汉有东流

程会昌敬献

这是宋人陈师道挽南丰先生诗中的两句，博老当得起。你做的挽联有些毛病，但第一回就能这样，不能算坏。几封信寄给你看看，看后烧掉，不必寄还。这也是一种动态。请代向夏先生致谢。仍盼少烦恼，多来信。祝

好！

帆

十月二十七日（一九七八年）

此碑著录何书，仍乞见告。

（一一）

翊强：

前两天写了一信给涤源，要他转给你看，想收到。你初返校时，我曾

劝告你，要回来，就得准备而且能够受气。现在，我仍然这样劝你。集中心思搞学问，别的放开些。有一件事托你办一下。我在武大邮局定了一年《文学评论》，下半年三期没有拿到，就走了，曾托邻居蔡发胜师傅代收下转寄。至今无一期寄来。请你查问一下：① 蔡师傅，② 铁疗门房张老爹，③ 邮局投递员老尹。总之，弄清楚一下，如第四期已无可踪迹，看五、六期可否由你设法拿到寄来。我在这里，要明年才能订到，没有办法。当然，实在丢了，也没有什么了不起。五味姜没有寄来，大概是买不到。这可是小事，你不必放在心上。凡是以后出版的东西，都会寄给你一份，但诗词切不可妄传，免得引起麻烦。论学之作，则无所谓。近为一刊选印了朱自清旧诗，非久当印出奉寄，可以知道这位以新文学出名的人，对旧的下了多少工夫，亦不知诸公能引以为法否？盼复。即颂

平安！

帆

十四日（一九七八年十一月）

写好上信待发，又得十一日书，很有趣味。诸事只可一笑置之。老刘居然认真，所以碰壁也。我决不要那些材料（他如讲政策，自会寄来），更不会找任何人谈任何有关前事之问题，因为目前占据我心中不是这些了。南大中文系成立戏剧研究所（附实验剧团）及语言、文学两研究室，暑假后要成立研究生班，事情多得很。还得到外地去讲学。对于那些泼皮无赖，仍只能按照鲁迅先生之办法，一概称之曰畜生，若张某则更下一等，曰次畜生可矣。你读书还是要有重点，复习俄文，不为无用，将来升等要考外文。训诂、文字、音韵一定要学到手。跟耀先、大璞学一点是一点。事忙，不多及。祝

好！

帆又及

（一二）

翊强：

忽然收到了刘岱岳先生一信，据他说，他和你是中学同学，无话不谈，

托我了解南大考研究生的事。此事,根据规定,我无对任何人谈这方面问题之权,已婉谢了。但刘信中很有些令人难堪的话。希望你以后对别人谈我的事,对人对事都略加拣择。我一切都还好,就是忙。这只是通知你一声,不必追究。也许他根本认为这样做是当然的。祝
好!

帆

二十五日(一九七九年二月)

(一三)

翊强:

两封信都收到。那些事,过去就过去了,不须再谈。这位先生肚子里装的东西和别人不一样,所以只有敬而远之。你近而我远,所以奉劝你注意一下。你开始务正业,甚好。编写一个字,就是研究一个字。如果一年中将一百七十字的形声义都搞通了,那成绩就不小了。博老著作事,我将按实况告殷先生。或将来用你的藏本在武汉用复印机复制一份,看他的意见如何。我将于本月十五日去上海,十八日转昆明,开半个月的会,四月十日前返宁。中央为改正事,又开了全国性会议,可见认为改正对他们如丧考妣者大有人在,否则何必促进?我对此置之度外,但觉好玩而已。老伯年高可虑,但亦常数,尽心而已。希望你们有个孩子,生活当更有意思一些。这纸是南大给我印的讲义校样,你看如何?似比《唐诗选注》版面干净一些。见诸老友,请代致候。顺颂
撰安!

千帆

三月七日(一九七九年)

(一四)

翊强:

我定于十五日去上海,转昆明,约四月十日返南京。有两件事托你一下:

（一）请到汉口旧书店看有无《宋诗抄》，如有，请代购下，如无钱，用我的名义问周先生或耀老挪一下，然后写信给“关山汽标厂切削车间”，要丽则给你。

（二）将《汉语音韵图说》在武汉复制一份（用费照上次办），寄给济南山大中文系殷孟伦先生。如在汉办不到，可将原件寄殷，决不会弄坏或丢掉。我可以负责。在四月五日以前，你写信给我，可交昆明云南大学中文系张文勋主任转给我。匆匆，即颂

近好！

千帆

三月十四日（一九七九年）

（一五）

翊强：

来信收到。我在3月15日至4月8日之间曾去昆明，开古代文学理论讨论会，回后积压之事甚多，所以也没有给你再写信。我这次除了开会之外，从上海讲到昆明，又讲回上海，而且几乎被云南大学扣留，幸南大用12道金牌召转。《古诗今选》上卷已排好，下卷正赶写。学校已出广告，号召要的地方预订了。

写这些做什么呢，就是要告诉你，别人不改正，自己来改正。正和沈祖棻用自己的著作给自己开追悼会一样。世界上总是有历史的，历史总是除其不公正的一面而外，还有另一面的。

我得到的惟一关于我的消息就是，有人认为，如果程某也改正了，岂不是反右全错了。看来，是要留下我来，以证明反右之不全错。我从来没有要求，也不要，也不想改正，因此一笑置之，还是抓起一支破钢笔，写我的诗选。如果人类的文化不毁灭，人们将来记得我，是由于我写过一些有益的东西，至于右派云云，即使是现在，也早已经过多数人脑中筛选，落到不知什么地方去了。（我可以真诚地告诉你，我来此不到一年，已在学生中有很高的威望，也许还胜过当年。谁能对一个奋不顾身工作的老师不表好感呢？）

这，也许可以供参考。看后烧去，切勿留存。祝
好！

帆

5 月 2 日(1979 年)

《宋诗抄》，请再问问，也许就是我卖掉的那一本，只卖了五元，现用五十元赎回也可以。

（一六）

翊强：

来信收到。

请费心转告刘家林，考试成绩他只能向南大中文系查询，我无权回答。甚歉。因事忙，就不作复了。

我工作很重，每周讲四小时诗(大学毕业班)，两小时校雠学(研究生)，两小时为研究生答疑。又有行政工作(文学研究室主任)，本学期还要修改校对约近百万字的排印稿件，并审查一些青年中年同志的论著讲稿。

事实已经证明，而且将继续不断证明，57 年的右派，绝大多数是爱人民爱国爱党爱社会主义的左派。我只想为这一结论提供一点证据，他无所求。

山大复印博老讲义，还没有印好。殷老最近才由新疆回来，将来我可以要他寄回原稿，并送你一两份重印本。

八月中，月超回汉。庄果告诉他，我已由党委改正。中文系有坚决反对派，因此迟迟。现已报湖北省委。至于南大，更是不理武大这一套，已报江苏省委将我和月超复职，孩子们也下调令了。这些老爷，心劳日拙，倒行逆施，会有好下场吗？你“安心工作”是对的。先搞出点什么来(这极端重要)，将来机会多得很。匆匆，即颂
平吉！

千帆

9.14(1979)

（一七）

翊强：

9月17日收到。我于5日寄你祖棻遗集一套二册，别人都收到，有的回了信。你没有提及，可能被人拿走了。志达的也不见了。志达要我挂号寄，我挂不起，此次光国内寄费已100元，国外还要想法。

我上次给你的信，可给梅镇一看。

寄字典组就你一份，如确未收到，望查。大信封上印有我的名字，不会遗失的。

《诗选》武大是预定了的，何以字典组不知？如在武大搞不到，可寄一册。

望即来信，告知收到否。我寄武大名单如下，也可便中打听，还有何人的被偷。

历史系：吴于廑　唐长孺　石泉　殷铁铭

中文系：△耀老　胡国瑞　△周大璞　吴志达　张广明　毛治中

字典组：杨翊强

中文系资料室、图书馆

（已复信者打△号。）（如遇见，可问收到否。）

在医院看病时写的，不成字。

帆

（1979年9月21日）

（一八）

翊强：

10月8日信收到。丢掉一信，深感可惜。

今将《诗选》上册寄上，下册明年初可出来。希望你有时间细看一遍，特别是注音部分。也希望将唐诗部分与武大注本对一下，看拙编有无错误。武大书我没有。

我已改正，但留一尾。南大也甚妙，要我写“阅过”，不写“同意”，然后签一字。体会此是息事宁人之意，我也暂时置之，因实在太忙。

我最近心脏发现毛病，有杂音、早搏等情况，由于太甚，已适当减轻了。

希望努力工作，做出成绩来。祝

好！

千帆

10月11日(1979年)

昔时贤文材料，如你暂时不搞，可寄来。

（一九）

翊强：

来信收到。

做的《诗选》校记很好。我想附一个勘误表在下册的后面，将较重要的差误都列出。如你能在十二月底以前将全部校记写示，最好。如来不及，也不要因此打乱你的全部计划。

陆耀东来此搜集材料，来我家一次。南大以礼相待，请他讲了一次徐志摩的诗，又在高级餐馆吃了一顿饭。

《诗选》下册在排，如快，明年二月可出，还要改动、审订，才能正式出版。

一切过去了的，让它过去吧。世界永远属于乐观的现实主义者、实干家。你现在是要拿出东西来，而不是什么别的。

祝

愉快！

帆

11.20(1979)

（二〇）

翊强：

① 来信及校记均收到，谢谢。

② 上册误失颇多，想附一勘误表于下册之后，因此，希望你能尽快将

其余部分校好惠下。能比预计的12月底提前为好。25日如何?

③ 请转告周大璞先生:A. 罗邦柱事当尽力为之。B. 已收到他的《敦煌变文用韵考》,谢谢。无多事,不写信了。

匆匆,祝

安健!

千帆

12.8(1979)

(二一)

翊强:

前上一函,计达。不知校记能早日赐下?

今天看到报上广告,知《武大学报》最近一期有李健章先生一篇谈韩愈以文为诗的文章,很想看看。希望你能代买一册寄下。

匆匆,即颂

近安!

帆

12.19(1979)

(二二)

翊强:

电报及上次信、校记都收到。

同时寄上60元,请将《宋诗抄》买下,但请看一下有无残缺。罗邦柱先生可能还要来南京,可以托他带来。如他不能来时,再寄。

我托罗带给你的《汉语音韵图说》三套六册,想已收到。另两套,是殷老送给你的。

近得武大四区十三舍进修生赵亚(这个字不识,只好描下)明先生来函,问南大今年招研究生的事。我大概不招,而什么人招,我也不清楚。由于每位教员的要求不同,所以他问我要读些什么书,我完全不能回答。请费心转告,表示歉意。就我来说,是十分注意语言使用的。如能写文言、外语文章，长达二千字，无习见的语法修辞错误，能看无标点古书及一般英（日）语读物，就可以了。至于专业知识，将大学教本记住就行。外语不好，要作研究生，在南大很难，除非已经写出特别有才能的著作。

升等的事，如此结果，在武大并非意外。最近有南大历史系同事（他才从武汉回来）告我，武大历史系让曹绍濂在一个学会上提论文，但不准署名，而曹居然接受这个条件，奇极！但我要劝告你，本职工作不完成，不做好，是于公于私都不利的，以后注意为是。我在这里，总是先南大，后校外，先教学，后科研。我一年来推卸了七次出外讲学，只到昆明一次，还是学校要我去的。这一条，我看得清，抓得紧。希望你今后也能这样，不给人以口实。才改正，别人会觉得你受了委屈，但这种同情会淡下去的。主要的是“自致隆高”，拿出货色来。乌鸦的翅膀可遮蜡烛，但遮日光灯就无可能了。祝

好！

千帆

80.1.6

你对李先生提出比赛，完全是书呆子，不通世故，徒然增加不必要的坏印象。不策略之至！

（二三）

翊强：

我于1月15日去徐州校《诗选》下册，行前收到所寄《宋诗抄》，即复一函，或已收到。30日返宁，又得21日来信，并最后一批校记，颇以为慰。《诗选》大约还有一个月可出，届时当寄上，希望能寄黄石。

二氏训诂学早已无有。我现将自己仅有的洪氏一册奉赠。开金先生处请转告乞谅。

我很不赞成你对黄石说的那种话：“我有什么要求，我说一不提职称要求，二不提调老婆，唯一的要求是一个人一间小房。”你完全不必说得这样“绝”。正当的要求将来还是应当提的。这样说，将来又会引起麻烦的。你为什么总在“冲动”中过日子呢？凡事都应当考虑周详一点，冷静一点。

初返极忙，不多写。希望得着你的好消息。

祝

好！

千帆

二月四日（一九八〇年）

（二四）

翊强、志达：

有两件事奉商：

① 想要一册《武大学报》（其中有李健章先生论韩愈以文为诗一文的）。

② 想请查一下武大图书馆旧杂志目录，有无1941年重庆出版的《读书通讯》。刘弘老在该杂志上发表过《诵帚词筏》一文，连载六（?）期。现我只找到“总术第一”“取途第二”，第三以下无。如武大有此杂志，甚盼将所无抄寄。古之诗人有言：“传世遗文胜托孤。”我们都曾受弘老之教，当亦有鲁迅序《孩儿塔》所怀之意也。

刚返自徐州，不及多写。顺颂

著安！

千帆

2月5日（1980年）

（二五）

翊强：

来信收到。能和气地分开，去黄石，就很好。“君子绝交，不出恶声”。谁给人民干了多少，人民还是知道的。如果乌鸦的翅膀能够无限制地伸延，那世界上就没有历史了。（少奇之事，足为铁证。）

你的婚事，本略嫌没有生活基础，彼此互不了解，但能维持，就还是维持为好。

《诗选》下册已奉寄，仍望严格检查一遍，多提些意见。我上半年无空，要在下半年动手改。请问奂午有何意见,写信来。他上次来过一信,我事忙,又不知其地址(寄系中怕他收不到),故未回。请告知,并请其原谅。祝好!

千帆

3.18(1980)

弘度先生遗文,志达已查,未见,只好算了。

(二六)

翊强:

来信收到。恭贺乔迁。

到了新岗位,请特别注意人事关系,遇事要克制,要不推工作,谦虚,不要小脾气,不要使瑞云为难,更不要使新领导认为旧领导写在鉴定中的话"果然如此"。要让那些诬蔑不实之词扑一个空,如水淋鸭毛,沾不住。要切实努力,先把课教好,然后写出些过硬的(不是空空洞洞的、人云亦云的)东西来。我在沙洋时,劝你记方言卷舌音,你置之不理。如现在有第一手的材料,就可以整理出一篇文章来(是全国第一篇谈荆门方言卷舌音的文章)。往者已矣,来者可追!!!

到了新地方,往事一笔勾,要绝口不发牢骚,显得有气度。

瑞云来信收到了,我极忙,但你此信不能不写,对他,就不立即回信了。可转告。现在就由黄师向南大提出申请,因手续多,可点明从我,问我时,我可回答。(他们若不问我就回绝了,我就无法了。)

请转告志达,信收到。我找李先生的文章,是给研究生作唐宋诗比较研究的材料。不要说我现在极忙,即使不忙,也不会和李先生"争鸣"的。志达有所顾虑,是太老实了。

希望你认真对待我的话。

祝

好!

帆顿首

3.25(1980)

何时动身，来一信。

下册审音，仍请进行。

（二七）

翊强：

自你去黄石，未得一信，不知对新环境是否适应，甚以为念。我于十一日离宁赴沪，在上海师大为文评史师训班讲课，遇见文生夫妇，说了各种有趣的笑话，又遇见罗立乾、郑传寅，也谈了一些，但疲劳未能多接待。二十二日离沪来济，要住一个月，为山东大学师生讲文学和校雠学。约六月二十日回南京。在此期间，希望得到你一封信，详谈学习生活及与同事同学相处的情形。殷孟伦先生等四人近出《古汉语简论》一书，我看对你很有帮助，简直可以用作教本，免得另外自编教材。你可请院图书馆先函购几册，山东人民出版社出版，可向济南该社直接邮购。觉合适，再多买。不编讲义，省事得多，挪出时间搞科研，岂不好？祝

近好！

千帆

5.26(1980)

（二八）

翊强：

来信收到了。书，先把手边殷老赠与的一本寄给你，以后再向殷老索取，因书店已售完。

古代文论年会今年可能在武汉开，那么我会去参加的。否则我不会单去唐诗进修班讲课，因为我工作很忙，近年血压又略偏高，需要休息。至于某人之言，我并不在意。

《古诗今选》南大中文系还存有一部分，我现尚无暇修改付印，所以一两年内还不会正式出版。请代问黄瑞云同志，黄石师院同学还需要否，如需要，可与南大中文系办公室函洽。此书在现已出版的同类书中较详细，只是价钱略贵，上下两册共三元，邮费挂号三角五分。

山东出版的这本《古汉语简论》写得很好，除殷老外，殷焕先先生是殷老和罗常培先生的学生，也是山大中文系教授，希望你把此书好好钻研，一定可以上好古汉语课。

唐兰的《中国文字学》已重印了，希你买一本来补补课。刘博老讲《说文》是很精辟，但不能代替文字学。你把古汉语上好后，就要打算上一些选课，如文字学、音韵学、方言学（师院开方言学可能有困难）等，应早点做好准备。

有暇请把《古诗今选》下册标音部分审查寄给我，还是可以像上册一样分批寄来。

你到一个新地方，我还是很不放心。希望你记住两句话："业务上要争气，人事上要和气。"

我才给山大研究生上课回来，有些疲倦，未能亲笔写此信，请原谅。顺颂

近好！

千帆

1980 年 6 月 2 日

问静怡、瑞云诸君好。

（二九）

翊强：

上次来信及红姜都收到，谢谢。一直不知你在哪里，就没有回信。我从五月起，在上海、济南、长春、庐山转了一大圈，开学前才回。身体尚好。

书两本寄上。如发现错字，望告知。

进修事，现开学已三个星期，早已截止了。现进修有一套规则，大致是要先报教育部，由部与所愿去的学校协商安排。今年南大接受了不少。今后你愿出来，还得先请系里向院方提出，及早安排。李君并不太懂音韵，无非以其昏昏，使人昭昭。足下无所得，固其宜也。匆复，即颂

近好！

帆

9 月 22 日（1980 年）

（三〇）

翊强：

久不通信，不知你过得怎样？我于十日离南京，经广州到南宁作短期讲学。五月初取道桂林（或许经长沙）回江苏。在此，会到韦其麟、何文白、林焕标。卢斯飞已定从内蒙古调来，都是二十多年未见了。各人饱经辛苦，相见甚欢。因此想到要告诉你。韦教民间文学，何教图书馆学，林教现代文学，都还不错。各人拥有一小套房，三间，另厨房等。此地是亚热带风光，草木远异于华中。昨去游伊岭岩，在山洞内上下高低，走了一个多小时，千奇万怪，鬼斧神工，平生所未尝见，非语言所可形容，闻较桂林为胜。在此每隔一天讲二小时。匆颂

著安！

帆

4 月 14 日（1981 年）

（三一）

翊强：

来信收到。一切要慎重。夫妻之间，即便有什么缺陷，也不宜草率仳离。年纪大了，彼此更需人照应。难道不想想，年纪愈来愈大，生活会发生困难。一个人不能一辈子用轻率冲动作为动力来打发日子。我所能说的，也就只于此了。

音韵是难教，但你难道不能仔细回想刘博老是怎么把你教懂的吗？教学是一门艺术，必须十分刻苦钻研，才能把人教懂，而且进一步引人入胜。这，只要努力，是完全可以做到的。要有信心。

我在这里的工作五月四日结束，即去桂林。十日前后赴长沙，耽搁两三天，即飞回南京。南大一大堆事等着我。

卢斯飞已来，教现代文学。他与黄瑞云常通信。闻其近将赴黄冈讲唐诗，烦代问好。顺颂

俪安!

千帆

四月廿九日(一九八一年)

(三二)

翊强:

去年九月十七日信收到。久不闻消息,得之殊喜。知心情、工作均有改善,尤慰。南大研究生徐有富君原在黄石教中学,毕业后留南大图书馆。寒假返家,已嘱过访,不知曾晤否?做刑法志译注,可参考《二十五史补编》中清代学者研究史志的方法和门径,近人如唐长孺的《新唐书兵志笺证》、邓广铭的《宋史职官志考证》,尤当参考。但中心是把书教好,建立威信,再及其他。不可本末倒置。我近年太忙,脑血管硬化,大不如前。招了两位硕士研究生,一位博士研究生,暑后也许还要加一位博士,加上社会活动,欲罢不能,也只好且战且走。即祝

春节之禧!并问武大各位老同学好!

千帆

1.28(1982)

(三三)

翊强:

来信及稿收到已久。因将您的稿推荐出去,等对方决定,迟迟未复。试了两处,都未成功。主要是因为别人已做了同样工作,且快出了。

书两部,其一望转瑞云。凡见有误(哪怕只是一个标点),也请告知。

方言稿,因大家都忙,送人看,也还无回音。此类文,只要仔细,大概就没有太多问题的。祝

好!

千帆

1983年11月16日

（三四）

翊强：

你的文章，我再请鲍明炜、鲁国尧两位副教授看过。他们都是方言、音韵专家，给你提了很多很好的意见，并对发表的事愿意出力。

我意：① 认真研究他们的意见，改进你的文章（不必全从，认为不对的可不改不从）。② 修改后，抄一清本并复印两本，共三本寄来。抄写，要用碳素墨水（即我此信所用墨水，又名文件墨水），才好复印。因我意，如国内不能发，即准备代寄到日本去。而寄日，南大科研处要发证明给海关，才可出口。而南大发证明，则论文要有一复本，连同证明存根一道存入科学档案。现在办事不容易。

希望你转入新地方后的情形略有改变。我可能在三月上旬到武汉住十来天。

祝

好！

千帆

1984 年 1 月 30 日

（三五）

翊强老弟：

信和文都收到，我终于盼到了所一直盼望着的东西。你任性和软弱的性格的矛盾导致了你几十年曲折的生活道路。对于个人来说是悲剧，对于国家来说是损失，对于亲人包括老师来说，是爱莫能助的惆怅。但你现在终于猛醒了，并以行动证明你是在走着新的道路。你是我最喜欢的学生之一，过去又是最不争气的学生之一，我在“文革”中和在恢复工作以后近二十年，咬着牙齿朝前走的时候，常常为了你的落伍和不争气而感到痛苦，但我并没有绝望，你现在终于醒过来了，我很高兴。我现在身体也不好，要老伴写信，也无法写得很详细，只想简单地讲这么两句话：第一句是，过去的就让它过去吧，你还不老，不要靠尤悔来过日子；第二句是，在我们现在这个社会里，在你前面的路决不是平坦的，你只有力戒任性，既不卑躬屈膝（这，你不会），又不盛气凌人，才能处好周围的关系。

下面对你的业务简单谈点意见：你的业务抛荒得太久了，要成为一个知识广博的语言学家，已经不大可能，只有努力发挥自己的优势，把全部的力量（除了教学以外）投放在湖南方言调查研究上，如果你能像罗常培先生那样，写出《临川音系》和《厦门音系》那样的书，你就站得住脚了，但这要苦干、实干。我祝你成功。你那篇讲方言的文章，如果有抽印本，请寄几份来，我转给一些有名的语言学家，替你扬扬名。

我近年来身体不好，感到很衰老，已不大能做事，今夏以来又多次发心脏病，各种学术会议已不再参加，前些日子北京一个重要会议不能不去，只开了三天会，又发一次病，十八日回来后，迄今没有恢复。听说年底前六十岁以上的人，不论职称，都要退休，我切盼这是事实。退休以后，一切工作都摆脱掉，精神上没有了压力，也许还能身体好些，做一点自己愿意做的事。目前和人合作的两部大书，一部已写好，在作最后的审阅，另一部才写了一半，尚待完成。

今天是中秋节，祝你过得愉快！

千帆

1988 年 9 月 25 日

（三六）

翊强弟：

两信及附稿都收到。我于 9 月中旬赴京开社科院"七五"项目审查会，因累极，三天会开完，即大发心脏病，后又连发，延至十月七日住进医院始转安定。大约还要住一个月或多一点，才能巩固，希望今年底能出院。

关于湘乡方言的研究，我认为你应一篇一篇地写下去，不必计较能否发表。如果你弄得很全面，质量又高，就可出专书，甚至推荐到国外去出。南师大叶祥林及南大鲁国尧两位先生的方言著作都是在日本印出的。全省方言辞典，分量太大，当然要集体担任。这里面牵涉到如何处人的问题。还是要讲“夫子之道，忠恕而已矣”。

培坤所寄《唐都学刊》我都收到，但无以相助为愧。

匆匆，祝

好！

千帆

1988年11月17日

（三七）

翊强老弟：

我因审读四位本届毕业的博士生论文，合共有近百万字，日不暇给，你来信一时无法作复，请谅。

你的情形谈得很详细，我很高兴。特别是①自反、②自娱。自反则进步有基础，自娱则生活有乐趣。这么多年，你的道路太坎坷，生活变化也太大（这有许多不怪你，有许多也怪你）。今后进入半百之年，应当在平稳中求进步，在安定中求快乐。

张默芸同学，我不十分记得了，请代我问好！

我身体也一年不如一年，但事情仍多。有八个博士生（今夏后余四个），另还有书稿两部未成。任重道远，努力以赴而已。祝

好！并贺春节！

千帆

戊辰除日（1989年2月5日）

（三八）

翊强：

你4月7日信，我是在医院收到的。因为心脏病（房颤），几个月内两次住院。出院后不久，遭时多故，一拖两月余（其间又发病数次），未及作复，甚歉。

你谈近况甚详，而且心平气和，足见思维方式处世态度都有所进步，甚以为慰。大家能够各自以自己选择的道路自我完善地走完一生，也就

很好了。八十岁不一定活得到，即使活到了，是否值得庆祝也大可怀疑，弄得不好，可能被人要猴把戏，甚非二三子尊师之本意，未免可笑可哀。如三四年后，彼此清健，届时你和张实一同来南京小住数日，谈谈往事，倒是很有意思的。

我从今年起，已不再招博士研究生。原在校八人，今夏毕业四人，明年毕业一人，后年毕业三人，教学任务，就算完了。国家计划大型科研项目①全清词、②唐宋诗歌流派研究，亦已由另一六十岁之博士生导师接手。自己著作除一部四卷本的《校雠广义》尚有两卷得完成外，也都交卷。并决定从此不再写文章，也不开拓其他研究领域。先师胡翔冬先生诗云："成仙惟一梦，俟死养残年。"今后我只能这样活下去。因为我这个病一不能劳累，二不能动感情。一生气就发病，其应如响。今天我才明白，处世惟一"忍"字为最难，张公百忍所以传为美谈也。算了一下，居然有十八天没有发房颤了，所以提笔给你写了这封信。五味姜（红姜）在长沙想好买，要嫩点的，望给我寄一斤。祝
安好！

千帆

1989年6月27日

（三九）

翊强：

七月六日、八月廿五日信及红姜都收到，谢谢。

我七月、八月各发房颤五六次，不到一星期一次，身体衰弱，百事皆废，久不作复，请原谅。

你谈近状甚详，我听了也很高兴。近得南大语言学教研室主任鲁国尧教授信，对你的那篇文章颇有褒奖之言，今转上（不必寄还）。鲁，北大毕业，周祖谟先生弟子，首届王力语言学奖金获得者。

你谈到出处或进退问题，谈到刘博老，他老人家诚然是值得敬佩的。但就我来说，劳动有个效果问题，知识有个更新问题。人老了，知识不更新，劳动也就往往无效了，并非只要在不断地做，就是好的。在人生道路

上，老而不知退，最是危险。劳动无效，当然是小事，但如老不免悖，就不一定是小事了。我现在已无精力遍看新文献，吸收新知识，这就是说，已逐步变成不配当博士生导师了，怎么好恋栈呢？如以恋栈之实，居贡献之名，那就太可耻了。佛云："到一境，证一境。"今圣云："实践出真知。"你还年轻（虽然也不小了），未必懂得这些，不过趁今天精神好，聊当面谈罢了，不足为外人道也。

代芳想参加明年南京召开的唐代文学国际会议，可能有困难。那个会人数少，规格高，用费也大，到时再看吧！祝

好！

照片二张分给你和张实，是前几年照的。

千帆

1989年8月25日

（四〇）

翊强：

得函知近况安，心情好，极慰。纪念论文集事，我完全未过问。大概他们想以古典学术为限，故于杨文翰等对现代文学有研究的人均未约。"中秋节"已要莫砺锋查复，词句则我一时想不起，他也一时查不出，只好存疑。

我已正式退休，学校要反聘，未允。来南大十一年，总算是"见好就收"，"在喝采声中下场"。先室祖棻生前每以此为戒，今无负于死者，亦足自慰。附上致校方信一封，可与张实及同门共阅之，足以知我心情也。

祝

安好！

千帆

1989年12月12日

（四一）

翊强弟：

收到寄来红姜，念及老人，深为感动。此物甚耐久贮，去年所赠尚有

不少,估计两三年内足够需要,不必再费事寄来。我估计你近来心绪可能不太好,因已长久不来信。现在的事只能随缘,或者说对自己认真,对别人随缘,就很好了。我原定去年十二月底退休,但至今未见办理,不知何故。圣意难测,小民俯首听命而已。手上还有四个博士研究生,到明年暑假,全部结束,有几个科研项目,也已交给几位中年老师,明年八月,再不退休,即为尸位,奈之何哉?心脏病吃中药后没有恶化,但不能劳累,前些年把诗集交出版社排印,日前寄来校样,赶着校对了几天,病又发了。看来只能悠悠忽忽,度此余生。回想从前在那种体力劳动中过了十余年,居然不病不死,实为奇迹,亦不能不赞神功圣德之伟大也。你听了这些话,应当一笑;如果生气,便失去我谈这些话的本意了。随口奉告,聊当面谈。
顺颂
近安!

千帆

1990 年 2 月 23 日

(四二)

翊强:

3 月 8 日来信早收到。你写得很详细。看了很高兴,也很感慨。轮椅之说,未详所本。

总的说来,我身体今年有好转。89 年春天,这个时候正从医院里出来。88 年也差不多。而 89 年秋起,服中药六个月,心脏病发的次数大为减少了。89 年 12 月,校方要我退休,我不胜欢迎之至。但正式手续又至今未办,大概不致反悔。我手中还有四个博士生,今夏毕业一位,明夏三位。从此之后,便逍遥了。一些未完成的著作,已分别由同事及学生合作进行,现已完成过半,只有两种,恐还需三两年,但不紧张。“天下兴亡,匹夫无责”,这是一位老学者去年说的话,但对学术似乎还是有责的。我们能做的,也只有这类的事了。学生毕业一班,又会来一班,“天涯何处无芳草”是情语、景语,也是哲理,大可不必担心寂寞。江南佳丽地,任何时候都欢迎来游。祝安好！

千帆

1990年4月7日

（四三）

翊强：

收到七月十一日信，甚慰。

《三国志注释》，不知体例如何。此书历来有关著述虽不及《史记》《汉书》之多，也不算少。要遍考旧说，折中群言，也非易事。四川大学缪钺先生曾有选注本，中华出版，不知见否？

你对学生有感情，也得到回报，极是好事。但要注意，不仅86级，“天涯何处无芳草”，“四海之内皆兄弟也”，境界、心胸也就更宽了。

我五月退休后，还有两届学生今明年暑假各毕业一届，就脱然无累了。也不再写什么，只是在朋友学生的帮助下，完成几本书，以后，就逍遥卒岁。心脏病，仍时发，但不严重。

各处都有武大老同学，相见都很亲热，大概“人之初，性本善”，制造斗争，总归要失败的吧！

南大对老教授算好，每逢夏天，我们就住进有空调设备的房子，今年已是第三年了。想起过去那十多年的夏天，一直在毒太阳底下干农活，真如梦寐。但这也是凭自己诚实劳动换取来的，因此不必“感皇恩”。只要互相对得起，也就无所愧怍了。

秉钧先生人极诚恳，经学、小学都好，前几年我去长沙，曾专程访之于岳麓，惜未得见，望代致意。

手复，即颂

近佳！

千帆

1990年7月25日

（四四）

翊强：

9月2日来信，搁置已久，因一直生病，最近又住医院了。所以只能回几句话。

小甘先生将茶叶托人送到了，但并无酱油，据说是嫌麻烦，撂下了。大概你并不太熟悉他而“托末契于后生”（陆机语），故打对折以示薄惩也。

我现住人民医院，地近清凉山，望之蔚然，惜步履不便，只能望望而已。还是心脏病。久了，也不大在意。请医生治疗，亦随顺世缘而已。我的两本书十一月可出，当奉寄也。祝

好！

千帆

1990年10月12日于医院

（四五）

翊强：

12月9日及24日信都收到，我10月12日入医院，1月12日才出来，整三个月。现仍孱弱，眼力不好，耳尤其聋，不大能做什么了。幸近年与友生合作，整理旧稿，去年已出二种，还有两种今年可出。今寄你和张实各一套，其中论文外，有诗有序跋，“波罗”云云亦在内。波罗球即马球，如张实愿意知道得详细一点，可看向达的论文集《唐代长安与西域文明》一书中的《波罗球戏小考》。

你生活兴致不坏，工作也颇有成绩，这很好。一个人：① 做点好事（不论大小），② 不做自己明知道对不起人的事，这就很好了。一天到晚叫别人学“人造圣人”，自己却无所不为，此风由来已久，亡灵未泯，时而出现。“上下相蒙”，“上下交征利”，“而国危矣”。先民之言，仍是真理。我幸已近八旬，“天下兴亡，匹夫无责”，故聊可混日子也。

我的英语只有幼儿园的程度，而且一个学者通外文是本分，不通是大缺点。我不通，故不能吸取东瀛、北美、西欧汉学家之成果，或与之上下其

议论，你要我写入自传，是自责呢？还是自吹？至于对研究生要求严，也是做老师的起码条件（前提是他愿意，不愿意，就分手）。在南大，我的研究生中，有退学的硕士，得不到学位的博士。他们也不能出怨言，因为考研究生不比入大学，是他自愿报在我名下的，对某些人来说，即所谓“地狱无门闯进来”是也。幸已退休，不再招生。否则恐仍有令“混家者流”失望之处。

你年纪不小了，或者春节即将退休，能找一良伴是好事。但前车可鉴，要慎重。找品德性情好的，不要“选美”。自己也要学会体谅人，宽容，多替他人设想，不要任性。体乏不能多及，祝

好！

千帆

一月二十六日（一九九一年）

（四六）

翊强：

寄上《今译丛书》有关资料及介绍信，请与贵州人民出版社联系。你愿译何书，请按照自己的学术、知识、兴趣等方面通盘考虑，然后提出。出版社方面，则首先是看有没有人已经承接你所提出的书，其次则看你的试稿。你不妨提几种，但事涉专门的，要慎重考虑。如《大唐西域记》，涉及西北地理、佛教文化等，恐不易着手也。

顺颂

安好！

千帆

1991年3月16日

（四七）

王荆公于杨寘榜下第四人及第。是时晏元献为枢密使，上令十人往谢，晏公俟众人退，独留荆公，再三谓曰：“廷评乃殊乡里，久闻德行乡评之美。殊备位执政，而乡人之贤者取高科，实预荣焉。”又曰：“休沐日相邀一

饭。”荆公唯唯。既出，又使直省官相约饭会，比往时，待遇极至。饭罢，又延坐，谓荆公曰：“乡人他日名位如殊坐处。”且叹慕之。最后曰：“有二语欲奉闻，能容于物，物亦容矣。”荆公但微应之。归至旅舍，叹曰：“晏公为大臣而教人者以此，何其卑也。”心颇不平。荆公后罢相，其弟和甫知金陵时，说此事，且曰：“当时我大不以为然，我在政府，平生交友，人人与之为敌，不能保其终。今日思之，不知晏公何以知之。”

摘自《宋人轶事汇编》卷十

1991 年 4 月 17 日

（四八）

翊强：

一月廿五日湘乡函收到，知《国志》译文已脱稿甚慰。大概具体文字译法可据训诂制度有所选择，而体例则合作之书，必须多人同步，不能自搞一套，否则责编无法统稿也。能有机会发挥余热，大是好事，暮年能有佳偶，尤为可庆，甚愿其成。弟于此事，经历已多，谅能善处。大体宽容最为重要，能“容”方能“融”也。寿辰论文集已排好，正校对中，大概八月中可出。我去年略健，当缘不忙之故。总还是找点事做做，不然就“难矣哉”了。祝

一切顺利！

如见到周秉钧先生，请问他，我去年寄了一本书给他，另外几本托他转送湖南师大友人，一年了迄无一人复信，不知收到否？

千帆

1992 年 2 月 9 日

（四九）

翊强：

来信收到，略悉近况，甚慰。

论文集原订作者每人送两本，这无问题。如我忘了，请在未收到时，再提一下。此书已赶印，八月底可出。同时南京师范大学《文教资料》也

出一专号。

你作了一些反思，很好。虽然自己尚未得到答案，但总想到了这一点。我们相交四十余年，旁观者清，其实，路是自己走出来的。你一辈子的道路如此其崎岖，我想主要是由你的个性决定的。你个性褊狭而脾气暴躁，处在到处都是坑坑洼洼的社会里，却要率性而行，不肯宽容，别人当然也就“即以其人之道还治其人之身”，你于是就所如不合了。

古人行年五十而知四十九年之非，你何尝不可行年六十而知五十九年之非呢？

业务方面，并非如你所说心里有许多旁的事，所以被挤掉了。人不是著作机器，谁也有许多旁的事。问题是你没有将业务看成生命线，放在第一位。没有认真对待。没有“敬业”。你那位中学同学恰恰和你相反，所以苦心人不被皇天负。而马虎人总不大受皇天赏识的。你不“敬业”的程度有时使我惊诧。上次给你为贵州出版社翻译古书事搭桥，其实是谈好了，请你提供样稿不过是个手续，而你却掉以轻心。人家要买牛肉，你却拿了一条鱼去作样品。人家就想到，此人决非能认真对待工作的人，不然，怎么连一个合格样品都不给呢？结果只好推脱，说已另外约人了。事已过去，这里只是随便谈谈，不必介意。

我现在也还在做点事，不过不多，每天一点点，积上一二年，又出一本书。老牛破车，边休养，边尽力之所能做一点。今年仍居学校招待所，幸免酷热。请代问诸位老同学好。祝

心平气和，老学不倦！

千帆

1992年8月7日

（五〇）

翊强：

函电都收到。

材料很翔实，有些慢慢找，不急。天太热，又有水灾，可俟略安定后从容为之也。

叶德辉于1926年(? 请查)农民运动高潮中,因撰一联骂农会,被枪决(或杀头),其联云:“农运方兴,稻粱菽麦黍稷,一班杂种;会场扩大,马牛羊鸡犬豕,六畜同群。”此事,不知有文学记载否?

叶在晚清与王先谦等(学问皆好)颇把持官府,凌虐乡里,真正的土豪劣绅,从陈右铭(寅恪之祖,散原之父)在湖南搞维新起即遭他们反对,此不知有无当时文字报章可查,大概反维新变法,反辛亥革命,反北伐革命乃一贯也。

然学问实好,经学、小学之外,版本目录,尤为专家,并有胆识,如传播古代性医学书(见《双梅影庵丛书》),皆先知先觉,难能可贵。当分别观之也。

吾弟退休无事,如有兴趣,可从事此人之研究:① 介绍其学术成就,② 政治上之反动思想及活动,亦可填一空白也。

代芳在郴州,亦颇有声名,在他与人合出一书后,有人说他是“功成名就”,爱之恐所以害之也。但回头一想,世上不如代芳之努力及成就,而妄窃虚声过于代芳者,亦多有之,何可苛责。此等,只能随缘,如庄子所云:“呼我为马,则应之以马;呼我为牛,则应之以牛。”斯可已矣。贬者如此,褒者亦然,则心地澄澈矣。

南京自上月29日高温,今日始降至33度。匆匆奉复,即颂
全家安好!

千帆

七月十二日(一九九四年)

(五一)

翊强:

第二批材料收到,感感。

有二事,想请继续调查一下:

① 庄天合生平、时代、在湘政绩及其他遗文遗迹。特别是历官,据其官职,可确定“宗伯师臣”四字之义也(坊非)。② 叶德辉大革命时代被镇压的确切经过及年月日、地点。特别重视有无文学载记,有无反面材料,

如为叶作的家传墓志等。

南京天气已转凉，仍在 34 度也。祝

全家安好！

帆

七月十八日（一九九四年）

（五二）

翊强：

伏先生函及附刊、书三册及你 24 日信都收到。我致伏一函，请转达。其中已表对黄曾甫先生的敬佩、问候之情。

叶德辉文材料已不少而且可贵，但① 他伏法经过，② 庄天合事迹，望进一步查明，想写一篇疏证，交湖南《文史拾遗》或《湘潭大学学报》发表，用你和我二人名。

太热，人不很舒服。不多及。

祝

全家好！

帆

1994 年 7 月 30 日

（五三）

翊强：

两封信及材料都收到。伏先生甚可感，但其人似甚粗心。如庄天合，叶记明明说他是明朝人，而他却扯上了清末的庄赓良。我已复信要他将《闲堂自述》登《文史拾遗》，就算投稿了。张表弟来信说关于叶记不宜重提，我也不懂内幕。是说叶攻击黄兴不当谴责呢？还是黄兴确被叶骂对了？弄不清。所以我考虑此文不在湖南发为妥。离乡久，怕弄不清恩怨是非。庄天合《明史》无传，是否天合是字或别号。在省志县府志中应可查出，能立牌坊，且号“宗伯师臣”（即宰相尚书一级），必非无名之辈也。查清楚这一点，就都清楚了。

十年前，韦其麟、卢斯飞、何文白均在广西南宁，我去讲学近一月，与他们相聚甚欢，后来听说都走了。只韦因本地人，在文联。文白在长沙你院图书馆否？望代我问候。你记忆力极强，写回忆录甚好。一些有意义的，有趣味的，可以发表。藏于家，也不坏。南京酷热，匆匆奉报。即颂

双安！

帆

八月十六日（一九九四年）

（五四）

翊强老弟：

黄慧来，收到信及礼物，接着又得邮信，很欢喜。我正想要你寄点红姜，就收到了。皮蛋也比南京的好。黄慧匆匆忙忙，没有招待她，只好帮她找到一个好住处，中美文化研究中心的招待所，安静舒适。休息一夜，次日就要报到开会了。我们托她带给你一瓶“孔府宴酒”，另外一盒我生日纪念录像带。可让在长沙、湘潭的学生朋友们看看。看完后，可送省图书馆，他们那里办了一个什么文库，收了我部分学术档案。

叶德辉，1985 年岳麓书社给他出了一本评传。可见其人还有可传之处，并非斥为“流氓地痞式的人物”即可了之。我想为其骂黄文作注，因其中有许多地方风俗史，距今不及百年，已很茫然。他既是不折不扣的土豪劣绅，又是不折不扣的反（旧民主主义和新民主主义）革命分子，同时还是杰出的版本目录学家、经学家、小学家，古代戏曲史料及古代性医学资料的发掘者与传布者。如何用历史唯物主义的原则去理解此人，是可以考虑的。我无全面做此项工作之意（也许那本评传已经做得好，还未见，已托人去买了），只是想将文中的今人所不习知的地名等略加注释而已。革命史料要保存，反革命史料也要保存。“本来知道叶文的人不多，你这一评，反而宣传了。”那么为什么《蒋介石传》《戴笠传》《红都女皇》都是畅销书呢？这是题外的话，不必告张。

如果你只想搞搞校对，而不是校勘、注释和翻译古籍，那也许更方便

些，让我问问看。

庄天合材料也够了，无须再找。你的回忆式的笔记不妨写下去。我常说，退休后，身体还可以，做一些自己想做的事，是最愉快，不为名，不为利(当然也不妨有点“蜗角虚名蝇头微利”)，只为了兴趣，“人到无求品自高”，这时，思想也净化了。我近认识到此点，正努力朝这方向走去。约你异地同行，如何？匆匆。今天精神好，写了这么多，自觉难得。祝

好！

帆

九月二十七日(一九九四年)

(五五)

翊强：

十月二十日信早到，事较忙，当中又病了十天，故未及复。录像带你安排甚妥。你那么爱护祖棻赠书，令人感动。但小孩纯任天机，不涉是非，是非是大人的理念，亦只是一劫而已，与小孩无关。① 树欲静而风不宁，子欲孝而母不待。古今同有此恨，莫如之何！愿你善自葆爱，多宽容，少烦恼。

有一件事托你。湖南图书馆设有一个好像名为湘籍名人文库的陈列室，数年前曾来征集了一些书，但不全。我把收条丢了，想补近年著述不知该补那些。请你将该馆已有者开一单子寄下。沈诗词集笺本已出，书品清雅。非久当寄上，太贵，无法多送，不必示人。祝

好！

帆

十一月十五日(一九九四年)

---

① 杨翊强按：“小孩”句，先师母祖棻先生赐线装《诗韵合璧》一部。我的孙女(时年九岁)顽皮，把一本拆开，从三楼窗口往外丢，飘落地面，铺满一片。我得悉大为痛心，忙从外面打的回家，在地面一页页收捡，清点，毕竟还少了几页。此事我禀告千老，他老回信要我不要责怪小孩。

（五六）

翊强：

得你2月2日信，才将1月7日信从那个硬壳子夹缝中找出来。电报今天6号才收到，更迟。以先我还以为你又有什么不如意的事或是生病了，放心不下。

舒芜文是祖棻创作选集序，手头尚有存书，寄上一本，不必复印了。

另四本，请转省馆。我没有省馆邮码，恐遗失。

张瑞洁没有回信，大概不高兴。他是多年的《求索》编辑，其对文字的严肃性之不理解，令我吃惊。如居然认为巴金的《随想录》那种文章很随便就可以写出来，而且认为我什么都可以写，微型小说、散文随笔……简直是一个笑话。“道不同，不相为谋”，也只好让他生气了。

我春节过得也很好，一家四代，十七人，大聚会。因为在家中吃太费事，就在南大办的餐厅吃，然后跳舞唱歌，第二代丽则和陶芸的儿子都是异父母的，都处得很好，第三代早早等则更无分彼此了。这一点可供你参考。祝

全家安好！

千帆

二月六日（一九九五年）

（五七）

翊强：

上次谈祖棻新诗、小说信及五月十二日信均收到。

你这次信中有一句见道之言：“能读点书，是极大的享受。”弘老解放后有两句词：“难忘身外无穷事，补读平生未见书（指马列著作）。”表示了一个老知识分子在天地翻覆世局中的错愕，也微有失落感和不平。但我们今天若心平气和地过退休生活，则此二句又别有可启发处了。愿你适应、宽容，知足常乐。菩萨也为地狱中不能真空而烦恼，因此永远不能成佛。何况我辈，家务事谁也说不清，但如遵循有理有节的原则，以宽容悲

悯为怀，则也不致激化。古人云：父子不责善，责善则离。何况本不必过问乎？无事常常笔谈，亦足遣日也。祝
双好！

帆

五月十八日（一九九五年）

（五八）

翊强：

来信收到。迟复无关系，反正不是急事，家务琐屑，确是烦人，但也只好随缘。昔东坡谪居惠州，人以为苦，坡曰："譬如原是惠州不第秀才。"其地缺衣少药，坡曰："京师国医手中死人尤多。"祖棻之祖父自号退安，或问其义，则曰："退一步想，则心自安也。"与吾弟共患难时，亦尝借此思想度厄。弟今日境遇，与我一般，即虽不理想，已大胜于前。何为而长戚戚乎？

写回忆录，短可只写一篇短文，长可写十万字，随你的便，也看你脑中所储多少。不虚美，不隐恶，所谓"实录"也。主要的是真实。二十余年，可喜可悲，可啼可笑，丑闻趣闻，人道鬼道，回想起来，亦多有可作为镜子者。不必矜持，作"著书"之状，但如旅途遇雨难行，忽于茅店中遇多年不见之老友，一杯浊酒，几颗茴香豆，信口大侃，即是真实朴素妙文也。全书不必有结构，一段一段的，多少长短，一概不拘，则思路笔路自宽矣。

张瑞洁未见叶老贼之原文，以为发表会对他反有好处。此人刻毒，加以疏通证明，读者始能洞悉其用心，弟读得真诗知其好处，即可以笺叶矣。历史大事，可化繁为简，如禅让事，书××年×月×日，唐某帝禅位于梁某帝即尔。美大之名花，即美丽朵大的有名之花，并没有暗藏埋伏。如要注详一点，可到图书馆查植物学词典或花卉辞典，或英文词典维多利亚条（月季花良种有名"伊丽沙白"者，叶氏不懂英文，或系传闻误记，此可问懂英文者）。注文，你大胆做，成后寄我一看，斟酌后再交文史馆可也。

天热，不必赶工，慢慢地来，你有写作能力，始终未引发出来。老了，

写着玩吧，不必计较好坏、能否印出，就心地宽广，笔路也随之开阔。祝好！

千帆

七月二十二日(一九九五年)

(五九)

翊强：

信及稿均收到。

稿，看伏先生的态度如何。要坚持三个条件：① 九千字一定要一次登完。② 任何改动，要作者同意，最好是不改动。③ 下一期登出。我的意思他们最好不肯登，可以刊在一个档次较好较高的刊物上。但他过去坚约过，不好意思不先问他们一下也。

来信中许多回忆录资料仍寄还，免得正式写时又费事，不着急，慢慢来，持之以恒，积少成多。每段独立，又各有联系(不仅是甲联乙，乙联丙，而是甲可联乙丙丁)，松散自由，可独立，可钩连，这样就很活泼，好看。写时要和当时学术社会环境背景相关，政治可谈，但要涉及少些，轻轻带过(这样，容易发表)。

注改笔文字好，本无须动，个别地方略动一下，别纸录出附上。

祝

全家好！

千帆

1995年9月29日

7页	3行	“永记不忘”	后加“语出《诗经·卫风·考槃》”
10页	9行	“作白……”	应为“花作白”
24页	2行	“万人空巷”	四字删
24页	7行	“都督”	二字删
27页	倒5行	“十五年”	改“十四年”

（六〇）

翊强：

十月九日信收到。

叶文事，第一个办法，即要《文史拾遗》发：① 一次登完。② 不删不改，要删改，要作者同意。③ 编入《拾遗》95 年 4 期。④ 作者署二名，不分注与后记（因而某些口气要改，如 28 页倒 2 行，称“程千帆老师”，老师二字应删去。诸如此类，要查一遍。32 页所载对联和横扁载明文献出处为妥），但所得稿费应归你一人领取。

如文史馆诸先生另有想法，则请妥商取回，我想办法发到全国性或国际性的大刊物上去。这样做，好处是反响大，但能否刊登，只有大半把握。而且大约要到明年才能出版，长过一年，因为大刊物要半年才出一本。

你为此事，很费心，你对此文发表，应有发言权，望酌定告知。如决用第一法，即全权由你在长沙处理。用第二法，可将定稿寄回给我另行接洽。

关于写回忆录的事，有许多事实，人物、时间、地点，是要核实，可找个人，也可找组织（如校史办公室）。个人，你可找同时的人，记忆力好的人，和你关系较好的人，可以随时写信问。组织上则以集中许多问题，集中查记录为方便。

具体问题，如次：

① 52 年土改回来后即被批判，有人在批判中提出要撤销土改团长职，但回校后即转入三反，土改团解散，也无法撤，后来不提了。

② 祖棻 56 年秋调武大。

③ 徐天老，安庆人。不用字，他有一斋名曰“信斋”，但很少用。天老人极聪明，悟性极高，但确不会讲书，大声赞叹一番了事，不仅张实如此说，李健章、胡国瑞诸老学生也如此说。他的诗宗杜甫、韩愈，也学江西派黄庭坚、陈师道、陈与义等人之学杜韩，沉雄感慨，悲壮苍凉。武大资料室曾存一手抄簿本，“文革”中也遗失了，现就我记得的一些断句抄录如下：

万里江声撼客床，剧惊秋入鬓边霜。

安排家国成孤注，俯仰兴亡望八荒。

（七律前半首）

多事乾坤人善病，重阳风雨雁初飞。

（七律次联）乐山送陈登恪赴渝州养病

寒梅回春姿，孤矣出其右。

五古断句，忆是题画诗

名号仅存类东周，祸养相寻送北宋。

咏杜七古断句

天老去世似在反右前不久，记得他还大骂过当时那个不学无术的系主任江橹(别字专家)。天老逝年，问胡国瑞、李健章即可。

写回忆录，不必急。要回想与落笔并行。是个思维系统的整理过程，也是个文字修养的提高过程，如何写得整洁，又吸引人，有可读性，是要一点本事的。不必急，慢慢来。

我现在写字歪歪倒倒，不大行了。但心情平静，不忧不怒，颐养天年，望你同之。祝

双好！

帆

1995年10月15日

(A) 汉川土改区乡之名，已全不记忆。

(B) 汉川县委书记张信，52年夏，到武大，部分师生曾陪其在东湖边喝茶。谈些什么，不记得了。但记得一事，我说，现在一切大变样，和旧社会不能比了(大意)。他说，我们今天不该同旧社会比，该同苏联比。这给我印象很深，所以至今记得。

(C) 52年春节是在汉川过的。没有返校，过年后，土改队工作才完。

(D) 啃《约翰·克利斯朵夫》，是在武大，当时也在啃《反杜林论》，也是不懂，比《约》还不懂，但是两种不懂，理性的和感性的不懂。因为听丽尼赞赏，觉得应当看。这时在反右前。

（六一）

翊强：

21 日信收到。

叶文只好按伏先生的意见，在《拾遗》96 年 1 期发。但一定要由你校对。该改动之处，望照前所告知改定。此事，就算告一段落。刊出后，请要 10 册。不能送就买。

关于我劝你写文章的事，当时你是过分颓丧了一点。“弹舌音”决非一文可解决。《说文》、《尔雅》、楚词、杜诗，已研究千百年，出书数千种，至今仍每年每月不断地出，哪有一文即了之事。这是由于你把科学研究等同于常识传播了。所以，无可后悔。要写，仍可写。但比那时困难多了。（别人已说的不需要重复。）

汉川书记是姓张名信。他的确和我关系不错。许多人，白头如新，武大许多同事，相识几十年，也没有互相说过几句真话，而另外一些人，则只见过一面，也能肝胆相照，倾盖如故。古人这些话，确有许多世情哲理，人生悲欢。

我怎么能怪吴代芳呢？一头是一个老师或一个教授，而另一头则是一个党或一个主义。要我是吴代芳，我也要走“革命”道路，和右派划清界线的。有个故事说，孔子在陈绝粮，派子路去借。那有粮的人听说他是圣人那里来的，就写一个“真”字，问子路识不识，子路说“识得，是‘真’字”。那人不借，子路回来告诉孔子。孔子说，“人们就怕认真，你要说是‘直入’，才行”。子路如教，果然背了粮回来。伟大的先王也曾说过“世界上就怕认真二字”。这就看如何体会了，似对自己对别人也是两种的。

《人民教育》不会错，文章署名程会昌，由教育部一干部记录。若 51 年没有，则当在 52 或 53 年（多数是 52 年）。

和你写信，等于闲谈，只要不累也怪有意思。

作家的话很有意思。人有话总要说，只是嘴巴松紧，因时而异，因人而异而已。

祝
好！

帆

1995年10月26日

《阴符经》只是那些条件，完全可以做，但这种本子，恐毫无学术价值，卖稿得钱而已。我意，你认真按清儒朴学家法做一《阴符经校注》，留待将来另行出版，而简化地完成任务，应学校要求。不知有无精力、时间、兴趣、资料？这只能由你自己决定。这种研究工作——古文献整理，是很艰苦而报酬也不多的。解题（序言）要看各家目录书，如《四库提要》以及张心澂《伪书通考》之类，介绍内容，说明真伪，材料都现成。近人兵书目录辑录的资料均可用。

（六二）

翊强老弟：

近得北京信，叶文注有可能重刊《中国文化》，此为国际级半年刊，印刷极精美，每册售三十余元。想请弟繁体横排重抄一遍（仔细校对，毋错字）寄下。正文每段顶左边，注文退两格排。后记前空一行，仍顶左边。《闲堂学记》进展顺利，材料已基本收齐，但缺新撰师门掠影诸篇，四月前交印想无问题，我眼仍不好，无可奈何。祝
双安！

帆

1996年2月9日

寄还之《文教资料》已收到。附告。

（六三）

翊强：

寄食物都收到，完好无损，部分有点霉，用酒洗过，晾干即可。全家欢喜，感谢之至。

叶德辉文望速钞（详校）挂号寄下。刘梦溪（主编）有电话来催。次则

回忆录亦望四月中旬能寄我，北京也抓得紧也。(《光明日报》有《中国文化》大幅广告，见之否?)我除目病外，均好。祝
俪福!

千帆

三月七日(一九九六年)

(六四)

翊强：

信收到。文已转去北京。文史馆要声明转载，无可能。不再提，你也不必提，如提你就说已转告我了，就是了。回忆录，能三月底交，极好。现在四川七十以上的学生也写了三数篇，很有意思。我想此书在今年国庆前出版。

眼睛不好，几乎乱画，可笑亦可叹也。祝
俪安!

千帆

三月十七日(一九九六年)

(六五)

翊强：

详信收到，我近眼力大坏，信根本看不清。章句之学，辨是非要参查文献，不能信口而言，来件是寄还是暂置我处，望告。近流行一书名《天怒》，副标题《反贪局在行动》，方文著，远方出版社出版，如长沙小书摊上可得，幸买一册寄下，此间有不少人想看也。此信对来函答非所问，极歉。弟知我，幸恕之也。匆匆，即颂
大安!

帆在台风风雨中

1997年8月19日下午

（六六）

翊强：

病中仍不忘老人，请徐女士馈以珍食，感不可言。近来精神甚坏，作书信酬对宾客皆困难，看过一阵能好转否。你病况如何，甚念，不宜急躁。特书此数字，聊以致意。即颂
痊可！

千帆
1997 年 9 月 19 日

（六七）

翊强：

详函及像片都已收到。你生病的情况，我从颜雄、张实等人处已略知，但不详，因我近半年亦在病中（心肌缺氧及糖尿病），曾住院月余，今仍在休养中，仍甚疲软。好在完全无事，宽心混日子，也很容易。你的病似很复杂，但也只能宽心。我以前劝你，"能容于物，物亦容矣"，现在似应加一句，"能忘诸事，事亦少矣"。几十年前的一点小事，你记得那么清楚，这是为什么？除了自己和自己为难之外。朱正在长沙出了一本书，名忘了，是记载反右斗争的，极翔实。我看过。你如能得，望一看。看过很能开启心胸，不再斤斤计较。我无力回你详信，只想你快快活活颐养天年。我和祖棻已有出版社印全集，沈 4 册，程 14 册，附上目录一阅。祝
少病少恼！

千帆
四月二十二日（一九九九年）

（六八）

翊强：

寄上照片一张，请费心交何文白看，辨认另二人是否卢斯飞和韦其麟。我在南宁讲学时所拍。请快一点寄回。谢谢。祝

安好!

帆

七月四日(一九九九年)

河北教育出版社为我出文集并附影集,需加说明,故请速回信,照片附回。

你身体近来好吗? 念念。

(六九)

翊强老弟:

8 月 22 日来信又报纸两页收到,知沉疴好转极为高兴。西洋占星术认为:凡土星照命的人运气必不好。我们大概是土星人吧,一辈子都不大走运,但活到七八十,也该有时来运转的时候,敬祝你从此时来运转,心平气和,安度晚年。心平气和的前提是宽容,自我放松,所谓“能容于物,物亦容矣”。别人是单科独进还是多科合进,是欺世盗名还是真有两下子,关你屁事,何必管它呢? 山口巨源还是山嘴小源,随它去吧,他不是你学生,教他这些干什么。久病之后以多休养为宜,至要至要。我今年已八十有七,陶芸也八十六,她还好,我则去年因病住院后,一直未能完全恢复。心肌缺氧又有糖尿病,且战且走,胡乱过日子而已。但得留在南大学生之助,许多工作仍在进行。《程千帆全集》已由河北教育出版社开始出版,全书共 14 册,约 500 余万字,沈全集四册,不到 100 万字可先出。程集由大弟子莫砺锋主编,他得博士后继续研究十余年,现已成为国内著名学者,南大博士生导师的骨干了。程丽则的大女儿张春晓已在南大取得硕士学位,并继续考入复旦大学,攻读博士。她外婆的集子,即由她编。当年的早早已长大成人,并与其同班同学戏剧学硕士郭斌结婚了。郭斌现在广州《羊城晚报》当编辑。结婚并不在一道生活,也显示了事业心,我也只尽外公的责任,希望其努力前进而已。我主编的《中华大典·文学典》宋辽金元分典五册一千二百万字,5 巨册,将在 9 月出版作为国庆五十周年献礼。但此书太贵,私人置不起,学校图书馆中或能见之。弟如见,可以翻之。另外我与程章灿君合著《程氏汉语文学通史》将于 9 月中在辽海书社出，据出版社说，将在长沙参加书市，又自传资料《桑榆忆往》约 20 万字，争取在年底由上古印出，不知可能否？我留了五六个学生在南大。他们现均已是教授、博导，可以帮我整理著作，而且比较内行，故一切都很顺利。如吴志达在武大也在主编《中华大典·文学典》明清文学分典，亦系因有学生相助之故也。信写得长了点，很累，就此打住，千万珍重。我们为了不服那口气活了下来，也要让那些金童玉女们看。祝

好！

千帆

1999 年 8 月 28 日

（七〇）

翊强老弟：

来函及腊味均已收到，很高兴，很感谢。腊味品类繁多，香味扑鼻，虽尚未品尝，已先知其美味。又分若干给小女丽则，让她这从未在湖南住过的湖南人也分享些家乡口味。只是邮寄困难，这一回足矣。你年事也渐长，尤其是不可以影响家庭关系，至嘱。

你身体已恢复健康，还能写些小文，很好。报刊中常见文理不通或语法错误，也无法也不必一一予以更正，一笑置之可也。我现在绝不写文章，如无法推辞时，也是由学生代笔。字也不写了，写寸楷眼睛都看不见。走路也困难，天气好时，和陶芸相扶持在学校里面散散步，如长久不走，恐怕就不会走了。每天枯坐，或坐在电视前消遣，实际也看不清内容。但因平静地过日子，心境平稳，虽心肌缺血严重，但还能过得下去。《中华大典·文学典》中宋辽金元分典已正式出版，本月 28 日在北京开发布会，我也因身体不好坚辞不去参加。我和学生徐有富合写的《校雠广义》今年获得全国图书一等奖，古籍类只有三部书获奖，我居其一，也很高兴，不知你在报上见到否？至于《全集》因部分书才出版（如《程氏汉语文学史》），有的需要重版（如《校雠广义》原系直排，需改为横排），有的甚至尚未出版（如《桑榆忆往》），所以最快也需要到明年才能出齐。《桑榆忆往》现已交上海古籍出版社，要明春才能出，届时定当奉寄一本。

你现在能按照我的意见，处人处世一切从宽，安度晚年，我很高兴。祝
阖家安乐！

东坡云：与乐天相较，才名甚远；而安分寡求，则庶几近之。我今年已进八十七，多灾多难一生，有一平静晚景，“残年饱饭”也很知足了，愿老师弟以此互勉。

千帆附及

1999年10月25日

我家里电话没有改，还是3592790，你是否用的还是分机？

致施蛰存（十七通）

施蛰存，曾任华东师范大学中文系教授。

（一）

《论交一首寄自覃兼尘拱贵》

自覃客岁来书云：“死前一面，则平生之愿足矣。”其言沉哀至骨。越年乃作长篇寄之。拱贵尝与子苾极论交道，盖亦于兹事别有会心者。王荆公诗曰：“所论多感慨，自信肯依违。”诚有味乎其言之也。因兼尘焉。

论交昔自爱朱刘（谓朱公叔《绝交论》、刘孝标《广绝交论》），涉世谁真共乐忧。未死尚期谋一面，平生此愿已千秋。升堂水镜今安有，弯弧逢蒙古所羞。侠骨江湖只陈迹，好从心地泯恩仇（定庵诗云：“吟到恩仇心事涌，江湖侠骨已无多。”今又百年矣）。

《丽则夫妇请携雏侍游京湖，而子苾忽病，雨中为求药，因赋一篇》

转烛飘蓬损少年，相思相对雪盈颠。酸辛避死曾无地，怅望来书每各天。好雨渐催山翠活，良方从乞宿疴蠲。行春莫怕攲危步，袖底东湖绝可怜。

附：子苾《和答千帆兼示丽则》

零落栖迟尚有邨，卅年辛苦长儿孙。烟花伤别春俱远，灯火论文酒可温。向老始知才已尽，余生长与病同存。清游又负韶光好，满目湖山却闭门。

右弟等近作三首录呈乞教。蒉荪来书，兄前所转寄诗已收到矣。子苾近亦荷劝休，想举国皆一致也。七十悬车，不可无诗，如有佳章，幸希速示。马茂元君之《唐诗选》不识兄有之否？如其有之，甚盼假阅。能代觅得一部，尤佳。弟大约三月廿日左右返沙洋，灯下无事，草此以代面谈。指臂之疾，不审近复何如，念念。专此，即颂

蛰存老兄先生起居万福！

会昌

三月二日（一九七五年）

（二）

《江南故人闻余将休致，咸劝东游，辄赋小诗，以为息壤》

廿载沉吟直至今，故人风义敌兼金。吴淞白浪秦淮月，识我徂东一片心。

苦读阴符少壮年，相逢休诧各华颠。何人解向苏秦说，六印难如二顷田。

诸老凋零极可悲，门生后死亦支离。石桥布厂经行处，历历春风侍坐时。

土星诗屋久烟埃，童子雕虫也费才。莫厌鸡鹅恼邻里，此生无复踏莓苔。

竹林古寺响钟鱼，琼树葳蕤照影初。落尽碧桃飞尽絮，尚留残梦绕南徐。

山岚冉冉毵毵柳，湖水沄沄簇簇荷。细数荆吴诸窈窕，风流终让莫愁多。

龙云豹雾几寒温，重到江南合断魂。持较李斯赢一著，漫牵黄狗出东门。

黄季刚、吴瞿安两师寓金陵大石桥，汪辟疆师寓晒布场。土星诗

屋者，汪铭竹所居。《诗帆》同仁觞咏之地在鸡鹅巷。

蛰存老兄先生教正

会昌尘稿

乙卯十月(一九七五年)

（三）

蛰存兄：

寄上致陆一书，又诗数首。请兄考虑，可否转寄。因弟与陆不熟，不知寄这些诗是否合适。如若不必，则请全部(信及诗)销毁。前寄诗及信，想已收到，大寒潮来了，越写越冷，不成字。写陆信时尚可，写诗就东倒西歪，亦破庙中土地公公之一证也。即请

双安！

闲上

(1977年2月)

徐娘老泪黦罗巾，梦逐多情入海身。半面作妆卿底事，九夷沽酒彼何人。

波罗小技亦风流，三度油场夺状头。夜半瑶华宣密诏，忽惊身拜辟阳侯。

亲敲檀板抱云和，独眷红灯一曲歌。纵传伶官遗面首，始知欧史阙文多。

窃窥神器炫榴裙，祸水焉能覆六军。云雨虽亡新日月，解人终数郑台文。

台文马嵬诗："肃宗回马杨妃死，云雨虽亡日月新。"后人易肃为玄，虽亡为虽忘，固亦甚妙而可通，然非作者之意也。陈义宁说。

右咏史四首，写尘

蛰存老兄诗家一粲

闲稿

（四）

蛰翁足下：

比来极以兄老景为念，每欲作书相问，又恐兄情怀颇恶，增复信负担。顷得廿五日手示，知尚平善，惟冀家务有人，老嫂早康复耳。子苾诗词付印事，系止畺托南师资料室负责人赵兄主持，其人极诚笃，又尝与子苾共事，可信赖，故亦未索其写样。弟意在早日印出，只要无错落，书法少次亦不计较，因越拖则能看愿看之人越少，再过数十年，即使手稿影印，亦成赤文绿字之秘纬，句读恐亦不能，遑论悉其意旨。言念及此，甚觉可悲。想请维昭及退密二兄各题一内封面，一书“涉江诗稿四卷”，一书“涉江词稿五卷”，其大小即照《金石百咏》之板框。此次印诗词，其板框大小、行数、字数悉依《百咏》也，字体篆隶楷均可，不宜行草书，因要双钩油印，恐笔法变化，非写手能任，致失真耳。其式如左：

稿	涉
四	江
卷	诗

退密楷书，子苾所喜。弟则爱微昭之奇逸，故欲转请兄一求耳（或请退密作楷，微昭作篆）。（下缺）

（1978 年 5 月 10 日）

（五）

蛰翁：

寄来题字，极感，并请代先致谢二老。其退密题字，选定两张，仍烦请其加署款盖章。因非封面，二家（唐圭璋、吴白匋）及微昭均如此，独退密不署，恐滋误会，且亦不美观。南师友人，有点神通，可能设法制版。（如制不成，去掉名字亦较易。大字总是比较易钩摹的。）我已准备好像片四张，各种手稿六张，准备在诗词集之前各印五张。如能制版，则一齐印出。（“谨”字太客气，但无法删，删则行气不贯了。）这件事，又加添了你和退密的麻烦，真是对不起，但我总想一切尽可能做得完美一些。这种心情，你是可以理解的。她随我苦了四十年，这也是唯一可以补报的事了。武大已六天未来啰嗦，大概就此了结，善哉！匆复，即颂

俪安！

弟昌顿首

5月12日(1978年)

附上题笺二纸。

（六）

蛰存老兄：

久不通信，总以为彼此都忙，没想到尊府又有人生病。年龄大了，多有力不从心之处，亦无奈何！上海改正事，兄虽后一步，但比武大总好。此间专门派人(总支副书记)去了一趟，据云：决不因我走而刁难，一定秉公办理。真假如何，殊难逆料。因我拒绝申诉，理由是：你认为错了，你就改；不错，就不改。申不申诉，毫不相干。也许，更不满了。视人摘帽改正如丧考妣者，不乏其人也。

去年开学，新添大一国文，有人要看熊猫，于是将弟提去表演了三周(六小时)，看过之后，就算过去了。这学期讲历代诗选，倒是每周三小时，要讲一年(八代、唐宋)，下学期再带四个唐宋诗研究生，这算正业。其余杂务不少，只好且战且走。南大中文系古典组这学期开始设选修课，现只有历代诗选、古代文论两门，其余则仅两年文学史(古代部分)而已。这里古典组人很少(共十个，有二三不能工作)，混混罢了。

尊论课程事，与弟意全同，总之，要多念作品，少吹通论。

子苾诗集已印好，也装订好，词集正四校，即付印。大约再过两月，可呈教。

丽则调工作事，困难重重。今年能办好，已算快了。

三月下旬，昆明要开一关于古代文学批评之会，弟或要去。如会期不因战事改动，则当来上海取齐。到时当奉谒。

商务印书馆国学小丛书中有一本梁昆《宋诗派别论》，兄有之否？

上海旧书好不好买？想买点唐宋人集、诗话，有之否？

专上，即颂

俪茀！

弟昌顿首

二十四日（一九七九年二月）

发冢诗书一炬灰，祖龙当日亦惊才。栖皇没世龙蹲叟，枉费微词记定哀。

小诗幸教之。

（七）

蛰翁左右：

六月十六日手教敬悉。唐碑选能在港印出，大是胜缘。此间友人读《金石百咏》者，无不以为相知不尽，甚冀更读其所未见也。弟取唐宋诗研究生三人，其二人皆大学生，惟一人已毕业大学十年。此三人英文皆可是一特点，但愿其将来能从事交流耳。前有江湖游士百计钻刺，欲入南大，竟谬托相知，将人私事妄肆喧腾，已敬而远之矣。《涉江词》抄本仍乞费神托工装订，其油印本已竣事，正作最后校改，九月中当可奉教也。专上，即颂

吟安！

弟昌顿首

八月十六日（一九七九年）

（八）

蛰翁足下：

由子敻转来手札，又七、九两日书及还轩词均收到。还轩、炼霞两君处，均即遵示将书寄出。惟此次所印，《词》为500册，《诗》则400册。又诗中多涉亲友，虽不能文，亦须寄作纪念，故炼霞处仅寄《词稿》。其他尚有何人当寄，幸示及之。（可寄而不寄，失人。不可寄而寄，失词。）

二书大小不一律者，因经纪欲为弟省纸，初不知弟但欲求精美，已无及矣。

全国省一级图书馆、各大学中文系资料室、少数重点大学图书馆，均已寄赠。留三四十部，拟寄欧、美、日各大图书馆、大学、汉学中心。已发出约三百四十余部矣。

术士初欲来此由讲学而当教授，草一诗学讲稿，先寄系中。南雍乃冬饮、翔冬、夏庐、方湖诸老说诗之地，今虽风流消歇，尚不至奉此翁为祭酒。主者既览其稿，遂婉辞之，而渠又自诩精金石篆刻之学。遂请其来谈三次，听众寥寥，然亦恶其言大而夸（系中亦有夏庐师弟子数人，攻书法、碑刻、古文字之学）。虽主者便宴招待（邀弟奉陪，弟敬谢不敏），汽车迎送，并送五十元，大约如兄言，下不为例矣。至又到师大，或亦如前之所为，每人先送图章一对（匡亚明六方，并盛以锦匣），歪歪倒倒之七言律诗一首也。

弟收研究生三人，拟本年先令其自学课程四门：① 工具书使用法，② 校雠学，③ 八代唐宋诗选读（同时听弟讲课），④ 唐宋史籍选读（两《唐书》及《宋史》）。另政治、外语。三生已报到，尚未与之谈话也。

退密已有书来，并闻。即颂

俪弗！

弟昌顿首

9.15(1979)

（九）

蛰存道兄：

中玉来宁道故，备知近况佳胜，且三十年代次神之祸，亦得略事祓除，为可喜也。今托师大理论组潘以骥带上《涉江词》弟抄本。此本去岁由及门数人拆开分抄，重装殊劣，且原来纸质不好，因想请兄转商上图老师傅做一袍套（不算金镶银，只是银镶银），如太厚，则分为两册。王生所抄，一并重托。此两本，想将来送给上图或南图（另有祖棻手稿一册，亦拟如此）。条件是当作善本，不公开借出。如此办，妥否？并希赐告。即颂

俪安！

弟昌顿首

十二月六日（一九七九年）

（一〇）

蛰庵：

《涉江词》装订，请兄及黄君酌定。袘套可用毛边，只要加长，不要加宽。其长度亦不必太过，主要在保护原抄耳。

弟可供给词刊稿如下：

① 汪寄翁词集；

② 尹默翁词集、季刚师词集（铅印多错字，可重印一次）；

③ 汪寄庵、黄季刚清真词札记（亦不长）；

④ 诵帚词筏（尚未找到全部，原六篇，现仅有二篇）；

⑤ 祖棻论诵帚词书（手迹极工）；

⑥ 汪先生涉江词序；

⑦ 其余名家词零篇，手写在卷子上，但都不是大块文章。如汪、尹词集，是尹翁手稿，小楷绝工，简直可以影印。

弟不甚治词，手头亦无专篇。近花很多时间指导研究生（学位条例很有压力），无暇作文矣。南大几无专治词学之人。近在研究室中培养一中年人，属其从事《白雨斋词话校注》，然一时尚不能出成果，且又不能填词，奈何！

嫂夫人近想已渐痊可。春寒，伏维珍卫。

匆匆，即颂

俪茀！

弟帆顿首

二月十七日（一九八〇年）

（一一）

蛰翁左右：

一月前曾以《古诗今选》两册呈教，不知收到否？

弟大约五月十日来沪，大约住师大。尚不知中玉如何安排。

前寄呈祖棻词稿二种想请兄觅人装订，不知此次来沪可得否？幸酌之。

词刊进行如何，甚念。

专上，即颂

著安！

弟帆顿首

4.20(1980)

(一二)

蛰翁：

惠示及另件均收到。《词学》能出，大是好事。要稿，少痊少暇当为之。近因动脉管硬化，有缺氧现象，体力大不如前，又痔发，甚狼狈也。

复堂词序，只宜编入《词学文集》，不宜编《词学》。又白匋有《晚清史词》一文，载抗战中在成都出版之《斯文》中，兄见之否？甚佳，可收入《集》或《刊》也。

《涉江词稿》装订事，此间竟无办法，或降低规格，只能在沪了之。(贵倒不怕，愁无高手耳。)

遵示撰一小跋，不知可用否？

《赏析》尝托舒芜撰一书评，近未与通信，不知着笔否耳。敬请

道安！

弟昌顿首

10.22(1980)

(一三)

蛰翁：

前承属为汪先生遗文作跋，匆匆写上数行，想达左右。

近古籍出版社陈邦炎先生来函，言亡室《宋词赏析》即将重印，以有无误字为问，弟已将查得者告知。忆兄前函亦云，此书尚有误字，不知能就其记得者在别纸函陈君否？若需再找寻，则不敢请，以兄年高而事忙也。

近月来中气不足，各处之会皆谢绝，闭门清理旧稿而已。词刊进行情

况如何？便中示知为感。专上，即颂

俪安！

弟昌顿首

11.27(1980)

（一四）

蛰翁：

昨汇上15元，又寄拙著《史通笺记》一册，想俱收到。

《涉江词》湖南人民出版社即发稿，嫌微昭所题签为篆文，作封面不通俗。瞿禅旧作之签似可，即在弟抄本上。敬烦照原大小制一锌版，径寄长沙展览馆路14号湖南人民出版社文艺组黄起衰同志收，不识能设法否？因书一时无便人带回，不得不以此相烦，死罪死罪！专颂

著安！

弟帆顿首

6.13(1981)

（一五）

蛰存老兄：

谨绍介江苏人民出版社编辑王士君、陆国斌两同志奉访。他们有一个值得支持的好打算，即印行研究生的毕业论文（分集刊及专刊）。这对推动学术，大有帮助。想请您担任审稿人，幸勿见拒。屈兴国文，兄前云要改，曾函请寄下，但尚未收到。望寄来，俾可早日修订，收入《词学》三期。屈有一文，论《云韶集》，载《群众论丛》第六期，兄或已见之。似可。

匆此，即颂

著安！并问

老嫂夫人好！

弟千帆

十一月三十日（一九八一年）

（一六）

蛰存兄：

来信收到。

①《词学》，江苏人民出版社愿意出版。只要华师大出版社愿放，他们就接受。一年出两本，不成问题。不久他们……面谈。此当为兄所乐闻。

② 想将祖棻的《微波辞》新诗集改编重印一下，列入百花洲文库，行不行？燕郊拿去很久，无眉目。

③ 她的手稿词望找黄先觉，此间无办法，只有等之一法。

盼复，即颂

著安！

弟帆顿首

11.29(1982)

（一七）

蛰存道兄：

来京前得手教，知沈老手书词稿已由黄君装好，极感。当即属人寄还30元，想不久可到。

封套，扬州无熟人可办，仍拟烦陈文华托师大图书馆某女士一办，稍缓无妨。

弟为《全清词》交稿事来京，兼伴老妻小游，约六月中旬返宁。

匆匆，敬复，即颂

著安！

弟帆顿首

5/25(1986)

致刘君惠（二十七通）

刘君惠，曾任教于金陵大学、四川师范大学中文系。

（一）

君惠尊兄左右：

锦城握别，匆匆三十年，眷念前游，都如梦寐。往岁王文才君两过鄂渚，温焊旧事，得悉蜀中诸老多反道山，而同辈知契如我兄及虚白、君恕、孝章诸公虽俱安善，亦皆臻老境矣，无复昔日凌云豪气，相与感叹者久之。顷接淡芳来书，极道相念之意，固知山川修阻，音书间绝，而神交自若也。金陵旧侣，风流云散，张君宜远适新疆，高石斋老客夷门，惟孙自强夫妇尚在南京师范学院耳。石斋在开封师范学院多年，近患风痹，已半身不遂，尤为可念。弟十余年来要镰刈藋，倚杖牧牛，近以勤攻己阙，获锡宽仁，而头白眼花，无所复用于明时，方乞退休，庶延残命。祖棻常年多病，久已闭门养疴，近亦议休致，如俱荷俞允，则为幸多矣。小女丽则机械工人，婿张亦与同业，去岁已举一女孙矣。家庭琐事约略奉告，想乐闻之也。祖棻近年尝为怀人诗数十篇，其涉及锦水游从者，已移写一通寄淡芳处，托其转尘，以博千里一笑。至拙作亦有寄淡芳者，然殊鄙俗不足观，有类于唐宣宗所谓“其恶诗何用进”者，不足以污尊目，故不敢投寄。

春寒，伏维珍卫。即颂

俪弗！不宣。

会昌顿首

三月十二日（一九七五年）

祖棻附候不另。

（二）

锦城花月预英游，大句深杯各献酬。西笑梦魂劳楚蜀，南皮赏会忆陈刘。庞公语妙应难继，梁韵风流怅已休。二十九年伤折柳，不知谁剩未皤头。

右诗奉怀孝章及老兄，寄至学校。顷得子苾来书，知未收到。因更写一通呈政，谨上

君惠尊兄

会昌贡稿

（一九七五年）

尊函子苾尚未转来，然所告大旨，知故人情重所以慰喻之者甚至，惟增感叹而已。在此粗安，但作雪堂“譬如原是惠州不第秀才”之想，真过一生也得。拙诗尚未别钞呈孝公，如晤，幸代尘可也。又及。

（三）

君惠我兄足下：

损书奉悉。二十余年前弟偶校《楚辞》，既毕，辄跋以小诗云：

曳尾堂堂傲漆园，庄狂屈狷本同源。秦师不自修门入，谁识灵均万古冤。

盖有见于蒙叟之为人也，实有类于《金瓶梅词话》所谓“热心冷面”者。（自批曰：“将庄子与潘五儿拉在一起，真绝世奇文，前无古人也。”）读庄之作，即本其意而推衍之，然“飞鸿戏天半”，实有金丸之惧，如来教所云则当改为“冥鸿逝天半”，乃可如樗栎以终天年耳。非徒言之，亦欲行之，其所以拜嘉药石之言，感荷无极也。休致之事，推迁数月，以户口上册困难，至今尚未正式宣布。三数日内即将请假一月赴武昌度岁，已待下回分解。印唐月前有书来云，将与其夫人买舟东下，反里宁亲，旋以足病又复骞期，然既已退休，行动自如，则官柳新梯之日当可谋面。因忆刘梦得诗云：“昔年意气结群英，几度朝回一字行。海北江南零落尽，两人相见洛阳城。”真绝妙也。承示“二八佳人”之愿，兄天情开朗，宜臻上寿。昔陈散原八十，有人赠以联云：“彩笔昔曾干气象，流年自可数期颐。”届时亦可移赠，惟蒲柳之姿或无缘书寄耳。孝章近在一城，宜多往返，以慰岑寂。前闻伤臂或已全可，见乞致声。

专复，即颂

俪苐！

弟昌顿首

一月十七日（一九七六年）

（四）

君惠老兄：

八月九日手示早奉悉。以心绪不宁屡欲奉答而又辍笔。盖来示所云江楼悼念之会，实感切怅触于心，每一念及，辄悲从中来，不可断绝也。子苾诗词近由自强夫妇为力，或可在南京附近一小县付印。惟此最后能实现。其他遗著，则正次第整理之，或可交出版社印行，此亦慰九泉之唯一方法。然千秋万岁名，何如多活几年耶？拙著数种，亦正交涉付印，惟目前纸张奇缺，即接受亦不知何日可出版，惟有待之而已。像片一幅奉上，摄后四日即遘奇祸，可哀可哀。

秋候转凉，伏冀珍卫。敬请

著安！

弟昌顿首

十一月十一日（一九七七年）

（五）

君惠兄：

前得十二月廿五日手札，搁置未复。顷又奉岁暮书，知在成都与孟伦聚首，渠东下颇匆遽，在渝在汉均未停留，直抵金陵方来短札，顷早已反历下矣。日月逾迈，子苾之逝，瞬已半年有余。弟孤居斗室，无所排遣，而每日理董其遗文，尤深睹物思人之悲，西土文士谓老年人靠回忆过日子，今乃知其言之沉痛。其论著之文再有半年或可抄毕，但今日印行必资出版社，私人纵然出钱亦无印处。能否公之于世殊不可知，但努力为之，聊尽人事而已。弟所著数种，情形亦略同之，尽其在我，不敢怨天尤人也。字典之事闻之友人参与其事者云，或忙或闲，苦乐自异。兄高年多病，但就力所能及者为之，不必如尸祝之代庖人也。今日是大年初二，小女近以分娩，在厂中未归，弟孑然斗室之中，因聊书数字以代面谈。

顺颂

阖府新春大乐利！

弟昌顿首

农历正月初二(一九七八年)

（六）

君惠老兄：

新正曾寄一札想早尘左右。偶得二小词写奉，兄深知其人者，当更为弟恸也。顷阅报知四川落实知识分子政策较他地为先，不审究竟何如？兄之情况亦有改善否？甚盼就所知闻详为指示。因江苏方面亦有约弟之议，而余悸余生，未敢轻诺，故思知友好情境相类者之近况，以供参酌。武大人情甚恶，若重出必他适乃可。秘之不足为外人道也。

专上，即颂

俪安！

弟昌顿首

三月十六日(一九七八年)

（七）

君惠老兄：

自得四月十四日手书，即盼寄尧及兄枉驾，其间又忙于为祖棻理董遗书，朝夕不暇，至稽裁复，极以为歉。本月初李国瑜兄过访，始悉兄以体弱不宜远游，东下之议已作罢，而寄尧亦迄未来，或已取他道返蜀矣。国瑜及赵吕甫二兄相过，备悉蜀友情况，回忆三十年前旧游，怅惋久之。一年以来，努力清缮祖棻遗稿，现已粗毕，其目于左：

《涉江诗》四卷(约二万字)

《涉江词》五卷(约五万字)

已在南京油印

《学词记微》(约十八万字)

《唐人七绝诗浅释》(约二十二万字)

已交上海出版社

《古诗今选》(与弟合作)

出版社初审通过,待补充修订,亦二十余万字

此亦如作佛事,但求生者心之所安,于死者究有何益?思之更可痛也!比南京大学相邀,以随顺世缘,故拟勉为一行,迁居当在七月底。去后不上课,编点教材与诸少年随时会语而已。或如尊说可乾惕无咎耳。

酷暑,伏冀珍重。敬请

双安!

弟昌顿首

六月三十日(一九七八年)

(八)

君惠老兄:

弟本拟上月底东下,以天气酷热遂延期。现决在八月半以后启行。今后赐书,恳寄“南京汉口路南京大学中文系”。

请兄默计,子苾诗词印出后,成都(四川)方面,有何人应致送,并开示地址。印数只四百,而交旧遍于海内,故所赠不能普遍,请兄代为考虑。(此事不急,可缓缓见告。)如仲玙、树梁诸兄,均不知其地址,托人代转,则增加负担,故能得地址直接寄与最好。

匆上,即颂

著安!

弟昌上

八月六日(一九七八年)

(九)

君惠兄:

九月廿四日手教及名单一纸均奉悉。此事极荷斟酌。可与而不与,与不可与而与,厥失维均,不可不慎也。南京师院钟陵先生顷来川开会,止畺以书相介,或已相见。王绳祖、吴白匋先生及止畺常见,恭禄先生则已去世多年。王、刘进民院事,闻尚略有扞格,比不审已疏通否?二君皆

美材，能于晚岁出所学以诏后生，实为美事。《涉江词稿》当于年内付印（《诗稿》已印毕，待装。又其词论一册，不久可在出版社发排，来年当可出版）。顷有友人搜辑清人散曲，欲知周癸叔先生之后人何在，其《梦碧簃曲》是否可传抄，不识兄知之否？尚恳打听见告。弟在此不忙，每日工作四小时左右，以逍遥游为养生主，亦老兄庄学也。蜀刻三苏集甚精，在川时无力购置，顷不知尚可得否？便中一问为感。

专此，即颂

俪安！

弟昌顿首

十月廿四日（一九七八年）

（一〇）

君惠尊兄：

五月十五日手教早奉悉。以困于高头讲章，未遑即复，为罪。宋、王二君进修事，须由学校先行联系，弟便时从旁进言乃可。因其权操之校中，即系亦不能决也。（校方主要从住宅等方面考虑。）弟拟于明年着手疏证宋芸子先生之《三唐诗品》。而于芸子先生之生平事迹、著述学术次第皆不能详，宋元谊之尊翁不知顷尚在否？若有墓志、传、状及省志、富顺县志中传记，均乞代为搜集抄录。兄年高又磊落人，不敢以此类琐务相累，可指示彦邦或他人愿相助者为之。此事亦涉兄乡邦文献，或蒙赞助也。此间已甚热，因极念成都气候之美。

匆匆，即颂

道安！

弟昌顿首

六月三日（一九七九年）

（一一）

君惠尊兄：

前荷赐寄徐君论芸子先生文，以其时心脏不适，兼有轻度肺气肿，遂搁置未复。其后又闻淡芳言，兄壮游西陲之后，亦缘宿疾住院，乃叹知旧多入暮年，桑榆晚景，所当珍惜也。

南大旧有古汉语研究生数名，由洪诚兄指导。洪兄最近不幸逝世。其计划弟无所知，似可由川院中文系函南大中文系索取。同时，由兄个人函洪兄助手许惟贤先生(可说明弟绍介)。

青年教师进修事，据闻已有新规定，即由保送人员之学校呈报教育部，再由教育部安排，不知确否？(若有正式公文，川师当无不知。)或者连同研究生计划一并请南大中文系作复。因弟不在理论教研室，人亦不熟，故无从知其详。

一点头，王氏系常熟人，生在太湖之滨，如系方言，则其说当可信。

祖棻《宋词赏析》一书，已排校竣事，非久可出，届时当呈教。

专上，即颂

道安！

弟昌顿首

二月六日(一九八〇年)

(一二)

君惠我兄：

八〇年十月之函，收到已久。近数月来，血压高又中气不足(西医云是缺氧，盖血管硬化所致)，故各处函札，均加搁置。义山云："夕阳无限好，只是近黄昏。"深有味乎其言。闻将有所述作，此国族学术之幸。三十年代，弟即有此请，而兄笃意禅宗，不欲立文字。今能翻然改图，岂特后生所期盼而已。李国瑜兄前有函来，云三月间将在成都开杜甫学会，欲邀弟参加。病躯不任跋涉，恐亦但能西笑而已。徐溥君前以所著论宋芸子文赐寄，其中引有萧月高著宋《传》(月高亦汪辟老弟子，旧识其人，今不知何在)，不知兄能转商徐君：① 抄录宋《传》全文；② 告知萧文刊在某卷某期，某某年某月出版否？因与徐不熟，敢请转致殷拳。

冬寒，伏冀珍重。敬请

俪安！

弟昌顿首

一月十六日(一九八一年)

（一三）

君惠兄：

来示收到。前彦威、国瑜、淡芳诸君亦约来赴草堂之会，而经费紧缩，校中不想多派人出差。又值弟应广西诸校之聘，将于四月中往讲二三周，与川会适相冲突。恐不克把晤矣。怅何如之。近贱躯亦不适，且战且走耳。印唐往返成渝，近不知见及否？

匆上，祇颂

俪安！

弟昌顿首

三月二十五日(一九八一年)

（一四）

君惠老兄：

前嘱事，因南大古文献整理事尚毫无动静，故提不上日程，只有以后再看。

江油李白纪念馆嘱写一联，取清人集李白句书联塞责，留下三条边，望兄作一跋乃可为弟遮丑，再转去耳。

专上，即颂

著安！

弟昌

五月二十七日(一九八二年)

（一五）

君惠老兄：

跋文精妙，感荷不尽。即转江油纪念馆矣。守元兄处已复一函，请其为石帚先生编集，出版事弟可设法促成之。

匆颂

道绥！

弟昌上

六月二十二日（一九八二年）

(一六)

君惠老兄左右：

六月十六日及七月八日手教均敬悉。弟自今年五月以工作过劳，心脏病猝发。虽经多方调治，迄未复元。各处会议亦均未出席。去京之说盖出传闻，弟固未越金陵一步也。蜀游久在念中，然以贱躯孱弱，二三月内恐尚无法远行。重负故人殷勤之意，如何如何！闻中央规定七十可以悬车，即有委任亦非繁剧，如其属实，则来年或可退休，入蜀小住，当非难事耳。闻曾枣庄先生有论《斜川集》一文刊之贵院学报某期，不知能觅寄一册以实枵腹否？诸老友前乞为致意。

祗叩

吟安！

弟千帆顿首

七月十二日（一九八三年）

(一七)

君惠兄：

寄上《文薮》三册，其一呈教，余二请分别转文才、炯若二公。

承赐对联，感甚。兄书自佳，何必才媛？早日见贻，所深愿也。

袁廷栋先生所云，弟毫无所知，或系传言之误，因弟并无此稿也。幸便中代为解释。

明年弟稍闲，如杜诗年会仍在蜀举行，当来凑热闹。

上月二十八日弟突发心脏病，即住入医院，虽已平复，而奉命待作全身检查，故尚作床上囚，草此不能覼缕，乞恕。

敬颂

道安！

弟帆顿首

十月五日于工人医院（一九八四年）

顷又得兄函，知要弟《校雠学略说》，弟处已无存。但山东大学王绍曾先生即用弟讲义，有翻印本，请兄函孟伦，代索一份即可。王欣夫先生之讲义，此间新翻印，以一部奉呈，祈察收。

（一八）

君惠兄：

赐书敬悉。欣闻拟著文参加黄先生学术讨论会，欣感之极。论文，请用繁体直行刻印（或打、排、复）（长短不拘，文体亦不拘）120份，于八月三十日以前，寄"南京大学中文系吴永坤同志收"。千万如期。

九月中成都有一宋代文学会，弟如身体好，拟参加，并小住。十月中旬要到武汉参加黄先生纪念会，立转南京参加讨论会。如成都可安排，则不必由蓉返宁再赴汉也。

如在杜甫草堂或其他学校招待所住，两个人每天食宿需款若干，幸便中示知。感感！

匆匆不尽，即颂

著安！

弟昌顿首

五月十六日（一九八五年）

（一九）

君惠兄：

八月十八日手教敬悉。

宋代文学会九月十七日在川大开。弟及陶芸将于十五（或十四）日乘火车，十六（或十五）日到成都，届时当电告川大李万菁君。兄年迈，似不宜御驾亲征也。

会22日结束。黄先生纪念会10月15至18日在武汉开，学术讨论会21日至25日在南京开。弟要先去武汉。拟10月5日左右去重庆，住两三天，然后乘船到武汉。

闻重庆东下之船票，极为难买，希望事先为弟联系住宿处，并预订到武汉二等船票两张。弟系江苏省哲学社会科学联合会副主席、南京市文联副主席、江苏省政协委员，如兄认为要动用这些关系，请速告，便办介绍信。

在蓉可住十二天(9.23—10.4)，只想“闲寻旧踪迹”，不想乱发议论(弄不清情况)(后圣有言，不调查研究没有发言权)。且贵校领导亦未就此事正式表态，弟尤不敢仅就尊函即便在全校胡乱发言。若与兄门人弟子座谈，则互相切磋，所谓以文会友，性质不同，固无不可也。伏冀谅之。

宋代文学会之后，弟初步拟住川大招待所。沙河堡过远，不便与诸友往还。至于尊府亦不敢奉扰，因嫂夫人亦已高年，岂可以生活之事相烦。

尊文希望以繁体字直行刻印一百二十份，在十月二十一日开会之前寄南京大学许惟贤收。其“特邀代表”之邀请信，近日即可发出。

王静庵文，因原刊系黄色土纸，模糊不清，已属人抄写，随函附上。

匆上，祇颂

俪安！

弟昌顿首

八月二十二日(一九八五年)

(二〇)

君惠兄：

前后两函及大文改定本均收到，文即交执事抽换。关于捐献书迹事，承兄商之张秀老，至感。目录因天寒搬动箱物为难，拟春暖清理。重点为顾印老书，其余乔茂萱、大壮祖孙，王适公(秉恩息存侄)数纸而已。赵、林、谢皆有，恐不要。弟意，欲在捐赠顾书之先，请巴蜀书社为之出版。一则表明诸件曾藏寒家，一则亦小有收入，借益游览之资。(曾以沈尹默小楷交齐鲁书社印，获酬金千五百元，故此次西游不苦拮据。)邓楠等二君曾看过部分，认为可以接受，然返蜀后无下文。若巴蜀不印，则弟将交其他美术出版社印行，仍俟出版后再行捐献。出版与捐献纯属两事，固当分别办理。特其进程，但能先出版后捐献，否则收藏者乃四川博物馆，出版社所付报酬亦只能交博物馆，与弟无关矣。区区之意，幸兄审之。又四川人民出版社新刊杨沧白《论诗绝句注》，此间无法买到，不知能购寄一册否？

冬寒，伏望珍重。敬请

俪安！

弟程千帆

一月九日（一九八六年）

（二一）

君惠尊兄：

惠书敬悉，捐献及出版顾先生书迹事，兄考虑周详，极为感谢，毫无异议，但有惶愧而已。徐无闻兄所藏易丈楹帖已题诗寄还。旬前，以校事赴京一周，归来后甚惫，先此布复，不尽欲白。文才兄处，均此不另。

顺颂

道安！

弟千帆上

二月廿二日（一九八六年）

（二二）

君惠兄：

弟于二月廿二日得兄十二日手教（在路上走了十天），即于廿三日函复（亦挂号，寄川师大中文系），表示对兄所谈各节完全同意。今得六日手教，始知此信竟尚未收到。目前邮局办事之迟缓，实令人惊奇。顾先生及诸老书迹，弟意只要得所，无须计及报酬。兄既与省馆谈妥，自以仍归该馆为是。文才兄处，亦冀以此意告之。巴蜀书社出版向有魄力，尤望文才早日促成其事。部分书件有破损，恐尚须先付老工人洗去污迹，裱好，乃能拍照制版也。近困于为学生改文，匆匆不多及。

敬颂

双茀！

弟帆顿首

三月十二日（一九八六年）

（二三）

君惠老兄：

赐联拜领，感不可言。（跋语极隽，北江、容甫不能过。）奖借逾恒，愧悚而已。前邓楠君来函云：巴蜀主持影印之编辑赴美探亲，影顾先生书迹事，俟其返后相夺进行。前与文才兄书，亦托之，便中幸一商也。今岁十月，成都有一古籍会，以事冗，不能参加。明年文论之会或图晤对耳。

专此，敬颂

俪茀！

弟帆

九月二十日（一九八六年）

（二四）

君惠道兄：

崇仪贤契来，并贶珍物，感不可言。辄以南京土产奉赠，而崇仪已行。谨邮寄上，伏冀笑纳。弟上月心脏病突发，住院治疗已近一月，大约将再将息些时乃可出院也。印顾翁墨迹事，恐目前巴蜀不愿蚀本太多，然既有成言，似仍应徐徐为之，容更与文才一谈也。

敬复，即颂

阖府安吉！

弟帆

十一月二日（一九八七年）

便中请将尊府地址示知，以免寄到学校延误时间。

（二五）

君惠尊兄：

孝乡带来林先生集，又三台鸭子，感荷感荷。弟理董汪集时，诸兄正从事林集，知缅怀师门，彼此所同也。仲镛新注计敏夫书，极见功力。嘱门人为作一书评。已将原稿寄巴蜀文学编辑室，而久未得复，不知兄能打一电话询问，请其见告否？弟已于去年十二月退休，而正式手续未办。然心神已大解放。疲于津梁已久，忆数十年前在蜀曾制一连语云：

视儒林若俳倡，贤者孰乐此？

托末契于后生，古人之虚言。

如今思之犹为一笑也。光华旧居虽已无存，而闻新楼甚敞适，此亦可慰。明年春成都有一会议，届时亦不知能来否？然甚愿重游也。

草草，敬颂

著安！

弟帆顿首

四月八日（一九九〇年）

（二六）

君惠老兄：

大札及赐诗二章均拜悉。怀旧情深，感幸何极！因作二小诗别纸录尘，不敢言献寿，聊申相忆之情而已。月前有学生到成都开会，曾命其将近著《宋文学史》一册交彦邦转呈，想已收到。此种高头讲章，不足言学问，惟不敢以未成之稿贻羞士林，故勉乞友生共成之耳。近半年来服田七液，病状似略轻减，然仍时时发作，既不苦剧，遂亦安之。夫子云“居易俟命”，亦却病祛老之方也。

秋凉，伏冀

安善！

弟帆顿首

九月八日（一九九一年）

（二七）

君惠尊兄：

赐书知以清恙住院。东坡云“安心是药更无方”，愿共勉之也。尊诗雄直之气，深婉之情兼而有之。具见五十载交亲感不可言，惟以奖饰逾分为愧。昨晤勋初，知刘君已报名，尚未考试。不知其硕士论文水平如何？研读硕士学位三年中别有著述否？如能行卷，当易得导师青眼也。月来苦雨，意兴殊不佳，惟《校雠广义》又出一册，本月曾枣庄先生将来开会，或托其带上，幸暇时披阅赐正。

专此，即颂

双茀！

弟千帆

三月三十一日（一九九二年）

致萧印唐（十四通）

萧印唐，金陵大学国学特别研究班毕业，与程、沈二先生是同学。曾任国立女子师范学院等校教授。

（一）

印翁足下：

反家度岁，得读手示，知因故一时未能东下，殊为怅惋。荑荪在沪，亦迟驾久矣。书来问讯，即以尊函转去，或有书达左右也。子苾已于十二月退休，弟亦已批准，惟以迁移户口手续甚多，一时尚未能正式公布，大约一二月内必可办妥，从此优游岁月，东坡所谓“此去残年尽主恩”也。此间藤椅极不易得，兄东下时，祈代购座椅（圈椅）、躺椅各一，日内先寄奉廿元备用。寒家旧有座椅、躺椅各一，躺者已甚破，而夫妻二人皆老懒，时发生颜鲁公争座位之事，故思各备二具耳。石斋前有书来，独忆及兄“诸老凋零尽，高文作大师”之谑，旧游如梦，胡可再得。近作小诗，别纸录呈。何日

成行，尚希先示，当令儿辈迎接，如有近照，希以一帧见寄，则在码头上可以对证古本，不致误也。专上，即颂

俪安！

弟昌顿首

祖棻同此

（1976年1月20日）

《江南故人闻余将休致，咸劝东游，辄赋小诗，以为息壤》

廿载沉吟直至今，故人风义敌兼金。吴淞白浪秦淮月，识我徂东一片心。

苦读阴符少壮年，相逢休诧各华颠。无人肯谢东周子，六印难如二顷田。

诸老雕零极可悲，门生后死亦支离。石桥布厂经行处，历历春风侍坐时。

土星诗屋久烟埃，童子雕虫也费才。莫厌鸡鹅恼邻里，此生无复踏莓苔。

竹林古寺响钟鱼，琼树葳蕤照影初。落尽碧桃飞尽絮，尚留残梦绕南徐。

山岚冉冉毵毵柳，湖水沄沄簇簇荷。细数荆吴诸窈窕，风流终让莫愁多。

云从雾隐各寒温，重到江南合断魂。一事略同苏玉局，晚途流落负明恩。

印翁正之

昌稿

《孝章年来以病止酒，客岁又以车祸折手，犹力疾作三诗，左笔书之，以答子苾见忆之作。余反家度岁，乃始见之，因赋呈长句》

折手酬诗真倔强，攲斜左笔亦轩昂。遥知私燕难倾碧，乍觉官杨又弄黄。肝肺槎枒今视昔，云龙离合海生桑。低徊三十年中事，独愧余生足稻粱。

《得彦邦书却寄》

白头师弟正相望，新岁驰书到武昌。老去辛勤付沟洫，少来诗笔驾钱郎。三年赤脚生重茧，万亩春风动绿芒。蜀道山川行踏遍，羡君忧乐系农桑。

印翁吟正

昌稿

（二）

印唐兄：

返家方五日，仍系请假，户口事领导正积极进行，或可短期内解决。顷奉手教，又前已悉松潘地震，成都波及，甚以贤郎等为忧，想已得平安家报矣。此间亦大热，至夜间亦不能入睡。湖北亦秋旱可虑，略与川同。前代购藤椅，仍存舍妹处，亦未及往取。孝章逝世，伤痛何已，弟等各有挽章。今先将弟作寄呈，祖棻五字律数首，稍缓再抄奉。专此，即颂

俪苐！

弟昌上

20 日（1976 年 7 月）

前祖棻有函询川中地震事，收到藤椅，批在信封上。兄来信未及，不知收到否？

《闻孝章凶问，哭寄君惠》

开札惊魂泪万丝，流离暮齿益辛悲。空余鸡黍绸缪意，等是虫沙寂寞时。曳尾自惭容后死，扬舲谁与共前期。酸吟却寄城南老，海内相哀几故知。

大暑中写寄印唐兄，同一悲也。

会昌上

（三）

印唐兄：

惠书敬悉。所患已有好转，良以为慰，仍宜多加保重，俾完全复原耳。所寄笔远胜此间及上海所制（此函即用之），惟略嫌毫短，如中楷当更合

用。今寄奉五元望代买中楷两枝，又如有管较粗、毫较长之七紫三羊亦买两枝（如无七紫三羊，则买狼毫中楷三枝、小楷一二枝），请兄酌办。弟等定廿五日起程，笔买得后可挂号寄“武汉市关山汽车标准件厂切削车间程丽则”，以免寄家无人收下，或致遗失。顷得君惠书，叶石荪已于客腊逝世，弟年初寄一函，竟不及见，亦是无缘也。余详子苾书（抄诗已倦，不更作书矣）。即颂

俪茀！

弟昌顿首

十七日（一九七七年四月）

（四）

印兄：

九月二日手示早奉悉，心情不好，又忙于为祖棻整理遗著，遂未即复，为罪。棻稿：词五卷，身前手定，已寄淡芳精钞副本，正进行中；诗四卷，弟为编订，已由弟缮清，将来亦拟请淡芳精钞。此二种，想设法自印，分致海内知旧。另有诗词研究各一种，拟为整理交出版社刊行。其与弟合作之通俗读物《古诗今选》一种，顷已补改完毕，将由萬荪介由上海出版，不知能成否？衡师及石斋处均已讣告，有复书。师患白内障，已近盲，作书不便，可叹。小女分娩，当在春节前后。顷尚偕婿每周返家一次，为浣衣及购煤米等物。近工厂颇忙，亦极辛苦也。嫂夫人不悉已否返川，兄自炊自食，与弟略同。陶公云：“孰是都不营，而以求自安？”惟当以此自勉耳。暇日仍盼见惠数行。即颂

近安！

弟昌顿首

十一月十日（一九七七年）

（五）

印兄足下：

十一月十五日手书早收到，旋又得新岁所寄画幅及诗，以情绪极恶，

又忙于为紫曼抄写遗稿，故未及时作答，罪甚。子苾之逝，忽已半载有余，而弟孤居独处，无所排遣，始终不能忘怀。即如今为兄写信乃是新正初二，小女在厂中以分娩不能返家，弟晨起早餐后，无所事事，乃取其词稿读之，拟去其不宜印者，而一读则旧事历历上心，且读且泣，不能自已，因又搁置。清出积压未复之信，先作书复兄，大约长日亦每如此，真可哀也。其词学遗稿已抄毕，有十七八万字，已寄白匋、圭璋请为审定。是否能印出，殊不可知，姑尽人事而已。至赴江南工作之事，亦是汉生好意推荐，然问题甚多，是否可成，亦不得知，亦姑妄听之而已。孟伦于两周前由成都东下，行色匆遽，在重庆、汉口均未停，后得其南京来信，乃始知之，想刻已返济南矣。整理遗稿之事，要到下半年方能毕功。川中之游，当到时再看，老而贫且不论，主要是心情太坏，无此高兴耳。兄体力似不佳，所望多珍卫，不尽。即颂俪安！

弟昌顿首

初二日（一九七八年二月八日）

（六）

印兄：

上月廿四日手教收到已久，因无事，未即复。比不审足疾已痊否，极念。尚播之忽来一信，今转奉一阅。渠近在小龙坎（已将兄住处告知），兄无事，何妨过从，老友无多，亦可破岑寂也。南京之事，听之任之。万事皆有缘法，不可勉强也。经自强努力设法，祖棻诗词或可在南京油印。目前只有此条件，印出免散失，亦计之得者。关于祖棻遗稿，今年上半年可完全整理好，如到时不去南京，想西上到重庆、成都盘桓一个月，虽不能登峨眉，在少城长亭坐坐也是好的。但有此想法，是否能成行，殊不可必，姑妄言之而已。无事，可隔一月半月通一次信。我一切都还好，如老僧，但食肉而已。祖棻晚年常叹曰："想不到落得如此下场。"其言真深至可思也。顺颂俪弗！

弟昌顿首

三月三日（一九七八年）

（七）

印兄：

惠示悉，四川对知识分子政策落实最著成绩，受中央表扬，宜乎兄已重执教鞭也。兄闲居无聊，儿女多，经济非甚裕，能回电校，亦是佳事，但工作不可过重，致伤体力耳。武大中文系对弟夫妇极刻毒，尤其对紫曼身后，非所忍言。故彼既不邀，即邀，弟亦决不往。南京事，据闻要看武大，武大岂有好事，无非搁阻乃至诬陷而已（去年已有此类事）。好在弟有四十九元，可以生活，闭门著书，可以送日，何必费心去管它，随顺世缘，以尽余年可矣。令郎能升学，大是佳事。小女年长，又生二雏，无复希望。学术天下公器。古人传经，亦无逾三世者，儿孙自有儿孙福，亦惟有听其做螺丝钉一辈子耳。顷仍为紫曼理遗稿，每日写二千五至三千字，其余时间，则供浣炊，亦不与人来往，免得麻烦，但如兄言，略寂寞耳，但譬如原是古寺退堂和尚，也要度日也。其稿一种已毕功，正交出版社。正整理者，二三月后可毕。诗词共九卷，已在南京付油印，能慰九泉者，仅此而已。不尽，即颂

双茀！

昌顿首

三月廿八日（一九七八年）

（八）

印兄：

四月四日手书阁置未复，忽又一月有半。兄能坚持教课，借此锻炼，实是好事，但编字典似更于老翁为宜耳。弟暝写晨抄，一仍旧贯，现所余惟七八万字，毕功之后，关于遗文之理董即算告一段落。前时武大来邀复职，以积三十年之经验，觉此校人情太薄，不能保余生之清吉平安，已峻拒之。孙、徐二兄方为谋南京之事，若成，即溯江而东矣。子苾诗词已开始刻印，希望年内能奉教。诗词各印四百册，耗资约千元，不滥发，仅呈知交及确实懂得的人，另寄各省图书馆及大学（有中文系者），四百册大致够了。南京事未成之前，祈勿与任何人谈及。闻四川恢复甚快，报纸时有佳

评，不知兄日常生活亦有改善否？此间亦略进，差愈于兄在此小住时，积重难返，亦无从求其速效也。近自撰一联语云：

移山犹励愚公志，

伏枥难忘烈士心。

想请兄写一四尺对联，并略跋一二语，要乘兴挥毫写得精彩，能事不受相迫促，可徐图之。顺颂

阖府平善！

弟昌顿首

五月十五日（一九七八年）

（九）

印兄：

前接邮片，初来事冗，未即复。顷始少定，工作初开展，尚不甚忙。自强、汉生、白匋诸老均数晤言，为兄道拳拳矣。此间相待以礼以诚，大异武汉，想来可在此间以著述终老。小女及婿此次护送小住，不日遄返，少假时日，可以调来。兄嫂何日再作东游之计，极为盼切。播之、沛然二老，见时乞为致意。专复，即颂

俪安！

弟昌顿首

九月十五日（一九七八年）

（一〇）

印兄足下：

十月廿五日手教早奉悉，以忙于校事，未即复为歉。仲陵蒙石臞提携，始有今日，而在运动中反噬，致石臞一怒出川，其人如此，即其诗可知也。南大名义已恢复工资，尚未批下，目前月致生活费一百五十元，亦已敷用。七十老翁何所求，听之可也。小女调职事，弟亦不过问，如觉弟可具铅刀之用，则当事者自应代谋，不烦催促，否则促亦无用。金陵秋气佳，兄远处巴山，不能共寻诗溪山之间，极怅惋。复颂

俪安！

弟昌顿首

十一月十八日(一九七九年)

(一一)

印唐兄：

客岁十二月初得手书，适心脏不佳，又轻度肺气肿，遂搁置未复。读六七年旧作，当日鬼笑人悲之状如在目前，佳作也。弟复职以来，工作愈来愈忙，大有“和尚如此烦恼，何不出家”之感。究之，亦“樊恼自取”也。嫂夫人何时归宁，兄能同返一聚否？弟可能今年九月到眉山开东坡纪念会。能聚首，大佳事。祝

双安！

弟昌顿首

(1980年2月6日)

(一二)

印唐兄：

画书早奉悉，比事极冗，未即复为罪。兄授楚辞、唐诗，甚佳。弟在此准备历代诗选课，讲义已付印，约二三月后可印出，当寄呈。又望兄讲稿一册，先呈教。至楚辞则弟所不谙，望兄正为研究生讲，亦无印出讲稿。弟意兄授青年教师此二课，下列诸书已足，其书皆易得，不劳远觅也。

(一) 楚词洪补注，(二) 戴震《屈原赋注》，(三) 姜亮夫《屈赋校注》，(四) 刘永济《屈赋通笺》，(五) 马茂元《唐诗选》，(六) 文学研究所《唐诗选》。

此外，鳞爪之而，付之不闻不问可也。游介眉来此讲学，刻已去沪。仍将再来小住数日再北归，七十有三，跳踉如旧，可喜可敬。南京近日尚暖，不悉渝州何如？专上，即颂

俪安！

弟昌顿首

十二月七日(一九八〇年)

（一三）

印唐兄：

收到楷篆各一张，甚喜，惟洋纸无法裱装耳。

年来弟脑血管硬化，事情又越来越忙，致各处均鲜书疏。兄何时由蓉返渝，亦竟不知。比来身体尚健适否？王沛然、尚搢之两兄，虽居一城，恐亦难相见。老境侵寻，回思昔游，真如隔世。今年春暖，不知是否能与嫂夫人同作石城之游，所愿而非所敢请耳。

照片数张奉呈，聊当觌面。即颂

双安！

弟昌

1月19日（1982年）

忆兄有《四部备要》零种不少，不知有下列数种否？如有，望借阅。

① 任渊注：《山谷诗集》

② 施国祁注：《元遗山诗集》

③ 姚鼐：《今体诗抄》

④《吴梅村诗集》

长日无事，欲以消遣，阅后即奉赵也。

（一四）

印兄：

前者女公子来宁，弟适发心脏病，未能招待，甚歉。然闻兄体大致安适，亦殊慰也。集唐一绝收到，兄近年寄书迹有绝佳耳，所谓人书俱老也。附上数纸博笑。顺颂

全家康乐！

弟帆

十月十三日（一九八六年）

致刘国钧(一通)

刘国钧,曾任金陵大学文学院院长、北京大学图书馆学系教授。程先生就读金陵大学时的老师。

夫子大人尊鉴:

顷返武昌,获诵屡次手谕,哀矜勖勉,感涕不能自胜。回忆四十年前初侍仗履,以所撰目录学习作尘请教诲,及当时追陪诸老文酒之会,历历在目。乃识宋贤"欲听山阳笛,邻人亦不存"之句,真沉哀至骨也。罚作已来,要镰刈藿,倚仗牧牛。学殖久荒,吟事亦废,得荷宽仁,偶成四律,除一二师友之外,未敢示人。其中偏宕激越之处,实所不免。吾师恕头白门生之不肖,进而教之。茫茫人海,吾师之外,谁肯如此。此则衔感终身至死亦不能忘者也。以武大具体环境而论,行藏用舍,实亦难言。三月初当仍返沙洋,静候指㧑。倘能以年迈足躄准与退休,则万幸矣,其他非所敢望也。吾师力疾从公,殊深敬念,尚乞多加珍摄,为道葆爱。临书惆怅,不尽欲言。专此,祗叩

道安!

受业会昌拜上、祖棻随叩

二月十五日(一九七六年)

附程、沈致刘国钧诗

程千帆致刘国钧诗

(一)

《答白匋先生》

荆吴一苇忆初杭,弱岁经筵接耿光。君特传灯夸量守(蕲春黄君题赠白匋诗有"君家君特有传灯"之句),尧章知己迈辽阳(辽阳陈慈首草创白石年谱,先生作白石词小笺,勾稽史实,精实过之)。无成素业劳湔祓,不辨遗书孰在亡。何日北湖同一笑,尚余风月可平章。

附白匋见赠之作

湘绮风华一脉传，襟怀鸾翮欲翔烟。芳洲杜下惊鹦笔，白石常披吒犊鞭。近喜炮庄尊药地，终宜彻道证桑田。北楼来日重携手，同看松篁绿胜前。

《得刘生彦邦书却寄》

白头师弟正相望，新岁驰书到武昌。老去辛勤付沟洫，少来诗笔驾钱郎。三年赤脚生重茧，万亩春风动绿芒。蜀道山川行踏遍，羡君忧乐系农桑。

《以家藏汉残砖砚寄王生淡芳□□□□□作二绝句》

残甓轮囷阅古春，晓窗慵伴退闲身。花钿散与西邻女，我亦唐宫入道人。

笔砚扫除吾倦矣，评量鸡雉子犹耽。承家莫负时晴帖，且与陶泓共一参。

夫子大人诲正

受业会昌呈稿

伏冀少病少恼，为道强自珍摄，千万千万。昌附启。

（二）

沉身几见海扬尘，失路终悲鸟堕云。虎闼昔惭陶相国，龙山今并孟参军。颠蛮蹶触犹争长，博谷书臧共策勋。十有八年真露电，剩将白首仰苍旻。

荆门吒犊四年余，难得量移一纸书。未答涓埃伤老悖，极知祸福自乘除。抛残旧业吾何恨，入样新文锦不如。圣听倘容求建业，岂宜更食武昌鱼？

物论方归祖孝征，枉称庾信与徐陵。争名那复趋朝市，守静差难绝爱憎。尾上苍蝇空自许，井中青黾本无能。近来稍喜金风集，佳处还堪借一灯。（竹垞诗："海内文章有定称，南来庾信北徐陵。谁知著作修文殿，物论翻归祖孝征。"）

江南风景梦魂间，世法拘人竟不还。锦障步春三月雨，玉骢嘶雪六朝山。少年好事浑如昨，衰鬓逢辰忍闭关。若共盼英征故事，也应憔悴泣红颜。

右免冠后寄江南故人四首，录呈

夫子大人诲正

受业会昌敬上

丙寅腊月

（三）

《子苾乙卯生日，长句为寿》

结褵卌载一飞梭，雪海炎山取次过。玉貌锦襦余白首，残年饱饭老东坡。项强未始牛衣泣，目眚长愁马足讹。犹喜齐眉逾花甲，凤雏引吭欲成歌。（客春丽儿生女，今周岁矣。此首前似已寄呈，今改正数字。）

《雨中为子苾求药，时拟游湖》

转烛飘蓬损少年，相思相对雪盈颠。酸辛避死曾无地，怅望来书每各天。好雨渐催山翠活，良方从乞宿疴蠲。行春莫怕攲危步，袖底东湖绝可怜。

《自强去岁来书云，死前一面，平生之愿足矣。越岁，乃报以此篇》

论交昔自爱朱刘（谓朱公叔《绝交论》、刘孝标《广绝交论》），涉世谁真共乐忧。未死尚期谋一面，平生此愿已千秋。升堂水镜今安有，弯弧逢蒙古所羞。侠骨江湖只陈迹，好从心地泯恩仇（定庵诗："吟到恩仇心事涌，江湖侠骨已无多。"今又百年矣）。

夫子大人诲正

受业程会昌呈稿

（四）

《寄怀印唐简阳》

沱滨属疾老萧郎，战手传书意自长。一别卅年千里梦，半生九死两回肠。青春任侠君余几，皓首流离我更伤。欲诵子期思旧赋，愁霖衰涕对浪浪。

江南游子总疏狂，那信年华有断肠？词笔春温起秋肃，歌丛妙妓斗明妆。翻悲益部推耆旧，剩觉秦淮堕渺茫。往日意君能共惜，莫辞东海咏青桑。

《自墨客岁来书云，死前一面，平生之愿足矣。越岁，乃答以此篇》

论交昔自爱朱刘（谓公叔《绝交》、孝标《广绝交》二论）。涉世谁真共乐忧。未死尚期谋一面，平生此愿已千秋。升堂水镜今安有，弯弧逢蒙古所羞。侠骨江湖只陈迹，好从心地泯恩仇（定庵诗：“吟到恩仇心事涌，江湖侠骨已无多。”今又百年矣）。

《寄怀孝章、君惠成都》

锦城花月预英游，大句深杯各献酬。西笑梦魂劳楚蜀，南皮赏会忆陈刘。庞公语妙应难继，梁韵风流怅已休。二十九年伤折柳，不知谁剩未皤头。

寄怀同门小诗数章，录呈

夫子大人诲正。寒燠不时，伏维道体万福。

受业会昌敬上

（五）

《江南故人闻余将休致，咸劝东游，辄赋小诗，以为息壤》

廿载沉吟直至今，故人风义敌兼金。吴淞白浪秦淮月，识我徂东一片心。

苦读阴符少壮年，相逢休诧各华颠。无人肯谢东周子，六印难如二顷田。

诸老凋零极可悲，门生后死亦支离。石桥布厂经行处，历历春风侍坐时。

土星诗屋久烟埃，童子雕虫也费才。莫厌鸡鹅恼邻里，此生无复踏莓苔。

竹林古寺响钟鱼，琼树葳蕤照影初。落尽碧桃飞尽絮，尚留残梦绕南徐。

山岚冉冉毵毵柳，湖水沄沄簇簇荷。细数荆吴诸窈窕，风流终让莫愁多。

云从雾隐各寒温，重到江南合断魂。一事略同苏玉局，晚途流落负明恩。

夫子大人诲正

受业昌尘稿

返家度岁，浣诵手谕，垂注殷切，感铭肺腑。昌顷已荷准与退休，二三月内当可办妥一切手续，届时将一游江南，以偿廿年夙愿，独惜不得侍杖履于钟山北渚耳。小诗七首，略见下情。近日灯下重读磊霞先生珍庐诗稿，恍如梦寐，追念昔游，为之陨涕。庾伤流离莫齿，杜嗟生意可知，会心正自不远，如今灵光独在惟有吾师。伏冀善自珍摄，不尽欲言。

会昌附白，祖棻同叩

（六）

《览子苾近诗，有“老去始知才已尽，余生长与病同存”及“短发乱梳头”诸句，感叹久之，因寄二绝》

伤别伤春绝妙词，灯前红袖写乌丝。巴渝唱遍吴娘曲，应记阿婆初嫁时。

歌云酒雾趁飞光，理鬓熏衣语笑香。看碧转朱朱转碧，女孙今已解扶床。

《君惠书报孝章凶问哭寄》

开札惊魂泪万丝，流离暮齿益辛悲。空余鸡黍绸缪意，等是虫沙寂寞时。曳尾自惭容后死，扬舲谁与共前期。酸吟却寄城南老，海内相哀几故知。

《读庄之六》

儒墨称尧舜，皆谓真尧舜。尧舜不复生，儒墨诚谁定。成毁但一瞬，千古事奔竞。不齐以为齐，漆园真自圣。

《奉手谕敬呈》

尺教来千里，伤离感旧并。灵光独此老，华发自诸生。岁月剧如许，存亡奈有情。王城隐人海，岂独为避名。

夫子大人诲正

受业会昌呈稿

沈祖棻致刘国钧诗（程千帆手抄）

（一）

《偶成》

旧谱新词意久疏，传经著论也成虚。偶逢年少如相问，村媪今年六十余。

《千帆来书，有四十年文章知己患难夫妻，未能共度晚年之叹，感赋》

合卺苍黄值乱离，经筵徙转遇明时。廿年分受流人谤，八口曾为巧妇炊。历尽新婚垂老别，未成白首碧山期。文章知己虽堪许，患难夫妻自可悲。

《余与千帆同获休致，而小聚复别，赋寄四章》

行客辞家去，飞花满水涯。青春轻远别，白首滞归期。岂洒临歧泪，空余同穴悲。不堪芳草绿，扶病送君时。

偕老人空羡，何时共一椽？浮生消几别，忍死待多年。孤烛巴山雨，相思郢树烟。谁知归隐日，依旧隔云天。

零香随雨尽，冷落暮春时。衰疾难为别，林泉倘可期。情防儿辈觉，愁剩故人知。离思临风乱，河桥柳万丝。

相期庆吟咏，却复写新篇。信有情难已，宁无意欲传？残编抛旧业，久病逼衰年。雷雨空山夜，孤怀托短笺。

《早早诗》

张氏外孙女，前年尚襁褓。八月离母腹，小字为早早。生辰梅正开，学名唤春晓。周晬满地走，两岁嘴舌巧。娇小自玲珑，刚健复窈窕。长眉新月弯，美目寒星昭。肤色异两亲，雪玉何皎皎。母云似阿婆，白皙人皆道。汝母生已迟，汝幼婆已老。惟余鬓发白，肌肉久枯槁。今日成老丑，昔时岂佼佼。汝独爱家家，膝下百回绕。喜同家家睡，重愁家家抱。关心唤吃药，饮茶试凉燠。分食与家家，儿自不嫌少。唯愿速长大，为婆洗衣袄。随母休沐归，相亲复相扰。帐竿当竹马，鸠杖满地捣。凌空学杂技，一跌意未了。倒罐更掀锅，到处觅梨枣。灶火转瞬添，烟灰随手扫。玩水时盥手，脱衣爱洗澡。打狗踢茗猪，不怕舞牙爪。偷弄自行车，大哭被压倒。婆魂惊未定，儿身痛已好。一晌却安静，向人索纸稿。移凳伏书桌，画鱼又画鸟。三餐端正坐，家家喂饭饱。饮河期满腹，美馔视藐藐。不喜着新衣，敝服曳缁缟。阿母责顽劣，此语使儿恼。我是最乖儿，家家好宝宝。外祖远归来，初见话琐琐。明朝更相昵，爷爷膝上坐。挽颈笑摸胡，抱足复抚踝。家家抱不动，爷爷可抱我。推车买牛奶，递刀削苹果。爷爷喂鸡鸡，早早吃鸡卵。每扑爷爷身，惊喜笑声夥。爷爷手烫痛，早早不近火。爷爷睡高床，小心翻身堕。爷爷回沙洋，早早意谓叵。今夜爷爷去，门由我来锁。不见爷爷面，常唤归来可。取食投远空，爷爷要接妥。生小爱交游，门前解迎客。一见笑相呼，未尝感跼蹐。爷爷与奶奶，阿姨共叔伯。但辨年貌异，不管辈分隔。让床请客坐，指茶叫客吃。客来逢新正，恭喜学拜揖。问之道姓名，竖指示岁月。客去知相送，慢走防蹶踣。再见屡挥手，来玩趁空隙。举家多粗疏，儿独礼无缺。邻里皆爱怜，才去问归夕。儿性却开朗，来去任倏忽。纵教三留宿，不作桑下惜。临别告家家，好好多休息。别后想家家，一日数回忆。归来却欢喜，依依傍肘腋。相携看大水，东湖连天碧。沿堤采野花，向波投小石。欲趁胡蝶飞，还看高鸟击。入门插瓶花，欣赏动颜色。有时堕甑破，闯祸前请责。家家怜不扑，举手自掴拍。暂留伴家家，不随父母归。邻里来相问，家中有阿谁？爸爸在厂里，妈妈值班期。爷爷放牛去，家家是老师。因摹看书状，迂腐诚可嗤。儿勿学家家，无能性复痴。词赋工何益，老大徒伤悲。汝母生九月，识字追白傅。少小弄文墨，勤学历朝暮。一旦哭途穷，回车遂改路。儿生逢盛世，岂复学章句。下乡把锄犁，入厂运斧锯。拿枪作民兵，卫国金汤固。假日洗衣被，挑煤又浇圃。书足记姓名，理必辩是非。阶级与路线，一日三复斯。毛泽东思想，指引路不迷。但走金光道，勿攀青云梯。愿儿长平安，无灾亦无危。家家老且病，难见儿长时。赋诗留儿箧，它年一诵之。

夫子大人诲正

受业祖棻呈稿

（二）

江南名德经时尽，北国灵光一老存。朝市宣阗门阒寂，暮年心事共谁论？

天禄雠书仰令名，谈玄辅嗣每倾城。谁知皓首穷经日，不畏前贤畏后生。

赏理敷文两未能，门墙数仞愧传灯。惟余一样江南梦，犹趁回潮向秣陵。

白下追陪集胜流，故交零落感前游。纵来燕市同沽酒，师弟相看总白头。

小诗奉怀，敬呈

衡如吾师诲正

受业祖棻呈稿

（三）

《得介眉塞外书奉寄十首》

断无消息廿岁余，绝塞终传一纸书。犹及生前相问讯，翻教老泪湿裙裾。

秦淮春水绿迢迢，流尽华年旧梦遥。欲洗江南当日事，老来残魄不禁销。

少年同学气纵横，赌酒听歌逐队行。四十年间浑一梦，寻思旧事却分明。

犹忆春风旧讲堂，穹庐雅谑意飞扬。南雍耆宿今何在，弟子天涯鬓亦苍。

少年好弄惯操觚，共把风情笑老儒。见说尖酸到文字，独怜结习未能无。

当年意气已全销，老病偷闲远市朝。话到交亲存殁感，春愁汹涌尚如潮。

作诔招魂两未能，无多热泪总成冰。长江一水通吴蜀，巴峡流愁到秣陵。

小楼深巷卖花迟，二月江南万柳丝。寂寞空山春雨夜，那堪重忆对床时。

万里迢迢系梦思，穷边头白独归迟。塞门春暮寒犹重，旷野风沙扑帐时。

关山相望隔千里，惆怅今生不可逢。惟把来书几回读，诗函欲寄更开封。

（四）

《抛书二首》

抛书人意倦，何计敌新疴。坐久清寒重，眠惊噩梦多。药杯聊当酒，电匣且能歌。所愿明年健，轻帆泛绿波。

娇女将雏去，谁同守夜窗。月中人亦独，灯下影成双。旧约期难准，新方病未降。霜履枫叶落，归思在吴江。

《寄白匋四首》

近有金陵信，多君作壮游（定生书来云君访古河洛）。登山方羡健，对酒忽添愁。卧疾容萧散，传经得暂休。江云正东望，喜见致书邮。

晶窗明霁色，冻雀噪寒枝。开札惊新病，怀人诵旧词（君在蜀作《鹧鸪天·忆金陵》云："水榭流徽好夕阳。归骖绣幰紫游缰。四山静绿围低语，一路繁花照淡妆。　杯酝梦，幄遮香。珠楼歌散月街凉。早知后日难重理，悔不当时刻意狂。"余每诵之）。年深归计懒，岁改报书迟。浩浩长江水，应怜寄小诗。

长记重逢日，薰风拂酒颜。独惭夸二妙，相劝醉千卮。宿草萦孤冢，平居念盛时。存亡双寂寞，终负故人期。（癸卯重过金陵话旧，君谓女同学中惟曾子雍与余为有成，子雍专攻考古之学，其所撰论江苏史前文化之作，驰誉海外。余则雕虫篆刻，何被与之比肩。惜乎其未达蒙庄齐物达生之旨，而遽轻其命也。思之腹痛）。

青衿弦诵地，旧梦杳难寻。老觉交情重，别来相忆深。湖山同胜赏，文字数知音。更作它年约，倾杯论素心。

《子苾数寄诗来奉答四首》 白匋

双鱼下武昌，千里友情长。透墨笺无色，凝诗泪有光。顿惊冬日暖，欲罢药烟香。唯愿知音者，闻歌不断肠。

朝朝饮江水，每忆涉江人。宝璐今谁佩？银釭老自亲。逸才邻漱玉，愁思过湘蘋。喜得波澄讯，开门浩荡春。

高咏醉流霞，莺边侧鬓鸦。衣浸钟阜黛，盏压锦城花。梦里宁知乐，生时总有涯。沧桑明正道，追昔莫伤嗟。

几度禁风雨，重逢皓月悬。半篙淮水绿，万树石城鲜。清话犹前夕，离赏倏隔年。方期吴蟹大，赵李共东旋。

《介眉病中来书感念旧游赋寄四首》

昔在南雍日，逢辰多胜游。梅开灵谷寺，樱熟后湖洲。赌酒轻杯斝，分题逐辈俦。未知惜光景，春色似长留。

九陌东风软，寻芳肯后期。月当初满夜，花发最繁枝。似病因伤酒，言愁为赋诗。故交零落尽，忍话少年时。

汇文旧池馆，曾伴药炉烟。汲井浮瓜冷，联床听雨眠。奋飞无凤翼，寄恨只鸾笺。密意三（以下缺页）

致陆维钊（一通）

陆维钊，书法家。南京高等师范学校毕业，受业于柳诒徵、吴梅、王伯沆等先生。

微昭先生左右：

四十年前，偶见先生书迹，笔势奇逸，良殷景慕。近岁始悉亦与蛰存素交，因恳其转求法书，为寒斋光宠。乃荷先后赐以篆、行书各一幅，格老韵高，弥可宝爱，展玩多日，感不可言。浣诵旧词，沉郁顿挫，真霜崖师法乳。弟负笈金陵，虽亦尝从师受词曲之学，而未竟其业。今读尊著，追念昔游，感慨系之矣。近已蒙恩休致，方思春夏间买舟东游，如到杭州，定当晋谒，顷则无缘陪接，徒深驰仰而已。小诗数首，别纸录尘，聊博一笑。顺颂

吟安！

弟程会昌拜上

一月二十五日(一九七七年)

《蒓堂以病止酒经年，客夏又缘车祸折手，犹力疾作诗三章，以答子苾见忆之什。余反家度岁，乃始见之，因寄长句》

折手酬诗真倔强，敧斜左笔亦轩昂。遥知私燕难倾碧，乍觉官杨又弄黄。肝肺槎枒今视昔(“嵇公结习原非懒，肝肺槎枒别有情”，来诗语也)，云龙离合海生桑。沉吟三十年中事，独愧余生足稻粱。

《诵子苾近作“老去始知才已尽，余生长与病同存”及“十年春梦总成婆”诸句，感叹不已，因寄二绝》

伤别伤春幼妇词，灯前红袖写乌丝。巴渝唱遍吴娘曲，应记阿婆初嫁时。

歌云酒雾趁飞光，理鬓熏衣语笑香。看碧转朱朱转碧，女孙今已解扶床。

《江南故人闻余将休致，咸劝东游，辄赋小诗，以为息壤》

廿载沉吟直至今，故人风义敌兼金。吴淞白浪秦淮月，识我徂东一片心。

苦读阴符少壮年，相逢休诧各华颠。无人肯谢东周子，六印难如二顷田。

诸老凋零极可悲，门生后死亦支离。石桥布厂经行处，历历春风侍坐时。

土星诗屋久烟埃，童子雕虫也费才。莫厌鸡鹅恼邻里，此生无复踏莓苔。

竹林古寺响钟鱼，琼树葳蕤照影初。落尽碧桃飞尽絮，尚留残梦

绕南徐。

山岚冉冉毵毵柳，湖水沄沄簇簇荷。细数荆吴诸窈窕，风流终让莫愁多。

云从雾隐各寒温，重到江南合断魂。一事略同苏玉局，晚途流落负明恩。

微昭先生赐正

会昌呈稿

致吴志达（七十六通）

吴志达，曾任武汉大学中文系教授。武汉大学中文系研究生毕业，师从程先生。

（一）

祖棻在武大中文系古典文学教研室工作二十年，逮其遇祸惨死，教研室同人来吊者，先生一人而已。此意不敢忘也。友辈为刊遗文，聊欲雪其身后不白之沉冤。此亦下策，思之良可惋叹。谨奉一册。文不足道，姑作纪念而已。谨上

志达先生

会昌顿首

7 月 1 日（1977 年）

（二）

志达兄：

来信收到，极感存注。月来生活粗定，事亦不忙。当事者以礼相待，或可老死于此矣。唐人小说，过去研究者不多，大有开拓余地，努力为之，必有成果。尝记一旧诗云：

南去炎州火作山，北来河朔雪盈鞍。炎天雪海寻常过，未觉人间万事难。

人处逆境，当体此意，何况已成过去？不可执着也。

南大中文系课程，老学生者仍系过渡性质，新生创行学分制，照新表，高年级仍将开选修科。招了现代文学、汉魏六朝文学、先秦两汉文学及古汉语四专业研究生，未闻专门为之开课。教师进修，亦但个别指导而已。昌在此顷但为教师看讲稿，在本校及南师为研究生作几次专题报告（注意治学方法。未开始），明年或要带几个研究生。多余时间，则整理旧稿。如有印出之件，当寄上，顷尚无之。复颂

著安！

昌顿首

9 月 4 日（1978 年）

（三）

志达同志：

向孙望教授索取论文二篇寄上，或者对你有用。又《简报》二册，一册奉赠，另一册请转交杨翊强。我在此一切都好，但忙些，恨不能一天当两天用。祖棻专著两种已在上海发排，印出之后，再奉寄。祝

近好！

千帆

12 月 16 日（1978 年）

（四）

志达：

4 月 1 日来信收到。所要材料寄上。还有我口述的《涉江词本事》，她写给成都学生的三封信，在湖北大学章子仲处（她准备写一本书）。如你需要，可去找她复印一份。

我有一本汪德振《罗隐年谱》（商务三十年代印）卖给武大图书馆了，请借出复印一份（连封面版权页）。发票开南大中文系。

我还有洪为法的《古诗论》《律诗论》《绝句论》三册，也在武大图书馆。这三部书中有一部封面的反面，有一点文字记录（一件公文号码，一些数

字)，请复印一份寄我。此系私人要，如不清楚不好复印，请抄写。不要开公家发票。

另附一函，请向统战部取回先君字画。各件即存你处，有妥便带来。但请先写一详细目录寄我。

你的工作被肯定，孩子也好，我十分高兴。我的身体一直不太好，天暖后可能强些。

祝

全家好!

千帆

4月8日(1979年)

(五)

志达：

六月廿三信，又《江汉论坛》，都收到。因赶一部书稿，昨日始结束，迟复为歉。

承你记得祖棻忌日，使我伤痛，也使我感谢。所幸她的著述和创作，有的正排印，有的已出版，即在身后也对国家作了贡献，足以使那些排斥她、轻视她的人愿望落空。(将陆续寄给你。)

我改正的事，据说，主要阻力在系里。但他们也终于阻拦不住，党委已经通过了。

我现在对于这一些，想得很少，而对在有生之年，多培养几个人，多写点东西，想得多。下期起，有三个唐宋诗研究生，有两个很年轻，是大学肄业生跳上来的，此外，我还担任了文学研究室主任，教四小时诗选课(大课，连旁听的有八九十人)。

《韩愈以文为诗说》将在《古代文艺理论研究丛刊》第一辑刊出，以后你可以看到的。但还未畅所欲言，你大体可以意会。

“赵杲送曾哀”，即一去不回来之意。此事，见于欧阳修的笔记小说《归田录》(《稗海》及《学津讨原》两丛书中均有此书。《学津》本较好。武大图书馆有《学津讨原》，列为善本)。本来应为“赵老送灯台”，讹为“赵杲送灯台”(《黄粱梦》)或“赵杲送曾哀”(《墙头马上》,儿女团圆)、“恰便似送曾哀赵藁不回来”(薛仁贵)。

你如果想到杭大和浙江师院,是可以设法推荐的,但武大一定不放。你可以先试探一下,再将详情告我。

杨翊强久未来信,不知其近状如何。此人胸襟狭,境遇不好,很使人担心。

专复,即颂

近好!

千帆

8 月 16 日(1979 年)

(六)

志达:

来信收到,并胡先生文稿,甚感。我寄出《涉江诗》《词》是六月,耀先、大璞先生已收到(有复信)。资料室也收到了(罗邦柱先生说的)。请再查一下。这无法挂号,因平寄已用邮费一百元。国外一寄,还要一百多元。你的一份,如实被人拿走,再想别的办法。但愿不如此(印少了不够分配)。罗邦柱先生已来谈,我会尽量照顾他的学习和生活的(他要听我给研究生讲的校雠学),请转告大璞先生,事忙,不单另回他的信了。

顺颂

著安!

千帆

9 月 17 日(1979 年)

(七)

志达:

2 月 11 日信及书稿都收到。我即将稿转寄上海古籍出版社并作了推荐。回信后,再告诉你。

你在近人研究中,没有提到汪先生,这是严重的疏忽。汪先生在这方面比鲁迅扎实得多，不可向声背实也。刘开荣亦有新见，但多出陈先生口授，而刘不指明，这一点，戴望舒文中已作了婉转的批评。

如有，再寄一本来，我可暇中看看。不能专排时间，存在手边，则较方便。

《古诗今选》，你在暇时，细细给我看看，提出意见。我还要大修改一次才正式出版。主要可用武大本对一下。我买过几本武大唐诗选注，都被人拿走，因而无缘吸取其中长处。

我住二楼，两间房，约 30 平方不到一点。这是暂时的，听说以后要调整。胜牛棚多矣，士志于道，则不耻恶衣恶食。随缘吧！

望时时来信。武大改正了的人，恢复了工资吗？从去年十月起补发了吗？南大立即办了。

很疲劳，不多及。祝

好！

千帆

2 月 17 日（1980 年）

（八）

志达老弟：

出版社来信转上，我建议：

将《探说》一分为二。一方面，按照出版社要求，写成一个有质量的小册子。写通俗读物不容易，不可掉以轻心。（它们那套小丛书质量不低。）另外，将原著再充实提高，此事以后可以请教孙望教授，比我专门。搞个三几年，写成一本三四十万字传奇的专门著作，再交该社出版。

古籍和我关系很深，我有较大的发言权，因此他们很快作出决定。希望您这回和他们关系搞好，以后出书方便。（全国的古典文学专业出版社只有他们和中华两家。）

你寄来的讲稿及参考资料及李先生文，都收到。李先生还有一篇谈唐宋诗比较的文章，登在七七年《湖北日报》上，不知你记得日期否？能查告否？刘老的《诵帚词筏》确系登在重庆出版的土纸本《读书通讯》上，如不在1940—1941，就请往后查，必在1945—1946，即胜利之前。

你不管人间悠悠毁誉，很好，但也要注意在全国学术界树立自己的形象。这，老鸦的翅膀就不够用了。

出版这类的事，不必和别人谈。尤其不可让别人知道我在介绍。

出版社送你的书还没到，以后转上。回他们的信，要写明来信号码。祝

好！

要翊强给我来信，谈谈情况。

千帆

3月4日（1980年）

（九）

志达老弟：

来信收到，知写书事与出版社合作顺利，甚慰。

举例事：《霍小玉》《柳毅》《长恨歌》及《虬髯》为好，是否再加一《红线》？请酌。《游仙》不宜列入。

汪老师引洪景庐语，应当出自《随笔》。你可再细读一遍（不要仅从标题着眼）。我日内要去看孙老，再问问他。

关于通俗选注事，散曲，据我所知，已有些人在作。或者选个元明清戏曲。每种选一折（或出）。字数不宜过多。规模太大，耽搁时间。您现在还是应当集中精力，搞出高水平的科学著作（专书或论文）来。没有一个专门搞通俗读物的人而可以跻身学林的。这类的东西，写一两本就可以了。

我五月十日去上海为王文生等办师训班讲约十天，然后去济南为山大研究生讲一个月。返宁当在六月底了。丈蜀来此之时，恐我正在山东。不及看见了。

翊强闻已于28日动身。愿其在新地方能安心工作下去，作出成绩来。“自致隆高”，才能免于“赵孟之所贵，赵孟能贱之”。枝大根深，就将枝干全部砍了，也还会发芽的。

祝

安吉!

千帆

5 月 2 日(1980 年)

(一〇)

志达老弟:

来信收到。毛治中已将复印文稿寄来。还有一封信,因无事,不复了,望转告,谢谢他。

你可以寄点食物给我,希望寄点干豆丝,或要三夕上船时,买点豆皮、烧卖,但恐路远变坏,所以要研究一下。不行,就不要了。这是湖北风味。别的我不想要。

《中国大百科全书》约我写若干条唐代诗文及传奇条目。传奇四条:

①《无双传》②《昆仑奴传》③《红线传》④《游仙窟》(日本人在这方面有些研究)

其中《游仙窟》可长些,其余千字以内。我想约你合作,由你写出初稿,我再加工。用两人名义发表,不知你同意否? 交卷时约三月底,亦可略延长。不知你有无时间,是否同意。如认为可办,当将详细要求及样本等等寄上。但这事不要对任何人谈及。

我现在一般学会都谢绝参加了。黄冈恐怕也不会去。因为我发现还是吃、游,然后按资封官。也就是说,将学术活动纳入封建官僚主义轨道。不如闭户潜修,写出些像样的东西,以贻子孙。当然,我绝不反对正常的科学交流活动。我的《古诗今选》已修订完成交出版社,选诗 600 首,约 60 余万字。又改订《文论要诠》重印,亦即完成。此则可奉告者,然亦不足为外人道也。

匆复,即贺

全家春节欢乐!

帆

陶芸附候

2 月 3 日(1981 年)

（一一）

志达：

刚才挂号寄出《涉江词》《诗》及《古诗今选》上册各一本，收到望复。

戴望舒文，他逝世后收入了《小说戏曲论集》中。此书是薄薄一本，吴晓铃编。我卖给武大图书馆了。找马克昌一定能找到。如万一没有，我再寄给你。我藏的就是巴大本，是望舒死后其夫人给我作纪念的。我至今留着。此外卞孝萱在《社会科学战线》79 年 1 期上有一文，补充戴文，想已看见。

我近来太忙，以致心脏出了一点问题，总支考虑了，将研究生的课移到下学期去了。

武大令人气愤的事，仍时有所闻。但我们努力，是为了社会主义祖国，为了我们的后代。任何历史时代，总有各种面貌和各种灵魂的人。和我们一样，他们也在表演。时时看当代作品吗？替他们录的像已不少了。随它去吧！

伯慧一信，望即转。

专复，即颂

新春安吉！

千帆

2 月 17 日（1981 年）

请回忆一下，56 年秋季，听祖棻讲宋词的，除你们研究生外，还有哪些人。她的《宋词赏析》中有那一次讲授的讲稿，想各送一本，作纪念。此书，已付型，非久可出版。又及。

（一二）

志达老弟：

前次来信早已收到。大百科稿寄去后，昨接王元化先生函，对你所写各条，评价颇高。

《史通笺记》已出版，曾寄给你和一中、耀先、大璞各一本，谅已收到。

向阳预考得 470 分，高考录取当无问题，但亦不可掉以轻心，或求胜太急。休息好，吃好，到时以冷静、清晰的头脑去应考，必然会得到最好的成绩。今年高考是先填志愿，后考试，这样就不能根据成绩来报志愿了，但这样也有好处，可以真正按自己的志愿报考。不知武汉今年是否也是如此。在未考以前，各系录取分数线当然无法先确定。最近听到这里理科的一些教师谈论，天文系、物理系毕业生不易分配。天文系因全国只有几个天文台，当然不易分配。物理系则因分专业太细，有些专业如理论物理等和实际工作对不起口来，只能在高校和研究单位。目前化学系、生物系、地理系等还吃香。向阳填志愿问题我们很难提出具体意见，有些边缘科学如生物化学、经济地理等新的学科都是缺门，非常需要，最好不要选纯理论的，因为我们国家正在搞“四化”，学实用的科学出国的机会也多些。我们这些意见都只供向阳参考，还要以他自己的志愿为主。

我正忙于看校内外研究生的毕业论文，七月份可能要去北京开会，没有时间给你写信了。

天气突然大热，已如盛夏，很不好受，武汉想亦差不多。即颂
近好！

千帆
陶芸代笔并附候
6 月 21 日(1981 年)

(一三)

志达老弟：

三夕来，带来所赠蜂乳，极为感谢。昨寄一中拙文两篇，希与一中同阅。关于区松盛事，在与一中函中已提及。我不拟回信，请弟与一中酌复。

《唐代传奇》已大致阅完(因头昏不能详读)，大体较为妥善。问题在于艺术分析深度不够。在这方面要多看外国人分析小说的文章，最有效的方法是拿作品和论文对照看。譬如说，看克雷诺夫的寓言，同时就看他的评传。五十年代的《译文》(后改名《世界文学》)载过很多篇作家作品

论，我曾用对照法仔细学习，极为有益。希望你不要认为这样做迂远不切实际。你对于“漫裆”二字的解释可能是错误的：“漫裆”就是“满裆”，古人都穿开裆裤，男女老少都一样，古人席地而坐，坐时以臀部靠脚踵。《礼记》说“坐毋箕”，就是说不要臀部着地两足前伸如箕口而不雅观，防止女子丧失贞操，就穿满裆裤，谓之穷裤，穷即尽，亦即满之意。男人是不穿的，所以欧阳询嘲笑长孙无忌穿满裆裤是怕肚子受凉腹痛。

即颂

近好！

千帆

9 月 3 日(1981 年)

(一四)

志达老弟：

三夕回汉，托带字一幅，或不久可收到。

不久，将有一日本学生(现为讲师，今年四月可升副教授)坂田新来汉游历，已作函要他来看你，他想见见耀老。望你先和耀老一谈。他在南京师院进修，从孙望教授研究《诗经》学史。

博老《简园日记》中有纪念黄季刚师的《师门忆语》一篇。《简园日记》我已无有，望在耀老、系资料室或他处抄寄，大要三千字，请核对无误。因中华书局之《学林漫录》要纪念黄先生的文章(此事乞费心办妥)。

我身体仍不好，但稳住了，未恶化。三个硕士生已毕业。82 年春又带两个硕士生，一个博士生。暑假后也许再加几名博士，因此很忙。不多及。祝

好！

千帆

1 月 10 日(1982 年)

(一五)

来书及三夕带来食物均收到，谢谢。寄上各种文件望细阅。条目均

中、小者。少则500,多亦不过千余言,故必须① 精炼无任何废话;② 言必有据(有歧说则取其可信者);③ 以通行之说为本,不必过分着重个人创见。因此系一般读物,非研究论文也。可以鲁迅及汪先生书为基础。比日为诸生改作业,甚疲。不多及。此复

志达足下

帆顿首

(1982年9月3日)

(一六)

志达:

来信及所寄《小说选》收到。选亦不恶,但此类者不宜多,因无大学术价值。要以自出机杼,从事评论及考证为上。行政事可为而不可为。如党委支持改革,而又有人为之辅翼,则可。否则一傀儡子,何足贵乎?柯某渺无音信,迄今只寄来重写结论一纸,他无所闻。看来只是能拖就拖,毫无诚意。我本对当局不抱任何幻想,故听之任之,从不过问。近因发心脏病,住院检查。不复多及。即颂

近好!

千帆

10月9日(1984年)

(一七)

志达弟:

手书及清单都收到。提问答如别纸。此纸及弟文评稿(未删者)望用后均交章子仲,以备其为祖棻作传时采择。

武大学报纪念事,我不便表态,一切只能听之任之。

弟书斋额,所当书,惟偶忘其名,幸示知之。复印事,已告张杰君,弟即不必费事过问。边某掠去小说数十种,即印还其一,亦不过象征“人间正道是沧桑”而已,不足深校也。

我近因事太忙,又时发早搏,心跳过速。幸近暑假,得小休耳。

弟近著述如何，深为念切。

复颂

俪安！

帆顿首

6月16日(1985年)

① 祖棻生于宣统元年(1909年)正月初八(据历表推算为一月二十九日)。入学校时，怕学校嫌年纪大不收，改报1911年生。所以有的文件记载为1911年(即宣统三年)。

② 学生时代的师友(主要是在中央大学时期)如下：

A 老师 汪　东(旭初) 授文字学、词选

吴　梅(瞿安) 授词、曲

胡光炜(小石) 授文学史、文学批评、古文字学、唐人七绝诗

汪国垣(辟疆) 授目录学、诗选、唐人小说

宗白华(哲学系教授) 授美学

B 同学 尉素秋(女) 国民党要员叶青之妻，现在台湾

杭淑娟(女) “文化大革命”中被迫害致死，中学教师

章　璠(女) 石油公司职员，今不详所在

游　寿(女) 现哈尔滨师范大学历史系教授

曾昭燏(女) 著名考古学家、南京博物院院长，“文革”前自杀

(以上系中央大学同学)

高　文(男) 河南师范大学教授

章荑荪(男) 上海师范学院教授，已故

萧印唐(男) 已退休，曾任各校中文系教授

(以上系金陵大学国学研究班同学)

以上，老师，举受影响较深的。同学，举私交较密的。其余不备列。

③ 1937年秋，我与祖棻在安徽屯溪安徽中学任教，后日军进逼宁国，由学生四五人同祖棻先走，我继续授课。他们由屯溪到安庆赴汉口转长

沙。她住同学龙沅（女）家。约一月后，我才由屯溪经南昌到长沙，然后同住天鹅塘孙望家。

④ 她于 1975 年夏秋之间奉退休之命，故《优诏》诗写于 1975 年。但退休证正式发下，已在 1976 年春，故我在词集目录后记中写为 1976 年。

（一八）

志达弟：

昨承邀于初四日造府欢聚，适遇湖北大学当事者，请其到时派车，据云初四日仍在假期中，司机不易调派。因此初四不能应约，至为抱歉，请转告三夕。待稍过时日有便车时，当来拜访，不必费事设筵，随意谈谈即可。

专此，顺颂

阖府康吉！并祝

新春大禧！

千帆、陶芸

1 月 25 日（1987 年）

（一九）

志达弟：

寄书及信收到，当即去信，望释念。我日内住医院，去休息一些时，不多及。祝

好！

千帆

10 月 17 日（1987 年）

（二〇）

志达弟：

我因心脏欠佳，住院治疗一个半月，现已大致稳定，明日即出院矣。所云东湖疗养院之事，甚好，但按制度江苏教授恐不能在湖北报销，则亦

画饼而已。且我手头有博士生六人，仅论文一项，即极烦重，亦不可能长期颐养也。弟治学有进，闻之甚慰。但着力点似应少写通俗性文字，而集中时间撰写专门论文及书。如编纂、注释之类，皆不足为弟增重于学林也。（与某君合作，尤无聊赖，彼不过剥削弟之劳动而已。）职称事不知已否解决，念念。即颂
双安！

千帆

12 月 4 日（1987 年）

（二一）

志达弟：

大百科稿费 100 元由邮局寄上。可优惠购《中国文学卷》上下册一部，弟得通知否？如未收到通知，可按附上地名去索取。祝
好！

千帆

12 月 23 日（1987 年）

（二二）

志达老弟：

信和汇款均已收到，深感厚意。看来你的职称可望解决。但是教授也有很多等，希望你坚持不懈，做出成绩来，成为一个既教书又育人的名符其实的教授。要使人感觉到教授队伍中有了你而光荣，不要自己觉得当了教授而光荣。

《明代文学史》能写出是件大好事，因为现在还没有比较详尽的。要特别注意诗和文两部分，八股文应该占一章（文学史的研究应该注意到反面现象，不能尽说好的）。在历史背景上，要注意明代是专制主义的高峰，官方哲学严密统治思想界的时代。从总体把握这一点，许多问题才能搞清楚。

我的身体还可以，在医院住了一个半月，通身都检查过了，主要问题还是冠心病（偶发房颤和频发房早）。脑血管硬化和血脂高，不严重，医生

认为是老年人一般都有的。医生嘱咐要少工作,不生气,特别是任何事都不要坚持。现在《全清词》行政工作和系里的行政事务均已摆脱,只剩校一级教授的职称评定和几个博士研究生的培养。趁换届之际,我又辞去了省政协委员和省社联副主席职务,这样,以后开会的时间就要少得多了。但带博士生还是很费心力的。下一届招过以后也不拟再招了。这一两年还有四五个博士生要毕业,审批论文费时极多。目前还不能定下心来做气功,等完全摆脱工作后,一定向尊夫人学做气功。谢谢她的关心。专复,顺颂
双安,并祝新年快乐!

千帆

元月四日(一九八八年)

(二三)

志达弟:

十三日来信收到。你现在学问渐趋成熟,精力未衰,正是用功的时候,大量出成果的时候,有夫人担当家务,更应珍惜这一段时间,论文印出后,望寄来。

我今年特别忙,有两三个博士生要毕业,明年起,想不招生了,就可能好些。但目疾仍未痊,只好慢慢养。

你两个孩子都很努力,这也是值得安慰的事。现在社会风气很坏,仍然要注意他们的成长。祝
好!问候一中。

千帆

(1988 年 6 月 25 日)

(二四)

志达:

来信收到。《目录编》是三夕送交的。此书《版本编》已完成,在出版社,余正编撰中。这是我最后的一部书,不再写什么了。

你的职称问题已解决,很好。现在更主要的是写出几部有分量的著

作来。我说的是指有创见的著作，不是你和李某合搞的那种编选。那些东西，学术价值是很低的，不值得把宝贵的时间花在上面。

老师对于学生，只能教导，不能强制。代有代沟，很难强求一致。每个人的路都是自己走出来的。不必难过。（指某生被拘留事。）

文生久无音信，大概不会回来了。

我身体一直不好，经常发房颤（一月五六次），现在还有四个博士生，将分别于 90 及 91 年毕业，我便可以诸事不管，带病延年了。从今年起，我已不再招收研究生，也不再从事新的研究。

我一直希望武大，特别是中文系，能够振兴起来，在全国学术界崭露头角，愿你尽一分力。

祝

全家好！

千帆

8 月 25 日（1989 年）

（二五）

志达弟：

得书知下月能来晤，甚喜。武汉有一家老毛笔店名邹紫光阁者不知尚在否？如尚在，乞代购所产"五紫五羊"小楷笔四支，或有能书寸楷之此类兼毫，尤好，亦请买数支带来也，此间笔极劣。奉托奉托。即颂

俪安！

千帆

9 月 12 日（1989 年）

（二六）

志达：

你因开会改期不能来，甚怅。笔买不到，在意中。好笔都外销日本等国了。我也是随便问问的，不要买寄了。

我正整理《涉江词本事》。1947 年"六一惨案"，有数事已记忆不真，

望到武大校史办公室(如有此类机构的话)一查见告。

① 被特务枪杀三位学生的姓名、系别。哪一位是从台湾来的?

② 被捕七教授姓名、系别。

③ 解放后被缉拿归案在珞珈山枪决的,此案凶犯、诸特务姓名,及正法日期(年月日)。

如果他们不想告知,你可请吴于廑、陶德麟两先生帮助。这并非机密,应可以公开的。

祝

好!

千帆

10月13日(1989年)

(二七)

志达老弟:

转月不相闻,时以为念。但年衰手懒,未执笔耳。

近状仍乞告知。夫人退休后,弟或更有暇能专心治学耶。

我除仍偶发房颤外,他无所苦,尚有四学生在作论文,明年下季,当可完全逍遥。著作数种,正排印中,其中二种,今年或可问世。

今夏苦热,学校照顾,暂移有空调之招待所中,秋凉后,仍返旧寓矣。一中久无信,是否仍在成人学院?便中望告。即颂

近福!

千帆

8月4日(1990年)

(二八)

志达同志:

数月未得来书,极为系念,顷读八日信,始悉因病住院,幸炎症已控制住,又有董医生精心照料,谅不久即可康复。但医生既检查有高血压、冠心病等症,自需好好休养,绝不可自恃体质好,不当回事。再说你已不是

青年人了，工作虽烦重，还要有张有弛。希望不久能得到你完全康复的消息，以免我们悬念。

今年夏季延续高温，绝对温度虽不如前年之极，但延续时间之长，是多年来所未有。我们虽在有空调的中美文化中心住了二十多天，虽很凉爽舒适，但千帆频频发病，幸不很严重。我怕是因为房屋是全封闭型的，供氧不足所致，遂于立秋前回家，后来医生也肯定是这个原因。谁知这几天又连续高温，又发过一次病，只好静卧少动，不出门，我想再过几天温度终会降下来的。从电视上看，武汉高温更超过南京，希望你们多多保重。

《中国文言小说史》即将交稿，千帆很高兴，也颇愿为之作序。但健康情况如何，很难逆料，请先将目录提要寄来，如年内身体好起来，定当完成此愿。另外，千帆意见，《明清文学史》可以分为两部书：《明文学史》与《清文学史》，不必合为一部。但这只是他的意见，如出版社已定妥，也不一定要动。

向阳、曙光成绩都好，为之欣然。

十月间如能来宁，极为欢迎，盼董医生能同来，南大招待所离我家很近，食宿一切都很方便。

顺颂

俪安！

陶芸、千帆

1990 年 8 月 16 日

（二九）

志达弟：

寄来校史、手书及论文都收到，非常感谢。我现住院治心脏，什么都不能写，材料也不急，对你夫人因此受过，甚以为歉。现在病状只是稳定，出院恐需时，不多及。祝

双好！

千帆

11 月 28 日（1990 年）

有人要搜有关八股文书籍，弟如往汉口花牌楼旧书店时，请问一问，

能开一书目价格最好。又及。

（三〇）

志达老弟：

病中荷过存，虽匆匆一晤，亦足释相念之情。白头师弟，相见不易，别后仍惘然也。

兹有一事奉托。去岁12月28日，忽有一青年自称为武大原中文系毕业，现为哲学系研究生朱桦，来医院访问。我正不适，未与交言，陶芸在旁，应酬数语。不久，遂去。陶芸不久亦返家，而此朱桦者，竟在门口等候，云钱包遗失，在无任何证件情况下向芸借去五十元。至今既无一封道谢之信，亦未将钱汇还。我不知道此人究竟系江湖骗子，并非武大学生，还是毫无教养，不懂礼节。武大哲学系有无此人，亦不可知。望便中查问明白见告（不要多人皆知，使其丧失面子，但组织上应教育之）。

我已出院，仍孱弱。塞向墐户，枯坐斗室而已。

专此，即祝

安好！并贺春节！

千帆

1月19日（1991年）

（三一）

志达：

12月3日函早收到。

寄上诗稿五册，一本赠，其余请转徐鸿、李涵、张广明、一中。“金”书尚未寄来，听说还有一点字画，又黄季刚先生书件等三幅，或许他们将会派人送来。

望夫人多保重。医生的职业是很辛苦的。祝

新年全家好！

帆

1月2日（1992年）

（三二）

志达仁弟：

今介绍日本友人上野隆三先生过访，请接待。上野先生系日本京都大学选派来南京大学之高级进修学者。专门研究《三国演义》及其对历代戏曲的影响，如有可提供之材料，亦望惠与。其论点则不妨互相交流，彼此有益也。

专此，即颂

近安！

程千帆

1月16日（1992年）

（三三）

志达老弟：

来信收到。听张宏生说，你们寄给他的书，他已收到，想已有函答谢。你要我写一鉴定性质的意见，本来亦无不可，但要有正式机关学校的公函，私人是不能向私人提出要求的。即使写了，也不能生效，甚至反而起副作用，被认为公开走后门。这方面，我是有经验的。武大出版社似乎全不了解，甚奇。反正，这事已过去了。宏生说，他要仔细读两位的书，如有心得，就写一篇学术讨论性质的书评。至如发表的刊物，那是毫无问题的。欢迎你和夫人今秋来南京玩。至于祝寿，我已提出范围越小越好。钱锺书说，有些会是请不三不四之人，用不明不白之钱，说可有可无之话。其言可谓切中时病，闻之可哀。我只想与老朋友借此聚聚，不想劳民伤财如钱所云也。顺颂

俪安！

千帆

5月20日（1992年）

（三四）

志达老弟：

旬前以所草《文言小说史》序文奉寄，迄未得复，不知收到否？望告。如信遗失，可别寄一复本也。

又耀东久无信来，以数事询之皆未复。不知是否出差，或有他故延阁，今具一书，望即去面交，感感。望即复，顺颂

安吉！

千帆

12月6日(1992年)

（三五）

志达老弟：

前奉手书，方图良觌，乃忽闻以不慎折足，遂不得见遇，怅怅。《文言小说史》已定稿，可喜。惟引书似当注明卷数，其不甚通行之作，则当出其版本或藏弆所在。前读《明文学史》于此等处，殆未及措意，有欠严谨，意颇惜之。《小说史》于此等处若能改进，当更增其学术价值，愿少加之意也。武大事复杂，弟宜闭户勤修，笃志著述，以期有益于文化建设，其他不必计较驰骛也。望多保重。顺颂

双好！

湖北医院骨科甚佳，不知在彼就治否？

千帆

5月28日(1993年)

（三六）

志达弟：

前得《小说史》文又手札，适为前列腺增生所苦，后入院做手术，旋又迁居，纷扰数月，致未能作复，歉歉。今宿疾虽略好转，而病变未消，尚待检查，已复郑传寅、陶德麟二君，不拟前赴鄂渚矣。所云足疾未痊，心情亦

颇抑郁，闻之恨不得造鄂一谈。外伤非至时难痊可。我往在沙洋为斗牛断其距骨，做手术后，卧床几一年，后学步亦近半年，弟之所遭，犹未为酷也。故当以欲速则不达自解。既名志达矣，何乃不达乎？至于伉俪死生之戚，彼此所同，但要乐乎天命，随顺世缘，如渊明之得所，不宜强自苦也。平居常以为缘之一字，圆通广大，足以祛疑，足以解蔽，亦足以忏情。放得下则心自宽，所谓有容乃大也。我在南大十五年，只是在退休后三年，乃分得一劣宽之屋，亦不如弟今所舍，乃周鲠生故宅也。先贤有云，退一步想则心自安，幸善自葆爱。我耳甚聋，眼亦昏瞀，每咏东坡诗云“山中老宿依然在，架上《楞严》已不看”，亦殊坦然。弟少我二十岁，当然不能如此，惟愿略去忿懥耳。顺颂

全家好！

有子成龙，亦天道好还。

闲堂

11 月 13 日(1993 年)

(三七)

志达老弟：

两函均悉，校样已改好，附上，请查收。

病已愈，不日即可出院，勿念。

你看后记去掉一些多余的话，文字就漂亮了。有人问米克朗琦诺，什么是雕刻，他回答说，将一块石头中你所认为多余的部分去掉就是雕刻。这话真好。

顺祝

全家安好！

千帆

4 月 7 日(1994 年)

近与台湾一出版局有些联系，他们愿出一些大陆出版过的书，你和唐富龄合撰的《明清文学史》及唐的有关《聊斋志异》的书如愿再在台湾出版，可将两书各寄一本来，当交付对方审定，能否出，他们会有答复。又及。

（三八）

志达：

我想交一个重担子给你。你认真考虑一下，能不能组织班子，挑起来。

我想向中央推荐你担任《中华大典·文学典》明清分典的主编。

现在这部空前的大型文献资料汇编带头人如次：

主　编　任继愈

副主编　程千帆　戴　逸　席泽宗

文学典主编　程千帆

先秦两汉分典　董治安（山东大学）

隋唐五代分典　卞孝萱（南京大学）

这一编已开始开稿

宋元分典　曾枣庄（四川大学）

你仔细看看寄来的材料，估量你可能约到的参加人员。（一定是要十分认真的，勤奋的，实干的。）时间大约两年，待遇文件上有规定。

主编负责制。内容负责，经费包干。（文件上均有。）

文件已由江苏古籍出版社别寄上。不必急于回信，多考虑，并作一些调研工作（人员由你约，不限于一校一地），再回信。祝

好！

千帆

4 月 20 日（1994 年）

（三九）

志达老弟：

4 月 25 日来信收到。你能挑起这副担子，我很高兴。江苏古籍出版社已将有关文件寄上，不知收到否？细看后，当知“大典”是怎么一回事了。

有几点想和你说明白，以便你考虑进行。

① 此事，是国家重点系统文化工程，以学者为主体，分级个人负责，当然要取得学者所在单位的支持，但与其所在单位无组织关系、隶属关系。如我主编《文学典》，南大党政领导当然知道，支持，但从不过问。而我要他们支持时，再出面。

② 因此将来约人，收支经费，均由主编负责。钱来了，自己开账号存银行，收支自己决定，与组织的财务处无关。（这样，也免交一大笔保管费及烦杂规则。）约人，除稿费有统一规定外，双方权责可用书面或口头规定，也由主编决定。（要有效率又不要太细，才便于执行。）

③ 南大研究生中分不出人来，你只能以武汉大学为主，再约可靠的他校他所之人。莫砺锋等人在三五年内早已满负荷了。而且我们明清不强。

④ 曾枣庄已出宋元分典样稿，可并唐五代样稿细看，曾后出，似更细密些。我已要他寄一份给你。

⑤ 你在武汉各方面有些整体想法，并取得陶等当权人物的支持后，可来南京一趟（最好有一二个得力助手，如传寅、富龄等），与我及古籍出版社会谈，并去苏州、扬州，并在南京看这些人的实绩及做法。如武大有电脑，而且准备用来工作，则并要去成都川大看看，以便有感性知识，开启工作。

⑥ 武大中文系不景气已久，现你们有决心重振旗鼓，大好。博士点、博士导师、重点学科，不久还有文科院士（原学部委员），有很多层次有待学校及个人拼搏。首先要拿出东西来，如个人高质量专著。（要合乎世界性的规范。我看《明文学史》引书有些不注卷数，有异本有文字异同的不注明版本，都会为人指摘。没有引用书目及索引亦是阙漏。教材或可，专著不行。）其次就是负担大项国家级文化工程，如《全宋文》《全宋诗》之类。我这次约你参加“大典”，也是为了武大在这个大工程中占一席之地，为武大中文系争博士点、重点学科创造条件。此意当向陶校长说明，给予支持，不可等闲视之。

你们的书在台湾重印，报酬及规定如何？能复印一份合约给我作交涉时的参考否？

我身体还好，好在事不多。祖棻词笺本已在印刷，至迟6月可出，并告。顺颂

俪安！

千帆

五月二日（一九九四年）

（四〇）

志达老弟：

上级已同意，由中华大典编纂工作委员会聘任你担任《文学典》明清分典主编。

今天江苏古籍出版社《中华大典·文学典》编辑室的黄希坚编审已打电话到武大中文系办公室或校长办公室转告你，出席本月三十、三十一日在南京的《文学典》宋元分典样稿的论证会。

你可提前三数日来宁。行前电话告知交通工具及到达时间，我可派车派人来接你。

郑传寅昨有电话来，言拟近日来宁，商量博导及黄先生遗著出版事。如能同行，则可列席这次会议。

我住处距南大教学区的后门不远。地名为南秀村25号101室（一般人称博导楼）。电话6637651、6637551（南大总机）—2790（家分机）。

其他诸事，可面谈。

祝

俪福！

千帆

5月12日（1994年）

（四一）

志达老弟：

《中华大典·文学典》宋元分典的样稿审稿会推迟至六月七八两日在南京召开，六日报到。你可四或五日先来，可以由我和你谈谈情况。会

后，你可在南京、苏州、扬州去亲自了解一下唐五代文学典的工作情况，以便立即着手。

经费，你和出版社签约后，可即领取40％。这40％中有20％（如总数的40％为十万元，则为2万元）是工作费。你此次用的钱除出版社负担部分外（如在南京会议期住宿伙食），可在工作费中开支。能在武大你掌握的经费中开支当然更好。

你先来两三天，可通知我派人派车接你。你在南大住几天，再迁入出版社安排的地方。

武大长途因改七字号，未能打通，望即来信或来长途告知武大总机及你家中电话号码。我家电话宗福邦、郑传寅均知。祝

你全家好！

千帆

5月19日（1994年）

（四二）

志达：

两封信均收到。（今日收到16日的一封。）你有一些基本问题没有搞清楚。

① 程千帆是以《中华大典·文学典》主编的身份聘你为明清分典主编，是个人之间的法律行为，与武汉大学毫无关系。（你是武大教授，只以个人身份请校长支持。）前信已写得较清楚。不知你和陶是怎么说的，居然要财务处管我们的账了，这是绝对不行的。你自己弄个账号，钱汇到你存款的银行，据大典办公室的财务规定用钱。

② 讲课可请假，以后或以前补足（这种方法极普遍）。此次会（6月6、7、8三日）你参加了，许多事情自然明白，否则很难很快弄清。还是来的好。

③ 两个包干：任务包干，经费包干。（每千字18元，按比例如主编得5％之类分配）。辑录费即稿费，主编可视情况调整（只要不超过总数）。

④ 主编负责制。像你问我的2、3、4、5等问题，不应你问我，而是应当由我问你，再由专家审查你处理得是否恰当，加以论证。（无《民间文学

典》，只有一个《文学典》。戏剧文学归《文学典》，艺术部归《艺术典》。）

⑤ 主编负责制，人由你聘请，不干预。似不必先组编委会，有人，先试点某一部分。

⑥ 两年完成是最理想的，不行，可放宽一些，多一年也行。订得宽些，提前完成更好。

⑦ 拟加一理论典，专收作家、流派等以外不针对具体的人和事的理论等。

这次你若不来，恐要花很多时间精力才能弄清楚一些问题。所以还是来的好。当然，也不勉强你。祝

全家好！

千帆

5 月 21 日（1994 年）

（四三）

志达：

来信及致黄信复印件收到。

签约等开学后，黄来武大看后再订也很好。凡事与其“退有后言”，不如一切先说清楚。

我要了解《语言典》的情况：① 谁主编？ ② 挂靠在什么单位？ ③ 经费是湖北省委宣传部资助还是全部担任？ ④ 湖北省委宣传部与北京大典工作委员会是什么关系？ ⑤《语言典》负责人向宣传部提出后，反应如何？

此间酷热，幸已装空调。我尚好，勿念。祝

双安！

千帆

7 月 22 日（1994 年）

（四四）

志达老弟：

9 月 7 日来信收到。

我已将来信中《语言典》所得湖北省例外优待那一段复印，分别寄北京大典办公室、江苏出版社、山东董、四川曾、南京卞，引起他们注意。

高赴北京已回，他与大典工委会、文化部、出版总署负责人都谈过了，得知现已上七个典，四川、山东、江苏、上海、浙江、辽宁各省都有，但只有湖北办法特殊，其余都照 18 元千字签约。因目前物价正涨，中央已不准涨价，当然也包括稿费。所以现在提出（无论向地方或中央）都只有碰钉子。

据说，在唐五代分典正式出版后，才有可能有所调整，但也不会多，不可能向湖北那样。连我最初的想法加百分之二十，另配一资料员，在江苏也绝无可能。我估计，能在 96 年以前提高到 20 元千字就很好了。现在隋唐五代典已将完工，宋元典已走了一段，情况与明清不同。正在物价高涨时，加入这项工作，恐吃力不讨好。但米三年之中已由三四角一斤涨到 1 元 5 角一斤，大典将来恐也非调整不可。高对此也有同样的估计。因此，我现在向你征求意见，是现在按 18 元千字同江苏订约，然后大家一齐调整好呢，还是暂不签约，等明年唐五代出版，报酬由合理调整后再定签约与否？我是赞成后者的。因可避免你目前面对《语言典》的巨大压力。你约的二十位学者与宗福邦约的一批人，相比之下，待遇悬殊过甚，事情不好办。我是主编，有权力将明清分典留给你主持，到唐五代出版后，条件好时再签约。你到那时如认为条件仍不够好，还是可以不签，再由我找其他的人。这样，你就进退自如了。反正这是一项大工程，一个分典，能早出一年当然很好，迟一年，也无太大关系。此事，不能勉强你约的那些人的，强扭的瓜不熟（不只是不甜）。你认真考虑一下，与其他主要伙伴仔细权衡一下，回我一信。

关于大典样稿，你们暂停或先搞起来均无不可。不必寄我看了，要你主持，就是信任你。体例只能大同小异，不可能一刀切，但在一分典之中，各部分体例则要力求一致。有变例无妨，但要有说得出、站得住的理由。

中秋、国庆即将来到，祝

全家快乐！

千帆

9 月 17 日（1994 年）

（四五）

志达老弟：

昨接武大讣告，惊悉唐长孺先生归道山，极为哀痛。请务必代表我去唐长孺先生家向唐夫人等家属致以亲切慰问。因讣告收到太迟，不能发唁电，请他们原谅。

我因偶然受凉，又发肺炎，前日已住进医院。病不严重，挂了两支水，已基本好转，请勿念。

余俟出院后再谈。顺祝

俪安！

千帆

1994.10.22

（四六）

志达：

希坚先生返宁，带到《文言小说史》及信，知签约大略。他们认为武大甚重视此项目，招待又极热情，很满意。这，我就放心了。大约二十三四日，我曾写一信，告拖延甚久的实际情况，廿八日你写此信时，似尚未收到。如遗失，望告知，可重写也。陈望衡先生乃德麟校长新从浙江大学请来之哲学系教授，在中年学者中，治美学颇有名。他曾要我介绍武大朋友，我开名单，其中有你。得暇可往访之也，你现系退休返聘，此后数年中，望集中精力，团结诸公，编好明清分典，即是平生最大最后之事业。我风烛残年，犹冀见《文学典》之完全出版，勉之勉之。顺祝

新年俪茀！孩子都好！

闲堂老人

95年元旦

（四七）

志达：

6日信收到。汤、黄两位返宁后，也给我说了一些。总算是把“馊主意”所产生的负面影响消除了，值得欣慰。

16、17日在宁开了隋唐五代分典编委会，将发稿校印等事一一落实。力争在今年十月前印好此一分典，四巨册，一千万字。作为国庆献礼。

如何处理一些编校问题，已由卞孝萱先生集中众见，由我批准，写成文字，将发通报。这一份通报很重要，望你复印分发，大家参照执行，以免一上来方式规格不同，以后要改，白费劳力。以后一些具体问题，多与黄商。黄会将他不能解决的问题向我汇报请示的。

我建议你把《文言小说史》及《明文学史》赠送给下列各位，一为联络感情，二为显示学力。花点钱，值得。

1. 山东大学古籍研究所董治安
2. 四川大学古籍所曾枣庄
3. 南京大学古文献研究所卞孝萱
4. 北京图书馆任继愈
5. 北京中央宣传部李彦
6. 江苏古籍出版社汤敬昭
7. 江苏古籍出版社黄希坚

我将银行账号别纸抄上，以后寄钱，可由银行拨汇，以省手续。

今后分典事，你自己多拿主意。只要牢记：① 质量第一，兼顾速度。这个轻重不能颠倒。② 力求不漏不误，不误比不漏更为重要。这个轻重也不能颠倒。

现在看来，隋唐五代当然先出。其次是宋元，因为川大有全部电子计算机设备。你按签约先后排第四，人们也不能责备。如能与董较量一下，就很出色了，至于魏晋南北朝及理论两个分典，大概还得迟一二年上马，因为编辑力量来不及。

你与陈望衡交往中，可观察其为人是否踏实厚重？我未见过，读他的书和信，觉尚不错。祖棻集，舒芜、黄裳都写过评论，但皆从主题（政治社会）、传统词学等方面着眼，还没有从纯艺术即美学角度进行研究的，不知他对此有无兴趣，你可以便中问问，不必着迹，更不可勉强。祝
全家好！

千帆

1月18日（1995年）

据我估计，武大目前设古代文学博士点甚难。

（四八）

志达：

三月三十日来信收到。主编费迄未收到，已近半月矣。（不知上信有无写错，请查核。余存款银行是中国工商银行南京市分行城北办事处南京大学储蓄所，账号5574。）书序别寄二百元则早收到。序，齐鲁已寄六十元，实无须再惠，但已寄下，亦不便退还，反见生疏，只好谢谢了。明清典努力为之，实为传世而不朽。力争① 少误，② 少漏，③ 少重复，④ 与他分典体例力求一致，是其要点。体例方面，隋唐五代已发排，黄希坚方拟草一套较简要的编纂及校点通则交各分典试行。过去已有过两种，但都太繁琐。弟进行工作时，如有所疑，望随时与黄希坚多联系商讨。此人尚笃实，学问亦可，可信赖也。武大中文系的前途，只要努力当然有望，不是说不必努力，而是要将困难估计大些。因为你在跑，别人也在跑，而你起跑迟了些，不免吃亏，如此而已。陈望衡先生上次曾来电话，要我给萧萐父写信推荐他为武大中哲史专业博导，我要他寄点材料来，他未寄，想已解决了。其评沈文如成，望其在高档次学术刊物发表，如《中国文化》《文学评论》之类。他和刘梦溪（《中国文化》主编）、侯敏泽（《文学评论》主编）有无来往，便中一问，不必专门去谈。能否径寄？（不经我手为好。）祝
俪苐！令郎一切顺适！

帆

四月十三日（一九九五年）

（四九）

志达：

4 月 29 日来信及附件收到。各事奉答如次：

① 我已将望衡先生稿提了一点意见后挂号寄回，他什么时候改好，如何改，怎样寄敏泽，以由他自己出面为好。因我和陈先生无深交，理应对他很尊重。我信中措辞也是如此。

② 昨天我接你信后，即打电话问黄希坚，他说出版社还没有收到《简报》等件，不知已寄出否？此后，望我处及社中同时寄发，以免信息发生隔阂。

③ 关于卡片及欠经费事，望再和出版社磋商解决。我若任何事都为你出面，他们会认为我特别偏袒你。因对山东、四川我都只管大政方针，不问具体事务。再者，一切对各分典来文所提问题作出答复，我都是与出版社大典编辑室，亦即黄、汤二人，共同商量，从不单独发出个人意见，这样，好相处，也可共同负责，此意，望弟知之。来件，因黄未收到，我已将内容告知，并特别嘱咐他收到后，注意他所作出的各种规定，与目前正在排印的隋唐分典的一致性，不要各搞各的。

④ 隋唐五代分典的第一册百余万字，即隋文学部、唐文学部一（初唐）已陆续发排，如无特殊情况，六月中可出校样，我已要出版社将此样分寄山东、四川及湖北作模式，使全《文学典》尽可能保持一致性。北京李彦、任继愈等约五月中下旬来宁开会，对《大典》以及《文学典》整个安排作出决定，如凡例、名单等。这些重要情况，以后当随时告知。

出版社想今秋先秦及明清两分典的样稿论证会一同在武汉开，那你们就走到山东前面去了。

祝

好！

帆

五月四日（一九九五年）

（五〇）

志达老弟：

得书知太夫人仙逝，高寿弃养，而时际承平，子孙皆卓尔有立，亦差可无憾，幸节哀也。大典款已寄上，稿纸正交运，卡片则已用罄，正重印中。印就即寄上。卡片用途与稿纸异，希坚当相告。闻定九十月开先秦、明清两典审样稿会，望弟与治安约好，向出版社提出，必须同时交付应付之百分之三十。如不能付，宁可推迟，俾免如此次百分之四十长期拖欠也。隋唐分典已在校印中，争年底出齐。九十月开会，或可见第一册样书。文新擢升教授，可喜。今后应加强宋元明清文化方面研究。就小说本身研究小说，恐难“广大”。也应加强理论特别是美学方面研究，只重文献学，不重文艺学，恐难“精微”。文献学与文艺学之高度融合，斯文学研究致广大尽精微之光大坦途也，幸便中告之。顺颂

双苐！

千帆

六月廿七日（一九九五年）

（五一）

志达：

七月卅一日信收到。

样稿会望与治安先商定，统一行动。特别是要以高拖欠经费之事为戒，要他保证样稿通过，立即全部付出应付之款，不得任意拖延，否则宁可延期。此点，前事可为鉴也。

所提序中二事，甚当，但文字轻重，尚需细酌，余人亦小有意见，要统一细酌。总之，此是官书，其意见在于平正通达，无毛病，不在于议论之精警独特也。

退休好，好在自由，要做什么便做什么。难道一个月连两千字都写不出么？即此足抵返聘所得矣。老年戒之在得。心平气和，与人无竞，此匪惟修业进德之道，亦长年之术也。若弟能明此意，极善。

《文言小说史》似可找内行写点书评。陈望衡评《涉江词》文，闻将在《文学评论》发，舒芜评沈集笺本文或发在十月份《读书》。

雨后秋意，可稍休暇，想武汉亦然。祝

全家好！

千帆

八月廿日（一九九五年）

（五二）

志达老弟：

你好，感谢你们的祝贺，也向你们祝贺，并预祝你们乔迁之喜。你们夫妻是老实人，好人应当得到好报，希望优游学术，安度晚年。

完全同意董治安的三条意见，主张立即向出版社提出，并将副本挂号寄与工委会和我。文字中可暗示论证会可能无限期推迟，也就是甩担子了。高纪言已决定下台，他这一摊子可能直属江苏省出版局，四川就是这么办的。细情如何，我们不必管，到明年春天自然有分晓。看样子，论证会今年不一定开得成，我们目前可按部就班将样稿做好，印好，放在那里。什么时候条件改善了，可以开论证会了，就立刻拿出来，一切现成。此点望与治安协调一致。

现在的关键问题在于：隋唐五代分典这第一批五本书何时可以一起推出，在北京举行首发式，开新闻发布会。这样做到了，中央电视台（也许是海外台，记不清楚了）愿意投资七千万人民币给《中华大典》，其中四千九百万归工委会支配，那情况可以立即大为改善，但对方不见兔子不放鹰，不将像《辞源》那么厚的五本书放在桌上，人家不签字。所以现在黄希坚他们正在认真拼命工作。当然其他各种问题还很多，例如：四川大学把曾枣庄古籍所所长撤了，当然也会影响宋辽金元卷的进行。很多事情因为隔得远，无法同你细谈，你也不要过分着急。你大致知道这样一个轮廓，心中有底就行了，这些消息未成事实，也不必多告人。

天气热得要命，我们尚未生病，真是上帝保佑。我的选集大概十月或十一月底可以出版，精装两厚本。虽是旧货，倒也包装得辉煌，你也会高兴的。早早胡乱写了一部四十万字的言情武侠小说，也可在贵州出版，你听了也会高兴的。我们都老了，只希望后辈好。在火焰山修行，望多保重。

祝

全家安乐！

帆、芸

9 月 8 日(1995 年)

(五三)

志达：

来信及附拟函均收到。函中表示老学信心，阅之极慰。弟目前及今后，自己所研究的项目(课题)档次要高，要有所发明，不在数量，厚积而薄发，则能自致隆高也。

江苏古籍无权改变北京规定于十年前之稿费标准。故仍要向北京反映。估计他们得弟与董此函后，会转到李彦处。弟致高等函中，要请其向北京提出强烈要求。(此点稿未重点突出。)

出版社对此项目本身并不投资，故稿费低，出版社本身不能提高，只能要求国家提高。高的过失是挪用了一些大典专款，以致应付之启动费也不能及时发出，如对弟款一拖半年。其次则瞒上欺下，对下面蒙混，如卡片对我说早寄出，对北京报喜多，报忧少。我已径函北京，将高的行为及你们分典主编的愤慨捅了一番，挂号寄出，且看其复信如何。审稿会提出推迟，另一面积极准备样稿，这是正办，既未耽搁时间，又可对出版社及工委会增加压力也。祝

全家好！

千帆

9 月 25 日(1995 年)

(五四)

志达，并请即复印转治安兄：

前上一函，谈样稿经费问题，想已收到。出版社高等拟在春节前分赴

武汉、成都、济南，了解情况，并准备三月间在武汉开先秦、明清两典审稿通过事宜。他们准备黄希坚先到武汉，同志达商量开会事，高、饶先赴成都，再回武汉，商谈后三人一起赴济南。现在你们要准备的事是：准备一个十万字的样稿，要各种体例俱全，都有样板，可参考隋唐、宋元的已有样式。字数十万就够了，需多少份可问黄。样稿印刷费用已明确由出版社出，准备好发票。出席审稿会的人除出版社的人外，我、卞和分典负责人，即曾、吴、董、张参加，另外先秦两汉、明清两分典的专家各二三人，可由你们各自提出，请关系较好肯提意见的人，商定后再发请帖。

最近工委会实际负责人伍杰同志到了南京，高等在上级的压力下已表示对过去行为，如挪用专款、供应物资及拨款时间不守信用、对学者不够尊重等，当着伍杰和我的面表示歉意，并要向你们当面道歉。此后办事当较易进行，例如：他也说明此次如不能拨经费的30%，此会即暂时不开，现在的工作重点是今年内能将隋唐分典出版，其余接着来。出版后就可以亮相，并取得有关方面的赞助，经济也可有所改善。

我的眼睛还是不好，视力模糊，写和看都有些为难，只好暂时随它去了。

顺颂

撰安！

千帆

1996.2.2

（五五）

志达老弟：

二月廿七日信收到。已复印二份送周勋初、黄希坚二位，请他们向你和郑传寅直接答复。我对武大请什么人讲学，如何请法，毫无意见。弟似亦与此事无直接关系，让郑妥善处理之可也。

匆匆复，即颂

俪安！

千帆

3月4日（1996年）

（五六）

志达：

返后一切安好，但颇疲，要休息一段时间。饶钦珩来告，稿费30%即寄（会计在考职称，故拖延数日），其中4%的主编费，治安已请饶直接交我，以免往返多出汇费，如弟同意，可通知饶亦如此办理也。匆匆，即颂

双安！

千帆

（1996年5月24日）[①]

（五七）

志达老弟：

小聚大是难得。观家庭祥和，子弟长进，尤为欣慰。像片数张留念。前为汇款事，曾寄一函，想已到。

明清分典工作报告，要转寄北京，其中首段所谈与出版社矛盾之事，似以不宣之于外为妥，故已由我删去（第一页"尽管在编印过程中……都是想尽力把样稿编好"），幸谅之。

郑传寅函及照片（讲课时摄）已收到，望转告。并请他选印几张送张叙之。祝

全家好！

千帆

5.28（1996）

（五八）

志达：

来信收到。得孙，可庆。弟忠厚老实勤恪一生，宜有佳子孙为报。晚

---

① 吴志达按：这是5月5日至11日到武大主持先秦两汉、明清两个分典样稿论证会后，又到湖北大学住了几天，5月17日才回南京，故有"颇疲"之感。

年勉成明清分典，亦是文章报国，足以自慰自豪。卞编隋唐五代，是我任主编前，高所约。其人虽同事，但不深知。近来似有“你不加钱，我就不交稿”之意。扬言交也在两三年后，且拟串通各路诸侯共同行动之意。卞既非我请，即有别于曾、董及弟等。我意可以要钱，但不能扣稿，不能停工。此关键分寸所在，愿弟及治安于沟通声气时，审察之也。（不能害国家文化工程，此为要点。）胡乱改动样稿事，我已报知李彦、伍杰及任继愈，于函中毫不客气，痛斥高纪言，高现在说这事他不知道，全是黄希坚干的，我当面说这是胡说。他不再开口。今后如再发生与此有关之事，可以再提出。暂时即只能如此。以后对这些人要当心。款收到。祝

全家好！

千帆

6 月 10 日（1996 年）

（五九）

志达：

前后两函又先室履历表俱收到。费神，谢谢。对工委会关于经费的要求不能算高，且已有《语言文字典》的成例。问题是你不要一个人提出，最好与卞、曾、董合提，同时又将你等有完成此项工作的决心表示出来，要巧妙地表示：一方面，待遇应增加，另一方面，同时有措施有决心完成工作（如所签约）。这也让北京感到安慰。卞孝萱近因腰伤休养，他就就势一歪躺在地上，不肯起来，本应近月交稿（隋唐五代卷），就无限期拖下去，甚至背后说还要两三年，这样，就使北京觉得没有想头了。这种做法，自己处在无理背信的地位，决不可取。如今年十一月曾能交宋元第一册，而卞仍不动，那就会为人所共指摘了。卞是高纪言请的，与我无关，交情上也不够深谈，只好听其摆着。我以上意见望与曾、董适当地交换。

眼不好，不多及。祝

俪安！

千帆

7 月 28 日（1996 年）

黄进德已允任魏晋南北朝分典主编，至此六典皆定。

（六〇）

志达：

来信收到。

① 听说吴文治辑明代文学批评资料已在江苏古籍出版，我尚未见。你如要，可托希坚，打折扣。

② 各典字数都超出，工委、编委为了全书平衡，先秦两汉及明清两典拟各压缩100万字，魏晋南北朝及理论两典各压缩200万字。如此可符《文学典》5000万字之数。高等将和你等商议。请与同意。

我意：你可同意将明清缩至1100万字，但已付之70%则不退，而将其拨给武大计财处，其数为12600元。先付此数，能讨价还价，只付此数最好（因恐出版社最后所付30%，只肯照1100万字计）。如万一不行，则将明清分典再压缩50万字，就差不多了。目前如此做法先要保密。你打报告给我与高（当然在黄、高等来函给你要求压缩100万字之后），详陈取得武大承认为国家项目之必要，同时又强调这只是就已发经费的内部调拨，并不是另外拨钱（他们最怕另外拨钱）。此函寄给我与高。我据此，可直接向李彦、伍杰写信，表示赞同。

这样做，行不行，有无困难，望仔细考虑，详细告知。又应否要与董治安采取统一行动，亦望研究见告。

我目力极差，书不成字，乞谅。

祝

全家安好！

千帆

10月9日（1996年）

（六一）

志达：

12月5日信收到。黄希坚、高纪言胡乱删改样稿事，完全错误，我已告知北京。李开金先生处，仍望你做工作化解。至于提遇未通过，则我无能为力，但望安慰之而已。委以分典编委事，弟可作主。目前各典做法还不一致。弟先安排，将来总有统一办法。（至少《文学典》如此。）

进德处想在今年内签约，还有张伯伟的理论典。97 年以前，都上马了。匆复，祝

全家安好！

千帆

12.12(1996)

（六二）

志达：

久未得书，想安适。《文学史》稿已由程章灿寄冯天瑜三章约 3 万字。冯收到未复信，似疏忽，望打一电话问之。此刊何时可出创刊号，亦望见告也。《大典·文学典》4 个分典已全面启动。宋辽金元争取 98 年初五册出齐，次则为隋唐五代四册。希望湖北、山东之明清及先秦两汉在 98 年有成品。魏晋南北朝由黄进德，理论由张伯伟主持，数量合共一千万字，远比宋唐篇幅还小，仅一半或不及其半。如在 2000 年竣事，我或者可以看到。（当然，多看到一册也是好的。）我现在耳极聋，白内障也颇不轻。近月来，在农场因牛斗折左脚距骨旧伤引起的风湿又忽发，以致不良于行（已 25 年过去从未发过）。幸经中医及女婿张威克气功治疗已有轻减。总之，身体问题越来越多，但精神方面甚好，一切放得下，看得开。著述经在宁弟子帮助，成果丰硕。仅略述如次，俾弟知之。

①《程千帆选集》，已寄弟。此书已送江苏社科评奖，其校编皆得砺锋之助。

②《校雠广义》，其第一编《版本》，已得教委教材一等奖，国家教学教材成果二等奖。四编 1《版本》、2《校勘》、3《目录》、4《典藏》，共一百余万字，今年可出齐。分中国传统文化丛书本及南京大学古典文献研究所专刊本。

③《程千帆沈祖棻学记》，约二三月后在贵州出版，已发排，巩本

栋编。

④《程氏汉语文学通史》，已由我写成初稿，程章灿补充修改，估计98年结束。寄武大发表者，即其样稿。将在辽海书社出。

⑤《俭腹抄》，是我生平著作的摘抄，巩本栋在编，或三四月后可交上海文艺出版社。此丛书已出四册，有金克木、饶宗颐等，弟想见之。

⑥《诗文合抄》，散发后，许多人觉印得太少，因已改为正式出版，已校正笔误，补充篇幅，增编目录，寄东北矣。或者年内可出也。

其情况大致如此，故有事做，亦不忙，虽老亦非废人，是可奉告也。武大换长后，情况如何？南大亦换，尚无动作。即颂

双安！孩子们好！

千帆

5月18日(1997年)

（六三）

志达：

6月14日来信收到。这次复你的信，对《大典》进行很重要，请注意。

我的主要想法和做法以及目前情况，有如下几点：

① 以高度责任感保质保量按时完成各分典工作。

② 在未完成各分典工作之前，不以中途“撂挑子”(罢工)相威胁。卞孝萱的做法不可取，故屡次失败，反贻人以口实。

③ 我们承认按劳计酬的社会主义原则。承认“专门利人，毫不利己”这种共产主义美德，但不认为人人可以做到。反之，认为力争合理的稿酬并取，认为目前的稿酬不合理有待提高(这一点，工委会、编委会领导，以及中央主管部门如出版总署均无异见)。

④ 目前，宋辽金元分典已届交稿期。曾、高正交涉中。如不能合理地适当地提高，则曾断然拒绝交稿，直待有合理解决方法为止。

⑤ 我完全支持曾枣庄的要求。并在必要时向北京提出辞去职务，退还5%的酬金。

⑥ 这样做法，我们已尽责任，官方不加稿费，其曲在彼。我全力支持

各分典主编，内心无愧。各分典届时均已完稿，分典及《文学典》编辑之责亦尽，即上法庭，也有话说也。

现在你应做的事，仍在紧抓编辑工作，保质保量按期进行。曾即如此，故占先着，此外可将我的想法及目前情况告董。黄进德、张伯伟才开始，问题不大。又目前除抓进度、质量外，不宜另出主意，节外生枝，如上次传寅两次办法均不妥，望注意。

望考虑后复信。我一切均好，惟耳目不行如故，足稍瘥。

祝

全家好！

千帆

6月20日(1997年)

（六四）

志达老弟：

上次写一封信谈《大典》的事和我的态度，要你回信，尚未收到。现在快要出书了，双方讨价还价争论激烈，我为同人的利益，必要时恐不得不以去就力争，所以先给你打一招呼。但在摊牌以前，日常工作还要抓紧进行，以免耽搁进度，至要至要。

这封信谈的是另外一件事，望你调研后，详细告知。50年代末或60年代初，黄季刚先生次子念田曾将黄师遗稿捐赠武大中文系，当时似曾办有正式捐赠手续，但我是右派，未曾参加。去年我到武大时，听说黄先生的幼子武大物理系教授黄念宁申言，这批遗稿并非捐赠，而是寄存，现要收回云云。我曾受武大中文系委托整理黄先生的日记(原稿遗失，据武大保存的抄本整理)。当时由武大抄本日记寄给我，我曾打有正式收据。这项抄本整理完毕已有多年，现得黄师孙女婿杨克平资助，预备在南大出版社印行。就在此时黄念宁突然出面，说整理的日记稿应由他取去出版。此事我们事前无所知，也不反对黄念宁另找出版机构，但是① 我们不知道武大党委、校长、中文系意见如何，因为日记是我向武大借的，不是向黄念宁借的，要还也只能还给武大。② 现在武大领导究竟认为黄先生在中文系的遗书是黄念田捐赠的，抑或是委托保存的？这在法律上有根本的区别。我在黄念宁手上看到黄先生手批的《文选》和《尔雅》，确是黄师的亲笔，又好像武大确实将黄先生的遗稿退给了黄念宁。是否真是如此？如果是由捐赠改为保管，那么这种改变，是否经过法律手续，我也完全不知。黄先生的遗书是国宝，所以我在弄清楚之前，不敢轻举妄动。想请你向武大校系两级党政领导将此事弄清楚。（王庆元虽不是负责人，但他一直参预保管黄先生遗书的事，应当知道一些情况，也可以向他调查。）黄先生的日记手稿已失，抄本经我们整理后，也只具有文物和版本学的价值。我希望能够妥善处理黄念宁和武大之间的纠纷（据黄念宁说他又和武大打了官司，详情不知），将日记从速印出（不一定在南大印），以有利于学术界。你是我的学生，也是黄先生的再传弟子，对于此事，想能理解和谅解。收到信后，望即进行调查并作复。来信辞语望明确，不要模棱两可。

祝

好！

千帆

1997.7.11

（六五）

志达：

上周有信给你和王庆元君一函，因黄先生日记即将付印，需要一张坟墓及墓碑照片，闻蕲春尚有黄先生纪念馆，也望寄一张。此二张估计念田、耀先家中或武大中文系档案馆都有，望能复制，从速寄下。如实在武昌找不出，能专人去蕲春拍摄否（费用由南京出）。此事望从速一办。

《大典》事，高要出版后售书得款始能每千字增 12 元（总 30 元），我要其先付一部分，此事暂僵持。十万奖金他承诺，我要其在宋元典发布会以前落实，尚未敲定。

（1997 年 9 月 15 日）

（六六）

志达老弟：

前寄冯天瑜教授的《文学通史》中八股文一章原储程章灿电脑中，现遍觅不得，以至无法往下写。请即费心与冯先生一商，复印一份挂号寄下。

又王庆元先生来信收到。他将于近日去蕲春拍黄先生墓、墓碑及纪念馆照片，不知已办否？

又黄念宁前急催出版日记，近二月突然默尔，其与江苏教育协商出版事，恐有变，弟知其详否？均望告知。

又前寄来念田所交武大书稿目底稿早收到。匆匆，盼复。即颂
双安！

千帆

十月八日（一九九七年）

（六七）

志达弟：

十六日来信收到。

电脑容易坏掉，上次章灿已发生过一次。冯先生设法复印，以免重写，可感，望谢谢。《通史》明年暑期可完工交于景祥付印。如武大刊物愿续印三数章，望冯与程章灿联系，如不甚赞许，则作罢，不可勉强也。

黄念宁昨来电，月内来宁。此间日记插尚少黄墓照一张，故托庆元去拍，如念宁家中有则最便。请打电话一问，托其月底来宁时带来，最便。虽有矛盾，亦不至扣照片不给也。望即尽快询问办理，比去蕲春方便省钱省事。

守湘可能参加《大典》，想其人较可靠，给一编委我看可以，由你给高纪言去一函，告知我已同意。各部之间的平衡，要看他部是否也死了人，如死人亦可加一编委也。无理要求，可以顶住，不必理会。你作为主编负责制的执行人，该顶住，就顶住，我会支持的。

关于三个人挑一部五千万字的《文学典》的事，我与高纪言谈过多次，他们为利益所在不肯加人，我也就撒手不管。希坚要黄进德多校一次，这不合规则，进德已断然拒绝。现稿费已加至千字30元，所加每千字12元，虽要在出书后半年付清，但总加了，你们是复印还是手抄，可由自己决定。高的办法是每典与编辑部订合同，到那时，可多考虑，多和我通气，以免上当。

匆匆，即颂(勤来信)
近好，合家安！

千帆

10月21日(1997年)

(六八)

志达：

信收到。你应该还记得，数年前在南京初步会商，某君出了一个馊主意，谎称班子未搭好，以至出版社心存疑虑，签约拖了好几个月。此次，此君又再出一个馊主意，幸吾弟早觉悟，及时更张，不然又是无事找事，节外生枝。愿引此二事为戒，先保质量，次求进度，将明清大典编好，不必旁务。某君正在少年得意之时，如果神厉九霄，志凌千载，不纳忠言，专横独断，必致失败。弟与之有师生之谊，也只能如先圣所说："忠告而善道之，不可则止，无自辱焉。"

治安已同意削减一百万字，此事涉及总体规划，望明清限在一千一百万以内(即再减五十万亦无妨)，可将此意告诸位副主编，共同遵守。理论典是纯理论，具体的作家作品评论概不收入，故不致与他典复重。

明年初要公布一下全部进度，目前高纪言正去扬州与黄进德商谈也。宋辽金元明年可全出，隋唐五代后年可全出，二分典初稿已大致齐备也。目眚，不多及。顺颂
俪安！

千帆

十月二十四日(一九九七年)

（六九）

志达老弟：

电话中因我耳背，听不清楚，关于《大典·文学典》报酬，内部已增至千字30元，除原千字18元外，另加之12元，等出书后在售书价中支付，估计出书半年后以售书所得一次付清。虽不尽如人意，但较原安排略好。大概今年可出宋辽金元（枣庄），明年初可出隋唐五代（孝萱）。希望治安及弟支持之两分典能循段交印耳。

冯天瑜先生主编大型杂志，迄今未见踪影，看来武汉方面比北京、上海尚缺乏条件。北大《国学季刊》《唐研究》稿费千字皆在80元以上，不知武汉如何？

甚念毕奂午先生，前寄《学记》慰其寂寞，不知已交与否？盼复，即颂双安！

千帆

2月8日（1998年）

（七〇）

志达老弟：

前接来信，知两世兄均已赴美，学业事业均有成就。弟夫妇将来亦可出游，但因《大典》事将稍缓再作打算。我对弟于公于私如此安排，非常感谢。

《大典》事搞了七八年，现在《文学典》总算开始有了一些眉目，曾枣庄的宋辽金元分典，卞孝萱的隋唐五代分典，均可在今年上半年交稿付印，宋元可能今年出版，共五巨册。待遇已增加到每千字30元，具体办法是原来的每千字18元照旧按期发，不动；加的12元在各分典出版发卖后半年，一次付清。江苏省委和出版局已经接过此书的出版工作，即不再是江苏古籍出版社的事，而是江苏省出版局的事，这样比较可靠。现在高纪言要到各地跑一趟，一是与各分典订约落实交稿日期，二是宣布增加稿费的办法。他要与分典主持人订约，以取得双方的法律保障。他在近几个月内要亲自到武汉来和你谈这两个问题，要我先通知你，在编稿交稿日期认真考虑，和各部认真商讨后作出准备。不久，要在南京开魏晋南北朝分典和理论分典样稿审查会，如果这两个分典样稿通过，那么全部《文学典》都启动了。《中华大典》是开国以来跨世纪大文化工程，《文学典》正在和四川的《医药典》竞争，看谁最先拿出来。如果顺利，我们师弟今年冬天可能出席中央召开的《中华大典·文学典》的新闻发布会。那时报刊会有比较盛大的报导。我离开武大已经二十年了，但还怀念着武大。你这一辈子就在武大，如果我们在《文学典》上作出了成绩，就是俗话说的“不蒸馒头蒸口气”。我想你一定和我一样愿意把这件事作好。

还有一件事告诉你，你听了也会高兴的。河北教育出版社已同意出版我和沈祖棻的文集。沈祖棻的四卷，我的二十卷。沈祖棻的早早编，我的莫砺锋编，最迟后年可以出齐。祝

全家安好！

千帆

1998 年 3 月 21 日

（七一）

志达老弟：

四日函收到已久。因为要彻底弄清楚，稿费究竟是 18 元，30 元，还是 36 元，向各方面作了详细了解。现知他们（包括江苏省出版局及北京）最后的决定是 18 元（原定）＋12 元（出版后半年一次补清，即为 30 元）。至于 36 元之说，是有人吹风，经追究旋即因恐追究法律责任而矢口否认，从此不提。现在各典包括曾枣庄在内，均接受此一方案。弟所听到的信息，不知如何。至高拟来汉准备各个击破之说，高云绝无此事（北京亦否认）。曾现在台湾讲学，三个月即返，届时可以对质（包括 36 元尚不满意之说在内）。此事，大概目前只能如此。

调整明文学部结构之事，我意原定是一般习惯，多数接受，以不动为妥。你拟文新二人将“部二”接下来分担，完全可以，各任其半，而无须取消“部二”，署名亦可署二人之名也。以为如何？

高为表示对明清分典同人之善意，故拟来汉，但读弟函后，深恐反而引起误会，效果适得其反，且忙于隋唐五代及宋辽金元二分典之发排，也较忙，故拟少缓，在魏晋南北朝及理论典审稿会再晤面。

我近日忙于为沈文集四卷本发稿，亦较忙，先扼要作复。即颂
俪茀！

盼复。

千帆

四月十七日（一九九八年）

（七二）

志达老弟：

二十七日手书收到，说赠联之意甚得我心。人总要有点精神，郑板桥所谓“咬定青山不放松”，今天所谓拼搏也。郑传寅失在太聪明，不肯吃亏，故难成大器。（当然，不必告之。）98 年《中国社会科学》载徐公持一长文《论古代文学之现代化进程》（第二期），其中涉及下走与钱默存，弟与一中有暇可以取而观之。程章灿可完成《文学通史》，故虽耳目皆越来越不中用，亦无大关系。99 年总可出版也。弟所言武大情况似一时难有突破，也只能尽其在我，将《大典》编好，即是功德，一时只能如此，也难强求也。弟年事亦渐高，虽健壮，仍要多注意。我现在只能说不更坏就是好耳。祝
全家好！

千帆

5 月 31 日（1998 年）

（七三）

志达老弟：

天酷热，安否？

前南师大陈书录来，此君亦我门下，所著博士论文《明代诗文的演变》，颇佳，要其寄一册与弟，不知已收到否？

近闻武大出版社已出黄先生日记，其全体转抄本在此间，故疑是潘石禅藏手稿零种。如确有此事，望买一本，挂号寄下。至要至要。

我文集在河北排印甚速，已排略有一半。99年当可印出，亦可喜也。匆匆，即颂

全家好！

千帆

七月二十日（一九九八年）

（七四）

志达老弟：

9月29日来信收到。守湘辞世，良用伤戚。觅人替之，实为急务。郑传寅人不踏实，不是任重致远之才，早日发现，早日分手，不见得是坏事，看事要有辩证观点也。整个《文学典》速度甚好。最重要的是此次北京编委常委会议，已批准给与付印权，即各分典定稿后，只要高纪言和我认可，即可付印，无须再由上级组织专家审查。这就省事多了。如一切顺利，曾枣庄那个分典99年初可出五册。卞孝萱那个分典99年10月可出四册。你那个分典希望争取2000年初付印。这将有正式批文，不久分发。（附上曾、祝二人文件三页。）

孩子上进努力出国深造极为可喜，但望以“一年土，二年洋，三年不认爹和娘”（指祖国）为戒。南大许多教授，孩子在外国大有成就，但可都变了洋人。父母老病，留在国内无人照应。不只是入了外国籍，心都变了。陶芸姐夫张钰哲是我国大天文学家，儿子父母死了不奔丧，女儿嫁了洋人。陶芸姐姐老病无依，住在养老院，凄凉死去。我直言无隐，希望令郎为祖国学好洋人的科学，切莫变洋人。

我与章灿书已交辽海出版社付印。每千字70元，两个月出书。同时在河北教育出版社印另一个版本，照样付稿费。武大恐无法照此办理，特别是时间（只要看《人文论丛》就知道了）。故请代为致谢他们的美意。

高校科技成果奖事，不必介意。这种事总要有两手准备。得既欣然，

失亦可喜。你的名山事业在《文学典》，希望尽全力为之。我曾劝你多买些书，准备送人。现在书重印极困难，此事今后可注意。黄先生日记，江苏教育出版社已开印，如见王庆元，可告之。另致阳海清先生信及来信望转致。望与一商，阳信看了退回。

帆

十月三日（一九九八年）

（七五）

志达老弟：

前得一函，知近体不适，甚以为念，不知近日转安否？现住在哪个医院，如晚间打电话到府上，可有人接？《文学通史》已在辽宁排好，五月中可出。高纪言赴成都，并转赴北京向李彦、任继愈报告国庆五十周年出版宋辽金元分典之事。渠云拟将吾弟身体情况报告，请大典工委会向武大党政领导关照，对弟患病医疗情况特别注意，或者能引起重视，有所补益。我仍衰弱，恢复甚慢，但平稳耳。匆颂

俪安！

千帆

四月十九日（一九九九年）

（七六）

志达老弟：

得书三纸，知在美大略及《大典》准备情况，极喜。我近年极衰，耳聋目瞀，又患糖尿病，行动不便，小便大便又多，健忘。幸陶芸差健，可以在生活上相助，服食尚可，余则殆废人。人生到此亦可哀也。《大典》已决在五月中旬开魏晋南北朝分典及理论分典审稿会，届时将请弟出席。李彦、任继愈及《大典》北京负责人均将参加。望弟作准备报告明清分典工作进度，大约二小时即可。唐五代及先秦两汉二分典由卞孝萱、董治安二先生负责者，卞典已完工，正作最后修订，今年可出版。董典年底可交稿。若五月之会最后两分典获准，则只待明清及此两分典

完成，全书告成矣。我著书已由河北教育出版社编为十四卷，沈四卷，正陆续发排中，由莫砺锋、张伯伟、程章灿诸弟子理其事。或者今年可出书。诸门弟子想出一九十寿辰论文集，亦不知残年能赶得上否。武大合并有所扩充，亦是喜事。王兆鹏来，望其招到一些好学生，否则也是孤掌难鸣。我在南大留下了七个学生，今其中六人皆已为博导，成为中文系骨干，故成为一种力量。若只我一人亦无能为役也。我写字较困难。匆匆奉复，即颂

俪安！

千帆上

4 月 11 日(2000 年)

致沈辰宪、汪文英(一通)

沈辰宪、汪文英，沈祖棻先生之堂侄、堂侄媳。

辰宪、文英：

寄来的信和钱早收到了。这一个月，我们是在非常痛苦、忙乱和昏沉中度过的，小婉怀了孕，反应强烈，早早又得流感。小婉一抓笔写信，就大哭起来，无法写下去。我右臂骨折，撞伤多处，许多地方淤血。昨天才拿下石膏，勉强抓笔写一点。

祖棻受伤太重，颅骨都碎了，不过一小时，就在手术室逝世。在殡仪馆停了四天，用了一千多磅冰块保护，所以到三十日火化时，一点都没有变化。昨天，安葬在石门峰武大公墓。坟做得很好，骨灰坛外，砌了砖，加了很厚的水泥。坟前立了一块很大的水泥碑。这都是小婉厂里的同事义务劳动，尽心做的。等明年春天，再到坟上种树。很悲伤是我负了伤，不能走远路，小婉也不行，没有能和她作最后的决别。我的吉林赶回的大妹妹，从黄陂回来的二妹、妹夫和威克去了。

我们上次来你们家，看到你们两个人身体都不好，很难受。因为怕你们请吃饭，过于操劳，中间就没有来。原说临走时再去看你们，因为托人

买票，行期提前，又没有来成。早知如此，怎么也要会一面的。

祖棻一直对你们的身体不放心，特别对孩子们在乡下没有抽上来，感到焦虑。希望你们体会她的意思，保养好身体，想些办法，让孩子们的问题早日解决(她在回来的船上，还谈起这些)。

我和她四十年的患难夫妻，感情极好。她这么善良的一个人，死得这么惨，我永远也想不通。孤孤零零一个人活着，有什么味道？能够早点去和她在一起，倒好些。

一边哭，一边写，也写不下去了。祝

双好！孩子们乖！

千帆

七月二十七日(一九七七年)

致上海古籍出版社(十五通)

(一)

俊民、寿荪先生：

前些时，收到章荑荪兄来信，转达尊意，十分感谢。我虽然已经六十五岁，又退休了，但身体还好，如果能够在你们的协助之下，为社会主义文化建设事业添砖盖瓦，聊尽绵薄，以赎旧愆，是非常愿意的。

我没有机会看到出版社的选题计划，因此也无从考虑自己勉强能够做点什么。现在，我手头有两部已完成的稿子，《史通笺记》和《古诗今选》，前者比较专门，后者则是一本普及读物(由亡室沈祖棻和我合作的)。今各写简介一篇寄呈。如两位愿意看原稿，当即邮奉。

自己感到非常惭愧的是，虽然摸了一辈子的书本，而涉水行猎，暮齿无成。细数起来，还只有对几部唐宋诗集如杜甫、李商隐、温庭筠、王安石、苏轼、陈师道、陈与义等略为熟习一点，如出版社选题中有这方面的选注，或许可以试一下。

我有一个朋友张月超先生，曾在湖南师范学院及武大讲授英国文学及欧洲文学多年，中英文都好，曾出版过《歌德评传》及《欧洲文学人民性传统》等书，现在也已退休，想做点翻译工作，不知道出版社计划中有无这方面的选题，是否有即需翻译的著作？（不一定是文学方面的。）

我现在忙于为亡室整理遗稿，她写的《唐人七绝诗浅释》及《宋词赏析》都有成书，略加清理，即可付印。我自己也还有一部《宋元文学史稿》要重写一遍。另外，黄季刚师的遗书中也还有一些应当整理付印的。山东大学殷孟伦兄给他整理的《尔雅郝疏订补》，有六十多万字，已完成三分之一。我很想把黄先生批的《文选》整理出来。如果我们这些受过黄先生亲自教诲的人都过去了，将来整理起来就更加困难了。

我和两位先生都还没有见过面，初次写信，就这么拉拉杂杂扯了一大篇，希望见谅。此致

敬礼！

程会昌上

十月二十二日（一九七七年）

通讯处：武汉大学九区三十号。

《古诗今选》简介

沈祖棻　程千帆　选注

这是一本适合于具有中学文化程度的读者的普及读物。其内容大致如下：

一、选注了八代、唐、宋五七言诗（附有部分杂言及六言）约二百首。其中八代及宋代约各占四分之一，唐代占二分之一。

二、选录标准，首先注意其思想内容，其次也注意其艺术手段，力求介绍给读者的，乃是思想健康、艺术完美的篇章。

三、注意了主题、题材和风格的多样化。

四、注意了读者的文化程度，古典太多、内容艰深的不选。

五、突出重点作家，也顾及次要作家的一些精品。

六、每篇都有详尽的音、注。注释吸取了历代注本及学者们的研究成果，但不作烦琐考证。

七、注释中注意了与当前现实有关的一些问题，作了相应的提法，如

对于历代民族战争的评价等。

八、每篇都有简要的解题，说明其思想或艺术上的特征。

九、前有引言，简要地介绍了古典诗歌的思想内容、艺术形式、创作方法及八代唐宋诗的发展大势。

《史通笺记》简介

程会昌　著

前人对于《史通》的研究，大体上可分为注释及校勘两个方面。

注释方面，清浦起龙在明代郭孔延等人所从事的草创性工作的基础上，继续研究多年，写成《史通通释》，对读者提供了很大的方便。近代陈汉章作《史通补释》，杨明照作《史通通释补》，彭仲铎作《史通增释》，对浦书又作了补充和校订。

校勘方面，何焯、顾广圻、卢文弨诸名家都对此书作过比较认真的文字校正。

但是，前人所做的这些工作，在今天看来，还嫌不够。这部《笺记》的用意就在从上述两个方面再加补充和校订，并在更广阔的范围内采集有关资料，为读《史通》的人进一步提供方便。

《笺记》用札记体写成，按篇分系，引用书籍二百六十余种，全书共二十余万字。其主要内容如下：

一、对前人注释及校勘更无异议的，不再涉及。所出各条，多数是前人所未及，少数是对前人论点的订正。

二、凡是其他古书中涉及《史通》本文或与《史通》所论及的问题相关的资料，均加采录。

三、凡是清代及近人所著有关《史通》的专文，一概附录(介绍性的概论不收)。

四、特别注意近代史学家的研究成果，其与《史通》有关者，均加采录，使读者便于了解其中某些同题，在今天已经解决到何种程度。

五、《史通》论点，常有自相矛盾的地方，《笺记》注意其异同得失；又常有可以互相证明的地方，则注意加以疏通连贯。

六、《史通》以前的史学理论，是零碎的，甚至是残缺的，《笺记》尽量加以搜集，以明《史通》理论的来源。

七、历代评论《史通》得失的资料，也加采录，以见《史通》之影响。

八、所用资料，均出自第一手，后附书目，注明板本，以便覆核。

以上二至七点，是已出有关《史通》著作较少或全未涉及的。

（二）

古籍编辑室负责同志：

二十六日来示敬悉。

《古诗今选》已脱稿，现寄给师大章荑荪同志，请他大致审定一下，即行转交。

祖棻遗著两种，虽有成稿，但系写在双面练习簿上面。要重抄一遍。有的地方，需要作些技术性的整理，书证方面，要进行覆核，以期完善。这些工作，正在积极进行中。预计在明年三月以前，可以将有关词学的一种送请审查，六月以前，可以将《唐人七绝诗浅释》呈教。

最近，将她的遗稿仔细清理了一遍。觉得在词的方面，还有两种可以公开于世。一是双白词的批语，另一是几篇有关词的作家和理论的专文。她手批词集多种，我拿来和近人已发表的著作加以核对（如周、吴词，就与《海绡说词》核对），觉得所批白石、白云二种，虽非全批，而已详批者，颇有可取。因此也准备将其辑录出来。这样，就想把（一）宋词赏析、（二）双白词札记、（三）四篇专题论文，合为一书，暂时定名为《学词记微》。我暂且这么做着，将来你们看了全稿，再行定夺好了。

极其感谢俊民同志的吊唁，并请转致问候。此致

敬礼！

程千帆

十二月五日（一九七七年）

再顺便说明一个问题。

《古诗今选》，原曾交北京青年出版社。该社请文研所余冠英同志审查后付排，已出清样。后来因我犯了错误，就解除了出版契约，并退回了预付稿费，手续已全部了清。这次我们重新增改，为了节省钞写时间，就

用了清样作底子，原来的引言，则完全重写了。

千帆又及

（三）

编辑同志：

亡妻沈祖棻的遗稿《学词记微》，已请唐圭璋、吴白匋、章荑荪三位先生审阅，现由荑荪交上，请查收，并赐复。红笔是吴先生批的，铅笔是唐先生批的。我都还没有看。想等你们看了提出意见，认为可以出版时，再集中各方意见，一起修改。

《唐人七绝》的稿子，在继续整理中。因为编辑她的诗词，准备油印，所以耽误了一点时间。但估计比原来约定交稿的时间（五月）也不会延长很多。六月或七月可以交给你们。

此致

敬礼！

程千帆

三月廿四日（一九七八年）

（四）

编辑同志：

亡室沈祖棻的遗稿《学词记微》在三月底整理毕功后，即寄给南京友人唐圭璋、吴白匋审查。你们一定知道，他们两位在这方面是专家。现已看完，即将转荑荪。他看完后，即奉上。

《七绝诗》已整理了三分之二，现在没有稿纸了，又买不到，能否请你们支援几百张？在荑荪处曾看到你们给他写宋词选的一种大张的，较好，因我现用的也是大张的。我眼力差，不能写细字。

如果同意，请快点赐寄（最好航空），以免耽搁时间。此致

敬礼！

程千帆上

五月四日（一九七八年）

（五）

编辑同志：

(78)古字470号来信收到。

我的地址是“武汉大学9区30号”，你们来信写成了“武汉大学中文系9区30号”，邮局便送到中文系去了。隔了几天，才由系中转来（我已退休，从不去系），稽复为歉。（稿件因要本人签收，已于两日前送家中收到。）以后来信，请勿写中文系字样，以免延误。

拙稿承审核，并提出宝贵的中肯的意见，非常感谢。现将来示中各点奉商如下，请研究。总的来说，你们提出的要求都有道理，但我恐未能完全照办，则主要有两点理由，一是时间问题，二是学力问题。

先说时间问题。一年来，我集中精力整理亡妻遗著，拿年龄来说，可算奋勇工作，现在还有一个月，可以完成。但就在这时，南京方面要我去讲学，说不定以后就要由临时工转正，连《七绝诗》最后的20%能否赶完，都无把握，但我一定要搞完交出，否则，不仅对不起亡妻，也对不起你们。以后能否有较多时间来修订补充《古诗今选》，不敢预期。你们可以想到，教一门课，再带上若干研究生，不会宽松。

再说学力问题。朱自清先生是一位温厚长者，我和他很熟。他对我说过，有的选本，不是选本，是“碰本”，即并未看过全部或较多材料，也未作过相当研究，“碰”上了，随手拈来。这话我至今记得。我应当坦率地告诉你们，对宋以后的诗，我读得极少，全无研究，随意“碰”上几十首，有点自欺欺人，这事我不敢做，虽然也可以做到。交青年出版社时，周振甫同志当时是此书责任编辑，也有和你们同样的想法。后经我当面陈述理由，他也同意以我的所学习过的东西为限了。这一点，是你们所提的意见中我最无能为力的一点，其余好商量。

原则上同意抽换一部分选诗。但我想指出，我们夫妻这个选本在注释及解题上有它的特色（同贵社《一百首》、文研所《唐诗选》及钱氏《宋诗选注》比较可以看出），不单是入选的问题。另外，“名篇”“避让”反而较难。如果《古诗今选》没有《长恨歌》《琵琶行》，怎么行？所以，我的想法是

“避让”以不破坏本书的完整性为前提。不知你们觉得怎样？事实上，读者不一定同时读《一百首》和《古诗今选》，现在书的印数如此之少，何能必其都能买到？

也可以适当补充一些家数，如潘岳、张协、郭璞、刘子翚、姜夔等。这好办。

汉字注直音，现在并无可用的标准字典，我看过用直音的选本，毛病很多，如声、韵、调等，往往都不很准确，又夹上注者的方音。还有些字，无相当的直音可注。我的语言学知识极差，做这项工作，没有把握。如果你们认为应按照通行体例加上，不知是可请编辑同志代加，或请社外专家代加。

重出诸词，重复注释，可以照办，但恐不能保证没有遗漏。

序文，你们提的意见我还没有吃透。好像说前一半可以不要。文学史式的写法和非文学史式的写法的区别，我也不够清楚。大体上说，我的意思倾向于保留原状，如果没有极大的毛病的话。我可以告诉你们，这是根据祖棻生前一个关于古典诗歌的通俗讲演稿改写而成的。她对一般群众讲过几次，效果很好，所以我认为移作《古诗今选》的引言是适当的。如果你们认为非改不可，可否即请你们就原稿不客气地动笔，先将它按照你们的意思改了，我再来研究。这样，行不行呢？

我认为，一部书必须由作者与编辑部密切合作，开诚布公地交换意见，才能提高质量，更有益于读者。（随意选些元明清诗，使读者以为即系三朝诗精华或代表之作，恐非对读者负责的态度。）因此，我的说法可能是错误的，但都是无保留的。请指教。

又，如果以上各点能够取得一致的意见，你们希望什么时候交稿呢？请考虑见告。这便于我将这事在我今后的工作时间中作出安排。

最后，谢谢你们惠赐的《一百首》。

此致

敬礼！

程千帆

6 月 5 日（1978 年）

签注的个别意见，除《长信秋词》一条外，全部同意，已照改。

（六）

编辑同志：

收到(78)古字470号来信后，即回了一封较详的信。想已收到。

昨夜做完日课，灯下又将来信及两个《一百首》前言、选目及注释、解题细看了一下。我捉摸你们关于序文的意见，可能就是要写成《一百首》那个样子。这，我不认为是唯一的方式。即两个《前言》，照我的看法，过于抽象。基本上以背景性叙述为主，然后讲一些总的特点。你们掌握读者方面的情况当然比我多得多，也许这种写法对于《一百首》是合适的。但是否也容许我们那种写法在读者面前试一试？介绍古典诗歌在内容、形式及创作方法上的基本情况以及由汉至宋诗歌发展的历史情况对于读者未必无用，似乎不一定非要紧扣主题不可。

选目是有些可加，可换。但有一些作家的代表作，似以不抽换为宜，如高适的《燕歌行》、岑参的《走马川行》《白雪歌》、李白的《蜀道难》《梦游天姥》等。杜甫的三吏三别，是作为一组诗入选的，也不能拆散。有些诗，《一百首》和我们的解释有出入，如果我们觉得自己的说法可供广大读者参考，也以保留为宜。如《渡桑干》，我们不认为是贾岛的作品。《出塞》，我们认为龙城当作卢城，此外还有一些类似的情况。大概唐诗这种情况多些，宋诗少些。初步考虑一下，可以换掉一半左右，即三至四十首。

以上序文的问题也好，选目和注释的问题也好，我总的想法是要保持这本的完整性和独特性，既不希望雷同，又不希望残缺，而是希望读者看到以后，获得它是一本有系统、有重点的，同时又有些特色的书的印象。

关于“避让”问题，是不便形之笔墨，向读者公布的（至少我是这样想）。试想，如果读者念到的诗，竟然发现没有《长恨歌》《琵琶行》，他们会产生一种什么样的想法呢？这，真是无法悬揣了。

这，只是作为前信所申述的一点补充，谈得很直率，请原谅。经过详细交换意见之后，再行修订，肯定效果要好些。

顺致

敬礼！

程千帆

六月六日（一九七八年）

（七）

编辑同志：

78古字540号来信收到。现将我关于《今选》的意见写在下面。

1. 关于入选断限，即仍照原稿，由汉迄宋。这一点，你们已同意。

2. 关于避让问题，照此次你们来信的意见办，即在保持原书的系统性、完整性与选注者见地的前提下，尽量避免与《一百首》重出。

3. 关于直音，同意你们的办法，即由编辑同志在加工时，以《词海》（未定稿）所用的直音为准，加上去。如无直音字，是否应加反切，请你们决定。我手头无《词海》，自己发音又不规范化，不准确，深恐有错，贻误读者，因此，这项工作由你们担任更适宜。

4. 交稿日期，我想尽可能快点交出，希望不妨碍你们的出版计划。但算了一下，如抽换一部分，增加一部分，大概要新注六七十篇，另外还有点零星加工工作。打宽一点，想在十月底以前交给你们。（说不定我要搬家到南京，要耽搁一些时间。）

5. 序言，同意你们的"不拘一格，但总以精当为好"的提法。我准备走一下群众路线，将此文先交一个刊物发表，写个附记，说明刊出就是为了征求意见，准备修改。刊出后，多拿些刊物送给各方朋友，请他们提意见，作为修改时的参考。如一时不能印出，或大家没有表示意见，也无关系，可由我们"俟全书定稿后再进一步研究"，如来信所说的。如果我到了南京，就方便了，可以到上海来住几天，共同将此序言改好。

另外，《学词记微》两册，约十八万字，已在萸荪兄处。他看后，会交给你们。

《唐人七绝诗浅释》三册，约二十二万字，已整理完成。我还是想先找老朋友们看看，但现在大家都忙起来了，不容易。如找不到人，就先寄上请审核。

至此，你们77古字600号来信所要的三部稿子都完成了，只待审核后，看是否接受，再进一步考虑修订。

此致

敬礼！

程千帆

6月21日(1978年)

你们支援的稿纸，对于我这个老眼昏花的人来说，真是大有帮助，谨再一次表示感谢！

(八)

编辑同志：

由于你们建议增加《今选》作家数，我近来将它的选目通体研究了一下，感到它所反映的汉——宋诗坛的面目不够完整，主题、题材和风格也还不够丰实，有时，只注意了诗的思想内容，而忽略作家的风格特征，等等。

因此，我想索性将它扩充一下，将原有的二百多篇加一番，变成四百五十多篇，现拟一目录送上，请研究。其中，也考虑了你们提出的“避让”问题。(退还时，请挂号，以免遗失。)

手中书不够，将来动手加注，还可能要抽换一些，这只是初步搭起的一个架子。

原来只以初中程度的读者为对象，现在想略为提高一些，变为“中间读物”。

我已经决定到南京大学中文系任教，我和来接洽的系党政负责同志谈到了一些未完成的工作(包括《今选》在内)问题，他们答应给时间，所以可以安排在我的工作计划之内。

要你们对每诗是否入选提具体意见，可能有困难，但至少可以“望气”。如能提出具体意见，当然更好。

《唐人七绝诗浅释》已完成，交“文论选编写组”王文生同志带上，他可能交给李老。《学词记微》已由章荑荪同志交上。

两稿收到后，请来一信。

我大约七月下旬去南京。七月十五日以前来信，可寄武大，以后，请交荑荪收转。

此致

敬礼

程千帆

6 月 28 日(1978 年)

(九)

编辑同志：

来信(78 古字 656 号)及诗目都收到。

非常感谢你们对《今选》扩充计画的支持。此事，并非我在斗室之中，忽发奇想，而是半年来和许多大中学教师、大学生及社会上许多爱好古典诗歌的人接触，并征求他们的意见之后，向你们提出的。总的来说，他们希望诗篇多些，主题、题材、语言、风格更广泛一些。很多人不满足于只反映阶级斗争的诗篇，虽然大家一致承认，那是最重要的、基本的。他们也不满意，作一个比喻，只有腰鼓、秧歌，而希望还有芭蕾舞。

我也想到：为什么“排律”“联句”就应当排斥在各种选本之外？等等。

你们提的具体意见都很好，绝大多数我同意。只是张文昌的五律代表唐人五律的一派，前人多未注意。至李石桐《中晚唐主客图》出而后明。《蓟北旅思》则是其代表作，作者自己也认为是“得意语”(见《诗总》)。我倒是不想去此一篇，相反，还想再加五律一篇。选梅都官殇女一诗，是因为反映亲子之爱的作品少。梅诗选的偏于现实斗争，故此一篇亦可调节。用意与你们提的关于方岳等人的意见相同。当然，这些意见也不一定对，还可讨论。

将来，还要细酌。总希望基本上做到：为什么选这一篇，能讲出一个具体道理来。即不沦于“碰本”。

什么时候完稿，我现在还不能很具体计画。因为这要等八月中到南京大学以后，了解了他们分配给我的工作，才能判断。我已提出过，要有部分时间做这种事，他们也答应了。我想，从现在算起，半年以外，一年以内完稿，是一个恰当的估计。我的性格比较急，做事情，不喜欢拖拉，也不喜欢轻诺寡信，打得宽点，能够提前交出，更好。

亡妻两部稿子，词的一部，请圭璋、白匋两兄看过，诗的一部，没有来得及找人看(大家都忙)。我在整理时，是尽量保留下了她的意见的(除了牵涉到一些敏感问题如少数民族等)。有某些地方，我的看法不同，但也没有动她的。因为她已不幸亡故，这是遗稿，如果没有大错误，就希望能够保存她的“一家之言”，我想，也是符合“双百方针”的。现在，提出来，希望责任编辑同志考虑。

我本拟七月底迁到南京去，但天气太热，想少缓一下。也许八月中旬再动身。

我如动身，当函告。

此致

敬礼！

程千帆

七月廿二日(一九七八年)

(一〇)

编辑同志：

(78)古字1053号来信收到。非常感谢你们对祖棻的遗稿作了认真仔细的审读，提出了许多宝贵的意见。

对于所提出书方案，我的具体意见如下：

① 同意将书名改为《宋词赏析》。

② 第一部分改名为《北宋名家词浅释》。因为她另有一部《唐人七绝诗浅释》，性质相同。“浅释”之名，是她自定，较好。

③ 同意将二、三部分改为《姜夔词小札》和《张炎词小札》。

④ 同意将苏词二论作为附录，但想再加清人比兴说(即只去掉论元词一篇)。理由：此文是她用力之作。看了近来一些论比兴的文章，更感

到此文有重印一次的必要。其中也分析了好几首宋词，如东坡《卜算子》、黄孝迈《湘春夜月》之类。放在一起，也还合色。（此文对读南宋及清人词很有用。）

⑤ 还是用《后记》为好。因为只是将各部分内容略作介绍，话不宜多。对自己的妻子的作品，更应当实事求是，不能吹嘘。

关于所提具体修改意见，大致看了一下。其中多数可据以修改，有些书证要覆核，但有的意见（如嫌分析太略），则作者已亡故，我不好代她大作文章，只好不动。

我现在不比在武汉，“闭门躬耕”，南大总有些事要做，所以不能很快地寄还给你们。我想在十二月以前，十一月下旬交卷，不知对你们的工作有无妨碍？

我还有两个想来你们可以答应的要求：

① 你们排校后，付型以前，将大样寄送我再校一次。

② 出版后，除赠书外，请代我买一百册，送朋友作纪念。（我和新华书店不熟悉，现在书不容易买到，所以想事先和你们约定。）书款及寄费或在稿费内扣除，或另寄奉。此事，务请惠助。

《古诗今选》正在断断续续地作注。八代快做完了。什么时候能注完，现在还不敢说，总之是尽力而为。还是质量第一，不能害人。

请对上述各点，赐复。

顺致

敬礼！

程千帆

十月十四日下午（一九七八年）

（一一）

编辑同志：

今将《宋词赏析》原稿二册寄上，请查收，并赐复。

对唐、吴二老及你们所提意见，有所取舍从违，是因为作者已故，在百家争鸣的方针下，希望做到既不负死者，又不误读者。二老意见之取舍，已和他们面商，对你们的意见，则在浮签上简单加以说明。

所取二老补充意见及书证等，均标明姓氏，庶非掠美。

对于词学，我非专家，只是略具常识而已。这次整理遗稿，幸得你们大力协助，得以保证质量，非常感谢。

为了争取早日付排，我将手中其他工作推后了一部分，故得以早日寄上。

专此奉达，顺致

敬礼！

程千帆

（收信日期：一九七八年十月二十七日）

（一二）

编辑同志：

79古字556号来信收到。

① 对拙稿标题及字句的改动，除一两处外，都同意。非常感谢你们费心审阅。

② 书名仍旧为宜，制科及后人沿用行卷之名者诚有，但行卷之风只与进士科举紧密联系。举子行卷时，正是进士，及第后，则为前进士。（请看P42引《摭言》。）

③ 关于行卷对诗歌发展所起作用，部分材料已写在第三、第四两章中。这要与第六章联系起来看。此稿写成已数年，数年中，我读书时也常注意这方面的材料，但所获甚少，有，则多半是相同的，似无须屋下架屋，都抄进去。

④ 我现在正尽全力从事《古诗今选》的注释工作，在南大排印的征求意见稿已排完上卷，正校对中，希望早送你们请教。现无暇及此书，因先寄还。以后如增补，也不会多，看大样时，来得及的。

此致

敬礼！

程千帆

5月12日（1979年）

唐人杂记，差不多全部看过，搜采过。遗漏的材料不敢说没有，但不会多。

（一三）

古籍总编室：

来信早收到，迟复为歉。

1.《章太炎国学讲演录》，版权归其子章导所有。章现居苏州锦帆路老宅（号码记不清，但在上海社科院汤志钧先生处当可打听到）。如你们征得他的同意，我可托人校点加符号。

2. 文化史部分，南大中文系已同意你们出版。但中国青年出版社及科学出版社等要请你们疏通。个人方面无问题。如出，仍可由南大中文系编校。

3. 黄侃先生《量守庐日记》校点事，由武大王庆元等四人担任，他们约我总校，前曾奉告，你们未予答复，此事贵社意见究竟如何，望明白表态，以便我安排工作。

此致

敬礼！

程千帆

4 月 8 日（1985 年）

（一四）

总编室：

85 古字 593 号来信收到。我说的要向中国青年出版社、上海人民出版社（前误为科学出版社）疏通，是因为《中国古代史常识》是由前者出版，《中国大文学史》是由后者出版。你们出书，用了他们出版物中部分资料，涉及版权，应否取得他们同意？望研究考虑（我们的那份讲义，特别说明“内部交流，非卖品”，即是打招呼）。至于个人稿件发表在期刊上的，或原系手稿，那我都联系过，只要你们出版后付给稿费，赠送样书就行了。

（各出版社，我们没有事先联系过，只是出版后曾送给样书，他们没有反对，也即表示了谅解，对用了你社材料，也是如此。）

我想如果你们出版后，付给中青等一点稿费，大概就不会有什么问题吧。

我编此书，全为研究生教学用。自己并不要得什么报酬。如果你们出了，给南大中文系一点编校费就可以了。编者仍用南大中文系名义，不用个人。

黄老师日记，唐文、许惟贤、王庆元、吴永坤四位在业余进行。你们既同意我担任总校，将来或由我写一后记或序，以表负责。

祝

工作顺利！

程千帆

4 月 21 日（1985 年）

（一五）

上海古籍出版社总编办公室：

（92）古字 574 号来函收到。《两宋文学史》各处（包括贵社邮购部）久皆售缺，上次我买的有一本有缺页，请责编邓先生调换，他也只能在私人处暂借一册寄我，至今未还。今得来信，知“还有不少存书”，不禁大喜过望。现我想再买 100 册，不知仍能给与优惠否？书款应寄何处（不能寄贵社邮购部，因他们说已经无存书了）？盼速复。各处新华书店也无此书出售，不知贵社能否与他们通气，将现有存书通过一定渠道送到读者手中？很多不相识的人也纷纷写信给我，我只能请他们向贵社邮购。这些情形，想贵社亦有所知。

麻烦你们，谢谢。顺致

敬礼！

程千帆

十一月十八日（一九九二年）

致吴白匋(七通)

吴白匋,曾任南京大学中文系教授。

(一)

白匋先生尊监:

前奉手札,以无多事,未即作复,甚罪。先生有意再写剧本,此甚盛事,未悉已着手否?子苾诗词,前已由子强设法付印,又以无组织介绍信作罢。方谋油印,尚无眉目,然终必努力成之。其遗著两种,由荑荪说项上海考虑印行。《学词记微》一种,已由会昌整理完功,谨寄呈审核。务恳垂念与逝者数十年交往之情,勿存客气,其有不善,即时改定。会昌虽尝受词学于先生及瞿老,而于此道实无所知,故除核校书证、补缀文字之外,未敢辄为改动。祖棻生前于海内词流,不轻许可,而独佩先生,此亦先生所知,故以重托,想蒙垂许。(其文字不妥或解释有问题者,均可就原稿改之。其须大幅度改写者,请别纸录之。)先生阅毕后,仍祈交圭老一阅,然后寄荑荪转至出版社。会昌当另函圭老。经二老阅后,或可寡过耳。专肃,祇颂

道安!

会昌敬上

廿七日(一九七八年一月)

师母前请代致候。

五字律实有意味,惜昌未听报告,然亦可想象得之耳。

(二)

白匋先生尊鉴:

日前托自强转呈寸笺,又祖棻遗稿两种,或已得达左右。

比翻阅其另一部谈诗之稿,于燕子楼事,已据宋陈振孙《白香山年谱》贞元二十年条,订正《丽情集》以张尚书为建封之误。据陈谱,建封官司

空，非尚书。尚书乃其子愔。会昌此次整理《学词记微》，于清真〔解连环〕一首“燕子楼空”句，仍其旧稿，误以关盼盼为张建封爱妓，敢请先生于披阅时代为改正，以免贻人口实，兼误读者，不胜铭感。余已详前函，并请自强面陈，不缕述。专叩

道安！

会昌拜上

二月一日（一九七八年）

张孝祥〔水调歌头〕《汪德邵作无尽藏楼于栖霞之间，取玉局老仙遗意，张安国过，为赋此词》下片有云：“一吊周郎羽扇，尚想曹公横槊，兴废两悠悠。”可证宋人也以“羽扇纶巾”是指周瑜。

以上一条材料，亦系在子苾札记中检出，请费心补入其《宋词赏析》苏词〔念奴娇〕中，在适当地方插入。（文中专有一段驳以“羽扇”句为指孔明之说。）

（三）

白匋先生道席：

昨承赏饭，食德饮和，感不可言。垂询柳翁诗事，检班《汉》卷六十七《朱云传》云：

> 少府五鹿充宗贵幸，为梁丘易。自宣帝时善梁丘氏说，元帝好之，欲考其异同，令充宗与诸易家论。充宗乘贵辩口，诸儒莫能与抗，皆称疾不敢会。有荐云者，召入，摄齍升堂，抗首而请，音动左右。既论难，连拄五鹿君，故诸儒为之语曰：“五鹿岳岳，朱云折其角。”繇是为博士。

又《佩文韵府》卷一百上引《后汉书·戴凭传》云：

> 正旦朝宾，百僚毕会，（光武）帝令群臣能说经者更相难诘，义有不通，辄夺其席以益通者，凭遂重坐五十余席。故京师为之语曰：“解经不穷戴侍中。”

范《汉》卷七十九上《儒林·戴凭传》但云：

> 习京氏易。年十六，郡举明经，征试博士，拜郎中。时诏公卿大

会，群臣皆就席，凭独立。光武问其意。凭对曰："博士说经皆不如臣，而坐居臣上，是以不得就席。"帝即召上殿，令与诸儒难说，凭多所解释。帝善之。

知《韵府》所引盖它家如华峤、谢沈辈之词也。手边无姚之骃《后汉书补逸》，仓卒不能定《韵府》所引出于何家，为愧。

据上资料知，柳诗盖用五鹿为朱云所折事以自况，亦兼用诸儒为戴夺席事。侧闻开国时，柳求为国务院秘书长不得，因赋此诗，则其言盖自谓，非五鹿其席不当为戴凭所夺耳。鄙意如此，未审有当否。天寒伏乞珍摄，少暇仍当谒候。专上，祇叩

道安！

会昌拜上

一月三十一日（一九七九年）

师母前乞代致意。

（信封背面：前□代送装池书画，未审已交付否？）

（四）

白匋先生：

手谕敬悉。各图书馆均有专门接受赠书、登记，并填写印好的收到书籍复谢信件的专门人员。他们多半文化较低，写成文章，反而看不懂。且书寄到后，信即同书分离，书转编目组，信存收发组（交换组），馆中其他人是看不到的。因此似只能写一便函，谨草拟奉呈，不知可用否？

上月心脏病频发，近廿余日略好，百事皆废，亦难造谒，怅恨之至。

专叩

道安！

千帆敬上

七月六日（一九八九年）

易言之，即宣传胡先生诗学及健中义举，采用赠书附启事之法，为无效劳动也。

（五）

白匋先生侍右：

手谕奉悉。其致瘦竹者，即托周勋初兄转去，以周、陈对门而居也。先生所忆旧事，多准确无误。高年强记，福寿之征，可欣贺也。先生三七年底至长沙（来示误为三六，次年始抗战也），千帆未克奉谒，当缘其时千帆尚在屯溪，祖棻到长沙先于千帆约二十日也。千帆之去武汉，盖在三八年四五月，祖棻仍留长沙，稍迟（已届初夏）始同商锡永先生入川。独此数事，与千帆所记略有出入耳。又先生过乐山见访时，千帆方与刘丈弘度结邻雪地头（本当为学地头，以其为学宫弃地也），因陪先生谒刘。先生在千帆处，先写《入川》〔卜算子〕八首为贽，刘丈激赏。先生退而语千帆："刘于相为鹤形，有寿征。"思之犹昨日事。又文学院各系于三三年新增之必修课当为高等作文 Advanced composition（中英文皆有，分设两课），非高级散文选，谨并奉闻。千帆自去年八月始服中药，坚持五月服一百五十剂，未尝间断，心脏病始则略有减缓，近二月已未发。又于年底退休，虽尚小有葛藤，然精神负担已大轻减。颇思胡先生"成仙惟一梦，俟死养残年"之句，觉其时先师才及艾齿，而有此深识妙悟，真不可及。近海上友人（亦八十余）辄云："天下兴亡，匹夫无责。"又医告千帆云："贵恙一时死不了，永远好不了。"其言皆甚妙而可思。胡乱写呈，以博一笑。未能造府贺年，死罪死罪。敬叩

道安！

千帆叩头

初二日（一九九〇年一月二十八日）

（六）

白匋先生道席：

天候转凉，伏想杖履安适。兹有一事求教，亟盼示知。一九三九年，汪精卫叛国后，返南京筹建伪组织时，曾作一词，咏落叶以自喻。起数句云："叹护林心事，付与东流，一往凄清。犹作流连意，奈惊飙不管，催化青

萍。”而结以“寒蛩夜月愁秣陵”。其后吴稚晖依调和而斥之，结句云“斩荆投海下金陵”。年代太久，既不能背诵其全篇，并忘其词牌及发表之准确年月，不知先生尚能回忆及之否？《涉江词》中咏时事者数十篇，时序迁流，解人难索。比因多暇，辄拟就其本事，略笺数语，而记忆绝艰，恐不免失误，将来成文后，仍当奉呈审定。专肃，敬叩

吟安！

千帆敬上

九月二十五日（一九九〇年）

（七）

白匋先生道鉴：

请朱书记代呈拙著两种，计达左右。此皆前若干年所为，今已无此精力，幸先生颐养余闲，俯赐披览，有以迪诲之也。尊著笔记一则，顷文史馆来人言，其中曾沅浦出督两江，乃攻克天京两年以后事，因据年谱，沅浦克金陵后，复剿捻军，未克奏功，遂贬任它省巡抚，两年后始复莅江南耳。又咸丰上谕封王事，查档案无文字记载，或系口谕，或出传闻，一时尚难确定。此二处，已略作更动。谨此奉达，伏冀亮之。本拟专谒奉陈，而心脏病日剧，不能出门，怅怅。专叩

钧安！

千帆拜上

四月廿七日（一九九一年）

附程、沈致吴白匋诗

（一）

《岁暮怀人十六首》

湖边携手诗成诵，座上论心酒满觞。肠断当年灵谷寺，崔巍孤塔对残阳。（曾子雍）

悲风飒飒起高台，云鬓摧残剧可哀。空与故人留后约，江南魂断不归来。（杭淑娟）

殷勤别意托诗筒，歌酒秦淮感旧踪。一曲池塘清浅水，白杨萧瑟起悲风。（杨白桦）

高步词坛三十秋，风情垂老谱红楼。歌云散尽无消息，纵得重逢早白头。（吴白匋）

花市青溪旧酒垆，故交谁似老相如。三年楚客魂消尽，喜得山东一纸书。（殷孟伦）

天际重云乍卷舒，雁来先得白门书。酒痕浣尽青衫破，犹记当年绿柳居。（金启华）

元白交亲迹已疏，寒江烟浪阻双鱼。金陵旧事难重理，空向旁人问起居。（孙自矗）

少年按曲醉琼钟，老病申江几度逢。八载沧桑离别意，书来失喜未开封。（章荑荪）

声党刘班数若人，词坛毛郑亦功臣。半塘已殁彊村死，犹喜江宁接后尘。（唐圭璋）

早侍蕲春治典坟，晚从蓟汉亦精勤。释名解注刘成国，转语还追扬子云。（徐汉生）

早筑诗城号受降，长怀深柳读书堂。夷门老作抛家客，七里洲头草树荒。（高石斋）

巴峡畸人忆旧狂，千金散尽始还乡。匣中草圣依然在，何处春风问讲堂。（萧印唐）

真堪传业继中郎，典籍蓬莱日月长。记共临濠羡鱼乐，江湖廿载未相忘。（柳定生）

闽侯才调旧知名，口角锋芒四座惊。牢落孔门狂狷士，一编奇字老边城。（游介眉）

板桥流水碧萦回，十载秦淮两度来。漫想他年重访旧，黄垆冷落笛声哀。

巴山自碧蜀江清，千里枫林入杳冥。莫拟乘舟上三峡，鹃啼猿啸不堪听。

《寄衡如先生四首》

江南名德经时尽，北国灵光一老存。朝市宣阗门阒寂，暮年心事共谁论？

天禄雠书仰令名，谈玄辅嗣每倾城。谁知皓首穷经日，不畏前贤畏后生。

赏理敷文两未能，门墙数仞愧传灯。惟余一样江南梦，犹趁回潮向秣陵。

白下追陪集胜流，故交零落感前游。纵来燕市重呼酒，师弟相看总白头。

祖棻呈稿

癸丑三月

老厌京尘自闭关，还将肠胃绕钟山。长怀寂寞刘夫子，广座春风梦寐间。

争关梦觉叹何曾，敬业传薪愧不能。未死白头门弟子，尚留孱魄感师承。

右寄衡翁二首，其于先生亦大体同之也，因附录纸尾，以博一哂。

会昌并记

（二）

结褵卌载一飞梭，雪海炎山取次过。玉貌锦襦余白首，残年饱饭老东坡。项强未始牛衣泣，目眚远愁马足讹。犹喜齐眉逾花甲，凤雏引吭已成歌（客春丽儿生女）。

《子苾乙卯生日，长句为寿》写尘白匋先生诲正。前呈四律，托自强转上，不审已达左右否？尊撰寄子苾五律，以灵均、昌谷之奇情艳采融入近体，生面别开，不胜钦服。春寒犹重，伏维珍摄。

会昌谨白

二月十八日（一九七五年）

（三）

《子苾乙卯生日，长句为寿》

结褵卌载一飞梭，雪海炎山取次过。玉貌锦襦余白首，残年饱饭老东坡。项强未始牛衣泣，目瞀长愁马足讹。犹喜齐眉逾花甲，凤雏引吭欲成歌（客春丽儿生女）。

《雨中为子苾求药，时议游湖》

转烛飘蓬损少年，相思相对雪盈颠。酸辛避死曾无地，怅望来书每各天。好雨渐催山翠活，神方从乞宿痾蠲。行春莫怕攲危步，袖底东湖绝可怜。

《感旧寄子苾》

伤别伤春绝妙词，灯前红袖写乌丝。巴渝唱遍吴娘曲，应记阿婆初嫁时。

歌云酒雾趁飞光，理鬓熏衣语笑香。看碧转朱朱转碧，女孙今已解扶床。

《读庄五首》

田成亦可儿，窃国并圣智。侯门仁义存，轩冕乃肆志。诗亡春秋作，妄欲赓美刺。定哀多微辞，固是贱儒事。

道隐于小成，言隐于荣华。是非非所是，簧鼓徒矜夸。与物相刃靡，疲苶逐无涯。夏绿凋秋霜，对之益咨嗟。

韩非距显学，亦欲拯世乱。刑名原道德，史迁一笑粲。阴柔伏杀机，何由免冰炭。蒙叟独逍遥，飞鸿戏天半。

惠施过孟诸，庄周弃余鱼。濠梁虽共游，踪迹亦略殊。穷达与贫富，夜旦相代居。争关梦觉中，一枕遂蘧蘧。

桁杨者相推，殊死者相枕。离跂桎梏间，儒墨浪驰骋。先生六十化，宁复此悲哂。坐忘或未能，姑请循其本。

《怀白匋先生》

空潭落照犹萦梦，曲沼寒波不响蛙。声党灵光遗一老，长留妙句压江淮。

今年作诗数首抄尘，伏冀视为课卷，进而教之。谨上白匋先生。

会昌录稿

比荷恩准休致，年内当可返武昌，来岁当可东游矣。并以奉闻。

（四）

廿载沉吟直至今，故人风义敌兼金。吴淞白浪秦淮月，识我徂东一片心。

苦读阴符少壮年，相逢休诧各华颠。何人解向苏秦说，六印难如二顷田。

诸老凋零极可悲，门生后死亦支离。石桥布厂经行处，历历春风侍坐时。

土星诗屋久烟埃，童子雕虫也费才。莫厌鸡鹅恼邻里，此生无复踏莓苔。

竹林古寺响钟鱼，琼树葳蕤照影初。落尽碧桃飞尽絮，尚留残梦绕南徐。

山岚冉冉毵毵柳，湖水沄沄簇簇荷。细数荆吴诸窈窕，风流终让莫愁多。

龙云豹雾几寒温，重到江南合断魂。持教李斯赢一著，漫笔黄狗出东门。

《江南故人闻余将休致，咸劝东游，辄赋小诗以为息壤》

白匋先生教正

会昌尘稿

乙卯十月（一九七五年）

（五）

《孝章因病止酒经年，客岁又以车祸折手，犹力疾作诗三篇，左笔书之，以答子苾见忆之作。余反家度岁，乃始见之，辄赋尘长句》

折手酬诗真倔强，攲斜左笔亦轩昂。遥知私燕难倾碧，乍觉官杨又弄黄。肝肺槎枒今视昔，云龙离合海生桑。沉吟三十年中事，独愧余生足稻粱。

《得彦邦书，却寄》

白头师弟正相望，新岁驰书到武昌。老去辛勤付沟洫，少来诗笔驾钱郎。三年赤脚生重茧，万亩春风动绿芒。蜀道山川行踏遍，羡君忧乐系农桑。

《答白匋先生》

荆吴一苇忆初杭，弱岁经筵接耿光。君特传灯夸量守（蕲春黄君题灵琐词云“洛诵新篇喜不胜，君家君特有传灯。论词突过王僧保，始信清才在广陵”），尧章知己迈辽阳（辽阳陈慈首草创白石年谱，先生作白石词小笺，勾稽史实，精实远过之也）。无成素业劳湔祓，不辨遗书孰在亡。何日北湖同一笑，尚余风月可平章。

顷奉手教，诲谕殷拳。复承赐以鸿篇，尤深感激，勉和一章博笑。并近作写上，敬请点定。春寒犹厉，伏乞珍摄，不宣。此上

白匋先生

会昌顿首

二月二十日

（六）

（以上缺页）一灯。

江南风景梦魂间，世法拘人竟不还。锦障步春三月雨，玉骢嘶雪六朝山。少年好事浑如昨，衰鬓逢辰忍闭关。若共盼英征故事，也应憔悴泣红颜。

右《免冠后寄江南故人四首》录呈止畺老兄正律，并乞转尘白匋先生，以博一笑。

会昌贡稿

甲寅腊月

附《祖龙》

发冢诗书一炬灰，祖龙当日亦惊才。栖皇没世龙蹲叟，枉费微辞记定哀。

（七）

徐娘老泪颿罗巾，梦逐多情入海身。半面作妆卿底事，九夷沽酒彼何人。

波罗小技亦风流，三度油场夺状头。夜半瑶华宣密诏，忽惊身拜辟阳侯。

亲敲檀板抱云和，独眷红灯一曲歌。纵传伶官遗面首，始知欧史阙文多。

窃窥神器炫榴裙，祸水焉能覆六军。云雨虽亡新日月，解人终数郑台文。

《咏史》四首录呈白匋先生哂正。

会昌

丙辰嘉平月

致黄焯（一通）

黄焯，字耀先，黄侃之侄。曾任武汉大学中文系教授。

耀先尊兄先生道席：

前翊强来，备审杖履安适，良以为慰。顷孟伦兄来信云，夙闻博平先生晚年曾将其所著《声韵学表解》重加修订，辄拟由山东大学重印，作为研究生教材，不知敬黄姊妹能惠允否？弟思此举得使章黄之学沾溉后生，亦是美事，谅为敬黄等所赞同，以不悉敬黄地址，特恳吾兄转达此意，若以为可，请其即将稿本挂号径寄山大殷兄，且可索取复本若干册，则武大治小学诸青年教师及研究生皆可有之，似亦甚善也。弟在此粗安，苦忙碌耳。专上，祇颂著安！

会昌顿首

二月七日（一九七八年）

致周采泉（一通）

周采泉，曾任杭州大学教授。

采泉先生道席：

顷奉手书，又张著一册，敬悉一是。舜徽先生系在华中师范学院中文系，往尝在其业师席鲁思先生家中见过，但无来往。席先生原在武大中文系，已在“文化大革命”初期病故。故弟与张先生亦多年不见矣。先生欲与通问，似不妨径函华中师院也。友人萧君能文章，尤工草圣，以年老多病，久已退休渝州。并谨奉闻。专复，即颂

春禧！

弟程会昌顿首

二月八日①

致张超美（一通）

张超美，程先生的表侄女。

超美：

因为我在“文化大革命”时就离开了武大中文系，后来又因老病退休，你寄到中文系的信，很久才转到。

祖棻已于去年六月去世，你的充满热情的信，她已经无法看到了。

得知你爸爸的问题已经解决，全家团圆，为你们十分高兴。如果以后爸爸能够调到一处，可能更好些。

你想考大学，只要努力准备，希望是很大的。关于一些实际问题，因为我已离开学校很久，完全不知道。终日一人坐在家里，也不出门，也不

---

① 整理者按：年份不详，疑为1978年，姑系于此。

和人来往，真是天聋地哑，糊里糊涂。但我想，今年的题目即使难些，但名额也可能多些，因此，录取的机会可能不比去年小。

丽则已经结婚，有两个女孩，在附近工厂当机械工人，大概隔些时回来看我一次。谢谢你的挂念。祝

学习进步，并问

全家都好！

千帆

三月十四日（一九七八年）

致常任侠（四通）

常任侠，诗人、东方艺术史学家。二十世纪三十年代，曾与程、沈二先生同在诗帆社。

（一）

任侠老兄左右：

五三年在北京饭店匆匆一晤，转瞬二十余载，契阔之感，何可胜言。数年前曾作小诗奉怀，而无由达，近始自京友处获悉尊址，为之欣然。弟自数年前免胄，迫于情势，旋即挂冠，比惟闭户读书，以尽残年而已。紫曼客岁以车祸逝世，想兄或已知闻。文章知己，患难夫妻，而今已矣，夫复何言。倾方遗董其遗书，诗词六七万言，论述三十余万言，方谋付印，以永其传，亦不知能有成否耳。武汉交游，殊鲜旧知，惟季刚师之侄耀先，共事多年，前数日过谈，尚及吾兄，举先师谓兄有乃祖开平之风之语，以为笑乐。子强尚在南京师范学院，衰而忙，可叹。友人顾学颉先生学识甚博，唐人歌诗，元代杂剧，治之颇久，皆有成书。久耳兄名，极愿纳交，今特具函为介，望延接之。兄素强健，想杖履康吉，老学不倦。无缘把晤，幸锡还云。专颂

著安！

弟千帆顿首

四月八日（一九七八年）

（二）

任侠老兄：

惠书敬悉，极慰畅想。马年新作，逼近玉溪，比兴深微，想见学道有得也。紫曼如此下场，真出意外，太史公所谓“倘所谓天道，是邪非邪”，今乃味其言之沉痛也。象片一张奉呈。拍后四日即逝世，乃最后之象也。其诗词稿在宁印，约秋冬间可成，届时当寄上。顾君住小南乡春松胡同十三号，以血压高，难常出门。得弟书后，定当奉访，惟不知何日耳。尊集是否已在印中？甚盼早日流布。海内胜流，存者无几，能读尊作者，恐亦不多，故以早刊为是。旧诗数绝，作于前年，别纸抄奉，乞教。铭竹已于解放前移居香港，滕刚二十年前闻在杭州，今则皆不知存殁。土星人惟孙望、兄及弟尚相知闻，又各在一方，无从晤面，思之悒悒。专复，即颂

吟安！

弟会昌顿首

四月二十日（一九七八年）

（三）

任侠兄：

在京晤谈甚快，恨时间太短耳。

为《诗帆》写回忆录事，已商之孙望兄，渠可将全部刊物奉寄，兄不妨与之联系。

致章含之一函，请兄打听地址，挂号转去，感感。

即颂

吟安！

弟千帆

3.8(1983)

兄处如藏有辟师诗稿，望悉录寄。

（四）

任侠吾兄：

在宁匆匆一晤，未得畅叙，极为怅惋。

顷得寄示铭竹象片，与此公不相闻者数十年，托港友打听，亦未得其踪迹，不知尚在世间否？多慈佳人而所遇屯蹇。闻安治言，在台患癌，赴美就医，甫抵西岸，逝世机场，凡此皆深可感忆。不独兄之情有独钟也。

《诗帆》闻望兄已有复印本奉寄，希兄据以选为一集，如能付印，亦是三十年代诗坛小花一朵。嘱为文，当商之望兄。渠近因家务，心情亦不甚舒畅，严冬不敢出门，容当访之。兄高龄，伏冀颐养。顺颂
吟安！

弟帆顿首

二月廿二日（一九八八年）

致吴代芳（十一通）

吴代芳，曾任湖南郴州师专中文系教授。武汉大学中文系研究生毕业，师从程先生。

（一）

代芳同志：

惠书敬悉，任教专科，当可一展骥足，良用欣慰。

语云：五十年代之大学生乃今之国宝，况研究生乎？古诗云：“努力崇明德，随时爱景光。”昌虽疲苶，固愿观足下之奔轶绝尘也。专此奉复，即颂
教安！

会昌顿首

4月16日（1978年）

（二）

代芳同志：

久未通问，诸想安善。初任师专讲席，必甚忙，望劳逸结合，循序渐进。

我已决定到南京大学工作，大概八月半以后迁居。今后来信，可寄“南京汉口路南京大学中文系”。

此间酷热，达四十一度。

匆匆不得尽意。即颂

著安！

会昌

8 月 5 日（1978 年）

（三）

代芳老弟：

适草一短信，未发，得三日惠书，甚慰怀想。数月来，上海、南京、芜湖及成都诸故人相邀复出，随顺世缘，因有南京之行。蚁驼一粒，尽其绵薄，非谓能为诸少年开发头角，有补于明时也。

德荣英年早逝，殊可伤悼，足下从何处知此消息？往事不值更论，但如今人所言，朝前看可耳。又及。

（1978 年 8 月）

（四）

代芳老弟：

手书欣悉，书签写上，不知能用否，或可任择其一也。闻能晋升正职，甚以为慰。我已于 90 年 5 月退休，老病侵寻，不复能有所述作，但勉力完成旧稿，颇似老牛拉破车，叹叹。垂暮无成，岂敢言寿，承远注殊感愧耳。顺颂

近好！

千帆

6 月 18 日（1992 年）

（五）

代芳老弟：

来信及附件均收到，此前曾得培坤寄来之《绝句艺术谈》，曾作复，不知已转告否？《艺术谈》甚有思致，评为正教授，亦实至名归也。我已多年不出席各种学会，故在学会相逢之机会不多，今冬闻武大将有百年校庆，如我身体尚可，或应邀前往，如吾弟届时能来或可相见。我自九〇年退休，去年九月最后一名研究生毕业，即更无教学工作，惟以整理旧著自娱，每日工作不过一二小时，故身体视前转健，此足告慰者也。翊强久无信来，不知其近况，如有所闻，见示为幸。专复，即颂

教祺！

千帆

九月二十一日（一九九三年）

（六）

代芳贤弟：

承示新撰《唐绝艺术谈》，殊有意味，读之患易尽也，昔魏武以老不废卷为难，谓惟己与袁伯业能之，愿以此共勉。秋风又起，辄深蒹葭之思，何时方得长觌邪？怅怅。即颂

清佳！

千帆白

十月八日（一九九三年）

（七）

代芳老弟：

来信收到，《世说新语》一书，近年常用者亦惟余季豫、徐声越及香港杨勇三家笺本，谅弟皆已见之，至论文散见各杂志者甚多，未能遍阅。要之，弟既有意于此，则当一一细阅之，恐立论与人或有重复，或立论不如他作之精审，皆当屏弃，庶乎厚积薄发，为学林所注重也。

自厦门 92 年唐代文学会议后，我已无任务职位，下次之会，闻将在浙江某地开，详情亦所不知。厦门之会，花去十余万元，会务费等皆巨，弟欲与会，容徐打听后奉告。

此间近日天候殊劣，人极困乏。匆复，即颂

近安！

千帆

五月三十一日（一九九四年）

（八）

代芳弟：

来信收到，所需沈约新刊本寄上。我前列腺做激光手术后已根治，然各人体质病情皆不同，未可以此例彼也。退休后，身体好，可以放手工作而无世事之干扰，此最佳事。我 65 岁重出，77 岁再退休，以每年出书二册之速度为之。今则体气思力皆衰，但能将未成之作勉力完成，不复能开辟新领域矣。一中时常各处走动，故有缘得见，然亦不过数次而已。弟多年教学之余，从事著述最是佳事。若资料缺，但勤求之，当有所获。明清之交吾省王船山窜身苗峒，亦成书二百余卷也。顺颂

著安！

千帆

5.23(1995)

（九）

代芳老弟：

得函知已休致，今后可从容读书，此是人生极佳境界，愿珍惜之也。旧与弟函中作何语已尽忘之，印出后，愿示复本。我患耳聋白内障，不能看书，惟幸眠食尚好耳。冬寒，望葆爱。复颂

近好！

千帆

十二月二十二日（一九九六年）

（一〇）

代芳老弟：

奉书知所患做手术后大有好转，极以为慰。我近目瞀耳聋又甚于前，医云不宜手术，因恐引起如心脏等并发症，保守疗法为妥。反正无事闭门静坐，亦姑听之。去年底河北教育出版社约出愚夫妇文集，已签约，计我集20卷，沈集4卷。近已陆续发来校稿，估计99年内可出齐。虽是已陈刍狗，但如汉赵佗称王，聊窃帝号以自娱耳。我约500万字，沈约80万字，亦无力再校，皆令门人校之。足下老学不倦必多心得，如有单本，幸见示也。连日苦热，近有雨略凉，草此奉候，不一。即颂

夏安！

千帆

7月18日（1998年）

（一一）

代芳贤弟：

春节前夕来函收到，知近状为慰。老年身体互有得失亦事理之常，愿静以处之也。我自去冬以来，心脏供血不足，不慎饮食，有轻度糖尿病，即古人所患消渴也。住院四十余日，比始反家，而疲软未能恢复，静养而已。近湖南师大颜雄见过，张实亦一通闻，均多年未作书者也。老人今年八十有六，耳目颇差，不能工作，幸南大留有学生数人可相助理，托侪辈编“文集”二十卷，或能在九九年底印出，一辈子弄文墨所得亦只能如此，可笑也。天仍寒，望多珍卫。顺颂

安吉！

千帆

2月21日（1999年）

致董每戡(二通)

董每戡,戏剧家、戏曲史研究专家,曾任中山大学教授。

(一)

每戡老兄:

一别二十余年,海内故人相望俱老。偶从舍弟处得知尊况,良慰所怀。数年前蛰存书云,旧友均通消息,所不知者每戡耳。不审其后亦尝相闻否?其地址仍为愚园路一〇一八号。如与通问,亦可聊破岑寂也。弟甫于客岁休致,旋即悼亡,斗室栖迟,遂如退院老僧,惟易诵经为读诗耳。友人曾约东游,而余悸余生,惧成蛇足,迄未定夺,不悉兄自何处闻之?孤居伏处,亦随顺世缘,偶著短书,以消长日。闭门所造,但可自娱,未足焜耀明时,与时流较优劣。它日有便,当呈教益。寒燠不时,伏冀珍摄。专此,即颂

道安!

弟千帆顿首

四月廿九日(一九七八年)

(二)

每戡尊兄:

五月十日手教早奉悉,稽复为罪。文旆南旋,与弟之东下,皆属余生意外之事,虽不欲相贺,不可得也。尊著亟盼早日寄示。弟顷欲搜求寅恪先生遗诗,不知美延(寅老幼女,在中大化学系)处有存稿可转钞否?幸便中询之。在成都时常与相见,其时渠方十四五岁,恐早忘之矣。尊函已转蛰存。专复,即颂

著安!

弟帆顿首

六月三日(一九七九年)

中凡先生住南阴阳营三十八号。

致戴自中(一通)

戴自中,书法家,师承沈尹默。

自中先生:

客岁内人不幸逝世,远荷赐唁,心绪既劣,未即复谢,良以为歉。顷承寄示新词三阕,壮怀逸气,诵之神竦,微觉政治术语多耳。近人以新事入词曲者,惟赵朴初为善,盖比兴之语多于直陈,故有回味。先生试于此消息之,则思过半矣。专此布复,即颂

吟安!

千帆敬白

五月二十日(一九七八年)

致章子仲(八通)

章子仲,湖北大学文学院教授,曾撰写沈祖棻先生传记《北斗七星》(后更名为《易安而后见斯人》)。

(一)

子仲同志:

承枉过,失迓为歉。

在京开会,不知耽阁多久?如过济南,似可去访殷孟伦先生。他住在利农庄山大家属宿舍三号楼一〇四室。可先函约。

南京大学见邀,我已同意前往。大约下月底动身。你到济南时,大致可以知道我动身了没有。

祖棻遗稿,已清出初稿,交出版社审核,知注谨闻。也正因此事已告一段落,我才有可能东下。

也许你会想到为什么我不回原单位，那真是一言难尽，只好有机会面谈。即颂

双安！

千帆手上

二十九下午(一九七八年六月)

(二)

子仲同志：

离武汉时，天气很热，又行色匆匆，未能晤谈，极为怅惋。我到这里已三月，生活安定了下来，工作正逐步开展。南大领导，敢作敢为，框框条条较少，能以礼以诚相待，大概可以老死于此了。

湖南师院郴州分院讲师吴代芳是我在武大指导的研究生。他目前教的课和你相同，特介绍给你，可以互相切磋，并交流资料和讲义。现将其来函附上，请考虑处理。此上，即颂

教安！并问

昭正先生好！

千帆

十一月十九日(一九七八年)

(三)

子仲：

来信收到。上海匆匆一晤，又多年不见了。《武师学院学报》每期都送给我，因此知道您近年来的学术工作很有进展，可喜可贺。

我来宁后，获得了与自己诚实的劳动相称的尊敬，因此工作效率较高，出了一些书。今将最近印出的一种奉寄，请您与昭正兄指正。

武大迟迟不给改正，改正了，又拖一长尾巴，扣留中央明令退还的“文革”时所写材料，拒不发给少数中央明令退还的款子，更奇怪的是，我调南大已六年，仍将人事档案扣留。(以上包括祖棻的和我的。)至于武大副校长到南京约我参加校庆，纯属谣言。我接到一份校庆请帖，未与理会，却

是真的。

我年逾七十，也懒得发脾气了。也只能如鲁迅所贬斥的，将刽子手的凶残化为一笑罢了。

您有那么好的一个小女儿，真不错。我的丽则，调南京后，就在中文系当教务员，现在在上夜大学，三年后，有张文凭罢了。至如传学，只能求之于研究生。现在我有一位博士生，六位硕士生，都还努力。

我将于明年三月来武汉扫墓，顺便探望亲友。也许就住在武师，届时定当奉访。

祝

全家快乐！

千帆

十二月十二日（一九八三年）

（四）

子仲：

前奉上拙著一册，想收到。周振甫先生转来《浙江画报》约稿意见。此事，想请你办。照片由我准备。如何？希示。祝

俪福！

千帆

4/8(1985)

如武大吴志达来要材料（我交给你的），可复印一份给他。

（五）

子仲：

你寄来的文稿，我已转请周振甫先生交《浙江画报》，也许他们要作些修改，我已要其直接与你联系。

现寄上祖棻表侄梁世传的回忆记录，请妥善保存备用，无底稿。梁已老年，重写也不易。今后有关这方面材料，我将陆续集中你处。

附上致刘道玉函，望往访，并将祖棻档案内自传材料复印一份，则其

幼年许多不清楚的地方均可知道。

我也许十月上旬从四川下来，到武汉住十天左右。望便中告知诸友。

《涉江词本事》的录音稿，你可加以研究补充，先试写一章"沈祖棻的政治词"（或其他标题）交《新文学史料》发表。祝

俪安，并候诸友！

千帆

6/9(1985)

致刘信，你看后，再封口，送交。

（六）

子仲弟：

久未奉闻，诸维安吉。

兹寄上有关《涉江词》论文一篇。又别有一篇评其《七绝浅释》者，载《古典文学知识》第三期。此杂志湖大当有，可复印一份存参（如找不到，可告我，当印寄）。

近三年来，每逢冬季，辄感畏寒不适，心脏病亦屡发。如湖大招待所入冬有暖气，颇思来住数月，也可为中青年教师或研究生做一点具体工作。此事，不知可行否？望与祖延先生便中谈及，听其意见如何，再说。手此，即颂

俪安！

帆顿首

5/6(1986)

（七）

子仲：

来信并《珞珈行吟》稿收到。稿子，我暂不发表意见。想等您全书完成后，再校核一下事实，如何评论，则不置一辞，以表客观。

评审意见已另寄人事处。

我上月曾寄上一份祖棻材料，又一信并附致祖延先生信，来信未提，

不知收到否？信中提到想在冬天到湖大住一阵避寒(专家楼有暖气)，亦不知现人事有无变动，有无困难，望来信告知。祝

好！

千帆

6月18日(1986年)

(八)

子仲：

半年以来我一直心情不好，因而也影响了身体，房颤时时发作，虽然常常想念你，但也总懒得写信。近两三个月来，改服中药，发病的间隙比较长，算是一种进步。我这个病，医生说，永远好不了，一时死不了，只有带病延年了。(以小喻大，想起来心里都发痛，但我们只是空城计城下的那些老兵，莫可奈何。)得到你三日的信，知道你和你的孩子都好，心情也安定，并且预备出国探亲。这使我们大为放心。在不幸的境遇中，能自我挣扎，摆脱出来，你毕竟是坚强的，我们为此感到欣慰。从张三夕、王兆鹏那里了解过你的情况，昨天李成文又来过，他们也补充了你来信中所说，我们更加放心了。祖棻的材料都已收到，你保存得很仔细，非常感谢。你的传记基础很好，一是需要在文字上再加点工，其次是要在她的创作方面的论述再扩充一些就行了。所以我很希望你能带到美国去，继续完成它。关于出版的问题，目前确有困难，但这只是暂时的。据成文说，湖北大学批准成立出版社，很有希望，那么，我们不妨设想这也是一条渠道。《随笔》今年第五期有顾学颉一篇回忆祖棻的文章，你可以找来看看，这是和她没有见过面的朋友凭想象写出来的。你当然比顾先生的感性认识要深得多。我从今年起已不再招研究生，到1991年夏，把手上的四个博士生送走，我就逍遥法外了。陶芸除操持家务外，还给两百多卷的《骈字类编》编了一个汉语拼音的索引，已完成百分之八九十。当然，这也是一时绝对无法出版的。不过是老年无事，聊以自娱而已。我的著作方面有一本杜诗论文集和一本宋文学史(都是和人合作的)即将在上海发排。另一本版本学在山东被卡住了。我和你谈这些，也是想告诉你，在个人生活方面也

完全和你一样,“没有什么可抱怨的”,你可以放心。祝
你生活得愉快!

程千帆、陶芸同上

11 月 17 日(1989 年)

致吕永(四通)

吕永,曾任《湘潭大学学报》编辑部编辑。程先生任教武汉大学时的学生。

(一)

吕永老弟:

收到寄来的学报和信,很有兴趣地读了,像看到顽强的花草在荆棘丛中挣扎出来,又在阳光的抚爱之下,春雨的滋润之中,长得更欢了。

既承下问,理无不答。但“弟子不必不如师,师不必贤于弟子”,我现在处于长期荒疏之后,也许谈放牛比谈文学更内行的具体情况之下,所说未必有当,仅供参考罢了。

说神思一文,阐述原著,基本正确。好处在指出形象思维与抽象思维的不可分割性。但如更进一步用文学作品的具体分析证明之,也许更有说服力。现在,一强调比兴,形象思维,就好像赋与抽象思维跌价了,甚至不值一谈了。真正搞学问的人,应当从实际出发,以求有益于风气,而不应揣摩风气,脱离实际。一分为二,实事求是,永远是不可动摇的准则。

以下回答一些具体问题:

1. 风骨,照我看,就是风格(派头)和骨架,它是人与文的一表一里的不可分割的两面。风有多义,但此处含义不包括那么多。风骨也可一分为二。有刚峻的,也有软媚的。《风骨》所要求的,当然是其好的一面,所以《赞》云:“蔚彼风力,严此骨鲠。”风骨要依靠语言来体现,所以也强调藻采。

2.“风趣”及“体式”的解释，似仍当依黄老师之说。风趣即风力、风气等，指作者精神状态的表现，如刚柔、高低、阔狭等。“体式雅郑”之下，即连八体为说，似不容别作一解。文体固亦可别雅郑(如传统观念看不起民歌词曲)，但非本篇所指。

3.“淫巧朱紫”，郭先生说是。你提的省略说，不合古汉语的词例。(你应当抽空将俞樾的《古书疑义举例》等书读一读，大有好处。)

4.“间色屏于红紫”，似亦复词偏义，与“淫巧朱紫”意同，偏用紫义。

5.《声律》校字，刘先生说是。看下表自明：

1(do)	2(re)	3(mi)	4(fa)	5(sol)	6(la)	7(si)
宫	商	角	变徵	徵	羽	变宫

低 ——————————→ 高

6.“月生西陂”之“生”字，可以直接断为错字，不必别生解释。但是作者笔误，还是传抄之误，则不可知。以前者可能性为大。以《上林赋》为证，似当为“月入西陂”。古人读书很熟，引用时常常不复查原书，因而致误，这种事例很多。

7.“献替节文”你说的对，不必改动。但节文之义，非为你所说。两字见于《礼记·坊记》及《史记·乐书》。(怎么讲，自己去查一下。我有这么一个倒楣脾气，总想留一点事让问者自己去做，希望他们从实践中得到的东西更牢靠一些。请原谅。)另外要补充一点，就是在刘彦和的时代，骈文还不如唐宋人写的那么精巧，处处非对不可。所以“献替节文”不一定非与“含华布实”对得铢两悉称不可。(可读《后汉书》中论赞之文，尤其可见。)

8.恐还是以“风通”为是。风通言十三国风习有相通之处者，则其所赋亦同，因而易解。反言之，则风不同者，所赋亦不同。这，请看《汉书·地理志》。

我乐于回答你的问题，因为你没有把老师当字典使用。有的同志，自己不大肯动脑筋，却把老头子当类书、字典翻，使人啼笑皆非。

祖棻的遗著，已经清缮完毕，约四十万字，寄到上海去了。苦战了十个月，总算完成了夙愿。

我已应南京大学中文系之约，准备七月底移家到南京去。到那里，不上课，继续写点什么，并经常和年青人谈谈。

关于武大的情况，一言难尽，我也不想说。

希望你继续努力下去。要有韧性，不求近功。我在放牛的时候还写了三十多万字的东西哩。你现在的条件当然好些。

累极了，要休息一个月，再干。

祝为

把生命献给伟大的社会主义祖国而努力！

千帆

6 月 30 日（1978 年）

（二）

吕永贤友：

姜老九旬大庆，理合为祝嘏之文，奈近年耳聋目瞀，久废笔砚，幸代我登堂，面致书简贺词，以申微意。姜老老学不倦，著述不辍，环顾学林，无几人也。匆颂

近佳！

千帆白

11 月 5 日（1996 年）

（三）

吕永老弟：

信及附件收到。

邓韶玉文亦领，谢谢。他很热心，为《宋代文学史》写了好几篇书评。

我最近心脏病常发，不能工作，乞谅。匆匆。

千帆

4 月 29 日（1998 年）

（四）

吕永老弟：

书文收到，适案头有纸笔，聊作一幅，不能佳，唯不拘绳墨，似可取耳。

千帆附言

2000年春

致余树基（一通）

余树基，程先生在金陵中学的同班好友，1936年毕业于金陵大学电机系，后任贵州省水电厅电业局总工程师、副局长。

树基兄：

几十年不相闻问，彼此均垂垂老矣。弟于今年八月由武汉调到南京大学，会晤老同学多人。话旧之际，极以兄为念。因此，决定先写一简信探听一下，如能回信，当再详告一切。祖棻已于去年逝世，弟仅有一女，已适人，顷仍在武汉。弟一人在此，逍遥而又寂寞。兄情况，但于数年前闻外调人员说了一句，每月拿十五元烧锅炉而已，其余尽在不言中。想现日月重光，天地清泰，一切均成陈迹矣。望复，即颂

双安！

弟程会昌顿首

十月三日（一九七八年）

致程丽则、张威克（七通）

程丽则、张威克，程先生与沈祖棻先生之女、女婿。

(一)

小囡：

廿八日寄一信,想到。

今天王伯伯买了大鲫鱼,约我去吃晚饭,得见未君家信,知你约其元旦吃好东西,她全家都感谢。她大哥大嫂从内蒙古最近回来探亲。

杨翊强约十日后动身回鄂,带回肉脯一斤(难得,芸送)、鸭肫二十个(如咸,可煮而不蒸吃)、肉松一袋、年糕四块(不太好)。要他送到厂里,不敢带盐水鸭,怕坏。

你说要未君将早早带来,也很好,但仍极希望你能来。如和未君同来同去,带小燕困难或许不大。

殷伯伯从福建开会回,路过南京,住了三天,讲学一次,整整陪了他两天半,很累。他力劝你考研究生,因正麐已考上北大古汉语研究生,带工资学习。如你考,可考南师,较易,又有孙伯伯等从中为力。今年南师有一初中生考取,其外公是一教授,有点家学。

殷伯伯要我到山大讲学,系主任同意在六月。这样,我四月去昆明,五月在南京开本校科学讨论会,六月去济南,下学期就差不多了。每周还要上课三小时(诗选),如缺课六周要补,就更没有办法。我已将一小书(很专门)寄上海出版,作为国庆三十周年献礼,他们答应十月一日以前印出。

希望你们都来,极希望。许多事都可面谈,详细研究。

我近来疲倦极了,事太多。祝

全家都好!

爸爸

十月七夜(一九七八年)

(二)

囡：

14 日来信收到。

1. 我的大衣在南京做不成,动手太迟了。大衣呢料缺货,现成驼毛的没有,已写信给仁英,要她们在上海想办法了。

2. 香皂,是想送人,想送孙妈妈、孙小妹、原平夫人、原安夫人各一块,陶芸阿姨和她女儿各一块,共六块,自己留两块。所以说,要质量好一点的。南京还和去年一样,买香皂为难。如买到,倒可托未君带来,如果你不来的话。

3. 如果你能请假,还是极其希望你来一趟。如能和未君同来同去,就将两个小东西都带来,让我看看。光是早早一人来,还是不能使我满意。

4. 说给未君送点吃的,也是随便说的,不一定非要那么办。

5. 你棉衣薄了,当然要做。暂不要做丝棉的,要年年翻才暖。还是新厚棉花暖和,改皮袄也行。前些时这里有羊绒(精梳羊毛,和驼毛一样),我因无所用之,未注意。如你要,可托七姐去买,就是不知现在还有没有。将来调来,每年都会去上海,要翻丝棉容易,那时再做丝棉。箱子大概还有点丝棉,这东西也好买。你决定了,我好办(如或将皮袄寄来,或买羊毛)。

6. 我现在很忙。《古诗今选》已将上册稿件交出,赶写下册,等着排印。是否能去上海,现在还很难说。我去上海并无多事。如你来,或我同去玩几天。

7. 山楂片是托孙小妹寄的,可能她在包裹皮上写得不清楚。总算是拿到,就好了。

8. 系中党组织和我谈话,说寒假中要派人到武汉办(1) 我的户口档案,(2) 接洽你们调工作的事,(3) 根据 55 号文件复查 57 年的事。关于第三点,我说:(1) 我当时在结论上签了字的,在道义上不能翻悔。(2) 武大现在还是坏人当权,在“落实知识分子政策办公室”办事的,还有在“文化大革命”私设公堂打我的人,和这种人打交道,不会有好结果。(3) 我现在工作努力,积极性也高,不需要什么改正来调动积极性了。书记说:“程先生不申请,我们也还是要调查的。”那就随它去吧。

9. 姆妈的词集已刻好,正由孙伯伯校对,然后由赵伯伯和我二校三校,再印。《宋词赏析》已经发排。《七绝诗浅释》年底年初发排。我在北京的稿二种，中华书局久不处理。现也决计要回，在上海印。另有一种，可能在江西印。

10. 取暖器是一个长方形的铁东西，上有铁丝网，中间是陶瓷像电炉那样盘成圆形，约一尺长，七寸宽，四寸高，有一根橡皮管道通向煤气铁罐。煤气开后，即在陶瓷盘上烧燃，火焰从铁丝网中冒出。火力极大，二十分钟即可满房暖和二小时。气温降低再烧，不用一天到晚烧。所以虽可烧开水，但并不适宜当炉灶用。（图略）

11. 你的腰痛如何，这次没有提，是否好了。你常发这病，说明不适于作工，调南大后，在图书馆或资料室，就可以按时上下班，不累一些。威克也不一定要开机器，可以随便做点什么。你们都受害，没有较高文化，也不可能补偿得很多，只有认真培养两个孩子了。

12. 游阿姨来此讲学，到上海去了一次，已回东北去了。

13. 你实在要驼毛，可托曹阿姨，北京好买。

祝

全家好！

爸爸

12 月 16 日夜（1978 年）

（三）

丽则、威克：

今天收到你们寄来的户口各件，已交给系中，先作为集体户口登记，等分了房子，再立正式户口。今天朱书记又主动说起你们调工作的事，说是手续很多，因隔省，又是工厂调学校，但学校一定要办，恐怕最后还得请匡校长亲自出面才行。又问到关于右派改正的事，我并无消息。只是听到张伯伯说，斐岚的爸爸写信来，说：有人认为，如果程某都改正了，岂非武大都划错了。看来，这些人因我没有心甘情愿地留在武大当一辈子的奴才，要趁此机会进行报复了。张伯伯则已得到通知，正式改正。系主任要我在其决定不改后，告到中央去。我则准备请其对不改作出书面说明，再看情况。或者通过民主党派来解决。不改，也没有什么了不起，名义早就恢复，至多少拿点钱，我又不少钱用。

凌苹苹昨天来看我，送了一罐自己做的油焖笋，比罐头的好，谢伯阳调南大中文系，可望成功。苹苹把早早那张调皮提手包的照片拿去了。

原平大概可以调到南京艺术学院当资料员。原安大胖子本要考研究生，血压太高，不准报考，甚为晦气。

白家三兄弟，皓、峰很用功。小强进了汽车修理技校，马马虎虎。汝安终日出差不已，刚回就走，到处开会。七姐才去连云港一次，带回高级山楂酒，极好。连云港据说是孙悟空的家乡，有花果山、水帘洞等名胜，但有名无实。

我的《诗选》上卷已排完，正校对中，现赶写下卷。希望在暑假中写好。下半年研究生入校，就更忙了。血压仍是低压高10度，未变，但不头昏，医生认为不必吃药，但要吃素，这一点无法做到。因为小吃部都是荤菜。另外，气管炎变重，因说话太多，已经将香烟每天一盒改为四五支，过些时，或可戒掉（有效）。眼睛仍然不很好，但控制住，不过分用。

我又搞到不少中英文学习材料，因你们不要寄，所以没有寄来。

祝

全家好！

爸爸

四月五日（一九七九年）

（四）

丽则、威克：

前得八月五日信，因正在全书完成的最后紧张阶段中，故只写一简信，告以学校已发信来调你们，望到厂中有关部门接洽，想收到。今日上午完成了《古诗今选》下卷，全书选诗552篇，约共45万字，至此全部完成。下卷只待付排。上卷不久可出。

我已于本月二日搬到北京西路二号新村四幢二〇七号。因只二人，不能分三间的新房子，四间二家合住的又太挤，故分的去年建的一小套，两间朝南正房，共约二十五六平方，一小厕（不通风，不见光，坏极），约一平方，一过道兼厨房，约五平方。房子质量差，但光线空气不错，已讲好，你们来后，另外安排，换大房，或另派。现可有一间工作室，好多了。此次分房，甚多争论，我都未介入。

搬时，总支及办公室作了安排，派教师三、学生五、大汽车一。买了西瓜及高级烟招待，一趟搬完，但清理了五天。

电视机，托了多人，搞到东欧的及苏州的、无锡的，详加研究后，已买了一个苏州孔雀牌 12 寸的。此牌上半年曾评全国第一，大概不错，价 400 元。已由白皓去取。现在要问你们，还是立即托人带来，还是等你们来了再看。这，有利有弊。运带，容易碰坏。目前只能托王未君，她出门经验不多，不保险。立即运来，立即可看，小孩大喜。望快来信决定。未君二十四左右走。

木柄小刨子，买不到。

你的腰痛如何，到南京调一工作，再打金针，当可好转。我埋耳针，血压已下降到 90°，如到 85°，即算正常。现在家中吃饭，胃病不发了。也不吃猪油了。

何翔如通讯处，望告。《诗选》要送哪些人，要几本，也望告。（上册九月可印出。）

关于你认真学习之事，我十分赞成。第一步要调到资料或图书室。（孙原平已调南京艺术学院图书馆，原安考研究生未取。教授看不上眼，这次一个也不取。）然后加强中外文水平，在爸爸指导下读书，做点资料研究工作，即使考不取研究生也还是可以提升。现资料员、图书员也分四级，和教授至助教平行。来后家务可由保姆做。我们现请一走做，每天买菜，月三元，每天做事一个半小时，七元，三斤粮票。总共十元，三斤票。就轻松多了。现我所有校对、抄写工作都由陶阿姨代做，我就空出手来了。

妈妈的词，已印好，由她再细校一遍，又发现 20 个错字。要一本一本用毛笔就原字上仔细改正，才能发出。此事，全由她做，共五百本。《诗选》上卷也由她校四次。

又妈妈在上海的两本书，均已付排，约今年内可校稿。

我研究生只取了三个。内一个专业很好，但英文只三十分，教育部要五十分，至少四十分。因以后研究生要出国讲学，要考博士，外语不好不行。

我买了一个大衣橱，150 元，两张沙发，130 元。

张月超来信剪下有关部分附上一看。武大中文系中有人如此倒蛋，究竟是谁？反正也算过去了。

望即来信告知如何处置电视机。

祝

全家好！

爸爸　陶阿姨附候

八月十五日(一九七九年)

(五)

小囡、威克：

今天是 22 号，未君明天乘船回校，正愁不知如何处理电视机，恰好收到 19 日来信。王伯伯很热心，为此事来了两次，昨天来，留了他午饭，饮酒一杯。虽未带去，但见到未君时，仍要致谢。

电视机是 18 日由白皓送来的。那天，七姐带三个孩子，九姐带最小儿子都来玩，很热闹。九姐在上海住了二十天，过宁又留两天。中午请她们在新街口大餐厅同庆楼吃饭，有鱿鱼、兔肉等，用十三元。又买送两家青笋各一篓，每篓二元七角。晚上，在七姐家吃饭，后送九姐到汽车站，当晚回济南。

电视机经白皓及邻居物理系老师帮助调好，性能很好，光线柔和，图像清楚，声音响亮。404 元值得。但我不常看，因没有时间。

我自《诗选》搞好，就忙于回积压的信(三十封左右)及各方请我看的稿子(约十余万字)，但已不像以前那样急于星火了。舒服多了。人老了，不中用了。以后，决不能再写这种几十万字的书，只能写论文。南大对此书极重视。

南大原先不知武大会给我改正，所以已经由匡校长及第二书记、第一副校长章德写信给江苏二把手惠浴宇，要求给我和张伯伯在江苏复职。信写得非常扎实，说我和张是中外驰名老学者，如不快办，上海、安徽即将来请云云。惠是张伯伯中学同学，“文革”前省长，现是副书记、革委会副主任，你们的事，由他向劳动局打招呼，不会有问题。当然，公文旅行半年，是少不了的。谢伯阳调南大，他是校友，有著作，又在本地，仍然搞了几个月，要下半年才能定局。谢对我很照顾，电视机插头就是他儿子南大计算机系学生来装的。

以后决不可贪睡竹床，来此后，可设法理疗。工作今后虽尚未确定，想来要比工厂适合。小燕肚子好了没有？小孩睡时，要系肚兜。

祝

全家都好！

爸爸

22 日下午三时(1979 年 8 月)

(六)

小囡：

相片和信都收到。相片，可由我寄曹姨，我要送《诗选》给她的。

由于身体不好，系已同意给研究生讲的校雠学推到下期开课。山东(很对不起殷伯伯)、淮阴、无锡各地来请讲学，一概拒绝了，要到南大我处进修的各校老师也推了，也许略好一些。

我吃了一种药叫“心律齐”，已转正常，又吃“刺五加丸”(自己买的，每瓶 2.65 元，一个月要四瓶半)，大约如不过劳，不会发展。烟、酒都不吃了。你们可以放心。

但今年要做的事还是不少：

(1) 每周上课四小时(诗选，毕业班。学生 65 人，旁听三四十人)。

(2) 每周辅导研究生一个下午(有部分时间陶辅导其英语)。

(3) 修改《史通》，年底交印。

(4)《诗选》下册 25 万字，要校四次(陶先校，我再改动稿子)。

(5) 另外开会、会客、复信，各种想不到的事还多，我今后不再出席文联、政协各种会，除非点名要去。

电视机效果一直很好。今后有彩色的可买。这里也有日本524元的，但坏了不能修。因是日本装配，直接进口的。（它们坏了就扔掉，根本不修，电子表乃至汽车都是如此。我们还不具备这种条件，所以不要为没有买日本原装的而懊恼。）

我们没有挂帐子，因房间小，现在还点蚊香。帐子这里大小都有。如你们要卖（或送）掉，也无妨。

今天国庆，陶阿姨的姐夫张钰哲（紫金山天文台台长）和姐姐陶强请吃中饭，下午七姐、七姐夫及小峰来玩，送大苹果八，大蟹四。我送了小峰一本大的英文字典。此字典极难得，是从分配给南大教师的50本中硬扣下的，所以他很高兴。

南大已通知，从去年十月补发工资，大概可补900多元。武大不知补了没有，因为韩伯伯借我400元，一直未还。（也许他欠债太多，要先还别人，后还好友。）

我现生活比较安定，吃饭吃药都有定时。只是太忙。要慢慢改善。身体，只是初步发出警告，并没有特别坏到那种程度。（万放有时每分钟停跳十六次，就动也不能动，只好住医院，几个月才出来。我非如此，可放心。）

妈妈的诗词寄发后（只是国内），收到如雪片一般的回信，赞扬满口，更使人感到难过。但无论如何，印出就不致埋没了。两部书，在上海卡在印刷所（出版社早发稿了），不断地催，还没有结果（还有我的一本6万字的小册子）。现真已印出的，只有《诗选》上卷。十日内，当先寄五本给你们。

我准备在下个月先将妈妈的诗词选寄美国及加拿大各一本，等到叶、周两教授确实回信收到后，再成批寄出去。估计还要花二至三百元（每寄一份，大约要三至四元）。听说蒙代尔上次来，曾提到我们对文化交流不大敢放手的事，也许今后要好些。

祝

全家安好！

爸爸

10月1日夜九时（1979年）

（七）

小囡、威克：

来信收到。

两个小孩爬在地上的放大照片以及我在石林没有戴帽的那张放大照片，都连同妈妈的放大照片送给九九了。望威克放大时各放一张。上次忘说了。

你们调动事，大体顺利。最近，张伯伯又和惠浴宇通了电话。但既有加薪及奖金（特别是提级），自以拖一下为好。新到这边来，是不可能提级的。

关于你们的工作，我和张伯伯研究过，只宜暂各提一人，即你和静园。威克的事，只好等以后再说。而且来南京后，各方面熟人多，也非一定要在南大不可。

木器的事，南京现只有陈列品（六百至一千），但并不出售，所以搬家仍要带来。太破的衣物（包括家具）则可处理。此地无方桌买，但有方凳及我买的那种桌椅。新木器将来也许可在上海买。杰杰在木器厂，可设法运来。也许再过一二年，就有整套木器出售了。

已将妈妈的诗寄汝常、翔如各一本，未寄词，因他们不懂，而诗集中则有寄陆伯伯及翔如的诗。已分寄国内公共学术机关及私人约三百二十份，仅邮票即去数十元（每份一角五，每个封套五分）。还想寄欧、美、日各大图书馆及汉学中心数十册。一因地址还未调查清楚，二因不知寄出是否无阻（想先试寄一部给加拿大一教授），三因费用大（每份寄费大约要三元），四因近极忙，所以还未进行。

《诗选》，除寄你五本，给你留五本，同时寄小平，不误。大约月底可出书（上册），下册年底出。

我现在只有两间十四平方左右的房，你们来后，有二法，由学校给一套四间的，或另给你们安排。因三间的，就和我现住的一样，只多一个六七平方小房。厕所有抽水马桶、浴缸，厨房很大，可在内吃饭。是表示“高级”之意，并非能住多人。要是四间，则三大（十四平方的）一小（六七平方的），加上好厨房和卫生间，可以住下。又听说，在二三年内，四间的都要住两家，我们也可算两家，就不知他们是否承认。总之，这事，要等一些时，才能决定。若你分在中文系，则系办公室当有一个分配之权。若他处，又困难些。煤气灶有了。在南京，此事不难，差不多绝大多数人都有。不敢用高压锅，怕出事。

我的两间房的摆法如下（图略），已塞满，若再添书，书架无处放。

我也非常想念妈妈，特别是最近一段，校改她的词集错字（发出前，又校一次，发现16个错字，均由陶阿姨一一逐本改正，计五百本），又按名单发出，想到一代才人，如此下场，不独夫妻感情而已，更为伤痛。盛静霞已回信。南大副校长范存忠也回了信，对妈妈评价极高，认为"有奔放的热情，飞腾的想象"。想来还会收到更多的信，更使我难过。

我因备研究生课，血压突然升高，上压由130突升至160，下压由90至96。160和96并不算高，但突升则不正常。已开始吃降压灵。

（以下缺页）

（1979年10月）

致张实（二十五通）

张实，字君实，曾任长沙水电师院教授。程先生任教武汉大学时的学生。

（一）

君实足下：

一别廿余载，死生契阔之感，何可胜言。每从友生侧闻动定，遥寄平安而已。顷奉手书，备悉哀乐，为之一慰。会昌忧患残年，以此间主者之邀，聊厕讲席。而旧学荒落，典册飘零，空腹高谈，实惭礼遇。幸秣陵乃少年歌哭之地，山川云物足以怡情，或可老死于此耳。祖棻去岁不幸遇祸，悲酷至极，远承慰谕，铭感无已。小女已婚，现任车工，稍待或可东调。武大诸老存者博平、耀先而已。回忆昔日讲论之乐，真如梦寐也。假时当希通问。专复，即颂

俪安！

会昌顿首

十月十五日(一九七八年)

(二)

张实同志：

来示收到,诗一册奉上,乞收。

归队事,各地都有阻碍,要慢慢来。仍可就近在长沙设法,比较容易(人才不出省)。再说武大也不是理想的地方。剪寄来函二纸供参考,看后毁去。我已改正,但武大是出于全国学术界及中央政策的压力,并非出自本心。这也随它去了。小女大约年内可调来。匆匆,祝

好！

千帆

10.27(1979)

(三)

张实老弟：

有点事,请打听一下见告。同事吴翠芬先生条子附上。

大概是美国有一所大学要和湖南几所大学进行文化交流。不知道校长姓名,所以托在校的中国老师打听,他们转托了我。

如暂无校长,就请告知代理校长或第一副校长。

匆匆,即颂

安吉！

千帆

十一月八日(一九八二年)

(四)

张实老弟：

八日来信收到。我没有见过严先生,只为询问一个问题与他通过一

次信。但我仍然从旁设法通了通气。据说暨大情况因涉及侨务，且系新办，故他校不能援以为例。仍然要湖南方面松口才行。广州，生活高得吓人，如无侨汇，生活水平将大大下降，所以我也认为不宜去。不知你是否愿意去湘潭大学，我倒是可以问一问羊春秋先生。望考虑。

即颂

俪安！

帆

11.26(1982)

（五）

张实同志：

来信收到。杭生事，请随时留心，能在下期开学之前办好为妥。

代培研究生事，南大可以接受。但接受多少，哪些专业，要由您院研究生处（如无研究生处，则为教务处）函南大研究生处，提出要求，然后商量决定。

现南大中文系有以下研究生专业：

甲　博士学位

1. 中国古代文学　导师　程千帆

2. 戏剧创作及理论　导师　陈白尘

乙　硕士学位

1. 中国古代文学

2. 中国现代文学

3. 戏剧创作及理论

4. 戏曲创作及理论

5. 文艺学（文艺理论）

6. 现代汉语

7. 外国文学

教育部规定，南大每年招研究生，自招90%，代培10%，也有三四十名，您院早来接洽，大概可分到几名。

我近年年高(71了)体衰,事繁,有时要发心脏病。但也不严重,时发时愈而已,可放心。祝

近佳!

千帆

6月11日(1983年)

(六)

张实老弟:

前函,想收到。

我的唐宋文学研究生张宏生,将于今冬获硕士学位毕业。现教部即将召开研究生分配会,如你处有意延揽,似可分别函教部及南大争取。张为人笃实,业务上中。不要提是我推荐的。

舍妹夫胡杭生是否能调你处教数学,请向领导汇报后及早决定,如不行,可作他图。我已函胡,要他直接和你联系。(他未升副教授,是当地特殊情况,其实早该升了。)祝

好,盼复!

千帆

一月七日(一九八四年)

(七)

张实老弟:

十一日来信收到。

胡杭生事,我已托刘涤源先生(武大经济系教授)向张远达先生推荐,希望张先生能同意任用。因我与张不太熟,以转托刘先生为宜。他两次调到中学的问题,舍妹夕佳顷来一信,有所说明,今转上。有必要时,不妨据其所陈,向贵院领导说明。

张宏生是江苏徐州人,26岁。徐州师范学院中文系毕业。82年春考入南大古典文学专业,为唐宋文学研究方向研究生。今年冬天可毕业。其父原系徐州地委领导,早已在60年代逝世,依其姐成长,故诚恳朴实,

无衙内习气。他尚未结婚，如来，当系单身（闻近谈一女友，但未定局）。

此间日前大雪，深近二尺，为三十年所未有。

祝

近好！

千帆

一月廿二日（一九八四年）

（八）

张实老弟：

前寄一函，并舍妹家信，谅达。

顷得刘涤源先生信，说他已与张远达先生面谈，张先生说："一定尽最大的努力帮忙解决。"刘先生并专门写了一封推荐信，是写给李声金院长和张先生两人的。也许张会将此信转给李。

这情况，希望你去先了解，以便与系主任某先生谈时更方便些。祝好！

千帆

一月二十八日（一九八四年）

（九）

老弟：

前曾寄杨翊强论文一篇，托你转交，不知杨已到校否？

胡杭生事，张远达、刘涤源先生均已举荐，据云有望。请从旁打听一下，是否可发调令，情况如何？

我近患尿道结石，幸剧痛已成过去，仍较弱，在服药中，不多写。盼复，即颂

近好！

千帆

2月26日（1984年）

（一〇）

老弟：

二月廿九日手书已悉。胡杭生事承费心，甚感。吉林农大已同意调离，大概他收到你的信后，就会立刻回信，请水电师院办手续。

南大两个研究生，夏先培的可能性较大，因他是长沙人，父母妻子都在长沙。今天，我要他来谈了一次。（他是徐家婷副教授的研究生，原来和我不太熟。）详细问了他的家庭学习各方面情况，观察了他的谈吐气宇，印象很好，认为是一个有培养前途的人。他的姨母秦文兮在湘潭师专，前已将他推荐给湖南师院马积高先生，但师院人多，现要定员，似不易进。你如识积高（我想一定认识），可与一谈。夏先培愿教古汉语及古代文学的先秦两汉阶段。我已告诉他，看目前趋势，今后每个人要教两门课。

张宏生是江苏人，不想离开去长沙。同时，广州暨南大学唐宋文学研究室也在争取他，所以不如夏之可靠。

我本月十日左右，去武汉到师院讲学十天，并扫墓。21日去北京开社科院“六五”规划文学小组会议，约26日返南京。

我前些时患尿道结石，病了一场，幸现已转好！祈释念。

祝

好！

千帆

三月四日（一九八四年）

（一一）

张实老弟：

杭生事极承为力，今年上半年当可完成调动手续。舍妹事可相机安置，无多条件也。

借教师事，已与此间当事者商量。适值改革，定员调动，引起一系列连锁反应。一开口，则人或疑为驱逐、排挤等等，故负责人不敢开口。但这同时是一调进人之好机会，似不妨由你校函一些邻省学校，请求支援（江苏太远，本省人无愿意去湖南者）。同时，可与湖南教育厅商量，请其推荐要退休或已退之年近六十或逾六十之中学老教师（他们的教学效果远胜于大学毕业不久之人），过渡三五年，再徐图招聘合格人选。此种想法较现实，不知弟以为何如？

不尽，即颂

近安！

千帆白

四月十二日（一九八四年）

（一二）

张实老弟：

久未通信，诸想安善。

舍妹夕佳随其夫胡杭生由吉林农大调到贵院事，前因夕佳转干材料规定不合，未能成功。刻已由吉林农大重新按湖南省规定补办，并已寄长沙。此事，不知尚有可能成功否？望吾弟就有关方面打听，协助进行。如实绝对无望，也请告知，以便胡杭生另行设法南调。

盼复，即颂

近安！

千帆白

九月七日（一九八四年）

（一三）

张实老弟：

各函均收到。杭生事有曲折，世情所常有，与你无关，完全用不着不安心。你在将系事筹办大致就绪之后，就要认真上一门课（行政人员不上课，是一种恶习，且无法树立威信），而将日常工作委托给一位品德既好能力又强的副系主任。慢慢物色，总有这样的人，品德第一要紧。一二年后，再选定一两个题目，从事科研。当然，我将竭力帮助你。近因“快速房

颤”心脏病突发，住院休息，不能多写。即祝
全家安好！

千帆

十月四日（一九八四年）

（一四）

张实老弟：

连得两函，极感殷拳之意。然截至昨日为止，未收到四校中任何一校负责同志（校长、系主任）正式邀请之公函，使我不便正式答复，又来函所排日程，亦非七十四岁之老翁在8—10日内所能完成。考虑再三，惟有托词巽谢，因发出昨电，想早收到。此种内情，务请不必告知任何其他人，至幸至幸。数年来帆到各校讲学十余次，未有不得正式邀请而成行者。此似亦今之通例也。

闻弟已卸去系主任职务，今后如能抽暇，望来江南游赏，作数日盘桓。常闻人言，老年是靠回忆打发日子的，回思昔日游踪，殊可念也。

书件二纸，托一中弟转交，想非久可收到。来书可寄南京。即颂
著祺！

千帆白

三月十二日（一九八七年）

（一五）

张实老弟：

来信收到。一中只告诉我有四个单位邀我到长沙讲学，并没有说是你和易扬同志私人邀请。如果是你接我，作为您的客人，那我一口就答应了，因为那就没有权利义务问题。我是到长沙来玩的，爱怎么讲，就怎么讲；爱在什么地方讲，就在什么地方讲；不愿意讲，就不讲。现在人还没有来，就提出要如何如何，这就是要别人出旅费、出住宿费的毛病。而且四个学校都出了钱，都得讲，不然就摆不平，这就不能不卖命了。我以后要来玩的，愿意自费，看看老同学们，却不想接受这种提条件的邀请。我在

湖北大学住了近四个月，他们没有提任何要求（除了要我在高兴的时候写几张字），讲什么，讲多久，一切都由我。你说湖南学术风气不浓厚，可能是事实。因为这种霸王请客的方式是会使人（特别是年高体弱的老头子）望而生畏的。

宛敏灏先生，字书城，安徽人，现任安徽师范大学教授（校址在芜湖），现年近八十，曾著《二晏及其词》等书。文章当然可以写，只是语气要谦和，因为宛先生是前辈。

古代文论可讲的材料很多，备课当不太困难，但要讲好，就不能只传授别人的研究成果，而要自己进行一些独立的研究。

附上新出的小册子两本，其一请转致易扬同志。

祝

好！

千帆

三月二十三日（一九八七年）

（一六）

君实老弟：

来稿及信都收到。稿看后，再将意见奉告。长沙还是要来的，但要"逍遥游"，不作"大宗师"，来看看亲戚、老朋友、同学，玩几天，在小规模范围内讲一两次还是可以的。你们上一次那种设想，把我吓跑了。祝

好！

千帆

五月二十七日（一九八七年）

（一七）

张实弟：

你的稿子，我已函询施老，今将复信转上。我看过此文，但不太仔细。觉得有些问题不大，琐屑一些，可以不提。前面引言，不必那样写，几句话就完了，无需三页之多，语气还算和平，并不尖刻。

你如愿交《词学》，可缩成万字左右（即删去次要条目，引文中亦大有可删处），将前言换过再寄给我。但《词学》出版很慢，要拖一两年。如在你院学报刊登则快得多，要你自己决定。

祝

好！

千帆

六月二日（一九八七年）

（一八）

张实弟：

来信收到。周先生和我友谊不错，可写信推荐，什么时候写合适，望来信告知。

你的稿子，据施老来信，可望在《词学》上发，但此刊出版极慢，也许要两年以后才出版。根据评审情况，说有稿将在某刊发表，以编辑部信为证，是不过硬的（有时成为嘲弄之资）。我意，不如你快加修改，即在本院学报发表，可以争取时间。此稿内容充实，而行文不精练，总同练习太少，不常动笔之故。

南大及各校均有"提退"之说，即提升一级后退休。比较地不严格，有照顾之意。不知湖南亦如此否？如亦如此，我劝你走这一条路。

由于你在医史组时间长，中文系时间很短，可否在校内申请由中医学院参加评审？这样，也许在省内也可换一组。

祝

好！

千帆

六月五日（一九八七年）

（一九）

君实老弟：

周先生函已发，文寄沪或即在《求索》《水院学报》发，你自己决定。附

致《求索》张瑞洁同志一函，你不妨试试。我极忙，不多写。祝
好！

千帆

六月二十九日（一九八七年）

（二〇）

张实弟：

顷得张瑞洁来函云，弟稿已向《求索》推荐。前得弟告知，其稿已可在某刊刊出，则应告知张君抽回。一稿两投，致引起两个编辑部的纠纷，乃学术界大忌，望慎之。祝
好！

千帆

七月十四日（一九八七年）

（二一）

张实老弟：

来札及像片均收到。念旧情深，极为感动。

退休后身体好，是极难得的工作机会，自己独自从事研究，也是难得的自由。许多人的重要成果，都是晚年写出的。你至少还可写十年，勉之。

我身体不好，三年前即已“金盆洗手”，不再写任何文章，至于为一部完全不了解的书及其作者担任顾问作序，更是欺世盗名之举，想你一定也不赞成的。

极希望你和翊强明年秋天来玩，也许南大有一小规模活动。另外出一本纪念论文集。

我心脏病一直不好，“俟死养残年”而已，但去年出了两本书，今年还可出两本，差可告慰。祝
全家安乐！

千帆

二月二十二日（一九九一年）

（二二）

张实老弟：

诗札并收到。诗清婉可诵，想见退休后读书有得也。

我今年八十五，耳重听，目白内障，写作困难，幸弟子辈能相助，著述未成者皆陆续印出。今奉《学记》一册，略有生平。弟无事时可一循览。顺贺春节之喜！

千帆

一月二十九日（一九九八年）

（二三）

张实老弟：

奉到珍品四味，甚感高谊。我年前住院四十余日，前不久始反家，仍极疲软，此亦老人常态也。闻翊强亦病，久不与通问，不知近况如何，幸便中告知。

顺颂

俪茀！

千帆

二月五日（一九九九年）

（二四）

张实老弟：

复信娓娓数纸，详言养生之道，具见故人相厚之意，其中有简捷易行者，当试行之。惟生性卞急，或不能如彼老中医之持之以恒耳。翊强前数日有电话来，亦以神经性病为苦，此可能与性格有关，惟愿其自我解脱耳。近检查血糖，已降低符合度数 7.8（原为 11）。今后仍当注意饮食，可无虑也。春寒仍厉，亦望保爱。顺颂

阖府安吉！

千帆

三月九日（一九九九年）

（二五）

君实老弟：

承赐佳茗、莲实、枸杞诸珍物均收到。在远不遗，感荷之至。过了新年，就算八十八岁。耳聋目瞀，走路亦差，幸退休已久，无日常必做之事。所主编之《中华大典·文学典》已开始出版，如无大阻碍，2003年可以出齐，斯足慰耳。字一纸奉呈，聊表微意。即颂

俪安！

千帆

二月二日（二〇〇〇年）

致周勃（六十二通）

周勃，曾任教于武汉师范学院（今湖北大学）。程先生任教武汉大学时的学生。

（一）

老弟：

收到来信，很高兴。既然在大学教书，就本着天理良心去干吧！二加二到了金星上面也不会变成三的。珞珈山的老爷们费了许多事赶我走，而不知我就是穷得当裤子也不会再到武大当教授。把我当做眼中钉，实在是过蒙台爱了。人之不相知，远胜于企鹅不了解狒狒，可悲可叹。我在这里得到了我应当得到的尊重，七十老翁何所求，斯亦足矣。二十年来，放牛割稻之余，也胡乱写了一点东西。如果纸张供应好转，或许可与世人相见。当然，这是不值那些张铁生的伙伴、白卷教授一笑的。说给你听，也不过相与一笑罢了。武师除朱祖延外，章子仲也是旧识，见时希为道念。我仅一女，在武汉已适人。南大分到房子后，当可调来。现暂时一人在此，朋友多，不寂寞。但是越来越忙了。我现在六十六，如果再活二十年，可能将损失补起来。五十年代的大学生是国宝，望“努力崇明德，随时爱景光”。祝

好！

千帆

12 月 5 日(1978 年)

（二）

老弟：

知已获改正，真高兴。词条一定写，但要等些时候。才回来，各事猬集，心闲不下来。这种事，又忙不得的。我，武大如何发落，似有异闻，因并不过分容心其间，也就听之任之。请代问雪垠、祖延、子仲好。祝

为学日益！

千帆

四月十三日(一九七九年)

（三）

周勃同志：

来信收到。

《长江文艺》编辑部有信来，要稿，又要朱自清先生的材料。朱先生的手稿，我已没有了，倒是以后有暇时，可以写一点文学回忆录之类的东西(关于与朱先生在成都的一段交往)。但现在没有时间，只好以后再说。稿子，有一篇现成的，现寄给你，请先看看，行不行。如有要改的地方，你就动动手吧。“弟子不必不如师，师不必贤于弟子。”如果《长江》要，希望发表在第一期。现在还是淑耘在管事吗？希望和她谈谈。为什么，你以后会知道的。

今年 6 月 27 日是祖棻逝世两周年。她在武大工作整二十年，最后以① 排斥、② 侮辱、③ 陷害三部曲告结束。而且，现在似乎还没有了结。有人来信告诉我：讨论改正时，有人竟说：“如果程某某都改正了，那么反右岂不是全错了！”真是妙得很，好极了。辩证逻辑万岁！文艺界还想到要纪念她，真是使我感慨万端。

字给你写了，不成样子(又写了一张小的，备选择，已另寄上)，留作纪

念而已。

关于她的为人,你如果想感性知识多一些,可以去武大采访:① 杨翊强,② 吴志达(中文系讲师,听过她的课,又长期和她合作教课。我的研究生),③ 李涵(女,历史系讲师),④ 徐鸿(女,图书馆负责人)。李、徐在57年后和她有来往。不必找老爷们。

以下提供一些材料,当然不可能也无须都写入文章里面。

浙江海盐人,苏州出生和生长的。(1909.1.29—1977.6.27)。1934年毕业南京中央大学中文系,1936年毕业金陵大学国学研究所。1937年和我结婚,1942年起,在大学教书,先后在金陵大学、华西大学、江苏师范学院、南京师范学院、武汉大学,1976年被迫在武大退休。

大学生时代,即创作新诗、短篇小说。后出有新诗集《微波辞》,她写的历史短篇小说如《辩才禅师》(肖翼盗兰亭帖的故事)、《茂陵的雨夜》(相如、文君故事)、《崖山的风浪》(陆秀夫、张世杰抗元朝侵略故事),三十年代都曾受文坛重视。

当时中大教授有词学专家吴梅、汪东等。在九·一八事变后,她曾写了一首小词,引起了老师的重视,此后便特别与以培养。词如下:

浣溪沙

芳草年年记胜游,江山依旧豁吟眸。鼓鼙声里思悠悠。

三月莺花谁作赋,一天风絮独登楼。有斜阳处有春愁。

末句以象征手法表现出对日寇压迫之下的祖国命运的无限关怀。在这以后,对于民族国家的安危,一直是她所关怀的,经常有反映。

反映国民党剥削压迫的、政治黑暗的词很多,抄于另纸,略加说明。

"四人帮"垮台后,她写了一首咏桃花的词,对江青加以讽刺(这也是她最后一首词),也另抄上。这些和歌颂党领导下的新社会的《踏莎行》,形成强烈对比。她还有一首题长江大桥的载57年4月《文汇报》,手中已无,如要看,可去查。

她为人温柔、忠厚、处处替人设想。但另一方面,却又有原则,临大节而不可夺。有一位词学老辈,想和她见面。她因其人曾在汪伪政府做官,坚决拒绝了。

她的著作(已成书的)

创作:《微波辞》新诗集(独立出版社)

《崖山的风浪》历史短篇小说集(稿本,“文革”中被抄去没收了)

《涉江诗稿》(油印,自印本)

《涉江词稿》(油印,自印本)

研究:《宋词赏析》上海古籍出版社排印中

著作:《唐人七绝诗浅释》上海古籍出版社排印中

《古诗今选》(与程千帆合作,南京大学排印中)

她是一个非常谦虚朴实的人,从不自炫所长,也不求人知道。退休后,住在渔村附近,人家从不知道她是一位有名的女教授。夏夜,和邻居的孩子一同猜谜语。渔民站在旁边听,说:“看不出,这个婆婆还有点文化。”

绍裘的工作,我已在这里为他进行,成否不可知。他想当编辑,《雨花》或《南京文艺》看有无可能。

这封信,以及附上的材料,等你的文章写好之后,全部退还给我。

祝

好!

帆

四月二十五日(一九七九年)

引用词句,校对请特别注意。错了就不好办。

(四)

老弟:

来信收到。如果要登祖棻的诗词,以你来选为好。诗中多偏于个人,只有《早早诗》很特别。朱光潜先生来信,大为赞赏,并题诗云:“独爱长篇题《早早》,深衷浅语见童心。谁说旧瓶忌新酒,此论未公吾不凭。”似可刊载。词有许多写旧社会的丑恶,揭露国民党蒋介石统治的。上次已抄寄一些,似可考虑。另外就是国庆两首、桃花(江青)一首。

承你关心,武大党委已通过改正,报省委了。据庄果(武大第二书记,主持日常工作)告诉张月超先生,此事迟迟,是因为中文系有人坚持反对,因此之故，党委做了许多工作。其实，这些老爷逆天行事，有何好处？有何益处？江苏省委已批准我和张先生复职（三恢复）。他们卡住，也是徒劳。

诗词已寄雪垠一份（青年出版社转），淑耘一份。你知道宋谋玚现在何处？望告知。也想寄他一份。

张三夕成绩还好，又比较年轻，我因此录取了他。（南大取研究生，全由导师作主。）但入学之后，功课是繁重的，要求是严格的。他要有思想准备。你可以将这意思告诉他，如果他还没有走。

你谈的武大的情况，我很清楚。别的没有什么，就是害了学生。（看到《学术月刊》上的文章吗？）祝

好！

帆

9.13(1979)

（五）

周勃同志：

你上次抄给我的祖棻解放后作的两首词，稿子不知放在什么地方去了。请你费心再抄示一份，航空寄来。

她的诗词出版后，反应很好，最近北京和香港可能都要登一部分。也可能全部正式付印。

匆匆，祝

好！

千帆

12.18(1979)

（六）

周勃同志：

来信，又《长江》及《武师学报》都收到，甚感费心。

《文汇报》一首，是题长江大桥的，其时间约在57年4月。

《长江》办得很活泼，比《钟山》强。第一辑如能弄到，望赐寄一份。

《诗刊》也来信要涉江词，已抄了七首给他们。香港再发一发，造成声势，也许可以正式出版(在香港)。

她的第一本学术专著《宋词赏析》已在校中，想明年上半年可出。我的话应验了：她是在用自己的著作纪念自己，悼念自己，而不希罕那些老爷们给她开追悼会。

我们的书，出一本就会寄你一本。已交出的有六本，大约二年内都可出来吧。

祝

好！

帆

12.26(1979)

(七)

周勃老弟：

廿八日来信收到。涉江词的发表，可按您的意见办。诗，涉及近十余年，要谨重一些。《诗刊》邹荻帆来要，也给了几首。香港《文汇报》大约也要发一些。纪念文的事，可慢慢地来，不急。

她的《宋词赏析》已付型，非久可出。又《古诗今选》上下册一月内可出。届时均当寄奉。

《芳草》收到，不错。我看武汉文艺界还是比较活跃的，比江苏强。

关于白尘工作事，听说过一些，但不详。我现抓一个研究室，比较省力。局面太大，不合适。

唐异明很有前途。曾卓介绍给我的。我介绍张三夕和他见见，交个朋友，也是“以文会友”之意。这两人您都认识，可居间。

祖延先生一函，乞转。

顺颂

近安！

千帆

二月六日(一九八〇年)

（八）

周勃老弟：

《长江丛刊》一辑、《芳草》二期及稿费都收到，谢谢。

转上莫绍裘一文，看武汉有无地方发表。文略长，又有点从领袖观点出发，以先圣驳后圣。但意见不误，思想也解放。如能更多地从文艺现实出发来谈，就好些。值得修改。故此推荐。请与淑耘等一商。

绍裘命途多舛。我介绍他到南京师范学院（系已同意），因 6 号文件，暂不能进人了。他是武大和武汉出来的。多年不执笔，又僻处高邮，声气不通，努力也不免打折扣。还是要拉他一把。（望你收到后，给莫去一信。）

莫绍裘通讯处：江苏省高邮县运输公司。

我近病了一场，高烧了三天，尚未痊复，不多及。祝

好！

千帆

3 月 2 日（1980 年）

（九）

周勃老弟：

得信知夫人患重病，转危为安，极为欣慰。病后要多休息。良性瘤，关系不大，取出，就解决了。

武大要我去讲唐诗事，无所闻。只是最近要去上海为王文生等办的文学批评史师训班讲几次，或即由此误传。但去冬在湖北文联开会情事，我前两周在此开江苏四次文代会，闻人言之甚详。且闻 H 君被喝倒彩时，Y 君递一条，上书“顶住”二字，故 H 君就顶了 90 分钟云，此亦辰州符也。

我想他们不会请我去。去了，大放厥词，对于凡是公园之宁静气氛，大有影响。若去讲诗，必从批判某公始，而在人人在真理面前平等之大旗下，又不能再扣右派帽子，乃是大杀风景之事也。

我5月10日左右去上海，约十天，转济南，为山东大学研究生讲一个月。返宁当在六月下旬了。

《古诗今选》曾寄朱祖延、章子仲各一部，不知他们收到否？

请转告张国光先生，他寄来的文及信都收到了，因即将离校，不及复，请代致感谢之意。

专复，即颂

俪安！

千帆

5月2日(1980年)

（一〇）

周勃同志：

我现在上海文学批评史师训班讲课，二十二日去济南，为山东大学研究生讲。

临走前，遇到程一中，知道你们情况都好，甚慰。曾托他问你们要一本载《女贼》的刊物，如尚未寄南京，请寄济南。

在此听朋友说，雪垠兄在香港发表了一篇谈文学的文章，涉及祖棻。此文，我未之见，不知能请你函雪垠，问他要一个复本否？（如无原报纸，请用静电复制一份。）此间黄裳同志亦拟在港发表一文，论祖棻诗词。

在一个月写信给我，可寄济南山东大学中文系殷孟伦教授转交。祝好！

帆

5.19(1980)

（一一）

周勃老弟：

来信收到。朱先生的信也收到了，请转告谢谢他，无事，不另复了。

我近一个月来身体差。动脉硬化，缺氧，中气不足，不能多说话，医嘱静养，又发了痔疮，看来，武汉来不成，但还未作最后决定。

中华书局出版《学林漫录》(第一辑已出)，希望有一篇关于祖棻的文章，想来想去，还是希望你来写。吴志达可能现在愿意谈谈了。杨翊强已离开，当无顾忌。如你抽得出时间，望和他们联系，提供一些材料，把它写出来。

文学史稿(特别在注子方面)，希望朱先生能仔细审定一下。你整理时，望多向他请教。

张三夕在这里学习很不错。看来，获得硕士学位的希望很大，如果他不拟继续攻读博士学位，武师能通过某种渠道将他要回，将是一把好手。这事，可密与朱先生一谈。

匆匆，祝

好！

千帆

10 月 25 日(1980 年)

(一二)

老弟：

来信及稿件收到。极感你的辛勤及祖延先生校订之劳。请代向祖延先生申谢，并请继续如此办理。

分四次在 81 年登完，很好。你们陆续整理校订，然后寄来。我随时看后寄还。这样，用多用少，你们可以主动。当然以章为单位。共 12 章，则每次三章为宜。但这次寄来的，只两章，或以后再设法调整。我无意见。

我希望每期刊出后，能抽印 50 份，送送人。如不可能，则请多赐几份学报(10—15 份即可)。请酌。

排版，提出下列意见，仅供参考。

① 通栏排。② 大标题(章)用三仿或黑，小标题(节)用四仿，排在中间，章占两行，节占行半。③ 正文用四或五宋，注文用五或六宋。

请仔细校对，尽可能减少误植。

稿在校订中，在一个星期之内寄还给你。

祖棻纪念文，请按照自己的思路去写，不必管中华的要求，但不宜过长，也不要求全面。《新华月报》文摘版本年 10 期黄裳文可参看。雪垠文，又《山花》本年×期李荒芜、朱光潜诗，可引用（不一定）。写好，请寄我一看。

我仍然中气不足，体力视数月前差了，仍在奋战中。祝

好！

帆

11.24（1980）

（一三）

周勃老弟：

校订稿早挂号寄上，想收到。其中“焉”字，你原来抄得不错，我误记已简化为“焉”，校对时，请改回。（我主张简化字，但反对不规范化的简体。）此稿校订时间不够，较粗糙。第二期起，能早点寄来最好。仍请祖延先生先行审定一次，庶免差错。

第一期何时出？能给几份否？能自己再校大样否？均望告知。

请转告章子仲先生，她托胡若定先生带给我的茶叶已收到，谢谢她。

祝

好！

千帆

12 月 9 日（1980 年）

（一四）

周勃老弟：

来信收到。华师历史系张舜徽教授争取三夕到他所主持的“古文献研究室”去，但三夕的名额闻在武师。听说教部 78、79 届研究生的具体分配会议在武昌开，请祖延先生与院方研究落实一下。三夕跟我治校雠学，有成绩，论文很突出，所以舜徽先生要他。他本人无一定意见，到华师，可跟张先生继续学，武师是母校，也当然会继续得到培养。

去年曾推荐研究生徐有富的一篇论文《诗与政治——读四库提要札记》,《武师学报》已答应刊用,但因稿挤压了一年,不知能在今冬明春刊出否？盼便中一询。

我脑血管硬化,时常头昏,工作效率很差,也只好且战且走。祝好！并候祖延先生。

帆

10月19日(1981年)

想问雪垠要一份他的发言稿,请转问行不行。

(一五)

老弟：

信收到。徐有富的文章,《武师学报》编辑部已有信来,答应明年发。

张三夕大概决定到武师了。华师力争,未能取胜。请告祖延,这个孩子是很好苗子,要好好继续培养。照我看,如营养丰富,成长迅速,5年以后就可以成材,现在立即上阵,也不会出多大错。但要少夸奖,多严格要求。

雪垠想仍在汉,请见时为我祝贺他入党,为我道念。据说,他那个有些反应,也是意料中事。

《武师学报》81/4应给我8册,至今未收到,请一催,谢谢。此颂近好！

帆

12.16(1981)

(一六)

周勃老弟：

新春好！

雪垠不知返京否？近得其历史小说三下,尚未及看。如通信,幸便中转告,亦颇以其处境为念。

有两事,请和《武师学报》编辑部一谈：

① 将我的原稿全部要回。

② 还要 81 年 4 期一册(寄来少一册),以便配套。

请弟取得后,即代挂号寄出。他们办事很拖拉,交与,又不知延至何日也。

我近病未发,但仍忙,不如放牛之清净无为也。祝

好!

千帆

1.28(1982)

见到张国光先生,请代致意。他所送《水浒》论文已收到,谢谢。无事,不另复了。

张三夕已返汉,见之否?大致仍在武师也。

(一七)

周勃老弟:

我于旬前来西安参加唐诗讨论会,并讲学数次,现已结束,准备明天回南京。

得三夕信,知他想考张舜徽先生的博士研究生,但武师不同意。详情我不了解,三夕要我给祖延或者其他人说说。这事,我不便直接开口。请考虑一下,如学校能让他试试,就准许他报名,亦不见得就能录取。如实在不行,就要对他做思想工作,免得青年人为此闹情绪,影响工作。望适当处理,并回信。祝

好!

千帆

四月七日(一九八二年)

(一八)

周勃老弟:

两函都收到。王先生也见着了。但这种当面交材料请提审查意见的方式,显然对我独立提出意见有所妨碍。因此,我觉得以将材料直接寄与

另一位审查为宜，已将其退回武师人事处了。请转告有关通知，曲予原谅。祝

近安！

千帆

8.14(1982)

你们也许并未感到(但愿如此)，这样做，我除了将王先生的著作赞美一番之外，别无选择。我之所以退回，是认为这种方式很不合适，丝毫不涉及对王先生的学术有所褒贬。又及。

(一九)

周勃老弟：

29日函收悉。乔木讲话已收到江苏文联印本，闻也是经过反复争论才作出的，很心平气和，有理不在高声，因此反更有说服力。武大问题，主要是大家不种，而只想摘。吴志达前过宁，适我去北京数日，未见。闻其能评上，因他有一小册子，而别人则连这个也没有。此亦廖化之命运而已。

词集一册寄上，印得还可以，校对好，几无错字。诗集已由福建人民出版社印，大约明年才能出。

我五日去上海转厦门，大约九月中均在福建。十月初可返校。匆复，即颂

著安！

千帆

9.2(1982)

(二〇)

周勃老弟：

我大约十号左右乘船来汉，同行有妻、女和一小外孙女。票定后，当电告行期。

21日要去北京开社科院“六五”规划会，要先定飞机票。同时，请先

为陶芸和丽则买回南京的船票。

想在讲习班讲一次大课，为武师研究生作两次座谈。已将材料寄张国光先生，请其事先打印，效果要好些。

在武汉十天，想看骆文夫妇、曾卓，这请你陪同。去武大一或二次，看大约五六个人。请师院提供汽车。

整个时间，希望你仔细安排一下。

修墓事，已由舍妹等在汉借重她们工厂的力量办理，如果有困难，当再请武师设法。对此我深表感谢。去扫墓也还得请设法借部车子。

别的事，到后再谈。

祝

好！并请代候各位先生。

千帆

三月六日（一九八四年）

（二一）

周勃老弟：

信、书、照片收到。我的单人照希望各位摄影家在用过以后寄给我，还想放大几张，不急。

已问过南大研究生院，代培博士，每人每年 8300 元；硕士，每人每年 6300 元。如不住南大宿舍，可减 1000 元，不要南大支付助学金，亦可减 1000 元。（博士生生活费略高，也许可多减一点。这，未弄得十分清楚。）目前，南大已招代培博士、硕士多名，都是此价。所以如一个一个地谈，恐难优待。如提出两校合作，如何如何，也许有点商量余地。

国家教委已决定，将南京大学与南京工学院两所委属重点大学合并，又加新创医学院，成为“中国联合大学”（尚未最后定名）。以此为试点，成为中国第一所名副其实的“综合大学”，文科亦将大发展（理工科本强）。如湖大与南大建立某种关系，或对将来发展有益。

以上，请酌情向李、徐二位报告。

祝

好！

千帆

四月五日（一九八七年）

（二二）

周勃老弟：

惠示底片及茶叶均拜领。所谈事，亦在意中，弟宜借此脱离旋涡中心，静下来写点东西。文坛事，北京来信云，作协一片检讨声。想来外松内紧了。

祝

好！

千帆

五月二十七日（一九八七年）

（二三）

周勃老弟：

得书知以肝病住院，不知究竟如何，极为系念。大概这种病，休息非常重要，你也只好既来之则安之，住一阵再说。

丽则等已于四日去四川，游了峨眉、乐山，现正在九寨沟，准备二十日离成都去重庆，是否还有时间玩小三峡，不可必。如在重庆乘直达轮回南京，就不会麻烦道葵弟了。

前两个月，湖大人事处忽然来信，要我给李先生作补充鉴定，李先生之子并来要三数日内办，又不将材料、表格寄来（如说李为悲喜剧集定稿，而并无原稿及李所改定之原始材料，只有已印之书，什么也看不出。又无正式表格，这样，就不能请校方正式盖章），我只好用写信方式说明情况，并表示同意其升等。看来，中文系及人事处似乎是有意这样做的。他们想为难李先生，却又把恶人给我做，简直岂有此理。如果并非有意，则办事人简直是混蛋官僚。事情早已过去，你知道就是了，无须对任何人说。今天无事，忽然想起，就告诉你一声。

祝
痊好!

千帆
8/18(1987)

（二四）

周勃老弟：

新岁吉祥为颂。

此间因开会需要大批拙著《古诗考索》，上海已售缺，请弟费心去交通路古旧书店了解，尚存若干？希望有60册。如有，请即使垫款代购妥寄（可寄给我收）。其中十册开我发票，50册开南京大学古典文献研究所发票，如不够此数，亦请尽量买下。此事重要，务请拨冗一办。

我前因心脏不适，住院四十六天，已于半月前出院，冬寒惟“塞向墐户”而已。衰年逼人，真可叹可惊也。

诸友均乞致意，不另。

即颂
全家安乐!

千帆
新正二日（一九八八年）

（二五）

周勃老弟：

久不通问，前告以病住院，不知已好转否？甚念。我近年身体大不如前，近又患眼，久之不愈，甚烦燥。子仲丧偶后情状如何，湖大一切均在念中，如不太费力，可来一函略告也。专颂
双安!

千帆
4月24日（1988年）

（二六）

周勃老弟：

惠新茗又函均收到。茶味甚厚，虽非绝品亦自可饮。弟身体仍要特别注意，胆结石此间盛行以芥子做耳针，然后服蹄膀将其裹出之法，然太大则不行，至爆炸法，但见报载，或京沪有之。似不妨托人打听，然后联系往治也。

国事系事多不堪言，亦不仅某一学校如此。现在政治“艾滋病”是党风不正，已沦肌浃髓，“上下相蒙，上下交征利”二语尽之矣。我数十年来，总是希望免疫，但个人免疫又如何。独善其身，似清高实可耻也。大著何日脱稿？如精神好，自应勉力一序也。顺颂

阖府安吉！

兄帆

6 月 1 日(1988 年)

（二七）

周勃老弟：

惠示又书稿、茶叶均收到。谢谢。勉成一序奉呈，幸酌之。收到乞复。

南京大热，当局照顾老人，置之有冷气设备房屋中（芸亦在），得免一厄。南京老人中暑死者，报载盖三百余人云。

近日转凉，冀其不再升温耳。顺祝

阖府安吉！

千帆

7/28(1988)

雪垠与再复之争，大可不必，屡说不听，可叹也。

（二八）

周勃老弟：

王生昨来，收到珍贶，感感。稿件已于前数日挂号寄上，想收到矣。

其中注释或尚有可商处，能请朱夫子看一遍最好。天气近日转凉，想弟体亦可转健。张叙之近带运动队来宁过谈，稍悉鄂事。刘、姚之争则未之闻，便中亦能略以见告否？手此，即祝

阖家安吉！

千帆

八月二十三日（一九八八年）

（二九）

周勃老弟：

承赐新茶，极感。一个月来，我一直生病，时好时坏，大约心病难医也。东坡诗云："人生万事足，所欠惟一死。"真不知道活这么长是为的什么也。叹叹。不能覙缕，幸恕疏略，惟冀他日得面罄耳。复颂

著安！

千帆

五月廿七日（一九八九年）

（三〇）

周勃老弟：

前得百番，似是序文稿费，然过奢，殊不安也。又得名茶，亦所素嗜，为惠多矣。数月来为心脏宿疾所苦，近一月改服中药，始略轻减。秋寒亦易中人，老病不斟，如何如何？近况想安适，仍冀赐数字也。顺颂

安吉！

千帆

9/28(1989)

（三一）

周勃老弟：

兆鹏来，带到茶、酒，感谢感谢。我去冬因连服中药百五十剂，心脏病未甚发作，又以恩准退休（口头，至今未办手续），亦便于老懒，故视 87、88

年之偃卧医院者为胜。吾弟闻之，亦当一慰也。老妻亦安。闻太夫人已仙逝，未得致赙，甚感不安也。

春寒，望保重。祝

阖府安吉！

千帆

二月十四日(一九九〇年)

(三二)

周勃老弟：

托张书记带来茶叶、皮蛋、豆豉及书稿均受到。食物均我所喜，感荷感荷。

书稿已于今晨亲送南京大学出版社社长面收，并作书面推荐。一般审稿要三个月左右，如有消息，当随时奉告。其他出版社亦有可推荐者，但我在南大较说得起话，如不成，再他图可也。

托张君带上香肚、肉松，均南京土产，又湖笔一匣、茶叶一包。茶叶乃出南京附近之捺山，颇有名，似可，愿一尝之。

近暑，冀稍安息，勿过劳。即颂

全家安好！

千帆

六月十六日(一九九〇年)

(三三)

周勃老弟：

惠赐冬菰、茶叶收到，感谢之至。

我10月12日入医院，住整三月，近始反舍，然犹孱弱，不能做什么事。幸已退休，余三研究生，今年夏间大体可了结，今后只混混日子养残年而已。

平生著述，得友生之助，近印出两册(明年可续出二种)，俟运到后，当奉寄。

弟稿，补充部分，寄来时我在医院，由陶芸亲送交，想近已审毕，不知是否有信与弟联系。如无，当由我再从旁促之。

曾卓详细地址望告。

祝

安好！

千帆

一月二十四日（一九九一年）

（三四）

周勃老弟：

昨发一函，计先达。

南大允出版，实不易。并非全是我的面子，实亦此书有一定质量也。照一般情况，今年内当可出。又书二册寄上，另当寄祖延兄等，因大批尚未到，容续邮，此二书，平生精力（理论方面）所萃。我谈理论，是从具体上升到抽象，与一般不同。此弟所知。弟有暇，愿通读之，能写一书评更好！（如作，谈点实际问题，不必夸张。）

帆附告

（1991 年 1 月 25 日）

（三五）

周勃老弟：

三月七日来函收到。新书二本，可算我治诗数十年的代表作。你能写一书评（不必急，慢慢地写），甚好。七八千字以内最合适。写好后，可径寄 200062 上海华东师大宿舍二村三十号徐中玉先生（我的老友），请其在《文艺理论研究》上发表，或者 100732 北京建内大街五号社科院文学院蒋寅（我的学生）交《文学评论》或《文学遗产》发表。文中不必提师生关系。我近仍常发小病，不大做事，读闲书遣日而已。祝

安！

千帆

三月十五日（一九九一年）

（三六）

周勃老弟：

4 月 21 日收到手书，27 日收到包裹，谢谢。茶叶甚好，惟另一种并非蚝豉，而系一种果实，略如花生，炒食之亦尚可口，或寄时误放，亦无妨也。

题签寄上，因有小标题，不大好布局，对付用着吧。

南大出版社近三年已办出些成绩，出过一些好书。弟此书尚是未开拓领域，理宜出版，非下走之力也。

年齿日增，心脏亦日益衰竭，子曰："君子居易以俟命。"故亦安之。曾以《诗世界》一册寄雪垠，未得复，想此老或亦不及前数年之兴高采烈，逢人辄道一片大好而且越来越好也。古人云："殷忧启圣，多难兴邦。"说空话，吹牛皮过日子，岂能打倒贫穷落后，超过东西洋鬼子乎？荒唐老悖，出言无状，想必莞然也。即颂

俪茀！

帆顿首

四月廿七日（一九九一年）

（三七）

周勃老弟：

友人饶德和先生在办中山自修大学函授部，想请贵校教师去兼授秘书及行管方面课程，已另函作介，不日将来奉谒，请在可能范围内支援之。我近月身体尚好，希释念。

即颂

著安！

帆顿首

7/2(1991)

（三八）

周勃老弟：

友人饶德和先生，乃湖北中山自修大学函授部主任，该部现颇需秘书及行政管理等课程之教师，拟请湖大方面给与支援，特此函介，尚乞费心与以协助，不胜铭感。专此奉达，即颂

著安！

程千帆

七月二日（一九九一年）

（三九）

周勃老弟：

熏肉及手书均收到。故乡风味使老人大快朵颐，殊欣然也。大作已于十一月九日交印刷厂发排，估计明年春季可看校样。他们本说今年发排，可谓能践其言者。惟因事忙，未及及时奉告为歉耳。饶老之女，系丽则同学好友。此老亦因冤案沉滞多年（因此成为高级油漆工），犹能贾其余勇，亦殊不易。弟鼎力助之，甚善。我今年身体似较去年为好，未住医院，即其一证。大概耳聋因而少所知闻，亦殊有帮助也。顺颂

安吉！

千帆

芸附候

11 月 30 日（1991 年）

（四〇）

周勃老弟：

承惠新茶，感不可言。我月前因气候恶劣，心脏颇为不适，幸近已转趋缓和，注意保养，当不致恶化也。武汉出版社拟出版我与陶芸编《骈字类编音序索引》，约二十余日前，该社编辑潘长胜君来宁将稿取去，即杳无音信（本说到后即将稿件收据及合同寄来）。此书承祖延先生允赐序，亦

不知该社已与祖延先生洽谈否？如早晚相见，幸一询之。三夕与该社亦熟，不知吾弟有友人在该社工作否？此书原交南大出版社，因该社言已由省出版局批准作重点书出版，故索回交与，而办事如此拖拉，真令人气短。（原定十二月底出版，似已无望。）弟稿在南大出版社者去年十一月已发稿到厂，不知已送校否？如需我询问，可来函相告。

专此，即颂

阖家安好！

千帆

四月十四日（一九九二年）

三夕闻将赴海南，已确定否？

（四一）

周勃老弟：

武汉出版社已将合同寄来。此事算告一段落，谢谢。

你那本书，大约三季度，至迟四季度出。南大出版社的出书进度还可以。我觉这个题目，至今国内尚无专著。出后，应找人写点书评（讨论性质的，也可赞扬，但非吹捧）。如三夕就合式，但听说他要去海南，不知有空否。祝

全家安乐！

千帆

五月二十日（一九九二年）

（四二）

周勃老弟：

承惠佳茗，感感。大著在南大印行者，前闻人言年底可出，因少出门，亦不知确否，故未奉闻。我近大体尚好，老人身体不恶化，即是好也。祝

阖府安吉！

千帆

九.十三（一九九二）

祖延近况如何?

(四三)

周勃老弟:

来信收到。你的《永恒的困扰》已出版,南大出版社送了我一本。印得很不错(就是照片差)。你要买多少,望径函该社,大约打八折(或七五折)。我近由学校分了一套四室一厅的房子,冬天要作搬家准备,因此无法来武汉了(年老体弱,不免蜗牛化)。我想明年四五月来小住,因华师大办一黄季刚先生的学术讨论会,武大又校庆。武大崎岖,华师只开几天会。要盘桓,还是住湖大好。兆鹏不知道我从来不肯作应酬文字(尤恨作应酬诗),婉辞之函望转交,并告知悭悭自守之意。祝

全家安好!

千帆

十一月一日(一九九二年)

(四四)

周勃老弟:

马蓝婕女士转致200元收到,辛苦钱乃令老人分享,受之滋愧矣。近患骨殖增生,行动不便,殊觉麻烦,心脏尚可,他无所苦,知注特闻。天寒,善自葆爱。顺颂

著安!

千帆

一月七日(一九九三年)

(四五)

周勃老弟:

今年五月华师大开黄侃先生学术讨论会,想借此机会来湖北小住。湖大仍能托足否?弟现不在中文系,我又不能为行管系做什么,有无困难?望直告,不可勉强也。上次在中文系虽说上课,恐实际上无效果,甚

愧。这次，如选少数青年教师愿从事研究者，每周个别谈谈，或更有益。这只是想到，随便谈谈。因我四五月间要迁一新居，不知届时能否成行。承惠腊味等甚佳。老人胃弱，不能多进，今日犹蒸食之也。中文系涂先生编《毛诗鉴赏辞典》，前有书来，未及复，晤时望致意。顺颂

著安！

千帆

3 月 11 日(1993 年)

（四六）

周勃老弟：

惠赐新茶，因邮局拆屋搬迁，迟迟始收到。色味均佳，不殊往岁，老怀欣然，近日之快事也。武昌黄先生会，消息殊不能令人满意，已推病谢绝。近日学校分得一套房子，在平地，可免老人日夕上下之劳，但要自装地板，因此其后搬家又要忙一阵（当然只能由门人辈动手）。如完工迁入过迟，已臻炎热，则上半年恐不能来汉矣。另一事，请转祖延先生，烦其打一电话与武汉出版社潘长胜先生，询其《骈字类编音序索引》可否如预约在 6 月底出版。如不能，大约至迟何时可以见书。得确信后，望告我也。谢谢。顺颂

近好！

千帆

四月二十六日（一九九三年）

（四七）

周勃老弟：

寄武大联，已查出系十月九日由邮一一〇一（即南京鼓楼区南京大学邮局）寄出，收据为〇八八二号。不知已收到否？今再寄上学术报告文本一份，如我届时不能来，即乞代读。其中所论，皆系旧说，《诗世界》以及《程千帆诗论选集》中皆有其全文，如弟代讲，可先取全文阅之。连日南京大风且雨，甚有秋意，惟终日蛰居矣。手此，即颂

近好！

千帆白

十月二十八日（一九九三年）

（四八）

周勃老弟：

武大贺联重书寄上。纸有损伤，仓卒不能出购，别裁小幅，乞嘱裱工补之，师傅们都有此本领也。恐前挂号函又遗失，再附上讲稿一份。顺颂
近安！

千帆顿首

三十日（一九九三年十月）

（四九）

周勃老弟：

转上代发先生及刘昌钊先生函各一封。请费心转告代发先生，我已81岁，我，还有他和洪源先生、昌钊先生恐都不想叫人背后说，程千帆真是老胡涂了，连起码的逻辑思维都丧失了。因此，我对“中国话本小说史”这样的书名，就没有勇气落笔了。这，真是无可奈何，抱歉得很。顺颂
著安！

千帆

1月4日（1994年）

（五〇）

周勃老弟：

照片二张收到，谢谢。其中多人合照者，模糊不清，除弟及福邦外皆不审辨，幸示知之。日刊书评一纸，请转敏彻。顺颂
全家安吉！

帆白

三月一日（一九九四年）

（五一）

周勃老弟：

惠茗拜登，甚感在远见忆也。我近尚安，惟目苦白内障，昏瞀日甚，又尚不能做手术，姑俟之耳。复谢，顺颂

阖府安吉！

千帆

五月三日（一九九五年）

（五二）

周勃老弟：

吴芸真女士来，带到咖啡（不必）、茶叶（甚好），故人在远不遗，真可感也。

吴先生盛意，本已拟要她找二三老学生采访，找一文笔好的人凑一篇，但看了所留下《名流》三册后，仔细考虑，仍以不踏入这个“花园”或“污池”为宜。一介寒儒，岂能与女皇帝、国际明星之流为伍？纵自己不怕上帝、马克思之流所笑，岂亦不怕撒但、阎罗王乎？“道不同，不相为谋”，不是一条道上跑的车，不必放在一处为妥也。

老而愈顽固愚蠢，不识时务。吾弟可大笑一场，对身体不无益处也。

秋仍热，望

葆爱！

千帆

9 月 17 日（1995 年）

（五三）

周勃老弟：

潘长胜约一个月前来电话，告知在武汉出版社印的《骈字类编音序索引》已印好，寄北京样书被野蛮装卸的人弄得破损。我于 11 月 1 日复挂号信，详告① 稿费结算，② 拟购数，③ 包装方法。隔了三四天，又打电话

告以开国际会议拟购此书，请其速寄，迄不作复。前十日，又去一信，仍不理。

潘平日为人尚认真，忽然如此，甚以为奇。吾弟得此函后，了解一个究竟。此书已拖了近四年，希望年内将账结清，书寄到(样书 20 册，购书 20 册)。稿费已支付五千，购书 20 册，还要代南大垫约千元，故付现不多。亦决不致因此为难也。(此书朱夫子作序，或已见。)

近日天气转寒，我甚注意，故尚无恙，可释念。

弄清楚后请电话告知，较快。

祝

全家安好！

千帆

11 月 26 日(1995 年)

(五四)

周勃老弟：

前命早早前来拜谒问候，回来后知一切均好，甚慰。

顷闻知曾广开弟离开河南大学时，他所保管的该校一部照相机未曾归还，同事中颇有间言。此事对他的信誉有影响，也妨碍他的前途，决不可因小失大。请弟便中嘱其从速归还为盼。如果遗失，照价赔偿。

今冬我身体很好，虽气候一直寒冷，因除在附近散步外不出门，所以也未感冒。只是今年来白内障加剧，看书是一片模糊，写字则只能写核桃大字，甚感不便。又未到可以动手术的程度，只好听之。五月间或可来汉，届时当可晤谈。

顺祝

新春全家大吉！

千帆、陶芸

1996. 3. 2

此事说小很小，说大也可很大，要他放明白一些，不要断送了前途。

（五五）

周勃老弟：

九月十四日两函均悉，一直搁置未复，一是《校雠广义》最后一卷定稿，忙了二十多天，昨天才寄出；二是一直在想你那本书，如何更加深入一层，想来想去，想不出好主意，所以耽搁了。现在我想文学与伦理的关系这一命题似乎不在于作品主题所表达的伦理思想，而在于作者所体现在人物性格成长当中的彼此之间的冲突以及冲突中所形成的复杂多变的情节（如果不是公式主义的，先想好的高大全之类的话）。只有作者通过人物性格以及性格冲突中形成的情节所表现的伦理道德观念，才是真正存在于生活中的。如果你仔细研究一些古典戏剧和小说（不要多，只要几部），作些深入的研究，我想可以较好的充实你的课题，例如代表新兴城市市民阶级的《金瓶梅》和代表明清儒林的《儒林外史》就有极丰富的伦理道德观念的体现（包含正反两个方面）。《红楼梦》也是如此。《西厢记》《牡丹亭》《桃花扇》各自写了一个侧面。《金瓶梅》中对封建道德的背离和疏远，是前此小说中所绝无的。例如，这个商人非常爱财，但他的经济活动从不与土地剥削沾边，这个淫棍非常好色，但书中从不写到封建士大夫的处女嗜，他的社会秩序观是建立在金钱的基础上，只要有财有势，诱奸了嫦娥，强奸了织女都无关系。这反映了完全不同于封建地主阶级的新兴市民阶级的观点，如果你要研究伦理道德与文学的关系，《金瓶梅》可以提供前此所无的全新资料。《儒林外史》显示了明清两代八股文文化笼罩下儒林的生活和思想。他们那种以极其真诚的愚昧来体现对传统道德文化的驯服，也是空前绝后的悲剧（你看过祁阳独角戏“祭头巾”吗？那是《儒林外史》的简单的说明书）。《红楼梦》中贾母对林妹妹可以算是极其疼爱了，但老太太知道林妹妹爱宝二爷以后，居然极其凶残的说：“这孩子如果有这心思，我就算白疼她了。”这句话真是掷地有声。我每读到此处，就觉得一位目露凶光的悍妇站至我面前，再不是一位头上有福寿窝的慈祥老外婆了。

我是 1913 年 9 月生的，前几天才过了 83 岁，现在是吃 84 岁的饭了

（拿老百姓的话说），一辈子教书，总希望有几个好学生。你这个命题搞的人少，过去还有忌讳，另外就还有左派大师，所以对于你不能无厚望。眼睛虽非全瞎，但已无力看报，几篇书评读后记不住，也不能仔细考虑他们提出的问题（好像他们也没有什么要紧的话），所以我就只能请陶芸写上这么一点，可惜远隔千里，行动为难，不然能聚首十天半个月，零星漫谈，或可较为深入。回信迟了，甚觉歉然。祝
全家好！

千帆

10.5(1996)

他讲得太快，我只好潦草写下，不知能看清否？

芸附候

（五六）

周勃老弟：

月前曾以《诗文合抄》一册奉寄（另一寄朱老），久不得复，甚以为念。曾以之寄广开、兆鹏，均收到，故知非遗失也。

徐迟轻生见报乃知，剪寄，想弟知之更详。我耳目更差，已不能读信看报，幸眠食均好，顽固度日如旧耳。盼复，即颂
双安！

千帆

四月六日（一九九七年）

（五七）

周勃老弟：

得书知身体健康，反乡省亲，甚以为慰。我常常觉得退休以后身体还好，可以做自己想做的事，不爱做的就不做，是人生最好的境界，你现在就是这样，要好好珍惜。我就太迟了。幸而有几个好学生留在南大，我要做的事他们代我做了。96、97两年可算是我的大丰收年。现在向你“汇报”一下：我挑了六种有代表性的著作在辽宁出版了一部《程千帆选集》，精装

上下两集130万字，因曾将单行本都寄给你了，所以没有再寄给你。其次，完成了《校雠广义》四册，系与门人徐有富合作，大约也有120—130万字。再，《诗文合钞》，和武大出版的《新诗集》一样，是我的创作，陶芸精抄，反响极好，出版社先是内部发行，现已决定公开出版。另外，我和一个名叫程章灿的学生合写了一部《汉语文学通史》，不知98年是否可以交印，约60万字。已经有三章寄给了冯天瑜，想在武大办的一个大型学报上先发表一下。《程千帆沈祖棻学记》搜集了生平与学术有关资料，已在贵州发排，估计年内可出。又上海文艺出版社要我出《俭腹抄》一种，约20余万字，系由一个学生把我的学术论文、谈话等选抄其中有思辨性的一部分，如果顺利，今年也可出。看起来颇有"春蚕到死丝方尽"之势。以上是讲工作，笔锋一转，要讲人生。我始终是个儒家，也信马克思主义，但儒家是本体。我相信人与人之间的关系是一切的根本，人活着就得做一点对人类有益处的事。就凭这一点，我在十八年的右派生活中活了下来。老子主张守静，庄子主张达观，我不羡慕荣华富贵，也不想和别人计较(虽有时也不免)。我同陶芸结婚后生活得很安静，根本的一条是知足，我刻了一方图章叫"残年饱饭"。这是我生活的全体，如果伸出脑袋到大街上去看看，那些混浊的情况也会叫你气死。苏东坡被皇帝充军到惠州，他便说："譬如惠州不第秀才，有何不可?"有时生病，缺医少药，又说："不知京师国医手中死人更多。"老弟，希望我们彼此互勉！能成立文学院，把湖北大学办得好一点，是我所愿意听到的。武汉大学至今仍在徐懋庸后遗症的弥罩之中，所有的著作、文章至今都只能在湖北发表，达不到一个高的档次。我也曾在可能范围以内给他们一些帮助，但效果很小。古德说："在一个桑树下面睡过三天，就会产生留恋。"我也不免，但也无可奈何。陶芸今年也83岁了，难得她今天精神好，请她帮忙写了这封长信。我们难得见面，白头师弟这样谈谈也好。

祝

全家好！

千帆

97.4.20

（五八）

周勃老弟：

前由老伴代写一长信，想到。昨得茶叶甚佳。老人无他享受，此即珍品也。近来南京电话换了号码，舍间已改 3592790（不由校转，直拨家中），特奉告，又请转告武大吴志达及舍妹程小佳为感。

吴：782712—4652。

程：3830834。

顺颂

合家安乐！

千帆

4 月 29 日（1997 年）

（五九）

周勃老弟：

丽则的好友饶小平的儿子高帆要考湖北大学自动控制系的硕士研究生，想请你敦请一位老师辅导一下。小平曾在我最困难的时候帮助过我，此事务请推爱一办，谢谢。我《学记》已印出，非久当奉寄。耳聋目瞀如故，其他尚可。三夕已返汉，想已见之。顺颂

近安！

千帆

十一月二十七（一九九七年）

（六〇）

周勃老弟：

久不通问，近得书始知入院做手术，已到老年，幸甚平安，可喜。我宿疾愈甚，耳近全聋。左目患白内障，不能读细字，而医云，年事甚高，又有心脏病，整个体弱，不宜动手术，故惟有保守疗法，终日枯坐时为多耳。幸南大所培养研究生留校多人，均愿助我整理未完成著作。除《学记》已呈左右外，尚

有三四种，一二年内可次第出版，聊慰寂寥耳。耳目虽差，眠食尚可。书问合家安吉！

千帆

一月十七日（一九九八年）

（六一）

周勃老弟：

承惠新茶甚精，极感。我去年病后恢复甚慢，主要的是心脏缺血宿疾，加以糖尿病。每日精神短少，偃息时多。幸无事可以从容。程沈文集在河北教育出版社陆续出，今年或可毕功。又《中华大典·文学典》，将在国庆出一分典作为国庆献礼，可奉告耳。匆匆，即颂

安乐！

千帆

6 月 3 日（1999 年）

（六二）

周勃老弟：

承赐新茶，不胜感激。每年尝到弟所惠新茶，总不免引起对武汉之总总怀念。诸亲好友固在念中，即各种小吃如豆皮、烧卖等在回想中亦使我馋涎欲滴。前些时陶敏从上海开过会后曾来我处见访，略谈了一些武汉的事。最近李成文先生和夫人回乡扫墓，亦枉道来宁，畅谈了湖大的一些事情。知弟已迁新居，一切均好，我深为欣慰。只是听说王兆鹏和另一位先生已调往武汉大学，又闻曾广开眼疾较为严重，读书困难，深以为忧。广开还很年轻，请转告必须认真治疗，不要麻痹大意，留下后患。我这一两年来越发衰老，助听器已一换再换，若靠近我左耳说话，还能听到。眼睛则更糟，书籍几已完全不能阅读，报纸则仅能看大标题，如想知道内容，则由陶芸读给我听。朋友来信亦如此。看电视也是做做样子，半懂不懂，聊遣时光而已。行路亦困难，在室内走动，现亦扶杖。所以虽屡次想回武汉看看各位亲友，但医生不赞成。他说目前状况尚好，血压稳定，血糖亦

不过高，因此心脏亦较稳定，一定要维持现状，不可过多活动。只好听医嘱在家静养。好在目前手头无工作，《全集》由莫砺锋负责，大约年底可出版。在上海古籍出版社印行了一本《桑榆忆往》，是张伯伟整理的，据说六月底可出版。至于我负责主编的《中华大典·文学典》，除去年出了宋辽金元分典外，今年可出隋唐五代分典，以后每年可出一分典，2003年底希望可出齐。此事我也只过问一下，出出主意，并不亲自操作。所以生活还平静，眠食亦佳，堪以告慰。朱祖延先生闻亦迁新居，见面时乞代问候。顺颂
俪安！

千帆上

4月22日(2000年)

陶芸附候

附致章子仲先生函，请代转。

致葛杰(一通)

葛杰，曾任上海古籍出版社编辑。

葛杰同志：

前上一函，索《古典诗歌论丛》第三次印本，不悉可得否？《行卷》一稿，遵示寄呈，请予审处。如荷采用，拟在编排印刷方面提下列两点建议：

(一) 正文用四号(或新四)，引文用五号，注文用六号。因此书字数少，可以编排得醒目一些，不太费纸。

(二) 将后面附注剪贴一下，改为每页脚注。因所注不仅出处，其中有校勘、考证及对正文之补充，与正文对看较便。

这是一本资料性较重的书，有人嫌材料太多，觉得“难看”，我却惟恐搜集未全，以致由构想到写成，断断续续，搞了近十年。现在贯彻“双百方针”，我想写作方法也可以争鸣的，因此就“顽固”了一下，没有改动。不知您看后怎样？

收到后，祈复。

敬礼！

程千帆

12 月 30 日(1978 年)

(附奉简报一册。)

致马騄程(三通)

马騄程，曾任西北师范大学中文系教授。1944 年毕业于中央大学中文系，师承汪辟疆先生。

(一)

騄程尊兄：

契阔多年，忽奉瑶札，喜慰何似！弟于客岁移研白下，旧地重游，况同梦幻。而昔时从游耆宿，凋零殆尽，感慨尤深。曾得句云：

诸老凋零极可悲，门生后死亦支离。石桥布厂经行处(霜崖、量守师寓大石桥，方湖师寓晒布厂)，历历春风侍坐时。

回想闻方湖先生娓娓谈李云章父子学术，岂可再得耶？雨亭先生夫人近况，候有所闻，当再奉告。旬日后，弟赴昆明。返宁当在四月中矣。北地春寒，仍乞珍卫。专复，祇颂

著安！

弟程千帆

三月七日(一九七九年)

(二)

騄程兄：

手教及大作收到。

尊意已转达，当由主管办理，想非久将可收到邀请函也。

承询先世事迹，谨略述如次：伯祖名颂藩，字伯翰，著有《程伯翰先生集》。叔祖名颂万，字子大，号鹿川田父、十发老人，著《十发居士全集》，与

曾广钧、易顺鼎，在光宣间合称湖南三诗人。先君名康，字穆庵，号顾庐居士，著《顾庐诗钞》。伯祖、叔祖之集，均有刊本。先君之作在史无前例时期，为狂童所毁。方湖师《光宣诗坛点将录》中列先叔祖及先君之名。弟祖籍宁乡，宁乡属长沙府，故寒家或亦称长沙人。

《宋词赏析》，顷已由上海古籍出版社重印。如甘肃到书太迟，可径函上海瑞金二路该社函授部购买。

匆复，即颂

著安！

弟千帆上

三月一日（一九八二年）

（三）

录程兄：

《飞天》、稿费及12月12日[①]信都收到。因去厦门勾当，不久始返，稽复至歉。

先师遗文，又得郑祖慰学长寄示一篇，极好。望即复印挂号寄超伯，俾编入。

超伯于半月前不慎被汽车碰伤，骨折。虽不严重，但亦须偃卧数月乃能起床。亦不幸中之大幸耳。

拙著承留意。《论文言文习作》及诗无存稿，请复印赐寄。《文心论》则尚有之也。

兄函即时转超伯。乞释念。

专复，即颂

教安！

弟帆上

10.16(1982)

---

① 整理者按："12月12日"疑有误，据《闲堂日记》1982年8月24日有得马騄程函之记录，疑此处或为"8月12日"。

致杨明照（四通）

杨明照，字韬（弢）甫。曾任四川大学中文系教授。

（一）

弢甫尊兄先生：

别来想安善。所患比不审何如？极为念切。南京图书馆所藏《文心》善本，但有二种，别纸录奉。闻之主事者，北京图书馆有七种，想均过目矣。已商之南图，如欲复制，可照办，惟略须时日耳。匆此，祇叩

道安！

弟会昌顿首

四月廿七日（一九七九年）

（二）

弢甫尊兄：

前得柳大姐复书，即拟告知，又想稍候，看其复印机已否修复，遂致稽延，甚歉！现在看来，只能由川大用公函，请南京图书馆拍显微胶卷（由南图请江苏文化局批准）。今将原函奉上，请考虑办理。吴女士已返，极荷照拂。专上，即颂

道安！

弟昌顿首

六月三日（一九七九年）

（三）

弢甫尊兄著席：

损书奉悉。文旆东下，食宿方面可由南大解决。校录《文心》事，南京图书馆古籍部负责人系柳翼谋先生之女公子定生大姐，前已初步接洽，当无不可。何时来宁，千祈见示。弟或将于十月去济南小住，来示可写弟及

吴翠芬女士二人之名，以免延误。专复，即颂
大安！

弟会昌顿首
九月二日（一九七九年）

（四）

弢甫尊兄：

秋来伏维安善。

昨阅《光明日报》载记者访徐中舒先生事，提及徐老有《论〈蜀王本纪〉成书年代及其作者》一文。数十年前，朱逖先先生尝就此事有所考订，不知与徐异同若何？弟笺《史通》，曾引朱说，故颇思一读徐文，不悉吾兄能否代向徐老索一副本。（或代钞、复印亦可。）弟顷正修订旧稿，拟付手民，因妄有陈恳，或蒙徐老矜恕也。

专上，即颂
著安！

弟程千帆顿首
79.9.27

致宋谋玚（三通）

宋谋玚，曾任教于山西大学中文系、晋东南师范专科学校（今长治学院）中文系。

（一）

谋玚兄：

大函及诗收到，也是一粒铜豌豆也。诗奇好，恨相知不尽，或向日所作，亦不逮此耳。

兄事，关键恐在晋南。如彼方能释手，则南大未始无望。此间多方调人，常常碰壁，故近亦已慎重出之。弟之来此，乃匡某聘一街道居民为教

授，非调武大放牛娃为南大教授，更非调武大教授为南大教授，故与诸公不同，而其顺遂亦在此。倘所谓戏剧性，是耶？非耶？

所欲言者多，非面谈不得尽意，故此打住。今后行迹望示知。

振甫一笺乞转致。

即颂

著安！

弟千帆顿首

5 月 4 日(1979 年)①

(二)

谋玚同志：

五月十五日信早收到，未能即复，是因为想作一番努力。但现已宣布调整，概不进人，就没有办法了。你先设法调北京，以后再说吧！南大调曾卓事，我完全不知。因我新来，天聋地哑。《红楼》之学我未入门，但觉近来未免陷于烦琐。在这种风气支配之下，搞的不是红学，而是曹之人之生活细节学了。祝

好！

千帆

六月三日(一九七九年)

(三)

谋玚兄：

久不通问，得书，知研学不倦，意气如昔，真叔夜俊侠，兴高采烈也。弟于红学本外行，多年来就是旁观者，今年八十有二，耳聋眼花，岂敢胡乱发议论乎？但窃以为雪芹为《红楼》作者，脂砚斋为与雪芹关系密切之人，似不容易推翻。画人不成乃画鬼以自致隆高，终非治学之正道也。红学

① 整理者按：原落款时间为 4 月 5 日，系程先生笔误，据信封邮戳及《闲堂日记》当作 5 月 4 日，径改。

与曹学自是两途，相通而不相同，不宜以彼易此，或互相菲薄也。尊诗甚佳，我不作已四五年，理屈而词穷也。顺颂

著安！

弟帆顿首

9.18(1994)

致郝延霖（七通）

郝延霖，曾任教于新疆大学。武汉大学中文系研究生毕业，师从程先生。

（一）

延霖同志：

来信早收到，事冗未能即复为歉，你在边远的条件下，能够坚持科研，真不简单。很希望读到你一系列关于脂评的论文。《学报》何时寄来，甚盼。顺祝

安健！

千帆

6月3日(1979年)

（二）

延霖老弟：

奉书又近作两种，甚喜。

自客岁秋冬以来，因心血管有病，身体殊不及以前，故各处均少写信。前整理讲稿一篇附上。祖棻《宋词赏析》，记曾奉寄。其七绝诗论，非久可发行，亦当邮上也。

新疆生活不知有所改善否？此间三数年来，物资丰盈，惟价略昂，而农村则极兴旺也。

吴志达在武大，吴代芳在湖南郴州师范专科，不知曾通问否？

匆复，即颂

著安！

帆顿首

2月19日(1981年)

(三)

延霖老弟：

寄书及手札均收到。谢谢。

代芳、天望能到新疆工作，很好。男儿四海为家，何必故乡？

我因心脏病住医院已一月有余。不严重，但年老，恢复慢。嘱书之件，待体健有腕力乃可为之。(十二月以前或可出院。)

舍亲白皓，仍乞随时照拂。即颂

著安！

千帆

11月6日(1984年)

(四)

延霖老弟：

介绍我的研究生张辉同志来见，望洽谈。如有需协助处，望推爱。

请查一下新大及新省图清代诗集，托人抄一目见示。如南大有缺者，可请你代印或抄。

祝

近安！

千帆

7月4日(1985年)

(五)

延霖老弟：

函悉，白皓带来的人参蜂王浆亦已收到。深感你在万里之外还怀念我之情。

你信中所提申报新大古典文学专业学位授与权的问题，写得不很清楚，是申报博士点还是硕士点？你说你们已招过三届研究生，不知是否已取得授与权？我个人的看法，如果是申请博士点，那是极为困难的，因为今年基本上不拟增加博士点，除非是一些特殊的学科。即使是已有博士点的学科要增加博士生导师也不容易，因为第三批稍稍放松了一些，学术界颇有意见。最好是不要申请。如果你们尚未取得硕士生授与权，那可以申请。我因为年老多病，不再参加评审会，但南大中文系叶子铭先生是参加的，请你把你们古代文学专业的较详细的情况写来，我可以向叶先生介绍。请回信。

我去年秋冬因心脏病在医院住了两个月。回家后不做多事，只批改一些博士生的论文，身体还算好。上个月因饮食不慎，忽患肠胃病，疼痛难忍，23 日又进医院治疗，经多次检查，排除了胰腺炎、胆囊炎等病，大约还是急性胃炎，现已痊愈。再复查一次，即可出院。而心脏则房早仍不断，有时也偶发房颤，医生认为不要紧，也无法治疗。所以这封信是由老伴代笔。

专复，顺颂

教安！

千帆

1989 年 4 月 6 日

（六）

延霖老弟：

得书知一切均好，极慰。我首次招收研究生四人，苏德云不幸以情孽早逝，吴志达在武汉大学，吴代芳在郴州师范学院，与弟均育材多年，以迄休致，亦良足慰老怀。不知弟与二君亦常有音书否？我与志达以有科研合作项目信件较多，代芳亦数月一相闻也。所要书签写上（亦曾作隶，自视不佳，故未寄）。

顺颂

阖家安乐！

帆

9 月 28 日(1995 年)

（七）

延霖老弟：

去年弟枉道来宁晤谈甚欢，不知何时能再欢聚。弟近来身体谅必健康，念念。昨得新疆独山子热电厂程军玲来函，她毕业于南京动力学院，现工作于电厂，但却热衷于文学。我和她并不相识，但观其信及所附作品，颇有文采，确是一个文学苗子。但我远居南京，又极衰老，无法予以帮助，不知弟能否为其另择一相当工作，或指点她一个进修之路？今将其来信及所附报纸寄上，并另复她一函，嘱其前来晋谒或致函，望酌办。如有困难，请勿为难。我这一年来越发衰颓，耳几全聋，靠助听器之助，在耳边大声说话，才能听到，眼也昏花，已不能读书，报纸只能看看大标题而已；两脚发麻，行路也困难，但又不能不走，天晴时可在附近散散步。幸已没有多少工作要做，平生著作已得学生之助编为全集，今年年底可望出版，只有主编之《中华大典·文学典》尚在编纂中，去年出版了宋辽金元分典，今年底可以出版隋唐五代分典，其余可望于 2003 年底出齐，我也就了却心愿了。顺颂近安！

千帆

2000 年 5 月 9 日

老伴代笔，望谅之。

致《新文学史料》丛刊编辑部（二通）

编辑同志：

《史料》第三辑有两处似于事实有出入，请进一步查证核实。

① 一六六页右 8 行说胡适认为编译所长待遇不如北大校长高，未去就任。按胡适任北大校长是抗战胜利以后的事，当时他是北大文学院长，

不是校长。

② 一八一页右19行说闻一多在武大任文学院长兼中文系主任。按闻一多在武大是外文系教授，并不在中文系，也不是主任，虽然当时他已开始研究唐诗，并发表了《少陵先生年谱会笺》。旧的《国立武汉大学一览》所载该校《大事记》可考。（武大中文系有一任系主任是刘赜教授，一位文字音韵学家。）

可能我也记错了，所以，此信不必发表，至少在查证核实之前不要在贵刊登出。

此致

敬礼！

程千帆

七月十三日（一九七九年）

（二）

编辑同志：

读了西彦在《史料》81年1期发表的纪念吴承仕先生的文章，深受教育。其中个别事实略有出入，谨为订正如下：

(1) 192页左16—17行："他是一代儒宗章太炎四大弟子中的'东王'。"案：汪东先生《寄庵谈荟》云：

> 先生晚年居吴，余寒暑假归（汪先生三十年代任南京中央大学文学院院长兼中国文学系主任，假期就回苏州），必侍侧。一日戏言：余门下当赐四王。问其人。曰：季刚（黄侃老师字）尝节《老子》语"天大，地大，道亦大"，丐余作书，是其所自命也，宜为天王。汝为东王（汪先生原名东宝，后改名东，所以章先生说汪先生是东王）。吴承仕为北王。钱玄同为翼王。余问：钱何以独为翼王？先生笑曰：以其尝造反耳。越半载，先生忽言：以朱逖先（朱希祖先生字）为西王。今先生与诸子后先殂谢，一时诙嘲，思之腹痛！絸斋（吴承仕先生字）久居北地（吴先生一直在北京各大学任教），逖先为浙西人（朱先生是海盐人），故名号从之。

据此，西彦说吴先生是章门中的“东王”，乃“北王”之误。

(2) 192 页左 17—18 行，又 196 页右 3 行，都提到“三礼”“名物”。案：三《礼》指《周礼》、《仪礼》、小戴《礼记》。名物一词，屡见《周礼》，据郑玄《注》、孔颖达《疏》的解释，系指各种自然界事物如禽兽、山川的名称和形态。三《礼》名物就是《周礼》等三部书中的名物，是吴先生专门研究的一个方面，所以不应写作“三礼”“名物”，这可能是抄写时的涉笔之误。

(3) 194 页右 25 行提到吴先生开的课程有《经典序录》，199 页左 18—19 行提到吴先生的著作有《经典序录注疏》。案：《经典序录》应作《经典释文序录》。《经典序录注疏》应作《经典释文序录疏证》。吴先生讲授先唐经学流变，即用陆德明的《经典释文序录》作教材，几经讲授，终于写成《疏证》。这是一部经学方面的杰作，我曾有幸详细读过。

(4) 195 页左 23 行，王正延，当作王正廷。王曾任国民党政府的外交部长。此系误植。

我知道西彦是吴先生的学生，也听他谈过一些情况，可没有这篇文章这么详细。这些订正，西彦想会赞成的。此致

敬礼！

程千帆

三月六日（一九八一年）

致丁灏（二通）

丁灏，字浩夫。南京大学地质系研究生毕业，曾从高二适学习书法、诗词。

（一）

浩夫先生：

前承以大著及人耘先生诗集见示，直到最近，才有时间拜读，极以为歉。

对于书艺，我毫无通解，循诵尊著，等于上了一课，获益匪浅。微觉文

章前半侧重于历史叙述，与题目不完全相应。若分成两篇，似更完整。又书艺的基本手段是线条，即古人所谓点画，一字之结体，一幅之分行布白，皆以线条为基础，文中对线条何以能够反映生活之美（由自然美到艺术美），若更加发挥，当更有益于读者。

人耘先生诗功甚深，近年所作五言短古尤兼具洒落沉咽之致，捧卷微吟，不忍释手。龟堂云“老见异书犹眼明”，真是说得不错。

原件谨随函奉上，乞察收。顺颂

吟安！

程千帆敬启

八月二十二日（一九七九年）

（二）

浩夫先生左右：

顷奉手教，又黄翁佚诗一篇，至纫存注之谊。数月前曾到图书馆进谒，始悉台从卧病，良以为念，今睹书迹，知所患非剧，甚可慰也。《蒹葭楼诗》如已阅过，幸挂号寄下，萧辰寒夜，辄思一温习之耳。匆匆不尽，即颂

著安！

程千帆顿首

十一月二十八日（一九七九年）

致人民文学出版社古籍室、杜甫全集校注组（三通）

（一）

人民文学出版社古籍室：

来示及杜集校注体例收到。我非常赞同你社大作家全集出版计划。体例大体好，现将想到的一些意见写在下面：

1. 宋本杜工部集，当即王洙编无注本（洙注系伪作）。此本为今传各本最早者，用作底本，合适。

2. 供校勘之底本，以宋元为主，甚是。（所谓十注本，当即郭知达九家注本。）但钱东涧注所据吴若本，虽经洪煨莲发其覆，其中似不无可采处。以此类推，则他本虽不用以通校，设遇疑难，仍可参阅，以定是非。

3. 洪煨莲在檀香山大学所出杜甫研究（英文本）二册，未细阅，但觉地图甚精。或其参考书目中有善本，研究成果可资摄取，又杭州大学周采泉著杜诗书目，已将竣事。关于此类材料，不妨询之海内外学人。抗战前《艺文》（夏吷庵编）连载《杜园说杜》，未完，不知今能得其全否。

4. 用编年和诗文分编，是合适的。不能编年的诗，可以宋本及宋注意见为主，按旧说斟酌附入各册。杜集开运即有刊本，源远流长，其旧次非确有证据，不宜更动。如《大云寺赞公房》是一时作或先后作，今人有歧见。今谓只宜将新说载入备考，而原诗则不必分系两年。

5. 历代传抄或刊行的批、点（主要是批），是研杜重要资料。校注分五项，似无批语地位，此事如何处理？解放后，批点这种传统文学批评方式，不知何故，竟被开除，这也是冤案之一。

6. 校勘体例，“一作”要慎重。底本上的“一作”要和它本上的“一作”分开，要标明何本。凡有数本相同者，可以最早出现之本为据，但标明此本即可。

7. 年谱，似可与诗目合并，如任天社、浦二田之所为。但事迹宜稍详。年谱有二十余家，新编以何为据？闻谱少作，实多未精。（四川文史馆谱考杜生日甚确。）

8. 散见于历代笔记、文集及近人论文中可采之见解，希望能广泛搜集。

9. 索引，如有人力，应有① 分类索引、② 诗题索引、③ 首句索引、④ 地名索引、⑤ 人名索引。（洪氏《杜诗引得》全做了，据以改编和简化，并不困难。或者出全集时，出版社考虑重印《引得》。）

10. 要有一幅或多幅地图，包括作者游踪、安史战乱，等等。

11. 《杜诗论文》《杜意》《杜诗言志》及《杜园说杜》这一类分析评论一首全诗的著作，如何收入全集。或取其精要入注（如仇之于王），或附集评中（如钱仲联之注韩），或全部不要（可惜）。

以上说法，恐多谬误，请鉴谅。

此致

敬礼！

程千帆

八月二十三日（一九七九年）

（二）

负责同志：

惠示敬悉。

杜诗之会，因此间工作忙，无法分身，未能出席，乞谅。

顺致

敬礼！

程千帆

4 月 10 日（1984 年）

（三）

杜甫全集校注组：

承询各点，谨陈管见如次：

1. 整理内容分五项，甚好。全书以详备为好。这可使读者得此一书，即备众书。目前许多杜集、杜注已罕见，不能遗略。这部书应注意提高，不必顾及普及。

2. 撷取旧注，应采异说。是者，入“注释”；可商者，入“备考”。其甚荒谬者，亦不妨在“备考”中提一二句，提供读者以进一步考查之线索。

3. 径引比概述好，尽量保留原文。加按语以见编著者之意见，很好。

4.《镜铨》编法可取。对不能编年之作，另附于后的办法，不一定好。似可① 据某一旧本酌附，② 据编注者意见酌附而加说明。

5. 请查一下日本旧注旧刊本，吉川幸次郎注有所征引，惜不全。十三种今日有代表性，以王洙本（《续古逸》本）作底本，好。但后人注释、讨论中涉及校勘之材料，也应当用。

6. 如能将所有材料汇为长编，然后加工成《校注》，先出《校注》，将来条件许可时，连长编一齐印出，则更大有功于杜学。此事，贵组现在进行，并不困难。其次，将罕见而质量高之旧注，选一二十种，编以《杜集(旧注)丛刊》，略加标点，交出版社发行，也是功德无量。如黄白山《杜诗说》，今日已很难得了。五十年前，尚颇易购也。

以上意见，恐多谬误，尚请涤非、仲安及诸先生指教。

匆匆，即颂

著安！

程千帆

四月二十三日(一九八四年)

致徐有富(七通)

徐有富，南京大学文学院教授。南京大学中文系文学硕士，师从程先生。

(一)

徐有富同志：

我已代你们在大馆借到《旧唐(书)》一至十册。我问过大馆人员，研究生每人可借十册。那么，其余部分三人去借，就可全部借出。到了期，可去续借。(已借出的十册，交给了系办公室许邦政同志，请去取。)此外，我还想另外想办法再找《新》《旧》各一部，但现尚无把握。祝

大家好！

千帆

9月28日(1979年)

(二)

徐有富同志：

已与资料室汪越老师商妥，借出《文选》一套(可以自己去借)。新、旧

《唐书》按规则不能出借，但有复本，可以三人同时看。你们三人可以白天看《唐书》，将晚上时间留着看自己有的书。将来这种书你们都应该自己有，慢慢买起来。

帆

9 月 28 日(1979 年)

（三）

特别注意：

① 引文前后是否空了行(应空的)。

② 每段首行是否低二字(有的正文是不应空的。要看文义决定，这是指在引文之后的第一行正文)。

③ 中缝(阴阳面)小字有无错误。

④ 版本的版字，一般不作板，但如原书作板，则不改动。

⑤ 款式要与《目录编》一致。

⑥ 特别注意容易混淆的繁简体字。

⑦ 注意引文前后要空行，但另一页开头不空。

(1990 年 8 月)

（四）

有富贤仲：

看了三分之一，费时半月，看来四月初定可毕功。但视力模糊，精力也不济，不能如前此之磨勘，亦是无可奈何。但望弟多费点力，颇惭愧也。

千帆

3 月 4 日(1996 年)

（五）

有富老弟：

我已将手中的书清了一下，除南师大中文系要 22 套，本校图书馆要 3 套外，已无全套。因此今天发一挂号信与周晶，请其再配齐 100 套，以后就只卖全套，每套 80 元。要周晶配的如下：

①《目录》100 本

②《版本》99 本

③《典藏》34 本

④《校勘》36 本

寄发票。已告周要他先发书，我们收到书及发票，即汇款。至于《典藏》稿费是另外一回事，请其快汇下。

千帆

（1998 年 7 月）

（六）

有富老弟：

你代撰《我与校雠学》一文已在《学林春秋》刊出，中华寄来稿费 365 元的收据。如果你要书，可请编辑张世林同志代买一册寄下，如只要留文章底子，则复印此文即可，望酌告。款尚未到，来后当奉呈。

千帆

6 月 28 日（1999 年）

（七）

有富老弟：

得电话知在韩国已习惯，一切均好，甚慰。弟出国后，此间颇有可奉告者。

① 曹虹已提升教授，甚顺利。② 宏生已替伯伟，出任基础学科学院副院长。③ 许志英等反对杨正润任系主任，杨控诉，在打笔墨官司。闻人言与许志英、赵宪章等人拿一级待遇有关。但程门似未卷入。后事如何，尚不知也。④ 我的文集由伯伟、砺锋相助处理，在河北教育出版社出版，一切顺利，大约今年可出。⑤《中华大典》唐五代分典今年可出。五月份要开魏晋南北朝及理论分典审稿会。武汉大学吴志达所主编的明清分典亦在准备中，如顺利 2003 年可以出齐。此亦弟之所乐闻也。我身体

不好，耳目皆差，幸眠食尚可耳。近以《唐宋诗名篇》一书分赠诸弟子女，见徐旸甚温厚有礼，为之一喜。客中望保重。我90生日，诸君想出一论文集为纪念，但未成议。今年弟千万不可为我生日返国至要。即颂
著安！

千帆

4月16日(2000年)

致蔡厚示(十八通)

蔡厚示，曾任厦门大学中文系副教授、福建社会科学院文学研究所研究员。

(一)

厚示先生：

手教及新著一篇并拜悉。尊文颇有新义，已转文生，请其考虑编入丛刊，想当有函径达也。弟近月来略有小恙(心律不齐)，不宜远行，承邀与会，但有怅叹而已。先生言辞倜傥，风采照人，自隔清波，时深洄溯，不审何时得以重晤，但有驰系而已。专复，即颂
著安！

千帆顿首

10月3日(1979年)

(二)

厚示同志：

久不通讯，伏想安善。

前闻尊处进口了一套台湾影印的《四库全书珍本》，请费心查一查，有无下列两书：

① 方回《颜鲍谢诗评》四卷　总集类(四集四期三八七)

② 何溪汶《竹庄诗话》二十四卷　诗文评类(初集六期三九九)

如有，能否代为用静电复印各一部，需价若干（请两书分开算），乞示。渎神之处，深以为感。

弟九月当到厦门开一会，如因缘适合，亦可八月先去小住。附闻。盼复，即颂

著安！

千帆上

7月17日（1982年）

（三）

厚示兄：

复示奉悉，极感热情相助。此事，迟三五个月无妨，届时仍请先生计算一下费用，再行复印。复印地点，可看印的质量，这方面好坏相差很远。

九月中如无特殊情况，当可在厦门见面。离厦时，想到泉州、福州打一转。若不能在厦相晤，亦当争取在福州奉手。兄当盛年，正应写出一些高质大量的东西来，闻讯，所欣快也。谨复，即颂

近安！

千帆

7月26日（1982年）

（四）

厚示老兄：

弟顷来厦门勾当公事，约二十四五可了。争取来福州奉谒，然后转车返宁，不知能如愿否耶？匆匆，敬请

著安！

弟程千帆顿首

9月11日（1982年）

白云在天，沧波无极。

言念君子，我劳如何。

（五）

厚示先生：

厦门匆匆把晤，未能畅谈为憾。别来作何胜业，想佳句定盈奚囊也。《颜鲍谢诗评》及《竹庄诗话》已觅出极好，惟复印之费，院内外差距颇大，似仍以静候院中机械安置妥贴再进行为宜。总总渎神，感谢不尽。顷得林英同志来函，知亡室诗集即可发稿，亦可慰也。谨并奉闻。冬寒，缅思南服之燠，不胜企想。专颂

著安！

程千帆

2月1日（1983年）

（六）

韩驹《陵阳集》四卷	三集三期263有《陵阳集》
洪朋《洪龟父集》二卷	初集五期267
洪刍《老圃集》二卷	别集四期301
洪炎《西渡集》二卷补遗一卷	九集二期238
谢逸《溪堂集》十卷	别辑三期293—294
谢薖《竹友集》十一卷	
李彭《日涉园集》十卷	别辑三期295—296
饶节《倚松老人集》三卷	三集三期241有《倚松诗集》(二卷)

厚示我兄：

别后诸想安善。比有研究生写论文，欲知台湾影印之《四库珍本》中有无以上八种。如其有之，或求兄代为复印。敬烦查示，不胜铭感。盼复，敬请

著安！

弟程千帆

4月22日（1983年）

（七）

厚示先生：

前奉手教，知有皖行。其后勋初归，备悉淑况，极慰。

前托代印《四库珍本》江西派诗小集数种，荷慨允，感感。此书冀能速得。倘所中复印机不便，可于坊肆为之，但清晰完整即可。发票请开南大中文系。依市价无妨也。

琐琐屡渎，惭惶惭惶。

即叩

著安！

弟程千帆

5月28日（1983年）

（八）

厚示先生：

得广州书又邮寄复印二书，极以为感。弟自五月中旬心脏病发，少愈后，复染感冒（心脏病最忌感冒），几经翻覆，中西医药兼施，近日始起坐。故不特文论会不克参与，即近教育部召集之学位授与权初审会议亦不能参加。重劳故人相念之雅，聊为言之。

复印事渎神，甚愧。质量不能算差，惟不均匀耳。《竹庄诗话》末数页有不清晰处，已嘱门下补描矣。续印之事，诚如尊言，不免有困难，已再细核，看有无别本可代替。或者将来仍须烦先生设法印一二种，惟不如前此之多。此事未定。谨先奉陈，幸垂察之。

复印费四十余元，尚乞转请社院开一发票（抬头写南京大学中文系）挂号寄下，以便办理汇款手续。

此次盛会，想多引人入胜之处，亦有富文，可饱枵腹。暇中幸示一二，亦过屠门之嚼也。

谨此布谢，即颂

著安！

弟程千帆顿首

6 月 16 日(1983 年)

（九）

厚示先生：

前奉到先生自广州寄代复印《四库全书》二种，又奉手示，谈及续印有困难事。当即拜复，请先生将已复印二种发票寄下，以便报销，未荷赐复，意者先生或尚未返榕城耳。其余各种，可就近往杭州阅读，即不必远行，惟先生关怀弟门下之雅意，则深为感谢，不敢忘也。

发票仍乞挂号寄下。屡渎清神，愧愧。广州之会，闻开得甚好，亦能见告一二否？

谨上，即颂

著安！

弟程千帆

6 月 27 日(1983 年)

（一〇）

厚示老兄：

承赐新著，吐属名隽，分析入微，甚佩。福建人民出版社于三月前出版沈祖棻《涉江诗》，弟迄今只见样书，所购百册(款早付清)至今不见寄下。此书责辑为林英女士，想兄熟悉。不知能费心往得贵巷该社一查，敦促其早日发出否？

严仪卿讨论会不克与，至今怅然。入冬以来，宿疾复发，塞向墐户，遥想光仪，深感寥寂，如何为何！

此颂

吟苇！

程千帆顿首

12 月 9 日(1985 年)

（一一）

厚示尊兄先生：

前者匆匆惠过，未罄所怀，殊怅怅也。门人程君章灿，闽中秀士，暑假归省，谨介见左右，伏冀进而教之。拙书一纸附献，尚乞惠纳。专此，即颂

著安！

千帆顿首

7月8日（1986年）

（一二）

厚示吾兄：

久不奉候，诸想可善。顷得手毕，知有武夷诗会，此事勋初兄昨已谈及，极愿借此把晤。如无特殊情况，当力谋携老妻作南服之游。《诗刊》之谬，实非意中所及，已告知该刊杨金亭先生矣。专此，即颂

吟苐！

弟千帆顿首

1月29日（1988年）

（一三）

厚示尊兄：

来示奉悉。顷又收到武夷诗词会正式请柬，届时当偕老妻前来，游览武夷山胜景。余待面罄。

敬颂

吟安！

千帆敬上

4月14日（1988年）

日程安排不太紧，甚妙。回程仍拟乘316次车，请通知执事者代购软卧两张，要两张下铺，因二人均爬不动上铺，极感。

（一四）

厚示先生：

武夷别后，又已月余，武夷诗会后又是福建省诗会，先生必定忙上加忙，最近气候已渐炎热，望多加休息，为盼。

在邵武沧浪阁前同拍之照尚可，兹附上一张，以为纪念。

附上弟武夷纪游诗一纸，兄如印武夷诗集，刊弟拙诗时，则请以此为本，因已略有更动。

回来后各种事务丛集，眼睛仍不甚好，不能多看书，身体则粗安，请放心。

顺颂

吟安！

千帆、陶芸同上

6 月 17 日（1988 年）

（一五）

厚示兄：

惠示敬悉，壮游新咏，甚佩甚佩。客岁以来，健康极差，百事俱废。领导哀其老病，已准退休，医生加以警告，不许动笔。吾兄相待甚挚，想知此情后，不更以文事见委也。敬复，即颂

吟安！

千帆

6 月 12 日（1989 年）

（一六）

厚示尊兄：

大集拜领，酷暑中得此，真胜得一服清凉散也。弟老病闭门，追念昔游，每如梦寐。何时得再聆足下高睨大谈朗诵耶？闻刘蕙愔老人仍健在，近且梓其诗文，真八闽人瑞也。《七发集》想见之，亦极可诵，想文酒之会

不寂寥。专此复谢，顺颂
吟安！不一。

弟千帆顿首
7月13日(1994年)

(一七)

厚示先生：

枉过匆匆，未能细谈，甚怅。承示悼亡诗，哀思宛转，非个中人不能为，较之他篇，尤见警策，知先生诗功之日进也。近偶于《中华读书报》得见福建人民出版社有某君著《扬州瘦马》专著，颇考扬州风月旧俗，颇思读之而不能得，不知可烦台从便中代购一册赐寄否，倘荷惠允，不胜铭感。专此复谢，并颂
吟安！

弟程千帆上
5月23日(1999年)

(一八)

厚示先生：

小聚匆别，殊难为怀。复承赐寄雅什及《瘦马》一书，极感高谊。衰朽不能出门，每念昔游难再，惆怅不能自已也。兄风采如昔，仍能高睨大谈，不胜欣羡。谨此复谢，敬颂
吟安！

弟千帆上
6月23日(1999年)

致刘茂舒、皮公亮(十一通)

刘茂舒、皮公亮，武汉大学教授刘永济先生之长女、长女婿。

（一）

茂舒同志：

弘度先生的遗著出版事宜，一直搁在我心上。如果你不认为冒昧，我想知道你的打算。我所知道的他老人家著作已成未出的有下列各种：①《词集》、②《诵帚堪词论》、③《屈赋音注详解》、④《屈赋释词》、⑤《屈赋定本》、⑥《唐人七绝诗选》、⑦《诵帚词筏》（曾在重庆一刊物上连载）。你是否愿意，通过各种不同渠道（包括作为内部发行的出版品，因而不一定有稿费），使老人家一辈子的心血得以广泛流传，嘉惠来学？武大的情况你当然熟悉，不用我多说了。上海友人想恢复《词学季刊》，词及词论，可以在该刊发表。其余的，再想办法。我蒙弘度先生饮食教诲，得有今日。而现在，我又在学术界获得了发言权，这才对你提出上述问题，当能得到你的谅解。盼复，即祝

近好！

千帆

10 月 7 日（1979 年）

公亮同志附此致意！

（二）

茂舒、公亮同志：

前接公亮兄信，知弘度丈遗著整理出版情况大略，极以为慰。现接《词学季刊》负责人上海师大教授施蛰存先生来函，想将《诵帚堪词论》全文，先在《季刊》登载，不知你们意见如何？我的想法是：① 如将《词论》全文刊载，恐要先商得“古籍出版社”同意。② 可将原在《读书通讯》上连载过的《诵帚词筏》交给《季刊》。③ 将《词集》（听说已由湘生先生的孙子印出，但我也未看到）的副本也交给他们，择录发表。④ 寄点照片、词稿的复制本去作插图。（我们藏了弘度丈的词稿手迹近 100 幅，都被小土匪毁了，真令人痛心。）如何之处，请酌定赐复。即颂

俪安！

程千帆

十二月十六日（一九七九年）

（三）

茂舒同志：

得十五日手书，感念存殁，悲怆不可为怀。我年近七十，也稍有阅历，但对武大诸公之于老师之冷酷刻薄，投井下石，也觉得十分罕见。你们将老人家的著作要回，自行接洽出版，是完全正确的、正义的。陈邦炎同志前不久曾来南京，我们比较详细地谈到弘老遗著问题。他说：老人家曾提到著有屈赋学五种，但现在只有四种，即：

1.《屈赋通笺》
2.《笺屈余义》（以上两种：人文已合出）
3.《音注详解屈赋定本》
4.《屈赋释词》

其第五种不详。我仔细回想，记得原有《屈赋定本》一种。武大老讲义即印《通笺》之后，乃《音注详解屈赋定本》之前身（或老底子）。若所记不误，则本只四种了。请研究一下，并便中告知邦炎。

《词论》交《季刊》事，我当向该刊主编上海师大教授施蛰存先生商定再告。（付印时当重抄，并仔细看过才发出。）《诵帚词筏》，我记得有六篇，而非仅你寄下之第一、第二两篇。请你再找找。我已经写信到成都，要过去的学生到四川省图书馆及川大图书馆去找《读书通讯》（1941）抄齐。但这种土纸杂志，不知尚有无合订本。你也可以到武大找找。如你不便，我可托人。总之，要将老人家的心血都保留下来。将来出书后，我当自己同时也组织人加以介绍。

我在这里受到一个老知识分子应有的尊敬，最近并获得优秀教学质量一等奖，在武大，是不可能的。我在学术一点成就，饮水思源，都不能忘却老人家的教导提拔。祝

双安！

程千帆

二月五日（一九八〇年）

（四）

公亮同志：

子兆同志带来的稿件已收到，谢谢。

反驳席文，请寄下一看（如系手稿，请找人抄，要细加校对，因万一遗失，损失太大）。如很完整，可单独先在刊物发表（如果你和茂舒同意的话）。

《词筏》后四篇，我已托学生在成都及武汉找，不知结果如何。土纸杂志极难保存。祝

双好！

千帆

二月十二日（一九八〇年）

（五）

茂舒同志：

14日信收到。写一篇弘老治学经过及经验、方法的文章，在今天，我感到责无旁贷。你相信我，委托我，我也很感激。

这事，只能在下列的条件下进行：① 时间要宽一点，一方面我很忙，另一方面，我理所当然地要把老人家的著作全部细读后才能如实反映一个精深博大的学人真实的一生。② 我手边只有《屈赋通笺》和《文心雕龙校释》，其余著作，有的本来没有，有的也被掠夺了。希望你尽可能地寄给我。（其中包括像《文心雕龙选定文录》这类讲义。）此文如年底或明年初交卷，不知行不行？

《诵帚词筏》多方托人，也未找全，现只好将仅有两篇先交《古代文学理论丛刊》先发表。约明年上半年可出。祝

旅安！生活困难，望多保重！

千帆

8.22(1980)

（六）

公亮、茂舒同志：

弘老词集及你们十月六日来信都收到。我将词集又细读了一些，真是前尘影事，历历在目，感慨万千。

我近来血管有些硬化，呼吸缺氧，中气不足，医嘱少说话、少开会，因此，十一月在武昌有个古代文学理论学会，也不准备参加了。但有关弘老这篇文章，一定要写好。可能少迟一些，请原谅。

我需要的材料当然越齐备越好，但考虑弘老的学术博大精深，要逐门叙述，恐反而不突出。我想重点谈四个方面（其余也加叙述，但不求详）：

1. 词、词论　2. 楚辞　3. 文心雕龙　4. 文学史

因此，我想要下列材料（最好能有复本，不必打乱出版社的计画）：

1.《诵帚堪词论》《唐五代两宋词简析》　2.《微睇室说词》　3.《刘舍人选定文录》《文心雕龙征引文录》　4.《十四朝文学要略》　5.《屈赋释词》

我等材料齐后，一两个月，当能写出初稿。

另外，你是否能将弘老的生平，大致写个年谱，其中应包括师母的部分，特别是她早年从女师大毕业在湖南办教育的一段。我听过两老说过许多佚事，可惜当年没有笔述，现在都记不真了。

这是初步想法，仍望酌定。

匆匆，即颂

俪福！

程千帆顿首

10.29(1980)

（七）

茂舒、公亮同志：

弘老的传，拖延了很久，总算是写成了。虽然是 try my best，但限于水平，仍以未能发潜德之幽光于万一而深感惭愧。其中一些往事，你们未必知道，但正是这些细节，可以见出老人家的人品和学术。

请仔细看一下，如事实有不准确或其他问题，望来信商量。4 月 10 至 25 日来信请寄广西南宁广西师范学院中文系王戈丁主任转。此前此后，仍寄南大中文系。

将传寄晋阳，一定要挂号。要留一个副本，以防万一遗失。（最好复印，可免错误。）

已将《十四朝文学要略》交王滋源，他将和你们面谈。一些条件（如删去叙论）不妨答应，争取早日重印。

我近因太忙，身体一直不好（心血管病），最近又要去广西短期讲学。能在行前将传写好，总算了了一件心事。只是太慢、太不充实，不生动，对不起你们。匆匆，即祝

俪弟！

千帆

四月六日（一九八一年）

原稿 23 页，开追悼会的年代请填入。

可寄弘老相片及手迹各一幅，要他们随文刊出。

《唐人绝句精华》不知已出否？以后先生的遗著出版，请每种见赐一份，以作纪念。（不是买不到。）又及。

（八）

茂舒同志：

在南宁得寄件后，曾复一信，想收到。

① 所寄《传》的勘误表，务请仔细一一改正。

②《学衡》问题，我写《传》时已考虑过。你的原材料提到的一些地方

(如“社员”),我都未写。现能从《传》中看到的,只是在该刊上面发过文章。当时在该刊发表过文章的人可多呢!对吴先生,也只是说他介绍弘老到大学任教,并未涉及《学衡》。对梅先生,只说是清华同学,也未涉及后来的《学衡》。而且即使茅公批评吴、梅,也与弘老无关。(现在连胡适、徐志摩、新月派、现代派、张恨水鸳蝴派都适当肯定,何况《学衡》,不过这是另外的问题了。不能详论。)所以,我觉不必过虑。

③ 我过长沙,已将词集及《传》的复印本交湖南人民出版社的黄起衰同志。该社已印出夏承焘的词集,祖棻词集亦在审处中,也许可以接受。已留下你的地名,便今后联系。

才回,不及多写。望回一信。祝

全家好!

千帆

五月十七日(一九八一年)

(九)

公亮、茂舒:

前得茂舒信,知《刘舍人选定文录》的序例及目录,又《文心雕龙参考文录》未能印出,我想在刊物上发一下。适值我的学生张三夕同志(他现在华师读博士学位)也想参考这份材料,因此,我就请他来向你们借去复印一下,望即借与(当负责保管,用后即交还)。

《微睇室论词》及《默识录》出版的情况如何?茂舒办的刊物未见,亦在念中。

我从去秋起,一直生病,心脏(房性快速颤抖)、眼睛(结膜炎)、头部(发昏),近来才略好些,还不大能工作。

你们忙,有什么话,可要三夕转告。

祝

全家都好!

千帆

3 月 2 日(1985 年)

（一〇）

茂舒：

4月22日信早收到，因许多事压在手边，未能即时作复，乞谅。

我深以你和公亮的身体为忧，不知公亮近来已有所好转否？你们年纪也大了，要多注意。我今春还不很好，但四月中转暖之后，就好得多，看来，是怕冬天。

弘老的遗著，古籍出版社原已列入计划，但不知已整理完毕发稿否，望函陈邦炎一问。论《楚辞》一文，在我手边，想刊在"南京大学古典文献研究所丛刊"的创刊号上。今年可编好。

《幸福》的事确实令人怄气。后出的一期，气味很不对头，不过，你现在应以身体为重，不必多计较。

祝

身体早日转健！

千帆

5月19日（1985年）

张三夕来了信，不久会来拜访你们。

（一一）

茂舒：

收到寄来的台版弘丈遗著，你费了几十年心力，此事总算告一段落。殷正慈很有良心，和她的妹夫久受师恩而一见局势发生变化就变脸者不同。弘老遗著出版，武大竟未尽一点力，诸公凉薄，诚可入《儒林外史》也。我已吃八十岁的饭，身体不好，是自然现象，无可非议，且战且走而已。昌松来信，说贤夫妇过得不错，甚慰。即颂

全家安乐！

千帆

10月13日（1992年）

致叶嘉莹(十九通)

叶嘉莹，曾任教于台湾大学、哈佛大学、加拿大英属哥伦比亚大学等，现任南开大学中华古典文化研究所所长。

(一)

嘉莹先生：

数月前得面聆清诲，旋又得读所撰论花外词文，深叹持论精卓，并世所希，良用钦佩。今谨别寄奉先室沈氏所著《涉江诗稿》《词稿》各一册，帆与沈氏合注《古诗今选》上册(其下册在排印中，容当续寄)，又帆所撰论唐人边塞诗文一篇，至希察收，并予教正。自四凶乱政，艾历岁年，文化交流，濒于断绝，比方拟与海外学术机构及学人加强联系，想先生久居西海，于情况或较熟悉。辄条陈所欲知晓各事如别纸，幸就所知见示，至幸至感！北国早寒，诸希珍卫。专上，即颂

著安！

程千帆顿首

十月十二日(一九七九年)

一、欧美著名汉学中心(包括图书馆、研究所及大学亚洲学系)之名称、地址及主持人。

二、欧美著名东方学(汉学)学术刊物之名称、出版地址及主持人(此项旧有者多知之，乞详示近二十年新出者)。

三、研究汉语古典诗歌及中国古代文艺理论之学人(特别是华裔学者)及其主要著作(专书或论文，发表刊物及出版书店)。

(二)

嘉莹先生：

我在十月十五日寄上航空平信一封，同时寄上挂号印刷物一包(计《南大学报》79年3期，《古诗今选》上册，《涉江诗稿》《词稿》各一册)。今

天遇到赵瑞蕻先生，他说您有信给他，托他问候我，而并没有提及收到我的信，看来，我给您的信是已付之洪乔了。（我还同时给威士康辛周策纵先生写了一封信，他都收到了。）但印刷物是挂号的，您应当可以收到，希望届时见示。

我那封信里，主要谈了两件事，一是希望得到您出版的著作，二是希望您告知欧美各大学的中文系（或汉学中心）的地址及其主要负责人，著名汉学或东方学刊物的名称，编辑部所在地及刊物负责人。还有，希望您能介绍几位研究唐宋诗词的海外学者。这些，都不应增加您的工作负担，便中谈谈就可以了。

听说您明年将再回来，我们热烈欢迎您。您的报告，您在大公报文集上谈碧山的文章，都使我们感到很大的兴趣。

专上，即颂

俪安！

程千帆

12 月 7 日（1979 年）

（三）

嘉莹先生：

十二月七日写上一信，没想到几天之后就收到了你四日来书又论文四篇、诗稿一卷、教学资料三种，真有点王元之诗中所说的贫儿暴富之乐。

你去岁回国讲学，颇有影响。耆宿如俞平伯先生，最近在一篇短文中还引用了尊说（《文学评论》五期），想已见到。希望八〇年之行，能成事实，就可多向您请教了。

祖棻遘逢车祸，学林所共伤痛。幸而她的著作在浩劫中损失不大。现已次第付印，将陆续呈教。《诗选》误植不少，亦有疏谬处。现正校下卷，非久当可寄上。正式出版前，还要仔细修订一次。您是过奖了。

谈北美汉学情况一文，对国内学人颇有参考价值。我们正企图通过各种渠道多了解一些这方面情况，以供工作上的参考。希望您继续支持我们。

寄上胡小石先生文集、范存忠先生文集各一册，都是南大印的，又李清照资料一册，是我在武大工作时主持编的。也许书店买不着，聊备参考。另拙作两篇呈正。

读了您的诗，知道您是从多么坎坷的道路上经历过来的。您不只是一位博雅敏锐的学者，而且是一位勇敢坚强的人生斗士。专复，即颂
著安！并问
赵先生好！

千帆顿首

2月7日(1980年)

如果《迦陵论诗》及《迦陵谈诗》还有存书，极希望拜读。

（四）

嘉莹先生：

一月二十三日手教及所赐尊著《迦陵谈诗》二册早收到。近阅报知参加国际红学讨论会，想见高谈雄辩惊四筵。憾不能亲聆音旨也。

前者侧闻钟荪先生须在暑中施行右腿静脉炎手术，不知顷已住院否？西方医学发达，此症当易痊可。甚冀来年暑假贤伉俪能返国一游。周策纵先生前申请来南大讲学，匡亚明校长已复信表示欢迎，或可于秋间成行，不知贤伉俪亦有意于此否？

先生前所赐寄北美洲汉学研究情况一文，因索观者多，已代为在南京师范学院出版之《文教资料剪报》1980年3期发表。由该刊致送稿费30元人民币。以按国内制度，内部刊物不能寄出国外，故所赠刊物数期，暂存帆处。稿费亦暂代保管，或存银行俟先生明年返国时，连刊物一并面奉，或代为转致国内亲友，尚乞指示，以便照办。

国内研治文学批评史及古代文学理论之学者，组织中国古代文学理论学会，出版有《古代文学理论研究丛刊》，每年二册。该会日常事务，由秘书长王文生主持，王先生系武汉大学副教授。月前帆到上海讲学，值王先生在上海与上海师范大学徐中玉教授受教育部委托，开办文学批评史教师进修班，因亦参与。王先生久慕先生之高文硕学，希望能为丛刊撰

文，以光篇幅，曾由帆请其将已出丛刊第一册寄呈，想达左右。但国内出版刊物，稿费不能用外汇支付，于海外学人，殊有不便，为无可如何耳。此事，极希望先生支持。

尊函询及需要何种西籍作为参考，并允赐寄，极以为感。帆在此为研究生开设唐宋诗歌专业文献选读一课，其中亦包括英文文献，俾可了解今日西方研治此学之情况，有时亦令诸生翻译其中一部分。先生如能就英美加各国所出汉学刊物中研究古代诗词及古代文学理论之文章，择其研究方法不同于国内传统而见解精辟者，复制若干篇赐寄（可陆续见寄，不必急也），则真为馈贫之粮矣。（当然，首先欲求得先生大著，如发表在HJAS中论常州词派之文。）其余通论唐宋诗歌之书籍，可择其精善者赐寄一二种，若选本则无需也。

春间曾以书数册，论文数篇呈教，想已收到。亡妻沈氏《宋词赏析》一书近已出版，又帆所著《唐代进士行卷与文学》及《史通笺记》在校印中，约九月可出，届时当连同《古诗今选》下册一并寄请指教。

专上，即颂

俪安！

程千帆谨上

6月30日（1980年）

（五）

嘉莹先生左右：

六月三十日奉寄寸笺，告以尊著北美汉学情况一文已在此间一内部刊物发表，有稿费人民币三十元，以不能买外汇，故暂代保存，希即示知处置之法，久未得复，良以为念。自加及港所惠书籍五册，均已收到，极感馈贫之粮也。论静安尤极全面而精辟，前所未有，甚佩。惟论静安死因不及陈寅恪挽词之论点，或先生未见《国学论丛》挽王专号及香港所出陈先生文集，否则当不致不一齿及。今别钞一本，随同拙作数种另行寄上，祈审酌之。七月中在长春开古典文学座谈会，得晤郭预衡教授，语次知与先生同学。谈及学林旧闻，诸老轶事，良可玩味。周策纵先生应南京大学之请，来校作短期讲学及研究，已在月初抵港，小作勾留即可来宁。前闻先生拟以来岁休假之便东旋探亲，跂予望之。《古代文学理论研究丛刊》主持人王文生副教授前曾函请先生为该刊撰文，闻已荷诺，甚善。此国内唯一研究古代文艺理论之专刊也。专上希复，即颂

俪安！

程千帆顿首

9月19日(1980年)

附寄上书目：

一、《古诗今选(下册)》一册；二、《宋词赏析》一册；三、《唐代进士行卷》一册；四、《读诗举例》一册；五、《观堂挽词》一册。

(六)

嘉莹先生：

香港中华书局寄下尊著《古典诗歌评论集》及王静安《人间词话》二书，又九月九日手教及在国际红学会议宣读论文一篇，均收到，谢谢。

即在同时，帆亦曾寄上一函及书数册，想此时信已收到，书或未耳。

先生从美洲寄来材料，迄今收到者如次：

一、《迦陵谈诗》二册，

二、《迦陵说词》中抽印论文一篇(从《人间词话》看四家词……)，

三、《抖擞》月刊抽印论文四篇，

四、柳先生《文学概论》、林顺夫论姜词及诗多义七式共三册(一次收到)，

五、此次随函附下之红学论文一篇。

独先生此次来函所云在《哈佛学报》所发表之历年论文共二十六篇(对训练研究生来说，此次材料特别需要)，则迄未收到。如或工作人员不慎遗失，则至为可惜，不知当初寄出时，曾挂号否？(帆每次奉上书件均挂号，亦由恐遗失耳。)如挂号，或烦一查询。

梁丽芬君请代致意，《文教简报》当留数册奉赠。其稿费三十元，或先生明年来华用之，而按牌价以加元拨还梁君，亦可。前南开大学王双启先

生来宁，曾与晤言，知文旆仍将于来年东返，或有缘相晤。客岁先生在南大谈陶杜诗，意新而理密，给师生印象极深，甚盼返国后，能再来宁施教耳。

专复，祇颂

俪苐！

程千帆

10月25日(1980年)

（七）

嘉莹先生：

10月25日曾上一函，计已先达。承惠材料一批，计《哈佛学报》抽印本26册，博士论文目录二册，载有尊著论文之文集二册，均已收到。馈贫之粮，感荷实深。

前因不知先生所寄两批书籍相距二月有余，故恐遗失其一。今细审此次寄出日期，乃八月三十日，收到乃十一月五日，不过二月，即不为迟矣。至希释注。

近来国内所出学术水平较高著作有钱锺书《管锥编》及《陈寅恪先生文集》。辄拟奉寄，以酬高厚。据出版社云：陈氏文集分八册出版(其中包括旧已出版之《隋唐制度渊源论略稿》《唐代政治史述论稿》及《元白诗笺证稿》三种)，现已出版者为《寒柳堂集》一种，年内或可再出《金明馆丛稿初编》一册，故当俟其出后，一并奉纳。

先生赐寄之哈佛论文，其中有 Victor H. Mair 所著唐代行卷一种，与鄙著范围相同。所引日本及台湾学人论文，有鄙著所未及者，所论亦各有侧重。因拟寄赠鄙著一册，以资切磋，不知其人亦为先生所谂否？又据威斯康星等三校所刊英文版中国文学，有台大 Charles Hartman 教授撰写介绍台湾古典文学研究情况，述及有罗联添从事韩愈研究，颇著成绩，其《韩愈研究》一书，已在学生书局出版，又于《书目季刊》二卷三期发表《唐代文学史两个问题的探讨》，认为唐人不以传奇行卷。此文及罗君书，不知先生尝寓目否？倘荷以罗文复印本见寄，固所愿而不敢请者也。

前函曾以尝在长春与郭预衡教授晤面，该次座谈会全体发言已在《社会科学战线》80 年 4 期刊登。闻此刊海外可以见到，幸先生一披览之，可见国内古代文学研究之动向也。

先生所需研究资料如国外所无，请即赐知，当尽力设法觅寄。

金陵秋色佳，正十月小阳春。玄武湖方举行菊展，淡紫冶黄，动人心目，墨菊、绿菊，尤为名贵，惜不能与贤俪同游赏耳。

专上，祇颂

著安！

程千帆顿首

11 月 6 日(1980 年)

(八)

嘉莹先生：

十二月十二日手教及惠寄罗先生书一册、文一篇都已收到，非常感谢。

您要的《社会科学战线》八〇年四期，我得信后，立即函其编辑部，要其径寄温哥华，以免周折，想非久可以收到。今后您需要何种国内资料，请即示知，我应当尽量设法办到。

你在上海出版的《迦陵论词丛稿》，后序精极，他们已寄了给我。精义深旨，目不暇给。连同香港所出二种，已列为我的唐宋诗研究生的必读书。您的与台湾诗人论治诗方法一文，与拙见极合，读后大生欢喜心。

我写了一信给 Mair 先生，寄到哈佛亚洲学系，居然转到了费城。他收到后，回了一信，也谈到他在最近五年是在研究变文。他将其行卷论文的中文本寄了给我，尚未收到。

罗先生文否定行卷与传奇有关，是因为他忽略了《南部新书》及《国史补》中两条直接史料，见拙著八十三页，与吴庚舜同。不知先生是否认识罗先生，如能便中告知，亦交流之一道。其《韩愈研究》于退之生平考订甚勤，而于文学部分反言之甚少，诗则毫未涉及，殊为可惜。

寅恪先生《柳如是别传》亦文亦史，妙趣横生。俟出后当即奉寄，旧已出者，即遵命不更奉上矣。

冬寒，伏维珍卫。即颂

著安！并问

钟荪先生安善！

千帆顿首

1月18日(1981年)

亡室沈氏别一遗著《唐人七绝诗浅释》，非久可由古籍出版社印行，容更寄呈。又及。

（九）

嘉莹先生著席：

连奉手示，至感高谊。本月十七日国务院古籍规划小组召开会议，本拟出席并过尊寓谒谈。乃周前因积劳痔疾突发，医师为做手术，禁止旅行，遂不得不作罢论。西安四月初有陕西师范大学召开之唐诗讨论会，五月初旬有各校发起之唐代文学研究会成立大会，先生所拟参加者，当系后一会，南京大学是此研究会发起单位之一，届时当有人参加。帆虽被邀出席，而以须准备五月二十日南大八十周年校庆及教育部召集之古典文学学科硕士、博士研究生工作会议，故只能参加四月初之会，或者先生返国一年，竟无缘奉手，何憾如之。小文数篇呈博莞尔，以视先生惠赐之滇南高唱，固不可同日而语也。令弟法书极有晋贤风格，棠棣之华，珠联璧合，欣羡欣羡。先生假期何时届满，亦能于回加拿大之前重游江南否，便中幸垂示之。专此，即颂

吟弗！

程千帆顿首

3月16日(1982年)

（一〇）

嘉莹先生：

惠书敬悉，尊撰词说，旧已读其数篇，树义既精，兼之情韵，极为可宝，

甚盼早日脱稿。至所为诗词，尤为深美(此次所寄词风格似又与旧作不同)，似可公开印行，不必仅为少数人枕中秘也。清词集承允代为搜集，极感。其下限可延至一九四九年，即人民共和国开国以前，以期全备。所有费用当由南京大学偿付，惟外汇申请不易，或仅能凭复印发票，按外汇牌价折合人民币耳。

数年前承惠《哈佛亚细亚学报》(HJAS)抽印本，以供研究生练习翻译并了解西方汉学(主要为中国古代文学)情况，极为有用。惟所赐至四十卷一期(八〇年六月)止，不知先生今年返国时，能续将其后各期中有关古代文学论文之抽印本见赐否，企望之至。若有其他学术刊物载有此类文字，连茹及之，亦所深幸也。

国内情况日新月异，问题虽不少，进步尤可喜。《诗》云："周虽旧邦，其命维新。"先生今岁重来当可目睹，如能陪接谈艺，则幸甚矣。

专上，即颂

著安!

程千帆顿首

3月29日(1984年)

又友人张月超教授诵尊诗，见李祁教授之名，不知其人四十年代是否曾在湖南师范学院任教。若然，则是张君旧识。张君甚愿知其工作地点及住址，仍乞便中示知为感! 千帆又及。

(一一)

嘉莹先生：

八月十四日瑶札敬悉。此书到时，适帆在北京开会，二十九日始返宁，故未能即时作复，极歉。

赐示哈佛燕京社藏词集目录，已与清词研究室所得者核对，其中十六种为此间所无，不知能由先生转商该社复印挂号见寄否?

困难在于研究室无外汇，不能以美金偿付复印费及寄费，倘荷先生代为支付美金而由南京大学以人民币偿还，则其事易举。幸先生酌之。(此款或暂存国内，俟先生返时取用，或代购先生所需书籍奉寄，均无不可。)

别寄上拙撰《闲堂文薮》及友人屈君所撰《白雨斋词话足本校注》(帆主编之《明清文学理论丛书》中之一种)请指教。惟海运缓,约三月乃可达左右耳。

专此,即颂

吟茀!

(附需印词目三纸。)

程千帆

9 月 3 日(1984 年)

(一二)

嘉莹先生著席:

损书拜悉,旋又得尊撰《论诗丛稿》,当是令弟所寄,欣荷之至。承示拟于明年返国时来南京小住,经与中文系主任郭维森教授及外事办公室联系,极表欢迎。即决定请先生到敝校作学术交流访问一周,其食宿及市内交通,由敝校免费供给。届时或请先生作报告、座谈。因驾临时或在暑假中,其次数及规模当临时决定。请哈佛复印词集之事,极承关注,现正交涉,拟与哈佛燕京社建立长期交换关系。先生前后所寄台湾及美国所刊词集,亦已拜领。清词经年余搜求,已得别集二千余家,不成集者尤众,争取八五年底编出顺康卷,知注并闻。小文论《八仙歌》一篇呈教,凡所撰述,较之尊作,皆落凡近,姑博万里一笑而已。来访事,请先生在返国前二月赐告,以便安排。近月心脏不适,方住院疗养,不尽欲白。即颂

吟安!

程千帆

11 月 22 日(1984 年)

(一三)

嘉莹先生吟席:

去岁十二月手教早已奉悉,以病目久,未克即复为歉。心脏病近已少缓,知注并闻。兹有恳者,唐圭璋先生顷为江苏古籍出版社主编《唐宋词

鉴赏指南》一书，广征海内外学人共同撰写。先生词坛健者，评论名家，辄拟奉求，借光篇幅。其具体要求，当由出版社专函相告。如先生事冗，则就旧作中论某词者删繁别裁为短文，亦无不可。圭璋老病，故由千帆代达，想荷惠允也。前以小文呈教，匆遽中误致门人之作，愧愧，今仍寄上，幸为评议。近年脑力衰退，求如王仲任所谓精思著文，联缀篇章，盖亦难矣。暑中来时，望先函示，以便迎候。不尽，即颂

教安！

程千帆顿首

3 月 4 日(1985 年)

（一四）

嘉莹先生吟席：

三月七日发自温哥华手教已奉悉，欣闻台从将于五月上旬莅临我校讲学，我系系主任郭维森教授及千帆均深感荣幸。周幼琴（策纵）亦将于四月中来，并闻。当即与有关方面联系，谨将安排奉告如左：

（一）联系人：南京大学外事办公室仇伟同志、赵曙明同志，电话 33074。

（二）讲学内容初步拟定二次。一次对全系师生讲唐宋词，其范围及内容可由先生自由酌定，另一次用座谈会形式由古典文学教师、研究生参加，请先生概述北美西欧汉学研究现状（动态及方法等），并回答一些提问。以上安排，如有不妥，请来函见告，以便酌改。

兹别有二事奉商：

（一）哈佛燕京社图书馆所藏清人词集，客岁承钞目见寄，并告以联系办法。遵即由南京大学图书馆国际联络部将所需十二种目录打印寄去，要求建立交换关系，迄今数月，尚无回复。不知先生此次重到哈佛，能向吴馆长说明，促成此事否？（邮件务请挂号，以免遗失。）如有困难，则请先生代为复印，其费用亦请先行垫付，容后在先生来宁时偿还（请保留发票）。印件如不便携带，则可挂号海运。《全清词》工作顺利，今年可交出顺康卷，想先生闻之，亦当欣然也。（请求复印目录一纸附上。）

（二）先生前寄 HJAS 中有关中国古典文学论文抽印本，对千帆教学极为有用。惜仅至 40 卷 1 号为止，近数年该刊中必有可供搴采者，仍乞代为选购，其费用当按前条办法奉还。

种种渎神，诸希厚宥。相见匪遥，诸维珍卫。专上，即颂

著安！

程千帆顿首

3 月 22 日（1985 年）

前寄一函，代江苏古籍出版社约稿，不知收到否？

（一五）

嘉莹先生：

损书，知安抵成都，极慰。此次承枉驾来校讲学，并指示清词编纂工作，感谢之至。先生过谦，尤使帆惶恐也。

兹谨奉上顺康词人姓氏录等三件，敬请指教。海外采访之事千乞留意。

敬上，即颂

旅安！

程千帆顿首

6 月 5 日（1985 年）

彦威先生前乞代致意。

（一六）

嘉莹先生：

前奉瑶札，知安抵成都，续成词说，良用佩慰。兹谨寄呈先生前在清词室参观时所摄照片七张（别有数纸不甚清晰未寄），伏维存念。沈尹老手书词稿四种，已由齐鲁书社出版，因恐邮致损坏，拟托便带至令弟君谋先生处。天候转热，尚祈珍卫。祗颂

著安！

程千帆顿

6 月 28 日（1985 年）

（一七）

嘉莹先生：

两奉手教，敬悉一切。南京今夏酷暑，稍凉又忙于最后完成与吴新雷教授合撰之《两宋文学史》，以致前书稽复，歉甚。《两宋文学史》全书五十余万字，断断续续八年始就，然何时能出版，尚不得知，诚可慨也。

承示海外学人拟召开词学盛会，实为佳事。先生所举外，杭州大学吴熊和先生亦可考虑。杨海明先生执教苏州大学，乃唐圭老高弟，吴则出夏瞿翁之门。此三人英语程度，皆所不悉。然议论超卓，于词心确有体会，则杨君似胜。狂瞽之言，聊供参酌而已。

返加后幸时惠教言，不尽一一。

祗颂

吟安！

程千帆拜复

8月26日（1988年）

（一八）

嘉莹先生著席：

秣陵晤对，倏忽经年。自隔汪波，时深洄溯。前承以新书见赐，适在病中，久乃忘复。近得贺年卡，因而忆及，疏阔衰瞀，惭愧之至。哈佛勤研，谅多创获。置身风波之外，尤可庆也。近岁已来贱躯多病，去岁之末已得休致，其未了诸事，如清词等亦已由学校另委他人。今惟理董旧作，以遣余生，然出版极不易，不知何日方能呈教耳。小词二阕呈正，其本事谅先生知之，不更奉渎。春寒犹厉，尚希葆爱。敬颂

教安！

程千帆

2月15日（1990年）

萧公权先生今尚健在否，如能示其住址，感甚。

（一九）

嘉莹先生撰席：

二月中旬曾上一函，并附小词二首，计达左右。南京大学、南京师范大学及苏州大学与中国唐代文学学会定于今年十一月在宁举行唐代文学国际会议，东瀛北美群彦响臻，而前时寄呈请柬，尚未荷赐复，良以为念。比来大陆局势稳定，学术活动日益繁荣，先生神解博识，众流仰望（会后拟为天台、雁荡之游，及郑广文所谪台州而止。先生有济胜之兴，或所乐闻），倘蒙命驾，实所欣幸。临颖不尽，即颂

吟安！

程千帆顿首

3月22日（1990年）

致周策纵（四通）

周策纵，字幼琴，号弃园主人。曾任美国威斯康辛大学东方语言系和历史系教授。

（一）

策纵先生著席：

数月前孙树宜女士访宁，盛称懿美。又得读尊著《破斧新诂》及论文与道之关系诸篇，精严邃密，得未曾有，无缘陪接，但深驰仰而已。今谨别奉寄先室沈氏所著《涉江诗稿》《词稿》各一册，又帆与沈氏合撰《古诗今选》上册（其下册在排印中，容当续奉），又帆所作唐诗论文一篇，至希察收，并予教正。自四凶乱政，艾历岁年，文化交流，濒于断绝，顷方谋与海外学术机构及学人加强联系。先生久居西海，总持一方，于情况或较熟悉，辄条陈所欲知者数事如别纸，幸就所知见示，至感至幸！萧公权先生四十年代在成都时，尝相唱和，闻之孙女士，萧翁颇与先生过从，不知能以其地址见告否？北国早寒，伏冀珍摄。专上，即颂

吟安！

程千帆顿首

10月12日(1979年)

树宜女士乞代致意，已别寄赠《诗选》一册。

一、欧美著名汉学中心（包括图书馆、研究所及大学亚洲学系）之名称、地址及主持人。

二、欧美著名东方学（汉学）学术刊物之名称、出版地址及主持人（此项旧有者多知之，乞详示近二十年新出者）。

三、研究汉语古典诗歌及中国古代文艺理论之学人（特别是华裔学者）及其主要著作（专书或论文，发表之刊物或出版之书店）。

（二）

幼琴先生左右：

客岁五月在上海讲学时，曾上寸笺，又附呈四十年代与萧迹园先生诗一首，想早察及。国际红学会议先生主持其事，备极辛勤，亦于报刊及返国代表处阅之。旋闻将于客岁九月来宁，师生均翘首以望，后乃知以事改期，今确知将于四月莅止，幸甚幸甚。《读〈红〉》一首用意超妙而风调沉咽，以诗代书，杜老家法也。同门友潘石禅先生多年未通音讯，顷由其在港弟子马力转来短札，弟已作复，因知先生与石禅亦系挚交，今后如有交流著述及书问或请先生代转或蒙惠诺也。弟在此指导研究生治唐宋诗词，深苦于海外学人（尤其华裔学者）之研究成绩所知太少，前曾请叶嘉莹教授等代为搜集，已得若干，今将其列目陈上，倘有其他论著方法新颖、议论精辟、足供诸生学习者，幸为代觅若干种，以复印单篇论文最好，专书亦可，内容以诗词为主或文学批评，费用当于尊驾来华时以人民币偿还，不知可否，尚乞裁定。近作论唐人行卷小册子，又亡室沈氏《宋词赏析》各一册，已寄呈教正，别有数种在印刷中，先生来时当面呈也。先生此次来南大讲学，当局极为重视。白尘先生因专力创作，近又成《阿Q正传》电影剧本，已辞去系主任，新任主任叶子铭副教授乃现代文学专家，于茅盾研究尤精，渠于亚明先生出示尊函后，即请古典文学教研室主任王气中教授

（散文专家，尤精《史记》）及弟负责协同外事办公室，准备招待各事，其细节当别有正式函件奉达，想不日可收到也。南大因无医学院，南华夫人讲学事已由南大向医学教育部门联系，其详尚未及知，容更奉告。照片二纸，小诗一篇附呈。即颂
俪茀！

弟程千帆顿首

1月19日(1981年)

闻先生为祁阳人，弟则宁乡，亦同乡也。先叔祖讳颂万，字子大，晚号十发老人（非今之画家松江程十发），曾佐张文襄幕，先生或知之也。又及。

英年妙誉海西头，故国重归卅二秋。旧梦沉浮余白首，新文哀怨话红楼。榴花灼灼明堤岸，莲叶田田入钓舟。莫负青衿吟赏地，待君把臂后湖洲。

闻贤伉俪将回国讲学，喜成长句，即呈
幼琴先生、南华夫人正律

程千帆拜稿

一九八一年一月

（三）

幼琴先生著席：

客岁十二月所赐手札，由陈广才教授邮致，未克相见，以其时适因病住院也。旋闻有返国讲学之讯，已而不果，不得不叹会合之悭缘也。大作二篇极富创造性，读之实开思悟，续有著述，仍乞惠赐，以启颛蒙。近印行小书一册，辄因友人去美之便呈上，幸于讲贯之暇指点之。专此，敬请
俪安！

弟程千帆顿首

5月23日(1985年)

（四）

幼琴先生史席：

陈广才教授来宁，转到所赐著述三种，又和杜八篇，洛诵欣快，胜得清酒三斗也。论《卷阿》穿穴经传，树义精卓，知公所得于《诗》深矣。论王词札记似即以《人间词话》手眼论《人间词》，而柢基深广，经涉二西之书，抑又过之，观堂有灵，固当惊知己于地下。论联语集句，颇足解颐，因忆数事，钞录如次：

（一）帆与子苾初婚，间关入蜀，汪旭初师集词联为赠（沈尹默书今存寒斋）

素娥宝镜圆时，不负心期，记晓叶题霜，秋灯吟雨；

东海青桑生处，暗敧客帽，看残山濯翠，剩水开奁。

（二）汪先生集斋联

故山更好，看鹤飞深谷，猿啸高崖，愿同往从之，老子平生无妄语；

客路相逢，仗酒祓清愁，花销英气，所未能忘者，男儿西北有神州。

（三）易哭庵集李杜

瑶台月下，群玉山头，飞燕新妆，李吟亭北；

崔九堂前，岐王宅里，落花时节，杜在江南。

（四）三十年代，北大浴室圮，学生有死者，林公铎挽之

重压之下，安得不死；

洁身自好，何以为生。

相距万里，陪接无缘，聊贡所知以资谈助耳。尊诗微婉顿挫，感慨深至，读之令人不可为怀。帆于此道无能为役，偶尔操觚，便为恶札，谨写旧作十数篇奉呈，幸为点定。诸篇皆成于四凶擅国之日，时方承乏武汉大学讲席，而倚席不讲，故多忧患之音，想荷洞察也。所询事承允赐教，极感。专上，即颂

著安!

程千帆顿首

11 月 11 日(1985 年)

致姚雪垠(六通)

姚雪垠,著名作家、小说家。

(一)

雪垠兄:

岁月易得,别来又十多年。关于你境遇之变幻,创作之神勇,时时传入我的耳中。看来,你活到八九十,写到八九十,没有问题。应该送你一付对子,其文曰:

寿登大耋,勇冠三军。

我被武大驱逐出境,又被南大当作旧货收了进来,一些情况,周勃想都和你谈过,最近一年,当了马二先生,选注了一部诗(原有与祖棻合作的底子,作了较大的补充修改),上卷已印出,今寄上,也许可供你的孙儿女辈念念。恨新头巾气犹未尽除。下册待明春可出,当续奉。(诗集大致按年月编辑,题中有干支可寻,惟未列总目,是一疏忽。)

何日南来,企望之至。

专复,即祝

椽笔日健!

千帆

10.12(1979)

(二)

雪垠长兄:

诵论文学史,大作精思卓识,今世无第二人也。齿及亡妇,感喟尤深。其遗著将次第刊行。近出一种,辄呈左右。别有论唐人七绝一种,或来年

可出，当续呈耳。造次不能尽意，伏谨珍卫。祇颂
著安！

弟千帆顿首

六．二十五（一九八〇）

（三）

雪垠兄：

收到你百忙中写来的详信，直谅多闻，感激不尽。我刚从长春开完古典文学座谈会回来，回信迟了，乞谅。（这次会还开得不错，发言及纪要将《社会科学战线》四期发表。）

你所提的许多意见都是审慎的、精确的，而且有些是笼罩全局的。我正准备修订这一部书，在古籍出版社正式出版，所以你的信来得很及时，可谓“馈贫之粮，拯乱之药”。我想尽量吸收你那些宝贵的意见。

近年来除了那部长篇外，我还陆续读了你不少的文章，关于农民战争，关于《圆圆曲》，关于文学史，关于稿费，觉得很有意思。古人的才、学、识或义理、考据、词章兼备为难。方今一流向尽，你可以算得灵光巍然了。而且你还能挺身而出，纠绳那些文坛诗苑的夸比之风，就更加可贵。

最近可出一两本书，一本是《唐代进士行卷与文学》，一本是《史通笺记》，容更尘教。祖棻还有一本《唐人七绝诗浅释》，也在排印中，谨此附闻。

匆复，敬祝
老健！

弟千帆上

七月二十二日（一九八〇年）

（四）

雪垠兄：

暑假中因事到北京住了四天，曾给你打过电话，知道你到外地避暑去了，没见着，怅怅。

今天读报，知道你荣获第一届茅盾文学奖，高兴之至。你的坚忍刻苦，你的信念，都是朋辈中所少有的。你获得这一崇高的荣誉是完全应当的。

有人告诉我（对北京来人，我必问到你的消息，有人知道，有人不知道），你已经开始写卷五了，是吗？又有人说，你是先写卷五，而将卷四先放一下。无论怎样，你是胸有成竹的，看来。

拙注《古诗今选》将在明年上半年出书，你提的许多条宝贵意见我都尽量采用了。到时将再呈教。我很想打破框框，校稿时，又觉还打破得不够。

祝

安善！

弟千帆

十二月十六日（一九八二年）

（五）

雪垠兄：

非常感谢你的鼓励和指正。将绵作棉，来说春秋时事，实在是不应有的疏忽。“友直友谅友多闻，益矣”，这话实在不错。

中更世变，老学无成。只有努力为祖国文化的发展作一点贡献的愿望，还可向故人述说。到南京后，想在古典诗歌的研究方法方面，作一点新的开拓。写了几篇文章，大都收在《古诗考索》中了。此书，明年可出，一定呈教。最近又写了一篇谈《饮中八仙歌》的，现随函附上。其中有一段排印有错落，也不改了，你看了会明白的。

我最近心脏病住院，不严重，但要详细检查。我身体远不如你。

暑中曾来京开一会，远住香山。开完即走，又没有能来看你，怅怅。

《李》写得怎样了？盼早日完成，转《洪》。

祝

好！

千帆

10.4（1984）

（六）

雪垠兄：

小书呈教。我非常想请你将自己得意的诗写一横幅见教，可悬寒斋，如见故人，不知能拨冗为之否？

弟千帆附言

致陈贻焮（八通）

陈贻焮，字一新。曾任北京大学中文系教授。

（一）

贻焮先生：

非常愉快地读了您的新文，有“周虽旧邦，其命维新”之感。这个问题谈的人可多了，但尊著穿穴群书，博采众说，而又能于原诗无所牵附，实是突过前人。事实上，唐代女冠中的一部分，确曾具有倡伎性质，《三水小牍》上所说的“炼师欲求三清长生之道，而未能忘解佩荐枕之欢”，是很简括的论断，我在四十年代所撰《郭、曹〈游仙诗〉辨异》，于此亦有论列。义山敢直接以月夜寄宋华阳姊妹入题，可见并无顾忌，他将爱情生活的记录出之以象征比兴手法，是事实上须要隐蔽呢？还是一种艺术趣味？也许兼而有之，后者或许还是主要的。像李洞赠庞炼师不是公然提出“若能携手同仙去，皎皎银河渡鹊桥”吗？具体情况可能不同，只是读了尊文，略抒所感而已。组缃、静希先生想常相见，镇淮先生前有函来，无事就不另复了，均请代为问好。专上，即颂

著安！

程千帆顿首

11月5日（1979年）

您对王摩诘下过很大的功夫，是否继续在研究？念念。

（二）

贻焮先生：

前得赐诗，风调清深，诵之倍增乡关之思。顷又荷寄示《北师学报》大文，知有少陵评传之作。承植先生之传，但及行迹，鲜论诗篇，尊作则一是以诗为重点，有类前人学案，当更有补益于学者也。又承告别有一书，挂号赐寄，而迄未收到，不知收据尚存可一查否？颇以先睹为快也。静希先生夙有喘疾，入冬以来，不审何如，良以为念，见乞致声。专此复谢，即颂吟安！

千帆顿首

11 月 28 日（1980 年）

（三）

贻焮先生：

别来诸想安善。兹谨绍介研究生张三夕同志晋谒，张君青年好学，久慕清德，伏冀进而教之。又其所撰硕士论文为《宋诗宋注纂例》，颇有资于善本，辄欲阅读贵校所藏若干种，虽具南大正式介函，犹恐或有扞格，至乞推爱为言于守藏诸史，感同身受。新秋未名湖畔菊秀兰衰，定多佳什，能见示一二，幸甚幸甚。专此，祗请

著安！

弟程千帆顿首

9 月 15 日（1981 年）

小诗附后博笑。

（四）

贻焮先生：

顷奉雅什，意态高远，五律尤胜，佩服佩服。

张三夕君晋谒，想荷赐见。此子勤劬，假以岁月，当可有成，愿先生少拂拭之。

有一生写论文，引黄白山《杜诗说》云："读唐诗，一读了然，再过亦无异解。惟读杜诗，屡进屡得。"而南大无此书，乃从他人著作中转引，既不知其卷第(似出引言、凡例之类)，亦不知文字有无讹夺。不知先生能就北大藏本为注明卷第页数并校正文字否。琐琐渎神，极罪。专上，祇颂
吟安！

弟程千帆拜上

10 月 3 日(1981 年)

(五)

贻焮先生：

前承检核杜诗材料，极感。属书恶诗，所不敢辞，但顷事冗，少缓乃可贡拙耳。

白华先生暑中尝允以《美学散步》一书见赐，顷见广告，知已出版，恐老人健忘，甚盼先生走取挂号见寄，俾快先睹，欣荷欣荷。专此奉渎，勿罪。祇请
著安！

弟程千帆顿首

10 月 31 日(1981 年)

(六)

一新先生：

大著拜收，已零星读过数篇，今得一口气读下，当是一种愉快。夹叙夹议，施之长篇，实为创体。静希先生一序，极隽永，可宝也。

以热心人而游热带，无怪新篇若宝焰之然也。

三月中或去京有一会，冀能奉谒。专此复谢，即颂
著安！

弟程千帆顿首

2 月 5 日(1983 年)

（七）

一新先生：

大著《评传》中下卷收到，喜慰无伦。老学如袁伯业今世无几人也（传而兼注，汉师遗响，衍为巨帙，又汉师所无）。葛跋甚好，尤见薪传。先生提命多年，功不唐捐矣。弟久患心脏病，住院二月，昨始出，尚未完全复元。冬寒愿珍重。敬复，即颂

著绥！

弟程千帆顿首

12月7日（1988年）

（八）

一新先生：

惠示敬悉。年来白内障甚剧，书不成字，勉为尊集作签，遂忘其丑，幸恕之也。早早妄渎尊严，极荷垂注。忆七十余年前尝侍先十发翁在沪上遇散原、石遗诸老，童稚无知，但叩头呼太老伯而已。若早早恭谒，则已略具知识，知陈爷爷为何许人，视我为幸也。一笑。敬颂

双安！

弟帆顿首

（1991年12月27日）

致何芳洲（七通）

何芳洲，沈祖棻先生之表妹夫。

（一）

芳洲尊兄：

白门快晤，旋又奉新诗八章，老当益壮，健笔凌云，至为可喜。弟近心脏略有不适，亦略见肺气肿现象，凡百废置，惟上课如旧而已。江南秋色

正浓，想奚囊必多佳句，便中可抄示一二也。专复，即颂
双安！

弟会昌顿首

十一月五日（一九七九年）

（二）

（前缺）

太华与华亭，窈窕两朱阁。士女熙攘间，繁香自开落。谈谐方冶融，语论挟棱角。凌夷二十载，稍复得此乐。春云有卷舒，吾意不可夺。

蔡生何慷慨，王老温且文。归来贾余勇，纵谈至夜分。颇续儒林史，亦诵蟹行文。心危世教衰，感激前未闻。余悸与余毒，于我如浮云。

游滇诗四首，写乞
芳洲老兄教正

会昌于南京

（一九七九年）

（三）

芳洲兄：

多年不见，得晤言数次，极慰。

祖棻诗词，发行后，文艺学术界反应极好。友人拟为之设法排印。兄前云其中尚有错字，不知能于便中拈出见告否？如得据以改正，俾免贻误读者，甚是佳事也。

想兄伉俪已返苏，故此信未寄至惜三处。

专上，即颂
双安！

弟会昌顿首

12 月 18 日（1979 年）

（四）

芳洲尊兄：

惠示及校记均收到，极感。元旦本拟进谒，因天气太坏，遂作罢，为歉。其诗稿误字，仍乞惠示。弟顷须因公去徐州一行，倚装匆匆，不尽欲白。专上，即颂

双安！

弟昌顿首

一月十四日（一九八〇年）

（五）

芳洲尊兄：

小书二册奉上。其中讹谬处甚多，尚乞于优游之余，为之订正，俾便改正后正式出版。涉江诗词承详校，极感。

小女丽则夫妇已调宁，即在南大工作，谨此奉闻，亦足慰也。

专上，即颂

俪安！

弟会昌顿首

3 月 20 日（1980 年）

（六）

芳洲兄、三妹：

在苏叨扰，兼得叙谈，极慰且感。

照片四张奉上，乞收。

冬寒，伏冀珍卫。

敬颂

阖府安吉！

千帆、陶芸

一月十六日（一九八四年）

（七）

芳洲兄、三姐：

来示收到。祖棻遗著发表后，在国外国内都有好评，引起较大反响。最近，《浙江画报》《武大学报》及《光明日报·文学遗产》均将写文、发表照片纪念她。她的学生，湖北大学章子仲副教授（女）想为她写一本书。所以，兄所写各文，以及见到的他人所写之文（《江南诗词》，弟未见），均望挂号见寄，为章提供材料。我感到困难的，是她幼年和青年在上海、苏州的家世情况、家庭生活与学习生活。楷亭已逝，只有贤伉俪能道其详。希望不拘格式，想到一点写一点，越多越好，越详越好。如记忆不真，不妨和四妹、格留等印证一下。（可惜肖友也去世了。）辰宪兄弟等未必记得，年纪小了一些。但瑞侄、美宝是可能知其详的。关于家庭、亲友、经济，乃至与弟结婚前的婚事拟议（听祖棻说过一些），只要可供传记之用的，均望笔录，不必有任何拘忌。祖棻一辈子可以"才丰命啬"四字尽之，史公"天之报施善人，为何如哉"之叹，对她也极适用。我能做的，就是将其遗稿全部整理出来，并托人写一好传记传世，其他也无法了。小婉很好，这也很使她安慰。她的遗著，除《宋词赏析》《唐人七绝诗》《涉江词》已印外，《涉江诗》及《沈祖棻创作选集》（包括新诗、小说）均在付印中，出后当奉寄。弟年来心脏欠佳，不能劳累，故很少出游。宁苏咫尺，亦不能常见，为可叹耳。

专复，即颂

俪茀！

弟千帆

4月9日（1985年）

致傅璇琮（二十九通）

傅璇琮，曾任中华书局总编辑、清华大学中文系教授。

（一）

璇琮先生：

24日手教敬悉。拙著《史通笺记》系以书头批校为基础补充而成，当时住在成都，战事方殷，得书不易。60年代迻写成帙，而已废史学，也就增益无多。其中疏谬之处，定复不少，极希望守俨先生、您以及其他同志仔细敲打一遍，以免出版后贻误读者。

承代购《魏书》，极感。想再要《读杜心解》一部，仇氏《杜诗详注》三部。又闻《全唐诗》重版（附诸家补逸）已预约，不知办法如何，至恳便中赐知。

谨寄奉20元，祈察收。诸渎清神，非常感谢。

专复，即颂

著安！

程千帆顿首

11.28(1979)

《管锥编》已得，学林艺府之渊棷也。

（二）

璇琮先生：

离宁前曾寄奉《禅学与唐宋诗学》及巴金《随想录》各一册，想已收到。弟在上海住十一日，已于周前来济南。家家泉水、户户垂杨之泉城已由地脉、泉脉之破坏，大不如传闻，然犹自秀丽可观。济南二安之纪念堂亦尚未恢复，惟距此百余里之大灵岩寺之古木及彩塑历代高僧像为深可宝爱耳。在此将讲至二十日南返。客中无事，校读近出《老学庵笔记》得数事，谨录如次，以供参考：

1. 29页5行“尽言方养觀”，觀似当为親。

2. 104页5—6行“东京石朝议女婿，乐驻泊乐铺西蜀”，“费先生外甥，寇保义卦肆”，似当为：“东京石朝议女婿乐驻泊乐铺”，“西蜀费先生外甥寇保义卦肆”，又乐铺疑为药铺。

3. 124页4行“谓之‘太师错’；摺样第中……”，似当作：“谓之‘太师错摺样’；第中……”。

4. 129页6行“今归小读书堆取勘，此刻……”，似当作：“今归小读书堆，取勘此刻……”。

《史通笺记》不知可于近期付印否？近出新书消息，幸示知之。

祇颂

著安！

千帆顿

4月1日(1980年)

（三）

璇琮先生：

十四日手示奉悉。奖饰逾恒，兼有扬榷，仰见大君子不以老而废学见弃也。长马之说，诚为妙解。倘他日于唐人故籍更得一二证，即可为定论。我国古代人、地、官职之缩写简称，至今尚无人谓之辑录研究(独俞理初尝略涉人名，然亦粗略)，此亦一可惜之事，年事骎衰，所为不及其所欲为，浩叹而已。

尊示当转示勋初兄。此公孟晋可畏爱，弟东下金陵得友之，殆如张茂先之利获平原也。

欲求书数种，别纸条呈，不知中华尚可得否？如有，尚烦一结算，不敷之数，当即奉上也。

敬颂

著安！

弟程千帆

4月21日(1980年)

（四）

璇琮先生：

顷奉惠赐《丛考》，欣感欣感。前已于杂志读过数篇，今览全书，乃知美富远甚。序文论材料与论点，及文学史之结构，极中时弊，且与夙昔鄙见不谋而合。大历诗自具异彩，不独反映现实为元和先驱，惜今之人未能赏会，而有抑之。今先生为之发扬幽光，十子有灵，亦当惊知己于千古矣。

前命小女将《史通》下册副本奉呈，想已收到。

祖棻遗稿《宋词赏析》及拙稿《唐代进士行卷与文学》交上海者，前者已出，后者在印刷中，容当呈教。

《史通笺记》出书后，除出版社赠书外，尚请代购若干，以便赠呈诸友乞教。其总数为七十本即可，此事幸先生费神代办。书价可于稿费中扣除之。

不日返宁，赐教请寄南大。专颂

著安！

千帆上

6.16(1980)

（五）

璇琮先生：

昨日返自长春，奉四日手书，又《履园丛话》《诗学与禅学》及《史通笺记》草稿等三种，甚以为感。嗣后续有新书可用者，仍祈代购。（夏先生词论及俞先生词选均已蒙惠赐，故可不再劳神。）

《史通》大样，尚未赐下，或者因出书限期迫促，不送作者校勘，亦未可知。谨别疏一纸，以供参酌。所涉多关形式，至于一文一点之误，则尚未细校。如有可能，仍盼自校一遍。（日内即赴匡庐逃暑，大样可仍寄南大转。或到庐山后，再将住址奉告。）

南大管雄教授，旧从先师季刚先生治《汉书》有年。所撰《唐以前〈汉书〉注考》一文，翔实可据信，颇合《文史》之用。不知先生愿一披览之否？弟可为绍介也。专此，即颂

著安！

程千帆

7月20日(1980年)

下列各书如出，请代购各一册：

①《古诗源》

②《龚自珍乙亥杂诗注》

③《宋诗话辑佚》

④《唐集叙录》

⑤ 刘叶秋《笔记概述》

⑥《古典目录学浅说》

⑦《王粲集》

（六）

璇琮先生：

离宁前曾上一函，并附《史通》稿校记一纸，想收到。弟于廿三日启程，昨日登庐阜，预计在此有一月句留。《史通笺记》如需校大样，请按下列地址赐寄：江西牯岭庐山广播站招待所转南京大学程××收。此书原稿系楷书，小样误字即不甚多。如印刷厂急于付印，则弟不校大样亦可。惟有关格式前书疏记者，仍乞改正。诸乞酌定为感。

专上，即颂

著安！

弟千帆顿首

7.25(1980)

（七）

璇琮先生：

入冬惟安吉为颂。

近数月来，贱躯略有不适，书问遂疏。不审中华近日曾出何书，能以书目赐寄，便选购否？

又拙著《笺记》约何时可出，亦恳告以大略。想有书 100 册，以供分赠。如样书有 30，则恳代购 70。其分赠京友者，不知中华能为代寄否？亦乞示知。

专上，祇颂
著安！

千帆

12 月 9 日(1980 年)

守俨、振甫先生均候。

（八）

璇琮先生：

前承代购《辍耕录》，早已收到。其《龚定庵己亥杂诗注》又宋人笔记《东斋记事》等二种不知已出否？又绍虞先生之《宋诗话辑佚》闻亦出版，请代购两部。前存尊处之 30 元，似仅余九元，如略不敷，请代垫付。非久即别寄 30 元，仍存尊处备用。琐琐渎神，不胜惶恐。

前拟求允贵局复印苏诗，不知有无可能。（此书不知在香港可购得否，须港币若干，如蒙打听告知，尤感。）又拙著《笺记》，不知何时可以出书，均恳赐示。专上，祇颂
著安！

程千帆上

二月二十一日(一九八一年)

（信封背面：先生所编诚斋、石湖资料，不知顷尚可得否，幸示知之。旧有一册，乱中失去矣。）

（九）

璇琮先生：

上次收到代购《宋诗话辑佚》两部，尚未致谢，顷又得《笺记》样本，品质精善，感谢不尽。

《笺记》除样书外，请代购 90 本。附上致京友名单一纸，敬请代为分致，以免周折。其余 98 本，请费心寄南大。

《龚氏己亥杂诗注》，已在此间买得，其《东斋记事》如出，请代购二册（如续有唐宋人笔记出版，亦希代买）。

仍乞在稿费内拨30元存尊处备用，旧30元，似尚存4.20元，不知是否，乞示知之。

弟所带研究生，有张三夕，以《宋诗宋注考例》为硕士论文题，其文大抵仿援老《通鉴胡注表微》。先生精于宋人文献之学，辄妄拟恭请为该生答辩委员（时间在秋季），不知能俯允否？如荷同意，当再上报。谨先奉商，乞示知之。专上，即颂

著安！

程千帆

三月十七日（一九八一年）

4月将去南宁讲学一月。

（一〇）

璇琮先生：

所寄《史通》赠书及购书，又旧开赠书名单均已收到。此书从始至终均在先生大力支持之下，得以迅速出版，十分感谢。少年涂抹，垂老无成，又深感惭愧。此种心情，先生当能亮察之。

勋初先生昨枉过，知先生欲弟写一小传，并开列著书目录，不敢违命，别纸录奉，至希察收。先生家寓北京何处，弟下月可能来京开会，如能抽暇，当造谒。

比日为研究生论文所困，不得详陈，乞恕。

敬颂

著安！

弟程千帆敬上

六月十四日（一九八一年）

（一一）

璇琮先生：

代买书收到，谢谢。

纪念黄先生文，只能说，努力为之。近来忙于研究生答辩，又常发心

脏病，故不敢必。

闻周予同注皮鹿门《经学历史》中华即出，幸为代买三册，感感。

专此，祇颂

著安！

弟程千帆

12.9(1981)

（一二）

璇琮先生：

前数日写好纪念季刚师文，为了慎重核实起见，除了和圭璋兄交换意见外，又寄与孟伦兄请其改正，庶为“实录”。此件及刘博老文，想不日可由孟伦兄自济南转达尊览。

拙撰《史通笺记》，不知中华尚有存书否？如有，请再代购十册，其中五册请开南大中文系发票。（今年南大八十周年校庆，欲以此书赠外国汉学家。）余五册则弟自需，可无需发票也。感感。款当即汇。

古籍之会，何时可开，幸先示知，以便屏当他事。专此，即颂

著安！

程千帆

二月九日（一九八二年）

（一三）

璇琮先生：

前上一函，想达。忱石先生来函，云拙稿十一月可出校样，即不必复印了。

有一个情况想了解一下。过去出版社请人外审，大体按字数计酬。五十年代弟在武汉时，每千字由一元至二元，视工作轻重而定。目前中华或其他出版社对这类工作如何计酬，尚乞示知。因有人要我担任一点这方面的工作，如荷示以现行通则，则较易洽谈。

录音带希便中寄下。

费神极感。专上，即颂

著安！

千帆敬上

10月10日(1982年)

想买《池北偶谈》及新出尊著《唐代人名索引》、《古典文学论文索引》。存尊处款当然不敷，请代购后示知，以便补寄。

（一四）

璇琮先生：

近来心脏不好，躺在床上休息了几天，读先生校点《香祖笔记》，稍有献替，别纸抄呈，祈教之。

毅中先生寄下《玄怪录》校本二册，其一致谢伯阳君，已遵示转去。谨请转告致谢。

匆匆，即颂

道安！

弟帆

5.22(1983)

（一五）

璇琮先生：

弟来京开学位评审会，寓羊坊店路1号京西宾馆405号，电话86·6501专2405。18至25日在京。白天开会，如夜间先生能枉过一谈，幸甚。勋初托有一二事奉商，面罄为得也。

祇颂

著安！

适打电话554751，无人接，故草此函。

弟千帆拜上

9.17(1983)

（一六）

璇琮先生：

手教（附守俨先生札）及尊著均收到，极感。如中华能重印《笺记》，自不宜亦不愿在其他出版社再出也。尚乞转达下忱是幸。欲明中晚唐政治史事、文学变化，当首先注意李文饶，此说实是巨眼卓识，佩服。文饶之于词科集团关系不浅，亦即虽以其出身高门，又有《文选》“不根艺实”之说，三世不置萧书之传说而无视此种错综变化。寅老之说，似不免忽略各种政治派别无不争取词科集团此一新兴力量之事实也。（地方军阀与进士之关系，亦极可研究。）衰督废学，偶述鄙见，冀先生之教之也。托勋初带上连语，殊不能为工，愧愧。敬请

著安！

千帆顿首

七.二十（一九八五）

（一七）

璇琮先生：

迪昌归自长沙，备悉近况佳胜，极以为慰。《全清词》之编纂出版诸问题，非久拟在南京开一小会，届时务请拨冗出席指导。

《史通笺记》经先生大力支持，或将在明年重印一次。南大古典文献研究所规划，拟将文史各系单行专著，悉列入“南京大学古典文献研究所专刊”，故亦拟乘《笺记》重印之便，在① 封面（右侧，直行）、② 内封面（书名上，横行）、③ 版权页（书名上，横行）加上此十三字，今寄上样子一份，至乞先生惠允，并转知执事者照办，不胜铭感。

专上，即请

著安！

程千帆顿首

11月4日（1985年）

（一八）

璇琮先生：

勋初返，备悉佳胜，闻将赴美讲学，甚盛甚盛。前寄小诗数首，想已收到。《朱子语类》不知可得否？如京中无之，当求之沪上也。乞示。敬请著安！

千帆

二十二日（一九八七年七月）

（一九）

璇琮先生：

前承枉存，匆匆不尽所怀，良耿耿也。拙编日本汉诗及方湖先生文集，辄蒙推介，幸甚幸甚。近日得读王仲镛先生《唐诗纪事校笺》，以为此书与尊编《唐才子传校笺》及勋初兄《唐语林校证》实为近年整理唐代文史文献之三大杰作（孙望兄之《元和姓纂》未出，然恐体例不同），其功力及成就当已度越劳季言、岑仲勉辈之限于襞积细微也。闻《唐才子传》第二册已出版，如尚可得，幸为致之，感激不尽也。冬寒，伏冀珍卫。祗颂

著安！

弟千帆

一月十七日（一九九〇年）

（二〇）

璇琮先生：

久未通问，伏想安善。前呈《两宋文学史》，幸于披阅时指其谬误，感感。近检该书第 80 页，竟将嘉祐五年（1060）王荆公四十岁误作皇祐二年（1050）荆公三十岁，荒率可惊，务请代为改正。《校雠广义·目录编》前数年曾呈教，近《版本编》已出样书，缀辑旧闻，并无新意，但可为初学略示门径而已。先生治学精严，于著述中体现对目录版本之学极

为精通，其不著为文学，殆古人所谓“善《易》者不言《易》”，不知能亦于百忙之中为拙作拨冗写一书评刊之《中国文化》《古籍整理与研究》或《文献》等类刊物中否？然不敢强求也。偶作小诗，附呈一粲，“将诗不必万人传”也。顺颂
著安！

弟千帆上

十一月十二日（一九九一年）

（二一）

璇琮先生：

勋初携致尊著新编，精诣神旨，孚尹旁达。多年来常诵先生论文辄有沾益，今则灿然皆在目前，大贝明珠，高明光大，始叹为当今之世无第二家也。文运迁流，或数十年，或百年，必有挺生出而担当主持之者。罗、陈二序，既发先生为学之道之蕴，更愿招呼坛坫，弘扬学术。鳏生老而废学，犹愿执鞭櫜以从之也。前数年偶共老妻作《骈字类编音序索引》，以为休息时调适脑经之用，积之岁月，居然印成，周前曾以两部分赠先生与逸民先生，闻近日邮件寄送极迟，尚未收到。专上，即颂
俪安！

弟程千帆

十二月廿六日（一九九五年）

老态日增，书不成字，谅之谅之。

（二二）

璇琮先生：

奉书感愧不可言。忧患余生，忽已八十三岁，总觉所为不及其所应当，面对先生等之宏扬学术，自至隆高，不禁瞿然而惊，色然而喜也。承示《音序索引》应有评介，不审能乞中华或古籍小组同人为之否？先生幕下青年学士亦有垂爱及于愚蒙者，或无妨求之也。无以为报，当赠书一册耳。近日白内障大发，视力模糊，乞老伴代笔，伏望谅之。敬颂

俪安！

千帆敬白

1996.1.22

（二三）

璇琮先生：

托人带上《骈字类编索引》，请代赠写书评之人，想收到。此文成后，幸以复本见赐，因近有人欲为弟编一资料，或可收入也。（因此，刊于何处，亦乞告知。）

张世林先生所索一文发言稿已寄去，一月十八日与张函附稿，并请其补赐《现代化》95年1、2、6三册，未见复（杂志亦未寄下），晤时乞一询之。

弟白内障甚剧，写字读书皆困难，草草乞谅。敬颂

双安！

弟千帆

二月十二日（一九九六年）

（二四）

璇琮先生：

前上一函，又托人带《骈字类编索引》一册欲请代求书评一篇，不知可否？《闲堂学记》想在四月中发稿，书评最好能收入，幸酌之。贱躯粗适，惟目力殊无好色，无可奈何。顺颂

著安！

弟千帆顿首

三月十二日（一九九六年）

（二五）

璇琮先生：

刘先生书评及尊函并拜悉。文极有分量，微觉过誉，惭感交加也。已

复印，原稿送上，可编入《古籍简报》，并请预先示知出版期数及日期，俾便转载时可标志于文尾也。弟身体尚好，惟白内障不能视书为苦。幸得徐有富君之助，《校雠广义·典藏编》近亦脱稿，在采纳群言，学术独创性不高不强，但将向歆父子创立之中国独有之校雠学作统一而全面之表述，则自此书始，世之君子或有取焉。先生知我，故敢狂肆其言，念亦惟先生可恕之也。敬颂

著安！

弟千帆

4 月 1 日(1996 年)

（二六）

璇琮先生：

闻勋初言，先生近患骨刺，极以为念。此间亦有人患此症，服壮骨丸可缓解，寄上药盒。如未用，可试服之。

专此，即祝

痊可，并候

双安！

弟千帆

11 月 4 日(1996 年)

（信封正面：写字困难，不必回信。）

（二七）

璇琮先生：

20 日手示收到，拙作幸蒙认可，荣幸之至。先生学术可谈着多，而弟衰惫，不能为长文，故但能不阿好，不虚美，举其大端而已。

原作未留清稿，希审定后复印一份赐还，所空数字，亦乞补上。

又前呈与王淡芳君书 20 通，荷收入《学林漫录》，如方便，亦乞复印一份寄下，如即将出版，寄刊本亦可。

宏生处已转告。敬颂

俪安！

千帆上

十月廿五日（一九九八年）

（二八）

璇琮先生：

拙序复印、打印本均收到，今就打印本细酌后，应改处如次：

① “傅先生所作出的成就是卓著的”改为“傅先生的成就是卓著的”。

② “善于人同”改为“善与人同”（有数处）。

③ 最后一段，前数日景祥来开赋学会，亦望去其名而专提出版社，即请先生酌改，仍以见示。

《学林漫录》所载与王淡芳书，若《漫录》近期即出，可以不必复印寄下。如迟到明年，则望寄下。因想收入一文集也（尊序亦同）。匆匆，敬颂
著安！

千帆

十一月三日（一九九八年）

（二九）

璇琮先生：

收到14集《学林漫录》甚感。风格依旧，颇有佳文，知文运方兴也。请代为购寄一册，挂号寄王淡芳先生。其地址如下：(610072)成都四川省人民医院放射科曾朝贵转王淡芳先生收。书价请在稿酬内扣除为感。

又前求先生致函齐鲁孙言诚先生，请酌减所收《校雠广义》在河北教育出版此书之费，尚未得复，不知能见允否？又此书曾厕国家图书奖提名之列，尚无下文，先生如有所知，亦盼见告。弟主编《中华大典·文学典》，其宋辽金元分典五册，正赶印中，争取在国庆五十周年献礼，谨闻。贱躯病后仍衰劫，不甚能工作。盼复，即颂
俪安！

弟千帆上

七月十四日（一九九九年）

致缪钺(十二通)

缪钺,字彦威。曾任四川大学历史系教授。

(一)

彦威先生道席:

顷荷赐寄小杜年谱,感谢之至。尊著初刊浙大学刊时,昌即从弘度丈处拜读。今数十年矣。沧田反覆,何可胜言。弘度丈于浩劫中含冤逝世,忽已十余年,幸其遗书十数种,将分别由上海、北京出版。又,其长女茂舒来函,属昌为作一传,责无旁贷,行将起功。先生与弘度丈相厚,如荷以其轶事最足感人者见告,采入传中,当更可使读者想望其风采,幸甚幸甚!又,先生历年所为文史论著、年谱事辑之属,皆极精审,散在报刊,难窥全璧。三联所出一册,入选太少,远不足以见先生之学,不悉有意裒集刊行否?若《遗山年谱汇纂》,今即极难得,其一例也。中舒、明照诸先生见时恳代致候。专此布谢,敬请

著安!

程会昌顿首

一月二十二日(一九八〇年)

(二)

彦威先生左右:

奉诵手札,知河清目明,不禁狂喜。瑶章深至,惜诵帚翁不复能赏之,感叹何极。荷允疏其轶事,还望以时命笔,如篇幅多,可单独发表,以申潜德幽光也。亡室遗文及小著各一种呈教,别有数种,容更续上。春节迫于贱事,不及规缕。专上,即叩

道安!

会昌顿首

二月二日(一九八〇年)

（三）

彦威先生左右：

久未奉候，然友生自蜀中来，每从得知杖履安善，目疾经手术后大有好转，辄深以为慰也。顷唐圭璋兄为江苏古籍出版社主编《唐宋词鉴赏指南》一书，欲广征学人，共同撰写。以先生词坛尊宿，辄欲奉烦，略出绪余，以光篇幅。兹谨为绍介，伏冀赞成之。其具体要求，当由出版社奉告也。小文一篇呈教，又别有《古诗考索》一书，非久可出，亦当寄上。年来思力减退，徒污上雅之目为愧耳。《灵谿词说》，嘉莹皆尝见寄，惟《冰茧庵集》未见，或尚未出也。春寒，伏惟珍摄。

敬颂

著安！

弟程千帆顿首

三月四日（一九八五年）

（四）

彦威先生左右：

所赐《冰茧庵稿》及序文一通，又《川大学报》，次第拜领。去冬以来，心脏宿疾屡发，终日偃卧，迟答，幸勿见责也。新书中文颇有已读者，今兹重温，弥叹精审。昔侍弘度丈座，丈尝云：先生之学简约得其英华，不以夸多斗靡为能，可谓深识。近与诸门人共学杜诗，将陆续撰文发布，谨以二篇呈正，幸加纠绳，不胜翘企。谨上，即颂

吟安！

程千帆顿首

三月六日（一九八六年）

（五）

彦威先生侍席：

顷承赐寄新印《序跋辑存》，其中旧尝拜读者不少，今重温之，数十年

师友踪迹，乃往复于胸臆，为感恻者久之。王君昭琛（瑶），夙从朱佩弦治中古文学史，建国后改研现代文学，胥为侪辈钦服。而以家难积痛逝世沪滨，辄成小词悼之，今以复本呈教，想亦为之一叹也。冬寒，千万葆爱。敬叩

吟安！

程千帆顿首

十二月廿七日（一九八九年）

（六）

彦威先生侍席：

近作小文，寄呈教正。《殷铭》更不作序，以徐复先生别为之碑，故略仿任彦升《刘夫人墓志》之体，不知有当否？幸督正之。首夏清和，伏想安善。敬叩

著安！

千帆谨上

五月廿九日（一九九〇年）

（七）

彦威先生道席：

顷奉手教，知陶尔夫先生意欲参加今冬举行唐代文学国际会议，已将尊函转主事者审夺，当有函径复也。弟自退休后，即百事不问，因心脏病最忌忙碌与恼怒，只有饱食终日，无所用心，乃能延年。平生所惭今不耻，诚可笑也。近为赵少咸先生遗著作一序文，亦不能工，谨呈乞教。暑热，伏冀珍卫。敬烦

著安！

千帆敬上

七月三日（一九九〇年）

咏陶一律，深挚有味，弟久已不著一字，深有感于朱古老理屈词穷之言。

（八）

彦威先生左右：

赐书及大作均拜悉，先生所言人生道路，大较言之，亦即中国数千年来知识分子之悲剧历程也。四十年代旅居成都，偶作小诗云：

沉痛出诙嘲，奇倔纳平淡。古来惟阮陶，其道差一贯。窈窕千岁人，盘胸只冰炭。短檠照遗篇，晤言用永叹。

盖亦略符尊旨。惟《浣溪沙》一首，幽怀清怨，寄托遥深，以视近作附呈绝句，真伧父矣（歌舞升平，环哥儿语，非杜撰也）。秋凉，伏冀以时自珍摄。敬颂

道安！

千帆敬上

九月五日（一九九〇年）

（九）

彦威先生道席：

顷弘度翁女公子茂舒以其先君所藏友朋书札见示，其中有先生诗词手札数十番，因属其复印，今谨寄呈。虽不无阙失，要是谢傅碎金，至为可宝也。肃此不尽，即颂

吟安！

程千帆拜上

（1990年9月）

（一〇）

彦威先生：

前得手教，又诗二篇，均拜悉。辱荷奖饰，但增惭悚。近作一小文纪念蠲叟，以先生亦其故知，敢以奉呈。又感夷洲近事，偶成一律，并乞教正。心澜不平，亦世缘未尽之征，可叹息也。尊作淡而弥旨，愧不能步后尘也。先生往年与诵帚翁往返函札中，多论学衡文之语，如能整理付印，

颇有益于学林，不知能由门生辈排比钞正之否？此间或可刊出之也。拙著《两宋文学史》第八十页误嘉祐为皇祐，五年为二年，一〇六〇为五〇，荆公四十岁为三十岁，鲁莽疏漏可笑，乞代为刊正之，感谢不尽。专上，敬请
道安！

程千帆顿首

十月十七日（一九九一年）

（一一）

彦威先生道右：

立冬日赐书及仲荦诗序拜悉，先生学林尊宿，于拙作通俗性讲义奖饰逾恒，不胜惭愧。着笔时亦实有纠正近来学风之微意，虽不能至，心向往之，不图先生誉之若此也。仲荦早年习文，转而治史，其学笃实醇正，一如其为人。逝前数月，千帆适在历下，曾往病院探之，气色不恶，且为拙作《治学小言》作一短序，不意未久即归道山。今日老辈无多，而如仲荦之文史兼通者尤鲜，实为可惜。先生之序虽简，而概括其大处无遗，足慰其夫人及后嗣矣。先生与弘度丈论学书札，整理后，不知能交南京大学《古典文献研究》刊载否？此刊已出第一期，昨请执事者寄呈乞教，其第二期已付印。书札如荷见赐，可刊第三期。（第二期有寅丈致弘丈短札，中述途经越南所遗稿件之内容。蒋秉南《编年事辑》所未及。刊出后，或可为寻访提供消息也。）近作数诗一文，谨呈教。天寒，千万保爱。敬叩
著安！

程千帆拜上

十一月二十五日（一九九一年）

（一二）

彦威先生：

手教及与刘丈论学书札五通，感荷之至。书中所论，皆前人所未言，今人所不知，极可宝重。且见二老交情，足以垂范后生也。《文献研究》二、三期合刊为纪念胡小石、汪辟疆、陈钟凡先生百年诞专号，已发稿，故

尊札当在第四期刊出。目前出版书刊甚慢，尚不敢预期何时可奉呈，想先生可谅之也。天寒，伏冀葆爱。敬叩
吟安！

程千帆上

十二月二十三日（一九九一年）

致朱祖延（十二通）

朱祖延，曾任湖北大学中文系教授、《汉语大字典》副主编。

（一）

祖延先生：

大著拜读。您将先辈学人如杨遇夫先生的事业发展了，而且现代化了。这，真是大好事。

您写的东西不算多，但谨严扎实。在数十年靠吹牛皮、发空论的学风之后，是多么需要像您这样的文章和书。我祝贺您。

我复职以来，如蚁旋磨，也只好且战且走，但年齿日增，所为远不及其所欲为，徒呼负负而已。请代我向章子仲、张国光诸先生致意。顺颂
著安！

千帆顿首

2月6日（1980年）

（二）

祖延先生史席：

久未奉候，伏维安善。兹有启者，武师三年级学生张三夕君，自前岁考入南大为研究生，在弟指导之下，专攻唐宋诗学，兼治校雠，其硕士论文《宋诗宋注考例》，勘比精详，颇可观省，将于秋季举行论文答辩，通过之后，即当授与学位，分发工作。目前各方需人者已多向南大接洽，惟张生以老亲家室均在武汉，颇愿回母校工作，武大亦有延聘之意，但未定局。

因不特可照顾家庭，亦可继续向旧日业师学习也。

先生培植后进向极热心，不悉能为之向院党政领导同志绍介否？弟指导研究生前后多人，求其如张生之敏而好学刻苦钻研者，实不可多得，该生每日步行数里至南京图书馆读书，风雨无阻，故不惮烦为言之。专上，即颂

著安！

弟程千帆顿

3月24日(1981年)

（三）

祖延先生：

此次来鄂，极承先生及武师党政领导同志厚待，感不可言。尚乞转达谢意。

徐馆长嘱书之件，勉成奉上。恶札贻笑，尚乞转达歉忱。

一氓先生适在养病中（出医院才一二日），未能面谒。已将省馆之函，托其秘书沈锡麟先生转去。想李老少健复时，即可命笔也。

别有介绍省馆情况之件，其中提及该馆藏有名家所批《史通》。此于三夕作博士论文极有用。（弟旧抄不全本，已交三夕。）将来拟请先生为绍介，以便过录，想必莞尔许之也。

相片一纸，呈上留念。

复印费五十余元，以主管人出差，须少缓乃可寄还，乞谅。

专上，敬请

著安！

弟程千帆

三月二十八日（一九八四年）

（四）

祖延先生：

昨上寸笺并附件，计达左右。

在京晤李一氓先生秘书沈锡麟同志，据云：黄季刚先生诗词稿或亦有骈散文稿子，现存湖北省文史馆，系黄师母委托整理。明年为黄先生诞生百年纪念，拟约海内外学人为文，研究黄公学术，其诗词自应加以研究。不知先生能为商之主事，将黄公诗文词稿复印一份见寄否？（费用由南大支付，发票可开南大古典文献研究所。）不胜企盼。敬请
著安！

弟程千帆

3月29日（1984年）

（五）

祖延先生：

前函久悉，事冗未复，幸恕！文史馆不愿出示先师手稿，亦不能相强。但明年将举办黄公诞生一百周年学术讨论会，不知文史馆中有人能就所藏诗稿写一专文否？例如《黄先生早年的诗歌创作》之类的题目。如文史馆无其人，亦不妨与武师合作，前用湖北省文史研究馆、武汉师范学院中文系联合署名，后写×××执笔。如武师无其人，或文史馆深闭固拒，则亦只好作罢。但仍希先生就黄师之学术（无论哪一方面）写专文一篇。因想编一《黄先生学术研究论丛》，湖北方面，如严学窘、杨潜斋诸公亦拟商请，故颇冀得尊作以为光宠也。交卷期明年六月，故时间尚充裕。幸勉图之。祇叩
著安！

弟千帆顿首

6月24日（1984年）

（六）

祖延先生：

承赐《成语大词典》一部，且佩且感。此编收罗既富，书证亦坚实可信，洵有功于学术之要籍也。当常置案头，以资参考。尊恙闻已稳定好转，欣慰之至，仍祈保重。专此布谢，即颂

著安！

千帆上

6月15日（1986年）

（七）

祖延先生：

惠示敬悉。属作书签，谨奉纳，老瞀不复能以毛笔作细字，印时可缩小也。如不喜渴笔，幸示知之，可别作一纸也。子仲乘桴，聊可娱老，我辈受戒阅世，亦是一番因缘，亦惟居易俟命而已，然为丛驱雀者谁邪？是可哀也。贱躯孱弱，亦已不甚能工作，更不能远游。惟仲华兄或将于今年十一月来宁出席一唐诗国际会议，阔别四十余年，如能把晤于殆尽之前，亦足慰耳。（其妹达，在南京医学院任教，先生或知之。）祇复，即颂

俪茀！

弟帆顿首

6月6日（1990年）

（八）

祖延先生：

惠示敬悉。尊论极畅，古有将天下兴亡之责归之妇人而斥为祸水者，今则提升一级而归之学子，此亦进化论之一端也。近为少咸先生遗著作序，为石臞铭墓，已具稿谨寄呈，幸为定之。暑热，千万自爱。即颂

著安！

弟千帆顿首

6月20日（1990年）

子仲独爱曾蕾，依以为活，大有可能。

（九）

祖延先生：

久未通问，诸想安善。

85年以后，弟于教学科研之余，与陶芸共编《骈字类编音序索引》，艾历岁月，卒底于成。现武汉出版社愿意接受出版。该社拟请先生审定，甚盼多加指正，以此虽机械工作，但音读之厘正，亦非易事，甚愿方家有以教之也。

因念此书与《韵府》相辅相成，而流行较少。近年始得重印。如荷先生为拙编《索引》作一序言，将其价值加以介绍，并及音序方法之得失。日本及国外学人每自编索引，不视之为琐务而不为，用是推动工具书乃至整个学术之发展诸端，加以论列，则拙编或可借此增重，何幸如之。专肃，即颂
春节大吉！

弟程千帆

2月26日(1992年)

（一〇）

祖延先生：

久未起居，伏想安吉。弟夫妇以授课余闲，编成《骈字类编音序索引》一书，已决交武汉出版社刊行，欲求先生一序，以为光宠。该社编辑潘长胜先生将于三月上旬来宁取稿，呈请审正，谨先奉闻。此书近年已有北大同人所编四角号码索引，得《音序索引》与之并行，当可使此成于《韵府》之后，于《韵府》条目书证有所补充，编辑方法有所更易之作，读之用之更便。又日本学者极重视工具书之编制与应用，故其为文举证每全而确，弟等以髦年余热从事于此，亦有提倡重视工具书之意。先生素关注及此，所编《成语词典》，蜚声士林，故欲以此事奉托也。

肃此，即颂
著安！

弟程千帆

2月26日(1992年)

（一一）

祖延先生：

孝萱先生返宁，奉到所赐《引用语辞典》，补吾国字典学一空白，老学

益精，钦服曷极。每与周勃通话，知杖履亦适，更欣然也。《骈字类编音序索引》，据潘长胜先生云，曾由湖大古籍所诸公校订，俾免讹误，感荷之至。潘又云，今年决可出书，不知究竟如何。倘荷便中打一电话询知见告，尤铭感也。敬肃，祇颂

著安！

千帆上

9 月 21 日(1995 年)

（一二）

祖延先生：

承赐《尔雅诂林》全部六册，拜收极感。此三世学人相承之业，足为儒林佳话而传诸不朽也。弟今年极衰，耳全聋，目半盲，基本上已不能工作。幸《中华大典》之宋辽金元部分五册已毕功，可作为国庆献礼，差足慰耳。专此复谢，敬颂

道安！

弟千帆上

9 月 10 日(1999 年)

致张文勋(十四通)

张文勋，云南大学中文系教授。

（一）

文勋先生：

日本波多野教授以其滇游之文见示，得睹手写长律，如见故人。岁月易得，相别又近一载矣。

偶从友人处得知，故刘叔雅（文典）先生有《杜甫年谱》一书，在云南出版，弟所未见，未悉能为代购一册否？甚盼。

兹寄上大纲一份，敬请审核。南大有三位同志从事此项工作，欲于正

式撰写之前，多听取海内专家之意见。先生或就原件批示，或书于另纸惠下，均无不可。

此间正祁寒中，弥念南天之燠热可爱也。

专上，祇颂

著安！

程千帆顿首

二月七日（一九八〇年）

（二）

文勋先生：

赐书及尊著均奉悉，极感。尊著容当细读。（其一册已交咏祁矣。）

叔雅先生《杜谱》出版之说，乃得之传闻，今既无之，但增惆怅耳。

李家瑞先生旧有《五花爨弄图说》，未能拜读。闻李老尚健在，不知能请就其原稿复制一本见示否？

小书奉呈，极不成熟。幸赐正之。

厦门之会，甚望能与也。此颂

著安！

千帆顿首

3.21(1980)

（三）

（上缺）久未通问，偶忆昔年南天之游，辄深弛系，遵奉大集，喜可知也。粗读一过，近数十年兴衰悲愉之迹，宛在心目，又欣然矣，齿及亡室，致纫高谊。惟其姓二处均误沈为许，殆钞胥偶误，幸于再印时订正之。（下缺）

（1984 年 2 月 19 日）

（四）

文勋先生：

承惠新著，感谢感谢。闻尚有巨著在排印中，甚盼先睹也。年来衰顿，各处之会，皆未能参与，因而亦无把晤之机缘，殊为惆怅。文生自法返后，意气弥盛，著述不休，深为可喜。其近况，兄当知之也。

专此，即候

著安！

弟千帆顿首

三月十七日（一九八五年）

（五）

文勋吾兄：

久未奉候，正驰系间，忽得新著，喜可知也。前蜀中传言，兄自本年度起，移砚四川大学，与杨弢甫共事，今乃知其不然。弟月前以心脏宿疾，住院治疗，已一月有余，近略稳定，或者非久可以出院。衰顿日甚，所为不及其所欲为，慨叹而已。暇时仍盼惠我好音，不尽欲白。（文生久无消息，其近况兄知之否？）

即颂

著安！

弟千帆上

十一月三十日（一九八七年）

（六）

文勋先生：

奉书知抵蓉讲学，甚盛甚盛。成都风物人情皆美，讲贯多暇，诗囊定溢矣。又知大集即将出版，尤所乐闻。惟才非皇甫，则不敢妄序三都，但冀早日拜诵而已。贱躯仍时时不适，近又患眼疾二月有余，衰顿可惊也。书不成字，伏冀谅之。敬复，即颂

吟安！

弟程千帆顿首

5/13(1988)

（七）

文勋先生：

顷奉赐书，快同觌面，知老学不倦，仍负西南学术之重，钦幸何极！又承示拟出诗词刊物，此甚盛事。拙作如荷采用，固所愿也。此间以久雨成灾，东南各省歉收已成定局，天心人事，如何可言，叹叹！小诗词数纸寄呈博笑。专复，即颂

著安！

弟千帆顿首

七月四日（一九九一年）

（八）

文勋先生：

前以小著奉赠，曾得复示，奖饰逾恒，愧愧。顷又得《云南诗词》，琳琅满目，中亦多故人之作，如施子愉先生乃武大旧同事，一别数十年，见其诗恍同觌面也。

拙作殊不足观，先生认为有可采用者，自可随意挑选，惟附骥增惭耳。

文生去国，忽已数年，其现时地址未详，如先生处有其最近地址，幸示知之，感感！

近年已退休，惟尚有三研究生未毕业，俟今冬后，当可脱然。但心脏宿疾，颇难根治，年将八十，于此亦不值得过分考虑也。先生主持天南风雅，声光日显，瞻望随时而相晤无日，殊惘惘也。专此奉复，即颂

大安！

弟帆顿首

7.29(1991)

晤晓雪乞致候。

（九）

文勋先生：

赐教拜悉。老衰无笔力，率题八字奉呈，伏冀谅之。晓雪兄想佳胜，见时乞道念也。专此，即颂

著安！

弟程千帆

三月卅一日（一九九二年）

（一〇）

文勋先生著席：

云和先生来宁，颁赐手札，又大集、名茶，感荷之至。弟月前以前列腺增生做手术，顷尚在休养中，病榻以佳什作伴，亦已疾之良药也。如见晓雪，幸为道念。敬复，顺颂

吟安！

弟程千帆顿首

九月十八日（一九九三年）

（一一）

文勋先生：

《云南诗词》收到。旧作滥竽其列，愧甚矣。目白内障愈甚，书不成字，乞谅。复颂

吟安！

弟千帆顿首

三月三十一日（一九九五年）

（一二）

文勋先生：

惠赐文存及诗词集，何其美富若兹。读文集知主持南天文运，总领风

华，尤为故人事业庆也。晓雪共居一城，想常相见，乞为致声。即祝
合家安乐！

弟千帆顿首

四月三十日（一九九七年）

（一三）

文勋老兄先生：

奉书知将出文集，甚为欢喜。以弟所知，滇中学人出文集者，并世唯昭通姜亮夫先生，兄乃继之，诚可贺也。并作签，写呈乞教。年近九十，手腕不听使唤，还乞厚宥。此只是说明友朋交谊，非敢论书法也。专上，即颂
著安！

弟千帆上

一月十五日（二〇〇〇年）

（一四）

文勋先生：

惠赐《古今诗人咏大理》一书收到，甚佩对乡邦文献搜集之努力。尊集非久可以出版，闻之欣然，亦见先生数十载教学研究之努力，非苟焉已也。近亦偶印旧作，容当寄呈乞教。匆匆不尽，即颂
吟安！

弟千帆上

二月十四日（二〇〇〇年）

致《社会科学战线》编辑部（三通）

（一）

编辑同志：

前承惠《工作日志》，又《社会科学战线》80 年 1 期，极感关注。

今寄上一稿，乞审处。如采用，在排印时，请注意其中必须用繁体字处。（如第十页五行，“而欲举与大同争者”，举、与二字当从繁体作舉、與，否则无以见其形似之迹。）原稿悉写为繁体，亦可不必，但视需要可耳。

专上，即颂

著安！

程千帆

4.15(1980)

（二）

之满同志：

来件又大札都收到。稿校毕奉上。其中有几个字，“趙”“與”“舉”等不能简化，请告印刷所。其余仍请细校，以减少错误。

想用此文去参加一个学会，请代为加印150份，费用自理，在稿费内扣除，请费心代办一下，谢谢。

关于古籍论丛稿件，当代留意。敬礼，并问

编辑部诸同志安好！

程千帆

12.24(1980)

（三）

马兰、万忱同志：

你们寄来的杜诗论文样稿，因我去武汉讲学，未能及时校好奉还。（看到时早已逾期，只好算了。）

今寄上博士研究生张宏生同志的《史记》论文一篇，颇有新意。（他已有数文在《文学评论》《中国社会科学》上发表。）希望能采用。

盼复，敬颂

著安！

程千帆

（1987年4月13日）

致陈邦炎(二十五通)

陈邦炎,曾任上海古籍出版社编辑。

(一)

邦炎先生:

在沪承枉驾,失迓极歉。

日昨小女已将《赏析》样书数册及尊函托人带至济南,敬悉种切。

稿费事承关切,甚感。以何时结算为方便、合适,请视情况代为决定。弟顷不需用钱也。(目前稿酬制度,确有不甚合理处,而以印数与报酬无关之规定为尤甚。)

封面题字及印章不甚理想,诚如尊论,如书获重印,当思所以易之。

前者淑娴先生游宁,曾至南大见访,适已去沪,遂至相左。如相见,恳致歉道念。

在此将讲至二十日,即返南京。

专此奉复,即颂

著安!

程千帆

6月8日(1980年)

(二)

邦炎先生:

《古诗今选》已修订完毕,分订九册(860余页,约50余万字),将命小女丽则在周后专程送上。

因比铁路拥挤,拟乘飞机来沪。渠道路不熟,不知能由出版社一位同志到航空公司接其到出版社否?敬请赐复。如荷惠允,届时当先发一电报。

此书迁延多年,总算毕功。覆看一遍,亦尚有其殊众之处。数十年攻治诗学,亦大略见于此书。幸赐教正。

书单一纸，幸请执事先生代购寄，书款请在稿费中扣除。专上，祇请道安！

千帆上

1.20夜(1981)

（三）

邦炎先生：

惠示敬悉，承允请一位同志来接小女，以免迷路，极感。

现因机票买不到，决定在28日上午6时44分乘227次车来沪。其座位为6车厢38号。

小女三十四岁，携一七龄女孩，手提一网袋，袋内为一大包牛皮纸包封的稿件，容易辨识。（稿子很重，能进站接，尤为感谢。）

她准备在春节前返宁，希望您费心给她买机票或车票。（恐一到就要买，或收到此信就代买——一张全票，一张半票。请代为了解决定。最好是二月四日的票。最好是机票，车票则须对号有座位的。）

许多费心，感同身受。

稿收到后，请赐复。敬颂

著安！

程千帆顿首

1月25日(1981年)

（四）

邦炎同志：

小女此次来沪送稿，备承煦拂，极以为感。

《诗选》根据最近所得材料，有数条须删益，别纸录上，请转交葛杰同志。

谢伯阳同志在完成《清人散曲》后，即续辑《明人散曲》。近闻中华编辑周妙中君言，中华在三年前即请关德栋及路工两君从事此项工作，而迄今不着一字。伯阳之意，如明曲辑成，仍想交古籍出版，不知古籍是否愿意接受。如愿，可否同中华函商，作内部调整，以免一方则按兵不动，而另一方则恐怕重复而不敢努力进行。这对学术是一损失。故冒昧为先生言之。如觉不便,亦可不必与中华商讨也。幸与酌夺。

章荑荪君稿闻已退,其家属嘱弟为另设法。此稿内容质量何如,想已有责编阅过,希望先生以大略见告(保证不外传),以作弟向其他方面推荐之参考。

《七绝》初版及《赏析》重印何时可出,便中示知,感感。专上,祇请

著安!

弟程千帆顿首

二月十九日(一九八一年)

(五)

邦炎先生:

久未奉候,伏维兴居佳胜。兹有数事奉商:

(一)《宋词赏析》前闻拟重印,不知顷已着手否?书中淮海二词,近有一大学生对其时地提出修正意见,甚有理据,应接受改正。如来得及,最好能重排此数页,如已过迟,则惟有俟诸异日。此点,请先生酌定。

(二)《古诗今选》前据先生及责编葛杰先生函告,谓年底可审毕发稿,不知能实现否?据《古代文学理论丛刊》第五辑由编辑到出书时间看来,周转期已大为缩短。拙作甚望先生大力支持,能在八二年上半年出版,不知可能否?

(三)弟函购古籍出版各书,原请葛杰先生办理。近来葛先生事冗,疲于津梁,故已不敢多烦。近知南大中文系同事王立兴、吴翠芬夫妇有同班好友竺少华先生,在贵社工作。因托王先生伉俪绍介,今后邮购各事,拟即请竺先生办理。其费用拟仍在弟账户下暂记,俟发稿费时一并计算。此点,拟请先生对财务科关照一声,不知可否?若不便,亦可用其他方法解决。盼复,祇颂

撰安!

程千帆顿首

十二月二十日(一九八一年)

（六）

邦炎先生：

14 日手教奉悉。

① 稿费及《文史论丛》已收到，谢谢。《论丛》希望今后能按期代购，长期赠送，实感惭愧。

②《微睇室说词》，原稿久存人文，拖延不与处理，因先生曾考虑出《刘永济文集》，则此稿自以由古籍印，排版一律，为宜。已要茂舒将此稿要回，非久当送到。

③《西厢记 · 哭宴》所载杂志，未查到，或有误，今将助手条子寄上。请再告。

④《牡丹亭赞》载在《东方》31 卷 7 期者，即系“之一、之二、之三”，而不只是“之一”。俞先生写文，随他高兴。故 1—3 甚短，而 4 则大跑野马，长得要命。

⑤ 很想知道《古诗今选》大约何时校稿，我暑中也许离宁，而此书篇幅较大，需要事先安排，否则怕赶不出来。另外，请照以前之例，给我两份校样，一份校后寄还，一份留在身边，随手翻阅，以便发现问题。又，此书能印点精装否？请考虑。

⑥ 邓韶玉先生说，也许《古诗考索》能在今年三季度发稿，冀先生留意。题记写了作为南大 80 周年校庆献礼，总希望在 81 周年，即 83 年 5 月前印出来。

诸作烦读，乞恕。

祇请

著安！

千帆

5.30(1982)

附谢伯阳致程先生函

程先生：

今天我去校图书馆查《文学集刊》(1943，第一辑)，没有找到有这样名称的期刊。

是否您给陈邦炎先生去一封信问问刊名？出版单位？地方？然后我再去找。顺致

安康！

伯阳敬上

5.21

（七）

邦炎先生：

十七日手示敬悉。拙稿承鼎力主持，俾与初衷违异处减至最低限度，感何可言。二校不知何时可寄下？弟七月二十七日至八月十一日将到连云港小住，九月中要去厦门主持一供外国学生用之古代文学教材会。二校之稿，能在八月中旬寄下最好。当然仍当看具体工作进行如何。复谢，敬请

吟安！

千帆上

七月十九日（一九八二年）

（八）

邦炎先生：

手教敬悉。

校样奉还。

其《浅释》勘误一则奉上。盖并州若指州治，则由并州返咸阳，无须经过桑乾，是以知其当指今大同一带，即桑乾北岸之地也。弟夫妇皆不精舆地之学，此等处往往有误，可恨。

汪先生遗文，因情不可却，拟抄少量与钱仲老及《文遗》，决不会超过全集的十分之一（二处最多约二三万字）。其家属亦无借此多得稿费之意也。

《宋元文学史》，弟意先成上册，即送审，以免耽阁时间，然后统一发

排，尊意如何？新雷比日阅卷颇忙，容更商之，想无大问题。匆颂
著安！

弟千帆

7.12(1983)

五月中因工作过劳，心脏颇不适，比幸减轻。承注至感。又及。

（九）

邦炎先生：

前两天奉上一信，想收到。今有两事奉商：

① 故凌景埏教授，曲学名家，其《清人散曲》及《海浮山堂词稿校注》，经其婿谢伯阳君协助完成，古籍已允付印。谢君顷又交来景埏遗文集目一纸，拟出一文集，不知贵社能接受否？其前四篇，工力所萃。董西厢前言，在董西厢校注出版时，有“阴用其言，显弃其身”之情况，故思再刊之，或易一题目，以免引起不快。自余皆论弹词，亦颇有可取也。诸文皆有印本或抄本。如需一看，可由伯阳送上。

② 湖南师范学院中文系何泽翰教授近有整理其所藏名家批渔洋集之美志，而希望先得一出版社承印。今将其来函转上。请酌定。将来将处理意见径函何先生或由弟转均可。

即颂
著安！

程千帆

8月22日(1983年)

（一〇）

邦炎先生：

先师汪辟疆先生文集已全部编好，请在三月六七八三日任何一日来取。(弟住汉口路52—1丙楼四号。我十日去武汉转北京，要月底才回。)一些细节当与来人面谈。

希望责编作风民主，有改动处彼此协商。这是遗稿，尤其不宜径自动

手删改。

其次徐有富同志钞写、标点及代标书名号的工作，已由他另开一单，今附上。钞写，您原说过，按千字一元计算，打书名号，可酌给。他是我的研究生，现在南大图书馆古籍部工作。这是他给太老师办事，不会争多论少的。但我有个要求，即想请您和总编室商量一下，将他应得的报酬，先结算，预支给他。因为他很穷，急需钱用。将来校对工作，我也想要他负担大部分，这就不用另付费用了。

北京书目文献出版社想印《光宣诗坛点将录》（合校本），我已将尊意转达，并请他们和您直接联系。

我想购买①《宋诗纪事》、②《洪宪纪事诗》二种各一部，请您要来的同志带来，钱即交他带回。（如《唐诗纪事》有存书，也要一部。）

《古诗考索》，有无可能把装帧弄得好看一点？如精装或平装勒口。此书平生刻意之作，希望体面一点。

敬请

撰安！

弟千帆顿首

三月一日（一九八四年）

《七绝浅释》《行卷》及《今选》都有需修订处，想在重印时，在不移动版面的前提下，使其完善一些。所以，希望在要重印前告知，俾得及时处理。这无法预先奉闻，因要改的地方是随时涉猎，陆续发现的。又及。

（一一）

邦炎先生：

惠示及书款均拜领，谢谢。

兹有一事奉商，请考虑。

南京大学顷正式成立古典文献研究所，由弟任所长，勋初副之。我们想将南大这方面已交各出版社刊行之专门著作，一律加上“南京大学古典文献研究所专刊”字样，今后续出，亦复如此。不要求统一在一个出版社出（因古籍内容复杂，很难做到为某一出版社所全部接受），也不要求出版式一律，但在封面、内封及版权页三处加印此一行字即可。此事，已与其他出版社商妥，不知古籍亦能俯允否？（此于出版社虽无好处，亦无损失，对南大说，则好处甚多。）尚乞与领导一商，如以为可，即请在弟之《古诗考索》、勋初之《九歌研究》二书上率先加印。闻《考索》已排版完毕，加此一行，想无大困难。谨以奉商，尚乞赐复为幸。酷热，诸希珍卫。即颂
著安！

弟程千帆

8月13日（1984年）

敦煌之会，兄亦去否？

（一二）

邦炎先生：

十九日手教及大文俱拜领。弟于上月二十八日突发心脏病，立即入院，迄今仍被囚系。（时有早搏，心律不齐。一用脑即转剧。）医生禁止工作，故撰文之事，颇感为难。亦不知何时集稿？如要门人具草，弟为修改，不知可否？（不敢在真菩萨面前烧伪香。）长沙之会，实无法前去，有负湖中诸公盛意。留美学人周策纵有论《人间词》札记，不知先生曾见之否？敬复，即颂
吟安！

千帆敬上

十月十三日（一九八四年）

（一三）

邦炎先生：

手示先后拜悉。词绝妙，仿佛苍虬遗韵也。周策纵（威士康辛）有论《人间词》小册子，似先生未见，然其书系随手札记，不如尊文之系统也。

九月底入院，忽已一月有半，贱恙时有反复，一时无法工作。深觉老杜之“一卧沧江惊岁晚”能写寥寐之情。

嘱为文事，细思，找人写亦不妥，拟只写稼轩词一篇。其王少伯《从军

行》,幸另委他人,或由弟转请南大同事为之,望告。

莫生论文,前为齐鲁取去。然近闻此社贴补削减,不大想出不赚钱书。已去询问,如有可能,当索回呈教也。

周勋初兄近裒集所为论文,拟出一集子。今将篇目送上,不知古籍能考虑否?其文皆有新意,能解决问题,中年学人中所希有也。渠近已由教部特批升教授,又任南大研究生院副院长、古典文献研究所副所长。非久当来沪开《文心雕龙》会,如相晤,祈径与洽谈。(此会弟本拟参加,亦因病作罢。)

匆匆,即颂

著安!

弟千帆

十一月十二日(一九八四年)

(一四)

邦炎先生:

勋初兄返宁,转达尊意,极感。

《古诗今选》改本寄上。所有改动(大者不过二三处),均仔细算过,无一须移动版面的。即移行者亦极少。务请商之工人师傅照办。普及读物,销售量大,一有误失,害人不浅,是以心常忐忑也。

《宋元文学史》,宋代部分,86年暑假前可脱稿。弟及新雷之意,先行付印,不必待辽金元。因我们都极忙,宋代部分,即写了三年。要等全书,则还要拖三年。且复旦《文评史》,即分册出,可见贵社亦有此例也。如荷同意,望列入86年发稿计划。幸赐复。

辟畺师文集,阁置既久,海内殷望,闻年内可发排,甚以为喜。刘先生二种明年能发,已足告慰茂舒,当转知也。

专此,祇颂

撰安!

程千帆顿首

11.17(1985)

（一五）

邦炎先生：

奉书知清恙有待痊可，深以为念，仍乞珍摄。

《古今诗选》改稿已交三编室，甚荷。如能将负责重印之编辑同志姓名见示，以便随时将续有订正之条目直接寄与，则更便捷，幸考虑示知。其日前寄上一条（李僭字）想已转达矣。

《宋元文学史》分成两个独立部分出版，有较大困难，一因本将宋元作一整个历史阶段考虑，其导论部分兼及两朝，二因小说戏曲部分事实上很难按宋元区分。但先生所提上下册出书距离过远，使读者担心亦系事实。当与新雷再行研究有无妥善解决之法，然后奉陈。

弟之博士生蒋寅，六月间曾以《戴叔伦集校注》寄贵社，此稿有无采用之可能性，乞便中见告。（附蒋君便条。）

《汪辟疆文集》不知何时可以付排，殊为念切。前闻勋初言，年底可交工厂，不知确否？长风先生惜墨如金，不敢多询之也。

专上，即颂

痊安！

弟千帆

十二月一日（一九八五年）

（一六）

邦炎先生大鉴：

十一月廿五日来示欣悉。关于《宋元文学史》分期出版的事，经我们再三慎重研究，决计尊重你社和您本人的宝贵意见来办。即不必分上下卷，而是作为断代文学史各自独立成册。因此，我们决定分别撰著《宋代文学史》（代字要不要，请按贵社设想的整套断代文学史决定之）和《辽金元文学史》，各自独立出版。至于原计划宋元合稿的章节，可作适当调整修订，反倒眉目更清楚分明些。

现将首先可以完成的《宋代文学史》“要目”一份奉上，以供审核。此书全稿预计可在1986年9月1日以前寄给您转编辑部。为了加强计划性，特此奉达，请能否将本书的出版事宜纳入1986年下半年的出版计划中。麻烦你了。先此致谢！盼复。

专颂

编安！

吴新雷、程千帆

1985.12.5

勘误表一份，务请转交三编室负责修改拙稿之同志，过录入改本上。

附《宋代文学史》“要目”

宋代文学史

程千帆　吴新雷　著

上海古籍出版社出版（请列入1986年计划中）

要目

导　论

时代特征　文艺思潮　文学概说

第一章　宋初文学的因革

第一节　白体诗与王禹偁

第二节　西昆体、晚唐体与太学体

第三节　宋初的散文

第二章　欧阳修与北宋中叶的诗文革新运动

第一节　欧阳修和第二次古文运动

第二节　欧阳修、苏舜钦和梅尧臣的新诗风

第三节　王安石、王令和曾巩的诗文

第三章　柳永和宋词的更新

第一节　五代词风的延续——晏、欧

第二节　承旧启新的词人——范、张

第三节　发展长调慢词的专家——柳永

第四章　苏轼在中国文学史上的地位和影响

第一节　苏轼的家世生平和创作道路

第二节　苏洵、苏轼和苏辙的散文
第三节　苏轼的诗歌
第四节　苏轼转变词风的贡献
第五章　北宋后期的文坛风貌
第一节　苏门中张耒、李廌诸人的散文和诗词
第二节　秦观和贺铸的词
第三节　周邦彦词的艺术成就
第四节　黄庭坚、陈师道和江西诗派
第六章　南宋前期的文学
第一节　南渡之初的英雄词风
第二节　别树一帜的女作家李清照
第三节　南宋前期古文发展的源流
第四节　江西派诗风的转变和吕、陈、曾
第七章　爱国诗人陆游和杨、范诸家
第一节　陆游的生活经历和创作道路
第二节　陆游诗歌的思想内容和艺术成就
第三节　杨万里的“诚斋体”
第四节　范成大的爱国诗和田园诗
第八章　辛弃疾与南宋的豪放派爱国词
第一节　辛弃疾的生平和著作
第二节　辛词的爱国主义精神和艺术成就
第三节　辛派词人
第九章　姜夔和南宋的婉约词
第一节　姜夔《白石词》的艺术特色
第二节　史达祖和吴文英的词
第三节　王沂孙和张炎的遗民词
第十章　南宋后期的诗文
第一节　“永嘉四灵”
第二节　戴复古和刘克庄等江湖派诗人

（一七）

邦炎先生：

钱林森先生过存，因悉殷拳之意，感何可言。此次避寒鄂渚，一住近四月，全由湖北大学专家楼有暖气，弟得以假洋鬼子身份厕身其间，心脏病遂得以未大发。思之亦未免可笑而又可怜矣。

祖棻二书，前发现有当订正者，已悉加挖补，顷未续有发现，如重印，可即照纸型。

《宋文学史》，如顺利，今年可毕功。责编邓韶玉先生（似已定）欲看样稿，将来或先呈一二章，或干脆交一半（六章）。此书印成一册，太厚，非印两册不行，故亦可先交六章，算上册也。

《诗歌辞典》事，有先例可援，南师大在唐圭璋指导下编《词学词典》，已进行有年。先生不妨向之了解。约弟承乏事，要看具体要求如何。大约只能挂名，不能担任实际工作。此事仍须从长计议，不敢轻诺寡信也。

汪辟疆先生文集定稿已一年，尚无排版消息。此事，始终是弟一件心事，觉得如不能见其出版，则无以见先师于地下。尚请先生多加之意。明年可能举行汪先生诞生百周年纪念，学校、家属及弟个人，均极望此书能于今年或明春发行。此事曾屡以奉托，实属情非得已，伏冀谅之。

韶玉先生一函，乞转致。

敬请

著安！

世小弟程千帆顿首

3.29(1987)

（一八）

邦炎先生：

惠书敬悉。《诗典》事，弟因年衰事冗，恐不能负实际责任。此间同事亦均有任务，细思仍以由出版社专人负全责，弟则就其所知贡其愚拙为宜。江苏之《唐宋词鉴赏辞典》，圭璋兄即系如此。尚乞酌之。

汪先生集，甚盼在今年能出清样，愿垂意及之。

敬请

著安！

弟千帆拜上

四月十日（一九八七年）

《两宋文学史》十二章，约五十万字，今冬明春定可交稿，或秋季先交前六章。并及。

（一九）

邦炎先生：

久未奉候，伏想安善。前者邓长风同志来宁，曾托其送上南大钱林森副教授编译之《法国汉学家中国古诗论文集》之简介一份，拟请考虑，是否可由尊处出版，想已惠览。钱君与法国汉学家交往颇多，此集所选诸文，颇有代表性，足资借鉴。贵社倘能接受，亦是美事。

今谨重申，尚乞研究后赐复，感谢之至。刘弘度遗著，尚有二种在贵社，不知今年可纳入计划否？《两宋文学史》方着手定稿，已写好一章，仅十二分之一。看来要到年底，或能交出。《黄侃日记》初步整理已近尾声，弟需细校才能送呈。或在明春也。

专此，即颂

著安！

弟程千帆

6.9(1987)

（二〇）

邦炎先生：

手书拜悉，《苍虬老人集》亦于日昨收到。（若干篇页，板稍漫漶，然大体无碍，亦属幸事。）他心之通，足征世谊，信可珍也。其续集，寒斋尚存沈兆奎先生铅印本，今亦难得矣。拙撰《诗选》重印极为费心，前曾请代购三十部，不知可打一折扣否？幸与执事先生商之，费用可在稿费内扣除，如不足，当补上也。谨上，即颂

著安！

弟千帆顿首

六月二十七日（一九八七年）

（二一）

邦炎、镇远先生：

邦炎先生赐寄手札及刘老遗著刊本、稿本均收到，谢谢。刘老论文集，要我自己慢慢去找，我事本极忙，近来身体又很差，只好推迟一点。

《宋文学史》已有九章定稿，余四章：① 晚宋诗文，② 四六、小说、诗话，③ 话本，④ 戏剧。已写好戏剧一章，余者新雷在经营中，看来交稿要到明年下半年。（此书虽不敢自是，然非已出者比，故进行亦慢也。）

我与博士生莫砺锋（已得学位）、张宏生合写的杜诗论文集，原拟名《杜诗共学记》，继思此名太老实无吸引力，拟本王黄州诗"子美集开诗世界"意，改名《被开拓的诗世界》。此书虽只论文十余篇，全书约二十万字，而实弟毕生研杜精力所萃，口授要旨由诸生执笔者，亦经弟反复研究修改。此书写作进行较顺利，刻已完成定稿大半，只有三篇在修改中，估计今年内定可交稿。因此，希望① 能列入明年上半年发排（稿子规格统一，书写均正楷，极易作技术处理），② 指定一责编与莫砺锋联系。此书有弟批《镜铨》，又有拙作诗存作为附录，以有一老学人审稿为宜。不知邦炎先生肯屈尊阅稿否？倘荷金诺，为幸多矣。

专上，敬颂

著安！

千帆敬上

9 月 23 日(1987 年)

(二二)

邦炎先生：

承赐新书，感感。前读尊撰诸文，皆详慎赡雅，不为今人吊诡之论，今作亦必尔耳。至于复重处，单篇行文每难尽去，不足为病。《两宋文学史》及《美国学人论古典诗歌》二书，估计九十月中均可送呈镇远先生及先生审阅。近闻出版业困难日增，亦未悉能按计划安排否？(印《四库全书》岂不远愈于印色情武侠之作乎？京客并欲一棒打杀，且竟煽动订户退订，其用心殆不堪问也。亦不知影响如何？)杜诗论文集前闻已送印刷厂，或可在三季度校稿，顷有无变更，亦祈便中示知为幸。敬叩

道安！

程千帆顿首

八月十六日(一九八八年)

(二三)

邦炎先生史席：

久未奉候，诸想安吉。近理行箧，得数十年前先德苍虬老人为先君所书一纸，沧桑屡变，典型犹存，弥觉可珍。谨以寄呈，想先生亦必欣然藏之也。拙著二种(《诗世界》及《宋文学史》)，闻韶玉先生言，或将发排，仍乞便中垂注。九〇年文科教材目录已见报，上古诸书中无《宋文学史》，或者此书之出将俟之来岁乎？弟年来日就衰劫，更无法著书作文，惟有数研究生尚待毕业，仍随缘乐助而已。冬寒，伏冀珍卫。

敬叩

道安！

弟程千帆上

十一月廿七日(一九八九年)

（二四）

邦炎先生：

赐书并大作《论草窗词》文（容当细读）并拜悉。欣悉将有北美之行，不特可饱览异国风光，兼有天伦之乐，可欣贺也。小书二种承允关注，至所感纫。《文学史》已定为教材，不识仍可精装部分否？甚愿先生便中为当事诸公一言之，幸甚幸甚。

《全清词》历时七载，幸已将顺康卷编迄，由中华书局发排。此卷字数五百万，词人二千余。大略与《全唐诗》全部相当。估计二三年内可见书。（十朝共分五卷，估计字数当在二千万至三千万之间。）雍乾以次，尚待续编，弟因年事已高，奉教委之命休致。今后由国务院古籍小组委托何人主持，尚不可知，而物价腾贵，昔日复印一页仅二角五分至四角者，今乃需二元至十元，亦不知国家财力能负担否？此点如与异邦学人谈及，可含胡言之，所谓“不足为外人道也”。

冬寒，伏愿善自葆爱。敬颂

吟苐！并贺

新年！

弟千帆顿首

十二月三十一日（一九八九年）

（二五）

邦炎先生：

奉书又纪念俞老文字，齿及下走，仰见盛德，人即有小善亦不忘也。先生年事亦高，仍应节劳，如俗所云“细水长流”者，想以为然也。

《诗世界》出后，颇有好评，此皆缘先生及韶玉先生为之奖借。近《江海学刊》91年5期又刊出长篇书评一篇，此刊易得，想二公已见之矣。（《杜甫学刊》已寄韶玉，想收到矣。）

亦有友人拟为《宋史》书评，尚未发表。容更奉告。

顺颂

著安！

程千帆

10 月 29 日(1991 年)

致陈祖美(一通)

陈祖美，曾任中国社科院文学所研究员、《文学评论》副编审。

祖美同志：

七月二十二日寄南京的校稿，因我已离校来庐山，迟至今天才转到，早已超过限期。在此会见敏泽同志，已将情况向他说明。

此稿后半，因发现新材料，所论有问题，现决定删去(333—335 页)。不过，这样一来，不免移动页码，增加你们的麻烦，请原谅。(或者，找点札记作为补白填上。)

顺致

敬礼！

程千帆

八月四日(一九八〇年)

原稿不在手边，个别缺字请代补校。又及。

致张白山(三通)

张白山，曾任中国社会科学院文学研究所研究员、《文学评论》编辑部主任、《文学遗产》副主编。

(一)

白山同志：

来信收到，承谬奖，但有惭愧耳。是想写那么一篇文，但什么时候能动笔，不由自主。如蚁旋磨，兄所知也。

南大周勋初副教授所撰《陆机〈文赋〉作年新考》，去年由弟寄呈，幸便中披览，此文不差，可入选也。因兄询及中青年，故及之。匆复，即颂
著安！

千帆

8.21(1980)

（二）

白山同志：

惠示收到。拙著请暂存尊处，俟若愚先生之姊返国后再转寄为妥。兄亦可略介弟情况也。《文学遗产》第二期看不到，兄能嘱有关人员每期赐寄一册否？正写一篇文章，题曰：《相同的题材和不同的主题、风格——四篇桃源诗之研究》，写成打印，当呈教，如可用，即以塞责。十一月武汉有一文论会，兄去参加否？论王诗文，有单行本，亦恳见惠一册。匆匆，即颂
著安！

程千帆顿首

9.30(1980)

（三）

白山我兄：

前闻卧疴住院，深以为念。上月初到京开会，以时间极迫，未及趋候，然闻已少痊可，颇慰。但冀安心休养，俾全康复耳。

春节将届，弥忆故人，手此奉候。即祝
新正万福！

弟程千帆上

2月5日(1983年)

致王绍曾(二十一通)

王绍曾，曾任山东大学古籍整理研究所教授。

（一）

绍曾先生：

前在长春，曾为尊文事询《社会科学战线》编辑部，据复当查询径告，不知得来信否？

顷得文选编目，甚佩。鄙见略述如次：

有若干标题，应求完整，如《原始》前似应有“校雠学”字样，余可类推。

释道目录，如全无原著，似不好，可保存《出三藏记集序》及《阅藏知津序》。

藏书部分全缺，似于校雠之义不全，如不独立成卷，附第一卷后亦可，叶氏《十约》后出，似可节选以备一格。

帆学行无似，辱蒙下问，谨告所知。

校勘记一册附呈。即颂

著安！

程千帆谨上

9月25日（1980年）

（二）

绍曾先生：

大著论文及手教均奉悉。先生高年病起之后，立即从事著述，老学不倦，不胜钦服。胡适论校勘，与援老笙磬同音，未可厚非。从政治问题而抹杀其学术，非所谓以公心辨也。

倪序所云，窃意即当以叶话证之。因虽名儒著作，不“赖”版刻，亦不能“传”。此语正所以说明各路刊书之重要，而无损于诸公者。至何许二家，若于诸家版刻书目中尚无实据，则其为何人，但有暂时存疑。拙见如此，未悉有当万一否？

拙文《校雠目录辨》载《文献》七期，近始出版，先生或已见之矣。

初秋寒燠不时，伏冀珍摄。祇请

著安！

弟程千帆顿首

9月19日(1981年)

（三）

绍曾先生：

手教又讲义一本奉悉，得知杖履日适，续有述作，良为钦慰。所询各事敬复如次：

一、《校雠学略说》草草成稿，讹误既多，编次失当，今荷先生加之理董，感谢之至，别无意见也。

二、关于商先生在长沙看到帛书摹本时间系三八年春(三七年肯定错误)，其时商师及弟均在长沙，在蔡季襄处见之，其原件已被美国人盗走。商先生于三八年五月去四川，四二年在成都，不可能看到在长沙蔡季襄手中之摹本帛书也。若商师从蔡处摹一本，则不可知。《文物》之文弟未见。商先生现在广州中山大学，先生亦可去函询之。

三、合本子注事请阅陈寅恪《金明馆丛稿初编》中《支愍度学说考》，拙著《史通笺记》《补注》篇。

四、《吴骚合编》似在《四部丛刊》三编(或二编)中。

专复，敬请

道安！

弟程千帆顿首

7月24日(1984年)

（四）

绍曾先生史席：

得赐书，敬悉杖履清健，著述不辍，佩慰之至。弟年来心脏病加剧，已不甚能工作，前贵门人王君过访，以其远道相咨，勉强酬对，逮其离去，即偃卧不能动弹矣。文献学盛会，虽欲躬逢，而贱躯孱弱，思力日损，实病未能，勉撰一联，以赞宏业，张之素壁，或可鼓学者之气也。敬复，即颂

著安！

弟程千帆拜上

10 月 7 日(1987 年)

（五）

绍曾先生左右：

赐书及附件均拜悉，老学不倦，钦服无已。属为尊著作序，本不敢辞，奈年来心脏病日益严重，七月中即发三次，百事皆废，尚乞宥之，勉题一签，亦不成字，聊答高厚而已。专复，即颂

著安！

弟程千帆拜上

8 月 7 日(1990 年)

（六）

绍曾先生：

《渔洋读书记》及手教并拜悉，又承示新著将陆续刊布，规模宏远，曷胜敬佩。辄勉成一序，文词芜陋，尚冀怜其衰钝，进而教之。北国早寒，千万保爱。专此奉复，即颂

道安！

弟程千帆顿首

10 月 26 日(1991 年)

（七）

绍曾先生左右：

欣奉手教，敬悉方将以菊老正史校记若干种付刊，此是千秋大业，关系种姓文化之延续，愿先生以颐养余暇尽力而为，然不要过劳也。拙撰《版本编》今冬或可出书，容当呈教，此高头讲章，不能与先生之专门著作相比。前函所云，非故为谦抑也。承询“宗贤”之义，弟即指西庄，以先生与之同姓，犹宗兄之宗也。《越绝书》作者袁康与校订者吴平皆会稽人，故

康称“文辞属定自于邦贤”，见《四库总目·越绝书提要》，“宗贤”之称盖由“邦贤”类推，或有不妥，幸教定之。天寒，伏冀珍卫。敬叩

著安！

弟程千帆拜上

11月16日（1991年）

（八）

174页寒山子诗条：独不扫门，时相所居……

谨案：当以“独不扫门时相”为句，刘禹锡答牛僧孺诗“后为丞相扫门人”，为相扫门，事见《史记·齐悼惠王世家》。刘诗及王氏《居易录》均用此典。

顷读《渔洋读书记》，偶见一处标点误植，谨写呈，俾再版可校正也。

天寒伏维安稳，千荷珍卫。

敬颂

绍曾先生道安！

千帆拜上

12月12日（1991年）

（九）

绍曾先生左右：

承赐大作又手书，备论古籍整理，言皆精审，欣佩之至。惟当事诸公考虑学术问题，并非纯从学术角度出发，亦如明成祖之纂《大典》，清高宗之修《全书》，执此以求，亦可爽然贯通矣，不知先生以为如何？贵友苏先生嘱学生书局所寄刊物，并未收到。此刊是否可以进口，亦不得知。此细事，无劳廑注也。比来忙于琐事，迟复为歉。祗叩

道安！

程千帆顿首

10月1日（1992年）

（一〇）

绍曾先生道席：

承赠《山东藏书家史略》，乡邦文献，赖公网罗论次，献唐先生而后，一人而已。弟背井数十年，于三湘学术整理，毫无贡献，视公真愧杀矣。有富一册已转去，当别有函谢。敬颂

冬安！

程千帆顿首

1月12日（1994年）

（一一）

绍曾先生著席：

手教及勘误表收到多日，事冗稽复为歉。"《清志》版本知见录"如能与《清志拾遗》并行，实学林之盛业。艺风老人一代文献所系，著述刊行者多，友朋书札保存完好，撰年谱长编条件具备，尤盼能鼎力主持及时完成之也。伊同兄三二至三三年尝与弟同学金陵大学，抗战中渠一度任职金大中国文化研究所，时弟亦承乏金大中文系讲席，故得与其交游之末，自渠赴美，乃未克相闻耳。伊同治学极勤苦，有令闻于师友间。壮岁所著《五朝门第》《北朝门第》已有声于海内外。惜未能一读其近数十年作述耳，致书时仍乞道念。敬复，顺颂

春节安康！

弟程千帆上

2月15日（1994年）

（一二）

绍曾先生：

四月廿一日手札拜悉。伊同兄敦笃故谊，在远不遗，深为可感，已专函奉复矣。承示著述不辍，光辉日新，欣佩之至。弟耳聩目昏，已难多事笔砚，惟尚有旧稿未完者一二种，方嘱及门诸子为补成之，《校雠广义》之

《典藏编》即其一也。其《校勘编》已在齐鲁书社排印，冀年内出书，当呈教耳。敬复，顺颂

著安！

弟程千帆

4 月 29 日（1994 年）

（一三）

绍曾先生：

承赐《山东文献书目》（有富一册已转去），感佩无既。齐鲁文献，献唐先生纂之于先，由公继之，此亦古礼乐之邦之幸也。弟年来日益衰劬，《校雠广义》幸得有富之助，其《校勘》一编，已排竟，皆在校中，或者明春可出，当以奉呈也。秋凉，伏冀珍卫。敬颂

著安！

程千帆

8 月 28 日（1994 年）

（一四）

绍曾先生：

手札敬悉。两丛书之争似有背景，非局外人所知，亦非纯粹学术问题。弟意公款吃喝旅游年耗国帑一千余亿，即使书呆子印古籍有重复，因而不无浪费，较之贪渎之徒，竭民血汗以供享受者，似尚未可相提并论，且两书印数恐皆不能多，听其同出，亦无大伤国民生计之元气处。听其二家争鸣，前台论学术，后台弄权术，我辈则凭轼而观之，乐观其两成，殆无不可也。先生以为何如？命寄《纪念文集》，今别邮上。青年人好热闹，不能扫其兴，只可任之。又寄上拙作一纸，诗字皆奇劣，以思力腕力目力皆差也。诗作于数十年前，若今日则并此亦写不出来也。闻《清志》将出，千秋盛业，欣忭曷极。敬复，即颂

道安！

弟程千帆顿首

4 月 17 日（1995 年）

（一五）

绍曾先生：

新岁拜诵新书，知精力康强，老学不倦，欢喜无量，尤钦风义卓然，发潜德之幽光也。

论百衲本是一篇大文章。[①] 前此非无谈此书之文章，未有如先生之能见其大见其全者。中华本固有功，然百衲不先出，则中华诸底本亦无以植其基也。

频年弟已甚衰，不更能为思辨之文，但南窗冬暖，看闲书度日耳。

谨此复谢，敬颂

道安！

弟程千帆拜上

1 月 7 日（1996 年）

有富一册已转去矣。

（一六）

绍曾先生：

奉书敬悉。目盲手战，作字点画皆不中程，勉书呈教，幸恕其劣。先生老学不倦，著述日富，实为海内学人所罕见，欣佩之至。

《清志拾遗》当此物价踊贵之时，仍得印行，亦是功德，可庆幸也。匆匆，敬叩

道安！

弟千帆

3 月 24 日（1997 年）

① 王绍曾按：书中所云“论百衲本是一篇大文章”，系指拙作《近代出版家张元济》商务 1995 年增订本《张元济先生校史始末及其在史学上的贡献》一文。

(一七)

绍曾先生左右:

日昨寄呈命作书签一纸,想已收到。比有沪友读董授经《书舶庸谭》中有云:在日本太仓图书馆收《衍波蓉渡》一册,闻沪上南洋中学亦有零本,殆随刻随印也。王士祯有《衍波词》,今与"蓉渡"连文,未悉其义,友以见询,亦未能对。先生多识清代艺文,或能见示,琐事奉渎为歉。专肃,即叩

著安!

弟程千帆

3 月 27 日(1997 年)

(一八)

绍曾先生:

手教敬悉。承示《蓉渡词》情况甚感。授经先生所见之本,今已不可得知,但有存疑。然重劳清诲,亦感激不尽也。专肃,祇颂

著安!

弟程千帆顿首

4 月 18 日(1997 年)

(一九)

绍曾先生:

奉书奖饰过当,愧悚极矣。老年筋骨自多病痛,惟望善于排遣。《校雠广义》闻已将校样由周晶先生送呈左右,蒙允为一介绍之文,不胜铭感,拟将其送《中国文化》刘梦溪先生,因该杂志量大,可以一次登完,不知可否,幸示知之。祇请

大安!

弟千帆

1 月 10 日(1998 年)

（二〇）

绍曾先生：

手教敬悉，已函周晶先生，请其将《广义》样稿速送尊处，以便从容审阅，倘荷赐与月旦，实深铭感。（尊体近日欠佳，必量力而行。至要至要。）敬复，匆颂

著安！

千帆叩

1月21日（1998年）

（二一）

绍曾先生：

前得详函，适在病中，已嘱徐有富君代复，想收到矣。《广义》出后反响尚佳，先生多年鼓励指点之功，感谢不尽。敬颂

秋安！

帆上

10月1日（1998年）

致李易（四通）

李易，曾任人民文学出版社编审。

（一）

李易同志：

惠寄稿纸，谢谢。

拙稿承教，极感。凡是能改动的，都照尊意改了。有些，彼此看法不同，这在诗句的理解上，文章的写法上，都有，就没有动。这都一一用红笔注明。如觉不合用，即请赐还。

林东海同志函收到。我的工作太忙，在一年以内，再也不可能挤出时

间来写这些零碎稿件，请代为转达，表示歉意。

拙稿再寄呈乞教。

即致

敬礼！

程千帆

9.30(1980)

(二)

李易先生：

惠书敬悉。鹤颈虽长，短之则怨，拙文实难削足适履，伏冀谅之。唐温如实元人，弟粗疏不学，遂有此误，甚惭愧耳。敬请

大安！

程千帆

11.15(1980)

(三)

李易先生：

示悉。

古诗今译是一大难题，我对此完全是外行。现在与我的学生徐有富合作，试译了一首，勉强交卷，请审查。如不能用，即作罢。其他二首实在是无法应命，请原谅。

朱自清先生日记出版后，务请代购一本寄下，谢谢。

我明后日即将离宁，出去讲学一段时间，附闻。

顺颂

撰安！

程千帆

三月六日(一九八四年)

译诗一首附上。

望 岳

程千帆 徐有富 译

呵，泰山，你是多么高大！
山南山北，一碧无涯。
大自然凝聚着神奇秀异，
阴阳向背竟像有早晚之差。
极目追踪暮归的鸟雀，
胸中涌起重叠的云霞。
我定会登上你的顶峰，
看群山都俯伏在脚下。

（四）

李易先生：

仆年逾七十，兼之多病，已无余力担任本职以外之撰写文字、阅读稿件、回答问题等各种工作，承嘱之事，愧难如命，敬请原谅。顺致
敬礼！

程千帆

1月15日（1986年）

近年心脏宿疾日剧，已很难按题作文，恕之。

致张舜徽（七通）

张舜徽，曾任华中师范大学历史系教授。

（一）

舜徽先生著席：

前者学根先生率门下诸彦过访，得悉老学不倦，述作日宏，幸甚幸甚。顷又得手札及文献集刊，益见辛劳，不胜佩慰。方今朴学凋丧，得先生起而振之，其于国本所系实重。余杭章君有言："假令生长印度波斯之原，自

知建国长久，文教浸淫，而故记不传，无以褒大前哲，则必发愤于宝书，哀思于国命。”窃意此即先生微尚所存矣。弟于史学无所通解，无以仰副盛意。谨以新著一卷呈博一笑。盖刘子骏所谓“人间小书，其言俗薄”者也。专此，即颂

道安！

程千帆顿首

11月10日（1980年）

（二）

舜徽先生道右：

顷奉手教，敬悉种切。惟弟早定于四月中赴广西讲学，与文献学会会期适相冲突，遂未克趋前请益，良用怅恨。门人张三夕二年来随弟治诗学及校雠学，尚属勤奋，其学位论文题为“宋诗宋注考例”，盖取法《春秋》五十凡以迄陈新会之《通鉴胡注表微》，以考论宋贤之治本朝诗集，不无排比整齐之功。张生卒业后，将至武汉工作，夙仰先生经术湛深，向歆之学海内罕对，辄愿追随杖履，更求精进。弟意张生如不愿治校雠则已，欲治斯学，则当今之世非先生固莫与归。张生之意，想当荷首肯也。谨先布达，容更专函绍介。近为刘弘度先生作一传，聊发其潜德之幽光于万一，非久可刊出。人之云亡，邦国殄瘁，回首前尘，真可哀也。伏冀为道为学珍重，不宣。

弟会昌顿首

4月5日（1981年）

（三）

舜徽先生：

尊札及新书拜领。大著捧读一过，觉洞烛隐微，实发前人所未发，谈迁父子崇道之义，得先生之阐明，乃冰释理顺，真有余杭所谓“睹辨析之论，则悦怿随之”之感。东友波多野教授年前尝赠所著《老子道德经研究》，其中所引彼国古本及硕儒校释亦不无可采处。不悉先生曾见之否？

倘需参考，当即寄上。专上，敬叩
著安！

弟程千帆顿首
2 月 10 日（1983 年）

（四）

舜徽先生：

惠示敬悉。文献盛会，本应趋前承教，以心脏不佳，医劝少行动，兼本期研究生有课，恐难参与，极歉。旧作一种，近得重印，敬呈一册，伏冀正之。祗叩
道安！

弟程千帆顿首
9 月 26 日（1983 年）

（五）

舜徽先生道右：

一月廿二日手教敬悉，承命参加三夕同志论文答辩会，极感盛意。惟入冬以来，心脏宿疾时发，不知转暖后情况若何，因不敢轻诺，伏愿谅之，于评语则自当写呈敬正也。祗敬
著安！

弟程千帆顿首
1 月 30 日（1986 年）

（六）

舜徽先生道席：

承赐新著《笔记考辨》，此书当与《文集别录》并传千古无疑，独惜自序惜墨如金，未肯畅论清儒勤于笔记之道理，及其不可替代之作用。此今日少年所未及知，不审它日重印时，能别为一跋附后否。近有一俗薄小书出版，敬呈一册，聊博大匠之一笑。不尽，即颂

著安!

弟程千帆顿首

五月二十二日(一九八七年)

(七)

舜徽先生撰席:

前者杖履过宁,以病失迓,殊歉歉也。顷奉大札及新书,佩慰无似。此书盖合杜马郑而一之,兼实斋所云圆神方智之长,有俾种姓文明者非浅。昔余杭先生云:“假令生长印度波斯之原,自知建国长久,文教浸淫,而故记不传,无以褒大前哲,然后发愤于宝书,哀思于国命矣。”回顾近日小生,胡心甚炽,殆有甚于陈鸿祖所忧者,则先生此作,固不独以学识诏告后生,亦将有以利于培扶国族之元气也。寒天寥寂,书此以当面谈。复颂著安!不尽。

弟千帆拜上

1月5日(1989年)

致钟敬文(一通)

钟敬文,曾任北京师范大学教授。

敬文先生左右:

岁月易得,未接清光忽已二十余年。数月前与预衡教授把晤长春,始悉杖履康强,良用欣慰。顷荷以《文丛》见赐,得以拜读尊集,数十年家国治忽之迹,友朋生死之情,悉在其中,真令人欣慨交心也。又荷刊载亡妻二词,曷胜铭感。其人赋性㧑谦,生前殊鲜自见。今先生为之发扬,固当惊知己于地下矣。专此布谢,敬请

道安!

程千帆顿首

十一月十日(一九八〇年)

致卞孝萱(二通)

卞孝萱,曾任南京大学中文系教授。

(一)

孝萱先生:

前荷为陶敏君答疑,极见关注后学之至意。顷又得微之新谱,不独煌煌巨制,且体例亦有新创矣,年代学之丰碑也。梦得事迹不少于元,刘谱增订本何时可出,盼切盼切。专谢,即颂

道安!

千帆顿首

十一月十日(一九八〇年)

(二)

卞老:

复曾先生函,依据尊见作了一些修改补充。今抄呈审正,如有批改,请写在旁边。看后,放在我信箱中即可。敬颂

双安!

弟千帆顿首

(1993 年 12 月)

致刘世南(二通)

刘世南,曾任江西师范大学文学院教授。

(一)

世南先生:

惠书及尊著诗文,并已拜读。我因多病,已无精力细为推敲,只能提

出下列一点意见，请考虑。

（1）不必提及致陈信。

（2）将致陈信发表后学术界有关此问题文章都看一下，然后分别是非，加以讨论。据我所知《武大学报》有苏者聪文，上海《学术月刊》有杨廷福文，张志岳《诗词论析续编》（黑龙江人民出版社近刊）有论宋诗文，《陕西师大学报》有霍松林文等。如此，可深入而不重复。

（3）写成后，似可考虑寄给吉林《社会科学战线》，听说他们想组织一组研究宋代文学的文章。

（4）一切引文，最好详细核对，逐一注明出处，书名，卷数，或页数，不要用“×××语”之类，以表明确系原始材料，并非展转引录。

尊稿谨奉还，敬希原谅。石帚先生久归道山。知注并闻。

即颂

著安！

程千帆顿首

12.8(1980)

（二）

世南先生：

十一月赐书及放歌数章收到已久。弟自去秋即患中气不足，血压波动，时感昏眩，故于殷勤下问缺然久未报。嘱寄亡室遗词，年老昏忘，亦不知已寄奉否？如尚未收到，乞示知，以便奉呈请教。

先生所论宋诗特点，极有理致，阅报，似已为文刊于某杂志，甚盼见赐，以便诵习也。

《微波辞》是亡室少作。石帚先生已去世多年。顷承齿及，不胜怆恻。

尊诗苍劲斩截，似翁石洲，可喜也。

不能多写，乞谅。专颂

著安！

程千帆顿首

1.16(1981)

致蒋寅（七十六通）

蒋寅，华南师范大学文学院教授。南京大学中文系文学博士，师从程先生。

（一）

蒋寅先生：

来信及文章收到。我因年衰多病，完成学校交与的工作已有困难，实在没有精力旁及其他，所以不能对大作提出什么意见，敬请原谅。不过，我想，从事科学研究，必须在前人已取得的成绩的基础上向前发展，所以必须从掌握已有文献开始。关于绝句源流衍变问题，除以前旧说外，孙楷第、罗根泽、李嘉言、傅懋勉等多人都有专文，而你只看到王引孙文，其余似未见。这样，就不免重复或走弯路了。你还很年轻，能否考虑多读书少发表呢？要读，必须读基本书，即文学作品。评论之类，只能帮助而不能代替你对作品的理解。

匆匆，祝

好！

千帆

12月12日（1980年）

（二）

蒋寅老弟：

来信收到。《遗产》未刊你文章的附表，如无底稿，可向其索还以备他日如收入论文集时，可补足。

你所选新诗，我未寓目。赵瑞蕻教授及其夫人杨苡都是诗人，不知你选了他们的诗没有？能否考虑先请他们看看。我明年回来后再看，不然恐说空话，也不算负责。

论文要抓紧进行，综谱等可少缓。刘再复没有回信，文研所不一定有

希望。(我当然还要问一问。)你还有其他什么打算,望告知。祝
好!新年愉快!

千帆

12/30(1986)

我不在南京这段时间里学习和工作多向周先生请教请示。

(三)

蒋寅老弟:

近得刘再复同志复信,寄上一阅,仍盼寄还。他们磋商到决定,恐还需要一段时间。等我三月中返校后,再和他进一步联系。此事,暂不必告知许多人,因尚无十分把握。

诗笔挺拔。惘惘不甘,便是诗情。古之嫠妇有不恤其纬而忧宗国者矣。要当慎之耳。

论文要注意整体结构,要清实不要冗长,一上来就要有个总的打算,切忌想到哪里写到哪里。祝
春节好!

千帆

1月20日(1987年)

(四)

蒋寅弟:

已查过日记,戴跋是在1986年5月22日挂号寄给傅璇琮先生的。傅先生现在国外,非久可回,你到北京后可去看他,当面问问。(说话要谦和,注意!)你的文稿看后如无大问题,想转给吉林《社科战线》。祝
好!

千帆

3月4日(1988年)

上信未付邮,适得十九日来函及在圆明废园所摄照片,甚慰。

论文望加紧修改,诸家之意仍望有一章简论一下诗人(过长可分两

章),以便展示个体风貌(全书为整体风貌)。望考虑。

徐先生处当去信询问。

《金瓶梅》,齐鲁已出张竹坡评本。此书若用作材料(不专门研究“金”书),仍以用人文新排本即词话原本为好。齐鲁亦系排印本,精装二册有删节,价约20元。现有无存书则不可知。如定要张评本,望来信,以便转询齐鲁,或可命其直接寄北京也。

帆又及

(五)

蒋寅老弟:

得来信,知已初步安顿。才到一个地方,总有一段由不适应到适应的过程,我相信,这过程对你来说一定是很短的。照目前看来,你的生活住宿存在着一定的困难,这要有一些书呆子气才能抗得住。孔夫子说:“士志于道,而耻恶衣恶食者,未足与议也。”除此以外,只要处理好前辈和同辈的关系,便是海阔天空的学术世界了。希望你好自为之。

校学位委员会将于本月内讨论通过你的学位,但根据国家学位法的规定,通过以后,还要等三个月才能发给你正式的博士学位证书,所以总要到七月份才能寄给你。现在先取得学位办公室证明书一纸,随函附上,看有没有用处。文学所接受过施议对等同志来所工作,看他们是怎么办的,你就怎么办好了。如果人事处采取的办法不合你的意,千万不要和他们争执,切记切记。才来一个单位,要给人事部门留一个好的印象。

我眼疾尚未愈,故未能亲自执笔,但已在逐步好转,勿念。

祝

日进无疆!

千帆

4月4日(1988年)

（六）

蒋寅弟：

来信收到。诸事初步妥帖，闻之甚慰。工作当然要与各方协调，只要心中明确安身立命之处，在于高精尖而不在于普及，则从事普及工作（或所谓大路货）亦自无碍。要在不可使人感到什么都会什么都不精，是一盒万金油，斯可矣。

论文得王镇远书已初步表同意。但按制度要三审通过。望即从事认真修改。勋初先生认为要加一二章论作家，此议亦善，望注意及之。

欲购人民文学出版社出阮阅《诗话总龟》周本淳校点本，望代买寄。如书店无之，可去人文拜访刘文忠先生请其协助。附函必要时可交与也。

近病眼久之未痊，不多及。

王瑶（昭琛）先生住北大校园内镜春园75号，电话北大总机转3590，祝好！

千帆

4月26日（1988年）

（七）

蒋寅弟：

推荐书填好寄还。我近月来一直生病，住院三周后出来，亦未完全恢复。写稿事一时谈不上。宏生等论文均已写好（或大部分写好），咸有可观，不妨与商择其可单行者布之。匆复，即祝

安好！

千帆

5月1日（1988年）

（八）

蒋寅老弟：

所寄诗话及征稿条例均收到。砺锋来京，嘱将所书一诗卷携赠，此较

称意之作，愿爱赏之。

书费六元，随函寄上。

近方从武夷山回，造次不及视缕。

即祝

安好！

千帆

5月13日(1988年)

(九)

蒋寅同志：

昨寄一函想达。三联书店最近出版古籍漫画系列，此间买不到，不知北京可得否？望一访之。如有望每种购二份寄下为荷。顺颂

著安！

千帆

5月14日(1988年)

(一〇)

蒋寅老弟：

七月十七日来信，又初版《要诠》一本均收到。知工作近状为慰。文学所是一良好读书环境，尽可能少问与己无关之事，认真再读十年书，然后出其所自得与世人相见，则善矣。戴叔伦碑文跋不知已在傅先生处询得下落否，念念。东坡诗云："煌煌帝王都，赫赫走群彦。嗟汝独何为？闭门观物变。"观而不问，似亦难，姑妄言之耳。手此，即问

近好！

千帆

8月8日(1988年)

(一一)

蒋寅弟：

八日手书收到。文可选寄《学报》蒋荫楠先生收，由我再从旁为言之，较径由我交为妥。但过长亦恐有困难，姑试之耳。

抄寄闲堂杂文一卷，弟看后可试交议对先生，如刊用，则请全部刊出(不过二千余字)。如有困难，则作罢，不要勉强，因尚有他刊愿全刊并可抽印也。(与言时，词气须谦抑，但期婉达鄙意而已。)

论装饰美不知如何着笔。装饰非徒为美，亦有颇大之实用性，似应注意及之，往读李思纯先生《江村十论》(上海人民出版社五十年代出版)，中有各民族发式考一篇，论各族发式皆与其生活形态相关，立论颇善。弟观之，当有启发也。

顺祝

安健！

千帆

8月12日(1988年)

唐代文学年会九月在太原开，你只能由文学所方面提出，望与领导一谈。

望代购中华新出《癸辛杂识》(周密)一册寄下。又及。

(一二)

蒋寅弟：

近南大公布你为新星奖获得者，甚可喜慰。致伯伟书渠已略告。前携京拙著，不知已送毕否？舒芜及绍良二处去过否？未得其信，甚念之也。望告。即颂

著安！

千帆

九月五日(一九八八年)

(一三)

蒋寅弟：

我将于14日来京开社科院文学所“七五”规划项目审查会，望有空来谈谈。地址附上。

如能通知张晖，也好。祝

安善！

千帆

9月10日(1988年)

(一四)

蒋寅老弟：

十一月四日来信收到，知为学日益，诸事顺遂，甚以为慰。《大历诗风》闻已修订，极慰。帆当题一笺，其序似可请璇琮或宗强先生为之，较为妥当。望更酌之。

老僧本应参禅悟道，绝圣弃智，而乃与俗人一样谈世情(即人情冷暖、世态炎凉、富贵穷通之类)、物价(即近日通货膨胀，白菜萝卜也买不起之类)，此所以亲切自然有人情味。郑谷云“爱僧不爱紫衣僧”，岂非以紫衣僧乃僧中之官，一副和尚老爷的架子乎？

见邓先生时，请代致意。上次他寄下《杜诗别解》，因正病得较厉害，故由陶芸回信。邓先生对杜诗读得很仔细，立言有本有分寸，极见功力，可佩也。

我大约还要住至少一个月，现正进行第二疗程，不多及。祝

好！

千帆

11月17日(1988年)

(一五)

蒋寅弟：

来信收到。我已于四日出院，经休养治疗后，颇有好转，唯仍当留

意耳。

序可先请傅先生，如谦谢，亦可找昌平，惟不必一书二序耳。

能兼课亦好，大要在出词简洁有条理，讲得慢些，能让学生记下即成有条理之文章，斯为善矣。切忌兴之所至任意发挥(基础课与专题课之别在此)。

手复，即颂

著绥！

千帆

12 月 7 日(1988 年)

（一六）

蒋寅弟：

书签写好，附上。

上函已收到，我虽已出院，仍在休息，以后再详谈。

寄上《日本汉诗选》一本，已收到否？此书系我与孙望先生合评。邓绍基先生与沈玉成先生，因孙先生已先寄赠此书，我不再重复寄送，请转告两位先生。

祝

好！

千帆

12 月 18 日(1988 年)

（一七）

寅弟：

得书示都中风谣，想见公道自在人心也。古人云："乱世之音怨以怒，其政乖。"又云："士大夫无耻，是为国耻。"幸哀思亡国之音尚未出现，而今日之士他日又或不尽转化为大夫耳。帆久患心脏病，近改请中医治疗，始略痊可，然仍甚虚弱。来信当转告诸同学，当别有信致也。此复，即颂撰安!

千帆

5月12日(1989年)

又及:

《大历诗风》一书,因已列入社科"七五"规划之"唐宋诗歌流派研究"项内,规定以"南京大学古典文献研究所专刊"名义出版,弟前想已知之。今附上致上海古籍出版社王镇远同志一函,并盼吾弟同时作一函证明,一同发出,望即办理。

(一八)

蒋寅弟:

我四日打一电报给你,似未收到。其后史梅又打一长途,嘱其友到宿舍问你情况,亦似未联系上。她十分记挂你。你4日信我们都已看到,就放心了。我近仍常发病,有时三天一次,最近是相隔八天,又发了,幸已知如何对付。发了,睡在床上不动,过几小时(或十余小时),就好了。据说,这种"房颤"中西医均无良法,幸亦不至有危险。行年七十有六,死不为夭,有时反而觉得活得太长,不免有羲和快着鞭之想,为可喟耳。在符安否,甚念切也。

祝

好!

帆

6月10日(1989年)

(一九)

蒋寅老弟:

来示及附钱默存信均收到。

《梁肃年谱》已与勋初先生谈过,亦认为《文史》拖延过久,不宜投寄,考虑编入南大文献集刊第二或三期。集刊第一期已校稿,再过半年尚可出。如弟同意,可寄周先生(留底以防遗失)。每年出一期,则至迟1992年可问世也。李女士诗词旧有自印本(在美刊)见过,俊才也,今亦老矣。南京近已转凉,先到悲秋之候,宋玉岂真悲秋哉,亦不平而已矣。复问近佳!

帆

7月29日(1989年)

(二〇)

蒋寅弟:

10月24日信收到,总算找到房子,安顿下来了,单独有一间,就可“躲进小楼成一统”,在北京,不容易了。

北京的文化生活比较丰富,对一切真美善的东西,要尽量吸收。吃牛肉不会变成牛。广甄博采,将大有利于你的诗学研究。

我希望你写文章时集中一点,请考虑,是否应抽出部分时间来编《大历诗人年表》及《大历诗人资料(传记及评论)汇编》,以完成与你博士论文配套的系统工程。(砺锋仍将完成《江西诗派总集》,宏生将继续搞江湖派年表及资料汇编。)我希望你被学术界首先承认是大历或中唐诗的专门名家,然后才是别的。如果你愿意这样做(这是我希望的),可写一个计划,再向南大文献所申请一点钱(不会多,一两千)。(我想说:真是新的、突破性的、创造性的,皆来自自己的“心潮”而不是举国逐狂的“新潮”,当然,并不排斥应当受到的“新潮”的影响。这和你上次信中所说“看不懂”问题不是一回事。)

《李祁诗集》收到。此书有美国印本(内容或不尽同)我已见过。诗甚佳,难得,不可与国内赵雪斋之类的大吟坛比。看了近日“要人玩诗社”之风,我惟有“断手”而已,不敢复出一语也。

王玮同志的意见很好,汪先生集即寄出。

我身体近因专服中药,略有好转。医云:此病好不了,死不了。妙极,不妨以小喻大也。但今年已不招生,再过两年,自然脱然无累矣。

近应山西人民出版社之约,由伯伟编了一本我的诗论选集,专选能体现某种方法论的。伯伟作了一长跋,颇能发明鄙意。约二十万字。并附年来所作文言序跋文三十余篇,长者数百字,短者数十字而已,颇为好玩。

平生酷嗜苏黄题跋，恨不能仿佛其万一。与砺锋、宏生合著之杜诗论文集《被开拓的诗世界》，与吴新雷先生合著之《两宋文学史》，均将在上海古籍发排。（你的论文，不知有消息否？）《校雠广义·版本编》则被卡住，不知何时才可与世人相见。

闻整顿出版社，砍掉25%，或许对正派书籍出版创造较好条件。闻再复暂不作返国之想，重灾区之社科院前景如何？前些时玉成来，询及足下，云尚称平善，足慰远怀。总希望隔些时来一封信，老人寂寞，终日非静坐即打瞌睡。东坡诗云："山中老宿依然在（岂非所谓老而不死者邪），架上《楞严》已不看。"鄙人近日光景颇似之也。

今日精神好，故写一长信，不能经常如此也。即颂
安好！

千帆

11月7日（1989年）

（二一）

蒋寅老弟：

来信及照片均收到。行踪未定，可以坦然处之，争取时间多做些事，不可"皇皇如也"也。前些时上古李国章先生来宁，周先生曾询以弟所著书，云尚未定。盖得失取舍之间不无犹豫，亦但能待之而已。近见《中国文化》第一期，似较现行诸杂志为别具一格，高出一筹。惟不知能坚持否？思买湖南人民出版社朱正注本《散宜生诗》增补本一册，不知北京能觅得否，望便中留意。手复，即颂
安吉！

千帆

3月3日（1990年）

（二二）

蒋寅老弟：

2月27日、3月18日两函俱收到，略悉近况。今日事，一只能尽其在

我，二只能万法随缘。山阳乃古贤闻笛之处，弟如暂旅其地，可发思古之幽情，亦仍旧可读书作文，未为失也。

所谈渔洋诗论，窃谓当一则与渔洋自己之诗作，二则与渔洋所选之诗（如《三昧集》《古诗选》《唐人绝句选》），参照而观之，必有悟入处。批评不能纯是理智活动，此意屡为诸弟言之。即来书所云“远足”亦是佳趣。理趣总是通乎诗意也。

附上近年将陆续出版各书清单一纸，请转交令妹夫，俾以时留意。同时亦望弟将令妹夫姓名、工作地址告我，以便转告各出版社责编，俾彼等拟订时即直接告令妹夫。如此办理，不知可行否，幸斟酌见告。

前惠捺山茶场茶叶一包，饮之奇佳，初不知仪征乃有此妙品。辄拟烦尊翁于今年新茶上市时，代购二斤寄下（绝不可赠送），如何？

目前出版界仍未走出低谷。弟论文及诸君子所译美国汉学家诗论集，上古仍未松口，幸亦未退稿（他出版社颇有如此者）。《中国诗学》似亦不甚易，姑图之耳。

我日益衰颓，已不更作文，但愿能有精力认真看完四位研究生之论文耳。

近应北大之约，写一王瑶先生纪念文，而意思苦涩，仅得二千字，真是似乎还没有开口便已完结也。

望下去前及到后均来一信，老人极念切也。

即祝

近好！

闲堂

3 月 24 日（1990 年）

（二三）

蒋寅弟：

3 月 31 日来信收到。

最使我高兴的是《大历诗风》终于可以发排。当然，与世人见面，还须承受各种磨难，犹如西游之 81 难，但总算迈出第一步了。《诗世界》初校后，已近两月，二校尚未送来，据云，工人将要改版（大约不到十处），拖下来了，真是无可如何。

在闲隙中，仔细读几页书，亦是难得。我曾于放牛之余，通读晋隋八史，今已大半忘却，然如精语如“耳后生风，鼻头出火”“向车中闭置如新妇”，至今犹记之也。

托书店事，亦只能随缘，复印若干份托令妹夫分致其友，甚妥，不必再安排矣。

我旧嗜烟、嗜酒、嗜茶，以心脏病戒酒，肺气肿戒烟，犹存茶癖。如尊公能代谋少许，已甚感谢，赠送则不敢当，此意幸转呈也。

近日天气异常，北方晴暖，而南方反而多雨，气温亦低，老人殊不适。近购得“场效应仪”以治喘咳，似尚有效。

匆复，即祝

安好！

千帆

4 月 5 日（1990 年）

（二四）

蒋寅老弟：

诗二首略点定寄还，写得太少，故机杼不熟。

滞留事，姑听之，万法随缘可也。聂事少谈，《易林》云：赤口烧城，可戒惧也。

现新雷先生合写之《宋文学史》已排出初校样，想无论如何今年底明年初可出矣。与宏生、砺锋合写《诗世界》则非久将校大样，今秋可出必矣，退休后能了却旧稿，亦差足慰耳。

复颂

安好！

千帆

4 月 28 日（1990 年）

附：遣怀寄宏生伯伟金陵

报国平生轻自许，
沧桑梦觉壮心阑。
公卿有位皆尸禄，
竖子无心自苟安。
四顾昏茫谁与语，
一身寥落独凭栏。
赖有七字差堪慰，（剩有相知共濡沫，）
暂对菱花开醉颜。（放歌犹可破愁颜。）

七句或作“长怀郑伯千秋论”。盖“多行不义”一句也。

此首完整，然浅直无深婉之情。

代书寄胡年兄大雷桂林

所思在八桂，欲往山水遥。（g）
一别逾五载，长想梦魂劳。（o）
适有山阴役，待罪姑滞淹。（平—不能押）
处之以泰然，随缘任舒卷。（上）
已疏音信久（音信疏已久），故人今安否。
南风起天末，拂拂（披拂）阶前柳。（此为乐府体）
蛰居玩故籍，颇悟第一义。（去———不能押）
惜无暂（把）晤缘，杯酒西窗夕。（旧入，今平）
方闻有校庆，乃在九月间。
冀附群髦后，共往尽一欢。

六朝迄中唐短篇五古转韵者多从乐府演变而来。四句转，必欲断欲连，似断似连，乃尽其妙，此体不易作也。

（二五）

蒋寅老弟：

尊公近托人带赠掭山茶四包，使我大为欣悦，此意不敢忘也。幸于家报代致谢意。

能改变环境，读书一年，安知非福，饮食不惯，稍久则习之，不必介介。

参考文献缺乏，写文章可能有困难，但仍可写出大体框架，以后再设法修改。这一段时间可能完全由自己安排，得之不易。我劝你读一部经典著作，仔细玩味，深入体会，由此触类旁通，再读他书便可于不知不觉中跨越了过去的自己。（培养审美情趣及能力极重要，只能循此途。）如何将博涉与专精、广泛的知识与独特的见解融汇起来，恐为你今后值得求索的问题。

默存先生，当世无双，你就所知认真写去，必有可观。但他的体系几乎完全体现（非建立）在其非体系的表现方式之中，因而往往能博不能约。他是无锡人，但却近乎（我只说是"近乎"）"深芜穷其枝叶"的北学，而非"简约得其英华"的南学，这也是非常有意思的。

我的几本书，《诗世界》已校过清样，古籍已发征订单。《宋文学史》校过初样，估计今年出不来。《选集》已发到印刷厂，如赶一下，也许年底可出，因字数仅二十万也。

孙望、陈瘦竹二老于六月一日晚及二日晨归道山。我与孙先生交谊尤密，首尾五十八年，从无间言，真昔人所谓"痛心拔脑"者，奈何！

前寄汪先生文集与《文遗》，望其发一介绍，不知已办否？便中见告为感。

复颂

旅福！

千帆

六月七日（一九九〇年）

（二六）

蒋寅老弟：

寥寂中又苦热，得七月二十五日书，甚慰藉也。

论东坡思想甚是，对个人恬淡，对国事诚挚，此即数千年士大夫顽强抵抗一切不合理的黑暗势力的精神支柱，而其抵抗又非文天祥、于谦式的，而是东坡式的，即以夷然不屑或嬉笑怒骂出之。刘融斋指出东坡凡事俱不甚用力（当然也有八九分），此点了解东坡甚重要，所谓如行云流水，所谓如万斛泉源不择地而出，即其个性与艺术手段之恰如其分的巧妙结合。此为东坡以前所无，东坡后亦少，晚明小品偶有近者，便可惊众而名家，即此知其不易与。弟但见其取譬之巧，觉此外无独绝处，盖尚凝眸于个别特征（此种巧譬，多从佛书中来。在彼法中乃常用手段，今忽移植入诗文，遂颇突出耳），而忽其个性与艺术之高度结合也。此前亦惟有太白。故古今诗人学李、苏者少，学之亦难大成。（如黄仲则学太白，仲则寒乞与太白之豪迈相去万里，乌能似之？）

以上说法是随感，不严密，破绽必多，所谓闲话者也。

南京酷热二十余日，幸逃于中美文化中心有空调之房中，近已迁回。

弟能到《文遗》作编辑甚好，亦可多与人接触，惟亦易招怨，望慎处之。

《诗世界》《宋文学史》及《选集》均已排就或在排中，今年或可出《诗世界》及《选集》，届时弟或已返京与？

“楼外阴晴未定，尊前哀乐难排”，《涉江》旧有此句，今日似之。祝好！

千帆

八月七日（一九九〇年）

（二七）

蒋寅弟：

上次复一函，略论东坡。旋即得 8 月 7 日来信，搁置未复，忽已四旬余，流光如驶，真可惊也。

刊物编委事，我很赞成以年青人担任，但这些人，在目前情况下，又难以掌握出版及稿酬实权。最佳方案，恐只能新老结合。西哲云：历史往往是妥协之产物。此言大概不假。其实，无论谁办，在老板看来，总是一样，即有利（包括名）可图即可。江苏古籍未曾与我商讨，故一切皆不知也。

十月底返京，亦可谓“小谪”矣。论文如打印有问题，可寄来，与宏生等文一齐打，不费事也。

当编辑亦是一种磨炼，但恐不如研究室之优游。然可增识力、耐心，熟习学术动向。此则其好处也。

复颂

安善!

千帆

九月二十一日(一九九〇年)

(二八)

蒋寅弟:

病中得函,久久未复。《文遗》也收到。评钱文,有中肯之言,也有搔不着痒处之处。因原作精深博大,兼而有之。加以作时尚在盛年,矜才炫学(亦实值得矜炫)往往有,故弄玄虚亦有,非一短文所能概括。弟能谈出数点体会,即是难得也。(以上不足为他人道,乃师徒间之私房话也。)

有许多想法,都想写出,此少年才气汹涌之表现。一手不能持数枝笔,则勤于札记,可以先将一些奇情妙思,有用材料,用语言固定下来,放在那里,再写成论文,不必不宜东涂西抹,精力既不集中,成果遂难于壮硕也。

我住院三月,旬前始反舍,然仍孱弱不能做事。弟何时南下,甚盼过谈。

书评很难写,别人的看法更无从改起(除文字技术)。我曾劝各学术刊物多刊书评(如洋学报之例)而效果不佳。因今之书评已多成为"交际"手段,甚至为关系学之工具,捧场之手段。(国内刊物惟《读书》中偶有可看者,然又多为外国书之评论,因论洋鬼子不会引起人事问题也。)然可哀者亦不仅此也,奈之何哉。

祝

安吉!

千帆

1 月 25 日(1991 年)

(二九)

蒋寅弟:

3 月 14 日及 4 月 16 日来信都收到,因身体一直不好,又赶一点工作

(为辽宁少儿出版社编一本辞赋选,由曹虹、章灿作注,昨始脱稿寄走),所以一直未能复信。

论权德舆极有见地。大凡一个作家,一个流派,一段历史,总有其前进中的转折点。而这些转折点,又往往不立招牌,暗暗地在不知不觉中出现,又沉默地站在那里,后人逛文学之街,只注意虹霓灯下的大橱窗,源流、起伏、正变便都被忽略了,欣赏者固无妨,研究者就不可,历史家更不能这样。你已经从实践(读书)中看到此点,就比他人已高一筹,望将权作努力而不急躁地完成,忙中总有错,写好后,放几个月再寄出,是个办法。

斌及你职称事(还有赴日进修等),因为我们的制度之奇妙,法则若有若无,势则忽左忽右,术则或有用或无用,虽韩非再生,亦难左右逢源,况书痴如我辈乎,亦惟居易俟命,相信船到桥头自然直而已矣。如我为三级教授,从建国至前年,岿然不动,乃退休之后,忽又连升至一级,可谓匪夷所思,只有认为乃执行"奖懒罚勤"之政策而已。

权年谱可寄周先生,不行再别设法,第二期还未编也。

如《大历诗风》不能标文献所专刊在封面上,则只有在前言或后记中写上一笔,周先生之《唐语林校证》即用此法,亦无妨也。

今日寄上书两包,望代为分送。别有数人已另寄,故未在内(如默存)。其他英秀有当送者否?望告知之。

匆复,即颂

著安!

千帆

5月7日(1991年)

(三〇)

蒋寅弟:

前复一书,又寄拙著二包,祈分致所中同人,想均收得。

今寄为议对书小词一卷子,亦乞便中交与,诺之已久,欠债所当还。四十余年前作,思之恍如隔世矣。

《诗世界》及《选集》,舒芜已作一书评,将在六月号《读书》发出。弟处有无能写诗论文章者乎？盼注意，能在《文评》或《文遗》刊载此类文字否？不要一般介绍，更不要吹嘘，而要评其得失之学术性文字，今日亦难得也。
顺颂
安好！

千帆

5 月 11 日(1991 年)

(三一)

蒋寅老弟：

七月七日来信早收到。因赶审徐有富等编《中国古典文学史料学》(五十万字)，天气又坏，精力很差，迟迟未复为歉。

来信所见甚是，无论研究、考证、批评、创作，若不力求开拓创新，又何必拾人牙慧。又，研究工作并不是机械化的，也有幻想、爆发，激动人心之处。第一流学者必是诗人，若太炎、王观堂、陈寅老是也。弟有天分、悟性，望以此自勉。此非可执任何人之手而谆谆以告者也。

文物出版社近出宋兆麟著《生育神与性巫术研究》，其价七元。此间无买处，望设法代购一册，挂号寄下。

又人民文学出版社社长(或总编)陈早春，是我武大学生。祖棻选集，即由其经手，在人文出版。前经查询，云尚有七十余册，曾去函要全部(当然除人文留作样书的)买下。迟迟未见复，或是事忙。望弟去一电话问之。亲自去一趟最好。你也可借此认识这位老学长。附介绍信一封，可酌办。

祝

好！

千帆

8 月 2 日(1991 年)

我近身体尚好，但不能劳累和生气，已力戒矣。

高华平的书评，副本由砺锋等在看，有意见当会告诉你，作编辑部修改的参考。望你和砺锋接洽。

（三二）

蒋寅老弟：

两函及书均收到，还未看完，粗浅无深旨。书价七元，随函附上，以省去邮局领取之烦，或不致遗失也。陈早春处，不知继续联系否？系中已决定沈祖棻奖金给大学中文系学生，每年一等一名，300元，二等四名，各100元，我拟再各赠书一至二册，以作纪念，如选集弄不到，只好看上海古籍《宋词赏析》等有无存书。但选集似最合适。这些情况，甚望与早春一谈（电话或面罄均无不可也）。

书已得初样，可喜，至于款式不尊重作者意见，大抵皆然。《宋文学史》曾说好一律用脚注，而样稿来时，注出处者均被勾入正文，仅留其有考证或必须说明者。然亦没奈他何！我的书且如此，你的书就更不必说了。他们要将其列入《中华学术丛书》，也好。但有一事，望在后记中提一下，即《大历诗风》为国家哲学社会科学基金“七五”规划项目“唐宋诗歌流派”的成果之一，这个项目系南京大学古典文献研究所程千帆、周勋初两教授负责组织进行。这样，南大才好向社科院及国家教委交代。

《宋文学史》虽搞了多年，仍在大结构方面不很满意，小地方出纰漏。80页倒数5至4行，皇祐应为嘉祐，二年应为五年，1050应为1060，三十岁应为四十岁。当时记材料，只记下公元，而又记错了十年，写时未查年谱，因此出现一连串的错，这些地方，想来还有，如看出，望随时告知，这书是教材，可能重版的。

上海古籍赵昌平、扬师黄进德、南师大郁贤皓诸先生均愿为此书写评，但书的字数太多，一时看不完，文也尚未写。反正不急，学术是要讨论的。筱云看后有何意见，望告。如能写出，亦佳。不必大块文章，随感式也是一体也。

高津孝曾带日本学生队来宁，见过。在南大留学的日本学生对南大均有感情，最近村上教授又介一东北大学博士生来，京都也有一人，由砺锋、伯伟辅导他们。曹虹已去日本，为期一年，想你已知。

我最近还是在看学生论文（三博士生延长），余时则继续《校雠广义·

校勘》一编。《版本编》年底可出，因有图版，每册定价高达15元，好在我还有一分工资，著书不全为稻粱谋也。祝
晓斌好，你好！

千帆

9月25日(1991年)

（三三）

蒋寅老弟：

陶先生要的书，今寄上，望转交。回忆师友文，要等沈氏诗词集笺交稿后，才能执笔。我一天只能做一二时的事，多了就生病，希望原谅。这事，要干3年了。如贱躯可远行，当于厦门相见。顺颂
双弗！

千帆

11月14日(1991年)

（三四）

蒋寅老弟：

4月9日手书早到，因近忙于赶一小册子，未能即复为歉。江苏古籍嘱选一本宋诗，名为品评，我则借此写点随笔。既无轨辙，聊可称心而谈，避免流行之“赏析病”也。弟近日造述颇富，甚慰。未抛外文，尤好。今人每以作家协会领取工资办法，施之古代作家，孰为一流(级)，孰为二三，按此以入职官名册。文学史遂莫不陈陈相因，无所开发。弟能注意中唐诸子，真发潜德之幽光也。敏泽先生返京，托其带上新出《版本编》(兼致玉成、道衡、绍基)，想已收到。婚后探亲机会少，南下想亦希矣。顺祝
俪福！

帆

5月12日(1992年)

（三五）

蒋寅弟：

我与周先生本月24日至月底在北京香山饭店开古籍规划会议。下午休息，望你能来谈。城内办事处在中华书局内，可联系，也许有便车。

“宋史”专评，赵昌平写了一长文，约15000字，二月前已由张宏生寄徐公持先生，不知何以李伊白先生竟不知，请查。

施议对要散文，请你在《诗论选集》中附《序跋文抄》选抄数篇寄去。

余望能面谈。祝

俪茀！

千帆

5月22日（1992年）

（三六）

蒋寅老弟：

贱辰务乞来会，费用可解决，不须过虑也。

闻吴宓雨僧丈日记已由清华大学出版社出第一册，幸代购寄来（或带来），续出者亦希留意。感感。即颂

著祺！

千帆

9月5日（1992年）

（三七）

蒋寅老弟：

你两次寄来的《诗风》及义山诗索引均收到。职称事各处为难，曹虹、章灿至今尚是讲师。惟有看机会而已。

选一本论文出版是可行的，但要注意，宜精不在多。我看近人文集往往精采之作与牵率之文并存，降低了品格，深为婉惜。附上一致社科出版余顺尧编审，试试看。（送他一本《诗风》。）还可找陈早春（人文）、舒芜，但

一步一步来为好。

我藏的北图出的《文献》缺总号5、6、19，又1991年4，92年1、2、3。1993年起，他们不送了，我又忘订。要下半年才能补订，所以今年的1、2期也要想法子买到。不知你能抽出时间来到文津街北图找一下该刊编辑曹月堂先生设法补购配齐否?(当然是能配多少就配多少。)款请代垫。我近无他患，惟耳聋眼昏，此是必然，无可奈何也。祝
双好，并贺春节!

千帆

1月21日(1993年)

要你打听漓江出版社盗名欺世之事，已办否?我想得到他们印的宣传品或已出之书。此事傅璇琮先生愿意斡旋，但出版社置之不理，似乎盗用名义的侵权行为是应当的。

(三八)

蒋寅老弟:

2月16日信收到。

《新诗集》另一本请代赠文学所图书资料室。

我和南大出版社初步谈了，他们愿意接受我推荐的一本书(不管是谁的书)。任天石现任总编，他对我说的话，应当作数。你可选一本(要少而精。我看到一些时人文集，好像自己写的篇篇都是好文章，即颇有时名者亦不免。弟等方开始登坛，要注意塑造自己美好的形象)给我寄来。今年订入计划，则明年可出也。

能换一个地方也好，但要慎重。只能拆了茅屋盖瓦房，不能由一座茅屋搬入另一座茅屋也。如清华能以教授相聘，则可就。否则，又何必去另一市场排队邪?国外去玩一年可以。若浮海居夷，仍可商量。祝
双好!

《文献》已收到，是我为徐有富配的，他将写信给你致谢。多少钱，望告知。

帆

2月26日(1993年)

（三九）

蒋寅弟：

2 月 20 日函及篇目收到，《涉江诗》能买到十余册，大不易，今后凡遇到以前出版的祖棻及我的书，请都代购下。许多人要，我穷于应付。有此，庶稍缓解也。

《新诗集》再寄三册，其一请赠福春先生，其二由弟处理。论文集篇目太杂。舍不得割爱，不行，如清诗著作简目、装饰美、侯方域变节之类，皆与主题无关或牵涉很少。你再仔细考虑一下（排列的次序，如何连串，如何展现、较有秩序地展现文化透视，也应再想想），写一篇较有发挥的前言或后记，你看如何？

我想推荐一次就成功，不想牵丝扳藤也。

《文献》望留意，我想代徐有富配全。祝

好！

千帆

3 月 16 日（1993 年）

（四〇）

蒋寅弟：

收到你半封信，看信封上邮戳日期，是 3 月 22 日发的。看来，你生活太匆忙。如不注意会影响你治学（浮躁必难精进），望今后注意改正。（信附还。）

我在 3 月 11 日寄上《新诗集》三册，又信一封。其中有对你论文集篇目的意见，你 22 日发此信时，似尚未收到，希望不致遗失（可到收发室查查）。因是平寄，遗失亦无可追查，只好算了。顺尧先生有信来，对你很赏识，愿意助你出版著作。你可等待些时，如不成，再找南大。

晓斌没有长辈在一起，关于孕期应注意的事项，要多请教医生，千万不可大意。

盼复，即祝

双好！

千帆

3月28日(1993年)

(四一)

蒋寅弟：

寄下的《吴宓与陈寅恪》一书，前曾向人借阅过，今又承赐寄，甚感。《涉江诗》，望寄十册左右以备送人，因其印刷精美，人多欲得之也。余存你处有值得送者送之。(包扎要厚，或护以硬纸板，免损坏。)

涉江诗词集笺本已交江苏出版社，约一年可出。印刷闻将力求精美。此书一出，亦可了却晚年一桩心事。

论文集篇目，要仔细定去取，在精不在多。要使人看出思路、家数。认真写一篇有心得体会的前言，新人的形象就可显示了。切忌以多为胜，什么都写，好像什么都知道。老氏云："良贾深藏若虚。"荀卿云："狂生者，不胥时而落。"此言可终身佩之。

漓江事，我已要李立朴通知其社长，不愿担任其任何名义，只要他们不再滥用贱名，也就算了。祝

好！

帆

4月24日(1993年)

(四二)

蒋寅老弟：

五日函收到。晓斌身体尚好，闻之大慰。要十分注意。同事家中如有对胎产有经验之太太，要多请教，定期要做检查。出版事初有眉目，甚好。目前一切难办，走一步是一步也。前要弟寄《涉江诗》十册，已收到，谢谢。近患老年性前列腺炎，甚惫，不多及。顺颂

俪安！

千帆顿

6月12日(1993年)

（四三）

蒋寅老弟：

寄上我写给前中宣部副部长李彦及中宣部干部局局长伍杰同志的信复印本。内容你看后自明。

我除了已写信给国家版权局外，还给中国作协作家权益保障委员会去了信，请求他们对诗词一行是一句还是一行是多句作出解释。这个会在沙滩北街 2 号，电话 4012255－382，邮编 100720。

我不清楚他们是否有解释稿酬条文的责任和权利，如果它牵涉到作家权益的话。

我想请你打听一下，他们是否受理，是否可以回我的信。

此间天气极坏，我心脏不好，极不适。

晓斌身体怎样？多保重。

祝

双好！

千帆

6 月 29 日（1993 年）

（四四）

蒋寅老弟：

来信及新著子目收到。

晓斌身体要特别注意。能否请令堂来京小住？有许多事，你不懂，不是靠小心勤劳可解决的，要经验。先联系好一家妇产科医院（要知道她病史的），以免临时措手不及。

我刚出医院几天，一切都好。排除了癌症，甚幸甚幸。

子目有些提法要斟酌，如称戎昱为杜甫的传人，太抬举他了。似可易为“闻杜甫之风而悦之”。以送行诗专家称郎士元，亦不妥。独孤常州有些特殊，要注意，下编戴容州先考作品，后考生平，而权载之则反之，似亦当统一。又年谱已成系统，应列前，生平考证则年谱所从出，宜在后。故二三四章之次序应为年谱、事迹考、作品考。

未见原文，只凭臆断，未必有当。幸酌之。即颂

双福！

新文或有惊人语，但不要伤人。至要至要。又及。

千帆

8月18日(1993年)

(四五)

寅弟：

信及照片收到。葱葱极可爱，好将养之，稍长，除正常生活外，要特别注意独生孩子在成长中由于父母过分爱护而产生之各种偏差。我近年于此看得很多。青年夫妇往往不甚重视爱与害之间的辩证法，故甚冀贤俪重视之也。(孩子在家中为霸王者，在门外往往变为孱王，诸如此类。)清代诗学著作提要，即清诗学史或清诗史，兹事体大，或先作纯粹记录，评论部分，以摘录前人之语为主，以备他日综观全局，再为某书定位。否则恐非一稿可成也。沈集笺已排出初样，方由门下诸子校之，此亦可喜，如戴容州集之问世也。顺颂

双茀！

千帆

1月12日(1994年)

(四六)

蒋寅老弟：

一月十五日函及论卢刘诗两文均收到。葱葱健康成长，老人极高兴。论文都好，文房一篇视野开阔，在唐诗坛中为其定位，尤佳。但大历一些苗头在开宝时即出现，实系于文房，渔洋以文房出于摩诘，似尚可商也。渔洋不甚考据，谓刘乃王之后辈。此点如全书尚未论及，似可在校字时于后记中略及之，或他日别为专文论之也。沈诗词笺非久可出，今寄部分，聊见一斑。即颂

春节全家安乐！

千帆

2月15日(1994年)

(四七)

寅弟：

3月10日信收到。

职称大战，此间亦正热烈展开。世态百相，真吴道子画鬼趣图也。若旁观不介入，则有读《死魂灵》之乐。

我自数年前自觉思维减退，为文不复能跨越自己，即决心断手不为。自己且不能跨越，况跨越他人乎？若不能跨越，写之何益？欧公告夫人云“不怕先生责，但怕后生笑”是也。

前贵友借去祖棻手稿，务请早日妥为寄还。祝

全家好！

帆

3月23日(1994年)

日本《大历诗风》书评，望寄我复印一份。

(四八)

蒋寅老弟：

来函知夫人及孩子都好，甚慰。对孩子，总得作出一些贡献(或者说牺牲)，才能获得做父母的快乐。

书评甚好，当保存之，亦是南大的教学成绩也。

致刘福春书望转，此公何以言而无信耶？祝

全家好！

千帆

4月9日(1994年)

（四九）

蒋寅老弟：

5 月 13 日信收到，知已迁新居，且大致安定，甚慰。临街噪声大，只有由忍耐而习惯，久之则雷车若蚊飞，此亦庄子所述飞卫习射久则虱如轮也。古高僧有名弘忍者，盖谓细忍还不行，非弘忍不可也。一笑！

葱葱安稳顺利成长，尤慰。孩子们的理解力往往较成人对他们的估计为高，所以素质、气度的培养，要从小起。父母的生活习惯、言谈举止，尤其是活教材。此种营养决不在牛乳之下。望注意及之。

刘福春借去祖棻手稿二纸，数次索还，均置之不理，似无理亦无礼也。弟能代我一言否？盼盼。此对他人毫无价值，而我珍之若球璧也。祝
全家安好！

《大历诗人研究》，文研所贴中华多少钱，望告。

千帆

5 月 19 日(1994 年)

（五〇）

蒋寅老弟：

介绍刘新风先生来晤。

刘先生有一个撰述一部新体的古代文学史的计划，想请你参加。望根据你的工作情况决定。即使不能参加，你和刘先生交个朋友也是好的，祝
双福！

千帆

5 月 22 日(1994 年)

（五一）

蒋寅老弟：

刘福春先生一函，请即交与。

我新居在南大教学区西边。“210008 鼓楼区南秀村 25 号 101 室”。

以后有信，直寄家中亦可。但中文系距家仅10分钟，取信亦极便也。

余冠英先生之外孙女婿名刘新风，原在首都师大中文系任教，近调入中宣部文艺局。日前由其妻侯明（在中华书局工作，旧识也）来告，欲写一文学史，要我门下一人合作，我荐你与一谈。多识一人亦无坏处，但参加写书事多半不行，因观其编写计划，自视极高，言大而夸，所拟章节，亦难切实理解其涵义。所谓道不同，殆难与谋也。

要真正有所贡献，要从深入研究专题，切实写成论文入手，由扎实工夫自致隆高。浮夸雕绘，终无是处，荀子云："狂生者，不胥时而落。"此言至今犹不易之论也。所幸及门诸子，均无以变戏法走江湖手段做学问者，此可为老人大慰也。

新居以为平房（底层）故，虽光线略差，而有一数弓之园，已杂植竹木花草之属，巡游其中，自得其乐。何时南归，一共赏之。即颂

俪福！

帆顿首

5月25日（1994年）

（五二）

蒋寅弟：

来信及附件都收到。

葱葱可爱极了。夫人看来也很健康。不容易，要注意平日生活的条理化。平静的日常生活可使神志澄明，于身体、学问都有益。

容州集收到。十年前有此功力，也是难得，编纂义例谨严可观。如欲吹求，则数典求原始出处或尚有可补充处耳。《大历诗人研究》能速出，闻之极喜。（近宏生《江湖诗派研究》亦出少量，备升等之用，花去小费若干元。）开宝以后，贞元、元和以前，得弟详加疏理，此唐诗国中一件功德也。我老年性白内障日益增剧，不甚能视书。幸《广义·校勘编》已出校样，有富在校，《选集》或可速出，砺锋、宏生等校之，《涉江诗词集》十月可出，乃严杰、章灿等校，真杜老所谓"穷途仗友生"也。近与诸生对话二小时，应《原学》之请，不知何时可与世人相见耳。不尽欲白，即颂

俪安！

帆顿首

8月14日(1994年)

（五三）

蒋寅弟：

容州诗校注已收到，前函曾略申鄙见，想已察及。清诗大有可为，幸注意及之，其可开拓之境，或远过唐与先唐也。

十一月唐诗之会，当可来，得良晤。我欲思一游名山，但不知届时贱躯如何？

孩子将来干什么，恐不但有环境影响，亦有种种缘法。只要培养其健康、善良、好学，不必预计其所学为何也。

我没有收到《遗产》今年四期(即有你的短论者)，请一询主事人，能补寄一份否？如已停止赠阅，即不要索取。因已不能作文，于刊物无贡献也。

伯伟为《文汇报》写一介绍我的短文，或不久可刊出。章灿整理了同学们的访谈，将在《原学》刊，则不知何日也。

沈集笺四季度可出，想找女学者写一二篇书评，陈祖美、王筱云合适否，请代酌定。祝

合家安乐！

千帆

9月10日(1994年)

（五四）

蒋寅弟：

这是怎么搞的？我怕你们或孩子有点不舒服，没有来得及办此小事，心中很急，望速告知。

附舒芜致程千帆函

千帆兄：

奉12月4日手教后，又待数日，而书不至，乃发函往询，今又逾十

余日，仍无音信，甚奇。函中开列敝寓电话号码，打电话甚便，不知何以无消息。或者患病乎？出差乎？其他意想不到之事乎？书上写的是“重禹兄”，他不知为何人乎？（我既有信去问，他也该想到了。）我信上说相距太远，不敢劳他亲送，请他由本院交换站送杂志社，此法轻便，而迄无消息，甚怪。闻舒諲、吕剑、谋玚诸兄均已陆续收到，而我至今未能捧读，数也，命也。兄托人分送，本以图速，而反不达，亦乘除之数也，一笑。

顷问之许觉民兄，他说文研所人员，星期二例必到所办公，届时可打电话到办公室一询。兹先将情况奉告，星期二询问后，再作函奉告，恐兄怪我久无复信也。专此布复，顺祝

新年康乐！

弟方管上

1994 年 12 月 18 日

（五五）

蒋寅老弟：

数书均悉。舒芜先生来信云沈集已收到。他特别急着要看，其余少缓无妨也。闻北师大各册，亦弟转交，可请聂石樵或郭预衡先生一人分致，不必一一送也。

《元龟》校点，大家都忙，但能为此书出一新本，亦极是好事。宋四大书，今后皆有通行易得之善本矣。

葱葱、晓斌想安善，甚念之。

我在 8 日至 16 日小病，今已愈，眠食如恒矣。

手复，即颂

俪安！即贺

年禧！

千帆

12 月 30 日（1994 年）

（五六）

蒋寅老弟：

3 月 4 日函早收到。我近月在整理朋交信札、诗词之可存者，贴之纸上，交南大档案馆保存。体力差，数月始就。故稽迟未复，幸近已毕功。

葱葱如此可爱，恨不得见之（老妻尤甚）。孩子未正式入校之前，在父母及祖父母身边轮流住住，对其生长教育宽严有互补性，且可培养其伦常天性（此正今日所乏，余每见报端不孝虐待尊亲之事，恨法律无教孝、罪不孝之条也）。

清代文学大有可为，近人惑于代胜一往之见，以为唐宋以后诗文不足言，惟小说戏剧是主，其实皆耳食之见。弟能以十年二十年之力寝馈其中，必能大有所获也。

张奇慧早已将沈集笺本索去，其来信只一句“我多么想要一本啊”，可谓言简而意赅也。刘先生则并不见告，故亦不便径寄之。或将来吾弟南旋时带去也。

我身体尚好，惟日衰，耳聋愈甚，亦善忘（生活方面）。于景祥为印选集收《史通》《文论十笺》《行卷》《考索》《诗世界》《诗集》等六种（《广义》《宋文学史》篇幅太大，不能收）。平生精力，略尽于此。近要章灿为补充重写往岁所为文学通史，此书若成，即真袖手矣。顺祝

合家安喜！

千帆

3 月 28 日（1995 年）

（五七）

蒋寅老弟：

8 月 2 日手书收到。

评《选集》文，约而能要，以相处之日长，故能亲切言其所致力之所在也。

清诗乃至整个清代文学可致力者极多。梦苕先生博览，遂以此名家，

然仍囿于字句笺释、文献纂辑。以现代史学、美学深入钻研，明其源流正变，则殆非所能任，此时代限之，非先生之咎也。弟能以数十年之力，锲而不舍，必能大放光明。然研清不能目光止于清，就清论清，恐亦不能通观历代，否则很难说明清为什么是清而且只能是清也。（此是一个方法论命题，展开可写成一文。）

章灿已赴哈佛，访学一年。我有一本文学通史，他已携去，冀于客中加数章完成之。此书外无他矣。辽宁《选集》，景祥云九月中当可出，当即奉呈也。

早早在北京《光明日报》实习，不知已来奉看否？祝
全家好！

千帆、芸

8 月 19 日（1995 年）

（五八）

蒋寅弟：

1 月 3 日信收到。

《大历诗人研究》能如此快出版，实堪庆幸，望速见寄。要用硬纸板妥包，以免损害。

关于晋升的事，主要靠实力，也要看“缘法”“关系”等等，并不完全是本领问题。竹子总要冲出墙的。所以要抱“成固欣然，败亦可喜”之态度，不必学习贾长沙、李长吉也。

古诗声调论，刘大白有一书曰《中诗外形律详说》，抗战中印于上海，稀见，见之否？可参考也。1928 出版的李氏《诗史》我未见过，无以奉告。

南大 45 岁以下升教授不占指标（宏生今年或可通过），我想社科院也应如此。报载社科院近年内要解决院士问题，弟有所闻否？然闻工程院院士与科学院不大同，多为“官”，如部长之类，则亦不过赐同进士出身，如大款之买硕士，没有什么意思了。大概钱能通神，势能得钱，有钱有势，攸利，古今一耳。

我们身体尚好。只耳颇聋，眼睛白内障亦发展。看尽世事，听尽市

声，现在不闻不见，倒也罢了，不必为我忧也。此问
双好！葱葱好！

帆、芸

1月19日(1996年)

(五九)

蒋寅弟：

新书收到。我近月白内障急剧恶化，视力模糊，已不能看书，然得之仍大喜。喜弟之能光大师门，强弓硬弩，足以折冲御侮也。近感文献学与文艺学之高度融合乃文学论著之妙境。虽不能即至，然心固当时时向往之。弟此书亦可谓“其心三月不违仁”矣。善哉善哉！

看《光明日报》，知白内障新药曰“麝珠明目滴眼液”，乃福州卢镜明眼药厂出品，安定门内大街96号，北京医药公司有购，望即代购二瓶，妥包航空寄下，款请先垫付。感感。

近来清书，有数种晚清人诗集，可奉赠，容稍暇检寄。

职称已否解决，念念。

祝

俪安！

千帆

3月4日(1996年)

视力不佳，书不成字。

(六〇)

蒋寅老弟：

顷来鄂开会，遇武大陈顺智先生，得读其著述二种，甚有华采理致。弟熟于大历诗，能为其《刘随州研究》作一书评否？亦文交之嘉事，不胜愿企。

顺颂

俪安！

书已别寄。我五月二十日左右返宁。并告。

千帆

5 月 12 日(1996 年)

(六一)

蒋寅老弟:

5 月中旬我和陶芸到武汉开《中华大典》先秦两汉及明清两分典的样稿论证会,遇到武大陈顺智先生,看到所著《刘长卿(诗歌)透视》,觉得不错,曾写一信给你,希望你能推荐一下,不知已得知否?

敏泽数月前曾写信给我,希望我写一本自传,我答以老瞽已不能写,但可编一资料集,名《程千帆学记》——附《沈祖棻评论辑》。后由巩本栋编成寄敏泽,复信云即可付排。他来信极简单,连出版社何名也不知。责编姓名更不晓。今天我得勋初电话,告知敏泽近已查出患贲门癌,《文评》主编改由钱中文担任。我的《学记》是否照常进行,不知。望弟了解,能知此事是何出版社出,何人为责编,工作是否做下去,最好。如作罢,也要将稿件保存好,不出则妥退。(他来信说书希望 25 万字左右,我编了 30 万字,不想删节。故本未作最后决定。)我视力差,许多事都本栋代做,你将详情了解后,可直接给本栋写信。如谈不妥,也不一定在北京出,与张岱年、邓广铭、季羡林诸公等比(敏泽来信云有诸公自传)。盼复,顺颂

俪安!

千帆

6 月 21 日(1996 年)

敏泽的病情、治疗等亦望告知,如你识王芳夫人,亦望代为致慰。又及。

(六二)

蒋寅弟:

来信及新文收到。这类文章难写,但多考虑这类问题,对学术才有总体把握。太炎先生《五朝学》及《国故论衡》中多篇,季刚先生《汉唐玄学论》,卓绝处在此,拟交诸同学看之。前两天给你一函,询侯敏泽健康情况

以及巩本栋编《学记》的事。如敏泽确诊，此事当然不宜再麻烦他，但要和出版社及此书的责任编辑接上头，以及决定是如何安排。敏泽勤恳，如真得此病，可惜，上帝保佑。

陈顺智书内容完成先后不详，但愿他是诚实的。这，以后仍可看得出来。新疆文如发表，望即寄。我看文字已极困难，但你们的，无论如何也要大略看过。删掉，只要有底子就行，将来出集子可以补上。过去我的文章就曾用此法补全。鲁迅亦多如此也。

葱葱长得好，甚慰。独生子女，有他们的特别问题，鸽子笼封闭式住宅又强化了这方面。要注意。祝

双安！

千帆

6 月 27 日（1996 年）

（六三）

蒋寅老弟：

得书知将有东邻之行，喜慰之至，京都学风谨严，为海外之冠。交接胜流，必多补益，所愿谦冲自牧，毋负此行。敏泽兄所患闻不轻，又闻所内易主编有异议，皆不知其详。聋瞽老人亦但愿病人少病少恼耳。如有所闻，便中可略告也。复颂

俪安！葱葱好！

千帆

7 月 9 日（1996 年）

（六四）

蒋寅弟：

《书品》文前已见，写得甚好。谈我平生为学得力处与致力处，甚内行，可喜之至。（识师之家法，乃能突破成规，自为家法，发之于章是也。）

葱葱极可爱，望善将护之。

敏泽与我七九年在昆明相识，交往多年，觉其虽半路出家，旧学不深，

但为学勤劬，颇可敬重，不知何以颇不理于所中众口，此或因历史原因，非外人所知，亦不足深究也。

其索去《学记》，因篇幅过巨（有30万字，还想加2—5万，而出版社只能收20万），又宗旨不合（敏认为应以事迹为主，评论不重要，甚至拟不收评论，我则认为当代学人评论乃《学记》之主体，已收者决不能删），因此已请其退回另作处理矣。如相见，仍乞谢其厚意也。

酷暑，目力不佳，不多及。宏生秋间将去哈佛，章灿下月返，砺锋秋间亦将去朝鲜一年，想均知之。

即颂

双弗！

千帆

7月28日（1996年）

（六五）

蒋寅弟：

信收到，温习（口与笔）一下日文极有必要。译文最好有重要而集中的主题，南大文献所编印过两本译文集《神女之探寻》《牧女与蚕娘》，你的一本也可收入，上古出。章灿返后将出任文献所副所长，你可与商洽，他和曹虹、王长发均懂日文，也可合作。东一篇西一篇，出版社较困难。

去日前，应省亲，或能南下小聚，甚盼能实现。

默存石遗翁语未见。能动笔，想已痊愈，可慰。祝

全家好！

千帆

8月14日（1996年）

眼昏不成字，谅之。

（六六）

蒋寅老弟：

景祥代为经营之《选集》，近殆出版，已寄上一套。皆旧作又定价贵，

故未能普赠友人。青年学者除门弟子外，独赠陈尚君、陶敏、陈平原、王小盾、林继中、赵昌平六人，皆我所畏者也。

《文学遗产》今年6期载有我题字一幅，而此期独未收到，或已遗失，请代购一册挂号寄下，感感。《程千帆沈祖棻学记》已寄立朴，明年上半年云可出版，附闻。即颂

双安！

千帆

12月27日(1996年)

(六七)

寅弟：

手书到，知近状顺适，甚悦。《程千帆选集》挂号寄文学所，来信未及，不知收到否，甚念。望告知。匆匆，即颂

双福！

去日本，夫人孩子是否同行？到日本后请即来信。

千帆

1月10日(1997年)

(六八)

蒋寅老弟：

收到你的长信，非常高兴。你读书有进步，有心得，可喜之至。信中所提的情况、问题很多，都可以详谈，只是一时来不及，我希望你回来时，八十五岁的老人还很健康，可以交流。我现在先谈两点，我认为特别重要的：一是关于清代文学。一头一尾，社会背景，理论创作都具特色，近人为“一代有一代之胜”之说所误，对清代往往不加重视，你现在抓王渔洋，这很好。由钱牧斋到王渔洋是一个阶段，一个整体。渔洋不但开风气，而且交游极广，清人集中他的材料非常多，笔记中也不少，回来要细检，不要以为“差不多”了。第二是清朝末年龚定庵到陈三立、朱祖谋乃至南社诸子又是一段。抓住这两头，中间就好办了。还有你有志研究诗学，这是“一大事因

缘”，要发奋学作诗，不能说起来非常内行，动起手来不像样子。这要用苦功。要学会用感情去体现自己。我很少向学生提这个要求，又要知，又要能。对你是特殊。我对你有不同于一般人的要求。我七十岁以后，才遇到你这个学生，你又跟了我十年，我对你有这要求，也不是随随便便提出的。

关于韩孟联句，日本学者想把它仔细弄清，这很好。但不知你注意到一点没有？二人联句，如是韩愈开头，孟郊接下去，那孟郊往往模拟韩的风格，以求一致。反之，如孟首唱，韩也追随他。胡翔冬老师讲韩诗首先提出这个问题，统观二人全部作品，虽不敢说完全如此，但至少有部分作品是可以从这一角度去考虑的。现在看来，这是韩孟联句迄今尚未被人发现的秘密。你不必先和日本学者讲，自己先将韩孟两集认真阅读，加以比较，看此说是否能够成立。孟郊诗现有新出注本，不知你见到没有？先谈这两点，你好好思索思索，前一点是宏观，后一点是微观。就算给你出两个题目吧。

最近横山弘带学生来华，我托他带新出《诗文合抄》（前已寄北京，晓斌函中想已告知）。我第一次将所作古文公布，反响尚好。出版社预备正式印行，自觉有几篇还好，但总的说，水平不高。

又我的《学记》已交李立朴排好，在最后校订中，约八九月可出，其中收有日本朋友的书评、书札，按规定应付给他们少数稿费，到时我想通知你将人民币折成日元交给他们，然后我再将人民币寄给晓斌。这事不困难，我想你可以办到。

我的身体很衰老，耳朵几全聋，助听器无甚用处，必须对准耳朵讲，才能听见。眼睛白内障日益加深，又不到成熟，尚不能动手术，看书极困难，报纸只能读标题。腿也不行，走路困难，但仍旧勉强每天走走，还能走到学校大门口。但脑筋尚可，也还乐观。今年除《学记》外，巩本栋代编的《俭腹抄》（就是我的一些著作的摘录），已编好交上海文艺出版社，如顺利年底年初可出版。历时数十年的《校雠广义》四卷都已由徐有富协助写好，交给齐鲁出版社了，年底也许能出版。我和程章灿合著的《程氏汉语文学通史》，章灿仍在写作中，我事业上总算大部完成了，我的心也就安了。

莫砺锋、张宏生八月底都将回来，适接张伯伟电话，他昨晚已返宁，曹虹同回，曹虹暑假后还要去。

晓斌和葱葱都好吗？葱葱暑假后可以进小学了吧！颇念。匆祝
旅安！

千帆

8 月 1 日(1997 年)

(六九)

蒋寅老弟：

得函，知所托交日本学者款已办，甚感。大作获奖，吾道之光。社科院来了新院长，又值政府裁员，不知弟工作有无变动。望随时见示。老人眠食尚好，但体力日衰，耳目不灵，此亦自然之理，委心俟命而已。顺颂
俪福！

千帆

3 月 26 日(1998 年)

(七〇)

蒋寅老弟：

收到寄来文章和信，很高兴。我写字困难，想多写几句，所以请陶芸代笔。看起来，你十分努力，孔夫子说："四十、五十而无闻焉，斯亦不足畏。"你正是争取有闻的时候，而且的确已经有闻。自己又还知道不够，所以可喜。你的学术环境很好，应当注意谦虚谨慎。骄傲自满，害人害己，千万做不得。年五十始衰，到时为学也大体有成。如果五十还不骄傲，那就可以做到终身不骄傲。保持学术的个人风格，使别人认为你是靠自己的工作赢得声誉，而不是靠吹牛过日子，就会比较容易地获得成功。我今年九月就要吃八十六岁的饭了。就是写这封信，不靠老伴帮忙，都写不成这么清楚，所以希望你收到信后认真想一想。

我说这些话不是认为你已经骄傲了，表现不好了，不是的，而是希望你百尺竿头，更上一步。我已经看到徐公持先生的文章，请你认真代我向他表示感谢。我没有什么值得肯定的，只是放羊的羊倌太多，死蛇缠腿的

蛇就显得有些特殊了。好学生首先是自己好,老师的帮忙是有限度的,但如果认为学生是不可能由传授而得,那也似乎太过。锺书先生的成就是了不起的,但他似乎认为无人可以传授,所以终生不收弟子,恐将形成“仲尼没而微言绝”,实在可惜。我幸得在南大诸生的帮助下,虽然既聋且瞎,著述已逐步完成。《校雠广义》四卷徐有富帮助,齐鲁已出版。《程氏汉语文学通史》章灿帮助,今秋可在辽海书社出版,《俭腹抄》是由本栋整理,《桑榆忆往》张伯伟录音整理。现《程千帆文集》二十卷、《沈祖棻文集》四卷已与河北教育出版社订好合同,估计99年底可以出版。如果没有劳改十八年,也许成绩略强一些,但是先王既然如此安排,也就只好遵命办理。砺锋担任了全集的编辑工作,应《文学评论》的要求,写了一篇文章,题为“通识文心成圣解”,也许你比我还先看到。

匆祝

好!

千帆

7月10日(1998年)

(七一)

蒋寅老弟:

寄上《校勘》《典藏》各一册,想已收到。

收到一函,已忘其人。他要解决一个王渔洋问题,我近身体甚差。如弟有兴趣可与通一电话。如不想过问此事,则请将原件寄回。祝

好!

千帆

9月10日(1998年)

(七二)

蒋寅贤弟:

接来函知近日多有撰述,非常高兴。弟单名,似可有一号。我想到“文虎”二字,意谓今后在文学上更可大有成就,并与“寅”相应,弟意如何?

文中虎乃古人典故，弟当知之。

河北教育出版社为我出全集，由砺锋主编。除与章灿合作《文学史》、《桑榆忆往》、《俭腹抄》尚未交稿外，其余多已校过一遍，有的已寄来二校样，《校雠广义》则由河北和齐鲁直接联系。兹附上文集目录一纸。《沈祖棻文集》校样也已寄来，正由春晓校阅。《文学史》也已写完，寄给辽沈于景祥先行出版后，再交河北。《俭腹抄》还要补充一些。《桑榆忆往》则将略迟，因伯伟工作太忙，他担任了一些行政工作，辞又辞不掉，很恼火。我主持编辑的《中华大典·文学典》宋辽金元分典已编好付排，唐五代分典亦已编好，明年可相继出版。我现在虽已不能工作，但能看到这些书的出版，亦稍慰。

近因心脏功能差和肠胃不调，暂住南大校医院，无大碍，望勿远念。

令尊令堂能长住北京吗？葱葱好动，又好动手，今后可能成为工科人才，亦大好事。匆复，即颂

近安！

千帆

12月7日(1998年)

（七三）

文虎老弟：

四月九日来札又文集目均收到，极慰。文集诸题多能从广阔视角着眼，与弟旧作相配合，其必有补于学界也。文学所有大改革，应能展示一番新气象，愚虽老朽，亦望其有成也。此间亦有数事，可以奉告：① 章灿已提升为教授。② 我旧稿由章灿补充修改已在于景祥处排就，约五十余万字，五月中可出书，定名为《程氏汉语文学通史》。③ 我及祖棻文集由河北教育出版社付印。沈四卷，程大约14卷，沈已全排就，程约今年底可出，今附上目录一纸。④ 你的《立雪私记》，已由伯伟统一整理连同巩本栋的，统名“书绅录”，已寄四川大学《新国学》发表，三人约二万字。⑤ 本栋新著《稼轩评传》、有富新著《郑樵评传》、章灿新著《世族与六朝文学》及《石学论丛》相继出版，诚可喜也。我仍衰弱，然比前略好。匆匆，即颂

安吉！

千帆

4 月 17 日(1999 年)

（七四）

文虎老弟：

得京都书，知新得女婴，母子平安，极慰。研究工作亦安排妥当，伦脊秩如，皆可喜也。我自去冬一病，住院数周，现虽略痊可，而恢复不易。主要是心肌缺血，又有糖尿病。幸无做赶做之事，可以逍遥度日耳。文集可14 卷，幸砺锋、伯伟、章灿诸子为助，可以陆续付印。沈集则较少，仅四卷，已交稿矣。又所主编之《中华大典·文学典》，其宋辽金元部分已付排印，争取国庆五十周年献礼。共五册(全部《文学典》共 22 册。南大卞孝萱、张伯伟各任一分典主编)。书出众手，难以精密，然或可略胜《古今图书集成》耳。又我旧稿由章灿完成之《程氏汉语文学通史》已由辽海书社于景祥发排，一二月内当可出书，约四十余万字，此稿写于解放初，迄未理董，今幸章灿为助乃得印行耳。弟何时返国，仍望时以行止见告。衰退不能多写，顺颂

俪安！

千帆

7 月 16 日(1999 年)

（七五）

文虎老弟：

收到 12 月 18 日信甚喜。又知旅日工作不太忙，可以从容治学。夫人近亦得晋升，孩子长得好，均是喜事。你所撰我学述知已寄《人物》杂志。该刊最近一期发表了武大历史系李涵教授纪念沈祖棻的文章，不知你见否？李是沿革地理(尤精江汉流域)专家石泉的夫人，自己的专业是元史。我估计此文可发表。似以略待再去函询之为好。你所拟题均鲜人涉笔，严格地说，乃是空白，可次第从容为之。开辟一新天地，殊有功于学

术也。我事近可奉告者:① 所著《校雠广义》四卷,历时十年(若计全程,则自40年代初至90年代为60年),得徐有富君之助,已在山东齐鲁书社出齐,并获得第四届国家图书奖。(整理古籍奖仅三种,另二为《尔雅诂林》及《郭店楚墓竹简》,《尔雅诂林》作者朱祖延,乃殷孟伦教授弟子,亦是章黄学派之传人也。)② 我主编之《中华大典·文学典》,其中宋辽金元分典由四川大学曾枣庄主编者,已由江苏古籍出版社印出作为国庆五十年献礼,得到中宣部及新闻出版署之肯定表扬,闻最近《中国教育报》将出专刊,如出当以奉寄。以上两种,《校雠广义》四册,120万字,宋辽金元文学分典五册,200万字,闻已销日本,不知吾弟见之否。如有褒贬之论,幸见告也。③ 我的文集,已由砺锋编为14卷,决定河北教育出版社出,另《沈祖棻全集》四卷,大体可在2000后出齐。

近来教育部体制改革行岗位制分级评定,待遇提高。弟同门砺锋、伯伟、宏生为二等。章灿、有富为三等。曹虹(副教授)四等。大约一等为年薪五万,以下酌减。我早已退休,故不与其事,然亦荷授与"优秀学科带头人"之称(此举仅中文系有之,共叶子铭、周勋初、董健及我四人),各送一万元以示鼓励,亦赵佗聊窃帝号以自娱耳。我耳目均欠佳,走路亦不大行。胡乱写此,以当面谈。即颂

俪福!

千帆

1月6日(2000年)

(七六)

文虎老弟:

得书知已返京,一切安定,甚慰。短期讲学足益见闻,与夫人聚首,亦是目前必要,但为久计,仍以能在北京定居为好,望妥善安排。知在京治学,收获甚丰,亦颇及下走,甚愿早日见之。五月中旬此间要开《中华大典·文学典》魏晋南北朝分典及理论分典审稿会,为期13日至15日共四天,与学校明清会议正好衔接,只需早来两天。不知弟能有时间参加否,如有可能,则可借此一晤,望与所中领导一商,并告我。友人中砺锋、伯伟

在此参加，亦颇有全国京沪学人可相见也。我身体甚差，耳聋目瞀，亦不良于行。幸《中华大典》全部已大体安排，可在2003年出齐，虽是官书盛世之点缀。（其宋辽金元分典想已在北京见之。）我全集已得砺锋、伯伟为助编成14卷，在石家庄河北教育出版社出版，在陆续印制中，希望今年秋天可以出齐。又有《桑榆忆往》一种，由伯伟记录，则六月中可在上海古籍先出单行本。诸子意气风发，著述甚多。章灿将我少作修订补充印成《程氏文学通史》，弟或亦可在所中见之。又与徐有富（现去韩国讲学一年）合作《校雠广义》，已得国家图书奖，其新印本齐鲁书社已出新版，想亦见之。我来南京二十余年，自己所成，微不足道，但弟等成绩斐然，为学术界所称，亦差足慰也。字迹潦草，文字不谨，谅之。盼惠复，即颂

安吉！

千帆

4月27日（2000年）

致荒芜（一通）

荒芜，作家、诗人。

荒芜兄：

不悉能为《宋词赏析》及此书作一书评否？闻《文学评论》要实质性的书评。

闻北京已转凉，诸想安善。即颂

著安！

弟帆

（1980年）[①]

---

① 整理者按：此信时间不详，疑为1980年秋作，姑系于此。信中“此书”指《古诗今选》（征求意见稿）。

致周本淳(八通)

周本淳,字蹇斋。曾任淮阴师专(今淮阴师范学院)中文系教授。

(一)

本淳先生:

新诗深美闳约,有冯正中、欧永叔之风,惟一结少嫌直致耳。瞽说幸勿罪也。所惠《活页文史丛刊》至100期,均收到。惟细检独缺1—15期合订本,不知能补赐一分否?感感。即颂

著安!

千帆顿首

5月17日(1981年)

(二)

本淳先生:

顷荷寄赐新著,极感。《统签》至今日仍有重印之价值(闻台北已将故宫所藏季振宜《全唐诗》印出,不知先生曾见之否),惜有心者无力,有力者又无心耳。比值学期结束,尊注未能即时悉心拜读,如有愚见,容更缕陈。即颂

吟安!

弟会昌顿首

12月20日(1981年)

(三)

本淳先生:

承赐新作,适患感冒,卧床读之,精神为之一爽。先生非徒有性情,亦有济胜之具,使弟羡慕不已。写黄山景物数首尤好,少加谐趣,便到诚斋矣。前些时审定外国学生教材,过于疲累,一直未恢复元气,近又偃卧,嘱

内人代笔，不恭不恭。敬请
道安！

弟程千帆

6月4日（1987年）

附致北山先生函，请转致为感。

（四）

本淳先生：

收到《札记》新书，颇有前此未尝拜观者，深幸炎夏得此可以益智消暑。友朋中老学不倦如袁伯业者，先生而外，无他人也。弟年来日益衰眊，目瞀耳聋，虽仍读书而已无所发明，对新作不能不增愧矣。令郎想已安抵东瀛，念念。敬此布谢，即颂
道安！

弟程千帆

6月30日（1990年）

（五）

蹇斋先生：

承示新诗，具见游兴吟兴两俱不浅，笔力雄健，老寿之征，尤可欣庆也。久不作诗，偶应友人之嘱撰二序文，谨呈左右。未尝学文，故无法度可言，博笑而已。专上，即颂
道安！

弟千帆顿首

9月21日（1990年）

（六）

本淳先生左右：

赐书敬悉。《全清词》前任编者之校理实多讹谬，幸得先生为之纠正，或可达到出版标准，已将尊函转送勋初先生，仍乞先生续事校订，不胜铭

感。专肃，祇颂
吟安！

弟程千帆拜上
1月23日(1992年)

（七）

本淳先生：

《全清词》顺康卷第一册校样已出，谨呈阅。此书之校对工作，已与中华商定，由该局任之。兹送呈左右，乃欲先生略加披览，俾校其后部分时，在体例诸方面便于衔接而已。若发现有应订正之处，随手注明，自所铭感，但不敢烦劳耳。五月底或六月初请将其直寄徐俊先生至感。专肃，即颂
著安！

弟千帆上
5月4日(1992年)

（八）

蹇斋先生：

手教又新诗二篇均拜读，知老健北游甚快。弟年来衰惫日甚，耳聋目瞀，举步亦艰，已不能读书，枯坐时为多，任运而已。相距虽非遥，然仍惜不能谈麈也。敬颂
吟安！

弟千帆顿首
3月27日(1997年)

致王利器(二通)

王利器，字藏用。曾任教于四川大学、北京大学等，后任职人民文学出版社，兼中国社会科学院特约研究员。

（一）

藏用尊兄先生：

前承赐寄《文心雕龙校正》及《颜氏家训集解》，曾复书致谢，计达左右。兹绍介研究生张三夕君奉谒，张君有志校雠之学，其毕业论文《宋诗宋注纂例》尚有条理，伏冀推爱，进而教之。又张君拟到北图查阅善本，虽持有南大正式介绍函件，犹恐不免扞格，吾兄于该馆当有熟人，幸为陈说，俾获诵习之便。不胜铭感。新秋戒寒，敬祈珍摄。

祇敬

著安！

弟昌顿首

9 月 15 日（1981 年）

（二）

藏用老兄：

卧病中忍奉新著，大有枚叔《七发》之功，1000 万字富翁，视白石有过之无不及矣。风闻在香港中文大学出一论文集，遍觅不得，不识尚有存书能见惠否？近日亦偶出一二小册子，虽小巫仍不敢不拜见大巫也，稍缓当寄奉。现在正是金陵好秋时节，惜不得与君共游，怅怅。又有友人欲搜集八股文集，不知旧书店有无存书。兄乃多宝道人，或能知存佚也。盼告。专此，顺颂

道安！

弟千帆

11 月 29 日（1990 年）

致姚北桦（一通）

姚北桦，曾任《江海学刊》主编。

北桦兄：

寄上徐有富同志文一篇备《江海》用。此文弟修改过二次，不算太好，但是专门讨论风格继承的专文，目前很少，在方法论很可取。值得提倡。请酌。（我现在指导研究生写文章，很重视在方法论上的革新。）

谨上，即致

敬礼！

弟千帆

10 月 28 日（1981 年）

收到乞复。

致林继中（五通）

林继中，闽南师范大学文学院教授。

（一）

继中先生：

顷奉大教，奖饰过情，所不敢任。惟过去治文史多粗线条，此风似应改变。此是另外一种历史问题，倒是宜细不宜粗也。尊文已拜读，所考论极有意思。桃花源是何等境界，大概因时、因地、因人而异。弟尝撰一文载之《文学遗产》80 年一期，亦略涉此点。谢宣城云："既欢怀禄情，复协沧洲趣。"则唐人之想法与实践，六朝人已为之先驱。大概有文化的地主老爷们此种思想总有之，而土地制度经济情况则不断变易，而其生活（仕隐）方式则亦随而适应之耳。周祖譔先生，弟所旧识，前时来宁，尝得把晤。明年春初，或将赴肇庆开会，或乘便来厦门，因得奉手请益于足下，亦一快也。

专复，敬请

大安！

弟程千帆顿首

十一月十二日（一九八一年）

（二）

继中先生：

上海古籍出版社转来尊著《杜诗赵注辑校》，感不可言。近人治杜多空谈而鲜征实，如此书之如乾嘉诸老治经者，盖未有第二家也。欣佩何极。弟休致有年，耳聋目瞀，已不大能读书作文，然幸得此异书，固当从容含咀之耳。

专此复谢，敬颂

大安！

程千帆

五月三日（一九九五年）

（三）

继中先生：

瑶札拜悉，拙著别寄，甚愿有以匡正之也。白内障颇剧，视力模糊，凡百皆废。友人赵昌平（《文遗》）、黄进德二先生曾作书评，谅见之。

匆复，即颂

著安！

千帆顿首

十月二十八日（一九九六年）

（四）

继中先生：

赖兄返宁，得所赐名种水仙，寒斋得以增色，感不可言。小集荷奖借，徒愧赧耳。谨此布谢，即颂

近安！

弟程千帆顿首

一月十日（一九九七年）

（五）

继中先生：

惠示敬函。命作签，适在病中，殊不能工，然极喜新书将出，得先睹也。近得门人之助，亦勉成《文学通史》。此乃数十年前旧稿，十月中或可在沈阳印出，当以呈教。《大典》宋辽金元分典亦大体可出，然大书又是官书，甚难保其精善，幸先生督教之。弟今年八十有七，臣精消亡，已难工作，瞻望骥足，但有愧叹而已。

顺颂

著安！

弟帆上

九月三日（一九九九年）

致宗白华（一通）

宗白华，美学家、诗人。曾任北京大学哲学系教授。

白华先生道右：

顷承文孙送下尊著，感谢之至。其文有数篇三十、四十年代已读之，今重阅，大有当年荷耳提面命之意，颇生欢喜心也。北国冬寒，伏冀摄卫。专此，祇叩

著安！

程千帆上

十二月六日（一九八一年）

致唐圭璋（二通）

唐圭璋，曾任南京师范大学中文系教授。

（一）

圭璋老兄：

我觉此文写得不错（文字要稍润色），仍请法眼审定。敬叩

道安！

弟千帆

十二月八日（一九八一年）

（二）

圭璋兄：

周策纵托人从香港带来照片一张，奉上。

又《江海学刊》转来一稿，我看不错，可用，仍乞审定。看后，请签注意见寄给姚北桦兄。

顺颂

著安！

弟帆顿首

二月六日（一九八二年）

致黄葆树（一通）

黄葆树，黄仲则六世孙。

葆树先生左右：

华翰敬悉。陆平原云："咏世德之骏烈，诵先人之清芬。"先生有笃《两当轩集》重印、《资料》出版，定当拜读。谨复，即颂

著安！

程千帆顿首

十二月十四日（一九八一年）

致张三夕(三十七通)

张三夕,华中师范大学文学院教授。南京大学中文系文学硕士,师从程先生。

(一)

三夕老弟:

前后两信都收到,知工作大体顺利,甚慰。生活中免不了有这样那样的葛藤,只能逐步解决。

教学为主,行有余力,则事科研,很好。三项次第安排也合适。宋诗宋注考何时着手?我近得海外材料一二种,前所未见,你动笔时,可寄给你抄录。

上次复印之陈寅恪文集零篇,系公物,望检出寄还。又林顺夫论姜词书在译文校订后,亦望寄下。叶迦陵谈诗第二册,莫、徐处细检无有,亦希留意,然未必能寻得。姑妄言之。

我近来身体大体尚可,但近到出版局开了一周会,忙了一阵,痔疮又发,不知三月中旬国务院古籍规划小组之会能否参加。

住房事,我当了解一下。

谢谢寄来的豆丝。

即祝

双福!

千帆

3 月 1 日(1982 年)

(二)

三夕:

收到来信及所寄学生论文,甚慰。

《文学遗产》编辑部寄来刊物及中华寄来稿费,均已转上,望收到后回信。并将收据寄回中华。

《全唐诗》补逸共三家，已由中华书局印行，非久可出，我可请孙老送你一册，不必找了。

《社会科学战线》的抽印本，只给作者，编辑部不留。如你要，只能去函购一全册。

你半年来成绩不错，但不宜铺得太宽，可先以一两个题目为主，其余则暂时只遇见材料即不放过，即可。同时，一定要把教学放在第一位，教然后知困，而科研就必然会跟上来。唐代文学要教好，文学本身，要注意①散文、②骈文、③诗、④词、⑤传奇、⑥变文各方面的知识，而历史、哲学也要付与足够的注意。细读高氏《唐宋文举要》，在骈散文方面补一下课。（历史，特别要在文化史方面补课。哲学，特别注意儒学，还有佛道对当时现实生活的影响。）

英语决不可丢，以后还会用得着。报考博士生，国家可能以行政手段支持。

我很忙，主要是教育部委托一些事。李柳论文，以后有空再看。

近来患眼底出血（轻微），不能多看书写字。

张韵可爱极了，希望她健康成长。你们是否分了房子，望告。

有富要在图书馆上大一语文，现在在研究方志。

砺锋在读《诗经》。

新招两个硕士生，有一位程度太差，退学了。“才难，不其然乎！”

祝

全家都好！

千帆

7月16日（1982年）

信及文刚要发，收到七月十四日函。你们三人的学位，已在校、系两级学位委员会通过，已报部，想非久可得正式通知并收到学位证书。南大事多，可能迟些。硕士研究生特别优秀的可直接定讲师，你不争，是对的。

（三）

三夕：

译稿及推荐书寄上。

林顺夫消息报章所载都已看到。

张韵可爱极了，陶芸非常喜欢。

考试，还是要认真准备，因为博士生如不合格，可以一个也不取的。

我心脏不够好，但还勉力工作。

匆匆祝

全家好！

千帆

11月2日（1982年）

附致华中师范学院研究生处函

华中师范学院研究生处：

张三夕同志系南京大学中文系古代文学专业研究生，于一九八一年毕业，获得文学硕士学位。

该同志品质优良，学习勤奋，所著硕士论文《宋诗宋注纂例》，曾获得校外专家段熙仲教授的好评，以全优的成绩在答辩委员会通过。其英语具有阅读专业文献的能力。适合于继续攻读博士学位。

该同志已征得其工作单位武汉师范学院同意，拟报考贵院张舜徽教授指导的历史文献专业博士研究生。特此正式推荐，希予照察。

此致

敬礼！

南京大学中文系教授程千帆

1982年11月2日

（四）

三夕：

我去北京开会，遇见张舜徽先生，他告诉我你已录取为他的博士研究生，回宁后收到你的信，知已接到正式录取通知书，极感欣慰。我在暮年收了你们三个研究生，对你们是寄予很大期望的，所以在欣慰之余，想给你提出几点我的想法：

第一，你的年龄还很轻，在目前的情况下，也许是太年轻了，因此我特别要向你提出“戒骄戒躁”四个字。骄就是满足于已取得的成绩，就会阻碍进步；躁就急于求成，就会不踏实，不能一步一个脚印地前进。这虽然是老生常谈。但要做到，却也不是很容易的。

第二，张先生治学的范围和治学方法和我是不一样的，你能从两个老师学习，很幸运的，比起莫砺锋一直从我学习，你的条件更好。你一定要把张先生的学问和治学方法学到，张先生所有的著述，你都要很好地读，认真地学。

第三，你一定要认真处理好几个关系：品德和学术、考据和词章、文学和史学、中文和外文、理论和材料。这几方面要一起抓，不可有所偏废。特别是外语，不要丢掉。作为一个现代的博士，英语不能达到四会，是不行的，这你在将来的工作中必然会感到。我对莫砺锋的外语，一直抓得很紧，他一直和一位加拿大籍教师互教互学，包括口语和书写，这学期学校又为研究生开设了口语班，他也参加了这个班。日文他也在继续学习，期望能达到看专业书的目的。对于你的外语，我也和张先生谈了，他会对你这方面关心的。

总之，任重道远，希望你努力克服困难，不断进步。

寒假中托人带来的信和食物，都已收到，谢谢。小张韵已能背诵唐诗，很聪颖可爱。徐有富的爱人已调到南大财务科，全家都已搬来，他很高兴，工作也很安心。他所写的《李清照》已出版，想他会寄给你的。

我刚从北京回来，旅途劳累，心脏有些不好，所以不能亲自给你写信。

代为问候朱祖延、周勃、张国光等老师。

祝

全家好！

千帆

3月9日(1983年)

（五）

三夕弟：

论文样张及手笔俱悉，条例经舜徽先生审定，自属妥善可行。考证之学，要在不误不漏，愿力行之耳。英文无大进，以练习之时过少。砺锋经与加拿大人布鲁克斯君共学二年，遂非复吴下阿蒙。如华师有此机缘，宜效之也。资料一编供参考。即颂

双好！

千帆白

9 月 17 日（1984 年）

（六）

三夕弟：

来信收到，我身体一直不好，不甚能工作，但负担仍很重。本期招了三名博士生，由周勋初、郭维森两先生协助。

你要的材料，我认为可由我介绍相识，直接索取，现附上两函，并告情况如下：

① 松冈荣志，日本东京学艺大学（即师范大学）讲师，《行卷与文学》的日译者，地址如下：KO 日本东京都新宿区高田马场 3—29—5。

② 刘茂舒、皮公亮，刘弘度先生的长女、长女婿，现在《长江日报》工作。

如给松冈寄文，要当信寄，并挂号，否则易被海关扣留。用航空信封，邮费平信八角，约十日可到。顺问

全家好！

千帆

3 月 2 日（1985 年）

你另写一信给松冈。刘先生的材料望印两份，一份寄给我（挂号）。

附致松冈荣志函

松冈荣志先生：

前接贺年片，病中未复，乞谅。

尊译拙著今年可出版，闻之甚慰。此一不成熟之作品得因鼎力以就教于贵邦学人，殊感荣幸。

张三夕君，前曾在南京大学取得文学硕士学位，现正在华中师范学院张舜徽教授指导下，攻读博士学位，其论文是为《史通》研究。仆曾以尊撰《史考》二篇相示，甚佩缜密，颇思得其续篇。今谨为介绍，甚冀互相切磋。先生弘达，当乐于与之往还，结此文字胜缘也。

专此，即颂

著安！

程千帆

3 月 2 日(1985 年)

（七）

三夕弟：

前寄上祖棻诗集、选集，又与有富合撰之《校雠广义 · 目录编》，想均收到。《目录编》望抽空看一遍，如有异同，望告有富，以便酌改。砺锋已经哈佛面试及“托福”考试，现只候美方通知。

你的答辩我不能参加。当在会前将评语寄给张老。望转告。

《史通》过毕后，暂存你处，俟有妥人带回。

复颂

安好！

千帆

2 月 7 日(1986 年)

（八）

三夕弟：

来信收到，工作既确定，便可安心下来，努力从事科研教学。张老和我的学术不同，你先后采获，机会比他人为好，望古今中外新旧兼综渗透，从事史学批评史这一开拓性的研究，对文学也不放弃，要注意对人处事谦和忠恕(少年得志，每难戒骄)。“言忠信，行笃敬，虽蛮貊之邦行矣。”我不

愁你的业务不长进，而担心品德修养不能同步发展。千万注意及之。想到湖北大学过冬，一切还可详谈。祝
双福！

千帆

7月3日(1986年)

（九）

三夕、小邵：

前函早已收到，知工作已定，甚慰。因事冗未能即复，歉歉。《史通》放在子仲处，很好。

以前在成都金陵大学任教时的老同学刘彦邦同志夫妇来沪宁一带旅游，回途拟从武汉转道重庆回成都，兹介绍来访，希协助购买上水船票，为感。

如无其他事故，十一月中旬后拟往湖北大学讲学一段时间，到时可详谈一切。希勿张扬，以免来邀请讲学者过多。

砺锋到美国后已有信来，一切均好，附上其住址一纸。

匆祝
俪安！

千帆、陶芸

9月20日(1986年)

（一〇）

三夕老弟：

上月二十七日信收到。今夏酷暑，几不能堪，幸校方照应，在有空调房中度过二十天，得免于厄，可告慰也。国步艰难，大约"上下交征利而国危矣"，"上下相蒙，难与处矣"二语足以尽之。目前出版业困难极大，出论文集不易，似可先在华中师大图之，本校出版社当较他校为易。俟有眉目，当为题一签也。伟民夫妇南归当更有发展，过迟则不免受年龄限制耳。手复，即颂

俪安！

千帆

8月8日(1988年)

丽则女长者已将入初三，小者将入小学五年级。有富女徐昕有望入南京师范大学古文献。

(一一)

三夕弟：

女婿张威克来汉，托其带上近著书六册，一册奉送，其余五册请分致(又汪先生文集一册，祈交朱祖延先生)。仆近月身体甚差，已不甚能工作，但悠忽度日而已，甚可哀也。

匆匆，即颂

双茀！

千帆

(1989年7月)

(一二)

三夕弟：

兆鹏来，带到豆丝，质佳，非凡品也，甚谢。闻生小病痛，望安心治理，泰然处之。《易》遁初六之象曰："遁尾之厉，不往何灾也?"上九卦辞曰："肥遁，无不利。"幸以暇玩之。

我去冬连服中药百余剂，心脏病远较87、88年冬为平稳，可以告慰。砺锋与我合著杜诗论文，已排出清样。有富与我合著《校雠广义・版本编》亦发排，惟究何时出，则难预计耳。祝愿

全家安好！

千帆

2月14日(1990年)

（一三）

三夕：

来信收到，知安善，甚慰。我88年9月在北京出席“七五”规划会议。突发心脏病，几濒于危，幸抢救得全，从此不再出席各种会议，亦不离南京一步，已两年矣。此会办事，尚属公平，弟等项目，如确有价值，或不致遗珠，惟款数不定能多耳。今年5月，我已正式退休，待明年四位博士生毕业，即可优游。如身体平适，或再到武汉小住，惟今年不行。年内可出《诗世界》及《选集》二书，当以奉寄。皆旧作，无新文也。手复，即颂

全家快乐！

千帆

9月19日(1990年)

唐会事，周先生及砺锋等甚忙，我不问也。

（一四）

三夕弟：

去岁十二月二十二日信早收到。我延至一月十二日才勉强出院，仍孱弱不能做什么事，幸亦无必要的事要做，惟清积压信件，择应复者作复而已。

现在一切，诚如王言，我们只能选择一些：① 相信现在或将来于人有益者；② 自己能做者，咬紧牙关，排除阻力，做一些。至于是否能达到目的，那还是看缘法的。

寄上近出书二册(另一份直寄张先生)，都是与同学们合作的。(如他们也寄了，可送别人。)

张韵想日益可喜爱。对孩子不能过于严厉，要容许她们有一个自己的不同于大人的小天地。

祝

全家好，春节快乐！

帆

1月26日(1991年)

（一五）

三夕老弟：

豆丝已收到，谢谢。在远不遗，每岁不忘，风义之笃，今亦罕矣。

所寄两书，乃平生诗论之差足存者。足下与我讲诵有年，甚望暇日为文阐述之。如《江汉论坛》等刊物可刊载，即以付之，寄来南京亦可。文不必长，七八千字可矣。《诗世界》实即当日讲稿，宏生、砺锋为充实之，遂成长文耳。顺颂

俪茀！

千帆

3月17日（1991年）

（一六）

三夕老弟：

七月廿六日来示收到。请你首先代我向张老致意。我收到那本随笔，正无事，就全看了，然后（在收到约十天后）就回了信，很赞赏他这种介于通与专之间的写法，又佩其博学于艺事多通，不知此信何以竟未收到，似颇失礼，望为我说明一下。

你评《诗世界》一文，《江海》告我只去约千余字，且毫不损及本意，他们已付印，想非久可见。希望不致失言。又寄蒋寅转《文遗》一篇，莫、二张都在看，看后也许将意见由蒋整理一下，交《文遗》参考处理。（此事我不详，大概如此。因砺、宏均已去四川出席宋代文化国际会议，约周后方返也。）那文也写得不错，但文笔自不及老弟之洗练。我已函谢作者高华平同志，然此文最后能否刊登则不可知也。

我近来身体尚好，夏天还是按老办法住在"中美文化中心"有空调的屋子里，近方在看徐有富等所编《中国古代文学史料学》，执笔者程度不齐，似虽加修改，亦难成为好书也。对我来说，则"尽心焉耳矣"。亦消遣长夏之一法也。我家亦装一小空调700W，1600大卡，但只装一室，并不能终日伏处其中（陶芸有家事，尤然），时冷时热，易患感冒，故仍移居中心

耳(如此则芸不做饭,可休息一个时期)。此间前数日甚热,近已降至 34 度左右。

廿二日寄上与吴新雷先生合撰之《两宋文学史》一册,虽列为教材,但不似教科书,随意为之,不中规矩,恐必有赞之者,亦必有责之者,姑听之可也。

与有富所合撰《校雠广义·版本编》,大约今年秋冬间必可出版,《校勘编》材料大致齐全,希望 92 年能具初稿。现在工作,皆收拾摊子,更不进新货,开新店,不敢如张老之老当益壮也。

武汉出版社,吾弟有无熟人,有一位编辑名潘长胜者,知其人否?便中可相告也。

手复,即颂

双茀!

千帆

7 月 31 日(1991 年)

张韵眼睛要多加注意,目前可能是假性近视,可以治好。以后不要看书时间太久,还要让她多玩玩。今天《报刊文摘》有一段与视力有关的报道,剪附信中,请参看。

芸

(一七)

三夕老弟:

来信及附件均收到。

请代我向张老表示慰问,这种事,他人的慰问是无从发挥什么效力的,我只是想劝他为祖国文化着想,珍重自己而已。孔子五十而知天命,乐天知命,故不忧。张老服膺儒术,八十高龄,必知此意。

宋文学史如何写我是有想法的,(比如说,坚决不要一般文学史的那种第一章绪论,那些谈什么上层、基础之类的抽象空洞,生拼硬凑的宏论),但我心中有底又无底。说无底,怎么写出一厚册来呢?说有底,又似乎只能通过实践表现出来,而不能自己明明白白地叙述出来。因此,我非常希望有人合作，对它——两宋文学史这一客观存在——进行解释（包括肯定和否定）。我收到一些回信（包括你的），对我好处不少，有几位还想写讨论性的专评，经过大家的帮助，或许我可以提高一些。

武汉出版社文史编辑潘长胜先生来信约稿。先是谈一本他们想出的程沈诗词选集，仿古直排。我主张加上新诗，横排，没有取得一致，也没有再谈下去。二是我建议将我和陶芸合编的《骈字类编音序索引》交他们出版，他们同意了。潘长胜来信说“敝社经过反复论证，拟出”此书。三是我推荐徐有富等编《中国古典文学史料学》给他们，他们也有兴趣，但南京大学出版社已与徐有成约，无法交给他们了。

你在武汉出版社中有熟人，望通过其介绍，去和潘长胜先生谈谈下列三点：

① 如《索引》该社决出，就订一合同，或至少先用社的名义（不仅用个人名义）通知我，我可以拿了这信去辞掉其他本还在商量的其他出版社。希望此信盖公章，有法律效力。

② 程沈选集，他们商谈后，现在具体意见如何？他们原只提了两点：1.旧诗词合集名珠璧集，2.数量为500首。我意“珠璧集”自吹太过（以名“沈程诗词选”为妥），不加新诗则不全（如他们坚持，可不加新诗），又自作诗自注亦有轻视读者之意，所以一般不加注为好（加一集中人名简介则无不可）。还希望与潘先生研究后告知。

③ 徐有富书已不能交该社。

写张老文甚好，惟追踪而又发展清儒之学这一点似尚强调不够，略加数百字即可更增其学术价值，并说明其学术渊源矣（张学近顾）。

附致潘君一函，可面交也。

祝

俪茀！

千帆

8月21日（1991年）

(一八)

三夕老弟：

回信早收到，谢谢你费事和出版社联系。但迄今他们未来人，也未来信，不知意向如何？不知你能打一电话问问否？成否当然不能必，也无需勉强，但我要早点知道他们最后的决定。

你的评《诗世界》文已在《江海》刊出，我再看了一遍，的确很好，细微而且准确。《纪念论文集》周内可发稿，是砺锋刚才来说的。

盼复。祝

俪安！

千帆

10 月 22 日(1991 年)

(一九)

三夕老弟：

来信收到，《索引》事承代向出版社询问，甚感。我亦于收到你信的前一日去问该社此事。我仍望其有着落，因交南大出版社本可，但这一折腾，由八月到十一月，他们明年计划已定，就无法列入 92 年出版计划，要推到 93 年了。

出诗词合集，本非我意，是该社主动提出的，那当然以不再提为是。

我的八十纪念论文集已下厂，江苏古籍出版社争取明年八月出书，又南师大《文教资料简报》想为此出一专栏，伯伟在编。同学们想写一点"千字文"，用随笔形式谈些往事，以增加趣味性。你如有空愿写一点，可在一二月内撰成交砺锋。

旅游文学研究会，我简直不知道如何成了会长，因老病且无济胜之具，这次还是不敢去，仅写了一张字(宋楼钥《攻媿集》中咏雁荡石门洞诗句)，聊表微意。吴翠芬、郭维森两先生听说要去的。如你能在回程时，在南京盘桓数日，极所希冀。又《音序索引》如能在武汉出版，能否请舜老作一序，俟定局以后，能叩之否？幸酌。匆匆，即颂双好！

千帆

11 月 9 日(1991 年)

（二〇）

三夕弟：

三月二十六日函收到。

我很赞成你去海南，当然，对自己来说，有个适应过程，而对事业来说，也是一个发展过程。伟民、玲玲是你旧识，只要自己善处，是可以有作为的。砺锋已升教授，有富未升，但担任副主任，都招研究生，砺锋还是周勋初先生的博士生副导师。看来，华师不甚识人，而张老恐已被供起来，成为不显灵的菩萨，你大可南行。

来鄂小住，也只是那么说说罢了。我正写一本关于宋诗的札记，类似诗话，一天写一千字。如身体好，能在秋天写好，再和周勃联系。

你何时走？大概在暑假后吧？望随时告知。祝

双好！

千帆

4 月 3 日(1992 年)

（二一）

三夕弟：

收到前次来函后，即于四月四日作复，谅已收到。弟去海南事已否定妥？南大陈瘦竹先生之两博士生阎广林、赵康泰已去海南，弟去后当可有一番作为。

兹有一事相托：武汉出版社潘长胜同志于三月中旬来宁，携有该社介绍信，将我与陶芸合编之《骈字类编音序索引》原稿拿去，三月十九日临别前言明抵汉后即将收据及合同寄来，双方签订合同后，先付稿费二千元。但迄今一月有余，收据与合同均未寄来，亦无信函。该稿本已交南大出版社，因武汉出版社连来二信，表示决定接受此稿，并于今年内出书，因此将

稿交与该社。不知何故杳无音信,请于便中了解一下见复,为感。

据说该社总编辑是洪源先生,刘绶松先生的研究生,弟识之否?

祝

全家安好!

千帆、陶芸

4 月 22 日(1992 年)

(二二)

三夕:

望速将新著完本寄来,以便读后作鉴定。

前将缺本寄还(挂号)想已收到矣。

祝

好!

千帆

11 月 21 日(1992 年)

(二三)

三夕:

寂寞中得八月二十九日信,甚慰,随笔,很愿意看看。我没有写严格意义的论文已五六年。为了理解古文,也常写一些文言文字,主要是序跋,因此对唐宋文的气势情韵比以前知道得略多一些,平生诗功略具,文术甚差,现在只是补过罢了。志达一辈子在一个闭塞的学术环境中,少良师益友箴规琢磨之功,因此成就晚,又不大。武大太坑人,现有理解,想改变,但要费大力气。我为此书作序,亦是有感而发,但不彻底。将来,你有我可以借题发挥的书,我也愿意执笔作序的。去年写过一本《宋诗精选》,已出,大约不久可购得奉寄。祖棻词笺希望九四年上半年出。另外《汉语文学小史》《校雠广义·典藏编》,由章灿、有富整理中,恐出版要到九五年了。我做手术后,恢复得很好。但出游难,身体是一本,钱又是一事也。顺祝

安好!并候

伟民、玲玲、康太、广林诸兄。

千帆

9 月 11 日(1993 年)

(二四)

三夕老弟：

有富返宁，得手书，又厚赐，感感。书评可徐徐为之，亦不必执着于本书，能从近世学风着眼，不重视入门奠基，故多无根之谈空疏之说，则尤可药今人之病也。张老著述札记能见其大，若能从湖湘学术渊源着眼发挥之，则更善矣。我近因无工作压力，但偶为留校诸生改文，殊为悠闲，故顽躯转健，然究竟衰年，但冀其难老，而非不老也。即颂

著安！

请代问伟民夫妇、广林等好！

千帆

12 月 27 日(1993 年)

(二五)

三夕老弟：

古人云：死生亦大矣，可不惧哉。又，夫子对子路死之问，云：未知生，焉知死。可见死一问题，自来为人所纠缠困扰，吾弟此书独立探索，与周勃《永恒的困扰》，皆开辟鸿蒙之作，非依傍门户者所能望其项背。今日方大雪，小窗微明，秃笔作复，意欣如也。顺颂

著安！

帆顿首

3 月 9 日(1994 年)

(二六)

三夕：

久不相问，诸想安善。近年王元化教授办一刊物曰《学术集林》已出

四期，甚有质量，不知吾弟见之否？此刊颇载先贤遗稿，我因想请你将《史通削繁》纪批及杨守敬、向承周之批语辑出刊布。写有一小引，能否用，望酌。我眼白内障厉害，细字全看不见，别人也不内行，故只有托你也。

如你可办，请注意下列各点：

① 格式按《史通笺记》，《史通》原文节引，作正文，顶格。三家批校分条写，以[纪]、[杨]、[向]分别，均低二格。

② 繁体，横排。

③ 钞成后，挂号寄上海吴兴路 246 弄 3/1001 王元化先生，或上海复旦大学中文系博士后傅杰先生(邮码 200433)。

我身体尚好，今年 83 了(即是没有太坏下去)，因已无必须完成的硬性任务，故心境较轻松。耳朵极聋，配一助听器花了近二千元，但只是略强。人工终不能胜天然也。一些未了之事，赖诸门弟子相助，慢慢完成(如此次请你整理《史通》旧校公之于众)。有富助我整理《校雠广义》，今年底或可完工。委心任运，聊以卒岁。弟不知又成家否？甚以为念。有富迄今未升教授，其人老实，每被排挤，近调入中文系，任副主任，或者可稍好。盼复，即颂

安吉！

千帆

11 月 19 日(1995 年)

(二七)

三夕：

看了你的信，我心里很难过。小韵儿时和徐旸在饭店里把凳子搬来搬去的欢声笑语似乎还在眼前，那时她多么活泼、天真！86 年我们在武汉又见到她两次，一次在湖北大学，一次在你们家里，她已是一个循规蹈矩听话勤快的好学生，我甚至觉得她太乖了，有点抱怨你管得太严。我们在你家里吃饭，她一个人躲在另一间房里，不声不响，已经开始有些内向了。记得那时小邵在汉口进修，一个星期你们才团聚一次，小韵享受到的双亲家庭的温暖太少了，难怪她性格内向。不过十几岁的孩子就患上哮

喘病，太可怜了。这是一种很难完全治愈的慢性病，一定要尽早治疗。我真舍不得她。不知她现在祖母那里还是在妈妈身边？治疗条件好不好？

你提到你有复婚的意思。对这个问题我本不该谈什么看法，但我从小韵的角度出发，还是希望你们能够复婚。一个完整的家庭对孩子来说太重要了，看到同学们都有爸爸、妈妈，而她只有一个，她心里会怎么想呢？就说治病吧，一个人又要上班，又要料理家务，再抽出时间经常上医院，简直不太可能，如果两个人分工，就好办多了。我和小邵相处时间不多，不敢说对她有多少了解，但她是一个很要强、很努力上进的人，这是没有问题的。就说她从初中毕业的水平，学到大专毕业，成为一个有专门知识的人才，也是大不易的。既然是要强的人，必然在各方面有她的看法做法，这些你应该是能理解的。夫妻相处，一定互相谦让，不能固执己见。就说我和千帆吧，我们是六十多岁才一起生活，性格、生活习惯等哪能都是一致的，但家庭生活方面，他都是随我的习惯，但对他的特殊爱好，我却经常考虑到，对他的健康，对他的事业，我总放在最重要的位置，这样当然就不会有多少矛盾了。我讲了这么多，给你参考，希望你有一个幸福的家庭，对你的事业也会有很大的好处。

下面是先生回答你的问题：

许多学者一致认为寅老之文不工（有时还涉及王国维），其实这是一种误解，应当说，现代文献学或考据学要求文章细密周衍、网罗详尽的文献，这就使文章无法简明扼要。加上文献中文言白话古今中外无所不有，都引在一篇文章之内，其风格自然无法统一，按照古人传统的办法，引文可以节要，可以概括，也可以改写。这就可以使之与作者的文笔形成一体，从而避免上述之病。前人名作，如汪容甫的《荀卿子通论》、章太炎先生的《五朝学》（不但《太炎文录》《国故论衡》《检论》皆然，真是大师）、黄季刚先生的《汉唐玄学论》即是如此。这些文章都条理细密，证据确凿，文风雅健，兼有思辨与艺术之长。王、陈重在考据，所以在资料的引用方面，宁可使文章拖沓，而不愿有所遗漏，即风格不纯，亦所不顾。即宁可失其美，必须求其真。因为王、陈更加接近，或者已经入资本主义学术之流，而距离传统的义理、考据、辞章并重的标准，更远些了（二人之中，陈为尤甚）。

你只要看《静庵文集》中的某些文章以及陈的《王国维挽词序》以及他的《冯友兰哲学史审查报告书》，就可以知道他们并非不能为文，而是在某些文章中，他们所追求的，放在第一位考虑的是另外一种东西，而不仅是文章之美。再譬如陈先生说“寅恪平生为不古不今之学”，汪荣祖竟然认为这是指他专攻中古史，即魏晋六朝、隋唐五代。这不但与事实不合，也完全不解陈先生的微旨。“不今不古”这句话是出在《太玄经》，另外有句话同它相配的是“童牛角马”，意思是自我嘲讽，觉得自己的学问既不完全符合中国的传统，也不是完全跟着现代学术走，而是斟酌古今，自成一家。表面上是自嘲，其实是自负。根据他平生的实践，确实也做到了这一点，即不古不今，亦古亦今，贯通中西，继往开来。你读他的书，不但要接受他的有详密的论证而获得的结论，更要注意论证过程中所显示的方法。这是非常重要的，否则你所得到的终究有限。我到南京来收了十几个弟子，晚年得此已是厚福。你能够在海南传学，便是我门下的南宗，我对你是有厚望的。

刘知幾的札记可以慢慢整理，只要缜密无误就行。

我近几日感冒又拔牙，未能亲自执笔，只好口述，请陶芸记录，故字迹潦草，盼仔细看。

顺祝

近安！

陶芸、程千帆

12 月 9 日(1995 年)

（二八）

三夕老弟：

上月六日来函收到，备悉近状为慰。整理《史通》三家校记公之于世亦是一件功德。圣言善与人同，是也。海大苦留亦是吾弟为人治学有为人重视之征，亦当善处，不宜破裂也。我近来白内障甚剧，耳尤聋，已完全废学，幸赖有富之助，上月已完成《广义》，第四编《典藏》即将由齐鲁书社发排。又巩本栋助我编学术资料(巩九〇年博士，在南大思想家研究中心工作),亦就将在贵州出版。又早年有一文学史稿,程章灿君拟订补完成之。此外更无他事,默坐终日而已。小邵南游,想甚愉情,老人夫妇,惟祝幸福和谐也。无事望常来信,老人苦寥寂也。目力差甚,不成字为愧。

顺颂

著安!

千帆

10月14日(1996年)

(二九)

三夕:

信收到,谈近年研究工作及设想,很有意思。舜徽先生晚年著《人民通史》,与钱宾四之《国史大纲》用意有相似相同之处。为学由专而通,由多而一,由小而大,势所必至,理有固然。表达方式则不一。我这方面无成书,最近巩本栋为编《学记》,搜集谈话不少,印出后当寄上。上两周为学生谈了一次,有学生抒其听受所感。今剪寄。弟选题均有价值,甚愿照此发展下去。我目疾如故,不坏即是好耳。祝

安好!并问广林好。

千帆

11月8日(1996年)

(三〇)

三夕老弟:

来信和三篇文章都收到,写字困难,请陶芸代笔,请原谅。

《马桥词典》没有看过,故不能胡乱发言。其余两篇大致看了一下,电脑可代替记诵之学,事不尽然。对于用翻书来代替读书的人,自然是如此,如果将古今杰作反复钻研,使其精深命脉,溶于骨髓,则非反复涵润不可。这决不是机器可以代替的。杜甫即使有毫无错误的软盘,也达不到所说的“熟精文选理”的境界,请看翁方纲《复初斋文集》中“熟精文选理”的“理”字说。这位十八世纪学者的学说值得你参考。

关于“刺客”问题，是东周以至西汉这一特定历史时期的社会现象，他与游侠有异中之同。太史公以独特的眼光看出了他们的同异，故均为立传。先秦显学，道家阴柔流为刑名的残忍，故《史记》老子与韩非同传，故刺客、游侠与法家不无关系。孔门认为仁者必有勇，勇者不必有仁，认为子路好勇过我，无所取材，以智仁勇为三达德。墨子兼爱非攻也要有一定的勇气才能实行其主张。抗战时期浙江大学出版的杂志《思想与时代》某期载有刘永济先生《贵侠篇》一文，对此有所论列，海南恐不易见到。你的文章就事论事似乎还可以。发掘一些历史根源和思想根源，进一步找出刺客或游侠作为一个社会手段在什么条件、什么思想制约之下兴起而又消亡，或者更使读者获得启发。老病废学，离群索居，笔谈如同相见。

又凡学者治学必各有其悟入处，得力处，所谓“和尚进庙门，各修各的行”。吾弟所讲诸家皆是通人，而其所通各异，此言极是。我到南京后，十多年来，思想比较开阔，感情亦较平和，逐步有许多理解和觉悟，这勉强不得，要慢慢来。辩证法所谓突变，佛家所谓顿悟，但想得多，说得少。这次巩本栋编《学记》，也只收了部分较为踏实而无害者。古人称以学术杀后世，为害最烈。八十余岁之老人至少也不想害人的。书已寄贵阳，如果快，明年上半年能出来，届时望吾弟读后将得失相告。傅杰已收到弟稿，正拟付排，我劝他一次印完，不知能做到否。顺祝

近安！

千帆

12 月 7 日(1996 年)

傅杰顷来函，告《史通校记》已编入《学术集林》十一期。

（三一）

三夕弟：

得书知平善，可慰。长文放一放也好，可以进一步修订。冯天瑜在武大办一巨型刊物，可容三万字长文，弟如欲发表，可寄之。此外，则王元化《学术集林》亦可也。衰朽日甚，不能多及，谅之。

大安！

帆顿首

3 月 25 日(1997 年)

（三二）

三夕弟：

得书，娓娓如相晤言，极慰怀想。陶芸抄诗文寄发后，颇有爱此抄本者，或加以复印，故辽海书社已决重印出版(加目录又新作诗文数篇)半年后或可再奉呈也。如今我国文学界有一怪现状，即论诗文章之作者，不特不能作诗，其文章本身亦毫无文采，推之论词、曲、骈散文皆然，不特不能用古体，即今之白话文也不能写得漂亮动人一点。如朱光潜、梁实秋、宗白华诸人其文学论文本身也是文学。其人往矣，今也则无，亦可叹也。我尝有志于此，而力有未逮，弟独思虑及此，真可嘉也。舜徽先生学术广大精微，独惜亦不甚能文，惟此但可与弟言之耳。我耳目愈衰，近旧日脚伤又发风湿，不良于行，幸《校雠广义》得有富助，约年底四卷可全出，又巩本栋助我为《程沈学记》，七月或可印出，当奉呈。匆匆

祝好！

帆

6 月 12 日(1997 年)

（三三）

三夕老弟：

得信知赴欧开汉学会议，去日美易，游欧难，去匈尤不易，可为欣贺。弟前评《广义》文，已收入《程千帆选集》，近寄到少数稿费，已转寄海南，或俟南旋乃可取得也。《史通》评亦有消息，今将傅杰书寄奉，俾知之。顺颂

暑安！

千帆

8 月 7 日(1997 年)

（三四）

三夕老弟：

来函及论国学文收到。石遗在清末诸遗老中最为通达，论政论文皆然。当时钱默存在他面前是一少年，或曰大孩子，《石语》照实而记，故不免有不当之处，不必深究也。

国学是个大问题。我已无精力评述意见，简言之，则是炎黄传统学术在受过严格近代资产阶级学术训练的学者头脑中的反映。清华国学研究院、北大《国学季刊》是国学的两块牌子。你看其主持人：

① 吴宓——哈佛出身，白璧德高徒。

② 王国维——留学日本，深受叔本华、黑格尔影响。

③ 梁启超——早年从事资产阶级立宪活动，留日接受资产阶级学术。

④ 陈寅恪——出身维新派世家，在哈佛、巴黎、柏林接受西方比较语言学。

⑤ 赵元任——纯西方语言学。

⑥ 李济——纯西方考古学。

⑦ 胡适——杜威实验主义。

⑧ 傅斯年——与陈寅恪经历略同。

他们决不是汉学、宋学或传统的经史子集之学，而是这些传统之学的现代化即资产阶级化。它从另一方面与五四运动结合，疑古与反传统，使国学穿上时髦外衣，又为新文学所容。今人言五四为马列思想，但从国学看，似与马列无关（包括鲁迅在内），如熊十力、马一浮皆不谓之国学。书不成字，聊供参考。祝

好！

千帆

8 月 28 日（1997 年）

（三五）

三夕：

得书知已返鄂，可在华师暂住一年，我想，恐对学业及家庭情况都有所改善。古诗云："新人不如故。"弟鳏居数年，既无新人，小邵可取处亦不少，如能复婚，亦是佳事，幸努力为之，老人所望也。《学记》非久可出，当由立朴直接寄上，收到宜告知。我盲聋如故，幸头脑尚清楚，惟已不能正式读书，学问有退无进耳。《广义》明年一月可全出，届时当奉寄。祝
安！

千帆

11 月 12 日（1997 年）

（三六）

三夕弟：

手函及纪念张老小册子都收到。

《学术集林》颇有误字，也无从更正，只好算了。

基金的事似较难。子贡太少，颜回太多也。我倒是想在 90 时印一本论文集，不取老人，全收新秀，此事或可做到。我今年 86，还从容。

祝
好！

千帆

4 月 21 日（1998 年）

（三七）

三夕贤弟：

友人从海南来带到所赐珍物，甚谢。知一切安适，尤慰老怀也。此间一切均好。砺锋、有富均颇受领导重视，已逐渐升到系中骨干及领导地位，但均能不骄不躁，以平等待人，故能相安。弟闻之当亦喜也。与陶芸闲时常考虑吾弟婚事，似以能早日复合为佳，但不知实情，亦惟祝祷而已。

无事望能来函。即颂
安吉！

千帆
1月15日(2000年)

致谭优学(二通)

谭优学，曾任西南师范大学(今西南大学)教授。

(一)

优学先生：

客岁荷赐大著，谨即复谢，谅达左右。顷得傅璇琮先生来函，欲与先生通问，以收琢磨之益，谨将原函携奉，尚恳惠允。尊著傅先生未见，如蒙赐以一册，固所望也。翠芬女士或将赴美讲学，附以奉闻。即颂
著安！

弟程千帆顿首
四月十三日(一九八二年)

(二)

优学先生道席：

承赐新著《随笔》，适以病住院，未能即复为歉。尊著不独博学通识，冠于侪辈，文才妍妙风趣，尤为难能。读后恨不能造都请益也。顺颂
秋祈！

弟程千帆顿首
八月十三日(一九九三年)

致村上哲见(十四通)

村上哲见，曾任日本东北大学教授。

（一）

哲见先生左右：

五月二十日手教奉悉，适有公务待理，稽复为罪。

先生于吾华学术研究颇深，所赐有关宋词及科举史话之作，读之略见一斑，而书辞谦退，具见涵养之有素也。

拙著有关唐人行卷之小册子，虽资料略备，然于李唐一代科举与文学之关系，尚未能穷极研几。先生为之绍介于《东洋史研究》，必使我得改错之益，谨先致谢。

顷者，得东京学艺大学讲师松冈荣志先生来函，谓将与其友町田隆吉先生译《行卷》小册为日文，在东京凯风出版社出版。我已告知松冈，先生于此书有评介，并嘱其请益于先生。如能荷先生之指教，俾译笔信达，则拙著之厚幸也。

亡室遗著，辱荷奖饰，感不可言。

专上，即颂

著安！

程千帆顿首

6月6日（1982年）

（二）

村上哲见教授左右：

连奉《东洋史研究》所载尊撰拙作书评又大札，欣愧交并。尊评推许过当，实感荣幸，而指出便面之出班《汉》、《世说》之语不误，尤见卓识。孔子云："益者三友，直谅多闻。"于先生见之矣。即函松冈荣志先生，请其于日译本中照尊见改定，仍标明所自，不敢掠美。弟近偶读贵国汉诗，觉历祀颇多佳作，惜于其源流正变，独有所未详。神田喜一郎教授于日本填词史论之甚详，不知亦有日本汉诗史一类著作否？倘荷赐教，并在可能范围内提供一些资料，不胜欣感。专此，即颂道安!

弟程千帆顿首

11 月 30 日(1982 年)

附《唐代进士行卷与文学》日译本序

一九四七年余方承乏武汉大学讲席,偶说王摩诘《送綦毋潜落第还乡诗》,并及沈确士“反复曲折使落第人绝无怨尤”之评,及门诸子苦沈语之难于深会,因稍稍涉猎李唐一代科举制度与其习俗,撰跋一篇以示之,然未暇详也。其后续加探究,历时十稔,始于唐代进士行卷之风,及其与文学发展之关系,略悉梗概。于时适以非罪获严谴,叱犊朋鸡,取薪择米,四序非我,俯仰由人。既而狂童肆虐,神州丧乱,逢掖之徒,避死无地,憎命文章,更无暇顾及之矣。及夫天象昭回,群凶就殄,余亦蒙恩起复。一九七八年,移砚南京大学,乃取旧稿残存于焚坑之余者,损益写定。又二载,卒得印行,以求教于海内外学人,盖距初属笔时忽已三十余年。乌乎,何其难也,又何其幸也!顷者,松冈、町田二先生不鄙俗薄,译之为日文,仍命作序。既不获辞,辄忆成此戋戋小书之难、之幸,染翰报之。一九八二年秋九月,程千帆序于南京,时年七十。

村上哲见教授教正

程千帆呈稿

(三)

村上哲见教授左右:

台札收悉。当即与敝校中文系代理主任包忠文教授、主管文科之副校长徐福基先生商谈,一致表示欢迎先生于今年秋天访华时,光临敝校参观访问。千帆并希望先生能来舍间作客。届时请再来函联系。专此奉复,即颂

著安!

程千帆顿首

4 月 26 日(1983 年)

（四）

村上哲见教授左右：

前得北京教育部通知，悉尊驾将于八月十六日至十月十六日来复旦大学、华东师范大学及敝校访友论学。敝校有关各方面对先生来访，均表示欢迎。惟不知逗留金陵之具体时间，尚乞示知，以便安排食宿及讨论之细节为幸。尊著陆游一书，已于昨日收到，容当仔细拜读。一朋之锡，感荷实深。又去岁町田隆吉、松冈荣志二君，曾着手译拙著唐人行卷小册子为日文，其书不知已出版否？尚乞先生便中赐知，不胜感幸。又夙闻贵国平安朝大江维时编有《千载佳句》二卷，系中国诗之句图，意者其中或有唐诗佚文，如方便幸为复印一份，如何？专上，即请

道安！

程千帆拜上

7 月 6 日（1983 年）

（五）

村上教授左右：

顷奉手书，知已抵沪，深以为慰。闻将于九月下旬光临敝校，弟及系领导均极表欢迎。关于住宿参观阅览图书拜访学侣各事，已由南大外事人员进行联系安排，尽可能最大限度地满足先生之要求。由沪来宁时，请早一二日发一电报（说明车次、车厢、何时到达）至南京大学外事办公室，当派车到站奉迎。金陵秋色颇可览观，六朝旧迹亦供抒发。冀旅情顺适，幸甚幸甚。施蛰存先生前以直肠癌做手术，久住医院，不知能见客否，幸一询华东师范大学中文系马兴荣副教授（马其弟子），如此老精神尚好，无妨一谈也。专此，即颂

著安！

弟程千帆顿首

8 月 23 日（1983 年）

（六）

村上哲见教授：

前奉手札，当即作答，想已收到。弟顷得北京国务院学位委员会函，命十七日去京参加一重要会议，适与先生预定来宁时间冲突，不知先生能将来敝校时间提早两日否？若能于十五日命驾，则十六日可与先生盘桓一日，足慰相思之忱，尚乞斟酌，如提前有困难，则仍按原定日程前来，弟当属周勋初、严迪昌两位副教授妥为招待也。希复，即颂

旅安！

弟程千帆顿首

8月31日（1983年）

（七）

谨詹十六日（星期五）下午六时三十分在南京大学留学生食堂敬备菲酌恭候台光。此致

村上哲见教授

程千帆、陶芸

9月15日（1983年）

（八）

村上哲见先生左右：

前奉手札，知以曲园《东瀛诗选》见赐，顷已收到，开箧灿然，胜得清酒一斗也。弟与孙望教授等数子合编《日本汉诗选》，顷方在努力进行中，俟其成书，当寄呈请益。专此复谢，敬请

著安！

弟程千帆顿首

（1984年7月）

（九）

村上教授左右：

七月廿三日手教及先后惠赐两文均拜读。陶枕词考，似为前人屐齿所鲜及。论陶之作，适获我心。真人心之所同然，虽隔千万里而自通也。幸甚幸甚。承示《东海渔歌》流传情况及书影，亦极感荷。此书，清水教授已将其全部复印见赐，实人间之秘笈，甚饱眼福也。兹有恳者，夙闻铃木豹轩博士《支那文学研究》第一卷中收有《顾太清之天游阁集钞本》一文，不知先生能复印一份见赐否？又闻吉川幸次郎博士文集亦陆续出版，千帆甚盼能读其研究《世说新语》之作（偶从他人著作中见其鳞爪），如荷一并复印见赐（如邮寄，请挂号，以免遗失），尤所欣幸也。南京今年气候较往往稍好，达三十三摄氏度以上者，不过数日。然仙台却是洞天福地也。拙书一纸乞正。专上，即颂

著安！

弟程千帆顿首

8 月 20 日（1985 年）

（一〇）

村上哲见教授：

收到贺年片，甚为感谢。承询杨君，已了解是北京社会科学出版社文艺组编辑主任，家住北京西城区惜薪胡同内西岔 21 号。所译尊著非久可以出版。此亦中日文化交流一佳事。弟近与友人合选贵国名贤所作汉诗数百首略加注释，待出版后，当呈教也。

谨复，即颂

著安！

程千帆

1 月 10 日（1986 年）

(一一)

村上哲见教授赐鉴：

四月手教敬悉。和田英信女士如能分到南大，自当妥为照顾安排，不必介意。

尊著译本尚未出版。此书前荷以日文本见寄，览其大略，颇叹精识，如得译本，当更细绎也。

近与门人辈共读杜诗，撰文数篇，今并其他小文小诗，寄呈教正。又写一条幅奉贻，乞附纳。

奉望延伫，伏愿安吉。

顺颂

教安！

程千帆顿首

5 月 19 日(1988 年)

(一二)

村上哲见教授左右：

得八月中手示及大作论《漱玉词》罕传本论文，甚慰怀想。见知为道为学日益，良用欣佩。

成田静香女士已来见，娴雅有风范，美材也。因赠以弟近年所著书数种，并命程章灿讲师为之辅导。程君新在南大获得博士学位，治魏晋六朝及唐宋文学，颇有根柢，或可于成田小姐之进修有所裨益。

马齿于今七十有七，已不甚能精思，又复多病，每以作字自遣。新秋试笔，辄以一纸呈教，蛇蚓不足换羊，聊表下忱而已。

顺颂

著安！

程千帆

9 月 23 日(1989 年)

29 日寄出

（一三）

村上哲见教授阁下：

今以成田小姐归省之便，托其带上沈尹默先生手书词稿影印本及拙作一卷，伏乞哂收教正。十一月唐代文学之会，文旆倘惠然西来，当得良觌，企予望之。成田在此进步颇速，汉语尤然，亦尝周游各地观风察俗，于其所学亦殊有益也。匆上，即颂

著安！

程千帆顿首

6月12日（1990年）

（一四）

村上哲见教授撰席：

大集《文人论》拜领，又承示已移砚奥羽大学，教泽广被，学子之幸，欣贺欣贺。弟今年八十有一，已不能精思著文，前年偶为先室沈氏诗词作笺，一二月内可以出版，容更乞正，亦聊遣有涯之生而已。瞻望大雅老学不倦，曷胜钦佩。专肃，即颂

道安！

弟程千帆顿

6月19日（1994年）

致周培源（一通）

周培源，著名科学家、教育家。曾任清华大学教务长、校务委员会副主任，北京大学教务长、副校长、校长，中国科学院副院长。

培源先生：

尊撰《自学成才要有文史知识》一文发表后，各报竞相转载，足见意见

正确，影响巨大。

正由于此，我想对您提一点意见，所谓“春秋责备贤者”。

您引用竺可桢先生“考证”王之涣诗，认为今本“黄河远上”当作“黄沙直上”，作为“把自然科学引入版本校勘学的领域”的证据。而根据您的复述，竺先生不过指出，玉门关一带实有“黄沙直上”之景而已，其他并无论证。连此诗的异文“后来不知在何时……便被改成……”都举不出版本学上的证据，这算什么“考证”呢？

其实，这重公案，从清初到七十年代末，不断有人讨论（其中包括您多年的同事林庚教授）。您对人所共知的有关这一问题的许多文献置之不理，却单独举出竺先生的“考证”作为定论，这种态度和方法似乎都不能认为是谨严慎重的。用有争议的问题作为例证，也缺少说服力。

您是教育界和科学界久负盛名的领导人，不知能切实研究一下您自己文章中举出的例证，加以澄清否？

孔子曰：“丘也幸，苟有过，人必知之。”

顺颂

著安！

程千帆上

六月十七日（一九八二年）

致傅杰（二十八通）

傅杰，浙江大学马一浮书院特聘教授。

（一）

傅杰同志：

来函奉悉。我说的是黄老师精通的八部书，周书说的是“他所信奉的经典”八部，二者相关而不全同。我是在一九三四年（或一九三五年）跟黄先生学习时听他老人家亲口说的。老师当然不会自己说“精通”，只是说“平生得力于……”（假如我没有记错的话）。至于知堂的话根据如何，则我不知。

此复，即颂

近好！

程千帆

7月15日(1982年)

（二）

傅杰先生：

惠示收到。请代向元化先生问安，祝他早日康复。

我为您有缘做元化先生的弟子而感到高兴，希望您珍重这一十分难得的机遇。元化先生是当今真能明天人之际，通古今之变，成一家之言的极少数通人之一。

《清园夜读》及《思辨随笔》已先后收到。(《思辨》是我请带书转致的人交与师大陈君的，因为他很忙，这样可少跑我家一趟。故王先生不知。)至于上古吴曼青女士所寄《学术集林》等二种则迄未收到。何时寄出，由邮政还是托人？邮寄是否挂号？《学术集林》外还有一种是何书？均不知。由于对元化先生著作的爱重，希望你费心打个电话给吴女士问清楚告知。确已遗失无法追查，则想请先生代为重买各一份，挂号寄下，费用若干请示知，以便奉寄。琐琐相烦，极歉。顺颂

大安！

程千帆

5月7日(1995年)

（三）

傅杰先生：

惠寄《学术集林》一、二两册，已收到。谢谢。略一翻检，真有“老见异书犹眼明”之叹，今夏虽酷暑，有此二卷，可从容度过矣。

元化先生所苦已略轻减否？极念，幸晋见时代为致意。

抗日战争中顾颉刚主编《文史杂志》，中载《缅铃》一文，引用外文材料，

所说视施老远为翔实。当时复旦大学迁渝，其书或者复旦大学图书馆今尚有之。弟旧藏此志已毁于“文革”矣。（忆其文为李安宅作，不知误记否？）顺颂，

著安！

程千帆

7月25日（1995年）

（四）

傅杰先生：

《黄侃文存》，已属武汉大学王庆元教授寄上。纪晓岚、杨惺吾、向宗鲁三家《史通》校录，已托海南大学张三夕教授整理，要过一段时间方能奉呈。此二事，已由春晓函告，想已转呈元化先生矣。

承允以《学术集林》第三册见赐，尚未收到，幸即惠下，以快先睹。专此，即颂

著安！

千帆顿

12月6日（1995年）

（五）

傅杰先生：

收到《集林》第四册，又尊著论文一章，甚感。论文视野开阔，极得元化先生家法，甚佩。叙傅钱异同，极扼要（一直延伸下去，读后有势如破竹之乐）。我出身儒学传统家庭，少年时代又受章黄影响，读过先生论文，仍左袒宾四先生（不论其政治立场如何）。治人文科学终不能与治自然科学一致。《国故论衡·原经》云：“假令生印度波斯之原，自知建国长久，文教浸淫，而故记不传，无以褒大前哲，然后发愤于宝书，哀思于国命矣。”可哀的是不要等“然后”，现在的有文化的青年既不会“发愤”，也不会“哀思”。国家规定，研究生要通过六级英语考试，而中文文理不通，错字连篇，则听之任之。现代化的进程，在某种意义也将成为传统优秀文化消亡的过程。

一方面，实施提倡京剧以弘扬保存古典艺术之手段，另一方面，却是“三无世界”（无社会科学院院士，无社会科学科委，无社会科学科协。且闻自科学院与社科院分家，北京科学会堂即不许社会科学家入内活动）。诸如此类，实所不解。因见大文，想到尚有青年学士留心此关系国运之大问题，不竟悲从中来，发其狂悖之论，幸恕之也。

海南张三夕教授已回信，允整理《史通》三家笺记。又我近与友人通讯，辄询其手中有无先辈学人未刊遗稿，如其有之，则请录副交《集林》酌刊，此或亦元化先生及先生之所乐闻也。

目瞀，不能多写字，今日晴朗，遂得三纸。匆匆，顺颂

著安！

千帆上

12 月 18 日（1995 年）

（六）

傅杰先生：

写给我和早早的信又《学苑英华》二种均已收到，备见关怀，甚为感谢。早早现在还在求学，她的主要精力应放在写好硕士论文（她外婆的作品研究），而且给我的书作摘要，知识面不够宽，所以拟请我的学生巩本栋担任这一工作。巩先生是南京大学文学博士，现任南大思想家研究中心副教授，中国思想家评传丛书副主编，著有《唱和诗研究》《辛稼轩评传》等书。所编《程千帆沈祖棻学记》已在贵州付印。再编拙著驾轻就熟，希望先生及上海文艺出版社同意。拙著初步拟名为《俭腹抄》，交稿期不迟于 1997 年六月底，其余按照已出各书办理。我有两件事托你办一下：

（一）施蛰存先生前两年在上海某出版社重印过他的小说，请代购一册。他住在愚园路 1018 号楼上，如无处可买，请代我向他要一本。五十年老友，不方便写信就不写了。请代我向他问好，就说我又聋又瞎，其余尚好。（二）去年十一月曾寄汇一百元给上海古籍出版社邮购部，请代购拙著《两宋文学史》5 部（可打七五折），余款购《被开拓的诗世界》（据该社

二编室主任高克勤先生来信云此书可打四折)。迄近两月,未得寄书,亦未回信,我怀疑是否高先生来信云此书可打四折写错了,所以为难。我现在要的是书,书价无关重要,请打一电话问问高先生或函购部,电话号码为62810990。又先室沈祖棻遗著《唐人七绝诗浅释》和《宋词赏析》据云1996年12月可重版,亦请代问一声是否已印就出版。最近上古忙于筹备该社四十周年纪念,想高克勤、赵昌平诸先生及邮购部均忙于此事,我几次去信均未回复。有些事也不很急,但希望将邮购之书寄下,并请顺便问一下我寄给昌平先生的《选集》,他已否收到。(我打长途须外出,家中电话不是程控,天寒不敢外出,所以麻烦先生。)盼复

顺颂

大安!并问候元化先生及夫人。

程千帆

陶芸代笔

1997年1月9日

(七)

傅杰先生:

手示收到。您给早早买到她要的书,非常感谢。这孩子初入文苑,目迷五色,闻见皆新奇。像您这样的前辈及时指引,对她是极有益的。

高先生已同意用《俭腹抄》这一书名(其实一点也不生僻),其实我也是如实立名,并非矫情标异处。如选堂、克木均是知友,方之二老之博学多闻,则我诚为俭腹也。

旬日前曾函高先生询三事:① 稿费标准,② 编选者报酬,③ 交稿后约经多少时间可出书。未得复。高先生大概不爱写信,上次向其商略书名,四个月之后才作复。或由您询问后见告。这套书已出四种,诸事尚有成规可据也。

《诗文合抄》系门人在出版社工作者免费印赠,故数量不多,且无目录,封面亦草草。不料印出分赠海内外友人后,颇有见赏者。大概现在写本书很少之故。又许多人喜欢文言小品,亦我以前所不曾想到者也。

匆匆，敬颂
安吉！

千帆

3月26日(1997年)

(八)

傅杰先生并请转呈令师尊元化先生：

今送上庞石帚先生《养晴室遗集》一册，庞先生门人成都大学教授白敦仁先生手札二通，请与审览，并设法出版庞氏遗集，庞先生孤贫力学，由私塾师成为当世蜀中硕儒，兼通考据词章，而遗文迄未编辑成书。数年前白敦仁曾刊其诗文集，而绌于经费，数只500，又仅及其半，外编迄未付梓(目见目录34页以下)。先生现正大振学术研究之风，若就白君所以辑录者正式印行，俾得流布，或非难事。千帆数十年前入蜀，得与庞先生并事四川大学，深知其人学富而品高，如任其著述湮没，深为可惜，故敢为之一言，幸与图之。又庞氏曾为太炎先生《国故论衡》中下卷作疏证，有华西、四川两大学印本。自谦不精小学，故未注上卷。其弟子川师大教授郭诚永及苏州铁道师院教授唐文皆尝为补注，亦皆未正式出版。如先生能取二家中之善者合为全书，实亦儒林盛事。千帆尝受庞先生教诲，数十年来不敢忘德，谨此陈情，尚乞斟酌。目眚书不成字，乞谅。敬颂
崇安！

弟程千帆顿

3月28日(1997年)

(九)

傅杰先生：

丽则母女此次游沪，承贤俪夫妇款待，诸多麻烦，非常感谢。

石帚先生遗著，如荷先生及元化先生鼎力，介绍出版，更是一件大事。古人云：蜀学沉冥，声闻每不彰于世。此又其一例也。已函白敦仁教授请其计算庞先生外集字数，如寄沪，则要先印一复本以防遗失。又《国故论

衡疏证》最好也能择郭诚永教授或唐文教授补作上卷之本一同印出，俾成全书。郭、唐两本孰愈，我未见过，如都觅得，不妨请南京师范大学徐复教授择定。徐老在太炎门下执事多年，当可信其抉择也。又先生言所印《国故论衡》庞氏注颇有脱误，此当是四川大学印二次本。其初印乃华西大学出，庞先生亲校，版式亦宽阔，似可据也。凡此皆已告白敦仁先生，请其与先生共讨论商榷进行。估计白先生虽老病，此大事，必当力疾作复也。

所请先生询出版社高国平先生诸事，敬请便中告知。又此丛书尚有庞朴、李亦园二种，拟请代购寄下，以便巩君编辑时参考。渎神乞谅。

匆匆，再次谢谢。即颂

双安！

弟千帆

4 月 1 日(1997 年)

（一〇）

傅杰先生：

《蓉渡词》作者已由巩本栋先生代为查出，今将所记奉呈，前函详陈石帚先生遗著出版事谅达，白先生著有陈简斋及郑子尹诗笺，绩学老儒，且笃于师门风义，诗笔尤佳，默存先生极赏之也。庞朴、李亦园书幸代购寄，《学苑英华》情状，幸便中告知。匆匆，即颂

双棐！

弟千帆

4 月 3 日(1997 年)

（一一）

傅杰先生：

转上山东大学王老先生来函一件，请参考。

前奉上两信想收到。白敦仁先生想不久会有信来，到即奉告。高国平先生处如有回音，亦请惠示。即颂

大安！

千帆

4 月 7 日(1997 年)

（一二）

傅杰先生：

四月三十日手示，又李、庞书各一册均收到，感感。

金、饶、李、庞四先生书各有特色，已请巩本栋先生仔细阅读，探索其义例，当有补于拙著之编摘。

四书合计约需 80 余元，如应付款，拟请出版社在稿费内扣，以省汇款之烦。如承出版社赠送，则请代为致谢。

来示告编费每千字为 5 或 6 元，因有改笔，不甚清晰，仍乞见告。其付费与目前各出版社大致相等，增加之说，谣传已久，姑妄听之，未必可信也。

白先生已来信，对元化先生及先生拟印行庞石帚先生遗稿，极为感谢，白先生所印仅 500 册，恐传流不能出东西川，最好能将已印未印者合为一书。(其文集中学术著述及史料，并非全是应酬之文。)仍望先生主持之。又庞《国故论衡疏证》，弟已函中华傅璇琮先生，请其设法付印(郭诚永君恕上卷，庞中下卷，所交中华稿庞亲笔校过，当无脱落之弊)，如中华一时不能印，不知可由先生向元化先生推荐，亦交《二十一世纪国学丛书》。

已与汪越先生联系，即日当奉复。其中有一数字，汪老属稿时抄错，已校正，请据改。又《唐人小说》，陈寅老校已由包敬第先生整理发表，先生当见之。汪先生于《东城老父传》主名，沿《全唐文》旧说之误，以为陈鸿，寅老指出乃鸿祖之误，如有机会重印，亦望酌删其误文也。《俭腹抄》巩先生在进行，已抄 7—8 万字，完成后要复核分类作跋，祈高先生及先生商正。目眚，文字不恭。即颂

著安！

千帆

5 月 7 日(1997 年)

（一三）

傅杰先生：

昨上一函，计达左右。弟年老善忘，昨日言汪师书中有错误数字，经再乞徐有富先生核对，始发觉汪先生书并不误，乃弟撰《校雠广义·目录编》时引用汪师著作，不慎发生错误。谨此奉告。又先生前函告以拟附加汪氏文集中有关文字三篇，亦已转达。谨此致歉。匆匆，即颂

著安！

千帆敬上

5月8日(1997年)

（一四）

傅杰先生：

赠书收到。庞先生遗著得先生大力安排妥贴，进行顺利，此实对学术界大功德，曾受教于庞先生如千帆者所当稽首以谢也。拙著《俭腹抄》，高国平与巩本栋两先生合作甚好，目前高先生已初审完结，正由巩就高提意见商酌中，问题不大，想易达成共识也。《学苑英华》皆摘抄自已出各书，涉及其他出版社权益，不知上海文艺有无统一规定办法，幸示知之。伏热，望珍卫。即颂

大安！

程千帆

8月6日(1997年)

（一五）

傅杰先生：

大函敬悉。庞先生集题签奉上，年老手战，能否用幸酌之也。先生拟收拾近贤遗文，用意极美。鄙意尚可增张荫麟《素痴》一集，其人史哲兼擅，其《国史大纲》未成，而至今无出其右者。以富学霸才，在二三十年代为诸老所称，不幸早世，其后人似未能承业，抗战中在浙大逝世，北京各学

报及浙大刊物均有其遗文，搜采或非难也。命作字，所不敢辞，俟有兴会时作一二纸承教。以白内障为虐，恶札时多，不敢辄奉也。顺颂
近安！

弟程千帆上
8月14日(1997年)

(一六)

傅杰先生：

贱辰远承函贺，愧不敢当。又知素痴先生遗文已有人为之收拾，益审有心人多，明珠大贝终不至为尘埃所掩也。《遗产》丛书计划极佳，所定五家皆海内学林重望，惟以序相委则不敢当，不独近月精力日衰，艰于构思，亦且在学林本未尝主持风会也。窃意令师尊元化先生学术文章兼擅，殆合王渔洋、阮伯元而一，而主持中外学术，承先启后，士类景从，如丛书能得尊师为之序首，当更有广大之影响。鄙意拳拳，甚望于侍坐时宛言之也。

千帆
(1997年9月23日)

(一七)

傅杰先生：

久未奉候，诸想安吉。

前闻京友言《学术集林》已出至十辑，不知仆与张三夕君所辑《史通》三家校记已全部印出否，甚盼示知。

元化先生前以手写读《黑格尔》见赐，极叹精勤，竟忘致谢，见时乞代申鄙意。

庞先生集在杭州或已发排，亦甚冀得其消息也。盼示。即颂
著安！

千帆
11月8日(1997年)

（一八）

傅杰先生：

惠示敬悉，《史通》稿少缓刊出无妨。惟张三夕教授顷已由海南大学应聘到武昌桂子山华中师范大学历史文献研究所任访问学者一年。此稿刊出时，请费心寄张先生样书各一册，如有稿费亦请分寄一半，以免由弟代转，至感。

《学苑英华》拙撰《俭腹抄》由巩本栋君代编者，上海文艺已收样稿排好寄来，经与巩先生商量，略有增删，俾臻完善，顷亦寄还，冀其能早出也。

弟入冬以来，贱躯每不适，衰病使然，不足深异。

元化先生想安，见时乞代致意。顺颂

著安！

庞石帚集进度如何，亦念。

千帆白

12月6日(1997年)

（一九）

傅杰先生：

《集林》二册又赐书及汪先生遗著重印跋尾俱收到。《史通》校记荷安排在十一期，甚好，已告三夕矣。

汪书增附录三篇，对读者有益。此书排印时，因病住院，校勘颇有疏失，得先生为之订正，感幸之至。所校正皆安，帆无异言。跋文亦朴实省净，合作也。

昨晤汪超伯先生，已将先生已出版《目录学研究》及拟推荐《唐人小说》事告知，如与联系，可径致函也。

匆复，即颂

著安！并请代向元化先生问好！

千帆

12月12日(1997年)

（二〇）

傅杰先生：

新年好！

《史通》三家校（上部）已在《学术集林》刊出，稿费亦已寄下，但样书始终未见，或系执笔者遗忘，尚乞一催。又《俭腹抄》早已排校讫事，而出版社迄未订约，亦不知何时可以出版，不知先生可打一电话问高先生否？匆匆，即颂

著安！

程千帆

2 月 6 日（1998 年）

（二一）

傅杰先生：

二月七日曾上一函，想达左右。函中曾询：① 关于《史通》三家校记在《学术集林》刊出事。此文似已刊出上半，已寄下稿费，而始终未见样书。② 拙撰《学苑英华》已在上海文艺排版，但似尚未定约。何时出版，更所不详，希望示知。③ 庞石帚先生集进行情况亦所关心。函寄一月，迄未得复，极为念切，谨发一挂号信。专上，即颂

大安！

千帆

3 月 8 日（1998 年）

（二二）

傅杰先生：

手示两通，《学术集林》二册均收到，谢谢。知去京参加古文字编纂，极是好事。此事甚难，鉥文泉文尤为琐碎，不易理董。弟少时尝从商锡永师学，略涉其藩，今则皆还给老师矣。上海文艺高先生有信来，告《俭腹抄》已付型，或可六月左右见书，届时当呈教。《学术集林》颇多好稿子，惟

校对差，似可改进。缅铃事，顾颉刚抗战时在重庆所出《文史杂志》有一文颇详，与此文有出入。言台湾尚有其遗俗，则未之前闻也。庞先生集承费心，极感。老辈学者殚精每在其诗文创作，白敦仁印其师集，用意亦在于此。若先生为之别图，不知有机缘将庞先生内外集合为一书（或分内外集上下册），得陇望蜀，恃先生之相知也。近日目力尤衰，书不成字，谅之。近河北教育出版社约印文集20卷，或明年可出，谨并奉闻。敬请

著安！

千帆白

4月2日（1998年）

（二三）

傅杰先生：

《俭腹抄》估计不久可出版。上次曾和高国平先生商谈买书打折扣的问题，高先生答应七折。后我了解，辽海书社65折，齐鲁书社68折，相差较多，不知先生能和上海文艺一谈否。此书至今未订约，亦望一商。谢谢。

敬颂

著安！

千帆顿

4月26日（1998年）

（二四）

傅杰先生：

约在一月前曾以拙著《校雠广义》四册奉尘左右及元化先生，非久巩本栋又以校编《俭腹抄》一册寄上，均未得复，但外孙女张春晓以考博事曾函求教，得指示。知台从未曾离沪，或事冗未及赐书也。《俭腹抄》荷费心介绍，顺利印行，甚感。但上海文艺结算稿酬时对国家规定诗歌以每十行（句）作千字算未与照办，又合同明文规定致样书二十册（其中巩本栋得五册、弟得十五册），但出版社只给十册。巩因此函高国平先生询问，高回信告诗的稿费可以重算，但少寄样书五册则未理会。弟因此又于十月二十

四日写一挂号信致合同签字人郝铭鉴先生，请其按合同及国家稿酬规定办事，迄今十余日尚无回音。不识先生能于百忙中打一电话给高或郝先生，一询究竟，俾早日了结此事否。早早甚慕复旦学风，欲在尚君先生门下学习，其所编《沈祖棻全集》已在河北教育出版社排好，在校对中，并谨闻。盼复，顺颂

著安！

千帆上

11月5日（1998年）

（二五）

傅杰先生：

两奉手书，敬悉种切。拙著《广义》，前后六十余年始毕厥功，问世之后仍多阙陷，乃荷奖饰，益增惶恐，所论卷帙较重，不宜用作教材，自是情实。有同事武秀成君是杨明照（弢甫）弟子，亦任此课，已与商榷，允写一简本，约二三十万言，即拟为教本，而用《广义》为参考书，或可两便也。外孙女春晓思拜尚君先生门下，夫子之墙数仞，不知有此造化否，但努力赴之。千帆四十年代初在武大承乏，即荷东润先生拂拭，至今不敢忘。若春晓得为朱老之小门人，亦是一因缘，为老朽所希冀也。国平先生承告寄宁书到之事，甚感。如遗失而又未挂号，至不能追查补寄，亦但有听之，不敢多烦高先生也。寒潮相至，诸维保重。敬颂

著安！

千帆拜上

11月16日（1998年）

叶、周二先生集词皆荷赐寄，装订有殊，亦如尊说。河北偶然见约，遂亦诺之。今亦唯有任之而已。沈集已全排，弟集已成其半，知注并闻。又及。

（二六）

傅杰先生：

手教敬悉。默存先生曾通过信，但无深交。先生所示，未之前闻。倘

能寄示一册，固所愿也。外孙女近日归省，曾告弟云："我现在才知道要补的课太多了。"弟觉其能说此语，可见读书有进步，只要知难而进，必可自得。弟近为尚君、玉明及先生三位各书一联，已付装池，俟春晓下次反宁，当可命其送呈。不足换羊，表意而已。元化先生赐书，已专函致谢。匆匆，即颂
俪安！

弟千帆

12 月 8 日(1999 年)

（二七）

傅杰先生：

久未通问，诸想安善。顷得成都大学白敦仁先生函，询旧寄庞石帚先生《养晴室集》下落。此书曾荷转介某校出版社，后因故未能印行，如无结果，似可寄还白君以了此事。幸酌。外孙女张春晓受业门下，尚知努力，但距治学门径尚远。仍恳先生以时提命，俾得成材，不胜感激。弟所编《中华大典·文学典》，历时十年，顷已出其宋辽金元分典五册，不知先生曾赐览否？幸与指点，幸甚。弟今年八十有八，精力就衰，已难有所作为，饱食终日，惶愧而已。专颂
著安！

弟千帆上

2 月 8 日(2000 年)

书联数付，分呈尚君、玉明及先生乞教，并闻。

（二八）

傅杰先生：

张春晓返校，知已谒见，诸承温煦，感荷不尽。此子尚有好学之心，而根柢甚差，但愿在诸公门下略窥门径耳。闻其有志从事宋代汉族政权与西夏、辽、金、元、南诏诸族建立之政权在文化文学各方面之比较，似较原正从事南宋遗民文学者为困难，亦较有意义。曾拟在汇报时面陈尚君、玉明及先生，聆听教言，以定可否。此题今世尚少从事，攻之数年，或可略得

其概，幸先生等代为考虑。弟自十年前退休，即不遗余力从事《中华大典·文学典》之编纂，历时十载，其宋辽金元分典已借海内同仁之力，勉出五册。苟天假之年，或可于2003年出版全部22册。《大典》全部21典，约400余册，则但期其有成，而非所敢望也。

千帆上

2月28日(2000年)

致周祖譔(五通)

周祖譔，曾任厦门大学中文系教授。

(一)

祖譔先生：

南来极承眷顾，感荷靡既。大作读后已寄出，精审之至。拙作一册遵示寄呈，不尽，即颂

著安！

弟千帆顿首

9月28日(1982年)

(二)

祖譔兄：

奉九月十八日手示，即裁纸作一诗幅呈教，以赎忽忘之愆。近草一文，已刊出，辄拟将抽印本一同寄上，乃廿八日忽发心脏病，住入医院(迄今已颇平善，惟尚待检查，祈释念)，遂致延阁。

《英华》改正删补事，尊意极是。此项材料，陆续发现收到若干。已嘱立兴统一处理。(有疑问处再共商酌。)兄之所有，乞并转立兴处为感。

《读书》上已发一短评，对图象不精，颇有意见。雪娟见之反大喜，以可借此向社施加压力，改进版面也。金克木已别为专文评介，闻亦将刊之《读书》。

又雪娟言，已由有声图书公司组织人力，灌录音带，先制朗读录音，再制吟诵录音。亦可喜也。

兰州事亦略知。汪辟疆先生有句云“微闻乌鹊噪延秋”，似为此辈发也。

病后腕弱，书不成字，聊当面谈。即颂

吟安！

弟千帆顿首

十月五日（一九八四年）

（三）

祖譔先生：

八月手谕敬悉。昔有比丘，赴贵家作法事，问师，如见后台女乐，则如何？答曰：且莫安排。萧涤非尝问顺德先生，诗如何方工？先生曰：勿勉强。此二说皆妙。今日之事，似亦可取此法，向会员全部摊牌，民主讨论，投票产生方案及人选，乃廓然大公之道也。如何如何？此个人意见，未与任何人商量过，亦愿视此函为私书，但仰答尊问也。专肃，即颂

著安！

弟千帆上

十月十四日（一九九二年）

（四）

祖譔先生道席：

奉手书，细字至三纸，极道近状及所怀持，甚矣，故人之见厚也。冬郎诗弟旧极推重，而治之者少，震钧偶为年谱，而颇有疏失，陈义宁尝论之。公如能以退休余闲，为之考订，其有功学术何可估量。甚望能以副本见赐也。亡室诗词集笺本，已遵命寄呈，想达左右，颇详今典，此亦陈寅老所提倡也，愿大家少评亭之。天寒，幸葆爱。敬颂

吟安！

弟千帆

一月十九日（一九九八年）

（五）

祖谟老兄：

奉书，娓娓道近事，高怀老学，如对晤言。先德旧闻前所未知，论荆公诗选，亦甚精卓。此书，弟旧考唐人行卷，亦曾引用，不知兄曾见之否？

韩偓自是唐人高手，弟素所钦仰。兄近年致力于此，若有成书，当可补注家一阙。谨书陈苍虬一诗奉赠，惜目瞀手弱，不能成字，聊张吾军耳。

年来耳聋目瞀，不能读书，终日枯坐时为多，衰朽非复与兄相见之我也。

敬请

著安！

弟千帆

一月二十一日（一九九八年）

致杨廷福（一通）

杨廷福，字士则。曾任上海教育学院、华东师范大学教授。

士则尊兄：

手教雅制及定戡、广洋先生词并拜悉。先生于《全清词》事商榷周详，良用铭感。南大方面，最近由负责人出席社会科学院及教部召开之社会科学规划会议，规模颇大，清词编纂之拟议，亦在其中，一切尚未具体化，故如何办法，弟目下尚不知其详。然如征集陆夫人藏词目录等事，尽可先做。弟久废吟事，今得拜读诸老佳作，真如听仙乐耳暂明也。匆复，敬请

教安！

弟程千帆敬复

十一月四日（一九八二年）

致杨克平(十三通)

杨克平，潘重规先生的女婿，黄侃的外孙女婿。曾捐资设立南京大学文学院黄侃奖学金。

(一)

克平先生：

从广州寄来先师遗墨已收到，谢谢。

目前南大已同意按照二千三百元之价格买先师遗书一部，财务部门询问：此款如何支付？并说明汇款只能公对公，即汇至公司(书店之类)，不能汇给私人，要有正式发票。

凡此手续，谅先生所熟悉。故除请将遗书立即挂号寄到南京大学中文系外，并告知汇款方法。(因系人民币，故不能直接汇港。)

顺问夫人安好，此颂

冬安！

程千帆

一月十二日(一九八三年)

(二)

克平先生：

在宁快晤，得知石禅兄及诸老友近况，极慰鄙怀。

谢立清先生代寄之先师季刚先生遗书十四大册，已于上月收到。并立即由图书馆编目，陈列以供众览。师生见此珍贵资料，莫不赞赏石禅兄及先生殚力耗资发扬先师绝学之苦心，而于先生主持之环宇公司慨赠巨款以支持南大之购进此书，尤深感谢，已由中文系肃函鸣谢，想已收到矣。

实收书款人民币二千三百元，已于日昨由南大财务部门开出支票，当即由千帆代为存入人民银行，先生何时需用，立即可取。

旧年阅香港图书目录，知别有《量守庐日记》及《文选黄氏学》二书，不在遗书之内，不知仍可得否？如夫人作家书，幸一询之，倘荷赐寄各一册（挂号），实所深企。

前所云千帆纪念季刚师之文，早已校印，想非久可出，容当以数册奉寄。

专此复谢，即颂

双福！并候

石禅兄及夫人。

程千帆拜上

五月廿九日（一九八三年）

（三）

克平先生：

先后惠赐《文选黄氏学》《量守庐日记》及《文心雕龙校记》均收到，非常感谢，并请代向石禅兄致谢。

我回忆黄老师的文章，最近才印出，已挂号寄上六册，如不够，望示知，以便再寄。

我近整理了汪辟疆老师的遗著《光宣诗坛点将录》晚年残稿，内有论黄老师的部分，又《光宣以来诗坛旁记》。此二种将于日内挂号寄上，请设法转交石禅兄。

附上彩色照片底片若干张，请在港按需要张数代印一下，有便带回或寄回。费用可折合人民币寄在尊账上。

看了台湾书目，知道黄老师还有《李义山诗偶评》一种，也希望得到。

专此，即颂

双福！

程千帆

十二月十三日（一九八三年）

（四）

克平先生：

前得六月廿一日手教，当即于廿八日函复，用挂号信寄出。想已收到。

承示即将《李义山诗偶评》及《蕲春黄氏古音说》寄下，迄今尚未收到，甚念。今后寄下各种文籍，务请挂号，以免遗失。专上，即盼赐复。

顺颂

双福！

程千帆

七月六日（一九八四年）

（五）

克平先生：

电报已收到。两处纪念会，我很赞成，因更足以光大季刚师的学术成就和影响，希望两方面能互相协作支持。

十月三日曾寄给您一封挂号信，缕陈各项必须迅速处理的事情，想已收到。敬希惠予斟酌办理。

我自九月廿八日入医治疗后，心疾已基本上平服，现正在作全面检查，出院尚需时日，故仍由家人代笔，请原谅。

此颂

大安！

程千帆

十月十日（一九八四年）

（六）

克平先生：

自上次在南京别后，迄未收到来信，想你一定很忙。十二月廿八日收到北京图书馆寄来四千六百元，没有附言，大约也系寄给你的款项，已存入你的账内。武汉寄来的八千元，已由丁邦生先生于元月三日取去，留有一收条。他是和小诺一起来的。现在你的账内尚存八千七百元。（包括北图寄来的四千六百元。）

以下将黄先生纪念会筹备诸事奉告：

一、已正式由发起六单位开过一次筹备会议，奉上《纪要》十份，请分致你认为应当致送的各个方面。特别希望你用妥善的方式，送给石禅和仲华。

二、筹备会决定请你当筹备委员，奉上邀请信，请正式回答是否同意。如果港台各方面学者能够赴会，或虽不能赴会而可提出论文，都希望及早见告，特别是愿意来参加会议的人，因入境手续很繁，迟了就办不妥。上次同你面谈，希望一月份提出名单，现已过期。

三、先生愿意捐赠万元，在南大设立黄先生奖金事，我曾向领导汇报，他们很欢迎，并表示感谢。你上次面允回港后即将致南大曲校长正式表示捐赠意见的函发出，此函亦迄今没有收到。此事经与南大财务处，科研处，中文系各单位联系，始知接受捐款，制定奖金保管及发放条例以及决定得奖人员名单，都需要一定的时间，而这些工作必须在财务处收到捐款，建立专门账户之后方可进行。如果先生愿意在今年十月的纪念会上亲自出席授与此项奖金，则务请在八月中旬以前将捐款基金及85年度奖金（预计为500元）寄下。此点是否可行，务请示复，以便安排。

四、关于开会日期先生曾建议在今年十二月，但经各方磋商，认为此次与会人士多系有威望的学者，年高体弱，将会期放在冬天，势必许多人不能参加；如邀请国际友人，亦将与圣诞节及元旦冲突，因此未能按照尊意办理，谨表歉意。

五、关于《量守庐学记》你上次说要在香港购买一部分，我已和北京三联谈妥，届时可在香港购买，没有问题。

以上各点，请务必研究后函复，特别希望潘、高诸老有文寄来，署名随便。

顺颂

俪安！

程千帆

二月十二日（一九八五年）

（七）

克平先生：

三十一日从连云港回家，知您已打来电话，未能接谈，抱歉之至。听说您身体不好，正住院接受治疗，甚以为念，祝您早日痊愈。

南京大学帐号为“南京人民银行汉口路办事处 2489005 号”，所汇之款，请即径寄该处。

在汇款同时，请嘱人将前代拟之致曲钦岳校长函根据具体情况（如数字）修改后钞写签发，以便学校据此进行一系列安排。此函，以寄千帆代转，较为方便。

又如拟在今年黄先生纪念会上宣布成立此项奖金，同时发奖，则八月至十月两月之利息，不足资用。目前利率，二万元年约息一千五百元，不知能在先生南京存款中拨出此数作为今年奖金否？否则今年成立奖金，明年再行发奖，亦无不可。但请早日决定，赐知，以便安排。

先生存南京款项，顷尚存 5806 元正（包括利息），并此奉闻。

对于先生宏奖学术之盛意，千帆及南京大学同人均极为感谢。

专复，即祝

安复！并候

夫人好！

程千帆

八月一日（一九八五年）

陶芸同此奉候

（八）

克平先生：

上次您打来长途电话，值我在连云港，未能洽谈，回来后，即写一航空信，本月一日发出，不知收到否？十三日又发了一个电话，应已收到。

黄公纪念会，已于本月 12—13 日在南京开第二次筹备会议，一切细节都已定妥，非久即发出正式邀请书，于十月先后在武汉及南京展开纪念活动及学术活动。

因恐上次的航空信遗失，特将此信内容重述如下：

① 款二万元请即寄：

南京人民银行汉口路办事处帐号 2489005 南大财务处转程千帆

② 与此同时，请写一正式函件给南大曲钦岳校长，表示捐款之意。此信，前已代拟稿，略改动（如数字）即可。信可由我转交。

③ 奖金只能在先生捐款利息中支付。二万元定期一年为 1440 元。要明年才有。如先生希望今年成立奖金，又在今年发奖，则拟请在帆处存款中支付此数，否则，今年宣布成立奖金，明年正式发奖，亦无不可。请先生酌定。但要很快决定。因有一系列制定条例，选定得奖人等工作，是很细致，很费时的。（尊款在我处者尚存 5806 元，利息在内。）

上次闻在住院，已痊可否，极念。

即颂

俪安！

程千帆

八月十四日（一九八五年）

（九）

克平先生：

14 日寄上一函，旋得电复，知以前函电均到，款亦汇出，甚感。惟电文简略，汇出日期及汇款人地址姓名，承办银行均未说明，在南大财务处查找，尚未清出（暑假中人手不全，或在他人手中，亦未可知）。

大会正式邀请信近已发出，因恐遗失，特再寄上一份，并附筹备委员及特邀代表名单呈教。亲属中，武汉纪念会邀请较多，南京学术会拟请念宁及念田夫人。甚盼先生身体早日康复，能够参加。

千帆将于九月十四日去成都开宋代文学会，在四川住至十月五日左右，到武汉，参加十五日之纪念会，然后到南京参加二十日之学术会。不在南京时，先生如有事需与大会联系，请函南大中文系副主任许惟贤先生。

已详前函事，不重复。专上，即颂

俪安！

程千帆顿首

八月三十一日（一九八五年）

(一〇)

克平先生:

昨日挂号寄上邀请函,想即可收到。

旋即得财务处通知,尊款二万,已如数收到。因暑假工作人员休息,遂致稽迟耳。

《量守庐学记》已在北京三联书店出版,样书一到,即当寄奉一册。先生所需,可径向香港三联书店洽购。

谨上,即颂

双安!

程千帆

九月一日(一九八五年)

(一一)

克平先生:

《量守庐学记》出版后即由《人民日报》发表长篇书评,今特复印二份寄上。希便中将一份转石禅兄。其书想已由先生在港径购。我现在成都开会,下月十五日前到武汉,希望在武汉见到您。此请

大安!

程千帆

九月十九日(一九八五年)

(一二)

克平先生:

别后想已安抵香港。您身体还未恢复,望多注意调养。

学术讨论会开得很成功。论文各件,已嘱人寄上。今再将南京各报消息复印寄上一阅。

专上,即颂

俪安！

千帆

十月三十日(一九八五年)

(一三)

克平先生：

近与徐复先生已分别向南大及南师大外办申请办理明春来港事宜。惟港大致弟之邀请函并无陶芸名字，不知申请发照时有无问题，请考虑。又闻办理手续非常麻烦，兄如在南京在这方面有熟人，也请介绍拜托协助为幸。匆匆，即颂

俪安！

程千帆

十一月廿九日(一九八八年)

致黄裳(十一通)

黄裳，散文家、高级记者、藏书家。

(一)

黄裳同志：

江苏出版社将新书到处送人，以作广告，所以我有幸先读了尊著。除了快解放那一段时间我不在南京之外，您所写的，我完全可以在脑中对起号来，不过冥顽麻木，多已忘却。今读《五记》，遂有拾梦之感。

《板桥杂记》只是一种想法，一副笔墨，《五记》可是复杂得多。这实在是一本有意思的书。欧永叔橄榄之喻，可以移赠。

《古诗今选》在出版社折腾了整两年，先是放着不看，继又不得作者同意胡乱删改，然后提出严重抗议，要求改回，然后又因已经排版，成立妥协，改回其非改回不可者。总之，以其昏昏，使人昭昭，有权不用，过期作废。最近，才算校完付型样，告一段落。至于出书，当在中秋重阳之际。

此即先生所询“胜业”也。叹叹!

杨苡夫妇已赴京度假,并闻。

即颂

著安!

弟千帆

2.5(1983)

(二)

黄裳同志:

惠书敬悉,寂寞之感,彼此所同。大概世界本来是寂寞的吧!《诗选》初稿尝蒙印可,改稿略胜。然注中见个性处,为妄子所删,发现后但能恢复大部分,为可恨耳。今辄呈教,幸赐披览。廿二日拟来沪小住旬日,或能奉谒。专此,即颂

万茀!

千帆

十一月六日(一九八三年)

(三)

黄裳同志:

奉书值心脏宿疾复发,稽复为愧。承示词集三种,独余缙《大观堂文集》所附无之,不审能费神复制见赐否?集中如有涉及其生平文字(序跋传志之属),亦求同时复印,可供撰小传用也。辄拟于三四月中开一编辑会议,不知公届时能出席指导否?盼盼。冬寒,伏维保重。敬叩

俪安!

程千帆

1月20日(1986年)

(四)

黄裳同志:

承赐《清代版刻》新著,欣感之至。清世治版本之学者,每矜百宋千

元，而于当代精刻或不之重。尊著虽仅就斋中所藏择尤举例，而尝鼎一脔，已足补诸家图录所未及，足以丰富版本之学矣。（如能注明每书版框尺寸及刻工姓名，尤佳。再版时似可列表附末也。）颓龄八十，又有心脏病，已不甚能工作，只望未完残稿能完成耳。《广义・校勘编》已成初稿，惩于《版本编》所引或非权威之说有可商者，兹编拟以《读书杂志》为主，再以他家补充之（特别是文学方面，王书之例颇少），或能比较严谨，此亦先生之惠也。近拟重印涉江诗词，就其中有关时事之作，略笺数语附入，或使来者不致有无人作郑笺之叹。期以来年毕功，想亦先生所乐闻也。

专此布谢，祇请

著安！

程千帆白

五月十二日（一九九二年）

（五）

黄裳先生：

好久不见你的新书，收到《河里子集》好欢喜，又有点悲凉。老懒相连，犬齿今年八十有一，右耳益聋，左目老年性白内障发展颇快，真成副统帅之“不读书不看报”矣。想要如过去之得尊著后狼吞虎咽，一气呵成终卷，竟不能了，此所以不禁喟然也。幸诸门人相助，《校雠广义・校勘编》已排印完毕，95 年上半年或可出，出后当即呈正。或者略胜于《版本编》之无目验之能，遂多援引不善，无知妄言也。又为亡室诗词作小笺，今年内可出。数十年生死深恩，了此一事，或可告慰重泉耳。近年尚能时出游否？弟则虽过街亦怕莽小子自行车，何况“大路人”乎。先师胡翔冬先生句云：“成仙惟一梦，俟死养残年。”今年始证此境。庚辛旧诗奉教，伏愿秋日多祜！不尽欲言。

弟千帆上

八月二十三日（一九九四年）

（六）

黄裳先生：

读尊著偶有可献替者一事，别纸钞呈，幸酌之。又积微翁以罗叔蕴说甲文前后不相应为疑，静安弟子吴子馨其昌亦同。其载于武汉大学抗战前出版之《文哲季刊》长文《殷虚书契解诂》论及此事，结语云：或流言所传不为无据欤？其时王已任石，罗尚健在也。沈集笺本仍有三误字：页一四五/五行，“陈丈”误“陈文”。页一九二/二行“幽愤”误“幽情”。页三三〇/六行共“四百”有二首误“三百”（此原稿之误）。此书凡三人九校而仍如此，真无如之何。尊著《春夜随笔》误植亦较多，幸先生亲为斟正，感感。前呈《雍庐书话》一册，想收到。目瞀手战，书不成字，谅之。敬颂

著安！

千帆上

二月十七日（一九九五年）

（七）

黄裳先生：

酷暑中静卧读尊著《随笔》及顾颉刚代朱骝先作九鼎铭文事。时弟在成都，颇多传闻。未见顾谱（方将求而读之），不知载其文否。据云，其时老辈能为传统堂皇赋颂之文者，尚不乏人，然闻以寿蒋，则皆敛手，故委之顾。顾本不长于文术，不能为扬马之文，勉成韵语，其卒章云：“我士我工，载歌载舞，献之九鼎，保于万古。”朱之政敌某见之，谮于蒋曰：此四句取首一字横读之，乃“我在献宝”也。川语献宝乃出丑之意，蒋见之果然，乃大怒，云云。其文顾作，书则沈翁尹默为之。闻有人询沈以此事者，沈答曰：“文责自负，书责亦自负也。”此亦善解嘲。五十余年前事，聊为先生陈之。钱默存赞君文，虽考据，亦能满纸烟云，可谓笃论。

无事聊作闲谈，即颂

起居安吉！

毕奂午解放后一直在武大，已退休，尚健，并闻。

程千帆

八月三日（一九九五年）

（八）

黄裳先生：

检行笈得十余年前台北潘重规兄代印“中央图书馆”藏朱竹垞《眉匠词》，及日本清水茂教授代印日本某收藏家藏太清春《天游阁集》足本。今《全清词》顺康卷已付印，将陆续出版。弟藏此复本无所用之，谨以奉贻，或可供清赏，惜复印不精耳。近日大雨，略可酣寝。简斋诗云：一凉恩到骨，万事世多违。诚有味乎其言！门人程章灿，佳士也。将游哈佛，幸延见之。手软目瞀，书不成字，乞恕。祗叩

道安！

千帆敬白

八月十日（一九九五年）

（九）

黄裳先生：

年来日益衰朽，遂阙起居，仍荷赐示新出书话，感愧曷极。前寄《河里子集》，已因白内障读之已艰，今则更同屠门之嚼矣。数年来初患耳聋，继以目瞀，言谈诵读之乐，渐被剥夺，枯坐遣日，遂成日课。所幸旧作得及门之助，陆续完成，其中《校雠广义》四卷、《汉语文学通史》一卷，是大路货，《诗文钞》一卷、《闲堂学记》一卷，尚有一二自得之语，已次第付刊，当陆续呈教也。（又《选集》二卷，皆重印旧作，故未奉呈。）冬寒，伏惟葆爱。敬颂

著安！

弟程千帆上

12月23日（1996年）

（一〇）

黄裳先生：

抗战前梁众异在沪上作寓公，不废冶游，因争一舞女，与杜月笙大弟子某闻人忤，其人欲剸刃，梁乃避居杭州。其时先君任文书职于杭州中国实业银行，与梁旧为少年诗友，因亦有唱和。此八诗初存即以写示先君，此八诗外，尚有《哀女嘉》七律一首，忘其起句，其余七句云："可知而母痛摧肝。我亦苟活身如寄，家不能全国更残。父女廿年缘遽了，彭殇一枕事非难。虫沙十万皆新鬼，何只孤雏骨未寒。"其后不久，梁即返沪，其后世变，更无书札。想梁写示此诗之人不多，弟偶存其稿于匣，四十年代初，作一跋文，连原诗载之金陵大学所办《斯文》半月刊上，此次辑录旧文，忽得之，其以奉陈，似其类汪双照之《落叶》也。目病无起色，又不到开刀程度，书不成字，谅之谅之。敬候

撰安！

弟千帆上

2月26日(1997年)

（一一）

黄裳先生：

承赐选集，亦有未曾读者，虽患白内障，亦勉缓缓读之，以素嘉尊文，难释手也。弟亦素重蒹葭楼，故不以石遗之说为然。然在遗老中文学观、政治观皆最现代化，亦是可佩。二窗词客有《吊陈沅墓》散曲，公抗战时曾游昆明，或匆匆军旅，不及见之，故尊文亦未之采。今属老妻抄呈。又近有门生为编有关资料成书，不久当由贵阳径寄上海，聊博一笑。近年耳全聋，目半盲，又右足不良于行，终日闭门枯坐，幸门生相助，尚可整理旧稿，将来可续有呈教也。海内故知高年辍笔者多，惟公及舒芜、克木砚耕不休，文思愈新，真可羡佩。书不成字，乞谅。敬颂

著安！

弟千帆上

11月4日(1997年)

奎垣名鲁，亦川人，数学名家，兼精诗词。公或知之。

致《文学评论》（一通）

编辑同志：

《评论》1983 年 2 期载祈欣先生有关近年唐诗读本的文章，认为高步瀛先生的《唐宋诗举要》乃是继马茂元先生《唐诗选》之后出版的提高读物。此系就新版《举要》的出版时间言。实则《举要》早在抗日战争之前，已由高先生自费出版，与所撰《唐宋文举要》甲、乙编皆用作其在大学（主要是北京师范大学）授课时的讲义，由北平富晋书社代售。年龄在七十左右的古典文学研究工作者，没有读过此二书的人大概是很少的。

高先生名步瀛，字阆仙，河北霸县人，是晚清著名古文家吴挚甫（汝纶）主讲莲池书院时的学生，久任北师大教授，抗战期中逝世。其弟子俞敏教授曾有纪念文字，载于《国文月刊》。他和刘永济先生是同辈，而马茂元先生及亡室沈祖棻则比他们晚一辈。

祈欣先生将四人著作排为：马氏《唐诗选》（普及）→刘氏《精华》、沈氏《浅释》（提高性的普及）→高氏《举要》（提高），似与事实有出入。尚请转告。

顺致

敬礼！

程千帆

三月十五日（一九八三年）

致霍松林（六通）

霍松林，中央大学中文系毕业。曾任陕西师范大学文学院教授。

（一）

松林兄：

圣昔先生带来大著二种收到，极感。《文艺学》旧本在浩劫中失去，今睹新版，如对故人也。

尊词一往情深。昔人以为诗人填词，易坏诗笔，观大集，殊不尽然。酷暑中得此，亦是一服清凉散也。弟于倚声绝无通解，故不敢佛头着粪也。贱躯仍不适，偃卧时多，看秋凉后如何。率复，敬请

俪安！

弟千帆上

8月11日(1983年)

（二）

松林道兄：

前上一函，敦请兄于三月初来宁，担任博士生蒋寅论文答辩委员会主席，计荷台察，仍恳惠允见复，不胜铭感。弟行能无似，乃荷不惜齿牙余论，宣之异邦，惟有感愧而已。

尊集油印本尚未收到，命作序，不敢辞，然当细读，乃可着笔。兄命抄旧报诗文，遵即到南大图书馆办理，始悉近日内部整理，暂停开馆。此事，只有俟一二月后再打探办理。

天寒，伏维珍卫。

敬颂

俪安！

弟程千帆顿首

1月16日(1988年)

唐代文学会能在太原开甚好，弟无意见。惟日益衰顿，能出席否，殊不可知。

（三）

松林老兄：

谨送上聘书，伏冀金诺。闻南师大曹济平先生言，圭老研究生答辩，亦请兄参加，渠拟请兄于南大事毕后移驾南师大，其归程诸事，即由师大办理。弟当随时与曹联系，谨此并问。敬请

双安！

弟程千帆

3月2日(1988年)

（四）

松林老兄：

承赐大集，尽三日力通读之，始叹相知不尽，盖往日见兄诗，七言近体为多，今见五七言古诗，为数既夥，且风格雄浑古朴沉咽兼而有之，咀嚼玩味，流韵不穷也。独惜版式横行，不甚合色。然此今日通病，又不能责出版社也。

超伯近数月遭家难，其叔父、弟媳先后去世，心情不舒，故先师文集虽已出版，而迄未奉上。昨日晤之，云已寄呈，想非久可以收到。

《唐代文学年鉴》，兄偏劳主持，多历年所，极有定闻于中外学术界。扫黄以后，纸价已降，一二年内，出版界或可走出低谷，甚望兄能继续为之。弟两年以来，心脏病日剧，不仅不能出游，与诸老友把晤，且策杖巡游，亦只限在住宅周围五百米内，盖于校内外诸事皆已无能为力。尸位而尚不能退，此下衷之所惴惴也。(今年起已不再招研究生。)兄知我者，聊复言之。即颂

俪福！

弟千帆

11月11日(1989年)

（五）

松林道兄：

尊集钱、刘二序，似皆以为兄诗之好，乃在智过其师，此实昧于方湖设教之旨。先师诗虽若近宋，而门庭广大，初不断断唐宋之争，故多士响臻，各尽其才其性，此非胸中先有一唐宋畛域者所可知也。拙文粗为辨析，亦不知有当否。忆兄曾以于钱序此类议论不甚以为然见告，今于尊集台版增弟一序，或者可使海外故人知头白同门友尚欲阐扬师说，亦犹行古之道也。衰病不甚能运思，文实平弱，无足观采，尚乞谅之。敬颂

俪安！

弟千帆白

（1990 年 4 月 27 日）

（六）

松林兄嫂：

瑶札、新诗并拜悉。故人情重，远别益亲，感何可言。弟自数年前退休，耳益聋目益瞀，写字甚难，看书亦艰于持本，近复筋力衰迟，行走困顿，终日枯坐时为多，每忆东坡在惠州时自比退院老僧，尚能在折足铛中，罨糙米饭吃，其健康情况为可羡也。近设法在上海重印先师《唐人小说》《目录学研究》二书，此事或堪报慰。敬颂

双安！

弟千帆顿首

（1997 年）

致程一中（三通）

程一中，曾任武汉大学教授。程先生任教武汉大学时的学生。

（一）

一中：

九月廿八日信收到。您要的两部小说，此间也没有。孙子书先生的目录大都根据北图、大连两馆及他自己的收藏。看来，只有在北京探访，可能性大些。

这些都属罕见善本，其借阅手续一般为：

1. 由大学（研究所）一级办公文，呈请国务院古籍整理小组批准，要说明理由。

2. 由国务院古籍小组出其正式介绍信，由校持介绍信请求图书馆批准拍照（借出及复印都绝无可能）。

3. 馆同意后，约三四个月后将胶卷寄校，收费。

个人无直接借的可能。此事，您恐未办过，故答应下来了。如李悔吾先生有门路，或可从速。一般，陕西出版社应当供给原始资料，无要作者自找之理。

看来，除了特殊办理，十一月交文不大可能。

张婚事，此间亦有知者。均不甚谓然，以其人行为颇多可议也。

您搞《异苑》《述异志》甚好。近人所校小说有佳者，如《搜神记》《博物志》均不错，可以为式。天助自助者，愿您奋发成功。

近可见《文论十笺》及《古诗今选》二书，容到后奉寄。

张实事，看来民族学院并无诚意，就留长沙也好。

我刚过七十，中央近闻有退休文件下来，想力争一下。如退休，就可以多写点东西。但不一定能做到。

祝

好！

千帆

10.8(1983)

（二）

一中、志达：

得志达信，知某生得宽容。有容乃大，宽柔以教，古有明训，甚愿肉食者稍稍留意之也(指某生得释事)。

可奉告者，我已正式退休。先室在时，每以“见好就收”“喝采声中下场”相戒，今兹践诺，亦足慰英灵于地下。附上致南大当局信，可共阅之。久不得一中信，想行政事冗。目疾不知能耐繁剧否，念念。祝

好！

千帆

12 月 12 日(1989 年)

附件望转周勃一阅。

（三）

一中老弟：

函悉。因正卧病医院，先简单复数事：

一、贷款可延期一年，本息均延。

二、《沈祖棻诗词笺注》大约今年六七月间可出，届时当再奉寄。

三、宗福邦带陶德麟亲笔信来，邀我去武大小住，讲学数次，时间不拘。我本拟去，以释前隙。但体力又似不足，不宜奔波。君意如何？请衡量利害，以及校内各方意见。

这次生病是外感，肺部感染，发高烧引发心脏不适，现已退烧，心脏亦已平稳，不久当可出院，请勿念。顺颂

双安！

千帆

3.29(1994)

致吴功正（四通）

吴功正，曾任江苏省社会科学院研究员、《江海学刊》主编。

（一）

功正先生：

惠书又大著并拜悉。尊作博综今古，诚有补于学林，容当细读，以实枵腹，先此布谢。敬请

大安！

弟程千帆顿首

十月八日（一九八三年）

（二）

功正先生：

承赐大著，感荷之至。此是开拓新领域之作，学林重视宜也。弟尤赞

成从作品本身抽象出理论之方法，如此作自异于亦教条皮傅者。先生方富于岁年，成就若此积之充之，复何可量，欣贺欣贺。严杰君文承刊出，亦甚感关注。天寒，不克踵谢。手此，即颂

著安！

弟程千帆

二月廿二日（一九八八年）

（三）

功正先生：

承赐鸿篇，洋洋六十万言，纲目周密，议论精辟，乃我国美学史研究中之一里程碑也。欣佩何极。所憾颓龄目眚，未能快读，但能日二三十叶细咀嚼之耳。专此肃谢，敬颂

著安！

弟程千帆顿首

十月十日（一九九五年）

（四）

功正先生：

奉读新书，真有奔轶绝尘之感，穿穴史料，判断精卓，交游中无几人也。弟年来颇衰，耳聋目瞀，已不甚能工作。拜观大作，惟有愧叹而已。专此致谢，敬叩

著安！

弟千帆上

十月三十日（一九九九年）

致陈早春（四通）

陈早春，曾任人民文学出版社社长、总编辑。

（一）

早春同志：

舒芜兄来信备述尊意，极感。事情是这样引起来的：我已将祖棻的旧诗词、论著，都已整理出版，只剩新文学创作了。想也搞出来，了一件心事。上海《新文学大系》续集编者来函，想收进她的小说，而《文研动态》报导，至今台湾还有人提她的诗，更促进了我从速整理的决心。经过仔细挑选，抄了这两本。人文门槛高，我原不敢存此奢望，承您美意，就冒昧寄上了。收到略翻后，请回信。

还有一件小事，想奉托：人文所出俞平老《唐宋词选释》，不知有无存书。如有，请代购五册挂号寄下，供研究生用。有十册更好，但请开两张发票。另五册抬头写南大中文系。种种渎神，请原谅。即颂

编安！

程千帆

廿二日（一九八三年十月）

您收到此稿，请告舒兄，我近身体不好。

（二）

早春同志：

寄上沈祖棻选集中的(3)诗、(4)旧诗、(5)小传。其(1)小说、(2)新诗前已寄上。现只寄上扉页，请粘上。

什么时候全部交舒芜，请他作序，由您决定。

要不要作者的手稿、相片作插图，要多少页，都请告知，以便准备。

想请您和叶子铭同志研究一下，要不要他对韦大姐介绍这部稿子的情况。因我不认识韦大姐。如接受无问题，就不用了。

您看如何？

盼复。祝

好！

程千帆

五月十一日（一九八四年）

（三）

早春同志：

寄上祖棻相片二张，手稿三张，以供选择。

(1) 棻单人相，已在其诗词稿中用过。

(2) 棻及女儿丽则。

(3) 汪旭初先生批手写词稿，要制铜板。

(4) 旧诗稿，可直接制锌板。

(5) 新诗稿，可直接制锌板。

用哪四张，前后次序如何排定，统请考虑。手稿似可按内容，即(1)新诗、(2)旧诗、(3)词。

专上，即颂

编安！

千帆

6/7(1984)

（四）

早春同志：

沈祖棻照片一张奉上，乞收。

《涉江词本事》，我考虑以不附在选集后为好。她的词集已印一万四千册，看来没有因为“比兴”而影响读者。《本事》也可发，但以放在另外的地方似更妥些。从前其芳同志老写文章解释自己的作品，也有人不以为然。

这只是我个人的想法，供参考。(亦请与舒芜一商。)祝

好！

千帆

9/12(1984)

致周晶(十六通)

周晶,齐鲁书社原副总编辑。

(一)

周晶同志:

来信收到。

照片很好,可用。后寄的另外一张,即希寄还。

《文薮》稿已于7日挂号寄上,并附《梦秋词》跋的写本,想已收到。

拙作一册乞教。

顺致

敬礼!

千帆

十四日(一九八三年十一月)

《文薮》除样书,我自购100册。

《文薮》封面,希望像《十笺》一样勒口。

(二)

周晶同志:

我于月初来武汉小住。在行前曾给您写信,托办并询问如下各事:

1. 以《曲石精庐唐志》题签稿费20元,买《墓志》及《闲堂文薮》数册,交南大出席殷老祝寿会之南大代表(多半是许惟贤先生),带回南京。

2.《治学小言》何时出版?如在二月半以前能出(我住到三月初),则请寄数十册到湖大(100册寄南大),稿费亦可寄下。

3. 我的《校雠广义·目录编》及莫砺锋、尹志腾等人的书进度如何?《目录编》要用繁体直排较麻烦,但现有许多人都在写这方面的书。此书印成讲义,已流传各地,出得太迟,可能发生一些使人不愉快的问题。故希望特别抓紧。《版本编》也已有初稿,也许87年底可交印。此事,望与赵、任诸公一谈。

盼回信(寄武汉市宝积庵湖北大学专家楼),即颂
大安！不一。

千帆

12 月 22 日(1986 年)

(三)

周晶同志:

来信收到,各事多承费心,非常感谢。

稿费还没有收到,请向财务科一查,何时寄出,由银行还是由邮局,并告知。

《小言》,前请寄 30 册来。如能在 2 月 15 日前取到寄出就寄武汉,否则,仍寄南京为妥。因我在三月中旬就回南京了,而上次的 20 册,在路上走了二十几天,2 月 15 日以后寄,难以保证我在武汉收到。

请转达赵总编,感谢他亲自担任《广义》的责编,并请他设法早日开排。《版本编》有几十幅书影,将来要制版(少数彩色,多数黑白版),也是个麻烦,不过,我相信贵社能处理好。

祝
春节愉快!

千帆

一月二十二日(一九八七年)

(四)

周晶同志:

久未奉候,想一切安好。

拙著《治学小言》手中已无存书,而仍有人求索,不知出版社尚有否?请一查,如有,拟购十册。请即寄下,并示知书价,以便立即汇还。

暑热,千万保重。顺致

敬礼！

程千帆

七月九日（一九九〇年）

（五）

周晶同志：

收到您寄来的《艺苑卮言校注》三册，甚为感谢。

又知《说诗乐趣校注》已在征订，甚慰。

《明清文学理论丛书》曾得教委古委会资助，但该丛书出版时，均忘在扉页或内封面上注明，因此该会不无意见。

现在请您费心在《说诗乐趣》书的内封面反面以四号字印上下列字样：

全国高等院校古籍整理研究工作委员会资助项目

此事，务请费心办到，否则我们会很为难。十分感谢。祝

好！

程千帆

9.25(1992)

（六）

周晶同志：

九月廿九日手教敬悉。《说诗乐趣》《艺苑卮言》二书已由贵社邮购部于日前寄到，故无须再以奉烦，承注至感。《校勘编》能由孙总担任责任编辑，甚以为荣。弟等不敢自矜精于此道，然以其后出，差能掩有诸家之长，迄今言校勘条例，未有详密过之者也。又第四编《典藏》搜集资料、制定大纲，略已讫事。现已由有富撰写初稿中，尚乞转告孙总。余不尽，顺颂

著安！

弟程千帆顿首

十月八日（一九九三年）

（七）

周晶同志：

久未奉候，诸想安善。

想托你买两本山东版的书，不知能代办否？极盼。

① 朱德发《中国五四文学史》，山东文艺出版社。

② 郭延礼《中国近代文学发展史》，山东教育出版社。

费用请示知，便即奉寄。

问候言诚先生。祝

好！

程千帆

11月6日（1995年）

（八）

周晶同志：

惠赐书两种共四册，又大函，均拜领。我在完成一文学通史，写到现当代，此二书极有用，感谢不尽。

《广义》承孙先生及贵社作妥善安排，我及有富一定作良好配合，争取明年出全两种版本。

最近国家教委在南大召开第三届教材评比会，《版本编》得一等奖，大约非久可在《教育版》公布。前《目录编》得过江苏省社科著作二等奖，此皆可作为宣传材料也。顺告，即颂

著安！

千帆

12月6日（1995年）

（九）

周晶先生：

前承费心觅得鲁版现代文学著作二种四册，极为感谢。

今有一二小事欲奉商，知言诚先生事烦，不敢冒渎，谨闻左右，伏冀酌办。

(1)《四库存目丛书》对其学术顾问小有报酬，向由该编辑直接按月寄与。自96年1月份起，改由齐鲁寄发，但齐鲁执事先生或因事忙，至四月底，仅通知二次，寄款则仅一次，不知能加以改进，仍按旧章按月准时寄发否？

(2)《校雠广义·目录编》修订本及《校勘编》全文，据言诚先生说，早已排校完毕，因节约印费，故拟全书四编同时出书，此法甚善，有富先生及我均极赞同。但这样一来，则无法早日结算及支付稿费。如齐鲁经济效益尚可，不知能大体估算一下，先付此二部分，至《典藏编》出书时，再统一结清否？当然，这要以不引起贵社经营上的麻烦为前提。此区区之意，想先生及言诚先生能洞悉而与以谅解也。

《典藏编》正努力整理，非久当可寄上部分。

《目录编》曾获江苏社科二等奖，《版本编》曾获国家教委第三届优秀教材一等奖，想先生等已并知之。

我患白内障甚剧，书不成字，乞谅。敬颂

大安！

程千帆

四月二十四日(一九九六年)

(一〇)

言诚、周晶先生：

近印得《诗文抄》一册，谨分呈左右，以博一笑。关于《校雠广义》获奖情况，已由有富先生奉告，想达尊览。关于全书进度，近月不详，仍乞示知。《版本》虽新出，而印数颇少，《目录》虽先出而有增补，故皆可视为新书，幸留意印数也。其增订本《目录编》如可视为新书，则与《校勘》《典藏》皆可获得样书二十册，何时可出版寄下，幸酌示。其传统丛书本封面一律，恐只能平装，但亦由此可降低书价，未恐无利也。旧有出台湾版之议，不知进行若何？弟目眚愈甚，书不成字，千万谅之。思得旧作《闲堂文薮》

十册，如有存书，幸赐寄，书款当即汇呈也。琐琐盼复，敬请
著安！

弟程千帆上

二月二十日（一九九七年）

（一一）

周晶先生：

久未奉候，诸想安善。侧闻将出任副总编，必能使老资格、卓著成绩之出版社更上层楼，欣贺欣贺。任笃行先生受贵社委托，校《广义》一卷，甚精细，校出误字，提高质量不少。因思此书撰述艾历年岁，其价值逐渐为人所知。其《版本编》曾与教委及国家级之评奖（评奖已结束，教委级获一等，国家级尚未公布），今后全部出版后，此全面表述古代校雠学之惟一著述，必更为世人所重。所惜弟撰此书已届衰年，有富虽努力相助，而兼系副主任，又教本科及研究生，琐务甚忙，于校勘未能详审。今笃行先生之工作，适可补弟等之不足。二人互相商议，如能请笃行先生通校全书一次，必大有补益。拟请先生与言诚、笃行二先生商议，如荷同意，当奉劳务费千元，如出版社不便负担，当在弟等稿费内支持。是否可行，仍乞从速赐复。专上，即颂
撰安！

弟程千帆上

五月四日（一九九七年）

（一二）

周晶先生：

十五日手教敬悉。《广义》出版诸事，极承先生及言诚先生等精心安排，感谢不尽。此书先后经历五十载，久遭磨难，卒底于成，千帆惟有叩谢上苍而已。书不能精善，然表达吾华特有之校雠学，并略建立其系统，则略有可承。并世贤哲倘能谅其苦心，则幸甚矣。目眚耳聋日甚，已不甚能工作，于此尤感先生及有富兄之相助也。敬颂

近安！

千帆顿首

五月廿一日（一九九七年）

（一三）

周晶同志：

前得函已复，想收到。此书费时近十年，经先生鼎力卒底于成，十分感谢。

《典藏编》校样寄还。我目病已无法校对，故此样是有富兄及其毕业南师大文献专业之女公子合力完成，虽很用心，仍恐有误，请先生指教。全部何时可出，南大专刊本四册各印多少，传统文化丛书四册一套（恐不零售）印多少，望告知，我们大概要各买一点（除赠样书外还要一些），请将定价、寄费等，均大略估计见告，感感。

有富明天去成都开会，10 日可还。顺颂

大安！

弟程千帆

6 月 1 日（1997 年）

（一四）

周晶先生：

昨上一函，附王绍曾先生函，请先生费心将《广义》校样送一份给王先生，请他写一书评，想已收到。

今天在《光明报》上看到山东文艺出版社出版《二十世纪文学史》上下册，我很想读，请先生代买一部寄下。书款示知即汇奉。专此奉托，敬请

大安，并贺新春之喜！

千帆

一月廿五日（一九九八年）

(一五)

周晶先生：

已遵示写一信给黄永年先生(书想已寄出,如未寄请速),但天热,书又太大,不知他愿写书评否,姑待之。《藏书家》题字亦勉写上,如不能用,请弃去。近日病甚,写不好也。寄书事有富已详说,请速办,感感。即颂大安!

弟昌

八月一日(一九九八年)

附徐有富致周晶函

周先生：

今将程先生写给黄先生的信抄录于下,认不识的字以墨钉代替。

永年先生道席：

久疏□□□想安善。弟与门人徐君有富旧治校雠之学,艾历年载,近始由齐鲁书社印行。责任编辑周君以先生于此道,夙推海内名家,若荷拂拭,必能增重,商之于弟,极以为然。除由周君以原书一套四册径呈君存外,谨再函达。尚之于披览之间,略事评论,何幸如之。衰朽之□已不能复于学问有所增益,惶愧之至。谨肃,敬颂

道安!

弟程千帆

八月一日

顺颂

编安!

徐有富

八月一日(一九九八年)

(一六)

周晶先生：

得电话,又赐寄乔幼梅先生所著《宋辽夏金经济史研究》,非常感谢。

《校雠广义》承书社诸公努力，幸获国家图书奖，值今年考研人多，凡考文科者，都购此书作为参考，故各地均已售缺。如尊处情况略同，加印一些以应急需，亦是正办。但《版本编》增加一章，以更为完整。如将来河北教育出版社之横排本出版，或两种版式并行，仍乞酌定是幸。敝外孙女张春晓现在上海复旦大学攻读古代文学博士学位，想研究汉族与非汉族政权（如西夏、辽、金、元、南诏）统治下汉族文化文学的发展，故托先生代为留心这一方面的资料，今既无有，亦但可置之。今后如有此类材料仍乞见示。弟今年衰龄已进入八十八岁，颇甚衰惫，幸所主编之《中华大典·文学典》已开始出书，如一切顺利，或可在2003年将《文学典》全部22册出齐。但欲完成全部400余册，则为时尚早，只能走一步算一步而已。专此复谢，并贺
新禧！

弟千帆上

一月三十日（二〇〇〇年）

致金克木（十四通）

金克木，曾任湖南大学、武汉大学、北京大学教授。

（一）

克木兄：

在《读书》上发表的文章都读了，好得很，还应当多写一些。

我近心脏不好，讲课极费力。看来，侯宝林真圣人也（套用宋人赞范六语）。系人事在改组，不知能半退否？九月中曾到京，太紧张，未能奉看为愧。祖棻纪念集一册送上，当然有人不舒服，那也只好由他。

托中文系张少康先生送你拙撰《文论十笺》一册，送来否（时在月初）？祝
俪茀！盼复。

弟帆

十九日（一九八三年十一月）

（二）

克木兄：

二月八日函收到。煦良逝世，未发讣，沪友亦未告。兄函来始知之。他卧病华东医院多年，在此之前，因其子与越剧名伶之女相爱，老夫妻大不谓然，故家庭生活亦颇不愉快。兄诗包罗往事不少，然今日可谈者已不多。长孺一目已盲，另一视力亦大减。弟本月9日至21日在武汉探亲扫墓，虽往访之，龙钟殊甚。或因适患感冒之故，季雍不必担心。前尘如梦，转眼四十年，可叹也。

1985为黄季刚师百年诞辰，诸友拟仿《励耘书屋(问)学记》之例，集录其传记悼念追忆文字为《量守庐学记》，初步搜集，得二十余篇，不知兄能向三联介绍否？想争取在1985年8月前后出书，则9月在南京或蕲春举行纪念会时，可以分发。如初步有成议，当将篇目寄三联一观，然后确定。盼复，即颂

著安！

弟千帆

84年3月28日

（三）

克木兄：

读《读书》四期兄文，恍如听娓娓之谈。兄独特之思维方式与表达方法，老而弥笃，信可乐也。

三联有信来，愿出《量守庐学记》。此书集稿，经各方协助，进行极顺利，已全部编好寄出。唯一条件是：要他们肯定在明年八九月间出书，以期在开百周年纪念会时分发出席代表。此事，仍望兄与当事者一谈，促进之。

纪念黄先生，准备开一纪念大会——学术讨论会，出三本书：

1.《量守庐学记》(生平、论学大旨、逸事、著作目录等)，三联出。

2.《黄侃论学杂著续编》(正编已出，单篇论文正编未收者悉入之)，

武大出版社出。

3.《黄侃学术论丛》(纪念会论文选篇,包含大陆港台海外之文,古音分部之争论将有所深入。林语堂、张世禄、王了一诸公与黄先生、曾星笠诸公之学说也许获得更细致之讨论。黄先生学术其他领域亦将有专门论述),出版处未定。

看来,可能比已举行之陈援庵、吴检斋诸老纪念会略扩大些。

以上,望便中告知三联主事者。如该社愿出《论丛》,弟等亦可考虑交付。

关于高级知识分子退休事,此间径拖着不办。国务院文件说得很清楚。闻人民大学已于四月份执行,确否?

弟近年体力日差,不能太累。累则发冠心病,故各处约请开会之事虽多,然极少出门。论文集二本,其一六月可出,另一已二校,也许年底可出,仍当呈教。湖南"师公",老则收刀检卦。如此如此。

敬颂

双福!

弟千帆

5月21日(1984年)

(四)

克木兄:

前几天寄上一本杂文,想收到。实无是观,然不敢隐。或者刘黄二老传记是增怀旧之念耳。

季刚先生《释佚书武观文二条》一文,载《雅言》一卷十一期。此杂志,查联合目录惟北大图书馆有之。顷方为黄编《论学杂著续编》,幸兄属一妥人代为从速复印一份挂号寄下。(如抄,则要繁体正楷,并仔细校对。)

重托重托。敬颂

双安!

弟千帆

9月14日(1984年)

（五）

克木兄：

手书及抄件拜领，感谢之至。尊恙不审近略痊可否？弟上月廿八日心脏病（云为心快速房颤）突发，住进医院。事过即好，而医云要大检查，故被囚，迄今未能放也。论清诗已读，兄近年文皆能从宏观着眼，从比较文化着眼，从源流着眼，此正弟所最缺少者，故读后虽不能效法，而深觉有益，以其可药拘孪之病耳。煦良逝后，不知其哲嗣能否搜集刊行遗文。旧闻其一子与袁雪芬女恋，而老夫妇不以为然，遂至龃龉。其后鲜通音问，晚景似不甚好，可哀也。小文附呈。敬颂

俪安！

弟昌顿首

1984 年 10 月□日

（六）

克木兄：

仔细读了你的书评，觉得极好，好在说到了点子上。选目，我曾调查了美加港台，又知洋人之反左远胜我辈，故妄将若干禁品入选。而对洋人如何通过注释了解正文，则实在一无所知，故终不免牛头不对马嘴也。然以其较谨严，硬伤较少（不是没有），在日本反响不坏。总之，乃无牛狗耕地也。呵呵。集平生论诗文字可存者 30 篇（其中一半在《古典诗歌论丛》中印过）近已出，约一个月后可得样书，容当寄呈。弟自去岁九月底患心脏病，住院二月有余，顷亦未复元。此次作协代表大会，江苏有一名额相与，亦惮发病告假，遂不能相晤。闻教育部数月后仍有一会，或少健能过谒耳。不尽，即颂

俪茀！

弟千帆

1 月 6 日（1985 年）

（七）

克木兄：

前上一函，谈书评事，想收到。关于《量守庐学记》三联已发稿并征订，有些事，进一步与之商量。去二信，均置之不理，不知何故。想再写一信去问，又嫌唐突。今奉上，不知兄能打电话与之一谈否？如有特殊情况，可由兄转达，则此信亦无需转了。乞酌。敬请

俪安！

弟千帆顿

1 月 15 日（1985 年）

附致三联书店函

三联书店编辑部：

去年曾为《量守庐学记》事两度寄信与贵社，其中第二信系十二月十七日挂号寄出。迄今不见回答，不知何故？在作者与编辑部的联系上，这种情况不太正常，还请作出回答和解释，感谢之至。此致

敬礼！

程千帆

1 月 16 日（1985 年）

（八）

《庚午仲秋，出席敦煌国际研讨会。会毕，主人留客，予欲趋南京候老友程千帆教授，先日自敦煌乘陇海车离去。过武威后，瞥见雪岭打窗，俯视黄河，回环相送，物若有情，为之感赋》　潘重规

雪岭敲窗惊掠鬓，黄河垂带欲牵裾。流沙惜别匆匆去，故国良朋正待予。

《余以病入医院，而石禅枉道过存，出示新作。奉酬六首，兼寄仲华》　程千帆

西风破睡入匡床，斗室孤呻亦自伤。失喜故人归故国，不遑颠倒着衣裳。

八十犹堪事远游，敦煌访古气横秋。前身未必梁江总，重到秦淮也黑头。

戴（东原）钱（晓征）屐齿未经过，石窟灵文入网罗。独发校雠千古覆，俗书非雅亦非讹。（君论敦煌卷子字多俗体，若以为误而改之，则转滋讹谬。其说极精创。）

颇忆平生高仲子，英年橐笔共征西。行吟每作伤时语，好事偏耽打劫棋。

蕲春学派绍余杭，骆（绍宾）陆（颖民）刘（博平）殷（石臞）并擅场。休怅一流今向尽，海隅犹立两灵光。

蟭螟鲲鹏各一天，梦中占梦转茫然。人生只合随缘住，流水征蓬四十年。

金克木正之

千帆

（1991 年 1 月）

（九）

克木兄：

昨寄上近出书两册，由贻焮转，想已收到矣。忆四十余年前，同教珞珈山时，兄尝于弟谈诗小文，有所指点评论，此次嘱门人结集，尚念及之。友朋谈艺之乐，今日殆如隔世。如兄精力尚可，祈再为雌黄臧否之，甚所愿也。

悼王之作，仅寄二三人，且嘱不可传，乃借转传写，最后竟不知为何在港捅出。当时有人告弟要作些准备，弟亦无此本领，只好以东坡“平生开口不在徒二年以下”答之，而后来乃无下文，此或亦痴人有呆福，蒙周安之休之阴也。

尊文一篇已在政协报读到，另篇谈平老则始得见，以于该刊已久违雅教也。平老自是绝代佳人，其于文艺之赏会，闻、朱皆所不及。所赐词卷，今幸得保存，而“遥夜”由佩弦先生抗战中寄自昆明者，则已遗失，可惜之至。（又其夫人手写《古槐书屋词》亦遗失。）

现每日仅能做事一二小时，大书亦难通读，笔记之类尚能终卷，忽集古句得一绝云：

书犹能读足忘穷，老在人间百事慵。安得此时江海上，不妨一笑寂寥中。

老兄见之，当为一笑也。心脏病为游击队，神出鬼没，忽来忽去，亦不明所以，然而愈来愈差了，胡翔冬老师诗云：

成仙惟一梦，俟死养残年。杯底诗魂黑，悬知坐嗒然！

如是如是。顺颂

俪苐！

弟帆

5月9日(1991年)

(一〇)

克木兄：

最近买了吴雨僧先生的日记，1948年有关于兄在武大情况，也连带回想起很多旧事。昨在《中华读书报》看到有人谈你的诗，更加想念。我今年已87岁(好像你还大一岁)，很少通问，不知你身体如何？嫂夫人及孩子们近况都很想知道。今年以来我身体很差，耳朵已完全聋了，眼睛也不好，字小了就看不见，基本上已不能工作。老兄著述勤奋，除了上次寄给我几本新旧诗集之外，还出了哪些书，都希望寄给我。我最近整理了出过的书，集成文集十四本，将来出齐以后再看哪些忘了寄给你的，可以补上。又弟主编的《中华大典·文学典》，今年国庆也许可以将宋辽金元分典出版，作为献礼，如果有可能，也许到北京来一趟。所以希望将你及周一良先生的电话号码告诉我们。一良夫人邓懿和陶芸是同学。我和你不谋而合，也是把旧诗和新诗合成一本(还加上一些文言文的散文)，希望今年能将文集印出一些。《中华读书报》载有广告，也许你已看见了。祖棻的东西不多，早年的已找不到，一共编了四本。回想珞珈山的旧友，现尚在的已不多，周煦良、唐长孺已过去了。刘弘老是在"文革"中被红卫兵斗昏过去，就没有醒来。我最近在顾学颉的一本书中才知道此事。这种事大概还不少，不过我们不都知道。看来有人说活着就是胜利，也不无道理。我目前的生活很平静，已在90年退休。陶芸的两儿一女，女儿在美国做外婆，儿子一个是建筑师，一个是公务员，都已五六十岁，将退休或已退休。程丽则（就是小婉）已过50岁，她的丈夫比她大两岁，是生物化学系管理药品的实验员，他们也都快退休了。程丽则的大女儿张春晓（即诗集中的早早），今年已在南大中文系古代文学专业得到硕士学位，考取复旦大学博士生。已结婚，丈夫也是南大中文系的硕士，现去广州《羊城晚报》工作，小的女儿跟她妈妈姓，叫程雨燕，现在南大法律系，已读完三年级，还想考研，继续深造，但目前竞争激烈，不知能否如愿。我因身体不好，不能多写，所以嘱陶芸代笔，希望复函告诉我下列各事：

家庭情况：夫人和儿女，家庭电话。

周一良家的电话。

你的书希望都能寄给我（除已寄过的之外）。

我家里的电话号码是（025）3592790。

敬颂

阖府健康快乐！

千帆、陶芸

8月21日（1999年）

（一一）

克木兄：

月前曾寄一函，久未得复，极以为念，因函南大毕业生在教育部民族司工作之张辉君至北大打听兄近况，亦尚未得复，前数日忽荷以诗文集三册见赐，拜读欢喜，诚如尊句所云：第一难忘是友情也。然读此诗后半，似季雍已仙游。弟自陷刑戮，与友亲皆绝庆吊，故此事亦所不知。以此甚以尊况为念，幸便中略示数字也。弟素好校雠之学，治之五十余年，卒成《校雠广义》四册。今年国家图书奖，此事治之者少，侥幸中式，然只能糊过外行，终不免见笑大家也。近读吴雨僧日记，颇载兄初返国时在武大时事。雨老古之遗尊，不特今所未有，当时亦是凤毛也。弟耳全聋，目亦半盲，近又蒙增俸，直坐以待币也。而所编《中华大典·文学典》，居然倚仗诸公之

力，推出一分典（宋辽金元）共五册，已作为50周年献礼呈报。近小有编著，俟出版后当呈奉一笑。写字困难，不尽，即颂

著安！

千帆

9月23日（1999年）

诗是逸品，极爱之。

（一二）

克木兄：

张辉从外地出差回京见弟函，即到北大谒兄，知老懒外无病痛，大为放心。今天刚卯由武汉到宁开会来访，坐约时许，知其去年九月曾到京谒兄夫妇，一切均好，尤为可喜。再读尊诗，始注意手迹有五十八年前旧作之语，其旨甚明，而弟昏聩糊涂，妄加体会，致闹笑话，亦冀兄夫妇能宽恕之也。弟向刚卯建议，希望武大或湖北出一长孺文集。闻其云：后年拟开一纪念会，如能赶在会时出版最好。长孺在史学研究及教育之贡献决不在一良、莲生之下。而吐鲁番文书之整理尤为突出。但武大缺乏学术眼光，至今不加之意，可为叹息。兄写信困难，不必作复。（其中况味弟所深知。）但祝老友夫妇健康长寿，少病少恼而已。专上，即颂

俪安！（再一次为冒失糊涂致歉。）

九月二十七日（一九九九年）

（一三）

《寄金克木朗润园四绝句》　程千帆

周（煦良）唐（长孺）久逝金程老（余今年八十有七，克木犹长余一岁），往迹消沉五十年。秋色珞珈容胜昔，壮心浑不似从前。

鹿苑初归意兴高，吠檀精髓敌诗骚。笔端秦梵无多子，乌尔都文亦颇劳。（兄精梵文，初自印度鹿野苑归国，译吠檀多精髓，有称于时，然在北庠，以随顺世缘，亦偶用乌尔都文施教。）

白头追忆少年文(在武昌时,兄偶说《十九首》“玉衡指孟冬”篇,树义精确,至今记之),难共诗林再策勋。懒下楼知筋力异,亦知零梦乱如云。

泾阳先生古遗直,掉臂儒林半百年。晚为狂童折其胫,我欲为诉诸苍天。

克木季雍兄嫂伉俪吟正

己卯秋　千帆

(1999年10月10日)

（一四）

老病怀旧,得恶诗数章,已别寄呈,想收到。近得门人之助成一旧稿,今奉呈,望不吝拂拭也。弟体气愈差,耳极聋,目亦盲,走路亦颇困难。只是饮食终日,坐以待币(毙)耳。所寄三书,看得很慢。《通史》颇有错字,竟无力改正,只好胡乱寄上,亦可笑也。匆匆,即颂

双福!

弟帆上

(1999年10月15日)

致张国光(一通)

张国光,曾任湖北大学中文系教授。

国光先生,并请转祖延先生:

12月28日来示敬悉。

关于此次返鄂讲学诸事,承先生及武师、武大诸先生费心安排,甚感。

因近年心脏不甚健康,过劳即心律不齐,故讲学任务不能过重。除了在开幕式上和大家见见面之外(最好不讲话,因为我只会讲“学”,而开幕式上的话往往溢出“学”的范围),准备在元明清讲论班讲一次。题目一时定不下来,也许是关于文学研究方法论的一些问题吧。至于和研究生,最好采取

座谈方式。有什么问题,大家讨论。不必采取讲课的方式。这样,比较亲切、深入。作报告,满堂灌,效果不大,而且近于看熊猫表演,可一而不可再也。(至于对教师,则更是不敢当,无此本领。)这种座谈会,举行一次试试。为对青年学者有少许益处,则不妨再来一次。我想,任务就只是这些吧。

离汉已数年,先人及亡妇坟墓要祭扫、修整,亲友要探视,能否出游,要看时间及体力。但对学会及讲论班、武师各方之安排,是非常感谢的。

小女此次拟随我们夫妇返鄂扫墓,一切费用由我自付。但请在我住处多支一床即可。

在武汉,我是个是非人物,这次奉召来讲学,务请不要宣传,以免为人所不满。落荒而走者流,也只能悄然而归的。

谨复,顺颂

敬礼!

程千帆

1月17日(1984年)

致张森生(一通)

张森生,曾任桐乡市教师进修学校语文教师,兼任桐乡文联副主席。

森生先生:

拜读手札,垂教周详,极为感谢。先生以乌镇人谈桑梓地形,自甚精确。小稿卤裂,非久或有重印机缘,自当随文改正,以免贻误读者也。亡室遗诗近始由福建排出校样,正式出版尚需时日,容更呈教。专此布谢,顺颂

教安!

程千帆顿首

二月二十一日(一九八四年)

致王迪纲（一通）

王迪纲，王易之侄。曾任教于湖北大学古籍研究所。

迪纲先生道席：

前得手教，又新诗词各一章，至情雅怀，洋溢楮墨。而以俗务冗沓，未能趋谒，良用耿耿。曾托祖延先生转达微忱，想荷察及矣。君家清德积学，夙所钦迟，而简盦老人在泰和时，又数有书疏，极蒙熏沐。怀贤感旧，欣戚交萦。来年重游鄂渚，定当陪接左右，借聆麈教。肃此奉复，祗叩

吟安！

世小弟程千帆顿首

三月二十九日（一九八四年）

致陈美林（二通）

陈美林，南京师范大学文学院教授。

（一）

美林先生：

小著呈教。余四册恳便中分交四老。谢谢。

即颂

著安！

千帆上

4/4(1984)

（二）

美林先生：

谨介绍门人程章灿晋谒，欲求为作一推荐鉴定。幸推爱为之，不胜铭

感。敬叩

道安！

弟千帆上

九月十四日(一九九六年)

致彭鹤濂(二通)

彭鹤濂，字松庵，晚号棕槐老人。曾任上海金山中学校长，又曾供职金山县图书馆。

(一)

鹤濂先生道席：

顷奉瑶札，又新诗数十章，灵襟丽藻，诵之忘倦，无缘陪携，但深驰仰而已。近理得汪方湖先生遗著二种，谨呈左右，燕闲之际，足以温梦，当为先生所乐睹也。

祇复，即叩

道安！

弟程千帆拜上

四月九日(一九八四年)

(二)

松庵先生左右：

两奉手教，又松亭先生诗续集，敬承一一。松亭诗平淡自然，甚得活法，洛诵殊佩。弟年来衰病，久废吟咏，题图之事，愧难如命，惶歉曷极。亡室遗诗，非久可出版，容当寄尘乞教。

春寒，所冀眠食安善。不尽，即颂

道安！

弟程千帆顿首

二月廿八日(一九八五年)

致魏之祯（三通）

魏之祯，字诚生，号心饮。书法家、篆刻家，曾为程先生治印多方。

（一）

心饮先生左右：

前得下公交下马先生治印，顷又荷手书及新制二石拓本，并精严可宝。先生之作，寓变化为整齐之中，真斫轮老手也。汉怡先生英年风发，此印有封泥之遗风，属为题赞，稍缓当报命。弟寓南京汉口路五十二号之二丙楼四号，如荷枉驾，欢迎之至。专此复谢，即颂

吟安！

弟程千帆顿首

四月十三日（一九八四年）

（二）

心饮先生：

寄呈为汉怡先生作书一纸，敬祈教正。如以为不甚悖谬，便乞转致。敬请

吟安！

程千帆顿首

五月一日（一九八四年）

（三）

心饮先生：

星堂兄来，颁到所赐刊印，感荷之至。前承命作一小题跋，已寄尘，想察及矣。专此复谢，即颂

道安！

弟程千帆顿首

五月十九日（一九八四年）

致徐孝宓(一通)

徐孝宓,曾任湖北省图书馆副馆长。

孝宓尊兄世先生道席:

前承命为省馆题辞,已由祖延先生转呈,想荷惠察。兹敬恳者,弟旧治《史通》过录纪晓岚《削繁》底本(纪批底本为黄氏《训诂补》),及杨惺吾手批本(用三色笔),惜皆不全(内篇缺《模拟》至《自叙》,外篇缺《史官建置》及《古今正史》,此盖昔年巴县向宗鲁教授录自尊府旧藏,而又偶失二册,故弟从之转录,亦不全也)。前阅贵馆简介,知藏有此二种足本,大喜过望,辄拟托门人张三夕代为补录,尚乞商之执事者,惠与方便,不胜铭感。到汉迫于讲授,未能趋谒,至今耿耿,伏冀谅之。专上,即颂

撰安!

世小弟程千帆顿首

4月15日(1984年)

致舒芜(五十三通)

舒芜,本名方管,学名方硅德,字重禹。曾任人民文学出版社编审、《中国社会科学》编审。

(一)

重禹兄:

手教敬悉。猥承过誉,虽不能至,心固向往之。于此知文心老眼,弥足贵也。询事,谨奉告如次。

1. 土星笔会成立于1934年,地址即设南京鸡鹅巷(59号)汪铭竹家。主要成员有汪铭竹、常任侠、滕刚、孙望、程千帆、艾珂(女)、绛燕(即沈祖

茱)等。主要活动为出版《诗帆》半月刊,出满六期为第一卷(1934 年 9 月 1 日出第 1 期,至 11 月 15 日出满六期)。停刊二月后,改月刊,于 1935 年 2 月 15 日出第一期,至 1936 年 6 月 25 日出 5、6 期合刊(玮德纪念特辑)。出满第二卷,又停了半年。1937 年 1 月出 3 卷 1 期,至四月出第 5 期停止。前后经过四年,共出了十七期。又出了土星笔会丛书(诗集)三种:常任侠《毋忘草》,邹乃文《雨寺》,齐歔《春秋雨》。还想编新诗年选,未成。大概每周或二周在汪铭竹家中——土星诗屋集会一次,交换一些诗或文学意见。并无固定宗旨。但整个说来,诗风近于当时的现代派。因为当时只是一个不求闻达的小团体,所以土星笔会及其出版物及其诗人,很少为文坛所注意。

2. 沈祖棻的小说(历史短篇)约写于三十年代中期,36—37 或 35—37 年,诗则 35 到 42 都有。寄上的诗稿,前有一插页,写明了年代,一看便知。小说五篇,都发表在南京《文艺月刊》。诗则发表于《文艺月刊》《诗帆》《诗星火》《中国诗艺》等。后又辑成一书,名《微波辞》(取《洛神赋》"托微波以通辞")。1940 年在重庆独立出版社出版,是孙望主编的中国诗艺社丛书之一。这次收入选集的,从《期待》起,都是从未发表过的手稿。前半则选自《微波辞》。词,选自湖南人民出版社出版的《涉江词》,但增加了新中国成立后作的几首。旧诗选自福建人民出版社出版的《涉江诗》。

3. 祖棻的作品,当时的反应,似无具体文字材料,后来倒有一些,拉杂写下供参考。

(1) 范存忠前几年还写信给我,说祖棻的那些历史短篇,"充满奔放的热情,飞腾的想象"。

(2) 宗白华非常喜爱她的作品,包括小说、诗词。怎么说的,年代太久,记不真了,不敢臆造。宗老在京,如兄相识,可一晤谈。

(3) 她的新诗,在重庆有人谱成歌曲演唱,可惜已记不清是哪几篇。

(4) 据《文学研究动态》某期报导,台湾研究新诗的人,曾称引她的《水的怀念》。

(5) 上海文艺出版社编辑了五四以来历史短篇选集,选了她的《茂陵的雨夜》《马嵬驿》。新出的《她们的抒情诗》选了她的《浪淘沙》四首。

(6)《涉江词》已在长沙重版,总数 14000 册。

所能想起的就是这些。

寄上孙望编《战前中国新诗选》。其后记及选诗,均对了解《诗帆》词人有所帮助。

此序,望兄打破常规,称心而谈。

莫砺锋之英文稿,是否决定发,如发,哪一期发,大概什么时候出来,幸示知。如能在他博士论文答辩前刊出,则此文或可代替他的外文考试,故欲知其详。

敬上,即颂

著安!

千帆

6.26(1984)

(二)

重禹兄:

你为祖棻写了一篇足以使她的心迹大明于世的好文章。这是迄今为止许多口头上和文字中对她的最正确、最深刻的理解和阐发。真不知道如何感谢你才好。文字也极见匠心,求之古人,是韩文公《送董邵南序》之流亚,其沉郁顿挫,一往情深之妙,恐非浅于文者所能理会。试刊《读书》,观其反应。

我是 57 年划右,79 年才改正的,因此文中两个二十一年均应为二十二年。

我将于 21 日来京,开一个星期的会(教育部"临时……学科评议组会议"),住在香山饭店。相距太远,交通又极困难,恐不能来看你了,希望你务必十月中来参加莫生答辩会。

秋风新起,顺祝

爽健!

弟千帆

8/16(1984)

（三）

重禹兄：

久未奉候，诸想安善。得山东侯井天君函，知兄为绀弩诗注校极勤。绀弩重泉有知，亦当欣然。然侯云，找不到出版处，可叹也。弟已退休，然老病亦无所作为，惟枯坐斗室而已。小文一篇奉呈，幸督教之。谨上即颂。

道安！

弟帆

5月14日（1990年）

倾盖诸公地址，能一一见示否？弟诗集附一论文集之后，九十月间可出，欲分寄乞教也。又及。

（四）

重禹兄：

五月二十日手教及诸友住址拜悉。天仇事已有所闻。昭琛弱息，近传已有人见之英伦。旧闻其母有无衣之念，曾作小词，兼悼昭琛，今觅得一纸奉教。聂诗如能代为复印，甚感。费用若干，请赐知，便奉还也。弟今年五月起，已正式退休，然已不能出游，不能伏案，残年待尽而已。老怀寂寞，甚盼时惠德音。敬颂

吟安！

弟帆上

6月7日（1990年）

又殷君墓铭一纸随呈，因已有人别撰一碑，故略其序，仿任彦升《刘夫人》体也。又及。

（五）

重禹兄：

十四日赐书敬悉。此间复印可免费，前不敢请寄，因恐遗失。既承惠诺，有半月时尽够。惟七月十日后，学校即放假，似不妨俟秋天再赐下，彼时

井天修订之事或已告一段落矣。近为川中老宿赵先生遗著作一序，谨呈教正。此老毕生专治小学而不驰骛，故世人知者不多，所谓“蜀庄沉冥”之类。今印行其遗著，数量惊人(《广韵疏证》即三百余万字)，又复精审，真足使以夸诞为业者愧死也。近读近人笔记，有记谭组庵一联云“天远已无山可隔，潮来真见海横流”，觉气象甚佳且有理致，举似吾兄当谓然也。专上，即颂
著安！

弟帆

6月20日(1990年)

(六)

重禹兄：

数月未通问，亦不知略有好怀否，殊念切也。朱注聂诗，幸赐借复印，感感。别纸录辰子诗数首，皖中有此诗人，而竟不知，但知其为名记者，工小品而已，乃大罪过也。近方为《涉江词》某些篇章作本事，相距不过半世纪，而若干事已模胡，亦可征过去历史今得见者皆胡涂账也。敬颂
著安！

弟帆

9月21日(1990年)

(七)

重禹兄：

朱注聂集收到，必妥为保存，复印后即寄还不误，请放心。慧剑诗极可喜，已属弟子复印一份寄呈，以快先睹。弟周前又发病，仍住医院，居易俟命。在榻上读陶诗及《琥珀》，二者大相径庭，然自其同者而观之，无往而非同也，混日子而已，可哀可笑。朱正兄来信云拙词缘彼被人载之港报，甚觉歉然，如兄去信，希告以毫无关系。语曰：“德之流行，速于置邮而传命。”凶德美德一也，岂我辈所能左右乎？拙诗集附一论文集后，非久可出，当寄呈。睹慧剑诗，乃觉大可不作，知陆士龙云“君苗见兄文，辄欲焚其笔砚”者，非虚言也。北国早寒，愿以时珍卫，不宣。顺颂

著安！不一。

弟帆上

10 月 19 日(1990 年)

大概好诗恶诗并存，古即有之。如唐诗亦有"蜜蜂为主各磨牙"之类。惟古之老爷少不通者，此则今古有别耳。身体差，《涉江词本事》写得甚慢。定稿好，当先呈正，乃可发表也。又及。

（八）

重禹兄：

十月二十六日手教早收到，住院无甚起色，忙于治疗，遂至稽复。主要乃"缺血"，即血不能正常流入心房，所谓心功能衰弱是也。此乃老人器官亏损，亦无良药，但能加之维护，使其少发，且战且走而已。行年七十有八，生死之际，颇能了然，斯亦不足惧也。

朱正注聂诗，凡时事皆缺，古事亦不完全，殆非经意之作，或者俟井天之为，因时移事易，能有所改进乎？原书已挂号寄还，想不致遗失。

张辰子诗，弟亦难名，惟觉其特色皆于风华之中自饶沉实，或说为风华沉实之统一体。求之前人，偶近定庵，然定庵恃其才力雄肆，或自任意乱道乃致杈枒，辰子则颇自修饰，无此病也。近世前辈诗人中胡小石先生七绝亦自名家，然终不脱唐人窠臼，其极者能令人惆怅不能为怀而已。其诗附《胡小石论文集》后，不知兄曾见之否？陈次园溘逝，倾盖同人又弱一个，为之怆然。《涉江本事》写得极慢，近一病又耽搁月余，不知何时可成初稿，写成后尚需修改一过，乃令老妻抄正复印呈教也。弟与门人莫砺锋、张宏生合撰一杜诗论文集《被开拓的诗世界》已出，又《诗论选集》月内亦可出，颇拟求教，并乞任择其一(或二书合为一评)赐一书评。俟兄看后再作定夺可耳。又《两宋文学史》《校雠广义・版本编》亦已排版完毕，惟出书则或在 91 年夏秋，因校勘烦重故也。伏愿

安宁少恼。

弟帆

11 月 11 日(1990 年)

（九）

重禹兄：

辰子诗受观堂影响，亦极是（近说是受近代"包括西方"影响）。但观堂悲天悯人，俨然有基督释迦担荷众生罪恶之意，则辰子所少。简言之，即辰子没有观堂那么"深"也，兄谓云何？

书二册寄呈乞教，又别附与潘石禅唱和一纸，乞并教之。论杜诗诸篇，平生措意，颇拟自为之，而竟无此精力，幸门人亦能略解鄙意，少粗略，大旨仍是耳。《选集》专选有特色者，一般考据及形式推理均弃置之。此二书亦可谓弟平生治诗精力所萃，附以小文小诗，既博友好一笑，亦见弟素日主张知能并重之意，然实亦胆大妄为。茫茫天下，名士如鲫，何况政协诗人乎？此所以拳拳之意欲兄一为论定也。

弟入医院已近五十日，但轻减，无法根除，亦幸无危险，可以告慰。专复，即颂

著安！

弟帆

11 月 30 日（1990 年）

附：（1）《诗论选集》一册

（2）《诗世界》一册

（3）答潘诗一纸

（一〇）

重禹兄：

惠示又燕祥诗三首敬悉。鄙著承宠评，感激之至。弟治诗数十年，方法亦数变，惟冀有所发明，不负古人苦心，则无两致。然真赏既难，识真赏尤难。兄卓见慧心，洞烛幽渺，其优劣必厘然于弟心也。窃谓近数年有所谓伤痕文学、大墙文学等等，在诗坛亦有以绀翁为首之诗派，作者不少，如荒芜、燕祥似属此派，惜未得佳名耳。弟悼王词几经传抄，落入秋耘手中，遂在港报捅出。朱正大惊，致书属留意。弟复书谓坡老"开口不在徒二年

以下”，即兴师问罪，亦只有听之任之，亦慕仰昔贤之意也。其后亦竟无事，过了数月，忽又在《湖南诗词》第十期（1990 年 3 期）刊出，此刊办事处，设在省政协内，则为半官方矣。或者能文网疏密因时，亦安定团结之一道欤。盖天脸无常，人寿有限，马齿今年七十有八，若再改造十八年，则要活九十六岁，亦难有此高寿也。老病仍时发，不能累，不能激动。前天有一老门生来，为之置酒。此公亦“五七”战士，怀旧感今，不免伤情，昨日遂又病，自下午一时延至十时始已。往往似此，奈何奈何。燕祥、秋耘地址能探知见示否？拟以鄙著寄之也。《选集》出后，山西办事极拖拉，至今尚未大量寄出，故诸友处大都尚未寄呈。迩冬身后如何，兄如有所知，尚乞见示一二。专此，敬颂

撰安！

弟帆

3 月 8 日（1991 年）

今天乃半边天之天，而幽晦零雨，不知《五行志》如何解释也。

（一一）

重禹兄：

比来心脏病时发，两得手教，皆未即复，幸恕之也。

宪益诗甚妙。此公可算学贯中西。英文自不必说，其论古代文史亦时有卓见，惜其所重印考辨古代文史杂著未能购得为憾。今读其诗，又叹相知之不尽耳。

史复先生赐书，迄今未能收到。兄函系七日发出，今已二十日。或者书寄出甚迟。如寄时未挂号，则将无可踪迹。幸已复印，特笨重不便披读耳。

侯注亦收到，可谓“难为他了”。至于注书义例，裁翦镕铸，恐尚不能求之此公也。

史复先生要写小幅，已别寄，因未收到所赐书，故未提，恐其不安。所写为旧日集句一首，其文云：

书犹能读足忘穷，老在人间百事慵。安得此时江海上，不妨一笑寂寥中。

亦忘此四句出自何人矣。拙著《宋元文学史》六月中可出，当容呈教。祗叩
著安！

弟帆

4 月 25 日(1991 年)

(一二)

重禹兄：

近年来邮递报刊亦有牛步化趋势，渴望得读尊文，迟至今日上午八时始得见，深感兄之相知，今世恐无第二人也。盖作文四五十年，中亦屡变。到南京后又再变，不复斤斤计较于是否合于主义、律令、风会，始略有自得处。古人所谓“摆落悠悠谈”者，或明至焉。然至写《读〈倾盖集〉所见》后，即断手不更作刻意文字，因衰钝更不能精思，所以“今女画”矣。

旧有一《宋元文学史》稿本，亦无力修改，幸同事吴君为完成之，近亦出版。作为教材，即难充分发挥自得之趣。非久当寄呈，幸赐披览指正。

心脏病历久不愈，近数月服“田七花粉口服液”似有效，已二月余未发房颤，差堪告慰，惟此一事耳。

某出版社建议弟与祖棻合出一诗词选集，包括新诗，如能实现，仍只能请兄作一序，或蒙惠允也。

北京闻亦苦热。江苏今年水灾颇重，菜秧每斤亦一元以上。天心人事，如何如何。敬颂
著安！不一。

弟帆拜上

6 月 30 日(1991 年)

(一三)

重禹兄：

收到《小品》，先翻了一遍，有许多似曾相识，有许多记忆犹新，还有一些生面孔。老来无事，正好慢慢地读。

祖棻诗词集十月中定可出。除了首先要寄给兄等外，也想再寄一些给可读此书之人，兄能举些否(不管我是否认识)？如罗孚和高旅，我就想寄。(其在港地址，兄能见告否?)兄交游广，或能相助。

贱躯近日尚适。过了一个艰难的夏天，亦一胜利。秋花满院，绝无奇卉，而各自横开疯长，生气勃勃，亦顾而乐之。敬颂

吟福!

弟帆

9月18日(1991年)

(一四)

重禹兄：

十月廿三日函又聂翁纪念文集先后拜悉。拙作奖饰太过，闻之愧悚不已，然亦由此更知无所感即不能诗之常理，乃至言也。近又作四小篇，晴窗颇暖，即写一卷子奉呈，伏乞教正。颇思如兄教，写些逸闻旧事，写了几篇，都是文言。要改写白话，亦不甚难，俟决心不断写下去时，再做最后决定。文言有一好处，即微文刺讥较便，容易蒙混过关也。现手头只有三博士之论文要审定，《校雠广义》待完成，余无他硬性工作。若诸圣许延其命，或者真可再搞出一本小册子来，也说不定。周序跋书话既是长沙出，则弟得之甚易，不劳兄费心代谋矣。《版本编》新得样书，谨呈一册。弟于此学，目验之功太浅，但能缀集旧闻，聊为初学提供常识而已，不值高明之士一笑也。若钱亦可称学者，则聂学更大有特色，大可研究。今古学人似较才人易得，而聂之身世、文采及对人心之观照，又恐今世无几人也。随手作此，聊当笔谈，不尽百一。即颂

著安!

弟帆

11月11日(1991年)

(一五)

重禹兄：

前得手教，嗣又得绀翁纪念文集。适忙于为两位研究生看论文，未及

即复，罪罪。文集断断续续看完了，陶芸接着看，丽则等着看，再就还有人等。看完之后，当然明白了许多事，更重要的还是那些事迹所包涵及显示的内在意义，用绀弩的话来说，就是：

最是风云龙虎日，不胜天地古今情。

世界上不知道有多少英雄儿女剑客奇材就这么被磨折而消亡了，但若无这些磨折，世界又是多么平淡寂寞，所以其是非得失实在难言也。

附上照片一张，乃弟七十九岁生日所摄，“坐惊岁月长儿童”，可叹亦可喜。贱躯近数月来居然好转，差堪告慰。近有治现代文学之门人，为弟及祖棻编一新诗集，七八月间或可出。天寒，谅亦深居，伏冀葆爱，不尽。

弟帆顿首

1 月 3 日(1992 年)

(一六)

重禹兄：

近月来为前列腺增生所苦，后做激光手术始转痊可，遂疏书问，幸恕之也。昨收到手赐论知堂新书，因方移居扰乱，不能细读，然窥豹一斑，亦见“爱知其恶，憎知其善”之旨，亦孙卿所谓“以公心辨”也。弟日益昏瞀，不能观细字书，老悖荒唐，亦不自知何以如此。因思雪堂赞文长老“山中老宿依然在，架上《楞严》已不看”体会之深，真不可及。《楞严》已不看，况非《楞严》欤？秋窗精神略好，书此以代面谈。顺颂

吟安！

弟帆拜上

9 月 13 日(1993 年)

(一七)

重禹老兄：

老与懒连，遂疏书问。今岁苦热，但能偃息，不出门者四五十日矣。日前得杂志所刊《涉江词本事》，因剪奉。错字极多，无力校正，幸以意更定之耳。近又得剪报十余纸，颇涉旧闻，谨以转呈。放翁有“身后是非谁

管得”之语，甚通达，然尚未知身前是非亦管不得。盖是非已定，在力不在理，力大则有是而无非，汉简所书，大率如是也。庄生齐物，可以惩忿延年，由今观之，兄咏四皓，弟咏徐妃，皆卮言耳。报中所说荒芜情况，不知确否？又吴孟复亦久无信，其合肥地址是否仍为安徽省社科院文学所，幸示知之。祖棻集笺，折腾近一年，已付印，大约年内可出，版式尚雅致。生死深恩数十年，此书出，我亦八十二岁，或于九渊相逢无愧耳。其书拟多买若干分致友好。兄如认为有应赠者，或便中告知。又故交住址有搬迁者，亦望复示，免误投也。兄近况如何？极念。如今出门艰难而且危险，“江湖多风波”，杜老仿佛为今日咏，晤言之机会甚难得也。弟于去岁迁新居，距校甚近。以后赐示寄家亦可。拉杂书此，亦当面谈。

即颂

著祺！不一。

弟帆

8 月 14 日(1994 年)

南京鼓楼区南秀村 25 号 101 室(210008)。

（一八）

重禹兄：

三信都收到。书托蒋带，本意速到，结果反欲速不达，劳兄企望，甚歉。

寄书海内外一百七八十本，陆续得复，多客气话，少真实语，内行实不易得。如兄能再作一篇文字，亦是胜缘盛事。黄裳赏沈词，但只是把她当成一个女作家来谈，而不是把她当成一个作家来谈，曾引起绀弩非议(此信未示人)，不似兄《选集》序之能见其大也。(如能赐文，仍望在《读书》刊出。)

目前大局，如杂技团上走钢丝之山羊，也就是过河卒子，只有努力向前，不管石头摸不着或摸得着也。至于自己，则自来就是在边缘定位。无论自我感觉良好时已饥已溺，或充满失落感时下海、拍卖，自山羊辈视之，总是一般。弟近颇有感于老所谓“和光同尘”，庄所谓“呼牛则牛”，及寅丈所云“今以随顺世缘故，不得不有所著述”，聊以遣其余年。思之可悲，亦可笑也。

王以铸兄已迁居，寄沈集退回，兄能打听到新址再告便更寄否？某某某女士复书云“千帆教授青及”，无礼耶，抑或无知耶？不得而知之，可谓异闻，聊博一笑。

天气已冷，幸电表已增容，买两个油汀，可以塞向墐户，但贱躯日益衰颓，今年小病三次，四月、十月、十二月，幸均逃过厄运，目前已眠食如恒矣。

专此奉复，即颂

著安！并贺

新年佳胜！

弟帆

12 月 30 日(1994 年)

(一九)

重禹兄：

久未奉闻，思有所言谈，而老懒，欲作书又止者屡，幸恕之也。孟复虽无大名，其学端正，诗风雅而清，今世老辈之遗型，何可多得。所出哀挽册子，能真知其学术者殆不多，此为可叹也。近勉为女弟子曹虹书作一序文，呈教。尝恨平生于古文未曾致力，近十余年，乃稍稍学之，终不能有所成就，然读古人之文，则似较之六十以前稍能窥其用心，此或即其益处，而功力思辨有关世风学术者，亦聊借此发之，盖已无力为长文矣。近偶见兄为唐女士东坡词研究序，实是佳文。妙在与题若即若离，岂所谓“终身言，未尝言”乎？京事传说纷纭，垂暮之年，但求残年饱饭，亦无意知其详。新居有一小院子，近开满虞美人、石竹、金盏，而蔷薇、芍药已含苞，十姊妹、金银花亦将大放。虽无万紫千红，亦得其什一。既聋且盲，惟此可奉告耳。有暇幸示我数行，忙即不必也。顺颂

吟安！

弟帆

5 月 1 日(1995 年)

（二〇）

重禹老兄：

新文拜读，佩极感极。谨以二成语赞之：一曰非老于文学者莫能为。一结极妙，如截奔马。二曰公知我者，起泉下人观之，亦必以为不可易也。此书经砺锋等三人校九次，仍发现手稿及排印之误数处，已由陶芸别以勘误表附上，请于尊藏本正之。复印稿寄还，如印出幸示知或见赐为感。弟有一学生在辽宁古籍出版社，欲为弟出一选集，弟觉难选，与之洽商，欲将已出诸书之稍可存者重印一次，名曰选集，实为个人自著丛书，凡《史通笺记》《文论十笺》《进士行卷与文学》《古诗考索》《诗世界》《闲堂诗存》六种，附编一种，大体仍旧，略加补正，八九月中可出。诸书虽皆已呈教，然仍愿高斋有此复本也。又承乏《中华大典·文学典》主编，实则如稷下先生不治而议论。今隋唐五代分典由卞孝萱先生主持者已付排印，或岁尾年头可出。官书庞大，错漏重复皆决不免，或因其字达千万可以吓人耳。前读兄《小品》道及徐铸成等谈掌故之书，弟皆未见，不知能赐借一阅否？暑中不宜多翻查，如不在手边，可作罢也。专此，即颂

著安！

弟帆顿首

7月16日(1995年)

兄前函及墨子题记早收到。忆弟早年读兄文，不知《论主观》与《释体兼》乃一人之作，解放后始知之。因他事搁延，未及作书奉告，后竟误记为已复。近年多有类此者，亦师丹可笑之一端也。如此说先秦诸子，也是当时一种风气。说墨或不足为墨学记录，然作为学术史料，看为特定历史时期学术思潮，则仍可说明某种文化现象之价值也。兄意云何？又及。

（二一）

重禹尊兄：

廿二日手毕及《评论选》均收到。文评多数前已拜读，现在重新前

面读读，后面翻翻，想起许多往事与旧日心情，又从中看到兄为学的总体。在很多地方，实是文学史的研究与论述举例。如果读时只是就事论事，不深探其方法论的意义，虽亦可得到知识，却不免对兄之通识、史识失之交臂也。解人难索，兄意如何？印了三千，也很不易，惟愿多播一些种子也。

酷暑中，弟夫妇但闭门，幸有小园数弓，早晚略盘桓，可避免空调病。

外孙女早早不知已来谒见否？此孩尚知读书，然读得太少。知仰慕前辈，然不知诸老之学究竟如何，此亦今日大学生通病，早早不例外也。

荒芜何时谢世，弟竟不知。外文所当有讣告，或未及弟耳。闻其访美归来后，精神心情突变，不知与否子女态度有关。陶芸胞姊强，天文学家张钰哲夫人，生前赴美探亲，其所见之儿媳孙女已皆非意想中之骨肉，旅居未到期，即抑郁而归。不久钰哲谢世，陶强亦精神邻于崩溃，去年仙游。中西文化之碰撞有如是者。不知荒芜情况有类此者否？丽则未洋化，陶芸子女对弟亦尽礼，此亦右派余生之可乐者也。叹叹！

《读书》多年订阅，去年以目力耗省，已停，当向砺锋借阅。尊文能赐复本，极感。顺颂

著安！

千帆

7 月 30 日(1995 年)

日前得见《槐聚诗存》，真“王爱好”也。打扮过于精致，似不及冒叔子诗之耐读也。又绝口不及时事，似在云端里活，天下之至慎，然造语之工，用典构思之巧，老辈不肯为，少年不能为，要是一奇。闻周振甫云，此公卧疾已久，剧时但能以滴管从鼻腔进食，亦谢绝探视，兄谅闻之。

乔以钢极有见识，近世女性治文学史者之翘楚。惜其书规模尚小，若以胡文楷、陈东原、谢无量等诸家为基础，扩而充之，新之，当可观也。如与通问，幸道此意。又前赐书，被人索去，如尚有存，能再赐一册否？

今天精神好，写了三页，近来所罕见也。

又及。

（二二）

重禹兄：

八月二日长函及《读书》七月号尊文均已拜读，为之不怡者屡日。荒兄遭际，与弟同门友高明（仲华）教授颇似（当然细节不同）。（高在台已故，治经有声。）世事有非是非、伦理、道德、法律所可评论说明者，佛家谓之缘，谓之孽，其间关系谓之报。故做白业得白业报，做黑业得黑业报，其实此亦何尝能说明，只是不了了之而已。已函粤友，想买《外集》，但出版已数年，或未易致也。

拙笺沈集只是勉做了他人所不能做之事，尊文数千言，也只是说明此点，深叹文心之契合，亦是因缘。乔女士的确有些看法想法，远高于同辈女评论家者，兄如能提携裁成之，俾能写一部像样可读之妇女文学史（最好通代，不问古今），亦不朽之盛事，这也要看机遇因缘也。早早贪玩，到京或到处乱跑，尚未进谒，然非久必来也。专此，敬颂

著安！

弟帆

8月10日（1995年）

（二三）

重禹兄：

前函及十九日函均拜悉。

吴彬大家所要笺本沈集，即与此函同时挂号寄《读书》编辑部矣。目前书籍重版困难，故弟所购近四百册，手中尚有数十册，如尊友或知音有应赠者，幸告知便呈教也。清李怀民（号石桐，乾隆时高密人，撰《中晚唐诗主客图》，胡三先生甚称之）诗云："青山穷道路，白首役精神。独为求己，淹留万古身。"又每忆鲁迅云："被浑蛋所称赞，不如战死在他手里。"真觉人活得累，此亦一端也。

高仲华执教台湾，原配留大陆，续娶某，颇横。禁其与家人通问及返大陆探亲。台湾教授待遇颇高，氏尽劫其所有，后竟携所生女远赴加拿大

不归。仲华竟贫老无以自存。诸弟子愤极而无可奈何,仲华遂悒郁以卒。其人经学甚深,于《易》尤长,可惜可哀也。

早早天分不高,惟性韵温淑,似得其外王母之遗,读书亦尚知用功。对京师诸位爷爷之照拂,甚为感激。近或有可能提前一年读硕士研究生,然学不躐等,早一年毕业,未必是好事,对之弟不置可否,亦万法随缘之意也。

近来刊物每载学人访谈录,未能免俗,亦应门人之请,有所酬对。今寄呈二篇,昌黎所谓"时时应事作俗下文字,下笔令人惭",泥沙杂下,难精纯也。

马齿已满八十有二,吃八十三的饭了。一切俱不如前,耳尤聋。幸两部未完成之书,已向门人做了安顿。《校雠广义》第四编《典藏》今年底明年初可交稿。至此,四卷毕功。又数十年前有《文学通史》,虽完稿,有待修订,亦已交门人重订。冀在香港回归之日以前能刊行。假我二三年,足矣。

兄眠食如何?观为文气势,似不见老状,可喜也。

秋气渐深,伏冀

葆爱。

弟帆

10月23日(1995年)

(二四)

重禹兄:

十日手教,又十二日示及赵女士书札均收到。赵书凝重,似有得于虞永兴,大不易。其论涉江词亦殊有见,盖祖棻平生,不事博涉,读书不多,而于少数诗词别集,则玩之甚深,故比较他家为纯,赵之所说,或缘于此欤?

兄所言绀弩乡人纪念之,实可喜之事。似应得一佳传,但其生平事迹起落甚大,恐不易搜集,又周颖已逝,不能如梅志之于胡风,此则各有因缘也。西彦数十年写作极努力,评论文字亦颇可观,又从未被运动过,不知何故评论界对之殊冷落。日本生以之为研究对象,或可出一评传,然恐难精。其子晓明，钱谷融之弟子，亦任教于华东师大，文学有才气，或者能传乃翁乎！

昨日偶翻赠书记录，林锴已赠《涉江诗词集》，昨又寄一本，此亦无伤。此书印数不多，林兄可别送友人也。

舍间电话为(南京)6637651或6637551转2790，因未装直拨电话，或打出为难，接收则无碍也。

早早最近经过考核，已录取硕士研究生，96年秋可免试入学。又妄作一武侠小说，亦三四十万言，曰《摘星记》，贵州人民出版社允为之出版。希望其不辜负诸位爷爷的厚爱耳。此子性情温厚，无时下嚣张轻佻之习，或是祖棻遗传。但望其能略有成就，然弟不及见也。

南京仍是最好的秋天，但不久即将过去了。北京想早生火，珍重珍重。敬颂

吟福！

弟千帆

11月16日(1995年)

(二五)

重禹兄：

两函均收到，其命寄项先生之书，即与此函同时付邮。孟复诗绝好，项能得此翁此等诗，知其非俗士也。

早早小说已付排，明年上半年可出，已改名为《风雨情缘》，大约为销路也。此孩于武技一无所知。据云，金庸、梁羽生、古龙之徒无一习此者，岂"君子动笔不动手"乎。盖如略知技击，则决不至驰骋想象胡说一通，毫无顾忌也。此说似有理。

林锴先生见示七律十余首，极可观，亦颇与绀弩近。林林汉俳荷赐寄。宪益无缘陪接，诗亦未见，想佳。念绀派影响颇大，而能与流者，皆非赵雪斋之徒，若能选成一本，其效果或不在倾盖之下。此事惟兄最宜，不知有意拨冗花点时间否?

老年每如师丹之善忘(记不清)，亦同叔夜之擅懒(又不查材料)，此次

《四库全书》之争，蛰存、羡林，皆以四川人所谓“开黄腔”为人所笑，即此征也。兄作点校勘工作，亦是积德。此等“年高德劭”之徒，常有人们明知其误而隐忍不言者。工程院院长，某院士，当然是科学大师，大名人，居然以鲁迅赞司马迁《史记》为“史家之绝唱，无韵之离骚”二语为赞汉代建筑艺术高超之词，真是不知从何说起，而乃一宣之于讲堂，二写之于著作。南大有一青年教师亦照抄不误。弟挂名南大文科学报主编，见而诧焉，以询责任编辑，则对曰，不足异也，以讹传讹久矣。弟本拟作一短文，有人劝不要把南大与东南的关系弄坏了，遂默然，然终中心耿耿也。

夜中无事，灯下漫书二纸，当面谈。祝

安！

弟帆

11月26日(1995年)

（二六）

重禹兄：

兄三日手札五日即到，因前已寄出徐氏三书，故拟等收到后再复，乃今日已16日，而书仍未到，或某个环节上出了错(常有此类事)，若到12月底尚未收得，则只有乞兄向邮局查询矣。(若遗失，太可惜。)

论绀弩诗语极精，非一般人所能分辩与理解。真正的滑稽与沉痛严肃不可分，惜乎世人知之者不多，为之而不失分寸则尤少。若以此权衡，则聂派诗亦无几矣，然若能精选，如元次山《箧中集》之为，则亦可存当代诗史中之一派。可以标志仁人志士在沉痛心情中所表现之滑稽与小市民将一切严肃事情化为一笑之油腔滑调认真地区别开来。以大善知识立大功德。如抄数十首，以绀弩为主，余者为客，施以无废话有微言之评点，公之于世，岂非一胜缘胜业乎？幸裁酌之。徐书到后当即奉闻。敬颂

冬福！

弟帆

12月16日(1995年)

（二七）

重禹兄：

徐铸成先生著作三册已于18日收到，白担心了。

《脂麻通鉴》看了一些，不但有见地，而且有文采，实在难得。陈四益序首先想到她是一位女作家，我亦如绀弩认为黄裳首先想到涉江是一位女词人者不尽合适正同也。兄意如何？

顺颂

著安！

弟千帆

12月19日（1995年）

（二八）

重禹兄：

现在伏案作书与兄，是一九九六年元旦晨八时半。近请一部队复员之文艺家朱寿友刻了几方图章，殊有浑朴之气，中有一方取东坡诗意曰“残年饱饭”，今即以此句祝我等老健，少病少恼（不说不病不恼，实事求是，力戒浮夸之意。又黄先生上余杭书，每以此语结尾。章黄平生之恼，盖亦多矣）。

扬之水确是难得，不知其家庭生活如何。扬州丁宁亦近世词女之后，而所遇拂逆，过于徐湘蘋。但冀其福慧双修耳。弟对兄之妇女观，素极钦佩。知堂之文化遗产，此为一大端。今之论家政主或未能过之，而实践尤不堪。子女玉帛再分配，无殊尧封禹域者，盖亦屡见不一见矣。弟近特聋，亦有一大好处，即听不见各种难听之事，然也听不见欲听之事了。

评论选，选得精，校得粗。如重印增印，可与出版社商量，找一二位退休老编辑，另外出点劳务费，请其精校。陶芸编一《骈字类编音序索引》，无力精校，即用此法，效果尚佳。兄不妨与安徽教育一谈也（此书无甚用处，故未曾寄呈）。

杨宪益先生久闻其名，甚佩其《零墨新笺》之小考据，而未见其诗。其姐妹敏如、静如则皆识。静如,南大中文系同事赵瑞蕻之夫人也。

讽刺,以滑稽为讽刺,比之政协体,则不可同年而语。但要做到聂,或希望步趋聂,则要对整个人类的爱心,要有像佛祖以身饲虎的宏愿,悲天悯人。而不是站在各种不合理的社会现象的对立面,投以轻蔑嘲弄。可以哀其不幸,怒其不争,但在立场上,哀与被哀者,怒与被怒者,又在道德上是完全平等的。聂正是如此,所以绝不承认自己是滑稽者流,或应于此悟入也。中书君亦或者具悲悯之怀,然而如上帝之照临下土,少平等观,非从悲悯出发,故与聂亦异也。妄有所论,惟兄可指教之。

扬之水先生曾代一出版社请弟担任一大型丛书之顾问,年衰无力,要判断许多古籍校本之优劣,已婉谢之。通问时乞再代致歉。

桐城文尚颇有可谈。东美先生尝从受逻辑,孟实先生则尝共事,皆前辈典型,今已不得见矣。匆匆,敬贺

年禧!

弟帆

1月1日(1996年)

附上朱寿友印谱及书展介绍,其上有弟作小文。

(二九)

重禹兄:

近数日来目疾转剧,不能看,不能写,始知陈寅老诗"杜老花枝连雾影,米家图画满云烟"之妙也。大概是白内障的扩散,据说只有长满始能以激光剥去,但不知何日全瞎后再复明,亦只有听之而已。

承兄代求,宪益先生已将其大集惠赐。此君学问既佳,又骨鲠,真有"天子呼来不上车"之慨。其诗之利钝,诚如兄之所云,以此知聂绀弩真不可及。想写一信谢之,并赠以沈集笺本为报,但不知其地址,请来信告知(来信系用人民政协报信封)。

以后写信可能困难一些,但老伴甘当义务秘书,亦无大妨。庄子写先做混沌后做人,吃不消,我则先做人,逐渐变为混沌,大有如金圣叹所云"岂不快哉"之意。徐铸成三书日内当挂号寄还。叙事简洁明快,惜无

文采。

天寒，望珍重。敬颂

著安！

弟千帆

1 月 23 日(1996 年)

(三〇)

重禹兄：

得所赐新书，甚喜。过屠门而大嚼，眇者终难忘视也。目疾忽近一月，看了好几个医院，结论一致，“安心是药更无方”。勉学作草，大概只能小到如此，过此则写不出了。看则更困难，偶令芸读，亦不能多，大概对尊著也只能如此。《读书》上尊文迄未见，为何姗姗其来迟。林锴先生昨忽以丛竹二支见赐，布局颇妙，今作数十字谢之。今日此间大风，预报将雪。昏窗草此，敬颂

道安！

弟千帆

2 月 16 日(1996 年)

(三一)

重禹兄：

廿日手教敬悉。近有人为弟编一《闲堂学记》，拟三月交稿，国庆节前出。尊文定须收入，至请以复印见赐，以便付排，文尾即署载《读书》1996 年 5 期。

陶芸为弟手抄《闲堂诗文合钞》，学生在出版社为印成线装本，六月前可出，当呈教，谨闻。扬君有可以任其买书之夫，亦足自豪。敬颂

春安！

弟千帆

2 月 24 日(1996 年)

（三二）

舒芜兄：

2月29日示悉。吴彬先生已将尊稿复印寄来，非常感谢。请打一电话给吴先生，谢谢她。

巩本栋君代弟编学记，搜得材料不少，有些是我未见过的。兄意不要收得太滥，甚是甚是，令巩本栋与张伯伟把关即可。因弟已不能细看。良友见爱之意永不敢忘。近又作一必需要作的事，即要将《校雠广义·典藏编》定稿。徐有富草稿三十余万字，仍须蚂蚁啃骨头，全部过目，加以删订，才能放心。无可奈何，勉强从事。上帝保佑，快点完工。此种做法，陈瘦竹以前即如此，不意我亦尝之也。

黄苗子之作奇拙，已在《光明日报》上读之，惜荒芜兄作一直未读，现已不能读矣。

顺颂

大安！

弟千帆敬上

3月9日（1996年）

（三三）

重禹兄：

近偶得孟复遗文一首，寄上留念。潘乃纽约卖假古董商人，却自诩其能属对写字，曾托人要自撰一联悬之南大，费用数千元全由彼出。当局见询，弟以为洋江湖不宜入南雍殿堂，可告以洋房子无地可挂对子，宛谢之。近又相扰，寄来各种材料（当然照样谢绝），却将如此这般奉寄，夏日昏沉午睡之余，或可看后一笑。又纽约楹联学会文中竟用留髠事，亦是奇谈。潘受之不辞，则其人胸中所储可知，对亦可，不对可谅也。长夏无聊，书此奉候。

寅老20年读否？闻已列入南山之列。弟目眚读之甚艰。陈学热实体现对传统文化关注之心态，非徒重其学术创见也（多数人恐亦不懂他说

些什么,但隐约感到他说的一定很重要而已)。书不成字,兄以意属读可也。敬颂
吟福!

恐理屈词穷,久不作矣!

帆

6.18(1996)

(三四)

重禹兄:

手教收到,谈吴、马两兄事甚有意思。弟原来学习环境与二老极似,只1928年灵机一动,负笈南京,遂改变了终生道路。1937年本应去美,以抗战发生及与沈祖棻相爱而止,1949年亦未去台。凡此皆似偶然。弟近年常觉缘法可补辩证法之不足,但钝根不能细辨也。

兄论寅翁,极是通识,为他家所不能。近年学术界每有某种热,无非起哄,哄过则亦已耳。陆键东书较严肃,也只是直陈其事,遂已令人不安。弟眼病如旧,看此书如蚂蚁啃骨头,但望能早做手术耳。闻敏泽近患癌,兄有所闻否?祝
好!

弟帆

6月27日(1996年)

(三五)

重禹兄:

赐早早谕又先后所寄二函,均收到。

谈茂元往事,娓娓可听,惜二人皆早世,弟与相识恨迟,孟复虽数通问,亦迄未与谋面也。或不当分左右,但当分文政耳。

文评事,看出其中问题多。弟自88年后,自惟思力衰退,所为文章,不更能跨越自己,自己尚不能胜,况能胜他人乎!遂决意断手,不复写论文。(不得已有所感发者,每以文言序跋行之。亦积得数十篇。陶芸为抄

一过,近由学生设法在辽宁印行,非久或可呈教。)因此遂与《评论》《遗产》不再有来往。今则其负责人都是新面目,几乎无所知矣。大体看来,官多作家少,学者少,空谈者多,实践者少。大势所趋,贤者不肖者皆不免也。写字费力,不能畅谈为怅。

想了解一下目前稿费千字一般几何,能否见告? 顺颂
著安!

弟帆

7.9(1996)

(三六)

重禹兄:

13日手书收到,大势,打了个圈又回来了。想来想去,大概文艺之于政治似是天敌,势不两立,而又必须在一个时间空间中生存,问题就多了。慨自柏拉图氏以来,即欲逐诗人于天国之外,有志未逮,直到今天,仍有甚突出与可怜可笑可耻也。(孤陋寡闻,竟未详严昭柱是何方神圣,亦如唐人之"禅师都未知名姓,始觉空门意味长"也。幸垂教焉。)

承示稿酬大概,甚感。旧有一部文学史稿,写于五十年代。其时文研所三卷本、游泽承四卷本皆未出,闭门造车,胡说八道,至今视之,反有为人展齿未及者。程章灿门人中最少,见而欲合作修订印行,嘉其勇,遂亦听之。章灿现在哈佛,秋间当返,可商略定稿,或年底可成,暂名《程氏汉语文学通史》,窃师章先生国学会意。然仅五十余万言,而写到开国前,亦只能蜻蜓点水而已。听不见又看不见,为打发日子学作草书,王壬秋以宋人多和韵诗为无聊之极思,今颇似之。附呈一纸以博千里一笑。天雨多日迄未放晴,江涨可虑。匆匆,敬叩

道安!

弟帆上

7.18(1996)

古人云,无暇,不及草书。初学,还写不慢,以此知其未入门也。又及。

千帆所写,有数字极不像草书,太丑,故不盖印章,如一二年后有增

进，当嘱其重写一幅，换回此幅，请勿见笑。

陶芸附笔

（三七）

重禹兄：

上月26日两纸敬悉。弄潮新贵，今乃得知，可见弟脱离现实为日已久，但不能出成品，专靠旧招牌，甚至卖旧机器，则亦无可奈何矣。

《论主观》乃是一重大公案，历史不可能忘记它。兄编集时，极盼多存文献，以备来者立此存照。闻叶永烈有一书记右，即颇抄存公文档案，因被暗禁。然如此等书，决不会淹没也。可惜东周时传媒不先进，不然有孔氏之徒所编而少正之徒增补之书传世，岂非千古美谈乎。二书似宜交相为用。兄之家世经历事业，皆是当代文化文学史之组成部分。主观一论，乃其要害核心。弟意不管它是否能立时出版，总得按自己的天理良心写去，古之所谓良直者，亦不外此也。

旧稿见赏亡友，前所未闻，滋愧。北山如存，定要请其题笺或作序也。

酷暑，伏愿

葆爱。

弟帆

8月5日(1996年)

（三八）

重禹兄：

8月8日手教及抄示绀弩翁遗札数段收到未复，忽已逾月。其书札极富个性，零璧碎金皆足传世，甚愿兄能整理而刊布之。静闻与弟去看他时，极似与中玉去看克家。出门后，臧诗人忽悟，令女佣追出，又延入谈良久，年老耳聩，往往如此。弟近年常认错人，已二次，只好道歉，幸未被责，亦恕其老也。近月忙于将拙撰《校雠广义·典藏编》作最后修订，争取年底发排，明年上半年四卷全出。乃书经营四十年，但能略具此学纲维，未能深入也。而目瞀，每日只能看数千至万余字，故进行极缓，大约九月底乃可交卷。二卷本《选集》，去年十月已载书目，而千呼万唤始出来，昨得样书二份，今以其一首呈吾畏友，幸纠其谬。虽旧作，皆细磨勘，有些小小改动，有数处不同旧本也。门下于景祥，性周密而迂缓，有徐干之齐气，是以拖拉，然校勘精审，几无讹字，亦可珍也。秋气渐肃，伏维安适。敬颂

著安！

弟帆顿首

9月13日(1996年)

（三九）

重禹兄：

前得九月十九日手教，适将与弟子徐有富君合撰《校雠广义》第四编《典藏》作最后审定，故未及即复。弟撰《校雠广义》，合版本、校勘、目录、典藏而一之，发意在四十年代，中更世变，未成其书。已成部分，又为狂童毁其卡片。到南京后，弟子徐君不敏而好学，有"参也鲁"之风。邀之合作，迄今又十年，居然卷帙可观，四编约得120万字，虽事等抄胥，无甚精义，然向、歆建立之校雠学，自西汉之末迄于今兹，仍得较完备之表述，以84岁之老翁，亦聊可自慰其老而不死矣。今其书前三编已排好印好(《目录编》有增订本)，《典藏》年内可付排。其他尚有一二种，则付之门人，不再过问矣。

因连日审稿，视力转差。昨得赵丽雅女士函，尚未及复，她似乎不知陈致已去新加坡任教，故其去函尚未得复。她似可从陈毓罴先生处得知陈致在新加坡之确址(如赵与陈过去未曾通问，亦不妨请陈先生介绍)。程门弟子大多能善与人同，想相互切磋，应无问题。若竟无此雅量，则"非吾徒也，小子鸣鼓而攻之可也"。一笑。

此事如兄可打电话解决，弟即不再回赵函。其信书辞甚谨，不敢怠慢，写得工整又困难也。

玮德之逝，匆匆又数十年。其人如在，成就未可限量，叹叹。

目昏，书不成字，请陶芸抄一遍寄奉。敬叩

道安!

弟帆

10月2日(1996年)

(四〇)

重禹兄:

手教及附诗文收到,久不见尊诗,盲目为清新之句所激发,极欢喜。叔河先生文及兄所补谊,甚精辟,可算是给风派君子一鞭,然不知有效否也。世人竞选高大全之今人,祸延古贤,久已忘却"倘有取舍,即非全人,再加抑扬,更离真实"之教导,于是乎只知李白的人民性加浪漫主义,白居易则人民性加现实主义矣。封建地主阶级要其妻妾婢妓提供性服务,虽文天祥亦视为当然,且在其心目中,上阳白发、浔阳商妇固可同情,而杨枝、骆马亦当留恋,事或并行而不悖也。故白居易从不自称为现实主义的人民文学家,亦从不因有人加此封号遂竟掩盖其不伟大的一面。世人欲以高大全之帽子赠之,又拉起一块遮羞布,名曰"历史的局限性",宜其林锴先生之呵也。目眚,书不成字,兄恐看不清。

前属寄笺本,早发,或已收到矣。

吟福!

弟帆

10月5日(1996年)

(四一)

重禹尊兄:

五日十二日手示均收到。沈词笺本,我买了四百册,意在使赏音者多能得之,兄能屡次见告应赠之人,固所愿也。弟手中所有及江苏古籍近日皆售罄,幸其主持人薛正兴君已同意重印。此与兄在《读书》之推毂有关,此所谓伯乐不常有也。早早已正式进入研究生院攻读,少年狂妄,欲作其外祖母评传为硕士论文,弟虽鼓励之,然悬揣其或能成章,不能深入,盖无创作实践,实难不说外行话也。

陈致顼从新加坡有信来，云每周授课十五小时，极忙。未复赵夫人函，或由于此。已告知赵切磨之意，属就所知，与共商讨矣。

叔河先生文，若如尊示，实王船山《读通鉴论》《宋论》之嗣章。古人颂天声振汉，大业昌唐，亦有臭汉脏唐之诮，大概超人之私生活亦复超人。近人有以此议则天皇帝者，陈寅老叹曰，若想到她是皇帝，则自可不必如此云云。令人齿冷者要既为妓女又立牌坊，古难圆光，以欺后世耳。肇仓积学可佩，然其思路沉实而不灵通，或是邵西老人之传也。辩乐天事，弟所谓欲以文献学解决文艺学问题。尊意云何？

瞀目奉复，敬颂

道安！

千帆拜

10 月 17 日（1996 年）

（四二）

重禹兄：

10 月 28 日手教又附二件，得之喜慰。先德遗文，得付印行，尤欣庆也。兄论大师，视弟所说更为宏阔，然今日局面，似诞生大师更难。此关系国族人运，非由我辈之企望，遂能有所改变，是可悲也。林锴先生久耳其名，赵女士则所未知，“何世无奇才”，左太冲之言，岂不然哉。当即各寄一册，想近已收到矣。西人幽默，沈公警语，皆足昭示来学，弟当广为宣传，以积公德。

久不作诗，近偶得数篇，复印呈教。老去只余诗律粗，可笑也。

天已转寒，伏望珍摄。敬颂

著安！

弟帆

11 月 6 日（1996 年）

（四三）

重禹老兄：

十一月一日手教敬悉。

论绀弩诗与诸家几微之别，精确不易。故效之者虽不少，而明其诗心者实不多也。

桐城学术渊源，弟虽未能深究，然姜坞、惜抱两家著作，亦尝循诵，窃以为仍是义理考据词章并举，曾湘乡又济之以事功，非徒以文章为能，更非但琢磨文气之摇曳吞吐，于笔端回环见功力。《援鹑堂笔记》精严处可追十驾斋，惜翁《今体诗抄》，偶作小按语，亦见其于官制地理皆甚详密，令人钦服。而后之不善学者只知在虚字眼上下功夫，失之远矣。季刚先生尝举“可谓浩乎沛然矣”之句为笑，实亦令胡卢也。弟初入大学，尝从东美先生受逻辑之学，全是数学公式，今已茫然。在武汉大学，曾与孟实先生往还，其人所知，颇过于文字所尝发表者，今世能沟通中西学术少数人之一，且喜提携后进，今世不多。近数十年，屡遭攻伐，幸免于祸，得保名位以没，亦其韬晦有以致之。

得林锴先生诗，曾复一短笺，而竟被退还，不明所以。今附上，祈转并致稽复歉意。

《脂麻通鉴》颇妙，冬日拥炉览此，胜枯坐多矣。北京实是人海，千奇万幻之书出自淑灵异材之手者何限，恨无法尽读之也。顺颂
冬安！

弟帆顿首

12 月 6 日(1996 年)

（四四）

重禹兄：

数月来耳愈聋，目愈瞀，已完全不能看书报，写字亦甚勉强。幸文诗得陶芸及门人之力，为抄印一小本，印了 400 册，分送友人。但如兄言，真正识货者少。乃知寅老云“为随顺世缘，故不得不有所著述”，真盲翁膑叟之深悲也。《中华大典・文学典》经营了八年，近宋辽金元及隋唐五代两分典初步完成。宋元部分近在北京通过鉴定，准许付印，约年底可印成，五册，1200 万字，不敢言完备，略胜清代官书如《古今图书集成》耳。此书估计完成无日，《文学典》进展较快，也要跨世纪才能完成，聊便世之俭腹

懒儒之獭祭，不足言学问也。近用苏诗句托友刻一“残年饱饭”闲章，可云实录。得兄书知良友之相念，聊书二纸以申近况。祗颂

近安！

弟帆

2月27日（1997年）

方竹近况如何，忽忽想及，甚念念也。

（四五）

舒芜兄：

得《未免有情》，甚爱重之。嘱芸于家务余暇读一或半篇，亦颇能消磨时光也。恨不能与静农先生游，至今未能有缘诵其诗，今聆尊文，亦已胜屠门之嚼矣。白匋先生晚年步履维艰，弟所亲见，而弟近亦如此。谚云：“七十三，八十四，阎罗不请自已到。”妙哉妙哉。先十发翁临终绝句云：“清白吾身此去来，乾坤消息一真胎。若然便是浮生用，月自当天花自开。”先公享年六十八，临殁赋此。弟颓年八十四，好像还要活。王冬饮翁所谓不亏本也，一笑。

敬请

道安！

弟帆

3月3日（1997年）

（四六）

重禹兄：

六日手教敬悉。《百年潮》约早早写其外婆传记，恐有困难。早早确有意为其外婆写一学案，即作为硕士论文，但不是“传”。如报上所载《石评梅传》实是文学创作，虽可读性强，但其中细节，以时间推之，恐皆非实录，而系合乎情理的臆造，此早早不能施之于其外婆者也。又早早目前功课甚忙（南大中文系研究生无逍遥派，作业多），还要找课外工作（如教留学生）以维持生活，如在杂志上连载，恐负担不了。我尚未与详细研究，谨先奉告。即颂

近安！

弟帆

3月10日(1997年)

(四七)

重禹兄：

手教敬悉。《学记》在贵州印，其编辑室主任是弟学生，故一切安排尚可。凡《学记》中有文者先寄，故扬之水处尚未寄出，兄处有二本，或是经手偶误。此册即乞代寄扬之水。女人治经与考古，皆极罕见，甚可佩也。兄稿费585元(去汇水1%)，日前已由巩本栋寄奉，想非久可到。上海文艺出版社所出《学苑英华》，其中有弟一册，名曰《俭腹抄》，明年一月亦可出，亦巩君编。弟已不甚能工作，只能委之弟子，老杜所谓"穷途仗友生"也。又《校雠广义》，已出《版本》《目录》，其《校勘》《典藏》二册，岁尾年头亦可出，此书首尾经营四十余年，老而不死，终假门人徐有富成之。又《汉语文学通史》已成初稿，门人程章灿为补充写定，估计来年六月可成。至此以往，不复作任何勾当矣。老年孤寂，耳聋眼瞎，弥念故人，写字又困难，故书疏亦少。兄前函所云著述计划，皆涉及当代文坛大事，而年事尚遒，幸力成之。冬至，伏愿葆爱。敬颂

著安！

千帆

12月15日(1997年)

(四八)

重禹老兄：

顷得荒芜夫人书，特转呈一览。巩本栋与荒芜夫人似少渊源，其要求似唐突。弟意可请外文所资料室整理荒兄遗书文物为妥，如何？

顺颂

著安！

帆

12月30日(1997年)

（四九）

重禹兄：

久不通问，以耳目皆愈来愈不听使唤也。有一广东医生粗能诗，近忽寄来绀翁佚诗一卷，谨转呈，或可转交井天先生作辑补之用，亦足供为绀翁传记者参考也。

极念兄之写作情况（似报刊未见兄版数）。

弟及祖棻近应河北教育出版社约出文集。棻四册，早早编，已交。弟近二十册，莫砺锋编，要明年才可出。有时自喜，又有时想到，说这么多废话，干什么，又爽然也。写字困难，不多及。祝

好！

弟帆

4月29日（1998年）

（五〇）

重禹兄：

昨上一函，计达。

绀弩一老豪杰，虽槛凤笼鸾，而仍是生龙活虎。一瞑之后，周婆继之，则竟遗文稿费亦找不到收受之人。言念及此，悲从中来，不可断绝。枯坐斗室久之，心光一点竟不能去怀也。兄欲作自传或回忆录，不知动手否？极盼。有心史乃有信史。祝

安康！

千帆

5月2日（1998年）

（五一）

重禹兄：

早早应河北教育出版社之约，为其外祖母四卷本的文集写了一篇前言，现在呈请方爷爷教诲。如果不太谬乱，是否可以请你转到《读书》编辑

部。我这两天心脏不太好，脚也有点浮肿，不多及。敬请
著安！

弟帆

5月21日(1998年)

（五二）

重禹兄：

彼此皆病，遂少书问，亦是衰年一厄也。门人张宏生近为同门巩本栋作一书评，欲求长者转致《读书》，亦可其他刊物(似略冗)，幸酌。不尽。顺颂
近安！

弟帆

十月三十一日(一九九八年)

（五三）

重禹兄：

黄山书社寄下先德诗集一册，甚为感谢。老辈仪型，如亲风范，当细玩之。弟身体不佳，写字困难。匆匆，即颂
著安！

弟帆上

12月20日(1999年)

致徐志平(二通)

徐志平，嘉兴教育学院副教授，嘉兴市文史馆员，原朱彝尊研究会副会长。

（一）

志平先生：

六月二十九日承教敬悉。

承允提供杨煃诗集残本，甚为感谢。请即将原件挂号寄下，就本室所藏目录及版本加以校对。

无论先生愿意提供抄本或此钞本之复制件，本室均将按照国家规定，酌致报酬，以答先生重视祖国文化遗产之雅意。

谨复，即颂

教安！

弟程千帆

七月三日（一九八四年）

（二）

志平先生：

七月六日信及杨煃《蕉露词》手抄残本，甚为感谢。此集，不见于诸家目录，但它本身的思想水平和艺术造诣都不高，单刻行世，很难流传。但《全清词》以求全为目的，而不论它好不好，所以仍拟收入。关于杨氏生平，我们将查一查方志。但恐也不易查到，因他在政治、学术等方面都很一般。若查到当奉告。

您想要我们送一套《全清词》，这有困难，因为它出版期太长（估计2000年前不定能出齐），篇幅太大（约《全唐诗》的十倍，《全宋诗》的二十倍，在100册以上），价格也太高（大约要四五百元）。不过，我们可根据国家条例付给您提供资料应得的报酬。这是要请您曲予原谅的。

朱氏曝书亭诗当然在我们搜集之列。谢谢您的关心。

谨复，即致

敬礼！

程千帆

七月十日（一九八四年）

致李庆立、孙慎之（三通）

李庆立、孙慎之，山东聊城师范学院（今聊城大学）教授。

（一）

慎之、庆立先生：

惠书及大作均拜悉。

《诗家直说》已脱稿，甚好。读《札记》，知用力甚勤。书当可按出版社安排付印，然目前工作进行缓慢，不知何时可出版耳。

马柳泉不详，查明代人名工具书，旧有①《八十九种明代传记引得》（中华书局）、②《古今图书集成中明人传记索引》（香港中文大学新亚学院）、③《明代地方志传记索引稿》（东京东洋文库油印本）。然柳泉似是字。或须先从诸书先查出马姓诸人，方能逐一再查其字号。又此诸书，后二者较难得，南大即无之，不知山大有之否？

“类文见”决非书名，疑“类文见曰”四字为“艺文类聚载”五字之误。盖梁武、王筠《和太子忏悔诗》均载《类聚》卷七十六也。然无底本可证，聊备一说而已。

敬复，即颂

教安！

程千帆

9月23日（1984年）

（二）

庆立、慎之先生：

十月八日示敬悉。马柳泉事迹既查不到，只有阙疑。“多闻阙疑，慎言其余”，是我们应当恪遵的治学方法。

“类文见”，拙见仅供参考，如引用，要说明“疑作”及“并无底本为据，只是聊备一说”之意。

我从上月28日因心脏病突发，住入医院。迄今稍稍稳定，但医嘱不可用心。在较长时期内，也只能减轻而不能增加工作，所以未能遵示为大著作序。七十二了，浩劫之余，身心交瘁，想做的和能做的之间的差距，愈拉愈大，徒唤奈何。看到你们年富力强，英发力学，且佩且羡。

被囚病室，聊书数行，以当面谈。即颂
著安！

程千帆

10月14日于南京工人医院（1984年）

（三）

庆立先生：

往岁有幸得读《诗家直说笺注》，今复承赐新著《茂秦研究》，知先生于谢氏及有明一代文学，治之精且专也。近人惑于焦里堂下逮王、胡一往之见，于明清诗古文辞往往妄肆诋諆，或束之高阁，实则其中流变甚繁，亦各有所成，未容横加抹杀。先生独能于举世鄙视前后七子之时，深究茂秦之生平及业绩，庶为转移风气之嚆矢，蜀友王文才先生治杨升庵亦极勤审，与先生东西辉映，不可谓非学林之佳话也。《谢诗注》未知何处出版，尚乞告知，俾便购读。旧讲义一种捧呈博笑。专此复谢，即颂
著安！

弟程千帆顿首

十月二十七日（一九九三年）

致岳洪治（六通）

岳洪治，人民文学出版社副编审。《沈祖棻创作选集》责编。

（一）

洪治先生：

来示敬悉。近日因心脏病住院治疗，故未能及时作复，甚歉。《涉江词本事》目前自亦无法整理。敝意不拟附在书后，另作处理。请即发稿为盼。

我们没有别的要求，只希望能多印几张照片，纸张好些，照片可以较为清楚。请酌。

顺颂

撰安！并向

早春同志致候！

程千帆

10.3(1984)

（二）

洪治先生：

接奉早春同志来札，敬悉一一。我因病住院治疗已一个半月。现嘱家人奉答如下：

一、内封上可以署我的名字。

二、《悬崖上的家》一篇，早春同志意见可以不编入。我亦同意。如您认为以编入为好，那也可以，但目次第一辑“短篇小说”，应改为“短篇小说·散文”。

三、《小传》中，祖棻逝世时的情景的那句话，同意删去。

四、每篇小说、诗、词的具体写作日期已记不清，但原稿每一辑皆有插页，上面写明这一辑写作的起讫时期。最好仍能保留这插页，如不能，则请在目次中注明。她的词已在湖南人民出版社出版了。旧诗在福建人民出版社，尚未出版。历史小说三十年代曾发表过，均在《文艺月刊》。

《辩才禅师》，7 卷 2 期，1935 年 2 月。

《茂陵的雨夜》，8 卷 1 期，1936 年 1 月。

《崖山的风浪》，8 卷 3 期，1936 年 3 月。

《马嵬驿》，8 卷 6 期，1936 年 6 月。

《苏丞相的悲哀》，10 卷 2 期（未注年月，当在 1937 年）。

新诗多数未发表过。

特复，此颂

大安！

程千帆

11 月 13 日（1984 年）

（三）

洪治同志：

来信收到。《给女儿》三首，约写于 1959 年。

祖棻选集，拟校样时，在文集后以极简文字说明时间及出处。故现在亦不必立即改正。

您估计何时可校样，望先两个月告知，好安排时间。在改革中，出版周期总该有些变化吧。

祝

近安！

程千帆

12/1(1984)

（四）

洪治先生：

祖棻选集极承费心得以早日出书，感不可言。请除赠样书若干册外，另代购寄 100 册，以便分赠亲友。款项请在稿费内扣除。

人文近出《古典文学研究论丛》第一册，国星同志曾惠赠一册，不料被好之者窃卷以去。尚乞转请国星代觅一册（市上无售处）为幸。

朱自清先生日记闻将在人文出版，不知确否？亦希代为留意也。

祇颂

撰安！

程千帆

4/24(1985)

（五）

洪治先生：

收到来示，知祖棻选集已出版（样书尚未收到）。此事诸承费心，且稿费又特与优待，均极感谢。

上次张国星同志来函，希望我能在人文印一本书。此事，我在准备中。给人文的书，应当是高水平的，所以不敢造次。望转达。专此复谢，即颂

著安！

程千帆

9 月 1 日(1985 年)

(六)

洪治同志：

十八日来示又样书二十册均收到。书的设计、校勘各方面都很好，感谢之至。湖北大学章子仲副教授(女)正在写一本沈祖棻传。我已将录音材料，还有许多其他材料都交给了她。录音部分，可能成为书中一章，先抽出发表。到时再和您商量办理。

另一百册，务请要样书室从速寄下。需款若干当即寄上。(听说 100 册以内，有优待折扣，不知是否?)

此复，即颂

安好！

并候早春同志。

千帆

11/29(1985)

致胡佳题(一通)

胡佳题，曾任安徽省桐城市桐城中学教师，现任安徽省团校副校长。

佳题先生：

莫君江西诗派论文，已交齐鲁书社出版，估计明年始可发行，承命事，暂时无以奉报，所寄二元，随函附还。即颂

教安！

程千帆

5.31(约 1985)

致孙文光(一通)

孙文光，曾任安徽师范大学文学院教授。

文光先生：

来示敬悉。近日极忙，承命为龚会作诗，竟不能就。盖才思极拙，非苦吟不能得句也。尚乞谅之。敬请

著安！

程千帆

9 月 11 日(1985 年)

致张叙之(六通)

张叙之，曾任湖北省教育厅副厅长。程先生任教武汉大学时的学生。

(一)

叙之老弟：

奉书，惊悉尊公仙逝，良用怛恻。君兄弟从政治学，皆有所成，则老人泉下优游，亦即无所憾，望体此意，以节哀慕也。小文一束，愿循览之。此假骨董，然是识真骨董之阶梯，今人不多喻也。

复颂

近好！

千帆顿首

11.3(1985)

（二）

叙之老弟：

久未通问，念念。

不知您和武汉出版社（江岸区黄埔路248号，电话501138、502027）负责人高靖华、肖德才等相识否（高为社长兼总编，肖为编辑室主任）？四个月前，他们来信索稿，我同意将我与陶芸编的《骈字类编音序索引》交其出版，并对报酬、校对等事项作了具体商谈。他们回信说，九月底作决定后，即来取稿，一拖两个月，渺无音讯。此书原可列入南大出版社92年计划（周勃的文艺理论《永恒的困扰》，由我去年推荐与南大，已发稿）。这样一来，就只能推到明年，才能列入计划，后年才能见书了。我曾去过信，又要在华中师大工作的学生张三夕去问过，他们不回信，对张面询则云未定。大概想出而又怕赔本。此书之四角号码索引印了一万，懂拼音比懂四角号码的人多，估计也不致太少。他们不印，也无关系，我也不会见怪的，但能接受，就更好了。因我年事已高，希望所著能从速印出。所以写信给你，随便问问，不知你是否与他们相识，能否与之谈谈，望告。祝

安好！

千帆

十二月一日（一九九一年）

（三）

叙之老弟：

来信悉。所托事，不必再费心了，因我已将稿子交到南大出版社。我此稿原交南大，武汉出版社颇想印。我以为这样可以快一点，不知他们一拖四个月，到现在还不决定，既不说接受，也不说不要，而是说“研究研究”，令人徒唤奈何，只好不理会它了。我一切都好，退休后，事少些，身体也好些。很想天气暖而不热的时候，到武汉小住，不知明年一切条件如何？老了，不比年轻时，拔腿就走的。武大陆耀东同志拟将我和祖棻的新

诗合编一个集子。我记得你曾在旧书摊上买到过《诗帆》合订本，如现在仍存，可算善本、罕传本了。祝

新年安善！

千帆

1991 年除夕

（四）

叙之老弟：

得长书，为之感喟。螺丝钉与个性发展自来不甚相容，将来到了大同世界，算一笔总账，两者得失如何，实难论定，如弟奉命从政，不失为循吏，然或许少了一个戴东原或章学诚，所不知也。我旧与门人合著《被开拓的诗世界》专谈杜诗，久出版，不知曾寄弟否，如未，尚有存书可补奉也。春节即临，即祝

阖家安吉欢乐！

千帆

一月二十四日（一九九三年）

（五）

叙之老弟：

为介弟作字一幅，天琴，恩施樊增祥云门别署也。如以为可，幸转去。顺颂

近安！

千帆

3 月 10 日（1993 年）

（六）

叙之老弟：

得来信知弟现参与关心下一代工作，能为后代造福，老有所为，我非常高兴。弟所缺拙著《沈祖棻诗词集》及《宋诗精选》我尚存数本，兹随函

寄上，请查收。《宋诗精选》是江苏古籍出版社出版的一套《文苑丛书》中的一本，系全套出售，故外面不易购得。《骈字类编音序索引》因系工具书，未多购，也从未以之赠人，手中也只一套。该书是武汉出版社出版，今附一致该书责任编辑潘长胜的信，请径与之联系，或该出版社尚有余书，武汉出版社地址为江岸区黄埔路248号，潘先生家中电话为2414307。此书用处不大。也许湖北省教委图书馆有《骈字类编》，则可能也有此索引。我近来耳益聋，眼益花，作书不易，只好请陶芸代笔。顺颂

近安！

千帆

1998.2.17

致平田昌司（一通）

平田昌司，日本京都大学大学院文学研究科教授。

平田先生：

前得来信，知已升任山口大学副教授，奉赠之书数种，亦已收到，甚以为慰。足下乃贵邦汉学后起之秀，真积力久，必可超越山井鼎、服部宇之吉诸老。仆虽衰劫，亦亟盼其有成也。

近闻台湾“国立”政治大学中文研究所有郑亚薇君，曾于1981年著一博士论文，题曰《南宋江湖诗派之研究》。仆适亦指导一博士生从事此项研究，甚望得郑文复本以资比较。如郑文确佳，则可不必更作。不知先生能设法在台复印一本，由日本转寄来宁否？幸试图之。余不一。

即颂

著安！

程千帆

八五年十一月三十日

致王同策（三通）

王同策，曾任吉林大学古籍研究所教授。

（一）

同策先生：

复印词集已收到，极为感谢。所需方志二种，亦与南大图书馆洽谈，似可办到。此事，曾要清词室奉复，不知收到否？弟近去外地才返，尚未及询问也。

谨上，即颂

冬安！

千帆

12 月 30 日（1985 年）

（二）

同策、成学、中其先生：

承赐校点《苏魏公文集》，极感。此书过去流传中，颇乏善本，又不甚易得，今诸先生为之详加理董，子容地下有知，亦当惊知己于千古矣。佩佩。敬此复谢，即颂

著安！

程千帆上

九月五日（一九八九年）

（三）

同策先生：

大文已拜读，谨遵命寄还。此类文字甚有史料价值，将来或当收入文网史也。天寒，足不出户，终日惟打瞌睡而已。先生闻之，亦必觉其可笑也。复颂

著安！

千帆

1月27日(1992年)

致吴新雷(四通)

吴新雷，南京大学文学院教授，与程先生合著《两宋文学史》。

(一)

新雷兄：

上次你要找词分婉约、豪放的最初出处，我现找到张綖之说，特抄上，但系转引而来。如要引用，还须找原书核对一下。祝

好！

千帆

3/13(1986)

明·张綖《诗余图谱》卷三：词体大略有二：一体婉约，一体豪放。婉约者欲其词情蕴藉，豪放者欲其气象恢宏。……大约词体以婉约为正，故东坡称少游为"今之词手"，后山评东坡"如教坊雷大使舞，虽极天下之工，要非本色"。

(二)

新雷先生：

周绍良兄丛稿中有一篇谈《宣和遗事》的，亦以此书为"话本"，与兄意同。今送上，看有无可供《文学史》参考之处。

即颂

俪安！

弟帆

10/25(1987)

（三）

新雷兄：

回来查书，知那条材料引自《宋人轶事汇编》卷十二（P547），注云《泊宅编》，细检《泊宅编》三遍，无之，知丁传靖弄错了。

田汝成《西湖游览志余》卷十六有一条，文字略同（多出数十字），当即出未得出处之某宋人笔记。弟意即可用田书。以后查得原著再改。附抄田书如另页。祝

好！

千帆

（1987年10月底）

苏子瞻守杭日，有妓名琴操，颇通佛书，解言辞，子瞻喜之。一日，游西湖，戏语琴操曰："我作长老，汝试参禅。"琴操敬诺。子瞻问曰："何谓湖中景？"对曰："落霞与孤鹜齐飞，秋水共长天一色。""何谓景中人？"对曰："裙拖六幅湘江水，髻挽巫山一段云。""何谓人中意？"对曰："随他杨学士，鳖杀鲍参军。""如此究竟何如？"子瞻曰："门前冷落车马稀，老大嫁作商人妇。"琴操言下大悟，遂削发为尼。

——田汝成《西湖游览志余》卷十六

（四）

新雷先生：

记得邓韶玉先生为《两宋文学史》写过一篇书评，忘了发表在何处，如兄有之，乞告知。如亦无，则请去信上海时，问邓一下。谢谢。

弟千帆

（1991年11月）

节抄四川大学缪钺先生1991年11月8日来信

迩来又细读先生与吴新雷先生合著之《两宋文学史》，资料翔实，考订精细，体系紧密，而识解弘通，评价平允，尤为特色。与时下流传之文学史诸书，拘泥于僵化理论模式与极"左"观点者迥乎不同。第其品格，殆与鲁

迅《中国小说史略》相近。

致赵炳南、任笃行（一通）

赵炳南，曾任齐鲁书社社长。任笃行，曾任齐鲁书社文学编辑室主任。

炳南、笃行先生：

我们近决定加聘屈兴国先生为《明清文学理论丛书》副主编，今后丛书署名，需作相应增补。除由文献所正式函达外，谨更奉闻，即乞惠允。

莫砺锋同志将于八月中赴美讲学。《江西诗派》样稿，不知能否在其出国前寄下。切盼切盼。如实来不及，望将样稿寄我，设法代校。

《治学小言》的样稿何时可见，亦即便中示知，以便安排。

我将去北京三星期，约六月十五回南京。信已仍寄南大。

丛书列入贵社八六年出版计划的共有几种，望告知。

即颂

著安！

程千帆

六月二十日（一九八六年）

附致齐鲁书社总编室①

齐鲁书社总编室：

由我所编辑、贵社出版之《明清文学理论丛书》，问世以来，反映良好。自去年起，已获得全国高等院校古籍整理工作委员会的认可，列入资助课题，核定经费一万元。今后此项工作，当可由于此项资助，得以广集材料，提高质量。

丛书主编程千帆教授因年高事冗，难以专注此项工作。近经我所研究，增聘屈兴国副教授为副主编，以加强集稿审阅等项工作。谨以奉闻，

---

① 整理者按：此信由程先生手书，故附于此。

尚乞于今后出版之丛书内封面及版权页等处，增列屈先生之名，不胜感荷。

专此，即致

敬礼！

南京大学古典文献研究所（并钤印）

一九八六年六月二十日

附内封面样子一纸：

明清文学理论丛书

南京大学古典文献研究所编

主编 程千帆　副主编 屈兴国

清人词评三种

［清］××××等著

尹志腾校点

齐鲁书社

一九八六年·济南

致徐公持（一通）

徐公持，曾任《文学遗产》主编。

公持先生：

惠示收到。门人习作荷录用，甚感。蒋生现在北京搜集论文材料，住府右街135号统战部招待所25号。先生可打一电话招其到编辑部一谈，俾面聆教益。表已代填。此生已发论文多篇，然题目及刊物，弟忆之不审，故空出，可令其亲填也。

专此，即颂

著安！

弟程千帆

6/30（1986）

致张宏生(十二通)

张宏生，香港浸会大学讲座教授。南京大学中文系文学博士，师从程先生。

(一)

宏生、蒋寅、曹虹同志：

① 收录机未到，亦无发给硕士生之事。

② 购空白录音带事，已与许主任谈妥，每人可买十盘。先打报告，许主任批准，即可支款，买后报销。

③ 资金券，中文系规定，由系统一掌握，复印件印好后，由系报销，但不得印与专业无关的材料。祝

好!

千帆

7月6日(约1986年)

(二)

宏生弟：

十二日来信，十五日到湖大，但因传递人不负责任，直到今天(廿七日)才收到。看来，以后来信，仍以寄中文系为妥，他们有专人管送，也不过迟一两天。

《诗经》文改后寄我再看亦可，但不妨先问一下周先生，如他能考虑发表的刊物，就不必寄来了。我已写信给他，说明此点。

《火与雪》于24日挂号寄出，这两天又考虑到有几处文字还应改得更严密一些，另纸抄上，望照改，再送印刷厂打印。如已送，望去改一下。

莫砺锋书可航寄20本到美国，邮费先要文献所代付一下(报告周先生用中国邮费抵美国材料复印费的方法)。邮票收据要姚松保存。我们将英文刊物上的诗歌论文目收集(包括我房中书架上的那一部分)整理打印(如上次整理小说的样子)，然后寄一份给莫砺锋，要他在哈佛多方找材

料补充，请韩南、傅汉思等研究汉诗的美国专家推荐，将我们所没有的开列目录并复印寄回或带回。他在美国所用的钱，可与将《江西诗派》寄美的费用相抵。他另外要送的书，上次开了一个单子，今寄来，望照寄（这邮费要友红支付，要挂号，以免遗失）。

我处可寄一册，并将唐宋诗派表格也寄一份来。编江西、江湖两个总集事，据北大方面来信，困难很多。是否要做，我与周先生详细商定。

听说清词第一批交的稿不理想，还要修订，看来，你一时不会去北京了。章灿、曹虹的严辑《全文》，要托人带回才好。

告诉章灿，我的一些著作，档案馆要写一简介。此事我前已托他办理，望早日完成（临上船时，我也曾说过）。

评职称事，我同意你们“尽其在我”的想法。我估计，按资排辈及平均主义等很快要过去的。

笑梅的身体要多保重。老人家具体帮助，是大好事。

望转告尹、屈两先生，① 以后来信，仍寄中文系，不要寄专家楼；② 关于清词整理的具体安排，望随时来信见告。

祝

双好！

千帆

十二月廿七日（一九八六年）

① 2 页 6 行，“从体物到禁体物”改为“由体物的巧似之作到禁体物的白战之体”。

② 14 页 3 行，“从诗来的……生命力的”增改为“从诗来的局部体物和从赋来的整体体物以及由它变化出来的禁体物等各种表现方法，都是富有生命力的”。

③ 33 页 13 行，“及颍州雪诗”增改为“及欧集颍州雪诗”。

④ 34 页 19 行“所谓形象”后增加“‘言其用而不言其名’的表现方法，究其远源，可以上溯《荀子》五赋。但从它到唐宋诗，其间的传承关系是不清晰的，所以只能存而不论”。

（三）

宏生弟：

24 日来信收到。

关于江湖、江西两派出总集的事，要从长研究。材料是最大的困难。我寄到香港转台向潘先生要两种江湖集的信，被邮局退回，大概是实际上不大欢迎“三通”吧。这些事的内幕是很难弄清楚的。我们可以先做① 通论（即论文）、② 系年、③ 资料汇编。总集靠后，寄希望于政治改革。经费给了一万，原来文科博士点也有一万。但这点钱无法填满各大图书馆的欲壑。如中华愿担承出版义务，当然也可以做下去。这只能看着办。

许先生约稿，你可直接寄去。诗如要写，就得好些，内行些，否则宁可藏拙。我问你，就是为此。可慢慢酝酿，不必，也不可能急就。

文要补订四处，已由丽则转交，想收到。现还想在最后（31 页）再加一段，请将原稿剪开增入：

由上可以概见，表现方法的更新虽然出于文学历史的客观要求，但使用某一新的表现方法的成败，在很大的程度上，取决于作家个人的心思才力，同时，新的表现方法的出现，并不意味着旧的表现方法的消亡，它们往往为作家们所兼收并蓄，为百花齐放创造条件。

我离校这一段时间，你们几个博士生关于学习和其他的事，多请示周先生为要。祝

好！新年愉快！

千帆

12 月 31 日（1986 年）

（四）

宏生弟：

连续有三函奉致，想均到。

请向小潘处再买《古文献学》及《校雠广义》各十七套共 85 册，捆成四个小包（大了不好拿）。无论由郭先生或丽则带鄂，都请你和史梅协助，

① 订汽车(自费,由我付),及② 送上船,③ 发电报给我等事,④ 书款每套 8 元 5 角,共 144.5 元,要丽则付给小潘,并取湖北大学抬头的收据。

附函望交郭先生,并将此二函均交丽则一看。我还是希望丽则能来。郭先生如能和她同行,最好。祝

双福!

千帆

一月八日(一九八七年)

(五)

宏生弟:

两封信都收到。文章送打印后,不需急催,但校对(包括封面)要仔细,因为并不急于寄出。我做事,总希望赶在前面,所谓"凡事预则立","赶前不赶后"。

校订两个诗派的总集,从目前学术文化界情况看,恐弄不成。周先生从北京返后,当可知其大略。如实无法进行,我们就没有必要参加《全宋诗》的校点工作。你在完成论文的同时或其后,可从事年表及资料汇编,砺锋也如此。能干什么就做什么,总之,要出成果。

台湾的书我仍在另行设法,成否不可知。

外文资料目录,可即由章灿办,程序如下:

① 将我有的(包括家中的,已别写一信,你们可在星期日或其他日的晚间去取,先打电话,以免扑空)材料中中国古代诗歌(包括词曲)的论文钞成卡片目录。

② 带着这些卡片去大馆找国外汉学杂志作补充(特别注意专门汉学杂志如 HJAS、CLEAR 之类)。

③ 缮写成书面目录。

④ 请史南奇先生打印(史先生住在我们住的 52 号对面南大职工宿舍 202 室),并请他记下费用,以后总付(可将我此信这一部分请他过目,或请刘蔚云先生介绍)。

⑤ 将史先生打印好的目录请文献所复印十份。

⑥ 分别寄莫砺锋、钱南秀各一份，并告知：A、请他们补充，B、请美国著名汉学家代为挑选一部分他们认为是质量高的、有代表性的文章。

⑦ 确定篇目和译者：包括伯伟夫妇、道雄夫妇、章灿、砺锋、南秀、你及其他可以合作的人，而以四个博士为主（因你们可以结合学习英文进行）。

伯伟夫妇即返南通，如有些工作一时不好进行，可先做能做的那一部分。有的事，如写信给南秀等，你可以做。

职称评定，你和曹虹的态度都很好。如成绩突出，完全有可能跳级。主要是反求诸己，“不患人之不已知”。

要史梅寄横行大稿纸300张来，要当包裹寄挂号。祝

双好！

千帆

一月十二日（一九八七年）

（六）

宏生弟：

文章油印本及函均收到。

齐鲁的书已经去函询问。

你寄美国的书，如系海运，则当然未到（一般要三个月左右才到）。如系空运而未挂号，则即使遗失，亦无法可查。如挂了号，则据邮局规定，一个月不到，可持原收据去缴费办理查询手续（新华书店经售、有国家统一书号的书是可以出口的）。

你可先做一年的工作量，但要向屈先生说明理由，并征询他的意见。

我大约三月下旬返宁。

祝

双好！

千帆

二月十七日（一九八七年）

另二纸请尹先生去办一下。

《晚年：回忆和反省》决定在社科英文版发表，我与陶芸用一个星期校

订了译文。并及。

（七）

宏生：

函悉。所要字寄上，目力愈差，只能写成这样。你在客中，饮食起居要自保重。近来一切很顺，要接物待人谦冲自牧，不独显示个人，也代表师承也。勉之勉之。即颂

旅弗！

千帆

5月25日（1996年）

（八）

宏生弟：

从弟书知不久将返，甚慰。索居亦是一种功夫，苍虬老人（浠水陈曾寿）别署耐寂可知也。我大概不会去港，听不见，看不见，以文会友又已不能文，故不如不动之为愈也。弟此次《文遗》获奖，足张吾军。在昔季刚师于余杭之学，以光大师门，折冲御侮自顾，是所望于诸君矣。匆复，即颂

旅弗！

千帆

7月15日（1996年）

（九）

宏生弟：

来信收到。访问一趟不易，除自己扩大视野外，他们的办事方法、管理条例乃至学风等，亦宜将其可为我用者，默而识之，将来可资以改进南大也。砺锋已去南韩，尚未得其来信。我仍耳聋眼花，幸有富已完成《广义》最后一编《典藏》，审定讫，不久将寄出付排。天眉一家都是老实热情之人，天眉信了基督教，更为善良。笑梅节日以珍品相馈，望家信再一次致谢。祝

好！

千帆

十月三日（一九九六年）

（一〇）

宏生弟：

9 月 30 日来信收到。天眉一家都是老实善良的人，天眉信了教，就更关心人了。你们常来往，很可破旅途寂寞。《全清词》待访书目，已无寻处。我意，你可以叶氏《全清词钞》为据，和哈佛所藏对勘。叶氏未录，即较罕见者（或不佳，不重要的）皆可复印带回，备《全清词》之用（稿本、抄本尤其重要）。故刘若愚曾在美出一论词专著（忘其名），我托人在哈佛借过，适借出。我意弟亦可复印带回，有暇译出。（不是《中国诗学》，好像是北宋词？）

《校雠广义》第四编《典藏》（即中国古代图书馆学），已交齐鲁审稿，即将付排。如顺利，97 年上半年四卷可出全（《目录编》已增订）。此皆有富之力。我目力大坏，已什么都不能做也。可告沈先生知之。

听外国学者讲课，要特别注意他们由于文化背景的不同而有独特见解处。祝

安好！

千帆

10 月 17 日（1996 年）

（一一）

宏生弟：

来信收到，并交家维、宪章两君看过，以见弟等虽在海外，而时念母校之进步，思有以促进之。如能在教学上能将“满堂灌”或皆改为“争鸣”式，则师生两方承受之压力必大为增强，水平必大为提高。此等，望多汲收，将来教学改革，大有用也。

立朴已同意出版《程沈学记》，最快明年一季度可出。我已病目，无能为役，皆本栋代编，今将目录奉寄，俾略知内容（尚须酌补二三篇）。弟清

词论集在江苏古籍者不知已发排否？念念。天眉与我们每周通电话一次，都谈到你。冬寒，望保重。

安好！

千帆

11月23日（1996年）

（一二）

宏生弟：

得长信及附件，备悉壮游及学术活动，甚善。笑梅签证顺利，想暑中当携津西征，然后小聚同归，信可乐也。近影印芸手抄《诗文抄》一卷，尚君所见，当即此种。《程沈学记》交立朴在贵州印者，亦或可于二三月内出版也。莫砺锋及伯伟夫妇刻均在韩国，曹虹将迟至年底，莫、张则暑后可返耳。我老病，耳聋目瞀如故，近又因受凉，左足患风湿，不良于行，幸及时治疗，今轻减。南大已换校长，为物理系同仁蒋树声君，尚无大动作，希望其是一位全面的大学校长，不只是一位专家耳。刘若愚曾于宋词有专著，内有令誉。砺锋在美时，拟复印，而书被借出，未果，弟可注意及之。屠海若夫妇将携丹丹于6月中返国小住，将入美籍矣。我等身体均好，心情亦安定，勿念。

祝

旅茀！

千帆

5月15日（1997年）

致金志仁（一通）

金志仁，曾任南通师范学院教授。南京大学中文系60年代毕业生。

志仁先生著席：

叠奉三月十九日、八月三日手教，又大作诗文数篇。工作烦劳，犹复钻研词学，实深钦佩。千帆年逾七十，心脏时复发病，方请退休，以延年命。学人见许，有所垂询，不能往复，歉仄之至。天候方热，不克视缕。敬请
大安！

程千帆拜启

八月九日（一九八六年）

致马瑞芳（四通）

马瑞芳，山东大学文学院教授。

（一）

瑞芳同志：

收到新作《蒲传》，很高兴。它翔实而有文采，这正是传记文学所需要的。

不要理会那些说你"不务正业"的人。有人对生活、艺术、心灵……老想用"知"去包括，去代替，甚至去抹杀"感"，这是徒劳的。只有具有诗人气质又兼学者谨严作风的人，才能在文学研究中取得成果。你跨出了很好的，可以说是很漂亮的几步，值得祝贺。祝
好！

千帆

9月3日（1986年）

请代问萧、殷、董、袁、周、牟等先生好！

（二）

瑞芳先生：

收到见赐新作，十分高兴。其中若干篇，系写旧识，栩栩如生，尤感趣味。殷孟伦先生逝世，因病不能亲吊，至今耿耿。闻其夫人前因病住院，想现已康复出院矣。祈代为问候。此复，即贺

春节！

程千帆

己巳年元旦

（三）

瑞芳先生：

多年不见，数月前在武汉开会，侧闻治安先生言，先生近岁教学科研及创作各方面均获丰收，成绩巨大，深为钦佩，因托其转求，以大作见赐，顷收到尊著三种，深为铭感。千帆行年八十有三，近岁日益衰朽，耳聋目眢，读书作字俱感困难，然于尊作，犹颇思诵其部分于明窗之下，以实枵腹。回思夙昔陪接，如在梦中，良可慨也。谨此布谢，顺颂

著安！

程千帆上

七月三日（一九九六年）

（四）

瑞芳大家：

手教敬悉。在文学工作中合“知”与“能”为一手，即创作与研究为一手，“感”与“知”为一手，逻辑思维与形象思维为一手，大不易也。非老拙阿其所好，齐鲁之间，大家一人而已。门下定多英杰，如能南游，甚愿与谈，惜衰朽废学，恐难以有所沾益耳。手此，即贺

新居万福！

千帆

三月二十日（一九九八年）

致张辉（十八通）

张辉，曾任职于教育部民族司。南京大学中文系文学硕士，师从程先生。

（一）

张辉同志：

两封信都收到。陈处长最近因事来宁，和我通过一次电话，告诉我文科博士点成果要通过正式鉴定，及成果印出是否要统一封面尚未决定。这事，不妨碍我们出书。出后再鉴定亦可。莫砺锋江西诗派样稿，如陈已看过（当然不是要他仔细审查，他没有时间），知道有这回事，就可寄回（挂号）。

我身体还好，最近集中精力在整理黄侃老师的日记。

陈处长对你的工作还满意，希望你谦虚谨慎，处处多想国家，多考虑全局。这样，才符合你在教委工作的身份。上次我已和你谈过，要注意。闲空时，抓一抓外文和专业。要的字，会给你寄来的。

祝

安好！

千帆

9月12日（1986年）

（二）

张辉同志：

十一月廿四日来信收到。《历史在这里沉思》能预订，很好。但只要一部。

宏生推迟到十二月中旬来北京，届时你们或可见到。

我在数日内去武汉市，在湖北大学过冬。来信可寄“武汉市宝积庵湖北大学中文系周勃主任转”。

匆匆，祝

好！

千帆

11月29日（1986年）

（三）

张辉弟：

清词室吴永坤老师到北京探望陆宗达先生的病，约耽搁一周，望你得信后，立即将程章灿、曹虹买的严辑《全文》送到北京师范大学中文系主任许嘉璐先生处，请他转交吴老师带回南京。我到湖北大学讲学，还要住一阵。此信望转吴老师一阅，不另写了。祝

好！

千帆

1月10日（1987年）

（四）

张辉弟：

致吴先生推荐信附上。

笔记出版事，已与武大出版社总编辑吴于廑教授谈过。但是否即能顺利印出，还要看事实。因为已经是最高层次了。

书交尹先生很好。费用多少，望告知。我大约三月中返宁。或去长沙一行，尚未定。

祝

好！

千帆

2月22日（1987年）

（五）

张辉老弟：

教委阎、魏二先生来，得惠书，又珍贶洋参一匣，在远不遗，愧荷！去岁以来，教界多事，弟处理得宜，殊非易事。夫人不知已结束进修否，均在念也。《宋文学史》已由上海古籍出版社排出初样，但正式出版，当在明年。我已于五月中正式退休，惟尚有四研究生未卒业，需至明年夏间乃脱

然耳。便中乞常来信，以慰老怀。即颂
双安！

千帆
6月15日（1990年）
陶芸附候

（六）

张辉老弟：

来信收到，所要字写就寄上，老年精力已衰，即不能工，愿二君宥之也。目下事太多，简直无法说起，老人行将就火，亦惟有过一日算一日耳。祝
双好！并问太夫人安，宝宝好！

千帆
6月25日（1990年）

（七）

张辉老弟：

兹有一事奉托。

北京王府井百货大楼附近某巷子内有一商店，名曰“老年保健医药中心”。此店内有“吸氧器”出售，系北京机械装备体设计部出品。每具价售为三百余元，现在当然已涨。

我近缺氧日甚，因此常发病，想要买一个备日常吸氧之用。（你在电视上看到聂卫平下棋时常用的即是。）请先去打听有无现货，并函告价钱，以便寄款先买下（买时请仔细检查，最好先装氧试用以保证质量）。然后托人带来。蒋寅十一月可能到南京开会，托他就很妥当，当然他人亦可。

专此，即颂
俪安！

千帆
8月14日（1990年）

（八）

张辉弟：

来信及复印件收到，我要的正是这种吸氧器。规格是要如下的：

① 最大充氧压力 150 公斤/厘米^2。

② 最大充氧量 250 升充气压力：15 兆帕充氧量 60—945 升。

此型大小略如一五磅热水瓶，提携轻便。过小则需时时充氧，很麻烦，过大又提不动也。弟所云 390 元一个，不知是否即如此大小或差不多者，仍望进一步了解见告，确定后，当即汇款。有便人先带来更好，否则可托蒋寅。

匆复，即颂

双荞！

千帆

8 月 29 日（1990 年）

（九）

张辉老弟：

来信收到，已寄上 390 元，请即代购一具吸氧器（找一略懂的人选一具合格的）。

十月间学部委员在京开会，曲钦岳校长、高鸿教授均将出席。他们两位均与我同住一院子。届时请你打听（问科学院），将此件托他们中任何一位带回。如不行再托其他便人。祝

好！

千帆

9 月 12 日（1990 年）

（一〇）

张辉同志：

寄款及函想已收到。南大曲校长定 10 月 4 日至 9 日在京开会，吸氧器

如能买到，请在此期间送给他，我们已托他带回。他住何处，想您容易找到。

祝

双佳！

千帆

9 月 26 日(1990 年)

(一一)

张辉同志：

信两纸均收到。

书签写上，印时可缩小，因老眼书小字，较难见笔功矣。

教科书经费事，极承相助，感感。办妥后，望通知吴先生领取。我日衰，已很少出门办事了。祝

春节安吉！

千帆

2 月 9 日(1991 年)

(一二)

张辉同志：

一月二十四日来信收到。信中所说纪晓峰，乃季啸风之误，前高教司副司长也。不过我目眘手战，已无力为文，望转告之。《笔记研究》出版了，是喜事。我所撰沈诗词笺亦在校中，五六月可出，今寄近单发者一篇，可见一斑也。人老了，写信也困难，从你处知騄程、延霖安好，甚慰。有暇仍望常来信。祝

全家春节安乐！

千帆

2 月 15 日(1994 年)

(一三)

张辉老弟：

承赐新著又润笔百番，老人欣然，喜足下能于公余之暇，犹得使论文

充实，卒得行世也，书中尚有可拓展处，然已开门户，使世人一新耳目矣。何日因公而游，一倾积愫，望之望之。顺颂
俪茀！

千帆
3月10日(1994年)

(一四)

张辉老弟：

春晓到京实习极承照应，临行又颁珍食，感感。九三年八月教委学位委员会李丹阳、王崇东两先生来函约写“社会科学家自叙辞典”个人条目，将稿按要求寄京后迄今二年，渺无音讯。李、王二先生不知现在是否尚在教委工作，幸代一了解查询。如此辞典不出，似亦应正式告知作者，并将原稿妥善寄还也。北方早寒，望珍卫。顺颂
俪安！

千帆
9月23日(1995年)

(一五)

张辉老弟：

承赐枸杞及百宝茶，在远不遗，可感也。老人今年八十四，谚云：“七十三，八十四，阎王不请自己到。”耳聋，目有严重白内障，近来腿亦不良于行。但仍依然故我，顽强混日，可笑之至。近收辑生平学术杂文等成《学记》一书，由立朴出版，大约二三月后可出，容当奉寄。季啸风先生想健，请代致候。

顺颂
双茀！

帆
4月11日(1997年)

（一六）

张辉老弟：

远赐山珍，感谢之至。枸杞用以煨瘦肉汤，老人尤宜。我今年八十五，陶芸亦八十四。芸耳聪目明，我则耳颇聋，目亦白内障，远不及她，幸扶携度日耳。同学留校者常来往，有事可帮助，儿女亦皆在南京（惟芸长女在美），故日子还过得去耳。非久可在立朴处出一书，略载平生学术，收到后当可温梦。季啸风先生近况如何，幸为道念。专此，即颂
双福！

千帆、芸

11 月 14 日（1997 年）

（一七）

张辉老弟：

收到惠赐的桂元肉等珍品，在远不遗，感谢之至。闻教委要改回教部，不知上级对你如何安排。民族司总是要的，也许不会改官吧！我眠食尚好，惟体气日衰，此亦自然之理。诸同学在南大的，都好。患白内障，不能多写，谢谢。顺颂
全家安乐！

千帆

3 月 26 日（1998 年）

（一八）

张辉老弟：

屡承赐珍品，这次又收到张先生带来的哈密大枣，都是边疆的特产，甚为难得，极感。

前接来信，知可仍留原岗位，足见平日工作努力，甚慰。

我近来虽无大病，但体力日衰，耳聋目瞀，腿脚亦疲软，只能在学校里散散步。近日南大新建了一些住宅，正在点房。伯伟、宏生、章灿等都已点到，居住条件可以有所改善，但尚未建成，搬迁尚需时日。

顺颂
俪祺！

千帆
5月15日(1998年)

致罗宗强(六通)

罗宗强，曾任南开大学文学院教授。

(一)

宗强先生：

承赐新书，拜读感佩。仓卒不能尽其妙，然致广大尽精微兼而有之，则校然矣。居尝窃念文学批评史之研究方法，今日似已入穷途，即有从理论与理论之间架设空中桥梁，居然自成框架与体系，而其来源自创作之变化、在文化背景之差别，则弃置不以探索，诚可惜可叹也。先生之书，诚所谓独辟蹊径，扫空凡俗者。所见如此，不知有当万一否。目眢，耳聩尤甚，衰迟不能精读尊著，愧恨愧恨。略述所见，幸进教之。顺颂
著安！并贺年禧！

千帆
十二月三十日(一九八六年)

(二)

宗强先生道席：

违教忽又经年，伏想为道为学日益，时深驰仰也。门人蒋寅撰有题为《大历诗风》之博士论文一篇，拟于三月上半月举行答辩。弟意拟请先生担任论文评审人及答辩委员，不识能俯允否？倘荷先生三沐而三薰之，亦该生之幸，不独弟之光宠也。祈复，敬颂
元辰安乐！

弟千帆上
元月三日(一九八八年)

（三）

宗强先生：

客岁唐学之会，以病不能谒谈，虽近在咫尺而邈若山河，思之殊惘惘也。顷奉论魏晋士人新著，弟比岁以来，已若枯木朽株，诚所谓不知有汉，遑论魏晋者。今得大著启沃之，亦庶几死井中起微澜乎！尊著精妙，多有昔儒今彦屐齿未及之境。如此著书，不特有益于今人，且有恩于古人也。弟衰钝不复能为文，惟以整理旧作为事。近可得《宋文学史》一种，非久或可寄呈乞教，幸不吝指点之也。专肃，敬颂

著安！

弟千帆

七月四日（一九九一年）

（四）

宗强先生：

前得新书，念诵经旬，发聋振聩，钦佩何极，比想佳善，为道为学日进也。

兹有恳者，弟因整理一旧著，欲知李笠先生之生卒年、籍贯及生平、著述。雁晴先生解放后任教南开，即在贵校老终。想贵校人事处存有其档案，敢请先生命一助手将上述各项抄示（不必繁琐，百字以内可矣），想蒙惠允。琐事相烦为罪。专肃，即颂

著安！

弟程千帆

9 月 29 日（1991 年）

（五）

宗强先生：

承赐新书，知文旆已北返，想南服风物，多入画稿诗囊，而书疏压积又多日乃得清理也。弟年来耳聋目瞀，左足复不良于行，终日枯坐，几同废

人。睹诸故知为道为学突飞猛进，愧叹无已。白内障剧，读书困难，然诵尊著后记，深感老友体道之功有进，致可喜也。文字积习难忘，近得门人之助，亦勉编书一二种，数月后或可送教。幸故人恕其老迈耳。专肃，即颂

著安！

弟程千帆

八月三十日（一九九七年）

书不成字，谅之谅之。

（六）

宗强先生：

奉书知目疾为累，极念。弟来年亦苦宿疾，耳已近聋，左目患白内障，又以颓龄已八十五，有心脏病，医劝不可动手术，只有坐以待盲，故终日枯坐时多。尤盼先生能早日治愈也。《学记》承奖饰为愧，然亦深叹公之知我。盖平居最慕能开风气主持风会之前辈，然心有余而力不逮。惟先生能道破其所祈向，此所以特为心折也。天寒，千万葆爱。目瞀，书不得谨，愧悚不已。敬颂

著安！

弟程千帆

一月六日（一九九八年）

致张伯伟、曹虹（八通）

张伯伟、曹虹，南京大学文学院教授。南京大学中文系文学博士，师从程先生。

（一）

伯伟、曹虹贤俪：

两信及文章都收到。热狂可以迫使历史出现某种暂时现象，但真正

的历史创造必出于深思熟虑中产生的大仁大勇。荀子说:“狂生者,不胥时而落。”这已为无数次事件所反复证明。曹虹本来沉静,伯伟作了勇敢的自剖。你们显然会一步一步地成长成熟起来,究天人之际,通古今之变,成一家之言。传统的东西只会变革,不会消亡。这里面是有竞争的,但我确信,丑陋的中国人不会掌握中华民族的命运。我为晚年得到像你们这样的学生而感到高兴。人能弘道,非道弘人,愿我们互勉。祝

好！并贺新年！

千帆

十二月三十日灯下(一九八六年)

论孟课是周先生指导的,不知此文已呈周先生否,望告。

我不在南京这段时间里,学习及工作多向周先生请教请示。

附函及评《文选平点》稿挂号寄:北京朝内大街166号三联书店曹月堂先生。

(二)

曹虹、伯伟两弟:

别来俱想安善。《周易》作业阅过寄还,其中涉及王氏老学为多,如整理发表,不必列副题也。入夏以来,天气积阴,心脏颇不适。每日工作时少,偃卧而已。小宝宝想乖好。

即颂

体福!

千帆

七月二十六日(一九八七年)

方孝岳是舒芜先生的父亲,其《中国文学批评》不久前重印。舒芜来信,要找人写一篇书评。我想此事也许伯伟比砺锋更合适,不知能趁假中为之否?如何写法不拘。

此书颇有特点,不愁无话可说。今将舒芜函寄上,望看后复信,仍将原件寄还。

（三）

旧穿杨叶真自知，暂蹶霜蹄未为失。

小人利令智昏，窃权妄作，终当自败，无损龙渊之利，峰阳之和。书慰伯伟大弟

闲翁病榻

一九九〇年三月廿九日

（四）

伯伟弟：

勋初先生发高烧，现住工人医院高干病房五楼一号。我近常发病，昨今又发，不能往探视，意者诸弟或将去问，望代为致意。附上蜂皇浆二盒，乞转交。祝

好！

千帆

八月十日（一九九〇年）

（五）

曹虹弟：

得书已多日，事忙，又常发病，迟复为歉。但从伯伟处常常得到你的消息，知一切正常，为道为学日进，可喜。但生活节奏太快，恐怕身体吃不消，希望自己善自调节。

谈日本同行治学之勤苦，令人感叹。我们读书的时候，老师们都这样。季刚先生、辟畺先生都喜游山玩水、饮酒赋诗，但如白天耽误了功课（自修），晚上一定补足。当时作为学生的我们，也无不敬佩效法。大（锅饭）、低（效率）、铁（饭碗）不但使人变懒，变得无责任感、无能力，而且使多数中国人素质下降。现在改革开放中，又有人利用商业广告一味提倡豪华、高贵、舒适，电视上的广告画面多数以上都是美女图像。我这个即届八十的老人，真不知道中华民族向何方前进。诗云："知我者，谓我心忧；不知我者，谓我何求。"言之伤痛。

演习课，解放初学习苏联，名曰“习明纳尔”（课堂讨论），但流于形式，不久就回到老路满堂灌上去了。我有一个想法，不知你是否能录一盘“一次完整的练习课”，和平田等合作，译成中文带回，以供南大中文系乃至全校教学改革的参考。其他良法美意，也希望你多作些记录带回。我老病，已无能为力，但此心不死，深信中国人还是要前进的，尽管对前进的理解可以彼此有很大的不同。

听说你常有机会与西村富美子相见，她送我的书和论文都收到了，请代为致谢。

有感于台湾及苏联东欧近事，写了几篇诗，今寄上一纸，请为复印数份，送给日本爱写汉诗的教授（如清水茂先生）。《宋文学史》第80页，有一处将王安石的年岁算错了。这次平田来访，我已告诉他，请其印个更正，分致已得此书的各位先生。

异乡生活，殊格中土，伯伟又没有和你在一起，望多保重。

千帆、陶芸

十一月廿五日（一九九一年）

（六）

伯伟大弟：

我近患前列腺炎，要完全休息。函中之事[1]，均请代劳。感感。

千帆

（1993年6月）

（七）

伯伟：

致高函送阅，内容时间妥否？望告。

帆

8月18日（1997年）

---

① 整理者按：“函中之事”指程先生受邀参加“海峡两岸文学创作与研究新趋势”研讨会，须填写回执。

附:致高纪言函。

(八)

伯伟弟:

蒋弟文转上。

我的想法,你所编之书似可名《文集之外》(指文集未编,若在赵昌平处出另版,则另取一名)。

大分三部分。首部分“桑榆忆往”,包括《学记》的第一部分(四篇)、你的录音、蒋弟此稿,还有我谈季刚、刘弘度丈逸事。第二部分“治学小言”,从《学记》中选。第三部分“文心评议”,包括周先生、舒芜先生、昌平写《宋史》书评及弟等文章。三部合起来,或可成一书。我思虑不周,此事即由弟作主办理,病榻属。交稿时间,《文集》问砺锋,上古问昌平。

(1998 年 12 月)

致李立朴(三十六通)

李立朴,曾任贵州出版集团副总经理,现为贵州省文史研究馆特聘研究员。南京大学中文系文学硕士,师从程先生。

(一)

立朴同志:

来信收到。到出版社工作很好,可以余暇研究自修。近年著作甚多之傅璇琮先生,乃中华编辑,其成果悉出业余,可以为式也。

已将来信交诸位先生传阅。他们可能分别给你回信。

严杰的毕业论文《欧阳修年谱》已送专家审阅,希望能为他争取出版。但这类书,贵州恐不会感兴趣。祝

好!

千帆

8 月 8 日(1987 年)

（二）

立朴同志：

相晤匆匆，但见你工作顺利，身体也好，甚以为慰。四月廿七日来函和样书三册都已收到。全译书翻了一下，觉得体例很好，内容也还谨严。从陈云同志提倡古籍今译的事，至今不到十年，贵州条件不算好，却能毅然负此重任，坚决做这样一件吃力不讨好的事，实在值得钦佩。

关于有关问题，我初步考虑了一下，一条一条记了下来，供你们参考：

一、书目显然不完全，但目前似乎也不一定要求全，如果征询到有能力翻译而为读者或学术界所需要即可列入，例如晋葛洪《抱朴子内篇》，还有《参同契》（魏伯阳，道家类），对于道教史和科学史来说，并非不重要。但一时恐难找到合适的译者。有些书虽然并非经典著作，但历来流传很广，可读性强，也就不妨译出，《唐诗三百首》即属此类。

二、目前出古书今译的不止你们一家，对于别家所出一书异译似应考虑一些对策。我觉得如果真正译得有特色，不妨并存。即使在你社一书出两种译本，只要各有特色，也未尝不可。已在其他出版社出过，质量不错，而该社短期内不拟重印的，则不妨同原译者商量，按照全译者的体例补充修改，重排收入本丛书（牟世金译《文心雕龙》之类）。

三、所列书目，史未列二十四史，当系另有考虑。但应该给广大读者提供一部通史。建议将甲、《通鉴》《续通鉴》，乙、《通鉴续览》，丙、《通鉴纪事本末》三套书之一组织人力全译，子部：唐以前子书如王充《论衡》、葛洪《抱朴子外篇》、《申鉴》、《中论》、《潜夫论》、《盐铁论》是都值得翻译的。小说类：《太平广记》全译似太多，用《太平广记选》即可。此外，如（唐）李垕《续世说》、（清）王晫《今世说》、（宋）王谠《唐语林》、（元）辛文房《唐才子传》，乃至《宋稗类钞》《西湖游览志余》《扬州画舫录》等似都可翻译。因为这些书可读性很强，可能拥有大量的读者。

四、对于文学书，译文除了准确之外，似乎更需要优美。如何翻译这种书，就和译外国诗歌一样，不仅要使人看懂，而且要使人看了喜欢。这种译文所追求的境界，应当是可以成为一个脱离译文而独立的存在。这要大家来共同摸索,共同创造。你们不妨再译几个历代著名的选本试一试,如曾国藩《经史百家杂钞》、姚鼐《古文辞类纂》、朱祖谋《宋词三百首》等。

《骈字类编索引》尚未完成,完成还需加以四角号码索引,应用起来才方便,等完成以后再谈出版之事吧!

冠英先生身体一直不好,如肯担任编辑,亦只能挂名,但对你们也有好处。

祝你一切都好!

千帆

5 月 14 日(1990 年)

（三）

立朴弟:

缪彦威先生的介绍信写上备用。缪翁兼精文史,甚合适。

丛书主编,我不敢当。似可不必设此一职。如果在学术界五人外,加贵社社长或总编辑作为常务,则编辑委员会诸公可依姓氏笔划为序,工作亦似较方便。(均按姓氏笔划排,常务亦然,仅在其姓名后加“常务”以示区别。)这是我个人的一点看法,未必有当。天候苦热,不多及。复颂
撰安!

千帆白

7 月 5 日(1990 年)

（四）

立朴同志:

信及聘书均收到。谢谢!

张觉是南大中文系七七级毕业生(八一年毕业),后在复旦从张世禄教授学,获得硕士学位。

他在语译《韩非》,希望交你社出版。过去他成绩不错,但十年来进度如何,我不详知。如你们能考虑,则望能要他试稿,再作决定。可要他译《解老》篇看看,这篇较难,如能胜任,则其余当无问题也。

他的来信附上一阅，不必寄还。

祝

安好！

千帆

7 月 20 日（1990 年）

（五）

立朴同志：

来函及样书等均收到，条例及目录大致完善，有许多问题一时想不到的，可在实践中补充。

《史通》，我和周老师商量，想找一笃实可靠的中年人担任，不必有很高的知名度，但要有较强的责任心。如系南大的同事，则我和周可就近为他把关，解答疑难，审阅部分译稿。俟决定后，再提请出版社同意。

祝

好！

千帆

9 月 21 日（1990 年）

（六）

立朴：

函悉，编辑费 300 元早已收到，昨又收到挂历一幅，非常感谢。

昨天见到姚松同志，他说译作正在进行中，不日即将把样稿寄上。

上海张觉同学也有信来，很高兴接受了你们的委托，特此附告。

我还住在医院中，目前体力和精神都在逐渐恢复中，不久可望出院。

专复，顺祝

撰安！

千帆

12 月 20 日（1990 年）

（七）

立朴弟：

现介绍长沙水电师范学院中文系杨翊强副教授和你联系。翊强也是我的学生，解放初毕业于武汉大学中文系，现已退休，身体很好。除汉语方言是他的专业外，也在译古籍。某出版社全译《三国志》，他担任了五卷，非久可以毕功。想看你社有无尚待翻译之古籍，现特具函奉告，望根据杨先生来信和他具体商谈。

前寄上某君求担任《淮南子》译事信，想已收到。

祝

好！

程千帆

3 月 16 日（1991 年）

（八）

立朴弟：

3 月 21 日来信收到。丛书事有进展，受到海内外重视，极慰。

根本仍在把好质量关。如何把？找有学问同时有责任心的人，这是一。不讲情面，不开后门，这是二。提倡公开竞争，择优选用，这是三。

大部头著作（50 万字以上的），只好集体搞，但一定要找一个有责任心、有学问的人统稿。如《通鉴》，张老领衔当然很好，但统稿就不宜。他年事已高，做学问，是自了汉，不是地藏王菩萨。

一般不宜合译。译，要尽可能保持原作风格（特别是文学），也要体现译笔风格（如鲁迅译果戈里，丽尼译屠格涅夫）。大家译一本书，你是你，他是他，很难一致。拼在一起，是很难看的。当然，这是高标准。现在不一定能做到，但要努力去追求。

我另写信介绍杨翊强先生为你们做点什么，不知他已与你联系没有？不必因我介绍而讲情面，行就行，不行就不行，我已当面和他说清楚了的。

《抱朴子》，《外篇》较易，《内篇》难（神仙宗教问题多）。王明（社科院）

是研究道教的，注过《内篇》，不妨写信问他有无他的学生或助手可担任。

最近母校也在大胆提拔青年，砺锋已升教授，伯伟副教授，宏生以讲师任古代教研室主任。你出主文史室应无问题。谦虚谨慎，开诚心，布公道，总可以做出成绩的。

我在南大十多年，想做到两点：① 尽力提拔校内外后进，② 坚持原则，不讲情面。现已退休，更可朝这方面努力，不受某些限制了。祝
好！

程千帆

4 月 5 日（1991 年）

（九）

立朴老弟：

前得挂历又惠赠三百元均已收到。适值忙于修改两研究生之论文，致稽裁复，歉歉。

顷又得来函及《编辑业务》专刊，知章灿所撰《刘谱》，已荷贵社允与出版，甚为其高兴。章灿于诸同学中年最幼，诸学长悉援引之，甚见友道之隆，为可贵也。书目要稍空时，再细酌。选书目，选译者，选责编为这套书的三个关口。一个关口也模糊（今作马虎）不得，愿弟以正气为心志，以严格为手段，能顶住歪风，坚持出好书，假以时日，自能树立风气。久而久之，领导亦必能识人，孔子云："不患莫已知，求为可知也。"此语甚好。又云："无欲则刚。"此语尤好。愿弟勉之勉之。我今年身体尚好，但也只能做到少病而已，究竟是八十老翁，不能似少年时也。章灿得函后当别有复，此时彼尚未知此事之详也。顺颂
撰安！

千帆

1 月 22 日（1992 年）

（一〇）

立朴弟：

2 月 14 日来信及附件收到。

① 我的简历寄上。

② 要我为你写的致美国汉学家信，你试写一草稿寄来，我在此修改后，打一清本签上字，由你们复印带去。遇到合适的人，可随时填写，美国学者很多人知道我，不必一定通过信。这样，范围可广泛些。信写得具体详尽一些，用中文即可。

③ 你到美之前，先和钱南秀、关道雄联系，主要是钱。先摸一摸底。

④ 地名见另纸。

祝

好！

千帆

3 月 1 日(1993 年)

（一一）

立朴弟：

介绍信寄上。可打印或排印后，将签字装版拼上去。

有些话，不合外国国情。如说领导要书，中国以为光荣。洋人会想你觉得书好，为什么不打个电话给书店去买，分明是揩油，可见中国领导人小事也要揩油，那就适得其反了。

漓江事，请你给我写一封信给该社长，婉辞。说我已退休，对该项目也毫无了解，不想担任其任何名誉职，请他们原谅。此事就算完了，你看如何？祝

好！

千帆

3 月 30 日(1993 年)

附：

先生/女士：

兹介绍我的学生李立朴先生前来谒见，请求您对《中国历代名著全译丛书》英文版给予支持。

立朴先生曾从我学习，1986 年获得南京大学硕士学位，现在贵州人

民出版社担任高级编辑。该社近年来致力于中国优秀传统文化的普及与传播，推出《中国历代名著全译丛书》，该书遴选我国历代经史子集四部名著五十种，以用现代汉语全注全译形式整理出版。我与缪钺、王运熙、余冠英诸先生都同意担任该丛书编辑委员会委员。由于选书适当，体例审慎，译著精当，出版以来，深受读者欢迎，并被国家新闻出版署列入“第八个五年计划重点出版规划”。目前丛书已出版二十种，预计在1995年前全套出齐。

去年，贵州人民出版社已与台湾地球出版社达成该丛书整体繁体字本在台出版协议，年底，美国底特律文化拓展公司（CULTURAL DYNAMICS，INC. 756 Cambridge Drive Rochester，Michigan 48309 U. S. A.）董事长李乐东先生（Mr. Ledong Li）到该社洽购该丛书现代汉语译文部分英文翻译权，并已草签意向性协议（整体购买）。此次贵州人民出版社总编辑卢惠龙先生、副总编李万寿先生及李立朴先生应文化拓展公司之邀来美，即洽谈此事。

他们的这一工作，我觉得，对将中华传统文化向全世界传播极有意义，应予支持。您是汉学界的名家，如荷鼎力协助，不胜感激。

专此奉达，即颂

台绥！

南京大学中文系教授

国务院古籍整理出版规划小组顾问

（一二）

立朴：

来信及附件收到。我因前列腺增生住院月余，做了一个小手术，已于十三日出院，经过良好，尚在休养中，无力执笔，故口述请老伴代笔，希原谅。

具体意见如下，因精力不济，只好说得简单些：

一、此书似可定名为《中国古代名著全注全译丛书》或《全注全译古代名著丛书》。

二、什么该注该译，从台方提出的看来，似乎漫无标准，连书名也不标准(可能其中有些是台湾本子,我们不清楚)。所以我觉得不必在选目上而要在注和译的质量上把关。如果质量好,市场效益就好,这一点对你们是很重要的。什么该译,什么只注不译,应当有一个统一的标准。台目似不尽然。我的意思是:用古汉语写的全译;用古白话写的,全不译;小说、戏曲(剧本)不译。个别可以例外,如《三国演义》虽是古汉语写的,可以不译。小说、戏曲加出场人物简介,似不应掺和批评及艺术分析等等。如“圣上”条、“林黛玉”条都带有导读性质,导读当然是需要的,但是否应在简介中体现出来?这里有两个问题:一个是这种写法是否喧宾夺主,另一个是也涉及注者的水平问题。如“命运两济”条,下面分明写出了与有命无运相对,却全不解释的命和运是两码事。可见注者连《文选》都不熟。再如“炖鸡蛋”“豆腐”之类,完全可以不注。《金瓶梅》《西游记》该注之处甚多,却是十分困难。反正这一套丛书没有十分严格的统一体例,你们不妨试作一两种,看看反应如何也可以。我还有一个想法,你们不妨另出一套《中国古典小说名著辞典》,单独别行,那就再详细些也无关系,大谈其炖鸡蛋、豆腐也不要紧,所谓离之则双美也。现在的搞法有些喧宾夺主,似乎不妥。

三、台方书目似乎是随便乱开的,有许多书名世界上是没有的,例如《晏殊父子词集》《唐人传奇小说》之类。有《广艺舟双楫》而无《艺舟双楫》,有《历代诗话》而无《续历代诗话》,都有很大的随意性。译书的底本要认真考虑。《历代诗话》中所收诗话,有很多不是足本,我看还不如就用社科院文研所选的《历代诗话选》,就请他们译,篇幅较少,选择亦较精。

魏成光先生下次来大陆,如果能来南京,欢迎他来叙谈,我和台湾出版界也有一些交往。《两宋文学史》近期将在丽文图书公司出版,《古诗考索》可能在文津或文史哲出版,我也有可能明年春天由台北“中央研究院”邀请去做短期访问讲学。

顺祝

近安!

千帆

8月17日(1993年)

（一三）

立朴弟：

来札、书目及五百元均收到，谢谢。所问各事，辄就所知，奉答如下：

（一）全译全注本由于各种主客观条件，难以求全（全，即包括古代国学要籍全部）。只能选择目下应当与可能译者先进行（全注可视全译为宽，因较易）。能不能译，有些恐要试试看。

（二）有些书，我看难译，如术数（《参同契》之类，诸家解释各异，不译不懂，又不知如何译法，要摸索）、骈俪（如庾子山、王子安文）、古白话（如《坛经》，除名相外，皆易懂，名相又不能译）。有的不必译，本来就是白话（如《二十四诗品》、宋词元曲、空谷无人水流花开之类）。五十年代，黄公渚曾译欧阳修六一词为新诗，似不成功。因译成白话诗，要好，就得再创作。不然，就成逐句诠解，而再创作就往往与原作不是一回事了。特别是失去了古代文体特有的节奏、句法、风格上的特点。当然，这也不是绝对的。可以试行，但宜慎重些。（骈文译成白话，一定不骈，即失其特色，此理易晓。）

（三）史部书，是否可加《通鉴纪事本末》，可读性强，又有闵萃祥汇刻各家续书，可同时或陆续请人译出，在正史（二十四史）、编年（通鉴）外，别树一帜，以补正史、编年（已有人做）之不足。（游记纪行各作如陆游《入蜀记》之类可择译。）

（四）集部可注意历代一些小品文字，如唐罗隐《谗书》、皮日休《文薮》、陆龟蒙《笠泽丛书》及明清文小品文集（有选集、总集，亦有专集、别集）。

（五）科技类今译，要懂现代科学又精古汉语中的专家，如古医书，译错了，会害死人的，另行处理为妥。

《唐才子传》有周本淳、孙映逵、傅璇琮三家整理本，傅本（四卷，中华出版）最可依据，应取则。近人考订，大约收入，亦有遗漏及后出者，仍宜博访。译注关于生平考订部分不必过详，但与原书不同者，似当略见注中。若另于每人之前，别为小传，则终不免重复且形成附在《唐才子传》译本中之新撰白话唐才子传也。愚见如此，幸酌之。手复，即颂近安!

如更有咨问,亦乐为答也。

千帆

12月15日(1993年)

(一四)

立朴老弟:

元月十一日来信收到,所询各事,条答如下,未必尽当,聊供参考。

(甲) 关于丛书部分

(1) 台方每卷末载200字左右的广告,作为一种商业竞争战略,有其道理,分ABCD层次亦可行,主要是书目。(2) 这书目除已定者外,望将抗战前中华书局出版的《四部备要》仔细看一看(特别是此书又曾精选过一次,忘其名称,比较扼要)。其中总集(诗文词选集,惟阙曲及时调小曲之类)较精审者几搜罗无遗。如《文选》《古文辞类纂》《经史百家杂钞》《古诗选》《今体诗钞》《词选》《词综》皆重要。这指集部,经史子三部准此,惟经学汉以后当慎择。(3) 别集,一是难选,二是难翻。(我个人认为庾、徐、初唐四杰之文集是无法翻的,已详前信。一般散文[古文]则可,不妨先列目,精选可译原著及可靠译者数种数人,试点,再铺开,要注意译得非驴非马,被人抓小辫子。不是有同行竞争吗?)

(乙) 关于《唐才子传》

(1) 你已将各底本都掌握,译本要采用一个好底本,似以《古逸》本为好,其不同于此本者始出简单校记。(2) 时刻记住,你现在的工作是普及性的,论辨性文字不要阑入。这一切(诸如文字异同是非、才子事迹、诸校注家之是非等等)都另做卡片,或输入电脑,等全译成书付印之后,再将这些材料编排考证,写成一篇《〈唐才子传〉译余随笔》与诸公商榷。(指出异同,非为炫学,故措词宜谦。这是后话。)现在则就自己的理解处理,不必在简注中多及,否则乱全书体例。(3) 关于李贺、李益年岁问题,你再查一下《唐诗大辞典》(周勋初先生主编)、《唐代文学辞典》(中华,周祖譔主编)、朱自清《李贺年谱》(《朱文集》)及台湾王梦鸥《李益生平及其作品》

(此书周勋初先生有)。但大体上《校笺》此语是错的。我藏书已散去,无从代查。你可要章灿代查,如贵阳无此类书的话。(4) 耿沣官职,傅说之疏显然,蒋寅说为是。他的通讯地址为:100732 北京建国门内大街五号社科院文研所。(5) 传中引诗词的不少,我的意思是易懂的不译,难懂的将译文加括弧附在原文之后,然后在前言或后记中说明。这样,两面都顾到了。

我迁新居后,电表已改为 10 安培,故今冬亦装油循环电炉。贱躯粗适,甚感远念。

我前应于景祥学弟之约,编一《程千帆选集》,收入下列各书:(1)《史通笺记》,(2)《文论十笺》,(3)《唐代进士行卷与文学》,(4)《古诗考索》,(5)《被开拓的诗世界》,(6)《闲堂诗存》,(7) 附录:自述、诸家评论。约一百四十万字,本已决定由辽沈书社出版,由莫砺锋仔细加工。近月于突无音信,不知其有无变化。因该社出此书,明知非蚀本不可,但欲扬名,不大容易下决心也。如沈阳不能出,贵州可考虑否,望便中一为打听。此书所选为我在史学、文论、文学史、诗学各方面之代表作,虽均出版过,但想再重印增补本一次,以求教于海内外学人,此亦八十翁之痴心也。沈祖棻诗词笺本已由江苏古籍出版社出校样,严杰、章灿诸弟正为校对中。我昏瞀,已不能亲事勘正矣。

以上丛书、《才子传》诸事,但言其略,如有所疑,望再来函。

即颂

春节全家安乐!

千帆

1 月 23 日(1994 年)

(一五)

立朴老弟:

章灿说你的《许浑研究》将出版,可喜。嘱署签,望告知①书名,②横行或直行。

《唐才子传》样稿等寄还,想已收到。

所汇二百元,迄今未到。望询有关部门。如已寄,即向邮局查询。此间偶有遗失汇票及干没汇款之事发生也。

十日前受凉引起肺炎,入校医院治疗,现已出院返家。

望复,即问

近好!

千帆

10 月 30 日(1994 年)

(一六)

立朴弟:

晤谈甚快。别后想安善,已返筑矣。

附上一函,如能赴台,望持附上之信与徐耀环先生商洽。我希望你能将《古诗考索》附《行卷》之台湾样书(议定为 20 册,代我赠台学者 7 册,尚有 13 册)及我的一半稿费(以美金计,千字 3.20 元,我与上海古籍各得 50%)能带回来。至于合同,他还要找上古签字,以后再说。

徐系林庆彰先生的学生,先作普贤出版社的大陆代表,后自创圣环图书公司。其父乃一教授。

地址:桃园县中坜市正先街 137 巷 2 弄 36 号

电话:(03)4926415

传真:(03)4910717

此事,请拨冗代为一办。

祝

好!

千帆

11 月 24 日(1994 年)

如书还未出,就请先将稿费拿到。大概是六百多美金。

(一七)

立朴弟:

近闻人言,你社出了一本《顾准文集》,颇见重于世,能寄示一册否?

何日赴台，望行前告知。祝
好！

千帆

12 月 7 日(1994 年)

宏生《清词论集》已交江苏古籍，列入《文学遗产丛书》，又及。

(一八)

立朴弟：

上月 14 日想已安返。

徐某迄无信来，望将其台北地址、出版公司名称告知。又与林庆彰先生是如何谈的，亦乞见示。

《顾准文集》，你走时，说要某君寄来，但至今未收到，请一询之。又《七绝浅释》及《宋词赏析》台方有无出版机会，曾谈过否，亦望示知。如无机会或别作处理也。

匆匆，祝
好！新春安乐！

千帆

1 月 5 日(1995 年)

(一九)

立朴弟：

信收到，昨天圣环出版公司驻沪代表已将台版《古诗考索》稿费送来，你可不必再向台北打电话了。书据说三月份可出。此事，费心，谢谢。

已和周先生谈了《史通》及《文史通义》译稿事。据他说，已作了安排，没有问题。我意，你仍应与姚、武多联系，催着点。宁可前紧后松。

早早写了一部武侠言情小说，质量还可以，四十万字，已脱稿。贵州有无可出通俗读物的出版社，请留意。我也托了其他在出版社工作的同学们。祝

好！

千帆

一月廿二日（一九九五年）

（二〇）

立朴弟：

《许浑研究》收到，甚喜。覆视亦颇细致，所欠者深入之艺术分析耳，然在今日，亦自居丁卯研究之首也。祝

全家好！

千帆

二月十七日（一九九五年）

（二一）

立朴弟：

小说收到，久不见此公作品，眼睛不好，只能慢慢看。对早早小说的样稿印象如何，如太坏，就不必寄上全文了。祝

好！

千帆

4 月 27 日（1995 年）

（二二）

立朴弟：

三封信写好寄上。① 要附去丛书的 50 种已出的目录，及未出的拟目。② 你自己的《许浑研究》和《唐才子传》译本，另外可赠三位先生几种译得质量高的书（不一定三人一样）。③ 附上一纸印好的回信，极简单地表明同意不同意担任，连同编委聘书寄去。（如自己跑一趟，当然更好。）④ 由你以丛书负责人的口气写一封信，谈和我的渊源，及学术的成绩（面谈当然更好）。⑤ 地址王元化：上海吴兴路 246 弄 3/1001。袁行霈：北京大学中文系（100871）。傅璇琮：北京王府井 36 号中华书局（100710）。

如仍有关此事，可来电话。

祝

好！

千帆

11月20日（1995年）

愈来愈不成字，老境日增也。

（二三）

立朴弟：

《程沈学记》能在您处出版，一切方便，何时可得领导批准，甚盼切也。

本栋为收集零散材料重新打印，极费心力。近日已作最后审视，寄你后，除要校大样外，即算已完成此书之编辑工作。

我在辽宁出《选集》，与景祥商量，付砺锋二千元编辑费，交稿时即付。后即照此办理。今拟循此法，亦付本栋二千，交稿时即付。此一因编《学记》比《选集》麻烦，二因最近学校将房子卖与教师，本栋尚欠其亲戚六千元，盼得此款填补。如弟看稿后，觉不应付二千元，则请在全书稿费中拨付部分（如只能付一千五百元，则在稿费中支五百元，以后结算再扣），此事不知能办到否？

还有如下几点请考虑：

① 想印几张照片。能印几张，涉及印刷成本，望酌告（程、沈各几张）。

② 印平装可降低书价，精装则起眼，如何处理，望酌。

③ 弟回忆录（"师门掠影"）望早日写就（前后大体按从游年代，可酌排入）。

我人极衰，白内障剧，耳聋尤甚，徐有富已为完成《校雠广义》第四卷，交齐鲁发排。程章灿代我完成《汉语文学通史》，当在明年。本栋编《学记》希望弟能设法在明年春出版，又十年前所编校季刚师日记近亦可由南大出版。如完成此数事，也可算有所交代。

《学记》出版，我要买一批书送人，至少300册，望印时将此数计入。写字困难，以后各事，望与本栋商量。祝全家安乐！

千帆

10 月 28 日(1996 年)

（二四）

立朴老弟：

寄上《选集》上下册，又沈集笺本二册，想均收到。弟所惠千元又挂历一帧，亦均收得，恐记挂，特函奉告。即颂

新春安乐！

千帆

1 月 1 日(1997 年)

（二五）

立朴老弟：

不久前曾以景祥所印《诗文合抄》寄赠涤明先生及弟，计已收到。只印四百册，非其人不滥发也。《学记》当已付排，何时可以出版，甚念。近又应上海文艺出版社之约，托本栋摘录旧著中可观省者为一书，名之曰《俭腹抄》，与《学记》相辅而行。年前当可出，并告。盼复，即颂

大安！

千帆

3 月 9 日(1997 年)

（二六）

立朴：

① 我家电话已改直拨 3592790，以后不再由学校总机转。

② 关于《学记》中稿取得本人同意事，前告有些已死或不知去向下落，有无变通办法(往往只是一首诗)，望告本栋。祝

好！

千帆

4 月 28 日(1997 年)

（二七）

立朴老弟：

许久未得来信，想俱安善。《学记》本栋在进行中，主要等候同意的回信，估计只有极少数人因去世或失去联系，只有暂缺，即照吾弟安排处理，不至缺少太多影响内容也。

另有个别文字安排标题，要酌改。又要增添三数篇，亦已开出，要他奉寄按序插入，排好，将来寄来清样即为全璧，可提高速度。校对要加意，现在行政部门抓图书质量，首先看误字、格式。已有不少出版机关被指摘。愿注意安排。

各方撰稿人的样书和稿费如能由本栋开具详细姓名、地址、钱数，由贵州直寄，则可省时省寄费汇费。（一齐寄南大，仍要分别再寄。）不知吾弟能代为一办否？如能，此项约七十人册，则我要买的部分 200 册左右即可。亦请酌办。

我耳目不便依旧，近来又患风湿腿脚痛，幸即时治疗，已有好转。样稿何时可寄出，望告。即颂
安好！

千帆

5 月 20 日（1997 年）

顾农书已进行否？

（二八）

立朴弟：

前信想收到。本栋已将电话内容转告。（一）《学记》决不再加新增三篇，以争取早日问世。（二）出书后请从贵阳直寄样书稿费与各文作者，其名单待与本栋最后确定奉告，稿费数请贵社按字数核算。外国另设法由我亲友在美、日者拨付。（三）我个人买书，可直寄南京。其中扣去直寄各作者部分，大概为二百五十册，确数再约定。（四）寄书汇款如要付贵社工作人员劳务费，请代办，在我稿费中支付。诸事拜托。匆匆，即颂

全家安好！

千帆

5 月 22 日（1997 年）

（二九）

立朴弟：

前接通知，知《学记》稿件由湖南寄南京，但迄今多日，尚未收到。我怀疑印刷厂根本未寄，这是印刷厂对付出版社催促常用的办法，希望你打一电话查明，以免耽搁。校稿个别稿件有抽换，问题不大，望抓紧办理。出样书后，先快函寄两三本来，同时告知稿酬标准，以便将各地作者应得样书及稿酬开单，能在贵阳办的由贵阳办，以便节省时间和金钱。我估计要买的书除赠作者的书约 70 本外，另外还要买 250 本左右，我希望你请示一下领导，能否给予六五折的优惠。景祥此次即是如此办理。但这仍是商量，你千万不可为难。

顾农的书据他来信说已寄给你，不知可否年内发排，希望告知。

收到信后，盼复，或打电话相告。

祝

近安！

千帆

7 月 11 日（1997 年）

（三〇）

立朴：

估计此信收到时，你恰返贵阳，北京此会想大有收获。多年来，你工作很有成绩，也很顺利。甚望抓住机遇，再上一台阶。

寄上顾农先生论文集的目录样稿及来信，可以见其书的大体水平。希望你能助一臂之力，接收出版。

《学记》想已或即将付排，何时可出，望告。云将寄封面样子，迄未见，想因去京延搁了。

盼复，祝

好！

千帆

7月12日（1997年）

（三一）

立朴弟：

本栋校样毕功，寄上，复视改正一遍便可付印。今将应注意事项条录于下。

① 书名用《程千帆沈祖棻学记》，不用《程千帆学记　沈祖棻学记》。封面、内封面、书脊、版权页等一律。

② 封底中间用"文章知己患难夫妻"印章作装饰，可与设计文字花纹配合。

③ 请按寄下地址名单，分寄样书，一律平邮，不用挂号航空。海外样书，一律海运。

④ 买书总数为350册左右，除在贵阳寄出数字外，余数寄南京。

⑤ 样书20册，由本栋支配，请另寄。

⑥ 请告知出版社计算字数之办法。除诗系每10行算千字外，其余如何算法（如每页每行等如何算法），当有简易之法。

⑦ 上下篇各有扉页（其二人照片分别放在扉页之后，正文之前。不统一放在前面。如装订困难，则一律放前面）。

⑧ 封面用勒口，如用简单绍介，可印在勒口上。

⑨ 希望封面底设计淡雅一些。

校样本栋看过。我不能细看，有总的涉及全书的几点，第一是文章篇与篇之间空得太少，不美观，有的窄，有的宽，希望统一调整距离适度。

第二，字的号数体式不一。仿宋与五宋、四宋常混用。"友朋书札"全为仿宋，如同附录，希望改通行之体。

第三，诗词排列极乱，望一律连排，第一行也不低二字，一律比正文低二字，词另有题的，比调各低二格排。不用两句一行，一首绝句两行，每行两句，一首律诗四行亦每行两句之法。

此稿收到，望吾弟亲自抓一抓。

以上要求当然仍视实际情况。实有为难处仍由你决定也。

我日益衰老，诸事皆靠你们，所谓“穷途仗友生”也。

暑热，望珍重。

千帆

7 月 28 日(1997 年)

（三二）

立朴弟：

来信收到，已交本栋，尽可能按照你们的规定迅速处理。《学记》原稿有个别地方题目改动，另加几篇短文，校对时请连带处理，想问题不大。征求作者同意，对有的作者有困难，大约有如下情况：① 某些题词写于 60 年以前，其人已死，与其法定继承人也无来往，只有辗转托人查询。② 有些学者远至异国，函信恐需较长时间。好在都是个别情况，绝大多数都会有回信。可否请出版社订一个是否同意的函件及回答的日期，再如无答复时，可否由我负法律责任。因为这些诗词当时都是因为有较深的关系，所以投赠，一般绝无拒绝发表之理。这个法律责任我担得起。但法律是法律，你们出版社遇到这样的情况，是否有统一的办法，请斟酌。譬如章士钊先生我们并不认识，是他从沈祖棻的老师汪东先生那里看到她的词，大加赞赏，就写了两首词给汪先生赠沈。我们知道章士钊是有后人的。曾跟他的女儿章含之联系过，但她不回信，这样当然得不到她同意的答复。又如姚鹓雏先生论近代词家诗一首，是从报纸上转录，我们并不认识姚先生。诸如此类，为了使后人全面了解一位作家，能收入当然更好，这些地方出版社可否考虑通融办理。其余的事我和本栋谈了很多。我年纪大了，精神不济，希望你和本栋多联系、商洽，把这本书出好，十分感谢。顺祝
全家好！

千帆

9 月 21 日(1997 年)

顾农先生的确很有水平，其书可出版。古人云：学成而名不彰，朋友之过也。你们能促成其事，功德在学林。盼盼。

附白：

凡未获得同意的答复而文字又刊载了的稿件，一律不拿稿费，由出版社保管，这种办法是否可行？

（三三）

立朴老弟：

近来我杂事较多，目力也差，故未和你联系。

据原定安排，《学记》在10月底之前出版，如无变动，则应已印好，在装订中，不久可见样书。

我现在急于知道以下各种情况：

①《学记》印数。

② 何时可见样书，希望寄来三四本快递。

③ 采入《学记》的各家文字，因为系由出版社与各家订合同，希望知道每家字数及应付稿酬数。汇给我，仍由我处汇，但你处要将各人应得之款开列。我及沈的部分，则合在一处，扣除买书款外寄下。如买书款不敷，可告我，另行补足。

④ 以上大略情况，可打电话告知，但涉及数字，电话易误，希望书面以免有出入。

⑤ 有些学生想买《学记》除按65折给予优惠外，出版社每册应收包装及邮费若干，请另外示知。这事想要张春晓办，学生可在她处登记姓名缴书款及邮费包装费，书到后分发。

⑥ 顾农的书已否发排，望告。

即颂

安好！

千帆

10月13日（1997年）

（三四）

立朴弟：

适接张三夕来函云，已于本月由海南回武汉华师作研究工作一年，《学记》出版后，寄三夕之一份，请寄“武汉华中师范大学历史文献研究所（430070）”。

《学记》想即将出版，正翘首以待。

顺祝

近安！

千帆

11 月 4 日（1997 年）

（三五）

立朴贤弟：

样书收到，见者无不满意，本栋和我，还有同学们都向你致谢，向涤明等先生致谢。

由于我和本栋的疏忽，加上我眼睛不好，发现三处要改动，请别记下，如有机会重印，就改一下：

533 页 6 行“程千帆笺注”，“注”字不要；末行《古诗今选》下加《沈祖棻程千帆新诗集》（陆耀东编）武汉大学出版社 1992 年版。

535 页 8 行“程氏”二字应移下行“合作合撰《程氏汉语》”。

又将样书寄各地作者时，封面请加一句“收到后回程千帆一信”。

匆祝

好！

千帆

11 月 16 日（1997 年）

（三六）

立朴老弟：

承赐千元，在远不遗，感谢之至，请转告财务科。我已进入八十七岁，自去冬住院后，一直未能完全恢复，耳聋目瞀，写字亦困难，已不能正常工作。幸今年完成之《校雠广义》四卷，得有富之助，全部四卷出齐，得承乏在国家图书奖中式。此书自四十年代初着手，断断续续，写了近六十年，终于脱手，虽不精善，聊胜于无。又所主编之《中华大典·文学典》，其中宋辽金元分典五册，亦于国庆前赶出，得以如期献礼，亦可告慰耳。《广义》曾奉寄，不知是否收到，年老多忘，仍望示知。又我文集，已由河北教育出版社请莫砺锋编辑出版，共14卷，又沈祖棻集4卷，或者亦可在二千年出版。凡此皆可告慰者。全译丛书在弟主持之下，颇能自树风格，有声学林。从游诸君子在出版界者，弟外尚有于景祥、于辅仁、姚继舜，均各有建树，可喜也。匆此复谢，即颂

著安！

千帆

12月5日(1999年)

致袁行霈(六通)

袁行霈，北京大学中文系教授。

(一)

行霈先生：

承惠新著，美富难可名言，日下硕学方闻之彦，各以其能，炳耀词林，然求如先生之深通玄理、洞晓文心者，盖亦鲜矣。老瞀疲学，睹此欢快，胜得清酒三升也。读书间有所见，而衰顿难以执笔，辄命门人足成之，谨呈一篇博笑。顺颂

著安！

静希先生前乞致念。

千帆顿首

8月21日(1987年)

（二）

行霈先生：

承赐新著，适在病中，久之始拜读完毕，叹服之至。如何使外国学生对我国古代文学获得一较为完整的概念，乃一难题，需从多方面迫近其本体，先生下笔开生面，拈出若干重要方面加以论述，斯可与历史及作品鼎足而三矣。北京冬燠，伏冀珍卫。专此布谢，敬颂

著安！

《概论》非浮泛之论，乃提要钩玄、敲骨得髓之作，世有知者，当韪鄙言。

弟程千帆

3月9日(1991年)

（三）

行霈先生道席：

顷荷惠赐新书《诗学通论》，钦感交并。略一省视，深觉其体大思精，度越前辈，而叙述理论之发展与创作之变易紧密结合交叉演进，实能深究吾华诗学轨迹之真实。此前惟罗宗强先生论唐代文学颇着意于此，千帆极嗟美之，然似犹未及先生等此作之美富也。近年患白内障，一时未能仔细玩味，然终当竭力读之，不能有至宝山而不入也。一二〇八页参考文献载先师季刚黄公《诗品讲疏》，有八二年成都古籍出版社本。据弟所知，黄公虽尝为此书，实未卒业，今所能见者，惟《文心雕龙札记》中所引片断，文献目录所著录似为全书。意者或黄公北大早岁川籍弟子若曾圣言(缄)、张怡荪(煦)诸人之笔录为后学所整理印行欤，疑莫能明，幸先生有以教之。衰齿已八十有三，不复能有所思辨，勉与门人共理未成旧作二三种，容更呈教。专此布谢，即颂

著安！

弟帆顿首

9月26日(1995年)

（四）

行霈先生：

曹虹返，借悉佳胜，又荷赐北大《国学丛刊》九种十一册，略一展阅，璆琳溢目，贫儿暴富，感幸何极！年来先生宏奖风流，宿儒新秀，后先炳耀，神洲浩劫，略得敉平，文化振兴，端在今日，真所谓天之未丧斯文也。颓龄今年八十有三，犹幸及见中兴气象，辄思挥鲁阳之戈，从文旌之后，倘见许乎。专此复谢，即颂

著安！不尽。

程千帆顿首

10月27日（1995年）

（五）

行霈先生：

承赐陶集新书，多年研治，卒得结集，老学精勤，真可佩可喜也。近人治陶者古层冰、逯卓庭（亭）之新注，足以补充陶文毅。二朱（孟实、佩弦）颇有名论，惜皆未成书。今先生之作兼文献学、文艺学之长，度越诸老远矣。此衰朽见之所以欢喜也。闻公务极忙，尚乞善自葆爱。弟白内障年来愈甚，书不成字，谅之。专此复谢，祇叩

著安！不一。

弟千帆顿首

9月22日（1997年）

（六）

行霈先生：

砺锋返宁，收到惠赐《文学史》新书，美富不可言，感荷之至。弟近来衰劾日甚，耳聋目盲，亦难细读，惟当以诚敬之心对待之，缓缓吃透，庶不负先生之苦心耳。近得门人之助，略得小册子一二种，出后即当呈教。匆复，祇颂

著安！

弟千帆上

8月24日(1999年)

致钱南秀(六通)

钱南秀，曾任美国莱斯大学教授。南京大学中文系文学硕士。

(一)

南秀弟：

建国于前日交来你的信，知继续求学事已完全解决，非常高兴。我国当前的学术界是多么需要兼通中西学术的人以建设自己的现代文化，你可以而且应当担当一部分责任。继你和砺锋之后，汪应果、赵立坚、杨正润都于最近要出去了。将来必能各有所成，为祖国和全人类作出贡献。

我们准备出几本外国汉学家论文集，最好所选论文能代表外国人的观点。砺锋已与欧文及傅汉思(Frankel)谈过，希望由他们提出一些篇目。欧的已带回，傅的砺锋托车淑珊(Susan)办，但尚未收到。你现在到了耶鲁就更方便了。可问问她，如尚未寄(目录及资料)，请她速寄。

除此之外，我们当然也欢迎孙先生及其他美国汉学家提意见。首先是篇目，如我们手中无此文，也请费心复印寄下。不知道你有无时间作翻译工作。这个集子中有你译的文章，当然很好。望告知。

傅汉思先生的夫人张充和是我多年友人，她前几年回国，都曾相见。现特为你写一介绍信，也许可能对你更亲热些。

你安心在美学习，读书当然是非常重要的，但身体也同样重要。调节是不可缺少的。昨天我和建国谈时，也特别强调这一点，希望你注意。

我的近况，可以用一句话概括：该做的、想做的和能做的之间的距离愈拉愈长。能够在两三年内完成几位博士生的学业，写成已经动手的几部书，就很不错了。陆放翁诗云：

汝去三年归，我倘未及死。江中有鲤鱼，频寄书一纸。

这是一个七十五岁的老人的心愿。

祝

旅居一切安好！

千帆

八月二十五日(一九八七年)

陶芸附候

(二)

南秀弟：

从你去国后，我别的都很放心，就是怕功课太重，你身体吃不消。得去年十二月寄来的贺年片，知道你还是开了刀，所幸过程及结果都还好。但还是不那么放心。我不知道你在读课时是否注意到有松有紧，不要平均对待每一门课。两只手握拳一齐打出，很难致胜敌人，为学也要有张弛、次第，要考虑某一门课是否与你一辈子的主攻方向关系密切，或反之。以此为准来分配精力和时间。门门都学得极好，是不可能也无必要的。我深知你性格好胜，恨不得每门课都得 A＋，所以有此劝告。

我手上现有八个博士生，主持两项国家级科研项目(《全清词》和唐宋诗歌流派研究)。所以仍然很忙，而身体则大不如前。因心脏病每年都要住二三个月的医院。所幸今年已停止招博士生(带完现有的为止)，《全清词》也拟另由人主持，暑假后可轻松点。

国内古典文学的研究方向，主要可从《文学评论》《文学遗产》两刊物体现出来。看来，也在摸索中。

(以下内容由陶芸续写)建国和亮亮去美后，你们一家团聚，你生活方面又可以有人照顾，我想你身体一定会好起来。亮亮谅已进入高中，在美国他别的成绩不会有问题，不知英语能跟得上吗？建国是否也在读书？如果一边读书、一边打工还是很辛苦的，希望他也要注意身体。

我们这里一切还如常，南大最近颇有起色，1988 年科研论文获奖数首次超过北大。国内市场去年夏秋间波动很大，大家叫苦不已，目前已稳定下来，这次春节供应很丰富，价格也不高。我想一切会好起来的。

祝

阖府安好！并贺

春禧！

千帆、陶芸

2月6日

己巳春节(1989年)

87年国家教委评全国各大学重点学科，南大评上18个，中国古代文学全国只有北大和南大获得重点学科。附告。

（三）

南秀：

我十分高兴终于收到了盼望已久的信。几年来，我断断续续、零零星星听到了一些关于你、关于你们的消息，有令人愉快的，也有令人担忧的，加之近几年国内外的风云变幻，使一个风烛残年的老人也思绪万端，和你一样，多少次想执笔，又多少次放下了。

我高兴，你的努力终于有了初步结果。论文，说难也难，说容易也容易，从国内和日本的情况看，关键似在于选题，如果它具有开拓性，是新领域(这新领域往往从新角度显示出来)，就比较容易出成果。现将我这几年带出来的博士们的论文题目列下：

1. 莫砺锋　江西诗派研究
2. 蒋　寅　大历诗风
3. 张宏生　江湖诗派研究
4. 张伯伟　古代文学批评方法论
5. 曹　虹　赋论(系列论文)
6. 程章灿　魏晋南北朝赋史
7. 巩本栋　北宋党争与文学
8. 陈书禄　明代诗文创作与理论的交叉演进

我和周勋初老师指导三个研究方向：魏晋南北朝文学、唐宋文学和古代文学历史及理论的方法论研究。上述论文，部分已出版，有的在排印中。告诉你，聊供参考。

《文献》(北图出版)1991年2期将刊出我的自传——《闲堂自述》，《瞭望》海外版将刊出我的访问记，耶鲁图书馆都可看到。

我的老学生刘彦邦(抗战中川大毕业)的女儿刘婉在普灵斯顿随高友工教授攻读比较文学博士学位，你如有空又有兴趣，可与她交个朋友，其地址如下：

Wan Liu

222E　Marshall st.

Princeton，N J 08540　U. S. A

(以下内容由陶芸续写)千帆近一年来身体大不如前，特别是去年夏天以后，经常发房颤，去年十月至今年一月在医院住了三个月，也没有什么特别的医药治疗，所以虽未痊愈，还是回家了。现在时好时坏，平均每周还是要发一次。近日改吃中药，希望能有效。因身体不佳，88年以后就未再招生，去年五月已办了退休手续，最后三个博士生毕了业，就不再负任何责任了。可以好好休养，现已很少工作，所以复函拖了很久。

去年承你托人带西洋参，非常感谢你的关怀，但你和小朱同志都还在读书，经济不宽，以后不要带东西来，只要常得到你们的消息，我们就很高兴。丽则也经常怀念你。希望你多多保重，虽然要紧张地写论文，但还是要有张有弛，我们也很记挂小朱和亮亮，亮亮想已是一位高大的男子汉。

以前武汉大学教授王文生已赴美多年，你知不知道他在什么学校？如有消息，望告。寄上照片一张，近诗数首。

顺祝

全家安好！

千帆、陶芸

3月17日(1991年)

(四)

南秀：

收到你8月11日较详细的信，我好欢喜，因不但知道你已进入作论文阶段，而且身体也还好。

我很难对你运用西方文论处理东方材料将要获得的成果预先表示什么意见。不过我想提醒你如下几点：1.《世说》是“合本子注”之体，无论注出众书，即本文亦非出自一手（看陈寅恪《支磐度学说考》，我的《史通笺记·补注》）。它的“独特文体”，因此，不来自“个性”。通常情况，“独特的文体”，总与“突出的个性”相关。而此书不然。2. 人物性格分类（其实不完全是性格）它起源于《论语》四科，《史记》类传，至刘劭《人物志》而更富有实用性，涉及社会各个形态和层面的评价（看汤用彤《读〈人物志〉》）。3. 人物性格之塑造与通过塑造而形成的褒贬与东汉末年以来之社会风气（月旦评参看唐长孺《清谈与清议》等，均载《魏晋南北朝史论丛》），人物传记，即别传之繁兴（看我的《史传文学与传记之繁兴》及马国翰诸家别传辑本，陈寿《三国志传》）有关。刘义庆并不是在写传记（虽然你现在在将其作为传记文学的一种特殊形式在处理），而是通过不同人物的行事以见性格，通过某些人的性格以见整个社会风气。只有在那一特别时代，才能有此书，所以后来的模拟者，从孔平仲以下都不成功。因此，凸现它的社会背景十分重要。在这一点上，东西方参照可能很有意思。

似乎有必要严肃地考虑这么一个问题：一位中国人写这样一篇论文与一位西方人写同一题目应当而且自然会形成一种什么差异。

你们全家在美之辛苦，可想而知，我常常和陶芸谈到这一点，因为她的外孙女、外孙女婿、三岁的重外孙，还有女儿都在 Troy，女婿也在念 Dr，所幸孙女儿已工作，而重外孙还小，下学期要进 Play school，也是一种负担，但比你们要略轻松些。现在也只有劝你们“勇敢地向前走”了。

今夏水灾很大，南京幸未直接波及。我心脏病仍时发，居易俟命，带病延年而已。明年就虚岁八十了，同学们准备出一本纪念论文集，此事他们在办，我没有过问。去年我退休，曾向学校作了三项表示：1. 捐一万元，设沈祖棻奖金；2. 捐老东南大学、中央大学、金陵大学校友书画 40 件，中有黄侃、吴梅等人的作品；3. 继续负责指导已毕业而留校工作的研究生，如莫砺锋（已升教授）、张伯伟（已升副教授）等。明年学校也许会搞个小型庆祝会，我准备将自己一生批点的书（除已被红卫兵劫掠焚毁的），选出几种送给学校图书馆收藏，以作纪念。近几年来，我已将家中所藏劫余书画按诸名家省籍分送四川、湖南、江西等省博物馆。唐诗人有咏宫人入道诗云："尽出花钿与四邻。"我之所为也就是所谓"亦知风烛难留世，便作池莲不染身"也。

如果你和刘婉通讯，可否代我打听一下王文生的地址?（不一定，看方便。）章开沅（你误作张开源）是民国史专家。充和先生不知常见否，我最近得到她手写饶宗颐先生《晞周集》影印本，小楷精绝，极可宝爱。我曾托车淑珊带给她及高友工先生各书二册，迄未收到回信，因此我近已写信给车去问了。

关于《世说》译本署名事，第一次印刷是有的，第二次印刷没有，想系巴蜀出版社之误。我国的官僚主义、不负责任的事太多了。柳士镇想会有信给你的。现先将周先生的信及第一次印刷的书影附上。

关于超过出国期限的事，我立即去问了系主任许志英先生。他说，这是上面的统一规定。据闻仅南大就有一百多人，现在是出去100人，就有100＋N个人不回来（包括夫人怀的孩子在内），所以订立了各种限制办法。此事我不关心，故不知其详。我的意思，你得学位后，如要回来工作，也是很容易找到位置的，因为政策是欢迎留学生回来。

近有诗曰：

书犹能读足忘穷，老在人间万事慵。安得此时江海上，不妨一笑寂寥中。

顺颂

全家安吉！

千帆

9月8日（1991年）

陶芸附候

（五）

南秀：

得手书及全家照，知一切顺遂，尤其亮亮勤学，在竞争中立于不败之地，可喜可贺。《世说》译名事，已弄清楚。其重印本删去你的名字，既非柳士镇做了手脚（他在接到重印样本之前，根本不知此事），也不是你有什么政治问题（你根本无任何政治问题，系中也无人无中生有），也不是巴蜀书社负责人下令如此处理（他们对版权法至少有点常识，巴蜀书社是块不大不小的招牌，该社负责人决不肯自毁名誉）。说来可怜又可笑，乃是该社一位编辑主管重印之事，他竟是一位法盲，根据“手中有权不用过期作废”的流行原则，在文件上批曰“此人已去美，可删去其名字”（这是大意，原文记不清，有手迹在柳士镇处），因此，你的名字就被轻轻抹掉了。这当然是侵权行为，是犯法的。但你远在美国，打一场这样的官司，至少要花几年工夫，用去上万美元，是不合算的。因此，当柳士镇来找我谈的时候，我就主张由他以同撰人资格去函该社，指明其错误，并要求在第三次重印时，再将你的名字加上，柳已去信，或尚未得回信（国内办事的“拖”字诀，或曰“研究研究”，一研究就几年，你对此并不生疏），故未函复。后我与周勋初先生商量，他也认为这样做比较务实。你将来会不断 publish，这种品位不高的通俗读物，无之不损，有之也不益，可以放宽松些。不知你以为何如？如你仍想详细了解该社这种做法在法律上应负什么责任，可函“北京东四南大街 85 号中华版权代理总公司”咨询。我细查过 1990 年 9 月公布的“中华人民共和国著作权法”，还没有对于你遇到的这种情况（即出版社成员抹掉著作人的名字）如何惩罚的规定。你也可用人民来信的方式写信到“北京国家版权局”投诉（用挂号，他们会回信的）。

我今年 9 月虚龄八十，去年一些学生集议出一本论文集，现已付排。你的文章已不及收入，但你如愿在国内发表，也可寄给我。你可加几句后记，表示此意，由我交学报或其他刊物发表。

我一定给你写一张字，并裱好托人带美，不必麻烦你妹妹了。我近年出书较多，其中主要的是《诗论选集》《被开拓的诗世界》《宋文学史》《校雠广义 · 版本编》及《目录编》等。我特别想征求你的意见的是前两种，我可邮寄给你。因不好意思托董带太多。

关于大法官一案，国内也有报道，但是从批判资本主义生活方式的角度出发的，很简单。

你是个灵心慧性的人，你用什么方法写博士论文，我都赞同，但愿你牢记一点，文学是心学、情学。高尔基说是人学，但他特别强调阶级的人，就有些地方说不通了。（你强调分析，分析，即作者与读者心灵上的“相悦以解”。）

南大蒸蒸日上，最近新选学部委员，由原8人增至14人，对国家有特殊贡献因而获得特别津贴者，由原15人增至48人，中文系有四个博士点（古代文学、现代文学、戏剧学、汉语史），导师七人。告诉你，你也会高兴的。

我心脏病仍有时发，但减轻。今年可完成《校雠广义·校勘编》，出版《程沈新诗集》。小诗五首咏近半年事，全家像片一张，均随寄。祝
全家安好，一切吉利！

千帆、芸

元旦五日（一九九二年）

（六）

南秀：

信收到。知你已安定下来，全家生活都很好，极慰。文化环境是可以创造的，安知Rice不由于你的努力而成为美国汉学的一个新的中心呢？

《行卷》我手边也没有了，但再过几个月，可能出新本（台湾版及《程千帆选集》版），届时当设法寄给你。国内同行竞争极为激烈，不断出书和论文，理所当然。不要说年轻人，老人也是如此，除非自愿当隐士。你说同学有书未寄给你，我想有两个原因，一是你很少和他们联系，二是邮费太贵，寄不起。（伯伟有海外关系，数他经济状况最好。）

庾信确实是一个尚未大开拓的领域，而且因为尚无人着手，出成果并不困难，如果要求不高，仅限于目前国际汉学水平的话。但要深入突破，则恐不能只限于社会学、历史学或Text的文化背景和个人生平、版本源流等的探讨。要真正懂得骈文律诗，要能动手，深知利弊，才有可能真的说出一些艺术创造上的道理来，那就不是靠三五年工夫，用搜集排比资料的方式所可能达到的了。这就是说，研究工作不能光靠逻辑思维、理论思

辨，更高层次的达到必须也靠形象思维、感性亲和。如你能由此致力，或可有新的思维境界。祝

全家春节快乐！

千帆、芸

一月廿七日（一九九五年）

致张充和（一通）

张充和，1949 年随夫傅汉思赴美，后在哈佛、耶鲁等多所大学执教，传授书法和昆曲等。

充和夫人侍席：

久未陪接清光，伏维兴居安吉，为颂无量。今谨绍介钱生南秀晋谒。生髫年慧异，家境寒苦，而积学蓄德，自致隆高。比岁得士，殆鲜畴匹。顷得承教汉思先生，拜托芘荫，实所深幸。尚乞时加教诲，俾得有所成就，感荷感荷。气中先生伉俪康强如昔，足慰远怀，谨并上闻。即颂

双茀！不一。

程千帆顿首

八月二十五日（一九八七年）

致钟来因（六通）

钟来因，曾任江苏省社会科学院研究员，东南大学文学院中国文化系兼职教授。

（一）

来因先生：

惠书及大作等均奉悉。奖誉过甚，殊不敢当。自初夏以来，身体一直不太健康，心脏病时时发作。八月下旬突发房颤，因在夜间未能去医院住

院治疗。但医嘱必须全休，不能工作，不能用脑。因此所嘱之事不能遵办，极为抱歉，敬请原谅。

顺颂

著祺！

程千帆

9 月 16 日(1987 年)

因病此函由老伴代笔，乞谅。

目录奉还，请查收。又及。

(二)

来因先生：

来函并大作收到，亦无不妥处，得便，即可发之。故人之情，殊可珍也。有空望来舍下小叙。敬颂

著安！

千帆拜启

十二月二十二日(一九八九年)

(三)

来因先生：

惠书敬悉。属作题签谨寄呈。老病无腕力，聊作交往之纪念而已。拙病仍时发，因多历年，所遂亦安之，亦是万法随缘之意也。敬复，即颂

著安！

程千帆顿首

四月三十日(一九九一年)

(四)

来因先生：

新书拜领。治理道藏有开辟之功，积之岁月，复何可量。拊卷之余，吾深佩仰也。比患目疾，容当细读，以实枵腹谬，谨先致谢。即颂

著安！

弟程千帆顿首

十月七日（一九九二年）

（五）

来因先生：

瑶札并大作收到，娓娓见故人之情，殊可珍也。亦无不妥处，得便，即可发之。冬寒，望葆爱。敬颂

著安！

千帆拜启

十二月二十二日（一九九五年）

（六）

来因先生：

前日见委之事，经与各方联系，均云早已超编，不能进人。见贤而不能举，深以为愧，伏冀谅之。

敬颂

著安！

程千帆上

7 月 2 日（年代不详）

致杨军（二通）

杨军，苏州科技学院人文学院教授。

（一）

杨军同志：

屈兴国同志交来你的稿本，虽在病中，看了也十分高兴。做得认真细致谨严，体现了很好的学风，可喜可喜。

现在有关出版的一个主要问题是：目前制度没有改革，书籍的发行渠道没有打通，学术性著作印数都极少，有的只印一千本（如傅璇琮的《李德裕年谱》），所以出版学术著作对出版社来说是个蚀本生意。齐鲁是一家很好的出版社，至今还肯赔本出这一类的书，但要求我们让他们赔得少一点。我们认为这一要求是合理的，应当跟他们合作，办法就是减少字数，降低成本。最近我们这个丛书收进了一部《艺苑卮言校注》，就用了这个办法，将篇幅压缩了三分之一。我和老屈商量以后，也希望《乐趣》压缩到35万字左右。这未免使你的部分劳动有所损失，但不这样，即使出版社勉强接受了，他摆着不发排也是枉然。减少篇幅只有两个方法，最主要的是将引用作品的全文全部删去（极其个别必需保留的则保留），只补标题和出处。第二是把作品的生平叙述加以压缩，特别是大作家，其事迹人所共知，而《乐趣》又不是文学史，所以只要极其简略地提到就行了。这可参照《全唐诗》《全唐文》《全宋词》的做法。此外，还可删去一些次要的可注可不注的注，部分注删繁就简。如果认真清理改动，我想篇幅就可以大大地减少了。

以下想同你就体例问题商量一下。（1）全书体例必须一致，如你引用书，有的注明卷数，有的不注，似应全部注出[1—7(7)第二页]。（2）有许多材料还应当找出原著[1—17(1)]。（3）要在全书后面附两个引用书目，一种是原著的引用书目，这个书目要用对照表的形式表现出来，上栏填入原书名称，下栏填入你统一改用的名称。第二个是校注引用的书目。这个书目一定要注明版本，如系旧刊，应注明系何种版本或丛书本；如系新书，应注明出版社及出版年月，这样校注中引用之书，一概不必注版本，省事多了[1—10(1)]。（4）校注引用材料大体繁简适中，但也有枝离之外，应加删削，如1—11。（5）原文末尾所引出处不必阑入其他辨证的话，其必须说明者可另列一注，如(1—12)所称据"《唐音癸签》卷三此为王世贞语"之类应另列一注。

以上粗粗检阅了几十页，发现了这些问题。我最近身体很不好，所以无法仔细看，只是指出些例子，我想你一定可以类推，把它改好。我日内将去住医院治疗，这封信和原稿将交给老屈，请他和你商量，请多多原谅。

祝
好!
问唐文同志好!

程千帆
10.11(1987)

（二）

杨军同志：
承赐《马戴诗注》,谢谢。尊稿已于昨日托唐文兄携苏,幸以暇日加以删削。鄙意悉以随文标注,如有未明,可函酌也。专此,即颂
撰安!

弟帆上
三月十四日(一九八八年)

致詹伯慧(二通)

詹伯慧,詹安泰之子。暨南大学文学院教授。

（一）

伯慧吾兄有道：
久不通问,然每从羊城来书,知宏业日隆,为之欣慰。主持院务,诚为琐屑,而树立学风,作育英才,亦端赖大雅之不辞劳瘁也。先德纪念文集已拜读。追忆夙昔,不胜怅惘。弟今年七十有五,日益衰顿,近方住院疗养,不久前饶选堂先生来宁,亦相晤于病室,不克陪奉也。汤擎民、杨天堂两先生见时,乞为致意。谨复,即颂
教安!

千帆拜上
十一月二十五日(一九八七年)

（二）

伯慧先生：

大札及先德遗著《花外集注》均拜领，在远不遗，感何可言。无庵先生著作至此全部印出，非先生孝思毅力曷克臻此，真可敬可贺也。弟今年颓龄八十有三，耳聋眼花，恍忽度日，残年饱饭，惟此可告故人。专此布谢，即颂

大安！

千帆上

4月25日（1996年）

致邓广铭（二通）

邓广铭，字恭三。历史学家，曾任复旦大学、北京大学教授。

（一）

恭三先生：

周勋初先生纪念寅丈文，已托朱德熙先生转交，想荷赐阅。

拙撰承印可，感愧感愧。今更作一小文，申述所以撰此文以纪念寅丈之微意，拟请先生在编辑时置之拙文之前或后，不审可否，敬请卓裁。

春寒，伏冀安摄。敬叩

道安！

弟程千帆上

三月四日（一九八八年）

（二）

广铭先生左右：

得损书及辛词新本，欢喜无量。衰遗老学，大耋不倦，功力深至，妙义纷陈，且出语谦逊，文德尤高，求之今世无第二人也。贱子少公数岁，而耳

聋目眢，已难操觚。式瞻大作，惟有愧叹陪接无由，我劳如何！肃谢，顺颂著安！不尽。

弟程千帆顿首

三月廿一日（一九九四年）

致匡亚明（一通）

匡亚明，马克思主义思想理论家、教育家以及社会活动家，曾任南京大学党委书记兼校长。

匡老：

手谕及附函敬悉。《全清词》第一卷已将毕功，其第二卷以下，中文系拟采用招标承包方法进行，已由董健主任向全系公布，目前尚未具体化。荀先生之事，只能在承包人确定之后，再向其推荐。千帆当随时留意，容更奉达。祗颂

道安！

千帆敬上

四月二十一日（一九八八年）

荀函附还。

致吴孟复（二通）

吴孟复，曾任淮北师范大学教授。

（一）

孟复先生吟几：

损书敬悉。弟于古文一道所知极少，少时虽尝诵读，间有笔记，而经“文革”之乱，已一无所存。承询及，愧叹而已。近游武夷，得小诗数首，寄呈博笑。敬叩

道安！

弟程千帆上

六月十五日（一九八八年）

（二）

孟复先生左右：

损惠新文，又赐读佳篇，感叹何极。《释清浊》有扫涤谬误之功，诗格老而韵，气深稳而卷舒自如，此惜抱圣境也。少作多舛，乃荷奖饰，愧汗而已。更有一高头讲章，奉上博笑。专上，即颂

吟安！

程千帆顿首

致李鼎文（一通）

李鼎文，曾任西北师范大学教授。

鼎文先生道席：

夙慕清望，无缘陪奉。顷承远赐先德遗文，兼致书问，感佩何限！前数年整理方湖师文集，即审尊府文章学术，奕世传承，今得辑存遗稿，自当悉心研读也。敬复，即颂

著安！

弟程千帆顿首

七月四日（一九八八年）

致高明（二通）

高明，字仲华。曾任台湾师范大学、政治大学、中国文化大学教授。

（一）

仲华尊兄道席：

蜀中一别，转瞬四十年，蓬转萍飘，各臻老耄，而俱无恙，可为欣幸也。十年前自武汉移砚南京，得遇石禅女夫杨克平君，始略悉兄及石禅数十年老学不倦，亦复杖履清健诸况，而以未便通书为恨。比得令戚朱祖延君鄂书得悉尊址，故此作书奉达。缅怀数十载交亲，惘然如梦矣。因忆兄往在打箭炉，赠诗有云："醉来蚁梦花前酒，醒去鸡声雪里山。愁绪万端遭世乱，狂名几日满人间。"不幸而言中，殆若有先验者，为可喟也。明年三月香港大学召开先师学术会议，颇冀届时能与兄及石禅把晤。弟今年七十有六，十余年前祖棻以车祸逝世武昌，续娶陶氏，亦温婉。世法人生，亦唯顺受而已。阅港台书目，知兄著述弘富，甚愿读之，尝得石禅所著数种，亦惜未得其全也。又旧托石禅代购台北影印本《江湖集》及日本影印残本《江湖集》各一部，久之未报。兄如与晤，乞一询之。旧友中存者无多，游介眉尚健在，此媪亦八十余矣。祖延在湖北大学（地址：武汉市宝积庵），任古籍研究所长，近年纂《尔雅诂林》，闻将毕功云。弟近以心脏病住院二月，略痊可，非久将出院。拉杂书此，聊当面谈。专此，即颂

著安！

弟千帆拜上

十一月三十日（一九八八年）

（二）

仲华老兄：

令妹返宁，收到赐寄文集又诸生祝嘏纪念册数本。（已交古典文献研究所珍藏，所中藏港台书籍较集中，借阅方便，故未送校图书馆。）得悉数十年来，老友文章事业卓有建树，身体亦极健康，他日虽间有所闻，然未能如此之详尽，真令人雀跃也。旋值小故，未即复书。想具知悉今岁南京有一国际会议，甚盼兄与石禅联袂偕来，亦不必撰写论文，但作一发言，俾后

生得瞻望风仪，有所矜式而已。兄且可与令妹团聚，小住些时，再缓归去也。此书与致石禅书互有详略，幸参阅之。弟今年已七十有七，心脏不佳（房颤），思力亦减退，已不甚能作文，犹有研究生四人，明年夏间乃可卒业，此后庶可为袖手人耳。谨上，即颂
道安！

小弟程千帆顿首
三月廿二日（一九九〇年）

致李希贤（一通）

李希贤，曾任武汉大学中文系教授。

希贤同志：

惠赐新著二种收到，非常感谢。

我离开武大，瞬逾十年，但对于这个在其中度过了几乎半生的学校，却深怀眷恋之情，对于武大中文系师生的工作与成绩，我也是深表关切的。

武大中文系在表面上似乎沉寂了几年，但现在可以看出，它经历过一个蓄积时期，郁怒地爆发出来了，著述斐然，极为学林所关注，真是可喜。现在你和其他同志们如耀东、志达等年纪都已不小了（走向六十了吧），非常重要的一件事是培养三十岁以下的青年接班人，才能薪尽火传。我在南大在这方面做了一点工作，把三十岁左右的尖子研究生都留下来了，五年后独木便成了树林。听说你现在担任行政领导，如果在这方面多加注意，实在比个人著述贡献更大（当然，著述也是重要的，不可缺少的）。民友、德麟都是内行，如果你在这方面注意，定会得到他们的支持。

我体力日衰，工作仍重（有八个博士生，两个国家级科研项目，还有点自己的科研），老牛破车，且战且走，但期无负于人民而已。

天寒，望珍重。祝

好！并问诸老友好！

千帆

一月五日(一九八九年)

致蒋孔阳(一通)

蒋孔阳，曾任复旦大学中文系教授。

孔阳先生：

惠赐论文选集收到，非常感谢。其中一部分我曾读过，现在更可以较为全面地理解您对一些问题的看法，这对我是很需要的。

之珍夫人想均安好。蒉荪的夫人，偶从上海师大朋友处得略知一二，亦曾托人代致问候，闻其有时去儿女家中小住，足以娱老，闻之甚慰。如见时，仍请致候。天寒，伏维保重。即颂

阖府安吉！

弟程千帆

(1989年1月12日)

致贾文昭(十三通)

贾文昭，安徽大学中文系教授。程先生任教武汉大学时的学生。

(一)

文昭老弟：

寄函及《文论类编》均收到，甚以为喜。此书今日极为学界所需，特别是初学，因彼辈无暇从容读书，此不失为汲古之修绠也。弟著述不辍，即此便是对今天种种不良风气自觉抵制，闻之欣慰。

今年有四位博士生毕业，审读论文极费时，今届春节，始少自纵逸，得书已久，而作复迟迟，尚冀谅之。

即颂

著安！

千帆

戊辰除日（1989 年 2 月 5 日）

（二）

文昭老弟：

得《近代文论类编》，这一阶段材料搜集不易，编排也恰当。这种工作，要有自我牺牲精神才肯做，要有一定学识、耐力与恒心才能做，甚为弟之有成而喜也。论文集因不收纪念性文字，只得学术论文，故莫未以你文付印，能在《唐都》刊出，亦是一样。我今年身体尚好，但已不能多工作，逍遥无为，以养残年而已。

复颂

著安！

千帆

1 月 22 日（1992 年）

（三）

文昭老弟：

来示收到。书签写就，不知能用否。我自五六年前，耳聋，目亦患白内障，即觉思力衰退，不更能作文，已久搁笔，八十二岁，固当袖手矣。故顾问勉可担任，文则不能应命也。选文出集子，自律要严，宁少而精，勿多而滥，此意谅已悉之。即颂

安吉！

千帆

5 月 3 日（1995 年）

（四）

文昭老弟：

久未奉问，伏想安善。

寄上友人余行达教授文一篇，似笃实，可供《古籍研究》之用，请考虑，径与余先生联系。感感。（地址见文尾。）

我日益衰，已不能为思辨之文，但整理旧稿，冀于易箦之前毕功面世耳，然此亦须仗及门诸子为助也。顺问

近安！

千帆

9 月 4 日(1995 年)

（五）

文昭老弟：

寄上史梅女士所辑文献一稿。史女士为我当助手多年，后考为文献学硕士生，毕业后在南大图书馆古籍部工作。没有发表过什么文字，这是第一次试笔，虽无深旨，亦见勤劬，希望借重贵刊，使其工作能与学术界见面，可否，仍乞酌定。吴代芳近有函来，为前列腺症所苦，又畏痛不敢开刀，无以慰之。小诗数首，文一篇，近作也，乞正。顺颂

著绥！

千帆

11 月 20 日(1995 年)

（六）

文昭贤弟：

来函收到。校编皖人诗话，收到已久，记已作复，得函始知忽忘，近来常有此类事，盖老境也。

史梅初学文献整理，得弟提携之，使知向学，亦是美事。鄙文未在他处发，刊之无伤。

上期《研究》刊出朱孟实先生遗稿，舒芜来函，极赏之。刊遗稿未发表者，似可作为一栏目也。顺颂

新年多福！

千帆

元月二日(一九九六年)

（七）

文昭老弟：

聘书远颁，春茶并惠，感感。我今年起白内障转剧，视力模胡，已不能读书看报，写信亦困难，别作一纸奉寄，知我惫也。顺颂

近佳！

千帆

7 月 7 日(1996 年)

（八）

文昭老弟：

刊物三册及手示收到。

《研究》近期稿件质量有所提高，在诸古籍整理刊物中渐骎骎出头，可喜也。我稿只是为弟助兴，迟发早发，完全可以随意处理。

史梅文发后，渠甚荷提携，稿费不知已寄否？虽戋戋，亦聊以鼓励之也。

白氏诗论，已有多文，望着墨时避复，人所已言，不必再及也。顺祝

安好！

千帆

12 月 10 日(1996 年)

（九）

文昭弟：

款五百及函均收到。吴挚甫在近代文化变迁之际有特别地位，弟能参与其集整理，亦是胜缘，幸认真为之。冬寒，望葆爱。即颂

安吉！

千帆

1 月 10 日(1998 年)

（一〇）

文昭老弟：

我近来衰病日甚，耳聋目瞀，幸无必要工作，终日默坐时为多。文言小说史末段，施之吴志达切合。重行发表，则“犹其小者焉”以下，当然可删去，所谓各有当也。去岁河北教育出版社来约出版沈祖棻及我文集，已允之。大约沈集四卷，程集18至20卷，沈集今年可出，程集则要明年。今将二书目录奉寄，看能在适当地方发一小消息否？弟应陈先生托编清代论著，殊佳。舒芜、钱仲联皆有此类选集，想已取而参考矣。匆复，即颂

近好！

千帆

4月13日（1998年）

（一一）

文昭贤弟：

《古籍研究》自创刊以来已成为安徽省各大学之共同刊物，在全国学术界卓著声誉，而至今尚未公开发行，实属可惜。今谓弟等宜与各校学人联合申请在近期内改为定期公开发行之学报，以适应新形势，鄙见如此，尚祈酌之。专此，即颂

大安！

程千帆顿首

10月22日（1998年）

（一二）

文昭老弟：

我近月患病住院一月有余，近始少痊，返家后，得足下寄清初钱澄之集四册①《田间易学》、③《庄屈合诂》、⑤《田间诗集》、⑥《田间文集》，而阙其②、④，意者或尚在排校中，如刊行仍乞见寄。衰龄八十六，病后复元不易。匆匆，不多及。顺颂

著安！

千帆

1月23日(1999年)

(一三)

文昭老弟：

1月31日手示收到。承赐顾问费600元，早收到，忆曾作复，或者拟复旋又忘之，老人记忆恍忽，往往如此，不足异也。我到2000年，已进入八十八岁，即笑谈所云“二八佳人”，耳聋目眘，亦不甚能步履，幸眠食尚可，老妻体质视贱子为佳(仅小一岁，今年八十七矣)，可以扶将耳。我体质虽弱，而退休已十年，无必须要做之事，故尚可优游。所主编之《中华大典·文学典》，已出宋辽金元分典五册。今年预计可再出隋唐五代四册。如进行顺利，2003年可将22册出齐，亦是残年饱饭之聊可告慰者也。此书不知贵所已购得否。如以公函江苏出版局或江苏古籍出版社，可打七折也。所示新诗，因少练习，略有不合平仄处，弟校点古代典籍多年，诗功必深，略事改动，即可也。我所作诗文及新诗一小册，已交出版社印行，出后当以奉寄也。匆复，即颂

年福！

千帆

2月4日(2000年)

致涂怀珵(二通)

涂怀珵，湖北大学新闻系教授。

(一)

怀珵先生：

卅日来信收到。我因病住院，所以只能托人代笔，作一简单的回答。

“天不生仲尼，万古如长夜”这两句话我记得是宋朝朱熹讲的。至于

是出在《语类》或诗集，还有出处的卷数及原题目，则因年老不记得了。这两句话的内涵，据我的理解，是由于古代学说是由王官的巫师保存或传授的，不下及民间，孔子以贵族身份熟悉王官所保存的古代学术文化，又招徒讲学，前后共有弟子三千，身通六艺（即全面发展）的有七十二人，孔子又整理了古代的典籍，所谓删诗书，定礼乐，作为教材，传授给弟子，又由弟子不断地向当时及后世传播，这样学术文化才得以发展、普及。如果没有孔子这样一个伟大的教育家，由于剥削制度的建立，体力劳动和脑力劳动的分工，贵族们在剥削基础上所建立和保存的学术文化传播到民间是不可能的。至少要走一条比现在更为艰难曲折的道路。其结果如何，就不是我们今天能预测的了。说没有孔子，就没有今天中华民族文化的光辉，就会在较长的历史时期中，处于一种蒙昧状态（如今天我们看到的某些少数民族）。我想朱熹的话不算过分。

如果写庆祝教师节的历史影片而不大大地宣扬孔子的功绩，那将是违背历史的。儒学有精华，也有糟粕。毛就说过，从孔夫子到孙中山，要进行总结。宣扬孔子学说（即儒学）中的精华部分，正是坚持历史唯物主义的表现。孔子说："见义不为，无勇也。"我实在不懂你们那位同事为什么那么缺乏艺术上的勇气（也就是艺术上的良心）。南京大学匡亚明校长写了一本《孔子评传》（齐鲁书社出版），已译成多种文字，在国外发表。这是目前学术界公认对孔子学术讲得较好的一部书，其中对孔子的教育思想讲得也很详细。我希望你能够参考。

我不是这方面的专家，上述意见不一定正确，仅供参考。

此致

敬礼！

程千帆在人民医院病榻

4 月 5 日（1989 年）

（二）

怀理先生：

承寄新著《毛诗词典》，感不可言。此书收罗丰富，解析精详，于同类

著述中颇见功力，诚可贵也。谨此布谢。顺颂
大安！

程千帆顿首

三月卅一日(一九九五年)

致陈耀东(二通)

陈耀东，曾任浙江师范大学人文学院教授。

(一)

耀东先生：

来示奉悉。自月初心脏病大发以后，一直未痊愈，因恐您急用，故勉力写了三幅题签，病中力不足，笔力很弱，请原谅。现在心脏病仍时发，无法再写，如嫌过大，印刷厂可以缩小。至于署名，一般题签是不需要的，在书后和封面设计人一起写一笔即可。

专复，顺颂
教安！

程千帆

5月21日(1989年)

因病托人代笔，请原谅。

(二)

耀东先生：

承赐大著，略读其中数篇，颇觉资粮之富，考索之精，欣佩欣佩。

玄真、鲁国，向来文史家屐齿罕及，更不易得。年来老病废学，拜诵新著，耳目一明，幸甚。

酷热，伏冀珍卫。顺颂
撰安！

千帆顿首

7月18日(1990年)

致杨坚（六通）

杨坚，曾任湖南人民出版社编辑、岳麓书社编审。

（一）

赐书及《船山全书》三册均拜悉。船山书之显于世，有赖于曾涤生，此事实为一极其奇妙之大事因缘，今更得先生及诸公整理，著为定本，殆无遗憾。此老有灵，固当惊知己于千古矣。顾问列名，惟有惶愧，小小手续不周处，不足道也。数十年中，流寓外乡，岳霭湘波，但萦梦寐，今年马齿七十有七，即返归一省，亦复为难，可浩叹也。辄因来札，聊布所怀。拙书一纸，附呈博笑。

（1989 年 9 月 22 日）

（二）

赐书及《船山全书》四均拜领，感荷之至。《全书》已出版近半，发排过半，则其余当不至完功无期。先生对此工作，坚持多年，此老有知，固当惊知己于地下，而先生亦足自慰自豪矣。贱躯仍时好时坏，医云：一时死不了，永远好不了。可发一笑也。

（1991 年 12 月 5 日）

（三）

手教及新出《船山遗书》一册已拜领。先生于此书校辑，致力多年，有功学林，昭昭在人耳目，实堪钦佩。今全书略过其半，数年之后，当可出齐，企望之至。弟频年衰疾，于为文治学，皆已无从着手，而新书屡蒙惠寄，对之惟增惭愧而已。清儒要求治古学不误不漏，但可悬为鹄的，事实上很难完全做到。邢子才之言虽若戏谑，要亦实情。

（1992 年 6 月 28 日）

（四）

赐函及《船山全书》第十三册拜领。知有车祸，幸得痊愈。我辈老人，反应不免迟钝，稍一疏忽，即致意外。先生高年，仍坚持工作，今后行止，要当更加注意也。船山身后，何幸得先生艰苦卓绝，为编新版《全书》，以视太平洋书店旧刊，倜乎远矣。弟衰朽日甚，右耳聋而左目白内障近盲，但闭门俟命而已，幸眠食尚可，斯足慰也。

（1994 年 8 月 16 日）

（五）

手示及《船山全书》十五册均收到。这一重大文化工程，先生仔肩独任多年，终即告成，其有功于学术，真功德无量也。欣佩欣佩。弟近患老年性白内障甚剧，作书惟艰，复书不谨，乞谅。

（1996 年 2 月 15 日）

（六）

大函及《船山全书》十四册拜领，而知全书即将完成。多年毅力，终使此鸿业得以向全国、全世界学术界交卷，欣贺何极。颓龄瞀目，已不能读书，然亦为先生欣然也。此学术史上大事，终当载入史册。

（1996 年 6 月 19 日）

致柳曾符（一通）

柳曾符，柳诒徵先生长孙。曾任复旦大学中文系教授。

曾符先生：

前承枉过，幸会幸会。拙书二纸呈上，蛇蚓可笑，伏冀矜恕。相川来函云，二十一日左右来宁，然在此耽阁几日刻尚不知（三至七日），俟渠到后确定来沪之期，当再以长途电话奉闻。敬颂

著安!

弟程千帆顿首

十月十八日(一九八九年)

致南京大学校系领导(三通)

(一)

敬爱的校系党政领导同志:

我是在1978年秋以一个65岁的街道居民的身份到母校南京大学来工作的。我首先要感谢你们给了我一个为社会主义祖国、为人民服务的机会,没有南京大学的聘请,我也许就老死空山。其次,我还要感谢你们对我的尊重、信任、支持和宽容,否则,由于我本身的各种缺点和弱点,也很难作出即使是现在这样微末的成绩。每次一想起这一些,我的心情总是非常激动。

十一年前我才到南京大学的时候,就暗自立下了两条誓愿:一是要争分夺秒,把在政治错案中损失了的十八年时间抢夺回来。这一点现在看来并没有能完全做到;二是在教学科研中要认认真真地走路,在培养青年教师和学生中要勤勤恳恳地带路,在应当退休的时候要高高兴兴地让路。现在是该让路的时候了,我要向你们说:我的确是高高兴兴的。

我对于南京大学有极深厚的感情,在退休的时候,我想做几件有利于学校发展的事。现在我决定先做下列三件事:

第一件,我要对已经毕业留校工作的五位博士继续指导3—5年,他们是优秀的,但还不够成熟。我愿意在退休以后将平生所学,继续传授给他们。我想这对保持和发展中国古代文学这一重点学科将有所帮助。

第二件,我将立即向中文系捐献人民币一万元,设立校友亡妻沈祖棻纪念奖金。现已和中文系系主任许志英教授联系。

第三件,我将立即向东方书画艺术研究中心捐献寒斋所藏东南、中央、金陵、南京四大学校友书画38件。现已和中心副主任康育义教授联系。

此外，我还有些打算，因目前准备工作尚未完成，暂不详述。可以附带提及的，是我的妻子陶芸和女儿程丽则对我上述拟做的三件事都完全赞同。此致

敬礼！

程千帆

1989年12月12日

（二）

韩书记、曲校长①：

听说明年下半年又要评重点学科，作为一个已经退休的老教师，想谈一点自己的想法。

一、要力争增加一些重点学科和不丢失一个已得的学科。从现在起，各系所负责同志就应彻底了解一下，哪些能保住，哪些能增加，哪些有危险，如何使它不丢。

二、研究，似应首先研究学术梯队的结构，充分提拔新秀（不是新的都秀），填补老一代留下的真空，提升尽量有合理的导向（不是说现在提升就没有合理的导向，而是要更加注意这一点）。

三、团结安定与加强对新秀的关注，重点培养提拔他们，决不矛盾，按资排辈与平均主义已经阻碍学术发展多年，今年决不应再使之成为阻力。这要见之于具体措施，如对新秀的学术著作的出版，出版社就应当给与便利，中央规定的特批制度，校方就应当彻底执行，等等。

四、应当考虑为重点学科的保住、争取做一些很具体的工作。例如（A）从速请各系所评估已有的、待争取的重点学科的现状，优势和劣势，与各竞争对手比较之后的结论。这样，就不会打没有准备的仗。（B）依据初步的调查结论，制定出发挥优势、扭转劣势的具体办法，如专著少了，请出版社支持，从速出几部；高级职称少了，提升几位。但必须认真审查，不能借争取或保住重点学科之名，为某些不够条件的书或人的出版或提

① 整理者按：指韩星臣、曲钦岳，二人时任南京大学校领导。

升作借口。(C) 校领导应保留一些高级职称的指标,待明年上学期将各系所送上来的自我评估报告加以研究后,对那些有希望争取到的和已有的重点学科中的人员特别评审一次,将一些还未提升的教师(特别是新秀)有计划地充实到各学科中来。诸如此类。

南大在全国高校的名位问题,是每一位南大人应当关心的问题。……想来人家也在盯着我们。我深切希望领导重视我们费了不少心血培养出来的人材,让他们有机会挑起重担,为社会主义祖国效力。

顺祝

安好!

程千帆

一九九一年十二月二十五日

(三)

星臣书记、树声校长:

近闻学生中颇有获奖学金后受同学包围不得不以奖学金宴请之,甚至有宴请所需超过奖学金数额者。鄙意此种风气与国家设奖用意大相违背,不足以鼓励学生勤学上进,反而滋长奢侈浪费之风,且与"十五大"提出全国必须倡导精神文明的指示相违背。故函请领导关心此事,以适当之措施消弭此风于初起。

退休教师程千帆

(1997 年 10 月 10 日)

致陈永正(六通)

陈永正,号沚斋。中山大学教授。

(一)

沚斋先生撰席:

无缘陪接,但深驰仰。前读大著,辩唐温如年代文,极佩博识。方欲修书致意，乃荷先施赐以大集，感何可言。循诵一过，风清而意远，五律疑尤胜，盖瓣香大历诸公而小变之也。粤中诸老多工吟咏，旧尝与詹无庵、饶选堂接席，今又得洛诵张、莫、刘、徐诸翁之作，何幸如之。敬复，即颂
吟茀！不备。

程千帆顿首

二月二十三日（一九九〇年）

（二）

汕斋先生：

玄冬蹇向，忽奉大集，胜得醇酒数升，肠胃皆暖也。残年待尽，久费吟事，惟睹佳什，则爱赏不能释手。此亦一痴，谅为大雅所许。客岁无事，偶取先室遗词作笺，非久可以出版。今先取已载刊物者一卷尘教，中多误字，懒于校正，仍乞宥之。专此复谢，顺颂
阖府春节安乐！

千帆

二月十五日（一九九四年）

（三）

汕斋先生：

砺锋返，得惠赐刘先生集，深叹岭海之多俊才，尤惜其所遭之酷也。因勉成小诗奉寄，阁笔经年，殊不成语，愧愧。别拙著《诗世界》一册，先室诗词一册，诗文数纸，幸审阅后一并转去，以不知其港址也。前以先室集寄先生、王老及天骥先生，想早收到，千乞赐教。顺颂
著安！

弟程千帆顿首

十二月十八日（一九九四年）

先德英风绝辈俦，文章憎命续风流。刚肠得酒森芒角，一卷清诗万斛愁。

君居涨海我江浔，异地同时寂寞心。苓或有时能作帝，龙非乘运

不成霖。

墙角黄梅正着花，窗前丛竹翠交加。深灯煮字无新语，愧杀颓年卖饼家。

甲戌冬奉怀严霜先生，即乞教正

千帆呈稿

（四）

沚斋先生：

大札及新咏拜读，严霜才高命蹇若是，为之不怡者屡日。临终犹念及下走，真深憾生前不能一面也。便中乞代向其夫人致慰问之意。吴孟复先生亦同有书札往来，而未尝一面，大抵遇合亦是因缘，有不可强者也。春间寒暖不时，贱躯时患小恙，神气清明时少，幸已休致，无力役之征，可偃卧度日耳。专复，即颂

吟安！

千帆顿首

四月十六日（一九九五年）

吊严霜气骨与蒹葭楼为近，深至可佩。

（五）

沚斋先生：

久未奉闻，伏想安善。

数年前拙撰《宋文学史》出版后，曾以呈季思先生（约在93年春），先生不鄙拙陋，有所假借，涉及白石词之评价，忆曾以所撰文章见寄，久乃失之。甚望先生能代求复印一份见赐。感荷不尽。近来吟兴如何？久不得哦清句，甚悬悬也。敬颂

吟茀！

弟程千帆

二月十五日（一九九六年）

（六）

沚斋先生：

承赐诗二章，隆冬中得一壶热酒仿佛近之。弟近白内障大发，视力模糊，竟不能作答，何况奉和，惭愧极矣。前求寄示季思先生文，现已觅得，不劳赐寄。去岁秋冬之间，曾作小诗，谨以奉寄。季思先生前请代致候。

敬颂

吟茀！

弟千帆敬上

1996.2.28

致殷正林（三通）

殷正林，殷孟伦先生之子。曾任山东大学中文系教授。

（一）

正林贤侄：

来信收到，知令堂及侄身体都不太好，极念。糖尿病并非不治之症，就是极麻烦，特别要注意饮食清淡。这需要毅力，望养成习惯，自可逐渐轻减，以至痊愈。

为尊公铭墓事，自不敢辞。但传统办法乃碑立墓前，志铭埋地下，且铭前必有一序，叙逝者生平，即“志”，故统称墓志铭，墓志铭有盖有底，盖写“×××教授墓志铭”数大字，用篆（或隶）文。底写墓志铭全文，用楷书。一树墓前，一埋地下者，恐将来有变故，失去其一犹可认知。今来函要作一铭，覆盖墓上，不知尚要序文（散文，即“志”的部分）否？如不要序文，仅要铭文（韵文，一般四言），则为创体，构思时更注意。如要序文，则恐与徐老之墓碑重复。又墓碑文字（一般称墓表，或神道碑）多刻在反面，而正面则大书深刻“×××教授之墓”请名家书之。并记年月于旁，徐老撰碑，不知是否如此处理。凡此种种，均望酌定见告，以便办理也。我近年身体仍不好,只是带病延年耳,承注感感。

盼复,即颂

俪茀!

千帆

5 月 10 日(1990 年)

请代向令堂叩安!

(二)

正林贤契:

前得来示,即复一函,计达。尊公墓铭,刻已成文。以别有徐先生所为碑文,故更不叙事,仿任彦升《刘先生夫人墓志》之体,但以韵语为之,赞其学行而已。无论置之坟前或墓中,均无不可也。我不工书,似可请蒋峻斋先生书丹。是否合适,仍乞酌定。如刻石,幸以拓本数纸见惠,留作纪念。得吕甫书,命为赵先生遗书作序,尚未动笔,并借知渠对尊堂返蜀,亦已作安排,甚为慰也。糖尿病要休息,侄此番返川必多劳累,望多注意。匆匆,即颂

侍福!

千帆顿首

5 月 29 日(1990 年)

(三)

正林:

为石臞作碑事,已由我及许惟贤先生商之徐老。徐允作。惟近年来其夫人一直患病(近又入医院),要等稍宁贴方能着笔(前迟迟未复,亦因此故)。我近亦因心脏病复发,住入医院,业已数日。病榻草草奉告。以后当随时催徐,乞释注。祝

好!

千帆

10 月 15 日(1990 年)

致程自信(一通)

程自信,安徽大学中文系教授。与许宗元主编《宋词百科辞典》。

宋词百科辞典

千帆署

自信、宗元先生:

谨遵示,书就题签一纸,乞指正。

即颂

著安!

程千帆

六月十五日(一九九〇年)

致张觉(三通)

张觉,上海财经大学人文学院教授。毕业于南京大学中文系。

(一)

张觉同志:

来信收到,所托之事,俟贵州出版社目录到时,当留意推荐。该社此项全译工作,由李立朴同志经管。立朴是南大古代文学硕士。

你现在何处工作,望告知。

我已退休,惟尚需将四位博士生带到毕业,明年暑假后,就大概无事了。祝

安好!

千帆

七月十三日(一九九〇年)

（二）

张觉同志：

8月9日来函及“简介”早收到，即函贵州方面推荐。今天得9月6日李立朴同志复信，他们希望你译《解老》一篇，寄去试稿，如合用，即可确定《韩非》全译由你担任。

此事，望认真处理。

此复，即颂

近安！

千帆

9月13日（1990年）

（三）

张觉先生：

寄来的《列子译注》收到，谢谢。

清人治韩非者少，故尊译可凭借者亦少，译注雅见功力，可宝也。

颓龄八十有三，目力大减，书不成字，谨此复谢。即颂

著安！

程千帆

5月29日（1996年）

致梁文骏（一通）

梁文骏，曾任四川郫县文化馆馆长。

文骏同志：

损书，知近况安善，甚慰。

殷先生生平事迹，自以其自述为最详。山东大学人事处存有其全部档案，其中包括殷先生自己按年月填写之简历及自撰传记。据以传其生

平，最为可信。到山东大学以后数十年则正麟自能详之，不烦他求也。足下偶忘之耳。（此当由正麟报告山大党委，请求复印有关资料，转交足下也。）

仆已于今年五月退休，年衰多病，无复远游之可能。眷念旧雨，亦怆然也。暑热，望珍重。

手复，即颂

近祉！

千帆

七月十九日（一九九〇年）

致朱正（四通）

朱正，曾任《新湖南报》编辑，湖南人民出版社编辑、编审。

（一）

朱正同志：

惠示及附件均拜悉。燕翁盛意极可感，幸于通函时代致谢意，当留心。然拙作不知何道传入秋手，亦可异也。东坡云：平生万事足，所欠惟一死。此语甚妙。此老享年才六十六，而弟则已妄活七十八，故由坦然也。未由面晤，怅怅。敬颂

著安！

弟帆顿首

9月19日（1990年）

（二）

朱正兄：

舒芜已将先生将赐新书之事见告，今日收到，欣佩之至。闻有删节处，此在今日不足怪，但望能留一未删本，将来或有机缘如孙盛《晋阳秋》别著辽东之本耳。弟目患白内障，看书很吃力，然尊著一定要啃完。闻舒

芜亦有新著本月可出，拭目望之。复谢，敬叩
著安！

弟千帆顿首
6 月 2 日(1998 年)

(三)

朱正老兄：

老了，大小事皆昏聩胡涂，致将安徽师大刘先生函误寄兄处。至致兄函是否寄刘，尚不知，已函询，如是，俟其退还时当更奉上也。

尊著自是当代断不可少之作。弟狂瞽之言，赖此以传，为幸多矣。二十余年后，重温陈言，不禁想起还是孔夫子说得对："忠告而善道之，不可则止，毋自辱焉。""事君数，斯辱矣；朋友数，斯疏矣。"我辈本不在垂涕泣而道之之列，而强欲崩角稽首，愚孰甚焉。

尊著标题有由"百家争鸣到两家争鸣"之语，窃以为不若改两家争鸣为一家独鸣，尤与史合也，闻尚有可补之处，企予望之。舒芜患骨刺及肺泡，皆甚麻烦。不知他能不怕跑医院坚持诊治否？要为人类留几个读书敢写的种子也。眼昏书不成字。敬颂
著安！

弟帆
6 月 14 日(1998 年)

(四)

朱正老兄：

大作带病读之月余，仍是匆匆，欲罢不能。若中国不亡，世界尚有是非，此书必当传世。不虚美，不隐恶，是以谓之实录。诛奸谀于既死，发潜德之幽光，古之良史，何以加焉。妙在既纯是考据，又纯是褒贬，佞人无如之何，正人大为之吐气，一把刀割两面也。我已八十有六，耳全聋，目半盲，脚不能走，幸老妻将护，学生助编文集(二十卷，明年底可出)，故且在混混中度日。舒芜近因执笔过度，颈骨痛，已不再能作文。如少了这一支

笔,真可惜也。附书能便交弘征兄否?不尽,即颂
著安!

千帆上

8月7日(1998年)

致董健(一通)

董健,曾任南京大学副校长,南京大学文学院教授。

老董:

开了三位洋学者,可邀请,但他们不一定肯自费。村上专治词,平田治语言(曾留学我校),Mair是研究变文的。这些人与我只有通信关系(平田较熟,见过),不深知。

我想此事应和海外统战结合进行。你不妨问一问莫砺锋,看他留美时,有无旅美华籍或台湾学者可请,似比专请洋人为妙。请酌。祝
好!

千帆

9/19(1990?)

致诸伟奇(二通)

诸伟奇,安徽大学中文系教授。

(一)

伟奇先生:

承赐《安徽古籍丛书》三种,非常感谢。

询及天老遗著,我与他老人家共事十余年,知道他乐于吟诗,而不好著述。曾有诗道:“酣饮吾犹可,著书病未能。”他生前仅出版《汉魏晋宋五言诗选集注》一册,抗战中在商务印书馆出版。如能找到,可以重印。其

次，他在武大印过《古今诗选讲义》（抗战前），其中有些案语，如能找到这部讲义，可将其案语辑出。这代表先生的诗学见解，是有价值的。

他的诗集，据他亲自告诉我，曾抄一本，被人借去不还，也不在意，因此中年的诗全丢了。抗战胜利后，将抗战以来作品，抄了两份，用复写纸写的。一份保存在武大中文系资料室。一份由行嘉保存（他那时还小，我记得徐师母还为这事夸他）。另有数十首是天老手写请弘度先生看的。我去年为了想写一篇文章纪念天老，曾写信去武大查询，回信说，“文革”中不见了。我想是他们不重视，不肯细查。武大中文系资料室在“文革”中未被抄。如行健拜托武汉空军战友，请他们与武大党委商量托其细查，或许可以找到。至于写给弘度先生的数十缄，则我也问过刘老之女茂舒，确已无存。此外，天老有一弟子名胡守仁，现在江西师范大学（南昌），也不妨写信问问。但江西是“文革”重灾区，胡先生也未必能保存这些“四旧”。我自己则文物书籍在浩劫中丧失殆尽，一无所有了。

我因心脏病住在医院里，精神欠佳，力疾作复，思虑不周，书不成字，请原谅。并请代向徐师母请安。祝

好！

程千帆

十月十五日（一九九〇年）

（二）

伟奇先生左右：

顷奉大函，知方与僚友整理钱澄之集，欣佩之至。承命为序，则所不敢。盖弟于钱氏学术懵无所知，且衰龄昏瞀，久谢文笔，不能不谨守夫子不知为不知之训也，谅之。伏热，千万保爱。顺颂

著安！

弟程千帆顿首

八月三日（一九九四年）

致马欣来(二通)

马欣来,马少波之女。曾任中华书局《文史知识》编辑部编辑。

(一)

欣来小姐:

关于推荐辞赋篇目事,我已和我的学生曹虹(女)、程章灿商量过。我们研究的结果是时间太紧。如果你们同意在1991年5月底交稿,就可以将这一工作接受下来。这一点,请您决定作复。

曹、程两位均系专供汉魏六朝赋学的青年学者,已在89年在南京大学获得古代文学博士学位,现在南大古典文献研究所工作。他们担任注释工作,不会有什么困难。

关于以后各种问题,请您和曹虹随时联系。我想,两位女学者之间的交往也许更合式些。

祝

好!并请代向您爸爸妈妈问候!

程千帆

十一月十五日(一九九〇年)

《光明日报》某君汇来资料费100元已收到,请打电话告知。

(二)

欣来小姐:

匡老回南京带到尊公见赐法书对联一副,极为感谢,定省时祈为转达。

辞赋选校稿何时可寄下,盼便中转告,感感。专此,即颂

大安!

程千帆

9月25日(1991年)

傅先生函乞转致。

致万业馨、王志良（二十五通）

万业馨，北京语言大学教授。王志良，万业馨之夫。

（一）

一氓先生灵鉴

考献征文，世尊大雅；

山颓木坏，国丧元良。

后学程千帆敬献

航空挂号寄李家（有住址）。

圭璋学长尊兄挽辞

三千弟子，无惭菊秀兰芳，学派遥承百嘉室；

九十癯仙，遽拥素云黄鹤，词林痛失大宗师。

小弟程千帆敬献

（1990年12月6日）

（二）

志良、业馨先生：

收到托人带下的果脯，非常感谢。京味与他处不同。

你们想已都安顿、安定下来。上班远的问题能有较好的解决办法否？

我们度过了一个艰难的夏天。虽装了空调，但正如希特勒用人造牛油和人造纤维解决老百姓的衣食问题，总有点不是那么一回事的感觉。八十开外的人了，过一个平安的夏天或冬天，也就是胜利一次。

很怀念过去无拘束的闲谈。祝

好！

帆、芸

9月18日（1994年）

附：偶忆清人句云（忘其主名）：“能写萧疏惟老柳，略分惆怅与斜阳。”

意甚爱之，欲求以仄幅纸作一联，款可书下端，能事不受迫促，一年半载均可也。

业馨大家

千帆附白

（三）

业馨先生：

贱辰远荷电贺，感感。意外又觉在意中也。兹有一事奉求，不审能拨冗为之否。白尘仙游倏已数月，其夫人金玲以碑文见嘱，不敢辞，数易稿而后成，自意尚非谀墓之作，不欲一个字卖一千元之市井小贩书之，盖亦淮阴羞与哙伍之意，因为金夫人略述先生之成就及行谊，夫人即乞先容。四百余字作小楷，且需先事排列界画，确是苦差事，恐又无所报酬，是以不敢贸然代应也（白尘身后甚窘，金夫人已不良于行，昨来寒舍致谢，竟由其女推一轮椅而未打的，见之恻然）。今先将拙文及墓碑式样尺寸奉寄，尚乞斟酌。秋光正好，舍间小院颇有杂花，惜不得与贤俪共赏之。专上，乞示复，顺颂

双茀！

千帆顿首

9月27日（1994年）

（四）

业馨先生：

回信收到，不但我感谢你的合作，白尘夫人及其二女虹、晶均极铭感。在以前，允诺为逝者志墓书丹，乃是一件大事，陈家还是懂得的，特别是现在什么都讲钱的时候。

墓的设计是碑文刻在黑大理石上，黑大理石则嵌在一块大些的白大理石上，平放在立着的写有墓主夫妇姓名的碑前。黑大理石比白大理石高出二三公分。开来的写碑文的黑大理石尺寸是原石尺寸，我看四周各空半寸即可，因半寸之外，即比黑石矮二三分的白石，色调对比仍很鲜明

(文字嵌金粉)。四边太空多了,写字的空间就小了。

碑石照原稿:即碑文题目、第一行均顶格。铭文提行顶格。如字数歉紧,“程千帆撰万业馨书”八字可移碑题之下,二行并为一行。能不并当然最好。我幼时看先叔祖、先严为人写寿屏有四幅八幅的,他们把每行多少字,每幅多少行,何处落上款,何处落下款,上下款各多少字,均事先算好,别纸排好。写时不管原文文义,只照别纸所排照钞,钞时也故意跳行,而且倒行,从后到前。如全篇文字为二十四行则最先写 24、20、16、12、8、4 各行,次写 23、19、15、11、7、3 各行,以此类推。据说这样有两个好处,一是不管文义,不易错,二是字太多,笔画轻重必略有不同,间隔出现,就不大看得出来。我 85 年左右写《瞻园记》(一辈子也只出了那一次丑),便用此法,效果还不错。我那时已七十多,精力不济,只好如此。你正是艺术功力最好表现的年龄,五十岁是艺术家的黄金时代,多半能够一气呵成。我写在这里,你放在脑里,七八十岁给人写大件也许用得着,又也许你早已知道,则可证明许多人在用它。唐人那些小楷大碑,虞、褚、大小欧阳皆不错落一字,岂圣天子威灵显赫,使诸大书家成为电子化之机器人乎? 或亦有术存焉! 一笑! 你写好以后,还想请你了解一件事,即可否找到一家印刷厂,将你所写按原件大小印几百份。他们家中想用来送亲友作纪念。印件折好,外加一大信封,上印陈墓碑,金玲敬赠,是极有纪念价值的。这是顺便问一下。老王在北京久,也许有熟人。能帮他们一下,也是送佛到西天之意。白尘在日,自然不同。华屋山丘之感,不觉悲从中来。年来体力真不济,写多了,手发酸,越来越不成字。敬祝

双安!

千帆顿首　陶芸附候

10 月 6 日(1994 年)

(五)

业馨先生:

北国严凝,伏想安健。北图任继愈先生八十寿,我集了一付对子,想请您写了送他,不知能惠允否。写后裱好告知(不知北京裱价,请先代付

再奉寄)，届时我再写一信随件送去，时间无所谓，我欠他一点情，欲借墨妙报之耳。敬颂

双安!

千帆顿首

12月19日(1994年)

附：乙亥春集班孟坚韩退之语为继愈先生八十寿

爰著目录，略序洪烈；

作为文章，其书满家。

程千帆撰　万业馨书

(六)

志良先生、业馨夫人：

来信及有趣的漫画猪都收到，民间艺人都将凶猛的老虎画得极为善良可爱，出现在孩子小鞋头上，此漫画中足登皮鞋之小猪可比并也。

白尘墓碑，先生四写，真已尽心。今天的刻工只有此水平，艺术学院有刻印章的课程，却尚无刻碑课程，此亦无可如何者。前函求先生为任继愈写一对联，想荷俞允。此事不急。因我只知其猪年八十，不知其月日，随时均可送也。

天寒，伏冀珍卫。敬颂

俪苐！并贺

新年!

千帆

12月30日(1994年)

(七)

业馨先生：

寄上致任书一通。俟对联裱成有盼时一往，无须急，因未尝询其降诞月日也。春寒仍厉，伏维珍重。顺颂

双吉！

帆上

二月十九日（一九九五年）

（八）

业馨先生：

杏脯及大札均收到，诸承费心，感感。任联集句，颇合其身分，想得之亦为欣然，况重以凤笔乎？敬颂

双福！

千帆（事偶冗，匆匆，匆罪）

4月27日（1995年）

（九）

业馨先生：

来示收到，知代书寿联已面交任老，非常感谢。今世读书人并不怎么多，一兼行政职务，便官了起来。任差免于此，尚可视为素交，故我愿一寿之也。大都近月又似乎悄悄地热闹了一番，我辈小民但愿舜日尧天，残年饱饭。六十而耳顺，何况八十而大聋乎？杏脯绝妙，细细嚼之，弥以故人为念也。别寄百元，作纸裱费，多不必退，少也不补，今之所谓包干也。敬颂

双茀！

千帆、芸

5月23日（1995年）

（一〇）

业馨先生：

赐书对联已收到，极感书风古拙流丽兼而有之，颇似太炎先生晚年作汉碑额字，或尚不及其随意耳（不衫不履，随随便便，实在难，东床坦腹而吃烧饼，所以千古绝称也）。继愈先生已晤，甚赞气韵也。天气渐热，你上班来往很远，千祈保重！顺颂

双安！

千帆　陶芸附候

6 月 7 日(1995 年)

(一一)

业馨先生：

贱辰承电贺，复有珍贶，感何可言。早早来京实习，先生所以饮食教诲之者尤至，更使阖家铭心也。酷暑已过，秋风飒然，偶作小诗附呈乞教。祗颂

俪茀！

千帆顿首

9 月 22 日(1995 年)

(一二)

业馨先生：

寄上尊书对联，及钟老诗、启老书摄影和底片。底片清晰，但印得不够好(钟老诗太淡)。看北京是否印得好些。

还想麻烦你，将钟老的放大一张 12 寸的并配镜框代为送北师大。目前物价大涨，多少钱，请告，不要客气了。

早早的小说已在贵州付印，你一定高兴。匆匆，祝

俪安！

千帆、芸

11 月 2 日(1995 年)

(一三)

业馨先生：

赐书收到。钟老赐诗照片，承费心妥为处理，极感，我近日曾与钟通问，亦无他事，幸便中送师大(如忙，不必亲去)即可。小石师文集第三卷，若非鼎力，即印不出来。此等师门风谊，非比寻常，但当于古人中求之。我上次向继愈介绍先生，亦首举此事，小学书艺，犹余事也。

闻迁新居，极慰。长安居大不易。退之诗“辛勤三十年，乃有此屋庭”，较之前贤，亦可自豪也。敬颂
双安！

千帆、芸同上
11月29日(1995年)

(一四)

业馨先生：

志良先生来，得悉已迁居新宅，离校颇近，不必辗转途中，甚为欣慰。又承赐“幸福”，已与丽则分享，极为感谢，希望大家都能幸福。

丽则已将大作取回，听说志良先生来，拟即带往北京，已来不及，大约数日内可嘱早早的朋友郑鹏飞带呈。

今冬天气比较正常，三九、四九严寒，并降雪两次，现已略转暖，室内以油汀取暖，尚可。千帆自95年来未发病，但日渐衰老。耳聋，虽有助听器，亦须靠近，才能交谈。96年来白内障又加剧，视力模糊，看书作字皆感困难，初时颇为烦躁，近日已稍开朗。除每日在学校附近散步外，不外出。

春节将临，预祝
春节阖家欢乐！

陶芸、千帆同上
2月3日(1996年)

(一五)

业馨先生：

郑鹏飞返宁，承赐美食，感激不尽。墨妙及元伯、静闻二老诗书轴，近有人为拍照，谨奉上，以志墨缘，祈赐收。我及芸均安分度日，模糊视听，于尧天舜日之中，亦足乐也。敬颂
俪安！

千帆
3月17日(1996年)

（一六）

业馨先生：

大函珍贶俱拜领。剪报尤见关注，感何可言。耳愈聋，目亦益昏，惯了亦无大痛苦。残年饱饭，盛世逸民，亦可自夸也。敬颂

俪安！

千帆顿首

5月20日（1996年）

（一七）

业馨先生：

姜老师携来手札及珍食（已吃完，丹皮甚美），收到已久。入冬后扁桃腺发炎，陶芸感冒颇委顿，近日匡老归道山，亦勉参加吊唁，故久未奉复，乞谅。尊况虽未目击，可大体得之。大概教外国学生，皆费时多，需要较技巧之方法，而无需精深广博之业务，如套用巴以交争中之术语，则是以时间换业务，如以土地换和平也。但先生业务力自精通，可以少而精地讲授，今乃被碧眼胡姬黄毛獠子占去大部分可移作他用而更有价值之宝贵时间，故不无烦恼耳。

说到烦恼，忽忆宋或清人笔记中载一小话。某君随喜佛寺，知客与之周旋，谈次大叹应对周旋之苦。某君曰："大和尚如此烦恼，何不出家。"我辈入世，真同中书君所譬围城。在城外者想进入，已进入者想出来，故皆是烦恼，若一切放下，随遇而安，随缘而动，则如《世说》所云，自有"乐地"矣。下走少时从私塾走入西学，爱形式逻辑之推理严密。中岁解放，喜唯物辩证法能说明形式逻辑之不能说明的问题。近岁既聋且瞎，无言谈之乐，诵读之快，枯坐时多，渐悟佛法说随顺世缘，一切在缘法，真圆通广大，解决问题也。思想胡涂，书不成字。冬窗铺满阳光，跌跌冲冲，连格子也不能爬，大书家见手函，必大笑一场，烦恼尽去也。

敬颂

俪安！

千帆上　芸附候

12 月 23 日(1996 年)

(一八)

业馨、志良先生：

惠赐挂历又果脯一大盒，均拜领。新春佳贶，感不可言。伏望随缘少恼，委心任运。祇叩

安吉！

千帆

1 月 3 日(1997 年)

(一九)

业馨先生：

朱书记返自京，转交珍贶，感谢不尽。千帆近旬足部旧伤发为风湿，忙于求医，遂致稽复，歉歉。先生近日心情经调理后，尚可好转。弟至九月颒年即痴长八十有五，平生多难，几死者屡，而顽梗不化偏又不死，而且写了几本书，教了几个学生，真老天爷与人开玩笑也。以此观之，殆无足异，无不可遇也。故近月反而宽容度日。先生大智大慧，愿更以此相勉。陶芸近学草书甚勤，老太太心静，骎骎欲跨过老爷子矣，俟略可观，当以一二纸呈政也。暑假千万保爱。敬颂

俪安！

弟程千帆

5 月 19 日(1997 年)

前寄《诗文合抄》一册，收到否？

(二〇)

志良、业馨先生：

贱辰承赐奇卉，复以电话致贺，故人情重，在远益亲，真可感也。老病

日甚，忆陈寅老在成都集苏诗云：“闭眼此心新活计，安心是药更无方。”万夫人笔力比前大进，能作一联见赐否，秋晴可命笔，是所望也。敬颂
俪安！

千帆顿首

9 月 22 日（1997 年）

（二一）

业馨先生：

又承赐杏脯（幸福）等珍品，已收到，十分感谢，屡承厚爱，何以答谢，谨祝先生阖府康泰，幸福如意！千帆老衰，耳几全聋，视力愈加下降，阅读书写皆极困难，每日枯坐而已。

南京今冬阴雨连绵，前日起下了第一场大雪，今日仍在飞絮，天寒地冻路滑，我们更只有坐在家中。学校今日开始放寒假。我们幸有子孙多人在身边，可以代办各种事情。诸生亦常过往，以解寂寞。

闻北京下大雪，天寒望多保重。顺颂
双安！并祝
春节快乐！

千帆、陶芸

1 月 17 日（1998 年）

（二二）

万、王老师：

小女丽则来京，命其晋谒，诸事当面陈。

大著是《红楼》研究的选学，亦即《红楼》价值的发见史，极有价值，但非一般人所能尽知也。欣佩之至。敬叩
双安！

千帆、芸上

7 月 15 日（1998 年）

（二三）

业馨先生：

贵友见过，再荷珍味，上次贱辰曾蒙志良先生枉过，在远不遗，诚可感也。千帆自到南大后，得可传业者数人，著述得诸友生之助，亦大体完成。残年八十有六，耳聋目盲，自然之数，故终日枯坐，亦无可埋怨处。惟偶然细数平生，虽经忧患似若无可悲者，然为国为民，亲情友谊，则愧负实多。朱古微晚年词云，“忠孝何曾尽一分”，“可哀惟有人间世”，每一念及，辄忉怛不能去怀。出版社多劝录音，说平日可念之事。但每一念及，则泪如泉涌，岂尚有心及于文字？但凡能说者多非“真实语”，而“真实语”又多不能说，所以世界上不能不充满谎言也，只有谎言才能被充满也。今日偶然精神尚佳，故随便写两纸，一笑。敬颂

俪安！

千帆

11 月 14 日（1998 年）

（二四）

业馨先生：

赐贺贱辰已收到。在远不遗，每年如此，真觉故人情重，感激不尽也。顷得京讯知与徐有富君合著《校雠广义》已侥幸获得国家图书奖一等奖。《中华大典·文学典》中之宋辽金元分典五册亦已出版。作为国庆 50 年献礼，已专车送书 100 部至中央。又弟文集由河北教育出版社分 14 卷出版者，亦已陆续发排，今年或可出版。残年已过八十有七，耳全聋，目半盲，已完全不能工作。诸事匆匆了结，亦坐以待币耳（近又加工资百余元，一笑）。丽则夫妇非久亦将退休。外孙女早早已婚，并考入复旦攻读古代文学博士。此或皆先生所乐闻，故聊及之。敬颂

双安！不一。

千帆上

9 月 22 日（1999 年）

请示知府上邮码。

（二五）

志良、业馨先生：

收到你们的贺年卡非常高兴。我从退休以后，总感觉到要做点什么，所以就从事了《中华大典·文学典》的编纂，其中宋辽金元分典已经出版，作为国庆五十周年献礼。虽无精义，总算有一大堆。如若顺利，2003年所有分典22册可以出齐。《校雠广义》只是一个讲义，我自己并不满意，得了奖，不过矮子里选将军。其中《版本编》还待有些增补，待河北教育出齐后，当将四卷一起寄上。

敬祝

千禧年新年快乐！

千帆、陶芸

1999年12月

为成田静香题名暨注释

成田静香，日本留学生，曾在南京大学中文系进修。现任教于日本关西学院大学文学部。

古人称兰为王者之香，名静香，宜字若兰也。与苏蕙同字，亦冀君之才学可比回文璇玑图之作者。

千帆

庚午除夕（1991年2月14日）

致朱野坪（一通）

朱野坪，曾任江苏古籍出版社编辑。

野坪先生：

手示拜悉。拙文蒙惠予刊载，甚感。其第一页第一段，拟略加补充，别纸录呈，请将原稿首页换下（删节无关系，可凭尊意办理）。

异量之美，指不同量和质的美，如“一枝红杏出墙来”，以少为美；“千树压西湖寒碧”，以多为美。铜琶铁板，以阳刚为美；红牙按拍，以阴柔为美。鉴赏者无妨偏执，而文学史家及批评家则要屏除个人之爱好而平等审谛之也。草率奉陈，不知当否，仍乞正之。

此复，即颂

撰安！

弟程千帆

3/26(1991)

致邵燕祥（二通）

邵燕祥，诗人、散文家、评论家。曾任《诗刊》副主编。

（一）

燕祥先生：

您的诗和信都收到。最近还读了宪益先生的诗。我想，这些诗，将来（当然是将来）可能有人编成一部新的《天地间集》的。铭竹，不知您与之有交往否？他的风度，和他的诗一样，都很吸引人。四十多年前，与之失去联系，我和孙望在海内外千方百计找他，迄无消息。想不到在孙望逝世一年后，却由您的相告，而终于知道已经作古的故人的消息了。真是使人欣戚交集。何林与昭琛死后，我的朋友中不知还有什么人与现代文学馆有来往。我至今还没有得到《纪德与蝶》，如果您能代我要一册，并请该馆告知铭竹后人的地址，我是十分感谢的。衰齿今年七十有八，忆先师胡翔冬有诗云：“成仙唯一梦，俟死养残年。”以前不懂，现在略为懂了一点。昨偶集古人成句云：“书犹能读足忘穷，老在人间百事慵。安得此时江海上，不妨一笑寂寥中。”亦犹先师之意也，然远逊其深至矣。寒燠无定，哀乐难

排，无由面叙，伏望保重。顺祝
万福！

千帆拜上
六月一日（一九九一年）

（二）

燕祥先生：

收到所赐新刊选集，欣喜之至。这些诗大都有丰厚的思想内涵和历史内涵，匆匆阅过，不仅舍不得，也不大可能。够我琢磨一阵子了。六十七页一首使我想起一些未尝多示人的拙作，寄上乞教，渔洋云“不是解人休浪传”也。颓龄转眼即八十有三，目患白内障甚剧，书不成字，谅之谅之。敬颂
吟安！

弟程千帆
九月十五日（一九九五年）

独携五首　庚午夏作

独携酸泪注星空，凤阙峨峨思不穷。曾是隔年同命地，六军齐发扫狂童。

风昏云翳作天容，时见饥鹰掠远峰。长伴御沟呜咽水，九衢严逻夏徂冬。

骈肩无籍冢无名，侠骨留香也满坑。若过北邙寻宿草，有人漫野哭清明。

故人风义夙相知，有女能文擅秀奇。谁遣存亡替离会，沉泉去国不胜悲。

神血天街淡欲无，梦边灵爽亦模胡。歌燕舞赵升平极，坐井忧天愧老夫。

致陆耀东（二十六通）

陆耀东，武汉大学中文系教授。程先生任教武汉大学时的学生。

曾编《沈祖棻程千帆新诗集》。

（一）

耀东老弟：

前得一函，曾作复，想到。党伯要出版社寄来的选有祖棻诗一篇的书，也收到了，望转告。

今年《读书》第三期有舒芜《千帆诗学一斑》一文，末段谈到我的诗学见解与早年从事新文学活动有关，你可找来看看，因为你上次来信，劝我将早年新诗印出来，我心有所感，忽然想到，可否请你为我和祖棻编一本新诗选集，而由武大出版社出版？

我的想法将全部材料交给你（你手中绝大多数都有了，只要补充一些散见报刊的，这要花点时间去找和抄），完全由您看，由您选编，由您作序，我不参加意见。这样，就不致妨碍你自由工作，独出手眼。武大学生中杨文翰（晓雪）、韦其麟是创作也研究新诗的，但我仔细考虑一下，还是您来做这件事最合适。不知你愿不愿意，有无时间？至于由武大出版，我想比其他出版社合适，将来再和他们谈。南京今年遭灾，幸未波及，只是安居惭愧而已。祝

双好！盼复。

千帆

8 月 24 日（1991 年）

《祖棻创作选集》《微波辞》《诗帆》好像你都有。

（二）

耀东同志：

九月二日来信收到。承你同意编定我和祖棻的新诗集并为作序，甚以为感。祖棻去世转瞬十余年，我明年也将八十，颇想将曾做文章，作一小结，但精力就衰，进行很慢。今得你允大力相助，自是非常欣慰。

我家在汉口路 52—1，丙楼 4 号，电话为南大总机（637651 或 637551）转 2790。秦志希同志来时，很容易找得到的。

前些年陈早春要我编祖棻选集，我曾从杂志中复印过一些她的作品。但早期不成熟的多，一些较好的，都已收入选集了。至于发表在报刊上的(例如抗战初期在长沙出版的《抗战日报》副刊《诗歌战线》，报由田汉编，《战线》廖沫沙编)，已无从寻找了。因此只能以《诗帆》及《选集》和《微波辞》为主(此三种好像你都有了。望告知)。我写的新诗评论也不多，除评于赓虞《世纪的脸》一篇外，还有两篇评戴望舒的，已托人寻找复印。到手即交你。

关于收录的范围，我觉得你是一位批评家和研究者，而不是一位文献学家，所以应从选中使读者看出：① 你的批评标准和手眼，② 诗作在所处时代及其对这个时代的独特反映方法(即艺术特色)。你的责任如仅限于为后世提供较完备的资料(即以全为主)，就将你的工作水平降低了。再就是多了，可能出版社有意见。虽然我估计，由你编选我们夫妇在武大出版社出一本书，不致遭到断然拒绝，但他们想少贴一点是完全可能的。这些意见，仅供参考，一切仍由你决定。

现代诗当代带博士生的导师不多，除了北大谢冕，就是你了。望你努力做出成绩，扭转武大中文系的颓势。真的总是真的，说假也不行，反之亦然。所以你还是按照中药店的老标语为好“修合虽无人见，存心自有天知”。我的经验是：久而久之，谣言就变为泡沫了。

祝

双好！

千帆

9 月 10 日(1991 年)

(三)

耀东弟：

今带上材料一包。《评〈世纪的脸〉》一文，此间找不到。你既见到过，或可代为复印。我写的有关新诗文章，想得起的只有这三篇了，如诗集能出或可作为附录。

解放前的诗，除《诗帆》外，我的主要发表在抗战初期在长沙出版的《抗战日报》及三十年代前期在南京出版的《新京日报》附刊《春风周刊》，现在已无地可找。祖棻的零星见于各刊物，找到一点，现复印送上。她的选集，我查日记，曾于出版后奉赠。《诗帆》你上次已复印。又《微波辞》似亦有（闻党所说，你们选《大系》诗集，她的《花圈》即选自《微波辞》）。这样，材料就大致齐了。如何处理，由你大胆放手去做吧。

我除心脏病有时发作外，其余还好，但不能多做事，每天二小时左右而已，主要是在一位同事（也是学生）协助之下，完成一部四卷书的《校雠广义》，但迄今只完成了两卷，要全部出齐，恐要五年，那就要看上帝的恩惠了。汪铭竹在台湾逝世，其《纪德与蝶》曾由其家属重印，带了一部分送大陆友人，但他们托北京现代文学馆馆长舒乙（老舍之子）办此事，我不认识舒乙，未能获得。消息是听邵燕祥说的。孙望的诗集《煤矿夫》和《小春集》还有些旧体诗也在准备重印。三十年代是新诗的繁荣时期，这些东西重印一次也有好处。

不多及，收到函件后，望回一信。祝

双好！

千帆

10 月 9 日（1991 年）

（四）

耀东老弟：

秦志希君带上诗稿等件一包，想已收到。你事忙，选、编、序，可从容为之，不必急急。如何做法，也完全可自作主张，因为我一向是主张章学诚所谓“专家独断”之学的。选学是我国文学批评的一种形式，一种独特的形式，它不但凸现出作者的手眼，也凸现出选者的手眼以及这手眼中体现的历史眼光。

抄写复印等等，必然要用一些钱，该用的，你尽量用，可由我这边支付。可开南大中文系程千帆抬头的发票，我手中有科研经费，可以报销的。

其次，关于出版问题，我希望在武大出版社，并非无他社可送，因作为一种象征，这可以表示过去的恩恩怨怨一切都完结了，我不知道社现在由谁负责，恐吴于廑先生已不管了吧，或由哪一位校长分管。不论是谁，你

都可以代表我将此意说明。祝
双好！盼复。

千帆
11 月 8 日(1991 年)

(五)

耀东：

写了一信给陶德麟先生，请考虑是否合适。民友、太臣两先生都不熟，不便直接致函。

如果社里同意，不知能赶在 92 年 8 月底以前出来否？这是后话，你注意及此就行了。祝
好！

千帆
11 月 24 日(1991 年)

建国初，大家在北京开会，当时只有吴组缃当了外公，大家开他的玩笑，说他是“外公阶级”。想不到你也是“外公阶级”了，一笑！

(六)

耀东老弟：

十二月一日札及复印书评收到。将书评看了一遍，恍如隔世，如果当时在上海而不在南京，我也许就搞现代文学了。这篇文字还是赵景深先生要我写的，他正主编《青年界》。此老也去世好几年了。

对德麟先生的盛意，我非常感谢，见时望代致意。

关于书名，是否可用《沈祖棻程千帆抒情诗集》或《沈祖棻程千帆抒情诗选》，由你署名“陆××”编。我去年出的《程千帆诗论选集》，由张伯伟同学编，也是如此。书名题字，我想不用我自己写的，你可与出版社美编研究一下，是否可画一幅与三十年代现代诗歌风格相应的封面，或用剪纸图案。剪纸常有对称的结构如双鱼、双花等，可暗示两位作者的关系。我希望，书为塑胶面，软精装，勒口，封面白底子，宋体字黑色，如用图案(剪

纸)，则印成红色。这是我的初步想法，请你考虑，美编是专家，也许他(她)有更好的意见。我们应当尊重。(可参考当时出版的书的某些设计得好的封面，当然水平比现在的低。)

我希望在92年8月底前出书，是因我明年九月八十虚寿，研究古代文学、古汉语的学生们拟出一本《纪念论文集》，现已由江苏古籍出版社发排，如能同时由你编序的新诗集出版，则可反映我青年时代这一段脚印。如果能出版，我要买三百册，以便馈赠海内外亲友。

你的选目及序，我极愿看，如有什么想法，会告诉你的，但最后仍以你的意见为定。“后世谁相知定吾文者?”是一句很有意思的话。

我有时心血来潮，不止一次地为武大中文系的人才结构担忧，特别是古代文学方面。你作为现代文学这一学科的学术带头人，当然应首先注意本学科。但如何将其他学科带动起来，也应放在考虑的范围之内。

南大享受政府特殊津贴的人90年15位，91年33位，不知武大如何。

事忙，就不必急于回信。祝

双好!

千帆

12月8日(1991年)

(七)

耀东老弟:

你上次来信，我曾于八日作答，主要是谈对装帧封面的一些想法，想已收到。九日，又得陶德麟校长手复，词意恳切，令人十分感动，并答应必出此书。这对你办事就更方便了。祖棻的词和旧诗，多年前曾分别由湖南及福建两人民出版社出过，近江苏古籍出版社又主动提出要为她的诗词出一全编(包括过去未发表的)，这与你设想的全编不谋而合。所以我也觉得不必“选”了。而且每篇的优劣，见仁见智，多有不同，还是让读者去评论也好。

现在就你来信多点，答复如下:

一、二、诗的编排方法、附录等完全同意。不过为了尊重逝者，是否可以沈前程后，请考虑，但仍由你决定。至于上下卷体例略有出入，我想问题不大。

三、文字可以底稿为准，收入《微波辞》的即据《微波辞》付排，很好。有一点，你是否可以在“读后感”中说明一下，即“微波辞”这一书名，是出自曹植《洛神赋》：“无良媒以接欢兮，托微波而通辞。”（《文选》卷十九）《洛神赋》旧说甚多，有一种是说此赋与屈原《离骚》相同，即借美人香草以表对国家人民的爱，这集中有爱情诗，又有抗战诗，所以取了这个名字。仲年先生序引谢灵运、杜牧诸诗来说明其“各诗的精神”，自然也是一种体会，但未能说明她用名集的内蕴。另外《诗帆》1 卷 3 期 9 页，我的《浴室》17 行“鬼饭”应作“龟饭”，吃龟饭的，指开妓院的，卖淫的当然是指妓女。当时我并不知道开妓院的可称为吃龟饭的，只听他们在说，便写了下来。刊出后，经人指出，但无法更正（汪铭竹编《诗帆》，校对极精，也不肯印刊误或更正启事）。这次，请你改一下。还有祖棻最后写的《给女儿》三首，是 1957 年写的，我误记为 59 年了（在《选集》插页上写成 59 年止）。之三是 12 月 10 日写的，这天是丽则的生日，之一之二在前大概是由秋到冬陆续写成的。这年，她在水果湖湖北医学院附属医院住了好几个月。《五长年》那个字是“起”。

四、五、尽可能注明日期，很好，个别弄不清的，可据《诗帆》所刊日期，或其他刊物的出版日期推断，约在何时，虽不必也无从指实，但当时我们都是随写随发的，无今天压稿现象。各篇先后，大略可推知，因而即使有出入，也不会相差过远。除原注外，不再加注，也好。

六、手稿、像片，即准备。生平，祖棻的可看《选集》后附她的小传及著作目录，我的附上。现寄上材料两份。请你摘要编写。我意无须太繁。能说明作者的主要是作品，而不是他们的行迹。我一辈子是教书（中间有 18 年劳动），她没有这“中间”，简单得很。但如看后认为还有应补充之处，望随时函询。

七、八、《三问》和《诗帆》三卷六期，37 年秋放在印刷厂，日军进逼之快出乎意外，大家仓皇出走，连原稿都没有来得及收回。南师大文，想系推测。

九、答孙望诗附孙赠诗，很好。

你工作很忙，还为我和祖棻亲手抄写稿子，真使人感动。十分感谢。也请代我谢谢德麟先生。如果可能，希望在用纸装帧设计等方面品位高一点。对于我来说，除了《校雠广义》一书四册尚有两册未出外，这可能是最后的新书了。80岁能出一本高品位的书，是有小儿得饼之乐的。祝
双好！

千帆

12月22日（1991年）

（八）

耀东老弟：

近月身体不适，久未奉候，不知新诗集进行如何，深以为念。想找一张三十或四十年代我们还在写新诗时的合摄照片，竟不可得。那时穷，几乎没有照什么相。我的新诗稿也无存，只好新写一纸并附去年相一张。祖棻则是她当时的相和当时的手迹。不能一致，无可奈何！祈察。顺颂
双安！

千帆

2月22日（1992年）

照片制版后望寄还。

（九）

耀东老弟：

今晨寄上备编新诗集的照片和手稿，适丽则送来她请专家处理的我少时一照，居然大体恢复原状。现送上，请酌。如果用此张，则两人之照均系还在创作新诗时所摄。此点，似可在序言中一提，否则恐相识者以为“学少年”也。如何？盼复。顺颂
双茀！

千帆

2月24日（1992年）

（一〇）

耀东老弟：

得来信及序稿，知书已付排。甚慰。

序文写得很好。（是否太奢华了一些？）只有第17页12行“南京国立中央大学、金陵大学等校”，请改为“在南京工作或学习”，因多数人已在工作。又13行“先生”二字似可删去。又18页4行“也无休刊致语”可否改为“也来不及写休刊致语”，乞酌。

《文学批评的任务》——1953年中南人民文学艺术出版社

《关于文艺批评的写作》——1955年湖北人民出版社

《古诗今选》——1983年（84误）

《小说月刊》1卷2期所载，肯定不是一首而是两首诗。《我希望不再看见你》若非祖棻自己忘了署名，则必为他人之作。你处理的方式很妥当。

我近来身体还对付。房颤因资格老了，已由阵发性的变成经常性的。经过一段时间，便适应了。老牛破车，且战且走吧。

祝

双好！

千帆

（1992年4月）

锡良、寒玉前因开会来宁，见过。又及。

《选集》中从《期待》到《给女儿》（三）以及其他一些未收入《微波辞》的零星缀拾的作品，按你的计划将编入集外。这些诗，除《给女儿》三首写于1957秋冬间外，今天可以确定年月的，只有《赠孝感》一首，据其词集，乃写于1940年6、7月间她在成都四圣祠医院开刀病愈后赠给吴孝感医师的。在此前的《期待》到《病中吟》四首，系1939到1940，在重庆界石场及雅安所写。《别夜》到《海的怀念》七首系1940到1942年在乐山及成都所写。以上系因手稿按时序排列大略估计。原稿均无写作年月。

（一一）

耀东老弟：

合同及手示均收悉。诸事极承关注，感谢之至。

① 校样我不必再看，请你全权处理。

② 购书 300 册，由我自费，请按批发价打一折扣，一般为七五折，请武大出版社酌定。全部在稿费内扣除。

③ 编辑费既在稿费内开支，请弟按出版社规定之最高额支取。此书出版，全仗弟之辛勤，所应如此也。

④ 武汉文艺界如曾卓、骆文等，请代寄赠，以免寄到南京，再寄去。寄何人，请开一名单给我，以免重复。寄费，可在稿费内扣。

⑤ 除武汉地区外，弟意见此书尚应寄何人，亦可提一名单给我。祝好！

千帆

5 月 12 日（1992 年）

（一二）

耀东老弟：

近日武汉酷热，不知生活安适否？甚以为念。诗集极荷安排，不知进度如何？已付印否？下月 21 日贱辰，志达可能来会，如能托其将所购 300 册之一部分或全部携来（扣除请弟代为分致之一部分）则较便捷，且可省邮费也。幸与出版社商酌之。近有武大研究生从鄂来，略悉校中近事，忧乐亦各半也。

盼复，即颂

俪安！

千帆

8 月 11 日（1992 年）

（一三）

耀东仁弟：

来示收到。诗集事极承费心。贱辰在9月21日，届时将有一小规模集会。如能在15日前运150册到宁，俾可连同江苏出版之《纪念论文集》、《文教资料》专辑赠送与会诸公，则为惠多矣。

所拟赠书名单甚好，略加数人，已抄底，原件奉还，请费心代为各寄一册（慢慢分寄，不必急），其余可在此办。凡我熟识者，可署我名，并注明您代寄也。

买300册（赠书20册在外），希望能按批发价打75折。该款若干，请告知，并告知武大出版社武昌银行帐号，当力求由南大财务处拨汇，以免麻烦。

稿费应扣除吾弟之编辑费再寄出，务请不要客气，按出版社规定，按高额支取，感感。

我今年仍按学校近数年照顾旧例，在酷暑中避居有空调之房屋中约三周，故尚安适，承注，谢谢。

像片当已用过，望寄还。武大近年进步较慢，能有改善，所至盼也。祝

双好！

千帆

8月26日（1992年）

（一四）

耀东弟：

昨天发一信，后即收到你寄还的材料，照片和信。

你的编辑费，希望多留30元，原因，你只要看《文教资料》张伯伟一文便知。

购书费1680元，请要出版社在稿费内扣除。扣去书费1680，编辑费630，其余的就寄给我。

徐有富来访，望接待，书能带走一些，也好。不能，就只有由出版社寄。（惯例，批发书邮费由出版社负担。）

入股事，我因存款尚未到期，要等一下，到时再告你或一中。祝

双福！

千帆

11月1日（1992年）

本月或下月当可寄上一股，三立公司帐号请示知，拟由银行转去，不知可否？

（一五）

耀东老弟：

十一月一日、廿六日寄上二信，又十一月五日由邮局寄上五千元，汇款收据为444/06194号，迄未得复，极以为念。

汇款，因不知一中新家地址，亦不知此时他是否在校，故寄弟请转交。现已一月，估计应早收到。否则必有问题，望从速示知，以便向此间邮局查询也（邮件只能从发出局查究）。

又《新诗集》买300册，样书20册，共320册，除校办已寄2册，徐有富带来30册及弟拟直接寄出之数十册外（请将寄出名单抄示以免重复），其余二百余册，务请出版社从速寄下，以便分寄诸友。

稿费，请扣除300册之购书款一千六百余元，弟编辑费630元，又代寄邮费若干（前信忘提），其余亦乞早日寄下。

整个十一月中，未收到弟函，亦不悉诸事进行如何，老怀极以为念。又恐弟因事离鄂，根本未与一中接触，故此信由志达转交。

务乞速复一函，至祷至祷。

顺颂

俪安！

千帆

12月6日（1992年）

（一六）

耀东老弟：

久不得你信，以为你不在校，出差了。所以又写了信，托志达转交，以便弄清究竟。下午便收到了十二月一日信，知道是出差之后，又生病，至今未痊。甚为念切。你年纪也不能算轻了，以后工作要把握分寸，不能过于勉强。我东下后，总想把十几年的时间抢回来，无日无夜地工作，结果并未能完全做到，反而得了心脏病——要休息的富贵病，只好“金盆洗手”了。你应当引以为戒。平均用力，延长工作时间。徐有富君带回的三十册诗集，我已分赠，反应还好。很多人还非常有兴味地将我后来的学术业绩和早年的创作实践连系起来，各抒所见。有些更内行的人，赞赏你的序文。现在寄上舒芜兄的一封作例(看后望寄还)。舒芜原名方管，是玮德之弟，令孺之侄，原社科院《中国社会科学》编审，已退休。他父亲孝岳先生，是古典文学名家。

南大近有学生做零工的办法，无论什么事，都可请他们做，出点钱即可。不知珞珈山有之否？如能找到学生去出版社将直接寄给友人及寄我之整批书代为捆包邮寄，估计半天即可。至多花20元。望注意及之。如弟和志达有较为亲近之学生，亦可托其代出版社之劳，或送物或给钱以酬之，皆无不可也。

至于稿费，则只好静待会计办理，别人无法代庖。我近有事要和德麟先生写信，顺便托他向出版社打个招呼，也许可以办得快一点。款交嘉琇甚妥。一中想不在校，尚无信来，其新居地址望便中告知。不必急。

望安心养病。此信不必复。祝

痊可！

千帆

12月8日(1992年)

（一七）

耀东弟：

12月24日函收到。

诗集220册，已邮到，甚感。惟按国家规定，似尚应给样书10—20册，已函出版社，希望折中给十五册，幸便中一为商之。稿费尚未到，希望旧年内可收得耳。

谈及舒芜屈节事，诚为可叹。若不然，则是另一胡风，惟有坐穿牢底也。王西彦兄近在花城出一小册子，曰《凄怆的镜子》，其第一篇曰《在锤子和铁砧之间》，详细述评高尔基在斯大林压力下不得不要两面派说违心话的情况，读之令人悚然而又凄然。不知弟曾见及否？如未见，不妨找来一读。唐人诗云：千古艰难惟一死，伤心岂独息夫人。高尔基竟可与息夫人相提并论，真比较文化史上之奇观也。

近患骨质增生，不良于行，南窗驼坐，专此聊代面谈。即颂

双好！

帆

1月6日(1993年)

(一八)

耀东弟：

寄赠《新诗集》《诗论》二包。其中许多想是你有的，可转赠朋友学生。

燕郊闻已退休，迁居长沙，你有无他的地址，望告。

祝

春节好！

千帆

1月18日(1993年)

(一九)

耀东弟：

来信收到。新诗两包早已寄出，想已收到。稿费迄未收到，想当在开学之后。今将我所核算细帐送上，可请出版社核对。如有出入，就找原因(小小出入不必管了)，以免以后又书信来往麻烦。拖延已久，想了结也。弟出处之事宜慎重。祝

安吉！

千帆

2月7日(1993年)

阴天久了，总要出太阳的。

① 沈程新诗集字数

诗：《微波辞》572行，《集外》664行，程诗486行，1722行。据《书籍稿酬暂行规定》第十条，每10行作千字算，共十七万二千字。

文：陆序12页，徐序11页，程文24页，小传7页，共54页。每页812字，共四万五千三百字，二者合共二十一万七千三百字。

② 据合同，每千字20元，共4346元。

③ 据《规定》第四条，加印数稿酬8%(每千册8%)，共347.68元。②③相加为4693.68元。

④ 据国家税务局文件，个人稿酬800元免征调节税，800元以外，不超过2万元的，征14%。二人免税稿费4266.88元。

⑤ 4266.88元扣除送陆先生630元，购书300册1785元。出版社应实寄稿费1850元。

(二〇)

耀东老弟：

得信知近患病，幸得痊愈为慰。闻你还在筹备曹禺研究的国际会议，此事极费神，后勤工作尤麻烦，望多注意保重身体。

前接武大通知，要在今年校庆时为校友中学部委员及博士导师列传，征及下走。今将旧稿略加修改，并附照片附上。请弟先看看，如有不妥，请修改后再转去。

所说违反合同削减稿费事，甚奇。四十年来从未听说过，解放前似亦无有。我算了一下，不过少给360元左右。武大出版社再穷，也不致在苍蝇腿上割肉。而且这是公然违反合同，又不先和作者商量，打起官司来，必然败诉。出版社虽不精通法律，也决非“法盲”。为什么？为什么定要这样做？

我回想这部诗集出版的经过。我不一定要出版少作，即使要出，也不一定非在武大出版社出不可(由你编,也可在它处出)。我之所以将夫妇二人新诗集托武大一位教授编订,在武大出版社出,是想借此向海内外学术界文艺界宣告,过去的事,已经一笔勾消。从而双方都不再存在什么精神负担(此意我曾向陶校长表示过,他也同意)。

但在订合同时,我就感到有些条件很苛刻。如现行稿费标准,是每千字 20 元至 30 元。我一般拿 25—28 元,但武大给的都是最低的——20 元,这和我在学术界的地位不称。买书,一般是七五折,而武大是八五折,比其他任何我出书的出版社多百分之十。但我出此书,既非牟利,故一切置之不问,而且经由热心十分尽力的您之手,我更毫无意见。最后,一切都顺理成章,只等拿稿费了,却又违反国家公布的付酬办法,就在出书后一个月付给,六个月都不付,最后又不得作者同意,在没有修改合同的情况下,将诗每十行算 1000 字,每千字 20 元,改为 18 元。

上述情况,全为事实。我仔细思量,最可能的缘由是某些人根本不想我与武大和解,在出版诗集这件事上,一路设置障碍。企图将我激怒,与武大争吵。这,是否也涉及对你的敌意,我就不清楚了。

我想告诉你的,这件事,我将安心等待,也决不改变我想与武大和解的初衷。即使稿费一文不给也罢,因此,你决不可为此事发生如许多的枝节而烦恼。我倒是为武大出版社这样做感到惋惜。许多事已够不好听了,何必再加一条。祝

双好!

千帆

3 月 14 日(1993 年)

(二一)

耀东弟:

昨寄上一挂号,计达。

传记,在“1990 年 5 月再度退休”之后,似应加“旋即反聘”四字,否则与上文“现任……”之文不相应。请酌改。

前论出集事,颇有怨怼之言,寄出后,深以为悔。因行年八十,应有修

养，不当更以此类拂逆之事婴心也。千万谅之。即颂
双弗！

千帆

3 月 16 日(1993 年)

（二二）

耀东老弟：

收到《精品》，甚慰。目前风气多出大书，价太高，难普及。弟主持此文库殊有功文运，又甄采及余夫妇，尤愧荷也。我近年因无硬性任务，心脏病转轻，惟颓衰日甚。目有白内障，耳尤聋。久不作正式论文，惟偶以小诗文自遣耳。珞珈秋色极可念，恨难重到。顺祝
全家安康！

千帆

十一月三日(一九九五年)

（二三）

耀东、一中、志达老弟：

北京来信，希望我的传记集四月中付印。各处稿件亦略备。不知弟等文字能在四月前见寄否？盼盼。匆颂
著安！

千帆

二月十一日(一九九六年)

（二四）

耀东老弟：

稿收到，朴实真挚，很好，就要这样。花拳绣腿无益于世也。此《学记》亦收入弟作新诗集序，今年底前当可出。

陶芸劝弟买一小计算机学打字，速度快，又省力，何不试为之。为《中华大典·文学典》事，我五月上旬来武大小住，当可从容晤谈，谢谢。

祝

双好！

千帆

3 月 18 日(1996 年)

我视力模糊，写字很吃力。

(二五)

耀东弟：

手示收到。武大中文系诸先生拟就历代诗学作系统研究，极是好事，我虽已无力做实际工作，但也愿出些点子，摇旗呐喊也。弟对新诗史已经营多年，甚盼趁精力尚富时努力完成之。著述总是主弦，闲事多管永久管不完，甚愿如古人之言“凤凰飞上梧桐树，自有旁人说短长”，“闭门推出窗前月，吩咐梅花自主张”也。

我白内障愈剧，书不成字，不多及。祝

全家安康！

千帆

12 月 12 日(1996 年)

(二六)

耀东老弟：

收到《诗学丛书》方案，看后觉得特点鲜明，认真写好，出版后必能得学术界的称赏。但我更希望你的多卷本新诗史早些面世。我眠食尚可，但耳目愈来愈不灵。近河北一出版社来要我的 20 卷本的文集，已允之，但也只能托学生们帮忙整理而已。祝

全家好！

千帆

三月二十六日(一九九八年)

致刘梦溪（十二通）

刘梦溪，中国艺术研究院研究员，《中国文化》《世界汉学》杂志创办人及主编。

（一）

梦溪先生史席：

昨奉大函，又惠赐《中国文化》三期一册，感谢之至。义宁陈君之学术，博大精深，其所着眼，皆在历史、社会、政治、文化之"节骨眼"问题上，乃又往往以考辨之面貌出之，故其由具体事实所抽象出来之大问题大道理反为世人所忽略，此乃学术界之所当发挥者也。尊文于此，实能践履，故所及虽仅《柳氏别传》，而于寅老用意及创体皆多有人之所不能言，三复之余，曷胜钦服。

承示受托编辑近现代学人著作，发潜德之幽光，启来哲之通道，实为盛世。唯先师黄君五十即返道山，其书多在草创或积累之中，皆无成稿。潘石禅兄在台为影印十四大册，多系原书批语，先生谅已见之。大陆所出，则多经其侄耀先之手，除《文心札记》《文选平点》单行外，多已归之《论学杂著》及《群书笺识》二书中，然论文亦不多，较之他家，较难选择。然若《音略》《与友人论治小学书》《补文心隐秀篇》《汉唐玄学论》亦可示范来兹矣。弟入师门甚迟，未能窥见黄君学术之堂奥，此事似可更与石禅商之。潘君为贵刊顾问，义不容辞也。

《文化》二期，不知有无存书，四期已否出刊，均盼见惠。非敢作得陇望蜀之妄想，实以在宁无购处，托之在京友人，又多所滋扰也。

近刊《宋文学史》一册，讲课之作，不足以言创获，敬呈以博一笑，大雅如先生必怜其老而失学矣。

专复，即颂

著安！

弟程千帆

九月二十五日（一九九一年）

（二）

梦溪先生：

承赐《中国文化》第四期，极感。此刊当今学林魁首，读之想见先生之辛劳也。弟近方集中精力完成旧作，因年事已高，希望能不以此事麻烦后人，故久不作短文。如有所得，当录呈教正。数日前印出版本通论一册，乃为大学诸生说法，无甚高论，伏冀披览，有以正之。专复，即颂

撰安！不一。

弟程千帆顿首

六月廿六日（一九九二年）

（三）

梦溪先生：

寄上门人程章灿博士论文一篇，请审核，看是否可以在《中国文化》上刊载。程君现在南京大学古典文献研究所工作，出版著作有《魏晋南北朝赋史》（江苏古籍）、《刘克庄年谱》（在校印中）、《唐诗入门》（贵州人民）及论文多篇。此篇经涉深广，颇有发明，或者可蒙青睐也。专肃，即颂

著安！

程千帆

10 月 20 日（1992 年）

贱辰诸弟子为撰文编刊作纪念，今附呈，以博一笑。

（四）

梦溪先生左右：

久未通问，伏想安善。

今别寄上《古典文献研究》一册，其中有寅老致刘弘度先生书数通。涉及其在越南失落诸稿之内容，甚可宝贵。若他年能由此访得其下落，亦是一大事因缘。

弟千帆敬上

（1993 年 2 月 26 日）

（五）

梦溪先生左右：

久疏笺候，伏想安善。八旬衰朽已不更能为思辨考证之长文，研虑所及或于序跋诸杂文发之，前荷搴采，叹君知我。今更呈近岁所撰二篇乞教，或蒙拂拭也。专肃，即颂

著安！

弟程千帆顿首

九月三日（一九九三年）

（六）

梦溪先生：

瑶札拜读，拙文辱承搴采，感感。承注先室遗词，近得江苏古籍出版社之助，已加笺重印，前所呈即其中部分也，计五月中可得，当即奉寄。倘荷大雅俯赐评泊，何幸如之。其文辞，老友舒芜、黄裳均尝有所议论，然可谈者尚多也。春寒犹厉，伏冀珍卫。顺颂

著安！

弟程千帆顿首

三月一日（一九九四年）

（七）

梦溪先生：

一日手教早收到，小文承奖饰为愧。七十六七岁以后，体力衰敛，思虑不周，不复敢为需要精密逻辑的考据思辨之文，但每每有些感发，有些判断，不忍默而不言，往往借题发挥，学做几篇古文，亦聊补平生于此道未尝致力之过，其意实不在抑扬顿挫于之乎者也之间也。此区区微意所存，识之者寡，今读大札，实获我心，乃知专家易得，通儒难求。先生之宏识深衷，真可佩也。旬前曾以亡妻沈氏集笺本二册寄艺术研究院，一册呈教，一册请转其庸先生，不知已收到否？所笺甚简，偏于今典，此亦寅丈之教。

老朽废学，记忆模糊，惟其中有为并时记载所未及致详者，或者尚可供读者参证耳。伏愿先生有以教之。

《中国文化》第十期已收到。执事者仍按汉口路旧址寄出，幸得先生函告即将寄出，预请旧邻留心，得以及时转下。十一期起，望其改寄新址。寄出册数多，改址之事，每易忽忘，弟亦常如此，不足异也。

《文化》已出十期，始终保持务实求新及极开阔的宏观与极精辟的微观并举之特色，为现代文化之发展与古代文化之理解作出贡献，求诸今日，更无比肩，求诸近世，《国粹学报》或相亚也。

敬复，即颂

著安！

程千帆

十一月廿八日（一九九四年）

（八）

梦溪先生左右：

手札敬悉。拙文荷纳，甚感。杨君治发言音韵，文不能佳，蒙修饰之，尤见公心文德也。弟今年一月中旬，左眼白内障突然转剧，不能视书报，大字虽可写，然蛇蚓而已，前勉作一幅托伯伟奉呈，想已收到矣。下月去武汉二三周，伯伟同去，《中华大典·文学典》审稿事。《文学典》迄今已起功七八年，尚未出书一册，官书大抵如是。弟颓龄暮齿，勉为其难，亦是了一因缘而已。匆复，敬颂

著安！

弟程千帆

四月二十六日（一九九六年）

（九）

梦溪先生：

昨以拙著《诗文合抄》（非公开发行）一册奉寄，想达左右，今更寄上小文六篇求正。衰朽不能恣意，但浓缩耳。尊著论陈丈文极佳，非此集中余

子敢望也。顺颂

双安！

弟千帆

四月廿八日（一九九七年）

（一〇）

梦溪先生：

《中国文化》15期久见《光明日报》，而迄未见书，不知能一询执事先生否？

先生有意为拙撰《校雠广义》刊一书评，顷已求山东大学王绍曾老先生为之。王老为张菊生先生弟子，校雠学老宿，俟其成文，当随拙著一并呈教也。

目眚不便书，罪罪。敬颂

俪安！

弟程千帆

2月6日（1998年）

（一一）

梦溪先生：

前承惠允在《中国文化》刊一书评，已托山东大学校雠名家王绍曾先生执笔，今将该文寄呈，敬请审处。《广义》四册同时由齐鲁责编周晶先生寄上，倘荷于治事余间，拂拭一二，何幸如之。弟近时有小恙，不及覼缕，尚乞厚宥。专肃，祇颂

俪安！

千帆

五月七日（一九九八年）

（一二）

梦溪先生左右：

齐鲁书社周晶先生奉尘拙撰《校雠广义》四卷，山东大学古籍所王绍

曾老先生寄上《广义》书评一篇(自南京寄),想均达。王先生久从张菊生元济游,颇精向歆之学,求其为介绍之文,似为妥也。幸审酌之。顷更附呈门人莫砺锋教授论朱晦翁诗一文,渠近治宋诗,当有所得,谨代呈一篇,以求先生拂拭,幸斟酌之。酷暑,诸望葆爱。顺颂
俪安!

千帆上,盼复

七月二十二日(一九九八年)

致姚桐椿(一通)

姚桐椿,上海学者。

桐椿先生:

十月十八日来信收到。汪先生文集所收是“文革”中其著作大半被毁后的残余部分,故无法全备,应继续增补,但也有的文字是考虑后没有收入的,如关于夏完淳及其家族二文即是。这两篇文章写于抗战初期,先师手边材料不完备,为了宣传抗日,匆促发表,后亦无暇改定,更需要考虑的,是文中将明清战争与中日战争比观,将夏当作当日的抗日爱国将领之类的人来评价。今天看来,明清战争是中华民族内部的改朝换代问题,而非帝国主义要灭亡中国的问题。为此事,王伯坚先生也问过我,但未深入讨论,结果,王先生编夏集收有此文,而我编汪集则未收,所谓“各尊所闻”“各行其是”是也。至汪先生题夏集二诗,显系失收,因我编诗时,仅据被“革命小将”焚掠之余的残本,未能广事搜求。承您关注,谨此奉复,敬颂
大安!

多年前中苏交恶时,苏学者竟谓“柳条边”为中国国界,自此以北皆非中国,此可警惕者也。(今日西藏、内蒙亦不无此类问题。)

程千帆

十月二十九日(一九九一年)

致王镇远(一通)

王镇远,曾任上海古籍出版社编辑。

镇远先生:

二月十九日手教祗悉。出《宋文学史》台版事,承先生及同贤先生多方照顾,感何可言。弟前致张高评教授书,对丽文图书公司提出如下四点要求:(一) 版权转让费为壹千陆佰元(如此则除上古得六百外,弟与新雷可各得五百元);(二) 交稿后即付50%,其余半数出书后付给;(三) 赠两位作者样书各十册,共20册;(四) 稿费分别寄与上古及两位作者。尚不知台方之意如何。好在数目不大,当易协商达成共见也。

又,如达成协议,弟等同意由贵社与台方签署版权转让协议,并由弟等提供校改后交台方之底本(先寄尊处,再由贵社连同协议书一并寄台)。

专此,即颂

著安!

弟程千帆上

二月二十五日(一九九二年)

同贤先生前乞代致意。

致陈平原(二通)

陈平原,北京大学中文系教授。

(一)

平原先生:

受到您寄下的论武侠小说著作,很感谢。我常常感到,为什么人们(包括我自己)对许多大量存在的事物本身及其存在的意义,有意或无意地加以忽略。我看小说,是从《礼拜六》、《红玫瑰》、程小青、徐枕亚一直看到鲁迅、杨振声，也很喜欢平江不肖生、赵焕亭、还珠楼主以迄金庸、古龙，可就从来没有像您这样严肃地对待他们或它们过，未免罪过。所以非常感谢您指导我在这方面的学习。老来无聊，又有心脏病，不能无拘束地想做什么就做什么了，但补充一些作为一个学习文学的人应有的知识，还是可以的。所谓“难忘身外无穷事，补读平生未见书”。

祝

一切都好！

千帆

五月十二日(一九九二年)

（二）

平原先生：

承赐新书，甚以为喜。故事所包甚广，颇多前所未闻。犹忆先师汪辟疆先生正清末就读京师大学堂，新设军事课，亦有操练。以武官职卑者任教员，而学生中多贵游子弟，点名时不敢直呼其名，则皆称“老爷”。如呼先师为“汪国垣老爷”。民国肇建，此风恐已革除矣。弟年来日益衰朽，不甚能从事文字之役，幸及门诸子相助，旧稿大体可于今年毕功。石家庄一出版社愿为出一文集，亦了一缘。终日默坐时为多，望先生等之奔轶绝尘，惟增惭愧而已。专此布谢，敬颂

著安！

弟程千帆顿首

6月2日(1998年)

致周骋(一通)

周骋，曾任江苏古籍出版社编辑。

周骋同志：

属书件奉上。老病，不能工，留作纪念好了。你的诗很有前途，故以

奇花相勉，望能不断地向生活汲取，向古典作家学习。祝
好！

千帆

5 月 23 日(1992 年)

明日去北京，下月初方回。

致弘征(十四通)

弘征，曾任湖南人民出版社编辑，湖南文艺出版社社长、总编辑。

(一)

弘征先生：

京华识荆，未及款洽，又匆匆别去，殊怅怅也。顷奉雅什大著，益见高才博学，欣服之至。弟衰年宿疾，于事业文辞皆已无能为役，偶成小诗，亦鄙拙不复能工，今检奉数纸聊答高厚。专上，即颂
著安！

弟程千帆顿首

六月十日(一九九二年)

(二)

弘征先生：

承赐《诗品》新译，浣诵欣佩。古今中外文学作品之迻译，其事至要而甚难，韵文尤甚，惟有多方实践，始克逐渐完善。故弟对尊译或有一二异同之见，仍忍不住大声喝采也。少作新诗，近得刊行，谨呈教。专复，顺颂
著绥！

千帆上

六月九日(一九九三年)

（三）

弘征先生：

赐书及湘皋先生诗集新排版均拜领，感荷之至。年来乡邦文献已陆续整理出版多种，泽及后来，功在百世，先生等之力也。南村诗灵芬奇采，春海先生一序，尤能阐其微至。弟颓龄病榻，徐徐诵之，真足以起疾发聋矣。专此复谢，敬颂

著安！

弟程千帆拜上

五月二十四日（一九九五年）

（四）

弘征先生：

六月八日惠示及集句诗收到。集句殊见浑成，甚不易，知沉浸于原作者深也。弟犬齿今年八十有二，筋力思虑皆退。担任贵社丛书主编，亦但能“不治而议论”，所论又每不当，恐无多益处。且别有北京及江苏各一出版社以同类事相委，所付报酬皆在二万元以上（仅允江苏，以客居其地，不便拂逆地主。北京者则拒之矣），为贵社计，似不合算，以贱名无此经济效益也。“亲不亲，故乡人”，故虽不是佛徒，亦不敢打诳语也。

敬复，顺颂

著安！

程千帆

6 月 13 日（1995 年）

（五）

弘征先生：

非常喜欢你的诗，特别是新诗。装帧版式也是第一流的。前些年曹辛之出了一本内容形式都很吸引人的诗集，不知你见到过没有？祝

近安！

千帆

八月十八日（一九九五年）

（六）

弘征先生：

新书三种收到，所注多文为富也。弟近岁颇患白内障，不甚能读书，偶作草遣日，呈上一纸博笑，不足换羊也。顺颂

著安！

千帆顿首

九月四日（一九九六年）

（七）

弘征先生：

前得手教，知赐宝刻二石将托人带下。今深圳书会闭幕已久，南京朋好无携交者，或者先生未得其人乎？如用小木筐或铁匣邮寄，似亦易办，幸酌之，以慰渴想。白内障颇剧，书不成字，谅之谅之。敬颂

吟福！

弟程千帆顿首

十二月四日（一九九六年）

（八）

弘征先生：

宝刻已荷敝同事杨先生带到，感荷曷极。新岁将临，敬祝

笔健！顺颂

合府均安！

弟程千帆

十二月廿七日（一九九六年）

（九）

弘征先生：

大札敬悉。题签别书寄上，不知合式否？

弟少小离乡，常恨于湘衡父老鲜所接触，亦未尝为家乡文化事业尽力。承命担任光盘全书顾问敢不如教，特衰年已八十五，恐未能尽力为愧耳。

友人扬州大学中文系主任顾农教授近成《建安文学史》一书，甚有可观，不知湖南文艺（或岳麓书社）能为之出版否（顾寒士不能贴出版社费），幸便中一询，至感。顺颂

大安！

弟程千帆上

一月三十一日（一九九八年）

顾，汉魏六朝专家，弟约其任《中华大典·文学典》汉魏六朝分典副主编。

（一〇）

弘征先生：

赐书敬悉。顾农先生书承允同意在贵社出版，实深感荷。已请沈阳辽宁古籍出版社友人于景祥先生将顾农先生存彼处之《建安文学史》原稿径寄长沙尊处（快件）。先生收到后，幸告知扬州大学中文系顾先生及弟为感。匆颂

著安！

弟千帆

二月十三日（一九九八年）

（一一）

弘征先生：

得10日手示，知于景祥寄顾农《建安文学史》稿尚未收到，当即打电话询于。据查，二月底已挂号寄出，想近日已呈教矣。此稿弟未寓目，不

知可用否？倘荷裁成，实甚感幸。《四库全书》事亦闻上海有类似举措，甚冀协商解决。前数年《四库存目》与《续修》两种亦有矛盾，后经协调，各行其是。《存目》已出而《续修》则因选书及新撰提要费时，尚在编纂也。弟不自揆，退休后尚勉强出任《中华大典·文学典》主编，历时八九载，幸群公合力，其隋唐五代分典、宋辽金元分典或可在今年付印，约二千余万字，其余尚有三千万字，希望在三五年内完成。惟犬齿已八十有五，不知马翁能否同意耳。

去冬南京降雪一次，昨夜忽降中雪，迄今不已，颇似朱长沙作风，岂休征乎？一笑。敬叩

安好！

千帆顿

三月二十日（一九九八年）

（一二）

弘征先生：

手示及书二册均收到，极感。南村诗钞竟有重印机会，大是嘉事，亦见吾湘文风之盛。点评唐诗别具手眼，平实而又深刻，此通俗读物甚高之境界，似易实难，以此知先生诗功之深也。老病日增，文事皆废，默坐时多。顾稿极承拂拭，铭感。顺颂

著安！

乡弟程千帆

四月十一日（一九九八年）

（一三）

弘征先生：

老病百事皆废，不能文不能词，若诗有求之者，则勉强写几个字。平生最恨自己字丑，今乃惜此抵挡，真坡老所云"平生所惭今不耻"也。辄欲求先生刻一闲章，不知可否，幸酌之。又前荷允评审扬州大学顾农《建安文学史》书，不知可否？如荷见告，实深铭感。其另一种《文选与文心》已由贵州印

出，敬呈一册乞教，尚乞斧正。弟衰病日甚，文字不谨，尚乞谅之。顺颂
著安！

千帆上

八月七日（一九九八年）

（一四）

弘征乡兄：

手教敬呈。请刻苏诗闲章，乃是实情。既荷尊旨，可否同时另刻“闲堂八六墨趣”，二章合用如何？

顾农治中古文学甚勤，且有所见。古人云：“学成而名不彰，朋友之过也。”弟已推荐之任《中华大典·文学典》汉魏六朝分典副主编，所为样稿，亦可观。幸先生裁成之。顺颂
近安！

弟千帆

8 月 31 日（1998 年）

致张瑞洁（一通）

张瑞洁，程先生之表弟。

瑞洁弟：

九月九日来信收到。我刚从北京开《中华大典》编辑会议回宁（被推为此书副主编）。我不是武当门下，太极拳怎能代表我呢？

寄上相片一张，较大，无底片，不知可用否？我的相都是别的机构或人照的。照后，他们送不送，我也不问，所以均无底片。

讲话，我不写了。随你怎么说，只要求说一点，即我八十年中对家乡贡献太少了，几乎没有。赠送一点书画，完全是应当的。所幸我的学生在湖南工作的不少，他们的贡献也使我感到高兴。

在湘师大、水电师院、湘潭大学、长沙大学等校中文系工作的我的学

生，不知有人被邀参加此会否？如有可能，是很好的。

拓片三纸，查日记，是1989年8月13日挂号寄你。8月28日，收到你回信，说即送书院；9月19日，又得你信，告已亲送岳麓书院。我想展出拓片，因那几幅字写得好，且有诗、词和古文三种作品（现年老力衰，字不如以前）。不知他们何以又说我没有写过，要另外写。这些拓片，石碑嵌在壁上，就拓不好了，我也仅存此一份，现手中已无有，希望书院能重视。如弄丢了，就不免可惜了。

展览名称，我无意见。

祝

全家好！

千帆、芸

九月十五日（一九九二年）

致张蔚星（一通）

张蔚星，南京博物院古代艺术研究所研究员。

蔚星先生：

手书敬悉。贱辰辱赐书画，尤为铭感。承告以今后应写之文字，皆所当为。奈手中尚有未了之事甚多，此时无力兼顾。倘天假之年，五载以后，或可遵先生之雅教，黾勉从事也。敬复，即颂

大安！

程千帆

十月二十四日（一九九二年）

致陈致（二通）

陈致，香港浸会大学中文系教授。南京大学中文系文学硕士。

（一）

陈致贤弟：

得书知已抵美入学，甚善。所要推荐信今寄上。今后，如有所需，望告知。与叶先生通话时，望代为道念。我近日身体尚可，大概老人身体不太坏就是好也。

祝

一切顺适！

千帆

11 月 4 日（1992 年）

（二）

陈致老弟：

在远不遗，灵药见赐，感不可言。在一新环境，必有适应过程，过一时期，当可习惯。解放后数十年三个人的饭五个人吃，曾成为应急之政策，故“大”（大锅饭）、“铁”（铁饭碗）、“低”（低效率，或曰低工资）三字诀为人们所习惯。授书大学，每周以一门课或二三小时为常，过此则以为负担过重，不出科研成果，则诿之为无时间。实则旧社会大学以教四门课，每周九至十二小时为常。先师黄季刚先生在中央、金陵两校，皆专任，每校三门课每周九小时共十八小时，仍治学著文不辍，其余诸老亦每如是。数十年前往事，或可供参考也。原《读书》编辑赵丽雅女士（笔名扬之水），曾著论学杂文曰《脂麻通鉴》见称于时。近调入社科院文研所，与毓罴先生共事，近在《中国文化》刊出一文（十四期），其内容与弟所研究范围有可互相商酌处，前曾致弟一函，有所请益，不知收到否？诗曰“嘤其鸣矣，求其友声”，固愿以暇酬答之也。我数年前已病聋，今岁初，白内障又转剧（左眼尤甚），看报亦甚艰难，已基本不能工作。幸平生着手而未成之稿，得徐有富、程章灿诸君之力，可相助完成耳。新国华人多，远居或不致寥寂，愿多珍重。专此复谢，顺颂

双安！

目眚书不成字，乞谅。

千帆

10 月 17 日（1996 年）

致于景祥（十三通）

于景祥，现任辽海出版社副社长，辽宁大学特聘教授。南京大学中文系文学硕士，师从程先生。

（一）

景祥贤弟：

书签写就寄上，不知可用否？

如假中能来南游，甚善。我近患骨质增生，不良于行，然亦无大苦，可无念也。

祝

好！

千帆

1 月 5 日（1993 年）

（二）

景祥弟：

寄上《闲堂诗文合钞》修改补订本，共若干页，请查收。并在付印时注意下列事项。

① 著者署名

程千帆撰　陶芸书（并列）

② 保留手抄本原貌，今书不分段，不用任何标点符号。（此次我试过，读者能接受无标点的书。）

③ 作者原题“闲堂诗文合钞”六字有神采，保留其大小。可美编设计的封面，地位缩小。

④ 原稿已校出误书 8 处，并在原稿上作为挖改，可据以将误处全部或局部改正。原稿保存，用后寄还。

⑤ 目录 16 页，列正文前，仍用阿拉伯字，但可用“黑体”，以便与正文区别。如：“ · **14** · ”不同于“ · 14 · ”。

千帆

（1996 年）

（三）

景祥老弟：

前函计达。昨接来电，知悉一一。出版局拟将拙著列为重点书，质量可以提高，亦大好事。速度放慢，也是必然。如四月间能得到样书，可以带至武汉，最好，不能带亦无碍。

《诗文钞》无纸，一时不能印，也不急，只是原手钞稿想送往扬州装订，四月间扬州大学请我去讲学，想带往扬州。如已照好相，不再需原稿，请快函寄下。如还需要，则仍留弟处。

我视力开始模糊时，心情颇烦躁，最近按时点药，又保护眼睛，不看书报，少写字，视力未再下降，心境也较坦然。必须看的东西，则请老伴读。一切尚好，都勿念。

祝

好！

千帆

1996. 3. 21

章灿处请多与之联系，你们二人都不喜写信，我又不能常写信，只好还是请你们多直接通信。

（四）

景祥弟：

今将昨日收到的《文学史》原编第四编第 20、23、24、25、27 共五章寄上，在此前的各章，想大多数已由美直接寄沈阳，前些收到了。其中有的章灿尚未定稿，作了(?)或(……)记号，容更补充修订。无此符号，你可先看，如无大问题，即可算定稿。现在只有5、6两编未写出。第5编我也有稿，只是写法不同。看来已完成一半以上。现在① 等章灿返国后进一步商量要斟酌部分，② 继续完成5、6编，③ 你如何配合使之能加强出版进度。

原信附上。

祝

好！

千帆

7月3日(1996年)

(五)

景祥老弟：

《选集》不敷赠送，请再寄拾伍套。仍交铁路运送。稿费如已结算汇出，则请将发票寄下，以便奉还。发票抬头仍写南大中文系。顺颂

近好！

千帆

一月十一日(一九九七年)

(六)

景祥弟：

数日前曾发一信，请再代买《选集》十五套，即寄。如稿费尚未发，仍照旧扣。已发，则另由我寄返。想已收到。今别有一事奉托。扬州大学师范学院中文系主任顾农教授乃魏晋六朝文学专家，近年著有《建安文学史》及《建安作家论》二种，尚未出版，估计共约五六十万字，颇希吾弟能推毂，在辽海出版。顾君近由我邀任《中华大典》魏晋南北朝分典副主编，故甚盼弟于此事能助一臂之力。如辽海有困难，则东北各出版社弟相熟者，亦可转介也。望复。

即颂

大安！

千帆顿首

一月十五日（一九九七年）

（七）

景祥弟：

真希望你南大之行能够实现。河北教育出全集似有诚意，但许多问题要和你仔细商量才能敲定。

《诗文钞》你前说十二月可出，现在进度如何？

章灿仔细计算了一下，认为5月可交。我的意思辽宁先排先出，如全集给河北则一副纸型两边出。《选集》加《通史》，126万加《通史》50万，已占40％，如用此纸型，再加齐鲁《校雠广义》四册约120万字，则所排已超过半数，可大大减低成本也。

立朴贵州《学记》已见样书，甚精美，非久可径寄。我另一书《俭腹抄》在上海印者，亦已见校样。《广义》四册，明年一月会在北京上市，印2000。

全集事仍托砺锋全权处理，我体力日衰，真所谓"穷达仗友生"也。祝好！

千帆

11.19(1997)

（八）

景祥老弟：

章灿七月底去美，行前曾到我处，将《文学通史》的出版报酬各种情形的想法详细告之，总的是，希望① 快印、② 快校、③ 快出版。去信当已收到。今日收到周先生的正式同意，同意你为出席今年举办的国际会议的正式代表，届时当发出正式通知。按照过去的习惯，代表和非代表都可以向出席会议的海内外代表赠送自己的著作。今年的会议我估计可能有下列各种书：

① 张宏生清词著作一种，已在江苏古籍付印，即将出版。

② 莫砺锋唐宋诗学著作一种，在弟处出版，希望在两个月内能出。

③《骈文通史》，希望弟催促一下，在两个月内出版。

④ 我的《俭腹抄》已出版。

⑤ 我与章灿的《文学通史》。

其他还不知道。

此次出席会议的人不多，估计送 60 本就够了。但宣传作用很大，其中关系你的很多，希望你能促进一下，使大会开得更加出色。

我和辽宁教育出版社的同志，没有直接来往，以下的信请你转交，并希望得到初步的回音。

千帆

8 月 5 日(1998 年)

(九)

景祥老弟：

连写两信，又附致辽宁教育出版社负责同志一函，想均收到。章灿八月内可自美回，勋初同时去台，十月下旬返，开国际赋学会议。前函甚盼弟能赶时间(关键是九月份能排好，十月下旬可出也)① 出版《程氏汉语文学通史》、②《骈文通史》、③ 莫氏《唐宋诗文集》。不知能抓紧时间在此约两个月时间内做到否？迄今无电话，又无信，不知安排如何？《校雠广义》已大批到书，正和有富分寄。(多数今要寄《校勘》《典藏》两本，其《目录》《版本》前数年已寄矣。)得其函后务得作复。顺颂

近好！

千帆

8 月 24 日(1998 年)

(一〇)

景祥：

此书自经始至毕功六十余年，今以初印本赠老弟，愿葆爱之。

八十五叟千帆南京记(1998 年)

（一一）

景祥老弟：

昨日章灿已将《简史》后记九千字完成，即改好寄出，同时有电话告弟各事，想可收到。《简史》除出辽海版外，同时要出河北教育版，望弟即将章灿之稿复印一份寄文集责编潘海鸥君。又辽海版何时可出，亦望告知（约何时可寄）。我体仍弱，在休息中，不多及。即贺

新春安吉！

千帆

二月十日（一九九九年）

（一二）

景祥老弟：

春风出插图本小丛书百种收到，甚精美可玩。不知何故顾问手迹附之封底，殊杀风景，大概太计成本之过也。《汉语文学简史》连后记已由章灿寄上，望即付排，并另复印一本交河北出版社潘海鸥君。至要至要。我仍在休息中，不多及。即颂

安吉！新年好！

千帆

二月十一日（一九九九年）

得信后打电话来。

（一三）

景祥弟：

昨得电知傅先生书已寄出，《通史》稿费已结算，甚慰。还想要5本《通史》，不知可得否？

今寄上《唐宋诗吟诵撷英》的前言及目录。大体上都依《古诗今选》的唐宋两部分略加审定。其余正文部分10—15日内可寄奉。先寄这一部分，是让你先做准备。我意封面可请美编找一古画古人吟诗图（如李白吟

《清平调》之类)。这一类的画,古人画册中常有,好找,可与书名配合,亦较别致,祈酌之。如找不到,则如《通史》之式,用楷书亦可。《通史》颇大方朴素,亦过得去。匆匆,祝

安健!

千帆

十一月二日(一九九九年)

致余恕诚、刘学锴(四通)

余恕诚、刘学锴,安徽师范大学文学院教授。

(一)

学锴、恕诚先生:

近得有关玉溪生资料二件,谨寄呈,聊备搴采。专肃,即颂

著安!并贺

春节!

程千帆

一月二十日(一九九三年)

(二)

恕诚先生:

老病寥寂,忽得新著,真见异书而眼明,为惠多矣。所论着墨不事繁文,然实玩味有得,出自胸中之造,苦无由执手细论之也。学锴先生游学蜀中,想已返校。项先生治学精悍过人,与之上下其议论,当有所得,幸并致意。专此致谢。顺颂

著安!

弟程千帆顿首

5 月 30 日(1998 年)

（三）

恕诚先生道右：

月前收到尊著《强韵考》，适以病入医院，迁延四十余日，始略痊可。今出院已旬，仍颇疲软，八旬老翁，真经不起敲打也。尊文草草拜读，极佩，愧不能精思。所论强韵险韵别异诗法出自昌黎，皆不易之说。又此字似读仄声，即梅圣俞“问讯疑犹强”之强，或勉强而行之之强也。匆促奉复，勿罪。顺颂

著安！

柏青先生前，乞并致意！

弟千帆

1 月 28 日（1999 年）

（四）

恕诚先生：

收到来信，承你关心，非常感谢。我今年 87 岁，退休已近十年，想做的和能够做的，距离越来越大。今年算是做了两件事：第一件是已将个人的文集得留在南大的学生的帮助，已经编好，共 14 册，将在河北教育出版社出版，争取在今年完成；第二件我主编的《中华大典・文学典》，其中宋辽金元分典五大册九月可能出书，作为对国庆五十周年的献礼。希望能在十月推出，其余各分典拟在 2003 年前完成，共 22 册。大概我所能做的就是这一点了。先生和刘学锴先生长期从事李商隐研究，成绩斐然，是我一向钦佩的。承问课题，我觉得唐代文学是一座很大的富矿，到现在还有很多领域没有开发，特别是文学与文化和政治的关系，陈寅恪虽提出唐代内乱与外患的连环性，这个题目在文学上的表现就很少人涉及过，如果先生有兴趣，是否将这个问题作一个比较彻底的清理。这可能在文学上表现的不多，但间接上可以开发的不少。三百年中，汉族与外族的矛盾和互相吸收，可以钻研的地方似乎不少，如唐高祖曾对突厥称臣，而太宗有“雪耻酬百王，除凶报千古”之句。以后汉族遭遇到许多对手，外族的兴废直

接影响汉族的兴衰，直到五代，没有断过。它显然不仅是一个文学问题，如果写成一部专著，还是有很多话可说的。不知先生有没有兴趣？我从去年生病以后，身体不好，心脏病加剧，又增添了糖尿病，耳全聋，目半盲，随便想了上面一点意见，聊供参考。敬祝先生研究工作不断取得进步。
顺颂
大安！

弟程千帆
9月1日(1999年)

致李正宇(一通)

李正宇，敦煌研究院研究员。武汉大学中文系1954级学生。

正宇老弟：

奉书喜慰。一别三十五年，其间不断演出具有悲剧成分的闹剧(亦可曰带有闹剧成分的悲剧)，而我们居然活了下来，真是不容易。

虽未通信，但学术界四面八方带来零星消息，知道你在敦煌学方面很有成就。不到四十年，历史已作出结论，谁对民族和人民有贡献？如此，就可对前此被骗子和打手遮蔽的无声无光的岁月淡然处之了。前些年，去南宁讲学，曾与卢斯飞一面。开斌在广东，曾通问。兆鹄在湖北，仍教书。唯中琦不知所往。

我已于90年退休，但有三研究生未毕业。去年9月，已全部答辩完毕。从此逍遥游，不作大宗师矣。

弟当不乏东来开会之机会，甚盼有缘相见。

顺颂
全家安吉，日进无疆！

千帆
二月二日(一九九三年)

致张璋(一通)

张璋，词学学者。

张璋同志：

去年手教及照片(照得极好)早收到，一直小病，天又冷，未能即复，甚歉，请原谅。

拙著《宋文学史》近始得重购，谨呈一册，并乞指教。谨肃，顺颂

大安！

弟程千帆上

2月18日(1993年)

致《华夏诗报》(一通)

《华夏诗报》主编同志：

收到赠寄的诗报73、74期已拜读，无论从编辑方针、选稿标准、版面安排来看，都很出色。我老病闭门，竟不知贵报刊行已久，惭愧之至。

季思说静闻还常常作诗，是这样的。他年逾九十，吟兴不衰。最近我还收到此老病中见怀之作，诗云：

两老隔南北，相望思郁苍。京西留艺语，岭表共心香。忠义谁相激，清修世或忘。吾身甘淡泊，不羡拜金狂。

次联写十多年前我们两人，还有萧涤非先生，同在北京京西宾馆开会，联床论诗，一致认为顺德黄晦闻先生的《蒹葭楼诗》成就极高。三联指去年他九十大寿，我曾集句为联相赠，词云：“风骚共推激，忠义老研磨。”

吴新和余光中两位对望舒的诗有不同的评价，原不足异。但我却认为《望舒草》在当时来说，是仅次于冯至《十四行集》的好作品。对他的诗，我在三十年代写过两篇评论，偶尔被人发现，印了出来，现与拙集一并寄

上请教。别附旧作小诗一首。顺致
敬礼!

程千帆

3月27日(1993年)

无题

程千帆

书犹能读足忘穷,老在人间百事慵。
安得此时江海上,不妨一笑寂寥中。

致陈望衡(十二通)

陈望衡,武汉大学哲学系教授。

(一)

望衡先生:

赐书及大著均拜领,书还没有来得及看,但一望而知,它对美学领域有所开拓,这正是当前需要的。将一些已陈刍狗在低水平上重复,或标新立异于正常的审美情趣理性判断之外,都全如荀子所说的:"狂生者,不胥时而落。"先生严肃的工作必将光大美学,特别是植根于民族文化传统土壤中的新中国美学。祝你不断地获得成功。顺颂
大安!

小书数册呈正,以答高厚。又及。

千帆

3月31日(1993年)

(二)

望衡先生:

所赐新书及大札收到。

武大长期被极"左"思潮统治。改革开放前,尚可固步自封,盲目自

大。近年来,愈来愈觉得自己的处境不妙,已开始改弦更张,招贤纳士,企图改善自己的形象,增强自己的实力了。先生应德麟礼聘到武大参与工作,是件大好事,我为武大高兴。

你的同事萧箑父先生是四川名宿仲仑先生之子,家学渊源,功底深厚,我希望你们成为论学知友。

在中文系陆耀东和吴志达两位教授是我的老学生,为人为学均好,也是可交的。

我大略看了你的书。有异于今之忙于建立所谓"自己的体系"的,即企图一步定位成为美学大师的狂想者,而是从具体的美所体现或依托的客观事物出发,由个别到一般,由微观到宏观,慢慢地积累起来。我觉得这是一条切实的路,是科学研究的正路。祝在新岗位上获得成功。顺颂全家新年快乐!

千帆

12 月 19 日(1994 年)

(三)

望衡先生:

非常感谢,你寄下一份那么丰厚的礼物,因眼患白内障甚剧,一时无法通读,只能慢慢来,恐你记挂,先回一信。请原谅。

只是感到一点,全文长一万五千字,恐难以找到合适的刊物发表,现在名牌刊物,八千字似乎是个界线。过此就算例外,很麻烦。不知尊处有无较理想的发表处所?

像一位哲人所说,许多多边形的石头,在不同的高度及侧面向一个低处倾斜,谁也无法预计哪一块石头能达到预期的位置。今之评职称毋乃类此。不过,真的总是真的,"旧穿杨叶真自知,暂蹶霜蹄未为失",先生"此事就算过去了"之说,真"君子坦荡荡"也。

我当然可以送一本亡室选集给潘先生,但素无交往,如直接寄去,殊嫌唐突。今寄上一册,由先生转去,或较妥善。因无缟纻之谊,亦不敢签名。古人云:"自炫自媒,士女之丑行也。"

匆复，即颂

著安！

弟程千帆

4月17日（1995年）

（四）

望衡先生：

首先要向您致歉，信回得迟了。我左目白内障很厉害，看书写字都很费力。花了许多时间，才细读尊文，并作了思考。古人说，文章千古事，得失寸心知。先生此文，极见功力，也很全面，何敢妄有献替？但基于直谅之义，姑将一些不成熟的想法写在下面，以供参考。

① 全文一万五千字，距目前各刊物多要求在八千字左右者相差过远。全文四段，鄙见以为二段论风格、三段论结构实为重点，且尤为深刻精辟。如将论思想与较前人的一、四两段另作处理，则篇幅可大为缩减，论点亦更为集中，容易刊出。此点不知是否可考虑。

② 如能按上述意见处理，则题目似可改为《沈祖棻〈涉江词〉的美学思考》或《沈祖棻〈涉江词〉审美》或更简单地题为《读沈祖棻〈涉江词〉》。

③ 略为费一点篇幅介绍新刊笺本。

④ 发表刊物，可从与她有学术渊源的方面考虑，如《中国韵文学刊》（湘潭大学主办）、《武大学报》、《南大学报》、《南师大学报》。《文学评论》《文学遗产》也可考虑。按这些刊物稿挤，一搁就是一年。介绍《涉江词》新刊本，虽非尊文主要用意，但尊文如能早日为读者所见，大是佳事。请先生指示，修改后，直接寄某刊或由我转，均可。

⑤ 也可完全不加改动，一切按照先生初稿，径寄某刊。但能不计篇幅之刊物，其学术档次都偏低，不敢有污大作，以此踟躇。这一点想先生也一定能理解。

我身体日差，耳聋目瞀，视听吃力，写读亦难。此信思考不周，如有措辞发议不当之处，务请先生原谅。

专此，即颂

著安！

程千帆

4 月 30 日(1995 年)

（五）

望衡先生：

大作及手札均已收到。

即遵示寄北京敏泽兄处，俟有复信，再行奉告。

天南之行在即，客中无佳侣相伴寥寂，幸自葆爱也。专此，即颂

著安！

弟程千帆

5 月 16 日(1995 年)

（六）

望衡先生：

八月二十一日手书敬悉。

新马之游壮怀高兴，可羡慕也。尝谓治美学者，要当有活泼胸襟，于天地万物，有所感发，体会其生生不已之机趣，一切才是活的，否则恐不免如章实斋所讥，见人有见桃花而有悟因取桃花作饭者矣，尊函甚能参此，对生活实有感受，可贵也。大文已转，侯兄复函，云已直接发出，近期可付排。又舒芜兄一文将发在《读书》十月号。武大之病已久，近年略有转机，幸先生大力神通挽其厄运。如不能，则山水可玩，亦可闭户静读二三十年书也。顺颂

双安！

千帆顿首

8 月 26 日(1995 年)

（七）

望衡先生左右：

手教及照片拜悉，《宋文学史》成于 1956 年，后遭世变，晚复乃荷吴新

雷教授之鼎助，勉强成书，其中可议者尚多，何意谦光嘉许，祇益惭惶而已。《校雠广义》得好学门生徐有富教授相助，亦经八年之久，乃得成书，四卷一百余万言，稿费低而书价高，遂至无以普酬朋侪眷顾之雅。易石甫诗："分觉杀青皆巨累。"今古盖犹同也。武大老辈惟新宁刘先生尝从况夔笙先生精研诗律，词曲尤精，尝著文论俗传"一、三、五不论；二、四、六分明"之来历及其是非，持论精辟，惜此老归道山已久，今世则无。颓龄瞀目，书不成字，谅之谅之。

顺颂

俪福！

程千帆上

6 月 20 日（1996 年）

（八）

望衡先生：

赐书收到。新著毕功即将付梓，欣贺之至。

书写到王国维作为旧世界之结局，似无不可。任公学术别有所长，不在美学，不必拉入凑热闹。若近贤于美学有发明贡献者，鄙意当推晚清词论家，周止庵以下，谭复堂、陈白雨、况蕙风皆有发明，其造诣不在观堂下，特无先师派诸弟子为之张目耳。

书名即名《古典美学史》，大方。我不从西洋文艺史上所谓"古典主义"理解，经得起淘汰仍能存在者，即是古典也。又如书以古典名，则无须求备。要精选精论，大胆地取人所不及，又大胆地排除一些人云亦云的泛泛之谈。我平生最佩服章学诚所谓"专家独断"之学，极赞同不做学术上的乡愿。趋炎附势何只官场，学术之林盖亦多矣。

白内障甚剧，恨不能纵笔长谈，愧愧。敬颂

著安！

千帆上

11 月 24 日（1996 年）

（九）

望衡先生：

收到来信，知即招收博士生，甚为我国学术发展庆幸。武大目前虽有困难，但佛云随处好修行，又云立地成佛，将来门下何愁无成佛者，但看缘法如何耳。

尊文多奖饰，实不敢当，如欲有所献替，则第一二段似可删。盖知我者，不必言，不知者，言之亦无用也。尊意以为如何？

尊著书名仍以自定为妥，所谓饮水自知冷暖也。

冬寒，伏冀葆爱。敬颂

著安！

弟程千帆

11 月 18 日（1997 年）

（一〇）

望衡先生：

尊文及手教均收到。贱子今年已八十有五（按旧说则为八十六），耳极聋，目亦眘，右足数十年前在农场时为牛所踏践，碎其踝骨。近旧伤复发，亦不甚能行，故默坐时多，老人每靠回忆打发日子，回想平生胡涂过去，真如陶渊明所说“但恨多谬误，君当恕醉人”者。先生乃不鄙其低能，奖饰旧作，真如无意中忽见两三岁时之光腚照片也。

闻高教有大动作，甚愿学术界有飞跃。虽不能参加，固向往之。敬谢，顺颂

著安！

千帆顿首

3 月 28 日（1998 年）

（一一）

望衡先生：

尊文过奖为愧，颇想作一诗，但世缘难胜慧业，恐唯有俟之来生耳，作

一小幅以酬高义。勿罪。敬颂
著安！

千帆白

4月20日(1998年)

(一二)

望衡先生：

手示奉悉，大作《中国古典美学史》湖南教育出版社已寄来，非常感谢。惟近月来脚肿，经心电图检查，医云心肌缺血较严重，嘱住院治疗。现已住进南大医院。故大作暂时尚不能拜读，所嘱亦无法完成，至为抱歉。又视力亦大减，看书一片模糊，嘱老妻代笔奉复，请原谅。顺颂
教安！

千帆上

11月29日(1998年)

致严中(十通)

严中，曾任《南京日报》社编辑(记者)，曾从事筹建南京曹雪芹纪念馆工作。

(一)

严中先生：

来示及大作均拜读。对联其实是更加精炼、更加集中的律诗和骈文，要做好对联最好多读律诗、骈文名作，自然得心应手，抒情叙事，各得其宜。又，任何作品，以不附加作者另外的说明为妥，因为这应由它自己告诉读者。老病不能多写，还请原谅。敬颂
大安！

程千帆

4月4日(1993年)

（二）

严中先生：

文籍（特别是古代文籍）有异文时，应加以校勘，定其是非，有底本的是非，有义理的是非。目前《红楼梦》手稿已不可见，抄本流传也难全尽其系统和先后，所以用底本判断“诗魂”与“花魂”孰为（或近于）曹氏原稿已不大可能。现在只有用讲道理（即辩义理）的方法代替举证据，看这问题是否可以解决。照我看，很难。因为文艺欣赏很难一致，只能“各尊所闻”（扬雄《法言》的话），也就是“公说公有理，婆说婆有理”，常谁也说不服谁。这种问题，往往是混战一场，鸣金收兵。所以我是主张自己参详，自己体味，而无须发为文章强人以从己的。我觉得“诗魂”好，但仍尊重先生主张“花魂”之说。学术讨论（或不讨论，只存异同），都需要互相尊重宽容。可以坚持自己的看法，而不可反对别人也同样做。说到别处去了，请原谅我这个已 82 岁的人语无伦次，常常有点胡涂。敬祝

近安！

程千帆

3 月 19 日（1995 年）

（三）

严中先生：

奉教知近方从事曹氏纪念馆筹备工作，老骥奋蹄，余霞满天，欣佩之至。红学、曹学自有专门，弟于此道终身未尝入门，何敢妄肆评题，徒增瘢痕。又大函称弟为“南京大学文科长教之首席”，此事校内外从无道及者，忽出尊函，殊骇听闻。万一有人疑弟妄自尊大，以邀声誉，则有口难辩矣。故尔不敢应先生之请，庶远嫌也。酷暑，千万珍重。顺颂

著安！

程千帆顿首

8 月 15 日（1995 年）

（四）

严中先生：

承将尊意详细说明，非常感谢，我却始终于心不安。好在无须必求共识，各尊所闻，固不碍乡情友谊也。余热未消，幸自葆爱。敬颂

著安！

程千帆

8月19日（1995年）

（五）

严中先生：

奉书深感吴公之见知与先生之见宥。人际关系乃一门“终身由之而不知其道”的大学问，我到快要向孔二先生报到时，才意识到他老人家所说的“有一言而可以终身行之者乎”，“其恕乎！己所勿欲，勿施于人”，实在是极平凡，极伟大，有点知道，仍然不能实践，这实在是人生道路上的一种永恒的悲哀。

我的字太丑，而且越老越丑，勉强给你写一张，至于挂在公共场所，如公园之类，则万万无此厚皮勇气也。仍望谅之。敬颂

撰安！

千帆上

10月20日（1995年）

（六）

严中尊兄乡先生：

顷收到所著《红楼续话》，极感兴趣。弟因肠胃病住人民医院四十余日，数日前始勉强出院，今犹甚疲乏，盖残年已八十有六，亦事之常也。谨先致谢，顺叩

大安！

弟程千帆

1月21日（1999年）

（七）

严中乡先生左右：

承枉过并示尊稿，甚感。稿已拜读，鄙见如次，伏希审定：

① 大量摘编《学记》而未注明出处。《学记》出版已久，在学术界流传，人所共知。今尊文不加说明，恐不免为原作者及贵州人民出版社所追究，也连带累及《人物》杂志，尚希考虑（此是法律问题）。

② 先生所提出之“定位”问题如“国学大师”“校雠学集大成”等，皆千帆所决不敢当。如经由先生之手，在学术界、新闻界发难，则千帆必致身败名裂。且因本无此等想法，故《学记》中亦无此等记载，先生之所摘编，因而亦无此等内容。千帆厕身学术界已五六十年，冷暖短长，略有自知，故平居决不敢自我吹嘘，妄自尊大，今先生以各种美名相加，实则欲益反损。故愿矜恕其老悖也。

原稿附还，尚希宽囿。即颂

著安！

程千帆上

七月二十日（一九九九年）

（八）

严中乡先生：

暑热，伏想安善。尊稿挂号寄还，想已收到。朱正先生所编《从百家争鸣到两家争鸣》一书，如已用毕请挂号寄还，因尚有人借也。匆匆，即颂

著安！

弟程千帆上

八月十六日（一九九九年）

（九）

严中乡先生左右：

朱正先生书及大札并奉悉。弟于目前出版界转载文字之习惯不甚熟

悉，因恐使先生发生麻烦，故前函偶及之。今既无碍，自可如尊稿所安排也。贱体仍衰弱，终日偃息时多。像片一张奉上备用。敬肃，即颂
著安！

弟千帆上
八月二十日（一九九九年）

（一〇）

严中乡先生：

前蒙造访，并惠赐《人物》一册，适患小疾，未能延接，歉歉。大作甚佳，非常感谢。如尚有存，能否再赐寄一本？或示知何处可以购得，当嘱人前往购买。盼复，敬颂
著安！

弟千帆上
3月26日（2000年）

致邓安华（一通）

邓安华，地理学家邓启东之子。

安华同志：

3月26日来信早收到，因想向各方打听出版情况，迟迟未复，甚歉。我向四五家出版社试探，反应不理想。有的干脆拒绝，有的要作者买一书号，自印自销，开口在万元以上。比较诚恳的则说，不如将这部传记中精采部分，投寄文学刊物，先行发表，引起注意，出全书就容易了，并举《曼哈顿的中国女人》为例。我认识的出版家全是古籍专业方面的，他们根本不出创作，难怪也不肯买我的账。你来信说，这本传记是89年应约撰写的，如果是出版社约的，则仍以轻车熟马为宜。（科技出版社也偶然出文学书，但较困难。）

我86年曾在武汉小住（在湖北大学），到珞珈山拜访令堂，正值她不

知到哪个儿女家去了,不在武汉,所以没有见着。我今年也80岁,90年退休,也患有心脏病,耳朵很聋。总之,老了。回想解放初期与令尊及唐长孺等先生交游之乐,以及其后数十年风云变幻,死生契阔,真是如同梦幻。令尊身体本来就不好,加以治学勤笃,不幸早世。令堂一身独肩重任,将一大群儿女抚养成人成材,为国家作出了很大的贡献。你们也个个争气,都是好样的,使我也十分高兴。燕华的丈夫出差南京,曾来看过我,知道夫妇都调了工作。我记得她当时的工作要接触放射线,都不放心。

我的大妹夕佳现在江西上饶师范专科学校,她丈夫胡杭生是数学老师,已退休。二妹晴佳和她丈夫叶连生在武昌滠口乡镇工业,她自己是小学教师。三妹小佳在汉口标准件公司技术科,妹夫任木生在汽车挂件厂当车间主任。我与祖棻只生一个女儿丽则,现在南大中文系任教务员,丈夫张威克是南大生物化学系的药剂师,大外孙女已进南大中文系念一年级了。我现已续娶,她名陶芸,退休中学教师。

我再过一两月,也许要搬一处略为宽一点的房子,还不知新居是否通邮,你今后如来信,寄南京大学中文系为妥(210008)。

再,关于传记文学,好像有专门杂志数种。我因目力差,很少看这类刊物,你不妨先了解一下,看看这些刊物的内容,是否适合你,先将部分文字投稿(寄出时,要留稿,以防遗失或不退)。这事,我没有能力为你很好地处理,很惭愧。祝

好,并请在家报中代问令堂大人安好!

千帆

4月24日(1993年)

致魏同贤(二通)

魏同贤,曾任上海古籍出版社社长。

（一）

同贤先生赐鉴：

本月九日，曾由敝门人张伯伟寄呈贵社赵昌平先生一函，陈述南京大学出版社拟编南大学术带头人文集，下走亦厕其列，因而涉及《行卷》《考索》《诗世界》之版权，嘱其向先生预为道地，估计赵先生已向先生转达。

千帆多年来喜弄文墨，不免灾梨多处。此次编辑文集，因而也涉及多家出版社。目前对此要求，已有答复者，有的出版社称该社对拙著“无意再版，同意你给其他出版社”，有的则同意南大出版社收入文集，但保留重印之权(附上中华书局回信复印件)。窃意中华之办法，似尚可取，不知贵社能照此办理否？文集拟采“个人自著丛书”之体，篇幅既大，印数必不能多，或者不致妨害贵社重印拙著时之销路也。盼复，即颂

大安！

伯城、国章、昌平诸先生均乞致意。

程千帆上

5 月 26 日(1993 年)

（二）

同贤、昌平先生史席：

前得贵社来示，俯允所请，感荷之至。值以小恙住院，辄乞伯伟先为致谢，计已达览。比又奉瑶函，垂注备至，尤见关怀南京大学之发展，成人之美，为今日所难能也。比台湾友人来函，欲以《考索》《行卷》两书(或合为一本)印行台版，弟告以有《两宋文学史》之成例，将来可由两岸出版社订约。俟有明确消息，当即奉闻。敬复，即颂

撰安！

弟程千帆顿首

六月八日(一九九三年)

致蔡文锦(二通)

蔡文锦,扬州职业大学中文系教授。

(一)

文锦先生:

惠示宏文拜读,欣佩。审言先生乃当世选学大师,鸿词博学,世所仰慕,先生为作传记,又得雅甫指点,当甚周详,愧无所献替也。文选汇注之事,一无所知,亦不敢置可否,乞谅。专复,顺颂

大安!

弟程千帆顿首

六月十七日(一九九三年)

(二)

文锦先生:

承示诗赋,甚佩。

冠英先生学问文章,可谈者多。先生从游久,谅必知之,不劳下问。独其抗战时期在昆明主编《国文月刊》,对大后方学术之推动极为有功,先生似可加以阐明也。槐聚诗极博洽,用意有不易通晓处,先生之注必能洞悉其用意。甚盼早日毕功以嘉惠学人也。

敬肃,即颂

吟安!

程千帆上

7月16日(1999年)

致李彦、伍杰(一通)

李彦、伍杰,曾任职于新闻出版署。

李彦、伍杰同志:

一别数月,诸想安善。《大典·文学典》进行尚属顺利,高纪言同志想已及时向你们汇报。

我有一件事想请你们向国家版权局了解一下。

该局1990年6月公布的《书籍稿酬暂行规定》第十条说:支付基本稿酬以千字为计算单位,不足千字的作千字算。诗词每10行作千字算(曲艺等韵文体行数计算从诗词)。旧体诗词稿酬可酌量提高。

但旧体诗词传统写法是连写不分行,只分句的。如一首五律诗是八句,一首浣溪沙词是六句,而排印时可按照版式一行排一句或二句、三句、四句……不等。《书籍稿酬暂行规定》并没有说明一行的具体涵义,这样就有两种不同的理解:甲认为旧体诗词一句就是一行,乙认为一行就是版式的一行,可以是两句或两句以上。按照乙的理解,那么,旧体诗词的稿酬就不是由版权局统一规定,而是由出版社版式设计者任意规定的了。似乎有些说不过去。

通观第十条全文语气,也似以甲说为妥。因为它还说到旧体诗词稿酬可酌量提高的话。如不是认为旧体诗词精炼、短小,至少应和新体诗同酬(即一句是一行),就无需加上这一句了。

我近来在整理我亡妻沈祖棻和我自己的旧体诗词集,交出版社出版。商订合同时,就遇到这个问题,因此定不下来。昨天,我已专函版权局请求对此作出法定的解释。想到机关事多,三五个月都不见得有回信,而你们和版权局的同志当有工作上的联系,所以想请你们打个电话询问一下,将他们的解释见告,以免拙著迟迟不能出版,至为感谢。如二位太忙,请秘书同志给我回一简信就行。冒昧请求,不知可否,请酌。

还有,旧体诗词集的出版目前日益增多,这个问题已普遍存在。版权局如果能发文对这问题作一明确解释，使《规定》更加完善，当然更有益于出版事业的发展。这一建议也请代为转达。

顺致

敬礼！

程千帆

1993.6.27

致施议对（十七通）

施议对，曾任中国社会科学院文学研究所副研究员、澳门大学中文系教授。

（一）

议对先生左右：

久阙疏候，忽荷先施兼示近作，感谢之至。南天风物清佳，抒发词心必多妙制，尚乞时以见寄也。弟八十衰病，久废文事，去岁偶得小文，了无义法，今寄呈乞教，贤者必怜其匆匆也。课务似甚劳，还望珍重。

专复，即颂

吟安！

弟程千帆顿首

九月十一日（一九九三年）

（二）

议对先生：

久未奉候，诸想安善。

多年前，先生曾著一文，其中于亡室之作有所评介，载之某刊。岁月飘忽，久乃失之。不知尊处尚有存稿否？倘荷复印一份见赐，曷胜铭感。

盼复，敬颂

吟安！

弟程千帆

十二月二十八日(一九九五年)

（三）

议对先生：

顷奉手教，又尊著复印本，感荷。吟兴不衰，尤欣慰也。顷有友人，欲集愚及先室有关资料为一编，年老荒瞀，不能尽记，重劳左右代觅，惭愧极矣。《词综》闻将问世，自是盛业，愿得早日诵之，尤盼校勘精审，不败人意也。

敬肃，即颂

著安！

弟程千帆

一月十六日(一九九六年)

（四）

议对先生：

台教敬悉。命作书笺写上。近日病目，视力模糊，不知能用否？近有友人拟为弟及先室编一资料集，约四五月交稿。如《涉江词》得先生评，洵为幸多矣。此事要看缘会，愿斟酌之耳。陈望衡先生曾在《文学评论》发一文，想见之。春寒尚厉，伏冀葆爱。

敬颂

著安！

弟程千帆

二月十日(一九九六年)

（五）

议对先生：

大札及附件拜悉。罗孚先生颇善谈文坛掌故，客岁在美国华文报纸连载数十则，颇可把玩。不知有单行本否？先生如与罗公有交往，幸询索之。所惠八百金已收到，愧愧。近有门人应北京友人之约为弟及先室编一资料集，约定四月底交稿。先生赐评先室之文若能在五月前惠下，则定可编入。此足为先室增重，故甚盼拨冗为之也。眼花不复成字，谅之。

敬颂

吟茀！

弟程千帆

三月十七日（一九九六年）

（六）

议对先生：

手教敬悉。尊论亡室词真能抉其微旨渊源，钦佩之至。笺本早寄香港尊寓，乃竟未收到，甚歉。今再挂号奉呈一册。尊文如能五月中写就，或尚及收入其资料汇编，以为光宠。此书由侯敏泽兄经手，侯通讯地址如次：

邮码 100021，北京劲松区 9 区 901 楼 201 室。

其人想亦先生旧识。脱稿后，可直接寄敏泽一份，仍可由先生在他处付刊也。

匆匆不谨，敬请

吟安！

弟程千帆

四月十六日（一九九六年）

（七）

议对先生：

赐函及尊文首节并拜读，即函敏泽，转去原件。敏泽昨告，书将在七月发稿，尊文想能在此前毕功编入也。企望之至。

谨复，顺颂

吟安！

程千帆

五月二十二日（一九九六年）

（八）

议对先生：

尊文执读，浩乎沛然，欣佩感谢之至。发表于《诗学》甚得其宜，想蒋寅可作安排也。目疾甚剧，不多及。

复颂

大安！

弟千帆顿首

七月七日（一九九六年）

（九）

议对先生：

承赐《博士之家》，足为学林一代文献。奉读甚佩。尊论先室文已由伯伟刊之《中国诗学》近期，不日可出版。弟近年患白内障颇剧，凡百皆废，枯坐终日而已。前闻《当代词综》非久可面世，甚企望之。

敬复，即贺

春禧！

弟千帆顿首

一月十四日（一九九七年）

（一〇）

议对先生：

赐新书一卷，拜读欣佩。（诗文抄卷附呈，愿督教之。）夏、吴衣钵宏扬海隅，此与文运非细事也。近年目眚，读书甚艰，然仍当细玩以实枵腹。《学记》在贵州印，一二月内或可奉呈。

敬复，祇颂

道安！不一。

千帆

八月九日（一九九七年）

（一一）

议对先生：

奉书又新旧文数篇，并拜悉。其论亡室词之文原载《中国诗学》者，已收入《程沈学记》，在贵州出版，非久即将径寄尊处，统祈鉴核。《词论二集》想非久可脱稿，甚望早读。敏求诸说诗，能言人所不能言，敢道人所不敢道，钦仰之至。论百年词似嫌略，近贤行迹已不为今世英贤所知故也。弟衰朽余生，已不能从事任何工作，但借门人之力将未成书稿整齐付印，以了因缘。先生厚爱，欲与邓先生邀至澳门发挥余热，恐未能也。目眚，书不成字，伏乞鉴谅。

敬叩

著安！

程千帆

十一月十九日（一九九七年）

（一二）

议对先生：

久疏音讯，想起居安适为念。

前拙作《程千帆沈祖棻学记》中载有先生大作一篇，编者门人巩本栋曾函先生征求意见，蒙惠允。该书出版后，贵州人民出版社即将弟送呈之书直接寄上，不知收到否。又该出版社将先生应得之稿费人民币487.50元寄至弟处，曾去银行询问，据云，如有先生在香港或澳门银行账号，可以折成港币汇上。巩本栋即行函告先生，迄未收到回音。尚乞一查。又张伯伟所编《中国诗学》亦载有先生同文，稿费亦未寄上。因不知如何寄法，并请示复。因患白内障，书写困难，嘱老伴代笔，请谅。

敬颂

教安！

弟千帆

二月二十日（一九九八年）

又弟曾寄《学记》一册与邓国光教授，亦未得复，尚乞一询。帆又及。

（一三）

议对先生：

久未通问，忽得新著《胡适词点评》，甚以为喜。胡词自是一派，先生评说能抉其精微，亦足以为今之干部体张其军也。弟今年八十有六，颇衰病，已不甚能工作。幸主编之《中华大典·文学典》宋辽金元分典已付印，可作为国庆50周年献礼，亦聊以自慰耳。《宋词正体》二三卷何时可出，甚念。澳门回归，普天同庆，先生欢悦之余必多佳什，望见寄也。

专此复谢，顺颂

著安！

弟程千帆

五月二十四日（一九九九年）

（一四）

议对先生：

手示及新文均拜读，极佩。弟数月以来，贱躯不适，百事皆废，偃卧时多，年近九十亦无怪其然也。幸平生所著，已由河北教育出版社编成《文集》十四册，或可于今冬出版。又所主编之《中华大典·文学典》，其宋辽金元分典，大致将于国庆50周年面世作为献礼。不贤识小，聊可奉告耳。

匆复，敬颂

著安！

弟程千帆上

七月二十六日（一九九九年）

（一五）

议对先生：

收到新著《今词达变》，十分高兴。数年来，先生对于词学词史之心得，实学林所罕见，真可佩也。弟今年八十有七，耳聋目眢，已不甚能工作，幸所主编之《中华大典·文学典》已开始出版，约三年内可以完成。而拙集与先室遗集亦已交河北教育出版社出版。《沈集》四卷非久可出，届时当以呈教。

谨此致谢，敬颂

吟安！

弟程千帆上

十一月二十日（一九九九年）

（一六）

议对先生：

顷欲求罗忼烈先生所编：①《清真集笺注》，②《周邦彦诗文抄》（辑本）。闻在香港书店可得，苦不知罗先生住址，故别函选堂先生。如先生与罗先生相识，则更易函询也。

盼复，即颂

著安！

弟程千帆

三月十九日（二〇〇〇年）

附致选堂先生函，请代转。

（一七）

议对先生：

收到惠赐罗忼烈笺周集，大喜。近月来求此，各地殆遍，不意于澳门得之也。不知澳门书肆尚可得否？又书价折合人民币约值几何，均乞见告，因尚有友人欲购之也（已赠）。《唐宋诗笺评》一册，敬呈。又有《桑榆忆往》一小册，六月可出，届时当别寄也。敬此复谢。

即颂

著安！

千帆

五月一日（二〇〇〇年）

致姜海峰（一通）

姜海峰，安徽大学中文系教授。

海峰先生：

命为尊著题笺，谨书呈。值移居，什物皆装箱，未能钤印，幸恕之也。谨此奉复，顺颂

吟安！

弟程千帆顿首

九月十九日（一九九三年）

致陶雄（一通）

陶雄，陶芸之兄。

雄哥、文华嫂俪鉴：

芸八十初度，承赐酒食之资，值初移居，诸多扰攘，未及复谢，罪罪。天眉返国过沪请安，知兄嫂福体清健，情绪亦佳，甚以为慰。弟蜗居多年，及退休三年之后，始分得一较宽之住宅，四室一厅，前有一三十余平方之小院，刈剪榛芜，平治土地，又杂植腊梅、玉桂、栀子、山茶、棕榈、翠竹之属，待明春更补以蔷薇、金银花、美人蕉及诸草花之可供玩赏而无需特别侍候者。虽足不出户，亦可流连，曝日冬檐，听雨春夕。近来唯此一事，足以奉闻。而天眉远归，亲人团聚之乐，又不待言也。日昨为芸举觞，四代二十人，大吃烤鸭，终日尽欢。八十老翁老媪亦乐而不疲。惟未能得兄嫂

驾临,不无美中不足耳。雨窗闲暇,率陈以代面谈。顺此恭候
俪福!

千帆上　芸同候

十一月九日(一九九三年)

致生活·读书·新知三联书店(二通)

(一)

三联书店总编室:

顷得曹月堂先生函,知数年前与贵店有成议出版之《黄侃学术论丛》一书,近经诸位先生大力协助,已经发稿,十分感谢。前贵店出版《量守庐学记》,学术界反应十分良好,《人民日报》且有专文介绍,想此书亦必同之。目前学术著作滞销,即便印数较少,亦乞惠与周全,不胜铭感。专此奉达,即颂
大安!

程千帆拜启

十一月十四日(一九九三年)

(二)

三联书店编辑部:

十一月八日来函、人民币贰千元及《黄侃学术论丛》稿件先后收到。对于贵店的处理,我们能够理解,并表示同意和感谢。希望便中告知曹月堂先生。顺颂
编安!

程千帆

十一月二十三日(一九九三年)

附:

今收到三联书店寄下人民币贰仟元正,此据。

程千帆

一九九三年十一月二十三日

致高克勤（十三通）

高克勤，曾任上海古籍出版社编辑、社长。

（一）

克勤先生：
并镇远、韶玉先生：

送上备重印的《两宋文学史》校本一册，请查收。（需挖改纠错处均用红头签条标示，请按该页修正文字挖改。）关于挖改字，韶玉先生的意思，只能动字，不能动行，似太保守，有的地方由于迁就这一点，弄得文理都不通顺了。将来若与台版对照，则大陆版之缺点则立即呈现。这不是小事。所以这次所校，未照原样，改动行的仍动了行。（务请有错必改。）这在贵社出版物，也是常见的。如《古诗今选》重印时挖改百余处，动行的也不下数十处。这种认真的修改，曾获得国内外学人的赞可。专此布达，即颂
撰安！

程千帆、吴新雷
一九九三年十二月十二日

同贤、国章、章采诸先生均此不另。

（二）

克勤先生：

书签写上，不知合用否？若不如式，可示以规格，俾另作也。致李、赵函希转交。顺颂
安吉！

弟程千帆
四月九日（一九九四年）

（三）

克勤先生：

大函奉悉。

《宋文学史》重印、《女神之探寻》出版，皆仰仗鼎力，感佩之至。早日见书，实所望也。

饶先生纪念文集中拙稿，由词笺及笺前小序两个部分组成。其重要部分实在小序。接大函后，即努力寻找小序底稿，而始终未得。如无小序，则词笺无多意义。故仍请先生费心，转商印刷厂找出。若实无踪迹可寻，则拙文以抽出为宜。由先生打一电话告知复旦执事先生，说明缘由，想亦无不可也。专复，即颂

大安！

程千帆上

6 月 2 日（1994 年）

（四）

克勤先生：

赐寄《神女之探寻》收到，谢谢。

拙文小序勉力更草一篇，前序所言，已忽忘之矣。老年昏瞀可笑如此。仍乞教正。顺颂

撰安！

程千帆

6 月 19 日（1994 年）

国章、昌平先生处乞代致意。又及。

稿子抄得很清楚，为了节省时间，校对就请先生代劳了。谢谢！

（五）

克勤先生：

前得复旦大学陈尚君教授函，知纪念饶宗颐先生文集已见样书，不知

何时可以寄发,念念。

兹有恳者,弟于1月28日寄李国章社长、赵昌平总编挂号信一封,奉告并询问数事。迄今已二十日尚未得复信。不知是未收到,抑或未作复。乞先生转询赐告。

其中甚盼知悉者,为先室沈祖棻在贵社出版之《宋词赏析》及《唐人七绝诗浅释》二书,弟顷拟依照《两宋文学史》、《古诗考索》(附《唐代进士行卷与文学》)等书之例,将在台湾地区之版权卖与台湾出版公司,所得报酬(用美金支付)贵社与弟各得其半。不知贵社是否同意。《宋词赏析》系1980年出版,1988年后未重印;《唐人七绝诗浅释》系1981年出版,1983年后未重印。贵社在1990年与弟签十年之约,迄今5年,亦无重印计划。是其社会效益与经济效益已均无存,能在台湾重版一次,实为两利,且贵社仍可重印,毫无所损。此种出售部分地区版权事,为今日学术界和出版界所通行,在贵社与弟之间亦已有先例,想不致有异同也。

顷知台湾方面,将于三月中来南京面商,如弟能在最近得到贵社之肯定答复,则一切当较方便,幸与李、赵两先生商酌示复,不胜铭感。

顺颂

大安!

程千帆

2月19日(1995年)

家中地址:南京南秀村25号101室

邮编210008

家中电话:6637551、6637651(南大总机)转2790(家)

(六)

克勤先生:

手示收到。已请南师大陈美林先生评议,不日可寄上。

但此书并非千帆一人主编,而是程、吴二人合著,此点上报教委,定要写清楚。否则万一获奖,无吴新雷先生大名,定要引起麻烦。专此奉陈,

务请注意为感。敬颂

大安！

程千帆

4 月 29 日(1995 年)

（七）

克勤先生：

寄上《选堂文史类苑》稿费收据一纸，请转交财务科。

前些时，我曾函国章、昌平二先生，询问《黄侃日记》出版需要资助费用多少，久未得复，请便中一询。

又拙稿《古诗考索》台湾圣环公司出版事，前曾函该公司上海代表人汪树清(广东路 20 号 520 室)查询，亦无复函，不知能费心查知其电话号码，打一电话问问否。

又亡室《唐人七绝诗》及《宋词赏析》由贵社主持出版事，近日进行程度如何，亦盼便中赐告。

又贵社若干年前，曾出版《明清民歌时调小曲》书，似有影印原作及选本各一种，顷不知尚可购得否，顷为修订旧作，甚欲参考也。

盼复，敬请

大安！

弟程千帆

8 月 14 日(1995 年)

国章、昌平及诸知旧并乞道念。

（八）

克勤先生并请转昌平先生：

沈氏遗著承转介台湾，甚感。《七绝诗》拟删一篇，《宋词》拟增论文一篇，生平及评介文字四篇，台版序一篇，均不长，合共二三万字，俟有成约，当将定稿寄上，以便贵社转台也。又黄先生日记字数及须杨克平贴补款数，最好短期内算出告知。弟意杨如同意，款可由港直接寄贵社保存，以免说了又未落实。至于日记何时发排，自可由先生等统一安排，不一定钱到即付排也。此事拖延已八九年，弟精力就衰，不见得能必见其出版。俟贴补之款有着落，辄拟将此事转请南大许惟贤教授管理，并此奉商。此二事均盼赐复，即颂

撰安！

千帆

8 月 31 日(1995 年)

（九）

克勤先生：

6 月 24 日赐示敬悉。

先室遗著二种，承贵社重印甚感。因已重印数次，校对无讹，无须再行挖改，即照原纸可也。

台版则有所改动，特别是《宋词赏析》，改增较多，希望台方仔细校对。① 大陆版重版样书，② 台版样书，③ 台版报酬希望以时收到。

谢谢。敬请

大安！

程千帆

6 月 27 日(1996 年)

（一〇）

克勤先生：

奉一月十六日手书，知“《诗世界》交邮购部办理，想不日可寄出”。但今天是二月六日(阴历除夕)，已过去二十二天，尚未收到。按之常例，上海寄书到南京，一般不超过一周。想来是贵社邮购部同志工作太忙，根本未办理。仍请惠予催促以便早日收到。十分感谢。敬请

大安，并贺春节！

千帆上

2 月 7 日(1997 年)

（一一）

克勤先生：

来示及《诗世界》均收到，又承提高沈书重印稿费，均极感谢。请代购《七绝诗》十五册，《宋词》十册，连同赠书各二册共二十九册寄下。因不知重印稿费总数，故未即奉上。多退少补，想无碍耳。专此，即颂

大安！

弟程千帆

2 月 20 日（1997 年）

（一二）

克勤先生：

闻《两宋文学史》重印，何时可以见书，示知为感。

样书幸随得即寄。

敬颂

大安！

程千帆

2 月 6 日（1998 年）

（一三）

克勤先生：

前收到重印《两宋文学史》快样本，甚感。当即致函贵社邮购部请其再寄另一样本又优惠买三本（并示知价格），迄今尚未寄到，尚乞一询。贵社所约之稿，拟请敝门人张伯伟教授代写，书名暂定为“桑榆忆往”，此事似可早为定夺，因伯伟事多，早定则可早安排也。即颂

大安！

千帆

三月二十一日（一九九八年）

致吴文治(一通)

吴文治,曾任江苏教育学院(今江苏第二师范学院)中文系教授。

文治先生:

枉过失迓,极歉。又惠佳果,尤感隆情不尽也。尊著《文学年表》上册为一洋学者借去,竟携之归国(亦见尊著为远人所珍),遂使寒斋所藏不全,闻将再版,尚乞代购一册。书价踊贵,不敢再破费束脩耳。明代诗话已有清样否?跂予望之。专上,顺颂
俪福!春节安乐!

弟千帆
陶芸附候
二月十九日(一九九四年)

致冯保善(二通)

冯保善,曾任职于江苏古籍出版社,现为江苏第二师范学院文学院教授。

(一)

保善先生:

《沈祖棻诗词集》已校,除文字错误外,还存在若干格式上的问题,须要面谈才能解决,先生由珂乡返宁后,尚希来一电话,以便约日相晤,感感。寒家已迁南秀村二十五号一〇一室,邮编仍旧(二一〇〇〇八),电话仍旧(南大总机转二七九〇),并以奉闻。即颂
新春万福!

程千帆
二月二十日(一九九四年)

（二）

保善先生：

沈集勘误二纸奉上。

① 191 页 6 行加一句后，有一小段要重排，请注意校对，不出现新错字（原无误）。

② 初印本作家小象大多在装订时粘歪，这次请托工人师傅注意。

谢谢，敬请

家安！

程千帆上

10 月 9 日（1996 年）

致钱志熙（三通）

钱志熙，北京大学中文系教授。

（一）

志熙先生：

大著拜收，容当细读，以实枵腹。三四十年代读静希先生书，六七十年代读一新先生书，八九十年代读晓音先生书，今又得足下书，信林门之多才彦，数传而愈盛也。昔人句云：每逢佳士辄心许，老见异书犹眼明。无缘陪接，敬为足下诵之。专此布谢，顺颂

教安！

程千帆顿首

2 月 28 日（1994 年）

（二）

乡先生梅棣翁以清诗雄文，授书北庠数十载，高第弟子多矣，顾独称志熙之诗不绝口，前偶得诵所作数首，以为清腴殆今人所罕比。又得学江

西诗札记一卷，白内障不能足眼福，勉诵其一二，如说简斋《怀天经智老》，亦为深至矣。近岁每以为文艺学与文献学之高度结合，乃研究工作之高境，吾志熙其近之，假以岁月，观堂、寒柳不难至也。

千帆敬上

9月7日(1997年)

志熙先生，书不成字，为愧。

(三)

志熙先生：

新书收到。眼睛不争气，要慢慢看，谅之。整个看来，极有思致，林传甲、黄人实在太老，就是游泽承、余冠英也早该退休了。这一套现代化的纪事本末体至少可摆出较新的阵势，从而推动文学史的进步。顾浩访丁芒事，见近期《华夏诗报》(广州出)，想可见之。

匆匆，即颂

大安！

千帆

9月10日(1997年)

致冯其庸(二通)

冯其庸，号宽堂。曾任中国人民大学教授，中国艺术研究院副院长。

(一)

其庸先生：

久疏笺候，忽得新书，春寒中快读数篇，真如饮醇，肠肚皆暖也。公治红学精专而久，海内外所共称叹，不俟赘言。弟独赏书中所附《无尽的怀念》一文，盖亦尝与杨士则兄交游之末也。解放前夕，以潘伯鹰之介，与士则订交，相见恨晚。其后各以非罪获严遣，遂不相闻。平反后，稍得相闻，而士则死矣。其人博学妙才，词章考据皆有可观，尤长于古刑律，近世学人中，程树德先生后，一人而已。其诗文似未付梓，不识公能为之刊布否？此亦胜业也。弟今年八十有一，目瞀耳聩，每诵坡老“山中老宿依然在，架上《楞严》已不看”之句以自解。仰慕大雅之为道为学，日益愧负而已。专此布谢，顺颂

著安！

弟程千帆顿首

三月一日（一九九四年）

（二）

宽堂先生撰席：

屡荷赐以新书，得充枵腹，感何可言。新雷比转下《秋风》一集，尤为心折，盖不独见公之学术才艺，亦得窥公之性情襟抱于文字墨渖间也。弟年事遒尽，日益昏瞀，已不复能读书作诗文，惟旧作有未定稿者，则勉力与门人辈合力成之而已。仰瞻先生翱翔学苑，光辉日新，健羡何极。旧为亡室诗词作笺，非久可以呈教。今先以部分奉纳，以博大雅一笑。梦溪先生乞为致意。专此复谢，即颂

吟安！

弟程千帆顿首

八月三日（一九九四年）

致张学渊（一通）

张学渊，赖高翔弟子。

学渊先生：

大札及尊撰赖翁传拜悉。五十年前，流寓成都，尝预翁交游之末。忆读其所拟《吴又陵墓志》，叹为晋宋高文，容甫以后一人而已。何期世变纷纭，遂不相见，思之怆然。其遗文得先生校理，想非久可以传世，企予望

之。专复，即颂
大安！不备。

程千帆
三月八日（一九九四年）

致李国章、赵昌平（四通）

李国章，曾任上海古籍出版社社长。赵昌平，曾任上海古籍出版社总编辑。

（一）

国章、昌平先生：

近知继魏、钱二公之后主持出版社事，忭贺无既，此自有关神州学术之弘扬，非细事也，行见山辉川媚，蔚为国光矣。近以肺炎住院旬日，迟乃致其欢悦之忱为歉。顺颂
著安！

弟程千帆
4 月 9 日（1994 年）

（二）

昌平先生：

久未奉候，伏想安善。

前得高克勤先生函，知先室遗著二种出台版事，贵社已与台方有所连系，比又数月，不知进展如何？

比年屡得读者书问欲得此二书。若台方一时不能付印，不知贵社能照拙著《行卷》《考索》《诗世界》等书之成例，在贵社保留版权之前提下，同意弟将此二书交付其他出版社重新出版，以便读者，且使弟有所沾益否？幸与国章先生一商赐复。如荷惠允，并请将原稿（原书二册均已校订）赐还，以便处理。颓龄暮齿，昏瞀不成字，谅之谅之。盼复，敬叩

大安!

程千帆

5 月 20 日(1996 年)

(三)

昌平先生:

伯伟已将《桑榆忆往》稿奉呈。近又补呈陶敏一篇,望能加入。此书我们希望上古设法在今年出版(因程文集争取在今年出),尚乞费心设法。

近阅《古籍新书目》121 期,知沈祖棻小说集已出版。我想买① 张爱玲(12.60 元)、② 石评梅(11.70 元)、③ 张兆和(10.40 元)、④ 林徽因(12.60 元)、⑤ 关露(12.40 元)、⑥ 庐隐(13 元)、⑦ 苏雪林(12.20 元)、⑧ 梅娘(13.20 元)、⑨ 杨刚(13.50 元),共除沈外各一册。请和沈的样书及所买之书一并寄下,用费在沈集稿费内扣。眼力不佳,匆匆乞谅,盼复。即颂

大安!

千帆

十月二日(一九九九年)

(四)

昌平先生:

《桑榆忆往》稿已由伯伟寄呈想收到。此稿大约 20 万字,如大体符合贵社安排,即望不再加删削。以其中所收各文,皆经过仔细酌定也。

前阅《古籍书目》,知沈祖棻小说集已出单行本,即上一函,请代购女作家小说集一套(沈集可得样书,除外),其用费望在沈集稿费内扣除。已经多日尚未收到回信,敬请费心一查,非常感谢。希复,即颂

著安!

弟程千帆上

十月二十五日(一九九九年)

弟今年已八十有七，耳目俱差，书不成字，请原谅。又及。

致屈义林（四通）

屈义林，曾任四川徐悲鸿、张大千艺术研究院院长，四川省文史研究馆馆员。

（一）

义林道兄：

手札及附件拜悉。江文陈义甚高，若弟函，恐不免如佛头之粪也。江山信美，诗画怡情，老福若兹，亦足补平生之坎坷矣。弟老病颓唐，久废笔砚，睹兄康强，如在天上耳。敬此复谢，即颂

吟安！

弟千帆顿首

四月十二日（一九九四年）

（二）

义林道兄：

收到画册，想见南雍艺术科在悲鸿大师主持下极盛时。吾兄画风盖兼悲鸿、大千、采白、凤子、书旂诸翁之长，而又融贯众家，自出机杼，当今画坛盖无与抗争者矣。弟尤所会心者，第五九页《一兰双蝶图》，盖两娶，先沈祖棻后陶芸，皆婉娈有加，如得我兄以宝绘图貌之，或能托以不朽，不知能在秋凉意兴佳时为作一幅否？企望之至。相交数十年，故敢有此妄干，幸恕其冒犯也。

谨肃，即叩

道安！

弟程千帆顿首

8 月 30 日（1997 年）

（三）

义林尊兄：

手教及照片并拜悉。允赐宝绘，感激不可言宣。兄画册此间艺苑同好多人莫不钦服，特以高龄有此笔力精气，为不可及，期颐之征也。有门弟子之女顷游南京，特托其呈奉洋参一匣，十月上旬当可达左右，至乞哂纳。秋寒千乞葆爱，尊画可有兴时为之，不必急于见赐。杜老所谓“能事不受相迫促”也。（诗绝妙，称其画，真可宝也。）敬复，祗颂

道安！

弟千帆顿首

9 月 27 日（1997 年）

（四）

屈翁尊前：

《兰蝶图》收到，九十翁精力弥满，真人瑞也。命题当稍缓为之，不敢率尔也。先此奉告，顺颂

吟安！

弟帆

12 月 11 日（1997 年）

致王伊同（七通）

王伊同，曾任美国匹兹堡大学教授。与程先生是金陵大学同学。

（一）

伊同学长尊兄：

日昨忽得绍曾先生转下瑶函，洛诵之下，浑如梦寐。成都一别，已五十年。此五十年中，天地翻复，诚如兄说，而我二人以风烛残年，犹得一通音问，抑又幸矣。（贱齿今年整 80，盖癸丑生，意兄亦相若也。）弟离母校

后，长期在武汉大学，直至1977年退休。其后南京大学又起65岁之衰翁于闲散之中，遂于翌年移砚南京大学(此校为中央、金陵两校合并组成，亦可谓母校也)。至1990年退休而又同时返聘，虽已不为学生授课，然亦偶为校事尽其绵薄，犹古之稷下先生，不治而议论也。贱躯差可，惟患心脏房颤，心律不齐，须注意将护，余则耳聋目瞀，老人之常，不足异也。先室沈祖棻，十余年前不幸死于车祸。弟来宁后，遇陶芸。其夫解放后在台湾不归，已别娶。因与之结婚，双方子女皆已长成别居，故相处颇得。老人亦有伴侣可以互相照应。弟在宁十余年，著述甚勤，亦陶芸安排生活，俾得肆力于学之力也。以兄之勤敏，在海外述作必丰，而国内信息不灵，似少绍介，殊为可惜。弟与旅美学人如周策纵、刘若愚(已故)、叶嘉莹、张充和(皆女)皆有来往，亦颇知杨莲生消息(闻近亦故)，惟独未阅兄信息，此乃第一次，故尤欣慰也。陈恭禄师已于“文革”中逝世，弟来南大后，曾参与其平反追悼会，盖亦以冤死也。王伯武师逝于1990年，其时值弟亦住该医院，故得往太平间抚棺一恸。今日金大旧人在南大犹健在者无多，文学院则几无之矣。端木中兄在成都时曾在沈祖棻词选班上旁听，故弟亦识其人，晤时幸为道念。兄函提及之旧同学，弟就所知奉告如下：李崇道(非中道)读至金大二年级时，考入杭州笕桥航空学校，一年后，坠机失事，不幸身亡。王□□，弟亦想不起。哈国忠，解放前夕在上海外贸机构工作，后不知何在。胡笃冲，后改名胡畏，共产党人，长期做党的工作，曾任南大党委副书记，后任华东水利学院党委书记，即在该校(现改名河海大学)退休。按照中国习惯，学校提前在92年给我做了80岁生日，印了一些纪念文字，今奉寄一种，俾老友略知别后数十年生涯，尚乞惠教。专上，敬颂

著安！

弟千帆

4月28日(1994年)

(二)

伊同学长兄：

前上一函及献数小诗，谅达左右。手战写字不听指挥，甚丑。近日重

写一张，大有阿Q努力画圆圈之意，而仍不行，只有这么大的本领，只索罢了。今亦寄上，聊当老朋友的笑话看可也。敬颂

著安！

弟千帆草　芸附候

11月23日(1995年)

（三）

伊同尊兄：

两函均奉悉，所提及各位师友有些较为熟悉，有些则兄提及后亦一一回至眼前。老师中王绳祖、陈恭禄、吴征铸均曾在南大任教，陈恭禄先生去世较早，王先生与吴先生则在近数年内先后逝世，徐绍武先生在南京师范大学(原金陵女子大学校址)执教，亦已去世，张守义先生解放后在新疆多年，八十年代初回河北原籍养老，路过南京时曾经晤面数次，近况则不知矣，虎臣先生据说在美国(抗战前出去，一直未归)。现仍在南大的金大老师还有陈纳逊先生(教我们zoology)和戴安邦先生(化学系)，陈先生已103岁，戴先生亦九十多岁，均高寿。陈先生百岁寿诞时我们曾去祝贺，他精神很好，还能自己致答谢词。在南京的金大老同学还有往来的有徐复、王永芬(徐国文专修科，王历史系)、胡笃冲等。兄所提卢□□当为卢盛怀，王君当为王连生，在美国的同学还有吴宜，不知有来往否？邓懿系芸儿时同学，周邓伉俪返国后虽有书信往来，惜均年老，难得见面。弟等年来尚粗安，只是日益衰老，目眘耳聩，千帆尤甚，虽佩戴助听器亦无大用。只得听其自然。胡翔冬老师50岁左右便有诗云："成仙惟一梦，俟死养残年。"亦可法也。徐国屏二年级转农学院，亦喜文学，曾与弟结春风社，笔名迟巴。作诗二首，另纸抄上，兄如能转去，俟其收到后，当另写一条幅寄去，不知其能见到否也。兄著作除两门第外，皆未得见，能惠赐数种否？(中文的好看，英文的要翻字典，老衰费力也。)敬颂

年喜！

此信收到是96年矣。

千帆、芸

12月26日(1995年)

束发纵横翰藻场，春风诗笔共评量。当年结社浑如梦，此日相思讵可忘。

程翁晚作秦淮客，徐老栖迟西海头。苏叟闭门孙叟死（恕诚在台北闻恃轮椅而行，孙望一九九〇年死矣），更于何处续风流。

一九三二年在金陵大学西楼与迟巴、冷飚、孙望结春风文艺社，其后散而之四方，今一甲子矣。偶得迟巴消息，赋此奉寄。

（四）

伊同学长兄：

大札及照片均奉悉。承介绍马瑞志先生与章灿相识，使其获益甚多，极感。章灿将于八月间回国，一年中在哈佛燕京图书馆看到很多好书，又和很多学者交流学术，对年轻人大有益处。今年八月间另一学生张宏生也将去哈佛访问，宏生与章灿系同届博士，届时当嘱其奉函老兄，以获教益。弟等日益衰老，少与外界交往，与邓懿及王绍曾先生亦很少通信，尚不知一良先生病况。千帆因白内障加剧，读书写字均感困难，只有等待长到成熟后，施以手术，或尚能复明。不知还要等多久，甚感苦恼。开始时心情颇为烦躁，现在已渐安定。老年耳聋目瞀，亦自然规律也。夏日来临，诸希珍重。

敬请

大安！

千帆、陶芸敬上

6月15日（1996年）

（五）

伊同学长兄：

得10月8日大函，不胜欣喜。前曾接到东南大学徐先生电话，知兄安康，亦较宽心。只是近数年来日益衰朽，耳几全聋，戴上助听器，还需在耳边大声说话，才能听到十之七八，与电话早已无缘。眼力亦差，看东西模糊，报纸只能看看标题，大字书阳光强时能读二三十分钟。心脏亦不大好，心功能不全，心肌缺血，因此已无法工作，终日闲坐而已。幸陶芸身体尚好，除年老力衰腰腿不便外，无慢性病，耳目亦还可以，天晴时可伴我在校园中散散步，代我写信件，接电话，真正是老伴。另外也有数事可以告兄。我历年来撰写的书已由河北教育出版社编成全集，共 14 卷，大约明春可以出版；我担任主编的《中华大典·文学典》共六个分典，现在已有一个分典(宋辽金元)出版，共五大本，12000000 字。2003 年可望全部出版。来南大后传授的几个博士有六个留在南大，现均已成为学术骨干，多数也在带博士生了，堪以告慰。老朋友均年逾八十，很少书信来往，一良、邓懿每年互寄贺年片，报告平安，北大有人来宁时，亦常听到他们的情况。王绍曾先生亦久无音信。我和陶芸二人是电子盲，亦不会用电脑，因此又少一通讯工具。希望以后常互通信息。

专复，敬颂

大安！

弟千帆、陶芸同上

11 月 13 日(1999 年)

(六)

伊同兄：

年前曾寄上一贺片，想已收到。旋得手教又逾一月，真匆匆矣。年老多病，彼此同之，亦是过一天算一天耳。承询金陵师友，今就所知，奉告如下：

① 戴安邦及陈纳逊两师，均在南大享高年。戴先生九十余，陈先生一百零几，均在前数年去世。陈先生一百岁时，帆芸曾往致贺，曾荷赠寿碗，至今用之。金大老同学胡笃冲曾在南京大学任党委副书记，后在河海大学退休，虽同在南京，但不常见。哈国忠解放初在上海工作，则已多年不知所在。陆恩涌君曾在暨南大学、河南大学及南京师范大学任教，疾老退休居上海，久不通问，今已不知存亡。又与陆曾在一处者似为周绍银君，其人在国学研究班毕业后，即返上海，无音问已数十年矣。弟今年八十七，芸今年八十六，亦闭门索居。王绍曾久未通问。周一良夫妇生病亦

有所闻,其文集5大册,已出版,曾荷见赐。国内近兴出文集之风,多者二三十卷,少亦数卷,亦是经济生活好转之故耳。敬颂

道安!

弟千帆、芸同上

1月8日(2000年)

(七)

伊同学兄:

大札奉悉。令郎、嫒同时回家欢度元旦,又恰逢新的一千年开始,必然过得很愉快,为之欣羡。我们共有二子二女,除长女在美国,其余三人均在南京,年节与周末常来探视,颇解寂寥。惟弟自去年以来,日益衰老,不仅耳聋,视力也差,视物模胡不清,已不能读报,大字书可勉读数页,行路亦困难,不久后可能如景均兄须乘轮椅代步。但景均兄尚能著述,弟则已无所事事矣。上月曾收到齐鲁书社寄来山东省图书馆馆藏《海源阁书目》,内有王绍曾先生长序一篇,因悉其仍健康,但弟执笔困难,尚未复谢,谨以奉闻。芸身体尚可,弟一切均靠其照顾。接来信获悉邓懿姐去世,极感悲痛,已去函劝慰一良兄。芸与邓懿小学同学,后数十年不通音问,待互通信息后,颇思一面,未能达到目的,即告永别,真是缘尽于此(邓懿致芸之信中曾言恐不得机会相见,缘止于通信)。32年金大之老同学现尚在者已不多,即使尚存,亦不通音问,回忆前尘,仍颇留念。望常来信,以慰远怀。敬颂

近安!

弟千帆、陶芸同上

3月15日(2000年)

致周笃文(六通)

周笃文,字晓川。中国韵文学会、中华诗词学会创始人之一。曾任中国新闻学院教授。

（一）

晓川先生：

奉书知近游甚乐，想佳什又增几许矣。短文十篇聊以塞责，勿讶老人之衰也。排印时，务请仔细校对，千万千万。

《涉江诗词笺》一二月后可出版，当呈教耳。专此，顺颂

吟安！

千帆顿首

四月二十八日（一九九四年）

（二）

晓川先生：

赐书及附件均拜悉，知近主持选政盛事。弟久不作诗，无以报命，如或必需，先生可于旧作中任择一二略可取者塞责，幸酌之。序不敢作，以熙朝雅颂，无着笔处也。小文数篇博笑。敬复，即颂

吟安！

弟千帆顿首

九.四（一九九五年）

（三）

晓川先生：

手示敬悉，砺锋已去韩国讲学，一年后始返。承索拙作，勉抄古今体十篇乞教。目疾殊剧，不多及。专此，祗颂

吟安！

弟千帆顿首

十月四日（一九九六年）

（四）

晓川先生：

手教敬悉，所要小传、照片附呈。小诗首句末字，事当为寺，并闻。过

褒为愧。梦芙先生想已到任，祈代致意。顺颂
吟安！

弟千帆顿首
四月二十八日（一九九七年）

（五）

晓川先生：

承赐重金，倍感皇愧。比来酷暑，台旆主持风雅，必极繁忙。仍冀善自保爱，肃此复谢，祇颂
吟安！

弟程千帆顿首
六.廿三（一九九七年）

（六）

晓川先生：

大札敬悉。弟自去冬以宿疾住院月余，后虽略痊，但颓龄迄今难已复元，每日偃卧时多，百事俱废。故虽逢五十周年大庆，亦惟有拱手谢不敏而已，幸诸大雅谅之也。谨复，即颂
吟安！

弟程千帆上
六月十七日（一九九九年）

致程晴佳、程小佳（八通）

程晴佳、程小佳，程先生之妹。

（一）

连生弟、晴佳妹：

前函计达。刻又收到武汉大学我的学生程一中先生函云：“……沈先

生的墓碑不是倒了，而是84年湖北大学做的那块墓碑太糟糕。一块水泥预制板外面糊一层薄水泥，再在薄水泥层上用白碎瓷片堆的字。现在这层薄水泥的上部和左部都剥落了，字也跟着掉了，没有掉的也和预制板脱层，一碰就掉……穆庵公的墓碑是坚固的麻石，虽经三十年风雨侵蚀，刻石很深的‘诗人程穆庵之墓’几个大字仍清晰得很。只是‘浏阳刘通叔（此字辨不清）拜题’一行，凿刻过浅已模糊难辨。中文系大概想给沈先生重竖一块大理石墓碑，问了一下价钱，也就二三百元，如整个墓地重修，则需近千元……”

现在我们和丽则的意见是不想让武汉大学来修，这个道理你们都清楚，不用多说。爹爹的墓碑既然很好，只需用朱红再描清楚一些，另外再培培土加加固就行了。至于嫂嫂的碑，我们想换一块，最好也用麻石（即花岗岩），因为大理石一般还是人造的，并不牢固，不知能否买到。另外墓地如有破损，就补修一下。最好能在两个墓的周围筑一短矮墙，与别人的坟隔开，不知有没有地方？日前小佳打来长途电话，我们已经把这件事和他们讲了，请他们协助一下，比如借车、找人干事等，也许木生办法多些。希望你们和他们通通气。

上次寄去的三百元谅已收到，这笔钱肯定不够用，等你们去看过估计过告诉我们，当再寄上。墓碑上的字我亲手写，一切等待你们的回音。

你们两姐妹和妹夫合力将这事办妥。费用全部由我们承担。做得好点，不必省钱。我也许秋天要到武汉讲学，若身体允许，也还想到石门峰去看一看。

我们在南大的新地址是：鼓楼区南秀村25号101室。邮码还是210008，电话是6637651转2790。

小佳家里装了电话，已来过一次长途了。我们和小婉一家都好，不用记挂。

祝

全家好！

此信转小佳一阅。

哥哥

五月二十九日（一九九四年）

（二）

木生、小佳：

方才收到潘长胜先生（江岸区黄浦路248号武汉出版社）电话，已决由他直接交你三千元。请即正式开一张收据交之。此款，作修双亲及棻坟墓用，如不够，再告我支付。

我和芸合编了一本工具书《骈字类编音序索引》，即将由武汉出版社出版，此系稿费。这样拨款，他寄我余款可省汇费，我寄尾数亦同，彼此都有利也。

祝

全家安好！

哥嫂

二月八日（一九九五年）

（三）

小佳、木生：

得来信，知蕙蕙高考成绩和谨谨一样好，可望入武大。武大社会科学、法律、经济、财贸很强，孩子们都进入了重点高校，父母也就放心了。

早早已去北京，按学校规定，在《光明日报》学习几个月，约十一月回来。但她另有一个提前攻读硕士生的机会，如英语合格，也许下半年就直接进入古典文学硕士生一年级，不读大学四年级了。她总分全班第二，现在只看英语成绩如何（成绩九月中可出来）。

丽则性好旅游，巴巴地攒了两三千块钱，跑到新疆去了。大概20天至30天可以回来。

此间天气，十多天一直高温，我们很注意，一直躲在家中，早晚在小庭院活动活动，中午则躲在空调房。吃得很简单，基本不做事。所以今年没有生病。八号就立秋，如到九月底无疾痛，这个暑期就算平安度过了。

寄上四百元。一半给谨谨，祝贺她大学毕业，一半给蕙蕙，祝贺她考取大学。愿她们健康幸福，一日千里。祝全家好!

哥嫂

八月三日(一九九五年)

另,谨谨有无去香港?回来没有?

(四)

木生弟、小佳妹:

昨天才送走早早,就接到来信,已来不及让她带信了。她是和同学们一起去武汉探亲访友,一定会来看你们的。家中的一切情况她会向你们汇报,这里就不详述了。

谨谨、蕙蕙都勤学向上,是我们大家的一大安慰。夕佳到厦门后来过信和电话,圆圆已经结婚,和她的爱人到澳大利亚去工作了,但在厦门置了一套房子,她生了孩子后要送到厦门请夕佳带,所以今后夕佳将长期住厦门,就比在江西上饶好多了。晴佳的女婿也来过电话,他们的学校已改为公办,情况也在好转。知道你们姊妹三人近况都很好,我们非常欣慰。

迁坟的事请你们多费心,丽则寒假可能去武汉,让她和你们一起商议。我们四月间可能去武汉开会,只盼望能在四月前可以修好。

祝

全家健康幸福!

美哥、嫂

1 月 12 日(1996 年)

(五)

小佳妹、木生弟:

接来信,亦喜亦忧,当然还是喜大于忧。谨谨即将出国深造,学成回国,可以使千万爱美少女获益,因齿病而痛苦芸芸众人舒畅。如能在武汉开业,则更可以承欢膝下,可喜可羡。蕙蕙虽因病未能继续就读,但能在证券公司就业,已是受人羡慕的工作,与她的专业也合。以后当以休养为主,多运动,加强营养,这个病在今天已不是什么难治之病。现在已痊愈,应防其复发。待身体完全健壮后,仍可以继续读书,或脱产,或在职,都能实现,千万不要消沉。我们非常惦念她,并教育小燕子要多运动,不要死读书。希望蕙蕙能接受我们的意见。

我们还想给小佳妹妹提个意见:现在两个孩子都学成了,谨谨虽继续深造,经济上也不需要你们帮助,说实在话,你们就是每月能够帮助她一些钱,对她在国外也无多大用处。木生弟既然找到一个合适的工作,再加上你们两人原单位的退休金,省吃俭用,生活应该没有什么问题。小佳的工作既远又累,待遇又不高,我们建议你就不要再去做了。木生年纪也不小了,每天上班回来需要好好休息。蕙蕙还要特别照顾,如果你们三个人都上班,回来后还要忙家务,烧饭、洗衣服、搞卫生,一定感到很累。如果小佳不去上班,把家里搞得好好的,多么舒畅! 当然也许我们了解得不够,说得不对,请斟酌。

我自去冬住院以来,身体一直很衰弱,出院时总结是冠心病、房颤、心功能不全。可以说与住院前没有多大改善,还增加了一个(不依赖胰岛素)糖尿病。房颤已有十几年了,现在不感到难过,每天用一定数量的特效药稳住它不发。所谓心功能不全就是由于血液循环不好,心肌缺血。现在主要是没有精神、没有力气,走路走不动,脚也有点肿。最近有位朋友介绍一种日本制造的磁性寝具,包括床垫、被、枕头,是一位日本皇室发明的,即称皇室磁性寝具。据说,长期使用后可以促进血液循环,能治疗心脏病、高血压、腰椎、颈椎等各种疾病,价钱很贵,需 3 万元。我们觉得如能治病,贵点倒不妨。不知你们听说过这种治疗仪吗? 昨天又有人说香港早已有售,她用后颈椎病已痊愈,价格比南京低得多,我们正在打听。

早早和她的丈夫郭斌都已通过硕士答辩,7 月 1 日举行毕业典礼即将离校。郭斌 7 月 10 日将去广州《羊城晚报》报到工作,早早 9 月份去上海复旦大学继续读书。你们寄来的贺仪他们早已收到,谢谢你们的厚贶。

我上次给你们去信时,也给夕佳写了信,但至今未收到回信,我写的地址是“昆明梁园小区邮电所信箱 106 号”,不知是否已改过了? 你们有他们的通讯地址吗? 请来信告诉我们,以便和他们联系。前些时杭生的妹妹胡咏絮来，曾告诉我们夕佳将把圆圆的孩子送澳大利亚还给圆圆，因为他们带不动了。

盼得暇能常通信，顺祝

全家安康！

哥哥、芸嫂

99.6.27

另，二姐一家怎么样？除凯凯每年打电话来拜年比较了解外，琼琼与青青的情况如何？亦在念中！

（六）

小佳、木生：

得信，知谨谨已如期赴荷兰，蕙蕙工作也很顺利，转正只是时间问题，我们非常高兴。早早在复旦大学读古代文学博士，因离南京近，有空也回来看看。小燕南大法律系毕业，因成绩好，已免试升为硕士研究生，她是否能读博士，要看硕士成绩如何。看来，孩子们都很努力，小婉和你们姐妹，除晴佳因环境所限外，孩子们都不错，可以说在逆境中争了一口气，也可慰父母在天之灵。我今年在去冬病后身体一直不好，耳极聋，目力也差，幸嫂嫂健康，可以照顾我，威克夫妇也好。威克可能寒假来武汉，看他姐夫、姐姐和你们。丽则则要去广州。早早的丈夫郭斌在《羊城晚报》当记者。小燕也有了朋友，是同学，在学医，但尚未最后确定。孩子们的婚姻，由他们自己决定，一双两好就行，我们也不多管了。

祝

全家安好！并候晴佳全家好！

美哥

十二月六日（一九九九年）

（七）

木生、小佳：

收到你们寄来的干豆丝，十分欣喜。武汉生活可回忆留念甚多，食品也是其中之一。我特别喜爱豆皮、烧卖，乃至豆丝、热干面。武汉曾有一店在夫子庙食品市场开过烧卖店，但似不合南京人的口味，不久就收摊子了。我今年八十六岁，吃八十七岁的饭了，学问的事还清楚，但生活不免糊涂。幸嫂嫂耳目都还好，不管什么，她都能一把抓，我就省了许多不会管也管不了的事。蕙蕙工作顺利，谨谨在海外生活得好，我听了都非常高兴。我们两人都已退休，终日无事，生活无忧也很自在。丽则夫妇在这次定岗之时，因平时工作过得去，也都保持原工作。早早在复旦，寒假去广州，看其夫郭斌。郭在《羊城晚报》，因工作还努力，三个月实习期满，定了五年合同。早早读完博士后，也许去广州工作。丽则也准备寒假中去玩广州，顺便去一趟深圳。她的朋友饶小平现在那里。小燕已保送读硕士学位，大概读硕士就在南大了。读不读博士，今还不知。现在律师很缺，也许就就业了。

匆匆致谢，即祝

全家安好！

哥嫂

一月十三日（二〇〇〇年）

（八）

小佳妹、木生弟：

来函已奉悉多日，迟复为歉。近日来哥哥不如以前，除了耳几全聋外，视力亦大大下降，不论远近都感到一片模糊，因此已不能够读书，看报亦只看一大标题而已。行路也困难，两脚麻木，走路不由自己，因而情绪也很差。这一两个星期忙于各种检查，结果是：心脏有几个部分或钙化，或增厚，还有反流现象；肾功能稍差；眼睛除白内障外，玻璃体亦混浊；糖尿病不是很厉害。而更麻烦的是这些问题都不是药物所能够解决的。医生云，好比机器已长锈或长期使用后损耗，是老年人通病。哥哥已八十七岁，退休多年，不必再想着看书，只有静养，天气好的时候出去散散步，保持现状，要改善就不容易了。哥哥闻之后，心情略好，但终日无事可做，的确也很难过。现在是中西药都在吃，饮食适当控制，不会有什么大问题，请放心。一直没有给你们写信,就是忙于看病了。

木生弟下岗,实在是老板太无能了,好好可以法律解决的事却自己胡来,结果是自我倒霉,还影响了职工。不过木生弟有技术、有经验,一定可以找到较好的工作,但不要急,慢慢找一个合适的。否则坐在家里也难过。如果生活有困难,请告诉我们,可以适当地帮助,不要客气。你们两个孩子都很有出息,前途光明,你们一定有老福可享。

晴佳妹的两个女儿身体太差,是主要问题,只好多加锻炼。小佳妹能够帮助并教育叶青,让她能慢慢适应社会,能自食其力,那就太好了。这是她终身的事,即使结婚了,也不能全靠别人。

早早在复旦读博士已快一年了,现在已准备作论文,爷爷老了,也不能对她多所帮助,看她自己努力吧!上个星期和郭斌回来了两天,两个人很好。小燕是读大学的最后一学期,已经不上课了,现在一个律师事务所实习,下一个月将转入作毕业论文。她是免试读硕士,不需要找工作,所以现在很轻松。丽则、威克都还在原岗位,一直做到退休大概没有什么问题。

谨谨在国外生活学习都好,我们听了很高兴。我有时想起谨谨来南京的那些情景,还历历在目,而她们现在都已成大人了。哥哥已是快九十岁的人了,现在还能走走路,看看报纸大标题,也算不错了。也不能要求太高,所以他现在也看开了,愿意平平安安地过。

顺祝

双安!

美哥、芸嫂

3 月 30 日(2000 年)

另,清明到了,请上坟时代我们献花敬礼默哀。如可能拍一张照片寄来。

致伏家芬(一通)

伏家芬,曾任湖南省文史研究馆馆员,中华诗词文化研究所研究员。

家芬先生:

夙闻令德,无缘陪接,忽奉瑶札及杂志、诗集三册,谦光远照,佩仰何极。弟年逾八旬,久废文咏,旧篇流布,徒增颜汗,如先生以为可污读者之目,固不敢隐也。尊师曾甫先生湖湘耆旧,海内老师,弟离乡岁久,阙于抠谒,比闻殷拳,尤深皇恐,晤对时幸致意也。伏热,敬希珍卫。顺颂
吟安!

弟程千帆顿首

7月30日(1994年)

致曹积三、阎桂笙(一通)

曹积三、阎桂笙,作家。

曹、阎先生:

来信收到。我绝不是名人,平日读书又无所得,随便发议论,是不妥的。此事不敢从命,请原谅。顺颂
大安!

程千帆

九月廿七日(一九九四年)

致宋亦英(三通)

宋亦英,曾任安徽省诗词学会副会长。

（一）

亦英先生吟席：

新集颁到，藻思精妙，尤胜于前，真“庾信文章老更成”也，钦感何极！下走耳聩目昏、百事皆废者有年，偶为先室遗文作笺（尊颂称许过情，非所敢承也），以了夙缘。友朋知者，劝其付梓，非久或可出版，容更呈正。秋露戒寒，珍重珍重。专肃，祗请

著安！

程千帆拜上

十月九日（一九九四年）

（二）

亦英先生：

来示收到，赠词感佩。

《沈集》有漏印处，可向出版社掉换。请将书寄南京中央路165号江苏古籍出版社黄希坚先生，请其换一本寄上。言明系千帆托办，当可得复也。

天寒，伏冀珍卫。

敬请

吟安！

程千帆

12月22日（1994年）

（三）

亦英大家：

新集拜领，想见老学不倦，文采愈发也。老朽目疾转剧，几同盲人，面对珠玉，莫能细玩，愧恨而已。徐蕴之翁前有书来，亦因作书为难，久未复，如相见，幸致鄙意。顺颂

吟安！

千帆拜

六月二十四(一九九七年)

致祖保泉(一通)

祖保泉，曾任安徽师范大学中文系教授。

保泉先生：

老懒废事，久阙音问，忽奉大著《文心解说》，借审日进无疆，深有所得，真可喜可贺也。《文心》当代显学，治之者数十家，然求如尊著之朴实无华，条理通达，以启牖后学者，尚无第二书也。弟退休已四年，昏聩日甚，幸心脏宿疾未大恶化，为可告慰耳。书城先生尊况何若？幸为致声。专此复谢，即颂

著安！

弟程千帆顿首

十一月一日(一九九四年)

恕诚、学锴二公见时亦乞道念。

致陶敏(八通)

陶敏，曾任湖南科技大学人文学院教授。毕业于武汉大学中文系。

(一)

陶敏先生：

《姓纂》终于出版，是一大喜事。您及郁先生赐赠一部，尤荷盛情。刘集样本，问过数家，但都怕蚀本，以“出过同类之书”推辞。我想你是否可将集中有大关系诗篇加以笺证，改为寅老《元白诗笺证》之体，似更有益于

学界。当日寅老开此课时，其名即为“元白刘诗”，可见寅老亦有笺刘之意。如兄能续其所未及成，岂非大美事。（如此一改，即化普及为提高矣。）如何之处，幸大雅酌之。弟年岁日衰，已不能工作，犹眷眷于阁下之为，姑漫言之。即颂

著安！

弟帆

3月28日（1995年）

（二）

陶敏足下：

古人云：学业既成而声闻未彰，朋友之过。璇琮推毂，亦友道也，甚愿及早诵之。书签勉作，老无笔力为愧。夏热，幸善自葆爱。顺颂

著安！

千帆顿首

7月4日（1995年）

（三）

陶敏兄：

得书惊悉伯母仙游，悼痛何极，然有子如兄，九泉何恨，亦愿能自葆爱排遣也。方今学术，哗众取宠欺世盗名者比比皆是，然荀子云：“狂生者，不胥时而落。”君子之道，仍必暗然日章，我行我素，终必为今日后世所承认接受。吾湘船山先生隐居苗峒，著书数百卷，终能发其潜德幽光，其著例也。愿坚持勿懈。弟虽衰朽，固愿及见兄之有成也。秋凉，伏冀

珍重！

千帆

10月3日（1995年）

（四）

陶敏先生：

承赐新著《唐诗人名考证》，严密远过前人，吾湘老辈惟杨积微之治

班汉穿穴经史可以仿佛，先生所治有异而专精则同。衰年得此，虽目障不能细读，览其一二亦为之喜而不寐也。衰朽今岁已八十有四，耳聋目瞀，不复能视书，默坐时多，幸思虑尚可，不十分糊涂耳。专此布谢，祗颂

著安！

弟千帆顿首

10 月 3 日(1996 年)

（五）

陶敏吾兄：

11 月 16 日手教敬悉。(目前许多出版社无专职校对，故讹谬不可枚举。)承示著作计划思路广阔而又缜密，如锲而不舍，必跻于成，可预祝也。今人之为考据，其弊大要有二，一则考其所不必考，则陷于支离破碎，二则据其所不能据，则流于牵强附会。先生如能就近贤及今人所为文章，对照清儒之作，则其病立显。此书如成，有功学术大矣。近年白内障颇剧，写字困难不能多及，愧愧。顺颂

著安！

千帆

11 月 20 日(1996 年)

（六）

陶敏贤弟：

信到。于右任陕西三原人。其集曾在陕西出版，作书时偶忆及，为弟书之耳。第二首首句为"无聊豫让酬知己"，事见《国策》。我在贵州所出《程沈学记》近已印出，二三周内当以奉呈。匆匆，即颂

近好！

千帆

11 月 19 日(1997 年)

（七）

陶敏贤友：

得示，知《广义》四卷均收到。今日海内治此学者少，不知弟能以暇写一文字作绍介否，望望。弟日益衰朽，傅公命作《编年史》序，不可却，恐不能成佳文，奈何。然此书之出，当为文学史跨进一大步，又不敢不勉贡所知也。顺颂

著安！

弟帆顿首

国庆日（1998年）

（八）

陶敏贤仲：

来信收到，知惠允作书评，甚感。可从容为之，不要急急。成后可寄璇琮，待其择刊发表。其《编年史》序已写成付与，体弱不能为长文，三千余字而已。贱躯入秋以来殊不佳，残年无事，又目病不能视书，默坐而已。匆复，即祝

安好！

千帆

10月31日（1998年）

致唐翼明（九通）

唐翼明，华中师范大学特聘教授。武汉大学文学硕士。

（一）

翼明先生：

未通问者有年，侧闻久返台北执教，而苦不知尊址。砺锋南游，带来新著，捧读欢喜，惟苦目患白内障，不能席卷鲸吞，但当细细咀含耳。年前

曾将旧作《古诗考索》及《唐代进士行卷与文学》合为一册，交台北圣环出版公司徐耀环先生印行，久无音问，不知能便中代为一询否？其地址为德行东路一〇九巷十七弄七号，电话为八三三一九五零。如有所闻，希见示也。暮齿今年八十有二，少年不力，去日苦多，犹有少许未了之事尚待完成，亦不知苍苍能假我数年否。近状仍望见告。专此复谢，顺颂
俪安！

程千帆顿首

4 月 24 日（1995 年）

（二）

翼明先生：

贺卡、附言均奉悉。琐事偶以奉渎，致劳清神，愧愧。我与徐耀环先生本不相识，渠以林庆彰教授之介，来南京相晤，欲印拙作台版，或在后又悔之，不复相见，亦不复信，此事，可即算过去，不必再追究可也。

清谈是一热门话题，近代及当世学人颇多染指。尊著晚出，评量诸家之得失，独出一己之心裁，大处落墨，小处亦见工夫。我常感到，最理想的著述应当是文献学与文艺学的高度结合，互相渗透，融为一体，亦即考据、义理均详且精，再加以文辞优美，即清儒所标举之高境。读尊作，每有此乐。英时先生是我佩服的海外学人之一，书序也写得好。

我来南京，又十六年，颓龄今岁八十有三，已于 1990 年 4 月再度在南大退休，前数年尚能以补充完成残稿自遣。自去年起，耳聋目瞀，已不甚能更为考订思辨之文，惟偶作小诗文遣日而已。近有出版社欲为出选集，因择平生文字稍可存者六种付之重印，非久或可面世。如交通有便，当呈教也。

在台老友如高仲华明、林景伊尹皆谢世，独潘石禅重规、苏雪林梅尚在。雪林是前辈，几百岁矣。

如有新著，仍乞以时见惠，以实枵腹。

顺颂

俪安，全家新年欢乐！

千帆

1 月 4 日（1996 年）

（三）

翼明先生：

赐卡收到，诸友返，粗知近况为慰。大著论现当代文学者，或更可观，颇思拜读，如尚存复本，幸见示也。数年前台湾徐耀环先生拟出拙著《古诗考索》一册，而以故稽延，久未如约。近得其来函云可安排，亦无的信。今将其地址附上，便中望电话询之。感感，即颂

著安！

弟程千帆

1 月 16 日（1997 年）

台北市士林区德行西路Ⅲ巷 2 弄 6 号一楼圣环图书公司（徐址亦在士林区，如相距不远，能面谈获得确实答复，尤感）。徐耀环电话（〇二）八三三——一九五〇。

（四）

翼明兄：

五月廿三日来信收到已久，因想等论大陆当代文学的书收到后再回信，故未即复，今已逾一月而书未到，故仍先报。

五月中湘潭大学和南京师范大学在湘潭大学举办一唐宋诗词研究国际会议，因可游张家界，故不少台湾友人参加，我老不能去，曾托南师大中文系郁贤皓先生带去拙著《闲堂诗文合钞》十册分赠台湾诸友，其中一册赠兄，写明文化大学，不知收到否？因我不知郁交何人，兄如知台北友人去湘潭者不妨一问也。

目前两岸无共同和相通之法律条例，故托付出版，全凭运气与商人的良心。南大同人被骗者不少，亦有不被骗者。沈祖棻之《宋词赏析》及《唐人七绝诗浅释》通过上海古籍出版社取去修订本稿而不出（或出书而不付

款),亦无可奈何也。此事偶然奉托,不必介意。

目前两岸来往较易,如有学术会议,望能回来看看。我则目瞀耳聋,行路也困难,不能行动矣(“清华”曾约我来台住半年,但病未能去)。书不成字,歉歉。即颂

双安!

奉上近照一纸,知我衰也。又书评一篇未细看,不知中的否?

千帆

(1997年6月29日)

(五)

翼明贤友:

五月间匆匆一聚,甚慰怀想。后台湾发生地震,颇以为忧,旋接傅璇琮先生从台来电,云有惊无险,始觉放心。希望能平稳。我有一事奉求,外孙女早早在复旦大学读博士,她想买一本《宋代遗民文学研究》,苏文婷著,1979年台湾学生书局出版。不知现在尚能买到否?如果已售缺,看旧书店能否找到?如万一找不到,能否复印一份,费用由我付。如能办到,即径寄上海松花江路2500号24—606张春晓收(邮码200437)。诸多费心,非常感谢。我近来身体很差,所以请老伴代笔,乞恕不恭。顺颂

大安!

程千帆

10月30日(1999年)

(六)

翼明贤友:

承寄《南宋遗民文学》一书,已由外孙女张春晓在上海收到,甚为感谢。此孩想做一有关宋文学之博士论文。台湾如见有关材料,尚乞便中寄之。感感。匆此,即颂

著安!

千帆上

12月20日(1999年)

（七）

翼明贤友：

所寄《南宋遗民文学》复印本及来示均收到，费神极感。但此书自序未印，作者的师承毕业学校，其人现在何处皆所不知，不知能便中见告否。台北如有涉及宋代文学或此时期中汉族与他族纠葛之书亦望见寄。殊感荷也。匆复，即颂

俪安新喜！

弟程千帆上

1月5日(2000年)

（八）

翼明贤友：

前得费心为外孙女张春晓寄《南宋遗民文学》一书，极为铭感。曾复寸笺，计达左右。

比闻1997年法国国家科学研究中心及台湾大英百科有限公司合资出版《姑妄言》编入《思无邪汇宝》，乃据俄藏底本影印。比大陆中国文联出版公司亦有校正本出版，共3册，售人民币68元，但经校订，已非本来面目。不知台湾印本顷尚可得否？尚乞费心代为打听。如其有之，拟请代买一部(共十册)。其费用可由弟以美金或港币设法支付。尚请便中一询为幸。专此，即颂

俪安！

弟程千帆

1月13日(2000年)

（九）

翼明贤友：

前数日曾上一函，计达左右。顷又得江苏社会科学院陈辽研究员来示(附呈台览)，始知《姑妄言》台版俄本复印者定价极高，非寒儒所能购置，故如先生尚未寻访，望即作罢。其国内排印本，已以五十五元人民币

得之矣。谨以奉陈，打扰极歉，仍盼赐复至幸。即颂
俪安！

弟程千帆上
1月16日（2000年）

致李健章（二通）

李健章，笔名晦之。曾任武汉大学中文系教授。

（一）

晦之尊兄先生：

承赐大著二册共五种①，感谢曷极。兄沉浸中郎著述二三十年，厚积薄发，不独度越伯城之作，海内外治晚明文学者，亦无人能出其右也。钦佩钦佩。尊诗称心而谈，风格朴厚，颇近巢经巢，惟去昌黎之雄强，而参以白傅之平易，此则性分攸关，微有不同耳。夙知兄精于古文，而未审诗笔亦精妙如斯，真相知不尽，且叹袁遗之老学，朋交中所罕见也。弟耳聋目瞀，已不能工作，其著述之未成者，每托友生为续补之，今别寄版本学讲稿一册呈正，事等钞胥，但能博老友一笑也。专此布谢，敬颂
俪安！

弟程千帆顿首
6月15日（1995年）

（二）

晦之兄：

收到长信，全是内行话，真可喜也。兄近遭不幸，犹能从容作此书，具见

① 整理者按：函中“大著二册共五种”，指李健章所著论公安派之《〈袁宏道集笺校〉志疑》《袁中郎行状笺证》《炳烛集》三种与诗词集《居蜀集》《东西集》二种。前三种合为一册由湖北人民出版社于1994年4月出版，后二种合为一册由武汉大学出版社于1994年12月出版。

修养。仍望颐养，善自葆爱。弟衰朽日甚，书不成字，谅之谅之。匆匆，敬颂安吉！

弟千帆

3 月 25 日(1997 年)

致张春晓(五通)

张春晓，乳名早早，程千帆之外孙女。南京大学中文系文学硕士，复旦大学中文系文学博士。现任教于暨南大学中文系。

(一)

亲爱的小早：

爷爷奶奶收到你的第一封信，是你长成一个大姑娘后第一封信，我们好喜欢。

我们注意到了你在努力学习用繁体字，而且成绩很好。这，今天算是一门本领了。这，当然有点可笑，但现实就是现实。“艷(豔)阳高照”，“艷”简化为“丰”，那么，“色”还是要的，怎么将色字也开除了呢？干一阵，繁体干作幹(简字是一样)，五十分鍾，鍾应作鐘(鍾、鐘二字有时可通用，有时不可通，要看句中的意义)。(奶奶还会举出许多。)

看样子你可能就住在同学家里。无论长期短期，一要礼貌，二要勤劳。要使主人(长辈)觉得你是一个有教养的姑娘，懂事的姑娘，不是骄傲野蛮家庭的孩子。

你去看一些老前辈，要知道一点，他们都很有地位(文化学术的，乃至政治的)，与各种社会情况都有联系，有些事他们愿意谈，有些就不一定。你要听口风察言观色。有一位上海摄影师给我们照了几张相，现寄上二人合影一张。

你的小说，既然责任编辑是一位资深人物，又对你的稿子这么关心，这都是李立朴老师关照的力量。你应先向两位去信感谢、联系，并将预计实习完毕回南京后再去贵阳住一段时间，认真接受教导，认真修改。这可能要到寒假。① 实习、② 读研究生、③ 改小说稿都不妨碍。只要有节奏地、认真踏实地做下去,可以三不误(不攻读研究生,则为两不误)。

看你信中所云,似乎《光明日报》不能给你寄宿之处,只能在办公室住,那就会有很多的不方便。譬如值夜班后,早晨想多睡一会儿,可是人家要来上班了;又如放置衣物、洗澡等,不知上班后还能常去塔楼住住吗?要在北京住三四个月,我们很不放心,总还是要能稍稍方便些。

接到你的信,我立刻打电话给小燕,她说你上次寄家里的信他们早已收到。小燕一点不懒,还写了回信。她老是一个人在家(爸爸经常在办公室),我觉得她怪可怜的,好像她自己并不觉得。妈妈到乌鲁木齐后只打给家里一次电话,报告一路平安。希望她能玩得好。

今夏南京热得真长久,接连十五天都在 34℃—36℃之间,一直不下雨,今天立秋,现在天已沉下去,并听到雷声,盼望来一次大雨,大家好喘口气。(奶奶写到这里,还没有下雨。现在就下了。现在[上午 11 点 37 分]正在下大雨,很舒服。今日立秋,老天爷施恩了。)我们因有两个空调,生活还很舒适,而且我们很注意调节,用几小时空调后即打开窗户换空气,所以身体都很好,这两天早晨六点钟出去散散步,请勿念。

我不反对你写简体字,因为是国家规定的,但为了读书,你是需要熟悉繁体字的,多用用就可以熟悉了。但用起来一定要正确,不够肯定时不妨查查字典,你把“變”字写成“燮”了,望多注意。祝

身体健康,工作进步!

爷爷、奶奶

8 月 8 日(1995 年)

(二)

亲爱的早早:

收到来信,非常高兴。

家家的全集在石家庄河北教育出版社顺利进行,已大体排好。如一切无意外,今年就可出版。昨天责编潘海鸥先生来信,还要一个几百字的出版说明,放在你写的序言前面。我因赶时间,便代你写了,大约七八

百字。

你的学习计划已开始实行，非常好。你要啃几部大书，肚子里才有货色（学问），不然，怎么能叫做“博士”呢。有关宋代的几部大书，一定要摘录其中有关民族关系部分，北宋亡于金，南宋亡于元。金吃掉北中国，元索性一锅端。辽扮演了一个较小的脚色，不过也不断地麻烦。但是另外一面说，这些民族对汉的侵略也同时就是其汉化过程。这汉化表现为：(1) 汉族文化本身的异族化，比如产生了像元好问这样的大诗人，也就丰富了汉文化本身。(2) 汉文化文学在异族入侵时体现为对异族统治的对抗，多方面的对抗，由武斗争到消极的不合作（多方面的，多种形式的）。你研究的课题主要应放在南宋的走向灭亡和元代建立，宋遗民的抵抗未完全平定的这一段。张宏生老师的硕士论文大体上勾画了一个形象，但不深入，不完全。《中华大典》已出版，宋辽金元分典中材料不少。如复旦用此书不方便，下次回时可带去。将南北宋有关外族摘出，大概要一年。《四库全书总目提要》要先看（主要是史集两部分），以使你知道有哪些书（在你的论文题目范围以内的）。

此外，不能当生活中的瞎子，主要的文学刊物（《文学遗产》《文学评论》，复旦本校出的书、报刊）每天都要翻翻。

我非常高兴你对新上的课有兴趣。朱维铮老师在思想史方面有盛名，你要好好地跟他学。我认识周予同先生，但不很来往。

你如见到章培恒先生，可问他，我曾寄一部《校雠广义》给他，作为古代文学研究中心的贺礼，不知收到否？

要劳逸结合，爷爷奶奶要求你爱惜时间，珍惜这难得的三年，但决不希望你成为一个书呆子。政治课不是兴趣问题，是责任问题，中国的学者要有足够的政治知识。外语也是必须的，至好应能够跟得上，不能落伍。《中华大典·文学典》28 日在北京开发布会，张伯伟老师代我发言。这会是由中宣部操办的，很隆重。

爷爷奶奶亲你，祝你生活得好，健康快乐。

爷爷奶奶

十月二十七日（一九九九年）

（三）

早早：

得电话，知唐翼明教授已将《遗民文学》一书寄沪，甚慰。(1) 你一定要回信致谢，不要怠慢。(2) 将此书的前言后记（或序跋）及全部目录还有你看后认为最好的一章，这三部分可寄我一看，我可再进一步帮你设计论文的大纲。别人做过的题目，有方便处，也有不便处。你如写出的论文不及苏文婷，就不必做了。我身体仍不好，幸奶奶照顾得力，一切都还好，可方心。祝

安好！

爷爷

十二月二十一日（一九九九年）

（四）

早早：

收到由陈老师带来的信和复印件，大体上知道台湾本《遗民文学》一书的情况。你的稿子还要细看批注，然后寄还，也许要慢一些，直接寄到广州。陈老师百忙中来我家一趟，请他吃了一顿饭。他为人很爽快，有什么说什么。他说，复旦博士生想出国的多，不愿留校，揣其意，如果你表现好，毕业后留在复旦，也非不可能。当然关键仍在你的博士论文是否出色。另外，郭斌听说已和《羊城》订了五年合同。出去闯，能打开局面也很不容易了，我们应当支持他，鼓励他。听说中山大学、暨南大学还没有古代文学的博士后，这也是有变化的。（也许两年后就有了，现在只有王季思先生的戏剧学，其余还有其他大学，如深圳大学之类。或你留在上海，郭斌再回上海来，也不困难，主要是自己有成绩，出色。）

关于你的论文，望考虑是否将内容扩大一些，成为宋朝汉族政权与非汉族政权(1) 西夏、(2) 辽、(3) 金、(4) 元、(5) 南诏（今云南）等矛盾斗争在文学中的反映。这就比较广大开阔，而且绝对没有人做过。我已拜托齐鲁书社的副总编周晶先生托他在北京全国书市上找(1)《宋夏关系

史》;(2)《宋元诗社研究》,欧阳光著;(3)《宋辽夏金社会生活史》(中国社会科学出版社)。这些书我都未见过,可能对你有用,买来再说。又已托这里的朋友买白寿彝的《中国通史》,白先生是回族学者,可能注意民族关系,先只买唐五代和宋辽金元两部分。这个题目无人做过,可将宋从建国以来就取守势,南宋以来就是半壁江山的情况,直到宋元之际的遗民文学算一次总账,内容复杂丰富而且还无人做过,非常富有开拓性。但有一点,就是较难,要解决很多问题,看很多书。我直觉感到,你有聪明,但勇气不够,还不行。一定要学会打硬仗,要细致耐心。骨头要一块一块的啃。古人说"三月於菟气食牛",小老虎生下三天,就有吃下一条牛的勇气。你就要有这个勇气才能成功。我一定要把你培养出来,祝努力再努力。

爷爷

十二月二十六日(一九九九年)

(五)

早早:

收到妈妈打来的文稿,我和奶奶都很高兴。家家的小说最近在上海出版了,得稿费一千四百元,我和奶奶决定要全部送给妈妈,妈今天已将你的文稿拿去再整理一遍,并决定发给你资金三百元。这是全家的意思,要鼓励你努力学好。你的文章写得干净,没有什么废话。个别地方我作了修改,但改得不多。今天早上我由邮局挂号寄上一束剪报,还有一本讲元好问及其他辽金文学的书,另若干夏承焘先生文集中有关边塞词、豪放词的材料。有的未能买到,以后再寄。傅杰老师很夸奖你,所以要好好用功。我与傅老师的信中,已经谈到你想作宋代汉族政权与西夏、辽、金、元、南诏等族在文化文学各方面的比较,请老师们考虑,这个题目较困难,但很有意思,学术价值也大。不知你是否敢挑重担子。我身体不好,耳聋眼花,行走困难,完全靠奶奶招呼。我们非常想你,望多来信。

祝好!

爷爷

三月三日—三月七日(二〇〇〇年)

致黄伟经(九通)

黄伟经，曾任记者、花城出版社《随笔》杂志主编。

(一)

伟经先生：

无缘陪接，但深驰仰。遵示缀小文等，随函呈教。因忆郑康成云，学者开发头角而弗洞达，则受之者其思深。刘先生之言，毋乃类是。孔子云，所谓诚者毋自欺也。涉世六十年中，反思无此内咎，亦是老来一乐。目眚书不成字，谅之。敬颂

道安！不一。

弟程千帆顿首

8月10日(1995年)

(二)

伟经先生：

拙文经删节甚妥。惟呈诗时刘先生尚健在，诗意甚明，故不能用“悼念”字，今改为“寄给”字，诗后加一句，以足上文之意。仍乞卓裁。

签名另纸寄上。

即颂

著安！

程千帆

8月24日(1995年)

(三)

伟经先生：

报纸及稿费都收到。我很愿意给先生写幅字，但现在天气太冷，手指僵硬。春暖花开，当报命也。谨先奉复，即颂

撰安！

程千帆

1 月 4 日(1996 年)

（四）

伟经先生：

奉书承奖，愧愧。谨遵命作一卷子寄呈，目眚手战，点画皆不中程，乞恕之。匆匆，敬请

著安！

弟千帆

3 月 24 日(1997 年)

（五）

蔚彬、伟经先生：

承赐《告别万岁》，略为翻了一些篇章，真是一本发人深省的好书。目力欠佳，还舍不得快意尽读，留着细细看。看到作者中有一位杨天堂先生，记得是暨南大学的教授。多年前，他曾有意为亡室沈祖棻的词作注，后未成。此书现已由江苏古籍出版社出版，不知他见过没有。如杨先生未见，我可以送他一本。能请代打个电话吗？谢谢。祝

好！

千帆

4 月 9 日(1997 年)

（六）

伟经先生：

来示收到。

另拟短语数则送上，不知能用否，请酌。即颂

大安！

程千帆

11 月 21 日(1997 年)

（七）

伟经先生：

示悉。小文末句当作天下之至危，非“厄”字。安危相对，屡见儒道两家经典，《周易》《老子》尤常言之。命思索此类短语，不敢草率从事，容徐徐为之。南方草木方鬯茂，江东已寒，甚羡先生居处从容也。顺颂

著安！

程千帆顿首

11 月 29 日（1997 年）

（八）

伟经先生：

来示奉悉，本当遵命草数语寄上，奈近日眼益花，耳益聋，写字读书均甚困难，盼谅是幸。敬颂

吟祺！

弟程千帆

11 月 14 日（1998 年）

（九）

伟经先生：

收到来信，知道有意来江苏旅游，非常欢迎。我今年已 87 岁，耳全聋，眼也不大看得见，但在手边一同工作的学生不少，先生来了，即使我不能陪你出游，也可以找学生陪你。南京是一座古城，镇江、扬州近在咫尺，无锡、苏州也不很远，交通也很方便，都是旅游胜地。我的外孙女婿郭斌现在《羊城晚报》工作，我曾嘱其前来看你，他初到广州，工作很忙，不知他来过没有。寒舍电话(025)3592790，来时请打电话告知。敬颂

大安！

弟千帆上

9 月 1 日（1999 年）

致程章灿（九通）

程章灿，南京大学文学院教授。南京大学中文系文学博士，师从程先生。

（一）

章灿弟：

旅美有日，想逐渐适应。夫人孩子来后，想更安定矣。

请夫人携来八股文一书，加抗战前商务所出卢前著《八股文小史》（国学小丛书，薄薄小册子）及《制义丛话》（哈佛燕京应有此二书）可敷衍万余字，为八股一章矣。

景祥意欲弟边写他边看稿。其意似急于出书。我初步与之商定，弟写好十章，即集中我处，看完转给他，哈佛——南大——辽宁，大致如是，不知可行否？望将住址及电话号码径告之，俾共商酌也。

《全清词》前曾开具清单，嘱弟寄离校编者及现存顾问。后知上海黄裳处迄未收到，现已要姚松补寄。这方面的记录，你走前交与何人，望来信告知。如未办完，要继续办也。

知已与海若一家联系。他们一家为人热情善良，而且好客。客居与来往，可解岑寂也。

顺颂

客安！

千帆

9 月 14 日（1995 年）

我处只有①《神话》、③《先秦散文两派》、④《楚辞》，缺②《诗经》。

（二）

章灿老弟：

10 月 17 日来信收到，甚慰。

出国做访问学者，机会难得。要尽可能吸收一些国内所无的东西，不光是书本上的学问。例如教学组织、方式、研究组合，我们都还很落后，要取点经回来，能不能照办，是另外一回事。

你是否已和于景祥取得联系?《文学史》能否安排? 如何安排?（此书被辽宁列为全省重点书，所以景祥很紧张。）最近看到三本有关的新书，抄目寄上，过几个月，美国可能有了。如要寄，再办。

《全清词》的寄发，你走时交给谁了，是否该寄的都寄了，望告。黄裳就未寄，后我补寄了。

为伊同作了四首诗，现附上。另用宣纸写一长卷寄匹刺堡，配个镜框就行了。只要衬一下，我看唐人街能行。如写立轴，则非寄台湾不可。美国有裱画店，极贵且不佳也。

电脑和汽车要解决，如有汽车，可住天眉家，房租可省些。你要学开车，大概不难。

秀成的信已交。周先生及所中同人正忙于开魏晋六朝文学国际会，极忙。我无事，仅要作一简短发言。

祝全家安好！

千帆、芸

11月6日(1995年)

附:《中国五四文学史》　朱德发　山东文艺出版社

《中国近代文学发展史》　郭延礼　山东教育出版社

《中国文学简史》　林庚　北京大学出版社

又附:《杂书往事寄伊同匹刺堡兼寿其八十》。

（三）

章灿弟：

来函收悉。你们一切都已安排就绪，感恩节也过得很愉快，甚慰。信已转周先生和武秀成等，周先生去广州尚未回，秀成说书早已寄出，因系海运，可能尚未到达。魏晋南北朝文学研讨会论文，秀成亦将寄给你，望勿念。

我这一年来身体尚可，没有发病，但日趋衰老，耳聋更甚，戴着助听器还要和人靠近才能交谈;眼睛也差,白内障加剧,又未到动手术的程度,所以写小字已很困难,看书也不易。最近又连拔数牙,只能吃软食。这一切都说明已年老力衰,不能再做工作了。因此《文学史》的著述盼你独自努力完成。我已写好的部分能不动的则不动,需补充的你可任意补充,需增加的由你增加,需改动的也可改动,不必有所顾虑。我希望待你完成后我还能通体看一遍,但不敢保证是否能做到。所以你就作为无人审阅的情况下写下去。我相信你能写得很好。

《中国典籍与文化》今年第三期载有蒋寅的文章,介绍我的《选集》,另你有关元稹的段夫人的文章也刊在同期,你又作了新的补充,写得很好。你在哈佛燕京图书馆想也能看到。《选集》因买不到好纸张,尚未付印。

天眉来信也提到你们感恩节时在他们家度节日的情景,她说你们和他们的朋友们相处得也很融洽。你的水平不比×××差,当然还要过十年或多一些时间,你的家庭条件也很好,如果长期留在美国是有可能的,生活条件肯定比在国内好得多,但是,我只想和你说一句:“妈妈总是妈妈。”

祝

全家圣诞新年快乐!

千帆、芸

12.21(1995)

(四)

章灿弟:

昨日接景祥电话,说一直没有收到你的信,很着急。我看是他可能曾对辽宁出版局夸下海口,现在要落实了,又落实不下来。

我将更订的章节又找出看了一下,1—4 编材料问题不大,只要视角提法做些改动。5—6 编则要新写。从 4 编 28 章“古典样式的后劲”(拟易标题为“斜阳冉冉春无极”)、第 29 章“古代文学的怪胎——八股文”(这两章似仍当置第四编之末)起,要新写的约十三四章,约束在二十万以内。(决不能论作家,陷入则字数决不够。)

我听力视力急剧下降,买了一个丹麦助听器,用近 2 千元,效果不大。

白内障不成熟，也不能开刀。看报，只能看标题。

我想此书稿即由你修改补充完成，专家独断，我再不看了。我平生服膺章实斋之说，亦愿你能身体力行之。若能将1—4编略加修补，加上28、29新写之二章完成后，即寄景祥，三个月再将5—6编新稿寄去，则96年仍可出版，不致拆景祥的台也。

闻美国东部大寒，诸望保重。可思量定后，回景祥一信。祝
全家好！

千帆

1月10日（1996年）

（五）

章灿、成林：

接来信，知你们一切都好，甚慰。

关于《文学史》的事情，景祥当然希望越快越好。我的意思则是：质量第一，在保证质量的基础上求快。现在我基本已不能工作（看了许多医生，结论都一样），只能希望你把这副担子挑起来，也保持第一稿所具有的某些特色。从来信所讲有关八股文的一章看，就很对路子。今后你可以写完一编后即直寄景祥，让他可及早做些编辑方面的技术工作。我忽然眼睛变坏，当然不是一件好事，但由此增加了对你的压力，使你不得不对中国文学的整体作出通盘的思考，也许又是一件好事。我把这部稿子交给你修改、补充、完成，其用意也就在于使你对文学史的整体有一个认识和表达的机会。我们师弟相遇可算有缘，这也是缘法的一部分吧！

你写给周先生的信中谈到的两个题目都很好，都可以作。《后村诗话笺证》兼有文艺学和文献学双方面的意义。刘克庄对于诗歌的见解不下于方回，可惜以前无人注意。也许是因为他没有一部选集像《（瀛奎）律髓》那样的。原稿中没有写的“斜阳冉冉春无极”那一章涉及面广，跨度也长，像是历史，其实是理论，要好好考虑。宋诗那一章，台湾张高评搜集了一部论文集《宋诗综论丛编》可以参考，而以钱锺书《谈艺录》及缪钺《论宋

诗》之言作为结论。元好问开拓了唐宋合流的局面，但没有成熟，曾国藩《十八家诗钞》断到元好问为止，极有眼光。我现在（不是现在，而是很久以前了）就已不能大量看书，但常常有些想法。

我们身体都好，请放心。

春节将临，祝

你们春节愉快！

千帆、陶芸

96.2.16

（六）

章灿老弟：

来信收到。周先生和宏生都看过。寄稿子的事，我已去信和景祥商量。他的问题是希望早日编好发稿，我提出要出版社出邮费，就是不知道航运海运各需多少钱，你算一下分几次寄，需多少钱，函告景祥，以便他请示领导。

我的身体都还好，但的确老了，眼花耳聋四字足以尽之，但五月份为了《中华大典》的事还须去武汉一趟。南大中文系经过诸君子的努力，已经蜚声海内外，我曾向韩星臣夸口可以保持三十年的优势（当然要不断地努力）。

成林和程卉想必都好。程卉还想念老朋友，可嘉。天眉来信说春暖后想请你们一家出去游玩，不知最近曾见面否？海若可能换了一个工作，靠家较近。南京今春气候也老是冷，至今我们还未脱棉衣。祝

全家安乐！

千帆、陶芸

96.4.12

（七）

章灿：

信收到。

① 傅先生函已转北京。

② 周先生去武汉未回，返时当将来函转示。

③ 景祥同意负担邮费。以每五十页(约四章余)7元计，全书四十章，约美金70元。已函苏天眉要她拨付，实报实销，多退少补。这边由我与景祥结算。你得此函后，可一面将稿分批寄出，一面与天眉联系取款(已同时去函给她)。稿子要留复本，防遗失。

④ 书名，可否为"汉语文学通史纲要"，乞细酌。并写一序或跋，述成书经过及旨意，文长短由你定。

我耳聋愈甚，目瞀有加，昏聩度日而已。余不缕及。祝
同好！

程千帆

5月20日(1996年)

"春无极"一章，我的想法有创意，有创体，创意略见于为吴志达所撰文言(小)说史序(似刊《中国文化》10期，哈佛燕京当有此志或此书)，指出不能以文体变迁史代替文学发展史，"一代有一代之所胜"并非毫无例外之文学史金科玉律。各体极胜之后仍各自有其发展。晚明散文、聊斋传奇体小说及晚清诗词尤为明显。创体则此章重在举例，以史实寓史论，以个别概全体。不必求全，亦本无意求全。鄙见如此，望酌之。

鲁迅好诗已被唐人作尽之说，甚片面，毛"宋人不懂形象思维"之说尤谬误。

千帆再识

(八)

章灿：

6月16日信收到。致桑、周及文献所诸君函，又诗一首、史五章都收到。应分致者已办。还没有收到景祥收到文史稿的信。他若急于出书，即可从事加工工作。以一章为一单位，审阅后无问题，即算定稿，有问题(或你原稿注明要加工修改的)，则留待你处理。好像要改，又一时不能指实，是写作时常有"境界"，作诗尤然。放一段时间毛病自然凸现，改起来也

顺当了。寄来五章,即转景祥。我已完全不能看,徒呼负负。你和景祥多商量吧。如返国,则尚可对谈。我思力无损,或已损而不自觉,但不能作字耳。大体瞄了一遍,还是看得出,多么与众不同。书名可下列二择一:

① 程氏中国文学史纲要

② 程氏汉语文学通史(我倾向这个,再与景祥商量)

你写一序(或跋),甚重要,可大放厥词,韩昌黎所谓"琼琚玉佩,大放厥词"也。一吐为快,顶多挨骂,也没有什么了不起。诗瑕不掩瑜,问题在"生",作得少,办法不多,还是常常动动手好。此另一事。全书看来进行得还算快,如是按时代,则已过半,但近代部分虽有底稿,但写法不一样,现代部分则并底稿亦无之,或较费力也。你从此信看出我之衰朽,幸东来十余年有弟辈数传人为没有白过耳。祝

双福! 孩子乖。

帆

7月3日(1996年)

（九）

章灿:

代拟序文妥适,酌易数字,可寄出也。

伯伟整理《书绅录》,名甚佳,文亦干净。你说你的部分分在两处,不知可整理合并否? 事忙来不及,则不要勉强。我拟交川大《新国学》,不知能用否。弟可与伯伟联系一下。

帆

(1999年4月)

致曾广开(二通)

曾广开,曾任教于湖北大学,现为北京语言大学教授。南京大学中文系文学博士,师从程先生。

（一）

广开弟：

闻论文已完成付印，甚慰。

要特别注意引用文献的准确性，要有带版本的引用书目。

道远难详谈，想为学日进，亦足使老人欣然也。顺颂

安好！

闲堂

12 月 21 日（1995 年）

（二）

广开老弟：

手书悉。论文能印行，甚好。引用文献要认真核对。书要一部一部地写，题目要一个一个地研究。贪多嚼不烂，能三年写一部书，一年写两篇论文就很多很好了。如果在学术界形成严肃认真的印象，就很好，最怕被大家看成一个随随便便的人。我白内障厉害，书不成字，不多及。请代问祖延、勃、兆鹏诸先生好。复颂

双安！

千帆

12 月 22 日（1996 年）

致周退密（五通）

周退密，曾任教于上海外国语学院等校。上海市文史研究馆馆员。

（一）

退密先生：

奉《和观堂长短句》两家，如空谷中闻人足音也。自鸾陂居士首唱，和

家已七八家，妙在各抒所怀，谁也不管谁，实但借韵，非和韵也。若夫观堂原作，可谓至哉！窃谓其密旨深衷，乃对于宇宙人生之悲悯，乃叔本华哲学之韵文讲义。真纯儿女之情，或者仿佛近之，他皆未可相方也。颖龄今年八十有三，日益衰朽，看书甚艰，耳聩尤甚。友朋书问亦希。蛰庵久无音问，先生亦与过从否？冬寒，伏冀葆爱。敬颂
吟安！

弟程千帆顿首

96.1.6

（二）

退密先生：

小令四种拜读，美富极矣。太白孤篇横绝，殆难深论。温词多应歌，无（或少）个性。端己、二主始有我耳，此一大转折也。近患白内障甚剧，尚不能细读也。芜札“高年”字或“今年”之误。并谨闻复谢。祇颂
吟安！

弟千帆顿首

六月十二日（一九九六年）

（三）

退密先生道席：

承赐《荷堂诗话》，感不可言。此老博闻，广交游，诗话着语不多，而每中的，殊可听也。惟涉及贱子一条寄友五律，不知出自何人手笔，而陈翁误收之。其诗颇佳，不敢冒名顶替也。作者云亡，不知如何是好。弟近来白内障甚剧，耳又大聋，聪明殆尽。幸得及门二三子之助，比次残稿，顷亦毕功。闭门默坐，听隔窗秋桐落叶而已。顺颂
道安！

弟帆

十月十日（一九九六年）

（四）

退密先生：

十七日手教敬悉，命作签，谨写呈。目眚手战，点画皆不中程，幸恕之。《合钞》五十页末行“斟尽锦城”，于律当作“锦城斟尽”；九十五页四行末字“头”当作“发”，幸改正之。来示所云五十六页倒六行未见“次”字，或系他页他行，仍乞见告，以便改正。时下书人知名者多不脱馆阁之体，或有韵味，断无筋骨，此事有关气运，一言难尽也。匆匆，敬叩

近安！

弟千帆顿首

三月二十四日（一九九七年）

（五）

退密先生：

赐函及新诗并拜读。老无笔力，荷奖饰弥增惶愧也。作书求生最难。启元伯太熟，故不免近俗，顾起潜更不敢放手，似又低一筹，妄言不足为人道，惟老兄谛审之耳。“鼓吹休明”，脱一“鼓”字。“复笔单行”即指骈散，聊避复耳。太炎先生志季刚师墓云：“尝一为直隶都督赵秉钧所迫，强出任秘书长，非其好也。秉钧死，始专为教授自靖。”记易君左在港台以教授自靖，盖本之。闻蛰翁颐养安和，极慰。其著述似皆已重印，亦可自慰，且使今之后生知中国文坛有此大师也。匆匆，敬叩

崇安！

弟千帆上

三月三十日（一九九七年）

致张世林(七通)

张世林,曾任中华书局《书品》杂志编辑、《传统文化与现代化》编辑等。现任职于新世界出版社。

(一)

世林兄:

赐书收到。颓龄实足八十二岁四个月,聩耳瞀目,久不能作文字,勉口授老妻,录一千字文,如不能用,不要勉强,我不会有意见也。

刊物今年只收到3、4、5三册,1、2、6则无之,如补赐幸甚。

隆冬,冀多葆爱。敬颂

著安!

千帆白

96年1月18日

(二)

世林先生:

前奉雅命,寄上发言稿。又请先生赐寄《传统文化与现代化》九五年一、二期,想均达览。惟所缺刊物迄今未蒙赐寄,倘偶忘之乎?幸见复也。

顺颂

大安!

弟程千帆

三月十二日(一九九六年)

(三)

世林先生:

3月26日手示收到,知"杂志已另行奉上",好生欢喜,不幸的是,这喜欢落空了。已十一天,仍未拜读,不知先生能否查一下,究竟寄了没有。

前已奉告，我白内障甚剧，已不能作文。有巩本栋先生近作《程千帆学记》后记一篇，寄上，请与傅先生一商，看能否登在《现代化》上面。

祝

好！

程千帆

4 月 6 日（1996 年）

（四）

世林先生：

6 日信今天才收到，复迟了。

相片即卡片遵命寄上。

黄先生轶事由巩博士代我写，非久可寄上。他家电话为 3596287（家）、3592758（南大思想家研究中心）。你可直接催他。祝一切顺利！

千帆

4 月 13 日（1998 年）

我看到傅先生《光明》上的文章，请代致谢。

（五）

世林先生：

来信收到。请你和文学所蒋寅通个电话，看他有无时间兴趣（这是重要的）写你要的文章。如他不行，再找他人。蒋寅对我颇有所知，但毕业后分在北京，见面时少。匆复，即颂

近好！

千帆

十一月三日（一九九八年）

请问贵处邮码是 100073 抑或 100710？复信时请示知。

（六）

世林先生：

蒋寅弟来宁交与已呈交先生文一篇，又附听课笔记若干纸。病中大体阅过，觉甚用心。先生如以为可用，审讫后便可发排也。交傅先生致旧友王君书二十通，原云发在《学林漫录》新刊，不知何日能以见寄，望见时一询之。敬祝

新年安乐！

弟千帆上

二月八日（一九九九年）

（七）

张世林先生：

请便中告知《学林漫录》复刊号的出版日期及关于《学林春秋》姊妹编的出版计划。并请转告傅先生，我已函孙言诚先生，希望齐鲁对《广义》版权费用给与优惠，但不知有效否？又国家图书奖有无消息，亦望告知。匆匆，敬颂

大安！

千帆上

七月一日（一九九九年）

致顾晓红（一通）

顾晓红，合肥读者。

晓红先生：

来信收到。

您需要的沈祖棻作品，可向下列书店购买：

①《沈祖棻诗词集》

南京中央路165号江苏古籍出版社邮购部，每册11元，挂号邮费1元。

②《沈祖棻程千帆新诗集》

武汉市武昌珞珈山武汉大学出版社邮购部，每册7元，挂号邮费约1元。

此复，敬颂

大安！

程千帆

96年1月19日

致何永沂（十四通）

何永沂，广州市番禺区中心医院内科医生，曾任广东中华诗词学会副会长。

（一）

永沂先生：

大集拜读，仲则贫士失职之咏，二百年后先生益张之，而均处盛世，其故可思也。沚斋五言妙绝，时人惜不能与之晤谈如先生也。专此复谢，敬请

大安！

程千帆敬上

二月三日（一九九六年）

（二）

永沂先生：

赐示及大作拜读，荷奖饰为愧。尊论聂诗甚细密，佳作也。南中诸友，颇通声气，而陪接为难，但驰仰耳。专复，敬颂

吟安！

弟程千帆顿首

五月二十二日（一九九七年）

（三）

永沂先生：

大文拜读，侯井天确是有心人，其注何其详也，但似亦可下一转语，即聂诗是值得如此注法，有必要吗？读者该知道这么多吗？仔细想想，可能想出一点别的什么来。祝

好！

弟程千帆

八月二十五日（一九九七年）

（四）

永沂先生：

《续集》收到多日，近来多病，迟复为歉。八十五岁老人，健旺时少，亦是常情，谅之谅之。近诗有称心而谈之乐。此业余之妙，专业者往往不能也。此间安某，大似《水浒》中泼皮牛二。惜汝伦无宝刀也。匆匆敬复，顺颂

吟安！

弟千帆顿首

四月十三日（一九九八年）

（五）

永沂先生：

聂翁佚诗已寄舒芜，请其交侯井天先生。尊诗甚耐寻味，弟近多病不能细玩也。罪罪。敬颂

吟茀！

千帆

四月廿九日（一九九八年）

（六）

永沂先生：

赐书拜悉，附件兼览。知欲购拙著《程千帆选集》。此书本辽海书社所印，初版只3500套，仅分京沪两地，其余各店绝少，故先生未能买得。幸石家庄河北教育出版社已决印行20卷本《程千帆文集》，约今年可出书，幸早与书店联系，当可得之也。弟近患肠胃病，住院一月有余，顷尚在调理中。匆匆，不多及。敬复，顺颂

吟安！

弟程千帆顿首

1月27日（1999年）

（七）

永沂先生：

得舒芜兄函，知先生已将拙书联语，摄影寄之，不悉亦能惠赐一纸否？甚盼。

匆匆，敬颂

吟安！

千帆上

3月31日（1999年）

（八）

永沂先生：

承赐照片，又四月六日手教并拜悉，今寄呈拙诗文各数篇，又文集目录一纸，尚乞教正。文集卷帙较繁，迄今尚未全部排就，估计全部毕功当在今年岁末。河北教育出版社未复先生函或因此故。此书责任编辑名潘海鸥，先生今后可径与通问也。《俭腹抄》因系从其他书中摘抄，故未再入文集（并闻）。即颂

吟茀！

千帆上

四月十二日（一九九九年）

附：

钟程唱和诗

烛灰未尽平生意，霜鬓徒劳四海知。书罢沉吟欲谁寄，秣陵一叟正相思。

前二句九六自寿联语。

闲堂老人一笑　　静闻　戊寅夏

京西曲室忆当年，俯首东皇泰一前。太息陆萧俱宿草，儒林雅谑更谁传。（数十年前尝与静闻、涤非联床京西宾馆，极论蒹葭楼诗。陆侃如与涤非同教山东大学，而不甚相得。侃如尝戏称涤非为萧临川，时不尚六朝文学，故此语非褒辞。）

海内共知吾辈老，江南又待菊花开。自是侯官异宗派，非关顺德谢诗才。（石遗论诗甚短晦闻，见钱默存《语石》。）

静闻先生赐寄新诗敬答二首　　千帆

（九）

永沂先生：

大札及附件均收到，诗极妙。尝以为《水浒》之牛二，《红楼》之醉金刚，《儒林》之陈和尚，皆大师偶然生花之笔，今某君自己跳出，补此一象，亦非凡品。拙文出版社略加合并，约可能13或14卷，大约陆续可于下半年出齐（尚有二卷未交稿）。匆匆，敬颂

道安！

弟程千帆

5月1日（1999年）

（一〇）

永沂先生并烦转呈汝伦先生：

得诸先生唱和佳作，极佩高兴，尚未作复，又承汝伦寄赐新书《蜂蝶无缘》，老年辛辣滑稽之雄，信非文坛宿将不能到此境地也。盛夏将临，得此一篇，可消长日，当细玩之，不能如八兄吃人参果一口吞下。诸兄有聚谈联吟之乐，难得难得。弟衰年行动不便，闭门时多，读函十分羡慕。敬复，顺颂

著安！

千帆

5 月 24 日（1999 年）

（一一）

永沂先生：

6 月 11 日手教及诗稿打印本收到，因在病中未及复为歉。另一纸老妻代笔求教，幸与指教。闻人言，皇室牌是老牌，今有更先进者。如先生在香港有可托之人，幸一询之。至于价格及寄法并求指示。如能由邮局寄南京，则更方便，不知香港有此种办法否？老朽书不成字，匆匆不尽。即颂

吟安！

弟程千帆

6 月 25 日（1999 年）

附：

弟患心脏病多年，1984 年起因快速性房颤住院治疗多次。去冬又因心肌严重缺血住院，诊断为房颤、冠心病、心功能不全。经过输液及服药，略有好转，一个半月以后出院。现在一般情况尚好，只是浑身无力，特别是腿脚，精神亦极萎顿。最近有朋友介绍一种日本制造的磁疗寝具，包括床垫、被与枕头。牌子是 Japan Life，中文为皇室寝具。据云，长期使用可以增加血液循环，除去体内之污物，对心脏病、高血压、骨质增生等病颇为

有效,劝弟购用。三种寝具(床垫、枕头、被)大约需 3 万元上下。此种磁疗寝具系日本进口,深圳亦有。又遇一朋友云,香港早已有人用,亦有疗效,但与南京所望牌子不同,而且价格只有南京之一半。弟久困于病,闻后极思购买,但又不知是否确有疗效,究竟何种牌子最好。兄医术高明,故函请指示。

(一二)

永沂诗人兄:

去岁手教及新诗收到。迟复为歉。

诗与人均可传,梦飞先生诗极好,公赏之亦见知音也。自余亦佳,略加小注,便成诗话,何不以诊脉余闲为之乎?弟衰病偃卧时多,工作时少。匆复,顺颂

道安!

弟千帆上

一月六日(二〇〇〇年)

(一三)

永沂先生:

承寄与张梦飞先生文字,深感一往情深。虽无缘与张先生相交,但有先生此文,已可不朽。前数日,得贵友陶景明先生诗书画印册子,极叹精卓,海隅多才俊,如是如是。曾在函谢陶先生时,请为刊一小印,文曰“人老健康城”。此李清照词句,弟居金陵前后三十余年,殆将终老是邦,故有此请。先生如与陶先生通问,不知能代求否?盼盼。顺颂

吟安!

弟程千帆上

一月二十一日(二〇〇〇年)

（一四）

永沂先生：

承惠新诗一纸，想见吟怀跌宕，不胜钦服，又承转告景明先生爱重之意。先生海隅奇士，艺事精能，其笔墨每出凡境设想之外，故一见即不能释手。今得来示知未谬赏，尤钦幸也。谨先致鄙意，容更函谢。即颂
著安！

弟程千帆

三月二十五日（二〇〇〇年）

致陈继明（七通）

陈继明，武汉大学中文系毕业。先后任教于华中师范学院、中南民族学院、湖北医科大学。

（一）

继明贤友：

来示收到，甚盼《曹唐诗注》能早日出书，教材所要题签，随函附上。如有兴作江南之游，甚表欢迎，然千里相求，则不敢当也。复颂
近安！

帆

2 月 6 日（1996 年）

（二）

继明贤弟：

手示悉知。尧宾诗注可出，真千呼万唤始出来也，欣然。白内障甚剧，不能多写，谅之。即颂
近好！

千帆

七月七日（一九九六年）

（三）

继明老弟：

《曹唐诗注》收到。王启兴教授评语颇为恰当，亦见弟之工力为学林共知，可喜可贺。但笺注乃学问之一种，而不是全部学问，希望继续努力，有所开拓，有所发明。文学创作远比考据研究为难，我七十五岁以后精力就衰，有许多研究题目因年老难以翻检书籍，所以往往大文小作。这次所寄诗文其中许多就是如此。如其中《戏为九绝句》即是郭沫若《李白与杜甫》的书评，写成文章，恐不会少于一万字。年老无力，只好作了几首诗。很多文章也是如此，望弟细读，当有悟入处。石先生见过，但无来往，闻其人甚为用功，熟读经史百家杂钞，但作为钱基博之婿、钱锺书之妹夫，则不算出色，其弟声汉先生系生物学家，填词极妙，似甚乃兄也。闲话不必外传。目力不佳，请内子代笔。今后来信，要大字重笔，否则我看不见。即祝

近安！

千帆

3月5日（1997年）

李修睦先生健在否？

（四）

继明贤弟：

来信收到，知晋升教授已获通过，甚为欣慰。今后仍可继续从事研究及著作，俾不负国家之肯定也。关于炒股的事，我完全不懂。大概是想占他人便宜，结果却被他人占了便宜。弟行年六十，应当安度晚年，不必为儿孙作马牛也。此话很不中听，但相交数十年，亦不能作违心之论，谅之谅之。即颂

近安！

千帆

6月19日（1997年）

（五）

继明老弟：

近来天气晴爽，温度宜人，想起居佳胜，工作顺利，为念。

老友之女刘婉系美国斯丹福大学中文教授，日前来宁访求著作所需资料，在寒舍见到大作《曹唐诗注》，想求一本，因其即将返美，故已将弟所赠转赠刘婉，请便中再寄一本来，谢谢。

今年来贱躯尚佳，只是听力与视力一日差似一日，已近废人，不能再工作，终日枯坐而已。

顺颂

教安！

千帆（陶芸代笔）

9 月 25 日（1997 年）

弟著书能见重海外学人，可喜。

（六）

继明老弟：

收到贺电，甚感在远不遗。知退休后志达约编《中华大典》明清典。这比兼点课为较有意义。目前宋辽金元分典五册已出，已作为 50 周年献礼送去北京。目前湖北大学朱祖延先生已买两部，想不久弟亦可看到。此事并不困难，但要认真负责，勤恪将事耳，愿好好作出成绩，亦是老人对国家贡献也。顺颂

近好！

千帆

10 月 3 日（1999 年）

（七）

继明贤友：

得从香港返后来信，甚慰怀想。此游虽短，而颇益闻见，可喜也。《中

华大典》已得中宣部及新闻出版署红头文件表扬，预计在今年保一争二，即保证出一个分典，争取出两个分典。甚望弟努力认真编辑，以助吴志达君之劳也。弟耳聋目瞀，亦已不甚能工作，年已八十八，亦无可如何耳。复颂

安吉！

千帆

1月8日(2000年)

大作评黄瑞云《寓言》之文已在《江苏文史研究》刊出，稿费100元已另寄。又及。

致周明道(一通)

周明道，浙江萧山中医师，曾创办萧山苎萝山诗社。

明道先生吟席：

手教、新诗，又大著二种、令先师洪敦六教授遗诗二卷均拜领，仰见渊雅风骚，恨无由造膝请益也。颓龄今岁八十有三，白内障尤剧，已不甚能视书，然犹以暇拜诵其一二于晴窗，以酬高谊耳。

专复，祗敬

道安！

弟程千帆

3月11日(1996年)

致董源远(一通)

董源远，曾任湘潭电机厂经济师。

源远先生：

大作收到，丰富之至，当从容拜读，以实空肠，先此复谢。即颂

吟茀！

弟程千帆

三月廿六日（一九九六年）

致黄进德（八通）

黄进德，曾任扬州大学文学院教授。

（一）

进德先生：

扬州之行，甚快，承惠允担任魏晋南北朝分典主编，尤感支持也。返后与卞孝萱、高纪言两先生商，皆无异议，即作函向李彦、任继愈两主任推荐，请其按手续任命，发给聘书。官场手续迟缓，或尚须时日方可奉呈耳。至正式签约则因有待出版社经费落实，约在年底。先生此后便可考虑人选，分典结构框架，各部字数（此分典字数粗估为七百万）以及必采书目，以及此一时期之特殊问题（如佛典文学的收录范围之类）。若能今年年底签约，明年底出样稿即为顺利，不敢望之过高求之过速也。专上，老瞀不能成字，乞谅。顺颂

著安！

千帆

6月8日（1996年）

（二）

进德先生：

十一月八日手示敬悉。各事奉呈如次。

① 关于分典主编问题，相交多年，深悉吾兄淡于荣利，对顾先生能任此职，亦信而不疑。《孟子》所云：庾公之斯，端人也，其取友必端矣。但北京方面，对分典主编以上人选，要考虑其在全国学术界之班辈，其出版之著作，总希望是资深前辈，故弟将兄推荐与李彦任继愈时，即一口答应，并

认为聘顾先生为主要助手亦极适当。现兄既允列名宋元分典首册之全《文学典》名单中，如无特殊变动，即请勉为其难。

② 稿费分配是1993年11月在苏州《文学典》工作会议上决定的。

采取专家负责制的组稿方式，每千字20元，其中20%为活动费，由出版社掌握。其余80%，分配如下：

5%为典的主编费

15%为分典主编费

20%为部(分典副主编)主编费

60%为辑录校点费

来示云：将分典主编、副主编(即部主编)之稿酬合并计算，即将15%+20%，共35%，只提取20%，而将校点费辑录费加到75%，主要是减少了部主编的报酬。此事恐要得到以顾先生为首的各位部主编(分典副主编)的同意。如各位无意见，弟除钦仰之外，决无意见。(这是一项前此所无的大文化工程，既采取主编负责制，即不宜多所限制。吾兄今后尽可在主要助手共同协商下，对各事作出决定也。)

③ 建安七子作为体类样稿，必有可观，但似要与治安兄商量。从史学说，建安仍是汉，从文学说，已有新变(当时碑刻已有称"魏建安"者，王利器曾著文考之)。决定后，在适当地方说明即可。

④ 如何利用今人研究成果，是《大典》全书一大问题(恐难不用)。此事无法回避，恐要出版总署行文各出版社统一办法(卞等似已用)。

⑤ 卞先生交稿事，我在九月初曾与认真直率谈话一次，他提出96年底、97年初交总论、隋唐及初唐，97年一、二、三季度之末各交一部(盛、中、晚五代)，九月底交齐。其次序先后则暂难定。曾枣庄则97年七月全部交齐。卞交了韩愈，还有刘禹锡未交，不知隋唐五代他是否能如期交卷。

写字困难，略陈梗概，如荷枉过，当更面罄。顺颂

俪安！

弟千帆

11月13日(1996年)

（三）

进德先生：

昨得顾先生贺片，知小集已得奉呈，甚慰。此皆旧作，而售阙已久，门人于君督其重印，而装印胜旧，亦可喜也。

关于汉魏文学划分问题，可协商解决，尊意极是。历史奔流，文学发展，本浑然一气，后人以自己方便，强为分期，自不能不有异同，从其大齐，斯可矣，不必也不可能都合理也。

现在整个《文学典》的情况是宋元来年九月可毕功，隋唐差不多。但宋元是用电脑，隋唐则手排，故出书宋元较快。曾已拿出第一册，97 年 1 月可出样本。有此本是向北京要钱的一张牌，或可推动改善待遇。

高近患皮肤病，每日去医院打针，是否能如前说，在近数日内来扬州，尚未确定。但此事出意外，如要延期，只能同意。希坚说两个分典一千万字第一次应付之款已备好。如弟近期不能来，甚望兄元月 6 日开社联会时一晤。白内障加剧，书不成字，乞谅。敬颂

著安！

弟千帆

12 月 27 日（1996 年）

（四）

进德先生：

手教及致高函复本均拜悉，有理有节，预留分寸，均为事态之发展留下地步，甚佩。顾先生稿，看主题，似以《建安文学史》及《建安作家论》较易推出。已函友生中在出版社任职者说项，俟有答复当再奉告。古人云：业既成而名不彰，朋友之过也。弟于顾君颇有此感。因要等消息，暂不回信，望转告。匆匆，顺颂

著安！

千帆顿首

一月十五日（一九九七年）

（五）

进德先生：

手书敬悉。知赴上海弄孙，颐养之余，又对晚唐部分细加推敲，发现若干问题。先生敬业精神及对《大典》的责任感，令我十分钦佩。此间各事也有些进展，现逐一奉告如下：

第一，江苏出版局长石启忠对高纪言提出，在《大典》付印（主要是指曾枣庄主持的宋辽金分典）以前，要进行正式的抽样检查，高表示同意，当即由出版局请南京师范大学钟振振、钟陵及东南大学王步高等三人各审查数十万字，并指出其中应改之处，多为标点等问题，错处有，但不多。我们表示这次审查就作为《文学典》的最后审查。以后各分典主编签字后即可付印。这需得北京同意后即可照此办理。

第二，高纪言、黄希坚已于前日去成都，将钟振振等发现的问题与曾商量解决，或依旧，或改正，按具体情况决定。他们二人拟在成都耽搁一周即可回来。

第三，他们回来后，高同我即具名写一报告给李彦和任继愈，申请正式付印，争取在今年年底或明年年初，将宋辽金元分典一次推出。这就算正式出版了，隋唐五代估计明年国庆可出。这两分典约占全《文学典》二分之一。其余依次而行，比较容易。

第四，你谈的晚唐问题，我的意见是以你的意见为主略加改动，但不宜大动。如果你同黄希坚意见有出入，那就依你（或卞老）的为主，因为我们是主编负责制。这种局部修改统一规范的做法，已经有两个例子：一是中唐部分，西北师范大学蹇长春先生曾由兰州来南京与卞老商量定稿。这一次，黄、高去成都与曾当面解决。你的晚唐部分可在扬州或南京与卞老、黄希坚当面解决，不会妨碍排印的时间。

第五，魏晋南北朝样稿你做得快又好，本来想和理论典同时开会通过，但张伯伟太忙，才从台湾回来，又去了越南，月底才能回来，等他回来再催。我的意思你的样稿做得很好，就可以继续进行，因为我想不会有很大的改动。

《大典》搞了七八年总算取得了付印权，以后我们弄好一种，就可以印一种，这是一个很大的胜利，表示领导对我们的信任。以后工作相对来说要比较容易一些。这都是各位先生努力的结果。我在这里再一次表示感谢。

顾农兄在贵州印的一部书，已正式出版，并寄给我一本，我已将该书转寄给了湖南文艺出版社弘征，以便促进其另一部书的出版，不知效果如何。这一情况已函告顾农兄，不知已否收到。

我最近身体不好，发过烧，挂水后已愈，但仍很衰弱，故只好请老妻代笔，请原谅。暑热，请多保重。

顺颂

俪安！

程千帆

8月12日(1998年)

（六）

进德先生：

手书敬悉，编纂诸事，考虑细致，极为感佩。台湾广文版《古今诗话续编》，张伯伟兄有之。惟卷帙甚巨，且渠亦时时检阅。故借阅、钞写、复印均无问题。但全部借去扬州，则有所不便。南大是否藏有，尚不可知（待查）。但书既多，则恐亦难借出也。谨以先报。贱恙耳目已成定局，为老年衰敝，无可如何。脚肿尚微微，针灸无效，改服中药及云南三七片，略可，但静养以俟天命。而至承关注，尤感也。顾农先生行政能摆脱，是《大典》好事。其《建安史》，湖南方面迄无定音，只能待之。何时来阅书，先与伯伟联系即可，其家电话为(025)3596970。顺颂

安吉！

弟千帆

十一月九日（一九九八年）

（七）

进德先生：

黄希坚先生已得尊函见示。加一个新的项目牵涉全书体例，似有困难，但如先生愿意进一步加工扩之为唐代文学叙事，则可单独出版，古人已有其例，如《词林纪事》之类，幸加考虑。我病后疲软，考虑不周，幸明察。顺颂

大安！

帆上

二月二六日（一九九九年）

（八）

进德先生：

四月廿八日手教敬悉。尊示各点，考虑周详，大有补于质量之提高，望即就此安排进行。至于进度方面，今年已决定只出枣庄兄主编部分，共五册，作为国庆五十周年献礼，而隋唐五代则当在明年出版，故先生的安排，目前看来，似无困难。任继愈已在《人民日报》发表文略放国庆可出一典之信息，先生想已见之。尊函当转交希坚、纪言两先生一阅。纪言为国庆出版事，现尚逗留北京，不久当返。尊意当面谈也。弟去冬以来贱躯不适，住院月余，出院休息亦已二月，而进步不大。昏庸老朽，亦事理之常，不足异也。先复，余容续陈。即颂

著安！

弟千帆上

5 月 3 日（1999 年）

致顾农（四通）

顾农，扬州大学文学院教授。

（一）

顾农先生：

前得电话，极感关注。比又得读手教及张淼君新文，幸甚幸甚。思路敏、文字清，知强将麾下无弱兵也。谨作小幅奉酬，乞转致。《大典》事仍求扬大及先生与黄翁鼎力相助。旧简报一期略见情况，寄呈备考。专复，祇颂

著安！

弟程千帆顿首

6月25日（1996年）

（二）

顾农先生：

惠书敬悉。《大典》事先生考虑周详，具见敬业精神，深可钦佩。此书弟曾得到工委会及编委会许可实行主编负责制，除框架要全书大体一致外，可照章学诚所谓专家独断之精神，视宜处置。进德先生有编晚唐的经验，先生则精熟魏晋南北朝，彼此合作必能称手。大体大家择材宜精，小家宜全，佛徒道人但取其与文学有关部分，其余则不阑入（自有他典位置之），如是则可不复重，且节约篇幅也。弟与二兄居处甚近，将来讨教之日甚多，又凡已有人汇编材料可即以此部分委托之，如何？进德兄之以李义山托恕诚、学锴则事易举，且免版权纠纷也。《建安文学史》当为设法推荐，成否不敢必，但似不必自费印行也。凡此所言皆仅供参考，伏冀垂察。复颂

大安！

弟程千帆顿首

7月7日（1996年）

（三）

顾农先生：

大札、新文并拜悉，过奖为愧。尊著已函于景祥兄请其安排，争取在

年内出版，但不知办得到否，彼亦有难处也。文山会海之苦，非经涉久者，不能通晓，亦不能洞悉文牍主义、官僚主义、各式八股文该打倒也。阁下方修练其中，甚盼他日登真，能载其清净。呵呵。匆匆，祗叩

著安！

弟千帆顿

5月18日（1997年）

（四）

顾农先生：

收到新著，极感。但循览题目，即知所论多前人屐齿所未及。先生多年钻研，知于此书小发之也。南大同事周勋初先生近亦集其论魏晋南北朝文章数十篇，为《文学论丛》一书，在江苏古籍出版社印行，颇与尊著有桴鼓之应，不知已见之否？专此复谢，敬颂

道安！

弟程千帆上

1月15日（2000年）

致萧效农（六通）

萧效农，萧印唐之女。

（一）

效农贤侄女：

尊公逝世，使老人伤痛至极。匆促作一挽联，不能尽其情于万一。搜寻旧箧，得遗诗若干首，现抄六首寄上，以供发表。求精不求全，想能体察此意。我前几年耳朵已聋，近来更甚，今年起又患白内障，看书看报、写信写字都很困难。海内故人，只有刘君惠兄尚存，可以话旧，但千里相思，老病之余，连打电话、写信都很困难。你爸爸是一个有真性情的人，沈祖棻曾有这样两句诗："朋侪秉性异温严，侠骨柔肠君独兼。"这是大家所公认

的，所以我在挽联里也用了这句话。解放后听说有什么不公正的待遇，我不清楚，追悼会上得到恢复，这也很好，即使没有，我劝你不要放在心上。你爸爸为人光明磊落一辈子，而世界上并不缺少开冤枉店专门出卖冤枉的人，你把这类事老放在心上，也太看得起他们了。我当了十八年右派，曾经很是苦恼，后来才恍然大悟，是个错误，错就错在太看得起那些开冤枉铺子的人了。我托陶阿姨写这么长的信也不容易，这段话作为对你的赠言，也作为禀告你爸爸在天之灵。并且希望禀告你妈妈，让她能得到安慰。

我已把校友的书画（包括你父亲的）全部捐赠给南大图书馆，曾开过展览会。如果你需要给你爸爸出书法册，可以到南大图书馆来拍照，要借出就不容易了。也许家里还存有一两件，那就需要慢慢找了。如果还有机会到南京，盼望来看看我。请代问候你妈妈。顺颂
全家安好！

千帆

96.7.2

萧印唐遗诗

《次十七翁韵有赠并怀紫曼乐山》

江潭木叶媚新秋，九日题糕与子谋。丝雨缚魂将入定，片风撩鬓若吹愁。咄哉胡祸晋司马，命也圣徒鲁伯牛。从薄霜零天地润，系人心处是嘉州。

《和韵答瘦桐》

客有可人期不来（后山句），一秋风雨响空阶。成都酒味薄于水，料得愁肠日九回。

寂寞村居抑郁情，寒林漠漠织烟平。引心最是戍楼外，如血江山夕照明。

《秋日夜幼平汪园留饮，谈至夜分，晨翌送潭秋归井研》

人生识字忧患始（东坡句），灯前感喟语夜深。办肴沽酒供谈笑，不觉依依别绪侵。传座新词不延誉，谓有鬼气阴森森。曲沼不波抱月冷，低檐霜重死虫吟。意悲语烦惟有叹，流觞回眄尽劝斟。韶年轻掷难为鬓，忧思长捣若为碪。足惜此日尝旨酒，已知佳兴未可寻。丝

管留人弹中屋，挥手送君箭中心。不辞别后转寂寞，闭门诗句久噤憎。

《晓行南泉道中》

重来归地不胜情，指点遥山未记名。散雾林梢迟日出，如云禾稼喜秋成。新添雨洗悬螺绿，侧听溪流活水声。穿径不辞衣袂湿，入怀珠露有余清。

《游红豆树王园归，戏柬同行，用东坡韵》

一林红橘论钱买，篱角黄柑就地堆。闲客趁晴随野步，主人今日此园开。直寻花径探梅去，重到池亭照影来。数问相思树结子，可曾袖底有携回？

（二）

效农贤侄女：

接来电后即往南大图书馆联系，因已放暑假，各种珍藏之书籍字画等均已封存，值班人无权启封，顷待开学之后才能办理，恐耽搁纪念册之印制，请斟酌。

涉江词笺本另邮寄上，以为纪念。

令堂住在成都，想一切均安，暑日仍盼多加珍重，请代为问候。

十月间令尊大人纪念会议亦颇思参加，并会晤各位老朋友，只是这一两年来日益衰老，耳聋目瞀，不敢一个人出门，书报亦不能阅读，无法远行，甚感歉怅。

专复，顺颂

双安！

千帆、陶芸

8 月 2 日（1996 年）

（三）

效农贤侄女：

令尊遗作除前已寄奉之外，现于南大图书馆内又抄得赠余诗词三首，虽未写明日期，估计第一首是 1978 年余来南京后不久所作游湖诗之和作，第三首是 1985 年余去四川与令尊会面后作。兹随函附上，请查收。令堂谅必安康，请代问候。丽则长女仍在南大读研究生，次女今年也考取南大法律系，附告。阖府近况如何，均在念中。

专此，顺颂

俪安！

千帆、陶芸同上

1996.9.24

（四）

效农贤侄女：

十月五日来函及所附各件均已收悉。见到电校所作令尊生平简介及来函中所述阖府近数十年的经历，真令我悲喜交集。解放后受多次运动干扰，经常不能互通消息，令尊所受各种不公正之待遇，我很多都不知道，加之我自己也受着非人之待遇，也无从互相慰勉。好在噩梦已过。在追悼会上令尊已得到正名，恢复其诗人、学者的原貌，想令尊在九泉下也可瞑目，我们也为之欣慰。

重庆诗词学会愿意为令尊出诗词集，极好。不过写作年代前后相距很久，又经多次流离迁徙，自然不能全部收集到。我还是主张重质不重量，不在于多寡，但求其精。学会要我作序，几十年交往之老友，当然不能辞。只是我现在日益衰老，耳聋，眼睛因白内障加剧，已不能读书报，只好勉强写一简单序文，并为其题一封面，请学会主持人径行与我联系。至于人物注，有很多可以在我注释的《涉江诗词集》中找到，我出川后的就不知道了。（解放后令尊在重庆许多老友及学生均在成都，故所知令尊情况更少。）

专复，即颂

阖府安乐！问候

令堂！

千帆、陶芸上

10/11/1996

（五）

效农、孝乡贤侄：

接到大函及令尊遗作，不胜感慨。老友遗作，自当为之整理并作序。余老病衰惫，已不能写作。半月前心脏病复发，住进医院，医嘱安心休养，不能多说话，更不能看书报，以致寄来之稿尚未寓目，请多多原谅。

专复，顺颂

俪安！

令堂大人前代为问候！

千帆

98.12.14

萧印唐先生集序

一九三四年秋，金陵大学举办国学特别研究班，承学之士，或不远千里而至，垫江萧印唐其一也。先生时已毕业四川大学，从名宿林山腴、庞石帚先生游，于文学之事深造有得。然犹未尝自画，慕蕲春黄季刚先生、长洲吴瞿安先生之名，复来受业。其为人任侠好义，善与人交，而文采秀发，尤公草隶，故同学莫不爱重之。时余夫妇亦在弟子之列，故交情尤契，称莫逆焉。先生文思敏捷，而不甚爱重其作，每有造述，或不自收拾。晚年社教重庆，未尝定稿。及逝世后×年，其女效农始就其所收集者诗××首、词××首、杂著对联××首，复以友朋追挽之作附之，编为一卷，付之世人。余观其中涉及余夫妇者不少，数十年交往，览之犹在心目也。余为沈祖棻《岁暮怀人》诗注："巴峡畸人忆旧狂，千金散尽始还乡。箧中草圣依然在，何处春风问讲堂？"笺曰："印唐任侠轻财，急人之急，多金不吝。工行草书，得者宝之。时不得其消息，故有末句也。"又其《得印唐书，却寄》十首之五云："朋侪禀性异温严，侠骨柔情君独兼。老去江湖求药物，空余草圣闭尘奁。"见之者莫不以为恰如其人也。先生之著述效农既加编次，又命为序。余自冬初卧病，老年昏愦，虽得其稿，恨不能有所匡定。而先生之文章，精神具在，世之览者，当自得之，固不必一一罗缕也。戊寅嘉平，八十六叟程千帆谨识。

（六）

效农贤侄女：

接来电后即将垂询诸事回忆了一下，因抗战胜利后我即回到武汉，令尊在重庆工作等事我都不了解。反右后更不敢与老朋友联系，故无从解答各问题。只知令尊在安徽中学任教时，曾翻印过四川龚、林二位先生所著文学史，未听说令尊自己写过文学史。未能对你有所帮助，甚歉。

我近年来身体甚衰，耳几全聋，目力很差，精神委顿，虽还没有终日卧床，但也只能枯坐，看书都很困难。闻令堂身体很好，甚慰。请代为问候，望多保重。丽则一家尚好，早早已获得硕士学位，暑假后将去复旦大学读博士，小燕明年亦将大学毕业，堪以告慰。

顺颂

全家安康！

千帆

99.8.31

致吴在庆（一通）

吴在庆，厦门大学中文系教授。

在庆先生：

新书收到，精卓可惊，求之今世，惟顺德岑氏可比，然有过之无不及也。欣佩欢喜，辄书茶陵谭组庵一联，用酬高谊，意者听涛阁境界似之。

千帆顿首

8月7日（1996年）

附：

天远已无山可隔，

潮来真见海横流。

在庆先生正　丙子秋千帆

致陶文鹏(三通)

陶文鹏,中国社会科学院文学所研究员,曾任《文学遗产》主编。

(一)

文鹏先生:

尊编《宋诗》拜领。弟于宋诗但颇好之,非能知之也。何期遂以此相推,惭惶极□。目眚不恭。敬叩

著安!

千帆上

八月十五日(一九九六年)

(二)

文鹏先生:

大札拜领。每从杂志读尊文,别出手眼,将古贤摘句图现代化,极具妙解,辄欣佩不已也。似可不以二句为限,情景相似或相反者比较言之,必更使人有所启发。

专复,敬颂

大安!

千帆上

九月十三日(一九九八年)

(三)

文鹏先生:

大札、新文均拜领。学人不能拒普及工作,先生之为是也。新诗有佳句,然不精匀,疑未能悉心求之耳。妄言,幸恕之。

专复,敬颂

大安！

帆上

国庆日(一九九八年)

致曾枣庄(一通)

曾枣庄，四川大学古籍研究所教授。

枣庄先生：

希坚返宁，得知其奉谒情况。顷又得手教及宋元分典编纂说明，可以断言，先生主持之分典，无论在质量上、速度上均已属前列。即照目前已定计划做，在九七年能出两个分典，较之他典，成绩已斐然可观，欣佩之至。编纂条例是否要在简报发表，尚乞酌告，至少可抄副与其他分典负责人(卞、吴、董及张伯伟[理论]、黄进德[魏晋南北朝])，俾诸君子有所参证也(由尊处或出版社寄各处，乞酌定见示)。何时过宁，深盼把晤。匆颂

著安！

弟程千帆顿首

十月四日(一九九六年)

致莫砺锋(四通)

莫砺锋，南京大学文学院教授。南京大学中文系文学博士，师从程先生。

(一)

砺锋老弟：

得海东书问，知一切已安定下来，粗能适应，甚喜。

新诗二首，甚稳妥，前篇挟老杜沉雄之意，亦可贵也。数句微有不妥处，举出如次，愿更酌之。

① “几重险”,“几”字平,此处当仄,易为“千岩险”何如?

② “群公”,无所指,亦不易实指,似改“后来”。

③ “意无倦”,此处当作平仄仄,又全句似太一般化,能换一句才能与下句轻重相对,恐光州可谈者少,工作亦不重,可慢慢细细读一些宋人别集。如杨诚斋、孙仲益、韩魏公、惠洪和尚,此诸家,先师翔冬、辟疆二老皆甚赞之。我心识之而未及读者也。寂寥时亦可补诗课。常做则熟于机括,自然想出许多意思。这一点,东坡办法最多,山谷苦思反不及坡之生气勃勃也。

有富已将《典藏编》写成。我尽20余日细审,目力更损,然最后把关,不敢忽,已寄齐鲁矣。

山西将《学记》扣住,近日始允寄还,俟到后想请立朴为之速印。景祥曾寄《选集》二套来,其余交铁路木箱运,至今未到。《诗文钞》样书亦未见。我目力愈差,书不成字。祝

旅安!

千帆

10月8日(1996年)

(二)

砺锋弟:

两封信都收到,我今年以来身体很差,除了视力听力继续下降外,又加上不良于行,连在校园散步、去邮局寄信,都感到吃力了。陶芸的脚力也明显下降,幸耳目都很好,能照管我的生活。退一步想,我84,陶83,上苍相待亦已甚厚,不宜多求也。

你来诗只是稳妥。这个问题我想了一下,你还是要把诗作得好一些,不能像现在人,谈起来尽是道理,下起笔来却完全不是那么一回事。你是否可以专选一两家用功:我觉得陈简斋大可学习,陆放翁则比较容易入手,简斋五古七律,放翁七律七绝,试着花一两年时间下点苦功,必有悟入处,不要怕年纪大,起步迟。我现已不能工作,来日无多,凡是应当告诉你们的,都应当重点说明。我近来对几个留校的老学生,只要有机会,总是多少谈一点这样或那样的道理,师弟之间,同门之间,相逢相聚,也是夙

缘。我岂敢自拟先圣，但确是对“仲尼没而微言绝，七十子丧而大义乖”的恐惧，此义望时时体认。

近得于景祥之助，已印好陶芸手抄的《闲堂诗文钞》。你的一本已交友红。巩本栋编的《学记》，在李立朴那里印，大约四、五月中可以出版，另外，又托本栋就我已出各书摘录其中较有思辨性的片断辑为一书，我题为《俭腹抄》。如果顺利，年底可在上海文艺出版社出版。章灿的事情忙，工作多，所以《程氏汉语文学通史》稿，恐怕要到98年上半年才能完工。现已将其中较有特色的三、四章交武汉大学所办《人文论丛》（大型杂志，每年一期，60万字）作为试稿，先行发表。我总想生前把一切应该告诉学生和后学的东西告之世人。其是非得失自可得到公正的评价。同学们的事业都有发展。章灿的石刻学已经完稿，傅璇琮先生答应收入中国文学史史料丛书，职称问题已经由系中提出，但是否能通过，还不知道。已告之应有雅量，成固欣然，败亦可喜。伯伟已接受《中华大典·文学典》理论分典主编。《文学典》宋辽金元分典今年可出，1200万字，五大册。在北京开样书的论证会，已获通过。弟代笔之《文学典》序，众口交赞，一致同意，我也极为高兴。伯伟主持的文科强化班甚有成绩，学校已决定将它独立出去，与系为同级。宏生在美国也很活跃，最近有信来，附上一阅。曹虹已到韩国，想已与你联系上。她的《阳湖文派研究》已出版，不知是否已带给了你。张智华天分不高，但很用功。作学问将勤补拙，是第一要素。古人云“诚则明”，还是可以有出息的。

你写的韩国风俗也很有趣。多上点课对你来说不会增加多少负担。

顺祝

旅安！

千帆

3月13日（1997年）

（三）

砺锋弟：

四月十一日来书收到已久。问本栋要材料，即告之，想已照办。他办事细心是其长处，不会延误的。晓音闻已去东京，要在日本一年。

我身体日差，目瞀耳聋。近又加行步困难，但仍能坦然处之。老是自然规律，没有什么可怕。严杰住我隔壁，已将取信件事托之他，你若回，便可托你，更近了。

鲁迅好诗已被唐人作尽之说，根本不对，大是误人。作诗并非为了和人比赛，即使比，也并非都要做状元。自圣人尊之为圣人，凡人亦群将其尊为圣人，于是此说谬种流传，成为不努力者的一种口实。诗之者旨大序足以尽之。圣人亦不能自食其言，奈何凡人反遵从之耶？

伯伟5月3日来韩，三个月中或有机会相见。《诗文合钞》托其带上，前已交友红，返国时可另赠人，因已出订正本，有所补充校改也。王兆鹏代弟出席文学史会，来信告我，行霈对你宋代稿颇为称道，谓是经过深思熟虑之作。老人闻之殊慰，前闻多人夸《大典》序，亦如此也。此新书必须胜过文研所三卷本、游等四卷本，不特科学有进步，政治形势也远过于数十年前也。祝

旅福！

千帆

劳动节（1997年）

（四）

砺锋弟：

昨日得8日函，今晨听无线电，知昨分界线朝韩交火，即嘱友红以电话问安。想光州距交火处远，或不致波及，惊扰则不免耳。前得来书，以闻夫人将携杞探视，故未即复，后闻杞不能得签证作罢。幸归期不过月余耳。（宏生亦8月下旬返，伯伟7月中返。）我耳目无起色，近又发二十余年前在农村劳动时左脚为斗牛所伤宿疾，不良于行，故终日枯坐时为多。幸得老妻及及门诸子为助，除《校雠广义》四卷已全部排毕在印刷中外（此书有富之力为多），又得景祥之力，由陶芸手写《诗文合钞》一卷，将正式出版。巩本栋代编《程沈学记》，由立朴在贵州出，已二校，估计八月可出。又旧作摘抄名《俭腹抄》一书（亦由本栋编）约25万字，已交上海文艺出版

社。此数书，因弟在海外，未能共商榷为憾。此外，章灿将我旧作文学史，加以补充修改，定名《程氏汉语文学通史》，是我最后计划的一本书，看98年能否定稿。（想让门人中最年轻者放笔为之，不加任何干涉，故亦不迫促之。）

在广告上看到北大《国学季刊》目录，弟有研究《韩文考异》文，岂海外所为耶？海外资料缺，能成此文，不易，甚喜。韩国文化文物即大约如弟所云。看了周围一圈，方知“中国”“中央”之意义，由地理的而文化的，由东北西北而东南西南也。

系中大体平善。姚松出任副系主任，章灿出任文献所副所长。文献所增聘一女博士，周先生命其治小说，以此为本系阙门也。

苦雨，已十二日，不久出梅或可望晴。即颂

旅茀！不一。

千帆

（1997年7月17日）

致高国平（二通）

高国平，曾任上海文艺出版社文艺理论编辑室副主任、编审。

（一）

国平先生：

1月下旬得先生函，知对拙著题名为《俭腹抄》不甚赞成，当由巩君申过理由，认为小序文章甚妥，不必改动，至今已逾一月，未见复示，不知尊意究竟如何？尚请即时明确告知。如名称不改，贵社即不收受此稿，也无关系，但时间不宜久搁。此点想先生必能明察也。（沪宁邮件朝发夕至，希能在本月十号以前获得先生答复。）专此，即颂

大安！

程千帆、巩本栋启

3月3日（1997年）

（二）

国平先生：

顷巩本栋先生见告，先生已将《俭腹抄》样书十五寄出，但千帆实际收到十册（一包），则当是邮局遗失。根据贵社规定，样书是否应当挂号邮寄，如因未曾挂号而致遗失，是否可与补寄。千帆均所不知，尚乞赐告是幸。顺颂

著安！

程千帆上

十一月七日（一九九八年）

此函敬烦财务科同志转交编辑部高国平同志。

致王小盾（四通）

王小盾，上海师范大学教授。

（一）

小盾先生：

承惠西域窟垒子，真爱巴物儿，童稚欢笑，不独老朽也，铭感何极。专此奉谢，顺颂

著安！

千帆拜

4月25日（1997年）

（二）

小盾先生左右：

勋初先生转来新刊旧作博士论文，念任老归泉已久，为之怆恻。任老教授数十年，晚归故里，乃得足下传法，人生遇合有定如是。又忽念足下是书久而始发布，略同朱延丰《元突厥通考》，寅老《寒柳堂集》所为序所论甚精，足下与朱仿佛，陈、任二老亦略同也。目瞀，略书数字以志钦迟之

意，不克详，幸幸。敬颂
著安！

千帆上

7月10日（1997年）

（三）

小盾先生：

久未奉候，伏维安稳。外孙女张春晓，即词集中早早，现已长大成人矣，今夏在南大毕业，硕士导师为张伯伟，校外审查人为复旦大学骆玉明。此孩尚知上进，下期入复旦深造，攻读博士（从陈尚君或骆玉明先生）。其硕士论文即以其外祖母词作为题，还有一些想法。今寄呈求教，不知可在扬大《集刊》备用否？尚乞审酌。弟衰年多病，去冬因心脏宿疾，住院数周，迄今尚未能恢复体力。终日偃卧时多，幸已退休，无必做之事。偶闻人言，先生仍将返上海工作，扬大新成立，极待建设，似较上海更需要人材。先生在扬大已开创局面，区区之意，文旆仍以留扬为上也。敬肃，即颂
著安！

弟程千帆

7月5日（1999年）

（四）

小盾先生：

惠示敬悉。外孙女张春晓习作承蒙俯赐披阅，极为感幸。又荷拟为评介于郴州之会，尤见盛情。此子秋季将入复旦大学去陈尚君、骆玉明两先生门下学习，攻读博士学位。文旆东移，必当拜谒。尚希惠示新址，俾便趋侍。扬大人事亦微有所闻，积重难返，恐亦非短期所旋转，去之亦是也。匆复，敬请
著安！

弟程千帆上

7月26日（1999年）

致佟培基（一通）

佟培基，曾任河南大学文学院教授、古籍整理研究所所长。

培基先生：

夙钦尊懿，乃荷先施，惭愧极矣。尊著甚切实有用，置之案旁，可省去许多时间，减少许多错误，功德可云无量也。小书一册，往日与弟子辈讲习所记，谨呈哂正。耳聋目瞀，书不成字。专此敬谢，顺颂

道安！

弟程千帆顿首

五．廿八（一九九七）

致廖仲安（二通）

廖仲安，曾任首都师范大学文学院教授。

（一）

仲安先生左右：

自数年前（犬齿今年满八十有四）休致，不复出入于文章会议之场，而贱躯亦日益衰朽，耳聩目瞀，兼之左足不良于行，每日枯坐时多，每忆夙昔交游，辄为一叹也。客岁偶有门人愿为印行诗文，老妻多暇代为抄写，遂复印四五百册分致海内知交，以当问讯，何意先生称道之乎。别有一二杂著，亦仗友生之力，得以成篇，或可于年内呈教。并世诸公能文者尚多，先生所举皆其尤最。弟素不工此，每以为憾。七十以后始稍用意为之，如《读蠲戏斋诗杂记》《陈白尘墓表》或勉可观，然上攀诸公之作，仍是小巫见大巫，有神气索然之感，不可强也。先室诗词注，亦是数年前所为，不勉为之，则其本事有后之人不能尽知者，是以不得不尽后死者之责，而限于精力体例，尚不能尽，但望海内知友能谅之耳。酷热，不多及。书不成字，歉

歉。敬叩
道安！

弟千帆顿首
7月31日(1997年)

（二）

仲安先生：

新书收到，分门集注，宋人注杜之旧式，公以治蘅塘之作，遂别开生面，可喜也，容置案头，可消长夏矣。敬谢。顺颂
著安！

弟千帆顿首
八月五日(一九九七年)

致杨文翰(三通)

杨文翰，笔名晓雪，诗人。程先生任教武汉大学时的学生。

（一）

文翰老弟：

《专集》收到，高兴极了。这是几十年歌唱祖国人民山河、为整个文坛所肯定的结集，来之不易，值得庆贺。前些时其麟寄来一本诗集，几片美丽的花朵，老年仍然保持少年的心，诗人永远是年轻的。你也一样。我今年满八十四，即将吃八十五岁的饭了，患白内障，几乎全聋，走路也不行，但心情很好，还尽可能地写点什么。报纸大力宣传云南是旅游圣地，惜已无法再去石林。祝
全家好，创作繁茂！

千帆
八月二十七日(一九九七年)

（二）

晓雪老弟：

得论艾青书，甚喜，仿佛你在大学时。师生遂皆老去，可惊也。书两包已寄上，幸订正之。老师不富，然送学生书还送得起。又作一联，我不工书，聊挂素壁，亦是相忆之证也。匆匆，即颂

双茀！

闲堂

十月九日（一九九七年）

（三）

文翰老弟：

久未通问，忽得新书，高兴之至。我今年已 86 岁，身体大不如前，最近住了一个多月的医院。出院后仍很疲软。好在退休无事，可以安心休息。你不断出书，可见创作力不减。我为你的努力感到骄傲。老同学还有谁在通信？陆耀东（陆现在是母校老博导了）仍在努力写多卷本新诗史。匆匆奉复。祝

合家安好！

千帆

一月三十日（一九九九年）

致周绍良（一通）

周绍良，曾任人民文学出版社编辑、中国佛教协会佛教图文馆馆长、国务院古籍整理出版规划小组顾问等。

绍良尊兄：

前得赐颂寿诞纪念文集，美富为诸家之冠，嗟赏久之，即作书致谢，想达左右矣。兹有恳者，兄著《唐人传奇笺证》，度越恒流，久为学林钦重，而

散布各刊，收集为难。比不知已加缀拾，付之书肆版行否？如尚未暇及此，则拟请将已发各篇赐以复印，以便诵习。缘比见寅老手批汪先生《唐人小说》，索居无事，辄拟加以比勘，遂欲取尊著共读之耳。老病无俚，忽然有此遐思。若不便，亦可不印也。秋凉，伏惟珍卫。敬叩
道安！

弟程千帆顿首

九月三日（一九九七年）

致侯敏泽（一通）

侯敏泽，笔名敏泽。曾任中国社会科学院文学研究所研究员、《文学评论》主编。

敏泽兄：

十一月三日手教收到。兄手术后身体安妥有进步，极慰。我耳全聋，目因白内障近盲，左脚旧日伤痕复发，不良于行，尊意可感，但实已无能为力。写这类书是热门，浙江、上海及兄处均来组稿。已托学生张伯伟君考虑，看能否编一小册。希望将岱年先生等所写寄个样子来，以便与张君商量。旧编资料已在贵州印，近日出版，当即奉寄，请为教正。专复，即颂
双弗！

弟千帆

十一月十三日（一九九七年）

致周实（一通）

周实，原《书屋》杂志主编。

周实先生：

收到刊物、大函，是个极富个性和风格的刊物。感谢。我年八十五，

耳极聋，眼又近瞎，稿大概写不成了。寄上新出一本书，请无事翻翻。祝冬安！

千帆

十二月十一日（一九九七年）

致田余庆（四通）

田余庆，曾任北京大学历史学系教授。

（一）

余庆先生：

香山接麈，未得细谈，至今悒悒。八月手教，亦早拜悉，而老病稽复，亦深歉咎。先生东晋门阀之论，极为学林推重。弟不能治史，而颇好六代文化。年来耳聋目瞀，已艰于读书，更无论着纸墨矣。偶见尊文，心窃仪之。近以门人之助，印得《学记》一种，敬呈一册，聊博一笑。顺颂

著安！

弟程千帆

12月19日（1997年）

（二）

余庆先生：

大著收到，捧读极佩，真陈言务去，孤明先发之典型也。结论极为明白，斩断葛藤，毫不含糊，真考据文字之胜境。并世胜流，不特造此境地者鲜，知此境者亦不多。真不愧名家名著之称。下走衰年八十有五，已难诵读，读大作，欢快以忭，更愧乡有贤者而知之晚也。目瞀，书不谨，乞谅。敬贺春节，并颂

著安！

弟程千帆

1月31日（1998年）

（三）

余庆先生有道：

前承惠赐大著，浣诵欣佩，寸笺肃谢，想达左右。兹敬恳者，门人程章灿，从学有年，颇治文史，兼攻石刻，其所为文已多刊布，方之前辈有类顺德岑先生，比辑为一册，谨呈其目，伏愿长者略一拂拭之，倘荷玉成，为介之北大出版社，俾得承教于学林，则为幸多矣。衰年瞀目，书字不谨，谅之谅之。顺颂
著安！

乡愚弟程千帆上

2 月 21 日（1998 年）

（四）

余庆先生左右：

顷奉手教，敬悉种切。琐事奉渎，极感不安。程章灿事尤深荷长辈之赏垂，已专函致谢，并以所作呈教矣。南京昨日忽降大雪，夹以殷雷，父老云五十年来所未有，或者丰岁之休征也。敬复，祇颂
著安！

乡弟程千帆上

3 月 21 日（1998 年）

致辽宁教育出版社（一通）

承赐《新世纪万有文库》一二辑及《脉望》初集都收到，感激之至。这套丛书以及《脉望》都富于创新的精神，使广大读者从各方面都受益匪浅，对于我们老辈人来说，是多少年不曾相见的图书重现眼前。对于海外的，无论是汉文或外文著作，也有见异书而眼明之乐。我非常喜欢这套丛书和这个刊物，并对你们的成功尝试感到钦佩。我想到有几部书，不知可否供参考：(1) 文廷式《纯常子枝语》。此书刻于汪伪时期扬州，流传不广，迄无铅印，分量不大，很有价值，涉及学术及晚清政治者不少。当易购得。

(2) 李继煌《古书源流》,是一部校雠学经典著作的辑录。三十年代曾由商务印书馆印过,铅印二册。(3) 孙德谦《四益宧丛刻》中收有《六朝丽指》《汉书艺文志举例》《刘向校雠学纂微》。另一种忘其名。共四种家刻本,在图书馆当可找到。孙德谦和王国维、张尔田齐名,称为三君。但后来孙久居上海,名不及张、王之著。(4) 张尔田《史微》,有排印本,上下二册。张氏史学名著。(5) 张璩《读史卮言》,二册,有排印本。以上各书均可供贵社考虑,而其中《纯常子枝语》尤为重要。又湖南人易顺鼎以文学知名,但其经史观点极为精彩,曾为闻一多先生所称赞,惜均为零种,散在各方,搜寻不易。如先生能搜集起来,印在一起,为一大功德。听说所出各书均有零种可卖。你们送我的第一辑中的《唐诗四季》和《唐诗概论》不知被谁爱了去了,我想补买两本,不知能费心寄来否?顺便也指出一个很容易改正的一个也许是缺点,即全书没有总目录,每部分书也没有一个单独的号码,以致于我现在的这一套书丢了几本也弄不清楚,请在第三辑出版时,对这一问题予以考虑。我现已八十六岁,对于你们的工作实在非常感动,所以请老妻子代笔,表示我的感谢和祝贺。敬祝取得更大的成功!

(1998 年 8 月 5 日)

致吴海发(六通)

吴海发,曾任教于无锡高等师范学校等校。

(一)

吴晴先生:

来信收到。

我已 86 岁,老病卧床,不能回答先生所提问题。原信退回,请原谅。

顺颂

大安!

程千帆

8 月 30 日(1998 年)

（二）

吴先生：

寄还拙著及大札收到，惟尊文二篇皆未见，不知何故。小文多承奖饰，老病久不复，为文勉应故交之约，惭惶之至。老拙退休已近十年，颓龄八十有六，久无精爽陪接海内外贤哲，承告欲过访，深恐无从陪侍也。敬肃，即颂

著安！

程千帆顿首

四月十三日（一九九九年）

（三）

吴先生：

4月21日手札及附评余文并收到，谢谢。

江南二仲系指王蘧常瑗仲及钱萼孙仲联，二人并共诗文，有声于时，王并兼工章草。此今典，非故实也。

寅老句见庾信《哀江南赋》："蔡威公之泪尽，继之以血。"检倪璠庾集注当作得其出处。

敬复，即颂

著安！

程千帆上

四月二十五日（一九九九年）

（四）

海发先生：

6月20日手札收到，承询秋明老人《高阳台》词中"屯田"之义。鄙意以为从上下文义观之，此处似与柳耆卿无关。屯田即屯兵开荒，亦似今之新疆石河子农场也。仍乞大雅酌定。敬复，即颂

著安！

程千帆上

六月廿五日（一九九九年）

（五）

海发先生：

大札拜读。暑中著述不停，勤奋极堪钦佩。弟衰年八十有七，目盲耳聋，已不能工作，医嘱闭门静养，不敢延见佳宾。先生枉过，恐难接待，甚为抱歉。所询典实，不能出门，亦无由查考，幸恕其衰朽也。敬复，即颂

道安！

程千帆

八月十五日（一九九九年）

（六）

海发先生：

去岁25日赐书拜读，迟复为歉。承示叶圣陶先生日记一则，甚感。弟治校雠之学六十余年，近岁得门人之助，幸于去岁完成《校雠广义》四卷，在齐鲁书社印行，侥幸得国家图书奖，或先生已见之矣。先生毕业上庠后任教之余，著述不辍，斐然有成，极堪钦佩，何日刊行，当求一读也。匆复，即颂

大安！

弟程千帆上

一月六日（二〇〇〇年）

致黄天骥（一通）

黄天骥，中山大学中文系教授。

董每戡文集，程千帆敬题。

天骥先生：

赐示命签董老遗集，衰退无笔力为愧。此老抗战中曾执教三台东北大学，弟则承乏成都金陵及四川大学，间有书疏。今奉命书签，亦是一缘。闻季思先生集将由河北教育出版社付印，极是盛事，跂予望之。弟今年犬齿八十有六，凡百衰退。不尽。顺颂

道安！

千帆顿首

九月十七日（一九九八年）

致顾易生（三通）

顾易生，曾任复旦大学中文系教授。

（一）

易生先生：

新诗妙绝，从未见过，真善《易》者不言《易》也。弟衰钝，竟不能和，奈何！箧中所存能别写寄若干否？盼盼。敬颂

吟安！

弟千帆

国庆日（1998年）

（二）

易生先生：

前得诗翰一幅，精妙之至。玩赏多日，不能去手，已付装池，永作寒斋之宝。又别摄影一幅，今谨奉呈。弟近患肠胃，住院近四十日，近始出院，贱躯犹孱弱，未能多及。匆匆，顺颂

吟安！

弟千帆顿首

1月19日（1999年）

（三）

易生先生：

惠示及诗文数件奉悉，雅韵欲流，深叹前此相知之未尽也。弟病后返家，仍极疲软，卧榻时多。谨此奉复，尚乞恕宥。谨肃，即叩。

弟千帆上

2月5日（1999年）

致阳海清（一通）

阳海清，曾任湖北省图书馆副馆长。

海清先生：

赐函及附件收到。常常听到吴志达先生说起，先生参加《文学典》工作极为认真负责，贡献突出，我谨代表编委会向先生致谢。

关于下限问题，是一个编年史（包括多种形式）中永远存在也永远无法获得满意解决的问题，当初大家给定以辛亥革命为界也只是大概，当时也认为个别不牵动大局的小问题，可以保留一点例外。《大典》实行主编负责制，遇有这类问题，似可由主编（吴先生）、副主编（先生）妥商决定。

我们当时决定主编负责这一原则，是因为主编先生是实际操作执行者，最了解情况，也最能合理地、合乎实际地解决问题。想先生也必同意。

我目力欠佳（患有白内障视神经衰退），书不成字，请谅。敬颂

大安！

程千帆

十月三日（一九九八年）

致周伟民、唐玲玲(一通)

周伟民、唐玲玲,海南大学文学院教授。

玲玲、伟民两弟:

久未通问,忽奉来示,极为高兴。我自去冬患病住医院四十余日,目前始返家休养,然犹疲软无力,盖八十六岁之人,体气欠佳,如此亦不足怪也。三夕闻已就海大文院副院长职,旧友重逢,想常相见。闻著《中马文化交流史》,此自是创作,甚望早日出版见寄。弟夫妇踪迹日扩,著述日富,实为难得。中国南洋间可研究之问题极多且重要,甚望能在年富力强之时,及时多为之也。匆复,顺颂

俪安!

千帆

3月12日(1999年)

致冯天瑜、刘同平(二通)

冯天瑜,曾任武汉大学历史系教授。刘同平,冯天瑜夫人。

(一)

天瑜先生:

寄上外孙女张春晓的硕士论文,请审定,看是否能在《人文论丛》99年号刊载。她已考入复旦大学,继续攻读博士学位。《文学通史》已在辽宁付印,约5月可出书。谨并附闻。敬颂

著安!

程千帆

5月7日(1999年)

（二）

同平先生：

收到十五日大札，知天瑜先生已赴日讲学，《人文论丛》今后二年稿件亦已作安排，甚为欣慰。千帆在武大工作数十年，虽其间不无拂意事，然浮屠桑下之恋实深。自天瑜先生到校，颇振宗风。旧日声名行将复起，私衷窃喜。今得来示，知虽暂时离校，而一切安排妥贴，尤可见长才也。外孙女张春晓习作投寄《人文论丛》，主要因武大乃先室晚年讲学之地。今《论丛》既已别有部署，自可别付他刊。渠已考入复旦攻读博士，所寄之文章幸先生于方便时赐还。专此布谢，即颂

著安！不一。

程千帆上

5.21(1999)

致龙先绪（一通）

龙先绪，曾任仁怀市政协文卫委主任兼市文联副主席。

先绪先生：

大札敬悉。白敦仁先生曾以庞先生外集命设法出版，其事今尚在进行中。贱躯衰病，近亦久未与白先生通问。此事先生似可直接函询白先生，或较得其实也。承寄徐先生《吟草》亦未收到，甚歉。敬复，即颂

大安！

程千帆

5月24日(1999年)

致李涵（二通）

李涵，曾任武汉大学历史系教授。

（一）

李涵先生：

收到来信，知已为先室作传，感激不尽。到南京后转眼已过二十年，但珞珈生活仍历历在心，贤夫妇在我和祖棻遭人歧视之时，仍然以友人相视，此实今世所难，也使我终生难忘。在武大尚有少数人一直保持联系，吴志达君即其一，接函后已与通电话，请其将《学记》转呈贤俪一阅，或者有助于先生文章之补充修订。丽则一直在中文系任教务员，婿张威克在生物化学系管理实验材料，年龄均过五十，再过三数年即将退休。渠等所生二女，长女张春晓（即《涉江诗集》中之早早）今年已在南大中文系取得古代文学硕士学位，下期将赴复旦大学继续攻读博士学位，最近已婚，其夫郭斌，系南大戏剧学硕士，非久将去广州担任《羊城晚报》编辑。次女程雨燕，现在南大法律系，可于明年毕业，均尚知上进。祖棻遗著，经春晓整理，已交石家庄河北教育出版社，计四册，今冬或能印行。可对师友有一交待。

我来宁后，与老同学陶芸结婚，其人甚温厚，对丽则及二外孙女均好。我今年已八十六岁，于十年前退休，现在日益衰颓。幸文集十四卷亦已交河北付印，今年或者可出。又所主编之《中华大典・文学典》共六个分典，其中宋辽金元分典五册，已付印，想争取在国庆五十周年作为献礼。（此项工作亦曾约吴志达君担任明清分典，先生或曾闻之。）

二十年来，人事变化很大。总的说来，是非曲直还是客观存在，不是少数人可以尽掩天下耳目的。对于先生贤俪之不忘故旧，赐与鸿文，十分铭感。何日拜读，跂而望之。老病久患耳聋，目力亦退，谨此奉复，书不成字。徐鸿先生也未通闻，如见时，不知能将此信与之一阅否。匆匆，敬颂著安！

弟程千帆上

6月30日（1999年）

（二）

李涵先生：

收到《人物》杂志，感谢之至。你的文章朴实无华，真挚动人，实在好。我今年已八十八岁，耳聋目瞀，走路不便，已不能从事任何工作。幸所主编《中华大典·文学典》已开始出书，估计 2003 年可以全部出齐，文集亦整理付印，如顺利，与祖棻遗集均可在今年（2000）出版。早早在南大修毕硕士课程后，已考入复旦大学，从著名中年学者陈尚君先生攻读博士学位，这孩子还努力，也许将来小有成就。但要赶上她外婆，则很困难。正如恩格斯所说，从猿到人的机会并不是常有的。听人说，有人写了一本宋夏关系史，我未得见，如贤伉俪知之，幸以作者及出版社名称见告。早早想写宋代文学中反映的非汉族与汉族斗争的关系，故此求教。敬颂

俪安！

千帆上

12 月 22 日（1999 年）

致《中国作家》杂志社（一通）

《中国作家》杂志社：

承为《二十世纪之歌》约稿，我多年来未写新诗，近年来因身体不好，旧体诗也未作。过去旧作，多已发表，现在已极衰老多病，不能再创作。近抄寄 1983 年的诗三首寄上，请查收。顺致

敬礼！

程千帆

1999.7.26

另附：

诗三首

程千帆

《与陶白同志游扬州，戏赠二首》

瘦西湖上弄扁舟，侧帽轻衫念昔游。今日白头还振策，新扬州胜旧扬州。

煎金破玉多风味，万选青钱绝辈游。却笑徐凝无口福，但分明月忆扬州。

1983年5月

《癸亥九日与诸公登紫金山有怀台湾故人》

枫丹柏翠秋如画，钟阜攀翻意倍加。语笑喜陪重九节，诗心惭对万千花。无灾应忘萸囊佩，感时弥伤海雾遮。何日雍容共尊酒，天涯有客正思家。

1983年重九日

致石定机（一通）

石定机，石声汉长子。清华大学教授。

定机先生：

顷奉手教及先德遗著词存又杂志等件，非常感谢。弟往在武汉大学，以刘弘度先生之介，得与尊公交往，深佩其高步学林，复多才艺，后以分携，遂少交往，至今匆匆五六十年。今睹遗文遗事，遂如梦寐矣。马齿顷已八十有七，耳聋目瞀，举止亦艰，已不复能有所贡献于明时，但可偃仰度日耳。十年前在南京大学退休后，因精力尚可，曾承乏担任《中华大典·文学典》主编，经营十年，其中宋辽金元分典五册已于国庆50周年之际出版，曾专人送京100部作为献礼。先生或可在图书馆中新书架上见之。垂老无成，唯此一事差可告慰。笃文先生长于文学，有声坛坫，甚为可佩，见时伏望致声。专此复谢，敬颂

教安！

乡愚弟程千帆上

十月七日（一九九九年）

致王辉斌（一通）

王辉斌，湖北文理学院文学院教授。

辉斌先生：

大札、新著拜读，先生读书甚细，能于人所忽略之处发现问题，实堪钦佩。下走衰年八十有七，耳聋目瞀，已于十年前退休，今观大作，惟有愧叹而已。命作书签，勉强应命，如不能用，可弃之也。祇复，即颂

大安！

弟程千帆

11 月 22 日（1999 年）

致王元化（一通）

王元化，曾任华东师范大学教授。

在复旦求学之外孙女张春晓近日归省，知尊上月降诞之辰，曾随其师晋谒，知道体安吉，殊慰下怀。又承赐大集一函十册（又赐孙女影集），感荷之至。久欲得尊集而通读之，今乃如愿。略事披览，真觉美富不可言，古人所谓“明天人之际，通古今之变，成一家之言”者，公有之矣。字大宜老，尤为可贵。方将通览细读，以补枵腹。先此布谢，不尽欲言。弟近殊衰惫，耳聋目瞽，已不甚能工作。幸所主编《中华大典·文学卷》，已开始出书，得同人之助，可望在二三年内出齐，或者略胜《古今图书集成》，则时代之赐，非□生之力也。又河北教育出版社已开始出版拙集，约十四卷。二千年或可出版，届时当敬呈教益。顺告，敬请著安。

（1999 年 12 月 3 日）

致戴建华(二通)

戴建华,北京市二十五中语文教师。

(一)

建华先生:

收到大札及《中华活页文选》,因得拜读尊著,甚为感谢。先生释“吟眸”为“诗人的视野”甚好。想见用心。亡室遗集四册,已交石家庄河北教育出版社,明年当可发行。敬复,即颂

教安!

程千帆上

十二月十一日(一九九九年)

(二)

建华先生:

得手教,知有《中华诗词读本》之作,何日出版,甚盼能见赐也。先生所选先室之词,皆为时而著之作,弟无意见。衰年已八十有八,耳聋目瞀,久废笔墨,未能为尊作题词,甚歉,幸恕之也。《文选》卷十一《鲁灵光殿赋》序有“而灵光岿然独存”之语,似不宜倒文为光灵,幸大雅酌之。敬复,即颂

教安!

弟程千帆上

一月八日(二〇〇〇年)

致徐雁(一通)

徐雁,南京大学信息管理系图书馆学教授。

答徐雁先生问：

① 在国民革命军到南京以前，金陵大学没有立案。校长及其他主要行政人员，全是美国教会中人。刘先生以前的文学院长，可能是美国人。这查金大旧档案即可明白（因系和平接收，金大旧档案保存完好）。

② 他的弟子现存哪些，我不知，过去没有研究生，凡上过他的课的都可称弟子，想来还不少。

③ 他住过柳叶街的事我不知。

④ 刘先生在中国文化研究所成立后曾兼该所研究员，同时还任文学院长、图书馆长和秘书长。他的研究课题似为道教及佛经目录。其成果都发表在《金陵学报》上，一查即知。

⑤ 刘先生在国学特别研究班讲授过《老子》和《汉书艺文志研究》。刘先生讲课时用写好的卡片，没有讲义。

⑥ 国学研究班后改为文科研究所史学部。当时已发生中日战争，我是被正式录取的唯一学生。史学研究所准备迁往屯溪。但战争发展过快，我并未能去上课。当时李小缘开史部目录学，我只和李先生谈过一次。数年后文化研究所在成都开学，招有王伊同、张继平等为研究生。导师有王绳祖、陈恭禄等。

⑦ 刘先生的目录学或校雠学是在美国国会图书馆学的。据我所知，并无亲属是这方面的专家。

⑧ 我写呈刘先生的二首诗，是在被划为右派时在武大所作，沈祖棻也和了几首（见沈祖棻《涉江诗稿》卷二《呈衡如师四首》，载《沈诗词集》第275页）。

⑨ 陈裕光和刘先生失和事情原因不详。但结果是陈在校务会议上利用理学院长魏学仁、农学院长章之汶二人排挤刘先生。刘先生在金大站不住，只好远去兰州。

⑩ 刘走后，心理学教授蔡乐生继任院长。其人不学无术。我和沈祖棻都离开了。（详见《沈祖棻诗词集》第128、129页。）

程千帆

（2000年1月8日）

致贾晋华(一通)

贾晋华，澳门大学中文系教授。

晋华贤友：

郁贤皓先生转交所赐珍物，已收到，甚为感谢。

旅港讲学，必多闻见，甚望有以见益也。衰龄今已八十有八，退休多年，耳聋目瞀，行步亦颇不良。幸无必做之事，可以优游岁月耳。拙编《中华大典·文学典》历时十年，五十周年时已出宋辽金元分典五册，今年续出，如一切顺利，2003年22册可全部出齐，亦聊贤博弈耳。此书已销港，在贵校图书馆中想可见之，幸指示其所未善也。专此复谢，即颂
新禧！匆匆。

千帆上

2月5日(2000年)

致周裕锴(一通)

周裕锴，四川大学文学与新闻学院教授。

裕锴先生：

尊著及大札并拜领，厚惠感不可言。衰年得此，真厚贶也。尊著处理宋诗别辟蹊径，思路往往突过古贤。匆匆检阅，尚未及细读，当以暇细嚼之也。往者亦尝有志于此，而语焉不详，今呈一册，粗糙但能博笑耳。又版本学讲义一册，亦颇模糊，聊供门下诸公参考，不敢言学也。犬齿今年八十有八，耳聋目瞀，亦颇不良于行，而《中华大典·文学典》尚待三年始能卒业，未敢息肩，今但黾勉，以求无负于国家耳。专此复谢，敬颂

著安！

弟程千帆拜上

三月六日（二〇〇〇年）

致巩本栋（一通）

巩本栋，南京大学文学院教授。南京大学中文系文学博士，师从程先生。

本栋：

文章仔细看过。因为身体不好，视力模糊，看得不够清楚。现在提一个问题，供你考虑。

你说梅尧臣是宋诗的开山祖师，这个祖师是怎么来的？欧阳修受韩愈的影响，讲的人很多，但梅尧臣与韩愈的关系，讲的人不多。请你在论文中重点研究梅尧臣与韩愈的关系。照我看来，韩愈一辈子对诗歌的贡献基本上是两点：第一点是把以前人不认为是诗的东西，他称为诗，也就是"以文为诗"。更重要的是，通过艺术手段强迫别人承认这是好诗。不论韩诗有多少变化，总的就是这两点。梅尧臣的诗歌特点，在你的文章中已用标题标出，例如"梅穷独我知，古货今难卖"。梅尧臣继承了韩愈这一方面的特点，加以发展，所以自成面目。虽出于韩诗，却自成面目。你说梅尧臣的时代、家学、文坛风气都有影响，还有他的个性，比较平淡，所以他不可能像韩愈作出那么多雄壮的作品来，更不能像韩愈在《元和圣德诗》中写出那些杀叛徒样血淋淋的诗来。我希望你把韩愈和梅尧臣的诗对照一下。韩诗着重描写的东西，恰恰是梅诗要回避的。这样可能比较实际。

还有一点要注意的，就是文字不宜写得太细密。有时要密，有时要疏。因为有时写得太密，反而讲不清楚，不如写得不太细密，反而给读者留下一个思考的空间。

千帆

3 月 16 日（2000 年）

致饶宗颐(一通)

饶宗颐,号选堂。曾任香港大学、香港中文大学、新加坡大学等校教授。

选堂先生:

承赐《清脾集》,美富不可言,真当今文苑大宝也。顷求罗忼烈先生所著《周邦彦诗文集》及《清真词集笺注》,仓卒未能得,已请议对先生谋之。先生与忼烈先生旧识,不知能代求否?幸以电话告之为感。

专此,即颂

道安!

弟程千帆

三月十九日(二〇〇〇年)

致龚斌(三通)

龚斌,南京大学中文系硕士毕业。华东师范大学中文系教授。

(一)

龚斌贤友:

来信收到。知有新著,甚为可喜。我已不能看书,故难以作序,勉成小文奉呈,尚乞正谬。书出后望以一册见惠。顺颂

教安!

千帆

4月15日(2000年)

（二）

龚斌贤友：

昨日寄上序文，想已收到。砺锋已买得弟所著陶集校笺本，甚好，如尚有存书，望赐一册。新集诗篇二册，一以奉赠，一请代致中玉兄，收到后望复。即颂

安好！

千帆

4 月 17 日（2000 年）

（三）

龚斌贤友：

承赐大著两种拜领。陶笺谨严，精微处颇多发明，知沉酣二十年所得甚深也。休闲小书极见生活中之调适。千帆以故脱离学术凡二十年，重返讲席后，颇欲追补，而操之太急，未能从容优游，故老境颇臻，学业反废，今日悔之，亦已无补。足下早见及此，殊有深识，诚可喜也。陶传何时得见，甚盼。即颂

大安！

千帆

4 月 26 日（2000 年）

致徐雁平（一通）

徐雁平，南京大学中文系文学博士，南京大学文学院教授。

雁平贤友：

惠书敬悉。先师黄季刚先生离北京大学后，曾在武昌高等师范学校任教。叶瑛先生从黄君问学当在其时。抗战将胜利时，朱光潜先生任武汉大学教务长，叶先生以朱之介到武大中文系任教。胜利后随校迁回武

昌，不数年不幸逝世。其人性格温和，学术亦有基础，所著《文史通义注》当在武大撰成，但生前未能出版耳。我目力不佳，写字潦草，匆此奉复，请原谅。即颂
大安！

千帆

四月二十六日（二〇〇〇年）

叶先生逝世后葬于武大公墓，我曾送葬。又及。

附　录

陶芸致周勃（五通）

（一）

周勃先生：

开学时南师大王兆鹏曾带来惠赐茶叶等物，非常感谢。千帆拟复函致意，不知是忘记写抑或书信遗失，致劳远念，甚歉。

去年九月间千帆去北京开会，突发心脏病，回宁后住院治疗两个月，你大约早已知道。十二月出院后在家休养，除批阅四个今夏毕业的博士生论文外，没有做任何事，也不参加任何会议，健康似有所进步。南大也将他所有行政职务解除，并同意他今夏不再招博士生，他心里也很高兴，可以安心休息了。不料三月间因饮食不慎，突发急性胃炎，剧烈疼痛，数日后又引发了房颤，只得又进入医院。现在胃病已基本痊愈，尚未服药调理，心脏方面脉搏较快，房早已成持续性，医生认为无法治疗，只有靠休养，不要多动，不要劳累，保持情绪安定，也可以慢慢好转，所以昨天他就出院了。但立刻就远行参加会议，无论如何是不可能的。医生不但不允许现在出差，并且嘱咐以后尽量少出门。湖北大学的事，他一直是放在心上，你一定能够理解。这次无法来参加博士点的论证会，他也感到很抱歉。请你代向湖大领导和中文系诸先生说明他的健康情况和歉意。（适才又接到张国光、李悔吾两位先生的电报。）

张叙之先生两次过宁，都来晤谈，他也知道千帆精神大不如前了。按照千帆过去的雄心，想补回那失去了的十八年，但健康情况却让他无法实现那雄心。现在脑筋也差了，只好认输搁笔不再写文章了。这也是他最无可奈何的事。

专此，敬颂

教安！

陶芸

4 月 19 日(1989 年)

郁沅先生处不另函，请代致意。

（二）

周勃先生：

上次寄来的大作原稿，千帆即行亲自送往南大出版社。他们看过书稿后初步考虑用，但有些问题还需商量，准备直接和你联系，请等他们的来信。

千帆从去秋服用中药(连续半年多)后，身体本有所好转，冬天也不常发病。今年夏季最热的时候，又如往年一样，住进了有空调设备的地方，大约是因为全封闭的建筑，比较缺氧，住了 24 天，发房颤四次，我们赶紧不等天凉就搬回家了。回家后虽受热，发病却很少。但九月份又发了几次，十月初以来，就三五天发一次，而且特效药也不灵了，过去服一粒药，一两小时后能止住，现在一发就是七八小时，甚至十几小时，十号到十二号断断续续可以说没有怎么好过，因此十二号又住进了医院。到医院后也还发，不过服药打针后，可以很快控制住。目前还在观察治疗，一时还不能出院。不过也没有危险，请放心。

最近气候转凉，盼多珍重。顺颂

俪安！

陶芸

10 月 27 日(1990 年)

（三）

周勃先生：

九十月间曾寄上《纪念文集》和《文教资料简报》，后千帆又曾致函道谢，迄未得复，颇念。大作《永恒的困扰》已出版，南大出版社曾送来一本，印刷尚可，扉页颇具特色，惟照片较模糊，想早已见到样书。

兹有一事相烦，《古诗考索》一书，千帆手边已罄，而时有友人相索，上海古籍仓库亦无存书。记得 1987 年在你校讲课时，武汉新华书店（交通路古旧书店）尚有余书，不过时间已过去五六年，不知是否还有。请转托你校资料室同志去新华书店时代为问询，如有，请代购一二十本寄下，极感。

本月十一日至十八日我陪千帆去厦门参加唐代文学会国际讨论会，来去均乘飞机，在厦门亦只参加二三次会议，身体尚可，今冬将不再远行。新点房屋年内或可竣工，正商量室内装修事，虽明春才能迁徙，但很多事需有人在此过问，故不能离开。明年五月如身体好能去参加黄先生纪念会，当来看望。天气转冷，诸希珍重。敬颂
双安！

陶芸上

11.20(1992)

千帆嘱笔问候

（四）

周勃先生：

上次接到电话，知湖大老朋友们均好，甚慰。

近与砺锋等商议，拟搜集整理千帆与友朋的函札，作为《全集》之补编。记得姚雪垠先生去世后，其家属曾来索取姚先生致千帆的书札，我们因整理得很好，旋即寄去，但忘记同时请其家属将千帆至姚先生的书札也寄回。现在时隔已久，不知其家属的情况和通信处。您和姚先生素有往来，故烦请将致姚先生家属的函件（附在信内）转寄，并代填写（因不知其夫人尚在否，信的抬头应如何写）空白处。千帆和姚先生往来书函，多系谈学术和文学作品，对学术界颇有参考价值，故烦神代办。至于千帆给您的函件，更盼拨冗整理寄下，极感。

顺颂
近安！

陶芸敬上

2002.3.10

附

尊敬的周勃先生：

千帆一生从事教学与学术研究，其论著大抵已收入《程千帆全集》（莫砺锋编，河北教育出版社，2000 年）。此集原名《程千帆文集》，在千帆生前已编定，集外尚有少量诗文遗落未收；此外，千帆与友朋通信，亦喜谈诗论文，评骘学术，时间所限，亦未及收列。今其门下弟子拟搜集佚文，为《程千帆全集》作补编，其书札拟专编一卷，以供学界参考。特向海内外学人友好征集千帆书信，先生与千帆多年友好，往来书信频繁，烦请拨冗赐寄其原件或复印件（来信请寄：江苏省南京市汉口路 22 号南京大学中文系程章灿收，邮编：210093）。劳烦之处，先此恭谢。

谨此奉闻。即颂

时绥。

陶芸拜上

2002.03.10

（五）

周勃先生：

前承惠寄千帆遗函 16 封，早已收到。连同各地寄来之书札数百件，均先后输入电脑。因千帆晚年书写潦草，又多喜用古体字，芸必须一一校对（因协助工作者系学生之学生，知识面尚不足），而芸近年体力日衰，写字手亦发抖，工作效率很低。留校之诸弟子均为中文系之骨干力量，非常繁忙，拟待搜集齐全后，再请他们编选成集，希望能在我生前完成此事。

千帆去世已两年，这两年内，他念念不忘的几件事已差不多完成。除您已知者外，《黄侃日记》已出版，《中华大典·文学典》宋辽金元及隋唐五代两分典已出版，其他分典也在进行中。尤其令人高兴的是，《全清词·顺康卷》20 本在南大百年校庆前一次出版，以后还将由其弟子继续编下去。千帆当亦含笑九泉矣。

兹有请者，前次由您转寄给姚雪垠先生之子姚海天之征集信札之函迄无回音。据有人云，姚先生有书函集出版，内有千帆之函札，不知您是否见到过，想来千帆原函应不至全部不见，即使已印在书上，也可复印寄来。想请您再去一信代为问讯，并请将其通信地址寄下，以便再设法联系。又日前已嘱张伯伟拟一征函启事登在《光明日报》上，或亦可再收到一些函札。

刘弘度老之长女刘茂舒和千帆来往信件颇多，茂舒虽已去世，其夫皮公亮原在《长江日报》工作，不知现在是否仍在该报社。您和他有来往吗？能否也代为征集？

您现在身体谅必健康，是否已退休？祖延先生、子仲先生近况如何？均极怀念。前年湖大各位老朋友及广开均邀芸再去湖大住一段时间，芸亦颇思与老友等晤谈，看来体力日益衰弱，成行已无望，只盼望老友们有事东下时过舍间一叙。请代向各位问候。又子仲处及张国光先生处有无千帆书函，亦请代为一问。

炎暑即将来临，请多珍重。敬颂

阖府安吉！

陶芸敬上

2002.6.11

陶芸致张叙之（一通）

叙之先生：

大函早已收到，今年夏季来得既早又猛，自六月下旬开始即进入高温且经常高到了37℃左右，中间虽稍有所缓，但接着又升上去。因暑热难熬，很少工作，故迟迟未复，请原谅。

千帆生前已由砺锋编好《全集》共15卷，除第15卷《桑榆忆往》外，其余14卷均发表过。交稿甚早，本应在1999年底出版，但出版社一直拖延，直至2000年底始大量发行，以至千帆生前未能获见，极为遗憾。而且河北教育出版社今年来内部改组，责编已调走，因此本来说好可以分开印刷出版，便于读者购买，也未做到。《桑榆忆往》是他最后的一本书，内容有他自己口述而由张伯伟整理的回忆录“劳生志略”，有他自己撰写怀念老师的"音旨偶闻",还有"书绅录",是他在南大授课时学生整理的记录。这本书先交给上海古籍出版社了,可是他也没有看到。记得您以前来信曾说要收集千帆全部著作,甚至包括《骈字类编音序索引》,现我处尚存有少数上海古籍版的《桑榆忆往》,待天气略转凉,当往邮局寄上一本,则您虽购不到《全集》,亦所阙无几了。《全集》中还有《程氏汉语文学通史》,是和程章灿合作的,曾在辽宁出版社出版。当时因价格较贵,且既然还要在河北出版,不如等河北出版后再大批购买赠送亲友,可是现在河北出版社不知何时才能分别加印,所以大家多未见到此书。章灿正在考虑此事,听说市场上还可以购到此书。

千帆骨灰在今年他的忌日已安葬于南京大学浦口校区名人园他亲自栽种的一棵树下,入土为安,我们便于祭扫,也符合他"不留骨灰"的遗嘱。

我身体尚好,仍住原处,有一老阿姨陪伴,生活不成问题。我有二子在南京,周末即去他们两家盘桓。丽则住处甚近,常来探望。只是一年来哀痛不能消减,体力衰退,大不如前,武汉老友常邀我去住住,恐已难于成行。武大的老同学和南大的程门弟子常有信或打电话来问候,非常感慰。

您近况如何?还常做些学术研究吗?和武大校友常有来往吗?均念。

顺颂

近安!

陶芸上

2001.8.23

陶芸致聂乐和(二通)

聂乐和,曾任湖南教育出版社副社长、《书屋》杂志主编。

(一)

乐和先生:

我是南京大学已故教授程千帆的妻子,冒昧给您写信,请原谅。

去年在《书屋》第2、3、4期上见到舒芜《碧空楼书简》载其与先夫之书函数十封，因思如能将千帆致舒芜之信札亦刊载在《书屋》，相互印证，或能对读者有所裨益。因函请朱正先生转与周实先生商酌（当时与周实先生不相识）。得其同意后即函舒芜请其将所保存之千帆手书复印寄下。后因舒芜身体不适，未能及时整理。今年年初始收到寄来之复印件，故即函周实先生询问是否需要。昨得周实先生复函，知《书屋》现由您负责主编，故将情况函告。寄来之书札共五十封，时间是 1990 年至 1999 年底，与舒芜来信大致可对应，共约一万字上下。已经整理打印好。如贵刊需要，请即示知，当挂号寄上。如不拟刊载，亦盼函告，当另作处理。

专此，即颂

著安！

陶芸敬上

2002.1.30

（二）

乐和先生：

今年年初寄上先夫程千帆致舒芜先生函札后，收到先生复函，发表后将及时示知。迄已逾半载，未蒙赐示，想因稿件多一时不能刊载。现南大古典文献研究所主编之《古典文献研究》拟在下期刊载《闲堂书札》中之部分，专此奉达，即希见谅。顺颂

著安！

陶芸敬上

2002.9.23

后　记

千帆离开我们已近三年了。两年多来，我经常回忆起他到南大后这二十几年的情况。在我的回忆中，不论是在学校、在家里，还是在外地，除了开会、讲学或与友生谈话外，他总是在伏案作书，写文章、作诗，或给友朋写信。经过二十几年的努力，他终于得到一点成就。在他生前，由他的学生把他的著作编成了《程千帆文集》十五卷，交河北教育出版社出版。可是遗憾的是千帆没有见到这部文集的出版，这部书出版时，出版社又将书名改为《程千帆全集》。我常常想，千帆的著作是否全部收在这部文集中了呢？他对学术的种种想法，是否全都体现在这部文集中了呢？还有什么需要补充吗？

2001年，我看到《书屋》上刊载的舒芜先生的《碧空楼书简》中，有致千帆的数十封信，因而想到他们两人书信往来颇为频繁，如果将千帆致舒芜先生的信也在《书屋》上发表，相互对照，读者也许可以更好地了解他们对一些学术问题的看法。所以我请舒芜先生将千帆的去函复印寄来，转给了《书屋》的编辑。不久又收到山东大学王绍曾先生的来信，认为千帆致友朋的书札中，多有商讨学术的内容，且时有自出机杼的见解，可视为其学术著作的补充。王先生的赐教更坚定了我的想法，我当即与留在南大工作的千帆的及门弟子商洽，决定将千帆的书信编成一集以供学界参考，并函请海内外亲朋友好帮助收集。

信函发出后，承蒙海内外各位先生的关爱，纷纷从珍藏了数十年的书箧中仔细搜检出千帆的书信惠寄给我们，有的先生还辗转敦请其他朋友共襄此事。由于千帆写信习惯于只署月日而不署年代，有的先生还凭借信封上的邮戳或信的内容推定写信的时间，编好次序，这对我们的编选工作帮助很大。我在莫砺锋、程章灿君的协助下，现已整理出千帆写给110余人的近千封书札，约50万字，编成《闲堂书简》一卷。全书的编排方式是把致某位收信人的书信都编在一起，排列次序则是依千帆致某位先生收到千帆第一封信的时间为先后。

我感到遗憾的是，我们发出的征集信函不够广泛，因为有的朋友地址不详，有些师长或老友已经谢世而其家属情况不明，故搜集不全。希望各位亲朋好友今后续有赐寄，以便于我们陆续增补。

千帆写信喜用草书，有时甚至用古体字、异体字。而且他晚年目眘，书迹潦草，不易辨认。我水平有限，虽然得到在南大工作的千帆弟子及千帆的女儿丽则、外孙女春晓的帮助，但仍然难免有错误，请读者不吝指正。在整理打印书稿的过程中，得到徐雁平博士的帮助甚多，南京大学中文系硕士生魏申申也帮助打印了一些信稿，谨此表示衷心的感谢。

陶 芸

2003 年 2 月 1 日

增订本后记

光阴如驶，岁月如流。

闲堂师离开我们已经十三年了。2003年，由师母陶芸先生编辑整理的《闲堂书简》由上海古籍出版社出版，距今也已经十年了。今年恰值闲堂师诞辰100周年，南京大学文学院中国古代文学学科的同仁们早就商议，要在2013年举办一系列纪念活动，包括增订再版《闲堂书简》。犹记得在2001年至2003年之间，将近九十岁高龄的师母陶芸先生不辞辛劳，投注了大量时间和精力，终于编定此书，并顺利出版。在征集书简、辨认文字、输录文稿以及书简系年等方面，我曾协助陶先生做了一些工作。有鉴于此，同仁们委托我负责此书的增订工作。

《闲堂书简》自出版以来，即受到文化学术界的广泛关注，很多研究近现代学术史的学者，已经将此书作为一份重要史料引证使用。此书初版印数不多，市面上已经找不到，早有读者希望此书能够再版。另一方面，由于种种原因，有一些书简十年前未征集到；而已经收入《闲堂书简》的信札，也有若干系年不够准确，信后标注的年月日的书写格式也未完全统一。这次增订，除了重新征集增补之外，也对这些不准确或不统一的部分，进行了修订。书简末尾或只署月日而无年份，整理时尽可能考定年份，括号附注于后，或用中文数字，或用阿拉伯数字，则一依原书写格式而定。此外，初版中有个别误字，这次增订时也作了校正。

《闲堂书简》初版收录了闲堂师致113人（或单位）的书信。这次增补，又补入近50人，来自各种渠道，包括从网络上收集到的12人；另外收信人已见于初版、而此次又有增补书信的，共有14人，增补凡七万余字。需要说明的是，网络上披露的材料，凡是图片清晰并且能够确认为闲堂师手迹的，都尽量收录。少数图片模糊或者真伪存疑，则暂时舍弃。

另外，这次增订还为每位收信人加注简介。这是最简要的个人介绍，一般只介绍收信人最主要的职业身份,限定在一行之内,凡与程先生有亲属师生关系者,也简注说明。有些收信人有多种职业身份,无法列举,敬请谅解。我们希望这种挂一漏万的简介,也能对读者有所帮助。

《闲堂书简》征集和增订工作,得到了国内外师友学人的热烈响应与大力支持。北京的徐俊、胡同、赵胥等先生,台北的车行健等先生亦慨然帮助。赵胥先生提供的闲堂师致刘国钧先生的信,附有多首诗作,若干篇诗作(包括沈先生的《早早诗》)则有异文,颇足珍视。此外,丽则师姐、同门师兄弟以及南京大学文学院中国古代文学学科同仁,也给予很多指导和帮助, 恕不一一列名。具体的文字录入、格式调整以及系年订正,则南京大学文学院研究生许勇同学出力独多。谨此志谢。

程章灿

2013 年 3 月 5 日

再增订本后记

今年是闲堂师诞辰110周年。凤凰出版社于今年推出的《程千帆全集》,既是对闲堂师著述迄今为止最为全面的汇集整理,也是对闲堂师最好的纪念。时间将证明,《程千帆全集》的出版是有历史意义的。

日记和书简也许是新版《程千帆全集》中最值得注意的。其中,日记是首次整理出版,其所涵盖的时间段虽然只有不到22年(1979—2000),但对于了解和研究闲堂师晚年移砚南京大学的辉煌人生,却弥足珍贵。书简的时间跨度更长,篇幅相仿,虽然不是第一次出版,却有很多增补,面目焕然一新,也可以算是一本新书了。

《闲堂书简》初版于2004年,由上海古籍出版社出版。2013年,增订本仍由上海古籍出版社推出,恰值闲堂师诞辰100周年。《闲堂书简》初版的整理是在师母陶芸先生的主持下完成的,在收集、释读、录入和编辑等环节,我帮了一些忙,并负责联系出版社等具体事宜。由于陶先生已归道山,增订出版的具体工作就由我承担。初版和增订本的编辑出版,得到了很多师长、同门师兄弟以及学界朋友的支持,初版和增订本后记中已有所交代,此不复赘。令人欣慰的是,《闲堂书简》初版和增订本出版后,都在学术界产生了很大的反响,不仅成为当代学术史研究的一部重要文献,也在一定程度上激发了学界及出版界对当代学者书札文献整理出版的兴趣。我想借此机会,再次表达对上海古籍出版社尤其是高克勤社长的衷心感谢。从初版到再增订本,历经二十年,南京大学文学院更换了多届领导。历届领导对《闲堂书简》的编辑出版始终如一地予以重视与支持,我也借此机会深表感谢。

此番再次增订,增补了从2013到2023年这十年间新搜集的闲堂书简,共计三百五十封,二十余万字,同时对所有能够查阅到原件的书信进行复校,并据《闲堂日记》,核对修改落款时间,调整书简次序。这十年间,程丽则师姐一直关心此事，并提供来自多方的闲堂书简信息。同门莫砺锋、张三夕、蒋寅、张宏生、张伯伟、曹虹、巩本栋等教授，以及姜小青、高克勤、刘梦溪、萧效农、周晶、张党、刘重喜、徐雁平、张宗友、宋健、唐志远、岳洪治、罗鹭、谢欢、廖太燕、李小雨等先生，或积极帮忙联系，或提供闲堂书简的线索，或收集转发其电子本，这一名单挂一漏万，统此致谢。宋健先生在其微信公众号“程门问学”上推出“闲堂书简补遗”专辑，用心深细，特别有价值。这些材料大多先集中到我这里，再经我手转交许勇。十年前，许勇即已参加增订本的辑补编辑工作，贡献甚多。此次他又负责再增订本的辑录补遗、系年考订和编辑加工，出力最多，应记首功。

是为记。

程章灿

2023 年 8 月 18 日

程千帆全集

第二辑

1

程千帆 著

两宋文学史

凤凰出版社

图书在版编目（CIP）数据

程千帆全集．第二辑 / 程千帆著 ; 莫砺锋主编．-- 南京 : 凤凰出版社，2023.10
ISBN 978-7-5506-3974-4

Ⅰ．①程… Ⅱ．①程… ②莫… Ⅲ．①程千帆（1913-2000）—全集 Ⅳ．①Z427

中国国家版本馆CIP数据核字(2023)第142027号

书　　名　程千帆全集(第二辑)
著　　者　程千帆
主　　编　莫砺锋
责任编辑　郭馨馨
特约编辑　莫　培
装帧设计　姜　嵩
责任监制　程明娇
出版发行　凤凰出版社(原江苏古籍出版社)
　　　　　发行部电话025-83223462
出版社地址　江苏省南京市中央路165号，邮编：210009
照　　排　南京凯建文化发展有限公司
印　　刷　苏州市越洋印刷有限公司
　　　　　江苏省苏州市吴中区南官渡路20号，邮编：215104
开　　本　652毫米×960毫米　1/16
印　　张　89
字　　数　1280千字
版　　次　2023年10月第1版
印　　次　2023年10月第1次印刷
标准书号　ISBN 978-7-5506-3974-4
定　　价　580.00元(全2册)
　　　　　(本书凡印装错误可向承印厂调换，电话：0512-68180638)

1998 年 6 月，在南秀村书房

左起：唐冀明、程千帆、张伯伟、程章灿

1981年，南京大学中文系建立古代文学博士点，同时组建学术梯队。左起：吴新雷、周勋初、程千帆、郭维森、吴翠芬

1992年9月，南京大学为程千帆教授八十华诞开庆祝会。左起：章培恒、叶子铭、韩星臣、匡亚明、程千帆

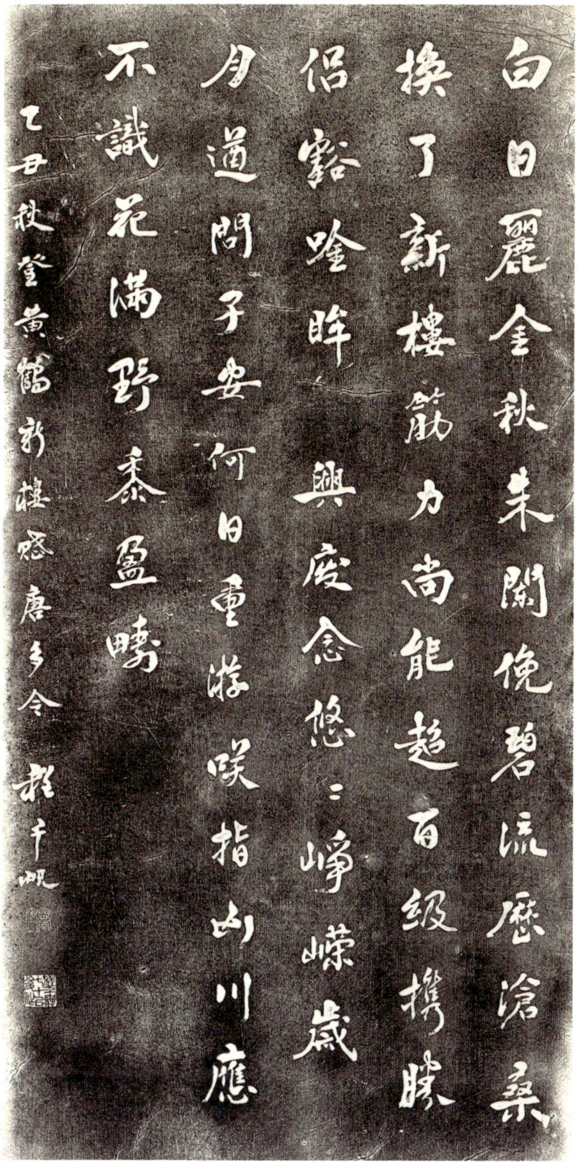

行书自作诗碑《黄河游览区杂咏十二首》拓片

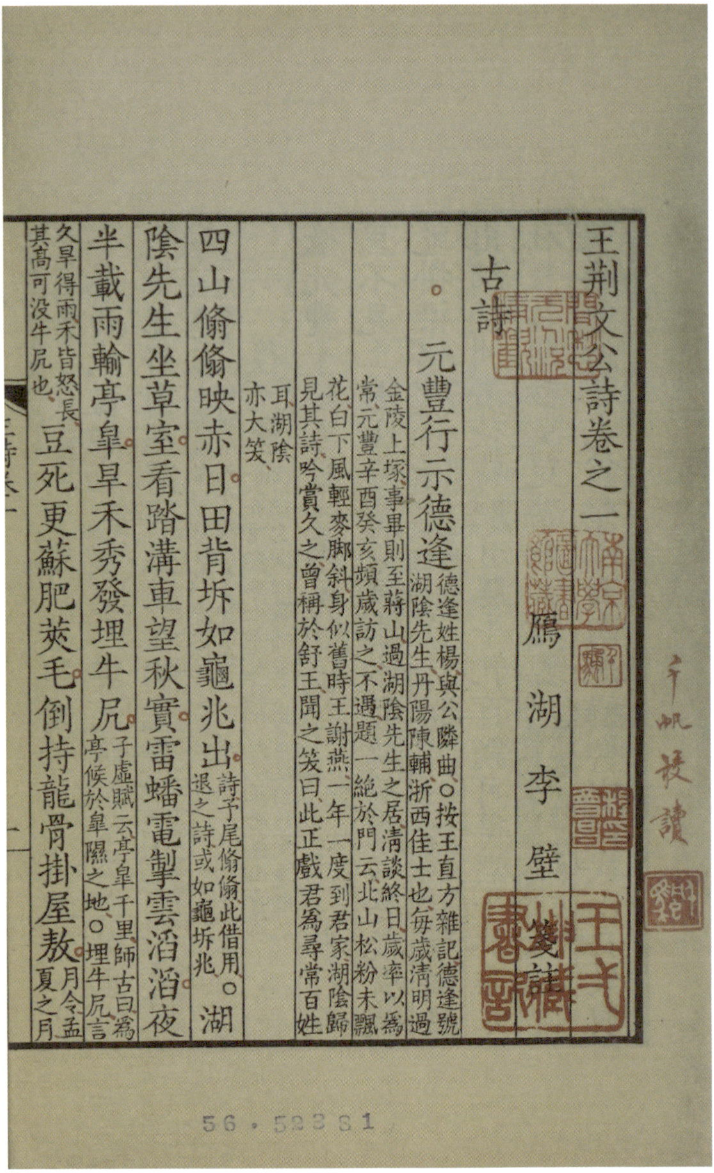

王荊文公詩卷之一

鴈湖李壁箋註

古詩

元豐行示德逢 德逢姓楊，與公鄰曲。○按王直方雜記：德逢號湖陰先生。丹陽陳輔，浙西佳士也，每歲清明過金陵上塚，事畢則至蔣山，過湖陰先生之居，清談終日，歲率以為常。元豐辛酉、癸亥頻歲訪之不遇，題一絕於門云：北山松粉未飄花，白下風輕麥脚斜。身似舊時王謝燕，一年一度到君家。湖陰歸見其詩，吟賞久之，曾稱於舒王。聞之笑曰：此正戲君為尋常百姓耳。湖陰亦大笑。

四山翛翛映赤日，田背坼如龜兆出。詩：予尾翛翛。此借用。○退之詩：或如龜坼兆。湖陰先生坐草室，看踏溝車望秋實。雷蟠電掣雲滔滔，夜半載雨輸亭皐。旱禾秀發埋牛尻，子虛賦云：亭皐千里。師古曰：為亭候於皐隰之地。○埋牛尻，言久旱得雨，禾皆怒長，其高可没牛尻也。豆死更蘇肥莢毛。倒持龍骨掛屋敖，月令：孟夏之月

千帆披讀

程千帆手批《王荊文公詩》

总　　序

1997 年年底，程千帆先生与河北教育出版社商妥出版《程千帆全集》事宜。当时程先生年事已高，精力欠佳，又适逢病目不能看细字，就命我编定全书。河北教育出版社且让我为《全集》写一篇总序。次年 4 月，我拟就“总序”，经程先生审定后交出版社付梓。由于卷帙浩繁，编纂校对与排版印刷均费时日，《全集》直到 2000 年 12 月方得问世，此时程先生已于半年前遽归道山。斗转星移，二十多年转瞬即逝。《程千帆全集》早已绝版，求购甚难，读者要求重版之呼声越来越高。今年适值程先生诞辰 110 周年，凤凰出版社决定重版《全集》，增收程先生的书简、日记等文字，形成一部名符其实的新版《程千帆全集》。凤凰出版社与程先生之哲嗣丽则师姐均提议仍由我承担编纂之责，我屡辞不成，乃勉强承乏。为了集思广益，特地成立《程千帆全集》学术委员会，成员有：徐有富、莫砺锋、张三夕、蒋寅、张伯伟、张宏生、曹虹、程章灿、严杰、李立朴、张辉、景凯旋、巩本栋、陈书录、曾广开、姚继舜。又成立《程千帆全集》编纂委员会，成员有：程丽则、莫砺锋、姜小青、倪培翔、史梅、徐兴无、刘重喜、董晓、倪蛟、徐雁平、童岭。在上述人员以及凤凰出版社的责编林日波、郭馨馨等人的鼎力合作下，新版《全集》业已编成付梓，出版社循旧例请我重写一篇总序。我在曾呈程先生过目且刊于旧版《全集》卷首的“总序”中说：“我立雪程门已一十九年，当然很乐意有此机会以服弟子之劳，于是当仁不让地承担了核对材料、订正文字等工作。至于作序，则自惭鲁钝，未能传先生之芬芳。为人作序本易得佛头著粪之讥，况且程先生的学术墙高数仞，我怎有能力说清其中的'宗庙之美、百官之富'呢？思之再三，只好勉为其难，先把全集中各类著作的写作经过及主要内容作些介绍，再简单地谈谈自己的体会，但愿对读者稍有裨益。”岁月荏苒，我的上述想法并无改变。由于新版《全集》增收程先生遗著数种，新版分册与旧版分卷之标准也有差异，故本序不避重复，对新版《文集》各册所收著作之写作经过及主要内容介绍如下。

第一、第二两册所收的是校雠学著作，即第一册之《校雠广义·版本编》《校雠广义·校勘编》与第二册之《校雠广义·目录编》《校雠广义·典藏编》。校雠学本是一切学术的门径和基础，程先生在就读于金陵大学时就对这门学科有强烈的兴趣，毕业后曾在金陵大学、武汉大学等校主讲这门课程，并开始写一部全面地论述校雠学各个分支内容的书。可惜这项工作在上世纪五十年代被迫中断。到了1979年，程先生在南京大学重新开始指导研究生，把校雠学定为硕士生的主要课程，亲自站在讲台上为我们讲授。我们三个同学则边听课边记录，整理成《校雠学略说》，曾以油印稿的形式在几所大学流传。程先生发现徐有富对这门课有特别强烈的兴趣，几年后便让有富代他讲授这门课，而且师生合作，对《校雠学略说》进行大幅度的扩充、改写。经历十个寒暑，终于完成皇皇四大册的《校雠广义》。全书问世后，好评如潮，获奖无数。著名学者陶敏评为“体大思精”，洵为公论。《校雠广义》的成书，有富兄做出的贡献极其重要。程先生在给舒芜的信中自述著书过程说：“弟撰《校雠广义》，合版本、校勘、目录、典藏而一之，发意在四十年代，中更世变，未成其书。已成部分，又为狂童毁其卡片。到南京后，弟子徐君不敏而好学，有'参也鲁'之风。邀之合作，迄今又十年，居然卷帙可观。”但是此书的首创之功，当然属于程先生。自清代以来，专治校雠学的学者代有其人，有关校雠学的著作也不断出现。然而，对校雠学的四个重要部分即版本、校勘、目录、典藏进行全面系统的论述，且将论述重点由历史源流转向实际应用，则《校雠广义》堪称开创之作。读者不仅能从本书中了解这门传统学问的历史形态，而且能获得如何运用它进行文史研究的实际指导，后者也许是这部书最重要的价值。

第三册所收的是文史研究著作，即《史通笺记》《文论十笺》《唐代进士行卷与文学》三种。程先生所写的纯史学著作有《史通笺记》一种。《史通》是中国古代史学理论名著，很受史学界重视。可是此书虽经卢文弨、浦起龙等学者之整理、注释，而难解、误解之处仍然很多。程先生从青年时代起就下苦功钻研《史通》，并曾在大学开设《史通》课程。他广搜善本，博采各家校记及有关论著，以"笺记"的形式对前人研究《史通》的成果进行总结，并且提出了许多独到的见解，发前人所未发。此书实为近代《史通》研究中最重要的著作之一，程先生因此被史学名家周一良先生誉为"子玄（刘知幾）之功臣"。《文论十笺》是文学批评史著作。程先生对古代文论有深入的研究，此书从浩如烟海的典籍中精选出十篇文章，先作详赡的笺注，然后结以案语。从表面上看，此书仅是一部简要的文论读本，但它的实际意义远远溢出于此。本书所选的文章计有陆机一篇、刘知幾两篇、章学诚五篇、章炳麟一篇、刘师培一篇，选目独具手眼。其编排不按时代而依内容，也具有现代意识。十篇文章分别副以"论文学之界义""论文学与时代"等标题，事实上构成了具体而微的理论体系。文末的案语也多有精到的见解，颇能帮助读者领会文章的现代意义。正因如此，此书很受读者欢迎，自 1942 年以《文学发凡》的书名刊布以来，屡经修订，多次重版。《唐代进士行卷与文学》是文学史专题研究。程先生对陈寅恪先生的道德文章十分钦佩，在学术研究中深受陈氏的影响，本书就是借鉴陈氏倡导的诗史互证之法所取得的硕果。早在 1936 年，程先生把陈寅恪的著名论文《韩愈与唐代小说》由英文译成中文，从此对陈文中涉及的"行卷"这种历史现象进行了长期的钻研，终于写成这本专题论著。本书对行卷这种伴随着唐代科举考试的文化现象作了全面的考察，并对行卷与文学的关系作了实事求是的分析。这样，文学史界长期聚讼纷纭而不得确解的一个问题，即唐代科举对文学到底有何影响，就得到了令人信服的解答。本书篇幅不大，但内容丰富，论点新警，切切实实地解决了文学史研究中的一个难题，深受国内外学术界的重视。本册所收三种著作的性质不完全一致，但都属于广义的史学研究。程先生一向喜爱史学，即便在农村牧牛饲鸡时，仍分秒必争地通读了从晋到隋的多部史书，渊博的历史知识使他在处理古代文学的历史背景时如鱼得水，也使他在论述古代文学专题时总能“思接千载，视通万里”，从而体现出重视“长时段”的史家眼光。

第四、第五册所收的是文学史著作，因篇幅关系，第四册收《两宋文学史》一种，第五册收《元代文学史》和《程氏汉语文学通史》两种。《两宋文学史》是程先生与吴新雷教授合著的，两位作者都对宋代文学史下过很深的功夫，但相对而言，程先生对宋代的诗词古文理解得更深一些，而吴教授则对小说戏曲研究得更多一些，所以他们的合作获得了取长补短、相得益彰的效果。《两宋文学史》有两个明显的优点：一是论述了一些长期被忽略的内容，如宋代四六等；二是对于重要作家及其代表作品有更细致深辟的阐述，如吴文英词。然而更重要的则是它非常注重揭示史的线索，在突出大作家的历史作用的同时，也对形成文学潮流的中小作家群予以充分的关注。此外，它非常注意一代文学的整体风貌，在清晰地勾画各种文体内部的发展脉络的同时，也对不同文体之间的互相影响进行了论述，如宋四六对小说戏曲的影响等。虽说最后一点由于缺乏学术积累的前资而展现得不够充分，但这毕竟体现出力求创新的探索精神，格外引人注目。《元代文学史》是程先生与弟子吴志达教授合著的，此书从属稿到出版，经历了一番艰难曲折的漫长过程。此书原名《元代文学史讲义》，是程先生在武汉大学时编写的讲义。1957 年春季，程先生开始讲授元代文学史。课程尚未结束，他在一夜之间被打成“右派”，随即失去讲课的资格。在前途未卜，不知此生能否重上讲坛的情况下，程先生以高度的责任感和坚毅顽强的意志续写讲义，计划写完后即付印。可惜形势急转直下，程先生很快开始“侧身刍牧间十八年”的苦难生涯，一切写作都不再可能，付印的计划更成泡影。此时全书尚未完稿，但部分手稿幸得保存。二十多年后，程先生与当年曾听他授课的弟子吴志达谈起修订《元代文学史讲义》之事，意在嘱托弟子续完全书，然未及深谈，程先生遽归道山。三年以后，志达学长主动请缨续修此书，陶芸师母遂将遗稿交付之。志达学长本着光大师门学术的强烈意愿，仔细体会原稿的学术观念，努力回忆当年亲聆音旨所得的印象，对原稿进行修订、增补，尽经十年辛苦，终于完成全书，篇幅则从原稿的十余万字扩展到二十余万。出于谦抑，也出于对程先生的敬仰之情，志达学长将此书署作“程千帆著，吴志达修订”。考虑到志达学长所付出的辛勤劳动及实际贡献，也考虑到收入全集的另外两种文学史著作的署名通则，现将《元代文学史》改署为师生合著。程先生与志达学长泉下有知，当获俞允。《元代文学史》付梓后颇获学界好评，志达学长的高足陈文新教授之评语最称妥当：“这部由特殊的作者在特殊时代写成的特殊的文学史，在林林总总的中国文学史著述中，必将以其特殊的价值引起学术界的高度关注。”《程氏汉语文学通史》是程先生与弟子程章灿教授合著的，因师生二人都姓程，故书名冠以“程氏”二字。中国古代的史家以“通古今之变，成一家之言”为最高目标，所以最能体现中国史学精神的史学著作应是贯通古今且具有鲜明史观的通史。程先生治学文史兼擅，他的文学史研究也贯彻了上述史学精神。他认为研究文学史不应局限于某一段时期，只有贯通古今才能准确把握整个中国文学的来龙去脉，并深入理解其内在精神。上世纪四十年代末，程先生在武汉大学任教时，曾应历史系主任吴于廑先生之请，为历史系学生讲授中国文学通史。那门课由他独自承担，从上古一直讲到近代，从而留下一部通贯整个文学史的讲义，《程氏汉语文学通史》即根据该讲义为基础进行充实、提高而成。本书的论述重点不再是某些作家作品，而是中国文学从古至今的发展过程，诸如文学观念的传承演变，各种文体的兴盛衰落，文学技巧的发展变化，以及这些演变过程的社会历史背景和文化意义。与以往的文学史著作相比，本书的最大特点是它不再满足于提供文学史的许多断片或轨迹点，而是力图描绘出一条完整的线索来。以五十多万字的篇幅涵盖从上古迄现代的全部中国文学史，本书可称开创之作。

第六册所收的是关于古典诗歌的论著，即《古诗考索》《被开拓的诗世界》《杜诗镜铨批抄》《读宋诗随笔》四种，前二种是论文集，后二种是批点与品评。程先生学术研究的范围相当广阔，然而他用力最勤、创获最巨的则是古典诗歌的研究。也许可以说，关于古典诗歌的论文标志着程先生学术造诣的最高峰。《古诗考索》共收论文 39 篇，所涉内容上起汉末古诗，下迄今人所作旧体诗，而以唐诗为主。所论题旨小至一字一句意义的辨析，如《陶诗“少无适俗韵”的“韵”字说》；大至整个古典诗歌的内在规律的探讨，如《古典诗歌描写与结构中的一与多》。这些论文中最受学界称道的是从研究具体作品入手而终于导出有普遍意义的结论，也即人们通常称为“小中见大”者，如《张若虚〈春江花月夜〉的被理解和被误解》。显然，它们最重要的价值不在于解决了某些具体的问题，而在于为学界提供了方法论的启迪。《被开拓的诗世界》则是一部关于杜诗的论文集，其中部分论文是程先生指导学生莫砺锋、张宏生分别写成的，故师生三人共同署名。程先生对杜甫深为敬仰，对杜诗研究下过很深的功夫，曾在好几所大学里开设过杜诗课程。他晚年在南京大学重开此课，除了讲授杜诗学知识外，更着重启发学生进行专题研究，本书实即程先生的杜诗研究与杜诗教学的双重成果的结晶。有关杜诗的研究论著早已汗牛充栋，本书的特点是始终把杜诗置于古典诗歌史的长河中进行考察，从而为杜诗学提供了崭新的切入点和宏阔的视野。《杜诗镜铨批抄》是以传统方式对杜诗所作的批语，因所论杜诗之编次皆从《杜诗镜铨》，故有此称。原来附于《被开拓的诗世界》之后，现抽出自成一编。《读宋诗随笔》原名《宋诗精选》，因其中部分选目与《古诗今选》重复，编入全集时乃删去注释而保留解说，并改称今名。此书以“随笔”的形式来评析作品，行文有较大的自由度，故修短合度，笔随兴至，既有点到为止的三言两语，也有淋漓酣畅的大段议论。书中有许多关于宋诗的真知灼见，又出之以平易晓畅的文字，真正做到了深入浅出，也更鲜明地呈现出程先生的学术个性。

第七册所收的是古典诗歌作品选，即《古诗今选》一种。此书的属稿始于 1956 年，是程先生与沈祖棻先生合作进行的，后因沈先生不幸去世，乃由程先生独立完成。此书的内容包括八代诗、唐诗和宋诗三个部分，涵盖了五七言诗歌史上最重要的几个时期。选本是中国文学史上一种特殊的批评方式，程先生对此深有会心，所以此书从选目、注释到讲解、评析，都很有特色，充分体现了选家的诗学观点。在《古诗今选》之前，具有通代性质的古诗选本主要有三部：一是宋末元初方回所选的《瀛奎律髓》，它是一部唐、宋两代的律诗选本。二是清代王士禛所选的《古诗选》，它专选历代的五言古诗和七言古诗，五古部分上起汉代，下迄唐代；七古部分则上起汉代，下迄元代。三是清代曾国藩所选的《十八家诗钞》，它上起汉末的曹植，下迄金代的元好问。这三部古诗选本都是《古诗今选》参考的范本。然而《古诗今选》毕竟有很强的独创性，它所体现的选家眼光已经超越前人。在诗体上，《瀛奎律髓》专选五七言律诗而不选古体诗和绝句，《古诗选》则专选古体诗而不及律诗和绝句，《十八家诗钞》虽然不限诗体，但它于王维、孟浩然只选五律，于宋代的苏轼、黄庭坚、陆游三家则不取五古，仍然多有局限。《古诗今选》则各体皆收，而且在五七言诸体之外选入少量优秀的六言诗、杂言诗，以示在五七言诗成为诗体主流后仍有其他诗体的存在。这样就能让读者对古典诗歌的艺术形式有比较完整的把握。《古诗今选》的选目也有非同寻常的特点和价值。在八代诗人中，入选作品较多的诗人依次是：陶渊明 12 首，鲍照 8 首，曹植 7 首，庾信 6 首，阮籍、左思、谢灵运、谢朓皆为 4 首。如果说陶渊明高踞八代诗史的首席是从苏轼以来的传统看法，那么将鲍照列于第二位，以及将庾信列于大谢之上，显然是独到的选家眼光。在唐代诗人中，入选作品较多的诗人依次是：杜甫 33 首，李白 27 首，王维 16 首，白居易 15 首，韩愈 11 首，刘禹锡、李商隐皆为 10 首，李颀、王昌龄、元稹、杜牧皆为 7 首，孟浩然、岑参、柳宗元、李贺、温庭筠皆为 6 首，陈子昂、张九龄、高适、李益、韩偓皆为 5 首。在这份名单中，韩愈、刘禹锡、李颀、柳宗元、韩偓的地位都比一般的唐诗选本有所提升，而入选杜诗超过王维诗的一倍，尤见手眼。在宋代诗人中，入选作品较多的诗人依次是：苏轼 22 首，王安石 17 首，黄庭坚、陆游皆为 15 首，陈师道、陈与义皆为 10 首，欧阳修、范成大皆为 7 首，杨万里、林景熙皆为 6 首，梅尧臣、刘克庄、谢翱皆为 5 首。其中王安石之位居第二，黄庭坚之与陆游平起平坐，二陈之超过欧公与范成大，都是不同寻常的选法。如果从通代的角度来看，《古诗今选》中入选作品较多的大诗人名单中前五位分别是：杜甫、李白、苏轼、王安石、王维，而白居易、黄庭坚、陆游三人则并列第六。显然，这不但对那种崇唐黜宋的传统诗学观念有着摧陷廓清之功，而且体现出宏通的视野和深远的眼光。从入选作品的诗体来看，《古诗今选》也有鲜明的特点。此书对各种诗体无所轩轾，但对于各家的诗体倾向则非常关注，比如王昌龄的 7 首诗全是七绝，充分显示出这位“七绝圣手”的特长。又如韩愈的 11 首诗全是古体，充分显示出其雄奇古奥的风格。此外如李商隐的 10 首中选律诗 8 首、绝句 2 首，陆游的 15 首中选五言诗 1 首、七言诗 14 首，都充分体现出各家在诗体上的特点和优点。凡此种种，皆说明《古诗今选》是一部眼光深邃、个性鲜明的通代诗选，它体现出程先生对整个诗歌史的独特观照，也体现出复归诗歌审美本质的独特旨趣。

第八册所收的是诗文作品，即《闲堂诗文合抄》《闲堂文薮》和《桑榆忆往》三种。《闲堂诗文合抄》是程先生各体文学作品的汇总。程先生生于诗人之家，自幼即与诗结下了不解之缘。即使在那些风雨如磐的黑暗岁月中，也始终不废吟事。可惜他中年因非罪获谴，旧稿毁于一旦，所以平生的五七言诗作只残存二百余首。这些诗中不乏清丽芊绵之作，也有廉悍奥峭之篇，但其主导风格，则正如钱仲联先生在《序闲堂诗存》中所云，“于蒹葭楼主人为近”，也即近于黄节先生的诗风。黄节诗风本以陈后山为宗，故程先生的诗风也以平淡质朴为基本特征。然而它们在平淡的语言外表下蕴藏着抑塞历落、豪荡感激之情，它们通过对自身遭遇的悲欢离合的诉说而表达了儒者“能好人能恶人”的淑世情怀。程先生平生不甚作词，所存词作仅有《闲堂词存》中的十余首，但其中不乏情文并茂之佳作，例如哀悼沈祖棻先生的两首《鹧鸪天》与哀悼王瑶先生的两首《浣溪沙》，都是感人至深的传世名篇。程先生晚年颇喜用文言撰文，这些文字短小精悍，文采斐然，已臻老成之境，具有美文性质，故单独编为一辑，题作《闲堂文存》。自从新文化运动以来，文言文逐渐退出文坛。其实文言、白话各有优点，不宜偏废。《闲堂文存》所收作品，大多属于序跋及墓铭、墓表之类，当然与此类文体之历史渊源有关。但其中也有怀人、忆旧的短文，如追怀唐圭璋先生的《圭翁杂忆》，内容与收进《桑榆忆往·音旨偶闻》的《忆刘永济先生》《黄季刚老师逸事》诸篇相近。前者用文言而后者用白话，但都将前辈学人的嘉言懿行写得栩栩如生，形神兼备。春兰秋菊，各有千秋。这正体现出程先生在文体论上兼收并蓄、不拘一格的通达意识。程先生虽然以研究古代文学而知名，但他决不是埋首于故纸堆而不问窗外事的学究。他对现实非常关心，对当代文学也十分注意。他在青年时代曾热心于新诗创作，与好友孙望先生等组织了“土星笔会”，并创办新诗刊物《诗帆》。虽说他后来因专注于古代文学研究而不写新诗，但留存下来的新诗作品却是现代诗史上不可忽略的一个记录。现经整理删选，把这些作品编成《新诗少作》，附于《闲堂诗文合抄》之末。《闲堂文薮》也是程先生的论文集，所论内容较杂，有别于《古诗考索》之专论诗歌，故另编此集。程先生认为全书内容“繁如薮泽”，乃沿用唐人皮日休《文薮》之题。本书共分三辑:第一辑 8 篇，其中《韩愈与唐代小说》一篇，是陈寅恪先生于 1936 年以英文发表的论文，收入本辑的是作者的译文。其他 7 篇涉及散文、辞赋、词曲、小说、戏剧等各种文体。第二辑是汉魏六朝文学散论 3 篇，原是作者 1946 年在武汉大学讲授文学史的讲义，今天看来，仍有可参考之处。第三辑 8 篇，皆有关校雠目录学。写作时间约在 1935 年至 1942 年，是为在金陵大学和武汉大学讲课之用。后来此类课程久不设置，直至 1980 年后程先生为南京大学和山东大学的研究生讲授“校雠学”课程时，始由同学录音整理成为《校雠学略说》，是为日后《校雠广义》的蓝本。这 8 篇文章是程先生校雠学思想的滥觞之源，自然具有独立的学术史意义。《桑榆忆往》是程先生的回忆录，乃张伯伟教授所编。此书分成四个部分，第一部分是《劳生志略》，是程先生的口述自传，由张伯伟记录成文。第二部分是《音旨偶闻》，共收 4 篇文章，内容是程先生对刘永济、黄季刚与汪辟疆三位老师的回忆。第三部分是《书绅杂录》，共收 7 篇文章，内容都是程先生讲学的记录稿，记录者既有及门弟子，也有程先生的外孙女张春晓，当然，后者也是程先生的再传弟子。第四部分是《友朋评议》，共收8篇评议程先生学术的书评，撰者既有程先生的学界友人，也有其弟子或后辈。《桑榆忆往》内容丰富，形式多样。程先生的一生经历曲折，数次遭遇沧桑世变，时代的风风雨雨在他心中留下了不可磨灭的记忆。他年轻时及见许多学术宗师，如黄季刚、胡小石、刘衡如、胡翔冬、吴瞿安、汪辟疆等，都是他亲承音旨的前辈。又如陈寅恪、朱光潜、朱自清、庞石帚等，都是他有所请益的学者。他的夫人沈祖棻教授是当代杰出的女词人，患难夫妻，文章知己，学术上多收切磋之益。凡此种种，都成追忆。程先生诲人不倦，他常为弟子或其他后学释疑解惑，留下许多言简意赅的学术观点。程先生的学术研究深受学界重视，友朋及弟子对其学术成就的评论皆从某个侧面体现其人其学的特点。总体看来，这部回忆录不仅是程先生个人生平事迹的记录，而且是时代的一个缩影，从中可见几代学人的嘉言懿行和歌哭悲欢，具有学术史的意义。

第九册所收的是书简，即《闲堂书简》一种。初版《程千帆全集》于2000年问世以后，师母陶芸先生认为程先生写给亲朋友好的书信中有许多商讨学术的内容，可以作为其著作的补充，应予整理成书。在程先生的后人和学生的帮助下，经过征集、誊录、编次等步骤，陶先生终于将近千封书简整理成书，并于2004年由上海古籍出版社出版。十年以后，此书漏收的书简陆续出现，所收书简的系年等方面也发现了一些错误，在程门弟子及程丽则师姐等人的共同努力下，于2013年出版了增订本。其后我们又收集到遗简三百余通，于是重加增订，收入全集。程先生是一位真正的学者，他好学深思，终生不倦，他的书信中最常见的内容便是商讨学问。由于是书信，不可能发表长篇大论，但是那些简约的三言两语往往闪耀着真知灼见。试举一例：《致张三夕》之二七中纠正学界关于陈寅恪的一种误解："陈先生说'寅恪平生为不古不今之学'，汪荣祖竟然认为这是指他专攻中古史，即魏晋六朝、隋唐五代。这不但与事实不合，也完全不解陈先生的微旨。'不今不古'这句话是出在《太玄经》，另外有句话同它相配的是'童牛角马'，意思是自我嘲讽，觉得自己的学问既不完全符合中国的传统,也不是完全跟着现代学术走,而是斟酌古今,自成一家。表面上是自嘲,其实是自负。根据他平生的实践,确实也做到了这一点,即不古不今、亦古亦今、贯通中西、继往开来。”程先生还常常在书信中为学生或其他年轻学人答疑解难,或指示治学门径。也举一例:《致余恕诚》之四曰:“承问课题,我觉得唐代文学是一座很大的富矿,到现在还有很多领域没有开发,特别是文学与文化和政治的关系,陈寅恪虽提出唐代内乱与外患的连环性,这个题目在文学上的表现就很少人涉及过,如果先生有兴趣,是否将这个问题作一个比较彻底的清理。这可能在文学上表现的不多,但间接上可以开发的不少。”书信是最纯粹的“个人化写作”,它最能体现作者的真性情。程先生的书信大多直抒胸臆,在毫无修饰的文字中洋溢着真情实感,例如《致万业馨》之二三云:“千帆自到南大后,得可传业者数人,著述得诸友生之助,亦大体完成。残年八十有六,耳聋目盲,自然之数,故终日枯坐,亦无可埋怨处。惟偶然细数平生,虽经忧患似若无可悲者,然为国为民,亲情友谊,则愧负实多。朱古微晚年词云,‘忠孝何曾尽一分’,‘可哀惟有人间世’,每一念及,辄忉怛不能去怀。出版社多劝录音,说平日可念之事。但每一念及,则泪如泉涌,岂尚有心及于文字?”此种文字,真乃尼采所谓“以血书者”的天地间至文。程先生的书信忠实地记录了一个正直的知识分子走过的人生道路及其心路历程,也记录了大量关于文坛和学林的珍闻、掌故,活跃着许多著名人物的身影,全书具有极高的史料价值。

第十、第十一册所收的是日记,即《闲堂日记》一种。日记是古已有之的一种文体,原属史官之职责,如汉人刘向《新序》云:“司君之过而书之,日有记也。”其后文人逐日记事之文亦称“日记”,宋人陆游谓“黄鲁直有日记,谓之‘家乘’,至宜州犹不辍书”(《老学庵笔记》)。及至晚清,遂出现以李慈铭《越缦堂日记》为代表的“四大日记”,成为影响颇巨的特殊著作。一般来说,日记的主要优点是逐日记事与始终不辍,从而具备较高的史料价值。程先生的日记,始于少时在家塾有恒斋中读书之时。他进入金陵大学后,还曾将日记中有关《礼记》的部分整理成文公开发表。可惜程先生后来屡遭动荡，已无法每日作记，即使作记也难以妥善保存。所以现存的程先生日记，竟是始于 1979 年 3 月 15 日，其时他年近七旬，已臻暮年。虽然如此，这部日记仍然多达 13 册，前 12 册主要由程先生手记，少数地方由陶芸先生代记。后 1 册则全由陶芸先生代记。日记记录了程先生晚年生活的主要内容，举凡教学、著述、出差开会、亲友交往等，应有尽有，细大不捐。虽然残缺不全，仍如吉光片羽，价值非凡。试看徐有富教授所编《程千帆沈祖棻年谱长编》，全书篇幅为 900 页，自 1909 年至 1978 年仅有 283 页，而从 1979 年迄 2000 年则多达 617 页，主要得益于日记之功。程先生晚年目昏手抖，日记之字迹相当潦草，难以辨认，整理者程丽则师姐与程门再传弟子许勇付出了辛勤的劳动，厥功甚伟。

第十二册所收的是附录四种，其中《治学小言》一书曾于 1986 年由齐鲁书社出版，前有王仲荦先生之序，后有陶芸先生之后记，正文则为短文 19 篇，内容以治学方法为主，兼及大学文科与中学语文等问题。依照程先生本人的意见，初版《全集》未收此书。如今在程先生身后重编《全集》，理应补收，因其篇幅短小，内容又不易归类，故附于本册。《古诗讲录》一书原题《程千帆古诗讲录》，张伯伟教授编，人民文学出版社 2020 年出版。程先生晚年移砚南京大学后，曾先后为 1976 级本科生讲授“历代诗选”，历时一年；为 1977 级本科生讲授“古代诗选”，历时一学期；为 1979 级硕士生讲授“杜诗研究”，历时一学期。当时没有留下音像资料，令没有机会“亲承音旨”的后学倾想不已。幸亏三门课程分别留存徐有富、张伯伟、曹虹三位弟子的记录，第一门课程的上半部分则有进修生陈治群的记录，张伯伟据之整理编纂，遂成此书。张伯伟教授在编后记中说：“三门课程，‘历代诗选’以时间为序，讲解汉魏晋宋齐梁陈隋唐宋诗歌；‘古代诗选’则以专题为单元，范围也还是八代唐宋诗歌；‘杜诗研究’属于专家诗，是以问题为中心展开。虽然三门课程各有重心，但都是围绕具体的诗歌作品。传统的文学研究范围，包括文学理论、文学批评、文学史，但核心是文学作品。没有作品，就没有文学的理论和历史；不深入理解作品，文学的历史与理论就只能停留在表象的描绘和空泛的议论。这是千帆师的一向主张，不仅体现在研究工作中，也贯彻在教学实践上。”评价此书的价值，言简而意赅。《逸稿》专收程先生的逸稿。程先生曾在各类报刊发表文字甚多，年代久远，或存或佚。今将近年来发现之逸稿汇成一编，附录于此。《学术年表》乃专为此次重版《全集》而编，乃由徐有富率徐雁平、丁思露、杨珂等人合作而成。有富兄曾撰《程千帆沈祖棻年谱长编》，掌握谱主资料极为丰赡，由他亲率弟子编制此表，定能删繁就简，驾轻就熟，必有可观，遂附于此，以为《全集》之压卷。

从以上的粗略介绍可以看出，程先生的学术视野十分宏阔，研究领域相当广泛，从而取得了多方面的研究成果。这部六百多万字的全集，就是他一生上下求索的结果，是他六十年心血的结晶。那么，程先生的学术研究，有没有一以贯之的精神呢？我以为是有的，那就是沈祖棻先生在《古典诗歌论丛》的后记中所揭橥的，“将考证与批评密切地结合起来”，“将批评建立在考据基础上”。考证与批评是中国传统的文学研究的两翼，前代的优秀学者本是两者兼通的。可是到了现代，随着学术成果积累的日益丰厚和学术研究分工的日益细密，这两项工作渐渐分道扬镳，学者或精于此，或长于彼，互相隔膜，绝少往来。甚者至于互相轻视，唯我独尊。精于考证的学者常常觉得专事批评的人流于空疏，而长于批评的学者则往往认为专攻考证的人陷于烦琐。在古代文学研究界大声疾呼且身体力行地把两者结合起来的学者，程先生当是当代第一人。

一般说来，文学研究，尤其是古代文学研究，主要有四个层次。一是文献学的研究，即对浩如烟海的典籍进行校勘、辑佚、整理，力求提供确实可靠的文本。二是历史学的研究，即对千头万绪的文学史实进行考订、甄别、梳理，力求掌握文学史长河中每个环节的真实面目及其来龙去脉。三是美学的研究，即对古代文学作品的自身价值进行解读、阐释、评析，力求最充分地实现现代人对古代作品的审美接受。四是哲学的研究，即从哲学思辨的高度对古代文学进行宏观的把握，力求揭示其根本规律及其在民族文化乃至世界文化中的特殊地位和普遍意义。从程先生的著述及日常言论来看，他所说“考证”包含着前两项内容，而“批评”则包含着后两项内容。由此可见,程先生所倡导的方法实际上就是对古代文学作全面的、多层次的研究,是由表及里、由浅及深的学术门径。应该指出,在现代的学术环境中,分工是不可避免的,一部分学者把精力集中于某一个层次的研究是完全合理的。程先生对此并无异议,他对同辈乃至后辈学人专攻某一层次的研究而得到的成就都深表赞许。但是,就整个学术界而言,必须有部分学者兼通考证与批评,而专攻其一的学者也不能与另类研究隔膜、疏离,这才能够融会贯通,真正达到较高的学术境界。程先生的研究工作正是在这种思想的指导下进行的,这部文集正是他运用这种方法的范例。

程先生重视文献整理,他亲自主编《全清词》和《中华大典·文学典》,而且下大功夫钻研校雠学。他重视史实考订,为了弄清唐代行卷之风的真相,曾在史料中钩沉索隐达数十年。他具有卓异的审美能力,在艺术体会和风格辨析方面尤见功力。他也善于从纷繁杂乱的现象中抽象出理论来,曾对古典诗歌的一些普遍规律有所揭示。更重要的是,程先生并不把考证和批评视为各自独立、畛域分明的两类工作,而把它们看作互相依存、不可割裂的一个整体。他的文学史著作和文学史专题论著固然是兼有考证与批评的综合研究,他的许多单篇论文也同样是融考证与批评于一体的范文,例如《张若虚〈春江花月夜〉的被理解和被误解》《一个醒的与八个醉的》等文,都是从对史实的精密考证和对作品的细致分析入手,双管齐下,然后推导出重要的结论。程先生在古代诗歌的研究中所以能触手生春,独得圣解,除了天性颖悟和思力强劲等因素,正确的方法论无疑是重要的原因。

读者很容易注意到以下事实:这部《全集》的总字数不是很多,而且有好几种著作是程先生与他人合作的,这是特殊的时代所造成的结果。1957 年,像同时代的许多学者一样,正当盛年的程先生因直言而获罪,从此被剥夺了近二十年的工作时间。等到阴霾散尽,大地春回,程先生重返课堂和书斋时,他已年过花甲。妄加的罪名可以平反,贬损的待遇可以恢复,但是被耽误的时间却是无法挽回的。从 45 岁到 65 岁的二十年光阴,正是从事文史研究的学者一生中的黄金阶段。尽管复出后的程先生夜以继日地努力工作，尽管他的才思依然十分敏锐，但要想亲手完成计划中的全部学术课题，毕竟力不从心。况且重执教鞭的程先生视教学为第一要务，为培养后辈而倾注了大量的时间和精力！于是程先生的好几种著作采取了与人合作的方式，合作者中有他的同事，更多的则是他亲自指导的学生。应该说，这些合作实际上也是程先生培养后辈的一种方式，合作者通过实际操作而获得了方法训练，也通过讨论质疑而锻炼提高了思辨能力，所以它们具有薪尽火传的特殊意义。然而毋庸讳言，如果程先生没有丧失二十年时间，如果他一生的学术活动没有中断，那么他完全可以在年富力强的时候从容不迫地独自完成这些著作，并使它们的学术水准更上一层楼，他也一定能够写出更加卓越的其他著作。可惜历史是不能假设的，于是这部《全集》只能以目前的状态呈现在读者面前。希望后来的读者看到这部《全集》时，千万不要忘记它是一位生活在 20 世纪历经坎坷的学者的学术记录，是一部忧患之书。

2023 年 7 月 20 日

受业莫砺锋谨序

目　次

两宋文学史

程千帆
吴新雷
撰

第一章　宋初文学的因革

宋初统一帝国的建立，把历史推向了一个新阶段。然而在文学方面，却不是随着改朝换代而突然发生同步变化的，它有一个从因习旧章到变革创新的渐进过程。自太祖、太宗到真宗时期，诗、文、词、赋大体上都是继承着晚唐、五代的风格。以诗为例，蔡居厚《蔡宽夫诗话》①曾指出："国初因袭五代之余，士大夫皆宗白乐天诗，故王黄州（禹偁）主盟一时。祥符、天僖（真宗年号，1008—1021）之间，杨文公（亿）、刘中山（筠）、钱思公（惟演）专喜李义山，故昆体之作，翕然一变。"（"宋初诗风"条，见郭绍虞辑《宋诗话辑佚》卷下）方回在《桐江续集》卷三十二《送罗寿可诗序》中则说：

> 宋刬五代旧习，诗有白体、昆体、晚唐体。白体如李文正（昉）、徐常侍昆仲（徐铉、徐锴）、王元之（禹偁）、王汉谋（奇）；昆体则有杨、刘《西昆集》传世，二宋（庠、祁）、张乖崖（咏）、钱僖公（钱惟演初谥思，改谥文僖）、丁崖州（谓）皆是；晚唐体则九僧最逼真，寇莱公（准）、鲁三交（交）、林和靖（逋）、魏仲先父子（野及子闲）、潘逍遥（阆）、赵清献（抃）之祖（湘）②。凡数十家，深涵茂育，气极势盛。

---

① 书籍首次出现时，并著其作者，以后一般不重出。

② 按鲁交有《三江集》，应称三江。四库全书本《桐江续集》之原文为"赵清献之父"，现据《四库全书总目》卷一百五十二赵湘《南阳集》提要的引文校正。根据年代推断，和魏、潘同时代的，应是赵抃之祖湘。湘，太宗淳化三年（992）进士。

的确，宋初诗坛基本上是为中晚唐诗风所笼罩的。以时代先后而论，则白体为先导，风行于太祖、太宗朝(960—997)；自太宗后期至真宗时，出现了晚唐派；真宗景德年间(1004—1007)①，西昆体开始兴起，其声势达于仁宗朝。这三派的创作内容及风气是一脉相承的，大都是唱和酬答之作，而其作者又都兼工骈文，作品大多讲究艺术形式而很少反映现实生活中的重大问题。这种局面，引起了一些有志推陈出新的作家的不满，他们提出了改革文风的主张，并从事创作实践，从而成为北宋诗文革新运动的先驱者。

第一节　白体诗与王禹偁的创新

宋初的唱和诗风与白体诗　宋代社会的一个特点是重文轻武。宋初的最高统治者为了安定封建秩序，加强中央集权制，在政治上采取了偃武修文的策略，并使之形成普遍的社会风气。《宋史·文苑传序》说得好："艺祖(赵匡胤)革命，首用文吏而夺武臣之权。宋之尚文，端本乎此。太宗、真宗，其在藩邸，已有好学之名；及其即位，弥文日增。自时厥后，子孙相承，上之为人君者，无不典学；下之为人臣者，自宰相以至令录，无不擢科。海内文士彬彬辈出焉。"为了颂扬圣明和粉饰太平，赵宋王朝有意提倡应酬赠答的诗赋。特别是太宗，常常舞文弄墨，附庸风雅，每逢庆赏、宴会，便宣示御制诗篇，令大臣们唱和。所以宋初文坛盛行的是唱和诗，而白居易的元和体便成了时流学习的榜样。如众所周知，白居易一生的诗友前半期是元稹，后半期是刘禹锡。他们曾写过许多唱和诗，次韵相酬，编纂成集。元稹《白氏长庆集序》说："予始与乐天同校秘书之名，多以诗章相赠答。会予谴掾江陵，乐天犹在翰林，寄予百韵律诗及杂体，前后数十章。是后各佐江、通，复相酬寄。巴蜀、江楚间洎长安中少年，递相仿效，竞作新词，自谓为元和体诗，而乐天《秦中吟》、《贺雨》、讽谕等篇，时人罕能知者。"元和体诗可分为二类："其一为次韵相酬之长篇排律"，"其二

① 皇帝年号首次出现时，冠以庙号，以后一般不重出。

为杯酒光景间之小碎篇章”(见陈寅恪《元白诗笺证稿》附论〔丁〕元和体诗)。两者互相渗透影响，就形成了宋初以小碎篇章互相唱和的白体诗风。当时主盟诗坛的官僚文人如徐铉、李昉等，都是由五代十国入宋的，他们不仅是赵宋开国时期振兴文教的骨干，而且也是把应酬诗风带到宋朝来的始作俑者。

徐铉(917—992)，字鼎臣，祖籍东海，出生于广陵(今扬州市)①，与弟锴皆精于小学，仕南唐为翰林学士。徐铉随李后主归宋后，曾任右散骑常侍，世称徐骑省，有《骑省集》三十卷，前二十卷是南唐时期的作品，后十卷系归宋后所作。他的诗初学李白，后学白居易，其中唱和赠答之作占四分之三，如文集第二十一卷“应制诗”类有《奉和御制打球》等十九首，“寄送诗”类有《送阮监丞赴余杭》等四十九首。兹举其《送明德道人还东林》以见例②：

> 每忆曾游处，东林惠远房。老来情更重，师去兴何长？涧曲泉声咽，松深露气香。题诗寄楚老，惆怅不成章。

方回在《瀛奎律髓》卷十六中曾选录其《寒食成判官垂访》七律一首，并有评论说他“诗有白乐天之风”。他下笔很快，自称“速则意思壮敏，缓则体势疏慢”(晁公武《郡斋读书志》〔袁州本〕卷四引)，故其诗流易有余而深警不足。

李昉(925—996)，字明远，谥文正，深州饶阳(在今河北省)人，五代后汉时中进士，后周世宗时为翰林学士。入宋后得太祖、太宗器重，两度拜相，主编《太平御览》、《太平广记》和《文苑英华》等书。《宋史》本传说他“为文章慕白居易，尤浅近易晓”，王偁《东都事略》卷三十二载：“太宗尝语辅臣曰：‘朕何如唐太宗?’皆曰：‘陛下尧舜之主也，何太宗之足云！’昉独无言，徐诵白居易诗云：‘怨女三千放出宫，死囚四百来归狱！’太宗拱手

① 作家邑里，首次出现时，注明今地，以后一般不重出。

② 诗文篇目，凡介绍作家时已举其别集名称者，一律不更标出见原集某卷。

曰：'朕不及也。'"他能以白居易的诗句来进行讽谏，从而折服君心，确是颇具胆识的正直之士。吴处厚《青箱杂记》卷一说："昉诗务浅切，效白乐天体，晚年与参政李公至为唱和友，而李公诗格亦相类。"现存《二李唱和集》，有李昉写于淳化四年(993)的序。序中说："朝谒之暇，颇得自适，而篇章和答，仅无虚日。""昔乐天、梦得有《刘白唱和集》流布海内，为不朽之盛事。今之此诗，安知异日不为人之传写乎?"可见他们以诗自适之意。今举其往复之诗各一首如次：

> 烟光澹澹思悠悠，朝退还家懒出游。静坐最怜红日永，新晴更助小园幽。砌苔点点青钱小，窗竹森森绿玉稠。宾友不来春已晚，眼看辜负一年休。
>
> ——李昉《小园独坐偶赋所怀寄秘阁侍郎》

> 歌舞林亭不外求，朝回多著道衣游。蔷薇点缀勾栏好，薜荔攀缘怪石幽。泥浸落花红片湿，鸟啼深树绿阴稠。春风去便还经岁，莫负芳菲醉即休。
>
> ——李至《奉和小园独坐偶赋所怀》

这完全是一种应酬消遣之作，内容上是留连光景，形式上是依次押韵，风格则平易清雅，不求雄浑典丽。这就是宋初的所谓白体诗。当时还有赣县人王奇，字汉谋，也是这一派中的人。他们的创作缺乏深刻的思想感情，所以没有值得重视之处。而在这股风气之中，出于白体又能突破这种局面的，当推王禹偁。

王禹偁的突破　王禹偁(954—1001)，字元之，济州钜野(在今山东省)人，家世务农，父亲以磨麦制面为生。艰苦贫寒的农村生活，砥砺了他的志向，为他后来认识社会，理解生活，走上现实主义创作道路打下了基础。他从小就奋发求学，五岁能诗，九岁能文。相传济州从事毕士安有一次在筵席上出了一句诗："鹦鹉能言难似凤。"座客皆不能对，碰巧王禹偁替他父亲给公府送面，来到阶下，竟不假思索地对了一句："蜘蛛虽巧不如蚕。”毕士安听后大为赞赏，连声夸他是“经纶之才”，爱重地呼为小友①。

宋太宗太平兴国八年，王禹偁考中了进士，初授成武县主簿，次年改知长洲县。他是一位关心人民疾苦和有所作为的官吏，《吾志》诗中曾自我表白地说：“吾生非不辰，吾志复不卑。致君望尧舜，学业根孔姬。”表达了从儒家经典中继承得来的政治抱负。在《和屯田杨郎中同年留别之什》中又说“许国丹诚皎日悬”，透露了赤心报国的远大志向。太宗端拱元年(988)，他被召赴京，任右拾遗、直史馆，当即向皇帝献《端拱箴》“以寓规讽”。文中批评了宫廷中“一裘之费，百家衣裳”、“一食之用，千人口腹”的奢侈生活，希望皇上要经常想到“室无环堵”、“地无立锥”的广大人民，成为勤政爱民的圣君。次年正月，太宗诏文武群臣各陈备边之策，他又献《御戎十策》，三月，太宗亲试贡士，召他作歌，他便写了《皇帝亲试贡士歌》，都得到太宗的赞赏，被任命为左司谏、知制诰。这是他仕途上最得意的时期。虽然谏官的地位并不高，但却是皇帝的近臣。如果他肯阿谀奉承，完全可以青云直上，飞黄腾达。然而，他不是那种利欲熏心的人。他以国事为重，经常批评朝政的得失，因此得罪了皇帝，触怒了权贵，“丹笔方肆直，皇情已见疑”(《吾志》)，终于“三黜以死”②。第一次被黜是在淳化二年(991)。妖尼道安诬告徐铉(事见《东都事略》卷三十八)，王禹偁上书为铉辩护雪诬，触怒皇帝，被贬为商州团练副使。后召还京师，为翰林学士。第二次是太宗至道元年，因“谤讪”罪被贬，出知滁州。真宗即位，召还，预修《太祖实录》。因秉笔直书，被宰相张齐贤加以“议论轻重其间”(《宋史》本传)的罪名，在咸平元年(998)遭到第三次罢黜，出知黄州，故后世称他为王黄州。他是个有胆有识、刚正不阿的人，虽屡次遭到排挤打击，并不因此而改变自己的初衷。在《三黜赋》中，他曾表示：“屈于身兮不屈其道，任百谪而何亏！”这种为主持正义而不屈不挠的精神，在封建士大夫中间是难能可贵的。他卒于真宗咸平四年(1001)，仅四十八岁，一生创

① 见邵博《邵氏闻见后录》卷十七。唐李泌幼时聪敏，宰相张九龄颇加爱重，称为小友，见《新唐书·李泌传》。毕士安在这里是以王禹偁比李泌。

② 苏轼《王元之画像赞序》：“故翰林王公元之，以雄文直道独立当世。”“然公犹不容于中，耿然如秋霜夏日不可狎玩，至于三黜以死。”

作的诗歌和散文甚多，可惜大部分已散佚，现存《小畜集》三十卷，自序说："因阅平生所为文，散失焚弃之外，类而第之，得三十卷，将名其集，以《周易》筮之。"遇小畜卦，所以叫《小畜集》。后来他的曾孙王汾收集其逸文遗篇，又编为《小畜外集》十三卷（现残）。两集共存诗五百多首，文二百余篇。

王禹偁自幼就喜读白居易的诗。他早年对白诗喜爱的侧重面与当时许多从事白体的诗人是相同的。他在三十岁中进士后，刚到成武县主簿任上，就与傅翱相约："仍夸县尹风骚客，应有秋来唱和诗。"（《寄鱼台主簿傅翱》）移任长洲知县后，正好同年进士罗处约来知吴县，相距甚近，因此他认为，"公暇不妨闲唱和，免教来往递诗筒。"（《官舍书怀呈罗思纯》）在此期间，仅与太湖游览有关的唱和赞献之句，就写了一百首之多①。被贬到商州后，他又跟商州知州冯伉酬唱，一年时间也写了将近百篇，曾纂辑为《商于唱和集》。但他晚年自编《小畜集》时，与罗处约、冯伉等人的唱和之作，却收录很少。当然，其唱和诗中也有一些警世励人之作，但他这种对早期诗风的否定，说明王禹偁改变了对元和体的态度。他学习白诗不囿于元和体，他关心人民疾苦和积极用世的进取精神，使他突破了元和体的范围，进而学习白居易任谏官时写讽谕诗的诗风。这就使他将自己和另外一些诗人逐渐区别开来。早在三十五岁任左司谏时，他就曾经试作讽谕诗《对雪》，一方面反映人民的徭役之苦，一方面又抒发自己忧国忧民的情怀。面对漫天飞舞的大雪，诗人想到了在冰天雪地里艰难运输的苦力和戍守边塞的士卒，由此而深感惭愧和内疚："自念亦何人，偷安得如是！深为苍生蠹，仍尸谏官位。""不耕一亩田，不持一只矢。多惭富人术，且乏安边议。空作对雪吟，勤勤谢知己。"这种反躬自责的进步思想，正是他的文学事业能取得成就的基本原因。

王禹偁谪居商州将近两年，这是他一生创作力最旺盛、收获量最多的时期，也是他的诗风发生关键性转变的时期。贬官商州、滁州后，接触了

① 《宋史·罗处约传》："知吴县，王禹偁知长洲县，日以诗什唱酬，苏杭间多传诵。"

生活实际，他自觉地学习白居易新乐府的精神，大量创作了反映现实、爱国爱民的作品，如《畬田词》、《谪居感事》、《金吾》、《秋霖二首》、《感流亡》、《竹鼺》、《乌啄疮驴歌》、《对雪示嘉祐》和《射弩》等，比较深刻地反映和揭露了北宋初期的社会矛盾，有着强烈的时代色彩。在艺术形式上，他也沿着白居易讽谕诗大都采用古体的传统，通过朴实无华的语言，将自己的感情痛快淋漓地写出来，试看淳化三年(992)十二月所作的《感流亡》一首：

谪居岁云暮，晨起厨无烟。赖有可爱日，悬在南荣边；高舂已数丈，和暖如春天。门临商于路，有客憩檐前；老翁与病妪，头鬓皆皤然！呱呱三儿泣，惸惸一夫鳏。道粮无斗粟，路费无百钱；聚头未有食，颜色颇饥寒。试问何许人，答云"家长安，去岁关辅旱，逐熟入穰川。妇死埋异乡，客贫思故园。故园虽孔迩，秦岭隔蓝关。山深号六里，路峻名七盘。襁负且乞丐，冻馁复险艰。惟愁大雨雪，僵死山谷间"。我闻斯人语，倚户独长叹。尔为流亡客，我为冗散官。在官无俸禄，奉亲乏甘鲜。因思筮仕来，倏忽过十年。峨冠蠹黔首，旅进长素餐。文翰皆徒尔，放逐固宜然。家贫与亲老，睹尔聊自宽。

作者以无限同情的笔调，真实地描绘了劳动人民因旱荒而挣扎在死亡线上的悲惨图景。尤其可贵的，是他和杜甫一样，在反映民生疾苦的同时，把自己也摆了进去，"我闻斯人语，倚户独长叹。尔为流亡客，我为冗散官"，语气陡然一转，便将个人同人民的命运联系在一起了。言外之意，显然是对那些高官厚禄者的讽刺。诗风平易自然，作为宋诗在艺术上的显著特征之一的散文化手法，可以说是从他开始的。

应该指出：王禹偁不仅由以诗为应酬手段进而效法白居易的以诗讽谕，而且更由白体进而向杜甫集中寻求诗歌艺术的新境界，他在《送丁谓序》中说："诗效杜子美。"在《日长简仲咸》中又盛赞"子美集开诗世界"。《蔡宽夫诗话》载：

元之本学白乐天诗，在商州尝赋《春居杂兴》云："两株桃杏映篱斜，装点商山副使家；何事春风容不得，和莺吹折数枝花！”其子嘉祐云：“老杜尝有‘恰似春风相欺得，夜来吹折数枝花’之句，语颇相近。”因请易之。元之忻然曰：“吾诗精诣，遂能暗合子美耶？”更为诗曰：“本与乐天为后进，敢期子美是前身。”卒不复易。（“王元之春日杂兴诗”条，见郭辑本《宋诗话辑佚》卷下）

“本与乐天为后进”是学习白居易的总结，“敢期子美是前身”则是学杜的自勉。这两句是他一首七律的颈联，题目是《前赋春居杂兴诗二首，间半岁，不复省视，因长男嘉祐读杜工部集，见语意颇有相类者，咨于予，且意予窃之也。予喜而作诗，聊以自贺》，这表明了他对杜甫的尊敬，要向其学习的决心。

王禹偁扩大学习范围以后，有一些借景抒情、咏物言志的作品，是颇有特色的，如《寒食》、《清明》、《新秋即事》等。他学杜注意从造语入手，又重视意境的创新，例如绝句《杏花》之一：

红芳紫萼怯春寒，蓓蕾粘枝密作团。记得观灯凤楼上，百条银烛泪阑干。

组成此诗的是两幅并非一时一地的图景，从时间观念上说，前二句写眼前，后二句回忆在朝之时；从空间观念上讲，一在穷乡僻壤的贬所商州，一在灯火辉煌的京城开封。诗人的成功之处，就在于把两个从表面上看来毫不相关的景象即杏枝上的蓓蕾和凤楼上的烛泪剪接在一起，令人感受到作者隐藏在这两幅画景背后的那种怅望京华的无限深情。再看他的律诗《村行》：

马穿山径菊初黄，信马悠悠野兴长。万壑有声含晚籁，数峰无语立斜阳。棠梨叶落胭脂色，荞麦花开白雪香。何事吟余忽惆怅，村桥原树似吾乡。

诗篇生动地描绘了山村秋日黄昏时的瑰丽景色，看上去好像是写田野风光，其实是诗人借写景咏物来抒发自己去国怀乡的感情，隐寓着对故乡对国事念念不忘的心意，流露了作者被贬谪后的苦闷与哀伤。无论在风格的沉郁方面，抑或字句的锤炼方面，都不是那些应酬唱和之作所可比拟的了（以上参考陈植锷《试论王禹偁与宋初诗风》，载《中国社会科学》1982年第2期；墨铸《王禹偁略论》，载《东岳论丛》1982年第5期）。

在唱和诗风弥漫着宋初诗坛的时候，王禹偁能从积习中解脱出来，向杜甫和白居易学习，在宋代诗歌发展上，是有功绩的。清人吴之振在《宋诗钞·小畜集钞》的序文中说王禹偁“学杜而未至”，但又强调指出：“元之独开有宋风气，于是欧阳文忠得以承流接响。文忠（欧阳修）之诗，雄深过于元之，然元之固其滥觞矣。穆修、尹洙为古文于人所不为之时，元之则为杜诗于人所不为之时者也。”这是实事求是的正确评价。

第二节　晚唐体与西昆体

在白体诗盛行了将近五十年之后，到了真宗时期，诗坛上又出现了两个风格不同的流派。这些人没有像王禹偁那样深入社会基层，缺乏实际的生活感受，便只能依旧在唱和诗风的潮流中推波助澜。不过，他们变换了创作手法，在艺术技巧上争奇斗胜。其中继承晚唐，推崇贾岛等人的，可称晚唐派①，他们大都是身在江湖的隐士僧侣；主张师法李商隐的号称西昆派，他们基本上是在朝的达官贵人。

晚唐体的作家与作品　《蔡宽夫诗话》说：“唐末五代，流俗以诗自名者，多好妄立格法。……大抵皆宗贾岛辈，谓之贾岛格，而于李、杜特不少假借。”（“晚唐诗格”条，见郭辑本《宋诗话辑佚》卷下）宋初学晚唐的诗人，即沿袭这种风尚，代表作家有潘阆、魏野、林逋、九僧和寇准等人。

潘阆，大名（在今河北）人，或说是扬州人，自号逍遥子。早年在京师

① 唐诗分期，是一个很复杂有争议的问题。按照后来通行的初、盛、中、晚分期法，贾岛、姚合等人，只能归入中唐。这里暂仍宋人论宋初诗派的旧说，即将唐诗大略分为初、盛、晚三期，而将中唐并入晚唐。

卖药为生，因宦官王继恩的推荐，得到太宗的召见，赐进士及第，授四门国子博士。当继恩犯罪下狱时，他即逃亡隐匿，遁入中条山。真宗曾亲加逮问，旋获宽释，贬至信州，流寓当涂、贵池一带，又授职滁州参军。后遨游于大江南北，放怀湖山，随意吟咏，寓居钱塘，卒于泗上，有《逍遥集》一卷。《四库全书总目》卷一百五十二《逍遥集》提要论之云："阆在宋初，去五代余风未远，其诗如《秋夕旅舍书怀》一篇，《喜腊雪》一篇，间有五代粗犷之习，而其他风格孤峭，亦尚有晚唐作者之遗。""王禹偁、柳开、寇准、宋白、林逋诸人皆与赠答，盖宋人绝重之也。"他特别推崇贾岛，曾有《亿贾阆仙》云："风雅道何元(玄)，高吟忆阆仙；人虽终百岁，君合寿千年。骨已西埋蜀，魂应北入燕；不知天地内，谁为续遗编！"但他的诗风比较平淡自然，不事雕琢，并不和贾岛之以清奇僻苦为主者完全一致。如《望湖楼上作》，可见一斑：

望湖楼上立，竟日懒思还。听水分他浦，看云过别山。孤舟依岸静，独鸟向人闲。回首重门闭，蛙声夕照间。

魏野(960—1019)，字仲先，号草堂居士，先世蜀人，迁居陕州(今河南陕县)，世代务农，不求闻达。真宗闻名召见，他却闭户逾墙而遁，但这位终身不仕的隐逸诗人并不拒绝与显贵们交游唱酬。他早年学白体，后来和寇准来往密切，转宗晚唐。《宋史·隐逸传》说："野为诗精苦，有唐人风格，多警策句，所著《草堂集》十卷，大中祥符初，契丹使至，尝言本国得其上帙，愿求全部，诏与之。"可见他当时诗名很大。现存《东观集》十卷。其诗如《题崇胜院河亭》：

陕郡衙中寺，亭临翠霭间。几声离岸橹，数点别州山。野客犹思住，江鸥亦忘还。隔墙歌舞地，喧静不相关。

赵与虤《娱书堂诗话》称其诗风"冲淡闲逸"，《四库全书总目》卷一百五十二《东观集》提要也说："野在宋初，其诗尚沿五代旧格，未能及林逋之超诣，而胸次不俗。”所评皆是，其子魏闲，也有诗名，风格略同。

当时与魏野并称而名声较大的隐逸诗人是林逋。陆游说：“祥符、天禧间，士之风节、文学名天下者，陕郊魏仲先、钱塘林君复二人，又皆工于诗。方是时，天子修封禅、告太平，有二人在，天下麟、凤、芝草，不足言矣。”（《跋林和靖帖》）对他们真是推崇备至了。

林逋（967—1028），字君复，钱塘（今杭州市）人。《宋史·隐逸传》说他“性恬淡好古，弗趋荣利，家贫衣食不足，晏如也。初游江淮间，久之，归杭州，结庐西湖之孤山，二十年足不及城市。真宗闻其名，赐粟帛”。卒谥和靖先生。现存《和靖诗集》四卷。他终身不娶不仕，以梅、鹤作伴，称为梅妻鹤子。名士高僧都欢喜跟他交往唱酬，其诗风格清淡，意趣高远，如：

> 水气并山影，苍茫已作秋。林深喜见寺，岸静惜移舟。疏苇先寒折，残红带夕收。吾庐在何处？归兴起渔讴。
>
> ——《秋日西湖闲泛》

> 众芳摇落独暄妍，占尽风情向小园。疏影横斜水清浅，暗香浮动月黄昏。霜禽欲下先偷眼，粉蝶如知合断魂。幸有微吟可相狎，不须檀板共金尊。
>
> ——《山园小梅》二首之一

这些诗都显示了遁迹湖山、孤芳自赏的心情。咏梅一首，尤为著名，“疏影”“暗香”一联，抓住了梅花的艺术特征，又注入了诗人的美感意识，写得很入神，历来是传诵的名句。后来词人姜夔创自度曲咏梅，即以“暗香”、“疏影”命名。

学习晚唐体最逼真的是九僧。欧阳修《六一诗话》说：

> 国朝浮图以诗名于世者九人，故时有集，号《九僧诗》，今不复传矣。余少时，闻人多称之。其一曰惠崇，余八人者，忘其名字也。余亦略记其诗，有云：“马放降来地，雕盘战后云。”又云：“春生桂岭外，

> 人在海门西。”其佳句多类此。其集已亡,今人多不知有所谓九僧者矣。是可叹也! 当时,有进士许洞者,善为词章,俊逸之士也。因会诸诗僧分题,出一纸,约曰:“不得犯此一字。”其字乃山、水、风、云、竹、石、花、草、雪、霜、星、月、禽、鸟之类,于是诸僧皆阁笔。

这一记载生动地指出了他们诗境极其狭窄的特点和缺点。司马光《温公续诗话》对《六一诗话》的记载有所补充,他说:“欧公云《九僧诗集》已亡,元丰元年(1078)秋,余游万安山玉泉寺,于进士闵交如舍得之。所谓九诗僧者,剑南希昼、金华保暹、南越文兆、天台行肇、沃州简长、青城惟凤、淮南惠崇、江南宇昭、峨眉怀古也,直昭文馆陈充集而序之。”现存《九僧诗集》就有景德元年(1004)陈充的序,可见是宋本之旧(《九僧诗集》有上海医学书局1936年影印本)。九僧中当以惠崇为代表,他工诗善画,和其他八位僧人以及林逋、寇准、杨亿、刘筠等都有诗文来往。惠崇的名篇是跟寇准唱和的《池上鹭分赋得明字》诗:

> 雨绝方塘溢,迟徊不复惊。曝翎沙日暖,引步岛风清。照水千寻迥,栖烟一点明。主人池上凤,见尔忆蓬瀛。

文莹《湘山野录》卷中载其本事云:“寇莱公一日延诗僧惠崇于池亭,探阄分题,丞相(寇准)得《池上柳》青字韵,崇得《池上鹭》明字韵。崇默绕池径,驰心于杳冥以搜之,自午及晡,忽以二指点空,微笑曰:‘已得之,已得之。此篇功在明字,凡五押之俱不倒,方今得之。’”足见他的诗功全在于推敲字句。他们九人的风格除受贾岛的影响外,王维、孟浩然和刘长卿诸家对他们的先导作用也是明显的,看如下几首可知:

> 动静非常态,超然西去心。水期经洛听,云约到嵩吟。斋访烟村远,禅依竹寺深。只应风雅道,相府是知音。
>
> ——文兆《送简长师之洛》

冰瀑寒侵室，围炉静话长。诗心全大雅，祖意会诸方。磬断危杉月，灯残古塔霜。无眠向遥夕，又约去衡阳。

——惟凤《与行肇师宿庐山栖贤寺》

别业惟栽竹，多闲亦好奇。试泉寻寺远，买鹤到家迟。药就全离母，诗高只教儿。未能终住此，共有海山期。

——宇昭《赠魏野》

这群诗僧都善于以字句精炼的五言律诗描绘山水云物和幽雅的生活环境，其他则非其所长。

晚唐诗派中唯一的高官是寇准。一些在野的名士如潘阆、魏野、林逋和九僧，都是他的诗友，围绕着他开展唱和活动，使他自然成为这些诗人的盟主。

寇准(961—1023)，字平仲，华州下邽(在今陕西渭南市东北)人。太平兴国五年(980)中进士，淳化三年(992)召拜参知政事。真宗即位，迁尚书工部侍郎，景德元年(1004)拜相。他最大的业绩，便是力主抗辽，促使真宗御驾亲征，订立了澶渊之盟。天禧三年(1019)封莱国公，后被人诬陷，贬为相州、安州、道州和雷州等处的地方官。现存《寇忠愍公诗集》三卷，《四库全书总目》卷一百五十二此书提要说："准以风节著于时，其诗乃含思凄惋，绰有晚唐之致。然骨韵特高，终非凡艳所可比。"如《春日登楼怀归》：

高楼聊引望，杳杳一川平。野水无人渡，孤舟尽日横。荒村生断蔼，古寺语流莺。旧业遥清渭，沉思忽自惊！

《瀛奎律髓》卷十评此诗云："莱公诗学晚唐，(与)九僧体相似。"其格调气味跟魏野、惠崇辈确是非常接近的。他的一些小诗也颇有韵味，如《江南春》：

杳杳烟波隔千里，白蘋香散东风起。日落汀州一望时，柔情不断如春水。

融情入景，写出了在美妙风光中的柔情蜜意。

晚唐体大致起于太宗时，至真宗朝形成风气。他们喜作五律，崇尚白描，少用典故，但并不忽视炼字炼句。正如潘阆的《叙吟》诗所说："发任茎茎白，诗须字字清。搜疑沧海竭，得恐鬼神惊。"由于苦吟，所以常有沁人心脾的佳句，而且往往在两联对句上见出功夫。但他们生活积累不足，意境较狭，往往沉溺于用小巧细碎的笔法来描摹景物，或者发抒清苦幽僻的个人性情，变化不多，波澜很少，所以等到西昆体勃兴后，这一派的势力便相形见绌了。

西昆体和杨亿　西昆体是以杨亿编辑《西昆酬唱集》而得名的。这部诗集是宋初唱和诗风发展到顶点的必然产物，集中共收十七位作者的五、七言近体诗二百五十首。代表人物是杨亿、刘筠和钱惟演，这三个人的作品占了全集五分之四以上，共二百零二首。其余十四人是李宗谔、陈越、李维、刘骘、丁谓、刁衎、任随、张咏、钱惟济、舒雅、晁迥、崔遵度、薛映、刘秉。他们的诗共计只有四十八首。这些人的唱和活动开始于景德二年(1005)秋，而杨亿编辑成书则在大中祥符元年(1008)秋，前后经历了三年。原来，在景德二年九月，真宗命杨亿等着手编纂一部名为《历代君臣事迹》的千卷巨著(此书后改名《册府元龟》，今存)，参加编纂工作的人都会聚在收藏皇家古籍的秘阁里，为了标榜他们的身份地位，杨亿根据《山海经》和《穆天子传》记载昆仑山之西有玉山册府的典故，便为在秘阁三年中互相唱和的诗集取了这个美好的书名。其实，参加唱和的十七位作者并不都是秘阁里的编纂人员，如张咏和舒雅不经常在京中，丁谓和钱惟济并未参与秘阁工作。他们的政治立场和创作风格也不是完全一致的，如杨亿反对真宗搞劳民伤财的祀神求仙，是个"忠清鲠良之士"(苏轼《议学校贡举状》)，丁谓则一味地迎合君王，干了不少坏事；又如张咏的唱和诗虽学杨、刘，但他《乖崖集》中的作品大都接近晚唐体，有些讽谕诗还是在王禹偁的影响之下写出来的。可见他们之间存在着不少分歧之点，只是因为彼此都和杨、刘有诗歌往还，所以他们的一部分作品就被归入这部唱和集里了。杨亿的《西昆酬唱集序》说：

> 予景德中，忝佐修书之任，得接群公之游。时今紫微钱君希圣，秘阁刘君子仪，并负懿文，尤精雅道，雕章丽句，脍炙人口。予得以游其墙藩而咨其模楷。二君成人之美，不我遐弃，博约诱掖，置之同声。因以历览遗编，研味前作，挹其芳润，发于希慕，更迭唱和，互相切劘。

足见他们的创作目的仍与宋初承袭元和体的风气相同，是为了唱和消遣，其写作方法则是以从历代的文籍中“挹其芳润”为能。

杨亿(974—1020)，字大年，建宁州浦城(在今福建省)人，七岁能文，太宗甚为赏异，淳化三年(992)赐进士及第；真宗时为翰林学士、户部郎中，知制诰，文格雄健，才思敏捷。刘筠(970—1030)，字子仪，大名人，咸平元年(998)举进士，以大理评事为秘阁校理，《宋史》本传说：“筠景德以来，居文翰之选，其文辞善对偶，尤工为诗，初为汤亿所识拔，后遂与齐名，时号杨、刘。”钱惟演(977—1034)，字希圣，五代十国时吴越王钱俶之子，真宗时授太仆少卿，命直秘阁，知制诰，预修《册府元龟》，官至枢密使。他们崇尚精丽繁缛的诗风，追求用典的贴切，属对的工巧，音节的和婉，以师法李商隐为主，兼学唐彦谦。葛立方《韵语阳秋》卷二云：“咸平、景德中，钱惟演、刘筠首变诗格，而杨文公与王鼎、王绰号江东三虎①，诗格与钱、刘亦绝相类，谓之西昆体。大率效李义山之为，丰富藻丽，不作枯瘠语。”叶梦得《石林诗话》卷中则说：“杨大年、刘子仪皆喜唐彦谦诗，以其用事精巧，对偶亲切。”李商隐和唐彦谦都是学习杜甫而有成就的晚唐诗人，但西昆派却回避老杜的沉郁博大，而片面追求李商隐的雕采巧丽和唐彦谦的韵律铿锵。这不但反映了他们创作思想的实质，而且也决定了他们不可能大有成就。

《西昆酬唱集》的创作内容是狭窄的，总不外是受诏修书，宫廷游宴，或者是描摹物态，流连光景。如《禁中庭树》、《馆中新蝉》、《夜宴》、《荷

---

① 《宋史·杨亿传》附从子弘传：“弘御下急，常曰：‘不法之人不可贷。去之，利不止一家尔。岂可使郡邑千万家俱受害耶？’闻者望风解去，或过期不敢之官。与王鼎、王绰号江东三虎。”是虎喻弘为酷吏，非拟亿为文豪，葛氏误记。郑再时《西昆酬唱集笺注·谈薮》已辨之。

花》、《梨》、《泪》、《夕阳》、《柳絮》等题目，一人首倡，其他馆臣便赓迭相和。今举杨、钱二人拟李商隐《无题》“来是空言去绝踪”一首的同韵诗如下：

巫阳归梦隔千峰，辟恶香销翠被浓。桂魄渐亏愁晓月，蕉心不展怨春风。遥山黯黯眉长敛，一水盈盈语未通。漫托鹍弦传恨意，云鬟日夕似飞蓬。

——杨亿《无题》

绛缕初分麝气浓，弦声不动意潜通。圆蟾可见还归海，媚蝶多惊欲御风。纨扇寄情虽自洁，玉壶盛泪只凝红。春窗亦有心知梦，未到鸣钟已旋空。

——钱惟演《无题》

再看刘筠在另一次唱和时写的《无题》诗：

帘声竹影浪多疑，仙谷何能为解迷。藻井风高蛛坏网，杏梁春晓燕争泥。更看山远惟凝黛，纵许犀灵只骇鸡。枉裂霜缯几千尺，红兰终夕露珠啼。

这些作品具有李商隐诗的外形，却缺乏李诗那种隐藏在精丽的字句与洽切的典故中的真情实感与深悲积怨。由于他们整天在秘阁里钻故纸堆，书本知识和辞章修养当然远远超过晚唐五代的一些乱世文人，但其作品却仍然显得内容空虚，思想贫乏，只有《宣曲》、《南朝》、《汉武》、《明皇》、《始皇》等咏史的篇目，曾借古喻今，对真宗的掖庭私事和求仙祀神进行了讽谕，是其中较有现实意义和较好的作品①。

不过，对杨亿等人的评价，不能单从主要是反映其文学侍从之臣的生

① 关于《西昆酬唱集》中的讽谕之意，郑再时的《西昆酬唱集笺注》颇有发明，虽然难免有穿凿附会之处，但也使读者明白了这部诗集并非全然是没有思想价值的。

活的《西昆酬唱集》来着眼。他们都有自己的文集，在《酬唱集》之外还有许多作品，如杨亿，《宋史》本传称赞他"博览强记，尤长典章制度，时多取正，喜诲诱后进，以成名者甚众"，"重交游，性耿介，尚名节"。他多次出任地方官，走出秘阁，接触过较为广阔的生活，也曾学过白体（杨亿《武夷新集》二十卷，有《浦城遗书》本，卷四有《读史学白体》一首），写出内容充实的作品。如五律《狱多重囚》（见《宋文鉴》卷二十二；同书卷二十四又有杨亿另一首七律《民牛多疫死》，也是同情人民之作）：

> 铁锁银铛众，金科伏念频。绝闻空狱奏，深愧片言人。清颖黄公接，甘棠邵伯邻。怀贤不能继，多辟岂由民?!

这首诗指出社会风气的邪僻并非人民群众所造成，而是在于统治阶级的举措不当。他引用了《汉书·循吏传》黄霸少学律令，执法公正，汉宣帝时任颍川太守八年，外宽内明，狱无重囚的故事，来勉励自己，并揭露当时统治阶级压榨人民，造成"狱多重囚"的现象。这种作品是与西昆体全然不同的。此外，他还有一些描写自然风光的诗，如《昇山寺》（见天一阁藏明代方志选刊《嘉靖建宁府志》卷三，上海古籍书店 1964 年影印本）：

> 层峦连近郭，占胜有招提。宿雾昏金象，飞泉溅石梯。钟声空谷答，塔影乱云齐。千骑时来此，寻幽独杖藜。

昇山在建宁府城南郊，相传东晋名臣王导的曾孙王朗常登临其地，故又名朗山。南唐中主保大年间在山上创建资庆寺，宋代改名为昇山寺。此诗境界幽婉，形象生动，不失为佳作。这些都可见出杨亿的艺术技巧是成熟的，风格是多样的。

西昆派后期作家　当然，杨亿仍然是因为编辑了《西昆酬唱集》才享有盛名的。在《六一诗话》中，欧阳修曾说："盖自杨、刘唱和，《西昆集》行，后进学者争效之，风雅一变，谓之昆体，由是唐贤诸诗集几废而不行。"他又在与友人书中说："杨、刘风采，耸动天下。"（刘克庄《后村诗话》前集卷二引欧阳修语）步后尘者既然大有人在，因此形成了西昆派。除了真宗时十多位作家互相唱和蔚然成风外，直到仁宗朝还盛行未衰。如晏殊、宋庠、宋祁、文彦博、赵抃、胡宿等，可以说是西昆派的后期作家。晏殊文集已佚，现存胡亦堂辑《元献遗文》一卷，宋庠有《元宪集》四十卷。《瀛奎律髓》卷十选晏殊的《春阴》和宋庠的《闰十二月望日立春禁中作》，均评为昆体；卷十七又选晏殊的《赋得秋雨》，评为："此亦昆体，盖当时相尚如此。"然诸家颇有清新之作，虽出昆体而不尽为昆体所能范围，如晏殊的《寓意》：

> 油壁香车不再逢，峡云无迹任西东。梨花院落溶溶月，柳絮池塘淡淡风。几日寂寥伤酒后，一番萧索禁烟中。鱼书欲寄何由达？水远山长处处同。

这首诗写一次偶然的邂逅所引起的别后无穷思念，真挚动人。又如晏殊的门生宋祁的名篇《落花》：

> 坠素翻红各自伤，青楼烟雨忍相望。将飞更作回风舞，已落犹成半面妆。沧海客归珠迸泪，章台人去骨遗香。可能无意传双蝶？尽付芳心与蜜房。

李商隐借落花写离别之情①，韩偓借落花抒亡国之恨②。这首诗则是咏物之作，而以第二联象征在人生旅途的艰难困苦中奋斗到底的精神，晚清俞樾有"花落春仍在"之句，为曾国藩所赏识，因以春在堂为其书斋之名，典故即出于此。当时还有文彦博、赵抃和胡宿，也是同派中人。王士祯《渔

---

① 李商隐《落花》："高阁客竟去，小园花乱飞。参差连曲陌，迢递送斜晖。肠断未忍扫，眼穿仍欲归。芳心向春尽，所得是沾衣。"见《全唐诗》卷五百三十九。

② 韩偓《惜花》："皱白离情高处切，腻香愁态静中深。眼随片片沿流去，恨满枝枝被雨淋。总得苔遮犹慰意，若教泥污更伤心。临轩一盏悲春酒，明日池塘是绿阴。"见《全唐诗》卷六百八十一。

洋诗话》卷中指出:“世人谓宋初学西昆体[①],有杨文公、钱思公、刘子仪,而不知其后更有文忠烈、赵清献抃、胡文恭宿三家,其工丽妍妙,不减前人。”这说明到仁宗时,昆体还有影响。

在诗学传统上,西昆派总的特点是专工律诗,主要是学李商隐在艺术上的成就而扬弃了其真实深刻的内容。这些作品用典贴切,属对工巧,音节和谐,非学有根柢、才力富健者不能有这种熔铸功夫。这种风格在一定程度上反映了北宋前期统一帝国的堂皇气象。所以《四库全书总目》卷一百五十二《武夷新集》提要说:“时际升平,舂容典赡,无唐末五代衰飒之气。”刘熙载《艺概》卷二也说:“杨大年、刘子仪学义山为西昆体,格虽不高,五代以来未能有其安雅。”但就客观要求来说,宋代统治者希望文学能明道致用,配合中央集权的措施,更好地宣传儒家思想,以巩固封建王朝;而就出身于社会中下层的士子参政的要求来说,他们又希望文学能反映现实,以推动政治的改良和社会的发展。但西昆体在这两个方面都无能为力。所以虽然风行一时,却终于不能不遭到上下两方面的夹攻和非难。

先是御史中丞王嗣宗揭发杨亿、刘筠等“倡和《宣曲》诗,述前代掖庭事,辞多浮艳”[②],于是真宗在大中祥符二年(1009)正月下诏,指斥“近代已来,属辞多弊,侈靡滋甚,浮艳相高,忘祖述之大猷,竞雕刻之小技”;要求文士“必思教化为主,典训是师”(见石介《祥符诏书记》,载《徂徕石先生文集》卷十九),“今后属文之士,有词涉浮华、玷于名教者,必加朝典”(《诫约属辞浮艳令欲雕印文集转运使选文士看详诏》,载《宋大诏令集》卷一百九十一)。而另一方面,西昆派本身在创作上专事模仿的弱点也不免成为社会上讽刺的对象,刘攽《中山诗话》曾载有如下一则轶事:

> 祥符、天僖中,杨大年、钱文僖、晏元献、刘子仪以文章立朝,为诗皆宗李义山,号西昆体,后进多窃义山语句。尝内宴,优人有为义山

① 自杨亿等人效法李商隐,编《西昆酬唱集》,后人或径将李商隐诗也称为西昆体,这概念是错误的,王士祯在这里也承袭了这一错误。

② 《宣曲》诗的内容是借汉武帝幸宣曲宫的故实,讽谕宋真宗登位前的一段私生活。

者，衣服败裂，告人曰："吾为诸馆职挦扯至此！"闻者欢笑。

这些艺人指摘昆体的弊端是尖锐的，但文风的转变还需要一个过程。来自上面的诏令和来自下面的讽刺，并没有能使西昆派立即销声匿迹，而是继续流行了一段时期。直到石介等向其发动了猛烈的批判，它才趋于衰落。

第三节 散文变革的先导

宋初文人大多数是从后周、南唐和后蜀过来的。北方词臣入宋的有李昉、和㠓、张昭、陶谷等，南方词臣入宋的有徐铉、刁衎、陈彭年、句中正等。他们大都擅长骈体，效法唐人手笔。不过，其中多数人所写的骈文，都沿袭五代浮艳的作风，并没有达到唐人水平。这时，文坛就迫切需要开创一个新局面。

力矫五代文弊的柳开 首先起来反对五代余风的，是梁周翰和柳开诸人。《宋史·梁周翰传》载："五代以来，文体卑弱，周翰与高锡、柳开、范杲习尚淳古，齐名友善，当时有高、梁、柳、范之称。"他们积极提倡韩、柳的古文，以韩愈的继承者自命，是北宋古文运动复兴的先驱者，其中用力最勤的是柳开。

柳开(948—1001)，字仲涂，大名人。他少年时代便仰慕韩愈和柳宗元，因此给自己取名为肩愈，字绍元，表示要肩负韩愈的使命，继承柳宗元的事业。后来又改名开，字仲涂。其意思是"将开古圣贤之道于时也。将开今人之耳目使聪明也。必欲开之为其涂矣，使古今由于吾也"(《补亡先生传》)。他在太祖开宝六年(973)中进士，历任常州、全州、桂州、滁州、代州的地方官，平生关心政治军事，竭力反对五代以来的华靡文风，有《河东先生集》。

柳开认为学必宗经，他提倡古文推尊韩愈的出发点，是要恢复儒家的道统，目的是明道垂教。在《应责》一文中，他说："吾之道，孔子、孟轲、扬雄、韩愈之道；吾之文，孔子、孟轲、扬雄、韩愈之文也。"他又在《答臧丙第三书》中批评当时的文风“轻淫侈靡，张皇虚诈，苟从时欲，求顺己利”。所以他特别强调道对文的决定意义，他的主张是：

> 文章为道之筌也，筌可妄作乎？筌之不良，获斯失矣。女恶容之厚于德，不恶德之厚于容也。文恶辞之华于理，不恶理之华于辞也。
>
> ——《上王学士第三书》

> 文取于古，则实而有华；文取于今，则华而无实。实有其华，则曰经纬人之文也，政在其中矣。华无其实，则非经纬人之文也，政亡其中矣。
>
> ——《答臧丙第二书》

既然文章是明道的工具，应该为孔孟之道服务，而文体华艳又势必损害道的表达，不利于教化；那么，就必须提倡古文，所以他指出：“古文者，非在辞涩言苦，使人难读诵之；在于古其理，高其意，随言短长，应变作制，同古人之行事，是谓古文也(《应责》)。”他的这种理论在矫正五代文弊方面是起着一定作用的，但他和梁、高、范等人的创作实践仍未能避免“辞涩言苦”，“使人难诵读之”的毛病。《四库全书总目》卷一百五十二《河东集》提要评论说：“宋朝变偶丽为古文实自开始，惟体近艰涩，是其所短耳。”柳开针对当时社会风气，重视文章的思想内容，不无道理，但他为了宣传封建思想，却又片面地强调了道的作用，而忽视文采。这样，柳开及其追随者对文风的改革，就只注意发展了韩派散文“怪怪奇奇”的一面，而丢掉了“文从字顺”的一面①，所以创作成就受到了限制。

王禹偁的散文新风 在宋初复兴古文的潮流中，王禹偁开辟了另一条可行的道路，在理论和实践两方面都作出了较大的贡献。他对晚唐五代颓靡的文风也极为不满，认为：“文自咸通(唐懿宗年号，860—873)后，

① 韩愈《送穷文》：“又其次曰文穷：不专一能，怪怪奇奇，不可时施，只以自嬉。”又《南阳樊绍述墓志铭》：“文从字顺各识职。”见《昌黎先生集》卷三十六、三十四。

流散不复雅；因仍历五代，秉笔多艳冶。”（《五哀诗·高锡》）“咸通以来，斯文不竞；革弊复古，宜其有闻。”（《送孙何序》）因此他也主张以韩、柳为榜样，改革时文之弊，但他不赞成“语艰意奥”，而要求平易畅达。他提倡：“远师六经，近师吏部（韩愈），使句之易道，义之易晓。”（《再答张扶书》）又曾说：“谁怜所好还同我，韩柳文章李杜诗。”（《赠朱严》）足见他重视古文，正是接受了韩、柳影响的结果。对于文与道的关系，他认为：“夫文，传道而明心也。”（《答张扶书》但他对道的理解不像柳开那样极端偏向于伦理纲常，而是较广阔地联系到国计民生和个人的操守诸方面，所以说：“古君子之为学也，不在乎干禄位，而在乎道义而已。用之则从政而惠民，舍之则修身而垂教。”“读尧、舜、周、孔之书，师轲、雄、韩、柳之作，故其修身也誉闻于乡里，其从政也惠布于郡县。”（《送谭尧叟序》）他说的明心是指自己的内心世界臻于高尚，是指立身无愧。以文明心和传道，实质上是要求文道合一与文行合一。这种文学思想无疑是具有进步意义的。在文以传道之外又加以文以明心的主张，是王禹偁在理论上的一种贡献。这就是说，王禹偁主张在宣传儒家思想的同时，可以鲜明地表达自己的政治主张，发抒自己的内心感受，做到客观叙事和主观抒情相结合。他在太宗雍熙四年（987）冬写的《待漏院记》，可以认为是体现这种主张的代表作：

> 朝廷自国初因旧制，设宰相待漏院于丹凤门之右，示勤政也。乃若北阙向曙，东方未明，相君启行，煌煌火城！相君至止，哕哕銮声；金门未辟，玉漏欲滴；撤盖下车，于焉以息。待漏之际，相君其有思乎？
>
> 其或兆民未安，思所泰之；四夷未附，思所来之；兵革未息，何以弭之；田畴多芜，何以辟之；贤人在野，我将进之；佞人立朝，我将斥之；六气不和，灾眚荐至，愿避位以禳之；五刑未措，欺诈日生，请修德以厘之。忧心忡忡，待旦而入，九门既启，四聪甚迩；相君言焉，时君纳焉；皇风于是乎清夷，苍生以之而富庶。若然，则总百官，食万钱，非幸也，宜也。
>
> 其或私仇未复，思所逐之；旧恩未报，思所荣之；子女玉帛，何以

致之；车马玩器，何以取之；奸人附势，我将陟之；直士抗言，我将黜之；三时告灾，上有忧色，构巧词以悦之；群吏弄法，君闻怨言，进谄容以媚之。私心慆慆，假寐而坐。九门既开，重瞳屡回；相君言焉，时君惑焉；政柄于是乎隳哉，帝位以之而危矣！若然，则死下狱，投远方，非不幸也，亦宜也。

是知一国之政，万人之命，悬于宰相，可不慎欤？复有无毁无誉，旅进旅退，窃位而苟禄，备员而全身者，亦无所取焉。

文中剖析了两种不同类型宰相的思想行为，并运用对比的手法，歌颂了公忠体国、关心民瘼的贤相，而鞭挞了祸国殃民、贪酷自私的奸相和无所作为的庸人。字里行间充满了浩然正气，爱憎分明的侠义心肠跃然纸上。在艺术形式上，这种似散非散、似骈非骈、四字一顿的基本形式，组成了一种明快的节奏，与作者所要表达的嫉恶如仇、慕善若渴的感情显得十分合拍。由此可见，王禹偁并不排斥排偶。在这一点上，他又和柳开完全摒弃骈俪之文的态度不一样。他在《答张扶书》中举出《诗经》、《尚书》中的谐音俪词为例，说明只要符合传道明心的目的，排偶的句式也可以适当采用。试看他实践这一理论的另一骈散兼行的名作《黄州新建小竹楼记》：

黄冈之地多竹，大者如椽。竹工破之，刳去其节，用代陶瓦。比屋皆然，以其价廉而工省也。

子城西北隅，雉堞圮毁，榛莽荒秽，因作小楼二间，与月波楼通。远吞山光，平挹江濑，幽阒辽敻，不可具状。夏宜急雨，有瀑布声；冬宜密雪，有碎玉声；宜鼓琴，琴调虚畅；宜咏诗，诗韵清绝；宜围棋，子声丁丁然；宜投壶，矢声铮铮然。——皆竹楼之所助也。

公退之暇，披鹤氅，戴华阳巾，手执《周易》一卷，焚香默坐，消遣世虑。江山之外，第见风帆、沙鸟、烟云、竹树而已。待其酒力醒，茶烟歇，送夕阳，迎素月，亦谪居之胜概也。彼齐云、落星，高则高矣，井干、丽谯，华则华矣，止于贮妓女，藏歌舞，非骚人之事，吾所不取。

吾闻竹工云："竹之为瓦仅十稔，若重覆之，得二十稔。"噫！吾以至道乙未岁自翰林出滁上；丙申，移广陵；丁酉，又入西掖；戊戌岁除日，有齐安之命；己亥闰三月到郡。四年之间，奔走不暇，未知明年又在何处；岂惧竹楼之易朽乎？幸后之人与我同志，嗣而葺之，庶斯楼之不朽也！

咸平二年八月十五日记。

本文是作者谪居黄冈时所写，其中写竹楼内外的雨声、雷声、鼓琴声、下棋声，用了六对排句，大大地增强了语言的抒情味和音乐性。实践证明，他反对形式主义的骈体文，但并不一概排斥排偶的语言结构；他提出"传道而明心"的两点论，不排斥自由抒写个人的情怀，使古文摆脱了单纯说教和词涩言苦的局面。这是宋代散文发展的正确方向，他从理论和实践两个方面为欧、苏等人的诗文革新奠定了良好的基础（以上参考陈植锷《略论宋初古文运动的两种倾向》，载《宋史研究论文集》，中州书画社 1984 年出版）。

复古反骈的穆修诸人　宋初沿袭五代的绮靡文风，并非一下子就能扭转过来的，恰恰在柳开、王禹偁相继去世之后，西昆派的骈文又流行了起来，而古文则未能得势。当时提倡复古反骈的如张景（970—1018）、姚铉（968—1020）、穆修（979—1032）诸人，只能鼓吹明道致用、尊韩重散的理论，在创作上却没有什么成绩，还不能形成与西昆派抗衡的力量。张景是柳开的及门弟子，曾整理柳开的遗稿，辑成《河东先生集》十五卷，并附录所撰《柳公行状》一卷。姚铉在理论上与柳开、穆修相呼应，力矫五代文弊，曾编选《唐文粹》一百卷，文章和诗、赋只选古体，骈体文及今体诗一概不录，并在序言中表达了宗经明道、推崇古文的主张。穆修字伯长，郓州（在今山东省）人，曾任颍州文学参军。他对韩、柳集进行过认真的收集整理，并亲自在京师大相国寺刻售。他提倡韩、柳文风不遗余力，但当时响应的人极少。在《答乔适书》中，他说："今世士子习尚浅近，非章句声偶之辞不置耳目，浮轨滥辙，相迹而奔，靡有异途焉。其间独敢以古文语者，则与语怪者同也。众又排诟之，罪毁之，不目以为迂，则指以为惑，谓之背时远名，阔于富贵。先进则莫有誉之者，同侪则莫有附之者。"在西昆体盛行之时来鼓吹古文，确是势孤力单，难见成效。但他锲而不舍，持之以恒，在《唐柳先生集后序》一文中，他倾吐了对韩、柳的渴慕之情。这种立志学古的顽强精神，也在当时产生了一定的影响。《宋史》本传说："自五代文敝，国初，柳开始为古文。其后，杨亿、刘筠尚声偶之辞，天下学者靡然从之。修于是时独以古文称，苏舜钦兄弟多从之游。修虽穷死，然一时士大夫称能文者必曰穆参军。"不过，他们在创作实践上仍然未能避免"辞涩言苦"的毛病。沈括《梦溪笔谈》卷十四曾载有一则轶事：

> 往岁士人多尚对偶为文，穆修、张景辈始为平文，当时谓之古文。穆、张尝同造朝，待旦于东华门外，方论文次，适见有奔马践死一犬，二人各记其事，以较工拙。穆修曰："马逸，有黄犬遇蹄而毙。"张景曰："有犬死奔马之下。"时文体新变，二人之语皆拙涩。

可见他们的文章在艺术上还不成熟，无法对抗西昆派技巧圆熟、辞藻华美的骈文。另外一方面，他们也不曾对西昆派正面攻击。当时直接从理论上进行批判，给西昆体以严厉的抨击的，是仁宗时的道学家石介，他是明确地反对西昆体的发难者。

石介对西昆体的批判 石介（1005—1045），字守道，兖州奉符（今山东泰安东南）人，曾耕于徂徕山下，人称徂徕先生；天圣八年（1030）进士及第，为国子监直讲，有《徂徕先生文集》二十卷行世。他的学术思想传自孙复，注重道统，"有慕韩愈节，有肩柳开志"（《赠张绩禹功》）。当时杨亿早已去世，但昆体影响仍然很大。在《上赵先生书》中，他指出：人们对于西昆体，是"父训其子，兄教其弟，童而朱研其口，长而组绣于手，天下靡然向风，寖以成俗。"因此感到非常痛心，他认为浮华的文风和其他社会上的不良风习一样，也是有害于道的，于是便写了《怪说》上中下三篇，其中篇针对西昆派的时文发动了猛烈的攻击。他写道："昔杨翰林欲以文章为宗于天下，忧天下未尽信己之道，于是言天下人目，聋天下人耳。使天下人目盲，不见有周公、孔子、孟轲、扬雄、文中子、韩吏部之道；使天下人耳聋，不闻有周公、孔子、孟轲、扬雄、文中子、韩吏部之道。"他列出了从孔、孟到韩愈的道统，认为只有符合于六经精神的才能算是文学。在这样的大前提下，他指斥西昆派的杨亿说：

> 今杨亿穷妍极态，缀风月，弄花草，淫巧侈丽，浮华纂组，刓锼圣人之经，破碎圣人之言，离析圣人之意，蠹伤圣人之道。使天下不为《书》之典、谟，《禹贡》、《洪范》，《诗》之雅、颂，《春秋》之经，《易》之繇、爻、十翼，而为杨亿之穷妍极态，缀风月，弄花草，淫巧侈丽，浮华纂组，其为怪大矣。

在《与君贶学士书》中，他又说：

> 复自翰林杨公唱淫词哇声，变天下正音四十年，眩迷盲惑，天下聩聩晦晦，不闻有雅声。常谓流俗益弊，斯文遂丧。

他痛责杨亿的作品披着淫巧华丽的外衣，只能戕害人们的身心耳目，而不能明道致用，所以大声疾呼，号召大家都来反对。其实，石介对西昆体的评判，并不是从文学出发的，而是站在卫道者的立场上，要求文学为儒家之道服务。他只能对浮艳的文风起到摧陷廓清的作用。却没有能力从事创作，显示新的实绩。所以，新文风的建立，就不能不有待于欧阳修和苏舜钦、梅尧臣等人了。

第二章　欧阳修与北宋中叶的诗文革新

经过宋初柳开和王禹偁力矫五代文弊，再经过石介对西昆体的批判，北宋的诗文革新运动在仁宗朝趋于成熟，至神宗朝而达到高峰。

北宋中叶的文学革新是我国文学发展史上的一个里程碑。欧阳修领导并完成的第二次古文运动或新古文运动，确立了散体文的正宗地位，使骈体文在六朝以来六百年间所占的优势从此告终。由于古文运动的强大影响，产生了宋四六和文赋；宋诗也开始形成自身独特的风格，卓然与唐诗并峙比美。

欧阳修是当时的文坛盟主，对诗文革新起了重大的作用。他团结尹洙（师鲁）、石延年（曼卿）、范仲淹（希文）、苏舜钦（子美）、梅尧臣（圣俞）诸人，在仁宗年间开创了新局面。《四库全书总目》卷一百五十三《宛陵集》提要说："佐修以变文体者，尹洙；佐修以变诗体者，则尧臣也。"同时，他又注意培养后起之秀，提携尚不知名的作者，如王安石、曾巩、苏洵及其二子轼、辙，都是他识拔或荐举的。他们六个人与韩愈、柳宗元后来被人合称为唐宋八大家①。其中如王安石和苏轼，同时又是杰出的诗人。

北宋诗文革新的主要精神是经世致用，针砭时弊，积极发挥其为国为民的社会作用。这与当时的政治变革有密切的关系，如仁宗时范仲淹和欧阳修等推行的庆历新政，神宗时的王安石变法，以及新旧党争，都直接

① 明初朱右曾编此八家之文为《八先生文集》，其书未见。茅坤据唐顺之《文编》于唐宋两代散文亦独取此八家之例编《唐宋八大家文钞》一百四十四卷，盛传于世，八家之名乃定。

影响了文学的变化发展。

第一节　欧阳修和第二次古文运动

古文运动兴起于唐德宗、宪宗年间，经过韩、柳等人的大力倡导，无论从实践或理论上，从内容或形式上，都形成了散文的优良传统。但到了晚唐、五代时期，浮靡的骈俪之文却重又得势，这反映了动乱时代文人逃避现实的游离和彷徨，也正是这种风气使得古文的发展受到妨碍。到了北宋，古文在新的历史条件下复兴了，而且取得了辉煌的成就。就其性质而言，唐代的古文运动是复西汉、先秦之古，宋代的第二次古文运动则是复韩、柳之古，名为复古，实际上是针对晚唐、五代文弊和西昆体的流行而进行的革新。《神宗旧史·欧阳修传》云：

> 国朝接唐、五代末流，文章专以声病对偶为工，剽剥故事，雕刻破碎，甚者若俳优之辞。如杨亿、刘筠辈，其学博矣，然其文亦不能自拔于流俗，反吹波扬澜，助其气势。一时慕效，谓其文为昆体。时韩愈文，人尚未知读也。修始年十五六，于邻家壁角破簏中得本学之，后独能摆弃时俗故步，与刘向、班固、韩愈、柳宗元争驰逐。是时，尹洙与修亦皆以古文倡率学者，然洙材下，人莫之与。至修文一出，天下士皆向慕，为之犹恐不及。一时文章大变，庶几乎西汉之盛者，由修发之。（见《四部丛刊》本《欧阳文忠公集》附录卷四）

足见欧阳修是以韩文作为学习的楷模来扭转昆体骈俪之习的代表人物。

古文运动内部两种不同的倾向和理论　第二次古文运动在理论上要求恢复韩愈的道统和文统，坚持明道、致用的原则，但在对待道统与文统的关系方面，却有两种不同的态度。柳开、张景、穆修、石介等重道轻文，忽视文学的特殊性，所以他们的创作成就不高；王禹偁、范仲淹、欧阳修、苏轼等却知道并且能够摆正文与道的关系，重视文学创作所不应忽视的艺术技巧，这才使新古文运动走上健康发展的道路。

石介与孙复、胡瑗齐名，并称为宋代理学早期的三先生。他对西昆体的批判为文学的复古革新扫清了道路，但其主张未免矫枉过正，失于偏颇，只能开理学之先声，而不能创造繁荣文学的条件。他在《上赵先生书》中说："介近得姚铉《唐文粹》及《昌黎集》，观其述作……必本于教化仁义，根于礼乐刑政，而后为之辞。""今之为文，其主者不过句读妍巧，对偶的当而已；极美者不过事实繁多，声律调谐而已。雕锼篆刻伤其本，浮华缘饰丧其真，于教化仁义、礼乐刑政，则缺然无仿佛者。"西昆体显然有着如石介所指摘的那些缺点和错误，但文学是否应当遵照石介意见成为封建道统的传声筒，是否应当对艺术技巧完全弃之不顾呢？当然不是。欧阳修和苏轼都不同意石介的观点，他们虽然也批评过昆体的华靡，但并没有全盘否定西昆派，在某些方面还肯定了它。欧阳修曾赞美杨亿等"雄文博学，笔力有余"（《六一诗话》），而指出石介"自许太高，诋时太过"，"好异以取高"，"不足以为来者法"（《与石推官第一书》）。苏轼在《议学校贡举状》中也称赞杨亿，反而批评石介和孙复是"迂阔矫诞之士"。欧、苏等虽然也都尊韩重道，但较多的是从现实生活着眼，视野因而也远为广阔。他们要求文学更好地为社会服务，而不只是狭隘地为伦理道德服务；要求以新技巧代替或充实旧技巧，而不是取消艺术技巧。这就是文学家与理学家的区别。

当西昆体还在盛行的时候，仁宗于天圣七年（1029）、明道二年（1033）和庆历四年（1044），曾三次下诏申戒浮文，指出"文章所宗，必以理实为要"，"务明先王之道"。当时石介正任国子监直讲，威望颇高，声名很大，他适应封建统治阶级的需要而提出的文学主张，成了太学生改革文风的理论根据。但由于他只能讲理论，却不懂如何实践，结果就使得一般士子在抛弃浮华巧丽之风后竟无所适从，走上了险怪奇涩的道路，从而产生了太学体的新弊病。苏轼《谢欧阳内翰书》说："士大夫不深明天子之心，用意过当，求深者或至于迂，务奇者怪僻而不可读，余风未殄，新弊复作。大者镂之金石，以传久远，小者转相摹写，号称古文。"这种太学体的作品久被淘汰，如今只存下几行断句，如"狼子豹孙，林林逐逐"，"周公伻图，禹操畚锸，傅说负版筑，来筑太平之基"（见《欧阳文忠公集》附录卷五《事迹》），确是弄巧成拙,不可卒读,败坏了古文的声誉。这样,摆在欧阳修面前的任务,就不只是改革西昆体,而同时还必须反对古文运动内部的不良倾向——生涩怪僻的太学体。《宋史》本传说他"知嘉祐二年贡举,时士子尚为险怪奇涩之文,号太学体,修痛排抑之,凡如是者辄黜。毕事,向之嚣薄者伺修出,聚噪于马首,街逻不能制。然场屋之习,从是遂变。"又《梦溪笔谈》卷九云:"嘉祐中士人刘几累为国学第一人,骤为怪险之语。学者翕然效之,遂成风俗。欧阳公深恶之。会公主文,决意痛惩,凡为新文者一切弃黜,时体为之一变,欧阳之功也。有一举人论曰:'天地轧,万物茁,圣人发。'公曰:'此必刘几也。'戏续之曰:'秀才剌,试官刷。'乃以大朱笔横抹之,自首至尾,谓之红勒帛,判大纰缪字榜之,既而果几也。复数年,公为御试考官,而几在庭,公曰:'除恶务力,今必痛斥轻薄子,以除文章之害。'有一士人论曰:'主上收精藏明于冕旒之下。'公曰:'吾已得刘几矣。'既黜,乃吴人萧稷也。是时试《尧舜性仁赋》,有曰:'故得静而延年,独高五帝之寿;动而有勇,形为四罪之诛。'公大称赏,擢为第一人。及唱名,乃刘辉,人有识之者曰:'此刘几也,易名矣。'公愕然久之。因欲成就其名,赋有'内积安行之德,盖禀于天',公以谓'积'近于学,改为'蕴',人莫不以公为知言。"(据胡道静校正本)可见欧阳修从事文学革新的决心、勇气、魄力及其良好影响。经过这样一番波折,方始拨正了新古文运动前进的方向。

欧阳修关于复古革新的理论上承王禹偁①,下开苏轼。首先,在尊韩、学韩方面,和王禹偁一样,他推崇韩愈的文学成就,而不同于柳开、石介,一味地着重于韩愈的道统。他曾与尹洙一起补缀校定《昌黎集》,以为"其言深厚而雄博","学者当至于是而止尔"(《记旧本韩文后》),可见他继承韩愈的主要是古文传统。至于韩愈的儒学见解,他并不恭维,在《本论》中,还反驳了韩愈《原道》的某些论点。总之,欧阳修学韩的主要方面是文学,而不是儒学。

---

① 欧阳修对王禹偁十分推崇,在《书王元之画像侧》诗中曾说:"想公丰采常如在,顾我文章不足论。"

对于文与道的关系，欧阳修的观点与理学家确有显著的区别。理学家大讲尧、舜、文、武、孔、孟的道统，而欧阳修则反对“舍近取远，务高言而鲜事实”的危言空论（见《与张秀才第二书》）。他对道的理解虽然仍恪守儒家的正统观念，但扩大了它的范畴，作了更有意义的解释。在师法儒家六经的前提下，他强调“六经之所载，皆人事之切于世者”（《答李诩第二书》），这就把儒家的道与现实生活联系了起来，从而阐明了自己认为文学应为现实政治服务的观点。所以他曾指出“弃百事不关于心”的人不可能写出有益的文章（《答吴充秀才书》）。作为一位文道并重论者，他认识到文与道有密不可分的关系，又能认识到文与道的区别，而不同于理学家以道代文，把文学当成道的附属品或传声筒。他的基本论点是重道以充文：“道纯则充于中者实，中充实则发为文者辉光。”（《答祖择之书》）内容可以决定形式：“大抵道胜者，文不难而自至也。”（《答吴充秀才书》）同时也并没有忽视艺术表现的重要性。在《代人上王枢密求先集序书》中说：“某闻《传》曰：‘言之无文，行而不远。’君子之所学也，言以载事，而文以饰言，事信言文，乃能表见于后世。”“故其言之所载者大且文，则其传也彰；言之所载者不文而又小，则其传也不彰。”这就把文的地位提高了，使文学从被道学家认为是道统的附庸这种不合理的心理状态中解脱了出来。他还认识到文对于道，既有联系性，又有独立性。《与乐秀才第一书》说：“古人之学者非一家，其为道虽同，言语文章，未尝相似。”这指出了作家的才能和风格是多种多样的，道是不能代替文的。

在语言艺术方面，欧阳修主张学习韩愈“文从字顺”的一面，反对他“怪怪奇奇”的一面。他强调自然为文，明白晓畅，“其道易知而可法，其言易明而可行”。（《与张秀才第二书》）他提倡易知易明，所以尽可能地提炼平易自然的词语以行文。宋祁本来是骈文的能手，但因奉诏与欧阳修同撰《新唐书》，而史籍例用散体，便来了个矫枉过正的转变，故意把文章弄得辞涩言苦，深奥难读，欧阳修对此颇为不满，便在宋祁的门上写了“宵寐匪祯，札闼洪休”八字而代替通行的“夜梦不祥，书门大吉”，以此进行了嘲弄和讽谕（见《佩文韵府》卷九十六引祝穆编《事文类聚》）。这个故事说明欧阳修力求语言的纯洁准确、自然流畅，反对艰涩怪僻。另外，在克服了西昆体形式主义的文风之后，他也不排斥对骈文某些技巧的吸收。邵伯温《河南邵氏闻见录》卷十五载："欧阳文忠公早工偶俪之文，故试于国学、南省，皆为天下第一。"可见他也和唐代古文家如韩、柳辈一样，早年因为应付科举，在语言文字的声律音韵方面下过很深的功夫，因而在文体革新中也适当地运用了传统骈偶文的长处，为古文吸取了新的营养。他对骈文的利弊有公允的评判，指出其缺点是"穿蠹经传"、"述事不畅"；同时又指出：骈文"苟合于理，未必为非"。(《论尹师鲁墓志》)这种持平之论，显然对他丰富自己的文学语言有利。

关于古文的写作技巧，欧阳修在《尹师鲁墓志铭》中提出了"简而有法"的主张。简是指对题材的取舍剪裁，要意深言简，有高度的概括力；法是指艺术技巧，要写得生动形象，于含蓄中寓有褒贬。关于这一点，他特别推崇尹洙的为文谨严，不枝不蔓。钱惟演留守西都时，于府中起双桂楼，命欧阳修和尹洙作记，修文千余言，洙止用五百字，修服其简古，"自此始为古文"(见《河南邵氏闻见录》卷八)，又欧、尹二人与谢绛(希深)同作《河南驿记》，"希深之文仅七百字，欧公之文五百余字，独师鲁止用三百八十余字而成，语简事备，复典重有法。"欧阳修在尹洙指出他"格弱字冗"的缺点后，又"别作一记，更减师鲁文廿字而成之，尤守粹有法。师鲁谓人曰：'欧九真一日千里也！'"(见《湘山野录》卷中)这种追求简古的手法，正是对骈文繁缛堆砌的去弊革新。这种特点和优点，在欧阳修的传记文和记事文中，表现得特别明显。他自己说"所记事皆录实有稽据，皆大节与人之所难者"，"止记大节，期于久远"(《与杜䜣论祁公墓志书》)。意即总是抓住最本质、最主要的事件来写，不罗列一般现象。这种简而有法的理论，对新古文运动起了一定的指导作用。

欧阳修的写作态度严肃认真，谦虚谨慎，每有所作，往往经过反复推敲，多次修改后才定稿。如《先君墓表》改定为《泷冈阡表》，竟经历了二十年之久。周必大《〈欧阳文忠全集〉序》(据《四部备要》本、《四部丛刊》本作《〈欧阳文忠公集〉跋》)云："前辈尝言，公作文揭之壁间，朝夕改定。今观手写《秋声赋》凡数本，《刘原父手帖》亦至再三，而用字往往不同。"《后山诗话》还引欧阳修自己的话说："为文有三多，看多、做多、商量多也。"《朱子语类》卷一百三十九载："顷有人买得他《醉翁亭记》稿，初说滁州四面有山，凡数十字，末后改定，只曰'环滁皆山也'五字而已。"沈作喆《寓简》卷八载："欧公晚年，尝自窜定平生所为文，用思甚苦。其夫人止之曰：'何自苦如此，尚畏先生嗔耶？'公笑曰：'不畏先生嗔，却怕后生笑。'"这种勤学苦练、认真负责的精神，实在令人感动！从这些故事里可以看出，欧阳修对锤炼语言、行文布局等艺术技巧是何等的重视！他以长期辛勤的创作实践来提倡古文，带动了曾、王和三苏等一大批作家，促进了宋代散文乃至整个宋代文学的发展和繁荣，为文学革新作出了卓越的贡献，绝不是偶然的。

欧阳修的生平及其创作道路　欧阳修(1007—1072)，字永叔，号醉翁，晚年又号六一居士，庐陵(今江西吉安市)人。他出生在一个小官吏的家庭里，父观曾任绵州和泰州的军事判官，为人廉洁仁慈，判案时常怕冤屈了好人。欧阳修四岁时，父亲就死了，全家只得投奔在随州做推官的叔父欧阳晔。他母亲郑氏，在艰苦的环境中教育子女，没有钱购买纸笔，便用荻杆代笔，在沙土上书写，来教他认字写字。这样的家教，对于他后来成长为一位进步的政治家和文学家，起了良好的影响。

欧阳修十多岁时，在随州李家存放旧书的破筐里发现了韩愈文集，便借了回家，用功研读，爱不释手。但当时的科举考试仍沿旧制，以律体诗赋为主，因而他也不得不同时留意于时文，以为进身之阶。天圣八年(1030)正月，他在京城参加晏殊主持的礼部省试，名列第一，接着在三月的殿试中擢甲科进士。次年，他二十五岁，到洛阳任西京留守推官①。当时的西京留守是西昆派的主将之一钱惟演。欧阳修在钱的幕府里任职，结识了一批洛阳才子，形成了一个文学革新的集团。王闢之《渑水燕谈录》卷四载："府尹钱思公、通判谢希深皆当世伟人，待公优异。公与尹师鲁、梅圣俞、杨子聪、张太素、张尧夫(汝士)、王几道(复)为'七友'，以文章道义相切劘。"(欧集有《七交诗》，可参看)另外，甚至有八老的美称，尹洙

① 宋朝有四京，东京开封府，治开封(今开封市)；西京河南府，治河南(今洛阳市)；南京应天府，治宋城(今河南商丘县南)；北京大名府，治元城(今河北大名县)。见《元丰九域志》卷一。

是辩老，杨子聪是俊老，王顾（公慥）是慧老，王复是循老，张汝士是晦老，张先（子野）是默老，梅尧臣是懿老，欧阳修是逸老（后改为达老）（见欧集《与梅圣俞》第二、第三书）。其实，他们当时都只是二三十岁的年轻人。这种以老相称的戏谑，正反映了他们之间的亲密关系。《宋史》本传也说他“调西京推官，始从尹洙游，为古文，议论当世事，迭相师友；与梅尧臣游，为歌诗相倡和，遂以文章名冠天下”。可见欧阳修倡导诗文革新的起点是在洛阳，而且恰恰就是在西昆派钱惟演的手下成长起来的。这在文学史上，是一个值得思考的情况。

尹洙（1001—1041）是欧阳修在文学上的知交，他师承穆修，所为文章古峭劲洁，脱尽宋初的浮华习气。欧阳修对他十分钦佩，有意识地向他学习，范仲淹《尹师鲁〈河南集〉序》曾论述了这一演变过程：

> 唐贞元、元和之间，韩退之主盟于文而古道最盛。懿、僖以降，浸及五代，其体薄弱。皇朝柳仲涂起而麾之，髦俊率从焉。仲涂门人能师经探道，有文于天下者多矣。洎杨大年以应用之才，独步当世，学者刻辞镂意，依稀仿佛，未暇及古也。其间甚者专事藻饰，破碎大雅，反谓古道不适于用，废而弗学者久之。洛阳尹师鲁少有高议，不逐时辈，从穆伯长游，力为古文。而师鲁深于《春秋》，故其文谨严，辞约而理精，章奏疏议，大见风采，士林方耸慕焉。遽得欧阳永叔，从而大振之，由是天下之文一变。

的确，欧阳修在北宋文风的转变中是起了关键作用的。在洛阳三年多的时间里，他创作了一些游记，如《游大字院记》、《伐树记》、《丛翠亭记》、《非非堂记》和《洛阳牡丹记》等，都是风格新颖之作，显示了文体革新的实绩。

仁宗景祐元年（1034）五月，欧阳修和尹洙一同入京，任馆阁校勘，并开始和范仲淹（希文）一起参与政治活动。三年五月，礼部员外郎兼开封府尹范仲淹因为批评宰相吕夷简，被贬知饶州，余靖（安道）、尹洙上章论救，也遭贬谪。在这一次庆历党争的前哨战中，欧阳修写出了他早年著名的书信体政论文《与高司谏书》。司谏高若讷是一个圆滑庸俗的官僚，在党争还没有激化的时候，他也左右周旋，说些不着边际的话；而斗争表面化以后，他又立刻倒向反对改革的保守派官僚一边，不仅放弃谏官的职责，而且在背后喊喊喳喳地攻击范仲淹。欧阳修对此十分愤慨，便写了一封信给高若讷，尖锐地揭露了他卑劣的灵魂。下面是这篇充满正义和激情的书信的全文：

修顿首再拜白司谏足下：某年十七时，家随州，见天圣二年进士及第榜，始识足下姓名。是时予年少，未与人接，又居远方，但闻今宋舍人兄弟与叶道卿、郑天休数人者，以文学大有名，号称得人。而足下厕其间，独无卓卓可道说者，予固疑足下不知何如人也。

其后更十一年，予再至京师。足下已为御史里行，然犹未暇一识足下之面，但时时于予友尹师鲁问足下之贤否。而师鲁说足下正直有学问，君子人也，予犹疑之。夫正直者，不可屈曲；有学问者，必能辨是非。以不可屈之节，有能辨是非之明，又为言事之官，而俯仰默默，无异众人，是果贤者耶？此不得使予之不疑也。

自足下为谏官来，始得相识，侃然正色，论前世事历历可听，褒贬是非无一谬说。噫！持此辩以示人，孰不爱之？虽予亦疑足下真君子也。

是予自闻足下之名及相识，凡十有四年，而三疑之。今者，推其实迹而较之，然后决知足下非君子也。

前日范希文贬官后，与足下相见于安道家，足下诋诮希文为人。予始闻之，疑是戏言；及见师鲁，亦说足下深非希文所为，然后其疑遂决。希文平生刚正，好学通古今，其立朝有本末，天下所共知，今又以言事触宰相得罪。足下既不能为辨其非辜，又畏有识者之责己，遂随而诋之，以为当黜，是可怪也！

夫人之性，刚果懦软禀之于天，不可勉强，虽圣人亦不以不能责人之必能。今足下家有老母，身惜官位，惧饥寒而顾利禄，不敢一忤宰相以近刑祸，此乃庸人之常情，不过作一不才谏官尔。虽朝廷君子，亦将闵足下之不能，而不责以必能也。今乃不然，反昂然自得，了无愧畏，便毁其贤以为当黜，庶乎饰己不言之过。夫力所不敢为，乃愚者之不逮；以智文其过，此君子之贼也。

且希文果不贤邪？自三四年来，从大理寺丞至前行员外郎、作待制，日日备顾问，今班行中无与比者。是天子骤用不贤之人？夫使天子待不贤以为贤，是聪明有所未尽。足下身为司谏，乃耳目之官，当其骤用时，何不一为天子辨其不贤，反默默无一语，待其自败，然后随而非之？若果贤邪，则今日天子与宰相以忤意逐贤人，足下不得不言。是则足下以希文为贤，亦不免责；以为不贤，亦不免责。大抵罪在默默尔。

昔汉杀萧望之与王章，计其当时之议，必不肯明言杀贤者也；必以石显、王凤为忠臣，望之与章为不贤而被罪也。今足下视石显、王凤果忠耶？望之与章果不贤耶？当时亦有谏臣，必不肯自言畏祸而不谏，亦必曰当诛而不足谏也。今足下视之，果当诛耶？是直可欺当世之人，而不可欺后世也。今足下又欲欺今人，而不惧后世之不可欺耶？况今之人未可欺也。

伏以今皇帝即位已来，进用谏臣，容纳言论。如曹修古、刘越（据《宋史·刘随传》，越当作随。曹修古与随同传），虽殁犹被褒称。今希文与孔道辅皆自谏诤擢用。足下幸生此时，遇纳谏之圣主如此，犹不敢一言，何也？前日又闻御史台榜朝堂，戒百官不得越职言事，是可言者惟谏臣尔。若足下又遂不言，是天下无得言者也。足下在其位而不言，便当去之，无妨他人之堪其任者也。

昨日安道贬官、师鲁待罪，足下犹能以面目见士大夫，出入朝中称谏官，是足下不复知人间有羞耻事尔！所可惜者，圣朝有事，谏官不言，而使他人言之，书在史册，他日为朝廷羞者，足下也。

《春秋》之法，责贤者备。今某区区，犹望足下之能一言者，不忍便绝足下而不以贤者责也。若犹以谓希文不贤而当逐，则予今所言如此，乃是朋邪之人尔。愿足下直携此书于朝，使正予罪而诛之，使天下皆释然知希文之当逐，亦谏臣之一效也。

前日足下在安道家召予往论希文之事，时坐有他客，不能尽所怀，故辄布区区，伏惟幸察，不宣。修再拜。

这是一篇辛辣而又严正的政论文，但却具有作者所独有的从容不迫、纡徐宛转的风格。从信中可以看出，作者对高若讷的观感是在不断地变化着的：由最初对于高若讷的忽视，而发展为轻视，又反过来变成重视，终于完全加以鄙视。从作者的内心感受的抒写中，这个“全躯保妻子之臣”的可鄙而又可怜的形象，终于明晰地浮现在一切读者首先就是高若讷自己的面前。但作者并不以此为满足，在让高若讷看清了自己的精神面貌以后，又进一步正面地提出了这种看风使舵的作风对于国家的危害性。一方面毫不留情地痛斥他“不复知人间有羞耻事”，一方面又留有余地，希望他能够及早回头；在对他进行劝戒的同时，又对他进行公然的挑战。这说明欧阳修在写这封信时，感情是很复杂的，作者所注重的是国家的利益，而非个人的意气。这封信不仅鲜明地表现了一位作家的艺术风格，更主要地表现了一位政治家的政治风节。欧阳修第一次用古文参加了政治斗争，但却惹下了大祸，结果被逐出朝廷，贬为夷陵县令。

在北宋初年，朝廷曾采取了一些恢复农业生产的措施，缓和了国内的阶级矛盾；同时，也以屈辱的方式应付辽和西夏，换取了几十年的和平与繁荣。但到了仁宗时期，这种局面已经由大地主的无限制的兼并和对西夏用兵的失败而逐渐显露出矛盾。对现实政治进行改革，成了刻不容缓的客观要求。欧阳修正是在这样的局势下卷入了庆历党争的。这场以吕夷简、夏竦等旧官僚为一方，以范仲淹、富弼等新进士出身的官僚为另一方的斗争，正是当时阶级矛盾和民族矛盾在统治阶级内部的反映。范仲淹等主张发展农业生产，减轻徭役负担，整顿吏治，巩固国防，以缓和内外矛盾；而吕夷简等却站在大地主的立场，为了少数人的利益，坚决反对任何改革。在这场斗争中，欧阳修始终站在范仲淹等这一边。

仁宗庆历三年(1043)，在农民起义和辽、夏的不断侵扰下，这位皇帝感到危机四伏，只得起用范仲淹为参知政事，富弼为枢密副使，欧阳修也回朝任谏官、知制诰。范仲淹主政后，鉴于官僚特权阶层那种寄生赘瘤已经臃肿不堪，便积极主张革除时弊，刷新政治。他向仁宗提出了明黜陟、抑侥幸、精贡举、择官长、均公田、厚农桑、修武备、减徭役、覃恩信、重命令等十大建议。欧阳修也提出改革科考中专讲声律对偶的陋习，增加高才异行的中下层寒士的录取名额，限制贵族官僚恩荫入仕的特权。这些革新主张，曾一度被仁宗所采纳，著为诏令，颁行全国，号称庆历新政。然而僵化的国家机器，哪怕是轻轻触动一下，都会碰到旧势力的反对，“论者籍籍”，“众心不悦”（见《宋史纪事本末》卷二十九《庆历党议》），夏竦、王拱辰等保守派便攻击范仲淹、欧阳修等结成朋党，把持朝政。这引起了仁宗的疑忌，竟于庆历四年（1044）夏撤销了推行新政的诏命，保守势力重又抬头，改革派再一次遭到贬谪。为此，欧阳修写出了著名的政论文《朋党论》，有力地驳斥了保守派的这种诬蔑。文中说：

> 臣闻朋党之说，自古有之，惟幸人君辨其君子小人而已。大凡君子与君子，以同道为朋；小人与小人，以同利为朋，此自然之理也。
>
> 然臣谓小人无朋，惟君子则有之。其故何哉？小人所好者禄利也，所贪者财货也，当其同利之时，暂相党引以为朋者，伪也；及其见利而争先，或利尽而交疏，则反相贼害；虽其兄弟亲戚，不能相保；故臣谓小人无朋，其暂为朋者伪也。君子则不然，所守者道义，所行者忠信，所惜者名节，以之修身，则同道而相益；以之事国，则同心而共济；始终如一，此君子之朋也。
>
> 故为人君者，但当退小人之伪朋，用君子之真朋，则天下治矣。

从以上的节录也可以看出，这篇文章从正反两面剖析了小人无朋和君子有朋的道理，接着欧阳修还在下文中引证了历史上兴亡治乱的六件大事，进一步阐明了这个论点，也同样表现了作者坚持正义的政治气度。

庆历新政失败后，范仲淹被迫离开政府，黜知邓州；欧阳修也在庆历五年（1045）八月贬知滁州。他们在政治革新上虽然未能一展雄图，但却在文学革新上做出了出色的成绩。他们继承了柳宗元山水游记的创作手法，借描写自然景物来抒情感，发议论，以此来反映社会问题，赋予了传统的模山范水之作以新的生命。如范仲淹写了《岳阳楼记》等，提出了“先天下之忧而忧，后天下之乐而乐”的宏伟抱负，欧阳修写了《丰乐亭记》和《醉翁亭记》等，表现了与民同乐的政治理想。这些优美的散文，适当地运用了骈散结合的句法，显示了他们在艺术上的创造性。

庆历八年(1048)正月，欧阳修从滁州调到扬州，不到一年又移知颍州。皇祐二年(1050)，改调商丘，任南京留守。至和元年(1054)，召回京师，拜翰林学士兼史馆修撰，奉诏纂修《新唐书》。

嘉祐二年(1057)，欧阳修知礼部贡举，他运用了仁宗皇帝任命他为主考官的职权，推行了自己早在庆历年间就提出来的革新文风的主张，提倡平易晓畅的古文，并明确规定了衡文标准，凡是文风不正的一概不取。果然，在这次考试中，一时以怪僻知名的士子都被黜落，而曾巩、苏轼、苏辙等人则被录取。从此以后，文风才得到较为彻底的改变，士子纷纷研读韩、柳诸集，于是古文大兴。

欧阳修执掌贡举大权，是北宋文风转变的一大关键。他用行政手段推行了革新的主张，又用录取门生的机缘培养了一大批作家，被公认为文坛领袖，胜利地完成了第二次古文运动。从此以后，古文便确立了文章中的正统地位，历元、明、清而不衰。

嘉祐五年(1060)，欧阳修五十四岁，以礼部侍郎拜枢密副使，次年，又拜参知政事，进封为开国公，成了声势煊赫的高官显贵。他曾向朝廷举荐了王安石、曾巩、三苏和司马光等人，但到神宗时，他对王安石的青苗法有不同的看法。熙宁四年(1071)六月，以太子少师的身份退休，结庐于颍州的西湖之滨，次年病逝，终年六十六岁。

欧阳修散文创作的卓越成就 欧阳修在文学上的先进性和他在政治上的先进性是密切地联系着的。在他的创作中，丰富的社会生活，爱护人民的美好感情，都通过他所独有的艺术风格而得到了反映。

这位作家在中国散文史上有着崇高的地位，他不仅有革新的理论，更主要的是有大量的创作实践。他的作品内容极其丰富，如论辩、记叙、序跋、书信、祭文、墓志等，包罗很广，各有名篇。

欧阳修的记叙文重在抒情，而又能融合写景、叙事、议论为一体。《丰乐亭记》、《醉翁亭记》、《有美堂记》、《非非堂记》、《相州昼锦堂记》和《岘山亭记》是这方面一些有代表性的杰作。这类散文通过对客观景物、人事兴衰的深刻感受来抒发自己的哀乐，十分动人。如《丰乐亭记》：

> 修既治滁之明年夏，始饮滁水而甘。问诸滁人，得于州南百步之近。其上丰山耸然而特立，下则幽谷窈然而深藏，中有清泉，滃然而仰出。俯仰左右，顾而乐之。于是疏泉凿石，辟地以为亭，而与滁人往游其间。
>
> 滁于五代干戈之际，用武之地也。昔太祖皇帝尝以周师破李景兵十五万于清流山下，生擒其将皇甫晖、姚凤于滁东门之外，遂以平滁。修尝考其山川，按其图记，升高以望清流之关，欲求晖、凤就擒之所，而故老皆无在者，盖天下之平久矣。自唐失其政，海内分裂，豪杰并起而争，所在为敌国者，何可胜数！及宋受天命，圣人出而四海一。向之凭恃险阻，刬削消磨，百年之间，漠然徒见山高而水清。欲问其事，而遗老尽矣。
>
> 今滁介于江淮之间，舟车商贾、四方宾客之所不至。民生不见外事，而安于畎亩衣食，以乐生送死。而孰知上之功德，休养生息，涵煦百年之深也。
>
> 修之来此，乐其地僻而事简，又爱其俗之安闲。既得斯泉于山谷之间，乃日与滁人仰而望山，俯而听泉，掇幽芳而荫乔木。风霜冰雪，刻露清秀，四时之景无不可爱。又幸其民乐其岁物之丰成，而喜与予游也。因为本其山川，道其风俗之美，使民知所以安此丰年之乐者，幸生无事之时也。夫宣上恩德，以与民共乐，刺史之事也。遂书以名其亭焉。
>
> 庆历丙戌六月日，右正言、知制诰、知滁州军州事欧阳修记。

这篇文章在写作技巧上很有特色，开头第一段用极其精炼的语句就简括地写出了全亭的风景；第二段突然插入历史兴亡的感慨，回顾了这个地区由乱到治的缘由；最终归结到天下太平是最大的乐事，国家的统一带来了民物的丰收，从而点明了取名为丰乐亭之故。文中一再运用今昔对比的手法，一波三折，反复抒写，感情色彩很浓。

欧阳修散文的社会意义是从多方面来表现的，除了政论文如《朋党论》这种直接关系到重大政治事件的作品外，更常见的，是对于死生离合、盛衰成败这些感受的抒发。这在《苏氏文集序》、《梅圣俞诗集序》等篇中有很细致的表现。这些文章不仅悼念亡友，追怀旧事，而且在描写政坛与文坛的斗争变化之中，往往泄露了时代的秘密和心声。在这方面，《释秘演诗集序》也是一个很好的例子：

> 予少以进士游京师，因得尽交当世之贤豪。然犹以谓国家臣一四海，休兵革，养息天下以无事者四十年，而智谋雄伟非常之士，无所用其能者，往往伏而不出。山林屠贩，必有老死而世莫见者。欲从而求之，不可得。其后得吾亡友石曼卿。曼卿为人，廓然有大志。时人不能用其材，曼卿亦不屈以求合，无所放其意，则往往从布衣野老酣嬉，淋漓颠倒而不厌。予疑所谓伏而不见者，庶几狎而得之，故尝喜从曼卿游，欲因以阴求天下奇士。
>
> 浮屠秘演者，与曼卿交最久，亦能遗外世俗，以气节自高。二人欢然无所间。曼卿隐于酒，秘演隐于浮屠，皆奇男子也，然喜为歌诗以自娱。当其极饮大醉，歌吟笑呼，以适天下之乐，何其壮也！一时贤士，皆愿从其游，予亦时至其室。十年之间，秘演北渡河，东之济、郓，无所合，困而归。曼卿已死，秘演亦老病。嗟夫！二人者，予乃见其盛衰，则予亦将老矣夫！
>
> 夫曼卿诗辞清绝，尤称秘演之作，以为雅健，有诗人之意。秘演状貌雄杰，其胸中浩然，既习于佛，无所用，独其诗可行于世，而懒不自惜，已老，胠其橐，尚得三、四百篇，皆可喜者。曼卿死，秘演漠然无所向。闻东南多山水，其巅崖崛峍，江涛汹涌，甚可壮也，遂欲往游焉，足以知其老而志在也。于其将行，为叙其诗，因道其盛时以悲其衰。
>
> 庆历二年十二月二十八日，庐陵欧阳修序。

在封建社会中，由于社会制度本身的缺陷，富于个性与才能的人遭受到压抑，不能展其所长，是一种普遍的情况。北宋王朝虽曾为了巩固自己的统治，采取了更广泛的团结知识分子的措施，但这一措施，在某些方面和某种程度上，又是跟高度中央集权的政策互相矛盾的。这样，社会各阶层的优秀人物，不论是出身上层的或者是来自民间的，不论是已登廊庙或尚在山林的，就都往往被迫无所作为。混迹官场和遁迹空门，在实质上往往也就差不多。这种优秀人物被迫无所作为的现象，是宋代以来的封建社会中日益普遍的现象之一。爱国爱才的欧阳修，对于石曼卿这个淋漓颠倒的酒徒和秘演这个"无所合"、"无所向"的和尚，是不能不感到深深的惋惜和悲痛的。这篇序文充满感情，以互补的手法为我们勾画出了两个奇男子的形象。

欧阳修写的哀祭、碑志之文，也很有特色，如《祭尹师鲁文》、《祭苏子美文》、《祭石曼卿文》、《祭梅圣俞文》、《文正范公神道碑铭》、《张子野墓志铭》等。其述存亡离合之感，往往情文兼至，尤其是《泷冈阡表》，悼念父母的德行，真诚细腻，不假藻饰，确是一篇空前的成功之作。

除了数量丰富的单篇散文以外，欧阳修还有一部史传文学著作，那就是现在通称《新五代史》的《五代史记》。此书早在贬谪夷陵时就开始写了，到皇祐五年(1053)基本完稿。这是他个人花了十八年的心血完成的。从唐朝开始，历代正史由私人著述逐渐变为设局官修，宋太祖曾诏令薛居正等修《五代史》。这在收集史料、发挥集体力量方面是有长处的，但在观点方面却不免更多地受着统治者的支配。就文学角度看，则成于众手的官修史书，其文笔也往往丧失个性，因而必然缺乏完整的艺术价值。正因为这样，人们才公认欧阳修的《五代史记》是足以上继四史的富有文学色彩的名著。在这部著作中，欧阳修继承了司马迁"善善恶恶、贤贤贱不肖"的褒贬精神，对五代史事作了全面的述评。虽然在史实的记载方面还有缺漏，观点也不尽正确，但它对历史人物的正义性的评价，对于培养中国人民的道德品质、民族气节，是起了颇为有益的作用的。它优美的笔调，也至今不失为史传文学的典范作品。如其所立的《一行传》是表彰乱世中的小人物的。欧阳修痛感当时士大夫之恬不知耻，叹息道："呜呼，五代之乱极矣，传所谓‘天地闭，贤人隐’之时欤！当此之时，臣弑其君，子弑其父，而搢绅之仕，安其禄而立其朝，充然无复廉耻之色者，皆是也。”但同时，他又相信“忠臣义士多出于乱世”，因此立《一行传》，显示出即使在混乱黑暗的时代里，总还有一些特立独行、值得称道的人物。他举出石昂等五人，“势利不屈其心，去就不违其义”，能为黎民做一、两件有益的事，为社会保持一点正气。在那种环境里，一些平凡的小事可能起不了什么作用，但是，如果大家都能这样做，则其精神力量便不可忽视了。这正是作家所希望的。再如《伶官传》记载了优伶景进、史彦琼、郭从谦等人的事迹。后唐庄宗李存勖因为宠用这些胡作非为的人，以致身死国灭。欧阳修在这篇传的序文中总结了历史教训，发抒了深切的感慨，他写道：

> 呜呼！盛衰之理，虽曰天命，岂非人事哉！原庄宗之所以得天下，与其所以失之者，可以知之矣。
>
> 世言晋王之将终也，以三矢赐庄宗而告之曰：“梁，吾仇也；燕王吾所立，契丹与吾约为兄弟，而皆背晋以归梁。此三者，吾遗恨也。与尔三矢，尔其无忘乃父之志！”庄宗受而藏之于庙，其后用兵，则遣从事以一少牢告庙，请其矢，盛以锦囊，负而前驱，及凯旋而纳之。
>
> 方其系燕父子以组，函梁君臣之首，入于太庙，还矢先王，而告以成功，其意气之盛可谓壮哉！及仇雠已灭，天下已定，一夫夜呼，乱者四应。仓皇东出，未及见贼而士卒离散。君臣相顾，不知所归；至于誓天断发，泣下沾襟，何其衰也！岂得之难而失之易欤？抑本其成败之迹，而皆自于人欤？
>
> 《书》曰：“满招损，谦受益。”忧劳可以兴国，逸豫可以亡身，自然之理也。故方其盛也，举天下豪杰，莫能与之争；及其衰也，数十伶人困之，而身死国灭，为天下笑。夫祸患常积于忽微，而智勇多困于所溺，岂独伶人也哉！作《伶官传》。

本文起首就指出，国家兴亡的关键在于人事，而不在于天命。接着反复用盛衰的史实对比，有力地说明了“忧劳可以兴国，逸豫可以亡身”的道理。叙事中有议论，有抒情，语言抑扬顿挫，一唱三叹，跌宕多姿，极富感染力，充分显示了欧阳修散文所独具的风神。

对于这位散文家的艺术成就，苏洵在《上欧阳内翰书》中评论说：“执事之文，纡余委备，往复百折，而条达疏畅，无所间断；气尽语极，急言竭论，而容与闲易，无艰难劳苦之态。”王安石《祭欧阳文忠公文》也赞叹说：“豪健俊伟，怪巧瑰琦。其积于中者，浩如江河之停蓄；其发于外者，灿如日星之光辉。其清音幽韵，凄如飘风急雨之骤至；其雄辞闳辩，快如轻车骏马之奔驰。”另外，韩琦、曾巩、苏轼、苏辙等都称赞欧阳修的记述之文长于层累铺叙，得之自然，议论之文豪迈雄健，风神独妙。吴充在《欧阳文忠公行状》中曾总论其成就，认为：“盖公之文备众体，变化开阖，因物命意，各极其工。”是合于事实的。

欧文独特的艺术风格，是继承韩愈的优良传统而形成的。他从学习韩愈开始，又进而学习韩愈所钻仰的古代史家如司马迁等的著作。苏轼曾指出他“论大道似韩愈，论事似陆贽，记事似司马迁，诗赋似李白。”（《居士集叙》）但最基本的是学韩，所以苏轼又说：“愈之后三百有余年，而后得欧阳子，其学推韩愈、孟子以达于孔氏，著礼乐仁义之实以合于大道。其言简而明，信而通，引物连类，折之于至理，以服人心。故天下翕然师尊之。……士无贤不肖，不谋而同曰：‘欧阳子，今之韩愈也。’”但由于时代、个性的差异，古文运动的首创者韩愈和古文运动的复兴者欧阳修，在风格上是有显著的差别的。用古典文论的术语来说，韩文偏于阳刚之美，而欧文则偏于阴柔之美；韩文深厚雄博，欧文和婉曲折。虽然两人的作品都有着丰富的社会内容，然而又各自以其个性化的艺术技巧显示着独特的风格。

欧阳修是主持风会的大师，《宋史》本传说他：“奖引后进，如恐不及，赏识之下，率为闻人。曾巩，王安石，苏洵，洵子轼、辙，布衣屏处，未为人知，修即游其声誉，谓必显于世。”曾、王、三苏都是接受他的影响而成为古文大家的。欧阳修的文风，还对明清时代的唐宋文派产生了深远的影响。

文赋的出现　赋这种文体，原是中国韵文的一种特殊体裁。它兼具诗歌和散文的性质，富有文采、音节之美。《文心雕龙·诠赋篇》认为它的渊源是“受命于诗人，拓宇于《楚辞》”，并引刘向《别录》说：“不歌而诵谓之赋。”可见它是由诗中分化出来的，虽然不能入乐，但却宜于讽诵，在音节与修辞上显示其特征。由汉、魏、六朝而唐，经过辞赋（古赋）、骈赋、律赋几个不同历史阶段的发展，到了宋代，又由于新古文运动的影响，欧阳修等古文家试用单笔散体来写赋，在体制上突破了骈赋、律赋的许多限制，风格更接近于散体之文，因而产生了文赋。自宋、元历明、清，文赋逐渐发展成为赋体中最富于艺术情趣的样式。清人陆棻编《历朝赋格》曾把赋总括为三大类：第一类是宋以来的文赋，第二类是包括屈赋（楚辞）、汉赋在内的辞赋（古赋），第三类是包括律赋在内的骈赋。共推文赋居首，可见此中消息。

北宋前期的文人作赋虽然能兼众体，但由于前代及本朝都以诗赋取士，律赋是规定的应试科目，所以仍然最为流行。其特点是对仗工整，音律谐协，韵脚固定。因为多数是为文造情的应试之作，在思想和艺术两方面都没有什么成就。如宋祁的《王畿千里赋》首段云：“王有一统，人无异归。中四方而正位，画千里以为畿。总大众之奠居，式昭民极；据方来而处要，以重皇威。二代而还，维周有制；揽庶绩以图大，廓多方而为卫。”这种作品显然不能认为有什么文学价值。所以欧阳修在诗文革新运动中别开生面，对赋体也进行了创新。

从欧阳修的文集中可以了解到，这位古文家曾写过各体的赋①，而突破陈规创为文赋，已在他的晚年。嘉祐四年（1059），他获准卸去开封府尹的职务，住在汴京的城南。这时他已五十三岁，体弱多病，目昏手抖，在一个秋日的晚上，因感平生知交风流云散，便写了一首长诗《夜闻风声有感，奉呈原父舍人、圣俞直讲》，而意犹未尽，便再次扶臂捉笔，运用他纯熟的古文手法写了著名的《秋声赋》：

① 古赋如《红鹦鹉赋》、《迷梦赋》，骈赋如《黄杨树子赋》，律赋如《监试玉石不琢不成器赋》、《国学试人主之尊如堂赋》。

欧阳子方夜读书,闻有声自西南来者。悚然而听之,曰:“异哉!初淅沥以萧飒,忽奔腾而砰湃,如波涛夜惊,风雨骤至。其触于物也,鏦鏦铮铮,金铁皆鸣;又如赴敌之兵,衔枚急走,不闻号令,但闻人马之行声。”余谓童子:“此何声也?汝出视之。”童子曰:“星月皎洁,明河在天,四无人声,声在树间。”

余曰:“噫嘻悲哉!此秋声也,胡为而来哉?盖夫秋之为状也:其色惨淡,烟霏云敛;其容清明,天高日晶;其气栗冽,砭人肌骨;其意萧条,山川寂寥。故其为声也,凄凄切切,呼号愤发。丰草绿缛而争茂,佳木葱茏而可悦;草拂之而色变,木遭之而叶脱。其所以摧败零落者,乃一气之余烈。夫秋,刑官也,于时为阴;又兵象也,于行为金;是谓天地之义气,常以肃杀而为心。天之于物,春生秋实。故其在乐也,商声主西方之音;夷则为七月之律。商,伤也,物既老而悲伤;夷,戮也,物过盛而当杀。嗟乎!草木无情,有时飘零。人为动物,惟物之灵,百忧感其心,万事劳其形,有动于中,必摇其精。而况思其力之所不及,忧其智之所不能,宜其渥然丹者为槁木,黟然黑者为星星。奈何非金石之质,欲与草木而争荣?念谁为之戕贼,亦何恨乎秋声。”

童子莫对,垂头而睡。但闻四壁虫声唧唧,如助余之叹息。

这篇赋所流露的低沉情绪,是作者在庆历新政失败后长期苦闷心情的反映。他从多方面描绘了秋夜的物态,以巧妙的比喻把不可捉摸的秋声写得生动具体。一方面他仍然吸取传统辞赋的铺张手法,另一方面却大胆地打破了传统的骈赋、律赋的格律与模式,完全出之以散文。这一尝试具有里程碑的意义,文赋的地位从此确立,苏轼的前后《赤壁赋》等便是接受《秋声赋》的直接影响而写出的。从此以后,历代都不乏文赋名作。

欧阳修开创文赋的新局面,并非出自个人的偶然触发,这在文学史上是有它的继承关系的。就体制而言,辞赋本来就是韵文、骈文和散文三者的综合体,最早的篇章用韵固疏密无定,造句亦骈散不拘。到了中唐,韩、柳发动古文运动,影响所及,使律赋的句法也发生了变化,如杜牧的《阿房宫赋》前半篇仍用律体,而后半篇却采用了散体:“嗟夫!使六国各爱其人，则足以拒秦，秦复爱六国之人，则递三世可至万世而为君，谁得而族灭也。”这种写法，可说是文赋的萌芽。发展到宋朝，在第二次古文运动的声浪中，骈赋和律赋都逐渐走向散文化。欧阳修本来就能做各体的赋，他在这样广泛的基础上，写出《秋声赋》和《憎苍蝇赋》等文赋，终于使之达到了成熟的阶段，这可以说是大势所趋。孙梅《四六丛话》卷四《叙赋》云：“两汉以来，斯道为盛，承学之士，专精于此，赋一物则究此物之情状，论一都则包一朝之沿革。辍翰传诵，勒成一学。”“左（思）、陆（机）以来，渐趋整炼，齐、梁而降，益事妍华，古赋一变而为骈赋。”“自唐迄宋，以赋选士，创为律赋，用便程式。”“又有骚赋，源出灵均（屈原），幽情藻思，一往而深，则《骚》之真也，班（固）、张（衡）优为之。又有文赋，出荀子《礼》、《智》二篇，古文之有韵者是已，欧（阳修）、苏（轼）多有之，皆非浅学所能学步也。”它简明扼要地阐明了赋体的区分和文赋的来历，对我们理解这一方面的历史情况，是有帮助的。

欧阳修在提倡古文的同时，对时文也进行了改造。他是宋代新型骈文“宋四六”的能手，在他的倡导下，骈文走上了新的道路，出现了许多有成就的作家。这，我们在十一章将有专题论述。

第二节　欧阳修和苏、梅的新诗风

新古文运动的理论与实践，不但繁荣了散文创作，而且还直接影响了诗风的革新。在这方面，欧阳修的贡献也是显著的。叶梦得《石林诗话》卷上说：“欧阳文忠公诗，始矫昆体，专以气格为主，故言多平易疏畅。”在他和苏舜钦、梅尧臣等人的共同努力下，首先是扭转了西昆派脱离现实的不良倾向，注重诗歌的思想内容，写出了许多反映社会政治的诗篇。同时，还特别注意到韩愈诗歌内容的广阔性，即“资谈笑，助谐谑，叙人情，状物态，一寓于诗而曲尽其妙”（《六一诗话》）的特色，并加以发扬。与这一点相联系，他们又发扬了韩愈以文为诗的传统，以古文所具有的某些艺术特征丰富了诗歌的表现手法，使宋诗趋向平易畅达，趋向散文化、议论化，逐渐显露了自己的创作个性与时代特征，形成了与唐诗不同的风格，卓然与唐诗并峙而媲美。

苏舜钦、石延年和梅尧臣是和欧阳修一道从事文学革新的朋友，苏兼长诗文，石和梅则专力于诗。欧阳修曾想追踪韩愈，而把苏比张籍，石比卢仝，梅比孟郊[①]，就作风而言，这个比拟不完全妥帖，但就他们在文学上志同道合的关系来说，就苏、石、梅的才高运蹇来说，却都是确切的。欧阳修从事诗文革新，曾经从他们的作品中得到启发和助益。石延年(994—1041)，字曼卿，自少以古道自任，诗作振奇发秀，气横意举，苏舜钦曾称之为诗之豪者，彼此在文学见解上很契合，可惜死得很早。欧阳修《哭曼卿》云："作诗几百篇，锦组联琼琚；时时出险语，意外研精粗。穷奇复云烟，搜怪蟠蛟鱼；诗成多自写，笔法颜与虞。"可见其在诗歌与书法上的成就。他的佳作如《平阳代意寄师鲁》：

> 十年一梦花空委，依旧山河损桃李。雁声北去燕西飞，高楼日日春风里。眉黛石州山对起，娇波泪落妆如洗。汾河不断水南流，天色无清淡如水。

王辟之《渑水燕谈录》卷七称赞此诗"词意深美"，并传说诗人死后，托梦给友人，说这篇诗是他生平"最为得意"之作。其他如《筹笔驿》之"意中流水远，愁外旧山青"，也被人认为"最为佳句"(见《中山诗话》)。石延年在当时主要以豪迈诙诡的个性知名，诗歌还没有显示其独特的风格，所以他虽然和苏舜钦一样去世很早，但对宋诗面貌形成的贡献，却是苏大于石。石、苏逝世以后，只存下梅尧臣是与欧阳修久交的诗友，他俩长期的文学活动，对诗风革新起了主要的作用。

欧阳修的诗歌创作　欧诗今存八百六十余首。他要求作品能传达人民的情感，发挥诗歌的讽谕劝戒作用。故云："诗之作也，触事感物，文之以言，善者美之，恶者刺之。"(《诗本义·本末论》)对于西昆体，他只反对

---

① 梅尧臣在《和永叔澄心堂纸答刘原甫》诗中说："退之昔负天下才，扫掩众说犹除埃。张籍、卢仝斗新怪，最称东野为奇瑰。欧阳今与韩相似，海水浩浩山嵬嵬。石君、苏君比卢、籍，以我待郊嗟困摧。"

其脱离现实，而对其艺术技巧并不否定，所以在《六一诗话》中，虽指出了西昆体后期的“学者之弊”，而对于杨亿、刘筠的佳句则颇加赞美，如云：“子仪《新蝉》云：‘风来玉宇乌先转，露下金茎鹤未知。’虽用故事何害为佳句也！又如大年‘峭帆横渡官桥柳，叠鼓惊飞海岸鸥’，其不用故事，又岂不佳乎？”他主张诗歌的语言要平易，内容要充实，而坚决反对怪诞奇涩和无病呻吟。杜默是石介的学生，作诗狂怪奇涩①。他在《赠杜默》诗中便进行劝勉说：“京东聚群盗，河北点新兵。饥荒与愁苦，道路日以盈。子盍引其吭，发声通下情。”希望杜默重视国计民生的主题，反映人民的疾苦。在《食糟民》一诗中，他自己就实践了这种主张，诗中把“日饮官酒诚可乐”的官吏与“釜无糜粥度冬春”的贫民作对比，揭露了官吏以租米酿酒，反而使种稻的农民买酒糟充饥的不合理现象。《边户》诗表现了宋、辽交界地区边民的苦恼。“虽云免战斗，两地供赋租”，“身居界河上，不敢界河渔”，这是对当时朝廷不能保卫人民的讽刺。

欧诗风格，因体而异。近体富于情韵，清新自然，摆脱了西昆派的雕琢之弊，而重返唐贤之境，尤其接近大历诸子。某些名篇，能够深刻地表现个人的生活经历和内心感受，如贬夷陵时，就有不少佳作：

> 春风疑不到天涯，二月山城未见花。残雪压枝犹有橘，冻雷惊笋欲抽芽。夜闻归雁生乡思，病入新年感物华。曾是洛阳花下客，野芳虽晚不须嗟。
>
> ——《戏答元珍》

> 楚人自古登临恨，暂到愁肠已九回。万树苍烟三峡暗，满川明月

---

① 胡仔《苕溪渔隐丛话》前集卷二十五引苏轼云：“石介作《三豪诗》略云：‘曼卿豪于诗，永叔豪于文，杜默豪于歌也。’永叔亦赠默诗云：‘赠之《三豪》篇，而我滥一名。’默之歌少见于世，初不知之，后闻其篇云：‘学海波中老龙，圣人门前大虫，推倒杨朱、墨翟，扶起仲尼、周公。’皆此等语。甚矣，介之无识也！永叔不欲嘲笑之者，此公恶争名，且为介讳也。吾观杜默豪气，正是京东学究饮私酒，食瘴死牛肉，醉饱后所发者也。作诗狂怪，至卢仝、马异极矣；若更求奇，便作杜默。”按此文，涵芬楼本《仇池笔记》及《稗海》本《志林》皆载之，然不及《丛话》之完整。

> 一猿哀。非乡况复惊残岁，慰客偏宜把酒杯。行见江山且吟咏，不因迁谪岂能来！
>
> ——《黄溪夜泊》

古代诗人贬官居外，多自作宽解之言，以平衡内心的苦闷，这两篇也都如此。但作者既抒发了山城的寂寞，也描绘了江山的秀丽，从而反映了其开朗的胸襟，可谓摆脱凡近、自出手眼之作。

比起近体来，欧阳修的古体诗更有特色和成就。他学韩愈，也学李白，并受到了梅尧臣的某些影响，因此后人以欧梅并称①。其五古用韵变化较少，七古用韵多变，善于随着情感变化而调换韵脚，句型错落，常以五、七言交替，甚至插入九、十一、十三字长句或四、六字双音节句，以造成参差抑扬、富于情韵的效果（以上参考陈尚君《欧阳修与北宋文学革新的成功》，载《研究生论文选集·中国古代文学分册》，江苏人民出版社 1983 年出版）。而长篇巨制，往往能融铸叙事、写景、咏物、抒情为一炉，与韩愈的手法相类似，如其咏王昭君两篇，即是好例：

> 胡人以鞍马为家，射猎为俗，泉甘草美无常处，鸟惊兽骇争驰逐。谁将汉女嫁胡儿，风沙无情貌如玉。身行不遇中国人，马上自作思归曲。推手为琵却手琶，胡人共听亦咨嗟。玉颜流落死天涯，琵琶却传来汉家。汉宫争按新声谱，遗恨已深声更苦。纤纤女手生洞房，学得琵琶不下堂。不识黄云出塞路，岂知此声能断肠？
>
> ——《明妃曲和王介甫作》

> 汉宫有佳人，天子初未识。一朝随汉使，远嫁单于国。绝色天下无，一失难再得。虽能杀画工，于事竟何益！耳目所及尚如此，万里安能制夷敌？汉计诚已拙，女色难自夸。明妃去时泪，洒向枝

---

① 如金元好问《论诗》第二十七首云："百年才觉古风回，元祐诸人次第来；讳学金陵犹有说，竟将何罪废欧梅？"见《遗山先生文集》卷十一。

上花。狂风日暮起，飘泊落谁家？红颜胜人多薄命，莫怨春风当自嗟。

——《再和明妃曲》

据说，这是作者自认为生平最得意的作品，曾酒后大言，甚至说李白、杜甫都写不出①。这个传说自然不足据为典要，但这样的诗篇有区别于宋初的白体、晚唐体、西昆体等，则是很显然的。前篇从昭君出塞思归作曲，说到堂上琵琶手与塞外琵琶声在感情上的隔膜，对这位怀才不遇而又守正不阿的古代女性寄予了无限的同情；"谁将汉女嫁胡儿"的"谁"字用得极有分量，暗示了昭君的不幸所从来。后篇则进一步直接抨击了汉元帝的昏聩无能，反映了妇女们在男权社会压迫下红颜薄命的悲惨遭遇。"虽能杀画工，于事竟何益！耳目所及尚如此，万里安能制夷敌？"有叙述，有议论，含意深远，开宋代以文为诗之风。以流畅平易的语言，写世态人情，读来耐人寻味，也显示了欧诗的面目。

欧阳修有些古体诗写得自由奔放，很有李白的气魄，如《太白戏圣俞》的题目一作《读李白集效其体》，另一首《庐山高赠同年刘中允归南康》，显然是步趋李白的《庐山谣》。这在他歌咏祖国大好河山的许多诗篇中，是比较突出的作品。

欧阳修继承韩愈以文为诗的传统，造成了以议论入诗的倾向，如《答杨子静祈雨长句》、《奉答子华学士安抚江南见寄之作》等抒发对社会危机的忧虑之作，皆属此类。这种使宋诗散文化的倾向，是古文运动带来的。欧阳修文学事业的主要精力是用在散文上，他以古文的气势和结构来作古诗，固然有体格峭健的长处，但有时也使人感到议论太多。他在诗的创作成就上，总的说来，是不及他的散文的。

---

① 《石林诗话》卷中："前辈诗文，各有平生自得意处，不过数篇；然他人未必能尽知也。毗陵正素处士张子厚善书，余尝于其家见欧阳文忠子棐以乌丝栏绢一轴，求子厚书文忠《明妃曲》两篇，《庐山高》一篇。略云：'先公平日，未尝矜大所为文，一日被酒，语棐曰："吾《庐山高》，今人莫能为，惟李太白能之。《明妃曲》后篇，太白不能为，惟杜子美能之；至于前篇，则子美亦不能为，惟我能之也。"因欲别录此三篇也。'"

积极推动诗文革新的苏舜钦　苏舜钦（1008—1048），字子美，开封（在今河南省）人，祖籍四川绵州盐泉，先世还曾居于梓州铜山。祖父苏易简在太宗时任参知政事；岳父杜衍也官至宰相，与范仲淹、富弼等政见相同。苏舜钦在景祐元年（1034）中进士，慷慨有大志，历任蒙城、长垣县令和大理评事。他在政治上积极追随范仲淹、欧阳修，力主改革，以范氏之荐，授集贤殿校理、监进奏院。庆历新政失败后，他遭到保守派的打击，御史中丞王拱辰等借进奏院出卖废纸以供饮宴的事件，诬陷他"监主自盗"，因而于庆历四年（1044）十一月被削职为民。次年四月，他退居苏州，"作沧浪亭，日益读书，大涵肆于六经，而时发其愤闷于歌诗"（欧阳修《湖州长史苏君墓志铭》）。在文学创作上，他从少年时代起就与穆修、石延年等倡导复古革新。欧阳修《苏氏文集序》云："子美之齿少于予，而予学古文反在其后。天圣之间，予举进士于有司，见时学者务以言语声偶相擿裂，号为时文，以相夸尚。而子美独与其兄才翁（舜元）及穆参军伯长，作为古歌诗杂文，时人颇共非笑之，而子美不顾也。"苏舜钦兼治诗文（古文名篇有《沧浪亭记》等），但对诗的贡献较大。由于他对政治采取积极干预的态度，所以其诗歌创作也重视反映现实，在揭露社会黑暗时敢于大胆直言，写得慷慨淋漓。如《城南感怀呈永叔》刻画了在严重灾荒下饿殍遍野的惨状："十有八九死，当路横其尸。犬彘咋其骨，乌鸢啄其皮。"并用对比手法斥责了达官贵人的空谈误国："高位厌梁肉，坐论搀云霓。"还有《吴越大旱》、《己卯冬大寒有感》等篇，都痛斥了统治者的昏聩，《吾闻》、《有客》诸作，则抒发了报国杀敌的激情。景祐元年（1034），在对西夏的作战中，将帅丧师辱国，诗人显然被这一事件激怒了，他愤慨地写出了《庆州败》：

无战王者师①，有备军之志②，天下承平数十年，此语虽存人所

① 《汉书·严助传》载淮安王安上书："臣闻天子之兵有征而无战，言莫敢校也。"《文选》卷四十一载陈琳《为曹洪与魏文帝书》："虽云王者之师，有征无战，不义而强，古人常有。"

② 《尚书·说命中》："惟事事，乃有其备，有备无患。"《左传》襄公十一年引《书》略同。

弃。今岁西戎背世盟，直随秋风寇边城；屠杀熟户烧障堡，十万驰骋山岳倾。国家防塞今有谁？官为承制乳臭儿；酣觞大嚼乃事业，何尝识会兵之机。符移火急蒐卒乘，意谓就戮如缚尸；未成一军已出战，驱逐急使缘崄巇。马肥甲重士饱喘，虽有弓剑何所施！连颠自欲堕深谷，虏骑笑指声嘻嘻。一麾发伏雁行出，山下掩截成重围；我军免胄乞死所，承制面缚交涕洟。逡巡下令艺者全，争献小技歌且吹；其余劓馘放之去，东走矢液皆淋漓。首无耳准若怪兽，不自愧耻犹生归！守者沮气陷者苦，尽由主将之所为。地机不见欲侥胜，羞辱中国堪伤悲！

作者对愚昧的主帅、怯懦的将士，都加以尖锐的、毫不留情的抨击。然而，使主帅愚昧将士怯懦的根源，却正是赵宋王朝的军事制度和对外政策。这样，诗中就不仅体现了作者的爱国主义激情，而且矛头直指朝廷的弊政。所以《宋史》本传说他“时发愤懑于歌诗，其体豪放，往往惊人”。

宋初的诗文革新家都是向韩愈学习的。欧阳修、梅尧臣的诗篇都有摹拟韩愈的痕迹，但不同的个性和其他条件仍然使他们的作品呈现出了自己的风貌，各成一家。苏舜钦诗具有强烈的政治感情而以明快豪迈的语言来表达，这是他比较显著的特色。这种特色，在进奏院事件以前的作品中，往往是直接地表达出来的，而在这以后的作品中，则更以沉郁悲壮的调子来体现愤慨的心情，因而显得更为深刻，所以苏氏的诗作大体上可依此分前后两期。后期的诗作如《和菱溪石歌》：

滁州信至诧双石，云初得自菱水滨，长篇称夸语险绝，欲使来者不复言。画图突兀亦颇怪，张之屋壁惊心魂。麒麟才生头角异，混沌虽死窍凿存，琅琊之郡偏且僻，得此固可骇众观。予尝飞帆入震泽，穷探异境登龟鼋（自注：“太湖二山名，最出怪石。”），居民百户石为业，日夜采琢山不贫。山前森列战白浪，犹似万百铁马群，雨昏浪打岁月古，千株万穴僵复奔。自嗟才力本衰弱，安敢抵敌为之文？况兹出产极易致，乡俗见惯不甚尊。彼以至少合贵重，胡为久弃如隐沦，偶逢精识见奖拔，众目今乃称奇珍。百人拥持大车载，城市观走风涛翻，立于新亭面幽谷，共为澡刷泥沙痕。凉泉下照嘉树阴，翠影澄淡留烟云，褒以篇章绘缣素，积岁汩没一旦伸。苟非高贤独赏激，终古弃卧于穷津，世人爱憎逐兴废，使我吟叹伤精神。

这诗写于作者自己被人陷害，隐居苏州，而好友欧阳修也因同一原因被贬至滁州的时候。当时欧阳修在滁州城东五里的菱溪上发现两块怪石，因作《菱溪石记》和《菱溪大石》诗，苏舜钦便写了这首和诗。他抑郁不平的感受，通过丰富的联想和洗炼的语言表达出来，代表着苏舜钦晚年的进一步的成就。

除了反映重大的政治事件和社会问题的五、七言古诗外，苏舜钦还作了许多写景抒情诗。他描绘自然风物的作品，一般都写得意境阔大，带有强烈的感情色彩。如《越州云门寺》、《天平山》和《奉酬公素学士见招之作》，都表现了愤世嫉俗而寄情山水的思想倾向。其杰作如《中秋夜吴江亭上对月怀前宰张子野及寄君谟蔡大》：

独坐对月心悠悠，故人不见使我愁。古今共传惜今夕，况在松江亭上头。可怜节物会人意，十日阴雨此夜收。不惟人间重此月，天亦有意于中秋。长空无瑕露表里，拂拂渐上寒光流。江平万顷正碧色，上下清澈双璧浮。自视直欲见筋脉，无所逃遁鱼龙忧。不疑身世在地上，只恐槎去触斗牛。景清境胜反不足，叹息此际无交游。心魂冷烈晓不寝，勉为此笔传中州。

这诗写太湖中秋月色，设想奇特，力求翻新。以此跟唐代张九龄《望月怀远》那种风格安详和雅的作品相比较，就可以看出宋人在力求突破唐人成规方面，是怎样避熟就生、推陈出新而取得成就的。

苏舜钦还有一些今体律绝，写得鲜明朴实，别具意境：

一径抱幽山，居然城市间。高轩面曲水，修竹慰愁颜。迹与豺狼远，心随鱼鸟闲。吾甘老此境，无暇事机关。

——《沧浪亭》

嘉果浮沉酒半醺，床头书册乱纷纷。北轩凉吹开疏竹，卧看青天行白云。

——《暑中闲咏》

浩荡清淮天共流，长风万里送归舟。应愁晚泊卑喧地，吹入沧溟始自由。

——《和淮上遇便风》

这些小诗感情奔放，真率自然，赞美了大自然，同时又体现了诗人豪迈不羁的个性。

苏舜钦在诗歌语言方面也有所创新，他在苏州居住日久，曾学习杜甫七律的吴体。《后村诗话前集》卷二评论说："苏子美歌行雄放于圣俞，轩昂不羁，如其为人。及蟠屈为吴体，则极平夷妥帖。"如《无锡惠山寺》即其一例：

寺古名传唐相诗，三伏奔迸予何之？云山相照翠会合，殿阁对起凉参差。清泉绝无一尘染，长松自是拔俗姿。二边羌胡日斗格，释子宴坐殊不知。

所谓吴体，许印芳《诗谱详说》卷四云："七律拗体变格，本名吴体，见老杜《愁》诗小注。""盖当时吴中歌谣有此格调，诗流亦效用之也。"可见吴体是因为仿效吴中民歌用方言俗语而得名的，由于发音不同，在平仄上就成了拗体。自老杜以后，只有皮日休和陆龟蒙的唱和诗中用过，苏舜钦则是黄庭坚以前宋人中不多的继承者之一。

宋诗的开山祖师梅尧臣　和苏舜钦奔放雄伟相对，以深微淡远的风格为宋诗开辟道路的重要人物是梅尧臣（1002—1060）。他是宣城（在今安徽省)人,故世人依宣城旧称尊为宛陵先生,字圣俞。在政治上,他也是倾向于以范仲淹等为首的进步力量的,但屡试不第,仕途很不得意,正如他自己所慨叹的:“谈兵究弊又何益,万口不谓儒者知。”(《醉中留别永叔子履》)于是,他把全部的精力都倾注在诗歌创作上,成了著名的穷而后工的诗人。

梅诗现存二千八百多首。欧阳修在《梅圣俞墓志铭》中指出:“其初喜为清丽,间肆平淡,久则涵演深远,间亦琢刻以出怪巧,然气完力余,益老以劲,其应于人者多,故辞非一体。”可见其题材风格多变,但仍以平淡为主。他自己曾说:“因吟适情性,稍欲到平淡。”(《依韵和晏相公》)又说:“作诗无古今,惟造平淡难。”(《读邵不疑学士诗卷》)所谓平淡,并非平庸浅俗,而是要求“意新语工,得前人所未道者”,“状难写之景如在目前,含不尽之意见于言外”(《六一诗话》引梅语)。要达到这种境界,就必须深入地体验生活,热爱生活,有真实感情和强烈爱憎;专在文字技巧上想办法的作家,是不可能达到这种境地的。因此,在内容上,他主张继承白居易新乐府运动的精神,学习《诗经》的美刺和《春秋》的褒贬,来发挥诗歌的社会教育作用①。他创作了大量反映现实、愤世嫉邪的政治诗,以深微淡远的诗风反映现实生活中应当关心注意的事物。所以龚啸认为,他是“去浮靡之习,超然于昆体极弊之际;存古淡之道,卓然于诸大家未起之先”(见《四部丛刊》本《宛陵先生集》附录)。而刘克庄在《后村诗话前集》卷二中更是推崇他说:

> 本朝诗惟宛陵为开山祖师!宛陵出,然后桑濮之哇淫稍熄,风雅之气脉复续,其功不在欧、尹下。

清人叶燮在《原诗外篇》中也说:“开宋诗一代之面目者始于梅尧臣、苏舜钦二人。”“变尽昆体,独创生新。”这些评论是符合文学发展的实际情况的。

---

① 梅尧臣对诗歌的主张,略见于其《寄滁州欧阳永叔》及《答韩三子华、韩五持国、韩六玉汝见赠述诗》诸篇。又朱东润《梅尧臣集编年校注》卷首《叙论一·梅尧臣诗的评价》亦可参考。

梅尧臣出身于农家，因做官的叔父梅询给予提携，才得进入仕途。他跟随叔父到过襄州、鄂州、苏州、池州等地。天圣九年（1031），凭借梅询的门荫，任河南县主簿。河南县是西京洛阳的首县，风物繁富，人文荟萃。他的诗才得到西京留守钱惟演和通判谢绛的赏识，而谢绛是洛下才人的魁首，又是他的妻兄。这年三月中，欧阳修也到了洛阳，彼此一见如故，结为至交，共同倡导诗文的革新。这期间，他已写出了不少同情民生疾苦的诗篇。如：

今朝农事毕，野老立门前。拊颈望飞鸟，负暄话余年。自从备丁壮，及此常苦煎。卒岁岂堪念，鹑衣着更穿。

——《田家四时》之四

稂莠日已长，匆匆芟薙初。来时露沾屦，归去月侵锄。一腹馁犹甚，百骸勤有余。吾无力耕苦，谬读古人书。

——《观理稼》

他是从农村出来的，所以能体会劳动人民的欢乐和酸辛。这些带有淳朴的乡土气息的诗，一开始就表现出与西昆体截然不同的思想和艺术面貌。

他关心国事，极愿为国效力。为了抗击西夏的入侵，他曾钻研《孙子兵法》，准备投笔从军（见所作《依韵和李君读余注〈孙子〉》）；在内忧外患的纷争中，他又同情人民的不幸遭遇。仁宗康定元年（1040），他知襄城县事，适逢对西夏作战，情势危急，朝廷对百姓的压榨更严重了。他忍不住内心的激动，写了《田家语》等诗，对人民负担过重的赋税、徭役，提出了悲愤的控诉。其同时创作的《汝坟贫女》云：

汝坟贫家女，行哭音凄怆。自言有老父，孤独无丁壮。郡吏来何暴，县官不敢抗。督遣勿稽留，龙钟去携杖。勤勤嘱四邻，幸愿相依傍。适闻闾里归，问讯疑犹强。果然寒雨中，僵死壤河上。弱质无以托，横尸无以葬。生女不如男，虽存何所当？拊膺呼苍天，生死将奈向！

诗题下自注说:"时再点弓手,老幼俱集,大雨甚寒,道死者百余人,自壤河至昆阳老牛陂,僵尸相继。"这首诗深刻地揭露了官吏们抓丁拉伕的暴行,反映了百姓们未遭外患先遇内殃的惨状。再如《小村》:

> 淮阔州多忽有村,棘篱疏败谩为门;寒鸡得食自呼伴,老叟无衣犹抱孙。野艇鸟翘唯断缆,枯桑水啮只危根;嗟哉生计一如此,谬入王民版籍论。

这是作者在庆历八年(1048)从扬州到陈州的路上亲眼目睹的情况。诗人描绘了农村的荒凉和残破,可是统治阶级仍然不知羞耻地把他们当作自己治下的王民。杜甫、元结那些充满了对人民的爱、而语言又非常朴实的咏叹时世的篇章,显然是梅尧臣这类作品所取法的。

梅尧臣还写了不少反映政治斗争的诗。他是站在革新派一边反对保守派的,在三次政治斗争中都是如此。第一次是景祐年间,范仲淹、余靖、尹洙、欧阳修等环绕用人行政问题和宰相吕夷简的斗争,范仲淹等失败了。他那时在建德做知县,闻讯后不胜愤慨,便写了《彼鴷吟》、《啄木》、《闻欧阳永叔谪夷陵》、《闻尹师鲁谪富水》、《寄饶州范待制》等篇,对腐朽的统治者进行了猛烈的抨击。其中感情显得最激动的是《猛虎行》:

> 山木暮苍苍,风凄茅叶黄,有虎始离穴,熊罴安敢当。掉尾为旗纛,磨牙为剑铓,猛气吞赤豹,雄威蹑封狼。不贪犬与豕,不窥藩与墙,当途食人肉,所获乃堂堂。食人既我分,安得为不祥,麋鹿岂非命,其类宁不伤。满野设置网,竞以充圆方,而欲我无杀,奈何饥馁肠。

这是一首辛辣的寓言诗,用猛虎吃人作比,强烈地谴责了吕夷简的凶恶险诈。第二次是庆历新政失败后,苏舜钦因"议论稍侵权贵"(《宋史·杜衍传》),也受到了处分。这时,他因为湖州监税任满,正在汴京赋闲,听候任用。他看到朋友们一个个倒台了,而自己连参加斗争的资格都没有,便用诗歌作为表达政见的武器，写了《杂兴》、《送逐客王胜之不及遂至屠儿原》、《邺中行》、《读〈后汉书〉列传》、《送苏子美》等篇，抒发了心中的不平之气。第三次是皇祐三年(1051)，殿中侍御史唐介为了宰相文彦博的操守问题上章弹劾，结果失败被贬。这时他已五十岁，在京中任太常博士，监永济仓。他对唐介深表同情，写了一篇五百四十字的长诗《书窜》，爱憎分明地叙述了这次斗争的史实，同时也显出了他另一种近乎韩愈的雄浑怪奇的风格。

梅诗兼工今体和古体，而以五言尤为擅长。其律诗意新语工，极富情趣。如：

> 适与野情惬，千山高复低。好峰随处改，幽径独行迷。霜落熊升树，林空鹿饮溪。人家在何许？云外一声鸡。
>
> ——《鲁山山行》

> 行到东溪看水时，坐临孤屿发船迟。野凫眠岸有闲意，老树着花无丑枝。短短蒲茸齐似剪，平平沙石净于筛。情虽不厌住不得，薄暮归来车马疲。
>
> ——《东溪》

这一类作品充分表现了他所追求的平淡之境。诗人描绘那难以形容的景物，有如水墨画法，色彩并不鲜丽，却自然真切，细致动人。这正是梅诗的独到之处。再如“五更千里梦，残月一城鸡”(《梦后寄欧阳永叔》)，“庭花昏自敛，野蝶昼还来”(《闲居》)，也都是别具剪裁的名句。这些诗篇的主题各有不同，但都以看来似乎平淡无奇的语言，传达了非常生动的景物与非常深挚的情感。这种功力，仍自千锤百炼中来，并非轻易可以达到的。方回就特别推崇梅尧臣的五言律诗，《瀛奎律髓》卷二十三评论说：“若论宋人诗，除陈、黄绝高，以格律独鸣外，须还梅老五言律第一可也。虽唐人亦只如此，而唐人工者太工，圣俞平淡有味！”

梅诗的艺术成就还表现在五言古体上。他揭露时弊的政治诗，大都是用五古写的，如前述《汝坟贫女》、《猛虎行》和《送苏子美》、《书窜》等。另外，他也喜用这种样式来写山川风景和个人感慨，如《黄河》、《希深惠书言与师鲁、永叔、子聪、几道游嵩》、《初冬夜坐忆桐城山行》、《重过瓜步山》、《次韵答黄介夫七十韵》等。这些诗的特点是规模壮阔，气势恢弘。最长的是《希深惠书》、《书窜》和《次韵答黄介夫》三首，较短的则如《黄河》：

积石导渊源，瀛瀛泻昆阆。龙门自吞险，鲸海终涵量。怒洑生万涡，惊流非一状。浅深殊可测（“可测”，疑当作“叵测”），激射无时壮。常苦事堤防，何曾息波浪。川气迷远山，沙痕落秋涨。槎沫夜浮光，舟人朝发唱。洪梁画鹢连，古戍苍崖向。浴鸟不知清，夕阳空在望。谁当大雪天，走马坚冰上。

这篇诗，既写出了滚滚黄河的雄伟气势，又描绘了活动在这一特定环境里的人情世态，雄浑壮丽而又工细贴切。这一类诗在艺术上的创新，在于不但运用了朴素的散文化的句法，进一步发挥了韩、欧以文为诗的传统，而且将自己的艺术个性和独特风格也融入其中，从而显示了梅尧臣自己的面貌。

梅尧臣在开辟宋诗的道路上作出了新的贡献，欧阳修、司马光、王安石和苏轼都交口称赞。影响所及，南宋的陆游也把他作为学习的榜样。陆游在《剑南诗稿》中自称“学宛陵先生体”者共有八处之多，又作了《书宛陵集后》、《读宛陵先生诗》等篇，赞美他“突过元和作，巍然独主盟”。从现实主义诗歌发展的历史线索来看，梅尧臣确是上承中庸，下开两宋，有独特成就的诗人。

欧阳修对苏、梅的评赞　宋诗中苏梅并称，是欧阳修首先提出来的。庆历四年（1044）秋，欧阳修在赴河北的途中，写了一首《水谷夜行寄子美、圣俞》，评赞了苏、梅诗歌的特点，同时表露了对他俩的思念，其诗如次：

寒鸡号荒林，山壁月倒挂；披衣起视夜，揽辔念行迈。我来夏云初，素节今已届；高河泻长空，势落九州外。微风动凉襟，晓气清余睡；缅怀京师友，文酒邀高会。其间苏与梅，二子可畏爱；篇章富纵横，声价相摩益。

子美气尤雄，万窍呈一噫；有时肆颠狂，醉墨洒滂沛。譬如千里马，已发不可杀；盈前尽珠玑，一一难拣汰。

梅翁事清切，石齿漱寒濑；作诗三十年，视我犹后辈。文词愈清新，心意难老大；譬如妖韶女，老自有余态。近诗尤古硬，咀嚼苦难嘬；初如食橄榄，真味久愈在。苏豪气似烁，举世徒惊骇；梅穷独我知，古货今难卖。二子双凤凰，百鸟之嘉瑞；云烟一翱翔，羽翮一摧铩。安得相从游，终日鸣哕哕；相问苦思之，对酒把新蟹。

此篇首写夜行之景，怀旧之情，次论苏、梅二人风格之异同得失，而以嗟叹其不遇作结。既是一篇美妙的抒情诗，又是一篇精确的风格学诗体论文。风格相反的苏、梅得以齐名，是与欧阳修的鼓吹和揄扬分不开的①。他在《感二子》中又曾说："自从苏、梅二子死，天地寂默收雷声。"这也是由衷的遗憾。

欧阳修在《梅圣俞诗集序》中，还提出了穷而后工的著名论点。他说：

予闻世谓诗人少达而多穷，夫岂然哉？盖世所传诗者，多出于古穷人之辞也。凡士之蕴其所有而不得施于世者，多喜自放于山巅水涯之外，见虫鱼、草木、风云、鸟兽之状类，往往探其奇怪，内有忧思感愤之郁积，其兴于怨刺以道羁臣、寡妇之所叹，而写人情之难言，盖愈穷则愈工。然则，非诗之能穷人，殆穷者而后工也。

欧阳修认为梅诗的成就是与其穷困的生活经历密切相关的："予友梅圣俞

① 《六一诗话》："圣俞、子美齐名于一时，而二家诗体特异。子美笔力豪隽，以超迈横绝为奇；圣俞覃思精微，以深远闲淡为意，各极其长。"魏泰《临汉隐居诗话》："苏舜钦以为得名，学书亦飘逸，然其诗以奔放豪健为主；梅尧臣亦善诗，虽乏高致，而平淡有工，世谓之苏、梅，其实与苏相反也。"

少以荫补为吏，累举进士，辄抑于有司，困于州县，凡十余年。”真正是“梅穷独我知”。欧阳修提出穷而后工的见解，原意是对尧臣的一种慰藉。在封建社会里，政治上的失意，经济上的穷困，就必然使诗人不能不面对冷酷的现实；这也就使诗人更易于接近苦难的人民，从而可能写出一些好的或较好的作品来。所以这个论点，在长时期里一直为人们所接受。

在北宋的诗歌革新中，欧阳修和苏、梅都起了扫清道路的作用。经过他们的共同努力，为宋诗树立了新诗风。但他们毕竟是开创者，在艺术上还不够成熟，这就有待于王安石、苏轼等人登上诗坛，来进一步完成宋代诗歌发展的历史使命。

第三节　王安石和王令的作品

继承着前面所论述的那些革新家，而在十一世纪下半期的文坛上活跃着的，是王安石和另外一些优秀的作家们。

杰出的政治家和文学家王安石　如众所周知，王安石主要地是以一个伟大的政治家知名于世的，他的文学事业具有与其政治经历、政治态度不可分割的特征。在他创作的大量诗文中，有不少反映了变法革新的成败以及自己在这些经历中的心情。

王安石（1021—1086），字介甫，晚号半山。曾封荆国公，世称王荆公；卒谥文，故又称王文公。他是抚州临川（在今江西省）人，出生在一个中下层官吏的家庭里。父亲王益，一向在各地游宦。他从小跟在父亲身边，二十岁以前就到过江西境内的许多州县，而且足迹遍及许多著名的城市，如江宁、扬州、韶州等，也在当时的首都开封住过。王益是一个正直的、关心人民的人，对于带在身边的儿子，给予了良好的教育。王安石在一篇回忆早年生活的诗篇中，曾说他十七八岁时就有了“男儿少壮不树立”的感慨，和“欲与稷契遐相希”的抱负（《忆昨诗示诸外弟》）。这是和他青少年时代就随父亲在各地游历，因而比较了解民生疾苦，并从家庭教育与古代典籍中丰富了自己的知识，培养了自己的学行这些因素分不开的。

庆历二年（1042），二十二岁的王安石考中了进士，之后即被朝廷派往扬州、鄞县、舒州、常州、饶州各处做地方官，开始获得了初步实现自己抱负和施展才能的机会。如在鄞县任知县时，他曾发动人民兴修水利，并在青黄不接的时候将官谷贷给人民充饥；任江南东路提点刑狱时，又奏请朝廷废除了不利于民的榷茶法。他四十岁以前，除了嘉祐元年（1056）一度入京担任群牧司的判官以外，一直在自己主动要求下，担任着当时一般人不想做的地方官。他之所以乐于外任，为的是可以和老百姓直接接触，为他们多做一些事情，这样，也就积累了丰富的实际工作经验。

嘉祐五年（1060）五月，朝廷召王安石回京，担任三司使度支判官，他根据自己对于当时社会政治各方面问题的深入认识，给仁宗皇帝上了一封万言书，扼要地提供了许多改革意见，但却没有得到应有的反应。之后，他被调任知制诰，给皇帝起草命令、文告。嘉祐八年（1063）八月，因遭母丧，解官回到了第二故乡江宁，一直住到英宗治平四年（1067）。他在江宁居丧期间，曾聚徒讲学，陆游的祖父陆佃就是这时拜王安石为师的。

仁宗在位凡四十一年（1023—1063），这是赵宋帝国的经济日趋繁荣而社会矛盾也日益尖锐化和表面化的时期。所以在庆历前后，范仲淹、欧阳修等已经主张改革，针对当时内忧外患诸问题采取过某些措施，使得矛盾有所缓和。但这些措施都不仅是局部的，还遭到保守派的阻止，所以对整个大局补益不多。等到英宗弃世，神宗即位时，帝国已经处在阶级矛盾和民族矛盾非常严重的形势之下，改革的要求更加迫切了，而年方二十的神宗皇帝又很英锐有为，想把国事整顿一番。于是王安石这位有毅力、有远见、有一系列变法主张的政治家，便于神宗即位之后不久被召回京，熙宁元年（1068）“越次入对”，二年，他就不管满朝旧派人物的反对而实行变法了。

从熙宁二年（1069）到六年（1073），王安石先任参知政事，不久即出任同中书门下平章事，主持变法。他力图通过理财和整军两方面的大改革，达到富国强兵和抑制兼并的目的。他所提出的青苗、农田水利、免役、市易、均输等新法，对生产力的发展起了推动作用，同时也加强了抵抗辽国和西夏的国力。由于新法损害了大官僚地主的既得利益，引起了统治阶级顽固派的激烈反对。熙宁七年（1074）四月，他曾一度被迫辞职，八年二月虽然复职，但终于在顽固派的围攻下，于九年（1076）离职。这位有远见有才略的改革家此后就脱离了实际政治,没有再担任什么实际工作了。

熙宁九年十月以后,王安石退居江宁。他虽然被排斥了,新法仍继续推行着。因而他本人虽然受了很多委屈,心境还是比较平静的。但在元丰八年(1085)神宗逝世后,接掌政权的是太皇太后高氏,这位极端保守的老妇人立即起用旧派人物司马光和文彦博等。不到一年,所有由王安石苦心建置起来的新法,便被全部明令罢除了。这种做法大大地伤害了王安石的心。哲宗元祐元年(1086)四月,这位六十六岁的爱国政治家终于遗憾地离别了人世!

王安石一生是为着自己的政治理想而战斗着的。他的思想行为虽然主要是从封建王朝的整体利益出发,但其实际效果却是推动历史前进的。文学是他整个事业的一个重要组成部分,和他的政治活动密切地关联着。

王安石的文学主张　和许多古代著名的作家一样,王安石从来不甘心把自己算作一位文人,而首先要将自己放入企图并且能够为国家人民服务的政治人物的行列。他是经曾巩介绍而博得欧阳修的赏识和举荐的。嘉祐元年(1056),欧阳修在《再论水灾状》中向皇上推称他"学问文章,知名当世"。当他第一次去拜访这位老前辈时,欧阳修倒屣出迎,对他的文才极为称赞,《赠王介甫》诗中说:"翰林风月三千首,吏部文章二百年。老去自怜心尚在,后来谁与子争先?"欧阳修是把王安石比作自己平生最敬佩的文学家李白和韩愈的。但王安石在《奉酬永叔见寄》诗中回答说:"欲传道义心犹在,强学文章力已穷。他日若能窥孟子,终身安敢望韩公!"①这一则逸事正可以说明:王安石并不以自己的文学成就为满足,而是希望追踪孟子,以仁义之道,造福国家和人民。

因此,王安石对文学的见解,也偏于重道崇经。他认为:"文贯乎道"(《上邵学士书》),"治教政令,圣人之所谓文也"(《与祖择之书》)。所以文

---

① 据《南齐书·谢朓传》,朓曾为吏部郎,长五言诗。沈约常云:"二百年来无此诗也。"因此有人认为,欧诗"吏部文章二百年"是以王安石比谢朓。但韩愈以文章知名,曾为吏部侍郎,为欧阳修所尊敬,由韩到王,时间亦在二百年左右,故欧阳修认为王安石的文章得韩愈之传,而王安石则不愿和不敢接受这种赞美,也是可能的。在这里,我们按照王安石对欧诗的理解来说明这个问题。

章应当“详评政体，缘饰治道，以古今参之，以经术断之”（《张刑部诗序》）。他强调文学的实际功能，要求文学为变法革新服务，在推行新法时，就毅然改革了科举考试的内容；罢诗赋而改试经义。他还反对“章句声病，苟尚文辞”的形式主义作风，曾经对西昆体作出批判说：“杨、刘以其文词染当世，学者迷其端原，靡靡然穷日力以摹之，粉墨青朱，颠错丛庞，无文章黼黻之序，其属情借事，不可考据也。”（《张刑部诗序》）但他并不是像道学家那样，完全否定文学的抒情价值，也不要求把文学当作宣传道统的工具，而只是要求文学创作应当注意联系国计民生、安危治乱的实际，以期“有补于世”。在《上人书》中，他对此作了透辟的阐述：

> 且所谓文者，务为有补于世而已矣。所谓辞者，犹器之有刻镂绘画也。诚使巧且华，不必适用；诚使适用，亦不必巧且华。要之以适用为本，以刻镂绘画为之容而已。不适用，非所以为器也；不为之容，其亦若是乎，否也。然容亦未可已也，勿先之，其可也。

这就中肯地论述了内容与形式的主次关系，即认为内容重于形式，但并不否认应当讲求形式；肯定艺术技巧必须服从思想内容，同时又不能只注意思想内容。这种文学主张，对于进一步推动诗文革新运动是起了良好的作用的。

基于这样的认识，王安石对于在其以前的古典作家就特别重视孟轲、杜甫，也尊敬同时代的前辈欧阳修和梅尧臣，而不喜欢李白的诗。他曾编了一部《四家诗选》，所列次序是杜甫、欧阳修、韩愈、李白。他认为韩愈特别注重讲求文辞是“力去陈言夸末俗，可怜无补费精神”（《韩子》）。而对于浪漫主义诗人李白则认为“词语迅快，无疏脱处，然其识污下，诗词十句九句言妇人酒耳”（见释惠洪《冷斋夜话》卷五）。这种对文学的思想意义看得过于狭隘，对其审美价值认识不足的过激之谈，正证明了他对政治性的高度重视。

王安石是一个刚强得几乎显得有些执拗，同时又是具有十分真率的性格的人。他的创作态度是严肃认真的，当有人不了解他的写作意图而要他对自己的作品做一些修改的时候,他就断然地拒绝说:“鄙文自有意义,不可改也。”(《答钱公辅学士书》)他一生执着而热烈地追求政治理想的实现,在部分地实现以后,又由于当时政局的复杂,受到阻扼而不能贯彻到底,终于被迫离开了政治舞台;而在在世的最后一年中,他更伤痛地、无可奈何地看到亲手艰难缔造起来的事业的全部毁灭。他的个性,他的希望,他的追求,他的愉快和哀伤,都丰富而鲜明地反映在他的创作里。

王安石的散文 《宋史》中的《王安石传》是一篇极不公正的作品,多半是从当时保守派带有偏见的著述中取材,充满了对这位杰出人物的歪曲和诬蔑。但在评论到王安石的文学成就时,仍然不能不承认:“安石少好读书,一过目,终身不忘。其属文动笔如飞,初若不经意,既成,见者皆服其精妙。”虽然只有简略的几句,却证明了王安石是才高学博的,即使敌视他的人也无法掩盖其卓越的成就。他自己在《答曾子固书》中说:“某自百家诸子之书,至于《难经》、《素问》、《本草》、诸小说,无所不读;农夫女工,无所不问。”可见他的书本知识和社会实践都很丰富。他了解民情,善于观察和分析,这都有利于他的文学创作。

王安石写的散文,数量丰富。在新古文运动中,他是直接继承欧阳修的大家。他的政论文具有独创的见解和细密的论证。如《上仁宗皇帝言事书》、《本朝百年无事札子》等,逻辑谨严,笔力雄伟,最能反映出他先进的政见和政论文的卓越成就。另外一些书札、短论和记叙文,则更富于情韵,可以见出作者的性格、内心世界和艺术特征。如《伤仲永》:

> 金溪民方仲永,世隶耕。仲永生五年,未尝识书具,忽啼求之。父异焉,借旁近与之。即书诗四句,并自为其名。其诗以养父母、收族为意,传一乡秀才观之。自是,指物作诗,立就,其文理皆有可观者。邑人奇之,稍稍宾客其父,或以钱币乞之。父利其然也,日扳仲永环谒于邑人,不使学。
>
> 余闻之也久。明道中,从先人还家,于舅家见之,十二三矣。令作诗,不能称前时之闻。又七年,还自扬州,复到舅家问焉,曰:“泯然众人矣!”

> 王子曰："仲永之通悟，受之天也。其受之天也，贤于材人远矣，卒之为众人，则其受于人者不至也。彼其受之天也，如此其贤也，不受之人，且为众人；今夫不受之天，又不受之人，得为众人而已耶？"

本文写于庆历三年(1043)，是作者青年时期的作品。文章记载了一个天才儿童被庸俗的社会所毁灭的经过，而推论到人的知识不是天生不变的，需要不断地学习和更新，否则必将退步。它从侧面接触一些比较重要的问题，并以诗人抒情的笔调来表示自己对于这些问题的深刻感受。这是王安石某些短文特别引人入胜之点，这在《读孟尝君传》、《书刺客传后》等杂感式的史论中也同样可以看出：

> 世皆称孟尝君能得士，士以故归之，而卒赖其力，以脱于虎豹之秦。嗟乎！孟尝君特鸡鸣狗盗之雄耳，岂足以言得士？不然，擅齐之强，得一士焉，宜可以南面而制秦，尚何取鸡鸣狗盗之力哉？夫鸡鸣狗盗之出其门，此士之所以不至也。
>
> ——《读〈孟尝君传〉》

作者在这里显然没有全面分析和评价战国时代的养士风气的企图，而只是对历来统治者并不能真正认识和提拔人才，因而也不能使国家富强、人民安乐这一历史现象表示慨叹。这种慨叹，事实上也就流露了王安石有为祖国服务的愿望，同时又不肯以同流合污的方式来取得进身之阶的这种内心矛盾。在这篇短文中，作者在政治上一贯保持着的难进易退的作风和一向具备着的福国利民的抱负，得到了和谐的统一与鲜明的反映。

王安石在推行新法中间，要负担起许多艰巨的工作，其中之一就是要在理论上击败自己的政敌。在这方面，他留下了不少的战绩。如司马光本来是他的好友，但因政见不合，曾于熙宁二年(1070)连续写信给他，肆意诋毁和攻击新法，王安石在《答司马谏议书》中，严正地驳斥了这位保守派的领袖，理直气壮地表明了推行新法的决心：

某启：昨日蒙教，窃以为与君实游处相好之日久，而议事每不合，所操之术多异故也。虽欲强聒，终必不蒙见察，故略上报，不复一一自辨。重念蒙君实视遇厚，于反覆不宜卤莽，故今具道所以，冀君实或见恕也。

盖儒者所争，尤在于名实。名实已明，而天下之理得矣。今君实所以见教者，以为侵官、生事、征利、拒谏，以致天下怨谤也。某则以谓：受命于人主，议法度而修之于朝廷，以授之于有司，不为侵官；举先王之政，以兴利除弊，不为生事；为天下理财，不为征利；辟邪说，难壬人，不为拒谏。至于怨谤之多，则固前知其如此也。人习于苟且非一日，士大夫多以不恤国事，同俗自媚于众为善。上乃欲变此，而某不量敌之众寡，欲出力助上以抗之，则众何为而不汹汹然！盘庚之迁，胥怨者民也，非特朝廷士大夫而已。盘庚不为怨者故改其度；度义而后动，是而不见可悔故也。

如君实责我以在位久，未能助上大有为以膏泽斯民，则某知罪矣。如曰今日当一切不事事，守前所为而已，则非某之所敢知。

无由会晤，不任区区向往之至。

本文首先说明对于司马光第一次长达三千多字的来信没有答复的原因，是由于彼此“所操之术多异”，即彼此对问题的看法和做法有很大的不同。接着将司马光第一、二次来信中所提出的主要问题，分为侵官、生事、征利、拒谏、招怨等五点，逐条加以简明扼要的驳斥。最后指出司马光等和自己之间的根本区别，就在于对方主张“一切不事事”，维持现状，而自己则刚刚相反，是“度义而后动，是而不见可悔”。由于作者体察到和这样一位政敌进行争辩，绝非枝节问题，所以不能不将讨论集中到根本原则方面，而将司马光提出的非关键性的质问一概置之不复。所以这封书信在命意遣辞上十分精练，具有高度的概括性。刘熙载在《艺概》卷一中认为王安石的文章“取法孟、韩”，“兼似荀、扬”，“是能以品格胜者”，并进一步指出：“半山文善用揭过法，只下一二语，便可扫却他人数大段，是何简贵！”《答司马谏议书》正突出地表现了这些特点。

总之，王安石的散文是以议论说理见长的。作为一个杰出的政治家，他对社会现象往往具有深刻的观察和高超的见解。这不独表现在他的政治措施上，也表现在他的文学创作上。不独表现在政治性的作品中，也表现在叙述性的乃至于抒情性的作品中，如《游褒禅山记》，寓议论于叙述之中，借记游来说理，是文章中的创格。在这位作家的散文中，我们很少看到他将心力用在人物形象的塑造和自然景物的描绘方面，但却时时会接触到精警的、说服力很强的议论。在这些议论里，他显示了自己刚强不屈、热情救世的精神面貌。和这种内在的特性相适应，王文的语言是简练的，风格是峭刻的，笔力是雄健的。近代政论家如梁启超、严复诸人，都受了他较深的影响。

王安石的诗歌　王安石的诗歌创作，具有和他的散文相同的长于议论的特点，但其所反映的社会生活和诗人的内心世界更为丰富，更为形象，成就超过了他的散文。同时，在漫长的创作道路上，王安石诗风的变迁轨迹也较为明显，正如叶梦得在《石林诗话》卷中所指出的：

> 王荆公少以意气自许，故诗语惟其所向，不复更为涵蓄。如“天下苍生待霖雨，不知龙向此中蟠”，又“浓绿万枝红一点，动人春色不须多”，“平治险秽非无力，润泽焦枯是有材”之类，皆直道其胸中事。后为群牧判官，从宋次道尽假唐人诗集，博观而约取。晚年始尽深婉不迫之趣。

根据这一说法，王安石的诗作，从艺术风格上来看，可以分为三个时期：三十六岁在京中任群牧司判官之前是前期，其诗尚意气，少含蓄；从三十六岁〔嘉祐元年(1056)〕到五十六岁〔熙宁九年(1076)〕的二十年间是中期，他任群牧判官和三司判官时，曾借读宋敏求(次道)家藏的多种唐人诗集，于嘉祐五年(1060)编成《唐百家诗选》，从中汲取了文学创作的营养，在艺术上渐趋成熟，形成了自己雄直峭劲而又壮丽超逸的独特风貌；五十六岁罢相退居江宁的十年是晚期，诗风转为深婉华妙。

现存一千五百三十一首王诗，前期以政治诗为主。由于他青年时代宦游大江南北，长期担任地方官，接触面甚广，所以他能采用乐府传统，写出不少揭露时弊的诗作，对社会矛盾和民族危机都毫不隐晦地直书其事，大声疾呼，辞意激烈，成为他力主变法革新的一种舆论。例如他二十六岁时写的《河北民》：

河北民，生长二边长苦辛。家家养子学耕织，输与官家事夷狄。今年大旱千里赤，州县仍催给河役。老小相携来就南，南人丰年自无食。悲愁天地白日昏，路旁过者无颜色。汝生不及贞观中，斗粟数钱无兵戎。

这诗揭示了宋朝和辽、夏交界地区广大人民的悲惨境遇，反映了百姓们遭受着阶级剥削和民族压迫的双重苦难，诗的最后两句则表达了作者的政治理想，希望能有国富民强的太平盛世。嘉祐五年(1060)他四十岁时，曾奉命伴送契丹的使者到北部边疆，沿途写了《塞翁行》、《白沟行》、《出塞》、《入塞》等篇。这些诗篇谴责了统治阶级对外屈辱求和所带来的严重后果，描写了边塞人民盼望祖国统一的迫切心情，如《出塞》：

荒云凉雨水悠悠，鞍马东西鼓吹休。尚有燕人数行泪，回身却望塞南流。

在鄞县和舒州时，王安石曾深入社会下层，了解民间的生活疾苦，写出了《收盐》和《感事》、《兼并》、《发廪》等批判贪官污吏的诗篇，对当时社会生活中一些重大问题正面地表述了他的看法：

贱子昔在野，心哀此黔首。丰年不饱食，立旱尚何有！虽无剽盗起，万一且不久。特愁吏之为，十室灾八九。原田败粟麦，欲诉嗟无赇。间关幸见省，笞扑随其后。况是交冬春，老弱就僵仆。州家闭仓庾，县吏鞭租负。乡邻铢两征，坐逮空南亩。取赀官一毫，奸桀已云富。彼昏方怡然，自谓民父母。朅来佐荒郡，懔懔常惭疚。昔之心所哀，今也执其咎。乘田圣所勉，况乃余之陋。内讼敢不勤，同忧在僚友。

——《感事》

吏役沧海上，瞻山一停舟。怪此秃谁使，乡人语其由：一狙山上鸣，一狙从之游，相匹乃生子，子众孙还稠。山中草木盛，根实始易求。攀挽上极高，屈曲亦寻幽。众狙各丰肥，山乃尽侵牟。拥争取一饱，岂暇议藏收。大狙尚自苦，小狙亦已愁，稍稍受咋啮，一毛不得留。狙虽巧过人，不善操锄耰，所嗜在果谷，得之常以偷。嗟此海中山，四顾无所投，生生未云已，岁晚将安谋！

——《秃山》

这两首诗都是作者前期的作品，表现方式虽各有不同，但对国家大事的关心和注意是一致的。《感事》对受到残酷压榨的贫苦农民表示了深切的同情，揭示了社会生产力遭到严重破坏的现实。至于《秃山》一篇，继承了晚周诸子所惯用的寓言体，将“天下生齿日众，吏为贪牟，公家无储积，而上未尽教养之方”（见李壁《王荆文公诗笺注》卷十九《秃山》诗注）等种种弊端，作了犀利的批判，作者将只知消费不知生产，只知肥己不知利国的地主官僚比成一群猿猴，对他们进行了辛辣的讽刺。这对于当时矛盾日益尖锐的社会形势来说，不啻是一个严重的警告。王安石写作的这类作品是很多的，所起的战斗作用也是显著的。如《兼并》一首，艺术性并不算高，但却引起了反对派很大的嫉恨。在苏辙晚年写的《诗病五事》中，就为此对王安石大肆攻击。苏辙说：“王介甫，小丈夫也，不忍贫民而深疾富民，志欲破富民以惠贫民，不知其不可也。方其未得志也，为《兼并》之诗；及其得志，专以此为事。”“至于今日，民遂大病。源其祸出于此诗。盖昔之诗病未有若此之酷者也。”（见《栾城三集》卷八，又李壁《王荆文公诗笺注》卷六《兼并》诗注）这一来自反面的意见，恰好证明了新法对于裁抑豪强是大有效果的，也证明了这些诗篇是王安石整个变法事业的一部分。

王安石中期的诗有着更为广阔的题材和主题。他这时正向自己的理想事业突进，经过艰难曲折的道路，获得了推行新法的机会。随着政治事业的变化与文学修养的增进，除了政治诗以外，还有咏史吊古、述怀感旧和酬答赠别等各种题材的作品。在艺术风格方面，有着明显的开拓。

王安石在嘉祐六年(1061)以后知制诰时，屡次奉派担任进士考试的阅卷官。在隋唐时代曾经起过进步作用的科举制度，由于以诗赋取士，到了北宋已无法满足朝廷选拔人才的客观需要。王安石虽然也是由此出身的，可是自来就反对这样一种已经过时的制度。现在，朝廷偏偏要他来担任自己抱有反感的工作，怎么能不引起他沉痛的回忆和改革的思考呢？

少年操笔坐中庭，子墨文章颇自轻。圣世选才终用赋，白头来此试诸生。

——《试院中作》

童子常夸作赋工，暮年羞悔有扬雄。当时赐帛倡优等，今日论才将相中。细甚客卿因笔墨，卑于《尔雅》注鱼虫。汉家故事真当改，新咏知君胜弱翁。

——《详定试卷》二首之二

这些诗表达了一个走过了错路的人在注视着许多人又走着同样的错路，可又无法纠正的情况下产生的愤慨。不合理的科举制度曾经使得无数优秀人物的青春消磨于无用之地，他不能对此无动于衷，因此在执政以后，立即进行改革。他废止了考诗赋，而改用经义，以发表政治见解的时务策论作为考试的主要内容。这一改革，主要是为了选拔一些通经致用的人才，为变法服务。这两首诗说明，他的这些观点早已在自己思想中酝酿着了。它们是政论与诗的结合，虽以议论行之，但其中浮现着一系列的历史形象，显得感慨深至。在文学史上，对于并不能真正选拔为国家服务的人才的科举制度，王安石是其最早的抗议者和批判者之一。

王安石还写了不少咏史怀古的诗，大都寄托了他的政治理想和独特见解，这是他作品中可与其政治观点相发明的另外一个重要方面。在一篇题为《读史》的七律中，诗人说："当时黮暗犹承误，末俗纷纭更乱真。糟粕所传非粹美，丹青难写是精神。"正因为过去的一些记载和评论往往是这样的诬罔，所以诗人不得不发表一些富有独创性的精辟论断来加以纠正。他这些对于社会人生的见解和独特的个性，也就在他咏叹漫长历史中许多激动人心的往事的诗篇中透露了出来，如《桃源行》：

> 望夷宫中鹿为马，秦人半死长城下。避时不独商山翁，亦有桃源种桃者。此来种桃经几春，采花食实枝为薪。儿孙生长与世隔，虽有父子无君臣。渔郎漾舟迷远近，花间相见因相问。世上那知古有秦，山中岂料今为晋。闻道长安吹战尘，春风回首一沾巾。重华一去宁复得？天下纷纷经几秦！

唐代诗人写这个题材的作品很多，有的人故神其说，把桃花源当成了仙境，如王维在《桃源行》中说："初因避地去人间，及至成仙遂不还。"有的人又不必要地对成仙说加以驳斥，如韩愈在同题诗中所说："神仙有无何渺茫，桃源之说诚荒唐。"这些作品虽各有用意和成就，但都和陶渊明的原作在思想上存在着较大的距离。只有王安石这一篇却丰富了陶诗的内容，将原作"秋熟靡王税"的理想更进一步发展为"虽有父子无君臣"，指出人民所向往的，乃是一个保有家庭纯朴关系而无封建等级制度的世界。在这首诗中，作者抒发了自己的崇高的政治感情和美好的社会理想。

再看他的《杜甫画像》：

> 吾观少陵诗，为与元气侔，力能排天斡九地，壮颜毅色不可求。浩荡八极中，生物岂不稠？丑妍巨细千万殊，竟莫见以何雕锼。惜哉命之穷，颠倒不见收，青衫老更斥，饿走半九州。瘦妻僵前子仆后，攘攘盗贼森戈矛。吟哦当此时，不废朝廷忧，常愿天子圣，大臣各伊周。宁令吾庐独破受冻死，不忍四海赤子寒飕飗。伤屯悼屈止一身，嗟时之人我所羞，所以见公象，再拜涕泗流，惟公之心古亦少，愿起公死从之游。

这是一篇诗体的杜甫评传,也是一篇如实的赞歌。杜甫的创作成就、政治抱负和不幸命运,及其对后代的影响,都在这篇赞歌中得到了完整的描写。从唐代以来,许多人对杜甫的评价常常局限于他的艺术技巧的高不可攀,或者片面地强调他忠君的一面。但王安石却从杜诗的政治内容出发,指出了杜甫和广大人民血肉相连这个事实,从而抉发了杜甫之所以获得巨大成就的根本原因。这首诗也体现了作者对这位伟大先辈的无限敬爱。

在论及王安石这一类作品时,我们决不会忘记他作于嘉祐四年(1059)的《明妃曲》二首:

明妃初出汉宫时,泪湿春风鬓脚垂。低徊顾影无颜色,尚得君王不自持。归来却怪丹青手,入眼平生几曾有?意态由来画不成,当时枉杀毛延寿。一去心知更不归,可怜着尽汉宫衣。寄声欲问塞南事,只有年年鸿雁飞。家人万里传消息:“好在毡城莫相忆。君不见,咫尺长门闭阿娇,人生失意无南北。”

——其一

明妃初嫁与胡儿,毡车百两皆胡姬。含情欲说独无处,传语琵琶心自知。黄金杆拨春风手,弹看飞鸿劝胡酒。汉宫侍女暗垂泪,沙上行人却回首:“汉恩自浅胡自深,人生乐在相知心。”可怜青冢已芜没,尚有哀弦留至今。

——其二

这是传诵一时的名篇,当时欧阳修、司马光、刘敞、曾巩等都纷纷写了和诗。在这两首诗中,王安石以非常优美的笔触勾画出了绝代佳人王昭君的形象,描写了她的不幸命运和去国怀乡的深厚感情。此外,诗人也写了给昭君送行的君王、远道寄信的家人和途中偶然遇见的沙上行人。昏庸的君王杀了画工,自然无助于挽回王昭君的悲剧,但诗人在这里却巧妙地翻了一下案,说昭君生得太美了,原是画也画不成的,所以毛延寿未免死得冤枉。这样，就不仅写了汉元帝的糊涂，并对昭君的美貌作了极其出色的刻画。家人希望王昭君回来，但既然绝无可能，就只好借陈皇后后来失宠于汉武帝的事情来对她进行宽解：远嫁胡中固然是失意，留在汉朝又怎见得不失意呢？那么，还是勉强地过下去吧！至于那位听到琵琶声而回头的沙上行人，虽然诗中没有说明他是什么人，但在句法上，沙上行人是和汉宫侍女相对的，而且他又公然以胡恩深而汉恩浅的道理劝说昭君，显见得是个胡人。那种话听来虽然很刺耳，但既然出于胡人之口，就没有什么可怪的了。当然，这样一些人的出现，只是为更突出地刻画王昭君的命运和感情。所以尽管家人说了"人生失意无南北"那样不近情理的话，沙上行人又以"汉恩自浅胡自深"的理由来进行挑拨，然而昭君仍然弹着饱含幽怨的琵琶曲，在"着尽汉宫衣"之后，凄然地死去。即使后来连青冢都芜没了，可是幽怨的琵琶声却还流传了下来，不断地打动着人们的心弦。总之，诗篇用意在痛惜这一古代美女的遭遇，珍重和同情她怀念祖国的心情和志向。这完全是无可怀疑的。

然而，像这样好得出奇的诗却被某些人所误解，甚至被用作对王安石进行人身攻击的炮弹。他们将"人生失意无南北"和"汉恩自浅胡自深"等句鲁莽地或者故意地算作诗人自己的意见，从而作出了错误的评判。如范冲曾经对高宗皇帝说："诗人多作《明妃曲》，以失身胡虏为无穷之恨，读之者至于悲怆感伤。安石为《明妃曲》则曰：'汉恩自浅胡自深，人生乐在相知心。'然则刘豫不是罪过，汉恩浅而虏恩深也。今之背君父之恩，投拜而为盗贼者，皆合于安石之意，此所谓坏天下人心术。孟子曰：'无父无君，是禽兽也。'以胡虏有恩，而遂忘君父，非禽兽而何？"（见李壁《王荆文公诗笺注》卷六《明妃曲》诗注）这种断章取义不顾全局的曲解，诚然是偏见和无知，但给王安石诗作注的李壁在引述了这段材料后，竟不加辨驳，反认为这是"诗人务一时新奇，求出前人所未道，而不知其言之失"。可见这种误会还带有普遍性，所以这里有附带加以辨证的必要（以上参考朱自清《王安石〈明妃曲〉》，载其《古典文学论文集》下册）。

王安石歌咏历史人物的好诗，还见于他的一些七言绝句里。他也能以尺幅千里的手法，从不同的角度写出对某些史实和人物的新的看法，借以抒发自己的政治感情。如《孟子》、《商鞅》、《苏秦》、《范雎》、《张良》、《范增》、《韩信》、《贾生》、《汉武》、《谢安》等。

沉魄浮魂不可招，遗编一读想风标。何妨举世嫌迂阔，故有斯人慰寂寥。

——《孟子》

一时谋议略施行，谁道君王薄贾生？爵位自高言尽废，古来何啻万公卿。

——《贾生》

这些诗在内容上的主要特点，是对众所周知的人和事表示了与众不同的意见，从而表达了自己的政治抱负和批判精神。晚唐诗人如李商隐等，曾经为这种咏史绝句在内容和形式上开辟了道路，而王安石则进一步发展了这种形式。

王安石晚年退居江宁后，流连山水，咏诗学佛，平静的生活和心境使作品的内容与风格也起了变化。大量的写景诗和禅理诗代替了前此的政治诗。他倾注全部精力讲究艺术技巧，在语言运用上更精湛圆熟了。黄庭坚说："荆公暮年作小诗，雅丽精绝，脱去流俗，每讽味之，便觉沆瀣生牙颊间。"（见胡仔《苕溪渔隐丛话》前集卷三十五）叶梦得也说："王荆公晚年，诗律尤精严，造语用字，间不容发，然意与言会，言随意遣，浑然天成，殆不见有牵率排比处。"（见《石林诗话》卷上）这时期王安石的作品多律诗和绝句，写得精深华妙，突过前人。

雪干云净见遥岑，南陌芳菲复可寻。换得千颦为一笑，春风吹柳万黄金。

——《雪干》

水际柴门一半开，小桥分路入青苔。背人照影无穷柳，隔屋吹香并是梅。

——《金陵即事》三首之一

北山输绿涨横陂，直堑回塘滟滟时。细数落花因坐久，缓寻芳草得归迟。

——《北山》

茅檐长扫静无苔，花木成畦手自栽。一水护田将绿绕，两山排闼送青来。

——《书湖阴先生壁》二首之一

月映林塘淡，风含笑语凉。俯窥怜绿净，小立伫幽香。携幼寻新药，扶衰坐野航。延缘久未已，岁晚惜流光。

——《岁晚》

诗人对于生活的热爱，对于大自然优美景物的深切感受，以及晚年在艺术技巧上的精进，都明显地表现在这些诗篇中。但我们知道，作为政治家的王安石，并不是一个甘心投闲置散的人，他生命中最后十年的退隐生活是在不得已的情况下造成的。因此，他一方面是遣情世外，写出了一些工巧绝伦的景物诗；而另一方面，他的悲壮的、不甘寂寞的内心，也还时时在跃动，创作了一些寓悲壮于闲谈之中的作品：

一陂春水绕花身，身影妖娆各占春；纵被东风吹作雪，绝胜南陌碾成尘。

——《北陂杏花》

楚天如梦水悠悠，花底残红漫不收。独绕去年挥泪处，还将牢落对沧洲。

——《楚天》

禅房借枕得重欹，陈迹翛然尚有诗。嗟我与公皆老矣，拂天松柏见栽时！

——《示永庆寺秀老》

《北陂杏花》的后两句，事实上就是王安石自己的生活信条，《楚天》等两篇则对于世事的变迁和自己内心的孤寂作了含蓄的暗示。这说明他虽然归隐林泉，但并没有忘记世事。这些作品托物寄兴，流露了变法斗争失败后思想上的矛盾和苦闷。

王安石的绝句诗具有观察细致、修辞巧妙、意境清新的特点。曾季狸《艇斋诗话》认为“荆公绝句妙天下”，并说：“绝句之妙，唐则杜牧之，本朝则荆公，此二人而已。”张邦基《墨庄漫录》卷六说：“七言绝句，唐人之作往往皆妙，顷时王荆公多喜为之，极为清婉，无以加焉。”所以他的绝句小诗成了后人学习的榜样。

如前所述，王诗在艺术风格上是有特色的，所以严羽在《沧浪诗话·诗体》中列有王荆公体。他喜欢造硬语、押险韵，喜欢改窜古人诗句以为己有①，好用典故，讲究对仗，有时不免伤巧，都已开江西派的先声。同时，某些作品，特别是他的早年作品中，存在着议论过多的缺点。但通过议论来揭示自己的精神面貌，并在抒情诗中将精警的议论和生动的形象巧妙地融合为有机体，终究是这位诗人独特的成就。

短命诗人王令　在中国文学史上，王令和王勃、李贺等一样，也是一位短命的天才。在他不幸早逝以后，王安石曾写了《思王逢原》三首来怀念他，其中之一是：

蓬蒿今日想纷披，冢上秋风又一吹。妙质不为平世得，微言唯有故人知。庐山南堕当书案，湓水东来入酒卮。陈迹可怜随手尽，欲欢无复似当时。

---

① 如王作《北山》诗“细数落花因坐久”，出于唐代王维《从岐王过杨氏别业应教》诗“坐久落花多”。清人薛雪《一瓢诗话》评论说：“王荆公好将前人诗窜点字句为己诗，亦有竟胜前人原作者，在荆公则可，吾辈则不可。”

从这种推崇和伤悼中，可以看出王安石对王令的极度重视。王安石和苏轼都是北宋的文学大家，但终身尽瘁于政治事业的王安石，其门下文士是远远不及苏轼之盛的，王令可以说是当时唯一的跟王安石志同道合的诗人。

王令(1032—1059)，字逢原，广陵人。他具有高尚的节操和卓绝的才华，生活贫困却绝意仕途，曾在天长、高邮、江阴等地聚徒讲学以糊口。至和元年(1054)，王安石在舒州通判任上被诏入京，路过高邮时，发现了他这个人才，“期其材可与共功业于天下，因妻以其夫人之女弟”(吴之振《宋诗钞·广陵诗钞序》)。虽然他短命而死，没有如王安石所期望的那样为国家建立功业，但从他遗留的作品来看，其文学成就及其在作品中所体现的崇高思想仍然是引人注目的。

其集现存散文七十多篇，诗歌四百八十多首。他的散文成就不高，创作才能主要表现在诗歌方面。抨击政治腐败，反映民生疾苦是其诗作的基本主题，如“沟中老弱转流尸，夫不容妻母弃儿”(《和洪与权逃民》)，“歉岁糠糟绝，高门犬马肥”(《良农》)，“高堂食饮岂无弃，愿从犬彘求其余”(《饿者行》)等惊心动魄的诗句，都是杜甫“朱门酒肉臭，路有冻死骨”的嗣响，来自社会底层的最强烈的呼号。

王令的诗歌风格雄伟，热情奔放，想像力丰富，带有浪漫主义的色彩。《四库全书总目》卷一百五十三《广陵集》提要评论说：“令才思奇轶，所为诗磅礴奥衍，大率以韩愈为宗，而出入于卢仝、李贺、孟郊之间，虽得年不永，未能锻炼以老其材，或不免纵横太过，而视局促剽窃者流，则固倜倜乎远矣！”他二十三岁时所写的《梦蝗》，最能代表其独特的风格：

> 至和改元之一年，有蝗不知自何来。朝飞蔽天不见日，若以万布筛尘灰；暮行啮地赤千顷，积叠数尺交相埋。树皮竹颠尽剥秸，况又草谷之根荄。一蝗百儿月再孕，渐恐高厚塞九垓。嘉禾美草不敢惜，却恐压地陷入海。万生未死饥饿间，肢骸遂转蛟龙醢。群农聚哭天，血滴地烂皮。苍苍冥冥远复远，天闻不闻未可知。我时为之悲，堕泪注两目，发为疾蝗诗，愤扫百笔秃。一吟青天白日昏，两诵九原万鬼

哭，私心直冀天耳闻，半夜起立三千读。上天未闻间，忽作遇蝗梦。梦蝗千万来我前，口似嗫嚅色似冤，初时吻角犹唧嗾，终遂大论如人然。问我："子何愚，乃有疾我诗，我尔各生不相预，子何诗我盍陈之？"我时愤且惊，噪舌生条枝，谓此腐秽余，敢来为人讥！"尔虽族党多，我谋久已就，方将诉天公，借我巨灵手，尽拔东南竹柏松，屈铁缠缚都为帚，扫尔纳海压以山，使尔万噍同一朽。尚敢托人言，议我诗可否？"群蝗顾我嗟："不谓相望多！我欲为子言，幸子未易呶。我虽身为蝗，心颇通尔人。尔人相召呼，饮啜为主宾。宾饮啜醻百豆爵，主不加诟翻欢欣。此竟果有否，子盍来我陈？"余应之曰："然，此固人间礼。傧介迎以来，饮食固可喜。"蝗曰："子言'然'，余食何愧哉？我岂能自生，人自召我来，啜食借使我过甚，从而加诟尔亦乖。尝闻尔人中，贵贱等第殊。雍雍材能官，雅雅仁义儒，脱剥虎豹皮，假借尧舜趋，齿牙隐针锥，腹肠包虫蛆，开口有福威，颐指转赏诛。四海应呼吸，千里随卷舒。割剥赤子身，饮血肥皮肤，噬啖善人党，嚼口不肯吐。连床列笙竽，别屋闲嫔姝。一身万椽家，一口千仓储。儿童袭公卿，奴婢连簪裾。犬豢羡膏粱，马厩余绣涂。其次尔人间，兵倡释老徒，子不父而父，妻不夫而夫，臣不君尔事，民不家尔居。目不识牛桑，手不亲犁锄，平时不把兵，皮革包矛殳。开口坐待食，万廪倾所须，家世不藏机，绣绘锦衣襦，高堂倾美酒，脔肉脍百鱼，良材琢梓楠，重屋擎空虚。贫者无室庐，父子一席居。贱者饿无食，妻子相对吁。贵贱虽云异，其类同一初，此固人食人，尔责反舍且？我类蝗自名，所食况有余，吴饥可食越，齐饥食鲁邾。吾害尚可逃，尔害死不除，而作疾我诗，子言得无迂？"

无论从内容或形式上考察，这篇寓言诗都够得上称为奇作。它不仅深刻而大胆地揭露了当时的社会情况，而且接触到了阶级社会中最根本的人剥削人、人压迫人的问题。作者非常巧妙地借蝗虫的申辩对人世间一切不平等、不公正的客观存在作出了无情的批判，对封建统治阶级以及在其包庇之下的寄生虫和吸血鬼进行了有力的鞭挞。王令用主宾问答的手法来深化主题。蝗虫的言论表明，它对于人类诚然有害，但比起原来就存在于人类中间的种种祸害，却实在微不足道；而且由于人类中间的剥削、压迫是在仁义道德的假面具掩盖之下进行的，所以绝不比蝗虫更高尚些，反之，却是更卑劣更丑恶的。这种对社会生活的深刻理解、创造性的表现手法和奇倔可喜的风格，更突出了全诗的战斗性。

再如《暑旱苦热》：

> 清风无力屠得热，落日着翅飞上山。人固已惧江海竭，天岂不惜河汉干？昆仑之高有积雪，蓬莱之远常遗寒。不能手提天下往，何忍身去游其间！

这是一种非常可贵的与人民同忧乐的思想。诗人指出：昆仑、蓬莱尽管是神仙世界，但如果不能使天下人都脱离火坑，那么，个人又怎能忍心去独自享受呢？《后村诗话前集》卷二说它"骨气老苍，识度高远"，是正确的评价。

王令的近体律绝诗也具有开阔而雄伟的特色：

> 气吞风雅妙无伦，碌碌当年不见珍。自是古贤因发愤，非关诗道可穷人。镌镵物象三千首，照耀乾坤四百春。寂寞有名身后事，惟余孤冢耒江滨。
>
> ——《读老杜诗集》

> 来时群雁去相随，病眼看天远不知。为有客愁归未得，独凭斜日望多时。迟迟南国无春雪，去去东风满柳枝。蝴蝶黄莺有期约，好加归翥莫令迟。
>
> ——《送雁》

> 可嗟落日去悠然，便有群星出见天。夜月自明人自爱，不妨人亦闭门眠。
>
> ——《夜月》

此外还有一些体现奇思妙想的名句，如“关塞风高夜，江湖木落秋”（《雁》），“九原黄土英灵活，万古青天霹雳飞”（《寄满子权》），都是脍炙人口的。

第四节　曾巩的诗文

曾巩的文学活动　曾巩是欧阳修的得意门生，又是王安石的密友。欧阳修在滁州时，他曾专程去拜谒，把王安石的作品推荐给欧阳修评阅，安石从此得以扬名士林。

曾巩（1019—1083），字子固，南丰（在今江西省）人，出身于仕宦之家，祖致尧，官至户部郎中，赠谏议大夫，父易占，任太常博士。他十八岁入京赴试，虽然没有考中，但却结识了王安石。当时安石只十六岁，正随父益出游汴京，曾巩在《寄王介甫》诗中说：“忆昨走京尘，衡门始相识，疏帘挂秋日，客庖留共食。”回忆了他俩因同乡之谊而订交的情况。庆历元年（1041），曾巩在太学肄业，由于博学能文，得到欧阳修的赏识，当他离京南归时，欧阳修还写了赠别的文章《送曾巩秀才序》。庆历三年，王安石回江西临川后，特地去看望他，有《同学一首别子固》，称赞他的品德学行，表示了要互相勉励的意思。庆历四年，范仲淹和欧阳修等推行新政，他有《上欧阳舍人书》，陈述改革弊政的意见，并举荐王安石。欧阳修被贬为滁州知州后，他在庆历六年夏到滁州从欧阳修学古文，并把王安石的作品也带了去请欧阳修指教。其后他写信告诉在京任大理评事的王安石说：“欧公悉见足下之文，爱叹诵写，不胜其勤。”“欧公更欲足下少开廓其文，勿用造语及模拟前人，请相度示及。欧云：‘孟、韩文虽高，不必似之也，取其自然耳’。”（《与王介甫第一书》）欧阳修是当时的文学大师、古文运动的领袖，王安石得到这番指点，从此文才大进。曾巩在滁州的时候，虚心向欧阳修学习，讨论文事，同游共赏，作有唱酬诗《奉和滁州九咏》等。当时适逢欧阳修创作《醉翁亭记》和《丰乐亭记》，他也学着写了一篇《醒心亭记》。原来，欧阳修在丰山北麓的幽谷建造丰乐亭后，又在其东侧构筑了一座醒心亭，并命他作记。因为他二十天后即北上进京去了，直到第二年才写好这篇文章。《醒心亭记》的全文如下：

滁州之西南，泉水之涯，欧阳公作州之二年，构亭曰丰乐，自为记，以见其名之意。既又直丰乐之东几百步，得山之高，构亭曰醒心，使巩记之。

凡公与州之宾客者游焉，则必即丰乐以饮。或醉且劳矣，则必即醒心而望。以见夫群山之相环，云烟之相滋，旷野之无穷，草树众而泉石嘉；使目新乎其所睹，耳新乎其所闻，则其心洒然而醒，更欲久而忘归也。故即其所以然而为名，取韩子退之《北湖》之诗云（韩愈《北湖》："应留醒心处，准拟醉时来。"载《昌黎先生集》卷九）。噫，其可谓善取乐于山泉之间，而名之以见其实，又善者矣！

虽然，公之乐吾能言之。吾君优游而无为于上，吾民给足而无憾于下，天下学者皆为才且良，夷狄、鸟兽、草木之生者皆得其宜，公乐也。一山之隅，一泉之旁，岂公乐哉？乃公所以寄意于此也。若公之贤，韩子殁数百年而始有之。今同游之宾客，尚未知公之难遇也。后百千年，有慕公之为人而览公之迹，思欲见之有不可及之叹，然后知公之难遇也。则凡同游于此者，其可不喜且幸欤！而巩也，又得以文词托名于公文之次，其又不喜且幸欤！

庆历七年八月十五日记。

这篇文章深刻地指出，欧阳修与民同乐的思想并非局限于山泉之间，而是蕴涵着更为远大的政治抱负。醉翁并没有醉，随时随地都保持着清醒的头脑，"醒心而望"关心国家。这就生动地托出了欧阳修"醉能同其乐，醒能述以文"的贤人形象。

嘉祐二年（1057），欧阳修奉诏主持礼部贡举，曾巩和苏轼兄弟参加了考试，中了同榜进士。当时他已三十九岁，被任命为太平州司法参军，次年到任，特地去当涂县青山的李白墓地凭吊，写有《谒李白墓》七律一首，对这位唐代的伟大诗人表示了无限崇敬的感情。嘉祐五年（1060），欧阳修举荐他到史馆，任集贤院校理，历九年之久。先后校理了《说苑》、《列女传》、《战国策》、《梁书》、《陈书》、《南齐书》、《中论》、《李太白诗集》等古籍。神宗熙宁元年（1068），陈师道入京拜他为师。次年，他出任越州通判，苏轼赠诗送行云:“醉翁门下士,杂遝难为贤。曾子独超轶,孤芳陋群妍。”(《送曾子固倅越得燕字》)对他备极推崇。熙宁五年以后,又历任齐州、襄州、洪州、福州、明州、亳州、沧州等地的知州,所至注意救灾治疫,政绩卓著。元丰五年(1082),拜中书舍人,卒年六十五岁。著作现存《南丰先生元丰类稿》五十卷,有诗四百零五首,文一千一百十一篇①。

曾巩的诗歌 陈师道是曾巩的学生,但其《后山诗话》却载“世语云曾子固短于韵语”之说,彭几甚至“恨曾子固不能作诗”②。这种片面的说法引起了论者的不平,如刘克庄、方回和王士祯、方东树等都曾经力辨其谬。方回《瀛奎律髓》卷十六云:“子固诗一扫昆体,所谓饾饤刻画咸无之,平实清健,自为一家。”这指出了曾巩在宋诗的革新中也是做出了成绩的。

曾巩的诗宗欧、梅,多反映现实之作。如皇祐二年(1050)写的《追租》,揭露“今岁九夏旱,赤日万里灼”的灾情,抨击统治阶级不管人民的死活,竟凶狠地逼租,以至于百姓“斯须死笞缚”。作者呼吁道:“公卿饱天禄,耳目知民瘼,忍令疮痍内,每肆诛求虐!但忧值空虚,宁无挺犁镬,暴吏体宜除,浮费义可削。”在《边将》、《上杜相公》和《湘寇》诸诗中,他又表达了对辽、夏侵扰边境和内忧外患等国家大事的关切。他如《秋日感事示介甫》则近杜甫忧时之作:

> 秋日气已盛,阴出朝暮声。烟云断溪树,风雨入山城。沙碛有遗虏,旌旗多远行。生民苦未息,吾党耻论兵。

曾巩长于七言近体,写景抒怀,都很出色。如《上元》“明月满街流水远,华灯入望众星高”一联,高华工巧,而《钱塘上元夜祥符寺陪咨臣郎中

① 据《宋史·艺文志》,曾巩名下著录的除《元丰类稿》五十卷外,另有别集六卷,续稿四十卷,但已失传。清人陆心源曾收集佚文二十七篇,编成《元丰类稿补》二卷,作为《群书校补》第三十二种,刻入《潜园总集》中。现中华书局新编《曾巩集》系以《元丰类稿》为底本,并已将辑得的轶文佚诗增入,合为一集。

② 《冷斋夜话》卷九载彭几(渊材)平生所恨五事:“第一恨鲥鱼多骨,第二恨金橘太酸,第三恨莼菜性冷,第四恨海棠无香,第五恨曾子固不能作诗。”

丈燕席》诗中的“月明如昼露华浓”、“碧水楼台浸远空”等句，还以其新丽为元明戏曲作家所化用（见《西厢记》第四本第一折和《玉簪记·琴挑》）。再如《甘露寺多景楼》：

> 欲收嘉景此楼中，徙倚阑干四望通。云乱水光浮紫翠，天含山气入青红。一川钟呗淮南月，万里帆樯海外风。老去衣襟尘土在，只将心目羡冥鸿。

描绘北固山下的江景，意态高旷。其七言绝句有与王安石晚年诗风相近处，如《会稽绝句三首》、《离齐州后五首》、《城南二首》、《咏柳》、《夜出过利涉门》等。其《西楼》一首云：

> 海浪如云去却回，北风吹起数声雷。朱楼四面钩疏箔，卧看千山急雨来。

这首小诗写出了海天一角雷雨将至的壮观，自然流利，诗味盎然。

曾巩还有不少咏史抒怀之作，如《垓下》、《孔明》、《读五代史》、《咏史》等。庆历六年（1046），他由金陵渡江到滁州的途中，曾路过历阳虞姬墓，作《咏虞姬》一首（见雍正四年本《江浦县志·古迹志》或光绪十七年本《江浦埤乘》，中华书局新编《曾巩集》失收）：

> 鸿门玉斗纷如雪，一万降兵夜流血。咸阳宫殿三月红，霸业已随烟烬灭。刚强必死仁义王，阴陵失道非天亡。英雄本学万人敌，何用屑屑悲红妆。三军散尽旌旗倒，玉帐佳人坐中老。香魂夜逐剑花飞，青血化为原上草。芳心寂寞寄寒枝，旧曲闻来似敛眉。哀怨徘徊愁不语，恰如初听楚歌时。滔滔逝水流今古，汉楚兴亡两邱土。当年遗事久成空，慷慨尊前为谁舞！

这篇诗感叹英雄与美人的悲剧，挺拔流美，开阖自如，极似温庭筠咏古乐府，在曾诗中别具风采，弥可珍贵。

曾巩的散文及其影响 在北宋的新古文运动中，曾巩是欧阳修的积极追随者。《宋史》本传说他：“生而机敏，读书数百言，脱口辄诵。年十二，试作《六论》，援笔而成，辞甚伟。甫冠，名闻四方。欧阳修见其文，奇之。”从理论到实践，他都是沿着欧阳修开辟的道路前进的。他把欧阳修“事信而言文，乃能表见于后世”和“言之所载者大且文，则其传也章”（《代人上王枢密求先集序》）的观点，发挥为：“古之所谓良史者，其明必足以周万事之理，其道必足以适天下之用，其智必足以通难知之意，其文必足以发难显之情，然后其任可得而称也。”（《〈南齐书〉目录序》）在《寄欧阳舍人书》中，又提倡“蓄道德而能文章”。这表明他的见解也是重道而不轻文，从而能够积极推动了古文运动的进一步发展。

曾巩的文章论证委曲周详，风格简练厚重，布局完整谨严，节奏舒缓安雅，长于说理而短于抒情。如《唐论》、《〈战国策〉目录序》、《先大夫集后序》、《范贯之奏议集序》、《谢杜相公书》、《宜黄县县学记》、《筠州学记》、《徐孺子祠堂记》、《道山亭记》和《越州赵公救灾记》等，均为名作。《墨池记》也是其中之一：

> 临川之城东，有地隐然而高，以临于溪，曰新城。新城之上，有池洼然而方以长，曰王羲之之墨池者，荀伯子《临川记》云也。羲之尝慕张芝临池学书，池水尽黑，此为其故迹，岂信然耶？
>
> 方羲之之不可强以仕，而尝极东方，出沧海，以娱其意于山水之间。岂其徜徉肆恣，而又尝自休于此耶？羲之之书，晚乃善；则其所能，盖亦以精力自致者，非天成也。然后世未有能及者，岂其学不如彼耶？则学固岂可以少哉！况欲深造道德者耶？
>
> 墨池之上，今为州学舍。教授王君盛恐其不章也，书“晋王右军墨池”之六字于楹间以揭之。又告于巩曰：“愿有记。”惟王君之心，岂爱人之善，虽一能不以废，而因以及乎其迹耶？其亦欲推其事，以勉其学者耶？夫人之有一能，而使后人尚之如此，况仁人庄士之遗风余思，被于来世者何如哉！

庆历八年九月十二日，曾巩记。

此题虽然应当是记叙文，但并没有描写景物，却是借着王羲之勤学苦练的故事来发议论。作记叙之文，不叙事而说理，是宋代古文家的一种新的开拓。曾巩而外，王安石、苏轼等也偶一为之。

《宋史》本传论曾氏作文的渊源说："为文章上下驰骋，愈出而愈工，本源六经，斟酌于司马迁、韩愈。一时工作文词者，鲜能过也。"晁公武则认为："欧公门下士多为世显人，议者独以子固为得其传，犹学浮屠者所谓嫡嗣云。"（《郡斋读书志》卷四下）明代唐宋文派的作家王慎中、茅坤、归有光，清代桐城派作家方苞、刘大櫆、姚鼐等，都认为曾巩是欧阳修的传人，因此备加推崇，奉为模楷。王慎中称赞曾文"信乎能道其中之所欲言，而不醇不该之蔽亦已少矣。"（《曾南丰文粹序》）姚鼐则说："宋朝欧阳修、曾公之文，其才皆偏于柔之美者也。欧公能取异己者之长而时济之，曾公能避所短而不犯。"（《复鲁絜非书》）这些意见从不同的角度阐述了曾巩散文的特色。至于其历史地位，则《宋史・曾巩传论》认为他"立言于欧阳修、王安石间，纡徐而不烦，简奥而不晦，卓然自成一家"。这个论断也是恰如其分和实事求是的。

第三章　柳永和宋词的新变

在以欧阳修为首的作家们努力之下，北宋诗文呈现了新的面貌。至于宋词的革新，虽然也和诗文的革新大致同时，但却并非由诗文的革新者来进行的。在分道扬镳的情形下，与欧阳修等在社会地位、思想感情各方面都很不相同的柳永，却对词风的变革作出了贡献。在不同的作家身上体现出各异其途的文学发展轨迹，是有其内在的根由的。

首先，在唐代从民间孕育出来的歌词，当它上升到文士手中以后，其中描写男欢女爱、别恨离愁的因素，竟被突出地加以继承和发展了。这样一来，就使词的艺术技巧有所提高，使古典诗歌中的言情之作更为深化，但同时也使词的题材趋于狭隘，使得许多重大的主题和它绝了缘。因而在一个很长的历史时期中，歌词就被视为跟诗文不能相提并论的小道。其次，正因为这样，所以它一向不被统治阶级及其理论家认为是重要的、必须有意识地去加以干涉的文艺样式。诗文的革新是在明道致用的大前提下进行的，是和政治斗争密切相关的；至于歌词，虽然它已经逐渐形成一个巨大的客观存在，但在清代的常州词派兴起以前，从来没有人把它和诗文这些正统样式等量齐观。在宋代，特别是北宋的文学史上，我们看到了一个非常有趣的现象，即作家们往往将一切他们所认为严肃的题材用诗文来写，而有关个人的感情或男女问题的私生活则被他们写入词中。这在许多大作家的集子里，几乎都可以找得出例证。这种做法，自然同样式的适应性不无关系，但更主要的理由恐怕还在于他们认为诗文体尊而词体卑。在这种观念支配下，注意到诗文革新的人，就难以将词的革新放在自己考虑的范围以内，而词风的变革，也就不可能如诗文一样是一种有意识的运动，而只能在其他的客观条件的影响之下，自然地、缓慢地产生变化。再其次，在晚唐五代，歌词由于文人的创作而流传到上层社会以后，其情形大致如欧阳炯《〈花间集〉序》所说："则有绮筵公子，绣幌佳人，递叶叶之花笺，文抽丽锦；举纤纤之玉指，拍按香檀。""家家之香径春风，宁寻越艳；处处之红楼夜月，自锁嫦娥。"即歌词是由文士写作，家伎演唱，为少数贵族士大夫所欣赏的。这种情况，直至宋初并无改变。到了仁宗时代，社会经济已由恢复而空前繁荣，对于作为抒情歌曲的词，社会各阶层有了更普遍的爱好。教坊新腔开始出现，长调普遍流行，但要作家们注意到这些现象，并使其作品符合这种新风气，就必须本人接近市民生活才行。这恰恰是欧阳修等上层人物所无从做到，而为浪游于市井间的落魄文人柳永所易于且乐于做到的。就由于以上这样一些原因，词的革新就和诗文走着不同的道路。欧阳修虽然是诗文革新运动的领导人，但由于社会生活面的局限，他的词作只能沿袭晚唐五代的余风，那变革更新的任务，便自然而然地落在熟悉市民生活的柳永身上了。

第一节　五代词风的延续——晏、欧

宋初词苑　词是隋、唐以来与新兴音乐相结合而形成的一种新的抒情诗样式，同时又是一种新的音乐歌词或音乐的文字表现物。它最初起源于民间，敦煌发现的《云谣集杂曲子》就是明证。中唐时，刘禹锡、白居易等诗人曾模仿试作，故曾被称为诗客曲子词；晚唐、五代以来，作者渐多，达到了文人词的成熟阶段。宋朝开国之初，一些擅作歌词的废主降臣来自五代十国，带来了西蜀和南唐的作风，如南唐后主李煜被俘到京后，在太宗时还继续创作了《浪淘沙》、《乌夜啼》和《虞美人》等名篇。李后主成功地用词来抒写了他的国家和他自己的命运的巨大变化，极大地提高了词表现生活和抒发感情的能力，正如王国维在《人间词话》中所指出的："词至李后主而眼界始大，感慨遂深，遂变伶工之词而为士大夫之词。"这就直接影响了宋初的词苑，当时白体诗派、晚唐诗派和西昆派的文人，都有一些抒写个人性情的小词，如王禹偁的《点绛唇》：

雨恨云愁，江南依旧称佳丽。水村渔市，一缕孤烟细。　　天际征鸿，遥认行如缀。平生事，此时凝睇，谁会凭栏意？

这是宋初最早出现的小令之一，大约作于李后主死后的第六年〔雍熙元年(984)〕。当时王禹偁任长洲知县，他在词中不仅描写江南水乡的秀丽风光，同时也借喻天边的鸿雁，抒发了自己虽有抱负而世无知音的感慨，格调沉郁，意境含蓄，为宋词的发展作出了良好的开端。

到了真宗、仁宗之世，是令词得到充分发展的时期。试看下列诸家的作品：

春色将阑，莺声渐老。红英落尽青梅小。画堂人静雨蒙蒙，屏山半掩余香袅。　　密约沉沉，离情杳杳。菱花尘满慵将照。倚楼无语欲销魂，长空黯淡连芳草。

——寇准《踏莎行》

长忆西湖，尽日凭阑楼上望。三三两两钓鱼舟，岛屿正清秋。
笛声依约芦花里，白鸟成行忽惊起。别来闲整钓鱼竿，思入水云寒。

——潘阆《酒泉子》

吴山青，越山青，两岸青山相送迎，谁知离别情？　　君泪盈，妾泪盈，罗带同心结未成，江头潮已平。

——林逋《长相思》

江南节物，水昏云淡，飞雪满前村。千寻翠岭，一枝芳艳，迢递寄归人。　　寿阳妆罢，冰姿玉态，的的写天真。等闲风雨又纷纷，更忍向，笛中闻！

——杨亿《少年游》

城上风光莺语乱，城下烟波春拍岸。绿杨芳草几时休，泪眼愁肠先已断！　　情怀渐觉成衰晚，鸾镜朱颜惊暗换。昔年多病厌芳樽，今日芳樽惟恐浅。

——钱惟演《玉楼春》

这些士大夫之词的共同特点是接受西蜀、南唐词风的影响，以清丽淡雅的辞句来写景抒情，但他们都只是偶而弄笔，虽不乏个人的佳作，但还没有造成整体的声势。至于继承五代词风的余绪而能加以延续发展的作者，当推晏殊为代表。他是宋初首屈一指的令词作家。

晏殊的《珠玉词》　晏殊（991—1055），字同叔，临川人，七岁能属文，十三岁时，以神童召试，受到真宗的赏识，赐同进士出身，为东宫伴读。仁宗即位，备受宠信，任枢密使、同中书门下平章事；后来又历任颍州、陈州、许州等处的地方行政长官。在多年的政治生活中，晏殊没有什么特殊的事功和建树；但在发现和奖拔人才方面，成绩却是出色的，如范仲淹、韩琦、富弼、宋庠、宋祁、欧阳修、梅尧臣和张先等，或是他的门生，或得到他的培养和提拔。《宋史》本传说他“善知人”，“文章赡丽，应用不穷，尤工诗，闲雅有情思”。他是西昆派的后期诗人，诗作多达一万余篇。然而他的文学成就，却突出地表现在歌词的创作上，其《珠玉词》，现存一百三十多首。

这位词人的物质生活无疑是十分优裕的，酒筵歌席伴随着他的日常生活，据时人记载，他“喜宾客，未尝一日不宴饮”，往往“乐饮达旦”（见叶梦得《避暑录话》卷上及《石林诗话》卷上）。但是优裕的物质生活并不能满足他渴求着探索人生奥秘的心灵，他心灵的触角常常是其来无端地伸向人心的深处，而又没有找到自己所寻觅的东西，于是一缕轻烟薄雾似的哀愁就上升到了他的笔头，化成为幽怨动人的小词：

小径红稀，芳郊绿遍，高台树色阴阴见。春风不解禁杨花，蒙蒙乱扑行人面。　　翠叶藏莺，珠帘隔燕，炉香静逐游丝转。一场愁梦酒醒时，斜阳却照深深院。

——《踏莎行》

眼睁睁望着一个春天又过去了，日子平淡得教人感到难以打发。为什么会产生这样一种难以排遣的愁绪呢？自己也说不清楚：

绿杨芳草长亭路，年少抛人容易去，楼头残梦五更钟，花底离愁三月雨。　　无情不似多情苦，一寸还成千万缕。天涯地角有穷时，只有相思无尽处。

——《木兰花》

一曲新词酒一杯，去年天气旧亭台，夕阳西下几时回？　　无可奈何花落去，似曾相识燕归来，小园香径独徘徊！

——《浣溪沙》

槛菊愁烟兰泣露，罗幕轻寒，燕子双飞去。明月不谙离恨苦，斜光到晓穿朱户。　　昨夜西风凋碧树。独上高楼，望尽天涯路。欲寄彩鸾无尺素，山长水阔知何处？

——《蝶恋花》

这些作品并没有什么激越的声情，但却掩藏不住作者心头的孤独之感。可以看出，晏殊词的风格是和婉而明丽的，而在这种逗人喜爱的风格中间，又蕴藏着对于令人感到乏味的现实的不满和自己还不怎么明确的对于美好事物的追求。这种追求，尽管往往是以伤春、惜别等思想形式表达出来的，但我们显然不能而且也无法抹杀掉这些作品所固有的异常生动的形象性以及这些形象所透露的丰富的暗示性。它们是虽然养尊处优但却无法填补生活中的空虚之感的自我表白。

晏词受南唐冯延巳的影响很深。刘攽《中山诗话》说："晏元献（殊谥号）尤喜江南冯延巳歌词，其所自作，亦不减延巳。"他学冯词的明丽和疏朗，脱去了花间派的脂粉气，从而有所创新。如《破阵子》：

燕子来时新社，梨花落后清明。池上碧苔三四点，叶底黄鹂一两声，日长飞絮轻。　　巧笑东邻女伴，采桑径里逢迎。疑怪昨宵春梦好，原是今朝斗草赢，笑从双脸生。

这首词纯用白描，展示了古代少女春游的动人图景，上片写景，下片写人，笔调活泼，语言清新。作者把姑娘们欢乐的心情和大自然的美景交织在一起，具有浓郁的生活气息，在《珠玉词》中，这类作品是别具一格因而是难能可贵的。

欧阳修的《六一词》　和晏殊的词风很接近的是欧阳修，他同样受了五代词家特别是冯延巳《阳春集》的影响。欧词也具有婉丽的特征，但意境却更为深永，有时还露出放旷的气息。这反映了晏、欧两人个性和境遇的不同，正如刘熙载所分析的："冯延巳词，晏同叔得其俊，欧阳永叔得其深。"（《艺概》卷四）这所谓深，大概是指欧词的情感比晏词深刻真挚，如《蝶恋花》：

庭院深深深几许？杨柳堆烟，帘幕无重数。玉勒雕鞍游冶处，楼高不见章台路。　　雨横风狂三月暮。门掩黄昏，无计留春住。泪眼问花花不语，乱红飞过秋千去！

这种缠绵悱恻的情词，完全是继承南唐的风格和形式，因而往往与冯延巳的作品相混。李清照在其《蝶恋花》词序中明指本篇为欧阳修之作，而朱彝尊编《词综》却归之于冯延巳。两家的作品风神宛肖，足证其渊源有自了。

欧阳修的词现存《六一词》（《欧阳文忠公近体乐府》）和《醉翁琴趣外篇》，共约二百四十多首。作为一代儒宗，他所为诗文都本着明道致用的原则，洗净浮艳，独在不属正统文学的歌词里，却以秀逸的字句，抒写其旖旎的情怀。例如《南歌子》：

凤髻金泥带，龙纹玉掌梳。走来窗下笑相扶，爱道"画眉深浅入时无"？　　弄笔偎人久，描花试手初。等闲妨了绣功夫，笑问"双鸳鸯字怎生书"?

由于这类作品所体现的情感、形象,与作者在诗文中所体现的大异其趣,因而有些人怀疑这不是他的作品。如陈振孙在《直斋书录解题》卷二十一中说欧词"多有与《花间》、《阳春》相混者,亦有鄙亵之语一二厕其中,当是仇人无名子所为也。"罗泌《题〈六一词〉》也说:"其浅近者,前辈多谓刘辉伪作。"其实,词为艳科,由来已久,欧阳修有这样的作品是不足为奇的。他甚至还打破了宋初文人词的习惯,继承了唐代民间作品,以俚语入词,如《怨春郎》:

为伊家,终日闷,受尽恓惶谁问。不知不觉上心头,悄一霎、身心顿也没处顿。　　恼愁肠,成寸寸。已恁、莫把人萦损。奈每每人前道着伊,空把相思泪眼和衣揾。

通篇都是口头俚语。这,一直影响到柳永和黄庭坚的作品。

他还有一些作品,代表着相反相成的两种情绪,反映了他精神世界中的矛盾,如下列诸阕:

候馆梅残,溪桥柳细,草熏风暖摇征辔。离愁渐远渐无穷,迢迢不断如春水。　　寸寸柔肠,盈盈粉泪,楼高莫近危阑倚。平芜尽处是春山,行人更在春山外。

——《踏莎行》

尊前拟把归期说,未语春容先惨咽。人生自是有情痴,此恨不关风与月。　　离歌且莫翻新阕,一曲能教肠寸结。直须看尽洛城花,始共春风容易别。

——《玉楼春》

堤上游人逐画船,拍堤春水四垂天,绿杨楼外出秋千。　　白发戴花君莫笑，六幺催拍盏频传，人生何处似尊前。

——《浣溪沙》

平山栏槛倚晴空，山色有无中。手种堂前垂柳，别来几度春风。

文章太守，挥毫万字，一饮千钟。行乐直须年少，尊前看取衰翁。

——《朝中措·平山堂》

前两篇是念远伤离的作品，后两篇则表现了及时行乐的感情和豪迈不羁的情趣。但这些词给我们的印象，并不是颓丧与失望，却是对爱情、生命与光阴的珍惜和对现实生活的执着情怀及其对这种情怀的自我抗拒，自我调节。

欧阳修晚年退居颍州城西五里的西湖之滨，常常泛舟湖上，啸傲风月。他曾写了冠以致语的《采桑子》鼓子词十一首来歌咏美丽的自然景色①，又用《渔家傲》的新腔写了《十二月鼓子词》。在题材、体式上都是别开生面的。同时，他还开始作慢词，在《醉翁情趣外篇》中就有《千秋岁》、《摸鱼儿》等长调。他的词对后来作者产生了不小的影响。冯煦《〈宋六十一家词选〉例言》曾说他的词风“疏隽开子瞻，深婉开少游”。这是符合事实的。

晏几道的《小山词》　晏殊、欧阳修继承着五代词风，活跃在真宗、仁宗朝的词坛上。当时与他俩作风相近的名家篇章，还有宋祁的《玉楼春》（“红杏枝头春意闹”）、梅尧臣的《苏幕遮》（“落尽梨花春又了”）、赵抃的《折新荷引》和韩缜的《凤箫吟》等，而晏几道的出现，更将这种传统的词风延续到神宗、哲宗时期。

晏几道（约1030—1106），字叔原，号小山。他是晏殊的第七子，早年过着豪华生活，爱好歌舞，天真放浪。但他缺乏营生处世的手腕，一旦走向社会，便进退失据，不能适应。熙宁七年（1074），郑侠因反对新法被捕，

①　据曾慥《乐府雅词》卷上。《欧阳文忠公近体乐府》及《六一词》所载《采桑子》均为十三首，其中咏西湖者为十首，与《雅词》不同。

他也受到株连而下狱。晏几道是一位虽然出身相门却仕途邅迍，很不得意的人，直到元丰五年(1082)已五十余岁的时候，才做到了一个低级地方官——监颍昌许田镇。其生平事迹，几乎湮没无闻，但关于这位作家的个性，在黄庭坚《〈小山词〉序》中，却有一段极其生动的摹写：

> 余尝论叔原，固人英也，其痴亦自绝人。爱叔原者，皆愠而问其目。曰："仕途连蹇，而不能一傍贵人之门，是一痴也。论文自有体，不肯一作新进士语，此又一痴也。费资千百万，家人寒饥，而面有孺子之色，此又一痴也。人百负之而不恨，己信人，终不疑其欺己，此又一痴也。"

从这四痴的描绘中，晏几道真诚、傲兀、豪爽的个性和当时一般庸俗的既成秩序维护者对他的态度，全都透露出来了。晏几道这种个性使得他尽管出身于大富大贵的家庭，终于不能不"陆沉于下位"。个性和环境的矛盾造成了他失意落魄的命运，而这种个性在命运的推移中不断地发展，这就使得他的生活更加艰难，因而在其词作中，通过爱情生活的悲欢离合的描写，表现了一种极度哀怨感伤的情调：

> 醉别西楼醒不记。春梦秋云，聚散真容易！斜月半窗还少睡，画屏闲展吴山翠。　　衣上酒痕诗里字，点点行行，总是凄凉意。红烛自怜无好计，夜寒空替人垂泪！
>
> ——《蝶恋花》

> 曲阑干外天如水，昨夜还曾倚。初将明月比佳期，长向月圆时候望人归。　　罗衣著破前香在，旧意谁教改？一春离恨懒调弦，犹有两行闲泪宝筝前！
>
> ——《虞美人》

他那盛极而衰的身世，与李后主有些相似。所以他的词风，也颇受其影响。前人每将二晏并称，因为他们父子都属婉约一派。但小晏在艺术技巧上比大晏又进一层，其成就是超过了他的父亲的。《小山词》细腻而曲折，在婉字上用力尤深，如《鹧鸪天》“梦魂惯得无拘检，又踏杨花过谢桥”、《生查子》“弦语愿相逢，知有相逢否？”《蝶恋花》“明年应赋送君诗，细从今夜数，相会几多时？”作者在表达这些复杂的感情时，绝不出以平铺直叙，而是用奇妙的构思使辞意反复回荡，步步深入，读来动人心弦，余味无穷。

晏几道的《小山词》原名《乐府补亡》，共二百余首，多为令词，这是他在徽宗建中靖国元年（1101）之前结集的。他自己曾为此写了一篇短序，“感光阴之易迁，叹缘境之无实”，文笔优美，是一篇凄婉的回忆录。他说：“尝思感物之情，古今不易。窃以谓篇中之意，昔人所不遗，第于今无传尔。故今所制，通以补亡名之。”可见这位词人是主动地注意到，要在自己的创作中体现新的感情，开辟新的意境的：

> 梦后楼台高锁，酒醒帘幕低垂。去年春恨却来时，落花人独立，微雨燕双飞①。　　记得小蘋初见，两重心字罗衣。琵琶弦上说相思，当时明月在，曾照彩云归。
>
> ——《临江仙》

> 初心已恨花期晚，别后相思长在眼。兰衾犹有旧时香，每到梦回珠泪满。　　多应不信人肠断，几夜夜寒谁共暖？欲将恩爱结来生，只恐来生缘又短。
>
> ——《玉楼春》

> 彩袖殷勤捧玉钟，当年拚却醉颜红。舞低杨柳楼心月，歌尽桃花扇底风。　　从别后，忆相逢，几回魂梦与君同。今宵剩把银釭照，

① “落花”二句原为五代翁宏五言律诗《春残》的第三四句，晏词袭用之。沈祖棻《宋词赏析》第五十六页（上海古籍出版社 1980 年出版）对此事有详细分析，可参看。翁诗见《全唐诗》卷七百六十二。

犹恐相逢似梦中。

——《鹧鸪天》

这些作品写的或是相别相思的惆怅和痛苦，或是相逢的欢欣，但感情却是如此深沉而又奔放，温柔而又真率，因而给我们的印象，就绝不是一个玩弄者对一个被玩弄者在感情上的粉饰，而是爱侣们燃烧着的心灵的毫无顾忌的倾吐。不能不令人感到，在晏几道词中出现的这些“歌儿酒使”的形象，比起另外一些词人作品中的同类形象来，是更其被尊重的，是更其近于一个独立的“人”的。

与这一点相通连，晏几道在许多词里描写了妇女们，特别是处在微贱地位的妇女们的善良的性格和悲苦的命运，描写了她们在富贵丛中的奴隶生活和渴望自由与幸福的心情：

笑艳秋莲生绿浦，红脸青腰，旧识凌波女。照影弄妆娇欲语，西风岂是繁华主！　　可恨良辰天不与，才过斜阳，又是黄昏雨。朝落暮开空自许，竟无人解知心苦。

——《蝶恋花》

守得莲开结伴游，约开萍叶上兰舟。来时浦口云随棹，采罢江边月满楼。　　花不语，水空流，年年拚得为花愁。明朝万一西风动，争奈朱颜不耐秋。

——《鹧鸪天》

日日双眉斗画长，行云飞絮共轻狂，不将心嫁冶游郎。　　溅酒滴残歌扇字，弄花熏得舞衣香，一春弹泪说凄凉。

——《浣溪沙》

这些词利用了不同的题材和艺术手段来接触了某种女性的生活真实。第一篇用隐喻，第二篇用显比，而第三篇则直接地揭开了一位歌伎的内心矛盾。这些词继承并发展了花间派温、韦的写作技巧，而无比的同情心和对这样一些妇女的深刻理解，则是小晏作品独有的特色。

在风格上，晏几道有他父亲的明丽而无其雍容，有欧阳修的深永而无其放旷。他将自己不随流俗而沉沦下位的生活经历与感受，溶解在离合悲欢的题材里，使其作品具有较为浓重的感伤色彩，体现着对人生的忧患意识，一往情深，凄楚动人。这却是别的作家所不及的。

第二节　承先启后的词人——范、张

宋初词坛直接继承南唐二主和冯延巳，同时，以西蜀词人为主的花间派也对之不无影响。这一时期，晏、欧之外，异军突起的词人是范仲淹和张先。他俩在宋词的发展上起了承先启后的作用，范仲淹是苏轼词风的先行者，张先则是柳永词风的先行者。

范仲淹诸人与新词风的逐步显现　范仲淹（989—1052），字希文，苏州吴县人。他二岁丧父，家境贫寒，发愤力学。于大中祥符八年（1015）中进士。后得到晏殊的推荐，任秘阁校理。他是一位世所周知的政治革新家，也写过几首情柔语丽的词，例如：

纷纷坠叶飘香砌，夜寂静，寒声碎。真珠帘卷玉楼空，天淡银河垂地。年年今夜，月华如练，长是人千里。　　愁肠已断无由醉，酒未到，先成泪。残灯明灭枕头攲，谙尽孤眠滋味。都来此事，眉间心上，无计相回避。

——《御街行》

碧云天，黄叶地，秋色连波，波上寒烟翠。山映斜阳天接水，芳草无情，更在斜阳外。　　黯乡魂，追旅思，夜夜除非、好梦留人睡。明月楼高休独倚，酒入愁肠，化作相思泪。

——《苏幕遮》

这种念远伤离的作品，风味与晏、欧接近，但风格较爽朗些，意境更开阔些。而如以芳草暗喻所思念的远人，则显然是受了《花间集》作者牛希济的《生查子》“记得绿罗裙，处处怜芳草”的影响。等到他镇守边关抗击西夏时，由于疆埸生活的磨砺激发和参与军政活动的斗争经历等多方面的因素，使得他的词风为之一变，显现了一种高旷的意境和悲壮的情调，就和五代以来的传统风格大为不同了：

> 塞下秋来风景异，衡阳雁去无留意。四面边声连角起，千嶂里，长烟落日孤城闭。　　浊酒一杯家万里，燕然未勒归无计。羌管悠悠霜满地，人不寐，将军白发征夫泪。
>
> ——《渔家傲》

康定元年至庆历三年（1040—1043），范仲淹曾任陕西经略安抚副使兼知延州，亲临前线，抵御西夏的侵扰。他爱护士兵，推诚接待羌族，深得边民的拥戴和敬重，当时民歌中把他推崇为“西贼闻之惊破胆”的英雄①。这首词写了将士的辛勤和怀乡情绪，但同时又表现了他们为国立功的凌云壮志，如实地反映了当时驻防边塞的将军与战士们的生活。上片写景，并透过萧瑟的景色抒发了边塞寒苦、久戍思乡之情。下片以抒情为主，而情中有景，说明境遇虽然荒凉艰险，但面对着西夏侵略者，将士们决不会因怀念家乡而放弃守边杀敌的职责。“燕然未勒归无计”这句话真有笔力千钧之势，表现了崇高的爱国主义感情压倒了一切，使得将军和战士在保家卫国的共同目标下一致奋发了起来。词情苍凉悲壮，确是一首别开生面的作品。这充分说明了一条真理：作家的生活实践对作品的内容和风格是起决定作用的。

继范仲淹之后能一洗五代旧习的，还有王安石的几首作品。② 王安

① 孔平仲《谈苑》卷四：“宝元中，元昊叛，上知其（范仲淹）才兼文武，起帅延安。”后知庆州，“上以四路诸招讨委之，仲淹与韩琦谋，必欲收复灵夏、横山之地。边上谣曰：‘军中有一韩，西贼闻之心骨寒。军中有一范，西贼闻之惊破胆。’”

② 《艺概》卷四：“王半山词瘦削雅素，一洗五代旧习。”

石也是一位大政治家,他以天下为己任,所以能在咏史、怀古的歌词中表现出豪迈高远的作风:

伊、吕两衰翁,历遍穷通,一为钓叟一耕佣。若使当时身不遇,老了英雄。　　汤、武偶相逢,风虎云龙,兴王只在笑谈中。直至如今千载后,谁与争功。

——《浪淘沙令》

这首词挥洒自如,称心而谈,表示了对古代圣君贤相的景仰和向往。咏史即是咏怀。作者另有一首传诵当时的名篇,那就是《桂枝香·金陵怀古》:

登临送目,正故国晚秋,天气初肃。千里澄江似练,翠峰如簇。征帆去棹残阳里,背西风、酒旗斜矗。彩舟云淡,星河鹭起,画图难足。　　念往昔、繁华竞逐,叹门外楼头,悲恨相续。千古凭高对此,漫嗟荣辱。六朝旧事随流水,但寒烟衰草凝绿。至今商女,时时犹唱,《后庭》遗曲。

这是作者在治平四年(1067)知江宁府时所作,杨湜《古今词话》①云:"金陵怀古,诸公寄调于《桂枝香》凡三十余家,惟介甫为绝唱。"此词之所以被推为绝唱,正在于它的豪气高境不同凡响。它上片写出了金陵的壮丽江山,下片通过对六朝兴亡的回顾,既讥刺了沉湎于声色之乐的腐朽的统治阶级,又表示了对这种历史教训的无限感慨。因而具有深刻的政治含义。

当时借咏史怀古来抒发豪情壮志的作品,还有李冠的《六州歌头》。冠字世英,历城(今山东济南市)人。据《后山诗话》记载,他的《蝶恋花》"朦胧淡月云来去"之句,王安石以为超过了张先的名句"云破月来花弄

① 杨湜《古今词话》原佚,有赵万里辑本,今已收入唐圭璋《词话丛编》增补本中。

影”；而《六州歌头》则“道刘、项事，慷慨雄伟。刘潜，大侠也，喜诵之”。其词如下：

> 秦亡草昧，刘项起吞并。鞭寰宇，驱龙虎，扫欃枪，斩长鲸。血染中原战，视余耳，皆鹰犬。平祸乱，归炎汉，势奔倾。兵散月明，风急旌旗乱，刁斗三更。共虞姬相对，泣听楚歌声，玉帐魂惊，泪盈盈！
>
> 念花无主，凝愁苦，挥雪刃，掩泉扃！时不利，骓不逝，困阴陵。叱追兵，呜喑摧天地，望归路，忍偷生。功盖世，成闲纪，建遗灵。江静水寒烟冷，波纹细、古木凋零。遣行人到此，追念益伤情，胜负难凭！

这首词咏叹了楚汉相争中项羽从起兵到失败的史迹，充满了苍凉激越的情调，可算是一种创格，对后来的张孝祥所作同调词起了示范作用。

范仲淹和王安石等只是偶尔填词，范词现存五首，王词现存二十七首，但他们的艺术风格不同于晏、欧等词家，不妨说是苏轼开创豪放派的先驱和同调。

张先的《张子野词》 和晏殊、范仲淹同时代的张先（990—1078），字子野[①]，乌程（今浙江湖州市）人，天圣八年（1030）进士。曾任吴江知县、嘉禾判官。皇祐二年（1050），晏殊以观文殿大学士知永兴军、兼京兆尹，任他为通判，常相唱和。嘉祐六年（1061），他到汴京任都官郎中，与宋祁、欧阳修、王安石、苏轼等均有往还。晚年游赏于杭州、湖州之间，留连花酒，与歌儿舞女为伍，苏轼赠诗曾有“诗人老去莺莺在，公子归来燕燕忙”之句（《张子野年八十五，尚闻买妾，述古今作诗》），可见其留连市井风月生活的一斑。他的诗多有佳句，如《湖州西溪》云：“浮萍断处见山影，野艇归时闻草声。”《东坡题跋》卷三《题张子野诗集后》说：“子野诗笔老健，歌词乃其余波耳。”他的词集名为《安陆词》，通称《张子野词》，现存一百八十多首。

---

① 北宋有两个张先字子野的名人。另一位是博州高唐人，枢密副使张逊之孙，曾与欧阳修同在洛阳的西京留守幕府，为八老之一，见《宋史》卷二百六十八。

张词长于言情，颇多名作，如《一丛花令》：

伤高怀远几时穷？无物似情浓。离愁正引千丝乱，更南陌、飞絮蒙蒙。嘶骑渐遥，征尘不断，何处认郎踪？　双鸳池沼水溶溶，南北小桡通。梯横画阁黄昏后，又还是斜月帘栊。沉恨细思：不如桃杏，犹解嫁东风！

这是张先青年时代的作品，写一位少女在与情人离别以后的相思和愁恨①。上片由情写景，“无物似情浓”这句话表现了她内心的炽热。下片由景及情，从鸳鸯戏水而回想到过去与情人相会的欢娱，环顾目前的孤身只影，不能不“沉恨细思”，从心底里发出了怨愤的呼声：“不如桃杏，犹解嫁东风！”词中女主人感叹自己的命运连被东风吹开又被东风吹落的桃杏都比不上。作者这种新奇的比喻和具有深沉悲剧感的细腻构思，在当时就博得人们的赞赏，欧阳修就因此而戏称他为“桃杏嫁东风郎中”（见范公偁《过庭录》）。又如《天仙子》一阕：

水调数声持酒听，午醉醒来愁未醒。送春春去几时回？临晚镜，伤流景，往事后期空记省。　沙上并禽池上暝，云破月来花弄影②。重重帘幕密遮灯，风不定，人初静，明日落红应满径。

---

① 杨湜《古今词话》：“张先字子野，尝与一尼私约，——其老尼性严——每卧于池岛中一小阁上，俟夜深人静，其尼潜下梯，俾子野登阁相遇。临别，子野不胜惓惓，作《一丛花》词以道其怀。”萧涤非《张先〈一丛花〉的本事辩证》谓杨说可信。文载《乐府诗词论薮》，齐鲁书社 1985 年出版。

② 郭辑本李颀《古今诗话》“有客谓张三影”条：“张子野郎中善歌词，尝作《天仙子》云：‘云破月来花弄影。’士大夫皆称之。子野初谒欧公，迎之坐，语曰：‘好“云破月来花弄影”，恨相见之晚也。’有客谓张子野曰：‘人皆谓公为张三中，即心中事，眼中泪，意中人也。’公曰：‘何不目我三影？’客不晓。公曰：‘“云破月来花弄影”，“娇柔懒起，帘压卷花影”，“柳径无人，坠风絮无影”，此予平生所得意也。’”见《宋诗话辑佚》卷上。

这是庆历元年(1041)张先五十二岁任嘉禾判官时创作的。上片写愁闷无聊,由午及晚;下片则专写晚景,"沙上并禽"是对照自己的孤独。"云破"一句写天上的浮云在流动,地下的花影也在摇晃,暗示着风力不小,为下句"遮灯"、"落红"埋下了伏笔。《人间词话》说:"云破月来花弄影,着一弄字而境界全出矣。"的确,此句不仅好在影字,而且动词弄字用得更好,配合奇妙。张先好用影字,除自己标举的《天仙子》等三首之外,还有下列二首:

乍暖还轻冷,风雨晚来方定。庭轩寂寞近清明,残花中酒,又是去年病。　　楼头画角风吹醒,入夜重门静。那堪更被明月,隔墙送过秋千影!

——《青门引》

龙头舴艋吴儿竞,笋柱秋千游女并。芳洲拾翠暮忘归,秀野踏青来不定。　　行云去后遥山暝,已放笙歌池院静。中庭月色正清明,无数杨花过无影。

——《木兰花》

这些作品都给与读者以闲静而又朦胧的印象,显示了张词追求韵味、善于含蓄的特色。

张先是与柳永共同跨进慢词领域的,晁无咎曾说:"张子野与柳耆卿齐名,而时以子野不及耆卿,然子野韵高,是耆卿所乏处。"(见吴曾《能改斋漫录》卷十六"黄鲁直词谓之著腔诗"条)这客观地比较了张、柳的成就,也指出了张词在韵味方面的优点。由于张先也很熟悉市井生活,所以他已较早地接触到了市井流行的乐调,谱写了一些慢词,如《山亭宴慢》、《少年游慢》、《谢池春慢》、《剪牡丹》、《倾杯》、《熙州慢》等,兹举两例如下:

缭墙重院,时闻有、啼莺到。绣被掩余寒,画帘明新晓。朱槛连空阔，飞絮无多少。径莎平，池水渺。日长风静，花影闲相照。
尘香拂马，逢谢女，城南道。秀艳过施粉，多媚生轻笑；斗色鲜衣薄，
碾玉双蝉小。欢难偶，春过了。琵琶流怨，都入相思调。

——《谢池春慢·玉仙观道中逢谢媚卿》

丽日千门，紫烟双阙，琼林又报春回。殿阁风微，当时去燕还来。
五侯池馆频开，探芳菲、走马天街。重帘人语，辚辚绣轩，远近轻雷。
雕觞霞滟，翠幕云飞，楚腰舞柳，宫面妆梅。金猊夜暖，罗衣暗裛
香煤。洞府人归，放笙歌、灯火下楼台，蓬莱。犹有花上月，清影徘徊。

——《宴春台慢·东都春日李阁使席上》

这些词反映了作者对都市生活的眷恋。比起晏、欧来，已经有了较多的夸张与铺叙，特别是对物象和心理上某些细节的精微刻画，更显得突出。但在层次、结构诸方面，都不够细密，显示了长调慢词初兴，尚未成熟的特点。此外如《卜算子慢》写伤春伤别，《破阵乐》写钱塘繁华，都见出作者具有很强的描写能力，对慢词的发展起到了促进作用。从张先开始，词中长调逐渐兴盛起来。

正由于此，张先在词史上占有不可忽视的地位，他的创作体现了从五代传统到宋代新风这一历史性的转变。他活了八十九岁，在这漫长的岁月中，北宋帝国经济日益繁荣，都市日益发达，因而歌词也由为少数上层社会中人所爱好的样式扩大为市民各阶层所共有的艺术。他曾经和晏殊、欧阳修一道追随过五代词人的步伐，也曾在都市繁荣的物质生活刺激下写出了和柳永作风近似的篇章。这样，他就很自然地成为晏、欧和柳、苏之间的一座桥梁。他以老寿的年龄做了词史上这一转变的见证人，又以自己的创作实践推动了这一转变。陈廷焯在《白雨斋词话》卷一中指出："张子野词，古今一大转移也。前此则为晏、欧，为温、韦，体段虽具，声色未开；后此则为秦、柳，为苏、辛，为美成、白石，发扬蹈厉，气局一新，而古意渐失。子野适得其中，有含蓄处，亦有发越处，但含蓄不似温、韦，发越亦不似豪苏、腻柳，规模虽隘，气格却近古。"这个论断，是中肯的。

第三节 发展长调慢词的柳永

柳永的生平事迹及其创作道路 和晏、欧、范、张大体上生活在同一时期，而以自己的创作体现了不同于五代词风的新面貌，并在词的形式和技巧方面大有发展提高的是柳永①，他原名三变，字耆卿，又字景庄，因家族内排行第七，俗呼柳七，崇安（在今福建省）人。父亲柳宜曾任工部侍郎，叔父柳宏任光禄寺卿。柳永青少年时代流连坊曲，虽以风流文采知名于世，却被封建统治者所嫌弃。他应试于汴京时，曾经有人向仁宗皇帝举荐，仁宗因为他是著名的“填词柳三变”，便叫他“且去填词”，“由是不得志，日与猥子纵游娼馆酒楼间，无复检率，自称云：‘奉圣旨填词柳三变’。”（见《艺苑雌黄》“柳三变”条，郭辑本《宋诗话辑佚》卷下）在屡试不第之后，他曾经填了一首《鹤冲天》词，自我解嘲地说：

> 黄金榜上，偶失龙头望。明代暂遗贤，如何向？未遂风云便，争不恣游狂荡？何须论得丧，才子词人，自是白衣卿相。　　烟花巷陌，依约丹青屏障。幸有意中人，堪寻访。且恁偎红倚翠，风流事，平生畅。青春都一饷。忍把浮名，换了浅斟低唱！

这首词写出了他玩世不恭的人生观，同时也流露了科场失意的愤激之情。“才子词人”、“白衣卿相”的自我安慰，“忍把浮名，换了浅斟低唱”的大胆言行，都是和封建道德、伦理规范不相容的。当然，柳永的思想并没有再向前跨进一步，他并未与封建伦理道德的思想体系直接对抗。只是由于遭受到统治者的排斥，由于生活上和城市平民比较接近，他的思想意识中确实有一些新的东西。与这种思想感情相联系，他对爱情的歌唱就有了新的意境：

---

① 柳永的生卒年史无记载，唐圭璋《柳永事迹新证》推断为987—1053，见《文学研究》1957年第3期；李国庭《柳永生年及行踪考辨》推断为980—1050，见《福建论坛》1981年第5期。

自春来惨绿愁红，芳心是事可可。日上花梢，莺穿柳带，犹压香衾卧。暖酥消，腻云亸、终日厌厌倦梳裹。无那，恨薄情一去，音书无个！　早知恁么，悔当初、不把雕鞍锁。向鸡窗、只与蛮笺象管，拘束教吟课。镇相随，莫抛躲，针线闲拈伴伊坐，和我，免使年少光阴虚过。

——《定风波》

洞房记得初相遇，便只合，长相聚。何期小会幽欢，变作别离情绪。况值阑珊春色暮，对满目乱花狂絮。直恐好风光，尽随伊归去。

一场寂寞凭谁诉，算前言，总轻负。早知恁地难拚，悔不当时留住。其奈风流端正外，更别有系人心处；一日不思量，也攒眉千度。

——《昼夜乐》

可以看出，无论是前一篇以女性口吻写的，或后一篇以男性口吻写的，都体现了当时市民阶层对于爱情的看法。他们所感到遗憾的，是“自古及今，佳人才子，少得当年双美”（《玉女摇仙佩》），所感到兴趣的则是“美人才子，合是相知”（《玉蝴蝶》）。柳永的词就是这样替市民群众唱出了共同的心声。以郎才女貌的要求替代了门当户对的标准，以热烈而细腻的、少所顾忌的描写替代了含蓄的作风，乃是这些作品的特色。它不只是柳永个人流连坊曲的生活史，也正是一般城市平民的婚姻生活和审美理想的如实反映。这类作品虽然风格不高，其中一部分还不免夹杂庸俗、猥亵的气息，但对于封建统治阶级的思想体系，仍不失为一种冲击的力量。张舜民《画墁录》卷一载，柳永因填词得罪了皇帝，吏部不肯任以官职。他不堪冷落，便去拜会当时的执政大臣晏殊。晏殊问他：“贤俊作曲子么？”柳永回答说：“只如相公亦作曲子。”晏殊说：“殊虽作曲子，不曾道‘彩线慵拈伴伊坐’。”柳永无词以对，只好走了。这一场针锋相对的谈话，正好说明由士大夫之词到市民阶层之词的内涵及风格的演变，以及它们之间所存在着的审美观念上的差异和矛盾。

就这样，柳永长期被摒斥于官场之外，浪迹于市井之间。他曾到处漫游，由汴河东下江淮，向南到泗州、扬州、苏州、杭州和会稽，又自汴京西至洛阳、长安、成都，还到过湖北、湖南一带。晚年改名永，才于景祐元年(1034)考中进士，在浙江做过几任小官，如睦州团练推官、定海晓峰场盐官和屯田员外郎等。在盐场任职时，他作有《鬻海歌》长诗一首，写出了劳动人民辛苦制盐的过程，对受到残酷压榨的盐民表示了深切的同情。柳永虽然由于自己的思想行为不尽符合统治者的要求而在政治上受到了排挤，但他动人的作品却赢得了社会群众的热爱，当他穷困而死后，“远近之人，每遇清明日，多载酒肴，饮于耆卿墓侧，谓之吊柳会”(见曾敏行《独醒杂志》卷四)。民间艺人甚至把他的故事编成小说，搬上舞台，如话本《柳耆卿记》、《众名姬春风吊柳七》，以及戏文杂剧《柳耆卿诗酒玩江楼》等。

柳永的歌词在当时以及后世之所以为人爱好，是由于他能运用通俗的语言真实地反映社会生活，特别是表现了在此之前文学作品中较少出现的市民情调。在形式上，它又发展了以前虽有但却不为作家们所常用因而也流行不广的慢词。宋翔凤《乐府余论》指出，北宋到了仁宗时代，“中原息兵，汴京繁庶，歌台舞席，竞赌新声。耆卿失意无俚，流连坊曲，遂尽收俚俗语言编入词中，以便使人传习，一时动听，散布四方。其后东坡、少游、山谷辈相继有作，慢词遂盛。”这简明扼要地说明了柳永新的创作道路及其影响。

柳永发展慢词的四种方式　慢词并非始于柳永。敦煌发现的《云谣集杂曲子》中，已有一百零四字的长调《内家娇》和一百零十字的《倾杯乐》；文人模仿试作的慢词，如《尊前集》所载杜牧[八六子]有九十字，《花间集》所载薛昭蕴[离别难]有八十七字。足见唐代中叶以来兴起的曲子词，短小的令词和长调慢词是早已有之而且并存的。但晚唐以迄宋初，在词坛占优势的仍然是小令。直到柳永为了在内容上能反映丰富的城市社会生活和复杂的思想感情，他才以全力写作慢词，促进了词体的发展，在词史上作出了新贡献。他的《乐章集》现存歌词二百多首，按宫调编排，其中十之七八是慢词。

柳永发展慢词大体上有四种方式：

首先是利用民间原有的词调。敦煌曲子词调名见于《乐章集》者共十六阕，其中《倾杯乐》全同，《凤归云》、《内家娇》部分相同，此外如《斗百花》、《玉女摇仙佩》、《凤衔杯》、《慢卷䌷》、《征部乐》和《洞仙歌》等调也有直接或间接的继承关系。

第二是旧曲新翻。《宋史·乐志》云："太宗洞晓音律，前后亲制大小曲及因旧曲创新声者，总三百九十。……因旧曲造新声者五十八。"柳永受到这种风气的启发，便根据仍旧流行于市井间的唐代宫廷和教坊旧曲，翻新为词调。如从大曲、法曲、曲破中翻为慢词新腔者有《雨霖铃》、《法曲献仙音》、《法曲第二》、《促拍满路花》和《尾犯》等。

第三是由小令扩展为慢词，从短章铺衍为长篇。如《定风波》、《玉蝴蝶》、《婆罗门》、《长相思》、《望远行》、《十二时》等，在敦煌曲子词中是小令，到柳词已演变为慢词(详唐圭璋、潘君昭《论柳永词》，载《词学研究论文集》，上海古籍出版社 1982 年版)。再如《女冠子》，在《花间集》中是小令，前段五句，后段四句，共四十一字：

> 四月十七，正是去年今日。别君时，忍泪佯低面，含羞半敛眉。不知魂已断，空有梦相随。除却天边月，没人知。
>
> ——韦庄《女冠子》

而到柳永手里，却发展为前段十句、后段十一句共一百十一字的长调：

> 淡烟飘薄，莺花谢、清和院落。树阴翠、密叶成幄。麦秋霁景，夏云忽变奇峰、倚寥廓。波暖银塘涨，新萍绿鱼跃。想端忧多暇，陈王是日，嫩苔生阁。　　正铄石天高，流金昼永，楚榭光风转蕙，披襟处、波翻翠幕。以文会友，沉李浮瓜忍轻诺。别馆清闲，避炎蒸、岂须河朔。但尊前随分，雅歌艳舞，尽成欢乐。
>
> ——柳永《女冠子》

不仅字数大增，而且韵律和音节也起了变化，成了与小令完全不同的宛转曲折的新腔。

第四是自创新调。唐五代词或不分片，或只有前后两叠。柳永从内容出发进行了开拓。除了重新创制二叠的慢词如《笛家弄》等以外，还创造性地把二叠发展为三叠，如《曲玉管》、《夜半乐》等。特别是他自己独创的三叠词《戚氏》一首，竟长达二百十二字：

> 晚秋天，一霎微雨洒庭轩。槛菊萧疏，井梧零乱惹残烟。凄然！望江关，飞云黯淡夕阳间。当时宋玉悲感，向此临水与登山。远道迢递，行人凄楚，倦听陇水潺湲。正蝉吟败叶，蛩响衰草，相应喧喧。
>
> 孤馆度日如年。风露渐变，悄悄至更阑。长天净，绛河清浅，皓月婵娟。思绵绵，夜永对景，那堪屈指，暗想从前。未名未禄，绮陌红楼，往往经岁迁延。　　帝里风光好，当年少日，暮宴朝欢。况有狂朋怪侣，遇当歌、对酒竞流连。别来迅景如梭，旧游似梦，烟水程何限！念利名、憔悴长萦绊。追往事、空惨愁颜。漏箭移、稍觉轻寒。渐呜咽、画角数声残。对闲窗畔，停灯向晓，抱影无眠。

第一叠十五句七十三字，第二叠十三句五十五字，第三叠十六句八十四字，极尽夸饰铺张之能事。此词之主旨是写游宦失意而追念往日京城生活之乐，笔触细腻，展示了作者在一个黄昏到深夜的全部内心活动，他的欢乐、哀愁、回忆、忏悔，都在委婉的絮语中尽情地倾吐了出来，而其形式则与之十分调协。

柳永深明音律，熟悉唐代的旧曲，又遍习宋代的新声，因此他能发挥独创性，制新调，填新词，为其后的词奠定了繁荣昌盛的基础。李清照《词论》说得好："逮至本朝，礼乐文武大备，又涵养百余年，始有柳屯田永者，变旧声作新声，出《乐章集》，大得声称于时。"这种对柳永创制新腔慢词的功绩的肯定，出自眼界甚高的女词人，是值得注意的。

柳词的创作内容和艺术特征　柳永在当时曾被士大夫视为无行的浪子，"好为淫冶讴歌之曲，传播四方"（见吴曾《能改斋漫录》卷十六"柳三变词"条）。其实，他所写的艳冶之词，在《乐章集》中只占四分之一，如《迷仙引》、《少年游》、《昼夜乐》等，其中格调低下的更不很多。作为一个用毕生精力从事慢词制作的词人，柳永集子里所反映的社会生活，是比他人更加广阔一些和新鲜一些的，如对都市文明的歌颂就是新的主题之一：

东南形胜，三吴都会，钱塘自古繁华。烟柳画桥，风帘翠幕，差参十万人家。云树绕堤沙。怒涛卷霜雪，天堑无涯。市列珠玑，户盈罗绮竞豪奢。　　重湖叠巘清嘉，有三秋桂子，十里荷花。羌管弄晴，菱歌泛夜，嬉嬉钓叟莲娃。千骑拥高牙。乘醉听箫鼓，吟赏烟霞。异日图将好景，归去凤池夸。

——《望海潮》

这篇作品非常生动地描写了大都市杭州的繁华和湖山自然景色的壮丽。北宋到了仁宗时代，城市经济发达，物质文明高涨，市民生活活跃的一面，在这个善于体察市民的精神状态，并善于用他的审美意识去反映生活的作家笔下，得到了鲜明的表现。这类歌词在《乐章集》中也约占四分之一，如《木兰花慢》和《瑞鹧鸪》之写苏州，《笛家弄》、《倾杯乐》和《透碧霄》之写汴京，都为前此所无。所以范镇曾说："仁宗四十二年太平，镇在翰苑十余载，不能出一语咏歌，乃于耆卿词见之。"（见祝穆《方舆胜览》卷十一）

柳永造诣最高的是抒写离人思妇和羁旅行役的作品，这类歌词在《乐章集》中占二分之一，有一百多首。这位在政治上失意的词人，为了生活和其他原因，不得不离开繁华的都市和依恋的情人，怀着一颗飘泊的心，流浪于南北各地，有时还滞留在古道荒原，寒江野岸，遭受着凄凉和寂寞的侵袭。在这种境遇里，身世之感，羁旅之恨，就更加突出，而这种感情也就往往变得更深刻，更真挚，更严肃了。这样，就使得他突破了平日为人们习见的弄脂调粉的作风，而写出了如下的一些不朽的名篇：

寒蝉凄切。对长亭晚，骤雨初歇。都门帐饮无绪，方留恋处，兰舟催发。执手相看泪眼，竟无语凝咽。念去去千里烟波，暮霭沉沉楚天阔。　　多情自古伤离别，更那堪冷落清秋节。今宵酒醒何处，杨柳岸、晓风残月！此去经年，应是良辰好景虚设。便纵有千种风情，更与何人说？

——《雨霖铃》

对潇潇暮雨洒江天，一番洗清秋。渐霜风凄紧，关河冷落，残照当楼。是处红衰翠减，苒苒物华休。惟有长江水，无语东流。　　不忍登高临远，望故乡渺邈，归思难收。叹年来踪迹，何事苦淹留？想佳人妆楼凝望，误几回、天际识归舟。争知我，倚阑干处，正恁凝愁！

——《八声甘州》

冻云黯淡天气，扁舟一叶，乘兴离江渚。渡万壑千岩，越溪深处，怒涛渐息，樵风乍起，更闻商旅相呼，片帆高举。泛画鹢、翩翩过南浦。　　望中酒旆闪闪，一簇烟村，数行霜树。残日下、渔人鸣榔归去。败荷零落，衰杨掩映，岸边两两三三，浣纱游女，避行客、含羞笑相语。　　到此因念，绣阁轻抛，浪萍难驻。叹后约丁宁竟何据？惨离怀、空恨岁晚归期阻。凝泪眼、杳杳神京路。断鸿声远长天暮。

——《夜半乐》

这些词反映了作者对自然景物的深刻感受和高妙的描写手段，也表现了一个旅途飘泊者的苦闷心情。《雨霖铃》描写的是一个分别的场面，但这个场面所充塞的悲痛气氛，却暗示了过去爱情生活的美满和今后沉重得难以担负的相思之情。它的内容虽然比较单纯，然而感情是异常诚挚的。《八声甘州》则进一步展开了作者内心的矛盾。对无聊的现实生活的嫌恶，和对恋情的向往，在作者的心胸中激荡着。使得飘泊者产生这种心情的典型环境，则是极其富有特征的深秋景色。《夜半乐》共分三叠，第一叠写旅途经历，第二叠是沿途景物，第三叠由景入情，深深地抒发了一位游子沦落江湖的离愁。此词在结构上大开大阖，气魄宏伟。前两叠平叙，从容不迫，末叠则突然转为急促，一句一意，愈引愈深，作者去国离乡的感情也更为激动起来了。可以想像得到，当时歌唱起来，一定是前缓后急，声情相应，非常动听的。

柳词的艺术特征是长于铺叙，构思细密，布局完整，层次分明。王灼《碧鸡漫志》卷二指出："柳耆卿《乐章集》，世多爱赏该洽，序事闲暇，有首有尾，亦间出佳语，又能择声律谐美者用之。惟是浅近卑俗，自成一体，不知书者尤好之。"周济在《宋四家词选》中也说："柳词总以平叙见长，或发端，或结尾，或换头，以一二语钩勒提掇，有千钧之力。"从语言艺术上来看，柳词通俗流利，极富音乐性。当时的文人都指责他鄙俗，其实，柳永吸收大量口语入词，乃是为了适合市民群众的口味。《四库全书总目》卷一百九十八《乐章集》提要认为："盖词本管弦冶荡之音，而永所作旖旎近情，使人易入，虽颇以俗为病，然好之者终不绝也。"正由于此，才会"凡有井水饮处，即能歌柳词"（见叶梦得《避暑录话》卷下）。况周颐《蕙风词话》卷三曾说："柳屯田《乐章集》为词家正体之一，又为金、元以还乐语所自出。"况氏指出了柳词对金、元以来的说唱文学以及南北曲的用语提供了成功的先例，不失为很敏锐的观察。

柳永的主要贡献就在于以新鲜、通俗的语言，铺叙白描的手法，大量地发展了长调慢词，并用这种新体歌唱了北宋帝国繁荣时期的都市文明与市民生活，并在某种程度上反映了市民意识和封建思想的矛盾。他扩大了词的容量，丰富了歌词的表现力。这不仅直接影响了婉约派词家秦观、周邦彦等人，而且也为苏轼开创豪放派准备了有利条件。

第四章　苏轼在文学史上的杰出贡献

苏轼是经历北宋中期到后期的文学大家，他上承王禹偁、欧阳修的现实主义作风，下开其门下四学士和六君子等人才辈出的局面，成为欧阳修之后更为杰出的文坛领袖。

苏轼具有多方面的文艺才能，他以丰富的、广泛的创作实践完成了北宋的诗文革新运动，并把这种革新精神扩展到歌词的领域，转变了从晚唐五代以迄宋初的以婉约为主的词风，影响极为深远。

苏轼和他父亲苏洵及弟弟苏辙都是在欧阳修的提携下从事文学活动的。他们父子三人都对古文的继续发展作出了各自的贡献，尽管在仕途上历经挫折，但文学的耕耘却获得了丰收。《宋史·苏轼传论》说：

> 弱冠，父子兄弟至京师，一日而声名赫然，动于四方。既而登上第，擢词科，入掌书命，出典方州。器识之闳伟，议论之卓荦，文章之雄隽，政事之精明，四者皆能以特立之志为主，而以迈往之气辅之。故意之所向，言足以达其有猷，行足以遂其有为。至于祸患之来，节义足以固其守，皆志与气所为也。仁宗初读轼、辙制策，退而喜曰："朕今日为子孙得两宰相矣。"神宗尤爱其文，宫中读之，膳进忘食，称为天下奇才。二君皆有以知轼，而轼卒不得大用。一欧阳修先识之，其名遂与之齐，岂非轼之所长不可掩抑者，天下之至公也！

的确，苏轼是中国文学艺术史上稀有的多面手天才作家，在骈散文、诗、词、书法、绘画等各方面，他都有着不可企及的成就。这一人物，只有在祖国丰富而优秀的文化传统的长期孕育中才能产生。而他的出现，又标志着我国的传统文化在北宋时代又达到了新的高峰。

第一节　苏轼的生活道路和创作道路

眉山苏氏的家世　苏轼(1037—1101)，字子瞻，号东坡居士，眉州眉山(在今四川省)人。他的先世在东汉时占籍赵郡，至唐代苏味道以赵州栾城人任眉州刺史，其子孙始定居于眉山。

苏轼出身于一个富有文学传统的家庭里，祖父苏序虽未出仕，却“读书务知大义”，“诗多至千余篇”(曾巩《赠职方员外郎苏君墓志铭》)。父亲苏洵“为人聪明，辨智过人”(曾巩《苏明允哀词》)，但他看不起“属对声律”的时文，不愿意走科举求仕的道路，直到二十七岁才发愤读书，“遂通六经、百家之说，下笔顷刻数千言。”(《宋史》本传)母亲程氏，是一个善良而有知识的妇女，在苏轼十岁的时候，程氏为他讲述《后汉书·范滂传》，她自己也深深地被这位敢于和恶势力进行斗争甚至为正义献出自己生命的历史人物所感动了。当时苏轼问她说：假使我将来像范滂那样，你答应吗？程氏毫不犹豫地回答说：你能做范滂，难道我就不能做范滂的母亲吗！① 这样的家教，对于苏轼的成长，无疑地是极为有益的。苏轼和比他小两岁的弟弟苏辙，在父母的教育培养下，终于成为历史上的著名人物。

在嘉祐元年(1056)以前，苏轼是在自己的家乡度过的。这位作家的天才在儿童时期已经显露了不可逼视的光芒。他八岁进乡塾读书的时候，朝廷中范仲淹等正与吕夷简进行斗争，石介为着支持范仲淹而创作的《庆历圣德诗》很快地传到了眉山。年幼的苏轼对于诗中所歌颂的为着祖国利益而向旧派官僚进行斗争的范仲淹、韩琦、富弼、欧阳修等人，就已经不胜向往之至了。在他十岁的时候，苏洵叫他写一篇习作《夏侯太初论》

---

①　据苏辙《东坡先生墓志铭》，见《东坡七集》卷首。苏辙《栾城后集》所收此文题为《亡兄子瞻端明墓志铭》，文字与《东坡七集》本略有出入。

(夏侯玄,字太初。《三国志·魏书》有传),他竟能写出“人能碎千金之璧,不能无失声于破釜;能搏猛虎,不能无变色于蜂虿”这种善于把握人物内心活动的句子[①]。在父亲的悉心教导和自己的刻苦钻研之下,他到了二十岁,已经成为“博通经史,属文日数千言”的作家。

嘉祐元年,苏轼二十一岁,苏洵将他兄弟俩带到了汴京。苏洵一方面把自己的著作送呈当时的文坛盟主欧阳修和其他一些知名之士,另一方面也向他们介绍了自己的两个儿子。爱才如命的欧阳修大加赞赏,于是,这几位从四川来的远方客人,就立刻在当时的政治和文化中心的汴京获得了盛名。

生平事迹和思想风貌　嘉祐二年(1057)正月,欧阳修主持礼部科试,苏轼和苏辙都考中了进士。欧阳修特别赞赏苏轼的《刑赏忠厚之至论》,曾兴奋地写信给梅尧臣说:“快哉!快哉!老夫当避路,放他出一头地也。可喜,可喜!”(《与梅圣俞》)并对自己的儿子欧阳发等人说:你们记着吧,再过三十年,就不会有人谈起我了(见朱弁《风月堂诗话》卷上)。欧阳修大力地提拔了门生苏轼,苏轼也丝毫没有辜负老师的赏识,这真是中国文坛上的佳话。

嘉祐二年四月,程氏在四川家中病逝,苏洵父子回蜀奔丧。直到嘉祐四年(1059)十月,父子三人再度赴京。这次乘舟经行三峡,沿途奇丽的山川和屈原塔、昭君村等古迹,激发他们的诗情,一路上写成了一百首诗歌,编成《南行集》(又名《江行唱和集》),其中苏轼的作品就有四十首。苏轼还为这个集子写了一篇序。这可说是他诗歌创作的起点。

嘉祐六年(1061),苏轼经欧阳修的推荐,参加了秘阁的制科考试,考取了贤良方正能言极谏科。这是朝廷为选拔高级人才而举办的一种特殊考试。苏轼为这次应试写出了二十五篇《进论》和二十五篇《进策》,系统

---

① 郭辑本《王直方诗话》“东坡作《夏侯太初论》”条:“东坡十岁,老苏令作《夏侯太初论》……老苏爱之,以少时所作,故不传,然东坡作《颜乐亭记》与《黠鼠赋》,凡两次用之。”王宗稷《苏文忠公年谱》系此事于庆历五年(1045),与《诗话》称十岁合,王文诰《苏文忠公诗编注集成总案》卷一则据旧谱引秦少章说此文乃苏轼“十来岁”作,系之庆历七年(1047)轼十二岁时。

地提出了他对前代治乱兴衰的看法和当前的政治主张，力劝仁宗改革弊政，励精图治。《进策》的内容有三部分：《策略》五篇分析了当时的政治形势，研究了治国之策；《策别》十七篇阐明了具体的改革措施，如《课百官》、《安万民》、《教战守》、《厚财货》、《训军旅》等；《策断》三篇提出了抗击辽、夏的策略，主张积极备战，反对因循苟且。为了缓和当时日趋尖锐的阶级矛盾和民族矛盾，他从政治、经济、军事等各方面向皇帝提出了一系列的革新建议，比王安石《上仁宗皇帝言事书》的议论更为透辟，但在提出的具体措施上，则与王安石有歧异。他说："臣窃以为当今之患，虽法令有所未安，而天下之所以不大治者，失在于任人，而非法制之罪也。"（《进策·策略三》）所以他提倡任人，而反对变法；提倡渐进的变革，而反对操之过急。这种早年就形成了的观点，对他一生的政治生涯产生了深远的影响。

在中了制科以后，苏轼被授予大理评事，任凤翔府签判。作为地方官，他开始较深入地接触复杂的社会和实际政治，在许多方面扩大了自己的眼界。治平三年（1066）四月，苏洵在汴京病逝，他和苏辙扶柩回川居丧。到熙宁二年（1069）二月还朝时，正碰上王安石在神宗的全力支持下开始变法。

苏轼立即站在保守派一方，接连上疏给神宗，竭力反对王安石的做法。熙宁四年（1071）二月，他两次上万言书，对新法进行了全面的非议。因为无效，就自请出任地方官。这时候，许多前朝旧臣因与王安石政见不合，也纷纷去职，离开了朝廷，其中有富弼、司马光、欧阳修等有影响的人物，曾巩、张方平和苏辙等也在其内。他先到杭州任通判，后调任密州、徐州、湖州的知州。值得注意的是，苏轼虽然反对新法，但和极端顽固的旧派有所不同。在新法推行的初期，他对限制贵族特权，增强国防力量诸方面，都曾表示赞同，只是他认为王安石的政策是"取天下之财与民争利"，因而力加反对。后来司马光要将新法完全废弃时，他又和司马光争论，认为应当保留其中合理的部分。可见他对于新法，并非盲目地否定一切。到了晚年，他在《与滕达道书》中甚至说："某欲见面一言者，盖为吾侪新法之初，辄守偏见，至有异同之论。虽此心耿耿，归于忧国，而所言差谬，少有中理者。"由此可见，苏轼在政治上并非是完全站在代表大地主利益的保守派一边的。正因为如此，他在长期的地方官任内，虽然抵制变法，却又时常利用他认为是合理的部分新法做一些对人民有利的事情。

在新法的推行过程中，由于宋朝官僚制度腐朽和官员素质低劣等原因，曾产生了某些副作用。苏轼与王安石的政见不同，因之他没有看到新法好的一面，而只看到新法施行过程中所产生的种种流弊，就以诗歌作为武器，尖锐地揭露了一些不良现象。苏轼在当时文名很大，这种诗歌流布四方，就成了守旧派反对新法的最有力的宣传品。在王安石当政的时期，这位杰出的政治家始终没有因为苏轼讽刺新法而对他进行过打击报复，但在王安石离职以后，变法派中的新进就群起陷害苏轼。元丰二年(1079)七月，当他移知湖州时，即以讪谤新政的罪名被逮至京，关在御史台的监狱里。这一起文字狱，就是著名的乌台诗案。苏轼在牢房中受尽苦楚，自度必死，曾写下《狱中寄子由》这种近于遗书的作品：

> 柏台霜气夜凄凄，风动琅珰月向低。梦绕云山心似鹿，魂飞汤火命如鸡。眼中犀角真吾子，身后牛衣愧老妻。百岁神游定何处，桐乡知葬浙江西。

神宗对苏轼本无恶感，一些元老重臣又纷纷上书营救，已经退隐的王安石也出面说："岂有圣世而杀才士者乎?"结果终于获得从轻发落，被贬为黄州团练副使(事详周紫芝《诗谳》及朋九万《东坡乌台诗案》)。

苏轼是元丰三年(1080)二月到达黄州的，这时他已经四十五岁了。因为在城东一块荒地上耕种自给，从此他就自号为东坡居士。在黄州四年多的贬谪生活，使他亲身践履了历史上许多英雄人物曾在这里活跃着的雄伟江山，写出了不少著名的作品；同时，在投闲置散中，他更深刻地体验着社会与人生，养成了他以广阔的胸怀、鄙夷不屑的态度来对待所加于他的迫害的那种特殊的斗争方式。当然，这是和他在这样的逆境中，其思想中原来就具有的老庄哲学有所发展是相关的。苏轼的思想以儒家为本，但受道家和佛家的影响也很深。他博览两家典籍，后来又与钱道人以及参寥、佛印等许多和尚来往，养成了达观出世的人生观。特别是到黄州以后，融会儒、释、道三家为一体的思想风貌在他身上更日益明显了。其中老庄哲学在苏轼的生活历程中，有时起着使他脱离现实的消极作用，有时又起着使他坚决抗拒流俗的积极作用。他的思想特点是主儒术而不迂腐，渗佛老而不沉溺。其世界观是比较复杂的，儒家的忠君爱民的思想，道家的因任自然，同死生、轻去就的思想，还有佛家的自我解脱的思想，都在不同的条件下表现在他的作品中。释道思想当然是消极的，但对冲破儒家思想的束缚又起着某种积极作用。

谪居黄州是苏轼生活道路和创作道路的转捩点。他在政治上虽受了打击，但在创作上却获得了丰收。苏轼早年的成就固然已经不同凡响，然而在元丰三年到黄州之后，这位大作家才进入更加成熟的时期。

元丰七年(1084)四月，苏轼被调任汝州团练副使，路过建康(今江苏省南京市)的时候，他去拜访了退居林下的王安石，畅谈古今文学，共同体会佛学，彼此都非常钦佩。王安石希望苏轼在建康定居，以便时常来往，苏轼听了非常神往，所以在《次荆公韵四绝》中，深情地写道："劝我试求三亩宅，从公已觉十年迟。"而王安石则对人叹息说："不知更几百年，方有如此人物。"(见《苕溪渔隐丛话》前集卷三十五引《西清诗话》；又见施元之注苏诗卷二十一《同王胜之游蒋山》题注)尽管他俩的政见不合，但并没有妨碍私人之间的友谊。

元丰八年(1085)三月，神宗去世，哲宗即位。太皇太后(英宗皇后)高氏临朝，政局完全改观，旧派人物恢复了原有的地位。司马光和文彦博执掌大权，贬逐变法派，彻底废除了新法。元祐元年(1086)，苏轼被召还朝，授以翰林学士、知制诰的重任。但他反对尽废新法，竟和司马光当面辩论了一场。从元祐元年到八年，是旧派得势的时期，但由于他的政治主张不合时宜，结果遭到了新旧两党的夹攻，陷入了朔党、洛党、蜀党互相排斥的无休止的纷争中。他不安于位，便一再要求离开朝廷，出任地方官。自元祐四年起，他以龙图阁学士的身份，先后出知杭州、颍州、扬州、定州。在这一时期里，他致力于地方性的赈济救荒、建立病坊、兴修水利、整饬军纪等工作。这些对人民有利的措施，使得他在离开这些地方之后，还被人民深深地怀念着。

高太后临朝虽只八年，却完全摧毁了王安石辛苦推行新法的成果，社会矛盾又扩大、尖锐起来了。元祐八年（1093）九月，高太后逝世，哲宗亲政，想挽救危机，摆脱内外交困的局面，再度起用了新党章惇、吕惠卿等人，于绍圣元年（1094）开始恢复新法。可是，这时候主张推行新法的人和新法的本身都变质了。他们和守旧派在事实上都已成了大地主的代理人，彼此之间的争执仅仅是宿怨旧恨和权势冲突，已没有进步与落后之分。这些捧着新法招牌的官僚们，虽然在本质上已和旧派没有根本的区别，然而基于严重的朋党之风，是不肯轻易放过他们的政敌的。君主多疑，小人多谗，在这种情况下，素来敢于直言的苏轼，首当其冲地被划入旧党一派，以“讥斥先朝”的罪名贬知英州，接着再贬至惠州。绍圣四年（1097），新党掌权的朝廷普遍加重对元祐党人即旧党的惩罚，六十二岁的苏轼又一次遭到远谪，被贬为琼州别驾，到海南岛的儋州居住。正如陪伴他的小儿子苏过在《次大人生日》诗中所说：“直言便触天子嗔，万里远谪南海滨。”

海南岛在宋代是一个尚未开发的地区，从隋唐以来，只有犯了重罪的官员才流放到这里，来了以后，往往没有生还的希望。苏轼处在这样的环境里，居然把生死置于度外，他每日食芋饮水，著书赋诗，怡然自得。有时还背着一个大瓢，在田野间散步，高唱着自己创作的歌词《哨遍》。命运给这位老诗人安排着一条艰苦的道路，而老诗人却没有被吓倒。这期间，佛老思想又成了他求得自我解脱的精神武器，而且比黄州时期更加发展滋长了。他随遇而安，旷达乐观，终于走完了这段艰险的人生旅程。

元符三年（1100）正月，哲宗去世，徽宗继位，神宗的皇后向太后听政，苏轼遇赦北还。建中靖国元年（1101）七月间病逝常州。这一不幸消息传开后，在全国范围内引起了震惊。“吴越之民，相与哭于市；其君子，相与吊于家；讣闻四方，无贤愚皆咨嗟出涕；太学之士数百人，相率饭僧惠林佛舍。”（苏辙《东坡先生墓志铭》）后来，奸臣蔡京奏请朝廷严禁发卖苏轼的集子，可是越禁越流行。宋元以来，以他的生活为题材的民间故事、小说、戏剧就不断出现，历久不衰。这些事实证明，他是属于广大人民的。

第二节　散文世家

三苏的文论　苏洵、苏轼和苏辙在北宋的新古文运动中都有突出的造就，均属于唐宋八大家之列，合称为三苏，即老苏、大苏和小苏。

三苏的文学见解是大体相同的。他们一家僻处西蜀，没有受到宋初中原地带浮艳文风的不良影响。苏轼兄弟以父为师，接受了良好的教导，无怪乎初到汴京，就得到欧阳修的赏识。苏洵论文，强调“有为而作”，他取法于贾谊、陆贽，长于议论。在《上韩枢密书》中，他说：“洵著书无他长，及言兵事，论古今形势，至自比贾谊。”苏辙在《东坡先生墓志铭》中则说苏轼“少与辙皆师先君”，在《历代论》引言中又说：“予少而力学，先君，予师也；亡兄子瞻，予师友也。父兄之学，皆以古今成败得失为议论之要。”这可说是眉山苏氏一脉相承的家风。而重视评论史事，也正是为酌古准今，为了讨论和解决现实问题。在《凫绎先生诗集叙》中，苏轼写道：

> 昔吾先君适京师，与卿士大夫游，归以语轼曰：“自今以往，文章其日工，而道将散矣。士慕远而忽近，贵华而贱实，吾已见其兆矣。”以鲁人凫绎先生之诗文十篇示轼曰：“小子识之，后数十年，天下无复为斯文者也。先生之诗文，皆有为而作，精悍确苦，言必中当世之过，凿凿乎如五谷必可以疗饥，斫斫乎如药石必可以伐病。其游谈以为高，枝词以为观美者，先生无一言焉。”其后二十余年，先君既没，而其言存。

苏洵提出的“有为而作”的原则，其实质是“言必中当世之过”，意即文学应当积极干预生活，充分发挥为社会疗饥、伐病的作用。基于这个论点，苏氏父子不仅反对西昆派的贵华贱实，极力赞成“罢去浮巧轻媚、丛错采绣之文”（苏洵《答欧阳内翰书》），而且也反对理学家脱离实际的游谈空论。

对于文与道的关系，苏轼有自己的独创之见。他一方面推崇韩愈“文起八代之衰，道济天下之溺”（《潮州韩文公庙碑》），赞美欧阳修“学推韩愈、孟子，以达于孔氏，著礼乐仁义之实，以合于大道”（《〈六一居士集〉序》）；但另一方面，却进一步强调了文的重要性，其更重视文学的艺术特征。在文道合一的大前提下，欧阳修是文道并重，而苏轼则是先文后道。他曾引欧阳修的话说：“文章如精金美玉，市有定价，非人所能以口舌定贵贱也。”（《答谢民师书》）又说：“吾所为文必与道俱。”（见《朱子语类》卷一百三十九《论文上》）这就是因文以求道的意思，说明学文可以得文中之道，又可以得行文之道，从而纠正了理学家周敦颐阐述“文以载道”（《通书·文辞》）的片面性。

苏轼对道的理解与理学家有歧异，而且与韩、欧等人也不尽相同，在《日喻》一文中，他批评了“求道之过”，认为“道可致而不可求”。他认为不能空谈理论，而应重在实践，并以游泳为例，指出“日与水居”，“必将有得于水之道”。他这种可致而不可求的主张，表现在文艺创作上，就开辟了一条崇尚自然的创作道路。他在《文说》中自述：“吾文如万斛泉源，不择地而出，在平地滔滔汩汩，虽一日千里无难，及其与山石曲折，随物赋形而不可知也。所可知者，常行于所当行，止于不可不止，如是而已矣，其他虽吾亦不能知也。”在《答谢民师书》中也说：“大略如行云流水，初无定质，但常行于所当行，常止于所不可不止，文理自然，姿态横生。”基于这种理解，他就提倡艺术风格的多样化和生动性，反对千篇一律或违反自然的不良作风。在《答张文潜书》中，他批评了王安石企图以王氏新学强行统一儒林、文苑的思想：

> 文字之衰，未有如今日者也，其源实出于王氏。王氏之文，未必不善也，而患在于好使人同己。自孔子不能使人同，颜渊之仁，子路之勇，不能以相移，而王氏欲以其学同天下！地之美者，同于生物，不同于所生。惟荒瘠斥卤之地，弥望皆黄茅白苇，此则王氏之同也。

这就深刻地指出了强求一致，必将造成文学园地的荒芜和贫瘠。这种观点，显然与苏轼的作品能形成自己独特的风格，取得卓越的艺术成就，是分不开的。

苏轼的散文气势纵横，豪放自然，其弟苏辙曾经评论说："子瞻诸文皆有奇气。"（见苏籀《栾城遗言》，粤雅堂丛书本《双溪集》附录）这看出苏辙论文以气为主，在《上枢密韩太尉书》中，他又说："辙生好为文，思之至深，以为文者气之所形，然文不可以学而能，气可以养而致。孟子曰'我善养吾浩然之气'，今观其文章，宽厚宏博，充乎天地之间，称其气之小大。太史公行天下，周览四海名山大川，与燕赵间豪俊交游，故其文疏荡，颇有奇气。此二子者，岂尝执笔学为如此之文哉！其气充乎其中，而溢乎其貌，动乎其言，而见乎其文，而不自知也。"他认为文章离不开气势，所以为文必先养气：像孟子那样注重陶冶和深化内心世界，像司马迁那样广泛地接触外界事物。从苏氏父子三人的创作实践来看，他们正是致力于识见的培养，增广生活阅历，以激发其志气与文气而取得成功的。

苏洵　苏洵（1009—1066），字明允。他是一位颇有政治抱负的人，其文风和战国时代的纵横家很接近。他四十八岁到汴京拜见欧阳修，献上自己的论文二十二篇，"书既出，而公卿士大夫争传之。其二子举进士，皆在高等，亦以文学称于世。眉山在西南数千里外，一日父子隐然名动京师，而苏氏文章遂擅天下"（见欧阳修《故霸州文安县主簿苏君墓志铭》）。当时的宰相韩琦也很欣赏他的文章，曾向仁宗推荐，召他入试，但他"辞疾不至"。所以苏洵虽然名震京华，而始终没有得到与其声名相称的官职，只在嘉祐五年时被任命为秘书省校书郎，六年除霸州文安县主簿，留京编纂《太常因革礼》一百卷，书编成后，旋即去世。

苏洵的作品现存《嘉祐集》十五卷。其中《权书》十篇是他的主要论著之一，据他自己说，书中所讨论的，"虽古人已往成败之迹，苟深晓其义，施之于今，无所不可。"（《上韩枢密书》）其另一重要著作《衡论》十篇，则更直接地研究了古今某些重大的政治措施，不仅论政治，而且还论军事。他追踪战国时代纵横家，为文有策士之风，有时不免失之偏颇，如撰《辨奸论》以诋王安石，即其一例①。

① 通行本《嘉祐集》中无《辨奸论》，过去有因其始见于邵伯温《邵氏闻见录》卷十二，疑为邵氏伪作，但北宋麻沙本《类编增广老苏先生大全文集》卷三已收此文。伪作之论，或不可信。

由于根柢纵横家，所以老苏之文长于议论。曾巩评析其写作特点是："指事析理，引物托喻，侈能尽之约，远能见之近，大能使之微，小能使之著，烦能不乱，肆能不流。"（《苏明允哀词》）如《送石昌言使北引》一文，简洁而有情致，其中论述出使契丹应不亢不卑，不辱君命，并从历史上总结经验教训，祝愿石扬休能取得外交上的胜利。《管仲论》更显示了纵横开合、辞锋颖锐的特色，文中深刻地论证了政治家举贤自代的重要性，他批评管仲临死前因未能识拔和推荐贤能的人才，致使奸臣窃柄，种下了齐国陷入内乱的祸根，都不愧精微朗畅之作。今录《管仲论》为例：

管仲相桓公，霸诸侯，攘夷狄，终其身齐国富强，诸侯不叛。管仲死，竖刁、易牙、开方用。桓公薨于乱，五公子争立，其祸蔓延，讫简公，齐无宁岁。

夫功之成，非成于成之日，盖必有所由起；祸之作，不作于作之日，亦必有所由兆。则齐之治也，吾不曰管仲，而曰鲍叔；及其乱也，吾不曰竖刁、易牙、开方，而曰管仲。何则？竖刁、易牙、开方三子，彼固乱人国者，顾其用之者，桓公也。夫有舜而后知放四凶，有仲尼而后知去少正卯。彼桓公何人也？顾其使桓公得用三子者，管仲也。仲之疾也，公问之相。当是时也，吾以仲且举天下之贤者以对，而其言乃不过曰"竖刁、易牙、开方三子，非人情，不可近"而已。呜呼！仲以为桓公果能不用三子矣乎？仲与桓公处几年矣，亦知桓公之为人矣乎？桓公声不绝于耳，色不绝于目，而非三子者，则无以遂其欲。彼其初之所以不用者，徒以有仲焉耳。一日无仲，则三子者可以弹冠而相庆矣。仲以为将死之言，可以絷桓公之手足耶？夫齐国不患有三子，而患无仲；有仲，则三子者三匹夫耳。不然，天下岂少三子之徒？虽桓公幸而听仲，诛此三人，而其余者，仲能悉数而去之耶？呜呼！仲可谓不知本者矣！因桓公之问，举天下之贤者以自代，则仲虽死，而齐国未为无仲也。夫何患三子者？不言可也。

五霸莫盛于桓、文。文公之才不过桓公，其臣又皆不及仲。灵公之虐，不如孝公之宽厚。文公死，诸侯不敢叛晋；晋袭文公之余威，得为诸侯之盟主者百有余年。何者？其君虽不肖，而尚有老成人焉！桓公之薨也，一乱涂地，无惑也。彼独恃一管仲，而仲则死矣。夫天下未尝无贤者，盖有有臣而无君者矣。桓公在焉，而曰天下不复有管仲者，吾不信也。仲之书，有记其将死，论鲍叔、宾胥无之为人，且各疏其短。是其心以为数子者，皆不足以托国；而又逆知其将死，则其书诞漫不足信也。

吾观史鳝，以不能进蘧伯玉而退弥子瑕，故有身后之谏；萧何且死，举曹参以自代。大臣之用心，固宜如此也！一国以一人兴，以一人亡，贤者不悲其身九死，而忧其国之衰。故必复有贤者，而后有以死。彼管仲者，何以死哉？

管仲是春秋时期著名的政治家，他为辅佐齐桓公“九合诸侯”、“一匡天下”（《论语·宪问》载孔子论管仲语）的霸业立下了大功，在历史上曾受到广泛的称道。然而，苏洵却提出了与众不同的创见，他深刻地指出了管仲应对自己死后，齐国大乱负责。用今天的话说，就是管仲没有认识到发现人才，选拔人才的重要性，因而也没有能够使齐国的霸业继续保持和发展，反而走向衰亡。他先肯定了管仲的功劳，但笔锋一转，随即揭出管仲死后奸佞专权，使齐国陷入大乱的痛史。作者总结了历史的经验教训，鲜明地提出了这样一个观点：“齐之治也，吾不曰管仲，而曰鲍叔；及其乱也，吾不曰竖刁、易牙、开方，而曰管仲。”这是深中肯綮、一针见血的评论，是一篇持之有故、言之成理的翻案文章，而且同时是一篇对当时朝廷用人的方针政策具有指导意义的文章。

苏轼　有一次，苏轼曾对别人说：“某平生无快意事，惟作文章，意之所到，则笔力曲折，无不尽意，自谓世间乐事，无逾此矣。”（见何薳《春渚纪闻》卷六）这说明他“一肚皮不入时宜”的思想都要借自己的创作发泄出来，而且都能表现得曲尽其妙①。他的散文和全部创作，在艺术上给我们

① 费衮《梁溪漫志》卷四：“东坡一日退朝，食罢，扪腹徐行，顾谓侍儿曰：‘汝辈且道是中有何物？’一婢遽曰：‘都是文章。’坡不以为然。又一人曰：‘满腹都是识见。’坡亦未以为当。至朝云，乃曰：‘学士一肚皮不入时宜。’坡捧腹大笑。”

最深刻的印象和最愉快的享受，就在于它们所具有的无所不可的高度表现力。语言到了这位大师的手上，几乎成了神话中的魔杖，顷刻之间，就能创造奇迹，使从生活真实提炼出来的艺术真实呈现在我们面前。

在少年时代，苏轼在他父亲的指导之下，深刻研究过汉代贾谊和唐代陆贽的文章。这两位杰出的政论家，还有他追随多年的老师欧阳修，对于他的影响是很大的。在艺术技巧上，苏轼又颇得力于《庄子》一书。如何将自己蕴藏在心里的意思充分地、准确地加以表达，据他自己说，《庄子》给了他极大的启示。甚至对佛教禅宗说法的方式，他也加以吸收。苏辙曾指出其学文的程序是："初好贾谊、陆贽书，论古今治乱，不为空言。既而读《庄子》，喟然叹息曰：'吾昔有见于中，口未能言，今见《庄子》，得吾心矣。'""后读释氏书，深悟实相，参之孔、老，博辩无碍，浩然不见其涯也。"(见《亡兄子瞻端明墓志铭》)这种造诣，保证了苏轼的全部创作在题材、意境等方面，都达到了非常广阔和成熟的程度；其复杂的世界观和独特的个性，在创作中也得到了全面的反映。黄庭坚《东坡先生真赞》说他"嬉笑怒骂皆成文章"，正是叹赏其这种难以企及的成就。他继欧阳修之后大力推行并完成了第二次古文运动。他的创作实践，乃是有宋一代散文的高峰。

苏轼一生写了大量的政论和史论。这种评史议政的文章，如《思治论》、《六国论》、《续朋党论》、《留侯论》、《教战守策》等，大都语言明快气势雄浑，援古证今，说理透辟。尤其善于运用一些浅显、生动、贴切、形象的比喻，来阐明深刻的哲理。请看《日喻》：

生而眇者不识日，问之有目者，或告之曰："日之状如铜盘。"扣盘而得其声，他日闻钟，以为日也。或告之曰："日之光如烛。"扪烛而得其形，他日揣籥，以为日也。日之与钟、籥亦远矣，而眇者不知其异，以其未尝见而求之人也。

道之难见也甚于日，而人之未达也无以异于眇。达者告之，虽有巧譬善导，亦无以过于盘与烛也。自盘而之钟，自烛而之籥，转而相之，岂有既乎？故世之言道者，或即其所见而名之，或莫之见而意之，皆求道之过也。

然则，道卒不可求欤？苏子曰："道可以致而不可求。"何谓致？孙武曰："善战者致人，不致于人。"子夏曰："百工居肆以成其事，君子学以致其道。"莫之求而自至，斯以为致也欤？

南方多没人，日与水居也，七岁而能涉，十岁而能浮，十五而能没矣。夫没者岂苟然哉！必将有得于水之道者。日与水居，则十五而得其道；生不识水，则虽壮，见舟而畏之。故北方之勇者，问于没人，而求其所以没，以其言试之河，未有不溺者也。故凡不学而务求道，皆北方之学没者也。

昔者以声律取士，士杂学而不志于道；今也以经术取士，士知求道而不务学。渤海吴君彦律，有志于学者也，方求举于礼部，作《日喻》以告之。

本篇写于元丰元年（1078），这时，当政者将科举考试的内容由诗赋改为经义已经很久了。苏轼自始就不赞成这种改变，他认为"贡举之法，行之百年，治乱兴衰，初不由此"，不必"徒为纷乱，以患苦天下"，而且以经术取士，只能产生"迂阔矫诞之士"，"其弊有甚于诗赋者矣"（《议学校贡举状》）。但吴彦律却又正是去应他所不赞成的科试的，所以他只好在文章终篇的地方，说明诗赋和经义两种科目都各有其缺点。原来，古人所说的，包括主张新法的人主张的通经致用，无非是一种用旧瓶盛新酒的手段，无非是将古代经书中的某些论点作为施政的根据，以利于政令的推行。他们只拘泥于经书中的道，而不知从现实生活中去学。这是针对新法推行者和脱离实际信奉理学空谈者而发的。文中用了瞎子猜日和南人游水两个比喻，论证了对于事物进行全面认识的重要性，以及通过实践来检验认识是否正确的必要性。苏轼最大的本领之一，就是善于以十分新鲜而生动的比喻来表达细微曲折的思想感情。有许多比喻在他用过之后，竟自然而然地变成了中国人民的共同智慧和精神财富。例如本篇的"扣盘"、"扪烛"，从此就成了认识片面的代词。同样，"胸有成竹"这个成语，也源出于苏轼的文艺评论《文与可画筼筜谷偃竹记》。记云：

竹之始生，一寸之萌耳，而节叶具焉。自蜩腹蛇蚹以至于剑拔十寻者，生而有之也。今画者乃节节而为之，叶叶而累之，岂复有竹乎？故画竹必得成竹于胸中①，执笔熟视，乃见其所欲画者，急起从之，振笔直遂，以追其所见，如兔起鹘落，少纵则逝矣。与可之教余如此，余不能然也，而心识其所以然。夫既心识其所以然而不能然者，内外不一，心手不相应，不学之过也②。故凡有见于中而操之不熟者，平居自视了然，而临事忽焉丧之，岂独竹乎？

子由为《墨竹赋》以遗与可，曰："庖丁，解牛者也，而养生者取之；轮扁，斫轮者也，而读书者与之。今夫夫子之托于斯竹也，而余以为有道者，则非邪？"子由未尝画也，故得其意而已。若余者，岂独得其意，并得其法。

与可画竹，初不自贵重，四方之人持缣素而请者，足相蹑于其门。与可厌之，投诸地而骂曰："吾将以为袜！"士大夫传之，以为口实。及与可自洋州还，而余为徐州。与可以书遗余曰："近语士大夫：'吾墨竹一派近在彭城，可往求之。'袜材当萃于子矣。"书尾复写一诗，其略曰："拟将一段鹅溪绢，扫取寒梢万尺长。"余谓与可："竹长万尺，当用绢二百五十匹。知公倦于笔砚，愿得此绢而已。"与可无以答，则曰："吾言妄矣！世岂有万尺竹哉？"余因而实之，答其诗曰："世间亦有千寻竹，月落庭空影许长。"与可笑曰："苏子辩矣！然二百五十匹绢，吾将买田而归老焉。"因以所画筼筜谷偃竹遗余，曰："此竹数尺耳，而有万尺之势。"筼筜谷在洋州，与可尝令余作《洋州三十咏》，筼筜谷其一也。余诗云："汉川修竹贱如蓬，斤斧何曾赦箨龙，料得清贫馋太守，渭滨千亩在胸中。"与可是日与其妻游谷中，烧笋晚食，发函得诗，失笑喷饭满案。

---

① 晁补之《赠文潜甥杨克一学文与可画竹求诗》："与可画竹时，胸中有成竹。"即袭苏语。

② 苏轼《腊日游孤山访惠勤、惠思二僧》："兹游淡薄欢有余，到家恍如梦蘧蘧。作诗火急追亡逋，清景一失后难摹。"陈与义《春日》二首之一："朝来庭树有鸣禽，红绿扶春上远林。忽见好诗生眼底，安排句法已难寻。"都是描写创作中的这种境遇。

元丰二年正月二十日，与可没于陈州。是岁七月七日，余在湖州曝书画，见此竹，废卷而哭，失声。昔曹孟德祭桥公文，有车过腹痛之语。而余亦载与可畴昔戏笑之言者，以见与可于余亲厚无间如此也。

文同，字与可，是苏轼的表兄、好友，能诗文，画竹尤工。本文总结了与可画竹的经验，指出画竹必须先有成竹在胸，然后才能下笔。这实际上接触到了文艺创作的体验生活和表现生活的关系问题。本文又是一篇亲切的回忆录。它描绘了文与可平易坦率的性格，与此相对照着，作者还非常成功地写出了自己的机智、幽默和风趣。如文尾所记，这篇回忆录是作者在他的表兄和好友死后忽然看到他的遗作而感到十分悲痛的情况下写的。在回忆的愉快中，又掺杂了目前的孤寂和悲戚，但整个说来，却没有沉重的哀伤。苏轼开朗的胸襟和比较达观的人生哲学，也体现在这篇随笔中了。

在艺术上，《筼筜谷偃竹记》也表现出了苏文的某些特征。罗大经《鹤林玉露》丙编卷三"东坡文"条说他的文章具有"横说竖说，惟意所到，俊辩痛快，无复滞碍"的优点。而这一篇一向不是被人认为特别好的作品，却正是一个比较典型的例子。粗看起来，它似乎全无结构；令人读了上面，完全不知道下面要说什么。但一段一段读下去，就发现它每一层的意思都有其内在的联系，所牵涉的面虽很广，有诗，有赋，有叙事，有议论，而主要的却在于表达对一位亲厚无间的好友的追怀。刘熙载说："东坡最善于没要紧底题说没要紧底话，未曾有底题说未曾有底的话。""介甫之文长于扫，东坡之文长于生。扫，故高；生，故赡。"(《艺概》卷一)这番评论是值得仔细玩味的。

苏轼的叙事记游之文，成就也很高。他一生走遍了大半个中国，生活面非常广阔，这为他提供了极其丰富的创作题材。他的山水游记与众不同，除了描写景物和叙事抒情外，特别欢喜杂以议论，阐发哲理，如《喜雨亭记》、《凌虚台记》、《超然台记》、《放鹤亭记》、《石钟山记》和《清风阁记》等，都是脍炙人口之作。

通过对自然景物的描写来揭示自己的内心世界是苏轼散文的一个重

要方面，这使我们立即想起了他著名的《赤壁赋》和《后赤壁赋》。在体裁上，它们是受了古文运动的影响，继承欧阳修写《秋声赋》的艺术传统的文赋，而且在写作技巧上比《秋声赋》又向前推进了一大步，是宋代文赋中最出色的作品。今录《赤壁赋》如次：

壬戌之秋，七月既望，苏子与客泛舟游于赤壁之下。清风徐来，水波不兴。举酒属客，诵明月之诗，歌窈窕之章。少焉，月出于东山之上，徘徊于斗牛之间。白露横江，水光接天。纵一苇之所如，凌万顷之茫然。浩浩乎如冯虚御风，而不知其所止；飘飘乎如遗世独立，羽化而登仙。

于是饮酒乐甚，扣舷而歌之。歌曰："桂棹兮兰桨，击空明兮溯流光。渺渺兮予怀，望美人兮天一方。"客有吹洞箫者，倚歌而和之。其声呜呜然，如怨，如慕，如泣，如诉，余音袅袅，不绝如缕，舞幽壑之潜蛟，泣孤舟之嫠妇。

苏子愀然，正襟危坐而问客曰："何为其然也？"

客曰："'月明星稀，乌鹊南飞。'此非曹孟德之诗乎？西望夏口，东望武昌，山川相缪，郁乎苍苍，此非孟德之困于周郎者乎？方其破荆州，下江陵，顺流而东也，舳舻千里，旌旗蔽空，酾酒临江，横槊赋诗，固一世之雄也，而今安在哉！况吾与子渔樵于江渚之上，侣鱼虾而友麋鹿，驾一叶之扁舟，举匏樽以相属；寄蜉蝣于天地，渺沧海之一粟。哀吾生之须臾，羡长江之无穷。挟飞仙以遨游，抱明月而长终。知不可乎骤得，托遗响于悲风。"

苏子曰："客亦知夫水与月乎？逝者如斯，而未尝往也；盈虚者如彼，而卒莫消长也。盖将自其变者而观之，则天地曾不能以一瞬；自其不变者而观之，则物与我皆无尽也，而又何羡乎！且夫天地之间，物各有主，苟非吾之所有，虽一毫而莫取。惟江上之清风，与山间之明月，耳得之而为声，目遇之而成色；取之无禁，用之不竭。是造物者之无尽藏也，而吾与子之所共适。"

客喜而笑，洗盏更酌。肴核既尽，杯盘狼藉。相与枕藉乎舟中，不知东方之既白。

宇宙无穷，人生有限，自来是古典作家们所常有的感慨①。这种感慨所体现的，当然也是人类和其所生存的自然环境之间的矛盾，但更主要的却是不平凡的人物和其所生活的平凡甚至庸俗的社会环境之间的矛盾。生不逢时，原来是旧社会中优秀人物的普遍命运，问题是在于用什么态度去对待它。在这篇赋里，苏轼给我们塑造了两个不同的形象："哀吾生之须臾，羡长江之无穷"的客人，和将人生比作"逝者如斯，而未尝往"的水、"盈虚者如彼，而卒莫消长"的月的作者自己。客人所追求的，是永远和宇宙同在；而作者自己则指出，若就变的角度来看，永恒的天地也是短促的；反之，若就不变的角度看，则短促的人生也是永恒的。前一种态度是要征服、超越现实，所以情调是悲壮的。而后一种态度则是要忽略、弃置现实，所以情调是放旷的。苏轼在这篇赋里，沿用赋的传统的"抑客伸主"的表现方式，发挥了自己对人生的看法。

很显然，在这篇赋中所表现的思想，和《庄子·齐物论》很相近，带有消极的倾向。但如果我们认为作者纯然是一位庄子的信徒，或者认为他是为消极而消极的，那就错了。这篇赋写于元丰五年，即谪居黄州的第三年。他自生世以来，以其绝代的天才，在父母师友的培育下，一帆风顺地在人生的河流里驶行着，而这次遭受到的重大打击是他有生以来的第一次（虽然还有更重大的打击在后面等着他）。这时，在他思想中原来就占有一定地位的老庄哲学就更多地影响了他，使他滋长了一些消极情绪。但这种倾向从他整个的人生和创作道路来考察，却除了消极作用外，还有其积极的作用。那就是，从此以后，他往往以对现实的有意忽略和弃置乃至鄙视，去抵抗来自各方面对于自己的迫害。这种以消极方式来表达积极感情的手段，是苏轼创作上的重要特征之一。在其后的历史时代里，所发生的影响是巨大的。苏辙为他写的墓志铭中曾说，自从他谪居黄州以

① 如唐代陈子昂《登幽州台歌》："前不见古人，后不见来者，念天地之悠悠，独怆然而涕下。"王勃《秋日登洪府滕王阁饯别序》："天高地迥，觉宇宙之无穷；兴尽悲来，识盈虚之有数。"皆人所习知。

后，“驰骋翰墨，其文一变”。《赤壁赋》就可以用来作为证明。

赤壁二赋抒发了作者的人生哲学，但它本身仍然是非常完美的艺术品。在前赋中，如我们所看到的，雄伟的江山，清幽的夜景，在月光之下愉快的航行，都是十分吸引人的。作者毫不费力地将我们引进了那个令人神往的境界。主客的对话，内容虽饱含哲学意味，而语言却是艺术的，非常富于诗情画意的。历史上英雄人物的事业和山间明月、江上清风，都成了抒写作者思想感情的材料。从这些抒写里，苏轼的超脱和旷达，不为环境所屈服的精神状态，被他自己非常精确地勾画了出来。后赋描写了作者在几个月之后的另一次游踪，在艺术成就上，可以比美前赋，并驾齐驱。

书札、序跋和杂文，在苏轼的散文中也占有相当重要的地位。这类作品或记友情，或写襟怀，夹叙夹议，挥洒自如，充分表现了作者的个性和风趣。如《上梅直讲书》，一方面向梅尧臣表示了钦慕之意，同时又流露了自己心阔志远的得意之情。《王元之画像赞》高度评价了王禹偁的“雄文直道”，《书吴道子画后》总结了“出新意于法度之中，寄妙理于豪放之外”的创作经验。他在黄州写的《答秦太虚书》和《答李端叔书》，谈生活，谈文艺，谈谪居时的困苦境遇，娓娓动听，摹写入微。他晚年贬谪在儋州时写给方外友人参寥的一封书札更是如此。

> 专人远来，辱手书，并示近诗，如获一笑之乐，数日喜慰忘味也，某到贬所半年，凡百粗遣，更不能细说。大略只似灵隐天竺和尚退院后，却住一个小村院子，折足铛中，罨糙米饭吃，便过一生也得。其余瘴疠病人，北方何尝不病？是病皆死得人，何必瘴气？但苦无医药，京师国医手里死汉尤多！参寥闻此一笑，当不复忧我也。故人相知者，即以此语之，余人不足与道也。未会合间，千万为道善爱自重！
>
> ——《答参寥》

像这样的一些作品，其意义不仅在于反映了作家在极度困苦中的怡然自得之情，显示了他难以企及的气度，更主要的还在于：这种以轻松的、带有讽刺口吻所表达出来的心态和气度，对于迫害者来说，本身就是一种有力的反击。在《书〈孟德传〉后》这篇杂文里，苏轼提到这么一件事："曩余闻忠、万、云安多虎。有妇人昼日置二小儿沙上而浣衣于水者。虎自山上驰来，妇人仓皇沉水避之。二小儿戏沙上自若。虎熟视久之，至以首抵触，庶几其一惧；而儿痴，竟不知怪，虎亦卒去。意虎之食人，必先被之以威，而不惧之人，威无所以施欤？"对于像猛虎一般的迫害者来说，禀性豪迈坦荡，不为生死得丧之情所压倒的苏轼，正像那两个沙上小儿，所以他们也无所施其威了。了解这一点，对于了解苏轼整个的人和作品，是相当重要的。

苏辙　苏辙(1039—1112)字子由。十九岁时和苏轼同登进士科。在政治思想上，兄弟俩是一致的，所以他也是因为反对变法而屡遭贬谪。元祐年间，旧党执政，召为右司谏，累迁御史中丞，拜尚书右丞，进门下侍郎；后新党掌权，又一再被贬，曾远徙雷州、循州，与苏轼贬逐南荒的遭遇相同。徽宗即位，复官为大中大夫，晚年退居于许州颍川之滨，乃自号颍滨遗老。著有《栾城集》、《后集》、《三集》等。《苏文定公谥议》云："惟公挺生西蜀，毓秀山川，天材最高，资禀实厚，而又有父文安先生为之师，有兄文忠公为之师友。盖其所学所行，皆本原乎家传，而文章事业，卓乎可敬而仰也。""公少年擢两科，与其父兄皆以文名世，而公之文汪洋澹泊，深醇温粹，似其为人。文忠尝称之以为实胜己。其所为诗、骚、铭、颂、书、记、论、譔，与夫代言之作，率大过人①。"这些赞美，大抵如实。其佳文如《黄州快哉亭记》：

江出西陵，始得平地，其流奔放肆大。南合沅、湘，北合汉、沔，其势益张。至于赤壁之下，波流浸灌，与海相若。清河张君梦得，谪居齐安，即其庐之西南为亭，以览观江流之胜，而余兄子瞻名之曰快哉。盖亭之所见，南北百里，东西一舍，涛澜汹涌，风云开阖。昼则舟楫出没于其前，夜则鱼龙悲啸于其下。变化倏忽，动心骇目，不可久视。

---

①　见《四部丛刊》本《栾城集》卷首。按：南宋孝宗时，追赠三苏谥号为文安、文忠和文定。

今乃得玩之几席之上,举目而足。西望武昌诸山,冈陵起伏,草木行列,烟消日出,渔夫樵父之舍,皆可指数,此其所以为快哉者也。

至于长洲之滨,故城之墟,曹孟德、孙仲谋之所睥睨,周瑜、陆逊之所驰骛,其流风遗迹,亦足以称快世俗。昔楚襄王从宋玉、景差于兰台之宫,有风飒然至者,王披襟当之,曰:"快哉此风!寡人所与庶人共者耶!"宋玉曰:"此独大王之雄风耳,庶人安得共之?"玉之言盖有讽焉。夫风无雄雌之异,而人有遇不遇之变,楚王之所以为乐,与庶人之所以为忧,此则人之变也,而风何与焉。

士生于世,使其中不自得,将何往而非病?使其中坦然,不以物伤性,将何适而非快?今张君不以谪为患,窃会计之余功,而自放山水之间,此其中宜有以过人者。将蓬户瓮牖,无所不快;而况乎濯长江之清流,揖西山之白云,穷耳目之胜以自适也哉!不然,连山绝壑,长林古木,振之以清风,照之以明月,此皆骚人思士之所以悲伤憔悴而不能胜者,乌睹其为快也哉!

元丰六年十一月朔日,赵郡苏辙记。

这是作者被贬官筠州时的作品。当时苏轼和张怀民都谪居黄州,同处逆境之中,作者到黄州去探望他们,写下了这篇文章。他从观览江山形胜着眼,结合历史遗迹的凭吊和怀想,就快哉二字抒发,气势很足,寓意也十分深刻。他的另一篇散文《武昌九曲亭记》,也写得极有风致。这种创作手法,是直接跟欧阳修和苏轼一脉相承的。苏轼在《答张文潜书》中评论其弟的作品说:"其文如其为人,故汪洋澹泊,有一唱三叹之声,而其秀杰之气终不可没。"足见苏辙的散文是能独树一帜的。

小坡苏过　苏轼的三个儿子迈、迨和过俱善为文,其中以幼子苏过的成就较高。

苏过(1072—1133)字叔党,从小跟随父亲宦游南北。苏轼每次贬谪,只有他是始终陪伴着的。他有些作品颂扬了苏轼和苏辙的人品和节操,反映了父辈们晚年谪居岭南期间的思想和生活情况,揭露了徽宗朝统治集团迫害元祐党人的实际情况,颇具史料价值。他一生饱经忧患,境遇坎坷。晚年在颍昌经营湖阴水竹数亩，名曰小斜川，自号斜川居士，所以其集名为《斜川集》。

苏过的诗文和书画有乃父的遗风，苏辙曾说："吾兄远居海上，惟成就此儿能文。"（见《宋史·苏过传》）清人赵怀玉在《校刻〈斜川集〉序》中也评论说："今观其诗文具有家法，东坡好和陶，而叔党有小斜川之作；东坡善言兵，而叔党有论黎事之书。出处进退，未忘家国。"其《论海南黎事书》，指出对待少数民族的政策首先要重"民言"，使下情上达。其次要重吏治，可以选用黎族人作官吏。这些言论是很有见地的。他的散文名篇有《萧何论》、《书〈周亚夫传〉后》、《书〈张骞传〉后》、《伏波将军庙碑》等。其《记交趾进异兽》云：

> 麒麟、凤凰，天所生也；虎豹、蛇蝎，亦天所生也。生麟凤也，必复生虎豹、蛇蝎，苍苍者或自有说。然天之生麟凤也不数，而虎豹、蛇蝎害人之物，往往蕃衍于深山大泽，眈眈焉，逐逐焉，肆其爪牙之利，以逞其口腹之欲。宜乎麒麟、凤凰高飞远行，不一游于世也。

虽然是一百多字的小品，但却寄寓了很深的感慨。显然，作者是把麟凤比作正直的君子，而把虎豹、蛇蝎比作凶恶的小人。正因为小人当道，所以麟凤就只能引退了。这事实上是北宋末期政局的写照。

苏过又擅长文赋的创作，苏轼生前曾说他："小儿少年有奇志，中宵起坐存黄庭；近者戏作凌云赋，笔势仿佛《离骚》经。"（《游罗浮山一首示儿子过》）如《思子台赋》和《飓风赋》，寓意深刻。由于他能继承乃父的文才艺事，当时曾称他为小坡，而称其父为大坡。（见《宋史》本传）四川眉山的三苏祠里有一副楹联，上联"一门父子三词客"是指老苏、大苏、小苏，下联"千古文章四大家"则还包括了小坡，可见苏过作为散文家而闻名，是为后世所认可的。

苏文的影响　苏氏一门在文学创作上都有才名，特别是在散文方面，用力最勤，成绩也最显著。其中当然以苏轼的造就最高，影响也最大，故有所谓"人传元祐之学，家有眉山之书"。（见《东坡七集》卷首载宋孝宗

《赠苏文忠公太师制》）苏门的弟子在诗、词方面有能与不能，而在散文方面则大都是能手。

宋室南渡之后，苏文盛行。陆游《老学庵笔记》卷八云："建炎以来，尚苏氏文章，学者翕然从之。"对苏文的生熟，甚至可以影响科名，所以当时又有"苏文熟，吃羊肉；苏文生，吃菜羹"的俗谚。郎晔曾精选苏文四百多篇，编成六十卷，并为之作注，于光宗绍熙二年（1191）上表进呈朝廷，书名题为《经进东坡文集事略》，是最早的苏文选注本，今存。

到了明代中叶，唐宋文派的茅坤编《唐宋八大家文钞》，三苏均在其内。他并评论说："苏文公（洵）崛起蜀徼，其学本申、韩，而其行文杂出荀卿、孟轲及《战国策》诸家，不敢遽谓得古六艺者之遗，然其镵画之议、幽情之思、博大之识、奇崛之气，非近代儒生所及。要之，韩、欧而下，与诸名家相为表里。及其二子继响，嘉祐之文，西汉同风矣。"（《〈苏文公文钞〉引》）又说："若苏氏兄弟，则譬之引江河之水，而一泻千里，湍者萦，逝者注，杳不知其所止者已。"（《唐宋八大家文钞·论例》）竟陵派的钟惺更夸张地评述："有东坡之文，而战国之文可废也。"（《〈东坡文选〉序》）公安派的袁宏道则特别看重其小品文，认为："东坡之可爱者，多其小文小说，使尽去之，而独存其高文大册，岂复有坡公哉！"（《〈苏长公合作〉引》）三袁从《东坡志林》、《东坡题跋》所收的那些文章中吸取营养，形成了清新活泼的文风，促进了晚明小品文的兴盛，也是有目共睹的。

第三节　苏轼的诗

苏轼的诗论　除了以散文著称以外，苏轼同时也是一位博采众长、别开生面的大诗人。他写诗的主张基本上也是"有为而作"，①儒家"兴、观、群、怨"的诗论对他的影响很大。他重视诗歌的社会作用，敢于揭露时弊。苏辙在他的墓志铭中说他"见事有不便于民者，不敢言亦不敢默视也。缘

---

① 《东坡题跋》卷二《题柳子厚诗》："诗须要有为而作，用事当以故为新，以俗为雅。"

诗人之义，托事以讽，庶几有补于国。”在激烈的党争中，他虽然历经磨难，但对某些不合理的人和事，仍如骨鲠在喉，一吐为快。他自己在《思堂记》中曾说：“言发于心而冲余口，吐之则逆人，茹之则逆余，以为宁逆人也，故卒吐之。”所以他能够而且敢于写出那些反映民生疾苦、忧国忧民的作品。

苏轼的创作原则是重视生活实践，充分认识到现实生活对于诗歌创作的感发作用。在《〈江行唱和集〉序》中，他说：“山川之秀美，风俗之朴陋，贤人君子之遗迹，与凡耳目之所接者，杂然有触于中，而发于咏叹！”这指出了耳闻目见的切身体验和广阔的生活阅历是创作的重要源泉，以及深入生活和理解生活的重要性。

苏诗题材丰富，风格多样。从他的作品和一些记载中，我们得知他对《诗经》、《楚辞》以下的古典诗歌，都曾作过精深的研究。他托讽补世的现实主义精神是受杜甫的影响，而超迈豪放的浪漫主义作风则源于李白。他“以文字为诗，以才学为诗，以议论为诗”①近于韩愈。但到了晚年，却又追步陶渊明的冲淡高远了。在《与子由书》中，他说：

> 吾于诗人无所甚好，独好渊明之诗。渊明作诗不多，然其诗质而实绮，癯而实腴，自曹、刘、鲍、谢、李、杜诸人，皆莫及也。吾前后和其诗一百有九篇，至其得志，自谓不甚愧渊明。

另外，苏轼晚年还喜爱柳宗元的诗，日常“惟陶渊明一集、柳子厚诗文数册常置左右，目为二友。”(《答程全父推官书》)又其《评韩、柳诗》云：

> 柳子厚诗在渊明下、韦苏州上，退之豪放奇险则过之，而温丽靖深不及也。所贵乎枯淡者，谓其外枯而中膏，似淡而实美，渊明、子厚之流是也。

他屡遭贬谪，浮沉宦海以后，佛老思想发展，心情变化，所以诗风从豪迈归

---

① 借用严羽《沧浪诗话·诗辩》评宋诗语。这种风气，实自韩愈发之。

于淡雅。与此同时，其诗论也有所变化，从托讽补世转为注重诗味的自得。故其《书黄子思诗集后》说：

苏、李之天成，曹、刘之自得，陶、谢之超然，盖亦至矣。而李太白、杜子美以英玮绝世之姿，凌跨百代，古今诗人尽废；然魏晋以来，高风绝尘，亦少衰矣。李、杜之后，诗人继作，虽间有远韵，而才不逮意。独韦应物、柳宗元发纤秾于简古，寄至味于澹泊，非余子所及也。唐末司空图崎岖兵乱之间，而诗文高雅，犹有承平之遗风。

他一方面推崇李、杜的英伟，同时又仰慕魏晋诗人的高蹈，赞美韦、柳的淡泊。这封信比较全面地说明了他对诗歌的审美观念以及这些观念与他自己遭际的内在联系。

苏诗的内容和艺术特征　苏诗的反映面极其深广，其中有同情民生疾苦的，有体现政治观点的，有描写山水风景的，还有抒发亲情友谊和个人感慨的。

反映人民生活的苦乐和时政得失的篇章，在苏诗中数量并不太多。诗人主要的不是通过这样一些题材和主题来直接揭示生活面貌的。但他既然对人民具有深厚的同情，又生活在一个统治阶级内部斗争非常激烈的时代，本人也参加了那些斗争，那么，涉及民生、时政的诗，也就很自然地在他的诗作中占了一定的地位。在处理这样一种题材和主题的时候，苏轼虽然偶尔也采取了直接暴露的手法，如《荔枝叹》、《吴中田妇叹》和《许州西湖》诸篇，但更多的时候，却使用了他自己特别擅长的侧面的讽刺。如《山村五绝》：

竹篱茅屋趁溪斜，春入山村处处花。无象太平还有象，孤烟起处是人家。

烟雨蒙蒙鸡犬声，有生何处不安生！但令黄犊无人佩，布谷何劳也劝耕？

老翁七十自腰镰，惭愧春山笋蕨甜。岂是闻韶解忘味？迩来三月食无盐。

杖藜裹饭去匆匆，过眼青钱转手空。赢得儿童语音好，一年强半在城中。

窃禄忘归我自羞，丰年底事汝忧愁？不须更待飞鸢堕，方念平生马少游。

这一组诗写于熙宁五年（1072）杭州通判任内，是为了反对新法而作的。当时政府为了发展农业生产，曾经派人到农村劝耕；为了打击垄断食盐买卖的商人，曾经推行食盐由政府专卖的政策；为了打击剥削农民的高利贷者，曾经发放低息农贷——青苗钱。这原是对广大人民和国家都有好处的事情，但由于当时官僚机构的腐朽，地方豪强力量的强大以及新法制度本身还不够健全等等因素，就出现了有的地方人民买不到盐吃，以致武装贩卖私盐盛行，农民拿到贷款又遭受引诱随便浪费等等现象。这五首诗所写的，就是诗人对于这些社会现象的感受。虽然由于保守政治观点的局限，苏轼没有能从积极方面发现王安石变法的优越性，而只是从其所产生的流弊着眼，揭露了它的阴暗面，可是他对人民生活困苦的深刻同情，仍然是值得重视的。这种深刻的同情，如我们在诗篇中所看到的，乃是以作者独特的讽刺手法表达出来的。诗人认为：如果能废止食盐专卖，让各地自由买卖，那么，人民能买到盐吃，武装走私者就无利可图，大家就会回到农业生产岗位上去，不要说劝耕的官吏用不着，连劝耕的布谷鸟也不用叫了。再说，山村中的老人难道是像孔子那样沉浸在韶乐里面，连味觉都暂时失去作用了吗？当然不是如此，他们不过是已经很长久没有吃到盐罢了。还有，许多农民老老小小争着跑到城里去借青苗钱，可是拿到手以后，随即把它胡乱花掉了，剩下来的惟一成绩，就是孩子们因为常常进城，学会了一些城里的口音。于是，诗人忍不住发言道：谁说太平无象呢？这不是太平景象吗？可是这种连丰年都教农民发愁的太平景象，我实在受不了，还不如丢了官回家去做老百姓哩！不难体会，这种口吻是多么的尖利，这种幽默、诙谐的口吻又表达了多么沉重的心情！

苏轼反对王安石变法显然是不正确的，但他所讽刺的这些现象，却是新法执行时所产生的一些流弊。这些流弊的揭露,与其说是打击了新法,还不如说是打击了当时腐朽的官僚机构,因而这些诗仍然帮助我们认识了当时的现实局势,也体现了诗人爱护人民群众的思想感情。

组诗《山村》着重地写了诗人“哀民生之多艰”以及为此而愤愤不平和惴惴不安的心情,而另外一些诗篇也写了当人民过着比较平静愉快的生活时他的欣慰,如《新城道中二首》之一:

东风知我欲山行,吹断檐间积雨声。岭上晴云披絮帽,树头初日挂铜钲。野桃含笑竹篱短,溪柳自摇沙水清。西崦人家应最乐,煮芹烧笋饷春耕。

这首诗以极其清新的笔墨描写了春日的农村。絮帽、铜钲的比喻,新鲜而又奇特。竹篱边伸出了艳冶的野桃,沙水边掩映着披拂的垂柳,也非常典型地画出了浙江锦绣一般的原野。而诗人眼中这些看来教人愉快的景物,又是和生活在这一环境中的愉快的农民分不开的。或者说,耕作者的愉快感染了诗人,才使他写出了这篇好诗。使我们感到十分有趣的是,《新城道中》和《山村》是同一时期创作的,它们恰好从不同的方面说明了诗人对人民苦乐的高度关怀,而《新城道中》所写的农民生活,又恰好适当地纠正了《山村》中诗人对生活在新法下的农民遭遇所持有的片面性的看法。这也证明,苏轼的创作,也和其他伟大的古典作家一样,主要的从自己的生活实际出发,而不是从自己的政治偏见出发的。

苏诗在内容方面最突出的表现,还在于它在极广阔的范围内反映了诗人对于生活的无限热爱,他对于束缚个性的环境的抗拒,他在任何困难的时候都不会丧失的乐观主义精神。他诗中这样极为可贵的精神,常常是通过对于自然景物的歌咏,对于行役羁旅的记述来加以反映的。如《游金山寺》:

我家江水初发源,宦游直送江入海。闻道潮头一丈高,天寒尚有沙痕在。中泠南畔石盘陀,古来出没随涛波。试登绝顶望乡国,江南江北青山多。羁愁畏晚寻归楫,山僧苦留看落日。微风万顷靴纹细,断霞半空鱼尾赤。是时江月初生魄，二更月落天深黑。江心似有炬火明，飞焰照山栖乌惊。怅然归卧心莫识，非鬼非人竟何物？江山如此不归山，江神见怪惊我顽。我谢江神岂得已，有田不归如江水！

熙宁四年(1071)，诗人因为反对变法，外调杭州。这首诗就是由汴赴杭经过镇江时的游览之作。它不只刻画了雄伟壮丽的金山景色，而且在对于这些景物的感受中很自然地流露了自己的抑郁而矛盾的心情。他从现在所看到的江山，联想起自己的家乡，不由地引起了退隐的情绪。这种退隐情绪表面上看是消极的，然而在实质上，这种消极却正是一种反抗寂寞的表现形式。

有的诗人对现实的不满往往招致了向现实屈服的后果，但苏轼却没有走上这样的道路。在更多的时候，他倒是用自己的乐观精神战胜了消极情绪。请看下列篇章：

黑云翻墨未遮山，白雨跳珠乱入船。卷地风来忽吹散，望湖楼下水如天。

放生鱼鳖逐人来，无主荷花到处开。水枕能令山俯仰，风船解与月徘徊。

乌菱白芡不论钱，乱系青丝裹绿盘。忽忆尝新会灵观，滞留江海得加餐。

献花游女木兰桡，细雨斜风湿翠翘。无限芳洲生杜若，吴儿不识《楚辞》招。

未成小隐聊中隐，可得长闲胜暂闲？我本无家更安往，故乡无此好湖山。

——《六月二十七日望湖楼醉书五绝》

水光潋滟晴方好，山色空蒙雨亦奇。欲把西湖比西子，淡妆浓抹总相宜。

——《饮湖上，初晴后雨》

风流王谢古仙真，一去空山五百春。玉室金堂余汉士，桃花流水失秦人。困眠一榻香凝帐，梦绕千岩冷逼身。夜半老僧呼客起，云峰缺处涌冰轮。

——《宿九仙山》

这些篇章都写于诗人第一次任职杭州的时候，它们极其富有特征地描绘了中国著名的天堂般的城市杭州及其附近的风光。苏轼在杭州任内，尽管许多和他的个性、思想感情相抵触的客观事物还是存在的，然而在这样一些作品里，它们却都被淡化了，也正如望湖楼前黑云白雨无碍于山光水色一样。这种不为自己不如意的政治环境所控制的萧散而豁达的怀抱和自然景物的无间的契合，也是苏轼创作中难以企及的特色之一。

像姜桂的性格愈老就愈辣一样，苏轼在晚年南迁以后，这种以乐观的、不使心为形役的生活态度来回答命运对于他的嘲弄的战斗精神，在诗篇中呈现得更明显了。到惠州不久，他就以"报道先生春睡美，道人轻打五更钟"(《纵笔》)的诗句激怒了当时陷害他的执政大臣章惇，因此被再次贬到了现今的海南岛。可是，这只是促使诗人将海外奇丽的风景收入笔端，坦荡的心情也由此而得到更充分的表现。至于迫害者预期的目的，即从精神上打击他，却是仍然落空了。下列诗篇都可以为这一事实作证。

四州环一岛，百洞蟠其中，我行西北隅，如度月半弓。登高望中原，但见积水空。此生当安归，四顾真途穷。眇观大瀛海，坐咏谈天翁。茫茫太仓中，一米谁雌雄？幽怀忽破散，咏啸来天风，千山动鳞甲，万谷酣笙钟。安知非群仙，钧天宴未终，喜我有归期，举酒属青童。急雨岂无意？催诗走群龙；梦云忽变色，笑电亦改容。应怪东坡老，颜衰语徒工，久矣此妙声，不闻蓬莱宫。

——《行琼、儋间，肩舆坐睡，梦中得句云："千山动鳞甲，万谷酣笙钟。"觉而遇清风急雨，戏作此数句》

参横斗转欲三更，苦雨终风也解晴。云散月明谁点缀，天容海色本澄清。空余鲁叟乘桴意，粗识轩辕奏乐声。九死南荒吾不恨，兹游奇绝冠平生。

——《六月二十日夜渡海》

这两首诗是苏轼六十二岁到海南岛和六十五岁离开海南岛时写的。前一篇以非常奇妙而丰富的幻想描绘了祖国南海之滨动人的雨景，在万里投荒的艰苦环境中，诗人虽不免有途穷之叹，但对于生活的热爱却迫使他更多地想到归期，想到仙人们为了庆祝他能回到中原而举行宴会，因为听到他的诗而欢喜赞叹。这就不仅体现了诗人卓越的艺术，也体现了他放旷的心胸和对生活的热爱。后一篇是诗人在元符三年(1100)遇赦离开海南岛时的感受，对于迫害他的人来说，简直是一封尖锐的挑战书。它的前四句显然含有象征意义。诗人认为，浮云蔽月，风雨漫天，总不过是暂时的现象，正如同自己遭受的侮辱与损害一样。而这一次的贬谪对于正直不屈的自己来说，却像“道不行，乘桴浮于海”的孔子；况且它还给自己带来了一次最不平凡的游历，那么，即使是牺牲了，又有什么值得怨恨的呢?!这种感情是深厚的，但却以很有风趣的口吻表达出来，表现了他的乐观和达观，同时也表现了他的倔强和幽默。这在苏轼晚年的诗作中是习见的。

上述苏诗中的那些基本精神，在有关亲情、友谊、生死、离合的题材中也表现得特别鲜明。这位诗人赋有非常旷达的性格，但旷达决不等于冷酷。他在遇到逆境的时候，善于排遣；但需要排遣，正证明他富于感情。这就是他创作中所反映的思想感情，时而显得颇为弘通，时而又显得异常执拗的内在原因。

说及这一类诗，我们不能不首先想到诗人写给他弟弟苏辙的一些作品。这两位作家的友爱是一直为人们所称羡的。

不饮胡为醉兀兀，此心已逐归鞍发。归人犹自念庭闱，今我何以慰寂寞！登高回首坡垅隔，但见乌帽出复没。苦寒念尔衣裘薄，独骑瘦马踏残月。路人行歌居人乐，童仆怪我苦凄恻。亦知人生要有别，但恐岁月去飘忽。寒灯相对忆畴昔，夜雨何时听萧瑟？君知此意不可忘，慎勿苦爱高官职。（自注："尝有夜雨对床之言，故云尔。"）

——《辛丑十一月十九日，既与子由别于郑州西门之外，马上赋诗一篇寄之》

辛丑是嘉祐六年(1061)，苏轼在这一年考中制科后，奉派赴凤翔任职。留在汴京的苏辙，将哥哥送到郑州才分手回京。他们平常十分喜爱唐代韦应物诗中所写的"宁知风雨夜，复此对床眠"（见《示全真元常》，《四部备要》本《韦苏州集》卷三）那种久别重逢、将凄凉的环境溶解在欢乐的心情里面的境界，而对于自幼生活在一道的兄弟俩不可避免的离别，则感到依依不舍。这首诗就是在这种心情中产生的，兄弟俩在诗中都被描写为充满着孤寂之感的形象，他们互相依恋着，体贴着，甚至想到不值得为高官厚禄而牺牲友爱。这种深厚的感情，在其后的作品中，还迭次出现。如熙宁十年(1077)他俩在徐州逍遥堂会宿唱和的绝句，就是极其凄恻动人、"读之殆不可为怀"的：

逍遥堂后千寻木，长送中宵风雨声。误喜对床寻旧约，不知漂泊在彭城。

秋来东阁凉如水，客去山公醉似泥。困卧北窗呼不起，风吹松竹雨凄凄。

——苏辙《逍遥堂会宿二首》

别期渐近不堪闻，风雨萧萧已断魂。犹胜相逢不相识，形容变尽语音存。

——苏轼《和子由逍遥堂会宿》①

① 原题为《子由将赴南都，与余会宿于逍遥堂，作两绝句，读之殆不可为怀，因和其诗以自解。余观子由自少旷达，天资近道，又得至人养生长年之诀，而余亦窃闻其一二，以为今日宦游相别之日浅，而异时退休相从之日长，既以自解，且以慰子由云》，共二首，这里选录第一首。

在另外一些诗中，诗人的死生离合之情则是和浓厚的乡土之爱交织在一起的。苏轼非常喜爱自己的故乡，正如他自己所说，是“每逢蜀叟谈终日，便觉峨眉翠扫空”的（见《秀州报本禅院乡僧文长老方丈》）。但命运却没有给诗人安排回乡去过闲散生活的道路，因此，在遇到同乡或准备到他家乡去的人的时候，诗人就每每情见乎辞地写出一些好作品来。

初惊鹤瘦不可识，旋觉云归无处寻。三过门间老病死，一弹指顷去来今。存亡惯见浑无泪，乡井难忘尚有心。欲向钱塘访圆泽，葛洪川畔待秋深。

——《过永乐，文长老已卒》

老翁山下玉渊回，手植青松三万栽。父老得书知我在，小轩临水为君开。试看一一龙蛇活，更听潇潇风雨哀。便与甘棠同不翦，苍髯白甲待归来。（自注：“先君葬于蟆颐山之东二十余里，地名老翁泉。君许为一往，感叹之深，故及之。”）

——《送贾讷倅眉》二首之二

这些诗篇一方面体现了朋友之情，另一方面又体现了乡土之爱。但萦绕在诗人心中的死生离合的伤感和离乡背井的烦忧使读者感受到的还不止是这些，它们分明使人察觉到：诗人在旷达的语言中蕴涵有执着的情绪，在回乡的愿望中也蕴涵着摆脱不适合他性格的环境的要求。

在古典诗歌中，也偶然有一些反映各少数民族生活、风俗的诗篇，但写作家自己和各族人民之间亲切友谊的，则极为少见。因此，对于苏轼在海南时期与黎族人民交往的作品，是特别值得注意的：

半醒半醉问诸黎，竹刺藤梢步步迷，但寻牛矢觅归路，家在牛栏西复西。

总角黎家三四童，口吹葱叶送迎翁。莫作天涯万里意，溪边自有舞雩风。

——《被酒独行，遍至子云、威、徽、先觉四黎之舍》

这反映了诗人在海南日常生活的一个方面。在薄醉以后，他独自去访问了几家黎族人民。一去一来，孩子们都吹着葱叶跟着。这种毫无拘束的、亲切的交往，使他竟然觉得这些黎族孩子们和自己在一道的情景简直和古代哲人所想像的美好境界一样，因而对自己的忧患遭遇也忘怀了。诗中写的虽然只是一些生活琐事，但却体现了苏轼晚年无事不可入诗的艺术手段，体现了他不分族别的民胞物与的精神以及他对兄弟民族简陋而又纯朴的生活的向往。在另外一些篇章里，他还为了当地居民文化落后、生活困难而发了很多感慨。这种不分畛域的对于人类生活的无限关怀，正是诗人最宝贵的情感。

苏诗中所反映的生活，较之他的散文和词来都要广阔一些。以上所举，显然还不能包括苏诗全部的复杂情况，但其基本精神和艺术特征是大致可以看出来的，而且两者之间的关联，也是比较清楚的。苏轼豪迈不羁的心灵、热爱生活的情感和以消极形式表现积极内容的战斗方式，都在他清新流畅、触处生春的语言中，得到了充分的表现；而且也只有这样，才能使其作品具备着放笔快意、一泻千里的艺术效果。

苏轼善于向前辈诗人学习，除了陶、柳、李、杜外，他也从刘梦得那里得到了怨刺笔法，从白居易那里学到了流畅语言，但这并没有妨碍他成为富有创造性的、具有独特面貌的大诗人。正如沈德潜《说诗晬语》卷下所说："苏子瞻胸有洪炉，金、银、铅、锡，皆归熔铸。其笔之超旷，等于天马脱羁，飞仙游戏，穷极变幻，而适如意中所欲出。韩文公后，又开辟一境界也。"赵翼《瓯北诗话》卷五也说："以文为诗，始自昌黎（韩愈），至东坡益大放厥词，别开生面，成一代之大观。今试平心读之，大概才思横溢，触处生春，胸中书卷繁富，又足以供其左旋右抽，无不如志；其尤不可及者，天生健笔一枝，爽如哀梨，快如并剪，有必达之隐，无难显之情。此所以继李、杜后为一大家也。"沈、赵两位评家的话，大体上能说明苏诗的艺术成就。

苏轼才高学博，各体诗无所不能，尤其以七言古体最为恢张，能够充分地体现其风格豪迈，波澜壮阔，丰富的想像和艺术上的博喻等特色。如在《百步洪》这篇作品中，诗人连用了七个比喻来形容水势的磅礴："长洪斗落生跳波，轻舟南下如投梭。水师绝叫凫雁起，乱石一线争磋磨。有如兔走鹰隼落，骏马下注千丈坡。断弦离柱箭脱手，飞电过隙珠翻荷。”这种手法，确是前无古人的。比起韩愈《南山》的连用许多“或”字来刻画山容，不免有仙凡之别。

苏轼完成了宋诗的艺术革新，影响很大，当时他门下的四学士就对诗歌各有成就。历代诗人都对他推崇备至。“南渡后，陆游学杜、苏，号为大宗。”（宋荦：《漫堂说诗》）宁宗嘉定二年（1209），陆游写了《施注苏诗序》，称赞苏诗：“援据闳博，旨趣深远。”《放翁题跋》卷四《跋东坡帖》更加颂扬地说：“公不以一生祸福易其忧国之心，千载之下，生气凛然。”当时在女真贵族政权统治下的北中国，文人也十分崇拜苏东坡，金朝最大的诗人元好问就是从苏诗入手，然后上溯李、杜的。翁方纲《石洲诗话》卷五说：“苏学盛于北，如蔡松年、赵秉文之属，盖皆苏氏之支流余裔。遗山（元好问）崛起党、赵之后，器识超拔，始不尽为苏氏余波沾沾一得，是以开启百年后文士之脉。”可见他们之间的传承关系。在明代，公安派极其重视苏诗，并借以反对“诗必盛唐”的前后七子，这一派的代表作家袁宏道说：“苏公诗无一字不佳者。”认为他兼有李、杜之长，“卓绝千古”（见《答梅客生开府》，载《袁中郎全集》卷二十三），甚至推为“前无作者”的“诗神”（见《与冯琢庵师》，载《袁中郎全集》卷二十一，又《与李龙湖》载同书卷二十三）。到了清康熙间，宋荦在《施注苏诗序》中说：“予自龆龀时，闻长老言苏文忠公之为人，心窃慕之；及就傅读公传，向往愈挚，尝图公像悬座右，而貌予侍其侧；稍长，遍诵公集，然嗜有韵之言尤深。”他曾委托邵长蘅整理宋施元之父子所注苏诗残本，而查慎行、冯应榴、王文诰等又先后为苏诗作注，都可见其影响之大。

第四节　苏轼的词

苏轼与词风变革　苏轼以诗文革新运动的精神来填词，在柳永发展慢词的基础上进一步开拓了词的意境，这样，就把歌者之词变成了诗人之词。这是文学史上一个十分重要的变化。

以文为诗，即诗歌的散文化，是从北宋初年起许多诗人继承唐代韩愈开辟的途径，共同努力的目标。到了苏轼，才将这一新的艺术表现手段提高到非常完美的程度。与此同时，苏轼又以其创作实践开始提倡了以诗为词的风气，使得词这一样式，在柳永之外，又出现了一种更其彻底的变革。

以诗为词，或者说词的诗化，究竟意味着什么具体的意义呢？这意味着词境的空前扩大，作家个性的更其鲜明呈露与语言、音律和风格的解放。在柳永以前的词人，在填词时，总不免要考虑到什么样的生活、思想和感情才能够用这一样式来表现的问题。柳永虽然在一定程度上打破了这种界限，在其创作中反映了城市平民的生活情调和审美情趣，然而男女之间的离合悲欢仍然是柳词中主要的生活画面；音律谐和，铺叙委婉仍然是柳词主要的艺术特点。只有苏轼，才以歌词反映了以前词人所没有反映过的广阔的内容。凡是别人能够用诗来写的题材和主题，他都勇敢地将其写入词里。于是词就不仅可以用来说爱言情、伤离念远，而且用来怀古、咏史、说理、谈禅，甚至还可以抒发怀乡爱国的感情，真正是“无意不可入，无事不可言”(《艺概》卷四)了。词之有题目，有小序，也是从他正式开始的。这也表明由于内容的开拓，有时非序不明。这样一来，以前因词的题材和主题比较狭隘，词中所体现的作家个性便也比较不完整或不鲜明的问题，就连带解决了。在苏词中，这位天才作家的个性是随时流露着的，其精神面貌是非常清晰而丰富的。

与这些内在的因素相联系，苏轼使用了自己独特的语言来填词，也在一定程度上摆脱了音律所加于这种抒情诗的束缚，不为了迁就声情而改变文情，从而达到了晁无咎所谓“横放杰出，自是曲中缚不住者”的成就(见《苕溪渔隐丛话》后集卷三十三引《复斋漫录》)，形成了前无古人的诗人之词。这种新型的词的出现，就使得词可以不再仅仅以音乐歌词的身份存在于艺坛，而且日益明确地同时也以抒情诗的身份而存在于诗坛。对于词的发展来说，这一情况无疑是非常重要的突破。

苏轼这种横放杰出、以诗为词的创作实践，是对于晚唐、五代以来古老传统的否定，从相反的方向发展了词的内容和形式。它不仅显示了词体解放的实绩，同时还为南宋时代以辛弃疾为首的爱国词人们开辟了道路。而其竞争的对象，则是当时风行于世的柳永词。他在书简《与鲜于子骏》中曾说："近却颇作小词，虽无柳七郎风味，亦自是一家。"胡寅《题酒边词》也说：

> 柳耆卿后出，掩众制而尽其妙，好之者以为不可复加。及眉山苏氏，一洗绮罗香泽之态，摆脱绸缪宛转之度，使人登高望远，举首高歌，而逸怀浩气，超然乎尘垢之外，于是《花间》为皂隶，而柳氏为舆台矣。

从这些记载中，我们可以知道，苏轼是有意在词坛上造成一种和柳永截然不同的新风气的。而他的创作实践也不仅满足了自己自成一家的愿望，并且使得北宋词风掀起了一场超过柳永的影响的更大变革。正如王灼在《碧鸡漫志》卷二中所说："东坡先生非心醉于音律者，偶尔作歌，指出向上一路，新天下耳目，弄笔者始知自振。"虽然这种变革在当时曾引起许多人的不满，但历史证明，苏轼对于词的发展，贡献是巨大的。《东坡乐府》中的三百多首词，成就决不在诗歌和散文之下。

苏词的实绩　比起在他以前的词人作品来，无论在题材、主题、风格等方面都显得自具特色，这在苏词中可以说是极其普遍的现象。这种特色，被人们概括地称之为豪放。他最早的一首豪放词可能是《江城子·密州出猎》：

> 老夫聊发少年狂，左牵黄，右擎苍，锦帽貂裘，千骑卷平岗。为报倾城随太守，亲射虎，看孙郎。　　酒酣胸胆尚开张，鬓微霜，又何妨？持节云中，何日遣冯唐？会挽雕弓如满月，西北望，射天狼。

这是熙宁八年（1075）的作品，词中不仅描绘了射猎时的壮阔场景，而且还表现了他决心抗击辽、夏侵略者的爱国壮志。它已完全摆脱了许多词人专力描写儿女私情的狭隘局面。再看他的名作《念奴娇·赤壁怀古》：

大江东去，浪淘尽、千古风流人物。故垒西边，人道是、三国周郎赤壁。乱石崩云，惊涛裂岸，卷起千堆雪。江山如画，一时多少豪杰。

遥想公瑾当年，小乔初嫁了，雄姿英发。羽扇纶巾，谈笑间、强虏灰飞烟灭。故国神游，多情应笑我，早生华发。人间如梦，一尊还酹江月。

这是元丰五年（1082）苏轼谪居黄州期间所作，笔力雄健，意气纵横。词中表达了他对三国赤壁之战中的英雄人物的向往。三国是历史上人才辈出和群雄逐鹿的著名时代，而汉献帝建安十三年（208）以曹操为一方和以孙、刘为另一方所进行的赤壁之战，则是奠定三国鼎立局势的一次巨大斗争。这一次以弱胜强的战争和指挥战争的英雄人物，深深地吸引了对于历史人物的智慧和才能感到兴趣的中国人民，而从东晋时代起就逐步形成的贬曹的传统看法，又使得人们将这次孙、刘联盟的胜利看成为正义的胜利，古战场赤壁就更其成为人们所向往的地方。于是，黄州的赤鼻矶也就以讹传讹地被当作是那一次大战的古战场而承受后人的凭吊了，其实，那次大战是在今湖北省蒲圻县的赤壁进行的。

但苏轼却不是单纯地神往于这一次古代的战争和历史人物才创作这首词的。壮丽江山和英雄人物，激起他豪迈的感情，也加深词人对自己抱负和境遇之间的对立的体味。他想到，在指挥三军大破曹兵的时候，周瑜才三十四岁，这位和著名美人小乔结婚不久的风流人物，竟羽扇纶巾、指挥若定地作出了惊天动地的事业，总算没有辜负这如画的江山。可是，自己呢？这时已经四十七岁了，却被朝廷贬谪，在此闲居。这两种遭遇是多么的不同啊！如果多情的周瑜死而有知来到这里，必定要嘲笑自己的头白无成吧！作者心中对历史人物的向往和对现实生活的不满所构成的矛盾，到这时已达到了饱和的程度。但禀性开朗的苏轼，却不愿意过多地用痛苦来折磨自己，于是，他就以“人间如梦”这种自为宽解的话头一笔推开，结束了内心的荡漾。从这首歌词中也同样可以看出，作者所流露的消极思想，与其所固有的奇怀逸气，往往是同时并存的。它们有时互相渗透，有时又互相排斥。苏轼创作中所呈现的异常复杂而矛盾的精神世界，正等待着我们作更深入的探索。

地灵人杰，固然能够引起苏轼的胜概豪情，从而写出像《念奴娇》那样具有“乱石崩云，惊涛裂岸”的气势的作品；可是，另外一方面，即使描写的是一些平常的生活，通过他不平常的观察能力和艺术构思，也往往同样地能够震撼读者的心灵，如《水调歌头》，小序云：“丙辰中秋，欢饮达旦，大醉，作此篇兼怀子由。”事实是再平凡不过了，可是在他笔下却呈现了非凡的高情奇意：

> 明月几时有，把酒问青天。不知天上宫阙，今夕是何年。我欲乘风归去，又恐琼楼玉宇，高处不胜寒。起舞弄清影，何似在人间。
>
> 转朱阁，低绮户，照无眠。不应有恨，何事长向别时圆。人有悲欢离合，月有阴晴圆缺，此事古难全。但愿人长久，千里共婵娟。

这是苏轼熙宁九年(1076)在密州时写的，富于幻想的作者认为：月宫原是旧游的灵境，也许还是神秘的故乡，谁知道自己怎么堕下了凡尘的呢？当着中秋，望着明月，就不由地发生了乘风归去的念头。在这里，苏轼是泄露了他心头遁世的感情的。可是，人间尽管有许多令人厌恶的东西，但能够引起人怀念的美好事物却更多。他又怎么能离开温暖的人间而回到高寒的玉宇琼楼中去呢？在这里，词人又宣布了他对现实生活的无限留恋。他终究是普通人民中间的一个，在矛盾的展开中，不仅没有将遁世的感情发展下去，反而对人间的离恨产生了高度的同情。虽然明明知道人的悲欢离合和月的阴晴圆缺是自古以来就同样地存在着的和无可避免的，但最后仍然固执地提出了自己强烈的愿望。作者的出世和入世思想的冲突和他对于生活的无比热爱，通过非常奇妙的想像和朴素而又流利的语言获得了深刻的反映，乃是《水调歌头》这类作品的独到之处。

豪放词固然是苏轼的创新，但他对传统的婉约词的发展也有新的贡献。在继承欧阳修和张先的基础上，他提高了婉约派词的格调，扩大了词中所反映的生活面，使之不限于儿女的私情。或写乡村，或写山林，或发议论，或抒襟怀，各极其妙，如：

莫听穿林打叶声，何妨吟啸且徐行。竹杖芒鞋轻胜马，谁怕？一蓑烟雨任平生。　　料峭春风吹酒醒，微冷，山头斜照却相迎。回首向来萧瑟处，归去，也无风雨也无晴。

——《定风波》（三月七日，沙湖道中遇雨。雨具先去，同行皆狼狈，余独不觉。已而遂晴，故作此）

夜饮东坡醒复醉，归来仿佛三更。家童鼻息已雷鸣。敲门都不应，倚杖听江声。　　长恨此身非我有，何时忘却营营？夜来风静縠纹平。小舟从此逝，江海寄余生。

——《临江仙·夜归临皋》

这都是在黄州时写的。词中所反映的生活琐事十分平常，但作者却借此画出了自己极不平常的精神风貌：在路上遇到雨而又没有雨具，感到有些轻微的紧张，这是谁都可以理解的，但苏轼却用一种满不在乎的态度迎接了大自然所给与他的侵袭。很难说作者是在这里暗示他在贬谪期间对待政治压力的心态，但他这种不为意外的事故所动摇的精神，无论在遇雨这样的小事或被贬这样的大事上，是相与一致的。就这一点来说，《定风波》在很大程度上体现了苏轼的人生哲学。至于《临江仙》所表现的，则是他渴望自由的精神，他所渴望的，不只是由于贬官而受到限制的行动上的自由，主要的还是希望从当时庸俗的社会风习所加于他的精神上的束缚中获得个性的解放①。

这种对于存在于现实生活中的种种束缚的抗拒和对于现实生活中美好事物的热爱和向往，交织在苏轼的心中，有时使他感到振奋，有时又使他

① 叶梦得《避暑录话》卷上："子瞻在黄州……与数客饮江上，夜归，江面际天，风露浩然，有当其意，乃作歌辞，所谓'夜阑风静縠纹平。小舟从此逝，江海寄余生'者，与客大歌数过而散。翌日，喧传子瞻夜作此辞，挂冠服江边，拏舟长啸去矣。郡守徐君猷闻之，怱命驾往谒，则子瞻鼻息如雷，犹未兴也。然此语卒传至京师，虽裕陵（神宗）亦闻而疑之。"这首词所引起的骚动和疑惧，正好证明了它所显示的冲决藩篱的精神力量。

感到寂寞。这种复杂的感情，在苏词中往往是有着曲折而分明的表现的：

山下兰芽短浸溪，松间沙路净无泥，萧萧暮雨子规啼。　　谁道人生无再少？门前流水尚能西，休将白发唱黄鸡！

——《浣溪沙》（游蕲水清泉寺，寺临兰溪，溪水西流）

缺月挂疏桐，漏断人初静。时见幽人独往来，缥缈孤鸿影。惊起却回头，有恨无人省。拣尽寒枝不肯栖，寂寞沙洲冷。

——《卜算子·黄州定慧院寓居作》

前一首反映了词人对短促的生命的抗议和跨越时间的要求，口吻是坚定而自信的。对生命的珍惜，也就是珍重现实生活的表现。后一首曾被《能改斋漫录》和《古今词话》粘附着一些传奇性的风流逸事①，但就词论词，作者笔下的幽人和孤鸿只能是他自身形象之艺术的再现。这不仅是一个寂寞的形象，同时还是一个抗拒寂寞的形象。“人生再少”的希求和“有恨无人省”的惆怅，难道不是相通的吗？通过一些普通的事物，作者指引我们走进了他的灵魂深处。

再看他一组专写农村风光的《浣溪沙》，其小序云：“徐门石潭谢雨，道上作五首。潭在城东二十里，常与泗水增减，清浊相应。”词如次：

①　《能改斋漫录》卷十六：“东坡先生谪居黄州，作《卜算子》……其意盖为王氏女子也。读者不能解，张右史文潜继贬黄州，访潘邠老，尝得其详，题诗以志之云：‘空江月明鱼龙眠，月中孤鸿影翩翩。有人清吟立江边，葛巾藜杖眼窥天。夜冷月堕幽虫泣，鸿影翘沙衣露湿。仙人采诗作步虚，玉皇饮之碧琳腴。’”《历代诗余》卷一百十五引《古今词话》：“《女红余志》云：‘惠州温氏女超超，年及笄，不肯字人。闻东坡至，喜曰：“我婿也。”日徘徊窗外，听公吟咏，觉则亟去。东坡知之，乃曰：“吾将呼王郎与子为姻。”及东坡渡海归，超超已卒，葬于沙际，公因作《卜算子》，有“拣尽寒枝不肯栖”之句。’按：词为咏雁，当别有寄托，何得以俗情傅会也。”沈雄《古今诗话·词话》卷上引《梅墩词话》纪事略同。按：《历代诗余》所引《古今诗话》多涉南宋、元、明人事，盖别为一书，与杨湜、沈雄之《古今诗话》无关。三书同名异实，学者所宜留意。

照日深红暖见鱼，连村绿暗晚藏乌，黄童白叟聚睢盱。　麋鹿逢人虽未惯，猿猱闻鼓不须呼，归来说与采桑姑。

旋抹红妆看使君，三三五五棘篱门，相排踏破茜罗裙。　老幼扶携收麦社，乌鸢翔舞赛神村，道逢醉叟卧黄昏。

麻叶层层苘叶光，谁家煮茧一村香！隔篱娇语络丝娘。　垂白杖藜抬醉眼，捋青捣麨软饥肠①，问言豆叶几时黄？

簌簌衣巾落枣花，村南村北响缫车，牛衣古柳卖黄瓜。　酒困路长惟欲睡，日高人渴漫思茶，敲门试问野人家。

软草平莎过雨新，轻沙走马路无尘，何时收拾耦耕身？　日暖桑麻光似泼，风来蒿艾气如薰，使君元是此中人。

这组词写于元丰元年(1078)作者任徐州知州时期，当时因春旱已久，忽逢甘雨，农村里一片欢腾。作品中洋溢着浓郁的生活气息，生动地描绘了农村风貌。姑娘们挤在门口好奇地看着来到乡下的太守，太守则在谢雨回来路上口渴的时候随便敲着村民的门讨茶吃，这一方面显出官民之间比较亲密的关系，一方面也自然地透露了作者是一位勤政爱民的好官。在组词的最后一篇中，作者提出了归农的愿望，并且声明自己原是来自民间的，他把自己算作农民之中的一个而不是之外的一个，这表明他和广大劳动人民之间在感情上的距离是不大的。

苏轼在《浣溪沙》组词中以农民久旱喜雨的心情和艺术家对于大自然特有的敏感，刻画了群众的形象和自己的形象，也连带地写出了人物所在的环境：久旱得雨，雨后日出；池中的鱼，树上的鸟；空中的乌鸢，篱边的络纬；还有豆叶、枣花、软草、平莎，以及闪亮着的桑麻，散放香气的蒿艾；都是那么新鲜美丽，充满着愉悦之情而富有生命的活力。当我们在读到这些作品时，不禁想到苏轼赞美王维"诗中有画"的那句评语，对于他自己来说实在也是很合适的。

在晚唐、五代词中，也曾出现过渔父、浣女和莲娃的形象，但那时的作

① 软当作馔。《博雅》："馔，馔，馈也。"于义为合。软即软字，似不可通。

家们并不是有意识地把他们当作劳动人民来写的，所以一些词中的渔父就往往成了隐士的化身，而浣女、莲娃则不过是美女的代称而已，和真正的劳动者是不相干的。因此，苏轼以农村生活为题材并直接歌咏劳动人民的《浣溪沙》组词的出现，实际上是为宋词开辟了反映社会内容的新天地，在词的发展史上很值得重视。

关于男女恋情的描写，在词这种文学样式中，本是最普遍的题材，苏轼并没有忽略这个方面，而是在这方面也开辟了某些新的意境。

> 似花还似非花，也无人惜从教坠。抛家傍路，思量却是，无情有思。萦损柔肠，困酣娇眼，欲开还闭。梦随风万里，寻郎去处，又还被、莺呼起。　　不恨此花飞尽，恨西园、落红难缀。晓来雨过，遗踪何在，一池萍碎。春色三分，二分尘土，一分流水。细看来、不是杨花，点点是、离人泪。
>
> ——《水龙吟·次韵章质夫杨花词》

> 乳燕飞华屋。悄无人、桐阴转午，晚凉新浴。手弄生绡白团扇，扇手一时似玉。渐困倚、孤眠清熟。帘外谁来推绣户，枉教人梦断瑶台曲。又却是、风敲竹。　　石榴半吐红巾蹙。待浮花浪蕊都尽，伴君幽独。秾艳一枝细看取，芳心千重似束。又恐被、秋风惊绿。若待得君来向此，花前对酒不忍触。共粉泪、两簌簌。
>
> ——《贺新郎》

苏轼的《水龙吟》自来被认为是咏物词的杰构，但它所揭示的，显然是一个思妇的幽怀。在词中，飘荡的杨花时而被作者写成思妇的化身，时而又被作者当成引起思妇愁思的客体。花和人的关系既然不即不离，也就很难断定是一是二了，但他们的命运却总归是一样的：零落的杨花和思妇的清泪，同样哀怨凄愁。至于在《贺新郎》词中，那位被比作石榴花，要待“浮花浪蕊都尽”才显出“伴君幽独”的品格的女子，则是一个清高坚贞的形象。然而，正如词中上片所写的，她的生活是过得那么孤寂无聊，这不能不使人想到，石榴花即使比别的花开得晚，能够更耐久一些，但谁能保证使它不凋谢呢？这是多么纯洁的品格和美好的生活愿望，又是多么不幸的命运呵！和许多古典诗人一样，苏轼在这里关怀着普通妇女的哀乐，代她们泄露了隐秘而珍贵的感情。

在读到苏轼的诗文时，我们已经觉察到：这位文学大家的性格不仅有其豪放、旷达的一面，同时还有其热烈、深沉、执着的一面。甚至于可以说，他是为了平衡其内心冲突，才在某些场合以更其达观的思想感情来对待自己的不幸的。可是，在悼念亡妻王弗逝世十年的一首词里，我们却看见了从他内心深处涌出来的情感的洪流：

> 十年生死两茫茫，不思量，自难忘。千里孤坟，无处话凄凉。纵使相逢应不识，尘满面，鬓如霜。　　夜来幽梦忽还乡，小轩窗，正梳妆。相顾无言，惟有泪千行。料得年年肠断处，明月夜，短松冈。
>
> ——《江城子·乙卯正月二十日夜记梦》

这篇写于熙宁八年（1075）的悼亡之作，描绘的是一个中年人对爱妻在十年前死别的惨痛回忆，透露出来的是作者失去幸福后只有在梦中才能追踪的那种凄苦的心情。在表达这种极其沉郁的感情时，可以断言，一切带有装饰性的辞句是都会丧失作用的。词人们都擅长写爱情，但许多人将它写得秾艳、缠绵就算是成功了，而苏轼却与众不同，将它写得朴厚郑重，深刻真切，其感人的力量就特别强，特别深。由此可见，尽管苏词并不以叙写儿女之情见长，但这方面的作品却仍然具有特色。

苏轼词的风格是多种多样的，他既开创了豪放词，又曾发展了婉约词。在北宋后期，苏门弟子如秦观、晁补之和黄庭坚等，仍然走着婉约派的路子，还没有发扬苏词豪放的一面。因此，我们可以说，北宋有豪放词而其词苑中却并无豪放派。直到南渡以后，面对严重的民族危机和国破家亡的现实，许多词人终于冲破婉约派的传统格局，而接受苏词中清雄豪放风格的影响。爱国主义精神的高涨，决定了豪放派的出现和发展。

综上所述，苏轼这位作家在散文、诗、词诸方面的成就都是很巨大的。

他的创作体现了中国人民热爱生活、追求自由的乐观主义精神，也广阔地反映了他所生活的时代，鲜明地呈露了自己独特的个性。在艺术上，他所独具的无所不可的表现力不独使得他的散文如行云流水，挥洒自如，而且在诗的方面，也使诗的散文化的成就达到了高峰；在词的方面，又为词的诗化开辟了道路。北宋文学的面貌，到了他的时代，真是焕然一新了。

第五章　北宋后期的文坛风貌

在北宋后期的文坛上，占主要地位的是出于苏轼门下的一批作家。苏轼继承着欧阳修的诗文革新工作，同时也和他的老师一样，很重视培养后进新人，从而团结了一群优秀的作家，对哲宗、徽宗时期的文学事业起了良好的推动作用。这就使得他活跃在文坛上的时代，同时也就是作家辈出的时代。北宋后期著名的作家除大晟词人以外，大都跟苏轼有过联系，如黄庭坚"与张耒、晁补之、秦观俱游苏轼门，天下称为四学士"(《宋史·文苑传》)，还有陈师道、李廌、李格非、李之仪、唐庚、张舜民、孔平仲、贺铸等人，也都直接或间接地受到他的影响。

值得注意的是，跟苏轼发生联系的这些作家，虽然在政治观点上基本相同，因而在新旧党争中也受到了株连和打击，但在文学见解和创作实践上却并非苏轼的模仿者。苏轼是一位"但开风气不为师"(借用龚自珍《己亥杂诗》第一百四首句)的有多方面成就的大家，所以接受苏轼影响的作家们也就往往能够发挥各自的专长，各具独特的精神面貌。如秦观与贺铸的词各有与苏轼不同的艺术特色，而黄庭坚和陈师道的诗风也和苏轼几乎完全不同。这正说明：北宋文学发展到苏轼之后，便在诗文革新运动取得胜利的基础上趋向分流。

周邦彦和黄庭坚都是文学史上负有盛名的作家，在艺术技巧上，他们都有独特的造诣。在他们的集子里，也都有一些引人入胜的作品，这是毋庸置疑的。但他们脱离现实的倾向，也带来了某些消极的影响。北宋文学是以反对形式主义的西昆体而呈现新面貌的，到了末年，又以形式主义倾向的抬头呈现出另外一种新面貌而告结束。

第一节　在苏轼影响下的作家群

苏门四学士和苏门六君子　苏轼和他的老师欧阳修一样，十分重视人才的发现和培养，在他的周围，也曾出现了一些作家群，其中具有代表性的是四学士、六君子。当这些人尚未成名的时候，苏轼就注意识拔，并给予热忱的鼓励和支持，他在《与李方叔》的书简中说："顷年于稠人中骤得张、秦、黄、晁及方叔、履常。"表示非常快慰。相传陈亮曾辑有《苏门六君子文粹》七十卷，现存崇祯六年(1633)刻本①。钱谦益序云："(胡仲修)得宋人所辑《苏门六君子文粹》以归，刻之武林，而余为之序曰：六君子者，张耒文潜、秦观少游、陈师道履常、晁补之无咎、黄庭坚鲁直、李廌方叔也。史称黄、张、晁、秦俱游于苏门，天下称为四学士，而此益以陈、李，盖履常元祐初以文忠荐起官，晚欲参诸弟子间，方叔少而求知，事师之勤渠，生死不间，其系于苏门宜也。"可见苏门弟子被视为文学群体，由来已久。

善于继承前辈作家的苏轼从来不固定学某一古人或某一流派，也不专主哪一种风格，而是荟粹各家之长，旁收博取，融会贯通，然后独出机杼，创新振奇。苏轼的作品本来就没有固定不变的规范和风貌，所以要完全学他是不容易的，而他也并不希望人家邯郸学步。

这样，苏门诸人便各具面目，或雄杰，或婉约，或瘦劲，或古朴，都有自己的造就。张、晁诗文并擅，李廌但以文名而不长于诗，秦观尤长于词，是婉约派的代表人物，黄庭坚和陈师道则以诗才著称，是江西诗派的开创者。

张耒、晁补之和李廌　张耒(1052—1112)，字文潜，号柯山，楚州淮阴(在今江苏省)人。他曾得到苏辙的提携，"因得从轼游，轼亦深知之，称其文汪洋冲淡，有一唱三叹之声"(《宋史》本传)。元祐年间，他任秘书省正

---

① 《四库全书总目》卷一百八十七《苏门六君子文粹》提要："(此书)不著编辑者名氏，卷首凡例称，或传为陈亮所辑。然亮辑《欧阳文粹》，序载《龙川集》，而此书之序无考，则未必出于亮也。……然其去取谨严，犹工文之士所辑。"

字、著作郎，官至龙图阁学士。绍圣中遭到新党的排挤打击，被贬至宣州、黄州。徽宗时，因听到苏轼的讣音，举哀悼念，又为新党所忌，谪房州别驾。晚年定居于陈州，人称宛丘先生。著有《宛丘集》（或称《柯山集》、《张右史文集》），另有《柯山词》，现存十首（见近人龙榆生校辑《苏门四学士词》第三册，中华书局 1958 年出版）。

张耒师承苏轼，论文崇尚自然。他在《贺方回东府序》中说："文章之于人，有满心而发，肆口而成，不待思虑而工，不待雕琢而丽者，皆天理之自然，而情性之至道也。"在《答李推官书》中，他认为文是"寓理之具"，"学文之端，急于明理"，同时又指出能文者"因其言工而理益明，是以圣人贵之"。所以他的散文名篇如《冰玉堂记》、《双槐堂记》等，既有积极的思想内容，又有一定的艺术技巧。

张耒在熙宁年间中进士后，曾任寿安县尉，为了表示不忘淮阴故乡，特地写了一篇《思淮亭记》，兹节录其前幅如下：

> 淮之源发于桐柏，其初甚微，或积或行，洋洋而东；旁会支合，滂沛淫溢，连颍合蔡，一流而下，会于寿春，其流浩然。于是蛟龙之所藏，风雨之所兴，包山界野，而负千斛之舟。又东行数百里，而汴、泗合焉，水益壮，其所负益重，而游者益谨。旁沾远溉，丰田沃野，物赖其利。而索抱城郭，间以山麓，洄洑清泚，长鱼美蟹、茭蒲葭苇之利，沾及数百里。而南商越贾，万帆巨舻，群行旅集。居民旅肆，烹鱼酾酒，歌谣笑语，联络两隅。自泗而东，与潮通而还于海。
>
> 余淮南人也，自幼至壮，习于淮而乐之。凡风平日霁，四时之变，与夫蛟龙风雨之怪，无所不历。而今也，得官于洛阳之寿安，而官居福昌，凡风俗之所宜，饮食之所嗜，与淮之南异矣。官居之西有泉，幽出于北阜，瀹而注之有声，淙然聚为小潭，其上有亭，环以修竹，吾游而乐之。漱濯汲引，无一日不在其上，而时时慨然南望，思淮而莫见之也。于是易亭之故名，曰思淮焉。

文章前幅描绘了淮河的水利形势，然后叙述思淮亭命名的来历。后幅则主要说明“君子不敢乐其所私而无志于天下”，应该“出身委质，奔走从事于四方，以求行其学”，但是决不能忘本，不能“轻弃其旧”，不能对“故国”“漠然无感于中”！全文洋洋洒洒，气势阔大，而具体描绘又显得细腻动人，确是发扬了欧、苏的优良传统，视其先辈具体而微。

张耒的诗效法唐代新乐府的倡导者白居易和张籍，关心劳动人民的疾苦，多悯农之作，风格平易。周紫芝《竹坡诗话》说：“本朝乐府，当以张文潜为第一。文潜乐府，刻意文昌（张籍），往往过之。”他作乐府歌辞有《寄衣曲》、《苦寒行》、《旱谣》等六十七题，如《劳歌》云：

> 暑天三月元无雨，云头不合惟飞土。深堂无人午睡余，欲动身先汗如雨。忽怜长街负重民，筋骸长彀十石弩，半衲遮背是生涯，以力受金饱儿女。人家牛马系高木，惜恐牛躯犯炎酷。天工作民良久艰，谁知不如牛马福。

此诗运用鲜明的对比手法，写出了城市贫民牛马不如的生活。他如五言古诗《粜官粟有感》和七言古诗《和晁应之悯农》中，他又一再发出了“哀哉天地间，生民常苦辛”，和“力田竟岁犹无获”的叹息，足见他对人民的苦难是抱有深切同情的。

他的绝句诗写得很有韵味，在艺术上较为成熟。如：

> 庭户无人秋月明，夜霜欲落气先清。梧桐真不甘衰谢，数叶迎风尚有声。
>
> ——《夜坐》

> 曾作金陵烂漫游，北归尘土变衣裘。芰荷声里孤舟雨，卧入江南第一州。
>
> ——《怀金陵》

《夜坐》写深秋月下的感受，不但亲切有味，还暗示了诗人倔强的性格。

《怀金陵》首句平起，次句逆接，然后再补叙烂漫的游程，与首句绾合，从而突出了主题，颇见手腕。

在诗风上与张耒接近，而且也以乐府诗见长的是晁补之(1053—1110)。他字无咎，自号归来子，济州钜野人，十七岁时随其父晁端友至杭州，曾去拜谒正任杭州通判的苏轼，献上自己描绘钱塘山川风物的作品《七述》，苏轼读后大为赞叹，“称其文博辩隽伟，绝人远甚，必显于世，由是知名”(《宋史》本传)。神宗时举进士，元祐初任秘书省正字、秘阁校理。绍圣年间，被列入元祐党籍，屡遭贬谪。著作现存《济北晁先生鸡肋集》七十卷，另有《晁无咎词》(又名《晁氏琴趣外篇》)六卷。《四库全书总目》卷一百五十四《鸡肋集》提要说：“今观其集，古文波澜壮阔，与苏氏父子相驰骤，诸体诗俱风骨高骞，一往俊迈，并驾于张、秦之间，亦未知孰为先后。”又卷一百九十八《晁无咎词》提要云：“其词神姿高秀，与轼实可肩随。”胡仔在《苕溪渔隐丛话前集》卷五十一中则特别指出：“余观《鸡肋集》，惟古乐府是其所长，辞格俊逸可喜。”

他的散文擅长描绘山林景物，名篇有《照碧堂记》、《拱翠堂记》、《有竹堂记》等，而以《新城游北山记》最为脍炙人口：

> 去新城之北三十里，山渐深，草木泉石渐幽。初犹骑行石齿间。旁皆大松，曲者如盖，直者如幢，立者如人，卧者如虬。松下草间有泉，沮洳伏见，堕石井，锵然而鸣。松间藤数十尺，蜿蜒如大螈。其上有鸟，黑如鸲鹆，赤冠长喙，俯而啄，磔然有声。稍西，一峰高绝，有蹊介然，仅可步。系马石嘴，相扶携而上，篁筱仰不见日，如四五里，乃闻鸡声。有僧布袍蹑履来迎，与之语，愕而顾，如麋鹿不可接。顶有屋数十间，曲折依崖壁为栏楯，如蜗鼠缭绕乃得出。门牖相值，既坐，山风飒然而至，堂殿铃铎皆鸣，二三子相顾而惊，不知身之在何境也。
>
> 且暮，皆宿。于时九月，天高露清，山空月明，仰视星斗，皆光大，如适在人上。窗前竹数十竿，相摩戛，声切切不已。竹间梅棕，森然如鬼魅离立突鬓之状。二三子又相顾魄动而不得寐，迟明，皆去。
>
> 既还家数日，犹恍惚若有遇，因追记之。后不复到，然往往想见

其事也。

晁氏善于继承柳宗元写山水游记的传统，风格峭刻峻洁，语言凝练简朴。张耒在《晁无咎墓志铭》中说他“自少为文，即能追步屈、宋、班、扬，下及韩愈、柳宗元之作，凌丽奇卓，出于天然。”此文可见一斑。

他的乐府诗风格具有浓郁的民歌风味，如《豆叶黄》：

> 兼葭苍，豆叶黄，南村不见冈，北村十顷强。东家车满箱，西家未上场。豆叶黄，野离离，鼠窟之，兔入畦。豕母从豚儿，豕啼豚咿咿，衔角复衔箕。豆叶黄，谷又熟。翁媪衰，储糜粥。豆叶黄，叶黄不独豆。白黍堪作酒，瓠大枣红皱。豆叶黄，穰穰何朊朊，腰镰独健妇，大男往何许？官家教弓刀，要汝杀贼去。

这是一幅农村的风俗画，它画出了农民生活的艰辛和负担的沉重。作者另外一首著名的长篇歌行《芳仪怨》，是写南唐后主李煜的妹妹入宋后嫁孙某，又在宋辽战争中被辽圣宗所掳，封为芳仪的悲剧：“秦淮潮水钟山树，塞北江南易怀土”，“国亡家破一身存，薄命如云信流转”。辞句凄宛动人，当时曾传诵一时。

晁补之的词风颇能追步苏轼。如其《洞仙歌・填卢仝词》，就是效法苏轼的《哨遍》之隐括陶潜的《归去来辞》的。其《摸鱼儿・东皋寓居》一首则公认为其代表作：

> 买陂塘，旋栽杨柳，依稀淮岸湘浦。东皋嘉雨新痕涨，沙嘴鹭来鸥聚。堪爱处，最好是、一川夜月光流渚。无人独舞。任翠幄张天，柔茵藉地，酒尽未能去。　　青绫被，莫忆金闺故步，儒冠曾把身误。弓刀千骑成何事？荒了邵平瓜圃。君试觑，满青镜、星星鬓影今如许！功名浪语。便似得班超，封侯万里，归计恐迟暮。

《艺概》卷四云：“无咎词，堂庑颇大。人知稼轩《摸鱼儿》‘更能消几番风雨'一阕为后来名家所竞效,其实所本即尢咎《摸鱼儿》'买陂塘旋栽杨柳'之波澜也。"此外如《迷神引》、《水龙吟》、《引驾行》诸词,也都显出意境深永的特色。毛晋说他"虽游戏小词,不作绮艳语"(《〈琴趣外篇〉跋》)。他可以说是苏门中能够继承豪放风格的惟一作家,这是难能可贵的。

李廌(1059—1109),字方叔,华州(今陕西华县)人,自号太华逸民。父惇与苏轼为同年。"廌六岁而孤,能自奋立,少长,以学问称乡里。谒苏轼于黄州,贽文求知。轼谓其笔墨澜翻,有飞沙走石之势。"(《宋史》本传)家素贫,而屡试不第,著《师友谈记》一卷,述其与苏轼、秦观、张耒等人交往时所闻所见的嘉言懿行。如云:

> 东坡尝言:文章之任,亦在名世之士相与主盟,则其道不坠。方今太平之盛,文士辈出,要使一时之文有所宗主。昔欧阳文忠尝以是任付与某,故不敢不勉。异时文章盟主,责在诸君,亦如文忠之付授也。

这如实地记下了苏轼对门下诸人的殷切期望。所以苏轼病逝后,他作祭文哀悼说:"道大不容,才高为累。皇天后土,鉴一生忠义之心;名山大川,还万古英灵之气,识与不识,莫不畫伤;闻所未闻,吾将安仿?"极为沉痛。其《济南集》,现存八卷,《四库全书总目》卷一百五十四《济南集》提要评论说:"廌才气横溢,其文章条畅曲折,辩而中理,大略与苏轼相近。"他注重分析各种社会问题,总结古今治乱得失的经验教训,如《将材论》、《将心论》、《蔺相如赞并引》、《安老堂记》、《济美堂记》和《唐州北阳县新学记》等,皆有可观。

他也能作诗填词,在现存四首词中,《虞美人》是他的杰作:

> 玉阑干外清江浦,渺渺天涯雨。好风如扇雨如帘,时见岸花汀草涨痕添。　　青林枕上关山路,卧想乘鸾处。碧芜千里思悠悠,惟有霎时凉梦到南州。

这首怀人念远之作，从眼前春夏之交的雨景写起，“好风”二句比喻新切，情境幽美。后幅由景入情，从天涯的雨丝联想起远离的故人。一结清疏淡远，不为伤感之辞，耐人寻味。

其他苏门文士　除了六君子以外，当时团结在苏轼周围并受到影响的还有另一批作家，如李格非、李之仪、唐庚、张舜民、毛滂和孔氏三兄弟等，创作都有一定的成就。

李格非，字文叔，济南章丘（在今山东省）人，熙宁九年（1076）进士，《宋史·文苑传》说他以文章受知于苏轼，所著《洛阳名园记》颇为知名。哲宗时官至礼部员外郎，与廖正一、李禧、董荣并称为苏门后四学士（见韩淲《涧泉日记》卷上）。徽宗时，蔡京专政，打击元祐党人，他被列入旧党而遭到罢黜。

李之仪（1038—1117），字端叔，号姑溪居士，无棣（在今山东省）人，熙宁三年（1070）进士，元祐初为枢密院编修官，“能为文，尤工尺牍，（苏）轼谓入刀笔三昧”（《宋史》本传）。张耒《送李端叔赴定州序》载，苏轼在元祐八年（1093）出任定州太守时，“士愿从行者半朝廷，然皆不敢有请于先生，而苏先生一日行于朝，请以端叔佐幕府”。可见苏轼对他的器重和信任。所著有《姑溪居士文集》前后集共七十卷。其《姑溪词》中《卜算子》、《谢池春》颇负时名，不愧佳作。

唐庚（1071—1121），字子西，眉州丹稜（在今四川省）人，与苏轼同乡，曾有《闻东坡贬惠州》诗，表示了对苏氏的推崇和同情；后来他自己也被贬惠州，时人亦谓为小东坡①。他的文论和诗论，强幼安曾记录整理为《唐子西文录》一卷。吴师道《吴礼部诗话》云：“唐子西诗文皆精确，前辈谓其早及苏门，不在秦、晁下。以予评之，规模意度，殆是陈无己（师道）流亚也。”现存《眉山唐先生文集》三十卷。所作以诗的成就较高，如《张求》诗刻画了一位身份低微而性格高傲的老兵的生动形象，《春日郊外》则描绘了鸟语花香的明媚春光，字句简练，富有新意。

---

① 《文献通考》卷二百三十七、《经籍考》卷六十四著录《唐子西集》十五卷，并引雁湖李氏（李壁）曰：“唐子西文采风流，人谓之小东坡。”

张舜民，字芸叟，自号浮休居士，邠州（今陕西郴县）人。他是陈师道的姐夫，曾任监察御史、吏部侍郎等职，后被列入元祐党籍，遭贬。著有《画墁集》八卷，文笔豪健，与苏轼相近。诗学白居易，如《打麦》、《村居》等篇，写田家辛苦和农村风光，与张耒的风格相近。歌词现存四首，以《卖花声·题岳阳楼》一首闻名于世。

毛滂，字泽民，衢州江山（在今浙江省）人。元祐中苏轼任钱塘太守时，他恰巧任杭州法曹，因作《惜分飞》一词，受到苏轼的赏识，乃以文章典丽可备著述科荐之。徽宗时，他先后依附曾布、蔡卞，官至祠部员外郎，知秀州。著有《东堂集》十卷。《四库全书总目》卷一百五十五《东堂集》提要云："其诗有风发泉涌之致，颇为豪放不羁，文亦大气盘礴，汪洋恣肆，与李廌足以对垒，在北宋之末，要足以自成一家。"他也工于填词，情韵特胜，现存《东堂词》一卷。

孔文仲（1038—1088），字经父，临江新喻（在今江西省）人，弟武仲字常父，幼弟平仲字毅父，"皆以文声起江西，时号三孔"（《宋史》本传），与二苏并称。① 南宋宁宗时，临江太守王莲编有《清江三孔集》四十卷行世。

自苏轼主盟元祐文坛，云蒸霞蔚，人才辈出，学者任才逞意，各显身手。而在这许多作家中，秦观、黄庭坚和周邦彦等，乃是由哲宗以迄徽宗时期出类拔萃的代表者。

第二节　词人秦观与贺铸

北宋后期的词坛趋向　北宋中期柳永的词由于反映了当时繁华的城市生活与市民情调，获得了人民热烈的爱好。苏轼起而和他竞争，则从相反的方向推动了词的发展。但苏轼对于词风改革的贡献和这种贡献的重大意义，显然是经过一个相当长的时期以后，才逐渐被理解和承认的，在当时并不曾形成一个流派。人们称赞苏词的豪放之作，可又说它是别调，并非词的本色。社会上所传唱所醉心的，却仍然是柳词。因此，苏轼虽然

① 黄庭坚《和答子瞻和子由、常父忆馆中故事》："二苏上连璧，三孔立分鼎。"

主持文坛，享有盛名，但出于他门下的秦观、黄庭坚以及贺铸的词，依旧受着柳永的影响。黄庭坚写诗，虽然特别忌讳浅俗和艳情，但其词中却有许多言情之作，甚至有些是邻于庸俗、猥亵的。这分明是因仍了柳永以浅俗的语言描摹艳情的作风，如《千秋岁》：

> 此间好事，恰恁厮当对。乍夜永，凉天气。雨稀帘外滴，香篆盘中字。长入梦，如今见也分明是。　　欢极娇无力，玉软花欹坠。钗罥袖，云堆臂。灯斜明媚梦，汗浃瞢腾醉。“奴奴睡，奴奴睡也奴奴睡。”

在为晏几道《小山词》写的序文中，黄庭坚曾说：“余少时作乐府，以使酒玩世，道人法秀独罪余以笔墨劝淫，于我法中，当下犁舌之狱。”指的正是这类希风柳永的作品。到了后来，黄庭坚才在苏轼的影响之下，写出一些风格豪迈、高远的词来：

> 万里黔中一漏天，屋居终日似乘船。及至重阳天也霁，催醉，鬼门关外蜀江前。　　莫笑老翁犹气岸，君看，几人黄菊上华颠？戏马台南追两谢，驰射，风流犹拍古人肩。
>
> ——《定风波》

> 春归何处？寂寞无行路。若有人知春去处，唤取归来同住。
> 春无踪迹谁知，除非问取黄鹂；百啭无人能解，因风飞过蔷薇。
>
> ——《清平乐》

从黄庭坚、秦观以及贺铸的词作中，我们可以看出，柳永和苏轼所形成的词风，在后继者的作品中是互相对立的，同时也是互相渗透的。北宋后期的词人，虽然主要是继承了晏、欧、柳永以来的婉约作风，黄、秦、晁、张和李廌、毛滂、贺铸，均多婉约之作，但他们也多多少少地受到苏词创新精神的影响，已逐渐脱去柳词浅俗的一面，而向高雅方面发展。豪放之作当时虽然尚未形成派别，更不能算是主流，但晁补之、黄庭坚的某些作品已经透露这种气息。在柳、苏两种词风既对立又渗透的局面中，秦观与贺铸是具有代表性的词家。

秦观的生平事迹和他的创作道路 秦观(1049—1100)，字太虚，后改字少游，别号邗沟居士、淮海居士，扬州高邮(在今江苏省)人。在弟兄中排行第七，所以人们称他为秦七。

秦观从少年时代起就关心国家大事，慷慨之情溢于文词。熙宁元年(1068)，他二十一岁，因目睹人民遭受水灾的惨状，特地借梁武帝时堰崩人亡的故事，创作了《浮山堰赋》，对百姓的苦难表示了深切的同情；为了希望抗击辽、夏，也曾研究兵法。二十四岁时，他写了《郭子仪单骑见虏赋》，歌颂历史上戡定叛乱的英雄人物。熙宁七年(1074)，苏轼由杭州通判移知密州的途中，曾经赏识过秦观的孙觉将其诗词数百篇呈送苏轼，苏轼读后十分称赞，从此订为神交。青年时期的秦观喜欢寻师访友，结交名士。熙宁九年(1076)，他和孙觉、参寥到历阳汤泉山的惠济院拜访漳南道人，并游览名胜古迹，赋诗唱和。这次秦观创作了三十首诗，还写了《游汤泉记》、《寄老庵赋》与《汤泉赋》。

熙宁十年(1077)，苏轼自密州移知徐州，秦观专程往访，彼此赋诗相赠。次年，他应苏轼之请写了一篇《黄楼赋》，苏轼赞扬他"有屈、宋才"。这期间，他又结识了苏辙、黄庭坚、张耒、晁补之、李之仪等人，游历了吴江、杭州和会稽。元丰七年(1084)，苏轼路过江宁时，曾在王安石面前推称他的才学，博得王安石的赞许，说他的诗歌"清新似鲍、谢"(《宋史·文苑传》)。李廌在《师友谈记》中也说："东坡言，少游文章如美玉无瑕，琢磨之功殆未有出其右者。"明人张綖在《〈淮海集〉序》中也认为其文可"与贾谊、陆贽争长"。可见他的文学成就并不限于词这一个方面。

秦观多次应试，但直到元丰八年(1085)他三十七岁时，才考取进士，初任定海主簿，转蔡州教授。元祐三年(1088)，由于苏轼和范纯仁的先后举荐，应制科试，进策论。中式后历任宣教郎、太学博士、秘书省正字兼国史院编修。这是他一生最得意的时期。所进策三十篇，中有《国论》、《治势》、《人材》、《法律》、《财用》、《将帅》、《奇兵》、《辨士》、《兵法》、《边防》等目，对于当时的内忧外患提出了各种具体的策略和改革意见。在《治势》篇中，他对王安石变法作了中肯的分析，认为新法是救国济民的良策，只是执法者矫枉过正，以致产生了一些流弊。他不同意司马光执政后尽废新法，认为那也是矫枉过正。但由于朝廷内新旧党争激烈，士大夫党同伐异，根本不以国事为重，他公允的见解没有被采纳，反而遭到了忌妒者的中伤和谗毁。绍圣元年(1094)，章惇、蔡京等人上台，因他和苏轼关系密切，也被列入旧党而贬为杭州通判；赴任时，又再贬为监处州酒税。在处州，他写了很多诗词。为了消愁解闷，常到佛寺中去，与僧人谈禅，为寺僧抄写佛经，有《题法海平阇黎》诗云：

> 寒食山川百鸟喧，春风花雨暗川原；因循移病依香火，写得弥陀七万言。

这件事竟被政敌罗织成“谒告写佛书”的罪名，将他削职，流徙到郴州。路过汉阳，贺铸曾隔江寄诗相赠。行经衡阳又得到衡州太守孔平仲的热情款待。他当即抄呈在处州时作的《千秋岁》(“春去也，飞红万点愁如海”)，孔氏和韵酬答，传诵一时。

绍圣四年(1097)，他四十九岁，新党对他的迫害加紧，他被编管横州。元符二年(1099)，蔡京等又下令将他除名，永不收叙，移送雷州编管。当时苏轼也被贬至海南岛，隔海相望，常相唱和。但秦观生性比较软弱，没有苏轼那样洒脱开朗，经不起接二连三的严重打击，不免意气消沉。元符三年，他五十二岁，自作《挽词》说：“婴衅徙穷荒，茹哀与世辞；官来录我橐，吏来检我尸。”“家乡在万里，妻子天一涯，孤魂不敢归，惴惴犹在兹。”辞情悲愤，是对官场黑暗的沉痛控诉。这年二月，哲宗死了，高太后临朝听政，五月，下令大赦，苏轼和秦观都获得内迁。秦观宣德郎的官职得以恢复，还被宣召即刻进京。他在七月启程，八月十二日路过藤州，醉卧于光化亭上，醒后兴高采烈地填了一首《好事近·梦中作》：

> 春路雨添花，花动一山春色。行到小溪深处，有黄鹂千百。

飞云当面化龙蛇，夭矫转空碧。醉卧古藤阴下，了不知南北。

他吟罢此词，突然在大笑声中永别了人世！

秦观的著作现存《淮海集》四十卷，后集六卷。这位作家的诗、文、词、赋都很出色，而以词最为后世所称道。他出身于寒微的士族，一生中又历尽坎坷，比较能接近并了解人民的生活情况，如其《田居》有云："辛勤稼穑事，恻怆田畴语；得谷不敢储，催科吏旁午。"他写自己家庭生活的诗说："日典春衣非为酒，家贫食粥已多时。"（《春日偶题呈钱尚书》）"客无贵贱皆蔬饭，惟有慈亲食肉糜。"（《户部钱尚书和诗饷米，再成二章上谢》）也反映了自己穷困的处境。他的诗风优美，清新婉丽，如《春日》绝句：

一夕轻雷落万丝，霁光浮瓦碧参差；有情芍药含春泪，无力蔷薇卧晓枝。

这是一篇写春夜小雨、次晨放晴的小诗，其中以娇弱女子的神态比喻雨后花枝，颇有创造性，只是格调比较纤巧。王直方说他"诗如小词"（《王直方诗话》，见郭辑本《宋诗话辑佚》卷上），元好问也说他的诗是"女郎诗"（见元好问《论诗绝句》第二十四首，载《遗山先生文集》卷十一），均能道着他作品中富有阴柔之美的一面。但要补充说明的是这种优美是无可厚非的，而且他的诗还具有阳刚之美的另一面。

秦观被削职流徙，是他创作道路上的转折点。他被远投南荒，生活和心境都发生了很大的变化，诗风也起了很大的变化。吕本中《童蒙诗训》说："少游过岭后诗，严重高古，自成一家，与旧作不同。"（见《宋诗话辑佚》卷下附辑）如《雷阳书事》三首和《海康书事》十首，就是感时伤世的作品。《海康书事》第一首云：

白发坐钩党，南迁海濒州。灌园以糊口，身自杂苍头。篱落秋暑中，碧花蔓牵牛。谁知把锄人，旧日东陵侯。

感慨深沉，风格古朴，充满了郁愤不平之气，诗风与前期确实不同。

婉约绮丽的《淮海词》　秦观大半生浮沉人海，中年以后又卷入新旧党争，困顿以死，但他遗留下来的那些有如“初日芙蓉、晓风杨柳”的词①，却永远使人不能忘怀。秦观的《淮海词》，又称《淮海居士长短句》，旧存七十二首，近人龙榆生编《苏门四学士词》补辑二十八首，共一百首。他的令词仍走晏、欧的传统路子，但风格不同。如《如梦令》：

> 莺嘴啄花红溜，燕尾点波绿皱。指冷玉笙寒，吹彻小梅春透。依旧，依旧，人与绿杨俱瘦。

显示作者善于即景抒情，用辞精确。这类作品，可以比美五代宋初诸名家。而如《鹊桥仙》，则自出机杼，独具匠心，非晏、欧诸公所能范围：

> 纤云弄巧，飞星传恨，银汉迢迢暗度，金风玉露一相逢，便胜却人间无数。　　柔情似水，佳期如梦，忍顾鹊桥归路？两情若是久长时，又岂在朝朝暮暮！

本篇取材于牛郎织女七夕相会的传说，歌颂了他们之间真诚不渝的爱情。上片以对句起，写七夕的景色，景中有情；下片也以对句起，写牛郎织女相爱之深，情中带景，最后的结句表现了比世俗远为高尚的思想境界和健康的生活情趣。这在当时是难能可贵的。

秦观还善于以长调抒情，学柳永能去其庸俗猥亵的情趣而得其宛转铺叙的手法。从其《八六子》（“倚危亭”）、《望海潮》（“梅英疏淡”）等名篇中，都可以见出其所受柳词在章法方面的影响。就内容来说，则仍不外是写男女相思恩怨尔汝之情。

他青年时代困于场屋，屡试不第，曾游幕于吴兴、杭州、会稽等地。从

---

①　《蕙风词话》卷二：“张文潜赠李德载诗有云：‘秦文倩丽舒桃李。’彼所谓文，固指一切文字而言。若以其词论，直是初日芙蓉，晓风杨柳。倩丽之桃李，容犹当之有愧色焉。”

会稽蓬莱阁归来后，他曾填了一首著名的《满庭芳》：

山抹微云，天粘衰草，画角声断谯门。暂停征棹，聊共引离尊。多少蓬莱旧事，空回首、烟霭纷纷。斜阳外、寒鸦数点，流水绕孤村。
销魂！当此际，香囊暗解，罗带轻分。漫赢得、青楼薄幸名存。此去何时见也？襟袖上、空惹啼痕。伤情处，高城望断，灯火已黄昏。

这首词写的是一个别离的场面，其中细致地刻画了一对情侣的生活环境和内心活动。作者用抹字形容那轻轻飘浮在山上的一层薄云，用粘字表现那一望无际的、与远天逐渐衔接而又已枯萎了的秋草，就好像云是流质，可以抹在山上，草有粘性，可以胶住天体。这两句非常凝炼、自然，又极其传神。此词当时传唱以后，立即引起了热烈的反应。苏轼就特别赞美它的起句，称他为山抹微云君①；晁补之则说："比来作者，皆不及秦少游，如'斜阳外，寒鸦数点，流水绕孤村'，虽不识字人，亦知是天生好言语也。"（见赵令畤《侯鲭录》卷八）这首词将身世之感和艳情交织起来写，明显地是受了柳永的影响，其情调与柳词《雨霖铃》、《八声甘州》等篇确是相近的。黄昇《唐宋诸贤绝妙词选》卷一苏轼《永遇乐》注云：

少游自会稽入京，见东坡。坡云："久别当作文甚胜，都下盛唱公'山抹微云'之词。"秦逊谢。坡遽云："不意别后，公却学柳七作词。"秦答曰："某虽无识，亦不至是，先生之言，无乃过乎？"坡云："'销魂当此际'，非柳词句法乎？"秦惭服，然已流传，不复可改矣。

这段记载饶有风趣地说明了秦、柳之间的关系，其根本原因是秦观与歌儿

---

① 见郭辑本《艺苑雌黄》"秦少游词有来历"条。此条又云："寒鸦"之句"人皆以为少游自造此语，殊不知亦有所本。……隋炀帝诗云：'寒鸦千万点，流水绕孤村。'少游用此语也"。载《宋诗话辑佚》卷下附辑。按：逯钦立《先秦汉魏南北朝诗》隋诗，卷三据《笔麈》首句作"寒鸦飞数点"。又：此可与第三章第一节载《小山词》"落花"二句比观。

舞女来往的生活方式与柳永流连市井坊曲有近似的地方。他也欢喜吸取民间乐曲的通俗写法，用一些市井俚语来写艳词，如《满园花》与《品令》等。

不过，生活的磨难毕竟使秦观的词风起了一定的变化。他在政治上遭受打击、流徙南方以后的作品，就显得十分凄婉，带有浓厚的感伤情调，如：

> 雾失楼台，月迷津渡，桃源望断无寻处。可堪孤馆闭春寒，杜鹃声里斜阳暮。　　驿寄梅花，鱼传尺素，砌成此恨无重数。郴江幸自绕郴山，为谁流下潇湘去！
>
> ——《踏莎行》

> 湘天风雨破寒初，深沉庭院虚。丽谯吹罢小单于，迢迢清夜徂。乡梦断，旅魂孤，峥嵘岁又除。衡阳犹有雁传书，郴阳和雁无。
>
> ——《阮郎归》

这两篇都是谪居郴州后所作。政治上的失意，使他从以前狭小的风流旖旎的生活中解放出来，清醒地注视着自己的不幸与孤独。词中所写，虽然只是浓重的怀乡之感，但其中显然包括了比乡愁更为使词人感到压抑的东西。在风格上，给人的感觉，也不仅仅是凄婉，而是凄厉了！这种怆恻悲苦的声音，正如实地反映了词人晚年痛苦的生活和心情。在秦观死后，苏轼特别将《踏莎行》写在扇上，并题识道："少游已矣，虽万人何赎！"（见《苕溪渔隐丛话》前集卷五十引《冷斋夜话》，《四库全书》本及《丛书集成》本《夜话》无此文）这种沉痛的悼念固然体现了他俩友谊的深厚，另一方面也说明秦观晚年的作品，由于环境、心绪的变化，已经能够摆脱柳永那种绮罗香泽的影响，更深刻地表现人生，达到了难以企及的成就，才引起苏轼更巨大的哀伤。从历史发展上看，我们不妨说，《淮海词》凄婉感伤的情调，是与李后主、晏几道一脉相承的。如《江城子》：

西城杨柳弄春柔。动离忧，泪难收。犹记多情曾为系归舟。碧野朱桥当日事，人不见，水空流。　　韶华不为少年留。恨悠悠，几时休？飞絮落花时候一登楼。便做春江都是泪，流不尽，许多愁！

这是对于一个离别场面的荡气回肠的回忆。结果翻用了李后主《虞美人》中的名句“问君能有几多愁，恰似一江春水向东流”，使得全篇更加精警，而其追踪李、晏，也显然可见。

冯煦在《宋六十一家词选·例言》中说：“少游以绝尘之才，早与胜流，不可一世，而一谪南荒，遽丧灵宝，故所为词寄慨身世，闲雅有情思，酒边花下，一往而深，而怨悱不乱，悄乎得《小雅》之遗，后主而后，一人而已。”又说：“淮海、小山，真古之伤心人也。其淡语皆有味，浅语皆有致，求之两宋词人，实罕其匹。”秦观之所以能取得这样的成就，是在于他能多方面地学习前人的艺术经验，不仅学柳永，也学唐五代以迄宋初诸家。他虽然没有直接继承苏词的豪放风格，但或多或少地受到了他一些影响，所以才能虽学柳词而又抗拒其庸猥的一面。他博取婉约派各家之长，达到“情词相称”的独特成就①，直接影响了稍后的周邦彦和李清照。《白雨斋词话》卷一云：“秦少游自是作手。近开美成，导其先路；远祖温、韦，取其神不袭其貌。词至是乃一变焉。然变而不失其正，遂令议者不病其变，而转觉有不得不变者。”陈廷焯指出了秦观在婉约派发展过程中的重要作用，肯定了他在词史上的地位，是很正确的。

贺铸以健笔写柔情的《东山词》　贺铸（1052—1125），字方回，卫州（今河南汲县）人。他赋性鲠直，又有口才，评论是非，不避权贵，因此颇遭忌刻，仕路屯蹇只做过右班殿直、监临城酒税、徐州宝丰监钱官、和州管界巡检、江夏宝泉监钱官，以及泗州通判等小官。他是唐代诗人贺知章的后裔，曾自号为庆湖遗老、北宗狂客，与米芾、程俱、秦观、苏轼、黄庭坚、李之仪和叶梦得等人交好。

---

① 沈雄《古今诗话·词话》卷上引蔡伯世曰：“子野词胜乎情，耆卿情胜乎词。情词相称者，少游一人而已。”

《宋史·文苑传》说他:"博学强记,工语言,深婉丽密,如次组绣。尤长于度曲,掇拾人所弃遗,少加檃括,皆为新奇。尝言吾笔端驱使李商隐、温庭筠常奔命不暇。"他的著作有《庆湖遗老集》和《东山词》(一名《东山寓声乐府》)。《四库全书总目》卷一百十五《庆湖遗老集》提要论之云:"铸以填词名家……然其诗亦工致修洁,时有逸气。格虽不高,而无宋人悍犷之习。《苕溪渔隐丛话》称其以望夫石诗得名,《诗人玉屑》称王安石赏其定林寺绝句。《王直方诗话》载铸论诗之言曰:'平淡不涉于流俗,奇古不邻于怪僻,题咏不窘于物义,叙事不病于声律。比兴深者通物理,用事工者如己出。格见于成篇,浑然不可镌;气出于言外,浩然不可屈。'观其所作,虽不尽如所论,要亦不甚愧其言也。"如他在徐州时写的《病后登快哉亭》:

经雨清蝉得意鸣,征尘断处见归程。病来把酒不知厌,梦后倚楼无限情。鸦带斜阳投古刹,草将野色入荒城。故园又负黄花约,但觉秋风鬓上生。

这篇怀乡之作所写都是眼前景物,风格清朗,很有情致。再如《茅塘马上》:

壮图忽忽负当年,回羡农家过我贤。水落陂塘秋日薄,仰眠牛背看青天。

则披露了自己因壮志未酬而产生归农思想,写得傲兀不群,可以想见其性格。

贺铸入仕后本任武职。直到元祐七年(1092),由于得到李清臣、范百禄和苏轼的推荐,才从武职改为文官。徽宗崇宁、大观年间,他退居苏州,最后卒于常州。程俱在《贺方回诗序》中,曾经生动地画出了这位作家的形象:

方回为人,盖有不可解者:方回少时,侠气盖一座,驰马走狗,饮

> 酒如长鲸；然遇空无有时，俯首北窗下，作牛毛小楷，雌黄不去手，反如寒苦一书生；方回仪观甚伟，如羽人剑客；然戏为长短句，皆雍容妙丽，极幽闲思怨之情。方回忼慨感激，其言理财治剧之方，亹亹有绪，似非无意于世者；然遇轩裳角逐之会，常如怯夫处女。余以为不可解者，此也。

作家的气质和个性是形成其独特风格的主要因素，从这段记述中可以知道，贺铸是一个既深于儿女之情又富于豪侠之气的人物，同时也是一个颇有才干却为当时社会所遗弃的人物。这种境遇和个性反映在他的作品里，就使得他的风格时而显得富艳精工，时而显得幽忧悲壮。或表现着缠绵的柔情，近于秦观，或表现着激越的豪情，近于苏轼。张耒在《〈东山词〉序》中曾指出其词风具有盛丽、妖冶、幽索、悲壮四种特色，综合起来则是刚柔相济，善于以健笔写柔情。

> 凌波不过横塘路，但目送，芳尘去。锦瑟华年谁与度？月桥花院，琐窗朱户，只有春知处。　　碧云冉冉蘅皋暮，彩笔新题断肠句。试问闲愁都几许？一川烟草，满城风絮，梅子黄时雨。
>
> ——《横塘路》①

> 薄雨收寒，斜照弄晴，春意空阔。长亭柳色才黄，远客一枝先折。烟横水漫，映带几点归鸦，东风销尽龙沙雪。还记出关来，恰而今时节。　　将发，画楼芳酒，红泪清歌，顿成轻别。已是经年，杳杳音尘都绝。欲知方寸，共有几许清愁？芭蕉不展丁香结。枉望断天涯，两厌厌风月。
>
> ——《柳色黄》

---

① 贺铸在填词时，常常根据自己所写的词句，将旧的词调换上一个新的名称，如《横塘路》即《青玉案》，《柳色黄》即《石州引》，《半死桐》即《鹧鸪天》等，其词集又名《东山寓声乐府》，即由于此。

重过阊门万事非，同来何事不同归？梧桐半死清霜后，头白鸳鸯失伴飞。　　原上草，露初晞，旧栖新垄两依依。空床卧听南窗雨，谁复挑灯夜补衣。

——《半死桐》

缚虎手，悬河口，车如鸡栖马如狗。白纶巾，扑黄尘，不知我辈可是蓬蒿人？衰兰送客咸阳道，天若有情天亦老。作雷颠，不论钱，谁问旗亭美酒斗十千？　　酌大斗，更为寿，青鬓常青古无有。笑嫣然，舞翩然，当垆秦女十五语如弦。遗音能记秋风曲，事去千年犹恨促。揽流光，系扶桑，争奈愁来一日却为长！

——《小梅花》

我们从这四篇作品中，接触到了不同的情调和风格。前两篇所反映的，是词人一往情深的离愁别恨，布景设色，极其漂亮新鲜，秾丽的春光和忧郁的心绪在这些作品中得到了巧妙的融合。《青玉案》尤为著名，其结尾三句从李后主的“问君能有几多愁，恰似一江春水向东流”（《虞美人》）和“自是人生长恨水长东”（《相见欢》）化出，而易独喻为博喻，兴中有比，新奇工巧，为人所传诵，以致作者被称为贺梅子（见周紫芝《竹坡诗话》卷一）。《半死桐》赋悼亡，情意是多么朴实真挚，又是多么深沉哀伤，使我们很自然地联想起苏轼那篇同一主题的《江城子》。它们不知打动了后来多少在生命的中途上分了手的恩爱夫妻的心。《小梅花》吸收了李贺的诗句入词，以奇横的语调抒写了一个富有才能可是长期遭受抑压的人物的苦闷，并以不可一世的鄙视尘俗的口气来体现了对于现实人生的不能忘怀，这正是当时许多赋性不羁而怀才不遇的士人的典型心理。

贺铸并非苏轼的门人，但和苏轼有交往，并曾多次作诗对苏氏深表怀念之情。他接受了苏轼词风的影响，写出了一些意气风发的词。《小梅花》之外，《六州歌头》也是一篇名作：

少年侠气，交结五都雄。肝胆洞，毛发耸。立谈中，死生同，一诺千金重。推翘勇，矜豪纵，轻盖拥，联飞鞚，斗城东。轰饮酒垆，春色浮寒瓮，吸海垂虹。闲呼鹰嗾犬，白羽摘雕弓，狡穴俄空，乐匆匆。　　似黄粱梦，辞丹凤；明月共，漾孤蓬。官冗从，怀倥偬，落尘笼，簿书丛。鹖弁如云众，供粗用，忽奇功。笳鼓动，渔阳弄，思悲翁。不请长缨，系取天骄种，剑吼西风。恨登山临水，手寄七弦桐，目送归鸿。

词情高亢激越，苍凉悲壮，表现了有心报国而无路请缨的不平之气。这是在北宋词中极为罕见而对南宋爱国主义的英雄词风的产生起了先导作用的独特存在。

秦、贺合评　在柳永和苏轼之后，秦观与贺铸接受了他们的影响，以自己的创作丰富了宋代词坛。秦词属婉约一派，贺词虽有豪放之作，仍以婉约为主。他俩都和柳永一样，长于抒写缠绵宛转的柔情，然而却没有柳词中不时流露的庸俗气息。秦观晚年对于痛苦的人生的歌唱，从与苏轼不同的角度出发，开拓了词的境界；而贺铸放旷不羁的性格，则使得其一部分作品自然的和苏轼相近。在秦观已死贺铸尚在的时候，黄庭坚曾仿杜甫的《存殁口号》写了一首小诗《寄贺方回》："少游醉卧古藤下，谁与愁眉唱一杯？解作江南断肠句，只今惟有贺方回！"这种悼念和称赞，正说明秦、贺两人在词史上的地位。

从五代以来，由于词人多半以绮语来写柔情，其语言风格就很自然地和晚唐一些诗人如杜牧、李商隐、温庭筠等相似。到了贺铸，更开始有意识地选择这些诗人们所使用过的语言来填词，甚至直接引用唐诗的成句，如贺词《柳色黄》"芭蕉不展丁香结"，就是李商隐《代赠》中的名句，而《小梅花》"衰兰送客咸阳道，天若有情天亦老"，则是李贺《金铜仙人辞汉歌》中的名句。这种点化或袭用前人语言及成句的方法，加强了词句精炼的程度，也延续了前人铸造的意境，但另一方面，却难免使歌词的语言逐渐脱离了更其富有生命力的口语，逐渐趋于典雅甚至于晦涩。后来周邦彦就是走着这条路子，并且加以发展的。

第三节　黄庭坚、陈师道和江西诗派

王安石和苏轼的时代，是北宋文学史上现实主义文学的隆盛时期。而到北宋末年，国事日非，新旧党争的风险使许多文人趋于逃避现实，追求艺术技巧的文学倾向也就开始抬头。比王、苏年辈稍后的黄庭坚、周邦彦，各自在其所擅长的文学领域内，以其创作实践加剧了这种风尚。黄诗所具有的脱离现实和周词所具有的粉饰现实的倾向，由于他们的艺术成就，更由于适应了11世纪80年代后宋王朝日益衰败的社会政治现实的客观需要，从而得到了发展。他们和他们所造成的文学流派，不仅流行于北宋末年的文坛，在南宋也具有不可忽视的势力和影响。

黄庭坚的生平和思想　黄庭坚（1045—1105），字鲁直，洪州分宁（今江西修水县）人。他出身于一个文学空气很浓的家庭，父亲黄庶是专学杜甫、韩愈的诗人，著有《伐檀集》二卷；舅父李常也是诗人，而且是有名的藏书家；两位岳父孙觉和谢师厚也是积学知名之士。在这样的环境中，他从小起就博览群书，三教经典以及小说杂书无所不读。所以他的成就是多方面的，除了诗、文、词、赋以外，书法成就也极高，与苏轼、米芾、蔡襄并称为宋代四大书家。

黄庭坚在治平四年（1067）考中进士后，于熙宁初任汝州叶县的县尉，熙宁五年（1072）升任北京国子监教授，得到大臣文彦博的器重。元丰元年（1078），他写了一封信给徐州太守苏轼，表示仰慕之意，并呈诗二首。苏轼当即复信，称赞他“古风二首，托物引类，真得古诗人之风”（《答黄鲁直书一首》）。两人从此缔交，终身不渝。元丰三年，他出知吉州太和县，路过舒州时，游览了三祖山上的山谷寺，因爱其风光，便以山谷道人作为别号。元祐年间，他以秘书省校书郎召入馆阁，司马光赞赏他好学有文，邀请他参与校定《资治通鉴》。他在京将近九年，任《神宗实录》检讨官，加集贤院校理，升起居舍人、秘书丞，兼国史编修官。这一时期，苏轼兄弟是朝廷显要，他始终追随着苏轼，常相唱和，成为苏门四学士之一。绍圣年间，政局发生了变化，章惇、蔡卞等新党得势，肆意迫害元祐党人，他被贬为涪州别驾，从此又自号涪翁。徽宗时，蔡京擅权，大兴党祸。转运判官陈举承宰执赵挺之的风旨，告发他所作《荆州承天院塔记》中有幸灾谤国之意，因此被撤销一切职务，流放宜州编管。崇宁四年(1105)九月三十日死于贬所，终年六十一岁。著作现存《豫章黄先生文集》三十卷，另有南宋时任渊等三人整理加注的《山谷诗集注》内集三十卷、外集十四卷、别集二十卷。又《山谷词》一卷。

黄庭坚在政治思想上受苏轼的影响很大，并屡次与苏轼一同被贬。但他主张新旧两党互相宽容："人材包新旧，王度济宽猛。"(《次韵子由绩溪病起被召，寄王定国》)他虽然不很赞成新法，但不像司马光等那样极端保守、坚决反对，并认为新法的流弊不是王安石的过错。在《跋王荆公禅简》中，他对王安石的人品十分推崇敬佩："然余尝熟观其风度，真视富贵如浮云，不溺于财利酒色，一世之伟人也。"他这种不抱偏见地对待王安石的态度，在当时是难能可贵的。

黄庭坚的世界观是儒佛道三家思想的混合体。他所受的教育，自然是传统的儒家学说。但在激烈的新旧党争中，他没有勇气也毫无办法去解决矛盾，于是便逃遁到仙乡佛国中去寻求精神上的寄托。他和法秀、祖心、惟清、悟新等禅师交往，接受了禅宗的影响。其诗歌创作中，除了儒家经典外，道家的《老子》、《庄子》、《列子》、《抱朴子》、《淮南子》、《黄庭经》等，佛家的《金刚经》、《法华经》、《楞严经》、《维摩经》、《华严经》、《涅槃经》、《般若经》、《传灯录》等，都是他所喜欢渔猎的，可见他所接受的思想影响也较复杂。

黄庭坚早年还有过一些敢于反映现实的作品，但在苏轼的乌台诗案发生后，有鉴于文字之祸，便逐渐退缩了。在《答洪驹父书》中，他告诫说："东坡之文妙天下，其短处在好骂，慎勿袭其轨也。"可见他没有苏轼那种敢怒敢骂的勇气，这种人生态度是黄诗缺乏苏诗那种战斗锋芒的根本原因。其《书王知载〈朐山杂咏〉后》云：

诗者，人之情性也。非强谏诤于庭，怨忿诟于道，怒邻骂座之为也。其人忠信笃敬，抱道而居，与世乖逢，遇物悲喜，同床而不察，并

> 世而不闻。情之所不能堪,因发于呻吟调笑之声,胸次释然,而闻者亦有所劝勉,比律吕而可歌,列干羽而可舞,是诗之美也。其发为讪谤侵陵,引颈以承戈,披襟而受矢,以快一朝之忿者,人皆以为诗之祸,是失诗之旨,非诗之过也。

很显然,他是不主张诗歌为政治斗争服务,而赞成只将它用来抒发个人情性的,这就是他所以热衷于片面地去追求艺术技巧的思想根源。

黄诗的创作方法和艺术特征　黄庭坚一生历尽坎坷,政治地位不高,但在文学界的声名却是很大的。他苦心钻研诗的技巧,在语言、意境、格律以及表现方式各方面,都使用了一些新的手法。因此形成了一种特殊风格,给人以一种前所未有的新鲜感觉,引起了很多人的向往,后来便形成了一个庞大的文学流派——江西诗派。

黄庭坚原来也是反对西昆体的,并始终倡导作诗应向杜甫学习,但他没有重视杜诗丰富的社会内容和现实主义精神,却片面地强调杜诗在格律字句等形式上的特点。他在《答洪驹父书》中说:

> 老杜作诗,退之作文,无一字无来处;盖后人读书少,故谓韩杜自作此语耳。古之能为文章者,真能陶冶万物,虽取古人之陈言入于翰墨,如灵丹一粒,点铁成金也。

他片面地把书本、学问当成了文学创作的源泉,其结果必然要走上脱离现实、摹拟古人的偏重形式的道路。他的创作方法,可以归纳为三个方面:

第一,改窜陈句,创为夺胎换骨之说。他说:“诗意无穷,而人之才有限,以有限之才,追无穷之意,虽渊明、少陵不得工也,然不易其意而造其语,谓之换骨法,窥入其意而形容之,谓之夺胎法。”(见《冷斋夜话》卷一。王若虚《滹南诗话》卷三也引此说,并云:“世以为名言。”)黄庭坚认为,只有这样,才能推陈出新,超过前人。所谓夺胎或脱胎,即是采用前人的诗意和造句格式而加以发展,使之更深刻化,造成自己的意境,如黄诗《睡鸭》:“山鸡照影空自爱,孤鸾舞镜不作双。”是出于徐陵《鸳鸯赋》“山鸡映水那相得，孤鸾照镜不成双"，任渊认为："山谷非蹈袭者，以徐语弱，故为点窜以示学者尔。"(《山谷诗集注》卷七)至于换骨，则是采用前人的诗意而用自己的语言重新表达，实即意同而语异，如黄诗《再次韵四首》之四"公有胸中五色线，平生补衮用功深"，是出于杜牧《郡斋独酌》"平生五色线，愿补舜衣裳"的句意。这就是他点化陈腐以为新奇的窍门。黄庭坚本人运用此种技巧是比较熟练得法的，这也是他煞费苦心地创造出来的对文学遗产的一种继承和借鉴的巧妙方式。但是，用之不工或不当，则容易造成模拟剽窃、弄巧成拙的流弊，可能适得其反而点金成铁。

第二，好用拗律、押险韵。黄庭坚为了力矫西昆体圆熟的俗格，往往师法杜甫，用拗体、变调来写律诗，以树立奇峭劲挺的独特诗风。他主张"宁律不谐，不使句弱；用字不工，不使语俗"，(《题意可诗后》)竭力追求格韵高绝的境界。黄诗中七律共三百十一首，其中拗体就有一百五十三首，竟占了总数的一半。如《题落星寺》：

落星开士深结屋，龙阁老翁来赋诗。
仄平平仄平仄仄　平仄仄平平仄平
小雨藏山客坐久，长江接天帆到迟。
仄仄平平仄仄仄　平平仄平平仄平
宴寝清香与世隔，画图妙绝无人知。
仄仄平平仄仄仄　仄平仄仄平平平
蜂房各自开户牖，处处煮茶藤一枝。
平平仄仄平仄仄　仄仄仄平平仄平

全诗竟没有一句是完全合律的，方回认为"此学老杜所谓拗字吴体格"(《瀛奎律髓》卷二十五)。然而，它于拗中又有见律处，如第二句中第五字应仄而平，以救第一句第六字及本句第三字之拗。第六句虽用三平调作结，但第五句相应地用了三个仄声字收尾。大拗大救，气势挺拔，为表现幽僻清绝的内容创制了恰到好处的语音外壳。(参见莫砺锋《黄庭坚"夺胎换骨"辨》，载《中国社会科学》1983 年第 5 期)。他为了避俗生新，追求不同凡响的艺术效果，还喜欢押险韵，次韵唱和。元人孙瑞指出：“山谷作诗有押韵险处，妙不可言。”并举“句法提一律，坚城受我降”（《子瞻诗句妙一世，乃云效庭坚体，故次韵道之》）为例，说是“只此一降字，他人如何押到此”（见刘壎《隐居通义》卷八）。此外如《次韵晁补之、廖正一赠答诗》，竟叠韵七次之多，也充分表现了他用字用韵遍求独创、不避重叠的精神。

第三，好用奇字僻典，刻意苦吟。黄庭坚为了创意出奇，在运用修辞手段方面也有突出的造诣。他很重视炼字造句，如“秋水粘天不自多”（《赠陈师道》）的“粘”字，“清风荡秋日”（《晚起临汝》）的“荡”字，都是传神的句眼。又如“马龁枯萁喧午枕，梦成风雨浪翻江”（《六月十七日昼寝》），“桃叶柳花明晓市，荻牙蒲笋上春洲”（《次韵盖郎中率郭郎中休官》），在语法结构、词组对偶方面都十分工巧，务去陈言，力撰硬语。他又喜欢运用典故，特别是爱用冷僻之典，如“上丁分膰一饱饭，藏神梦诉羊蹴蔬”（《戏赠彦深》），是用隋代侯白《启颜录》中的故事，人所罕知。又如《颐轩诗六首》，同时杂糅了儒、佛、道三家经典中的语汇，也不易通解。所以王夫之在《夕堂永日绪论》中批评他“除却书本子则更无诗”。这使得他的一些作品存在着生硬或晦涩的缺点。

如上所述，黄庭坚作诗，着意在求奇求新。他喜欢用变调、险韵和僻典，喜欢将两件很难联系起来的事物作对偶，有时还故意使用当时民间艺人作杂剧和禅宗和尚说法时采用的打诨办法①，先说一些没头没脑叫人无从理会的话，然后再将用意挑明，这一切，都说明了黄庭坚对于技巧的深切注意，但也说明了，他是脱离了现实生活片面地去追求技巧的。因为黄诗带有这种根本性的弱点，所以尽管他曾努力研习陶渊明、杜甫，也非常佩服王安石和苏轼，但却忽略了这些伟大诗人作品中丰富的思想内容。这位颇有才能的作家，生活视野是不够广阔的，生活兴趣是狭窄的。在他看来，现实生活中的重大问题还不及一些琐屑的事物值得付与更多的关注。这样，就使得他虽然“以惊创为奇才，其神兀傲，其气崛奇，玄思瑰句，

① 孔平仲《孔氏谈苑》卷五：“山谷云：作诗正如作杂剧，初时布置，临了须打诨，方是出场。”

排斥冥筌，自得意表”，“入思深、造句奇崛、笔势健，足以药熟滑”，（方东树《昭昧詹言》卷十二）但其诗集中和人民共呼吸的作品却不多，这就不能不大大减低了黄诗的思想价值。

当然，作为一个著名的作家，作为一个毕生致力于诗歌创作的作家，黄庭坚确是写了一些好诗的。当他有时突破了自己所陶醉在其中的狭窄的生活圈子而将视野扩大到人类社会和自然界中一些优美事物的时候，当他的爱憎在某种程度上符合于人民的爱憎的时候，他所苦心钻研的技巧也就发生了力量，产生了一些既具有较为充实的内容，又充分地表现了他所独具的生新、瘦硬、奇峭风格的十分完美的作品。

> 乃翁知国如知兵，塞垣草木识威名。敌人开户玩处女，掩耳不及惊雷霆。平生端有活国计，百不一试埋九京。阿兄两持庆州节，十年麒麟地上行。潭潭大度如卧虎，边人耕桑长儿女。折冲千里虽有余，论道经邦正要渠。妙年出补父兄处，公自才力应时须。春风旌旗拥万夫，幕下诸将思草枯。智名勇功不入眼，可用折箠笞羌胡。
>
> ——《送范德孺知庆州》

这是为了歌颂范仲淹父子的政绩、战略和边功而写的。范仲淹在仁宗时镇守西北，防御西夏，为敌人所畏服。其后，他的两个儿子纯仁、纯粹（德孺）继承乃父的事业，先后出守军事重镇。由于北宋边患剧烈，能够巩固国防的官吏就特别受到人民的尊敬。范德孺出知庆州是元丰八年（1085）八月任命的，黄庭坚于次年春写这首诗送行，既刻画了范氏父子作为爱国者的形象，又反映了人民拥戴他们的深情。“敌人”两句是写范仲淹“知兵”，这位将军文静得像个大姑娘，使得敌人玩忽了职守而大开门户，谁知他行动起来又快又猛，好似迅雷轰击，使敌人不及掩耳。这种设想和造句虽有所本①，但诗人将旧文加以点化，把这意境相距很远的两句放在一处时，对于读者来说，还是耳目一新的。这首诗就用意论，结构谨严，在全诗

① 《孙子·九地》：“始如处女，敌人开户；后如脱兔，敌不及距。”黄诗本此。

十八句中，父、兄、弟各占六句；就用韵论，又故意打破了这种均匀的局面，先是平韵八句，间以仄韵两句，又是平韵八句，换意与换韵参差错综，又与前人之换意就换韵之注重声情相应者不同。这也是其创新的地方。范德孺父兄的功业，久已昭著，而他本人则还是一位少年将领，所以诗中主要是以父兄来烘托他本人。就这一点来说，其作法又与杜甫《公孙大娘弟子舞剑器行》有相近处，如此诗"妙年出补父兄处"即从杜诗"晚有弟子传芬芳"来。

再看他赞美杜甫的《老杜浣花溪图引》：

> 拾遗流落锦官城，故人作尹眼为青。碧鸡坊西结茅屋，百花潭水濯冠缨。故衣未补新衣绽，空蟠胸中书万卷。探道欲度羲黄前，论诗未觉《国风》远。干戈峥嵘暗宇县，杜陵韦曲无鸡犬。老妻稚子具眼前，弟妹飘零不相见。此公乐易真可人，园翁溪友肯卜邻；邻家有酒邀皆去，得意鱼鸟来相亲。浣花酒船散车骑，野墙无主看桃李。宗文守家宗武扶，落日蹇驴驮醉起。愿闻解鞍脱兜鍪，老儒不用千户侯。中原未得平安报，醉里眉攒万国愁。生绡铺墙粉墨落，平生忠义今寂寞。儿呼不苏驴失脚，犹恐醒来有新作。常使诗人拜画图，煎胶续弦千古无！

这幅图画通过杜甫从驴背上滑下来仍然不很清醒的稍纵即逝的形象，非常成功地显示了这位伟大诗人的内心世界。黄庭坚则不但了解杜甫，而且理解这位画家和这幅画图的主题和处理方式，于是就写出了这篇好诗。诗中着重地描写了杜甫在成都时期的生活情况，以及他和普通百姓之间融洽无间的友谊；反映了他关心国事的忠肝义胆，以及希求祖国战乱早日平定的崇高愿望。王安石所作《杜甫画像》诗以豪健胜，而黄庭坚此篇以情韵胜，他们都对杜甫的为人及其所生活的时代具有深刻的理解。

在现存一千九百五十六首黄诗中，律诗佳作尤多，今略举数例：

痴儿了却公家事，快阁东西倚晚晴。落木千山天远大，澄江一道月分明。朱弦已为佳人绝，青眼聊因美酒横。万里归船弄长笛，此心吾与白鸥盟。

——《登快阁》

我居北海君南海，寄雁传书谢不能。桃李春风一杯酒，江湖夜雨十年灯。持家但有四立壁，治病不蕲三折肱。想见读书头已白，隔溪猿哭瘴溪藤。

——《寄黄几复》

万里相看忘逆旅，三声清泪落离觞。朝云往日攀天梦，夜雨何时对榻凉？急雪鹡鸰相并影，惊风鸿雁不成行。归舟天际常回首，从此频书慰断肠。

——《和答元明黔南赠别》

这几首诗描写了作者对于友谊、亲情的珍视和别离之感、浮沉宦海以及迁谪异地之情。他的感受是非常真实的，为普通人所具有的而且能为大家所接受的。如“落木千山天远大，澄江一道月分明”、“朝云往日攀天梦，夜雨何时对榻凉”等联，都是新奇而凝炼的佳句。而用“江湖夜雨十年灯”来与“桃李春风一杯酒”作对，尤见精警。它以寥寥十四字写出了诗人对过去良辰美景、好友欢聚的怀念，和后来长期流落江湖、寂寞凄凉的情怀。张耒曾评之为“真奇语”（《王直方诗话》），魏庆之则将其列为“宋朝警句”（《诗人玉屑》卷三）。跟这一点相联系，黄诗用语也很深曲，如《寄黄几复》一诗的后四句，是叹其贫困，又美其安贫乐道；赞其才干，又惜其屈身下僚，终于归结到读书无用的愤慨。怜才之意，不平之鸣，都于言外见之。概括地说，黄诗的主要成就表现在艺术方面，其作品在立意、谋篇、造句、炼字以及声律各个方面都力求推陈出新，其中固然有一些由于矫枉过正而造成的缺点，但确有其独创性，并达到了很高的水平。黄诗是别具风味的，因而也很自然地成为宋诗独特风貌的重要组成部分。陈岩肖《庚溪诗话》卷下说:“山谷之诗,清新奇峭,颇道前人未尝道处,自为一家,此其妙也。”前人论宋诗,每以苏、黄并称,黄当然比不上苏,但在当时确有很大的影响。严羽在《沧浪诗话·诗辨》中说:“至东坡、山谷始自出己意以为诗,唐人之风变矣。山谷用工尤为深刻,其后法席盛行,海内称为江西宗派。”而首先向黄庭坚学习的,是苏门六君子中的陈师道。

与黄庭坚齐名的陈师道　黄、陈齐名,但无论是思想意识还是文学作风,陈师道都主动地接受黄庭坚的影响。陈氏在《后山诗话》中说:“苏诗始学刘禹锡,故多怨刺,学不可不慎也。”这也正是黄庭坚的意见,所以他的创作接近黄庭坚,是很自然的。在《答秦观书》中,陈师道说:

> 仆于诗初无师法,然少好之,老而不厌,数以千计;及一见黄豫章,尽焚其稿而学焉。豫章以谓譬之弈焉,弟子高师一著,仅能及之,争先则后矣。仆之诗,豫章之诗也。

刘克庄也说:

> 后山树立甚高,其议论不以一字假借人,然自言其诗师豫章公。或曰:黄、陈齐名,何师之有?余曰:射较一镞,奕角一著,惟诗亦然。后山地位去豫章不远,故能师之。若同时秦、晁诸人,则不能为此言矣。此惟深于诗者知之。文师南丰,诗师豫章,二师皆极天下之本色,故后山诗文高妙一世。
>
> ——《江西诗派·后山》

在这里,刘克庄明确地指出,陈师道散文学曾巩,诗学黄庭坚的史实,并指出只有他才有向曾、黄二人学习的能力,这是很内行的说法。

陈师道(1053—1102),字履常,一字无己,别号后山居士,彭城(今江苏徐州市)人。自幼笃学能文,十六岁那年拜曾巩为师。这使他后来在散文的创作方面也有一定的成就。其名篇有《黄楼铭》、《思亭记》、《徐州学记》、《商君论》和《霍光论》等。他是个布衣,禀性孤僻鲠直,生活虽穷困清苦，但高介有节，安贫乐道。在王安石变法时期，他绝意仕进。元祐二年(1087)他三十五岁时，由于苏轼、孙觉的举荐，得任徐州教授，五年移颍州教授。从此游于苏轼门下，与黄庭坚等结交。绍圣元年(1094)，苏、黄被贬，他也受到牵累罢职。直到徽宗即位，他四十九岁时，才起用为秘书省正字。这年冬天，他到京郊参加一次祭祀典礼，由于没有御寒的外衣，其妻向妹夫赵挺之借来一件皮袄，但他却因憎厌赵挺之的为人，拒绝穿赵的衣服，感受风寒，终至病死。著作现存《后山居士文集》二十卷，又有任渊整理加注的《后山诗注》十二卷和《后山词》一卷。

陈师道作诗是主张学杜甫的，但又认为，学杜必须从学黄入手。他的苦吟功夫，较黄有过之而无不及。叶梦得云："世言陈无己每登临得句，即急归，卧一榻，以被蒙首，谓之吟榻。家人知之，即猫犬皆逐去，婴儿稚子，亦抱持寄邻家。徐待其起，就笔砚，即诗已成，乃敢复常。"(见马端临《文献通考》卷二百三十七，《经籍考》卷六十四，又李冶《敬斋古今黈》卷八亦载此事而较略。)所以黄庭坚在《病起荆江亭即事》诗中说他是"闭门觅句陈无己"(十首之八)。比起黄氏来，他的生活范围和生活兴趣似乎更加狭小，但在创作态度上却非常严肃，没有黄氏那样为了要显示自己的技巧而随意动笔的情况。他每成一诗，"揭之壁间，坐卧哦咏，有窜易至月十日乃定，有终不如意者，则弃去之"(见徐度《却扫编》卷中)。可是另一方面，他受到当时打诨参禅的影响比黄氏更深一些，他认为"学诗如学仙，时至骨自换"(《次韵答秦少章》)，所以任渊在《后山诗注目录》中说："读后山诗，大似参曹洞禅，不犯正位，切忌死语，非冥搜旁引，莫窥其用意。"陈师道这种冥心孤往，一意求深的创作态度，和生硬僻涩作风的形成，是可以从他孤介的个性、他的沉沦下僚的政治命运，和其由于抗拒这种命运而对当时社会所持有的疏远而冷漠的生活态度中求得解释的。

陈师道诗歌的长处是个性鲜明，风骨磊落，意境新而雅，文字简而妙。如：

主家十二楼，一身当三千。古来妾薄命，事主不尽年。起舞为主寿，相送南阳阡。忍着主衣裳，为人作春妍？有声当彻天，有泪当彻泉。死者恐无知，妾身长自怜。

——《妾薄命》二首之一

去远即相忘，归近不可忍。儿女已在眼，眉目略不省。喜极不得语，泪尽方一哂。了知不是梦，忽忽心未稳。

——《示三子》

海外三年谪，天南万里行。生前只为累，身后更须名？未有平安报，空怀故旧情。斯人有如此，无复涕纵横！

——《怀远》

疾风回雨水明霞，沙步丛祠欲暮鸦。九日清尊欺白发，十年为客负黄花。登高怀远心如在，向老逢辰意有加。淮海少年天下士，可能无地落乌纱。

——《九日寄秦觏》

《妾薄命》是陈师道集子中的开卷诗。据诗人自注，是为了悼念他的业师曾巩而写的。诗中以一位侍妾悲悼宠爱她的主人的口吻，来表达学生对老师的感情，是从肺腑中流出来的极其沉挚的悼念之作。《示三子》写的是一位慈父复杂而曲折的心情，风格质朴而凝重。《怀远》是为怀念贬谪远方的苏轼而作的，诗中充满悲愤和激情，正反映了他对苏轼的深厚情谊和对于黑暗势力的抗议。《九日寄秦觏》一首，既写了诗人自己对重九这一古老节日的眷恋之情，又写了在节日里对一位他所契重的青年人的怀想。韵高格峻，是典型的江西派佳作。在这样一些优秀的篇章里，诗人真挚的感情在一定程度上突破了他所习惯于使用的那些因为刻意求工有时反而掩盖了自己真实用意的弊病，给读者留下了和谐浑朴的印象。可惜这位苦吟诗人像这类的作品较少。在更多的作品中，陈师道跟黄庭坚一样，往往因为用意过于曲折，造语过于生涩，而损害了艺术的完整性。同时，他也不善于发现生活中最有价值的题材和主题，这就不能不使他们的成就受到很大的局限。

江西诗派的形成及其影响 黄庭坚那种将诗的艺术形式看得比内容更重要，因而用力于追求技巧的风习，在北宋末年竟逐步形成了一股潮流。由于黄庭坚一些有关诗创作的议论多少指出了在谋篇、造句和炼字等方面都有规矩法度可循，容易为生活圈子比较狭小的文人所仿效，他那套煞费苦心地创造出来的资书以为诗的艺术方法，又正适合脱离现实玩弄文墨的士大夫的口味。所以除了陈师道率先向他学习以外，当时还有许多人云起风从，推他为宗师。正如刘克庄所说："豫章（指黄庭坚）稍后出，会萃百家句律之长，究极历代体制之变，搜猎奇书，穿穴异闻，作为古律，自成一家，虽只字半句不轻出，遂为本朝诗家宗祖①。"不过，黄庭坚在世时，并无自立宗派之意，他只是如同苏轼一样，乐于培养新人，因而有一批弟子或友人追随其后而已。

江西诗派的名称是吕本中首先提出来的。吕本中是元祐宰相吕公著的曾孙，在青年时代以贵公子身份，结交了一些诗友（关于吕本中的情况，详见本书第六章第四节）。他虽然与黄庭坚、陈师道并不相识，但他很推崇这两位前辈。在崇宁元年（1102）至二年之间，他曾经戏作《江西诗社宗派图》，其序云："歌诗至于豫章始大出而力振之，后学者同作并和，尽发千古之秘，无余蕴矣。录其名字，曰江西宗派，其原流皆出豫章也。"②吕氏奉黄庭坚为宗派之祖，然后列出了他认为应属此派的诗人的名单，除黄庭坚以外，计有陈师道、潘大临、谢逸等二十五人。可惜吕氏的原书已经失传，我们现在只能从南宋时胡仔《苕溪渔隐丛话》、赵彦卫《云麓漫钞》、刘克庄《江西诗派》等文籍的记载中了解到一些情况。但这些著作所列名单各不相同，有多有少。其中《苕溪渔隐丛话前集》成书于高宗绍兴十八年（1148），时代较早，现即据其卷四十八所载，将列入《江西诗社宗派图》所举的诗人列表如下：

---

① 见《四部丛刊》本《后村先生大全集》卷九十五所载《江西诗派・黄山谷》，此本原文有缺漏处，已据《知不足斋丛书》本《江西诗派小序》校补。

② 此序载赵彦卫《云麓漫钞》卷十四。关于《宗派图》作年的考定，据莫砺锋《吕本中〈江西诗社宗派图〉考辨》，载中华书局编《文史》第24辑。

黄庭坚	陈师道	潘大临	谢 逸	洪 刍	饶 节	僧祖可
	徐 俯	洪 朋	林敏修	洪 炎	汪 革	李 錞
	韩 驹	李 彭	晁冲之	江端本	杨 符	谢 薖
	夏 倪	林敏功	潘大观	何 颙	王直方	僧善权
	高 荷					

江西指宋代的江南西路，今为江西省。诗派以地域得名，故称江西派，又名豫章派。其实，黄庭坚以下的二十五人，不都是江西籍，如陈师道是彭城人，潘大临是黄冈人，僧祖可是镇江人，韩驹是陵阳人，王直方是开封人，只因为黄庭坚是江西人，其他谢逸等十一个作家也是江西人，所以才定名为江西诗派。另外，南宋时程叔达编有《江西宗派诗集》一百十五卷，曾巩的族侄曾纮编有《江西续宗派诗集》二卷①，杨万里在淳熙十一年(1184)所撰《江西宗派诗序》说："江西宗派诗者，诗江西也，人非皆江西也。人非皆江西而诗曰江西者何？系之也。系之者何？以味不以形也。"这就明确无误地指出了，诗派以江西为名，是因为这些作家在创作态度、创作方法等方面和黄庭坚是一致或近似的。如今，这两部正续诗集虽已失传，但从这一事实本身即可得知江西诗派在南宋时的影响是巨大的。而且诗派的成员和范围自南渡后不断地发展扩大，一些著名的诗人如吕本中、陈与义和曾几等都被列入派中。到了宋末元初，承继江西诗派衣钵的方回，更提出了一祖三宗的说法，他在《瀛奎律髓》卷二十六陈与义《清明》诗的评语中指出："古今诗人，当以老杜、山谷、后山、简斋四家为一祖三宗。"江西派是以学杜相号召的，方回把杜甫尊为一祖，把黄庭坚、陈师道和陈与义奉为三宗，这就确立了江西诗派的整体概念。其影响所及，直到晚清的宋诗派和同光体诗人，都认为江西派最能代表宋诗的特色而加以推崇并进行学习(参看钱仲联《论同光体》，载《梦苕庵清代文学论集》，

---

① 《宋史・艺文志》著录《江西宗派诗集》，谓为吕本中所编，莫砺锋据杨万里《江西宗派诗序》等资料，考定为陈叔达编。又，《直斋书录解题》卷十五著录《江西诗派》一百三十七卷，《续派》十三卷，未记编者姓氏，卷数相差甚大，当非陈、曾所编而别是一书。

齐鲁书社,1983年出版),可见江西派在中国诗歌发展史上是有重要的地位的。

这个有声势的文学流派,如果以黄庭坚作为创始人算起,到方回替江西派做出总结为止,其间师友、门生辗转传授,其活动竟前后持续了二百多年。我们可以将《宗派图》中所举北宋末年的二十五人称为诗派的前期作家,其中以陈师道为代表;另将南宋时的追随者和继承者称为诗派的后期作家,而以陈与义为代表。当然,前期作家中也有少数人如韩驹、徐俯等是一直活到南宋的,但他们主要的创作活动是在北宋末年。应当指出的是,吕本中早年作《宗派图》时,名单是随意排的,并没有严格依据他们的年辈资历分高低序列。现将他们的基本情况简介如下:

潘大临(?—1106),字邠老,黄州人,与苏轼和黄庭坚的关系密切。吕本中、洪刍、徐俯、谢逸、王直方等也都和他有交往。现存《两宋名贤小集》本《潘邠老小集》一卷,仅收诗十四首,此外在《宋文鉴》等书中尚有其佚诗十首。《冷斋夜话》卷四记载了他著名的断句"满城风雨近重阳"。

二谢兄弟:谢逸(?—1113),字无逸,号溪堂先生。弟谢薖(?—1115),字幼槃,号竹友居士,临川人。二谢终身隐居,未入仕途。谢逸有《溪堂集》十卷,存诗二百三十四首。谢薖今存《谢幼槃文集》十卷,其中收诗二百七十二首。

三洪兄弟:洪朋字龟父,洪刍字驹父,洪炎字玉父,南昌人。他们还有一个小弟洪羽字鸿父,原称四洪。他们是黄庭坚的外甥,"作诗有外家法律"(吴聿《观林诗话》)。黄氏在《书倦壳轩诗后》称赞他们说:"洪氏四甥才气不同,要之皆能独秀于林者也。"洪羽早卒,诗文不传,《宗派图》中只列三兄弟。作品现存《豫章三洪集》。另外,洪刍有《洪驹父诗话》一卷,已佚,今有《宋诗话辑佚》本。

三僧:一是僧如璧(1065—1129),俗姓饶,名节,字德操,临川人,与潘大临、谢逸、汪革、杨符、夏倪、王直方、吕本中等为知交。元符年间,他到汴京拜访丞相曾布,上书请用苏轼、黄庭坚,又与曾布论新法,意见不合,遂佯狂避世,削发为僧,有《倚松老人诗集》二卷,今存。二是僧祖可,字正平,俗姓苏,名序,京口(今江苏镇江市)人,因有癞疾,又号癞可。《宋史·艺文志》载有《僧祖可诗》十三卷，已佚。《声画集》等书中载其佚诗十余首。三是僧善权，俗姓高，字巽中，靖安(在今江西省)人，与饶节、谢逸和惠洪等人交好，作品有《真隐集》三卷，黄庭坚为之序，已佚。《声画集》载其诗九首。

徐俯(？—1140)，字师川，号东湖居士，与黄庭坚同乡，又是黄的外甥，早年即有诗名，得到过黄庭坚的亲自指点和称扬，曾与韩驹、洪炎、李彭、王直方、吕本中等唱和。但他恃才傲世，不肯居人下。他曾对黄庭坚的诗法提出异议，而且还不满于吕本中把他列名于《宗派图》中。刘克庄在《江西诗派》中说他“自为一家，不似渭阳，高自标树，藐视一世，人多推下之，然集中不能皆善”。现存诗二十五首，见《两宋名贤小集》本《东湖居士集》。

二林兄弟：林敏功字子仁，林敏修字子来，蕲州(今湖北蕲春县)人。兄弟皆隐居不仕，与谢逸、夏倪和饶节等有交往。其诗集均佚，《声画集》、《宋文鉴》等书中载其佚诗数首。

汪革(1071—1110)，字信民，临川人，绍圣四年进士，任宿州教授、楚州教授等学官。曾问学于张耒，师事吕希哲，与饶节、洪炎、谢逸、吕本中等友善，他的《清溪集》已佚(张泰来《江西诗社宗派图录》说他有诗话一卷，未见)，吕本中《紫微诗话》中载其佚诗五首。

李錞，字希声，南昌人，与韩驹、谢逸、米芾、王直方有交往，曾任秘书丞，有《李希声集》一卷，已佚。《宋诗纪事》卷三十三辑录其佚诗四首，《王直方诗话》载其佚句“绿净随时看上鱼”。另有《李希声诗话》一卷，亦佚，今有《宋诗话辑佚》本。

韩驹(？—1135)，字子苍，陵阳仙井盐(今四川仁寿县)人，生平事迹见《宋史·文苑传》。他早年作诗学苏轼，后与徐俯交好，遂受知于黄庭坚。政和中举进士，任秘书省正字。执政者说他是苏氏旧党，因而遭贬。现存《陵阳先生诗》四卷，收诗三百四十四首。曾几和陆游都很赞许他。

李彭，字商老，南康军建昌(今江西永修县)人。他是黄庭坚舅父李常的从孙，黄庭坚曾为其书斋作铭。他交游甚广，与韩驹、徐俯、饶节、僧祖可、潘大观、洪刍、谢逸、惠洪等都往来唱酬。吕本中在《紫微诗话》中称赞说:“尚老诗文富赡宏博,非后生容易可到。”有《日涉园集》十卷传世,共收诗七百二十七首。

晁冲之,字用道,又字叔用,号具茨先生,巨野(在今山东省)人;曾师事陈师道,在《过陈无己墓》一诗中自称“九岁一门生”;又与王直方、江端本等人唱和,跟吕本中“相与如兄弟”(吕本中《东莱吕紫微师友杂志》)。现存《晁具茨先生诗集》十五卷,收诗一百六十八首。

江端本,字子之,开封人,曾任温州通判,与晁冲之和吕本中有交往。有《陈留集》一卷,今佚。

杨符,字信祖,里籍无考,与饶节友善,有《杨信祖集》一卷,今佚。刘克庄《江西诗派》中载其断句“吏道官官恶,田家事事贤”一联,认为是其学唐人的得意语。

夏倪(?—1127),字均父,蕲州人,曾与黄庭坚唱和,跟饶节、汪革、惠洪等过从甚密,吕本中在《紫微诗话》中说他“文词富赡,侪辈少及”。其作品今存《两宋名贤小集》本《五桃轩诗集》,仅收诗五首。此外,《范文正公集》所附《诸贤诗颂》中载其五绝十首,在《豫章诗话》中载其七绝一首。

潘大观,字仲达,潘大临之仲弟,刘克庄在《江西诗派》的总序中说他“有姓名而无诗”,可知其作品在南宋时就已经失传了。

何颉,里籍无考,《云麓漫钞》所记《宗派图》名单中无之,而《江西诗派》的总序中作何颙,字人表,也说他“有姓名而无诗”。考黄庭坚《书倦壳轩诗后》云:“予因邠老故,识二何,二何尝从吾友陈无己学问,此其渊源深远矣。”二何或即何颉、何颙。

王直方(1069—1109),字立之,号归叟,开封人,与苏轼、黄庭坚、陈师道、晁冲之、洪刍、夏倪、李錞、吕本中等都有交往。其《归叟集》一卷,今佚。《瀛奎律髓》等书中载其诗数首。另有《王直方诗话》六卷,亦佚,今有《宋诗话辑佚》本。

高荷,字子勉,自号还还先生,江陵(在今湖北省)人,元祐中太学生,官兰州通判;黄庭坚自黔南贬所东归至江陵时,曾往拜见,呈诗,黄庭坚极为赞赏。其《还还集》二卷已佚,《宋文鉴》、《瀛奎律髓》等书中载其佚诗数首。

综上所述，江西诗派前期作家籍贯分布很广，成就高低不一，但总的说来，他们都曾接受黄庭坚的影响，只是有深有浅罢了。而且他们相互之间的交游唱和关系一般都很密切，因而无形中形成了一个以学习黄庭坚诗风为主的文学集团。它并非是一个有组织有纲领的文学群体，而是吕本中根据当时文坛上已经存在的情况和自己对这种情况的认识而代拟的名称。吕氏认识的基础有两点：首先，在政治态度上，这些诗人大都是同情旧党的。在新旧党争中，他们是受到压抑的失意者，或在仕途上遭到了新党的迫害打击，或则采取避世之方，隐居乡里，不屑仕进。如韩驹被认为是苏党而罢官，饶节为避祸而出家。吕本中自己出身于元祐宰相之家，也曾受到新党的排挤而被贬。尽管其中个别人如高荷晚年投靠了童贯，但当初的政治观点是跟黄庭坚一致的。其次，是在文学创作上，他们都欣赏黄庭坚在诗歌艺术上的独创精神和独特风格，把黄诗作为学习的榜样。尽管其中个别人如徐俯等别有主张，师承关系不一，但在创作方法的总则上仍渊源于黄氏。吕本中的《江西诗社宗派图》上所列名的，便是这两方面志同道合的一群诗人。在北宋末年新旧党争的激烈斗争中，这些诗人以苏、黄遭到迫害为前车之鉴，为了回避政治风险，不敢再以诗歌讽刺时政。由于不敢正视现实，生活面也就比较狭窄，更只有走黄庭坚的道路，多读古人的作品，学习前人的创作经验，专心在诗律、句法、字眼、篇章等艺术技巧上下功夫。他们误以为只要有丰富的书本知识和卓越的写作技巧，就可以写出好诗来。这样，就不可避免地在其作品中忽略了作品的社会内容和思想价值。

然而，江西诗派也不是一成不变的。诗派的后期作家由于经历了靖康之难和南渡以后的危局，终于逐步纠正了这种偏向，在理论和实践上都发生了变化。吕本中作《江西诗社宗派图》时还很年轻，从那时到方回作《瀛奎律髓》的将近二百年间，赵宋王朝经过了极大的政治社会变迁和动乱。时代变了，诗人们的思想和风格必然要随着转变。南宋是一个广大人民经受着艰苦熬炼的时期，南宋末年方回的议论必然不同于北宋末年的吕本中。方回推尊在安史之乱中唱出了时代最强音的诗圣杜甫，又标举南渡之际感慨悲歌的陈与义，跟黄、陈配合为一祖三宗，这是吕本中早年作《宗派图》时所无法想到的。这也就是江西诗派在北宋末年初起时与南宋时的宗尚和议论不同的基本区别所在。在论述江西诗派的时候，我们有必要区别其前后期(关于江西诗派的论述，本节参考了莫砺锋《江西诗派研究》，齐鲁书社1986年出版，后第六章第四节同)。

第四节　周邦彦词的艺术成就

北宋中叶以来，不论是反映了城市平民感情和审美观念的柳词，或者是反映了士人抗拒尘俗和追求自由精神的苏词，与封建统治者的需要都是存在着距离的。到了徽宗时代，由于对人民横征暴敛而造成的表面繁荣，使上层统治集团更具有条件过着醉生梦死的生活，也由于当时社会矛盾的深化，使封建统治者更迫切地需要粉饰太平。这在文学艺术上的反映，就是周邦彦词的出现和被重视。在词史上，周邦彦是以一个宫廷词人的身份而著称的，他的作品抑制了苏轼豪放词的发展，又抽掉了柳词中与都市人民感情相连系的市民情趣，而只继承了柳永的某些艺术手段。周邦彦及其同派词人的作品，在北宋末年十分流行，到了南宋，势力仍旧很大，其根本原因就在于他们的作品正适当地满足了当时统治者粉饰现实的愿望，基本上符合于统治阶级的审美观念，而又为某些脱离生活、无病呻吟的词人提供了范例，开辟了道路。

周邦彦的创作倾向　周邦彦(1056—1121)，字美成，号清真居士，钱塘(今杭州市)人，叔父周邠，与苏轼交好，有“西湖三载”的酬唱活动(见苏轼《次韵周邠寄雁荡山图》二首、《次韵周邠》等诗)。他青年时期就博涉书史，才学富赡，但因生活放浪，不为州里所重。元丰六年(1083)他二十九岁时，献《汴都赋》称颂新政，得到神宗皇帝的赏识，由诸生而提拔为太学正。元祐二年(1087)，出京任庐州教授，后流寓荆南。八年，任江宁府溧水县令，颇有政绩。元符元年(1098)，哲宗召见，重进《汴都赋》，授秘书省正字，出知睦州。徽宗朝召回京师，历任考功员外郎、宗正少卿兼议礼局检讨，进徽猷阁待制。由于他精通音律，“能自度曲，制乐府长短句，词韵清蔚”(《宋史·文苑传》)，被任命为替朝廷制礼作乐的大晟府的提举。

徽宗在十二世纪初叶社会矛盾日益尖锐化和表面化的时候，忙着制礼作乐，正反映了统治者妆点升平的用意，而周邦彦之参加这一工作，并且作出了成绩，也正反映了他的审美观念和统治者的一致性。大观二年(1108)二月，朝廷下令将“旧来淫哇之声，如《打断》、《哨笛》、《呀鼓》、《十段舞》之类，悉行禁止。违者杖一百，听之者加二等”(见《宋会要辑稿》第七册“乐三”)。六年以后，即政和四年，政府就将大晟乐颁行全国。可见统治集团以大晟词人的作品来取代民间声乐伎艺的企图。我们知道，在柳永发展了人民所爱好的长调慢词以后，当时民间歌曲就更其流行，有许多作家也愿意为它填词。如田中行的词，曾被认为不能够作“庄语”，却又“极能写人意中事，杂以鄙俚，曲尽要妙”(见王灼《碧鸡漫志》卷二)。这一类受到社会欢迎的非常通俗的作品，本是广泛流传着的。如被苏轼所器重的刘焘写的《转调满庭芳》就是一例：

风急霜浓，天低云淡，过来孤雁声切。雁儿且住，略听自家说：“你为离群到此，我共个人才别。松江岸，黄芦丛里，天更待飞雪。”

声声肠欲断，和我也点点泪珠成血。这一江流水，流也呜咽。告你“高飞远举，前程事，永无磨折。休烦恼，飘零散聚，终有见时节”。

——曾慥《乐府雅词拾遗》卷上

从这些受了民间俗曲影响较深的文人作品中，我们不难间接地体会到那些被禁止过的民间俗曲的面貌。然而，这样的作品，正是供职于大晟府的词人们所要排斥的。他们借着政治势力，推行着以典雅的语言和谨严的格律写成的作品，从而使得原来比较和人民接近的词，无论在内容和形式方面，都和人民疏远了起来。只有先知道周邦彦当时处在怎样一个时代和怎样的斗争中，并且对于这些斗争抱着什么态度，他的创作倾向才是可以理解的。

存在于周邦彦词中的特有矛盾，是颇为圆熟、精美的艺术技巧和相当狭窄、单薄的思想内容之间的矛盾。这也可以说就是周词最主要的特征。他妙解音律，曾经创制了不少的新声，特别是在慢词方面。其《片玉集》中如《拜星月慢》、《早梅芳引》、《红林擒近》、《花犯》、《玲珑四犯》等作品，歌词和乐曲都出自他一人之手。这一工作继续发展了柳永所曾经致力的慢词，对于词，特别是还活在歌唱者口中的词，是有其一定的贡献的。《词源》卷下云："迄于崇宁，立大晟府，命周美成诸人讨论古音，审定古调——沦落之后，少得存者——由此八十四调之声稍传，而美成诸人又复增演慢曲、引、近，或移宫换羽，为三犯、四犯之曲，按月律为之，其曲遂繁。"《四库全书总目》卷一百九十八方千里《和清真词》提要也说"邦彦妙解声律，为词家之冠，所制诸词，不独音之平仄宜遵，即仄字中上去入三音亦不容相混，所谓分刌节度，深契微芒。"这都指出了周邦彦对词乐的收集整理和审音创调方面的功绩。

周邦彦也认真学习过古典诗人的作品，他和贺铸一样，善于从前代诗人的作品中拣选自己所需要的语言材料以供驱使。在表现方法上，这位词人擅长将不同的时间和空间、不同的人和事，通过复杂的曲折的想像和联想结合起来，从而表达自己宛转含蓄的情思。这种"浑厚和雅"(《词源》卷下)、"无一点市井气"(《乐府指迷》)的造诣正表明了他既不全同于柳永，更是绝异于苏轼的审美观念和艺术风格。

但我们若是注意到周词的思想内容方面，就可以发现这位有一定的才能的作家，对于现实生活的感受实在是太狭隘了，其政治感情也实在太冷淡了。他生活在北宋王朝盛极而衰，逐渐走向没落，人民在内忧外患之中日益困苦的时期；他死后仅六年，北宋王朝就在金人的侵略下颠覆；他晚年在处州、睦州、杭州时，正碰上方腊掀起农民起义的怒潮。然而，这一切在周词中却毫无反映，连暗示也没有。他所关心和注意的，仍只不过是男女爱恋之情，羁旅行役和个人得失之感。他是无意也无力去反映当时重大的社会事件的。我们联系北宋末年特定的历史环境来考察，这样一位有才能的作家竟然未能在其作品中反映时代的主要风貌，不能不说是很大的缺陷。

《清真词》的特色　周邦彦的词集称为《片玉词》，又名《清真集》，收词一百九十四首，近人辑补十二首，共二百零六首。由于他的作品格律精审，才情富艳，过去一向评价甚高，黄昇《〈唐宋诸贤绝妙词选〉序》引尹焕云:“求词于吾宋,前有清真,后有梦窗,此非焕之言,天下之公言也。”《乐府指迷》也说:“凡作词当以清真为主,盖清真最为知音,且无一点市井气,下字运意,皆有法度,往往自唐、宋诸贤诗句中来,而不用经史中生硬字面,此所以冠绝也。”

周词的艺术技巧确有独到之处,如音节和谐,结构严谨而又有变化,布局疏密相间等。在恋情的描摹,景物的刻画和发抒身世的感慨方面,也就是在他所认真地生活着的那个狭窄的范围之内,他颇有一些充分地体现了自己独特的风格而又真实地反映了某些带有普遍性的感情的成功之作。例如:

> 月皎惊乌栖不定,更漏将残,辘轳牵金井。唤起两眸清炯炯,泪花落枕红绵冷。　执手霜风吹鬓影,去意徘徊,别语愁难听。楼上阑干横斗柄,露寒人远鸡相应。
>
> ——《蝶恋花·早行》

> 桃溪不作从容住,秋藕绝来无续处。当时相候赤阑桥,今日独寻黄叶路。　烟中列岫青无数,雁背夕阳红欲暮。人如风后入江云,情似雨余粘地絮。
>
> ——《玉楼春》

周邦彦不是以小令而是以慢词见长的作家,然而像上面这样一些小令却是非常精警动人的。它所写的虽然是词中习见的别绪离愁,但其艺术构思却把我们引进了新的境界。《蝶恋花》上片写的是:将要出门的男子由于已经到了上路的时候,不得不唤醒自己所要分别的女子,而女方在刚被唤醒时,还不知道已经到了必须分手的时候,接着,她猛然明白了,于是明亮的眼睛里突然涌出了泪花。下片则描绘了临别时两人难舍难分的情境。《玉楼春》借刘晨阮肇上天台的故事来写别情,却把“当时轻别意中人,山长水远知何处”(晏殊《踏莎行》句)的悔恨,表现得极其沉着有力。如果说“唤起两眸清炯炯,泪花落枕红绵冷”这类的词句表现了词人对人物内心活动的深刻把握，则“人如风后入江云，情似雨余沾地絮”这类词句正说明了词人想像的丰富和奇幻。

当然，更能显示周邦彦作品的艺术特色的，仍要数长调慢词。

风老莺雏，雨肥梅子，午阴嘉树清园。地卑山近，衣润费炉烟。人静乌鸢自乐，小桥外新绿溅溅。凭阑久，黄芦苦竹，疑泛九江船。

年年，如社燕，飘流瀚海，来寄修椽。且莫思身外，长近尊前。憔悴江南倦客，不堪听急管繁弦。歌筵畔，先安簟枕，容我醉时眠。

——《满庭芳·夏日溧水无想山作》

柳阴直，烟里丝丝弄碧。隋堤上，曾见几番，拂水飘绵送行色。登临望故国，谁识京华倦客。长亭路，年去岁来，应折柔条过千尺。

闲寻旧踪迹，又酒趁哀弦，灯照离席。梨花榆火催寒食。愁一箭风快，半篙波暖，回头迢递便数驿。望人在天北。　凄恻，恨堆积。渐别浦萦回，津堠岑寂，斜阳冉冉春无极。念月榭携手，露桥闻笛。沉思前事，似梦里，泪暗滴。

——《兰陵王·柳》

正单衣试酒，怅客里光阴虚掷。愿春暂留，春归如过翼，一去无迹。为问家何在？夜来风雨，葬楚宫倾国。钗钿堕处遗香泽，乱点桃蹊，轻翻柳陌。多情为谁追惜？但蜂媒蝶使，时叩窗槅。　东园岑寂，渐蒙笼暗碧。静绕珍丛底，成叹息。长条故惹行客，似牵衣待话，别情无极。残英小，强簪巾帻。终不似、一朵钗头颤袅，向人欹侧。飘流处、莫趁潮汐，恐断红尚有相思字，何由见得。

——《六丑·蔷薇谢后作》

《满庭芳》是词人做溧水县令时的作品，通篇是一个江南倦客的感受。从词中分明可以看出，他把自己担任着这小邑中的卑官，比成了白居易的江州之贬。他企图改变却又无力改变自己的处境，因而在无可奈何之中，勉强希求暂时的安定。《兰陵王》和《六丑》虽以咏物为题，但作品中显然包含了更多的题外之意。折柳送别本是古代流行的风俗，词人却由人及物在它身上生发了自己的离情，继承而又极大地开拓刘禹锡《杨柳枝》中“长安陌上无穷树，唯有垂杨管别离”（九首之八，见《全唐诗》卷三百六十五）的诗境。其对于蔷薇凋谢的怅惋，则是对所有的具有飘零身世的人的同情。这些词所描绘的，无非是生活中平凡的画面，但周邦彦笔下所流露的感情却是优美而又深沉、真实而又强烈的。

在艺术上，这些作品也非常鲜明地体现了这位词人非常善于通过复杂的联想来表现自己细致的内心活动的基本特征。如《满庭芳》大体上是上片写景，下片写情。在写景中，作者由“地卑山近”而想到了“衣润费炉烟”，由“黄芦苦竹”而想到了“疑泛九江船”等，这一方面融化了白居易《琵琶行》的诗句，一方面也就借此暗示了自己处境和心情的不快。可是，如词人自己所指出的，这时，正是一个美妙的春天，那么，哪儿来的这么多不愉快的感想呢？接着，他就告诉了我们，他的飘流生活实在过够了。在这里做官，也仍然是飘流的一种形式。本来以为只要听歌饮酒，就可以遣闷排愁，谁知道歌酒倒更激发了自己的情绪，结果就只好把安定自己情绪的希望寄托于醉眠了。这些心理发展的过程是曲折而复杂的，但周邦彦却能够如实地将它刻画出来，这种技巧是值得重视的。

此外，《瑞龙吟》也是特别值得推重的一篇：

> 章台路，还见褪粉梅梢，试花桃树。愔愔坊陌人家，定巢燕子，归来旧处。　　黯凝伫，因念个人痴小，乍窥门户。侵晨浅约宫黄，障风映袖，盈盈笑语。　　前度刘郎重到，访邻寻里，同时歌舞，惟有旧家秋娘，声价如故。吟笺赋笔，犹记燕台句。知谁伴，名园露饮，东城闲步？事与孤鸿去。探春尽是，伤离意绪。官柳低金缕。归骑晚，纤纤池塘飞雨。断肠院落，一帘风絮。

这首词在格律上较有变化。它第一叠与第二叠的字句平仄相同，称为双拽头，属正平调，第三叠犯大石调，最后“归骑晚”以下四句再转归正平调。

内容则是写旧地重游，不见往日情人的惆怅之情。双拽头写忆旧，第三叠过片写伤今，处处以今昔对衬，声情相应。一方面层次分明，另一方面却曲折盘旋，不肯用一句直笔，层层脱换，笔笔往复，在艺术结构上煞费匠心。

周邦彦继承了宋初以来婉约派词家的长处，拓展了比兴与寄托的艺术手段，形成了他自己典雅精丽的独特风格。《四库全书总目》卷一百九十八《片玉词》提要说："其词多用唐人诗句，隐括入调，浑然天成。长篇尤富艳精工，善于铺叙。""邦彦本通音律，下字用韵，皆有法度。"这种成就不仅直接影响了南宋的姜夔、张炎和吴文英、王沂孙等，而且受到清朝常州词派的高度推崇。周济《宋四家词选》首列周邦彦，认为如诗国之有杜甫，在词坛上，他是"集大成者"。王国维在《清真先生遗事》中也同样把他比作"词中老杜"，认为他的作品格律精细，无与伦比。这都是从艺术技巧上着眼的评价。

大晟府其他词人 曾经与周邦彦一样供职于大晟府而作风相近的词人，还有万俟咏、晁端礼、晁冲之、田为、徐伸等。宋王朝的礼乐原属太常寺掌管，徽宗崇宁四年(1105)，专置大晟府，设官分职，有提举官、大司乐、大乐令、典乐、协律郎、制撰官等。词人云集汴京，创作新乐，称为大晟乐。大观四年(1110)八月，徽宗亲自写了《大晟乐记》。政和三年(1113)五月，以大晟乐播之教坊，试于殿庭，作者依其体格填词，称为大晟词；次年，颁之全国。徽宗自己本长于词，由于他的提倡，一批御用文人的作品，便也流行起来。

万俟咏是当时声名仅次于周邦彦的大晟词人，有《大声集》五卷①，周邦彦为之作序。王灼《碧鸡漫志》卷二记载：

万俟咏雅言，元祐诗赋科老手也。三舍法行，不复进取，放意歌酒，自称大梁词隐。每出一章，信宿喧传都下。政和初，召试补官，置

① 原书已佚，近人赵万里辑得二十七首，结为《大声集》一卷，编入《校辑宋金元人词》中，亦载《全宋词》。

大晟乐府制撰之职。新广八十四调，患谱弗传，雅言请以盛德大业及祥瑞事迹制词实谱。有旨依月用律，月进一曲，自此新谱稍传。

他的词集分为应制、风月脂粉、雪月风花、脂粉才情、杂类等五体。黄昇《唐宋诸贤绝妙词选》卷七曾选录他十三首词，并评论说："雅言之词，词之圣者也，发妙旨于律吕之中，运巧思于斧凿之外，平而工，和而雅。"他可说是一位比周邦彦更彻底地将自己的创作奉献给统治者作为粉饰太平的工具的词人。

此外，还有晁端礼（1046—1113），字次膺，其先澶州清丰（在今河南省）人，徙家彭门（今徐州市），举熙宁六年（1073）进士。政和三年（1113），以承仕郎为大晟府协律郎，与万俟咏齐名，按月律进词，有词集《闲斋琴趣外篇》六卷，存词一百多首。晁冲之字叔用，补之弟。绍圣初被列为旧党受到排挤，隐居具茨山下，号具茨先生。政和年间，作《汉宫春》词献给蔡攸，得任大晟府丞，有《晁叔用词》。田为字不伐，大晟府制撰官，后升典乐、大司乐，有《㳽沤集》。徐伸字干臣，三衢（今浙江衢县）人，政和初，为太常典乐，有《青山乐府》。三家词集均佚，今略见于《全宋词》。

流行于北宋帝国崩溃前夕的大晟词风，乃是这一特定历史时代上层社会精神面貌的反映。靖康之祸以后，多数作家才从逃避现实和粉饰现实的不良倾向中解脱出来，在激烈的抗金斗争中唱出了雄杰壮丽的战歌。

第六章　南宋前期的文学

北宋帝国的溃灭和汉族政权的南迁，是中国历史上一个重大的转折点。这一历史局势给文学发展带来了巨大的影响，使得文学史增添了新的爱国主义的光辉篇章。

在南宋以前，中国历史上也曾出现过南北分裂、汉族政权南迁的南北朝。但在那个时代，无论是东晋、南朝还是北朝，政治是分裂的，文化则是统一的。北朝文风大体上依附南朝。除了民歌，文学基本上掌握在出身高门的汉族文士手中。因之，除了极少数作家的作品外，汉族意识和爱国精神在文学上的反映是比较淡薄的。而从唐宋以来，纷乱局面给了人民以深刻的历史教训，增强了保卫汉族政权和统一国家的要求。文学也由于文化知识的普及而不复只是少数高门文士所独占的事物，于是，在北宋灭亡以后，各阶层人民都有拿起文艺武器作战的可能。这就使得对爱国主义的歌颂成为当时文学中最普遍的主题，产生了许多杰出的作品。

在北宋末年，文坛上出现了脱离现实的倾向，已如前述。但女真奴隶主贵族所发动的抢掠战，使国家陷入了苦难的深渊，也打破了诗人词客留连光景的迷梦。钦宗靖康二年(1127)二月，北宋灭亡，神州陆沉，山河破碎，这一惨痛的局势对作家们的刺激当然是无比巨大的。他们清醒过来，奋发起来，文坛上总的倾向也随之改变。自高宗、孝宗至宁宗嘉定和议之前，爱国的词人们冲决了大晟乐府专崇格律的束缚，务实的散文家摆脱了形成已久的以文载道的传统，有胆识的诗人们突破了江西诗派的议论与风格。他们一齐提起笔来，抨击进犯者和主和派。在以爱国思想为基调的现实主义文学空前发展的热潮中，岳飞、张元干、张孝祥、李清照、陈亮、叶适、陈与义、曾几、陆游和辛弃疾等，是他们之中突出的代表者。

第一节　南渡之初的词风

宋室南渡之初，各阶层爱国人民对进犯者和主和派所展开的斗争是非常激烈的。代表着宋朝大官僚大地主利益的汉奸卖国贼秦桧等，对北方广大的人民和大好河山毫不顾惜，一心一意地只想向金人屈膝求和，以保持他们自己剥削压迫人民的封建特权。而高宗皇帝虽然在金人进逼使他陷于危急时也主张抵抗，但这种抵抗常常是以满足他坐稳那个偏安小朝廷的宝座的欲望为限度的。至于向敌人称臣纳贡是多么可耻，在敌人践踏之下的人民生活是多么痛苦，却并不在他的考虑之中。在给金主求和的表文中，他曾经毫无心肝地写道："既蒙恩造，许备藩方，世世子孙，谨守臣节。"（见《宋史纪事本末》卷七十二）这正暴露了他为了维持其私利而不惜采取任何卑劣手段的丑恶面目。而另一方面，对国家无限忠贞和对于自己的命运从来没有丧失过信心的广大人民，和他们之中出类拔萃的英雄们，却坚持了抗战的主张，并且以自我牺牲精神和英雄行为保卫了南国的半壁江山，用鲜血写下了南宋历史上光辉灿烂的首页。

南渡初期，特别是宋金和议成为定局之前，乐观的，具有坚强信念的爱国主义精神，在文学艺术中获得了普遍的表现。而当时文风的转变，诸如创作态度由率易而转向严肃，作品内容由对自身的关心和注意而转向对国家人民的关注，风格由闲适或绮艳而转向慷慨激昂，也正说明了生活在南北宋之间的作家是怎样在残酷的现实教育之下提高了自己，从而对人民作出了更大的贡献的。

岳飞和二张的英雄词　在当时那种局势之下，以词风的转变最为迅速和明显。不仅是许多作家们和民间艺人们都以歌词为武器对敌人进行斗争，甚至投身于疆场上、以铁和血去保卫国土的将军们也发出慷慨悲歌，以鼓舞军民的斗志。他们的作品无暇顾及音律的精审，也不屑斤斤计较字面的妥帖。这些词上承北宋苏轼豪放的词风，下开辛弃疾爱国词派的先河。其中最有代表性的词人是岳飞、张元干和张孝祥。

岳飞(1103—1142),字鹏举,相州汤阴(在今河南省)人,出身佃农,自幼勤习兵书,富有韬略。当徽宗宣和七年(1125)金兵大举南犯时,二十二岁的岳飞就参加了抗金部队,在艰苦的斗争中,终于成长为政治上、军事上的抗战派主要人物。高宗绍兴四年(1134)五月,岳飞率领威名远扬的岳家军从江州出发,三个月内连克郢州、襄州、随州、邓州、唐州和信阳。绍兴十年(1140)七月,岳家军在偃城给予号称拐子马的金国精锐骑兵部队以歼灭性的打击,接着又在朱仙镇大破金兵。岳家军以纪律严明深受人民爱戴,以战斗勇猛极为敌人畏惧。他那效慕古人"匈奴未灭,无以家为"(霍去病语,见《史记·卫将军骠骑列传》)的抱负,他那针对时弊而发的"文官不爱钱,武官不惜死,则天下太平矣"(见毕沅《续资治通鉴》卷一百二十四)的精辟见解,是十分难能可贵的。然而,卖国贼秦桧却利用了高宗苟安一隅的心理和害怕钦宗南归的隐衷,以"莫须有"的罪名将这位伟大的爱国者谋害了①。岳飞的被害,固然使人民的爱国斗争遭受了严重的挫折,但他崇高的民族气节和战斗精神,以及他所创作的反映了这种气节与精神的歌词,却一直是教导人民热爱祖国保卫国土的教科书,而且成了中国文学史上永垂不朽的杰作。

> 怒发冲冠,凭栏处、潇潇雨歇。抬望眼、仰天长啸,壮怀激烈。三十功名尘与土,八千里路云和月。莫等闲、白了少年头,空悲切。
>
> 靖康耻,犹未雪。臣子恨,何时灭。驾长车踏破,贺兰山缺。壮志饥餐胡虏肉,笑谈渴饮匈奴血。待从头、收拾旧山河,朝天阙。
>
> ——《满江红·写怀》

八百多年来,岳飞的《满江红》一直是家弦户诵的名篇,在外患频仍的历史时代里,曾经起着难以估量的鼓舞斗志的作用。它反映了遭受敌人欺凌

---

① 《宋史·岳飞传》:"狱之将上也,韩世忠不平,诣(秦)桧诘其实。桧曰:'飞子云与张宪书虽不明,此事体莫须有。'世忠曰:'莫须有三字,何以服天下。'"

时的顽强战斗精神，它代表着保卫国土完整的爱国信念①。

《满江红》中所显示的岳飞自己的形象，是悲壮的，又是充满信心，富有英雄气概的。但当岳飞和女真贵族展开军事斗争的同时，他还必须和统治阶级中的投降派进行政治斗争，这才能争取北伐中原的胜利。作为一位爱国英杰，他对这种复杂的局势和投降派不可告人的丑恶心理，当然是感觉到了的。沉浸在忧虑而又愤慨的心情之中，他写出了另外一首名篇：

> 昨夜寒蛩不住鸣。惊回千里梦，已三更。起来独自绕阶行。人悄悄，帘外月胧明。　　白首为功名。旧山松竹老，阻归程。欲将心事付瑶筝。知音少，弦断有谁听！
>
> ——《小重山》

关于这首词，陈郁《藏一话腴》甲集卷下曾记“武穆《贺讲和赦表》云：‘莫守金石之约，难充谿壑之求。’”沈雄《古今词话》卷下引了这两句话，并申述说：“故作词云：‘欲将心事付瑶筝，知音少，弦断有谁听？’指主和议者。”这是一个敏锐而正确的观察。由此，我们可以推断，《小重山》写于绍兴九年(1139)的可能性是很大的。因绍兴八年宋、金初次议和，是在汉奸秦桧再度担任宰相之后的第一次公开的卖国活动。次年和议成立，高宗为了冲淡人民的不满情绪，曾经大赦天下，于是岳飞就在谢表中揭露了敌人的阴谋，希望朝廷提高警惕。这种反对议和的思想感情，和《小重山》中所流露出来的思想感情正是一致的。

《小重山》的上片反映了这位将军忧深思远、无可诉告的心情。这种心情是抑郁难堪的。而其所以如此，则是由于他为国建立功业的志愿难以实现的缘故。所以接着在下片就提出了这个问题：头发也白了，但却还没有为“还我河山”的神圣事业做出使自己满意的成绩，更不用希望能够

---

① 近年有的学者认为这篇《满江红》并非岳飞所作，但其论证是不足据信的。关于这一问题，请参考程千帆《论唐人边塞诗中地名的方位、距离及其类似问题》，载《古诗考索》，上海古籍出版社 1984 年出版。

过着“功成不受爵，长揖归田庐”（左思《咏史》句，见《文选》卷二十一）那种令人神往的生活了。可是，使自己白首无成不能归隐旧山的原因究竟何在呢？词的结尾不能不慨叹于知音之少，即统治者之无意恢复中原，乃是其症结的所在了。和《满江红》出之以雄壮的风格不同，《小重山》则是沉郁的。与《满江红》是岳飞的英武的自画像不同，《小重山》中的岳飞，乃是一个受到压抑的苦闷的追求者的形象，两者都深深地打下了时代的烙印。

绍兴八年（1138）秦桧倡议向金求和，乃是南宋初年重要的政治事件。和战问题的提出，使得忠奸邪正之分明朗了起来。当时的爱国者代表着人民的利益，向以秦桧为首的投降派进行着激烈的斗争，而爱国的作家们则以自己的创作支持了这一正义的斗争。例如这年十一月，胡铨上书请斩秦桧等奸臣，结果被贬到新州，张元干就填了《贺新郎》词声援他，同时，张元干对另一位已经被排挤了的忠臣李纲，也曾寄词加以鼓励：

梦绕神州路，怅秋风，连营画角，故宫离黍。底事昆仑倾砥柱，九地黄流乱注？聚万落、千村狐兔。天意从来高难问，况人情老易悲难诉。更南浦，送君去。　　凉生岸柳催残暑，耿斜河，疏星淡月，断云微度。万里江山知何处？回首对床夜语。雁不到，书成谁与？目尽青天怀今古，肯儿曹恩怨相尔汝！举大白，听金缕。

——《贺新郎·送胡邦衡待制赴新州》

曳杖危楼去，斗垂天、沧波万顷，月流烟渚。扫尽浮云风不定，未放扁舟夜渡。宿雁落、寒芦深处。怅望关河空吊影，正人间鼻息鸣鼍鼓。谁伴我，醉中舞？　　十年一梦扬州路，倚高寒，愁生故国，气吞骄虏。要斩楼兰三尺剑，遗恨琵琶旧语。谩暗拭，铜华尘土。唤取谪仙平章看，过苕溪尚许垂纶否？风浩荡，欲飞举。

——《贺新郎·寄李伯纪丞相》

这两首词，气象壮阔，充满了忠愤悲壮的情怀。虽然胡铨因反对和议被贬，李纲的谏阻也并没有发生效力，但在词人看来，这不是斗争的结束，而是斗争的开始，胜利最后必然属于正义的一方。因此，他的情绪是愤懑的，但又是乐观的；是寂寞的，却不是颓丧的。

张元干(1091—1170?)，字仲宗，号芦川居士，又号真隐山人，永福(在今福建省)人，著有《芦川归来集》和《芦川词》。他生活在南渡前后，从词风的转变来看，是一位承先启后的重要作家。他在北宋末年的词以清丽婉转为特色，而南渡以后所作则关心时事，发抒感慨，充满了“梦中原，挥老泪，遍南州”(《水调歌头》)的慷慨悲愤之情，成为写作爱国词的先导。他出仕于宣和元年(1119)，曾为李纲行营的属官，积极主张抗金。李纲罢相后，他也获罪被贬。绍兴元年(1131)，高宗任用秦桧为相，他不屑与奸佞同朝，愤而辞官。但又因赠词给主战派胡铨和李纲，遭到秦桧的迫害，于绍兴二十一年(1151)被下狱削籍。后来他自订词集时，却将这两首《贺新郎》编在卷首，定为压卷之作，而把他早年所写的可以和秦观、周邦彦比美的婉丽之作放在后面。可见他对自己能突破原有风格，使作品服务于现实的政治斗争，是感到自豪的。《四库全书总目》卷一百九十八《芦川词》提要认为：“其词慷慨悲凉，数百年后尚想其抑塞磊落之气。”确是不易之论。

南宋初年著名的爱国词人还有张孝祥(1132—1170)，他是历阳乌江(今安徽和县)人，字安国，别号于湖居士，著有《于湖集》和《于湖词》。他是绍兴二十四年(1154)进士及第第一人，因上疏申理岳飞的冤情，触犯了秦桧，被诬下狱。秦桧死后，才得出任为秘书正字。孝宗隆兴元年(1163)，张浚举荐他为中书舍人，继任建康留守，又因积极赞助张浚北伐而被主和派弹劾落职。他是个具有雄略远志的爱国者，“其欲扫河洛之氛祲，荡洙泗之膻腥者，未尝一日而忘胸中”(谢尧仁《张于湖先生集序》)。可惜英才短命，只活了三十八岁就去世了。留给人们的，是他那骏发蹈厉的英雄词。故《四库全书总目》卷一百九十八《于湖词》提要谓其词“寓诗人句法，维轨东坡，观其所作，气概亦几几近之”。又云：“忠愤慷慨，有足动人者。”

长淮望断，关塞莽然平。征尘暗，霜风劲，悄边声。黯销凝。追想当年事，殆天数，非人力。洙泗上，弦歌地，亦膻腥。隔水毡乡，落日牛羊下，区脱纵横。看名王宵猎，骑火一川明。笳鼓悲鸣，遣人惊。
念腰间箭，匣中剑，空埃蠹，竟何成！时易失，心徒壮，岁将零。渺神京。干羽方怀远，静烽燧，且休兵。冠盖使，纷驰骛，若为情？闻道中原遗老，常南望、翠葆霓旌。使行人到此，忠愤气填膺，有泪如倾。

这首《六州歌头》是张孝祥在隆兴元年写的。这时，北伐军在符离打了败仗，朝廷里的主和派急忙派遣使臣向金国求和，并借此打击主战派。针对这一现实，张孝祥在建康留守的一次宴席上写下了这首著名的作品。在上片中，词人指出，淮河流域原是中国的腹地，但自金兵进犯之后，它竟变成关塞林立的边境了。何况现在又将关塞一律废弃，向敌人敞开着大门呢？这是多么令人伤感的事啊！接着，词人对淮水以北地区先进的汉族传统文化之被破坏，以及敌人的骄纵横行，发抒了更沉痛的感慨。下片继上片中所展示的民族矛盾，进一步揭开了与此相联系的主战与主和两派的矛盾，指出不论是生活在南中国抑或在沦陷区的爱国者，都渴望着早日北定中原，收复失地；但朝廷却一意主和，南北冠盖往来不绝，这实在是一种教人无法容忍的情况。事实上，词人写到这里，不仅感到行人之“有泪如倾”，就连他自己也是如此的了。为了表达这种勃郁不平的感情，张孝祥特地选择了具有急促顿挫的词调和显得低沉的韵脚，使之声情相应。《白雨斋词话》卷六云：“张孝祥《六州歌头》一阕，淋漓痛快，笔饱墨酣，读之令人起舞。”它确是张词中最优秀的作品之一。

词人另外一首杰作是《念奴娇·过洞庭》：

洞庭青草，近中秋、更无一点风色。玉鉴琼田三万顷，着我扁舟一叶。素月分辉，明河共影，表里俱澄澈。悠然心会，妙处难与君说。
应念岭表经年，孤光自照，肝胆皆冰雪。短鬓萧疏襟袖冷，稳泛沧溟空阔。尽挹西江，细斟北斗，万象为宾客。叩舷独啸，不知今夕何夕！

作者曾贬知广西静江府,因遭谗又被罢官,于孝宗乾道二年(1166)经湖南北归,在中秋前夕路过洞庭湖时,写下了这首词。它着重地塑造了词人自己的形象。冰雪一般的忠肝义胆和表里澄澈的湖光月色完全达到了水乳交融的地步。这使我们很自然地想起苏轼来,正如苏轼《六月二十日夜渡海》那一类作品在客观上是对其迫害者的反击一样,张孝祥的《念奴娇》也以其英伟高洁的精神慑服了那些企图打击他的主和派官僚们。

当时慷慨悲歌的词人和名作很多,如李纲的《苏武令》(“塞上风高”),赵鼎的《满江红》(“惨结秋阴”),胡铨的《好事近》(“富贵本无心”),胡世将的《酹江月》(“神州陆沉”)等,都充分表现了豪迈的英雄气概和顽强的战斗精神。

叶梦得和朱敦儒　在北宋王朝沦亡到南宋王朝建立这一过渡时期中,由于政治社会局势的急剧变化,使词坛受到了极大的冲击。过去那些习于婉丽之作的词人,也不能不在现实生活的巨大影响下改变自己的旧作风,扩大自己创作中反映的生活面,直接抒发爱国的豪情壮志。张元干而外在叶梦得和朱敦儒的词中,这种变化也显得很突出。

叶梦得(1077—1148),字少蕴,号石林居士,乌程人。有《石林词》及其它著作多种。他是绍圣四年(1097)的进士,徽宗时曾因蔡京荐举,累官龙图阁学士,知汝州、蔡州,移帅颍昌府。其词受贺铸影响,多写个人闲情。但自靖康之难以后,他的政治立场和文学风貌都发生了变化。建炎、绍兴年间,他在建康留守和江东安抚使任上,积极建树,理财得法,为岳飞等人的北伐队伍做好了后勤工作,认真负责地供给粮饷,使将士无后顾之忧,对抗金战事做出了贡献。他论诗本是尊王(安石)抑苏(轼)的,但在南渡后创作的歌词,却转而向苏轼的豪放词学习。如《念奴娇》(“云峰横起”)一首,完全是效法苏轼赤壁之作,又如《鹧鸪天》(“一曲青山映小池”)的下片,竟是直接融化东坡的词句写成。而下列两首声情豪壮的作品,更可以说明他作风的转变:

故都迷岸草,望长淮、依然绕孤城。想乌衣年少,芝兰秀发,戈戟云横。坐看骄兵南渡,沸浪骇奔鲸。转盼东流水,一顾功成。　千载八公山下，尚断崖草木，遥拥峥嵘。漫云涛吞吐，无处问豪英。信劳生空成千古，笑我来、何事怆遗情。东山老，可堪岁晚，独听桓筝。

——《八声甘州·寿阳楼八公山作》

秋色渐将晚，霜信报黄花。小窗低户深映，微路绕攲斜。为问山翁何事，坐看流年轻度，拚却鬓双华。徙倚望沧海，天净水明霞。

念平昔，空飘荡，遍天涯。归来三径重扫，松竹本吾家。却恨悲风起，冉冉云间新雁，边马怨胡笳。谁似东山老，谈笑静胡沙！

——《水调歌头》

这两首词都反映了他关心现实和主张抗金的思想立场。“谁似东山老，谈笑静胡沙”之句，更直接表露了作者自己渴望在抗金斗争中为国效力的志向，关注《题〈石林词〉》说他“以经术文章，为世宗儒，翰墨之余，作为歌词，亦妙天下。……味其词婉丽，绰有温、李之风，晚岁落其华而实之，能于简淡时出雄杰，合处不减靖节、东坡之妙”，颇能全面概括他的成就。

朱敦儒(1081—1159)，字希真，洛阳人。有词集《樵歌》。他在徽宗时即过着逍遥林下的隐士生活，“志行高洁，虽为布衣而有朝野之望。”(《宋史·文苑传》)靖康乱后，转徙流离，曾到过江西、岭南一带。绍兴三年(1133)，他经朋友劝说，终于出山做官；五年，赐进士出身，任秘书省正字兼兵部郎中，因与反对秦桧的李光交往而被黜，但后来又应秦桧之召任鸿胪少卿。秦桧死后，他的政治生活也就结束了，所以晚年的思想转为消极。如所写“世事短如春梦，人情薄似秋云”(《西江月》)那种句子，正是他不甘寂寞，而又无可奈何的表现。《中兴以来绝妙词选》卷一说他“南渡初以词章擅名，天资旷远，有神仙风致”。这一评论并不能概括他的全部作品。

朱敦儒本是一位信奉挫锐和光的道家哲学的遁世者，他在北宋末年曾经沉溺于懒慢疏狂，以过着如其《鹧鸪天》所云“曾批给露支风敕，屡奏留云借月章”的生活而自豪。然而，金兵的铁蹄却踏破了他平静的小天地，在南渡以后他的中年时代，曾创作了不少感慨家国兴亡的作品。如：

放船千里凌波去，略为吴山留顾。云屯水府，涛随神女，九江东注。北客翩然，壮心偏感，年华将暮。念伊嵩旧隐，巢由故友，南柯梦、遽如许。　　回首妖氛未扫，问人间、英雄何处。奇谋报国，可怜无用，尘昏白羽。铁锁横江，锦帆冲浪，孙郎良苦。但愁敲桂棹，悲吟梁父，泪流如雨。

——《水龙吟》

直自凤凰城破后，擘钗破镜分飞。天涯海角信音稀。梦回辽海北，魂断玉关西。　　月解重圆星解聚，如何不见人归。今春还听杜鹃啼。年年看塞雁，一十四番回。

——《临江仙》

唱得梨园绝代声，前朝惟数李夫人。自从惊破霓裳后，楚奏吴歌扇里新。　　秦嶂雁，越溪砧，西风北客两飘零。尊前忽听当时曲，侧帽停杯泪满巾。

——《鹧鸪天》

《水龙吟》反映了家国多难的现实：北客南来，回想洛阳旧游，正如南柯一梦。环顾目前的国势，这位昔日的隐士，也不能不痛感“妖氛未扫”以及自己无力如古人之“铁锁横江，锦帆冲浪”之可悲而“泪流如雨”了。《临江仙》抒写了一对恩爱夫妻由于敌人的进犯而被迫分离之后的痛苦的思忆。这是中原沦丧以后社会上普遍存在的悲剧，作者凝视着无数家庭妻离子散的悲惨遭遇，以极其沉痛的笔墨写了出来。至于《鹧鸪天》则很可能是为曾被徽宗宠幸过，南渡后流落湖湘间的汴京名妓李师师写的①。这首词所具有的今昔盛衰之感，不只限于那位迟暮的美人和飘零北客即词人自己，而实际上是概括了国家乱离年代所有的流落者同具的心情。他早

① 关于徽宗宠幸李师师的事，略见张端义《贵耳集》卷下、周密《浩然斋雅谈》卷下、《大宋宣和遗事》、《李师师传》等书。

年的作品善于以通俗的语言和白描的手法来描写自己高蹈的踪迹，而上举南渡以后的作品，则显然已超越了他早年的藩篱而取得了新的成就。

从总的倾向来看，南渡之初的词人们，几乎一致地，虽然在程度上是有所不同的突破了弥漫在北宋末年词坛上婉约派或大晟词人的作风，而转向苏轼的豪放词汲取力量。他们开始以词这一文学样式来反映重大的政治社会事件，表现抗金斗争的时代精神，从而为杰出的辛弃疾的出现准备了条件，铺平了道路。

第二节　独树一帜的女作家李清照

南北宋之间活跃在文坛上的作家中，女词人李清照异军突起，在创作上取得了极其出色的成就。

长期存在于中国历史上的封建社会，是一个重男轻女的男权社会。在那样的社会里，古代妇女的才能是经常地受压抑、被埋没的。这种情形也同样地反映在文学史上。在丰富多采作家辈出而女作家却寥若晨星的祖国古代文学史上，李清照以其不可逼视的才华闯进文坛，以自己的创作证明了女子的才能在这一方面决不差似男子。这一事实本身，在封建社会中是具有特别重要的意义的。

文学环境和生活经历　李清照(1084—1155?)，自号易安居士，旧居今山东省章丘县明水镇，后随父移居于济南城内趵突泉畔，故史称为济南人。她父亲李格非有很高的文学修养，曾得到苏轼的赏识，母亲是名臣王准的孙女，也颇有学问，能文章。这样一个文学空气极浓的家庭环境对她具有非常良好的影响，使她从小就具有不平凡的创作才能。她欢喜丰富多采的生活情调，诗词文章无所不工，善画墨竹，兼擅书法，又通乐理，会弹琴。在父辈们的熏陶下，从少女时代开始，她就十分关心国家大事，并且勇于发表自己的看法。元符三年(1100)左右，也就是她十来岁时，就写过两首《浯溪中兴颂诗和张文潜》，诗中指出：由于玄宗昏聩、权奸误国，酿成了安史之乱，以至“五十年功如电扫”。北宋末年，新旧党争愈演愈烈，绍圣、元符年间，新党掌权，迫害元祐旧臣苏轼等人，政治上更加黑暗腐朽。这两首借古讽今的诗,显然是对当时最高统治者所作的讽谕的告诫,正如诗中所说:"夏商有鉴当深戒,简策汗青今具在。"王灼在《碧鸡漫志》卷二中说她"自少年便有诗名,才力华赡,逼近前辈",这记载是可信的。

建中靖国元年(1101),李清照十八岁,嫁给了二十一岁的太学生赵明诚,两人志同道合,婚后的生活非常美满。明诚的父亲挺之当时任吏部侍郎,在政治上属于新党,同苏轼、黄庭坚、陈师道等有矛盾。但赵明诚的政治态度却跟他父亲不一样,陈师道在写给黄庭坚的一封信中说:"正夫(挺之字)有幼子明诚,颇好文义。每遇苏、黄文诗,虽半简数字必录藏,以此失好于父。"这正好说明了这一对夫妇的契合是多方面的。

崇宁元年(1102)七月,蔡京担任尚书右仆射兼中书侍郎,定元祐党籍,李格非也被列入旧党而罢官。这时,赵挺之正晋升为尚书左丞,有相当大的权力,清照便写诗给公公,希望他能够为自己父亲摆脱困境出点力,诗中"何况人间父子情"之句,获得了不少人的同情。赵挺之因为依附蔡京而官运亨通,于崇宁四年(1105)三月担任了右丞相。清照所具有的对政治社会生活的敏锐观察力使她看出蔡京是个奸臣,因此又献诗给挺之,指出当时他与蔡京的关系是"炙手可热心可寒"。事实果然不出所料,挺之在大观元年(1107)三月去世后,蔡京就兴起大狱,诬陷死者,并把明诚也抓了起来。一直弄到七月,赵明诚才被判决无罪释放。受了这次无端的打击后,他决意脱离官场,带了清照回归青州老家。此后,他们夫妇俩屏居乡里达十年之久,为了淡泊明志,便取陶渊明《归去来辞》中"归去来兮"和"审容膝之易安"的意思,把书房称为归来堂,将居室叫做易安室。在这一时期内,他俩沉湎于金石古籍的整理研究工作中,感到其乐无穷。明诚在清照的协助下,根据多年来收集到的钟鼎彝器及石刻碑文,仿照欧阳修《集古录》的体例,编成了学术价值很高的《金石录》三十卷。

赵挺之身后所受的冤屈,后来得到了昭雪,赵家的政治地位也有了好转。宣和三年(1121),明诚被任命为莱州太守,这年八月上旬,清照由青州奔赴莱州曾经写了一首《感怀》诗,表示了谢绝俗缘、隐居求志的心境。但靖康元年(1126)八月,金兵南侵,却将她的好梦惊破了。这年十一月,金兵攻陷汴京。当时明诚正守淄州,望着自己花了毕生精力所收集到的古籍、古器物，他意识到无法保存了。果然，次年二月，北宋灭亡，国家遭受了巨大的灾难，清照的家庭也不可能不发生急剧的变化，他们隐居绝俗的生活，便永远一去不复返了。

建炎元年(1127)八月，明诚被南宋王朝任命为建康知府。此时的北方政局极其不稳，清照只得带了一部分珍贵的典籍离开青州，流亡到江南。建炎三年(1129)春三月，明诚卸去建康知府的职务，带着清照前往江西，准备到赣水边上选择一个地方定居下来。五月里，当他们抵达池阳的时候，朝廷下令任命明诚为湖州知府，并要他到行都建康去觐见皇帝。明诚只得把清照等一家人安顿在池阳，于六月十三日独自赴召。由于在大热天劳累奔波，到达建康后便患了疟疾和痢疾。七月底，清照接到明诚卧病的消息，又惊又怕，立即乘船沿长江而下，一天一夜行了三百里。见到明诚时，发觉他的病势已经到了无可挽救的地步。清照只是哭泣，仓皇之中，也不忍问后事。八月十八日，明诚病危，没有留下任何遗言就去世了。清照悲痛欲绝，写了一篇《祭赵湖州文》，其中有这样沉痛的句子："白日正中，叹庞翁之机捷；坚城自堕，怜杞妇之悲深！"前句借唐代著名的佛教居士庞蕴入灭的典故，哀悼明诚正当四十九岁的壮年而不幸早逝；次句用杞梁妻哭倒长城的典故，抒写了自己内心的沉哀。

明诚逝世后，清照孤苦伶仃，过着颠沛流离的生活，饱尝了人间的苦难。她先是害了一场大病，气息奄奄。接着是金兵渡江南下，高宗经杭州、明州逃往温州，清照也沿着这条路线流亡避难。她奔波于明州、奉化、台州、黄岩、温州、衢州、越州一带，日夜不得安宁。绍兴二年(1132)正月，高宗返回临安，并将行都固定在那里，清照因而也就定居在临安了。

绍兴四年(1134)九月，金人纠合傀儡政权伪齐刘豫，发兵渡淮南犯。高宗惊慌失措，又赶紧和朝臣议论着逃跑。清照在《〈打马图经〉序》中描写了当时人们的恐惧心理："十月朔，闻淮上警报，江浙之人，自东走西，自南走北，居山林者谋入城市，居城市者谋入山林，旁午络绎，莫不失所！"清照本人也从临安出发，溯富春江而上，流落到金华。等到局势平静，才在五年秋后回到临安，自此一直到去世，她贫困孤苦的晚年基本上是在杭州度过的，约在绍兴二十一年(1151)以后与二十五年之间，也即六十八岁与七十三岁之间去世。

李清照的著作，诗文方面，晁公武《郡斋读书志》著录《李易安集》十二卷，《宋史艺文志》著录《易安居士文集》七卷；歌词方面，《直斋书录解题》著录《漱玉集》一卷，《宋史艺文志》著录《易安词》六卷。但这些原书都没有传下来，现存《漱玉集》、《漱玉词》和《李清照集》，均为近人辑本。

南渡后的爱国诗文　李清照是一位才华横溢、抱负非凡的女作家，她不仅精于填词，而且诗文创作也极其出色。她的诗风豪气纵横，笔触犀利，特别是南渡以后，多忧国伤时之作，充分表现了她对国家命运的深切关怀。

南宋王朝建立后，面临的首要问题依然是战与和的抉择。宰相李纲和开封知府宗泽坚决主张抗战，而高宗却听从黄潜善、汪伯彦等的意见，于建炎元年(1127)八月间罢免了在位仅五个月的宰相李纲。后来便由即位所在的南京(今河南商丘)渡江南逃。清照有感于此，写下了一首笔力千钧的《夏日绝句》：

> 生当作人杰，死亦为鬼雄；至今思项羽，不肯过江东。

她赞美了项羽宁可壮烈地死去而绝不屈辱地活着的英雄行为，实际上就是鞭笞了统治集团偏安江左的逃跑行径，虽为咏史，却有很强的现实性和战斗性。她还写诗讽刺节节南逃的统治者说：“南渡衣冠欠王导，北来消息少刘琨。”其实，像东晋时王导、刘琨那样能奋起救国的英杰，在当时是不乏其人的，不过他们都遭到了高宗和黄潜善等投降派的打击迫害，无法实现爱国的壮志罢了。她还留下一联断句说：“南来尚怯吴江冷，北狩应悲易水寒。”冷与寒显然是指现实政治气候，南来指高宗之偏安，北狩指徽、钦之被掳，其不满当时现状的意思也是非常明显的。

清照南渡后写的爱国诗篇代表着人民的意志，受到了人们的热烈称赞。如《咏史》：

> 两汉本继绍，新室如赘旒。所以嵇中散，至死薄殷周。

这首诗把两宋比作两汉，而把金人卵翼的傀儡政权伪楚和伪齐比作王莽的新室，说它们虽然篡宋自立，但绝不为人民所拥护。同时，对因反对司马氏篡魏、倡言“非汤武”“薄周孔”而被杀的嵇康表示了赞赏。这种热爱国家大义凛然的心声是十分可贵的。所以王世贞说：“易安此语虽涉议论，是佳境，出宋人表。”（《艺苑卮言》卷四）董复亨也说：“意见声调，绝响一代。”（见《万历章丘县志》卷二十八）

清照除了善于写作借古喻今的咏史诗外，也有直陈世事、反映现实之作。写于绍兴三年(1133)五月的《上枢密韩公工部尚书胡公》诗，可算是她今存政治诗的代表作。当时朝廷派韩肖胄和胡松年充当大金军前奉表通问使和副使。清照那时住在杭州，虽然贫病交加，仍不能忘怀国事，乃作古、律诗各一章献给韩、胡二人以寄意，并希望她在诗中表述的意见能获得有关方面的重视。在古诗中，她热情地赞扬了韩肖胄不顾家庭利益和个人安危，“径持紫泥诏，直入黄龙城”与金人谈判的果敢行为。还指出：“夷虏从来性虎狼，不虞预备庸何伤。”要他们提高警惕以防此行可能出现的不测之事。她想象到北国山河已经萧条不堪，而人民群众还在同敌人斗争着，表示“不乞隋珠与和璧，只乞乡关新信息”。最后写道：“欲将血泪寄山河，去洒青州一抔土。”表现了她渴望收复失地、重返故土的强烈心愿。至于那首律诗，则更分明地反映了她的政治卓识：

想见皇华过二京，壶浆夹道万人迎。连昌宫里桃应在，花萼楼前鹊定惊。但说帝心怜赤子，须知天意念苍生。圣君大信明如日，长乱何须在屡盟。

诗篇从想象使者们受到北方沦陷人民热烈欢迎的场面说起，接着表现作者对故都的深切怀念，作者无时无刻不在同情处于水深火热中的人民，最后提出了对时事的看法，认为屡次轻易地同敌人订立盟约，实在失策。这说明她对统治者懦弱投降的方针是不满的，对敌人肆意掠夺的本性是认识得很清楚的。这些诗篇所表现的主要的还不是她的才华而是她的识见。

此外,她还写过一些感物伤怀的小诗,如下列两首:

春残何事苦思乡,病里梳头恨发长;梁燕语多终日在,蔷薇风细一帘香。

——《春残》

千古风流八咏楼,江山留与后人愁;水通南国三千里,气压江城十四洲。

——《题八咏楼》

清照的诗亡佚已多,仅就今存诸作看来,成就仍然很高,颇为后人钦服,如陈衍《宋诗精华录》卷二录其送韩、胡使金的古诗,并评云:"雄浑悲壮,虽起韩、杜为之,无以过也。"即是一例。

李清照散文也写得很好,最为动人的是那篇情文并茂的《〈金石录〉后序》,现存文本尾署绍兴二年(1132)作,但据宋刊本洪迈《容斋四笔》卷五与抄本《瑞桂堂暇录》等资料考证,序实写于绍兴四年秋八月①。那时候,年已五十一岁的清照飘泊在杭州,孑然一身,无依无靠,她深情地怀念着去世的丈夫赵明诚,她打开明诚手自编定的《金石录》,往事又一幕幕浮现在她的眼前。这部浸透着他俩的心血、也凝结着他俩无比真挚爱情的书的完成过程,是同他俩艰难而曲折的生活道路紧密地联系在一起的。想到这一点,她抑制不住心情的激动,写出了这篇扣人心弦的回忆录式的后序。原文过长,今节录最精采的部分如下:

余建中辛巳始归赵氏,时先君作礼部员外郎,丞相时作吏部侍郎,侯年二十一,在太学作学生。赵、李族寒,素贫俭,每朔望谒告出,质衣取半千钱,步入相国寺,市碑文、果实归,相对展玩咀嚼,自谓葛

① 据王学初《李清照集校注》(人民文学出版社 1979 年出版)附《李清照事迹编年》。黄墨谷《重辑李清照集》(齐鲁书社 1981 年出版)附《易安居士年谱》则认为此序作于绍兴五年清照五十二岁时。

天氏之民也。后二年，出仕宦，便有饭蔬衣练，穷遐方绝域、尽天下古文奇字之志。日就月将，渐益堆积。丞相居政府，亲旧或在馆阁，多有亡诗、逸史，鲁壁、汲冢所未见之书，遂尽力传写，浸觉有味，不能自已。后或见古今名人书画、三代奇器，亦复脱衣市易。尝记崇宁间，有人持徐熙《牡丹图》求钱二十万。当时虽贵家子弟，求二十万钱，岂易得耶？留信宿，计无所出而还之，夫妇相向惋怅者数日。

后屏居乡里十年，仰取俯给，衣食有余；连守两郡，竭其俸入以事铅椠。每获一书，即同共勘校，整集签题。得书、画、彝、鼎，亦摩玩舒卷，指摘疵病，夜尽一烛为率。故能纸札精致，字画完整，冠诸收书家。

余性偶强记，每饭罢，坐归来堂烹茶，指堆积书史，言某事在某书某卷第几页第几行，以中否角胜负，为饮茶先后。中，即举杯大笑，至茶倾覆怀中，反不得饮而起。甘心老是乡矣！故虽处忧患困穷，而志不屈。

收书既成，归来堂起书库大橱，簿甲丁，置书册。如要讲读，即请钥上簿，关出卷帙。或少损污，必惩责揩完涂改，不复向时之坦夷也。是欲求适意而反取憀栗。余性不耐，始谋食去重肉，衣去重采，首无明珠、翡翠之饰，室无涂金、刺绣之具，遇书史百家，字不刓缺、本不讹谬者，辄市之，储作副本。自来家传《周易》、《左氏传》，故两家者流，文字最备。于是几案罗列枕藉，意会心谋，目往神授，乐在声色狗马之上。

至靖康丙午岁，侯守淄川，闻金人犯京师，四顾茫然，盈箱溢箧，且恋恋，且怅怅，知其必不为己物矣。建炎丁未春三月，奔太夫人丧南来。既长物不能尽载，乃先去书之重大印本者，又去画之多幅者，又去古器之无款识者，后乃去书之监本者，画之平常者，器之重大者。凡屡减去，尚载书十五车。至东海，连舻渡淮，又渡江，至建康。青州故第，尚锁书册什物，用屋十余间，期明年再具舟载之。十二月，金人陷青州，凡所谓十余屋者，已皆为煨烬矣。

建炎戊申秋九月，侯起复知建康府。己酉春三月罢，具舟上芜湖，入姑孰，将卜居赣水上。夏五月至池阳，独赴召。六月十三日，始负担舍舟，坐岸上，葛衣岸巾，精神如虎，目光烂烂射人，望舟中告别。余意甚恶，呼曰："如传闻城中缓急，奈何？"戟手遥应曰："从众。必不得已，先去辎重，次衣被，次书册卷轴，次古器，独所谓宗器者，可自负抱，与身俱存亡，勿忘也！"遂驰马去。途中奔驰，冒大暑感疾，至行在，病痁。七月末，书报卧病，余惊怛！念侯性素急，奈何病痁；或热，必服寒药，疾可忧。遂解舟下，一日夜行三百里。比至，果大服柴胡、黄芩药，疟且痢，病危在膏肓。余悲泣，仓皇不忍问后事。八月十八日，遂不起，取笔作诗，绝笔而终，殊无分香卖屦之意。

葬毕，余无所之。朝廷已分遣六宫，又传江当禁渡。时犹有书二万卷，金石刻二千卷，器皿茵褥，可待百客，他长物称是。余又大病，仅存喘息。时势日迫，念侯有妹婿任兵部侍郎，从卫在洪州，遂遣二故吏先部送行李往投之。冬十二月，金人陷洪州，遂尽委弃。所谓连舻渡江之书，又散为云烟矣！独余少轻小卷轴、书帖，写本李、杜、韩、柳集，《世说》、《盐铁论》，汉唐石刻副本数十轴，三代鼎鼐十数事，南唐写本书数箧，偶病中把玩，搬在卧内者，岿然独存。

上江既不可往，又虏势叵测，有弟迒，任敕局删定官，遂往依之。到台，台守已遁。之嵊出陆，又弃衣被。走黄岩，雇舟入海，奔行朝。时驻跸章安，从御舟海道之温，又之越。庚戌十二月，放散百官，遂之衢。绍兴辛亥春三月，复赴越，壬子，又赴杭。

先，侯疾亟时，有张飞卿学士携玉壶过视侯，便携去，其实珉也。不知何人传道，遂妄言有颁金之语，或传亦有密论列者。余大惶怖，不敢言，亦不敢遂已，尽将家中所有铜器等物，欲赴外廷投进。到越，已移幸四明。不敢留家中，并写本书寄嵊县。庚戌春，官军收叛卒，悉取去，闻尽入故李将军家。所谓岿然独存者，无虑十去五六矣！惟有书画砚墨可五七簏，更不忍置他所，常在卧榻下，手自开阖。

在会稽，卜居土民钟氏舍。忽一夕，穴壁负五簏去。余悲恸不已，重立赏收赎。后二日，邻人钟复皓出十八轴求赏，故知其盗不远矣！万计求之，其余遂牢不可出。今知尽为吴说运使贱价得之。所谓岿然独存者，乃十去其七八。所有一二残零不成部帙书册，三数种平平书帖，犹爱惜如护头目，何愚也耶！

今日忽开此书，如见故人。因忆侯在东莱静治堂，装标初就，芸签缥带，束十卷作一帙。每日晚，吏散，辄校勘二卷，跋题一卷。此二千卷，有题跋者五百二卷耳。今手泽如新，而墓木已拱，悲夫！

从上面节录的部分也可以看出这篇记述性散文富有强烈的感情色彩。其中有快乐的回忆，也有痛苦的思念；有生离的伤感，也有死别的沉哀。而且还从侧面反映了当时的社会现实，显示着南渡前后兵荒马乱和国破家亡的时代面貌。所以李慈铭评赞说："叙致错综，笔墨疏秀，萧然出畦町之外，予向爱诵之，谓宋以后闺阁之文，此为观止。"(《越缦堂读书记》卷九)

清照现存的文章不多，其中《打马赋》是一篇寄寓着爱国思想的作品，写于绍兴四年(1134)冬。那时她避难到金华，在漫长的寒夜里，她常和伴侣们以打马这种博戏来消遣。因此便借题发挥，写了《打马赋》。这篇赋充满了豪迈的气概与时代感，与当时战场上英勇抗击敌伪南犯的形势合拍。在赋中，她明确地表示了自己的政治态度："平生不负，遂成剑阁之勋；别墅未输，已破淮淝之贼。今日岂无元子，明时不乏安石。"最后的乱辞更表明了她对敌人的仇恨和对中兴事业的期望："佛狸定见卯年死，贵贱纷纷尚流徙。满眼骅骝及騄耳，时危安得真致此？木兰横戈好女子，老矣不复志千里，但愿相将过淮水。"显然，这是借打马这种博戏来提醒人们不要忘记国难，其中用了不少有关马和战争的典故，一语双关地表示了战胜敌人的坚定信念，寄托了她保卫国土的心情。

李清照的诗文证明了，她的生活、她的内心世界比她在词中所直接体现的要更广阔、丰富一些。只有认识到这一点，她的词的感情基石特别牢固，因而艺术魅力也特别强烈，才是容易说明和容易理解的。

《李易安词论》 清照对词学理论的贡献也是值得重视的。她写过一篇文章，表达自己对词和当代词坛的见解，后人题为《李易安词论》，通称《词论》(今见《苕溪渔隐丛话》后集卷三十三，似已非全文)。这是宋人最早的一篇论词专文，影响很大。其略云：

> 逮至本朝，礼乐文武大备。又涵养百余年，始有柳屯田永者，变旧声作新声，出《乐章集》，大得声称于世，虽协音律，而词语尘下。又有张子野、宋子京兄弟、沈唐、元绛、晁次膺辈继出，虽时时有妙语，而破碎何足名家？至晏元献、欧阳永叔、苏子瞻，学际天人，作为小歌词，直如酌蠡水于大海，然皆句读不葺之诗尔，又往往不协音律者，何耶？盖诗文分平侧，而歌词分五音，又分五声，又分六律，又分清浊轻重。且如近世所谓《声声慢》、《雨中花》、《喜迁莺》，既押平声韵，又押入声韵；《玉楼春》本押平声韵，又押上去声，又押入声。本押仄声韵，如押上声则协；如押入声，则不可歌矣。王介甫、曾子固文章似西汉，若作小歌词，则人必绝倒，不可读也。乃知别是一家，知之者少。后晏叔原、贺方回、秦少游、黄鲁直出，始能知之。又晏苦无铺叙，贺苦少典重；秦即专主情致而少故实，譬如贫家女，虽极妍丽丰逸，而终乏富贵态；黄即尚故实，而多疵病，譬如良玉有瑕，价自减半矣。

这篇文章显示了女作家非凡的和独特的判断力。由于这些话说得过于简括，今天还难以完全把握她获得这些结论的过程。就我们今天的认识来说，她的见解也不是我们所能完全同意的。但从她对前辈词家近于苛刻的评价中，可以看出她是有感而发的，是有针对性的。因为当时以苏轼为代表的以诗为词的词风出现了，词开始走向成为一种新的格律诗而不再是一种音乐歌词的道路。有些词“往往不协音律”，“不可歌”、“不可读”，模糊了词与音乐相结合的特点，混淆了诗词之间应当存在的界限。为了防止使歌词丧失其独特性的趋向，她在《词论》中明确提出词别是一家，即认为词作为一种独立的以抒情为主的音乐歌词的样式，应当有其内容上和形式上的特色。她认为词不能混同于诗，要严分界限。同时，她对词的音律、情调和表现手法各方面也提出了很高的要求，因此，对柳永、晏欧和秦黄等名家也都不满意，一个个地进行了指摘。如从词的思想内容和艺术风格上来讲，她对柳永的“词语尘下”颇为不满，又批评贺铸词不够典雅庄重，亦即认为词风应杜绝轻艳浮靡；她不满意秦七黄九词作的浅露柔弱，而主张尚故实，主情致，即认为内容要充实、深沉。从写作技巧和表现方法上来说，她批评张先、宋祁的词虽有佳句，但整体结构不完美，画面不统一，可见她主张词境必须浑成；她认为晏几道只工于以小令言情，可见她认为词家应当兼擅长调，以便发挥慢词适于铺叙描绘的特点。从词的音律方面来说，她认为歌词必须协律即能入乐歌唱，因此不仅要推敲平仄四声，还要讲究发音的部位，辨明清、浊、轻、重。在这方面，她自己确实下了一番苦功，例如她的《念奴娇》、《凤凰台上忆吹箫》就分了清浊，而《声声慢》则是辨了五音的。从其理论与实践来看，她对词的要求可以概括为高雅、典重、故实、情致、浑成、铺叙和协律这七点。

李清照为了维护词体的独特性，在《词论》中提出了一些中肯的有益的意见，这对宋词发展中发扬婉约派的传统风格有一定的积极作用。但她没有能理解到自苏轼以来词体革新和词风转变的新趋向及其意义。因此，其见解助成了她自己去追求当行本色的词，但却也同时局限了她的词作所反映的生活面，束缚了在题材和风格方面的多样化。这就使得她和苏轼以前的词人一样，没有敢突破成规把广泛的社会生活写入她所最擅长的词里。到了南渡以后，她的词情有所变化和深化，也曾表露了一些家国兴亡之感，但仍未能与其诗歌创作同步地直接地抒发她炽热的爱国感情。词别是一家的理论使她没有考虑到要用词这种样式去反映她所处的时代和人民，这就限制了《漱玉词》所能达到的思想高度。

《漱玉词》的内容及其艺术特色 李清照虽然是一位多面手，但最擅长的却是填词。她是以一位出类拔萃的女词人的身份而在中国文学史上永垂不朽的。她的词以靖康之乱为界，可分为前后两个时期。前期的词主要体现了一位少女、少妇悠闲风雅的生活情趣，如《如梦令》：

常记溪亭日暮，沉醉不知归路。兴尽晚回舟，误入藕花深处。争渡，争渡，惊起一滩鸥鹭。

这首小令着重描写了在藕花深处争渡时导致鸥鹭齐飞的生动画面。通过对人争渡、鸟齐飞的动态描写，我们可以体会到作者身心中洋溢着的青春活力。在一首《怨王孙》中，她又写道：

湖上风来波浩渺，秋已暮、红稀香少。水光山色与人亲，说不尽、无穷好。　　莲子已成荷叶老，清露洗、蘋花汀草。眠沙鸥鹭不回头，似也恨、人归早。

浩渺的波浪扩展了她的视野，大自然景色使她赏心悦目。明明是自己对水光山色怀有深厚的感情，却偏说“水光山色与人亲”；明明舍不得离开鸥鹭，却偏说“眠沙鸥鹭不回头，似也恨、人归早”。这些，都巧妙地表现了青年词人天真活泼、感情充沛、热爱生活的性格特征。

清照的婚后生活是美满幸福的，但明诚任职官府，有时不免有夫妇离别的情事，这又给她的词作抹上了一层淡淡的忧郁色彩：

萧条庭院，又斜风细雨，重门须闭。宠柳娇花寒食近，种种恼人天气。险韵诗成，扶头酒醒，别是闲滋味。征鸿过尽，万千心事难寄。

楼上几日春寒，帘垂四面，玉阑干慵倚。被冷香消新梦觉，不许愁人不起。清露晨流，新桐初引，多少游春意。日高烟敛，更看今日晴未。

——《念奴娇》

如果把这首词同上述的《如梦令》、《怨王孙》加以比较，我们就会清晰地看到作者由少女成为少妇过程中生活的变迁和感情的深化。少女时代，她的生活是无忧无虑的，其感情是单纯的、乐观的。婚后，她的生活与感情都在很大程度上同自己热爱着的丈夫紧密地融合在一起。当他不在身边时，她就感到闺中寂寞，精神无所寄托。为了消磨时间，排遣烦恼，她作诗选择险韵，饮酒至于沉醉，看到柳垂青眼，花展笑容，便想到不能和丈夫同游共赏；看到月光满楼，鸿雁掠空，也感到有许多知心话无法传递给他；在风雨天寒时，索性关起重门，垂下帘幕，一任愁绪来煎熬了。然而，李清照毕竟是李清照，即使在这样难堪的环境里，她那热爱生活、热爱自然的性格还是顽强地表现了出来。词的结尾为我们描绘了一幅无限清新的图画，透过这幅图画，我们可以感觉到词人渴望天晴、渴望春游的心灵在摇荡着。黄苏《蓼园词选》评论此词说:"只写心绪落漠,遇寒食更难遣耳。陡然而起,便尔深邃。至前阕云'重门须闭',后阕云'不许不起',一开一合,情各戛戛生新。起处雨,结句晴,局法浑成。"的确,这首词通过由阴到晴的景物变化来表现词人由抑郁到欣快的内心变化,是很有特色的。

李清照是一位多愁善感的女性,赵明诚的出仕别离,常牵动着她的爱心。许多词人都长于谈情说爱,即使自己是男性,也往往能够对女性的心理状态刻画入微。而李清照却是以女性的身份来现身说法的,所以她写思妇离情的词就显得更其缠绵细腻、贴切真实了:

> 红藕香残玉簟秋,轻解罗裳,独上兰舟。云中谁寄锦书来,雁字回时,月满西楼。　　花自飘零水自流,一种相思,两处闲愁。此情无计可消除,才下眉头,却上心头。
>
> ——《一剪梅》

> 薄雾浓云愁永昼,瑞脑销金兽。佳节又重阳,玉枕纱厨,半夜凉初透。　　东篱把酒黄昏后,有暗香盈袖。莫道不销魂,帘卷西风,人比黄花瘦。
>
> ——《醉花阴》

> 香冷金猊,被翻红浪,起来慵自梳头。任宝奁尘满,日上帘钩。生怕离怀别苦,多少事、欲说还休。新来瘦,非干病酒,不是悲秋。
>
> 休休!这回去也,千万遍《阳关》,也则难留。念武陵人远,烟锁秦楼。惟有楼前流水,应念我、终日凝眸。凝眸处,从今又添,一段新愁。
>
> ——《凤凰台上忆吹箫》

这些作品所写的虽不外是生活中一些微小的波澜,但却是一位贤淑、温存的妻子,以女性所特有的缠绵宛转、一往情深的语言,对自己埋藏于内心底层的秘密的成功揭示。这种离怀别苦,虽为古往今来的作家成千上万次地描写过，然而无论在内容和形式上，李词仍然是富有新鲜感的。文字极其朴素，而感情却是无比的深沉和热烈。据说《一剪梅》是清照写在锦帕上送给即将远行的丈夫的。而《醉花阴》则是函寄给丈夫的，当赵明诚接读后，赞赏久之，为了想超过她，曾废寝忘食地另外写了五十阕，故意把清照的这一首夹在其中，拿去给朋友陆德夫评判。陆德夫细加玩味以后，指出只有“莫道不销魂”等三句最佳，而这三句恰恰是清照作的①。

《凤凰台上忆吹箫》也是一首具有特色的作品。一般写离别，多写临别之情或别后所感。而这首词妙在别前预写别后之情。起头五句从女词人自己的疏慵的心态落笔，一听到丈夫将要离别的消息便已经失去了生活的乐趣了。接着是非常复杂的心理描写，作者采用吞吐、曲折的方式表现了女性所特有的深婉而细腻的心态。此词的下片有两个念字，第一个念字设想到别后词人对丈夫的怀念，第二个念字设想楼前流水对终日凝眸的自己的同情，一属人，一属物，互相映衬。作者之所以能写出这种痴语，正因为她对丈夫有一片痴情。这些作品反映了古代妇女对她们应有的正常的爱情生活的追求，在客观上对封建道德观念是一种冲击。

金兵的南侵和北宋的灭亡结束了女词人平静而幸福的生活。这时，她的离愁别恨不仅是加重了份量，而且由于和国破家亡的巨大事变相联系，这使得女词人的作品有了新的内容。如《永遇乐》：

> 落日熔金，暮云合璧，人在何处？染柳烟浓，吹梅笛怨，春意知几许！元宵佳节，融和天气，次第岂无风雨？来相召、香车宝马，谢他酒朋诗侣。　　中州盛日，闺门多暇，记得偏重三五。铺翠冠儿，捻金雪柳，簇带争济楚。如今憔悴，风鬟雾鬓，怕见夜间出去。不如向、帘儿底下，听人笑语。

这首词根据语意当是李清照南渡后流寓临安时所作，上片写当前的景物

① 见伊世珍《瑯嬛记》卷中引《外传》。王学初《李清照集校注》卷一曾辨其不可信，但这些传说的产生，也正反映了后人对《漱玉词》的爱好和肯定。

和心情，下片从今昔对比中抒发出盛衰兴亡之感。在元宵佳节，她对着眼前的行都杭州，回忆已被金人侵占的汴京；对着今日的寂苦，回忆从前的欢愉，用淡淡的语言写出了极其难堪的哀伤。这种从寻常生活中所流露出来的家国之恨，在那样一个特定的历史时代中，是具有普遍意义的。过了一个半世纪之后，南宋末年的刘辰翁曾和此词，其小序说："余自乙亥(1275，恭帝德祐元年)上元，诵李易安《永遇乐》，为之涕下。今三年矣。每闻此词，辄不自堪，遂依其声，又托之易安自喻，虽辞情不及，而悲苦过之。"刘辰翁正是即小见大，从这首词中所写的个人过元宵节时的今昔之感，看到了国家的灭亡和广大人民丧乱流离的痛苦，因而与之同感的。

南渡以后，清照的爱国情绪在她的词中不时流露，是和她的丧夫之痛相联系的。国破、家亡、夫死的苦难，使她以一个流人和寡妇的身份辗转奔波在今浙江省境内，而且还不时受到一些无赖的恐吓和欺凌。她丧失了完整的、统一的国土和美好幸福的家园，丧失了自己费尽心血收集起来的珍贵文物。这种奇劫巨变使她的词风不能不发生变化。女词人终于以前所未有的低咽的调子为自己的不幸而唱出了使人惊心动魄的哀歌：

寻寻觅觅，冷冷清清，凄凄惨惨戚戚。乍暖还寒时候，最难将息。三杯两盏淡酒，怎敌他、晚来风急？雁过也，正伤心，却是旧时相识。

满地黄花堆积，憔悴损，如今有谁堪摘？守着窗儿，独自怎生得黑？梧桐更兼细雨，到黄昏、点点滴滴。这次第，怎一个愁字了得！

——《声声慢》

风住尘香花已尽，日晚倦梳头。物是人非事事休，欲语泪先流。

闻说双溪春尚好，也拟泛轻舟。只恐双溪舴艋舟，载不动、许多愁。

——《武陵春》

《声声慢》一篇自来是特别为人注目的。头三句以十四个叠字组成，曾被比为"公孙大娘舞剑手"(张端义《贵耳集》卷上)。它的艺术魅力不只在于形式的奇创，更是在于这些奇创的句式中包涵着作者丰富而微妙的心灵跃动。“寻寻觅觅”是孤独彷徨，若有所失的心情，“冷冷清清”是环境对于她的回答，“凄凄惨惨戚戚”则又是她在得到这个漠然的回答之后的悲苦。它们逐步深化地展开了作者的精神世界。构成这三句词的七组叠字，除开“觅觅”、“冷冷”之外，其余全属齿音。它们使人读起来就具有轻细而凄清的感觉，这就使得语言的音响更其成功地传达出生活的音响。从“乍暖还寒”以下，作者通过自己最平凡的生活写出了最难受的伤感。秋天，在她看来是分外的悲凉；本来是容易消逝的时光，对她来说，却又变得特别地难以打发。从自己极端痛苦的生活感受出发，她把这首词写得浅显而又深沉，寻常而又精警。它的诞生，只是由于作者处无可奈何之境，有万不得已之情，百转千回，终于不能不从内心喷薄而出，所以虽有奇思妙语，而并非刻意求工。不能不承认，李清照晚年的作品，虽然在风格上仍然保持了其早期那种朴素自然的特征，但正是由于生活的重大变化，已使得她的词情达到了前所未有的深度。

《武陵春》是女词人在绍兴五年(1135)避乱金华时所作。已经五十一岁的她，几经波折，流离失所，所以心情极其沉痛悲苦。首句写盛开的繁花受到狂风的袭击已委身于尘土，这正是自己身世的象征。次句写由于所见如彼，故所为如此。日色已高，头犹未梳，虽与她《凤凰台上忆吹箫》中“起来慵自梳头”语意全同，但那是生离之愁，这是死别之恨，深浅自别。三、四两句点明一切悲苦，都由于“物是人非”。而这种“物是人非”，又绝不是偶然的、个别的、轻微的变化，而是一种极为广泛的、剧烈的、带有根本性的、重大的变化。无数的事情，无尽的痛苦，都在其中，故以“事事休”概括。这些，真是不知从何说起，正想要说，眼泪已经扑簌簌地流下来了。下片“闻说”、“也拟”、“只恐”六个领字，极为传神地表现了词人内心的无穷往复与无限思量，而其归宿则在最后两句。李后主《虞美人》云：“问君能有几多愁？恰似一江春水向东流。”只是以愁之多比水之多而已。秦观《江城子》云：“便做春江都是泪，流不尽许多愁。”则愁已经物质化，变为可以放在江中，随水流尽的东西了。而李清照却进一步把它搬上了船，于是愁竟有了重量，不但可随水而流，并且可以用船来装载。由此可见，李清照在语言艺术方面既有继承,又有创新(参见沈祖棻《宋词赏析》第一百四十六页)。

李清照是善于向前人学习的。她在《词论》中虽然批评了李后主以下的许多词人,而实际上她还是接受了李后主、柳永、秦观和周邦彦等人的影响。在个别篇章中,甚至可以看出,她也受到了她最不满意的苏词豪放之风的影响:

> 天接云涛连晓雾,星河欲转千帆舞,仿佛梦魂归帝所,闻天语,殷勤问我归何处? 我报路长嗟日暮,学诗谩有惊人句。九万里风鹏正举,风休住,蓬舟吹取三山去。

这首《渔家傲》一起写无限壮阔的天空,千帆竞发的水面,天水相连,亦真亦幻。以此为背景,接下去写了上苍同词人的问答。从答语中,我们可以看出她积极进取的精神实质。她不满足于自己在诗词创作中所取得的成就,也不满于现实生活,而想乘长风向更高更美的境界前进。李清照历来是被尊为婉约派的正宗词人的,但从这首作品来看,她的词也有豪放的一面,所以梁启超评为"此绝似苏辛派"(见《艺蘅馆词选》乙卷)。沈曾植更极力推崇说:"易安倜傥,有丈夫气,乃闺阁中之苏、辛,非秦、柳也。"(《菌阁琐谈》)从一些记载和李清照自己的创作中可以看出,这位词人不仅具有女性所共具的温柔和明慧,同时还具有为许多古代女性所缺乏的隽爽和开朗。她十分珍重她那个温暖的小家庭,却并非是那种对家庭以外的生活丝毫不加关注的闺阁中人。这种比较复杂的性格,影响了她的思想感情和创作风格,使她敢于而且善于从自己所认识的生活出发,从事富有独创性的文学活动。所以自来"堕情者醉其芳馨,飞想者赏其神骏"(《菌阁琐谈》),其成就被认为:"盖不徒俯视巾帼,直欲压倒须眉。"(李调元《雨村词话》卷三)

《漱玉词》在语言方面的成就是特别出色的。这位女词人善于运用浅近、清新的语句,创意出奇,善于提炼日常口语,采用白描手法,来表现自己真挚的感情。这一方面,她是可以和李后主比美的。如《孤雁儿》写丈夫死后的凄楚："小风疏雨萧萧地，又催下，千行泪。吹箫人去玉楼空，肠断与谁同倚。一枝折得，人间天上，没个人堪寄！"又如《声声慢》"守着窗儿，独自怎生得黑"，彭孙遹《金粟词话》评为"皆用浅俗之语，发清新之思，词意并工，闺情绝调"。她还善于自铸伟词，如《如梦令》之"绿肥红瘦"，《念奴娇》之"宠柳娇花"，《声声慢》之连用十四个叠字，都是前无古人的。和只知融化古人诗句以构成自己的语言的词人如贺铸、周邦彦等相较，李清照这种从生活中发掘出来的俊语，显然要可贵得多了。这可以说是李词最主要的艺术特色。

李清照的词在当时就产生了较大的影响，她清新自然的语言风格被称为易安体，成了后继者学习的楷模，如侯寘有《眼儿媚·效易安体》，辛弃疾也写过一首《丑奴儿近》，题为《博山道中效李易安体》，可见他们对她的推崇。《蕙风词话》卷四中曾将她与另一女词人朱淑真相比较，得出的结论是："李易安时代犹稍后于淑真，即以词格论；淑真清空婉约，纯乎北宋；易安笔情近浓至，意境较沈博，下开南宋风气。"这十分确切地指出了李清照在两宋词的发展中是过渡时期承先启后的作家之一，对南宋词的发展具有不可低估的影响。

第三节　南宋前期散文的发展

南宋前期散文渊源和各种评选本的出现　北宋古文运动发展到三苏，曾取得了出色的成绩，但在新旧党争中却遭到了挫折。徽宗时，新党严禁苏文，文苑颇形寂寞。南渡以后，苏文解禁，上自宫廷，下至士庶，在散文的写作方面都一致以苏文作为准绳，科举场中更是如此。陆游《老学庵笔记》卷八云："建炎以来，尚苏氏文章，学者翕然从之，而蜀士尤盛，亦有语曰：'苏文熟，吃羊肉；苏文生，吃菜羹。'"这则逸闻生动地说明了当时竞尚苏文的实况。为了适应士子习文的广泛需要，书坊便刊行了《三苏文粹》和《苏门六君子文粹》各七十卷，所选以策论为多。

当时讲学之风盛行，各学派之间的论争也促进了散文创作的繁荣和发展。南宋的理学源于北宋的二程，但体现在各地的学者身上，却又有分化和对立。先是张栻、吕祖谦和朱熹各持己见,互有异同,人称东南三贤。至孝宗乾道、淳熙年间,朱熹的道学派得到发展,而陆九渊的心学和陈亮、叶适的浙学也同时兴起,形成了南宋前期三大学派的鼎立。朱熹鼓吹的是客观唯心论,陆九渊宣扬的是主观唯心论,而浙学则特重事功,有较强的唯物论色彩。淳熙二年(1175),吕祖谦邀集朱熹和陆九渊两方面的人在江西铅山的鹅湖寺举行了鹅湖之会,开展了道学与心学的一场大辩论,此后又用通信著论的方式继续争鸣。另一方面,陈亮和叶适的浙东永嘉学派从唯物主义的认识论出发,对程朱理学和陆氏心学都进行了批判,所谓"左袒非朱,右袒非陆"(见侯外庐《中国思想通史》第四卷第十六章第一节749页,人民出版社1960年版)。这实质上是唯物论与唯心论的斗争。在朱熹和陈亮之间,还展开了哲学上的义、利之辨和政治上的王、霸之争。陈亮的政论文锋芒锐利,深刻地揭露了道学派讳言功利的弱点。朱熹十分畏惧地说:"陈同父学已行到江西,浙人信向已多。家家谈王霸,不说萧何、张良,只说王猛;不说孔、孟,只说文中子。可畏!可畏!"(《朱子语类》卷一百二十三)足见浙东学派的声势是不小的,他们的散文也有独特的成就。

南宋许多散文作家都接受北宋古文运动的影响,是北宋六大家的直接继承者。如胡铨、吕祖谦、陈傅良、陈亮、叶适、陆游等,在策论方面学三苏,在序记方面学欧阳修,而对于文章应当有补于世的认识方面,则受王安石的某些影响。朱熹专学曾巩文理缜密的特点,称之为南丰体,他说:"欧公文字敷腴温润,曾南丰文字又更峻洁,虽议论有浅近处,然却平正好;到得东坡,便伤于巧。"(《朱子语类》卷一百三十九)然而,广大文士却是爱重苏轼的,因此苏文在南宋的影响仍居首位,其次,欧文的影响也不小。吴子良《林下偶谈》卷三云:"淳熙间,欧文盛行,陈君举(傅良)、陈同甫(亮)尤宗之。"陈亮除了编过《苏门六君子文粹》外,又曾经编刊《欧阳文粹》二十卷,选录了一百三十篇欧文,其《书〈欧阳文粹〉后》说:"公之文雍容典雅,纡余宽平,反覆以达其意,无复毫发之遗;而其味常深长于意言之外,使人读之蔼然足以得祖宗致治之盛。其关世教,岂不大哉!"同时,吕祖谦著有《古文关键》二卷,选录了韩愈、柳宗元、欧阳修、苏洵、苏轼、苏辙、曾巩和张耒的古文共六十二篇，一一标举其命意布局，评论其优劣得失，示学者以门径。他的学生楼昉在这个基础上更扩大选目，编刊了《崇古文诀》三十五卷，选录了秦汉至宋代的古文二百多篇，评语精当，学者称便。

吕祖谦还辑有《吕氏家塾增注三苏文选》二十七卷（注释者为蔡文子）和《宋文鉴》一百五十卷。《宋文鉴》原名《皇朝文鉴》，这是吕祖谦任秘书省著作佐郎时奉命编选的。临安书坊原先刊行过江钿所编的《圣宋文海》①，翰林学士周必大认为选择不精，遗漏甚多。孝宗乃命吕氏重选，“发三馆四库之所藏，裒缙绅故家之所录”②，除各体散文外，还选了诗、赋，共分六十一个门类，专录北宋的作品。此后，魏齐贤和叶棻又编刊了《五百家播芳大全文粹》一百十卷，卷首许开的序作于绍熙元年（1190）。此书所选，兼及骈散，自北宋扩展到南宋前期张栻、虞允文、陆游、杨万里、林之奇、辛弃疾、李焘、王十朋、林光朝、楼钥、陈亮、叶适等人的作品。此外，袁说友在宁宗庆元五年（1199）任四川安抚使时，主编了《成都文类》五十卷，选辑西蜀文人的作品，上起西汉，下迄南宋孝宗朝。评选风气的流行，正是南宋散文兴盛的一个侧面。这种选录宋文之风，至清不衰。如清初沈果庵、张云章、王西庄、蒋显谟等都曾分别有《南宋文鉴》之辑，但已散佚，仅存残本。道光年间，庄仲方编《南宋文范》七十四卷，今有苏州书局本，董兆熊所辑《南宋文录》经苏州书局删订为《南宋文录录》二十四卷，与《文范》并行。二书互相补充，可见南宋散文的大略。

民族危机中的创作潮流　汴京陷落，宋室南渡，在国家存亡的危急声中，反对投降主张抗战，成了当时一切文学作品的重大主题，政论性的散文则更是力主抗金、直接打击投降派的有效手段。围绕高宗时的绍兴和议（1141）、孝宗时的隆兴和议（1164）、宁宗时的嘉定和议（1208）所引起的和战之争，使南宋前期八十年之间的散文创作充满了昂扬的爱国主义精

① 在江钿以前，专选北宋散文的已有无名氏所编《圣宋文选》三十二卷，《四库全书》本题为《宋文选》。清顺治十八年（1661）顾宸所编《辟疆园宋文选》三十卷则选及了南宋的散文，可视为前者的续书。

② 周必大《〈皇朝文鉴〉序》语。按此序作于淳熙四年（1171）。

神，如实地反映了主战派对主和派的坚决斗争。尽管主战派一再受到封建统治者的打击和迫害，但他们文章中喷发的慷慨忠勇之气，可与日月争光，永远激励着人们的爱国斗志。如宗泽、岳飞、陆游、辛弃疾、陈亮、叶适等的散文作品，都是如此。特别是南渡初期抗金名将和爱国志士上书言事或誓师北伐的政论文，更是彪炳史册，激动人心。如宗泽的《乞毋割地与金人疏》、《请驾还汴疏》，岳飞的《南京上高宗书略》、《五岳祠盟记》，李纲的《论天下强弱之势》、《请立志以成中兴疏》，陈东的《上高宗第一书》、《答赵延康书》，胡铨的《戊午上高宗封事》(即《请诛王伦、秦桧、孙近疏》)、《上孝宗论兵书》，张浚的《论复人心张国势疏》、《论恢复事宜疏》，虞允文的《论尽去蠹国害治之事疏》、《论今日可战之机有九疏》等等，都是从肺腑中流出的谋国荩言。他们只是秉笔直书，义正辞严地表述崇正黜邪与抗敌救国的志愿和主张，而不暇斤斤计较文学理论和技巧。这种作风和思想特色，一直贯串到晚宋文天祥和郑思肖、谢翱、王炎午等人的作品中。这是南宋散文的一个鲜明特色。这一股炽热的创作潮流，自始至终体现着在民族危机中作家的、同时也是广大人民的心态。这里仅举岳飞的《五岳祠盟记》为例，以见一斑：

> 自中原板荡，夷狄交侵，余发愤河朔，起自相台，总发从军，历二百余战。虽未能远入荒夷，洗荡巢穴，亦且快国仇之万一。今又提一旅孤军，振起宜兴。建康之城，一鼓败虏，恨未能使匹马不回耳！
>
> 故且养兵休卒，蓄锐待敌。嗣当激励士卒，功期再战。北逾沙漠，蹀血虏廷，尽屠夷种。迎二圣归京阙，取故地上版图，朝廷无虞，主人奠枕，余之愿也。
>
> 河朔岳飞题

我们无妨认为：这是用散文写的《满江红》，其忠义慷慨之情，与词相较，毫无逊色。

古文家吕祖谦的文论和作品　吕祖谦(1137—1181)，字伯恭，婺州金华(在今浙江省)人，曾祖东莱郡侯吕好问始居婺州，学者因称祖谦为东莱先生。他是隆兴元年(1163)的进士,又中博学宏词科,历任太学博士、严州教授,官至秘阁著作郎兼国史院编修,曾讲学于金华丽泽书院,有《东莱集》四十卷传世。

吕祖谦是南宋前期著名的古文家,对古文的鉴赏和创作具有独特的见解。他评选的《古文关键》卷首有题为《看古文要法》的导言,分《总论看文字法》、《看韩文法》、《看柳文法》、《看欧文法》、《看苏文法》、《看诸家文法》、《论作文法》和《论文字病》等八节,对怎样读和怎样写古文,提示了具体的法则。如其《总论看文字法》说:

> 学文须熟看韩、柳、欧、苏,先见文字体式,然后遍考古人用意下句处。苏文当用其意,若用其文,恐易厌人,盖近世多读故也①。第一看大概主张,第二看文势规模,第三看纲目关键,第四看警策句法。

关于怎样动笔来写,讨论尤为精详,其《论作文法》有云:

> 文字一篇之中,须有数行齐整处,须有数行不齐整处。或缓或急,或显或晦,缓急显晦相间,使人不知其为缓急显晦,常使经纬相通,有一脉过接乎其间,然后可。盖有形者纲目,无形者血脉也。
>
> 有用文字,议论文是也;为文之妙,在叙事状情。笔健而不粗,意深而不晦,句新而不怪,语新而不狂。常中有变,正中有奇。题常则意新,意常则语新。辞源浩渺而不失之冗,意思新转处多则不缓。结前生后,曲折斡旋,转换有力,反复操纵。

这是吕祖谦自己的心得体会。根据这些意见,他对入选文章,逐篇作了具体的讲评。如对曾巩《〈战国策〉目录序》的总评是:“此篇节奏从容和缓,且有条理,又藏锋不露,初读若太羹之酒,当仔细味之。若他练字好,过换

① 其《看苏文法》云:苏文“波澜出于《战国策》、《史记》,亦得关键法。当学他好处,当戒他不纯处”。可参看。

处不觉，其间又有深意存。”此外尚有批语，使读者既得其要领，又对行文的段落间架、开合变化之处均能体察入微。所以此书刊出后，风行一时，博得了文坛的一致推崇，但却遭到了朱熹的批评。

吕祖谦和朱熹是过从甚密的好朋友，但讲学论文的路子却各不相同，他不愿跟着朱熹空谈道统决定论，而欢喜琢磨具体作品的艺术技巧，《古文关键》就是为了给学习者指示门径而编写的，这就引起了朱熹的不满。他编《宋文鉴》，朱熹也批评说“编得泛”，甚至把他说成是浙东功利学派中的人（见《朱子语类》卷一百二十二）。其实，吕祖谦是把理学和文学合而为一的创新者，吴子良在《〈篔窗集续集〉序》中曾经指出：“自元祐后，谈理者祖程，论文者宗苏，而理与文分为二。吕公病其然，思融会之，故吕公之文，早葩而晚实①。”足见吕祖谦是兼重文学词章的人，所以他的古文创作取得了较高的成就。《四库全书总目》卷一百五十九《东莱集》提要说：“其文词闳肆辨博，凌厉无前。”如《武王论》、《汉舆地图序》、《薛常州墓志铭》、《重修钓台记》、《游赤松山记》，都是受到时人称赞的作品。朱熹知南康军州事，重建庐山白鹿洞书院，吕祖谦还为他这位持见有异同的友人写了著名的《白鹿洞书院记》。

> 淳熙六年，南康军秋雨不时，高仰之田告病。郡守新安朱侯熹行眂陂塘，并庐山而东，得白鹿洞书院废址，慨然顾其僚曰：是盖唐李渤之隐居，而太宗皇帝驿送《九经》俾生徒肄业之地也。
>
> 书院创于南唐，其事至鲜浅。我太宗于泛扫区宇、日不暇给之际，奖劝封殖，如恐弗及，规模远矣。中兴五十年，释老之宫圮于寇戎者，斧斤之声相闻，各复其初。独此地委于榛莽，过者太息，庸非吾徒之耻哉！
>
> 郡虽贫薄，顾不能筑屋数楹，上以宣布本朝崇建人文之大旨，下以续先贤之风声于方来乎？乃属军学教授杨君大法、星子县令王君

① 宋陈耆卿《篔窗集》及《篔窗续集》今均佚。四库馆臣从《永乐大典》辑得遗文，编为十卷，收入《四库全书》，吴序今见《全书》本。详本书第十章第三节。

仲杰董其事，又以书命某记其成。

某窃尝闻之诸公长者，国初，斯民新脱五季锋镝之阨，学者尚寡。海内向平，文风日起，儒先往往依山林，即间旷以讲授，大率多至数十百人。嵩阳、岳麓、睢阳及是洞为尤著，天下所谓四书院者也。祖宗尊右儒术，分之官书，命之禄秩，锡之扁榜，所以宠绥之者甚备。当是时，士皆上质实，下新奇。敦行义而不偷，守训诂而不凿，虽学问之渊源统纪或未深究，然甘受和、白受采，既有进德之地矣。庆历、嘉祐之间，豪杰并出，讲治益精。至于河南程氏、横渠张氏，相与倡明正学，然后三代孔孟之教，始终条理，于是乎可考。熙宁初，明道先生在朝，建白学制教养，考察宾兴之法，纲条甚悉。不幸王氏之学方兴，其议遂格。有志之士，未尝不叹息于斯焉！当建炎再造，典刑文宪，浸还旧观，关、洛绪言，稍出于毁弃翦灭之余。晚进小生骤闻其语，不知亲师取友以讲求用力之实，躐等凌节，忽近慕远，未能窥程、张之门庭，而先有王氏高自圣贤之病。如是洞之所传习，道之者或鲜矣！

然则，书院之复岂苟云哉！此邦之士，盍相与揖先儒淳固悫实之余风，服大学离经辨志之始教，由博而约，自下而高，以答扬熙陵开迪乐育之大德，则于贤侯之劝学斯无负矣！

至于考方志纪人物，亦有土者所当谨。若李渤之遗迹，固不得而略也。侯于是役，重民之劳，赋功已狭。率损其旧十七八，力不足而意则有余矣。兴废始末，具于当涂郭祥正所记者，皆不书①。

南康军治所在星子县，西向即庐山白鹿洞，唐德宗时白鹿先生李渤（字浚之）曾隐居于此。南唐时，就其遗迹建庐山国学。宋初改名为白鹿洞书院。太平兴国二年（977），诏赐国子监刊《九经》，声誉日隆，成为全国四大书院之一。经过北宋到南宋的丧乱变迁，白鹿洞书院已遭毁坏，朱熹访得

① 本文因版本的不同，在字句上颇有差异，现以《金华丛书》本《吕东莱先生文集》为底本，并以《五百家播芳大全文粹》、《古文渊鉴》和《南宋文录》参校写定。

废址，重加修建，招生讲学。本文郑重其事地历述理学的源流，昭示朱熹兴学的本意，风格详整，极有义法，颇能显出吕文的特色。

宋人的散文多议论，吕祖谦也是这样，但他并非不善于叙事抒情。对于描绘景色，他也是擅长的，如其《游赤松山记》有云：

> 复曳杖入小桃源，暝色已满岩谷矣。徙倚枕流，四际溟蒙，水天一色。泉声松韵，殆若暴风急雨之骤至；徐而察之，又若车驰卒奔而未有所止也。云间时有疏星点缀，林杪与水景相照，清澈无底。

写傍晚的山泉松涛，声色兼备，动中见静，和柳宗元永州诸记相近，而上接《水经注》。

和欧阳修一样，吕祖谦很乐意提携新人。《宋史》本传载："尝读陆九渊文喜之，而未识其人。考试礼部，得一卷，曰：'此必江西小陆之文也。'揭示，果九渊。人服其精鉴。"陆九渊（1139—1192），字子静，抚州金溪人，因讲学于贵溪的象山，人称象山先生。他提出"心即理"，反对朱熹的"性即理"。这实际上是唯心主义理学的内部分歧，所以他俩虽然争论得很激烈，而在思想学识方面却彼此渗透、互相尊重。陆九渊曾应朱熹的邀请，到白鹿洞书院讲过学，跟朱熹的交谊颇深。他虽不欲以文名，而如《与朱元晦书》、《与杨守书》、《王荆公祠堂记》、《送宜黄何尉序》、《刘晏知取予论》和《题翠云寺壁》等篇，也写得相当出色。

道学家朱熹的文论和作品　朱熹（1130—1200），字元晦，一字仲晦，晚年自号晦庵，原籍徽州婺源县（今属江西省），其地古为新安郡，有紫阳山，故自称新安人，别号紫阳。因他长期寄居福建建阳的考亭，所以人又称之为考亭先生，并称其学派为闽学。他是绍兴十八年（1148）的进士，孝宗时知南康军、提举浙东常平茶盐公事，做过几任地方官。但他一再辞官，把主要精力用在学术的研究和传授方面，著述宏富，门徒众多。宁宗时，他得到宰相赵汝愚的赏识，升任焕章阁待制、侍讲、秘阁修撰，但在庆元二年（1196）韩侂胄夺权当政后，他被列为赵党，他的学派被斥为伪学，七年之后才解禁。他的诗文后人编为《晦庵集》，或称《朱文公文集》，或称

《朱子大全集》。

朱熹是程颐的四传弟子(《宋元学案》说是三传),是宋代理学的集大成者。因理学又称道学,所以《宋史》特创《道学传》以位置程、朱诸人。本传载:“熹少时,慨然有求道之志。”“其为学,大抵穷理以致其知,反躬以践其实,而以居敬为主。尝谓圣贤道统之传散在方册,圣经之旨不明,而道统之传始晦。于是竭其精力,以研穷圣贤之经训。”他跟吕祖谦不一样,仍然恪守北宋道学家周敦颐的“文以载道”说,斤斤计较道统与文统,明确地显露出重道轻文的倾向,表现了道学家和古文家文学思想差异的继续发展。吕祖谦的《古文关键》专讲作文方法和写作技巧,而没有讲文与道的关系,他就指责说:“伯恭有个文字腔子,才作文字时,便将来入个腔子做。”(《朱子语类》卷一百三十九)当吕氏稍为注重一点文学词章时,他又批评说:“伯恭是个宽厚底人,不知如何做得文字,却似个轻儇底人。”(《朱子语类》卷一百二十二)此外,他还批判了李汉、欧阳修和苏东坡的文学观点。《语类》卷一百三十九又云:

> 这文皆是从道中流出,岂有文反能贯道之理?文是文,道是道,文只如吃饭时下饭耳。若以文贯道,却是把本为末,以末为本,可乎?
>
> 道者文之根本,文者道之枝叶。惟其根本乎道,所以发之于文皆道也。三代圣贤文章皆从此心写出,文便是道。今东坡之言曰“吾所谓文,必与道俱”,则是文自文而道自道,待作文时,旋去讨个道来,入放里面。此是他大病处。

可见他认为道与文同为一体,不可分割,而且道是主体,文只是从道中流出来的;作文时道是根本,绝不是某种临时加进去的事物。为此,他要求作者先明义理,而不应究心华采。他说:“义理既明,又能力行不倦,则其存诸中者,必也光明四达,何施不可?发而为言,以宣其心志,当自发越不凡,可爱可传矣。今执笔以习研钻华采之文,务悦人者,外而已,可耻也矣!”(《朱子语类》卷一百三十九)在这样一种观点笼罩之下,一些尊崇道学的人竟仿照禅宗的语录体来作文,鄙俚粗俗,毫无艺术价值可言,严重地阻碍了南宋古文的健康发展。

不过，朱熹本人的理论和实践也有自相矛盾的地方。尽管他在理论上重道轻文，并且对古文家进行了批判，但他无法否认从《诗》与《楚辞》以降的古典文学的价值与韩、柳、欧、苏等人文章的艺术成就。如他曾潜心玩索《诗经》、《楚辞》、韩文，并为之作了详审的笺注校勘①，也不得不承认："东坡文字明快，老苏文雄浑，尽有好处，如欧公、曾南丰、韩昌黎之文岂可不看！"（《语类》卷一百三十九）他曾试图解释这种矛盾说："人之才德偏有长短，其或意中了了而言不足以发明之，则亦不能传于远矣。"（《通书·文辞注》）因此，他在自己的写作实践中仍然讲求文辞技巧，他的散文与诗歌仍然不乏佳作。散文如《名堂室记》、《归乐堂记》、《江陵府曲江楼记》、《云谷记》、《卧龙庵记》和《百丈山记》等篇，或写山水风景，或叙游览见闻，都是传诵人口的。今录《百丈山记》如下：

> 登百丈山三里许，右俯绝壑，左控垂崖；叠石为磴十余级乃得度。山之胜盖自此始。
>
> 循磴而东，即得小涧，石梁跨于其上。皆苍藤古木，虽盛夏亭午无暑气。水皆清澈，自高淙下，其声溅溅然。度石梁，循两崖，曲折而上，得山门，小屋三间，不能容十许人。然前瞰涧水，后临石池，风来两峡间，终日不绝。门内跨池又为石梁。度而北，蹑石梯数级入庵。庵才老屋数间，卑庳迫隘，无足观，独其西阁为胜。水自西谷中循石罅奔射出阁下，南与东谷水并注池中。自池而出，乃为前所谓小涧者。阁据其上流，当水石峻激相搏处，最为可玩。乃壁其后，无所睹。独夜卧其上，则枕席之下，终夕潺潺，久而益悲，为可爱耳。
>
> 出山门而东，十许步，得石台。下临峭岸，深昧险绝。于林薄间东南望，见瀑布自前岩穴瀵涌而出，投空下数十尺。其沫乃如散珠喷雾，日光烛之，璀璨夺目，不可正视。台当山西南缺，前揖芦山，一峰独秀出；而数百里间峰峦高下，亦皆历历在眼。日薄西山，余光横照，

① 他著的《诗集传》、《楚辞集注》和《韩文考异》等书，迄今仍具有重要参考价值。

紫翠重叠，不可殚数。旦起下视，白云满川，如海波起伏；而远近诸山出其中者，皆若飞浮来往，或涌或没，顷刻万变。台东径断，乡人凿石容磴以度；而作神祠于其东，水旱祷焉。畏险者或不敢度。然山之可观者，至是则亦穷矣。

余与刘充父、平父、吕叔敬、表弟徐周宾游之。既皆赋诗以纪其胜，余又叙次其详如此。而其最可观者：石磴、小涧、山门、石台、西阁、瀑布也。因各别为小诗以识其处，呈同游诸君，又以告夫欲往而未能者。

年月日记。

百丈山位于建阳县东北七十里。此文作于淳熙二年（1175），描写自然景物，十分生动传神，显示了这位道学家并不缺乏审美能力。此外，还应当附带指出，朱熹还是道学家中最有成就的诗人。他不少的作品，摆脱了以诗歌说教如邵雍《击壤集》那种恶道，清新活泼，形象鲜明。朱熹的文学观点与其创作实践之间的矛盾，正深刻地揭示了生活的魅力往往能够突破陈腐的观念。

浙东功利学派陈亮和叶适的政论文　南宋时，今江浙地区的商品经济已相当发达。当时有些中小地主已兼营手工业和商业，但却受到大地主大官僚的抑压。以陈亮和叶适为代表的功利学派，正是反映了工商业地主的利益而崛起的。他们在政治上主张改革内政，抗击金兵；在思想上则举起实事、实功的唯物主义旗帜，对唯心主义的道学派展开了理论上的斗争。他们的讲学注重于施之实用，举凡礼乐兵农、军事财政、地形水利等学问，他们都广泛涉猎，深下功夫。这引起了道学派的不满，讥讽地称之为功利之学。朱熹竭力反对讲功利，他只准讲仁义，曾经把董仲舒"正其义不谋其利，明其道不计其功"的说法（《汉书·董仲舒传》载其对江都易王语），定为白鹿洞书院的学规。而陈亮针锋相对地展开了一场义利之辨，以事功说驳斥了朱熹的义理说，批判了道学家的虚伪和麻木不仁。讲求功利有时是唯物主义的一种粗浅的表现形式，它至少表明了对社会的一切现存关系和经济基础之间的联系的确认。

陈亮(1143—1194),字同甫,婺州永康(在今浙江省)人。他是一位思想家,在文学创作上也有突出的成就,有《龙川文集》三十卷传世。从青年时代起,陈亮就富有爱国思想,以其卓越的见解和犀利的政论文为时人所推重。他志在匡时济世,多次伏阙上书,力主恢复中原,反对苟安妥协。乾道五年(1169),他又写出《中兴五论》,全面地分析了当时的形势,论述了北伐图强的战略方针,从政治、经济和军事三方面提出了一系列的恢复大计,但都没有受到应有的重视。一直到绍熙四年(1193),他才考取进士第一名,由朝廷任命为佥书建康军判官厅公事,次年尚未到职就病死了。实际上他是以怀才不遇的布衣身份终其一生的。

陈亮是一个以政教事功和经济之才自负的人,对于当时的政治情况与社会风习,常有很深刻的认识和很精辟的分析。他对自己的评价是:"堂堂之阵,正正之旗,风雨云雷交发而并至,龙蛇虎豹变见而出没,推倒一世之智勇,开拓万古之心胸。"(《甲辰答朱元晦书》)假如把这几句话移来赞美他的作品,特别是赞美那些以爽朗的语言和纵横的气势言人所不敢言的政论文,也是十分合适的。这里将他淳熙五年(1178)《上孝宗皇帝第一书》节录其中的三段为例:

> 南师之不出,于今几年矣。河洛腥膻,而天地之正气抑郁而不得泄,岂以堂堂中国,而五十年之间无一豪杰之能自奋哉!其势必有时而发泄矣。苟国家不能起而承之,必将有承之者矣。不可恃衣冠礼乐之旧,祖宗积累之深,以为天命人心可以安坐而久系也。皇天无亲,惟德是辅;民心无常,惟惠之怀。自三代圣人,皆知其为甚可畏也。
>
> 今丑虏之植根既久,不可以一举而遂灭;国家之大势未张,不可以一朝而大举。而人情皆便于通和者,劝陛下积财养兵以待时也。臣以为通和者,所以成上下之苟安,而为妄庸两售之地,宜其为人情之所甚便也。自和好之成十有余年,凡今日之指画方略者,他日将用之以坐筹也;今日之击球射雕者,他日将用之以决胜也。府库充满,无非财也;甲胄鲜明,无非兵也。使兵端一开,则其迹败矣。何者?人才以用而见其能否,安坐而能者,不足恃也;兵食以用而见其盈虚,

安坐而盈者，不足恃也。而朝廷方幸一旦之无事，庸愚龌龊之人，皆得以守格令，行文书，以奉陛下之使令，而陛下亦幸其易制而无他也。徒使度外之士，摈弃而不得骋，日月蹉跎，而老将至矣。臣故曰：通和者，所以成上下之苟安，而为妄庸两售之地也。

臣不佞，自少有驱驰四方之志，常欲求天下豪杰之士，而与之论今日之大计。盖尝数至行都，而人物如林，其论皆不足以起人意，臣是以知陛下大有为之志孤矣。辛卯、壬辰之间，始退而穷天地造化之初，考古今沿革之变，以推极皇帝王霸之道，而得汉、魏、晋、唐长短之由。天人之际，昭昭然可察而知也。始悟今世之儒士，自以为得正心诚意之学者，皆风痹不知痛痒之人也。举一世安于君父之仇，而方低头拱手以谈性命，不知何者谓之性命乎！

文中指出：隆兴和议以来士大夫苟且偷安的情绪造成了狂人庸人窃取权位，售奸误国，而那些有真才实学的人却被排斥，虚度光阴不能发挥作用；至于那些道学家在国难当头的时候，空谈性命，鼓吹正心诚意，则完全是瓦解人心、有害于抗金事业的谬论。这些文字见解深刻，笔锋犀利。显示他看出了，并以鲜明正确的态度揭露和讨论了人所不能言、或虽能言而不敢言的某些重大问题，具有很强的说服力。此外，其《中兴遗传序》、《送徐子才赴富阳序》、《酌古论·诸葛孔明》和《北山普济院记》等篇，也都贯穿了事功务实的议论。它们“意思挥霍，气象张大”，“针砭时弊，指画形势，自非绌于用者之比”。（《艺概》卷一）

永嘉学派的先驱者周行己原是程颐的弟子，后来传到郑伯熊、薛季宣，开始对程学有所突破。特别是薛季宣的思想具有反道学正统的异端倾向，成了程门的别派。“又得陈傅良继之，其徒益盛，此亦一时灿然学问之区也。然为考亭之徒所不喜，目之为功利之学。”（见黄百家《增补宋元学案》卷五十二《艮斋（薛季宣）学案》案语）叶适继郑、薛和陈亮之后，不仅是永嘉学派的集大成者，同时也是浙东学派的集大成者。清人全祖望在《增补宋元学案》卷五十四《水心（叶适）学案·序录》中评论说：“乾（道）、淳（熙）诸老既殁，学术之会总为朱、陆二派；而水心龂龂其间，遂称鼎足。

然水心工文，故弟子多流于辞章。”这说明以叶适为代表的浙东永嘉学派，是和朱学、陆学鼎足而三的，在哲学、史学和文学等各方面，都代表了当时的进步倾向，他们的散文创作也能卓然成家。

薛季宣(1134—1173)，字士龙，号艮斋，永嘉(今温州市)人，曾任大理寺主簿，出知湖州。平生著述甚多，现存《浪语集》三十五卷。《四库全书总目》卷一百六十《浪语集》提要说：“季宣少师事袁溉，传河南程氏之学，晚复与朱子、吕祖谦等相往来，多所商榷。然朱子喜谈心性，而季宣则兼重事功，所见微异，其后陈傅良、叶适等递相祖述，而永嘉之学遂别为一派。盖周行已开其源，而季宣导其流也。”他的政论文如《上张魏公书》、《与汪参政明远论岳侯恩数书》等篇，或陈说抗金方略，或颂扬爱国英雄，持论精审，条理明晰。他又擅长文赋的创作，如《雁荡山赋》末段云：

今夫天下之山，江东居最，永嘉富甲于江外，而雁荡为大焉，可以超群而拔萃矣。他山之秀，幺麽称妍；阳台十二，秋浦九莲；诗文振古，名字喧天。仅得此山之一丘一壑，犹拳石之细，夫何足言。所谓夷泰山而吞云梦者，惟雁荡之山为然。

这显然继承并发展了北宋欧、苏的文赋作风，信笔为之，不甚拘拘于字面体格。

当时永嘉学派中善作文赋的还有温州乐清人王十朋(1112—1171)，其《至乐斋赋》的句法也如同散体文。王氏字龟龄，好论恢复大计，有《梅溪集》五十四卷。其文如《望九华》：

九华之胜，不在山中。从江上望之，秀逸清远，夕波落日，邈然于怀。又得太白啸歌，为舟泊林岸，便觉九子依依向人。(见清顾宸辑《辟疆园宋文选》卷二十一)

短短四十四个字，就勾画出了九华山的风景特征，而且还顺带点明了诗人李白与九子的关系(相传九华山原名九子,李白以其九峰如九朵莲花,因为改名)。行文意态萧散,不假雕饰,使人想起苏轼《记承天寺夜游》之类的小品。

陈傅良(1137—1203),字君举,号止斋,温州瑞安人,师事郑伯熊和薛季宣,与张栻、吕祖谦友善。乾道八年(1172)登进士甲科,曾任福州通判;绍熙年间,除吏部员外郎。宁宗即位,召为中书舍人兼侍读,官至宝谟阁待制。有《止斋文集》五十一卷。《宋史》本传说他“初患科举程文之弊,思出其说为文章,自成一家,人争传诵,从者云合,由是其文擅当世”。他师法欧阳修,后来又学张耒,其政论文如《守令策》、《兵论》和《论人心可畏疏》等,从政治、军事和社会问题着眼,联系实际,指摘时弊,提出切实可行的建议,都是当时务实有用之作。其《怒蛙说》用寓言体揭露了封建统治集团内部的权势之争对人民的危害。甚至于墓志铭的文体,他也能用来议论时政,如《徐武叔墓志铭》有云:

> 乾道之庚寅、辛卯,州大饥,米斛直五六百钱。守丞讳言上,且讳人言,遇道殣即佯不省,众无与画此者。武叔以书抵行在所之旧,言之哀痛也。张公钦夫为右司郎,得其书,持白丞相虞公并父也。诘朝奏事,虞公出武叔书袖中,为孝宗诵之。孝宗矍然变玉色,曰:“永嘉故乐土,奈何使至于此,守丞为谁乎?”朝罢,趣上其名衔,即日罢去,更用贤守。出浙河东郡常平米以赡吾州,州人获免于死亡。当时识者颇乐道其事:有以都司肯赍人书诣政事堂白之丞相,丞相肯袖怀书至榻前奏上,上勿问所由来,从之不移日,可不谓盛时乎?而余窃又有感也:虞并父相,钦夫为宰,士微武叔,殆不得事情于千里之外!彼守丞何足道,所部官岂无其人?皆务自爱惜重于请事。武叔,书生也,枉于场屋,志不但已,竟以一介之微而动千乘之听,无尺寸之柄而全阖郡之民,呜呼,岂非贤哉!

这段文字通过这个生动的事例,雄辩地论述了下情上达和政治修明的重要性,体现了永嘉学派不尚空谈的文风。

叶适(1150—1223),字正则,永嘉人。淳熙五年(1178)进士,历任太常博士、尚书左选郎、吏部侍郎。宁宗开禧三年(1207),他在知建康府兼江淮制置使任内,曾经有效地组织了对抗金人的军事行动。他是坚决的主战派,晚年被夺去官职,退居温州城外水心村讲学,因自号水心居士。著有《水心文集》二十九卷和《水心别集》十六卷,《四库全书总目》卷一百六十《水心集》提要指出:“适文章雄赡,才气奔逸,在南渡卓然为一大宗。其碑版之作,简质厚重,尤可追配作者。”

叶适是永嘉学派中最有代表性的古文作家。他赞赏北宋元祐文章,反对骈偶时文;称赞陈亮的文章“紫映妙巧,极天下之奇险”(《书〈龙川集〉后》),皆可见其趋向。在《赠薛子长》一文中,他曾说:“读书不知接统绪,虽多无益也;为文不能关教事,虽工无益也;笃行而不合于大义,虽高无益也;立志不存于忧世,虽仁无益也。”吴子良《林下偶谈》卷三又载其言云:“譬之人家觞客,或虽金银器照座,然不免出于假借;自家罗列仅瓷缶瓦杯,然却是自家物色。”可见他对文学的社会性和创造性都是很重视的。他的政论文如《治势》、《民事》、《财计》、《兵权》、《法度》、《上西府书》、《上孝宗皇帝札子》和《上宁宗皇帝札子》诸篇,笔力雄放,读之令人振奋。特别是他在淳熙年间任太常博士时,为了向宰相推荐三十四位杰出人才而写的《上执政荐士书》,曾传诵一时,现移录如下:

> 国家之用贤才,必如饥渴之于饮食,诚心好之,求取之急惟恐不至,口腹之获惟恐不尽。及其醉饱之余,嗜好衰息,方复调适众味,和剂八珍,祈恳而后进,勉强而后餐,其不弃去者寡矣。故上有失士之患,而士有不遇时之悲,至使官职旷阙,治功夷陵,雅俗隳坏,遗风不接,由其使用之非诚心,善人之类遭厌薄而散漫也。
>
> 窃以近岁海内方闻之士,志行端一,才能敏强,可以卓然当国家之用者,宜不为少。而其间虽有已经选用,不究才能;尝预荐闻,未蒙旌擢;亦有已罹忧患,恐致沉沦,既得外迁,因不复入。以一疑而伤众信,用浮华而伤实能。又况其自安常分,无所扳援,复贻颓年,永绝荣进者乎!每一思之,深切痛悼!

伏惟丞相国公，晋当国柄，所宜察饥渴饮食之时，体尽诚好士之心，急求力取，博选亟用，以为国本民命永远之地，以报明主之遇，以塞多士之责。某等见闻所亲不相为比，所爱不相为私，疏以公相信，远以义相昭。昔班固奏记东平王苍，荐者六人，国为得才，不专幕府，而苍纳之；裴伯为李吉甫疏三十士，吉甫借以举用，而当时翕然称其得人。某等滥膺朝列，叨窃禄食，常愧听闻短狭，知贤不多，无以裨补万一，不胜惭愧！谨自陈傅良以下三十四人，冒昧以闻，伏候采择。（此下列举三十四人姓名，今从略）

叶适为人正直，他所推荐的包括了各种学派各种观点的人才，例如学术与之不同的陆九渊，就是被推荐者之一。此文丁宁周至，气象博大，虽切陈利害，而不为危耸之言，颇有两汉奏章风格。

除了政论文以外，叶适的记叙文也写得很出色，如《烟霏楼记》、《醉乐亭记》、《沈氏萱竹堂记》、《江陵府修城记》、《李氏中洲记》和《绩溪县新开塘记》诸篇，都能融合写景、抒情和发议为一体，而且也比较注重文采。如《醉乐亭记》中云：

永嘉多大山，在州西者独细而秀，十数步内，辄自为拱揖，高不孤耸，下亦凝止，阴阳附从，向背以情。水至城西南阔千尺，自峙岩私盐港，绿野新桥，陂荡纵横，舟艇各出茭莲中，棹歌相应和，已而皆会于思远楼下。土人以山水所到，斯吉祥也，益深其崦，百金一藏，赇匠施僧，阡垅交植。岁将寒食，丈夫洁巾袜，女子新簪珥，扫冢而祭，相与为遨嬉，城内外无居人焉，故西山之游为最著。（节录）

永嘉山明水秀，风景优美，自谢灵运以来，游赏之风不绝，所以当地作家写山水游记也都相当出色。叶适还编选过一部宋代散文集，名为《播芳集》，其书今佚。而序尚存。其书入选，以“意趣之高远，词藻之佳丽者”为准，足见他对思想和艺术是并重的，与道学派重道轻文的观点不同。

叶适是由南宋前期过渡到后期的作家，他的弟子如陈耆卿、吴子良等，均以能文著称，影响及于宋末。

史传文发展的新趋向　史传文在南宋也有新发展，其源当推溯到北宋诸家。在欧阳修写《五代史记》时，擅长史部之文的还有宋祁、刘敞和刘攽，宋祁曾撰《新唐书》的列传部分，刘攽则协助司马光完成了《资治通鉴》。司马光更是一位古文高手，才力宏富，所撰《资治通鉴》虽成于众手，而最后由他定稿，修饰，润色。此书叙事简明，语言精炼，而且对史料考订精审，剪裁适当，刻画的人物也栩栩如生，有一定的文学价值。南宋的史传文作者，大都接受了他的影响。其书多不出自官修，则又打破唐以来修史的格局，对史传文学的发展产生了良好的影响。

建安（在今福建省）人袁枢（1131—1205），字机仲。他把《通鉴》中分散在各卷的同一事件辑在一起，重加编次，于乾道九年（1173）完成《通鉴纪事本末》四十二卷，开创了以某一重要事件的起讫为主体的新史体，即纪事本末体。它比旧有的编年、纪传二体，自有其长处，虽然不能完全代替它们。全书共分二百三十九个题目，总括了宋以前一千三百六十余年的治乱兴衰之迹，其中不少篇都写得精炼生动，显示了史传文学的特色和新的发展。吕祖谦、朱熹和杨万里等所为序跋，一致推崇。纪事本末体对后世影响很大，明清两代仿作甚多。

眉州丹稜人李焘（1115—1184），仿照《通鉴》的体例，在淳熙九年（1182）编成《续资治通鉴长编》五百二十卷，专记北宋从太祖开国至徽、钦破国之间一百六十八年的史事，打开了宋人写宋史的新局面。这类史书中著名的还有王偁的《东都事略》一百三十卷，记载了北宋九朝的人物事迹；徐梦莘的《三朝北盟会编》二百五十卷，记述了徽宗、钦宗和高宗时与金人和战的史实；李心传的《建炎以来系年要录》二百卷，则是专记南宋高宗朝的当代史。此外关于文化通史方面的著作，又有南宋初年郑樵的《通志》和宋末元初马端临的《文献通考》。这两部书与唐代杜佑的《通典》合称为“三通”。

我国从经书起，就有文史不分的传统，史学家大多具有高度的文化修养，史书中不乏富有文学价值并能反映现实的篇章，这是优良文学传统的一个重要侧面（可以说，它一直影响到当代的报告文学和传记文学）。如

《三朝北盟会编》卷一百十三，记载建炎元年(1127)王彦与八字军抗金斗争的事迹，就写得十分精采：

王彦既得卫州新乡县，即传檄州郡。金人以为大兵至也，率数万众薄彦垒，围之数重，矢注如雨。彦兵寡，且器甲疏略，疾战，辄不利，彦决围以出，其众遂溃。金人见彦所乘甲马独异，复尽锐追击；彦与麾下数十人驰赴之，所向披靡。转战十数里，弓矢且尽，会日暮，得免。

他将往往复渡河以还。彦收散亡，得七百人，保共城县西山。常虑变生不测，夜则徙其寝所。其部曲曰："我曹所以弃妻子，冒万死以从公者，感公之忠愤，期雪国家之耻耳！今使公寝不安席，乃反相疑耶？我则非人矣！"遂皆面刺"赤心报国、誓杀金贼"八字，以示其诚。

彦益自感励，大布威信，与士卒同甘苦。未几，两河响应，招集忠义民兵首领如傅选、孟德、刘泽、焦文通等一十九寨，十余万众，绵亘数百里，金鼓之声相闻，自并、汾、相、卫、怀、泽间倡义讨贼者，皆受彦约束。禀朝廷正朔，威震燕代。金人患之，列戍相望，时遣劲兵，挠彦粮道。彦每勒兵以待之，且战且行，大小无虑数十百战，斩获银牌首领、金环女真及夺还河南被虏生口，不可胜计。(节录)

此文高度概括地记叙了八字军在战斗中由弱到强的成长过程，刻画了统领王彦英勇善战、能与士卒同甘苦的动人形象，深刻地反映了当时北方沦陷区人民群众的爱国热忱和誓雪国耻的豪迈气概。又如《建炎以来系年要录》卷十二记述刘汲邓州死难和宗泽却敌安民的事迹，也都十分感人，可歌可泣。总之，这一时期史传文的创作成果，卓有建树地为南宋的散文史增添了光辉的一页。它们是唐代以来设局官修历史那种垄断局面被突破后的成果，值得后人进行探讨和学习。

第四节 江西派诗风的转变和吕、陈、曾

形成于北宋末年的江西诗派影响了整个南宋的诗坛。自从吕本中在《江西诗社宗派图》中列举陈师道等二十五人的名单以后，南宋的评论家又不断地作了增补。如赵彦卫著《云麓漫钞》，把吕本中本人归入了诗派；杨万里作《〈江西续派二曾居士诗集〉序》，称曾纮、曾思父子为续派；刘克庄写《〈茶山诚斋诗选〉序》，又把曾几和杨万里也定为诗派中人；严羽《沧浪诗话·诗体》则说陈与义“亦江西之派而小异”。到了宋末元初，方回编《瀛奎律髓》，进一步作了总结，把陈与义尊奉为江西诗派的三宗之一，他在《送罗寿可序》中，更把尤袤、杨万里、范成大、陆游、萧德藻和余杭二赵（赵汝谠、赵汝谈）、上饶二泉（赵章泉、韩涧泉）都划入了派中。这种铨选和增补的江西诗派后期作家名单，今天看来不尽妥当，如尤、杨、范、陆、萧等虽曾受到江西诗派的影响，但他们已另外开辟了新的道路。曾纮父子和余杭二赵，则因其诗集早已失传，无从详辨。这里仅就吕本中、陈与义和曾几等人来进行研讨。他们都是目睹北宋沦亡、身经流落之苦的作家。宋室南迁，国难当头，激发了他们的爱国感情，促使他们成了转变江西派诗风的改革者。他们克服了前期作家的某些缺点，给江西派注入了新的活力。必须明确，后期江西派的作风，是与前期有所不同的。

吕本中与江西派诗风的转变 吕本中（1084—1145），字居仁，寿州（今安徽寿县）人，祖籍东莱，故学者称为东莱先生①。初以曾祖吕公著荫补承务郎。绍圣年间，新党执政，因吕公著是元祐宰相，于是他也被斥为旧党，南渡后流落到桂林、柳州一带。绍兴六年（1136）起用，赐进士出身，后迁中书舍人兼侍讲，在南宋初年的政治斗争中，他坚决站在主战派赵鼎一边，触怒秦桧，被黜。所著有《春秋集解》三十卷，其他杂著多种。其《东莱先生诗集》二十卷、《东莱外集》三卷（《外集》有庆元五年（1199）刊本，见

---

① 吕本中和吕祖谦因都是东莱郡侯吕好问之后，同被称为东莱先生，方回在《瀛奎律髓》中便称吕本中为大东莱先生，而将年辈较后的吕祖谦称为小东莱先生，以示区别。

傅增湘《藏园群书经眼录》卷十四),今均存。

吕本中少年时代就刻苦学诗,虽然不及拜见黄庭坚,但却一贯以黄诗为学习的典范。他十六岁时曾写了“风声入树翻归鸟,月影浮江倒客帆”的句子。曾季狸《艇斋诗话》载:“作此诗尝呕血,自此遂得羸疾终其身。”可见其苦吟之状。他欢喜结交诗友,即使年辈稍长的韩驹、徐俯、潘大临、洪炎、夏倪、谢逸兄弟、晁冲之、汪革、李彭、饶节、江端本和王直方等人,也都和他有来往。对当时文坛的情况,他也很熟悉,对师法黄庭坚的一批诗人也有较深的了解,因而多获师友切磋之益。在这种基础上,他编出了著名的《江西诗社宗派图》。此图作于崇宁元年(1102)至二年之间,其时吕本中年届十九岁到二十岁(据莫砺锋《吕本中〈江西诗社宗派图〉考辨》)。当时诗派中二十五人除陈师道已经去世外,其他诸人都还在世,一些人对名次先后,不无意见。如夏倪“以在下为耻”,徐俯也不满地说:“吾乃居行间乎?”(见《云麓漫钞》卷十四)。其实,吕氏此图乃一时戏作,随意排列,并未对优劣高低详加考虑来序列先后。却不料名单一出,竟引起了一些人的误会,所以他不免如扬雄之悔其少作。

吕本中悔其少作的另一内在原因,是他对诗派的观点发生了变化。南渡以后,他已不满于少年时代雕章琢句的旧习,逐步认识到诗派中人一味地模仿黄诗已出现了某些流弊,于是开始倡导创新。绍兴元年(1131),他写信给曾几说:“《楚辞》,杜、黄,固法度所在,然不若遍考精核,悉为吾用,则姿态横出,不窘一律矣。”“此事须令有所悟入,则自然越度诸子。悟入之理,正在功夫勤惰间耳。”“近世江西之学者,虽左规右矩,不遗余力,而往往不知出此,故百尺竿头,不能更进一步,亦失山谷之旨也。”(见胡仔《苕溪渔隐丛话》前集卷四十九所载《吕居仁与曾吉甫论诗》第一帖和第二帖)这说明他的思想认识已随着时代的变化而有所发展。他看出了许多追随黄庭坚的诗人束缚于旧规而不能自立。为了纠偏除弊,他要求诗人们悟入,在一定的规矩法度内自行变化,在形式和内容两方面有所创新。在绍兴三年(1133)写的《夏均父集序》中,他更进一步提出了著名的活法说:

> 学诗当识活法。所谓活法者,规矩备具,而能出于规矩之外;变

化不测，而亦不背于规矩也。是道也，盖有定法而无定法，无定法而有定法。知是者，则可以与语活法矣。谢玄晖有言："好诗流转圆美如弹丸。"（见《南史·王筠传》）此真活法也。（引自刘克庄《江西诗派·吕紫微》，按唐开元元年曾改中书省为紫微省，中书舍人为紫微舍人。吕曾官中书舍人，故此称之为吕紫微。）

可见吕本中对于诗歌艺术是有自己的独特见解的。他所提倡的句律流转圆美的活法，与黄、陈的瘦硬或朴拙的诗风显然不能完全一致。他一方面学习黄、陈，一方面力图摆脱他们，因此在他笔下出现了一种与黄、陈和而不同的新风格，例如《柳州开元寺夏雨》：

风雨翛翛似晚秋，鸦归门掩伴僧幽。云深不见千岩秀，水涨初闻万壑流。钟唤梦回空怅望，人传书至竟沉浮。面如田字非吾相，莫羡班超封列侯。

方回在《瀛奎律髓》卷十七中选录了这首诗，并有评语说："居仁在江西派中最为流动而不滞者，故其诗多活。"再如《春晚郊居》：

柳外楼高绿半遮，伤心春色在天涯。低迷帘幕家家雨，淡荡园林处处花。檐影已飞新社燕，水痕初没去年沙。地偏长者无车辙，扫地从教草径斜。

语言清丽，音节和婉，亦与黄、陈有别。

值得指出的是，吕本中还创作了一些伤时感乱和主张抗战的爱国诗篇，如《城中纪事》和《怀京师》等。在《兵乱寓小巷中作》一诗中，他对饱经战祸的灾民表示了深切的同情：

城北杀人声彻天，城南放火夜烧船。江湖梦断不得往，问君此住何因缘？窜身穷巷米如玉，翁寻湿薪媪炊粥。明日开门雪到檐，隔墙更听邻家哭。

在《兵乱后杂诗五首》中，他一方面愤怒地把进犯者比作豺狼，一方面痛斥了那些祸国殃民的投降派："万事多返复，萧兰不辨真；汝为误国贼，我作破家人。"他号召"同盟起义师"，"早晚复神京"。这些例子可以证明，他在创作实践中悟入活法从而矫正了瘦硬艰涩风格的同时，也在某种程度上矫正了以这种风格写成的作品脱离现实的弊病。与他同龄的曾几曾经向他请教句律诗法，陆游也自称："某自童子时读公诗文，愿学焉。"（《〈东莱先生诗集〉后序》）曾几甚至对陆游说："君之诗，渊源殆自吕紫微。"（陆游《〈吕居仁诗集〉序》载曾语）可见他在南宋初诗坛上的影响是不小的。方回《瀛奎律髓》卷二十四云："老杜之后有黄、陈，又有简斋，又其次则吕居仁之活动，曾吉甫之清峭，凡五人焉。"吕本中创作的成就当然比不上一祖三宗，但他确实是江西诗派发展过程中的一个关键性的人物。

江西诗派的后起之秀陈与义　吕本中在崇宁初作《江西诗社宗派图》时，陈与义还只有十三岁光景，所以诗派未列其名。他年辈稍晚，与江西诗派前期的诗人没有师承关系，但服膺黄、陈，在诗歌创作上明显地接受这两位前辈的影响①。所以方回把他归入江西诗派是有其客观的依据的。如果陈与义不遇到靖康之变的话，他在诗歌创作上很可能是继续走黄、陈的老路。然而，战乱的灾难促使他走出了平静的书斋。南渡以后，他写出了许多爱国主义作品，无论在思想内容还是艺术手法上，他都对黄、陈的诗风有重大突破。《四库全书总目》卷一百五十六《简斋集》提要说："其诗虽源出豫章，而天分绝高，工于变化，风格遒上，思力沉挚，能卓然自辟蹊径。"大体上说来，陈与义一方面是黄庭坚、陈师道诗风的继承者，另一方面又是其修正者和改革者。在字斟句酌，刻意求工，企图在自己的作品中排斥凡近庸俗的境界这些方面，他所受黄，陈的影响是很明显的。然而，他认识到"天下书虽不可不读，然慎不可有意于用事"（见《却

① 陈与义对黄、陈的评价很高，曾称赞"山谷措意也深"，见晦斋《〈简斋诗集〉引》，载《简斋诗外集》卷首；又说，陈师道的诗"不可不读"，见徐度《却扫编》卷中。

扫编》卷中),所以他没有某些人过多地搬用成语典故来妆点门面的旧习气。很明显,他是江西诗派的后起之秀,是南渡之初最有成就的诗人。

陈与义(1090—1138),字去非,号简斋,洛阳人。宣和五年(1123)任太学博士,因所作水墨梅诗得到徽宗的赏识,被召为秘书省著作佐郎,与张元干、吕本中等人交游。后来在符宝郎任内受到荐主王黼的牵累,谪监陈留酒税。在金兵大举进犯时,他自陈留避难南奔,流徙于今湖北、湖南、广西、广东、福建、浙江境内。建炎四年(1130)冬,当他在广西的时候,恰巧与避乱到贺州的吕本中相遇,有诗唱和。绍兴元年(1131)夏,他结束了五年多的流亡生活,抵达临安,重新担任了政府官职,由兵部员外郎、中书舍人、吏部侍郎一直升到参知政事的高位,但因早衰多病而辞职,绍兴八年冬去世,年仅四十九岁。

陈与义的诗可大致以靖康之变为界分前后两期。他前期的创作内容跟黄庭坚、陈师道等人差不多,不外是抒写个人怀抱,题咏周遭景物,虽然在艺术上不时有所创新,但还缺乏深刻的思想内涵。靖康乱起,诗人的生活和思想意识都发生了激变。这是他一生中的重大转折点,也是他在诗歌创作上的分水岭。所以楼钥《〈简斋诗笺〉叙》说:“参政简斋陈公,少在洛下,已称诗俊。南渡以后,身履百罹,而诗益高,遂以名天下。”《后村诗话前集》卷三也指出,他“建炎以后,避地湖峤,行路万里,诗益清壮”。国破家亡的危机,迫使他从个人的小书斋里跑出来,接触到了广阔的、丰富的社会生活,扩大了视野,受到了激发,他终于唱出了爱国主义的战歌:

> 中兴天子要人才,要使生擒颉利来。正待吾徒红抹额,不须辛苦学颜回。
>
> ——《题继祖蟠室》三首之三

> 百尺阑干横海立,一生襟抱与山开;岸边天影随潮入,楼上春容带雨来。慷慨赋诗还自恨,徘徊舒啸却生哀。灭胡猛士今安在,非复当年单父台!
>
> ——《雨中再赋海山楼诗》

本来，黄庭坚、陈师道都以学杜相号召，但他们主要着眼于学习杜甫的艺术技巧。陈与义却经历了与杜甫相似的时代，山河破碎的形势和颠沛流离的遭遇，使他对杜诗的思想性的认识远较其前辈为深刻。他认为：“要必识苏、黄之所不为，然后可涉老杜之涯矣。”（晦斋《〈简斋诗集〉引》）他勇于在苏、黄学杜的范围以外自辟蹊径，而重视继承杜诗的现实主义传统。从此以后，爱国主义的主题在陈与义的诗中占了主导地位。这些作品感时抚事，慷慨激越，寄托遥深，给宋诗增添了光辉的篇章。如《伤春》：

庙堂无策可平戎，坐使甘泉照夕烽。初怪上都闻战马，岂知穷海看飞龙！孤臣霜发三千丈，每岁烟花一万重。稍喜长沙向延阁，疲兵敢犯犬羊锋。

建炎三年（1129）十二月，金兵过江陷常州、临安，高宗自明州航海避兵；次年二月，金兵又攻长沙，帅臣向子堙曾率军民坚决阻击。这是本诗所反映的史实。诗中对高宗的逃跑政策进行了尖锐的讽刺，对国家的前途表示万分忧虑，并对敢于抗金的爱国将士给予了高度的赞颂。首联平叙，次联动荡，三联方叹烟花之无知，而尾联又赞疲兵之敢战。抑扬顿挫，章法变化；亦忧亦喜，情意深切。此诗在艺术技巧上明显地有学杜的痕迹，如“每岁烟花一万重”是借用杜诗《伤春》“烟花一万重”，尾联则在句法上仿效杜诗《诸将》“稍喜临边王相国，肯销金甲事春农”。此外，用拗体七绝来记叙时事或表示政见，是杜甫的特长，而陈与义也成功地继承了这种方式，如《邓州西轩书事》十首之五、六：

皇家卜年过周历，变故未必非天仁。东南鬼火成何事？终待胡锋作争臣。

杨刘相倾建中乱，不待白首今同归。只今将相须廉蔺，五月并门未解围。

乱离生活给陈与义的创作所带来的变化，不仅出现了前所未有的新的题材和新的内容，而且体现在使那些与前期作品题材相同的诗也发生了质的变化，如下列他写于丧乱之后的题画诗和咏物诗：

分明楼阁是龙门，亦有溪流曲抱村。万里家山无路入，十年心事与谁论！

——《题画》

一自胡尘入汉关，十年伊洛路漫漫。青墩溪畔龙钟客，独立东风看牡丹。

——《牡丹》

第一首写因看画而生乡思，第二首由赏花而感时局。这在他的前期作品中都是难以找到的。

伴随着爱国精神的发扬，陈与义在艺术上也有重大的发展。他的诗歌风格已从黄庭坚的奇巧和陈师道的朴拙而发展为雄浑沉郁。刘克庄曾指出其诗风转变的过程是“以简洁扫繁缛，以雄浑代尖巧”（《后村诗话前集》卷二），方回也说：“简斋诗气势浑雄，规模广大。”（《瀛奎律髓》卷二十四）

洞庭之东江水西，帘旌不动夕阳迟。登临吴蜀横分地，徙倚湖山欲暮时。万里来游还望远，三年多难更凭危。白头吊古风霜里，老木沧波无限悲。

——《登岳阳楼》二首之一

三分书里识巴丘，临老避胡初一游。晚木声酣洞庭野，晴天影抱岳阳楼。四年风露侵游子，十月江湖吐乱洲。未必上流须鲁肃，腐儒空白九分头。

——《巴丘书事》

在这些诗中，有诗人个人的身世之感，但占主导地位的则是对国家的关切之情，两者紧密地结合在一起，便形成了一种特有的悲壮慷慨情调。这一类诗篇，正是被《后村诗话》称为“造次不忘忧爱”的作品。它们成功地描绘了诗人国难当头时的抑郁而复杂的心情，塑造了诗人忧国爱民的自我形象。这使我们很自然地联想起杜甫在安史之乱以后所写的某些作品，壮阔的江山，著名的历史事件和历史人物，在这些诗篇里都为诗人忧深思远的爱国精神所摄取，所渗透，而熔铸成为富于奇情壮采的篇章。此时，陈与义已经不是江西派所能范围，而他对杜甫的学习，也已明显地超过其前辈而自成面目了。所以葛胜仲说他：“晚年赋咏尤工，搢绅士庶争传诵，而旗亭传舍摘句题写殆遍，号称新体。”（见《陈去非诗集序》，载《丹阳集》卷八）《沧浪诗话》也指出他“亦江西之派而小异”。这所谓新体和小异，实质上就是指突破黄、陈藩篱而自出机杼的创新。

江西派的诗人尤长于七律，陈与义也是如此。方回曾把他和杜甫、黄庭坚、陈师道、吕本中、曾几合称为擅长七律的六公[①]。陈与义的七律在技巧上有其显著的特色，那就是对仗非常灵活，已不完全注重字面的工稳精巧，而更着重于上下句之间的内在联系。如《怀天经智老因访之》的次联：“客子光阴诗卷里，杏花消息雨声中。”这是历来传诵的名句，但除了里与中二字外，其余的字都不是的对，以客子对杏花，以雨声对诗卷，是我与物、情与景的对仗，上句写客中无聊，唯有吟诗送日，下句也写了一个清冷的境界来衬托，这就摆脱过去诗人所追求的表面上的工整，而使全首的诗情画意更加交融圆转了。他的七律大都采用宽对法，有时用流水对：“如何南纪持竿手，却把西州破贼旗。”（《次韵谢周尹潜见赠》）有时用当句对：“暮霭朝曦一生了，高天厚地两峰闲。”（《小玉山》）这种对句的流动灵活，正是他的七律艺术特色的重要标识。

陈与义除了祖杜宗黄以外，在模写山水景物和表现闲适生活时，也曾受到前代诗人陶渊明、韦应物、柳宗元等辈的影响，其表侄张嵲在《陈公资

---

① 《瀛奎律髓》卷一陈与义《与大光同登封州小阁》评语云：“七言律，他人皆不敢望此六公矣。”

政墓志铭》中就曾指出："公尤邃于诗，体物寓兴，清邃超特，纡余闳肆，高举横厉，上下陶、谢、韦、柳之间。"由于生活经历的变化，其作品的内容和风格也相应地表现了差异。爱国主义的作品主要体现了雄浑沉郁的风格，而一部分以山水田园和闲适生活为题材的诗歌则体现了清远平淡的风格。如《夏日集葆真池上，以"绿阴生昼静"赋诗，得静字》：

> 清池不受暑，幽讨起予病。长安车辙边，有此荷万柄。是身唯可懒，共寄无尽兴。鱼游水底凉，鸟语林间静。谈余日亭午，树影一时正。清风不负客，意重百金赠。聊将两鬓蓬，起照千丈镜。微波喜摇人，小立待其定。梁王今何许？柳色几衰盛。人生行乐耳，诗律已其剩。邂逅一尊酒，他年《五君咏》。重期踏月来，夜半啸烟艇。

这是他前期作品的名篇，陈衍《宋诗精华录》卷三评之云："宋人罕学韦、柳者，有之，以简斋为最。"这种由韦、柳来的诗风，在他前后期作品中都有所体现：

> 自读西湖处士诗，年年临水看幽姿；晴窗画出横斜影，绝胜前村夜雪时。
>
> ——《和张规臣水墨梅五绝》之五

> 沙岸残春雨，茅檐古镇官。一时花带泪，万里客凭阑。日晚蔷薇重，楼高燕子寒。惜无陶谢手，尽力破忧端。
>
> ——《雨》

> 虽愧荷锄叟，朝来亦不闲。自剪墙角树，尽纳溪西山。经行天下半，送老此窗间。日暮烟生岭，离离飞鸟还。
>
> ——《山斋》二首之二

咏梅一绝，遗貌取神，真实地写出了梅花的高洁风神。咏雨一律，以淡远的风格曲折地传出了羁臣的心境。而《山斋》一首，造境遣词都与陶诗相近。这第一、二首是前期作品，而第三首则是后期作品，正显示了陈诗所具有的风格多样性的特点。

陈与义不以词名，但在他所写的为数不多的词中，却有非常精采的作品：

> 张帆欲去仍搔首，更醉君家酒。吟诗日日待春风，及至桃花开后却匆匆。　　歌声频为行人咽，记著尊前雪。明朝酒醒大江流，满载一船离恨向衡州。
>
> ——《虞美人·大光祖席醉中赋长短句》

> 高咏楚辞酬午日，天涯节序匆匆。榴花不似舞裙红。无人知此意，歌罢满帘风。　　万事一身伤老矣！戎葵凝笑墙东。酒杯深浅去年同。试浇桥下水，今夕到湘中。
>
> ——《临江仙》

> 忆昔午桥桥上饮，坐中多是豪英。长沟流月去无声。杏花疏影里，吹笛到天明。　　二十余年如一梦，此身虽在堪惊。闲登小阁看新晴。古今多少事，渔唱起三更。
>
> ——《临江仙·夜登小阁忆洛中旧游》

这都是诗人在汴京板荡以后，湖南流落之余的作品，抚今追昔，感慨横生。陈与义写国破以后天涯沦落的感受虽很真切，但并无颓废失望的情绪。这种生活态度和创作作风，显然与苏轼接近。故《四库全书总目》卷一百九十八《无住词》提要对陈与义词的评价很高，除了引黄昇《花庵词选》语称其语意超绝“可摩坡仙之垒”以外，又说：“吐言天拔，不作柳亸莺娇之态，亦无蔬笋之气，殆于首首可传。”

陈与义生前没有编过文集，他去世后，其家藏诗稿由门生周葵编成《陈去非诗集》，但已失传。后来通行的《增广笺注简斋诗集》三十卷附《无住词》一卷，是南宋胡穉笺注本。另有宋末刘辰翁《须溪先生评点简斋诗集》十五卷及元人写本《简斋诗外集》一卷。中华书局一九八二年出版的《陈与义集》，就是以这些版本为基础整理而成的，计赋三篇，杂文四篇，古今体诗六百二十六首，词十八首。

承先启后的曾几　曾几（1084—1166），字吉甫，江西赣州人，徙居河南府河南县。早年得到舅祖孔平仲的指教。徽宗时，由太学博士升任秘书省校书郎，与徐俯、吕本中等人交游。高宗时，历任广南西路转运司、江南西路提点刑狱。绍兴八年（1138），因与兄礼部侍郎曾开反对秦桧议和，同时罢官。曾几寓居上饶茶山寺七年，自号茶山居士。秦桧死后，复为浙东提刑，迁秘书少监、敷文阁待制。陆游《跋曾文清公（文清，曾几谥号）奏议稿》云："绍兴末，贼亮入塞时，茶山先生居会稽禹迹精舍。某自敕局罢归，略无三日不进见，见必闻忧国之言。先生时年过七十，聚族百口，未尝以为忧，忧国而已。"足见他是一个坚定的爱国者，而且还曾以爱国思想不倦地教育陆游。在《雪中，陆务观数来问讯，用其韵奉赠》一诗中，诗人写道：

> 江湖迥不见飞禽，陆子殷勤有使临。问我居家谁暖眼？为言忧国只寒心！官军渡口战复战，贼垒淮壖深又深。坐看天威扫除了，一壶相贺小丛林（原注："务观所结庐号小丛林"）。

这首诗一方面抒发了忧国的情怀，一方面又表现了对抗金斗争必胜的信心，是和其同时代人吕本中、陈与义、陆游等人的这类作品息息相通的。又《寓居吴兴》云：

> 相对真成泣楚囚，遂无末策到神州。但知绕树如飞鹊，不解营巢似拙鸠。江北江南犹断绝，秋风秋雨敢淹留？低回又作荆州梦，落日孤云始欲愁。

此诗主题正同陈与义《伤春》。首联写南渡的臣子们虽然未忘中原，但却没有恢复之志;颔联表面上是写自己飘泊不定的生涯,暗中则是讽刺高宗的逃跑主义,跟陈诗的名句"初怪上都闻战马,岂知穷海看飞龙"用意亦近,不过更为含蓄;后半两联则写了自己对山河破碎、风雨飘摇的局势的忧虑,虽然情调低沉了些,但却非常感人。

曾几卒于乾道二年(1166),终年八十三岁。《直斋书录解题》卷二十著录《曾文清集》十五卷,惜已失传。现存《茶山集》八卷,是清代乾隆时四库馆臣从《永乐大典》中辑出的,收诗五百六十一首。今人栾贵明《四库辑本别集拾遗》又辑得其佚诗九首,共五百七十首。

曾几以江西诸老的继承者自居。"老杜诗家初祖,涪翁句法曹溪,尚论渊源师友,他日派到江西。"(见《李商叟秀才求斋名于王元渤,以"养源"名之,求诗》三首之二)这四句诗虽然是他题别人书斋的,实际上却是夫子自道。因此,他对杜甫和黄、陈备极推崇,在《东轩小室即事》中,他说:"工部百世祖,涪翁一灯传。"在《次陈少卿见赠韵》中,又说:"华宗有后山,句律严七五;豫章乃其师,工部以为祖。"另外,他与江西派前期作家韩驹也有师承关系,他在《挽韩子苍待制》诗中说:"忽惊地下修文去,太息门边问字谁?"俨然以韩驹弟子自命。魏庆之《诗人玉屑》卷十九云:"陆放翁诗,本于茶山","然茶山之学,亦出于韩子苍,三家句律大概相似"。很清楚地指明了这种渊源关系。

曾几与吕本中是同龄好友,在广西时,他曾经向吕氏请教诗法。乾道二年(1166),八十三岁的曾几在《〈东莱先生诗集〉后序》中回忆说:"窃自伏念与公皆生于元丰甲子(1084,七年),又相与有连,雅相好也。绍兴辛亥(1131,元年),几避地柳州,公在桂林。是时年皆未五十,公之诗固已独步海内,几亦妄意学作诗。公一日寄近诗来,几次其韵,因作书请问句律。公察我至诚,教我甚至。"又在《读吕居仁旧诗,有怀其人,作诗寄之》说:"学诗如参禅,慎勿参死句。""居仁说活法,大意欲人悟。""其圆如金弹,所向若脱兔;风吹春空云,顷刻多态度。"可见吕本中给曾几指点的诗法,就是"流转圆美如弹丸"的活法。曾几在这个基础上进一步发展,从而形成了自己的清新活泼的诗风:

一夕骄阳转作霖，梦回凉冷润衣襟。不愁屋漏床床湿，且喜溪流岸岸深。千里稻花应秀色，五更桐叶最佳音。无田似我犹欣舞，何况田间望岁心！

——《苏、秀道中自七月二十五日夜大雨三日，秋苗以苏，喜而有作》

年年岁岁望中秋，岁岁年年雾雨愁。凉月风光三夜好，老夫怀抱一生休。明时谅费银河洗，缺处应须玉斧修。京洛胡尘满人眼，不知能似浙江否？

——《癸未八月十四日至十六夜，月色皆佳》

这两首诗蕴含的情绪是有区别的，前者愉悦而后者低沉，但它们在艺术上却有共同的特点：即于文字明快、风韵流美之外，清而能腴，圆而不滑，读来毫不费力，细味却有情致。曾几的这一类诗实际上已脱去黄、陈风格，而树立了自己的特点了。赵庚夫在《读曾文清公集》诗中评论说："新如月出初三夜，淡比汤煎第一泉。"（《江湖后集》卷八）这形象地说明了曾几诗风清新而又活泼的艺术特色。

曾几在后期江西派中占有重要的地位，南宋的大诗人陆游和杨万里都受到他的影响，萧德藻"亦师茶山"（见《贵耳集》卷上）。而且曾几的诗法还直接传给了宁宗时的上饶二泉。二泉都是信州上饶人，都推崇吕本中和曾几。赵蕃（1143—1229）号章泉，现存《乾道稿》一卷、《淳熙稿》二十卷，《章泉稿》五卷。韩淲（1160—1224）号涧泉，现存《涧泉集》二十卷。谢枋得曾经论述他俩的师承关系说："诗有江西派，而文清昌之，传至章泉、涧泉二先生，诗与道俱隆。"（见谢枋得《萧冰涯诗卷跋》）方回也说："曾茶山得吕紫微诗法，传至嘉定中赵章泉、韩涧泉，正脉不绝。"（见方回《次韵赠上饶郑圣予沂序》，《桐江续集》卷十五）可见二泉是当时所公认的江西诗派的继承者。

吕本中、陈与义和曾几都是江西派诗风转变的关键人物。吕本中是最早提出活法说的，在创作中形成新风格也比曾几为早，但曾几后来居上，在艺术上取得了比吕本中更高的成就。陈与义的一些鼓吹爱国思想、反对民族侵略的作品虽比曾几出色，但他去世太早，不能像曾几那样，下接陆游和二泉。正因为如此，曾几对南宋诗坛的影响也更大一些。他是一位承先启后，影响较大的诗人。

第七章　爱国诗人陆游及其并世名家

随着南渡以后江西派诗风的转变，在反映抗金斗争现实的创作巨流中，南宋前期的诗苑中终于绽开了灿烂绚丽的花朵，出现了陆游等中兴四大诗人。他们都能冲决江西诗派的樊篱，开辟新的途径。姜夔《〈白石道人诗集〉自序》引尤袤的话说："近世人士喜宗江西，温润有如范致能者乎？痛快有如杨廷秀者乎？高古如萧东夫，俊逸如陆务观，是皆自出机轴，亶有可观者，又奚以江西为？"可见当时的有识之士已经体味到范、杨、萧、陆诸家的作品各具独创精神，均能自成体格，自开生面。后来，方回《跋遂初尤先生尚书诗》也指出："宋中兴以来，言治必曰乾、淳，言诗必曰尤、杨、范、陆。其先或曰尤、萧，然千岩（萧德藻）早世不显，诗刻留湘中，传者少，尤、杨、范、陆特擅名天下。"（见《桐江集》卷三）其《送罗寿可诗序》又说："乾、淳以来，尤、范、杨、陆、萧其尤也。"（见《桐江续集》卷三十二）因此，史家遂称尤、杨、范、陆，或范、杨、萧、陆为中兴四大诗人，或以尤、范、杨、陆、萧为五大家。但其中尤、萧二人留存下来的作品很少，难以深论。陆游、杨万里、范成大三家，则显然在诗风的变革中作出了卓越的贡献，特别是陆游的成就最为杰出，不愧为南宋诗坛的盟主。

我们注意到中兴诸家都曾和江西诗派有过密切的关系，但这只能说明江西派在当时是仍有影响和势力的，却并不能据此就把他们说成是派中人。相反地，正是由于逐步摆脱了江西诗派的束缚，他们才在其作品中呈现出各自的和时代的独特面貌。

第一节　陆游的生活经历和创作道路

时代的见证人　南宋时代最杰出的诗人陆游及其创作，是从爱国主义的肥沃土壤中生长出来，而又反过来以其业绩使得这一广大的精神生活土壤变得更加肥沃的。活了八十五岁的陆游，生于靖康事变的前两年，而死于蒙古族已经在北方代女真族而兴起的时代。他亲身经历了南宋帝国前半期，并且以其诗歌如实地反映了这个时代。他，是这个时代一位忠实的见证人。

陆游(1125—1210)，字务观，号放翁，越州山阴(今浙江绍兴市)人①。他的祖父陆佃是王安石的学生、新政的赞助者，父亲陆宰是一位学者和藏书家。当绍兴初年陆游还是一个孩子的时候，他已经从自己的父亲和父亲的朋友那里接受了爱国主义教育，这些长辈“相与言及国事，或裂眦嚼齿，或流涕痛哭，人人自期以杀身翊戴王室”。(《跋傅给事帖》)这对少年陆游的思想影响非常深刻，使他从小就立下了“上马击狂胡，下马草军书”(《观〈大散关图〉有感》)的雄心大志。同时，在这个有教养的家庭中成长起来的他，又从小就表现了对文学的热爱，在十三四岁的时候，他“偶见藤床上有渊明诗，因取读之，欣然会心。日且暮，家人呼食，读诗方乐，至夜，卒不就食”(《跋渊明集》)。这些，对于他后来成为一个伟大的爱国诗人所起的良好的熏陶作用，是十分清楚的。

绍兴二十三年(1153)，陆游二十九岁时到临安参加进士考试，名列第一，但因秦桧的孙子秦埙只考到第二，于是遭到秦桧的忌恨，在次年礼部复试时，被黜落第。直到秦桧死后第三年(绍兴二十八年)，他才得到起用，出任福州宁德县主簿，不久又调回朝廷，历任敕令所删定官、大理寺司直、枢密院编修官。孝宗即位，主战派稍受重视，陆游被皇帝召见，赐进士

---

①　据《山阴梅湖陆氏宗谱》、《会稽陆氏族谱》和《嘉泰会稽志》等书记载，陆游祖先的故居在山阴县鲁墟，但其父陆宰已迁居于会稽县东城内斜川桥之中山坊，而在城内镜湖有别墅名为小隐山园。按：绍兴从南朝以来析为两县，西部为山阴县，东部为会稽县。

出身。他乘机提出了许多抗敌复国的军事策略和政治措施，但由于张浚北伐失利，统治集团又走上了屈膝求和的老路，隆兴和议之后不久，他被诬“交结台谏，鼓唱是非，力说张浚用兵”(《宋史》本传)而罢官回到故乡，闲居了四年多时间。

乾道六年(1170)，陆游四十六岁，出任夔州通判。入蜀的壮游，对于这位已经成熟的诗人来说，实在是赏心乐事。他沿着长江西上，经过今江苏、安徽、江西、湖北、湖南，穿过三峡到了四川。一路上饱览了雄丽的山川景色，凭吊了屈原、李白、杜甫等诗人的遗迹，考察了各地的风俗民情，真是“道路半年行不到，江山万里看无穷”(《水亭有怀》)。他把这次旅途的见闻写成《入蜀记》六卷，记古迹，叙风俗，有关政事的兴废和个人的感慨，也都笔之于书，是一部很有价值的著作。

乾道八年二月，王炎出任四川宣抚使，聘请他为干办公事。王炎宣抚的部队，是抗金名将张浚及其部下吴玠、吴璘所训练出来的，以忠勇善战著名。这年三月，陆游到达南郑前线。从此，他的生活开辟了一个崭新的天地。他置身忠勇的官兵中间，感受到了广大军民对国家的无比忠诚，激发了他的壮心奇志，也丰富了他的创作内容。

陆游在南郑不到一年，朝廷把王炎调离川陕，他自己也被调任成都府路安抚司参议官，先后到蜀州、嘉州、荣州代理地方官的职务。淳熙二年(1175)，范成大任成都府路安抚使兼四川制置使，请陆游担任参议官。他们原是文字之交，这次在成都聚会，主宾唱酬，甚为欢快。他因不拘礼法，被同僚讥为颓放，就索性从此自号放翁。

淳熙五年陆游奉诏回朝，出川东归。这时，他已经五十四岁了。在其后的十多年中，他在福建、江西和浙江等地担任着不能舒展自己抱负的地方官。孝宗传位于光宗时，陆游被任为朝议大夫、礼部郎中兼实录院检讨官。由于他一贯坚持抗金复地的主张，并不断地把它表现在诗歌创作里，因此再度为当局者所黜。

从绍熙元年(1190)陆游六十六岁以后，直到嘉定二年(1210)十二月去世的二十年之间，诗人在故乡贫困而又宁静的生活中度过了他的晚年。这时，他与普通人民有了更多更广泛的接触。因而写出了大量的反映农民生活和描绘农村风光的诗篇。

人民和一切爱国者力图抗金，恢复中原，而统治阶级当权派却苟且偷安，扼杀了爱国者神圣的意愿，终于使得不仅中原的恢复成为不可能，就是江南偏安的局面也难以保持，这就是陆游所生活着的时代的基本局势。陆游的诗歌正是充分地反映了这种局势的。同时，他还以其诗歌作为武器，始终如一地为扭转和改变这种局势而斗争，至死不渝。在著名的临终绝笔《示儿》一诗中，陆游写道：

> 死去元知万事空，但悲不见九州同！王师北定中原日，家祭无忘告乃翁。

这正是陆游个人的，也是当时全体人民的庄严的誓言。诗人这些洋溢着爱国主义的深厚感情的创作，在其后中国人民的抗敌斗争中，发挥了巨大的持久的战斗作用。

创作道路和诗学渊源　陆游是一个豪放不羁、富有热情的人。他这种性格和当时朝廷上的政治风尚是相互抵触的。因此，他虽然生活在这样一个时代里，又享有高寿，但其才能在政治上始终没有得到充分的发挥，反而一再受到排挤和打击。而在创作中，他受到抑压的爱国主义激情却通过多种角度得到了充分的表现。

经历了一个漫长的创作道路，篇章异常丰富的陆游，其作品风格前后是有所不同的。概括起来，可分三期：早年以藻绘为工，颇重技巧；中年入蜀以后，开拓诗境，务求博大宏肆；晚年退隐家居，风格转趋平淡。

陆游学诗，和当时多数人一样，是从江西派入手的。他童年时代喜读吕本中的诗，私淑吕氏，从十八岁开始，又师事曾几，但其富于浪漫情趣的性格却使他只能为江西派的清新而不能为其瘦硬，只能为江西派的绚烂而不能为其生涩。他终于以明朗瑰丽的语言、悲壮磊落的情调，发为激越豪迈的声音，而将自己和江西诸公区别开来，自成一家。正如他在《示子遹》诗中所说的："我初学诗日，但欲工藻绘，中年始稍悟，渐欲窥宏大。"这说明了他从江西入而不从江西出的变化过程。特别是入蜀以后的壮游和南郑的军旅生活，更助长了诗人在这一方面的发展，这是他变革诗风的关键时期，其名作《九月一日夜读诗稿有感，走笔作歌》曾表述了此种体会：

> 我昔学诗未有得，残余未免从人乞。力孱气馁心自知，妄取虚名有惭色。四十从戎驻南郑，酣宴军中夜连日。打球筑场一千步，阅马列厩三万匹；华灯纵博声满楼，宝钗艳舞光照席；琵琶弦急冰雹乱，羯鼓手匀风雨疾。诗家三昧忽见前，屈贾在眼原历历。天机云锦用在我，剪裁妙处非刀尺。世间才杰固不乏，秋毫未合天地隔，放翁老死何足论，《广陵散》绝还堪惜。

诗中深刻地全面地指出：学诗与实际生活的体验密切相关，也与其他艺术相通；没有生活，诗就没有了内容，而不从其他艺术得到借鉴，也会使技巧受到限制。从诗人这种对于自己所达到的创作意境的精确总结中，我们可以窥见他中期作品成就的一斑。

从十八岁到四十六岁是陆游跟江西派由合而离的创作前期。从四十六岁到六十六岁之间是中期，他入蜀之行接触了奇丽的山水，从军后又亲历了战斗生涯，从此便完全跨越了江西派的藩篱。这一时期的作品，所具有的忠爱激情与豪迈气概显得特别突出，技巧也日臻成熟。至于他创作道路的晚期则可从六十六岁算起，直到其生命的结束。这一时期的作品虽然仍在一定程度上保持其中期的豪壮风格，但退居生活的各个方面却成了他最习见的诗题，再加他这时所受佛道思想的影响，风格日益趋于闲适淡泊。对于陆游来说，这正是“志士仁人，抱恨入地”(《跋傅给事帖》)的悲愤的另外一种表现方式。郑燮论及陆游诗多题少的缘故，认为这是由于“南宋时君父幽囚，栖身杭、越，其辱与危亦至矣。讲理学者，推极于毫厘分寸，而卒无救时济变之才。在朝诸大臣，皆流连诗酒，沉溺湖山，不顾国之大计。是尚得为有人乎？是尚可辱吾诗歌而劳吾赠答乎？直以《山居》、《村居》、《夏日》、《秋日》了却诗债而已。”(见郑燮《范县署中寄舍弟墨第五书》，载《郑板桥全集》)这是一个有见解的论点，用之于说明陆游被迫退居的最后二十年的创作，尤为适合。

陆游是我国文学史上继屈原、杜甫之后最为杰出的爱国诗人，也是作品数量最为丰富的诗人。陆游创作的基本倾向是现实主义的，但其气魄雄浑，热情洋溢，又富有浪漫主义的色彩，他的成就在很多方面得力于学习古典诗歌的优良传统，他从小就爱读前贤作品，对屈原、陶渊明、王维、李白、杜甫、岑参等尤其推崇。他所以推崇这几位诗人，是和他的思想与创作有着深刻的内在联系的。屈、杜忧国忧民的精神品质，直接给他以丰富的思想营养；陶渊明和王维的高洁恬静，又和他不慕荣利的性格与隐居自适的生活有精神上的契合；而岑参在边塞诗中所表现的那种雄伟壮阔的气概，对他的从军南郑的生活在很多方面精神相通；至于李白独往独来，鄙视流俗的生活态度与天马行空，变化莫测的创造能力，则不仅和他在思想上发生共鸣，而且也在艺术上给他带来极大的启发。陆诗的浪漫气息，是和李白近似的。

陆游对于同时代的诗人也很重视。他称赞梅尧臣、苏轼和黄庭坚的成就，并继承了梅尧臣同情人民的生活疾苦、感慨时事的创作传统；也接受了吕本中、陈与义和曾几的影响，进而发扬光大，取得了更高的成就。曾几是他的业师，他三十七岁那年，曾几正好寓居会稽，“略无三日不进见，见必闻忧国之言”(《跋曾文清公奏议稿》)。除了受到爱国思想的教育外，又从曾几得到诗法。其《追忆曾文清公呈赵教授，赵近尝示诗》云：

> 忆在茶山听说诗，亲从夜半得玄机。常忧老死无人付，不料穷荒见此奇。律令合时方帖妥，工夫深处却平夷。人间可恨知多少，不及同君叩老师！

所谓“律令合时方帖妥，工夫深处却平夷”，正是江西诗派从黄庭坚以来一脉相承的理论。他对陈师道的“学诗如学仙，时至骨自换”(《次韵答秦少章》)的说法也很信奉，曾说：“文能换骨余无法，学但穷源自不疑。”(《示儿》)对于吕本中提出而为曾几所接受的活法，他同样是推许的：“我得茶山一转语，文章切忌参死句。”(《赠应秀才》)这说明在艺术方法上他和江西诗派的渊源关系很深，但由于重视社会生活的实践，使他重新探索并走上了诗歌创新的道路。他在《示子遹》诗中说:“汝果欲学诗,工夫在诗外”,所谓诗外工夫,主要是指体验广阔的生活,参加丰富的社会实践。在《题萧彦毓诗卷后》中,诗人又说:“法不孤生自古同,痴人乃欲镂虚空;君诗妙处吾能识,正在山程水驿中。”也是这个意思。另外,他还认为,有了“愤世疾邪之气”,才能写出好诗来:“盖人之情,悲愤积于中而无言,始发为诗;不然,无诗矣。”(《澹斋居士诗序》)这气指的是个人的道德品质和精神状态。所以他又说:“诗岂易言哉! 才得之天,而气者我之所自养。有才矣,气不足以御之,淫于富贵,移于贫贱,得不偿失,荣不盖愧。诗由此出,而欲追古人之逸驾,讵可得哉!”(《方德亨诗集序》)这进一步阐明了孟子“养吾浩然之气”的传统论点和德才兼备的重要性。这些诗论,是他从创作实践中总结出来的经验之谈,直到现在,仍然是有价值的。

第二节 陆诗的思想和艺术

陆游的创作,不仅质量很高,数量也非常丰富。他自己说过:“六十年间万首诗。”(《小饮梅花下作》)这在中外古今的诗史上都是少有的纪录。他在编集时删削了一些早年的习作,现传《剑南诗稿》八十五卷,尚存九千三百多首,《放翁词》一卷,存一百三十多首①。

陆游诗中的爱国主义精神 作为一个伟大的诗人,陆游对于当时时代的要求和人民的愿望,是有着深切的理解的。那是一个爱国精神高涨的时代。收复国土是人民群众最普遍和最迫切的愿望。这种愿望,也正是陆诗最重大的主题和题材。在诗人六十多年的创作生活中,对于国家命运的无限关怀,像一道不竭的流泉,从头到尾贯注在他的诗篇里。尽管从数量上来说,这类作品不是最多的;但从质量上来说,它们却是最高的。爱国主义给与了陆游以强大的力量,使之成为一个永垂不朽的伟大作家。

① 陆游另有《渭南文集》五十卷,末二卷也收了歌词。中华书局根据《剑南诗稿》、《渭南文集》和《放翁逸稿》整理合编,于 1976 年新出了校点本《陆游集》五册,并附《陆游佚著辑存》,较为完备。

陆游是从不同的角度来迫近爱国主义这个重大主题的。首先，他对抗金斗争作了正面的歌颂。在南渡初年的宋、金战争中，宋军曾打过几次大胜仗，如韩世忠黄天荡之捷、吴玠兄弟和尚原及仙人关之捷，对南宋政权都起了积极的巩固作用。那时，诗人还在童年，没有能将那些振奋人心的事迹写入诗篇。可是，当均州知府武钜在绍兴三十一年(1161)十二月初九日收复西京洛阳的消息传来后，三十七岁的陆游立刻就写出了如下的名篇：

> 白发将军亦壮哉，西京昨夜捷书来。胡儿敢作千年计，天意宁知一日回。列圣仁恩深雨露，中兴赦令疾风雷。悬知寒食朝陵使，驿路梨花处处开。
>
> ——《闻武均州报已复西京》

不可遏止的欢欣鼓舞使得这篇作品具有非常愉快的情调。它几乎可以和杜甫的《闻官军收河南河北》相比。特别值得注意的是，诗中不仅歌颂了目前的胜利，而且充满了对今后北伐取得更大胜利的信心。诗的末二句预祝朝陵使者将在次年寒食节梨花盛开的大好春光中到达洛阳，扫除陵寝。想像届时必有一番盛况。这种在现实生活的描绘中掺和着丰富而生动的想像的手法，正是陆游爱国诗篇的特征之一。

不幸的是，在此后的年代里，值得诗人正面歌颂的胜利却并不多见。因而往往只是一点传闻，也能够引起他的激动。如在六十岁的时候，他曾有《闻虏酋遁归漠北》诗。在六十一岁所写的《秋夜泊舟亭山下》诗中，则有“羽檄未闻传塞外，金椎先报击衙头”的句子，并自注道：“闻虏酋行帐为壮士所攻，几不免。虏语谓酋所在为衙头。”其实，这些消息都只是道路传闻，但他渴望胜利、渴望自己有机会歌颂胜利的迫切心情，却使得这些传闻也成了他创作的动力。

像神话中被巨灵的手掌劈开的两座山永远强烈地要求着复合在一起一样，在南宋政权下生活的人民和在女真统治下的人民，都为国家的胜利和统一而不懈地斗争着。但在金兵压迫下过着水深火热生活的沦陷区人民，却是更其痛苦的。他们对国家是那么忠诚，然而偏安的小朝廷却对他们漠然处之。陆游于是不得不代他们宣泄心声，尽情地颂扬着他们对于国家的深厚无比的情感：

> 三万里河东入海，五千仞岳上摩天。遗民泪尽胡尘里，南望王师又一年！
>
> ——《秋夜将晓，出篱门迎凉，有感》

> 公卿有党排宗泽，帷幄无人用岳飞。遗老不应知此恨，亦逢汉节解沾衣。
>
> ——《夜读范致能〈揽辔录〉，言中原父老见使者多挥涕，感其事，作绝句》

> 忆昨王师戍陇回，遗民日夜望行台。不论夹道壶浆满，洛笋河鲂次第来。（原注："在南郑时，关中将吏有献此二物者。"）
>
> 关辅遗民意可伤，蜡封三寸绢书黄。亦知虏法如秦酷，列圣恩深不忍忘。（原注："关中将校密报事宜，皆以蜡书至宣司。"）
>
> ——《追忆征西幕中旧事》四首之二

这些小诗非常真实地写出了沦陷区普通人民的感情。壮丽雄峻的祖国河山，本来就随时随地能够激发人们的爱国情怀，使人对之发生无条件的向往，何况还看到了北来的使节呢？这些生活在敌人铁蹄下的遗民，却还不知道那个苟且偷生的小朝廷是如何地倒行逆施，残害忠良，谄事敌寇，"竭民膏血而不恤，忘国大仇而不报"（胡铨《请诛王伦、秦桧、孙近疏》语），如果知道了，更不知会陷于怎样的痛苦中呢。陆游在上述前两篇诗中所写的，是遗民的感情，更是自己的感情。因为他是生活在小朝廷所在的南中国，对于这些可悲的事实，比北中国的遗民知道得更多，因而更加伤痛。至于后面两首，则写出了另外一个历史真实，即许多人民虽然被迫屈身生活于沦陷区，可是他们十分盼望王师的到来，甚至冒着生命的危险，不断地提供敌方的军事情报，但赵宋王朝同样地辜负了他们。当诗人晚年想起这些情况的时候，不只是慨叹，而且是愤怒的。所以在这一组追忆西征绝句的第一篇中，诗人曾忿激地说："大散关头北望秦，自期谈笑扫胡尘，收身死向农桑社，何止明明两世人！"

有忠勇善战的将士，有成千上万心甘情愿为国献出生命的爱国者，为什么还不能使破碎的河山重归一统呢？陆游不能不指出：统治阶级应该负责！他在诗中严厉地谴责道：

> 和戎诏下十五年，将军不战空临边；朱门沉沉按歌舞，厩马肥死弓断弦！戍楼刁斗催落月，三十从军今白发。笛里谁知壮士心，沙头空照征人骨。中原干戈古亦闻，岂有逆胡传子孙？遗民忍死望恢复，几处今宵垂泪痕！
>
> ——《关山月》

> 客从城中来，相视惨不悦。引杯抚长剑，慨叹胡未灭。我亦为悲愤，共论到明发。向来酣斗时，人情愿少歇；及今数十秋，复谓须岁月。诸将尔何心，安坐望旄节？
>
> ——《客从城中来》

> 诸公可叹善谋身，误国当时岂一秦？不望夷吾出江左，新亭对泣亦无人。
>
> ——《追感往事》

《关山月》托为老军士的自白，揭露了那些放弃保卫国土的神圣责任而沉溺于声色之好的将军们。与此相对照，诗中也写出了普通战士恢复中原的壮志和中原人民的殷切期望。《客从城中来》可以和前一篇互相补充，由"和戎诏下十五年"到"及今数十秋"，对于任何一个爱国者来说，都不能不是一个难堪的漫长过程。陆游从这一点出发，尖锐地抨击了那些拥兵自重，只图自己升官发财的将帅。《追感往事》指陈的是：秦桧虽然在其死后受到了应有的谴责,然而实际上只知全躯屈膝的误国大臣并不止秦桧一人。同时,诗人还想到:东晋之初还有为国土沦丧而流泪的周颢等人,更有不屑于掉泪而一心一意要"戮力王室,克复神州"的江左夷吾王导(见《世说新语·言语》),可是,现在却连落泪的人都找不着了,难道这不是更可悲的吗?事实上,南宋政权稳定之后,贵族官僚们都在南方置了良田美宅,买了歌儿舞女,同样地过着奢侈荒淫的生活,早把恢复中原的大计抛在脑后了。很明显,诗中这些愤怒的控诉和深沉的叹息,与现实局势有着强烈的针对性。

陆游恢复中原的雄心大志,他对于人民愿望和现实政治局势之间的矛盾的深刻体会,都使得他不能不产生一种悲愤的情绪。随着年龄的日益增长而生的英雄迟暮之感,也掺和在这一种悲愤里。它是强烈的,同时又是低沉的。以这种感情为原料,陆游给自己塑造了一个寂寞的,可又不甘于寂寞的英雄形象:

> 蜀栈秦关岁月遒,今年乘兴却东游。全家稳下黄牛峡,半醉来寻白鹭洲。黯黯江云瓜步雨,萧萧木叶石城秋。孤臣老抱忧时意,欲请迁都涕已流。
>
> ——《登赏心亭》

> 夷甫诸人骨作尘,至今黄屋尚东巡。度兵大岘非无策,收泣新亭要有人。薄酿不浇胸垒块,壮图空负胆轮囷。危楼插斗山衔月,徙倚长歌一怆神!
>
> ——《夜登千峰榭》

> 早岁那知世事艰,中原北望气如山。楼船夜雪瓜洲渡,铁马秋风大散关。塞上长城空自许,镜中衰鬓已先斑。《出师》一表真名世,千载谁堪伯仲间!
>
> ——《书愤》

买醉村场半夜归，西山落月照柴扉。刘琨死后无奇士，独听荒鸡泪满衣。

——《夜归偶怀故人独孤景略》

在这些作品中，我们分明地看出了他对恢复事业的由追求而幻灭的过程。早年的陆游，也和南渡初年的许多作家一样，对抗金斗争的胜利满怀着信心，抱着无限的希望，但事实的教训却不能不使他感到哀伤。他所经历的，乃是一个由激昂而消沉的时代。他几十年的生命就暗暗地被迫消磨在投闲置散的命运当中。他十分企羡诸葛亮、祖逖、刘琨、王导、刘裕、檀道济这些能有机会为国效命的历史人物。他对历史上王业偏安的局面感到由衷的怅恨。然而诗人的遭遇却还不如那些古人，他改变当时偏安局面的崇高愿望，也始终没有可能实现，结果就只有闻鸡落泪，对月长歌了。在这些诗篇里，陆游不仅刻画了自己沉重的心境，并且透过这种心境将当时社会政治情况也很典型地反映了出来。

在诗人为爱国而歌唱的诗篇中，这一类抒写自己悲愤的作品占有很大的比重。它们多半是陆游入蜀以后的作品。值得注意的是：这种作品是悲愤的，感慨的，却不是消极颓唐的。存在于陆游创作中的强大的爱国精神使得他与悲观主义绝了缘，因此，即使是在他极其难堪的心情之下写出的作品，也依旧能够鼓舞我们前进。

陆游的一部分诗篇是具有强烈的浪漫色彩的。诗人对现实的深刻不满迫使他驰骋着美好的想像，来满足自己的也同时是人民的合理愿望。这是他企盼胜利、迫切地要求早日恢复失地的一种特殊表现形式。如：

人生不作安期生，醉入东海骑长鲸；犹当出作李西平，手枭逆贼清旧京。金印煌煌未入手，白发种种来无情。成都古寺卧秋晚，落日偏傍僧窗明。岂其马上破贼手，哦诗常作寒螿鸣？兴来买尽市桥酒，大车磊落堆长瓶。豪竹哀丝助剧饮，如巨野受黄河倾。平时一滴不入口，意气顿使千人惊。国仇未报壮士老，匣中宝剑空有声。何当凯旋宴将士，三更雪压飞狐城。

——《长歌行》

天宝胡兵陷两京，北庭安西无汉营。五百年间置不问，圣主下诏初亲征。熊罴百万从銮驾，故地不劳传檄下。筑城绝塞进新图，排仗行宫宣大赦。冈峦极目汉山川，文书初用淳熙年。驾前六军错锦绣，秋风鼓角声满天。苜蓿峰前尽亭障，平安火在交河上。凉州女儿满高楼，梳头已学京都样。

——《五月十一日夜且半，梦从大驾亲征，尽复汉唐故地。见城邑人物繁丽，云：西凉府也。喜甚，马上作长句，未终篇而觉，乃足成之》

前一篇《长歌行》曾被前人推为陆诗的压卷之作（见方东树《昭昧詹言》卷十二），它表露了陆游的牢骚和希望，也体现着他在抑郁难堪的境遇中仍然不屈不挠的精神。诗中所显示的内心矛盾是尖锐的，但希望的火焰也不停息地在他心中熊熊地燃烧着，而转折变幻的布局、一气贯注的节奏和清壮顿挫的笔力，都是这首诗在艺术上的成功之处。后一篇是记梦的诗，作为对于现实不满的一种补偿，他是常常梦到自己的投笔从戎，梦到北伐中原的胜利的。凉州的收复，正是诗人美梦之一。这首诗写得如火如荼，其中洋溢着渴望故国复兴的激情和崇高美丽的想像，而广大人民无比深厚的反压迫精神，则正是诗人的激情和想像的根源。结尾两句，出人意外地给人以温柔绮丽的感觉，从凉州女儿生活中一个细小的变化，反映出时局的重大变化，有一粒粟中藏世界之妙，充分显示了陆游诗笔的超卓。

这些带有浪漫色彩的诗篇，从某一方面来说，也是诗人寂寞心情的反映。自然，在事实上，陆游并不是一个孤独者，和他的思想感情一致的，还有千千万万的人民。但在当时的士大夫中间，随着时局的发展，他的确是愈来愈寂寞了。在这种时候，他不能不尚友古人。古代的一些爱国者，就很自然地成了他追怀的对象。如前面所已指出的，古代的许多忠臣义士，就曾经反复地出现在他的诗作中，而下列这几篇小诗，则是他对另一些爱国者的歌颂和吊念：

豪杰何心后世名，材高遇事即峥嵘。巴东诗句澶州策，信手拈来尽可惊。

——《秋风亭拜寇莱公遗象》二首之二

中原草草失承平，戍火胡尘到两京。扈跸老臣身万里，天寒来此听江声。

——《龙兴寺吊少陵先生寓居》

江上荒城猿鸟悲，隔江便是屈原祠。一千五百年间事，只有滩声似旧时。

——《楚城》

在这些诗篇里，陆游怀念着寇准、杜甫和屈原。他赞美寇准力请真宗亲临前线以激励士气，后来果然迫使契丹请盟的澶州决策；他同情流亡西蜀对朝廷不胜眷恋的杜甫，他也为有志未伸而终于悲愤自沉的屈原发出深重的叹息。分明可以看出，陆游的吊古，也就是伤今。在对三位古人的歌咏中，陆游同时向读者显示了自己的忠肝义胆。

在淳熙十六年(1189)自订词集时，陆游曾作《长短句序》说："予少时汩于世俗，颇有所为，晚而悔之。然渔歌菱唱，犹不能止，今绝笔已数年，念旧作终不可掩，因书其首以识吾过。"措语非常谦虚，但事实上，他在这方面仍然是有成就的。《后村诗话续集》卷四云："放翁长短句，其激昂感慨者，稼轩不能过；飘逸高妙者，与陈简斋、朱希真相颉颃；流丽绵密者，欲出晏叔原、贺方回之上。"《宋六十一家词选·例言》云："剑南屏除纤艳，独往独来，其逋峭沉郁之概，求之有宋诸家，无可方比。"刘克庄与冯煦所评，或许过当，然颇能道出陆词的特色。在以词的文学样式来宣扬爱国主义方面，陆游和辛弃疾是一致的。他的这类作品大多以表现壮志未遂、雄心不死之情为其基本主题，例如：

雪晓清笳乱起，梦游处，不知何地？铁骑无声望似水，想关河：雁门西，青海际。　　睡觉寒灯里，漏声断，月斜窗纸。自许封侯在万里，有谁知：鬓虽残，心未死！

——《夜游宫·记梦，寄师伯浑》

壮岁从戎，曾是气吞残虏。阵云高，狼烽夜举。朱颜青鬓，拥雕戈西戍。笑儒冠、自来多误。　　功名梦断，却泛扁舟吴楚。漫悲歌，伤怀吊古。烟波无际，望秦关何处？叹流年、又成虚度。

——《谢池春》

家住苍烟落照间，丝毫尘事不相关。斟残玉瀣行穿竹，卷罢黄庭卧看山。　　贪啸傲，任衰残，不妨随处一开颜。原知造物心肠别，老却英雄似等闲。

——《鹧鸪天》

《夜游宫》写的是诗人对自己又一次豪壮的梦的感受，在南郑前线的经历是其生活基础。那次参军的时间并不长，但他却将其看作是毕生难忘的最有意义的一段生涯。那时候，他很想从事恢复中原的伟业，到老都念念不忘这个志愿。《谢池春》"望秦关何处？叹流年、又成虚度"的感慨，正如曹操《短歌行》所说的："烈士暮年，壮心不已。"他执着地、反复地怀念那些"气吞残虏"的旧梦，写出了这样一些慷慨悲歌。从《鹧鸪天》中，我们看到了一位被迫成为隐士的英雄，这正是陆游晚年真实的写照。

陆游的爱国诗词是其全部创作中最重要的组成部分。在上举具有代表性的作品中，他对于祖国和人民的热爱，对统治者的谴责，对进犯者的憎恨，都是非常清楚的。但我们还应当注意到：陆游所以这样地感受和抒写，主要是因为国家神圣的主权、人民和平的生活受到破坏。陆游写了许多鼓吹爱国主义、主张抗金战斗的作品，但它们并不是大汉族主义和穷兵黩武等错误思想的宣传品。诗人要求的只是国家的统一强盛、人民的安居乐业，而绝不是将金人斩尽杀绝。所以他曾经说："尽诛非无名，不足烦戈铤，还汝以旧职，牧羊辽海边。”（《长歌行》）又说：“不须绝漠追败亡，亦勿分兵取河湟，但令中夏歌时康，千年万年无馈粮。”（《观运粮图》）由此可见，陆游是不仅以其崇高的爱国主义，也以其崇高的人道主义教育着我们一代又一代的。

作品中广泛的生活画面　除了服务于当时抗金斗争的作品之外，陆游还给读者留下了其他题材的许多好诗，展示了广泛的生活画面。例如陆游笔底下的农村生活、农民形象，就是我们应当注意的：

> 春深农家耕未足，原头叱叱两黄犊。泥融无块水初浑，雨细有痕秧正绿。绿秧分时风日美，时平未有差科起。买花西舍喜成婚，持酒东邻贺生子。谁言农家不入时，小姑画得城中眉。一双素手无人识，空村相唤看缫丝。农家农家乐复乐，不比市朝争夺恶。宦游所得真几何？我已三年废东作。
>
> ——《岳池农家》

> 有山皆种麦，有水皆种粳。牛领疮见骨，叱叱犹夜耕。竭力事本业，所愿乐太平。门前谁剥啄，县吏征租声。一身入县庭，日夜穷笞搒。人孰不惮死，自计无由生。还家欲具说，恐伤父母情。老人倘得食，妻子鸿毛轻。
>
> ——《农家叹》

这两首诗分别描写了生活在不同环境中的农民。善良纯朴的农民的劳动是极度辛勤的，只有当统治阶级所加于他们的负担比较地轻微时，才能得到一些人生乐趣。但这样机会并不是很多的。诗人把在四川岳池所看到的农民们难得的欢乐收入诗囊，并且对他们自耕而食、自织而衣的平静生活发生企羡之情，也正是同情他们，尊重他们，庆幸他们能够获得较为愉快的生活的表现。不幸的是，当时的多数情况却是如《农家叹》所写的那样。于是诗人的“农家农家乐复乐”的歌声也只好收拾起来，而在更多的诗篇中发出了“有司或苛取，兼并亦豪夺，正如横江网，一举孰能脱”（《书叹》)的慨叹。在陆游的诗集中,反映农民生活的作品并不太多,但仍然可以看出,他对农民的命运是十分关切的。

陆游平生的行踪相当广阔,他半世的游历使他有机会从多方面接触到各种名胜古迹和自然风物。诗人的内心世界便也往往透过对于这些事物的题咏而呈露出来:

我来访古涪之滨,不辞百罔冀一真。走马朝寻海棕馆,斫脍夜醉鲂鱼津。越王高楼亦已换,俯仰今古堪悲辛。督邮官舍最卑陋,栋挠楹腐知几春?巍然此壁独无恙,老槎劲翮完如新。向来劫火何自免,叱呵守护疑有神。狐狸九尾穴中国,共置不问如越秦。天时此物合致用,下韝指呼端在人。会当原野洒毛血,坐令万里清烟尘。老眼还忧不及见,诗成肝胆空轮囷。

——《绵州录参厅观姜楚公画鹰,少陵为作诗者》

当年杜甫避难入蜀,曾经到过绵州,在这个地方写过《海棕行》、《观打鱼歌》、《越王楼歌》、《姜楚公画角鹰歌》等著名作品以纪游踪、抒怀抱。现在,陆游也来到自己所敬爱的和自己的境遇相类似的前辈所流连过的地方了。他追随着、寻觅着杜甫的遗踪,居然找到了姜楚公画的角鹰图,怎能不引起思古之幽情呢?但诗人并没有将自己的感情停顿在这一点上,他的诗笔也没有局限在壁画的描写上,而是在诗的后半部生发了绝大的感慨:“会当原野洒毛血,坐令万里清烟尘。”仍然是念念不忘国家的统一大业。

陆游的景物诗也很出色,例如:

层台缥缈压城闉,倚杖来观浩荡春。放尽樽前千里目,洗空衣上十年尘。萦回水抱中和气,平远山如醖藉人。更喜机心无复在,沙边鸥鹭亦相亲。

——《登拟岘台》

行遍梁州到益州，今年又作度泸游。江山重复争供眼，风雨纵横乱入楼。人语朱离逢峒獠，棹歌欸乃下吴舟。天涯住稳归心懒，登览茫然却欲愁。

——《南定楼遇急雨》

这两首登临名胜的诗歌给人的印象是完全不同的，《登拟岘台》充满了愉快的气氛，显示着诗人与面对着的景物融洽无间的契合。萦回的水，平远的山，浩荡的春光，忘机的鸥鹭，对于他来说，都是可喜可亲的。《登南定楼》一首写于淳熙五年(1178)准备出川的时候，他乡风物之美和客游怀土之情，在诗人心中是有矛盾的。他的立功立业的壮怀和投闲置散的遭遇也是有矛盾的。在这座楼上，他看到重复的江山、纵横的风雨和烟波浩渺的归途，很自然地产生了一种茫然的心情。诗中恰如其分地刻画了不同的景物，也通过不同的景物恰如其分地披露了作者的精神世界。再如下列二题：

看花南陌复东阡，晓露初干日正妍。走马碧鸡坊里去，市人唤作海棠颠。

为爱名花抵死狂，只愁风日损红芳；绿章夜奏通明殿，乞借春阴护海棠。

丝丝红萼弄春柔，不似疏梅只惯愁；常恐夜寒花索寞，锦茵银烛按《凉州》。

——《花时遍游诸家园》十首之一、二、八

东湖仲夏草树荒，屋古无人亭午凉。萱房微呀不见日，笋箨自解时吹香。野藤蟠屈入窗罅，湿菌扶疏生屋梁。跨沟数椽最幽翳，涨水及槛雨败墙。静涵青苹舞藻荇，闲立白鹭浮鸳鸯。芙蕖虽瘦亦弥漫，照眼翠盖遮红妆。水纹枕簟欲卷却，团团素扇懒复将。天风复送塔铃语，唤觉清梦游潇湘。

——《怡斋》

这些诗对于花木禽鸟的描绘，也各有其特征。在几篇绝句中，诗人的感情是狂热的，诗境是绚烂的。《怡斋》虽写得那么冷僻荒凉，却又非常奇妙地显示了：自然界的一些小生命，即使在寂寞当中，仍然那么生气勃勃。这诗意是有寄托的，寄托了作者虽处逆境而意气仍然不衰的壮阔胸怀。

爱情在陆游的创作中似乎不是很重要的主题。但他为其前妻唐氏所写的一些诗词，却使得祖国文学宝库中这类作品增加了分量。唐氏和陆游的母亲本是族姑侄，婚后夫妻的感情极好，而翁姑却不喜欢这个媳妇。陆游终于被迫和她离异，唐氏改嫁了赵士程。这一不幸的爱情悲剧，在其后漫长的岁月里，一直折磨着诗人的心灵。绍兴二十五年(1155)春天，陆游到故乡禹迹寺南边的沈园去玩，恰巧遇着赵、唐夫妇。唐氏告诉了后夫，还特地送给了陆游一份酒食。诗人为此感慨万分，就在园壁上题了一首《钗头凤》词，申诉了自己的哀伤：

红酥手，黄縢酒，满城春色宫墙柳。东风恶，欢情薄，一怀愁绪，几年离索。错！错！错！　　春如旧，人空瘦，泪痕红浥鲛绡透。桃花落，闲池阁。山盟虽在，锦书难托。莫！莫！莫！

不久，唐氏就因愁怨而死去了。这，当然使陆游陷入了更深的悲痛。特别是在他晚年退居故乡后，每逢到城南时，必然到沈园去凭吊一番，旧地的重游，使这些前尘影事，更加鲜明地浮上了心头，于是他写出了一些回肠荡气的作品，例如绍熙三年(1192)他六十八岁时写的《禹迹寺南有沈氏小园，四十年前，尝题小阕壁间，偶复一到，而园已易主，刻小阕于后，读之怅然》：

枫叶初丹槲叶黄，河阳愁鬓怯新霜。林亭感旧空回首，泉路凭谁说断肠？坏壁醉题尘漠漠，断云幽梦事茫茫。年来妄念消除尽，回向禅龛一炷香。

还有庆元五年(1199)他七十五岁时写的《沈园》二首：

城上斜阳画角哀，沈园非复旧池台；伤心桥下春波绿，曾是惊鸿照影来！

梦断香消四十年，沈园柳老不吹绵；此身行作稽山土，犹吊遗踪一泫然！①

近人陈衍在《宋诗精华录》卷三中对上引这几首诗曾评论说："古今断肠之作，无如此前后三首者。""无此绝等伤心之事，亦无此绝等伤心之诗。就百年论，谁愿有此事？就千秋论，不可无此诗。"所论极为精当。这些无比深挚的作品，反映了诗人爱情生活中的悲剧和他对于这种悲剧的抗议，从而使读者透过他的哀伤认清了封建社会的黑暗。

陆游不仅是诗人、词人，而且也是一位散文家，其友杜旃在《陆务观赴召》诗中曾称之为"四海文章陆放翁"。他作文学苏轼，崇尚自然，有《文章》诗说："文章本天成，妙手偶得之。"而他的小儿子子遹则认为其文取法于韩愈和曾巩，其《〈渭南文集〉跋》云：

先太史之文，于古则《诗》、《书》、《左氏》、《庄》、《骚》、《史》、《汉》；于唐则韩昌黎；于本朝则曾南丰：是所取法。然禀赋宏大，造诣深远，故落笔成文，则卓然自为一家，人莫测其涯涘。

陆文如直陈时政方略、畅谈国计民生的《代乞分兵取山东札子》、《上二府论都邑札子》和《静镇堂记》、《铜壶阁记》等篇，记叙个人生活细事的《书巢记》、《居室记》和《东篱记》等篇，大都修洁可诵。其《入蜀记》描写沿江风物，更是引人入胜。如该书卷六记入瞿唐峡云：

二十六日，发大溪口，入瞿唐峡。两壁对耸，上入霄汉，其平如削

---

① 有关陆游爱情悲剧的诗词本事，见周密《齐东野语》卷一及刘克庄《后村诗话续集》卷二。陈鹄《耆旧续闻》卷十所记略同，但谓是绍兴二十一年(1151)事。按：唐氏本无名字流传，或云其名曰琬或蕙仙，以及所作和词，皆不足信，详于北山《陆游年谱》(增订本)，上海古籍出版社1985年出版。

> 成。仰视天如匹练然。水已落，峡中平如油盎。过圣姥泉，盖石上一罅，人大呼于旁则泉出，屡呼则屡出，可怪也。晚至瞿唐关，唐故夔州，与白帝城相连。杜诗云“白帝夔州各异城”，盖言难辨也。关西门正对滟滪堆。堆，碎石积成，出水数十丈。土人云：“方夏秋水涨时，水又高于堆数十丈。”肩舆入关，谒白帝庙，气象甚古，松柏皆数百年物，有数碑，皆孟蜀时所立。庭中石笋，有黄鲁直建中靖国元年题字。又有越公堂，隋杨素所创，少陵为赋诗者，已毁。今堂，近岁所筑，亦甚宏壮。自关而东，即东屯，少陵故居也。

陆游还具有史才，《宋史》本传载：“嘉泰二年（1202），以孝宗、光宗两朝实录及三朝史未就，诏游权同修国史、实录院同修撰，免奉朝请，寻兼秘书监，三年，书成。”除了纂修官书外，他还私撰《南唐书》十八卷，以推尊偏安江南的南唐来寄托和暗示南宋虽已偏安仍为正统的观点。叙述简核有法，不失为史传文的名作。

战斗者的成就和影响　对生活广阔的体验和深刻的理解，出色的才华和认真的创作劳动，都使得陆游成为一个值得后人效法的大作家。但这位作家更其值得我们效法和称颂的，还在于他对祖国对人民的至死不渝的忠诚，及其燃烧在内心深处的永不熄灭的战斗精神。就这一点来说，陆游首先是一个战斗者。的确，他的诗歌在当时就是起了战斗作用的。在一首诗的题目里，他写道：“予十年间两坐斥，罪虽擢发莫数，而诗为首。”在谈到苏轼的一篇文章时，他又说：“士抱奇材绝识，沉压摈废，不得少出一二，则其肝心凝为金石，精气去为神明，亦乌足怪！”（《跋东坡〈祭陈令举文〉》）陆游的诗，也正是一位奇材绝识之士被压抑的肝心精气所铸成的。只有理解到这一点，我们才能从他极其繁富的创作中把握住他最主要的精神。

陆诗的艺术成就是多方面的，首先是他在创作方法上兼具长期以来就并存于古代文学中的现实主义和浪漫主义传统。杨万里在《跋陆务观〈剑南诗稿〉》中曾说他“重寻子美行程旧，尽拾灵均怨句新”，不妨认为，这也就是指出，陆游从杜甫和屈原身上分别汲取了现实主义和浪漫主义的力量。而这种精神力量和创作方法又多方面地服务于爱国主义主题，与爱国的激情相结合。他在日常生活诸如看画（《龙眠画马》），喝酒（《江上对酒作》），赏花（《赏山园牡丹有感》），写字（《醉中作草书数行》）中，都会引起报国仇、雪国耻的心情。这种心情，甚至形之梦境，发于幻想，如《楼上醉书》："三更抚枕忽大叫，梦中夺得松亭关。"《十一月四日风雨大作》："夜阑卧听风吹雨，铁马冰河入梦来。"这种长期保持着的、无时不在无地不在的激情，是在其他诗人作品中所罕见的。

取材广，命意新，是陆诗另外一个特色。广阔的社会生活，给他的创作提供了无比丰富的多样化的题材，正如《瓯北诗话》卷六所说："凡一草一木，一鱼一鸟，无不裁剪入诗。"姚鼐《今体诗钞·序目》也赞赏他"裁制既富，变境亦多"的成就。

陆诗的体裁也很完备，而运用得最多、最有成就的，当推七言古体和七言律诗，其次是五言古体和七言绝句。陆游运用古体诗来抒发爱国激情的成就是巨大的。在七律上的成就，博得了不少人的称赏。如沈德潜曾说："放翁七言律，对仗工整，使事熨贴，当时无与比埒。"（《说诗晬语》卷下）

清代乾隆十五年（1750）梁诗正等奉敕编成的《御选唐宋诗醇》，曾对陆游诗歌的成就作出总评说：

> 宋自南渡以后，必以陆游为冠。当时称大家者，曰萧、杨、范、陆；杨万里则曰尤、萧、范、陆。至刘克庄乃曰："放翁学力似杜甫。"又曰："南渡而下，放翁故为一大宗。"朱子《与徐赓载书》："放翁诗读之爽然，近代惟见此人为有诗人风致。"今诸家诗具在，可与游匹者谁也？
>
> 观游之生平，有与杜甫类者：少历兵间，晚栖农亩，中间浮沉中外，在蜀之日颇多。其感激悲愤忠君爱国之诚，一寓于诗，酒酣耳热，跌荡淋漓。至于渔舟樵径，茶碗炉熏，或雨或晴，一草一木，莫不著为歌咏，以寄其意。此与甫之诗何以异哉？诗至万首，瑕瑜互见，评者以为譬之深山大泽，包含者多，不暇翦除荡涤，非如守半亩之宫，一木一石可屈指计数，可谓知言矣。若捐疵纇，存英华，略纤巧可喜之词，

而发其闳深微妙之旨，何尝不与李、杜、韩、白诸家异曲同工，可以配东坡而无愧者哉！

这些见解是中肯的。

陆游，作为一位大诗人，对当时和后世都发生过积极的影响，与陆游交往相接而在诗法上有渊源关系的，是称为上饶二泉的赵蕃和韩淲。稍后的永嘉四灵虽学唐人而实际上是“用陆之法度”，“多酷似处”（《诗人玉屑》卷十九）。至于江湖派中的苏泂、戴复古和刘克庄，则更是直接师承陆游的。苏、戴二人是陆游的弟子。《四库全书总目》卷一百六十三《泠然斋集》提要云：“泂本从学于游，诗法流传，渊源有自，故其所作，皆能镵刻淬炼，自出清新。”戴复古受学于陆游晚年，楼钥序戴氏的《石屏集》说他“登三山陆放翁之门而诗益进”。刘克庄虽然没有得到陆游的亲自指教，但他却倾心学陆，自称“由放翁入”（《〈刻楮集〉自序》），他和宋末的林景熙等诗人，都能继承并发扬陆诗的爱国主义精神。

到了清代，出现了许多学习或研究陆游的诗人和学者，如汪琬、王士祯、查慎行、郑燮、赵翼、方东树等，都欢喜把陆游和杜甫相提并论。陆游的爱国主题，对后人的教育意义很大。清末的爱国志士愤恨帝国主义侵略者的凶残，痛感国势之危弱，纷纷诵读和提倡陆游的作品，以寄托发愤图强之心。梁启超就曾经热烈地歌颂陆游说：“诗界千年靡靡风，兵魂销尽国魂空；集中什九从军乐，亘古男儿一放翁！”（《读陆放翁集》）这种推崇正好说明陆游的作品在清末反侵略斗争中也起了巨大的作用。

第三节　杨万里的诚斋体

杨万里的生平和他的诗集　和陆游同时的另外两位著名诗人是杨万里和范成大。杨万里（1127—1206），字廷秀，吉州吉水（在今江西省）人，绍兴二十四年（1154）进士。当他任永州零陵丞时，曾拜谒谪居永州的名将张浚。张浚以正心诚意之学勉励他，因而他将自己的书房取名诚斋，并以自号。他青年时代曾随王庭珪和胡铨学习，后来又受到张浚的启发教导，这使他成了一个热爱祖国、立身不苟的人。乾道三年(1167)，他上书《千虑策》三十道给宰相陈俊卿，其中有国势、人才、论将、论兵、刑法、民政等项目，虞允文见到后赞叹说："东南乃有此人物！"(见《鹤林玉露》乙编卷四"雍公荐士"条)就推荐他为国子博士和侍讲、兼吏部侍右郎官，并曾出知漳州、常州，提举广东常平茶盐公事。杨万里在这一段时间里，屡次上疏指摘时弊。淳熙十二年(1185)他给宰相王淮献上《荐士录》，举荐朱熹、袁枢和萧德藻等六十人。光宗即位，召为秘书监，特任接伴金国贺正旦的使者，兼实录院检讨官。由于刚直不阿，为当权者所忌，在光宗末年，他就没有再担任实际的行政职务了。宁宗即位后，特授他为焕章阁待制、宝谟阁直学士，但他没有接受，家居十五年不出。当时韩侂胄执政专权，他忧愤成病。韩想请他为自家所筑的南园作记，他坚决拒绝。韩后来另请陆游写了《南园记》和《阅古泉记》，他因此还写诗批评了陆游(见《寄陆务观》)。当他知道韩侂胄为了巩固权位，要在准备不足的情况下冒险发动对金的战争时，不禁痛哭失声，提笔写道："韩侂胄奸臣，专权无上，动兵残民，谋危社稷，吾头颅如许，报国无路，惟有孤愤！"(《宋史》本传)等到放下笔来，就离开了人世，终年八十岁。

杨万里是一位通儒学讲品节的人，其言论大抵本于孔、孟、周、程，所以《宋史》把他列入了《儒林传》。其实，他并没有盲从周、程诸家之说。他在《庸言》第五节中说："惟有是物也，然后是道有所措也。"鲜明地提出了存在决定意识的唯物论观点，在《〈天问〉、〈天对〉解》中，他反对天人感应的唯心论。在《诚斋〈易〉传》卷一中，他指出："易之为言变也，《易》者，圣人通变之书也。"即认为上自天体、下至人类万物都是变化和发展的。他肯定人的认识来源于客观世界，强调后天学习的重要性。这种先进的思想认识决定了他在诗歌创作上不断地变革，开创了新的诗风。

杨万里一生以诗擅名，他曾把自己的诗作编为九种专集，我们可以由此窥见他诗风变化的轨迹。一、《江湖集》。此集收诗七百三十八首，作于绍兴三十二年(1162，壬午)至淳熙四年(1177)之间。自序说："予少作有诗千余篇，至绍兴壬午七月皆焚之，大概江西体也。今所存曰《江湖集》者，盖学后山及半山及唐人者也。"二、《荆溪集》。此集收诗四百九十二首，作于淳熙四年至六年(1177—1179)知常州期间，这是他诗风大转变的时期，他改变过去的模仿作法，开始步入独创阶段。三、《西归集》。此集收诗二百首，作于淳熙六年他离开常州西归返里时，皆旅途中作。四、《南海集》。此集收诗四百首，作于淳熙七年至九年在广州、潮州、惠州期间，时任广东常平茶盐使和提点刑狱。自序说："予老矣，未知继今诗犹能变否？延之尝云予诗每变每进，能变矣，未知犹进否？"五、《朝天集》。此集收诗四百首，作于淳熙十一年至十四年，当时他在朝廷内任东宫侍读，故名《朝天集》。六、《江西道院集》。此集收诗二百五十首，作于淳熙十五、十六年出知江西筠州期间。七、《朝天续集》。此集收诗三百五十余首，作于绍熙元年(1190)被召回京以后，自序说："昔岁自江西道院召归册府，未几而有廷劳使客之命，于是始得观江涛，历淮楚，尽见东西之奇观。于渡扬子江二诗，予大儿长孺举似于范石湖、尤梁溪二公间，皆以予诗又变，予亦不自知也。"八、《江东集》。此集收诗五百首，作于绍熙元年(1190)至三年间。绍熙元年十月以后，他出任江东转运副使、权总领淮西江东军马钱粮官，经过金陵、广德、宣、池、徽、歙、饶、信、南康、太平等地时，写下了这些作品。九、《退休集》。此集收诗八百多首，作于绍熙三年以后，直到宁宗开禧二年(1206)五月去世前为止，是他晚年引退家居时所作。《瀛奎律髓》卷一云："杨诚斋诗一官一集，每一集必一变。"方回指出了他的诗风是随着时代、地域的生活经历的不同而发生变化的，十分确切。

杨万里的诗文集现在传世的主要有两种版本，一是嘉定元年(1208)其子长孺编定的《诚斋集》一百三十三卷，前面四十二卷是九种诗集，其他是文集；除了《退休集》无序外，其他八个诗集的自序另外收录在文集第八十、八十一卷中。第二种版本是单刻的《诚斋诗集》(又名《杨文节公诗集》)四十二卷，实际上就是《诚斋集》前面的九个诗集的合刊，篇目基本上相同，但编次分卷不同，字句也与《诚斋集》间有差异。

诚斋体的形成　杨万里在《〈江湖集〉序》中曾自述早年学诗是从江西派入手的，这是当时诗坛流行的风气。他也跟着学步，用力很勤，但到绍兴三十二年(1162)即他三十六岁那年，忽然觉悟到这种方向不对头，便把旧作全部烧掉，表示了变革的决心。在《〈荆溪集〉序》中，杨万里很坦率地阐述了他自己在探索中不断变化的创作道路：

> 予之诗始学江西诸君子，既又学后山五字律，既又学半山老人七字绝句，晚乃学绝句于唐人，学之愈力，作之愈寡。……戊戌（淳熙五年，1178）三朝，时节赐告，少公事。是日即作诗，忽若有悟，于是辞谢唐人及王、陈、江西诸君子皆不敢学，而后欣如也。试令儿辈操笔，予口占数首，则浏浏焉无复前日之轧轧矣。自此每过午，吏散庭空，即携一便面，步后园，登古城，采撷杞菊，攀翻花竹，万象毕来，献予诗材，盖麾之不去，前者未应，而后者已迫，涣然未觉作诗之难也。

在《〈南海集〉序》中，他又叙述了模仿期诗风变化的时间历程：

> 予生好为诗，初好之，既而厌之。至绍兴壬午，予诗始变，予乃喜。既而又厌。至乾道庚寅（六年，1170），予诗又变；至淳熙丁酉（四年），予诗又变。

所谓厌，就是不满意。因为几度尝试都不满意，所以就一变再变。直到五十二岁时，他对过去师法古人的几种办法都不满意了，于是便自己开拓新的道路，从此感到写起来得心应手，挥洒自如："浏浏焉无复前日之轧轧矣。"这是在以前几次变化的基础上发生的一次飞跃。以前是模仿期的量变，最后才是进入创造期的质变。由此可见，杨万里独具风格的诚斋体，是有一段漫长的形成过程的，而其正式形成则在他五十二岁以后。从此，他摆脱了传统的束缚，不再一味求之古人，而自成一格了。在《跋徐恭仲省干近诗》中，他很明确地提出：

> 传派传宗我替羞，作家各自一风流。黄、陈篱下休安脚，陶、谢行前更出头。

这种见解对于当日盛行一时的江西派诗风来说，不能不说是一种大胆的冲击，而对于后代一切有才能的作家来说，又确是引发了十分有益的启示。杨万里破除了诗人们对黄庭坚和陈师道的迷信，但没有完全排斥和菲薄江西派。他在淳熙十一年(1184)五十八岁时，作《江西宗派诗序》，嘉泰三年(1203)七十七岁时，又作《〈江西续派二曾居士诗集〉序》，都对江西派作了比较公正的评价。在其晚年完成的《诚斋诗话》中，也很重视黄庭坚的艺术经验。如说："诗家用古人语，而不用其意，最为妙法，如山谷《猩猩毛笔》是也。"更其值得注意的是他创造性地继承并发展了吕本中和曾几的活法。周必大说"诚斋万事悟活法"(《次韵杨廷秀待制寄题朱氏涣然书院》)，刘克庄在《江西诗派总序》中也说："后来诚斋出，真得所谓活法、所谓流转圆美如弹丸者，恨紫微公不及见耳。"足见诚斋体的形成，是与江西派有某种渊源的。

此外，诚斋体和晚唐诗的关系也应当重视。在《〈颐庵诗稿〉序》中，他特别强调诗不独要尚词尚意，更重要的是要有诗味，而其所谓诗味，则是指风雅比兴的传统。他说："《三百篇》之后，此味绝矣，惟晚唐诸子差近之。"我们知道，黄庭坚等江西派诸公对晚唐诗是轻视的①，连陆游也是如此②，但杨万里却针锋相对地提出异议，说："晚唐异味同谁赏？近日诗人轻晚唐。"(《读〈笠泽丛书〉》)其《周子益〈训蒙省题诗〉序》亦云："唐人未有不能诗者，能之矣，亦未有不工者，至李、杜极矣。后有作者，蔑以加矣。而晚唐诸子虽乏二子之雄浑，然好色而不淫，怨诽而不乱，犹有《国风》、《小雅》之遗音。"不难看出，这位诗人对晚唐某些诗人如李商隐、杜牧、韩偓等反映时事的忠愤讽谕之作是有所会心的。这对诚斋体所具有的思想内容，不能没有影响。

杨万里的创作　正因为杨万里对诗歌有自己新的见解和艺术体验，所以他的作品现实性较强，写出了一些热爱祖国、同情人民的作品。这是他关心时政、深入生活的结果，也与他重视《诗》教有关。我们试看下面两

---

① 黄庭坚《与赵伯充》："学晚唐诸人诗，所谓作法于凉，其弊犹贪；作法于贪，弊将若何？"载《山谷老人刀笔》卷四。

② 陆游《宋都曹屡寄诗且督和答作此示之》："陵迟至元白，固已可愤疾，及观晚唐作，令人欲焚笔。"

首《过扬子江》：

只有清霜冻太空，更无半点荻花风。天开云雾东南碧，日射波涛上下红。千载英雄鸿去外，六朝形胜雪晴中。携瓶自汲江心水，要试煎茶第一功！

天将天堑护吴天，不数殽函百二关。万里银河泻琼海，一双玉塔表金山。旌旗隔岸淮南近，鼓角吹霜塞北闲。多谢江神风色好：沧波千顷片时间！

这是他在绍熙元年（1190）担任金国贺正旦使的接伴使北行过长江时所作，诗中表面上是写江面的壮丽景色，但实际上是寄寓了诗人忧国虑敌的情怀。婉而多讽，用意颇深。在《朝天续集》的自序中，诗人特别举出这两篇，可见是其用意之作。又如《初入淮河四绝句》：

船离洪泽岸头沙，人到淮河意不佳。何必桑干方是远，中流以北即天涯。

刘岳张韩宣国威，赵张二将筑皇基。长淮咫尺分南北，泪湿秋风欲怨谁？

两岸舟船各背驰，波痕交涉亦难为。只余鸥鹭无拘管，北去南来自在飞。

中原父老莫空谈，逢着王人说不堪。却是归鸿不能语，一年一度到江南。

诗人奉命到国境线上迎接金朝派来的贺正使，来到淮河边上，不禁百感交集，写下了这组沉痛忧伤的诗篇。桑干河曾经是唐朝的边防前线，那时人们提到它都会感到远在天涯，可是到了南宋，不仅桑干河流域早已沦入金人的统治区，而且腹地的淮河竟成宋、金两国的分界线了。面对这种局势，怎么能不感到哀伤并且追问谁该负这个责任呢？当时主和派在朝廷得势，广大人民收复中原的正当意愿受到压抑，所以诗中情调是很低沉的。

杨万里还有一些关怀劳动人民和普通妇女的诗篇，如《视旱遇雨》、《悯农》、《农家叹》、《插秧歌》、《发孔镇，晨炊漆桥道中纪行》、《秋雨叹》和《至后入城，道中杂兴》等。兹举数例如下：

吴侬一队好儿郎，只要船行不要忙。着力大家齐一拽，前头管取到丹阳。

莫笑楼船不解行，识侬号令听侬声。一人唱了千人和，又得蹉前五里程。

岸旁燎火莫阑残，须念儿郎手脚寒，更把绿荷包热饭，前头不怕上高滩。

幸自通宵暖更晴，何劳细雨送残更。如依笠漏芒鞋破，须遣拖泥带水行。

——《竹枝歌》七首之一、二、五、七①

稻云不雨不多黄，荞麦空花早着霜。已分忍饥度残岁，更堪岁里闰添长！

——《悯农》

阿婆辛苦住西邻，岂爱无家更愿贫？秋月春风担阁了，白头始嫁不羞人。

——《和王道父山歌》二首之一

《竹枝歌》是拟民歌，《南海集》自序称，曾得到尤袤的称赞，“以为有刘梦得之味”。后二绝是替农民贫女诉苦的作品，诗人写出了这些生活在社会底层的卑微人物的苦难，感情是真切的。

但从杨万里的全部创作实践看来，征行离别之情，江山花木之美，似

① 诗序云：“晚发丹阳馆，五更至丹阳县。舟人与牵夫终夕有声，盖吟讴啸谑以相其劳者。其辞亦略可辨，有云：‘张哥哥，李哥哥，大家着力一齐拖。’又云：‘一休休，二休休，月子弯弯照几州。’其声凄婉，一唱众和，因檃括之为《竹枝》云。”

乎比一些其他的题材更其吸引着这位有才华的诗人。因此，他本人虽然具有崇高的气节和坚贞的品德，但他主要的诗兴却在自然风物方面，这就使得他关心国家大事的作品不如陆游，而同情民生疾苦的作品又不及范成大。他对当时人民生活中最重要的问题发掘得不够深广，乃是他创作中的弱点。

基于自己的爱好，杨万里创作了大量描绘自然景物的诗歌，确实给读者带来了新生的意境：

> 莫言下岭便无难，赚得行人错喜欢。正入万山圈子里，一山放出一山拦。
>
> ——《过松源，晨炊漆公店》

> 去时数点雨，归时数片雪；雨雪两不多，山路双清绝。
> 城中雪一尺，山中雪一丈；地上都已消，却在松梢上。
>
> ——《人日出游湖上》二首

> 雨来细细复疏疏，纵不能多不肯无；似妒诗人山入眼，千峰故隔一帘珠。
>
> ——《小雨》

> 下水船逢上水船，夕阳仍更涩沙滩。雁来野鸭却惊起，我与舟人俱仰看。回望雪边山已远，如何蓬底暮犹寒？今朝莫说明朝路，万石堆心一急湍。
>
> ——《暮泊鼠山，闻明朝有石塘之险》

这便是一些诚斋体诗的样本。可以看出，在这些作品中，杨万里确曾给我们带来了一些新的东西。他善于选择日常生活中一些富于诗意而往往为人所忽略的细节，以风趣而又通俗流畅的语言表达出来。其中一部分还特别鲜明地体现了诗人的个性。这种风格在古典诗歌中确是少见的。他对于口语的大胆吸收，也和当时流行的江西派造语生涩隐晦的诗风全然异趣，因而也同样是对江西派末流之弊的一种矫正。无怪乎它在当时就博得了诚斋体的美称。

诚斋体另一鲜明的特点是富于幽默感。如下列绝句：

才近中秋月已清，鸦青幕挂一团冰。忽然觉得今宵月，元不粘天独自行。

——《八月十三日望月》

雨里船中不自由，无愁稚子亦成愁。看渠坐睡何曾醒，及至教眠却掉头。

——《嘲稚子》

稚子金盆脱晓冰，彩丝穿取当银钲。敲成玉磬穿林响，忽作玻璃碎地声！

——《稚子弄冰》

闭轿那知山色浓，山花影落水田中。水中细数千红紫，点对山花一一同。

——《水中山花影》

他极力从寻常的生活小事中找寻诗料，并在很大的程度上发现它，表现它。这种诙谐和机趣，往往使得不习惯杨万里这种独特风格的人觉得可笑，而能够赏识的人则又必然在读后的回味中发出会心之笑，所以吴之振曾巧妙地说："不笑不足以为诚斋之诗。"（《宋诗抄》：《〈诚斋诗抄〉小序》）

他对生活极为广泛的兴趣使得他无事不可入诗，与苏轼相近。除上所举例外，如《嘲蜂》、《嘲蜻蜓》、《戏嘲星月》、《戏笔》等都能涉笔成趣，使人读之兴味盎然。有些诗则是小中见大，往往寓感愤和讽刺于诙谐嘲笑之中，如《嘲淮风进退格》：

絮帽貂裘莫出船，北窗最紧且深关。颠风无赖知何故，做雪不成空自寒。不去扫清天北雾，只来卷起浪头山。便能吹倒僧伽塔，未直先生一笑看①。

这是借淮风比喻投降派，讽刺他们不知抵抗北方的敌人，却只会在内部兴风作浪。可谓“微而显”，“志而晦”（杜预《〈春秋〉序》语，载《〈春秋左传〉注疏》卷一）。

构思新巧、想像奇妙是诚斋体的又一个特点。杨万里善于描摹大自然中的各种物态，捕捉它们的特征，并用奇巧的构思和多变的手法表现出来，所以姜夔说他“年年花月无闲日，处处山川怕见君”（《送〈朝天续集〉归诚斋，时在金陵》）。这种特征，可从下列两首诗中窥见一二：

仰头月在天，照我影在地；我行影亦行，我止影亦止。不知我与影，为一定为二？月能写我影，自写却何似？偶然步溪旁，月却在溪里。上下两轮月，若个是真的？为复水是天？为复天似水？

——《夏夜玩月》

动地风来觉地浮，拍天浪起带天流，舞翻柳树知何喜，拜杀芦花未肯休！两岸万山如走马，一帆千里送归舟。出笼病鹤孤飞后，回首金笼始欲愁！

——《发赵屯得风宿杨林池，是日行二百里》

这些作品都想像丰富，层次曲折，意态生动，体现了作者的活法。

语言通俗流畅，明白如话，也是诚斋体的特点。他继承了白居易、张籍和杜荀鹤等唐代诗人的优良传统，从人民群众口语中提炼出明快活泼、雅俗共赏的语言入诗，就显得特别富于表现力。如下列诸篇，就是如此：

---

① 进退格是律诗用韵的一种方式，即隔句换韵，一进一退，见魏庆之《诗人玉屑》卷二，按：本诗韵脚，关、山同韵部，寒、看同韵部。

梅子留酸软齿牙，芭蕉分绿与窗纱。日长睡起无情思，闲看儿童捉柳花。

——《闲居初夏午睡起》

篱落疏疏一径深，树头新绿未成阴。儿童急走追黄蝶，飞入菜花无处寻。

——《宿新市徐公店》

行尽牛蹊兔径中，忽逢平野四连空。意随白鹭一双去，眼过青山千万重。近岭已看看远岭，连峰不爱爱孤峰。一丘一壑知何意，疏尽官人着牧童。

——《过谢家湾》

上述几点交织在一起，构成了诚斋体鲜明的独特面貌。当时周必大就评论说："今时士子见诚斋大篇巨章，七步而成，一字不改，皆扫千军、倒三峡、穿天心、透月窟之语，至于状物姿态，写人情意，则铺叙纤悉，曲尽其妙，遂谓天生辩才，得大自在。"（见《跋杨廷秀石人峰长篇》，载《周益国文忠公集·平园续稿》卷九）葛天民也称赞他"死蛇解弄活泼泼"（见《寄杨诚斋》，载《葛无怀小集》）。当然，也有相反的意见，叶燮就指责杨诗"几无一言一句可采"（《原诗》外篇），翁方纲也说："诚斋以轻儇佻巧之音，作剑拔弩张之态，阅至十首以外，辄令人厌不欲观，此真诗家之魔障。"（《石洲诗话》卷四）这些意见显然不免主观片面。陈衍的评论则比较公允，其《石遗室诗话》卷十六云："宋诗人工于七言绝句，而能不袭用唐人旧调者，以放翁、诚斋，后村为最。大抵浅意深一层说，直意曲一层说，正意反一层、侧一层说。诚斋又能俗语说得雅，粗语说得细，盖从少陵、香山、玉川、皮、陆诸家中一部脱颖而出。"所论虽只限于七绝，但也指出了杨万里诗能自辟蹊径，不落前人窠臼的特点。

杨氏在当时诗坛上的声誉很高，有些人就仿照诚斋体作诗，如王迈有《读诚斋〈新酒歌〉仍效其体》（《臞轩集》卷十三）。刘克庄认为他发展了曾几流转圆美的诗法，特地编出《茶山、诚斋诗选》，以供世人学习。他推崇晚唐诗的论点，对永嘉四灵和江湖派都有影响。清代性灵派诗人袁枚也是服膺诚斋体的，所著《随园诗话》卷八载，汪大绅曾指出袁诗“似杨诚斋”，袁氏表示首肯，并推称诚斋是“一代作手”，“天才清妙，绝类太白”。可见其影响是不小的。

尤袤和萧德藻　杨万里《〈千岩摘稿〉序》说：“余尝论近世之诗人，若范石湖之清新，尤梁溪之平淡，陆放翁之敷腴，萧千岩之工致，皆余之所畏者。”可见在当时尤、萧二人的诗也很有成就，因而获得较大的名声。

尤袤(1127—1194)，字延之，无锡人。绍兴十八年(1148)进士及第，始任泰兴县令、江阴学官，旋内召为大宗正丞兼国史院编修。淳熙五年(1178)出知台州府，迁江西运判兼知隆兴府。十四年，由太常少卿转礼部侍郎，绍熙三年(1192)升任礼部尚书。他嗜好收藏图书，在无锡家中造起藏书楼，名遂初堂，有《遂初堂书目》行世。《宋史》本传称其有《遂初小稿》六十卷、内外制三十卷，《直斋书录解题》著录其《梁溪集》五十卷，都早已失传。清康熙中，其十八世孙尤侗收辑散佚，仅得百分之一，编成《梁溪遗稿》，录诗四十七首，文二十六篇。一九三五年，其二十五世孙尤桐据盛宣怀等人的辑本重加补录，为《梁溪遗稿》二卷、补遗二卷。另有《全唐诗话》六卷，旧题尤袤撰，尤侗在《艮斋续说》卷八中考证为袤孙尤焴撰，而《四库全书总目》卷一百九十七《全唐诗话》提要则认为是贾似道假手廖莹中所作，“后人恶似道之奸，改题袤名，以便行世”，则此书作者尚待进一步研究。

尤袤早年学于汪应辰，而汪应辰是师事吕本中的，可见其与江西派有渊源。但其诗风细润圆转，饶有风致，与江西诸公不同。如《青山寺》：

> 峥嵘楼阁插天开，门外湖山翠作堆。荡漾烟波迷泽国，空濛云气认蓬莱。香销龙象辉金碧，雨过麒麟剥翠苔。二十九年三到此，一生知有几回来！

此寺在无锡惠山头茅峰南坡，居高可见太湖波光，临下则为绿树成荫的青山湾。这首诗所写该处风光,历历如画。

其六世孙尤玘《万柳溪边旧话》载,尤袤晚年退休归里,造圃于梁溪之上,曾填《瑞鹧鸪·落梅》词云:

梁溪西畔小桥东,落叶纷纷水映空。五夜客愁花片里,一年春事角声中。　　歌残《玉树》人何在?舞破《山香》曲未终。却忆孤山醉归路,马啼香雪衬东风。

方回《瀛奎律髓》卷二十将这首词选作七言律诗,同卷还选了他的另二首梅花诗,有评语说:"尤遂初诗初看似弱,久看却自圆熟,无一斧一斤痕迹也。"

尤袤也有关怀国计民生的作品,如五律《雪》:

睡觉不知雪,但惊窗户明。飞花厚一尺,和月照三更。草木浅深白,丘塍高下平。饥民莫咨怨,第一念边兵。

见雪而想到饥民,但更应关切的是守卫边疆的战士。这与欧阳修的诗句"可怜铁甲冷彻骨,四十余万屯边兵"(《晏太尉西园贺雪歌》)的寓意是一脉相承的。又徐梦莘《三朝北盟会编》卷二百四十载,绍兴三十一年(1161)十一月二十五日,"金人寇泰兴县","是时,泰兴县知县尤袤守泰兴,不去","尝以淮南置山水寨扰民,不能保其家属,窃悲哀之,作淮南民谣一篇"。

东府买舟船,西府买器械。问侬欲何为?团作山水寨。寨长过我庐,意气甚雄粗。青衫两承局,暮夜连勾呼。勾呼且未已,推剥到鸡豕。供应稍不如,向前受笞箠。驱东复驱西,弃却锄与犁。无钱买刀剑,典尽浑家衣。去年江南荒,趁熟过江北;江北不可住,江南归未得!父母生我时,教我学耕桑;不识官府严,安能事戎行?执枪不解刺,执弓不能射;团结我何为,徒劳定无益。流离重流离,忍冻复忍饥；谁谓天地宽，一身无所依！淮南丧乱后，安集亦未久。死者积如麻，生者能几口？荒村日西斜，破屋两三家。抚摩力不给，将奈此扰何？

这首《淮民谣》极力抨击了恶吏借口团结训练，以资防守，而实际上却搜括民财、残害百姓的劣迹。它上承杜甫、白居易新乐府的传统，而在宋代作品中，则与梅尧臣《田家语》等篇相近。细节鲜明，语言朴素，很能体现诗人的思想和艺术水平。

萧德藻，生卒年无考，字东夫，福建闽清人，绍兴二十一年(1151)的进士，因曾任乌程县令，卜宅乌程屏山，自号千岩老人。他和杨万里是知交，杨氏在《〈千岩摘稿〉序》中记载二人初次见面的情形说："余初识之于零陵，一语意合，即襆被往其馆，与之对床。时天暑，东夫诘朝欲早行，五鼓，东夫先起，吹灯明灭，搔首若有营者。余亦起，视之，盖东夫作诗一章以赠余别也。余即和以答赋。"足见其倾盖如故之状。其后杨万里作《淳熙荐士录》，向朝廷推荐人才，萧德藻又列名其中。评语说他"文学甚古，气节甚高。其志常欲有为，其进未尝苟合。老而不遇，士者屈之"。《〈千岩摘稿〉序》中也说："盖东夫既不达，又贫又疾。"可知在仕途上，萧氏是一位困顿沦落者。《直斋书录解题》著录其《千岩摘稿》七卷、外编三卷、续编四卷，早佚。清末光聪谐辑其诗十一首，刻入《稼墨轩集·有不为斋随笔》丁集中。尝鼎一脔，可以略见其风格。

萧德藻学诗于曾几，但能超越江西派的论点，提出自己新的见解。如云："诗，不读书不可为；然以书为诗，不可也。"(见范晞文《对床夜语》卷二)可见他绝不是《沧浪诗话·诗辨》所指摘的近代诸公"以文字为诗，以才学为诗"的路子。《瀛奎律髓》卷六选载了他的七律《次韵傅惟肖》：

竹根蟋蟀太多事，唤得秋来篱落间。又过暑天如许久，未偿诗债若为颜？肝肠与世苦相反，岩壑嗔人不早还。八月放船飞样去，芦花丛外数青山。

此诗从蟋蟀起兴，写目下情况，后幅披露了倦游希隐之怀。方回评云："不早死，虽诚斋诗格犹出其下。其诗苦硬顿挫，而极其工。五、六一联，诸公并不能及。起句奇峭。"这虽未免有些过誉，但其奇峭工致的作风确是别具一格，而且还影响了他的侄婿姜夔。

第四节　范成大的爱国诗和田园诗

范成大的经历和创作特点　范成大（1126—1193），字致能，号石湖居士，吴郡（今江苏苏州）人。他和杨万里是同年进士，在仕途上，他是比较得意的，曾四任疆臣大吏，拜参知政事，是南宋前期政治地位较高的著名作家之一。

范成大出身于官僚家庭，父亲范雩是宣和六年（1124）进士，官至秘书郎。在他四岁那年，金兵渡江，苏州一带也遭到焚掠。在十四五岁时，又逢母、父之丧，从此杜门不出，无意仕进，取唐诗"只在此山中"之语，自号此山居士。国忧家难，集于一身，对他的思想性格的成型有直接的影响。由于他父亲的密友王葆劝他仕进，他终于在绍兴二十四年（1154）二十九岁时考中进士，出任徽州司户参军。从京城临安经过建康到达徽州，行旅开拓了他的眼界，丰富了他的生活。司户参军担任的是处理日常公务的工作，但这却使他有更多的机会接触到下层人民。这一时期，他写了不少有关行旅、风土、名胜的作品，特别是写了一组悯农诗，标明"效王建"，共有《乐神曲》、《缫丝行》、《田家留客行》和《催租行》四首，都真实地反映了农民生活。后来他又写了更其出色的《后催租行》：

> 老父田荒秋雨里，旧时高岸今江水。佣耕犹自抱长饥，的知无力输租米。自从乡官新上来，黄纸放尽白纸催。卖衣得钱都纳却，病骨虽寒聊免缚。去年衣尽到家口，大女临岐两分首；今年次女已行媒，亦复驱将换升斗；室中更有第三女，明年不怕催租苦。

这首诗揭露了统治者压榨农民的罪恶，极端的愤怒却通过冷隽的反语表达出来，所以显得格外深刻。

绍兴三十一年(1161)冬，范成大回临安做京官，由圣政所检讨官历枢密院编修、著作佐郎，升到吏部员外郎，乾道四年(1168)出任处州知州。五年召回朝廷，任礼部员外郎兼崇政殿说书。六年夏，孝宗任命他以起居郎借资政殿大学士头衔出使金国，这是他一生中最光辉的经历。他在金主面前表现得十分坚强，而且在往返途中写出了七十二首纪行诗和一卷《揽辔录》。回来后，他以不辱使命升任中书舍人。后因反对孝宗重用奸佞和外戚，自动引退。八年冬，出知静江府兼广西经略安抚使。淳熙元年(1174)十月，调任四川制置使、知成都府；四年五月，以病东归，十一月，入朝为吏部尚书。五年正月，知贡举，四月，以中大夫参知政事，仅两月即遭谗谢职归里。六年二月，复起知明州兼沿海制置使；七年，改知建康府兼行宫留守；九年，因积劳成疾，五次上书请求退休。

从乾道八年到淳熙九年这一段时间里他的作品产量最多，而以山川行旅诗为主。因为这个时期他四任疆臣大吏，不时出巡各地，因而周知风土人情，边防阨塞，民生疾苦，所以诗中反映的生活面就比较广阔，而且写得真切清新。例如：

> 三日晴泥尚没靴，几将风雨过年华。湘东二月春才到，恰有山樱一树花。
>
> ——《初见山花》

> 谁将玉笛弄中秋，黄鹤飞来识旧游。汉树有情横北渚，蜀江无语抱南楼。烛天灯火三更市，摇月旌旗万里舟。却笑鲈乡垂钓手，武昌鱼好便淹留。
>
> ——《鄂州南楼》

除了这些即景诗以外，他也写出了一批同情各地贫民和妇女的诗篇，如《劳畲耕》、《夔州竹枝歌》等，都很有特色。

根据宦游见闻，范成大在这个时期还写了三部笔记：《骖鸾录》一卷，作于赴桂林的旅途中，书名取义于韩愈诗句“远胜登仙去，飞鸾不假骖”(见《送桂州严大夫》，载《全唐诗》卷三百四十四)；《桂海虞衡志》一卷，作于自广西进四川的途中，凡经历之地的风土物产，以至少数民族的情况，都有所纪述；《吴船录》二卷，作于淳熙四年(1177)五月至十月自四川沿江东归的途中，取杜甫诗句“门泊东吴万里船”(见《绝句》四首之三，载《全唐诗》卷二百二十八)之意题名。全书采用日记体，记古迹形胜甚为细致，并加考证，与陆游的《入蜀记》有异曲同工之妙。

淳熙九年秋，他回到苏州灵岩山南的石湖别墅，过了十年的田园生活。其间虽两次奉诏出知福州和太平州，但他或坚辞，或到任一个月即告归。这十年中，他生活在农村，创作了一批农家诗和风土节序诗，使他成了著名的田园诗人。另外，又编著了《吴郡志》五十卷，留下了宝贵的乡邦文献。

范成大自桂林入蜀时，曾有诗百余篇，自题为《西征小集》，在淳熙三年三月初请陆游写了序。他临终前将自己的全部诗文编定为《石湖诗文集》一百三十卷，遗命其子请杨万里作了序。原刻本至清康熙时尚存，藏书家顾嗣立抽取诗歌部分单刻为《石湖居士诗集》三十三卷，而文集部分后来就湮没失传了。此外，尚有《石湖词》一卷。范诗今存一千九百余首。今人孔凡礼编《范成大佚著辑存》又收散文一百三十五篇，诗九首，词八首。范成大的散文和词的成就较次，他是以诗见重于世的。

从范成大的诗学渊源来看，他受张籍、王建和晚唐诗的影响较大。他和江西派并无直接师承关系，但在有意无意中也不免受到这个势力很大的诗派的影响、浸润。如律诗好用拗格，于古体每用奇字，又喜用佛家禅语等。他在进川入峡时，在归州写了一首描摹江边险滩的《人鲊瓮》：

> 怀沙祠下铁色矶，中流束湍张祸机。与赍俱入彼可吊，乘流而下吾亦危。江河难犯一至此，天地好生安取斯？朝歌胜母古尚讳，我其覆醢航秭归。

清代纪昀评论说：“恣而不野，峭而有韵，江西派中之佳者。”(见李庆甲编

《〈瀛奎律髓〉汇评》卷四，上海古籍出版社 1986 年出版）又如《重九日行营寿藏之地》"纵有千年铁门限，终须一个土馒头。三轮世界犹灰劫，四大形骸强首丘"等句，也是受了黄庭坚好用禅语和僻典的影响。这些作品，学的却是黄氏的短处，它们构成了范诗的某些缺陷。

范成大那些反映社会现实和民生疾苦的作品，主要是继承了唐代杜甫以及元、白、张、王新乐府的传统。如《姑恶》谴责恶婆，《黄罴岭》同情山农，《咏河市歌者》为优伶鸣不平，《荆渚堤上》反映兵灾后人民的苦难等，都是明显的例子。这种创作上的倾向性一直贯穿到他退隐后的晚年。丰富的政治经历和对人民疾苦的关心，使得范诗具有比较充实的社会内涵。在这方面，他表现得比其好友杨万里要突出一些。南宋时代人民的苦难，在他笔下是有着较深刻而真实的反映的。

范成大在艺术手法上所受诸家的影响是多方面的。杨万里《〈石湖集〉序》评他为"清新妩丽，奄有鲍、谢；奔逸俊伟，穷追太白"。而《四库全书总目》卷一百六十《石湖诗集》提要则云：

> 初年吟咏，实沿溯中唐以下，观第三卷《夜宴曲》下注曰："以下二首效李贺。"《乐神曲》下注曰："以下四首效王建。"已明明言之。其他如《西江有单鹄行》、《河豚叹》，则杂长庆之体。《嘲里人新婚》诗、《春晚》三首、《隆师四图》诸作，则全为晚唐五代之音，其门径皆可复案。自官新安掾以后，骨力乃以渐而遒，盖追溯苏、黄遗法，而约以婉峭，自为一家，伯仲于杨、陆之间，固亦宜也。

这些意见说明了这位诗人曾经多方面地向前辈作家学习，其作品的风格也随着年代的不同而有所变迁和发展。就他中年以后已经自成一家的作品来说，则清新流畅、婉而能峭是其特征。

使金纪行诗　范成大在乾道六年（1170）六月出使金国，当时孝宗皇帝下达的外交任务有两项：一是要求收复河南陵寝之地，二是想改变接受金国书信的仪节。原来，高宗绍兴和议时，规定宋向金称臣，金国使者向宋廷递送国书时，宋朝皇帝必须跪拜受书。孝宗接位后，觉得这是奇耻大辱，在订立隆兴和议时，争取将君臣之称改成了叔侄相称，但跪拜受书一节未能改变。孝宗为此耿耿于怀，总想派遣专使到金国要求修改。右相虞允文推荐李焘和范成大作为使者的候选人。李焘不敢应承，而范成大则无所畏惧地接受了这一艰巨的任务，并且作好了为国献出生命的准备。这年闰五月，皇上任命他充金国祈请国信使。范成大要求在国书中把两项大事都写清楚，但执笔朝臣只载明索取陵寝之地的事，却不敢把改变受书礼仪的要求写上，要他到金国后自己想办法去交涉。他在八月中到达金国燕京。在向金世宗递交国书后，出现了一个戏剧性的场面：范成大突然拿出自己写的要求改变受书仪式的奏疏。金朝法律甚严，是不许使者这么做的；为此，金世宗大为恼怒，厉声呵斥，赶他出殿；但他屹然不动，坚持提出要求后才肯退出；当时太子完颜允恭准备杀他，情势十分紧张，经旁人劝阻才未下毒手。过去，宋朝的使臣大多是卑躬屈节的，从来没有像范成大这样大节凛然的人。因此，金世宗虽然不准改变仪式，但对他的忠贞反倒表示嘉许。七天之后，他启程南返，于九月中回到临安，得到了朝廷上下的一致赞扬。他的七十二首纪行诗就是在这个背景下创作出来的，这一卷诗后来编为《石湖诗集》卷十二。

范成大的这组以七言绝句写成的诗是使金北上途中的纪行之作。从渡淮经南京、东京、相州、邯郸、涿州到燕京为止，他每到一地即写一诗。出使金邦使范成大有机会看到从靖康之祸以后长期被占领着的北中国的山河风土，并接触到敌人统治下年深月久仍然心心念念不忘故国的人民，因此其感发吟咏是多方面的。他在《雷万春墓》、《蔺相如墓》等诗中颂扬了忠臣义士，《出塞路》、《会同馆》等诗写了万里孤臣的报国决心。而暴露金人统治区的荒凉残破的几篇，则尤其使人感到惊心动魄：

狐冢獾蹊满路隅，行人犹作御园呼。连昌尚有花临砌，肠断宜春寸草无！

——《宜春苑》(原注：“在旧宋门外，俗名东御园。”)

梳行讹杂马行残，药市萧骚土市寒。惆怅软红佳丽地，黄沙如雨扑征鞍！

——《市街》(原注:“京师诸市皆荒索,仅有人居。”)

靖康之祸到当时已过去了将近半个世纪,而汴京仍然残破不堪。广大人民在侵略者铁蹄下的生活也就可想而知了。这使诗人更加了解他们对祖国的深情,对解放的渴望:

女僮流汗逐毡軿,云在淮乡有父兄。屠婢杀奴官不问,大书黥面罚犹轻。

——《清远店》(原注:“定兴县中客邸前,有女婢两颊刺逃走二字,云是主家私自黥涅,虽杀之不禁。”)

州桥南北是天街,父老年年等驾回。忍泪失声询使者:“几时真有六军来?”

——《州桥》(原注:“南望朱雀门,北望宣德楼,皆旧御路也。”)

连衽成帷迓汉官,翠楼沽酒满城欢。白头翁媪相扶拜,垂老从今几度看！

——《翠楼》(原注:“在秦楼之北,楼上下皆饮酒者。”)

诗中唱出了沦陷区千千万万苦难人民的心声,他们迫切盼望着故国军队的胜利到来,甚至因为看到一次南宋派来的使节而满城欢腾、热泪盈眶,这是多么令人感动的场面呵！《揽辔录》记载作者自己过相州时,“遗黎往往垂涕嗟啧,指使人云:‘此中华使国人也。’老妪跪拜者尤多”。这可以与《翠楼》诗参证。至于《州桥》一首所写在当时敌人镇压之下,也许并不是真实的场面,但却是沦陷区广大人民真实而强烈的心声。

范成大的使金纪行诗从一些比较特殊的角度反映了人民的爱国心情,为沦陷区广大人民的苦难与希望留下了实录;同时,通过这样一些作品,诗人也宣布了自己是一位爱国主义者。

田园杂兴及其他 和陆游、杨万里一样，范成大晚年退休以后，也有一段隐居田园的生活，并且特别热衷于对这种生活的描写。如在淳熙十三年(1186)这一年当中，他在石湖就写出了《四时田园杂兴》达六十首之多。这一组诗在相当广阔的范围内反映了江南水乡农民的劳动场景、日常生活和他们的乐趣和苦处，这在古代田园诗中是别具一格的。

范成大的田园诗有他自己独特的发展历程。他早年学陶渊明，抱着欣赏自然风光的态度来写农村，表现的是“信步随芳草，迷途问小童”(《寒食郊行书事》)，“桑叶露枝蚕向老，菜花成荚蝶犹来”(《初夏》)之类的意境，后来逐渐了解到农民的疾苦，便改学白居易、王建的新乐府风格，创作了许多知稼穑之艰难、悯农民之辛苦的作品。这个倾向一直发展到他晚年退居石湖时期。正是因为有了这样的长期生活积累，他才能创造性地写出了富有特色的新的田园诗。从《梅雨五绝》、《芒种后积雨骤冷三绝》发展到《四时田园杂兴》和《腊月村田乐府》，标志了范成大田园诗的成熟。

《四时田园杂兴》六十首作于淳熙十三年(1186)，分春日、晚春、夏日、秋日、冬日五组，各十二首，都是七言绝句。这一组诗相当全面地反映了农民的劳动生活和农村的风土人情，还在一定程度上触及了农民所受到的压迫剥削的苦难。如云：

柳花深巷午鸡声，桑叶尖新绿未成。坐睡觉来无一事，满窗晴日看蚕生。

——《春日田园杂兴》之一

高田二麦接三青，傍水低田绿未耕。桃杏满村春似锦，踏歌椎鼓过清明。

——《春日田园杂兴》之三

胡蝶双双入菜花，日长无客到田家。鸡飞过篱犬吠窦，知有行商来买茶。

——《晚春田园杂兴》之三

污莱一棱水周围，岁岁蜗庐没半扉。不着茭青难护岸，小舟撑取葑田归。

——《晚春田园杂兴》之七

昼出耘田夜绩麻，村庄儿女各当家。童孙未解供耕织，也傍桑阴学种瓜。

——《夏日田园杂兴》之七

采菱辛苦废犁钼，血指流丹鬼质枯。无力买田聊种水，近来湖面亦收租！

——《夏日田园杂兴》之十一

垂成穑事苦艰难，忌雨嫌风更怯寒。笺诉天公休掠剩，半偿私债半输官。

——《秋日田园杂兴》之五

新筑场泥镜面平，家家打稻趁霜晴。笑歌声里轻雷动，一夜连枷响到明。

——《秋日田园杂兴》之八

租船满载候开仓，粒粒如珠白似霜。不惜两钟输一斛，尚赢糠核饱儿郎。

——《秋日田园杂兴》之九

炙背檐前日似烘，暖醺醺后困蒙蒙。过门走马何官职？侧帽笼鞭战北风。

——《冬日田园杂兴》之二

黄纸蠲租白纸催，皂衣旁午下乡来。长官头脑冬烘甚，乞汝青钱买酒回。

——《冬日田园杂兴》之十

村巷冬年见俗情，邻翁讲礼拜柴荆。长衫布缕如霜雪，云是家机自织成。

——《冬日田园杂兴》之十二

这些诗歌比较有特色地和鲜明地反映了农民的勤劳朴实，他们短暂的欢乐和经常的苦恼忧伤。题材新颖，风格安详和雅，即使对一些他认为不合理的社会现象的暴露，也无疾言厉色，不同于其他写农民生活的诗人。

他晚年写的另一组诗《腊月村田乐府》十首也值得我们重视：

岁朝爆竹传自昔，吴侬政用前五日。食残豆粥扫罢尘，截筒五尺煨以薪。节间汗流火力透，健仆取将仍疾走。儿童却立避其锋，当阶击地雷霆吼。一声两声百鬼惊，三声四声鬼巢倾。十声百声神道宁，八方上下皆和平。却拾焦头叠床底，犹有余威可驱疠。屏除药裹添酒杯，昼日嬉游夜浓睡。

——《爆竹行》

乡村腊月二十五，长竿燃炬照南亩：近似云开森列星，远如风起飘流萤。今春雨雹茧丝少，秋日雷鸣稻堆小。侬家今夜火最明，的知新岁田蚕好。夜阑风焰西复东，此占最吉余难同：不惟桑贱谷芃芃，仍更苎麻无节菜无虫！

——《照田蚕行》

这组歌咏江南村俗的乐府诗，反映了人民世世代代追求幸福美好生活的愿望。他们希望赶走侵扰自己和平生活的恶鬼（《爆竹行》），希望有给自己带来温饱的好年成（《照田蚕行》），还希望变得聪明（《卖痴呆词》），变得富裕（《打灰堆词》）。这些风俗是我们民族在童年时代所产生，并流传到后世的，它们是幼稚的，可也是极其淳朴可爱的。在这组风俗诗里，范成大为我们记录了祖先们优美的感情。

由于范成大长期住在石湖农村，对农村生活有亲切的观感，这些田园诗就得以将农民的整个劳动过程，他们的日常生活以及他们的哀乐，鲜明地刻画出一个比较完全的面貌。这样，他便与自来诗人之写农民，或寄托自己闲逸的感情，或嗟叹农民艰辛的生活，却始终处在一个旁观者的地位有所不同。这也正是范成大对田园诗的独特贡献。

第八章　辛弃疾与南宋的豪放派爱国词

辛弃疾是中国文学史上最杰出的词人之一。他和陆游同时，也同样在自己的创作中极其成功地体现了崇高的爱国精神。他继承了苏轼以来的豪放词风和张孝祥等作家的爱国主义的创作思想，使词境变得更为雄奇阔大，彻底打破了词为艳科的传统观念，进一步提高了词的社会功能和在文学史上的地位。无论是思想内容还是艺术形式，辛词都比其前辈的作品提供了更多更新的东西。

辛词的豪放雄杰之美是显著的，为人所乐道的。这种词风不仅影响了同时代的陈亮、刘过等作家，而且影响了南宋后期整个的爱国词坛。当然，辛弃疾是一位具有复杂的生活经历和性格的词人，同时他又是一位以全力写词的作家，所以辛词的特色就远非这一点所能概括。以下，我们将论述这些问题。

第一节　辛弃疾的生平和著作

战士，词人　辛弃疾（1140—1207），字幼安，号稼轩，济南历城人。他诞生前十三年，金兵攻陷汴京，北宋王朝覆亡，所以辛弃疾是在沦陷区出生的。当金人占据济南时，辛弃疾的祖父辛赞由于家中人口众多，无法脱身南下，后来就只得出仕金国。但这却不是他的本心，所以他常常带着自己的孙儿“登高望远，指画山河”，并曾两次教青年辛弃疾去游历燕山（当时是金人的腹地），以观察山川形势，希望能有机会“投衅而起，以纾君父所不共戴天之愤”(见辛弃疾《进〈美芹十论〉札子》),可惜有志未伸,辛赞就去世了。

祖父的教育,在辛弃疾青少年时代的心田里播下了爱国思想的种子,而沦陷区人民的痛苦生活则更加深了他对敌人的憎恨。正如他后来在《美芹十论》中所指出的,当时的情况是:“彼视吾民,如晚妾之御嫡子,爱憎自殊,不复顾惜。”“民有不平,讼之于官,则胡人胜而华民则饮气以茹屈。田畴相邻,胡人则强而夺之,孳畜相杂,胡人则盗而有之。”在这样惨痛的种族压迫的环境中成长起来而又受过祖父教育的辛弃疾,便自然地渴望有一个统一强盛的国家,渴望能早日恢复中原。

绍兴三十一年(1161),金主完颜亮大举南犯。由于当时敌后义军的牵制,南宋名将虞允文的阻击,以及金国统治阶级内部冲突的扩大,完颜亮被部下所杀,进犯者可耻地失败了。金人的内乱和败北,激励了沦陷区人民反抗敌人的决心和信心,一时义军风起云涌,声势大盛。这时,辛弃疾只二十二岁,也毅然举起了抗金的旗帜,纠集了一支两千人的队伍,加入了耿京领导的农民起义军。耿京所率领的农民军以泰山周围为根据地,人数多达二十五万,是义军中最强大的力量。深通敌情和兵机的辛弃疾和他合作,担任了“掌书记”的职务,参与机密。

为了更有力地打击进犯者,耿京采纳辛弃疾的建议,并于次年派弃疾到建康,洽商义军如何接受南宋政府的领导和协同作战的问题。义军的忠勇感动了高宗,朝廷正式任命耿京为天平军节度使,并授予辛弃疾以承务郎的官职。在北中国出生的战士辛弃疾,愉快地完成了耿京交托的任务,第一次为国家的统一事业作出了贡献。可是,一个突如其来的事变发生了。叛徒张安国乘辛弃疾出使的时候谋杀了耿京,投降了敌人,义军也因此溃散了。在归途中的辛弃疾听到了这个不幸的消息,立即带领五十多位勇士,出其不意地袭击了有五万大军的金营,抓获了叛徒张安国,迅速地奔回了南方,将叛徒解赴建康,斩首示众。这一机智勇敢的壮举,打击了金人的凶焰,伸张了抗敌正气,辛弃疾也由此名重一时,“壮声英慨,懦士为之兴起,圣天子一见三叹息。”(洪迈《稼轩记》)这一段火热的斗争经历,使他终生难忘,而且始终是他重要的创作源泉之一。

张安国叛变事件的结束，也同时结束了辛弃疾在沦陷区的活动。他在南方留下来了。但是，偏安的统治者是怯懦的，要期待他们将恢复大计提到日程上来是十分困难的。在这种气氛中，辛弃疾自然难得有所作为。因此，从他二十三岁到三十二岁这整整十年中，他所担任的只不过是江阴军签判、建康府通判、司农寺主簿等与恢复大业无关的官职。在这一时期里，值得注意的是他先后写出了政论名著《美芹十论》（又名《御戎十论》）和《九议》。前者是乾道元年（1165）献给孝宗的，后者是乾道六年（1170）上给宰相虞允文的。这两部著作很全面、很精辟地分析了当时的敌我形势，并提出了进取的方略，“笔势浩荡，智略辐凑，有《权书》、《衡论》之风”（刘克庄《辛稼轩集序》），显示了辛弃疾的经纶济世之才。这些著作虽然在政府中没有受到应有的重视，然而在它传播四方之后，却使得不甘屈辱的士大夫从其中获得了希望、信心和力量，也使更多的人更全面地认识到作者的才能。

乾道八年（1172）春天，辛弃疾终于碰到一个能够舒展自己才能的机会，他被派到邻近金国的边郡滁州做太守了。滁州当时属淮南东路，是宋金战争中双方必争之地，久遭兵燹，“其民编茅藉苇，寄于瓦砾之场”，“市无鸡豚，晨夕之须无得”，但经过辛弃疾的一番整顿之后，不久就“流逋四来，商旅毕集，人情愉愉，上下绥泰”（见崔敦礼《代严子文滁州奠枕楼记》，载《宫教集》卷六）。他开辟了新的市场，命名为繁雄馆，又创建一座奠枕楼，供市民登临游赏，使滁州顿改旧观，呈现了兴旺发达的景象。

淳熙二年（1175），辛弃疾由仓部郎官出任江西提点刑狱，平定了以赖文政为首的茶商军。四年，他升任荆湖北路安抚使、马步军都总管、知洪州隆兴府。此后又改任湖北、湖南的转运副使。在这一时期内，他曾在南宋王朝的派遣下，镇压了茶民和农民的暴动。辛弃疾当然不可能对这种暴动的正义性有所认识，但作为一个有远见的而且同情人民的政治家，他已经体察到这些事变产生的原因，也知道这种暴动不是单纯用武力所能扑灭的。所以在《淳熙己亥论盗贼札子》中坦率地指出：“田野之民，郡以聚敛害之，县以科率害之，吏以取乞害之，豪民大姓以兼并害之，而又盗贼以剽杀攘夺害之，臣以谓：不去为盗，将安之乎？”他希望皇帝能“深思致盗之由，讲求弭盗之术，无恃其有平盗之兵”。这些意见证明，辛弃疾虽然执行了朝廷所交给他的镇压那些反抗朝廷的群众的任务，但他并不完全同意这种做法，这样，辛弃疾就将自己和统治阶级中一般的将军们区别开来了。从淳熙六年(1179)到七年，辛弃疾在湖南和江西安抚使任内，也做了许多有益于人民的工作，特别是训练新军和举办荒政，成效卓著。他在湖南创建的飞虎军，是一支国防劲旅，在其后的四十年中，在北方边防上发挥了重要的作用。然而，辛弃疾在地方上大刀阔斧地进行的整顿改革，却引起了豪强和一些官僚的不满。淳熙八年冬，谏官王蔺诬告他“用钱如泥沙，杀人如草芥①”，使他遭到了罢官的处分。

在这之前，辛弃疾已经感到“生平则刚拙自信，年来不为众人所容，顾恐言未脱口而祸不旋踵”(《论盗贼札子》)。事实上也正是如此，他在各地任内所推行的一些政令，如果是对人民有利的，那在客观效果上就不能不抑制地方的豪强，妨碍某些特权阶级的利益。这种矛盾是不可避免的。在被削职之后，他就立刻回到了事先在江西上饶买好的庄园里。这地方名叫带湖，有一大片土地。他认为，“人生在勤，当以力田为先”(《宋史》本传)，因此便把新造的房子题名为稼轩，并自号为稼轩居士。自淳熙九年(1182)以后，除了绍熙三年(1192)和四年曾一度出任福建提点刑狱和安抚使之外，前后共有十八年之久，辛弃疾一直退居江西。前十年住在带湖，庆元二年(1196)以后的八年则迁居于铅山县的瓢泉。

辛弃疾被罢官时只有四十二岁。青年时代曾经跃马横戈，壮年时代曾经理繁治剧的英雄人物，在四十岁刚出头就被迫退隐，这难道不是命运对于他的嘲弄吗？在带湖和瓢泉，辛弃疾开始更广阔地和更深刻地注视着人生，也很自然地产生了一些更其复杂的思想感情，这都表现在他的词作中。他和韩元吉、范开等唱和，特别是与陈亮在鹅湖相会，都写出了一系列奋发激越、寓意高远的作品。这是辛弃疾从事文学创作的高潮时期。这一时期的作品奠定了他在文学史上的地位。

---

①　语见《宋史》本传，但误将此事系于绍熙五年，据邓广铭《辛稼轩先生年谱》考定，当为淳熙八年冬。

宁宗嘉泰三年(1203),辛弃疾已经六十四岁了,朝廷忽然起用他为两浙东路安抚使,出知绍兴府。这主要是因为宰相韩侂胄正想发动北伐,为了笼络著名的主战派以博取时誉,所以有此任命。在抗金大业上,辛弃疾是赞同韩侂胄的,虽然明明知道韩侂胄并不是一个可以共事的人,但想到自己已届老年而报国无门,这次既然有机会参与恢复大计,便也应召出山了。他到绍兴后,特地拜访了七十九岁高龄的爱国诗人陆游,常相往来。嘉泰四年皇帝召见他时,陆游还写了一首长诗《送辛幼安殿撰造朝》,诗中高度赞扬他的文学才华和政治魄力,勉励他担当复兴的重任。辛弃疾入朝后,“言敌国必乱必亡,愿属元老大臣预为应变计”(见《宋史·韩侂胄传》)。他指出必须做好充分的准备,不可草率冒进,但韩侂胄并不肯信用他,却把他改任为镇江知府。为了配合备战,他到镇江后在训练部队、侦察敌情、储备物资等方面做了很多工作。可惜为时不过两年,他又被人诬告而丢了官。开禧元年(1205)七月,他回到铅山瓢泉,他为恢复事业所做的最后努力和希望仍然落空了。而韩侂胄急功好利,在准备不足的情况下于次年出兵,结果是大败而归,丧师辱国。当时竟有人因为他曾接近韩侂胄而攻击他。他不胜感慨地说:“侂胄岂能用稼轩以立功名乎?稼轩岂肯依侂胄以求富贵者乎?”(见谢枋得《祭辛稼轩先生墓记》)这些话是沉痛的、悲凉的。开禧三年(1207)秋,这位杰出的爱国者以六十八岁之年病逝于铅山,抱恨入地,赍志以殁。

辛弃疾的经历又一次地显示了一个优秀人物在那个可悲的时代里走完他被迫无为的道路的完整过程。他是一个富有爱国思想的战士,也是一个有远见有才能的政治家。诚如钱士升所云:“使稼轩得握生杀之权,予之以不中制之任,忠义慷慨,必能鼓舞一世。进则为折冲,退则为保障,精采规模,自有大可观者。”(《南宋书·辛弃疾传论》)但他却受到南宋统治集团的排挤打击,“入仕五十年,在朝不过老从官,在外不过江南一连帅”(谢枋得《祭辛稼轩先生墓记》)。这不只是他个人的悲剧,也正是那个时代的悲剧。幸而他的才华在文学上表现了出来。作为一个大词人,辛弃疾在自己的创作中展示了时代悲剧,也反映了他自己昂扬的战斗意志,教育了当代和后代的读者。

辛弃疾死后一百多年，张埜经过江西铅山的辛氏坟地，写了一言《水龙吟·酹辛稼轩墓》：

> 岭头一片青山，可能埋没凌云气？遐方异域，当年滴尽，英雄清泪。星斗撑肠，云烟盈纸，纵横游戏。谩人间留得，阳春白雪，千载下，无人继。　　不见戟门华第，见萧萧竹枯松悴。问谁料理，带湖烟景，瓢泉风味。万里中原，不堪回首，人生如寄！且临风高唱，逍遥旧曲，为先生酹。

这首词写出了辛弃疾既是战士又是词人的精神风貌，并充分反映了后人对于他的追怀和仰慕。

辛弃疾的著作　辛弃疾除了工于填词外，诗歌和散文也写得很好。据刘克庄《辛稼轩集序》记载："辛公文墨议论尤英伟磊落"，"世之知公者，诵其诗词"。元人抄本《诗渊》所录辛诗均标明出自《宋稼轩集》，可知辛弃疾的作品原已成集，收有诗歌。此外，《宋史·艺文志》曾著录《稼轩奏议》一卷。可惜自明代以后，这些本子都湮没失传了。直到清朝嘉庆年间，辛启泰才注意收集其遗文佚诗，编成《稼轩集抄存》一书，但其中有误收，有缺失，邓广铭先生重加厘定，剔除误收，更进一步从《诗渊》等文献中补录校订，完成《辛稼轩诗文钞存》一书，得诗一百二十四首，散文十七篇，为研究辛弃疾的思想和创作道路提供了方便。

辛弃疾的诗风略近其词。如《送别湖南部曲》：

> 青衫匹马万人呼，幕府当年急急符。愧我明珠成薏苡，负君赤手缚於菟。观书到老眼如镜，论事惊人胆满躯。万里云霄送君去，不妨风雨破吾庐。

刘克庄《后村诗话》后集卷二认为"此篇悲壮雄迈，惜为长短句所掩"。此外，他还有一些写景寓意的诗，也是言之有物，不作无病之呻的：

> 书窗夜生白，城角晓增悲。未奏蔡州捷，且歌梁苑诗。餐毡怀雁使，无酒羡羔儿，农事勤忧国，明年喜可知。
>
> ——《咏雪》

> 三峰一一青如削，卓立千寻不可干。正直相扶无倚傍，撑持天地与人看。
>
> ——《江郎山和韵》

辛弃疾的政论文风格近于苏氏父子，见事明审，说理透辟，气势凌厉，所以刘克庄认为他是继承了苏洵《权书》、《衡论》的文风。试看《九议》第一篇中的前两段：

> 恢复之道甚简且易，不为则已，为则必成。然而某有大患：天下智勇之士未可得而使也。人固有以言为智勇者，有以貌为智勇者，又有以气为智勇者。言与貌为智勇，是欺其上之人，求售其身者也，其中未必有也；以气为智勇，是真足办天下之事而不肯以身就人者，叩之而后应，迫之而后动，度其上之人果足以有为，于是乎出而任天下之事，其规模素定，不求合于人者。
>
> 且恢复之事，为祖宗、为社稷、为生民而已，此亦明主所与天下智勇之士之所共也，顾岂吾主吾相之私哉。然而特怵于天下之士不乐于吾之说，故切切然议之，遂使小人乘间投隙，持一偏可喜之论以谋己私利，上之人幸其不徇流俗而肯为是论也，亦稍稍而听之，故施于事者或骇，用于兵者有未可知。此某之所以为大患欤。

辛弃疾的词现存六百多首，是宋代词人中作品最多的一家。他的词集有两种版本，第一种是四卷本，称为《稼轩词》，分甲乙丙丁四集，在辛弃疾生前就编成了。《直斋书录解题》及《文献通考·经籍考》均曾著录，现有涵芬楼影印本。另一种是十二卷本，称为《稼轩长短句》，是辛氏去世后编成的，共收词五百七十三首。《直斋书录解题》中所说信州本十二卷，

《宋史·艺文志》著录《辛弃疾长短句》十二卷，就是指的这个系统的本子，现在传世的有元成宗大德三年(1299)广信书院的刻本，这是辛词中较为完备的版本，现有中华书局影印本行世。以四卷本与十二卷本相比较，彼此都有传世的价值。四卷本所收辛词虽然不全，但其中题语和小序等未经改动，其中甲集并带有编年的意味；十二卷本收词较全，以词调长短为次，同调之词集中汇录，但题语及词中字句多经改动，在修辞上则较胜于四卷本，可能是辛氏晚年自己改定的。

但这两个本子所收辛词也还有遗漏。辛启泰从《永乐大典》等文献中已辑得三十六首，其后朱祖谋、梁启超和启勋兄弟、唐圭璋又有所增补。邓广铭撰《稼轩词编年笺注》，将四卷本、十二卷本和“补遗”合为一集，去其重复，另行辑佚考订，共收辛词六百二十六首，是现在较完善的本子。(按：依据辑佚新发现，辛词共为六百二十九首。)

第二节　辛词的独创性

辛弃疾的词，在质量上很高，在数量上也很多。对于创作问题，他没有留下多少意见，但从其个别词句中，我们可以知道，他反对那些无病呻吟和吟风弄月的作品，所以说：“老无情味到篇章，诗债怕人索；却笑近来林下，有许多词客。”(《好事近·和城中诸友韵》)他也反对那些只写个人感情，不注意社会生活的作品，所以说：“人散后，月明时，试弹《幽愤》泪空垂。不如却付骚人手，留和《南风》解愠诗”(《鹧鸪天·徐衡中抚干惠琴不受》)。同时，在另外一些记载中，我们也可以知道，他是一个写作得很快，但是又肯反复修改自己作品的人。岳珂《桯史》卷三载，辛氏在有一次宴席上曾自诵《贺新郎》、《永遇乐》两首词，“遍问客，必使摘其疵”。青年岳珂表示愿意提点意见，“稼轩喜促膝，亟使毕其说”。岳珂指出《贺新郎》首尾语句雷同，《永遇乐》用典太多，他听了很高兴，就根据岳珂的意见，反复地进行修改，“日数十易，屡月犹未竟”。这些零星的记事使我们认识到：辛弃疾确是一位具有进步的文艺观点、富有才华而又很谦逊的作家。

不平凡的生活以及坚强、勇敢、淡泊而又乐观的性格给辛弃疾的创作提供了异常丰富的内容，同时，这种内容也要求着与之相适应的独特的形式。于是，辛弃疾将我们带进了词史上一个新的时代，同时也显示了他自己作品的独创性。

爱国思想和战斗精神　辛弃疾在词史上开辟了一个新的时代，具体表现在他的创作给与了我们许多另外一些词人所没有能给与我们的，或至少没有能那么丰富地给与我们的东西。同时，词人这种慷慨的给与，又是通过了他独特的艺术手段来完成的。这就使读者不只是从他的创作中受到了思想教育，也获得了丰富的美感。

在现存辛词中，没有留下他早年直接描写自己参加义军那段生活经历的作品，这是非常可惜的。所幸的是在另外一些词作中，他却通过对于往事的回忆，画出了自己青年时代的面影：

> 落日塞尘起，胡骑猎清秋。汉家组练十万，列舰耸层楼。谁道投鞭飞渡，忆昔鸣髇血污，风雨佛狸愁。季子正年少，匹马黑貂裘。　今老矣，搔白首，过扬州。倦游欲去江上，手种橘千头。二客东南名胜，万卷诗书事业，尝试与君谋。莫射南山虎，直觅富民侯。
>
> ——《水调歌头·舟次扬州，和人韵》

> 壮岁旌旗拥万夫，锦襜突骑渡江初。燕兵夜娖银胡䩮，汉箭朝飞金仆姑。　追往事，叹今吾，春风不染白髭须。都将万字平戎策，换得东家种树书。
>
> ——《鹧鸪天·有客慨然谈功名，因追念少年时事，戏作》

这两首词都是怀旧伤今之作，如实地描写了词人对青年时代战斗生活的回忆和向往。绍兴三十一年（1161），虞允文采石之捷使词人多年后仍为之神往。那一次战役奇迹般地挫折了金主亮的凶焰。长江上战舰林立，军容很盛。而辛弃疾恰好是在胜利之后被耿京派到南京来的。这位才从北方沦陷区过来的青年，面对着这样激动人心的胜利，面对着这支击溃了敌人的英雄队伍，又怎么能不兴奋呢?《水调歌头》上片中所写的，正是这样一种情景。词人虽然只用“季子正年少，匹马黑貂裘”这样简单的两句来描写自己的外形，但联系到整个的画面，我们确实感觉得到他的雄姿英发。至于《鹧鸪天》的上片，则是辛弃疾由起义到归宋那一段生活的抒情性的概括。义军声势的浩大，双方战斗的紧张，南归时场面的惊险，在短短的四句中，都给鲜明地表现出来了。但如我们所已经知道的，词人将整个生命献给抗金斗争的愿望并没有能实现，相反地，他在更多的岁月里，过的却是陆游在《病起》诗中所感叹的“志士凄凉闲处老”那种难堪的生活，这两首词下片所写的，也正是如此。这样，老去的辛弃疾就不只是对早年战斗生活表示无限的追怀，愿意永远保持着对于它的鲜明记忆，而且还往往以想像来补充它，丰富它。如像他写给好友陈亮的一首小词，可以说就是在这种心情之下产生的：

醉里挑灯看剑，梦回吹角连营。八百里分麾下炙，五十弦翻塞外声，沙场秋点兵。　　马作的卢飞快，弓如霹雳弦惊。了却君王天下事，赢得生前身后名，可怜白发生。

——《破阵子·为陈同甫赋壮语以寄之》

在这首词里，辛弃疾以纳须弥于芥子的手段，描写了抗金部队非常壮阔的斗争图景，以及和陈亮所共同具有的豪迈情怀。上片追叙年轻时在山东义军中驰骋沙场抗击金兵的英雄气概和战斗经历，下片抒发了当时为国立功的远大抱负，但是，他恢复河山的理想却被“可怜白发生”的现实碾碎了。这最后一句极其沉痛，充满了无可奈何的悲愤之情。

早年的战斗生活是辛弃疾的政治事业和文学事业的起点。它锻炼了词人的性格和感情。对于在耿京义军中战斗生活的回忆和向往的词篇，是辛弃疾创作中爱国精神表现的一个重要方面。

辛弃疾始终是以一个生活的积极干预者的身份出现在人生舞台上的。南归以后，虽然被人屡次地、长期地排挤，但他并没有放弃自己作为一个政治家和作家应尽的责任，相反地，却是“不平之鸣，随处辄发”(周济

《介存斋论词杂著》)。通过各种不同的主题和表现手段,他成功地抒发着自己的政治感情,从而顽强地宣传了自己的政治见解。如:

老来情味减,对别酒,怯流年。况屈指中秋,十分好月,不照人圆。无情水,都不管,共西风只管送归船。秋晚莼鲈江上,夜深儿女灯前。　　征衫便好去朝天,玉殿正思贤。想夜半承明,留教视草;却遣筹边。长安故人问我,道愁肠殢酒只依然。目断秋霄落雁,醉来时响空弦。

——《木兰花慢·滁州送范倅》

渡江天马南来,几人真是经纶手?长安父老,新亭风景,可怜依旧。夷甫诸人,神州沉陆,几曾回首!算平戎万里,功名本是,真儒事,公知否?　　况有文章山斗,对桐阴,满庭清昼。当年堕地,而今试看,风云奔走。绿野风烟,平泉草木,东山歌酒。待他年,整顿乾坤事了,为先生寿。

——《水龙吟·甲辰岁寿韩南涧尚书》

绿树听鹈鴂。更那堪、鹧鸪声住,杜鹃声切。啼到春归无寻处,苦恨芳菲都歇。算未抵、人间离别。马上琵琶关塞黑,更长门、翠辇辞金阙。看燕燕,送归妾。　　将军百战身名裂。向河梁、回头万里,故人长绝。易水萧萧西风冷,满座衣冠似雪,正壮士、悲歌未彻。啼鸟还知如许恨,料不啼、清泪长啼血。谁共我,醉明月。

——《贺新郎·别茂嘉十二弟》

这三篇赠人之作,其对象的具体情况各不相同,作者对这些情况的感受也不一样。但它们之间却有一个容易察觉的、基本的共同点:在这些作品里,辛弃疾力图以自己的战斗精神影响他的友人和亲人。

《木兰花慢》是乾道八年(1172)秋作者在滁州任上为送别通判范昂赴临安而作。范昂一向和他相处得很好,这次被召赴京,作者对他寄予了殷切的期望，祝愿他受到朝廷的重用，能够参与军事筹划，为恢复大业作出贡献。江上莼鲈，灯前儿女，诚然是令人留恋的，但视草筹边，不更是需要人吗？词中最后透露了自己的抑郁之情。因为滞留滁州，虽然也可以小试牛刀，可对于自己所追求的事业，却还是距离太远了。

辛弃疾闲居上饶期间，韩元吉也住在那里。《水龙吟》就是他在淳熙十一年（1184）写来祝贺他的这位好友六十六岁寿辰的。韩元吉也是一位爱国志士。正因为所祝贺的是这样一个人，所以词中激励之情，更多于祝贺。辛弃疾要求他的好友像历史上杰出的政治家裴度、李德裕、谢安等人一样，为国家建功立业，功成然后身退。他坚信中原能恢复，国家能统一，"整顿乾坤"是他终生的奋斗目标，而在词中则提出这一点来与韩元吉共勉。这篇作品不仅体现了词人的豪情壮志，也反映了辛、韩两人深挚的交谊。它和南宋时代已经泛滥起来的庸俗应酬的寿词有着根本的区别。

与上述两篇不同，辛弃疾在《贺新郎》中并没有正面宣传自己的主张，他只是出其全力来描写他和族弟茂嘉的离别之恨，从而曲折地体现了他的忧国之情。此词写于庆元三年（1197）闲居铅山时期，其中运用了江淹《别赋》的手法，描绘了古来五个有代表性的离别悲剧，熔铸成一幅惊心动魄的人间离别图，风格沉郁苍凉，笔势跳跃动荡，给予读者以强烈的感受。在刘过的《龙洲词》中，有一首题为《送辛幼安弟赴桂林官》的《沁园春》，其中写道："正三齐盗起，两河民散；势倾似土，国泛如杯。猛士云飞，狂朋灰灭，机会之来人共知。何为者？望桂林西去，一骑星驰。"如果刘词中的辛弟所指就是茂嘉，那么，辛弃疾这一次的别恨何以有如此之深，便不难理解了。他惋惜的不是和族弟的分别，而是这位有志于恢复大业的族弟正当有机会北击狂胡之时，朝廷却反而将他从北方南调，丧失了投身于这种英雄事业的可能性。自然，这首词所具有的史实基础，一定比现在知道的要丰富得多。但即使我们对它的本事毫无所知，也能在词人悲壮慷慨的声音里察觉到：使他感到如此激动的，乃是一种深厚的政治感情，而决不是寻常的单纯的"人间离别"。

辛弃疾这种深厚的政治感情，是作为一种基调而反复出现在其全部创作中的。因此，它不仅表现在如上所举的一些赠答唱酬的篇章中，而更多地是表现在广阔多样的题材里。如《菩萨蛮·书江西造口壁》，就是他抒发这种感情非常成功的作品之一：

郁孤台下清江水，中间多少行人泪！西北望长安，可怜无数山。青山遮不住，毕竟东流去。江晚正愁余，山深闻鹧鸪。

此词写于淳熙三年(1176)春，当时作者任江西提点刑狱公事，驻赣州。郁孤台在赣州西北角文璧山上，赣江由此流经万安县的造口，朝东北方向入鄱阳湖。建炎三年(1129)十月，正当南宋政权初建，局势很不稳定的时候，金兀术分兵南下，东路攻陷临安，并向逃往浙江的高宗追击，西路则沿赣江穷追隆祐太后(即哲宗的孟后，高宗的婶母)，直到江西造口一带。四十多年后，辛弃疾来到了这烙上了羞耻的印记的地方，抚今追昔，就填了这首词。上片从赣江的流水联想到人民遭受苦难的血泪，对沦陷的北方领土和抗战军民表示了深切的怀念。虽然字面上并未直接提出金兵穷追隆祐太后的史实，然而在点明地方的起句之后，紧接着写了一句饱含忧愤的“中间多少行人泪”，就使得读者对于词人的言外之意完全理解了。敌人的南犯，乃是汴京倾覆的结果。但过了几十年，长安(指汴京)仍然是可望而不可即，这就更不能不引起他的无限感叹。下片即景抒情，青山虽然能遮断人们瞭望中原故都的视线，又怎能挡住赣江的奔流呢？大江东去，正如不可抗拒的历史潮流，人民抗战的意志是不可阻挡的。词人最后以鹧鸪“其志怀南”的形象和“但南不北”的鸣声比喻自己①，隐喻阻碍虽多，而自己力图恢复的主张绝不改变。此词在健拔的笔锋中掺和着极为含蓄的感叹情调，具有一种特别沉雄的风格。

和《菩萨蛮》的主题近似的，还有以京口北固亭为题的两首：

千古江山，英雄无觅，孙仲谋处。舞榭歌台，风流总被，雨打风吹

① 关于鹧鸪怀南的传说，见《太平御览》卷九百三十五引汉杨孚《异物志》。

去。斜阳草树，寻常巷陌，人道寄奴曾住。想当年，金戈铁马，气吞万里如虎。　　元嘉草草，封狼居胥，赢得仓皇北顾。四十三年，望中犹记，烽火扬州路。可堪回首，佛狸祠下，一片神鸦社鼓。凭谁问，廉颇老矣，尚能饭否？

——《永遇乐·京口北固亭怀古》

何处望神州？满眼风光北固楼。千古兴亡多少事，悠悠，不尽长江滚滚流。　　年少万兜鍪，坐断东南战未休。天下英雄谁敌手？曹刘，生子当如孙仲谋。

——《南乡子·登京口北固亭有怀》

嘉泰四年(1204)，辛弃疾以六十五岁的高龄出知镇江府，希望能为祖国的统一事业作出最后的努力。这两首词就是这个时候写的。镇江(京口)是长江下游的军事重镇，形势冲要，自来为兵家必争之地。北固山濒临大江，以险固得名，三国时代，与曹魏争衡的孙权曾在这里屯兵。南北朝时代，曾经北伐中原取得胜利的宋武帝刘裕也是在这里起家的；但刘裕的儿子文帝在没有充分准备的情况下举兵伐魏，结果被打败了，北魏太武帝佛狸反攻过来，曾一直进到镇江对岸的瓜洲。到了南宋绍兴三十一年(1161)，金主亮攻陷扬州直逼采石，又使得镇江一度面临严重的危机，幸亏虞允文在采石矶打了一个大胜仗，才解除了敌人的威胁。而作者自己也正是那时候初次来到南方，如他在《水调歌头》(“落日塞尘起”)中所描写的。这些旧事，远的已有千年，近的也快半个世纪了，但在作者的脑海中都被这一座饱经沧桑的名城联系了起来。命运有点和廉颇一样的迟暮的英雄辛弃疾，当他想起这一切的时候，又怎么能不引起无限沉重的成败兴亡之感呢？《南乡子》中用曹操、刘备和孙权对照，突出地歌颂了孙权能够保卫东南，战胜强敌。明显地含有借古喻今的意味。这两首词，和一般的怀古作品不同，词人在这里抒发的，不是对往昔如梦的繁华的惦念以及由之而产生的淡淡的哀愁，而是对正义斗争的胜利和“气吞万里如虎”的英雄的热烈向往，对自己长期受到抑制的慷慨壮怀的有力宣泄，风格明快，情调昂扬，充满了鼓舞人心的力量。

辛弃疾由于自己的救国抱负不能伸展，所以作品中经常流露出勃郁不平之气。享年六十八岁的辛弃疾是二十三岁回到南方的，他事实上只在南宋生活了四十五年。而在这四十五年当中，又整整有十八年被迫在江西隐居。在另外的二十余年中，虽然出任一些大小官职，但能够畅行其志的时候也极少，遭到打击的时候却很多。可以说，他基本上是在无所遇合、无所作为的环境中度过了他一生的。作为一个爱国者，对于这种情况，他不能不感到苦闷、愤慨、寂寞；作为一个词人，他不能不将这种苦闷、愤慨和寂寞反映在自己的作品中。于是，跟其前辈王安石、同辈陆游一样，他写了许多寓悲壮于闲淡中的歌词：

> 楚天千里清秋，水随天去秋无际。遥岑远目，献愁供恨，玉簪螺髻。落日楼头，断鸿声里，江南游子，把吴钩看了，栏杆拍遍，无人会，登临意。　　休说鲈鱼堪鲙，尽西风、季鹰归未？求田问舍，怕应羞见，刘郎才气。可惜流年，忧愁风雨，树犹如此！倩何人唤取，红巾翠袖，揾英雄泪！
>
> ——《水龙吟·登建康赏心亭》

> 举头西北浮云，倚天万里须长剑。人言此地，夜深长见，斗牛光焰。我觉山高，潭空水冷，月明星淡。待燃犀下看，凭栏却怕，风雷怒，鱼龙惨。　　峡束苍江对起，过危楼，欲飞还敛。元龙老矣，不妨高卧，冰壶凉簟。千古兴亡，百年悲笑，一时登览。问何人又卸，片帆沙岸，系斜阳缆？
>
> ——《水龙吟·过南剑双溪楼》

将这两篇《水龙吟》放在一起考察，发人深思。前一篇大约写于淳熙元年(1174)。作者本是意气风发的抗金战士，自从二十三岁南归以来，至此已过去了十二年。尽管他多次向朝廷提出收复失地的意见，但始终没有得到重视和采纳。现在登高望远，想起北方沦陷的广大国土，不由他不激动得伤心落泪。因为即使是在这种报国无路的情况下,他也仍然关怀国家的存亡。而对于那些贪图个人享乐,一味地求田问舍的庸人则不能不加以鄙视。最后,词人发出了感到寂寞同时又以激越之情去抗拒寂寞的声音。后一篇写于他卸任福建安抚使以后,这时是绍熙五年(1194),作者已五十五岁了。安抚使不失为一个可以一试身手的官职,但辛弃疾到福建不过两年多,却仍然遭到排挤,被诬告而落职。在归附上饶的途中,他登览了南剑州的双溪楼。故老相传,楼前的潭水在夜间常常现出宝剑的光华。这一传说吸引着他,使他沉入了非常奇幻的想象里。他想取出潭中的宝剑去扫荡金兵,收复国土,可又害怕"风雷怒,鱼龙惨"。这种想象,事实上正是他的激情在现实生活中受到压抑的曲折反映。所以他接着就清醒地指出:面对着投降派的打击迫害,他只有自甘淡薄凄清,高卧百尺楼头而已!这同样是一种抗拒寂寞的声音,但它却发之于辛弃疾久历沧桑、饱经忧患之后,因而更其悲壮苍凉。这两篇所表现的忧念国事的思想感情是完全一致的,但风格却有一些细微的差别。

艺术手段和艺术特色　以上简略地加以论述的一些作品,在艺术上有一个基本的共同点,即它们大都是以直陈其事的赋体来写的。可是,这并不意味着辛词的表现手法只限于这一个方面。实际上,比兴也是他常用的。如《摸鱼儿·淳熙己亥自湖北漕移湖南,同官王正之置酒小山亭,为赋》:

> 更能消、几番风雨,匆匆春又归去。惜春常怕花开早,何况落红无数。春且住,见说道、天涯芳草无归路。怨春不语,算只有殷勤画檐蛛网,尽日惹飞絮。　　长门事,准拟佳期又误。蛾眉曾有人妒。千金纵买相如赋,脉脉此情谁诉?君莫舞,君不见,玉环飞燕皆尘土!闲愁最苦。休去倚危栏,斜阳正在,烟柳断肠处。

这首词,上片写自己对春天消逝的惋惜,下片写宫廷妇女失宠后的幽怨。这两种情事本来没有必然的联系,但经作者熔铸成为一个整体,其令人怅惋之情就更加突出了。据罗大经《鹤林玉露》记载,孝宗看到了这首词后,很不高兴。① 这是什么缘故呢?原来,这位皇帝也看出了《摸鱼儿》是用比兴的手法创作的。词中对春光零落的惋惜,也就是对国事衰微的惋惜;对陈皇后失宠于汉武帝的慨叹,也就是对英雄见弃于朝廷的慨叹。通过惜春、失宠这两种互不相同但却可以类比的情事,作者将忧国深衷和投闲孤愤都表现了出来。远在战国时代,屈原就已经发出"日月忽其不淹兮,春与秋其代序,谁草木之零落兮,恐美人之迟暮"的咏叹调,辛弃疾继承了这种用美人香草作比的传统,极其深刻地、凄楚地抒写了自己报国无门的身世之感。所以梁启超赞美这首词说:"回肠荡气,至于此极,前无古人,后无来者。"(见梁令娴《艺蘅馆词选》丙卷,广东人民出版社 1981 年版)

《摸鱼儿》是辛词中可以肯定为具有深长的言外之意的名作。此外,还有一些篇章也是公认为属于同一类型的。如《汉宫春·立春日》:

春已归来,看美人头上,袅袅春幡。无端风雨,未肯收尽余寒。年时燕子,料今宵,梦到西园。浑未办、黄柑荐酒,更传青韭堆盘。

却笑东风从此,便薰梅染柳,更没些闲。闲时又来镜里,转变朱颜。清愁不断,问何人、会解连环。生怕见、花开花落,朝来塞雁先还。

这首词也是另有寄托的。周济在《宋四家词选》中曾解释说:"'春幡'九字,情景已极不堪。燕子犹记年时好梦。'黄柑'、'青韭',极写宴安酖毒。换头又提动党祸。结用雁与燕激射,却捎带五国城旧恨。辛词之怨,未有甚于此者。"在文艺作品中,形象总是大于思想的。丰富复杂的艺术形象,往往会引起不同的看法和解释。我们不完全同意周济将它的寓意说得这么确凿,但周氏敏感到这首带有感伤情调的词很富于暗示性,它暗示了词人的感伤不只是为了春光易老,良辰不再,这一点仍是值得我们深思的。

---

① 《鹤林玉露》甲编卷一:辛幼安晚春词"更能消、几番风雨"云云,"词意殊怨。'斜阳烟柳'之句,其与'未须愁日暮,天际乍轻阴'者异矣。便在汉、唐,宁不贾种豆、种桃之祸哉?愚闻寿皇(孝宗)见此词,颇不悦,然终不加罪,可谓至德也已。"按:"未须"二句,程颐和司马光等禊饮诗,阮阅《诗话总龟后集》卷三十七引《龟山语录》谓其温厚,"闻者自然感动"。

辛弃疾笔下的语言非常丰富，他在突破散文、诗、词等不同样式的语言界限上，比苏轼更为大胆。在他的作品中，我们不仅看到了为前辈作家所使用过的语言和词人自己所提炼的口语，而且还看到了他从群经、子、史、小说中所选择出来的语言。这些风格上存在着显著差别的材料，经过他熔铸以后，就形成了一种富有特色的辛弃疾式的语言，呈现了辛词五光十色的风格。《白雨斋词话》卷七说："辛稼轩词，运用唐人诗句，如淮阴将兵，不以数限，可谓神勇。"这准确地指出了辛氏熔铸书面语言的能力。如《沁园春·带湖新居将成》：

> 三径初成，鹤怨猿惊，稼轩未来。甚云山自许，平生意气；衣冠人笑，抵死尘埃。意倦须还，身闲贵早，岂为莼羹鲈鲙哉！秋江上、看惊弦雁避，骇浪船回。　　东岗更葺茅斋，好都把、轩窗临水开。要小舟行钓，先应种柳；疏篱护竹，莫碍观梅。秋菊堪餐，春兰可佩，留待先生手自栽。沉吟久，怕君恩未许，此意徘徊。

这是词人发自内心深处的自白。他在带湖营建园田住宅，正和江上的雁和船一样，只是为了躲避弓箭与风浪。既然国家大事插不上手，荣华富贵之于自己又正如腐鼠之于鸳雏，那么，又何必老是在崎岖的仕途上奔波呢？还不如归隐吧！这，原是他预感到不为庸人所容时一种无可奈何的想法和做法。然而祖国和人民却不断地在召唤着他，所以他既感到不能使"鹤怨猿惊"，可又怕"君恩未许"。这就深刻地揭示了他内心矛盾所形成的苦闷和悲愤。这首词的深刻用意是用富有特色的语言表达出来的。它融合汉代蒋诩三径、晋朝张翰莼鲈的故事，《楚辞·离骚》中春兰秋菊，《北山移文》中鹤怨猿惊的成语，以及从口语中提炼出来的明白晓畅而又富于感染力的语言，构成了一个和谐的整体。这正是辛词在这方面具有独特性的一个好例。

内容广泛，风格多样，是辛词的又一特色。在《稼轩词》中，他发抒了人生哲理，幽怨闲情，评量了成败兴亡，刻画了田园山水，而更主要的则是写出了自己爱祖国爱人民的政治激情。对于这位词人来说，凡是可以写进其他文学样式的内容，无一不可写进词里。苏轼是以诗为词，而辛弃疾则可以说是以文为词。词到了他手中，才算是将一切藩篱都抉破了。与广泛的内容相适应，他的笔下出现的风格也是多样的。慷慨雄奇、沉郁苍凉、豪放悲壮之作是其主流，而委婉缠绵、回肠荡气、高朗空灵、清雅平淡之篇，也时时在他笔下出现。辛词能摧刚为柔，柔中有刚，兼擅壮美与柔美，而这种变化，又往往和他生活的变化相关。例如在带湖和瓢泉的十八年隐居生活，对于辛弃疾的英雄事业是一种损失，但对于他的文学事业却并非全然没有益处。在这一段时期中，他熟悉了乡村生活，加深了对农民的感情，也更多地接近了大自然，从而写出了许多优美的田园词，在词中开辟了一个新天地：

茅檐低小，溪上青青草。醉里吴音相媚好，白发谁家翁媪？大儿锄豆溪东，中儿正织鸡笼。最喜小儿亡赖，溪头卧剥莲篷。

——《清平乐·村居》

明月别枝惊鹊，清风半夜鸣蝉。稻花香里说丰年，听取蛙声一片。　七八个星天外，两三点雨山前。旧时茅店社林边，路转溪桥忽见。

——《西江月·夜行黄沙道中》

叠嶂西驰，万马回旋，众山欲东。正惊湍直下，跳珠倒溅；小桥横截，缺月初弓。老合投闲，天教多事，检校长身十万松。吾庐小，在龙蛇影外，风雨声中。　争先见面重重。看爽气、朝来三数峰。似谢家子弟，衣冠磊落；相如庭户，车骑雍容。我觉其间，雄深雅健，如对文章太史公。新堤路，问偃湖何日，烟水濛濛？

——《沁园春·灵山齐庵赋，时筑偃湖未成》

《清平乐》和《西江月》是当时比较安定的农村和比较欢快的农民生活的生动写照，笔调清新活泼，浸染了作者爱好大自然的心情。《沁园春》则以雄健的诗句描写了绚烂多姿的自然风物，将起伏的群山和参天的长松比作万马回旋的战场和太史公雄深雅健的文章。这体现了作者生活与思想的开阔和艺术上不拘一格的创造。刘辰翁对于辛词，特别注意这种流连光景的作品。在《辛稼轩词序》中，他说："斯人北来，喑呜鸷悍，欲何为者？而谗摈销沮，白发横生，亦如刘越石，陷绝失望，花时中酒，托之陶写，淋漓慷慨，此意何可复道？而或者以流连光景、志业之终恨之，岂可向痴人说梦哉！"这一精辟的见解，乃是我们理解辛弃疾这类作品的钥匙。我们不仅能从其中认识到这些貌似消极的作品的积极意义，也可从其中认识辛词题材风格的复杂性。

关于辛词的题材风格复杂性这一点，刘克庄也曾有过很好的意见，他说："公所作大声鞺鞳，小声铿鍧，横绝六合，扫空万古，自有苍生以来所无。其秾纤绵密者，亦不在小晏、秦郎之下。"(《辛稼轩集序》)这段话告诉我们，必须全面地了解辛弃疾这位作家。事实上，彭孙遹《金粟词话》所赞赏的"激昂排宕，不可一世"，固然是豪放派辛词最基本的风格特征，但这绝不意味着他没有缠绵悱恻的婉约之作，辛弃疾本是一位集英雄豪气与儿女柔情于一身的人物，所以他在"无人会登临意"的时候，会出人意外地想到要"唤取红巾翠袖揾英雄泪"。这种既豪迈又秾丽的艺术特色，可能与贺铸有些渊源。像下面的一些作品，就可以明显地看出他表达儿女之情的成就：

> 宝钗分，桃叶渡，烟柳暗南浦。怕上层楼，十日九风雨。断肠片片飞红，都无人管，更谁劝啼莺声住！　　鬓边觑，试把花卜归期，才簪又重数。罗帐灯昏，哽咽梦中语：是他春带愁来，春归何处，却不解、带将愁去！
>
> ——《祝英台近·晚春》

> 野棠花落，又匆匆过了，清明时节。刬地东风欺客梦，一枕云屏寒怯。曲岸持觞，垂杨系马，此地曾轻别。楼空人去，旧游飞燕能说。　　闻道绮陌东头，行人曾见，帘底纤纤月。旧恨春江流不尽，新恨

云山千叠。料得明朝，尊前重见，镜里花难折。也应惊问：近来多少华发？

——《念奴娇·书东流村壁》

《祝英台近》代一位女子自述伤春伤别之情，十分宛转凄惶，惊人地表现了作者对于女性心理和口吻的深刻把握。所以沈谦《填词杂说》曾说："稼轩词以激扬奋厉为工，至'宝钗分，桃叶渡'一曲，昵狎温柔，魂销意尽，才人伎俩，真不可测。"《念奴娇》在秾丽婉约之中仍兼有豪逸英俊的本色，词中写他旧地重游，勾起了对往事的回忆，可是楼空人去，镜花难折，剩下的便只有自己的迟暮之感了。全词风格刚柔相济，于婉约中参以豪放。这首《念奴娇》是如此，前举《摸鱼儿》和《汉宫春》也是如此。这种特色，一般地并不表现在对辛弃疾说来是本色的豪放之作中，而是表现在对于他来说是变腔的婉约之作中，因为辛词最主要的风格终究是豪放。

辛弃疾在词史上是一位划时代的作家。正如《四库全书总目》卷一百九十八《稼轩词》提要所云："其词慷慨纵横，有不可一世之概，于倚声家为变调，而异军特起，能于翦红刻翠之外，屹然别立一宗。迄今不废。"他的成就不仅影响了南宋的爱国词坛，而且一直影响到晚清和现代。当然，他在思想上也具有一般封建士大夫的弱点；艺术上有时也不免矜才使气，或滥用典故，但这些比起他的贡献来，终究是次要的。

第三节　辛派词人

与辛弃疾同时的作家们　辛弃疾的艺术实践给词坛带来了深远的影响。他启发了作家们如何从事生活实践，从而使自己的作品为进步的政治理想服务；如何从事艺术实践，从而打破传统的束缚，有胆有识地进行创造性的新变。

关于辛词的成就和影响，周济曾说："苏、辛并称，东坡天趣独到处，殆成绝诣，而苦不经意，完璧甚少。稼轩则沉着痛快，有辙可循，南宋诸公，无不传其衣钵，固未可同年而语也。"(《宋四家词选·目录序论》)这指出了辛词在影响上超过了苏词，南宋的豪放派爱国词都是“传其衣钵”者。和辛弃疾同时或稍晚的时代里，受辛词影响的词人约五十多家，著名的如陆游、韩元吉、陈亮、刘过、袁去华、杨炎正、刘仙伦，赵善括、黄机、岳珂、程珌和稍后的刘克庄、戴复古、吴潜、陈人杰、文天祥、刘辰翁等，都在其内。除了陆游的词已在上章论及外，这里先将与辛弃疾同时代的词人择要评介如下：

韩元吉(1118—1187)，字无咎，许昌(在今河南省)人，官至吏部尚书，晚年退居上饶信江之南涧，自号为南涧翁。黄昇在《中兴以来绝妙词选》中称赞他“政事文学为一代冠冕”。其著作现存《南涧甲乙稿》二十二卷。其词集曾别行，自题为《焦尾集》，已佚，朱孝臧辑本题为《南涧诗余》。他是积极主张抗金的大臣，乾道九年(1173)，他以礼部尚书的身份出使金国，留意敌国内情和中原民心，得出了金兵虽强而人心不附的结论，建议朝廷加强军备，俟机北伐。在沦陷区的汴京，金主曾设宴招待他。他为此百感交集，写了一首题为《汴京赐宴，闻教坊乐有感》的《好事近》，极为沉痛：

凝碧旧池头，一听管弦凄切。多少梨园声在，总不堪华发。
杏花无处避春愁，也傍野烟发。惟有御沟声断，似知人呜咽。

韩元吉晚年乡居期间，正值辛弃疾被迫退隐到带湖。他俩原是建康游宦时期的旧交，又是志同道合的朋友，这时都到了上饶，便更加接近起来。辛弃疾在淳熙十一年(1184)曾写了一首贺词向韩祝寿(已见前引)，韩在次年便也步辛词原韵填了一首《水龙吟·寿辛侍郎》：

南风五月江波，使君莫袖平戎手。燕然未勒，渡泸声在，宸衷怀旧。卧占湖山，楼横百尺，诗成千首。正菖蒲叶老，芙蕖香嫩，高门瑞，人知否？　　凉夜光躔牛斗，梦初回，长庚如昼。明年看取，纛旗南下，六骡西走。功画凌烟，万钉宝带，百壶清酒。便留下，剩馥蟠桃分我，作归来寿。(原注：“仆贱生后一日也，故有分我蟠桃之戏。”)

这首词虽系应酬之作，但思想境界较高，词中用窦宪北击匈奴、诸葛南征孟获的故事来比喻抗金大业，激励辛弃疾将来能承担恢复中原的重任，在为国立功以后再归来庆寿。这就不是当年流行的寿词可比了。

我们在第六章中已经介绍过陈亮的生平事迹和散文创作。至于他的《龙川词》，今存七十四首，都是直抒胸臆、意气豪纵之作，所以毛晋《〈龙川词〉跋》赞赏说："读至终卷，不作一妖语媚语。"其名篇如《水调歌头·送章德茂大卿使虏》：

> 不见南师久，漫说北群空！当场只手，毕竟还我万夫雄。自笑堂堂汉使，得似洋洋河水，依旧只流东。且复穹庐拜，会向藁街逢。
> 尧之都，舜之壤，禹之封，于中应有，一个半个耻臣戎。万里腥膻如许，千古英灵安在，磅礴几时通？胡运何须问，赫日自当中！

这首词是为送章森使金而作的。作者借此抒发了强烈的民族自豪感和抗战必胜的坚定信心，词旨锐利，就像匕首一样刺向了投降主义者的心窝。他还善于以议论入词，并喜欢用与此相适应的散文化句法，如《念奴娇·登多景楼》：

> 危楼还望，叹此意、今古几人曾会？鬼设神施，浑认作天限南疆北界。一水横陈，连岗三面，做出争雄势。六朝何事，只成门户私计！
> 因笑王谢诸人，登高怀远，也学英雄涕。凭却江山，管不到、河洛腥膻无际。正好长驱，不须反顾，寻取中流誓。小儿破贼，势成宁问强对！

这首词写于淳熙十五年(1188)。当时高宗逝世，有志恢复的孝宗即位。作者认为这正是北伐的好机会，于是便前往金陵和京口两处考察军事地形，然后上书给孝宗，指出"京口连岗三面，而大江横陈，江傍极目千里，其势大略如虎之出穴，而非若穴之藏虎也"，"天岂使南方自限于一江之表，而不使与中国而为一哉"(《戊申再上孝宗皇帝书》)。在上书的同时，他写下了这首气壮山河的《念奴娇》，在歌词中发表了同样的议论。向来写怀古词总不免夹杂一些抚今追昔的伤感成分，而陈亮却一扫旧习，以忧时报国之心替代了怀古词中传统的情调。

陈亮在以议论入词，以散文为词，用来表达激昂慷慨的情调这些方面，较辛弃疾有过之而无不及。他俩的思想感情原是共通的，在创作方面也是互相启发、互相影响的。淳熙十五年(1188)，陈亮到铅山瓢泉拜会辛弃疾，两人同游鹅湖，共商抗金恢复的大计。“长歌相答，极论世事”(辛弃疾《祭陈同甫文》)，十分投机。分别以后，辛弃疾填《贺新郎》一词寄赠陈亮，赞扬他是“卧龙诸葛”，希望能共同为国出力。陈亮读后，当即步韵和了一首：

老去凭谁说？看几番、神奇臭腐，夏裘冬葛。父老长安今余几，后死无仇可雪，犹未燥、当时生发。二十五弦多少恨，算世间那有平分月！胡妇弄，汉宫瑟。　　树犹如此堪重别！只使君、从来与我，话头多合。行矣置之无足问，谁换妍皮痴骨？但莫使、伯牙弦绝！九转丹砂牢拾取，管精金、只是寻常铁。龙共虎，应声裂。

——《贺新郎·寄辛幼安，和见怀韵》

此词上片深切地诉说了对国家危难局面的忧虑，以及对中原父老在女真奴隶主统治下悲惨处境的惦念；下片则是对辛弃疾的激励，以寻常铁可以炼就精金的比喻，表达了为实现恢复中原而共同努力的良好祝愿。辛弃疾在收到这首和词后，于次年春天再和寄陈，中有“我最怜君中宵舞，道男儿到死心如铁；看试手，补天裂”诸句，鼓励继续为统一贡献力量。陈亮因此又用原韵写了两首来赠答。其一云：

离乱从头说：爱吾民、金缯不爱，蔓藤累葛。壮气尽消人脆好，冠盖阴山观雪，亏杀我、一星星发！涕出女吴成倒转，问鲁为齐弱何年月？丘也幸，由之瑟。　　斩新换出旗麾别，把当时、一桩大义，拆开收合。据地一呼吾往矣，万里摇肢动骨，这话霸、只成痴绝！天地洪炉谁扇鞴，算于中、安得长坚铁？淝水破，关东裂。

词中愤慨于朝廷不能振作，致使官员萎靡，壮气消尽，而希望“斩新换出旗麾别”，开创一个像淝水之战那样的大获全胜的新局面。接着他又用前韵写了一首，自抒抗战的怀抱和激情。这一组《贺新郎》赠答词共五首，辛写了二首，陈和了三首，构思奇特，层次井然，既唱出了爱国志士的壮烈心声，又显示了他俩诚挚的友谊，虽然在艺术上不无疵病，但仍是不可多得的英雄乐章。

叶适《书〈龙川集〉后》载，陈亮每写成一首词，往往就感慨地说：“平生经济之怀，略已陈矣！”这正说明了他的填词绝不是娱宾遣兴，而是直接披露个人的政治抱负，抒发抗战救国的雄心壮志的。这种创作思想是陈亮词突出地显现政论风格的根本原因。试看《满江红·怀韩子师尚书》：

曾洗乾坤，问何事、雄图顿屈？试着眼、阶除当下，又添英物。北向争衡幽愤在，南来遗恨狂酋失。算凄凉部曲几人存，三之一。

诸老尽，郎君出；恩未报，家何恤！念横飞直上，有时还戢。笑我只知存饱暖，感君原不论阶级。休更上百尺旧家楼，尘侵帙。

此词写于淳熙十六年(1189)，作者通过对韩子师之父中兴名将世忠的追怀，赞扬了“曾洗乾坤”的老一辈爱国将领；同时表达了对国家统一的强烈渴望，热望后辈能够继承先烈未竟之志，担当起恢复中原的重任。在这里，作者把改变屈辱苟安的局面和统一中原的大业寄希望于一代新人的身上。

陈亮也颇善于引用通常的口语来填词。他在《与郑景元提干书》中说：“欲为一世故旧朋友作近拍词三十阕，以创见于后来。本之以方言俚语，杂之以街谈巷歌，抟搦义理，劫剥经传，而卒归之曲子之律，可以奉百世豪英一笑。”这三十首词不知道后来做成了没有，但集中如《三部乐·七月送丘宗卿使虏》，即是以平常口语入词的好例：

> 小屈穹庐，但二满三平，共劳均佚。人中龙虎，本为明时而出。只合是端坐王朝，看指挥整办，扫荡飘忽。也持汉节，聊过旧家宫室。
>
> 西风又还带暑，把征衫著上，有时披拂。休将看花泪眼，闻弦酸骨。对遗民有如皎日，行万里依然故物。入奏几策，天下里，终定于一。

作于绍熙元年(1190)的这首词，通篇接近口语，其中“二满三平”是当时的俚语。陈昉《颍川语小》卷下云：“俗言‘三平二满’，盖三遇平，二遇满，皆平稳得过之日。”黄庭坚《四休居士诗序》也说：“三平二满过即休。”宋人以方言俚语、街谈巷歌入词的不少，但像陈亮这样公然提倡的，却不多见。这种主张对于后来文士插手远比歌词更为俚俗的南北曲，应当是不无影响的。我们知道，比陈亮迟生约半个世纪的元好问，集中已有散曲小令了。

龙川词多用赋体，但其运用比兴手法所写的词，也有极为成功的，如《水龙吟·春恨》：

> 闹花深处层楼，画帘半卷东风软。春归翠陌，平莎茸嫩，垂杨金浅。迟日催花，淡云阁雨，轻寒轻暖。恨芳菲世界，游人未赏，都付与，莺和燕。　　寂寞凭高念远，向南楼一声归雁。金钗斗草，青丝勒马，风流云散。罗绶分香，翠绡封泪，几多幽怨！正销魂，又是疏烟淡月，子规声断。

这首词就是用伤春惜别来隐喻对于国事的忧虑，《艺概》卷四评云：“同甫《水龙吟》云：‘恨芳菲世界，游人未赏，都付与，莺和燕。’言近指远，直有宗留守大呼渡河之意。”《蓼园词选》也说：“‘念远’者，念中原也；‘一声归雁’谓边信至，乐者自乐，忧者徒忧也。”足见陈亮和辛弃疾一样，也有寄托遥深之作。

刘过(1154—1206)，字改之，号龙洲道人，吉州太和(在今江西省)人。“少有志节，以功业自许，博学经、史、百氏之书，通知古今治乱之略，至于论兵，尤善陈利害。”（见上海古籍出版社1978年出版《龙洲集》附录殷奎《复刘改之先生墓事状》）他在光宗朝曾上书宰相，请求出师北伐，但无下文；由于应举不中，无从入仕，因此落拓江湖，潦倒终身。在《沁园春》词里，他自称为“四举无成，十年不调，大宋神仙刘秀才”，表现了怀才不遇的愤懑。刘过豪放不羁的生活态度和卓越的文才受到了陆游、辛弃疾和陈亮等人的激赏。陆游在《赠刘改之秀才》诗中描绘他的风貌是：“胸中九渊蛟龙蟠，笔底六月冰雹寒。有时大叫脱乌帻，不怕酒杯如海宽。”陈亮《赠刘改之》也说：“合骑快马健如龙，少年追逐曹景宗，弓弦霹雳饿鸮叫，鼻尖出火耳生风。安能规行复矩步，敛袂厌厌作新妇！黄金挥尽唯空囊，男儿虎变那能量！”这些诗句写出了刘过的侠烈精神和潦倒情况。后来他的好友潘友文在昆山做官，把他接去留住成家，死后即葬于昆山县的马鞍山东麓。其著作有今人杨明所辑《龙洲集》，词集旧曾别行，名《龙洲词》[①]。

刘过曾一度做过辛弃疾的座上客。他在《沁园春·寄辛稼轩》中说：“古岂无人，可以似吾稼轩者谁！”可见他对辛的推重，其词也是道地的辛派。嘉泰三年（1203），辛弃疾在浙东安抚使任上，曾邀请他赴绍兴聚会，他恰好有事不能去，因仿效辛体，填了一首《沁园春》寄给辛弃疾：

> 斗酒彘肩，风雨渡江，岂不快哉！被香山居士，约林和靖，与东坡老，驾勒吾回。坡谓“西湖，正如西子，浓抹淡妆临镜台”。二公者，皆掉头不顾，只管衔杯。　　白云“天竺飞来，图画里峥嵘楼观开。爱东西双涧，纵横水绕；两峰南北，高下云堆”。逋曰“不然，暗香浮动，争似孤山先探梅。须晴去，访稼轩未晚，且此徘徊”。

这是一篇有意模仿辛词而且学得十分逼真的作品。它用古赋之体，以三位古人的对话组织成篇，布局奇特，充分表达了自己横溢的才气。但这篇使得辛弃疾大为欣喜的词，终究只是游戏之作。真正能代表刘过的思想

① 《龙洲词》汲古阁本存词四十八首，彊村丛书本有五十一首，蟫隐庐丛书本收辑较全，共得八十六首。

感情的壮词,则是他凭吊爱国英雄岳飞的《六州歌头·题岳鄂王庙》:

> 中兴诸将,谁是万人英?身草莽,人虽死,气填膺,尚如生。年少起河朔,弓两石,剑三尺,定襄汉,开虢洛,洗洞庭。北望帝京,狡兔依然在,良犬先烹。过旧时营垒,荆鄂有遗民,忆故将军,泪如倾。
> 说当年事,知恨苦。不奉诏,伪耶真?臣有罪,陛下圣,可鉴临,一片心。万古分茅土,终不到,旧奸臣。人世夜,白日照,忽开明。衮珮冕圭百拜,九泉下、荣感君恩。看年年三月,满地野花春,卤簿迎神。

刘过曾抱着"不斩楼兰心不平"(《沁园春·张路分秋阅》)、"算整顿乾坤终有时"(《沁园春·寄辛稼轩》)的壮志和信心,渴望恢复中原。这首写得特别有感情的凭吊英雄之作亦复如此。此外,还有一首《贺新郎》也是值得重视之作。

> 弹铗西来路,记匆匆、经行数日,几番风雨。梦里寻秋秋不见,秋在平芜远树。想雁信、家山何处?万里西风吹客鬓,把菱花、自笑人憔悴。留不住,少华去。　　男儿事业无凭据,记当年、击筑悲歌,酒酣箕踞。腰下光芒三尺剑,时解挑灯夜语,谁更识、此时情绪?唤起杜陵风雨手,写江东渭北相思句。歌此恨,慰羁旅。

这是针对着一己的飘泊生涯和国家的衰微局势而发出的深切的感慨,上片写江湖游士的处境,下片写无缘报国的哀愁。刘过依人作客,身世飘零,但在这些作品中并没有把自己个人的牢骚完全替代了对于国事的关注,这是他的卓异之处,他与那种沉溺于叹老嗟贫之感中的作家们是不同的。

刘过词以长调为胜,但小令也有写得很成功的,如:

> 芦叶满汀洲,寒沙带浅流。二十年重过南楼。柳下系船犹未稳,能几日,又中秋。　　黄鹤断矶头,故人曾到否?旧江山浑是新愁。

欲买桂花同载酒，终不似，少年游。

——《糖多令》(安远楼小集，侑觞歌板之姬黄其姓者，乞词于龙洲道人，为赋此《糖多令》，同柳阜之、刘去非、石民瞻、周嘉仲、陈孟参、孟容，时八月五日也。)

此词情调凄怆而又含蓄，缅怀夙昔，感人至深。《蓼园词选》云："按宋当南渡，武昌系与敌分争之地，重过能无今昔之感。"颇能道出词人用意。《艺概》卷四总评刘词云："狂逸之中自饶俊致，虽沉着不及稼轩，足以自成一家。"可谓不易之论。

除上述各家之外，如袁去华、杨炎正等，都和辛弃疾的词风相近。袁去华字宣卿，豫章奉新(在今江西省)人。绍兴十五年(1145)中进士，曾任善化知县，现存《宣卿词》一卷，共九十八首。其佳作如《水调歌头·定王台》：

雄跨洞庭野，楚望古湘州。何王台殿，危基百尺自西刘。尚想霓旌千骑，依约入云歌吹，屈指几经秋！叹息繁华地，兴废两悠悠。

登临处，乔木老，大江流。书生报国无地，空白九分头。一夜寒生关塞，万里云埋陵阙，耿耿恨难休。徙倚霜风里，落日伴人愁。

这是一首怀古伤今的词，下片所说"书生报国无地，空白九分头"，正代表着当时所有爱国知识分子的满腔忠愤。所以下引杨炎正词中也有几乎完全相同的话。

杨炎正字济翁，庐陵人，庆元二年(1196)进士及第，曾知藤州。他是杨万里的族弟。其《水调歌头·登多景楼》云：

寒眼乱空阔，客意不胜秋。强呼斗酒，发兴特上最高楼。舒卷江山图画，应答龙鱼悲啸，不暇顾诗愁。风露巧欺客，分冷入衣裘。

忽醒然，成感慨，望神州。可怜报国无路，空白一分头。都把平生意气，只做如今憔悴，岁晚若为谋！此意仗江月，分付与沙鸥。

作者在另一首《水调歌头·呈赵总领》中也说:"英雄事,千古意,一凭阑;惜今老矣,无复健笔写江山。"都表现了壮志未达、此身已老的感慨,与辛词相似。《四库全书总目》卷一百九十八《西樵语业》提要评论说:"其纵横排奡之气,虽不足敌弃疾,而屏绝纤秾,自抒清俊,要非俗艳所可拟。"毛晋《〈西樵语业〉跋》也说:其词"俊逸可喜,不作妖艳情态"。都给予了较高的评价。事实上,他正是一位辛弃疾的崇拜者。今存词五十八首,赠辛之作,就有六首之多。

刘仙伦也是庐陵人,有《招山乐章》一卷,其词亦多感慨时事之作,如《念奴娇·送张明之赴京西幕》:"勿谓时平无事也,便以言兵为讳。眼底山河,楼头鼓角,都是英雄泪。"同调《感怀呈洪守》:"追念江左英雄,中兴事业,枉被奸臣误。"悲愤之情,溢于言表!

与辛弃疾直接交往唱和的,还有一些词人。如赵善括的《应斋词》中,有《沁园春·和辛帅》、《摸鱼儿·和辛幼安韵》。韩玉《东浦词》中有《水调歌头·上辛幼安生日》。张镃《南湖诗余》中有《贺新郎·次辛稼轩韵寄呈》、《八声甘州·秋夜奉怀浙东辛帅》、《汉宫春》(稼轩帅浙东,作秋风亭成,以长短句寄余,欲和久之,偶霜晴小楼登眺,因次来韵,代书奉酬)。黄机《竹斋诗余》中有《乳燕飞·次徐斯远韵寄稼轩》。程珌《洺水词》有《六州歌头·送辛稼轩》。《四库全书简明目录》卷二十评《竹斋诗余》云:"才气磊落,多与岳珂以长调唱酬,极激楚苍凉之致。"又《四库全书总目》卷一百九十九《洺水词》提要说:"其所作词,亦出入苏辛二家之间。"足见当时的爱国词人都是受苏、辛豪放派影响的。

南宋后期的辛词继承者　在辛弃疾和陆游逝世以后,能够继承英雄词风的作家,有刘克庄和戴复古等。刘、戴作为南宋后期江湖派的重要诗人,我们将在第十章第一节中详加叙及,这里先谈他们的歌词。

刘克庄的词集现存三种版本,以《彊村丛书》本《后村长短句》收词最多,《全宋词》又加补辑,共存二百六十四首。他自小酷爱辛词,曾受弃疾之孙辛肃的嘱托,为辛集作序,对辛氏的事功和创作给予了极高的评价,也倾吐了对这位前辈英雄的倾慕。在南宋后期的词坛上,姜夔的影响是比较大的,只有少数作家仍然遵循着辛弃疾等辛勤开创的道路前进,刘克庄便是其中重要人物之一。他在一篇题为《席上闻歌有感》的《贺新郎》中写道:“粗识《国风·关雎》乱,羞学流莺百啭,总不涉闺情春怨。”所以反映在他词中的主要都是国家大事:

> 北望神州路,试平章、这场公事,怎生分付?记得太行山百万,曾入宗爷驾驭。今把作握蛇骑虎。君去京东豪杰喜,想投戈下拜真吾父。谈笑里,定齐鲁。　　两河萧瑟惟狐兔,问当年祖生去后,有人来否?多少新亭挥泪客,谁梦中原块土?算事业须由人做。应笑书生心胆怯,向车中闭置如新妇。空目送,塞鸿去。
>
> ——《贺新郎·送陈真州子华》

> 年年跃马长安市,客舍似家家似寄。青钱换酒日无何,红烛呼卢宵不寐。　　易挑锦妇机中字,难得玉人心下事。男儿西北有神州,莫滴水西桥畔泪。
>
> ——《玉楼春·戏呈林节推乡兄》

> 何处相逢?登宝钗楼,访铜雀台。唤厨人斫就,东溟鲸脍;圉人呈罢,西极龙媒。天下英雄,使君与操,余子谁堪共酒杯?车千辆,载燕南赵北,剑客奇才。　　饮酣画鼓如雷,谁信被晨鸡轻唤回。叹年光过尽,功名未立;书生老去,机会方来。使李将军,遇高皇帝,万户侯何足道哉!披衣起,但凄凉感旧,慷慨生哀。
>
> ——《沁园春·梦方孚若》

无论是勉励友人为祖国做出一番事业的《贺新郎》和《玉楼春》,或是描述自己壮怀未得伸展的《沁园春》,气象都是开阔的,情绪都是振奋的。在辛弃疾以后的词坛上,这乃是一种稀有的、令人激动的充满希望的声音。它的根柢是广大人民即使在最困难的岁月中也从不丧失的对祖国统一大业的信心。刘克庄正是在这些地方显示了他和人民较为紧密的联系。在《贺新郎》上阕中,作者特别叮嘱出知真州的陈子华要注意联络被当时主和派所排斥的忠义民兵，希望能够发挥他们的积极作用，使之成为抗金杀敌、收复失地的力量。这显示了作者卓越的政治见解和对时事的关切。

刘克庄词的主导风格是豪迈奔放，雄健疏宕。毛晋《〈后村别调〉跋》说："所撰《别调》一卷，大率与辛稼轩相类，杨升庵谓其壮语足以立懦，余窃谓其雄力足以排奡云。"冯煦在《宋六十一家词选·例言》中更加详尽地指出：

> 后村词与放翁、稼轩犹鼎三足。其生丁南渡，拳拳君国似放翁，志在有为、不欲以词人自域似稼轩。如《玉楼春》云："男儿西北有神州，莫滴水西桥畔泪。"《忆秦娥》云："宣和宫殿，冷烟衰草。"伤时念乱，可以怨矣。又其宅心忠厚，亦往往于词得之。《满江红·送宗惠父入江西幕》云："帐下健儿休尽说，草间赤子俱求活。"《贺新郎·寿张史君》云："不要汉廷夸击断，要史家编入循良传。"《念奴娇·寿方德润》云："须信谄语尤甘，忠言最苦，橄榄何如蜜？"胸次如此，岂剪红刻翠者比耶？

在辛派的旗帜下，刘克庄和较早的刘过是两个重要的代表作家，世称二刘。当然，二刘也都存在着粗疏的缺点，与辛词相较，气势稍弱，骨力略逊。张炎《词源》说刘克庄是"效稼轩而不及者"。这是实事求是的说法。

与刘克庄同时的辛派词人，还有戴复古、吴潜和陈人杰等等。戴复古有《石屏词》，其《大江西上曲》吐露了"一片忧国心"；《水调歌头》"直把气吞残虏，西北望神州"之句，则反映了他热望恢复中原的思想。吴潜有《履斋先生诗余》，他在《满江红·送李御带珙》中说："报国无门空自怨，济时有策从谁吐！"抒发了抱负无法实现的悲愤，情调激昂凄断。在这辈人当中，陈人杰的词似乎更值得重视。

陈人杰（？—1243），字经国①，号龟峰，福建长乐（今福州市）人。他

① 据理宗宝祐四年（1256）登科录，另有广东海阳县人陈经国，字伯夫，又字定夫，这与《龟峰词》的作者陈经国时代不合，并非一人。（见缪荃孙《云自在龛随笔》卷四和《艺风堂友朋书札·吴昌绶致缪荃孙》第二十九札）

二十岁时，曾到建康参加江东漕试，后以幕客身份浪迹于两淮、荆襄之间，卒于淳祐三年(1243)，终年在二十六岁左右。他的《龟峰词》三十一首，全用《沁园春》一个调，颇有特色。其词风逼近辛弃疾，笔力豪宕，风格沉郁。如《丁酉岁感事》：

谁使神州，百年陆沉，青毡未还？怅晨星残月，北州豪杰，西风斜日，东帝江山。刘表坐谈，深源轻进，机会失之弹指间。伤心事，是年年冰合，在在风寒。　　说和说战都难，算未必江沱堪宴安。叹封侯心在，鳣鲸失水；平戎策就，虎豹当关。渠自无谋，事犹可做，更剔残灯抽剑看。麒麟阁，岂中兴人物，不画儒冠？

此词作于理宗嘉熙元年(1237)，当时蒙古奴隶主贵族在灭金以后，正兵分三路，大举南犯。南宋政权岌岌可危，其统治者却依然沉溺于宴安之中。此词正是作者面对这种局面，有感而发的。

文天祥和刘辰翁　在南宋末年的抗元斗争中，文天祥、邓剡和刘辰翁等人都继承了辛词的传统，写出了慷慨悲凉的作品。

文天祥的诗文，我们将在第十章论述。其词存十余首，但经过考证，可信者只七首。其中名篇是与挚友邓剡唱和的《酹江月》(即《念奴娇》)。他俩同时被元军押解北行，帝昺祥兴二年(1279)夏秋之间路过建康时，邓剡因病留居天庆观就医①，两人分手时，邓氏写了一首题为《驿中言别》的《念奴娇》送给文天祥，以壮行色，词云：

水天空阔，恨东风不借、世间英物。蜀鸟吴花残照里，忍见荒城颓壁。铜雀春情，金人秋泪，此恨凭谁雪。堂堂剑气，斗牛空认奇杰。
那信江海余生，南行万里，属扁舟齐发。正为鸥盟留醉眼，细看涛生云灭，睨柱吞嬴，回旗走懿。千古冲冠发。伴人无寐，秦淮应是孤月。

---

① 邓剡字光荐，号中甫，理宗景定三年(1262)进士。文天祥在《指南后录・和中甫》诗题下自注说："时中甫以病留金陵天庆观。"

邓剡这首词写得极其悲壮，文天祥便也次韵和答：

> 乾坤能大，算蛟龙、元不是池中物。风雨牢愁无著处，那更寒虫四壁。横槊题诗，登楼作赋，万事空中雪。江流如此，方来还有英杰。堪笑一叶飘零，重来淮水，正凉风新发。镜里朱颜都变尽，只有丹心难灭。去去龙沙，江山回首，一线青如发。故人应念，杜鹃枝上残月。

此词虽是和作，但思想境界似比原作更高。词中表示了宁死不屈的决心，并深信必有后继者来进行抗元的正义事业。

文天祥在《指南后录》卷一下收录王夫人《满江红》词一首，注云："王夫人至燕题驿中云云，中原传诵，惜末句少商量。"王夫人指王清惠，南宋末年被选入宫，是度宗的昭仪。恭帝德祐二年(1276)临安沦陷后，她被元军掳到燕京，在途中驿馆的墙壁上题写了一首《满江红》，抒发了对南宋的依恋之情和亡国之痛。文天祥认为最后两句"问嫦娥于我肯从容，从圆缺"的斗争性不够坚强，因此就代她填了一首：

> 试问琵琶，胡沙外、怎生风色。最苦是、姚黄一朵，移根仙阙。王母欢阑琼宴罢，仙人泪满金盘侧。听行宫、半夜雨淋铃，声声歇。
> 彩云散，香尘灭。铜驼恨，那堪说。想男儿慷慨，嚼穿龈血。回首昭阳离落日，伤心铜雀迎秋月。算妾身、不愿似天家，金瓯缺。
>
> ——《满江红·代王夫人作》

这最后两句表示了即使国破家亡也决不失节屈从的坚贞态度，正是作者的自我写照，"比兴悠长，意在言外"(《指南录》载文天祥自评其《宫词》的话)，显示了他在这方面的特殊成就。所以《艺概》卷四说："文文山词有'风雨如晦，鸡鸣不已'(《诗经·郑风·风雨》句)之意，不知者以为变声，其实乃变之正也。故词当合其人之境地以观之。"王国维在《人间词话(删稿)》中也认为"文文山词风骨甚高，亦有境界，远在圣与(王沂孙)、叔夏(张炎)、公谨(周密)诸公之上"。

在宋末元初的词坛上，还有不少承续辛派余绪的作家和作品，如文及翁的《贺新郎》“余生自负澄清志，更有谁、磻溪未遇，傅岩未起”，徐一初的《摸鱼儿》“对茱萸一年一度，龙山今在何处”，陈德武的《水龙吟》“借钱塘潮汐，为君洗尽，岳将军泪”。这些名句写个人抱负十分慷慨悲壮，抒兴亡感慨极为愤激沉痛。在这群词人中，最有代表性的作家是刘辰翁。

刘辰翁(1232—1297)，字会孟，号须溪，庐陵人。青年时代，他曾受学于陆九渊。景定三年(1262)，因廷试对策中极言“忠良残害可伤，风节不竞可感”，触犯了奸相贾似道，被列入丙等，以鲠直得名。后任濂溪书院山长，宋亡后隐居不出。他擅长评点诗文，有《班马异同评》三十五卷，《须溪先生校本唐王右丞集》六卷，《笺注评点李长吉歌诗》四卷，《王孟诗评》九卷，《须溪精选放翁诗选后集》八卷等等，流传颇广。他自己创作的诗文词曾结集为一百卷，但明代已经失传。清乾隆时，四库馆臣据《永乐大典》辑得《须溪集》十卷。《四库全书总目》卷一百六十四《须溪集》提要评之云：“其于家邦沦变之后，眷怀麦秀，寄托遥深，忠爱之忱，往往形诸笔墨，其志亦多有可取者。”他的《须溪词》现存三百五十多首。况周颐《蕙风词话》卷二说：“《须溪词》风格遒上似稼轩，情辞跌宕似遗山。有时意笔俱化，纯任天倪，竟能略似坡公。往往独到之处，能以中锋达意，以中声赴节。”可谓推许备至。由于他身受亡国之痛，所以其词有辛弃疾的真率而无其超逸，有辛之蕴藉而无其豪迈。但在遗民词人中，刘辰翁毕竟是有辛词余风的。如他的《青玉案·用辛稼轩元夕韵》就是直接学辛词的。他的词充满着眷怀故国之思，现举两例如下：

送春去，春去人间无路。秋千外、芳草连天，谁遣风沙暗南浦？依依甚意绪，漫忆海门飞絮。乱鸦过，斗转城荒，不见来时试灯处。

春去，最谁苦？但箭雁沉边，梁燕无主，杜鹃声里长门暮。想玉树凋土，泪盘如露。咸阳送客屡回顾，斜日未能度。　　春去，尚来否？正江令《恨·别》，庾信《愁赋》，苏堤尽日风和雨。叹神游故国，花记前度。人生流落，顾孺子，共夜语。

——《兰陵王·丙子送春》

春汝归欤，风雨蔽江，烟尘暗天。况雁门阨塞，龙沙渺莽，东连吴会，西至秦川。芳草迷津，飞花拥道，小为篷壶借百行。江南好，问夫君何事，不少留连？　　江南正是堪怜！但满眼杨花化白毡。看兔葵燕麦，华清宫里；蜂黄蝶粉，凝碧池边。我已无家，君归何里？中路徘徊七宝鞭。风回处，寄一声珍重，两地潸然！

——《沁园春·送春》

丙子是德祐二年(1276)，这年三月，元军入临安，掳帝㬎和后妃北去。《兰陵王》题为“丙子送春”，实即悲悼故国沦亡。在其后的数年中，爱国军民虽然仍在闽广一带继续抵抗入侵的元军，但敏感的词人已察觉到狂澜既倒，无可挽回。起笔的“送春去，春去人间无路”两句，正深刻地表现了绝望的悲哀。它和同一主题的《沁园春》，也以对春光消逝的感伤暗喻对南宋王朝灭亡的哀悼，并且特别着重倾吐了对帝后北迁的怀念之情。已经有过靖康之祸那种历史体验的晚宋作家，看到他们的天然尊长——皇帝，在相距不到两个世纪的岁月中，竟又重蹈覆辙，因而比起南渡之初的前辈来，更加痛苦。这种感情，刘辰翁在祥兴元年(1278)写的《永遇乐》词序中直率地表达了出来：“余自乙亥(1275)上元诵李易安《永遇乐》，为之涕下。今三年矣，每闻此词，辄不自堪。遂依其声，又托之易安自喻。虽词情不及，而悲苦过之。”在这首词中，他对照李清照时代“临安南渡，芳景犹自如故”，而目下南宋政权却被元军消灭，则连退守之地也没有了：“江南无路，鄜州今夜，此苦又谁知否?”感恨之深，确是超过了李词。

《须溪词》大部分作品写于宋亡之后，因为复国的希望已经幻灭，所以其中充满了亡国哀音：

铁马蒙毡，银花洒泪，春入愁城。笛里番腔，街头戏鼓，不是歌声。　　那堪独坐青灯，想故国、高台月明。辇下风光，山中岁月，海上心情。

——《柳梢青·春感》

> 红妆春骑，踏月影、竿旗穿市。望不尽、楼台歌舞，习习香尘莲步底。箫声断、约彩鸾归去，未怕金吾呵醉。甚辇路、喧阗且止，听得念奴歌起。　　父老犹记宣和事，抱铜仙、清泪如水。还转盼、沙河多丽，滉漾明光连邸第。帘影冻、散红光成绮。月浸葡萄十里。看往来、神仙才子，肯把菱花扑碎？　　肠断竹马儿童，空见说、三千乐指。等多时春不归来，到春时欲睡。又说向、灯前拥髻，暗滴鲛珠坠。便当日、亲见《霓裳》，天上人间梦里！
>
> ——《宝鼎现·春月》

这些作品深刻地体现了词人在亡国之后凄凉的境遇和忧郁的心情。现实生活中的一切，都只能引起他无穷无尽的感伤，即使沉湎于故国繁华的回想中，也难以给他带来任何欢乐。所以他一方面觉得番腔戏鼓“不是歌声”，而另一方面又有“便当日亲见《霓裳》，天上人间梦里”的慨叹。《宝鼎现》作于元成宗大德元年（1297），是他逝世前的一年，那时距临安失陷已二十年了。

第九章　姜夔和南宋的婉约词

南宋统治集团苟且偷安的心理与屈膝求和的活动，扼制了广大人民和各阶层爱国人士“还我河山”的神圣愿望，使得恢复中原的呼声逐渐被粉饰太平的歌管所淹没。诗人讽刺道：“山外青山楼外楼，西湖歌舞几时休？暖风熏得游人醉，便把杭州作汴州①！”这首诗正如实地揭示了当时统治阶级只知偏安享乐而不思抗金北伐的情况。既然如此，一般词人也就逐渐变得沉酣于清歌妙舞之中，游离于政治斗争之外。于是在以辛弃疾为代表的爱国词派以外，便很自然地出现了以姜夔为代表的专门追求艺术上的完美的另一个流派。这两个流派各具特色，也各有渊源。姜派主要是继承了北宋周邦彦的词法，又受到李清照“别是一家”和必须协律的词论影响，恪守歌词必须合乐的准则，力求保持雅正婉约的传统格调。但由于社会环境已与北宋不同，他们也不能完全超脱现实，不能不受到辛派词风的影响。因此，其作品中也多少带有一点家国兴亡的感叹与哀伤。尽管这种声息是细微柔弱的，不能与辛派的大声疾呼相比，可也毕竟标志着婉约派在南宋有了新发展，词坛上出现了新局面。

白石道人姜夔是从南宋前期跨越到后期的作家。他与范成大、杨万里、辛弃疾、刘过、朱熹等人都有交往。在文学艺术方面，他是一位多面手，而以词为最有成就。姜词对南宋后期词坛产生过很大的影响，朱彝尊

---

① 林升《题临安邸》，见田汝成《西湖游览志余》卷二。林升是淳熙（1174—1189）时的士人。《宋诗纪事》录此诗，“便把”作“直把”。

在《〈黑蝶斋诗余〉序》中说:“词莫善于姜夔,宗之者张辑、卢祖皋、史达祖、吴文英、蒋捷、王沂孙、张炎、周密、陈允平、张翥、杨基,皆具夔之一体。”当然,这些词人是否都取法于姜,是可以讨论的,如《白雨斋词话》卷十就认为吴文英“才情横逸,斟酌于周、秦、姜、史之外,自树一帜,亦不专师白石”。但他们的风格是相近的,都源本于周邦彦。所以戈载《宋七家词选》曾有意识地以周邦彦、姜夔、史达祖、吴文英、周密、王沂孙、张炎为七大家,其中王沂孙和张炎是将姜氏词法带入元代的传人。

第一节　姜夔的创作道路和词风

身世和著作　姜夔(1155—1221?),字尧章,饶州鄱阳(今江西波阳县)人。他从小随着游宦的父亲住在湖北汉阳,十四岁那年,其父卒于汉阳知县任上,他便寄寓在大姊家。淳熙三年(1176),他二十二岁,为了生活,出游扬州、合肥,旅食于江淮一带,虽已颇有文名,但却未能得到知遇。正如他自己在诗中所嗟叹的:“少小知名翰墨场,十年心事只凄凉。”(《除夜自石湖归苕溪》)在飘泊江湖十年以后,他在淳熙十三年又回到了湖北汉川的大姊家。这一年,他游长沙,结识了诗人萧德藻,萧氏很赏识他的文才,把侄女嫁给了他,并带他同往湖州,卜居于苕溪弁山的白石洞下,友人潘柽便给他取了个白石道人的别号。这期间,萧德藻介绍他到杭州向杨万里请教诗学,杨氏又介绍他到苏州石湖谒见范成大,互相唱和,结成了忘年交。此后,他常来往于苏、杭、金陵、合肥和无锡等地,与张鉴(字平甫)、张镃(字功甫)及尤袤等名流交游。张氏兄弟是南宋初年名将张俊的孙子,在杭州和无锡等地拥有庄园田宅。张鉴曾经想以锡山的田庄送给他养老,甚至还想出资为他买取官爵,但他都辞谢了,只是在生活和旅游上接受了张氏兄弟的长期资助。四十二岁时,他率性移家杭州西湖之滨,依张鉴而居。在张氏兄弟去世以后,他便失去了依傍,晚年十分贫困,死无以殓,幸得吴潜料理丧事,葬于钱塘门外的西马塍。

姜夔除了擅长诗、词外,对于诗歌理论、书法和音乐等都很有研究,但在政治上却是个落魄失意者,在生活上始终寄人篱下。他曾在庆元三年

(1197)向朝廷上书论雅乐，进《大乐议》一卷，《琴瑟考古图》一卷，但朝廷乐官妒忌他的才能，未予采纳。庆元五年，他又向朝廷献上《圣宋铙歌鼓吹曲》十二章，这一次幸得诏令，特准他免去地方考选的手续，直接参加礼部的进士考试，但却没有考中。他从此以布衣终老。嘉泰三年(1203)，辛弃疾起知绍兴府兼浙东安抚使，召赴行都，他俩曾经酬唱赠答，辛氏很器重他的文才。姜夔且欲“借秋风一榻”，与稼轩朝夕相处，并说“公歌我亦能书”(《汉宫春·次韵稼轩》)，表示了交游之乐。当稼轩为筹划北伐事宜转知镇江府后，姜夔又赋《永遇乐》相勉。在涉及国家民族的关键问题上，他是倾向于抗战派的。

姜夔除了两次上书朝廷议论乐曲之外，几乎没有与政府发生过关系。他一辈子没有做过官吏或幕僚，也无正式职业，只是依仗社会地位比他高、经济情况比他好的友人资助为生，所以他过的是一种典型的江湖游士或清客的生活。

绍熙二年(1191)，他三十七岁时，曾在冬天冒雪赶赴范成大的石湖别墅作客，住了一个多月。创作了咏梅名篇《暗香》、《疏影》两阕的歌词和乐曲①。当他辞别回归湖州时，范氏慨然将家伎小红嫁给了他。在过垂虹桥时，姜夔赋诗说：“自作新词韵最娇，小红低唱我吹箫；曲终过尽松陵路，回首烟波十四桥。”(《过垂虹》)然而，这种风流际遇并不能改善他困顿飘零的境遇。在《自述》中，他曾历数和他交往的当世贤豪，但又致慨于“四海之内，知己者不为少矣，而未有能振之于困踬无聊之地者”。其实，他这种困踬无聊，也和他孤标清高的性格、癖好、生活态度有关系。他的《石湖仙》词说：“浮云安在？我自爱绿香红舞，容与，看世间几度今古。”这种个性当然是不合时宜的，是与官场格格不入的。他“家无立锥，而一饭未尝无食客；图史翰墨之藏汗牛充栋，襟期洒落如晋宋间人”(见《适园丛书》本陈郁《藏一话腴》甲集卷下)。这样，就当然使得他在功名富贵方面难得有所收获，不能不发出“沉思只羡‘天随子’，蓑笠寒江过

① 林逋《山园小梅》诗有“疏影横斜水清浅，暗香浮动月黄昏”之句。词调以《暗香》、《疏影》为名，出此。

一生”(《三高祠》)的感叹了。

姜夔既不能像陆游、辛弃疾那样匡时济世，以改变现实为己任，又不愿跟那些追名逐利、趋炎附势的钻营者同流合污，他于是走上了一个有所不为的高人雅士的道路。这使得他的创作具有一种比较真诚高洁的感情，但又严重地局限了他反映生活的深度和广度。

姜夔的著作可考者有十多种，现存《白石道人诗集》、《诗说》和词集《白石道人歌曲》。其书学论著则有《续书谱》和《绛帖平》传世。他的音乐论著《大乐议》和《琴瑟考古图》，从《庆元会要》和《宋史·乐志》中可见其大略。

姜夔的词，嘉泰二年(1202)曾由钱希武刊刻为《白石道人歌曲》六卷，祥兴元年(元世祖至元十五年，1278)陶宗仪的传钞本增加了别集一卷。明崇祯三年(1630)，毛晋汲古阁汇刻《宋六十名家词》，另从《花庵词选》辑刊《白石词》一卷，皆非全豹。现宋刻原本虽不可得见，幸而陶钞本在清代乾隆年间曾分四支流传：一为江炳炎转钞本，后由朱孝臧刻入《彊村丛书》；二为厉鹗过录本；三为陆钟辉诗词合刻本；四为张奕枢仿宋刊本。江、厉、张三本皆依陶钞本作六卷附别集一卷，惟陆本合并为四卷加别集一卷。1960年，夏承焘根据各本整理为《姜白石词编年笺校》，是姜词迄今最完善的版本。

诗学和词法　姜夔最初以能诗在文坛上崭露头角，杨万里很推崇他的诗才，在《进退格寄张功甫、姜尧章》诗中说：“尤萧范陆四诗翁，此后谁当第一功。新拜南湖(张镃)为上将，更推白石作先锋。”可见他在杨万里心目中的位置。姜夔早年学江西派，虔诚地师法黄庭坚，但后来却跳出这个圈子，另辟蹊径。他在《白石道人诗集自叙》中讲述了这一变化过程：

近过梁溪，见尤延之先生，问余诗自谁氏？余对以异时泛阅众作，已而病其骏如也，三薰三沐，师黄太史氏。居数年，一语噤不敢吐，始大悟学即病，顾不若无所学之为得。虽黄诗亦偃然高阁矣。

他要摆脱黄诗的影响，追求创造性，这正好与尤、萧、杨、范的路子合拍。又其《诗集自叙》说："余识千岩于萧湘之上，东来识诚斋、石湖，尝试论兹事，而诸公咸谓其与我合也。岂见其合者而遗其不合者耶，抑不合乃可？"他并不满足于与四大家相合，而力图进一步发展为不合，即独创出自己的风格来。他提出"作者求与古人合，不若求与古人异"，"不求与古人合而不能不合，不求与古人异而不能不异"（《诗集自叙二》）。于是，他跨出江西诗派转而学晚唐隐逸诗人陆龟蒙①，以晚唐诗风来改造江西派，再创造出自己的清新秀逸的风格。这也正是其后永嘉四灵及江湖派中某些诗人所遵循的途径（后来陈起编《江湖集》，便因此推他为江湖诗派的先导者）。他著有《诗说》一卷，其中除继承江西派黄庭坚和吕本中等的论点，讲究句法、活法之外，还探讨立意、措辞用事、风味等问题，并提出了四高妙之说："一曰理高妙，二曰意高妙，三曰想高妙，四曰自然高妙。"总的精神是要求天机自得，摆落凡近地吟咏性情。姜夔的这种诗论，直接影响了他的词风。正如谢章铤《赌棋山庄词话》卷十二所说："读其说诗诸则，有与长短句相通者。"

姜词在讲究格律、炼字琢句和用典咏物等方面是跟周邦彦一脉相承的。但由于他主张独创求异，再加上他学过江西派和晚唐派的诗，因而善于以清峭瘦劲的语言来表达缠绵宛转的情思，这也就是以江西派和晚唐派的诗风与传统的周、柳婉约词风相融合。一方面用晚唐体的圆活补救了江西诗派枯涩之弊，另一方面又用江西诗风清劲瘦硬的优点革除了柳、周词中绮靡软媚之病。这就是姜夔词风的独特性。如"淮南皓月冷千山，冥冥归去无人管"（《踏莎行》），"数峰清苦，商略黄昏雨"（《点绛唇》），"嫣然摇动，冷香飞上诗句"（《念奴娇》），"虚阁笼寒，小帘通月"（《法曲献仙音》），"阅人多矣，谁得似长亭树；树若有情时，不会得青青如此"（《长亭怨慢》），"金陵路，莺吟燕舞，算潮水知人最苦"（《杏花天影》），"伤心重见，依约眉山，黛痕低压"（《庆宫春》）。这些都是姜夔在

① 陆龟蒙，唐末隐居于松江、吴江一带，常泛舟太湖，自号江湖散人，又号天随子。姜夔诗词中多次提及陆氏，杨万里也是提倡学晚唐的，曾称赞姜夔说："文无所下工，甚似陆天随。"见姜夔《自述》。

江西诗派影响下铸造出来既清新、又峭拔的词句，由此表现了姜词出于周而又不同于周的一种新的意境①。

姜词的主要内容　姜词现存八十四首，几乎篇篇皆为精思力作。尽管他在诗文创作方面也曾显出才能，但在中国文艺史上，姜夔还是以一个出色的词人而著称的。

在姜词中，个人生活的描述以及身世之感的抒发占了最大的比重。他早年孤露无依，备受飘零流落之苦。其《江梅引》有云："漂零客，泪满衣。"这种凄婉低沉之情，乃是他毕生创作中的基调。但他既为奔走衣食所苦，却也有游览胜迹之乐。正是从这种苦乐相寻的生活中，词人酿造出了他的歌吟：

> 古城阴，有官梅几许，红萼未宜簪。池面冰胶，墙腰雪老，云意还又沉沉。翠藤共、闲穿径竹，渐笑语、惊起卧沙禽。野老林泉，故王台榭，呼唤登临。　　南去北来何事？荡湘云楚水，目极伤心。朱户粘鸡，金盘簇燕，空叹时序侵寻？记曾共、西楼雅集，想垂杨、还袅万丝金。待得归鞍到时，只怕春深。
>
> ——《一萼红》（丙午人日，予客长沙别驾之观政堂。堂下曲沼，沼西负古垣，有卢桔、幽篁，一径深曲。穿径而南，官梅数十株，如椒如菽，成红破白露，枝影扶疏。著屐苍苔细石间，野兴横生。亟命驾登定王台，乱湘流，入麓山。湘云低昂，湘波容与，兴尽悲来，醉吟成调。）

> 燕雁无心，太湖西畔随云去。数峰清苦，商略黄昏雨。　　第四桥边，拟共天随住。今何许？凭阑怀古，残柳参差舞。
>
> ——《点绛唇·丁未冬，过吴淞作》

> 叠鼓夜寒，垂灯春浅，匆匆时事如许！倦游欢意少，俯仰悲今古。

① 以上参考夏承焘《论姜白石的词风》，载《姜白石词编年笺校》卷首。

江淹又吟《恨赋》，记当时、送君南浦。万里乾坤，百年身世，惟有此情苦。　　扬州柳，垂官路。有轻盈换马，端正窥户。酒醒明月下，梦逐潮声去。文章信美知何用？漫赢得、天涯羁旅。教说与，春来要寻花伴侣。

——《玲珑四犯·越中岁暮闻箫鼓感怀》

这些词为我们画出了姜夔作为一个襟怀潇洒的名士形象，但同时也露出了在这种潇洒胸怀里一个贫困疲惫的流落者所具有的淡淡的哀愁。他流连于胜水名山、良辰佳节之中，向往着轻盈而又端正的情侣。然而，这并不能使他无止境的飘泊生涯有所改变。他的性格品行和艺术才能是为人所爱重的，但这也并不能将他从贫困中拯救出来。他羡慕像陆龟蒙那样的隐士，有时自己也觉得已经成了那样的隐士，然而随即发现自己还没有完全忘情于现实人生，还不能真正地以披蓑戴笠独钓寒江的生活来度过一生。他的高致既往往不能超脱俗情，于是，他的快乐也就同时是他的苦恼。如我们所看到的，这些矛盾便集中统一在他的作品里了。我们读了他三十二岁在长沙写的《一萼红》、三十三岁过太湖写的《点绛唇》和三十九岁在绍兴写的《玲珑四犯》，是大致可以了解到这位词人的内心世界的。

在青少年时代，姜夔游合肥时曾有过一次情遇，对方似乎是一个妙擅筝琶的歌女。由于萍踪浪迹的生活或其他原因，他俩终于未能结合。这短期的合离，竟在他的心灵上刻下了一条深深的伤痕，变成了词人一种难以排遣的痛苦。在别后二十多年的不少怀人词中，那位姑娘妙丽的形象常常在他的笔端涌现：

燕燕轻盈，莺莺娇软，分明又向华胥见。夜长争得薄情知，春初早被相思染。　　别后书辞，别时针线，离魂暗逐郎行远。淮南皓月冷千山，冥冥归去无人管。

——《踏莎行·自沔东来，丁未元日至金陵，江上感梦而作》

肥水东流无尽期，当初不合种相思。梦中未比丹青见，暗里忽惊山鸟啼。　　春未绿，鬓先丝，人间别久不成悲。谁教岁岁红莲夜，两处沉吟各自知！

——《鹧鸪天·元夕有所梦》

这两首词是历来为人们传诵的。作者为梦中的欢会和醒后的孤凄而烦恼着，他倾吐了自己的心声，使我们感到了他的悔恨，又同时看到了他的执着。水流不尽，重见无期，因此也会为“当时不合种相思”感到后悔，但诚挚的感情却偏偏引人入梦，而依稀短促的梦境又为山鸟惊破，醒后唯见千山冷月，独照归踪，这是多么使人难以为情啊！这一类词还有《琵琶仙》、《淡黄柳》、《解连环》、《鬲溪梅令》和《长亭怨慢》等篇。它们的情境都是缠绵宛转、恍惚凄迷的，而其语言却具有高远挺拔的特色。在写爱情的词中出现了“淮南皓月冷千山，冥冥归去无人管”这样的艺术构思，应该承认是对婉约词的一种新的充实。

托事咏物是姜词的另一重要内容，其中咏梅的有二十八首，咏柳的有二十五首。此外如咏蟋蟀的《齐天乐》、咏荷花的《念奴娇》，都是受人赞赏的。其中最为知名的则是《暗香》、《疏影》：

旧时月色，算几番照我，梅边吹笛。唤起玉人，不管清寒与攀摘。何逊而今渐老，都忘却、春风词笔。但怪得、竹外疏花，香冷入瑶席。　　江国，正寂寂。叹寄与路遥，夜雪初积。翠尊易泣，红萼无言耿相忆。长记曾携手处，千树压、西湖寒碧。又片片、吹尽也，几时见得？

——《暗香》（辛亥之冬，予载雪诣石湖，止既月，授简索句，且征新声，作此二曲。石湖把玩不已，使工妓隶习之，音节谐婉，乃名之曰《暗香》、《疏影》。）

苔枝缀玉，有翠禽小小，枝上同宿，客里相逢，篱角黄昏，无言自倚修竹。昭君不惯胡沙远，但暗忆、江南江北。想佩环、月夜归来，化作此花幽独。　　犹记深宫旧事，那人正睡里，飞近蛾绿。莫似春风，不管盈盈，早与安排金屋。还教一片随波去，又却怨、玉龙哀曲。等恁时、重觅幽香，已入小窗横幅。

——《疏影》

这两篇作品是咏梅的，但如前人所一致肯定的，它们绝不是单纯的咏物之作。词中当然也刻画了梅花，但在更多的地方却表达了由梅花而引起的联想。它们的确是如张炎《词源》卷下所说的那样，是“不留滞于物”的。问题是在它们的寄托即题外之意是什么？这个问题曾引起前人截然相反的评价和争议。赞赏的认为它是“前无古人后无来者”的“绝唱”（《词源》），否定的又认为它“无一语道着”（《人间词话》）。这种不同的评价是由于对它们所反映的内容和表现手法存在着分歧的看法而产生的。平情而论，虽然《暗香》和《疏影》都是借梅托意，但它们所托之意却并不是一致的。如果不求之过深，也不强求这两个姊妹篇必须有统一的主题，那就比较容易看出：《暗香》写的是自己身世飘零之恨和伤离念远之情，《疏影》则是披露了作者对国家衰危的关切和感触。前者的慨叹是属于个人的，而后者扩展到整个家国的旧恨新愁上面来了。

从旧日在梅香月皎中自己吹笛、玉人摘花的欢乐写起，陡然转折到自己而今见老，甚至连嗅到梅香，看到月影，也引起一种生疏的感觉，这就是词人在《暗香》上片中写出的自己环境和心情上的巨大变迁。接着，在下片里，他刻画了和那位玉人离别以后的孤独，想到古人还能折梅寄远，但现在因为路遥雪积，却不可能这样，结果就只有以今天独自在梅花下的寂寞，来苦忆昔日携手在梅花下的欢愉了。可是，不久梅花又要凋零，无论是花还是人，几时才得重见呢？在结尾，词人以其决绝的口吻表达了自己无从决绝的缠绵情意。

《疏影》是从正面描绘梅花入手的。词人写了她冷艳幽香和孤芳自赏的特征。但接着，他由这一意象引起的联想飞跃到了远嫁匈奴的王昭君身上。如果宋徽宗那篇在北行途中所写的《眼儿媚》没有流传下来，这就会使我们更加困惑难解了，幸而今天还可以读到这首词。从《眼儿媚》下片所写的“花城人去今萧索，春梦绕胡沙，家山何处，忍听羌管，吹彻梅花”诸句，我们可以断定，郑文焯说这首词“盖伤心二帝蒙尘，诸后妃相从北辕，沦落胡地，故以昭君托喻”（郑氏校订《白石道人歌曲》批语）的意见是不错的（参见《宋词赏析》第一百六十六页）。所以换头接着再由梅花而联想到寿阳公主梅花点额的故事，他希望那位娇小的公主获得比梅花较好的命运，莫等花落香消，空余陈迹。事实上，这也就是希望南宋获得比北宋较好的命运，不要日趋衰弱，渐至沦亡。比起《暗香》来，《疏影》确实是更其晦涩一些，然而，它却并非是不可理解的。

姜夔这两首咏物词的代表作大体含意就是如此。很显然，我们不能认为这是最好的词，甚至也不能认为这是姜夔最好的词，但说它们没有价值也是不够公正的。正如张炎所指出的，咏物词要在若即若离、不即不离之间，“体认稍真，则拘而不畅；摸写差远，则晦而不明”（《词源》卷下）。而这两篇作品，则基本上符合了这些合理的意见，同时，它们还使得咏物词寄托的内容有所扩大，为晚宋诸词人以咏物词写其爱国情感和亡国哀思作出了榜样。

姜夔跟现实斗争游离的生活态度决定了他不是那种把自己的作品当作武器去干预政治的作家。从另外一个角度来看，则像姜夔这样的作家之所以产生，也正是当时的抗金斗争在南宋小朝廷的压制下走向低潮的反映。所以姜词中虽然也接触到一些时事，但只是像《疏影》那样隐晦曲折的托事寓意。姜词中对现实的反映，没有使人振奋的号呼，而只有使人伤感的叹息：

淮左名都，竹西佳处，解鞍少驻初程。过春风十里，尽荠麦青青。自胡马窥江去后，废池乔木，犹厌言兵。渐黄昏，清角吹寒，都在空城。　　杜郎俊赏，算而今、重到须惊。纵豆蔻词工，青楼梦好，难赋深情。二十四桥仍在，波心荡、冷月无声。念桥边红药，年年知为谁生！

——《扬州慢》（淳熙丙申至日，予过维扬。夜雪初霁，荠麦弥望。入其城，则四顾萧条，寒水自碧，暮色渐起，戍角悲吟。予怀怆然，感慨今昔，因自度此曲。千岩老人以为有《黍离》之悲也。）

写这首词的时候，姜夔只有二十二岁。词人这一少作显示了他非凡的才华，但也露出了他创作中自始就具有的感伤消沉的倾向。如词序中所说，本篇是淳熙三年(1176)有感于兵后残破的扬州而作的。绍兴三十一年(1161)，金主完颜亮曾发兵南犯，扬州道上燃起了漫天烽火，昔日繁华的都市顿成了荒芜的空城。词人在十五年后来到这里，感慨今昔，既神往于唐代杜牧在扬州的风流生活，又为眼前名城遭受敌人蹂躏后的一片萧条而感叹万分。他所能表达的，只是，也只能是触目伤怀的悲凉情调。由此可见，他对国家的命运并非漠不关心的，但由于世界观及个性、生活环境诸因素的制约，只能以哀音秀句表达其精神负担而已。

姜夔晚年受了辛词的影响，曾写过一些比较雄健的作品，如与辛弃疾唱和的四篇即是。试举一篇如下：

云隔迷楼，苔封很石，人向何处？数骑秋烟，一篙寒汐，千古空来去。使君心在，苍崖绿嶂，苦被北门留住。有尊中酒差可饮，大旗尽绣熊虎。　　前身诸葛，来游此地，数语便酬三顾。楼外冥冥，江皋隐隐，认得征西路。中原生聚，神京耆老，南望长淮金鼓。问当时依依种柳，至今在否？

——《永遇乐·次稼轩北固楼词韵》

这是开禧元年(1205)姜夔五十一岁时的作品。当时辛弃疾驻节镇江，曾赋《永遇乐·京口北固亭怀古》，抒发了“金戈铁马”的壮志豪情。姜夔依调奉和，工力悉敌。词中“北门”指裴度，“三顾”指诸葛亮，“征西”“种柳”指桓温。词人以三位古代名臣的盖世功业来激励辛弃疾。上片称颂他有声有色的备战工作，下片以中原父老盼望南师北伐之情，来隐刺南宋君臣的苟安。这是姜词中感慨国事，抒发爱国思想最为明显的一篇。可见他晚年确曾接受了辛词的影响，在风格上有所更新。清人周济在《宋四家词选·序论》中指出："白石脱胎稼轩，变雄健为清刚，变驰骤为疏宕。"所论辛姜异同，极为精辟。

姜词的艺术特征及其影响 音节谐婉是姜词艺术特征之一。这位词人精通音乐理论，对于审音协律非常重视。在一些词序中，他曾经特别指出其创作在音律上的特点，如将《满江红》由仄韵改为平韵之类。他继承周邦彦的传统，善于创调，但周的创调重在唱腔流美，而他的创调重在声情吻合。他把词意放在第一位，让格律服从于自己的情趣，如在《长亭怨慢》小序中说："予颇喜自创曲，初率意为长短句，然后协以律。"这就是说，先根据需要表达的内容写出歌词来，然后再推敲格律，配制歌谱，而非以律害词、以词害意，所以《四库全书总目》卷一百九十八《白石道人歌曲》提要说他的词"精深华妙，尤善自度新腔，故音节文采并冠绝一时"。

姜夔审音创调的典型作品是十七首带有旁谱的歌词。在《白石道人歌曲》张刻本卷五和卷六（陆刻本合为卷四）中，标为自度曲（又名自制曲）的计有十三首，除《湘月》一首无谱外，旁缀音谱的有十二首，这都是姜夔自己创制的新声。它们是《扬州慢》、《长亭怨慢》、《淡黄柳》、《石湖仙》、《暗香》、《疏影》、《惜红衣》、《角招》、《征招》、《秋宵吟》、《凄凉犯》、《翠楼吟》。

另外，在张刻本卷三、卷四（陆刻本卷二、卷三）中，又有五首作品附有旁谱，这是姜夔改订旧调重新谱曲的成品。它们是《鬲溪梅令》、《杏花天影》、《醉吟商小品》、《玉梅令》、《霓裳中序第一》。

这十七首旁谱是八百年前传承下来的惟一的宋代词乐，在我国的音乐文学史上有极其重大的价值。当代学者在清人著述的基础上继续精心研究①，已能译为今谱歌唱。这里根据各家研究的成果，综合整理，选载《鬲溪梅令》和《暗香》两曲并附原谱如下，以见一斑。

---

① 见夏承焘《白石十七谱译稿》（《唐宋词论丛》上海古典文学出版社 1956 年出版），杨荫浏、阴法鲁《宋姜白石创作歌曲研究》（音乐出版社 1957 年出版），丘琼荪《〈白石道人歌曲〉通考》（音乐出版社 1959 年出版）。

鬲溪梅令

姜　夔　词曲

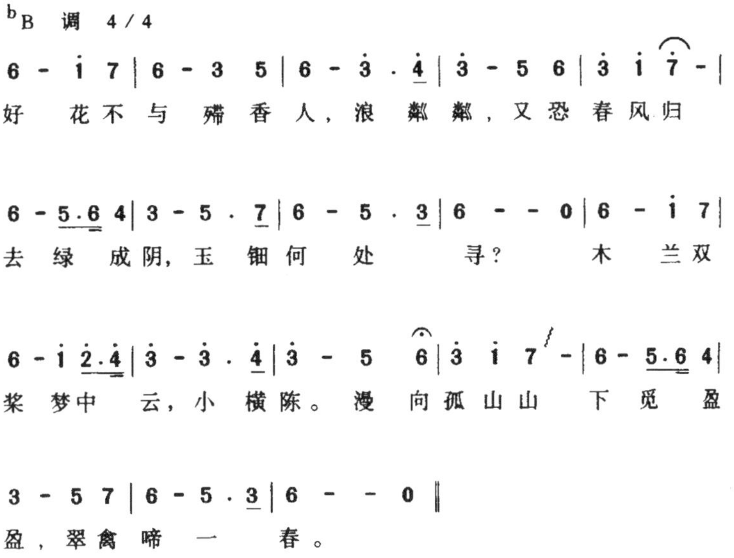

姜词的语言清刚峭拔、瘦硬凝炼，不媚，不艳，不熟，不滥。这是姜夔以江西派诗法来填词的结果。在用典时，他也能做到“僻事实用，熟事虚用”(《白石道人诗说》)，使用活法，重加熔铸，创造自己独特的修辞手法。即使是写爱情，也从来不用华丽秾密的语句，而出之以淡雅疏宕的笔触。如《琵琶仙》云：“双桨来时，有人似、旧曲桃根桃叶。歌扇轻约飞花，蛾眉正奇绝。”又《淡黄柳》云：“燕燕飞来，问春何在，唯有池塘自碧。”又《长亭怨慢》云：“韦郎去也，怎忘得、玉环分付：‘第一是早早归来，怕红萼无人为主！’算空有并刀，难剪离愁千缕。”都是有效地用硬笔淡墨来写柔情，含而不露。这又使婉约派的词展现了一种新的风貌。这一艺术特征也是很显著的。

姜词在艺术上另一个特征是往往配有韵味绝佳的小序，有独立的文学价值。前引《一萼红》、《暗香》诸序，已可概见，今更举二例如下：

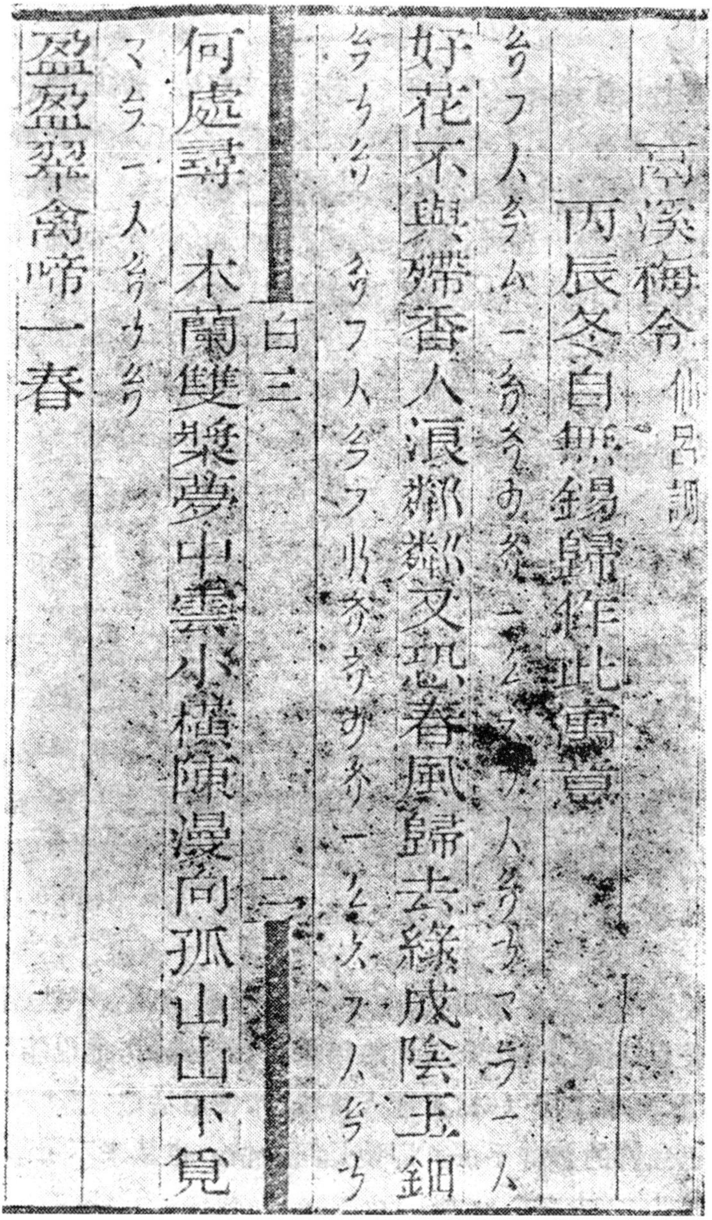
鬲溪梅令 仙呂調
丙辰冬自無錫歸作此寓意
好花不與殢香人浪粼粼又恐春風歸去綠成陰玉鈿
何處尋 木蘭雙槳夢中雲小橫陳漫向孤山山下覓
盈盈翠禽啼一春
白三 二

《彊村丛书》本《白石道人歌曲》卷三所载《鬲溪梅令》旁谱

暗　香

姜　夔　词曲

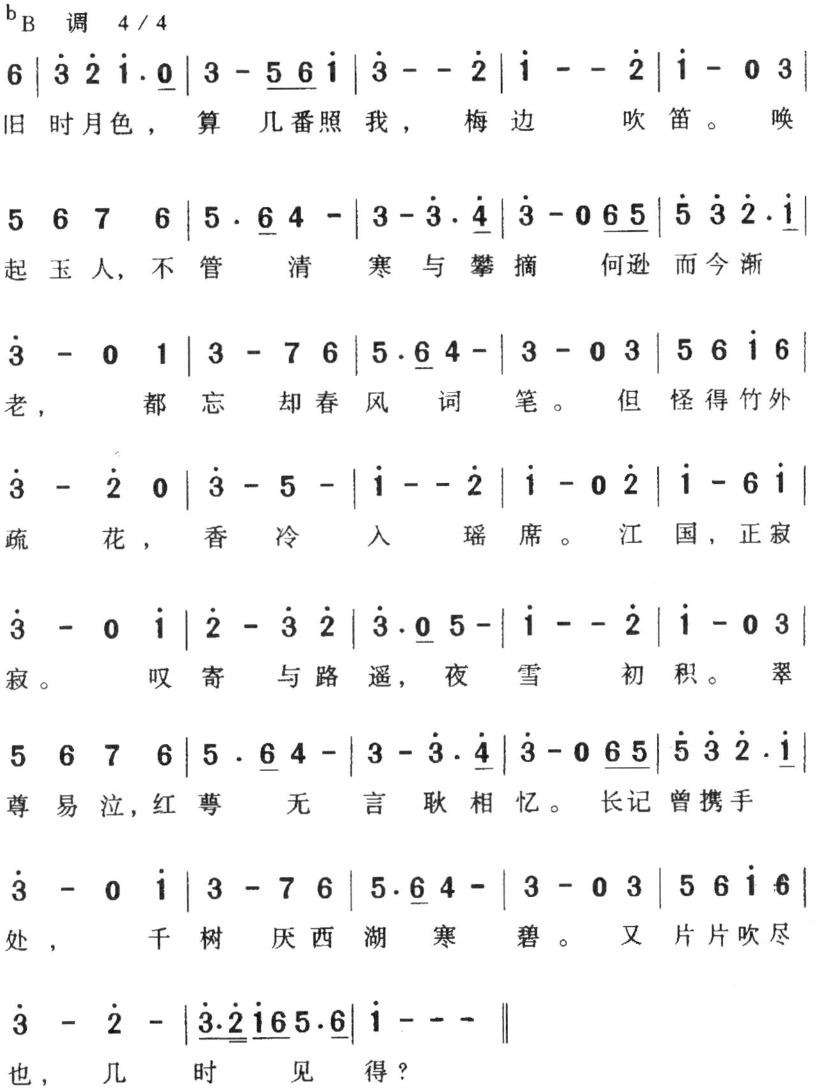
bB 调 4/4
旧时月色，算几番照我，梅边吹笛。唤
起玉人，不管清寒与攀摘 何逊而今渐
老，都忘却春风词笔。但怪得竹外
疏花，香冷入瑶席。江国，正寂
寂。叹寄与路遥，夜雪初积。翠
尊易泣，红萼无言耿相忆。长记曾携手
处，千树厌西湖寒碧。又片片吹尽
也，几时见得？

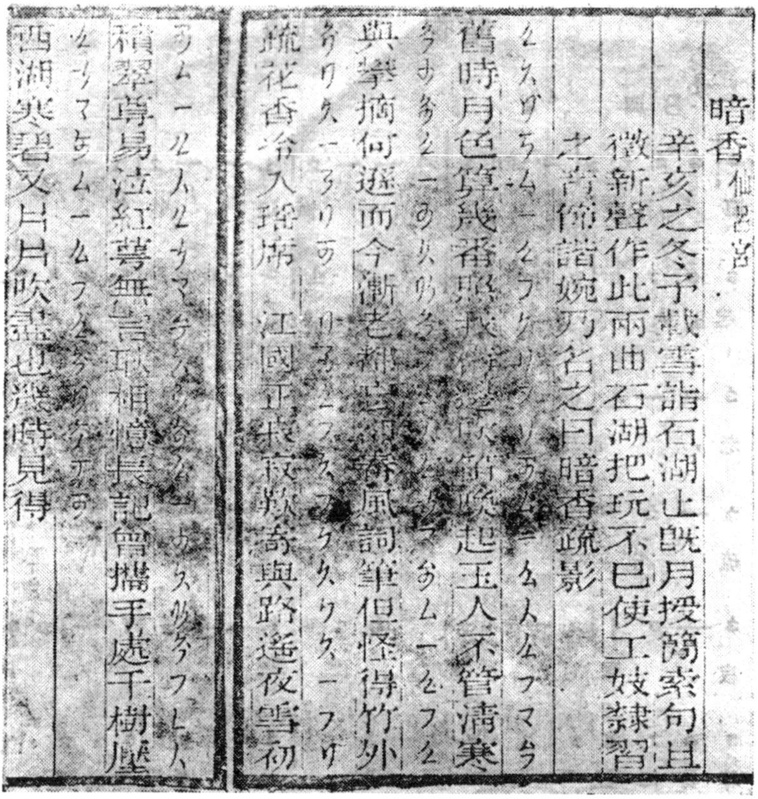
暗香 仙呂宮
辛亥之冬予載雪詣石湖止既月授簡索句且
徵新聲作此兩曲石湖把玩不已使工妓隸習
之音節諧婉乃名之曰暗香疏影
舊時月色算幾番照我梅邊吹笛喚起玉人不管清寒
與攀摘何遜而今漸老都忘却春風詞筆但怪得竹外
疏花香冷入瑤席 江國正寂寂歎寄與路遙夜雪初
積翠尊易泣紅萼無言耿相憶長記曾攜手處千樹壓
西湖寒碧又片片吹盡也幾時見得

《彊村丛书》本《白石道人歌曲》卷五所载《暗香》旁谱

予客武陵，湖北宪治在焉。古城野水，乔木参天，予与二三友日荡舟其间，薄荷花而饮，意象幽闲，不类人境。秋水且涸，荷叶出地寻丈。因列坐其下，上不见日，清风徐来，绿云自动，间于疏处窥见游人画船，亦一乐也。朅来吴兴，数得相羊荷花中。又夜泛西湖，光景奇绝，故以此句写之。

——《念奴娇》序

甲寅春，予与俞商卿燕游西湖，观梅于孤山之西村，玉雪照映，吹香薄人。已而商卿归吴兴，予独来，则山横春烟，新柳被水，游人容与飞花中，怅然有怀，作此寄之。商卿善歌声，稍以儒雅缘饰。予每自度曲，吟洞箫，商卿辄歌而和之，极有山林缥缈之思。今予离忧，商卿一行作吏，殆无复此乐矣。

——《角招》序

这是非常优美的小品，与歌词有珠联璧合之妙。虽然有时也不免有语意和本词重复之病，但其中大多数终究是相映成趣，相得益彰的。

张炎在《词源》中曾概括姜词兼具清空、骚雅之长，这当然是其艺术风格上最主要的特征。所谓清空是指意念的空灵含蓄，对事物的描写避免直接刻画，而是遗貌取神，虚处着笔，从侧面烘托出来。如《小重山令》"九疑云杳断魂啼，相思血，都沁绿筠枝"，是见梅怀人之作，但作者不直接写人，却用典咏物，以湘妃之血泪染红了梅花的枝条作比，来暗喻对情人的刻骨相思。这种技巧，张炎比之为"如野云孤飞，去留无迹"。但因为琢句过甚，也有如《人间词话》所说，"虽格韵高绝，然如雾里看花，终隔一层"之弊。评家的不同见解，使我们辩证地看出了这种笔法的优缺点。至于骚雅，主要是指姜词继承《诗经》、《楚辞》的传统，能寓意见志，有比兴，有寄托。如《八归》"送客重寻西去路，问水面琵琶谁拨？最可惜一片江山，总付与啼鴂"，暗示了哀时之感。宋翔凤《乐府余论》说："其流落江湖，不忘君国，皆借托比兴于长短句寄之。如《齐天乐》，伤二帝北狩也。《扬州慢》，惜无意恢复也。《暗香》、《疏影》，恨偏安也。盖意愈切则辞愈微，屈、宋之心，谁能见之？乃长短句中复有白石道人也。"《白雨斋词话》卷二中更进一步表彰说：

姜尧章词，清虚骚雅，每于伊郁中饶蕴藉，清真之劲敌，南宋一大家也。梦窗、玉田诸人，未易接武。

南渡以后，国势日非，白石目击心伤，多于词中寄慨，不独《暗香》、《疏影》二章，发二帝之幽愤，伤在位之无人也。特感慨全在虚处，无迹可寻，人自不察耳。感慨时事，发为诗歌，便已力据上游。特不宜说破，只可用比兴体，即比兴中亦须含蓄不露，斯为沉郁，斯为忠厚。

在这里,陈廷焯简要地说明了骚雅的特征及其与清空(结体于虚)的内在关系,就是要求作者能把形象刻画、环境烘托、心理描写和比兴寄托熔于一炉,虚而不实地运用夸张、比喻、象征和联想等手法来渲染气氛,造成虽起伏跌宕而仍然含蓄不露的艺术效果。这在上节所举的例子中是体现得很清楚的。

姜词的艺术特征,使宋词特别是婉约词发生了新的变化。其影响所及,不仅南宋后期的词人纷纷起而追踪效法,一直到清代,浙西词派还掀起了学姜的高潮。所以清人汪森在《〈词综〉序》中云:"鄱阳姜夔出,句琢字炼,归于醇雅。于是史达祖、高观国羽翼之,张辑、吴文英师之于前,赵以夫、蒋捷、周密、陈允衡、王沂孙、张炎、张翥效之于后,譬之于乐,舞箾至于九变,而词之能事毕矣。"

从总体上看,南宋词坛影响最大的作家,辛弃疾外,就数姜夔。稼轩词和白石词正好代表了两种不同的风格流派和发展趋向。《艺概》卷四云:"白石才子之词,稼轩豪杰之词。才子豪杰,各以其类爱之,强论得失,皆偏辞也。"这里指出辛姜之别,主要在于阳刚阴柔或壮美优美,读者应当对异量之美有所理解,各从所好,可谓一语破的。

第二节　南宋后期的姜派词人

姜夔这种重视艺术技巧而又在一定程度上抒发了家国兴亡之感的创作实践,为婉约词在南宋的发展打开了新局面,其影响之深远较辛词有过之而无不及。所以郭麐《灵芬馆词话》卷一说:"姜、张诸子,一洗华靡,独标清绮,如瘦石孤花,清笙幽磬,入其境者疑有仙灵,闻其声者人人自远;梦窗、草窗或扬或沿,皆有新俊,词之能事备矣。"

姜派词人约有如下的共同点:首先,就渊源论,他们都远祖周邦彦,近宗姜夔,然后自出机杼,各有新变。其次,就格律论,他们都强调歌词的音乐效果,精通音律,能自制新曲,尤善于谱写长调慢词,所以又被称为格律派。再次，就艺术特点论，他们都欢喜而且擅长琢句炼字，使事用典，融化前人诗句入词。最后，就地位论，他们都是《宋史》无传的小人物，或流落江湖，或浮沉宦海，其中有些人还经历了国破家亡的苦难。其表现在作品中的情思大多旨隐词微，迷离惝恍，每以比兴寄托之法，抒伤时感世之情。总的看来，音律和谐，技巧精湛，风格清高，比兴深婉，都是这些词人值得肯定的地方。但他们作品中缺少辛派诸家那种时代的强音，其所反映的生活面比较狭窄，又往往因谐协音律而限制内容，因雕琢字句而损伤意趣，因追求雅正而脱离大众。这些缺点也显然是存在的。

南宋后期的姜派词人可分为两组：一是活动在宁宗时期或稍后的一群，主要作家有史达祖、高观国、卢祖皋、张辑和吴文英等；二是宋末元初的遗民词人，如蒋捷、陈允平、周密、王沂孙和张炎等。他们受姜夔的影响或深或浅，情况并不完全一样。而且纵向和横向之间的关系也互有交叉，如吴文英就受到过史达祖的影响，陈允平和周密又接受了吴文英的影响，蒋捷则曾接受辛弃疾的影响。从微观的角度看，吴文英自是独树一帜的作者，显示了一种质实密丽的作风，与姜夔之清空疏宕不同。但从宏观的角度来考察，不能说他没有受到姜词的影响。吴文英的出现只是婉约派内产生了一位出于姜夔，而其所发展的风格与所达到的成就却可与姜氏分庭抗礼的作家，而不能说吴与姜分属两个不同的流派。当然，作为姜词的嫡派真传者，则如李调元《雨村词话》卷二所说，要算是王沂孙和张炎。特别是张炎，除其创作步趋姜氏之外，其理论著作《词源》也竭力宣扬姜夔的艺术成就。所以清代的浙西词派以姜、张并列为宗师，出现了“家白石而户玉田”的盛况①。由于传统观念历来以婉约词为正宗，所以姜、张后学的声势，在相当长的历史阶段内，竟超过了苏、辛一派。

史达祖　史达祖，字邦卿，号梅溪，汴（今开封市）人，有《梅溪词》一卷，存词一百十二首。他大约比姜夔小十多岁。姜夔爱重他的作品，曾为

---

①　朱彝尊序曹溶《静惕堂词》云：“数十年来，浙西填词者，家白石而户玉田。”同治三年（1864），张文虎自序其《索笑词》也说：“二十年前言长短句者，家白石而户玉田，使苏、辛不得为词，今则俎豆二窗而祧姜、张矣。”朱、张时代相距很远而所言略同，可见清代宗法姜、张之风甚盛且久。

其词集作序，认为他能够“融情景于一家，会句意于两得”，具有“奇秀清逸”的风格（姜序的全文已佚，这几句见黄昇《花庵词选·中兴以来绝妙词选》卷七）。他和张镃也有交往，嘉泰元年（1201），四十九岁的张镃作《〈梅溪词〉序》，称他为“汴人史生邦卿”，又说“余老矣，生须发未白”，可见史达祖的年辈比张镃稍小，估计他在嘉泰元年时约三十岁左右。张序称赞其词说：“盖生之作，辞情俱到，织绡泉底，去尘眼中，妥帖轻圆，特其余事。至于夺苕艳于春景，起悲音于商素，有瑰奇、警迈、清新、闲婉之长，而无訑荡、污淫之失。端可以分镳清真，平睨方回；而纷纷三变行辈，几不足比数。”（张序全文尚存，载于汲古阁本及四印斋本《梅溪词》卷首）张镃的话，不无溢美，但史达祖的确善于塑造形象、摹写物态。特别是其咏物词，达到了很高的艺术水平：

> 过春社了，度帘幕中间，去年尘冷。差池欲住，试入旧巢相并。还相雕梁藻井，又软语、商量不定。飘然快拂花梢，翠尾分开红影。
> 芳径，芹泥雨润。爱贴地争飞，竞夸轻俊。红楼归晚，看足柳昏花暝。应自栖香正稳，便忘了、天涯芳信。愁损翠黛双蛾，日日画阑独凭。
>
> ——《双双燕·咏燕》

> 做冷欺花，将烟困柳，千里偷催春暮。尽日冥迷，愁里欲飞还住。惊粉重、蝶宿西园，喜泥润、燕归南浦。最妨它、佳约风流，钿车不到杜陵路。　　沉沉江上望极，还被春潮晚急，难寻官渡。隐约遥峰，和泪谢娘眉妩。临断岸、新绿生时，是落红、带愁流处。记当日、门掩梨花，剪灯深夜语。
>
> ——《绮罗香·咏春雨》

这两篇是被公认为南宋咏物词的代表作的，其妙处在于通篇都不正面着题，只从侧面烘托，而物象情景，宛在目前。第一篇咏燕，却没有一句提及“燕”字，然而刻画燕子的形态特征却非常逼真。第二篇描写春雨，也没有一个“雨”字，但却把连绵不断的雨丝引起的春愁披露了出来。两篇作品都以工巧的构思和俊秀的语言描摹自然景物，并注入了对于人世间离别之恨的同情，物态被刻画得栩栩如生，离情也被抒写得凄怨欲绝，充分显示了作者的巧妙的构思。此外如《玉楼春·赋梨花》、《隔浦莲·荷花》、《祝英台近·咏蔷薇》等篇，都能做到形神兼备，虚实并用。张炎在《词源》卷下说：“诗难于咏物，词为尤难。体认稍真，则拘而不畅；模写差远，则晦而不明。要须收纵联密，用事合题，一段意思，全在结句，斯为绝妙。”并举史达祖《东风第一枝·咏春雪》、《绮罗香·咏春雨》和《双双燕·咏燕》为例，评为“此皆全章精粹，所咏了然在目，且不留滞于物”。在史达祖之前，姜夔和张镃曾同赋《齐天乐》咏蟋蟀，用笔运思，已很工细，而史氏吸收周邦彦和姜夔诸家的长处，在虚实结合、咏物而不滞于物等方面又进一步取得了新的成就。《中兴以来绝妙词选》卷七云：“‘临断岸’以下数语，最为姜尧章所赏。”正是因为这几句没有留滞于春雨本身，而能扩展境界，写出了大自然节候的变迁，以及词人在这种不知不觉的变迁中的细致感受。

史达祖写爱情的词，如《玉胡蝶》、《临江仙》、《寿楼春》和《换巢鸾凤》等，都很动人。但那些表现爱国精神和身世之感的作品似乎更值得我们重视。这牵涉到他政治生活中的一段公案。

原来，史达祖出身低微，没有科名，未能进入仕途。开禧年间，他投奔权相韩侂胄，作了韩的门客。当时韩侂胄正筹划出兵伐金，乃任用他为堂吏。当时很有权势，“奉行文字，拟帖撰旨，俱出其手，权炙缙绅”（见叶绍翁《四朝闻见录》戊集）。不料韩氏北伐失败，于开禧三年（1207）十一月被史弥远诛杀，并把韩的首级送到金营议和。这场政变株连到史达祖，使他受到了黥面的刑罚。这时候，他大约是四十岁。这样，他在周密《浩然斋雅谈》等笔记中就被描绘成一个人品不高的失志者，而为后人所诟病。如《白雨斋词话》卷五（足本卷七）说：“独怪史梅溪之沉郁顿挫，温厚缠绵，似其人气节文章，可以并传不朽；而乃甘作权相堂吏，致与耿柽、董如璧辈并送大理，身败名裂。其才虽佳，其人无足称矣！”但平心而论，主张北伐抗金收复失地的韩侂胄，毕竟与秦桧、贾似道等卖国投降者不同。他重用了史达祖，史不免借此弄权，也是事实。但史的为人也并非全无足取，在他的词中，就有伤痛南宋偏安的咏叹。在保卫国家，抵抗金人的想法上，他和韩侂胄是一致的。（以上参看缪钺《灵谿词说》，载《四川大学学报》1984年第3期）例如他随从李壁使金时所写的一组词，便表现了平戎报国的壮怀。《四库全书总目》卷一百九十九《梅溪词》提要曾列举这组作品是《龙吟曲·陪节欲行，留别社友》、《鹧鸪天·卫县道中，有怀其人》、《齐天乐·中秋宿真定驿》、《惜黄花·九月七日定兴道中》以及《满江红·九月二十一日出京怀古》。并推断说："核其词意，必李壁使金之时①，侂胄遣之随行觇国，故有诸词。"《龙吟曲》是他从临安出发时所作，"楚江南，每为神州未复，栏干静，慵登眺"的歌唱明白地宣示了他"壮怀无挠"的爱国思想。《满江红》则是使金回来途经北宋旧都汴京时写的："天相汉，民怀国。天厌虏，臣离德。趁建瓴一举，并收鳌极。老子岂无经世术，诗人不预平戎策。办一襟，风月看升平，吟春色。"也对敌人虽有机可乘，自己却报国无路发抒了孤愤。他获罪被贬后的情况无考，从所作《满江红·书怀》"三径就荒秋自好，一钱不直贫相逼"看来，他后来的生活是穷愁潦倒的。

史达祖晚期的作品风格遒劲，充满了苍凉激楚之音，如《满江红·中秋夜潮》云：

> 万水归阴，故潮信、盈虚因月。偏只到、凉秋半破，斗成双绝。有物指磨金镜净，何人拏攫银河决？想子胥、今夜见嫦娥，沉冤雪。
> 光直下，蛟龙穴。声直上，蟾蜍窟。对望中天地，洞然如刷。激气已能驱粉黛，举杯便可吞吴越。待明朝、说似与儿曹，心应折。

词中对历史上"信而见疑，忠而被谤"最后甚至就戮的著名人物伍子胥，寄予了深切的同情，借古喻今，隐约地抒发了他对南宋统治集团强烈的愤慨，气势颇为豪宕。它如《秋霁》、《八归》、《湘江静》等也是此类之作。现存《梅溪词》包括了史达祖晚年的作品，可见自张镃在嘉泰元年（1201）作序以后，其词集又经过重编。

---

① 礼部侍郎李壁出使金国，事在开禧元年（1205）。

史达祖妙解音律，也能自度曲，如著名的《双双燕》和《东风第一枝》等词调，就是他独创的。吴文英受其影响，曾依此填词。

历来评家对《梅溪词》的艺术成就都是赞赏的。元代陆行直在《词旨》中肯定了“姜白石之骚雅，史梅溪之句法”，可见史氏在遣辞造句方面有突出的造就。如《秋霁》“露蛩悲、清灯冷屋，翻书愁上鬓毛白”，显示书生失意的怀乡悲秋之情，颇为深挚；又如《玉胡蝶》“一笛当楼，谢娘悬泪立风前”，乃融化晚唐赵嘏《长安秋望》“长笛一声人倚楼”的诗意而重行铸造的名句；再如《齐天乐》“画里移舟，诗边就梦”，《八归》“秋江带雨，寒沙索水”等对句，都具有生动的形象性和高度的概括力。《雨村词话》卷三曾作《史梅溪摘句图》说：“史达祖《梅溪词》最为白石所赏，炼句清新，得未曾有，不独《双双燕》一阕也。余读其集，爱不释手，闲书佳句，汇为摘句图。”李氏共摘录了五十多条警句，作为学习的范本。此外，谭献《复堂词话》中也记有时人“轨循姜史”、“亦表正宗”的话头，都可见这位词人对后世的影响是不小的。

高观国、卢祖皋和张辑　高观国，字宾王，号竹屋，山阴人，有词集《竹屋痴语》一卷，史达祖和陈造为之作序。史序今佚。陈序云：“高竹屋与史梅溪皆周、秦之词，所作要是不经人道语，其妙处少游、美成亦未及也。”（见汲古阁本《竹屋痴语》）如《齐天乐》云：

> 碧云阙处无多雨，愁与去帆俱远。倒苇沙闲，枯兰溆冷，寥落寒江秋晚。楼阴纵览。正魂怯清吟，病多依黯。怕挹西风，袖罗香自去年减。　　风流江左久客，旧游得意外，朱帘曾卷。载酒春情，吹箫夜约，犹忆玉娇香软。尘栖故苑，叹璧月空檐，梦云飞观。送绝征鸿，楚峰烟数点。

这是一首抒写怀乡惜别之词，风格与周邦彦接近。景物烘托，极有层次，也正是周词的手法，而思力沉厚则微有不及。“倒苇沙闲，枯兰溆冷”是写荒寒景色的名句。

他警策的句子是较多的，例如：“香心静，波心冷，琴心怨，客心惊。”

(《金人捧露盘·水仙花》)“烟明花似绣,且醉旗亭酒。斜日照花西,归鸦花外啼。”(《菩萨蛮》)“凉云归去,再约著,晚来西楼风雨。水静帘阴,鸥间菰影,秋到露汀烟浦。”(《喜迁莺》)“开遍西湖春意烂,算群花,正作江山梦。吟思怯,暮云重。”(《贺新郎·赋梅》)其咏物词刻画精巧,善于渲染,也有一定的成就。张炎在《词源》卷下的序言中曾将竹屋与白石、梅溪、梦窗并列,评为“句法挺异,俱能特立清新之意,删削靡曼之词,自成一家”。

高观国的行年和事迹均无考,从他现存的作品中看,得知他常游西湖,往来于杭州、苏州一带,到过淮南。他和陆游都是山阴人,陆游晚年退居故里,他曾赋《水龙吟·为放翁寿》,可知他曾以同乡晚辈的身份与陆游有过交往。同时他也是史达祖的挚友,集中颇有与史唱和之词,故作风亦近。《齐天乐·中秋夜忆梅溪》云:

> 晚云知有关山念,澄霄卷开清霁。素景分中,冰盘正溢,何啻婵娟千里。危阑静倚,正玉管吹凉,翠觞留醉。记约清吟,锦袍初唤醉魂起。　　孤光天地共影,浩歌谁与舞,凄凉风味!古驿烟寒,幽垣梦冷,应念秦楼十二。归心对此,想斗插天南,雁横辽水。试问姮娥,有谁能为寄。

此词可能作于梅溪北去金国之时,所以有“古驿烟寒,幽垣梦冷”以下诸句。

《四库全书总目》卷一百九十九《竹屋痴语》提要说:“观国与达祖叠相酬唱,旗鼓俱足相当。”但也有人认为他的成就在史氏之下,如冯煦《蒿庵论词》所云:“平心论之,竹屋精实有余,超逸不足;以梅溪较之,究未能旗鼓相当。今若求其同调,则惟卢蒲江差足肩随耳。”

蒲江居士卢祖皋,字申之,又字次夔,永嘉人。他是当时骈文名家楼钥的外甥,学有渊源。庆元五年(1199)中进士,嘉定十三年(1220)任秘书省正字,十五年(1222)为军器少监,十六年(1223)权直学士院。有《蒲江词》一卷。汲古阁本毛晋跋云:“字字可入律吕,浙人皆唱之。”

柳色津头泫绿，桃花渡口啼红。一春又负西湖醉，离恨雨声中。
客袂迢迢西塞，余寒翦翦东风。谁家拂水飞来燕，惆怅小楼东。
——《乌夜啼》

翠楼十二阑干曲，雨痕刻染蒲桃绿。时节又黄昏，东风深闭门。
玉箫吹来彻，窗影梅花月。无语只低眉，闲拈双荔枝。
——《菩萨蛮》

这两首纤雅的小令，也极为毛晋所赞美，认为“柳色津头泫绿”二句比秦观《如梦令》“莺嘴啄花红溜”二句更鲜秀，又指出《菩萨蛮》下片是步趋南唐中主李璟“小楼吹彻玉笙寒”的意境。《介存斋论词杂著》云：“蒲江小令，时有佳趣；长篇则枯寂无味，此才小也。”其实，卢祖皋的长调也有一些名篇。如《诗人玉屑》卷二十一就很称赞他的《贺新郎》，评为“无一字不佳，每一咏之，所谓如行山阴道中，山水映发，使人应接不暇”。其词云：

挽住风前柳。问鸱夷、当日扁舟，近曾来否？月落潮生无限事，零乱茶烟未久。漫留得、莼鲈依旧。可是从来功名误，抚荒祠、谁继风流后。今古恨，一搔首。　江涵雁影梅花瘦。四无尘、雪飞风起，夜窗如昼。万里乾坤清绝处，付与渔翁钓叟。又恰是、题诗时候。猛拍阑干呼鸥鹭，道他年、我亦垂纶手。飞过我，共尊酒。
——《贺新郎》(彭传师于吴江三高堂之前作钓雪亭，盖擅渔人之窟宅以供诗境也。赵子野约余赋之。)

卢祖皋的生卒无考，从词集中《渔家傲·寿白石》一首看来，他是见到过姜夔的。

与姜夔的时代相接而年辈较晚的张辑，字宗瑞，号东泽，鄱阳人，词集现存《东泽绮语债》(或称《东泽绮语》)、《清江渔谱》各一卷。他也是一个江湖游士，其《沁园春》词序载：

> 予顷游庐山，爱之，归结屋马蹄山中，以庐山中堂为匾。包日庵作记，见称庐山道人，盖援涪翁山谷为例。黄叔豹谓予居鄱，不应舍近取远，为更东泽。黄鲁庵诗帖往来，于东泽下加以诗仙二字。近与冯可迁遇于京师，又能节文，号予东仙，自是诗盟遂以为定号。十年之间，习隐事业，略无可记，而江湖之号凡四迁，视人间朝除夕缴者，真可付一笑。

这位爱好山水的词人，因与姜夔是同乡，曾执贽为弟子。《中兴以来绝妙词选》卷九说他“有词二卷，名《东泽绮语债》，宋湛卢为序，称其得诗法于姜尧章”。其诗名《欸乃集》。陈郁《藏一话腴外编》卷下云：“惟鄱阳张东泽受诀白石，攻研澄洁，骎骎欲溯太白而上之。”其词风亦接近白石，佳作如《疏帘淡月》寓《桂枝香·秋思》①：

> 梧桐雨细，渐滴作秋声，被风惊碎。润逼衣篝，线袅蕙炉沉水。悠悠岁月天涯醉，一分秋、一分憔悴。紫箫吟断，素笺恨切，夜寒鸿起。　　又何苦、凄凉客里，负草堂春绿，竹溪空翠。落叶西风，吹老几番尘世。从前谙尽江湖味，听商歌、归兴千里。露侵宿酒，疏帘淡月，照人无寐。

《词旨》曾列举这首词中的三处警句：“悠悠岁月天涯醉，一分秋、一分憔悴”；“落叶西风，吹老几番尘世”；“露侵宿酒，疏帘淡月，照人无寐”。这当然是因为这些句子精确地刻画了江湖游士落寞凄凉的心境。

他也有一些忧心国事的歌词，如《月上瓜洲》寓《乌夜啼·南徐多景楼作》：

> 江头又见新秋，几多愁！塞草连天，何处是神州？　　英雄恨，

---

① 贺铸的词集《东山寓声乐府》，皆以摘自词中语意的新名代替原有词调名。此云《疏帘淡月》寓《桂枝香》，即本贺氏。《桂枝香》是旧调，张辑取词中“疏帘淡月”一句另立新名。

古今泪，水东流。惟有渔竿明月、上瓜洲！

张辑的生卒年不详，据其《淮甸春》题"丙申岁游高沙，访淮海事迹"，知端平三年(1236)时他尚健在。

第三节　吴文英别开生面的《梦窗词》

吴文英是继姜夔之后与之并峙于南宋婉约词派中的代表作家。如前所述，他虽然也曾受到姜夔的影响，但其在艺术上的独创性却足以与姜夔抗衡而别树一帜。

吴文英的生平　吴文英(1212? —1272?)①，字君特，号梦窗，晚年别号觉翁，四明(今浙江宁波市)人。本姓翁，出嗣吴姓。胞兄翁逢龙，字际可，号石龟，胞弟翁元龙，字时可，号处静，均工词。翁逢龙于嘉定十年(1217)考中进士，吴潜为榜首，尹焕为同榜进士。因此，吴文英成年后得与吴潜、尹焕交游，赋词唱和，过从甚密。

吴文英也是一位以布衣终其一生的江湖游士，但与姜夔不同的是，他欢喜结交显贵，乐意充当他们的幕僚。理宗绍定五年(1232)，他游幕于苏州转运使署，为提举常平仓司的门客，长达十年之久。淳祐四年(1244)以后到杭州，当时尹焕任两浙转运判官，吴潜(字履斋)为参知政事，后升左丞相，史宅之(弥远子)任签书枢密院事，贾似道任荆湖制置使，后升右丞相。他先后游于四人之幕，皆有酬答投赠之作。景定元年(1260)，在绍兴，旅食于理宗之弟、度宗之父嗣荣王赵与芮府中。以词章曳裾侯门，本是当时江湖游士风气，他虽以此为生，却并不希求仕禄，也不肯趋附钻营，所以虽与达官贵人来往，仍然潦倒终身，在当时这类人物中，还算得上是一个狷介自好之士。

吴文英的游踪以今江苏、浙江两地为主，南到绍兴，北及淮安，而以

---

① 吴文英的生平事迹，缺乏详细记载，生卒年也众说纷纭，据今人陈邦炎说，推定吴氏约生于嘉定五年(1212)左右，卒于咸淳八年(1272)到德祐二年(1276)之间。陈说见《吴梦窗生卒年管见》，载《文学遗产》1983 年第 1 期。

苏、杭为中心，旁及常州、无锡、吴江、常熟一带。他曾与市民、手工业者结交，如《瑞鹤仙》词是赠给丝鞋局中的庄生的，《一寸金》是赠笔工刘衍的，此外交游可考者，尚有陈起、陈郁、施枢、沈义父、方万里、李彭老、冯去非和姜石帚诸人①，则皆为缔结墨缘之友。

他与吴潜的交谊较深，有赠词四首。嘉熙三年（1239）正月所作《金缕歌·陪履斋先生沧浪看梅》中有云："重唱梅边新度曲，催发寒梢冻蕊，此心与东君同意。后不如今今非昔，两无言、相对沧浪水。怀此恨、寄残醉。"以冬去春来喻指吴潜长存的忠爱之心，同时也写出了对国事日非的忧伤。淳祐九、十年（1249—1250）间，吴潜知绍兴府兼浙东安抚使，他又有《绛都春·题蓬莱阁灯屏，履翁帅越》之作，也是发抒盛衰兴亡之感的作品，足见他与吴潜眷怀宗国，具有同心。

吴文英晚年的行事缺乏记载，只知道周密与他结为忘年交，在景定四年（1263）还写了《拜星月慢》寄赠给他。另外，他自己曾有"早白发、缘愁万缕"（《霜叶飞》）之句，可见全祖望说他"晚年困踬以死"②，是大致可信的。

吴文英的词法　《梦窗词》主要师承周邦彦，同时也受到姜夔的影响。在重视格律方面，他们是一脉相承的。最明显的迹象是他喜欢用周、姜二家创制的新腔，其词集中与周词同调者多达七十余首，用姜夔自度曲的也有《暗香》、《疏影》、《凄凉犯》、《惜红衣》和平韵《满江红》等。和周、姜一样，他也精通音律，能够自制新腔，如《古香慢》、《霜花腴》、《江南春》、《玉京谣》、《西子妆慢》等十阕皆是。其中《玉京谣》是为友人陈郁创作的，词序说："陈仲文自号藏一，盖取坡诗中'万人如海一身藏'语，为度夷则商犯无射宫腔制此赠之。"这显然是效法姜夔的作法。在《还京乐》序中，他还有"命乐工以筝、笙、琵琶、方响迭奏"的记载，均可证其精于词乐，重视声情。

---

① 《梦窗词集》中有赠姜石帚词六首，朱彝尊、陆钟辉诸人失察，误认石帚、白石为一人。实则石帚乃宋末元初杭州士子，别为一人。详夏承焘《姜白石行实考·石帚辨》，附载于《姜白石词编年笺校》（中华书局 1958 年出版）。

② 见《奉寄万九沙编修论〈宁志〉补遗杂目》，载《鲒埼亭集外编》卷四十七。

吴文英曾向友人沈义父讲论他的词法。义父字伯时，震泽（今属江苏吴县）人，所著《乐府指迷》颇能阐述吴文英的词学。其书首云："余自幼好吟诗。壬寅（淳祐二年，1242）秋，始识静翁（指吴弟翁处静）于泽滨。癸卯，识梦窗。暇日相与唱酬，率多填词。因讲论作词之法，然后知词之作难于诗。"关于梦窗所讲，义父概括为四点：一、音律欲其协，不协则成长短之诗；二、下字欲其雅，不雅则近乎缠令之体；三、用字不可太露，露则直突而无深长之味；四、发意不可太高，高则狂怪而失柔婉之意。第一条是协律，第二条是求雅，其所树立的准则则是《清真词》。沈义父解释说："凡作词，当以清真为主，盖清真最为知音；且无一点市井气，下字运意，皆有法度。"又说："姜白石清劲知音。"可见也是榜样。第三条讲琢句炼字、含蓄不露。这也是受了姜夔的影响，但吴文英在这方面却走得更远，所以沈义父也指出："梦窗深得清真之妙。其失在用事下语太晦处，人不可晓。"第四条是主张柔婉，反对狂怪，而且认为这应当从发意即立意着眼，这是婉约派词人的传统观点，表明他恪守"别是一家"的准则，不愿失去词的本色，因而也不可能像豪放派那样，以词来反映重大主题。吴文英的词法总结了周、姜以下婉约派的艺术特点，也明显地暴露了这种词风的短处。

吴词中的生活画面　《梦窗词》有多种版本，通行的主要有两个版本系统，一是明末崇祯年间常熟毛晋汲古阁《宋六十名家词》本，题为《梦窗甲乙丙丁稿》四卷，补遗一卷；另一种是涵芬楼所藏明万历二十六年（1598）太原张廷璋所藏《梦窗词集》旧钞本，不分卷。这两种本子都杂有他人的作品，汲古阁本讹字尤多。近人朱祖谋治梦窗词二十多年，经过三次精校，最后以涵芬楼所藏明钞本为底本，订为《梦窗词集》一卷，辑录《梦窗词集补》一卷，另著《梦窗词集小笺》一卷，于一九二二年刻入《彊村丛书》[①]；其第四次校订定本《梦窗词集》，则由龙榆生于一九三二年刻入《彊村遗书》，尤为精善。

① 江苏广陵古籍刻印社 1980 年出版的《梦窗词萃》，实际上就是根据《彊村丛书》原板刷印的。

吴词现存三百四十首，以数量而言，在南宋词家中仅次于辛弃疾。其中除了部分应酬之作，以感旧怀人及伤今怀古之作为多，其词中的生活画面是不宽广的。

吴文英感旧怀人之作约有五十首左右，大多是写恋情，其中一部分是怀念他的去姬和夭亡的恋人的。他对已经消逝的美好时光的回忆和留恋，写得非常动人。如下面两首，就是其追念去姬之作：

> 时霎清明，载花不过西园路。嫩阴绿树，正是春留处。　燕子重来，往事东流去。征衫贮，旧寒一缕，泪湿风帘絮。
>
> ——《点绛唇》

> 听风听雨过清明，愁草瘗花铭。楼前绿暗分携路，一丝柳、一寸柔情。料峭春寒中酒，交加晓梦啼莺。　西园日日扫林亭，依旧赏新晴。黄蜂频扑秋千索，有当时、纤手香凝。惆怅双鸳不到，幽阶一夜苔生。
>
> ——《风入松》

两首词中都提到了清明节和苏州故居西园。《点绛唇》是回忆第一次识面正是在清明时节的绿阴之中，如今伊人已去，“往事”、“旧寒”皆成陈迹，即使是“燕子重来”，也不会再过西园，惟一可见的，只有征衫上的泪痕而已。《风入松》所写则是分离以后次年的清明情景，自己仍寓西园，痴心地盼望伊人能够归来。看到垂柳和秋千，就勾起了当年与伊人相处的柔情蜜意，可惜她仍是踪迹渺然，而门前阶上的青苔却经夜丛生，隔断了来往的路径。伴随孤独的自己的，终于只剩有满怀愁绪了。

吴文英三十二岁以后，居留杭州，曾眷恋一位歌女，但其人不幸夭亡。他为此写了许多悲悼之作，如《渡江云三犯》、《西子妆慢》、《定风波》、《昼锦堂》等，而以《莺啼序・春晚感怀》最为人所传诵：

> 残寒正欺病酒，掩沉香绣户。燕来晚、飞入西城，似说春事迟

暮。画船载、清明过却，晴烟冉冉吴宫树。念羁情、游荡随风，化为轻絮。　　十载西湖，傍柳系马，趁娇尘软雾。溯红渐、招入仙溪，锦儿偷寄幽素。倚银屏、春宽梦窄，断红湿、歌纨金缕。暝堤空，轻把斜阳，总还鸥鹭。　　幽兰旋老，杜若还生，水乡尚寄旅。别后访、六桥无信，事往花委，瘗玉埋香，几番风雨。长波妒盼，遥山羞黛，渔灯分影春江宿。记当时、短楫桃根渡。青楼仿佛，临分败壁题诗，泪墨惨淡尘土。　　危亭望极，草色天涯，叹鬓侵半苎。暗点检、离痕欢唾，尚染鲛绡，亸凤迷归，破鸾慵舞。殷勤待写，书中长恨，蓝霞辽海沉过雁，漫相思、弹入哀筝柱。伤心千里江南，怨曲重招，断魂在否。

这首词分四叠，计二百四十字。作者以大开大阖、大起大落之笔，深入细致地铺叙了悲欢离合、生离死别之情。第一段从当前暮春的景色起兴，引起羁旅相思之情；第二段回顾西湖十年旧游，遥想当初与其人在欢场中遇合而又分手的难忘往事；第三段写别离以后，自己漂泊他乡，萍踪无定，如今追寻旧迹，惊悉玉殒香消，仅存败壁题诗，徒增悲泪；第四段总结离合情事，极言相思之苦，人生易老，芳魄难招。这既与第一段前后呼应，又是二、三段发展的必然结果。全篇措词新妙，结构绵密，修辞用典，更是刻意求工。因而在古今征调中，享有崇高声誉。

吴文英生活在南宋后期。当时元已代金而起，成为最大威胁。南宋国力不振，日趋危殆。他面临这种风雨飘摇的时局，虽无投笔奋起的壮心，但也没有完全置身于现实环境之外。通过写景咏物诸作，伤今感昔，词人隐约曲折地表达了自己的忧患之情。这类作品在其集中约有二百多首，《八声甘州·陪庾幕诸公游灵岩》一首可算是其代表作：

渺空烟四远，是何年、青天坠长星。幻苍崖云树，名娃金屋，残霸宫城。箭径酸风射眼，腻水染花腥。时靸双鸳响，廊叶秋声。　　宫里吴王沉醉，倩五湖倦客，独钓醒醒。问苍天无语，华发奈山青。水涵空、阑干高处，送乱鸦、斜日落渔汀。连呼酒，上琴台去，秋与云平。

此词上片吊古,以对馆娃宫、响屧廊和采香泾等西施遗迹的咏叹,引发了千古盛衰兴亡之感;下片伤今,以吴王夫差沉湎酒色而导致身败国灭为鉴,对照徽、钦二帝荒嬉亡国之痛,隐喻当时君臣的逸乐苟安,又将岌岌可危(以上参考陈洵《海绡说词》)。作者蒿目时艰,以吊古的慨叹和自己的身世之感融为一体,寄情于苍天青山、秋风落日的景色中。结语意境高远,冲淡了全词的低沉气氛。

吴文英这类作品还有《木兰花慢·虎丘陪仓幕游》"开尊,重吊吴魂",写孤怀之独抱;《古香慢·赋沧浪看桂》"把残云剩水万顷,暗熏冷麝凄苦",伤宗室之衰微;《齐天乐·与冯深居登禹陵》"三千年事残鸦外,无言倦凭秋树",感叹人世沧桑;《高阳台·丰乐楼分韵得如字》"飞红若到西湖底,搅翠澜怎是愁鱼",伤悼个人身世等等。再如《西平乐慢·过西湖先贤堂》,表面上是缅怀先贤,而实际上很可能就是悼念被迫害致死的吴潜。因词中末句说:"冷落山丘,到此徘徊,细雨西城,羊昙醉后花飞。"引用了羊昙因悼念谢安醉中误过西州门而痛哭的典故以自况,而当时身份可与谢安相比且对作者有知遇的逝者,则非曾任左相的吴潜莫属(参见前举陈邦炎文)。在他晚年,更有一首极其沉郁哀伤的作品:

> 湖山经醉惯,渍春衫、啼痕酒痕无限,又客长安。叹断襟零袂,涴尘谁浣?紫曲门荒,沿败井、风摇青蔓。对语东邻,犹是曾巢,谢堂双燕。　　春梦人间须断,但怪得、当年梦缘能短。绣屋秦筝,傍海棠偏爱,夜深开宴。舞歇歌沉,花未减、红颜先变。伫久河桥欲去,斜阳泪满!
>
> ——《三姝媚·过都城旧居有感》

这首词虽写重过旧居所感,但同时也反映了杭州在宋室覆亡前夕凋敝荒凉的情景,与身世家国之感打成一片。当时蒙古贵族南侵的威胁日益严重,"春梦人间须断"与"梦缘能短"之句,宛转地表现了词人忧国之心,以及对政局的确切预感。元军攻入临安是在德祐二年(1276)三月,此篇当是写于危亡之前，词情极为沉痛①。

吴词的艺术造诣及其评价问题　根据前述吴文英所标举的词法及其创作实践，可知他作词讲究音律和修辞，善于用典和檃括唐诗句意；在手法上，还打破了传统的层次结构方式，句法前后交叉，转换自由，时空跨度很长，跳跃性也很大。对于他这种独特的艺术造就，历来就有两种不同的意见，在评价问题上存在着争议。《乐府指迷》曾赞"梦窗深得清真之妙"，但也指出"其失在用事下语太晦处，人不可晓"。张炎则把他和姜夔作了对比，《词源》卷下说：

> 词要清空，不要质实；清空则古雅峭拔，质实则凝涩晦昧。姜白石词如野云孤飞，去留无迹；吴梦窗词如七宝楼台，眩人眼目，碎拆下来，不成片段。

自此以后，论梦窗词者大多引用张炎的论断。但对梦窗词也是有肯定的意见的，如尹焕《〈梦窗词〉序》说："求词于吾宋者，前有清真，后有梦窗，此非焕之言，四海之公言也。"（见《中兴以来绝妙词选》卷十）到了清代道光年间，常州词派的周济反对浙西词派宗法姜夔，便把吴文英抬举出来。在《宋四家词选》中，他参酌尹焕的说法，以周、吴为师，辛、王为友，选录的次序是周邦彦居首，辛弃疾和王沂孙两家继之，而以吴文英为殿军，并在《序论》中说："梦窗立意高，取径远，皆非余子所及。惟过嗜饾饤，以此被议。若其虚实并到之作，虽清真不过也。"周济一方面表彰吴氏，另一方面也指出他堆砌的缺点。但当时戈载却不承认梦窗词有缺点，其所编《宋七家词选》卷四云：

> 梦窗从吴履斋诸公游，晚年好填词，以绵丽为尚。运意深远，用笔幽邃，炼字炼句，迥不犹人。貌观之雕绘满眼，而实有灵气行乎其

① 《海绡说词》云："过旧居，思故国也。""此盖觉翁晚年之作，读草窗'与君共是承平年少'及玉田'独怜水楼赋笔，有斜阳还怕登临'，可与知此饲。"其说甚是，然词题犹称都城，似宋亡前作。故采陈说而小变之。

> 间。细心吟绎，觉味美方回，引人入胜，既不病其晦涩，亦不见其堆垛，此与清真、梅溪、白石并为词学之正宗，一脉真传，特稍变其面目耳。犹之玉溪生（李商隐）之诗，藻采组织，而神韵流转，旨趣永长，未可妄讥其獭祭也。

嗣后，陈廷焯也认为“梦窗精于造句，超逸处则仙骨珊珊，洗脱凡艳，幽索处则孤怀耿耿，别缔古欢”，并针对张炎的见解提出驳议说：“梦窗在南宋，自推大家，惟千古论梦窗者，多失之诬。”“梦窗才情超逸，何尝沉晦！”“若梦窗词，合观通篇，固多警策，即分摘数条，亦自入妙，何尝不成片段耶！”（《白雨斋词话》卷二）从上述两种对立的意见看来，评家对吴词或贬或褒，恰恰是走向了两个相反的极端。现在，我们分成几个问题，试加评析：

首先，关于虚实结合的问题，张炎是把清空与质实对举的，清空是指因情造境，疏淡空灵，抒情的语意和线索较明显；质实是指就景寓情，色彩丽密，措意隐晦，往往掩盖了抒情的脉络。如下列诸语，即可视为质实：“檀栾金碧，婀娜蓬莱，游云不蘸芳洲。”（《声声慢·陪幕中饯孙无怀于郭希道池亭》）“幽云怪雨，翠萍湿空梁，夜深飞去。”（《齐天乐·与冯深居登禹陵》）“藻国凄迷，麴尘澄映，怨人粉烟蓝雾。香笼麝水，腻涨红波，一镜万妆争妒。”（《过秦楼·芙蓉》）“堆枕香鬟侧，骤夜声、偏称画屏秋色。风碎串珠，润侵歌板，愁在眉窄。动罗箑清商，寸心低诉叙怨抑。映梦窗，零乱碧。”（《秋思·荷塘为括苍名姝求赋其听雨小阁》）——《声声慢》是描绘郭氏园林之作，檀栾形容翠竹，语出汉代枚乘的《菟园赋》“修竹檀栾夹池水”，金碧形容色彩辉煌的建筑，婀娜形容轻盈柔美的柳丝，蓬莱则借仙岛以喻水涯。所以此两句实即翠竹楼台，垂柳池塘，游云句则谓天气晴朗无云。但这些寻常景物，在吴文英笔下，却显得十分光怪陆离了。《齐天乐》写会稽山上的禹庙，引用了一个非常冷僻的关于梅梁的神话故事。《四明图经》载：“鄞县大梅山顶有梅木，伐为会稽禹庙之梁，张僧繇画龙于其上，夜或风雨，飞入镜湖与龙斗，后人见梁上水淋漓，始骇异之，以铁索锁于柱。”又《嘉泰会稽志》卷六《禹庙》下云：“梁时修庙，唯欠一梁，俄风雨大至，湖中得一木，取以为梁，即梅梁也。夜或大雷雨，梁辄失去，比复归，水草被其上。”这就是“翠萍湿空梁，夜深飞去”这句的来历，如果不知晓梅梁的典故，那就无法理解它的意思。《过秦楼》是咏水中荷花，《秋思》是描写荷塘小阁，虽没有用事，但辞藻华丽，雕绘满眼，装饰性的字句特多。这都给人以堆砌甚至晦涩的感觉，不过，吴词并非全都如此，张炎在《词源》中就曾举出《唐多令》“何处合成愁”一首，承认“此词疏快却不质实”。又如《高阳台》“修竹凝妆，垂阳驻马”一首，麦孺博评为“秾丽极矣仍自清空，如此等词，安能以七宝楼台诮之！”（《艺蘅馆词选》丙卷）可见其手法也不是千篇一律，而是丰富多样的，即使是字面秾丽之作，也可达到清空的境界，更何况他确有许多并不晦涩的歌词。

我们试看其另一种风格的作品：“三月暮，花落更情浓。人去秋千闲挂月，马停杨柳倦嘶风，堤畔画船空。”（《望江南》）“小桃谢后，双双燕，飞来几家庭户。轻烟晓暝，湘水暮云遥度。帘外余寒未捲，共斜入、红楼深处。相将占得雕梁，似约韶光留住。”（《双双燕》）“池上红衣伴倚阑，栖鸦常带夕阳还。殷云度雨疏桐落，明月生凉宝扇闲。”（《鹧鸪天·化度寺作》）“乔木生云气，访中兴英雄陈迹，暗追前事。战舰东风悭借便，梦断神州故里。”（《金缕歌·陪履斋先生沧浪看梅》）——这些作品都写得流美空灵，如前引戈载所说，读时“既不病其晦涩，亦不见其堆垛”。

总之，关于虚与实的关系应辩证地予以理解。清空与质实既是对立的，也可以互相依存、可以转化的。一位有成就的作家的作品不会绝对的清空，也不可能绝对的质实。白石词主要是清空的，但也偶有质实之处；梦窗词主要是质实的，也间有疏快之作。虚实结合是吴文英词的一个重要的艺术特征。况周颐《蕙风词话》卷二说：“梦窗密处，能令无数丽字一一生动飞舞，如万花为春，非若琱璠蹙绣毫无生气也。”蔡桢《乐府指迷笺释》对这一点更进一步作了详细而中肯的阐述：

> 玉田以凝涩晦昧评梦窗，至有七宝楼台之喻。后人惑于其说，以为梦窗全集莫不如是，未免大误。夫梦窗用事下语，诚有深入而未能显出者。然《四稿》中不晦涩之作，细绎之亦实在不少。以其含思高远，琢语幽邃，读者不易得其端倪，遂概以晦涩目之，岂得为持平之

论？昔人论词，每好执人集中一二首以概其余，宗派不同，尤易陷于此等偏见，不独评梦窗者为然也。

其次，关于词的结构问题。为什么有人认为吴词有一部分作品难于索解的呢？这是因为，词人在创作方法上打破了传统的结构方式，他的叙述往往使时间与空间交错杂糅。按照中国传统的方式，无论叙事、抒情或写景，习惯上都以合于理性的层次与解说为主，但《梦窗词》往往从自己极为活泼的想像与极为丰富的联想出发，表现为不拘拘于理性的层次或途径，因此也显示不出明确的段落或呼应的线索。如《霜叶飞·重九》"彩扇咽寒蝉，倦梦不知蛮素"两句，竟将今日实有之寒蝉，与昔日实有之彩扇作现实的时空的混淆，而将原属于寒蝉的动词咽字移到彩扇之下，使时空作无可理喻之结合；而次句之倦梦则今日寒蝉声中之所感，蛮素则昔日持彩扇之佳人。只将两句情景合而为一，全不作理性的说明，而其脉络神理却自然融会贯通。这种将时间与空间、现实与想像错综杂糅起来叙述的方法，是过去所少见的。这也正是使一般读者对之不能了解和难以接受的主要原因。（以上参考叶嘉莹《拆碎七宝楼台·谈梦窗词之现代观》，载《迦陵论词丛稿》，上海古籍出版社1980年出版。）

由于作者的思维并非直线发展的，而是随着自己潜在的意识流的起伏跳跃，意脉前后旋转，因而在结构上也能充分发挥想像力，写景抒情都不受时间和空间的限制，转换自由。词人就有可能把远近高低、上下古今的不同时空的各种景物摄取在同一幅画面里，自由地组成完整的形象①。如其平韵《满江红·淀山湖》：

云气楼台，分一派、沧浪翠蓬。开小景、玉盆寒浸，巧石盘松。风

① 吴文英所采取的这种结构方式，追溯渊源，可上至温庭筠。俞平伯《读词偶得》（开明书店1934年出版）评温氏《菩萨蛮》"水精帘里玻璃枕"一首有云："飞卿之词，每截取可以调和的诸印象而杂置一处，听其自然融合，在读者心眼中仁者见仁，智者见智，不必问其脉络神理如何，而脉络神理则按之则俨然自在。譬之双美，异地相逢，一朝绾合，柔情美景并入毫端，固未易以迹象求也。"此亦可移评吴词。

送流花时过岸，浪摇晴练欲飞空。算鲛宫、只隔一红尘，无路通。

神女驾，凌晓风；明月佩，响丁东。对两蛾犹锁，怨绿烟中。秋色未教飞尽雁，夕阳长是坠疏钟。又一声欸乃过前岩，移钓篷。

这是梦窗从吴江瓜泾乘船到杭州经过淀山湖时的作品。上片写湖山景色，先总叙淀山的一片大好风光，然后展延到传说中的神仙故事。下片借景寓情，暗寓了作者漂泊江湖的身世之感。整首词以写景为主，而作者的感情则被有意识地覆盖于景物之中。词中视角随着跨度极大的空间而不断转换，从山上到山下，从湖中到岸边，从龙宫到神庙，从天上到人间，甚至从淀山湖跨到太湖，进行了多角度的回环描写。周济在《介存斋论词杂著》中说："梦窗每于空际转身，非具大神力不能。"正是指的这种独特的艺术手法。

综上所述，吴文英词的艺术上承周、姜，但勇于独创，不守成法；摆脱传统，别开生面。他和姜夔一实一虚，一密一疏，如双峰并峙，各极其妙。吴文英继周、姜之后，对南宋婉约词作出了新的贡献，当时追随其后的有尹焕、黄孝迈、楼采、李彭老和沈义父诸人，周密、张炎等也受到他一些影响。清代的浙西词派是将吴文英划归姜派的，朱彝尊编《词综》选吴词四十五首，汪森又补选十二首。常州词派的创始人张惠言反对朱彝尊推崇姜派，在编《词选》时竟不录吴词。而周济则有意把他从姜派中分出来，竭力抬高吴词的声价，在《宋四家词选序论》中称赞说："梦窗奇思壮采，腾天潜渊，返南宋之清泚，为北宋之秾挚。"接着是戈载、陈廷焯等人对吴词都大力宣扬。晚清朱祖谋、王鹏运、郑文焯、况周颐和陈洵诸人都赞同周济的论点，在《梦窗词》的校勘、整理和研究工作方面有所推进。而与他们同时的王国维则以"凌乱"贬之①。对吴文英的不同评价，也是从清初到现代文艺思想和词学风会变迁的一种反映。

① 《人间词话》："梦窗之词，吾得取其词中之一语以评之，曰：'映梦窗，凌乱碧'。"

第四节　宋元之际的姜派词人

生活在宋元易代之际的姜派词人，在经历了沧桑巨变之后，创作中都发为凄凉怨慕的哀音，普遍地表现了遗民清正的志节和沉痛的故国之思。如《白雨斋词话》卷二所标举的，蒋捷之“人品高绝”，“草窗（周密）、西麓（陈允平）、碧山（王沂孙）、玉田（张炎）同时并出，人品亦不甚相远。四家之词，沉郁至碧山止矣。而玉田之超逸，西麓之淡雅，亦各出其长以争胜，要皆以忠厚为主，故足感发人之性情。”今将诸家略述如次。

蒋捷　蒋捷，字胜欲，号竹山，阳羡（今江苏宜兴县）人，他在咸淳十年(1274)参加了南宋的最后一次科考，中了进士。但不到三年，元军就占领了杭州。蒋捷的民族意识十分强烈，宋亡后，他隐居于太湖中的竹山，以竹节之劲直坚贞自砺，因以为号。元成宗大德九年(1305)，“诏求山林间有德行、文学、识治道者”（《续文献通考》卷三十七），“宪使臧梦解、陆垕交章荐其才，卒不就博学。”（《嘉庆宜兴县志》卷八《隐逸传》）抱节终身。所作有《竹山词》一卷。

蒋捷赋性孤洁，不喜交游，不仅在宋亡以后不与元朝的官员接触，甚至和同时代同地区的词人如陈允平、周密、王沂孙、张炎等人也均无来往。其创作自辟蹊径，斟酌于周、姜与苏、辛之间，往往能融合姜、辛两家的长处，含蓄而又明快，典雅而不晦涩。《艺概》卷四说：“蒋竹山词，未极流动自然，然洗炼缜密，语多创获。其志视梅溪较贞，其思视梦窗较清。刘文房为五言长城，竹山其亦长短句之长城欤！”这一评价是有道理的。

蒋捷亲身经历的时代动乱和亡国痛苦，在其作品中鲜明地反映了出来。《贺新郎·兵后寓吴》：

深阁帘垂绣，记家人、软语灯边，笑涡红透。万叠城头哀怨角，吹落霜花满袖。影厮伴，东奔西走。望断乡关知何处？羡寒鸦、到着黄昏后，一点点，归杨柳。　　相看只有山如旧，叹浮云、本是无心，也成苍狗。明日枯荷包冷饭，又过前头小阜。趁未发，且尝村酒。醉探枵囊毛锥在，问邻翁、要写牛经否？翁不应，但摇手。

这首词写出了作者在国破家亡后逃难到苏州的沉痛感受。上片以回顾亡国前的平静生活与行都陷落的现实窘境对比。下片进一层发抒逃亡途中的感触，表明自己要像青山那样巍然挺立，刻画了作者甘愿颠沛流离而决不变节的志气。末句反映了农村在动乱中的破败和贫困。又如《行香子·舟宿兰湾》：

红了樱桃，绿了芭蕉。送春归、客尚蓬飘。昨宵谷水，今夜兰皋。奈云溶溶，风淡淡，雨潇潇。　　银字笙调，心字香烧。料芳悰、乍整还凋。待将春恨，都付春潮。过窈娘堤，秋娘渡，泰娘桥。

这是一篇国忧家恤交织在一起的作品。窈娘堤、秋娘渡与泰娘桥这一连串地名，表面上是写对古代风流女子的怀念，实质上却是词人借感到春光流逝之可叹惋，以表达其对世事的烦忧。还有《贺新郎》：

梦冷黄金屋，叹秦筝、斜鸿阵里，素弦尘扑。化作娇莺飞归去，犹认纱窗旧绿，正过雨、荆桃如菽。此恨难平君知否？似琼台、涌起弹棋局。消瘦影，嫌明烛。　　鸳楼碎泻东西玉，问芳踪、何时再展，翠钗难卜。待把宫眉横云样，描上生绡画幅，怕不是、新来妆束。彩扇红牙今都在，恨无人、解听开元曲。空掩袖，倚寒竹。

这是一首以比兴手法寄托亡国哀思的作品。起句以黄金屋象征南宋故国，"此恨难平君知否"点出了题旨。下片借对情人的怀念来喻指对故国的眷恋，"彩扇红牙今都在"以下二句，则表露了山河依旧，人事已非的感叹，《黍离》、《麦秀》之悲是极为明显的。

陈允平　陈允平，生卒不详，字君衡，一字衡仲，号西麓，四明人，有

《日湖渔唱》一卷，另有和周邦彦词一百二十余首的专集《西麓继周集》一卷[①]，合计存词二百零九首。《日湖渔唱》署名为“句章陈允平”，句章指明州故城，日湖在城郊，源出四明山。《西麓继周集》署名为“莆郧澹室后人”，可知其祖先是从福建莆田迁到浙江鄞县（今浙江宁波）来的。德祐年间，他曾任沿海制置司参议官。在元军攻陷临安、四明等地以后，他于祥兴元年（1278）在敌占区写信约南宋都统苏刘义反攻，事为仇家告发，被捕入狱。宋亡后，曾被征召北上大都，不久告病辞归，隐居乡里，与周密、张炎等交往。他死后，张炎写有《解连环·拜陈西麓墓》以怀念这位亡友。

陈廷焯对陈允平很推崇，其《云韶集》卷八云：“西麓词风神绰约，丽而有则，亦是效法白石，而低徊宛转，深得《骚》、《雅》之遗，盖其取法也近，其祖述也远。”《白雨斋词话》卷二又说：“陈西麓词，和平婉雅，词中正轨。”这些好评是从艺术技巧上着眼的。如果从思想内容来看，则陈词的反映面颇窄，即使偶有感叹身世之作，也未能联系宋末元初的社会现实，抒发深至之情。南宋的危亡和他北上大都、以病免归等重大时事，在他现存的作品中都未见触及，这是很可惜的。

陈允平服膺周邦彦，兼宗姜夔，也受到吴文英的一些影响。其言情之作颇有工者，如《绛都春》：

秋千倦倚，正海棠半坼，不耐春寒。殢雨弄晴，飞梭庭院绣帘间。梅妆欲试芳情懒，翠颦愁入眉湾。雾蝉香冷，霞绡泪揾，恨袭湘兰。

悄悄池台步晚，任红熏杏靥，碧沁苔痕。燕子未来，东风无语又黄昏。琴心不度春云远，断肠难托啼鹃。夜深犹倚，垂杨二十四阑。

这首词刻画了一个思妇的悲愁形象，写出了她从早到晚的心理变化，用笔丽密。又如《摸鱼儿·西湖送春》、《恋绣衾》（“多情无语敛黛眉”）、《绮罗香·秋雨》等阕，都写得缠绵宛转。他也善于写景，景定四年（1263），他应

① 宋人和《清真词》成集者，在陈允平之前，尚有方千里、杨泽民二家。近人杨易霖在邵次公指导下，将三家和词与周邦彦原作详加斠校，成《周词订律》一书，颇足供研究周词音律者之参考。

周密之约与之同赋的西湖十景词便是著例。如《秋霁·平湖秋月》云：

> 千顷玻璃，远送目斜阳，渐下林阒。题叶人归，采菱舟散，望中水天一色。碾空桂魄，玉绳低转云无迹。有素鸥，闲伴夜深，呼棹过环碧。　　相思万里，顿隔婵媛；几回琼台，同驻鸾翼。对西风、凭谁问取，人间那得有今夕！应笑广寒宫殿窄。露冷烟淡，还看数点残星，两行新雁，倚楼横笛。

上片写皎月东升的湖上景色，下片写对友人的怀念之情，融情入景，自然妥帖，不失为佳作。

周密　周密（1232—1308?），字公谨，号草窗，其先济南人，自曾祖起始迁湖州。周密所居在吴兴弁山，所以别署弁阳啸翁，又因湖州雪川乃四水合流而成，故又自号四水潜夫。词集名《草窗词》，一名《蘋洲渔笛谱》。根据不同的版本合计，共存词一百五十二首。另外，他曾选录南宋词人的作品为《绝妙好词》七卷，流传甚广。

周密自幼随父宦游福建、浙江各地。景定二年（1261），他三十岁，任临安府幕僚。此后数年，常与都中词家交往唱和。又向素霞翁杨缵（守斋）请教有关词乐音律的问题。景定五年夏，杨缵结吟社于西湖环碧园，周密也应邀参加，填《塞垣春》一首，“翁为翻谱数字，短箫按之，音极谐婉。”（《采绿吟》序）德祐二年（即端宗景炎元年，1276）初，官义乌令，但不久即遭国难。元军破杭后，番僧杨琏真伽（即嘉木扬喇勒智）在元世祖至元十五年（1278）发掘了南宋帝后陵墓，抛尸荒野，甚至以理宗的头骨为饮器。这种野蛮行为激起了广大遗民的义愤。次年，周密与王沂孙、张炎、陈恕可、李彭老，仇远、唐珏等十四人相聚，填词分咏龙涎香、白莲、莼、蝉、蟹五物，隐寓此事，后来这些作品编成了《乐府补题》一卷（详夏承焘《〈乐府补题〉考》，附载于《唐宋词人年谱·周草窗年谱》后，上海古籍出版社1979年版），成为残暴进犯者永远不可磨灭的罪证。宋亡以后，周密以遗民终老。他平生交游甚广，博学多闻。晚年寓居杭州癸辛街，潜心收集晚宋的掌故轶事、社会习俗和文艺评论等资料，先后完成《癸辛杂识》、《齐东野语》、《武林旧事》、《浩然斋雅谈》、《云烟过眼录》、《志雅堂杂抄》等著述，为保存故国文献作出了重大的贡献。

周密的词风，本和以骚雅为宗的姜夔接近，但因他与吴文英有直接的交往，也受到吴的影响，所以世人合称之为二窗。周济《宋四家词选》云：“草窗最近梦窗，但梦窗思沉力厚，草窗则貌合耳，若其镂新斗冶，固自绝伦。”戈载《宋七家词选》卷五也说：“其词尽洗靡曼，独标清丽，有韶倩之色，有绵渺之思，与梦窗旨趣相侔，二窗并称，允矣无忝。其于律亦极严谨，盖交游甚广，深得切劘之益。”不过，由于时世有先后，其体现亡国哀思之作却更和张炎、王沂孙相与一致，而不像吴文英那样，只在作品中流露一种无可奈何的淡淡哀愁。特别是宋亡以后，风格一变而为苍凉幽咽。如《一萼红・登蓬莱阁有感》，可视为此类作品的代表：

> 步深幽，正云黄天淡，雪意未全休。鉴曲寒沙，茂林烟草，俯仰千古悠悠。岁华晚、飘零渐远，谁念我，同载五湖舟。磴古松斜，崖阴苔老，一片清愁。　　回首天涯归梦，几魂飞西浦，泪洒东州。故国山川，故园心眼，还似王粲登楼。最怜他、秦鬟妆镜，好江山、何事此时游！为唤狂吟老监，共赋销忧。

这首词以绍兴佳景起兴，引出“好江山、何事此时游”的感慨。在这里，词人自己是一个孤独的、寂寞的登临者。而他的登临又使得藏在心底的家国之恨更加浓重起来。虽然为了要排愁遣闷，他希望有像“狂吟老监”贺知章那样的人出来“共赋销忧”，但这种希望当然是不可能的。于是，“故国山川”和“故园心眼”的感触，不能不使他魂飞泪洒，陷入更其沉痛的哀伤之中了。这种凄惋的故国之思，使他在词中不断地出现一连串感寓深沉的警句，如“一样归心，又唤起、故园愁眼。立尽斜阳无语，空江岁晚”（《三姝媚・送圣与还越》），“雪霁空城，燕归何处人家？梦魂欲渡苍茫去，怕梦轻、还被愁遮”（《高阳台・寄越中诸友》），都是刻骨镂心，使人读后感到惊心动魄的。

基于这种对故国的眷恋忠忱，他对陈允平被召北上是有所讽喻的，

《高阳台·送陈君衡被召》云:“东风渐绿西湖柳,雁已还、人未南归。最关情,折尽梅花,难寄相思。”言外之意是希望陈允平不要留在元都而忘掉江南遗民。陈不久终于南归,周氏此词,应当不无影响。周密的这类作品在艺术风格上都比较含蓄沉郁,在技巧上善于借自然景物来寄寓所要表示的思想感情,使景语也成为情语。如《献仙音·吊雪香亭梅》:

> 松雪飘寒,岭云吹冻,红破数椒春浅。衬舞台荒、浣妆池冷,凄凉市朝轻换。叹花与人凋谢,依依岁华晚。　　共凄黯。问东风、几番吹梦,应惯识当年,翠屏金辇。一片古今愁,但废绿、平烟空远。无语销魂,对斜阳、衰草泪满。又西泠残笛,低送数声春怨。

雪香亭是南宋御园之一聚景园中的遗迹。词人在亡国之后来到园中,在废绿荒烟中看到亭前的先朝老树,于是通过歌咏在风欺雪压中犹能开花的古梅,抒发了怀念故国的愁思。词人所赋予古梅的饱历沧桑之感,以及无语销魂的亡国隐痛,正是他自己心灵悸动的表现。

王沂孙　王沂孙(1240?—1310?),字圣与,号碧山,又号中仙,会稽(今浙江绍兴市)人。因家住绍兴玉笥山(即宛委山)下,因别号玉笥山人。其生平事迹传世甚少,仅知他在元世祖至元年间,曾担任庆元路儒学的学正。基本上是以遗民终其生的。其词集名《碧山乐府》,又名《花外集》或《玉笥山人词集》,存词六十四首。

王沂孙与并世词人颇有交游。如他与周密订交于咸淳十年(1274),其后续有交往唱和之作。他的《踏莎行·题草窗词卷》中“紫霞凄调”之句,是指周密词律师承杨缵;而周密的《踏莎行·题中仙词卷》中“锦囊昌谷”之句,则称赞王沂孙文采近于李贺。均可概见。

张炎在《琐窗寒》词序中说他“琢语峭拔,有白石意度”。他不仅取法白石,也博采周邦彦、吴文英等诸家的长处,从而形成自己独特的风貌。他最大的特点就是善于使事用典以寄托兴亡之感。清代常州词派对之评价极高,如张惠言在《词选》卷二中说:“碧山咏物诸篇,并有君国之忧。”周济更推之为四大家之一,在《宋四家词选·序论》中说:“咏物最争托意,隶事处以意贯串，浑化无痕，碧山胜场也。”甚至标榜学词的门径应“问涂碧山”。陈廷焯《白雨斋词话》卷二也说：“王碧山词，品最高，味最厚，意境最深，力量最重；感时伤世之言，而出以缠绵忠爱。”如下列二首：

晓霜初著青林，望中故国凄凉早。萧萧渐积，纷纷犹坠，门荒径悄。渭水风生，洞庭波起，几番秋杪。想重崖半没，千峰尽出，山中路，无人到。　　前度题红杳杳，溯宫沟、暗流空绕。啼螀未歇，飞鸿欲过，此时怀抱。乱影翻窗，碎声敲砌，愁人多少？望吾庐甚处，只应今夜，满庭谁扫！

——《水龙吟·落叶》

渐新痕悬柳，淡彩穿花，依约破初暝。便有团圆意，深深拜，相逢谁在香径？画眉未稳，料素娥犹带离恨。最堪爱、一曲银钩小，宝帘挂秋冷。　　千古盈亏休问，叹慢磨玉斧，难补金镜。太液池犹在，凄凉处、何人重赋清景。故山夜永，试待他窥户端正。看云外山河，还老尽、桂花影。

——《眉妩·新月》

这两首词都写得极其精丽绵密，《水龙吟》以落叶隐喻亡国的局面之不可收拾。《眉妩》指出“慢磨玉斧，难补金镜”，是借用李贺《七夕》诗“天上分金镜，人间望玉斧”词意，暗示山河破碎、缺月难圆。落叶和新月之喻，确实隐晦地表露了亡国遗民的无可奈何之境与吞吐难言之苦。再如载于《乐府补题》的咏蝉名篇《齐天乐》：

一襟余恨宫魂断，年年翠阴庭树。乍咽凉柯，还移暗叶，重把离愁深诉。西窗过雨，怪瑶佩流空，玉筝调柱。镜暗妆残，为谁娇鬓尚如许？　　铜仙铅泪似洗，叹移盘去远，难贮零露。病翼经秋，枯形阅世，消得斜阳几度？余音更苦，甚独抱清高，顿成凄楚？漫想薰风，柳丝千万缕。

词中凄咽的寒蝉，象征了宋室的衰亡。上片的“宫魂断”、“移暗叶”，暗示了朝廷的崩解；下片的“病翼惊秋，枯形阅世，消得斜阳几度”，则自寓身世的凄凉。托物喻志，用意遣词，都在若即若离之间，是十分感人的。王词托物寓志，无可置疑，但若求之过深，则不免凿开浑沌，欲益反损，这是我们所应当注意的①。

张炎　张炎（1248—1322?），字叔夏，号玉田，晚号乐笑翁，祖籍秦州成纪（今甘肃天水市），后居临安。其词集名《山中白云》或《山中白云词》（与《白石道人歌曲》合称为双白词），存词三百零二首。

他是南渡功臣循王张俊的六世孙，家世富厚，曾祖张镃和曾伯祖张鉴、父亲张枢均工诗善词，通晓音律。张镃兄弟与姜夔，张枢与周密，均为文酒之交。张氏门第豪华，家有园林、声伎，宾朋游宴之盛，甲于都下。张炎从小便生活在这种环境里。在宋亡以前，他沉酣于西子湖畔，“翩翩然飘阿锡之衣，乘纤离之马，于时风神散朗，自以为承平故家贵游少年不翅也”（见戴表元《送张叔夏西游序》，载《剡源集》卷十三）。然而，忽必烈南犯的铁骑踏破了他的繁华春梦。在临安陷落时，其祖父张濡被杀，家产全被抄没②。这一年，张炎二十九岁，国难家祸，使他的生活道路发生了根本性的变化。他只能避世隐居，用回忆来打发凄凉的岁月，曾赋《高阳台·西湖春感》云：

接叶巢莺，平波卷絮，断桥斜日归船。能几番游，看花又是明年。东风且伴蔷薇住，到蔷薇、春已堪怜。更凄然，万绿西泠，一抹荒烟。

---

① 四印斋本《花外集》王鹏运跋引端木埰论《齐天乐》云：“详味词意，殆亦《黍离》之感。‘宫魂’字点出命意，‘乍咽’、‘还移’，慨播迁也。‘西窗’三句，伤敌骑暂退，燕安如故。‘镜暗’二句，残破满眼，而修容饰貌，侧媚依然，衰世臣主，全无心肝，千古一辙也。‘铜仙’三句，宗器重宝，均被迁败，泽不下究也。‘病翼’二句，更是痛哭流涕，大声疾呼，言海岛栖流，断不能久也。‘余音’三句，遗臣孤愤，哀怨难论也。‘漫想’二句，责诸臣到此，尚安危利灾，视若全盛也。”我们很难同意这种逐字逐句比附的评论方式，但端木埰说这首词有《黍离》之感，却是可信的。

② 张濡原任浙西安抚使参议，德祐元年（1275）镇守广德军独松关时，曾执杀元使严忠范等，因此元军于次年三月攻入临安后，寻仇报复。

> 当年燕子知何处？但苔深韦曲，草暗斜川。见说新愁，如今也到鸥边。无心再续笙歌梦，掩重门、浅醉闲眠。莫开帘，怕见飞花，怕听啼鹃。

这是对南宋故都和自己作为一个遗民的深沉的悲感，它体现了即使是力求成为一个现实的逃避者，也仍然逃避不了现实的伤痛，他曾参与《乐府补题》的唱和活动，借咏白莲等题材抒写哀思。元世祖至元二十七年(1290)秋，他与沈尧道、曾心传等被征召北上，到大都缮写金字藏经。按照当时规定，写完之后，是可以得到一官半职的，但他却在第二年春天就匆匆南返了，词人后来所作《甘州》“辛卯岁(至元二十八年，1291)，沈尧道同余北归，各赴杭、越。逾岁，尧道来问寂寞，语笑数日，又复别去。赋此曲，并寄赵学舟”云：

> 记玉关、踏雪事清游，寒气脆貂裘。傍枯林古道，长河饮马，此意悠悠。短梦依旧江表，老泪洒西州。一字无题处，落叶都愁。　载取白云归去，问谁留楚佩，弄影中洲？折芦花赠远，零落一身秋。向寻常野桥流水，待招来、不是旧沙鸥。空怀感、有斜阳处，却怕登楼。

词中先写北游情事，然后归结到沉挚的故国之思，可见他是在感情上经过一番挣扎才没有出仕元朝的。舒岳祥《赠玉田序》说他“自社稷变置，凌烟废堕，落魄纵饮，北游燕、蓟，上公车，登承明有日矣。一日，思江南菰米莼丝，慨然襆被而归”。这一段记载，对于我们了解《甘州》乃至于全部张词，都有重要的关系。正如他另一首《清平乐》中所写的“只有一枝梧叶，不知多少秋声”一样，张炎对于故国的怀念是作为一种最重要的感情，经常地反复地出现在其作品当中的。他从大都回杭州那年是四十四岁，从此以后，他便漫游吴越，也曾卖卜为生，并与郑思肖、邓牧等遗民野老唱和。元仁宗延祐二年(1315)，他以六十八岁的高龄，终老杭州。

张炎的词学，标榜清空，但他在推尊姜夔的同时，并没有全然否定吴文英。他的弟子陆行直在《词旨》中曾记载其作词要诀，是重视“周清真之典丽，姜白石之骚雅，史梅溪之句法，吴梦窗之字面，取四家之所长，去四家之所短”。郑思肖《〈玉田词〉题辞》也说：“吾识张循王孙玉田先辈，喜其三十年汗漫南北数千里，一片空狂怀抱，日日化雨为醉。自仰扳姜尧章、史邦卿、卢蒲江、吴梦窗诸名胜，互相鼓吹春声于繁华世界。”这说明他转益多师，从而形成了多样化的艺术风格。例如他北行途中经过黄河时，曾写出了一首很有气魄的雄健之作《壶中天·夜渡古黄河，与沈尧道、曾子敬同赋》：

> 扬舲万里，笑当年底事，中分南北。须信平生无梦到，却向而今游历。老柳官河，斜阳古道，风定波犹直。野人惊问：泛槎何处狂客？
>
> 迎面落叶萧萧，立流沙共远，都无行迹。衰草凄迷秋更绿，惟有闲鸥独立。浪挟天浮，山邀云去，银浦横空碧。扣舷歌断，海蟾飞上孤白。

作者受了北方河山苍莽气象的感发，竟写出了如此豪健的歌词，上片“笑当年”二句，即张孝祥《六州歌头》“追想当年事，殆天数，非人力”之意，下片“浪挟天浮”等句，意态雄杰，结句也警策有力。还有《凄凉犯·北游道中寄怀》和《摸鱼子·高爱山隐居》诸篇，也是这一类风格的作品。

当然，在《山中白云》里，主要内容仍是身世之感，亡国之痛。如《月下笛》“万里孤云，清游渐远，故人何处”；《台城路》“荒台只今在否，登临休望远，都是愁处”；《长亭怨》“望花外小桥流水，门巷愔愔，玉箫声绝”；《忆旧游》“叹江潭树老，杜曲门荒，同赋飘零”，这些作品都觉孤愁独抱，凄怆缠绵。他这种思想感情，也往往见于咏物诸作，如：

> 波暖绿粼粼，燕飞来、好是苏堤才晓。鱼没浪痕园，流红去、翻笑东风难扫。荒桥断浦，柳阴撑出扁舟小。回首池塘青欲遍，绝似梦中芳草。　　和云流出空山，甚年年净洗，花香不了。新绿乍生时，孤村路、犹忆那回曾到。余情渺渺，茂林觞咏如今悄。前度刘郎归去后，溪上碧桃多少！
>
> ——《南浦·春水》

楚江空晚，怅离群万里，恍然惊散。自顾影，欲下寒塘，正沙净草枯，水平天远。写不成书，只寄得、相思一点。料因循误了，残毡拥雪，故人心眼。　　谁怜旅愁荏苒？漫长门夜悄，锦筝弹怨。想伴侣、犹宿芦花，也曾念春前，去程应转。暮雨相呼，怕蓦地、玉关重见。未羞他、双燕归来，画帘半卷。

——《解连环·孤雁》

这两篇都是张炎咏物词的上乘作品，他因此而博得了张春水和张孤雁的美名(见邓牧《伯牙琴》所载《张叔夏词集序》及孔行素《至正直记》卷四"钱唐张炎"条)。咏春水的"云和流出空山，甚年年净洗，花香不了"，与咏孤雁的"写不成书，只寄得、相思一点"，都是匠心独运的警句。特别是《解连环》"写不成书"二句，以雁飞成字和雁足传书两事融化为一，不仅精巧绝伦，亦自情思宛转。"料因循误了"三句，苍凉悲壮，用苏武吞毡饮雪的典故，隐喻在艰难困苦的条件下仍然守节不屈的志士。作者以失群的孤雁自比，一方面写出了自己飘零潦倒的心理状态，另一方面也寄托了失去家园故国的沉痛哀思。《四库全书总目》卷一百九十九《山中白云词》提要说："所作往往苍凉激楚，即景抒情，备写其身世盛衰之感，非徒以剪红刻翠为工。至其研究声律，尤得神解，以之接武姜夔，居然后劲。宋元之间，亦可谓江东独秀矣。"这指出了张炎作品的基本特征，并肯定了它的艺术成就。

张炎在创作上实践了自己提出的理论，笔墨疏宕，意趣高远，矫正了吴文英晦涩堆砌之弊。所以《白雨斋词话》卷二说："张玉田词，如并剪哀梨，爽豁心目，故诵之者多，至谓可与白石老仙相鼓吹。"玉田词所具有的清虚俊爽的风格，凄怆缠绵的情调，确实和姜白石最为接近。张炎的出现，扩大了姜夔的影响，不愧为宋词三百年发展的最后殿军。当时从张炎受业习词者，有仇远、韩铸、陆行直诸人，而张翥又出于仇远门下，因此张炎词法也传入了元代。在词坛上，姜、张乃是一个有势力的流派。清朝的浙派词人奉清空骚雅之说为最高准则，对姜、张推崇备至。江藩在《〈词源〉跋》中曾说："人人以姜、张自命。"其影响之深远，于此可见。

张炎不只是一个词人，而且还是一位出色的词论家。他写的《词源》一书，和稍前沈义父所写的《乐府指迷》，同是中国文学批评史上最早的词论专著。在沈、张之前，受诗话影响而产生的词话著作，有杨绘《时贤本事曲子集》、杨湜《古今词话》等，但均已失传（今皆有辑本，见唐圭璋《词话丛编》第一册）。另外，王灼《碧鸡漫志》、吴曾《能改斋漫录》、胡仔《苕溪渔隐丛话》、魏庆之《诗人玉屑》、黄昇《花庵词选》和周密《浩然斋雅谈》等书中，也都收辑了一些有关歌词的纪事、考述或品藻的材料，但所论均不及《乐府指迷》和《词源》之有体系。《乐府指迷》体现了吴文英的创作理论，《词源》则总结了从姜夔到张炎自己的词学理论。

《词源》是张炎晚年的著作，写于元成宗大德年间（1297—1307）。全书分上下两卷，上卷是音律论，详解五音十二律和八十四调等问题。下卷是创作论，有自序、音谱、拍眼、制曲、句法、字面、虚字、清空、意趣、用事、咏物、节序、赋情、离情、令曲、杂论和《杨守斋作词五要》共十七篇。杨守斋名缵，是师法姜夔的乐律专家，张炎曾从其受业。《词源》自序中说："余疏陋谫才，昔在先人侍侧，闻杨守斋、毛敏仲、徐南溪诸公商榷音律，尝知绪余，故生平好为词章，用功四十年，未见其进。今老矣，嗟古音之寥寥，虑雅词之落落，僭述管见，类列于后。"可知本书是张炎一生从事理论研究和创作实践的经验总结。在创作论方面，他标举清空，提倡雅正，注重琢炼字句，要求"字字敲打得响"，句法上"于好发挥笔力处，极要用工"；用事"要体认著题，融化不涩"，咏物要"不留滞于物"，赋情要"屏去浮艳"，"而有骚雅"。在具体论述时，他大多举姜夔之词作为范例，其次是称引周邦彦、史达祖、吴文英诸家的名作。他有不少值得肯定和重视的理论，但和沈义父的《乐府指迷》一样，也存在着形式主义的缺陷。如他非常赞赏乃父张枢为了迁就声律而不管词义的作法。《音谱》篇记载张枢"作《惜花春·起早》云'琐窗深'，'深'字音不协，改为'幽'字，又不协，再改为'明'字，歌之始协"。他说："先人晓畅音律，有《寄闲集》，旁缀音谱，刊行于世。每作一词，必使歌者按之，稍有不协，随即改正。"但对幽、深、明三字意义不同乃至完全相反，就不管了。这种只讲艺术形式而不问作品内容是否符合生活真实的理论，显然是不可取的。在《杂论》篇中，张炎又提出："词欲雅而正，志之所之，一为情所役，则失其雅正之音”；“辛稼轩、刘改之作豪气词，非雅词也，于文章余暇，戏弄笔墨为长短句之诗耳。”这种意见也是片面的。它使得词为苏、辛所开拓的领域又缩小了。

张炎以他的创作和理论为南宋姜派词人作了一个总结，其长处和短处都很清楚。随着词乐的消亡，词就日益明显地仅以格律抒情诗的样式在文坛上流行，而不再以音乐歌词和格律抒情诗这双重身份存在了。

第十章　南宋后期的诗文

开禧二年(1206),韩侂胄伐金失败;次年,史弥远杀韩乞和,嘉定元年(1208)再一次签定了宋金之间屈辱的和议。这标志着南宋自前期步入了后期。自此以后,双方进入了相对稳定的阶段。然而,也正是在开禧二年,崛起于漠北的蒙古族各部推举铁木真为成吉思汗,建立了蒙古汗国,逐步向南扩张,于端平元年(1234)攻灭金国。这些新的局势,不能不影响南宋帝国的地位,也不能不影响当时的文坛。从十三世纪初到南宋覆亡这一时期的文学,和以前陆游、辛弃疾的时期,显然地有所不同。主要的不同之点是在暂时的承平苟安中,作家们豪迈悲壮的歌声逐渐减弱了,而吟咏风月,啸傲湖山之作却流行了起来。如四灵、江湖诗人以及姜派词人,都是这一时代的产儿。另一方面,蒙元侵略军对南宋帝国猛烈的蚕食,使得赵宋政权愈来愈迅速地趋向衰落瓦解。这种阴影也不能不投射到作家的心中,从而发为抑郁隐晦的调子。

但是,爱国主义始终是人民强大的精神力量,反迫害反掠夺也始终是南宋诗文的重大主题。即使是在江湖派中,也还有一些作家如戴复古、刘克庄等,仍然是陆游、辛弃疾的继承者。到了宋末那个风雨飘摇的危急关头,更有文天祥、谢翱、林景熙、郑思肖等志士,在许多作品中表现了大无畏的民族正气,为宋代文学史作了光荣的结束。

第一节　永嘉四灵和江湖诗派

永嘉四灵的诗风　宁宗之世，江西派诗风已成为强弩之末。诗人们为了矫正江西派末流之弊，多半掉转头来重新学习唐诗，特别是学唐人的今体律绝诗。杨万里虽曾一度倡导于前，但正式打出旗号的却是永嘉四灵，而继四灵之后则是江湖诗人和《沧浪诗话》的作者严羽。虽然这些诗人的作风仍有异同，而其基本倾向大体是近似的。

永嘉四灵是指温州地区的徐照、徐玑、赵师秀和翁卷四位诗人。徐照（？—1211）字道晖，又字灵晖，自号山民，家境贫穷，以布衣终其一生，工诗，兼擅绘事，著有《芳兰轩诗集》。徐玑（1162—1214），字致中，又字灵渊（或称文渊），历任建安主簿、永州司理、龙溪丞和武当令等卑官，著有《二薇亭诗集》，亦精书法。赵师秀（1170—1220），字紫芝，又字灵秀（或称灵芝），别号天乐，绍熙元年（1190）进士，曾任上元县主簿，筠州推官，著有《清苑斋诗集》（又名《天乐堂集》）。翁卷，字续古，又字灵舒，曾在江淮边帅幕中供职，一生落拓，大约卒于淳祐三年（1243）以后，著有《苇碧轩诗集》（又名《西岩集》）。他们之中，除了翁卷是乐清县人，其他三人都是永嘉县人，两县同属原为古永嘉郡的温州；四人的字中都带有一个灵字，诗风也很相近，所以有此合称。他们同出叶适之门。叶适曾编《四灵诗选》，选诗五百篇，陈起为之刊行，风行一时（见许棐《〈四灵诗选〉跋》，载《融春小缀》）。他们的得名，与叶适的提拔是分不开的。作为永嘉学派的宗主，叶适的文学思想无疑地对四灵有直接的影响，他既反对朱熹的贬抑唐诗，又不满于江西诗派只学老杜一家的局限，因而大力肯定四灵的复尊唐体。在《徐斯远文集序》中，他说：

> 庆历、嘉祐以来，天下以杜甫为师，始黜唐人之学，而江西宗派章焉。然而格有高下，技有工拙，趣有浅深，材有大小。以夫汗漫广莫，徒枵然从之而不足充其所求，曾不如脰鸣吻决，出毫芒之奇，可以运转而无极也。故近岁学者，已复稍趋于唐而有获焉。

在《徐文渊墓志铭》中，他又说：

> 初，唐诗废久，君与其友徐照、翁卷、赵师秀议曰："昔人以浮声切响单字只句计巧拙，盖风骚之至精也。近世乃连篇累牍，汗漫而无禁，岂能名家哉！"四人之语遂极其工，而唐诗由此复行矣。

所以四灵的出现，实是对江西诗派的反动；但就其思想根源而言，却又和永嘉学派对抗程朱理学有关联。正如刘克庄《林子显诗序》所指出："近世理学兴而诗律坏，惟永嘉四灵复为言，苦吟过于郊、岛。"关于这一点，明人徐象梅在《赵师秀传》中有比较具体的论述：

> 自乾、淳以来，濂、洛之学方行，诸老类以穷经相尚，时或言志，取足而止，固不暇如昔人体验声病，俾律吕相宣也。至潘柽出，始倡为唐诗[①]，而师秀与徐照、翁卷、徐玑绎寻遗绪，日锻月炼，一字不苟下，由是唐体盛行。其诗清新圆美。（见《两浙名贤传》卷四十六）

道学家既认为文乃载道之器，又以为古代作品乃以文载道的典范，必然得出今不如昔的结论。朱熹曾把诗歌分为三等，以魏晋之前的古诗为第一等，而把唐人的律诗贬为第三等（见《答巩仲至书》）。永嘉学派与之立异，提倡唐律近体。先由潘柽开端，接着是四灵并驾齐驱，在叶适的鼓吹下而声名大振，所谓"水心先生既啧啧叹赏之，于是四灵天下莫不闻！"（见赵汝回撰《薛师石〈字景石·瓜庐诗〉序》）

四灵的年辈虽较叶适稍晚，其活动时期则前后相接。他们一致标举的唐体，主要是指晚唐的律诗。方回《送罗寿可诗序》指出："嘉定而降，稍厌江西，永嘉四灵复为九僧旧晚唐体。"（见《桐江续集》卷三十二）这从表面看来，似乎是宋初诗风的回复，但绝不是简单的历史重演。四灵之为晚

---

① 潘柽，字德久，永嘉人，有《转庵集》。叶适为之序云："德久十五六，诗律已就。永嘉言诗者，皆本德久。"见《宋诗纪事》卷五十九。

唐体，是因不满于江西派和理学派而另辟蹊径的，具有自身的时代特征，带有革新的意味。四灵改变诗风表现出两大特点：一是他们学习晚唐，与杨万里之偏重七绝者不同，而是着意于贾岛、姚合一派的五律；二是反对江西诗派“资书以为诗”，即喜用成语和故事，而提倡“捐书以为诗”，即爱好生造与苦吟（“资书以为诗”、“捐书以为诗”，刘克庄《韩隐君诗序》中语）。赵师秀曾选贾岛诗八十一首、姚合诗一百二十一首，合编为《二妙集》；又选了钱起、刘得仁、方干、许浑、皮日休、杜荀鹤等七十六家诗二百二十八首，编为《众妙集》，可以见其趋向。所以赵汝回《〈瓜庐诗〉序》评四灵诗，称其“冶择淬炼，字字玉响，杂之姚、贾中，人不能辨”。大较言之，“其诗主于野逸清瘦，以矫江西之失”。故“专以炼句为工，而句法又以炼字为要”（见《四库全书总目》卷一百六十二《清苑斋集》提要）。四灵的生活际遇比较清苦，所以与贾岛、姚合的诗情一拍即合，如赵师秀《哀山民》所云：“君诗如贾岛，劲笔斡天巧；昔为人所称，今为人所宝。”而内容则主要是抒发个人的胸臆，互相唱和，或描绘田园山水，或反映土俗民情。由于他们生活在社会的中下层，有时也能写出反映民生疾苦的诗作。

四灵擅长五律，特别在对仗上时有佳句，今举数例如次：

出望月轮小，不如临海生。又疑今夜看，难比故乡明。立柏正无影，清猿偏有声。数家弦管外，专此照离情。

——徐照《湘中中秋》

黄碧平沙岸，陂塘柳色春。水清知酒美，山瘦识民贫。鸡犬田家静，桑麻岁事新。相逢行路客，半是永嘉人。

——徐玑《黄碧》

月色一庭深，迢遥千里心。湘江连底见，秋客与谁吟？寒入吹城角，光凝宿竹禽。亦知同不寝，难得梦相寻。

——赵师秀《月夜怀徐照》

偶种得成阴，翛翛过别林。月寒双鸽睡，风静一蝉吟。映地添苔碧，临池觉水深。贫居来客少，赖尔慰人心！

——翁卷《题竹》

这些都是字句洗炼、清雅可诵的作品。赵师秀是四灵中成就最高的诗人，他因为专攻五律，竟宣称："一篇幸止有四十字，更增一字，吾末如之何矣！"（见刘克庄《〈野谷集〉序》）可见其专攻五律的刻苦精神，因此而有"五言专城"之誉（葛天民《简赵紫芝》："紫芝虽漫仕，五字已专城。"载《无怀小集》）。其实，赵师秀的七律也有佳作，如《呈蒋、薛二友》云：

中夜清寒入缊袍，一杯山茗当香醪。禽翻竹叶霜初下，人立梅花月正高。无欲自然心似水，有营何止事如毛。春来拟约萧闲伴，同上天台看海潮。

贺裳《载酒园诗话》赞赏此诗"第二联神骨俱清，可谓脱西江尘土气殆尽"。赵师秀原是宋太祖八世孙，世居汴京，南渡后才沦落到永嘉的。他在《九客一羽衣泛舟》诗中说："慷慨念时事，所惜智者昏。砭疗匪无术，讳疾何由论。北望徒太息，归欤寻故园。"对投降派的昏庸十分愤慨。翁卷《赠张亦》诗也说："兴兵又罢兵，策士耻无名。闲见秋风起，犹生万里情。"这说明他们并不能完全忘怀时艰国难，也想有所作为，只是位卑职小，或仕进无阶，心有余而力不足罢了。

当初抬举四灵的叶适，最终又指出他们的缺点说："往岁徐道晖诸人摆落近世诗律，敛情约性，因狭出奇，合于唐人，夸所未有，皆自号四灵云。"（《题刘潜夫〈南岳诗稿〉》）所谓"敛情约性"，是指生活范围不广，思想蕴涵不深，所以写出来的作品平淡清瘦，缺乏奔放的热情和昂扬的气魄。所谓"因狭出奇"，是指艺术上只注重炼句修辞，而忽略了全篇的结构和意境。因此，其作品"虽镂心鉥肾，刻意雕琢，而取径太狭，终不免破碎尖酸之病"（见《四库全书总目》卷一百六十二《芳兰轩集》提要）。范晞文《对床夜语》更综论其源流与得失云："四灵，倡唐诗者也，就而求其工者，赵紫芝也。然具眼犹以为未尽者,盖惜其立志未高,而止乎姚、贾也。学者闯其阃奥,辟而广之,犹惧其失,乃尖纤浅易,相煽成风,万喙一声,牢不可破。曰:此四灵体也。其植根固,其流波漫,日就衰坏,不复振起。吁!宗之者,反所以累之也。"这些批评是切实中肯的。

然而四灵在当时的影响是不小的。有一批永嘉本地的诗人向他们学习诗法,形成了四灵体,并且影响了江湖派中的某些诗人。王绰《薛瓜庐墓志铭》说:

> 永嘉之作唐诗者,首四灵。继灵之后,则有刘咏道、戴文子、张直翁、潘幼明、赵几道、刘成道、卢次夔、赵叔鲁、赵端行、陈叔方者作,而鼓舞倡率,从容指论,则又有瓜庐隐君薛景石者焉。……继诸家后,又有徐太古、陈居端、胡象德、高竹友之伦。风流相沿,用意益笃,永嘉视昔之江西几似矣,岂不盛哉!(见《瓜庐诗》卷末,《南宋群贤小集》本)

江湖派中有一部分作家与四灵颇有渊源,因此,两者有时很难截然分开。《沧浪诗话·诗辨》云:"近世赵紫芝、翁灵舒辈独喜贾岛、姚合之诗,稍稍复就清苦之风,江湖诗人多效其体,一时自谓之唐音。"方回评刘克庄《赠翁卷》诗云:"后村晚节诗饱满四灵。"纪昀解释说:"饱满四灵,犹曰撑肠柱肚纯是四灵语耳。"(见《瀛奎律髓汇评》卷四十二)全祖望《〈宋诗纪事〉序》亦云:"永嘉徐、赵诸公,以清虚便利之调行之,见赏于水心,则四灵派也,而宋诗又一变。嘉定以后,《江湖小集》盛行,多四灵之徒也。"这都指出了江湖诗人所受四灵的影响是相当大的。

江湖诗派与江湖诗祸 江湖诗派是一个由江湖游士所构成,成分复杂而且没有组织形式的、松散的创作群体。他们基本上都反对江西派而崇尚晚唐诗,但格局较四灵稍为开阔,取材也较广泛,艺术手法也较为灵活多样。在语言方面,四灵主张白描,江湖诗人也强调通俗,但又认为"捐书以为诗失之野"(刘克庄《韩隐君诗序》)。这些都是江湖派与四灵派不同的地方。

江湖派诗人占籍甚广，如依今天的地理区划，浙江有陈起、高翥、戴复古、葛天民、许棐、薛嵎等三十八人，江西有姜夔、刘过、黄文雷、利登等二十八人，福建有刘克庄、敖陶孙、叶绍翁、严粲等十七人，河南有武衍、张弋等四人，还有山西的胡仲参、湖南的乐雷发和江苏的周端臣等等，其活动时代从宁宗直到宋末，时间不短。《四库全书总目》卷一百六十四《梅屋集》提要曾说许棐等"沾染于江湖末派"，并指出此派诗人"大抵以赵紫芝等为矩矱"，"以高翥等为羽翼"，"以书贾陈起为声气之联络"，"以刘克庄为领袖"，"流波推荡，唱和相仍，终南宋之世，不出此派"。刘克庄自己也说："江湖社友犹以畴昔虚名相推让，虽屏居田里，载贽而来者常堆案盈几，不能遍门(阅)。"(《送谢旿序》)可见其在江湖派中的地位确是较高的。

江湖诗派之名由杭州书商陈起编刊《江湖集》而来，并因此引起江湖诗祸而扬名于世。陈起(？—1256?)字宗之，号陈道人，今存诗集《芸居乙稿》。他在杭州睦亲坊开了一爿书铺，以诗人而兼书商的特殊身份，结交了一批文人墨客，其中有田园山林的隐逸之士，也有品位不高的小官和幕僚，还有不少落拓江湖的谒客游士。陈起热心地借书给他们看，而且还替他们出版诗集，刻印推销。因此，他的书铺自然地成了江湖诗人们联络和活动的中心，推动了他们创作的发展。叶茵《赠陈芸居》诗云：

> 气貌老成闻见熟，江湖指作定南针。得书爱与世人读，选句长教野客吟。富贵天街纷耳目，清闲地位当山林。料君阅遍兴亡事，对坐萧然一片心。

张弋《夏日从陈宗之借书偶成》云："案上书堆满，多应借得归。"许棐《陈宗之迭寄书籍，小诗为谢》云："君有新刊须寄我，我逢佳处必思君。"足见许多诗人都对他抱有好感。他们的审美情趣相同，作风也基本接近，所以能逐步聚合在一起。

陈起给这些诗家们刻印诗集，始于理宗宝庆元年(1225)。他采用了丛刊的形式，随得随刻，一家一家地发行，而总名为《江湖集》。不料这却招来了一场严重的文字狱，比北宋的乌台诗案有过之而无不及。《鹤林玉露》乙编卷四“诗祸”条记载：

> 宝(庆)、绍(定)间,《中兴江湖集》出,刘潜夫诗云:“不是朱三能跋扈,只缘郑五欠经纶。”又云:“东风谬掌花权柄,却忌孤高不主张。”敖器之诗云:“梧桐秋雨何王府,杨柳春风彼相桥。”曾景建(极)诗云:“九十日春晴景少,一千年事乱时多。”当国者见而恶之,并行贬斥。景建,布衣也,临川人,竟谪舂陵,死焉。

方回在《瀛奎律髓》卷二十刘克庄《落梅》诗后亦记其事云：

> 当宝庆初史弥远废立之际,钱塘书肆陈起宗之能诗,凡江湖诗人皆与之善。宗之刊《江湖集》以售,《南岳稿》与焉。宗之赋诗有云:“秋雨梧桐皇子府,春风杨柳相公桥。”哀济邸而诮弥远,本改刘屏山句也。敖臞庵器之为太学生时,以诗痛赵忠定丞相之死,韩侂胄下吏逮捕,亡命。韩败,乃始登第,致仕而老矣。或嫁“秋雨”、“春风”之句为器之所作,言者并潜夫梅诗论列,劈《江湖集》板,二人皆坐罪。初,弥远议下大理逮治,郑丞相清之在琐闼,白弥远中辍,而宗之坐流配。于是诏禁士大夫作诗,如孙花翁惟信季蕃之徒寓在所(纪昀评云:“此处有脱误,再校。”)改业为长短句。绍定癸巳,弥远死,诗禁解。

此外,周密《齐东野语》卷十六“诗道否泰”条也有记载。三家所记虽略有出入,但事件的政治背景是清楚的。原来,当宁宗赵扩在嘉定十七年(1224)病逝后,权相史弥远废黜了法定的皇位继承人赵竑,改封之为济王,而另外拥立赵昀(即理宗)。宝庆元年,又进一步逼死济王。济王之死,激起了真德秀、魏了翁、洪咨夔和邓若水等人的义愤,纷纷上书为他鸣冤。史弥远便进一步贬逐了他们(详《宋史纪事本末》卷八十八《史弥远废立》)。在此以前,某些江湖诗人已或多或少地流露了对时局的不满,有些诗句刺痛了当权者,因而遭到了史弥远的忌恨。恰巧陈起在这一年发行《江湖集》,史弥远便从《江湖集》中断章取义地寻找证据,给编刊者陈起和

《南岳稿》作者刘克庄等人硬派罪名，加以迫害。这里，试将诸家获罪的作品简述如下：

（一）刘克庄诗二首，一首是《落梅》二首之一，诗云：

> 一片能教一断肠，可堪平砌更堆墙。飘如迁客来过岭，坠似骚人去赴湘。乱点莓苔多莫数，偶粘衣袖久犹香。东风谬掌花权柄，却忌孤高不主张。

此诗作于嘉定十三年(1220)，是年作者三十四岁。非常明显，它只是借梅花的飘零寓身世之感的咏物诗，结联虽有讽谕，但难确指，而言官却抓住“东风谬掌花权柄”二句，说成是对当政者史弥远的攻击。另一首是刘克庄年少时的作品，只剩下“未必朱三能跋扈，都缘郑五欠经纶”两句(见周密《齐东野语》卷十六“诗道否泰”条，《后村先生大全集》未收)，据《齐东野语》记载，题目是《黄巢战场》，原是咏史诗，但言官指为借古讽今，说诗中郑五是影射史弥远。

（二）陈起诗一首，现存陈氏《芸居乙稿》中未收，仅剩“秋雨梧桐皇子府，春风杨柳相公桥”两句。这本来是据南宋初刘子翚的诗改作的。刘氏《汴京纪事》二十首之七云：“空嗟覆鼎误前朝，骨朽人间骂未消；夜月池台王傅宅，春风杨柳太师桥。”言官指为此诗用意在“哀济邸而诮弥远”。为了扩大打击面，爪牙们甚至还把这两句诗嫁祸于敖陶孙和曾极，认为出自他们二人之手。

（三）曾极诗一首，《齐东野语》题为《春诗》，原为曾氏《金陵百咏》之一(《百咏》已收入《四库全书》)。当时言官摘出“九十日春晴景少，一千年事乱时多”两句，认为诽谤时政。

《江湖集》刊行于宝庆元年，所收各家诗集都是前此所作，其中当然有寓意和感触，但根本不可能是针对济王被害而写的。只是由于这些人既已表露了与当政者不一致的思想感情，史弥远等为了钳制舆论，就肆意加以诬陷。这场文字狱的后果是相当严重的：首先是曾极被贬死春陵，陈起被发配流放，敖陶孙也遭斥逐，刘克庄幸得郑清之代为开脱，才免除了下狱治罪的处分。其次是《江湖集》被劈板，印出的书也被禁毁，还仿效北宋末年的做法，诏禁士大夫作诗①，直到绍定六年(1233)史弥远死后才得解禁。诗祸的阴影在相当长的时期内压在作家们的心灵上，使之产生了全身远祸的心理。诗祸以前，不少江湖诗人也有关心民瘼、伤时忧国之作；诗祸以后，则不免有所顾忌，有时甚至转入了消极颓唐的状态。如刘克庄《杨补之墨梅跋》云："予少时有《落梅》诗，为李定、舒亶辈笺注，几陷罪苦②。后见梅花辄怕，见画梅花亦怕。"可见这次诗祸对当日诗坛所带来的消极影响。

江湖三集和江湖诗人的作品　由于陈起编刊的《江湖集》被劈板禁毁，所以这部丛刊当时究竟收录了哪些作家的诗集，今日已经难以确知。从《鹤林玉露》和《瀛奎律髓》的记载看来，刘克庄、敖陶孙、曾极和陈起四人的诗集肯定是包括在内的，而陈起的同时人陈振孙在《直斋书录解题》卷十五中曾著录此书，其言云：

> 《江湖集》九卷，临安书坊所刻本，取中兴以来江湖之士以诗驰誉者。而方惟深子通，承平人物，晁公武子止，尝为从官，乃亦在其中。其余亦未免玉石兰艾混淆杂遝。然而士之不能自暴白于世者，或赖此以有传。书坊巧为射利，未可以责备也。

可知其中还收有北宋方惟深和南渡中兴时名流晁公武的诗集，内涵是较为庞杂的。陈起在史弥远死后，返回杭州，重操旧业，所以他刊行的这部丛刊，时间跨度既大，所收人物亦多。据后人推测，他可能把初刻的《江湖集》称为前集，诗禁解除后重新辑刻的称为后集，第三次辑刻的则称为续

---

① 叶梦得《石林燕语》卷九："政和末，李彦章为御史，言士大夫多作诗，有害经术，自陶渊明至李、杜，皆遭诋斥，诏送敕局立法。何丞相执中为提举官，遂定命官传习诗赋杖一百。是岁莫俦榜，上不赐诗而赐箴。未几，知枢密院吴居厚喜雪，御筵进诗，称口号。自是上圣作屡出，士大夫亦不复守禁。"

② 李定、舒亶是制造乌台诗案构陷苏轼的人，这里借指为史弥远构陷刘克庄因而被人称为三凶的李知孝、梁成大、莫泽等。

集。《江湖前、后、续集》的原书到了明末已经失传，只有部分诗集的多种传抄本流散于民间（参看胡念贻《南宋〈江湖前、后、续集〉的编纂和流传》，载《文史》第十六辑）。为了保存文献，明崇祯年间，毛晋汲古阁影钞《南宋群贤六十家小集》①，清嘉庆六年（1801）顾修读画斋另外辑刻了《南宋群贤小集》，还有《四库全书》收录了两淮盐政采进本《江湖小集》六十二家，馆臣又从《永乐大典》中辑得《江湖后集》四十七家。此外，北京图书馆还藏有些抄本《宋人小集》。这些情况，就使得早在乾隆时代此书就已经被人认为是"辗转传抄，真赝错杂，莫详孰为原本"了②。

《四库全书》本《江湖小集》和《江湖后集》合计有一百零九家，将其与汲古阁等诸本核对，除去重复，又有不见于库本的十多种，总数在一百二十家以上。但其中也夹杂了一批不能算是江湖诗派的集子③，而刘克庄、曾极、孙惟信、苏泂、方岳等人的诗集却遗漏了。所以江湖三集的原始面貌究竟如何，尚待进一步寻究。但其中如姜夔、刘过、周文璞等人卒于诗祸发生之前，时代较早，可说是陈起心目中的江湖诗人前驱者。而武衍的《适安藏拙余稿》自序作于淳祐元年（1241），乐雷发的《雪矶丛稿》自叙作于宝祐五年（1257），其结集在诗祸已解，诗禁已开之后，显然是江湖诗人中的后起者。大体说来，江湖诗人散处各地，历时甚久，队伍庞大，流品复杂，但并无任何组织和共同主张。他们中间大多是功名不遂或官场失意的中下层知识分子。由于其中有些人为了谋求生活出路，不免以诗歌作为干谒权贵、博取衣食的工具，因此为后世评家所诟病。方回在《瀛奎律髓》卷二十戴复古《寄寻梅》诗的评语中，十分尖锐地指责了这

① 此书有上海古书流通处 1921 年影印本，较易得。本章所举江湖诗人作品皆出此书及下举《四库全书》本《江湖小集》、《江湖后集》，不更出其别集之名。

② 见《四库全书总目》卷一百八十七《江湖后集》提要。又《瀛奎律髓汇评》卷二十《落梅》诗后引查慎行云："《江湖集》今名《宋人小集》，乃抄本，余于癸巳冬购得之，尚有'棚北大街睦亲坊陈解元书坊刊印'字样。"

③ 陈起在编刊《江湖三集》时，曾辑刻了一批南渡前后中兴以来诗人的集子，而且还拉进了某些名公大官的诗集，这正是书商抬高自己身价的一种手段。我们应该注意，既不能据此而将江湖诗派产生的年代提前到四灵和陈起之前，也不能因此而将某些达官贵人列入江湖派中。当然，刘克庄晚年爵位隆高是一种特殊情况。

种江湖习气：

> 盖江湖游士，多以星命相卜，挟中朝尺书，奔走阃台郡县糊口耳。庆元、嘉定以来，乃有诗人为谒客者，龙洲刘过改之之徒不一人，石屏亦其一也。相率成风，至不务举子业，干求一二要路之书为介，谓之阔匾，副以诗篇，动获数千缗，以至万缗。如壶山宋谦父自逊，一谒贾似道，获楮币二十万缗，以造华居是也。钱塘湖山，此辈什佰为群。阮梅峰秀实、林可山洪，孙花翁季蕃、高菊磵九万，往往雌黄士大夫，口吻可畏，至于望门倒屣。

明末钱谦益在《王德操诗集序》中，更进一步指出这种风气对文学带来的不良影响，他说：

> 诗道之衰靡，莫甚于宋南渡以后。而其所谓江湖诗者，尤为尘俗可厌。盖自庆元、嘉定之间，刘改之、戴石屏之徒，以诗人启干谒之风，而其后钱塘湖山什佰为群，挟中朝尺书，奔走阃台郡县，谓之阔匾，要求楮币，动以万计，当时之所谓处士者，其风流习尚如此。彼其尘容俗状，填塞于肠胃，而发作于语言于文字之间，欲其为清新高雅之诗，如鹤鸣而鸾啸也，其可几乎！（见《牧斋初学集》卷三十三）

这种不良现象是存在的，但方、钱二人对江湖派一笔抹杀的态度，却不免偏激。因为这些诗人虽曾写过不少无聊的应酬诗，其习气和人品不无缺点，但他们的作品并非毫无价值可言，其中一部分忧国忧民的诗歌就写得相当出色。如江湖前辈之一的刘过，其《夜思中原》和《登多景楼》诸作，诗风豪隽，“才气坌溢，要非龌龊者所及”。（见《四库全书总目》卷一百六十二《龙洲集》提要）又如余姚高翥字九万，《诗人玉屑》卷十九曾引所作《送方秋崖以谏去国》一首，赞扬其豪气可与刘过比美。山阴葛天民字无怀（曾出家为僧，名义铦，字朴翁），有《尝北梨》诗云：

每到边头感物华，新梨尝到野人家；甘酸尚带中原味，肠断春前不见花。

衢州毛珝字元白，所作《甲午江行》①云：

百川无敌大江流，不与人间洗旧仇。残垒自缘他国废，诸公空负百年忧。边寒战马全装铁，波阔征船半起楼。一举尽收关洛旧，不知消得几分愁！

这些诗或比或赋，或幽婉或豪迈，都是那个艰难时代的声音。

江湖诗人生活在社会较低层，接触面较广，所以他们又曾写出一些反映现实、同情民生疾苦的悯农诗。如南城利登字履道的《野农谣》、吉安罗与之字与甫的《商歌》、海盐许棐字忱夫的《泥孩儿》、袁州（今江西宜春县）赵汝燧字明翁的《翁媪叹》和《耕织叹》等。春陵乐雷发字声远的《逃户》云：

租帖名犹在，何人纳税钱？烧侵无主墓，地占没官田。边国干戈满，蛮州瘴疠偏。不知携老稚，何处就丰年？

此诗忠实地反映了农民逃荒，而在内忧外患的双重窘境中走投无路，进退失据的绝境。又其《时事》云：

时事如颓屋，谁堪任栋梁？国贫僧牒贱，边病檄书忙。有分忧宗社，无才出举场。未应王谢辈，挥泪送斜阳。

此诗所反映的晚宋社会的危难局势和诗人空有忧国之心、却无救国之力的苦闷，也是符合实情的。

江湖诗人更擅长的是写景抒情之作，例如：

---

① 甲午，即端平元年（1234）。是年，蒙古灭金，诗人认为应该乘机收复中原。

应怜屐齿印苍苔，小扣柴扉久不开。春色满园关不住，一枝红杏出墙来。

——叶绍翁《游园不值》

今早神清觉步轻，杖藜聊复到前庭。市声亦有关情处，买得秋花插小瓶。

——陈起《买花》

前月登高去，犹嫌菊未黄。秋风不相负，特地再重阳。

——严粲《闰九》

天阔雁飞飞，松江鲈正肥。柳风欺客帽，松露湿僧衣。塔影随潮没，钟声隔岸微。不堪回首处，何日可东归！

——陈允平《青龙渡头》

这些小诗或抒发个人情怀，或描绘自然景色，皆不失为四灵唐风的继承者（陈允平尤以词名，已见第九章第四节）。

戴复古与刘克庄 江湖诗派中能自出机杼而取得成就的名家不多，其中戴复古和刘克庄可算翘楚。戴复古（1167—1248?）字式之，号石屏，天台黄岩（在今浙江省）人。平生不事科举，惟好漫游，足迹遍于今江苏、浙江、安徽、湖北、广东各地，最后以布衣终老。他早年曾学诗于陆游，后来虽然受四灵影响，崇尚晚唐，而仍主雄浑的风格和独创的意境。故其《论诗十绝》之四云："意匠如神变化生，笔端有力任纵横。须教自我胸中出，切忌随人脚后行。"同时，他重视作品的社会意义，推尊忧国爱民的杜甫和感遇伤时的陈子昂①，能在当时独树一帜。如《织妇叹》云：

① 其《论诗十绝》之六云："飘零忧国杜陵老，感遇伤时陈子昂。近日不闻秋鹤唳，乱蝉无数噪斜阳。"

春蚕成丝复成绢，养得夏蚕重剥茧。绢未脱轴拟输官，丝未落车图赎典。一春一夏为蚕忙，织妇布衣仍布裳。有布得着犹自可，今年无麻愁杀我。

此诗写劳动妇女之被残酷剥削，深刻动人，极近唐之王建、张籍和宋之杨万里。在《庚子荐饥》、《夜宿田家》和《淮村兵后》等诗中，他也都同样尖锐地揭示了南宋末年国弱民穷的可悲现实。又如《江阴浮远堂》云：

横冈下瞰大江流，浮远堂前万里愁。最苦无山遮望眼，淮南极目尽神州！

浮远堂位于江阴君山之巅，诗人登临北望沦丧的中原，不能不黯然伤怀。望之则不忍，不望又不能，于是他深悔登上高堂为多此一举了。刘克庄《冶城》诗"神州只在阑干北，几度来时怕上楼"，与此同意，而从正面说出，似反不及这篇之耐人寻味。

除了这些忧国忧民的作品以外，他还有一些颇有特色的作品，如：

半夜群动息，五更百梦残。天鸡啼一声，万枕不遑安。一日一百刻，能得几刻闲？当其闲睡时，作梦更多端。穷者梦富贵，达者梦神仙。梦中亦役役，人生良鲜欢！

——《梦中亦役役》

天嗔吾面白，晒作铁色深。天能黑我面，岂能黑我心？我心有冰雪，不受暑气侵。推去北窗枕，思鼓南风琴。千古叫虞舜，遗我以好音。

——《大热》五首之五

园圃屋东西，从君一杖藜。雨寒花蕊瘦，春重柳丝低。亭馆常留客，轩窗总傍溪。摩娑雪色壁，安得好诗题？

——《题张佥判园林》

前两首五古反映了诗人心灵的孤独和性格的倔强，这在江湖诗人中是少见的。另一首五律却又显示了和崇尚晚唐的诸江湖诗人在风格上的一致性。这都见出戴诗具有较为复杂的内容和风格。淳祐三年(1243)，吴子良作《〈石屏诗后集〉序》，虽然不无溢美之处，但比较扼要地概括了戴复古诗歌的创作特色(见本章第三节)，足资参考。

刘克庄(1187—1269)，初名灼，字潜夫，号后村，莆田人。祖凤，官著作佐郎，父弥正，官至吏部侍郎。但克庄本人没有以科举入仕，而是在二十三岁时以门荫补将仕郎步入仕途的。他起初只做了靖安主簿和真州录事参军等小官，后来长期游幕于江浙闽广等地，与戴复古、孙惟信、曾极、翁卷和赵师秀等人交往。嘉定十二年(1219)，他辞去江淮制置使幕职，请监南岳庙，故其诗集初名《南岳稿》。十七年到杭州，结识出版商陈起。宝庆元年，他任福建建阳知县，因陈起编《江湖集》刻入其《南岳稿》而遭祸，前程因此受阻。绍定二年(1229)，他通判潮州，又因梅花诗案的旧帐被监察御史赵至道弹劾落职。直到史弥远死后，他才复官出山。其《病后访梅九绝》之一云："梦得因桃数左迁，长源为柳忤当权①。幸然不识桃并柳，却被梅花累十年。"对江湖诗祸作了沉痛的回顾。端平二年(1235)，他的业师真德秀任参知政事；郑清之升左相，便提拔他为枢密院编修官。此后三十余年，他在仕途上时有升沉，但总的说来是比较顺当的。淳祐六年(1246)，已届六十岁的刘克庄被理宗召见，称赞他"文名久著，史学尤精"，特赐同进士出身，除秘书少监，兼国史编修官。但被殿中侍御史章琰劾奏，罢官归里。咸淳四年(1268)，复升为龙图阁学士，五年卒，享寿八十三岁。他死后十年，南宋就亡了。

刘克庄的一生，经过了孝宗、光宗、宁宗、理宗、度宗五朝，是江湖诗人中官位最高、年寿最长、阅历也最为丰富的作家。他学问渊博，不仅以诗名家，而且擅长填词，兼工散文、骈体。咸淳六年，其子山甫汇辑乃父遗稿，编定为《后村先生大全集》，现存一百九十六卷。此外，他曾编辑《分门

---

① 原注："邺侯咏柳云：'青青东门柳，岁晏必憔悴。'杨国忠以为讥己。"刘梦得左迁事见孟棨《本事诗·事感第二》。

纂类唐宋时贤千家诗选》二十二卷，分时令、节候、百花、人品等十四门，选录唐、五代和宋朝诗人五百六十五家，作品一千二百八十一首。其中十之七八是宋诗，尤以南宋诗居多，是一部具有特色的选本。

刘克庄早期诗风深受四灵的影响，叶适在《题刘潜夫〈南岳诗稿〉》中特予赞扬，认为他是继四灵之后能在诗坛上“建大将旗鼓”的主帅，其诗以“涉历老练，布置阔远”见长。刘氏在其《〈刻楮集〉序》中自述学诗次第说：“初余由放翁入，后喜诚斋，又兼取东都、南渡、江西诸老，上及于唐人，大小家数，手抄口诵。”所以他肯定唐诗，也肯定宋诗，在《李贾县尉诗卷跋》中，他说：“然谓诗至唐犹存则可，谓诗至唐而止则不可，本朝诗自有高手。杜、李，唐之集大成者也；梅、陆，本朝之集大成者也。”正是此意。他虽属江湖派，但能看到四灵和江湖之失，力矫其弊，取长补短，转益多师，从而开拓自己的创作道路。他的思想和才力确实高出同时诸家。

从他大量的诗篇来看，成就最高的还是写日常生活的五言律诗和咏时事的乐府。五律如：

> 骨法枯闲甚，惟堪作隐居。山行忘路脉，野坐认天文。字瘦偏题石，诗寒半说云。近来仍喜聩，闲事不曾闻。
>
> ——《北山作》

> 夜深扪绝顶，童子旋开扉。问客来何暮，云僧去未归。山空闻瀑泻，林黑见萤飞。此境惟予爱，他人到想稀。
>
> ——《夜过瑞香庵作》

> 医自金坛至，犹言疾可为。濒危人未信，闻死世皆疑。交共收残稿，妻能读殓仪。借来书册子，掩泪付孤儿。
>
> 忍死教磨墨，留书诀父兄。读来堪下泪，寄去怕伤情。墓要师为志，诗于世有名。夜阑秋枕上，犹梦共山行。
>
> ——《哭薛子舒二首》

这些诗和四灵一样，都是学姚合、贾岛的，但思路较四灵巉刻，境界较四灵幽峭，思新句工，语淡情浓，也为其他江湖诗人所稀见。陈衍《宋诗精华录》选刘诗五律，举此四篇为例，是有眼光的。

在其《有感》中，刘克庄吟道："忧时原是诗人职，莫怪吟中感慨多。"所以他在许多诗篇中，特别是乐府诗中，反映了当时社会生活中一些比较重大的问题：

> 官军半夜血战来，平明军中收遗骸。埋时先剥身上甲，标成丛冢高崔嵬。姓名虚挂阵亡籍，家寒无俸孤无泽。呜呼诸将官日穹，岂知万鬼号阴风！
>
> ——《国殇行》

> 行营面面设刁斗，帐门深深万人守。将军贵重不据鞍，夜夜发兵防隘口。自言虏畏不敢犯，射麋捕鹿来行酒。更阑酒醒山月落，彩缣百段支女乐。谁知营中血战人，无钱得合金疮药！
>
> ——《军中乐》

《国殇行》和《军中乐》是刘克庄以抗战为主题的组诗中的两篇（共十篇，未加总题），深刻地揭露了南宋末年政治、军事的窳败和黑暗。这与高适《燕歌行》"战士军前半死生，美人帐下犹歌舞"（见《全唐诗》卷二百十三）的含意略同，而描写的范围更广泛，笔墨更细致。

这位诗人的缺点是贪多率意，有些作品未免粗滥，或带有江湖诗人熟滑的通病，而且在诗祸以后趋于消极。《四库全书总目》卷一百九十五《后村诗话》提要认为"克庄晚节颓唐，诗亦渐趋潦倒"，这一论断是正确的。但他在六十岁至八十二岁之间写成的《后村诗话》颇多精义，可与严羽的《沧浪诗话》相提并论。郭绍虞《宋诗话考》评二家云："沧浪之长在识，后村之长在学。重在识，故锋芒毕露而或失之偏；重在学，则不拘一格，而转若无所见其长。《后村诗话》之不及《沧浪诗话》者在此。然而网罗众作，见取材之博，平衡惬当，见学力之精……则又《后村诗话》之长，而为《沧浪诗话》所不能及者。”论二家得失，颇为平允。

严羽和《沧浪诗话》　北宋欧阳修第一个写《诗话》（后人称《六一诗话》或《欧公诗话》）。其后，司马光撰《续诗话》（后人也称《温公诗话》），刘攽撰《中山诗话》，继起的作者渐多，风气大开。据罗根泽《两宋诗话年代存佚残辑表》统计，共得九十五部（见所著《中国文学批评史》第三册第十一章，中华书局1961年出版），由此可见其兴盛的情况。这种随笔式的文学批评，最初大多记载诗人创作中的遗闻轶事，以资闲谈，“体兼说部”（见《四库全书总目》卷一百九十五，诗文评类小序），故目录家或将其列入小说类。后来的诗话发展提高，或探究诗体的源流和作法，或评论具体作品的高下得失，鉴赏优劣，于是它成了有史有论、史论结合的诗歌理论批评。宋代诗话的流行有力地推动了宋诗的发展和诗派的繁兴，各派作家都有申述自己理论的诗话。而严羽的《沧浪诗话》，正好是宋末成就最为突出的一部。

严羽（1192—?），字仪卿，一字丹丘，自号沧浪逋客，邵武（在今福建省）人，不事科举，以布衣终其身。从他的身世、情趣和经历来看，严羽实际上也可以说是江湖诗人。其同乡同族人严粲，即列名于《江湖小集》中。戴复古任邵武军儒学教授时，曾赋《祝二严》诗云：“前年得严粲，今年得严羽，我自得二严，牛铎谐钟吕”，“羽也天资高，不肯事科举，风雅与骚些，历历在肺腑”。戴复古的《论诗十绝》，就是有感于“邵武太守王子文日与李贾、严羽共观前辈一两家诗及晚唐诗”而作的。足见严羽与江湖诗人的关系是相当密切的①。他到过临川、豫章、浔阳、长沙、衢州、吴江和临安等地，每有诗篇自纪踪迹，并寓忧离伤乱的怅惘情绪。如《江上泊舟》：“此身定何着，江汉一浮萍。”《将至浔阳途中寄诸从昆弟》：“江湖此去多漂泊，肠断风尘远别情。”他也有抒发爱国志节的作品，气概豪迈，如下列两篇：

平芜古堞暮萧条，归思凭高黯未消。京口寒烟鸦外灭，历阳秋色

① 当时又有三严之称，黄公绍于咸淳四年为《沧浪吟卷》作序，把严羽及其同族善诗者严参、严仁并称，说：“江湖诗友，目为三严。”

雁边遥。清江木落长疑雨，暗浦风多欲上潮。惆怅此时频极目，江南江北路迢迢。

——《和上官伟长芜城晚眺》

误喜残胡灭，那知患更长！黄云新战路，白骨旧沙场。巴蜀连年哭，江淮几郡疮。襄阳根本地，回首一悲伤。

——《有感》六首之一

这些诗都或隐或显地表露了他伤时忧国的深情。“误喜残胡灭，那知患更长”，是指蒙古灭金后南宋面临着一个更为强暴的侵略者。这些诗说明他不是一位全然置身世外的诗人，其诗现存《沧浪集》，又名《沧浪吟卷》。

严羽的主要贡献在于他比较系统地提出了中国的诗学理论，写出了富有美学价值的诗论专著《沧浪诗话》。在反对江西诗派和推尊唐诗的总倾向方面，他与四灵和江湖诗人有共同之处，但对于四灵的偏于晚唐又颇为不满，而主张推尊盛唐，把晚唐诗与盛唐诗严格地区别了开来。在严羽之前，批判江西诗派的论著已迭有出现，如张戒的《岁寒堂诗话》和姜夔的《白石诗说》等，都指出了江西末流之弊。严羽在这个基础上加以系统化，以禅理为喻，建立了自己的理论批评体系。

《沧浪诗话》由《诗辨》、《诗体》、《诗法》、《诗评》、《考证》五个部分组成。末附《答出继叔临安吴景仙书》，说明立论的主旨和特色，其中有云：

仆之《诗辨》，乃断千百年公案，诚惊世绝俗之谈，至当归一之论。其间说江西诗病，真取心肝刽子手。以禅喻诗，莫此亲切。是自家实证实悟者，是自家闭门凿破此片田地，即非傍人篱壁、拾人涕唾得来者。

可知他的诗论主要是对江西诗派而发的，而且自认为是确有所见，独树一帜的。

《诗辨》是全书立论的总纲，其中批评江西派诗人说：

> 近代诸公乃作奇特解会，遂以文字为诗，以才学为诗，以议论为诗。夫岂不工，终非古人之诗也。盖于一唱三叹之音，有所歉焉。且其作多务使事，不问兴致；用字必有来历，押韵必有出处，读之反覆终篇，不知着到何在。其末流甚者，叫噪怒张，殊乖忠厚之风，殆以骂詈为诗。诗而至此，可谓一厄也。

这里指斥了江西派形式主义的诗风（当然江西派并不都是形式主义），不满它过分的散文化和议论化。其中又说："至东坡、山谷始自出己意以为诗，唐人之风变矣。"可知严羽是把苏、黄相提并论的，在指责黄庭坚等派家时，就连苏轼也一起批评了。他为了纠正苏、黄之失，明确地提出了兴趣说，他认为："诗有别材，非关书也；书有别趣，非关理也"，"盛唐诸人，惟在兴趣，羚羊挂角，无迹可求"。他强调以盛唐诗人为榜样，追求的最高境界是"如空中之音，相中之色，水中之月，镜中之象，言有尽而意无穷"。他的审美观念在于注重形象思维和诗的韵味，排斥理念和说教。所以他在另一方面也反对理学家尚理而乏意趣之作，认为"不涉理路，不落言筌者，上也"。这虽与永嘉四灵的思路有接近之处，但他主张"以盛唐为法"，标举李、杜，则又同四灵和江湖之但宗晚唐者大不相同。所以他不仅反对江西诗派，而且对四灵与江湖诗人以贾、姚为法也极为不满。他批评说：

> 近世赵紫芝、翁灵舒辈，独喜贾岛、姚合之诗，稍稍复就清苦之风，江湖诗人多效其体，一时自谓之唐宗。不知止入声闻、辟支之果，岂盛唐诸公大乘正法眼者哉！嗟乎！正法眼之无传久矣。唐诗之说未唱，唐诗之道或有时而明也。今既唱其体曰唐诗矣，则学者谓唐诗诚止于是耳，得非诗道之重不幸邪！故予不自量度，辄定诗之宗旨，且借禅以为喻，推原汉魏以来，而截然谓当以盛唐为法。虽获罪于世之君子，不辞也。

佛家称博大精深者为大乘法，独具慧识者为正法眼，严羽以之比喻盛唐诸公，列为第一等；佛家又称浅小者为小乘法，内分辟支乘和声闻乘，是为第二第三等，严羽以之比喻四灵和江湖诗人。在此基础上，他提出了著名的妙悟说。在今天看来，他所提出的，也正是艺术思维的特殊规律这一根本问题。

他说：

> 大抵禅道惟在妙悟，诗道亦在妙悟。且孟襄阳学力下韩退之远甚，而其诗独出退之之上者，一味妙悟而已。惟悟乃为当行，乃为本色。然悟有浅深，有分限，有透彻之悟，有但得一知半解之悟。

这里以妙悟与学力相对举，说明有学力的人不一定能写出好诗，而只有善于妙悟的人才是真正的行家。可见严羽所谓妙悟大致相当于艺术思维或创作灵感。他认为盛唐诸公达到了“透彻之悟”的最高境界，而中晚唐诸家“虽有悟者，皆非第一义”。也正是以此来区分的。

在《诗体》、《诗法》和《诗评》等章中，严羽曾分别探讨了诗歌的体裁、流派、风格和作法诸问题，并且还评论了历代诗家的作品；《考证》一章则对某些作品和作者进行了辨订。总之，敢于探索新问题，敢于与前人立异，敢于正视和重视诗歌的艺术特点，这都是他的独特贡献。

严羽立论颇善于总结前人的创作经验，加以继承发展，如《诗辨》中他把作品分为高、古、深、远、长、雄浑、飘逸、悲壮、凄婉等九品，是受了司空图《诗品》的启发；讲琢句应须圆活，学诗有似参禅，则是吸取了吕本中、曾几、韩驹的活法和悟性的理论。

《沧浪诗话》对后世的诗学有极大的影响。明人高棅《唐诗品汇》分唐诗为初、盛、中、晚四期；前后七子倡导“诗必盛唐”，“大历以后书勿读”的主张(见《明史》卷二百八十七《王世贞传》)，均与此不无关系。清代王士祯的神韵说，显然是从他的妙悟和兴趣的理论发展出来的；而袁枚的性灵说，也跟他关于别材、别趣的论点有渊源。这都可以见出《沧浪诗话》在中国诗歌理论史上具有承上启下的重要地位。

第二节　易代之际的战歌与悲歌

反掠夺斗争的实录　端平元年(1234)金国的覆灭,使得南宋直接地面临着蒙古势力的威胁。景定五年(1264),蒙古大汗忽必烈进据燕京(后改名大都),咸淳七年(1271)又取《易经》“大哉乾元”之义,定国号为元。就在这个时候,南宋开始受到了猛烈的攻击。由于政府的腐败,爱国军民的英勇抵抗也只能延缓而难以改变汉族政权败亡的命运。德祐二年(1276)二月,临安失陷,祥兴二年(1279)二月六日,陆秀夫在崖山背负幼帝蹈海,宋亡。蒙古贵族终于在中国土地上建立了统一的大元帝国。这乃是千古未有的巨劫奇变。这种空前的历史风暴冲击了每一个作家,他们根据自己对它的认识,写出了各种样式的激动人心的作品。13世纪最后的三四十年,即宋元易代之际,是中国文学史上爱国主义创作繁荣的时期之一。

历史学家指出:“从历史发展的观点看来,元朝灭宋,完成了全国统一,对中国多民族国家的形成和发展,是起了积极作用的;蒙古族是我国的民族之一,腐朽衰败的汉族赵家皇朝被强盛的蒙古族孛儿只斤氏皇朝所灭,也不值得为之伤悼惋惜。但是,对当时的南宋人说来,他们遭受到的是别一民族的野蛮征服,亡掉的不仅是一姓的皇朝,而是自己的民族国家。”“元朝军队在江南肆行掠夺,蒙古、色目将领虏良人为奴,子女玉帛尽驱之向北,更比比皆是。灭宋后,元朝统治者对南人实行残暴的民族压迫政策,派到江南来的官吏,欺凌‘新附’人民,‘擅科横敛,无所不至’;屯戍江南的北军横行里中,人民不敢申诉;元制:‘蒙古、色目殴汉人、南人者不得复。’蒙、色寓户恃此为暴,‘所过掠财富,辱妇女,民束手不敢拒’。蒙古、色目贵族视江南为其财源,‘寒向江南暖,饥向江南饱’,还经常毁辱、诋骂南方,‘自以为右族自贵,视南方如奴隶’。这就造成民族矛盾十分尖锐的局面。在这种情况下,江南爱国知识分子抵制和反抗元朝统治,就不同于历史上那些仅拘拘于‘君臣之义’,甚至为暴君虐政的覆亡而‘守节’的遗民。”(陈得芝《从“遗民诗”看元初江南知识分子的民族气节》,载《南京大学学报》专辑《元史及北方民族史研究集刊》第六期）正由于此，宋元易代之际，反映反掠夺的民族斗争的绝大多数作品就成了当时人民生活的实录。

在这改朝换代的时期，作家们虽然同是身经蹂躏和压迫，蒙受亡国的耻辱和悲痛，但在作品中却反映出两种不同的倾向：一种是以积极的态度面对现实的，另一种则是以消极的态度面对现实的。前者以文天祥等为代表，虽在极度困难中也不曾丧失信念，他们唱出了激昂慷慨的战歌；后者以汪元量等为代表，他们痛感回天乏术，无力抗争，便遁迹于山林江湖之间，发出了落叶哀蝉般的声音。在宋亡之前，这种差别已经存在着，而在宋亡以后就更为显著了。战歌与悲歌同时以各种不同的调子唱出，体现了那个突变的时代中诗人们复杂的心灵。

文天祥的爱国诗篇 始终以其诗歌作为响亮的号角来号召人民投入反掠夺斗争的，是伟大的民族英雄文天祥。

文天祥（1236—1283），字履善，号文山，吉州庐陵县人。宝祐四年（1256），他二十一岁，就考取了状元。当时的考官王应麟称赞他的殿试对策是“古谊若龟鉴，忠肝如铁石”（见《宋史·文天祥传》）。理宗亲自识拔他为进士第一名，并且说：“此天之祥，乃宋之瑞也。”（见《文山先生全集》卷十七《纪年录》端平三年）于是他改字宋瑞。二十四岁时，曾上书皇帝，提出“简文法以立事”、“仿方镇以建守”、“就团结以抽兵”、“破资格以用人”等四条救国之策，惜未被采纳，乃回归故里。四十岁以前，几度浮沉宦海，因为跟贾似道等奸臣一再进行斗争，结果受到排挤打击而被迫罢官归里，隐居在家乡的文山，在恬淡的生活中消磨岁月。其《山中感兴》三首之二云：

> 山中有流水，霜降石自出。骤雨东南来，消长不终日。故人书问至，为言北风急。山深人不知，塞马谁得失。挑灯看古史，感泪纵横发。幸生圣明时，渔樵以自适。

这首诗宣泄了他被迫无所作为的巨大苦闷。

德祐元年(1275),文天祥已四十岁,南犯的元兵过了长江,朝廷号召各地起兵勤王。当时他已出山差知赣州,得诏后立即响应,“尽以家资为军费”(《宋史》本传),招募了一万多士兵,入卫临安。德祐二年正月十八日,元军前锋已进迫临安城外的皋亭山,宰相陈宜中吓得弃职潜逃。在存亡危急之中,朝廷于正月十九日任命文天祥为右丞相兼枢密使,并于次日派他出城与元军统帅伯颜谈判①,却被伯颜扣留了起来,强行押往燕京。路过镇江时,他得到一些义士们的帮助,逃出了敌人的魔掌。当时临安朝廷已经瓦解,他只得浮海南下,到福州拜见了新登基的端宗赵昰,仍被授予右丞相、枢密使、都督诸路军马的官职,参加了战争。但由于敌我力量悬殊,终于在祥兴元年(1278)十二月于海丰五坡岭兵败被俘。元军将他关押在海船上,随军南下。祥兴二年(1279)正月,船队经过珠江口外的零丁洋,这里距离帝昺所在的崖山不远了。他触景生情,百感交集,提笔写下了大义凛然的诗篇《过零丁洋》(《文山先生全集》卷十四):

辛苦遭逢起一经,干戈寥落四周星。山河破碎风飘絮,身世浮沉雨打萍。惶恐滩头说惶恐,零丁洋里叹零丁。人生自古谁无死,留取丹心照汗青!

当时元将张弘范正进兵崖山,追击宋室残存的政治据点。而文天祥这时却以一个俘虏的身份被拘禁在元军的船上,沉痛地回忆着过去,注视着目前。在这篇诗章里,他面对着即将崩溃的国家政权,宣布了自己誓死不屈的决心。崖山决战前夕,张弘范妄想利用文天祥写信招降宋军统帅张世杰。文天祥就将这首诗写录出来,表示了自己毫不动摇的立场。不久,元军把他押送大都,途经建康,曾赋《金陵驿》云:

草合离宫转夕晖,孤云飘泊复何依。山河风景元无异,城郭人民

① 关于文天祥此次元营之行,王夫之《宋论》卷十五认为是“洵忠而过”,因为“已入虎吻,而犹视其勿吞”,是不可能的,所以“词愈哀,志愈辱,其亡愈可伤矣”。

半已非。满地芦花和我老，旧家燕子傍谁飞？从今别却江南日，化作啼鹃带血归。

诗中将自己的切身体验与这座名城的兴亡情事交织在一起，深刻地表现了永别南中国的悲痛心情，写得十分沉挚。在北上途中，他还写了《发宿迁县》、《过平原作》、《白沟河》、《怀孔明》、《刘琨》、《祖逖》、《颜杲卿》和《许远》等诗篇，歌颂忠肝义胆的历史人物，表示了昂扬的爱国志节。十月初一他被解到燕京，囚禁在牢狱中。在此后的三年多时间里，文天祥虽然失去了自由，但却多次以森严锋利的言辞斥退了元朝贵族和汉奸对他的诱降，使得原来企图软化他的敌人和降臣也为之气馁，终于感到除了将他杀害之外，别无办法了。元世祖至元十九年(1283)十二月初九日，文天祥在燕京柴市从容就义，终年四十七岁。他殉国以后，人们在他的衣带中发现了他事先写就的自赞：

孔曰成仁，孟曰取义。惟其义尽，所以仁至。读圣贤书，所学何事？而今而后，庶几无愧！

文天祥是一位以自己的鲜血写下了反掠夺斗争史的英雄人物。作为一面爱国主义的旗帜，他永远被广大的中国人民高举在手中。

这位坚贞忠烈的状元宰相，不仅是一位政治家，同时还是一位文学方面的多面手。他的诗、词、散文都有较高的造诣，他抒发自己崇高思想感情的作品是珍贵的文学遗产。

和他早年的政治活动并不显得特别突出一样，文天祥在抗元斗争之前写的少数作品也是很平常的。他早期的诗篇每寄意于林泉山水，受江湖诗人的影响较深。还有若干赠送江湖术士的无聊应酬之作。但从德祐二年(1276)起，火热的斗争生活使他的诗才得到了空前的发扬。其作品曾先后编成了四部集子：第一部《指南录》，收了德祐二年勤王，正月赴阙，出使元营被拘，从镇江逃亡到南下福州时期的作品。如《扬子江》云：

几日随风北海游，回从扬子大江头；臣心一片磁针石，不指南方不肯休。

诗中说明了他把诗集命名为《指南录》的用意，标举了自己的生活道路和战斗历程。第二部《指南后录》和第三部民间辑刊的《吟啸集》，收录了第二次被俘北上至燕京狱中时期的作品。第四部《集杜诗》是至元十七年(1280)在狱中所作，他用杜甫的诗句集成二百篇五言绝句，很广泛地描摹了自己生活着的那个时代的各种人和事。《〈集杜诗〉自序》说：

昔人评杜诗为诗史，盖以其咏歌之辞寓纪载之实，而抑扬褒贬之意灿然于其中，虽谓之史，可也。予所集杜诗，自余颠沛以来，世变人事，概见于此矣。是非有意于为诗者也。后之良史，尚庶几有考焉。

这里提出了“非有意于为诗”的论点。他在《〈东海集〉序》中也曾批评“有意于为诗”，而主张“动乎性情，自不能不诗”。在《跋周汝明〈自鸣集〉》中又提出“予以予鸣”，即自己抒发自己的思想感情的见解。正由于他并非有意于为诗，而只是因为自己在抗元斗争中有那么丰富的、磅礴激烈的内心活动需要通过一定的艺术形式来倾吐，所以他后期的创作突破了一般晚宋诗人的格局，而形成豪迈雄浑的作风，唱出了可以惊天地泣鬼神的战歌。揭露蒙古贵族和军队的残暴狠毒，谴责南宋降元君臣的昏庸无耻，颂扬忠臣义士反抗斗争的神圣感情和英勇业迹，这就是文天祥四十岁以后全部作品的基本主题。在这一意义上来说，他的创作是可以称为又一部诗史，作为杜甫的忠实继承者而无愧的。试看下列诸篇：

梅花南北路，风雨湿征衣。出岭同谁出？归乡如此归！山河千古在，城郭一时非。饥死真吾志，梦中行采薇。

——《南安军》

平生心事付悠悠，风雨燕南老楚囚。故旧相思空万里，妻孥不见满三秋。绝怜诸葛隆中意，嬴得子长天下游。一死皎然无复恨，忠魂多少暗荒丘！

——《有感》

前一篇是被俘北上经过江西大庾岭所作，当时他向元军进行了绝食斗争，所以诗中用了伯夷、叔齐不食周粟的典故。后一篇是在大都狱中所写，作者回顾三年前在江西永丰的空坑之役，妻妾子女皆被元军所掳的往事而归结到目下自己身陷囹圄，决心一死殉国而不悔的决心。

更为深刻全面地表现了他的忠义情怀和英雄气概的《正气歌》，则是他爱国诗篇的代表作。今并录此篇及诗序如下：

予囚北庭，坐一土室。室广八尺，深可四寻，单扉低小，白间短窄，污下而幽暗。当此夏日，诸气萃然：雨潦四集，浮动床几，时则为水气；涂泥半朝，蒸沤历澜，时则为土气；乍晴暴热，风道四塞，时则为日气；檐荫薪爨，助长炎虐，时则为火气；仓腐寄顿，陈陈逼人，时则为米气；骈肩杂遝，腥臊污垢，时则为人气；或圊溷，或毁尸，或腐鼠，恶气杂出，时则为秽气。叠是数气，当侵沴，鲜不为厉。而予以孱弱，俯仰其间，于兹二年矣。幸而无恙，是殆有养致然，然尔亦安知所养何哉？孟子曰："吾善养吾浩然之气。"彼气有七，吾气有一，以一敌七，吾何患焉！况浩然者，乃天地之正气也，作《正气歌》一首。

天地有正气，杂然赋流形。下则为河岳，上则为日星；于人曰浩然，沛乎塞苍冥。皇路当清夷，含和吐明庭。时穷节乃见，一一垂丹青：在齐太史简，在晋董狐笔，在秦张良椎，在汉苏武节；为严将军头，为嵇侍中血，为张睢阳齿，为颜常山舌；或为辽东帽，清操厉冰雪，或为《出师表》，鬼神泣壮烈；或为渡江楫，慷慨吞胡羯，或为击贼笏，逆竖头破裂。是气所磅礴，凛烈万古存。当其贯日月，生死安足论！地维赖以立，天柱赖以尊；三纲实系命，道义为之根。嗟予遘阳九，隶也实不力，楚囚缨其冠，传车送穷北。鼎镬甘如饴，求之不可得。阴房阒鬼火，春院阏天黑。牛骥同一皂，鸡栖凤凰食。一朝蒙雾露，分作沟中瘠。如此再寒暑，百沴自辟易。嗟哉沮洳场，为我安乐国。岂有他缪巧，阴阳不能贼？顾此耿耿在，仰视浮云白。悠悠我心悲，苍天曷有极！哲人日已远，典型在夙昔。风檐展书读，古道照颜色。

这诗作于至元十八年（1281）五月。从诗中可以看出，刚毅正大的浩然之气正是文天祥“富贵不能淫，贫贱不能移，威武不能屈”的精神支柱，对于他来说，正气就是炽烈的爱国主义精神和坚贞的民族气节。《正气歌》大力地颂扬了历史上忠臣义士的高风亮节，也深刻地体现了他们无私无畏的道德力量。它成了被我国历代人民传诵得最广泛的诗篇之一。

二谢、林景熙和郑思肖　文天祥的英雄事业和作为其英雄事业的有机组成部分的文学活动，在当时就教育了许多作家。他的诗歌传遍各地，鼓舞人们闻风兴起。谢枋得、谢翱、林景熙和郑思肖等诗人就是文天祥的战友和诗侣。

谢枋得（1226—1289），字君直，号叠山，信州弋阳（在今江西省）人，宝祐四年（1256）进士，曾除建宁府教授、江东宣抚使干办公事。德祐元年（1275）出任江西招谕使、知信州。这时元军已进入江西，他起兵抗战，但连连失败。次年正月，信州陷落，其妻被掳自杀，弟也牺牲于抗战中。他变名遁匿于福建建宁县山村中，卖卜教书度日。入元以后，誓不屈节，后被押到大都，不食而死。有《叠山集》传世。他在建宁教书时，曾在《后村千家诗》的基础上，编选了一部七言《千家诗》，成了后世流传甚广的启蒙读物。

枋得论诗推崇杜甫，其《代上杜按察》云：“万物宁无吐气时，平生爱诵杜陵诗。”又特别强调言为心声之理，《与刘秀岩论诗》说：“诗于道最大，与宇宙气数相关。人之气成声，声之精为言，言已有音律，言而成文，尤其精者也。”故其发为诗歌，富有忠义慷慨之气，如云：

寻得桃源好避秦，桃红又见一年春。花飞莫遣随流水，怕有渔郎来问津！

——《庆全庵桃花》

十年无梦得还家，独立青峰野水涯。天地寂寥山雨歇，几生修得到梅花。

——《武夷山中》

又被执投北时，曾赋《北行别人》云：

雪中松柏愈青青，扶植纲常在此行。天下久无龚胜洁，人间何独伯夷清。义高便觉生堪舍，礼重方知死甚轻。南八男儿终不屈，皇天上帝眼分明。

谢枋得这些诗篇都表现了他坚持民族气节、宁死不屈的意志，虽然在艺术上它们并不如下面将要评述的几位诗人的作品。

谢翱（1249—1295），字皋羽，自号晞发子，福州长溪（今福建霞浦县南）人。景炎元年（1276）七月，文天祥在南剑州建立都督府，他倾家财募乡兵投效，被任命为谘议参军。文天祥殉国后，他凄惶地流浪于浙江一带。至元二十七年（1290），他和友人吴思齐等在富春江畔严子陵钓台的西台上哭祭文天祥，一边哭，一边用竹如意敲着石头，唱着招魂的歌曲，唱完以后，如意和石头都碎裂了。所撰《登西台恸哭记》曾详记其事（记文见本章第三节 497 页）。又有诗《西台哭所思》云：

残年哭知己，白日下荒台。泪落吴江水，随潮到海回。故衣犹染碧，后土不怜才！未老山中客，惟应赋《八哀》。

全篇以哀痛欲绝的笔触，表现了作者对于自己所最敬爱的人物的悼念，情真意挚，悲感动人。又其《书文山卷后》云：

魂飞万里程，天地隔幽明。死不从公死，生如无此生。丹心浑未化，碧血已先成。无处堪挥泪，吾今变姓名。

他和文天祥有着共同的保卫国土的崇高志向和献身精神，文天祥的牺牲，给他带来了难以愈合的心灵创伤，因而写出了这些充满喷薄激情的诗篇。像这样的诗，可以说不是用墨，而是用血写成的。他吊唁谢枋得的《哭广信谢公》诗，也是浸透了诗人的血泪之作。

谢翱有《晞发集》传世。他写的诗风格精致而又奇崛。宋亡以后，为了让这样的作品在严酷形势下得以公开传播，他有时使用了“奴隶的语言”，意象隐晦，近于唐代孟郊、李贺的古体和李商隐的绝句中的某些作品：

> 禾黍何人为守阍？落花台殿暗销魂。朝元阁下归来燕，不见前头鹦鹉言。
>
> 紫云楼阁宴流霞，今日凄凉佛子家。残照下山花雾散，万年枝上挂袈裟。
>
> ——《过杭州故宫》二首

> 复道垂杨草欲交，武林无树着凌霄。野猿引子移来住，覆尽花枝翡翠巢。
>
> 隔江风雨动诸陵，无主园池草自春。闻说就中谁最泣，女冠犹有旧宫人。
>
> ——《重过》

这四篇绝句是谢翱两次经过杭州故宫所写，极似李商隐咏史诸作。他通过一些景物及人事的细节，显示出南宋宫殿在亡国以后已面目全非，不仅旧时的龙楼凤阁已沦为佛寺，甚至连陵墓也被破坏了。这自然不能不引起这位爱国遗民的伤痛。他不仅发抒了这种悲感，而且还谴责了残暴的敌人和失节的臣僚。如果说上述这四篇用意措词还比较明显，有脉络踪迹可寻的话，在其题为《效孟郊体》的七首中，就全部使用了隐喻的手法来指陈时事，寄托哀思，更显出了其作品的艺术独创性：

> 闲庭生柏影，荇藻交行路。忽忽如有人，起视不见处。牵牛秋正

中，海白夜疑曙。野风吹空巢，波涛在孤树。

——其三

落叶昔日雨，地上仅可数。今雨落叶处，可数还在树。不愁绕树飞，愁有空枝垂。天涯风雨心，杂佩光陆离。感此毕宇宙，涕零无所之。寒花飘夕晖，美人啼秋衣。不染根与发，良药空尔为！

——其四

闺中玻璃盆，贮水看落月。看月复看日，日月从此出。爱此日与月，倾写入妾怀。疑此一掬水，中涵济与淮。泪落水中影，见妾头上钗。

——其七

这里选录的三篇诗，既具有孟郊的悲苦和幽僻，也参有李贺的光怪和古艳，而其描写的环境和人物，则更有类于《咏怀》中的阮籍，甚至如《离骚》中的屈原。无望的现实和炽热的灵魂交织在这些诗篇中，引起了心灵的激烈冲突，诗人的感情一次又一次地爆发出火花：第一篇是写诗人在月夜的感受，他空虚，他追求，却因前途的渺茫而感到怅惘，很曲折地表达了亡国的痛楚。第二篇以草木零落、美人迟暮这些传统意象来暗示了故国的沦丧。第三篇借男女之情寄寓对祖国的忠爱，由盆水起兴，盆中出日月，盆水涵济、淮，都是小中见大，幻中见真，末两句描写自己伶俜孤独，顾影自怜，细致地刻画了遗民悲痛的心态。元初人任士林曾评论说："所为歌诗，其称小，其指大，其辞隐，其义显，有风人之余，类唐人之卓卓者。"（见所撰《谢翱传》，载程敏政《宋遗民录》卷二）精当地指出了谢翱诗的独特风格。

林景熙（1242—1310），字德旸，号霁山，温州平阳（在今浙江省）人。咸淳七年（1271），他由太学入仕，授泉州教授，后任从政郎。临安沦陷后，寄寓会稽王英孙家。1278年，元世祖忽必烈所任用的江南释道总统番僧札木扬喇勒智（或译名为杨琏真伽），为了打击汉民族自尊心，竟到会稽发掘南宋帝后的陵墓，劫掠殉葬的珍宝。这时，林景熙和唐珏、王英孙、谢翱等人，冒着生命的危险，收拾遗骨，改葬于兰亭等处，并在坟上种植了许多冬青树，作为标识。在晚宋遗民的诗集中，凡是提到冬青树的篇章，都是指的这件事。但为了避免元朝统治者的迫害，其措辞往往是很晦涩的。如林景熙的《梦中作》①四绝云：

珠亡忽震蛟龙睡，轩敝宁忘犬马情。亲拾寒琼出幽单，四山风雨鬼神惊。

一坯自筑珠丘土，双匣犹传竺国经。独有春风知此意，年年杜宇泣冬青。

昭陵玉匣走天涯，金粟堆前几暮鸦。水到兰亭转呜咽，不知真帖落谁家？

珠凫玉雁又成埃，斑竹临江首重回。犹忆年时寒食祭，天家一骑捧香来。

这一组诗，既隐约又分明地记载了包括作者在内的义士们的这次反凌辱斗争，反映了人民对于这一事件的悲痛和愤怒。正如谢翱在《冬青树引别玉潜》诗中所云："恒星昼陨夜不见，七度山南与鬼战。愿君此心无所移，此树终有开花时。"对于故国兴复的希望和信心，乃是这一义举和这些诗作的思想基础。

林景熙的诗集称为《白石樵唱》，诗文合集称为《霁山集》。他主张反映现实时事，效法杜甫和陆游。在《题陆放翁诗卷后》这首诗中，他把陆游与杜甫相提并论，给予极高的评价②。所作如《酬谢皋父见寄》：

入山采芝薇，豺虎据我丘；入海寻蓬莱，鲸鲵掀我舟。山海两有

① 厉鹗在《宋诗纪事》卷七十五所收此诗的案语中疑为唐珏作，但从风格上判断，仍应属之林景熙。参看《四库全书总目》卷一百六十五《林霁山集》提要。

② 此诗起首四句云："天宝诗人诗有史，杜鹃再拜泪如水。龟堂一老旗鼓雄，劲气往往摩其垒。"龟堂，陆游书斋名。

碍，独立凝远愁。美人渺天西，瑶音寄青羽：自言招客星，寒川钓烟雨。《风·雅》一手提，学子屦满户。行行古台上，仰天哭所思，余哀散林木，此意谁能知？夜梦绕勾越，落日冬青枝。

这不是一般的酬答之作，而是两个志同道合、忠肝义胆的战友彼此之间的心灵交感。对于谢翱，对于自己，林景熙都了解得非常真切，所以在他的笔下，就不仅呈现了谢翱的，同时也呈现了自己的真实形象。诗中"美人渺天西"以下十句属谢，而首六句及末二句则抒发了两人共同的感情。"夜梦"、"冬青"暗指宋陵被掘事，表达了彼此生活在那种令人窒息的环境中的痛苦之情。又如《山窗新糊有故朝封事稿，阅之有感》：

偶伴孤云宿岭东，四山欲雪地炉红。何人一纸防秋疏，却与山窗障北风！

亡国之前为了抵御敌人而进呈朝廷的防秋奏稿，在亡国之后却用来做了糊窗纸，诗人看到了，怎么能不感慨万分呢？但他转过笔锋，却向读者宣告：即使是一张薄纸，也还在抵挡着严冬的北风，何况千百万人民！诗中的北风，当然是指从北方南来的蒙古贵族掠夺者。这一方面从一件小事反映了地坼天崩的兴亡变化，另一方面也暗示了敌人将会随时随地遇着出于他们意外的抵抗。这些诗歌也和《梦中作》一样，是浸透了诗人对于故国深挚的爱意的。所以章祖程评林诗说："大抵皆托物比兴，而所以明出处、系人伦、感世变而怀旧俗者，至矣。"（见《题〈白石樵唱〉》，载《林霁山集》卷首）

郑思肖（1239—1316），福州连江（在今福建省）人，太学生，原名某，宋亡后才改名思肖，字忆翁，号所南，以示思念赵氏不忘故国。后流寓苏州佛寺，终身不娶，坐卧不向北。善画墨兰，亡国后画兰不画土，根都露在外面，别人问他为什么，他就回答说："地为番人夺去，汝犹不知耶！"（见卢熊《苏州府志·郑所南小传》，载《宋遗民录》卷十三）在遗民中，他是最无所顾忌的一位，其诗如《过徐子方书塾》云："不知今日月，但梦宋山川。"直明心迹，不加掩饰。又《寒菊》云：

花开不并百花丛，独立疏篱趣未穷。宁可枝头抱香死，何曾吹落北风中！

郑思肖所著除《所南诗文集》外，另有一部题为《心史》的诗文集，由于辞气激烈，在当时没有能公开出来。直到明末崇祯十一年（1638），才在苏州承天寺井中发现，因得流布于世。今选录数首如次：

堂堂男子不封侯，与命为仇死未休。陷虏有歌春梦断，哭天无地夜魂愁。九清风露极玄处，万古虚空自在游。痛恨莫能生报国，从今阴骘溥南州。

——《自挽》（原注："德祐乙亥腊作。"
按乙亥，德祐元年，即 1275 年）

力不胜于胆，逢人空泪垂。一心中国梦，万古《下泉》诗。日近望犹见，天高问岂知！朝朝向南拜，愿睹汉族旗。

有怀长不释，一语一酸辛。此地暂胡马，终身只宋民。读书成底事，报国是何人？耻见干戈里，荒城梅又春。

——《德祐二年岁旦》（原注："时逆虏未犯行在。"）

不信夜不晓，哀哀锁暗颦。铁城蹲败土，锦国涨腥尘。草泣荒宫雨，花羞哨地春。少焉开霁色，四望一时新。

——《写愤》

愁里高歌梁父吟，犹如金玉戛商音。十年勾践亡吴计，七日包胥哭楚心。愁送新鸿哀破国，昼行饥虎啮空林。胸中有誓深于海，肯使神州竟陆沉！

——《二砺》

这些磨炼志气、表示决心的作品，有的写于南宋灭亡的前夕，有的则写于汉族政权崩溃之后。由于诗人面对着当时那种“八荒翻沸、山枯海竭”的局势，感到“非诗歌无以雪其愤”，所以“皆厄挫悲恋之辞”(见《〈中兴集〉自序》，载《心史》卷上)。郑思肖的诗爽朗明快，位置在谢翱的精致奇崛和林景熙的幽婉清健之间，在艺术上自具一种特色。

以文天祥为首的这批作家，一方面各有不同的风格和成就，另一方面又具有一个基本的共同点。那就是他们虽然身际存亡危急之痛，发为憔悴忧伤之作，其主要的情调却是悲壮的，积极的。这些作品使读者伤悲，同时也使读者振奋。我们不独可以从其事迹中得出他们是战斗者的结论，而且这一结论也同样可以从其作品中获致。

汪元量的哀思　在宋末元初的诗坛上，还存在着另外一些作家，如汪元量、真山民、许月卿和方凤等。必须承认，这些作家也是爱国者，在他们的作品里，也反映了对于故国沦亡的伤感。然而同时也必须承认，这些作家主导的情调是哀怨的、消沉的。他们那种充满了无可奈何的情感的作品，是“哀以思”的“亡国之音”。在晚宋文学中，这乃是一个细致的然而又是重要的区别。在这一群流连哀思的诗人中，汪元量的成就比较突出。

汪元量(1245？—1331?)，字大有，号水云，钱塘人(一说吴县人)。度宗时，以琴艺供奉谢太后(理宗之后)和王昭仪(度宗之嫔)。他地位低微，既非官吏，亦无功名。元军进攻临安时，恭帝赵㬎还不满六岁，由祖母谢太后、母亲全太后(度宗皇后)作主，派大臣向元军统帅伯颜交出传国玺，献上归降表。汪元量为此痛心疾首，写了《醉歌》十绝，其中如：

乱点连声杀六更，荧荧庭燎待天明；侍臣已写归降表，臣妾佥名谢道清。

——其五

伯颜丞相吕将军，收了江南不杀人。昨日太皇请茶饭，满朝朱紫尽降臣。

——其十

这类诗只陈事实,更无议论,所谓"直书其事,具文见意"(杜预《〈春秋〉序》语)。

德祐二年(1276)三月,他随谢太后北迁,在大都住了十三年。至元十七年(1280)中秋节,他曾携琴探望了狱中的文天祥,弹奏了《胡笳十八拍》。天祥就义后,他写了《浮丘道人招魂歌》九首,歌颂了文天祥的忠节,寄托了自己的沉哀。至元二十五年(1288),他不愿再在翰林院供职,自请出家做道士,因得南归钱塘。途中曾访刘辰翁于庐陵,刘氏为他的《湖山类稿》(又名《汪水云集》)写了序文并加以评点①。后来他遁迹于湘、蜀、赣、浙之间,不知所终。

汪元量的诗作颇受江湖派的影响,但身经乱离后,便改以杜甫作为学习的榜样。他深有体会地说:"少年读杜诗,颇厌其枯槁;斯时熟读之,始知句句好。"(《草地寒甚,毡帐中读杜诗》)其诗"多纪国亡北徙事","周详恻怆"(《宋诗钞》:《〈水云诗钞〉小序》)。七绝如《湖州歌》、《越州歌》,五律如《杭州杂诗和林石田》,都是规模很大的组诗。其中《湖州歌》竟多达九十八篇,兹选录两篇如下:

一掬吴山在眼中,楼台叠叠间青红。锦帆后夜烟江上,手抱琵琶忆故宫。

——其五

北望燕云不尽头,大江东去水悠悠。夕阳一片寒鸦外,目断东西四百州。

——其六

这是写亡宋母后、幼主及宫廷侍从被元军押送燕京的事。德祐二年(1276)二月,伯颜从临安东北的皋亭山进驻湖州,派人到临安索取太皇太后谢道清的投降手诏,并解散南宋政府,对政权进行全面接管。所以汪元量将这组全部纪实的作品题为《湖州歌》,对南宋王朝的覆灭作了多角度、

① 汪集以今人孔凡礼辑校《增订湖山类稿》最为完备,中华书局1984年出版。

多层次的丰富反映。举凡“亡国之戚，去国之苦，艰关愁叹之状”一一形之于诗，所以其友人李珏说：“水云之诗，亦宋亡之诗史也。”（《〈湖山类稿〉跋》）的确，正是这位诗人，在那沧桑巨变的时候，用饱蘸血泪的笔，写下了南宋亡国的伤心史：

钱塘江上雨初干，风入端门阵阵酸。万马乱嘶临警跸，三宫垂泪湿铃鸾。童儿空想追徐福，厉鬼终当灭贺兰。苦议和亲休练卒，婵娟剩遣嫁呼韩。

——《北师驻皋亭山》

东南半壁日昏昏，万骑临轩趣幼君。三十六宫随辇去，不堪回首望吴云。

——《越州歌》二十首之二

蔽日乌云拨不开，昏昏勒马度关来。绿芜径路人千里，黄叶邮亭酒一杯。事去空垂悲国泪，愁来莫上望乡台。桃林塞外愁烟起，大漠天寒鬼哭哀。

——《潼关》

踯躅吞声泪暗倾，杖藜徐步浙江行。青芜古路人烟绝，绿树新墟鬼火明。事去玉环沉异域，愁来金碗出佳城。十年草木都糜烂，留得南枝照浅清。

——《钱唐》

这些诗篇在一定程度上指斥了南宋统治者的庸懦和蒙古进犯者的横暴，发抒了自己沉痛的哀伤，也同时流露了一种难堪而绝望的心情。时人周方《书汪水云诗后》说：“余读水云诗，至丙子（德祐二年，1276）以后，为之骨立。再嫁妇人，望故夫之陇，神销意在，而不敢出声哭也。”这是一个确切而又巧妙的比喻。它不但适用于汪元量，而且也适用于和汪元量具有同样倾向的另外一些诗人。如家铉翁(? —1294),宋亡被俘,跟随降相吴坚等充祈请使至大都,留京甚久,但他守志不仕,后被放还南归,有诗《寄江南故人》云:

曾向钱塘住,闻鹃忆蜀乡;不知今夕梦,到蜀到钱塘?

作者是四川眉山人,在临安的南宋朝廷中官至签书枢密院事,所以梦回钱塘和梦到蜀中之句,都寄寓了梦想恢复而不可得的哀情,暗示了对已经覆灭的政权的怀念。

真山民和方凤诸人　宋末的遗民诗人,比较重要的还有真山民、许月卿、何梦桂、梁栋、方凤和萧立之等。他们或隐遁山林,或流落江湖,发为诗歌,皆感今伤昔,凄凉怨慕。

真山民,生平不详,亦不知其姓氏,仅自称山民。相传他是真德秀之孙,本名桂芳,原为进士,才节甚高,"宋末窜迹隐沦,所至好题咏","黍离麦秀,抱病至深"(见《四库全书总目》卷一百六十五《真山民集》提要)。如《兵后寓舍春》云:

触景多怀旧,凭栏易怆神。飞花游荡子,古木老成人。世换山如醉,田荒草自新。乡关渺何处,回首暗风尘。

许月卿(1213—1282),字太空,号泉田子,婺源(在今江西省)人,师事魏了翁,精于经义,淳祐四年(1244)赐进士及第。曾先后上书指斥权臣史嵩之和贾似道,被目为狂士。宋亡后改字宋士,号山屋,隐居不出。谢叠山曾题其门云:"要看今日谢枋得,便是当年许月卿。"(见《先天集》附录《山屋先生行状》)可见他是受到人们高度崇敬的。所著有《〈书经〉注》、《百官箴》和《先天集》。他在《次韵程愿》二首之二中说:"晓径焰间追李杜,夜窗灰里拨阴何。"可见其诗的趋向甚高。所作古体如《故人》云:

故人归作山中相,老我聊乘雪夜舟。细君颇讶不入市,山中访友将何求。扉屦资粮夺之去，毁车截镫挽予留。一笑谓汝贤细君，无求我乃肯出游。宰相良解轩轾予，定难屈膝低我头。同云一色天欲雪，夜深云散月明楼。

近体如《满城风雨近重阳》云：

满城风雨近重阳，一舸烟波入醉乡。心事已同鸥鸟白，眼界空有云山苍。酒安能管兴亡事，菊亦颇复时世妆。何似长歌明月里，月明天阔地更长。

何梦桂，字岩叟，号潜斋，严州淳安（在今浙江省）人，咸淳元年（1265）进士，官至大理寺大卿。后消极遁世。元时屡次征召，他都坚决拒绝。有《潜斋集》。其诗如王禹偁，由白入杜。在《永嘉林霁山诗序》中，他说："古今以杜少陵诗为诗史，至其长篇短章，横骛逸出者，多在流离、奔走、失意中得之。"在《章明甫诗序》中又说："诗，志至焉，气次之。志百变而不折，故气亦百变而不衰。知此，可与言诗矣。杜少陵在秦、夔，柳子厚在永、柳，坡翁在惠，山谷在宜，皆窘束不自聊赖，而所为诗益浩漫峻厉，是岂无故而然耶！其养完，故其发硕茂如此。"由此可见，他主张诗人必须涵养浩然的正气，身经国变乱离后，更应讲究志气与操守，所见与文天祥同。

其诗如《拟古》五首之一：

木落不离根，菊枯不离枝。人怀父母心，岂愿生别离。皇路謇幽蔽，民用婴百罹。南枝栖越鸟，忍逐北风飞。北风藐万里，分死无回期。骨朽化为尘，魂魄将南归。

梁栋（？—1305），字隆吉，原籍湘州（在今湖南省），后迁居镇江，咸淳四年（1268）进士，任宝应县主簿、仁和县县尉。宋亡不仕，往来于武林、建康间，有《隆吉诗集》。其诗感叹兴亡，辞旨凄怆，如：

六代俄然又一唐，青山坐阅几兴亡。心知江左非王业，口说中原是帝乡。落日有时登北固，春风吹梦过钱塘。荆坟桧宅依然在，留与乌衣话短长。

——《金陵废宫》

行不得也，哥哥！湖南湖北春水多。九嶷山前叫虞舜，奈此乾坤无路何？行不得也，哥哥！

——《四禽言》之三

方凤（1240—1321），字韶卿，一字景山，婺州浦江（在今浙江省）人，曾任容州文学，宋亡后，归隐仙华山。同里吴渭立月泉吟社，与各地遗民赋诗唱和。谢翱、吴思齐和他同受聘为评选人。自至元二十三年（1286）到二十四年，共选出二百八十人的作品，评其高下次第，揭榜编集，今传《月泉吟社诗》一卷，存六十位作者的诗歌七十四首。他与方回、龚开、戴表元、仇仁近等都有交谊，弟子甚众，柳贯、黄溍为其高足。柳贯曾辑其遗诗九卷，黄溍为之序。现在的传本题为《存雅堂遗稿》，仅存五卷。

方凤论诗自有主张。在《仇仁父诗序》中，他说："余谓作诗当知所主，久则自成一家。唐人之诗以诗为文，故寄兴深，裁语婉；宋朝之诗以文为诗，故气浑雄，事精实；四灵而后，以诗为诗，故月露之清浮，烟云之纤丽。"他又认为，如果遭遇事变后作品竟无黍离之悲者，则"是无人心矣，而尚复有诗哉"！黄溍说他的诗"靡不有以寓其意"，"至于得失废兴之迹，皆可概见"（见黄溍《方先生诗集序》，载《文献集》卷五）。可见方凤是能自践其言的。如其《哭陆秀夫》云：

祚微方拥幼，势极尚扶颠。鳌背负中国，龙胡水底天。巩存周已晚，蜀尽汉无年。独有丹心皎，长依海日悬。

出语危苦激切，不暇藻饰，而眷念邦国的忠爱之心，跃然纸上。"虽亡国之音，固犹不失风人之义也。"（见《四库全书总目》卷一百六十五《存雅堂遗

稿》提要）

萧立之，一名立等，字斯立，号冰崖，宁都（在今江西省）人。淳祐十年（1250）进士，曾任南城知县、辰州通判。宋亡归隐故乡。原有诗集二十六卷，现存三卷，故称为《萧冰崖诗集拾遗》。他是宋元之际一位名声不大而成就颇高的诗人。所作风格峻峭刻厉，不同凡响，如：

秋风原头桐叶飞，幽篁翠冷山鬼啼。海图拆补儿女衣，轻衫笑指秦人溪。秦人得知晋以前，降唐臣宋谁为言？忽逢桃花照溪源，请君停篙莫回船。编蓬便结溪上宅，采桃为薪食桃实。山林黄尘三百尺，不用归来说消息。

——《送人之常德》

黄帽牵船客自摇，水花压岸送归潮。晚风忽断疏蓬雨，秋在烟波第四桥。

自折孤樽擘蟹斟，荻花洲渚月平林。一江秋色无人管，柔舻风前语夜深。

——《第四桥》二首

思归言语苦悲辛，啼老江南绿树春。莫倚巴西君故土，巴西风景近愁人。

——《杜鹃》

七古近于李贺，七绝神似姜夔，都很精彩。《杜鹃》一首，当是闻元军入川而作。

“宋之亡也，其诗称盛。”（见钱谦益《胡致果诗序》，载《牧斋有学集》卷十八）当时不少遗民诗人，摆脱了江湖派摹拟晚唐的旧习，转而以杜甫的离乱诗作为楷模，结社吟诗，以发抒其《黍离》、《麦秀》之怀。月泉吟社外，还有杭清吟社、古杭白云社、孤山社、武林九友会和武林社等。谢翱曾结汐社，汐是晚潮，取其期晚而信之意；他还收集了故臣遗老的诗作，编成

《天地间集》一卷。此外，杜本编有《谷音》二卷[1]，孟宗宝在邓牧协助下编有《洞霄诗集》十四卷，其中都采录了仗节守义、古直悲凉的遗民诗，对激发汉族人民的民族思想起了很大的作用。如方凤一传为柳贯，再传为宋濂，自元初至明初，一脉相承，其授受渊源班班可考。

第三节　散文流派

流派区分与文选、文论　南宋后期的散文发展，主要是沿着前期的道学派和浙东学派开辟的路径前进的。道学派以朱熹为典范，强调载道，以说理见长，代表作家是真德秀、魏了翁和林希逸等。而继承浙东功利学派叶适的乃是陈耆卿、车若水、吴子良、舒岳祥和戴表元等人，他们发扬了陈亮、叶适的传统，论辩记序之文都富于务实精神。

理宗时，统治阶级为了挽救岌岌可危的国势，竭力树立道学的权威。宝庆三年（1227），朝廷追赠朱熹为太师，封信国公；并将朱熹的《四书集注》钦定为科举考试的必读课本。淳祐元年（1241），又以周敦颐、张载、程颢、程颐和朱熹从祀孔子庙，确立了程朱理学在思想文化领域中的统治地位。这种思想钳制，直接影响了散文创作。真德秀是朱熹的再传弟子，他恪守道学家论文的原则，选编《文章正宗》和《续文章正宗》各二十卷。在卷首的《文章正宗纲目》中，便说明了自己的编辑方针：

> 正宗云者，以后世文辞之多变，欲学者识其源流之正也。自昔集录文章者众矣，若杜预、挚虞诸家，往往堙没弗传。今行于世者，惟梁昭明《文选》、姚铉《文粹》而已。由今眂之，二书所录，果皆得源流之正乎？夫士之于学，所以穷理而致用也。文虽学之一事，要亦不外乎

---

① 翁方纲《石洲诗话》卷四："南渡自四灵以下，皆摹拟姚合、贾岛之流，纤薄可厌。而《谷音》中数十人，乃慷慨顿挫，转有阮、陈、杜少陵之遗意。此则激昂悲壮之气节所勃发而成，非从细腻涵泳而出者也。"王士祯《戏仿元遗山论诗绝句》三十二首之六："漫郎生际开元日，与世聱牙古性情。谁嗣《箧中》冰雪句，《谷音》一卷独铮铮。"（载《渔洋山人精华录》卷五）二家所论不尽相同，但均可证明《谷音》的价值。

> 此。故今所辑，以明义理、切世用为主。其体本乎古，其指近乎经者，然后取焉。否则，辞虽工亦不录。

在真德秀看来，只有穷理致用，才合乎正宗的标准，而他所谓的理和用，又只不过是道学家的一家之言。他片面地从封建主义的义理出发，“辞虽工亦不录”，也就完全抹杀了文学的审美价值。这种极端的作法，也许可以通行于科举场中，广大读者却难以接受，所以《四库全书总目》卷一百八十七《文章正宗》提要说：“四五百年以来，自讲学家以外，未有尊而用之者，岂非不近人情之事，终不能强行于天下欤！”这是一针见血的批评。

由于当时道学派全面控制了教育，以致使士子竞尚性理之文。但也有不满于这种文风的人，企图有所改革，可是又矫枉过正，反而走入了旁门左道。周密《癸辛杂识后集》“太学文变”条记载说：

> 南渡以来，太学文体之变：乾、淳之文师淳厚，时人谓之乾淳体，人材淳古，亦如其文。至端平，江万里习《易》，自成一家，文体几于中复。淳祐甲辰，徐霖以《书》学魁南省，全尚性理，时竞趋之，即可以钓致科第功名。自此非《四书》、《东、西铭》、《太极图》、《通书》、《语录》不复道矣。至咸淳之末，江东谨思、熊瑞诸人，倡为变体，奇诡浮艳，精神焕发，多用《庄》、《列》之语，时人谓之换字文章，对策中有“光景不露，大雅不浇”等语，以至于亡，可谓文妖矣！

这里阐述了太学文体变化的三段历程：第一阶段是南宋前期孝宗乾道、淳熙年间，政局稳定，文风淳厚。第二阶段是南宋后期理宗端平、淳祐年间，统治阶级面对蒙元的南犯束手无策，只有鼓吹程朱理学来粉饰太平。士子为了猎取功名，也就随着官方提倡的道学与世浮沉，非濂（周敦颐）、洛（二程）、关（张载）、闽（朱熹）四家之书不读，以至于把文章写成了官方哲学的讲义。第三阶段是度宗咸淳末年，此时距南宋亡国仅五六年光景，李谨思和熊瑞等人面临国家危急的局面，试图跳出四书、五经的藩篱，创为变体。这反映了当时知识分子谋求出路而终于无所适从的精神状态。周密依据《文心雕龙》"文变染乎世情，兴废系乎时序"(《时序》)的理论，揭示了社会现实和意识形态对文体的影响。他赞赏南宋前期的乾淳体，反对后期全尚性理的文风，也反对不正常的文妖之体。当然，太学文体的三次演变还不能代表文坛的全貌，但却从一个侧面反映了南宋后期道学派散文日趋衰败的局面。

与道学派相对立的浙东学派，到了南宋后期仍继续发展着。叶适的传法弟子有陈耆卿等人，他们尖锐地指出，道学派的作品是儒术而不是文艺。王象祖《答车若水书》有云：

> 文字之趋日靡矣。皇朝文统，大而欧、苏、曾、王，次而黄、陈、秦、晁、张，皆卓然名家，辉映千古。中兴以来，名公巨儒不自名家，张、吕、朱氏，造儒术而非文艺。独水心持作者之权，一时门人，孰非升堂，孰为入室，晓得陈筼窗(耆卿)而授之柄。今筼窗之门亦夥矣！(见车若水《脚气集》卷下)

这说明浙东学派自命为是欧阳修和苏轼等的继承者，他们始终注意到文学的艺术特征，保持了古文运动的优良传统。陈耆卿的门人有吴子良和车若水等人，而吴子良的弟子舒岳祥又是戴表元的业师。戴表元能克服永嘉派自身的弱点，在散文创作上取得了新的成就。袁桷《戴先生墓志铭》云："后宋百五十余年，理学兴而文艺绝。永嘉之学志非不勤也，挈之而不至，其失也萎。""方是时，礼部尚书王公应麟，天台舒公岳祥，师表一代，先生独执子弟礼，寸闻只语，悉囿以为文。其文清深整雅，蓄而始发，间事摹画，而隅角不露。"(见《清容居士集》卷二十八)在宋末元初，戴表元作为永嘉派文风的发扬者，得到了文坛的推重。

南宋后期编刊散文选集的风气很盛，除了楼昉的《迂斋标注崇古文诀》刻于宝庆三年(1227)、真德秀的《文章正宗》刻于绍定五年(1232)、《续文章正宗》刻于咸淳二年(1266)以外，现存于世的还有多种。《四库全书》收录的有：一、《古文集成》前集七十八卷，王霆震编。所录自春秋至南宋的散文共五百二十二篇，其中十分之八是宋文，而且还采录了吕祖谦、楼昉、真德秀等人的评语。二、《妙绝古今》四卷，汤汉（东涧）编。所录自《左传》、《庄子》至欧、苏、曾巩等二十一家共七十九篇，卷首有汤汉写于淳祐元年（1241）的自序。现存元刊本书名题为《东涧先生绝妙古今文选》。三、《文章轨范》七卷，谢枋得编。所录汉晋唐宋之文共六十九篇，中有批注圈点，每篇前后间有总评，给学者指示了作文的方法门径。卷一和卷二标为放胆文，并有解释说："凡学文初要胆大，终要心小，由粗入细，由俗入雅，由繁入简，由豪荡入纯粹。""辩难攻击之文，虽厉声色，虽露锋芒，然气力雄健，光焰长远，读之令人意强而神爽，初学熟此，必雄于文。"卷三至卷七标为小心文，解释说："议论精明而断制，文势圆活而婉曲，有抑扬，有顿挫。"四、《赤城集》十八卷，林表民编。这是一部有关浙东天台的地方文献。当时，陈耆卿编纂《赤城志》四十卷，林表民曾参与其事，"复取记、志、书、传、铭、诔、赞、颂之文为志所不载者，荟而辑之，以成此集"（《四库全书总目》卷一百八十七《赤城集》提要），前有淳祐八年吴子良序。这部散文集体现了浙东学派的观点，着重选录了叶适、陈耆卿、王象祖和吴子良等人涉及台州的作品。五、《吴都文粹》九卷，郑虎臣编。这是有关苏州地方的文集，"虎臣字景兆，曾为会稽尉，宋德祐初，自请监押贾似道，杀之于木绵庵者，即其人也。是书于吴郡遗文，综辑颇富。……虽称文粹，实与地志相表里，东南文献，藉是有征"（《四库全书总目》卷一百八十七《吴都文粹》提要）。六、《论学绳尺》十卷，魏天应编选、林子长笺解。这是一部学习应付科举考试的论说文专集，卷首载有《论诀》，采录了"诸先辈论行文法"。全书按七十八种格式评选了科考场中的范文，如指切要字格、就题摘字格、用事废情格、言外发意格等等。每题先标出处（题解），次举立说大意和考官的批语，篇后又缀以评语，指示作法。这些总集，编选的目的不同，水平的高下不一，但它们的大量出现，标志着散文的发达以及人们对它的重视。

南宋时代还出现了多种文论专著，前期有孝宗时陈骙的《文则》二卷，谈论文法修辞，举出了十种比喻的规例。后期有理宗时方颐孙的《黼黻文章百段锦》二卷，仿效《论学绳尺》的方式，在理论上又进一步发展，提出了遣文格、造句格、议论格、状情格、用事格、比方格、援引格、辩折格、说理格、推演格和结尾格等写作方式和技巧。晚宋时，李耆卿撰《文章精义》一卷，评论了韩、柳、欧、苏等人的古文，指出“欧阳永叔学韩退之，子瞻文学《庄子》、《战国策》、《史记》、《楞严经》，曾子固文学刘向”，又说“韩如海，柳如泉，欧如澜，苏如潮”。“其论文多原本六经，不屑屑于声律章句，而于工拙繁简之间，源流得失之辨，皆一一如别白黑，具有鉴裁。其言苏氏之文不离乎纵横，程氏之文不离乎训诂，持平之论，破除洛（二程）、蜀（三苏）之门户，尤南宋人所不肯言”（见《四库全书总目》卷一百九十五《文章精义》提要）。如书中批评了科场文章主题先行的恶习云：

> 今人时文，动辄先立主意，如诗赋论策，不知私意偏见，不足以包尽天下之道，以及主意有所不通，则又勉强迁就，求以自伸。其说若是者，时文之丑态也。

他明确地指出了时文为了代圣人立言而导致牵强附会的通病。这在道学流行的时代，确是说了旁人所不敢言的真话。他又认为“做大文字须放胸襟”，“不读《庄子·秋水》，见识终不宏阔”，又指出“《庄子》文字善用虚，以其虚而虚天下之实”，并称赞苏轼“行乎其所当行，止乎其所不可不止”的话是“作文之大法”。这些见解都能超越道学派的文论俗套，重视散文的艺术特点，发前人所未发，有利于散文的发展和提高。

真德秀和魏了翁等道学派的散文　真德秀和魏了翁是南宋后期的两位道学名臣，其源同出于朱熹的闽学。真德秀（1178—1235），字景元，后改字希元，建宁浦城人，登庆元五年（1199）进士第，又中博学宏词科。嘉定六年（1213），官起居舍人兼太常少卿。理宗即位，任为中书舍人，升礼部侍郎、直学士院。由于为济王鸣冤而得罪史弥远，被三凶诬劾落职。绍定五年（1232），起知泉州、福州，召为户部尚书，擢翰林学士，知贡举，拜参知政事。卒年五十八岁，谥文忠。学者称为西山先生。著有《西山文集》。

真德秀师承同乡詹体仁，为朱熹的再传弟子，以阐扬道学为己任。《宋史》本传说他对时政多所论建，“立朝不满十年，奏疏无虑数十万言，皆切当世要务，直声震朝廷。四方人士诵其文，想见其风采。及宦游所至，惠政深洽,不愧其言,由是中外交颂”。在文学创作上,他有意识地贯彻朱熹的论点,把重道轻文的思想发展到了极限。在《跋彭忠肃文集》中,他强调作文必须“发挥义理,有补世教”,甚至认为自西汉至唐代,只有董仲舒和韩愈两位作家合乎标准,而宋代的周敦颐和二程则超过了董、韩。在《汤武康墓志铭》中,他又说:

> 谈义理不骛于虚无高远,而必反求之身心;考事情不泥于成败得失,而必钩索其隐微;论文章不溺于华靡新奇,而必先乎正大。要其归以切实用、关世教为主。

这就是他心目中文章的极则。他反对离道而为文,就不免导致对文学的艺术性的忽视。他所说的实用,是道学家明道致用的意思,并非功利学派所倡导的务实。所以其主要作品都是为政教服务的所谓经世文章,如《直前奏札》、《召除礼侍上殿奏札》、《上丞相书》(论用人听言)、《忠孝祠记》、《铅山县修学记》、《龙山书院记》和《南雄州学四先生祠堂记》等,内容大都是弘扬孔孟之道,或鼓吹三纲五常的伦理道德,或表彰濂、洛、关、闽的教化业绩,充满了学究气。不过,当真德秀不摆着道学面孔的时候,他也能写出一些较有情致的文章来的。这说明他,还有另外一些道学家,并不一定缺乏文学才能。不过这种才能不幸被他们自己用道学思想所织成的网罗束缚住了,以致难以发挥而已。如其《溪山伟观记》云:

> 延平据山为州,军事判官厅处其山之半,后枕崇阜,前挹大溪。溪之南,九峰森罗,雄峙天表。厅事之西,故有小亭,对溪山最佳处。予之为判官也,因而葺焉。时方习词学科,规进取,退自幕府,辄兀坐亭中,翻阅古今书,口不辍吟,笔不停缀。间一举首,则澄光秀气,歘入几席,令人肺肝醒然。去之垂三十年,回忆旧游,未尝不炯焉心目间也。
>
> 比岁,杨君修来为此官,匾其亭曰“宏博旧观”。陈君传祖继至,顾眂西偏,老屋十数楹,岌岌将压,独“旧观”稍加葺,余皆撤而新之,

为堂曰见山楼，其上曰“溪山伟观”。楼之前为台，即“旧观”之北为轩。轩有小池，剖竹引泉，淙潺可爱，则以听雨名之。又为亭曰仰高，环其四旁，植梅与桂，间以修竹。循坡登山，结茅古樟之下。于是镡川胜概，尽在目中矣。然君为此未几，则从元戎以出，汛扫汀樵之遗孽；及改镇富沙，君又从焉。其居于是财数月尔，而发挥山川之胜，如恐不及。盖贤者之心，于事之当为，亟起而图之，不必为己，凡皆若是也。柳子尝言：“气烦则虑乱，视壅则志滞，君子必有游息之物，高明之具，使清宁平夷，然后理达而事成①。”世以为名言。以予观之，讵止是哉！天壤之间横陈错布，莫非至理，虽体道者不得窥牖而槩焉毕睹，然自学者言之，则见山而悟静寿，观水而知有本，风雨霜露接乎吾前，而天道至教亦昭昭焉可识也。盖尝升高而寓目焉，仰太虚之无尽，俯长川之不息，则吾之德业非日新不可以言盛，非富有不足以言大，非乾乾终日不能与道为一。其登览也，所以为进修之地，岂独涤烦疏壅而已耶？若予之区区于科目，则既陋矣。陈君乃存其旧而表章之，可无愧乎？故尝谓天下有甚宏且博者，而非是之谓也。

予老矣，久有子云之悔，方痛自澡磨，以庶几万一。而君于斯道尤所谓有志焉者，安得相从“伟观”之上，笑谈竟日，以想象春风沂水之乐乎！是役也，起绍定四年二月之庚申，而成于四月之甲子。君字清卿，三山人，以州从事兼招捕使司属官，于幕画与为多云。

真德秀曾在延平（今福建省南平市）担任南剑州军事判官厅判官。其地风物清佳，溪山如画。写于绍定四年（1231）的这篇文章，回忆三十年前的旧游，联系目下的人事，笔端是带有感情的。但他的心灵被程朱理学紧紧地包裹着，不能自由地抒发人情，即使是这篇模山范水的文章，仍不能完全摆脱浓重的说教气息。

真氏所编《文章正宗》，分辞命、议论、叙事和诗赋四类，诗赋的选录嘱

---

① 柳宗元《零陵三亭记》有云：“邑之有观游，或以为非政，是大不然。非气烦则虑乱，视壅则志滞。君子必有游息之物，高明之具，使之清宁平夷，恒若有余，然后理达而事成。”见《河东先生集》卷二十七。

其弟子刘克庄担任。刘克庄选录了一些抒情的篇章，却被真氏在定稿时删掉了。对于乃师这种做法，克庄颇为不满，《后村诗话》前集卷一中曾载其事云：

> 《文章正宗》初萌芽，西山先生以诗歌一门属予编类，且约以世教民彝为主，如仙释、闺情、宫怨之类皆弗取。余取汉武帝《秋风辞》，西山曰："文中子亦以此辞为悔心之萌，岂其然乎。"意不欲收。其严如此。然所谓"怀佳人兮不能忘"之语，盖指公卿群臣之扈从者，似非为后宫设。凡余所取，而西山去之者大半。又增入陶诗甚多，如三谢之类多不入。

这说明道学之儒与文学之士的观念差距甚大。刘克庄是按文学的艺术规律办事的，所以他在诗词和散文的创作上都取得了较高的成就。他的散文如《小孤山记》、《新筑石塘记》、《铁壁堂记》和《味书阁记》等篇，都写得很有情韵，和真德秀异趋。

与真德秀齐名的是魏了翁（1178—1237），字华父，号鹤山，邛州蒲江（在今四川省）人，与真德秀同榜进士及第；开禧二年（1206），以武学博士、校书郎的职衔出知嘉定府。史弥远专政后，他力辞召命，退居故乡白鹤山下，筑室授徒，专讲义理之学。嘉定十五年（1222），受召为兵部郎中，兼国史院编修官。宝庆元年（1225），因上疏言济王事被贬。绍定五年（1232）复职，任潼川路安抚使、知泸州。后入朝修国史，兼吏部尚书。端平二年（1235）十一月，以端明殿学士、同佥书枢密院事督视京、湖军马，开府江州。嘉熙元年（1237），改知福州、福建安抚使。卒赠太师，谥文靖。有《鹤山先生大全集》。

魏了翁是朱熹的私淑弟子，他曾结交朱熹的门人辅广和李燔，得以继承闽学之余绪，与真德秀志同道合，情谊甚深，但二人的文艺观稍有不同。真德秀完全依傍朱熹的门户，严守道学正统的规范；而魏了翁则接触到张栻和陆九渊诸家，所以较为重视辞章，主张既学道又学文。其《杨少逸〈不欺集〉序》云："辞虽末伎，然根于性，命于气，发于情，止于道，非无本者能之。”“眉山自长苏公以辞章自成一家，欧、尹诸公赖之以变文体，后来作者相望，人知苏氏为辞章之宗也，知其忠清鲠亮临死生利害而不易其守，此苏氏之所以为文也。”可见他并不反对文辞，而是反对不根于性、不本于道的文辞。其文如《论士大夫风俗疏》、《论州郡削弱之弊疏》，议论时政，切中要害；又如《茂州军营记》、《书鹤山书院始末》、《眉山江乡馆记》、《洪氏天目山房记》、《浦城梦笔山房记》和《宝庆府跃龙桥记》等篇，记叙情事亦颇有可观。吴渊在淳祐九年(1249)写的《〈鹤山集〉原序》中评论说：“公文视西山理致同，醇丽有体同，而豪赡雅健则所自得。故近世言文者曰真、魏，要皆见道君子欤！”吴渊认为他的道德之言出于理学，而文章的体制则宗法欧、苏，是中肯的。其《眉山新开环湖记》云：

临邛魏某居郡之明年，岁熟时康，教孚讼清。图惟宽闲之乡，有以节宣劳逸、疏瀹幽滞也。郡故有沼，而区分壤别，港绝潢断，昔人又多为矼梁以窒之，曾不能容刀焉。乃宣乃理，倅以小艇，于圃之西为洞，循洞之西为亭，榜曰西港。港有步可上下舟，舟行而西为高梁，榜曰环湖。梁之下可藏舟，又西为传馆。由馆之北，湖光渺漭，纵广百丈。其衡之长，如纵而加倍。北迤东为松菊亭，易亭榜曰柏港。又东为亭，菱屿直百坡亭。又东北为云桥，为游环，鞫梁乃济。又东为起文堂，泓涵演潩，深广缭绕，于是环圃皆湖也。

乃因暇日命客张坐饮，相与乱流而观。则翠筠苍樛，参差蔽亏；柔荑华芳，夹道绮靡；周阁层槛，倒影参错；双鸧乘雁，浮深戏广；纤鳞巨介，頩首莘尾；目行心舒，俄顷变态，应接不暇。客曰：“子之为是于圃中也，计庸程物，属役赋丈，非罢极人力，恶可以为有也。然则，子无已劓民尔乎？”曰：“否，吾未始有为也。山径之蹊间，介然用之，而成路为间；不用，则茅塞之。其塞也，山固自若也。今吾于是湖也，亦袭而致之欤？无亦因其固有而导之然欤？而奚劓民之有！”客曰：“是则尔矣，而政非所急也？”曰：“吾闻诸柳文惠侯曰：‘气烦则虑乱，视壅则气滞，故必有游息之物，使之清宁平夷，常若有余，然后理达而事成。’是乃吾所谓‘节宣劳逸，疏瀹幽滞’焉耳，斯其为政不已多乎！”

> 曰："子之为是也，则吾既得闻命矣，抑闻之：'无已大康，职思其居。'（《诗经·唐风·蟋蟀》句）子之游也，亦有以寓其思职之意矣乎？"曰："有。昔者扬雄氏有言：'成（乘）国者其如乘航乎，航安，则人斯安。'（扬雄《法言·寡见》语）吾将安航名吾舟。且航者，人之所以济也，而国似之。吾知乘航之不可忽，则游豫之顷无非事也。"客曰："唯，唯，非子吾不及此。虽然，请为歌之，愿无忘子之志也！"
>
> 乃歌曰："有弥且盈兮，谁揭谁厉。采蒲与荷兮，采藻淠淠。言黢其迈兮，匪航弗济。我引我挐兮，我鼓我拽。舒乎悦悦兮，般乎裔裔。云讦且乐兮，莫之止戾。卬兴我思兮，此于胡底。我之泄泄兮，民之蹶蹶。此非尔作兮，维余于制。终余永念兮，是儆是戒。毋臭厥载兮，庶其夷届。"歌既阕，主人饮客酒，泯然思，輾然笑，复使反之，相与悠然而罢。明日书以为记。

此文是他任眉山太守时所写，颇用欧阳修《丰乐亭记》和苏轼《赤壁赋》的笔法，但在叙事写景之中，始终夹带着坐而论道的内容，和真德秀《溪山伟观记》表露的思维方式如出一辙。为了解释游憩之乐能服务于讲道进德的主旨，他们都引用了柳宗元《零陵三亭记》中的言论来作证，绝非偶然。

吴渊序魏氏文集说："窃惟公天分颖拔，早从诸老游，书无不读，而见道卓，守道约。故作为文，率深衍闳扬，微一物不推二气、五行之所以运，微一事不述三纲、九法之所以尊。言己必致知力行，言人必均气同体。神怪必不语，老佛必斥攘。以至一纪述、一咏歌，必劝少讽多，必情发礼止，千态万变，卒归于正。及究其所以作，则皆尚体要而循法度，浩乎如云浮空而莫可状，凛乎如星寒芒而莫可干，蔚乎如风激波而皆自然也。其理到之言欤！其有德之言欤！"对魏了翁文风的这一评论，也高度概括地揭示了道学派散文的特征。

当时与刘克庄同为江湖诗人而擅长散文的还有林希逸。他们都是道学派散文的旁支，林希逸字肃翁（一作渊翁），号竹溪，又号鬳斋，端平二年（1235）进士，官至司农少卿、中书舍人。所著《鬳斋前集》已佚，《竹溪鬳斋十一稿续集》今存。他工于诗文，兼善书画，得到刘克庄的赏识。刘氏《竹溪诗序》说：

乾、淳间，艾轩（林光朝）先生始好深湛之思，加锻炼之功，有经岁累月缮一章未就者。尽平生之作，不数卷。然以约敌繁，密胜疏，精掩粗。同时惟吕（祖谦）太史赏重，不知者以为迟晦。盖先生一传为网山林氏，名亦之，字学可；再传为乐轩陈氏，名藻，字元洁；三传为竹溪。

所述略见林希逸为文的渊源。在道学派散文的继承者中，他们算是比较重视文艺特征的。

陈耆卿和吴子良等浙东派的后继者　陈耆卿（1180—1236），字寿老，号篔窗，台州临海（在今浙江省）人，嘉定七年（1214）进士，曾任青田县主簿、庆元府府学教授、国子司业。著有《嘉定赤城志》，今存。又有《篔窗初集、续集》，今佚；四库馆臣从《永乐大典》中采掇遗稿，辑为《篔窗集》。吴子良《林下偶谈》卷二云："往时水心先生汲引后进如饥渴然，自周南仲死，文字之传未有所属，晚得篔窗陈寿老，即倾倒付嘱之。"足见陈耆卿是叶适的嫡传，而叶氏序《篔窗初集》也说："君之文，涉猎既多，培蕴甚厚，规制广而密，波澜浩而平，错综应会，纬经匀等。"对耆卿称许甚至。当时谈理者标榜程、朱，论文者宗法欧、苏，以致于理与文分离割裂，陈耆卿却继承了叶适的作法，既讲义理，也重词章，因此成就较大。其名篇如《颜子论》、《韩信论》、《上楼内翰书》、《送叶梦我之官宁国序》、《奏请急水利疏》、《竹居说》、《神秀楼记》、《植松记》、《暗室记》和《思爱庵记》等篇，都说理精到，行文雅赡。试举其《松山林壑记》为例：

松山林壑者，丁君少云幽栖之所也。余闻丁园名素著，又以趾其园者多伟人，遂益著。按其所昉于少云者，二十有五；衍于子植者，三十有三。大较、松山其主名也。而东际海，西接仙源，水自西南数十折而至东北，其横竖侧出，如一步武而神工随也。其倏窈忽烂，如一顷刻而物候换也。其递凉燠,杂幽丽,如一拱揖而四序之变交吾前也。盖好境天吐,佳趣人涉,俯瞰而仰答,远瞩而近观,万象横陈,迥不可状,其以为幽栖则宜。虽然,古所谓幽栖者,未必具是也,今必具是哉?

夫具是心,未必具是景也。乃若其景具,则是心益具矣。心具无景不清,否则无景不俗。君之于此景也,寄此清也。其清非锢于幽栖者也。自其善积于身,孝熟于亲,义洽于人,充其心可以达也。或不得充而可充者,在则虽穷无磷,况复有不穷者邪。故大而天地之周流,细而鱼鸢之飞跃,撄吾目,慨吾心,景随心生,而心不随景以逝。是真幽栖者也,非锢焉者也。

夫出处之义亦大义,幽栖者,处而不出者也。故少云不及仕而子植既仕矣,非可以处而不出也。然则知所以处而后知所以出。盖处而不出,固未碍于行义;出而暂处,又所以精于求志而章明之也。故子植之归也,而于此尤惓惓焉。盖君兄弟所从游如叶水心、陈龙川,正伟人之尤者,皆尝与之婆娑偃仰、咏歌讲诵于其间,其笻影屐声,龟鹭犹能认忆也。今二公已逝,而清芗馆方筑。当有名胜豪特,袂连簪盍,与之共筹此心者,而予以官守未能随也。子植又言,山之阿,幽阻面势者尚众,规而未成者亦众。然则,子植心固无尽,而其景得有尽哉!其心,少云之心也,非锢于幽栖者也。(据《嘉定赤城志》卷十五校录)

本文既描绘丁园周围优美的环境,又说明了人心情趣与景色的相关变化,特别追怀了叶适和陈亮在生前游处此园讲学咏诗之事,使得伟人与名园相得益彰,为浙东学派记下了珍贵的遗迹。其行文布局谨严,造语俊爽,体现了陈耆卿有个性有感情的文才,无怪乎其弟子吴子良终身推服。

吴子良字明辅,号荆溪,也是临海人。他登宝庆二年(1226)进士第,官至湖南转运使,太府少卿。其《荆溪集》已失传,现存评诗论文的笔记《荆溪林下偶谈》(通称《林下偶谈》)四卷。

吴子良是完全遵奉陈耆卿的教导的,他总结乃师的为文三要,即“主之以理，张之以气，束之以法”（吴氏《〈筼窗集〉跋》），实际上也就是他本人的理论纲领。《荆溪集》虽佚，幸《赤城志》录存了他的多篇散文，如《台州司理参军题名记》、《临海县重建县治记》、《飞跃亭记》、《重建青青堂记》、《康吉堂记》和《大田先生（王象祖）墓志铭》等。另外，在同时作家的文集中，也保留了他的一些序跋，从中可以看出，吴氏擅长以这种文体写作文艺评论。在这类文章中，他往往汲取了叶适政论气势纵横豪宕的特点，有出色的表现。如《〈筼窗续集〉序》云：

文有统绪有气脉。统绪植于正，而绵延枝派旁出者无与也；气脉培之厚，而盛大华藻外饰者无与也。六籍尚矣，非直以文称，而言文者辄先焉，不曰统绪之端。气脉之元乎！

自周以降，文莫盛于汉、唐、宋。汉之文以贾、马倡，接之者更生、子云、孟坚其徒也。唐之文以韩、柳倡，接之者习之、持正其徒也。宋东都之文以欧、苏、曾倡，接之者无咎、无己、文潜其徒也；宋南渡之文以吕、叶倡，接之者寿老其徒也。寿老少壮时，远参洙泗，近探伊洛，沉涵渊微，恢拓广大，固已下视笔墨町畦矣！及夫满而出之，则波浩渺而涛起伏，麓秀郁而峰崚嶒，户管摄而枢运转，舆卫设而冠冕雍容。其奇也非怪，其丽也非靡，其密也不乱，其疏也不断。其周旋乎贾、马、韩、柳、欧、苏、曾之间，疆场甚宽，而步武甚的也。不幸吕公不及见，而叶公晚见之，惊诧起立，为序其所著《论孟纪蒙》若干卷、《筼窗初集》若干卷，以为学游、谢而文晁、张也。至其独得于古圣贤者，中夜授、垂死嘱焉，而曰：“吾向以语吕公伯恭，今以语寿老，四十年矣！”叶公既没，筼窗之文遂岿然为世宗，盖其统绪正而气脉厚也。

自元祐后，谈理者祖程，论文者宗苏，而理与文分为二。吕公病其然，思融会之，故吕公之文早葩而晚实。逮至叶公，穷高极深，精妙卓特，备天地之奇变，而只字半简无虚设者。寿老一见，亦奋跃策而追之，几及焉。然则，所谓统绪正而气脉厚也，又岂直文而已！余十六从筼窗，二十四从叶公，公亦以嘱筼窗者嘱予也。惰不复进，每遐想太息之，故于《筼窗初集》既以锓之海陵，而今复并其《续集》锓之豫章，使夫统绪气脉之传，来者尚有考也。

这里说的统绪指道，气脉属文。吴子良体会乃师之意，力主文道结合。他历述唐宋文统的源流，认为南宋散文大家当以吕祖谦和叶适为双璧，两家的气脉相通，而且首倡理文合一，而陈耆卿正是吕、叶的继承者。他又指出陈氏在统绪上接受二程弟子游酢和谢良佐的影响，在气脉上则是受苏轼门人晁补之和张耒的影响。所说极为细密深刻，其识见高出于同时诸人之上。

吴子良不仅评文精当，而且论诗也是行家，曾为戴复古撰《〈石屏诗后集〉序》云：

石屏戴式之以诗鸣海内，余四十年。所搜猎点勘，自周、汉至今，大编短什，诡刻秘文，遗事廋说，凡可资以为诗答，何啻数百千家！所游历登览东吴、浙西、襄汉、北淮、南越，凡乔岳、巨浸、灵洞、珍苑，空迥绝特之观，荒怪古僻之踪，可以拓诗之景、助诗之奇者，周遭何啻数千万里！所酬唱谂订，或道义之师，或文词之宗，或勋庸之杰，或表著郡邑之英，或山林井巷之秀，或耕钓酒使之遗，凡以诗为师友者，何啻数十百人！是故其诗清苦而不困于瘦，丰融而不豢于俗，豪健而不役于粗，闳放而不流于漫，古淡而不死于枯，工巧而不露于斫，闻而争传、读而亟赏者，何啻数百千篇！

盖尝论诗之意义贵雅正，气象贵和平，标韵贵高逸，趣味贵深远，才力贵雄浑，音节贵婉畅。若石屏者，庶乎兼之矣！岂非其搜揽于古今者博耶？岂非其陶写于山水者奇耶？岂非其磨砻于师友者熟耶？虽然，此旧日石屏也。今则不类，行年七十七矣！焚香观化，付断简于埃尘；隐几闭关，等一楼于宇宙；离群绝侣，对独影为宾朋。而时发于诗，旷达而益工，不劳思而弥中的。然则，诗固自性情发，石屏所造诣，有在言语之外者，非世俗所能测也。

淳祐三年六月日，荆溪吴子良序。

这些文章显示出吴子良具有较高的理论修养和写作水平，能结合作家的生活经历来论述其创作特点。其推崇陈文、戴诗虽或过当，但行文跌宕多姿，流畅亲切，说理之中兼具情韵，在当时不可多得。

吴子良的传人是同乡舒岳祥(1218—1298)，字舜侯，又字景薛，宝祐四年(1256)进士，曾任奉化尉，官至承直郎。宋亡不仕，隐居于故乡阆风里，人称阆风先生，有《阆风集》，中如《刘正仲和陶集序》、《王任诗序》、《月中桂记》、《养志堂记》和《爱闲堂说》等，均有可观。王应麟《〈阆风集〉序》肯定其文有本，并且指出："何谓本，大节之特立也。"又赞赏其风格"如泉出山，达乎大川而放诸海"。他的受业弟子戴表元能发扬这些优点，在宋末元初的文坛上名重一时。

戴表元(1244—1310)，字帅初，又字曾伯，奉化(在今浙江省)人，咸淳七年(1271)进士，先后任建康府、临安府教授，与张炎、周密和方回等交好。临安失陷，退居剡源，以授徒卖文维持生活。自称质野翁，又号充安老人。元成宗大德八年(1304)，执政者推荐他任州学教授，以病辞归。其《剡源集》中以序记碑志最为出色，大多写于宋亡之后，流露了对故国的怀念和对时政的不满，感慨深至。如《稼轩书院兴造记》、《洛阳独乐堂记》、《爱莲堂记》、《水心云意楼记》、《〈齐东野语〉序》、《〈桐江诗集〉序》、《周公瑾弁阳诗序》、《送张叔夏西游序》和《故玉林项君墓志铭》等篇，都写得清深雅洁，含蓄蕴藉。宋濂《〈剡源集〉序》说："初，先生既擢第，悯宋季词章之陋，即濯然自异。久之，四方人士争相师法，故至元、大德间，东南文章大家皆归先生，无异词。"序文进而分析他取得成就的原因，是由于他能克服宋末文坛上的四种弊端："辞章至于宋季，其敝甚矣。公卿大夫视应用为急，俳谐以为体，偶俪以为奇，觍然自负其名高；稍上之则穿凿经义，檃括声律，孳孳为哗世取宠之具；又稍上之，摽掠前修语录，佐以方言，累十百而弗休，且曰：'我将以明道，奚文之为？'又稍上之，骋宏博，则精粗杂糅而略绳墨；慕古奥，则删去语助之辞而不可以句，顾欲矫敝而其敝尤滋！"这里说的不良倾向，第一种是指官场应用的诏表章奏等四六文，第二种是指科举场屋之文，第三种是指道学派末流，第四种是指在反对道学派和时文中形成的变体，也就是周密在《癸辛杂识后集》中说的"文妖"之作。周密记载太学文变的情况，实际上是与整个文坛上发生的散文变化声息相通的。太学中熊瑞诸人学《庄子》倡为变体，实是受了文坛上杨长孺、刘辰翁等江西别派的影响，而刘辰翁及其子将孙影响尤大。李耆卿撰《文章精义》赞扬《庄子》，批判时文，也是在理论上对他们的声援。江西别派从南宋前期开始，原本与浙东学派一样，也是起因于对道学派的不满。他们抬出《庄子》之文来矫正时文之弊，但由于矫枉过正，流于生硬突兀，险涩诡怪，反而受到讥评。戴表元的弟子袁桷在《曹伯明文集序》中说："至乾道、淳熙，江西诸贤别为宗派，窃取《国策》、庄周之词杂进，语未毕而更，事遽起而辍，断续钩棘，小者一二言，长者数十言，迎之莫能以窥其涯，而荒唐变幻，虎豹竦而鱼尤杂也。"（见《清容居士集》卷二十）《四库全书总目》卷一百六十四《须溪集》提要也说刘辰翁"所作诗文，亦专以奇怪磊落为宗，务在艰涩其词，甚或至于不可句读，尤不免轶于绳墨之外，特其蹊径本自蒙庄，故惝恍迷离，亦间有意趣"。在这种情况下，正是得吴子良、舒岳祥之传的戴表元针对这些不良现象，补偏救敝，力挽狂澜，才使得散文又走上了比较平正通达的道路。

战斗的檄文　由于文坛派别多，门户之见深，以及上述各种弊端，宋末文章不免呈江河日下之势。但当元军南犯、国家危亡之际，不少的志士仁人却奋笔疾书，纷纷抒发抗元爱国的激情，打破了流派之间的界限，熔铸为火热的战斗檄文，从而使得文风为之一振。文天祥、王炎午、邓剡、郑思肖、谢翱和邓牧等人，都写出了表现民族气节的散文杰作，为宋代散文绽开了最后的灿烂花朵。

文天祥在其战斗历程中，曾留下了许多光辉的诗篇，而在散文方面，也有动人心弦的作品。他特别注重文章的风骨和气势，曾提出"以冰悬雪跨为风骨，以鸾漂凤泊为文章"之说（见《回隆兴熊倅震龙书》），如其《通潭州安抚大使江丞相书》、《吉州县永昌乡义役序》、《文山观大水记》和《赣州重修清献赵公祠堂记》等篇，都是气势奔放，情理畅达的作品，而最有代表性的则是《〈指南录〉后序》：

德祐二年正月十九日，予除右丞相兼枢密使，都督诸路军马。时北兵已迫修门外，战、守、迁皆不及施。搢绅、大夫、士，萃于左丞相府，莫知计所出。会使辙交驰，北邀当国者相见。众谓予一行为可以纾祸。国事至此，予不得爱身，意北亦尚可以口舌动也。初，奉使往来，无留北者。予更欲一觇北，归而求救国之策，于是辞相印不拜。翌日，以资政殿学士行。

初至北营，抗辞慷慨，上下颇惊动，北亦未敢遽轻吾国。不幸吕师孟构恶于前，贾余庆献谄于后，予羁縻不得还，国事遂不可收拾。予自度不得脱，则直前诟虏帅失信，数吕师孟叔侄为逆；但欲求死，不复顾利害，北虽貌敬，实则愤怒。二贵酋名曰馆伴，夜则以兵围所寓舍，而予不得归矣。

未几，贾余庆等以祈请使诣北。北驱予并往，而不在使者之目。予分当引决，然而隐忍以行。昔人云："将以有为也。"（南霁云语，其事见韩愈《〈张中丞传〉后序》，载《韩昌黎集》卷十三）至京口，得间奔真州，即具以北虚实告东西二阃，约以连兵大举。中兴机会，庶几在此。留二日，维扬帅下逐客之令，不得已，变姓名，诡踪迹，草行露宿，日与北骑相出没于长淮间，穷饿无聊，追购又急；天高地迥，号呼靡及。已而得舟，避渚洲，出北海，然后渡扬子江，入苏州洋，展转四明、天台，以至于永嘉。

呜呼！予之及于死者不知其几矣：诋大酋当死；骂逆贼当死；与贵酋处二十日，争曲直屡当死；去京口挟匕首以备不测，几自刭死；经北舰十余里，为巡船所物色，几从鱼腹死；真州逐之城门外，几彷徨死；如扬州，过瓜洲扬子桥，竟使遇哨，无不死。扬州城下进退不由，殆例送死；坐桂公堂土围中，骑数千过其门，几落贼手死；贾家庄几为巡徼所陵迫死；夜趋高邮，迷失道，几陷死；质明，避哨竹林中，逻者数十骑，几无所逃死；至高邮，制府檄下，几以捕系死；行城子河，出入乱尸中，舟与哨相后先，几邂逅死；至海陵，如高沙，常恐无辜死；道海安、如皋，凡三百里，北与寇往来其间，无日而非可死；至通州，几以不纳死，以小舟涉鲸波，出无可奈何，而死固付之度外矣。呜呼！死生，昼夜事也。死而死矣，而境界危恶，层见错出，非人事所堪。痛定思痛,痛何如哉!

予在患难中,间以诗纪所遭,今存其本,不忍废,道中手自抄录。使北营,留北关外,为一卷;发北关外,历吴门、毗陵,渡瓜洲,复还京口,为一卷;脱京口,趋真州、扬州、高邮、泰州、通州,为一卷;自海道至永嘉,来三山,为一卷。将藏之于家,使来者读之,悲予志焉。

呜呼!予之生也幸,而幸生也何所为?求乎为臣,主辱臣死,有余僇;所求乎为子,以父母之遗体,行殆而死,有余责。将请罪于君,君不许,请罪于母,母不许,请罪于先人之墓。生无以救国难,死犹为厉鬼以击贼,义也。赖天之灵,宗庙之福,修我戈矛,从王于师,以为前驱,雪九庙之耻,复高祖之业,所谓"誓不与贼俱生"(裴度语,其事见两《唐书·裴度传》及《资治通鉴》卷二百四十·元和十二年。文皆小异,此据《通鉴》),所谓"鞠躬尽力,死而后已"(诸葛亮语,见其《后出师表》,载《三国志·蜀书·诸葛亮传》裴注引张俨《默记》),亦义也。嗟夫!若予者,将无往而不得死所矣。向也,使予委骨于草莽,予虽浩然无所愧怍,然微以自文于君亲,君亲其谓予何?诚不自意返吾衣冠,重见日月,使旦夕得正丘首,复何憾哉!复何憾哉!

是年夏五,改元景炎,庐陵文天祥自序其诗,名曰《指南录》。

此文熔叙事、议论和抒情于一炉,语句简炼,文情悲壮,字里行间充满了激昂慷慨的忠烈之气。

文天祥是宋末的民族英雄,是人民进行抗元斗争的一面光辉旗帜。他的壮烈牺牲,使许多作家写出了激动人心的篇章。当时参加过义军的王炎午曾作《生祭文丞相文》与《望祭文丞相文》[1],勉励和歌颂这位名相烈士在艰难的遭际中保持了大忠士节。同乡战友邓剡则第一个写出了《文丞相传》(引见《文山先生全集》卷十七《纪年录》中)。其中真实地描绘了元世祖至元十九年(1282)十二月文天祥拒绝忽必烈最后一次劝降,而

① 见王炎午《吾汶稿》卷四。王氏字鼎翁,号梅边,庐陵人,度宗时太学生,响应文天祥募兵勤王,入幕府。后因母病辞归,宋亡后终身不出。

从容就义的动人场面：

> 初八日，上召天祥入殿中，长揖不拜。左右强之拜跪，或以金挝摘其膝，伤，公坚立不为动。上使谕之，其略曰："汝在此久，如能改心易虑，以事亡宋者事我，当令汝中书省一处坐者。"天祥对曰："天祥受宋朝三帝厚恩，号称状元宰相，今事二姓，非所愿也。"上曰："汝何所愿？"天祥曰："愿与一死，足矣！"遂麾之退。是夜，回宿千户所。初九日，宰执奏："文天祥既不愿附，不若如其请，赐之死。"麦述丁力劝之，上遂可其奏。是日，宣使以金鼓迎诣市，公欣然曰："吾事了矣！"及行，颜色不稍变。至刑所，问左右孰南向，于是南向再拜曰："臣报国至此矣！"遂受刑，时年四十有七。时连日大风埃雾，日色无光，都城门闭，甲卒登城，街对邻不得往来，行不得偶语。时翰林学士赵与票，以宋宗室，亦被监闭一室，诸卫士弓刀环席地坐，闻门外弓马驰骤声者久之，人竞穴窗窥，乃是出丞相。顷之，又闻驰骑过者，及回，乃闻有旨教再听圣旨，至则已受刑。明日，欧阳夫人从东宫得令旨收尸，江南十义士奉柩葬于都城小南门外五里道傍，为他日归骨便路。

这是一篇纪实之作，可说毫无文学作品所必需具备的文采，而进犯者的恐惧心理和民族英雄的沉勇精神、广大人民的悲愤之情，却跃然纸上。此外，邓剡还写了《文丞相督府忠义传》，简要地记载了赵时赏、巩信、陈继周、张云和徐榛等五十七位督府幕僚的爱国事迹，反映了文天祥团结御侮的爱国活动具有广泛的群众基础。当时为文天祥立传的还有龚开的《宋文丞相传》和郑思肖的《文丞相叙》。郑思肖在《〈心史〉总后叙》中说："我罹大变，心疢骨寒。力未昭于事功，笔已断其忠逆。所谓诗，所谓文，实国事、世事、家事、身事、心事系焉。"这许多文天祥传记的出现，正是作家们关心国家大事，崇拜民族英雄的表现。

文天祥殉国后，遗民野老悲恸不止，纷纷写出了哀挽悼念的诗文。其中谢翱的《登西台恸哭记》是感人至深的名篇之一：

始，故人唐宰相鲁公开府南服，余以布衣从戎。明年，别公漳水湄。后明年，公以事过张睢阳庙及颜杲卿所尝往来处，悲歌慷慨，卒不负其言而从之游。今其诗具在，可考也。

余恨死无以借手见公，而独记别时语，每一动念，即于梦中寻之。或山水池榭，云岚草木，与所别之处及其时适相类，则徘徊顾盼，悲不敢泣。又后三年，过姑苏。姑苏，公初开府旧治也，望夫差之台而始哭公焉。又后四年而哭之于越台。又后五年及今，而哭于子陵之台。

先是一日，与友人甲、乙若丙约，越宿而集。午，雨未止，买榜江涘。登岸，谒子陵祠；憩祠旁僧舍，毁垣枯甃，如入墟墓。还，与榜人治祭具。须臾雨止，登西台，设主于荒亭隅，再拜跪伏；祝毕，号而恸者三，复再拜，起。又念余弱冠时，往来必谒拜祠下。其始至也，侍先君焉。今余且老，江山人物，眷焉若失。复东望，泣拜不已。有云从西南来，渰浥浡郁，气薄林木，若相助以悲者。乃以竹如意击石作楚歌招之曰："魂朝往兮，何极？暮归来兮，关塞黑。化为朱鸟兮，有咮焉食！"歌阕，竹石俱碎。于是，相向感喟。复登东台，抚苍石，还憩于榜中。榜人始惊余哭，云："适有逻舟之过也，盍移诸？"遂移榜中流，举酒相属，各为诗以寄所思。薄暮，雪作风凛，不可留，登岸宿乙家。夜复赋诗怀古。明日，益风雪，别甲于江，余与丙独归。行三十里，又越宿乃至。其后，甲以书及别诗来，言："是日风帆怒驶，逾久而后济；既济，疑有神阴相以著兹游之伟。"余曰："呜呼！阮步兵死，空山无哭声且千年矣！若神之助固不可知，然兹游亦良伟。其为文词因以达意，亦诚可悲已！"

余尝欲仿太史公著《季汉月表》如秦楚之际，今人不有知余心，后之人必有知余者。于此宜得书，故纪之，以附季汉事后。时，先君登台后二十六年也。先君讳某，字某。登台之岁在乙丑云。

这是一篇充满血和泪的奇文。在民族压迫的深重苦难中，作者不敢明言所哭的对象，所以隐约其辞，托言"故人唐宰相鲁公"。它是至元二十七年(1290)冬谢翱和挚友吴思齐、严侣、冯桂芳秘密约会，泛富春江登严子陵钓台祭奠英魂所作。这种爱国行为，在当时产生了广泛的影响。任士林、方凤、邓牧在各自所作的《谢翱传》、《谢君皋羽行状》和《谢皋父传》中都对之推崇备至。

遗民作家中善写散文的还有谢枋得、林景熙和邓牧诸人。谢枋得拒绝留梦炎劝降的《却聘书》，义正辞严，表示了他坚持名节的决心。在《送方伯载归三山序》中，他揭露了元初蒙古征服者将人民分为十等的乖戾现象。《宋辛弃疾先生墓记》则对爱国先辈表露了无比敬仰之情。林景熙《霁山集》现存散文二卷，章祖程说他"倡为古文，发为骚章，往往尤臻其奥"(《题〈白石樵唱〉》)。邓牧(1247—1306)，字牧心，钱塘人，与谢翱、周密交好。宋亡不仕。大德三年(1299)后，隐居在余杭县九锁山上的洞霄宫，自号为大涤隐人、九锁山人，与道士孟宗宝合作，编纂了《洞霄图志》和《洞霄诗集》。他个人的诗文集题名为《伯牙琴》。其中《君道》和《吏道》二篇，提出了理想社会的民主性标准，是具有开拓性的政论，所写寓言如《越人遇狗》和《楚佞鬼》等篇，则辛辣地讽刺了那些投靠蒙古贵族的帮凶者，记叙文如《雪窦游志》等也颇出色。

《四库全书总目》卷一百六十五《晞发集》提要说："南宋之末，文体卑弱，独翱诗文桀骜有奇气，而节概亦卓然可观。"这里指出了民族志士的崇高气节与其散文创作的密切关系。在一片衰败卑弱的亡国之音中，昂扬炽烈的爱国主义精神，才是文风转振的思想基础和根本原因。一位有成就的作家，文格与人格必然有其一致性。

笔记中的小品　根据传统习惯，凡是用散文所写的随笔漫录统称为笔记，其带有故事性的则称为笔记小说。当然，笔记式的作品，先秦两汉时代就已萌芽了，到了魏晋南北朝开始兴起，出现了如《博物志》、《西京杂记》和《世说新语》等名著；经过隋唐五代，又产生了《隋唐嘉话》、《封氏闻见记》、《因话录》、《云溪友议》和《唐摭言》等书。发展到宋代，这类作品大增，蔚然称盛，其中记鬼神志怪的成分少了，史料价值和文学价值提高了。而最早以笔记两字作为书名的，则始于北宋仁宗时的宋祁，他著有《笔记》三卷，卷上《释俗》，阐述典章制度、名物礼俗和方言土语等；卷中《考订》和卷下《杂说》对古书、古人和古事进行了考辨、评论。自此以后，宋人以笔记、笔谈、笔录、随笔等命名的很多，如苏轼的《仇池笔记》、沈括的《梦溪笔谈》、魏泰的《东轩笔录》、陆游的《老学庵笔记》、刘昌诗的《芦浦笔记》、洪迈的《容斋随笔》等。这说明笔记已成为一种独立的流行的文体，《四库全书总目》曾将其中部分专集归入子部杂家类，并探讨其源流云：

> 杂说之源，出于《论衡》。其说或抒己意，或订俗讹，或述近闻，或综古义，后人沿波，笔记作焉。大抵随意录载，不限卷帙之多寡，不分次第之先后，兴之所至，即可成编。故自宋以来，作者至夥，今总汇之为一类。（《四库全书总目》卷一百二十二杂家类·卷末按语）

这里把笔记的性质作了初步的说明，那就是这种文体下笔自由，篇幅不拘，形式灵活，内容丰富，叙事真切，语言质朴，生动有趣，可读性强。宋人这些笔记繁富，今存者尚在百种以上，其中可大分为史事杂谈、小说故事、考据辨证和文艺评述等类。这些内容往往并存于同一部书中，时或有所侧重，从文学创作的角度看，其中有些部分是小说。这，我们将在第十二章第三节中介绍；而另有些部分则为小品文。

南宋笔记的特点是作者多为中下层知识分子。他们接触面较广，所以能反映朝野上下各阶层的生活动态。南宋后期的作品，记述城市普通百姓和民间艺人的事状、风习的内容就更多了，如《梦粱录》、《武林旧事》等皆是。这不能不说是一个很大的进步。其中成功之作，往往就是很精美完整的小品文。今摘录数则，以见一斑：

> 食物中有馓子，又名环饼，或曰，即古之寒具也。京师凡卖熟食者，必为诡异标表语言，然后所售益广。尝有货环饼者，不言何物，但长叹曰："亏便亏我也。"谓价廉不称耳。绍圣中，昭慈被废，居瑶华宫。而其人每至宫前，必置担太息大言。遂为开封府捕而究之，无他，犹断杖一百罪。自是改曰："待我放下歇则个。"人莫不笑之，而买者增多。
>
> 东坡在儋耳，邻居有老妪业此，请诗于公甚勤，戏曰："纤手搓来

玉色匀，碧油煎出嫩黄深。夜来春睡知轻重？压匾佳人缠臂金。”

——庄季裕《鸡肋篇》卷上

孙少述一字正之，与王荆公交最厚。故荆公别少述诗曰：“应须一曲千回首，西去论心有几人！”又云：“子今此去来何时，后有不可谁予规？”其相与如此。及荆公当国，数年不复相闻，人谓二公之交遂睽。故东坡诗云：“蒋济谓能来阮籍，薛宣真欲吏朱云。”刘舍人贡父诗云：“不负兴公《遂初赋》，更传中散《绝交书》。”然少述初不以为意也。及荆公再罢相归，过高沙，少述适在焉。亟往造之，少述出见，惟相劳苦及吊元泽之丧，两公皆自忘其穷达。遂留荆公置酒共饭，剧谈经学，抵暮乃散。荆公曰：“退即解舟，无由再见。”少述曰：“如此更不去奉谢矣。”然惘惘各有惜别之色。人然后知两公之未易测也。

——陆游《老学庵笔记》卷七

光尧之丧，金虏来吊祭，京仲远以检正假礼部尚书为报谢使，康元弼馆伴。虏锡燕汴京，仲远与郊劳使康元弼言，请免燕，不许。请撤乐，如告哀遗留使，亦不许。至期，虏促入席，传呼不绝。仲远曰：“若不撤乐，有死而已，不敢即席。”元弼等知不可夺，乃传言曰：“请先拜酒果之赐，徐议撤乐。”仲远方率其属拜受。北典签者连呼曰：“北朝燕南使，敢不即席！”声甚厉，仲远趋退复位，甲士露刃闭门，仲远命左右叱曰：“南使执礼，何物卒徒，乃敢无礼！”排闼而出，元弼等以闻其主。仲远留馆俟命，赋诗曰：“鼎湖龙驭去无踪，三遣行人意则同。凶礼强更为吉礼，夷风终未变华风。设令耳与笙镛末，只愿身糜鼎镬中。已办淹留期得请，不辞筑馆汴江东。”越七日，竟获免乐之命。既还，孝宗劳之曰：“卿能执礼，为朕增气，何以赏卿？”对曰：“虏畏陛下威德，非畏臣也。正使臣死于虏，亦常分也，敢觊赏乎！”上喜，谓宰相曰：“京镗，今之毛遂也。”除权侍郎，以至大用。

——罗大经《鹤林玉露》甲编卷五“使虏辞乐”条

西湖天下景，朝昏晴雨，四序总宜；杭人亦无时而不游，而春游特盛焉。承平时，头船如大绿、间绿、十样锦、百花宝、胜明玉之类，何翅百余；其次则不计其数。皆华丽雅靓，夸奇竞好。而都人凡缔姻，赛社，会亲，送葬，经会，献神，仕宦恩赏之经营，禁省台府之嘱托，贵珰要地，大贾豪民，买笑千金，呼卢百万，以至痴儿骄子，密约幽期，无不在焉。日糜金钱，靡有纪极，故杭谚有'销金锅儿'之号，此语不为过也。

都城自过收灯，贵游巨室，皆争先出郊，谓之探春。至禁烟为最盛。龙舟十余，彩旗叠鼓，交午曼衍，粲如织锦。内有曾经宣唤者，则锦衣花帽，以自别于众。京尹为立赏格，竞渡争标；内珰贵客，赏犒无算。都人士女，两堤骈集，几于无置足地；水面画楫，栉比如鱼鳞，亦无行舟之路。歌欢箫鼓之声，振动远近，其盛可以想见。

若游之次第，则先南而后北，至午则尽入西泠桥里湖，其外几无一舸矣。弁阳老人有词云："看画船尽入西泠，闲却半湖春色。"盖纪实也。

既而小泊断桥，千舫骈聚，歌管喧奏，粉黛罗列，最为繁盛。桥上少年郎，竞纵纸鸢以相勾引，相牵剪截，以线绝者为负。此虽小技，亦有专门。爆仗、起轮、走线之戏，多设于此。至花影暗而月华生，始渐散去。绛纱笼烛，车马争门，日以为常。张武子诗云："帖帖平湖印晚天，踏歌游女锦相牵。都城半掩人争路，犹有胡琴落后船。"最能状此景。（节录）

——周密《武林旧事》卷三"西湖游幸都人游赏"条

这些文章或写人物性格，或写政治斗争，或写自然景观，或写社会风习，着墨不多，却既生动又深刻，而风格各异。它们显然是明末风行一时的小品文的先驱。

北宋文士著作中，自然也有不少出色的小品文，倘若举例，则苏轼《志林》就是无与伦比的。但这位作家的成就太伟大了，以至于我们没有必要再在他的这些方面加以叙述和赞扬。他如彭乘《墨客挥犀》中，也时有精彩动人的记事小品。因此在论述南宋小品散文时，指出北宋时代这些作品虽然还不十分流行，可并非没有成就，也是必要的。

第十一章　宋四六

由于汉语语音、汉字字形特点的规定，我国文章自始即有奇句与偶句、单笔与复笔之别，进而发展为散文(古文)与骈文(时文)之分。散文与骈文的关系，约有三个层次：最初是文章中既有奇句、单笔，也有偶句、复笔，两者和谐地共存于一篇之中，形成一种有机的融合。先秦以迄魏晋之文，大体如此。次则逐步分化为以偶句、复笔为主的骈文和以奇句、单笔为主的散文对立，各擅胜场。大抵六朝迄唐代前期，骈文较盛；唐宋以降，散文代兴。但在漫长的历史时期中，谁也不能完全代替谁，所以它们始终是并存的。不仅并存，而且互补，即散文在发展中，并不能完全摆脱骈文的影响，而骈文也在散文的影响之下有所更新。散文大家如韩、柳、欧、苏，作品中不时出现偶句；而骈文从唐代陆贽起，就已吸收古文某些艺术手段而开始发生变化，到了宋代，更形成为颇有特色的宋四六，即其明证。这是其第三层次。

黄季刚先生《书〈后汉书〉论赞》云："诸夏语文，单觭成义，所以句能成匹，语可同韵。是则联类之思，人类所同有；排比之文，吾族所独擅"，"其后欲求谐叶，更以修饰偶语为工，遂渐成四六之体"。(见骆鸿凯《文选学·评骘第八》，中华书局 1937 年出版)这里极其扼要地说明了四六形成的原因。至于四六一词，则出自柳宗元文。其《乞巧文》云："骈四俪六，锦心绣口。"(见《河东先生集》卷十八)后人因骈文的组成以四字句和六字句的并列或错综为主，所以摘取四六两字，作为骈文的代称①。李商隐《〈樊南甲集〉序》自称其骈文为“樊南四六”，《宋史·艺文志》载其《四六甲乙集》四十卷。知早在晚唐，“四六”已成为文体之名。

中唐以来，散文已显示了它的革新实绩，在许多方面胜过了而且代替了骈文。但在实际的政治社会生活中，如政府公文、科举考试、交际书启等，却仍然保存旧制。因此，散文作者，即使以此名家，仍然不得不为了从政、决科或应酬而学习骈文的写作，这样也就保持了骈文的地位。正由于此，两宋文士，无不工于四六。而大势所趋，四六在宋代也发生了变化，形成了自己独特的面目，以至于获得了宋四六这样一个专名。这主要是它受了当时已经盛行的散文的影响。许多本来就以散文见长的作家们，在写四六时，注入了古文的气势，加添了古文的长句，也常常使用唐陆贽所擅长的白描直叙来代替征故数典，显得语言流畅清新，使其作品出现了与他们的前辈颇不相同的风格。所以宋四六中，也往往有很吸引人的篇章和精彩夺目的片段。四六在两宋文学史上占有一席之地，是完全应当的。

第一节　宋四六的渊源和发展

宋四六的形成及其特色　宋初诸公的骈文大多恪守唐人的规范，或学初唐四杰，或仿燕许大手笔（唐燕国公张说与许国公苏颋以文章齐名，号燕许大手笔，见《新唐书》苏传），或继承李商隐②，尚少开拓和创造。至欧阳修，始以其所倡导和擅长的古文笔法，来改造晚唐五代以来浮靡的骈体，开创了宋代四六文的新面貌。所以陈善《扪虱新语》卷一云：“以文体为诗，自退之始；以文体为四六，自欧公始。”

欧阳修是位具有博学通识的文坛领袖。他不但有兼容并包的雅量，

---

① 《文心雕龙·章句篇》云：“若夫笔句无常，而字有条数。四字密而不促，六字格而非缓。或变之以三五，盖应机之权节也。”可见骈文以四字句六字句为主，也是魏晋以来长期创作实践的结果。

② 黄季刚先生云：“樊南四六，上承六代，而声律弥谐，下开宋体，而风骨独峻。”指出李商隐在骈文史上承先启后的作用，极为精到。语见《量守庐学记》。

而且也能理解和欣赏异量之美。所以他在大力提倡散文的同时，并没有完全否定骈文的价值，所以在《论尹师鲁墓志》中，他说："偶俪之文，苟合于理，未必为非。"他早年为了科举应试，对骈文的写作下过很深的功夫，后来专攻古文，仍然吸收和运用于骈文在艺术上的一些长处，然后又反转来用古文的作法积极地改造骈体。其主要的表现是保留了骈文对偶声律的优点和特点，却屏除了五代以来浮艳卑弱的风格，以古文的气势注入骈文的结构，措语自然，长短咸宜，因此在前人的基础上，形成了新的风格。他的后辈和门人王安石、苏轼等起而效法，蔚然成风。以新旧两体互相比较，我们无妨说，宋四六乃是骈文中的散文，或在一定程度上散文化了的骈文。在《林下偶谈》卷二中，吴子良评论说："本朝四六，以欧公为第一，苏、王次之。然欧公本工时文，早年所为四六，见别集，皆排比而绮靡，自为古文后，方一洗去，遂与初作迥然不同。他日见二苏四六，亦谓其不减古文。盖四六与古文，同一关键也。然二苏四六尚议论，有气焰，而荆公则以辞趣典雅为主。能兼之者，欧公耳。"这说明了当时古文与四六相互影响的过程及其对立而又统一的关系。

宋四六的艺术特色大体上可以归纳为五个方面：第一是注入散文的气势，少用故事而多用成语。阮元《〈四六丛话〉序》云："欧、苏、王、宋，始脱恒蹊。以气行则机杼不变，驱成语则光景一新。"程杲为同书作序，更进一步申述说："宋自庐陵、眉山以散行之气，运对偶之文，在骈体中另出机杼，而组织经传，陶冶成句，实足跨越前人。"第二是在排偶中喜用长句。谢伋《四六谈麈》云："四六施于制诰、表奏、文檄，本以便于宣读，多以四字六字为句。宣和间，多用全文长句为对，习尚之久，至今未能全变，前辈无此体也。"其实，早在苏轼笔下，已有此种长排句法，如其《乞常州居住表》云："臣闻圣人之行法也，如雷霆之震草木，威怒虽盛，而归于欲其生；人主之罪人也，如父母之谴子孙，鞭挞虽严，而不忍置之死。"但北宋末年以来，变本加厉而已。以长句作对，如运用得当，可以更其充分地表情达意，并收到跌宕多姿的艺术效果①。第三是参以散文所擅长的议论，如王㷌《辞

---

① 后世对联中的长联，即从此出。特别是挽联，如写得好，往往就是(注转下页)

督府辟书》云："昔温太真绝衿违母，以奉广武之檄，心虽忠而人议其失性；徐元直指心恋母，以辞豫州之命，情虽窘而人予其顺天。"王志坚自序其所编《四六法海》云："四六与诗相似，唐以前作者韵动声中，神流象外。自宋而后必求议论之工，证据之确，所以去古渐远；然矩矱森然，差可循习。"这指出了宋四六与宋诗一样，都以能发论说理见长。第四是工于裁剪。《四六谈麈》又说："四六之工，在于裁剪"，"经语对经语，史语对史语，诗语对诗语，方妥帖"。第五是语句较为朴实，且多用虚字以行气。六朝以来的骈文家每喜用典使事，雕章琢句。但宋四六在古文影响之下，颇洗浮华之习，行文造句，间用虚词，就使人看了耳目一新。

宋四六的体裁　《〈四六谈麈〉序》还曾指出：

> 三代两汉以前，训、诰、誓、命、诏、策、书、疏，无骈俪粘缀，温润尔雅。先唐以还，四六始盛，大概取便于宣读。本朝自欧阳文忠、王舒国（安石）叙事之外，自为文章，制作混成，一洗西昆磔裂烦碎之体，厥后学之者益以众多。况朝廷以此取士，名为博学宏词，而内外两制用之，四六之艺，咸曰大矣。下至往来笺记启状，皆有定式。故谓之应用，四方一律。

又王应麟《〈辞学指南〉序》云：

> 皇朝绍圣初元，取士纯用经术，五月，中书言唐有辞藻宏丽、文章秀异之科，皆以众之所难，劝率学者，于是始立宏辞科。二年正月，礼部立试格十条（章、表、赋、颂、箴、铭、诫谕、露布、檄书、序记）。除诏、诰、赦、敕不试，又再立试格九条，曰章、表、露布、檄书（以上用四六），颂、箴、铭、诫谕、序记（以上依古今体，亦许用四六）。四题分两场，岁一试之。大观四年五月，以立法未详，改为辞学兼茂科，除去檄书，增入制诏，仍以四题为两场。内二篇以历代故事借拟为题，余以本朝故

（续上页注）一篇短小的哀辞或祭文。

> 事或时事，盖质之古以觇记览之博，参之今以观翰墨之华。宣和五年七月，职方员外郎陈磷奏，岁试不无幸中，乃有省闱附试之诏，由是三岁一试。绍兴三年，工部侍郎李擢请别立一科。七月，诏以博学宏词为名，凡十二体，曰制诰、诏、书、表、露布、檄、箴、铭、记、赞、颂、序。古今杂出六题，分为三场，每场一古一今，三岁一试如旧制。

这些史料说明了科举考试及官场应用之文与四六的密切关系。除了词科考试十二体中的文章部分多用四六外，社会上通行的书启、判辞、祭诔、碑文、乐语（致语）、青词、祝疏、上梁文等，也都习用四六，可见四六在宋代应用的范围很广，这当然就促使它趋于发达和流行。

有关论著与选本　四六作为宋代朝野定型的应用文体，有关这方面的理论批评专著也就随之而产生。宣和四年（1122），王铚撰《四六话》上下二卷，专评北宋的表、启之文，列举工巧的联语，总结写作的经验。当时诗话已经流行，而王铚则是作四六话的第一人。他在书中提出了不少有关四六文写作的重要见解，如云：

> 四六有伐山语，有伐材语。伐材语者，如已成之柱桷，略加绳削而已；伐山语者，则搜山开荒，自我取之。伐材，谓熟事也；伐山，谓生事也。生事必对熟事，熟事必对生事。若两联皆生事，则伤于奥涩；若两联皆熟事，则无工。盖生事必用熟事对出也。
>
> ——卷上

> 四六贵出新意，然用景太多而气格低弱，则类俳矣。唯用景而不失朝廷气象，语剧豪壮而不怒张，得从容中和之道，然后为工。王岐公作《慈圣皇后山陵使掩圹慰表》云："雁飞银汉，虽阅景于千龄；龙绕青山，终储祥于百世。"滕元发《乞致仕表》云："云霄鸿去，免罹矰缴之施；野渡舟横，无复风波之惧。"吕太尉《谢赐神宗御集表》云："凤生而五色，怅丹穴之已遥；龙藏乎九渊，惊骊珠之忽得。"凡此之类，皆以气胜与语胜也。

> 表启中最以长句中四字为难，以其语少而意多，因旧为新，涵不尽无穷意故也。前人之语能称此格者，如刘原父《谢馆职启》："整齐百家，是正六艺。"元厚之《谢表》云："埙篪万民，金玉百度。"彭器资《上章子厚启》："报国丹心，忧时白发。"舒信道《谢复官表》："九幽路晓，万蛰户开。"盖可传载讽味者尤难也。
>
> ——卷下

这都是有关四六修辞方面的经验之谈，所举例句也很贴切。书中还载其父王素论述宋初四六的源流云：

> 本朝自杨、刘四六弥盛，然尚有五代衰陋气，至英公（夏竦）表章，始尽洗去。四六之深厚广大，无古无今皆可施用者，英公一人而已。所谓四六集大成者。至王岐公（珪）、元厚之（绛）四六，皆出英公。王荆公虽高妙，亦出英公，但化之以义理而已。
>
> ——卷上

可知他的家学渊源。这段话虽然很短，但所论仁宗庆历以前的四六历史，极为明晰。

绍兴十一年（1141），谢伋撰《四六谈麈》一卷，记事论词皆具，而多从命意遣词着眼，不及全篇，但也有独到的识见，如云：

> 王荆公在金陵，有中使传宣抚问，并赐银合茶药，令中外各作一表，既具稿，无可于公意者。公遂自作，今见集中。其词云："信使恩言，有华原隰；宝奁珍剂，增贲丘园。"盖五事见四句中，言约意尽，众以为不及也。
>
> 王岐公在中书最久，生日，例有礼物之赐，集中谢表，其用事多同，而语不蹈袭。唐李卫公作《文箴》，譬诸日月，虽终古常见，而光景常新。

《直斋书录解题》卷二十二著录杨渊《四六余话》一卷，今存《读画斋丛书》本题为《云庄四六余话》，作者署为杨困道。书中载有乾道、淳熙间事，则杨氏当是孝宗时人。所记多掌故逸事，如云："范石湖帅蜀，上巳日大燕，乐语僚佐撰呈，皆不惬意。有石其姓者一联云：'三月三日，岂无长安之丽人；一咏一觞，载讲山阴之禊事。'语出天成。"另外，书中也有评述四六源流的，如下文即颇能指出从西昆到欧、苏四六之体的变化：

> 本朝四六，以刘筠、杨大年为体，必谨四字六字律令，故曰四六。然其弊类俳，欧阳公深嫉之，曰："今世人所谓四六者，非修所好。少为进士不免作，自及第，遂弃不作。在西京佐三相幕，于职当作，亦不为作也。"如公之四六有云："造谤于下者，初若含沙之射影，但期阴以中人；宣言于庭者，遂肆鸣枭之恶音，孰不闻而掩耳。"俳语为之一变。至东坡于四六曰："禹治兖州之野，十有三载乃同；汉筑宣防之宫，三十余年而定。方其决也，本吏失其防而非天意；及其复也，盖天助有德而非人功。"其力挽天河而涤之，偶俪甚恶之气一除。

较有系统地讨论四六作法的专著，是晚宋王应麟的《辞学指南》四卷（今附刻于《玉海》末）。它是一部专为士子应试博学宏词科而编的书。首卷总论编题、语忌等方面的问题，其他三卷按十二种体裁分类论列，每类先考释名称来历，其次是引述名家和王氏自己的评语，提示起联、铺叙、形容、末联等作法，然后开列历届词科试卷的名篇题目，再选录有代表性的范文以示例。全书的篇章组织很有条理，是当时一部具有科场实用价值的书。我们通过它，可以了解宋四六在科举考试中的作用。今存和《辞学指南》同以应用为主的有关四六的书籍，还有庆元六年(1200)吴焕然序的《圣宋千家名贤表启翰墨大全》，原书一百四十卷，今存日本天理图书馆藏本已经删削，仅存贺表、谢表、陈表三类二十六卷。每类再细分总叙、事偶、句联、要段、全篇五个部分。其中要段和全篇均取自本朝名作。这当然只是供幕客渔猎之书，但也可看出宋代四六广泛应用的情况。

此外，两宋笔记、诗话、类书中亦多评论四六的条文，如《渑水燕谈录》、《东轩笔录》、《墨庄漫录》、《冷斋夜话》、《野客丛书》、《西溪丛话》、《邵氏闻见前、后录》、《容斋随笔》(清人曹溶曾别裁其中论四六者为《容斋四六丛谈》)、《古今诗话》、《诚斋诗话》、《后村诗话》、《桯史》、《鹤林玉露》、《四朝闻见录》和《困学纪闻》等书，或记故事，或评作品，都有一定的参考价值。清乾、嘉间，彭元瑞博览诸家笔记，辑成《宋四六话》十二卷，引书一百六十九种，分十七类排列，凡有关两宋骈体的片言只语遍加采录，读者称便。同时孙梅亦积数十年之心力，辑成《四六丛话》三十四卷，以宋为主，而上及先唐诸家，尤为详备。

关于宋四六的作品选本，最早有南宋叶棻编的《四六丛珠》一百卷，有庆元二年(1196)吴焕然序，现存明嘉靖抄本，题为《圣宋名贤四六丛珠》；万历时，王明嶅病其繁冗，删为《四六丛珠汇选》十卷，别为刊行。又有宋无名氏所辑《群公四六》十集，所采皆南宋作家的启札之文，自甲集至癸集共十卷，涵芬楼藏有明抄本(以上见傅增湘《藏园群书经眼录》卷十八)。此外，据《直斋书录解题》卷十五，绍兴年间陆时雍曾辑集博学鸿词科的历届应试文，分制、诰、表、檄、记、序等门类，编为《宏辞总类》四十一卷，孝宗、宁宗时，有人续辑《后集》三十五卷，第三集十卷，第四集九卷，但久已失传。明清两代曾有多种骈体文选行世，明王志坚编《四六法海》十二卷，所选“下迄于元，而能上溯于魏”，“俾读者知四六之文，运意遣词，与古文不异”(见《四库全书总目》卷一百八十九《四六法海》提要)。其专辑宋四六的则有乾隆四十二年(1777)刊行的《宋四六选》二十四卷，此书系彭元瑞初选，由曹振镛编成，限于通行的诏、制、表、启、上梁文和乐语六种体裁，共选范文七百六十六篇。从中可略见宋四六的全貌。

对小说戏曲的影响　四六在宋代社会各阶层的社会文化生活中曾被广泛应用。其所具有的音节铿锵、便于宣读的特点，还使得这种文体成为新兴的话本小说和戏曲的有机组成部分，促进了它们的发展。

早在唐代，传奇小说如《游仙窟》，俗讲变文如《王昭君变文》等，已经间用骈体。到了宋代的说唱文学中，艺人们便采用骈文来描摹物态，例如《京本通俗小说》第十卷《碾玉观音》写郡王府中失火的情况是：

慌忙下酒楼看时，只见：

初如萤火，次若灯火。千条蜡烛焰难当，万座糁盆敌不住；六丁神推倒宝天炉，八力士放起焚山火。骊山会上，料应褒姒逞娇容；赤壁矶头，想是周郎施妙策。五通神牵住火葫芦；宋无忌赶番赤骡子。又不曾泻烛浇油，直恁的烟飞火猛！

或用骈文刻画形象，如同书第十二卷《西山一窟鬼》讲述吴洪到酒店相亲的情况是：

看那李乐娘时：

水剪双眸，花生丹脸。云鬓轻梳蝉翼，蛾眉淡拂春山。朱唇缀一颗夭桃，皓齿排两行碎玉。意态自然，迥出伦辈。有如织女下瑶台，浑似嫦娥离月殿。

看那从嫁锦儿时：

眸清可爱，鬓耸堪观。新月笼眉，春桃拂脸。意态幽花未艳，肌肤嫩玉生香。金莲着弓弓扣绣鞋儿，螺髻插短短紫金钗子。如捻青梅窥小俊，似骑红杏出墙头。

话本小说的一般体制，正文往往是韵散兼包，有说有唱的。状以骈俪，证以诗歌。其中的韵文部分是歌唱的，骈文部分则大多以吟诵的方式演出。在正义的叙述中，描写景物也有运用骈语的，如《新编五代史平话》叙黄巢与朱温等到侯家庄行劫时，有一段写沿途风景的文字如次：

行过一座高岭，名做悬刀峰，自行了半个日头，方得下岭。好座高岭！是：根盘地角，顶接天涯；苍苍老桧拂长空，挺挺孤松侵碧汉；山鸡共日鸡齐斗，天河与涧水接流；飞泉飘雨脚廉纤，怪石与云头相轧。怎见得高？几年撷下一樵夫，至今未曾撷到地。黄巢四个弟兄过了这座高岭，望见那侯家庄，好座庄舍！但见：石惹闲云，山连溪水。堤边垂柳，弄风袅袅拂溪桥；路畔闲花，映日丛丛遮野渡。

从上引诸例可以看出，宋代小说人对四六的运用是熟练的普遍的。影响所及，元明清三代的小说创作，如三《言》、二《拍》、《三国演义》、《水浒传》、《红楼梦》等，都仿照这种方式采用骈语，形成了短篇话本小说和长篇章回小说的传统模式。而到了清代，陈球为了表现自己的才学，竟全以骈文作小说，所著《燕山外史》八卷，长达三万一千余字，"语必四六，随处拘牵，状物叙情，俱失生气"（见鲁迅《中国小说史略》第二十五篇《清之以小说见才学者》，载《鲁迅全集》第九卷，人民文学出版社1981年出版），所以绝非成功之作，但它的出现，一方面固可证明四六不宜叙事，另一方面，也可证明四六影响之大。

宋代戏曲形成的过程中，骈文的应用也曾发挥出一定的效能。首先是公私宴会演出节目时宣读的乐语，一律使用骈体。这种乐语的作用，在宫廷演出时主要是称颂帝王的功德，在臣僚或士庶侑酒的演出中，则根据不同的招待对象而立言。它是由乐队的领班在正式演出前念诵的开幕词，亦称念语或致语，其中所附诗句则称为口号，由参军色或竹竿子承担朗诵任务（详见本书第十三章）。现存两宋名家的文集中，大多收录了这种作品。如《欧阳文忠公全集》卷一百三十一《近体乐府》卷首所列的乐语有《会老堂致语》及《西湖念语》等。《西湖念语》云：

> 昔者，王子猷之爱竹，造门不问于主人；陶渊明之卧舆，遇酒便留于道上。况西湖之胜概，擅东颍之佳名。虽美景良辰，固多于高会；而清风明月，幸属于闲人。并游或结于良朋，乘兴有时而独往。鸣蛙暂听，安问属官而属私；曲水临流，自可一觞而一咏。至欢然而会意，亦旁若于无人。乃知偶来常胜于特来，前言可信；所有虽非于己有，其得已多。因翻旧阕之词，写以新翻之调。敢陈薄伎，聊佐清欢。

他如苏轼《东坡内制集》所附乐语有《集英殿秋宴教坊词》、《紫宸殿正旦教坊词》等。洪适《盘洲文集》卷六十五至六十六共收致语四十六篇。文天祥《文山先生全集》卷十二也收有乐语六篇，其《宴湖南董提举致语》云：

碧落使君，来坐皇华堂上；绣衣公子，相逢紫盖云边。二十年虎榜同盟，第一段熊湘佳话。招呼风月，酹献豆笾。恭惟某官：精神绿水天河，节操丹崖铁笔。一椿独老，霜皮溜雨，黛色参天；双萼齐芳，红杏倚云，碧桃和露。插天高云霄阀，拔地起湖海楼。心白玉堂，肘黄金印。剑池丹井，提携翠越风流；天柱祝融，脱活青云标格。尽道常平老子，移来上界神仙。英簜照空，霜飞暑路；锋车度晓，烟傍衮衣。我提刑同看长安花，共听衡阳雁。风云一气，朱结绶，贡弹冠；车马同途，翰卜邻，邕识面。霄汉瞻佳士，潇湘逢故人。共谈礼乐字三千，好吞云梦泽八九。度斗牛，跨麟鹤，襟期交注樽罍，缥鸾凤，拏虎螭，勋业同刊彝鼎。某等叨居邻部，聊献工歌："西风八月楚江滨，争看星槎会汉津。露湿红绫旗影旧，云连翠簜辔华新。东西杜若洲连月，先后瑞芝堂上春。回首琼林拚一醉，使还总是凤池人。"

这虽然是逢场作戏的应酬文字，但欧阳修、文天祥写来却显得文采飞扬，兴会淋漓，使人读之神往。

在宋代的歌舞伎艺和说唱文学中，致语又称勾队词，体式比较简短灵活。大曲、转踏、鼓子词等，开场之前，每有用来朗诵的以四六写成的致语或勾队词，如欧阳修的《西湖念语》也就是《采桑子》鼓子词的致语。这都证明宋四六在民间技艺中流行之广泛（详见本书第十三章第一节）。

再看宋杂剧的演出情况。《武林旧事》卷一记载理宗生日庆寿的《天基圣节排当乐次》，由杂剧人时和"进念致语"云：

伏以华枢纪节，瑶墀先五日之春；玉历发祥，圣世启千龄之运。欢腾薄海，庆溢大廷。恭惟皇帝陛下：睿哲如尧，俭勤迈禹。躬行德化，跻民寿域之中；治洽泰和，措世春台之上。皇后殿下：道符坤顺，位俪乾刚。宫闱资阴教之修，海宇仰母仪之正。有德者必寿，八十个甲子环周；申命其用休，亿万岁皇图巩固。臣等生逢华旦，叨预伶官，辄采声诗，恭陈口号："上圣天生自有真，千龄宝运纪休辰。贯枢瑞彩昭璇象，满室红光袅翠麟。黄阁清夷瑶荚晓，未央闲暇玉卮春。箕畴五福咸敷敛，皇极躬持锡庶民。”日迟鸾旆，喜聆舜乐之和；天近鹓墀，宜进齐谐之伎。上奉天颜，吴师贤已下，上进小杂剧。

这是宫廷致语的典型例子，全是歌功颂德的谀词，与民间文艺异趣。

民间艺人在声乐伎艺中所具有的乐语的基础上发展，更进一步使戏剧人物的念白也运用了四六。这种念白通常是用在角色登场时或唱完引曲之后。如现存南宋戏文《张协状元》第六出旦角扮演王贫女的上场白是：

（旦白）奴家幼失恃怙，又没弟兄。远亲房族更无一人，诸姊妹又绝一个①。祖无世业，全没衣装。白日三餐，勤苦村庄机织；黄昏一觉，跨跧古庙荒芜。天色又寒，雪儿欲下。一盏明灯照神道，买油骨自少三文。

又如第八出丑角扮演强盗出场的独白是：

（丑做强人出白）但自家不务农桑，不忻砍伐。嫌杀拽犁使耬，懒能负重担轻。又要赌钱，专欣吃酒。别无运智，风高时放火烧山；欲逞难容，月黑夜偷牛过水。贩私盐，卖私茶，是我时常道业；剥人牛，杀人犬，是我日逐营生。一条扁担，敌得塞幕里官兵②；一柄朴刀，敢杀当巡底弓手。

这是温州九山书会艺人写的剧本，他们受当时社会上流行的四六的影响，写出了同于口语的骈文，对偶虽不甚工，却通俗易懂，便于观众接受。此后元、明、清三代的戏曲创作，如《琵琶记》、《玉簪记》、《长生殿》和《桃花扇》等，也多有采用这种传统方式的。但有些文人编撰的剧本，在这方面

① “诸姊妹”疑当作“诸姑姊妹”，传抄脱一字。

② 钱南扬《永乐大典戏文三种校注》云：“塞，疑是寨的形误。”

的用语却趋向典雅工丽，于是明代戏曲中就出现了骈绮派。

第二节　北宋四六的变迁

陈振孙云："四六偶俪之文，起于齐梁，历隋、唐之世，表章、诏诰多用之。然令狐楚、李商隐之流号为能者，殊不工也。本朝杨、刘诸名公，犹未变唐体。至欧、苏始以博学富文为大篇长句，叙事达意，无艰难牵强之态；而王荆公尤深厚尔雅，俪语之工，昔所未有。绍圣后置词科，习者益众，格律精严，一字不苟措。若浮溪尤其集大成者也。"（见《直斋书录解题》卷十八汪藻《浮溪集》解题）这段话简明扼要地论述了北宋骈文的发展过程，并指出两宋之间的汪藻是承前启后的四六名家。这是符合事实的。

宋初对唐体的沿袭　宋朝开国之初，朝廷中有两位骈文老手，一位是从北周入宋的陶穀，另一位是从南唐入宋的徐铉。他们都效法唐人张说、苏颋，即所谓燕许大手笔之体。陶穀字秀实，邠州新平（今陕西彬县）人，在五代时历仕晋、汉、周三朝。入宋后，曾任礼、刑、户三部尚书。陈桥兵变，周恭帝决定让位给赵匡胤，请赵到崇元殿受禅，但仓卒之间没有准备禅位诏书，不料陶穀突然从袖子里拿出他早已私自拟好的这一不可缺少的重要文件，当即由主事者宣读成礼，从而完成了禅位的法定程序。这说明他是一个才思敏捷的骈文作手，又是一个没有特操、善于投机的官僚。

在本书第一章叙述宋初诗坛时，我们已经介绍过徐铉。他也是一位骈文作手。《四库全书总目》卷一百五十二《骑省集》提要称其"文章淹博，亦冠冕一时"，"当五季之末，古文未兴，故其文沿溯燕、许，不能嗣韩、柳之音，而就一时体格言之，则亦迥然孤秀"。他的代表作是《大宋左千牛卫上将军追封吴王陇西公（李煜）墓志铭》。其叙南唐之亡云：

> 然而果于自信，怠于周防；西邻起衅，南箕构祸。投杼致慈亲之惑，乞火无里妇之辞；始劳因垒之师，终后涂山之会。

又述败亡的缘由说：

> 本以恻隐之性，仍好竺乾之教。草木不杀，禽鱼咸遂。赏人之善，常若不及；掩人之过，唯恐其闻。以至法不胜奸，威不克爱，以厌兵之俗，当用武之世。孔明罕应变之略，不成近功；偃王躬仁义之行，终于亡国。道有所在，复何愧欤！

文中寓贬于褒，对故主虽有颂扬，但却巧妙地用感慨的语气指出他的弱点。既阐明了赵宋必定统一天下的道理，又体现了作者是李后主旧臣的身份，确是一篇措辞得体的文章，所以太宗读了也大为称赞①。此外如《游简言左仆射平章事制》、《御制春雪诗序》和《毗陵郡公南原亭馆记》等，也都是运典工妙、造语精绝的佳作。

洪迈《容斋三笔》卷八"四六名对"条说："四六骈俪，于文章家为至浅。然上自朝廷命令、诏册，下而缙绅之间笺书、祝疏，无所不用。则属辞比事，固宜警策精切，使人读之激昂，风味不厌，乃为得体。"其中首举王禹偁《拟李靖平突厥露布》(《小畜外集》原题为《拟李靖破颉利可汗露布》)叙颉利求降，且复谋窜云："穽中饿虎，暂为掉尾之求；鞲上饥鹰，终有背人之意。"认为这是警策的对句，特加赞扬。王禹偁虽然是宋初倡导古文的作家，但兼善四六，曾知制诰。集中存有《拟试内制》十题和表序笺启甚多。如《谢赐御草书诗表》、《进〈端拱箴〉表》、《谢赐御制月诗表》和《黄州谢上表》等，都是较为著名的。吴处厚《青箱杂记》卷六说："王禹偁老精四六，有同时与之在翰林而大拜者，王以启贺之曰：'三神山上，曾陪鹤驾之游；六学士中，独有渔翁之叹。'白乐天尝有诗云'元和六学士，五相一渔翁'，故也。"这指出了他具有善于融化前人成句的艺术手段。

---

① 魏泰《东轩笔录》卷一云："太平兴国中，吴王李煜薨，太宗诏侍臣撰吴王神道碑。时有与徐铉争名而欲中伤之者，面奏曰：'知吴王事迹，莫若徐铉为详。'太宗未悟，遂诏铉撰碑。铉遽请对而泣曰：'臣旧事李煜，陛下容臣存故主之义，乃敢奉诏。'太宗始悟让者之意，许之。故铉之为碑，但推言历数有尽、天命有归而已。……太宗览读称叹。"

欧阳修是在庆历新政时开始提倡革新文风并付诸实践的。在此以前，文格尚未大变，诸家四六仍以唐体为依归。当时，夏竦、王珪和宋庠、宋祁兄弟等人追踪燕、许，而西昆派诸人则多以李商隐为宗。

夏竦（985—1051），字子乔，江州德安（在今江西省）人。景德三年（1006）举贤良方正，仁宗时升龙图阁学士、知制诰，官至参知政事、枢密使，封英国公。竦以知制诰起家，当时朝廷典策，多出其手。其文集中多骈俪佳作，如《免奉使启》云："然念顷岁先人，没于行陈；春初母氏，始弃遗孤。义不戴天，难下单于之拜；哀深陟屺，忍闻禁侏之音。车府露章，槐庭泣血。王姬筑馆，接仇之礼既嫌；曾子回车，胜母之游遂辍。"将拒绝使金的苦衷说得宛转而又充分，对仗也极精工。夏竦人品不端，颇为世人诟病。但于四六确有特长，所以《四库全书总目》卷一百五十二《文庄集》提要也说："竦之为人无足取，其文章则词藻赡逸，风骨高秀，尚有燕、许轨范。"当时接受他影响的后辈有王珪等人。

王珪（1019—1085），字禹玉，华阳（今四川成都市）人，庆历二年（1042）进士，官翰林学士、知开封府、兼侍读学士，掌制诰者几二十年，朝廷高文典册皆出其手。如《除韩琦门下侍郎兼兵部尚书依前同中书门下平章事进封卫国公加食邑实封制》云："具官韩琦，器博而适时，道闳而济物。禀星辰之精粹，会日月之休明。历宣外劳，更倚二柄。蹈夷险之一节，寄安危之大机；仰文考之知贤，绝时髦而登用。"写得贴切瑰丽，可与二宋之文比美。

宋庠、宋祁兄弟，同负盛名，时人以大小宋并称。他俩的诗风受杨、刘影响，学李商隐，与晏殊、胡宿等同属西昆派后期作家。但骈文则追步燕、许。宋庠（996—1066），字公序，安州安陆（在今湖北省）人，天圣二年（1024）进士，直史馆、知制诰。宝元中任参知政事，后官至枢密使、同平章事。有《元宪集》。宋祁（998—1061），字子京，与庠同年进士，任天章阁待制、知制诰，以龙图阁学士知杭州，后为翰林学士、史馆修撰，与欧阳修等同修《新唐书》。撰列传时，尽去旧书所载骈俪之文，未免矫枉过正。其实，他也是骈文高手，二十五岁时即得到夏竦的嘉许，出入馆阁数十年，所撰诏、表，博丽典雅，其《景文集》中颇多可观之作，《右史院蒲桃赋》尤为著名。

西昆派的时文与骈赋　真宗时出现的西昆体虽然因诗而得名，但作为一个文学流派，实际上包括了杨亿、刘筠等人创作的各体骈文在内。欧阳修《记旧本韩文后》指出："是时天下学者，杨、刘之作，号为时文，能者以取科第，擅名声，以夸荣当世。"赵彦卫《云麓漫钞》卷八也说："本朝之文，循五代之旧，多骈俪之词，杨文公始为西昆体。"这说明了西昆体的概念是包括文章在内的。他们所作的时文，便是沿袭三十六体的骈文①，与诗歌宗法李商隐的唯美作风一脉相承，并驾齐驱。

西昆派的时文，当然仍以杨亿的作品最有代表性。徐度《却扫编》卷上载："杨文公亿初入馆，时年甚少。故事：初授馆事，必以启事谢先达。时公启事有曰：'朝无绛、灌，不妨贾谊之少年；坐有邹、枚，未害相如之末至。'一时称之。"

咸平元年(998)九月，杨亿外任处州太守。处州位于瓯江上游的山区，宋初属两浙路，治所在丽水县。他在任三年，官声很好，也曾写了一些文章，多系骈体。如《处州丽水县厅壁记》、《处州郡斋凝霜阁记》诸篇，在描绘山城的风土人情方面有独到之处。其《与表弟章廷评书》中有云(此文见录于《道光丽水县志》卷六《古迹志》)：

> 郡斋岑寂，宛在深山；狱讼甚稀，赋输易办。引领西月，群峰倚天；清溪南奔，浅深见底。人家栉次，多在岚烟中；修竹乔林，宛如图画。

隽永颇似六朝小品。他到处州的第二年十二月，真宗亲征契丹，驻跸澶州。他上《驾幸河北起居表》，预祝亲征的成功。其中有云："师人多寒，感恩而皆同挟纩；匈奴未灭，受命而孰不忘家。行当肃静塞垣，削平夷落，枭冒顿之首，收督亢之图。使辽阳八州之民，得闻声教；榆关千里之地，尽入提封。"立言得体，文气豪宕，是传诵一时的名篇。

---

① 晚唐李商隐、温庭筠、段成式擅长骈文，因三人都排行第十六，因而他们的文章被称为三十六体，见《旧唐书·文苑传》。

陈师道说:“国初士大夫例能四六,然用散语与故事耳。杨文公笔力豪赡,体亦多变,而不脱唐末与五代之气。又喜用古语,以切对为工,乃进士赋体耳。”(《后山诗话》)这指出了杨文的特点和所受辞赋的影响。宋初沿袭唐代旧制,以诗赋为科目,士子皆致力于律诗、律赋,影响所及,讲究对偶和韵律的四六和骈赋也流行不衰。而钱惟演《春雪赋》,张咏《声赋》(均载《宋文鉴》卷一),尤推名作。今节录如下以示例:

> 春阳以中,百昌俱作。彼阴冷而忽兴,何飞霙之骤落;始蒙蔽于阳乌,遂潜藏于天幕。冰霰杂下,温寒相搏。才衮衮而纷揉,更霏霏而交错。因方就圆,填溪满壑。我有爰田,既锄既耰;我有条桑,且桋且柔。岂灭裂而是取,顾沃若之待收。罹此暴殄,予心则忧。亦有庶草群木,千芳万菲;纷落絮起,珠倾玉碎。建森缅之高牙,垂陆离之长珮;掩藩偃之郁栖,覆台塘之畏佳。病李殭于井干,芳兰沉于林荟。有奔夐夐,有鸣嘤嘤。趋荐草以无所,恋危巢之欲倾;顾泽中而罢钓,之陇上而辍耕。
>
> ——钱惟演《春雪赋》

> 二仪比形,万灵吐英;天机动制,轧而有声。故形有美恶焉,声有小大焉。伊物类之动作,俟人事而克全。至于大雷隐空,万窍吼风,不为之隆;品物磨臬,羽足动发,不为之末。未若人声,与天通功,与物长雄。口吻之启,出于厥躬;道机之张,腾凌鸿濛。其所闻者,羲、黄、唐、虞,继踵而至。宇宙隘其神,造化侔其智。在声之伟也,得不回天而动地!观其得一之发,清清泠泠,凉寰洗瀛,万类听之,如懵而醒;仁信之发,溶溶奕奕,呼道振德,万类听之,如日破黑。
>
> ——张咏《声赋》

这种作品,描写之工致,确实符合陆机《文赋》对赋体的要求,所谓“体物而浏亮”,同时其句法修辞,几乎与四六文等同,可见西昆体的骈文与辞赋在形式方面的一致性。这种一致性,一直延伸到明清时代。

西昆体的后期作家如晏殊、胡宿等,也都是馆阁大臣,善作骈文。《宋文鉴》选录晏殊的《中园赋》、《进两制三馆牡丹歌诗状》和《侍读学士等请宫中视学表》,均为四六之体。胡宿(996—1067)字武平,常州晋陵人,天圣二年(1024)进士,由翰林学士拜枢密副使,现存《文恭集》五十卷,《四库全书总目》卷一百五十二此书提要云:"宿立朝以廉直著,而学问亦极该博。当时文格未变,尚沿四六骈偶之习,而宿于是体尤工。所为朝廷大制作,典重赡丽,追踪六朝。"他的名篇有《真州水闸记》和《流杯亭记》等,其描绘金陵风光的《高斋记》写道:

> 南中江山,类多托赏之美。金陵故都,绪余六代;华人夏士,盛栖此土。虽一丘一壑之细,皆经高贤名辈,尝所留连。茅、许世外之风,王、谢江表之德,山林皋壤,号为名胜。子城东北,趋钟山为近,南唐李氏,尝因城作台,台上望月,人相呼为月台。下临浚濠,正面覆舟;南对长干,西望冶城。榛烟渔火,泉华谷气;川禽山鸟,翔嬉其间。林木嘘吟之声,云霞起灭之状,须臾眺听,万态递出。此名胜之内,特又名胜者也!(节录)

和官方文书制诰、章奏之类相比较,这种写自然景物的骈文,可读性大得多了。当时古文运动已逐渐掀起,胡宿也不可避免地受到影响,所以他有些骈文也兼行散句,复归魏晋六朝之体。《高斋记》即其一例。

古文家的变革与创新 《四六丛话》卷三十三云:"宋初诸公,骈体精敏工切,不失唐人矩矱。至欧公创为古文,而骈体一变其格,始以排奡古雅争胜古人。"这肯定了欧阳修以古文笔法革新骈体的功绩。欧阳修虽大力提倡古文,但对于公牍文书,仍遵时制,沿用四六。《欧阳文忠公文集》中存有《外制集》三卷、《内制集》八卷,还有《表奏书启四六集》七卷。他作骈文往往参用散体之法,运以单行之气,使句法和格局都发生了变化。这和燕许大手笔不同,与李商隐等人的三十六体也不一样。如《上随州钱相公启》、《南京留守谢上表》、《谢致仕表》等,都是散体化四六的佳篇。兹举《蔡州乞致仕第二表》为例:

伏念臣世惟寒陋，少苦奇屯，识不达于古今，学仅知于章句。名浮于实，用之始见于无能；器小易盈，过则不胜于几覆。徒以早遘千龄之亨会，误蒙三圣之奖知。宠荣既溢其涯，忧患亦随而至。禀生素弱，顾身未老而先衰；大道甚夷，嗟力不前而难强。每念恩私之莫报，兼之疾病以交攻。爰于守亳之初，遂决窜漳之计。逮此三迁于岁律，又更两易于州符。而犬马已疲，理无复壮；田庐甚迩，今也其时。是敢更殚蝼蚁之诚，仰冀乾坤之造。况今时不乏士，物咸遂生，凫雁去来，固不为于多少。鸢鱼上下，皆自适于飞潜。苟遂乞于残骸，庶少偿其夙志。

据此可知，欧阳修打破了四六工整的句式，参用了七、八字句和九字句。当然，以散文句法用于骈体，中唐陆贽的奏议已开其端，但以古文运动的精神来革新骈文，则出于欧阳修的创造。今人认为他在这方面改革的主要成就表现在："一、以文体为属对，不求切对之工；二、不用故事、陈言，纯以自己的语言，叙事明白；三、不以浮靡之辞，充塞篇章，只用平淡文字倾吐衷曲[①]。"这样，就使文格为之一变。苏、王、曾、秦等追随于后，蔚成风气。王志坚《四六法海》卷三云："宋兴且百年，文章体裁犹仍五季余习，锼刻骈偶，淟涊弗振。柳开、穆修、苏舜钦志欲复古，而力弗逮。自欧公出，以古文倡，而王介甫、苏子瞻、曾子固起而和之，宋文日趋于古。欧公之诗，力矫杨、刘西昆之弊，专重气格，不免失于率易。而四六一体，实自创为一家，至二苏而纵横曲折，尽四六之变，然皆本之欧公。"其论述欧氏在四六变革中的贡献，至为明晰。

三苏是欧阳修所倡导的四六新体的积极追随者，其中苏轼的成绩最为突出。其集中除了用四六写的表启、青词、祝文、乐语多篇外，还有《东坡外制集》三卷、《东坡内制集》十卷。苏辙《栾城集》中的诏制、告词也很多。欧阳修《试笔》"苏氏四六"条说："往时作四六者，多用古人语及广引

① 见姜书阁《骈文史论》第十四章第三节，人民文学出版社 1986 年出版。按《后山诗话》论当时四六云："欧阳少师始以文体为对属，又善叙事，不用故事陈言而文益高。"姜说略本之。

故事，以衒博学，而不思述事不畅。近时文章变体，如苏氏父子以四六述叙，委曲精尽，不减古文。自学者变格为文，迄今三十年，始得斯人。不惟迟久而后获，实恐此后未有能继者尔。自古异人间出，前后参差不相待。余老矣，乃及见之，岂不为幸哉?”可见四六新体是经过三十年的开拓，才获得前所未有的成就的。

苏轼才高学博，于文无所不精。其四六亦如行云流水，笔力过人。其受到排挤、屡遭迁谪时所作的表启，文情沉痛，尤其可以见出他一肚皮不合时宜的性格。兹节录数例如次：

> 只影自怜，命寄江湖之上；惊魂未定，梦游缧绁之中。憔悴非人，章狂失志。妻孥之所窃笑，亲友至于绝交。疾病连年，人皆相传为已死；饥寒并日，臣亦自厌其余生。
>
> ——《谢量移汝州表》

> 自蜀徂京，几四千里；携孥去国，盖二十年。侧闻松楸，已中梁柱。过而下马，空瞻董相之陵；酹以只鸡，谁副桥公之约？宦游岁晚，坐念涕流。未报不赀之恩，敢怀盍归之意。常恐樵牧不禁，行有雍门之悲；雨露既濡，空引太行之望。
>
> ——《谢贾朝奉启》

这些片段，或叹仕路之艰屯，或伤故乡之辽邈，宛转附物，怊怅切情，抒怀既工，遣辞尤妙，简直是一些散文诗。绍圣四年(1097)，他最后一次被贬至海南岛，有《到昌化军谢表》云：

> 臣轼言：今年四月十七日奉被告命，责授臣琼州别驾，昌化军安置。臣寻于当月十九日起离惠州。至七月二日已到昌化军讫者。并鬼门而东骛，浮瘴海以南迁。生无还期，死有余责！
>
> 臣轼中谢，伏念臣顷缘际会，偶窃宠荣，曾无毫发之能，而有丘山之罪。宜三黜而未已，跨万里以独来。恩重命轻，咎深责浅。此盖伏

遇皇帝陛下尧文炳焕，汤德宽仁。赫日月之照临，廓天地之覆育。譬之蠕动，稍赐矜怜；俾就穷途，以安余命。而臣孤老无托，瘴疠交攻。子孙恸哭于江边，已为死别；魑魅逢迎于海上，宁许生还？念报德之何时，悼此心之永已。俯伏流涕，不知所云。

这一年他已六十二岁，天涯沦落，自分必死，因此写下了“已为死别”，“宁许生还”这种绝望的话。《四六法海》卷四云：“苏公诸表，言迁谪处，泪与声下，然到底忠鲠，无一乞怜语，可谓百折不回者矣！”这确是观察入微，深中肯綮的评论。

苏轼居官翰林院时，代皇帝所拟的制诰，也很有特色。这类作品显出了苏文典赡高华、浑厚雄放的气象。内制如《除吕公著守司空同平章军国事制》、《赐太师文彦博乞致仕不允批答》、《除吕大防左相制》等。外制如《王安石赠太傅制》、《赠司马光三代制》、《范祖禹可著作郎制》、《吕惠卿责授建宁军节度副使本州安置不得签书公事制》等，皆可为例①。元祐元年(1086)，王安石病逝，苏轼力主厚加褒恤，于是朝廷特赠太傅。《王安石赠太傅制》这一名篇，即出自苏手，其文云：

敕：朕式观古初，灼见天意。将以非常之大事，必生希世之异人。使其名高一时，学贯千载，智足以达其道，辩足以行其言。瑰玮之文，足以藻饰万物；卓绝之行，足以风动四方。用能于期岁之间，靡然变天下之俗。具官王安石，少学孔、孟，晚师瞿、聃。网罗六艺之遗文，断以己意；糠粃百家之陈迹，作新斯人。属熙宁之有为，冠群贤而首用。信任之笃，古今所无。方需功业之成，遽起山林之兴，浮云何有，脱屣如遗；屡争席于渔樵，不乱群于麋鹿，进退之美，雍容可观。

朕方临御之初，哀疚罔极。乃眷三朝之老，邈在大江之南，究观规模，想见风采；岂谓告终之问，在于谅阴之中，胡不百年，为之一涕！於戏，死生用舍之际，孰能违天；赠赙哀荣之文，岂不在我？宠以师臣

① 内制指皇帝诏令从宫中直接发布，外制指经由政府发布。

之位，蔚为儒者之光。庶几有知，服我休命。可特赠守太傅。

苏、王的政见虽然不同，而他们却能互相敬重，私交始终不渝。苏轼虽一再受到新党的迫害，而本文对王安石的高度推崇和理解，却见出了他秉心的公正和胸襟的阔大。

《四六丛话》卷三十三云："东坡四六，工丽绝伦中笔力矫变，有意摆落隋、唐、五季蹊径。以四六观之，则独辟异境；以古文观之，则故是本色，所以奇也。"四六经过苏轼进一步的拓展，面貌遂完全不同于唐体，而在文坛上立定脚跟了。

师承欧阳修新体四六的另一大家是王安石。王的作品风格不同于苏之豪宕放逸，而以谨严峭拔为特点。这显然和他们不同的个性有关。王集中除内外制外，以四六写的表启也不少。它们也同样具有参用古文笔法的特点，如其《手诏令视事谢表》云：

所宜引分以固辞，乃敢冒恩而轻就。实恃明主知臣之有素，故以孤身许国而无疑。人习玩于久安，吏循缘于积弊。窾言不忌，诐行无惭。论善俗之方，始欲徐徐而变革；思爱日之义，又将汲汲于施为。以物役己，则神志有交战之劳；以道徇众，则事功无必成之望。恐上辜于眷属，诚窃幸于退藏。犹贪仰附于末光，亦冀粗成于薄效。（节录）

这表示了他变法革新的坚强意志，用笔也典重凝炼，可以代表他的成就。他如回答吕惠卿的书信，则显示着王氏四六的另一种面貌。如众所周知，吕惠卿在王安石主持的变法运动中扮演了一个很不光彩的两面派角色。后来他感到惭愧，在元丰三年(1080)写信给王安石致歉自辩，已经退居江宁的王氏这样回答他说：

某启：与公同心，以至异意，皆缘国事，岂有他哉？同朝纷纷，公独助我，则我何憾于公？人或言公，吾无预焉，则公何尤于我！趣时便事，吾不知其说焉；考实论情，公宜昭其如此。开谕重悉，览之怅然。昔之在我者，诚无细故之可疑；则今之在公者，尚何旧恶之足念？然公以壮烈，方进为于圣世；而某茶然衰疢，将待尽于山林。趣舍异路，则相煦以湿，不如相忘之愈也。想趣召在朝夕，惟良食为时自爱。

——《答吕吉甫书》

这篇文章写得严正而又宛转，不但体现了作者的政治观点，而且也显示了他坚毅的性情和温厚的德量（参看蔡上翔《王荆公年谱考略》卷二十一）。这种带有政治性的抒情作品，在唐宋散文中是常见的，而王安石却以骈文写出，同样地感人至深。

欧阳新体的实践者还有曾巩、曾肇兄弟和刘敞、刘攽兄弟等人。曾巩的制诰代言之文，在《元丰类稿》中占七卷之多，此外还有若干篇表启。文风朴实浑厚，工整缜密。但在造诣上不及苏、王。当时司马光长于古文而怕作时文，神宗擢升他为翰林学士、知制诰，他竭力推辞，"不得已，乃受"。（苏轼《司马温公行状》）今观其《传家集》第十六、十七卷中都是骈体。他的史学巨著《资治通鉴》当然是用散文写的，但其《进〈资治通鉴〉表》则恪遵时制，仍用骈文。可见宋代的士大夫对这种文体都不生疏。

北宋后期，四六新体经过古文家的实践，已渐趋定型。继欧、苏、王、曾之后，苏门四学士黄、秦、张、晁和陈师道、邓润甫、李之仪、李清臣、林希、李邴等，都是四六作手。其中秦观的骈文语多婉约，富有词彩。如《贺元会表》、《贺吕相公启》皆为名篇。王铚《四六话》卷下载："秦少游观在元祐诸馆职最后，自校对黄本书籍，方除正字，以启谢诸公，当时称之。用《三国志》蜀秦宓博识，诸葛孔明呼为学士；为唐诗人秦系，自号东海钓鳌客，张建封始署为校书郎。少游用此当家二故事作启，略云：'切观前史，具见鄙宗。西蜀中郎，孔明呼为学士；东海钓客，建封任以校书。虽为将相之品题，且匪朝廷之选用。夫何寡陋，遽尔遭逢。'"足见秦观善于遣辞造句，用典精切。而晁无咎的《亳州谢到任表》云："故六年迁徙，甘常困于米盐；而群从凋零，只自怜其形影。未敢当江湖飞集之数，何足挂朝廷论议之间？"所受苏轼的影响，十分明显。风气所趋，直到北宋末年，骈文家均沿着欧、苏开辟的道路向前发展，可见古文家改造和发展四六的功绩是不可磨灭的。

第三节　南宋的四六作者

经过北宋古文运动的洗礼，四六新体变革成功，但也从此成为主要施于制诰和表启的官方应用文体。大抵诏制是代帝王宣扬德音，表则用于臣对君，启则用于下对上或平辈间表达衷曲。其余各体亦有间用四六者，但为数不多，也不十分重要。

南宋之世，四六名家不断涌现，成就较高的有汪藻、孙觌、三洪、周必大、綦崇礼、陆游、杨万里、王子俊、李刘、真德秀、刘克庄、陈耆卿、方岳和文天祥诸人。他们或追踪欧、苏，或效法王、曾，各有造就。杨囦道《云庄四六余话》论述其源流说：

> 皇朝四六，荆公谨守法度，东坡雄深浩博，出于准绳之外，由是分为两派。近时汪浮溪（藻）、周益公（必大）诸人类荆公，孙仲益（觌）、杨诚斋诸人类东坡。大抵制诰笺表，贵乎谨严，启疏杂著，不妨宏肆，自各有体。非名世大手笔，未易兼之。

这一论述是合于当时的实际情况的。

南渡前后诸家　南渡前后上承北宋下启南宋的四六名家首推汪藻（1079—1154）。他字彦章，饶州德兴（在今江西省）人，徽宗崇宁二年（1103）登进士第，任著作佐郎。钦宗即位，迁太常少卿。南渡后，召为中书舍人，拜翰林学士。绍兴元年（1131），除龙图阁直学士、知湖州，升显谟阁学士。《宋史·文苑传》说他“工俪语，多著述，所为制词，人多传诵”，“属时多事，诏令类出其手”。所著《浮溪集》现存三十六卷。《四库全书总目》卷一百五十六此集提要云：“统观所作，大抵以俪语为最工。其代言之文，如《隆祐太后手书》、《建炎德音》诸篇，皆明白洞达，曲当情事。诏令所被，无不凄愤激发。天下传诵，以比陆贽。说者谓其著作得体，足以感动人心，实为词令之极则。”

汪藻最著名的文章是为隆祐太后代笔的册立康王为帝的文告（即《隆祐太后手书》）。靖康二年（1127）三月，金人曾立投降派头目张邦昌为傀儡皇帝，国号大楚。金兵掳徽、钦二帝北去后，张邦昌自感孤危，于四月中，迎接哲宗废后孟氏临朝，主持政务，议立徽宗第九子康王赵构为帝。在这样复杂而又窘迫的政治局面下，汪藻替她拟具手令，代表赵宋政权发言，措词实非易事。但他只用了二百九十二个字，就面面俱到地把国家艰难之际的时局说得剀切明白，起到了维系人心、共御外侮的作用，可算是一篇煌煌大文。今将这篇集中原题为《皇太后告天下书》的文章全录如次：

> 比以敌国兴师，都城失守。祲缠宫阙，既二帝之蒙尘；诬及宗祊，谓三灵之改卜。众恐中原之无主，姑令旧弼以临朝。虽义形于色，而以死为辞；然事迫于危，而非权莫济。内以拯黔首将亡之命，外以抒邻国见逼之威。遂成九庙之安，坐免一城之酷。
>
> 乃以衰痛之质，起于闲废之中。迎置宫闱，进加位号。举钦圣已行之典，成靖康欲复之心。永言运数之屯，坐视邦家之覆，抚躬独在，流涕何从！
>
> 缅惟艺祖之开基，实自高穹之眷命。历年二百，人不知兵；传序九君，世无失德。虽举族有北辕之衅，而敷天同左袒之心。乃眷贤王，越居近服，已徇群情之请，俾膺神器之归。由康邸之旧藩，嗣我朝之大统。汉家之厄十世，宜光武之中兴；献公之子九人，惟重耳之尚在。兹为天意，夫岂人谋！尚期中外之协心，同定安危之至计。庶臻小愒，同底丕平。用敷告于多方，其深明于吾意！

全篇层次分明，情至理惬。第一段叙国难当前之险，第二段写起复听政之由，第三段宣告康王继统的重大意义。立言得体，气势激扬。文末“汉家”一联，罗大经评为“事词的切，读之感动，盖中兴之一助也”（见《鹤林玉露》丙编卷三“建炎登极”条）。但此文由于是在张邦昌柄政的情况下写的，其中“虽义形于色”至“坐免一城之酷”诸语，显然是在为张邦昌回护开脱。这虽属事势所迫，但不能不说是一个严重的缺陷。所以宋人一方面对本文评价甚高，另一方面又认为诏中这八句话不妥，曾有人将其改作“扶九庙之倾危，免一城之惨酷”二句（见李心传《建炎以来系年要录》卷四），淡化了文中对张邦昌的洗刷，较原作为优。

汪藻的另一名篇是代高宗撰写的《建炎三年十一月三日德音》：

> 御敌者莫如自治，动名者当以至诚。朕自缵丕图，即罹多故。昧绥怀之远略，贻播越之深忧。虽眷我中原，汉祚必期于再复；而迫于强敌，商人几至于五迁。兹缘仗卫之行，尤历江山之阻。老弱扶携于道路，饥疲蒙犯于风霜。徒从或苦绎骚，程顿不无烦费。所幸天人协相，川陆无虞。仿治古之时巡，即奥区而安处。
>
> 言念连年之纷扰，坐令率土之流离；乡间遭焚劫之灾，财力困供输之役。肆夙宵而轸虑，如冰炭之交怀。嗟汝何辜，由吾不德。故每畏天而警戒，誓专克己以焦劳。欲睦邻休战，则卑辞厚礼以请和；欲省费恤民，则贬食损衣而从俭。苟可坐销于氛祲，殆将无爱于发肤。
>
> 然边陲岁骇，而师徒不免于屡兴；馈饷日滋，而征敛未遑于全复。惟八世祖宗之泽，岂汝能忘？顾一时社稷之忧，非予获已。少俟寇攘之息，首图蠲省之宜。
>
> 况昨来蒙蔽之俗成，致今日凌夷之祸亟。虽朕意日求于民瘼，而人情终壅于上闻。主威非特于万钧，堂下自遥于千里。既真伪有难恁之患，则遐迩衔无告之冤。已敕辅臣，相与虚怀而听纳；亦令在位，各须忘势以咨询。直言者勿遣危疑，忠告者靡拘微隐。所期尔众，咸体朕怀。
>
> 尚虑四民兴失职之嗟，百姓有夺时之怨。科需苛急，人心难俟于小康；犴狱繁滋，邦法有稽于末减。乃用迎长之节，特颁在宥之恩。
>
> 於戏！王者宅中，夫岂甘心于远狩？皇天助顺，其将悔祸于交侵。惟我二三之臣，与夫亿兆之众，亟攘外侮，协济中兴。

这篇诏书的主旨在于宣告皇上体恤下情，极愿为民造福，但由于强敌压境，国难当头，惟望同心协力，共渡时艰。文情激切，亦自感人。《浮溪集》中有外制四卷一百七十七篇，内制六卷二百零一篇，此外尚有不少表启、奏疏，大多闳丽雅健，切于情理。

当时仅次于汪藻的四六能手是孙觌(1081—1169)。觌字仲益，晋陵(今江苏武进县)人，大观三年(1109)进士，政和四年(1114)又中词学兼茂科(即博学宏词科)。其应试文《代高丽王谢赐燕乐表》辞意俱佳，脍炙人口。其警句云："玉帛万国，干舞已格于七旬；箫韶九成，肉味遽忘于三月。"又云："荡荡乎无能名，虽莫见宫墙之美；欣欣然有喜色，咸豫闻管籥之音。"采用《论语》、《孟子》中的成句，略加剪裁，造语工致，用事切当，被《辞学指南》选为定格。他在北宋末年，曾任御史、翰林学士，但其人品极差，附和投降派，丑诋抗战将领。汴京陷落后，他为钦宗草拟降表，极意向金主献媚，而且还接受金兵赠与的女乐，为士林所不齿。南渡后，被贬至峡州，再谪岭南象州；其后黄潜善、汪伯彦又将他招引回朝，使掌诰命。孝宗时，洪迈修国史，命他回忆靖康史事作为资料，他又对李纲等颇有诬辞。朱熹以此为恨，认为"小人不可使执笔"，曾撰专文揭其秽迹，略云："靖康之难，钦宗幸虏营。虏人欲得某文。钦宗不得已，为诏从臣孙觌为之；阴冀觌不奉诏，得以为解。而觌不复辞，一挥立就，过为贬损，以媚虏人，而词甚精丽，如宿成者。虏人大喜，至以大宗城虏获妇饷之，觌亦不辞。"(见《记孙觌事》，载《朱文公文集》卷七十一。某文，指降表。)有文无行，辱国媚敌，在历史上，孙觌是可和明末的阮大铖比丑的。他的著作现存《鸿庆居士集》四十二卷、《内简尺牍》十卷。《四库全书总目》卷一百五十七《鸿庆居士集》提要在指责其人之品德后说："然觌所为诗文颇工，尤长于四六，与汪藻、洪迈、周必大声价相埒。必大为作集序，称其名章隽句，晚而愈精，亦所谓孔雀虽有毒，不能掩文章也。"

与汪、孙同时并擅四六的，还有綦崇礼、翟汝文、王安中和李汉老诸人。其中綦崇礼尤为出色。崇礼(1083—1142)字叔厚，北海(今山东潍坊)人。徽宗重和元年(1118)登太学上舍第，任淄县主簿。高宗南渡，召试政事堂，为制诰三篇，辞翰奇伟，拜中书舍人，授翰林学士，知绍兴府。

现存《北海集》四十六卷，所作内外诸制，明白晓畅，切中事理，与汪藻的体格相近。《宋史》本传说他“妙龄秀发，聪明绝人”，“入翰林凡五年，所撰诏命数百篇，文简意明，不私美，不寄怨，深得代言之体”。他为人端方亮直，不畏权贵。绍兴二年(1132)，秦桧向高宗提出“南人归南，北人归北”的谬论，崇礼力斥其非，并奉诏草《秦桧罢右相制》，揭露秦桧的真面目，其中有云：

> 自初豫政，疑若献忠。从其长则未尝争议于当然，私于朕则每独指言其不可。遂令代相，倚以为邦。务推勿贰之诚，庶尽欲行之志。自诡得权而举事，当耸动于四方；逮兹居位以陈谋，首建明于二策。罔烛厥理，殊乖素期。念方委听之专，更责寅恭之效。而乃凭恃其党，排斥所憎。进用臣邻，率面从而称善；稽留命令，辄阴怵以交攻。岂实汝心，殆为众误。顾窃弄于威柄，或滋长于奸朋。方悉屏除，尚图改事。

此文“播告中外，人始知桧之奸”(《宋史·奸臣传》)。绍兴八年秦桧复相后，曾派人到綦家搜索这篇制词的草稿，进行迫害。可见此文措辞之犀利，着实触到了奸相的痛处。

南宋前期诸家　《鹤林玉露》丙编卷二“文章有法”条称“渡江以来，汪、孙、洪、周四六皆工。”这四位作者可称为南宋前期四六的四大家。其中汪藻和孙觌的时代稍前，跨于两宋之间，而三洪和周必大所处的时代稍后，主要活动期是在孝宗、光宗朝。

三洪是指洪皓的三个儿子：适、遵、迈。皓字光弼，鄱阳(在江西省，今作波阳)人。曾于建炎三年(1129)以礼部尚书衔出使金国，抗节不屈，被留十五年才得南归，以此声誉甚高。其长子适(1117—1184)，字景伯，绍兴十二年(1142)中博学宏词科。隆兴二年(1164)，任太常少卿、中书舍人；乾道元年(1165)，拜尚书右仆射同中书门下平章事。所著《盘洲文集》中有内制八卷，外制六卷，藻思绮句，层见叠出。弟遵(1120—1174)，字景严，与兄适同年中词科，出知平江府。孝宗时召为翰林学士承旨，拜同知枢密院事,著有《翰苑群书》。季弟迈(1123—1202),字景庐,绍兴十五年(1145)中词科。孝宗时入史馆,预修《四朝帝纪》,淳熙十三年(1186)授翰林学士,绍熙元年(1190),进焕章阁学士、知绍兴府。生平撰述宏富,有《容斋五笔》、《夷坚志》和《野处类稿》等,以博洽著称。洪氏三兄弟都以词科起家,皆工骈俪,颇负盛名。如洪适《虞允文端明殿学士同签书枢密院制》云:"一扫妖氛,微管仲吾具左衽;再开幕府,用李勣贤于长城。"《王大宝致仕制》云:"闵劳以事,圣王隆待下之仁;归洁其身,君子尽遗荣之美。"洪遵《令宗正司岁举宗子诏》云:"称其子,不为比,勉继祁奚之公;称其官,时尔能,能懋成王之赏。"《代枢密使谢赐玉带表》云:"有璞于此必使琢,恍惊制作之工;匪伊垂之则有余,允谓便蕃之赐。"洪迈《汤思退罢左相制》云:"得贤则能立邦基,予岂轻于注意?乃心罔不在王室,尔勿废于告猷。"《代谢赐御书〈周易〉〈尚书〉表》云:"八卦之说谓之索,奉以周旋;百篇之义莫得闻,坦然明白。"对仗既精,句法多变,足见长于此道。洪迈《容斋三笔》卷八"吾家四六"条记述了兄弟三人的许多名句,生动有趣。如从文学创作的总体来说,洪迈当首屈一指。但如专就四六而言,则洪适的作品最多,成就尤高,名篇如《谢除秘书省正字启》和《汤思退罢尚书左仆射同中书门下平章事兼枢密使特授观文殿大学士提领江州太平兴国宫依前特进岐国公制》等,都写得雍容自然,典重有法,似可作为三洪的代表,列为南宋前期四大家中的第三位。

四大家中的最后一位是周必大(1126—1204)。必大字子充,庐陵人,登绍兴二十年(1150)进士第,又中二十七年(1157)博学宏词科,任国史院编修官。孝宗时授秘书少监、直学士院,兼中书舍人,升任翰林学士。淳熙十四年(1187),拜右丞相,十六年,进左丞相。光宗朝封益国公,宁宗朝以少傅致仕,自号平园老叟,著有《文忠集》二百卷。由于他擅长四六,孝宗时,朝廷的诏令典册多出其手,其所撰《岳飞叙复元官制》尤为当时及后世所传诵。文云:

> 敕:仁皇在位,亲明利用之勋;神祖御邦,首祭狄青之像。盖念旧者不忘于拔拭,而劝功者当急于褒崇。朕只禀睿谟,眷怀宿将。兹仰

承于素志，肆尽洗于丹书。

故前少保武胜定国军节度使武昌郡开国公食邑六千一百户食实封二千六百户岳飞，拔自偏裨，骤当方面。智略不专于古法，沉雄殆得于天资。事上以忠，至无嫌于辰告；行师有律，几不犯于秋毫。外摧孔炽之狂胡，内翦方张之剧盗。名之难揜，众所共闻。会中原方议于櫜弓，而当路立成于投杼。坐急绛侯之系，莫然内史之灰。

逮更化之云初，示褒忠之有渐。思其姓氏，既仍节制于岳阳。念尔子孙，又复孤茕于岭表。欲尽还其宠数，乃下属于眇躬。是用峻升孤棘之班，叠畀斋坛之组。近畿礼葬，少酬魏阙之心；故邑追封，更慰辕门之望。不徒发幽光于既往，庶几鼓义气于方来。

嗟乎！闻李牧之为人，殆将抚髀；阙西平而未录，敢缓旌贤？如其有知，可以无憾。

淳熙十六年(1189)，朝廷决定为岳飞恢复名誉，以礼改葬。周必大荣膺草诏的使命，写出了这篇令忠臣义士扬眉吐气的好文章。周氏的佳篇颇多，如岳珂《桯史》卷十一还记录了他在嘉泰元年(1201)被降为少保后的一篇谢表，言正而文婉，亦为众口交誉之篇。

与周必大同时的陆游和杨万里也都善作四六。陆游的佳句如《谢葛给事后》有云："虽饭豆羹藜，不敢望功名于老大；然书绅铭座，尚思复玷缺之艰难。"《知严州谢王丞相启》云："顷自吴中，久留剑外。顾彼衣冠之所萃，颇以文字而相从。方深去国之悲，敢有择交之意。流偶殊于泾渭，风自隔于马牛。"《四六丛话》卷三十三评论杨万里说："《诚斋集》四六小简，俱精妙绝伦，往往属对出之意外，妙若天成，南宋诸公皆不及。"如《回吉水萧知县启》云："属者鹓行，得从大阮竹林之胜；暇而燕语，每传小谢春草之吟。"《除吏部郎官谢宰相启》云："搔白首以重来，问青绫之无恙。玄都之桃千树，花复荡然；金城之柳十围，木犹如此。"《辞免赣州得祠进职谢表》云："伏念臣老不事事，才非奇奇。三圣旁招，早堕鹭廷之数；初潜豫附，晚参鹤禁之僚。方众贤依乘风云之秋，乃微臣僵卧山林之日。把麾江海，此朝士之荣光；丽日崆峒，亦诗人之佳郡。"皆构思奇妙，措词精切，不愧作手。

当时专精于制诰的还有楼钥(1137—1213)。钥字大防,自号攻媿主人,鄞县(今宁波市)人,隆兴元年(1163)进士,出知温州。光宗朝召为起居郎、中书舍人,兼直学士院。《宋史》本传说他"代言坦明,得制诰体","光宗内禅诏书,钥所草也,有云'虽丧纪自行于宫中,而礼文难示于天下',荐绅传诵之。"宁宗受禅后,曾授翰林学士,迁吏部尚书。"时钥年过七十,精敏绝人,词头下,立进草,院吏惊诧。"所著《攻媿集》原一百二十卷,今存一百十二卷。如其代宁宗皇帝撰《戒饬贪吏诏》云:

> 朕临御以来,仰遵累朝恭俭之规,菲食卑宫,靡敢怠遑,庶己躬行,以移风俗,而志勤道远,观感未孚。况以奸倖弄权,故相同恶;上下交利,贿赂公行;赃吏债帅,益无忌惮。监司为吾澄按之官,郡守受吾民社之寄。至相仿效,贪婪无厌;反恃苞苴,狼藉已甚。席卷帑藏,或盈巨万;郡县经费,耗蠹几尽。军民衣食,椎剥无余;积弊有年,虽悔何及。大臣簠簋不饬,殆弗容迁就而为之讳也。
>
> 朕方厉精庶政,与民更始。申加训饬,以警有位。继自今各务精白,一心以承至意。其有并缘公家,以济其私,尚为故态,必罚无赦。至如互送无艺,屡形切责,遐方循习,曾不少悛。并当禁戢,或彻听闻;考验有迹,皆以赃坐。
>
> 呜呼!咎莫追于既往,法欲励于将来;宜存素丝之风,毋蹈覆车之辙。使人知自爱,罔或敢干。冀民力之少苏,期士风之益爋。朕意厚矣,尚其戒哉!

此文以白描之体,显坦诚之心,有劝有戒,入理入情,的确是一篇极好的公文。

学士们为皇帝代笔的制诏可以收入自己的文集中,幕僚为府主代笔的各种文字同样也可以这样处理。因而便也有人将这类文字辑存起来编为专集。现存李廷忠的《橘山四六》二十卷便是其中的一种。李廷忠字居厚,号橘山,於潜(今浙江临安县)人。淳熙八年(1181)进士,曾任无为教授、旌德知县。《四库全书总目》卷一百六十一《橘山四六》提要云：

> 廷忠名位不显，故集中启劄为多，大抵候问酬谢之作。而第十四卷内乃皆贺正贺至笺表，中有乘轺护漕等语，与廷中仕履不合，必非其所自为。案洪迈《容斋四笔》称，宋时所在州郡，相承以表奏书启委教授，因而饷以钱酒。则此必廷忠为教官时，代州守及宪臣所作。特原本未及注明，遂不可辨耳。北宋四六，大都以典重渊雅为宗，南渡末流，渐流纤弱。廷忠生当淳熙、绍熙之间，正风会将变之时，故所作体格稍卑，往往好博务新，转伤繁冗。然织组尚为工稳，其佳处要不可掩，固当存之以备一家。

这不仅指出集中收有代笔之作，而且还指出孝宗、光宗时代，四六文体渐趋纤弱而繁冗的现象。其文如《谢王枢使荐举启》云："如某者，懦质自持，寒根寡与。三已而三无愠，空惊忧废之余；四问而四不知，可笑庸虚之甚。身飘飘而负愧，时亹亹以过中。既不能饰固陋之心以取容，复未免折凄凉之腰而逐食。"正可证明《四库全书总目》提要所论。

当时为达官捉刀的四六高手是王子俊。王氏字才臣，吉水人。黄畴若知成都，安丙为四川制置大使时，都曾聘请他为幕僚。其代黄氏撰《知成都谢到任表》云："顾惟四境，颇异平时。内而闾阎凋瘵之弊深，外则羌獠招怀之道阙。一龙蛇，一赤子，人谓斯何？为保鄣，为茧丝，策将安出？岂繄绵谫，所克堪任！臣惟当精白一心，展布四体。□□□□□□□，□□□□□□□[①]；既庶矣加之富矣，愿遵洙泗之言。"属对既工，立言亦当。彭元瑞《〈宋四六选〉序》所说"尊幕中之上客，捉刀竞说三松"，就是指的王子俊。其所著《三松类稿》今已失传，现存《格斋四六》一卷，其中代笔，都加注明，如"代杨诚斋"、"代竹坡先生黄畴若"、"代胡监洒"等。当时又有卫博其人，所著《定庵类稿》四卷中，亦多代笔之作。《四库全书总目》卷一

① 此处衡以文律，似缺二句，然影印本《四库全书》本如此作，手中又无别本可以校补，姑志于此以俟再考。

百五十九《定庵类稿》提要说:“所作凡表札、笺启、序记、书疏之类,无所不备,而什九皆为他人属草者。”“盖博本以表奏四六擅长,故每为当时显贵者所罗致。而观其所作,亦大都工稳流丽,有汪藻、孙觌之余风,非应酬率率者可比。”

南宋后期诸家　南宋后期四六名家首推李刘。《四库全书总目》卷一百六十三《四六标准》提要云:

> 自六代以来,笺启即多骈偶。然其时文体皆然,非以是别为一格也。至宋而岁时通候、仕宦迁除、吉凶庆吊,无一事不用启,无一人不用启。其启必以四六,遂于四六之内别有专门。南渡之始,古法犹存。孙觌、汪藻诸人,名篇不乏。迨刘晚出,惟以流丽稳贴为宗,无复前人之典重。沿波不返,遂变为类书之外编、公牍之副本,而冗滥极矣。然刘之所作,颇为隶事亲切,措词明畅,在彼法之中,犹为寸有所长。故旧本流传,至今犹在。录而存之,见文章之中有此一体为别派,别派之中有此一人为名家,亦足以观风会之升降也。

它一方面指出了南宋后期四六冗滥之弊,一方面也肯定了李刘是众多作者中的佼佼者。刘字公甫,号梅亭,抚州崇仁(在今江西省)人,嘉定七年(1214)进士,任宁乡主簿。湖南安抚卫泾、蜀帅董居谊,均曾罗致幕下。后回朝任中书舍人、直学士院,官至吏部侍郎、宝章阁待制。其门人罗逢吉辑其作品为《四六标准》四十卷①,分列七十一个门类。绍定四年(1231)正月,皇太后行庆寿礼,适逢淮东制置使赵葵等讨伐叛将李全获胜,李刘写了《贺丞相明堂庆寿并册皇后礼成平淮寇奏捷启》,气概不凡,传为名篇。其中有云:

> 岂谓孽臣之奸骄,敢负湛恩之汪涉!楚氛甚恶,动兵邦域之中;汉相有真,折冲尊俎之上。薄言讨伐,亟遂殄歼。南方之强与,北方

① 李刘曾自己编定《梅亭四六》,但已失传。

之强与，风移俗易；东夷之人也，西夷之人也，气夺胆寒。风声鹤唳，不但平淮；雪夜鹅鸣，更观擒蔡。信君子不战，战必胜；知人臣无将，将则诛。

文中用典叙事，颇为贴切，融化古语，尤见浑成。如以《礼记》之南强北强对《孟子》之东夷西夷，极为工巧。他又喜欢用本朝的典故，如《贺虞大参帅蜀启》云："小范有胸中百万兵，西贼闻之胆惊破；富弼上河朔十二策，北边皆其手抚摩。"《上卫参帅启》云："夷狄问潞公之年，幸其未老；儿童诵君实之字，持此安归。"其中引用了范仲淹、富弼、文彦博和司马光四人为众所习知的故事，能近取譬，正是宋四六的胜境。

他如真德秀、魏了翁和刘克庄等，也都是在朝廷执掌制诰的高手。真德秀在理宗时授翰林学士、知制诰，所以他为朝廷撰写的四六甚多。其私人书启如《回孙状元启》云：

伏以璧水蜚英，夙高士望；玉阶上对，果亚伦魁。新六馆之荣观，壮七闽之盛事。恭惟某官：清标绝俗，劲气横秋。学探精微，期欲造圣人之奥；身居穷约，常怀忧天下之心。饬躬允蹈于规绳，抗志弗渝于金石。比承清问，独罄丹衷。深陈立德隆替之由，力辨国论是非之正，虽明白峭直，不为媚俗之言；而温厚深酝，自得告君之体。（节录）

他是以儒宗自命的道学家，所以在内容上讲究教化，遣词造句比较拘谨。如《进大学衍义表》，文赡义精，句稳语重，主要是继承了曾巩的作风。《四六丛话》卷三十三评论说："南宋骈体，西山先生为一大家，华而有骨，质而弥工，不染词科之习，野处（洪迈）、诚斋而下皆不及也。"魏了翁《鹤山集》中有表笺一卷、内制一卷。绍定五年(1232)，魏氏以宝章阁待制出任潼川路安抚使、知泸州。其《潼川路安抚到任谢表》略云：

矧又授钺于赤甲白盐之下，予麾于玉堂金壁之间。犹未厌于宸心，复洊颁于阃寄。地连巴益，分四千石虎竹之符；江接牂渝，理十六载龟琴之梦。维时多故，历变方新。民夷有侏儒扰杂之难齐，郡国有赤子龙蛇之未定。而民力张弓之莫弛，边氛煽燎之方扬。岂惟鹈在梁上之羞，抑亦蚤负山之惧。厥惟忝冒，实出会逢。

风格与真德秀近似。而真氏的弟子刘克庄亦工于俪体，早期颇好雕琢，后来则趋向雅淡自然。他的《后村先生大全集》中有内制七卷，外制十六卷，表笺三卷，启八卷，上梁文与乐语、祝文、疏、青辞各一卷，数量极富。如其《谢傅侍郎举著述启》有云：

窃以洙泗之盛，始分设教之科；汉唐以来，代有能言之士。然晁、董名儒，而不免科举之累；若燕、许大手，而惟工台阁之辞。才之难全，古所共叹。暨我本朝之盛际，森然诸老之名家。六一之文唱于汉东，宛陵之诗鸣于庆历。未几一变，遂宗王氏之新经；厥后横流，别出西江之宗派。正大之理，破于穿凿；浑厚之体，溢为尖新。有如命世之宗工，方绍斯文之正统。

所论文章流变，虽不尽当，而行文风格清新，笔致流畅。克庄对骈体很有研究，曾提出一些深刻的见解。如在《跋黄孝迈四六》中说："四六必有新意，必有警联。新意谓不经人道者，警联谓可脍炙人口而不戟人喉舌者。"《跋汤埜孙四六》又说："余谓四六家驾清谈者轻虚，惟故事者重浊，谀辞伤直道，全句累正气；宁新毋陈，宁雅毋俗，宁壮浪毋卑弱。"这可以说是他的经验之谈，其作品也基本上是与他的这些主张相合的。

与刘克庄同时的方岳也擅长骈文。方岳（1199—1262）字巨山，号秋崖，歙州祁门（在今安徽省）人，绍定五年（1232）进士，任滁州教授。淮东制置使赵葵招致幕下，为参议官。曾致书赵葵，举葵驭军之失，辞甚切直。他在各处担任地方官时，曾因忠鲠敢言，先后获罪于史嵩之、贾似道、丁大全诸人，终于罢归乡里。所著《秋崖集》今存。《四库全书总目》卷一百六十四此书提要云："岳才锋凌厉。洪焱祖作《秋崖先生传》，谓其诗文四六不用古律，以意为之，语或天出，可谓兼尽其得失。要其名言隽句，络绎奔赴，以骈体为尤工，可与刘克庄相为伯仲。”如其《两易邵武军谢庙堂启》末段云：

> 尚念某草茅之习固然，萍梗之踪方定。若曰统临之部，本无界限之分。恐郡国难，而朝廷处之亦难；既江东可，则福建奚其不可？畏首畏尾，吾身余几，谁云天地之宽？何蓑何笠，尔牧来思，孰与山林之密？敢因摧谢，并以恳祈！

显示了他特有的傲岸不凡的作风。

当时浙东学派中的散文家也有工于四六的，如周南、陈耆卿和吴子良等。陈耆卿《〈筼窗集〉自序》说他早年喜作四六，“会四五郡侯连以笺翰为嘱，辞不获命，涉笔无休，时今数之，不啻千百矣”。《林下偶谈》卷二载：

> 水心与筼窗论四六，筼窗云：“欧做得五六分，苏四五分，王三分。”水心笑曰：“欧更与饶一两分可也！”①水心见筼窗四六数篇，如《代谢希孟上钱相》之类，深叹赏之。盖理趣深而光焰长，以文人之华藻，立儒者之典型，合欧、苏、王为一家者也。

吴子良承认自己写四六“本得法于筼窗”，可见陈耆卿是他们之中的骈文能手。可惜《筼窗初、续集》的原本早佚，《林下偶谈》所说《代谢希孟上钱相启》今亦不可得见。现存之作如《通两浙漕章郎中启》云：“足食然后足兵，信当世唇齿之论；富民乃能富国，盖古人心腹之谋。因知前舳而后舻，不碍左飧而右粥。惟威名震远，则豺狼之群立空；惟精诚照微，则雀鼠之讼几息。”遣辞既十分切题，文意亦颇浑灏流转，可见其对于此道，有相当高的造诣。

晚宋时，骈文专集还有从王迈的《臞轩集》中别裁出来的《臞轩四六》

---

① 叶适和吴子良都认为欧阳修的四六成就比苏轼高，但在我们看来，欧阳修这方面的创新之功似乎更值得肯定，而艺术成就则不得不首推他的弟子苏轼。

二卷和传为方大琮撰的《壶山四六》一卷。而抗元英雄文天祥和陆秀夫等，也都是四六名手。文天祥的全集中存有骈文甚多，颇能自铸伟辞，如《贺赵侍郎月山启》有云：

> 悠悠四顾于山河，落落一麾于江海。啸吟水石，酬谪仙捉月之魂；上下风樯，访舍人麾军之迹。慨然有神州陆沉之叹，发而为中流击楫之歌。属传风景于岘山，忽骇波涛于天堑。长江为备不数处，可共险于万人；朝廷养兵三十年，当成功于儒者。

此文不囿于一般的应酬之词，而是结合着采石矶抗金大捷的史迹，鼓励赵月山到太平(今安徽省当涂县)后利用长江天险，担负抗元的重任，气象峥嵘，一扫宋末衰弊纤弱之习。而陆秀夫以端宗口吻写的《景炎皇帝遗诏》，则更是一篇充满爱国正气传诵天下的文章：

> 朕以冲幼之资，当艰危之会。方太皇命之南服，黾勉于行；及三宫胥而北迁，悲忧欲死。卧薪之愤，饭麦不忘；奈何乎人，犹托于我？涉瓯而肇霸府，次闽而拟行都，吾无乐乎为君，天未释于有宋。强膺推戴，深抱惧惭！
>
> 而敌志无厌，氛祲甚恶，海桴浮避，澳岸栖存。虽国步之如斯，意时机之有待。乃季冬之月，忽大雾以风，舟楫为之一摧，神明拔于既溺。事而至此，夫复何言？矧惊魂之未安，奄北哨其已及。赖师之武，荷天之灵，连滨于危，以相所往。沙洲何所，垂阅十旬；气候不齐，积成今疾。念众心之巩固，忍万苦以违离。药非不良，命不可逭。
>
> 惟此一发千钧之重，幸哉连枝同气之依。卫王某，聪明夙成，仁孝天赋，相从险阻，久系本根。可于柩前即皇帝位，传玺绶。丧制以日易月，内廷不用过哀，梓宫毋得辄置金玉，一切务从简约。安便州郡，权暂奉陵寝。
>
> 呜呼！穷山极川，古所未尝之患难；凉德薄祚，我乃有负于臣民。尚竭至忠，共扶新运。故兹诏示，想宜知悉。

陆秀夫(1236—1279),字君实,盐城(在今江苏省)人,景定元年(1260)进士。淮南镇帅李庭芝赏识他才思清丽,特罗致幕中,主管机宜文字。德祐二年杭州陷落后,度宗的儿子益王昰和卫王昺逃到温州,陆秀夫追踪而至,后与大臣陈宜中、张世杰等在福州拥立益王登帝位,是为端宗,次年,由于元兵的追击,宋室君臣漂泊海上,端宗病逝。在这一关键时刻,他挺身而出,义形于色地说:"度宗皇帝一子尚在,将焉置之?古人有以一旅一成中兴者,今百官有司皆具,士卒数万,天若未欲绝宋,此岂不可为国耶?"(《宋史》本传)这篇《拟景炎皇帝遗诏》,就是在这样的政治形势下写出来的。当汉民族政权危急存亡之际,陆秀夫以庄重严峻的笔调,代拟王言,宣示了君臣上下齐心合力,奋斗到底宁死不屈的决心。辞意恳切,气势悲壮。这篇文章宣告了卫王赵昺的继位。在文学史上,它也是宋代最后发出光芒的骈文。

第十二章　小说的新面貌

中国小说发展到宋代，出现了白话通俗小说。在宋以前，从先秦的神话、寓言，中经六朝志怪、唐人传奇，或附会神异，或叙述奇闻，都用文言写成，多出文人之手，只能供文化水平较高的人士欣赏。而宋代新兴的话本小说，却出于民间艺人的口头创作，不仅语句通俗活泼，而且内容能反映当时的市民生活，拥有更为广泛的读者，在文学史上形成一种新局面。

在中国文学史上，反映城市平民各阶层生活、意识的文学，在中晚唐时期就已萌芽，但只有到了宋代，由于各种民间伎艺的蓬勃繁兴，市民文学才得以成长和发达。特别是说话艺人创造的话本，在市民文学中有着非常突出的地位。这种新文体的产生，不仅写出了传统的诗文中所不曾表达过的社会内容，而且还多面地、细致地塑造了各阶层的人物群像，使得城市平民也得以主角的身份进入文学作品，这是前所未有的。它为后来的长短篇小说准备了条件，影响极为深远。

从宋以来，文言小说便和白话小说同时并存，并互相渗透。宋代文言小说虽然主要是继承了六朝志怪和唐人传奇的传统，但由于受到话本艺术的影响，在创作手法上也有所创新。

第一节　话本小说的兴起

说话、话本及其起源　在新兴的、基本上是为市民阶层服务的宋代民间伎艺中，有歌舞、扮演和说唱等各种形式，品类繁多。据灌圃耐得翁《都城纪胜》等文献所载，说话是与赚词、诸宫调等同在瓦舍勾栏（市民游乐场）中献演的说唱伎艺的一种[①]。话字在唐宋人的口语中含有故事的意思，所以说话就是讲故事，等于后世的说书。这种伎艺在宋代非常盛行，影响很大，从事这种职业的称为说话人。人数众多的说话人还互相联络，成立一种行会组织，称为书会。书会中专为说话人编写底本的作家称为才人。有的艺人把自己讲唱的故事记录下来，或请书会才人帮助整理出来，便由口头创作发展为书面文学，因此产生了话本。所谓话本，原意是说话人讲故事用的底本[②]。因为它是用口语讲述和记录的，这就成了白话通俗小说的开端。

说话盛行于宋代，但在唐朝已经萌芽。唐人郭湜《高力士外传》载："上元元年（760）七月，太上皇（玄宗）移仗西内安置。每日上皇与高公亲看扫除庭院，芟薙草木。或讲经、论议、转变、说话，虽不近文律，终冀悦圣情。"这表明唐肃宗时说话和转变等说唱伎艺已从社会上进入宫廷，以供退居深宫的太上皇娱乐。

转变也是一种说唱伎艺，原是寺院中僧侣宣传佛教的通俗讲演。清光绪二十五年（1899），在敦煌石室中发现的唐写本俗讲变文，就是当时佛家讲经和转变的文本。因此，有些学者便认为说话源出俗讲转变[③]。其实，转变和说话是并行的讲唱伎艺，并不存在先后的因果关系。两者之间

---

① 关于宋代瓦舍中各种伎艺的情况，因与戏剧形成的关系更为密切，统在本书第十三章第一节中叙述，请参看。

② 鲁迅《中国小说史略》第十二篇《宋元话本》云："说话之事，虽在说话人各运匠心，随时生发，而仍有底本以作凭依，是为话本。"此书的日译者增田涉撰《论"话本"的定义》一文（1965 年发表于日本《人文研究》16 卷第 5 期，汉译文载《古典文学知识》1988 年第 2 期），提出了不同的见解，他认为话本就是故事、传说、传闻的意思，然似无坚证，难以改变旧说。

③ 例如：向达在《唐代俗讲考》中说："从敦煌所出诸俗讲文学作品观之，宋代说话人宜可溯源于此。"见《唐代长安与西域文明》，三联书店 1957 年版。孙楷第在《中国短篇白话小说的发展与艺术上的特点》中说："中国短篇白话小说出于说话，说话又出于转变。"见《俗讲、说话与白话小说》，作家出版社 1956 年版。叶德均在《宋元明讲唱文学》中说："唐五代僧侣们所创制的俗讲是讲唱文学的开山祖。"见《戏曲小说丛考》，中华书局 1979 年版。

确曾彼此影响，相互促进，但又各有自己的悠久传统。转变源出六朝时佛家的唱导，是从印度传来的；发展到唐代，先有佛寺的讲经文，进而发展为俗讲，最后才有说历史故事和民间故事的变文。说话出自我国古代的稗官小说，《汉书·艺文志》："小说家者流盖出于稗官，街谈巷语，道听途说者之所造也。"颜师古注引如淳云："细米为稗，街谈巷说，其细碎之言也。王者欲知闾巷风俗，故立稗官，使称说之。"可知稗官的任务是收集民间故事，其职责就是讲述这些琐碎的故事（见余嘉锡《小说家出于稗官说》，载《余嘉锡论学杂著》，中华书局 1956 年版）。《后汉书·蔡邕传》记汉灵帝时乐松和贾护"多引无行趣势之徒，并待制鸿都门，喜陈方俗闾里小事，帝甚悦之。"与《汉志》所载可以互证。可见我国古代早就有说故事的传统了。《三国志·魏书》卷二十一《王粲传》注引《吴质别传》记载"召优使说肥瘦"，又引《魏略》记曹植"科头拍袒，胡舞五椎锻，跳丸击剑，诵俳优小说数千言"，这也有力地说明了讲故事早已成为优人百戏的艺事之一。1957 年在成都天回镇汉墓出土的坐式说唱俑，以及后来发现的郫县东汉砖室墓出土的立式陶说书俑，也可能是俳优说故事的形象①，和说唱伎艺接近，可供参考。至于说话即故事之义，也早见于先唐文献，如《北史》卷四十三《李崇传》"凡所话谈，每多会旨，帝每狎弄之"，隋代侯白《启颜录》有"说一个好话"之语，均其明证。由此可见，说话绝不是从外国传来的，不是从佛家的俗讲中发展出来的，而是源于我国古代说故事的传统。

说话作为民间艺人的职业而流行，据现有资料，是在中唐。元稹《元氏长庆集》卷十《酬翰林白学士代书一百韵》诗中有云："翰墨题名尽，光阴听话移。"自注："乐天每与予游，从无不书名屋壁，又尝于新昌宅说《一枝花话》，自寅至巳，犹未毕词也。"明抄本《类说》卷二十六载《汧国夫人传》，

---

①　这两个俑的图象分别见于《人民画报》1959 年第 9 期及《艺苑掇英》1980 年第 9 期。但它们是否即说唱俑或说书俑，学术界存在着争议。刘志远撰《汉代说书人——说唱俑介绍》一文，主张成都出土之俑为说唱俑，载《人民日报》1961 年 12 月 16 日。此说曾引起赵俊贤、黄进德二人的驳难。赵反对把成都出土的击鼓俑解释为说唱俑，见所撰《说书起源问题质疑》，载《文学遗产》增刊第十辑。黄反对把成都和郫县出土的两个俑解释为说书俑，见所撰《"说话"探源》，载《扬州师范学院学报》1982 年第 3、4 期合刊。

此文作:“乐天从游,常题名于壁,复本说《一枝花》,自寅及巳①。”艺人顾复本所说,乃艺名一枝花后封汧国夫人的李娃的故事,详唐人传奇名篇白行简《李娃传》。段成式《酉阳杂俎续集》卷四《贬误》篇亦云:“予太和末因弟生日观杂戏,有市人小说。”这都是中唐时代说话艺人已在街坊市井间献技的书证。

唐代寺院中的俗讲和市井间的说话虽然是两个系统,但却不是完全隔绝的。俗讲受了说话的影响,突破了佛教经义的束缚,成为一种假托经论以娱听众的手段,进而改讲历史故事和民间故事,并由寺院走向民间。如唐末吉师老《看蜀女转昭君变》诗云:“妖姬未著石榴裙,自道家连锦水溃。檀口解知千载事,清词堪叹九秋文。翠眉颦处楚边月,画卷开时塞外云。说尽绮罗当日恨,昭君传意向文君。”(见《全唐诗》卷七百七十四)今存敦煌卷子中确有《王昭君变文》。但吉师老不是在寺院中听和尚讲唱,而是看女艺人在民间演出。这说明晚唐时转变已经与说话合流,不再是寺庙中以陈说因果报应为主要内容的宗教宣传,而是社会上以悲欢离合为主要内容的艺术表演了。同样,说话也吸取了俗讲变文的艺术形式来丰富自身,例如其讲和唱的结合,散文和韵文交错的体裁等,都曾被话本所吸收。如今存敦煌变文中叙说惠远和尚的故事的《庐山远公话》,也正是说话与转变互相影响的产物,是话本小说产生于唐代的重要实例。由于后来的说话人兼收并蓄,勇于创新,话本在艺术上超过了转变,发展到宋代,盛极一时;转变的后裔如说经、说参请虽也在说话四家之中占有一席之地,但却降为次要的了。

宋话本的时代特征 话本小说作为市民文学之所以能在宋代勃兴,主要是当时工商业的发达和城市经济的繁荣促成的。宋初统一全国,结束了晚唐、五代长期割据的混乱局面,这就为社会经济的恢复创造了有利条件。在劳动人民积极从事农业生产的过程中,北宋时期的手工业和商业也发展起来了,随之而起的是形成了更多的商业都市。如汴京、兴元

① 《渊鉴类函》卷二百四十八“称一枝花”条引《异闻录》与此传略同,惟“复本说《一枝花》”作“顾复本说《一枝花》”,知复本姓顾,传文盖偶脱顾字。

(南郑)、成都等,每年所收商税多达四十万贯以上。孟元老在《〈东京梦华录〉序》中,曾经描绘汴京的繁华说:

> 辇毂之下,太平日久,人物繁阜。垂髫之童,但习鼓舞;班白之老,不识干戈。时节相次,各有观赏:灯宵月夕,雪际花时;乞巧登高,教池游苑。举目则青楼画阁,绣户珠帘,雕车竞驻于天街,宝马争驰于御路;金翠耀目,罗绮飘香,新声巧笑于柳陌花衢,按管调弦于茶坊酒肆。八荒争凑,万国咸通。集四海之珍奇,皆归市易;会寰区之异味,悉在庖厨。花光满路,何限春游;箫鼓喧空,几家夜宴。伎巧则惊人耳目,侈奢则长人精神。

伴随着这样欣欣向荣的城市经济,市民阶层也壮大了起来。而且由于手工业工人和商人的分工细密,还出现了行会集团。南宋的领土虽然不到北宋的三分之二,但由于东南地区富庶的自然条件,社会经济仍然是向前发展的。南宋的首都临安(杭州),人烟稠密,拥有一百多万户口。耐得翁在《〈都城纪胜〉序》中说:

> 自高宗皇帝驻跸于杭,而杭山水明秀,民物康阜,视京师其过十倍矣。虽市肆与京师相侔,然中兴已百余年,列圣相承,太平日久,前后经营至矣,辐辏集矣,其与中兴时又过十数倍也。

所以范成大《吴郡志》卷五十载谚云:“天上天堂,地下苏杭。”而且对外贸易和国际通商也超过了北宋,广州、泉州、明州,都是进行国际贸易的大都会。不难想像,在这样的环境中,贵族官僚和富商大贾是主要的消费者,但城市中除了统治集团和少数上层人物以外,为数众多的却是普通市民。诸如丧失了土地的农民、破落的中小地主、贫寒的读书人、手工业工人和其他雇佣劳动者、中小工商业者、军士、僧侣、艺人、妓女等等,为了谋生,他们从四面八方逐渐集中到都市里,形成了庞大而复杂的城市平民阶层。基于社会地位和物质生活的差异,这些在城市中占绝大多数的市民,不仅产生了大同小异的文化上的要求,并因之同封建制度和封建思想发生了矛盾冲突,他们要求文艺为他们服务,反映他们的社会生活、思想感情。这样,话本和其他形式的市民文艺便应运而生。

话本从总的倾向看来是市民文学,由于它不只是反映市民的生活和意识的,而且主要还是站在市民的立场上来反映的,所以就和出身于封建阶级的即使具有进步的思想意识的作家作品在许多方面也有所不同。从内容上看,这些作品的反封建意识是更其强烈的。市民作家往往无视封建道德的威权,赞扬婚姻自主,敢于大胆描写男女之间的爱情。他们在作品中把自己的形象作为主人公来塑造,并以不同于封建阶级的爱憎来歌颂或暴露社会上的各种人和事,从而显示了市民的道德观点和审美情趣。这比起前此的传统文学来,确是面目一新,具有广泛的群众性和浓郁的生活气息,在更广的范围内和更深的层次中发掘了生活的矿藏。

在市民阶层崛起以后,他们的文化程度、思想意识和生活情调都理所当然地要求有适合于他们口味的文学艺术样式。而从汉唐以来就已经流行的五七言诗、骈散文,乃至于当时还比较通俗可也已经文人化了的词,都不能充分地适应他们的需要,于是各种民间伎艺应运而生,话本和戏曲就成了反映市民生活的新样式。话本起初是以口头创作的方式出现的,要求有鲜明的通俗性和故事性,以适应群众的文化水平和生活情趣。这又使得文学语言产生了一个空前的变化。从口头创作转为书面文学时,说书人和书会才人开始自觉地以朴素、新鲜、富有生活气息、为广大人民所使用所理解的白话来进行写作,以代替在其以前所使用的或多或少地脱离了口语的文言。这一变化,不仅使文学语言本身得到了丰富,而且艺术手段也因此更加多样化了。同时,这还使得文学有可能成为多数人民拥有的共同财富,使人民有可能从文学作品中受到更多的教育,得到更多的娱乐,所以其意义是十分重大的。唐代民间固然出现过白话作品,但那只能算是萌芽。到了宋代,这种文学语言才发展、丰富起来。我们今天所看到的南宋话本,其运用这种新的语言的水平已经很高明了。从此以后,文言作品的比重在古典文学中就逐渐减轻了,而白话作品的比重则逐步加重了。当然,这一情况是不可能离开当时的社会情况和文学内容来理解的,但即使仅从汉语史的角度来看,这一决定近世文学用语的风气的出现，也值得我们十分重视。

市民文学成长的重要性，还可以从城市平民和广大农民在利害上所具有的某种程度的一致性上加以说明。城市平民各阶层的社会地位是极其复杂的和不稳定的，流品也很混乱，但作为其主体的分子如手工业工人、小商贩、退伍士兵和许多遭受歧视的流浪艺人，则和广大的农民同样是被封建阶级剥削压迫的对象。其中的一部分，甚至原来就是在乡村丧失了土地之后流入城市寻觅生路的农民。由于他们同样处在封建社会的下层，同有其被侮辱与被损害的命运，同有其改变现实的要求，所以尽管市民和农民在生活习尚、文化程度种种方面还存在着显著的差异，而在反对封建势力这一点上却有其共同之处。市民的正义斗争往往在某种程度上和某种范围内同样代表着农民的意愿。反过来，农民的心意也往往代表着市民的愿望。比起市民来，农民在当时掌握为自己服务的文艺手段是更其困难的。所以市民文学的出现，使得事实上是当时人民中最重要的组成部分的农民的思想感情，除了通过出身于封建阶级的进步作家的作品获得反映之外，又增加了一条新的渠道。如《清平山堂话本》中的《合同文字记》，就反映了“农庄人家”盼望清官断案的愿望，是一篇最原始的包公小说。这说明了市民文学的时代性是很鲜明的。

说话四家　在整个宋代，随着城市经济的繁荣，各种声乐伎艺在瓦舍中非常兴盛，种类也十分繁杂。由于艺人们的身份已不是皇家供奉，也不只是贵族官僚的承应，而主要是经常地为广大市民服务的职业性艺术家，同行之间，便往往出现更为激烈的竞争。他们必须在题材和艺术上不断地更新和提高，才能受到群众的欢迎，立于不败之地。基于同一理由，各种伎艺也必须尽可能地发扬自己的特色，也从而出现了更细致的分工。作为瓦舍众伎中的一种，说话便在激烈的竞争中，依据所表述的题材和主题，形成了四种主要的家数（派别）。成书于绍兴十七年（1147）的《东京梦华录》，卷五“京瓦伎艺”条载北宋时已有小说①和讲史的科目，而且还有

① 这里的小说是宋人说话四家之一，是小共名，与作为文学样式的小说乃大共名者有别。本章用此词，多数属小共名，偶尔也指大共名，请读者注意。

分工讲述三国故事和五代史的专职艺人。成书于端平二年(1235)的《都城纪胜》“瓦舍众伎”条就更其详细地记载说：

> 说话有四家：一者小说，谓之银字儿，如烟粉、灵怪、传奇、说公案，皆是搏刀赶棒及发迹变泰之事；说铁骑儿，谓士马金鼓之事；说经，谓演说佛书，说参请，谓宾主参禅悟道等事；讲史书，讲说前代书史文传、兴废争战之事。最畏小说人，盖小说者，能以一朝一代故事，顷刻间提破。合生与起令、随令相似，各占一事。商谜，旧用鼓板吹《贺圣朝》，聚人猜诗谜、字谜、戾谜、社谜，本是隐语。

由于这段文辞不够明晰，国内外学者对它的解释也就人执一词，分歧很大①。我们仔细研读以后，归纳出影响较大的解释主要有三种：

第一种见解以鲁迅和孙楷第为代表。鲁迅认为四家是：一、小说(银字儿、说公案、说铁骑儿)。二、说经、说参请、说诨经。三、讲史书。四、合生。嗣后，孙楷第对此说作了进一步的论证，补充四科的纲目是：一、小说，即银字儿——烟粉、灵怪、传奇、说公案、说铁骑儿。二、说经——说参请、说诨经、弹唱因缘。三、讲史书。四、合生、商谜(附说诨话)。他对银字儿这种乐器的名称也作了考证，认为：“说话第一类之小说，既以银字儿命名，必与音乐有关。大概说唱时以银字管和之。”

第二种见解以陈汝衡和李啸仓为代表。陈汝衡把合生和商谜摈斥在四家之外，而把说公案、说铁骑儿合为一家。李啸仓赞同陈汝衡的论点，并作了进一步的考订和补充。他认为银字儿是第一家，说公案、说铁骑儿是第二家，而这两家总称为小说。陈、李认为四家的分法是：一、银字儿、烟粉、灵怪、传奇。二、说公案：朴刀杆棒、发迹变泰之事；说铁骑儿：士马金鼓之事。以上二家总称小说。三、说经：演说佛书；说参请：参禅悟道等事；说诨经。四、讲史书：讲说前代书史文传、兴废战争之事。

---

① 详见胡士莹《话本小说概论》第四章第二节。以下引各家之说，出处均已详见该书，不再一一注明。

第三种见解以王古鲁为代表。这是我们基本上赞同的。王古鲁从《都城纪胜》原文的句读方面进行研究，认为小说之中“实包含银字儿、铁骑儿两家”，他不赞成陈汝衡把说公案跟说铁骑儿合为一家，理由是罗烨《醉翁谈录》甲集卷一“小说开辟”条记载，公案是与灵怪、烟粉、传奇并列的名目，所以说公案仍应属于银字儿项下，只有说铁骑儿可以独立成家。王氏还引用翟灏的《通俗编》卷三十一“俳优”条所引耐得翁《古杭梦游录》的记载，以证成其说。考《古杭梦游录》实即《都城纪胜》，它被陶宗仪节录改名收入所编《说郛》中①。陶宗仪是元末人，距耐得翁时代较近，因而在节录时，对《都城纪胜》所述说话四家的理解也比较透彻，改定的文字也很清楚。明抄本《说郛》卷三《古杭梦游录》有关的原文是：

> 说话有四家：一者小说，谓之银字儿，如烟粉、灵怪、传奇、说公案，皆是抟(搏)拳提刀赶棒及发迹变态之事；说铁骑儿，谓士马金鼓之事；说经，谓演说佛书，说参谓参禅；讲史书，谓说前代兴废争战之事。

说话四家的问题，聚讼多年，由于《梦游录》的发现，总算是得到了澄清。今据以表列如下：

家　　数	内　　　　容
小　　说 （即银字儿）	烟粉、灵怪、传奇、说公案、皆是搏刀赶棒（或作朴刀杆棒）及发迹变泰之事。
说铁骑儿	士马金鼓之事。
说　　经	演说佛书，包括说参请（宾主参禅悟道等事）及说诨经。
讲史书	讲述前代书史文传兴废争战之事。

① 王古鲁和胡士莹两人都误认《古杭梦游录》是“耐得翁的另一著作”，引文也都不确。王古鲁在《二刻拍案惊奇》附录的《南宋说话人四家的分法》改订本中引《古杭梦游录》时，把版本也搞错了，他说所据为《涵芬楼秘笈》本，其实《秘笈》中并没有收入此书，而是在明抄本《说郛》中。

说话业的盛况和说话人的技能 南宋是说话这种艺术的黄金时代。据《武林旧事》卷六所载，当时仅在临安一地的诸色伎艺人中，就有讲小说的名家蔡和、孙奇等五十二人（其中包括女艺人史惠英），演史（即讲史）的名家乔万卷、周八官等二十三人（其中包括女艺人张小娘子、宋小娘子和陈四娘子），说诨经的名家长啸和尚和余信庵等十七人（其中包括女艺人陆妙慧、陆妙静）。《西湖老人繁胜录》还专门记叙了他们在瓦市中卖艺的固定地点："南瓦、中瓦、大瓦、北瓦、蒲乔瓦。惟北瓦大，有勾栏一十三座。常是两座勾栏专说史书：乔万卷、许贡士、张解元"；"小说：蔡和、李公佐、女流史惠英。小张四郎一世只在北瓦，占一座勾栏说话，不曾去别瓦作场，人叫做小张四郎勾栏。"其中小说家还单独组织了自己的团体雄辩社。这些艺人都具有高度的艺术修养，知识渊博，正如《醉翁谈录》"小说开辟"条中所云：

> 夫小说者，虽为末学，尤务多闻。非庸常浅识之流，有博览该通之理。幼习《太平广记》，长攻历代史书。烟粉奇传，素蕴胸次之间；风月须知，只在唇吻之上。《夷坚志》无有不览，《琇莹集》所载皆通。动哨、中哨、莫非《东山笑林》；引倬、底倬，须还《绿窗新话》。论才词有欧、苏、黄、陈佳句；说古诗是李、杜、韩、柳篇章。举断模按，师表规模，靠敷演令看官清耳。只凭三寸舌，褒贬是非；略咽万余言，讲论古今。说收拾寻常有百万套，谈话头动辄是数千回。

这指的虽是小说家，但和小说家能够同时各据坛站、自树旗帜的讲史等科的名家，也必然具有极其丰富的学识，那是可想而知的。他们称这种职业为舌耕，表演时能说得天花乱坠，扣人心弦。《醉翁谈录》又描绘道：

> 说国贼怀奸从佞，遣愚夫等辈生嗔；说忠臣负屈衔冤，铁心肠也须下泪。讲鬼怪，令羽士心寒胆战；论闺怨，遣佳人绿惨红愁。说人头厮挺，令羽（当作壮）士快心；言两阵对圆，使雄夫壮志。谈吕相青云得路，遣才人着意群书；演霜林白日升天，教隐士如初学道。噇发

迹话，使寒门发愤；讲负心底，令奸汉包羞。讲论处不滞搭、不絮烦；敷演处有规模，有收拾。冷淡处提掇得有家数，热闹处敷演得越久长。

这便具体地证明了说话人技能的高超和艺术的精妙，所产生的效果是十分强烈的。说话业的兴旺，不仅使这些艺术家在瓦舍中有固定的演唱勾栏，而且在街巷空地、茶肆酒楼上都随时随地可以作场，甚至还挂出招牌，预告节目。洪迈《夷坚支志》丁集卷三《班固入梦》记载，吕德卿偕其友"同出嘉会门外茶肆中坐，见幅纸用绯帖其尾云：今晚讲说《汉书》"。这表明艺人们为了招徕生意，已采用了贴海报的宣传手段了。当时说话业声势之盛，不仅流传到广大的乡村，而且还进入了宫廷。《梦粱录》卷二十有"王六大夫元系御前供话"的记载。绿天馆主人（冯梦龙）《〈古今小说〉叙》云："南宋供奉局，有说话人，如今说书之流。其文必通俗，其作者莫可考。泥马（指高宗）倦勤，以太上享天下之养，仁寿清暇，喜阅话本，命内珰日进一帙。""上有好者，下必有甚焉者矣（《孟子·滕文公上》）。"因而这也是促进说话和话本得以发展的因素之一。说话人的思想艺术和讲唱水平所达到的高度，以及彼此之间的长期竞争，使得他们的话本在使用书面语言固定下来以后，便变成为中国文学史上最先出现的白话通俗小说。

话本的艺术结构及其影响　话本本是说话人的底本，它最初并不是写给人看的，而是讲给人听的，其创作者不是背后接受群众的评价，而是当场就要受到听众的考验，所以每讲一段时，就必须善于掌握故事相对的完整性，必须对于情节的发展、人物的相貌、服饰、举止行为、来踪去迹，都仔仔细细有头有尾地交代清楚。而且还必须揣摩听众的心理，在受欢迎的部分刻意盘旋，对无关紧要的部分则一笔带过；穿插必须注意藕断丝连，结构必须注意疏密相间；有时必须故作惊人之笔，有时又必须出以摇曳之态。这一切，反映在话本的艺术结构上，便形成了一套独有的程式：

第一，入话序诗和篇尾结诗。话本的结构是很完整的，这首先表现在以诗起以诗结这一点上。以诗起的作用在于说出全篇大意，或概述全部故事的主题思想。如讲史话本《新编五代史平话》的序诗是：

> 龙争虎战几春秋，五代梁、唐、晋、汉、周；兴废风灯明灭里，易君变国若传邮。

短短四句，道出了五代数十年争战变乱的大端。又如小说话本《碾玉观音》的入话诗词竟达十一首之多。它用管弦伴奏或吟唱，引起大家的兴趣，招集听众。这种序诗在《清平山堂话本》中一律称为入话①，如《陈巡检梅岭失妻记》开首的入话是：

> 独坐书斋阅史篇，三真九烈古来传。历观天下崄岖峤，大庾梅岭不堪言。君骑白马连云栈，汝驾孤舟乱石滩。扬鞭举棹休相笑，烟波名利大家难。

这等于是戏曲的定场诗，能起到引人入胜的作用。

至于结诗，则大多用以点明作意，如小说话本《错斩崔宁》的结尾处有诗云：

> 善恶无分总丧躯，只因戏语酿灾危。劝君出语须诚实，口舌从来是祸基。

这是总结经验教训，含有鉴戒之意。

第二，头回、开篇（开场白）。序诗之后，接着有一段闲话，通常是讲一个小故事，以引出正文。这种形式在小说话本中叫做得胜头回②，在讲史话本中称为讲史开篇。说话人在开场时，为了等待群众齐了再转入正题，

---

① 关于“入话”，学术界有不同的解释。主要的有两种说法：王古鲁认为入话就是小说的引子，包括篇首的诗、词以及解释诗词的闲话和小故事得胜头回。见其校订之《二刻拍案惊奇》附录四《话本的性质和体裁》，上海古籍出版社 1983 年出版。程毅中则认为入话只指序诗或篇首的诗、词，不包括得胜头回在内。见《说话札丛·入话与头回辨》，载《中国古典文学研究论丛》第一辑，吉林人民出版社 1980 年出版。

② 《清平山堂话本》中的《刎颈鸳鸯会》称之为笑耍头回。《醒世恒言》中的《十五贯戏言成巧祸》又作德胜头回。

就在唱完诗词以后，再讲个小故事，以免冷场。为了讨个吉利，这种小故事便称为得胜头回，含有旗开得胜的口采意味。如果与当时的戏曲作横向比较，这等于是宋杂剧的序幕艳段，即《东京梦华录》卷五所说的头回小杂剧。其内容则正如鲁迅《中国小说史略》第十二篇所指出的："什九先以闲话或他事，后乃缀合以入正文。""大抵诗词之外，亦用故实，或取相类，或取不同，而多为时事。取不同者由反入正，取相类者较有浅深，忽而相牵，转入本事。故叙述方始，而主意已明。"例如《错斩崔宁》的正文是叙崔宁的被斩，却先以魏鹏举的小故事作引子：

> 这回书单说一个官人，只因酒后一时戏笑之言，遂至杀身破家，陷了几条性命。且先引下一个故事来，权做个得胜头回。

又如《新编五代史平话》的开篇是叙述天地开辟以来历朝兴废战争的大事，以引出残唐五代的军谈。包含有说铁骑儿话本的《新刊大宋宣和遗事》的引子则叙述历代君王荒淫之失，以引出"今日说话的，也说一个无道的君王，信用小人，荒淫无度，把那祖宗混沌的世界坏了，父子将身投北去也"的正文。后来明清小说中的致语、引言或楔子，都是从这一形式发展出来的。

第三，本事正文每每韵散相兼。开篇以后，便是讲述故事的正文，往往用"话说"、"却说"、"闲话少说，言归正传"等套语开头。本事的展开是用散文叙写，但在散文中插入大量的诗词歌赋或骈语，交错运用。安插韵文的方式用"正是"、"只见"、"有诗为证"等套语引起，它的作用是证明情况或描摹物态，如：

> 今日再说一个官人，也只为酒后一时戏言，断送了堂堂七尺之躯，连累两三个人，枉屈害了性命。却是为着甚的？有诗为证：
>
> 世路崎岖实可哀，傍人笑口等闲开。白云本是无心物，又被狂风引出来。
>
> ——《京本通俗小说》:《错斩崔宁》

虞候道:"小娘子有甚本事?"待诏说出女孩儿一件本事来,有词寄《眼儿媚》为证:

深闺小院日初长,娇女绮罗裳。不做东君造化,金针刺绣芳样。　　斜枝嫩叶包开蕊,唯只欠馨香。曾向园林深处,引教蝶乱蜂狂。

原来这女儿会绣作。

——《京本通俗小说》:《碾玉观音》

朱温与刘文正商量:咱若久留,必定带累刘崇打官司,不如落草闪避。昼间潜伏,夜后起行,将次到齐州界。夜色二更,月明如昼,如何见得?

远望青霄练静,遥观碧汉澄辉。银河时度现微光,斗柄横移星宿转。月华如昼,天静无云。谯楼禁鼓报三更,漏滴铜壶中夜至。

——《新编五代史平话》:《梁史平话》卷上

这些俯拾即是的例证说明,说话人演出时,是讲说、歌唱和朗诵并用的。这样更能够获致调节现场气氛、增强听众兴趣的艺术效果。

第四,分回和目录。情节复杂的话本,一次讲不完,说话人为了吸引听众,就常在紧要关头设置悬念,卖个关子,突然打住,使得听客下次非来不可。例如《碾玉观音》篇幅较长,于是就分作上下两回。上回的末尾讲到崔宁和秀秀由郡王府中逃到潭州同居,却不料被出差的郭排军撞见,这正是对两人的命运关系极其重要因而也是听众最为担心的时刻,说话人却突然煞住,结束上回:

(崔宁)正行间,只见一个汉子,头上带个竹丝笠儿,穿着一领白缎子两上领布衫,青白行缠扎着裤子口,着一双多耳麻鞋,挑着一个高肩担儿,正面来,把崔宁看了一看。崔宁却不见这汉面貌,这个人却见崔宁,从后大踏步尾着崔宁来,正是:

谁家稚子鸣榔板，惊起鸳鸯两处飞。

瓦舍艺人念了这最后两句下场诗就结束了，留给听众的是一个谜。正如后来章回小说中常说的："欲知后事如何，且听下回分解！"这种极有吸引力的手法，对后来的长篇作品分回分章的艺术构思起了很大的作用。其后发展到说铁骑儿、说经和讲史三家的长篇话本，需要分几十回才能讲完。为使眉目清楚起见，又进一步给每回加上了标题，如《新编宣和遗事》（《士礼居丛书》本）、《大唐三藏取经诗话》和《新编五代史平话》，在卷首都列出了详细的目录。兹举《取经诗话》第二章至第六章的目录为例：

行程遇猴行者处第二
入大梵天王宫第三
入香山寺第四
过狮子林及树人国第五
过长坑大蛇岭处第六

这正是后来长篇章回小说回目的原始形式，经过元代到明清时，又从单句的目录发展成了对偶的回目，那就更为整齐而富于文采了。

宋代的话本艺术是民间艺人创造出来的，自从说话人在口头创作中适应实际需要运用了这套固定的程式，后人便据此发展为长篇章回小说，成为中国通俗小说的基本体裁。这种民族形式和民族风格，直到今天还为人民群众所喜闻乐见，而在当时，则给中国小说的发展灌输了新的血液，开辟了新的途径。线索清楚，结构完整，形象生动，语言简洁而富有生活气息，善于利用关键性的情节操纵听众或读者的感情，这些民间艺人所创造的话本小说的特点和优点，基本上都为后代所继承发展。在语言方面，通俗白话的使用，不只是话本小说本身的一种艺术特征，而且打破了在其以前长期存在的文言成为唯一的文学语言的局面，奠定了在其以后出现的许多小说戏曲方面的天才著作的语言基础。自此以后，文人学士也开始学习模仿话本，或收辑宋元旧本重编改作，或模拟其体制自撰新篇。发展到明代，一方面有短篇白话小说集三《言》二《拍》等的出版，另一方面又有大量的长篇章回小说如《三国》、《水浒》、《西游》、《金瓶梅》等名著的产生，都可溯源于宋人话本。

第二节　宋代话本的思想与艺术

话本的概念有广义和狭义之分，广义的包括说话四家所有的作品，狭义的则是单指小说一家的白话短篇小说。话本原是说唱文学，具有口头创作特有的灵活性和变动性，从口述到记录，其间经过许多艺人长年累月的琢磨和表演，有些作品被后人编集刊行时，又有所修饰或纂订，所以今传宋元话本都不是一时一地一人的创作，这就使我们难以判断现存作品确切的创作年代，而只能大致依据这些作品所反映的内容，来确定宋人话本的存佚情况，并按说话四家归类，略加论述。

小说的话本　小说是宋代说话诸家中最为盛行的，其话本也是最有思想价值和艺术价值的。其中的优秀作品，都在不同程度上比较广阔地反映了当时的社会生活，主要的是城市平民诸阶层的生活，支持了这些被压迫的小人物向压迫着他们的封建制度和观点所作的斗争。比起其他家数的话本来，它对现实的反映是更其直接的和及时的。在艺术技巧上，它也有其他家数所不及的优点。如《都城纪胜》曾指出：其他诸家“最畏小说人，盖小说者，能以一朝一代故事，顷刻间提破。”《梦粱录》卷二十所载全同，只提破两字作捏合。提破就是说破的意思，而捏合则是编造的意思。这也就是说，跟说经、讲史等家比较起来，小说的篇幅是短的，情节是无须征实的。它具有短小精悍和可以自由发挥的特点，所以最为人们所欢迎。当时将提破与捏合作为优点提出，正说明了人们已要求语言的精炼、情节的紧凑和对于真实的生活进行艺术的概括，而这，正是小说家的话本所首要具备的条件。

《醉翁谈录》“小说开辟”条记载的小说家话本计分八类，存目一百零七种：(一)灵怪，如《杨元子》、《李达道》、《红蜘蛛》等；(二)烟粉，如《推车鬼》、《钱塘佳梦》、《锦庄春游》等；(三)传奇，如《莺莺传》、《爱爱词》、《王魁负心》等;(四)公案,如《石头孙立》、《姜女寻夫》、《三现身》等;(五)扑刀,如《大虎头》、《杨令公》、《青面兽》等;(六)杆棒,如《花和尚》、《武行者》、《五郎为僧》等;(七)神仙,如《种叟神记》、《竹叶舟》、《黄粮梦》等;(八)妖术,如《西山聂隐娘》、《骊山老母》、《红线盗印》等。可惜其中绝大部分已经失传。胡士莹曾从《京本通俗小说》和明人编刊的话本小说集中考查,勾稽出现存的宋人短篇话本约有四十篇左右(详目见《话本小说概论》第七章第一节和第四节)。确定时代的标准大致是题材取自宋代的故事,用宋代的地名、官名或反映了宋代的风俗习惯。这样算来,见于《京本通俗小说》残本者有《碾玉观音》、《志诚张主管》和《错斩崔宁》等篇,见于明嘉靖间洪楩《清平山堂话本》者有《西湖三塔记》、《合同文字记》和《董永遇仙传》等篇,见于明万历本《熊龙峰四种小说》者有《苏长公章台柳》等篇,见于明天启间冯梦龙《古今小说》者有《赵伯升茶肆遇神宗》和《杨思温燕山逢故人》等篇,见于《警世通言》者有《三现身包龙图断冤》和《白娘子永镇雷峰塔》等篇,见于《醒世恒言》者有《闹樊楼多情周胜仙》和《郑节使立功神臂弓》等篇,此外还有佚篇《梅杏争春》、《王魁》和《钱塘梦》等等。明人编刊的小说集往往把宋代原作的篇名改换题目,如《醒世恒言》中的《郑节使立功神臂弓》,在《醉翁谈录》所载灵怪类的小说存目中,原名《红蜘蛛》。宋元南戏有《郑将军红白蜘蛛记》一本(见《寒山堂南曲谱》),元末明初杨景贤改编为《红白蜘蛛》杂剧(见《录鬼簿续编》)。1979 年,西安发现了一张元刻《新编红白蜘蛛小说》话本的残页(见黄永年《记元刻〈新编红白蜘蛛小说〉残页》,载《中华文史论丛》1982 年第 1 辑),这为研究宋人话本改编为元明小说和戏曲的演变过程提供了新资料。今日所知见的宋人话本篇目,大略如此。

《京本通俗小说》残本是缪荃孙在上海发现,并于 1915 年刊行的,其跋语中认定原书"的是影元人写本"。其后有人认为它不是元写本而是明代中叶的本子。也有人更进一步地认为,本无《京本通俗小说》这部书,它是缪荃孙伪造的①。《京本通俗小说》的真伪问题,当然可以继续讨论,但

---

① 有关这一问题的文献,略举如次:主张《京本通俗小说》出于明代中叶的意见,见于李家瑞《从俗字的演变上证明〈京本通俗小说〉不是影元写本》,载(注转下页)

这并不妨碍我们对其中确系出自宋人的话本进行研究评介。例如其第十卷的《碾玉观音》是一篇烟粉类小说，明代冯梦龙将其编入《警世通言》第八卷，改题为《崔待诏生死冤家》，而注明“宋人小说题作《碾玉观音》”；又如其第十五卷的《错斩崔宁》是公案类小说，冯梦龙将其编入《醒世恒言》第三十三卷，改题为《十五贯戏言成巧祸》，也注明“宋本作《错斩崔宁》”。这是现存完整的宋人小说话本中最优秀的两篇。

《碾玉观音》写的是一对出身低微的青年男女追求自己所应当得到的幸福时却遇到灾祸的悲剧。原分上下两回。其情节为：绍兴年间，咸安郡王带着眷属到钱塘门外游春，归来时看见了璩家裱褙铺里有位漂亮姑娘，就买回府中当丫头，取名秀秀。府中有个玉工崔宁，以碾制玉石观音得到了郡王的赏识。郡王曾随口说过，日后要把他俩配成夫妻。有一次府中失火，崔宁往救，巧遇秀秀，两人便乘乱相携逃往潭州，过着自由幸福的生活。不幸偶然被郡王府派到潭州办事的排军郭立撞见了。由于郭排军的告发，双双被捕。崔宁因为供词诚实，从轻处分，发遣建康府。他刚刚走出临安的北关门，秀秀就追了上来，一同到了建康。后来崔宁替皇帝修整玉观音“遭际御前”，夫妻俩又搬回临安，开了个碾玉铺。有一天，郭排军在铺前走过，大吃一惊。原来，秀秀在潭州被捉拿回府后，当时就被打死埋在后花园里了。这时和崔宁一起的，只是个对于人间生活有着强烈的热爱和留恋的女鬼。不知内情的郭排军为了贪功，再次向郡王告密，但他却没有能够按照自己立下的军令状抓回秀秀，因此被打了五十大棒。通过郡王对郭立的责罚，秀秀报了自己的冤仇，但因面目已被识破，她再也

(续上页注)《图书季刊》第2卷第3期，1935年出版。主张此书为缪荃孙所伪造的意见，见于马幼垣、马泰来兄弟的《〈京本通俗小说〉各篇年代及其真伪问题》，载于《清华大学学报》新5卷第1期，1965年出版，又收入马幼垣《中国小说史集稿》，台北《时报书系》1986年出版；胡万川的《〈京本通俗小说〉的新发现》，载《中华文化复兴月刊》第10卷第10期，台北1977年出版。苏兴的《〈京本通俗小说〉辨疑》，载《文物》1978年第3期；《〈京本通俗小说〉外志》，载《吉林师范大学学报〈哲学社会科学版〉》1979年第4期。反对此书出于伪造的意见有乐蘅军的《宋代话本研究》，台湾大学文学院1969年出版；那宗训的《从俗字看〈京本通俗小说〉是否伪作》，载《大陆杂志》第69卷第6期，台北1984年出版。

不能存身人世，便把崔宁拖着一块儿去做鬼夫妻了。

在这篇真实而又奇幻的小说话本中，民间艺人为我们塑造了激动人心的艺术群像。女主角秀秀是一个幸福的追求者，她美丽而又聪明，热情并且大胆，具有争取美好生活的愿望和能力。她生在一个手艺人的家庭里，自小学得一手好刺绣，但她父亲做裱褙匠的收入却不能使一家温饱，于是她只好以一个女奴的身份走入了咸安郡王的府中。这，事实上是当时大城市中下层社会青年女子所常常碰到的遭遇。面临着这种命运的女子，她们是有不同的道路可走的。她们可能凭着一己的聪慧美貌这些条件，加上逢迎谄媚，由奴婢上升为主人的姬妾，或至少维持丰衣足食的现状；也可能不为富贵所诱，威武所屈，依然追求着自己所认定的自由幸福的美好理想。秀秀正是后一种人。人品端正、手艺精能的玉工崔宁吸引着她，郡王要把她配给崔宁的许诺鼓舞了她，使她乘着一个偶然的机会，不顾一切地将一直在追求着的东西抓到了自己的手心里。然而她没有想到，在那个时代，奴隶的幸福只能出于主人的恩赐，而不可能通过其他的途径，特别是不允许通过自身奋斗的途径而获得。于是，秀秀终于成了封建制度下屈死的怨鬼。

现实生活中可能出现的情节本来到这里就该结束了。但这种结束显然不能满足人民的要求，也没有充分体现出这位幸福追求者所应具备的顽强性格。这样便产生了在小说下回出现的更为可爱的秀秀的鬼魂形象。她对生活是那么热爱，所以死了也不肯离开人世；她对爱憎是那么分明，所以要把为了她被打死而急得投河自尽的父母的鬼魂接来同住，还要设法让郭排军挨五十背花棒；她对情侣是那么执着，所以当她的魂遇破灭以后，不惜把活着的崔宁也拉去死在一道。这些情节虽然在现实生活中是不存在的，但却体现了人民对现实生活的看法。

碾玉工人崔宁是以另外一种性格呈现在我们面前的。他是劳动人民中那种老实忠厚的人。当然，一个老实人也绝不会忘记自己所应当得到的幸福，但往往表现得不够主动。封建思想的侵蚀以及其他一些原因，使得崔宁畏首畏尾。这和秀秀的性格是不同的，彼此之间有时还存在着距离和矛盾。话本的作者，正是在这些地方揭示了两个人物不同的精神面貌。如小说中写这一对青年人结合的经过是：

> （崔宁）奔到府中看时，已搬挈得罄尽，静悄悄地无一个人，且循着左手廊下入去，火光照得如同白日。去那左廊下，一个妇女摇摇摆摆从府堂里出来，自言自语，与崔宁打个胸厮撞。崔宁认得是秀秀养娘，倒退两步，低声唱个喏。原来郡王当日尝对崔宁许道："待秀秀满日，把来嫁与你。"这些众人都撺掇道："好对夫妻！"崔宁拜谢了不则一番。崔宁是个单身，却也痴心。秀秀见恁地个后生，却也指望。当日有这个遗漏，秀秀手中提着一帕子金珠富贵，从左廊下出来，撞见崔宁，便道："崔大夫，我出来得迟了，府中养娘各自四散，管顾不得。你如今没奈何，只得将我去躲避则个。"
>
> 当下崔宁和秀秀出府门，沿着河走到石灰桥。秀秀道："崔大夫，我脚疼了，走不得。"崔宁指着前面道："更行几步，那里便是崔宁住处。小娘子到家中歇脚，却也不妨。"到得家中坐定，秀秀道："我肚里饥，崔大夫与我买些点心来吃。我受了些惊，得杯酒吃更好。"当时崔宁买将酒来，三杯两盏，正是：
>
> 三杯竹叶穿心过，两朵桃花上脸来。
>
> 道不得个"春为花博士，酒是色媒人"。秀秀道："你记得当时在月台上赏月，把我许你，你兀自拜谢，你记得也不记得？"崔宁叉着手，只应得喏。秀秀道："当日众人都替你喝采：'好对夫妻！'你怎地倒忘了？"崔宁又则应得喏。秀秀道："比似只管等待，何不今夜我和你先做夫妻，不知你意下何如？"崔宁道："岂敢！"秀秀道："你知道不敢，我叫将起来，教坏了你。你却如何将我到家中，我明日府里去说。"崔宁道："告小娘子：要我崔宁做夫妻不妨，只一件，这里住不得了。要好趁这个遗漏人乱时，今夜就走开去，方才使得。"秀秀道："我既和你做夫妻，凭你行。"当夜做了夫妻。

这一段细节描写是富于戏剧性的，也是相当简炼而又丰富的。勇敢的秀秀和憨厚的崔宁的形象，在这里都跃然纸上。

以反面人物出现在小说中的咸安郡王和郭立，也写得很真实。郡王并不单纯地是一个残暴的统治者，他曾为国杀敌，还同情刘两府的孤寒而给予资助，他赏识崔宁和秀秀的手工艺，因而不吝惜在他的恩赐下应许在日后使这一对青年男女结合。这些行事都不能认为是毫无可取的。但由于他掌握着特权，顽固地维护着封建秩序，即使是他所赏识的人，如果触犯了他的权势威严，逾越了他所要保持的封建规范，那么，就会加以无情的打击。他那粗暴的个性，又助长了他罪行的构成。于是，为自己的幸福而斗争得最坚强的秀秀遭到了他的毒手，而虽然渴望幸福却在幸福降临时畏缩被动的崔宁则获得了从轻发落。这些情节的安排都恰如其分，郡王的性格特征也显得极为真切。郭立本是个“朴直”的“粗人”，但封建思想的长期侵染已经使他丧失了辨别是非的能力。他一心一意要为主子效其愚忠，愿意做郡王的奴才，而不知道破坏别人应当得到的幸福是可耻的。小说中通过他立军令状去捉拿女鬼而遭失败这一情节，让他吃了五十背花棒，也是合乎分寸的。因为他犯下了罪行，所以应当受到责罚；但他犯了罪还不知道自己的言行就是犯罪，所以又不应当受到过重的责罚。说话人在这里对郭立作出了人民所能同意的判决。

《碾玉观音》在结构上也有其优点。它的情节展开得非常自然，如郡王得到了皇帝赐与的战袍，便命秀秀照样绣出一件，郡王看了很欢喜，就想到要献件玉器给皇上，因此引出了崔宁登场。当崔宁被发遣到建康居住以后，因为郡王献给皇上的那个玉观音落下了一个零件，需找原工修理，这使崔宁又回到了临安，秀秀的鬼魂随之而来，终被识破。这线索都是前后关合而且是合情合理的。特别引人入胜的地方，还在于秀秀被郡王打死以后，小说中并没有说是她的鬼魂追随崔宁，那秘密是直到最后才“顷刻间提破”的。这种悬念的设置和意外的结局把故事推向了高潮，这种艺术匠心的运用是很高明的。

《错斩崔宁》也是现存宋人短篇白话小说中的优秀作品，它通过一些从表面上看来近于偶合的情节，集中地揭露了封建法制的黑暗和封建吏治的官僚主义者草菅人命的罪行（两篇小说的男主角姓名相同，也是一种偶合）。故事的内容是：先前家道很好、后来变得贫困的刘贵，和妻子王氏一同被丈人王员外接去。丈人帮助了女婿十五贯钱，要他回家开个柴米店度日，却留下女儿多住几天。刘贵将钱驮回临安城中，其时已近黄昏，却撞着一个相识，吃了几杯酒，才朦胧地回家。他的小妾陈二姐接钱后大感诧异，他却带着醉意开玩笑地说，这是把她典卖给别人的身价钱。陈二姐信以为真，十分恐慌，乘刘贵睡着，随即离家在邻居处借住一夜，准备第二天一早回到她以卖糕为生的父母那里去。却不料当夜刘贵被强盗杀死，十五贯钱也被抢去了。而陈二姐回娘家时，遇到一个青年小贩叫做崔宁的，便和他结伴同行。恰巧崔宁在城里卖了丝，身边也有十五贯钱。于是，这两个无辜的人便被官府认为是杀人劫财的奸夫淫妇，胡里胡涂处斩了。一年之后，刘贵的大娘子王氏被一个混名静山大王的强盗抢做了压寨夫人。在王氏劝告下，那个强盗洗手从善，却在无意中，向王氏泄露了他杀死刘贵、冤陷了陈二姐的秘密。王氏才去告官，平反了崔、陈两人的冤案，使静山大王伏法，报了杀夫之仇。

作者在叙述这个故事的过程中，对于现实生活的认识是有其正确的一面的。话本中慨叹道："这段冤枉，仔细可以推详出来。谁想问官胡涂，只图了事。"又发出警告说："做官的切不可率意断狱，任情用刑！"但作者误认为刘贵等人的不幸遭遇，其契机在于说了一句戏言；而冤狱的构成，又是由于个别官吏的胡涂，因而妨碍了对这个有意义的题材作更深入的发掘。但无论如何，这篇话本所描写的小市民的家庭惨变是能激起人民的同情的。作者是站在他们的立场上说话的。它后来被明末清初的朱素臣改编为剧作《十五贯》传奇，影响极为深远。

《错斩崔宁》中出现的主要人物，都是一些普通的城市居民。他们都是善良的，看来没有什么理由要遭到飞来横祸，而祸殃却偏偏要落在他们的头上。这构思就形成了小说的悲剧气氛。

让我们首先看看刘贵吧，他"祖上原是有根基的人家"，到得他手上却衰落了，改行做生意又折了本，可见他不是一个像吸血鬼似的地主或商人。他对人和气，也很爱他的妻妾。当然，他对陈二姐开了一个很不合适的玩笑，把卖掉她说得那么随便。但与其说这是着重地反映了刘贵的性格，还不如说是着重地反映了在当时社会上普遍地存在着买卖妇女的罪恶制度。总之，他是一个平庸而无能的小人物。

陈卖糕的女儿陈二姐以一个失去了人身自由的不幸妇女的身份出现在话本中。即使丈夫和正室平时对她很好，她也不能不时刻为她的侍妾地位而担心着，警惕着。正由于此，刘贵的一句戏言才引起了她那么强烈的恐慌。她的地位低下到不可能和即使一向对她还好的丈夫争论这种支配她的命运的问题，但她又不甘于束手就范，因此只好连夜躲避，求援于父母。话本写陈二姐的挣扎，采取了特别适合于她的社会地位的方式，从而显示了她温存但又并不甘心屈服的性格特征。

像做着一场恶梦似的，崔宁这一个普通的小商贩，就由于自己出于同情心，愿意伴送一个素不相识的女子回娘家，在某种程度上抵触了男女之间应当避嫌的封建礼教规范，而突然被牵入了一个极危险的漩涡，最终丧失了生命。

刘贵的正室王氏，从她和陈二姐相处得很好这一点看来，是善良的；从她失身静山大王这一点看来，她又是软弱的。但当她一旦知道了静山大王的秘密罪恶以后，就不动声色地毅然出首控告，这又显示了她性格中也有机智勇敢的一面，也有富于正义感的一面。她认为，在不得已的情况下嫁给强盗，还可以；但嫁给仇人，却不行。这些想法，与封建正统思想是不尽符合的。

静山大王是个杀人越货的罪犯。话本给他布置了一个“天网恢恢，疏而不漏”的下场，显而易见是并不支持他这种强盗行为的。但话本作者也注意到了：这个从土地上，从其他行业上，被排挤出来而堕落成为盗匪的人，却也不缺少一颗是非之心，他为了“枉杀了两个人，又冤陷了两个人，时常挂念，思欲做些功德，超度他们”。这说明在这个强盗身上，进步人类的道德力量也是依然存在着的。他的思想感情不是很简单的。静山大王的忏悔，乃是“盗亦有道”(《庄子·胠箧》语)的表现形态之一。只有作者深刻地观察了、理解了这种误入歧途的人物，才有可能写出其复杂性来。

作者在塑造静山大王这个人物时还渗入了一定程度的同情，但在写那个临安府尹时，却完全只有憎恶之感了。这个官僚拒绝对案情作具体的分析，他擅自将崔宁和陈二姐“作伴同行”改为“同行同宿”，他以拷打作为取得合乎自己意见的供状的手段,他“巴不得了结这段公案”,却不问了结得是否合理合法。在这个官僚身上,小说中虽着墨不多,然而封建社会中那种昏庸、固执、不负责任的滥官形象,却已经刻画得入木三分了。

这个悲剧,就是通过上述这些人物而演出的。从情节上看来,它的确带有相当大的偶然性。但我们知道,偶然性是一种相对的东西,它只会是在诸必然过程的交叉点上出现。在这篇话本中,所有的一些看来似乎有些离奇、巧合的情节,如果从不同人物的不同性格、身份、生活情况以及他们彼此之间的关系来加以考察,则显然都不是平白捏造的,而是生活中可能有的东西。如刘贵的醉后戏言,陈二姐的仓皇出走,崔宁的伴送被诬,王氏大娘的被抢,静山大王的漏嘴露底,临安府尹的主观判案等,当人们联系到一些具体条件去思索的时候,就可以发现这许多偶然性的情节都是很稳固地建立在现实生活的基础上面的。捏合是小说家的长技,而《错斩崔宁》则可以说是捏合的一个范例。它的情节头绪虽然较为繁复,但也非常紧凑。它没有不必要的枝叶与浮辞,随着事态的发展,一步紧似一步,从而给人以变化莫测的感觉。

在语言的运用上,这篇作品也可以认为是话本中最佳作品之一。它全篇都用非常纯粹的白话写成,风格统一而优美;特别是在运用这种优美的语言来塑造人物方面,获得了很大的成功,如:

> 却说刘官人驮了钱,一步一步挨到家中敲门,已是点灯时分。小娘子二姐独自在家,没一些事做,守得天黑,闭了门,在灯下打瞌睡。刘官人打门,他那里便听见,敲了半晌,方才知觉,答应一声“来了”,起身开了门。刘官人进去,到了房中。二姐替刘官人接了钱,放在桌上,便问:“官人何处挪移这项钱来?却是甚用?”那刘官人一来有了几分酒,二来怪他开得门迟了,且戏言吓他一吓,便道:“说出来,又恐你见怪;不说时,又须通你得知。只是我一时无奈,没计可施,只得把你典与一个客人,又因舍不得你,只典得十五贯钱。若是我有些好处,加利赎你回来;若是照前这般不顺溜,只索罢了。”那小娘子听了,欲待不信,又见十五贯钱堆在面前;欲待信来,他平白与我没半句言

语，大娘子又过得好，怎么便下得这等狠心辣手？狐疑不决，只得再问道："虽然如此，也须通知我爹娘一声。"刘官人道："若是通知你爹娘，此事断然不成。你明日且到了人家，我慢慢央人与你爹娘说通，他也须怪我不得。"小娘子又问："官人今日在何处吃酒来？"刘官人道："便是把你典与人，写了文书，吃他的酒才来的。"小娘子又问："大姐姐如何不来？"刘官人道："他因不忍见你分离，待得你明日出了门才来。这也是我没计奈何，一言为定。"说罢，暗地忍不住笑。不脱衣裳，睡在床上，不觉睡去了。

那小娘子好生摆脱不下：不知他卖我与甚色样人家？我须先去爹娘家里说知。就是他明日有人来要我，寻到我家，也须有个下落。沉吟了一会，却把这十五贯钱，一垛儿堆在刘官人脚后边。趁他酒醉，轻轻的收拾了随身衣服，款款的开了门出去，拽上了门，却去左边一个相熟的邻舍叫朱三老儿家里，与朱三妈借宿了一夜，说道："丈夫今日无端卖我，我须先去与爹娘说知。烦你明日对他说一声，既有了主顾，可同我丈夫到爹娘家中来讨个分晓，也须有个下落。"那邻舍道："小娘子说得有理。你只顾自去，我便与刘官人说知就里。"过了一宵，小娘子作别去了。

这段文字不但极其生动优美，而且对于陈二姐的性格，她的家庭环境、社会地位，以及由这种性格、环境、地位而产生的情节，都描绘得十分准确。

宋代小说话本以爱憎分明的态度，揭露了封建社会种种罪恶和黑暗，尖锐地抨击了昏官恶吏，深情地肯定并赞扬了市井小民，这种思想倾向是很突出的。在描写爱情的作品中，城市下层人民中的青年男女崭露头角，纷纷成了故事中的主人翁。尤其是受压迫的妇女，为争取婚姻自主表现得特别坚强勇敢，如《闹樊楼多情周胜仙》中的周胜仙等，便是富有浪漫主义色彩和强烈的反封建精神的动人形象。在爱情与婚姻问题上，以郎才女貌、男欢女爱的新标准来代替夫为妻纲、门当户对的旧标准，乃是当时人民生活中已经萌芽的要求。这一要求在城市平民中具有更大的普遍性。周胜仙的形象便是在这种现实基础上出现的。她执着地追求汴京樊楼酒店里的范二郎，为情而死，死了又活，活了又死。她在和范二郎梦中欢会时说："奴两遍死去，都只为官人。今日知道官人在此，特特相寻，了其心愿。"这种情节当然是现实生活中不可能有的，但周胜仙奋不顾身地追求自己所爱的决心，她反对封建势力的胆气与勇气，则是代表了市民阶层要求冲破封建樊篱所表现出来的一种美妙的理想，亦即积极的浪漫情调。在话本出现以前，我国的古典文学中还从来没有产生过这样坚定而狂热的女性塑像。

小说话本中也有反映当时民族矛盾的作品，如《古今小说》卷二十四《杨思温燕山逢故人》，就是一篇出自宋人之手的以反蹂躏斗争为题材的佳作。据明嘉靖时晁瑮编的《宝文堂书目》，知其原题为《燕山逢故人郑意娘传》。郑意娘是北宋末年京官韩思厚的妻子，北宋皇朝覆灭的时候，她在流亡途中被金兵所掳，与丈夫失散。女真贵族撒八太尉逼其从己，她义不受辱，为保贞节而自刎。太尉夫人同情她的刚烈，把她的骨殖带到燕山。正如说话人在话本中所指出的，那个为女真贵族所统治的地区是个"人鬼相杂"的世界，郑意娘一缕忠魂便在元宵节晚上出来活动，恰巧被流落在燕山的韩思厚的义弟杨思温所撞见，其后并指引奉使到燕山的韩思厚也会见了她。韩思厚为了报答她的情义，发誓终身不再续娶，而且还把她的骨殖迁回了南宋。但最后韩思厚却背弃了他的誓言，与因丈夫冯六承旨在战乱中牺牲而出家做了女道士的刘金坛结合了。思厚负了郑意娘，刘金坛负了冯六承旨，结果，冯六承旨和郑意娘双双显灵，追索了这一对背义负心者的性命。"太平之世，人鬼相分；今日之世，人鬼相杂。"这就是说话人对沦陷区黑暗统治的抨击。这是一篇充满了悲凉的诗意的话本，凄黯地活着的杨思温，英勇地死去的郑意娘，正代表着在金兵的蹂躏下人民所能走的不同道路。这个话本的主题思想是比较复杂的，它一方面歌颂了郑意娘忠贞的爱情和不畏强暴的反抗精神，也批判了韩思厚与刘金坛等人背信弃义的恶劣行为；另一方面，它又将这些看法和当时人民的爱国主义思想关联起来。通过杨思温所闻所见的主要情节，说话人告诉人们，不论是男人还是女人，都应当忠实于自己的爱情。如果他或她的配偶是在反掠夺斗争中牺牲的，那么，就更不应该对她或他有所辜负。这种道德观念，事实上已超越当时还占着统治地位的封建思想体系了。

从现存的资料来看，宋代小说人所采用的题材是相当广泛的，但他们最关心和注意的还是自己这个社会阶层的生活，作品中的主人公大多数是市民。当然，他们也不能不涉及封建统治阶级，但在写到这样一些人物的时候，他们往往是从市民阶层的道德观点和审美情趣来加以处理的。所以这些作品从各个不同的角度反映了日益壮大的市民阶层和封建地主阶级固有势力之间的矛盾，支持了市民的反封建斗争。然而，由于封建思想在当时仍占统治地位，说话艺人也不能不或多或少地受其影响，这也就使得他们创作的话本又渗透着一些属于封建阶级及市民本身的不健康的因素，诸如因果报应的迷信观念、听天由命的消极落后思想，以及庸俗的生活情趣之类。

说铁骑儿的话本　铁骑儿与银字儿（小说）对称，专讲“士马金鼓之事”，主要是农民起义和抗辽抗金的英雄传说，具有强烈的现实性。如有的学人所指出的：“自北宋灭亡以来，民间艺人们所津津乐道，与夫广大听众所热切欢迎的，包括了农民暴动和起义以及发展为抗金义兵的一些英雄传奇故事。一些以近时的真人真事作对象的叙说描摹，当即系在这个说铁骑儿的项目下，归纳、隶属，与传播着。”“所云‘谓士马金鼓之事’，正是充分暗示着所有这些故事，是以兵荒马乱，杀伐战争，火与铁，血肉搏斗的场面作为背景的，并也说明了这背景的现实时代。”（见严敦易《〈水浒传〉的演变：说话表现的形式》，作家出版社1957年版）

《醉翁谈录》“小说开辟”条在叙述小说家有灵怪、公案等八种类别以后，曾特别提出：“新话说张、韩、刘、岳，史书讲晋、宋、齐、梁。”这就具体地证明了当时确有讲说现实时事的一家。所谓新话，就是指当代的时事新闻，这与专说前代历朝兴亡的讲史是不一样的。张俊、韩世忠、刘锜、岳飞都是南宋初期抗金名将。杨万里《初入淮河四绝句》中曾有“刘、岳、张、韩宣国威”之句，可见他们当时都有崇高的威望，其事迹为人民所乐闻，所以民间艺人编为说唱文学，广为传播。

铁骑儿话本的主要特征是讲说本朝（宋）时事，可惜的是其中如《狄青》、《杨家将》和《中兴名将传》等，均已失传。我们今天只能从收有梁山泊农民起义故事的《大宋宣和遗事》一书，略见这种话本的面目。此书在清初钱曾《也是园书目》卷十戏曲小说类中曾经著录，列入宋人词话类。通行的金陵王氏洛川校正重刊本分元、亨、利、贞四卷。另有黄丕烈《士礼居丛书》本，扉页题“《宣和遗事》宋本重刊”，分前集和后集二卷，后集卷尾题为“新话宣和遗事后集终”，足见此书在宋代是属于新话一类的话本。原书卷首列有二百九十三回的回目，前集一百四十九回，后集一百四十四回。内容叙徽宗、钦宗时事，中有宋江等三十六人聚义始末，最后还说到张浚、韩世忠和岳飞抗金之事，正包括了铁骑儿讲农民起义和抗金斗争的两个方面。这部长篇话本是书会才人辑录多种资料凑合而成，所以语言风格很不统一。史实部分录自《续宋编年资治通鉴》、《九朝编年备要》、《宾退录》、《南烬纪闻》和《窃愤录》等书（见汪仲贤《宣和遗事考证》，载《小说月报》第十七卷号外《中国文学研究》下册，商务印书馆 1926 年出版），原书本用文言写成，《遗事》也仍其旧。但有关梁山泊农民起义的部分却都是通俗的白话，确是说话艺人的创作，也是《水浒传》的雏形。从这部话本中可以考见，说话四家虽各有门庭，但同时也是相互影响并因而有所变化发展的。例如农民起义的故事，开始是作为草莽英雄的形象，每个人单独成篇。《醉翁谈录》所载小说家的书目，在朴刀类里有《青面兽》，在杆棒类里有《花和尚》、《武行者》。这些都是短篇的话本，不可能完整地反映农民起义的全貌。随着听众与读者的要求，隶属于铁骑儿这个家数的梁山泊故事的长篇话本便应运而生。但到南宋末年和元代，由于时过境迁，这些时事新话已成了历史旧闻，铁骑儿也就自然而然地归入了讲史。《梦粱录》卷二十“小说讲经史”条云：“又有王六大夫元系御前供话，为幕士请给，讲诸史俱通；于咸淳年间敷演《复华篇》[①]及《中兴名将传》，听者纷纷。”可见到了南宋末年，本来是新话的《中兴名将传》已转化为讲史，这便是说话四家中铁骑儿与讲史合流的一个实例。所以“杨家将”和“说岳”等

① 《复华篇》，即《福华篇》，是权相贾似道门客廖莹中所写的一部吹捧贾似道功业的书，今佚。

铁骑儿话本，到了明清都全然变成历史演义小说了，清道光年间吴郡修绠山房刊本的《宣和遗事》，在书尾就题为“新镌平话”（见周绍良《修绠山房梓〈宣和遗事〉跋》，载《绍良丛稿》，齐鲁书社 1984 年版），将其划入了讲史范围。

《宣和遗事》虽然是掇拾故书，益以小说而成，但在掇拾辑录的时候，是通过了作者的选择的，因而我们就不仅从书中可以看出当时一部分的社会情况，也可以看出作者的政治观点。书中揭露和谴责了徽宗任用蔡京、童贯等六贼，宠幸妓女李师师和道士林灵素，致使朝纲废弛；同时肯定了宋江等三十六人起义，“广行忠义，殄灭奸邪”，又歌颂了靖康事变中的抗金将领。在叙及南宋初年主战主和两派的斗争时，作者也鲜明地站在主战派一边，痛斥了秦桧，而赞扬了韩世忠和岳飞等人。这些部分都是正确地反映了社会现实的。书中最有文学价值的还是宋江等聚义梁山泊这段话本，《士礼居丛书》本列有六个回目：

杨志等押花石纲违限配卫州
孙立等夺杨志往太行山落草
宋江因杀阎婆惜往寻晁盖
宋江得天书三十六将名
宋江三十六将共反
张叔夜招宋江三十六将降

这就是后来长篇章回小说《水浒传》的蓝本。话本中叙述的情节是极为简略粗疏的，明显地可以看出它只是说话人使用的脚本提纲，没有像《京本通俗小说》那样经过艺术加工，请看宋江救晁盖一节：

有那押司宋江接了文字看了，星夜走去石碣村，报与晁盖几个，暮夜逃走去吧。宋江天晓，却将文字呈押差董平引手三十人，至石碣村根捕。不知那董平还捉得晁盖一行人么？真个是：

网罗未设禽先遁，机阱才张虎已藏。

> 那晁盖一行人，星夜走了，不知去向。董平只得将晁家庄围了，突入庄中，把晁盖的父亲晁太公缚了，管押解官。行至中途，遇着一个大汉，身材迭料，遍体雕青，手内使柄泼镔铁大刀，自称铁大王，把晁太公抢去。董平领取弓手回县，离不得遭断吃棒。
>
> 且说那晁盖八个，劫了蔡太师生日礼物，不是寻常小可公事，不免邀约杨志等十二人，共有二十个，结为兄弟，前往太行山梁山泊去落草为寇。
>
> 一日，思念宋押司相救恩义，密地使刘唐将带金钗一对，去酬谢宋江。宋江接了金钗，不合把与那娼妓阎婆惜收了，争奈机事不密，被阎婆惜知得来历。

这成了后来《水浒传》等二十回到二十二回的胚胎，大致勾出了晁盖智取生辰纲以后投奔梁山泊的故事轮廓。书中原说杨志和孙立等是到山西的太行山落草，而晁盖等则是投奔山东的梁山泊，这里通过宋江的出场把两路英雄捏合在一起，但却忘了山西、山东相距极远，太行山与梁山泊并非一地的矛盾。可见这是作者掇拾两个话本拼凑而成的。后来发展为长篇小说《水浒传》时，便确定为梁山泊一处，联缀得天衣无缝了。

说经的话本 直接受到唐代俗讲影响的说话家数是说经，以及由此派生出来的说诨经和说参请。唐代僧侣们以佛经中故事为题材编成的变文，在听众兴趣的支配下和作者创造力的发挥下，事实上已远远逸出了佛经原来的范围，有时甚至改变了它们的精神面貌（也只有这样，才能受到群众的欢迎）。到了宋代，由于是在瓦舍勾栏中由民间艺人讲唱，这种情况就更加显著了。说经变成了说诨经，顾名思义，可以知道它是在说经时插入许多打诨的材料供人笑乐为其特征的。它的出现，意味着这种说唱伎艺已日益远离宗教宣传，而愈近于为世俗服务了。

现存说经家的宋代话本，是一部有些残缺的《大唐三藏取经诗话》，又名《大唐三藏法师取经记》。王国维在1915年跋影印本《诗话》云："卷末有'中瓦子张家印'款一行，中瓦子为宋临安府街名，倡优剧场之所在也。"因而推定它是宋刊本，罗振玉《雪堂校勘群书叙录》也持此说。虽非定论，但其文字出于宋人，似无可疑①。这是宋代说经艺人继承晚唐五代寺院的俗讲而产生的话本，全书共三卷，分十七章，各有标目。所谓诗话，就是有诗有话的作品，诗是诵唱的韵文，近于佛经的偈赞，话是说唐三藏到西天取经的故事。书中神通广大的猴行者，就是后来《西游记》中孙悟空形象的前身。本书第一章已缺，第二章是写唐僧收猴行者为徒弟，第十七章最后是写三藏法师取经回京，太宗封猴行者为铜筋铁骨大圣。刘克庄《释老六言》十首之四云："取经烦猴行者，吟诗输鹤阿师。"可见说话人创造的猴行者形象，在南宋时确已家喻户晓。这很可能和《大唐三藏取经诗话》这类话本流传甚广有关。此书虽然在成就上和明代吴承恩的《西游记》大有高低之分，但它却是首先采用这一神奇浪漫题材的开创之作。《西游记》实际上是以这个还很幼稚的话本为基础，再经过反复加工，才达到它所具有的规模和成就的。这里引录其《经过女人国处第十》的片段如下，以见一斑：

举步如飞，前遇一溪，洪水茫茫。法师烦恼。猴行者曰："但请前行，自有方便。"行者大叫"天王"一声，溪水断流，洪浪干绝。师行过了，合掌擎拳。此是宿缘，天公助力。

次行又过一荒州，行数十里，憩歇一村。法师曰："前去都无人烟，不知是何处所？"行者曰："前者借问，休劳叹息。"

又行百里之外，见有一国，人烟济楚，买卖骈阗。入到国内，见门上一牌云："女人之国！"僧行遂谒见女王。女王问曰："和尚因何到此国？"法师答言："奉唐帝敕命，为东土众生往西天取经作大福田。"女王合掌，遂设斋供。僧行赴斋，都吃不得。女王曰："何不吃斋？"僧行

---

① 此书题《大唐三藏取经诗话》者，旧藏日本高山寺，后归大仓喜七郎，原缺上卷第一则和中卷第八则；题《大唐三藏法师取经记》者，亦藏高山寺，后归德富苏峰，原缺第一卷的上半卷和第二卷。二本内容全同。鲁迅在《中国小说史略》中曾怀疑此书系元刊本，王国维于1922年作《两浙古刊本考》，亦改认为元刊，而始终认为是宋本的，则有德富苏峰及郑振铎等，见鲁迅《关于〈三藏取经记〉等》，载《华盖集续编》；又《关于〈唐三藏取经诗话〉的版本》，载《二心集》。

起身唱喏曰:“蒙王赐斋,盖为砂多,不通吃食。”女王曰:“启和尚知悉:此国之中,全无五谷。只是东土佛寺人家,及国内设斋之时出生,尽于地上等处收得,所以砂多。和尚回归东土之日,望垂方便。”法师起身,乃留诗曰:

女王专意设清斋,盖为砂多不纳怀。竺国取经归到日,教令东土置生台。

女王见诗,遂诏法师一行入内宫着赏。僧行入内,见香花满座,七宝层层,两行尽是女人,年方二八,美貌轻盈,星眼柳眉,朱唇榴齿,桃脸蝉发,衣服光鲜,语话柔和,世间无此。一见僧行入来,满面含笑,低眉促黛,近前相揖:“起咨和尚,此是女人之国,都无丈夫。今日得睹僧行一来,奉为此中起造寺院,请师七人,就此住持。且缘合国女人,早起晚来,入寺烧香,闻经听法,种植善根;又且得见丈夫,夙世因缘。不知和尚意旨如何?”法师曰:“我为东土众生,又怎得此中住院?”女王曰:“和尚师兄,岂不闻古人说:‘人过一生,不过两世。’便只住此中,为我作个国主,也甚好一段风流事!”

和尚再三不肯,遂乃辞行。两伴女人,泪珠流脸,眉黛愁生,乃相谓言:“此去何时再睹丈夫之面?”女王遂取夜明珠五颗、白马一匹,赠与和尚前去使用。僧行合掌称谢,乃留诗曰:

愿王存善好修持,幻化浮生得几时?一念凡心如不悟,千生万劫落阿鼻。休喏绿鬓桃红脸,莫恋轻盈与翠眉。大限到来无处避,髑髅何处问因衣(依)?

女王与女众,香花送师行出城,诗曰:

此中别是一家仙,送汝前程往竺天。要识女王姓名字,便是文殊及普贤。

在三藏法师玄奘自己的著作《大唐西域记》卷十一波剌斯国下,载有这样一个传说:“有西女国,皆是女人,略无男子,多诸珍货。附佛懔国,故佛懔王岁遣丈夫配焉。其俗产男皆不举也。”《大唐三藏取经诗话》的第十章正是从这里取材的,但却已经使它具备了艳异的世情。到了明代吴承恩手里，这一粗略的轮廓，便发展为《西游记》第五十四回《法性西来逢女国，心猿定计脱烟花》那篇极其精彩生动的文字。说经艺人在当初也许想利用这一情节来宣传佛徒们六根清净、一尘不染的修持，但可以想像得到：引人入胜的并不是法师们枯木死灰似的精神状态，而是女人国女王与女众的符合于世俗生活的爱欲心理。说经、说诨经之所以能在瓦舍中占有一席之地，并不在于它忠实地进行了宗教宣传，而是恰恰相反地在于它在一定程度上摆脱了教条，自觉或不自觉地在说话时反映了现实生活的情趣。

至于说参请，则是从说经中派生出来的另一分支。参请是“参堂请话”的简称。佛徒、居士谈禅，往往互相辩论，机锋四出，其语言非常犀利，富于诱导性和启发性，有时还显得滑稽幽默，因而也发展成为一种可供人笑乐的说唱技艺。《宋人轶事汇编》卷十二引某笔记云①：

> 杭妓琴操善应答，东坡善之，因在西湖戏琴云：“我作长老，尔过参禅。”问琴云：“何谓湖中景?”答云：“落霞与孤鹜齐飞，秋水共长天一色。”“何谓景中人?”答云：“裙拖六幅潇湘水，髻挽巫山一段云。”“何谓人中意?”答云：“随他杨学士，鳖杀鲍参军。”“如此究竟如何?”“……”坡云：“门前冷落车马稀，老大嫁作商人妇。”琴操大悟，即日削发为尼。

这是宋人记录的一个说参请的样本。它或许是说话人编造的，或许苏轼和琴操真有过这段问答。但无论如何，这乃是属于说参请的基本方式。除此以外，诸如行令、联句、商谜、属对以及做杂体诗等各种文字游戏，也往往包括在说参请之中。这是我们从现今留存的唯一的说参请话本《东坡居士佛印禅师语录问答》中可以看出来的(参见张政烺《〈问答录〉与说参请》，载《历史语言研究所集刊》第十七本)。

《东坡居士佛印禅师语录问答》一卷，计二十七条。晚明赵开美翻刻

---

① 原注辑自方勺的《泊宅编》，但查核此书的三卷本和十卷本，都没有这一条，可能是编者丁传靖记错了书名，待考。这条材料又见于明人田汝成《西湖游览志余》卷十六，仅文句稍有差异，知其来源与丁传靖所见为一书。

时，将它改题为《东坡佛印问答录》。书中所载，多半是苏轼和他的方外朋友佛印和尚互相嘲弄的故事，还杂有传说中其妹与妹夫秦少游往来的歌诗等等。当然，这都是说话艺人捏造出来的。诙谐谑浪是此书的特色，缺乏深刻意义的游戏文字占了其中的大部分，有若干条显得庸俗无聊，价值不高。但如下列《与佛印答问》一条，则显然对当时的世态人情有所讽刺：

> 东坡得杭州倅，一日，过天竺，与佛印遇于九里松。握手纵步，……及寺门，见捏塑金刚壮丽，问佛印曰："二金刚何者为重？"印曰："握拳者尊。"及至殿，见有奉佛者斋供罗列，香烛具陈，复询曰："金刚尊大，斋供不及，何也？"印曰："彼司门户，恃势强盛，降魔护法，无预斋供。所以时人有诗嘲云：'撑肩努眼恶精神，捏合从来假似真。刚被法门借权势，不知身自是泥人①。'"后至上天竺，见观音手持数珠。坡曰："观音既是佛，持念珠果何意耶？"印曰："亦不过念佛号耳。"复询："念何佛号？"印曰："亦只念观音佛号。"坡曰："彼自是观音，自诵其号，未审何谓？"印曰："求人不如求己。"……坡赞云："南海大士真奇绝，手持数珠一百八。始知求己胜求人，自念观世音菩萨。"

这一水平不高成就不大的说话支派，对后世文学也有一定的影响。如《醒世恒言》卷十一所载明代话本《苏小妹三难新郎》和卷十二《佛印师四调琴娘》，即取资于《东坡佛印问答录》。此外，《永乐大典》卷七千五百四十三所收的《金刚感应事迹》"霍参军"条，全篇用偈赞作问答，类似诗话，也可能是说参请的话本（见程毅中《说话札丛·说经新探》，载《中国古典文学研究论丛》第1辑，吉林人民出版社1980年出版），其中讲述的故事或许出自民间艺人的说诨经。

讲史的话本　宋代讲史家的话本又称为平话，这是后来通俗演义的先驱，同时也是中国文学史上最先出现的长篇历史小说。平话的平，是评

---

① 五代何光远《鉴戒录》卷四"蜀门讽"条载蒋贻恭咏金刚诗："扬眉斗目恶精神，捏合将来恰似真。刚被时流借拳势，不知身自是泥人。"此处袭用。

论的意思。说话人讲述历史故事时，往往用自己的观点对历史人物进行评价，对历代兴亡总结经验教训，评其得失，论其是非，体现了市民阶层的爱憎和褒贬。

讲史家的话本大多具有较长的篇幅，跟小说话本都是短篇的不同。篇幅长了，不能一次讲完，于是就分了回，而且产生了回目。在语言方面，由于讲史往往取材前代正史或杂史，而这些书都是用文言写的，所以其话本也夹杂着浅近的文言，不像小说话本纯用白话(这一点，与《宣和遗事》中的某些部分有其近似之处)。以通俗的文言文来从事历史小说的写作，后来便形成了一个传统。《醉翁谈录》甲集卷一说："说征战有刘项争雄"，"史书讲晋、宋、齐、梁"。可见凡是历史上的各个朝代及其兴亡大事，都是讲史艺人取之不尽用之不竭的题材。又《东京梦华录》卷五"京瓦伎艺"条载，北宋时京瓦伎艺中已有专说三国故事的霍四究，专说五代史的尹常卖诸人，可见其分工之细。

《新编五代史平话》是现存宋代讲史话本中最主要的一种，不知是否和尹常卖有关。曹元忠跋其影宋本云："宋巾箱本《五代史平话》，于梁、唐、晋、汉、周，各分上下两卷，惜梁史、汉史皆缺下卷。"此书除梁史外，其他各史均有目录。内容写唐帝国倾覆以后，朱温的后梁、李克用的后唐、石敬瑭的后晋、刘知远的后汉、郭威的后周相继建立的历史故事。这是一个军阀混战、生灵涂炭的动乱时代，讲史艺人一方面根据史实编排，一方面也按照自己对这一阶段历史的看法和理解来进行创作，同时还吸收了一些民间传说。书中肯定了五代时两个较好的皇帝：后唐明宗李嗣源和周世宗柴荣，谴责了割让燕云十六州给契丹以换取帝位的晋高祖石敬瑭，表现了民间艺人的爱国思想。但其缺点也很明显，如对于唐末王仙芝和黄巢领导的农民起义都没有给予正确的评述，对于当时人民群众所承担的苦难也很少触及。在艺术上，平铺直叙，缺乏剪裁，显得单调板滞，人物形象的刻画也是粗线条的。试看书中《汉史平话》有关刘知远和李三娘久别重逢的一段简略描述：

天福六年，晋王怕安重荣跋扈，宣授刘知远为北京留守。那时知

> 远的孩儿承义，年至十二岁，因出外走马，被军卒戏笑曰："宣赞跨马趯球快活，只知恁的娘娘在那孟石村，日夕在河头担水，多少苦辛么？"承义未听得时，万事都休，才听得后，一日也忍遏不下。归家泣告父亲道："孩儿每出外闲走，被军人笑骂，道咱在此快活，怎知娘娘见在孟石村河头担水辛苦。孩儿告着爹爹，待亲身去寻咱娘娘，探问消息。"知远闻言，只见眼泪汪汪，向承义道："您不须去，您若去时，两个舅舅必用计谋陷害您。待老爷明日结束行囊，带领百十人一同走去，探您娘娘消息，两日便回。"那元帅经行，但见鼙声振野，骑气惊人；旌旗飘九陌红霞，戈甲浸满毗秋水。离了北京，离不得饥餐渴饮，夜宿晓行。不数日，到得孟石村二十里头，将一行人从并潜伏一处。知远自打扮做个讨草人夫，担着一对草篮，回那孟石村李长者庄上去。那两个舅舅李洪信、李洪义全不秋(瞅)采着知远。只有那叔叔李敬业厮认得知远，带他去厅上坐定，喝令屋里点茶出来。古人有诗说茶，道是：
>
> 　　玉蕊旗枪真绝品，僧家造化极功夫。兔毫盏内香云白，蟹眼汤前细浪腴。断送睡魔离几席，增添清气入肌肤。幽丛自好岩溪畔，不许移根傍上都。
>
> 茶罢，盏托归台。敬业问知远道："探听得贤亲在太原大大发迹，今将谓衣锦还乡，怎生衣服得□□□□？您的妻房在这里吃哥哥万千磨难，日夕监他去河头挑水，受尽苦辛，也指望您功名成遂，夫荣妻贵也。您下梢只恁地狼狈，怎不叫他失望！"将出两件衣服，使知远穿了，引他去上亲下情处厮叫一声。因归去见取三娘子，夫妻厮见，不觉珠泪垂垂。

这已算是写得比较好的片段之一，大致可以代表这部话本所达到的水平。宋元南戏《刘知远白兔记》即取材于此。从目录看，以上短短一段引文已经包括了《刘知远为北京留守》、《军卒报刘承义娘子消息》、《刘知远自到孟石村探妻》、《知远妆做打草人》、《刘知远见李敬业》和《知远见三娘子》六个关目，可见此书也只是一个粗略的提纲，说话人在对听众进行讲唱时,是必须对这个单薄的底本加以丰富扩展的。鲁迅在《中国小说史略》第十二篇论《五代史平话》说:“全书叙述,繁简颇不同,大抵史上大事,即无发挥,一涉细故,便多增饰。”这种情况,在讲史家的话本中是带有普遍性的。看来,宋代讲史艺人对于如何运用历史素材来进行创作,还在摸索过程中,其成绩远不如小说家的话本。但讲史话本的规模体式却为明清演义小说奠定了基础,影响不小,如罗贯中的《残唐五代史演传》便是从《五代史平话》发展而来的。

关于三国争雄的故事,在说话业中早已成为讲史的传统题材。李商隐《骄儿诗》云:“或谑张飞胡,或笑邓艾吃。”(见《全唐诗》卷五百四十一)足见晚唐时代民间已经流传三国故事了。到了宋代,此风更盛。高承《事物纪原》卷九云:“仁宗时,市人有能谈三国事者。”苏轼《东坡志林》卷一也记载道:“王彭尝云:‘涂巷中小儿薄劣,其家所厌苦,辄与钱,令聚坐听说古话。至说三国事,闻刘玄德败,颦蹙有出涕者,闻曹操败,即喜唱快。’”可知“说三分”在北宋时已很流行,到了南宋就更盛了。但宋代的三国话本现已不存,如今我们见到的是元世祖时《至元新刊全相三分事略》和元英宗时《至治新刊全相平话三国志》(参见刘世德《谈〈三分事略〉:它和〈三国志平话〉的异同和先后》,载《文学遗产》1984 年第 4 期)。《三国志平话》是现存的元刊本全相平话五种之一,其余四种是《武王伐纣平话》、《七国春秋平话》、《秦并六国平话》和《前汉书平话》。这几种形式近于现代连环图画的讲史作品,虽是元代的刻本,但可能含有宋代艺人旧本的成分。情节简单,语言拙稚,显然它们也只是当时说话人的脚本提纲。

中国人民是热爱自己所辛勤创造的历史的。宋代讲史平话的出现,便反映了这种民族心理。而这些长篇历史小说的产生,又使得各个朝代的史迹获得了更多的为人民所熟悉的机会。它们大体上总是根据史实来编排的,在某种程度上不可避免地受到封建统治阶级官修史书的立场观点的影响,因而在思想认识上往往有不少局限。但更为重要的,说话人是根据广大人民对历史发展的要求以及对历史人物的理解来进行创作的。这样,平话的作者就在其作品中注入了人民的思想感情,给某些史实以新的意义,赋与历史人物以新的形象和新的生命。在这些讲史话本中,说话人对祖国繁荣、富强、和平、统一的愿望是极其强烈的,对于忠贞、智慧、勇敢、勤劳的,为国献身的英雄人物总是尽情地加以歌颂的,而对于陷人民于苦难的奸邪则毫不留情地予以谴责和咒诅。这在很大的程度上往往指导着广大群众对历史人物的看法,其广泛的社会影响是不能忽视的。

总的说来,在宋代话本中,以小说为代表的作品,通常是以城市平民的生活、思想感情作为素材,通过艺术加工,来娱乐和教育广大人民首先是市民的。在许多方面,特别是对于爱情、婚姻等日常生活方面,说话人往往代表着他们所属的社会阶层,提出了和封建秩序不一致的道德观点和审美情趣。这就在一定程度上扩大了人民的反封建力量。但由于市民的成分极其复杂,而且经常地、不断地分化组合,其本身原来就具有妥协性、动摇性;同时,封建思想在当时还占有稳固的统治地位,城市平民及其喉舌也就不可避免地在某种范围内和某种程度上接受了封建思想所加给他们的影响。他们就往往不自觉地宣扬了宿命论观点,散播了迷信思想等等,也没有能将人民正常的性爱要求和统治阶级的淫乱行为严格地区别开来,因而作品中间或也出现过一些不健康的描写。

宋代话本,特别是小说家的话本,绝大多数是运用口语写作的。这种新的文学语言所具备的通俗性,使得文学和人民大众有了进一步的结合。我国古典小说的现实主义传统由于话本的出现,也有了进一步的发展。话本的说唱方式和某些艺术特征,对戏曲的形成起了同步前进的推动作用;同时,各类话本的故事题材,又往往被戏曲作家所取资,因而对戏曲文学的发展也很有影响。

第三节 文言小说

宋代白话小说与文言小说的关系 当宋代说话艺人活跃在市井间,创造出白话小说的时候,文士创作和整理的文言小说也仍然流行着。两者彼此渗透,互为影响,文言小说为民间艺人讲述故事提供了丰富的创作素材,如传奇和灵怪成了短篇白话小说八大门类中的重要项目;而话本的艺术方式则曾经被文人所效法和借鉴,产生了话本体的传奇。

前引《醉翁谈录》曾指出，说话人必须精熟《太平广记》、《夷坚志》、《绣莹集》、《东山笑林》和《绿窗新话》等。这里提出的五部书都是宋人编纂的文言小说集，除了《绣莹集》和《东山笑林》已佚外，其他三种尚存。其中故事情节确有不少是为话本所取资的。

先说《太平广记》。此书由李昉、徐铉、吴淑等十二人奉太宗之命编撰，于太平兴国三年(978)完成，是一部上起先秦两汉下至北宋初年的短篇文言小说的总集。全书共五百卷，分九十二大类，征引书籍四百七十五种，辑集了六千九百七十多个故事。“《太平广记》的好处有二：一是从六朝到宋初的小说几乎全收在内，倘若大略的研究，即可以不必别买许多书。二是精怪、鬼神、和尚、道士，一类一类分得很清楚，聚得很多。”(见鲁迅《破〈唐人说荟〉》，载《集外集拾遗》)所以此书成了说话人编撰故事的资料库。宋、元、明三代的短篇白话小说和南戏北剧，有不少篇章是从这里演变出来的。如《古今小说》卷六《葛令公生遣弄珠儿》，本事出于《太平广记》卷一百七十七《葛周》;《醒世恒言》卷三十八《李道人独步云门》，本事出于《太平广记》卷三十六《李清》等等。至于戏曲家以此书作为汲取素材的源泉，其具体例证更多。

《太平广记》之所以能取得这般丰富完备的辑集成果，是由于编者中徐铉和吴淑两人就是文言小说的内行专家。徐铉仕南唐时，曾以二十年时间写成文言小说集《稽神录》，入宋后又加润饰增修，其中有二百二十一个故事被收录在《太平广记》中。吴淑(947—1002)是徐铉的女婿，丹阳人，太宗时任职方员外郎，著有文言小说集《江淮异人录》二卷，都是谈道流、侠客和术士的故事，对后世的剑侠小说有较大的影响。

《夷坚志》是南宋洪迈个人撰著的志怪小说集。《宋史·洪迈传》说他“考阅典故，博览群书，自经史百家至稗官小说，无不涉猎。”《夷坚志》的书名取自《列子·汤问》“夷坚闻而志之”。其书内容多记神仙鬼怪、异闻杂录，但也有现实社会的故事，以及掌故佚闻和风尚习俗等方面的材料。全书原为四百二十卷，分初志、支志、三志、四志，每志又分甲乙丙丁戊己庚辛壬癸十集，数量仅次于《广记》。此书在南宋有多种刻本，流传极广。但时过境迁，至元明两朝已渐散佚，清乾隆时《四库全书》所收只是《夷坚支志》甲集至戊集五十卷。1927年商务印书馆出版的涵芬楼《新校辑补夷坚志》，计有初志、支志、三志加补遗，共得二百零六卷，约为原书的半数。1981年中华书局校印时，又增入从《永乐大典》等书中辑出的佚文二十八则，是现今收录最多的本子。

《夷坚志》可以说是南宋说话人的工作手册，其中有大量的故事被改创为白话小说和杂剧戏曲。现举几个有代表性的以宋代故事为题材的小说事例如下：一、《京本通俗小说》第十六卷《冯玉梅团圆》的头回关于徐信的故事，出《夷坚志补》卷十一《徐信妻》。二、《清平山堂话本》卷一《简帖和尚》，本事出于《夷坚支志》景集①卷三《王武功妻》。三、《古今小说》卷二十四《杨思温燕山逢故人》，本事出于《夷坚志》丁集卷九《太原意娘》。四、《警世通言》卷三十《金明池吴清逢爱爱》(《醉翁谈录》所载南宋话本题为《爱爱词》)，本事出于《夷坚志》甲集卷四《吴小员外》。五、《醒世恒言》卷十四《闹樊楼多情周胜仙》，本事出于《夷坚支志》庚集卷一《鄂州南市女》。六、《水浒传》第四十三回《黑旋风沂岭杀四虎》的故事，则是根据《夷坚志》甲集卷十四《舒民杀四虎》改写的。以上只是略举数例，如果细检，三《言》、二《拍》中故事的来历，出于《夷坚志》者尚多，它对白话小说的影响是显而易见的②。

《绿窗新话》二卷，南宋皇都风月主人撰，内有一百五十四篇故事，大多节录六朝至唐宋文言小说的旧文，以供说话人采择参考。由于摘录的只是情节概要，所以说话人讲述时必须临场发挥。从现存的短篇白话小说来看，如《警世通言》卷二十九《宿香亭张浩遇莺莺》的本事，乃出于《绿窗新话》卷上《张浩私通李莺莺》；《醒世恒言》卷十二《佛印师四调琴娘》的部分情节，系采自《绿窗新话》卷下《苏东坡携妓参禅》③。此外，《醉翁谈

① 景集即丙集。洪迈的曾祖父名炳，故依照唐人讳例，改炳为景。唐高祖李渊之父名昞，唐人行文，皆改为景。

② 金元好问曾仿作《续夷坚志》，元无名氏又仿作《湖海新闻夷坚续志》，均可见此书对后代的影响。

③ 这个故事又见于说参请的话本《问答录》，见前。《问答录》与《新话》的先后，今天难以考定，故两存之。

录》所载宋人话本《锦庄春游》和《柳参军》的本事，也见于《绿窗新话》卷上《金彦游春遇会娘》和《崔娘至死为柳妻》。这说明此书与说话人的关系密切。

再看《醉翁谈录》。这是一部艳情传奇集，自甲集至癸集共十集，每集二卷，宋末罗烨编撰。除了甲集卷一《舌耕叙引》的“小说引子”和“小说开辟”专谈说话艺术之外，其余十九卷都是转述或节录唐宋文言小说而成，分“私情公案”、“烟粉欢合”、“神仙嘉会”和“负约”、“不负心”等二十类。其作用与《绿窗新话》相同。如丙集卷一《因兄姊得成夫妇》，后来发展为《醒世恒言》卷八所载《乔太守乱点鸳鸯谱》；壬集卷一《红绡密约张生负李氏娘》，后来被改写为《熊龙峰四种小说》之一《张生彩鸾灯传》的头回。

综上可知，宋代的文言小说是得到说话艺人和书会才人的重视并加以利用的，而文言小说也在某些方面受到话本的影响。鲁迅曾经指出：“说话既盛行，则当时若干著作，自亦蒙话本之影响。北宋时，刘斧秀才杂辑古今稗说为《青琐高议》及《青琐摭遗》，文辞虽拙俗，然尚非话本，而文题之下，已各系以七言。”（《中国小说史略》第十三篇）如《流红记》标为《红叶题诗娶韩氏》，《王榭》标为《风涛飘入乌衣国》，这种作法显然是受了话本回目的启发。《绿窗新话》和《醉翁谈录》的标目亦复如此。同时，有些传奇行文韵散相间，时或插入出自书中人物或作者之手的诗词以增强其艺术感染力，即显然受了话本语言表达方式的影响。这都说明了文人创作确曾从民间艺人的话本中汲取营养。

宋代文言小说的品类　文言小说的品类是比较复杂的。这是由于古代文体学及目录学对小说缺乏明确的界定，再加史家对《汉书・艺文志》所谓“丛残小语”的轻视，因而把小说的概念搅得很乱。《新唐书・艺文志》曾把《隋书・经籍志》中的史书杂传贬入了子部的小说，《宋史・艺文志》更把图籍、道藏、地理、诗话、类书和花木谱中的一些著作也归入了小说，可见一斑。明人胡应麟《少室山房笔丛》中的《九流绪论》卷十三中曾把这些古代小说加以概括，分为六类：一为志怪，二为传奇，三为杂录，四为丛谈，五为辨订，六为箴规。他解释说：“丛谈、杂录二类最易相紊，又往往兼有四家，而四家类多独行，不可搀入二类者。至于志怪、传奇，尤易出入，或一书之中二事并载，一事之内两端具存。”因此他不无慨叹地指出：“最易混淆者，小说也！”

自从宋代民间艺人创作的话本小说产生后，宋元明清四代的白话通俗小说极其繁多，而封建时代的正统史家却囿于传统观念，不承认它们在文学史上的地位，正史《艺文志》竟一概摈弃不录，清代乾隆年间纂修的《四库全书》也予以排斥。只有文人创作的文言小说，著录家才给予一席之地。《四库全书总目》子部小说家所收录的就是这些笔记小说，其中又分三类：一、杂事：宋代的有司马光《涑水纪闻》、欧阳修《归田录》、吴处厚《青箱杂记》、赵令畤《侯鲭录》、周辉《清波杂志》、岳珂《桯史》等。二、异闻：宋代的有吴淑《江淮异人录》、洪迈《夷坚志》等。三、琐语：宋代的有旧题苏轼的《渔樵闲话》、陈日华《谈谐》等。以此与胡应麟所分的六类相比较，杂事相当于杂录，异闻和琐语相当于志怪，排除了丛谈、辨订、箴规三种似是而非的东西，但却把真正是小说的传奇名目也抹掉了。至清代同治八年(1869)，余叟编《宋人（百种）小说类编》，则又恢复了传奇的类目，与偏录、琐记并列为三类。这些分法，概念含糊，难以反映中国文言小说的发展轨迹。我们认为，从内容方面说，可按小说作品的具体性质分；就外形而言，应按其艺术样式分。宋代的文言小说是上承六朝志怪、杂录与唐代传奇发展而来的。为了能理清古小说发展的线索和前后的传承关系，对它的分类就仍应按笔记中的志怪、志人和本为单篇的传奇等三种品类来归纳。当然，这三种小说许多原来就混杂在大量笔记中和大型小说汇编如《太平广记》中，彼此之间并无明确的界限标志。但从题材内容和艺术特征方面来看，大致上还是可以理出端绪来的。

笔记中的志怪和志人短篇　宋人笔记前已略作介绍，其中一部分可以算是精彩的短篇小说。它们大体上又可分为志怪和志人两类。它们的篇幅不长，情节也较为简单，但仍具有一定的艺术价值。这两类作品的数量远较宋人传奇为多。

两宋的志怪小说是沿着张华《博物志》和干宝《搜神记》等先唐作品的创作道路而前进的，主要内容是谈神鬼，述灵异。继宋初徐铉《稽神录》和吴淑《江淮异人录》之后，有张君房《乘异记》、张师正《括异志》、聂田之《祖异志》、秦再思《洛中纪异》等。有些以记述人事为主的笔记中也含有部分搜奇志怪的作品，如蔡絛《铁围山丛谈》卷五有一则即颇为奇幻：

铁城有寓士成君相如，酷喜道家流事。吾问之："子有所睹耶？何迷而不复乎？"成君曰："有也。我以少年时未识好恶，顷在桂林，与一韩生者游。韩生嗜酒，自云有道术，初不大听重之也。一日相别，有自桂过昭平同行者二人，俱止桂林郊外僧之伽蓝。而韩生亦来，夜不睡，自抱一篮持匏杓出就庭下。众共往观之，则见以杓酌取月光，作倾泻入篮状。争戏之曰：'子何为乎？'韩生曰：'今夕月色难得，我惧他夕风雨，倘夜黑，留此待缓急尔。'众笑焉。明日取视之，则空篮敝杓如故。众亦哂其妄。及舟行至昭平，共坐江亭上，各命仆厮办治肴膳，多市酒，期醉。适会天大风，俄日暮，风益急，灯烛不得张，坐上墨黑，不辨眉目矣。众大闷，一客忽念前夕事，戏嬲韩生曰：'子所贮月光今安在？宁可用乎？'韩生为抚掌而对曰：'我几忘之，微子不克发我意。'即狼狈走，从舟中取篮杓而一挥，则月光瞭焉，见于梁栋间。如是连数十挥，一坐遂尽如秋天夜晴，月明潋滟，则秋毫皆得睹，众乃大呼，痛饮达四鼓。韩生者又杓取而收之篮，夜乃黑如故。始知韩生果异人也。"成君又谓吾曰："我时舟中与韩生款曲，辄数夕，亦屡邀我索授其炉火及存养法，然我不听。及别去，不知所在。后闻从琼筦陈通判觉者周流海上，数年，至陆川而殂。及举葬，但空棺，知其尸解矣。我始悔不从之学，用是笃意于神仙事也。"吾既闻成君说，后又五载，适得识陈通判觉，尽以讯陈，而成君之言信。

南宋也有许多笔记以记载鬼神志怪故事为主，如郭彖《睽车志》、鲁应龙《闲窗括异志》、洪迈《夷坚志》、缺名《鬼董》等。现举三篇如下：

淳熙庚子辛丑岁，平江比年大旱。常熟县虞山北葛市村，有农夫姓过，种田六十亩，岁常丰熟。过觊例免秋赋，亦伪以旱伤闻官，果得免输，自以得计。明年壬寅夏，飞蝗骤至，首集过田，禾稼皆尽。而邻比接壤之田，蝗过不食。又有二农家，不得其姓，畎亩东西相接。东家淳朴守分，西则狡狯暴狠，淳朴之家常苦之。是年蝗至，尽集西家之田，而不入东界。西农怪之，夜以布囊贮蝗移置东田。有报东家农，弗之较，但祝云："果有神明，蝗当自去。"明日，蝗复飞集西家，东田无伤焉。

——《睽车志》卷三

安定郡王赵德麟，建炎初自京师挈家东下，抵泗州城北，于驿邸憩宿。薄晚呼索熟水，即有妾应声捧杯以进，而用紫盖头覆其首。赵曰："汝辈既在室中，何必如是？"自为揭之，乃枯骨耳！赵略无怖容，连批其颊曰："我家不是无人使，要尔怪鬼何用！"叱使去，掩冉而灭。赵不以语家人，留驻竟夕，天明始登途。

——《夷坚支志》景集卷八《泗州邸怪》

和州市人杜默，累举不成名，性英傥不羁。因过乌江，入谒项王庙。时正被酒沾醉，才炷香拜讫，径升偶坐，据神颈拊其首而恸，大声语曰："大王！有相亏者！英雄如大王，而不能得天下；文章如杜默，而进取不得官，好亏我！"语毕，又大恸，泪如迸泉。庙祝畏其必获罪，强扶以下，掖之而出，犹回首长叹，不能自释。祝秉烛检视，神像垂泪亦未已！

——《夷坚三志》辛集卷八《杜默谒项王》

所叙均为当时现实社会中的怪异之事，虽然虚妄荒诞，但都有一定的寓意。或劝善戒恶，或宣扬不怕鬼的故事，或反映士子落第的苦情，都生动可读。张端义《贵耳集》卷上云："宪圣（高宗吴皇后）在南内，爱神鬼幻诞等书，郭彖《睽车志》始出，洪景卢《夷坚志》继之。"似此二书曾经进奉宫内，可知郭、洪二氏之作，在宋代志怪书中是有代表性的。

宋人笔记中含志人小说者亦复不少，其主要内容是记人言行，以资谈柄。遗文轶事，往往可补正史之不足。如孔平仲《续世说》和王谠《唐语林》二书，则仿效了刘义庆《世说新语》的体例，编次旧文，细分门类。其文虽不出自宋人之手，而却为宋人所缀拾，从取舍中体现了他们对这类作品的看法。现举《续世说》卷一德行门一篇如次：

淮西之师，汴帅韩弘骄矜倔强，常倚贼势索朝廷姑息。恶李光颜力战，阴图挠屈，计无所施。遂举大梁城求得一美妇人，教以歌舞、弦管、六博之艺，饰之以珠翠金玉衣服之具，计费数百(万)。乃命使者送遣光颜，冀光颜一见悦惑而怠于军政也。使者即赍书先造光颜垒，曰："本使令公，忧公暴露，欲进一妓，以慰公征役之思。"光颜曰："今日已暮，明旦纳焉。"诘朝，光颜乃大宴军士。三军咸集，命使者进妓。妓至，则容止端丽，殆非人间所有，一座皆惊。光颜谓来使曰："令公怜光颜离家室久，舍美妓见赠，诚有以荷德也。然光颜受国家恩深，誓不与逆贼同生日月下。今战卒数万，皆弃妻子，蹈白刃。光颜奈何以美色为乐！"言讫，泣涕呜咽。堂下兵士数万，皆感激流涕。乃厚以缣帛酬其来使，俾领其妓自席上而回。自此兵众弥加激励。

唐宪宗时，淮西节度使吴元济发动叛乱，朝廷任命韩弘为淮西诸军行营都统进行讨伐。但他驻军汴梁，行动迟缓，却又嫉妒忠武军节度使李光颜首获战功，竟阴谋采用美人计来破坏李的斗志和信誉。围绕着这场斗争，作家刻画了李光颜机智沉着、正直坚强的品格，他将计就计，反而利用这一事态当众表明心迹，激励了士气，鼓舞了军心。语言明快，对比强烈，颇为动人。但特别值得注意的是，这篇文字全录自《旧唐书·李光颜传》，仅个别字句略有删改。这可见在宋人心目中，史传与小说是可以互相阑入的，所以孔平仲采《旧唐书》以实《续世说》。

至于反映宋代现实生活和人事的作品则如：

鞠咏为进士，以文受知于王公化基。及王公知杭州，咏擢第，释褐为大理评事，知杭州仁和县。将之官，先以书及所作诗寄王公，以谢平昔奖进，今复为吏，得以文字相乐之意。王公不答。及至任，略不加礼，课其职事甚急。鞠大失望。于是不复冀其相知，而专修吏干矣。其后，王公入为参知政事，首以咏荐。人或问其故，答曰："鞠咏之才，不患不达。所忧者气峻而骄，我故抑之，以成其德耳。"鞠闻之，始以王公为真相知也。

——《东轩笔录》卷二

韩蕲王之夫人，京口娼也。尝五更入府，伺候贺朔，忽于庙柱下见一虎蹲卧，鼻息齁齁然，惊骇急走出，不敢言。已而人至者众，往复视之，乃一卒也。因蹴之起，问其姓名，为韩世忠。心异之，密告其母，谓此卒定非凡人。乃邀至其家，具酒食，至夜尽欢。深相结纳，资以金帛，约为夫妇。蕲王后立殊功，为中兴名将，遂封两国夫人。蕲王尝邀兀术于黄天荡，几成擒矣，一夕凿河遁去。夫人奏疏言世忠失机纵敌，乞加罪责，举朝为之动色，其明智英伟如此！

——《鹤林玉露》丙编卷二"蕲王夫人"条

江阴士人葛君，忘其名，强记绝人。……家傍有民，张染肆，置簿书识其目。葛尝被酒，偶坐其肆，信手翻阅。一夕，民家火作，凡所有之物并文书皆烬焉。物主竞来索数倍责偿，民无以质验，忧挠不知所出。其子谋诸父曰："吾闻里中葛秀才天性能记。渠昨过吾家，尝阅此籍，或能记忆，盍以情叩乎？"即日父子诣葛，言其状。葛笑曰："汝家张染肆，且吾何从知其数耶？"民拜且泣，葛又笑曰："汝以壶酒来，当能知之。"民喜，亟归携酒肴至。葛饮毕，命取纸笔，为疏某月某日某人染某物若干，某月某日某人染某物若干，凡数百条。所书月日、姓氏、名色、丈尺，无毫发差。民持归，呼物主读以示之，皆叩头骇伏。

——《梁溪漫志》卷九"江阴士人强记"条

第一例写王化基长于驭下，善于教人。第二例称颂韩世忠夫人虽出身娼门，但却富有识见，并能以国事为重，公而忘私。这些作品的故事情节虽然简单，但都能采用对照衬托的笔法来刻画人物的性格。第三例的对话很传神，塑造人物形象跌宕多姿，有铺垫，有层次。其中写葛君的两次吃酒，着墨不多，却把他狂放不羁的神态勾画出来了。他醉后偶坐染坊时，曾漫不经心地信手翻阅账簿。当染坊失火账本被焚，发生物主勒索店家的急难时，他仍然在酒后从容不迫有条不紊地将账目默写出来。正是这两次酒意的描绘，才把他惊人的记忆力突出地显现了出来。而店家父子与物主们的纠纷也因此发生了戏剧性的变化。店家从惶惶到惊喜，物主从汹汹到骇伏，都围绕着葛君构成了一幅有趣的场景。

宋人弄笔，强调记实，不尚虚构，因而无论是志怪还是志人，都未免质直平淡，大多缺乏丰富的想像和瑰丽的色彩。这不能不说是宋代笔记小说的一大缺点。

历史题材和现实题材的传奇　宋代传奇当然是承继唐人的优良传统发展而来的。传奇之体，综合六朝志怪与志人小说的长处，并在古文运动和进士行卷风习的影响下得到了繁荣滋长（参看程千帆《唐代进士行卷与文学》之《行卷对推动唐代古文运动所起的作用》，上海古籍出版社 1980 年出版），产生了许多优秀的文言短篇小说。自晚唐裴铏创作专集，以《传奇》命名，宋人即以别名为共名，称呼这一类小说为传奇。但宋代文人受到轻视小说的传统思想的禁锢，对之意存轻视，如陈师道《后山诗话》即曾载尹洙讥评范仲淹的《岳阳楼记》为传奇体。因此，传奇之在宋代，虽有一些人从事创作，却未能在唐人的基础上发扬光大。

宋代传奇与志怪志人小说并无明显的区别界限。在宋代的文言小说集如《青琐高议》和诸家笔记中，这些品类的作品往往夹杂一起。如果从艺术上加以区分，则传奇的篇幅较为长大，故事情节较为曲折，人物头绪较多，谋篇布局较为讲究，文笔较为细腻。从题材上看，则有写历史题材和现实题材的两种类型。

写历史题材的著名作品有秦醇《赵飞燕别传》，乐史《绿珠传》，缺名《隋炀帝海山记》、《迷楼记》、《开河记》，乐史《杨太真外传》，缺名《梅妃传》和《李师师外传》等。这些作品大多取材于帝王后妃或贵族官僚的私人生活。其中通过对这些人骄奢淫佚的描绘，暴露了封建社会上层集团的腐败黑暗。这一类传奇的缺点是缺乏艺术上的独创性和感染力，而且往往杂有封建迷信色彩和宿命观念，因而成就不高。其中南宋人所写的《李师师外传》，通过徽宗私生活的一个侧面，反映了北宋末年时政，时代较近，见闻较真，感受较深，因而也写得较好，现节录如下：

李师师者，汴京东二厢永庆坊染局匠王寅之女也。寅妻既产女而卒，寅以菽浆代乳乳之，得不死。在襁褓未尝啼。汴俗凡男女生，父母爱之，必为舍身佛寺。寅怜其女，乃为舍身宝光寺。女时方知孩笑。一老僧目之曰："此何地，尔乃来耶？"女至是忽啼。僧为摩其顶，啼乃止。寅窃喜曰："是女真佛弟子。"为佛弟子者，俗呼为师，故名之曰师师。师师方四岁，寅犯罪系狱死。师师无所归，有倡籍李姥者，收养之。比长，色艺绝伦，遂名冠诸坊曲。

徽宗皇帝即位，好事奢华，而蔡京、章惇、王黼之徒，遂假绍述为名，劝帝复行青苗诸法。长安中粉饰为饶乐气象。市肆酒税，日计万缗，金玉缯帛充溢府库。于是童贯、朱勔辈，复导以声色、狗马、宫室、苑囿之乐。凡海内奇花异石，搜采殆遍。筑离宫于汴城之北，名曰艮岳。帝般乐其中，久而厌之，更思微行为狎邪游。内押班张迪者，帝所亲幸之寺人也。未宫时，为长安狎客，往来诸坊曲，故与李姥善。为帝言陇西氏色艺双绝，帝艳心焉。翌日，命迪出内府紫茸二匹、霞氎二端，瑟瑟珠二颗，白金廿镒，诡云："大贾赵乙，愿过庐一顾。"姥利金币，喜诺。暮夜，帝易服杂内寺四十余人中，出东华门二里许，至镇安坊。镇安坊者，李姥所居之里也。帝麾止余人，独与迪翔步而入。……郑后闻而谏曰："妓流下贱，不宜上接圣躬，且暮夜微行，亦恐事生叵测。愿陛下自爱。"帝颔之。阅岁者再，不复出。然通问赏赐，未尝绝也。

宣和二年，帝复幸陇西氏。见悬所赐画于醉杏楼，观玩久之。忽回顾见师师，戏语曰："画中人乃呼之竟出耶？"即日赐师师辟寒金钿、映月珠环、舞鸾青镜、金虬香鼎。次日，又赐师师端溪凤咮砚，李廷珪墨，玉管宣毫笔，剡溪绫纹纸。又赐李姥钱百千缗。迪私言于上曰："帝幸陇西，必易服夜行，故不能常继。今艮岳离宫东偏有官地袤延二三里，直接镇安坊。若于此处为潜道，帝驾往还殊便。”帝曰：“汝图之。”于是迪等疏言：“离宫宿卫人向多露处，臣等愿捐资若干，于官地营室数百楹，广筑围墙，以便宿卫。”帝可其奏。于是羽林巡军等，布列至镇安坊止，而行人为之屏迹矣。四月三日，帝始从潜道幸陇西。……

无何，帝禅位，自号为道君教主，退处太乙宫，佚游之兴，于是衰矣。师师语姥曰：“吾母子嘻嘻，不知祸之将及。”姥曰：“然则奈何？”师师曰：“汝第勿与知，唯我所欲。”时金人方启衅，河北告急。师师乃集前后所赐金钱，呈牒开封尹，愿入官，助河北饷。复赂迪等代请于上皇，愿弃家为女冠。上皇许之，赐北郭慈云观居之。未几，金人破汴。主帅闼懒索师师，云：“金主知其名，必欲生得之。”乃索之，累日不得。张邦昌等为踪迹之，以献金营。师师骂曰：“吾以贱妓，蒙皇帝眷，宁一死无他志。若辈高爵厚禄，朝廷何负于汝，乃事事为斩灭宗社计？今又北面事丑虏，冀得一当，为呈身之地。吾岂作若辈羔雁贽耶？”乃脱金簪自刺其喉，不死，折而吞之，乃死。道君帝在五国城，知师师死状，犹不自禁其涕泣之泛澜也。

论曰：“李师师以娼妓下流，猥蒙异数，所谓处非其据矣。然观其晚节，烈烈有侠士风，不可谓非庸中佼佼者也。道君奢侈无度，卒召北辕之祸，宜哉！”

李师师实有其人，关于她的遗闻轶事有多种不同之记载，话本《宣和遗事》也有详尽的渲染。刘子翚《汴京纪事》二十首末篇云：“辇毂繁华事可伤，师师垂老过湖湘，缕衣檀板无颜色，一曲当时动帝王。”又朱敦儒《鹧鸪天》云：“唱得梨园绝代声，前朝惟数李夫人。自从惊破霓裳后，楚奏吴歌扇里新。　秦嶂雁，越溪砧，西风北客两飘零。尊前忽听当时曲，侧帽停杯泪满巾。”看来，《宣和遗事》说她“在后流落湖湘间，为商人所得”的记载，是符合事实的①。但这篇传奇却大胆地改变了这一事实，将这位地位卑

① 刘诗见《宋诗钞》:《屏山集钞》，朱词见《全宋词》第八百四十三页。师师靖康元年(1126)被籍没后，逃往湖南、浙江一带，亦见《三朝北盟会编》“靖康中帙”卷五及《墨庄漫录》卷八。

微的娼妓塑造成一个富于智计、忠于祖国的烈女，写她在政局变更之际，始则知机免祸，终能仗义捐生。这与北宋亡国君臣的始而醉生梦死，终至屈膝媚敌形成了鲜明的对照，实际上是对他们的强烈讽刺和鞭挞。这一创造使作品最后闪耀着异样的光彩。

宋人传奇也有取材于当时的现实生活的，代表作有柳师尹《王幼玉记》（《青琐高议》前集卷十）、秦醇《谭意歌传》（《青琐高议》别集卷二）、缺名《王魁负心桂英死报》（《醉翁谈录》辛集卷二）和《苏小卿》等（《苏小卿》见《永乐大典》卷二千四百零五，标明辑自《醉翁谈录》"烟花奇遇"类，今本《醉翁谈录》失载）。前两篇模仿唐代传奇《霍小玉传》，王幼玉也是一个不得所爱幽怨而死的名妓形象，《谭意歌传》的前半部还参照了《莺莺传》的写法，但却捏合为团圆的结局。后两篇塑造了恋情中负心与不负心的两种不同典型。王魁登第后因桂英出自娼门而变心背盟，暴露了某些士子因社会地位升高便背信弃义的丑恶灵魂；但双渐发迹后却并不厌弃沦为歌妓的苏小卿，表现了始终如一地忠于爱情的高尚风范。这两篇传奇对戏曲的影响很大，《王魁负桂英》的悲剧和《双渐赶苏卿》的喜剧，成了长期上演不衰的剧目。据周密《齐东野语》卷六《王魁传》记载，王氏是嘉祐年间的状元，原名俊民，莱州掖县（在今山东省）人。《王魁传》的原作者是北宋文人夏噩，《王幼玉记》中提及"夏贤良名噩，字公酉"，可知其人曾以"贤良方正科"及第，是仕流中人①。夏作今见于曾慥编辑的《类说》卷三十四。而《醉翁谈录》辑存的《王魁负心桂英死报》则是经过书会才人改编后的话本体传奇，其文如次：

> 王魁者，魁非其名也，以其父兄皆名宦，故不书其名。魁学行有声，因秋试触讳，为有司摈。失意浩叹，遂远游山东莱州。莱之士人，素闻魁名，日与之游。一日，为二三友招，过北市深巷，有一宅，遂叩

① 李献民《云斋广录》卷六"丽情新说"门载《王魁歌引》亦云："贤良夏噩，尝传其事。"（《云斋广录》九卷，今存，中央书店排印本易得。）李献民于政和元年（1111）自序，称其书乃仿唐袁郊《甘泽谣》而作。前三卷是笔记体的杂俎，后六卷收录灵怪、丽情、奇异、神仙等类传奇。

扉。有一妇人出，年可二十余，姿色绝艳，言曰："昨日得好梦，今日果有贵客至。"因相邀而入。妇人开樽，酌献于魁曰："某名桂英，酒乃天之美禄，使足下待桂英而饮天禄，乃来春登第之兆。"桂英谓人曰："此大壮之士。"又献魁曰："闻君誉甚久，敢请一诗。"王魁作诗曰：

谢氏筵中闻雅唱，何人戛玉在帘帏？一声透过秋空碧，几片行云不敢飞。

桂英乃再拜。酒罢，桂英独留魁宿。夜半，魁问："娘子何姓？颜貌若此，反居此道何也？"桂英曰："妾姓王，世本良家。"复谓魁曰："君独一身，囊无寸金，倦游闾里，君但日勉学，至于纸笔之费，四时之服，我为君办之。"由是魁宴止息于桂之馆。逾年，有召求贤，魁乃求入京之费。桂曰："妾家所有，不下数百千，君持半为西游之用。"魁乃长吁曰："我客寓此逾岁，感君衣食之用，今又以金帛佐我西行之费，我不贵则已，若贵，誓不负汝。"魁将告行，桂曰："州北有望海神，我与君对神痛誓，各表至诚而别。"魁忻然诺之。乃共至祠下，魁先盟曰："某与桂英，情好相得，誓不相负，若生离异，神当殛之。神若不诛，非灵神也，乃愚鬼耳。"桂大喜曰："君之心可见矣。"又对神结发，以彩合为双髻。复用小刀，各刺臂出血盈杯，以祭神之余酒和之而交饮。至暮，连骑而归。魁行，桂为祖席郊外，仍赠以诗云：

灵沼文禽皆有匹，仙园美木尽交枝。无情微物犹如此，因甚风流言别离！

魁览之，愕然。桂曰："以君才学，当首出群公，但患不得与君偕老！"魁惊曰："何言之薄也？盟誓明如皎日，心诚固若精金，虽死亦相从于地下。"桂曰："但望早还，无负约也。"

魁遂行，抵京师。就试，果领高荐。乃遣介归报书，后有一诗，诗曰：

琢玉磨云输我辈，攀花折柳是男儿。来春我若成功去，好养鸳鸯作一池。

桂得诗，大喜，乃答书贺之。魁既试南宫，复若上游，乃宸廷唱第，为天下第一。魁乃私念曰："吾科名若此，即登显要，今被一娼玷辱，况家有严君，必不能容。"遂背其盟。自过省御试后，即绝书报。……会其父已约崔家女，与之作亲，魁不敢拒。遂授徐州签判，乃归江左觐父，回即赴任。

桂闻魁授徐签，又赴任了，喜曰："徐去此不远，必使人迎我。"乃作衣一袭，为书遣仆往徐。魁方坐厅，人吏环拥，阍吏引仆见魁。魁因问之仆："自何处来？"仆以桂英之言对之。魁当大怒，欲挞其仆，书遂掷地，并不受，遣仆还之。桂英喜迎之问，闻及此语，乃仆地大哭。……遂同侍儿，乃往海神祠中，语其神曰："我初来，与王魁结誓于此。魁今辜恩负约，神岂不知？既有灵通，神当与英绝(决)断此事，吾即自杀以助神。"乃归家，取一剃刀，将喉一挥，就死于地，侍儿救之不及。桂英既死，数日后，忽于屏间露半身，谓侍儿曰："我今得报魁之怨恨矣！今已得神以兵助我，我今告汝而去。"侍儿见桂英跨一大马，手持一剑，执兵者数十人，隐隐望西而去。遂至魁所。家人见桂英仗剑，满身鲜血，自空而坠，左右四走。桂曰："我与汝辈无冤，要得无义汉负心王魁尔！"……徐有道士马守素者，设醮则有梦应，母乃召之使醮。母果梦见儿魁与一妇人以发相系，在一官府中。守素告其魁母曰："魁不可救。"举家大恸哭，后数日，果自刺死。

自从宋初广开科举以来，士子成名发迹后，往往忘本负心。这篇小说揭露了这种不道德的行为，具有普遍的社会意义。

宋代传奇受到说话艺术的影响是显著的。诗文相间的话本特点，在历史题材的《梅妃传》和《流红记》中已经表现出来；但在现实题材的传奇中似乎应用得更多，加《王幼玉记》和《谭意歌传》都插入了不少诗词。从文言小说的专集来看，除了《青琐高议》和《醉翁谈录》中有一些话本体的传奇外，李献民的《云斋广录》中也有十多篇。如卷五"丽情新说"门的《西蜀异遇》，叙李达道与狐女宋媛的恋情，卷七"奇异新说"门的《钱塘异梦》，写司马槱与苏小小的鬼魂恋爱，曾被说话人分别改编为话本《李达道》和《钱塘佳梦》(见《醉翁谈录》卷一《舌耕叙引》"小说开辟"条)。试看《西蜀异遇》中插用诗词的一段：

时抵暮春，生与媛同游后圃，饮于荼蘼花下。杯盘间列，丝竹递奏，放怀摅思，各极其欢。媛即醉，乃作诗一绝。诗云：

绿鞚盘纡成绀幄，屑玉纷纷迎面落。美人欲醉朱颜酡，青天任作刘伶幕。

生大赏其才，因戏谓媛曰："还可属对否？"媛曰："请。"于时栏有芍药，方葩而未坼，然蝴蝶团飞，已集其上矣。生乃曰："芍药栏边春蝶乱。"媛应声曰："海棠梢外晓莺啼。"少选，生复曰："垂杨夹道袅青丝。"媛复应声曰："嫩竹出栏抽碧玉。"生愈服其敏捷而律切也。于是讴吟谐谑，终日而罢。他时，生有干入眉州，乃与媛约曰："我此行十日定归，无见讶也。"生既抵州，宾朋故旧喜生之来，曲留二十日，方得返舍。媛谓生曰："何愆期之甚也？"生曰："朋友见留耳。"媛曰："自君之行，闲窗昼永，芳阁无人，膏沐不施，铅华不御，离恨之深，思君之切。因成落花词一阕，用以见意。"词寄《阮郎归》：

东风成阵送春君，庭花高下飞。柔条缭绕入帘帏，斑斑装舞衣。　云鬓乱，坐偷啼，郎来何负期？人生恰似这芳菲，芳菲能几时！

读讫，生谢不敏焉。

诗词的介入，可说是宋人传奇的一个鲜明的特色，这一方面体现了除传统的诗以外，歌词在社会上同样甚至更其流行的新局面，一方面也正是话本影响传奇的明证。

反映社会现实，表现市民生活的传奇，在南宋王明清的《摭青杂说》中还有几篇较为突出，如《盐商厚德》和《茶肆还金》①，塑造市民形象都是可取的。前者是写商人项四郎救护遇难少女，毫无私心地为之择嫁；后者写汴京茶馆的店主拾金不昧，忠诚地为顾客服务。其主题都是表彰普通市民的高尚品德，嘉许其舍利取义的精神。这种以市民为主角的题材在文

① 《摭青杂记》二十四卷，今佚。这两篇载于《说郛》卷三十七，《宋人小说类编》卷四传奇类亦收入，改题《项四郎义嫁徐七郎》及《茶肆高风》。

言小说中是不可多得的，也可说是宋人传奇在内容上受到话本影响的一个新发展。

宋人传奇偏重纪实的缺点与其他笔记小说相同。正如胡应麟《少室山房笔丛》卷十三《九流绪论》指出："小说，唐人以前记述多虚，而藻绘可观；宋人以后论次多实，而彩艳殊乏。盖唐以前出文人才士之手，而宋以后率俚儒野老之谈故也。"这个问题的实质是宋传奇的作者未能处理好生活真实与艺术真实的关系，他们当中缺少像唐代蒋防、白行简那样的艺术大手笔。而且由于文以载道的思想统制，两宋的文学大家都不愿在这方面涉笔。苏轼喜欢听人谈说神鬼，当别人没得说时，他甚至要人"姑妄言之"（见叶梦得《避暑录话》卷上），但自己却没有写过传奇。苏辙曾写了一篇类似传奇的《梦仙记》，多寓哲理，笔触拘谨，而且不敢将其收入自己的文集中，还是依靠洪迈的采录才得以为世人所知（此文今见《夷坚支志》癸集卷七）。

现存宋人传奇，大多是无名氏的作品，几位署名的作者，在文坛上的地位也都不高，他们的生平也大都不详。今就可考见者，简介如次：一、乐史（930—1007），字子正，抚州宜黄（在今江西省）人，地理学家，著有《太平寰宇记》二百卷。他是由南唐入宋的史官，太平兴国五年（980）举进士，曾任著作郎、直史馆，出知舒州、黄州等地。所作传奇存世者有《绿珠传》和《杨太真外传》，另有《唐滕王外传》、《李白外传》和《许迈传》，均佚，仅见其目于《宋史・艺文志》。二、《流红记》作者张实，字子京，约为北宋中期魏陵（在今河北省）人，事迹无考。三、秦醇，字子复（一作子履），约为北宋中期谯郡亳州（今安徽亳县）人，事迹无考，《青琐高议》收录了他的传奇《骊山记》、《温泉记》、《赵飞燕别传》和《谭意歌传》等四篇。四、柳师尹，淇上（今河南淇县）人，事迹无考，《青琐高议》收录他的传奇《王幼玉记》一篇。五、刘斧，生平不详，字里无考，从《青琐高议》中看来，只知道他是秀才出身，曾游历汴京、太原、杭州等地，其活动年代约当仁宗至哲宗年间，所编文言小说集现存《青琐高议》一种，另有《翰府名谈》二十五卷，则已失传。六、李献民，字彦文，延津（在今河南省）人，生活在徽宗至高宗时期。《郡斋读书志》卷三下著录他所撰《云斋广录》为十卷，《四库全书总目》卷一百四十四小说家类存目记内府藏本尚存八卷附后集一卷。七、王明清(1127—1202?)字仲言,颍州汝阴(今安徽省阜阳县)人,王铚次子,曾官朝请大夫,绍熙四年(1193)任宁国军节度判官,庆元元年(1195)任泰州通判。所著笔记小说集现存《挥麈录》前录四卷、后录十一卷、三录三卷、余话二卷,《投辖录》一卷,《玉照新志》六卷。所撰传奇集《摭青杂说》二十四卷,则已散佚。——以上六人,乐史、王明清曾历仕途,然官职不大,其他四人都是布衣之士,连生平事迹都毫无记载。怪不得胡应麟把他们都说成是俚儒野老。

这些士人虽处于封建社会的中下层,仍没有摆脱文以载道的思想束缚,因此在他们创作的传奇中往往加上自己的出自正统思想的议论,如《杨太真外传》篇末作者论曰:

> 夫礼者,定尊卑,理家国。君不君,何以享国?父不父,何以正家?有一于此,未或不亡。唐明皇之一误,贻天下之羞,所以禄山叛乱,指罪三人。今为外传,非徒拾杨妃之故事,且惩祸阶而已。

《流红记》末也有作者的议论:

> 流水,无情也。红叶,无情也。以无情寓无情而求有情,终为有情者得之,复与有情者合,信前世所未闻也。夫在天理可合,虽胡越之远,亦可合也。天理不可,则虽比屋邻居,不可得也。悦于得,好于求者,观此,可以为诫也。

《王幼玉记》末尾,作者为了表扬女主人公不慕荣利的高尚品格,也写上了一段议论。见于王明清《摭青杂说》中的各篇也都寓有教化之意。所以鲁迅在《中国小说的历史变迁》第四讲中曾经指出:“唐人小说少教训;而宋则多教训。大概唐时讲话自由些,虽写时事,不至于得祸;而宋时则讳忌渐多,所以文人便设法回避,去讲古事。加以宋时理学极盛一时,因之把小说也都理学化了,以为小说非含有教训,便不足道。但文艺之所以为文艺，并不贵在教训，若把小说变成修身教科书，还说什么文艺。宋人虽然还作传奇，而我说传奇是绝了，也就是这意思。”这些意见是非常中肯的。

宋人传奇虽然存在着上述这些缺点，但它在文学发展史上承前启后的作用仍然不可低估。如《云斋广录》中写人狐、人鬼的恋爱故事，对狐、鬼形象的人格化已刻画得生动有致，可说是《聊斋志异》的先声。又如话本体传奇，对明清文言小说是有直接的影响的。明人瞿佑《剪灯新话》和吴敬所《国色天香》的体裁，就是分别仿自《青琐高议》和《醉翁谈录》；而且，明清两代的文言中篇和长篇章回小说，也是在话本体传奇的基础上发展出来的（参看薛洪等选注《宋人传奇选》的《前言》，湖南人民出版社1985年出版）。

和笔记小说一样，宋人传奇对戏曲也有深远的影响。如民间艺人曾将《王魁传》改编为宋杂剧《王魁三乡题》和南宋戏文《王魁》及《王俊民休书记》；元杂剧有尚仲贤的《海神庙王魁负桂英》，明传奇有王玉峰的《焚香记》。取材于《苏小卿》的，有金院本《调双渐》，有南曲戏文《苏小卿月夜泛茶船》，元代有杨景贤的北杂剧《苏小卿诗酒丽春园》，明末清初有李玉的传奇《千里舟》。取材于《李师师外传》的，有元人屈子敬的北杂剧《李师师》。取材于《钱塘异梦》的，有元人白朴的北杂剧《苏小小月夜钱塘梦》和清人沈沐的南传奇《芳情院》。取材于《夷坚志》甲集卷四《吴小员外》的，有金院本《金明池》和明人范文若的同名传奇。取材于《夷坚三志》辛集卷八《杜默谒项王》的，有明代沈自征的杂剧《霸亭秋》，清代嵇永仁的折子戏《杜默哭庙》和张韬的短剧《杜秀才痛哭霸亭庙》。除此以外，可以考述者尚多，实在是不胜枚举了。

第十三章　宋代戏曲的形成

中国戏曲是诗歌、音乐、舞蹈、杂技、说唱、表演、美术等结为一个整体的综合艺术。这种综合经历了漫长的孕育阶段，从先秦歌舞、汉魏百戏、隋唐戏弄发展到宋代的诸色伎艺，逐步萌芽融合，才产生了宋杂剧、金院本的戏曲形态。由于宋、金民族政权南北对峙的特殊局面，南宋地区形成了南曲戏文，北方金元统治地区则形成了北曲杂剧。到了元代，全国统一，南戏与北剧相互交流，中国戏曲便趋向成熟完美了。

中国民族传统的戏剧就文体而论是一种诗剧，它是继唐代声诗和宋人歌词之后新兴的音乐文学。当时将这种新诗体称之为曲，表明它是通过演唱来体现其艺术特色的，所以我国民族形式的戏剧又称为戏曲。在中国古代文献中，戏剧与戏曲的概念本来是相同的。戏剧一词，最早见于晚唐杜牧的《西江怀古》诗①和杜光庭的传奇小说集《仙传拾遗》②。而戏曲一词，则最早见于元初刘埙的《水云村稿·词人吴用章传》，及夏庭芝的《青楼集》和陶宗仪的《南村辍耕录》等文籍中。近代王国维作《戏曲考原》和《宋元戏曲考》，开始把我国具有民族特色的传统戏剧定名为戏曲，从此约定俗成。

---

①　诗云："上吞巴汉控潇湘，怒似连山净镜光。魏帝缝囊真戏剧，苻坚投棰更荒唐。千秋钓艇歌明月，万里沙鸥弄夕阳。范蠡清尘何寂寞，好风唯属往来商。"见《全唐诗》卷五百二十二。

②　《太平广记》卷七十四《张定》条云："与父母往连水省亲，至县，有音乐戏剧，众皆观之，定独不往。"出《仙传拾遗》。

第一节　宋代戏曲形成的社会基础和艺术渊源

经过先秦两汉至隋、唐、五代百戏伎艺的长期交流，中国戏曲到宋代开始形成。其最初的形态是宋杂剧，从北宋演进到南宋，又出现了地方性的温州杂剧，从而产生了南戏。艺人们则仍沿着古代传统，都称为优伶。宋代戏曲的形成，有内外两方面的因素：物质条件和社会基础是外因，文化积累和艺术传统是内因。

戏曲形成的社会基础　宋代伎艺演出的职业化和商业化，以及它的群众性和社会性，对于戏曲的形成具有巨大的推动作用。

宋代手工业和商业的发展都超过了唐代，特别是城市经济的繁荣，壮大了新兴的市民阶层，出现了行会组织。由于有了足够的经济基础、演出条件和大量的观众，各种声色伎艺便不仅供奉于宫廷，而且广泛地传播于民间，走向了娱乐的商业化。

商业化的显著标志是演出的营业性和剧场化，这是商品经济发达后必然出现的一种新局面。当时市井间出现了百戏伎艺公演的场所，叫做瓦舍勾栏。瓦舍又称瓦子，指的是城市中群众性的“娱戏之地”（吴自牧《梦粱录》卷十九“瓦舍”条）；勾栏又称构肆，是在瓦舍的范围内搭建的剧场，其中有戏台和看棚，用栏干围起来，以便演出时向观众收费。《东京梦华录》卷二“东角楼街巷”条记载北宋汴京瓦舍中勾栏情况云：“街南桑家瓦子，近北则中瓦，次里瓦。其中大小勾栏五十余座。内中瓦子莲花棚、牡丹棚，里瓦子夜叉棚、象棚最大，可容数千人。”一个看棚可以容纳上千名观众，这种营业性娱乐场所确是前所未有的。而且一个瓦子里设有几十座勾栏，便有几十种伎艺可以同时竞争演出，这又为各种艺术形式的相互吸收和趋向综合创造了条件。《东京梦华录》卷五“京瓦伎艺”条载有各色伎艺名目，样式复杂，流派纷呈，而“诸棚看人，日日如是”，反映了崇宁、宣和年间汴京演出的盛况。此外，《梦粱录》卷十九“瓦舍”条还记载了南宋杭州的情况：“其杭之瓦舍，城内外合计有十七处。如清泠桥西熙春楼下，谓之南瓦子；市南坊北三元楼前谓之中瓦子；市西坊内三桥巷名大瓦子,旧呼上瓦子;众安桥南羊棚楼前名下瓦子,旧呼北瓦子。”周密《武林旧事》卷六“瓦子勾栏”条也说:“如北瓦羊棚楼等,谓之游棚(一作邀棚),外又有勾栏甚多,北瓦内勾栏十三座最盛。”在这些勾栏里,多种技艺公开演出,吸引了大批观众。看客中有手工业工人,有军士商民,也有郎君子弟和官吏士夫,但其社会基础和说话一样,主要是植根于市民群众之间,演出的主题、题材及其显示的审美趣味也是以市民的爱憎观念为转移的。这就决定了初期戏曲也是自始就与市民阶层有较亲密的关系。

宋代民间艺人的演出不仅在城市内有固定的剧场——瓦舍勾栏,而且还可以随时随地在空旷之处临时作场,各地又有露台、乐棚、舞亭、舞楼等等,其中许多设在寺庙之中。《东京梦华录》卷六“元宵”条记京城宣德楼下“用枋木垒成露台一所”,卷八“六月六日……”条记乡间神保观“于殿前露台上设乐棚,教坊钧容直作乐,更互杂剧舞旋”。山西万荣县桥上村发现的《创建后土圣母庙碑记》载,早在景德二年(1005)至天禧四年(1020)期间,这里就修建了舞亭一座;山西平顺县东河村发现的《重修圣母之庙碑》,碑文记载了元符三年(1100)曾创建舞楼一座(见黄竹三、张守中、杨太康《从北宋舞楼的出现看中国戏曲的发展——山西中南部三通戏剧碑刻考述》,载《曲苑》第一辑,江苏古籍出版社 1984 年出版)。可见北宋伎艺的演出,渗入了群众的宗教生活,而且已遍及僻远的农村。当时的优伶们为了谋求生活出路,冲州撞府,奔走城乡,所以这些流动演出者又被称为路岐人。如苏轼《次韵周开祖长官见寄》云:“俯仰东西阅数州,老于歧路岂伶优!”《都城纪胜》“市井”条说:“执政府墙下空地,诸色路岐人在此作场,尤为骈阗。”《武林旧事》卷六“瓦子勾栏”条也载:“或有路歧,不入勾栏,只在耍闹宽阔之处做场者,谓之‘打野呵’。”可见宋代的职业艺人十分活跃,受到了普遍的欢迎和喜爱。

宋代伎艺商品化的另一个突出表现是,从京城到地方,从宫廷到民间,不论帝王、官僚还是士子、商贾,都可以出资雇用乐户艺人,随时演出。如北宋时河南的商丘和归德,都有优伶汇集在临河的市肆中演出,称为河市乐,“凡郡有宴设,必召河市乐人”(见王曾《王文正笔录》及王巩《闻见近录》)。《梦粱录》卷二十“妓乐”条说:“今士庶多以从省,筵会或社会,皆用融和坊、新街及下瓦子等处散乐家，女童装末，加以弦索赚曲，祗应而已。”又说：“朝廷御宴，是歌板色承应。如府第富户，多于邪街等处，择其能讴妓女，顾倩祗应；或官府公筵及三学斋会、缙绅同年会、乡会，皆官差诸库角妓祗直。”可见优伶受雇演出，随叫随到，非常便利。这一般称为雇请祗应。凡是承应官差的，叫做唤官身。如果是宫廷以平价召来的，则称为和雇。赵升《朝野类要》卷一“教坊”条云：“今虽有教坊之名，隶属修内司教乐所，然遇大宴等，每差衙前乐权充之，不足，则又和雇市人。近年衙前乐已无，教坊旧人多是市井歧路之辈。”《武林旧事》卷四《乾淳教坊乐部》条中就特地列出了和雇艺人的详细名单，例如杂剧色一项和雇了刘庆、梁师孟等三十人。这说明演艺商品化以后，雇佣民间艺人的情况十分普遍，而且风气所趋，连宫廷宴会也“和雇市人”了。本来，宋初沿袭唐制仍设教坊，可是后来民间伎艺的水平已超过了教坊，到了绍兴三十一年(1161)，干脆将教坊撤消了。民间艺人日益为朝野所欢迎，自然也就鼓励并促进了其演艺水平的提高。

宋代伎艺商业化还表现在艺人按职业的分工组成了各自的行会。《武林旧事》卷三“社会”条载，撮弄的有云机社，吟叫的有律华社，玩影戏的有绘革社，唱清乐的有清音社，小说人有雄辩社，唱赚的有遏云社，相扑的有角觝社，使棒的有英略社，耍词的有同文社，演杂剧的有绯绿社。这些行会组织除了内部交流情况切磋技艺之外，主要是面向社会，适应官差和商民的需要而受雇演出。特别重要的是随着戏曲的形成，还出现了为艺人编写唱本、话本、剧本的书会组织。参加书会的一般是粗通文墨的民间艺人和下层知识分子，他们能与演员配合，联系舞台实际编撰剧本，同时也能写作其他艺术形式的脚本。同书卷六“诸色伎艺人”条中专门列有书会一项，可见它也是伎艺人组成的行会，是为演出服务的，而且是在商业化的风气中新兴的一种职业性的创作团体。

上述这些情况，都是唐代所未曾有过，或虽有而仅处在萌芽状态的，只有到了宋代才得以普遍发展。这便是戏曲形成于宋代的社会基础。

作为戏曲艺术渊源的三大声乐伎艺系统　宋代的各种声乐伎艺一方面上承晚唐五代而来，一方面又有许多新的发展创造。据《东京梦华录》

“京瓦伎艺”条、《都城纪胜》“瓦舍众伎”条和《梦粱录》卷二十“百戏伎艺”条所记，名目繁多，竟达五十余种，其繁荣兴盛的景象，远非唐代所及。其中与戏曲形成有关的，除了传统的角抵、百戏以外，可大致归纳为歌舞伎艺、扮演伎艺和说唱伎艺三大系统，它们都是戏曲的渊源。

第一类，属于歌舞伎艺的有大曲、法曲、曲破、队舞、转踏等。

大曲　大曲是规模很大的舞曲，源出汉魏六朝的乐府相和歌。至隋唐燕乐，曾以乐章的长短多寡为准则，区分为大曲、次曲和小曲三种类型。发展到宋代，教坊所奏有十八个宫调四十部大曲，其结构极为复杂，如王灼在《碧鸡漫志》卷三云：“凡大曲有散序、靸、排遍、攧、正攧、入破、虚催、实催、衮遍、歇指（一作歇拍）、杀衮，始成一曲，此谓大遍。”根据其音乐节奏的层次，可以分为三个段落：散序和靸组成第一段，是没有节拍的散板序曲，只奏乐器，有声无辞；从排遍至正攧是第二段，开始入拍歌舞，节奏缓慢，有声有辞，以歌为主；从入破至杀衮是第三段，转为快板急促的节奏，有声有辞，以舞为主。列表如下：

<table>
<tr><td colspan="11">大　　曲（梨园法部所奏之大曲别称法曲）</td></tr>
<tr><td colspan="2">序曲（散板）</td><td colspan="3">歌头（慢板）</td><td colspan="6">破（由中板快板到急板）</td></tr>
<tr><td>散序</td><td>靸</td><td>排遍</td><td>攧</td><td>正攧</td><td>入破</td><td>虚催</td><td>实催</td><td>衮遍</td><td>歇拍</td><td>煞衮</td></tr>
<tr><td colspan="4"></td><td colspan="7">曲　　破</td></tr>
</table>

《碧鸡漫志》又说：“后世就大曲制词者，类从简省，而管弦家又不肯从首至尾吹弹，甚者学不能尽。”所以文士撰写歌辞时，不一定依照原定次序制作，而往往摘取其中几遍，或增或减，变成了长短自由的形式。宋人作品，如曾布《水调歌头大曲》咏冯燕事，只用《排遍》七叠，史浩《采莲大曲》用了《延遍》、《攧遍》等八遍，董颖《道宫薄媚大曲》咏西施事最长，也不过十遍。今举曾布之作为例，以见一斑。

排遍第一

魏豪有冯燕，年少客幽并。击球斗鸡为戏，游侠久知名，因避仇，来东郡，元戎逼属中军。直气凌貔虎，须臾叱咤，风云懔懔座中生。

偶乘佳兴，轻裘锦带，东风跃马，往来寻访幽胜，游冶出东城。堤上莺花掩乱，香车宝马纵横。草软平沙稳，高楼两岸，春风笑语隔帘声。

排遍第二

袖笼鞭敲镫，无语独闲行。绿杨下，人初静，烟淡夕阳明。窈窕佳人，独立瑶阶，掷果潘郎，瞥见红颜横波盼，不胜娇软倚云屏。

曳红裳，频推朱户；半开还掩，似欲倚咿哑声里，细诉深情。因遣林间青鸟，为言彼此心期，的的深相许，窃香解珮，绸缪相顾不胜情。

排遍第三

说良人滑将张婴。从来嗜酒，回家镇长酩酊长醒。屋上鸣鸠空斗，梁间客燕相惊。谁与花为主？兰房从此，朝云夕雨两牵萦。

似游丝狂荡，随风无定，奈何岁华荏苒，欢计苦难凭！惟见新恩缱绻，连枝并翼，香闺日日为郎，谁知松萝托蔓，一比一毫轻。

排遍第四

一夕还家醉，开户起相迎。为郎引裾相庇，低首略潜形。情深无隐，欲郎乘间起佳兵。　　授青萍，茫然抚弄，不忍欺心。尔能负心于彼，于我必无情。熟视花钿不足，刚肠终不能平。假手迎天意，一挥霜刃，窗间粉颈断瑶琼。

排遍第五

凤凰钗，宝玉凋零。惨然怅，娇魂怨，饮泣吞声。还被凌波唤起，相将金谷同游，想见逢迎处，揶揄羞面，妆脸泪盈盈。　　醉眠人醒来晨起，血凝螓首，但惊喧，白邻里，骇我卒难明。至幽囚推究，覆盆无计哀鸣。丹笔终诬服，圜门驱拥，衔冤垂首欲临刑。

排遍第六带花遍

向红尘里，有喧呼攘臂，转身避众，莫遣人冤滥，杀张室，忍偷生。僚吏惊呼呵叱，狂辞不变如初，投身属吏，慷慨吐丹诚。　　仿佛缧绁，自疑梦中，闻者皆惊叹，为不平。割爱无心，泣对虞姬，手戮倾城宠，翻然起死，不教仇怨负冤声。

排遍第七撷花十八

义城元靖贤相国，嘉慕英雄士，锡金缯。闻此事，频太息，封章归印，请赎冯燕罪。日边紫泥封诏，阖境赦深刑。　　万古三河风义在，青简上，众知名。河东注，任流水滔滔，水涸名难泯。至今乐府歌咏，流入管弦声。（见王明清《玉照新志》卷二）

这一故事原出唐沈亚之所作传奇小说《冯燕传》及司空图《冯燕歌》，后世见于笔记的类似事件不少（参看钱钟书《管锥编》第二册《太平广记》第七十五则）。在这个歌颂豪侠之士过而能改的故事中，作者们都尽了维护封建伦纪秩序的责任，可是同时也就告诉了读者，生活在社会底层的妇女们对爱情生活的正常需要，只能通过某些不正常的手段来谋求，而这种谋求有时竟会形成一种变态心理，因而构成出人意外的悲剧。这种悲剧，在当时是带有普遍性的。

总之，宋代大曲的特点是变抒情为叙事，或寓抒情于叙事之中，又能以歌舞敷演故事。这是一大进步。

法曲　法曲就是唐玄宗开元年间梨园法部所奏的大曲。白居易《法曲》有云："乃知法曲本华风，苟能审音与政通。"（见《全唐诗》卷四百二十六）可知法曲是代表华夏正声不杂胡乐的大曲，最著名的是《霓裳羽衣曲》，还有《破阵乐》、《春莺啭》、《堂堂》、《火凤》、《泛龙舟》、《云韶乐》等。经过五代战乱，大多亡佚，宋初教坊只保存了两曲。故《宋史·乐志》云："法曲部，其曲二，一曰道调宫《望瀛》，二曰小石调《献仙音》。乐用琵琶、箜篌、五弦、筝、笙、觱栗、方响、拍板。"柳永填词，曾摘取其中的单遍，创制了《法曲献仙音》和《法曲第二》两调。

曲破 曲破是截取大曲攧遍以下各遍而成的歌舞乐曲。因为大曲的前半部声调舒缓，而后半部以入破为主体，节奏鲜明，令人振奋，所以称为曲破。元稹《琵琶歌》有云："骤弹曲破音繁并；百万金铃旋玉盘。"（见《全唐诗》卷四百二十一）由于这是大曲最精彩的部分，所以到了宋代愈益流行。宋太宗洞晓音律，曾亲自制作曲破二十九部，文人史浩作有《剑器曲破》、《采莲曲破》。市井流传的还有《千秋岁曲破》、《泛兰舟曲破》和《菊花新曲破》等。

大曲、法曲和曲破是宋代通行的大型舞曲，其影响所及，不仅从中产生了许多词调，而且被宋杂剧吸取为常用的歌曲（"官本杂剧段数"用大曲者即多达一百零三本，详后），南戏套曲的形成也与此有关，如戏文《张协状元》第十六出用了《菊花新曲破》的体式，即其一证。①

队舞 大曲的演出由于人数众多，结构繁复，所以在组织安排上有一定的活动程式，这种演出活动称为队舞（也有不用大曲的）。叶梦得《石林燕语》卷四记载寇准爱好《柘枝》大曲，家宴时常以二十四人组成的柘枝队舞招待宾客。《宋史·乐志》著录了剑器队、婆罗门队、玉兔浑脱队等十支队舞的规制和名目，例如柘枝队的服饰规定"衣五色绣罗宽袍，戴胡帽，系银带。"从今存史浩的《柘枝舞》、《采莲舞》、《剑舞》等作品来看，队舞的程式大致可分三段。首先，由竹竿子带领几个主要演员出场念致语口号，竹竿子的作用等于是总指挥，演员的上下场都由他调度，原本称为参军色，因手持竹竿，所以俗称竹竿子。《东京梦华录》卷九"宰执亲王……上寿"条云："参军色执竹竿拂子，念致语口号，诸杂剧色打和，再作语，勾合大曲舞。"致语口号，又名勾队词，由骈语或加一、二首诗词组成，内容是先说吉利话，再报告节目的内容，大略相当于现今的报幕。如史浩《剑舞》的开场是：

---

① 法曲和曲破的歌词，从传世的作品来看，主要还是一种联章抒情之体，不比大曲之含有更多的叙事成分。从音乐舞蹈的角度说，它们对戏曲的形成是有影响的，而从戏曲文学的角度看来，则关系不大，所以这里也不再举例。

二舞者对厅立裀上，竹竿子勾，念：

伏以玳席欢浓，金樽兴逸。听歌声之溶曳，思舞态之飘摇。爰有仙童，能开宝匣。（佩）干将莫耶之利器，擅龙泉秋水之嘉名。鼓三尺之荧荧，云间电闪，横七星之凛凛，掌上生风。宜到芳筵，同翻雅戏。

二舞者自念：

伏以五行擢秀，百炼呈功。炭炽红炉，光喷星日。研新雪刃，气贯虹霓。斗牛间，紫雾浮游；波涛里，苍龙缔合。久因佩服，粗习徊翔。兹闻阆苑之群仙，来会瑶池之重客。辄持薄技，上侑清欢。未敢自专，伏候处分。

竹竿子问：

既有清歌妙舞，何不献呈？

二舞者答：

旧乐何在？

竹竿子再问：

一部俨然。

二舞者答：

再韵前来。

乐部唱《剑器曲破》，乐作，舞一段。

二舞者同唱《霜天晓角》：

荧荧巨阙，左右凝霜雪。且向玉阶掀舞，终当有，用时节。
唱彻，人尽说，宝此制无折。内使奸雄落胆，外须遣，豺狼灭。

乐部唱曲子，作舞《剑器曲破》一段。

舞罢，二人分立两边。（下略）（见史浩《鄮峰真隐漫录》卷四十六，《四库全书》本）

这一方式与戏曲的形成密切有关，南戏的“副末开场”即源本于此。徐渭《南词叙录》指出：“宋人凡勾栏未出，一老者先出，夸说大意以求赏，谓之开呵，今戏文首一出，谓之开场，亦遗意也。”可见从竹竿子念勾队词发展到副末开场，渊源有自。其次，朗诵致语后，由竹竿子指挥正规的舞队上场，称为勾队，当即奏乐起舞。歌舞的内容可以表演故事，如《剑舞》中有说明文字云："乐部唱曲子，舞《剑器曲破》一段。一人左立者上舞裀，有欲刺右坐客之势。又一人舞进前，翼蔽之。舞罢，两人舞者并退，汉装者亦退。"又有云："复有两人唐装者出，对坐，桌上设笔、砚、纸，一人换妇人装，独立裀上。"前一节是表演鸿门宴项庄起舞欲刺刘邦，而项伯加以庇护，后一节是表演张旭和杜甫观摩公孙大娘舞剑器，杜甫当场挥毫赋诗。这种说明文字逐步演化为后来剧本中的"科"或"介"。最后，表演完毕，竹竿子指挥舞队退场，称为遣队或放队，有时以念放队词结束。

转踏　宋代还有和队舞近似的另一种小型歌舞，叫做转踏，又名传踏。它起源于民间的踏歌，其体制是以勾队词开场，然后用一首诗和一首词来歌咏故事。词的首二字必须与诗的末二字重叠，这样辗转循环，可以重复八段、十段，分别各咏一事，最后以放队词结束。如北宋郑仅的《调笑转踏》共有十二段，分咏罗敷、莫愁、文君和天台仙女等十二事：

良辰易失，信四者之难并。佳客相逢，实一时之盛事。用陈妙曲，上助清欢。女伴相将，调笑入队。（勾队词）

秦楼有女字罗敷，二十未满十五余。金镮约腕携笼去，攀枝折叶城南隅。使君春思如飞絮，五马徘徊芳草路。东风吹鬓不可亲，日晚蚕饥欲归去。

归去，携笼女，南陌柔桑三月暮。使君春思如飞絮，五马徘徊频驻。蚕桑日晚空留顾，笑指秦楼归去。（咏罗敷）

石城女子名莫愁，家住石城西渡头。拾翠每寻芳草路，采莲时过绿苹洲。五陵豪客青楼上，醉倒金壶待清唱。风高江阔白浪飞，急催艇子操双桨。

双桨，小舟荡，唤取莫愁迎叠浪。五陵豪客青楼上，不道风高江广。千金难买倾城样，那听绕梁清唱。（咏莫愁。以下十事从略）

放　队

新词宛转递相传，振袖倾鬟风露前；月落乌啼云雨散，游人陌上拾花钿。（见曾慥《乐府雅词》卷上）

这放队词取自唐刘禹锡的《踏歌词》（见《全唐诗》卷三百六十五《踏歌词》之三，文字全同），后来南戏中的下场诗，就是从这一格式演变而成的。而且南戏的曲调也有采用转踏形式的，如《王状元荆钗记》第十八出一套。

第二类，属于扮演伎艺的有滑稽戏、傀儡戏和影戏等。

滑稽戏　宋代滑稽戏是从唐代的参军戏发展而来的，它继承了古代俳优装扮人物以资谐谑讽谏的优良传统。王国维在《宋元戏曲考》中对于类似于参军戏的表演艺术统名为滑稽戏，而任半塘在《唐戏弄》中则称之为科白类戏，因为它们是以动作和说白为主的。它在宋代作为杂剧的形式之一，流行甚广，其演出内容概略，至今仍有保存。任二北《优语集》对这些史料搜辑颇多，可供研讨。

傀儡戏　宋代的傀儡戏和影戏对戏曲的形成也起了一定的作用。傀儡戏即木偶戏，起源很早。唐段安节《乐府杂录》载，汉高祖时陈平就造作了有机关的木偶人，扮成美女模样，解脱了平城之围。这当然只是传说。到了南北朝时代，发展为傀儡子，又称窟垒子，专演秃发郭郎的故事。颜之推《颜氏家训·书证篇》云："或问：俗名傀儡子为郭秃，有故实乎？答曰：《风俗通》云：'诸郭皆讳秃。'当是前代人有姓郭而病秃者，滑稽戏调，故后人为其象，呼为郭秃。"郭茂倩《乐府诗集》卷八十七《邯郸郭公歌》序引《乐府广题》云："北齐后主高纬雅好傀儡，谓之郭公，时人戏为郭公歌。"这种郭公戏至宋而大盛，杨亿《傀儡诗》云："鲍老当筵笑郭郎，笑他舞袖太郎当；若教鲍老当筵舞，转更郎当舞袖长。"（见《后山诗话》）可以为证。后来北曲大石调内有《憨郭郎》的曲牌，就是从傀儡戏的伴唱歌曲中吸取的遗声。当然，到了宋代，傀儡戏已经不只是演郭郎个人了。艺人们以木偶扮演各种故事，变种很多。《都城纪胜》"瓦舍众伎"条云："弄悬丝傀儡、杖头傀儡、水傀儡、肉傀儡。凡傀儡敷演烟粉灵怪故事、铁骑公案之类，其话本或如杂剧，或如崖词，大抵多虚少实，如《巨灵神》、《朱姬大仙》之类是也。"所谓"肉傀儡"，是"以小儿后生辈为之"，那就是直接由活人来扮演，事实上已是戏剧中的角色了。

影戏　影戏即皮影戏，起源于北宋仁宗时。高承《事物纪原》卷九云："仁宗时，市人有能谈三国事者，或采其说加缘饰，作影人，始为魏吴蜀三分战争之象。”《梦粱录》卷二十“百戏伎艺”条有更具体的描述：“更有弄影戏者，元(原)汴京初以素纸雕簇，自后人巧工精，以羊皮雕形，用以彩色妆饰，不致损坏。杭城有贾四郎、王昇、王闰卿等，熟于摆布，立讲无差。其话本与讲史书颇同，大抵真假相半，公忠者雕以正貌，奸邪者刻以丑形，盖亦寓褒贬于其间耳。”这里说的用彩色妆饰，根据人物的性格特征，刻画出忠奸不同的形象面貌，实开后代戏剧脸谱的先声，有重大的影响。

傀儡戏和影戏都有各自的剧本，它们也通称为话本，所以能表演比较完整的故事，这比滑稽戏的片言只语进步得多。又《武林旧事》卷二“元夕”条云：“或戏于小楼，以人为大影戏。”可见大影戏和肉傀儡一样，均已发展为艺人自己装扮登台，充当戏中角色，这是由叙事体转向代言体的过渡。在戏曲形成过程中是有促进作用的。而且诸宫调中有《傀儡儿》唱词(《董西厢》卷七)，南戏中有《大影戏》曲牌(《张协状元》第十六出)，当即因袭其唱腔。可惜的是，无论是傀儡戏或影戏，其剧本(话本)都没有流传下来。

第三类，属于说唱伎艺或说唱文学(或称讲唱文学)的，有说话(话本)、鼓子词、赚词和诸宫调等。

说话和话本为戏曲的形成提供了丰富的剧目题材，已在本书第十二章加以叙述了。

鼓子词 鼓子词是以鼓节拍的一种歌唱伎艺，始用于北宋文人宴会间。它用同一个词调反覆歌唱，如欧阳修在李太尉席上写的《十二月鼓子词》，以十二首《渔家傲》分咏十二个月的自然景色。后来民间艺人加以发展，插入说白，用以叙事，成了有说有唱的伎艺，例如《清平山堂话本》中的《刎颈鸳鸯会》一篇，就保存了说话人秋山编的《商调醋葫芦》鼓子词，其说白和唱词均为流利的口语。而文人作品则有北宋赵令畤创作的《商调蝶恋花》鼓子词。它取材于元稹的《会真记》，歌颂崔莺莺和张生的爱情，在主题思想上对董解元《西厢记诸宫调》有直接的影响。这套鼓子词共十章加首尾二阕，说白部分取自《会真记》原文，韵文部分则是自撰的《蝶恋花》词。兹摘引第一、二、三章示例如次：

夫传奇者，唐元微之所述也。以不载于本集而出于小说，或疑其非是。今观其词，自非大手笔孰能与于此。至今士大夫极谈幽玄，访奇述异，无不举此以为美话，至于倡优女子，皆能调说大略。惜乎不被之以音律，故不能播之声乐，形之管弦。好事君子，极饮肆欢之际，愿欲一听其说，或举其末而忘其本，或纪其略而不及终其篇，此吾曹之所共恨者也。今于暇日，详观其文，略其烦亵，分之为十章，每章之下，属之以词，或全摭其文，或止取其意。又别为一曲，载之传前，先叙前篇之义。调曰《商调》，曲名《蝶恋花》。句句言情，篇篇见意。奉劳歌伴，先定格调，后听芜词。

丽质仙娥生月殿，谪向人间，未免凡情乱。宋玉墙东流美盼，乱花深处曾相见。　　密意浓欢方有便，不奈浮名，旋遣轻分散。最恨多才情太浅，等闲不念离人怨。

传曰："余所善张君，性温茂，美丰仪，寓于蒲之普救寺。适有崔氏孀妇，将归长安，路出于蒲，亦止兹寺。崔氏妇，郑女也。张出于郑，绪其亲，乃异派之从母。是岁，丁文雅不善于军，军人因丧而扰，大掠蒲人。崔氏之家，财产甚厚，多奴仆，旅寓惶骇，不知所措。先是，张与蒲将之党有善，请吏护之，遂不及于难。郑厚张之德甚，因饰馔以命张，中堂宴之。复谓张曰：'姨之孤嫠未亡，提携幼稚，不幸属师徒大溃，实不保其身，弱子幼女，犹君之所生也，岂可比常恩哉。今俾以仁兄之礼奉见，兼所以报恩也'。乃命其子，曰欢郎，可十余岁，容甚温美；次命女，曰莺莺：'出拜尔兄，尔兄活尔。'久之，辞疾。郑怒曰：'张兄保尔之命，不然，尔且虏矣，能复远嫌乎？'又久之，乃至。常服睟容，不加新饰，垂鬟浅黛，双脸断红而已。颜色艳异，光辉动人。张惊为之礼。因坐郑旁，凝睇怨绝，若不胜其体。张问其年几？郑曰：'十七岁矣。'张生稍以词导之，不对，终席而罢。"奉劳歌伴，再和前声：

锦额重帘深几许，绣履弯弯，未省离朱户。强出娇羞都不语，绛绡频掩酥胸素。　　黛浅愁红妆淡伫，怨绝情凝，不肯聊回顾。媚脸未匀新泪污，梅英犹带春朝露。

“张生自是惑之，愿致其情，无由得也。崔之婢曰红娘，生私为之礼者数四，乘间遂道其衷。翌日复至，曰：‘郎之言所不敢言，亦不敢泄。然而崔之族姻，君所详也，何不因其媒而求娶焉。’张曰：‘予始自孩提时，性不苟合。昨日一席间，几不自持。数日来，行忘止，食忘饭，恐不能逾旦暮。若因媒氏而娶，纳采问名，则三数月间索我于枯鱼之肆矣。’婢曰：‘崔之贞顺自保，虽所尊不可以非礼犯之。然而善属文，往往沉吟章句，怨慕者久之。君试为谕情诗以乱之，不然，无由得也。’张大喜，立缀春词二首以授之。”奉劳歌伴，再和前声：

懊恼娇痴情未惯，不道看看，役得人肠断。万语千言都不管，兰房跬步如天远。　　废寝忘餐思想遍，赖有青鸾，不必凭鱼雁。密写香笺论缱绻，春词一纸芳心乱。（下略）（见赵令畤《侯鲭录》卷五）

从第一章缘起“形之管弦”的意思来考察，可知鼓子词说唱时不仅以鼓节拍，而且是有管弦伴奏的。它说：“奉劳歌伴，先定格调，后听芜词。”又说：“奉劳歌伴，再和前声。”可见它表演时是由一人边说边唱，唱时先以管弦定调，并有歌伴伴唱。其全篇讲述一个首尾完整的故事。这一方式对于诸宫调的产生具有促进作用。

赚词　赚词是联用同一宫调内不同牌子的乐曲构成的一种套曲，它显然比一个词牌单调叠唱的鼓子词又跨进了一步，而与诸宫调更加接进。《都城纪胜》“瓦舍众伎”条云：“唱赚在京师日，有缠令、缠达。有引子、尾声为缠令；引子后只以两腔互迎，循环间用者，为缠达。中兴后，张五牛大夫因听动鼓板中，又有四片《太平令》，或赚鼓板——即今拍板大筛扬处是也——遂撰为赚。”“今又有复赚，又且变花前月下之情及铁骑之类。凡赚最难，以其兼慢曲、曲破、大曲、嘌唱、耍令、番曲、叫声诸家腔谱也。”由此可见，唱赚中的缠令有引子和尾声，是从勾队词和放队词演变而成的，已经具备了套曲的规模。张炎曾经说明，唱缠令用拍板为节，内容以抒写艳情为主，辞句比较俚俗，近乎郑卫之音①。其作品未见留存，但它的声调曲牌却被诸宫调广泛采用。如董解元《西厢记诸宫调》②中用了《醉落魄缠令》、《香风合缠令》、《上平西缠令》等共二十七支，另有《点绛唇缠》、《虞美人缠》等五支，可见其对诸宫调影响不小。至于缠达，是指两个曲牌交替使用，如《好女儿・大夫娘》、《好女儿・大夫娘》之类，这对南北曲的联套体式也有影响。绍兴年间，民间艺人张五牛吸取了鼓板伎艺的长处，又采用了《太平令》的声调，把缠令和缠达作了革新，结构不变，而在曲调上借鉴了大曲、小唱、耍令、叫声等诸家腔谱，创造了联曲体中以赚为名的曲调，其唱法富有自身的特色。赚的含义，就是指音乐的激荡多变和情节的虚拟夸张。由两个以上的套曲组成的称为复赚，其题材也变抒情为英雄的歌颂，更为动人。据《武林旧事》卷六"诸色伎艺人"条，在杭州专业唱赚的有濮三郎、媳妇徐等二十二人，书会中又有专业作家李霜涯"作赚绝伦"，可见唱赚这种伎艺在孝宗至理宗时极为流行。杨士奇《文渊阁书目》卷十曾著录宋代《选唱赚词》一种，惜已失传。宋末元初人陈元靓编的《事林广记》续集卷七中有一套南宋人创作的赚词，专咏蹴踘（踢球）之事，是用圆社市语（踢球团体的行话）写成的。首列《遏云要诀》，是唱赚的行会遏云社对于演唱规则的说明；次列《遏云致语》，是筵会时唱赚的开场白。接下去就是一套赚词。今将这套仅存的赚词全录如下：

圆社市语《中吕宫・圆里圆》

《紫苏丸》相逢闲暇时，有闲底打唤瞒儿，呵喝啰声嗽道欣厮。俺嗏，欢喜！才下脚，须知和美。试问伊家有甚夹气？又管甚官场侧背，算人间落花流水。

---

① 《词源》卷下《拍眼》篇云："若唱法曲大曲慢曲，当以手拍，缠令则用拍板。"《赋情》篇云："词婉于诗，盖声出莺吭燕舌间，稍近乎情可也；若邻乎郑卫，与缠令何异焉！"

② 解元本是乡试第一名的美称，因乡试本称解试。宋元以来，它又作为读书应举士人的敬称。《西厢记诸宫调》的作者当是一位曾经应举的人，故称董解元。其生平无考。

《缕缕金》把金银锭、打旋起，花星临照我，怎躲避？近日闲游戏，因到花市，帘儿下瞥见一个表儿圆，咱每便著意。

《好女儿》生得宝妆跷，身分美，绣带儿缠脚，更好肩背。画眉儿入鬓春山翠，带着个粉钳儿，更绾个朝天髻。

《大夫娘》忙入步，又迟疑。又怕五角儿冲撞我，没跷踢。网儿尽是扎，圆底都道松例。要抛声忒壮，果难为，真个费脚力。

《好孩儿》供送饮三杯，先入气，道今宵打歇处，把人拍措。怎知他水脉透，不由得你。咱们只要表儿圆时，复地一合儿美。

《赚》春游禁陌，流莺往来穿梭戏。紫燕归巢，叶底桃花绽蕊。赏芳菲，蹴秋千高而不远，似踏火不沾地，见小池风摆荷叶戏水。素秋天气，正玩月斜插花枝，赏登高佶料沙羔美。最好当场落帽，陶潜菊绕篱。仲冬时，那孩儿忌酒怕风，帐幕中缠脚忒稔腻。讲论处，下梢团圆到底，怎不则剧。

《越恁好》勘脚并打二，步步随定伊。何曾见走衮，你于我，我与你，场场有踢。没些拗背，两个对垒。天生不枉作一对脚头，果然厮稠密密。

《鹘打兔》从今后，一来一往，休要放脱些儿。又管甚搅闲底、拽开定、白打肷厮去，有千般解数，真个难比。

骨自有①

《尾声》五花丛里英雄辈，倚玉偎香不暂离，做得个风流第一。

这里写了一个子弟到圆社中与女社员踢球的事，因为是用行话写的，颇难索解。然而却是第一人称的语气，开创了代言体的格局。从结构和曲式来看，《紫苏丸》属南曲引子，最后又有尾声，继承和发展了北宋缠令的模式，实开诸宫调和南北曲联套的先声。而且赚曲曾被南戏所吸收，如《张协状元》第十四出用了二支《赚》，后来又产生了一批以赚为名的南北曲曲

① 在元泰定间(1324—1327)《事林广记》的原刻本中，“骨自有”三字与“中吕宫”的位置相同，然“骨自有”并非曲牌名，其意义不明。至元间(1335—1341)的重刻本即无此三字。这里据中华书局1963年影印至顺间刻本续集卷七校录。

牌，如《太平赚》、《惜衣赚》、《鼓板赚》、《竹马儿赚》和《赚煞》等，就是唱赚的遗声，可见其对戏曲形成的影响是不小的。

诸宫调　与戏曲形成的关系更为密切的是诸宫调，它联用诸般宫调许多套乐曲来敷衍故事，在唱词之间又有散叙说白，是一种大型的说唱伎艺。它也创始于北宋时候，王灼《碧鸡漫志》卷二说："长短句中作滑稽无赖语，起于至和（1054—1055）、嘉祐（1056—1063）之前，犹未盛也。熙（宁）（1068—1077）、（元）丰（1078—1085）、元祐（1086—1093）间，兖州张山人以诙谐独步京师，时出一两解。泽州孔三传者，首创诸宫调古传，士大夫皆能诵之。"《都城纪胜》"瓦舍众伎"条也说："诸宫调本京师孔三传编撰，传奇、灵怪，入曲说唱。"由此可见，诸宫调本来是以长短句的词体写滑稽的内容。到了神宗、哲宗年间，孔三传联用不同宫调的词体，铺叙传奇、灵怪的"古传"。这种早期的诸宫调作品，在南戏《张协状元》第一出中还留存了一段遗迹。其中副末开场说："《状元张叶传》前回曾演，汝辈搬成。这番书会，要夺魁名。占断东瓯盛事，诸宫调唱出来因。"所唱词调为《凤时春》、《小重山》、《浪淘沙》、《犯思园》、《绕池游》五支，每支的宫调都不同，如《凤时春》属仙吕宫，《小重山》属双调，《浪淘沙》属越调，每调之间有说白，但没有尾声，是不成套的散词（见钱南扬《永乐大典戏文三种校注》第二至四页和第七页注十九，中华书局 1979 年排印本）。可见这种"古传"是比较简陋的。后来由于瓦舍勾栏中各种伎艺的相互交流吸收，在鼓子词韵散兼用和缠令赚词的组套方式影响下，诸宫调的体制才逐渐完善。终于到 12 世纪末出现了《董西厢》那样的杰作。

宋室南渡后，宋金对峙，地分南北。南词诸宫调除了《张协状元》中遗留一段痕迹外，没有其他作品传世。北词诸宫调在北国地区却较为兴盛，至今还保存无名氏《刘知远诸宫调》和董解元《西厢记诸宫调》两部作品。两书的体制结构全同，故事情节都是通过说白和唱词连贯叙述的。《刘知远诸宫调》是 1907—1908 年间俄国柯智洛夫探险队考察西夏黑水故城时发掘到的一个残本，原书为十二则，每则有标目，现残存第一、第二、第三（不全）、第十一（不全）、第十二。它取材于《五代史平话·汉史平话》，或与平话同出一源。它写的是刘知远和李三娘的悲欢离合故事，内容与南戏《白兔记》大致相同。兹引第十一则叙刘知远做了九州安抚使回沙陀村探望李三娘的一段示例(见《刘知远诸宫调》"知远探三娘与洪义厮打第十一",文物出版社 1958 年影印本):

> 知远恐他妻不信,怀中取一物伊观。三娘见,喜不自胜,真个发迹也。体挂布衣番做锦绣,插头草索变作金冠。是甚物?是九州安抚使金印。三娘接得怀中搓了。
>
> 《黄钟宫·出队子》知远惊来,魂魄俱离壳。前来扯定告娇娥:"金印将来归去呵,红日看看西下落。"○三娘变得嗔容恶,骂薄情听道破:"你咱实话没些个,且得相逢知细锁,发迹高官非小可。"
>
> 《尾》"金印奴家紧藏着,休疑怪不与伊呵,又怕是脱空谩吓我。"
>
> 知远再取,三娘终不与。

其中说白与唱词已构成有机的整体,散文部分讲述故事,交待情节,曲词部分则描摹人情和物态。从残存的七十六套来看,用了十三个宫调,其联套方式是:(一)由只曲和尾声组成的有六十三套,(二)只曲独用不加尾声的(如《张协传》那样的散词)有九套,(三)联合二曲以上加尾声的长套三套。与此相比,简称《董西厢》的董解元《西厢记诸宫调》在结构、语言、人物塑造等各方面都有明显的进步。

《董西厢》作于金章宗时期(1190—1208),相当于南宋光宗、宁宗年间。其伴奏乐器以琵琶和筝为主,所以也被称为《弦索西厢》或《西厢记挡弹词》。它取材于唐元稹所撰传奇《会真记》,北宋秦观、毛滂曾据以作《调笑》转踏,赵令畤作《商调蝶恋花》鼓子词,到了董解元手里,更突出了崔、张爱情故事的反封建主题,发展为结构完整的长篇巨制。其中个别之处虽已出现了代言体,但它整本结构仍是以第三人称讲述故事的叙事体,试举张生游普救寺初见莺莺的一段曲白为例:

> 正传道:张生二十三岁,未尝近于女色。其心虽正,见此女子,颇动其情。

《中吕调·香风合缠令》转过荼蘼架，正相逢着宿世那冤家。一时间见了他，十分地慕想他。不道措大连心要退身，却把个门儿亚。唤别人不见吵！不见吵！◯朱樱一点衬腮霞，斜分着个庞儿鬓似鸦。那多情媚脸儿，那鹘鸰渌老儿，难道不清雅？见人不住偷睛抹，被你风魔了人也嗏！风魔了人也嗏！

《墙头花》也没有饰铅华，自然没包弹，淡净的衣服儿扮得如法。天生更一段儿红白，便周昉的丹青怎画？◯手托着腮儿，见人羞又怕。觑举止行处，管未出嫁。不知他姓甚名谁，怎得个人来问咱？◯不曾旧相识，不曾共说话；何须更买卦，已见十分掉不下。兀的般标格精神，管相思人去也，妈妈！

《尾》你道是可憎么？被你直羞落庭前无数花。

门前纵有闲桃李，羞对桃源洞里人。佳人见生，羞婉而入。

《大石调·伊州衮》张生见了，五魂悄无主，道："不曾见恁好女，普天之下，更选两个应无。"胆狂心醉，使作得不顾危亡，便胡做。一向痴迷，不道其间是谁住处。◯忒昏沉，忒粗鲁，没掂三，没思虑，可来慕古。少年做事，大抵多失心粗。手撩衣袂，大踏步走至根前，欲推户。脑背后个人来，你试寻思怎照顾？

《尾》凛凛地身材七尺五，一只手把秀才捽住，吃搭搭地拖将柳阴里去。

真所谓："贪趁眼前人，不防身后患。"捽住张生的是谁？是谁？乃寺僧法聪也。生惊问其故，僧曰："此处公不可往，请诣他所。"生曰："本来随喜，何往不可？"僧曰："故相崔夫人宅眷，权寓于此。"

它在刻画性格和铺叙情节方面，都极为生动；文采斐然，富有艺术魅力。其中《香风合缠令》和《伊州衮》均分上下片，《墙头花》分三片，与宋词分片相同，可见其由词蜕变而来的痕迹。诸宫调始终是由一个人讲唱的，后来北曲杂剧由主要演员独唱到底的方式，可能是受到它的影响。由此可见，诸宫调是从说唱文学过渡到戏曲文学之间的桥梁。

《董西厢》流传版本很多，现存明嘉靖刻本首尾完整，全书分八卷，共有一百九十四套，用了十六个宫调①，比宋代大曲十八宫调和宋词用十九个宫调又简化了。其联套方式是：一、由只曲和尾声组成的有九十二套，二、只曲独用不加尾声的有五十四套（包括卷五未标宫调的《木兰花》一套），三、二曲连用而无尾声的有二套，四、联合二曲以上加尾声的长套有四十四套。其中有五曲、八曲连用的，卷八中甚至有多达十五支曲子加尾声的。

这种长套的产生，为南戏北剧分场组合套曲奠定了大体的基础。而且宋杂剧和金院本中都用了诸宫调，据现存资料统计，南戏的曲调从诸宫调中吸收了十三支，北剧则吸收了二十八支。凡是诸宫调中原来分上下片的曲词，发展成南北曲时都把下片分开独立成为一支，南曲称为“前腔”，北曲称为“么篇”。可见诸宫调与戏曲文学的渊源关系是很密切的。②

综上所述，宋代民间伎艺的繁兴对戏曲的形成都有直接的影响。例如歌舞伎艺在声乐歌唱、舞蹈身段、服饰化装和演出程式方面准备了条件；扮演伎艺在角色表演、脸谱形象、科诨念白方面准备了条件；说唱伎艺在剧目题材、乐曲联套和戏曲文体方面准备了条件。这些伎艺在装扮人物、叙事抒情、结构布局、曲白结合、载歌载舞等方面，都达到了相当高的艺术水平。它们对戏曲形成的影响是同时并存、相互吸收的。当这些伎艺在瓦舍勾栏里交流融合，又变叙事体为代言体之时，则综合艺术的戏曲宋杂剧也就形成了。

第二节　宋杂剧

宋杂剧的性质　宋杂剧在最初是含有故事内容的各种声乐伎艺综合演出的总称，它包括了歌舞、扮演、说唱诸般伎艺以及汉唐以来传统的散

① 《董西厢》十六宫调是：正宫、黄钟宫、南吕宫、道宫、仙吕调、中吕调、黄钟调、南吕调、大石调、小石调、般涉调、高平调、双调、越调、商调、羽调，计为四宫十二调。

② 《刘知远诸宫调》及《西厢记诸宫调》应在金代文学史中叙述，这里只是从戏曲形成的角度，略加介绍。

乐、百戏的演出。由于这种综合性的演出在开创阶段比较混杂，所以就称之为杂剧，含有兼收并蓄、多而且杂的意思①。

杂剧这个名称，最早出现于唐代李德裕《李文饶文集》卷十二《论杜元颖追赠》第二状中。状内提及唐文宗大和三年(829)南诏劫掠成都，掳去"杂剧丈夫两人"。丈夫当指男演员，而杂剧在当时的概念可能是仅指歌舞杂戏。五代文献无征，至北宋始重见记载。太祖曾经"令雨中作杂剧"(佚名《丁晋公谈录》)，仁宗时"教坊进杂剧"(冯梦龙《古今谭概·微词部》"徘徊"条)，可见北宋前期杂剧已开始在汴京流行。《辽史》和《宋史》记宫廷庆典演出，都提到了正规的杂剧节目。《辽史·乐志》记"皇帝生辰乐次"云：

> 酒一行，觱篥起歌。酒二行，歌手伎入。酒三行，琵琶独弹，饼、茶，致语，食入，杂剧进。

《宋史·乐志》也记载了皇帝寿诞宴会，共有十九个节次，内容更为繁富，现摘录有关节目如下：

> 每春秋圣节三大宴：其第一，皇帝升坐，宰相进酒，庭中吹觱栗，以众乐和之；
>
> 第四，百戏皆作；
>
> 第六，乐工致辞(乐工致辞，指优长"进念致语"，例见本书第十一章第一节)，维以诗一章，谓之口号，皆述德美及中外蹈咏之情；
>
> 第七，合奏大曲；
>
> 第九，小儿队舞，亦致辞以述德美；
>
> 第十，杂剧罢，皇帝起更衣；
>
> 第十四，女弟子队舞，亦致辞如小儿队；

① 关于宋杂剧，胡忌《宋金杂剧考》(古典文学出版社1957年出版)所论最详，可参看。

第十五，杂剧；

第十七，奏鼓吹曲，或用法曲；

第十九，用角觝，宴毕。

其御楼赐酺同大宴。崇德殿宴契丹使，惟无后场杂剧及女弟子舞队。

这说明杂剧与队舞、大曲、法曲、角觝等百戏同台并举，已成为一种独立的表演艺术，而且在整个宴会中要演出两场（第十、第十五乐次），可见其地位已较其他艺术形式为高。只有宴契丹辽使时，才减去第二场杂剧。按辽国亡于宣和七年（1125），那么，上述辽、宋宫廷内杂剧的产生便完全可以确定是在北宋时期。辽、宋的杂剧，与其他声乐技艺一样，都是在晚唐以来歌舞杂戏的基础上发展而成的，其渊源是完全相同的。但北宋杂剧已非晚唐杂剧的歌舞杂戏可比，它已进一步发展提高，开始形成为综合性的戏曲了。

根据现存的文献记载，可以了解到宋杂剧是综合了各种伎艺来组织演出的。从《武林旧事》卷十《官本杂剧段数》条来看，其中汇合了大量的歌舞节目，有大曲、法曲和曲破，也有说唱伎艺诸宫调等。《东京梦华录》卷八“六月六日……”条记神保观庙会“教坊钧容直作乐，更互杂剧舞旋”，《梦粱录》卷二十“妓乐”条记“向者汴京教坊大使孟角球曾做杂剧本子，葛守诚撰四十大曲，丁仙现捷才知音”，都说明北宋时杂剧即已具有歌唱舞蹈的性质。但同时它又具有扮演伎艺的性质，正如《梦粱录》说它“全以故事，务在滑稽”。的确，宋杂剧又继承了参军戏的传统，演出了许多滑稽戏。兹举四例如下：

景祐末，诏以郑州为奉宁军，蔡州为淮康军。范雍自侍郎领淮康，节钺镇延安。时羌人旅拒戍边之卒，延安为盛。有内臣卢押班者为钤辖，心尝轻范。一日，军府开宴，有军伶人杂剧，称参军梦得一黄瓜，长丈余，是何祥也？一伶贺曰：“黄瓜上有刺，必作黄州刺史。”一伶批其颊曰：“若梦镇府萝卜，须作蔡州节度使！”范疑卢所教，即取二伶杖背，黥为城旦。

——张师正《倦游录》(江少虞《宋朝事实类苑》卷六十五引)

俳优侏儒，固技之下且贱者，然亦能因戏语而箴讽时政，有合于古矇诵工谏之义，世目为杂剧者是已。崇宁初，斥远元祐忠贤，禁锢学术。凡偶涉其时所为所行，无论大小，一切不得志。伶者对御为戏：推一参军作宰相，据坐，宣扬朝政之美。一僧乞给公凭游方，视其戒牒，则元祐三年者，立涂毁之，而加以冠巾。一道士失亡度牒，问其披戴时，亦元祐也，剥其羽衣，使为民。一士人以元祐五年获荐，当免举，礼部不为引用，来自言，即押送所属屏斥。已而主管宅库者附耳语曰："今日于左藏库请得相公料钱一千贯，尽是元祐钱，合取钧旨。"其人俯首久之，曰："从后门搬入去！"副者举所持梃，杖其背曰："你做到宰相，元来也只好钱！"是时至尊亦解颜。

——洪迈《夷坚支志》乙集卷四

秦桧以绍兴十五年四月丙子朔，赐第望仙桥；丁丑，赐银绢万两、匹，钱千万，綵千缣。有诏就第赐燕，假以教坊优伶。宰执咸与。中席，优长诵致语，退。有参军者前，褒桧功德。一伶以荷叶交椅从之。谐语杂至，宾欢既洽。参军方拱揖谢，将就椅，忽坠其幞头，乃总发为髻，如行伍之巾；后有大巾环，为双叠胜。伶指而问曰："此何环？"曰："二胜环。"伶遽以击其首曰："尔但坐太师交椅，请取银绢例物，此环掉脑后，可也？"一坐失色。桧怒，明日，下伶于狱，有死者。于是语禁始益繁。

——岳珂《桯史》卷七

史同叔(弥远，四明人)为相日，府中开宴，用杂剧人，作一士人，念诗曰："满朝朱紫贵，尽是读书人。"旁一士人曰："非也！'满朝朱紫贵，尽是四明人。'"自后相府开宴，二十年不用杂剧。

——张端义《贵耳集》卷下

第一例是优伶把范雍比作萝卜,讽刺他粗暴无能。演出的时间是在景祐年间(1034—1038),时代较早。第二例是抨击蔡京等力反元祐旧政,但为了得钱,却又不计较是否出自元祐了。讥刺深刻,入木三分,真使人有"台官不如伶官"之叹(见宋蔡絛《铁围山丛谈》卷三,"台官",指御史台的谏官)。这幕杂剧需要五个演员同台演出,体现了宋杂剧在角色装扮上的特点,证明在北宋末年,杂剧形式已很完整。第三例讽刺主降的宰相只顾自己的安富尊荣而忘二帝被掳之大耻。第四例嘲骂权奸史弥远用人唯亲。可见从北宋到南宋,这种具有战斗意义的戏剧一直流行。

必须指出的是,这些滑稽戏在演出中,一定是非常丰富而生动的,有如今天的相声。故书所载,不过是其节略的本事而非演出的脚本。

宋杂剧中除了滑稽戏外,也有傀儡戏。《宋史·乐志》曾明确记载"杂剧用傀儡",《东京梦华录》卷五"京瓦伎艺"条云:"杖头傀儡任小三,每日五更头回小杂剧,差晚看不及矣。"可见宋杂剧的搬演形式是多种多样的。小杂剧指滑稽小戏,另有规制宏大的称为大杂剧,只舞不歌的称为哑杂剧,宫廷演出的称为内殿杂剧,民间演出的称为浪子杂剧等。这都反映了宋杂剧的盛行情况。

宋杂剧对戏曲形成的重要贡献还在于它调动了传统的百戏杂技等艺术手段来丰富演出的内容。最突出的事例是北宋汴京勾栏中表演的《目连救母杂剧》。《东京梦华录》卷八"中元节"条云:"构肆乐人,自过七夕,便般(搬)《目连救母》杂剧,直至十五日止,观者增倍。"中元节是夏历七月十五日,民间风俗称为鬼节,目连救母的故事见于《佛说盂兰盆经》和《尊胜目连经》,讲的是目连的母亲刘氏触犯了佛法,被打入阿鼻地狱,永世不得翻身。目连是个孝子,为了救母,出家苦修,终于仰仗佛力,将母救出。但刘氏罪孽深重,虽然出狱,仍被罚做饿鬼,每逢吃饭时,食物到嘴边即化为烈火,目连只得再请佛祖开恩,准其在七月十五日设盂兰盆会,给饿鬼施食,从此刘氏才真正得救,与目连同升天堂。这个宗教故事在唐代已盛传于民间,并以说唱的形式成为群众喜闻乐见的节目,敦煌发现的唐代变文中,就有《大目犍连冥间救母变文》一篇,情节十分曲折动人。北宋的《目连救母》杂剧,则是从原来的说唱文学发展而来的。由于它的内容复杂，头绪众多，竟要连演八天。从明代郑之珍据宋元旧本整理的《目连救母行孝戏文》有一百出之多，以及张岱《陶庵梦忆》卷六描述其演出“三日三夜”的盛况来看，此剧不仅有一个首尾完整、内容丰富的长篇故事，而且综合了歌舞、扮演、说唱诸种伎艺，而且还穿插了神头鬼面、吞刀吐火，即杂技魔术等表演。由此可以推知，北宋勾栏中演出的《目连救母》，也是兼收并蓄、包罗万象的。宋杂剧具有综合型的特色也是肯定无疑的。它“事实上已为戏剧这项独立艺术部门开辟出市场，招致了大量的观众”。“北宋时期民间勾栏所演杂剧，不仅内容上已完全以故事情节为主，装扮人物，根据规定情境而作代言体的演出，而且，在表演形式上则根据唐代参军戏与歌舞戏相互掺合这一基础，从故事情节出发，使内廷那些轮替着演出的歌舞杂技成为有机的结合，由是形成多种伎艺高度综合的中国戏剧的表演形式。所以，这一时期东京民间勾栏所演杂剧，不仅是中国戏剧发展的主流，同时也是今天中国戏剧表演形式的嚆矢”（见周贻白《中国戏曲发展史纲要》第六章第三节，上海古籍出版社 1979 年出版）。总之，《目连救母杂剧》的出现，有力地证明了北宋后期的杂剧比前期更富于综合性，这标志着中国戏曲的历史已步入了形成阶段。

宋杂剧的体制和角色　宋杂剧经历了一个阶段的诸色伎艺的同场混合演出以后，至北宋后期已逐渐融为一体，发展到南宋更形丰满，确立了在散乐百戏中独占鳌头的地位。《都城纪胜》“瓦舍众伎”条云：“散乐，传学教坊十三部，唯以杂剧为正色。”“旧教坊有筚篥部、大鼓部、杖鼓部、拍板色、笛色、琵琶色、筝色、方响色、笙色、舞旋色、歌板色、杂剧色、参军色。色有色长，部有部头。”杂剧既然在这十三部中是唯一的正色，则其他十二部有关音乐、舞蹈、歌唱和参军色的表演艺术都可为杂剧服务，其融合众长的优势地位得到了公认。

在这种有利条件下，宋杂剧开始形成了自己的体制，并产生了有特殊称呼的多种角色。《梦粱录》卷二十“妓乐”条云：“且谓杂剧中末泥为长，每一场四人或五人。先做寻常熟事一段，名曰艳段；次做正杂剧，通名两段。末泥色主张，引戏色分付，副净色发乔，副末色打诨。或添一人，名曰装孤。先吹曲破断送，谓之把色。大抵全以故事，务在滑稽。唱念应对通遍。此本是鉴戒，又隐于谏诤，故从便跳露，谓之‘无过虫’耳①。若欲驾前承应，亦无责罚。一时取圣颜笑，凡有谏诤，或谏官陈事，上不从，则此辈妆做故事，隐其情而谏之，于上颜亦无怒也。——又有杂扮，或曰杂班，又名经元子，又谓之拔和，即杂剧之后散段也。顷在汴京时，村落野夫，罕得入城，遂撰此端。多是借装为山东、河北村叟，以资笑端。”由此可见，宋杂剧的体制结构分三节四段，第一个节次是序幕性质的艳段②，演出的内容是“寻常熟事”，能及时反映现实生活中常见的社会问题。第二个节次是正杂剧，分两段，搬演含有鉴戒意义的故事，或滑稽嘲笑，或批评时政。在艺术形式上，“唱念应对通遍”，表明其中有歌唱，有念白，有动作，有舞蹈，具有综合艺术的特征。第三个节次是杂扮或杂班，即杂剧之后的散段，是以乡下的庄稼人作为打趣对象的闹剧。所谓拔和，应作拔禾，即装扮成土老儿。经元子在《都城纪胜》中作纽元子，指村夫打闹扭作一团。这种杂班是可以独立演出的，在北宋时已单独列为京瓦伎艺中的一个项目。《东京梦华录》卷七“驾登宝津楼，诸军呈百戏”条描述说：“复有一装田舍儿者入场，念诵言语讫，有一装村妇者入场，与村夫相值，各持棒杖互相击触，如相殴态。其村夫者，以杖背村妇出场，毕。”赵彦卫《云麓漫钞》卷十云：“近日优人作杂班，似杂剧而简略”，“每宴集，伶人进，曰杂班上”。可见杂班是可以单独演出的，它是杂剧中的一小段，简短灵活，在这一点上，和后世的折子戏相近，是与全剧可离可合的。当然，《梦粱录》记载杂剧四段的演出内容并非固定不变的，也不是非得演滑稽戏不可。它可以从头到尾专演一个完整的故事，如《武林旧事》卷十所记官本杂剧段数就有专演裴少俊墙头马上的喜剧，也有专演楚霸王英雄末路的悲剧的。这样，它就丰富多彩地发展起来了。非常明显而且十分重要的是：宋杂剧整体四段的通例，直接影响了元杂剧一本四折这种固定形式的形成。

---

① 但如前举数例，优伶因为仗义执言，有被杖者，有致死者，可见“无过虫”是否“无过”，也要看统治者认为是否真正触犯了他们。

② 六朝时相和大曲有艳、有趋、有乱，《乐府诗集》卷二十六《相和歌辞》题解云：“艳在曲之前，趋与乱在曲之后。”所以杂剧的序幕叫做艳段。

在宋代品类繁多的艺术活动中，由于杂剧处于领先地位，从北宋时已开始有了专业演员。凡属于官方机构教坊乐部、教乐所或钧容直（军乐班）的，称为杂剧色；来自民间勾栏的，则称为露台弟子（女伶）。故《东京梦华录》卷六“元宵”条有“教坊钧容直、露台弟子更互杂剧”的记载；卷七“诸军呈百戏”条又说：“诸军缴队杂剧一段，继而露台弟子杂剧一段，是时弟子萧住儿、丁都赛、薛子大、薛子小、杨总惜、崔上寿之辈，后来者不足数。”丁都赛就是宣和年间（1119—1123）著名的杂剧女伶，当时有人把她的形象模勒造型，制成雕砖，表现了对名角的崇拜，可见其声誉之盛（见刘念兹《宋杂剧丁都赛雕砖考》，载《文物》1980年第2期）。至于教坊杂剧专业化的情况，同书卷九“入内上寿”条记“第五盏乐次”有云：“参军色作语，问小儿班首近前，进口号，杂剧人皆打和毕，乐作，群舞合唱，且舞且唱，又唱破子毕。小儿班首入进致语，勾杂剧入场，一场两段。是时教坊杂剧色鳖膨刘乔、侯伯朝、孟景初、王颜喜而下，皆使副也。”这说明北宋时教坊中也已产生了专职的杂剧人，也叫做杂剧色。据《武林旧事》卷四“乾淳教坊乐部”条记载，到南宋孝宗时，教坊乐部的杂剧色竟达六十六人之多。专业化了，分工就必然细密，便出现了根

宋杂剧女伶丁都赛像雕砖(拓本)

据人物的身份、性格、性别、职司分出不同行当的角色(一作脚色)专称。

从上引《梦粱录》所载可知,宋杂剧的演出一般由四个或五个角色承场。角色的名称和分工情况是:(一)末泥色"主张",亦即优长,其职务相当于领班或指挥,他扮演男性主角,后来南戏的生和北剧的正末,即由此发展而成。(二)引戏色"分付",相当于舞台调度,有时也登场演出,必要时可以装旦(见《太和正音谱·词林须知》)。(三)副净(或称副靖)色"发乔",即故意装呆以供笑谑。(四)副末色"打诨",专事插科打诨,给观众逗笑。孔平仲《谈苑》卷五载,黄庭坚作诗,曾由此受到启发说:"作诗正如作杂剧,初时布置,临了须打诨。"副末和副净都是必须粉墨(涂面)登场的滑稽角色,《南村辍耕录》卷二十五指出,"副净,古谓之参军","副末,古谓之苍鹘,鹘能击禽鸟,末可打副净。"他俩成了滑稽戏中一对不可分离的老搭当。《苕溪渔隐丛话》前集卷三十引《王直方诗话》载欧阳修致梅尧臣的信中曾说:"正如杂剧人上名,下韵不来,须副末接续。"可知副末这个角色名称,早在北宋时就有了。(五)装孤,就是装扮官员。孤是官的市语俗称,是表示人物的身份的专名,后来元杂剧中沿用不变。当然,宋杂剧的演员行当不止这五种,它是不断地发展完善的。《武林旧事》卷四"乾淳教坊乐部"条载孝宗时著名的"杂剧三甲",就出现了一些新的角色名称:

刘景长一甲八人

　　戏头李泉现　　引戏吴兴祐

　　次净茆山重、侯谅、周泰　　副末王　喜

　　装旦孙子贵

盖门庆进香一甲五人

　　戏头孙子贵　　引戏吴兴祐

　　次净侯　谅　　副末王　喜

内中祗应一甲五人

　　戏头孙子贵　　引戏潘浪贤

　　次净刘　衮　　副末刘　信

潘浪贤一甲五人

　　戏头孙子贵　　引戏郭名显

　　次净周　泰　　副末成　贵

一甲就是以著名演员挂头牌组成的一个戏班。以盖门庆为首的一甲因成员有局部调整，所以其名下分列了两班。这里所举角色的名称，次净即副净，戏头专掌杂剧艳段的演出，装旦就是扮演女角。

旦角的出现，显示了宋杂剧的角色已渐趋完备。当时习惯上由男优装扮假妇人，故名装旦。曹魏时优人演《辽东妖妇》，裸袒游戏（见《三国志·魏书·齐王芳纪》裴注引《废帝奏》），唐代优伶"弄假妇人"（见《乐府杂录》"俳优"条），都是装旦的古例。旦又名姐，原为对女性伎艺人的俗称。生、旦并称，最早见于北宋释文莹《玉壶野史》卷十，书中追记五代南唐时韩熙载"畜声乐四十余人，阃检无制，往往特出外斋，与宾客、生旦杂处"（《四库全书》本）。可见女优直接称旦，男优扮假妇人才称为装旦。

应当指出的是，《武林旧事》卷四列举乾淳教坊乐部六十六个杂剧色的名单中，朱和、蒋宁、王原全三人，均称为次贴，这又是一项新的角色名称。《南词叙录》说："贴，旦之外贴一旦也。"那么，次贴就是仅次于女主角的女角，它在宋元南戏和明清传奇中发挥了重要的作用。

归结起来，宋杂剧的角色行当共有末泥、戏头、引戏、副净、副末、装孤、装旦、次贴等八种。其中末泥、副末、副净、旦、贴是五种角色的专称，后来直接为南戏、北剧所继承。

宋杂剧的剧目　关于宋杂剧演出的剧目，《武林旧事》卷十著录了官本杂剧段数二百八十本。所谓官本，也就是当时民间勾栏的通行本，其名称当由艺人祗应官府，被"唤官身"演出而来，至少也是教坊与民间皆能通用之本。从这份剧目单来看，其中用大曲演唱故事的有一百零三个剧目，如《王子高六么》、《崔护六么》、《莺莺六么》等都是用了六么大曲。《六么》，或称《绿腰》，是唐宋大曲中最为流行的歌舞曲调之一，这里用它表演了王子高恋周琼姬、崔护人面桃花和莺莺西厢记等故事。又如《裴少俊伊州》、《柳毅大圣乐》、《霸王剑器》等，是用《伊州》、《大圣乐》、《剑器》等大曲分别表演今存元人杂剧中的墙头马上、唐人小说中的柳毅传书和《史记》、《汉书》中的楚霸王项羽的故事。此外，用法曲的有四个剧目：《棋盘法曲》、《孤和法曲》、《藏瓶法曲》、《车儿法曲》；用曲破的有一个剧目：《五柳菊花新》[1]；用普通词调的有二十九个剧目，如《病郑逍遥乐》、《三教安公子》、《三姐黄莺儿》等；用诸宫调的有两个剧目：《诸宫调霸王》、《诸宫调卦册儿》；用其他杂曲者有十四个剧目，如《四小将整乾坤》、《赖房钱啄木儿》、《王魁三乡题》等。总计起来，以歌唱或舞曲形式表演故事的剧目共达一百五十三本之多，超过了全数之半。余下的一百二十七本是不带曲名的剧目，如《眼药酸》、《急慢酸》、《论淡》、《医淡》、《调笑驴儿》、《老孤遣妲》、《双卖妲》等，大多是滑稽戏；又如《相如文君》、《李勉负心》，则是情节比较完整的正杂剧；还有一类以爨字命名的如《风花雪月爨》、《宴瑶池爨》、《钟馗爨》、《天下太平爨》等四十三本，都是属于小杂剧的性质。爨是唐宋时代西南地区一个少数民族。唐玄宗天宝年间，爨归王曾入朝进贡；宋时其地属大理国。《南村辍耕录》卷二十五“院本名目”条引或说云：“宋徽宗见爨国人来朝，衣装鞋履巾裹，傅粉墨，举动如此，使优人效之以为戏。”这原是一种既歌且舞的小戏，后来就成了化妆涂面演出的通称，叫做踏爨或爨弄。

官本杂剧段数虽著录于南宋，但其中继承并包括了北宋时期的剧目。王国维在《宋元戏曲考》中曾举《王子高六么》、《三爷老大明乐》和《病爷老剑器》为例，指出“其中实有北宋之戏曲”，“此二百八十本，与其视为南宋之作，不若视为两宋之作为妥也”。当然，这也不可能是宋杂剧的全部剧目，它必然还有挂漏。如连台本戏《目连救母》和一些笔记中记载的杂剧，便可补录。任二北辑《优语集》于两宋共得八十条，其中明确记为杂剧节目的有《梦镇府萝卜》、《别开河道》(《献香杂剧》)、《甜采即溜也》、《元祐钱》、《只少四星儿里》、《黄檗苦人》、《只恐行不得》、《拍户》、《尽是四明人》等九事。除此以外，《武林旧事》卷一“圣节”条《天基圣节排当乐次》记载：

---

① 周密《齐东野语》卷十六有“菊花新曲破”条目，可证菊花新为曲破。

杂剧吴师贤已下，做《君圣臣贤爨》，断送《万岁声》。

杂剧周朝清已下，做《三京下书》，断送《绕池游》。

杂剧何晏喜已下，做《杨饭》，断送《四时欢》。

杂剧时和已下，做《四偌少年游》，断送《贺时丰》。

同书卷八“皇后归谒家庙”条又记：

勾杂剧色时和等做《尧舜禹汤》，断送《万岁声》。

勾杂剧吴国宝等做《年年好》，断送《四时欢》。

这样又得知剧目《君圣臣贤爨》和《三京下书》等六种，并了解到“吹曲破断送”也可以放在杂剧演出结束后进行，也就是以尾声助兴。

总上所述，宋杂剧的剧目从现存文献记载中探考，共计有二百九十六种。据《都城纪胜》“瓦舍众伎”条所载“孟角球曾撰杂剧本子”之语，宋杂剧确是有文学剧本的，可惜至今尚未发现有传本存世，其作品的具体情形如何就不得而知了。

宋杂剧的舞台形象 虽然宋杂剧的剧本没有流传下来，但有关其舞台形象的文物资料，却不断地有所发现，从而丰富并提高了我们对宋杂剧的具体认识。

首先是山西城乡多处发现了宋金时代的舞台建筑或遗迹，属于北宋时期的，有万荣县桥上村、沁县城内十字街、平顺县东河村三处。从遗存的碑记来看，三地的庙会演出已有砖木结构的固定的舞亭和舞楼，分别创建于景德二年(1005)、元丰三年(1080)和元符三年(1100)。

其次是杂剧人物扮演形象的资料，这方面有一连串新的发现。自1952年以来，从河南省禹县、偃师、荥阳、温县一带的北宋墓葬中，曾陆续出土了一批描绘宋杂剧的雕砖。这些地区原是北宋戏曲文化繁荣滋长的地方。当时本地的居民把喜闻乐见的剧艺雕砖砌置在墓室中的风俗，正反映了宋杂剧深广的社会基础。现选择其中主要的简介如下(详见廖奔《中州出土北宋戏曲文物论考》，载中国艺术研究院戏曲研究所《戏曲研究》第十八辑）：

（一）禹县白沙宋墓杂剧雕砖，上刻角色一组四人。墓葬时代约在政和至宣和年间（1111—1123），墓壁嵌有雕砖四方，凸面浮雕四个杂剧角色，左起：第一人头戴花脚幞头，身着圆领长袍，腰束带，左手插腰，右手后拂甩袖，似为引戏色；第二人头戴长脚幞头，身着圆领宽袖长袍，两手执笏，似是装孤；第三人头裹软巾，上穿短衫，腰束带，下着袴，右手下垂，左手置于右肩，装成痴呆模样，似为副净色；第四人软巾诨裹（杂剧艺人特有的囊形毡帽），着圆领短袍，腰束带，右手持一哨棒，是副末打副净用的砌末（道具）。

禹县白沙宋墓杂剧雕砖（摹本）

（二）偃师县酒流沟水库西岸宋墓杂剧雕砖。此墓时代在北宋末期，墓室北壁嵌有杂剧雕砖三块，平面浮雕五个角色。左起：第一块砖雕有两个扮作市井小民的形象，第一人头戴有脚包巾，着短后衣，袒胸露脐，腰系带，下着袴，裹脚穿袜，左手托一鸟笼，右手指着鸟笼，双目也注视着它，这是副末色；第二人戴软巾诨裹，簪花，穿长衫，腰束布带，以右手食姆两指放在嘴内吹口哨，这是副净色。两人都迈着丁字步，好像踏着同一节拍在进行表演，可能是杂扮的演出（参看徐苹芳《宋代的杂剧雕砖》，载《文物》1960年第5期）。第二块砖雕一人，戴簪花幞头，身着圆领长袍，腰间束带，双手正在展开一幅立轴画，上身微俯，好像正对着观众讲述剧情，这是引戏色的开场。第三块砖雕二人，左方一人戴东坡巾，穿圆领窄袖长袍，前襟掖起，右手捧一印匣，左手指着旁边的官人，并侧脸与之对话，这是末泥色；右方一人戴长脚幞头，穿圆领宽袖长袍，左手持笏，右手平握笏的中部，这是装孤。

其一　　　　其二　　　　其三

偃师县酒流沟宋墓杂剧雕砖（拓本）

（三）荥阳县东槐西村宋墓石棺上的线刻厅堂演出杂剧图像。棺盖上刻有"大宋绍圣三年（1096）十一月初八日朱三翁之灵，男朱允建"等字。可见棺主并无官职，既非文人，更不是士大夫，只是一个平民或土财主。因他生前欢喜看戏，所以棺上刻着宴乐杂剧图。它描绘的是路歧人的堂会演出，图中四个角色正在作场。令人注目的是右起第一人作妇女打扮，披发，穿百褶裙，这是一个装旦的角色。

荥阳县东槐西村宋墓石棺线刻杂剧演出图（摹本）

（四）温县前东南王村宋墓杂剧雕砖和乐队雕砖。此墓时代亦在北宋末期，墓室西北壁嵌有杂剧雕砖一块，平面浮雕五个杂剧角色，与偃师酒流沟宋墓的五人雕刻有类似之处。左起：第一人戴东坡巾，左手执长柄金瓜，是末泥；第二人手捧笏板，是装孤；第三人戴簪花幞头，左手向右

温县前东南王村宋墓杂剧雕砖（拓本）

温县前东南王村宋墓乐队雕砖（拓本）

挥一蕉扇，是引戏色；第四人吹口哨者是副净；第五人戴软翅幞头，两翅下垂，身穿短袍，是副末。另外，这个墓室的东北壁还嵌有一块乐队雕砖，平面浮雕乐师六人，一律头戴长脚幞头，身穿圆领长袍，仪态端庄。前列四人，左起：第一人手执长棒作指挥状；第二人拱手肃立，面前置一古琴；第三第四人均手执鼓桴，腰间各系长鼓，是两个敲击腰鼓的乐工；后排二人，左边一个是吹觱篥的，右边一个是击方响的。这些出土文物，都生动地反映了11世纪到12世纪中国戏曲形成的实况，具体地验证了杂剧在中州地区的流行。

至于南宋时期的杂剧文物，则有故宫博物院所藏两幅彩色绢画。第一幅是《眼药酸图》。考《武林旧事》所记《官本杂剧段数》中有《眼药酸》一本，酸是当时称秀才的市语，《眼药酸》大致是表演儒生卖眼药而闹出笑话的滑稽戏。这幅绢画恰可与之相印证。左方所画是一个眉清目秀穿着儒生衣服的卖药人，正举着一个小药瓶与买主说话，他胸前背后悬挂着一连

南宋佚名绘杂剧《眼药酸》图(原为彩色)

串画着眼睛的药葫芦（参看王长友《话说〈眼药酸图〉中的“眼睛”》，载中国艺术研究院戏曲研究所《戏曲研究》第十六辑），右胁下有一只画着大眼睛的布袋，高桶帽上也绣有眼睛，还插着一圈具有弹性的内悬眼睛的条形物，极为奇特、夸张，富有谐趣，是一个善于发乔（逗趣）的副净色。右方所画是一个有胡须的市井小民，头上戴着扎起来的软巾，两只手臂上都刺着花绣，左手持一竹篦，右手指着自己的眼睛与卖药人对话。他腰间插一把破扇，上有草书“诨”字，表明这是一个擅长打诨（开玩笑）的副末色。他身后架子上还摆着一个平面鼓，是演出时击拍用的。这幅画如实地画出了前述“大抵全以故事，务在滑稽，唱念应对通遍”的演出形态。第二幅是女扮男装的杂剧图。按宋代优伶的行当分工，末是男角，旦是女角，但演出时，男优可以装旦，女优也可扮末。男优演戏称为浪子杂剧，女优演戏称为弟子杂剧。《东京梦华录》卷七所记汴京勾栏中的杂剧演员，大多数是女弟子，如丁都赛、萧住儿、俏枝儿等；《武林旧事》卷六也记载了王双莲、

南宋佚名绘杂剧女扮男装图（原为彩色）

韵梅头等女角名色。那么,女戏班在演出时就势必出现女扮男装了。这幅册页画的是两人对面作揖,左方一人戴软脚巾,内穿对襟红衫而罩以短袍,身后置有笠帽及尖担绳索,扮演体力劳动者,但右耳上却画出了一只巾环,露出了是女优装扮的。右方一人穿对襟衫,内有抹胸,头上戴罗帽,帽边簪一丛牡丹花,身旁架上置平面鼓,其背后腰间也插一把开裂的破扇,上题"末色"两字,明确地表示出这是杂剧角色。但其耳有坠子,长袴下露出穿着红鞋的小脚,分明是由女优扮的副末。两位演员都是女伶,而她们所扮演的剧中人却都是男性,这反映了南宋弟子杂剧女扮男装的真实面貌(参看周贻白《南宋杂剧的舞台人物形象》,载《文物精华》1959 年第 1 期,又收入《周贻白戏剧论文选》,湖南人民出版社 1982 年出版)。

根据上述两宋文物,我们可以进一步探讨宋杂剧演出形态的若干问题。第一,体制方面,《梦粱录》所云:"每一场四人或五人",得到了证实,如禹县砖雕、荥阳线刻是四人,偃师砖雕、温县砖雕是五人。但关于艳段、正杂剧和杂扮的形态,则学者们的见解尚不一致:有人因偃师砖雕恰为三块,便认为展示立轴画者为艳段、装孤和捧印对话者为正杂剧,而吹口哨与持鸟笼相对者为杂扮;也有人认为南宋绢画《眼药酸图》是正杂剧,女扮男装图是杂扮。这些意见还有待于进一步研究。第二,乐队伴奏方面,除了温县砖雕中有琴瑟、方响等乐器以外,禹县白沙墓中也曾出土刻有七人组成的乐队雕砖,所奏乐器为大鼓一、拍板一、觱篥二、腰鼓二、笛一,而南宋两幅绢画中均有平面鼓,可见鼓、板、琴、笛和觱篥是主件。当然,另外也有些演出是不用伴奏的。第二,角色形象方面,对于砖雕或绘画的戏剧人物鉴定为何种角色,学者们的考释也有些分歧。例如南宋绢画腰插破扇的末色,有认为是末泥,但也有说是副末的;偃师雕砖右起第一人多数人都说是装孤色,但也有人认为是末泥色,经过比较研究,副净、副末和装孤的形象特征最为明显,容易辨认。凡头戴软巾诨裹,面容滑稽者,基本上是副净;凡口吹哨、臂刺绣、手执棒者肯定是副末;凡戴长脚幞头、手捧朝笏者,一般都认为是装孤。只有末泥和引戏两个角色,特征较难把握。第四,男女合演的问题,王国维《古剧角色考・余说四》云:"宋元以后,男可装旦,女可为末,自不容有合演之事。"但从偃师和温县的雕砖来考察,末泥、引戏和装孤却是由女性扮演的。如温县墓雕砖左起第二、第三人，偃师墓雕砖左起第三、四、五人皆细指纤纤，脑后露出发髻，温县砖还可看出演员杏眼柳眉秀鬓。特别是，两组雕砖的第三人（皆引戏色）都明显看出为小足，与其他演员形成明显对照（参看廖奔《中州出土北宋戏曲文物论考》，载中国艺术研究院戏曲研究所《戏曲研究》第十八辑）。可见这一场五人中有男优也有女优，证明宋杂剧是可以男女合演的。第五，服饰戏衣与化妆砌末，《东京梦华录》卷九“入内上寿”条云：“诸杂剧色皆诨裹，各服本色紫、绯、绿宽衫，义襕，镀金带。”足见宋杂剧的演员，各有专用的服饰，其面部化妆和所用道具，也都是为装扮剧中角色服务的。如《眼药酸图》中的卖药人，他那极度夸张的高桶帽和宽袖大袍，决不是当时现实生活中的服饰。那么，他一旦上场，自然也就得进入角色，用代言体来表演戏剧人物。如果是叙事体讲述故事，就根本无需用这么累赘的道具了。

综上所述，宋杂剧虽然未见剧本留存，但从新发现的许多实物资料来考察，它确已形成为综合艺术的戏曲，而且其演员肯定是以剧中人的身份登上舞台的。宋杂剧是我国最早出现的戏曲，毋庸置疑。

第三节　南戏的形成及其作品

靖康之变导致了北宋沦亡，南北分治，宋杂剧不得不随着宋金长期对峙的局面而分化。在北方金朝统治地区，它变名为院本，进而发展为金元杂剧；在南宋统治地区，它仍保持宋杂剧的名称，进而发展为宋元南戏①。这便是南北戏曲两条线索产生的根由和脉络，它们标志着中国戏曲进入了成熟阶段。

南戏的产生　宋室南渡以后，杂剧不仅在杭州继续盛行，而且流播于越州（今浙江绍兴市）、温州和福建、四川等地。南方农村的自然条件比较

---

①　南戏在历史上有多种不同的名称，如戏文、南戏文、温州杂剧、永嘉杂剧、南宋戏文、南曲戏文、南戏、南词等等。为了行文的概念明确起见，学术界比较一致的意见是通称南戏。如称戏文时，则偏重于指其作品而言。

优越，商品经济也比较发达，这就为民间艺人开辟了一个流动演出的广阔天地。陆游《春社》四首之四云："太平处处是优场，社日儿童喜欲狂；且看参军唤苍鹘，京都新禁舞《斋郎》。"这首诗生动地反映了越州一带杂剧艺人深入到农村中作场的盛况。在杭州禁演的日子里，到农村中却可以照常演出①。这也是路歧人不入勾栏宁可下乡打野呵的原因之一，而在客观上却造成了戏曲艺术在民间的普及和繁荣的效果。刘克庄曾有《闻祥应庙优戏甚盛》、《神启歌》、《观社行》、《即事》和《田社即事》等诗，描写了他家乡福建莆田的剧艺演出情况。四川涪州的僧人大觉禅师，也写了有关杂剧的诗歌一首，题为《马大师与西堂百丈南泉玩月》，诗云："戏出一棚川杂剧，神头鬼面几多般；夜深灯火阑珊甚，应是无人笑倚栏。"（见《大觉禅师语录》卷下，《大日本佛教全书》第九十五册，东京有雅堂 1933 年出版。参见张杰《南宋大觉禅师的"杂剧诗"》，载《戏曲研究》第八辑）特别引人注目的是诗中提出了川杂剧这个地方戏的专名。本来，四川戏剧文化的兴起，早在晚唐时就出现了杂剧之称，前已称引。及至北宋，成都还兴起了比赛杂戏之风。庄绰《鸡肋编》卷上云："酒坊两户各求优人之善者，较艺于府会，"称为"撼雷"。岳珂《桯史》卷十三也说："蜀伶多能文，俳语率杂以经史，凡制帅幕府之燕集多用之。"可见在特定的地区性的经济文化环境中，是能孕育出具有地方色彩的戏曲艺术的。除了川杂剧以外，当时在东南沿海的大都市温州地区，出现了更具特色的温州杂剧，并因此而形成了南戏。温州杂剧是宋杂剧在温州地区繁荣滋长的成果，而南戏则是温州杂剧和各种艺术因素进一步融合发展的产物。

南戏是南曲戏文的简称，是与北曲杂剧相对而言的。它原名温州杂剧或永嘉杂剧，因正统的宋杂剧还在各地流行，这种富有地方特色的杂剧毕竟与它不同，所以便加上地名，以示区别。关于它的起源，祝允明《猥谈》载："南戏出于宣和之后，南渡之际，谓之温州杂剧。余见旧牒，其时有赵闳夫榜禁，颇述名目，如《赵贞女蔡二郎》等，亦不甚多。"

---

① 《武林旧事》卷二"舞队"条有《十斋郎》一种。又云：正月"十二、十三两日国忌禁乐"，陆诗这里所说的，是指农村对国忌不像京都那么严格遵行。

《南词叙录》则说："南戏始于宋光宗朝，永嘉人所作《赵贞女》、《王魁》二种实首之，故刘后村有'死后是非谁管得，满村听唱《蔡中郎》'之句。或云宣和间已滥觞，其盛行则自南渡，号曰永嘉杂剧，又曰鹘伶声嗽①。其曲则宋人词而益以里巷歌谣，不叶宫调，故士夫罕有留意者。"叶子奇《草木子》卷四下《杂俎篇》也说："俳优戏文，始于《王魁》，永嘉人作之。"元明诸家所记，证明《张协状元》、《东嘉韫玉传奇》等戏都出于温州人之手，则南戏始于温州之说，当大致可信②。至于其形成的时间，当然是有一段漫长过程的。《猥谈》记载赵闳夫"榜禁"之事，说明其时南戏已经在各地盛行。考赵闳夫是宋光宗赵惇的同宗堂兄弟，那么，南戏起始于宣和(1119—1125)之后，经历南宋前期的酝酿，到光宗时(1190—1194)盛行起来，这很符合于从萌芽到成熟的发展规律，《南词叙录》的记载基本上应当说是接近事实的。

温州能够成为南戏的发源地是当地的文化积淀和两宋时期的政治经济条件所决定的。

这个古称永嘉郡的城市自六朝以来就很发达，王羲之和谢灵运都曾在这里做地方官；到了唐代，改名温州，杜甫、孟浩然、李颀、钱起和杜荀鹤等著名诗人，都有咏及州郡山水的诗篇。陆龟蒙《笠泽丛书》卷四《野庙碑》云："瓯越间好事鬼，山椒水滨多淫祀。"顾况《永嘉》诗也说："东瓯传旧俗，风日江边好；何处乐神声，夷歌出烟岛！"(见《全唐诗》卷二百六十七)这反映了温州人民素有以歌舞乐神的传统。到了宋代，温州开发为东南沿海的商业大都市，一方面成了瓯江流域土特产和手工业品的集散地，另一方面又与明州、泉州互相通流，成了海道运输和对外贸易的通商口岸。绍圣二年(1095)，苏轼的诗友杨蟠来任温州太守，曾赋《永嘉百韵》诗，极

① 鹘伶声嗽，意为玲珑的腔调，是宋人市语。

② 参看钱南扬《戏文概论》，上海古籍出版社 1981 年出版。关于南戏产生的地点和时间问题，近年来学术界颇有争议。有些同志在福建、广东作了实地考察，指出北宋杂剧在流入浙江的同时，也进入了莆田、仙游、福州、泉州、漳州、潮州一线，因此提出了多点论，认为南戏之源不限于温州一地，而是分别在东南沿海许多点上同时产生的。详见刘念兹《南戏新证》，中华书局 1986 年出版。

写市肆的繁华。其《永宁桥》诗云:“过时灯火后,箫鼓正喧阗;三十六坊月,一般今夜圆!”其《永嘉》诗又说:“一片繁华海上头,从来唤作小杭州。水如棋局分街陌,山似屏帏绕画楼。是处有花迎我笑,何时无月逐人游?西湖宴赏争标日,多少珠帘不下钩!”(杨蟠赋《永嘉百咏》事见《章安集》题识,其《永宁桥》诗载《乾隆永嘉县志》卷四《关梁志》,其《永嘉》诗见《章安集》及《县志》卷二十四《艺文志》)北宋后期温州已有小杭州之称,可见温州杂剧起于其时,是有其经济和文化基础的(参见唐湜《民族戏曲散论·南戏探索》,上海古籍出版社 1987 年出版)。

高宗南渡时,为了逃避金兵的追击,曾于建炎四年(1130)正月乘船直奔温州,中央政权机构也一度迁到温州,宗室勋戚、文武大臣以及诸色伎艺人,都蜂拥而至。直到绍兴五年(1135),才返回杭州。由于这一段政治风云,温州的地位更形重要了。至迟在绍兴三年以前,这里已设置了提举市舶司,专司航运和贸易事宜。这样,温州便成了当时首都之外最繁华最富庶的商业都市,优伶纷至沓来,各种民间伎艺云集于此。郡城环列九山,城西有九山湖,艺人组成的行会便叫做九山书会,编演了本地居民喜闻乐见的文艺节目。由于商品经济自由竞争的刺激,温州杂剧便有可能吸收南方各地的民歌小调和其他艺术因素来丰富自身,进而发展为南戏。所以《南词叙录》曾指出:“永嘉杂剧兴,则又即村坊小曲而为之,本无宫调,亦罕节奏,徒取其畸农市女,顺口可歌而已。”可见南戏的早期曲调大多是地方民歌和俗谣俚曲,从现存南宋唯一的戏文《张协状元》来看,便证实了这一点。其中如《东瓯令》、《台州歌》、《福清歌》、《福州歌》等,显然是浙江、福建的地方民歌,又如《赵皮鞋》、《吴小四》、《林里鸭》、《斗双鸡》、《鹅鸭满渡船》、《牧犊歌》等,则是村坊小曲;此外,又溶进了宋词、大曲、舞鲍老、舞蛮牌、影戏、叫声、赚词和诸宫调等各种伎艺的声歌唱腔,形成了比宋杂剧更为成熟的综合艺术。特别是温州本地的书会才人率先写出了南戏的代言体剧本,为戏曲文学的产生作出了卓越的贡献。温州不仅有九山书会,而且还有永嘉书会,《刘知远还乡白兔记》的成化刊本,开场白中就说明它是永嘉书会才人编的。九山书会除了写出《张协状元》外,也还有其他作品。《南词叙录·宋元旧篇》著录的《董秀英花月东墙记》,《寒山堂新定九宫十三摄南曲谱》指明是“九山书会捷讥史九敬仙著”①，标举了作者个人的姓名。那么，才人们不仅善于创作，而且其中还有能参与演出的了。

当南渡以后，温州产生的南戏已经以完整的戏曲形式出现时，北方尚处于金院本的流行期。北曲杂剧则产生于金元之间，其时代还在南戏出现之后。所以南戏的形成早于北剧，这是肯定无疑的②。

南戏的剧目和现存南宋作品《张协状元》 南戏从南宋发展到元代，其剧本都由民间艺人自编自演，或出书会才人之手，大多数已经散佚。至今尚存的少量剧本，一般也并非原本，或源于宋而经元人改作，或由艺人通过舞台实践后反复修订而成，在时代上很难划分，所以只能跟宋元话本一样，也统称为宋元南戏。

关于南戏的剧目，《南词叙录》曾记载“宋元旧篇”六十五种。经钱南扬《戏文概论》及刘念兹《南戏新证》的搜辑，共著录宋元南戏剧目二百四十四本。其中哪些属宋，哪些属元，当然是不易分辨的。而且绝大部分已经失传，留存下来的不到十分之一，如《荆钗记》、《刘知远白兔记》、《拜月亭记》、《杀狗记》、《金印记》、《牧羊记》等，又大多是明改本，已非原貌。据前引《草木子》、《猥谈》、《南词叙录》等书，知道《赵贞女蔡二郎》和《王魁》两种，并称为戏文之首。此外，还有刘一清《钱塘遗事》卷六“戏文诲淫”条所记载的《王焕》戏文，周德清《中原音韵》里记载的《乐昌分镜》，张炎《山中白云词》卷五《满江红》词注里提到的《韫玉传奇》，以及《永乐大典戏文三种》中的《张协状元》六种，可以确定是宋人的作品③。而在这六种中，

---

① 捷讥，杂剧中类似引戏的角色，每以讥讽嘲弄见长。

② 明代的曲论家不了解戏曲形成和发展的历史，错误地认为“北曲不谐南耳而后有南曲”（王世贞《曲藻》）、“先有北后有南”（沈宠绥《度曲须知》）。清乾隆时的李调元在《剧话》卷上才第一次提出“南戏肇始，实在北戏之先”的卓见。至近代王国维著《宋元戏曲考》，经过严密的考证，终于作出了“南戏之渊源于宋，殆无可疑”，“其渊源所自，或反古于元杂剧”的正确论断。

③ 见张庚、郭汉城主编《中国戏曲通史》上册第二编第三章，中国戏剧出版社1980年出版。当然，宋代南戏从南渡后至帝昺末世，已有一百多年的发展历史，它的演出剧目肯定是十分丰富的，绝不会仅此六种，只是大多数剧目失去记载罢了。

五种又已失传，只有《张协状元》一种尚存于世。现将这六种宋代戏文分别介绍如下：

（一）《赵贞女蔡二郎》。《南词叙录》记其内容是演“蔡伯喈弃亲背妇为暴雷震死”的故事。陆游《小舟游近村舍舟步归》四首之四云：“斜阳古柳赵家庄，负鼓盲翁正作场。身后是非谁管得？满村听说蔡中郎。”可见这个故事也以说唱形式演出，流传甚广。宋代科举名额扩大后，仕路广开，一些“朝为田舍郎，暮登天子堂”（见宋人汪洙《神童诗》“劝学”之五）的封建士子，往往抛弃糟糠之妻而另攀高门。艺人针对这一严重的社会问题，乃嫁名东汉的蔡邕，说他考取状元后，丞相招之为婿，他便抛弃家乡的双亲和妻室于不顾，其妻赵贞女上京寻夫，竟遭马踩身亡，最终他自己落得个暴雷震死的可耻下场。这个戏尖锐地抨击了这种当时相当普遍的负义行为，它遭到了赵闳夫出榜禁止，可能与此有关。到了元代末年，高明为了维护封建道德，把它改编成全忠全孝的《琵琶记》，就把原本的战斗精神抹杀了。

（二）《王魁》，又名《王魁负桂英》。钱南扬从明清曲谱中辑得佚曲十八支（见《宋元戏文辑佚》，上海古典文学出版社 1956 年出版）。宋官本杂剧段数中有《王魁三乡题》，《醉翁谈录》记宋人话本也有《王魁负心》（此剧情节，见本书第十二章第三节）。

（三）《王焕》，又名《风流王焕贺怜怜》。《钱塘遗事》说是南宋度宗时太学生黄可道所作。《宋元戏文辑佚》辑得残存的佚曲二十二支。剧情是：北宋时汴梁人王焕在洛阳百花亭与上厅行首贺怜怜相遇，两人一见倾心，订约结为夫妻。不料西延边将高邈入洛，强娶怜怜为妾。王焕无奈，只得到西延投奔经略种师道。后高邈事败，种师道拘审其家，贺怜怜说明自己与王焕的情意，不愿从邈。种经略乃治高邈之罪，以怜怜归王焕，使两人终成美满姻眷。这是一个歌颂婚姻自主的恋情剧，元代有无名氏改编的北剧《逞风流王焕百花亭》，收存于《元曲选》中。

（四）《乐昌分镜》，又名《乐昌公主破镜重圆》。现存佚曲三十一支。《中原音韵》“正语作词起例”条云：“南宋都杭，吴兴与切邻，故其戏文如《乐昌分镜》等类，唱念呼吸，皆如约韵。”又说：“逐一字调平上去入，必须极力念之，悉如今之搬演南宋戏文唱念声腔。”这一方面说明了《乐昌分镜》是南宋戏文，一方面又证实了南戏传入杭州后，其声腔采用了有入声的吴语。《乐昌分镜》情节出于唐孟棨《本事诗》：陈后主之妹乐昌公主，下嫁太子舍人徐德言。时隋兵将至，德言知家不能保，乃破一镜，与公主各执其半，相约日后以破镜为凭，再图会合。及至陈朝败亡，公主被隋兵掳入越国公杨素家，德言至洛阳察访，果得因镜互知踪迹。事为杨素获悉，即召德言还其妻。《醉翁谈录》记宋人话本有《徐都尉》，元代沈和有杂剧《徐驸马乐昌分镜记》，都与此题材相同。

（五）《韫玉传奇》。张炎《山中白云·满江红》词题序称“赠《韫玉传奇》，惟吴中子弟为第一。”可知当时苏州演员最擅长搬演这本戏。词云：“傅粉何郎，比玉树、琼枝谩夸。”“离别恨，生叹嗟，欢情事，起喧哗。听歌喉清润，片玉无瑕。洗净人间笙笛耳，赏音多向五侯家。”透露出剧情大概也是写男女离愁别恨的恋爱故事，韫玉可能是剧中女主人公的名字，内容则无从考见了。明人叶盛所编《箓竹堂书目》曾著录此剧，题为《东嘉韫玉传奇》，知其原为永嘉（唐代称永嘉为东嘉州）产生的戏文。

（六）《永乐大典》中现存戏文三种之一《张协状元》，是宋代南戏唯一现存的剧本。与其他两种（即成于元代的《小孙屠》及《宦门子弟错立身》），都保持着早期南戏的原貌①。在这里，我们只就《张协状元》加以论述。

这个剧本原无主名，根据第二出《烛影摇红》“九山书会近日翻腾”这句唱词，可知它是温州九山书会编撰的。又据剧中全部是用的南曲，尚未受到宋亡后北剧流入南方的影响，和《宦门子弟错立身》、《小孙屠》二本已采用北曲显然不同，可证实《张协状元》出于宋代。而剧中第二十三出旦唱《福清歌》后所念的上场诗“村南村北梧桐树，山后山前白菜花”，出自曹

① 《永乐大典》是成于明成祖永乐年间（1403—1424）的大型类书，因卷帙浩繁，未能刊板，只有正副两部抄本，分存南京和北京。正本毁于明亡时，副本亦在1900年八国联军入侵时丧失殆尽，今仅存七百余卷。此书原收有戏文三十三种，今存三种。关于这三种戏文的详情，请参看钱南扬《永乐大典戏文三种校注》，中华书局1979年出版。

豳的七绝《题括苍冯公岭》二首之二(见曾唯编《东瓯诗存》卷七)。曹豳,温州瑞安人,生于乾道六年(1170),卒于淳祐九年(1249)。他在端平二年(1235)曾任浙东路提点刑狱公事,括苍冯公岭地属浙东处州(今丽水县)境内,其诗即作于此时。九山书会编撰的《张协状元》既然引用了曹豳的这首诗,就证明了其创作的具体时代不会早于端平二年(参看徐顺平《现存〈张协状元〉剧本不会早于南宋中叶》,载《南戏探讨集》第五辑,温州市艺术研究室编,1987 年出版),它确是南宋后期的作品。

这是一部长达五十三场首尾完整的南戏剧本,在情节转换和场次衔接上比较粗疏,显示了民间作品的原始风貌。其情节梗概是:成都张协上汴京赶考,路过江陵五鸡山时,雪中遇盗,身受重伤,仓皇中投奔山下古庙,原住庙中的农村姑娘王贫女出于同情,允许他在庙中养伤,并照料他的生活。张协伤愈后,向贫女求婚,贫女不从。后经村邻李大公夫妇说合,得成姻眷。既而张协准备再去赴试,王贫女多方设法,甚至剪了头发典钱,为他筹措路费。但张协到京高中状元后,却忘恩负义,决意抛弃王贫女。另一方面,枢密使兼检校太尉王德用有女胜花,意欲招状元为婿,但张协却说:"只为求名不为妻",拒接丝鞭,致使胜花郁闷而死。王德用因此大为恼怒,在得知张协任梓州佥判后,有意出任梓州通判,作为张之上级,以图伺机报复。而张协上任途经五鸡山时,王贫女正在山上采茶,他为了根除后患,竟动手杀害贫女,但仅伤一臂。王德用赴任,恰好经过这里,见到贫女貌似胜花,便认为义女,同赴梓州。王德用到任后,接见文武官员,惟独拒绝张协的参见。张协忧惧,乃请托谭节使从中调停,愿与王府义女联姻。花烛之夜,贫女斥责张协,经众人劝解,终于夫妻重归和好。这本戏的题材与《赵贞女蔡二郎》、《王魁》同一类型。这类主题在剧本中不断出现,正反映了艺人们已经注意到这种社会问题的普遍性和严重性。

《张协状元》规制宏大,情节曲折,场次多达五十三出,上场人物多达三十八个,除了以张协和王贫女的婚变纠葛为主线外,还有以王德用父女与张协联姻的矛盾为副线,最后是构成戏剧冲突的两条线索扭在一起,把剧情的发展推向了高潮。在人物形象的塑造上,张协和贫女的性格刻画都是比较成功的。张协是一个极端自私的无耻士人的典型，他穷途末路时，为了依靠贫女生活，便假惺惺地主动求婚，骗取了贫女的爱情，但一旦飞黄腾达后，就马上翻脸不认人，剧本深刻地勾画出了他刻薄、狠毒、狡诈的丑恶嘴脸。与此形成鲜明对照的，是勤劳、朴实、善良的王贫女，以及助人为乐、仁厚诙谐的李大公、李大婆。在作者笔下，他们都被描绘得很有生活气息。不足之处是为了制造贫女与张协的大团圆结局，硬是安排王德用认作义女来提高她的身份地位，还让李大婆也来劝解，使之与张协言归于好。这最后一场，破坏了人物形象的完整性。这可能是赵闳夫榜禁《赵贞女蔡二郎》以后，艺人们为了使剧作得以上演，写成这样的。这种故意调和矛盾的创作思想，为后来高明改作《琵琶记》所取法，也给后世许多戏剧家的创作思想带来消极的影响。

南戏的体制和角色　宋元南戏的发展可以分为三个阶段：第一个阶段是南宋时期，第二个阶段是从元世祖忽必烈统一全国到元末，第三个阶段是元末明初。此后又进而发展为明清传奇。南戏来自民间，早期作品比较粗糙，尚未定型。直到元朝末年，高明撰作《琵琶记》，元末明初文人整理《荆》、《刘》、《拜》、《杀》等宋元旧篇，南戏的体制才渐趋完备。现以南宋戏文《张协状元》为主，再结合第二、第三阶段的作品，就其体制，略作说明：

先谈南戏剧本的结构。戏文一般都是长篇，通常是四、五十出，至少也有十多出。如《琵琶记》四十二出，《荆钗记》四十八出。但南宋作品如《张协状元》场次尚未分出，自然也就没有出目，钱南扬先生作校注时才把它分为五十三出。这与长篇章回小说定型的过程大致相同，戏文的分出加出目，也是到了明代中叶才定下来的。如元本《琵琶记》即未分出，它是直到明世宗嘉靖二十七年(1548)苏州书坊刊本才分出的。

戏文的开头列有“题目”，一般是四句诗，概述剧情大意。如《张协状元》的题目是：

张秀才应举往长安　王贫女古庙受饥寒
呆小二村沙调风月　莽强人大闹五鸡山

第四句也可以包含戏名（如《宦门弟子错立身》即以剧名作为题目的末句），它是在演出前写在招子上做广告用的。到了明代，剧本的形式有所改变，题目变成了第一出结尾的下场诗。如《元本琵琶记》的题目，在明万历间容与堂刻本《琵琶记》中，就被移作了副末开场的下场诗：

极富极贵牛丞相　施仁施义张广才
有贞有烈赵真女　全忠全孝蔡伯喈

戏文的第一出开场，明人称为家门，一般由末或副末上场念诵两首词，第一首报告本剧的演出宗旨，第二首叙说剧情梗概。但南宋戏文如《张协状元》开场的两阕词却都是泛说宗旨的：

（末上白）《水调歌头》韶华催白发，光景改朱容。人生浮世，浑如萍梗逐西东。陌上争红斗紫，窗外莺啼燕语，花落满庭空。世态只如此，何用苦匆匆。　　但咱们，虽宦裔，总皆通。弹丝品竹，那堪咏月与嘲风。苦会插科使砌，何吝搽灰抹土，歌笑满堂中。一似长江千尺浪，别是一家风。

（再白）《满庭芳》暂息喧哗，略停笑语，试看别样门庭。教坊格范，绯绿可同声，酬酢词源诨砌，听谈论、四座皆惊。浑不比，乍生后学，谩自逞虚名。　　状元张叶传，前回曾演，汝辈搬成。这番书会，要夺魁名。占断东瓯盛事，诸宫调唱出来因。厮罗响，贤门雅静，仔细说教听。

至于剧情，却另用一段诸宫调来表述，显出了早期南戏综合多种伎艺的痕迹。这种开场等于是宋杂剧中的艳段，又相当于大曲队舞中竹竿子念勾队词或参军色念致语口号。更有趣的是剧中人张协上场后，竟与后行子弟（即乐队）互相慰劳问答："饶个《烛影摇红》断送"，"暂藉轧色"。这是《梦粱录》所述"先吹曲破断送，谓之把色"的规范，也足以证明南戏确是宋杂剧直接发展的产物。

既然第一出是开场，所以到第二出才进入代言体的正戏，一般是男主角先出场，第三出则是女主角出场，以下各场兼顾到各种角色和剧情的起伏冷热，间隔穿插地安排场次，而由唱辞、念白和科介三部分结合起来塑造人物形象，展开戏剧冲突。科介是表示动作或感情的专门用语（插科是指插入的滑稽动作），剧本中只标出“科”字或“介”字，具体动作则由角色登台后发挥出来。例如《张协状元》第三十五出“（净）闭门介”，就是要表演闭门的动作；第三十二出“（丑）哭介”，那就要表演出哭泣的情态。至于念白，则有独白、对白、夹白和旁白之分。男女主角或其他主要的剧中人第一次出场时，往往在唱完引子后有一段自我介绍的较长的独白，行话称为定场白或自报家门。这是中国民族戏曲独特的艺术形式。

其次，谈南戏的唱辞和曲律。前面已经谈到，南戏植根于人民群众之中，唱腔多取自村坊小曲和里巷歌谣，所以观众一听就懂。如《张协状元》就保持了这个优点，现举数例如下：

《字字双》（丑作小二挑担出唱）一石两石米和谷，也一担担。两桶三桶臭物事，也一担担。四把五把大枥柴，也一担担。豆腐一头酒一头，也一担担。

——第十二出

《麻婆子》（净出唱）二月春光好，秧针细细抽。有时移步出田头，蛇蚪儿无数水中游。婆婆傍前捞一碗，急忙去买油。

——第十九出

《山坡里羊》（旦出唱）知它你是及第？知它你是不第？知它在上国？知它归来未？镇使奴终日泪暗垂。莫非不第了羞归乡里？又恐嫌奴贫穷恁地。别也、别来断信息，断信息！

——第三十出

《台州歌》（丑坐唱）亚奴，是人道相公女子好做妇，弗比小人子女穷合穷。我个胜花娘子生得白蓬篷，一个头髻长长似盘龙。巧小身材子，常着个好千红。东华门外傍在小楼东，当初只道个状元迎出似喜相逢，刺起丝鞭两不管，谁知道状元似鬼头风。日日吵得亚爹耳朵聋，两三日饭也不吃一口，谁知你今日死了一场空！

——第三十二出

这些都是当时地方口语，明白如话。当然，这也必须合乎人物的身份地位，如张协的唱辞，那就文雅得多了。

南戏是用南方的语言、曲调和音韵组合的戏曲，所以演唱时要分平上去入四声，而且入声字较多，不比北曲没有入声。在用韵上也和北曲有所不同，如居鱼、姑模、支时、机微四个韵部，南方的读音相同，因此就可通押；又如车遮、家麻两个韵部，南方读音完全一样，那就可以合并了。

北剧的一本戏只能由主角独唱到底，但南戏却是生、旦、净、末、丑各种角色都能唱，既可轮唱，还可合唱，极大地提高并丰富了行当的表演能力。兹举《张协状元》第四十五出的一曲如次：

《鹅鸭满渡船》（净）我公休去你门家里，好好看孩儿。（末）一味闲言语。（外）我讨你，去当孩儿面。（丑）亲嫡女看养你脸儿美。（合）随后去嫁良婿。（外）大婆辞已，逻逼行李。（合）添个轿儿抬。（净）我自行将去。（合）分明是前世里曾契，到今世重会面做儿女。

这一支曲由四个角色分唱，而且还合唱两次，可见其格局是相当自由灵活的。同时，值得指出的是，它的每一场戏不限于一个套曲，有时甚至用了两个或三个不同宫调的套曲，在乐曲的配置上也与多数角色都能歌唱的表演程式有关。

《南词叙录》曾说南戏的歌曲是“宋人词而益以里巷歌谣，不叶宫调”，但又说：“然曲之次第，须用声相邻以为一套，其间亦自有类辈，不可乱也。如《黄莺儿》则继之以《簇御林》，《画眉序》则继之以《滴溜子》之类，自有一定之序，作者观于旧曲而遵之可也。”这表明徐渭也不得不承认南戏的联套是有一定的规律的，并非随意杂凑。其实，他说“南曲固无宫调”，只能说明永嘉杂剧初起时的情况。到了南宋中叶，书会才人就已经讲究不同宫调曲牌的联套方式及其规律了。到了元朝，南北戏曲得到交流的机会，戏文又受到北剧联套方式的影响，南戏之有宫调是更其肯定的了。

研究南戏的曲律有两部权威性的古籍，那就是明末徐于室、纽少雅编的《汇纂元谱南曲九宫正始》，和张大复编的《寒山堂新定九宫十三摄南曲谱》。这两部曲谱著录了一大批宋元南戏的剧目，选录了数量可观的南戏古曲，并在宫调曲牌方面进行了分类整理。由此得知，南戏十三个宫调，常用的是九个宫调。宫调的作用有二：一是规定伴奏乐器和声乐歌唱的调门高低；二是标志声情的哀乐。现列举如下：一、黄钟宫，富贵缠绵；二、正宫，惆怅雄壮；三、中吕宫，高下闪赚；四、南吕宫，感叹悲伤；五、仙吕宫，清新绵邈；六、大石调，风流酝藉；七、商调，凄怆怨慕；八、越调，陶写冷笑；九、双调，健捷激袅；十、道宫，飘逸清幽；十一、小石调，旖旎妩媚；十二、般涉调，拾掇坑堑；十三、羽调，悠扬妩媚。其中从黄钟宫至双调是常用的。南曲戏文的套曲由引子（古称慢词）、过曲（古称近词）和尾声组成。引子一般都是散板干唱，不用伴奏，不拘宫调，过曲是有板眼的，由两支以上同一宫调内的曲调相联而成，唱时用管弦鼓板伴奏。尾声也有规定，要与过曲所属的宫调一致，但也可以不加尾声。

早期戏文短套多，长套少，而且大多不标明宫调。现在依据《九宫正始》的曲律来考察《永乐大典戏文三种》，则可以看出早期的戏文仍是合乎宫调曲牌的规律的，只是不太严整而已。如《张协状元》第二十出的联套情况是：一、旦唱《南吕过曲·懒画眉》；二、旦唱《黄钟过曲·狮子序》二支；三、旦唱《南吕引子·临江仙》、《南吕过曲·奈子花》，末唱《奈子花》第二支，生唱第三支；四、旦唱《仙吕引子·醉落魄》，生旦轮《唱仙吕过曲·四换头》；五、末净接唱《越调过曲·赚》二支；六、旦生分唱合唱《中吕过曲：绛罗裙·呼唤子》、《尾声》。——这场戏宫调变换了六次，是因为王贫女遭到张协的打骂，李大公、李大婆进行调解，剧情上有六个层次的起伏。可以看出，作者是根据戏剧冲突的实际需要对联套作出安排的。元初南戏由于受到北剧的影响，开始吸收北曲，并创造了南北合套。这些体式后来都为明清传奇所继承，而且在曲律上发展得更细密更严谨。

再谈南戏的角色。南戏的角色是从宋杂剧中演变出来的，计有生、旦、外、贴、丑、净、末七种，其中生、旦是男女主角，其他几种是配角。《南词叙录》所载，与《张协状元》的实际情况正同。现分别说明如下：

生：戏中的男主角，扮演书生、进士一类的人物，是从宋杂剧中的末泥演化出来的。《张协状元》第一出结尾呼唤"末泥色饶个踏场"，而出场的正是扮演张协的生角，这便是生即末泥的明证。

旦：戏中的女主角，扮演小姐或青年妇女，如《张协状元》中的王贫女。这一角色源出宋杂剧中的装旦。《张协状元》第三十五出有一段插科打诨的对白说："（旦）奴家是妇人，（净）妇人如何不扎脚？（末）你须看它上面。"这表明在剧中演王贫女的是由不扎脚的男优装扮的，看它上面是女妆，但下面却露出了马脚，这便是宋杂剧装旦之遗风。后来南戏中的旦角大多由女优担任。

外：《南词叙录》云："生之外又一生也。""外旦，小外，后人益之。"这是南戏中创造的新角色，是男女主角之外的配角。可装扮老年男子，如《张协状元》中张的父亲；又可装扮老年妇女，如《张协状元》中王胜花的母亲。这种外旦发展到明清传奇中，便演变为正规的老旦。至于小外，则扮年岁不大的男配角，如《荆钗记》第四出中的温州太守吉天祥。

贴：贴是贴旦的省称（在剧本中，贴每简写作占）。《南词叙录》云："旦之外贴一旦也。"源出宋杂剧中的次贴，一般扮演青年女子，如《张协状元》中的王胜花和野方养娘（婢女），到明清传奇中则专扮丫头。

净：《太和正音谱·词林须知》作靓，注云："付（傅）粉墨者谓之靓，献笑供谄者也，古谓参军。"而《辍耕录》指出"副净古谓之参军"，则南戏中的净实具有宋杂剧中副净的性质，专扮发乔逗笑一类的人物，而且男女兼扮。如《张协状元》中，张母（女）、张协朋友、过路客商、山神、李大婆（女）、店主婆（女）、张府门子、卖登科记的、王府侍婢（女）、脚夫李旺、柳永、谭节使十二个不同的人物皆为净扮。

末：金元北剧中有正末、副末之分，正末是男主角，源出末泥，与南戏中的生角相对应。南戏中的末不分正副，既不是生（正末），应即属于宋杂剧中副末的性质，专扮次要的男性人物，与净、丑在一起，作为插科打诨的对手。它的另一作用就是向观众介绍剧情，即所谓副末开场。在《张协状元》中，张协的朋友、张家的仆人、冲场者、过路客商、土地、判官、李大公、祗候、同年举子、张府门子和王府堂后官等十一个人物皆为末扮。张炎《山中白云》卷五有《蝶恋花·题末色褚仲良写真》一首，词中上片说："济楚衣裳眉目秀，活脱梨园，子弟家声旧。诨砌随机开笑口，筵前戏谏从来有。"生动地描绘了南戏末色的扮演特征，打诨使砌（诨、砌意同）是副末的拿手戏。以此与《张协状元》中开场末念"酬酢词源诨砌"相对勘，更显出了张炎描写的真实性。张炎是海盐腔开创者张镃的曾孙，词中所述"末色褚仲良"，说不定是一位唱海盐腔的副末演员。

丑：这是南戏中创造出来的能起重要戏剧作用的新角色。《南词叙录》云："以墨粉涂面，其形甚丑。"它的性质与副净相似，同样要在脸上搽灰抹土，同样擅长调笑滑稽，可能是从宋杂剧的副净色派生出来的。凡男女老少中带有诙谐性的人物，均可丑扮。在《张协状元》中由丑角装扮的有相面先生、张妹（女）、强盗、小鬼、小二、同年举子、弄幞头者、脚夫陈吉和王德用等，其中有反面人物，但也有正面人物。

宋元南戏的角色比金元北剧完备，发展到明清传奇，行当的分支更细，如从生行中又分出了小生、老生、武生等。但其总的类别仍不出生、旦、净、末、丑之外，所以说中国戏曲舞台上的角色行当，就《张协状元》来看，在南宋已基本完备了。

南戏的传播及其声腔的流变　自从温州南戏以崭新的艺术形式登上舞台后，便立即得到了广大群众的喜爱和欢迎。它逐步向外扩展传播，首先是流向当时的行都临安，刘一清《钱塘遗事》卷六云："湖山歌舞，沉酣百年。贾似道少时，佻达尤甚。自入相后，犹微服闲行，或饮于伎家。至戊辰（咸淳四年，1268）、己巳（1269）间，《王焕》戏文盛行于都下，始自太学有黄可道者为之。"这说明南曲戏文在杭州盛行后，连太学生也加入了创作者的行列。到了宋末和元代，南戏的中心便从温州移到了杭州，《宦门子弟错立身》原本就标明"古杭才人新编"，《小孙屠》也署为"古杭书会编撰"，而且唱念的语言也改用杭音，出现了杭州腔。另外，南戏在晚宋时期就传入了苏州，故前引张炎词序云："赠韫玉传奇，惟吴中子弟为第一。"《南词叙录》"宋元旧篇"著录的《荆钗记》，《寒山堂南曲谱》题为"吴门学究敬仙书会柯丹丘著"，足见苏州子弟善演南戏，并能编剧。元初统一全国后，南戏的势力北上，直抵大都（今北京）。《寒山堂南曲谱》中《金鼠银猫李宝闲花记》注云："大都邓聚德著，业卜，字先觉，尚有《三十六琐骨》戏文，隆福寺刻本。"可见北方作家看了南戏的演出后，也创作、出版了戏文。南北交流的结果，南戏便进而吸收北曲杂剧的艺术成分，或改编北剧的旧本（如南戏《拜月亭》就是从关汉卿的同名杂剧改编而来的），或吸收北剧的曲调，效法其联套方式，提高了自身的表现力。另一方面，北剧作家南下杭州，也参加了南戏的编撰，如大都人马致远任江浙省务提举后，写出了《苏武持节北海牧羊记》（见《寒山堂南曲谱》卷首总目），又与史敬德合作，编写了《萧淑贞祭坟重会姻缘记》（《寒山谱》注云：一名《刘文龙传》）。这些情况说明南戏与北剧绝不是互不相干的，而是彼此渗透、互相交流的。

南戏的传播区域很广，北至大都，南到江西、福建、广东。早在光宗、宁宗年间，南戏就流入莆田、泉州、漳州、潮州一带。南方各地区方言方音本也颇有差异，南戏原来只用温州乡音演唱的，它流传到其他地区后，其音乐唱调便结合各地的语言特色而形成了多种不同风格的地方声腔。同一个剧本，可以用不同的声腔来演唱，或者改调而歌之，这便是南戏与北剧的一大差别。明正德嘉靖年间，魏良辅在《南词引正》中说："腔有数样，纷纭不类。各方风气所限，有昆山、海盐、余姚、杭州、弋阳。自徽州、江西、福建俱作弋阳腔，永乐间，云、贵二省皆作之，会唱者颇入耳。"这里提出了南戏五大声腔。但杭州腔久已失传，情况不明。昆山腔起源于元朝末年，到明代才开始盛行。时代较早的是海盐、余姚、弋阳三大声腔。《南词叙录》云："今唱家称弋阳腔，则出于江西，两京、湖南、闽、广用之；称余姚腔者，出于会稽，常、润、池、太、扬、徐用之；称海盐腔者，嘉、湖、温、台用之。"可见南戏三大声腔几乎传遍了全国，其中海盐腔形成的时代最早，约在南宋中期。李日华《紫桃轩杂缀》卷三云："张镃字功甫，循王（张俊）之孙，豪侈而有清尚。尝来吾郡海盐，作园亭自恣。令歌儿衍曲，务为新声，所谓海盐腔也。”张镃寓居浙江海盐约在嘉泰四年(1204)以前。而作为海盐腔的实际演唱者，当然是海盐本地的优伶。正如陆容《菽园杂记》卷十所说：“嘉兴之海盐，绍兴之余姚，宁波之慈溪，台州之黄岩，温州之永嘉，皆有习为倡优者，名曰戏文子弟，虽良家子不耻为之。”海盐腔风格轻柔，体局静好，后来被昆山腔所吸收，至今温州昆剧(俗称永昆)的一些曲调中还保留着它的遗音。

至于余姚腔和弋阳腔产生的时代，虽然史无明文，但从其久远的流播情况来考察，应出于宋元之间。余姚腔的特点是用流水板滚唱，它沿长江流域发展到安徽，到明代演变为青阳腔和徽池雅调。江西的弋阳腔声势最盛，流播的范围最广。它不仅流行于北京、南京、湖南、福建和广东，而且在明初永乐年间传到了云南、贵州。顾起元《客座赘语》卷九云：“大会则用南戏，其始止二腔：一为弋阳，一为海盐。弋阳则错用乡语，四方士客喜阅之。”弋阳腔以锣鼓节拍，有后台帮腔，声调高亢，适宜在田野间演唱。它在明代变为四平腔，至清代又演变为京腔和高腔。现今湖南、四川、河北、江西和浙江等地的高腔，都是南戏弋腔的遗响。另外，闽广沿海地区的泉潮腔，也是与宋元南戏颇有渊源的地方声腔。特别是在福建的莆仙戏、梨园戏、南音和竹马戏中，保留宋元南戏的剧目最多，如莆仙戏中至今还保存了《张协状元》和《乐昌分镜》等，梨园戏中至今还保存了《王魁》和《刘文龙》等，这种上下古今一脉相承的情况，是值得联系实际进一步深入研究的。

两宋建元表

北　　宋

太祖赵匡胤建隆元年至三年(960—962)

　　乾德元年至五年(963—967)

　　开宝元年至九年(968—976)

太宗光义太平兴国元年至八年(976—983)

　　雍熙元年至四年(984—987)

　　端拱元年至二年(988—989)

　　淳化元年至五年(990—994)

　　至道元年至三年(995—997)

真宗恒咸平元年至六年(998—1003)

　　景德元年至四年(1004—1007)

　　大中祥符元年至九年(1008—1016)

　　天禧元年至五年(1017—1021)

　　乾兴元年(1022)

仁宗祯天圣元年至九年(1023—1031)

　　明道元年至二年(1032—1033)

　　景祐元年至四年(1034—1037)

　　宝元元年至二年(1038—1039)

康定元年(1040)
庆历元年至八年(1041—1048)
皇祐元年至五年(1049—1053)
至和元年至二年(1054—1055)
嘉祐元年至八年(1056—1063)
英宗曙治平元年至四年(1064—1067)
神宗顼熙宁元年至十年(1068—1077)
元丰元年至八年(1078—1085)
哲宗煦元祐元年至八年(1086—1093)
绍圣元年至四年(1094—1097)
元符元年至三年(1098—1100)
徽宗佶建中靖国元年(1101)
崇宁元年至五年(1102—1106)
大观元年至四年(1107—1110)
政和元年至七年(1111—1117)
重和元年(1118)
宣和元年至七年(1119—1125)
钦宗桓靖康元年至二年(1126—1127)

南　　宋

高宗构建炎元年至四年(1127—1130)
绍兴元年至三十二年(1131—1162)
孝宗昚隆兴元年至二年(1163—1164)
乾道元年至九年(1165—1173)
淳熙元年至十六年(1174—1189)
光宗惇绍熙元年至五年(1190—1194)
宁宗扩庆元元年至六年(1195—1200)
嘉泰元年至四年(1201—1204)

开禧元年至三年(1205—1207)
嘉定元年至十七年(1208—1224)
理宗昀宝庆元年至三年(1225—1227)
绍定元年至六年(1228—1233)
端平元年至三年(1234—1236)
嘉熙元年至四年(1237—1240)
淳祐元年至十二年(1241—1252)
宝祐元年至六年(1253—1258)
开庆元年(1259)
景定元年至五年(1260—1264)
度宗禥咸淳元年至十年(1265—1274)
恭帝㬎德祐元年至二年(1275—1276)
端宗昰景炎元年至三年(1276—1278)
帝昺祥兴元年至二年(1278—1279)

后　　记

1956年，我在武汉大学讲授中国文学史，当时还只四十多岁，不自量力，想依据自己的传习记录，写成一部较大的书。从这年秋天开始，到次年春天，写成了宋元部分，约四十万字。不久，世所周知的“扩大化”运动来了，我也就按照当时许多知识分子被规定应当担承的命运，放下了笔杆子，拿起了牛鞭子和粪耙子。过了不到十年，又迎来了“史无前例”的十年浩劫。好不容易盼到了“乌头白，马生角”，摘帽之后，又立即奉命“自愿退休，安度幸福的晚年”。在那十九年难忘的岁月中，这部未完成的文学史稿虽说侥幸地保存了下来，但自己从来没有幻想过它有朝一日能见天日。

1978年，南京大学校长匡亚明先生聘请我这个已经六十五岁的街道居民回到母校，担任教授，我才恢复了教学生涯。我重新走上讲台，对着满堂渴求知识、探索人生的青年们，无拘束地讲自己心里的话：学术的，文艺的，伦理道德的，政治的。与此同时，还写了一些新书，整理了大部分旧作。感谢出版社的同志们，由于他们热情的协助，这些作品已次第与世人相见。

在旧稿中，我惟独对于这部未完成的文学史稿犯难。因为其中许多领域，近二十多年来，资料发现得多，研究进展得快，牵涉广泛，问题复杂，要用许多时间和精力才弄得清楚。我已届暮年，加之责重事烦，不要说完成全书，即使充实修订已经完成的宋元部分，也感到力不从心了。

正是在这个时候，我找到了吴新雷教授。吴先生和我同受业于胡小石、汪辟疆先生，可说是先后同学。他又是陈中凡先生的研究生，对词曲、戏剧、小说具有很专门的知识，而这正是我所缺乏的。由于我的请托，吴先生慨然同意将我这部很粗糙的旧稿加以充实修订，如骈文、南宋散文和诗词以及戏曲形成等章节，他都做了填平补缺的工作。经过他八年的辛勤耕耘，这部《两宋文学史》终于定稿，可以付印了。

我们的工作方式大体上是，他先改写我的第一稿，我再改他写的第二稿，如有异同之见，随时讨论解决。因为两人在一个单位工作，吴先生又敏而好学，直谅多闻，所以我们的合作是极其愉快的，对一些问题的歧见也是经过讨论后基本上取得一致的。这部书的每一章节，应当说，都浸透了两个人的心思。它是一个整体，有别于那些多人分别执笔，写成后再由一二人加以编定的书。我们觉得这也是一种合作方式，可供学术界有志从事集体研究及合作撰述的同志们参考。

我们本来还想写一部辽金元文学史，但我年事已高，日益衰颓，吴先生又拟集中精力研究戏曲，任务繁重，无暇及此。因此，原来的设想恐怕要由其他同志来实现了。

就我个人来说，一部 1957 年春天就写成了初稿的书，一直要等到 1988 年，还是在一位朋友的大力协同之下，才能完成，历程竟达三十一年之久，这是不幸呢，还是幸运？亲爱的读者们，请在读完这部书之后，代我回答这个使我不无迷惘的问题吧。正是：

韶华到眼轻消遣，
过后思量总可怜。

程千帆　于南京大学

1988 年 10 月

程千帆全集

第二辑

2

程千帆 —— 著

元代文学史

程氏汉语文学通史

凤凰出版社

目　次

元代文学史

程氏汉语文学通史

元代文学史

程千帆
吴志达
撰

绪　论

蒙元帝国是历史上第一次由少数民族在全中国范围内建立的统一政权。蒙古族原是散居于漠北草原的游牧部落，其中的一支，居在斡难河、克鲁伦河、秃兀剌河等河的上游肯特山一带，叫孛儿只斤族。在13世纪初，这个氏族出了一个杰出的领袖——铁木真，他凭借其祖先已经发展起来的武装力量，统一了蒙古各部落，于宋宁宗开禧二年(1206)建立蒙古帝国，并被尊称为成吉思汗(意即受大多数人尊敬的强有力的皇帝；或意谓海洋般的大汗)①，并于1210年开始进攻女真族所建立的金国，占据了河北、山西和山东的一部。成吉思汗于1227年逝世，窝阔台继任为大汗，与南宋联合，夹攻金国，于宋理宗端平元年(1234)灭金。蒙古背弃与南宋的盟约，从1235年开始进攻南宋，同时并征服了高丽和西域诸国。1260年，忽必烈称帝。到了至元八年(1271)，改国号为元(取《易经》"大哉乾元"之义)。1279年，灭南宋，统治了整个中国，其幅员之广，横跨欧亚两洲。若从元代文学的主流曲(包括散曲和杂剧)的兴起而言，元代文学史可以从太宗六年(1234)灭金占有中原算起，至明太祖朱元璋于1368年建立大明帝国为止，计有134年；若从元世祖忽必烈于1279年灭南宋算起，至1368年大明帝国的确立，则仅89年。

---

① 前说见周谷城《中国通史》下册，上海人民出版社1957年版，第132页；后说见蔡美彪等著《中国通史》第七册，人民出版社1983年版，第26页。

一、元代社会历史与文化特征

元代是个大一统的帝国，这对于全中国各民族的大融合、中外经济和文化的交流，都起了促进作用；但同时，整个元代，又是一个悲剧性的时代。蒙古族在入主中原时，还处于氏族社会末期向封建制飞跃的阶段，比之于高度发展了的宋朝封建社会，是很落后的。先就经济生产方式而言，它以强大的军事暴力征服中国以后，就企图以游牧民族的生活习惯，来改变中国的面貌。游牧所需的是牧场。早在成吉思汗时，蒙古贵族别迭等就曾建言："虽得汉人，亦无所用，不若尽杀之，使草木畅茂，以为牧地。"① 这个野蛮的建议，虽因当时重臣耶律楚材的反对，没有实行，但是由此可见蒙古贵族所计划的生产方式，具有多大的破坏性。在他们进行掠夺战争的过程中，往往采取残暴的屠城政策，所过之处，人民杀戮殆尽，财帛牛羊席卷而去，庐舍尽焚，城郭化为丘墟。像关中这样的富庶之地，在兵火之余，八州十二县，户不满万。北方的大量农田，被荒废为牧场。蒙古统治者圈占大片土地，分封给贵族功臣和僧侣，而俘虏大量被征服者没为农奴或奴隶，从事无偿劳动。例如阿尔哈雅行省荆湖，以降民三千八百户没入为家奴。尽管元世祖忽必烈也曾经采取过某些恢复农业生产的措施，如"释降奴为民"、"严鬻人之禁，乏食者量加赈贷"、"劝课农桑"等等，农业生产有所复苏，但是由于蒙古贵族贪暴的本质，对人民仍然大肆搜刮，逼使百姓流离失所，辗转沟壑。特别是从元中叶以后，统治集团内部争夺权势的斗争极其尖锐，对人民的剥削更是变本加厉，赋税比元初增二十多倍，使人民饥寒交迫，"日羸月瘠，曾不得糠秕以实腹，褴褛以盖体"，"父子、兄弟、夫妇至相与鬻为食者，比比皆是"②。由此可见，当时的中国农村经济，已经陷于衰蔽状态。同样，手工业也受到严重的摧残。蒙古统治者为了满足生产武器和生活奢侈品的需要，特别注意搜刮工匠，各地屠城时，只有工匠不杀。元太宗窝阔台灭金后，搜刮中原民匠七十二万户；

---

① 见苏天爵《元文类》卷五七《耶律公神道碑》，《四库全书》本；亦见于宋濂等编《元史》卷一四六《耶律楚材传》，中华书局 1976 年版，第 3458 页。

② 张养浩《归田类稿・上时政书》，吉林文史出版社 2008 年版，第 104、107 页。

1279年元世祖灭南宋，籍工匠四十二万户，立局院七十余所；1284年于江南民户中又籍匠户三十万，选有艺者十余万户，而把无艺者遣归。被拘籍的工匠，都集中在官营的或各贵族经营的手工业作坊中，由匠作司管理。就生产规模和分工协作的程度而言，比南宋时有所发展，但工匠没有人身自由，沦为工奴，每年只给粮五石糊口，本身及子孙永为匠作工奴。强制性的工奴劳动，积极性与创造性不高，比宋代以独立手工业和雇佣工匠的生产关系，生产力的水平要低得多。这种以奴役人民为基础的经济制度，势必使社会的贫富悬殊更趋极端化，社会财富集中在蒙古、色目等少数特权阶级的手里，而广大人民则贫穷不堪。诚如嵇璜《续文献通考·田赋考》所云：

> 豪富之家，或占民田，近于千顷……江南豪家，广占农田……恣意妄为，靡所不至。贫家乐岁终身苦，凶年不免于死亡。荆楚之域，至有售妻鬻子者。

在这种情况下，高利贷剥削很自然地盛行起来。蒙古人以皇帝为首，诸王、后妃、贵臣、僧侣、商人、地主、豪强，无不放高利贷。这种剥削极其残酷，一年本利相等，次年本利又翻一番。本银一锭，经过十年，利滚利，就变成1024锭。这种剥削方式叫"羊羔儿利"，至期债户无钱偿还，其妻女牲畜，多被拖走抵债。元杂剧中有不少剧本的戏剧冲突，都与高利贷有关，不是偶然的。

在政治上，蒙元统治者实行民族歧视政策，把人分为四等：蒙古人最高贵，色目人（被征服较早的西域和欧洲诸国的人）次之，汉人（包括北方的中国汉人、契丹、女真及高丽人）又次之，南人（中国南方的汉人）最低贱。规定高级的军政长官都由蒙古人或色目人担任，汉人、南人只能充任副职和小官吏。到了元代末年，在农民起义的烽火四起之时，为了收买人心，才不得不任用汉人为省、院、台、部的高官。法律也不平等："诸蒙古人与汉人争，殴汉人，汉人勿还报，许诉于有司。"①更不合理的，是"汉人、南

① 宋濂等编《元史》卷一〇五《刑法·斗殴》，中华书局1976年版，第2673页。

人杀蒙古、色目人，处以死刑，且向犯人之遗属征烧埋银。蒙古、色目人若因争论或乘醉杀汉人，仅罚金，命其出征，而免死刑”①。法律规定：杀死一名回教徒，罚黄金四十巴里失；杀死一名汉人，偿一头驴。为了防止汉人的反抗，元朝当局多次下令，不许汉人持铁尺、手挝及杖之藏刃者，不准汉人学武艺、打猎、骑马和集会。元杂剧中权豪势要的人物形象，影喻的就是享有特权的蒙古贵族。

基于民族歧视政策之上的元代吏治，是极其黑暗腐败的。“上自中书省，下逮郡县，亲民之吏，必以蒙古人为之长；汉人、南人贰之。终元之世，奸臣恣睢于上，贪吏掊克于下，痛民蠹国，卒为召乱之阶。”②贪赃枉法，恣肆妄为，荼毒百姓，冤狱无穷，是元朝吏治的显著特征，也是政治腐败的根源。元世祖忽必烈算是一个很有才干的皇帝，接受汉族儒士“崇儒重道”的建议，实行以“汉法”治国，但是他贪婪的本性，形成他政治措施上的一个特点：亟于财用。为了搜刮财赋，先后任用阿哈玛特、卢世荣、僧格等为计臣，一切设施“专以掊克敛财为事”，而阿哈玛特之徒，恃势妄为，滥施淫威，“民有附郭美田，辄为己有。内通货贿，外示刑威，廷中相视，无敢论列。”③阿哈玛特被杀后，其党徒卢世荣又得到忽必烈的宠信，搜刮百姓更为残酷，当时人讽刺他们是“鹭鹚勾当”，“以鹭鹚得鱼，既满其颔，即为人抖取也”。史书中记载一件趣事：

> 世荣尝言于帝曰：“臣之行事多为人所怨，后必有谮臣者，请先言之。”帝曰：“汝言皆是，惟欲人无言者，安有是理！疾足之犬，狐不爱焉，主人岂不爱之？汝之所行，朕自爱也……”④

皇帝与执政大臣的勾当尚且如此，更何况地方官吏？尽管朝廷定了很严的“官吏赃罪法”，贪污百贯以上者处死刑，但是贪污之风不止，而官

---

① ［日］箭内互著《元代蒙汉色目待遇考》，台北商务印书馆1975年版，第82页。

② 柯劭忞撰《新元史·百官志序》，中国书店1988年影印本，第278页。

③ 毕沅《续资治通鉴·至元十七年》，中华书局1957年版，第5044页。

④ 毕沅《续资治通鉴·元世祖至元二十二年》，中华书局1957年版，第5099页。

吏贪污又总是与百姓的苦难和冤狱紧相关联。号称“大元盛世”的成宗大德年间，一次就发现赃污官吏 18473 人，赃款 45865 锭，冤狱 5176 件。① 这该包含着多少人民的血泪！

农业生产的衰退，种族的压迫和官吏的贪暴使得整个社会经济遭到破坏，人民生活普遍陷于困境。但商业（特别是国际贸易）和手工业（特别是制造贵重消费品的手工业）却仍然有所发展，因而形成了当时一些大城市的畸形繁荣。这些发展和繁荣是由于下列一些因素构成的：第一，宋、金时代的工商业原来是比较发达的，在蒙古入主中国全境以后，其所遭到的破坏也不像农业那么厉害。第二，在蒙古全盛时代，统治地区及于欧亚两洲。欧洲和中亚的科学技术，在当时的统一政权之下，不断地输入中国，刺激了原有手工业技术的进步。第三，各国商人纷纷来华，使得进出口的贸易比以前扩大。第四，由于农村破产，农民大量流入都市，就为都市提供了经常性的剩余的劳动力，而这又使得人口集中于都市，也显示着表面的繁荣。第五，这种畸形繁荣的出现，和蒙古、色目人以及汉族官僚大地主无止境地要求得到更多奢侈的享受、扩大其不义之财这一因素，同样是分不开的。

在 13 世纪 70 年代，意大利人马可·波罗曾来中国游历，回国以后，写作了一部著名的《游记》。他描写当时元帝国的京城大都（今北京市）说：“彼处营业之妓女，娼好者达两万人。每日商旅及外侨来往者，难以数计，故均应接不暇。……中国及其他区域之精美珍贵物品，均荟萃于此，以供奉此地之皇室、贵妇、诸侯、将佐及大汗朝中之臣僚。故余谓：此间之富裕及所用之珍奇宝货，为世界上其他城市所无。”《游记》中还记载了其他大都市，尤其是南方的一些大都市的发展情况。虽然这部著作的目的是鼓励欧洲商业资本的东来，其中颇多夸大之处，但我们仍能从其中看出元代都市大致的面貌。城市的畸形繁荣，为戏剧这一综合艺术的发展提供了物质基础。

---

① 参见毕沅《续资治通鉴·元成宗大德七年》，中华书局 1957 年版，第 5298 页。

在文化方面，为了巩固其统治，蒙元帝国采取儒、道、释三教并存而均为其所用的政策。蒙军在攻城略地过程中，诚然是野蛮残酷的，但从成吉思汗、窝阔台到忽必烈，也善于任用一些当地具有较深中国传统文化修养的汉人或汉化了的辽金精英之士。成吉思汗重用丘处机、耶律楚材；窝阔台起用儒学代表人物元好问和杨奂；忽必烈重用理学名家姚枢、窦默、许衡，受理学熏陶的北方文人郝经、刘因、姚燧、卢挚等都受到礼遇。对被征服的各族人民，采取“因俗而治”的方针，吸收各地区各民族的文化和统治方式，在中原地区，以“汉法”治汉人，到了忽必烈时代，基本上全用“汉法”。这与擢用一批儒士密切相关。也提倡尊孔崇儒，在大都设国子学，以“四书”、“五经”为教材；儒生可免除差役。把尊孔与信佛置于同等地位。其基本原则，即既要适应中国固有的情况，又要符合元朝统治者的利益。如果不符合统治者的利益，即使是中国古老的传统，他们也不感兴趣。例如科举是唐、宋以来读书人最主要的出路，而它所考的内容则属于汉族传统文化的范围。在这一方面，即使汉化了的蒙古人也自然难以和汉人竞争。为了防止汉人的仕进之路过宽，元朝就长期停止科举。直到仁宗延祐二年(1315)，才举行第一次科举考试。整个元朝，也不过举行七次。而且即使在考取之后，蒙汉士人做官的机会仍然不均等。士人有了科举入仕之路，对戏曲创作的影响是负面的。

蒙古统治者从实际生活中认识到，利用被征服国家原有的宗教信仰，是有利于自己统治的。因此，他们对一切宗教都予以保护，而特别崇奉佛教，其次是全真道教。佛教的势力得到空前的发展。忽必烈尊吐蕃大喇嘛八思巴为帝师，又于京师特置宣政院，专管佛教。各路府州都设有僧官，僧官凭借政治势力，占人财产，奸淫妇女，无恶不作。泰定年间，以帝师之兄为驸马，封白兰王，而“其弟子之号司空、司徒、国公，佩金玉印章者，前后相望。为其徒者，怙势恣睢，日新月盛，气焰熏灼，延于四方，为害不可胜言”。① 到处建寺庙，做佛事，挥霍民脂民膏。丘处机全真道教也盛行，成吉思汗重用他，在征服西域过程中贡献过“少杀掠”等良策，其后，

---

① 毕沅《续资治通鉴·泰定二年》，中华书局1957年版，第5522页。

在中国知识阶层中全真教成为修身养性、苟全生命于乱世之具，对文学创作的影响颇为明显。

从以上的介绍中，可见当时社会矛盾的主要特征，而这些情况，也势必影响文坛。中国知识分子具有一种传统性的心态：达则兼济天下，穷则独善其身。在仕途得意之时，以儒家思想为主导，失意之时则以道家思想为主导。不过，在元朝这个非常特殊的时代，情况要更复杂一些，表现在文学创作上，作家采取的方法、方式也更多样化，我们需要设身处地地对他们给与更多更仔细的理解。特别值得注意的，在元代这个民族大融合的环境里，涌现出我国少数民族的一些作家作品，无论散曲、杂剧、诗歌，在艺术上都独具特色。

从蒙古贵族开始南犯，以农民阶级为主要力量的反奴役的斗争就从来没有停止过。1351 年以后，武装斗争进入了高潮，由反抗元朝而发展为群雄割据的局面。这次历时近二十年的战争，最后以明太祖朱元璋建立了他的大明帝国而告结束。蒙古人依旧退回了他们北方的老家——蒙古高原。

为了便于讨论 1234 年以后北方中国的和 1279 年以后全中国的文学，对于元代的社会政治、经济和文化情况，我们作了如上简略的叙述。

二、从文学样式内部发展规律看元曲的兴起

在中国文学史上，人们有一种习惯性的提法：唐诗、宋词、元曲、明清传奇与小说。其实，标举一代文学样式的辉煌成就，并非仅仅一代作家之功，各体文学都有一个逐渐演变发展的过程，到了一个特定的时代，在多种因素的影响和适合成长的土壤上，才开放出鲜艳繁茂的花朵。曲至元代特盛，除前面所论述的社会历史与文化特征以外，从曲（包括散曲和戏曲）自身的发展来考察，到元代出现曲特别是戏曲这种新的、成熟的、综合性很大的文艺样式，是很自然的，它是经过长期的历史发展的必然产物，可以说是瓜熟蒂落、水到渠成。中国古典戏曲的本质特征，是以歌舞演故事。究其渊源，可以追溯到上古时期的歌舞，狩猎舞蹈动作对生活的模仿，《书经・舜典》：“予击石拊石，百兽率舞。”《吕氏春秋・仲夏纪・古

乐》:“葛天氏之乐,三人操牛尾,投足而歌八阕。”就是原始的歌舞表演。屈原《九歌》则是在楚国民间歌舞艺术基础上的创作。先秦两汉以来的优人,倡优以表演歌舞为主,俳优则擅长滑稽讽刺,引人笑乐。著名的优人有专工调谑的优孟和兼善歌舞的优施,秦始皇时的优旃更是能言善辩、幽默风趣。俳优可以发挥其技艺以笑谑的方式对国王进谏,无论采纳与否,都不至于加害优人。俳优具有扮演某种人物形象的功能。

汉代的角抵戏,已初具以人物形象与歌舞相结合表演故事的形式。例如《东海黄公》,我们从《西京杂记》第三的记载中可知其梗概:

> 余所知有鞠道龙,善为幻术,向余说古时事。有东海人黄公,少时为术,能制蛇御虎。佩赤金刀,以绛缯束发,立兴云雾,坐成山河。及衰老,气力羸惫,饮酒过度,不能复行其术。秦末,有白虎见于东海,黄公乃以赤刀往厌之。术既不行,遂为虎所杀。三辅人俗用以为戏,汉帝亦取以为角抵之戏焉。

这是魔幻与武术相结合,演出具有震撼性的悲剧,东海黄公的人物形象颇为鲜明,当然猛虎也是由人扮演的。不过这只能算是戏曲的萌芽时期。唐代的歌舞戏和参军戏,才形成戏曲的初步形式,通过歌舞或讲唱,来表演短小的故事情节。例如歌舞戏《踏摇娘》,演酒鬼苏中郎每次醉酒就殴打妻子,其妻向邻里哭诉苦情,一边摇顿身体,一边唱着“怨苦之词”,每唱完一段,观众就齐声帮唱:“踏摇和来!踏摇娘苦和来!”因其“且步且歌”,故称“踏摇”。结尾是她丈夫来了,两人作殴斗之状。参军戏盛行于唐代开元时期,演出时有两个角色,一名“参军”,一名“苍鹘”,以相对问答的形式,表演简单的情节,而以滑稽讽刺为主。到了宋代,歌舞艺术有了长足发展,出现表演故事的大曲,例如董颖《道宫薄媚》(《西子词》),演吴越兴亡事。舞曲,如史浩《剑舞》,演唱“鸿门宴项庄舞剑”和“公孙大娘舞剑”两个故事。法曲,今仅存曹勋《法曲道情》,内容纯属道家清虚无为之言,其曲排列:散序、歌头、篇第一、第二、第三、第四攧、入破第一、第二、第三、第四、第五煞。鼓子词,如欧阳修以十一首〔中吕宫·采桑子〕词,抒游西湖之情。赵令畤〔商调·蝶恋花〕鼓子词则咏元稹《会真记》故事。毛奇龄《西河词话》已视为戏曲之祖。转踏，用一诗一词相间，咏一故事，分别歌唱八个故事。赚词〔遏云致语〕鹧鸪天，联合〔紫苏丸〕、〔缕缕金〕、〔好女儿〕、〔大夫娘〕、〔好孩儿〕、〔赚〕、〔越恁好〕、〔鹘打兔〕诸调，说蹋球的事。①还有诸宫调等各种类的歌舞或讲唱剧曲，内容和形式比唐代的歌舞戏更为丰富多样。但是它们还不能算是成熟的戏剧，主要是因为它们还是叙事体而不是代言体。此外，宋代还有傀儡戏和影戏等民间技艺，能“敷衍烟粉、灵怪、铁骑、公案、史书、历代君臣将相故事”。我们虽然不知道它们演出的具体内容和方式，但是可以想见它们对戏曲的扮演会有所启发。真正具备戏曲这一综合艺术各种要素的是宋金杂剧院本，它是跟唐代的参军戏一脉相承的，而表现的内容和艺术形式有了很大的发展。它已经有固定的剧本，南宋周密《武林旧事》载有杂剧名目280种，元人陶宗仪《辍耕录》载有院本名目690种。可惜这些剧本都已经散佚，但从记载的名目来看，它的内容已不限于滑稽讽刺，有很多名目是跟元人杂剧相同的，例如金院本名目中有《蝴蝶梦》、《鸳鸯简墙头马上》、《张生煮海》等，元人杂剧中也有，是很著名的公案剧和爱情剧。在1959年，山西侯马市发掘了一座金人的坟墓，其中有戏台的模型和演剧的彩俑，为我们提供了当时院本演出的实况②，从舞台设置，角色配备，表演神态各方面来看，都已是相当成熟的舞台艺术。宋金杂剧院本，已经为杂剧这一高级的综合艺术的出现，创造了良好的条件。大曲、舞曲、诸宫调等歌舞曲艺，主要在歌舞艺术和宫调组织方面，给元人杂剧以借鉴；而宋金杂剧院本，则在角色配备、故事扮演方面，为元人杂剧提供舞台经验。此外，唐宋传奇和话本小说，以及历史故事和民间传说，又为杂剧作者提供了丰富的题材。在前人如此丰富和深厚的艺术实践的基础上，元人杂剧终于应运而生了。

---

① 参阅刘永济老师《宋代歌舞剧曲录要》，古典文学出版社1957年版。

② 参见《戏剧研究》1959年第2期。

三、散曲的渊源和体制

在《两宋文学史》中，我们已经比较详细地叙述过宋词，也约略地叙述过宋代除词以外的其他音乐歌词和诗歌样式争奇斗胜的情况。在这里，则应当着重地介绍一下散曲。散曲是元、明时代，特别是元代最流行的和最有成就的歌词和诗体，同时，也是当时的戏剧的唱词的重要组成部分。

从金末作家元好问和杜仁杰等人已经开始写散曲这一事实来看，可以肯定，散曲至迟在13世纪后期已经出现了。那么，它是怎样产生的呢？

首先，可以从音乐的角度来看。我们知道：由于1127年之后，中国被人为地分成了两个互相敌对的政治区域，其文化也就在不同的社会条件之下发展。因此，音乐也就有北曲和南曲之分。根据王国维《宋元戏曲史》的不完全的统计，元代北曲（包括杂剧和散曲）所使用的曲调共有320多个。其中出于唐、宋词的75个，出于大曲的11个，出于诸宫调的28个，这就是说，出于宋、金旧有曲调的约三分之一。虽然由于音乐本身的变化，它们彼此的格律、字句已经有许多不同，但元代新兴的乐曲和传统的乐曲有着相当亲密的关系，则是可以断言的。

对元代北曲中的外来影响，也应当有一个实事求是的估计。我们绝不赞成将契丹、女真和蒙古等族的入侵看作是元曲形成的主要原因，如某些人所说："今之北曲，盖辽、金北鄙杀伐之音，壮伟狠戾。武夫马上之歌流入中原，遂为民间之日用。"①这是和事实不符的。但在长期的种族斗争中，各族人民所创造的文化也有所交流，因而元曲中具有一些已经被吸收在汉族音乐体系中的外族曲调，则由一些调名如〔者刺古〕、〔呆骨朵〕、〔阿纳忽〕、〔倘兀歹〕等，也可以看出来。可是，这类曲调的数目是极其有限的。很难令人承认，这些不到三十分之一的曲调能在元曲中起着非常重大的作用，以至于其风格的形成也能够由此获得解释。

---

① 徐渭《南词叙录》，载《中国戏曲论著集成》（三），中国戏剧出版社1959年版，第240页。

除了上举这些出于古代或外族的乐调之外，元代北曲所用的调子还有两百多个。它们只能是当时人民的创造。由此可见，在北中国遭受异族统治，汉族先进文化遭受暴力摧残的时代，人民的歌声还是响亮的。

元代南曲，据《宋元戏曲史》的统计，和北曲也有类似的情形。在540多个曲调中，出于唐、宋词的190个，出于大曲的24个，出于诸宫调的13个，出于赚词的10个，约当全部的半数。而其余的二分之一强，也是人民在不断的努力中陆续创造出来的。但从现存材料看来，元人似乎没有用南曲来作散曲的。因此，在从文学的角度来讨论散曲的渊源时，就只能以北曲为对象。

元代散曲的主要作家都有每个人自己的风格；但散曲，作为一种新兴的诗歌样式，和五七言诗、词等比较起来，它又同时具有对于散曲作家来说是普遍的，而对于其他文体来说，则是独具的特点。它的语言极其通俗而流利，不仅普遍地运用口语，甚至大量地运用俗语方言。它的风格豪辣而放肆，出语喷薄激烈，很少顾忌。它的题材深入到生活的各个角落，大胆地歌颂性爱，甚至流为歌颂色情；大胆地嘲笑世态，甚至流为轻薄无聊。

这些特点的形成，是和宋以来城市平民队伍的壮大以及市民歌曲的流行这些历史情况的影响分不开的。宋代偶然流传的一些民间通俗词（如我们在一些话本及笔记小说中所看到的）和《西厢记诸宫调》中，都透露了这种消息。这类作品，虽然如我们指出过的，曾经遭过禁止，长期受到轻视，但在市民支持之下，仍旧风行当世，并且影响了一些词人。在知名的作家中，柳永、黄庭坚都有不少的以通俗的语言描写爱欲和色情的词。苏轼和辛弃疾的词以豪放出名，但他们也写过一些嘲笑性的作品。和苏轼同时的王斋叟，还有稍后于他的曹组则专以写滑稽和钟情享大名。南宋初年词人康与之和石孝友也有这类作品。这些作家自觉地或不自觉地接受了当时流行歌曲的影响，又以其创作助长了这些反映了市民意识（包括其好的一面和坏的一面）的歌词的发展，就使得元代散曲的一些特色有了萌芽。如像下举这些例子，从文体的风格特征来考察，实在是远于宋词而近于元曲的，虽然它们确实是宋词。从这些作品中，我们不难看出由词到曲风格衍变的痕迹。

我有五重深深愿：第一愿，且图长远；二愿恰如雕梁双燕，岁岁后长相见；三愿薄情相顾恋；第四愿，永不分散；五愿奴留，收因结果，做个人家宅院。

——无名氏：〔雨中花〕

重阳日，阴雨四郊垂。戏马台前泥拍肚，龙山会上水平脐，直浸到东篱。　茱萸胖，菊蕊湿滋滋。落帽孟嘉寻箬笠，休官陶令觅蓑衣，两个一身泥。

——康与之：〔望江南〕(《九日雨》)

我已多情，更撞着多情的你。把一心十分向你。尽他们劣心肠，偏有你。共你，撇了人只为个你。　宿世冤家，百忙里方知你。没前程，阿谁似你？坏却才名，到如今都因你。是你，我也没星儿恨你。

——石孝友：〔惜奴娇〕

当然，使得宋代这种流风有所发展因而形成元曲这些内容上的特色的根本原因，还在于当时多数作家由于他们所处的社会地位而形成的生活态度。在整个封建社会，元朝似乎是读书人最倒运的时代。谢枋得《送方伯载归三山序》说：“滑稽之雄，以儒为戏者曰：我大元制典，人有十等。一官，二吏，先之者，贵之也。七匠，八娼，九儒，十丐，后之者，贱之也。吾人品岂在娼之下，丐之上者乎！”九儒十丐的说法，也见于郑思肖的《心史》，虽非法律上的明文，却是社会上的现实。[①] 这样，就决定了他们中间的多数沉沦于下位的命运。

① 此乃宋遗民对元朝不满的情绪化之说。对儒生不利的是废除科举制，但儒户享有免除徭役的优待。

种族歧视与黑暗统治决定了多数作家的政治命运，使得他们往往只能“以其有用之才而寓之乎声歌之末，以抒其拂郁感慨之情”，①以满不在乎的、玩世不恭的态度来“嘲风弄月，留连光景”。② 卑下的地位和放荡的生活也使他们有机会熟悉口语和敢于使用口语来写作。由此可知，元人散曲内容上的一些优点以及和这些优点相联系的缺点，主要是由作家们的生活道路、思想感情所决定的。

散曲是和戏曲相对而言的名称。戏曲是一种要演出的综合艺术，除了唱词而外，还有科（动作）、白（说白），散曲则只是一种音乐歌词和诗歌样式。戏曲一定要具备人物故事，而散曲则主要的是用来抒情。

散曲在体制上可以分成两种：一是小令，二是套数。小令绝大多数是以一篇歌词（抒情诗）作为一个独立的单位。它和在它以前盛行的词的不同之点除了音乐上的差异而外，还有：它的韵脚比词要密，一般是每句都要押韵；但用韵却比词宽，除北曲中原无入声外，可以平、上、去三声通押。这是一。它一般都没有换头，不像词通常都有上下片，多的可以有四叠。这是二。它可以在符合原来格律的正文之外，加上衬字，而词则一般没有这种办法。这是三。例如：

> 秋风飒飒感苍梧，秋雨潇潇响翠竹，秋云黯黯迷烟树。三般〔儿〕一样苦，苦的人魂魄全无！〔云〕结就心〔间〕愁闷，〔雨〕好似眼〔中〕泪珠，〔风做了〕口内长吁。
>
> ——刘庭信：〔双调·水仙子〕

这篇小令共八句，除第六句外，句句押韵，但其所押的韵，则平、上、去三声都有（入声的竹字在这里是读作上声的）。它没有换头，而在某些句中加有衬字如儿、云、间等。这样，按格律本来是五字句的第四句就变成了六字句，本来是五字句的六、七两句就变成了七字句，本来是四字句的

---

① 胡侍《真珠船》卷四。

② 朱经《青楼集序》，载《中国戏曲论著集成》（二），中国戏剧出版社 1959 年版，第 15 页。

第八句也变成了七字句。和词比较起来,散曲的格律就显得自由一些。

带过曲是小令在北曲中的一个变种,它是同宫调的两或三支曲调组成一个整体。在音乐上虽然仍旧是两或三个曲调,但在内容上却联成一片,不可分割了。如〔十二月带尧民歌〕就是两支曲子组成的带过曲,而〔骂玉郎带感皇恩采茶歌〕,则是三支曲子组成的带过曲。散曲小令的篇幅都很短小,当一支曲子容纳不下作家的思想感情的时候,人们就将在套曲中本来是连在一道唱的几支曲子摘出来,成为带过曲。例如:

看看的相思病成,怕见的是八扇帏屏:一扇儿双渐小卿,一扇儿君瑞莺莺,一扇儿越娘背灯,一扇儿煮海张生,一扇儿桃源仙子遇刘晨,一扇儿崔怀宝逢着薛琼琼,一扇儿谢天香改嫁柳耆卿,一扇儿刘盼盼昧杀八官人。哎天公天公!教他对对成,偏俺合孤另?

——(元)无名氏:〔中吕·十二月带尧民歌〕

这篇带过曲的前六句是〔十二月〕,后七句则是〔尧民歌〕。可以看出,它是用两支可以独立的曲子来写一个不可分割的内容的。

集曲是小令在南曲中的一个变种。和带过曲是以几支整个的曲调联结起来不同,集曲是在若干支音律可以互相配合的曲调中各取其中几句而集合成为一个新的曲调。每一支曲子都有其特别好听的地方。截取每支曲子的精彩片段而构成一支新曲,如果配合得宜,自然就更加好听。元人还没有以南曲来写散曲的,所以这种办法只通行于明、清以来。例如:

东风转岁华,院院烧灯罢。陌上清明,细雨纷纷下。天涯荡子心,尽思家。只见人归不见他。合欢未久难抛舍,追悔从前一念差。伤情处,恹恹独坐小窗纱。只见片片桃花,阵阵杨花,飞过了秋千架。

——(明)祝允明:〔南商调·金络索〕(《春词》)

这是一篇由六个不同的调子集成的新曲。第一句到第五句出于〔金梧桐〕,第六句到第八句出于〔东瓯令〕,第九句出于〔针线箱〕,第十句出于〔解三酲〕,第十一句出于〔懒画眉〕,末三句出于〔寄生子〕。

此外,将同一小令的曲调,一再重复的运用,使其所写内容成为一组诗,名为重头。这在南北曲中,是都有的。如《雍熙乐府》所载〔小桃红〕(《西厢百咏》),又名《摘翠百咏小春秋》,以小令百篇,描写了一部完整的崔、张故事,就是最著名的重头曲之一。

套数的构成,一般须具备三个条件:首先,至少要有两支宫调相同(或宫调虽异而曲调的管色相同)的曲子,才能成为一个套数,其次,套数所用的曲调,多少不等,因此每套的长短也不等,但最后要加上一个尾声,以表示这个组曲的终结。最后,无例外地,全套必须同一韵脚。这种乐曲构成法,事实上,在宋代已经出现,赚词和诸宫调就都是这样的。当北曲和南曲由于全中国在蒙古政权下统一而发生接触以后,人们又将若干支北曲和若干支南曲联系起来,成为南北合套。因此,套数从音乐方面来说,就有北套、南套和南北合套之分。套数的构成,即套中各曲的次序,根据音乐的要求,也有其一定的规律。①

13 世纪中叶到 14 世纪后期,乃是散曲的全盛时代。这一种为人民所新创造出来的歌词和诗体,在当时被各阶层的人普遍地爱好着。运用这种生气勃勃的新样式来写作的,有达官贵人,也有伶工妓女;有汉人,也有蒙古、畏吾等族人。现在姓名还能为我们所考知的作家,在这短短的一百多年当中,就有 220 多位。由于前人视为小道,不加重视,散曲亡佚很多。但现存的作品仍然相当丰富,不失为那个时代的一面相当清晰的镜子。

四、元代文学的主流是杂剧和戏文

杂剧和戏文是元代两个主要的剧种。杂剧以北曲歌唱,它在元时由北而南,流行全国。戏文以南曲歌唱,它主要仍然只风行于南方。

---

① 参见蔡莹《元曲联套述例》,收入赵景深《南曲联套述例》,载《文艺复兴》1949年“中国文学研究专号”。

在唱词的语音、伴奏的音乐、风格、结构诸方面，杂剧和戏文都是存在着差别的，因此它们是在中国人民所生活的土壤中，依据某些相同的和不同的条件而产生的两个既有其相同之点，又有其相异之点的独立的剧种。

作为具有全能性质的歌舞剧，它们都吸收了当时以及前代流行的许多声乐伎艺来充实自己，因而逐步形成这种更高级的综合艺术，这我们在叙述宋代民间流行的各种声乐伎艺时，已经比较详细地加以说明。如果进一步将一些零星材料集合起来，就更可以看出，宋、元时代，特别是元代的戏剧，虽然脱颖而出，为时不久，也已经很有规模了。

从搬演方面来说，则宋、元以来，大都市的瓦舍中已经有了固定的剧场，称为“勾阑(构肆)”。勾阑先是用棚搭起来的，其后渐成为固定的建筑物。其中演戏的地方称为戏台(乐台)，后台则称为戏房。又有称为神楼和腰棚的地方，则是看客所在地。最大的勾阑，可以容纳几千人。这时，不仅职业性的男女演员存在了，而且在表演上，也有了分工。演员通称路妓，也有着行院、散乐等异称。他们除了本名以外，往往还有乐名(即艺名)，在表演时，则以乐名和观众相见，扮演着末、旦、净、丑等脚色。演员们组成的戏团，或者固定地在某地的勾阑中演出，称为做场(作场、做排场、敷演)；或者游行各地，作流动性的演出，称为打野呵。在做场的前一天，他们贴出招子，向观众预告剧目和演员。招子是彩色的，所以也称为花招儿。称为砌末的道具，称为行头的服装，伴奏的音乐，配合剧情的效果，也都已具备。演员的打扮，称为梳裹。如何梳裹，也都有具体规定，称为穿关。[①] 在元代，还出现了以某种特殊修养提高了戏剧艺术因而驰名勾阑的艺人，如陶宗仪《辍耕录》所载：“教坊色长魏、武、刘三人，鼎新编辑。魏长于念诵，武长于筋斗，刘长于科泛。至今乐人皆宗之。”即其一例。这些情况告诉我们，现在还为人民所热爱的古典戏曲的某些传统组织形式和表演规范，宋、元时代就已初步奠定。

但从文学史的角度来说，则更重要的还在于戏剧文学的发达。可以想象得到，当这种新的文艺样式最初在民间被创造出来的时候，写作剧本

① 《孤本元明杂剧》于卷末列剧中人物“穿关”甚详。

的人往往就是组织表演和担任表演的人，即所谓倡优之流。有的戏剧作家如载在《录鬼簿》中的赵文殷、张国宾、红字李二、花李郎等人，固然很明显的是倡优，就是写了许多杂剧和戏文而名字却没有流传下来的作家中间，也很可能有这一类的人物。他们不仅是表演艺术的奠基者，同时也是戏剧文学的奠基者。再进一步，才有文士们参加剧本的写作。当时的剧作家习惯地被称为才人。才人就是有文才的人，但那时又用来和名公对称，用以表示作家社会地位的高下。名公指的是达官贵人，在剧作家中是极少的。才人则指文才虽然秀异，地位却较低微的人。其中包括低级官吏、前代遗民、学生、离人、医生等，有姓名的倡优作家也在其内。这些人乃是剧作家的中坚分子。现在传世的杰作，大都出于他们之手。

那时，北方的大都、南方的杭州和永嘉等地，都有一种称为书会的文艺团体，如武林书会、九山书会等。各种通俗文学的作家往往是书会的成员。因此，书会就常以剧本供给剧团。在有些剧本前面，并署有书会或才人编撰字样，雕版印刷在当时已经通行，剧本脱稿后，就可以出版，而其出版中心也正是戏剧艺术的中心——大都和杭州。

在才人的努力和书会的推动下，不论杂剧或戏文，收获都是丰富的。杂剧有名目可考的达 530 余种，现存的全本约 170 种。戏文有名目可考的达 160 余种，现存的全本 10 余种（但其中多数已经明人改动）。两相比较，则杂剧的成绩，无论就质量或数量上说，又都比戏文为好。

上述戏剧事业的进步和杂剧、戏文在这一历史时期中成就的差异，都是有其社会原因的。

戏剧，作为一种面向观众的综合艺术，需要有比较丰富的物质基础，是不待言的。杂剧发源于金代。在金代后期，恰有一个社会比较安定因而都市比较繁荣的时期。戏文虽然在北宋末年就出现了，但真正流行起来，却是南宋时代的事；而南宋，虽然处在偏安局面之下，其社会经济，特别是都市商品经济仍然有很大的发展。到了元代统一之后，大都市的畸形繁荣超越前代，又更其充实地提供了戏剧事业所需要的物质基础。杂剧的重心最早在金、元的京城（燕京，即大都）；戏文的重心最早是在南宋国际贸易的大都市永嘉；随着元代政权统一全国，杂剧南来，中国东部的大都市、南宋的京城临安又成了这两个剧种的接触点和汇合点，显见得都不是偶然的。

城市平民诸阶层在数量上的不断扩大，使勾阑有经常拥有大量观众的可能。金、元之际的作家杜仁杰曾写过一套题为《庄家不识勾阑》的散套〔般涉调・耍孩儿〕。它是以市民的眼光来嘲笑初次走进戏场的农民的。（顺便指出：这套曲子给我们提供了宝贵的戏剧史料，尽管是一个以嘲笑纯朴的劳动人民，嘲笑社会中被压迫的小人物为主题的作品，其创作动机是不大好的。在元人散曲中，有不少这类的作品，其所反映的正是一种不良的风习和低级趣味，应予以指出。）这可以证明农民对于都市中的剧场，一般是绝缘的，而市民才是它的支持者。当然，市民的成分是很复杂的，但作为其主体的，则是手工业者、小贩以及其他被剥削、受压迫的普通百姓。他们的要求和愿望不能不在很大的程度上支配着剧作家的创作倾向。以自己的艺术来充实人民所喜闻乐见的通俗形式，并从而反映出他们对于生活的合理愿望，使得宋、金到元代的戏剧事业稳固地植根于人民大众的土壤中，终于开放了芳香扑鼻的花朵。

统治阶级对这种新兴艺术自始就采取了既限制又利用的政策，企图使它为自己服务。他们要娱乐，也要维持自己阶级的尊严，就往往以“唤官身”的方式征发艺人到自己的衙门或府第中演唱。某些作家和演员为了迎合他们的趣味，自然不能不产生一些并不完全符合于人民要求的剧本和表演。此外，在宋、金、元时代的宫廷中，也经常演出戏剧。帝王们对于符合于他们统治利益的作品，也是不惜假以颜色的。如元代诗人杨维桢的《宫词》所写：“尸谏灵公演传奇，一朝传到九重知。奉宣赍与中书省，诸路都教唱此词。”①就是一个显著的例子。统治阶级需要娱乐，也注意到文学作品在政治思想上的潜移默化作用，从而提倡符合于其利益的戏剧，这对戏剧事业的发展，是起了两种相反的作用的。在某些方面，它鼓励了创作和演出；而在另外一些方面，又使得部分作品的思想内容和美学表现屈从于他们的要求。

① 此诗一说是明初贵族朱有燉作。

但更使我们看出在这一领域之内的斗争情况的，还是当时的一些禁令。明人祝允明说："南戏出于宣和之后，南渡之际，谓之温州杂剧。予见旧牒，其时有赵闳夫榜禁，颇述名目，如《赵贞女蔡二郎》等，亦不甚多。"① 这一史料告诉了我们，戏文自始就因为它谴责了如蔡二郎那种负心汉，歌颂了如赵贞女那种忠诚纯朴的女性，而在萌芽时期就遭到了统治者的嫉恨，对于此类不多的剧目，也出榜加以禁止。到了元代，禁令就更严厉而具体了。如《元典章》中就规定，凡是用"无形匿名文字"（当然也包括文艺作品在内）来攻击别人（当然是指高踞在人民头上的统治者）的，"写的轻呵，将本人流，他的媳妇、孩儿断与拿住的人，更赏钱五十锭。若是写得重呵，将本人敲了，将他媳妇、孩儿断与拿住的人，更赏钱一百锭"。《元史·刑法志》则更其明白地规定："诸乱制词曲为讥议者，流。""诸妄撰词曲诬人以犯上恶言者，处死。"统治者颁布这些横暴野蛮的法律的动机，显然是希望能够促使反映人民思想感情的剧作家撤出战斗，从而让他们更方便地统治人民。但是他们的希望落了空。作家们并没有停止其战斗，而且战斗得更巧妙了。②

在杂剧和戏文中，特别是在全本保存得较多的杂剧中，我们可以看到一个极普遍的现象，那就是：剧本中所反映的分明是当代的生活，剧中人物却被穿戴上了古代的衣冠。作家们所创造的人物以及这些人物的思想感情、生活态度，分明都是属于作家所生活的那个特定时代的，然而剧本却总是以历史剧的形式出现。将当代的现实生活通过古代的人物形象表达出来，甚至从宋、元时代起，就形成了一个根深蒂固的传统。自然，这个现象的产生，和另外一些因素，例如作家们喜欢利用在观众中已经有深远影响和良好印象的古老题材从事再创造，是有关系的。但更其基本的原因，却是在那个时代，直接地反映现代生活，乃是一条可以使自己随时遭到充军或杀头的危险的道路。结果，他们就只有"陈古以刺今"，使自己的战斗合法化。

---

① 参见《猥谈》，载陶珽编《说郛三种》四十二卷本第四十二卷，上海古籍出版社1988年版，第2099页。

② 其实元代作家的创作活动，是较为自由的，未见有文字狱祸。

书会才人之所以具有这种坚韧的战斗意志和巧妙的战斗策略，是广大人民对他们用生活进行了教育，而他们则接受了这种教育的结果。王国维说："元初，名臣中有作小令、套数者，唯杂剧之作者，大抵布衣；否则为省掾、令史之属。蒙古、色目人中亦有作小令、套数者，而作杂剧者，则唯汉人（其中唯李直夫为女真人）。盖自金末重吏，自掾史出身者，其任用反优于科目。至蒙古灭金，而科目之废，垂八十年……故文章之士，非刀笔吏无以进身，则杂剧家则多为掾史，固自不足怪也。"[1]这一段话，很扼要地指出了元代戏剧作家的阶级意识和民族意识产生的基础。由于他们都是汉人，蒙古贵族的种族歧视政策减少了他们向统治者靠拢的可能性，其黑暗统治也使他们容易清醒地注视现实，他们就很自然地以平民或小吏的身份，和广大人民共同分担着异族政权和大官僚地主阶级所加于大家的压迫，和广大人民有了思想感情上的共鸣。元代戏剧之所以能够继承宋、金时代而有所发展，之所以出现了大量的富于积极意义的作品，是可以从这里获得最基本的解释的。王国维在这里论及的虽然只是杂剧作家，但他所提出的理由，对戏文作家也同样适用。从戏文的作者绝大多数连姓名都没有流传下来这一点来看，他们的社会地位决不会比杂剧作家们更高一些。

当然，在估计到这些出身低微的作家的进步性时，我们也不能忽略了他们的弱点和缺点。统治阶级所加于他们的不良影响和市民阶层所固有的某些庸俗感情和消极思想，并不是在剧本中没有得到反映的。进步的和落后的、积极的和消极的东西，不仅常常统一在一个作家身上，而且也往往统一在一个作品里。这，就要我们善于区别对待。

戏文的出现，比杂剧更古，但在元代，数量多而质量高的剧本，反而是杂剧，不是戏文。杂剧乃是当时最有代表性的剧种。这一现象，应当怎样解释，徐渭的《南词叙录》是给了我们一些启示的。他说："元初，北方杂剧流入南徼，一时靡然向风，宋辞遂绝，而南戏亦衰。顺帝朝[2]，忽又亲南而

① 王国维《宋元戏曲史》，上海古籍出版社 1998 年版，第 77 页。

② 元顺帝妥懽帖睦尔，1333 年至 1368 年在位。

疏北。作者猬兴，语多鄙①下，不若北之有名人题咏也。”从这一记录可以看出几点。首先，虽然杂剧的产生和流行与金、元异族统治并无任何内在的必然联系，但它却随着蒙古人的势力传到了南方，因此也在一个较长时期内流行全国，而戏文则在杂剧盛行之下，受到了一定程度的抑制。其次，因为元代灭金以后，就将科举停止多年，在客观上使得许多有思想水平和艺术才能的作家能够有机会接近人民生活和从事通俗文艺创作，即使得杂剧有“名人题咏”；而在南方，则直到宋亡，并没有这种情况，这在客观上也就减少了有才能的人参加戏文创作的可能性。在 1279 年以后，南方和北方的读书人虽然陷入了同样的命运，但杂剧却比戏文约早半个世纪就得到了作家的关注，水平已经远远超过戏文了。再其次，必须指出，在元代，戏文只是不及杂剧那么有成绩，但在南方人民的爱好和支持之下，它也还是相当流行的。一百多种剧目（据钱南扬《宋元戏文辑佚》为 119 种“有佚文者”，总数 167 本）固然可以作为证明，就是钟嗣成《录鬼簿》中关于杭州作家萧德祥“凡古文俱隐括为南曲，街市盛行，又有南曲戏文”的记载，雪蓑渔隐《青楼集》中关于当时妓女龙楼景、丹墀秀“专工南戏”的记载，也同样可以证明。杂剧虽然在 14 世纪 30 年代以前风行全国，但到了元顺帝朝，即蒙古贵族所建立的帝国趋于崩溃的时代，戏文却又发展了起来，这在某种限度之内，也反映了当时种族斗争力量的消长。因为北曲和南曲虽然是属于艺术范畴的概念，但北方和南方在当时却久已属于政治地理范畴的概念了。这两个不同的范畴在实际生活中互相联系，就形成了在蒙古力量扩张的时代，北曲杂剧流行；而在它力量衰微的时代，南曲戏文转盛的现象。这，并不是偶然的和不可理解的。

作为两个虽有其共同的历史渊源，但又在某些不同的具体条件下发展起来的独立剧种，杂剧和戏文，除了音乐上的区别之外，还有其他的一些不同之处。其中主要的则有如下几点（见表一）：

---

① 疑是尘字。

表一　杂剧与戏文之不同点

	杂剧(北曲)	戏文(南曲)
音阶	1 2 3 4 5 6 7 七 宫 商 角 变徵 徵 羽 变宫	1 2 3 5 6 五 宫 商 角 徵 羽
乐器	弦索	鼓板(箫笛)
格式	板式无一定	板式为乐句
衬字	多少不拘虚实通用	衬字宜少,须看板式而定
套数	一折一套同一宫调,一韵到底。联套谨严有一定格式。	同一宫调之中可以自行联缀,且可于不同曲牌中各摘取数句为集曲
折数	一本四折	不拘出数
剧首	楔子	家门
歌唱	每折只限一人唱	多人唱
动作	科	介
声韵	入声派入三声	四声
风格	劲切雄壮	清峭柔婉

在结构上,虽然杂剧的剧本原来并不分折,戏文的剧本也不分出,现在的区分只是元末和明代人替它们改动的,但仍然可以看出:一部杂剧的唱词一般是用四个套数组织起来的。每一套曲子,在实际上体现一幕戏的情节。因此,杂剧通常是四幕,明代人也就据以分为四折。如果四幕的安排还不能包括应有的情节,或不能使得幕与幕之间的情节联系起来的时候,那么,就再加上一个以一两支小令组成的楔子。它或者安放在第一幕的前面(相当于序幕),或者安放在幕与幕之间(作为过场戏),看需要而定。至于戏文,按照戏中情节,也可以区分为若干幕。这也提供了明人为它们分出,并依据情节,每出加上标题的依据。戏文的一幕(出)往往较杂剧的一幕(折)为短,但全文却往往长达三四十幕。因为不受篇幅的限制,所以戏文便没有用以补足或联系情节的楔子,但它却总是将第一幕用来表明创作意图并总述剧情的梗概。这,明代人称之为家门或提纲。

在唱法上,杂剧的每一套曲子照例是由主角一人唱到底的。即使是两或三个角色在剧中所占的地位同等重要,仍然只能由其中的一人歌唱,而其余的人则只能说白。戏文的唱法,则复杂得多。它可以由一人独唱,可以由二人同时并唱,或先后接唱,也可以在一支曲子中,先接唱再并唱。

在声律上,杂剧所唱的北曲,在每折(同时也就是每套)中,只能用一个宫调,只能一唱到底。而戏文所唱的南曲,则每出之中,各个原来属于不同宫调的乐曲,只要声调大体和谐就可以,因为戏文的音律具有这种很不严格的特征,所以在元代中叶,它和北曲接触时,便将北曲吸收进了它的系统,形成在一个剧本的某些部分之中,有南曲同时又有北曲的南北合腔。

在音乐和文词的风格上,北曲和南曲的区别也是显著的。魏际瑞对于这一点,曾作过比较详细的描写。他说:"南曲如抽丝,北曲如轮枪。南曲如南风,北曲如北风。南曲如酒,北曲如水。南曲如六朝,北曲如汉魏。南曲自然者,如美人淡妆素服,文人羽扇纶巾;北曲自然者,如老僧世情物价,老农晴雨桑麻。南曲情连,北曲情断。南曲圆滑,北曲劲涩。南曲柳颤花摇,北曲水落石出。南曲如珠落玉盘,北曲如金戈铁马。北曲步步桥高,南曲层层转落。北曲枯折见媚,南曲宛转归正。北曲似粗而深厚,南曲似柔而筋节。北白似生似呆,南白贵温贵雅。"(见《伯子论文》)这些描写,既系通指音乐和文词而言,又是兼指戏曲和散曲而言的。

从上述各方面的差异看来,我们不妨说,北曲杂剧和南曲戏文是各有其特色的。音乐、文词的风格,代表着地方色彩,不应该也不能够强分优劣;但结构、唱法和声律上,则南曲戏文的限制显然较宽,更便于作家的创造。因此,北曲杂剧虽因"有名人题咏"和一些其他原因而称霸一时,到了明代,却不能不让位给以戏文为基础、吸收了杂剧的长处而形成的传奇和打破了那些严格规律的南杂剧了。

五、不要小觑元代话本、文言小说及诗文

戏剧和散曲所发射的光芒照耀着元代整个的文坛。话本在这个时期中虽然少有特别值得称道的作品,但是多种长篇平话的出现,对其后几部著名的章回小说如《三国志演义》、《水浒传》、《西游记》乃至《封神演义》、《东周列国志》等的孕育诞生,至关重要。文言小说的成就虽不如唐宋,但

也不容忽视，出现宋梅洞传奇体小说《娇红记》，就是一大奇迹，笔记体小说也不乏佳作。诗、词、散文这些古老的传统文学样式也仍然吸引着一批作家，虽然用这些形式来反映生活而取得突出成就的人，并不多见，但并不是说元代诗文微不足道。诗文是构成元代文学不可或缺的部分，而且有其鲜明的特色，就是伴随民族大融合而来的，涌现出一批汉文化修养较高的少数民族诗人。清康熙年间先后由张豫章、顾嗣立、习世臣等奉旨编次《元诗选》，入选诗人二千六百多人。元诗在中国诗史上的地位不可小觑。元代诗人为了扭转宋代“江西诗派”，特别是南宋末年“江湖诗派”、“四灵派”的不良诗风，提倡古体诗宗汉魏两晋、近体诗宗唐，取得成效。明代李东阳《怀麓堂诗话》评说：“宋诗深，却去唐远；元诗浅，去唐却近。顾元不可为法，所谓取法乎中，反得其下耳。”此评极为公允。元诗逊于曲，而胜于文和词。但元文具有很高的文献价值，为研究元代社会和文学提供可靠的文献资料。李修生先生主编《全元文》，意义重大。

第一章　伟大的戏曲家关汉卿

从比元好问(1190—1257)略晚的散曲家杜仁杰(1205—1285)所写的套数《庄家不识勾阑》中所说的"前截儿院本《调风月》,背后么末[①]敷衍《刘耍和》"以及其他的一些证据看来,金代已经存在着杂剧这种文艺样式,是没有问题的。但现存的所有的杂剧剧本中,我们却找不到一部可以绝对确定为金人所写的作品。那些代表着杂剧萌芽时期的剧本,多半是因为成就不高而被时间淘汰了。

在金亡以后,南宋和元对峙的那段时间中,杂剧文学有了较大的发展。但13世纪之末、14世纪之初的前后四五十年,才是杂剧的极盛时代。白朴、关汉卿以及许多出生略后于他们的作家,都活跃在这个时期。

大致在进入14世纪以前,杂剧是以大都为其活动中心的。14世纪开始,重心渐渐南移杭州。在14世纪30年代以后,杂剧的创作开始衰落,但在散曲方面,却还出现了一些优秀的作家。

13、14世纪之交是元代统治比较稳定,因而都市也显得特别繁荣的时期,同时也是杂剧本身已经趋于成熟而戏文却还没有成为它的劲敌的时期,是许多有才能的作家在社会上对自己的仕途摸索了一阵之后,感到并没有出路,因而只好从事于戏剧创作的时期。这些条件,使得这几十年,特别是元成宗铁穆耳的元贞、大德时代(1295—1307),成为中国文学史上戏剧创作收获最丰富的时期之一。

---

① 么末是杂剧的别名。

在这许多曲家中，关汉卿和王实甫是最伟大的。

第一节　既放荡又严肃的作家

关于关汉卿的时代，自来存在着异说。有的人认为金亡时他已经成年，是金朝的遗民，有的人则认为他在金亡之后才出生，完全是元朝人。从杂剧这一文艺样式到了他和王实甫才达到峰顶来看，从他作品中有[大德歌]这一后出的曲牌来看，从他的作品并没有表现出遗民的情绪来看，更其主要地从他所来往的一些朋友例如王和卿、杨显之、梁进之、费君祥以及女伶朱帘秀的年代来看，都可以断定，他生于金末（1225?），金亡时尚不满 10 岁，故既无遗民意识，也无元朝人的使命感。卒于大德末年（1307?）。

根据现有的、较可据信的资料，我们大致可以说：关汉卿，号已斋叟，原籍祁州（今河北省安国县）。元明之际的朱右《元史补遗》则说他是解州（今山西运城地区）人，寄居大都最久，曾任太医院尹，也曾在汴梁住过，在南宋灭亡以后，并曾到过杭州，写有套曲《杭州景》。他约生于 13 世纪 20 年代而死于 14 世纪初。钟嗣成《录鬼簿》将他列于“前辈已死名公才人有所编传奇行于世者”的第一人，朱权《太和正音谱》称他是“初为杂剧之始，故卓以前列”。无疑他是元代最早的杂剧作家之一。

从关汉卿自己所遗留的作品和另外一些零星记载看来，他是一位放荡地消磨岁月，同时又严肃地注视人生的作家；是一个当时读书人在“功名梦断”之后，走上了和勾阑艺人相结合的道路的典型人物。在题为《不伏老》的那套〔南吕・一枝花〕散曲中，他描写了自己到老都没有改变沉溺冶游生活的心情。他自称为“普天下郎君领袖，盖世界浪子班头”，“是蒸不烂，煮不熟，槌不扁，炒不爆，响珰珰一粒铜豌豆”。又说：“我玩的是梁园月，饮的是东京酒，赏的是洛阳花，扳的是章台柳，我也会吟诗，会篆籀，会弹丝，会品竹，我也会唱鹧鸪，舞垂手，会打围，会蹴鞠，会围棋，会双陆。”在这些坦率的自白中，我们看到了他生活的一面，他熟悉风月场中的生活，并且喜爱这种生活，他精通各种技艺，并因此受到勾阑中人物的欢迎。从他的另一套〔南吕·一枝花〕《赠朱帘秀》散曲中，亦可见他与名伶朱帘秀的密切关系。借咏珠帘而赞美朱帘秀歌声之清脆浏亮、妆扮美丽而潇洒，舞态婀娜多姿。咏物而隐喻人，所咏之物与隐喻之人，若即若离，不即不离，咏物中饱含真情。从“十里扬州风物妍，出落着神仙”之句中，可见关汉卿和朱帘秀都曾在扬州。

以一个精通伎艺的老狎客的身份长期逗留在勾阑里，使关汉卿的生活也在很大程度上和艺人们打成了一片，于是他“至躬践排场，面敷粉墨，以为我家生活，偶倡优而不辞”。[①] 加以他所生活的年代，是杂剧趋于成熟的历史时期，他所长期生活的地方，又是戏剧事业的中心，这就构成了他成为“驱梨园领袖，总编修帅首，捻杂剧班头”[②]的一些条件，即成为一个合编剧、导演、演员于一身的大戏剧家的一些条件。

长期的放荡生活固然有助于关汉卿对于戏剧艺术的精通，但使得他成为一个大戏剧家的更主要的条件，则是由于他并没有将自己淹没在那种享乐生活里面，反之，却以其清醒的头脑和严肃的态度，敏锐地注视着、观察着这种生活及其当时社会生活中的许多其他方面。他透过一些社会现象，深刻而又宽广地发掘了它们的内在意义，揭示了当时的阶级矛盾和种族矛盾。关汉卿将放荡的私人生活和严肃的创作事业，在当时那种特定的历史条件下，在自己身上统一起来了。

关汉卿很可能是当时的书会才人之一，他的生活来源也许可能有赖于编剧，因此，作品也特别多，据今日所知，就在 60 种以上。现存元人杂剧被认为是他写的达 19 种，除了从文献记录和文辞风格诸方面可以断定不出于关汉卿之手的 5 种(《西厢记》第五本、《裴度还带》、《陈母教子》[③]、《五侯宴》、《单鞭夺槊》)而外，比较可靠地说，他传世的作品还有《窦娥

---

① 臧晋叔《元曲选序》之二，载《元曲选》第一册。中华书局 1958 年版，第 3 页。

② (明)贾仲名补《录鬼簿》关汉卿吊词，见马廉《录鬼簿新校注》，文学古籍刊行社 1957 年版，第 9 页。

③ 达案：宣扬儒家传统道德、希望通过科举制度显身扬名，正是关汉卿对当时蒙元统治者无视儒家传统道德、停止科举制度导致官场腐败、社会风气败坏极端不满的表现。该剧的思想意识与关汉卿其他剧本的思想倾向，具有内在的一致性。故我认为《陈母教子》的著作权，仍应归属关汉卿。

冤》、《救风尘》、《调风月》、《望江亭》、《金线池》、《拜月亭》、《谢天香》、《玉镜台》、《单刀会》、《西蜀梦》、《哭存孝》、《鲁斋郎》、《蝴蝶梦》、《绯衣梦》14种。不论从创作剧目或传世剧本来看,他作品的数量在元代剧作家中间,都是最丰富的。

关剧不仅数量丰富,质量也非常之高。他广泛地运用了现实生活和历史故事中的许多题材,从不同的角度,以不同的手法塑造了许多男女典型人物。在这些人物的悲欢离合当中,体现了自己对于人类的幸福生活、正义事业的渴望和对于一切阻碍人民获得这些的黑暗势力的抨击。在剧作中,关汉卿几乎没有流露他本来具有的消极思想和颓废感情。从其创作实践来看,这位剧作家确实是以恪遵写真实的原则为其创作的主要特色的。他的另一创作特色是在写剧本时利用了自己丰富的舞台经验,所以其作品一般都具有结构紧凑、排场妥帖、冲突尖锐等容易取得演出效果的优点,而不仅是以文词见长。

可以想象得到:即使是像关汉卿这样一个具有杰出才能的作家,当他单纯地为了糊口,而只好不断地从事写作的时候,也必然会产生出一些水平较低的作品来。他遗留的十多种作品中,有的显然不是精心刻意之作,正说明了这一情况。明初深通戏剧的贵族朱权所看到的关汉卿的创作,远比我们今天所能看到的为多。在看过大量的瑕瑜互见的关剧之后,他曾将关汉卿比作"琼筵醉客",并说:"观其词语,乃可上可下之才。"(《太和正音谱》)这是不难理解的。当然,关汉卿列于世界上第一流的剧作家中都毫无逊色的地位,绝不因为存在着上述情况而有所贬损,也是很清楚的。

第二节 《窦娥冤》与《望江亭》

《感天动地窦娥冤》(下称《窦娥冤》)是关汉卿的代表作之一,也是中国古典戏剧中"列之于世界大悲剧中亦无愧色"①的杰作之一。

这个剧本写的是一位贫穷的读书人窦天章,借了高利贷者蔡婆二十

① 王国维《宋元戏曲史》,上海古籍出版社1998年版,第99页。

两银子，因为行的是一年之内就翻一倍的羊羔儿利，无法偿还，就只好将自己七岁的女儿窦娥抵给蔡婆做童养媳。窦娥成年后，和蔡婆的儿子成了亲，但不上两年，蔡婆的儿子就死了。有一次，蔡婆去向赛卢医讨债，债户还不出，竟要勒死债主。恰巧被张驴儿和他父亲撞见，便救了蔡婆。这父子两个，比赛卢医更其凶狠。他们恃恩搬进蔡婆家里，硬要霸婆媳两寡妇为妻，从而霸占蔡家的财产。窦娥坚决地拒绝了。张驴儿便想趁蔡婆害病时，先将其毒死，再来制服孤立无援的窦娥。哪知放下毒药的羊肚汤却误被张驴儿的父亲喝了，顿时身死。张驴儿于是又利用这个机会威吓这婆媳俩，仍然没有结果，便告了官。在楚州太守桃杌的严刑拷打之下，窦娥为了救无辜的婆婆就诬服了。她被判处了死刑。在临死之前，这个普通妇女发下三大誓愿，要求老天爷显现灵迹，来证明她的冤屈。居然，这些愿望都实现了。最后，由于窦娥托梦给做了廉访使的父亲，终于平反了这场冤狱，使罪人受到了公正的裁判。

剧作家当然没有指实这个杰作所反映的是元代的社会生活。但通过一些情节，关汉卿却揭示了蒙古贵族统治时期中国人的形形色色的生活和精神状态，从而揭示了那个令人憎恶的产生《窦娥冤》的环境。那是一个政府中充塞着贪污而又昏暴的官吏的时代；是一个统治阶级对一切敢于反抗黑暗势力的人民毫无忌惮地加以镇压的时代；是一个善良的读书人走投无路以至于要鬻儿卖女的时代；是一个普通人民在黑暗的洪流中，为了使自己生活下去，有时便也不能不放高利贷的时代；是一个恶棍横行，可以随意杀人或霸占良家妇女的时代；当然，也是一个人民为了反对上述一切现象而不断地进行着斗争的时代。窦娥和张驴儿、桃杌太守之间的悲剧性冲突，正是从元代蒙古贵族封建统治的典型环境之中产生，反过来，又以这个闪耀着光芒的尖锐冲突，照亮了那个时代的黑暗。

窦娥是剧本中最主要的人物。通过她苦难的人生道路，关汉卿展示了封建社会中人民长期被压迫的命运及其强烈的反抗情绪。窦娥是一个力图从命运的拨弄中挣扎出来，按照自己的意志生活，终于为这一正常的愿望而牺牲了的普通妇女。这个苦命的女孩子，在 7 岁上就被钟爱她的父亲万般无奈地卖给了一个高利贷者做童养媳。17岁上，她结了婚；19岁，就做了寡妇。剧本中省略了对于她做寡妇以前的这一段生活的描写。从剧情上看，她们婆媳之间也还处得不算坏。但无论怎样，她仍是在贫穷的挤压之下，丧失了自己幸福的童年和正常的亲子之爱，也被迫放弃了那时节一般妇女已经有可能争取的婚姻自由的权利。可以想象得到，窦娥正面表现在剧本中的坚强反抗性格，就是在那种令人不愉快的、暗淡凄苦的环境中锻炼出来的。高明的戏剧大师关汉卿既没有将不必要的东西搬上舞台，也没有因为这种省略而使人物性格的发展成为不可理解。作者巧妙地安排了窦娥独抒心曲的场面：

窦娥也，你这命好苦也呵！（唱）

〔仙吕·点绛唇〕满腹闲愁，数年禁受，天知否？天若是知我情由，怕不待和天瘦。

〔混江龙〕则问那黄昏白昼，两般儿忘餐废寝几时休？大都来昨宵梦里，和着这今朝心头。催人泪的是锦烂漫花枝横绣闼，断人肠的是剔团圞月色挂妆楼。长则是急煎煎按不住意中焦，闷沉沉展不彻眉间皱。越觉的情怀冗冗，心绪悠悠。

（云）似这等忧愁，不知几时是了也呵！（唱）

〔油葫芦〕莫不是八字儿该载着一世忧，谁似我无尽头。须知道人心不似水长流。我从三岁母亲身亡后，到七岁与父分离久，嫁的个同住人，他可又拔着短筹；撇的俺婆妇每都把空房守，端的个有谁问，有谁偢？

〔天下乐〕莫不是前世里烧香不到头，今也波生招祸尤，劝今人早将来世修。我将这婆侍养，我将这服孝守，我言词须应口。

这是非常典型的我国封建社会的妇女。她是那么善良柔顺，安分守己；尽管现实的命运与自己的理想是多么的矛盾，但她仍然默默地生活下去，把青春的火焰蕴藏在心底、煎熬着自己。她的唯一愿望，就是和婆婆平静地过日子。可是在那野蛮混乱的社会里，善良的人民，尤其像窦娥她们这样无依无靠的寡妇，往往会受到邪恶势力的欺凌，遭到各种意想不到的灾难。

好像瘟神突然降临似的，张驴儿父子闯进了她们家里，卷起了意外的风波。

在和蔡婆的关系上，和张驴儿以及桃杌太守的不可调和的冲突中，窦娥显示了她善良、正直而又坚强的性格。蔡婆并不是一个反面人物，虽然她的行为并不值得称赞。在那个被黑暗统治压迫得喘不过气来的时代里，有的人甚至如果不随波逐流地干一些罪恶勾当，就无法生存。蔡婆便是在这种情形之下，成为一个高利贷者的。她对窦天章的行为——将他女儿要去抵债，显得有些厉害；但当她遇赛卢医、张驴儿时，则显得十分软弱，呈露了一个孤苦伶仃的老寡妇的狼狈相；而她和窦娥的相处，始终维持着一种封建家庭中的正常伦理关系，又显得颇为善良。窦娥和她的矛盾，并不存在于别的方面，而只是存在于对张驴儿父子的态度上。为了要活下去，只好在恶势力面前低头，这便是蔡婆的人生观；而窦娥则与此相反，以抗恶作为自己生存的手段。这是婆媳之间存在的主要矛盾。可是在张驴儿诬陷她们以后，这两代寡妇相依为命的关系却是更主要的了。桃杌太守“千般拷打，万种凌逼，一仗下，一道血，一层皮”的酷刑①并没有使窦娥诬服，使她诬服的，却反而是她怕蔡婆继她之后，再受严刑。她连忙喊：“住，住，住！休打我婆婆，情愿我招了吧。是我药死公公来！”因为她知道婆婆也是无辜的，而昏庸暴虐的州官，为了逼取口供，却要把难以忍受的酷刑，强加到这个无辜的老婆婆身上。窦娥为了救她的婆婆，宁愿牺牲自己的生命，担当起“莫须有”的罪名。在绑赴刑场时，窦娥是“前街里去心怀恨，后街里去死无冤”②，“怕则怕前街里被我婆婆见”③。而蔡婆却偏在这个时候上了场。从这些情节，都可以看出，关汉卿并没有吝惜给蔡婆这样可怜又可嫌的人物以同情，而窦娥这种甘愿牺牲自己来保全另外一个无辜者的善良性格，则在这种对比、陪衬之下，显得更其突出了。

---

① 第二折〔感皇恩〕。
② 第三折〔倘秀才〕。
③ 第三折〔叨叨令〕。

张驴儿和桃杌太守，在剧作中是以人民的敌人的面貌出现的。窦娥和他们的斗争，也就是人民和黑暗势力的斗争。对于恶棍张驴儿父子，窦娥始终是以憎恶、鄙视的态度来抗拒他们的，虽然由于蔡婆的软弱，她不能不和他们住在一个屋檐下。因此，当张驴儿误将自己的父亲毒死，蔡婆竟然啼哭的时候，她就忍不住以带着讥讽的口吻劝告自己一向尊敬的长辈："这不是你那从小儿年纪指脚的夫妻。我其实不关亲，无半点恓惶泪。休得要心如醉，意似痴，便这等嗟嗟怨怨，哭哭啼啼。"①而当张驴儿借此讹诈时，她更是理直气壮地驳斥道："这厮搬调咱老母收留你。自药死亲爷待要唬吓谁？"②在这些地方，作家告诉了他的观众和读者，窦娥虽处在复杂的家庭环境和牵入紧张的人命案件中，却仍然保持着清醒的是非感和凛然不可犯的神态。这就使得窦娥和张驴儿的冲突尖锐化，并很自然地过渡到她和桃杌太守的冲突，而她的斗争也由反对封建统治所包庇的黑恶势力，演变为直接反对封建统治所加于她的迫害。

关汉卿以漫画式的手法，寥寥几笔，就勾画出了这位太守的嘴脸。

> （净扮孤引祗候上，诗云：）我做官人胜别人，告状来的要金银；若是上司当刷卷，在家推病不出门。下官楚州太守桃杌是也。今早升厅坐衙，左右，喝攛厢。（祗候吆喝科。）（张驴儿拖正旦、卜儿上，云：）告状告状。（祗候云：）拿过来。（做跪见，孤亦跪科，云：）请起。（祗候云：）相公，他是告状的，怎生跪着他？（孤云：）你不知道，但来告状的，就是我衣食父母。

这位以告状的为"衣食父母"的官吏，他是怎样审案的呢？作家接着补充地说明了他的看法："人是贱虫，不打不招。"窦娥和这个既贪且暴的官吏面对面的冲突，便体现了她坚强的反抗性格，导致了这个具有美丽灵魂的女性肉体的毁灭，精神的永生，从而达到了悲剧的顶点。

---

① 第二折〔斗蛤蟆〕。

② 第二折〔隔尾〕。

窦娥的冤苦和悲愤集中地表现在她被处死以前所发的三大誓愿里。

(正旦跪科。)(刽子开枷科。)(正旦云:)窦娥告监斩大人,有一事肯依窦娥,便死而无怨。(监斩官云:)你有什么事,你说。(正旦云:)要一领净席,等我窦娥站立;又要丈二白练,挂在旗枪上,若是我窦娥委实冤枉,刀过处头落,一腔热血休半点儿沾在地下,都飞在白练上者。(监斩官云:)这个就依你,不打甚么紧。(刽子做取席,站科,又取白练挂旗上科。)(正旦唱:)

〔耍孩儿〕不是我窦娥罚下这等无头愿,委实的冤情不浅。若没些儿灵圣与世人传,也不见得湛湛青天。我不要半星热血红尘洒,都只在八尺旗枪素练悬。等他四下里皆瞧见,这就是咱苌弘化碧,望帝啼鹃。

〔刽子云:〕你还有甚的说话,此时不对监斩大人说,几时说那?(正旦再跪科,云)大人,如今是三伏天道,若窦娥委实冤枉,身死之后,天降三尺瑞雪,遮掩了窦娥尸首。(监斩官云:)这等三伏天道,你便有冲天的怨气,也召不得一片雪来,可不胡说!(正旦唱:)

〔二煞〕你道是暑气暄,不是那下雪天;岂不闻飞霜六月因邹衍?若果有一腔怨气喷如火,定要感得六出冰花滚似棉,免着我尸骸现;要什么素车白马,断送出古陌荒阡?

(正旦再跪科,云)大人,我窦娥死的委实冤枉,从今以后,着这楚州亢旱三年。(监斩官云:)打嘴!那有这等说话!(正旦唱:)

〔一煞〕你道是天公不可期,人心不可怜,不知皇天也肯从人愿。做甚么三年不见甘霖降?也只为东海曾经孝妇冤。如今轮到你山阳县。这都是官吏每无心正法,使百姓有口难言。

(刽子做磨旗科,云)怎么这一会儿天色阴了也?(内做风科,刽子云)好冷风也!(正旦唱:)

〔煞尾〕浮云为我阴,悲风为我旋,三桩儿誓愿明题遍。(做哭科,云)婆婆也,直等待雪飞六月,亢旱三年呵,(唱:)那其间才把你个屈死的冤魂这窦娥显。

剧本是以窦娥的誓愿全部应验，她的父亲为她平反了这场奇冤而结束的。很显然，现实生活中不可能出现那些灵迹，在那个历史时代，公正的、关心人民疾苦的官吏也稀少得有如凤毛麟角，但这一带有幻想的结局，却如实地表达了广大人民百折不挠的斗争意志和追求美好生活的正常愿望。通过这些从表面上看来是不可能的和罕有的情节，关汉卿向人民宣布了：胜利最后必然属于正义的一方。它和剧本中另外一些揭露黑暗现实的部分，是同样真实的。

塑造了一个像窦娥这样的善良正直的、富于牺牲精神的、坚强不屈的形象，丰富而生动地将生活在那个历史时代的普通妇女的优美心灵展示在我们面前，乃是关汉卿的最大的成功。同时，通过窦娥的优秀品格以及她的不幸遭遇，作家也揭露了那个时代的黑暗统治。此外，剧本还比较广泛地暴露了一些社会矛盾面，例如，它不仅显示了善良的人民在恶势力包围下走投无路的命运，而且也显示了高利贷者、流氓、恶棍和贪污昏暴的官吏彼此之间如何基本上互相依存，有时候又必然地互相吞噬的情况。这，也正显出了作家目光四射，洞见幽隐的才力。

除了窦娥临刑时罚下的“三大誓愿”都兑现外，在第四折还出现她的鬼魂告状。整个古代，几乎大多数人都相信人死后会变鬼，这是传统文化中较为普遍的观念，因此，在剧本中出现鬼魂形象不足为奇，莎士比亚的悲剧中也有鬼魂形象。在元人杂剧中，除《窦娥冤》以外，出现鬼魂告状场面的戏有好几个，例如《生金阁》、《盆儿鬼》、《朱砂担》、《冯玉兰》、《神奴儿》、《冤家债主》等，其共同特点是：鬼魂伸冤报仇，与冤狱公案密切相关，这是元代黑暗吏治的反映。人民衔冤负屈，无法申诉，于是就把复仇的希望，寄托于虚幻的鬼魂伸冤，而这又往往跟包公一类的清官理狱联系在一起。具体到窦娥的鬼魂形象，就其报仇雪恨的精神来说，正是她生前反抗精神的继续。它出现在审判仇人张驴儿的庄严时刻，与张驴儿当面对证，亲自辩明自己的冤枉，喊出“便万剐了乔才，还道报冤仇不畅怀”的复仇呼声，并揭穿“衙门从古向南开，就中无个不冤哉”的黑暗吏治。最后，终于洗雪了冤仇，伸张了正义，给予邪恶势力以严厉的制裁，符合当时人民的愿望。至于通过做了高官的父亲来达到伸冤报仇的目的，固然具有很大的偶然性，毕竟反映了当时人民美妙的幻想。作为一份文学遗产，鬼魂形象仍然有存在的价值，与“三大誓愿”立即显验一样，可以了解古代人们的精神状态；从表演艺术上来说，也有其审美价值。本剧当是关汉卿晚年之作，元朝至元二十八年(1291)始改“提刑按察使”为“肃政廉访使”，剧中窦天章以“肃政廉访使”官衔出巡，足以证明该剧创作时期。

《望江亭中秋切鲙旦》(下称《望江亭》)也是一个以妇女反迫害为主题的剧本。它的主角谭记儿，原是一个寡妇，后来嫁给了潭州官吏白士中为妻。“权豪势宦”杨衙内为了要抢夺她作妾，便向朝廷请了势剑金牌，要去取白士中的首级。这个消息却被白氏夫妇事先知道了。谭记儿便化妆成一位渔妇，在望江亭为杨衙内切鲙，乘机偷了他的势剑金牌，因而击败了杨衙内的阴谋，保障了自己的幸福生活。这个剧本的主题，与其说是歌颂了谭、白之间的爱情，还不如说是歌颂了普通妇女为了捍卫自己的正常家庭生活而进行的正义斗争，所以它和《窦娥冤》的主题是接近的。不过作家在《窦娥冤》中，着重地描写了窦娥的坚强，在《望江亭》中，则着重地描写了谭记儿的机智。

谭记儿的一言一动都深深地烙下了她的命运和与这命运作斗争而形成的性格的印记。她原是一位学士的妾，丈夫死后，漂泊无依，自然希望再嫁一位能够托以终身的人。清安观的白道姑将她介绍给自己的侄儿白士中，对于她来说，是一门好亲事。但是她却只是在白道姑的勉强之下，方才应允，这就保全了自己的身份，使自己的再嫁不致为后夫和长亲所轻贱。她巧妙地避免了自己对于这次婚姻的表面上的主动，却以被动的形式争取了主动。

结婚以后，他们的生活是美满的，但谭记儿始终不能不顾虑到自己可能被丈夫轻视的出身和白士中家中还另有前妻这个事实(因为这在当时是不足为奇的事)。所以当白士中接到母亲的信，知道了杨衙内的阴谋，因而发愁的时候，她就立刻猜疑是丈夫的前妻寄下信来，唱出了“弃旧的委实难，迎新的终容易……你休等的我恩断义绝，眉南面北，恁时节水尽鹅飞”①这

① 第二折〔普天乐〕。

种充满妒忌的言语。只有当白士中声明“不敢欺心”，并接着对她公开了这些秘密时，她才毅然地反问：“原来为这般，相公，你怕做什么？”①这也就是：在她知道了这个家庭是值得保卫的时候，她就决定出来英勇地加以保卫了。

只有出身姬妾，有着比较丰富的人生经历像谭记儿这样的人才能够说出“我呵，怕甚么天翻地覆，就顺着他雨约云期”②的话，才敢于冒险的同时是有把握地使用这条美人计。当杨衙内已经进入了她摆的迷魂阵，把要杀白士中的阴谋也告诉了她，并且一定要娶她做二夫人时，谭记儿唱道：

> 不是我夸贞烈，也不曾和个人儿热。我丑则丑，刁决古懒，不由我见官人便心邪。我也立不的志节。官人你救黎民为人须为彻，拿滥官杀人须见血。我呵只为你这眼去眉来，使不着我那冰清玉洁。
>
> ——〔鬼三台〕

不能不承认，这种拿班做势，拍马吹牛，故作多情的伪装都是很高明的。邪恶的杨衙内，虽然一贯地仗势欺人，但当遇到这样一个精明能干的对手时，终于不能不陷入泥坑，一败涂地，使得人心大快。

这一个喜剧歌颂了人民的足以保全自己的智慧，描写了人民反迫害斗争的一种特殊形式。谭记儿机灵、复杂的性格是使人难以忘怀的。

第三节　《救风尘》与《调风月》

关汉卿是一位了不起的女性形象雕塑家。他传世剧本中的主要人物，大多数是女子，而且是具有各式各样不同出身和性格的女子。他所写的妇女反迫害斗争，我们已经叙述过了，在婚姻和爱情的主题上，他还花

① 第二折。见〔普天乐〕曲后的对白。

② 第二折〔十二月〕。

过更多的笔墨。这类作品中的代表作，乃是《赵盼儿风月救风尘》（下简称《救风尘》）。

《救风尘》写的是周同知的儿子周舍、秀才安秀实和妓女宋引章①之间的恋爱纠纷，而剧本的主角却是引章的好友另一妓女赵盼儿。当有钱有势而又性情狡诈的周舍和贫穷而又善良的安秀实都要娶宋引章时，引章被一些表面现象所迷惑，竟然不顾母亲和赵盼儿的劝告，选择了周舍。刚进得门，就挨了五十下杀威棒。引章后悔不迭，向盼儿求救。盼儿便从汴京来到郑州周舍住处，假意要倒贴妆奁，嫁给周舍。好色贪财的周舍在这种引诱之下，才打破了他对小老婆"则有打死的，无有买休卖休的"②惯例，给了宋引章一纸休书。在引章得到休书以后，盼儿便不再承认她曾经答应嫁给周舍这回事，结果周舍便变成"尖担两头脱"了。后来见了官，赵盼儿又挺身出来为安秀实、宋引章作证，说他们原有婚嫁之约，栽了周舍一个强夺人妻的罪名，安秀实夫妻才得完聚。

关汉卿以清醒的头脑长期地在花街柳巷生活，不仅非常理解那些被人践踏的妇女，也非常同情甚至尊敬她们。因而在他的笔下，就决不吝惜赋予她们以高贵的感情和超凡的智慧。这样，也只是这样，剧本才有了像赵盼儿这种出色的典型形象。赵盼儿不是像宋引章那种不懂世故人情，被几句甜言蜜语就弄得昏头转向的姑娘；同时，又不是被那种非人生活浸染过久，以致连是非、羞恶之心都丧失了的娼妓；而是在苦难的历程中变得老练、机智而仍然富于热心肠重义气的侠女。

辛酸的人生经历使赵盼儿看透了一般嫖客的虚伪，也使她深切地感到不幸的姐妹们处境的尴尬。她唱道：

〔仙吕·点绛唇〕妓女追陪，觅钱一世临收计，怎做的百纵千随，知重咱风流媚。

〔混江龙〕我想这姻缘匹配，少一时一刻强难为。如何可意？怎的相

① 章，当作璋，引璋犹后来的招弟，是父母没有男孩时给先生的女孩常取的名字。

② 第二折。见于首段周舍对宋引章说的威胁性语言。

知？怕不便脚搭着脑勺成事早，怎知他手拍着胸脯后悔迟！寻前程，觅下稍，恰便是黑海也似难寻觅。料的来人心不问，天理难欺。

〔油葫芦〕姻缘簿全凭我共你，谁不待捡个称意的？他每都捡来捡去百千回，待嫁一个老实的，又怕尽世儿难成对；待嫁一个聪俊的，又怕半路里轻抛弃。遮莫向狗溺去藏，遮莫向牛屎里堆，忽地便喫了一个合扑地，那时节睁着眼怨他谁？

〔天下乐〕我想这先嫁的还不曾过几日，早折的容也波仪瘦似鬼。只教你难分说，难告诉，空泪垂。我看了些觅前程俏女娘，见了些铁心肠男子辈，便一生里孤眠，我也直甚颓！

——第一折

这里所发抒的娼妓们深沉的精神痛苦，在旧社会中，是有其普遍意义的。卖笑绝不会有好下场，从良又往往变成了一场无把握的赌博，这就使得她们陷于深刻的矛盾和难以解脱的苦痛里面。“他每有人爱为娼妓，有人爱作次妻”，难道赵盼儿这里所说的是真正的“爱”吗？不是的。她们只是因为受不了被当作在人肉市场公开发卖的奴隶的遭遇，因而才“爱作次妻”，又因为将肉体卖给一个人的家内奴隶的命运也不见得更好，才又转而“爱为娼妓”的。所以她接着说：“正是南头做了北头开，东行不见西行例。”①这种饱和着血泪的控诉，照明了封建社会中一个新的黑暗的角落，也展示了那个时代被压迫的某些女性痛苦的灵魂。在祖国古代文学史上，这种成功的揭露是空前的。

但如果赵盼儿只是一个有力的控诉者，而不是一个积极的行动者，那我们还是不无遗憾的。关汉卿看出了像赵盼儿这种身份微贱，道德高尚的人物身上蕴藏着的力量和智慧，进一步将她写成了一个迫害的反抗者、幸福的追求者和正义的胜利者。为了更加突出这样一个优美的形象，作家还将她写成了主要的是一个帮助别人获得幸福的人物。赵盼儿和红娘这类人物的出现，体现了祖国古典剧作家对于人民积极干预生活，对于人

① 第一折〔寄生草〕。

与人之间所具有的丰富同情与崇高友谊的深刻理解。作家们写赵盼儿帮助宋引章获得幸福，红娘帮助莺莺获得幸福，比写她们自己获得幸福更加能教育人民，激发人民优美的情操。

生活教会了赵盼儿爱什么，恨什么，也教会了她为了保护自己所必需的狡狯。这就也使她有了对于欺负她们的男子，有以“即以其人之道还治其人之身”的手段来进行反抗的可能。但是，天真幼稚的宋引章，对于这一些却是完全缺乏的，她丝毫不懂“那做丈夫的做的子弟，做子弟的做不的丈夫”①的道理，因而被周舍的虚情假意所迷惑，嫁了那个以玩弄女性和虐待女性为其重要日常生活的恶棍。关汉卿在这里，为我们绘制了一幅善良的可是软弱的女性肖像。这是当时远比赵盼儿为寻常的人物。宋引章的命运，代表着大多数妓女所具有的命运。

宋引章执迷不悟地嫁给了周舍，赵盼儿当然是不高兴的。因此，当引章来求救，她甚至想到抽身不管，然而深厚的姐妹感情终究是主要的，她责备自己道：“赵盼儿，你做的个见死不救，可不羞杀这桃园中杀白马，宰乌牛？”②于是，剧情发展到了她和周舍必须正面冲突的地步。

周舍不是像《望江亭》中的杨衙内那种粗心大意的汉子，而是一个“酒肉场中三十载，花星整照二十年”③的老练嫖客，专门开着一座客店以便渔色的淫魔，油滑而又凶狡的恶棍。为了娶宋引章，“整整磨了半截舌头”，他便认为遗憾，是“骑马一世，驴背上失了一脚”。④ 刚将引章娶到家里，便一面狠狠地打了她一顿，一面又教店小二留心为他找别的女人。这种人是厉害的，但却有其根本弱点，就是好色。赵盼儿抓住了他这个弱点，打败了他，将自己可怜的朋友救出了魔窟。

赵盼儿对于周舍这个并不容易受欺骗的人的欺骗，是在作家独具匠心的安排之下进行的。每一步骤，都使得这位可爱的姑娘的灵心侠骨愈益清晰地显露在观众和读者的面前。

---

① 第一折。赵盼儿说给宋引章听的话。

② 第二折〔醋葫芦〕。

③ 第一折。周舍刚上场时念的“定场诗”。

④ 第二折。

(周舍云:)我想起来了,你敢是赵盼儿么?(正旦云:)然也。(周舍云)你是赵盼儿,好好!当初破亲也是你来。小二,关了店门,则打这小闲。(小闲云:)你休要打我,俺姐姐将着锦缣衣服,一房一卧来嫁你,你倒打我?(正旦云:)周舍,你坐下,你听我说。你在南京时,人说你周舍名字,说的我耳满鼻满的,则是不曾见你。后得见你呵,害的我不茶不饭,只是思想着你。听的你娶了宋引章,教我如何不恼?周舍,我待嫁你,你却着我保亲?(唱:)

〔倘秀才〕我当初倚大呵妆儇主婚,怎知我嫉妒呵特故里破亲?你这厮外相儿通疏就里村。你今日结婚姻,喒就肯摆论。

(云:)我好意将着车辆、鞍马、奁房来寻你,你划地将我打骂。小闲,拦回车儿,喒家去来。(周舍云:)早知姐姐来嫁我,我怎肯打舅舅?(正旦云)你真个不知道?你既不知,你休出店门,只守着我坐下。(周舍云:)休说一两月,就是一两年,你儿也坐的将去。(外旦上,云:)周舍两三日不家去,我寻到这店门首,我试看咱,原来是赵盼儿和周舍坐哩。兀那老弟子不识羞,直赶到这里来。周舍,你再不要来家,等你来时,我拿一把刀子,你拿一把刀子,和你一递一刀子截哩。(下。)(周舍取棍科,云:)我和你抢生吃哩,不是妳妳在这里,我打杀你。(正旦唱:)

〔脱布衫〕我更是的不待饶人,我为甚不敢明闻;肋底下插柴自稳,怎见你便打他一顿?

〔小梁州〕可不道一夜夫妻百夜恩,你可便息怒停嗔,你村时节背地里使些村,对着我合思忖:那一个双同叔打杀俏红裙?

〔么篇〕则见他恶哏哏,摸按着无情棍,便有火性的不似你个郎君。(云:)你拿着偌粗的棍棒,倘或打杀他呵,可怎了?(周舍云)丈夫打杀老婆,不该偿命。(正旦云:)这等说,谁敢嫁你?(背唱:)我假意儿瞒,虚科儿喷,着这厮有家难奔。妹子也,你试看咱风月救风尘。

(云:)周舍,你好道儿。你这里坐着,点的你媳妇来骂我这一场。小闲,拦回车儿,喒回去来。(周舍云:)好妳妳,请坐。我不知道他来;我若知道他来,我就该死。(正旦云:)你真个不曾使他来?

这妮子不贤惠。打一棒快毬子，你舍的宋引章，我一发嫁你。（周舍云：）我到家里就休了她。（背云：）且慢着，那个妇人是我平日间打怕的，若与了一纸休书，那妇人就一道烟去了。这婆娘他若是不嫁我呵，可不弄的尖担两头脱？休的造次，把这婆娘摇撼的实着。（向旦云：）妳妳，您孩儿肚肠是驴马的见识。我今家去把媳妇休了呵，妳妳你把肉吊窗儿放下来，可不嫁我，做的个尖担两头脱。妳妳，你说下个誓着。（正旦云：）周舍，你真个要我赌咒？你若休了媳妇，我不嫁你呵，我着堂子里马踏杀，灯草打折臁儿骨。你逼的我赌这般重咒哩。（周舍云：）小二，将酒来。（正旦云：）休买酒，我车儿上有十瓶酒哩。（周舍云：）还要买羊。（正旦云：）休买羊，我车上有个熟羊哩。（周舍云：）好好好！待我买红去。（正旦云：）休买红，我箱子里有一对大红罗。周舍，你争什么那？你的便是我的，我的就是你的。

——第三折

从这个场面中可以看出，足智多谋的赵盼儿和老奸巨猾的周舍之间的斗争，是在非常微妙而又非常紧张的情绪之下进行的。赵盼儿的确破坏过周、宋两人的亲事，但当周舍因为这一点要对她进行报复时，她却出人意外地将这种行为归结为是和宋引章撚酸吃醋。可是当周舍当着她的面要打宋引章时，她却又出来阻拦，暗示她怕将来嫁给周舍以后，会受到同样待遇。这就都使得周舍相信了，她是真的想嫁给自己的，于是，她才提出了要休掉宋引章的问题。但周舍也是相当精明的，他意识到可能两头脱空，一无所得，因此要“把这婆娘摇撼的实着”。然而周舍的再度进攻却遭到了赵盼儿同样巧妙的回击。她毫不迟疑地向他起了誓（虽然她的誓词是那么滑稽）。接着，她并以事先准备好了的订婚礼物酒、羊、红罗证明了她确实是一心一意要嫁给周舍的（同时，这一手段又使得她在后来否认和周舍的婚约时，可以用没有受过男方的礼物作为借口）。这就使聪明一世的周舍也不能不糊涂一时，完全陷入了她事先布置下的罗网里。

赵盼儿这种机智的性格，同样地表现在她预料到周舍会抢回已经给了宋引章的休书，因而预先将它换过等情节中。后来见了官，她又挺身而出，为宋、安二人的婚约作证，并且痛斥周舍“这厮心狠毒，这厮家豪富”，①“宋引章有亲夫，他强占作家属。淫乱心情歹，凶顽胆气粗”。② 这些描写，就不仅表明了赵盼儿是一个老练的姑娘，而且是一个正气凛然，不畏强暴的人物。

在赵盼儿身上，关汉卿体现了他所深切认识到的被迫害的微贱妇女的智慧和道德的力量，还有作家自己对她们的人道主义关怀。

《诈妮子调风月》(下称《调风月》)是关汉卿另外一个值得称道的以爱情婚姻为题材的剧本。因为这个剧本现传本的宾白部分多数已经删去，只保存着全部唱词，关于它的情节，我们就只能知道一个大概。燕燕是某夫人的婢女。有一位小千户在那位夫人家中作客，夫人命燕燕去服侍他。这对青年男女便发生了恋爱。哪知后来这位小千户竟和夫人的女儿，也就是燕燕侍候的小姐对了亲。在说亲的过程中，燕燕还被夫人强迫着向小姐进言劝嫁，在小姐和自己的情人结婚的时候，她又被强迫着给小姐上妆。燕燕在这当中，感到非常痛苦，虽曾想出许多方法，破坏小姐和小千户的婚姻，可是并无成效，最后只好委屈地做了小千户的“第二个夫人”，这在当时，也算赢得了胜利。

这个剧本，从表面上看来，乃是一个喜剧，但在它的背后，却隐藏着当时身份低微的妇女在婚姻问题上的悲哀。娇憨任性的少女燕燕，在最初并不理解她和小千户之间存在着一道阶级的鸿沟。她勇敢地、专一地爱着。这样，就使她不能不陷于进退两难的境地里。虽然在她发现小千户游春回家身上藏着另外一位女子的手帕时，还可以和他吵闹；但作为一个家内的女奴隶，她却不能不去给小姐说亲，不能不眼睁睁地看着小姐夺去自己的情人，并在小姐结婚时，还为她梳妆打扮。正是在这些地方，关汉卿非常突出地刻画了燕燕的个性和像燕燕这种人物的悲苦。

---

① 第四折〔雁儿落〕。

② 第四折〔得胜令〕。

〔耍孩儿〕我便做花街柳陌风尘妓，也无那忺过三朝五日。你那浪心肠看得我忒容易，欺负我是半良半贱身躯。半良身情深如你那指腹为亲妇；半贱体意重似拖麻拽布妻。想不想在今日，都了绝爽利，休尽我精细。

（云：）我往常伶俐，今日都行不得了呵！（唱：）

〔五煞〕别人斩眉我早举动眼，道头知道尾。你这般沙糖般甜话儿多曾吃？你又不是残花酝酿蜂儿蜜，细雨调和燕子泥。自笑我狂踪迹。我往常受那无男儿烦恼，今日知有丈夫滋味！

〔四〕待争来怎地争？待悔来怎地悔？怎补得我这有气分全身体？打也阿儿包髻，真加要带与别人成美。况团衫怎能勾披？他若不在俺宅司内，便大家南北，各自东西。

〔三〕明日索一般供与他衣袂穿，一般过与他茶饭吃，到晚送得他被底成双睡。他做成暖帐三更梦，我拨尽寒炉一夜灰。有句话存心记，则愿得辜恩负德，一个个荫子封妻。

〔二〕出门来一脚高一脚低，自不觉鞋底儿着田地。痛连心除他外谁根前说，气夯破肚别人行怎又不敢提？独自向银蟾底，则道是孤鸿伴影，几时吃四马攒蹄？

〔尾〕呆敲才呆敲才休怨天，死贱人死贱人自骂你。本待要皂腰裙，刚待要蓝包髻，则这的是折桂攀高落得的！

——第二折

这是燕燕发现小千户藏有另一女人的手帕对她不忠实以后的一段唱词。从此，她开始注意到了自己的“半良半贱”身份，注意到了自己和小千户恋爱是建立在一种很不现实的基础上。猛然地从美好的梦想中清醒过来，她认识到自己的社会地位和生活愿望之间的矛盾，而后悔于以前的攀高结贵，发出了哀伤和诅咒的声音。关汉卿在这里所写的，不是一个贵家小姐、寒门姑娘或勾阑妓女，而是一个大户人家的丫鬟，并且是一个涉世不深，富于幻想，敢爱敢恨的人物。这位有血有肉的姑娘的命运及其对命运的挣扎，向人们展示了封建社会中家内女奴隶在爱情与婚姻问题上的希望和失望。

在这一类的剧本中,《闺怨佳人拜月亭》也很出色。它后来被改编为南戏《幽闺记》,我们将在以后谈到。

关汉卿写了许多具有巨大成就的有关男女问题的剧本,但并不是他所写的这类剧本都是好的。如《钱大尹智宠谢天香》、《温太真玉镜台》、《杜蕊娘智赏金线池》等作品,虽然并不缺乏片段的精彩描写,但总的说来,其人物性格和情节都是不够真实的。在这几个作品中,关汉卿夸大了生活环境和官府权势对于妇女们的支配力量,而给她们安排下最后只能屈从命运的出路;同时,还以欣赏的态度注视着自己所作的安排。

第四节　历史剧《单刀会》

关汉卿,作为一个视野非常广阔的大作家,对历史上的英雄事迹是同其他题材一样感兴趣的。他写过不少的历史剧,塑造过不少的成功的历史人物形象,而《关大王独赴单刀会》(下称《单刀会》),则是他在这方面的代表作。

这个剧本的基本情节大略如后来产生的《三国志演义》第六十六《关云长单刀赴会》所载,但为了先声夺人地烘托出关羽的英雄气概,并向那个时代的观众介绍他们还不周知的关羽的英雄事迹;同时,也为了展示和关羽对立的鲁肃的性格,作家在第一、第二两折中使用了从表面上看来似乎是多余的笔墨来写了鲁肃和乔公、司马徽的交谈。通过乔公和司马徽对关羽的声势的形容,就制造了紧张的戏剧气氛,为这一英雄人物的登场完成了铺垫工作。

超出于杂剧的一般蹊径之外,《单刀会》的第三折并不是戏剧冲突的顶峰,虽然在这一折中,作家正面地描写了关羽的英雄形象,写了他明知道鲁肃的请客是一种阴谋,仍坦然"单刀赴会"。直到最后的第四折,才是赴会的场面。在这个惊险的场面中,原来站在主动地位,准备和关羽讲理、较力和斗智的鲁肃,被对方逐步地慑服了,终于一无结果,败兴收场。

将前三折的描写完全服务于第四折,将其余的人物完全用来烘托唯一的英雄人物，使得这个剧本有着结构极其单纯，手法非常简练的艺术特色。

关羽在剧中是一个自己所属政治集团的利益的坚决捍卫者。这个政治集团，从宋以来，就被人民认为是正义的一方。所以关羽的不还荆州，也就被肯定为一种值得歌颂的行为。关汉卿敬仰着这样一位自来被认为是英雄的历史人物，并以自己的体会丰富了他的性格。从乔公和司马徽的口中，人们知道了关羽的英勇出众、武艺绝伦和刘汉集团的实力雄厚；而通过关羽和他儿子的一场对话，人们又进一步地认识了他的自负和沉着。“你道他兵多将广，人强马壮，大丈夫敢勇当先，一人拼命，万夫难当；你道是隔着江起战场，急难亲傍，我着那厮鞠躬鞠躬送我到船上。”①关平的过虑和关羽对这种过虑的说服，就透露了他确实是一位胸有成竹的大将，而不是一勇之夫。

然而，《单刀会》中关羽性格的复杂还不止于此。作为一个饱经沧桑的将军，在过江赴会的时候，面对着壮丽的江景，回想起赤壁鏖兵的往事（借荆州的问题，正是在孙、刘联合破曹以后发生的，关羽这时想起鏖兵的往事，也极自然），他也不禁发生成败兴亡的感慨。

（正末关公引周仓上，云：）周仓，将到那里也？（周云：）来到大江中流也。（正云：）看了这大江，是一派好水也呵！（唱：）

〔双调·新水令〕大江东去浪千叠，引着这数十人，驾着这小舟一叶。又不比九重龙凤阙，可正是千丈虎狼穴，大丈夫心别。我觑这单刀会似赛村社。

（云：）好一派江景也呵！（唱：）

〔驻马听〕水涌山叠，年少周郎何处也？不觉的灰飞烟灭。可怜黄盖转伤嗟②，破曹的樯橹一时绝，鏖兵的江水犹然热，好教我情惨切。（云：）这也不是江水，（唱：）二十年流不尽的英雄血！

——第四折

---

① 第三折〔上小楼〕。

② 据剧情，黄盖在赤壁战役中牺牲。

作家体会到像关羽这样一个杰出的历史人物，虽然其主要的性格特征是表现在英勇、沉着这些方面，但几十年的军事生活中所经历的巨大的斗争场景，也必然在他心灵上烙下了不可磨灭的印记。他有着胜利的喜悦，并为能够继续争取胜利而自豪，但震撼着江山的斗争所带来的虎倒龙颠的结果，也不能不使他感到悲凉，甚至在胜利的喜悦中掺和着胜利的寂寞。关汉卿正是深刻地而非简单地把握了英雄的心理，才如实地描绘了关羽这种丰富而微妙的感情。

鲁肃在《单刀会》中是一位忠实于自己所属的政治集团，可是显得有些"不度德，不量力"的元帅。在听了司马徽的一番话以后，他已经"怕上来了"①，但却仍然在做着他分内的事情——索取荆州。可是，后来在酒筵前，不仅他的"三寸不烂舌"遇到了对方的"三尺无情铁"②，就毫无办法，而且连事先埋伏的甲士，也毫无用处。

> (甲士拥上科。)(鲁云:)埋伏了者。(正击案，怒云:)有埋伏也无埋伏?(鲁云:)并无埋伏。(正云:)若有埋伏，一剑挥之两断。(做击案科。)(鲁云:)你击碎菱花。(正云:)我特来破镜。(唱:)
>
> 〔搅筝琶〕却怎生闹炒炒军兵列，休把我拦当者。(云:)当着我的呵，呵，(唱:)我着他剑下身亡，目前流血。便有那张仪口、蒯通舌，休那里躲闪藏遮，好生的送我到船上者。我和你慢慢的相别。
>
> (鲁云:)你去了倒是一场伶俐。(黄文云:)将军有埋伏哩。(鲁云:)迟了我的也。(关平领众将上，云:)请父亲上船，孩儿每来迎接哩。(正云:)鲁肃休惜殿后。(唱:)
>
> 〔离亭宴带歇拍煞〕我则见紫袍银带公人列，晚天凉风冷芦花谢。我心中喜悦。昏惨惨晚霞收，冷飕飕江风起，急飐飐帆招惹。承管待，承管待；多承谢，多承谢。唤艄公慢者:缆解开岸边龙，船分开波中浪，棹搅碎江心月。正欢娱有甚进退，且谈笑不分明夜。说与你两件

---

① 第二折。末尾(鲁云)。

② 第四折〔雁儿落〕。

事，先生记者：百忙里趁不了老兄心，急且[1]里倒不了俺汉家节。
——第四折

本来唯恐关羽不来的鲁肃，在说不倒，吓不倒对方，却反而被对方说倒了，吓倒了的情况下，就唯恐关羽不去了。这就充分地表现了这位有些老实的阴谋家的狼狈相。而关羽呢，在把鲁肃攥在手掌心里之后，却显得从容不迫，一面故意地流连光景，一面轻松地奚落对方。戏演到终场，观众们才又发现，原来关羽也很幽默，在击败了敌人以后，还没有忘记给对方以不过分难堪的嘲笑。

随着剧情的进展，关汉卿逐步地，愈益丰富地向人们展示了他所塑造的英雄人物的复杂性格，乃是《单刀会》的另一特色。

《关张双赴西蜀梦》（下称《西蜀梦》）和《邓夫人痛哭存孝》（下称《哭存孝》）也是关汉卿历史剧中的优秀作品。《西蜀梦》写的是关羽、张飞被害后，阴魂去看刘备的情况。它歌颂了这三位桃园结义的异姓兄弟的生死不渝的友谊。《哭存孝》写的是五代时沙陀李克用的义子李存孝被李克用的另一义子李存信及康君立诬陷致死的故事。它反映了作家对历史上信而见疑、忠而被戮的人物的同情。在这类作品中，关汉卿所作出的对历史人物的裁判，是符合人民的爱憎的。

第五节　公案剧《鲁斋郎》

关汉卿在公案剧方面的成就，可以以《包待制智斩鲁斋郎》（下称《鲁斋郎》）为代表。有的人看到《录鬼簿》、《太和正音谱》等书著录关剧没有这一本，因而怀疑它出于无名氏的手笔。这种怀疑是没有充分根据，难以教人信服的。明人臧晋叔编《元曲选》，将该剧的著作权归于关汉卿，不会是空穴来风。

这是一个情节较为复杂的剧本。鲁斋郎是一个无恶不作的“权豪势

---

① 当作切。

要”。他经过许州，偶然看到银匠李四的妻子张氏很美，便将她抢回了汴京。李四追到郑州，因气急心痛，倒在地上，被六案都孔目张珪遇到了，将他领到家中，要自己懂医道的妻子李氏给治好了。李四便和李氏结拜了姐弟，并将自己的灾难告诉了张珪。张珪听到是鲁斋郎干的坏事，知道无法伸冤，便给李四一些路费，让他回了许州。李四回到家里时，男孩喜童、女孩娇儿都已不知去向。不久，张珪也遭到了和李四同样的厄运。鲁斋郎逼着他将自己的妻子李氏献出去。那时，李四的妻子张氏已经被鲁斋郎玩弄得厌了，便将她赏给了张珪。在张珪将妻子李氏送到鲁斋郎那里去时，他们的一双儿女金郎、玉姐也失散了。他回家后，李四正赶来探望结拜的姐姐和姐夫，出乎意外地遇见了自己的被鲁斋郎夺去的妻子张氏。张珪便让李四夫妻重新团聚，自己却出家做了道士。原来，失散的两家儿女都是包公收留了。十五年后，他们都在包公培养之下，长大成人，喜童中了状元，金郎中了进士。鲁斋郎也被包公用计斩了。在一个偶然的机会里，李四、张珪两家夫妻儿女都团圆了。并由包公主持，让喜童和玉姐、金郎和娇儿结了婚，张珪也还了俗。

在这个剧本中，关汉卿对当时蒙古贵族统治者的罪恶行为进行了控诉，也反映了人民要求改变那种现实的强烈愿望。像鲁斋郎这种奸淫掳掠，无恶不作的形象，显然是当时贵族统治者的写照。“花花太岁为第一，浪子丧门再没双，街市小民闻吾怕，则我是权豪势要鲁斋郎。”①从这几句上场诗中，作家已经勾画出了这一恶霸的面貌。但他的威风和势力，更多的却是透过张珪对于他极端地畏惧而间接地描绘出来的。张珪并不是像李四那样的普通老百姓，而是一位六案都孔目，平日间也是个高踞在人民头上，向人民进行敲诈的家伙。如他自己说的：“逼的人卖了银头面，我戴着金头面；送的人典了旧宅院，我住着新宅院。”②可是当李四向张珪诉说鲁斋郎抢走他的妻子时，他却赶紧掩口道：“哎哟！唬杀我也……这言语再也休提。”③但是，张珪的畏惧并不能使得自己得到幸免，鲁斋郎的主意

①③ 楔子。

② 第一折〔油葫芦〕。

竟然打到他妻子身上了。作为一个不抵抗主义者，他痛苦地然而顺从地将妻子献给了鲁斋郎。

(末、旦叩见科。)(鲁斋郎云:)张珪，怎这早晚才来?(正末云:)投到安伏下两个小的，收拾了家私，四更出门，急急走来，早五更过了也。(鲁斋郎云:)这等也罢，你着那浑家近前来我看。(做看科，云:)好女人也，比夜来增十分颜色。生受你，将酒来吃三杯。(正末唱:)

〔四块玉〕将一杯醇糯酒十分的吃，(贴旦云:)张孔目少吃，则怕你醉了。(正末唱:)更怕我酒后疏狂失了便宜。扭回身刚咽的口长吁气。我乞求得醉似泥，唤不归。(贴旦云:)孔目，你怎么要吃的这等醉?(正末云:)大嫂，你那里知道，(唱:)我则图别离时不记得。

(贴旦云:)你这般烦恼，可是为何?(正末云:)大嫂，实不相瞒，如今大人要你做夫人，我特地送将你来。(贴旦云:)孔目，这是甚么说话?(正末云:)这也由不的我。事已至此，只得随顺他便了。(唱:)

〔骂玉郎〕也不知你甚些儿看的能当意?要你做夫人，不许我过今日，因此上急忙忙送你到他家内。(贴旦云:)孔目，你这般下的也!(正末唱:)这都是我缘分薄恩爱尽，受这等死临逼。

(贴旦云:)你在这郑州做个六案都孔目，谁人不让你一分?那厮甚么官职，你这等怕他?连老婆也保不的?你何不拴个大衙门告他去。(正末云:)你轻说些，倘或被他听见，不断送了我也。(唱:)

〔感皇恩〕他他他，嫌官小不为，嫌马瘦不骑，动不动挑人眼，剔人骨，剥人皮，(云:)他便要我张珪的头，不怕我不就送去与他。如今只要你做个夫人也，还算是好的。(唱:)他少甚么温香软玉，舞女歌姬?虽然道我灾星现，也是他的花星现，你的福星催。

(贴旦云:)孔目，不争我到这里来了，抛下家中一双儿女，着谁人照管他?兀的不痛杀我也!(正末唱:)

〔采茶歌〕撇下了亲夫主不须提，单是这小业种好孤凄！从今后谁照觑他饥时饭、冷时衣？虽然个留得亲爷没了母，只落的一番思想一番悲。

（正末同旦掩泣科）（鲁斋郎云：）则管里说甚么？着他到后堂中换衣服去。

将这一场“妻嫁人，夫做媒”的人伦惨变的详细描写安置在张珪的身上，而没有将它安置在李四身上，作家是有深刻用意的。它说明了当时随时可能遭到“活支刺娘儿双折散，生各札夫妇两分离”①的灾祸的人，并不限于无权无势的老百姓；也说明了那时仗着主子的势力欺压老百姓的奴才，虽然平日徙倚主奴之间，“衠一片害人心勒揹了些养家缘”，②但其地位同样是不稳定的，其命运也同样是可悲的。这种描写对于当时那些附敌求荣的人来说，正是一记当头棒喝。当然，在剧本中，李四也不曾以强烈的反抗者的形象出现，可是张珪的举动却更不容易得到人们的好感。伴随着他不幸的遭遇，关汉卿还写了张珪同情李四，给他治病，送他盘缠，其后并将张氏还给李四和舍了财产出家这些带有忏悔意味的情节，但他在观众眼中，终究是一个即使值得怜悯也不值得赞扬的人物。在写了许多极其富于反抗性的人物的同时，剧作家还注意到生活中还有像张珪、李四这样的人，也正证明了他对于生活的复杂性和多样性是有深刻而丰富的体会的。

鲁斋郎是人民的死敌。这样的恶霸在蒙古贵族统治中国的时代是普遍存在的。他们使得人民连奴隶都做不安稳。人民迫切地要求摆脱这样一种厄运。剧作家体会了人民这种迫切的心情，于是就在剧作中塑造出了像包公这样的清官。在李行道的杂剧《包待制智勘灰阑记》中，包公自我介绍说：“老夫立心清正，持操坚刚，每皇皇于国家，耻营营于财利。唯与忠孝之人交接，不共谗佞之士往还。谢圣恩可怜，官拜龙图待制天章阁

---

① 第二折〔南吕·一枝花〕。

② 第一折〔混江龙〕。

学士，正授南衙开封府府尹之职。敕赐势剑金牌，体察滥官污吏，与百姓伸冤理枉，容老夫先斩后奏。以此，权豪势要之家，闻老夫之名，尽皆敛手；凶暴奸邪之辈，见老夫之影，无不寒心。”①这，正是人民心目当中理想官吏的形象。由于在封建社会中，皇帝一直被粉饰为超阶级的存在，作家们所塑造的包公，其力量的根源也就不能不被描写为从上而下的。虽然在事实上，为那些权豪势要如鲁斋郎之流撑腰的，不是别人，而正是高高在上的皇帝。

在元剧中，包公无例外地被描写为一个和权豪势要之家以及衙内们势不两立的英雄；同时，在多数场合中，这位理想的清官和这些事实上指的是蒙古贵族、军官的权豪势要、衙内进行斗争的时候，又被描写为一个擅长智略的人物，这也正是当时现实局势的反映。因为，包公的，也就是当时人民的敌人，是非常恶毒的、强大的。他们和当时皇帝的不可分割的血肉相连的关系，作为一种客观存在，使得作家和人民认为用智来战胜他们，远比用力来战胜他们的可能性为大。于是包公的智略，就常常被强调到和他的道德占有同等重要的地位。这，应当首先理解为是作家们认识生活的结果，而不能仅仅理解为是对于戏剧性的孤立追求。在许多其他包公戏中是如此，在《鲁斋郎》中也是如此。试看包公的独白：

想鲁斋郎恶极罪大。老夫在圣人前奏过：有一人乃是鱼齐即，苦害良民，强夺人家妻女，犯法百端。圣人大怒，即便判了斩字，将此人押赴市曹，明正典刑。到得次日，宣鲁斋郎。老夫奏道：“……是御笔亲判斩字，杀坏了也。”圣人不信：“将文书来我看。”岂知鱼齐即三字，鱼字下边添个日字，齐字下边添个小字，即字上边添一点。圣人见了道：“苦害良民犯人鲁斋郎，合该斩首。”被老夫智斩了鲁斋郎，与民除害。

——第四折

① 第四折。

这是相当幼稚的构思，然而它又是多么美丽的幻想！人民在现实生活中得不到清廉的政治与公平的法律，于是就希望在舞台上得到它们；而它们既经常在舞台上出现，又反过来鼓舞了人民对黑暗统治进行斗争，这便是包公这一形象出现于杂剧中的原因及其意义。

《包待制智斩鲁斋郎》以多数的篇幅描写了李四、张珪两家的夫妻儿女，在鲁斋郎的迫害之下所发生的离合悲欢。在剧本中，包公的戏是较少的，如他收养两家儿女及斩鲁斋郎等情节，都是用暗场处理的，然而这并不妨碍他成为这个戏中的英雄人物。从这些地方，也看出戏剧大师关汉卿具有不拘绳尺的艺术匠心。如果将包公与鲁斋郎的冲突看成了只是对于李、张两家家庭事变的陪衬和串结的线索，那显然是一种有意无意地贬低这个剧本的战斗意义的曲解。

关汉卿现存的另一个公案剧是《包待制三勘蝴蝶梦》（下称《蝴蝶梦》）。它写的是王老的三个儿子因他们的父亲被皇亲葛彪打死了，所以也复仇打死葛彪，以致陷身法网。王老的后妻却情愿将自己生的小儿子抵罪，而开脱前妻生的两个儿子。包公认为“为母者大贤，为子者至孝”①，因此将她的小儿子也设法开脱了。它虽然也捎带着描写了葛彪那号恶霸，但主要用意似在于赞颂王母对于某种道德规范的实践。比起《鲁斋郎》来，它的成就是颇为逊色的。

第六节　关汉卿杂剧的特色

从对关汉卿的几类不同性质的杂剧分析中，可见其作品在思想内容与艺术表现方面所具有的鲜明特色，这也是作家个性和艺术修养的表现。

在思想内容方面，最显著的一个特色是爱憎感情强烈，歌颂什么，批判什么，态度极其明朗。

关汉卿特别同情乃至热爱那些受压迫最深、反抗性也最强的妇女。在《窦娥冤》中，作者以满腔激情，颂扬窦娥正直善良的优秀品质和坚强不

---

① 第二折。

屈的反抗精神，描写她那种正气凛然，不畏强暴和舍己救人的品格，极为感人；写她那种至死不屈、斗争到底和死后还要复仇的精神，更是感天动地。在《救风尘》中，作者以自己的艺术天才，塑造了身份低贱而仪表和灵魂都非常优美的妓女赵盼儿的形象，以明朗欢快的感情，赞美她与邪恶势力斗争的勇气和智慧。《望江亭》中的谭记儿，为保卫自己和丈夫的幸福生活，而敢于冒险深入虎穴诱敌上钩，戏弄权豪势要杨衙内于股掌之上，以出奇的智慧剥夺了特权人物作恶的手段。《调风月》中那个“身虽下贱，心比天高”的婢女燕燕，以自己泼辣机智的斗争，争取到合法的地位，在当时也应算是一种胜利。还有《蝴蝶梦》中的王母，为了替丈夫报仇，跟她的三个儿子一起，打死了权豪势要葛彪，并在公堂上以舍己为人、大公无私的精神，竭力营救前娘的两个儿子。这些具有优秀品质和反抗精神的妇女，都是关汉卿热情歌颂的对象。这些被压迫的妇女，由于敢于反抗，敢于斗争，最后终于战胜了各种黑暗势力。

关汉卿在作品中对权豪势要、滥官污吏、流氓恶棍的罪恶，予以无情的揭露和鞭挞。作者对骑在人民头上作威作福的统治者和社会上的各种黑恶势力，非常憎恨，因此他以讽刺艺术的手法，勾画出他们各种类型的既可憎又可笑的丑恶嘴脸。鲁斋郎、杨衙内、葛彪都是当时权势最大、气焰最嚣张的贵族，他们杀人不偿命，奸淫掳掠，罪恶罄竹难书。尽管他们貌似强大，但是其本质却是虚弱、愚蠢的。鲁斋郎被包公改名处斩，杨衙内被聪明机灵的谭记儿夺走了势剑金牌，只好求饶认输，葛彪被王氏母子复仇打死了。他们都以可耻的失败下场。此外，像滥官污吏桃杌、流氓恶棍张驴儿、周舍，也都受到应有的制裁。

对古代英雄人物的歌颂和对软弱妥协乃至变节投降行为的批判，也是关汉卿剧作中很突出的思想倾向。作者对那些为开创和保卫“汉家基业”而斗争的英雄汉高祖、汉光武、刘备、关羽、张飞等人物，特别崇敬，歌颂他们藐视困难、“敢勇当先”的英雄行为。这是作者处于异族统治时代，爱国主义思想感情的特殊表现，是激励人民反抗精神的正面教育。批评像蔡婆婆这样妥协软弱的人，尽管她并非反面人物。特别是张珪这样愿当奴才而又当不稳的人，则是一种反面教育，人们会得到启示：在强暴的敌人面前，采取妥协投降的屈节态度，不但不能幸免于敌人的践踏，反而招致家破人亡、妻离子散的悲惨下场。

与高度的思想性相一致，关汉卿的杂剧，在艺术上也取得卓越的成就。首先，他具有非凡的塑造各式各样艺术典型的才能，剧中的主要人物，个个栩栩如生、性格鲜明；即便像赛卢医、窦天章、安秀实、周仓等次要人物，也大多活灵活现。每类典型人物，似乎有些相似，但又各具个性差异。例如权豪势要的典型，鲁斋郎是个明抢明夺、无法无天、骄横毕露的恶棍；杨衙内则是阴险毒辣、妄自尊大、色迷心窍的糊涂虫；葛彪则是凶狠愚蠢、欺软怕硬、外强中干的纸老虎。赵盼儿和谭记儿在与对手的斗争中所表现出来的机智勇敢，颇为相似，但由于身份和生活环境的不同，她们的个性也显然很不相同。赵盼儿是个妓女，风尘中的辛酸苦涩都尝透了，女性的温顺柔情已经被冷酷的生活消磨殆尽，对现实的婚姻问题不抱任何幻想，而具有一种侠义泼辣的性格，帮人干事“一不做二不休”，放手痛快。谭记儿是个再嫁之妇，深知幸福生活来之不易，对丈夫温柔体贴，特别是在确信丈夫对自己的忠诚后，她义无反顾地化装成献鱼的渔妇深入敌巢作冒险行动；这既是对自己智谋的自信，掌握杨衙内好色忘命的性格特点，也是由于捍卫切身的幸福，不得已而为之的。关汉卿善于在人物的复杂关系和尖锐矛盾中刻画人物的性格，这是他塑造的人物形象格外鲜明生动的重要原因之一。

其次，在语言的性格化、戏剧语言的创造方面，关汉卿作出了巨大的贡献。关汉卿的杂剧，体现了杂剧语言本色、当行的特点。所谓“本色”，就是戏曲语言应如同人民日常用语那样新鲜活泼，是有生命力的语言。他剧本中的人物形象，那样血肉丰满，个性突出，固然与他丰富的生活经验、对所描写的人物有细致深刻的了解密切相关，但是在艺术创作中把人物生动地表现出来，则需借助作家的语言技巧。作为舞台艺术的戏剧，主要是通过人物自己的语言来显示性格，全部戏剧冲突也都借助人物的唱词和宾白表现出来。所以人物的语言，不但要求具有鲜明的个性特色，还应当朴素自然、准确生动而又富于音乐美，让观众听得明白而又有艺术的美感。关汉卿杂剧语言的成功，就在于不避俚俗，自然、真切、质朴，不假雕饰。各种类型的典型人物，无论是唱词或说白，都适合人物的身份和地位、场合，往往一出场，一开口，就让人摸到他的性格特征，即所谓语言的“当行”。诚如臧晋叔所云：“总之曲有名家，有行家。名家者出入乐府，文彩烂然，在淹通闳博之士，皆优为之。行家者，随所妆演，无不摹拟曲尽，宛若身当其处，而几忘其事之乌有，能使人快者掀髯，愤者扼腕，悲者掩泣，羡者色飞，是惟剧优孟衣冠，然后可与于此。故称曲上乘，首曰当行。”①关汉卿杂剧语言之妙，即在于“当行”。例如窦娥独抒愁怀的几支曲辞，就表现出一个妙龄寡妇特有的苦闷情绪和善良柔顺的性格。再如该剧第二折窦娥唱的〔斗蛤蟆〕一曲：

空悲戚，没理会，人生死，是轮回。感着这般病疾，值着这般时势，可是风寒暑湿，或是饥饱劳役，各人证候自知，人命关天关地，别人怎生替得？寿数非干今世，相守三朝五夕，说甚一家一计。又无羊酒段匹，又无花红财礼；把手为活过日，撒手如同休弃。不是窦娥忤逆，生怕傍人论议。不如听咱劝你，认个自家悔气，割舍的一具棺材，停置几件布帛，收拾出了咱家门里，送入他家坟地。这不是你那从小儿年纪指脚的夫妻；我其实不关亲，无半点凄惶泪。休得要心如醉，意似痴，便这等嗟嗟怨怨，哭哭啼啼。

真是明白如话，正如王国维所说：“此一曲直是宾白，令人忘其为曲。”②在有严格曲律限制的唱词中，能臻此境界，实为不易。语言本色，并非卑俗粗糙，而是经过锤炼的清新自然的文学语言，看似信笔写来，实乃炉火纯青，意境高远，“妙在不工而工”③，本色也不等于浅易，而是善于把日常生活中的语言，予以提炼，成为诗剧语言，既本色自然，又具诗意之美。故李渔云：“元人非不深心，而所填之词皆觉过于浅近，以其深而出之

---

① 臧晋叔《元曲选·序二》，中华书局 1958 年版，第 4 页。

② 王国维《宋元戏曲史·元剧之文章》，上海古籍出版社 2011 年版，第 100 页。

③ 臧晋叔《元曲选·序》，中华书局 1958 年版，第 3 页。

以浅,非借浅以文其不深也。”①

关汉卿不但善于提炼当时群众的口语,使剧中的曲白显得生动泼辣,并善于继承古典诗词中还有生命力的文学语言,与日常生活中的口语融化在一起,使曲辞兼有遒劲简练、自然流畅之美。例如前面所引《单刀会》关羽在长江中流唱的〔新水令〕、〔驻马听〕等曲辞,抒发关羽轻舟简从、单刀赴会的英雄豪气,他联想当年联吴抗曹,以少胜多的壮举,一方统帅周瑜、忠勇可嘉的黄盖,俱已作古,于豪迈中显其苍凉,“二十年流不尽的英雄血”,真是扣人心弦的生花妙笔,英雄形象恍然如在眼前,龙争虎斗的历史是用英雄的鲜血写成的。

再次,作为元人杂剧的主要奠基人,关汉卿在杂剧艺术方面作出了榜样性、范例性的贡献,即剧本结构严谨紧凑,故事完整而无枝蔓,一本四套曲子或加一楔子,科、白亦极精炼,有的剧本甚至只留下曲辞,固然是重唱辞而轻宾白的缘故,也给演员留有充分发挥才艺的余地。从戏剧冲突的产生、矛盾的展开直至达到高潮,最后矛盾解决,各个剧本能因势因情而异,紧凑而自然,富于悬念,匠心独具,往往能出人意料之外,又在情理之中。例如《窦娥冤》、《救风尘》、《望江亭》、《鲁斋郎》、《单刀会》的结构,就都具此特色。

第七节　关汉卿的散曲

中国古典戏剧的唱词,实际上就是诗歌。就这一点来说,杂剧、戏文都可以算是诗剧。正因为这样,许多剧作家同时也就是诗人,他们往往在描写客观现实的剧作之外,还写下一些以自己作为主人公的抒情诗——小令和套数,在这一方面也取得了不同程度的成就。

关汉卿在散曲史上的地位显然不能和他在戏剧史上的地位相提并论,但其造诣仍然很高。其中关于爱情的歌咏是特别值得我们欣赏的。

---

① 李渔《闲情偶寄·词曲部·词采第二·贵显浅》,载《中国古典戏曲论著集成》(七),中国戏剧出版社 1959 年版,第 22 页。

伴夜月银筝凤闲，暖东风绣被鸳悭。信沉了鱼，书绝了雁。盼雕鞍万水千山。本利对相思若不还，则告与那能索债愁眉泪眼。

——〔双调・沉醉东风〕

自送别，心难舍，一点相思几时绝。凭栏袖拂杨花雪。溪又斜，山又遮，人去也。

——〔南吕・四块玉〕(《别情》)

俏冤家，在天涯。偏那里绿杨堪系马？困坐南窗下，教对清风想念他，蛾眉淡了教谁画？瘦岩岩羞戴石榴花。

——〔双调・大德歌〕

碧纱窗外静无人，跪在床前忙要亲。骂了个"负心"回转身，虽是我话儿嗔，一半儿推辞一半儿肯。

多情多绪小冤家，拖逗得人来憔悴杀。说来的话先瞒过咱！怎知他，一半儿真实一半儿假。

——〔仙吕・一半儿〕(《题情》)

〔翠裙腰〕晓来雨过山横，水涨汀洲。阑干倚遍空回首，下危楼，一天风物暮伤秋。

〔六么遍〕乍凉时候，西风透。碧梧脱叶，余暑才收。香生凤口，帘垂玉钩。小院深闲清昼，清幽，听声声蝉噪柳梢头。

〔寄生草〕为甚忧？为甚愁？为萧郎一去经今久。玉台宝鉴生尘垢，绿窗冷落闲针。岂知人玉腕钏儿松？岂知人两叶眉儿皱？

〔上京马〕他何处，共谁人携手？小阁银瓶滞歌酒。早忘了咒，不记得低低耨。

〔后庭花煞〕掩袖暗含羞，开樽越酿愁。闷把苔墙画，慵将锦字修。最风流，真真恩爱，等闲分付等闲休！

——〔仙吕・翠裙腰〕

这是一些以女性口吻抒写的恋歌。它们一般都具有通俗、活泼而又深刻的特色。封建社会女性在爱情方面的苦恼、欢愉和她们特有的精神状态，在这些作品中都被体现得很真实。对于妇女爱情生活的内心描写，关汉卿在剧作中是较少涉及的，而这些散曲却使我们认识了他在这方面的无微不至的体会。

前面论及作家生活时节引过的〔南吕·一枝花〕(《不伏老》)套曲，一方面显示了关汉卿的放荡，一方面也显示了他怀才不遇的愤慨和对于那个黑暗时代的消极反抗。在另外许多散曲中，作者还写得更明显一些。

> 旧酒没，新醅泼。老瓦盆边笑呵呵。共山僧野叟闲吟和。他出一对鸡，我出一个鹅，闲快活。
>
> 南亩耕，东山卧，世态人情经历多。闲将往事思量过，贤的是他，愚的是我，争甚么？
>
> ——〔南吕·四块玉〕(《闲适》)

> 秋景堪题，红叶满山溪。松径偏宜，黄菊绕东篱。正清樽，斟泼醅；有白衣，劝酒杯。官品极，到底成何济？归，学取他渊明醉。
>
> ——〔双调·碧玉箫〕

塑造过窦娥、谭记儿、赵盼儿等具有强烈斗争精神的女性形象，以及关羽等英雄形象的关汉卿，在另外一些抒情诗中间，又塑造了自己的浪子和隐士形象，这自然是一个矛盾。这个矛盾不特存在于关汉卿身上，也存在于其他元代曲家身上。一般地(当然不是无例外地)说，如我们所察觉了的，在元曲中，面向群众的戏曲的主要精神是以积极的现实主义的态度反映人民改变现实的愿望，那么，在和戏曲比较之下，我们也可以察觉，自我抒情的散曲，却往往流露了作家的消极的浪漫主义精神，反映了他们对于现实的失望。这两种相互矛盾的精神，常常是统一在一个作家的身上，而分别地表现在不同样式的作品里。这些具有不同精神作品的同时存在，乃是那个时代的作家，在尖锐的种族矛盾和阶级矛盾中形成的反抗现实和逃避现实这两种思想倾向的深刻矛盾的体现；同时，也是他们的生活的悲剧的反映。认识到这一点，对于理解关汉卿是重要的，对于理解其他元代曲家，也很重要。

世界观中间的消极成分给关汉卿的创作带来的损害还表现在他少数作品所具有的庸俗趣味和轻薄描写上。例如其咏秃指甲的〔仙吕·醉扶归〕："十指如枯笋，和袖捧金樽；掐杀银筝字不真，揉痒天生钝。纵有相思泪痕，索把拳头揾。"在这种无聊的作品中，同样显示了作家的才华。但也不能不惋惜，他的才华被这种无聊的作品浪费了。这类作品，很清楚地是从宋代词人的通俗滑稽词发展来的。可是，我们却无法承认这是一种健康的发展。

关汉卿的戏剧和散曲虽然有其应当指出的缺点，但总的说来，他还是一位戏剧大师和优秀诗人。我们对于他还研究得很不够，但仅就我们所已经认识的部分来说，他值得我们学习的地方也已经非常之多了。

第二章　王实甫

和关汉卿齐名的王实甫，旧日也曾被误认为是由金入元的人。但就我们今天所掌握的少数史料来说，他乃是与关同时而年辈稍后的一位作家，其身世也只能勾画出一个大概的轮廓。

第一节　王实甫及其《西厢记》

王德信，字实甫，易州定兴（今河北省定兴县）人①，曾在元朝做过县官，后来擢升为陕西行台监察御史。因为和台臣议事不合，他在四十多岁的时候，就弃官归隐了。后来，由于他儿子王结的贵显，曾受太原郡公的封号。② 但在其题为《退隐》的套数〔商调·集贤宾〕中，却有如下两支曲子：

〔梧叶儿〕退一步乾坤大，饶一着万虑休，怕狼虎恶图谋。遇事休开

① 诸版本《录鬼簿》皆云王实甫为"大都人"。

② 程师此说可能根据孙楷第《元曲家考略》论述王实甫身世时，所引苏天爵《滋溪文稿》内容，但苏文中所云"王德信"，是否即曲家王德信，尚难以肯定，故王实甫是否即王结之父，亦存疑。元人周德清《中原音韵·自序》中，提到泰定甲子（1324）答复存存问作词之法，谈到乐府之盛，之备，之难，"其备，则自关、郑、白、马一新制作……其难，则有六字三韵，'忽听、一声、猛惊'是也。诸公已矣，后学莫及！"所举"其难"之例，正是《西厢记》中的名句，而作者王实甫已经作古，在"诸公已矣"之列。而王结之父尚健在。

口，逢人只点头，见香饵莫吞钩，高抄起经纶大手。

〔后庭花〕住一间蔽风霜茅草丘，穿一领卧苔莎粗布裘，捏几首写怀抱歪诗句，吃几杯放心胸村醪酒，这潇洒傲王侯。且喜的身登中寿，有微资堪赡赒，有亭园堪纵游。保天和自养修，放形骸任自由。把尘缘一笔勾，再休提名利友。

这是王实甫在“百年期六分甘到手，数支干周遍又从头”①的时候，即年过六十的时候写的，很清楚地透露了他退居林下十多年之后的安适生活和恬淡心情，并暗示了他以前在仕途中的不愉快的经历。王结死于1336年，活了62岁。那时，王实甫还健在，可能在其后不久就死去了。我们假定父亲比儿子大20岁，则王实甫约生活于13世纪60年代到14世纪30年代之末，也是一位长寿的人。

贾仲名〔凌波仙〕补《录鬼簿》的王实甫吊词说：“风月营密匝匝列旌旗，莺花寨明飚飚排剑戟，翠红乡雄赳赳施谋智。”可见他虽然早居官位，晚息田园，但也有过一段冶游生活。除此之外，我们对这位伟大作家的生平就别无所知了。

王实甫写了14个剧本，现在完整地保存下来的，只有《西厢记》、《破窑记》、《丽春堂》三种。《贩茶船》和《芙蓉亭》则仅各存一折。

王实甫写的剧本没有关汉卿那么多，流传下来的也少，但由于他创作了一部《西厢记》，就使他和关汉卿并垂不朽。贾仲名的〔凌波仙〕称赞他说：“新杂剧，旧传奇，《西厢记》天下夺魁。”并非过誉。前人认为：“王实甫之词，如花间美人。铺叙委婉，深得骚人之趣。极有佳句，若玉环之出浴华清，绿珠之采莲洛浦。”②这种风格特色，也以《西厢记》体现得最为完整。

《西厢记》是王实甫的代表作，是祖国古典戏剧中最伟大的杰作之一。今本《西厢记》最后一折的〔清江引〕曲中，有“谢当今圣明唐圣主”一句。

---

① 〔集贤宾〕。

② 朱权《太和正音谱·古今群英乐府格势》，载《中国古典戏曲论著集成》（三），中国戏剧出版社1959年版，第17页。

这句金圣叹所见旧本作“谢当今垂帘双圣主”。据《元史·后妃传》，大德年间（1297—1307），元成宗多病，布尔罕皇后当权，政事都由她决定。“谢当今垂帘双圣主”这句话，正是作家写来以备杂剧上演时对元成宗和布尔罕致以祝颂的。由于时过境迁，后人才将它改易了。据此推断，《西厢记》正是在元杂剧的黄金时代出现的，是王实甫四五十岁左右的作品。作家这时可能占有的丰富的人生经验和成熟的艺术手段，有助于这个剧本的创作，是我们可以想象得到的。

董解元对崔、张故事做出的杰出贡献，到了他伟大的后辈王实甫手中，获得了更完善的发展。《西厢记》的基本情节，在诸宫调中已经奠定了，所以王实甫在这方面，就只作了某些必要的和不大的改动。他所着重提高的，则在人物形象的塑造方面。在艺术上，适应着戏剧的特定要求，在内容上，力求符合于生活的真实，这就都使得“王西厢”较之“董西厢”，在百尺竿头，更进一步，成为一部不可企及的典范作品。只是在王实甫的《西厢记》出现之后，这个流传已久的反对父母包办的封建婚姻，赞扬男女基于爱情的婚姻自主的重大主题，才通过栩栩如生的、极其富于个性的艺术形象，得到充分的表达。在剧本结束时，作家写出了“愿普天下有情的都成了眷属”①这一给与了少男少女们以极大鼓舞的诗句，正反映了作品的总倾向。《西厢记》，是歌颂向封建势力进行搏斗的某些青年男女获得胜利的诗篇，也是激发更多的青年男女对吃人的礼教进行背叛活动的号角。“看了《西厢记》，到老不成器。”从封建卫道者这一诅咒中，也正看出了《西厢记》的战斗力量。

王实甫不只是一位塑造人物的妙手；同时，还是一位大胆的艺术革新家。他对于杂剧革新，也正体现在《西厢记》里。我们知道，元代杂剧一般的是用四折组成的。这种成规使得作家们在处理题材时可以注意到更加精练一些；但与此同时，它也在某种程度上妨碍了较为复杂的题材、主题和人物性格的充分发展。王实甫看中了崔、张故事，认为有必要对它进行再创造；于是，继董解元之后，他又以自己的生活、思想、感情丰富了这个

① 第五本第四折〔清江引〕。

很有意义的题材。但同时,他感到一本四折的限制对于这个题材说来,是很不适合的,于是他勇敢地将《西厢记》写成了一个五本二十折的大作品。如虽然是后人所加添但却符合王实甫的原意的题目所标示的,《西厢记》是以《张君瑞闹道场》(四折)、《崔莺莺夜听琴》(五折)①、《张君瑞害相思》(四折)、《草桥店梦莺莺》(四折)、《张君瑞庆团圆》(四折)五个自成首尾的,具有相对独立性的杂剧而构成这一宏伟的诗剧的。其次,我们也知道,元代杂剧一般地是由一位主角歌唱。这种从讲唱文学遗留下来的成规,对于戏剧内容、人物性格的充分表现,也不无妨碍。王实甫敏感到这一点,于是利用了杂剧向来允许在个别场合由主唱者以外的角色插唱一两支曲子的办法(这,也可能是受了戏文的影响,但无法证明),发展为在某些必要的场合,让许多人可以同时歌唱,如第四本第四折,就有张生和莺莺的接唱;在第五本第四折,也有张生、红娘、莺莺的轮唱。这些革新,在杂剧固有的许多成规已经打破了的明代,诚然不算什么,但在大德时代,却不能不是剧坛上的重要事件。王实甫的革新,在当时还是"曲高和寡"的,但却给与了后来从事杂剧革新的作家以很大的启发。王实甫的实践也证明了,他对于内容决定形式,作家可以而且应当突破不适应内容的形式这些美学原则,是有所理解的。如果我们承认,《西厢记》的成功,不只是限于思想方面,也必然联系到艺术方面,那么,对于作家的关于戏剧形式的贡献,就不容忽视。

王实甫《西厢记》的出现,使流传已久的崔、张故事面目一新。它的思想力量和艺术力量,对于封建说教,特别是所谓"男女之大防"乃是一个极其有力的冲击。这个冲击,在不同的人们的思想上,发生了不同的反响。围绕着这个剧作,先进的和落后的作家们发生了一连串的、尖锐的斗争。撇开那些为数众多的受到《西厢记》影响而形成的大同小异的创作不谈,仅就对于这个剧本进行研究、改编与续作的情况来看,也可以证明这一点。在元代,已经有人将《西厢记》尊为《春秋》。从明代中叶起,又有不少的人为它作校注,其中如徐渭、王骥德、凌濛初等都是著名的戏剧家或小

① 其实仍是四折,其中一折是楔子。

说家。为了适应明代舞台的需要，剧作家崔时佩和李日华又首先将它由北曲改为南曲，“以北词之句读，改作南调之音律”①，虽然在音律方面未能完全符合，但却保留了一部分王实甫原来造诣极高的语言，所以前人肯定他“斗胆翻词”，“允为上品”。② 现在舞台上常唱的《西厢》，如《拷红》等折，就都是用的这个本子。和李日华同时的另一剧作家陆采，由于不满意李的翻改本，又曾自作新词。这两种《南西厢》，特别是后一种，显然并不出色。但无论如何，崔时佩、李日华、陆采是以自己的劳动支持了董解元、王实甫对于生活所作出的公正判断，并且使《西厢记》在北曲绝迹歌场之后，再以南曲的形式将这个优美故事延续下去的。以可能是出于王彦贞之手的〔小桃红〕(《西厢百咏》)为首的、数量众多、样式复杂的歌曲及讲唱文学(如我们在傅惜华编的《西厢记说唱集》中所看到的)，也大都是这样。

但并不是所有的人都无例外地喜爱和尊重王实甫的工作的。另外一些站在封建统治阶级反动立场的作家，被王实甫的成功激怒了，竟然不自量力地进行歪曲和污蔑这部伟大作品的活动。如明人周公鲁的《翻西厢》(又名《锦西厢》)将莺莺写成了一个完全符合封建规范的贞女，最后并让她嫁给了郑恒，将张生写成了一个奸险的小丑。清人查伊璜的《续西厢》则对原作的第五本进行了修改，写出了崔老夫人要将红娘许配郑恒，逼得她只好上吊这种恶劣情节。再如明人卓珂月的《新西厢》、盱江韵客写的《续西厢升仙记》、清人碧蕉轩主人的《不了缘》，也都以点金成铁或画蛇添足的手段，损害了原作的精神。当然，这一切都是徒劳的。这些作品几乎被遗忘了，但“王西厢”依然屹立在人民的心里。

这是一些相反的现象，但却从不同方面证明了王实甫《西厢记》难以企及的成就和它在社会中巨大的影响。除了高明的《琵琶记》和汤显祖的《牡丹亭》、洪昇的《长生殿》以及孔尚任的《桃花扇》之外，这种影响，在古典戏剧中还是少见的。

---

① 吴梅《顾曲麈谈》第一章《原曲》第三节《论南曲作法》，今据《吴梅戏曲论文集》第30页校，中国戏剧出版社1983年版。

② 吕天成《曲品》。见《中国古典戏曲论著集成》(六)，中国戏剧出版社1959年版，第222页。

第二节　《西厢记》中的人物形象

剧本中正反两面的主要人物都是富于个性的典型形象，乃是王实甫在《西厢记》中最重大的贡献。一般的杂剧，由于形式的限制，往往只能将主角（同时就是主唱的角色）写得饱满一些，典型一些，而对其余的角色则不免有意或无意地加以忽略。但王实甫却一方面依据内容的需要，突破了杂剧原有的成规；一方面又依据自己对于生活的深刻体察，再创造了原来就已经有些性格基础的人物形象。这就使得《西厢记》的内容与形式达到了高度的统一；其所塑造的许多人物也达到了性格非常丰富、形象非常明朗，令人一见难忘的程度。

张生、莺莺、红娘，还有莺莺的母亲崔老夫人，都是祖国文学史上永生的、富于魅力的艺术肖像。

将张生写成一个正面人物，开始赋予他以真诚不二的性格，我们要给董解元记上头功。但在诸宫调中，张生的形象还是不无缺点的。如他第一次见了莺莺，竟然毫无顾忌地尾随，使听众感到他过分急色；在孙飞虎兵围普救寺时，他自称有退兵之策，却一定要老夫人亲自向他恳求，才肯将已经施行的秘计说出，似乎有些乘人之危，来寻开心；他跳墙赴约，被莺莺拒绝以后，竟要和红娘“权做夫妻”，又显得非常庸俗；在老夫人听了郑恒的谎言，第二次悔婚之后，他竟然束手无策，乃至于说：“郑公，贤相也，稍蒙见知；我与其子争一妇人，似涉非礼。”这种富于妥协性的话，也构成了和张生基本性格难以调和的冲突。王实甫则将这一些缺点在很大的程度上改正了，因而出现在杂剧中的张生，就具备了更值得人爱重的性格。

虽然剧本中交代了张生乃是尚书之子，但从其生活情况看来，他乃是以一个清贫的书生的身份登场的。他家境虽然贫寒，胸襟却很开阔。作家一上来就让他唱了几支曲子，透露了他风流潇洒的性情和大自然壮丽景色的契合，从而暗示了他是一个有才情，有抱负的文士，虽然他的志业和环境有矛盾，但仍然乐观。在王实甫笔下，张生不是那种被不顺利的环境压得喘不过气来，因而显得委琐局促的人物。

〔仙吕·点绛唇〕游艺中原，脚根无线，如蓬转。望眼连天，日近长安远。

〔混江龙〕向诗书经传，蠹鱼似不出费钻研。将棘围守暖，把铁砚磨穿。投至得云路鹏程九万里，先受了雪火萤窗二十年。才高难入俗人机，时乖不遂男儿愿。空雕虫篆刻，缀断简残编。

行路之间，早到蒲津。这黄河有九曲，此正古河内之地，你看好形势也呵！

〔油葫芦〕九曲风涛何处显，则除是此地偏。这河带齐梁，分秦晋，隘幽燕。雪浪拍长空，天际秋云卷。竹索缆浮桥，水上苍龙偃。东西溃九州，南北串百川。归舟紧不紧如何见？恰便似弩箭乍离弦。

〔天下乐〕只疑是银河落九天；渊泉，云外悬，入东洋不离此径穿。滋洛阳千种花，润梁园万顷田，也曾泛浮槎到日月边。

——第一本第一折

张生“万金宝剑藏秋水，满马春愁压绣鞍”①的抑郁寂寞的心情，在普救寺偶然地遇见了莺莺之后，起了一个突如其来的变化，他开始由对功名的追求转而为对爱情的追求。不得志的文士所常常具有的关于爱情的遐想，转移了他的目标，使他感到一种陌生的生命的喜悦，甚至使他不自觉地做出许多可笑的举动，说出许多可笑的言语来。通过“小生姓张，名珙，字君瑞，本贯西洛人也，年方二十三岁，正月十七日子时建生，并不曾娶妻……”②这一段著名的台词，王实甫令人信服地使我们感觉到了张生的诚恳和由于过分诚恳而产生的书呆子气，以及这个青年人富于生命力的浪漫情调。

在杂剧第一本中，王实甫以大量的篇幅刻画了张生的内心活动，特别是他对幸福的幻想。他甚至于想到他和莺莺结婚以后，怎样发落红娘的问题：“若共他多情小姐同鸳帐，怎舍得他叠被铺床。我将小姐央，夫人

① 第一本第一折。张生上场白的最后两句。

② 第一本第二折。

央，他不令许放，我亲自写与从良。”①在这些描写当中，王实甫展示了张生的温柔、善良和勇于追求幸福的诸性格。

仪容俊俏、性格温柔、才艺精能，虽然显得有些呆气，但从呆气中却显示着对于爱情的至诚和专一的张生，就凭着这些条件，一步一步地赢得了莺莺的好感。这一切，也正是那个时代闺秀理想的丈夫所应当具备的条件。所以莺莺终于唱出了：“往常但见个外人，氲的早嗔；但见个客人，厌的倒褪；从见了那人，兜的便亲。”②

张生的品貌，特别是他天真诚实的性格奠定了莺莺钟情于他的基础，而孙飞虎事件的发生和解决则使得他们的关系由于这样一个意外的外在条件，而急速发展。可是，王实甫在这个时候，又给了我们另外一个意外，老夫人悔婚了。这个积世老婆婆过了河，拆了桥，却对张生说要多以金帛相酬，叫他去别拣豪门贵族之女。张生这时堂堂正正地回答道：“既然夫人不与，小生何慕金帛之色？却不道‘书中有女颜如玉’，则今日便索告辞。”③这显然是负气的话，也只是张生这种有些书呆子气的人才想得到的气话。他虽然对老夫人负气，可没有对莺莺负心。他并没有告辞，却是告病了。于是，他终于赢得了红娘的同情，也更多地赢得了莺莺的爱情，终于使自己得到了幸福。

剧本是以张生赴京应考，中了状元，然后回来和莺莺完婚结束的，而他之离开热恋的莺莺去应考，则是由于老夫人的要求（或者说要挟）。这是不是损害了张生性格的完整呢？或者，这位反封建的青年是不是最后又向他所反抗的势力低了头呢？我们认为：似乎可以不必这样来理解。

《西厢记》的主题，毫无疑问是反封建的，但它却只是从爱情与婚姻的角度来反的，而不是从其他角度，例如从“不士王侯，高尚其志”④的角度来反的。当功名富贵与爱情婚姻不可兼得，因而发生矛盾的时候，崔、张

---

①　第一本第二折〔小梁州〕〔幺篇〕。

②　第二本第一折〔那托令〕。

③　第二本第四折。

④　《易·蛊》，据黄侃手批《白文十三经·周易》，上海古籍出版社 1983 年版，第 13 页。

两人要的都是后者而不是前者。这个剧本中表现得很鲜明。可是当他们的事已经成为定局的时候，这种情势就有所改变了。他们一方面是为了“都则为一官半职，阻隔得千山万水”①而忧愁，但另一方面，也是为了“张珙如愚，酬志了三尺龙泉万卷书；莺莺有福，稳请了五花官诰七香车”②而欣喜，为了“将相出寒门”③而兴奋。我们很难想象，崔、张结婚之后，张珙这个有志气、有才能的青年人，就会，就应当以“左顾孺人，右弄稚子”④的生活方式，杜门不出，过上一辈子的隐士生活。老夫人要张生去应考这一情节，主要地还是为了描写这位老太太始终企图维护自己的封建门阀观念。对于张生来说，则去应考，和剧本一开头所写的他堕入情网以前的精神状态，倒是统一的，只是去得太快了一些，因此显得有些被动而已。他会惆怅于“时乖不遂男儿愿”，而中了状元，正授河中府尹，则正是其愿的实现。我们知道，对古代一个堂堂男子建功立业的愿望，是不能简单地将它完全算作封建思想的表现的，因而张生在新的形势之下，接受了老夫人的条件，也就很难算作是向封建力量屈服的表现。

莺莺在元稹的传奇小说中已经是一个很动人的形象。董解元则进了一步，开始将她当作一个贵族家庭的女性觉醒者来描写了。但这位杰出的讲唱文学作家似乎对莺莺这么一个相国小姐的生活还有些地方体会得不够深刻，因而在其所创作的诸宫调中竟然出现了像莺莺第一次看见了张生的柬帖后，竟气得用镜台打红娘；以及老夫人第二次悔婚时，她竟私自跑到法聪和尚的房里去找张生，并和张生双双在和尚面前自缢这一类的完全不符合于莺莺身份与性格的细节描写。而王实甫，则摆脱了这些缺点，将莺莺写成了一个虽然出身贵族之家，却体现了人民对于爱情与婚姻问题的愿望的、具有非常完整而优美的个性的少女。

莺莺是以这样一支曲子开始和观众在舞台上见面的：“可正是人值春

① 第四本第四折〔络丝娘〕〔煞尾〕。
② 第五本第四折〔驻马听〕。
③ 第五本第三折〔圣乐王〕。
④ 江淹《恨赋》，见《文选》，中华书局1977年版，第236页。

残蒲郡东，门掩重关萧寺中；花落水流红，闲愁万种，无语怨东风。”①作家一上来就告诉了我们这位深闺少女难以名状的苦闷。而张生的偶然出现，则像一道划破黑暗的光芒，使得她的由于封建势力的重重包裹而陷于昏睡状态中的青春和生命惊醒过来，从此她才开始争取作为“人”来生活下去，开始思索自己的青春和生命的意义。

王实甫挥洒起自己的生花妙笔，对莺莺的美貌作了震撼人类灵魂的描写。同时，还写了她的多才，多艺，多情，和她从昏睡中苏醒以后对于因袭的重担的抗拒，以及在自己朦胧的追求过程中的苦闷。这一切，都是动人的。然而剧本最动人的地方，还在于写出了她的富于牺牲精神和反抗精神的高尚品质、她的克服自己身上原有弱点的过程。

突然爆发的孙飞虎事件，对于普救寺的一应僧俗人等说来，都是一个严重的考验。它使人们在这个生死关头呈露了平日隐藏在内心深处的思想感情。而莺莺，作为一个掠夺的对象，她所受的考验，是更其严酷的。王实甫在非常成功地描摹了莺莺的容貌、才情之类以后，又通过这一事件，将她的灵魂之美向观众和读者作了同样非常成功的呈现。天真的，因而也是勇敢的莺莺，在自己将要遭到这样天外飞来的横祸时，当然非常害怕（不这样是不可能的），但略一镇定之后，首先想到的，却不是自己的命运，而是母亲、弟弟、父亲的灵柩、庙宇和全寺几百个人的性命应当如何保全。她连续提出了将自己献与贼人，在自己自尽后将尸体献与贼人，以及谁能退贼的，就嫁与他三条计策。这时候，她是绝没有想到张生“有出师表文，吓蛮书信”，能够“笔尖儿横扫了五千人”②的（虽然她对他，在“墙角联吟”之后，已经初步有了好感）。可是，她仍然这么想，并这么说了。这种自我牺牲的精神，赋予了莺莺的形象以非常崇高的内在意义。

孙飞虎事件以那种方式结束给莺莺和张生带来了意外的欢乐。可是，随着老夫人的赖婚，又给他们带来了意外的烦忧。对于自己的青春和生命的价值，经过一番思索，并且经过那场灾祸以后，莺莺更加明白了。

---

① 第一本第一折〔楔子〕。

② 第二本第一折〔赚煞〕。

如只能为数百人的性命，为母亲和弟弟的安全，而做有意义的牺牲，但决不能让即使是最亲爱的妈妈将自己埋葬在那个封建婚姻的坟墓里。于是，我们看到了，在老夫人赖婚的筵席上，莺莺的反抗。

(末见旦科。)(夫人云)小姐近前，拜了哥哥者！(末背云：)呀，声息不好了也！(旦云：)呀，俺娘变了卦也！(红云：)这相思又索害也！(旦唱：)

〔雁儿落〕荆棘剌怎动那？死没腾无回豁！措支剌不对答！软兀剌难存坐！

〔得胜令〕谁承望这即即世世老婆婆，着莺莺做妹妹拜哥哥。白茫茫溢起蓝桥水，不邓邓点着袄庙火。碧澄澄清波，扑剌剌将比目鱼分破；急攘攘因何，扢搭地把双眉锁纳合。

(夫人云：)红娘看热酒，小姐与哥哥把盏者！(旦唱：)

〔甜水令〕我这里粉颈低垂，蛾眉频蹙，芳心无那。俺可甚"相见话偏多"？星眼朦胧，檀口嗟咨，攧窨不过。这席面儿畅好是乌合。

(旦把酒科。)(夫人央科。)(末云：)小生量窄。(旦云：)红娘接了台盏者！

〔折桂令〕他其实咽不下玉液金波。谁承望月底西厢，变做了梦里南柯。泪眼偷淹，酩子里揾湿香罗。他那里眼倦开软瘫做一垛；我这里手难抬，称不起肩窝。病染沉疴，断然难活。则被你送了人呵，当甚么喽啰。

(夫人云：)再把一盏者！(红递盏了。)(红背与旦云：)姐姐，这烦恼怎生是了！(旦唱：)

〔月上海棠〕而今烦恼犹闲可，久后思量怎奈何？有意诉衷肠，争奈母亲侧坐，成抛躲，咫尺间如间阔。

〔幺篇〕一杯闷酒尊前过，低首无言自摧挫。不堪醉颜酡，却早嫌玻璃盏大。从因我，酒上心来较可。

(夫人云：)红娘送小姐卧房里去者！(旦辞末出科：)(旦云：)俺娘好口不应心也呵！

〔乔牌儿〕老夫人转关儿没定夺，哑谜儿怎猜破；黑阁落甜话儿将人和，请将来着人不快活。

〔江水儿〕佳人自来多命薄，秀才每从来懦。闷杀没头鹅，撇下陪钱货；下场头那答儿发付我！

〔殿前欢〕恰才个笑呵呵，都做了江州司马泪痕多。若不是一封书将半万贼兵破，俺一家怎得存活。他不想结姻缘想甚么？到如今难着莫。老夫人谎到天来大。当日成也是您个母亲，今日败也是您个萧何。

〔离亭宴带歇指煞〕从今后玉容寂寞梨花朵，胭脂浅淡樱桃颗，这相思何时是可？昏邓邓黑海来深，白茫茫陆地来厚，碧悠悠青天来阔；太行山般高仰望，东洋海般深思渴。毒害的恁么。（俺娘呵，）将颤巍巍双头花蕊搓，香馥馥同心缕带割，长搀搀连理琼枝挫，白头娘不负荷，青春女成担阁，将俺那锦片也似前程蹬脱，俺娘把甜句儿落空了他，虚名儿误赚了我。

——第二本第三折

这是以读曲家称为莺莺“掷怀”这个情节为中心的一场戏。在莺莺、张生乃至于红娘都由于老夫人的忽然变卦而落得一场空欢喜的时候，这位相国的小姐竟然将自己高贵尊敬的母亲称为“即即世世老婆婆”，称这个筵席是“乌合”，敢于在抑制不住自己情绪以后，违拗了母亲要她劝酒的命令，将台盏掷给红娘，并且在大段的抒情性的唱词中，埋怨母亲“谎到天来大”，提出“下场头那答儿发付我”的质问。这，必须理解到，也就是这位一向腼腆温柔的闺秀当时所可能提出的最强硬的抗议。

在莺莺遇到张生并对他开始留情以后，她便感到并且气不忿封建礼教对于她的拘管了。她怪红娘，“但出闺门，影儿般不离身”。当红娘说明这是老夫人的命令以后，她就更加不愉快：“俺娘也没好意思，这些时直恁般提防着人；小梅香伏侍的勤，老夫人拘管的紧，则怕俺女孩儿折了气分。”①这些已经在心里萌芽的反抗情绪，如果老夫人不赖婚，便也会淹

① 第二本第一折〔天下乐〕。

没掉了。可是，这一对争取婚姻自由的青年的道路并不是那么平坦的。母亲背信弃义的行为，逼使女儿的反抗精神高扬了起来，走上对于封建道德和制度说来是更其叛逆的道路，从而奠定了剧本以下情节的基础。

莺莺要战胜拘管自己的环境，战胜母亲的封建思想，必须以战胜自己的封建思想为其先决条件。因为，莺莺虽然是一个不满二十岁的姑娘，但由于她从小受了封建家庭道德、风俗的熏陶，便不可避免地，同时也无可奈何地负荷着那种因袭的重担。她向自己提出获得真正幸福的要求的同时，也必然向自己提出另外一个要求，即解脱自己思想中无形的锁链。要战胜环境，是不容易的，而要战胜自己，则更困难。王实甫主要地通过描写莺莺和红娘之间的矛盾及其解决，将莺莺的自我斗争过程，作了非常真实动人的艺术记录。

老夫人的狡诈、莺莺的苦恼和张生的志诚，感动了红娘。这个热肠侠骨的姑娘便设计让莺莺听到张生申诉心事的琴声。莺莺被感动了。她脱口说出了："我若得些儿闲空，张生呵，怎教你无人处把妾身作诵。"①她大胆地教红娘去告诉张生："好共歹不著你落空。"②在听到张生生病以后，她并央求红娘去探望。这一切就使得红娘敢于给张生带回来了简帖。

这个时候，莺莺陷在极端的矛盾中。一方面，她必须取得红娘的帮助，另一方面，又必须在丫鬟面前维持自己小姐的尊严。她认为，只能够在不损害自己尊严的前提下，取得红娘的帮助。因此，最好是红娘虽然帮助了她，却还不知道自己干了什么。但就这一点来说，莺莺是倒楣的，红娘是红娘，她既不是《红楼梦》中的傻大姐（她什么也不知道），又不是袭人（她可以对于别人不愿意她知道的事儿，即使知道了，也假装不知道），于是主婢之间展开了一场颇为精彩的暗斗。

伶俐的红娘，凭着她和莺莺相处的经验，是知道莺莺的习性的。所以她将简帖带回以后，只敢将它放在妆盒儿上，而不敢直接交给莺莺。但即

---

① 第二本第五折〔东原乐〕。

② 第二本第五折〔尾〕。

使是这样，莺莺仍然觉得是触犯了她的自尊心，她生气了。可是，红娘是不甘示弱的。她在用“分明是你过犯，没来由把我摧残；使别人颠倒恶心烦。你不惯？谁曾惯？”①这些话回复莺莺以后，竟然进一步以要将简帖拿到老夫人那里去出首为手段，向莺莺反攻。于是在第一个回合的暗斗中，莺莺失败了。

莺莺责备红娘不该带简帖回来，红娘以自己不识字，不知道他写的什么来辩解。红娘不识字这一件事实，莺莺平日并非不知道，但这时却给予了她一点启发，于是她便利用了红娘这个弱点，回了一篇诗，约张生来相会。她以为这一回稳可以瞒过红娘了。可没想到，当红娘将带去的简帖交给莺莺那个有点书呆子气的情人的时候，这位书呆子竟然毫不检点地将这个秘密向红娘公布了。这就使得这位即使原来情愿“做一个缝了口的撮合山”②的丫鬟，也不免有些轻微的恼怒：“你看我姐姐，在我行也使这般道儿。”③她决定了：“我看她到其间怎的瞒我？”④“影儿般不离身”地跟随着莺莺，本来是红娘的职责，也是主婢两人长久就有的生活习惯。红娘既然决定要行看坐守，莺莺就更无法调虎离山。于是，我们就看到了莺莺赖简那个幽默而尴尬的场面。由于红娘在跟前，她不能不硬着心肠将自己主动约来的情人加以严厉的呵斥，而红娘则当着莺莺的面，顺着莺莺的口，逆着莺莺的心，也将张生痛责一番。昏头转向的张生，有苦说不出口的莺莺和洞悉内情因而不禁暗笑的红娘之间的复杂交错的矛盾在这里构成一幅非常精警的生活图景。显然，在和红娘第二次的暗斗中，莺莺也没有得到胜利。

但莺莺在和红娘斗争中的失败，在实质上，也正是她的胜利。她被红娘战败的过程，也就是摆脱自己所负荷的因袭重担的过程。在红娘善意的反激之下，她性格上的弱点，主要的是根源于封建道德的虚伪性和软弱性，逐步被克服了，因而终于毅然地采取了在当时说来是反对封建婚姻制

---

① 第三本第二折〔快活三〕。
② 第三本第二折〔小梁州〕〔么篇〕。
③ 第三本第二折。
④ 第三本第三折。

度的最有效的斗争方式。在红娘的热心帮助之下，和张生自由自主地结合起来。

在“董西厢”中，红娘已经是一个不可缺少的人物，是崔、张反对封建婚姻斗争的有力援军。但同时，她的形象还显得单薄，不够鲜明。到了王实甫写杂剧时，他才对这个人物进行了最精心的再创造。这个家内女奴隶，可以说，是王实甫最钟爱的人物。他毫不吝惜地在她身上付出了极大的艺术才能，使她成为祖国古典文学中有数的最美的女性典型之一。认识到身份卑微的女奴隶身上蕴藏着巨大的智慧、高尚的道德和非常优美的风度，从而如实地给以艺术的再现，这正反映了王实甫深刻的民主主义和人道主义思想。

在《西厢记》的第一本中，红娘还不是一个十分惹人注目的人物。在张生眼里，她只是“大人家举止端详，全没那半点儿轻狂”①“可喜娘的庞儿浅淡妆，穿一套缟素衣裳，胡伶渌老不寻常”②，这样一个秀外慧中的女孩子而已。但随着事态的发展，我们就愈益认识了她灵魂的美丽，看出了她的能力和作用。

张生退贼的成功，使得红娘对他发生了好感，莺莺和红娘的情分，也使得她希望他们的婚事成功。但红娘和张生、莺莺终竟属于不同阶级的人物，因而也具有不完全相同的美学观点。她虽然在崔、张两人的欢乐感动了自己时，也说过张生“衣冠济楚庞儿俊，可知道引动俺莺莺。据相貌，凭才性，我从来心硬，一见也留情”③的话，但在更多的地方，她却嘲笑了张生的呆气、酸气，她称他为“二十三岁不曾娶妻的那傻角”，④甚至当面说他是“文魔秀士，风欠酸丁……酸溜溜螫得人牙疼”。⑤ 因此，在老夫人赖婚以前，红娘仅仅是以同情的态度注视着崔、张恋爱的发展，而不是以积极支持者的身份出现在这一事件中的。

---

① 第一本第二折〔脱布衫〕。

② 第一本第二折〔小梁州〕。

③ 第二本第三折〔小梁州〕〔么篇〕。

④ 第一本第三折。

⑤ 第二本第三折〔满庭芳〕。

可是，老夫人在赖婚中所表现的虚伪、狡诈，却和红娘固有的强烈正义感发生了难以调和的冲突。虽然她仍然讨厌张生的呆气、酸气，可是也开始更多地欣赏他的专一和志诚；她愈益认识了莺莺的虚伪和软弱，可是这也不排斥对她的痴情和痛苦的透彻了解。于是，红娘便以符合于自己独特个性的方式来干预这一事件，即一方面尽量地支持他们对老夫人的斗争，另一方面则在支持他们的同时也毫不容情地嘲笑他们。因为那些属于上层社会的许多习性，在这位热心快肠、见义勇为而又富于机智的丫鬟看来，实在是非常滑稽可笑的，对于他们对自己的热情支持缺乏认识，她也感到同样的可笑。如在张生要她捎信，说以后要多以金帛酬谢时，她唱道："哎！你个馋穷酸俫没意儿，卖弄你有家私，我莫不图谋你的东西来到此。""我虽是个婆娘有气志。则说道：'可怜见小子，只身独自。'恁的呵，颠倒有个寻思。"①在莺莺一面要她递简传书，一面又对她拿班做势时，她也唱道："你用心儿拨雨撩云，我好意儿传书寄简。不肯搜自己狂为，则待要觅别人破绽。受艾焙权时忍这番，畅好是奸。'张生是兄妹之礼，焉敢如此！'对人前巧语花言；没人处便想张生，背地里愁眉泪眼。"②事实上，看到这种深刻、痛快的批评和辛辣的嘲笑，我们也是很难忍住自己的笑声的。

在描写红娘和老夫人的斗争时，作家使她最喜爱的人物的性格，在非常尖锐的局势中，得到了更进一步的发展。红娘和莺莺、张生之间，存在着性格的、身份风习的乃至于美学观念的冲突。但在本质上，那一对爱侣是在为恋爱自由和婚姻自主而斗争，红娘则以其全力，任劳任怨地支持着这一斗争，因此，他们之间的矛盾是可以通过互相了解而逐渐化解的。这些矛盾以莺莺、张生用实际行动粉碎了封建礼教所加于他们的枷锁而基本上告一结束。但在拷红那个场面中，斗争的性质却有异于此。它是以老夫人为一方，以红娘等三个青年人为一方的封建势力和反对封建势力的一次激烈搏斗。关于婚姻问题的城市平民的郎才女貌新观点和封建主

---

① 第三本第一折〔滕葫芦〕及〔么篇〕。

② 第三本第二折〔门鹌鹑〕。

义的门当户对旧观点的冲突，由于事态的发展而表面化了，首当其冲的自然是莺莺和张生。然而，王实甫有意地要使人们更加喜爱他所创造的红娘，在这一紧要关头，他忽然将她调到了战斗的最前列，让大家来加以考验。

(夫人引俫上云：)这几日窃见莺莺语言恍惚，神思加倍，腰肢体态，比向日不同；莫不做下来了么？(俫云：)前日晚夕，妳妳睡了，我见姐姐和红娘烧香，半晌不回来，我家去睡了。(夫人云：)这桩事都在红娘身上。唤红娘来！(俫唤红科。)(红云：)哥哥唤我怎么？(俫云：)妳妳知道你和姐姐去花园里去，如今要打你哩。(红云：)呀！小姐，你带累我也！小哥哥，你先去，我便来也。(红唤旦科。)(红云：)姐姐，事发了也。老夫人唤我哩，却怎了？(旦云：)好姐姐，遮盖咱！(红云：)娘呵，你做的隐秀者，我道你做下来也。(旦念：)月圆便有阴云蔽，花发须教急雨催。(红唱：)

〔越调·斗鹌鹑〕则着你夜去明来，倒有个天长地久；不争你握雨携云，常使我提心在口。你则合戴月披星，谁着你停眠整宿？老夫人心数多，情性㑇；使不着我巧语花言，将没做有。

〔紫花儿序〕老夫人猜那穷酸做了新婿，小姐做了娇妻，这小贱人做了牵头。俺小姐这些时春山低翠，秋水凝眸，别样的都休，试把你裙带儿拴，纽门儿扣，比着你旧时肥瘦，出落得精神，别样的风流。

(旦云：)红娘，你到那里小心回话者！(红云：)我到夫人处，必问："这小贱人！

〔金蕉叶〕我着你但去处行监坐守，谁着你迤逗的胡行乱走？"若问着此一节呵，如何诉休？你便索与他个"知情"的犯由。

姐姐，你受责理当，我图甚么来？

〔调笑令〕你绣帏里效绸缪，倒凤颠鸾百事有。我在窗儿外几曾轻咳嗽，立苍苔将绣鞋儿冰透。今日个嫩皮肤倒将粗棍抽，(姐姐呵，)俺这通殷勤的着甚来由？

姐姐在这里等着，我过去说过呵，休欢喜；说不过，休烦恼。（红见夫人科。）（夫人云：）小贱人，为甚么不跪下！你知罪么？（红跪云：）红娘不知罪。（夫人云：）你故自口强哩。若实说呵，饶你；若不实说呵，我直打死你这个贱人！谁着你和小姐花园里去来？（红云：）不曾去，谁见来？（夫人云：）欢郎见你去来，尚故自推哩。（打科。）（红云。）夫人休闪了手，且息怒停嗔，听红娘说。

〔鬼三台〕夜坐时停了针绣，共姐姐闲穷究，说张生哥哥病久。咱两个背着夫人，向书房问候。（夫人云：）（问候呵，他说甚么？）（红云：）（他说来，）道"老夫人事已休，将恩变为仇，着小生半途喜变做忧"。他道："红娘你且先行，教小姐权时落后。"

（夫人云：）他是个女孩儿家，着他落后怎么？（红唱：）

〔秃厮儿〕我则道神针法灸，谁承望燕侣莺俦。他两个经今月余则是一处宿，何须你一一问缘由。

〔圣药王〕他每不识忧，不识愁，一双心意两相投。夫人得好休，便好休，这其间何必苦追求？常言道："女大不中留"。

（夫人云：）这端事都是你个贱人！（红云：）非是张生小姐红娘之罪，乃夫人之过也。（夫人云：）这贱人倒指下我来，怎么是我之过？（红云：）信者，人之根本，"人而无信，不知其可也。大车无輗，小车无軏，其何以行之哉？"当日军围普救，夫人所许：退军者，以女妻之。张生非慕小姐颜色，岂肯区区建退军之策？兵退身安，夫人悔却前言，岂得不为失信乎？既然不肯成就其事，只合酬之以金帛，令张生舍此而去。却不当留请张生于书院，使怨女旷夫，各相早晚窥视，所以夫人有此一端。目下老夫人若不息其事，一来辱没相国家谱；二来张生日后名重天下，施恩于人，忍令反受其辱哉？使至官司，老夫人亦得治家不严之罪。官司若推其详，亦知老夫人背义而忘恩，岂得为贤哉？红娘不敢自专，乞望夫人台鉴：莫若恕其小过，成就大事，㨪之以去其污，岂不为长便乎？

〔麻郎儿〕秀才是文章魁首，姐姐是仕女班头；一个通彻三教九流，一个晓尽描鸾刺绣。

〔幺篇〕世有，便休，罢手，大恩人怎做敌头？起白马将军故友，斩飞虎叛贼草寇。

〔络丝娘〕不争和张解元参辰卯酉，便是与崔相国出乖弄丑。到底干连着自己骨肉，夫人索穷究。

(夫人云：)这小贱人也道得是。我不合养了这个不肖之女。待经官呵，玷辱家门。罢罢！俺家无犯法之男，再婚之女，与了这厮罢。红娘，唤那贱人来！

——第四本第二折

拷红是《西厢记》中最精彩的片段之一。由于历代戏剧家在表演方面的不断加工，它已经成为一个可以独立的短剧。在这短短一场戏中，王实甫通过红娘对老夫人的说理斗争，非常干净利落地描写了红娘的战斗及其胜利的完整过程，从而比以前更进一步的凸显了红娘聪明、大胆、机警、果断、正义的诸性格，歌颂了人民反对封建婚姻的胜利。如果说，在这场戏以前，红娘是以崔、张爱情的支持者的身份出现的，那么，从这时起，她又是以崔、张爱情的捍卫者的身份出现了。

当一向严厉的老夫人发现了那一对爱侣的秘密而向红娘追问时，她不免有些着慌，也不免对莺莺有些埋怨。这，对于这个突然被揭露的秘密缺少精神准备的红娘来说，是完全符合于她真实的心情的。但长期地和老夫人相处的经验，也使她摸清楚了这位主人的思想情况、她的基于家庭颜面而产生的顾忌和基于这种顾忌而形成的外强中干的弱点。侍婢生活所赋予红娘的善于察言观色，随机应变的才能，使得她在和老夫人对答时，逐步暴露了老夫人原来企图躲闪的那些弱点。这就使得老夫人愈来愈气短，到了最后，竟然除了全部同意她的意见外，别无办法了。在这里，作家给我们刻画了两个极其明朗的形象：由被动转为主动，愈来愈理直气壮的，是红娘；由主动转为被动，起头虽然气势汹汹，不久就觉得自己的鼻子已经碰了墙，非拐弯不可了的，是老夫人。王实甫通过具体的描写，显示了红娘的，也就是新思想、新事物的辉煌胜利。

在郑恒来造谣夺婚的时候，张生进京去了，莺莺，按照她的身份，是不能站出来反对他，揭露他的。在这另一紧要关头，王实甫再一次地打出了红娘这张王牌。

(净云：)与了一个富家，也不枉了，却与了这个穷酸饿醋。偏我不如他？我仁者能仁，身里出身的根脚，又是亲上做亲，况兼他父命。

(红云：)他倒不如你？噤声！

〔越调·斗鹌鹑〕卖弄你仁者能仁，倚仗你身里出身；至于你官上加官，也不合亲上做亲。又不曾执羔雁邀媒，献币帛问肯。恰洗了尘，便待要过门：枉腌了他金屋银屏，枉污了他锦衾绣裀，

〔紫花儿序〕枉蠢了他梳云掠月，枉羞了他惜玉怜香，枉村了他殢雨尤云。当日三才始判，两仪初分，乾坤：清者为乾，浊者为坤，人在中间相混。君瑞是君子清贫，郑恒是小人浊民。

……(净云：)……我祖代是相国之门，到不如个白衣、饿夫、穷士！做官的则是做官！(红唱：)

〔委厮儿〕他凭师友君子务本，你倚父兄仗势欺人。齑盐日月不嫌贫。治百姓新民，传闻。

〔圣乐王〕这厮乔议论，有向顺。你道是官人则合做官人，信口喷，不本分。你道穷民到老是穷民，却不道将相出寒门。

……(净云：)兀的那小妮子，眼见得受了招安也。我也不对你说，明日我要娶，我要娶。(红云：)不嫁你，不嫁你！

——第五本第三折

伟大的剧作家王实甫在描写郑恒和红娘斗口的一场戏中，重复地将郑恒的浊富和张生的清贫，郑恒的门第和张生的人才作了对比。这种重复，显然不是艺术上的疏忽而只是思想上的强调。在这个地方，作家很鲜明地提出了自己的符合于人民看法的道德观点和美学观念；而通过红娘所说的："你道穷民到老是穷民，却不道将相出寒门。"又体现了被压迫的

人民群众的政治要求。从这个地方也可以看出《西厢记》虽描写过爱情与功名的矛盾，但王实甫在处理这个剧本的时候，却并没有排斥“将相出寒门”这种并不能简单地算作是向封建势力屈膝的想法。这种想法，在张生的思想、感情、行动中本来有所体现，而在郑恒这种出身“相国之门”，一向“倚父兄仗势欺人”的人物出场时，作品中流露的倾向就更其明显了。

现在，可以回过来看一看剧中主要的反面人物崔老夫人。在剧本中，她并不是一位主唱的角色，戏也不多，但通过她本身的活动，在更多的场合是通过莺莺、红娘，甚至于张生的活动，令人处处感到有这样一个人物的存在。她是一个封建婚姻制度的坚决捍卫者，但同时，又是一个慈爱的母亲，一个精通世故的贵妇人。剧本在描写她的内心冲突、她的性格与其他人物性格的冲突时，都非常精确地反映了这些存在于她身上的阶级和个性的特征。

像普天下绝大多数的母亲一样，老夫人是非常钟爱自己的女儿的；特别是在丈夫已经死去、儿子还没成人的具体环境下，她的确是和莺莺相依为命的。在孙飞虎兵围普救时，她说：“老身年六十岁，不为寿夭。奈孩儿年少，未得从夫，却如之奈何？”①这乃是从内心深处发出的、真诚的痛苦声音。它是没有任何虚伪的。可是，正因为她深深地爱着自己的女儿，她的思想感情又早已浸透了封建思想的毒汁，她感到只有将这种毒汁对莺莺的思想感情也加以浸染才算尽了为娘的责任，才算对得起女儿，于是，她的慈爱，就成了一种最可怕的慈爱。

以充满了爱意的心情，诚诚恳恳地进行着坑害女儿的工作，乃是老夫人这个人物特有的悲剧。她的最不令人满意的赖婚这一行为，就是在封建思想支配之下去爱女儿的具体表现。她主观地认为：以崔府的家世门第，她可以并且应当给女儿选择一个门当户对的贵公子例如郑恒这样的人做女婿。但突发的事变却使得她面临一种只能在将莺莺送给孙飞虎去做压寨夫人或将莺莺许给任何一位能够退贼的僧俗的情势，她才不得已地答应了这么办。这显然是一个“两害相权取其轻”的权宜之计，是从爱

① 第二本第一折。

女儿出发的,诚恳的。但时过境迁,她就不能不从新的角度来考虑这个问题。她衷心地感到张生在门第和财产上绝对不能和郑恒相比,于是,她赖婚了。当然,如剧中所描写的,她这时并不是完全没有察觉到莺莺和张生彼此有意,但这一些情况,在她看来,是并不重要的,甚至于不是不“道德”的。于是,她为了女儿的前途,竟不惜悍然地放赖。她明知道这种辜恩负德、背信弃义的行为,就是从她所遵奉的道德标准看来,也有些说不过去,因此不无内疚,所以在张生向她进行质问,并说“则今日便索告辞”之后,她也不能不加以挽留:“你且住者,今日有酒也。红娘扶哥哥去书房中歇息,到明日噜别有话说。”①这显然也不是虚伪的。可是,这位老夫人,为了爱自己的女儿,竟不惜不顾自己的脸面,做下这种在一般人看来都说不过去的事情;而女儿呢,却丝毫不感激她,反而骂她是个“即即世世老婆婆”、“口不应心的狠毒娘”②这就非常深刻地体现了像老夫人这种死心塌地维护封建婚姻制度的人物的悲剧,从而证明了这种维护的徒劳。

莺莺和张生以实际行动反对了、粉碎了老夫人这种可怕的慈爱,这就使得老夫人陷于一种异常困难的境地。如我们在前引“拷红”这个场面中所看到的,她被红娘用说理斗争的方式打败了。然而值得我们注意的是,红娘是从几个不同的方面来说服她的:折之以理,动之以情,同时,又晓之以利害。而老夫人则只是从其封建思想的角度来赏识红娘的话,她所首先考虑的是“俺家无犯法之男,再婚之女”,她所害怕的是经官动府,“玷辱家门”,因而才勉强答应:“与了这厮罢!”作家写到这里,我们就可以恍然大悟:原来老夫人之钟爱莺莺,乃是被统一在她那个维护封建礼教的主导思想之中的。因此,我们也不妨说,她所爱的主要的并不是活生生的莺莺,而是一个自愿紧紧地追随着自己的脚印走进礼教牢狱的女儿。王实甫通过母亲与女儿、主母与婢女之间的剧烈冲突的具体描写,一方面,从婚姻问题上非常真实地揭露了整个封建伦理观念的本质,另一方面,又从

---

①　第二本第三折。

②　第二本第五折。

同一问题上非常真实地揭露了整个封建思想和制度的虚伪性、顽固性和软弱性。

如果除掉郑恒这个草草上场而又草草下场的人物不算，老夫人便是《西厢记》中唯一的反面人物。尽管在舞台上，她是唯一的，但我们却仍然可以察觉到：整个封建势力都站在她后面在支持着她。她努力地以害女儿方式去爱女儿，而且害得、爱得那么诚恳。这一悲剧形象的出现，就使我们更进一步地认识到，寻根究底，作为反面人物的老夫人的某些行为：固然应当由她自己负责任，但使她也受到毒害的封建思想和制度却应当负更大的责任。

第三节　《西厢记》的艺术特色

《西厢记》的艺术结构与语言也有特别值得称赞的地方。我们已经指出，这个剧本突破了杂剧一本四折的成规。它乃是一个五本二十折每本均加一楔子的巨制。这种巨大的篇幅是因为内容的需要而产生，并完全与内容相适应的，因此，在接触到它的时候，就只感到紧凑而不感到冗长。

《西厢记》在结构上的主要特色，是在于它在具有连续性，同时具有相对独立性的这五本杂剧中，随着人物性格的发展及其彼此之间的冲突，每一本中都有它们自己的高潮。如第一本《张君瑞闹道场》，就是以第四折为其高潮的。在这一折中，作家以像魔杖似的笔，对莺莺的美貌、众僧的颠倒作了非常出色的描写，使大家感到张生之爱莺莺，完全是应当的。这就为整个故事的开展，奠定了基础。在第二本《崔莺莺夜听琴》中，高潮是第四折老夫人的赖婚。这一突如其来的冲突，把大家带进了一个紧张的境界。第三本《张君瑞害相思》的第三折莺莺赖简又是一个高潮。它的出现，使人们感到：原来实际生活比一般人的想法要更复杂一些。莺莺要战胜她母亲，还得首先解放她自己。在第四本《草桥店梦莺莺》中，那一对青年男女幸福地结合了，但第二折老夫人和红娘之间的一场争辩却使人们更加紧张，从而又达到一个新的高潮。第五本《张君瑞庆团圆》，对全剧来说，已经是余波，然而作家也没有忘记安排一个令人发急的郑恒骗婚，老夫人再度悔约的情节，虽然这个冲突是写得不够饱满的。就每一本看是如此，就全剧看，也是如此。王实甫显然是以第四本当作全部《西厢记》的高潮来处理的。在这一本中，随着莺莺与张生之间的以及莺莺与红娘之间的矛盾的解决，使正面人物有可能和反面人物进行决战。如我们所已经介绍的，王实甫在第二折"拷红"那个场面里，让自己的宠儿打败了崔老夫人，使观众和读者发出了衷心的欢笑，从而使全剧达到了顶峰；而在第三、第四两折里，作家又以其生花妙笔对莺莺和张生的骤别与热恋作了力透纸背的描写，从而暗示了第五本的某些线索。

应当继续指出的是：各本的和全剧的高潮，都是非常自然地形成的。它们只是人物与人物、人物与环境之间矛盾冲突的必然结果。在整个情节的发展中，作家在若干地方给我们一些意外，但这意外，也仍然是符合于生活真实的，它们乃是具体的人物性格与某些忽然闯入这些人物生活中的外在条件相矛盾而激起的浪花。以老夫人这个戏比较少的人物为例，她的许婚，她的悔约，她的再度许婚和再度悔约，都是全剧中一些具有关键性的情节，而她的这些行动则是一贯地受着她的虽然受到冲击却始终没有改变的封建思想支配的。在不同的具体条件下，她的封建思想就以不同的面貌出现。别的人物活动也是如此。他们之间的互相矛盾又互相渗透的错综复杂的关系，就构成了《西厢记》中"一波皫动万波随"的奇观。

提炼人民群众的口语和汲取古典作家的书面语言，向来是作家们从事创作时取得其根本材料的两个主要来源。面向广大观众的戏剧艺术，必须能够适应比较广泛的社会阶层的要求，做到雅俗共赏的地步。因此，理论家们就曾经提出过，戏曲的语言最好是"文而不文，俗而不俗"，①即具有古典文学语言的精练优美而无其晦涩，具有群众口语的生动活泼而无其芜杂。元、明以来有成就的剧作家，其语言大都具有这种特色，但各人仍然是有所偏重的。如关汉卿对口语的提炼，工夫似乎下得多一些，而

① 周德清《中原音韵·作词十法·造语》，载《中国古典戏曲论著集成》(一)，中国戏剧出版社1959年版，第232页。

王实甫则对于古典诗词中有生命力的语言的汲取，下过更多的工夫。因此，关较朴素而显得本色，王较华美而特具文采。这是从引文中也可以比较出来的。

对于自然风物、生活环境充满了诗情画意与人物内心世界相契合的描写，使得人们特别容易将《西厢记》当作抒情诗来欣赏。

〔仙吕·八声甘州〕恹恹瘦损，早是伤神，那值残春。罗衣宽褪，能消几度黄昏？风袅篆烟不卷帘，雨打梨花深闭门；无语凭阑干，目断行云。

〔混江龙〕落红成阵，风飘万点正愁人。池塘梦晓，阑槛辞春。蝶粉轻沾飞絮雪，燕泥香惹落花尘。系春心情短柳丝长，隔花阴人远天涯近。香消了六朝金粉，清减了三楚精神。

——第二本第一折

〔正宫·端正好〕碧云天，黄花地，西风紧，北雁南飞。晓来谁染霜林醉，总是离人泪。

〔滚绣球〕恨相见得迟，怨归去得疾。柳丝长玉骢难系，恨不得倩疎林挂住斜晖。马儿迍迍的行，车儿快快的随，却告了相思回避，破题儿又早别离。听得道一声去也，松了金钏；遥望见十里长亭，减了玉肌。此恨谁知。……

〔一煞〕青山隔送行，疏林不做美，淡烟暮霭相遮蔽。夕阳古道无人语，禾黍秋风听马嘶。我为什么懒上车儿内，来时甚疾，去后何迟？……

〔收尾〕四围山色中，一鞭残照里。遍人间烦恼填胸臆，量这些大小车儿如何载得起？

——第四本第三折

无论是写莺莺怀春的前面两支曲子，还是写莺莺惜别的后面四支曲子，在描摹环境，抒写心情，制造气氛这些方面都非常成功。祖国古典诗歌非常注意情景交融，而《西厢记》的唱词，则在很大的程度上，做到了这种程度，它不是仅“以研炼浓丽为能”，因此才成为“词中异军”①的。此外，语言的性格化，也是《西厢记》的特色之一。这种特色，由于这个大型剧本由莺莺、红娘、张生、惠明等多人主唱，而显得更为突出。如莺莺的语言，深沉而优雅；红娘的语言，尖利而爽快；张生的语言热烈诚挚，惠明的语言豪迈奔放，都显示了各人的性格特征。

这个杰作的白璧微瑕在于个别地方还没有将从“董西厢”遗留下来的“浓盐赤酱”式的描写涤除净尽，在个别地方的语言近于掉书袋，第五本关于郑恒和崔、张的冲突还没有充分开展便草草结束。但这些缺点和弱点，较之《西厢记》所获得的成功来说，是微不足道的。

第四节　王实甫的其他作品

王实甫似乎将他全部的才华和精力都投入《西厢记》的写作中去了。他现存的另外两个杂剧，是并不出色的。《四丞相高会丽春堂》（下称《丽春堂》）写的是金代右丞相完颜乐善和倖臣李圭因竞射积嫌终于释怨的故事。它虽然也通过乐善打了李圭，因而被贬居济南，后来又由于“草寇作乱”，仍然将他起用这些情节，在某种程度上，对统治者对国家重臣的侮慢和利用的情况有所揭露，但其主题却更侧重于说明在那个时代，“俺这为官的，好似翻掌”②的事实。和作家自己所经历的宦海风波相印证，剧中的右丞相的遭遇和感情，是渗透着作家自己的遭遇和感情的。但王实甫并没有深入发掘这个有关统治集团内部矛盾斗争的题材的本质意义，其所写的人物的性格也不够鲜明突出。

《吕蒙正风雪破窑记》（下称《破窑记》）比《丽春堂》略胜一筹。它的情节是：洛阳富家之女刘月娥，奉了父亲的命令，在绣楼上抛绣球儿，凭天匹配。恰巧绣球打中了穷书生吕蒙正。刘员外想悔约，月娥不肯。夫妻两

---

① 吴梅《中国戏曲概论》卷上（四）元人杂剧，见《吴梅戏曲论文集》，中国戏剧出版社 1983 年版，第 133 页。

② 第四折。

个结婚以后，同居破窑。吕蒙正一向在白马寺赶斋，后来也被和尚用吃过饭再打钟的办法拒绝了。过了十年，吕蒙正中了状元，被任为洛阳县令，衣锦还乡。翁、婿、父、女才言归于好。这一类型的情节，在祖国文学中流传得非常广泛。它们主要的用意都在于突出那个时代人民对于婚姻问题的新看法，因此，其女主角总是一位重人才、爱情而不重门第、富贵的人，虽然故事总以她们两者都得到了结束。《破窑记》中的刘月娥也正是这样一个可爱的人物。在她要抛绣球时，她对这个将要决定她命运的物件祝祷道："绣球儿你寻一个心慈善，性温良，有志气，好文章。这一生事都在你这绣球儿上。夫妻相待，贫和富，有何妨？贫和富是我命福，好共歹在你斟量。休打着那无恩情轻薄子，你寻一个知敬重画眉郎。"[①]这是代表着当时的先进呼声的。

王实甫在《西厢记》以外最值得我们重视的剧作，倒是那个只剩下一折唱词的《苏小卿月夜贩茶船》（下称《贩茶船》）。这不仅是因为从曲文来看，它是写得很好的，而且是因为这个题材在元代社会中具有很大的典型性。

苏小卿（也简称为苏卿）是一位沦落风尘的姑娘。书生双渐（字通叔，也作同叔）和她很相爱。但富有资财的茶商冯魁却乘双渐不在她身边的时候，串通鸨母，将她骗买去了。她经过金山寺，在壁上题了一首充满怨恨的诗。后来成了名、做了官的双渐看到这首诗，就赶到豫章城，终于将小卿夺了回来。现存有关这个题材的作品，细节有许多互不相同的地方，而其轮廓则大致是如此。

这个在宋、金时代已经产生的写士子、豪商和妓女之间的爱情纠葛的故事在元代特别流行，并不是偶然的。它反映了一个在当时社会上普遍地存在着的问题，即读书人的社会地位普遍下降和豪商大贾的社会地位普遍上升因而构成的矛盾问题。由于科举的长期停止和商业的畸形发展，商人逐步排斥了士子的社会地位，甚至于也剥夺了他们的恋爱权利。正如王晔在其散曲《题双渐小卿问答》中代双渐的情敌所坦白地说出的：

---

① 第一折。

“双通叔你自才学，我揣与娘通行钞。他掂了咱传世宝，看谁能够凤友鸾交?”①

当然，由于作家们多半是不得意的读书人，他们本身原来和商人存在着矛盾，在处理这类题材的时候，就往往不惜赋与妓女们以羡慕风雅、重视爱情的性格，并将士子写成仪表俊秀、有情有义，以此来贬抑商人，强化其以金钱来收买爱情的罪恶。但这也并不完全是出于作家们基于自己身份偏见的捏造。他们至少察觉到了一部分头脑比较清醒的妓女并不甘心将自己纯粹当作货物去拍卖，她们也同任何普通人民一样，需要正常而优美的爱情生活和家庭生活。像《贩茶船》这类的剧本，则正如实地描写了她们这种合理的愿望。双渐、小卿故事，正是由于代表着当时被压迫的妇女这样一种愿望，才受到广大人民的欢迎，甚至成为最实用的典故之一。

〔中吕·粉蝶儿〕这些时浪静风恬，再不去唤官身题名儿差占。直睡到上纱窗红日淹淹。从今后管家私，学针指，罢了花浓酒酽。一会家暗掐春纤，我这里数归期故人作念。

〔醉春风〕旧约信难凭，新愁眉带脸，落红满地不钩帘，把朱扉掩，掩。怕对菱花，照人憔悴，不似我旧时娇艳。

〔迎仙客〕灵鹊儿噪绿槐，喜蛛儿挂在垂帘，不由我腮斗儿上喜孜孜堆着笑脸。这书写时节带着些愁眉，封时节和泪粘。拆开封皮仔细观瞻，我与你一字字从头念。

〔石榴花〕原来这负心的真个不中粘，想当初啜赚我话儿甜，则好去破窑中捱风雪受齑盐。那时节谦谦，君子谦谦，疾发的赴科场才把鳌头占，风尘行不待占粘。如今这七香车五花诰无凭验，到做了脱担两头尖。

〔上小楼〕也是我前世里没缘，也是我今世里少欠。疾发的他应举求官，独步青霄，折桂扳蟾。受了些老母严，女伴每惦，何曾心厌！兀的不亏负杀小卿双渐。

---

① 〔双调·水仙子〕。见隋树森编《全元散曲》，中华书局1964年版，第1089页。

〔么〕有一日见了他，我和他便有甚脸，若见俺那负德辜恩，短命乔才，敢吃我会掴打揪挦。见放着海神庙有报应爷爷灵验，看你这负心贼恁般短见！

这是今存《贩茶船》残折苏小卿唱词的一部分。她打发双渐上京求取功名以后，待在家里，开始争取按照一个良家妇女的生活方式来过日子，心里充满了愉快。可是冯魁却串通苏妈妈伪造了双渐一封假信，说自己做了官，不要她了。这一意外的打击使小卿平静的感情沸腾起来。通过唱词，作家非常细致地描写了她情绪的激变。小卿的口吻，既不同于红娘，更不同于莺莺。在这些地方，我们可以看出，作家对于身份、性格、教养各不相同的人物的精神世界，是有能力深刻地分别予以把握的。

第三章　白朴

出生在蒙古贵族统一中国之前，在元贞、大德时代还以老辈作家的身份在曲坛上大显身手的，除了关汉卿和王实甫之外，还有白朴、马致远等多人。元贞、大德时代之所以成为元曲的黄金时代，不仅是由于当时出现了像关、王这样的戏剧大师，而且也由于除了他们之外，还出现了不少的成就仅次于这两位大师的剧作家和散曲家，从而形成了那个百花齐放的局面。

第一节　白朴的身世与创作

白朴（1226—?），字仁甫，又字太素，号兰谷，原籍隩州（今山西省河曲县东南），后来移居真定（今河北省正定县）。他的出生地则是汴梁（今河南开封）。父亲白华，贞祐三年（1215）进士，是金朝的枢密院经历官，也是著名的文士，和元好问是好朋友。白朴八岁的时候，蒙古军队攻陷了金国的汴京，白华当时不在京里，元好问便携带着他逃往河北。少年白朴在和元好问同住的几年当中，奠定了自己的文学基础，也在思想感情上接受了元好问的影响。在蒙古统一中国以后，他迁居金陵，仍然纵情诗酒，"屈己降志，玩世滑稽……从诸遗老放情山水间，日以诗酒优游"①，以遗民的身份度过了自己一辈子的岁月。

---

① 孙大雅《天籁集叙》。又王博文亦序云："逮亡国，恒郁郁不乐，以故放浪形骸，期于适意。"

白朴是一位剧作家，同时又是散曲家、词人。他的词“清隽婉逸，意惬韵谐，可与张炎玉田词相匹”，[①]达到了一定的成就，词中也怀有故国之情：

千古神州，一旦陆沉，高岸深谷。梦中鸡犬新丰，眼底姑苏麋鹿。少陵野老，杖藜潜步江头，几回饮恨吞声哭。岁暮意何如？怯秋风茅屋。　幽独，疗饥赖有商芝，暖老尚须燕玉。白璧微瑕，谁把闲情拘束。草深门巷，故人车马萧条，等闲瓢弃樽无绿。风雨近重阳，满东篱黄菊。

——〔石州慢〕(《丙寅九日期杨翔卿不至书怀用少陵诗语》)

白朴更大的成就仍然表现在杂剧和散曲方面。词中所表现的亡国之痛，门庭冷落，故人疏远，立志隐居不仕的心情，哀婉而明确。所谓“白璧微瑕”，可能暗指其父降宋后又降蒙的变节行为，这也促使他不仕以明志。虽“用少陵诗语书怀”，但比杜甫遭“安史之乱”更悲哀。

在知名的剧作家中，年辈算是最高的白朴曾经写过十六个剧本，现存《梧桐雨》、《墙头马上》、《东墙记》三种。但《董秀英花月东墙记》，无论从人物、情节、结构、语言诸方面来加以考察，都很容易发现是王实甫《西厢记》的一个极其拙劣的仿制品，将它归之于年辈高于王实甫，修养和王实甫相去无多的白朴，是不恰当的。据《录鬼簿》等书的记载，白朴确实写过一本《东墙记》，但今本却显然不是他的原作。因此，我们论到白朴的剧作时，就只能以另外两种为限。

第二节　《梧桐雨》

《唐明皇秋夜梧桐雨》(下称《梧桐雨》)是白朴的代表作，也是元代作家所爱写的唐玄宗、杨贵妃的恋爱悲剧之一，并且是唯一完整地保存了下

① 《四库全书总目》卷一九九集部词曲类二《天籁集提要》，中华书局 1965 年版，第 1822 页。

来的关于这个题材的作品。它是从唐玄宗昏聩地赦免了而且重用了犯罪的番将安禄山写起的。接着,剧本中出现了唐玄宗与杨贵妃歌舞荒淫和深怜密爱的场面,而安禄山的造反以及马嵬兵变则打破了这一对夫妇的爱情生活,终于使孤独地活着的唐玄宗陷入极大的悲痛之中。在作家着重地描写了这个退位的皇帝梦回听雨的凄苦心情之后,《梧桐雨》就结束了。

非常明显,《梧桐雨》是在白居易的《长恨歌》的直接影响之下产生的。因而一方面,白朴就接受了他的前辈创作中原来就存在着的较为复杂的主题;另一方面,他也继承了他的前辈创作中特别富于抒情性的描写。

唐玄宗是《梧桐雨》的主角,作家对他是同情的。可是,这种同情并不是在他一开始出现在剧本中就获得了的。反之,作家倒是首先比较严峻地揭露了这个后来成为同情对象的昏聩腐败的丑行。在楔子中,唐玄宗就以一个荒淫无道的皇帝出现在观众面前。他沉醉于"朝歌暮宴,无有虚日"的生活,因而由一个曾经励精图治的政治家变成了一个腐朽昏庸的享乐主义者。这一形象在剧本的第一、第二两折中得到了进一步的充实。特别是当安禄山叛变,李林甫告急的时候,这位皇帝正在欣赏杨贵妃的霓裳舞,作家便在这个紧要关头,通过唐玄宗所唱的一支曲子,入木三分地提示了这个人物的内心世界:"止不过奏说边庭上造反,也合看空便,觑迟疾紧慢;等不的俺筵上笙歌散,可不气丕丕冒突天颜?"①很显然,像这种麻木不仁的皇帝,并不是作家所肯定的人物。与此同时,白朴在剧本的前半也将杨贵妃处理为是一个和唐玄宗过着同样糜烂的生活,甚至是导致唐玄宗于不义的贵妇人。他描写了她的承恩、她的固宠,还提到了她的秽德——和安禄山私通。总之,这一对夫妻,在作家笔下开始出现时,是很难获得人们的好感的。

可是,随着情节的发展,他们的爱情生活却遭到了意外的破坏。安禄山的叛变,扰乱了唐帝国的锦绣河山;官兵们的愤怒,也使得杨贵妃无法避免那个悲惨的结局。在事变平定以后,唐玄宗,作为一个退了位的老皇

---

① 第二折〔剔银灯〕。

帝，就只有用痛苦孤寂的回忆来消遣他的余年。这样，就使得作品一开头对唐玄宗、杨贵妃虽然有所谴责，但其后作家却根据剧本中主人公和自己的生活遭遇，以自己的理解和感受大大地丰富了这个历史故事，赋予了这个爱情悲剧以更普遍的意义，使得观众和读者对这一对男女生离死别的不幸命运产生了高度的同情，从而变谴责为怜悯，使得剧本的主题呈现着似乎有些矛盾的复杂情况。

当然，这样地认识和表现这个著名的历史题材，白朴所受之于白居易《长恨歌》的影响，是很明显的。但白朴之所以继承着他的伟大的前辈的看法，则又和他对于现实生活的感受分不开。在蒙古铁骑的践踏之下，首先是北中国，其次是全中国的不少的人民，都遭受到了流离失所、妻离子散的命运。这种命运，在某种程度上，和在历史上由于遭受异族入侵，[①]连自己的爱妾都保全不了的皇帝的命运，是有类似之处的，人们也很容易将它们联系起来。这样，白朴的《梧桐雨》就不只是表现了对历史人物的爱情悲剧的同情，而且是对人民正常的家庭生活受到破坏的哀伤的一种曲折反映了。

从情节上考察，第三折马嵬兵变显示了人民对祸国殃民的杨氏兄妹的正义裁判，似乎应当是全剧冲突的顶点。但由于《梧桐雨》主要地不是要表现这一点，也正如它主要地不是要表现对男女主人公的谴责一样，因而剧本中最引人入胜的描写就被作家安排在第四折关于唐玄宗对杨贵妃的怀念方面。在这一折戏中，唐玄宗是以一位真挚的情人和沉痛的忏悔者出现的。白朴通过他一连串的行动和独白，写出了他“时移事去，乐尽悲来”[②]的精神状态。他看着杨贵妃的画像，“把太真妃放声高叫。叫不应，雨泪嚎咷”。[③] 他想给杨贵妃盖一座庙，可又“争奈无权柄，谢位辞朝”。[④] 他散步

---

① 安禄山是一员蕃将，其部下也是胡兵。因此，安禄山的叛变自来被认为具有种族冲突的性质。

② 陈鸿《长恨歌传》。参阅汪辟疆校录《唐人小说》，上海古籍 1978 年版，第 117 页。

③ 第四折〔滚绣球〕。

④ 第四折〔呆骨朵〕。

时，“见芙蓉怀媚脸，遇杨柳忆纤腰”①，他好容易梦见了杨贵妃，却不幸地“好梦将成还惊觉”。② 这时，这位年已垂暮可是胸中仍然燃着熊熊的爱火的皇帝，就不能不迁怒积怨于惊醒了他美梦的梧桐秋雨了。

〔蛮姑儿〕懊恼，窨约，惊我来的又不是楼头过雁、砌下寒蛩、檐前玉马、架上金鸡，是兀那窗儿外梧桐上雨潇潇。一声声洒残叶，一点点滴寒梢，会把愁人定虐。

〔滚绣球〕这雨呵，又不是救旱苗，润枯草。洒开花萼，谁望道秋雨如膏！向青翠条，碧玉梢，碎声儿刎剥，增百十倍歇和芭蕉。子管里珠连玉散飘千颗，平白地瀽瓮番盆下一宵，惹的人心焦。

〔叨叨令〕一会价紧呵，似玉盘中万颗珍珠落；一会价响呵，似玳筵前几簇笙歌闹；一会价清呵，似翠岩头一派寒泉瀑；一会价猛呵，似绣旗下数面征鼙操。兀的不恼杀人也么哥，兀的不恼杀人也么哥！则被他诸般儿雨声相聒噪。

〔倘秀才〕这雨一阵阵打梧桐叶凋，一点点滴人心碎了。枉着金井银床紧围绕，只好把泼枝叶做柴烧，锯倒。

(带云:)当初妃子舞翠盘时，在此树下；寡人与妃子盟誓时，亦对此树；今日梦境相寻，又被他警觉了。(唱:)

〔滚绣球〕长生殿那一宵，转回廊，说誓约，不合对梧桐并肩斜靠，尽言词絮絮叨叨。沉香亭那一朝，按霓裳，舞六幺，红牙筯击成腔调，乱宫商闹闹吵吵。是兀那当时欢会，栽排下今日凄凉，厮辏着暗地量度。……

〔黄钟煞〕顺西风低把纱窗哨，送寒气频将绣户敲，莫不是天故将人愁闷搅！度铃声，响栈道，似花奴羯鼓调，如伯牙水仙操；洗黄花，润篱落，渍苍苔，倒墙角，渲湖山，漱石窍，浸枯荷，溢池沼；沾残蝶，粉渐消；洒流萤，焰不着；绿窗前，促织叫；声相近，雁影高；催邻砧处处捣，助

① 〔白鹤子〕〔么篇〕。

② 〔双鸳鸯〕。

新凉分外早。斟量来这一宵雨和人紧厮熬,伴铜壶点点敲。雨更多,泪不少。雨湿寒梢,泪染龙袍,不肯相饶,共隔着一树梧桐直滴到晓。

这一段从《长恨歌》“秋雨梧桐叶落时”那一句和“夕殿萤飞思悄然”那一节生发出来的抒情性的独唱,不仅表现了作家对自然景物惊人的描写能力,而且对于这位一往情深的皇帝内心生活的刻画也很成功。它不仅显示了作家的诗才,而且全剧到此就恰如其分地告一结束,为观众和读者留出回味的余地,也使得人们更多地体会到《梧桐雨》所独有的诗的意境。在这个剧本中,戏剧冲突主要是通过主角的内心冲突来揭示的。这也使得它特别富于抒情诗的气氛。

第三节 《墙头马上》

《裴少俊墙头马上》(下称《墙头马上》)也是一个值得称道的剧本。在这个作品中,白朴强烈地歌颂了自由的恋爱与自主的婚姻。它写的是:唐工部尚书裴行俭的儿子裴少俊奉父命到洛阳买花秧子,偶然遇到洛阳总管的女儿李千金。他们一见倾心,但在幽会时却被千金的嬷嬷发觉了。裴少俊便带着李千金逃回长安,匿居后园,七年中生了一双儿女。一天,裴行俭来到后园,发现了这个秘密,便将孙女重阳、孙儿端端留下,而逼着裴少俊休了李千金。李千金回到洛阳,父母都过世了,她只好自个儿过着孤苦的日子。后来裴少俊中了进士,出任洛阳县尹,便来寻李千金,希望重圆,李千金却拒绝了他。裴行俭这时已经知道,千金是李世杰的女儿,原来就和少俊议过婚的,也赶来相认,千金同样负气拒绝了。还是重阳和端端的哭声感动了这位刚强的女性,于是夫妻团圆。

这个剧本中的主角李千金,是古典戏剧中一个稀有的女性形象。她对幸福的追求是十分勇敢的,对压迫的反抗也是非常坚决的。虽然我们觉得这位怀春少女的个别唱词未免过分露骨一些,①但她对于恋爱的主

① 例如第一折看到围屏上所画才子佳人图像,触景生情,回答梅香(注转下页)

动性却显示了她性格中异样的光彩。当嬷嬷责怪丫鬟梅香不该让裴少俊来和她相会的时候，她坦白地承认，这不干梅香的事，“说与你个聪明的奶奶，送春情是这眼去眉来”，①在她随裴少俊私奔时，也毫无顾忌地说出：“那有女孩儿共爷娘相守到头白，女孩儿是你十五岁寄居的堂上客”。② 这已经初步体现了这个少女决心要让自己掌握自己的命运的独特性格。

但她的困难还不在于自己有无决心冲破娘家的封建罗网（这在她是比较容易的），而是在于她恰巧遇着一个冷酷的公公和软弱的丈夫。裴行俭提出了一些绝对不可能做到的条件来迫使她离开丈夫和儿女，并且当面骂她是个淫妇，“做的个男游九郡，女嫁三夫”，③丝毫不相信他们之间存在着真正的爱；而丈夫呢，则在自己父亲面前一声也不敢吭，充分现出一副窝囊废的窘相。这时，她不能不陷入了极端的痛苦中。她唱道：“他毒肠很切，丈夫又软揣些些。相公又恶噷噷乖劣，夫人又叫丫丫似蝎蜇。你不去望夫石上变化身，筑坟台上立个碑碣，待教我谩懒懒，愁万缕，闷千叠。”④“孩儿也啼哭的似痴呆。这须是我子母情肠厮牵厮惹，兀的不痛杀人也。”⑤

李千金，作为一个妻子，是忠实的；作为一个母亲，是慈爱的。可是这些美德并没有能够感动裴行俭那冷酷的心肠，改变裴少俊那软弱的性格。但同时，裴行俭对李千金的无理压迫，也同样没有能够削弱她的顽强性格。她孤苦伶仃地然而英勇地生活下去了。沉浸在自己“四分五落，两头三绪”⑥的苦况中，她不能不伤感，然而在伤感中，她的恩怨倒变得更为分

（续上页注）的唱辞〔混江龙〕，在墙头看见马上的裴少俊注视她时对梅香所唱的〔后庭花〕，如作内心独白，也许更具蕴藉含蓄之美。不过这就不是李千金了，她不同于崔莺莺的个性，就是泼辣、明快、无所顾忌。

① 第二折〔菩萨梁州〕。

② 第二折〔黄钟尾〕。

③ 第三折。〔七弟兄〕与〔梅花酒〕之间，裴尚书辱骂李千金的话。

④ 第三折〔梅花酒〕。

⑤ 第三折〔甜水令〕。

⑥ 第四折〔醉春风〕。

明起来。通过团圆之前她和丈夫斗口中大量的讥讽和诘责，白朴将自己充分的同情倾注到这位应当为人所爱重的妇女形象中，使她的反抗性格，发挥到了极致。

（裴舍云：）梅香进去了，就不出来，我自过去。（做见旦科，云：）小姐，间别无恙！今日还来寻你，依旧和你相好，重做夫妻。（正旦云：）裴少俊，你是说甚么话？（唱：）

〔普天乐〕你待结绸缪，我怕遭刑狱。我人心似铁，他官法如炉。你娘并无那母子情，你爷怎肯相怜顾？问的个下惠先生无言语。我道我更不贤达，败坏风俗。怎做家无二长，男游九郡，女嫁三夫！

（裴舍云：）小姐，我如今得了官也。我父亲致仕闲居，我特来认你，我就在此处为县尹。（正旦唱：）

〔迎仙客〕你封为三品官，列着八椒图。你父亲告致仕，却离了京兆府。吏部里注定迁移，户部里革罢了俸禄。枉教他遥授着尚书，则好教管着那普天下姻缘簿。

（裴舍云：）我则今日就搬将行李来。（正旦云：）我这里住不的。（唱：）

〔石榴花〕常言道好客不如无，抢出去又何如？我心中意气怎消除？你是窨付，负与何辜，既为官怎脸上无羞辱？

（裴舍云：）我与你是儿女夫妻，怎么不认我？（正旦唱：）你道我不识亲疏，虽然是眼中没的珍珠处，也须知略辨个贤愚。

（裴舍云：）这是我父亲之命，不干我事。（正旦唱：）

〔斗鹌鹑〕一个是八烈周公，一个是三移孟母。我本是好人家孩儿，不是娼人家妇女。也是行下春风望夏雨，待要做眷属，枉坏了少俊前程，辱没了你裴家上祖。

（裴舍云：）小姐，你是个读书聪明的人，岂不闻："子甚宜其妻，父母不悦，出。子不宜其妻，父母曰：是善事我，则行夫妇之礼焉，终身不衰。"（正旦云：）裴少俊，你是不知，听我说与你咱。（唱：）

〔上小楼〕恁母亲从来狠毒，恁父亲偏生嫉妒。治国忠直，操守廉能，可怎生做事糊突！幸得个鸾凤交，琴瑟谐，夫妻和睦，不似你裴尚书替儿嫌妇！

——第四折

虽然《墙头马上》是以李千金和裴家和好而结束的，但使得她软化的，不是丈夫的求情、公公的道歉而是一双无辜儿女的啼哭。这一结局是符合于李千金既果决而又富有人情的性格的。这个剧本还以结构见长。它不仅首尾完整、情节紧凑，而且处处给人以合乎人情的变化，其戏剧性是很强的，由悲剧转化为喜剧，非常自然。

从臧晋叔《元曲选》所附《元曲论》列出的白仁甫剧目看，除以上三种外，关于爱情题材的，还有《流红叶》、《钱塘梦》（苏小小事）、《银筝怨》（宫女薛琼琼与崔怀玉恋事）、《崔护谒浆》、《祝英台》、《幸月宫》等，他是个特别重视爱情而且长于抒情的作家。

第四节　白朴的散曲

白朴的散曲也写得很好。在为数不多的作品中，作家有时以豪放的语言透露出作为一个亡国遗民的抑郁。他的旷达与宽解，正说明他对现实局势的难以忘怀。

长醉后，方何碍？不醒时，有甚思？糟腌两个功名字，醅渰千古兴亡事，曲埋万丈虹霓志。不达时皆笑屈原非，但知音尽说陶潜是。

——〔仙吕·寄生草〕（《劝饮》）

忘忧草，含笑花。劝君闻早冠宜挂。那里也能言陆贾？那里也良谋子牙？那里也豪气张华？千古是非心，一夕渔樵话。

——〔双调·庆东原〕（《叹世》）

白朴自幼经历家国之难的忧患，对元朝的社会现实总有愤懑不平之感。他父亲白华虽然受到降元最早的史天泽的庇护，但毕竟是金朝的重臣，思想感情上很不平静，他教育白朴不要出仕："忍教憔悴衡门底，窃到虚名玷士林！"（《示恒》诗）这对白朴的生活态度具有深刻的影响。洁身自爱，不与新朝统治者合作，却无法改变现实。《劝饮》以醉酒来忘却作为一个博学之士对功名利禄的念头，他没有屈原的经历，大可不必走投江自尽的路，但他选择陶渊明隐居不仕的方式表明心迹，可以说是一种消极反抗。曲子突出"饮酒"，长醉、不醒已表示对现实不满，更接连用"糟腌"、"醅腌"、"曲埋"等字眼，强化了他那决绝的态度，蔑视功名，不问世事，抛弃抱负。《叹世》从思想实质到表现手法，与《劝饮》基本一致，其人生价值取向，受庄子遗世无为的影响很明显，这也是我国古代知识分子身处逆境时，借以排遣胸中抑郁的巧妙方式。他认为忘却忧愁、笑口常开的最好办法，就是不要做官。他否定历史上显赫的功臣、谋士、达官贵人，认为他们的功业没有什么意义，徒供渔樵话资而已。这种思想宋人词赋中就有所表现，例如张昇《离亭燕》词："多少六朝兴废事，尽入渔樵闲话。"元曲作家中，此类咏史叹世、隐居遁世的作品更为普遍，这正是一代文人的悲剧。

但在他的散曲中，一些风格秀美、情意尖新之作，却是更为人们所传诵的。

> 疑是杨妃在，怎脱马嵬灾。曾与明皇捧砚来。美脸风流杀，叵奈挥毫李白，觑着娇态，洒松烟点破桃腮。
>
> ——〔仙吕·醉中天〕（《佳人黑痣》）

> 笑将红袖遮银烛，不放才郎夜看书，相偎相抱取欢娱。止不过迭应举，及第待何如？
>
> 百忙里铰甚鞋儿样，寂寞罗帏冷串香，向前搂定可憎娘，止不过赶嫁妆，误了又何妨！
>
> ——〔中吕·阳春曲〕（《题情》）

〔醉中天〕以奇特的设想反映了作家滑稽玩世的情怀；〔阳春曲〕则是

两篇别开生面的写情之作，它们对于爱欲的大胆歌颂，透露了当时青年男女们对功名、礼教的无视，因而在为数众多的情诗中显示出了异样的光芒。此外，白朴还写过一些在描绘自然风物方面有所成就的散曲，如分咏四季的〔越调·天净沙〕等。白朴还写了四篇套曲，试以〔双调·乔木查〕《对景》为例：

海棠初雨歇，杨柳轻烟惹，碧草茸茸铺四野。俄然回首处，乱红堆雪。

〔么〕恰春光也，梅子黄时节。映日榴花红似血。胡葵开满院，碎剪宫缬。

〔挂搭沽序〕倏忽早庭梧坠，荷盖缺。院宇砧韵切，蝉声咽。露白霜结，水冷风高，长天雁字斜，秋香此第开彻。

〔么〕不觉的冰澌结，彤云布，朔风凛冽。乱扑吟窗，谢女堪题，柳絮飞。玉砌长郊万里，粉污遥山千叠。去路赊。渔叟散，披蓑去，江上清绝。幽悄闲庭院，舞榭歌楼酒力怯。人在水晶宫阙。

〔么〕岁华如流水，消磨尽自古豪杰。盖世功名总是空，方信花开易谢，始知人生多别。忆故园，漫叹嗟。旧游池馆翻做了狐踪兔穴。休痴休呆。蜗角蝇头，名亲共利切。富贵似花上蝶，春宵梦说。

〔尾〕少年枕上欢，杯中酒，好天良夜。休辜负了锦堂风月。

这套描写春、夏、秋、冬四季风景的曲子，实为借景抒情，宣泄对人生的态度，蕴含较丰富的人生哲理。套曲的构思谨严而又从容不迫，极尽自然天成之致。前四支曲子分写春、夏、秋、冬四季风光的特色，而且“俄然”、“恰”、“倏忽”、“不觉”含有骤然、急促之意的词，表现时序变化之快。有这四支曲子作铺垫，于是第五支曲子〔么〕，发出“岁华如流水，消磨尽自古豪杰”的感叹，可谓水到渠成、顺理成章。“花开易谢，始知人生多别”，这两句看似平常，而含意深长。花，固然美好，但亦易凋谢；离别，是人生不堪的苦事，却偏偏别多会少。往昔繁华之地，已成狐兔出没的窟穴。因此，从中悟出一个道理：为蜗角虚名、蝇头微利去争斗，是很愚蠢的。所谓富贵，不过是花上的蝴蝶、春宵的梦幻而已。因此白朴认为应该及时行乐，这就是本曲〔尾声〕所表明的人生态度，应该享受爱情的欢乐，莫错过好天良夜，“休辜负了锦堂风月！”如作片面理解，似有消极之嫌，但联系当时黑暗的社会环境、统治集团内部的争斗而言，他那热爱生活，不去追名逐利的态度，应该说是头脑清醒的。

第四章　马致远

马致远是和王实甫同时的人物，据一些间接资料推测，大约生于1250年左右，卒于泰定元年（1324）之前，号东篱，大都人，曾任江浙行省务官（或江浙省务提举），在元贞时代，参加过书会组织，和中书省掾李时中、艺人花李郎、红字李二合写过一本《开坛阐教黄粱梦》（下称《黄粱梦》）。这个剧本是古典戏曲中确知其为集体创作的极少数作品之一。

第一节　马致远的生活与创作

关于这位作家的事迹，我们所知也极少，但由于他流传的散曲数量是较为丰富的，从其中还可以看出这位作家行迹的大概。他是一个士大夫气质相当浓厚的文人，“且念鲰生自年幼，写诗曾献上龙楼”，①但统治者却并不赏识他，因而由抑郁而放浪，终于觉得“半世逢场作戏，险些儿误了终焉计”，②甘心地以隐士的生活方式在杭州度过下半生。他在散曲《悟迷》中说：“雷霆声价，怪名儿到处里喧驰的大。”可见在当时剧坛上已享有很高声誉。

马致远这种由追求功名不遂而归隐林泉终老的生活道路，及其对待

---

① 〔黄钟·尾〕，见隋树森编《全元散曲》残曲〔黄钟·女冠子〕，中华书局1964年版，第273页。

② 〔般涉调·哨遍〕，见隋树森编《全元散曲》，中华书局1964年版，第262页，此套曲对了解马致远的生活道路与人生态度颇有参考价值。

这种不能完全由自己安排的生活道路的时而愤慨，时而忧郁，时而欣幸的态度，不仅在元代读书人当中，甚至在其后一个相当长的历史时期中，都有其代表性。因此，其作品中所反映的这种情绪就特别容易被士大夫所同感，这些作品也就特别被他们所欢迎。同时，他作品中的士大夫的美学观点也使得他的作品由俗转雅，更其投合一般文人的胃口。在贾仲名的补《录鬼簿》的〔凌波仙〕吊词中，他被尊为“曲状元”，在《太和正音谱》中，他被认为“宜列群英之上”，是只能从这个角度来理解的。

马致远写过十五本杂剧，现存在的还有七本（包括和其他作家合写的《黄粱梦》在内）。在元代杂剧家中间，除了关汉卿以外，就数他的作品流传最多。“神仙道化”是这位作家最喜爱的题材，现存诸作如《任风子》、《岳阳楼》、《黄粱梦》都是属于这一方面的作品。这类作品的基本思想倾向，是宣扬超脱苦难的尘世，追求一种无忧无虑、没有任何飞来横祸的成仙了道之路，享受神仙世界永恒的清福。最具代表性的作品，就是《任风子》。它写的是神仙马丹阳度脱屠夫任风子的故事。甘河镇屠夫任风子，原是全镇屠夫的头面人物，因马丹阳化的全镇人都吃了斋素，屠夫们的生意全被搅了，在众屠夫的诉说下，任风子自仗武艺高强，去草庵杀马丹阳，反被神通广大的马丹阳所点化，决意出家。先经受在菜园子里服劳役的考验，每天挑一百五十担水浇灌菜园，然后，当妻子抱着刚满月的儿子来劝他回家时，不但断然与娇妻离婚，并且摔死幼子。最后终于“得道成仙”，“无是无非”，认为这就是最大的快活。以回避矛盾斗争的方式，对现实的一切表示否定，而向往一种虚无飘缈的神仙极乐世界，为自己虚幻的生活理想寻找出路，这正是当时存在的“僧侣浪漫主义”。摔死幼儿的情节，残酷，恶劣。

在元人杂剧中有不少“神仙道化”剧，马致远的这类作品，具有代表性。出现这种创作倾向，有其复杂的社会原因和文学自身的原因。从社会方面来考察，主要是在元朝统治者支持下全真道教势力的盛行，早在成吉思汗灭金征西过程中，全真道教的代表人物丘处机，就曾得到重用，并在劝谏不杀生、不掠夺诸多方面起过积极作用。全真道教与以往道教宣扬炼丹、符箓之术不同，它以老庄思想为主，兼取儒、释合理的内核，所以容易为知识阶层所信奉。处于乱世，现实生活极其黑暗、残酷的人们，视全真道教为一线光明，乐于信从。知识分子除了极少数有较高名望的儒士得到重用外，一般儒生在政治上是没有出路的，精神上感到空虚和苦闷，也就较为自然地以神仙道化作为自我解脱的方式。表现在杂剧创作上，就是“神仙道化”剧的出现。作品中所描写的成仙了道境界，其实连作者自己也不一定真的相信，真正向往的是如《任风子》剧中所描绘的宁静清幽的自然环境：“编四围竹寨篱，盖一座草团瓢，近着这野水溪桥，再不听红尘中是非闹。”①“俺这里松柏周遭，山川围着；疏竹潇潇，落叶飘飘。……开开门观觑了，山庵中静悄悄。”②这正是身处乱世、不屑仕途混浊的传统知识精英的审美理想，是“达则兼济天下，穷则独善其身”的人生观的体现。从文学传统来考察，也有其渊源。六朝、唐宋的许多笔记和志怪传奇，记载了大量的神仙道化故事。在蒙古贵族残酷统治下的一些剧作家，在现实生活中既找不到理想的出路，又受全真道教思想的影响，用神仙道化的故事作为创作的题材，也就是很自然的了。

《陈抟高卧》是一支隐士的颂歌。《荐福碑》写了作家自己对功名富贵的幻想，却同时也宣扬了由命不由人的宿命观念。作家通过这类剧作，写出了自己的和一部分人民的命运与心情，当然，也在一定程度上写出了那个黑暗的环境与可怕的时代。正因为当时的情况是：“这壁拦住贤路，那壁又挡住仕途。如今这越聪明，越受聪明苦；越痴呆，越享了痴呆福；越糊涂，越有了糊涂富；则这有银的陶令不休官，无钱的子张学干禄。”③所以一些比较洁身自好的、有所不为但又没有足够的勇气来对这种情况进行正面反抗的人，就只有以“鸡虫得失何须计，鹏鹦逍遥各自知。看蚁阵蜂衙，龙争虎斗，燕去鸿来，兔走乌飞。浮生似争穴聚蚁，光隐似白驹过隙，

---

① 第四折〔双调·新水令〕。

② 第四折〔川拨棹〕。

③ 《荐福碑》第一折，〔寄生草〕么篇，见臧晋叔编《元曲选》，中华书局 1961 年版，第 579 页。

世人似舞饔醯鸡,便博得一阶半职,何足算,不堪题"①这种消极的想法,来自我宽解了。

非常清楚,这种感情基本上是不很健康的、逃避现实的。因此,反映这种感情的作品在马致远的创作中,虽然是主要的东西,是值得同情和理解的,却不是我们所应当肯定的东西。但值得我们注意的是:在这类作品中,作家在不自觉的情况下形成了一种新的写作手法。上述各剧的主角,往往不是作为一个社会客体而存在的,而是作为作家的化身而存在的。马致远经常是通过剧中的人物,倾吐着自己的心情。他将自己的环境、性格、思想、感情从不同方面,在不同程度上分配给了三个"神仙道化"剧中渡引的神仙和被渡引的凡人,也更其明显地分配给了《陈抟高卧》中的陈抟和《荐福碑》中的张镐。这,一方面使得他所塑造的人物难以具有多样的性格,因而限制了他反映社会生活的深度与广度,另一方面又使得他的剧本带有更多的主观性质,远于应当具有尖锐冲突的戏剧,而近于自我表现的抒情诗。明、清以来,许多生活圈子比较狭窄的文人们,写起戏来,往往就是用的这种手法。虽然我们并不能肯定地说这种手法就是不好的,但可以肯定地说它是导致后来许多剧本脱离舞台实际而成为案头读物的重要原因之一。

马致远的另一剧作《江州司马青衫泪》比较客观地接触到了现实生活当中的问题。这是一个与《贩茶船》同一类型的剧本,但其情节却是对白居易著名的诗篇《琵琶行》的一种附会。在剧本中,白居易在江州偶然遇到的商人妇裴兴奴乃是他旧日的情人。在白居易被贬与她分别之后,她母亲捏造了白居易的死讯,并强迫她嫁给了一个茶商。裴兴奴在和白居易重逢之后,便随他逃走,终于倚仗皇帝的帮助得到团圆,茶商则受了处分。这种团圆梦是不现实的,同时,由于马致远"一遇丽情,便伤雄劲"②的风格,使得这个以爱情纠纷为主题的剧本,总的说来,缺乏必要的足够的宛转缠绵的描写。当然,在剧本的某些片段,如裴兴奴在她那个不称心

① 《陈抟高卧》第三折,〔二煞〕,见藏晋叔编《元曲选》,中华书局1961年版,第728页。

② 王骥德《曲律》卷三《杂论第三十九上》,《中国古典戏曲论著集成》(四),中国戏剧出版社1959年版,第147页。

的丈夫刘一郎抛下她自个去吃酒后，抒写孤寂和苦闷的唱词，还是有较为动人的内心刻画的。

〔双调·新水令〕正夕阳天阔暮江迷，倚晴空楚山叠翠。冰壶天上下，云锦树高低。谁倩王维，写愁入画图内。

〔驻马听〕常教他尽醉方归，是他拂茶客青山沽酒旗；伴着我死心搭地，是兀那隐离人望眼钓渔矶。（带云：）这江那里是江，（唱：）则是递流花草武陵溪，幽囚风月蓝桥驿。直恁的天阔雁来稀，莫不是衡阳移在江州北。

（云：）天色将晚，那厮吃酒去了，甚时回来！梅香，拂了床，我自家睡去罢。

〔步步娇〕这个四幅罗衾初做起，本待招一个风流婿。怎知道到如今命运低，长独自托冰蓝两头儿偎，恁的般受孤恓。知他是谁，唤你做鸳鸯被。

——第三折

这几支曲辞，似从《琵琶行》诗“枫叶荻花秋瑟瑟”，“老大嫁作商人妇。商人重利轻别离，前月浮梁买茶去。去来江口守空船，绕船月明江水寒。夜深忽梦少年事，梦啼妆泪红阑干”的意境生发出来。秋夕景色，衬托出孤恓少妇的苦闷情怀。重利嗜酒的商人，让她独守空船，四幅罗衾，徒有“鸳鸯被”的虚名，情何以堪。借景抒情，对商妇内心的刻画惟妙惟肖。

第二节　《汉宫秋》的悲剧特质

真正能够代表马致远在杂剧上的成就的是《破幽梦孤雁汉宫秋》（下称《汉宫秋》）。它写的是众所周知的昭君和亲的故事。王昭君的事迹，最早见于班固的《汉书·元帝纪》和《匈奴传》，本来是非常简单的。范晔《后汉书·南匈奴传》的记载稍具始末：

> 昭君字嫱，南郡人也。初，元帝时以良家子选入掖庭。时呼韩邪来朝，帝敕以宫女五人赐之。昭君入宫数月，不得见御，积悲怨，乃请掖庭令求行。呼韩邪临辞，大会，帝召五女以示之。昭君丰容盛饰，光明汉宫，顾影徘徊，竦动左右。帝见大惊，意欲留之，而难于失信，遂与匈奴。生二子。及呼韩邪死，其前阏氏子代立，欲妻之。昭君上书求归，成帝敕令从胡俗，遂复为后单于阏氏。

晋葛洪《西京杂记》，乃有诛画工之说：

> 元帝后宫既多，不得常见，乃使画工图形，案图召幸之。宫人皆赂画工，多者十万，少者亦不减至五万，独王嫱不肯，遂不得见。匈奴入朝，求美人为阏氏，于是上按图，以昭君行。及去，召见，貌为后宫第一，善应对，举止娴雅。帝悔之，而名籍已定，帝重信于外国，故不复更人。乃案穷其事，画工皆弃市，籍其家资皆巨万。画工有杜陵毛延寿，为人形丑好老少，必得其真；安陵陈敞、新丰刘白、龚宽，并工为牛马飞鸟众势，人形好丑，不逮延寿；下杜阳望亦善画，尤善布色，樊育亦善布色：同日弃市。

历代作家却根据自己对于生活的感受和对于这位古代女性的同情，以自己优美的想象丰富了简略的历史记载，从而创造出了许多动人的富有悲剧气氛的传说。这种创造的顶峰，便是马致远的《汉宫秋》。在这个剧本里，作家大胆地增添了一些为前此所无的情节，突出了这一历史故事的内在意义。

在《汉宫秋》中，王昭君在被选入宫以后，虽然由于画工毛延寿索贿不遂而将她的“影图点破”，没有能够立时得幸于汉元帝；但在一个偶然的机会里，元帝却听到她的琵琶声而宠幸她。于是，她被封为西宫娘娘。比起原有的传说来，她是较为幸运的。但这一短促的幸运，却导致了她永远的不幸。毛延寿在被她揭发以后，竟逃往匈奴，唆使呼韩邪单于指名要她和亲。当时以尚书令五鹿充宗为首的暮气沉沉、畏敌如虎的官僚们，则毫不为国家的尊严着想，而逼着汉元帝顺从敌人的意志。汉元帝骂他们“满朝中都做了毛延寿”。在这种情况下，王昭君挺身而出，为了解救国家的危难，毅然地、主动地请求去和亲。元帝尽管非常爱她，但是逼于匈奴的威胁，鉴于文臣武将的懦弱无能，又不得不割恩断爱，让昭君去和亲。昭君到了两国的分界线黑龙江边，以投江自尽来表示了她自己对于祖国和爱情的忠诚，对于自己不幸命运的抗议。这一刚烈的行为使得呼韩邪单于也警觉起来，于是毛延寿受到了正义的裁判，而汉元帝则长期地沉浸在自己痛苦的忏悔中。

我们知道，至迟是从唐代以来，王昭君在人民和作家的心目中，就已经不只是一个被迫远嫁异国，孤苦伶仃，为人所同情的妇女；而且更其主要的是一个不愿为着个人地位，丧失正直品行的人物和一个为着国家的利益，牺牲了自己的人物。马致远的剧作则使得这一已经被杜甫以下的伟大作家所塑造的悲剧形象，①在杂剧这一特定样式中，获得了完整的再现。虽然《汉宫秋》并不由王昭君主唱，因而她的戏是较少的，但这并不妨碍我们对于这一优美形象的认识。作家是把她作为一个既具有美丽容貌，又具有美丽灵魂的普通民间妇女来处理的。她家道贫穷；而且天真地认为：既然皇帝是选色，那么长得漂亮就会得宠，她不会要什么手段。于是她拒绝向毛延寿行贿，在元帝偶然爱上了她以后，她在惊惶失措之余，首先毫无顾虑地控诉了毛延寿，接着又恳求元帝宽免她父母的民籍，赐予一些恩荣。在这些地方，都可以看出，这位少女是天真的，甚至于是幼稚的，是非常善良而没有机心的。但作家也认识到，天真而善良的人的心里，往往蕴藏着巨大的道德力量。于是，随着戏剧冲突的开展，王昭君的沉勇而正直的性格愈益呈露在人们的眼前。她是舍不得和宠爱她的汉元帝分离的，但当她明白了自己的去留关系到国家的安危时，便断然地将这种巨大的苦难担承了起来。在国境线上的投江，使得她的悲剧命运和悲剧性格得到了最完满充足的表现。作家在这一情节里写出了：王昭君为

---

①　(唐)杜甫《咏怀古迹》之二“群山万壑赴荆门”、白居易《青冢》诗、(宋)王安石《明妃曲》及欧阳修的两首和诗，就是显例。

了保卫自己所爱的国家和人物，打击自己所恨的人和事，不惜将唯一的生命付出来作为代价；而这，正是中国普通人民所具有的平凡而又高贵的品质。

王昭君在这个剧本中是特别值得人们同情和敬爱的人物。要突出描写这样一个人物，将她作为主角来处理，将灞桥送别和国境沉江这些激动人心的情节写成戏剧冲突的顶峰，似乎更容易收到舞台效果。但马致远却避易就难，选择了一种和一般人想法不一样的艺术构思。他倒是着重地写了汉元帝对于这一悲剧的感受，特别是他的别后相思之情。这固然可以说是受了白朴《梧桐雨》的影响，而更主要的，则和马致远喜欢将自己的感情分配给剧中主要角色的习惯分不开。由于王昭君确实远比杨贵妃更值得人同情和敬爱，所以汉元帝对她的（在某种情况上说，也就是作家对她的）流连哀思之情，就更加深挚而富于感染力。

当然，这只是说，马致远在剧本中通过汉元帝之口，部分地寄托了自己对这一古代女性的咏叹之情，而不是说，汉元帝的形象就是作家自己的形象。相反地，作家对这个封建统治者并不是完全肯定的。在他的笔下，汉元帝首先是一个昏庸好色的皇帝，这位皇帝统治下的政府是一个腐败无能，充满了像五鹿充宗那种"全躯保妻子之臣"的政府，以至当强敌压境，就甚至于只有将西宫娘娘献出去，才能苟且偷安。我们很难设想，马致远对于这种皇帝会有好感。可是，这只是问题的一方面。另一方面，即使这个皇帝，作为一个皇帝，是不好的，但作为一个人来说，由于腐败的政治而引起他个人的不幸，又是令人同情的；同时，他的不幸是在于迫于情势，不得不失去了像王昭君这样一个女性（或者说，牺牲了这样一个女性），那就更其令人同情。这就使得作家有可以赋予这个在另外许多方面必须加以谴责的皇帝以真挚的情操，在他的语言里，抒写出人们对昭君和亲这一悲剧的感受。

〔七弟兄〕说甚么大王不当恋王嫱，兀良，怎禁他临去也回头望！那堪这散风雪旌节影悠扬，动关山鼓角声悲壮。

〔梅花酒〕呀！俺向着这迥野悲凉。草已添黄，兔早迎霜。犬褪得毛苍，人搠起缨枪，马负着行装，车运着糇粮，打猎起围场。他他他，伤心辞汉主；我我我，携手上河梁。他部从入穷荒，我銮舆返咸阳。返咸阳，过宫墙；过宫墙，绕回廊；绕回廊，近椒房；近椒房，月昏黄；月昏黄，夜生凉；夜生凉，泣寒螀；泣寒螀，绿纱窗；绿纱窗，不思量？

〔收江南〕呀！不思量，除是铁心肠。铁心肠，也愁泪滴千行。美人图今夜挂昭阳。我那里供养，便是我高烧银烛照红妆。

——第三折

〔蔓青菜〕白日里无承应，教寡人不曾一觉到天明，做的个团圆梦境。(雁叫科。唱:)却原来雁叫长门两三声，怎知道更有个人孤另！

(雁叫科。唱:)

〔白鹤子〕多管是春秋高，觔力短；莫不是食水少，骨毛轻？待去后，愁江南网罗宽；待向前，怕塞北雕弓硬。

〔么篇〕伤感似替昭君思汉主，哀怨似作薤露哭田横，凄怆似和半夜楚歌声，悲切似唱三叠阳关令。

(雁叫科。云:)则被那泼毛团叫的凄楚人也。(唱:)

〔上小楼〕早是我神思不宁，又添个冤家缠定。他叫得慢一会儿，紧一声儿，和尽寒更。不争你打盘旋，这搭里同声相应，可不差讹了四时节令？

〔么篇〕你却待寻子卿觅李陵。对着银台，叫醒咱家，对影生情。则俺那远乡的汉明妃，虽然得命，不见你个泼毛团，也耳根清净。

(雁叫科。云:)这雁儿呵，(唱:)

〔满庭芳〕又不是心中爱听，大古似林莺呖呖，山溜泠泠。我只见山长水远天如镜，又生怕误了你途程。见被你冷落了潇湘暮景，更打动我边塞离情。还说甚过留声，那堪更瑶阶夜永，嫌杀月儿明！

(黄门云:)陛下省烦恼，龙体为重。(驾云:)不由我不烦恼也。(唱:)

〔十二月〕休道是咱家动情，你宰相每也生憎。不比那雕梁燕语，不比那锦树莺鸣。汉昭君离乡背井，知他在何处愁听？

（雁叫科。唱：）

〔尧民歌〕呀呀的飞过蓼花汀，孤雁儿不离了凤凰城。画檐间铁马响丁丁，宝殿中御榻冷清清。寒也波更。萧萧落叶声，烛暗长门静。

〔随煞〕一声儿绕汉宫，一声儿寄渭城，暗添人白发成衰病，直恁的吾家可也劝不省。

——第四折

〔七弟兄〕等三支曲子，是这个剧作中最著名的唱词。它们非常真切地表达了汉元帝富于忏悔意味的、沉重的离绪。特别是〔梅花酒〕一支，因难见巧，巧而不纤，乃是马致远的一手绝活。第四折闻雁的唱词，情节、机杼和《梧桐雨》中听雨的唱词几乎完全相同。但值得注意的是：马致远以一个摹仿者的身份出现在白朴面前的同时，又以一个竞赛者的身份出现在他的前辈面前。正如同陆机、江淹之拟古诗一样，他以摹仿的方式向原作进行了艺术上的挑战。在《梧桐雨》中，那场秋雨不曾被赋与生命，白朴所描写的，只是唐玄宗听雨时的感受；而在《汉宫秋》中，那只孤雁却人格化了。它是引起汉元帝伤感的客体，同时它失群的命运又是这一对爱侣生离的象征。不像唐玄宗那样，对于秋雨是纯然地憎嫌，汉元帝对孤雁是既因为它的叫声惹起了自己烦恼而憎嫌它，又因为它的命运和昭君相类似而深深的同情着它的。汉元帝闻雁时的思想感情，比唐玄宗听雨时远为复杂，正是马致远不甘居于白朴之下，而要在艺术上和他的前辈较量一番的最好证明。这，也就使得《汉宫秋》虽然和《梧桐雨》具有大体相同的格局，却依然不失为一个具有创造性和独立特色的、足以和《梧桐雨》并驾齐驱的名作。焦循《剧说》称："元明以来，作昭君杂剧者有四家。马东篱《汉宫秋》一剧，可称绝调；臧晋叔《元曲选》取为第一，良非虚美。"①

在一篇散曲中，马致远写道："至治华夷，正堂堂大元朝世。应乾元九五龙飞，万斯年，平天下，古燕雄地。日月光辉，喜氤氲一团和气。"②同

① 见《中国戏曲论著集成》（八）《剧说》卷五，中国戏剧出版社 1959 年版，第 190 页。

② 〔中吕·粉蝶儿〕。

时，他也曾经从事过政治活动，并为了这种活动没有达到预期的结果而表示愤慨。因此，我们就很难说作家之写《汉宫秋》是自觉地、有意识地要反映当时的种族矛盾。但种族矛盾既然是当时生活中一种巨大的客观存在，而马致远又是一个有才能的作家，那么，他在自己的剧作中不自觉地、侧面地反映了这一重大问题，也完全是可能的、可以理解的。这种反映，在《陈抟高卧》、《黄粱梦》中，比较微弱，而在《汉宫秋》[①]中，则似乎更明显一些。

但同时，也必须指出，无论是《梧桐雨》或《汉宫秋》，都只是通过作者的主观努力，在某些方面和某种程度上反映了人民的一些思想感情，因而获得了人民的爱好。它们是不能完整地代表人民的思想感情的。唐玄宗、汉元帝，作为戏中的主角，基本上乃是两个屈服的形象，历史的真实也是如此。这一类的形象，和屹立在蒙古贵族统治中国那个历史时代里的富于反抗精神的广大人民的形象，有着本质上的区别。在关于历史剧的讨论中，有人认为：昭君和亲，对促进民族友好，导致和平，在历史上是一种有意义的事，作家不应当以大汉族主义和封建道德观念去描写王昭君。从历史学的观念而论，这也许是对的。但因此而否定《汉宫秋》剧本，认为它的全部内容是：皇帝是情种，画师是败类，王昭君是封建专制主义最驯服的奴隶，匈奴是汉王朝最凶恶的敌人，而昭君出塞则是中国历史上涂不掉的屈辱印记，表现了大汉族主义情感和封建贞操观念。我们认为，这种论调是不妥当的。历史剧（或历史小说）固然不能完全违背历史真实，但是毕竟不是真实的历史，应该容许剧作家的艺术创造。评价历史剧或历史小说的创作，不能离开作家所生活的时代环境，不能把历史真实与艺术真实混为一谈。当代作家可以从现实的需要出发，创作一本以促进民族友好为主题的《王昭君》，《汉宫秋》作为一份文学遗产，仍具有永恒的艺术魅力。

---

① 《汉宫秋》剧本于1829年由英国人大卫斯译为英文。

第三节　别开生面的散曲

马致远还擅长散曲，并且是最先出现的在杂剧和散曲两方面都具有很高造诣的作家。马曲的特色首先表现在他利用这一样式进行创作时，在题材和情调诸方面，比他以前的作家具有更多的文人气息，体现了散曲由俗转雅的进程。如其所写咏张玉岩草书的〔般涉调·哨遍〕套曲，就是散曲中前所未有的；再如他虽然也描写男欢女爱之情，但却处理得比较含蓄，没有白朴、关汉卿诸人某些作品里所流露的狎亵意味。其次，他自己的生活、思想、感情在作品中呈现得特别鲜明。就这一点说，他是一位主观性较强的诗人。这种主观性如我们已经谈过的，甚至渗透到他的剧作中去了。再次，与前两者相关联，马致远在其散曲中形成了与其个性一致的豪放风格。由于马致远的生活道路、美学趣味和思想感情与后代文人更其接近一些，因此其散曲在明、清以来的作家们中间，一直享有很高的声誉。

最能够打动后代文士们的心弦的，同时也是马致远最爱歌唱的，乃是他那种以悲壮的音调，发抒抑郁的情怀的曲子。

> 咸阳百二山河，两字功名，几阵干戈。项发东吴，刘兴西蜀，梦说南柯。韩信功兀的般证果，蒯通言那里是风魔？成也萧河，败也萧何，醉了由他！
>
> ——〔双调·蟾宫曲〕(《叹世》)

> 布衣中，问英雄，王图霸业成何用？禾黍高低六代宫，楸梧远近千官冢，一场恶梦。酒杯深，故人心。相逢且莫推辞饮，君若歌时我慢斟。屈原清死由他恁，醉和醒争甚！
>
> ——〔双调·拨不断〕

这些作品，都是貌似旷达，实则牢骚。由于作家处在一个是非不明、邪正不分的黑暗时代，他不能没有牢骚；由于牢骚的发泄并不能合理地反映，于是转为厌世；由于厌世的心情并不是愉快的出路，又转而故作旷达来平衡自己内心的矛盾。在这条曲折的精神河道里，马致远就这么驾驶着自己的苦闷之舟，往复地航行着。

在这段漫长的航程里，作家写出了典型地反映了自己苦闷情怀的散套《秋思》：

〔夜行船〕百岁光阴一梦蝶，重回首往事堪嗟。今日春来，明朝花谢，急罚盏夜阑灯灭。

〔乔木查〕想秦宫汉阙，都做了衰草牛羊野。不恁么渔樵没话说。纵荒坟，横断碑，不辨龙蛇。

〔庆宣和〕投至狐踪与兔穴，多少豪杰。鼎足虽坚半腰里折，知他是魏耶晋耶？

〔落梅风〕天教你富，莫太奢。不多时好天良夜。看钱奴硬将心似铁，争辜负了锦堂风月。

〔风入松〕眼前红日又西斜，疾似下坡车。不争镜里添白雪，上床与鞋履相别。休笑鸠巢计拙，葫芦提一向妆呆。

〔拨不断〕利名竭，是非绝，红尘不向门前惹，绿树偏宜屋角遮，青山正补墙头缺。更那堪竹篱茅舍。

〔离亭宴煞〕蛩吟罢一觉才宁贴，鸡鸣时万事无休歇。何年是彻？看密匝匝蚁排兵，乱纷纷蜂酿蜜，闹攘攘蝇争血。裴公绿野堂，陶令白莲社。爱秋来那些：和露摘黄花，带霜烹紫蟹，煮酒烧红叶。想人生有限杯，浑几个重阳节。人问我，顽童记者：便北海探吾来，道东篱醉了也。

——〔双调·夜行船〕

这一套被批评家认为冠冕一代的散曲，是以隐居自适，行乐及时为其主旨的。它一上来就指明了这一点，接着，作家历数了帝王、豪杰、富儿们可悲的盛衰，表白了自己的生活态度与生活道路。前半着重叹世，后半着重抒怀，于豪放潇洒之中，非常成功地画出了作家自己深重的苦闷。

如我们所熟知：既不能纯然地遣情遗世，又不肯盲目地同流合污；虽以同流合污为耻，又感旋转乾坤之难，于是，便往往只好以洁身自好来使自己心安理得，这正是封建社会中有正义感的读书人普遍存在的内心矛盾。正由于此，用歌颂隐逸生活来平衡内心的矛盾，来排遣生不逢时的悲哀，在古典诗歌中，自来就有其悠久的传统，而马致远则继承了，并且发扬了这一传统。

在套曲《秋思》中，作家的自画像具有傲兀不凡的神采，飘逸出尘的风度，使人读后，很自然地追随着作家，产生了鄙视那个混浊而庸俗的社会的感情。这样，它所宣扬的思想感情虽然是消极的，但将它作为一种反抗庸俗的风俗、不义的富贵的武器来看，又有其一定程度的积极作用了。

当然，《秋思》的艺术成就也是值得称道的，可谓元散曲之首。如前人所指出的，这套曲子，在语言方面，有“放逸宏丽，而不离本色”①的特征。它给人的印象是气势开阔，色泽鲜明。虽然吸收了古典诗歌中的某些长处，但这并不妨碍整套曲子的生动和朴素。作者很善于运用富于诗情画意的艺术描写，使他所厌恶的现实社会，与他所向往的理想境界，形成鲜明的对比；因而，他所理想的那种生活，对人们更具有吸引力。而语言的流利畅达，音节的清亮活泼，气势的豪放洒脱，使它具有更强的艺术魅力。如“红尘不向门前惹，绿树偏宜屋角遮，青山正补墙头缺”三句鼎足排比相对，字字凝练，句句工整，构成优美的意境。又如〔离亭宴煞〕中出现的两组鼎足对：“密匝匝蚁排兵，乱纷纷蜂酿蜜，闹攘攘蝇争血”；“和露摘黄花，带霜烹紫蟹，煮酒烧红叶”，句法非常严密，而气势豪放，色彩明丽，毫无平板艰涩之病。这种排比性的鼎足对句，是曲中特有的对法，很适宜表现一种洒脱不羁的思想感情。在细节的选择上（如“急罚盏夜阑灯灭”，“眼前红日又西斜，疾似下坡车”之类），它是别具匠心的；在结构上，也非常完整，而又挥洒自如，天然浑成。

---

① 王世贞《曲藻》，见《中国古曲戏曲论著集成》（四），中国戏剧出版社 1959 年版，第 28 页。

马致远愤世嫉俗的感情，从现存的曲子来看，往往是以正面的慨叹而不是以侧面的讽刺来反映的。只有《借马》一套，乃是一个显著的例外。

〔耍孩儿〕近来时买得匹蒲梢骑，气命儿般看承爱惜。逐宵上草料数十番，喂饲得膘息胖肥。但有些秽污却早忙刷洗，微有些辛苦便下骑。有那等无知辈，出言要借，对面难推。

〔七煞〕懒习习牵下槽，意迟迟背后随，气忿忿懒把鞍来鞴。我沉吟了半晌语不语，不晓事秃人知不知？他又不是不精细，道不得他人弓莫挽，他人马休骑。

〔六煞〕不骑呵西棚下凉处拴，骑时节拣地皮平处骑。将青青嫩草频频的喂。歇时节肚带松松放，怕坐的困尻包儿款款移。勤觑着鞍和辔，牢踏着宝镫，前口儿休提。

〔五煞〕饥时节喂些草，渴时节饮些水。著皮肤休使尘氈屈，三山骨休使鞭来打，砖瓦上休教稳着蹄。——有口话你明明的记，——饱时休走，饮了休驰。

〔四煞〕抛粪时教干处抛，绰尿时教净处尿，拴时节拣个牢固桩撅上紧。路途上休要踏砖块，过水处不教浅起泥。这马知人义，似云长赤兔，翼德乌骓。

〔三煞〕有汗时休去檐下拴，渲时休教侵着秃。软煮料草铡底细。上坡时款把身来耸，下坡时休教走得疾。——休道人忒寒碎，——休教鞭飏着马眼，休教鞭擦损毛衣。

〔二煞〕不借时恶了弟兄，不借时反了面皮。马儿行嘱咐叮咛记，鞍心马户将伊打，刷子去刀莫作疑，只叹的一声长吁气，哀哀怨怨，切切悲悲。

〔一煞〕早晨间借与他，日平西盼望你，倚门专等来家内。柔肠寸寸因他断，侧耳频频听你嘶。这一声“好去”，早两泪双垂。

〔尾〕没道理，没道理；忒下的，忒下的。恰才说来的话君专记，一口气不违借与了你。

——〔般涉调·耍孩儿〕

在这套曲子里，马致远抓住了日常生活中一个很平凡的细节，对吝啬的人进行了非常锐利的讽刺。他特别着重刻画马主人说话的颠三倒四，反复唠叨，从而深刻地揭露了他的精神状态。在作家的笔下，这个吝啬鬼是痛苦的，并且痛苦得非常真诚。这就使读者感到他的可厌，同时还感到他的可怜。马致远在这个作品中，尽管是不自觉地，对于占有欲和私有制所扭曲的人类精神悲剧，作了很深刻的批判。

在马致远散曲中，对于男女爱情、自然风物等方面的描写，也有一些很精粹的作品。

> 云笼月，风弄铁，两般儿助人凄切。剔银灯欲将心事写，长吁气一声吹灭。
>
> 从别后，音信绝。薄情种害杀人也。逢一个见一个因话说，不信你耳轮儿头[1]热。
>
> ——〔双调·寿阳曲〕

> 枯藤老树昏鸦，小桥流水人家。古道西风瘦马。夕阳西下，断肠人在天涯。
>
> ——〔越调·天净沙〕(《秋思》)

> 夕阳下，酒旆闲，两三航未曾着岸。落花水香茅舍晚，断桥头卖鱼人散。
>
> ——〔双调·寿阳曲〕(《远浦帆归》)

写情的〔寿阳曲〕两篇，都具有巧妙的构思。特别是它们出人意外的结尾，是引人入胜的。写缠绵之情而出以豪放之笔，正是马致远在这方面的一种特色。所谓“老健而乏姿媚”[2]，“一遇丽情，便伤雄劲”，在马致远

---

① 头，当作不。

② 何良俊《四友斋业说》，见《中国古典戏曲论著集成》(四)《曲论》，中国戏剧出版社1959年版，第6页。

的作品中，是不独剧曲为然的。

写景的〔天净沙〕《秋思》一曲，乃是元代描写自然风物的杰作。周德清《中原音韵》誉之为“秋思之祖”，诚不为过。它写的是一位他乡游子在旅途上的感受。秋郊黄昏的景色，在作家的笔下，是如此的鲜明而富有特征，是如此的和旅人的心情契合无间，妙在语言的精练、准确达到炉火纯青的地步，每一个字都有其特殊的功能。前三句十八个字，写出九样具有鲜明特征的景物，不用一个秋字，也没有直接写行旅之人，而一幅万物凋敝、秋风萧瑟的图景和疲惫憔悴、落魄潦倒的游子形象，已展现在读者眼前。在景物描写中，注入浓郁的感情色彩。着重写景，而寓情于景，情与景互相映衬。王国维《人间词话》评说：“寥寥数语，深得唐人绝句妙境。”可谓一语中的。以至于在长久以来，它都为人所传诵不绝。〔寿阳曲〕《远浦帆归》虽然不及〔天净沙〕《秋思》那么突出，也是富有诗情画意的。它以愉快而宁静的色彩见长，和前篇中主人公的天涯沦落之感适成为耐人寻味的对照。

第四节　与马致远同时的其他散曲作家

马致远在其散曲中所反映的渗和着悲观情调的恬淡胸怀，以及与这种内容相适应的潇洒豪放的风格，是马致远个人所有的，同时也是社会的产物。在当时的曲家中，有不少人的作风是和他接近的。如卢挚（字处道，涿郡人）、白贲（字无咎，文水人）、冯子振（字海粟，攸州人）、邓玉宾、张养浩等人都是。

酒频沽，正花间山鸟唤提壶。一葫芦提在花深处，任意狂疏，一葫芦够也无？临时觑，不够时重去沽。任三闾笑我，我笑三闾。

——卢挚：〔双调·殿前欢〕

侬家鹦鹉州边住，是个不识字渔父。浪花中一叶扁舟，睡煞江南烟雨。〔么篇〕觉来时满眼青山，抖擞绿蓑归去。算从前错认天公，甚也有安排我处。

——白贲:〔正宫·鹦鹉曲〕

重来京国多时住,恰做了白发伧父。十年枕上家山,负我湘烟潇雨。〔么篇〕断回肠一曲阳关,早夜马头南去。对吴山结个茅庵,画不尽西湖巧处。

——冯子振:〔正宫·鹦鹉曲〕(《故园归计》)

江湖难比山林住,种果父胜刺船父。看春花又看秋花,不管颠风狂雨。〔么篇〕尽人间白浪滔天,我自醉歌眠去。到中流手脚忙时,则靠着柴扉深处。

——冯子振:〔正宫·鹦鹉曲〕(《咸事》)

一个空皮囊包裹着千重气,一个干骷髅顶戴着十分罪。为儿女使尽拖刀计,为家私费尽担山力。你省的也么哥,你省的也么哥,这一个长生道理何人会!

——邓玉宾:〔正宫·叨叨令〕

这些出自不同作家之手的散曲,是有其较大的共同之处的。它们向往着恬退,从而反映了现实的残酷;它们歌颂了清高,从而揭发了社会的昏浊。在这些创作中,作家们虽然是以精神忧郁症的治疗者的身份出现的,可是,事实上,他们本人正是精神忧郁症的病患者。而张养浩的生活道路和创作倾向,由于他的事迹、作品保存得较为丰富,在这一方面使我们看得尤其鲜明。

张养浩(1269—1329),字希孟,号云庄,济南(今山东省济南市)人,曾担任过元帝国的监察御史、翰林待制、礼部尚书等要职高官。由于禀性鲠直敢言,他的官场生活并不是一帆风顺的。几十年的政治经历,终于使得他愈到后来愈倾向于逃避现实,甚至于将其散曲集题为《云庄休居自适小乐府》,以表示自己的心境和所反映的主要内容。如果说,马致远是为了

"登楼意,恨无上天梯","空岩外,老了栋梁材"[1],因而才满腹牢骚的话,则张养浩恰恰与之相反而又相成,他是由于上了天梯,成了栋梁,因而更深更透地看清了当时的政治和社会,而发出了宦海风波的慨叹,走上了洁身自好的道路。

才上马齐声儿喝道,只这的便是送了人的根苗。直引到深坑里恰心焦。祸来也何处躲,天怒也怎生饶,把旧来时威风不见了。

——〔中吕·红绣鞋〕(《警世》)

挂冠,弃冠,偷走下连云栈。湖山佳处屋两间,掩映垂杨岸。满地白云,东风吹散,却遮了一半山。严子陵钓滩,韩元帅将坛,那一个无忧患?

——〔中吕·朝天子〕

往常时为功名惹是非,如今对山水忘名利。往常时趁鸡声赴早朝,如今近晌午犹然睡。

往常时秉笏立丹墀,如今把菊向东篱。往常时俯仰承权贵,如今逍遥谒故知。往常时狂痴,险犯着笞杖徒流罪。如今便宜,课会风花雪月题。

——〔双调·雁儿落兼得胜令〕

和这种洁身自好的精神相一致,张养浩在其散曲中还透露了微弱的可是在当时是稀有的同情人民的声音:

峰峦如聚,波涛如怒,山河表里潼关路。望西都,意踟蹰,伤心秦汉经行处,宫阙万间都做了土。兴,百姓苦;亡,百姓苦!

——〔中吕·山坡羊〕(《潼关》)

---

① 〔南吕·金字经〕。见隋树森《全元散曲》,中华书局 1964 年版,第 239 页。

路逢饿殍须亲问，道遇流民必细询。满城都道好官人。还自哂，只落得白发满头新。

乡村良善全生命，尘市凶顽破胆心。满城都道好官人。还自哂，未戮乱朝臣。

——〔中吕·喜春来〕

在元蒙贵族统治的时代，关心人民疾苦的官员实在太稀罕了。所以像张养浩这样的好官，自然会受到满城百姓的称赞，而作者则感到自愧，因为没有能够把朝廷中的乱臣贼子清除掉。

马致远和张养浩等作家，以其寓悲凉于旷达的情绪，发为寓沉郁于豪放的歌声，画出了那个以种族压迫和政治黑暗为其特征的历史时代的侧影。

第五章　杨显之和纪君祥

在和关、王、白、马约略同时的杂剧家中，就现存的作品来看，杨显之和纪君祥也是具有相当成就因而值得加以介绍的。

第一节　杨显之的《潇湘雨》与《酷寒亭》

和关汉卿交谊很深，每逢写出了作品就和关研究得失的杨显之，混名杨补丁，大都人。据《录鬼簿》贾仲名补〔凌波仙〕吊词，当时妓女顺时秀曾以伯父称他，可见他也是和勾栏行院关系很深的人物。这位作家写过八个剧本。从现存的《潇湘雨》和《酷寒亭》两剧看来，他对于有关家庭和婚姻的社会病态特别感兴趣，并会站在先进的立场上给以揭露。

《临江驿潇湘夜雨》(下称《潇湘雨》)写的是北宋末年的谏议大夫张天觉，因被奸臣陷害，贬官江州。他带着失去了母亲的女儿翠鸾一同前往，路过淮河，因为不肯向河神致祭，所乘船便被风浪掀翻，父女也失散了。翠鸾被一位善良的渔翁崔文远所救，将她认作义女，后来又作主将她配给侄儿崔通。崔通在上朝应举及第之后，利欲熏心，竟然抛弃了自己的发妻，别婚试官之女，并和她同到秦川县去赴任。三年以后，翠鸾寻到了崔通的任所，要和丈夫相认，而崔通却昧着良心，不但不肯认她，反而将她诬作逃奴，横加拷打，刺配沙门岛，并叮嘱解差在路上害死她。翠鸾在解差押送之下，冒雨来到了临江驿，恰巧被起用为天下提刑廉访使的张天觉也在驿中歇脚。父女的意外相逢，使得崔通的罪行被揭发了。翠鸾凭仗着父亲的权力，捉拿了崔通，但由于义父崔文远讲情，她和崔通终于重归于好，而试官之女则被贬为伏侍翠鸾的丫鬟。

为自己卑鄙的名利心所驱使，因而遗弃原妻，另婚高门之女的读书人，乃是古典戏剧中经常加以谴责的对象。杨显之笔下的崔通，也是这样一种人物。值得特别指出的是：崔通具有非常狡诈凶狠的性格。当翠鸾找到秦川县衙的时候，他竟然可以行若无事地当着后妻之面，否认前妻，一面毫无情义地将前妻痛加殴打，刺字发配，一面又极其自然地对后妻捏造出翠鸾是他家的逃奴的情节，居然将后妻瞒了过去。到后来，翠鸾在她父亲的支持之下，前来将他逮捕了的时候，他首先想到的却是："我早知道是廉访使大人的小姐，认他做夫人可不好也！"①这样，作家就将这个下流人物的灵魂完全暴露在观众面前了。

翠鸾是这本杂剧的主唱者，她的变化无常的命运是萦系着大家的心灵的。人们为她遭溺一忧，又为她得救一喜；为她结婚一喜，又为她被害一忧；为她逢雨一忧，又为她遇父一喜。也就在剧情这种紧凑的发展中，作家展示了她善良然而刚强的性格。她对老渔翁崔文远是知恩感恩的，而对崔通却坚持有冤报冤。当张天觉要派人去拿崔通时，她坚持要自己去，并且说："若差人拿他，也出不的孩儿这口气。"②当崔文远劝她看自己面上，饶了崔通时，她也就对父亲说："爹爹……看恩人面上，连崔通也饶了他罢。"③这些地方，都使人看出了，作家是喜爱这个人物，并且也愿意别人喜爱她的。至于这位被崔通陷害过的女性，在作家的安排之下，最后仍然不能不和崔通言归于好，固然是作家认识的局限性的体现，也是在当时的社会条件下，妇女们还很难完全摆脱其整个悲剧命运的一种客观反映。

杨显之对当时社会底层的人民的善良品质也是有所认识的。不仅渔翁崔文远是一位富有同情心的好人，而且在翠鸾带枷走雨那个场面中，他所写的解子也不完全是毫无人性的。解子虽然奉命要在途中谋害翠鸾的性命，但仍然对她有所同情。

---

①②③ 第四折。

(正旦带枷锁同解子上,云:)好大雨也。……(唱:)

〔黄钟·醉花阴〕忽听的摧林怪风鼓,更那堪甕瀽盆倾骤雨。躭疼痛,捱程途,风雨相催,雨点儿何时住?眼见的折挫杀女娇姝。我在这空野荒郊,可着谁做主!……

〔喜迁莺〕淋的我走投无路,知他这沙门岛是何处酆都?长吁气结成云雾。行行里着车辙把腿陷住,可又早闪了胯骨。怎当这头直上急簌簌雨打,脚底下滑擦擦泥淤。……

(解子云:)你走便走,不走我打你也。(正旦云:)哥哥,(唱:)

〔山坡羊〕则愿你停嗔息怒,百凡照觑,怎便精唇泼口,骂到有三十句!这路崎岖,水萦纡,急的我战钦钦不敢望前去。况是棒疮发,怎支吾,刚挪得半步。(带云:)哥哥,你便打杀我呵,(唱:)你可也没甚福。……

〔刮地风〕则见他努眼撑睛大叫呼,不登登气夯胸脯。我湿淋淋只待要巴前路,哎!行不动我这打损的身躯。(解子喝科,云:)还不走哩!(正旦唱:)我捱一步又一步,何曾停住?这壁厢,那壁厢,有似江湖,则见那恶风波。他将我紧当处,问行人踪迹消疏。似这等白茫茫野水连天暮,(带云:)哥哥也,(唱:)你着我女孩儿怎过去?

(解子云:)你又怎的?① (正旦云:)哥哥,这般水深泥泞,我怎生走的过去?望哥哥可怜见,扶我一扶过去。(解子云:)则被你定害杀我也。我扶将你过去。我问你,你怎生是他家梅香,你将他家金银偷的那里去了?他如今着我害你的性命哩。你可实对我说。(正旦云:)我那里是他家梅香,偷了金银走来?(唱:)

〔四斗子〕告哥哥一一言分诉,那官人是我的丈夫。我可也说的是实又不是虚。寻着他指望成眷属。他别娶了妻道我是奴。我委实的衔冤负屈。

(解子云:)这等说起来,是俺那做官的不是。如今我也饶不得

① 此前有翠鸾跌倒及掉了枣木梳等情节(已略去),故云。

你。快行动些。……(正旦唱:)

〔随尾〕天与人心紧相助,只我这啼痕向脸儿边厢聚。(带云:)天那!天那!(唱:)眼见的泪点儿更多,如他那秋夜雨。

这是《潇湘雨》中的一个精彩片段。它利用自然界的变化很成功地烘染了翠鸾的境遇,增加了舞台上的凄楚气氛。它写的是一个孤苦的女犯的走雨,而不是《梧桐雨》中所写的一个寂寥的皇帝的听雨。这两个场面各自以其富有特征的艺术细节完成了整个剧本规定的任务。

这里还值得注意的是第四折翠鸾在驿站门外躲雨,啼饥号寒之声,搅动寓宿驿站的高官即她父亲的烦乱心绪,于是驿丞到门外干涉,出现门外和门内两种悲凉凄苦的情景:

〔正宫端正好〕雨如倾,敢则是风如扇,半空里风雨相缠,两般儿不顾行人怨,偏打着我头和面。

〔滚绣球〕当日个近水边,到岸前,怎当那风高浪卷,则俺这两般儿景物凄然。风刮的似箭穿,雨下的似甕瀽,看了这风雨呵委实的不善,也是我命儿里惹罪招愆。我只见雨淋淋写出潇湘景,更和这云淡淡妆成水墨天,只落的两泪连连。

(解子云)你休烦恼,我和你到临江驿寄宿去来。(做叫门科云)馆驿子开门来。(驿丞云)又是那一个?我开这门,这弟子孩儿好大胆也!廉访使大人在这里歇息,你只在门外,你若大惊小怪的,我就打折你那腿,我关上这门……

〔笑和尚〕我我我捱一夜似一年,我我我埋怨天!我我我敢前生罚尽了凄凉愿?我我我哭干了泪眼,我我我叫破了喉咽……

(做哭科云)哎呀!天也。我便在这里,不知我那爹爹在哪里也。(张天觉云)翠鸾孩儿,兀的不痛杀我也。我恰才合眼,见我那孩儿在我面前一般,正说当年之事,不知是什么人惊觉着我这梦来?皆我日暮年高,梦断魂劳,精神惨惨,客馆寥寥。又值深秋天道,景物萧条;江城夜永,刁斗声焦,感人凄切,数种煎熬。寒

> 蛩唧唧，塞雁叨叨；金风淅淅，疏雨潇潇。多被那无情风雨，着老夫不能合眼。我正是闷似湘江水，涓涓不断流；又如秋夜雨，一点一声愁。……
>
> ——第三折

馆驿里外，遭难之女，魂绕梦牵的老父，凄苦悲凉之心，恰相应和，悲剧气氛浓烈，而得以喜剧性的相聚。张天觉虽无唱辞，但其道白的抒情意味甚浓。就翠鸾被负心汉崔通抛弃并欲置于死地的本质而言，即便翠鸾不死并与老父相聚，但与崔通的婚事，应该是个悲剧，由于养父崔文远劝说，翠鸾终于与崔通恢复夫妻关系，以大团圆结局，化悲剧为喜剧。如此处理，显然受传统文化尚圆和"夫乃妇之天"的封建伦理观念的影响。

《郑孔目风雪酷寒亭》（下称《酷寒亭》）是杨显之现存的另一作品。郑州府衙中的孔目郑嵩，是一个具有矛盾性格的人，一方面他知道公门中好修行，因此设法减轻了宋彬打死人命的罪名，并结拜为兄弟，后来果然得到了宋彬的报答；另一方面他又迷恋妓女萧娥，在这个恶妇气死了他的妻子之后，还将她娶回家中，以致前妻的一双儿女僧住、赛娘不免于受到萧娥的虐待。祗候赵用是郑嵩的好友，他在郑嵩前妻未死之前，曾力劝郑嵩照顾家庭，在萧娥嫁给郑嵩之后，又因为萧娥虐待前妻的子女而和她斗争。萧娥是一个狠毒而又淫荡的妇女，她不但利用机会气死郑嵩的前妻，经常虐待僧住、赛娘，而且在嫁给郑嵩之后，还和她的旧欢另一祗候高成通奸。当郑嵩出差回来，从开酒店的张保口中知道了这些情况以后，就去捉奸，但高成却逃脱了，只杀了萧娥。高成为了萧娥，原来就和郑嵩不睦，这时，便利用职权，自任解子，押解郑嵩发配沙门岛。恰巧在酷寒亭上正好遇着已经落草为寇的宋彬。宋彬便救了自己的恩人，拿了高成，同归山寨。

郑嵩，作为一个从头到尾的当事人，本来应当是主角之一。但为了更好地展开两种不同性格的冲突、善与恶的斗争，杨显之却将赵用与萧娥安排在一个对立的地位。在第一折中，赵用为了要郑嵩立刻从萧娥处回家探视自己久病的妻子，曾经谴责他的朋友“念着那送旧迎新泼弟子，全不想生男育女旧娇娃”。[1] 便和萧娥发生了一场口角。接着，在第二折，赵用又识破了萧娥利用郑嵩不在家中的机会虐待前妻子女的情况，对她加以警告，使她更加恼怒，对孩子们更加虐待。这两个人物的形象便是在这些冲突中凸显的。不但如此，而且在这两个对立的性格冲突之中，郑嵩徘徊于自己所迷恋的恶妇和亲生儿女、知心朋友之间的矛盾性格也间接地体现了。

杨显之把剧本第三折分配给一个乍看来无关重要的脚色酒店主人张保主唱。这也正见出了作家的匠心。这样的安排就使得郑嵩很自然地明白了，在他出差的日子里，他家里出了什么事情，社会舆论怎样，从而也就产生了捉奸杀萧娥犯罪等情节。这一穿插，是出人意外的，同时又是合理的。它丰富了剧本的情节，并使其结构似松懈而实完整严密。还值得注意的，从张保的自我介绍中，得知他在战乱时被掳为奴，多年后享有特权的回回主人给了他一张从良文书，反映了那个时代的特色。

《酷寒亭》再一次地提出了一个古老的社会问题——后母虐待前妻子女的问题。虽然作家还没有能够在剧本里发掘出这个问题的本质，但却表现了他对于家庭与儿童幸福的关怀。此外，剧本以被害者得到“草寇”拯救上山作结束，这种解决矛盾的方式也是值得注意的。这说明：元代剧作家自始就注意到了，除了他们所幻想的自上而下的官府的力量之外，还有一种人民自发的、绿林豪侠的力量，也可以拯人于危难。

第二节　纪君祥及其《赵氏孤儿》

纪君祥（一作天祥）也是大都人。据《录鬼簿》称，他“与李寿卿、郑廷玉同时”。他写的六个杂剧，除了《赵氏孤儿》之外，都亡佚了。但这一仅存的剧本，却使他在戏曲史上占有较高的地位。

---

① 〔混江龙〕。

《赵氏孤儿大报仇》(一名《赵氏孤儿冤报冤》)是元剧中稀有的悲剧之一。① 它描写的是一个古老的历史故事,其基本情节见于《左传》、《史记》、《说苑》、《新序》等书,作家在创作时,又增添了许多想象和补充,使之更加动人和完整。

在春秋时代,晋灵公手下有两位大臣:屠岸贾和赵盾。奸恶的屠岸贾向灵公进谗诛灭了赵氏全家,连赵盾的儿子驸马赵朔和晋国公主所刚刚生下的一个男孩也不肯放过。于是,一些正直的人和屠岸贾展开了尖锐的斗争。赵朔门下的医士程婴,冒着生命危险,将初生的孤儿放在药箱里,带出赵朔的府门。奉着屠岸贾之命把守府门的将军韩厥,为了保守秘密,在程婴逃走以后,随即自杀。程婴将孤儿带到了公孙杵臼家中,为了保护这个孤儿,他们商定了一条秘计:程婴将自己刚生下的儿子当作赵氏孤儿,送到公孙家里,然后到屠岸贾处告发。于是这个假孤儿被杀,公孙杵臼撞阶基而亡,而真孤儿则在程婴的辛勤养育之下长大成人。屠岸贾收程婴为门客,同时将这个真孤儿认作义子,一直到了他已经二十岁,程婴怕自己老死,冤沉海底,才向这个青年泄露了真情。屠岸贾终于受到应得的惩罚。

不难看出,这个剧本的情节是非常富于悲壮情调的,而这种悲壮情调的形成,则基于剧中正面人物韩厥、程婴、公孙杵臼的悲剧性格。他们为了正义,自觉地、毫不犹疑地献出了自己所最宝贵的东西——本人的生命或下一代的生命。这种高贵的性格,决定了剧情的发展。使得我们可以断定:在这场誓不两立的斗争中,虽然非正义的力量最初是那么强大,而胜利终于不能不属于正义一面。而这,也正是作家创作意图所在。

纪君祥笔下的三位英雄形象虽然赋予有为了正义而自我牺牲的共同性格,但他们之间的区别仍然是鲜明的。韩厥是屠岸贾的部下,防止孤儿脱逃是他奉命执行的任务。但同时,他又是一个具有强烈正义感的人,他

---

① 本剧现存中华书局 1958 年版《元曲选》及元刊《古今杂剧》两种版本。前者有五折,有宾白,后者只有四折,无宾白。曲文亦有不同。以下据较完整的《元曲选》本立论。

对“忠孝的在市曹斩首，奸佞的在帅府内安身”①的社会现实异常不满，因而不愿意当屠岸贾的爪牙。程婴将孤儿藏在药箱内带出府门，使他的内心矛盾达到了饱和状态：如果不搜索，他就算对上司没有尽责，如果搜出上报，他又对不住自己的良心。但是，无可回避地，一个活生生的、无辜的婴孩终于突然呈现在他眼前。程婴对他的一番哀告和怀疑，更进一步使得他感到：在善与恶的斗争中，没有调和的余地，于是，这个顶天立地的男儿终于以自杀来捍卫了正义，取得了自己内心矛盾的解决。在短短一折戏里，纪君祥非常完整地揭示了这个人物的精神活动的全部过程。

和韩厥不同，程婴是个一心一意地维护赵氏孤儿，并通过这种维护来显示其为了正义可以牺牲一切的人物。他的高贵品质流露在他不同环境里的表现中。他在将孤儿带出赵府，被韩厥盘问的时候，显得有些慌张，以至于被韩厥识破；可是当他去告发假孤儿，屠岸贾问他和公孙杵臼有何仇隙的时候，他推说为了要救大家的和自己的孩子，又显得非常自然。他的忍辱负重、老谋深算，还表现在二十年的漫长岁月中和屠岸贾的假意周旋以及最后通过一个画卷将秘密泄露给孤儿等情节里。至于为了支持正义的斗争，而甘愿牺牲自己初生的孩子，是难能可贵的行为，则更不用说了。总之，在剧本中，程婴是一个仁至义尽，忠心耿耿，而又具有操心危、虑患深的人生经验的人物。在整个悲剧的发展中，他起的作用是决定性的。他的高贵品质贯串着整个剧本，而他的活动则使整个剧本的情节贯串起来。

“往常我夜眠斗帐听寒角，如今斜倚柴门数雁行。”②这是公孙杵臼被屠岸贾排斥，罢职归农以后的心情。他对奸臣屠岸贾的憎和对忠臣赵盾的爱，决定了他接触到孤儿事件时的态度。于是，这位本来可以袖手旁观，悠游岁月的七十老翁，便也奋不顾身地、毅然地参加斗争了。他自觉自愿地提出了牺牲性命的计划来和程婴牺牲爱子的计划相配合。

---

① 第一折〔混江龙〕。

② 第二折。

(正末云:)程婴,我一言已定,再不必多疑了。(唱:)

〔红芍药〕须二十年酬报的主人公,恁时节才称心胸。只怕我迟疾死后一场空。(程婴云:)老宰辅,你精神还强健哩。(正末唱:)我精神比往日难同,闪下这小孩童怎见功?你急切里老不的形容,正好替赵家出力做先锋。(带云:)程婴,你只依着我便了。(唱:)我委实的捱不彻暮鼓晨钟。

(程婴云:)老宰辅,你好好的在家,我程婴不识进退,平白地将着这愁布袋连累你老宰辅,以此放心不下。

(正末云:)程婴,你说那里话?我是七十岁的人,死是常事,也不争这早晚。(唱:)

〔菩萨梁州〕向这傀儡棚中鼓笛搬弄,只当做场短梦。猛回头早老尽英雄。有恩不报怎相逢,见义不为非为勇。(程婴云:)老宰辅既应承了,休要失信。(正末唱:)言而无信言何用?(程婴云:)老宰辅,你若存的赵氏孤儿,当名标青史,万古留芳。(正末唱:)也不索把咱来厮陪奉。大丈夫何愁一命终,况兼我白发蓬松。

——第二折

接着,程婴提出怕他年老,在受不住严刑拷打时或者会泄露秘密,这位可敬的老人又唱道:“我从来一诺似千金重。便将我送上刀山与剑峰,断不做有始无终。”①在下一个场面里,屠岸贾逼着程婴用大棍子去打公孙杵臼。由于衰老的身体难以支持,公孙杵臼在精神恍惚的情况下几乎吐露了真情。也正是在这时,卒子将假孤儿搜了出来。为了杜绝以后的追查,他便当机立断,撞阶自尽。这些细节的安排,都使得公孙杵臼这一形象更加完整,更加真实。

该剧在结构和场面描写方面,具有显著特色。贯穿全剧的线索是奸臣屠岸贾的“搜孤”与程婴的“救孤”,而通过各个时段壮烈的斗争场面描写,突出为“救孤”这一正义事业而献身的几个人物。全剧五折一楔子。

① 〔二煞〕。

楔子在该剧相当于序幕，提示屠岸贾用种种阴谋陷害赵盾，把赵氏三百余口斩尽，诈传灵公之命，逼迫驸马赵朔自杀，囚禁已经怀孕的公主。赵朔临死时嘱咐公主：如生男孩，取名赵氏孤儿，长大为赵氏报仇。预示即将展开的主要矛盾——杀孤与救孤。

全剧矛盾冲突的焦点，是如何挫败屠岸贾凶狠恶毒的杀孤阴谋，救孤的主角是程婴。围绕这一中心事件，每折写一尖锐的矛盾冲突，从而突出一个英雄人物悲壮感人的性格。第一折写受命包围监控公主府第的将军韩厥，他的使命就是不让将孤儿偷运出府，但当他从程婴的药箱中发现活生生的孤儿时，内心的正义感与使命感发生激烈的斗争，出于对屠岸贾强暴行为的义愤，终于让程婴救孤脱险，为了让程婴走得放心，毅然自刎。这一壮烈之举，扣人心弦，韩厥的形象屹立在人们心中。第二、第三两折，写程婴去与退休闲居家中的公孙杵臼谋划如何用程婴亲子替代赵氏孤儿，并救晋国幼童。程婴舍己为人的精神，公孙杵臼强忍严刑拷打、为保护程婴与赵氏孤儿而撞阶自尽的壮烈场面，感人至深。第四折写程婴巧妙地将包括楔子和前三折矛盾冲突的全过程画成一卷图像，故意遗落在地，让已长大成人、武艺超群被屠岸贾收为义子的程勃——实为赵氏孤儿拾取细看，并经程婴指点，赵氏孤儿受到生动形象的血泪史教育，恍然大悟，遂誓言复仇。这场戏的构思可谓用心良苦、精巧至极。于是，第五折就很自然地将戏剧冲突推上最高潮，赵氏孤儿——赵武完成大报仇的使命，屠岸贾落到骑木驴碎尸万剐、灭门绝户的下场，程婴得到赵武的敬爱赡养。在舞台演出的戏剧效果，会是非常强烈的。明人孟称舜《酹江集》评论该剧云："此是千古最痛快之事，应有一篇极痛快之文发之，读此觉太史公传尤为寂寥，非大作手，不易办也。"如此评论这部壮烈动人的历史悲剧，是颇为允当的。

第六章　水浒戏、包公戏及神话剧

在李文蔚的杂剧《同乐院燕青博鱼》（下称《燕青博鱼》）中，当燕青被杨衙内打了以后，唱道："我不向梁山泊里东路，我则拖的你去开封府的南衙。"①这位作家，通过他所塑造的人物，无意中说明了以梁山泊为代表的农民起义军和以开封府尹包拯为代表的清官，乃是当时人民心目中两面正义的旗帜。在他们身上，人民寄托着自己的希望。

第一节　"梁山泊里东路"——水浒戏

对于以梁山泊为代表的农民起义的歌颂，毫无疑义地是元人杂剧中相当重要的和较为现实的主题之一。同时，农民起义军的领袖在舞台上以正面的英雄形象出现，也是祖国文学史上一座重要纪程碑。根据纪录，元代作家所写的有关梁山泊故事的剧本有二十几个之多②，现存的也还有高文秀的《双献功》、康进之的《李逵负荆》、李文蔚的《燕青博鱼》和李致远的《还牢末》四种。此外，无名氏的《争报恩三虎下山》和《鲁智深大闹黄花峪》两种，则可能出于元、明之际。

在这些剧本中，作家们都以其不可掩饰的心情，赞扬着这支农民起义队伍，如在《都孔目风雨还牢末》（即《还牢末》）里，宋江念的下场诗是："俺

① 第一折〔六国朝〕。

② 据傅惜华《元代杂剧全目》记载，则有三十余种。

梁山泊远近驰名，要替天行道公平。忠义堂施呈气概，结交尽四海豪英。"[1]更妙的是在《争报恩三虎下山》中，那位无名作家竟借济州通判夫人李千娇的口歌颂道："我一向闻得宋江一伙，只杀滥官污吏，并不杀孝子节妇，以此天下驰名。"[2]而在她烧香的时候，甚至于替以宋江为首的好汉们祈祷起来："天也！李千娇头一炷香愿天下太平；第二炷香愿通判相公与一双孩儿身体安康，第三炷香愿天下好男子休遭罗网之灾。"[3]这诚然不无有些夸张，然而这种夸张，却是以广大人民对于农民起义军的好感作基础的。

高文秀的《双献功》和康进之的《李逵负荆》是关于这一重大主题的两个杰构。

一、高文秀及其《双献功》

高文秀写过三十多个剧本，现在还存有五个。在当时，他也是负有盛名的作家之一，被人称小汉卿。有的记载说他是东平（今山东省东平县）人，有的说他是东平府学生员，总之，他是和梁山泊所在地东平关系较深的。这个"寨名水浒，泊号梁山，纵横河港一千条，四下方圆八百里"[4]的北宋时代农民起义根据地的遗址，当时流传在民间的丰富传说，还有作家所感受到的现实生活，使他熟悉并且爱好了这个题材，并且特别对黑旋风李逵这个英雄人物感兴趣。于是，他写了可能多至八个的有关黑旋风的剧本。《黑旋风双献功》（一作《双献头》，下称《双献功》）乃是其中仅存的一种。

从现在几种以梁山泊故事为题材的元剧可以看出，当时杂剧作家们并没有在他们的创作中着重反映这支农民起义军的形成过程，如逼上梁山、抵抗官军等方面；他们所写的，主要的是当这个农民义军的政权建立之后，如何以人民自己的政府的面貌出现在观众面前，从而替天行道，为

① 第四折。
② 楔子。
③ 第二折。
④ 〔双献功〕第一折。在中华书局1958年版的《元曲选》目录中题为《黑旋风》。

他们申冤理枉，除暴安良。《双献功》也正是这样一个剧本。它是以一个看来似乎出于常情之外的情节开始的。郓城县的孔目孙荣要和妻子郭念儿到泰安去烧香许愿，因为恐怕途中不安全，便去请求旧友宋江派人保护；于是山儿李逵便化名王重义，出来充任孙荣夫妻的护臂。在途中，衙内白赤交果然拐走了原来和他有奸的郭念儿，孙荣到大衙门里去告状，反而被白赤交借坐衙门①，将原告逮捕，打入死囚牢。但李逵却乔装个壮家呆后生，混入牢中给孙荣送饭，并用蒙汗药将牢子麻倒，放走了孙荣，令他先回梁山；随后又乔装祗候人，混入衙中，杀了奸夫淫妇，胜利返寨。

在《双献功》中，作家用简略的，可是饱满的笔墨描绘了农民义军领袖宋江的形象。他是以人民（包括像孙荣这种低级官吏在内）的保护人出现在舞台上的，因此毫不推诿地答应孙荣的请求。他深知李逵见义勇为，可是不免失之鲁莽的性格，因此再三叮嘱，要他遇事忍耐，完成任务。对弟兄们的安全，他是十分关心的，所以听到孙荣出了事，怕李逵斗不过白赤交，便立即派吴学究星夜领一支兵马前去接应。这些地方，说明作家对于一位农民义军领袖的气度才识是有其深刻体会的。

当然，作家所刻意雕塑的，还是主角李逵的形象。在元代，李逵的性格还不曾被后来伟大的章回小说《水浒传》固定下来，因此，在剧作家们的笔下，他并不如后来那么单纯而突出。作家们每每按照自己的理解，写出了不同的李逵。高文秀在这个剧本里，是曾经强调了他的勇猛、天真诸方面的，如在郭念儿被白赤交拐去以后，他唱道："我也不用一条枪，也不用三尺铁，则俺这壮士怒，目前见血。东狱朝磕塔的相逢无话说，把那厮滴溜扑马上活挟。他若是与时节，万事无些。不与呵，山儿待放会劣撇，恼起我这草坡前倒拖牛的性格，强逞我这些敌官军勇烈，我把那厮脊梁骨，各支支生撅做两三截。"②但在这全剧中，却不过是虚写，是陪衬，而在第

① 这种借坐衙门的情况，并不是作家的臆造。它甚至于有一个专门名词，称为乔坐衙。如《元史，王磐传》就有西域大贾"恃势干官府，直来坐厅事，指挥自若"的记载。《策丹传》也载："时有以驸马为江浙行省丞相者，其宦竖恃公主势，坐杭州达噜噶齐位，令有司强买民间物。不从，辄殴之。"

② 第二折〔赚煞尾〕。

三折中，作家却集中力量来描写了李逵的粗中有细，他利用自己仪表、语言的朴实粗鲁，施行计策而获得成功。

(牢子云：)甚么人？敢是提牢官来了。住着，若是提牢官呵，拽动这铃索；可是甚么人打得这牢门冬冬的响，我且开这门看咱。(正末与牢子撞倒科。牢子云：)我打你个弟子孩儿。(正末云：)叔待，你为甚么打我那？(牢子笑科，云：)原来是个庄家呆厮。(正末唱：)

〔落海风〕我这里高声的叫，叫到那五六四，哥哥你便开门，呆厮可便与哥哥支揖。(牢子打科，云：)这呆厮好无礼也！你怎么抢住我两只手臂？我打这弟子孩儿。(正末唱：)做甚么恶哏哏怒从你那心上起？叔待，呆厮不会汤着你，不索你没来由这般叫天吖地。

(牢子云：)你是甚么人？(正末云：)孩儿每是个庄家。(牢子云：)你这庄家们倒会受用快乐。(正末云：)叔待，俺这庄家至受苦恼也。(唱：)

〔夜行船〕俺家里要打水浇畦，(带云：)打罢那水，浇罢那畦，俺娘道："呆厮，你还不往田里去。"(唱：)我又索与他压耙扶犁。(牢子云：)好也，他把我当耕牛使用。(正末唱：)我家里还待要打柴刈苇，织履编席，倒杼翻机。俺做庄家忒老实，俺可也不谎诈，不虚脾。

(牢子去：)兀那厮，你来这里做什么？(正末云：)叔待，你家里有我个孙孔目哥哥么？(牢子云：)这弟子孩儿不知是牢，他说是我家里。他姓孙，你可姓甚么？(正末云：)我姓王。(牢子云：)我打这个弟子孩儿。他姓孙，你姓王，怎么是兄弟？(正末云：)我可知和他不亲哩，这孔目跟的那官人到俺那乡里劝农去来，见我家房子干净，他就在俺家里下。俺娘见他是个孔目，将那好茶好饭儿这般管待。他因问俺娘姓甚么，俺娘道："我姓孙。"那孔目道："我也姓孙。"他拜俺娘做姑姑。俺娘道："俺家里别无甚么人，只则有这个呆厮。早晚去那城里面纳些秋粮儿，纳些夏税儿，你便照顾他。"俺是这般亲，俺那里是那真个的亲眷来那！

（牢子云：）原来是这等。（正末唱：）

〔甜水令〕俺那时节因纳税当差，曾离乡下来到城内。（牢子云：）这个也是认的兄弟，打甚么紧。（正末唱：）因此上认义我做相识。（牢子云：）若是要见他，须是替他将油灯钱、苦恼钱都与我些。（正末唱：）我待要与俺哥哥送些茶饭，见些情义，俺两个又不是那真个亲戚。

〔得胜令〕呀，便问我要东西，叔待，则你那没梁桶儿便休提。不比你财主们多周济，量俺这穷庄家有甚的。俺真个堪嗤。俺孩儿每卧土坑，披麻被，你可也争知？（带云：）还有精着腿，无个袴儿穿的。（唱：）谁有那闲钱补笊离！

——第三折

李逵，就是这样地装呆卖傻，东扯西拉，急中生智，随口编谎，而且编得这么合情合理，使得那个牢子竟然认为站在他面前的是一个可以随便打骂玩弄的乡下佬，终于使自己成为这个乡下佬的捕获物；而李逵的寓智于愚，藏机警伶俐于朴实粗鲁之中的性格特征，则因之而得到了充分的表现。此外，作家对这位英雄的责任感和磊落光明的性格，在他始终如一地保护孙荣，无论如何要救出孙荣，和要把醉了的白衙内喷醒再来杀他等行为中，也作了必要的描写。总之，在高文秀的笔下，李逵的形象是复杂的、丰富多姿的。这正是《双献功》这个剧本的主要动人之处。

二、康进之及其《李逵负荆》

棣州（今山东省惠民县）人康进之写过两本关于黑旋风的杂剧，留下来的是《梁山泊李逵负荆》（下称《李逵负荆》）。这个剧本的情节也见于《水浒传》第七十三回，是今存有关梁山英雄故事的元杂剧中与小说情节大体上相符唯一的例子。

某年清明，义军放假，李逵下山到杏花庄老人王林的酒店中去喝酒。刚巧在这以前，棍徒宋刚，假冒宋江的名义，在另一假冒鲁智深的棍徒鲁智恩的帮助之下，抢去王林唯一的女儿满堂娇。李逵听了王林的控诉，信以为真，非常愤怒，回到山上，大闹忠义堂。宋江等加以辩解，他也不听，于是双方立下军令状，用生命打赌。到王林那里对证的结果，抢走满堂娇的果然不是宋江和鲁智深，于是李逵只好负荆请罪，但宋江定要按军令状执行。恰好宋刚和鲁智恩又来到王林店里，王林将他们灌醉了，立即奔上山来报告。李逵于是将两个棍徒捉拿回山，立功赎罪。

如剧情所显示，《李逵负荆》这个剧本是通过李逵与宋江之间一场误会冲突，来反映梁山英雄的高度正义感、纪律性和义军与人民之间亲密无间的关系的。它非常真实地、明确地体现了普通人民的利益也就是义军的利益；因之，在梁山泊的势力范围之内，是市井不惊，秋毫无犯的，而人民则是可以安居乐业的情形。如果和其他杂剧中所反映的贪官污吏、权豪势要糟践人民的事实作一对比，我们就可以看出，康进之对保护人民的义军的尽情歌颂，也正是对当时黑暗现实的一种强烈抨击。

康进之为我们塑造出了另一个李逵的形象。这个李逵，是农民阶级最忠实的儿子，是个将公义看得远高于私情，将义军的集体荣誉看得远重于自己个人生命的人，是个具有高度原则性的人。可以想象得到，在康进之的心目中和民间传说中，具有这种高贵品质的梁山英雄，绝不止李逵一个，因此，必须通过个性的描写来显示李逵之所以为李逵。这一点，作家是成功地做到了的。

虽然李逵平日间不见得怎么注意自然景物，但在那明媚的春天，却对本地风光情不自禁地赞颂起来："俺则见杨柳半藏沽酒市，桃花深映钓鱼舟。更和这碧粼粼春水波纹绉，有往来社燕，远近沙鸥。"[①]在活画出在义军保护之下，人民和平安静地生活着的环境之后，他紧接着道："人道我梁山泊无有景致，俺打那厮的嘴。"剧本一上来，就这样巧妙地交代了这位英雄对梁山泊的深厚感情。于是他下面为了义军的集体荣誉而与自己最敬爱的领袖、弟兄争吵，才不是突然的了。

在李逵和宋江、鲁智深的冲突中，固然显示了这位英雄对普通人民与梁山事业的热爱和嫉恶如仇的感情，还有他的爽直痛快、是非分明的性格，但也同时深刻地揭露了他的鲁莽暴躁、轻信易怒的缺点，并从他性格

① 第一折〔混江龙〕。

上的内在矛盾发展了整个剧情的矛盾冲突。特别使人感到兴趣的是：康进之为我们写出了李逵作为一个调皮的老实人或老实的调皮人的一面。他听了那件不名誉的事情之后，本来是非常激动的。按照我们的想象，他一见了众头领，就会将事件和盘托出。然而作家偏没有让李逵这么做。他倒是为了维持多年朋友的颜面，收起了暴跳如雷的那一套，而以一种出人意外的讽刺向宋江、鲁智深进攻。虽然他终于控制不住自己，险些儿将作为义军标志的杏黄旗都砍倒了；而在宋江不断的追问下，又吐露了真情。这种正义的行为、莽撞的举止与自以为是、洋洋得意的心情集中在一起，加以描摹，就形成了一幅光彩照人的肖像。

(卒子做报科，云：)喏！报的哥哥得知，有李山儿来了也。(宋江云：)着他过来。(卒子云：)着过去。(做见科。正末云：)学究哥哥，喏！帽儿光光，今日做个新郎；袖儿窄窄，今日做个娇客。俺宋公明在哪里？请出来和俺拜两拜。俺有些零碎金银在这里，送与嫂嫂做拜见钱。(宋江云：)这厮好无礼也！与学究哥哥施礼，不与我施礼，这厮胡言乱语，有甚么说话！(正末唱：)

〔倘秀才〕哎！你个刎头的知交庆喜。(宋江云：)庆什么喜？(正末云：)则你那压寨的夫人在那里？(指鲁智深科，云：)秃驴，你做的好事来！(唱：)打干净毬儿不的走了你。(宋江云：)怎么？智深兄弟，也有你那？(正末唱：)强赌当，硬支持，要见个到底。

(宋江云：)山儿，你下山去，有什么事，何不就明对我说？(正末做恼不言语科。宋江云：)山儿，既然不好和我说，你就对学究哥哥根前说波。(正末唱：)

〔滚绣球〕俺哥哥要娶妻，这秃厮会做媒。(宋江云：)智深兄弟，说你会做什么媒来？(鲁智深云：)你看这厮，到山下去噇了多少酒，醉的来似踹不杀的老鼠一般，知他支支的说甚么哩。(正末唱：)元来个梁山泊，有天无日。(做拔斧砍旗科，唱：)就恨不斫倒这一面黄旗。(众做夺斧科。宋江云：)你这铁牛，有甚么事，也不查个明白，就提起板斧来，要斫倒我杏黄旗，是何道理？(学究云：)山儿，你也忒口快心直哩,(正末唱:)你道我忒口快,忒心直,还要待献勤出力。(做喊科,云:)众兄弟们,都来!(宋江云:)都来做甚么?(正末唱:)则不如做个会六亲庆喜的筵席。(宋江云:)做甚么筵席?(正末唱:)走不了你个撮合山师父唐三藏,更和这新女婿郎君,哎!你个柳盗跖,看那个便宜。

(宋江云:)山儿,你下山,在那里吃酒,遇着甚人?想必说我些甚么,你从头儿说,则要说的明白。(正末唱:)

〔倘秀才〕不争你抢了他花朵般青春体质,这其间抛闪杀那草桥店白头老的。(宋江云:)这事其中必有暗昧,(正末唱:)这桩事分明甚暗昧,生割舍,痛悲凄。(带云:)宋江咪!(唱:)他其实怨你。

(宋江云:)元来是老王林的女孩儿,说我抢将来了。……

——第二折

宋江以一个雍容沉着、既严肃而又宽宏的领袖身份出现在杂剧中。他对于这种突如其来的、粗暴的攻击所持的十分镇静的态度,使得李逵被慑服住了,以至于不敢毅然决然地和他赌头。这也就为其后李逵知道是自己错了,并不赌气请死,而只是负荆请罪的情节伏下了合理的张本。我们不能设想:宋江非将自己忠诚正直而勇敢的好弟兄李逵杀掉不可。他对李逵加以威吓,只是为了教育他,训诫他。这样,由李逵去逮捕那两个破坏良民幸福,损害义军荣誉的棍徒,从而立功赎罪,也就成为最符合情理的结局。

《李逵负荆》的每一折戏都有引人入胜的冲突,而其冲突的性质、尖锐的程度则不一样。这些波澜起伏的冲突成了剧本无懈可击的、严密的艺术结构。虽然它和《双献功》一样,都为李逵塑造出了动人的、光辉的英雄形象,而正是在这一方面,似乎更值得重视一些。

第二节　“开封府的南衙”——包公戏

从关汉卿起,元代的剧作家已经注意到人民为了使自己的生活获得最低限度的保障,希望在社会上出现清官的问题。这位可敬的前辈首先将人民这种愿望在舞台上反映了。继之而起，又有许多作家在其创作中塑造了许多专门与权豪势要之家作对，并在最后获得胜利的清官形象。在这种大致可以称为公案剧的作品中，多数的清官是以宋代的名臣开封府尹包拯的名字出现的，因此，“开封府的南衙”就成了人民所最乐于称道的所在之一。此外，在金熙宗时代曾任大兴府尹的王翛然这个历史人物，还有在剧中的官职为河南府都孔目的张鼎，也在一些剧本中以清官的身份出现。而赋性正直，爱民如子，长于智略，胜敌有方，则是这些作家理想中的清官共同的特点。在某些剧本里，作家并赋予了被迫害的良民以反抗性格，如王仲文《救孝子贤母不认尸》(下称《救孝子》)中的贤母李氏、武汉臣《包待制智赚生金阁》(下称《生金阁》)中的强魂郭成和李行道《包待制智赚灰阑记》(下称《灰阑记》)中的张海棠。这类剧本，或者偏重于揭露黑暗的吏治(如《救孝子》)，或者偏重于控诉残暴的权豪(如《生金阁》)，或者偏重于歌颂贤明官吏断案的机智(如《灰阑记》、《鲁斋郎》)，从而构成了元代公案剧丰富多彩的面貌。虽然这些剧本，即使是最优秀的，也没有直接提出改变整个封建秩序，摧毁异族牢狱统治的要求，但它们终究反映了人民要在清明公正的政治条件之下过活的强烈愿望，从而间接地反映了人民推翻当时蒙古贵族与汉族大地主的联合统治的迫切要求。

无名氏《陈州粜米》

在现存十个具有不同程度的成就的包公戏中，无名氏的《包待制陈州粜米》(下称《陈州粜米》)是很杰出的一种。其梗概是：陈州发生了严重的旱灾，执政人员集议，派人前去赈济。当场就有“权豪势要之家，累代簪缨之子”的刘衙内坚决保举他儿子刘得中、女婿杨金吾去担任这项工作。他们去后，将五两银子一担米的官价擅自改为十两，又使用八升小斗，加三大秤，以致民怨沸腾。饥民张憋古和刘、杨争执，竟被刘得中拿御赐的紫金锤打死了。张憋古的儿子小憋古告到了包公那里。包公便拿着敕赐的势剑金牌到了陈州，经过私访，查明了刘、杨贪污的实迹和他们将紫金锤当在妓女王粉莲家中的不法行为。于是他先斩了杨金吾，又令小憋古用紫金锤将刘得中打死，以报父仇。有势力的刘衙内居然从皇帝那里弄来了赦书，因为他当时只注意到张憋古已死，而刘得中则活着，所以请求赦书规定只赦活的，不赦死的。哪知赶到陈州，情势已发生了变化，刘得中死了，而小懒古则活着。他辛辛苦苦求来的赦书恰好拯救了那个正义的复仇者。

剧本《陈州粜米》值得重视的地方首先在于作家选择了一个关系到千千万万人民生死的问题——救荒问题作为戏剧矛盾的基础。在这个基础上，展开了以人民与包公为一方，以刘衙内父子为一方之间的不可调和的斗争。这就比其他的公案剧中清官为一家一人受害而进行斗争更能吸引人们的注意(虽然其他剧本中受害的一家一人也是作为多数的代表而出现的)。在元代，不断的灾荒和贪官污吏、地方豪强借救荒为名进行趁火打劫的勾当，是社会上很普遍的一种现象，也是那时阶级矛盾很尖锐的一个方面。而《陈州粜米》的作者，则敏锐地从现实生活中注意到了这一现象，并且站在先进的立场，写出了广大人民的苦难和要求。

我们已经指出，在某些公案剧中，被侮辱与被损害的人民形象，常常不仅是善良的、纯朴的，而且他们也往往是英勇正直，敢于和不合理的黑暗势力坚决斗争的。《陈州粜米》中出现的张懒古，就是这类的光辉形象之一。作家深刻地认识了人民生活在封建秩序之下那种具体环境和潜伏在他们心里的巨大的反抗力量。“柔软莫过溪涧水，到了不平地上也高声。”①张懒古口中唱出的朴素的诗句，也正是这位作家对人民的认识的最好说明。果然，这位性情刚直的老者和无耻的贪官及其爪牙大斗子、二斗子发生冲突了，他吃了眼前亏，送了性命，但却至死也没有畏缩、后悔。他严厉地警告这些贪污分子：“有一日受法餐刀正典刑，恁时节钱财使罄，人亡家破，方悔道不廉能。”②他命令他的儿子斗争到底：“虽然是输赢输赢无定，也须知报应报应分明。难道紫金锤就好活打杀人性命。我便死在幽冥，决不忘情。”③剧中的小懒古也不失为父亲的肖子，他遵照遗言，告到了铁面无私的包龙图那里。

在人民心目中，包公是铁面无私的正直之神。但这位清官，虽然有些

① 第一折〔混江龙〕。

② 第一折〔胜葫芦〕。

③ 第一折〔青哥儿〕。

神化了，终竟是个人，而且是生活在当时那种混浊的政治局势中的人。他的环境是复杂的，对手是强大的，他的每一个胜利的取得并不简单。在另外一些杂剧中，作家们曾从包公每每用计谋而不用势力来战胜他的敌人这一方面，透露了一点消息。但是，对于他的内心活动，却是很少涉及。《陈州粜米》的作者则深入了这位浊世清官的精神世界，使人们看到了从未见识过的他内心中沉重的苦闷，从而更理解他，同情他，尊敬他。

〔正宫·端正好〕自从那云滚滚卯时初，直至日淹淹申牌后，刚刚是无倒断簿领埋头。更被那紫阑袍拘束的我难抬手，我把那为官事都参透。

〔滚绣球〕待不要钱呵，怕违了众情；待要钱呵，又不是咱本谋。只这月俸钱做咱每人情不够。……我和那权豪们结下些山海也似冤仇：曾把个鲁斋郎斩市曹，曾把个葛监军下狱囚。剩吃了些众人每毒咒……到今日一笔都勾。从今后，不干己事休开口，我则索会尽人间只点头，倒大来优游。……

〔倘秀才〕我从那及第时三十五六，我如今做官到七十也那八九。岂不闻人到中年万事休。我也会观唐汉，看春秋，都是俺为官的上手。……

〔滚绣球〕有一个楚屈原在江上死，有一个关龙逢刀下休，有一个纣比干曾将心剖，有一个未央宫屈斩了韩侯。……那张良呵若不是疾归去……那范蠡呵若不是暗奔走，这两个都落不的完全尸首。我是个漏网鱼，怎再敢吞钩？不如及早归山去，我则怕为官不到头，枉了也干求。……

〔呆骨朵〕老夫有件事向君王陈奏，只说那权豪每是俺敌头。……他便似打家的强贼，俺便似看家的恶狗。他待要些钱和物，怎当的这狗儿紧追逐。只愿俺今日死，明日亡，惯的他千自在，百自由！

——第二折

如果不是有作家所精心结撰的包公这一大段唱词，谁还会体会到：这位“立心清正，持操坚刚”，受到朝廷重用，敕赐势剑金牌的大臣，在日常的政治生活中，在和权豪势要的斗争中，还有这么一个苦闷的灵魂呢？谁还会体会到：即使这样一位忠心耿耿，为国为民的贤臣，也和最高的统治者——皇帝存在着矛盾，因而也缺乏安全感，不免流露着抑郁、悲愤的情绪呢？这种精确的心理刻画，使得包公更其成为一个有血有肉的、和普通人民思想感情相通的人，而不是高高在上的神。这位无名作家，在这一点上，贡献是非常杰出的。

但是，如果在剧本中出现的，就是这么一个滋长着消极情绪，知难而退的人，那也就不成其为包公了。作家注意到了：在当时的具体情况下，包公不可能一帆风顺，畅行其志，因此也就不可避免地要产生如上所描写的那种心情；但同时，包公又是一个战斗者、人民利益的维护者，当人民的痛苦涌现在他面前的时候，他那种苦闷也就立刻瓦解冰消，仍然积极地参加到反对权豪势要的斗争中去了。作家深刻地把握住了这一枢纽，让懒古在包公悲愤地走出议事堂的时候，再度地要求他申冤，于是，非常自然地，包公也再度地走进议事堂，并且慷慨地接受了赴陈州考察官吏、安抚黎民的任务。他唱道：

〔脱布衫〕我从来不劣方头，恰便似火上浇油。我偏和那有势力的官人每卯酉，谢大人向朝中保奏。……

〔小梁州〕我一点心怀社稷愁……则今日便上陈州，既然心去意难留。他每都穿连透，我则怕关节儿枉生受。……

〔幺篇〕谢圣人肯把黎民救。这剑也，到陈州怎肯干休，敢着你吃一会家生人肉。哎！看那个无知禽兽，我只待先斩了逆臣头。

——第二折

很显然，这时，包公在经过一番痛苦的自我斗争之后，胜利了。他恢复了正常的精神状态。他断然地拒绝了原先对之有所顾忌的刘衙内的请托，并且接受了他的挑战。接着，他不顾一切严厉地镇压了那两个祸国殃民的蠹贼。而如剧中所描写的，包公在这场自我斗争和对敌斗争中之所以取得了胜利，人民的现实生活直接给予了他以教育，乃是最根本的原因。

为了突出包公的性格，作家另外写了几个官吏来陪衬他。范仲淹学士被作家处理为一个圆滑的两面派。他明知刘得中、杨金吾去陈州粜米，会闹乱子，可是在刘衙内的坚决要求之下，还是应允了。他支持包公去陈州考察，但又替刘衙内设法去讨赦书，以免其子婿为包公所镇压。这，对于真实的杰出历史人物范仲淹，当然是一种歪曲，但在剧本中，这个人物却是不可少的。

在第三折中，作家作了一些有趣的穿插。包公到了陈州，先行私访，无意遇到了刘、杨所嫖的妓女王粉莲。包公不惜屈尊给她赶驴，因此知道了刘、杨等人的许多罪行。随后，包公在王家触怒了二人，竟被吊在槐树上。这些情节乍看来是题外闲文，可是，它们不仅调节了另外三折的气氛，使舞台上不过分单调，而且对剧情发展和人物塑造也起了积极作用。它补足了对刘、杨二人在陈州生活中荒淫、凶狠的劣迹的描绘，同时也写出了包公之平易近人和他对这些权豪们斗争的积极性和策略性。在这些地方，我们也可以看出，这位无名作家很有艺术匠心。

第三节　龙宫水府，天上人间——神话剧

元人杂剧中，真正以神话为题材的并不多，有些描写神仙生活方面的剧本，如马致远写的几种神仙道化剧，那是宣泄超尘绝俗、成仙了道的厌世情绪，表现处于元代那种特殊的社会环境中，找一种慰藉心灵的生活方式，不是真正意义上的神话剧。神话是应该通过美丽的幻想，曲折地反映现实生活的某些本质特征的，表现出特定历史阶段中人们的理想与愿望。

神话戏的产生，当然与人们对自然现象和社会形态幼稚朴素而又美好的幻想有关，但是我们不能简单地引用哲人关于希腊神话的理论，来说明我国封建社会中所产生的神话戏。神话戏同上古时代的神话传说的性质，并不完全相同。希腊神话和我国上古时代的神话传说，主要表现原始时代人与自然界的关系，它是真正的人类社会童年时期的产物，是人们在

想象中征服自然、驾驭自然，把自然力予以形象化。如“羿射九日”、“女娲炼石补天”等神话，是决不可能产生在封建社会的，尽管封建时代人们对自然现象的认识仍然还不够科学，但是人们的思想意识却复杂化了，对自然现象和社会形态的认识，已经带有浓厚的等级偏见了，把自然现象社会化，并赋予社会形态以各种等级、类别的内容。神话戏就是借幻想的神魔世界中的种种关系（包括神与人的关系），来表现现实社会中人与人或人与自然的关系，它是封建制时代人们美好的理想与不合理的现实矛盾的产物，而这种美好理想的本身，也难以摆脱宗教色彩，这也正是封建社会人们精神状态的曲折反映。在元人杂剧或明清传奇中的神话戏，除了与《西游记》有关的一类题材以外，绝大部分都是以争取爱情婚姻自由与幸福为主题的，《柳毅传书》、《张生煮海》、《碧桃花》、《白蛇传》、《鱼篮记》等等，都属于这类。这不是偶然的。这些神话故事，既不可能产生在乱婚、群婚的原始社会，也不会产生在青年男女享有婚姻自主权利的当代社会（据旧题材改编的新戏或电影，是推陈出新，赋予更丰富的内涵），人们的爱情理想与父母包办的婚姻制度矛盾冲突的尖锐化，正是产生这类神话戏的催化剂，而其社会特征和时代色彩及其局限性也是很明显的。

一、尚仲贤《柳毅传书》

该剧全名是《洞庭湖柳毅传书》，作者尚仲贤，真定人，江浙行省务官。贾仲名吊词中还提及他创作的剧本有《陶渊明》、《王魁负桂英》、《诸葛论功》、《三夺槊》、《秉烛旦》、《崔护谒浆》、《越孃背灯》、《张生煮海》等。《柳毅传书》是现存神话剧中较为优秀的一种。它写的是龙女三娘反抗不合理的封建包办婚姻，追求爱情幸福的故事，取材于唐人李朝威的传奇小说《柳毅传》。剧情梗概是这样的：龙女三娘由父亲洞庭君作主，嫁给泾河老龙的儿子泾河小龙，小龙为婢仆所惑，虐待龙女三娘，而老龙又袒护小龙，责怪儿媳。龙女三娘不服，表示反抗，被老龙惩罚发配到泾河岸边牧羊。龙女为了摆脱这种困境，就托路过的书生柳毅，捎信给父亲洞庭君。龙女的叔父钱塘君，得知侄女的不幸消息，非常愤怒，率兵讨伐泾河小龙；小龙战败，化成小蛇躲进淤泥里，被钱塘君揪出，一口将他吞进腹中，救出侄女。龙女三娘爱上了恩人柳毅，于是主动奔向人间，与柳毅结为夫妻，赢得了幸福。

龙女三娘的婚姻遭遇，在封建社会讲究门当户对的包办婚姻中，带有普遍性。妇女遭到丈夫的蹂躏，又受公婆的虐待，处于受压迫、被奴役的境地，过着准奴隶的生活；要想摆脱这种命运，在现实生活中得到幸福，非常困难。在这个剧本中，作者借用传奇小说中的题材，用浪漫主义的创作手法，塑造了龙女三娘这一富于反抗精神的妇女形象。她既不屈服于丈夫的淫威，也不驯服于公婆的奴役，她以实际的斗争行动，摆脱了不合理的婚姻关系，而主动地爱上一个有情有义的穷书生，大胆奔向人间，终于享有理想的爱情与婚姻。该剧的积极意义也就在于：作者笔下的龙女，不只是一个值得同情的、被封建婚姻制度所压迫的妇女，而且是一个敢于反抗、敢于追求的坚强的女性。不过婚后与柳毅的一番对话，不如李朝威原作生动、富于人情味。

柳毅的形象，也塑造得较为成功。他是个志诚的书生，对龙女三娘的不幸遭遇，表示深切的同情，不辞风波险阻，为她寄书到洞庭。在他尚未爱上龙女三娘时，钱塘君以蛮横的态度强迫他与龙女结婚，他坚决反对，不为威武所屈；当他心中对龙女产生爱情以后，母亲要为他娶卢氏之女，他也不同意，因为他心里怀念着龙女。这就表现出他对龙女的爱情是志诚专一的，正如龙女对他怀有深切的爱一样，这样的爱情是美丽的、崇高的，他们的结合，正是现实生活中，青年男女对爱情婚姻的理想。

这个神话故事，当然也表现了作者的婚姻观，即婚姻关系应该建立在男女双方的互爱基础之上，任何强迫包办的婚姻，都是不合理的。它也不同于才子佳人、一见倾心的恋爱剧。柳毅是个落第的穷书生，龙女三娘是个被遗弃的牧羊女子，他们的爱情不是郎才女貌、一见钟情、密约幽期式的，也没有落入才子中状元、夫荣妻贵的俗套。

剧本的结局，是龙女三娘和柳毅结成美满姻缘以后，踏着彩虹，一同奔向龙宫海藏。这一方面反映了当时人民美妙的幻想，而另一方面也说明柳毅和龙女三娘的美满姻缘，在当时的现实中是不大可能存在的。

《柳毅传书》作为一个神话剧，在艺术上也有其特色：想象非常丰富、优美，有着浓厚的浪漫主义色彩。描写龙宫水府的幻境和龙女的性格，既具有鲜明的神话特色，又具有丰富的现实感。描写龙女三娘在泾河岸边牧羊的情景，就很生动：

> （正旦上云：）妾身是龙女三娘，俺公公信着那泾河小龙业畜的言语，着我在泾河岸上牧羊，这那里是个羊，都是些懒行雨的雨工。雨工，则今日风云未遂，我与你俱沦落在水滨河咀，恰好是一样烦恼也呵！（唱：）
>
> 〔仙吕·点绛唇〕魂断频哭，梦回不睹，逢春暮，甚日归湖？备把这离愁诉。
>
> 〔混江龙〕往常时凌波相助，则我这翠鬟高插水晶梳。到如今衣裳褴褛，容貌焦枯。不学他萧史台边乘凤客，却做了武陵溪畔牧羊奴。思往日，忆当初；成缱绻，效欢娱。他鹰指爪，蟒身躯；忒躁暴，太粗疏。但言语便喧呼，这琴瑟怎和睦。可曾有半点儿雨云期，敢只是一划的雷霆怒。则我也不恋你荣华富贵，情愿受鳏寡孤独。
>
> 〔油葫芦〕则我这头上风沙脸上土，洗面皮惟泪雨，髩鬔松除是冷风梳。他不去那巫山庙里寻神女，可教我在泾河岸上学苏武。这些时坐又不安，行又不舒。猛回头凝望着家何处？只落的一度一嗟吁！

把这个原是娇生惯养的龙宫女子遭遗弃贬谪落难牧羊时憔悴的神态和凄苦的心情，都很生动地描绘出来了，并将她丈夫泾河小龙所特有的形态和粗暴的性格，形神毕具地揭露无遗。她托柳毅到洞庭湖家中送信时，告诉柳毅说："俺那洞庭湖口上，有一座庙宇，香案边有一株金橙树，里人称为社桔，你可将我这一根金钗儿击响其树，俺那里自有人出来。"如此丰富的想象，具有浓郁的民间传说色彩。

钱塘龙与泾河小龙交战的场面，受当时物质条件和舞台科技水平的限制，很难作出生动的艺术再现，作者采取让电母向洞庭老龙作汇报描述，把交战的惨烈状况表现得有声有色，艺术效果很好。

二、李好古《张生煮海》

虽然据《录鬼簿》记载，尚仲贤也作有《张生煮海》，但是很遗憾，它失传了，我们现在所见到的，是李好古的剧本，也许是艺术竞争的结果吧。李好古，东平人，或云保定人。贾仲名吊词称道“芳名纸上百年图，锦绣胸中万卷书”。编杂剧三种，今仅存《张生煮海》，全名《沙门岛张生煮海》。据余阙《青阳先生文集》卷一有《送李好古之南台御史》诗，可知好古曾任南台御史，其活动年代大约在13世纪末至14世纪中叶。朱权《太和正音谱》称其词如“孤松挂月”。

该剧也是以爱情为主题，故事来源可能与民间的神话传说有关。剧本写的是：秀才张羽寄居东海古佛寺，月夜弹琴，龙女琼莲来寺旁听琴，极赏其琴艺，与张羽相见，互相爱慕，约为夫妇，定于八月十五日团聚。张羽思念龙女情切，未到期就去追寻龙女，恰遇仙姑指引，并给他三件法宝，煮沸海水，使龙王屈服，将女儿琼莲嫁给张羽。

剧本写的固然是神话故事，也是人间青年男女私相爱慕突破封建婚姻藩篱美好理想的曲折反映。它歌颂了真挚的爱情战胜封建势力的巨大力量。张羽煮海的气魄，表现了青年人的反抗精神和征服困难的意志。剧中虽然把张羽和琼莲说成是天上的金童、玉女思凡，被罚下界，以偿宿债，最后在东华仙的点化之下，返本朝元，但却说明无论天上人间，龙宫仙女，都渴望有美好的爱情生活，剧中龙女琼莲的艺术形象是优美的。

（正旦扮龙女引侍女上，云：）妾身琼莲是也，乃东海龙神第三女。与梅香翠荷今晚闲游海上，去散心咱。（侍女云：）姐姐，你看这大海澄澄，与长天一色，是好景致也！（正旦唱：）

〔仙吕点绛唇〕海水汹汹，晚风微送，兼天涌，不辨西东，把凌波步轻挪动。

〔混江龙〕清宵无梦，引着这小精灵，闲伴我游踪。恰离了澄澄碧海，遥望那耿耿长空。你看那万朵彩云生海上，一轮皓月映波中。（侍女云：）海中景物，与人间敢不同么？（正旦唱：）觑了那人间凤阙，怎比我水国龙宫;清湛湛、洞天福地任逍遥,碧悠悠那愁他浴凫飞雁争喧哄。似俺这闺情深远,直恁般好言难通!

(侍女云:)姐姐,你本海上神仙,这容貌端的非凡也。(正旦唱:)〔油葫芦〕海上神仙年寿永,这蓬莱在眼界中。风飘仙袂绛绡红,则我这云鬟高挽金钗重,蛾眉轻展花钿动;袖儿笼,指十葱,裙儿簌,鞋半弓。只待学吹箫同跨丹山凤,那其间,登碧落,趁天风。

写景抒情,情景交融,描神写态,活灵活现,在自然景物、精灵侍女的陪衬中,更显出龙女琼莲美丽飘逸的仙姿。写侍女和琼莲悄悄然隔墙听张羽奏琴的意境也颇具诗情画意,幽雅动人。

龙女琼莲虽然受东华仙指引回归瑶池仙境,但她最终提出:“愿普天下旷夫怨女,便休教间阻。至诚的一个个皆如所欲。”天宫瑶池的金童玉女,也向往人世间美满的爱情。神话剧与神仙道化剧的本质区别,也正在于:优秀的神话剧,总是鼓舞人们、激励人们对美好理想的探索和追求,它不是教人们逃避现实或屈服于现实,而教人们通过努力去改变现实。神仙道化剧则诱导人们超脱现实,成仙了道,无怨无尤,排除人世间的一切恩爱欲望,如马致远《任风子》,弃妻绝子,放下屠刀,立地成仙,是非人性化的。

第七章　郑光祖、乔吉与后期杂剧艺术风格变异的原因

很显然，元后期北曲和杂剧重心向南转移，艺术风格也有所变化，其中的原因，是很值得探讨的。

13、14世纪之交，即元贞、大德时代之所以被称为元曲的黄金时代，不仅因为以关汉卿、王实甫为首的老一辈作家，在这时已入晚年或已过中年，因而在创作上具备了丰富的经验，表现了卓越的成绩；同时，还因为一些后起之秀在这时也开始显露头角。一面是老成尚未凋谢，一面是新生力量已经走上文坛。因而这个历史时期不仅是元代文学最隆盛的时期，而且是风气转移的分水岭。在这个时代之前和之后，元代杂剧、散曲是有显然可以察觉的区别的。为了说明的方便，我们可以将前面所已经论述的老一辈作家归之于前期，而将现在所要论述的晚一辈作家归之于后期。

在前期中，作家们无例外的都是北方人，而大都人又占三分之一。这暗示着北曲以北方为发祥地，而大都则既是当时北方的政治中心，又是其文化中心。当地的人民用生活哺养了这种艺术，又用这种艺术丰富了自己的生活。1279年之后，蒙古贵族在全中国范围内建立了统一的政权，使得一度被隔绝的南北文化重新有了自由交流的机会，而由于当时蒙古贵族是挟着其政治军事的优势，以胜利者的姿态南下的，文化领域也不能不受到影响。因此，在音乐、戏剧方面，就主要的不是南曲和戏文的北上，而是北曲和杂剧的南移。原来异常繁荣，在战争中又没有遭到太大破坏的南宋帝国故都杭州，就逐渐代替了大都而成了音乐、戏剧事业的新中

心，并且在这里让南曲与北曲、戏文和杂剧互相接触，逐步融合，孕育着其后的新的变化。

北曲和杂剧重心的南移，加上戏曲大师关汉卿、马致远等人的南游，不能不使当时南方文艺界的面貌发生变化。于是，在后期作家中，出现了许多南方人和出生北方却长期以杭州作为事实上的故乡的人。杭州湖光山色、纸醉金迷的生活环境和一直盛行于南中国的古典诗词的清雅典丽、蕴藉婉约的风格传统，都促使散曲和杂剧的语言风格由通俗化走向典雅化，丧失了他们的前辈们所具有的浑朴自然的特色。同时，这些作家，从他们的行迹看来，又多数是宦途失意的儒生或落拓江湖的文士。他们虽然对于统治阶级不满，但对于广大人民也并不够接近。这样，在他们的创作中，题材渐趋狭窄，战斗气息也不免相对地衰退了。当然，这绝不是说，在晚一辈的作家中，就没有任何值得称道的、富于现实性和斗争性的作品，但就总的趋势说来，他们的成就是较低的。在 14 世纪初叶以后，元曲如日中天，作家分镳并驱的盛况已经一去不复返了。

第一节　郑光祖的《倩女离魂》和《王粲登楼》

郑光祖，字德辉，平阳襄陵（今山西省襄阳县）人，曾以儒生出补杭州路吏。他为人方正，不肯随便和人交往，但却以其擅长描写女性心理而“声振闺阁”①，在当时戏剧界负有盛名，艺人们都尊敬地称之为郑老先生。死后，在西湖灵芝寺火葬。

郑光祖写过十多个剧本，现存的还有五种。从明以来，“世称曲手，必曰关、郑、白、马”。② 可见他是后人认为唯一可与前期诸大师比美的后期剧作家。但这一评价，并不是很正确的。它的着眼点主要的是这位作家美丽的文词。在这方面，郑光祖的确具有特长。他的清词丽句，标志着元

① 钟嗣成《录鬼簿新校注》，文学古籍刊行社 1957 年版，第 103 页。

② 王骥德《曲律》，《中国古典戏曲论著集成》（四），中国戏剧出版社 1959 年版，第 149 页。又，元人周德清《中原音韵 · 自序》，已有“其备，则自关、郑、白、马一新制作”之说，详见《中国古典戏曲论著集成》（一），中国戏剧出版社 1959 年版，第 175 页。

曲在马致远之后进一步的文人化。

《迷青琐倩女离魂》(下称《倩女离魂》)是郑剧的代表作。这个作品取材于唐陈玄祐的传奇小说《离魂记》。但在这本杂剧以前,宋、金时代的民间艺人已经将《离魂记》改编为诸宫调,在瓦舍中清唱。这对郑光祖的写作可能也提供了某些方便。此外,《倩女离魂》所受到《西厢记》的影响也很显著,以至于在有的地方和它很接近,如离魂的情节,便是《西厢记》惊梦的扩大(在另外一些作品中,这位作家也不时流露出模拟前人的痕迹)。

这是一个动人的爱情故事:张倩女和王文举从小订有婚约。王生上京应考,顺道拜访岳母。因为王文举还没有取得功名,张夫人只令他们以兄妹之礼相见。这一对未婚夫妇满怀愁绪地在折柳亭分别了。倩女回家以后,一病恹恹,卧床不起。她的灵魂也在这时离开了身体,追上王生,一同进京,同居三年,直到王文举状元及第,方才回转。王文举一直不知道倩女离魂的底细,所以见了张夫人,再三请罪。但夫人却因为女儿一直卧病在床,不肯相信。倩女的灵魂到家之后,并入身体,病就完全好了,于是大家才知道进京的只是她病中出窍的灵魂。在诧异和喜悦中,这一对男女举行了婚礼。

在剧本中,王文举不过是幸福的等待者,当倩女的离魂去追赶他时,他甚至以“聘则为妻,奔则为妾”、私奔“有玷风化”的封建说教来指责她;而张倩女才是幸福的追求者。她是一位生长深闺,然而赋性勇敢的小姐,她回答王文举的顾忌非常干脆:“做着不怕!”她有较浓厚的感伤气质,但也有颇为热烈的浪漫情绪。在被抑制的生活环境里,她具有不可抑制的美好愿望。这,就是存在于这个少女身上的具体矛盾。作家是通过两个互相联系和连续的步骤来具体地表现她这种矛盾的:一是在和美好的自然景物接触时,这位少女的深刻的、带有感伤情绪的感受,二是波澜起伏的内心感受所引起的她带有深厚浪漫色彩的、似幻似真的行动。在这两个步骤中,郑光祖成功地塑造了一个突破了封建礼教,取得了自由幸福的女性形象。

细致动人的心理描写在这个剧本中占有主要地位。无论是在第一折倩女和王生分别的场面中,第二折倩女的灵魂追赶王生的场面中,或者是第三折灵魂离开了身躯的倩女病得恍恍惚惚的场面中，作家都以其特别擅长的，虽然也不免有些雕琢的抒情诗句，写出了这位幸福的追求者在不同情况下的精神活动。

〔紫花儿序〕想倩女心间离恨，赶王生柳外兰舟，似盼张骞天上浮槎。汗溶溶琼珠莹脸，乱松松云髻堆鸦，走的我筋力疲乏。你莫不夜泊秦淮卖酒家，向断桥西下，疏刺刺秋水菰蒲，冷清清明月芦花。……

〔小桃红〕蓦听得马嘶人语闹喧哗，掩映在垂杨下。唬的我心头丕丕那惊怕，原来是响当当鸣榔板捕鱼虾。我这里顺西风悄悄听沉罢，趁着这厌厌露华，对着这澄澄月下，惊的那呀呀寒雁起平沙。

〔调笑令〕向沙堤款踏，落草带霜滑。掠湿湘裙翡翠纱，抵多少苍苔露冷凌波袜。看江上晚来堪画，玩水壶潋滟天上下，似一片碧玉无瑕。

〔秃厮儿〕你觑远浦孤鹜落霞，枯藤老树昏鸦。听长笛一声何处发，歌欸乃，橹咿哑。

(云：)兀那船头上琴声响，敢是王生？我试听咱。(唱：)

〔圣药王〕近蓼洼，望蘋花，有折蒲衰柳老蒹葭。近水凹，傍短槎，见烟笼寒水月笼沙，茅舍二三家。

——第二折

〔迎仙客〕日长也愁更长，红稀也信尤稀，(带云：)王生，你好下的也！(唱：)春归也奄然人未归。(梅香云：)姐姐，俺姐夫去了未及一年，你如何这等想他？(正旦唱：)我则道相别也数十年，我则道相隔着几万里。为数归期，则那竹院里刻遍琅玕翠。

〔红绣鞋〕去时节，杨柳西风落日，如今又过了梨花暮雨寒食。(梅香云：)姐姐，你可曾卜一卦么？(正旦唱：)则兀那龟儿卦无定准；枉央及喜蛛儿难凭信，灵鹊儿不诚实，灯花儿何太喜！

(夫人上，云：)……孩儿，你病体如何？(正旦唱：)

〔普天乐〕想鬼病最关心，似宿酒迷春睡。绕晴雪杨花陌上，趁东风燕子楼西。抛闪杀我年少人，辜负了这韶华日。早是离愁添萦繫，更那堪景物狼藉。愁心惊一声鸟啼，薄命趁一春事已，香魂逐一片花飞。

——第三折

这里所引第二折各曲，是倩女的离魂在追赶王生时途中所唱。它极其精细地描写了一个深闺弱质，为了爱情，提心吊胆地鼓起勇气，跋涉于郊外水滨的情形。美丽而微带凄清的风物和兴奋而不无畏怯的情怀，交织成了一幅带有很显著的特征的图画，使人对这场分明是奇迹般幻境的戏，感到十分真实。第三折的场面已经转移到恼人的暮春，因离魂而久病的女主角似昏沉似清醒的精神状态，将观众和读者带进了另一个境界里。在绿暗红稀的时节，一位一往情深的思妇为我们宛转缠绵地唱出伤离之曲。她对似水流年的怅惜，激起了人们对于她追求自由幸福的无限同情。郑光祖这种对女性心理的深刻体会，抒情性的手法和文人化的语言，在明代戏剧家如汤显祖及其追随者的作品中，留下了很清晰的影响。

郑光祖的另一个剧作《醉思乡王粲登楼》(下称《王粲登楼》)，系就东汉末年诗人王粲在荆州作《登楼赋》一事点染而成。它写出了历史人物的、事实上也就是作家自己的怀才不遇的愤慨，同时，也写出了其飞黄腾达的幻想。就这一点来说，《王粲登楼》可以和另一后期剧作家宫天挺的《死生交范张鸡黍》相提并论。后者虽然以东汉范式、张劭生死不渝的友谊为题材，但作家主要的用意却在为自己，为自己所生活的时代中一切读书人发泄没有出路的悲愤。这两个剧本中的愤慨、幻想和诅咒，诚然是反映了元代黑暗的现实的，但同时也非常清楚地显示了作家以及他们所属社会集团灵魂中的失落感。

第二节　乔吉的《两世姻缘》与散曲创作

乔吉(？—1345)是一位兼擅散曲与杂剧的作家。他字梦符，太原(今山西省太原市)人，侨寓杭州甚久，博学多能，却以勾阑狎客、江湖游士的身份度过了一辈子。

乔吉写过十一个剧本，以爱情故事为题材的最多。现存《金钱记》、

《扬州梦》、《两世姻缘》三种，也都是关于这一方面的。其中取材于唐代范摅《云溪友议》的《玉箫女两世姻缘》（下称《两世姻缘》）是最动人的一种。这也是一个具有奇情幻彩的故事：成都书生韦皋游学洛阳，和名妓韩玉箫发生了热恋。玉箫的母亲韩妈妈逼着韦皋到京城应举，两人便分离了。韦皋去后，杳无消息。玉箫因思念成疾，一病不起，在临终以前，自画一像，派人送给韦皋，但韦当时因故并未收到。十八年后，韦皋已成了镇西大将军，在班师回朝之前，才遇见了韩妈妈。他路过荆襄时，节度使驸马张延赏设宴招待。在酒筵中，张命自己的义女出来侍候。这位女子不仅和韩玉箫同名，而且面貌完全一样。两人一见，彼此留情。张延赏因此大怒，和韦皋发生冲突。后来，韩妈妈拿出韩玉箫的自画像，证明张玉箫原来就是韩玉箫的后身，于是终于成就了两世姻缘。

这个故事显示了人民对于爱情的巨大力量的认识和肯定，显示了"愿世世为夫妇"①这一信念在人们想象中产生的奇迹。因此，和一般的悲欢离合的爱情故事比较起来，这个剧本具有更积极的意义。虽然作家对它的处理还不无可议之处（如韦皋的形象就显得太单薄一些，和玉箫不相称，最后一折，矛盾的解决也太容易），但这种努力终究是很可贵的，有较大的成就。和郑光祖《倩女离魂》一样，乔吉这一作品，对汤显祖《牡丹亭》的艺术构思也具有启发作用。

《两世姻缘》最动人的地方是关于女主角相思病症的描写。

> （旦做睡，作醒科，云：）梅香，我恰待睡一会，是甚么警觉我来？（梅香云：）姐姐，不是这窗前花影，敢是那楼外莺声。（正旦唱：）
> 〔商调·集贤宾〕隔纱窗日高花弄影，听何处啭流莺。虚飘飘半衾幽梦，困腾腾一枕春酲。趁着那游丝儿，恰飞过竹坞桃溪；随着这蝴蝶儿，又来到月树风亭。觉来时倚着这翠云十二屏，恍惚似坠露流萤。多嗜是寸肠千万结，只落的长叹两三声。
> 〔逍遥乐〕犹古自身心不定，倚遍危楼，望不见长安帝京。何处也，薄

① 陈鸿《长恨歌传》，载汪辟疆《唐人小说》，上海古籍出版社1978年版，第119页。

情多应恋金屋银屏。想则想于咱不志诚，空说下碜磕磕海誓山盟。赤紧的关河又远，岁月如流，鱼雁无凭。

(梅香云：)姐姐，你这等情况无聊，我将弦管来，你略吹弹一回消遣咱。(扶旦看砌末科。旦长吁云：)与我拿在一边者。(唱：)

〔尚京马〕我觑不的雁行弦断卧瑶筝，凤嘴声残冷玉笙，兽面香消闲翠鼎。门半掩悄悄冥冥。断肠人和泪梦初醒。

(卜儿上云：)儿呀，你这病势却是何如？(正旦唱：)

〔梧叶儿〕火燎也似身躯热，锥剜也似额角疼，即渐里瘦了身形。这几日茶饭上不待吃，睡卧又甚宁？(卜儿云：)我请医者看看你这脉息，知他是甚么症候。(正旦唱：)若将这脉来凭，多管是废寝忘餐病症。……

(卜儿上，云：)儿呀，我办了些汤水来，你吃上几口儿咱。(正旦云：)嫡嫡，不拘什么饮食，我吃不下去了。但觉这病越越的沉重了。你拿幅绢来，我待自画一幅影身图儿，寄与那秀才咱。(做对砌末画像科。唱：)

〔金菊香〕怕不待几番落笔强施呈，争奈一段伤心画不能。腮斗上泪痕粉渍定，没颜色鬓乱钗横，和我这眼皮眉黛欠分明。

(云：)我再做一首词，一并将去。词名《长相思》。(词云：)长相思，短相思，长短相思杨柳枝，断肠千万丝。生相思，死相思，生死相思无了时，寄君肠断词。梅香，将镜儿来我照一照，则怕近日容颜不似这画中模样了也。(揽镜长吁科，唱：)

〔柳叶儿〕兀不寂寞了菱花妆镜，自觑了自害心疼。将一片志诚心写入了冰绡帧。这一篇相思令寄与多情，道是人憔悴不似丹青。

——第二折

这是一个凄冷的场面，它显示了一个美丽而多情的少女，在病入膏肓的时候，对于生活、青春、爱情的无比留恋。由于玉箫所持有的十分执著的态度，她的病和死虽然使人们不能不有所感伤，但也同时激发了大家对于一个普通人的正常生活的热爱。因此，它给人的总的印象不是消极的，而是积极的。这些富于诗意的描写，也为十八年后韦、韩的再世姻缘提供了合理的依据。

乔吉流传的散曲，数量相当丰富，有小令近二百篇，套数十篇。他曾经拈出凤头、猪肚、豹尾六字，作为写散曲的诀窍，意思是“大概起要美丽，中要浩荡，结要响亮。尤贵在首尾贯串，意思清新”。[①] 他对于散曲，是下过更多的功力的，所以能够总结出这种精辟的意见。

在一篇题为《自述》的小令〔绿么遍〕中，乔吉曾这样地描述着自己的经历：“不占龙头选，不入名贤传。时时酒圣，处处诗禅。烟霞状元，江湖醉仙，笑谈便是编修院。留连，批风抹月四十年。”这种生活道路和生活态度，决定了他和现实斗争的距离。他憎恶着当时的黑暗社会，但无力并且无意去改变它，于是就采取了冷淡而带有自豪的批判态度，或者怀古之中，寓伤今之感。

> 肝肠百炼炉间铁，富贵三更枕上蝶，功名两字酒中蛇。尖风薄雪，残杯冷炙，掩清灯竹篱茅舍。
>
> ——〔中吕·升平乐〕(《悟世》)

> 朝三暮四，昨非今是，痴儿不解荣枯事。攒家私，宠花枝，黄金壮起荒淫志。千百锭买张招状纸。身，已至此；心，犹未死。
>
> 冬寒前后，雪晴时候，谁人相伴梅花瘦。钓鳌舟，缆汀洲，绿蓑不耐风霜透。投至有鱼来上钩。风，吹破头；霜，皴破手。
>
> ——〔中吕·山坡羊〕(《冬日写怀》)

> 蓬莱老树苍云，禾黍高低，狐兔纷纷。半折残碑，空余故址，总是黄尘。东晋亡也再难寻个右军，西施去也绝不见甚佳人。海气长昏，啼鴂声干，天地无春。
>
> ——〔双调·折桂令〕(《丙子游越怀古》)

---

① 陶宗仪《南村辍耕录》卷八引，辽宁教育出版社1998年版，第101页。

〔升平乐〕着重地描写了作家自己的安贫抗俗。〔山坡羊〕两篇则是对于那些沉溺于富贵功名的“痴儿”的嘲笑和警告，不过第一篇是直抒所怀，而第二篇则出之以隐喻。怀古的〔折桂令〕是不能离开当时的现实来理解的。在蒙古贵族的铁蹄践踏之下，人民的生活受到破坏，传统的文化受到摧残，真是名士佳人，一朝俱尽，还有什么春天呢？这是对元末凋敝衰败现象的艺术概括。

风流调笑的散曲，在乔吉的集子中是不少的。他甚至花了许多心思去描写什么钉鞋儿、花筒儿、红指甲、花篮髻等事物。在这些作品中，作家浪费了他的聪明才智。但同时，他也写出了一些动人的爱情歌曲。

> 黑海春愁浑无处躲，嫩香腻玉渐消磨。瘦啊也不似今春个。无奈何！自画双蛾，越添得愁多。
>
> ——〔中吕·升平乐〕(《春闺怨》)

> 雨云期一枕南柯，破鉴分钗，对酒当歌。想驿路风烟，马头星月，雁底关河。往日个殷勤待我，近新来憔悴因他。淡却双蛾，哭损秋波。台候如何？敢忘了人啊！
>
> ——〔双调·折桂令〕(《寄远》)

> 眼中花怎得接连枝？眉上锁新教配钥匙。描笔儿勾销了伤春事，闷葫芦绞断线儿。锦鸳鸯别对了个雄雌，野蜂儿难寻觅，蝎虎儿干害死，蚕蛹儿毕罢了相思。①
>
> ——〔双调·水仙子〕(《怨风情》)

第一篇起头两句，语言奇丽而风格莽苍，在情诗中别开生面，最足以见出乔曲的独特面貌；接着写这位女子的百无聊赖，欲遣旧愁，转添新恨，

---

① “蝎虎儿”句，是说自己徒然为对方守贞节。蝎虎儿，即壁虎，又叫守宫。据说将用丹砂喂养的守宫捣烂，点染在女子身上，若不与男人发生性行为，就永不消失。干害死，死得毫无意义。“蚕蛹儿”句，是说自己不再单相思，对薄幸人不抱幻想了。蚕蛹会吐丝，此取“丝”与“思”谐音双关之意。

极为细致入微。第二篇以今昔相形，情随事转，用笔单复相间，措词雅俗相兼，也不愧为佳作。第三篇写失恋女子倾诉内心的痛苦，通篇采用人们在日常生活中所熟知的事例或习俗作比喻，诉说女主人因失恋而引起的幽怨情绪，由能否与对方结合的疑问、忧虑、矛盾、苦闷，到怀疑对方、悔恨自已的痴情，最后表示绝望。比喻既平易又新奇生动，把失恋女子的内心世界和盘托出。

李开先评论乔吉的散曲，有“种种出奇而不失之怪，多多益善而不失之繁，句句用俗而不失之文”①的话。这大体上是中肯的。他在散曲方面的成就，要比杂剧高些。其杂剧中最引人入胜的那些唱词，我们甚至也可以将它看成是抒情的套数。

乔吉的散曲在写景方面也颇具特色，例如〔双调·水仙子〕《吴江垂虹桥》颇具雄伟壮丽的气势：“飞来千丈玉蜈蚣，横驾三天白螮蝀。”取譬准确生动，给人以飞动壮观之感。“凿开万窍黄云洞，看星低落镜中”形容波涛滚滚从桥洞汹涌而出的场景，远望水天相接如星落镜中的描绘，也颇为形象化。同前调《重观瀑布》亦富壮丽之美：“天机织罢月梭闲，古壁高垂雪练寒。冰丝带雨悬霜汉，几千年晒未干。”以丰富的想象和高度的夸张手法，描绘出瀑布奔泻的壮观气势，堪与李白《望庐山瀑布》媲美。它妙在四句之间有形象的内在联系，具有瀑布形象的统一性，最能体现瀑布的特征。乔吉的套曲也有写景名篇：

> 鱼尾红残霞隐隐，鸭头绿秋水涓涓。芙蓉灿烂摇波面。见沉浮鸥伴，来往鱼船。平沙衰草，古木苍烟。江乡景堪爱堪怜，有丹青巧笔难传。揉蓝靛绿溪头，铺腻粉白蘋岸边，抹胭脂红叶林前。将笠檐儿慢卷。迎头，仰面，偷睛儿觑见碧天外雁行现，写破祥云一片笺，头直上慢慢盘旋。
>
> 〔一枝花〕忙拈鹊画弓，急取雕翎箭。端直了雁尾批，搭上虎筋弦。秋月弓圆，箭发如飞电。觑高低无侧偏，正中宾鸿，落在蒹葭不见。

① 任讷《曲谐》引。

〔尾〕转过紫荆坡、白草冢、黄芦堰，惊起些红脚鸭、金头鹅、锦背鸳。唬得这鸂鶒儿连忙向败荷里串。血模糊翅扇，扑剌剌可怜，十二枝梢翎向地皮上剪。

——〔南吕·梁州第七〕(《射雁》)

这套散曲描写深秋傍晚在江边射雁的情景。首支〔梁州第七〕着重描写暮秋江上色彩鲜艳的景色，以鱼尾红比喻残霞的形状和颜色，以鸭头绿比喻碧绿的秋水，以抹上胭脂比喻经霜的红叶，很形象化。红、绿、蓝、白，色彩鲜明，错落有致，绘就一幅美丽的秋江暮景图。鸥鸟、鱼船、衰草、古木，历历如见。这支曲最后三句，写雁行的出现，把彩云想象成一张彩笺，在头顶上盘旋，写得非常生动。

第二支〔一枝花〕，描写拈弓射箭，从拈弓、取箭、瞄准，到射中、落下，文字极其精炼，而动作过程细致有序。

〔尾声〕写找雁的情景，色彩感很强，紫、白、黄、红、金、锦，历历在目。描写落地的雁，带血挣扎之态，仔细逼真。全套层次分明，语言精警，富于表现力。

第八章　张可久及其他散曲作家

第一节　散曲大家张可久

在元代后期曲家中，有一些是专门作散曲的。他们是诗人，不是戏剧家。其中成就较大而得名最盛的是张可久。

张可久字小山，广元(今浙江省宁波市)人，曾任桐庐典史，以路吏转首领官，足迹遍于今江苏、浙江、福建、江西、安徽、湖南诸省，集中对许多名胜地区，都有游览题咏之作，而在苏州、杭州的日子更多一些，所以其散曲集有以《吴盐》和《苏堤渔唱》为名的。在 14 世纪 40 年代初，他是七十多岁，由此上推，大约生于 1270 年前后。他是个一生“枉被儒冠误”，而终于“牢落江湖”①的人，但凭仗着自己的才名，也曾和一些达官名士交往。他过着一种虽不免于贫困，但却相当闲适的生活，以比较知止知足的人生态度来创作他的诗篇。

张可久现存的散曲还有七百多篇，除了八篇套曲之外，其余都是小令。他是元代乃至中国文学史上唯一的以其全副精力来写散曲并且取得了很高成就的诗人，其作品的特色大致在下列诸方面可以看出：在内容方面，张可久的散曲，比马致远以至乔吉，还有他的许多同时代作家所反映

① 〔中吕·齐天乐过红衫儿〕(《道情》)。有二首，是对自己一生的自我写照。详见隋树森编《全元散曲》上，中华书局 1964 年版，第 828—829 页。

的范围都更加扩大一些。过去散曲家们写爱情，抒怀抱的传统，他固然保持着，而诸如说理谈禅、模山范水、怀古咏史之作，体物赠友之篇，也占有很大的数量。散曲在这位作家手里，完全显示了和诗词同样的、无施不可的功能，发展到全面地反映了文人生活。对于原来多数作家写散曲只限于勾阑题赠、滑稽调笑的局面来说，这乃是一种比较彻底的突破。虽然我们在谈到这一变化时，不能不首先想到发难者马致远以及另外一些后继者，但也不能不更其注意完成者张可久。在技巧方面，张可久为了使其与所描写的内容、情调相适应，他大力地吸收了古典诗词中比较典雅的语言、含蓄的手法，而逐渐摆脱了散曲通俗质直的传统，形成了新的风格。前人评“其词如瑶天笙鹤，清而且丽，华而不艳……诚词林之宗匠也”①。就是指这种新风格。再如：本来就流行于诗坛和词坛上的那种争奇斗胜的风气诸如“分韵”、“分题”、“次韵”等风尚，这时也已侵入曲坛，而张可久则欣然接受这些风尚。总的说来，张可久的出现，标志着散曲的高度文人化。他结束了白、关以来的本色，而下开“俪辞追乐府之工，散句撷唐宋之秀”②，即将散曲在某些方面和在某种程度上混同于诗词的作风。这也就是将本是市民歌曲的散曲转变成为一种文士的抒情诗样式。对于散曲来说，这不是值得庆幸的变化，然而却是散曲盛行，愈来愈多的文士参加写作以后，不可避免的变化。张可久以其优秀的创作成绩最完整地体现了这一变化，这正是我们对他不能忽视的理由。

描摹山水以及其他自然界的景物，并通过这些来反映自己的生活，发抒自己的思想感情，乃是以前的散曲家注意得较少而张可久注意得较多的一个方面，因之这就成为张曲的一种特有的内容。

> 绿树当门酒肆，红妆映水鬟儿。眼底殷勤座间诗。尘埃三五字，杨柳万千丝，记年时曾到此。
>
> ——〔中吕·红绣鞋〕(《春日湖上》)

---

① 朱权《太和正音谱》，《中国古典戏曲论著集成》(三)，中国戏剧出版社1959年版，第16页。

② 许光治《江山风月谱自序》。

柳叶微风闹，荷花落日酣。拂晴空远山云淡。红妆女儿十二三，采莲归小舟轻缆。

——〔双调·落梅风〕(《书所见》)

云影天光乍有无，老树扶疏。万柄高荷小西湖，听雨听雨。

——〔双调·庆宣和〕(《毛氏池亭》)

松风小楼时缥缈，一曲寻仙操。秋风玉兔寒，野树金猿啸，白云半天山月小。

——〔双调·清江引〕(《桐柏山中》)

白鹭荒堤老葑，黄云远水长空，百尺蒲帆饱西风。酒旗花影里，钓艇树隐中，好山千万重。

——〔中吕·红绣鞋〕(《洞庭道中》)

九里松，二高峰。破白云一声烟寺钟。花外嘶骢，柳下吟蓬，笑语散西东。举头夜色濛濛，赏心归兴匆匆。青山衔好月，丹桂吐香风。中，人在广寒宫。

——〔越调·寨儿令〕(《西湖秋夜》)

这些小诗都按照季节的特征，写出了祖国山河美丽的面貌。虽然今天我们的心情和作家写作这些作品时的心情已经有了极大的距离，但他所揭示的富于魅力的自然形象却依然活在我们心里。

除了纯粹的写景之作外，张可久还长于借景抒情或融景入情。前期作家的言情之作多半是单刀直入，自抒怀抱，而张曲则从前代遗产，特别是宋词中继承了这种借景抒情的手法，从而在散曲中形成一种新的意境。

夕阳芳草废歌台，老树寒鸦静御街。神仙环佩今何在？荒基生暮霭，叹英雄白骨苍苔。花已飘零去，山曾富贵来，俯仰伤怀。

——〔双调·水仙子〕(《西湖废圃》)

对青山强整乌纱，归雁横秋，倦客思家。翠袖殷勤，金杯错落，玉手琵琶。人老去西风白发，蝶愁来明日黄花。回首天涯，一抹斜阳，数点寒鸦。

——〔双调·折桂令〕(《九日》)

〔水仙子〕写的是诗人在南宋政权已经颠覆了约半个世纪之后仍然萦绕于胸中的兴亡之感。〔折桂令〕写的是诗人蹭蹬宦途时的怀旧之情。但表达这种感受，却几乎全部用的是景语而非情语。作家的主观感受使得客观事物也蒙上了一层优美的色彩，充分地反映了他的“俯仰伤怀”和“倦客思家”的情绪。

作为一个杰出的散曲专家，张可久并非不能写出那种本色的作品来，但他所刻意追求的，却是以词为曲，即以典丽代替俚俗，雕琢代替白描，以含蓄替代质直。因此，在元人散曲中一般认为是本色的作品，对于张可久来说，却反而是别调了。如以下的四篇小令，每两篇的题材和主题都很接近，但风格却很不相同。〔醉太平〕与〔朝天子〕具有元代多数曲家所共有的本色面貌，而〔人月圆〕与〔殿前欢〕的典丽、雕琢与含蓄，则为张可久所独具。在接触到张曲时，从比较中认识到他这种特色，是很必要的。

人皆嫌命窘，谁不见钱亲？水晶丸入面糊盆，才沾黏便滚。文章糊了盛钱囤，门庭改做迷魂阵，清廉贬入睡馄饨。葫芦提倒稳。

——〔正宫·醉太平〕(《感怀》)

兴亡千古繁华梦，诗眼倦天涯。孔林乔木，吴宫蔓草，楚庙寒鸦。数间茅舍，藏书万卷，投老村家。山中何事？松花酿酒，春水煎茶。

——〔黄钟·人月圆〕(《山中书事》)

与谁，画眉？猜破风流谜。铜驼巷里玉骢嘶，夜半归来醉。小意收拾，怪胆禁持，不识羞谁似你？自知，理亏，灯下和衣睡。

——〔中吕·朝天子〕(《闺情》)

月笼沙，十年心事赋琵琶，相思懒看帏屏画。人在天涯，春残豆蔻花，情写鸳鸯帕，香冷荼蘼架。旧游台榭，晓梦窗纱。

——〔双调·殿前欢〕(《离思》)

我们中华民族自古以来就很重友情，诗、词、曲中都有描写友情之作。真可谓：爱情诚可贵，友谊价亦高。张可久〔双调·折桂令〕《西陵送别》，就是抒写友情的佳作：

画船儿载不起离愁，人到西陵，恨满东州。懒上归鞍，慵开泪眼，怕倚层楼。春去春来，管送别依依岸柳。潮生潮落，会忘机泛泛沙鸥。烟水悠悠，有句相酬，无计相留。

写送别友人之情，诚挚动人。首句看似套用李清照词句，却能翻新出奇，似更胜一筹。特别是写送别友人后的惆怅心情，慵开泪水朦胧的眼睛，更怕登楼远眺友人去的方向，以免引起更深沉的离愁别恨。“春去春来”以下四句是“扇面对”，属对工稳，且能构成意蕴隽永的意境，韵味无穷，更体现出友情之真挚。最后三句，以“烟水悠悠”之景象，寄寓绵绵不尽的情谊，于遗憾中显其真情久长。

唐文凤《跋张小山所书乐府》云：“昔之所称者，北有关汉卿、马九皋辈，语意雄浑，殊乏纤巧态；南有张小山，自《吴盐集》一出，流传京师，宠书于奎章，脍炙人口，珠玑璀璨，锦襭青红，新奇而工致，艳丽以清腴，论浑厚之气则有间矣。小山张公聪明过人，博闻广记，惟其才，究其所蕴，殆不止是，惜乎以乐府之名掩其所长。”此论亦可谓知音。

第二节　刘致散曲的意义

和乔、张约略同时的，还有一些有成就的散曲家，他们或者兼作杂剧而没有流传，或者专写散曲。在这里，我们只能论到其中比较突出的五位。

刘致，字时中，号逋斋，石州宁乡（今山西省中阳县）人，一说是南昌人，曾任永新州判、翰林待制，后出为浙江行省都事，但死后却穷得没法下葬，大概是个赋性鲠直而仕途潦倒的人物。他写过一些具有清丽的语言和豪放的气概的小令，如：

微风不定，幽香成径，红云十里波千顷。绮罗馨，管弦清，兰舟直入空明镜。碧天夜凉秋月冷。天，湖外影；湖，天上景。

——〔中吕·山坡羊〕（《侍牧庵先生西湖夜饮》）

诗狂悲壮，杯深豪放，恍然醉眼千峰上。意悠扬，气轩昂，天风鹤背三千丈。浮生大都空自忙。功，也是谎；名，也是谎。

——〔中吕·山坡羊〕（《与邸明谷孤山游饮》）

《虎韬》、《豹韬》，一览胸中了。时时拂拭旧弓刀，却恨封侯早，夜月铙歌，春风牙纛，看团花锦战袍。鬓毛，未凋，谁便道冯唐老？

——〔中吕·朝天子〕（《邸万户席上》）

这些作品是能够反映作家的部分生活和精神面貌的，二、三两首都寓含怀才不遇之意，但却不是他作品中最出色的。刘致对于散曲的贡献，是在于他写了两篇题为《上高监司》的套曲〔正宫·端正好〕。在这两篇写给当时江西洪都（今南昌市）一位姓高的官吏的套曲中，他反映了当时人民辗转于剥削压迫之下的惨状，也充分地表现了作家的正义感和人道主义精神。套曲的第二篇主要的内容是揭露库藏、钞法等方面的积弊，因牵涉到当时的名物、制度、习俗、方言之处太多，很不容易了解。第一篇则主要的是描写人民在荒年的苦难生活，和官吏、豪强趁火打劫的情形，比较容易懂些。

〔正宫·端正好〕众生灵，遭磨障，正直着时岁饥荒，谢恩光拯济皆无恙，编做本词儿唱。

〔滚绣球〕去年时，正插秧，天反常。那里取及时雨降？旱魃生四野炎伤。谷不登，麦不长。因此万民失望，一日日物价高涨。十分料钞加三倒，一斗粗量折四量，煞是凄凉。

〔倘秀才〕殷实户欺心不良，停塌户瞒天不当。吞象心肠歹伎俩：谷中添秕屑，米内插粗糠，怎指望他儿孙久长！

〔滚绣球〕甑生尘，老弱饥；米如珠，少壮荒。有金银那里每典当？尽枵腹高卧斜阳。剥榆树餐，挑野菜尝。吃黄不老胜如熊掌，蕨根粉以代糇粮，鹅肠苦菜连根煮。荻笋芦蒿带叶噇，则留下杞柳株樟。

〔倘秀才〕或是捶麻柘稠调豆浆，或是煮麦麸稀和细糠。他每早合掌擎拳谢上苍。一个个黄如经纸，一个个瘦似豺狼，填街卧巷。

〔滚绣球〕偷宰了些阔角牛，盗斫了些大叶桑。遭时疫无棺活葬，贱卖了些家业田庄。嫡亲儿共女，等闲参与商。痛分离是何情况？乳哺儿没人要撇入长江。那里取厨中剩饭杯中酒，看了些河里孩儿岸上娘，不由我不哽咽悲伤。

〔倘秀才〕私牙子船湾外港，行过河中宵月朗，则发迹了些无徒米麦行。牙钱加倍解，卖面处两般装，昏钞早先除了四两。

〔滚绣球〕江乡前，有义仓，积年系税户掌。借贷数补答得十分停当，都侵用过将官府行唐。那近日劝粜到江乡，按户口给月粮。富户都用钱买放，无实惠尽是虚桩。充饥画饼诚堪笑，印信凭由却是谎，快活了些社长知房。

〔伴读书〕磨灭尽诸豪壮，断送了些闲浮浪。抱子携男扶筇杖，尪羸伛偻如虾样。一丝好①气沿途创，阁泪汪汪。

① 当作游。

〔货郎儿〕见饿殍成行街上，乞丐出拦门斗抢。便财主每也怀金鹄立待其亡。感谢这监司主张，似汲黯开仓。披星戴月热中肠，济与粜亲临发放。见孤孀疾病无皈向，差医煮粥分厢巷，更把赃输钱、分例米，多般儿区处的最优长。众饥民共仰，似枯木逢春，萌芽再长。

〔叨叨令〕有钱的贩米谷、置田庄、添生放，无钱的少过活、分骨肉、无承望；有钱的纳宠妾、买人口、偏兴旺，无钱的受饥馁、填沟壑、遭灾障。小民好苦也么哥，小民好苦也么歌，便秋收鬻妻卖子家私丧。

〔三煞〕这相公爱民爱国无偏党，发政施仁有激昂。恤老怜贫，视民如子，起死回生，扶弱摧强。万万人感恩知德，刻骨铭心，恨不得展草垂缰。覆盆之下，同受太阳光。

〔二煞〕天生社稷真卿相，才称朝廷作栋梁。这相公主见宏深，秉心仁恕，治政公平，莅事慈祥。可与萧曹比亚，伊傅齐肩，周召班行。紫泥宣诏，花衬马蹄忙。

〔一煞〕愿得早居玉笋朝班上，伫看金瓯姓氏香。入阙朝京，攀龙附凤，和鼎调羹，论道兴邦。受用取貂蝉济楚。衮绣峥嵘，珂珮丁当。普天下万民乐业，都知是前任绣衣郎。

〔尾声〕相门出相前人奖，官上加官后代昌。活彼生灵恩不忘，粒我蒸民德怎偿！父老儿童细较量，樵叟渔夫曾论讲，共说东湖柳岸旁，那里清幽更舒畅，靠着云卿苏圃场，与徐孺子流芳那清况。盖一座祠堂人供养，立一统碑碣字数行，将德政因由都载上，使万万代官民见时节想。

这篇作品虽然用意在歌颂高监司的德政，但刘致在大量事实的教育之下，却以主要的篇幅反映了当时人民在饥饿线上挣扎的悲惨情况，以及一切为富不仁之徒还利用这种机会进一步地掠夺他们的罪恶行为。诗人以痛苦的声音如实地传达了人民的痛苦，将“有钱的”和“无钱的”两个社会集团作了活生生的对比。虽然在套曲中，他所直接指斥的还不过是富户、社长、知房、私牙子之流，但不用说，这些人同时也就是高级统治者的吸管，通过他们，人民的膏血才能输送到皇帝、贵族、达官那里。因此，这些描写，实际上也就有力地揭露了蒙古贵族与汉族大官僚地主联合统治的黑暗与残酷。

刘致歌颂了高监司这个能够为人民做点事的官吏。这种歌颂是可以的,但未免过分夸张了一些。这种过分的夸张说明了一个事实:在元代,官吏大都是孟子所谓“民贼”,而人民在那个时期,则是长远处在“覆盆之下”,没有机会“受太阳光”的,因之,只要有一隙之光投射在他们身上,诗人就不惜给以较多的奖励了。

第三节　睢景臣《高祖还乡》

和刘致那篇套曲,在思想上可以比美,而在艺术上则较之远为完美的,是睢景臣的《高祖还乡》。睢景臣,字景贤,扬州人,也在杭州住过。他心性聪明,酷爱音律,写过三本杂剧,今皆不存。在故乡时,曾和另外一些人同作《高祖还乡》套数,只有他写的这篇〔般涉调·哨遍〕,最为杰出。

〔般涉调·哨遍〕社长排门告示,但有的差使无推故。这差使不寻俗。一壁厢纳草除根,一边又要差夫索应付。又言是车驾,都说是銮舆,今日还乡故。王乡老执定瓦台盘,赵忙郎抱着酒葫芦。新刷来的头巾,恰糨来的绸衫,畅好是妆幺大户。

〔耍孩儿〕瞎王留引定火乔男女,胡踢蹬吹笛擂鼓。见一彪人马到庄门,匹头里几面旗舒。一面旗白胡阑套住个迎霜兔,一面旗红曲连打着个毕月乌,一面旗鸡学舞,一面旗狗生双翅,一面旗蛇缠葫芦。

〔五煞〕红漆了叉,银铮了斧,甜瓜苦瓜黄金镀。明晃晃马镫枪尖上挑,白雪雪鹅毛扇上铺。这几个乔人物,拿着些不曾见的器仗,穿着些大作怪衣服。

〔四〕辕条上都是马,套顶上不见驴。黄罗伞柄天生曲。车前八个天曹判,车后若干递送夫。更几个多娇女,一般穿着,一样妆梳。

〔三〕那大汉下的车,众人施礼数。那大汉觑得人如无物。众乡老展脚舒腰拜,那大汉挪身着手扶。猛可里抬头觑,觑多时认得,险气破我胸脯。

〔二〕你须身姓刘，你妻须姓吕，把你两家儿根脚从头数：你本身做亭长耽几盏酒，你丈人教村学读几卷书；曾在俺庄东住，也曾与我喂牛切草，拽坝扶锄。

〔一〕春采了桑，冬借了俺粟，零支了米麦无重数。换田契强秤了麻三秤，还酒债偷量了豆几斛。有甚胡突处？明标着册历，见放着文书。

〔尾〕少我的钱，差发内旋拨还；欠我的粟，税粮中私准除。只道刘三，谁肯把你揪捽住？白甚么改了姓、更了名，唤做汉高祖。

《上高监司》主要的是暴露了统治者榨取人民的罪恶，而《高祖还乡》则主要是反映了人民对统治者的轻蔑。这篇套曲具有“制作新奇”①的特色。而这种特色形成的关键则在于它非常艺术地写出了伟大人物的渺小，揭穿了这个大人物隐藏在装腔作势后面的无赖和流氓的本来面貌，使人读后，情不自禁地产生了一种“恍然大悟”，“原来如此”的快感。

在《史记》中，司马迁曾记载刘邦爬上皇帝的宝座以后，回过故乡沛县。他在那里，志得意满地唱着《大风歌》，并假惺惺地声明永远免除当地居民的赋役，和“父兄诸母故人”流连宴乐了十多天，方才分别。这当然是睢景臣创作的出发点。然而这位有巨大才能的诗人却不屑于在细节上力求符合于《史记》的记载。他深入地研究了《史记》反映的当时全部的历史真实和统治者刘邦的灵魂，大胆地创造了这个流氓皇帝的形象。

睢景臣选取的镜头是刘邦刚刚还乡的那一场合，通过一位禀性异常纯朴，而又深知这位皇帝底细的人，在这个场合中惊异的眼光和继之而来的愤慨的心情，作家使得刘邦现了原形。为了在精神上威胁人民，这位皇帝使用了大批的仪仗队，然而这些东西在人民眼光中却是那么古怪可笑。为了在感情上俘虏人民，他还在众乡老向他叩拜的时候，以手相扶，表示谦逊，然而这种动作在人民眼光中却是那么倨傲无礼。统治阶级虽然千方百计企图糊弄人民，然而人民的智慧总是能够看清历史的真相而将他们的“根脚从头数”的。这样，他们的企图就不能不破产了。正是在这个

① 《录鬼簿》。

地方,《高祖还乡》显示了它强烈的战斗性。

在散文圣手司马迁的《史记》中,刘邦遭受过毁灭性的讽刺。睢景臣的这套散曲则是司马迁的继承者。重要的是:他们作品的客观意义并不止于讽刺了这个流氓皇帝本身。可以说,刘邦是被他们作为最高统治者的典型,特别是作为起先比较接近人民,而随后则严重地脱离了人民的最高统治者的典型来处理的。他们以犀利无比的笔锋,代表人民解剖这种人的灵魂达到了鲁迅所谓"褫其华衮,示人本相"的程度。

曲中那个对刘邦采取了憎恶和鄙视态度的人物,虽然从经济地位上看,似乎有富农、地主的嫌疑,但这种身份只是作家为着一种艺术上的方便而给他附加上去的。从思想感情上考察,他显然不是刘邦政权在农村中的支柱,和王乡老、赵忙郎之流也全然异趣。这位通过他对于刘邦的观感,从侧面显示其精神面貌的人,我们认为:是和刘邦站在对立地位的。在作品里他正是普通人民的代表。

第四节　贯云石、徐再思及钟嗣成的散曲

蒙古贵族在全中国范围内建立政权给人民带来了很大的灾难,但同时也加快和加深了蒙古、女真以及西域各族人的汉化,使得一些非汉族的作家有可能精通汉语,使用汉语来进行创作,并且取得一定的成绩。在散曲家中间畏吾(维吾尔)人贯云石(1286—1324)就是很突出的一位。他的父亲名叫贯只哥,因以贯为姓,名小云石海涯,字浮岑,号酸斋,又号芦花道人。父祖两代为封疆大吏,云石为将门之后,少年时代即膂力超人,善骑射,勇武绝伦。后弃武学文,敏慧颖异。承父荫,曾任两淮万户府达鲁花赤,镇永州。不久将爵位让与弟忽都海涯,去北方从姚燧学,颇受器重。仁宗皇庆二年(1314),拜翰林侍读学士,年方 28 岁,故有"小翰林"之称。后来托病辞职,改名易服,在杭州隐屠沽樵牧间。他是一位汉化已到极深程度的人,不仅其作品的语言风格是纯粹汉族的,而且还在思想感情上接受了汉族文士在种族歧视和政治混乱的局势之下所采取的人生态度。

在当时整个曲坛风尚支配下，贯云石也颇写过一些比较工丽的作品，然而其主导风格却是豪放洒脱，即使谈情说爱之作也不例外，因此《太和正音谱》对他有“天马脱羁”的评语。

弃微名去来，心快哉！一笑白云外。知音三五人，痛饮何妨碍？醉袍袖舞嫌天地窄。

——〔双调·清江引〕

竞功名有如车下坡，惊险谁参破？昨日玉堂臣，今日遭残祸。争如我避风波走在安乐窝！

——〔双调·清江引〕

战西风遥天几点宾鸿至，感起我南朝千古伤心事。展花笺欲写几句知心事。空教我停霜毫半晌无才思。往常得兴时，一扫无瑕疵，今日个病恹恹刚写下两个相思字。

——〔正宫·塞鸿秋〕(《代人作》)

若还与他相见时，道个真传示：不是不修书，不是无才思，绕清江买不得天样纸。

——〔双调·清江引〕(《惜别》)

数归期，绿苔墙划损短金篦，裙刀儿刻得阑干碎，都为别离。西楼上雁过稀，无消息，空滴尽相思泪。山长水远，何日回归。

——〔双调·殿前欢〕

这些作品都很成功地体现了诗人在隐逸生活和恋爱生活中的真实心情和狂放性格。虽然弃官和惜别都有其令人不愉快的一面，但贯云石豪迈的胸襟和爽利的文笔给人的感受却不是低沉的而是开朗的，不是忧郁的而是乐观的。这种风格特征，很容易使我们想起他的前辈马致远。贯云石的作品与号甜斋的徐再思的作品并称“酸甜乐府”。

嘉兴(今浙江省嘉兴市)人徐再思,字德可,号甜斋,是一位专写小令,而和贯云石同时齐名的作家。他们的散曲集曾并称《酸甜乐府》。甜斋和酸斋虽然齐名,但作品的面貌是各不相同的。徐再思新鲜的语言和奇特的构思,形成了他自己的尖新的风格。

鸥鹭江皋千万湾,鸡犬人家三四间。逆流滩上滩,乱云山外山。

——〔越调·凭阑人〕(《江行》)

鸳鸯浦,鹦鹉洲,竹叶小渔舟。烟中树,山外楼,水边鸥。扇面见潇湘暮秋。

——〔商调·梧叶儿〕(《即景》)

一声梧叶一声秋,一点芭蕉一点愁,三更归梦三更后。落灯花,棋未收,叹新丰孤馆人留。枕上十年事,江南二老忧,都到心头。

——〔双调·水仙子〕(《夜雨》)

相思又如少债的,每日相催逼。常挑着一担愁,准不了三分利,这本钱见他时才算得。

——〔双调·清江引〕(《相思》)

从这些脍炙人口的作品可以看出,徐再思在描写自然风物,感慨个人身世,发抒男女爱情等方面,他都力求推陈出新,以巧妙而又不失其自然的手法,给人以生新之感。元代曲家情景尖新之作是很多的,但徐再思似乎在这一点上注意得更多一些,因而也显得突出一些。

最后,我们要谈到钟嗣成。他是古汴(今河南省开封市)人,号丑斋,因为在科名上不得意,就转而究心戏曲。他写过七本杂剧(都没有流传),和不少的小令、套数,但更其重要的著作则是《录鬼簿》。这是元代散曲、杂剧作家略传和作品简目的汇编,其中保存了极其珍贵的史料。我们今天对于那些“门第卑微，职位不振”①的作家们寂寞的生平还略有所知，钟嗣成的功劳是很大的。

这位作家在他的散曲中所表现的一种特有的精神面貌是滑稽玩世。他写得最好的曲子往往具有诙谐的趣味。但这诙谐的后面，却是对于当时庸俗的、不公正的社会的抗议。

> 俺是悲田院下司，俺是刘九儿宗枝，郑元和俺当日拜为师。传留下莲花落稿子。搠竹杖绕遍莺花市，提灰笔写遍鸳鸯字，打爻槌唱会鹧鸪词，穷不了俺风流敬思。
>
> 风流贫最好，村沙富难交。拾灰泥补砌了旧砖窑，开一个教乞儿市学。裹一顶半新不旧乌纱帽，穿一领半长不短黄麻罩，系一条半联不断皂环绦，做一个穷风月训导。
>
> ——〔正宫·醉太平〕

钟嗣成以俚俗本色的语言风格，玩世不恭的态度，写了三首〔醉太平〕小令，这里选录第二、第三两首。这是两篇风流乞丐、潦倒儒生的赞歌。钟嗣成将这样一些人写得如此地轻蔑名教礼法，唾弃富贵功名，事实上也正是表示了自己和当时污浊黑暗的社会的对立和决裂。他这种寓愤慨于嘲戏的作品，还有著名的题为《自序丑斋》的〔南吕·一枝花〕套曲：

> 生居天地间，禀受阴阳气。既为男子身，须入世俗机。所事堪宜，件件可咱家意。子为评跋上惹是非，折莫旧友新知，才见了着人笑起。〔梁州第七〕子为外貌儿不中抬举，因此内才儿不得便宜。半生未得文章力，空自胸藏锦绣，口唾珠玑。怎耐灰容土貌，缺齿重颏，更兼着细眼单眉，人中短髭鬓稀稀。那里陈平般冠玉精神，何晏般风流面皮？那里取潘安般俊俏容仪？自知，就里，清晨倦把青鸾对，恨杀爷娘不争气。有一日黄榜招收丑陋的，准拟夺魁。

---

① 钟嗣成《录鬼簿自序》，文学古籍刊行社1957年版，第1页。

〔隔尾〕有时节软乌纱抓扎起钻天髻，干皂靴出落着簌地衣。向晚乘闲后门立，猛可地笑起，似一个甚的？恰便似现世钟馗唬不杀鬼。

〔牧羊关〕冠不正相知罪，貌不扬怨恨谁？那里也尊瞻视貌重招威。枕上寻思，心头怒起，空长三十岁，暗想九千回。恰便似木上节难镑刨，胎中疾没药医。

〔哭皇天〕饶你有拿雾艺冲天计，诛龙局段打凤机，近来论世态，世态有高低。有钱的高贵，无钱的低微。那里问风流子弟，折末颜如灌口，貌赛神仙，洞宾出世，宋玉重生，设答了镘的，梦撒了寮丁，他采你也不见得。枉自论黄数黑，谈说是非。

在这首曲子中，他以玩世不恭的态度，夸张地形容着由于自己的外貌不扬，以至于处处碰壁的情形，来揭露当时社会上的缺乏真赏。严肃地注视人生，但却玩笑地表现人生，乃是钟嗣成创作中主要的特色。

钟嗣成的《录鬼簿》记录了元代的散曲、杂剧作家，我们论述这些作家，也就到他本人为止。

顺便提一下与钟嗣成同时的一位知音邵元长，曾为《录鬼簿》作序，并留下唯一的一首散曲：

高山流水少人知，几拟黄金铸子期。继先贤既解其中意，恨相逢何太迟。示佳篇古怪新奇。想达士无他事，录名公半是鬼。叹人生不死何归！

——〔双调·湘妃曲〕(《赠钟继先》)

此曲写于《录鬼簿后序》末尾。据此文自称，他是久仰继先钟先生大名，但尚未会面。“丁丑孟秋，邂逅于东皋精舍，匆匆东之郧城；中秋复回溪上，示予以新编《录鬼簿》……于其行，遂歌〔湘妃曲〕以赠。”足见他们两人是互为知己。如同钟子期领会伯牙操琴志在高山流水一样，邵元长深知钟嗣成著《录鬼簿》的重要意义及其学术价值，是钟的知音。

以下我们将转而评介其时的南曲戏文。

第九章　元代南曲戏文

虽然我们确知戏文起源于南、北宋之交，但现存一百六十几种剧目当中，可以断定为宋代作者的，不过是《赵贞女、蔡二郎》、《王魁负桂英》、《乐昌公主破镜重圆》、《风流王焕贺怜怜》等寥寥几种，而它们只剩下若干支佚曲（如《赵贞女、蔡二郎》则连佚曲也完全无存），所以要考察宋代戏文的详细情况，文献是不足征的。

不过，从当时的一些剧本所流传的本事，它们在当时所起的战斗作用和对于元、明以来戏曲的影响各方面来看，我们还是可以说：宋代是南曲戏文的一个光荣的起点。这些作品都反映了人民对于生活的纯朴的看法和他们追求自己应获得的幸福的决心。虽然最初的剧本由于种种原因而亡佚了，但许多题材都在新的剧本中被保留下来，而且其主题思想往往得到了更充分而深刻的发挥。如《赵贞女、蔡二郎》发展为《琵琶记》，就是一个很典型的例子。同时它们在当时所发生的战斗作用也是显著的。如在南宋末年，太学生黄可道写的《风流王焕贺怜怜》一剧，盛行于杭州，由于它鼓舞了妇女们对于爱情的正当追求，“一仓官诸妾见之，至于群奔”[①]。在元朝初年，僧人祖杰横行不法，杀了俞生全家，虽被逮捕，而官府却因受了贿赂，不肯处刑，“旁观不平，惟恐其漏网，乃撰写为戏文以广其事。后众言难掩遂毙之于狱”。[②] 这些记载，都很清楚地说明了：宋代戏文对于

---

① 刘一清《钱唐遗事》卷六《戏文诲淫》条，见《武林掌故丛编》本。

② 周密《癸辛杂识》，吴企明点校，中华书局 1988 年版，第 261 页。

封建礼教、黑暗吏治是起过了巨大的冲击作用的。它们在当时就遭到了统治者的嫉视而被禁止过，绝非偶然。

明代作家徐渭所撰写的《南词叙录》将他所见到的早期戏文编目著录，由于这些来自民间或出于书会的作品，其年代多数无法确定，他就谨慎地将它们统称为"宋、元旧篇"，和明代传奇区别开来。事实上，现存的一百多种戏文的剧目和十多种戏文，绝大多数都是元代作品。其中重要的作品如《琵琶记》等，则是在元末才出现的。只有在这十来种元代戏文中，我们才可以比较清楚地看到当时和北曲杂剧对峙剧坛的南曲戏文的面貌。

第一节　《永乐大典》本戏文三种

现存的"宋、元旧篇"虽然有十多种，但其中多数已在传唱中被明朝人根据当时戏剧本身的发展和演唱的具体情况而加以改动，其中未经改动而被完整保存了下来的作品，目前仅有《张协状元》、《小孙屠》、《宦门子弟错立身》三种。它们是《永乐大典》戏字韵所收戏文三十三种中的仅存部分。

始修于 1403 年而完成于 1407 年的《永乐大典》，是明成祖朱棣时代所修的一部巨大的类书，共有二万二千多卷，因为篇幅太大，没有刻本。明清两代，陆续有些散失，在第二次鸦片战争和义和团反帝运动中，帝国主义强盗们先后于 1860 年和 1900 年两次攻陷北京，对我国的珍贵文物大肆掠夺和破坏，使得这部大类书大部分都散失了。据雷震说："庚子(1900)拳乱后，四库藏书，散佚过半。都人传言：英、法、德、日四国运去不少。又言：洋兵入城时，曾取该书之厚二寸许，长尺许者以代砖，支垫军用等物。武进刘葆真太史拾得数册，阅之，则《永乐大典》也。"这一段短短的记载活生生地画出了自认为"文明人"的野蛮行为。这册收有《张协状元》等三种戏文的《永乐大典》，也是被帝国主义强盗掠往英国，在 1920 年才由人从伦敦买回的。

一、《张协状元》

在这三种戏文中，九山书会编的《张协状元》的结构很松散，语言很粗糙，在剧中并保留着南词诸宫调和宋官本杂剧的《断送》，以及艺人自认为它可以比美南宋绯绿社的话，都证明其来源之古，也许竟是南宋的“温州杂剧”之一。

它写的是四川人张协赴杭州应试，在五鸡山遇盗负伤。有一位贫女拯救了他。后来两人结成夫妇。张协进京后，中了状元。枢密使王德用要将女儿嫁给他，他拒绝了。王女因此羞忿而死。接着贫女入京寻夫，张协又不肯相会。贫女只好自己返回五鸡山，依靠李太公夫妻过活。后来张协出任梓州佥判，经过五鸡山时，嫌贫女出身卑贱，下毒手将贫女杀伤，自己走了。王德用因为要向张协报女儿之仇，也自请出任梓州通判，路过五鸡山，将贫女收为义女，后来终于将她再度嫁给张协，夫妇重圆。

这个剧本在结构、语言等方面都存在着早期民间作品中所难以避免的缺点。在主题思想上，也显得不够明确。像张协的行为，是互相矛盾的，他既拒绝了和贵官王德用的女儿胜花重婚，可又一再地排斥甚至企图杀害原来的糟糠之妻，究竟是何居心呢？剧本并没有很好的交代。对于张协的刻薄寡恩，忍心害理，作者也批判得很不够，在一场巧遇中，就轻易地让他和贫女重圆了。比较完整的还有贫女这个形象，剧本在不同的场合中，写出了她的勤劳、忠厚和刚强的性格。此外，李太公夫妇对贫女一贯地支持、照顾，也反映了普通人民所向往的高贵的品格。

（净作门子出，唱：）

〔赵皮鞋〕状元真大才，衙门面①向两扇开。你还不曾会读书，苍生还相见，休要来。（末白）慈不主兵，义不主财。状元台旨：除是朝士官员，你便通报。其次村里汉、外方人及妇女，莫容它来。

① 当作南。

(净:)晓得了,还[1]是卖珠婆、牙婆、看生婆,不要他来。(末:)怕伤触了别人。(净:)我最没面目,爹来也不相识。(旦出,唱:)

〔喜迁莺〕到宸京,涉山川,万般愁闷。儿夫见免萦[2]奴方寸,未知是何处深藏见在身?遍寻觅,浑不见故人。

(白:)万福!借问些小事。(末:)娘子有甚事,但说不妨。(旦:)新及第状元何处安歇?(末:)兀底便是行衙里。问那门子便知端的。(旦:)万福!(净、末:)且是假大[3]人。(旦:)闻及第状元在此安歇。(净:)便是。如今呼作府佥。来作甚么?是讨珠钱?(末:)待它自说。(旦:)奴家特来见状元。(净:)要见状元,便着紫衫,我便传名纸。(旦:)奴家是妇人。(净:)妇人如何不扎[4]脚?(末:)你须看它上面。(净:)又看,上头上面。

(末:)养熟狗儿。(净唱:)

〔赵皮鞋〕状元是谁收覆,[5]连它发怒直是毒。你还欲要见它时,如法底高叫:"奴万福!"

(旦白:)奴家万福!万福!(生在戏房里唱:[6])甚么妇女直入厅门?门子当头何不止约!(净:)领台旨。你听得否?快去!快去!(旦:)容奴取禀状元,奴非别人。(净:)你说教我知。(旦唱:)

〔五更传〕这状元,是奴夫婿,奴是他亲娶妻。才得两个月余日,苦相别特来京里。买登科记,试看时,是奴夫及第。不辞路远来相寻觅,你不知,便教我出去。

(净白:)说得好孤凄!(末唱:)

〔赵皮鞋〕我的状元分付:它官员相见便没奈何。凡是妇女庄家到厅

---

① 当作凡。
② 当作萦。
③ 疑当作夫。
④ 当作紥。
⑤ 疑当作报复。
⑥ 当作喝。

下，十三小杖，把门子打。

(净白：)出去！出去！(旦：)奴家是状元浑家。(净：)慢行，慢行，怕头上珠牌脱下来。(末：)又[1]道路无拾遗。(生在戏房喝：)甚人罗嗦？何不打出去！(旦：)状元，奴不是别人，是五鸡山上贫女。(净：)贫女是乞婆，打个乞婆！(末：)休要靠，索性。(旦唱：)

〔五更传〕我丈夫，张协是。(净白)道着我本官台讳。(旦连唱：)在路途值雪正飞，盘缠被劫得没分文，打一查，血沥沥底。没投奔，在庙中，弯跧睡。我医你救你得成人，你及第，便没恩没义。

(生出白：)官不容针，私通车马。教你莫去胡乱放人入来，又放妇女入厅堂。(净：)非干男女事，它自走入来。(末：)推得没巴臂。(生：)门子打十三！(净有介)(旦：)状元万福！且息怒。奴家不具榜子参贺。(生：)唯，贫女！曾闻文中子曰："辱莫大于不知耻辱。"貌陋身卑，家贫世薄。不晓蘋蘩之礼，岂谐箕帚之婚。吾乃贵豪，女名贫女。敢来冒渎，称是我妻！闭上衙门，不去打出！(生下)(净打旦)(末：)若是夫妻只得休。(旦：)奴家怎洗这场羞！(净)不如及早归山去。(合：)免事恩官不到头。(净：)泓！(闭门介)(末净下)(旦：)有这般事！(旦唱)

〔五更传〕是我夫，不相认，见着我忙闭了门。我当初闭门不留伊，你及第应是无分。千余里，到此来，望你厮存问。目下要归我没盘缠，我今宵，更无投奔。

〔前腔〕你记得，要来京里，卖头发把钱与伊。当初道嫁鸡便逐鸡飞，好言语教奴出去！没盘费，教化归，回乡里。买炷好香祝苍天，愿你亏心，长长荣贵。(白：)剪[2]头门子将奴打，后来却把奴家骂。人善人欺天不欺，人恶人怕天不怕。(下)

---

① 疑当作不。

② 剪，当作劈。

《张协状元》是现存《永乐大典》本戏文三种中也可能是现存"宋、元旧篇"戏文中，产生得最早的一种。以上所摘录的，是贫女入京，寻夫被逐的场面。在这一整出戏中，我们大致可以看出早期的南曲戏文的思想水平和艺术水平。在那位书会作家的笔下，贫女的善良和张协的傲慢、贫女痛苦的遭遇和张协负心的行为，两两相形，是相当感人的。它的曲词与旁白都纯然是口语，提示了这个剧本和文人的关系较浅，而特别多的对白，和其中随时流露的插科打诨，则反映了戏文与宋代以滑稽调笑为主要内容的"杂剧"之间的血缘关系。

二、《宦门子弟错立身》和《小孙屠》

题为古杭才人新编的《宦门子弟错立身》和古杭书会编撰的《小孙屠》，分明是戏文已由温州发展到杭州以后的产物。它们又都采用了南北合腔，即在一套曲词中，兼用南曲和北曲的曲调的办法，据《录鬼簿》的记载，这种方法是从元代中期的沈和开始的，因而这又可以证明，这两个剧本大致是元代中期以来的作品。

《宦门子弟错立身》所表现的主题是值得注意的：女直人河南府同知的公子延寿马，本来是宦门之裔，富豪之后。他迷恋着散乐王金榜，有一天，竟将王引入书斋幽会，被严厉的父亲发现了。于是，王金榜全家被驱逐出境，而延寿马则被锁在家中。当这一对青年幽会时，男的曾向女的表达了他为她可以牺牲一切的意志："一意随他去，情愿为路歧，管什么抹土涂灰，折莫擂鼓吹笛，点拗收拾。更温习几本杂剧，问什么装孤扮末诸般会，更哪堪会跳索扑旗。只得同欢共乐同鸳被，冲州撞府，求衣觅食。"①"我和你同心意，愿得百岁镇相随，尽老今生不暂离。"②在他们被拆散之后，延寿马居然实践了自己的诺言，逃出家庭，赶上了王金榜，不顾她父母的刁难，做了行院人家的女婿。最后，夫妇俩一起在一个偶然的机会中遇到完颜同知，得到他的宽恕，才双双回到家里。

---

① 〔六么令〕。

② 〔尾声〕。

这个剧本，在某些地方，有点像唐白行简的传奇小说《李娃传》和由它改编的元石君宝的杂剧《李亚仙诗酒曲江池》。但那两个作品中的荥阳公子或郑元和是被迫才去唱哀歌、做乞丐的，并不曾为了爱情而主动地脱离自己的家庭，也就是脱离自己的富贵生活。因而延寿马这一形象的出现，是值得重视的。这种把双方的互爱看得比其他一切更高，认为这就是构成婚姻的主要条件，为了爱情，脱离自己较高的阶级地位也是可以的，显然都不是封建统治阶级的看法。这种新鲜的和封建正统观念对立的思想，乃是这个剧本中所反映的、应当为我们所重视的新鲜事。

在这个剧本中，已经出现了很优美的唱词，这也说明它出现的时代较晚。如像王金榜全家被完颜同知赶走以后，在路上轮唱的一支〔八声甘州〕就是富有诗意的。它不但细微地描绘了旅途风景，而且通过各人对于大自然的感受，显示了各不相同的内心世界：

> 子规两三声，劝道不如归去，羁旅伤情。花残莺老，虚度几多芳春。家乡万里，烟水万重，奈隔断鄰①鸿无处寻。一身，似雪里杨花飞轻。②（旦：）艰辛，登山渡水，见夕阳西下，玉兔东生。牧童吹笛，惊动暮鸦投林。残霞散绮，新月渐明，望隐隐奇峰锁暮云。泠泠，见溪水围绕孤村。（末：）奈行程路途劳顿，到黄昏转添愁闷。山回路僻人绝影，不觉长叹两三声。（旦：）望断天涯无故人，便做铁打心肠珠泪倾。只伤着，蝇头微利，蜗角虚名。（卜：）向村庄上借宿安此身，只见孤馆萧条扃。（旦：）想村醪易醒愁难醒。暗思昔情人，临风对月欢娱频宴饮，转教我添愁离恨。您今宵里孤衾展转，谁与安存？

这简直就是一首情景交融、扣人心弦的抒情诗。

《小孙屠》写的是孙必达取妓女李琼梅为妻，琼梅嫁到孙家之后，仍然和她往日交好的一个官吏私通，被弟弟必贵（小孙屠）揭破。弟兄两人因

---

① 当作鳞。

② 以上当是末唱。

此被奸夫淫妇陷害，几乎送了性命，后获得昭雪。这个剧本对于生活中黑暗势力的揭露是勇敢的，但艺术技巧很差，某些情节也交代得不清楚。元代后期杂剧家萧德祥曾经写过一本同名的杂剧，而据《录鬼簿》的记载，这位作家写过南曲戏文，因此有人怀疑两本《小孙屠》同出萧手。但杂剧已经亡佚，真相如何，是无法断定的。可以指出的是：在元代后期，由于北曲杂剧南移与南曲戏文接触，将杂剧原有的情节改写为戏文的风气，在当时确实很盛。《小孙屠》外，《宦门子弟错立身》也是如此，李直夫、赵敬父（即赵文殷）也都写过同名的杂剧。其余可举的例子还多。由此可见，这两个剧种的接触，不只是丰富了戏剧艺术的本身，也使戏剧的题材大大地丰富起来了。通过许多不同剧种之间的交流，使得每个剧种都能够以它所特有的艺术形式来描写为人民所共同关心的生活，所共同喜爱的故事，乃是祖国古典戏剧的特点之一，也是优点之一，而这是从元代就开始了的。

第二节　四大戏文之冠《拜月亭》

元代产生的许多戏文，到了明代，仍然在剧场中流行，并且被多数批评家认为是重要作品的，有被简称为“荆、刘、拜、杀”的《荆钗记》、《刘知远白兔记》、《拜月亭》（后由明人改题为《幽闺记》）和《杀狗记》等四种，而《拜月亭》则是四大戏文之冠。

《拜月亭》是“荆、刘、拜、杀”中最优秀的一种。在徐渭《南词叙录》中，它题为《蒋世隆拜月亭》被列入“宋、元旧篇”。明人著作如何元朗《曲论》、王世贞《艺苑卮言》、王骥德《曲律》等，都说是元末施惠所作，但并无确证。① 把它看成是元代无名氏的作品，是较为妥当的。

这部戏文具有奇巧而动人的情节：蒋世隆是金代中都（今北京）人，因

① 《录鬼簿新校注》于施君承条下注云：“曹（楝亭）本作施惠。……惠，字君美。杭州人，居吴山城隍庙前。以坐贾为业。公巨目美髯，好谈笑。余尝与……至其家。每承接款，多有高论。诗酒之暇，惟以填词和曲为事。有《古今砌话》，亦成一集。其好事也如此。”但钟嗣成、曹楝亭均未提及著《拜月亭》。

居父丧,未应科举,带着胞妹瑞莲,在家寂寥度日。这时,番兵犯界,忠臣陀满海牙反对迁都汴梁的逃跑政策,和奸臣聂贾列发生争执,全家被斩,只有其子陀满兴福一人逃出。兴福被追捕时,越墙躲入蒋宅。蒋世隆问明了情由,很尊敬和同情他,便和他结为兄弟,帮他逃走。兴福继续前行,在虎头山遇见了一伙强盗,因他武艺高强,便被推为寨主,暂时落草安身。尚书王镇,当军情紧急时,奉命到边境了解情况,便和他夫人及女儿王瑞兰分别了。在这时,番兵突然深入,中都居民,纷纷逃难。蒋世隆和妹子瑞莲,王夫人和女儿瑞兰也在其中。但兄妹、母女在人群中失散了。蒋世隆叫唤着妹妹瑞莲的名字,在她旁边的王瑞兰误应了。王夫人叫唤着女儿瑞兰的名字,在她旁边的蒋瑞莲也误应了。于是蒋世隆和王瑞兰便权充夫妇,王夫人则认了蒋瑞莲作义女,继续前行。在广阳镇上,蒋世隆和王瑞兰由于相爱而结了婚,接着蒋世隆又生了病。这时,瑞兰恰好遇着了自己嫌贫爱富的父亲。他竟不顾女儿的爱情、女婿的病体,便将他们之间的关系割断,将女儿带走了。父女俩走到孟津驿,又遇见了在困顿中的王夫人和瑞莲,于是到了汴梁。这一家人虽然完聚了,但瑞兰却一直因失去丈夫在愁苦中过着日子。另一方面,陀满兴福则巧遇义兄蒋世隆,一同应举,蒋世隆中了文状元,而兴福则中了武状元。王镇要把亲女嫁给文状元,义女嫁给武状元。但由于世隆和瑞兰并不知道婚嫁的对象就是自己原先的配偶,都拒绝了,后来弄清真相,才得重新团聚。兴福和瑞莲也结成了夫妻。

在戏文《拜月亭》出现以前,关汉卿写过一本题为《闺怨佳人拜月亭》的杂剧。虽然关剧的宾白部分已有缺佚,但我们从其情节、文辞、人物性格诸方面来考察,可以证明:杂剧《拜月亭》是给戏文《拜月亭》奠定了良好的基础的。但戏文并不是杂剧的单纯的放大,而是对它的彻底的改写。长达四十出的戏文,不仅增加了陀满兴福这个人物以及与他关联的若干情节,而且将杂剧原有的情节也写得更为曲折动人,语言也更为丰富优美。它的情节发展显然具有偶然性,但又是生活中可能遇到的巧合,并不使人产生牵强附会的观感。

战争离乱是这个剧本的背景。由于番兵的入侵,身份颇为悬隔的男女主角才有机会意外地相识。在悲惨的环境里，一位善良的青年男子遇到一位孤立无助的青年女子，他帮助了她，并且爱上了她，然后很自然地在苦难中结合了。但这种由奇遇而产生的爱情，在蒋世隆和王瑞兰心中，都是异常坚定的。虽然一个深闺弱质和一个贫寒书生，在广阳镇上，都还无力抵抗王镇的无理迫害，以至于不得不暂时分散，但瑞兰其后在自己锦衣玉食的家庭中的深情幽怨，对于父亲命她再婚的断然拒绝，还有蒋世隆对于作尚书女婿这种有利于自己前途的婚姻毫不动心，都显示了这一对夫妻坚贞的爱情和崇高的品质。与体现在这两位青年人身上的气质和品德恰恰相反的，是王镇那种嫌贫爱富的庸俗观点和以包办儿女婚姻为自己职责的封建思想。虽然父女两代之间的这种难以调和的冲突是通过剧作家的巧妙安排而解决了，因而从表面上看来，王镇好像并没有失败，但是我们不能不说：蒋世隆和王瑞兰才是真正的胜利者。

戏文《拜月亭》的作者是长于抒情的，特别是在对于女性心理进行刻画时，这种才能就显得更加突出。如第三十二出《幽闺拜月》①，写心事重重的王瑞兰在拜月时和她的聪慧而调皮的义妹蒋瑞莲之间的矛盾，就是一例。这一出戏，虽说有关剧的第三折作为底本，因而多少为作家的艺术构思提供了一些方便，但如果将两者加以比较，就可以看出，这位戏文作家绝不是拾人牙慧的人。他对两姐妹的精神状态作了更深刻的发掘，因而比起杂剧来，也就具有为前者所无的“婉转详尽，情与词谐”②的特点。

〔齐天乐〕(旦：)恹恹捱过残春也，又是困人时节。景色供愁，天气倦人，针指何曾拈刺。(小旦：)闲庭静悄，琐窗潇洒，小池澄澈。(合)叠青钱泛水，圆小嫩荷叶。

〔浣溪沙〕(小旦：)阶前萱草簇深黄，槛外榴花叠绛囊，清和天气日初长。(旦：)懒去梳妆临宝镜，慵拈针指向纱窗，晚来移步出兰房。(小

① 世德堂本为第三十五折，题作《瑞兰拜月》。

② 王国维《宋元戏曲史》，上海古籍出版社1998年版，第124页。

旦：）姐姐，当此良辰美景，正好快乐，你反眉头不展，面带忧容，为甚么来？

〔青衲袄〕（旦：）我几时得烦恼绝，几时得离恨彻！本待散闷闲行到台榭，伤情对景肠寸结。（小旦：）姐姐，撇下些罢。（旦：）闷怀些儿，待撇下怎忍撇？待割舍难割舍。倚遍阑干，万感情切，都分付长叹嗟。

〔红衲袄〕（小旦：）姐姐，你绣裙儿宽褪了褶，为伤春憔悴些。近日庞儿瘦成劳怯，莫不是又伤夏月？姊妹每休见撇，斟量着你非为别。（旦：）你量着我甚么？（小旦：）多应把姐夫来萦牵，别无些话说。

〔青衲袄〕（旦怒科：）你把滥名儿将咱引惹，直恁的情性乖，心意劣。女孩儿家多口共饶舌，爹娘行快活要他做甚的？要妆衣满箧，要食珍羞则盛设，和你宽打周折。（走科。小旦：）姐姐，到那里去？（旦：）到父亲行先去说。（小旦：）说些甚么？（旦：）说你小鬼头春心动也。

〔红衲袄〕（小旦：）我特地当耍说。（跪科：）姐姐，望高抬贵手饶过些，一句话儿伤了俺贤姐姐。（旦：）起来，且饶你这次，今后再不可如此。（小旦：）若再如此呵，瑞莲甘痛决，姐姐闲耍歇，小的妹先去也。（旦：）你那里去？（小旦：）只管在此闲行，忘收了针线帖。

（旦：）也罢，你先去！（小旦：）推些缘故归家早，花阴深处遮藏了，热心闲管是非多。冷眼觑人烦恼少。（下。旦：）这丫头去了。天色已晚，只见半弯新月，斜挂柳梢，几队花阴，平铺锦砌，不免安排香案，对月祷告一番。〔卜算子〕款把棹儿抬，轻揭香炉盖，一炷心香诉怨怀，对月深深拜。（拜科）。

〔二郎神〕（旦：）拜新月，宝鼎中明香满爇。（小旦潜上听科。旦）上苍，这一炷香呵！愿我抛闪下男儿疾效些，得再睹同欢同悦。（小旦）悄悄轻将衣袂拽。姐姐，却不道小鬼头春心动也。（走科。旦）妹子到那里去？（小旦）我也到父亲行去说。（旦扯科。小旦）放手，我这回定要去。（旦跪科）妹子，饶过了姐姐吧！（小旦）姐姐请起。那娇怯，无言俯首红晕满腮颊。

〔莺集御林春〕(小旦:)恰才的乱掩胡遮,事到如今漏泄,姊妹每心肠休见别,夫妻每是有些周折。(旦:)教我难推怎阻,罢罢,妹子,我一星星对伊仔细从头说。(小旦:)姐姐,他姓甚么?(旦:)姓蒋。(小旦:)他也姓蒋,叫甚么名字?(旦:)世隆名。(小旦:)呀!他家住在那里?(旦:)中都路是家。(小旦:)姐姐,你怎么认得他,他是甚么样人?(旦:)是我男儿受儒业。

〔前腔〕(小旦悲介:)听说罢姓名家乡,这情苦意切,闷海愁山将我心上瞥,不由人不泪珠流血!(旦:)我恓惶是正理,只合此愁休对愁人说。妹子,你啼哭为何因,莫非是我男儿旧妻妾?

〔前腔〕(小旦:)他须是瑞莲亲兄。(旦:)呀!原来是令兄。为何散失了!(小旦:)为军马犯阙。(旦:)是,我晓得了。散失忙寻相应者,那时节只争个字儿差迭。妹子,和你比先前又亲,自今越更着疼热,你休随着我跟脚,久已后是我男儿那枝叶。

〔前腔〕(小旦:)我须是你妹妹姑姑,你是我的嫂嫂又是姐姐,未审家兄和你因甚别,两分离是何时节?(旦:)正遇寒冬冷月,恨爹爹把奴拆散在招商舍。(小旦:)如今还思量着我哥哥么?(旦:)思量起痛辛酸,那其间他染病耽疾。(小旦:)那时怎割舍得他?(旦:)是我男儿教我怎割舍?

〔四犯黄莺儿〕(小旦:)他直恁太情切,你十分忒软怯,眼睁睁怎忍相抛撇。(旦:)枉是怨嗟,无可计设,当不过他抢来推去望前扯。(合:)意似虺蛇,性似蝎螯,一言如何诉说!

〔前腔〕(小旦:)流水也似马和车,倾刻间途路赊,他在穷途逆旅应难舍。(旦:)那时节呵!囊箧又竭,药饵又缺。他那里闷恹恹难捱过如年夜。(合:)宝镜分破,玉簪跌折,甚日重圆再接!

〔尾声〕自从别后音书绝,这些时魂惊梦怯,莫不是烦恼忧愁将人断送也。

(旦:)往时烦恼一人悲,　(小旦:)从此凄凉两下知。
世上万般哀苦事,　无过死别共生离。

这一出戏，俗名《拜月》，乃是《拜月亭》中最精彩的场面之一，数百年来在剧坛上，一直上演不衰。

在这一出戏中，王瑞兰实际上是一位思妇，然而她当自己的秘密暴露之前，在朝夕相处的义妹面前，还是只能以闺女的身份出现，至多只能以一位怀春的闺女出现。可是，她所自觉地极力掩饰的感情秘密，又正在不自觉地通过自己苦闷的情绪而不断地透露。蒋瑞莲知道了她的姐姐是行诸外必有难言内痛的，于是一针见血地指出了那秘密的存在，虽然她还不知道它的具体内容。王瑞兰对于这个小鬼头的袭击是感到有些意外的，而且对于冒犯了她作为姐姐和尚书小姐的尊严，也不无恼怒，于是她迅速地进行了反攻，利用封建礼教对于蒋瑞莲这种越轨的言词必然要产生的干涉，钳制住了这个小鬼头的嘴巴。可是，王瑞兰这时在内心里熊熊地燃烧着的爱火，迫使她急于要对月祷告一番，此时也使她忘记了这个小鬼头是十分调皮的，因而在一转眼之间，她又把由于伪装而取得的胜利轻易地丧失了，反而不得不向义妹求饶，进一步向之摊开了全部的秘密。后来，由于瑞兰的述说，引起了瑞莲的悲感，而由于瑞莲的悲感，又引起了瑞兰的怀疑。这就又进一步地揭示了王瑞兰由于和他只是邂逅相逢，并不深知底细而引起了无穷忧虑的内心活动。在这场描写姐妹俩在日常生活中的细微冲突的戏中，作家显示了他对于生活的深入理解和高度的抒情才能，因而在他的笔下，这两个人物的音容笑貌就都是异常真实的，令人一见难忘。同时，通过这些具有浓郁生活气息的描写，作家也向人们显示了他笔下的人物所具有的积极意义，洋溢着青春的活力。

《拜月亭》中动人的场面是很多的。除此以外，如写王夫人及其义女逃难的第二十出《子母途穷》，写蒋世隆和王瑞兰在旅次结婚的第二十二出《招商偕偶》，写由于王尚书的干涉以致蒋世隆夫妇不得不活生生拆散的第二十五出《抱恙离鸾》，写王尚书一家在孟津驿意外相逢的第二十六出《皇华悲遇》，都很出色。虽然就整个作品来说，它不无冗长散漫和落入常套的地方，但终究是瑕不掩瑜的。在元代戏文中，它是唯一的可与《琵琶记》相提并论的作品。

第三节 《白兔记》、《杀狗记》及《荆钗记》

《白兔记》的情节，在我们谈到《五代史平话》和《刘智远诸宫调》时[①]，已经简略地提到。一方面，它是一个“发迹变泰”的故事。贫穷无奈的刘智远，只因为生有异象，所以始则受知于李太公，做了他家的女婿，继而以同样的原因，在投军以后，又娶了节度使岳勋的女儿，终至于飞黄腾达，夫荣妻贵。

这个故事显然是通过这些来宣扬宿命论的。如果长久流传于民间的刘、李故事（包括戏文《白兔记》在内）写的只是这样一个内容，那么，它就不可能得到人们更多的重视了。《白兔记》以及其他以刘、李故事为题材写的民间作品之所以长期备受欢迎，乃是由于：另一方面，它还写出了一位典型人物李三娘。在这位善良的、身上负荷着沉重的封建压力的女子身上，人们看到了古代封建社会中广大妇女的苦难的命运。

出身于乡村地主家庭的少女李三娘，一上来就是个命运被掌握在别人手中的人物。为了追求将来的富贵，父亲决定将她嫁给一个可能发迹的穷人，为了憎嫌现在的贫贱，哥嫂又对这门亲事加以激烈的反对。在李太公死后和刘智远出走后，李三娘更完全落入了兄嫂的魔掌。因为拒绝改嫁，她承担了难以胜任的体力劳动——推磨挑水，以至于当她在磨坊生下孩子之后，连剪断脐带的剪刀嫂子也不肯借给她，她只好用牙齿将脐带咬断。可是，即使在这样困厄不堪的环境里，这位妇女对于婚姻与爱情的信念也仍然是坚定的。她纯朴的感情使她不可能想到刘智远对她有什么改变。可是，正是在这个时候，刘智远又和岳氏结了婚，将她抛在一旁了。一直过了十六年，才由于儿子咬脐郎在射猎中和他母亲李三娘偶然相会，激发了刘智远的良心，才让她有个结局。这个结局的偶然性，从另外一方面来说，不正是体现了像李三娘这样的妇女，在一般情况下，其命运就必

---

① 详见《程千帆全集》（河北教育出版社 2000 年版）第十三卷《两宋文学史》第十二章第二节《讲史的话本》。

然地有忍辱含冤一直到死吗？剧本通过李三娘的遭际，是不只严厉地批判了嫌贫爱富的李洪一夫妇，同时也适当地批判了弃旧怜新的刘智远。而李三娘的形象在作家的笔下，则闪耀着善良纯朴的光芒。

《白兔记》全称《刘智远白兔记》，也属于“宋、元旧篇”之列，出于元代无名作家之手。它的语言朴素，某些情节还富有民间传说的色彩。如刘智远大战瓜精，获得兵书宝剑；咬脐郎追逐白兔，一会儿就从太原赶到了沛县；还有刘智远回到沙陀村见李三娘等情节，都是明显的例子。

这个剧本至少有三种不同的版本流传，情节虽无多更变，文词却完全不同。汲古阁本（即《六十种曲》本）可能是原本或接近于原本的一种本子。它保存了民间戏文质朴无华的本色。富春堂本则不仅修词渐趋工整，排场较为紧凑，对原本中某些不免荒唐的情节也有所改动（如将李三娘和咬脐郎相会的安排，由原来的偶然出猎追赶白兔到沙陀村，改为刘智远命咬脐郎领三千兵马回乡寻母，抵达后屯兵邻近，然后才因出猎相会），可以证明，它是晚出的。此外，晚明戏曲选集《秋夜月》中，也保存有《白兔记》三折，其中《小将军打猎遇母》一出，和富春堂本还有部分相同之处，而《汲水遇兔》和《夫妻磨坊重会》二出，则与汲古阁、富春堂两本完全不同，当是另外一个演出本。

《白兔记》存在着好几个同名异实的本子，也间接地证明了它几百年来在舞台上流行的盛况。

《杀狗记》，朱彝尊《静志居诗话》定为元、明之际的徐畛所作。畛字仲由，淳安（今浙江省淳安县）人。明太祖朱元璋洪武初年，曾征秀才。但较早的记载如晚明吕天成的《曲品》，并没有说这个剧本出于徐手。①《永乐大典目录》所收戏文，有《杨德贤妇杀狗劝夫》一目，《南词叙录》“宋、元旧篇”中有《杀狗劝夫》，现在的《杀狗记》，应该就是这个旧本。

从剧本所保存的非常浓厚的民间风味来看，也不像是自认为“传奇词曲，不多让古人”②的文人徐畛的作品。吴梅于《顾曲麈谈》卷下直言：“或

---

① 暖红室本《曲品》，在《杀狗记》下注“徐仲由作”。

② 朱彝尊《静志居诗话》卷四，人民文学出版社 1998 年版，第 87 页。

者《杀狗》久已失传，后人伪托仲由之作，羼入歌舞场中耳。不然不应与小令如出两人之手，且有天渊之别也。”今传本是经过晚明作家龙子犹(即冯梦龙)和秦淮墨客校订过的，但基本上仍然保留了它“事俚词质”①的特色。

《杀狗记》是以元代萧德祥的杂剧《杨氏女杀狗劝夫》为底本进行再创作的。哥哥孙荣因为受了两个无赖柳龙卿、胡子传的哄骗，将弟弟孙华赶出了家门，甚至想设法将弟弟加以毒害。嫂嫂杨月真屡次苦劝，也没有能够使丈夫回心转意。后来，她杀了一条狗，将它穿上人衣，放在后门口，使丈夫蒙受了杀人的嫌疑。孙荣为这事向两个酒肉朋友求援，却被拒绝了，但孙华却毫不迟疑地替哥哥埋掉了那具尸体。走入迷途的孙荣被不念旧恶的孙华感动了，于是和睦如初。

在这个剧本中，出现了较多的性格分明的人物，如本质并不特别坏但思想却异常糊涂的孙荣，正直善良可是在封建礼教的长期浸染之下，只知道逆来顺受的孙华，同样是封建道德的拥护者但却具有贤达机智的特点的杨月真，都是具有一定典型意义的；而柳、胡这两个人物的形象，在剧本中更为突出。这两人一开始是以帮闲的形象出现的，但随着剧情的发展，我们愈益清楚地看出了他们的恶棍流氓的面目。他们最初想以陪着孙家两弟兄吃喝玩乐为手段，来满足自己的口腹之欲。当孙华不肯和他们在一道鬼混而触怒了孙荣时，他们就进一步挑拨兄弟之间的感情，终于使孙华被逐。在孙荣醉倒途中以后，他们立即改变了送“大哥”回家的计划，而合伙偷了他身上的玉环和钱钞。他们还要弄两面派的手法，鼓动孙华去控告他的哥哥。当孙荣在埋尸问题上发现了他们并不是什么好朋友，而拒绝与之继续来往以后，他们又跑到官府去诬告孙氏弟兄，想将二人置于死地。剧作家通过这些情节，相当成功地塑造了两个以利己主义为其全部人生观的寄生者的形象。他们反复地出现在舞台上，所赢得的憎恶可能超过人们对孙华和杨月真那些带有相当浓重的封建观念的正面人物的

① 吕天成《曲品》，《中国古典戏曲论著集成》(六)，中国戏剧出版社1959年版，第225页。

同情。因此，这个剧本虽然正面地歌颂了孙华的友爱和杨氏的贤德，企图将他们作为完整的、值得效法的人物来介绍给观众和读者，但它同时却在更大的程度上使人们从柳、胡两人身上看出了封建道德的险暗面。我们分明地感觉到：在作家的笔下，这两个反面人物比那两个正面人物更显得活跃、真实。

和《白兔记》相同，《杀狗记》也以语言朴素、生活气息浓厚见长，特别是对话部分，是饶有机趣而富于舞台效果的。

(生：)……这里便是胡子传家，不免叫一声：开门。(丑内应：)谁叫？(生：)是孙大郎。(丑上：)来了。(开门介：)阿哥，你为何来得早？里边请坐。(生：)不坐了，兄弟，有一件利害的事，特来央求你。(丑：)哥哥有事，火里火里去，水里水里去。快说与我知道，我就去替哥哥干。(生：)昨日和你两个吃了酒，感蒙兄弟送我回去。不知甚人，杀死一人在我后门。(丑：)吃酒便说吃酒，不曾教你去杀人。(生：)不是我杀的。(丑：)不是你杀的，难道是我杀的不成？(生：)兄弟不要取笑，你快与我去抬过了。(丑：)且住，不要忙。我问你杀死的人有几个？(生：)只是一个，还经得几个？(丑：)啐！我只道有十来个，这等慌张！元来只是一个，也直得大惊小怪？(生：)好兄弟，快去抬过了。(丑：)抬到那里去么？(生：)向没人所在埋了，免吃官司。(丑：)若去埋，又要搭工夫，我有一计在此。(生：)兄弟有何妙计？(丑：)我如今将一条草荐把那死人卷了，将索子紧紧捆住，抱他到大河边，"扑通"！(作丢势介：)啊哟！不好了！闪了腰了！怎么好！(作蹲倒介。生：)兄弟，你只口里说便罢，怎么做起手势来！如今闪了腰，怎么处？(丑：)我去不得了，你去叫柳龙卿罢！(生：)我方才先到他家，他心疼去不得。(丑：)他心疼去不得，我腰痛一发去不得了。

——第二十八出《乔人负心》

在这一场短短的对话中，毫无世故的纨绔子弟孙荣与毫无情谊的酒肉朋友胡子传两人的性格都被刻画出来了。孙荣给了我们以可笑又可怜的印象,而胡子传的狡诈则迫使我们不能不投以憎恨的眼光。《杀狗记》中像这样生动活泼的、性格化的对话是相当多的。它乃是这本出于民间的戏文在艺术上的一个值得重视的特点。

《荆钗记》也在《南词叙录》中的"宋、元旧篇"之列,题作《王十朋荆钗记》。据明清之际的张大复所编《新定九宫十三摄南曲谱》,这个剧本系"吴门学究敬先书会柯丹邱著"。有人将这位柯丹邱和元代名画家柯九思字敬忠、号丹邱子的当作一个人,①也有人因丹邱也是明初贵族朱权的道号,又是一位杂剧家,因而认为这个作品也出自朱权之手,②都不可信。在数百年的流传当中,《荆钗记》出现了各种不同的本子,但比起《白兔记》来,它的变更是不算大的。

这个剧本的情节是:温州富户钱流行因看中了贫家子弟王十朋的才学,就将女儿玉莲许给他。另外一个富家子弟孙汝权,羡慕玉莲的美貌,也想和钱家攀亲,但被玉莲拒绝了,玉莲因此也得罪了她的继母。王十朋和钱玉莲结婚后,上京应试,考中了状元。万俟丞相要将女儿配给他,也为十朋所拒绝。这位状元原来被派担任饶州签划,因为触犯了丞相,被改调潮阳,而饶州一缺,却由另外一位姓王名士宏的人前去担任。孙汝权为了想和玉莲结合,竟卑鄙地设法偷换了王十朋的家书,说他已经入赘万俟丞相家中,要与玉莲离异,这时,继母又迫使女儿改嫁。为了坚决保护自己的爱情,玉莲只好投江自杀,恰巧被原任温州太守,新升福建巡抚的官员钱载和救起,认作养女。于是她就随着养父到福建去了。王十朋的母亲在媳妇自杀以后,痛苦不堪,就进京寻到了自己的儿子,并和他一同到潮阳赴任。钱载和带着玉莲到了福建以后,不久就派人到饶州去找王十朋。哪知王士宏到任不久,全家病殁。那个送信的没有详细调查,便回报说:王十朋一家都死在饶州了。这一噩耗,自然使玉莲陷入了更深的痛苦中。五年后,十朋升任了吉安知府。钱载和的友人邓谦见王十朋无妻,又

---

① 无名氏《传奇汇考标目》卷上,《中国古典戏曲论著集成》(七),中国戏剧出版社 1959 年版,第 193 页。

② 王国维《曲录》。

知钱有一守寡的养女，就给两家说合。但十朋和玉莲因不知道对方就是原来的配偶，却拒绝了。接着，这对失散了五年的夫妻到玄妙观为对方祈求冥福，偶然相遇，引起猜疑，终于团圆。①

很显然，《荆钗记》的主题思想是具有积极意义的。通过钱玉莲和王十朋这两个忠于爱情的人物，作家反映了人民对于爱情和婚姻的美好的看法。钱玉莲在王十朋的德才和孙汝权的豪富之间作了合情合理的选择。结婚以后，她作为一个贤惠的妻子和媳妇，在贫困的王家过着安静的日子。在受到各种欺骗和压迫，除了一死便无法保护自己的爱情时，她便毅然付出了自己的生命。在五年之后，还不改变她的初衷。在这些情节里，都凸显了钱玉莲坚贞不屈的形象。同样，作家笔下的王十朋也和古典戏曲中另外一些害软骨病的状元如王魁、陈世美不同。他是配得上、对得起钱玉莲的。万俟丞相的富贵、权威并没有压倒这一介寒儒，没能使他丧失操守，反之，他却以当时男子中所稀有的节义，将只有半年情分的妻子的爱情牢固地保藏在自己的心里，王十朋这种行为，说明了作家认为：男子在婚姻与爱情上应当和妇女同样负责。这种看法，超越了当时事实上只强调妇女应当片面地对男子守贞的封建道德观点，值得肯定。

但是，这个剧本在“荆、刘、拜、杀”中，从艺术上看来，却是最差的。明人吕天成《曲品》把它列为“妙品”，“以真切之调，写真切之情，情文相生，最不易及。……直当仰配《琵琶》而鼎峙《拜月》者乎！”似带有片面性。作者只是表面地抓到了生活当中这些值得表现的人物和情节，但却没深入生活，更没有深入到剧中人物的精神世界里面去。因此，在语言的运用方面，虽然相当圆满，却没能通过人物的语言来表现人物自己的思想感情。在《荆钗记》中，即便是像钱玉莲这样最重要角色的内心活动，也写得平庸乏味。例如第二十六出《投江》，本是个激动人心的场面，然而钱玉莲投江之前所唱的〔梧叶儿〕、〔香罗带〕、〔胡捣练〕三支曲子，却并没有能够将自

① 按剧情，王十明在吉安，钱玉莲在福州，钱何以能到吉安玄妙观与王相会，剧中并没有交代，这分明是个漏洞。所以后来载在《缀白裘》、《醉怡情》诸选集中的演出本，就改为《舟会》一出，将情节换成是钱载和全家经过吉安，因而相会，就合理了。

己的非死不可的苦痛充分地表达出来。在其余的应当成为高潮的关目里,也有类似的情况。这样一来,人物的性格便很难给人留下深刻而鲜明的印象。这一带有根本性的缺点,使它不但不能和《拜月亭》媲美,就和《白兔记》、《杀狗记》相比较,也不免逊色了。

第十章　高明及其《琵琶记》

对以上所简略地加以介绍的“宋、元旧篇”诸戏文，我们都无法确定它们的作者和产生的时间。但关于高明的生平和他创作《琵琶记》的年代，我们却大略知道。这对于了解这部重要的作品，是有帮助的。

第一节　高明的文化思想与创作主张

据推断，这位作家大致生于1301年左右，死于明朝初年，活了七十多岁。他的一生，主要的是在元帝国走向衰弱、崩溃和灭亡的时期中度过的。在他40岁以后，这个蒙古贵族和汉族大地主联合统治的帝国，已经由于农民的不断起义而陷于风雨飘摇之中。在1348年方国珍的起义之后，刘福通、郭子兴、朱元璋、张士诚、徐寿辉、陈友谅等人所率领的农民武装相继出现。经过群雄混战的局面，中国历史终于在1368年揭开了新的一页，由元朝变成了明朝。在这几十年当中，突出的种族矛盾和阶级矛盾，不用说，对于作家是一种非常生动的教育，给他的创作提供了现实基础。

这时的剧坛风习对《琵琶记》的产生也有推动作用。我们曾经提出：在元代中叶以后，杂剧已经趋向衰落，到了顺帝时(1333—1368)，戏剧界就有显著的“亲南而疏北”的倾向，这就逐渐地改变了只有北曲杂剧才“有名人题咏”的现象，一些有才情和修养的文士，也开始从事于戏文的创作了。而高明，则正是由于写了像《琵琶记》这样杰出的戏文，才使他在文学史上永垂不朽的。

高明，字则诚，自号菜根道人，瑞安（今浙江省瑞安县）人。他的祖父天锡、伯父彦，都是诗人。在家庭的熏染之下，他从小就好学能文，后来从大儒黄溍学习。在1345年（元顺帝至正五年），这位多年过着隐居生活的人考中了进士，并由此走上了做官的道路，先任处州录事，后任江浙行中书省丞相掾。他在工作中表现得很有才干，又勇于负责，因此很为人民所爱戴。在元帝国军队去镇压方国珍时，他曾在军中任都事，因为和主帅意见不合，并没有担任实际工作。方国珍不久投降了元朝，他也就回到家乡。后来又一度出来担任江南行台掾，福建行省都事等职。在1356年以后，他避乱隐居在宁波城东的栎社，开始创作《琵琶记》。在1368年之前，这部戏文早已写成，并在各处演出了。朱元璋很欣赏这个剧本，奉为富贵家不可缺的“山珍、海错”，在做皇帝以后，曾下令要这位作家到南京去修《元史》，但这时高明已经年老多病，没有应命，回到家乡，不久就死去了。大体上说来，《琵琶记》的作者是在做隐士和做小官吏这两种生活中度过了自己一生的。著有《柔克斋集》二十卷，大都已佚，仅存诗、文、词、散曲五十余篇。

家庭教养和师承使高明具有非常浓厚的封建文化思想。在他心目中，孝子、义夫、节妇都是崇高的人物，甚至对割肝作药来治疗祖母的疾病那种野蛮的愚孝，他也加以赞扬。虽然在他的某些诗篇中，也反映过民族意识，如《赵承旨题岳王墓韵》诗：

莫向中原叹黍离，英雄生死系安危。
内廷不下班师诏，朔漠全归大将旗。
父子一门甘仗节，山河万里竟分支。
孤臣犹有埋身地，二帝游魂更可悲。

流露了较深沉的故国之情；也比较同情人民的疾苦，如《游宝积寺》诗中所写：“几回要挽银河水，好与苍生洗汗颜。”但这些值得肯定的思想观念，并不是很强烈的，否则，他就不会去参加元军去镇压方国珍了（这也许跟方国珍的所作所为不像是能成就大业者不无关系）。可是，这只是他思想中消极的一面，另一面，他多年隐居的生活和失意的宦途，也使他产生了淡泊名利的思想感情；元代末年政治的混乱和人民的痛苦所给予他的影响，也使其对于忠君观念比较淡薄。总之，这位作家对于封建道德，特别是其中的关于家庭伦理的部分，是极端拥护的，但也没有对整个封建社会加以毫无保留的肯定。同时，他的封建思想，在和现实生活的接触中，也不断地被客观现实所修正，甚至被它所否定。这样，就构成了他的世界观本身的矛盾和他表现在《琵琶记》中的主观意图和作品通过艺术形象而显示出来的客观效果的矛盾。

第二节　《琵琶记》创作的艺术实践超越了作者主观意图

在《琵琶记》第一出《副末开场》中，作家强调了“不关风化体，纵好也徒然”的主张，声明他这部作品是着重表扬“子孝共妻贤”的，而对于另外一些描写“佳人才子”、“神仙幽怪”的戏剧，则一概斥之为“琐碎不堪观”。这是一个郑重的宣言，他表达了作家要使自己的艺术为“风化”即封建道德服务的观点。在整个作品中，他的确也在努力地这样做着。但是，当他在自己的世界观中先进因素的推动之下，深入了现实生活，深入了自己所塑造的人物的内心世界以后，他的笔就在某种程度上，不由自主地跟着生活和人物走了。于是，在剧本中才出现了一些活生生的有血有肉的艺术形象。虽然这些人物本身也还是充满着矛盾的，并且由于他们身上存在着矛盾而形成了作品本身的矛盾，显示了其复杂性，但这已经使得《琵琶记》不像是一支封建道德的单纯传声筒，而是一部优美感人的戏剧了。

蔡伯喈和赵五娘是《琵琶记》中的主角，剧本是从他俩结婚之后写起的。由于陈留太守的荐举，一直在家养亲并且结婚才有两个月的蔡伯喈，在老父的严命和邻居张广才太公的勉励之下，进京应试，中了状元。皇帝硬派这位新科状元去做牛太师的女婿，蔡伯喈不肯，同时也想辞官返乡养亲，但都没有能做到，终于入赘牛府，在京为官，一耽搁就是三年。在这三年当中，赵五娘在张广才的帮助下竭力奉养着公婆。后来严重的灾荒却使得二老先后死去了，赵五娘虽然受尽一切苦难，费尽一切心思，也没有能挽回这个局面。赵五娘在孤苦伶仃地埋葬了公婆以后，就描下了公婆的真容，背在身上，化装成一位道姑，沿途弹琵琶唱行孝曲，讨饭上京寻夫。蔡伯喈在这几年中，过的生活是豪华富贵的，但对于父母和原配的怀念，却时刻扰乱着他的安宁。由于牛氏的盘问，他终于不能不向她倾吐了全部的秘密。在牛氏的恳求下，牛太师也竟然答应了派人将蔡家二老和赵五娘都接到京里来。这时，赵五娘却已经到京城了。她听说弥陀寺在做法会，便也赶去行乞，并将公婆真容挂在庙里，叩头礼拜。这时，蔡伯喈忽然也来追荐父母的亡灵。赵五娘因为慌忙地回避这位贵官，没有来得及收起真容就走开了。真容被蔡伯喈拾着，带回了牛府。接着，赵五娘打听到丈夫入赘情形，就借募化为名，前往牛府探听。牛氏知道她是丈夫的原配，便将她留在府中。赵五娘看到公婆的真容悬挂在丈夫的书房里，便在上面题写一首诗，这才引起蔡伯喈的查问，终于夫妇重逢。牛府派到陈留去迎接蔡氏一家的仆人这时也回来了，他带回了蔡家二老双亡的不幸的消息，也带回了张广才对蔡伯喈的严厉谴责。最后，作家以蔡伯喈带着两位妻子回乡庐墓，“一夫二妇，旌表门闾”①的大团圆结局收束了这个剧本。

《琵琶记》和某些其他戏文一样，也不是前无所因的。这个故事在最早的戏文中就以《赵贞女、蔡二郎》的题目出现了，所以《南词叙录》将它列为“宋、元篇”的第一部，并且加注说：“即旧伯喈弃亲背妇，为暴雷震死，里俗妄作也。实为戏文之首。”高明则是将《赵贞女、蔡二郎》加以改造而写成了《琵琶记》。在后者出现以后，前者就在舞台上被淘汰了。可是，原作的主要情节仍然在民间小戏中保存着，如皮黄剧《小上坟》中萧素贞唱道：“正走之间泪流满腮，想起了古人蔡伯喈。他上京中去赶考，一去赶考不回来。一双爹娘都饿死，五娘子抱土筑坟填台。坟台筑起三尺土，从空降下一面琵琶来。身背琵琶描容相，一心心上京找夫回。找到京中不相认，

① 第一出《副末开场》，〔沁园春〕。

哭坏了贤妻女裙钗。贤惠的五娘遭马踹，到后来五雷轰顶的是那蔡伯喈。”①我们不能断定《小上坟》叙述的内容完全符合原作，但它的情节远于《琵琶记》而近于《赵贞女、蔡二郎》，则是可以断言的。由此可以推知，高明的创作，除了对于加以保留的原作中的人物、情节进行了大量的艺术加工之外，与原作最大的不同之点，是将马踹五娘、雷打伯喈的结局改为“一夫二妇，旌表门闾”的结局。

应当认识到，这一改动虽然就情节来说是局部的，但就其所加于全剧的影响来说，则是非常重要的，带有根本意义的。按照原作的处理，戏剧的主要矛盾显然是存在于赵五娘和蔡伯喈之间，贤惠的妻子在历经千辛万苦之后，仍然落了一个极其悲惨的下场；而负心的丈夫则由于天网恢恢，终于也受到应得的惩罚。它通过因果报应的方式来表现人民对于这种恶劣社会现象的正义裁判，当然也是有其积极意义的。但是，高明根据自己对于生活的洞察和理解，却不能不通过亲手塑造的艺术形象指出：像这一类的家庭悲剧之所以产生，主要的还不是由于某些男子的个人品质问题。驱使他们走向蔡伯喈那种堕落道路的，乃是笼罩着、统治着整个社会的封建势力。它作为一种强大的客观存在，总是不断地以功名富贵这些足以使人昏头转向的事物来俘虏一切可以被俘虏的人，来破坏普通男女的宁静的家庭幸福和美好的生活理想的。正因为现实生活这样教导着作家，所以《琵琶记》并没有像原作一样，以女主角被马踹，男主角被雷轰作为全剧的高潮，来赢得舞台效果。而是以大量的篇幅，在不同的场合里，深刻地、反复地揭示了功名富贵对于缺乏坚定性格的蔡伯喈的影响和对于他全家（包括牛氏在内）的毒害。这也就构成了剧本的根本性的客观思想——它的强烈的反封建性。因此，它也就不再是一个像原作那样意义比较狭隘的果报悲剧，而是一个富有社会意义的、控诉封建势力和封建思想的悲剧了。当然，这并不是高明始料所及的。

从现存的、为数很少的资料也可以看出，在《赵贞女、蔡二郎》中，蔡伯喈是一个“背亲弃妇”的纯粹的反面人物，经过高明的改变，他却变成了一

---

①　载《京剧汇编》第三集。

个辞试不从，辞官不从，辞婚不从，即虽然犯了许多从封建道德观点看来是很大的错误，却没有一件不可以予以原谅的孝子了。作家是根据自己理想的孝子来写蔡伯喈的，同时，他又赋予了这个角色以时而淡薄利禄，时而热衷功名的思想感情。在封建社会中，徘徊在出仕与退隐、尽忠与尽孝之间的读书人，本来很多，《琵琶记》中的男主角，正是一个思想感情上具有这种矛盾，而又因为具有非常容易动摇的性格，以至于在外力逼迫之下，虽然取得了富贵荣华，却也使得自己的家庭遭到毁灭性的破坏的不幸者。

戏文一正式开场，我们就看到了存在于蔡家内部的两种不同的生活态度。“论做人要光前耀后，劝我儿青云万里，早当驰骤”，这是蔡公对儿子的教训，而与之对立的，则是蔡婆的看法，“真乐在田园，何必区区公与侯”。① 赵五娘，作为心地善良，感情纯朴的新婚女子，显然是站在婆婆一边的。而蔡伯喈呢，则动摇在两者之间，他感到自己正处在“骅骝欲骋，鱼龙将化”的时候，又感到不能为了功名，离开父母，所以只好用“且尽心甘旨，功名富贵，付之天也”②的想法来暂时解决这个矛盾。蔡伯喈在这个时候，并不缺乏一个普通人所具有的渴望宁静幸福生活的感情，这是无可怀疑的。但由于他本来不是一个对功名富贵全无兴趣的人，在老父的严命之下，就终于只好辞别了自己所孝顺的双亲和所钟爱的新婚妻子，而走上了封建统治者为读书人规定的道路。

蔡伯喈的不幸还在于他的确才高学富，符合于统治者的要求。因此在他考中状元之后，不只是皇帝要派他做官，牛太师还要选他为婿。其实“辞婚”并不难，只要说明已经有妻就行，而他软弱的、动摇的性格，对于功名富贵的欲望，又使他不能也不敢过于强硬地坚持自己原来具有的、较为合理的人生理想，终于完全被高踞在他头上的代表着封建势力和封建思想的父亲、皇帝和太师所俘虏了。也就是在这个时候，他得到了利禄，却失去了生活中，特别是家庭生活中许多美好的东西，同时，也严重地违反

---

① 第二出《高堂称庆》，〔醉翁子〕。

② 第二出《高堂称庆》，〔瑞鹤仙〕。

了他所愿意加以尊奉的孝道。

如果这位被纳入了利禄之途的新官僚就此完全堕落成为一个“背亲弃妇”的人物，那问题就要简单一些。但《琵琶记》中蔡伯喈的性格是相当复杂的。他在官场的泥坑中越陷越深，但始终没有完全放弃离开这个泥坑的念头；他算是做了忠臣，可也不忘记还要做孝子；他对牛氏是有感情的，而赵五娘却更吸引着他。就在这些矛盾中间，蔡伯喈痛苦地挣扎了三年，尽管这种挣扎，由于他软弱性格和富贵名利心态的决定，对于改变现实都无能为力。

《琵琶记》在不少的场面中描写了蔡伯喈的内心矛盾，他的性格正是通过那些矛盾而显露在观众和读者面前的。虽然作家在写他思家时，往往强调孝子思亲的一面，但感人最深的，却是写他怀念赵五娘的部分，如第二十二出《琴诉荷池》：

〔满江红〕(贴旦上唱：)嫩绿池塘，梅雨歇，薰风乍转。瞥然见新凉华屋，已飞乳燕。簟展湘波纨扇冷，歌传金缕琼卮暖。(众：)炎蒸不到水亭中，珠帘卷。

(贴：)相公原来在此操琴呵。(生：)夫人，我当此清凉，聊托此以散闷怀。(贴：)奴家久闻相公高于音乐，如何来到此间，丝竹之音，杳然绝响？斗胆请再操一曲，相公肯么？(生：)夫人，待要听琴，弹甚么曲好，我弹一曲《雉朝飞》何如？(贴：)这是无妻的曲，不好。(生：)呀！说错了。如今弹一曲《孤鸾寡鹄》何如？(贴：)两个夫妻正团圆，说甚么孤寡！(生：)不然，弹一曲《昭君怨》何如？(贴：)两个夫妻正和美，说甚么宫怨。相公，当此夏景，只弹一曲《风入松》好。(生：)这个却好。(弹介。贴：)相公，你弹错了。(生：)呀！我弹个《思归引》出来，待我再弹。(贴：)相公，你又弹错了。(生：)呀，又弹出个《别鹤怨》来。(贴：)相公，你如何恁的会差。莫不是故意卖弄，欺侮奴家？(生：)岂有此心，只是这弦不中用。(贴：)这弦怎的不中用？(生：)俺只弹得旧弦惯，这是新弦，俺弹不惯。(贴：)旧弦在那里？(生：)旧弦撇下多时了。(贴:)为甚撇了,(生:)只为有了这新弦,便撇了那旧弦。(贴:)相公何不撇了新弦,用那旧弦,(生:)夫人,我心里岂不想那旧弦,只是新弦又撇不下。(贴:)你新弦既撇不下,还思量那旧弦怎的?我想起来,只是你心不在焉,特地有许多说话。

〔桂枝香〕(生:)(夫人,)旧弦已断,新弦不惯。旧弦再上不能,待撇了新弦难拚。我一弹再鼓,一弹再鼓,又被宫商错乱。(贴:)相公,你敢是心变了么?(生:)非干心变。这般好凉天,正是此曲才堪听,又被风吹别调间。

〔前腔〕(贴:)(相公,)非弹不惯,只是你意慵心懒。既道是寡鹄孤鸾,又道是昭君宫怨,那更思归别鹤,思归别鹤,无非愁叹。(相公,我看你多敢是想着谁。)(生:)夫人,我不想着甚么人。(贴:)相公,有何难见,你既不然,(我现会得了,)你道是除了知音听,道我不是知音不与弹。

(生:)夫人,那有此意。(贴:)相公,这个也由你。毕竟你无心去弹他,何似教惜春安排酒过来,与你消遣何如?(生:)我懒饮酒,待去睡也。

这只是《琴诉荷池》中的一个片段,然而作家对蔡伯喈软弱的性格和苦闷的心情却是描写得十分出色的。这位太师女婿和朝廷新贵的私生活竟是如此地抑郁无聊,正证明了他的精神压力是多么沉重。牛氏整个的心灵虽然都被她父亲塞满了三从四德,但凭仗着女性对于爱情的本能,也感到了丈夫不自觉地流露出来的感情倾向是不对头的,因而自己也不能不隐约地有不幸的感觉了。剧本接着写了第二十四出《宦邸忧思》、第二十八出《中秋望月》、第三十出《瞯询衷情》诸出,一步进一步地完整地画出了蔡伯喈在第十九出《强就鸾凰》以后的精神面貌。

从整个剧本来看,高明显然有将蔡伯喈塑造为一个对父母是孝子,对皇帝是忠臣,对妻子是义夫的完美人物的企图。然而这个企图是不成功的。人们对于这位男主角,所给予他的轻视恐怕要远远超过给予他的同情。但同时,由于作家深刻地揭示了他的内心矛盾,并在矛盾的发展中刻画出了他那种悲剧性格，所以他仍然是一个令人不能忘怀的艺术形象。不仅如此，透过蔡伯喈在走上封建统治者所规定的人生道路以后，他获得了什么，失去了什么这一严峻的事实，以及他面临那些严峻事实时的迷乱、懊丧和苦恼，人们也不能不承认，封建势力对于导致蔡伯喈的蜕变、蔡家的毁灭，起了根本性的、具有决定意义的作用。大家对于蔡伯喈这种无力抗拒封建势力所加于他的压迫和引诱的人物，固然无从抑制自己的轻蔑之情，然而更大的憎恨，却不能不投向经常地在腐蚀人类真正感情的封建思想和封建制度方面去了。

作家有意识地将赵五娘写成一个令人钦敬和同情的人物。就这一点来说，剧本是收到了这种效果的。可是，广大的观众和读者钦敬和同情这位女主角，虽然与作家相同，而其所以钦敬和同情的缘故却有很大的差别。赵五娘在作家心目中，是理想的孝妇和贤妻，而在多数人的心目中，则是一个善良纯洁的富有自我牺牲精神和责任感的、被封建制度压迫得抬不起头来的悲剧典型。从她的经历中，封建社会中多数的妇女都可以看见自己的一部分生活。

我们丝毫也不知道赵五娘的少女时代是怎样度过的，但可以想象得到，她嫁到蔡家以前，已经具有那样一些高贵的品质、感情和屈从于命运安排的习惯了。两个月的新婚生活是愉快的，但“黄榜招贤”却立刻扰乱了她的家庭幸福。这位少妇当然不愿意离开和自己有感情的丈夫，并挑起在丈夫走后留给她的奉事公婆的重担。然而即使她对蔡伯喈的赴试没有任何公开的异议，却已经和丈夫分担了“恋着被窝中恩爱，舍不得分离”①的罪名。她原来将对公婆尽孝和与丈夫互爱统一在平静的生活中的希望终于破灭了。在丈夫离家以后，她只好单方面的尽着孝道，过着艰难万状的岁月。

封建科举制度损害了蔡伯喈正常的生活愿望，又通过蔡伯喈中状元以后重婚牛氏而损害了赵五娘的幸福。从她在和丈夫分别时特别嘱别他

---

① 第四出《蔡公逼试》，〔太师引〕。

“十里红楼，休恋着娉婷”①看来，我们的女主角并不是完全没有意识到丈夫及第做官以后，可能引起婚变的后果。但她所能用来维系蔡伯喈的，只不过是自己的柔情和公婆的暮景。而当蔡伯喈在难以两全的功名富贵和家庭幸福之间，在皇帝和太师的勾引逼迫之下，作出了非正义的选择以后，她便不能不坠入痛苦的深渊里了。

陈留县严重的灾荒使蔡家的生活陷于绝境，也使赵五娘受到严酷的考验。从剧本第二十出《勉食姑嫜》、第二十一出《糟糠自厌》、第二十三出《代尝汤药》、第二十五出《祝发买葬》、第二十七出《感格坟成》这些动人的情节看来，赵五娘这个形象给我们的印象也是复杂的。一方面，我们不能不承认，她在封建道德长期的浸染之下，早已成为“纲常名教”的信奉者，并且反过来，又以信奉者的身份虔诚地维护着陷她于最大不幸的封建思想体系，因而在极艰难的环境和极巨大的痛苦中，还有勇气撑持下去；另一方面，我们也必须认识到，在这位封建思想已经在她精神上打下深刻烙印的人物身上，同时还具有高贵的人道主义精神。这种人道主义精神，和她在不自觉中接受了的封建孝道、妇道奇妙地混合在一道，就使她尽管埋怨丈夫，可是仍然尽力照顾公婆，养生送死；尽管被公婆埋怨和猜疑，可是仍然不想放弃自己应尽的义务。我们都看到了这个人物所具有的封建意识，可是我们却不忍心去责备她，反而无比地同情她。这正是因为：她的自我牺牲的行为所放射出来的人道主义光芒，在很大的程度上，已经把她忠实于封建伦理的缺点转化为美德了，而且，和蔡伯喈不同，她虽然受到了封建思想很深的影响，但在生活实践中所体现出来的孝道，却是极其感人的，是值得敬佩的。面对严重的饥荒，她将仅有的一点粮食让公婆吃，而自己却以糠充饥：

〔山坡羊〕（旦上：）乱荒荒不丰稔的年岁，远迢迢不回来的夫婿，急煎煎不耐烦的二亲，软怯怯不济事的孤身体。（苦！）衣尽典，寸丝不挂体。几番拼死了奴身已，争奈没主公婆教谁看取？（合）思之，虚飘飘

① 第五出《南浦嘱别》，〔犯尾序〕。

命怎期？难捱，实丕丕灾共危。

〔前腔〕滴溜溜难穷尽的珠泪，乱纷纷难宽解的愁绪。骨崖崖难扶持的病身，战兢兢难捱过的时和岁。（这糠，我待不吃你呵，）教奴怎忍饥？（我待吃你呵，）教奴怎生吃？思量起来，不如奴先死，图得不知他亲死时。〔合前〕

奴家早上安排些饭与公婆吃，岂不欲买些鲑菜，争奈无钱可买。不想婆婆抵死埋怨，只道奴家背地自吃了什么东西。不知奴家吃的是米膜糠秕，又不敢教他知道。便做他埋怨杀我，我也不分说。苦，这糠秕怎的吃得下！（吃，吐介。）

〔孝顺歌〕呕得我肝肠痛，珠泪垂，喉咙尚兀自牢嗄住。（糠那！）你遭砻被舂杵，筛你簸扬你，吃尽控持。好似奴家身狼狈，千辛万苦皆经历。苦人吃着苦味，两苦相逢，可知道欲吞不去。（外、净潜上探觑介。）

〔前腔〕（旦：）糠和米，本是相依倚，被簸扬作两处飞。一贱与一贵，好似奴家与夫婿，终无见期。（丈夫，你便是米呵，）米在他方没寻处，（奴家恰便似糠呵，）怎的把糠来救得人饥馁。好似儿夫出去，怎的教奴供膳得公婆甘旨。（外净潜下介）

〔前腔〕思量我生无益，死又值甚的！不如忍饥死了为怨鬼。（只一件，）公婆老年纪，靠奴家相依倚，只得苟活片时。片时苟活虽容易，到底日久也难相聚。谩把糠来相比，（这糠呵，尚兀自有人吃，）奴家的骨头，知他埋在何处？

（外、净上。净：）媳妇，你在这里吃什么？（旦：）奴家不曾吃什么。（净搜拿介。旦：）婆婆你吃不得。（外：）咳，这是什么东西？①

〔前腔〕（旦：）这是谷中膜，米上皮，（外：）呀，这便是糠，要他何用？

---

① 这以上的几句对白，陆贴典抄校本与通行本不同，如下："（外、净上探白：）媳妇，你在这里说什么？（旦遮糠介。）（净搜出打旦介。）（白：）公公，你看么，真个在背后自逼逻东西吃，这贱人好打。（外白：）你把他吃了，看是什么物事。（净荒吃介，吐介。）（外白：）媳妇，你逼逻的是什么东西？"

(旦:)将来逼逻堪疗饥。(净:)咦!这糠只好将去喂猪狗,如何把来自吃?〔旦〕尝闻古贤书,狗彘食人食;也强如草根树皮。(外、净:)恁的苦涩东西,怕不噎坏了你?(旦:)啮雪吞毡,苏卿犹健,餐松食柏,到做得神仙侣。这糠呵,纵然吃些何虑。(净:)阿公,你休听他说谎,糠秕如何吃得?(旦:)爹妈休疑,奴须是你孩儿的糟糠妻室。

(外、净看,哭介。)媳妇,我元来错埋冤了你,兀的不痛杀我也。

高明在《糟糠自厌》这个场面中,无疑地是将赵五娘作为一个孝妇来歌颂的。它不仅写出了赵五娘如何在生理上忍受了难以忍受的摧残,而且还着重地写出了在忍受这种摧残的同时,还要在心理上忍受不为婆婆所信任的痛苦。可是,这样一来,封建礼教所规定的片面的孝道,在人们的眼中就不是什么应当恪遵的正当义务,反而是一种折磨下一代的刑具了。可以说,这种效果是出于作家意料之外的。诚然,赵五娘孝敬老人的人道主义精神,仍然堪称崇高品德。

但这个场面之所以特别感人,还不在于它违反了作家的主观意图,在客观上写出了封建孝道的不合理,而是在于它写出了赵五娘那种复杂矛盾的内心感受和勇于承担苦难的精神,而这些,又是和她对于过着普通人民正常的家庭幸福怀着真切愿望相联系的。在吃糠的时候还要被猜疑,这已经够痛苦了。虽然她可以不过分抱怨、计较这些,却不能不由被人轻贱的糠粃,想到自己伶仃的命运,对导致自己一至如此的丈夫,迸发了积累已久的无穷幽怨。而在满怀幽怨的同时,却仍然没有放弃对丈夫的诺言,无私地、任劳任怨地继续照顾他的双亲。这就将这位纯洁善良的妇女所具有的高尚感情异常真实而饱满地表现出来了。同样,在《祝发买葬》中,作家描写了一个女性在非剪下自己珍爱的头发不可时那种极端惋惜的心情;在《乞丐寻夫》中,作家描写了一个媳妇对于一向很敬爱的公婆的悲悯和悼念,都是异常真挚的生活实感。它们也和吃糠那个场面一样,虽然作家的用意在借那样一些细节来宣扬赵五娘的孝道,而其所表现的生活内涵,实际上已经远远地非孝道所能范围。

正因为赵五娘这个人物具有了这种活生生的真实性格,全部作品中的封建说教才被大大地削弱了，这个人物身上的封建气质也被大大地冲淡了。为了酬答赵五娘的孝和贤，作家给她安排了一个好下场。但这个下场并不是她所需要的，因为她的生活理想和功名富贵是格格不入的；同时，这个下场也很难认为符合生活真实，因为在实际生活中，《两贤相遘》应当不是家庭问题的终结，而是实质性矛盾的开始。因此，对于我们来说，赵五娘始终是一个悲剧形象，永远屹立在舞台上，控诉着那破坏了她的正常生活、侵蚀她的纯洁心灵的封建制度和封建思想。

牛氏在《琵琶记》中是仅次于蔡、赵夫妇的重要角色。高明有意将她写得完美无瑕，逗人喜欢，和赵五娘并称"两贤"，但在创造这个形象的过程中，他的现实主义的艺术力量却没有能够占到上风，因而牛氏就完全成了一个封建伦理的说教者和维护者，一个服从于作家封建思想的概念化的人物。除了极其个别的描写，如在第十五出《金闺愁配》中，她对于自己婚姻问题的考虑，还比较合于人情而外，其余是以一个可怜而又可嫌的、缺乏个性、毫无生气的人物出现在舞台上的。在姹紫嫣红的春天里，她禁止丫鬟们游戏，并且坦然地说出"纵有千斛闷怀、百种春愁，难上我的眉头"①这种对于生活毫无青春意识的话；在意外地知道丈夫另有前妻的时候，她立即表示愿意和她和平共处，对妻妾名分无动于衷。我们不能不认为：这种幽娴贤惠，事实上是麻木冥顽，是思想感情在封建礼教的毒害之下，完全僵化了的表现，好似一具蜡像。这种人物，在古代社会中，不是没有的，问题是在于作家并没有以否定的态度去暴露她，而是赞美她的贤惠。这就决定了作家塑造这个人物时所付出的劳动是得不偿失的。

在张广才身上，我们看到了作家对于普通人民的道德品质的深刻理解。张广才并不是一个很富有的人，他的家境，可以说，只比蔡家略胜一筹；同时他对蔡伯喈也没有什么贪图。然而从异常深厚的同情心出发，他成了赵五娘在危难中唯一可以依赖的长者。他不仅敬老怜贫，疏财仗义，同时也疾恶扬善，爱憎分明。剧本里，只有他才对蔡伯喈的行为提出了正面的谴责。虽然在有的地方，这个人物还嫌不够完整和饱满，但作家关于

---

①　第三出《牛氏规奴》，〔祝英台序〕。

他的热心和正义的描写是动人的。

从《琵琶记》的一些重要人物和情节来看，我们不能不承认，这个剧本是既有相当强烈的人道主义精神，又有相当浓厚的封建性的。作家世界观中的先进部分和落后部分，错综复杂地影响了他对于现实生活的认识和人物形象的塑造。这样，就使得剧本中的某些部分写得富有真实性和生活气息，而另外一部分则恰恰与之相反。在主要人物如蔡伯喈、赵五娘身上，更是留下了鲜明的矛盾性格。我们知道出身于统治阶级的古典作家所塑造的人物，是难以完全摆脱他自己封建思想的影响的，但像蔡、赵夫妇身上所具有的那样突出的矛盾，则显然也和作家有意识地提倡"风化体"的创作主张有关。这也就使整个剧本成为一个民主性和封建性统一的有机体。比起其他古典名剧来，《琵琶记》所具有的这个现象是特别显著的。

第三节 《琵琶记》的艺术特色

这个剧本的艺术特色，首先是在于它采取了强烈的对比手法来表现现实生活的矛盾。富贵的牛府和清贫的蔡家，泥塑木雕的牛氏和活泼的惜春、风趣的姥姥，横暴自私的牛太师和仗义恤邻的张太公，在京师享受荣华的蔡伯喈和在家乡受尽苦楚的赵五娘等等，莫不两两相形，使人体会到生活上和意识上的阶级鸿沟。在剧本的最主要部分，作家更使用了将两种截然不同的生活场面在舞台上交替出现的结构方式，来表现蔡伯喈在京师的遭逢和他的家庭在陈留的变化。这就不仅调节了现场气氛，而且也鲜明地显示了那是一个多么不平等不合理的社会。如果我们承认：《琵琶记》最重要的意义是在于客观反映了封建制度、封建思想和普通人民的正常生活愿望之间的不可调和的矛盾，那么，我们就应认识到：这种富于特征的结构，对于反映这一矛盾，是非常有力的。和那些生动的人物形象一样，它是一种值得夸耀的艺术创造。

其次，《琵琶记》的创作，显著地提高了戏文语言艺术的表现力。文士参加戏文创作，不可避免地要在某种程度上将自己习惯的经过更多修饰的语言带进作品中来。所以将《琵琶记》和在它以前出现的一些“宋、元旧篇”相比，它显得更有文采，是很自然的，并且是难以避免的。值得我们肯定的是，在某些地方，作家虽然不免露出掉文的习气，但总的说来，他的语言仍然是很优美的。通俗而不鄙俚，精练而不生涩，文质彬彬，雅俗共赏，措词与人物身份、故事环境都能密切结合，乃是《琵琶记》在语言方面的成就。其语言风格，基本上是本色天然之美，疏淡朴实，极少雕琢，但又能因境因人而异，如描写牛府的豪华生活，曲辞就华丽典雅，而写赵五娘和公婆饥荒的凄苦情景，则素淡无华，纯是白描；蔡伯喈与牛小姐的对话是那样蕴藉含蓄，有较多的书卷气，而蔡婆与蔡公的吵嘴却显得粗野村俗，生活气息很浓。该剧在语言艺术上还有一特色，即能吸取民间口语，经过作者提炼加工，显得格外清新隽永，生动活泼，使不同身份的人物语言，具有鲜明的个性。例如媒婆油嘴滑舌的说白：“媒婆媒婆，两脚奔波；姻亲成就，吃只肥鹅。”几句话就活现出媒婆的嘴脸。拐子的说话又别具个性特征：“乡贯何曾有定居，姓名何曾知真实。装成圈套，见了的便自入来；做就机关，入着的怎生出去?”作者很善于融合流行的成语或谚语，使它成为概括力极强而又形象化的戏曲语言，如赵五娘在剪发买葬时说：“上山擒虎易，开口告人难。”又如张广才对将要上京寻夫的赵五娘说：“桃花岁岁皆相似，人面年年大不同。”“画虎画皮难画骨，知人知面不知心。”本色平易，既生动自然，又准确鲜明，正是戏曲语言的特质。

《琵琶记》曲辞的抒情艺术，有一鲜明特点，使剧中人物能够充分地表达复杂细致的心理活动，同时逐步地展开故事情节，它不是游离于整个剧情之外，而是剧情的一个组成部分，促使戏剧冲突的发展，把人物的内心世界形象地展现在观众或读者的眼前。例如《乞丐寻夫》一出“画像”情节，赵五娘唱的〔三仙桥〕曲辞及其道白：

> 一从他每死后，要相逢不能彀。除非梦里，暂时略聚首。若要描描不就，暗想象，教我未描泪先流。描不出他苦心头，描不出他饥症候，描不出他望孩儿的睁睁两眸。只画得他发飕飕，和那衣衫敝垢。休休，若画做好容颜，须不是赵五娘的姑舅。

〔前腔〕我待画他个庞儿带厚，他可又饥荒消瘦；我待画他个庞儿展舒，他自来长恁面皱。若画出来真是丑，那更我心忧，也做不出他欢容笑口。（白：不是我不会画着那好的，我从嫁来他家，）只见两月稍优游，他其余都是愁。（白：那两月稍优游，我又忘了，这三四年间，）我只记他形衰貌朽。（白：这真容呵，）便做他孩儿收，也认不得是当初父母。休休，纵认不得是蔡伯喈当初爹娘，须认得是赵五娘近日来的姑舅。

这两支曲辞，细致地表述了她在描绘公婆画像时复杂矛盾的心情，在这种抒情的心理表现中，不仅表现出赵五娘凄苦的精神面貌，并概括了蔡家两老一生的苦乐，而在全部剧情中，"画像"又是很精彩的一部分。由于这种抒情性的心理描写与叙事交错在一起，因而它不但丰富了人物形象，并且使故事的发展显得波澜起伏，跌宕有致，而无单调枯燥之弊。《官邸忧思》描写蔡伯喈的心理活动，同样具有这种特点。

这个作品的主要缺点是它的封建说教。这一相当严重的缺点是根源于作家为"风化体"服务的主张从头至尾地渗透在作品中。

此外，在情节上，它也是有显著的漏洞。如蔡伯喈及第入赘达三年之久，而家中却一无所知；他既那么怀念父母、妻子，却从没有主动地派人去问个消息，编造《拐儿绐误》之类，都很不合情理。这些缺点对于《琵琶记》来说，自然是美玉之瑕，但人们却从其中得到了更多的值得珍视的东西。所以在戏文中，它无疑地仍然是首屈一指的杰作。

王世贞《曲藻》对高明《琵琶记》颇为赞赏："则诚所以冠绝诸剧者，不唯其琢句之工、使事之美而已，其体贴人情，委曲必尽；描写物态，仿佛如生；问答之际，了不见捏造，所以佳耳。至于腔调微有未谐，譬如见钟、王迹，不得其合入，当精思以求诣，不当执末以议本也。"①

---

① 王世贞《曲藻》，见《中国古典戏曲论著集成》（四），中国戏剧出版社 1959 年版，第 33 页。

第十一章　话本与文言小说

在《两宋文学史》中，列有《小说的新面貌》专章，首节《话本小说的兴起》，叙述了说话、话本及其起源，宋话本的时代特征，说话四家，说话业的盛况和说话人的技能；第二节论述宋代话本的思想与艺术。因为在文学史上，往往宋元话本并提，有些话本的时代界线不易处分，所以凡是在《两宋文学史》已经论及的，概不重复。

第一节　元代小说家话本

《京本通俗小说》七种，写的都是宋朝的故事，说话人提到时代背景，或称“我宋”、“我朝元丰年间”、“大宋”，或直称宋王朝的年号，如“绍兴年间”；或指称都城“东京汴州开封府”，应是南宋人的作品。《清平山堂话本》是明代嘉靖年间洪楩编刊的，原应有六十篇，现存二十七篇，大多数是宋元话本，也有一部分明初话本。冯梦龙编纂的“三言”，有许多篇是宋元话本，经过他润饰，艺术上有所提高。最大的遗憾，是明初编修的《永乐大典》佚失，据该书目录，卷一七六三六至卷一七六六一，都是评话，而大部分是元代话本。现存的元代小说类话本，见于《古今小说》（《喻世明言》）者有：《简帖僧巧骗皇甫妻》、《宋四公大闹禁魂张》、《任孝子烈性为神》、《汪信之一死救全家》四篇；《金海陵纵欲亡身》见于《醒世恒言》；在《清平山堂话本》中的《雨窗集》，则存有《曹伯明错勘赃记》；明万历年间余象斗编纂的《万锦情林》中收有《裴秀娘夜游西湖记》;《永乐大典》卷一三一三九有《西游记平话·魏徵梦斩泾河龙》,而朝鲜的古代汉语教科书《朴通事谚解》中,收有《西游记平话·车迟国斗法》。

《西游记平话》可归长篇系统,与《大唐三藏取经诗话》虽属两个不同的本子,但都对后来长篇神话小说《西游记》有影响。“西游”故事在元人杂剧中也不乏其例,吴昌龄编著《唐三藏西天取经》,仅存残曲两折;杨景贤编著《西游记》,长达六本二十四折,全存。

其余七篇元人话本,涉及婚姻家庭或男女关系的有五篇,其中《金海陵纵欲亡身》,记叙金统治者完颜亮反常的纵欲丑行招致亡身之祸,是一种卑鄙无耻的罪恶行径,表现兽性之丑。《简帖僧巧骗皇甫妻》,流氓僧人耍弄送假情书的卑劣骗术,害得皇甫松恩爱夫妻反目,皇甫盛怒之下,不加仔细调查,便休弃了少年结发妻。蒙冤被休的杨氏“上无片瓦,下无立锥”,走投无路,几乎跳汴河自尽。在被僧人串通的媒婆巧言劝阻下,不得不落入流氓僧预设的圈套。皇甫冷静思考后,深感后悔,而杨氏也仍然对他怀有深情;当她识穿恶僧的骗局时,怒不可遏地声张起来,恶僧竟要掐死她,幸亏皇甫松尾随其后,擒住罪犯,救了杨氏,恶僧受到惩处,皇甫与杨氏复婚。尽管结局破镜重圆,化悲为喜,但从中可见封建社会妇女命运之可悲可叹,也揭示府尹首次审理此案的草率,杨氏在酷刑逼供下诬服。令人敬佩的是十三岁的婢女迎儿,虽遭严刑拷打而始终坚持事实真相,不为逼供所屈。

《任孝子烈性为神》,其实质是封建包办婚姻的悲剧。任珪固然是“笃实本分”之人,又是孝子,但与“凭媒说合”的梁圣金,双方并无感情,何况圣金在婚前已与“丰姿俊雅”的邻居周得“暗约偷期”,纵然周得是个“不娶妻,只爱偷婆娘”的风流浪子,但从小说所描写的圣金在与任珪结婚后,仍然与周得保持亲密交往的两性关系来看,他们是互爱的,周得也似乎再没有与别的女人发生恋情,但是梁与周毕竟属于非法的“苟合”。本分的任孝子,也有男人的刚烈气质,当识穿妻子与周得通奸并诬陷瞎眼老父的真相,便趁圣金回娘家与周得幽会之机,竟将岳父母、使女、圣金和周得都杀了,然后提五个人头到临安府衙投案自首。虽然府尹也同情他,但是过激的报复，残杀三个无辜者，不得不判处任珪凌迟的极刑。死后成神之说，表现作者对他不幸遭遇的同情。其实，梁圣金又何尝不是封建包办婚姻制度的牺牲品呢！

《曹伯明错勘赃记》，开客店谋生的曹伯明，青年丧妻，再婚原是人情之常，但他不听姑妈劝告，娶了水性杨花、对他并无真情的妓女谢小桃为妻。谢与老嫖客倘都军旧情不断，设计陷害曹伯明，诬告曹作贼盗得一包袱财物。糊涂州官信以为真，将他错判解送到东平府。幸亏蒲左丞认真审理，勘明真相，昭雪曹伯明冤案，谢小桃、倘都军得到惩处。本篇文字粗糙，故事情节较简单，标题亦不甚确切，似未经加工的说书艺人的底本。但开始时的那首七言定场诗，写得较好，描绘出职业妓女的特质。诚然，娼门女子也有像霍小玉、杜十娘那样的钟情人，有像李娃、莘瑶琴那样经历生活实践体验、灵魂由丑转化为美的典型。

《裴秀娘夜游西湖记》则是一首少男少女一见钟情，虽经相思之苦乃至病卧床第的波折，但终成眷属的赞美诗，是宋元话本中罕见的喜剧性小说。

其他两篇的题材，是关于社会治安和为人品格的。《宋四公大闹禁魂张》，就其故事情节曲折有致、艺术构思奇特而言，有较强的可读性。但对偷盗高手宋四公及其开黑店的门徒盗术，持赞赏态度，似有诲盗之嫌。其实禁魂张的性格缺陷主要是过于悭吝：要去那

虱子背上抽筋，鹭鸶腿上割股。
古佛脸上剥金，黑豆皮上刮漆。
痰唾留着点灯，捋松将来炒菜。

特别是对穷苦人刻薄过甚，人家捡了他家主管掉在地上的两文钱，竟将捡钱人所有的钱都抢了过去；但他毕竟是个本分的守财奴，并无重大罪恶，给予适度的讽刺乃至教训是应该的，但宋四公等却以极其毒辣的盗贼伎俩，强加大祸于他，把他逼入死路，则未免过于凶残。作品的结尾有一段议论性的文字：“这一班贼盗，公然在东京做歹事，饮美酒，宿名娼，没人

奈何得他。那时节东京扰乱,家家户户,不得太平。直待包龙图相公做了府尹,这一班贼盗,方才惧怕,各散去讫,地方始得宁静。”也算是对执政当局的无能和黑恶势力的猖狂的双重批判。

《汪信之一死救全家》的故事背景,是南宋孝宗乾道(1165—1173)年间,宋朝偏安江南,金兵虎踞淮河以北,有志之士,报国无门,多有召集流亡义勇,意图能配合官军收复失地。江淮宣抚使皇甫倜亦曾“招致四方豪杰,就中选骁勇的,厚其资粮,朝夕训练,号为‘忠义军’”。被宰相汤思退所妒忌,将他革职,遣散忠义军。汪信之是白手起家的一方豪强,曾向朝廷上书,极言向来和议之非,且云:“国家虽安,忘战必危。散遣忠义军,最为非策。”他愿“率两淮忠勇,为国家前驱,恢复中原,以报积世之仇”。由于上层当权者“都是怕事的,只晓得临渴掘井,那会得未焚徙薪?况且布衣上书,谁肯破格荐引?”敷衍了事。朝廷官僚的苟且偷安,地方官的昏庸,遂使程彪、程虎这样的小人,有机可乘,诬陷汪信之反叛的谣言弄假成真,逼反爱国志士,汪信之落得家破人亡。汪信之为了救全家,安排好家属人员妥善避祸,然后与儿子汪世雄先后投案自首,一切责任由他独自承担。忠仆刘青为让汪信之免除凌迟的极刑,设计使汪在狱中服毒自杀,然后悄然偷运其尸首秘密埋葬,诸事办妥,又自动投案。这是一个在南宋这样悲剧的时代所产生的仁人志士的悲剧。写得惊心动魄,扣人心弦,令读者切齿,痛恨朝廷苟且无能,官僚既自私又昏庸,而小人拨弄其间,祸害国家殃及立志报国之壮士。该篇篇幅较长,时间跨度大,人物众多,堪称较佳的中篇小说。这是经过文化修养颇高的冯梦龙加工的,却也有疏忽之处,既然故事背景是南宋孝宗乾道年间,而最后却说北宋时的英宗驾崩,大赦天下,汪世雄一家终于团圆。小说、戏曲中移花接木、混淆时地的情况,原是屡见不鲜之事,无须深究。

第二节　元人编刊平话集

中华民族历史悠久,无论官方或民间,对于历史的文化意识特别深厚,视修史为很崇高的事业,正直的史官既秉笔直书,又发议论,评其功过得失，垂诫后世。民间对历史人物及事件，也传说纷纷，并发议论评说是非，作为大众化的说书艺术，讲评历史故事，也就成为艺人的一门专业——讲史。元人把讲史称为平话，“平”就是评论的意思，说话艺人对说及的人和事予以评说、论断，所以后人又称之为“评话”。此外也含有艺人纯用口语讲述而不加弹唱之意，其间也穿插诗词，只用于念诵，而不加歌唱。

现在保存在《宋元平话集》中的平话，除《梁公九谏》篇幅较少、属于短篇外，其余七种都是长篇，需要多回才能讲完，这也就是明清长篇小说分章回的缘由，其题材成了演义小说的渊源。《两宋文学史》相关章节讲了《五代史平话》和《宣和遗事》，其余《武王伐纣平话》、《七国春秋平话后集》、《秦并六国平话》、《前汉书平话续集》、《三国志平话》，合称《全相平话五种》，为元人编刊，有元至治建安虞氏刊本。都是讲史家说话的底本，是较为粗略的讲稿。有史籍作根据，又加艺术想象和虚构，临场予以淋漓尽致的发挥，力求史事渊源清晰和字真不俗，若无一定的文化修养，难臻此境界。从周密《武林旧事》中提及的讲史说话人姓名，如武书生、乔万卷、许贡士、张解元、陈进士、林宣教、李郎中等人，所谓书生、解元、进士、郎中，都是听众对读书人的尊称，并非真名或实有的功业名称，但可以说明这些人具有相当的文化水平是可以肯定的。他们不是客观的讲史事，对各种人物的爱、憎、褒、贬，态度极其鲜明。例如《武王伐纣平话》中的纣王，原是文武全才、德能兼备，“前十年有道，八方平静，四海安然。天下皆称纣王是尧舜”。赞美之辞，溢于言表。但自从听取奸臣费仲所献的选美之计，沉溺于妲己的美色，投妲己之所好，敕令天下人呈进奇珍异宝，召八伯诸侯兴建“摘星楼”，劳民伤财，自乱天下。纣王日益昏暴，竟将进谏的姜后从摘星楼上推下摔死，此后更无人敢谏纣王，于是纣王、妲己无恶不作，兴酒池虿盆、炮烙铜柱、刳剔孕妇、斩胫看髓，将进谏的西伯侯姬昌囚于羑里，将其子剁成肉酱给他吃，剖比干之心，种种灭绝人性的暴行，逼使众叛亲离。武王伐纣，众诸侯响应，大破纣兵，烹奸臣费仲，历数纣王十大罪状，然后连同妲己一起斩首。开有道伐无道、以臣伐君之首，大快人心。表现了讲史者具有反暴君、反酷政的民主思想倾向，极为可贵。除“九尾狐换妲己神魂”、“文王遇雷震子”、“斩妲己化狐腾空而去，被姜太公用降妖章叱下，复坠于地”之类情节，显得神奇怪诞以外，主要人物和事件，大致采自《尚书》中《牧誓》、《武成》以及《史记》中的《殷本纪》、《周本纪》所载的史料，当然，作为文学艺术，即使是历史小说，也需作家的艺术想象与合理的虚设，不然，就不成其为文学作品。例如斩妲己的情景就写得较为精彩，一连两个刽子手为妲己的千娇百媚之态所动，不忍杀她，殷交用绸子包扎面目，不见娇媚之容，“既然斩着，听得一声响亮，不见了妲己，但见火光迸散”，最后才被姜太公的降妖章制伏。《武王伐纣平话》为《封神演义》提供了良好的蓝本，绝大部分情节为许仲琳所汲取，而增加了阐、截教斗法之类的描写，斗法的想象力非常丰富，一物降一物，艺术想象乃是科学技术发明的先驱，但神怪斗法过滥，有些重复。

《七国春秋平话后集》，既标明“后集”，当有“前集”，但迄今未见。从“后集”开始所说：“夫后七国春秋者，说着魏国遣庞涓为帅，将兵伐韩、赵二国，韩、赵二国不能当敌，即遣使求救于齐。齐遣孙子、田忌为帅，领兵救韩、赵二国，遂合韩、赵兵战魏，败其将于马陵山下。”转入正文即写道：“却说齐王自孙子破魏之后……”可见“上集”的主要内容是所谓“战国七雄”中以齐为中心的齐、韩、赵三国与魏国的争斗，而核心人物则是鬼谷子的两个徒弟孙膑和庞涓，庞涓为魏国的军师，妒忌才能比自己高强的孙膑，设计骗孙膑同为魏国之臣，暗中又陷害孙膑，将孙膑的膝盖骨刖掉，使其成为残废无用之人，将他弃之于外。孙膑竟为齐人所救，成了齐国的军师，终于用围魏救赵奇谋将庞涓射死于马陵道。“后集”的中心故事是齐、燕之争，核心人物是齐国军师孙膑与黄伯杨的徒弟燕国主帅乐毅。先是孙膑战胜燕国，然后燕昭王筑黄金台，拜乐毅为主帅，而齐湣王荒淫无道，排斥贤能之人，于是孙膑假死避祸。乐毅连下齐国七十余城。孙膑复出，用离间计使燕召回乐毅。齐田单火牛阵破燕兵，是最精彩的。至于乐毅请师父黄伯杨图齐，摆迷魂阵困孙膑等人，以及渔叟送阴书与鬼谷子破迷魂阵之类荒诞离奇的情节，则纯属讲史人的虚构，以投市民听众之所好。

《七国春秋平话》和《秦并六国平话》，能够把长达几百年、纷繁杂乱的历史事件和许多重要人物，叙述得比较有头绪，文字虽粗略但并非毫无可读性，为后来描写古代战争的章回小说提供蓝本，对大将出场时的形象描绘成为类型化的格套，例如对燕国大将石丙的肖像勾画："燕将身长九尺，面赤髭黄，穿红袍，白玉带、银锁甲、金盔冠，乃是石丙。"写燕国军容之盛："当日军行，兵及百万，将有千员，门旗闪闪，剑戟层层。前面军，青毡笠似千池荷叶迎风；背后军，铁兜牟如万顷琉璃浸水。个个悬刀似雪，人人担戟如霜。"在后世历史演义小说中，类似描写屡见不鲜。试以这两种讲史平话与《东周列国志》的演进关系为例，除了史籍所提供的素材以外，真正向小说文学方向演化，则讲史家平话为试绘蓝本者；余邵鱼《列国志传》有草创之功，冯梦龙《新列国志》则完成了历史小说的创作过程；蔡元放《东周列国志》主要是做了导读性的评点工作。

现存有《前汉书平话续集》，原先应有其"正集"。"续集"开始时交代"时大汉五年十一月某日，项王自刎而死，年三十一岁"。由此可推知"正集"的主要情节当是秦亡后汉、楚之争。"续集"则重点写刘邦、吕后如何耍弄阴谋杀戮功臣韩信、彭越，并将彭越煮成肉羹送给英布吃，因而逼使英布反"无道之王"，亦被所杀。平话对杀戮功臣极为不满，借百姓议论批判汉王无道。张良知三将被杀，"即日将靴笏襕袍官爵于汉王面前纳了……于商山归农养性"。更妙的是讲史家居然以张良之名写了一首"绝诗"（实为七言律诗）献给汉王，饱含对汉王杀戮功臣的讽刺。汉王死后，则围绕吕后篡权讲述其穷凶极恶行径，残杀戚夫人、如意母子，又毒杀刘友，气死刘盈。陈平用计除诸吕，樊亢杀尽吕氏三千口，最后薄姬之子继承皇位，是为汉文帝。全书以文帝看细柳营告终。大致以《汉书》相关《纪》、《传》所记为线索，并吸取民间传说和元人杂剧中的有关情节充实、丰富平话中的故事。虽然夹杂少量荒怪之说，但突出其思想倾向，表现人心之好恶。主要人物形象较为丰满、生动，文字拙劣粗糙，不通之处，只可神会。

就元人编刊五种平话对后来章回小说创作的影响而言，《三国志平话》对《三国志通俗演义》的影响是最明显的。从《三国演义》的成书过程来看，是由历史记载到民间传说，再以传说为基础，结合部分史实，编为话本、杂剧，又以史实为主干，吸取传说、话本、杂剧的合理因素，经过加工，创作出长篇演义小说。而其间借鉴《三国志平话》是最多的,《三国志平话》中的“三国”故事,除开始时“司马仲相断阴间公案”以及庞统变狗之类荒诞无稽之说和少数几个人物的姓名有异以外,几乎大部分情节为演义作者所吸取,构成全书的粗略框架。当然《三国志通俗演义》作为一部历史小说,历史真实与艺术真实的关系处理得更好,人物形象的塑造已经从类型化向典型化迈出一大步,成为世界性的古典名著,在肯定文学巨匠罗贯中的杰出贡献之时,切不可忘却平话艺人的草创之功,尽管它只是说话人的一份提纲,文字亦较粗糙。值得注意的是“尊刘抑曹”的思想倾向已很鲜明,这种情况在北宋时代已经形成,苏轼《志林》中就有记载,当时已出现像霍四究这样的说“三分”的专家。人民群众对历史人物的爱憎好恶,道德品质比功业成败更重要。

第三节　元代文言小说

一、传奇小说《娇红记》及其他

从宋人传奇小说的发展趋势来说,是逐渐走向衰落;其文体规范也向话本化演变,显然不可能像唐人传奇那样蔚为大观,而颇有为话本小说所取代之势。到了元代,传奇小说更是寥若晨星,标志一代文学最高成就的是戏曲,文言小说则几乎近于销声匿迹。正是在这种环境下,出现了宋梅洞撰写的《娇红记》传奇小说。其篇幅之长大,达二万余言;情节之宛曲、文笔之细腻、艺术形象之生动感人,可与唐人传奇媲美而自有其特色。这,不能不说是文言小说史上的一个奇迹。

宋远,号梅洞,元初江西清江人,生平不详。《全金元词》存其《意难忘》词一阕。《元诗选》癸集之甲录其诗二首。本篇传奇小说以单篇形式收入《艳异编》、《情史类略》、《万锦情林》、《花阵绮言》等文言小说总集中。郑振铎据以编入《世界文库》。或云为明初无名氏作,但明初已有刘兑《娇红记》杂剧,显然根据元人宋梅洞传奇小说改编,而掺入神仙之说;以大团圆为结局,这是明初戏剧的风尚,与宋梅洞原著的现实主义精神、悲剧结局大相径庭，时代风格迥异。又《百川书志》卷六著录《娇红记》二卷，云“元儒邵庵虞伯生编辑，闽南三山明人赵元晖集览”，这是书贾假借虞集之大名为幌子抬高身价的作法；但也证明作者是元人，而道学先生恐难以染指自由恋爱之作。

《娇红记》写的是宋徽宗宣和年间一对青年男女的爱情悲剧。博学多才而未能及第的申纯，去母舅家作客，与表妹王娇相爱，以至私下幽会，互立盟誓，愿白头偕老。但申家遣媒求婚，王父以法律不许表兄妹结婚为由，予以拒绝，又有王父侍婢飞红拨弄其间，故多生波折。申纯登第后，王父遂许婚，行订婚之礼。却又有豪帅向王父为子求婚，王父慑于豪帅威势，又为财利所动，遂毁申生婚约，将娇娘许配帅子。娇娘坚守与申生之盟誓，以至哀愁伤感衔恨而死。申生亦忠于爱情，得娇娘噩耗，痛不欲生，自缢身亡。

唐宋传奇中的爱情悲剧，无论是霍小玉型，抑或崔莺莺型，导致悲剧的根源，都是男方为了自己功名富贵，碍于门第观念，或受制于父母，抛弃娼门之女或失去权势的闺门女子。王娇与申纯的爱情悲剧，不在于当事人的背叛，而有其社会的特殊性。宋元都有法律规定，表兄妹不许通婚，王父的初次反对有法律依据；但这又不是绝对的，申生科举及第后，王父主动允婚，实际上已经突破法律限制。王父是仕宦之人，任州通判之职，官爵不高，受逼于豪帅权势，竟毁弃娇娘与申纯既定的婚约，在重文轻武的宋代，出现这种反常情况是不大可能的。其实此传奇只是假托宋代背景，真正写的是元代武夫骄横跋扈、儒士地位低下的特殊时代出现的悲剧。

或云此篇有摹仿唐人传奇《莺莺传》的痕迹。此说固然不谬，同类题材的小说、戏曲，特别是涉及才子佳人之作，往往有曹雪芹所批评的“千部一腔，千人一面”之嫌；此篇之可贵，在于能在汲取前人艺术滋养的基础上，熔铸了时代的特色，有所创新。

《娇红记》的人物关系及其在矛盾冲突中所表现出来的性格特征，并无雷同《莺莺传》的弊病。除男女主角娇娘与申生外，飞红是王通判的侍妾，而申之妗始妒而后病故，因而飞红在娇、申的爱情悲剧中，就起着一种特殊的微妙作用。妗有类似王实甫《西厢记》中老夫人的一面，但对爱情悲剧起决定性作用的人物是申舅王父，豪帅父子则对悲剧起了促成作用。人物关系较为复杂，而主要人物各具个性。

在封建社会，男女之间的爱恋之情，往往起自才貌的互相吸引。申纯初到舅妗家，拜见舅妗后，妗命侍女飞红呼娇娘出见的场面，似《莺莺传》而更细腻传神：

> 良久，飞红附耳语妗，以娇娘未梳妆为言。妗因怒曰："三哥，家人也，出见何害？"生闻之，因曰："百一姐无他故，姑俟日后请相见。"妗因笑曰："适方出浴未理妆，故欲少候。三哥一家人，何事铅粉耶？"又令他侍女促之。倾刻，娇自左掖出拜。双发绾绿，色夺图画中人，朱粉未施而天然殊莹。生起见之，不觉自失。叙礼毕，娇因立妗后。生熟视，愈觉绝色，目摇心荡，不自禁制。妗……因室之于堂之东，去堂三十余步。生归馆后功名之心顿释，日夕惟思慕娇娘而已。恨不能吐尽心事，素语浃洽，故常意属焉。

从申生的眼里及引起的倾慕之情中，写出娇娘异乎寻常的美。进而又通过申生的观察和细节描写，逐渐展现娇娘的心理活动和对申生的情思。由依窗视荼蘼花，久不移目，浩然长叹的神态情绪，到促步至申生烛前，以手弹烛，送目语生"非妾则兄醉矣"的暗送秋波，乃至乘申生随舅外出时，到生卧室题诗应和，表明她对申生也并非无情。但当面言谈时，"娇或对或否，或相亲昵，或相违背"，"申生言稍涉邪，娇则凝眸正色，若将不可犯"，刻画出初恋少女矜持自重、若即若离的微妙心理。在双方有了较多的了解、感情逐步深化后，作者描写了他们两人围炉话心这一富有诗意的情境。让他们在互诉衷曲中，使爱情明朗化，也更神圣化，具有爱情的意境美：

> 娇方拥炉独坐，生自外折梨花一枝入来。娇不起，亦顾生。生乃掷花于地。娇惊视，徐起，以手拾花，询生曰："兄何弃掷此花也？"生

曰:“花泪盈晕,知其意何在?故弃之。”娇曰:“东皇故自有主,夜屏一枝以供玩好足矣,兄何索之深也?”……因谓生曰:“风差劲,可坐此共火。”生欣然即席,与娇共坐,相去仅尺余。娇因抚生背曰:“兄衣厚否?恐寒威相凌逼也!”生怅然曰:“能念我寒,而不念我肠断耶?”……娇因慨然良久曰:“君疑妾矣,妾敢无言?妾知兄心旧矣,岂敢固自郑重以要君也!第恐不能终始,其如后患何?妾自数月以来,诸事不复措意。寝梦不安,饮食俱废,君所不得知也。”因长吁曰:“君疑甚矣,异日之事君任之,果不济当以死谢君!”生曰:“子果有志,则以策我!”

在传奇小说中,能够在描写爱情发展过程中,如此深入地展现男女双方内心世界的,并不多见。所谓好事多磨,在经过几次波折后,娇、申互相剪发盟誓,把爱情推向一个新的阶段。

在娇、申的爱情发展过程中,娇娘固然有多愁善感、矜持犹疑等宦门闺秀的性格特点,但一旦真正爱上意中人后,在追求爱情的自由与幸福的每一关键时刻,比申生显得更为坚强、热烈、执着。当她主动约申生越窗幽会而申生有所畏惧时,她“变色曰:‘事至此,君畏何?人生如白驹过隙,复有钟情如吾二人者乎?事败当以死继之。’”这落地有声之言,充分表现了她反封建、争取恋爱自由的坚定意志。在申家遣媒向王父议婚,因碍于“内兄弟不许成婚”的“朝廷立法”,婚事受阻后,尽管有飞红拨弄其间,但娇娘对生的爱情愈加深挚,排除一切疑虑和障碍。为争取爱情的幸福,宁屈己事飞红,不惜代价,终于把障碍化为得力的良友。

波澜起伏,跌宕多变,在矛盾冲突最尖锐的时候,把爱情悲剧推向极致,而突出悲剧人物的性格,是本篇情节安排、形象塑造的显著特色。申生妙年高第,舅主动允婚且已“择日遣聘毕”,正在这对有情人经过多重挫折终将结成眷属的欢悦之际,陡然又起风波。豪帅遣媒为子求婚,“王初拒之,再四逼以威势,赂以货财,不得已,遂许之”。这才是悲剧的真正根源。地区一帅,竟敢以威势逼州通判允婚,通判出尔反尔,居然将及第之士聘定的婚约毁弃,这种情况只有在元朝蒙古贵族统治的特殊环境下,才可能发生。当然，悲剧之所以发生也因王通判屈服于威势货财的性格弱点，也因申生性格的软弱性。当娇娘将其父迫于权要、毁弃他们婚约的消息告诉申生，并向他求计时，他却说："事在他日，当徐图之。"只顾眼前欢乐，不思长久之计，事已至此，口说"徐图"，实际上是久拖不决，一筹莫展，坐等悲剧的降临。在他们的秘密被舅知道后，申生不是因势采取断然的有效措施，而是逃避矛盾，并要娇娘"勉事新君"，以《好事近》词与娇娘作别：

> 一自识伊来，便许绾同心结。天意竟辜人愿，成几番虚设！
> 佳期近也，想新欢，遣我空悬绝。莫忘花阴深处，与西窗明月！

不与娇娘谋划良策，以践偕老之盟誓，反以风言冷语责娇。难怪娇览词怒曰："兄丈夫也，堂堂五尺之躯，乃不能谋一妇人？事已至此，更委之他人，君其忍乎！妾身不可再辱，既以与君，则君之身也。"相比之下，娇娘的意志就比申生坚强多了。

本篇矛盾冲突的高潮，是舣舟诀别，也正是在这高潮中，完成了悲剧形象的塑造。娇因幽愤成疾，凄惨悒郁，芳容顿改，几致不起。于是飞红谮寄书促生来诀别。生舣舟岸下，红乘王父外出之机，与娇私登生舟：

> ……娇执生手大恸曰："即不来矣，恨无以报兄。不幸迫于父母之命，不能终身以相从。兄今青云万里，厚择佳配，共享荣贵，妾不敢望也。妾向时与兄拥炉，谓'事不济当以死谢'，妾敢背此言耶！兄气质弱薄，常多病，善摄养，毋以妾为念！"因出断袖还生曰："谢兄厚恩，复思此景，其可再得乎？"相哭愈恸，红亦泪下。

这一生离死别的场面，既表现了娇、申爱情的坚贞不渝，也控诉了"迫于父母之命"的封建婚姻制度。娇娘到了生命的尽头，还向封建势力抗争，以期挽回悲剧的局面："娇之佳期已逼，乃托感疾佯狂，蓬头垢面，以求退亲。父迫之，娇引刀自截，左右救之，得不殒。因绝食数日不能起。"宁死不从封建包办婚姻。飞红为了解开娇娘悒郁愁苦的情结，以“帅家富贵极，子弟端方秀拔，殆过申生”相劝，甚至以帅子俊美的画像相示，终不能动其坚贞之志；又诈为娇旧赠申生的香珮，说是申生退还给娇娘的纪念品，并说申生已与别人联姻，以绝娇念申之情，都不能动摇她的心：“娇见之泣下：‘相从数年，申生之心事，我岂不知者？彼闻我有他故，特为此开释我耳。’因取香珮细认，觉其虚真，因曰：‘我因知申生不如是也。……我固不爱一身以谢申生也。’遂不复言。”她与申生的爱情，已经超越了郎才女貌的才子佳人婚恋观，而进入了更高的层次——互为知己。而申生为了娇娘，已经到手的功名富贵可以舍弃不要，宁可殉情自尽。这也是本篇比以往同类题材的作品更为可贵之处，写出了一部真正的爱情悲剧。曹雪芹对才子佳人小说的批评，在某些方面也许捎带了《娇红记》的缺点，但在婚恋观和悲剧意识这一基本倾向上，《娇红记》却是《红楼梦》的先声。

申纯、王娇生时不能结为夫妻，死后合冢精灵化为鸳鸯，这一富于浪漫色彩的美丽想象，是受了《搜神记》中《韩凭妻》、汉乐府诗《焦仲卿妻》等民间传说或诗歌的启发，但又推陈出新，与全篇小说的悲剧结构浑然一体，使人们在感到悲伤、洒下同情的热泪之时，而又怀有美好的憧憬，悲哀而不绝望。

曲折多变，原是本篇结构艺术的特色，但又有横生枝节、情节不够紧凑的弊病。例如院亭中鬼魂化为娇娘迷惑申生，以致引起申、娇之恋的又一次波折，是完全没有必要的。

本篇对后来戏曲创作影响较大，刘兑、汤舜民都以此题材编写杂剧，沈寿卿、孟称舜分别编为传奇，足见此题材备受作家重视。

除《娇红记》以外，在元代古文家的作品中，可以作为传奇小说来读的，有宋本撰《工狱》。宋本（1281—1334），字诚夫，元大都人。自幼颖慧，勤奋好学，读古人书力求融会贯通。至治元年（1321）策士，赐进士第一，授翰林修撰。泰定元年（1324），除监察御史，以敢言著称。元统二年，累转为集贤学士，兼国子祭酒。卒谥正献。平生擅长古文，风格峻洁刻厉。著有《至治集》四十卷。

在我国长期的封建社会里，元代的吏治是最黑暗的，由此造成的冤狱也更多。《工狱篇》所写京师小木局，一工人与工长相争，断绝交往，经工匠们调解，工人向工长赔礼道歉，已经和解。而工人之妇与人通奸，遂乘工人从工长家喝醉酒归来之机，予以谋杀，断尸藏于土榻中，其妇却诬告被工长杀害。这案件，固然比较复杂，但是只要认真调查研究，并不难弄个水落石出。可是警巡院竟以毒打逼取口供，胁迫工长诬服；加上刑部御史急于结案，促使仵作杀人应命。总之，整个吏治机构的黑暗腐败，使案情越理越复杂，以致冤死四五人。这一大冤案得以理清，完全是靠群众的自发行动；从破案过程中，也反映了工场工人们的团结和力量。

作者曾任监察御史，对吏治的弊端体察较深。又是个古文家，本文叙事清晰，描摹人情物态生动逼真，而笔墨峻峭简洁，详略得体，颇得古文家韩愈、柳宗元创作传奇小说的风致。

二、元人笔记小说

往昔提及元代文学，独标举戏曲，而论述其社会背景，又过分强调元朝统治者野蛮、愚昧及其对经济、文化的破坏性，强调政治的黑暗面；其实如本书绪论所叙述，从忽必烈时代始，就有较大的更张，用“汉法”治国，农业、手工业和商业有所恢复乃至发展，主要问题是由于民族歧视政策造成儒生仕进之路几乎堵绝，但也罕见有儒生受迫害的事例，并无文字狱祸之类的记录，尽管许多借古喻今的剧本或诗文所讽刺的锋芒指向是当时的特权阶级，似乎也无作家因此而得祸，创作还是比较自由的。元仁宗延祐年间恢复科举考试制度后，儒士命运更有所改善。①

就文言小说而论，固然不能与唐宋相比，特别是传奇体小说，确实衰落了，但也还有前面曾论述过的像宋梅洞《娇红记》那样优秀的传奇小说。笔记体志人小说，数量虽少，但还是出现了一些有影响的笔记小说集。元末，陶宗仪除撰著《南村辍耕录》外，还编纂了卷帙浩瀚的综合性大型丛书《说郛》，其中小说、杂记占了很大的比重。

---

① 元代对“儒户”有免除徭役的政策。详见《元史·世祖本纪》第一册，中华书局1976年版，第180—181页。本书《绪论》中提及“八娼、九儒、十丐”之说，并非官方政策。

（一）刘祁《归潜志》

刘祁，字京叔，浑源（今山西浑源县）人。金太学生，“得从名士大夫问学……其后进于有司，不得志”。金亡，归乡里，自云“甲午岁（1234）复于乡，盖年三十二矣”，可推知生于1202年。入元复出，乃就试南京（金以汴京为南京）得魁，充山西东路考试官。

《金史·刘祁传》称，《归潜志》对于金末之事多有足征。其书自序云：“独念昔所与交游，皆一代伟人，今虽物故，其言论谈笑之犹在目，且其所闻所见，可以劝戒规鉴者，不可使湮没无传。因暇日记忆，随得随书，题曰《归潜志》，归潜者，予所居之堂之名也。”因所记大多是耳闻目睹的金末时事与人物，比较可信，元人修《金史》，多取材于此书。全书十四卷，各卷虽无小标题，也不分门别类，但基本上以类相从，条理清楚。叙述朴实无华，也不涉及虚妄怪异之事。在金元笔记中，这是最有价值的一种。

作者记述人物轶事，善于从人物所作诗句或言谈中，揭示其性格的本质特征。如卷一首条《金海陵》：

> 金海陵庶人，读书有文才。为籓王时，尝书人扇云：“大柄若在手，清风满天下。”人知其大志。正隆南征，至维扬，望江左赋诗云：“屯兵百万西湖上，立马吴山第一峰。”其意气亦不浅。

金海陵王，即完颜亮。从其题扇的双关之语，可见其独揽大权之志。望江左的诗句，更暴露其妄想吞并南宋的野心，故为宋人岳珂《桯史》所引述。完颜亮的私生活，是极其糜烂的。

对于金朝官场的腐败，近侍和执政大臣的苟且偷安心理，作者往往采取素描笔法，予以勾勒，稍加议论，其精神面貌，全盘托出。如卷七，虽分列各条，实际上是从各个侧面暴露金朝的黑暗腐朽，揭示其灭亡的必然性。《养相体》条写道：

> 南渡之后，朝廷近侍，以谄谀成风。每有四方灾异，或民间疾苦，将奏之，必相谓曰：“恐圣上心困。”当时有人云：“今日恐心困，后日大

心困矣!”竟不敢言。又在位者,临事,往往不肯分明可否,相习低言缓语,互推让,号“养相体”。吁! 相体果安在哉? 又宰执用人,必先择无锋芒,软熟易制者,曰“恐生事”。故正人君子,多不得用;虽用,亦未久遽退闲。……

虽然没有具体描写某一人物,但却呈现出一个腐朽的统治群体,使人感受到一股败坏没落的衰颓之气。也有通过对某宰执大臣尸居余气的描述,反映其政治腐败的,如卷九《高岩夫》条。

《归潜志》可以说是一面金朝亡国的镜子,对后来的当权者,具有劝诫作用。此外,有一些记述人物轶事琐闻的条目,如卷九《李长源》,写李长源的才高不通世事,傲岸多怒;《赵闲闲》条,写赵闲闲为谢绝别人求他书法,在应邀宴饮前先告请友人:“吾今往,但不写字耳。如求字者,是吾儿!”读来也颇能解颐。

（二）杨瑀《山居新话》

杨瑀(1286—1361),字元诚,杭州人。天历间(1329 左右),擢中瑞司典簿,因廉洁谨慎,越级提升为奉议大夫,太史院判官。至正十五年(1355),出任建德路总管,颇受当地人民爱戴,进阶中奉大夫、浙东道宣慰使、都元帅。至正二十年致仕。

《山居新话》,四卷,记录所见所闻,羼入神怪之事。其中有记述值得表彰的人物轶事,至今犹闪烁着思想光芒。如《笔记小说大观》本所载第十二条《聂以道》,记载聂以道任某县尹时,有个卖菜农夫,在早晨赶集的路上,拾得一束钞票,计一十五定。回家告诉母亲,其母嘱他到原处等候失主,如数归还。失主却讹诈原数有三十定,于是就闹到县尹聂以道处。聂经调查对证,将这十五定钱赏给菜农贤母养老,而要故意讹诈钱数者自己到别处去寻找。在这篇短小的故事中,表现了菜农老母拾金不昧、穷而志坚的高尚品格,并赞扬县尹聂以道判案的精明公正。文字简洁,而叙事完整,且具波浪,结末出人之意外,是一篇较精彩的笔记小说。

（三）陶宗仪《南村辍耕录》

陶宗仪,字九成,号南村,浙江天台人。曾应进士考试,未中。至元年间避难华亭，勤于著述，耕作时随带笔砚，有所得便挥笔疾书，《南村辍耕录》就是这样写成的。此外，还节录前人小说、笔记等为综合性大型丛书《说郛》，《古刻丛钞》则是钞录古代的碑刻。

《南村辍耕录》，三十卷，成书于元末，有至正二十七年(1367)孙位序。这是一部很有文献价值的笔记，元典章制度、宋末掌故诗文、历史琐闻赖以保存；而某些故事，记述动人，具有短篇小说的特点。如卷四《贤妻致贵》条，记程鹏举在宋末被虏，于张万户家为奴，张将虏掠来的某女给程为妻；其妻屡次劝程逃回南宋，引起程的怀疑，致使张万户将其妻卖给别人家，临别时，妻将所穿一只绣鞋，交换程穿的一只鞋，以期后会，于是程感悟奔宋。入元后，程为陕西行省参知政事，派人到原地寻找其妻，从尼姑庵中迎回。作者着意塑造了程鹏举妻坚贞不屈、贤能守正的妇女形象。一个被蒙古人或色目人虏掠为奴的弱女子，一心为丈夫摆脱奴隶的困境，不惜作出最大的牺牲，虽遭丈夫怀疑而其志毫不动摇；被转卖后，始终保持贞洁，并以通宵达旦的劳动所得，赎得自身的解放，出家为尼，誓不嫁人，忠于丈夫。这也正是我国古代妇女的崇高品德。程鹏举与妻别后，也誓不另娶，贵而不忘共患难的贫贱之妻，这种美德也是值得称道的。明人董应翰《易鞋记》传奇、陆采《分鞋记》传奇，以及梅兰芳编演的《生死恨》京剧，均据此篇改编。

又卷十二《贞烈墓》条，记叙天台县戍卒妻郭氏有令色，见之者无不啧啧称赏。郭氏与戍卒，少年结发夫妻，情深义重。本卫千夫长李某慕郭氏美色，遂起觊觎之心。郭氏对戍卒的爱情坚贞节烈、忠诚不渝。作者在较短的篇幅中，却能采取层层推进的艺术手法，将人物置于矛盾冲突的尖端，从而展现出郭氏心灵之美。

李某为占有郭氏而派遣其夫去距县七八十里路有私盗出没处戍守，李某乘机百般调戏郭氏，均被毅然拒绝。其夫归家，郭氏将李不轨之事相告，于是卒愤怒持刃想杀李某，被逃脱，并向县衙投诉，戍卒被捕，因“持刃杀本部官”罪，被关押死牢中。李某阴谋尽快处死戍卒，使郭氏断绝对丈夫的一线希望。郭氏处于绝境，而能坚贞自重，使李无隙可乘，难逞其奸。垂涎她美色的恶少与吏胥、皂隶，都不敢侵犯。这就把郭氏对爱情的忠贞，更升高了一个层次。接着，她又以死拒绝狱卒叶某伪善的关怀爱护，这是对她人格意志与智慧的严峻考验。狱卒待其夫“日饮食之，情若手足。戍卒感激入骨髓”。于是戍卒视叶某为可以托付妻子儿女的善良人，亲口劝郭氏可嫁狱卒。这就把悲剧的矛盾冲突推向了尖端。郭氏在生与死的抉择中，表现出爱情的崇高之美和人格的尊严，以及智慧的力量。经过她周密的考虑，意识到只有她先死，丈夫的冤狱才有可能解脱；因而她果断地选择以自己的死，换取丈夫的活，她的贞烈与睿智也正表现于此。她在安排好儿女生计、与丈夫泣别后，毅然投水而死。这种坚贞悲壮的行为，是可歌可泣的。

作者借助于神异奇妙的艺术想象，使郭氏之死既富有传奇色彩，也更震撼人心。她不是一般的投水溺死，而是在仙人渡溪水中“危坐而死”，尽管此处“水极险恶，竟不为冲激倒仆”。以至前往验视的县官等人，“皆惊异失色”。终于使丈夫的冤案得以昭雪。一个坚贞、刚烈、宁死不屈的妇女形象，鲜明地浮现在读者的脑海里。明代后期《觅灯因话》的作者邵景詹据此演绎为传奇体小说，艺术上稍加润饰，增添了危坐激流中而死的郭氏怀中，留下控诉李某罪行、申诉丈夫冤情的状纸，使丈夫之冤得以昭雪，李某得到惩罚，感染力更强。明人沈鲸将本篇改编为传奇剧本《双珠记》。

第十二章　元代诗文

标志元代文学最高成就的，当然是戏剧和散曲，相比之下，诗、文、词就颇为逊色了，但是，这不是说，除了戏剧、散曲，其他文体就不足道了。如果说戏剧的作者和观众，主要是不屑仕进的失意文人和市民，那么诗、文、词则主要是中上层人士抒发性情、咏叹志趣或借描写景物以言志的载体。作为一个民族大融合的时代，值得重视的文坛新气象是：不仅汉族士人利用传统的文学样式进行创作，有些少数民族具有高度汉文化修养的人士也善于诗词，如耶律楚材、马祖常、萨都剌等。迺贤、余阙、丁鹤年等也都是少数民族的较著名诗人；前面论述散曲时论及的贯云石，也善于诗。这里我们只能论其尤最者。

第一节　元前期诗文

文学史上一个很自然的现象，在新朝之初，文坛上显露头角者，往往是由前朝过渡到新朝的作家，元代自不例外，像耶律楚材、刘因、赵孟頫等就是由金或宋入元的。

耶律楚材（1190—1244）字晋卿，号湛然居士，契丹族人，辽东丹王突欲八世孙。父履，为金世宗所信任，官至尚书右丞。楚材博览群书，旁通天文、地理、术数及释老、医卜之说，才思敏捷，下笔成文。以善决疑狱，金章宗辟为掾。公元1214年金宣宗迁都汴京（亦称南京），耶律楚材留在中都（燕京，今北京），为左右司员外郎。元太祖成吉思汗定燕，闻其名，见其貌魁伟长髯,对答得体,遂处之左右,称长髯人而不直呼其名。随从成吉思汗西征,智决疑难之事。当时尚无法纪制度,“州郡长吏,生杀任情,至孥人妻女,取货财,兼土田……”①经楚材秉公查明实情,予以严惩,人民得以安宁。别迭等建言“汉人无补于国,可悉空其人以为牧地”的野蛮无知之论,经楚材以雄辩的事实,才得以阻止。太宗(窝阔台)时任中书令,兴利除弊,所行善政甚多。对蒙古国各项政治制度的建立,贡献卓著。太宗死后,皇后听政,信任奸徒奥鲁剌合蛮,紊乱朝政,耶律楚材坚持施政原则与皇后当面争执,甚为激烈。不久,气愤而死,年才 55 岁。著有《湛然居士集》十四卷。存诗六百余首。《四库全书总目》卷一六六评其诗风云:“今观其诗语皆本色,惟意所如,不以研炼为工,虽时时出入内典,而大旨必归于风教。”这与他儒、释兼修的教养密切相关。他扈从太祖西征,故诗中有不少描写塞外自然景物、风俗人情的佳作,于雄奇苍凉中显其真率风味。如组诗《西域河中十咏》就是描写当地(乌兹别克)民俗风情和自然景色的:

寂寞河中府,生民屡有灾。避兵开邃穴,防水筑高台。
六月常无雨,三冬却有雷。偶思常伯语,不觉笑颜开。

寂寞河中府,遗民自足粮。黄橙调蜜煎,白饼糁糖霜。
漱旱河为雨,无衣垅种羊。一从西到此,更不忆吾乡。

前首写当地人民在战乱和自然灾害岁月中的艰难生活;后一首描写西域因自然条件而形成的日常生活的特色,并表现自己对此地的深情。又如《阴山》:

八月阴山雪满沙,清光凝目眩生花。

---

① 见宋濂等编《元史》卷一四六《耶律楚材传》,中华书局 1976 年校点本,第 3456 页。

插天绝壁喷晴月，擎海层峦吸翠霞。
松桧丛中疏畎亩，藤萝深处有人家。
横空千里雄西域，江左名山不足夸。

描写西域风光特色，似受唐人边塞诗影响，而别有一番风致。以下两首也颇堪吟诵：

昔年今日渡松关，车马崎岖行路难。
瀚海潮喷千浪白，天山风吼万林丹。
气当霜降十分爽，月比中秋一倍寒。
回首三秋如一梦，梦中不觉到新安。
——《过夏国新安县》

三年四度过鸡鸣，我仆徘徊马倦登。
寂寞柴门空有舍，萧条山寺静无僧。
残花溅泪千程别，啼鸟伤心百感生。
今古兴亡无可问，穹庐高卧醉腾腾。
——《己丑过鸡鸣山》

旅途西域风光，历历如在眼前，豪放之中带有几分凄清，特别是后一首，空旷萧飒的景象，今古兴亡之感，情动于中。他的律诗成就比古诗高，在元初北方诗坛上，不失为佼佼者，与他的功业相映生辉。

在元初北方诗文作家中，成就较高的是刘因(1249—1293)。刘因字梦吉，因爱诸葛孔明“静以修身”之语，名其所居“静修”。他“天资绝人……过目即成诵，六岁能诗，七岁能属文，落笔惊人”。[①] 对宋理学诸家之说，颇具卓见。清人全祖望推许他和许衡为“元北方两大儒”。性不苟合，家贫而清高。居家教授生徒，善因材施教。至元十九年，忽必烈下诏

① 见宋濂等编《元史》卷一七一《刘因传》，中华书局1976年版，第4007页。

征聘刘因为承德郎、右赞善大夫。不久,即以母病辞归。至元二十八年,又下诏以集贤学士、嘉议大夫官衔征因,固辞不出,忽必烈称之为“不召之臣”。卒于家。流传至今的有《静修先生文集》二十二卷,四部丛刊本。延祐年间,谥文靖。他虽然不算是宋遗民,但却有较为浓厚的民族意识,既不仕金,也不愿仕元,诚如张养浩《挽梦吉先生》诗所云:“白发山林仅四旬,两朝不肯屈经纶。才名暗折世间寿,气节伟高天下人。康节纵吟无限乐,希夷高卧有余春。一生怀抱谁能识?他日休猜作逸民。”

刘因受传统文化的影响很深,讲究气节、人格尊严,推崇陶渊明的清高傲骨,写《和陶诗》七十多首。对宋朝颇有怀念之情,对被俘而不屈服的宋臣怀有敬意,而痛恨降臣和奸臣。《白马篇》云:“白马谁家子?翩翩秋隼飞。……惜此博浪气,不遇黄石翁。”以张良博浪沙刺秦皇不中为憾,比喻南宋施全于众安桥刺卖国奸臣秦桧事,议论慷慨。他对宋朝当权者的苟且偷安、一贯忍让政策深感不满:

宝符藏山自可攻,儿孙谁是出群雄。
幽燕不照中天月,丰沛空歌海内风。
赵普元无四方志,澶渊堪笑百年功。
白沟移向江淮去,止罪宣和恐未公。

——《白沟》

诗的主旨是说宋太祖为筹划恢复幽燕曾积藏金帛作为军用之需,可是他的儿孙却违背他的遗愿,缺乏雄才大略,像赵普这样的宰辅大臣都无大志,曾谏阻太祖取燕。真宗虽然听从寇准建议御驾亲征,并取得胜利,可是“澶渊之盟”却反而增加岁币、以白沟为界求和。正是这种妥协苟安酿成靖康之耻,南宋与金的分界线竟南移到江淮。这种积贫积弱不仅仅是宋徽宗一人之罪。诗人的见解很深刻。

刘因写过不少题画诗和山水诗,于诗中可见其胸襟和感慨,如《采菊图》所写:“庙堂衮衮宋元勋,争信东篱有晋臣。南山果识悠然处,不惜寒香持赠君。”赞赏采菊东篱的陶渊明高雅风致,而嘲讽庙堂衮衮新朝诸公。

又如山水之作《饮山亭雨后》：

> 山如翠浪经雨涨，开轩似坐扁舟上。
> 西风为我吹拍天，要驾云帆恣吾往。
> 太行一千年一青，才遇先生醉眼醒。
> 却笑刘伶糟曲底，岂知身亦属螟蛉。

在吟诵雨后山水风光中，寓含对刘伶之流沉沦于以醉酒自得的贬斥之意。

他的咏史诗，也饱含精辟之见。如《读史》诗云："纪录纷纷已失真，语言轻重在词臣。若将字字论心术，恐有无边受屈人。"读此诗令人自然地联想起王安石的《读史》诗："当时黯黮犹承误，末俗纷纷更乱真。糟粕所传非粹美，丹青难写是精神。"可谓高见略同。

刘因既是诗人，也是散文家。他认为从先秦、两汉以迄唐宋诸名家的文章都可以学，但他认为应该取诸家之长，而不蹈袭旧套，并要写经世致用之文。在有的文章中，也喜借题发议论，如《辋川图记》。王维对自己的辋川别墅，非常得意，不只表现在诗中，而且画了《辋川图》，这是很著名的一幅画。也是"维平生得意画也"，"彼方以是自嬉者"，于是刘因就给历史上的这位著名诗人、画家、显宦却大节有亏的人物泼盆冷水：

> ……然而如阎立本者已知所以自耻矣。维以清才位通显，而天下复以高人目之，彼方偃然以前身画师自居，其人品已不足道。然使其移绘一水一石一草一木之精致，而思所以文其身，则亦不至于陷贼而不死，苟免而不耻，其紊乱错逆如是之甚也。岂其自负者固止于此，而不知世有大节，将处己于名臣乎？斯亦不足议者。……后世论者，喜言文章以气为主，又喜言境因人胜，故朱子谓维诗虽清雅，亦萎弱少气骨；程子谓绿野堂宜为后人所存，若王维庄，虽取而有之，可也。呜呼！人之大节一亏，百事涂地……彼将以文艺高逸自名者，亦当以此自反也。

刘因是非常重视气节的①，所以对像王维这样虽具才艺、居高位而在“安史之乱”中投敌苟活的人，是极其鄙视的。批判古人王维，而意在警示当世，也表明自己为什么会成为“不召之臣”。唐太宗时的御用画师阎立本，因为要伏伏贴贴地听从皇帝旨意绘画而羞怅流汗，并告诫其子再不要像他学画。刘因认为像阎立本这样能知耻而改就好。王维不以为耻反以为荣，就太可卑了。此外，有的散文如《武遂杨翁遗事》和《孝子田君墓表》，记录了蒙古军队于贞祐元年十二月侵占保定时大屠杀的残酷情景。

刘因也写词，其风格似近苏、辛，但以宁静恬淡的表象掩其豪放情怀。如《鹊桥仙》：

> 悠悠万古，茫茫天宇，自笑平生豪举。元龙尽意卧床高，浑占得，乾坤几许。　　公家租赋、私家鸡黍，学种东皋烟雨。有时抱膝看青山，却不是，长吟梁甫。

词中用了东汉末年陈元龙让只知求田问舍，胸无大志之徒睡小床，自己高卧大床，以示轻蔑的典故，和诸葛亮隐居隆中时抱膝看山作《梁甫吟》以咏志之事，抒发感慨。况周颐很赞赏刘因的词，《蕙风词话》卷三云：“余遍阅元人词，最服膺刘文靖，以谓之苏文忠可也。文忠词以才情博大胜，文靖以性情朴厚胜。……寓骚雅于冲夷，足秾郁于平淡，谓之如饮醇醪，如鉴古锦。涵泳而玩索之，于性灵怀抱，胥有裨益。”在元人词中，刘因的词当属上乘。

赵孟頫(1254—1322)字子昂，号松雪道人。是宋皇室后裔，南宋孝宗赵昚的父亲是他的五世祖，赐第定居今之浙江湖州。据欧阳玄《赵文敏公神道碑》称：他“资禀俊迈，读书一目五行俱下”。南宋亡前，曾任真州司户

① 李东阳《怀麓诗话》：“极元之选，惟刘静修、虞伯生(集)二人，皆能名家，莫可轩轾。世恒为刘左袒，虽陆静逸鼎仪亦然。予独谓高牙大纛，堂堂正正、攻坚而折锐，则刘有一日之长。若藏锋敛锷，出奇制胜，如珠之走盘，马之行空，始若不见其妙，而探之愈深，引之愈长，则于虞有取焉。然此非谓道学名节论，乃为诗论也。”足见名节刘因比虞集好。

参军。元军统一南方后，在其母丘夫人激励下，更发愤读书。忽必烈派江南侍御史程钜夫访江南遗逸，赵孟頫是二十人中的首选。初授奉训大夫，历任地方官，奉召修《世祖实录》，然后以集贤直学士行江浙等处儒学提举，进阶中顺大夫。元仁宗尚在东宫太子位时，就很赏识他。一直官运亨通，进集贤学士、资德大夫，拜翰林学士承旨、知制诰、兼修国史。延祐六年(1319)，告老还湖州，至治二年(1322)夏六月卒于家。至顺初追封魏国公，谥文敏。

赵孟頫身为宋皇室后裔，仕元至高位，当时就为人所诟议，特别为其宗族内部所不齿。他自己也有羞愧感，读其晚年《和姚子敬韵》诗，有"同学故人今已稀，重嗟出处寸心违"之句，可知其自悔之情。他虽然得到忽必烈赏识，但他一直很谨慎小心，知耻，不张扬。他富于才情，博学多能，元仁宗将他比为"唐李太白，宋苏子瞻"，诗、文、词、书法、绘画艺术，样样精通，尤以书画绝伦著称。有《松雪斋集》十卷，《外集》一卷。夫人管道升，亦工词翰，善画。

赵孟頫诗不多，各体共 226 首，以五言古、七言律、五言绝为佳，五言律最差。他虽然出生于宋皇族，但他少年时代的家庭，已经没落较贫，对农村男耕女织的辛苦劳动生活，有所了解，才能写出像《题耕织图二十四首奉懿旨撰》，按一年十二个月，咏男耕、女织各十二首，应制而并无浮泛空疏、歌颂皇恩之词，试各举一首，以见一斑：

东风吹原野，地冻亦已消。早觉农事动，荷锄过相招。迟迟朝日上，炊烟出林梢。土膏脉既起，良耜利若刀。高低遍翻垦，宿草不待烧。幼妇颇能家，井臼常自操。散灰缘旧俗，门径环周遭。所冀岁有成，殷勤在今朝。

——《男耕之二月》

七月暑尚炽，长日弄机杼。头蓬不暇梳，挥手汗如雨。嘤嘤时鸟鸣，灼灼红稻吐。何心娱耳目，往来忘伛偻。织为机中素，老幼要纫补。青灯照夜梭，蟋蟀窗外语。辛苦亦何有，身体衣几缕？嫁为田家妇，终岁服劳苦。

——《女织之七月》

说不上对农民劳动生活有多么深刻的体验，至少感性上有所认识与同情。虞集跋对此诗深表赞赏："歌咏民间农桑勤苦，备尽田家景物气象，与《豳风·七月》之篇何异？且属应制上陈黼座，以备乙夜之观览，与寻常他作不侔。真当昭彝鼎而寿金石，匪特为耳目近玩已也。"（引自《石渠宝笈》卷三。）

他的七律诗佳作较多，真情实感与艺术造诣都较深的，当推《岳鄂王墓》：

鄂王坟上草离离，秋日荒凉石兽危。
南渡君臣轻社稷，中原父老望旌旗。
英雄已死嗟何及，天下中分遂不支。
莫向西湖歌此曲，水光山色不胜悲。

题咏岳鄂王墓的诗，不下数十篇，诚如赵孟頫的外甥陶宗仪在《辍耕录》中收录此诗时所说："其脍炙人口者，莫如赵魏公诗。"特别是颔、项两联，思想感情之深切，艺术手法之精妙，都是上乘的。但李东阳《怀麓堂诗话》则说："'南渡君臣轻社稷，中原父老望旌旗'句虽佳，而意已涉秦越。至对元世祖曰：'往事已非那可说，且将忠赤报皇元。'则扫地尽矣。……夫以宗室之亲，辱于夷狄之变，揆之常典，固已不同，而其才艺之美，又足以为讥訾之地，才恶足恃哉！然'南渡''中原'之句，若使他人为之，则其深厚简切，诚莫有过之者，不可废也。"因其诗与其人身份和仕元经历相联系，明清人诗话中，多半褒贬杂陈。其实他自己对仕元之事也很苦恼，时怀故国之思、乡土之情：

东南都会帝王州，三月莺花非旧游。
故国金人泣辞汉，当年玉马去朝周。

湖山靡靡今犹在，江水悠悠只自流。
千古兴亡尽如此，春风麦秀使人愁。
——《钱塘怀古》

触景生情，“金人泣辞汉”、“玉马去朝周”离黍麦秀之感，故国情怀，溢于言表。在其五言古诗《罪出》篇中的悔恨痛苦之情，也很明显：“昔为水上鸥，今如笼中鸟。哀鸣谁复顾，毛羽日摧槁……恸哭悲风来，如何诉穹昊。”颇有一失足便成千古恨之意。

《四库全书总目》卷一六六在评论《松雪斋集》时说：“孟頫以宋朝皇族，改节事元，颇不谐于物论。观其《和姚子敬韵》诗有‘同学故人今已稀，重嗟出处寸心违’句，是晚年亦不免于自悔。然论其才艺，则风流文采，冠绝当时，不但翰墨为元代第一，即其文章亦揖让于虞、杨、范、揭之间，不甚出其后也。”这样的评价，是恰如其分的。

赵孟頫也工于词，有《松雪词》一卷。朱彝尊编《词综》，选录其词五首。引邵复孺云：“公以承平王孙晚婴世变，黍离之感有不能忘情者，故长短句深得骚人意度。”例如《浪淘沙》：

今古几齐州，华屋山丘。杖藜徐步立芳洲。无主桃花开又落，空使人愁。　波上往来舟，万事悠悠。春风曾见昔人游，惟有石桥桥下水，依旧东流。

词中抒发的惆怅失据情绪，跃然于字里行间。故其声调亦压抑低沉。

为明代文坛领袖李梦阳所赞誉的《锁南枝》小调《泥人词》，据李开先《词谑》称“他书相传，以为赵方敏及管夫人作”。从赵、管夫妇都能诗善画、情投意合、琴瑟和谐的生活意趣来看，共同吟和词曲，也并非不可能：

傻俊角，我的哥，和块黄泥捏咱两个。捏一个儿你，捏一个儿我，捏得来一似活托，捏得来同床上歇卧。将泥人儿摔碎，着水儿重和过，再捏一个你，再塑一个我，哥哥身上也有妹妹，妹妹身上也有哥哥。

这首见于《南宫词纪·汴省时曲锁南枝》的曲子,在传唱收录过程中,更加大众化,更富于民间色彩,也是很自然的。

第二节 元中期诗文

如前所论述,13世纪的后期,即元初,在文坛上,还是宋、金遗民作家的时代。到了元代中叶,才出现了一些在元代成长起来的知名的诗人。其中最负盛誉的则是虞集(1272—1348)。他字伯生,号道园,又因其书斋名号邵菴,祖籍蜀郡(今四川省)仁寿人。宋亡随父侨居临川崇仁(今属江西省)。仕元至翰林直学士兼国子祭酒、奎章阁侍书学士。卒谥文靖。著有《道园学古录》五十卷、《道园遗稿》六卷。传见《元史》卷一八一。

虞集不仅自己长于文学,并且也热心提倡文学。《四库全书总目提要》对《道园学古录》评云:"有元一代,作者云兴,大德、延祐以还,尤为极盛。而词坛宿老,要必以集为大宗。……迹其陶铸群材,不减庐陵(欧阳修)之在北宋。"①因此被推为一代文宗。

虞集与理学大家吴澄,既是好友,又有师生之谊,受性理之学影响较深,所以在诗学观念上,坚持儒家传统的"温柔敦厚"之说。元仁宗时,却因国子司业吴澄被人诬称有尊陆非朱的异端之论而辞职,虞集也受牵连,以病免。他虽然先后受到文宗、惠宗的宽容,想借故排挤、打击他的朝中贵要未能得逞,但是宦途险恶之感、及早抽身归隐之念,在他的诗词中也隐约地有所流露。他作为抗金名相虞允文的子孙,纵然自觉愿出仕元朝,有时心情还是很不安的。他为友人杨拱辰去建康祭扫抗金而亡的先祖庙墓,写诗相赠:

一襟寒碧忠臣血,二百余年翳草莱。
故国丘墟遗庙在,荒城霜露远孙来。

① 见《四库全书总目》卷一六七《别集类》二〇,中华书局1987年版,第1440页。

黄鹂碧草无时尽，白日青天后死哀。
亦有先祠临采石，每曾挥泪棹船回。

——《送杨拱辰序》

对忠臣的悼念，故国沦亡的哀痛，特别是大破金兵于采石矶的先祖虞允文，既引以为荣，又不禁挥泪自伤。

虞集诗以风格遒劲见长。从以下两首诗，更可以窥见他创作的特色：

矶头风急潮水涨，蒹葭苍苍檠渔榜。青山一发是江南，白头不归神独住。幽篁绕屋茅覆檐，木叶脱落秋满帘。买鱼沽酒待明月，定是黄州苏子瞻。子瞻文章世希有，谪向江波动星斗。夜投断岸发清啸，楼鹘惊飞怒蛟吼。图中风景偶相似，欣然挥洒春云开。子瞻应是念乡里，还化江东孤鹤来。

——《题柯博士书》

徒把金戈挽落晖，南冠无奈北风吹。子房本为韩仇出，诸葛宁知汉祚移。云暗鼎湖龙去远，月明华表鹤归迟。不须更上新亭望，大不如前洒泪时。

——《挽文山丞相》

虞诗以风格遒劲简严见长。这两篇诗，可以窥见他创作特色的一斑。前一篇想象丰富而出之以拗兀不凡的笔法，后一篇则以对一位民族英雄的悼念，反映了自己出仕异族的矛盾，感情是很真挚的，所以陶宗仪说："读此诗而不泣下者，几希！"①《金元诗选·元诗选》卷二也赞许此诗"意到、气到、神到，挽文山诗，此为第一"。

此外，传为诗坛佳话的《送袁伯长扈从上京》，也值得一提，以悟作诗炼字之妙：

---

① 陶宗仪《南村辍耕录》卷四，辽宁教育出版社1998年版，第50页。

日色苍凉映紫袍，时巡毋乃圣躬劳。
天连阁道晨留辇，星散周庐夜属櫜。
白马绵鞯来窈窕，紫驼银瓮出蒲萄。
从官车骑多如雨，只有扬雄赋最高。

据《古夫于亭杂录》卷三记载，说此诗中联原文是“山连阁道晨留辇，野散周庐夜属櫜。”赵孟頫看后说：“美则美矣，若改‘山’为‘天’，‘野’为‘星’，则尤美。”虞集深表佩服。改动一、二个字，全篇气象大为改观。此佳话也见于《金元诗选·元诗选》卷二，《元诗纪事》卷一则转引《蜀中诗话》所记。

虞集的词也为时人所称赞，如〔风入松〕《寄柯敬仲》：

画堂红袖倚清酣，华发不胜簪。几回晚直金銮殿，东风软、花里停骖。书诏许传宫烛，轻罗初试朝衫。　御沟冰泮水挼蓝。飞燕语呢喃。重重帘幕寒犹在，凭谁寄银字泥缄。为报先生归也，杏花春雨江南。

如前面所提及，虞集在朝中曾屡遭构陷排挤，宦海风波险恶，促使他产生引退还乡之念。在《腊日偶题》之二就有所表现：“归时燕子尾毵毵，①重觅新巢冷未堪。为报道人归去也，杏花春雨在江南。”此诗与《寄柯敬仲》词，写作背景相似，而结句相同。词的前半描写在馆阁学士清要任上“晚直”情景，后半则告诉曾同在奎章馆任职的友人，自己也即将回到江南。诚如词学名家夏承焘先生所评：“写得文彩风流，自然雅致。”将对友人的思念与以自己即将归去之讯相告，联接自然而又紧凑。末句“以景结情，尤为警策……为小令中精品”②。瞿佑《归田诗话》还说：“曾见机坊以词织成帕，为时所贵重如此。张仲举词云：‘但留意江南杏花春雨，和泪在罗帕。’即指此也。”

---

① 按：瞿佑《归田诗话》引此句作“屏风围坐鬓毵毵”。

② 见夏承焘《金元明清词选》上，人民文学出版社 1983 年版，第 155 页。

杨载(1271—1323)字仲弘，建宁浦城(今福建)人，徙居杭州。以布衣身份召为国史院编修官。延祐二年，与黄溍同举进士，八年后，即病死。他“博涉群书，为文以气为之。……尤工诗，尝语言者曰：‘诗当取材汉魏，而格律则以唐为宗。’自载出，始洗宋季诗人之陋”。① 不免有所夸张。杨载讲究“诗法”，著有《诗法家数》、《诗法正源》。② 据说虞集曾向他请教诗法，“酒酣，尽为集言之”。在当时文坛，虞集、杨载、范椁、揭傒斯齐名并称。因其文才曾得到赵孟頫的赏识，享有盛誉。他的七言律写得很好，例如其名篇：

老君台上凉如水，坐看冰轮转二更。
大地山河微有影，九天风露寂无声。
蛟龙并起承金榜，鸾凤双飞载玉笙。
不信弱流三万里，此身今夕到蓬瀛。
——《宗阳宫望月分韵得声字》

宗阳宫，原是宋德寿宫的后花园，元初毁坏，延祐年间，道士杜道坚重建，筑老君台，中有老子像，旁列庄周等道家代表人物。据田汝成《西湖游览志》③第十七卷《道院》记载，“杜道坚……风度清雅，尝以中秋，集儒彦，登老君台观月，分韵赋诗，杨仲弘为绝唱”。这首诗的意境幽美雅静，空灵清丽，对仗工巧，音律圆润清亮。“大地山河微有影”，虽然是用唐人笔记《酉阳杂俎》说月中有地影、水影的典故，但即便不知此典出处的读者，亦可欣赏、神会其月色景象之美，有身临仙境之感。再如五律《寄刘师鲁》，是怀念友人的：

想君游宦处，正值洞庭湖。落日波涛壮，晴天岛屿孤。
舟航通汉沔，风物览衡巫。天下文章弊，非公孰起予？

---

① 见柯劭忞《新元史》二三七，中国书店1998年影印版，第917页。
② 《诗法家教》和《诗法正源》均见于《诗学指南》本，前种尚有《历代诗话》本。
③ 田汝成《西湖游览志》，上海古籍出版社1980年版，第236页。

想象友人所到之处的景况，意象壮丽，情景交融，特别是颔、项两联，于对仗处更显其境界之壮观。颇有唐人风致。一些诗篇中的名句，备受读者赞赏，瞿佑《归田诗话》卷下称“杨仲弘以《宗阳宫玩月》诗得名，然他作如‘风雨五更鸡乱叫，江湖千里雁相呼’；‘挟书万里朝明主，仗剑三年别故乡’；‘窗间夜雨消银烛，城上春云压绛旗’；‘空桑说法黄龙听，贝叶缮经白马驮。’沉雄典实，先叔祖每称之”。杨仲弘诗多有散佚，今存《杨仲弘集》，或称四卷，或称八卷，分法不同。

范梈(1272—1330)字亨父，一字德机，临江清江(今属江西)人。家境贫寒，早孤，母亲对他教养严格。范梈天资颖敏，善于强记，孝敬母亲。他外出，靠卖卜之技所得充旅费，三十六岁才到京都，在勋旧故家当塾师，荐举充翰林编修官，选充翰林应奉，擢福建闽海道知事。闽地风俗，取良家青年男女为绣工，也就是处境恶劣的刺绣工奴。范梈痛恶这种残酷的作法，同情绣工的困窘处境，作《闽州歌》，揭示其弊，廉访使取此诗上达朝廷，才革除此弊。

范梈有两本专讲“诗法”的书。[①]《木天禁语·内篇》说：“外则用之以观古人之作，万不漏一；内则用之以运自己之机，闻一悟十。”就是说古人之法，只具有借鉴、启发的作用，在创作实践中应灵活地运用，切不可拘泥于成法，应发挥自己的聪明才智。这比杨载所强调的“法”，要胜一筹。我们从以下所举古、近体诗，可见其特色。

游莫羡天池鹏，归莫问辽东鹤。人生万事须自为，跬步江山即寥廓。请君得酒勿少留，为我痛酌王家能远之高楼。醉捧勾吴匣中剑，斫断千秋万古愁。沧溟朝旭射燕甸，桑枝正搭虚窗面。昆仑池上碧桃花，舞尽东风千万片。千万片，落谁家？愿倾海水溢流霞。寄谢尊前望乡客，底须惆怅惜天涯。

——《王氏能远楼》

① 范梈《木天禁语》，见学海类编本；《诗学禁脔》有《历代诗话》本。还有《诗格》、《诗学指南》本。

一春归计又蹉跎，穷粤风光奈病何！
总有青山千万叠，行人长少鹧鸪多。
——《过三合驿》

离家六度见清明，知是何时出帝京？
今日登临倍惆怅，好山多似豫章城。
——《清明日留西山》

上引古诗颇有李白遗风，胸襟开阔，浪漫色彩较浓，虽用典而不偏僻，而且借以表现其思想感情非常恰当。如《王氏能远楼》首句“天池鹏”是用《庄子·逍遥游》中所谓“鹏之徙于南冥也，水击三千里，抟扶摇而上者九万里”之意，次句是用丁令威成仙骑鹤归辽东的故事。气势豪放。为以下在高楼上痛饮狂舞吴勾剑、砍断万古愁作了恰当的铺垫。下面展开的联想，丰富而美丽，有人间天上之感。所以纵然身在异乡作客，又何需有天涯游子的惆怅呢！受李白、李贺诗雄奇浪漫风格的影响而不蹈前人旧辙，别有新意。

后两首七绝，虽有久留异乡的淡淡愁绪，而且他的健康状况一向不佳，但哀而不伤，借景抒情，或触景生情，也是很自然的。

揭傒斯（1274—1344），在元代诗坛上，与虞、杨、范并称“四家”。虞集称杨载诗“如百战健儿”、范梈诗“如唐临晋贴”、揭傒斯诗“如美女簪花”（或云“如三日新妇”，都有俊美秀丽之意），而自喻为“汉庭老吏”，①亦只能聊备一说。其实就诗的题材广泛性、思想内容之深刻、艺术的表现力而言，揭傒斯诗不在虞集之下。吴澄《李宗明诗跋》称“揭傒斯，铁中之铮铮者”倒是很恰当的。以一个贫困家庭出身的子弟，能发愤读书成才，得到当朝高官程钜夫的赏识，将从妹许配给他，可见其才智不凡。揭傒斯于延祐元年荐为翰林国史院编修官，历任馆阁职。官至翰林直学士、知制诰同修国史，参预修辽、金、宋三史。为人品格正大光明，敢于直言。卒年七十

① 其说见陶宗仪《南村辍耕录》卷四，辽宁教育出版社 1998 年版，第 50 页。

一岁。著《文安集》十四卷。欧阳玄撰《元翰林侍讲学士揭公墓志铭》，记其生平事迹甚详。称“文章在诸贤中，正大简洁，体制严整，作诗长于古乐府，《选》体、律诗、长句，伟然有盛唐风”。试以其古乐府体一首为例：

> 高邮城，城何长？城上种麦，城下种桑。昔日铁不如，今为耕种场。但愿千万年，尽四海外为封疆。桑阴阴，麦芒芒，终古不用城与隍。
>
> ——《高邮城》

原来借以防卫、确保安全的城墙，以往视为坚廓铁壁，高邮如今却沦为种麦种桑之地。这种现象，在当时来说，是极其不合理、非常严重的矛盾现象，只能说明当地官吏的昏庸无能。诗人很巧妙地说：但愿千万年后，天下太平，城墙化为农桑之地，再不用它作为防御工事就好了。他的担心和愿望都成真，元末张士诚农民起义，一举攻下高邮城，高邮如今早已成为无需城墙设防的繁华都市了。他自己也很欣赏这首诗，与友人饮酒时，常朗诵它几遍。

他的五言短古也有好诗，例如《题风烟雪月四梅图》之二。七言古诗更不乏佳作，如：

> 夫前撒网如飞轮，妇复摇橹青衣裙。全家托命烟波里，扁舟为屋鸥为邻。生男已解安贫贱，生女已得供炊爨。天生网罟作田园，不教衣食看人面。男大还娶渔家女，女大还作渔家妇。朝朝骨肉在眼前，年年生计大江边。更愿官中减征赋，有钱沽酒供醉眠。虽无余羡无不足，何用世上千钟禄。
>
> ——《渔父》

对渔民夫妇、子女贫穷勤劳的生活深表同情，他们是日日夜夜、世世代代在风浪里飘泊，唯一的愿望就是官方能减轻赋税，能有钱买酒以便醉眠，这看似寻常、实为极其辛酸的苦衷。若缺乏对底层劳苦人民生活的体验，是写不出来的。另如《杨柳青谣》，更具民歌色彩，意味隽永。揭傒斯还写过针对特权人物的讽刺诗：

> 寒向江南暖，饥向江南饱。莫道江南恶，须道江南好。
>
> ——《秋雁》

这首咏雁诗，正如孔齐《至正直记》卷三所说的："盖讥色目北人来江南者贫可富，无可有，而犹毁辱骂南方不绝，自以右族身贵，视南方如奴隶。"陈衍《元诗纪事》卷一三亦按云："此诗大有寄托。"①

有鉴于南宋末年某些有势力的诗派（如四灵派、江湖派）的作风之流为琐碎生硬，为了要扭转这种风气，元代诗人就常常向唐代诗人学习，注意增加诗中的抒情气氛。虞、杨、范、揭四人的面貌虽不尽相同，但在这一点上却是一致的。所以李东阳说："宋诗深，去唐却远；元诗浅，去唐却近。"②上举虞集、杨载、范梈和揭傒斯的诗中，也很清楚地显示了这种消息。至于对他们四人的评价，虞集有过形象化的说法，但他毕竟身在其中，也许不一定确切。明人胡应麟评说较为具体，也许更公正："杨仲弘视虞骨力伉健有加，才具闳通不及。范应奉梈、揭文安（傒斯）抑又次之。大抵四家古诗歌谣伯仲，杨五言律、排律胜，揭七言律胜，范七言绝胜，虞差兼备。至于乐府，俱缺如也。"③此说较为全面，可供参考。

第三节　元末诗文

在元朝民族大融合的文化背景下，有些蒙古、色目士人，受汉传统文化的熏陶，能诗善文的作家不少，前面论述过的散曲家贯云石、政治家兼诗人耶律楚材，还有马祖常、萨都剌，就是其中的佼佼者。

马祖常（1279—1338），字伯庸。世为雍古部，居净州天山（今新疆）。高祖锡里吉思，金末为凤翔兵马判官，子孙就因官，以马为姓。曾祖月合

---

① 陈衍《元诗纪事》，上海古籍出版社 1987 年版，第 294 页。

② 李东阳《怀麓堂诗话》，《四库全书》本。

③ 胡应麟《诗薮》外编卷六，上海古籍出版社 1979 年校点本，第 241 页。

乃，元世祖忽必烈时官礼部尚书，父润，同知漳州路总管府事，家于光州（今河南潢川）。延祐年间恢复科举制，马祖常廷试第二，官至御史中丞。因从他祖上就受中华传统文化滋养，到了他长大的时候就成为汉化的士人了。“为文精核，务去陈言，师先秦两汉。尤致力于诗，凌轹古作，大篇短章，无不可传者。”①著有《石田集》十五卷。《四库全书总目》卷一六七称“其文精赡鸿丽，一洗柔曼卑冗之习。其诗才力富健……长篇巨制，迴薄奔腾，具有不受羁靮之气”。且举长篇、短章各一，以见其特色：

> 松槽长长栎木轴，龙骨翻翻声陆续。父老踏车足生茧，日中无饭倚车哭。乾田苹确榉禾槁，高天有雨不肯下。富家操金射民田，但喜市头添米价。人生莫作耕田夫，好去公门为卜胥。日日得钱歌饮酒，朝朝买绢与豪奴。识字农夫年四十，脚欲踏车脚失力。宛转长谣卧陇间，谁能听此无悽恻。
>
> ——《踏水车行》

> 甲子人愁雨，河田麦已丹。岁凶捐瘠众，天远祷祠难。
> 贾客还沽酒，王孙自饱餐。更怜黧面黑，征戍出桑乾。
>
> ——《石田山居八首》之一

《踏水车行》描写亢旱之年两种不同的景象和两种不同人群截然不同的思想感情。穷苦农民踏水车抗旱，饿得无力踏车倚靠着水车哭泣，连粗有文化的壮年农夫都无力踏车；而富人却趁灾荒之机，贱价买穷人的田，高价卖出粮食。于是发出不如去充当衙役，得点贿赂买酒的感慨。这是一箭双雕的手法，同情穷人的苦难，在鞭打富人的同时捎带讽刺吏治腐败。读此诗，使人自然联想起白居易的新乐府。后一首五言律诗，以遒劲明朗的笔调，表现深刻的思想内涵。灾荒凶年农民承受捐赋和服兵役的

① 许有壬《至正集·魏郡马文贞公神道碑铭并序》，北京图书馆《古籍珍藏丛刊》第95册，第240页。

重负，而商人、王孙则喝酒饱餐，贫富两重天，读者不禁会浮现出杜甫“朱门酒肉臭，路有冻死骨”的景象。

在少数民族作家中，成就最高的，当推萨都剌(1272？—?)。萨都剌字天锡，号直斋。回族人(或说为蒙古人)。祖父思兰不花，父亲阿鲁赤，都是武官，以世勋镇云代，遂居雁门(今山西代县)。从萨都剌《溪行中秋玩月》诗自序称“余乃萨家子，家无田，囊无储”来看，家庭经济状况较拮据。孝敬母亲，南北仕宦，都奉母而行。据《新元史》卷二三八《萨都剌传》云：“弱冠，成泰定四年(1327)进士，授应奉翰林文字，擢御史于南台，以弹劾权贵，左迁镇江录事司达鲁花赤。”“至正三年(1343)擢江浙行省郎中，迁江南行台侍御史。明年，左迁淮西江北道经历。诗才清丽，名冠一时，虞集雅重之。晚年寓居武林(今杭州)，每风日晴好，辄肩一杖，挂瓢笠，踏芒跻，凡深岩邃壑，无不穷其幽胜，兴至，则发为诗歌。著有《雁门集》八卷，《西湖十景词》一卷。后入方国珍幕府卒。”引这段史料，说明三点：一是，他很有才气，二十几岁中进士，血气方刚，以弹劾权贵被降职，在江南行台侍御史任上，又一次被降职，可见他是个直言敢谏、不怕得罪权贵的正派人；二是诗人气质很浓，寓居杭州，游山玩水，欣赏自然风光，吟诗作词，自由自在，无拘无束；三是他晚年的心态胸襟是放旷的，生活环境也好，故得以长寿。为《雁门集》作注的萨龙光否认“后入方国珍幕府”之说，①但至少说明方国珍独霸浙东一方之时，萨都剌还健在，卒年大约八十多岁。

萨都剌年轻在京任职时，写过一些应制性质的宫词和丽情乐府，杨维祯《宫词序》云：“宫词，诗家之大香奁也……天历间，余同年萨天锡善为宫词。”是写宫女惆怅怨恨情绪的，所以虞集说他“最长于情”。其实，这只是萨都剌诗集中的一个次要方面，他对当时的政事还是很关注的，明瞿佑《归田诗话》卷中就能对这一特点作出较全面的评论：“萨天锡以宫词得名，其诗清新绮丽，自成一家，大率相类。惟《纪事》一首，直言时事不讳。诗云：

---

① 萨龙光《雁门集注》于《鬻女谣》注云：“本集中如……《绣鞋诗》为避方氏而作……不可以韩偓《香奁》例之矣。”又在其《雁门集编注跋》中云：“公自世祖至顺帝，身经十一主，历八十余年。”

> 当年铁马游沙漠，万里归来会二龙。周氏君臣空守信，汉家兄弟不相容。只知奉玺传三让，岂料游魂隔九重。天上武皇亦洒泪，世间骨肉可相逢。

盖泰定帝崩于上都，文宗自江陵入据大都，而兄周王远在沙漠，乃权摄位，而遣使迎之。下诏四方云：'谨俟大兄之至，以遂固让之心。'及周王至，迎见于上都，欢宴一夕，暴卒。复下诏曰：'夫何相见之顷，宫车弗驾。加谥明宗。'文宗遂即真。皆武宗子也，故天锡末句云然。"

元文宗虽史称偃武修文的明君，但诗人对其以阴谋手段篡夺兄长帝位的劣迹，毫不讳饰地予以揭露。诗中所谓"汉家"，在习惯上就是直指当代，例如白居易《长恨歌》首句"汉皇重色思倾国"，讽喻唐明皇是无需解释的。类似的史诗性的作品，诚如萨龙光《雁门集编注跋》所指，如"武仁授受之际、伯颜戕帝后于民舍、惠宗鸩幼帝于中途，公目击时变，往往发为诗歌"。元朝统治者内部为争权夺利而发动的内战，给人民带来的苦难，诗人深感痛心：

> 居庸关，山苍苍，关南暑多关北凉。天门晓开虎豹卧，石鼓昼击云雷张。关门铸铁半空倚，古来几度壮士死。草根白骨弃不收，冷雨阴风哭山鬼。道傍老翁八十余，短衣白发扶犁锄。路人立马问前事，犹能历历言丘墟。夜来锄豆得戈铁，雨蚀风吹失颜折。铁腥唯带土花青，犹是将军战时血。前年人复铁作门，貔貅万灶如云屯。生者有功挂玉印，死者谁复招孤魂。居庸关，何峥嵘！上天胡不呼六丁，驱之海外消甲兵，男耕女织天下平，千古万古无战争。
>
> ——《过居庸关》(至顺癸酉岁)

这首古体乐府风格遒劲俊健，诗中前半极言居庸关形势之险要，所以是兵家必争之地，"古来几度壮士死"，而重在描写当代发生的征战，"道傍老翁"犹能诉说的时事。诗题特别注明作者经历的时间，就是元文宗至顺四年。在此之前，皇位的继承，有几次都不是平稳交替的，甚至发动内战夺取皇位，而流血牺牲的是普通士兵和老百姓，为夺位而立战功的将军则得奖赏。诗人的愿望是：像这种不义之战，再不要发生了，让老百姓能过男耕女织的太平日子。

萨都剌长期仕宦江南，对自然风光情有独钟，写景诗也很优美，表情达意，婉转自如，精深细致。

> 三山云海几千里，十幅蒲帆挂烟水。吴中过客莫思家，江南画船如屋里。芦芽短短穿碧沙，船头鲤鱼吹浪花。吴姬荡桨入城去，细雨小寒生绿纱。我歌《水调》无人续，江上月凉吹紫竹。春风一曲鹧鸪词，花落莺啼满城绿。
>
> ——《过嘉兴》

这是一幅多么美丽的江南水乡风光呵！诗情画意，自然景色中洋溢着姑娘的青春气息，鲤鱼掀起浪花，微风送来动人的歌声，真令人陶醉其间。这位被虞集称为“最长于情”的诗人，在写景诗中，也很自然地流露出率真的感情色彩，而其表现手法又是较为含蓄的。在杭州写有《西湖十景词》，据《元诗纪事》卷一五引《续宏简录》所说：“至今脍炙人口。”萨都剌诗，无论古体、律、绝，都不乏佳作，不胜枚举，萨都剌也长于词，夏承焘《金元明清词选》，选了其中四首代表作，我们想在此外举另一名篇：

> 六代豪华，春去也、更无消息。空怅望，山川形胜，已非畴昔。王谢堂前双燕子，乌衣巷口曾相识。听夜深、寂寞打孤城，春潮急。　思往事，愁如织。怀故国，空陈迹。但荒烟衰草，乱鸦斜日。《玉树》歌残秋露冷，胭脂井坏寒螀泣。到如今、只有蒋山青，秦淮碧。
>
> ——〔满江红〕《金陵怀古》

金陵是六朝古都，江山胜地，而像陈叔宝、李煜等末代君王，却都沉沦于纸醉金迷、歌舞声色的腐化生活之中，终于导致国破家亡的可耻下场。历代诗人词家，面对这座据有形胜之地的古都遗迹，刘禹锡、王安石、张孝祥、辛弃疾，都抒发过他们的感慨，怀古而伤今。从萨都剌这首词所呈现的一派萧飒落寞景象，没落感伤的情怀，已预感到元王朝的末日即将来临。江山依旧，而大元帝国已到了重蹈南朝亡国君王覆辙的时候了，真可谓“落花流水春去也”，带有挽歌意味。

在元末诗坛上，还有几位著名人物是值得重视的，这就是王冕、杨维祯和吴莱。他们都是浙东人，就其诗歌创作的艺术风格而论，与当时以效法唐人李贺、李商隐为特征的“浙东诗派”是不同的；杨维祯的某些诗倒有所近似，但不必将他强拉归派。

在元末风云变幻的时代，王冕（1300？—1359）虽然不是投身变革现实的弄潮儿，但却是个敢于直面人生、敢于抒发心声的诗人。他字元章，号煮石山农，出生于浙江诸暨一个贫困的农家，自幼刻苦自学，依僧寺映长明灯读书。会稽学者韩性收为弟子，遂成通儒，却屡应举不中。于是下东吴，入淮楚，北游燕都，客秘书卿泰不花家，拟荐馆职，坚辞不就。既归，每大言天下将乱，携妻孥隐浙东九里山，自号梅花屋主，善画梅，借画得米自给。身虽隐居而心怀天下，曾仿《周官》著书一卷，曰：“持此遇明主，伊、吕事业不难致也。”朱元璋攻克婺州（今浙江金华），聘为幕府谘议参军，不久病死。著有《竹斋集》。

作为一个诗人，他以敏锐的眼光观察社会，并借助艺术形象反映乱世社会的各个侧面，表露自己的痛恶、愤怒或悲悯之情，具有强烈的正义感。《伤亭户》描写作者在浙东沿海绍兴一带旅途中的见闻，盐户在官吏的残酷迫害下不幸的悲惨遭遇：两个儿子都死了，老头子承受着官吏日益残毒的搜刮，总催、场胥、分运等各类盐务官吏敲诈勒索的手段，一个比一个更毒辣，难以为生，被迫上吊自杀。作者夜晚听盐户老人倾诉苦难，而天明风吹开门，所见惟有“僵尸挂荒屋”，这是一幅惨绝人寰的生活画面，如实写来，不发一句议论，而思想感情的倾向却非常鲜明：对贪官酷吏的痛恶，对亭户悲惨遭遇的深切同情。

王冕诗仿效杜甫，虽然艺术上未能臻于杜诗精纯之境，但其现实主义精神却是一脉相承的。读上述《伤亭户》，自然会联想到杜甫的名篇《石壕吏》。再如《痛哭行》所写“京邦大官饫酒肉，村落饥民无粒粟”，在对比中提示贫富悬殊的社会矛盾;《悲苦行》中所表现的“安得壮士挽天河,一洗烦郁清九区,坐令尔辈皆安居”的美好理想,都可以看出杜诗对他的影响。他的咏物诗也受到杜甫咏物诗的启发,例如《劲草行》就是借咏物诗的传统艺术手法,歌颂坚贞不渝的民族气节:

> 中原地古多劲草,节如箭竹花如稻。白露洒叶珠离离,十月霜风吹不倒。萋萋不到王孙门,青青不盖谗佞坟。游根直下土百尺,枯荣暗抱忠臣魂。我问忠臣为何死,元是汉家不降士。白骨沉埋战血深,翠光潋滟腥风起。山南雨晴蝴蝶飞,山北雨冷麒麟悲。寸心摇摇为谁道,道旁可许愁人知?昨夜东风鸣羯鼓,骷髅起作摇头舞。寸田尺宅且勿论,金马铜驼泪如雨。

咏物诗妙在所咏之物像与所抒之情,有着某种相似之素质,使读者产生联想,而不是牵强比附。两者的关系是若即若离,不即不离。“疾风知劲草”,以劲草比喻坚贞之士,历经艰险祸患而不变志节,极其生动准确。本诗采用歌行体的形式,灵活自如。全诗分四段:首段八句描写劲草坚强崇高的品格,用开门见山的写法,开头就直截了当地点明中原大地多劲草,而强调“中原地古”,含有悠久的传统文化培育出众多坚贞之士的意思。“节如箭竹花如稻”、“十月霜风吹不倒”,抓住劲草的本质特征,予以形象化的描写,具有朴素而崇高的美。劲草茂盛、青翠而不依傍权贵之门,更不点缀谗佞之坟,“游根直下土百尺,枯荣暗抱忠臣魂”。把劲草人格化,突出其坚贞的品格。二段通过设问的方式,描绘出一幅“汉家不降士”血沃中原肥劲草的悲壮画面。“白骨沉埋战血深,翠光潋滟腥风起”,壮士的鲜血与茂盛的劲草,浑然融为一体。三段描写“山南”与“山北”两种截然不同的景象,激起诗人内心的悲哀。以“蝴蝶飞”比喻媚颜事敌的变节分子轻佻狂荡,以墓前的石麒麟倒卧荒野,象征忠魂的庄重悲凉。末段写忠魂闻敌人战鼓之声愤而起舞,颇有刑天舞干戚的气概。结尾两句“寸田尺宅且勿论,金马铜驼泪如雨”,精警隽永,具有震撼人心的感召力:壮士死不瞑目,非为一己田宅之私,而是为国家倾亡而悲愤。诗人用“金马铜驼”的典故表现国家衰亡之痛，非常恰当，取得言简意赅、以少胜多的艺术效果。在质朴自然中显其沉郁遒劲，是这首诗艺术风格的主要特征。作者是慷慨悲歌，而读者则有荡气回肠、黯然泪下之感。

王冕善画梅，且自题其居为梅花屋，园中植梅树上千株，可见他对梅花的爱好。有题画的梅花诗一卷，颇为著名，从其《梅花》诗，可见其风神韵致：

三月东风吹雪消，湖南山色翠如浇，
一声羌管无人见，无数梅花落野桥。

描绘春雪融化后，山色格外青翠，野桥旁梅花落英缤纷，明秀高雅，色彩鲜明，诗情画意，融为一体。文如其人，奔放质朴的诗风，也正是他那豪迈孤傲性格的表现。为人们所传诵的《墨梅》名句“不要人夸好颜色，只留清气满乾坤”，以及晚年所作《归来》诗云“野梅开花尚古色”，也都是他高洁傲兀品格的写照。

杨维桢(1296—1370)，字廉夫，山阴(今浙江绍兴)人。少年时博学强记，其父为之建读书楼于铁崖山中，因自号铁崖。元泰定四年(1327)进士，署天台尹，改钱清场盐司令。“狷直忤物，十年不调。”元末兵乱，避地富春山，徙钱塘。张士诚累招之，不赴。徙居松江，与当时“东南才俊之士”交往，过着放荡不羁的名士生活，吹铁笛，作《梅花弄》，“以为神仙中人”，借此韬光养晦，苟全性命于乱世。洪武二年(1369)召聘他修纂礼乐书，维桢辞谢说：“岂有老妇将就木，而再理嫁者邪?”不愿出仕，但留京百余日，所纂叙例略定，即辞归。宋濂赠诗曰：“不受君王五色诏，白衣宣至白衣还。”赞其清高。

杨维桢以诗著称，号铁崖体。在元代后期诗风趋向萎靡之时，他提倡古乐府，拟古乐府之作备受时人称赞，张雨《铁崖先生古乐府序》曰：“今代善用吴才老韵书，以古语驾驭之，李季和、杨廉夫遂称作者。[1] 廉夫又纵

---

① 李季和(1285—1350)，名孝光，字季和，浙江温州乐清人，与杨维祯、萨都剌、张雨等为挚友。

横其间，上法汉魏而出入于少陵二李之间，故其所作古乐府辞，隐然有旷世金石声，人之望而畏者。又时出龙鬼蛇神以眩荡一世之耳目，斯亦奇矣。东南士林语之曰：'前有虞、范，后有李、杨。'”其实他写的乐府古辞佳作并不多。他自己很得意的《鸿门会》，模仿李贺《公莫舞歌》，极尽艺术想象和夸张之能事：

> 天迷关，地迷户，东龙白日西龙雨。撞钟饮酒愁海翻，碧火吹巢双猰貐（暗言范增、项庄），照天万古无二乌，残星破月开天余（此言沛公当独王天下，羽不得分也），座中有客天子气，左股七十二子连明珠。军声十万振屋瓦，拔剑当人面如赭。将军下马力拔山，气卷黄河酒中泻。剑光上天寒彗残，明朝画地分河山。将军呼龙将客走，石破青天撞玉斗。

与李贺所作构思相似，但文字上没有雷同，驰骋变化，眩人耳目。这大概就是自感得意的原因。缺点是作品的思想内涵较单薄。

杨维桢在当时算是一位享年很高，得名很盛，而其作品则不免瑕瑜互见的诗人。

> 银河忽如瓠子决，泻诸五老之峰前。我疑天孙织素练，素练脱轴垂青天。便欲手把并刀剪，剪取一幅玻璃烟。相逢云石子，有似捉月仙，酒喉无奈夜渴甚，骑鲸吸海枯桑田。居然化作十万丈，玉虹倒挂清冷渊。
>
> ——《庐山瀑布谣》

气象之壮丽，构想之奇妙，可与李白《望庐山瀑布》相媲美，丰富的想象，瀑布所呈现的景观更加优美动人。诚如蒋一葵所说，其风格是“雄伟俊逸”[①]的。此外，如《盐商行》、《贫妇谣》、《食糠谣》等篇，揭露社会黑暗、

① 见蒋一葵《尧山堂外记》，明刊本第77卷。

世态炎凉，同情人民的疾苦，具有一定的认识意义和鉴赏价值。对于杨维桢的诗，前人毁誉不一。宋濂称誉其诗："尤号名家震荡凌厉，骎骎将逼盛唐。骤阅之，神出鬼没，不可察其端倪，其亦文中之雄乎？"①王彝则诋毁他为"狐也，文妖也"②，这是因为他的诗学卢仝、李贺，显得奇诡晦涩。故《四库全书总目》卷一六八评：他具有"横绝一世之才"，其乐府"根柢于青莲（李白）、昌谷（李贺），纵横排奡，自辟町畦。其高者或突过古人，其下者亦多堕人魔趣。故文采照映一时，而弹射者亦复四起。……特其才务驰骋，意务新异，不免滋末流之弊，是其一短耳。去其甚则可，欲竟废之，则究不可磨灭也"。对于杨诗的渊源和得失，作出的评价，都很恰当。他的有些小诗，写得清新活泼，意味深永：

潮来潮退白洋沙，白洋女儿把锄耙。
苦海熬干是何日？免得侬来爬雪沙。

颜面似墨双脚赪，当官脱裤受黄荆。
生女宁当嫁盘瓠，誓莫近嫁东家亭。

——《海乡竹枝词》

家住城西新妇矶，劝君休唱《缕金衣》。
琵琶元是韩朋木，弹得鸳鸯一处飞。

石新妇③下水连空，飞来峰前三万重。
妾死甘为石新妇，望郎或似飞来峰。

——《西湖竹枝词》

---

① 见宋濂《江西等处儒学提举杨君墓志铭》，《宋濂全集》，浙江古籍出版社 1999 年版，第 681 页。

② 见王彝《文妖》，又见朱国桢《涌幢小品》卷十八《文淫妖》，《笔记小说大观》本第十三册，广陵书社 1984 年版，第 273 页。

③ 原注："即秦皇缆石也。"

> 谍报越王兵，城门夜不扃。孤臣睛不死，门月照人青。
>
> ——《城门曲》

前两首《海乡竹枝词》反映了盐亭工人受压迫、受剥削的辛酸生活，他们无法再忍受这种苦难，因而说出极其悲愤决绝的话。中间两首表现了下层妇女朴素而坚贞的爱情愿望。而最后那首《城门曲》，则表达了对历史故事传说中人物的感情。语言清新，含意深远，深得唐人绝句妙境。

杨维桢写的一些人物传记，有的人物与事件都出于虚构，例如《冰壶先生传》、《竹夫人传》，虽然尚未极尽小说艺术想象虚构之致，但是也可以作为文言小说来读。

杨维桢著有《铁崖先生古乐府》十卷，《复古诗集》六卷，《东维子文集》三十一卷。

吴莱(1297—1340)字立夫，今浙江浦阳人。虽然缺乏杨维桢那种新鲜宛转的风趣，但却以其沉著健拔的笔墨在诗坛上独树一帜。咏古的长歌是他所特别擅长的。通过一些具体形象的刻画，诗人往往非常成功地对于历史上的成败兴亡作出了合情合理的判断。

> 咸阳宫，昭华琯，白玉琢成三尺短。美人南国遥辇来，齐讴赵瑟巧盘回。洞房更衣待月上，音伎逐色穿云开。天光摇，地势动，山林冥，海水涌。奔腾万骑压城破，错愕双矛鏖敌竦。临洮举杵送役夫，碣石挟弩射鲸鱼。泗亭夜行老妪泣，蕲泽秋戍妖狐呼。一吹吹向乐中变，再吹吹作寰内战。天教汉祖见还惊，可惜秦皇惊不见。岂伊伶伦嶰谷法凤鸣？节节足足久无声。岂伊后庭伴侣戒亡国？璧月琼枝乐不得。自时厥后日淫荒，立部坐部陈丝簧。花奴羯鼓打渔阳，禄山舞马登舞床。昭华吹秦不吹唐，呜呼昭华落何乡！宋沇尚及万宝常，何如听风听水奏伊凉，悔不去问龟兹王。
>
> ——《昭华琯歌》

由秦代遗留下来的一支管乐器引发，诗人对从汉到唐统治阶级因为沉溺于声伎之好所产生的后果，作了一些批判。卓拔的风格，丰富的联想、活泼的节奏，则是诗人在艺术上值得肯定的地方。吴莱的另外一些著名诗篇如《卫将军歌闻有得汉卫青玉印者赋之》、《观唐明皇〈羯鼓录〉后赋歌》、《韩蕲王花园老卒歌》，也都具有这种特色。他死后，学生宋濂等私谥他为渊颖先生。清代诗人和诗论家王士祯将他的歌行与杨维桢的乐府并提："铁崖乐府气淋漓，渊颖歌行格偬奇。耳食纷纷说开宝，几人曾见宋元诗？"[①]《元史》卷一八一有《吴莱传》，宋濂《渊颖先生碑》记述生平事迹、道德文章尤为翔实。

其实，元末诗文作家远不止上述几位，例如由元入明的一些著名作家，刘基、宋濂、危素、高启等人，他们有代表性的诗文作品，大多写于元末，但是按惯例，都列于明代文学史，当然这里就只能从例。

① 王士祯《戏仿元遗山论诗绝句》一七，见《带经堂诗话》。

元朝建元表

世祖奇渥温忽必烈	中统	1260—1264
	至元	1264—1294
成宗奇渥温铁穆耳	元贞	1295—1297
	大德	1297—1307
武宗奇渥温海山	至大	1308—1311
仁宗奇渥温爱育黎拔力八达	皇庆	1312—1313
	延祐	1314—1320
英宗奇渥温硕德八剌	至治	1321—1323
泰定帝奇渥温也孙铁木儿	泰定	1324—1328
	致和	1328
天顺帝奇渥温阿速吉八	天顺	1328
文宗奇渥温图贴睦尔	天历	1328—1330
	至顺	1330—1332
明宗奇渥温和世瑓	天历	1329
宁宗奇渥温懿璘质班	至顺	1332
顺帝奇渥温妥懽帖睦尔	至顺	1333
	元统	1333—1335
	至元	1335—1340
	至正	1341—1368

后　　记

1956年秋，千帆老师在武汉大学讲授宋元文学史，每周六课时，按当时综合大学教学大纲的计划，是一个学期讲完。因程先生经常应邀去北京、青岛等地出席学术会议或讲学，故到期末才讲完两宋文学，元代文学是1957年春才开始的。众所周知，从那年3月学习领导人的讲话开始，鼓励大家提意见，畅所欲言，到了5月，演化为帮助党整风，也就是所谓“知无不言，言无不尽，言者无罪，闻者足戒”的“鸣放”；转瞬之间，变成“言者有罪”的“扩大化”运动。程先生以其正直爽朗、少有顾忌的性格，说了一些切中时弊的话，竟成全校“右派元帅”，课也就中止了。在尚不知能否再上讲台授课的情况下，他以高度的责任感和坚毅顽强的意志，续写元代文学讲义付印，但是未完就不给印了，从此“侧身刍牧间十八年”，好在一部分手稿保存了下来。

我作为宋元明清文学方向的研究生，曾随堂听程先生讲授宋元文学史课，详其始末。先生讲课时生动的音容笑貌、极具思辨力而又形象化的语言，至今记忆犹新。

《两宋文学史》，是他与南京大学吴新雷教授合作修订出版的。2000年5月，我遵嘱去南京出席《中华大典·魏晋南北朝文学分典》和《文学理论分典》样稿论证会。会议结束的当天下午，我去向程先生辞行，他提起《元代文学史》讲义尚未修订的事，虽因我即将赶赴轮船码头，未能细谈，但从“以后有机会再仔细商量”的语气中，嘱托之意向当可神会。因我正忙于主编《明清文学分典》的工作，先生是很清楚的，我也不便拍胸请缨，总以为后会有期，不料此一别竟成永诀。直到2003年，我完成《明清文学分典》的编务，才向师母陶芸表明：如果修订《元代文学史》事，尚未落实到合适的人，我承担此任义不容辞。很快，师母就托专人带这份遗稿给我。

退休十多年了，好像总是在忙一些与专业相关的事，又几度外出叙天伦之乐，再加上人的惰性，直到最近两年才有迫切感，意识到自己已经年逾八旬，日薄西山，来日无多，不应把我老师的事留给我的学生去做。2013年9月，是先师百岁诞辰，谨以完成修订出版《元代文学史》作为对恩师的纪念。现在出版这类学术著作不容易。感谢武汉大学出版社编审陶佳珞女士，毅然签约。

我之所以乐意恪尽此责，固然是遵循我国文化传统的惯例，学生整理修订先师的遗著是应尽的义务，程先生整理出版《汪辟疆文集》、《黄侃日记》，就是范例；他在弥留之际还自责未能见到《黄侃日记》的出版。更有一种深沉的感情力量驱动着我。师生两代人，命运遭遇何其相似！如果说受"扩大化"的冲击是一种必然的惯性，那么，我的患难结发妻黄馥梅医师和先师母沈祖棻教授，同是温柔善良、合群敬业、志洁行芳、与世无争的贤淑女子，为什么偏偏先后都遭遇车祸惨死？！沈先生罹难，程先生之悲，我感同身受，心灵相通，才会不顾后果，登门吊唁，师生紧握双手，"相对无言，唯有泪千行"。程先生那既不服输、不甘被厄运击倒，又能随遇而安，得一支点，就能创造奇迹、矢志以学术报国的精神，更是我学习的榜样。

修订程先生的《元代文学史》，我是下了决心的。记得《文艺研究》编辑部委托陈文新教授采访我时，提及"今后还有什么打算？"我就说过："有一桩心愿，我师从程先生四十余年，风风雨雨，师生情深，想做最后一件事，就是将他在武汉大学讲授元代文学史的讲义，修订出版。"（详见《文艺研究》2007年第4期）

这部《元代文学史》讲义，毕竟是半个多世纪以前的著作，在学术思想上，不受当时文坛风气影响，实属难能可贵，真正有价值的学术著作，是经得起历史检验的。我需要做的工作，主要是：所论及的作家、作品乃至文学样式的范围，作必要的扩充；酌量增补现在能见到的文献资料，注释予以详明出处，包括各种符号标志在内，一律按当今的学术规范作标准化处理;有些以往惯用的评论性用语,在不妨碍实质性内容的条件下作适度淡化;无论笔误或排字致讹,概予订正,个别有歧疑处用注释作按语。总而言之,修订和增补,首先是尊重原著精神,顺其学术思想脉络发展;其次是考虑必要性。关于署名,按程先生健在时与合作者的惯例,是共同署为撰著人。如今先师已作古,修订过程中未经商讨,若贸然与老师并列为撰著者,似欠妥,我以修订者的身份忝列其后,较为切实。但受自己水平和精力限制,不能尽如人意,尚望读者见谅。正是:

滔滔江水流日夜,
熊熊薪火传千秋。

吴志达
2013年1月

程氏汉语文学通史

程千帆
程章灿
撰

第一章　神话:人类童年的智慧

神话的产生　神话的性质和意义　中国神话的三个特点　中国神话散失的历史文化背景　四个有代表性的神话　神话的文化功能与价值

文学最早的表现形态是口头文学,神话和歌谣则是原始口头文学最主要的两个部分。

对于现代人来说,要了解原始时代的人们对自然现象和社会生活的感知和理解,了解他们的情感和幻想,以及他们对理想和力量的追求,神话是最生动的资料。

在原始社会乃至于奴隶社会中,人类必须随时随地与险恶的自然环境、凶猛的野兽或其他氏族部落进行顽强的对抗和殊死的搏斗,才能生存下去,条件异常艰苦。在生产和战斗中,人类掌握了某些自然规律,改善了物质条件,提高了生活水平,开发了智力,也从而产生了幻想和希望:希望减轻劳动,增加生产,幻想和平富裕,无忧无患;希望解释并控制自然,幻想避免或战胜天灾人祸。神话既根源于蒙昧、贫乏的原始生活,同时又代表了人类对美好未来的追求精神和对未知世界的探究欲望。因此,人们依照自己的幻想和希望创作了神话,也依照生活中的英雄人物形象创造了神。神话中的主要角色是神和英雄。神往往富于人性,行事也合乎人情,和人一样有喜怒哀乐;而英雄则富于神性,具有超人的能力,和神一样神通广大。事实上,在原始神话观念中,神性和人性并没有不可逾越的界限。神话中的奇妙的想象和工艺化思想，常常蕴含着科学思维的萌芽，成为后来许多重大的科学发明的动因。相传为风后所发明的指南车，就是由能够在大雾中辨别方向的希望而引起的。同样，由于希望在空中飞翔，就产生了腾云驾雾的神话。今天，科学的进步已经使这些神话都变成了现实。

包括中华民族在内的世界各民族的文学史都是以神话开幕的。中国神话无论从其形式还是流传情况看，都有鲜明的特征，与希腊罗马神话比较，差异尤其显著。首先，中国神话大多数是用散文记录的，而且是在产生以后，经过相当长一段时间才被记录下来，如保存中国神话较丰富的《山海经》，乃是战国时代的作品，这距离书中大多数神话产生的时代，已经很遥远了。《诗经》只是在客观上保留了少量神话。《楚辞》中留存的神话较多，但其本意主要是随机的引用而非忠实的记录。在《天问》中，屈原甚至对古代流行的一切神话和传说都表示怀疑，一一提出质问。在这种情况下，成为中国神话的仓库的，倒不是诗歌而是散文了。这和希腊神话早在奴隶时代就以史诗的形式到处流传有很大不同。其次，中国神话的体制一般都相当短小，不像希腊罗马神话那样篇幅巨大，如荷马史诗《伊利亚特》和《奥德赛》之类长达上万行的鸿篇巨制，那是我们所没有的。还有，中国神话亡佚得相当之早。现存的神话看起来有时简直像一份目录或一个提纲。即使保存着一些片断，也仅仅是些片断而已，很难整理出始末周详、头绪井然的故事来。这和希腊罗马神话详尽得连神的家族都可以制成宗谱相比，也大异其趣。

中国神话记录得晚，散失得早，短小零散，又不成体系，这些特点有着深厚的历史文化背景。

就语言文字方面说，在神话产生的时代，文字演进的水平和书写材料的条件还不能胜任详细完整地记录神话内容的任务。而当文字发达、书写材料相对丰富之后，神话的记录又因为下文所述的其他原因而未得到充分的重视。在语言上，诗歌远比散文容易记诵传播，在文字书写条件十分简陋的上古时代，文献的流传尤其需要借助韵文的优势。先秦诸子尚存古风，其著作中还常常可以看到押韵的句子和段落，《老子》五千言通篇为韵语,最为突出,即是为方便记诵而着意经营的例子。中国上古神话多采用散文而不是韵文形式来记录,可以说是一开始就被剥夺了流传的先天便利。

就思想文化传统方面说,巫和史是中国历史上最早的两种文化人才,代表了人类精神中热烈与冷静、蹈空与务实两种不同的倾向,由此派生出上古文化传统的两大因子——巫祝文化和史官文化。随着时代的发展、文明的进步,巫祝文化在传统中的比重逐渐缩小,作用逐渐淡化,终于被排斥出主流文化圈,而史官文化则始终在正统文化中占有重要的一席。史官文化崇尚实事求是,无征不信,这显然与神话的荒唐无稽背道而驰。另一方面,中国古代流传下来的重要典籍几乎都经过儒家学者的整理。在儒家"子不语怪力乱神"(《论语·述而》)的理性精神和注重修齐治平的现实人生的思想传统里,上古时代流传下来的那些神话传说自然会被视为荒诞不经,或弃置不论,或加以删削。今天我们所能见到的神话材料多保存在子部杂家小说笔记之类的著作中,在儒家经典著作中则比较罕见,这不是偶然的。战国时代,经过百家争鸣和文化启蒙的洗礼,诸子哲学中多闪现出理性思想的光辉,因此,包括儒家在内的许多学者和思想家都习惯也热衷于对古代神话重新给予"合理化的解释"。例如,在神话中,夔是一个只有一只脚的神怪(《说文解字》五、《文选·东京赋》薛综注),而后人则解释成"只要夔一个人就足够了"(《韩非子·外储说》左下、《吕氏春秋·察传》)。这样的矫形改造,加速了神话历史化、现世化和理性化的进程,使一部分神话羼入历史,藉历史而得以保存,也造成神话传说与信史之间真伪莫辨;同时,更多的神话却失去了原始思维的天真活泼的本性,变得纷乱、零碎、僵化,削弱了衍生传承的生命力。中国神话的大量亡佚,这是最重要的原因之一。

正是由于中国神话没有公私方面的正式记录,未形成相对固定的文本,在辗转传述的过程中,不同时代各个地区的人都可以依据各自的语言风俗和历史地理情况,以及时代、地域或种族的色彩和特征,给予同一位神以多种不同的名称、身份和来历,同一件事的因缘、过程也可能有大相径庭的说法。辽阔的空间和绵远的时间既导致了中国神话的凌乱感,也凸现了层次感。

传世的中国神话只占其全部的一小部分,但它是先民传播知识、寄托情感的重要方式之一,它曾经激励过先民的人生斗志,并依然在我国的文学宝库中闪耀着光芒。

人与自然、人与神、神与神之间或和谐或冲突的错综关系,是神话的三大主题,由此演化出关于天地的开辟、自然的化育、诸神的事迹、英雄的功业以及人类的诞生等种种传说,构成了神话题材的几大类型。下面综合有关材料,叙述四个比较完整并有一定代表性的中国神话,并作简要分析。

首先,让我们认识一下这世界是怎样化育而成的吧。

起初,天地浑沌,像一只鸡蛋,盘古就生在它的中心。天每日长高一丈,地每天加厚一丈,住在天地之间的盘古每天也长一丈。如此过了一千八百年,阳气轻清,升浮为天,阴气重浊,沉降为地,天越来越高远,地越来越深厚,天地开辟,成了今天这样子。盘古的身材也随之越来越高大(《艺文类聚》卷一引《三五历纪》)。

盘古是大自然的化身。他的哭泣是江河咆哮,他的呼吸是寒风呼啸,他的吼声是震雷,他的目光是闪电。阴晴取决于他心情的愤怒抑或喜悦,昼夜来自他的眼睛的开闭。盘古死后,他的身体发肤都变成了自然的一部分。头变成了东岳,腹变成了中岳,左臂变成了南岳,右臂变成了北岳,而两足则变成了西岳。日月原来是他的眼睛,江海原来是他的脂膏,草木原来是他的毛发(《绎史》卷一、《广博物志》卷九引《五运历年纪》、《述异记》卷上)。

其次,让我们认识一下人类是怎样诞生的吧。

天地开辟之后,大地上别的东西都有了,就是没有人类,行走在这样一片寂寞的土地上,天神女娲日益觉得孤独难堪。她开始用黄土和水抟成像自己模样的小东西,神的手赋予他们以生命。这些新鲜的生命就是人。女娲努力想多造出一些这一类灵敏的小生命来,但后来她太疲倦了,只得拿一根绳子,蘸些浑黄的泥浆,向地面上一抖,溅落的泥点居然都成了一个个活蹦乱跳的人。于是,大地上布满了人类的足迹,世界不那么寂窠了。黄土抟成的人是女神精心制造的,就有了富贵的身份;而泥浆抖出的人,近乎粗制滥造,就过着贫贱的生活。为了使人的生命能够永远维持下去,女娲让人男女婚配,结果就成了今天的人类(《太平御览》及《绎史》引《风俗通义》)。

有一天,水神共工和火神祝融不知怎么打了起来,一直从天上打到人间。最终,祝融获胜,共工又羞又恼,一气之下,将头向不周山撞去。共工自己并没有撞死,可是擎天的柱子却被折断了,大地的一角也被震垮了,天露着丑陋的大窟窿,地断裂出无底的深坑。森林大火熊熊,地上洪水滔滔,猛兽鸷鸟趁机出来袭击人类。遇上这样一场大灾难,人类简直无法生存了。

女娲选了许多美丽的五色石子,用火把它们熔成液体,补好了天上的窟窿,又怕它再垮陷下来,便杀了一只大鳌,斩下它的四只脚,把天像帐篷一样支起来。随后,她又杀掉一条凶猛的黑龙,烧了许多芦灰把洪水塞住。人类这才算安顿了下来(《淮南子·览冥》)。

残破的天地虽然修好了,但毕竟没有完全复原。西北向的天仍有些倾斜,所以日、月、星辰都不自觉地倒向西边,而东南方的地块,最初陷下去的深坑还在,所以大小江河都不约而同地朝东边流去,天长日久,在大地的东边出现了海洋(《淮南子·天文》)。

再次,让我们认识一下我们的民族是怎样成长的吧。

黄帝是华族的祖先,也是中央的上帝和最尊贵的神。他长着四张脸,东南西北四方的事都能看得到(《太平御览》引《尸子》)。有一次,他在泰山召集诸神大会,坐着大象挽的宝车,人脸、一足、白嘴、青红斑纹身子的毕方鸟给他赶车,蚩尤带着一群虎狼在前面开道,稍后就是风伯、雨师清扫路上的灰尘。风伯是雀头、鹿身、蛇尾、豹斑。雨师手执龟蛇,左耳朵上挂一条青蛇,右耳朵上挂一条红蛇。车子后面跟着六条蛟龙以及大队形象希奇古怪的神,有的人面马身,有的猪身、八足、蛇尾。凤凰在天上飞翔,腾蛇在地上行走(《山海经》)。这支队伍声势浩大,可见黄帝的威严。

蚩尤是一个恶神,本领非常大。在他的家族里,一共有七十二个或八十一个弟兄,个个都是铜头铁额,兽身人语。蚩尤本人则是人身牛蹄,六目四手，头有利角，发如剑戟，经常拿沙石和铁做食粮，并且善于制造各种兵器（《龙鱼河图》、《述异记》）。他想凭仗这些来抢夺黄帝的宝座。黄帝最初曾用“仁义”来感化他，但无结果，终于爆发了一场激烈的战争。

战争一开始，蚩尤便造出大雾来。黄帝的军队在雾阵中失败了，但黄帝的臣子风后立即发挥了惊人的创造力，制出了指南车，这样，即使在大雾中也不会迷失方向，大雾就不能再起什么作用了。

黄帝部下中有一条神龙叫应龙，善于蓄水行雨。黄帝便命他去用水势攻击蚩尤。哪知蚩尤勾结了风伯雨师，纵起一场大风雨，比应龙还要厉害得多。黄帝无奈，只得请女儿妭来助战。

妭身穿青衣，长得并不十分美丽，而本领特大。她身体里积聚了大量热力，走到战场上，风雨即刻被驱散了。后来只要她待在哪里，哪里就不再下雨。因此，后代人民都恨她，把她叫做“旱魃”。

但蚩尤的力量依然很强大，于是黄帝就剥了夔的皮做了一面鼓，又抽了雷兽的骨头做了一个鼓槌，来鼓舞士气，打击敌人。夔的样子像牛，却没有角，只有一只脚，它的吼叫就像打雷一般。雷兽是龙身人头的雷神，能发出巨大的声音。这面鼓和这个鼓槌相互配合，使鼓声在五百里以外都能听得见。蚩尤听了，丧魂落魄，不能飞也不能走了。黄帝开始反败为胜。

这时，蚩尤又请了北方巨人族的夸父来帮忙。他们是幽冥世界的统治者大神后土的子孙，也很有力量。正当战场上打得难分难解的时刻，有一个人头鸟形的仙女玄女来帮助黄帝，向黄帝传授了她的兵法。黄帝的行军布阵从此变化多端，神奇莫测，蚩尤就彻底失败了（《黄帝玄女战法》）。应龙在战场上既杀了蚩尤的兄弟，又杀了夸父，最后捉住了蚩尤本人，也把他杀了。这就是黄帝由“九战九不胜”直到彻底消灭蚩尤的奋斗史。在战斗中立下赫赫战功的应龙后来搬到南方山泽中去安身，所以南方至今多雨。

最后，让我们来认识一下我们的祖先是怎样和大自然作斗争的吧。

不知为了什么，人类触怒了上帝。上帝生气了，就特地降下洪水来警告他们。洪水给人类带来了巨大的灾难、无边的痛苦，几乎使得他们毁灭了。

诸神中只有中央上帝黄帝的孙子鲧深深哀怜着人民。鲧的形状是一匹白马，他为了拯救人类，毅然偷了他祖父平息洪水的宝物——息壤。这息壤乃是一种神秘的泥土，只要将它投向大地，就会立刻生出更多的泥土来挡住洪水。这么一来，洪水自然就可以平息了。

鲧在人间治理洪水还没有完全收功，盗宝的事却被发觉了。上帝震怒了，他立刻派火神祝融下界，将鲧杀死，夺回了息壤（《山海经》）。鲧是在羽山被杀的，这个地方远在北极，太阳终年照射不到。有一条神龙叫烛龙，永远守在这里，嘴里衔着一支蜡烛，用来代替日光（《淮南子·地形》）。

鲧对人类的执著的爱使他不能安心地在地下长眠，因此，他的尸体过了三年还没有腐烂，而且，腹中竟逐渐孕育着新的生命——禹在父亲的腹中生长着。上帝获悉了这件奇事，就派一个天神带一把叫做吴刀的宝刀下去，将鲧的尸体剖开（《山海经》、《楚辞·天问》）。

更大的奇迹发生了：从鲧被剖开的肚子里，跳出一条虬龙，这就是禹，而鲧的尸体也活了过来，变成一只黄熊，走进羽渊去了（《国语·晋语》）。在这种由高贵的、不可动摇的决心而产生的奇迹影响之下，上帝答应了禹的请求，给了他息壤，派他去治理洪水，并且派应龙帮助他。

禹和在人间兴风作浪的水神共工大战了一场，将共工赶走了（《淮南子·本经》、《荀子·成相》），于是开始治理洪水。他叫一只乌龟把息壤驮在背上，随着他到处工作（《拾遗记》），把人类居住的土地都填高了。那些填得特别高的，就是各地的名山。同时，他又疏导江河，叫应龙走在前面，拿他的尾巴画地，在画过的地方开凿河道，大江大河就是这样形成的（《楚辞·天问》）。

禹在治水中忘我地工作，胼手胝足。他在外面八年，三次从家门前经过，都不进去，想到一个人被水淹死，就像自己把他推进水里淹死了一样（《孟子·滕文公》及《离娄》）。具有献身精神的禹就这样永生在人类的心里了。

毫无疑问，这些神话在我们面前展开了一幅幅生动的先民生活的画卷，它们记录了中华民族艰苦奋斗的成长历程，体现了劳动人民对于创造世界的无比自信和追求美好未来的永不动摇的信念，并为人类学、历史学、民族学的研究提供了宝贵的资料。

在原始时代，神话担承了多种文化功能，要比我们今天所理解的复杂得多。那些在我们今天看来显得十分天真的浪漫想象，在先民的观念中却是知识的形态，思考的结晶。自然，神话中也就融汇了他们的科学观、宗教观和宇宙观，沉淀了个体生活经验和集体的智慧。正如凶神恶怪的形象化解了先民对于自然灾害的畏惧和痛恨的情绪一样，神灵的崇高人格和非凡本领，则凝结了他们对于领袖和英雄的敬仰与崇拜心理。

作为中华民族精神文化遗产的重要组成部分，中华民族艺术最初的宝库之一，中国神话曾经给后代各个门类的艺术创造者们提供过素材和养分，它也必将和炎黄子孙一起，千秋万代地传下去。

第二章 《诗三百篇》:朴素的歌唱

原始诗歌的产生及其与乐、舞的关系　原始歌谣之遗存　《诗三百篇》之复杂性与单纯性　构成与形成,文化功能　宗教诗　史诗　宴饮诗　农事诗　征戍诗　政治诗　婚恋诗　语言特色　赋、比、兴及其运用　古老而常新的典范

和神话一样,在劳动的过程中产生了最早的诗歌。

劳动使原始人的四肢和大脑发达起来,有了简单的生产工具;同时喉头也解放了,渐渐会发出复杂的声音来,作为表情达意的工具。共同的劳动,需要有一定的节奏,来划一动作,提高效率,消除倦意。在有节奏的工作到了高度紧张的时候,喉咙自然伴随着动作发出有节奏的声音来,在声音中再附加一些有意义的语言,就变成了原始的诗歌。劳动中的动作之单纯的再现,则发展为舞蹈。因此,在原始时代的文艺中,音乐、诗歌、舞蹈是三位一体、不可分割的。《礼记·乐记》说:"诗言其志也,歌咏其声也,舞动其容也。"三者并提,正说明它们之间关系密切。

《吕氏春秋·古乐》记载:"昔葛天氏之乐,三人操牛尾,投足,以歌八阕。"操牛尾,投足,就是模仿猎牛的动作,也就是对一定的生产行为的有意识的模仿。这种舞蹈,还有"遂草木"、"奋五谷"、"总禽兽"等八支歌曲伴唱着,这些歌都与劳动生产有关。这不正好说明在原始社会中,诗歌、音乐、舞蹈的紧密结合吗?具体地说,《荀子·成相》就是根据当时流行的

一种民间歌谣的形式写的。相就是今天舂米时用的杵，成相就是送杵。相由劳动工具转变为乐器，成相时伴奏的声音也就转化为乐曲，在这声音中加上实字，就成为一定形式的歌谣。郑玄《礼记注》说："相，谓送杵声。盖古人于劳役之事，必为讴歌以相劝勉，亦犹举大木者呼'邪许'之比。"其实，古今中外劳动人民莫不如此。我们试听一听伏尔加河上的纤夫和川江上的船工的行船号子，那种劳动的喜悦和创造的自信，不是一样激越动人吗？

诗歌早在原始社会就产生了，但记录出来，却必须在文字创造之后，而且必须是在文字发达到一定程度之后才有这种可能。根据现有的材料，商代刻在龟甲兽骨上面的甲骨文是我国最早的文字之一。这些文字异常古拙，也无一定的书写规律，一个字往往有几种甚至几十种写法，字符的结构位置还很灵活，书写的行款格式也不固定，并且还有很浓厚的象形图画的意味。总之，当时的文字还很幼稚，刻写也很困难，还不能与语言密切结合。因此，古代文学作品特别是原始诗歌流传下来的不多，而传世的篇章则有可能被记录者掺进来一些后代的语言文化的成分。例如，《吴越春秋》中载有相传为黄帝时弹歌的歌辞：

断竹，续竹，飞土，逐宍(古肉字)

虽然记录的时代较晚，但其中仍保存了二字节奏这一原始歌谣形式，风格古朴，大体上保留了这首表现狩猎过程的古歌谣的原始风味。

现在大致可以确定为《诗三百篇》以前的古代诗歌，就只有《周易》卦爻辞中所保存的一小部分歌谣。《周易》是一部占卜的书，这类书必须在社会上流传相当长一段时间才能写定，其中可能保留着周代以前的作品。据现代学者考定，《周易》的卦爻辞部分大约写于西周初年。由于上古宗教信仰十分普遍，占卜和祈祷成为日常生活的组成部分，而且与生产、战斗有着较为密切的联系。在占卜书中保存有一小部分歌谣，这种现象是很正常的。

因此，我们在《周易》中便读到了这样一些美丽的小抒情诗。例如：

女承筐，无实。士刲羊，无血。

——《归妹·上六》

男的在剪羊毛，女的就用筐子盛着，这个一男一女共同劳动的场面，浸染着轻松愉快的情调。作者的手法既经济又巧妙。又如：

乘马，班如；泣血，涟如。

——《屯·上六》

贲如，皤如，白马，翰如。匪寇，婚媾。

——《贲·六四》

从中可以看出原始时代由劫夺婚发展到对偶婚的痕迹，这也是原始婚姻生活某些方面的生动写照。

再如：

鸣鹤在阴，其子和之。吾有好爵，吾与尔靡之。

——《中孚·九二》

两只鹤和鸣的亲热镜头，在这一对恋爱中的男女心中激荡起憧憬爱情幸福的热潮。他们陶醉在酒的芳香里，同时也陶醉在爱的欢乐里。这种借物起兴、因物及人的手法，表现了人与自然之间的和谐的关系——中国诗歌的这一传统正是由民间歌谣所开创的，在《诗三百篇》中就表现得更突出了。

如果说后来的中国诗史有如繁花似锦的春天，那么，这些歌谣还只能说是星星嫩芽。从《诗三百篇》起，我国的文学史才开始有了最早的不可企及的艺术规范。

作为一部诗集来看，《诗三百篇》既有其复杂性，又有其单纯性。

所谓复杂性，是说：第一，它的时间跨度相当漫长，《周颂》中的一部分早到西周初年,《曹风·下泉》则晚至春秋末期,也就是说,它包含了从前11世纪到前6世纪之间的诗篇。第二,它的空间涵盖面相当辽阔,从京畿到乡村,从中原到南国。它的编辑体例,大致以地域标目,如《周颂》和《雅》是属于王朝的,《鲁颂》是鲁国的,《商颂》是宋国的。"十五国风"都可以根据地名来判断各自产生的地点。《周南》和《召南》则是南国之诗,南国并非国名,而是一个区域,先为周人所开辟,因此它的文学和中原有着血缘联系;后来又为楚国吞并,因此二南对《楚辞》的兴起也有影响,可以说是南方文学的先驱。第三,它的音乐体系也相当复杂。今本《诗三百篇》在音乐上分为南、风、雅、颂四大系统。南是南国的乐调,其主要乐器为南(㲄)。《左传》成公九年载钟仪歌南音,正是指的这种曲调。风就是各国的地方乐调。《大雅·崧高》:"其诗孔硕,其风肆好。"这里诗指文辞,风指音乐。《左传》中范文子说钟仪弹的南音是"乐操土风",可见南只是一种比较特殊一点的地方乐调,因此后人也有的将南、风归并为一类,总称之为"十五国风"。雅和南一样,既是指一种曲调,又是一种乐器的名称。它流行于原西周王朝的所在地,这些地方后来被秦占有,雅因此也成了秦声。颂是宗庙祭祀所用的舞歌,它的特点是声调缓慢,边演边唱,配合这些乐调的颂诗也更近于散文。第四,它的题材内容相当广泛,既有民间歌谣,又有士人创作,还有用于宗庙祭祀场合的宗教诗篇。从生产、战争、恋爱、结婚直到祭祀、畋猎、祈祷、宴会,无所不包。其中有愉快、欢欣和歌颂,也有痛苦、讽刺和诅咒。第五,它的艺术风格相当多样,风、雅、颂之间在艺术风格上存在着较明显的差异。三颂、《大雅》的风格多是雍容揄扬的,是最早的宫廷文学,《小雅》多怨悱讽刺之音,悲哀刚劲,是最早的文人诗;《国风》植根于深厚的民间文艺土壤,"十五国风"各自呈现出不同的地域文化色彩,例如郑、卫二国,其地狭险,人民生活于幽谷之间,经常聚会,因此情歌恋歌居多;而秦地尚武,民风剽悍,所以诗里多写车马狩猎之事。因此,吴公子季札当日观乐于鲁,才能从各国不同的诗乐风格中辨别出各地的风俗情调和政治文化的盛衰。第六,它的作者成分也相当复杂。《诗三百篇》的作者很少是今天可以确定的。汉儒所说某篇为某人所作,多半是缺乏根据的。绝对可靠的也许只有那些诗人在作品中留下自己的名字的篇章，如《小雅・巷伯》“寺人孟子，作为此诗”，《小雅・节南山》“家父作诵，以究王讻”之类。其次则是先秦古籍中有记载的，如《左传》闵公二年说“许穆夫人赋《载驰》”之类，比较可信。本来，《诗三百篇》半数以上是民间歌谣，它们所代表的思想感情、艺术风格等都是集体而非个体的，因此，忽略这些诗的主名，并不妨碍我们从作品本身和时代背景中去发现诗人的生活和灵魂，去感受他们的痛苦和欢乐，去欣赏他们表达自己情思的艺术手段。

另一方面，这部诗集又有其单纯性。它虽然是经过漫长的时代，从广阔的地域中搜集来的，不同阶级、阶层的作者以不同的题材、不同的风格所写的作品，在歌唱时还配合着不同的音调，但却不是把原作一成不变地保有下来，而是经过了搜集者们的整理。因此，从另一个角度来观察，它的变异性又很小。《诗三百篇》形式方面主要用四言句式。据统计，在这部总计三百零五首、七千二百多句的诗集中，二字句到八字句共六百零一句，所占比例不大。尤其值得注意的是，时空的距离照理会导致音韵上有较大的差别，然而它却表现出显著的一致性。这也说明《诗三百篇》是经过整理加工的。此外，散见于古书的《诗三百篇》以外的逸诗，便都不如它那么整齐和谐，形成了一个有意味的对照。

既单纯，又复杂，复杂与单纯相互统一，这正是今本《诗三百篇》在成书过程中形成的特点之一。

原来《诗三百篇》中的宗教诗，也就是《三颂》，都是祭祀鬼神、歌功颂德的作品，自然是王朝命令当时的宫廷诗人事先创作出来，以便随时备用的。其次，有许多贵族感时讽政的作品，基于政治实用的功能，往往作了就呈献给王朝，《二雅》中的诗大多属于此类。这两类诗都由当时的乐官——太师掌管着，当然不必再去搜集。可是，为了了解各地的民情风俗和百姓对政治的反映，欣赏民间丰富多彩的文艺，王朝的乐官也不能不同时注意民间歌谣。而民间歌谣，如《二南》和“十五国风”中的绝大多数散布于四方，就非搜访不能集中了。据古书记载，周朝曾经实行过采诗的制度，具体办法似乎有两种：一是王朝的行人到各地采诗（《汉书・食货志》、《艺文志》）；一是列国自采，献给王朝（何休《公羊传・宣公十五年解诂》）。

也许这两种办法同时采用。这些诗歌最后汇集到太师手里，经过淘汰、整理、加工，逐渐成为今天的《诗三百篇》，于是，其复杂性与单纯性也得到了统一。

《诗三百篇》是春秋时代贵族知识分子学习的重要教材。当时在人际交往特别是外交场合，经常要赋诗言志，即引用诗句来表达自己的某种情感或意向。在这样的情景里，断章取义的理解和以意逆志式的阐释都是司空见惯的现象，并最终发展成为具有中国民族特色的文学接受理论。孔子说："不学诗，无以言。"(《论语·季氏》)又说："小子何莫学夫诗？诗可以兴，可以观，可以群，可以怨。迩之事父，远之事君，多识于鸟兽草木之名。"(《论语·阳货》)可见，《诗三百篇》在当时的政治外交场合以及社会文化传播中担负着多种重要的角色，下层的民间歌谣就是在这样的风气中被传到上层贵族手里的。在汉代以后，经过儒家学者的传授，它甚至被尊为《诗经》。在这一过程中，《诗三百篇》一方面由于被神化而受到了曲解，另一方面也因此受到格外重视而获得了保全。

《诗三百篇》中年代最早的是以《周颂》为代表的一些宗教诗。这是周王朝祭神祀祖的诗篇，代表统治阶级履行其宗教使命。年代较晚的《鲁颂》、《商颂》以及《雅》(主要是《大雅》)中以祭祀为主题的作品，也属于这一类。这一类诗反映了"万物本乎天，人本乎祖"的宗教观念和宗法精神，洋溢着对上帝的敬畏和对祖先的赞颂。一般说来，它们的文学价值较低，而历史文化价值较高。

与《国风》相比，《三颂》、《大雅》的叙事色彩比较浓厚。《大雅》中以《大明》、《绵》、《皇矣》、《生民》、《公刘》等篇为代表的小规模史诗便是最突出的例子。这些诗叙述周朝祖先创建国家的功业和奋斗的历史，在歌颂赞叹中进一步表现了他们对祖先的崇拜。有些史诗中还交织着神话，体现了当时人自认为他们是神的子孙这个宗教观念，同时表明神话的历史化早在周代就已经开始了。《大雅·生民》就是叙述周族始祖后稷的事迹的。姜嫄祷神求子，后来踩着上帝的脚印，便怀孕生下了后稷。后稷出生后，曾被丢在路上，就有牛羊来给他喂奶，丢在冰上，就有鸟张开翅膀盖着，真是"圣天子百灵呵护"。后稷长大后，就发明了农业，后来成为周族世世代代崇拜的始祖和农神。这段历史故事里显然糅合了神话的成分,但也反映了周族以农业立国的特点,从中闪现出周人与自然作斗争的历史面影。

除了宗教祭祀诗外,《雅》、《颂》中有许多表现贵族们逸乐生活的宴饮诗和描写农作物丰收以及农民劳动生活的农事诗。前者如:

呦呦鹿鸣,食野之芩。我有嘉宾,鼓瑟鼓琴。鼓瑟鼓琴,和乐且湛。我有旨酒,以燕乐嘉宾之心。

——《小雅·鹿鸣》

宾之初筵,左右秩秩。笾豆有楚,肴核维旅。酒既和旨,饮酒孔偕。钟鼓既设,举酶逸逸。大侯既抗,弓矢斯张。射夫既同,献尔发功。发彼有的,以祈尔爵。

——《小雅·宾之初筵》

听乐、喝酒、射箭,贵族们的生活无疑是快乐的,然而这种快乐是建筑在广大农民的辛劳和痛苦之上的。《豳风·七月》向我们展现了一幅当时农民劳动生活的形象画面,两相对比,两个阶层的生活真相及其苦乐不均的本质,就更鲜明突出了:

七月流火,九月授衣。一之日觱发,二之日栗烈。无衣无褐,何以卒岁?三之日于耜,四之日举趾。同我妇子,馌彼南亩,田畯至喜。

七月流火,九月授衣。春日载阳,有鸣仓庚。女执懿筐,遵彼微行,爰求柔桑。春日迟迟,采蘩祁祁。女心伤悲,殆及公子同归。

七月流火,八月萑苇。蚕月条桑,取彼斧斨,以伐远扬,猗彼女桑。七月鸣鵙,八月载绩。载玄载黄,我朱孔阳,为公子裳。

四月秀葽,五月鸣蜩。八月其获,十月陨萚。一之日于貉,取彼狐狸,为公子裘。二之日其同,载缵武功。言私其豵,献豜于公。

五月斯螽动股,六月莎鸡振羽。七月在野,八月在宇,九月在户,

> 十月蟋蟀入我床下。穹窒熏鼠，塞向墐户。嗟我妇子，曰为改岁，入此室处。
>
> 六月食郁及薁，七月亨葵及菽。八月剥枣，十月获稻。为此春酒，以介眉寿。七月食瓜，八月断壶。九月叔苴，采荼薪樗，食我农夫。
>
> 九月筑场圃，十月纳禾稼。黍稷重穋，禾麻菽麦。嗟我农夫，我稼既同，上入执宫功。昼尔于茅，宵于索绹。亟其乘屋，其始播百谷。
>
> 二之日凿冰冲冲，三之日纳于凌阴。四之日其蚤，献羔祭韭。九月肃霜，十月涤场。朋酒斯飨，曰杀羔羊，跻彼公堂。称彼兕觥，万寿无疆。

耕田、打猎、养蚕、织布，一年四季的辛勤劳作，到头来却都被统治者掠夺去了，自己饿了没有好的吃，冷了没有好衣穿，漂亮一些的姑娘，还免不了遭受侮辱。逢年过节，还要向老爷们敬酒，祝那些高高在上的贵族们长命百岁。诗里表面上没有什么激烈的言词，实际上却涂满了阴暗的色彩。

《七月》的写作时代较晚，大约是在西周中叶。越到后来，人民的痛苦就越深，阶级矛盾就越激化，于是阴暗的颜色也就变成了愤怒的火花。

> 坎坎伐檀兮，寘之河之干兮。河水清且涟猗。不稼不穑，胡取禾三百廛兮？不狩不猎，胡瞻尔庭有县貆兮？彼君子兮，不素餐兮！
>
> ——《魏风·伐檀》

> 硕鼠硕鼠，无食我黍。三岁贯女，莫我肯顾。逝将去女，适彼乐土。乐土乐土，爰得我所。
>
> ——《魏风·硕鼠》

无论是正面的质问，还是侧面的讽刺，语气都更加直截强烈，锋芒也更锐利了。

《诗三百篇》中还有相当数量的征戍诗，这是后来诗史中游子从军、痴妇闺怨那一类题材的源头。不管是为保卫祖国而进行的正义战争，还是为满足统治者拓土开疆、掠夺财富的欲望而进行的非正义战争，都给人民带来徭役的沉重负担。男子是当时的主要劳动力，他们一旦从军出征，不仅致使农事抛荒，而且给他们的亲人造成了别离的局面，带来了思念的痛苦。“扬之水，不流束薪。彼其之子，不与我戍申。怀哉怀哉！曷月予还归哉？”（《王风·扬之水》）这是戍卒思归的心曲；“匪兕匪虎，率彼旷野。哀我征夫，朝夕不暇。”（《小雅·何草不黄》）这是征夫悲哀的怨诉。《豳风·东山》由征人的角度，浮现其归途中联翩的思绪，从而将一种相思两处忧愁巧妙地贯串了起来；《卫风·伯兮》和《王风·君子于役》则通过两个少妇之口，唱出了对夫君的殷切想念：

> 伯兮朅兮，邦之桀兮。伯也执殳，为王前驱。
> 自伯之东，首如飞蓬。岂无膏沐，谁适为容？
> 其雨其雨，杲杲出日。愿言思伯，甘心首疾。
> 焉得谖草，言树之背。愿言思伯，使我心痗。
>
> ——《卫风·伯兮》

> 君子于役，不知其期。曷至哉？鸡栖于埘，日之夕矣，羊牛下来。君子于役，如之何勿思？
>
> ——《王风·君子于役》

在渴念爱情、期待团聚、盼望和平的同时，诗中自然也蕴含了人民不堪妻离子散、不满徭役和反对战争的非战情绪。

我们中华民族自来是爱好和平的，同时也是英勇顽强的。因为爱好和平，所以反对不义的战争；因为英勇顽强，所以决不容许异族的侵略。在《诗三百篇》中，既有许多非战的篇章，也有歌颂抵抗侵略的英雄的诗什，奏出了一曲和平主义和英雄主义的交响乐。《秦风·无衣》写战士们同仇敌忾，《豳风·破斧》歌颂东征靖边的周公和奋战立功的战士，气势豪迈。《小雅》中的《出车》、《六月》、《采芑》等篇分别歌颂抵御猃狁侵略的英雄南仲、尹吉甫、方叔。请读《出车》：

我出我车，于彼牧矣。自天子所，谓我来矣。召彼仆夫，谓之载矣。王事多难，维其棘矣。

我出我车，于彼郊矣。设此旐矣。建彼旄矣。彼旟旐斯，胡不旆旆？忧心悄悄，仆夫况瘁。

王命南仲，往城于方。出车彭彭，旂旐央央。天子命我，城彼朔方。赫赫南仲，猃狁于襄。

昔我往矣，黍稷方华。今我来思，雨雪载涂。王事多难，不遑启居。岂不怀归？畏此简书。

喓喓草虫，趯趯阜螽。未见君子，忧心忡忡。既见君子，我心则降。赫赫南仲，薄伐西戎。

春日迟迟，卉木萋萋。仓庚喈喈，采蘩祁祁。执讯获丑，薄言还归。赫赫南仲，猃狁于夷。

猃狁是西周时代华族的主要敌人，常常侵略中国，正如《小雅·采薇》里那个戍卒说的“靡室靡家，猃狁之故。不遑启居，猃狁之故”。《出车》不仅宣扬了周师的赫赫威仪，歌颂了南仲的战绩，而且也正确地表现了国家与个人的关系问题。这种爱好和平和反对侵略的思想，乃是我国爱国主义传统的主要内容之一，在《诗三百篇》中已经表现出来了。

《诗三百篇》中的政治诗，也表现了诗人对国家兴亡和人民命运的关注。忧患意识在中国文学中源远流长，而其滥觞，可溯至《诗三百篇》，如《王风·黍离》“知我者谓我心忧，不知我者谓我何求”便是一例。《小雅》中讽刺暴政昏君的篇章最多，如《节南山》、《正月》、《小旻》、《小宛》、《巷伯》、《大东》、《四月》等。这些诗作多半出自所谓君子士人之手，他们迫切期望诗歌能起到儆戒和呼吁的作用，达到使执政者幡然省悟、改弦易辙的目的。诗句中往往明确地表白“家父作诵，以究王讻。式讹尔心，以畜万邦”(《节南山》)、“君子作歌，维以告哀”(《四月》)。明知愿望难以实现，他们依然再三呼吁苍天出面来纠正这不合理的社会现象：“骄人好好，劳人草草。苍天苍天!视彼骄人,矜此劳人。"(《巷伯》)对善的深爱,同时表现为对恶的嫉恨:"取彼谮人,投畀豺虎。豺虎不食,投畀有北。有北不受,投畀有昊。"(《巷伯》)诗人执著的信念,鲜明的爱憎,无疑是贯彻始终的。

吟叹恋爱婚姻题材的歌曲是《诗三百篇》中最重要的一个部分。《国风》中这类诗歌最多,《小雅》中也有一小部分。人类恋爱婚姻中的生活情感在这些诗中得到了许多方面的抒发:既有新婚之夜的惊喜(《唐风·绸缪》),也有被遗弃之人的嗟叹(《召南·江有汜》、《邶风·谷风》);既有相思约会时的激动(《邶风·静女》、《郑风·出其东门》),也有等待盼望的焦灼(《郑风·子衿》);既有夫妇之间的爱悦(《郑风·女曰鸡鸣》),也有情人之间的戏谑(《郑风·褰裳》);甚至还涉及迟婚(《召南·摽有梅》)和入赘(《小雅·我行其野》)的问题。《卫风·氓》也许是其中最值得注意的一篇。它委婉曲折地叙述了一个完整的恋爱故事,由初恋、求婚、别离、成亲、婚后生活,到被遗弃以后的悔恨心情,非常深刻而动人:

> 氓之蚩蚩,抱布贸丝。匪来贸丝,来即我谋。送子涉淇,至于顿丘,匪我愆期,子无良媒。将子无怒,秋以为期。
>
> 乘彼垝垣,以望复关。不见复关,泣涕涟涟。既见复关,载笑载言。尔卜尔筮,体无咎言。以尔车来,以我贿迁。
>
> 桑之未落,其叶沃若。于嗟鸠兮,无食桑葚。于嗟女兮,无与士耽。士之耽兮,犹可说也。女之耽兮,不可说也。
>
> 桑之落矣,其黄而陨。自我徂尔,三岁食贫。淇水汤汤,渐车帷裳。女也不爽,士贰其行。士也罔极,二三其德。
>
> 三岁为妇,靡室劳矣。夙兴夜寐,靡有朝矣。言既遂矣,至于暴矣。兄弟不知,咥其笑矣。静言思之,躬自悼矣。
>
> 及尔偕老,老使我怨。淇则有岸,隰则有泮。总角之宴,言笑晏晏。信誓旦旦,不思其反。反是不思,亦已焉哉!

这是我国古代文学作品中妇女对男子的第一次控诉,同时开创了中国文学中痴女弃妇的母题。

应该说，这部最古老的诗集中最优秀的作品首先是《国风》中的那些民歌，其次是《小雅》中那些反映社会现实、表现了人民思想感情的篇章。从总体上看，《诗三百篇》把我们带到遥远的上古时代，去领略先民们纯朴的感情和朴素的审美趣味。它有着丰富的生活内涵和情感形态，多样的表现手法，卓绝的艺术感染力，奠定了中国诗歌注重抒情写志、关注社会人生的现实主义传统，成为中国抒情诗的最初典范。

这些诗歌虽然非产生于一时一地，作者亦非一人，但其语言及艺术形式方面仍然有显著的共同特色。

从字词方面看，《诗三百篇》的语言朴素生动，尤其是《国风》中的诗篇多保存着民歌新鲜活泼的风味。常用叠字和联绵字（双声叠韵）是它语言上的一个突出特色。这类叠字和联绵字几乎每一篇都有，在一篇中还往往多次出现，如开卷第一篇的《周南·关雎》中，“关关”是叠字，“窈窕”是叠韵，“参差”、“辗转”是双声。这些字词，有的做形容词、副词，还有的当名词、动词，用法不一，却都能贴切地状物，形象地描摹出一幕幕生活化的场景，而且增加了诗歌的音声之美。

从句式上看，《诗三百篇》以四言为主，参以二、三、五、六、七、八言等变化，以适应诗歌内部情绪结构和外部音乐节拍的起伏变化，呈现出参差错落之美。就句式的发展趋势来讲，是由不整齐到整齐，从不定型到逐渐定型。因此，早期的《周颂》，无论其句式或其章法结构，都不如后来的大小《雅》和《国风》整齐划一。《诗三百篇》中的有些篇章，还能成功地运用排比、对照等手法，扩展句式的修辞功能，强化艺术效果。

从篇章方面看，每章之间重调复沓是《诗三百篇》章法结构中的一个特点。这个民间歌谣中常见的艺术特征，在《国风》中表现得最为显著。如：

式微式微，胡不归？微君之故，胡为乎中露！
式微式微，胡不归？微君之躬，胡为乎泥中！

——《邶风·式微》

全诗为两章复沓,第二章与第一章句式重叠。这种重调复沓,有时多达三四章,往往只是更动其中少数几个字眼,就摇曳生姿,殊有韵味。想象这些诗句当初配合着乐曲,一遍遍反复吟唱,该是如何赏心悦目!今日吟诵起来,节奏的优美,乐感的丰富,仍然令人齿颊爽利。

战国以后,学者把风、雅、颂和赋、比、兴一起合称为六诗或六义。风、雅、颂是诗的类别区分,是原先固有的,赋、比、兴则是诗的表现手法,出自后人的归纳。风、雅、颂之间区别何在,已经众说纷纭,赋、比、兴究竟何义,更加莫衷一是。但有一点是大家都赞同的:赋、比、兴创始于《诗三百篇》,这是它最大的历史特色和艺术贡献之一。

诗歌的根本目的在于展现情和物、主体和客体之间的复杂关系,赋、比、兴三者的区别,其实也不过是在情与物、主与客两端之间各有侧重而已。简要地说,赋就是直笔铺叙,直书其事,在体物写志的过程中,注重物体的本来面貌,并通过直接的途径显示出来,主体的感情藏而不露。比就是以彼物比此物,侧重两者的形象(内在或外在的)联系,通过发掘这种联系,表现客体,寄托情感。兴则是先言他物以引起所咏之辞,他物与所咏之辞之间纯粹靠飘忽的情思维系,因此,从现象上看,它似乎捉摸不定,有时像断线风筝,有时又像冲波陡转,却往往能使情景交融无间。也可以说,赋是叙物言情,比是索物托情,兴是触物动情。从赋到比到兴,表面上是情和物之空间上的距离越来越大,实质上两者的联系是越来越密切,直到难以区分。

在《诗三百篇》里,赋、比、兴的适用场合也不尽相同。赋比较适合于铺叙史事,《雅》、《颂》中的那些小型史诗即多用赋笔,如《周颂·良耜》描写农夫耕种的整个过程,《大雅·绵》描写古公亶父从豳迁岐、筑室创业的过程,委曲生动,全都是用赋笔。而比兴比较适合抒情,抒情诗占绝大多数的《国风》中用到比兴的例子就多一些。《卫风·硕人》描绘庄姜的美丽,就用了一连串的比喻:"手如柔荑,肤如凝脂,领如蝤蛴,齿如瓠犀,螓首蛾眉。"而《魏风·硕鼠》、《豳风·鸱鸮》则是通篇用喻。"关关雎鸠,在河之洲,窈窕淑女,君子好逑"(《周南·关雎》);"桃之夭夭,灼灼其华。之子于归,宜其室家"(《周南·桃夭》);"蒹葭苍苍,白露为霜。所谓伊人,在水一方”(《秦风·蒹葭》)等等,都是触物起兴的出色例子。它们都致力于意象的创造,气氛的渲染,情境的烘托——这也许可以说是兴的艺术魅力的一部分。

赋、比、兴在实际运用中没有一成不变的格式。赋有时单用,有时全篇使用;比,或明喻,或暗喻,或隐喻;兴,有的烘托,有的象征。在很多篇章中,赋、比、兴三者经常参互为用,有以赋为主而兼用比的,有以比为主而兼用兴的,有的赋中含兴,还有赋、比、兴兼而用之的诗篇,如《卫风》中的《氓》和《硕人》等。这说明在《诗三百篇》的时代,人们对赋、比、兴手法的运用已经相当娴熟,善于变化,花样翻新。它对后代文学如楚辞、汉赋以及汉魏以后的历代诗歌具有深远的影响,也就毫不足怪了。

中国诗史上的很多题材、手法、格式等,都能在《诗三百篇》中发现各自的滥觞。如蝉联格始于《大雅·文王》,对答体见于《齐风·鸡鸣》,禽言诗发轫于《豳风·鸱鸮》,诸如此类,不胜枚举。后代诗人拜受先贤智慧的启迪,从中吸取语言以及笔法、构思诸方面的营养,创作了多少名篇佳制,恐怕谁也数不清楚。

诗史古老的源头,艺术常新的典范——这三百篇朴素的歌唱,像一眼不竭的清泉,长久地灌溉、滋润着伟大诗国广袤的土地。

第三章　史和子：先秦散文两派

初期散文　　散文的源头　　历史散文：《尚书》、《春秋》、《国语》、《战国策》　　诸子勃兴的原因　　诸子散文：《老子》、《论语》、《墨子》、《孟子》、《庄子》、《荀子》、《韩非子》、《吕氏春秋》　　诸子散文发展的特点　　先秦散文演进之大势

先秦散文大抵可以分为记事和说理两派。记事之文大体为经史，说理之文大体为子书。经史诸子是哲学或历史的文献，本来不属于专门的文学创作，但由于先秦时代文史哲融而未分，这些著作中多含有文学的意味，或为后代文体笔法之所出，因此，要明白后世散文的原委，不能不追踪到先秦的经史和诸子。前人有六经（《诗》、《书》、《礼》、《易》、《乐》、《春秋》）皆史的说法，六经中，《尚书》、《春秋》更是严格意义上的历史著作。先秦散文两派的代表作品，实际上就是商周两代的史籍和子书，记事和说理两派基本上也就是历史散文和诸子散文的分别。

和诗歌相比，散文是一种起源虽早而发展较慢的文学样式。就汉语文学史现有的资料看，最早的散文（甲骨卜辞）和最早的诗歌（《周易》卦爻词中的歌谣）的时代大致相当。散文又是一种更偏于实用的文学样式，它最初所承担的责任，只是近乎机械的、单纯的记录，它的文学技巧的进步和美学价值的获得，需要经历一个长期的积累和成熟的过程。先秦散文，无论历史散文还是诸子散文，其发展演变都说明了这一点。

卜辞是我国最早的散文，它大体上是商王盘庚到帝乙（约前14世纪到前12世纪中叶）的东西，其中偶然也有较长的记事刻辞，但绝大多数只是说明“占卜”的目的，而且又都刻在龟甲和兽骨上，故一般记事简约，形式短小，文学意味还不是很强。例如：

> 其获！其获！
> 帝其降堇（馑）？
> 今二月帝不令雨。
> 我其已穷，乍（则）帝降若。
> 我勿已穷，乍（则）帝降不若。

传世的商代青铜器中也有一些记录铸造器物情况的铭文，和卜辞一样，它们大多篇幅短小，而实用性比较强。这些可以说是今天尚能看到的先秦散文特别是历史散文的源头。

在现存的历史散文中，《尚书》最为古老。《尚书》有今古文之分。古文《尚书》出于后人伪造，已成定论。今文《尚书》二十八篇中，《虞书》、《夏书》及《商书·汤誓》都出自后人的追记；比较可信的只有《商书·盘庚》以下四篇以及《周书》，年代大约在前14世纪末到前7世纪初。《周书》中有一部分，即所谓“周诰”，和周代青铜器铭文同为西周散文的主要代表，其年代大约与《诗三百篇》中的《周颂》相当。与殷商卜辞及青铜器铭文相比，前者篇幅已明显扩大，反映了当时散文进步的足迹。而在《周书》的另一篇即秦穆公所作的《秦誓》中，更出现了“我心之忧，日月逾迈，若云弗来”这样具有强烈抒情意味的句子，说明到了春秋时代，散文又向前迈了一步，开始摆脱机械的记事，而追求抒情的美学功能了。总的来看，《尚书》所记，或为君主的诏令，或为臣下的奏议，都服从于当时政治的实际需要。它所记载的诘屈的上古口语，保存了先民浑朴的本色，体现了独特的语言风格。

《春秋》本来是上古史籍的通名，后来特指孔子（前551—前479）依据鲁国旧史《春秋》所修成的史书，其记事起鲁隐公，迄鲁哀公，历十二君，计二百四十余年。《尚书》以记言为主，记事为辅，《春秋》则纯为记事，属于极为简略的编年体。孔子修《春秋》，笔削谨严，书法都有义例，著成败之迹，示褒贬之意，于记事中寓其微言大义，这也就是后世所谓“《春秋》笔法”。从《尚书》到《春秋》，虽然文字依旧朴拙简略，文学价值还不高，但从中可以看出历史观念的演进、记事方式和史籍体例的发展——这也是历史散文进展的反映。

孔子之后的学者在传《春秋》时，由于师承和理解的不同，分成了三家——《左传》、《公羊传》和《穀梁传》。《公》、《穀》二传以解经为主，重在阐释经文中的微言大义，叙事较少；《左传》则以叙事为主，相传是鲁国史官左丘明为解释《春秋》而作，大概产生于战国初年。《左传》将先前散文那种朴拙的手法、枯燥的叙述一扫无余，代之以流丽的语言和形象的描写，无论载言叙事，莫不从容不迫，婉转工妙，人物的形象与性格往往透过语言和行动的描写，得到了成功的刻画，其用意周至，功夫老到，常常令人赞叹。它的出现，使先秦历史散文大放异彩，其叙述文体和艺术成就更是后代史学家和散文家学习和效法的楷模。《左传》不仅生动记载了春秋时代各诸侯国的主要活动，并且贯彻了民族主义和儒家民本主义的思想，文质彬彬。如著名的《曹刿论战》一节：

> (庄公)十年春，齐师伐我。公将战，曹刿请见。其乡人曰：“肉食者谋之，又何间焉？”刿曰：“肉食者鄙，未能远谋。”乃入见，问何以战。公曰：“衣食所安，弗敢专也，必以分人。”对曰：“小惠未遍，民弗从也。”公曰：“牺牲玉帛，弗敢加也，必以信。”对曰：“小信未孚，神弗福也。”公曰：“小大之狱，虽不能察，必以情。”对曰：“忠之属也。可以一战，战则请从。”公与之乘。战于长勺。公将鼓之。刿曰：“未可。”齐人三鼓。刿曰：“可矣。”齐师败绩，公将驰之。刿曰：“未可。”下视其辙，登轼而望之。曰：“可矣。”遂逐齐师。既克，公问其故。对曰：“夫战，勇气也。一鼓作气，再而衰，三而竭。彼竭我盈，故克之。夫大国，难测也，惧有伏焉。吾视其辙乱，望其旗靡，故逐之。”

《国语》旧传也是左丘明所作，但它在许多方面与《左传》不同。《左传》以记事为主，《国语》则重在记言；《左传》是编年体，《国语》则是国别体。此外，二者在记事同异、时间起讫等方面也不一样。从文学方面讲，《国语》善于借助对话展现人物的性格和形象，时见浑厚精湛之笔，也有剪裁疏漏之处，存在记载琐屑、议论枝蔓的毛病，与《左传》相形见绌。

《战国策》是汉朝学者编撰的战国时代纵横家的言行录。和《国语》一样，它也是按国别记事，而且载言多，记事少。不同的是，《战国策》专记当时策士纵横捭阖的奇谋诡计和谲诳倾夺的辩难说辞。这些记载往往并非实有其事，而只是假设主客问答，以表示作者对某一问题的看法，加强其观点的倾向性和言辞的说服力而已。

> 齐欲伐魏。淳于髡谓齐王曰："韩子卢者，天下之疾犬也。东廓逡者，海内之狡兔也。韩子卢逐东廓逡，环山者三，腾山者五。兔极于前，犬废于后。犬兔俱罢，各死其处。田父见之，无劳倦之苦而擅其功。今齐魏久相持以顿其兵，敝其众。臣恐强秦大楚承其后，有田父之功。"齐王惧，谢将休士。
>
> ——《齐策》

在篇制上，《战国策》亦史亦子，在风格上，《战国策》机警雄快，可以说是具有浓厚论辩色彩的历史著作。这两个特点正是由其本身的思想内容和表现方式所决定的；而这种思想内容和表现方式又是由于战国时代的纵横家言取代了春秋时代的行人辞令之学的形势所造成的。从文学史上看，《战国策》中策士假设问对、骋辞逞辩的风气，还直接影响了汉赋的产生和发展。

东周时代，学术和时势都发生了重大的变迁，导致了诸子的勃兴和隆盛。首先，古时政教不分，官师合一，故学在王官。到了周室东迁，王纲解纽，王官失守，孔子传播先世文籍，以授生徒，于是官学始变为私学，学术文化从而流向民间，新兴的士阶层由此出现，诸子之学因而勃兴。汉代学者刘歆在《七略》中称"诸子之学出于王官"，就是指这一学术源流演变的趋向。其次,春秋之时,周室已衰微,但诸侯争霸,犹然尊礼重信,以尊王攘夷为口号。到了战国时代,各国间的竞争更加激烈,就逐渐变得专恃威权,而不讲礼节和信义了。一方面是各国争相招揽人才,为己所用;另一方面,作为当时新兴的士阶层的代表的诸子,也都奔走游说,著书立说,从事宣传鼓动的工作,期望得到诸侯的重用,实现自己的政治主张。这正如《汉书·艺文志》所说的,诸子"皆起于王道既微,诸侯力政,时君世主,好恶殊方,是以九家(儒、道、阴阳、法、名、墨、纵横、杂、农)之术,蜂出并作,各引一端,崇其所善,以此驰说,取合诸侯"。这样,在战国时代,就不仅有了百家争鸣的思想,也有了百花齐放的文章。这是东周社会变革和文化更新在散文史中的反映。

道家的《老子》和儒家的《论语》是战国时代最先出现的子书。它们并非老子和孔子亲手编著的,而只是门人弟子笔记下来的语录。由于文字和书写条件的限制而构成的简短文体,从卜辞到《春秋》已经形成了一种传统,这两部书便采取了这一种形式。后代儒家和佛家的语录以及晋宋以来的笔记小说,也还是随着这种传统发展的。《老子》是诗体的哲学笔记,比起《论语》来,它是纯粹哲学的、简约的、结论式的文字。《论语》是最早的诸子散文,在形式上,它大体以一句或数句为一章,联章为篇,集篇成书,但每章独立,不相连贯,行文极为简淡。因为它多数的章节记录的只是一个发言提纲,所以,我们读的时候,常常有一种突然而来、戛然而止的感觉,有些地方由于缺少必要的前后文联系,到今天已难以弄清其详细的背景和确切的意旨。但《论语》中的语言大部分是朴实晓畅的,并且善于通过对话、白描等手法体现人物的思想性格和艺术形象。《先进篇》中"子路曾皙冉有公西华侍坐"章即是一例。又如:

> 阳货欲见孔子,孔子不见。归孔子豚。孔子时其亡也,而往拜之。遇诸涂。谓孔子曰:"来!予与尔言。"曰:"怀其宝而迷其邦,可谓仁乎?"曰:"不可。""好从事而亟失时,可谓知乎?"曰:"不可。""日月逝矣,岁不我与。"孔子曰:"诺,吾将仕矣。"
>
> ——《阳货篇》

这种富于思想性、形象化，而又充满幽默感的小品散文，今天读来，那场面依然是栩栩如生的。要之，《论语》这部最早的私门著述，不仅记录了孔子的学术思想和政治理想，阐述了他的“仁”的观念，而且在先秦说理散文中导夫先路，成为后代语录体散文的最初典范。

文学的发展是和时代及思想的发展紧密地联系着的。老子和孔子处于诸子哲学发展的初期，还没有到百家争鸣的大辩论时代。因此，这两部书，特别是《老子》，是用说明的方式，平铺直叙，而不是论辩的方式，反复驳难。《论语》中固然有孔子应对弟子、时人以及弟子之间相互应答的对话，但那多是为了表明一个理论观点，极少展开彼此辩难的交锋，因此本质上应该算是独白式的文体。进入战国时代，从墨子开始，诸子散文便适应当时思想界激烈论争的需要，逐渐由偏于独白的说明变为篇幅较为长大、语言锋利明快的辩难。基于表现不同的思想内容的需要而形成的独特的风格则各有千秋。

墨家是代表当时平民阶层思想的哲学，墨子（前468—前376）本人是一个苦行的实践者。他和他的学派对文艺是抱反对态度的。《墨子・非乐》认为音乐是应当禁绝的奢侈品。对于文学，墨家也持类似的见解。他们反对“以文害用”，自认“言多不辩”（《韩非子・外储说左上》）。这显然和儒家“文质彬彬，然后君子”的意见相左，而和古希腊哲学家柏拉图否定戏剧音乐的积极功用的文艺观殊途同归。但实际上，墨家也不能自外于那个时代的辩论，所以，《墨子》的散文，只是较少文采，并非不善辩论。并且，墨子还是中国哲学史上首先发现形式逻辑法则和在文章写作中运用这个法则的人，这就构成了墨子散文朴实而谨严的风格。

孟子（约前372—前289）是儒家中的文学大师，先秦诸子中的散文能手。孟子书今存内七篇，一般认为出于孟子手笔，所记对话多于独白，对话又以往复辩论的说辞为多，与《论语》相比面目迥异。这一变化是战国时代文化多方面的进步所促成的。孟子的文章譬喻明白，说理详尽，文采富丽，气势纵横。他虽然在思想上反对墨子，反对苏秦、张仪，但他的散文却把墨子的谨严和苏张的纵横巧妙地综合了，既有滂沛不可阻挡的气势，又有严密无懈可击的思理。孟子不仅词锋犀利，而且能以讽刺和幽默的语言，来表达严正的观点。这是先秦散文，乃至后来的散文都不多见的。下面这段文字，就是通过一则寓言故事，巧妙讽刺了那些趋炎附势以乞求富贵的无耻小人：

> 齐人有一妻一妾而处室者，其良人出，则必餍酒肉而后反。其妻问所与饮食者，则尽富贵也。其妻告其妾曰："良人出，则必餍酒肉而后反；问其与饮食者，尽富贵也，而未尝有显者来。吾将瞷良人之所之也。"蚤起，施从良人之所之，遍国中无与立谈者。卒之东郭墦间。之祭者，乞其余；不足，又顾而之他——此其所为餍足之道也。其妻归，告其妾曰："良人者，所仰望而终身也，今若此……"与其妾讪其良人，而相泣于中庭。而良人未之知也，施施从外来。骄其妻妾。由君子观之，则人之所以求富贵利达者，其妻妾不羞也，而不相泣者，几希矣。
>
> ——《离娄下》

庄子(约前 369—前 286)与孟子同时而稍后，其书今存三十三篇，分内篇七、外篇十五、杂篇十一。一般认为内篇是庄子自著，其思想和文风比较一致；外篇、杂篇则是庄子后学甚至其他学派的人所附益，其思想和文风也比较驳杂。庄子是道家哲学在战国时代的代表人物，也是一个具有非常奇异的风格的散文作家。庄子的散文在先秦诸子中最为魁杰，其余诸子的散文好比地上的骏骑，庄子的散文则有如行空的天马。他的文章，想象缥缈而丰富，笔法奇诡而飘忽，若断若续，难以捉摸，仿佛神龙见首不见尾，经常给人"意出尘外，怪生笔端"(刘熙载《艺概·文概》)的感觉。寓言的广泛应用和论说中参以抒情的笔调，是庄子散文的两个特色。在先秦诸子中，庄子对寓言的应用是最自觉、最娴熟、最巧妙的。读《逍遥游》一篇，即可体会到这一点。此节妙文太长，姑且尝鼎一脔：

> 北冥有鱼，其名为鲲。鲲之大，不知其几千里也。化而为鸟，其名为鹏。鹏之大，不知其几千里也。怒而飞，其翼若垂天之云。是鸟

也，海运则将徙于南冥。南冥者，天池也。

《齐谐》者，志怪者也。《谐》之言曰："鹏之徙于南冥也，水击三千里，抟扶摇而上者九万里，去以六月息者也。"野马也，尘埃也，生物之以息相吹也。天之苍苍，其正色邪？其远而无所至极邪？其视下也，亦若是则已矣。

且夫水之积也不厚，则其负大舟也无力。覆杯水于坳堂之上，则芥为之舟，置杯焉则胶，水浅而舟大也。风之积也不厚，则其负大翼也无力。故九万里，则风斯在下矣，而后乃今培风。背负青天而莫之夭阏者，而后乃今将图南。

表面上，庄子是个很旷达乐观的人，实际上，那些外在的悠谬之词，也难以掩饰其内心深处的矛盾痛苦，难以驱除其对社会人生的大悲哀。他终究不能真正逍遥起来。这种矛盾痛苦的心态与屈原有些相似，但其外在形态和终极旨归却大有不同。后人常常以庄骚并称，即是着眼于其共同点。庄、孟对比，孟子纵横开阖，气势充沛，尚有法度可寻；庄子则瑰玮连翩，汪洋纵肆，来去无端。在先秦诸子中，如果说孟子是最雄辩的理论家，那么，庄子就是最浪漫的抒情诗人。《庄子》对后代产生广泛而深远的影响是很自然的。

儒家的《荀子》、法家的《韩非子》和杂家的《吕氏春秋》是战国后期写成的三部大书。荀子是韩非的老师，他的文章善于排比铺叙，法度谨严，用复笔处较多，下开汉代散文典雅一派。韩非的散文分析精辟，说理透彻，风格峻厉深刻。这里举《说难》为例：

凡说之难，非吾知之有以说之难也；又非吾辩之难能明吾意之难也；又非吾敢横失能尽之难也。凡说之难，在知所说之心可以吾说当之。所说出于为名高者也，而说之以厚利，则见下节而遇卑贱，必弃远矣。所说出于厚利者也，而说之以名高，则见无心而远事情，必不收矣。所说阴为厚利而显为名高者也，而说之以名高，则阳收其身而实疏之；若说之以厚利，则阴用其言而显弃其身。此之不可不知也。

《史记・老子韩非列传》说“韩子引绳墨,切事情,明是非”,这虽是评论韩非思想的话,也可以借用来评论他的文章。一个人的思想风格和他的文章风格互相一致,原是不足为奇的,正如儒家文章偏于平实,墨家文章偏于简朴,道家文章偏于飘逸,一样和他们的思想风格分不开。

荀、韩二家散文结体纯正,堪称是说理散文的楷模。在荀、韩以后,从战国末期历嬴秦以迄汉初,诸子哲学在相互竞争、彼此论战中也相互影响、彼此吸收,学术思想界正迈向一个通过融会和综合而趋向统一的格局。这个时期及其以后,尽管还不断有子书出现,但那种“越世高谈,自开户牖”(《文心雕龙・诸子》)的气概已逐渐衰歇,因此,文章也就没有什么创造性的发展了。这一点,在《吕氏春秋》中就已经能看出来了。

《吕氏春秋》是大商人出身的秦国宰相吕不韦命其门下的游士集体写成的。在哲学思想上,这部书并无独特而且一贯的见解,属于杂家。在文辞风格上,那些杂凑的文章也没有多少突出的特点。但是,这部书有一点是特别值得提出来的:它是中国文化史上第一部以完整的方式写出来的书。这是与当时的思想文化走向系统合一的格局相适应的。古代最初的书籍,记事的如卜辞、《春秋》,记言的如《老子》、《论语》、《孟子》,都是孤零零一条一条的,集若干条为一章,集若干章为一篇,这都是后人编次而成,并摘取首章字句为篇题。这表明当时还只有章的观念,而没有形成篇的观念。《尚书》和《左传》中有一系列以一个事件为中心的单篇历史散文,《墨》、《庄》、《荀》、《韩》诸子也是由若干篇以一个主题为中心的单篇哲理散文构成的。这时虽然有了篇的观念,但也只有经过后人编辑,加上书名,才成为一本书,在原著作人的心中和笔下并无书的观念。《吕氏春秋》则是有意识、有计划、有系统地将全书分为八览(每览八篇)、六论(每论六篇)、十二纪(每纪五篇),另有序意一篇,述作者之旨,合而为一部体系分明、结构完整的著作。这对于后来那些体大思精的系统著述的出现,有其示范的意义,因而对文学也产生了积极的影响。司马迁的《史记》在结构体系方面便是效法《吕氏春秋》的。

纵观先秦诸子散文,可以看出一条清晰的发展脉络,从中还能发现一些规律性的现象。

第一，就体制方面来考察，它们的写作，在先都是由生徒缀集而成，而后才发展成诸子手著。它们的语言，在先都是简短朴素，而后才发展成畅达整齐。它们的结构，在先都是一条条，一章章，或一篇篇的，简短而凌乱，而后才发展成一部完整的书籍，显得系统而有条贯。这既是物质文化的进步，也体现了思想方法与写作技巧的进步。

第二，在表现方式上，诸子散文的风格技巧各有特色，但也有其共同点，那便是富于逻辑性和鼓动性。诸子文章以说理为中心，而说理散文必须具备这两种特性，才能够树立自己的理论，批判别人的意见。因此，名家和纵横家虽然在先秦诸子中是独立的学派，但名家所精研的形式逻辑和纵横家所擅长的那一套宣传鼓动的方法，却成为诸子所共同掌握的思想工具。这是值得我们注意的。

第三，从诸子书的内容衍变看，子书的产生虽然缘于学在王官制度的破坏和私学的建立，然而，其本源仍在官守之学。所以，孔子仍以《诗》、《书》为教材，自称信而好古，述而不作。并且，在先秦子书中，仍然常可看到述古训，称先王，或竟羼入部分古官书的内容。随着时代的演进，思想的发展，诸子书逐渐成为独立的系统，虽然依旧以假托寓言、编造故事等支持其立论，但这只是利用全社会信古崇先的传统心理，完成其一家之言。从信古好古到用古，从称述到创作，这是先秦诸子散文在思想内容方面衍变的明显轨迹。

从上文的叙述中可以看出，古代散文的发展节奏是由慢而快。大致而言，商朝到春秋这相当长的一段时期内，散文还停滞在幼稚的阶段上，发展迟缓。跨入战国时代以后，在两百年间，无论历史散文还是诸子散文，都急速发展起来，内容与形式两方面都有了长足的进步，原因主要有两个方面：

首先，在语言方面，诸子散文的语言，绝大多数和《国风》及《楚辞》的语言一样，是民间的，也就是全民的。贵族阶级的文化，以士为媒介下降到民间，并通过私学的方式得到普及传播，而民间的语言也随着士的社会地位的上升和作用的扩张而推广了它的应用范围，并由诸子及其生徒引入散文，成为书面语言的一部分。这就丰富了文学语言，也就活跃了文学的生命。例如,表示口语形态的音符——焉、者、乎、也、兮等字,卜辞、商周铜器铭文、《诗三百篇》中的“雅”、“颂”(采集自民间的风诗自当别论)和《尚书》中的“诰”、“命”等,是绝对不用的。只有春秋以后,才在《楚辞》和先秦这两类散文中出现。而战国时代散文中的新思想、新内容又要求有与之相适应的新形式。这种内容与形式的相互作用无疑是散文发展的一个重要原因。

其次,在书写工具上,战国时代也踏上了一个新的台阶。那就是由刻石铸金发展到用竹笔蘸墨书写在竹简或木简上了。较之金石,竹木易得易写,代价不大,而且携带方便。这不仅便利了文化知识的保存与传播,也促使产生了丰长的文字记录。自此以后,散文的发展逐步摆脱了简陋的物质条件的拘限,有了比以前较大的自由发展的空间。

第四章　《楚辞》:南音之初扬

《楚辞》的双重意义　　地域特征　　楚地的历史文化传统　　屈原的生平和思想品格　　《楚辞》作品的主属问题　　《离骚》、《九歌》、《招魂》、《天问》和《九章》　　屈原诗歌的嗣响　　《诗经》和《楚辞》之异同

《风》、《雅》逝去,诗道衰落了二三百年。到战国后期,由于新的诗体《楚辞》和伟大诗人屈原的诞生,先秦文学史步入了第二个诗歌的时代。《楚辞》代表了《诗三百篇》之后又一个诗史的高潮。

最初,"楚辞"只是一种特殊的文学样式的名称。西汉末年,大学者刘向将战国时代楚国诗人的创作和汉人的一些拟作,包括《离骚》、《九歌》、《天问》、《九章》、《远游》、《卜居》、《渔父》、《招魂》、宋玉《九辩》、景差《大招》、贾谊《惜誓》、淮南小山《招隐士》、东方朔《七谏》、严忌《哀时命》、王褒《九怀》、刘向《九叹》,计十六篇,汇为一编,名为《楚辞》。于是,《楚辞》又成了仅后于《诗三百篇》的一部古代诗集。东汉王逸又为《楚辞》作《章句》,并附入己作《九思》,全书遂成了十七卷,就是现在流传的本子。

《楚辞》,顾名思义就是楚人所为、楚地所生之辞。在兴起之初,它原没有一个固定的名称。楚国诗人在作品中或者自称为诗,或者自名为诵(颂),或者因袭古乐章之名,称为九辩、九歌等。"楚辞"之名始见于汉初的《史记·酷吏列传》,后来沿用不变,就固定为这种文体的名称。

《楚辞》最突出的特点是它的地域性。宋代学者黄伯思《东观余论》载其《翼骚序》很精要地指出了这一点："屈、宋诸骚，皆书楚语，作楚声，纪楚地，名楚物，故可谓之楚辞。若些、只、羌、谇、蹇、纷、侘傺者，楚语也。悲壮顿挫，或韵或否者，楚声也。沅、湘、江、醴、修门、夏首者，楚地也。兰、茝、荃、药、蕙、若、芷、蘅者，楚物也。"在这些特征当中，最基本的乃是楚族的方音以及基于这种方音而构成的乐调——楚声。汉宣帝时，曾征聘善于吟诵《楚辞》的九江被公，召其入宫诵读（《汉书·王褒传》）。隋代释道骞也善读《楚辞》，"能为楚声，音韵清切"（《隋书·经籍志》）。由此看来，楚声音调非同寻常，对楚辞有关键的意义。汉末刘歆《七略》注意到了辞与赋共有的不歌而诵的特点，于是又称《楚辞》为骚赋。

《楚辞》不是一种完全自发的、孤立的、与其他文化绝缘的创造，它的形成乃是中原文化与楚国本土文化相结合的产物，也可以说是南北文化融合的结果。

楚国僻处南方，多少年来和中原华族常常处于对抗状态，《诗三百篇》中一再提到"蠢尔蛮荆"（《小雅·采芑》），"荆舒是惩"（《鲁颂·閟宫》）。甚至楚国国王自己也说："我蛮夷也，不与中国之号谥。"（《史记·楚世家》）楚人居住在江淮流域，土壤肥沃，物产丰饶，春秋时代生产力已经相当发达。《左传》僖公二十年记晋公子重耳对楚成王说："子女玉帛，则君有之；羽毛齿革，则君地生焉。其波及晋国者，君之余也。"这虽是客套话，但也看出楚国的物质文化在当时已大大进步了。楚辞就是在这种物质文化基础上产生的文学作品。就当时的情况来说，楚辞乃是以楚族所特有的文学形式来表现的。这就是说，它在语言、声调、地理环境、素材使用各方面，都带有浓厚的楚族色彩，和楚国无法分开。

在楚辞以前，南方已经有一些诗歌，艺术上也达到较为成熟的水平。例如，《说苑·善说》所载《越人歌》、《论语·微子》所载《接舆歌》、《孟子·离娄篇》所载《沧浪歌》等。

今夕何夕兮，搴舟中流。今日何日兮，得与王子同舟。蒙羞被好兮，不訾诟耻。心几烦而不绝兮，知得王子。山有木兮木有枝，心悦君兮君不知。

——《越人歌》

这种古歌篇什不多,但其句度参差、尾用兮字的传统形式,无疑于楚辞有胚胎之功。而楚国的历史和现实则丰富了这种传统形式。楚国文化与殷商文化关系密切。商被周灭亡以后,它的文化分为两支:北方的一支在周人手下发展,南方的一支在楚人手下发展。商人迷信鬼神,巫风极盛,除了天地祖宗,山川河岳、风云虹霓也都视为神祇。这一思想传统被注重实际的周人抛弃了,却在南方丰饶美丽的自然环境中找到了它的温床。楚辞具有浪漫的情调、神秘的色彩,许多篇中都有人神交接的描写,这些特征都可以从深受商人巫风影响的楚地社会生活中获得解释。王逸《楚辞章句序》说:"昔楚国南郢之邑,沅湘之间,其俗信鬼而好祠。其祠必作歌乐鼓舞以乐诸神。"这是当时创作这些诗篇的现实基础之一。楚辞中有灵巫扮演角色,有神话作为素材,而屈原本人也始终崇拜着商代的先贤彭咸,这也清楚地说明了:楚辞某些特色的构成正是由于它早期受了殷商文化的影响。

西周时,楚人正努力经营南方;到了春秋时代,它的势力就向北方扩展,成为当时的大国和霸主之一。江汉一带周族子孙所建立的国家差不多都被楚国兼并了,所谓"汉阳诸姬,楚实尽之"(《左传》僖公二十八年载晋大夫栾贞子语)。南北之间在政治、军事、外交各方面接触频繁,自然便于使中原各国先进的文物制度大量为楚人所吸收。楚人和中原诸国的斗争过程,也就是楚文化摄取中原文化养分的过程。一直到汉初,我们还能看到楚文化的许多特点,但随着时代的进展,中原文化与楚文化之间的共同点显然是愈来愈多了。

这种楚族与中原华族的融合过程,如果以《左传》所记载的春秋时代楚人学习《诗三百篇》的事例来加以考察,是非常清楚的。本来,楚人吞并了二南及陈国之地,同时也就兼容了此地的文学。《二南》及《陈风》的诗首先成为楚国民歌的一部分,这是孕育楚辞的一个重要来源。中原各国在外交、会盟、聘问等场合说话引诗,赋诗言志,这种风气和方式也为楚国君臣所熟悉并采用,更表明了《诗三百篇》中的作品在楚人政治文化生活中的重要性。据统计,《左传》记载楚国君臣引诗、赋诗不下十次,昭公十二年甚至记载子革引了今本《诗经》以外的逸诗《祈招》。由此看来,在春秋后期,《诗三百篇》已经流传到南方来了。这种流传,最初完全可能是基于当时丰富外交辞令、完成外交礼节的实际需要,但在我们看来,《诗三百篇》首先和主要的还是一部诗歌总集,它必然会在文艺的园地里播下种子。就内在精神而言,前人每称楚辞有讽谏之旨、比兴之义、忠怨之辞,与《诗经》同义;就其外在形式而言,诗骚的句式和虚字用法也有相同或相通之处。《楚辞》中如《九章》、《橘颂》以及《天问》与《诗三百篇》的联系就更加密切。这些都体现了《楚辞》渊源中所承受的中原文化的影响。

中原文化对于楚国的影响自然不完全在文艺方面,在哲学思想方面也是一样。我们知道,在春秋时代,楚国是"五霸"之一,进入战国,又以"七雄"之一的地位雄踞南方。这时候,孔子所创立的儒家已经成为一个极其重要的学派了,而以孔子嫡派真传自居的孟子却赞美过楚国的儒者陈良。他说:"陈良,楚产也,悦周公、仲尼之道北学于中国。北方之学者,未能或之先也。"(《孟子·滕文公上》)这又说明了楚国接受中原文化影响的另一个重要方面。至于道家思想,则本来发源于南方。因此,楚辞中既有那种受儒家思想强烈影响的作品,如《离骚》,又有那种纯然受道家思想影响的作品,如《卜居》、《渔父》。

综上所述,楚辞的形成是有其历史传统的。它是战国时代楚族所特有的历史经验的总结,它带着这个部族过去和当时的整个文化发展的轨迹。另一方面,无论作为一部诗集还是一种文学样式,楚辞又永远是和屈原这个伟大的名字分不开的。离开了屈原和他的作品,我们就无法想象楚辞的具体意义。

屈原是战国后期楚国人,约生于公元前 340 年,死于公元前 278 年。他出生于楚国贵族家庭,从小受到良好的教育,"博闻强志,明于治乱,娴于辞令。入则与王图议国事,以出号令;出则接遇宾客,应对诸侯"(《史记·屈原列传》),具有杰出的政治和外交才能,与辩士经常有交锋的机会。他曾受命出使齐国。齐国的稷下是当时各学派荟萃的中心,文学游说之士聚集此地，讲学议论，形成了浓郁的学术文化气氛。这也促使屈原吸取中原思想文化的影响，提高了自己的文化素养。战国时代的纵横家风和游士说辞，对屈原日后的创作也产生了一定的影响。

屈原生活的那个时代，正是合纵和连横两派外交战略斗争最激烈的时代。当时主要的国家有所谓“七雄”，其中实力最强的是西方的秦、东方的齐、南方的楚。在秦国强大的军事压力之下，楚国也和其他各国一样，外交政策常常徘徊在失败主义的连横派和抵抗主义的合纵派之间。论家世，屈原是楚国三大姓屈、昭、景之一，很年轻的时候就当上了楚怀王左徒，颇受器重，但他并不为了要保持个人的地位、贪恋富贵而放弃对国家和人民的责任。他在本质上认清了秦是“虎狼之国”，因此，当昏庸的楚怀王、顷襄王被投降派所包围着的时候，他坚定地站在联齐抗秦的立场上，代表人民的意志，与主张向秦屈服的靳尚、子兰、子椒等人进行不懈的斗争。就这样，他被国王疏远了，到了晚年，并且被放逐到偏远的江南。顷襄王二十一年(前278)，秦将白起攻破楚国都城郢，楚国统治者和人民只好仓皇地往东逃避。诗人在不幸的晚年，亲身遇到这场灾祸，情不自禁地唱出了掺着血泪的激烈的哀歌：

> 皇天之不纯命兮，何百姓之震愆！民离散而相失兮，方仲春而东迁。去故乡而就远兮，遵江夏以流亡。出国门而轸怀兮，甲之鼂吾以行。发郢都而去闾兮，怊荒忽其焉极。楫齐扬以容与兮，哀见君而不再得。望长楸而太息兮，涕淫淫其若霰。过夏首而西浮兮，顾龙门而不见。心婵媛而伤怀兮，眇不知其所蹠。顺风波以从流兮，焉洋洋而为客。
>
> ——《九章·哀郢》

在敌国残暴的侵略之下，广大人民妻离子散，流离失所，痛苦不堪。诗人的灵魂为这种巨大的痛苦所鞭挞，发出了深沉的叹息：

> 已矣哉！国无人莫我知兮，又何怀乎故都！既莫足与为美政兮，

吾将从彭咸之所居。

——《离骚》

六十三岁的老诗人就这样因为自己理想中的“美政”不能实现,用汨罗江的清流埋葬了自己。

冷静的思想与热烈的感情,对人间美好的热爱和对丑恶的痛恨,“信而见疑,忠而被谤”,一腔报国热忱得不到理解和支持,想断然决绝远行,又终于眷恋难舍——屈原的一生,特别是他的后半生,经常承受着这种心理冲突和矛盾的折磨。最后,他又把一个人只有一次的宝贵的生命贡献给了祖国,以死来捍卫了自己的清白和正直,完成了人格的圆满。这就使得他虽然在肉体上将自己消灭了,但他的精神却永生在人民的心里。他灵魂的光辉,也伴随着诗中的忠爱缠绵之音,在世间永存。在楚国才被灭亡的时候,民间就传出了“楚虽三户,亡秦必楚”的誓言;在屈原自沉汨罗之后不到一百年,在楚国灭亡之后不到十五年,以陈涉为首的农民起义终于爆发了,并在极短的时间内,推翻了秦帝国的残暴统治。当时农民起义的领袖主要也都是楚人,陈涉最初起兵,还自称“张楚”。这一切,都是和屈原的崇高思想品格和伟大的爱国主义精神的感召分不开的。

屈原的时代,养士制度风行。见利忘义,朝秦暮楚,在那个时候是从士阶层涌现出来的新兴官僚阶层中很普遍的人生观。可是屈原,正如汉淮南王刘安《离骚传》中所赞美的:“其志洁,故其称物芳,其行廉,故死而不容自疏。”他决不肯为了个人的功名富贵而背叛祖国,背叛人民。身世坎坷的汉代大作家司马迁对屈原的悲剧精神有着充分的体会,他说:“余读《离骚》、《天问》、《招魂》、《哀郢》,悲其志。适长沙,观屈原所自沉渊,未尝不垂涕,想见其为人。……又怪屈原,以彼其材,游诸侯,何国不容,而自令若是。”(《史记·屈原列传》)一个伟大的心灵对于另一个伟大的心灵的理解是多么深刻啊。

正因为这样,所以屈原在哲学上接受了积极入世的儒家思想,而扬弃了消极出世的道家思想。他赞美理想中古代帝王的德政,注意民生疾苦,在《离骚》中表现得非常明显,所谓“上称帝喾,下道齐桓,中述汤武,以刺世事，明道德之广崇，治乱之条贯，靡不毕见”（《离骚传》）。也正因为这样，所以他的全部作品虽然差不多都承袭着宗教和巫术的传统，有许多天堂地狱、神仙鬼怪的描写，但在《天问》中，他又对这一切表示一定的怀疑。实际上，神话、宗教、巫术，这些不可分割的因素，乃是楚文化的重要组成部分，在屈原的诗篇中，都主要是作为一种素材和文学形象化的手段而使用的。在这种使用过程中，屈原融入了自己的人格、思想和艺术经验，赋予这些古老的艺术因子以新鲜的生命。因此，在屈原的作品中，既有丰富的浪漫情调和神秘色彩，又有系念社会生活、执著现实人生的一面。

尤其可贵的是，作为一个贵族出身的文学家，屈原在文学创作中却勇敢地发展了《诗三百篇》以来的民间文学传统，运用来自民间的楚国方言口语，使用神话传说等民间素材，采用宗教歌舞剧等民俗形式，来表达自己的思想感情。经过屈原的加工，这些民间语言、素材和形式都在文学上得到了提高，从而成为楚族所特有的文学形式——楚辞的有机组成部分。而民间形式加工提高的过程，也就是民族形式的发展建立过程。诚然，楚辞是楚民族整个历史发展的经验的总和，但是，只有加上屈原本人的智慧和创造，它的完整性才达到了这样一个不可企及的高度。这种形式发源于楚国广大人民的生活中，而体现在屈原优秀的作品里，就成为楚辞中最主要的部分。所以，楚辞既是南北文化融会最初的结晶之一，又是楚族集体和屈原个人共同培植的文艺成果。

在《楚辞》中，今天大致可以确定为屈原作品的有：《离骚》、《九歌》、《天问》、《九章》中的一部分以及《招魂》。

《离骚》是中国有数的抒情长诗之一。它的思想性和艺术性都代表着屈原创作的最高峰。在这篇杰作里，诗人叙述了他的家世，他的道德观点和政治观点，他对理想的追求，对现实的彷徨和最后的幻灭。它明确地指出了他所拥护的是“举贤而授能兮，循绳墨而不颇”的前圣，也就是公平正直、能为大众谋福利的政治家；他所反对的是“众皆竞进以贪婪兮，凭不厌乎求索”，以致使国家的前途“路幽昧以险隘”；他指斥那些“党人”，也就是贪财好利、钩心斗角、猜忌忠良的官僚政客。他还进一步自誓：“岂余身之殚殃兮，恐皇舆之败绩。”这就是说：他之所以站在这一立场，绝不是出于个人的利害考虑,而是为了君王也就是国家的利益。在当时的历史条件下,君王是国家主权的象征,爱国常常通过忠君来体现。屈原的诗句也应当从这一角度来理解。

求索是屈原作品的一个重要主题,更是贯串《离骚》全诗的主旋律。诗人突破各种自然或人为的障碍,不懈地追求自己的理想,“虽九死其犹未悔兮,吾将上下而求索”。穿越时空的限制,跨过生死的阻隔,这种执著的求索精神是多么顽强,多么锲而不舍。现在,让我们来朗诵一段他对黑暗势力的挑战书吧:

> 长太息以掩涕兮,哀民生之多艰。余虽好修姱以鞿羁兮,謇朝谇而夕替。既替余以蕙纕兮,又申之以揽茝。亦余心之所善兮,虽九死其犹未悔。怨灵修之浩荡兮,终不察夫民心。众女嫉余之蛾眉兮,谣诼谓余以善淫。固时俗之工巧兮,偭规矩而改错。背绳墨以追曲兮,竞周容以为度。忳郁邑余侘傺兮,吾独穷困乎此时也。宁溘死以流亡兮,余不忍为此态也。鸷鸟之不群兮,自前世而固然。何方圆之能周兮,夫孰异道而相安?屈心而抑志兮,忍尤而攘诟。伏清白以死直兮,固前圣之所厚。

这一节慷慨悲歌,可以说是屈原一生战斗生活的总结。生命的船驶在黑暗社会的峡谷里,随时有可能撞碎在岩石上,但他却不愿停顿,更不愿后退,使自己默默搁浅在泥沙里。他决心让生命在黑暗中撞击出轰天的巨响,来唤醒那些沉睡的人。

《九歌》是屈原在楚地民间流行的形式较为粗糙的宗教歌舞剧的基础上,利用神话传说作素材,进行再创造的结果。《九歌》一共十一章,依次为:《东皇太一》、《云中君》、《湘君》、《湘夫人》、《大司命》、《少司命》、《东君》、《河伯》、《山鬼》、《国殇》、《礼魂》。前九章每一章歌颂一个神祇,末章为总的送神曲。排在第十篇的《国殇》呈现出独特的风貌,有着特别的意义。《九歌》所咏多是自然界的神祇,《国殇》独以人鬼为抒写对象;《九歌》多用比兴手法,《国殇》则纯为赋体,直陈其事;《九歌》总体风格是清新绮丽，幽美缠绵的，《国殇》却慷慨激昂，刚健庄严，热情歌颂了为国捐躯的勇士们英武刚毅、舍身取义的顽强斗志，从而张扬了爱国主义和英雄主义的精神，通篇充溢着作者沉痛而崇敬的心情。

《九歌》是屈原作品中，也是中国诗歌史上最美丽的篇章之一。其中对于恋爱心理的刻画，笔致深婉，凄丽动人，尤以《湘君》、《湘夫人》、《山鬼》为最。《山鬼》描写巫山神女与恋人约会时心理曲折变化的过程，——始而充满激动和喜悦，继而焦急期盼，最终失望忧伤——既缥缈空灵，又清幽缠绵，成功地塑造了一个美丽多情的恋爱中的少女的形象。在《湘君》和《湘夫人》中，对爱的寻觅和期待的描写，同样显得非常深情、热烈：

君不行兮夷犹，蹇谁留兮中洲？美要眇兮宜修，沛吾乘兮桂舟。令沅湘兮无波，使江水兮安流。望夫君兮未来，吹参差兮谁思？

驾飞龙兮北征，邅吾道兮洞庭。薜荔柏兮蕙绸，荪桡兮兰旌。望涔阳兮极浦，横大江兮扬灵。扬灵兮未极，女婵媛兮为余太息。横流涕兮潺湲，隐思君兮陫侧。

桂棹兮兰枻，斫冰兮击雪。采薜荔兮水中，搴芙蓉兮木末。心不同兮媒劳，恩不甚兮轻绝。石濑兮浅浅，飞龙兮翩翩。交不忠兮怨长，期不信兮告余以不闲。

鼌骋骛兮江皋，夕弭节兮北渚。鸟次兮屋上，水周兮堂下。捐余玦兮江中，遗余佩兮澧浦。采芳洲兮杜若，将以遗兮下女。时不可兮再得，聊逍遥兮容与。

——《湘君》

屈原盼望得到祖国（以君王为化身）的信任，一如灵巫祈求女神的垂爱。他珍重这种感情，更为这种高尚的感情不能获得满足而痛苦。一个不真诚的恋人，一个失约背信反而说谎的恋人，对忠实的对方，该是多么沉重的心理负担啊！对于当时的君王，屈原就这样抱怨着。《九歌》也就是这样在传统形式和题材的再创造中，融入了作者的人生激情和现实政治感触，拓展并深化了古老的主题，使之焕发出新的生命。《九歌》的这一艺术特点,既是《楚辞》所开创的香草美人以喻君子的文学传统的机缘之一,同时也是对《诗三百篇》所开创的比兴传统的新发展。

楚怀王轻信秦国,到武关去和秦昭王会盟,不幸被秦扣押,后来竟死在秦国。秦国这种行径引起了各国诸侯的公愤,楚国人民尤其感到强烈的悲愤。《招魂》写的正是这件事。人死后,通过一定的仪式和语言来招魂,原是一种宗教信仰和巫术手段,是古人对现实生活的坚强执著的反映,又是他们迷信自己语言的力量的表现。在《招魂》中,屈原把人间和非人间的生活作了极强烈的对比。除了人间以外,无论东西南北各方,下至地狱,上至天堂,全是一番可怕的景象。

> 魂兮归来,君无上天些。虎豹九关,啄害下人些。一夫九首,拔木九千些。豺狼从目,往来侁侁些。悬人以娭,投之深渊些。致命于帝,然后得瞑些。归来归来,往恐危身些。

和中外文学作品将天堂写成乐园的那种对超现实境界之无保留的向往有所不同,屈原连天堂都描绘得十分险恶。这些描写透露了他强烈的现实感和对人间的留恋。另一方面,他极力铺写了人世间宫室、衣服、饮食、男女等一切生活是如何温暖愉快。最后,他代表楚人向怀王的魂魄发出了召唤的声音:

> 湛湛江水兮上有枫。目极千里伤春心。魂兮归来哀江南。

这声音是凄婉的,然而也是激愤的,它混合着被侵略者心中的痛苦和愤怒。

《天问》是一篇形式和结构都很别致的作品。作者一口气提出了一百七十二个问题,从开天辟地以来一直问到他自己,把他对于宗教信仰上的、神话传说上的、历史记载上的、人生道德上的种种怀疑,都痛痛快快地宣泄了出来,充分表明作者是一位求知欲极强而且知识渊博的学者。后代虽然不乏追步《天问》格式的诗、词、赋作品,但都相形见绌。如果说,屈原以自己的死在中国文学史上画了一个巨大的惊叹号，那么，我们可以毫不迟疑地说，《天问》乃是中国文学史上伟大的疑问号。

《九章》是屈原自叙身世、抒情述志的短篇作品的全称，包括《惜诵》、《涉江》、《哀郢》、《抽思》、《怀沙》、《思美人》、《惜往日》、《橘颂》、《悲回风》。它们不是一时一地所作，风格也不尽相同。如《橘颂》是其早期的作品，作者以拟人笔法描写橘树的形象和品质，融进自己的深厚情感，用笔不即不离，开创了中国咏物文学的优良传统，对后代咏物诗赋产生了深远的影响。全篇以四言句式为主，与《诗经》形式较为接近。而《涉江》、《哀郢》、《怀沙》等则是他晚年的作品，表现了放逐途中直至自沉之前的思想经历，或忧思激愤，或迷惘彷徨，或呜咽徘徊，其情思幽渺，气氛瑰丽浓烈，又与《离骚》相近。《惜往日》和《悲回风》中还有后人痛悼屈原之语，所以也有人怀疑它们不是屈原所作。

此外，旧题为屈原作品的还有《远游》、《卜居》、《渔父》、《大招》等篇。但今人多认为这些是后人的依托之作。《卜居》、《渔父》二篇结构上采用主客问答的形式，语言上解散楚辞之体，变得句法参差、韵式靡定，散文化的倾向较明显地增强，可以看作是从楚辞到汉赋之间过渡阶段的产物。

《史记·屈原列传》说："屈原既死之后，楚有宋玉、唐勒、景差之徒者，皆好辞而以赋见称；然皆祖屈原之从容辞令，终莫敢直谏。"1972 年山东临沂银雀山出土的汉简中，发现了唐勒赋篇的佚句，但难以联缀成文。至于《大招》是否为景差所作，还不能肯定。只有宋玉的《九辩》以悲秋的主题和情景交融的艺术，给人留下了深刻的印象。宋玉等人继承了屈原的创作事业，并在语言及艺术形式等方面有所发展，可是他们缺乏屈原身上那种人格的光辉，因此，作品也就没有屈原作品那样震撼心魄的精神力量。屈原念念不忘的是"虽萎绝其亦何伤兮，哀众芳之芜秽"(《离骚》)，即国家和民族的命运；而宋玉咏叹的则是"惆怅兮而私自怜"，"私自怜兮何极"，即个人的不幸和忧伤。正是在宋玉手里，以《风赋》、《神女赋》、《登徒子好色赋》为代表，楚辞走上了文人化和宫廷化的道路，并逐渐向汉赋过渡。宋玉也理所当然地成为中国文学史上第一个登场的宫廷文人。自汉代以后，文学史上出现了许多学骚、拟骚甚至反骚的骚体作品，也可以说是楚辞的嗣响。其上者拟形追神,借古人酒杯浇自己心中块垒;中者亦步亦趋,较少创新;下者则驱役香草美人,沦为无病呻吟。但屈原思想和艺术的独特光芒并没有因此湮没,在后代许多优秀的诗歌(如唐代李白、李商隐、李贺)、辞赋(如骚体赋、抒情小赋),甚至散文(如《史记》)、小说(如《聊斋志异》)中,依然容易寻找到其血脉的遗存。

从渊源上说,楚辞承袭了《诗三百篇》所开创的中国诗歌的优良传统,但能自铸伟辞,独呈新貌,从而成为中国文学史上最早的两个传统典范之一。旧籍中常常以风骚或诗骚并称。从整体上看,诗骚的差异可以概括为这样几点:第一,在形式上,《诗经》以四言为主,比较整齐,而且多为短篇;楚辞则或长或短,繁复多变,篇幅也扩大了。第二,《诗经》多能入乐合歌,徒诗较少;楚辞则是不歌而诵的作品。第三,在内容上,《诗经》多写实,表现了北方文化务实的精神;楚辞的浪漫思想、怀疑精神、幽异的造境、瑰丽的想象,都表现了南方超现实文学的特征。第四,在美学风貌上,如果说《诗经》是朴素的,楚辞则是空灵的;如果说《诗经》是现实的,楚辞则是浪漫的。第五,从作者方面看,《诗经》中的作品多无主名,属于集体的创作,尽管思想风格不完全一致,也体现了先民的群体意识;楚辞则是个人的创作,蕴涵了作者人格的力量,显示了诗人鲜明的个性。第六,从文学史上看,相对而言《诗经》对文学批评方面的影响较大,讽谏、比兴是历代文学批评家常谈不衰的话题;楚辞对文学创作方面的影响较大,香草美人的传统不知沾溉了多少代文人的心灵。

第五章　汉魏六朝赋及其流变

设辞、楚辞与赋　赋体的特征　汉初赋的发展与欲讽反劝　司马相如及其追慕者扬雄　班固、张衡与东汉骋辞大赋　《归田赋》、《思玄赋》及汉赋中的骚体　对问的自嘲与献赋的谀颂　汉赋二体与阶段性风格　从张、蔡到建安的转机　魏晋之际及两晋赋的歧变　南朝赋发展的三大动向及赋论　北朝赋与南朝赋的自赎

赋兼有韵文和散文两种体制的特点，是汉魏六朝重要的文学样式之一。

战国时代，游士为了表现自己的才能，达到说服对方的目的，往往随意编造故事，以夸张的对话体来展开论辩，这就是所谓“设辞”。在《战国策》和其他子书中，这种例子是很多的。到了战国晚期，出现了荀子的赋篇和旧题为屈原的《卜居》、《渔父》，以及宋玉的《对楚王问》、《风赋》等，在精神实质上也受到了说辞的影响。它们乃是汉赋的源头。

荀子(约前313—前238)的赋篇，包括《礼》、《智》、《蚕》、《云》、《箴》五赋，虽然其中体现了一些儒家的思想，但基本上却是五个谜语。例如《蚕赋》：

“有物于此，𠐊𠐊兮其状，屡化如神，功被天下，为万世文。礼乐

> 以成，贵贱以分；养老长幼，待之而后存，名号不美，与暴为邻。功立而身废，事成而家败。弃其耆老，收其后世。人属所利，飞鸟所害。臣愚而不识，请占之五泰。”五泰占之，曰：“此夫身女好而头马首者与？屡化而不寿者与？善壮而拙老者与？有父母而无牝牡者与？冬伏而夏游，食桑而吐丝，前乱而后治，夏生而恶暑，喜湿而恶雨。蛹以为母，蛾以为父。三俯三起，事乃大已。夫是之谓蚕理。”

《卜居》、《渔父》假托屈原和太卜、渔父的对话，表现了作者对屈原的一种看法。那种以出世的、消极的思想来代替屈原“知其不可而为之”的人生观的企图，正是战国后期出现的道家思想的反映。就这两篇文章来说，也是《庄子》寓言的一个发展。而其中某些作品更进一步变成了游戏文章，成为宫廷娱乐的一种工具。如《登徒子好色赋》：

> 大夫登徒子侍于楚王，短宋玉曰：“玉为人体貌闲丽，口多微辞，又性好色，愿王勿与出入后宫。”王以登徒子之言问宋玉。玉曰：“体貌闲丽，所受于天也；口多微辞，所学于师也；至于好色，臣无有也。”王曰：“子不好色，亦有说乎？有说则止，无说则退。”玉曰：“天下之佳人，莫若楚国；楚国之丽者，莫若臣里；臣里之美者，莫若臣东家之子。东家之子，增之一分则太长，减之一分则太短，著粉则太白，施朱则太赤，眉如翠羽，肌如白雪，腰如束素，齿如含贝，嫣然一笑，惑阳城，迷下蔡，然此女登墙窥臣三年，至今未许也。登徒子则不然。其妻蓬头挛耳，齞唇历齿，旁行踽偻，又疥且痔。登徒子悦之，使有五子。王孰察之，谁为好色者矣？”……于是楚王称善。宋玉遂不退。

朗诵这种作品，毫无疑问，在当时是可以博得楚王一笑的。写过《九辩》那种作品的宋玉，同样也写出这样的作品，这说明了古代宫廷文士的身份地位很低下，是和俳优一类的人物。根据《国语·郑语》，古代贵族在公元前 8 世纪就已经蓄养俳优。以后，俳优的活动更是常见于历史。他们除了供国王娱乐，因为行止与国王接近，有时也能在机会合适的时候，对政治提出一些意见。而这些意见,又往往是结合他们的俳优表演——说笑话、做戏等——提出来的,这就是所谓讽喻。《史记》曾经为这些人专立一篇《滑稽列传》,足见这种风气在先秦和汉代都是很盛的。文学的发展,可以丰富娱乐的内容,而这种设辞体的赋,既是非常夸张,极耳目之娱,也能曲终奏雅地讽喻一下,敷衍了面子,满足了伪善,这自然是作者和读者双方都能接受的。游士说辞发展为宫廷娱乐的文学,文学之士加入了俳优的行列,这一局面在战国晚期就已经奠定了。

赋的另一个渊源是抒情诗的新样式——楚辞。楚辞和上述这种基于游说的风气而产生的设辞在时间上基本平行,楚辞大师屈原又是一位"出则接遇宾客,应对诸侯"的外交能手,二者之间发生联系,互相影响,是很自然的。《史记·货殖列传》中说:"南楚好辞,巧说少信。"这一观点在《汉书·地理志》中有着更详细的说明:"始楚贤臣屈原,被谗放流,作《离骚》诸赋,以自伤悼。后有宋玉、唐勒之属慕而述之,皆以显名。汉兴,高祖王兄子濞于吴,招致天下之娱游子弟,枚乘、邹阳、严夫子之徒,兴于文、景之际。而淮南王安亦都寿春,招宾客著书。而吴有严助、朱买臣,贵显汉朝,文辞并发。故世传楚辞。其失巧而少信。"这一段话指出了楚辞家的抒情文学和纵横家的设辞文学相互影响以至结合的过程,也指出了由设辞文学发展出来的赋"巧说少信"的特点,以及初期汉赋发达的部分原因。

作为一种文学样式,赋的这种来历也就决定了它具有如下几个特征:第一,在结构方面,它往往是用抑客伸主的对话方式展开的;第二,在文体方面,它介于散文和韵文之间;第三,就艺术表现而言,它常常有铺陈夸张的特点;第四,就思想内容而言,它往往有说服对方的倾向或目的。这一切,都证明了赋与先秦游士设辞和楚辞的血缘关系。在赋史的不同发展阶段和赋的不同体式中,二者的影响各有侧重。例如,先秦游士说辞对汉赋尤其是汉代骋辞大赋的影响相对较大,而楚辞对隆盛于汉末的抒情小赋以及魏晋南北朝赋的影响则更为显著。

从公元前209年陈涉起义,直到公元前154年汉景帝刘启平定吴楚七国之乱,这五十多年乃是战国局面的一个余波,被秦朝统一抑制下去的纵横家又有了出头的机会。汉初的文坛也就被这整个的风气支配着。无论散文还是赋，都带着强烈的纵横气息，呈现着活跃的气象。而且，汉初的赋家也往往就是纵横家，或至少企图做一个纵横家。今天我们考知的最早的汉赋作家是陆贾，虽然他的赋作已全部失传，但《汉书·陆贾传》上就明确地说他"名有口辩，居（汉高祖）左右，常使诸侯"。《邹阳》七篇在《汉书·艺文志》中也列为纵横家一类。其他的赋家也大致是这样。

汉初承大乱之后，经济非常困难，皇朝尊奉黄、老之学，实行清静无为、与民休息的政策，对于一般纵横家也即赋家是不大愿意理会的。而一些诸侯王既享受着王朝优厚的待遇，又处于吴、梁、淮南等天下富庶之区，财力充裕，有条件也有兴趣招揽这些游士，为他们扩充势力出谋划策，同时也希望给他们带来文艺上的享受。于是许多游士，例如枚乘、司马相如、邹阳等人，便集中在这些诸侯国了。这便是后代文人所艳称的"淮南宾客，梁苑词人"（《文史通义·诗教》）的盛况。这些游士在诸侯国中，一方面发挥了文学上的才能，那就是作赋、写书，供给贵族们欣赏；另一方面又发挥了政治上的纵横权术，那就是兴风作浪，为诸侯王扩充势力、对抗皇朝策划谋略。这就促成了贵族文学的发达，也加深了中央政权与诸侯藩国的矛盾。

到了景帝时代，王朝的经济状况逐渐好转，力量增强了，这个矛盾也就更加尖锐起来，皇朝与诸侯暗中的摩擦演变成显著的冲突，并引发了吴楚七国的叛乱。这个叛乱以王朝的胜利与诸侯的失败、中央集权的巩固与藩国权益的削减而告终。这些游士在诸侯国逐渐无所作为，于是慢慢转到皇朝寻求出路。而汉武帝也明令禁止那些"乱国政"的"申、商、韩非、苏秦、张仪之言"（《汉书·武帝纪》），又施展政治策略，恩威并用，网罗过去流落诸侯国的那些文人兼政客，将他们变成宫廷侍从之臣，也就更严格地将其编入俳优的队伍里去了。《汉书·严助传》说："（东方）朔、（枚）皋不根持论，上（武帝）颇俳优畜之。"《枚皋传》也说皋："不通经术，诙笑类俳倡。为赋颂，好嫚戏，以故得媟黩贵幸……言：'为赋乃俳，见视如倡，自悔类倡也。'"其实，这种"俳优畜之"的情况，并非对东方朔和枚皋的特殊贱视，而是反映了当时赋家地位之低下，反映了当时文士作为宫廷政治的装饰品和娱乐的附属品的特性。

于是，原先具有强烈的纵横色彩和某种异端倾向的赋家，逐渐被统一兼容于汉朝政治文化的大体系中，成为汉代文化重要的一部分。而赋的诸特征又恰好适应汉武帝以后封建经济发展的社会形态，适应表现贵族们奢侈享乐的生活的需要，立刻被贵族们爱好起来。从《诗三百篇》开始获得的感时讽政的传统和从纵横家获得的说服作用，则退到了赋篇的末尾，即通常被称为“曲终奏雅”的那个部分。这样既可以作为贵族享乐的点缀，又不至于忤怒贵族，做这种游戏文章的保护色。因此，当儒家思想在汉王朝意识形态中占据统治地位以后，赋仍然能够顺利发展。武帝和宣帝都是赋的爱好者和提倡者，因此，献赋成了许多文士取悦皇上、谋求官职的重要手段。到西汉末年，进献到皇帝面前的就有一千多篇，东汉以下还不计在内，数量之多是令人惊异的。宣帝曾说：“辞赋大者与古诗同义，小者辩丽可喜。辟如女工有绮縠，音乐有郑卫，今世俗犹皆以此虞说耳目。辞赋比之，尚有仁义讽谕、鸟兽草木多闻之观，贤于倡优博弈远矣。”（《汉书·王褒传》）既能增长见闻、娱悦耳目，又有仁义讽谕，与古诗同义，这就是当时许多人对赋的认识，也反映了赋的创作特点，说明了它风行一时的原因。《汉书·扬雄传》说：“雄以为：赋者，将以风也，必推类而言，极靡丽之辞，闳侈巨衍，竞于使人不能加也。既乃归之于正，然览者已过矣。往者武帝好神仙，相如上《大人赋》，欲以风，帝反缥缥有陵云之志。由是言之，赋劝而不止，明矣。又颇似俳优淳于髡、优孟之徒，非法度所存，贤人君子诗赋之正也。于是辍不复为。”这其实是许多汉赋作家都面临的问题，它也是赋的内容与形式之间、作家创作思想与创作方法之间、赋家的主观意图与其客观效果之间所存在的诸种矛盾复合体的体现。

在汉代的各体文章中，赋的地位格外重要。在《史记》《汉书》中，许多传记的篇幅都被传主的赋占据了，因为在史家看来，赋最见学识和才情，是足以传之久远、使作者声名不朽的大制作。例如在司马相如的传记中，《子虚》、《上林》二赋就占了很大的篇幅。司马相如是汉赋的代表作家，汉赋到他手上才最后完成了内容的充实和形式的完善。在他之前，汉赋尚未表现出自己突出的个性。例如，枚乘《七发》，无论是其劝说的功能，层层铺垫蓄势的手法，“腴辞云构，夸丽风骇”（《文心雕龙·杂文篇》）的文风，还是井然有序地从多方面展开的结构特点，都明显地带有从战国游士说辞演变而来的痕迹，尤其近于《孟子》中的某些篇章。但《七发》对后世的影响主要体现在其形式方面，傅毅《七激》、张衡《七辩》，乃至王粲《七释》、曹植《七启》等，都大体模仿《七发》而小有革新。又如，汉赋最早的作家之一贾谊的《吊屈原赋》和《鹏鸟赋》都属于骚体，在形式与精神上都与楚辞有着血缘联系。

司马相如(前179—前117)的身世经历在汉初赋家中是很有代表性的。在景帝时代，他先在皇朝做官，但景帝不爱好辞赋，于是他转而投奔梁国，与梁孝王手下的游说纵横之士而兼赋家的邹阳、枚乘、严忌等人甚是投合。梁孝王死后，他只好回到故乡，后来受同乡杨得意之荐，当上了武帝的宫廷侍从文人。他最先献给汉武帝的赋作，同时也是他的代表作，就是由在梁国时所作的《子虚赋》扩充而成的，即以天子游猎为主题的《子虚上林赋》。这篇赋在《史记》、《汉书》的《司马相如传》中本为一篇，《文选》开始析为两篇。赋中假设楚国公子派子虚到齐国去，齐王于是和他一起游猎。事后，子虚去看乌有先生，恰巧亡是公也在。于是子虚把楚王出猎的盛大情形夸张叙述了一番，乌有先生也把齐国的广大富足夸叙了一番。这时，亡是公发言了，他先批评“二君之论，不务明君臣之义，而正诸侯之礼，徒事争游猎之乐、苑囿之大，欲以奢侈相胜，荒淫相越”，似乎很是义正辞严，但接着一转，却说：“且夫齐楚之事，又焉足道邪？君未睹夫巨丽也，独不闻天子之上林乎？”于是变本加厉地描述天子游猎的场面，使齐楚二国顿时黯然失色。而最后的结论却又回过头来：“若夫终日暴露驰骋，劳神苦形……务在独乐，不顾众庶，忘国家之政，而贪雉兔之获，则仁者不由也。”这是汉赋典型的结构和表现方式。司马迁说：“相如虽多虚辞滥说，然其要归引之节俭，此与《诗》之风谏何异！”(《史记·司马相如传》)这是自作者的主观用意而言的；扬雄认为“靡丽之赋，劝百而讽一，犹骋郑卫之音，曲终而奏雅”(《汉书·司马相如传》)，则是从赋的客观效果而言。总之，司马相如的赋是汉代骋辞大赋的形式和结构的典范，同时开创了汉赋的讽谏的传统。

司马相如赋作中结构完整，艺术技巧多样，都超过同时的其他赋家，而气派恢宏，又生动地反映了大汉帝国的赫赫声威。他特别善于以丰富的词汇，把事物的形态、声音真切地刻画下来，是具有创造性意义的。譬如《上林赋》中写水，是这样的：

> 触穹石，激堆埼，沸乎暴怒，汹涌滂濞，滭浡滵汩，湢测泌瀄，横流逆折，转腾潎洌。

在这一类汉大赋中，在描述某一客观物体时，常常出现驰骋词藻以致令人目不暇接的做法，这些词大多属于所谓联边词、玮字。这固然是为了在修辞上适应铺张扬厉的文体需要，汉代擅长骋辞大赋的作家，例如司马相如、扬雄、班固等人，都是在语言文字学方面造诣精深学识渊博的学者，也为汉大赋这一艺术倾向的形成准备了有利的条件。

西汉后期的扬雄（前53—18）在辞赋创作方面是司马相如的追慕者。他善于模拟，正如在《甘泉》、《羽猎》、《长杨》诸赋序中所体现出来的，他不仅在形式上追步司马相如，而且更强调以讽谏为旨归。因此，当这种讽谏没有收到预期的效果的时候，他感到特别失望。《法言·吾子》记载："或问：'吾子少而好赋？'曰：'然，童子雕虫篆刻。'俄而曰：'壮夫不为也。'或曰：'赋可以讽乎？'曰：'讽乎，讽则已；不已，吾恐不免于劝也。'"他后悔将大半生的精力投入这劳而无功的辞赋创作中去，所以晚年"辍不复为"。扬雄的这种认识，反映了当时汉赋发展的历史事实，尽管颇遭后人的讥讽和批评，但他在赋创作上的成就是客观存在的，他在汉赋史中的重要地位也不能因此而贬低。

东汉时期骋辞大赋的代表作是班固（32—92）的《两都赋》和张衡（78—139）的《二京赋》。这是京都类的骋辞大赋最初的典范之作，它们的语言已由单笔变成以复笔为主，趋向整饬，体现了东汉文章由单趋复的总趋势。这两篇赋在题材方面虽有创新，在形式结构上却仍多因袭前规。其描写技术虽然更加娴熟，篇幅和规模也仍然在继续扩张，但讽谏功能并未相应强化，相反地却更隐约了。班固在《两都赋序》中说，赋的作用是"或以抒下情而通讽谕，或以宣上德而尽忠孝"，实际上前一功能的发挥相当有限。张衡《二京赋》也致力于讽谏，收效亦甚微，它在赋史上的影响和意义显然不及他的抒情小赋《归田赋》和《思玄赋》。

《归田赋》和《思玄赋》以归隐田园、顺从玄理自慰自解，表面看似乎很冲和平静，实际上是抒发生不逢时的骚怨和对世途恶浊的慨叹。从影响上说，这两篇抒情小赋在内容和形式上与魏晋南北朝时繁盛的抒情小赋更为接近，可以说是后者的先声；从渊源上看，这种题材的汉赋源于楚辞，其词汇句式也往往化用自楚辞。汉初，年轻的贾谊想奋发作为，却处处遭忌，怀才不遇，以致被贬长沙，写下了《吊屈原赋》、《鹏鸟赋》。这两篇赋是典型的骚体赋，可算是楚辞在汉初的余响。在赋中，作者假借悼念屈原和因鹏鸟起兴，抒发自己对“逢时不祥”的感慨，对“贤圣逆曳兮，方正倒植”（《吊屈原赋》）的愤懑，最后归结到祸福无常“吉凶同域”，“命不可说兮，孰知其极！”并企图以道家的达观知命来自我排遣。稍后的严忌的《哀时命》属于同类作品。武帝时代，董仲舒《士不遇赋》和司马迁《悲士不遇赋》等篇仍然沿用骚体的形式，在表达不遇于时的骚怨方面与前人大致相似，而寻求自我解脱的方法途径则各有不同。扬雄《逐贫赋》构思上又有创新。他首先把贫穷这种社会现象人格化，围绕着与“贫”的对话争执，揭露了贫富不均的社会问题，对自己的贫困命运既表示愤懑，同时，又赞扬了安贫乐道的情操，使这篇赋呈现出既情绪化又有哲理性、既轻松诙谐又沉郁凝重的独特风貌。

对问体（包括设论）也是汉代文士抒发骚怨情绪表现人生哲理时常采用的一种形式。楚辞的《卜居》、《渔父》和《对楚王问》等篇已是对问体式。理想与现实之间巨大的反差使得汉代文士常受着思想矛盾折磨的痛苦。如何让自己摆脱这种困境，重新取得心理平衡，是他们在创作中要解决的一个问题。而对问体无疑最便于展开这样矛盾的心境，在主客对答中梳理纷乱的思绪，反驳对方，论证自我，辩明时移世异，故遭际不同，应当旷达为怀，坚定自己的世界观和人生观。怀才不遇是中国古代文士的共同情结，于是这一主题和形式受到了西汉以降历代赋家的青睐。从东方朔《答客难》开始，到扬雄《解嘲》、《解难》，到班固《答宾戏》、崔骃《达旨》、崔寔《答讥》、张衡《应间》、蔡邕《释诲》、陈琳《应讥》，以至到魏晋时代夏侯湛

《抵疑》、曹毗《对儒》、郭璞《客傲》，都是这一系列的赋作的延伸，从中可以看出这一体式的影响和生命力。

除了上述这两种题材内容外，在汉代宫廷侍从文人和公卿大臣“日月献纳”、“时时间作”的诸多赋中，还有相当大一部分是致力于“宣上德而尽忠孝”，风格“雍容揄扬”的作品。赋、诵(颂)二名在汉代往往通用，也从一个侧面反映了这一历史事实。王褒的《圣主得贤臣颂》就属于这一类的赋作。《汉书·王褒传》说：“上令褒与张子侨等并待诏，数从褒等放猎，所幸宫馆，辄为歌诵。第其高下，以差赐帛。”这种应命作赋与主动献赋又有区别，在这样的场合以这种方式产生的赋作，自然要以歌功颂德润色鸿业为基调。从作用上看，这是更彻底的宫廷娱乐文学。

文学史上通常把赋体分作大赋和小赋，这也就是汉赋中最重要的两种体式。大赋题材以铺写京都宫殿畋猎等盛大场景为主，以夸张骋辞见长，篇幅较大，作者还习惯于在篇末系上一个讽谏的尾巴，做到曲终奏雅；而小赋则以抒情咏物为主，篇制较小，风格明丽。相对来讲，前者受战国纵横家说辞的影响较大，而后者受楚辞及荀卿赋的沾溉较深。汉宣帝所说的“辞赋大者与古诗同义，小者辩丽可喜”，大概也就是从这样的角度来区分汉赋的。汉赋名家往往兼擅二体。例如，司马相如既有《子虚赋》、《上林赋》这一类的鸿篇巨制，又有《长门赋》、《哀二世赋》这样的短章。王褒既有《圣主得贤臣颂》之类的颂歌，也有《洞箫赋》为代表的巧妙地刻画音声的体物之作。由此可见，汉赋二体并不矛盾，它常统一在一个赋家身上。魏晋以后，二体交融更加显著，一篇优秀的赋作很可能就融会二体之长于一身。但是，从汉赋的历史发展来看，应该说，骋辞大赋是其主流，它更有资格作为汉赋的代表。

从发展阶段上看，西汉前期的赋有一股踔厉昂扬、闳放不羁之气，以司马相如的赋为代表；而后期的赋风则多了婉转温厚之气，以扬雄的赋为代表。东汉前期的赋继承了扬雄赋温厚的一面，又揉入精丽典雅，班固是这种赋风的主要铸造者和完成者；而到了东汉后期，以张衡为先驱，以蔡邕、赵壹为中介，赋风又发生了新的蜕变。这一转变的最主要特征是楚骚美学影响下的抒情传统明显强化，诗的情采与轻灵流丽的风格成了赋坛的主要追求。这自然与当时的社会文化背景密切相关。

东汉桓、灵以后，社会矛盾日趋尖锐，朝政日非，民生日困，更激发了有正义感的赋家的义愤。这时的赋作中出现了一些大胆抨击邪恶揭露黑暗而且锋芒锐利的篇章。这不仅是对贯串汉赋发展始终的讽谏主题的张扬，也在张衡《归田》、《思玄》二赋的基础上又前进了一步。从这个意义上可以说，蔡邕、赵壹是司马相如、扬雄和张衡事业的继承者。延熹二年秋，“梁冀新诛，而徐璜左悺等五侯擅贵于其处，又起显阳苑于城西。人徒冻饿，不得其命者甚众。白马令李云以直言死，鸿胪陈君以救云抵罪。”可谓世路险恶，豺狼当道。蔡邕因善鼓琴，被征召去为徐璜演奏，行至偃师，病不前，得归。他“心愤此事，遂托所过，述而成赋”（《述行赋序》）。可见述行是假托，抒写现实，怒斥权奸才是其真正的目的。赵壹《刺世嫉邪赋》较《述行赋》辞情更激烈，其主题也可以顾名而知之。其对于黑暗世道毫不留情的嘲弄和对于恶势力的猛烈攻击，在篇终借秦客和鲁生之口唱出的两篇歌诗中得到最淋漓尽致的宣泄：

> 河清不可俟，人命不可延。顺风激靡草，富贵者称贤。文籍虽满腹，不如一囊钱。伊优北堂上，抗脏倚门边。
>
> 势家多所宜，欬唾自成珠。被褐怀金玉，兰蕙化为刍。贤者虽独悟，所困在群愚。且各守尔分，勿复空驰驱。哀哉复哀哉，此是命矣夫！

这一类的作品在东汉后期虽然不多，但它兆示了赋史发展的新趋向，即赋逐渐摆脱了富丽堂皇的结构，劝百讽一的定势，而趋向简短流丽，逐渐摆脱了廊庙殿堂和歌功颂德的内容，而深入内心，走向自我，走向主体情感的抒发。东汉后期的一些赋，譬如上举张衡《归田》、《思玄》二赋、冯衍《显志赋》，尤其是蔡邕的诸篇赋作，在题材选择和语言风格方面已经十分逼近在魏晋以后大盛的那种体物抒情小赋。本来，汉赋就和楚辞有着血缘关系，但在汉赋成长的历程中，由于各种环境因素的作用，楚辞的影响被逐步冲淡。东汉后期以来，赋史开始向楚骚美学传统复归，个人意志、主观情绪受到前所未有的重视，赋的抒情言志传统也得到了恢复、强化。这个进程早在东汉后期就已起步，建安时代则是实现这一转折的关键。

从东汉后期开始，封建中央集权的专制统治机制就在党锢、清议、黄巾起义以及随后的军阀割据的诸重大历史事变中遭到严重的破坏，旧思想的封闭系统趋于土崩瓦解，在学术思想上被长期排斥的黄老刑名之学重新抬头，强调载道讽谕的儒家文学传统受到淡漠乃至遗弃，而庄骚美学思想传统在文学创作中产生了越来越大的影响。总之，整个汉末建安的学术思想界涌动着一股崇尚自由和个性解放的思潮。在哲学史和思想史上，这被称为是一个人的觉醒的时代，而在文学史上，则被称为文学自觉的时代。在这样的时代，文学界发生了一系列影响深远的变化是不足为奇的。文人地位的提高，文学观念的明晰，对于文学价值的确认，东汉后期的政治集团演变为建安时期的文人集团等，都是这个时代的历史事实。当然，没有两汉时代辞赋创作的繁盛和艺术经验的丰富积累，这样一个文学观念认识的跃进和创作批评的自觉是不能预期的，而这种变化反过来又推动促成了建安时代诗赋创作的繁荣局面。

建安赋的创作主体是曹操、“七子”、祢衡、杨修和吴质、曹丕、曹植等这两代人，正是他们促成了建安赋体文学的繁荣。同题共作是建安赋体创作中的一个突出现象。曹操父子通过这种方式实现了对周围文人的收笼团结，也利用这种机会交流切磋赋艺，培养锻炼比较年轻的曹植兄弟的创作才能。在这种场合，赋家在题材选择上自然表现出极大的一致性，但个人的艺术风格并不完全相同。尊重个性和集体努力并不矛盾。相反，赋家经常坦荡地对各自作品展开相互批评，如曹植曾指出陈琳“不闲于辞赋”（曹植《与杨德祖书》），同时，也将自己所作《龟赋》寄给陈琳，坦率地征求他的意见（陈琳《答东阿王书》）。最早的自觉的辞赋批评就是这样产生的。

建安赋家重视彼此交流艺术经验和美学评论，在创作中表现出自觉的艺术追求，也成了这段赋史的新特征。“诗赋欲丽”（《典论·论文》）的宣言被公开挂上了旗帜，益事华靡，踵事增华，成了此后赋坛乃至整个文坛的风尚。陈琳、应玚、王粲、杨修、曹植等人同题共作的一批美人题材的赋，尤以词藻华丽见称。《洛神赋》的英词丽藻与前人的同类作品相比，也堪称后来居上。而赋中灵活多变的诸种语言形式并存，配合赋中情感节奏的起伏转变，相得益彰。从《鹞雀赋》看来，民间口语也被采入向以典雅著称的赋作，表明赋家目光远大，取资甚广，这就丰富了赋体语言的宝库。另外，建安赋家还善于创造意象，如祢衡《鹦鹉赋》中的鹦鹉，王粲《莺赋》中的莺，曹丕《柳赋》中的柳，都是作者情意的载体，是充满主观情感色彩的意象。意象化、情感化，或者说主观化，构成了建安体物抒情小赋的重要特色，同时也指示了魏晋南北朝赋史发展的一个方向。

建安赋作不仅题材丰富，其情感世界也可以说色彩斑斓。从总体的美学倾向上，建安赋由于回归楚骚抒情传统，体现出一往情深的特点。赋家之心异常敏感，在羁旅行役中，体察风雨阴晴，感受时序变迁；在兵尘四布的原野，仰望远征的孤雁，俯视昔日的弱柳；在平居游宴之余，抚弄着奇香异玉、宝刀珍扇；无限的大自然无时不掀起他们心中的波澜，产生了许多短篇抒情赋作。不幸的妇女，夭折的儿童，也激起了他们的同情心，于是出现了《出妇赋》、《寡妇赋》、《叙愁赋》、《伤夭赋》一类的作品。还有一批神女美人类赋作，体现了对生命与美的执著追求。友情、亲情、乡情、爱情等日常生活中的情感，也在赋作中得到抒写，说明了对生命和情感的珍重。离乱时世，在赋中留下了世积乱离的心影。王粲《登楼赋》很成功地写出了背井离乡、流落无依的悲凉和盼望统一、希望得到重用这样一种在当时士人中相当典型的心态，慷慨悲凉兼而有之。

魏明帝太和、青龙年间，在暂时安定的政治局势和魏明帝大兴土木的政策导引之下，一批京都宫殿题材的大赋崛起，虽然昙花一现，却颇为引人注目。而随后的正始时代，受魏晋之际“天下多故”的时局和玄学风尚的影响，阮籍、嵇康等人不但以诗，同时以赋寄寓其深沉的哲理玄思和冷峻的现实批判。这两批赋家虽然与建安时代相去不远，但显然已经走上与他们的父辈不同的思想和创作道路。

两晋赋的发展自成一个单元。西晋初年，年轻一代赋家大多在张华、傅玄等前辈的提携下成长起来，晋武帝和一些权贵的爱尚文艺，也刺激了辞赋创作的成长。赋的题材视野大大扩张，吊古述先是其中的一个热门题材。在语言、结构及其理论批评方面,两晋赋也达到了新的高度。左思抛却十余年的心力,作成《三都赋》,因其篇幅巨大,气势宏伟,学问渊博,又适应了国家统一的短暂盛世的政治需要,因而纸贵洛阳,令人刮目相看。但实际上,尽管这一巨作在当时产生了巨大的轰动效应,并不能挽救骋辞大赋整体在赋史上的颓势。此后,骋辞大赋再不能重现左思及其《三都赋》式的辉煌。左思本人所持的重讽谏崇征实的赋论观点,也是偏于保守的。陆机等人所提出的"赋体物而浏亮"的主张,却对魏晋南北朝的辞赋创作有更积极的指导作用。如果西晋长治久安,我们本来可以期望看到更多的赋家和更好的赋作。可是,西晋末年的大动乱以及与之伴随的残酷杀戮,使许多赋家倒在血泊里,两晋之际的辞赋创作因此出现了断层和萧条。忧生念乱、愤世嫉俗和遗世嘉遁,是这一时期赋作的主要内容。它们直面两晋之际社会的腐败、黑暗、堕落以及颓废等多种惨淡现实,是有一定的深度和厚度的。随后的晋室南渡,改变了赋史的地理背景。在南方秀丽的山水的滋养下,最早的一批山水赋兴起了。江南的山水是这些赋的主要题材。

南朝赋的发展,呈现出唯美化、贵族化和诗化三大动向。所谓唯美化,是指南朝赋家追求对偶精工、字句雕炼、音韵和谐,在语言形式方面日益整齐精巧,逐步实现了从古赋向骈赋的演变。在这一过程中,谢庄、沈约、梁简文帝、梁元帝、江淹、庾信等人都作出了突出的贡献,骈赋在他们手中成熟起来了。与此同时,南朝赋一方面受到当时吴歌西曲和城市商业文化的影响,另一方面更受到宫廷贵族和士族贵族的影响。贵族是当时辞赋创作的主要力量,应命应制成为当时辞赋创作的一种重要形式。同时,在题材上趋向纤细柔弱,在表现上力求精巧,在审美上追逐尖新,也无不反映了贵族化的审美趣味。此外,南朝赋在外在形式与内在精神上都表现出显著的诗化倾向。前此,一些辞赋的篇末本来就有乱辞,赋中系诗附歌也偶尔可见,在南朝赋中,这些诗体成分则大量出现。更重要的是,南朝赋中的句子还越来越向诗体靠拢,句式越来越整齐,五言或七言的句子占了绝大比重,赋句也往往极富诗的情韵,这就造成了一种诗体的赋,或者说是赋体的诗。唐代的律赋就是赋体沿着骈化和诗化的方向继续滑行、又掺入格律的终极结果。但过分的律化同时也意味着更多的拘限，唐代律赋在科举制度的功利刺激下也曾出现了假象的繁荣，但在体物写志方面，已不及其前驱。宋代的赋作尽力要摆脱这一套“锁链”，追求解放和自由，使赋在形貌和精神上都越来越接近散文，而远离它的本体。历史如此反复曲折，大概是唐宋赋家也始料不及的。

南朝人对于辞赋文学作品的编纂和整理，也取得了令人瞩目的成绩。虽然这些著作今多遗佚，但从《文选》一书中，可以窥见一斑。《文选序》以及《文选》的赋作分类，无论从赋史研究还是从理论批评的角度来说，都是富有启示的。刘勰《文心雕龙》则无疑是汉魏六朝赋史和赋论的集大成著作。其中《诠赋》、《杂文》两篇最为重要。对于赋的渊源和名义、历代赋的名家名作的别裁品评以及赋体创作艺术的诸方面，刘勰赋论都有精到的讨论。这是南朝赋繁荣在另一个方面的表现。

相对于东晋南朝，北朝赋的发展无疑是滞后的。北朝之前的十六国，处于干戈扰乱之中，赋的创作相当有限。北魏后期的赋，无论其数量与质量，相对于北魏前期，都有相当大的进步，这当与北魏孝文帝的汉化改革有直接联系，当然也是文化发展的自然结果。西魏北周的赋不及东魏北齐，这是由于其辖境内的文化基础较差，缺乏较深厚的文化传统，又施行了不利于文学发展的文化政策。从总体上看，北朝赋基本上没有什么杰作，直到后期，通过学习南朝的文学与辞赋，才有了比较可观的作品。由于政治的原因而流落北朝的一些南朝文人，特别是庾信、颜之推、王褒等人，不仅承担了南北文化交流的使者的角色，更推动了北朝的辞赋创作。他们以萧瑟的晚节，谱写出了为数不多而堪称“赋史”的作品，如庾信的《哀江南赋》和颜之推的《观我生赋》，既描绘了那个时代的广阔画卷，也掘进了赋家灵魂的幽深之处，其旋律之悲怆足以震撼千载以下。这些赋展现了在南朝赋中培养起来的那些娴熟技巧的艺术魅力，是南朝赋的自赎，也使六朝赋史有了一个老成的收场。

第六章 乐府歌辞和五七言诗的成立

乐府的意义　采诗的历史　汉初宗教诗　盛世的悲怨之歌　乐府歌辞中的叙事艺术　汉语叙事诗缺乏后劲的原因　五言诗的萌芽、兴起及动力　七言诗的三种来源　七言诗的早期试验　五七言诗体成熟速度何以不同

乐府原指音乐机关，汉武帝时扩充为大规模的专署，后来用以指由这个官署所搜集、保存、流传并且能够入乐的诗歌。习惯上，我们也称这种诗歌为乐府诗，或者简称乐府。再后来，就连并不入乐而只是在体裁上模仿这种歌辞的作品也称为乐府或乐府诗了。汉代乐府歌辞植根于下层文化土壤，语言朴素，风格直爽，是民间通俗文学；而汉赋则是官僚文士的制作，语言典雅，修辞精致，基本上属于贵族文学。二者的审美趣味相差甚大，其文学史价值也各自不同。汉代乐府歌辞的价值，在于它保留了当时人民许多珍贵的口头创作，并且由此产生了五言诗。

武帝时代，汉帝国政治稳定，经济繁荣，这位雄才大略的君主在此基础上完成了许多事业，如伐匈奴，通西域，尊儒术，立制度等。扩充乐府以采集音乐和歌辞就是其文化建设工作的一部分。班固《两都赋序》说："大汉初定，日不暇给。至武、宣之世，乃崇礼官，考文章，内设金马石渠之署，外兴乐府协律之事。"这说明到那个时候，才有了"制礼作乐"的需要和条件。《汉书·礼乐志》也说："至武帝定郊祀之礼，乃立乐府，采诗夜诵，有

赵、代、秦、楚之讴，以李延年为协律都尉。”可见乐府的任务最主要的是采诗，也就是对民间音乐及其歌辞的采集和整理。其实周代早已有这种做法，采集来的歌诗除了作为宫廷贵族的风雅娱乐品外，也能从中了解政治得失、民心向背，所谓“观风俗以知盛衰”。汉朝立乐府，就是对周代重视民间歌谣的传统的继承和发扬。这使当时的民歌由民间进入庙堂，进入文人的视野，使这份文化遗产有了广泛流传和长远保存的可能，从而普遍成为作家们学习和加工的对象，因此是有其积极意义的。

这一制度在汉魏六朝大体上延续不废。而这个时代在历史上又是汉族和西北异族密切往来并迅速交融的时代。民间乐曲的上升和外族乐曲的传入，直接丰富了音乐本身，也间接丰富了歌辞的创作，渐渐地，它们更被重视和爱好起来，乃至于连正史中都把这些歌辞收进去了。如《宋书·乐志》中就第一次收入了许多乐府歌辞，并且明确指出：“凡乐章古辞，今之存者，并汉世街陌讴谣。”适应这种爱好，当时产生了一些专门的歌曲集，一般的文学选集中也选录了一部分这样的歌辞。至于艺人或一般人民口耳相传的就更多了。

在汉武帝之前，民间歌谣未被采集，多有散佚，传世的有汉高祖唐山夫人《安世房中歌》等。这种贵族祭祖祀神的宗教诗，汉武帝时也曾要司马相如等人作了许多篇，总题为《郊祀歌》，没有多少文学上的价值。比较值得注意的是《铙歌》十八曲。它是汉初从塞外传入的《北狄乐》，原来大约没有歌词，后来在汉武帝和宣帝时代随时依调配曲，就吸收了一部分民歌进去。这就使得汉初贵族乐府的三大乐章中，《铙歌》和《安世房中歌》、《郊祀歌》有所区别。《铙歌》因为声辞杂写，流传已久，无法区分，有些已难以理解，但也有一些明白晓畅，不失为优秀作品。如《有所思》：

有所思，乃在大海南。何用问遗君，双珠玳瑁簪，用玉绍缭之。闻君有他心，拉杂摧烧之。摧烧之，当风扬其灰。从今以往，勿复相思！相思与君绝！鸡鸣狗吠，兄嫂当知之。妃呼豨！秋风肃肃晨风飔，东方须臾高知之。

这是一个女子对自己爱人的责怪，表面上显得决绝，骨子里却十分缠绵。它和《上邪》一篇可以对读：

> 上邪！我欲与君相知，长命无绝衰。山无陵，江水为竭，冬雷震震夏雨雪，天地合，乃敢与君绝。

这样朴实有力的语言，真诚不二的情感，体现了民间情歌的本色。

武、宣时代的繁荣，虽然被封建正统史家称为“盛世”，但人民的痛苦并没有因此消失。因此，即使是产生于西汉“盛世”的《铙歌》，也还有像《战城南》那样愤怒控诉统治者穷兵黩武、造成人民生不能治业死不能入土的惨剧的篇章：

> 战城南，死郭北，野死不葬乌可食。为我谓乌：“且为客豪。野死谅不葬，腐肉安能去子逃？”水深激激，蒲苇冥冥，枭骑战斗死，驽马徘徊鸣。〔梁〕筑室，何以南〔梁〕，何以北，禾黍不获君何食？愿为忠臣安可得？思子良臣，良臣诚可思，朝行出攻，暮不夜归。

这里的“〔梁〕”是乐府歌曲中表示泛声的字，后来阑入歌辞本文。汉代乐府的曲调全部失传了，只有在这些地方还能看出它当年与音乐的密切关系。

《铙歌》是西汉乐章，因此可以肯定其中所采用的民歌是西汉的作品。除此以外，其他一些汉乐府民歌的时代，就比较难以确定了。一般地说，用杂言句子写成的歌辞，其时代往往比用整齐的五言句子写的要早一些，因为由参差走向整齐，乃是整个诗史发展的规律。同时，反映社会矛盾越尖锐的歌辞，产生得越晚，因为诗歌的发展也不会违背汉代的社会历史现实。这些歌辞反映了不少社会问题，其中有一些是在中国文学史中第一次被提出的。例如，《妇病行》写出了劳动人民深刻的母子之爱和下层社会中丰厚的同情心，尽管他们被生活折磨着，可是他们善良正直的性格并没有被生活的艰难所抹杀，相反却得到培育加强。而在《孤儿行》中，我们却看到了一个商人(可能还同时是小地主)家庭中的孤儿,只因为父母死了,就受着兄嫂非人的虐待。这是较早的一篇反映这种社会问题的作品。在另一首歌辞中则透露了人民深重的苦难和在忍无可忍下发出的反抗之音:

> 出东门,不顾归;来入门,怅欲悲,盎中无斗米储,还视架上无悬衣。拔剑东门去,舍中儿母牵衣啼:"他家但愿富贵,贱妾与君共铺糜。上用仓浪天故,下当用此黄口儿。今非。""咄!行!吾去为迟,白发时下难久居。"
>
> ——《东门行》

这些乐府歌辞有强烈的现实性,而且叙事性较强,篇幅也逐渐加长,句式大体上还属于杂言。但后来出现的那些篇幅较长、多半采用整齐的五言句式、而且首尾完具的叙事诗,却是在此基础上发展起来的,其间明显映现了文学进化的足迹。例如辛延年所作的《羽林郎》:

> 昔有霍家奴,姓冯名子都,依倚将军势,调笑酒家胡。胡姬年十五,春日独当垆。长裾连理带,广袖合欢襦。头上蓝田玉,耳后大秦珠。两鬟何窈窕,一世良所无。一鬟五百万,两鬟千万余。不意金吾子,娉婷过我庐。银鞍何煜爚,翠盖空踟蹰。就我求清酒,丝绳提玉壶。就我求珍肴,金盘脍鲤鱼。贻我青铜镜,结我红罗裾。不惜红罗裂,何论轻贱躯!男儿爱后妇,女子重前夫。人生有新故,贵贱不相逾。多谢金吾子,私爱徒区区。

关于这首诗作者的生平事迹,我们一无所知。他的作品也只有这一首流传下来。但我们知道,西汉时代有一个有名的倡优叫李延年,如果根据那时羡慕某个古人就取和某人同一名字的习惯来推测,辛延年可能也是一个倡优。这篇乐府借古讽今,表面上写的是西汉权臣霍光的家奴冯子都飞扬跋扈,事实上却可能是指东汉的外戚窦景的家奴。据史籍记载,窦景为执金吾,“奴客缇骑依倚形势,侵陵小人,强夺财货,篡取罪人,妻略妇女。商贾闭塞,如避寇雠”(《后汉书·窦宪传》),与篇中所叙正相符合。贵族官僚仗势欺凌百姓与这个酒家女子智慧地拒绝和坚定地反抗在这首诗中都有极生动的描写。在另外一首《陌上桑》中,那个贤贞美丽的采桑女子也机智地抗拒了无耻的使君的调戏,可见这种事实在当时是很多的。这两篇作品的题材属于同一类型,在渲染女子外貌的美丽,突出其头脑的机灵方面,二者机杼相近,其中的铺叙描写也同样显示了受赋体文学的影响。而在运用对话、情景衬托和逐层铺叙方面,《陌上桑》的叙事技艺显然又比《羽林郎》更为娴熟了。

汉乐府叙事诗中最杰出的作品,同时代表着汉乐府民歌最高成就的是长篇叙事诗《焦仲卿妻》。这首长诗产生于建安时代,在民间流传了几百年,直到陈朝,才由诗人徐陵收入他编的诗集《玉台新咏》。诗前有后人作的一篇短序,简要叙述了诗的本事:“汉末建安中,庐江府小吏焦仲卿妻刘氏,为仲卿母所遣,自誓不嫁。其家逼之,乃投水而死。仲卿闻之,亦自缢于庭树。时人伤之,为诗云尔。”在这篇长达一千七百多字的叙事诗中,诗人出色地展开了这幕爱情悲剧的全部经过。焦母责备媳妇不遵守封建礼教,把这对异常恩爱的夫妻生生地拆开了,刘兰芝被赶回娘家。可是他们仍把希望寄托在未来的日子里。但这种希望却不幸落空了。刘兰芝回到家里,首先遇到的是自己母亲的嘲笑,好容易向母亲解释清楚了,接着又有人来作媒。太守仗着权势强行替他儿子下聘,而趋炎附势的哥哥却又逼着妹妹答应。这时矛盾发展到了极点:

> 府吏闻此变,因求假暂归。未至二三里,摧藏马悲哀。新妇识马声,蹑履相逢迎,怅然遥相望,知是故人来。举手拍马鞍,嗟叹使心伤。“自君别我后,人事不可量,果不如先愿,又非君所详。我有亲父母,逼迫兼弟兄,以我应他人,君还何所望!”府吏谓新妇:“贺卿得高迁!磐石方且厚,可以卒千年。蒲苇一时纫,便作旦夕间。卿当日胜贵,吾独向黄泉。”新妇谓府吏:“何意出此言!同是被逼迫,君尔妾亦然。黄泉下相见,勿违今日言。”

就在太守家迎亲的那天，刘兰芝"揽裙脱丝履，举身赴清池"，焦仲卿"徘徊庭树下，自挂东南枝"。他们牺牲了宝贵的生命，只为向世人昭示自己爱情的纯洁和完整，宣布封建礼教的残酷与卑污。这个悲剧是如此震撼人心，以至于此后不久就产生了这一对爱人化为鸳鸯的神话。作为为爱情的幸福而以死抗争的先驱者，作为忠于爱情、不屈服于恶势力的榜样，他们给了后人以无穷的鞭策和激励。在广大人民的心目中，他们并没有死，而是化作鸳鸯在梧桐树上歌唱：

两家求合葬，合葬华山旁。东西植松柏，左右种梧桐。枝枝相覆盖，叶叶相交通。中有双飞鸟，自名为鸳鸯。仰头相向鸣，夜夜达五更。行人驻足听，寡妇起彷徨。多谢后世人，戒之慎勿忘。

这首诗成功地刻画了几个个性鲜明的人物形象，如忠贞勇敢又不贪恋富贵的刘兰芝，忠于爱情而秉性纯良的焦仲卿，专横的焦母，势利的刘兄等。故事情节富于戏剧性，高潮迭起，在矛盾冲突的推进中展现了人物的个性，并有效地避免了平铺直叙，提高了诗的艺术品位。通俗而且富有个性的语言对于突出人物形象、描摹情态、强化叙事效果也起到了显著的作用。汉乐府歌辞中的叙事艺术达到这样的成熟水平足以表明：我国叙事诗的艺术起点是相当高的。遗憾的是，继起的中国诗史在叙事描写诗领域却缺乏与这样的起点相称的后劲。这大概有这样几方面原因：一是传统诗学特别强调抒情写志，在汉代，诗歌叙事描写的功能大部分被赋体文学所承担；二是随着诗体力量的不断壮大，长于叙事描写的赋体文学的影响又逐渐弱化；三是记事传人的史传文学还特别发达，在一定程度上弥补了叙事诗留下的空白。

汉代乐府民歌以强烈的现实主义精神和鲜明的艺术特色，为祖国文学做出了自己的贡献。同时，从汉代民间歌谣发展出来的五言诗，又是通过乐府歌辞的孕育和培养才达到成熟的阶段的，而正是这种五言诗，被魏晋南北朝人认为"是众作之有滋味者"，因此取代了"文繁而意少"的四言诗，成为"居文词之要"（钟嵘《诗品序》）的中古诗歌的最主要的样式。这不仅是诗体的代兴，更是艺术表现形式和表现手段的进化，同时也推动了题材领域的拓展。

四言是风行周代的诗体，但《诗三百篇》中也偶有五言的句子出现，不过至多只发展到全章五言句，还没有全篇是五言句的。如《小雅·北山》就是《诗三百篇》中连续用五言句子最多的例子：

> 或燕燕居息，或尽瘁事国。或息偃在床，或不已于行。或不知叫号，或惨惨劬劳。或栖迟偃仰，或王事鞅掌。或湛乐饮酒，或惨惨畏咎。或出入风议，或靡事不为。

这十二句虽然都是五言，但它们的结构很单调，都是上一下四的句法，就像是在四言句前面添加了一个字，修辞方法也一成不变。《诗三百篇》中另外一些连续用五言句较多的例子，如《郑风·女曰鸡鸣》、《大雅·绵》都有这种情况。而它们的全篇都是四言和五言夹杂的。总之，这一时期诗歌中的五言句式还处在相当幼稚的阶段。

到了西汉初期，虽然还没有出现全篇五言的诗歌，但从惠帝时代的《戚夫人歌》和武帝时代的《李延年歌》中，已能看出一些进步的痕迹。这两首歌都见载于《汉书·外戚传》中，前者作于戚夫人遭吕后迫害而被囚受刑之时，歌曰：

> 子为王，母为虏。终日舂薄暮，常与死为伍。相离三千里，当谁使告汝。

后者作于李延年侍奉武帝时，他起舞而歌曰：

> 北方有佳人，绝世而独立，一顾倾人城，再顾倾人国。宁不知倾城与倾国，佳人难再得。

这两首歌中都只有一二句非五言，而这一二句也未尝不可以看作是配合歌吟节拍而作的变通。此后不久，就有《铙歌》中的《上陵》一篇：

上陵何美美，下津风以寒。问客从何来，言从水中央。桂树为君船，青丝为君笮，木兰为君棹，黄金错其间。沧海之雀赤翅膀，白雁随山林。乍开乍合，曾不知日月明。醴泉之水，光泽何蔚蔚。芝为车，龙为马，览遨游，四海外。甘露初二年，芝生铜池中。仙人下来饮，延寿千万岁。

此歌作于宣帝时，有《汉书》可证。这三首歌向我们描绘出了五言诗在汉初演进的几条辙迹：第一，它们的句法已经包含着许多变化；第二，在全篇中，五言句式所占的比重显著增大，而非五言句相对减少了；第三，这三篇歌辞中，《戚夫人歌》应当是徒歌，而《李延年歌》和《上陵》则显然是乐歌。它们都是当时民间流行的样式。民间徒歌走向整齐的五言，继而被采入乐府，因而推动了乐府歌辞的规律化，又反过来影响了徒歌，并进一步促进了五言诗的成立。在民间影响与文人加工的相互作用下，就出现了完全以五言句组成的诗歌样式。以下两首都是公元前一世纪末（汉成帝刘骜时）的民间徒歌：

邪径败良田，谗口乱善人。桂树华不实，黄雀巢其颠，昔为人所羡，今为人所怜。

——《黄雀谣》

安所求子死，桓东少年场。生时谅不谨，枯骨后何葬。

——《尹赏歌》

而乐府歌辞中也出现了《江南》这样可以推测为西汉时代的作品：

江南可采莲，莲叶何田田。鱼戏莲叶间，鱼戏莲叶东，鱼戏莲叶西，鱼戏莲叶南，鱼戏莲叶北。

民间徒歌被采入乐府，就其本身来说，乃是一个提高的过程。而乐府歌辞比起徒歌来，显然它的影响是更为广泛的，它更容易吸引文人，使他们注意学习这种新兴的样式。因此，从东汉起，就不仅出现了大量的产生于民间的五言乐府歌辞，而且出现了一些文士写的五言乐府歌辞和不入乐的五言古诗。这样，五言诗就正式成立了。东汉文士作五言诗，最早的有班固。班固的那首《咏史》更能明白地看出其所受乐府歌辞的影响：

> 三王德弥薄，惟后用肉刑。太仓令有罪，就逮长安城。自恨身无子，困急独茕茕。小女痛父言，死者不可生。上书诣阙下，思古歌鸡鸣。忧心摧折裂，晨风扬激声。圣汉孝文帝，恻然感至情。百男何愦愦，不如一缇萦。

这首诗只是把汉缇萦救父的史事原原本本地叙述了一遍，篇末附以作者的议论而已，虽然是文士的作品，但艺术上比较粗糙，远不及当时的民歌形象生动。这说明文士对这一新生事物尚未充分适应，掌握还不熟练。其后，张衡《同声歌》、秦嘉《赠妇诗》和赵壹《刺世疾邪赋》中所系歌诗等，在抒情表意方面已能看出明显的进步，应用范围也大为扩展。到了汉末建安时代，“五言腾踊”(《文心雕龙·明诗》)，中国诗史随之跨入了一个新的阶段。

七言诗的发展过程与五言诗有所不同。《诗三百篇》中也偶然有七言的句子，不过比起五言句来，数量少得多。在春秋末期产生的史籍《逸周书》中却已经出现七言韵文了。《逸周书》中的《周祝》篇通篇用韵，从内容上看，是含有教训意味的民间作品；从形式上看，则是每章或者以三言和七言句子混合而成，如“天为盖，地为轸，善用道者终无尽。地为轸，天为盖，善用道者终无害”；或者全由七言句子组成，如“凡彼济者必不怠，观彼圣人必趣时。石有玉而伤其山，万民之患故在言”。在《荀子·成相》中，则又出现了一种大同小异的样式“请成相，世之殃。愚暗愚暗堕贤良。人主无贤，如瞽无相何伥伥”。另一方面，楚辞中也有一些七言句子，如《涉江》中的“世溷浊而莫余知兮，吾方高驰而不顾”，“余将董道而不豫兮，固将重昏而终身”等。《国殇》全篇都是七言，但那应该看作是两个三言句靠“兮”字联结在一起，以增加声情唱叹之美。这两种形式虽然都不纯粹，但从后代的许多七言诗中仍能找到句法渊源于楚辞的某种印记。由此可见，七言诗句的萌芽也是相当早的，来源则是多方面的。而从下面这些材料看来，完整的七言歌谣和其他七言韵文较完整的五言歌谣甚至流行得更早。

《汉书·东方朔传》称朔著有“八言七言上下”，晋灼注云：“八言七言诗各上下篇。”可惜这些七言诗已经亡佚了，只在《文选》李善注中还存有一句佚诗，使人难以了解其全貌。但《东方朔传》又记载了他另外一件佚事：

> 上（武帝）尝使诸数家射覆，置守宫盂下，射之皆不能中。朔自赞曰：“臣尝受《易》，请射之。”乃别蓍布卦而对曰：“臣以为龙又无角，谓之为蛇又有足，跂跂脉脉善缘壁，是非守宫即蜥蜴。”上曰：“善。”赐帛十匹。

东方朔能冲口而出地说出这样的七言韵文，表明这是为他所熟悉的、当时流行的样式。再如司马相如作《凡将篇》，并没有继承先秦时代《史籀》、《仓颉》等用四言韵文作字书的传统，而改用了七言，也无非是因为这种样式更适合当时的社会习惯。由此也可以推想当时七言歌谣已经流行得很广了。

西汉时代七言的作者，除了东方朔外，还有西汉末年的刘向。李善《文选注》中共保存了他残存的七言六句如下（其中第二句原作刘歆七言，歆疑是向之误）：

> 朅来归耕永自疏。结构野草起室庐。宴处从容观诗书。博学多识与凡殊。时将昏暮白日午。山鸟群鸣动我怀。

前面五句同韵，应当出于一篇，后面一句则是出于另外一篇，因为初期的七言歌谣一般是每句押韵的。这些句子的抒情意味很浓，无疑是诗的语言，因此我们可以说文士制作的七言古诗在西汉就已经成立了，其年代比五言古诗还要早些。

东汉以来文士作七言诗的逐渐增多，但仍沿用“七言”这个旧名称。例如《后汉书·张衡传》就记载他著有“诗、赋、铭、七言……凡三十二篇”。这时七言虽然还没有被归入诗的范畴，但已经单独列为一类了。张衡《思玄赋》中系辞就是这样的一首七言，句句押韵。而他那首杰出的创作《四愁诗》也是用七言写成的：

我所思兮在太山，欲往从之梁父艰。侧身东望涕沾翰。美人赠我金错刀，何以报之英琼瑶。路远莫致倚逍遥，何为怀忧心烦劳？

我所思兮在桂林，欲往从之湘水深。侧身南望涕沾襟。美人赠我金琅玕，何以报之双玉盘。路远莫致倚惆怅，何为怀忧心烦怏？

我所思兮在汉阳，欲往从之陇阪长。侧身西望涕沾裳。美人赠我貂襜褕，何以报之明月珠。路远莫致倚踟蹰，何为怀忧心烦纡？

我所思兮在雁门，欲往从之雪纷纷。侧身北望涕沾巾。美人赠我锦绣段，何以报之青玉案。路远莫致倚增叹，何为怀忧心烦惋？

如果说《思玄赋》系辞的句法来源于西汉时代的七言，那么，《四愁诗》的七言句式则明显地是从楚辞脱胎而来的。

七言诗产生虽早，在后来发展中节奏却较五言诗慢一拍。在魏晋南北朝，成熟的五言诗已经扮演了诗坛的主角；而七言诗一直到唐代才大大发展起来。五言简短，变化少，容易磨炼精纯；七言则较为复杂。五言句式的历史积累比较深厚；而七言句式艺术基础较弱，试验较少。这些固然都可以从某一方面解释七言诗体成熟较慢的原因，但问题的关键还在于它们与乐府的关系。五言歌谣的入乐，早在西汉末年，差不多在它以完整的五言出现的时候，就同时被采进了乐府。而文士制作七言乐府却始于东汉末年，最早的是魏文帝曹丕的《燕歌行》。至于七言民间歌谣被采入乐府，则直到晋代才有，最早的是《陇上歌》。这就是说：完整的七言歌谣产生的时间比五言歌谣要早一个世纪，而入乐的时间却大约比它晚两个世纪。民间徒歌入乐，是经过选择和加工的，这就使它本身能迅速提高，由于音乐的配合，又能更广泛地流布，这样也就增加了它与文士们接触的机会，促使他们注意、爱好和学习。文士制作的乐府和由乐府孕育、培养出来的五七言古诗，就是这样产生的。七言诗虽然在西汉末年就有了，但却必须经过一个在魏晋南北朝时代入乐的阶段，才能在唐代发达起来。至于何以五言歌谣入乐比七言歌谣早，我们不大清楚，也许是当时的音乐更适宜于采用五言的歌辞吧。

第七章　史传文学的展开与繁荣

标志着史传文学高峰的《史记》　司马迁的人格与《史记》的风格　对史料的掌握和理解　组织形式和表现手段　深入史实把握个性　语言的运用　纪传体的影响及局限　传记文学的展开与杂传的出现　杂传的类别、内容及文化背景　举例分析

先秦时代的散文，依据其内容，大体上可以分作历史的（叙述的）及哲理的（说明的、论辩的）两类，依据其著作形式，则为史籍和子书两种。从时间上看，后者出现较晚，发展较为充分，代表了散文发展的较高阶段。但这并不意味着历史散文只是次要的部分，将永远停留在低级层次上。事实上，哲理散文的发展又反过来刺激了历史散文的前进步伐，从而使得紧接着先秦时代的汉魏六朝，成为史传文学展开与繁荣的时代。

标志着这一史传文学繁荣时代的到来，同时也标志着这一时代史传文学的最高峰，并且成为中国史传文学的最高典范的，是公元前1世纪伟大的史学家和散文圣手司马迁写的《史记》。就史学方面说，《史记》是纪传体史书的开创之作。作者自己在《报任安书》中说："仆窃不逊，近自托于无能之辞，网罗天下放失旧闻，略考其行事，综其终始，稽其成败兴坏之纪，上自轩辕，下至于兹，为十表，本纪十二，书八章，世家三十，列传七十，凡百三十篇，亦欲以究天人之际，通古今之变，成一家之言。"正是因为有这样在当时相当难得的宏大抱负和通达深邃的历史见识，他才能以超人

的精力和惊人的毅力，继承《吕氏春秋》的传统，独立完成了这部五十二万字的鸿篇巨著。其组织之严密、体系之博大与义例之完善，均超迈前贤，而具有里程碑式的意义。《史记》诞生以后，它的体系结构被封建社会史家们公认为最完善的史籍形式之一，而在历代正史中加以沿用，从而成为中国古代最具代表性的史籍形式之一。就文学方面说，司马迁继承并发扬了先秦散文的优秀传统。他不仅广泛地吸收了先秦散文中那种由丰富多彩的思想所形成的多种多样的风格，进一步熔铸成自己的独特风格，而且还更丰富地掌握了材料，创造性地使用了许多崭新的组织形式和表现手段，深刻地发掘了人物的个性，极大地增强了语言的表现力，为中国传记文学开辟了一条大道。

这部巨著的产生离不开它所依存的时代，正如一棵大树离不开它所生长的土壤。而在《史记》的风格和司马迁的人格之间，就更像是血肉相连了。

司马迁(前 145，一说前 135—?)生活在汉帝国的全盛时代。那时，汉朝经济已经恢复，汉武帝着手伐匈奴，通西域。然而在这个表面的繁荣之下，也蕴藏着日趋严重的经济危机和日趋尖锐的社会矛盾。司马迁的父亲司马谈原是汉朝的太史令，乃是“文、史、星、历，近乎卜祝之间，固主上所戏弄，倡优畜之，流俗之所轻也”(《报任安书》)。司马迁虽然继承父业，“亦尝厕下大夫之列，陪奉外廷末议”，但基本上还是一个宫廷文人。因此，当他为了替李陵辩护，触犯了武帝的时候，就不免遭受最难堪的刑罚——腐刑。幼年的司马迁曾参加过农业劳动，二十岁开始到各地游历，足迹遍布黄河、长江、淮水诸流域，这丰富了他的人生阅历，也使得他的思想感情容易接近人民，能在一定程度上揭露统治阶级的丑恶，表彰许多值得肯定的历史人物。家学传统和太史令的官位，又给了他博览群书的机会。他所受的腐刑的羞辱，更刺激着他著书的决心。他深信只有伟大的著作可以洗雪这种羞辱，使自己不朽。综合这样一些主客观条件，加上司马迁本人持久不懈的努力，他终于在中国的文学史和史学史的千里沃野上树立起了一块丰碑。东汉正统史学家班固在《汉书・司马迁传》中批评司马迁“是非颇缪于圣人，论大道则先黄、老而后六经，序游侠则退处士而进奸雄，述货殖则崇势利而羞贱贫，此其所蔽也”。但又不能不承认“自刘向、扬雄博极群书，皆称迁有良史之材，服其善序事理，辨而不华，质而不俚，其文直，其事核，不虚美，不隐恶，故谓之实录”。由此可见，《史记》由于思想自由活泼，不受规范，叙事也不守故常，在许多地方不符合当时统治阶级的要求，因此遭到了正统学者的反对。而司马迁杰出的叙事才华和实录的修史作风，即使他的反对者也无不为之俯首低眉。

《史记》首先是一部伟大的史籍，其次才是一部优秀的传记集。从传记文学的角度看，书中以人为核心的世家、列传以及本纪中的一小部分（如《项羽本纪》、《高祖本纪》），都具备了传记文学的基本条件，而且其中有很多篇，可以说是出奇精彩的好传记。

首先，司马迁写《史记》时，是尽可能详细地占有材料的。他因为职务的关系，能够阅读当时国家的藏书，这一方面固然重要，而更重要的则是另一方面，即长期的游历生活，使他有机会实地调查和采访，增加感性认识，更深入地体会他所要描写的人物的思想行为。例如《魏公子列传》中叙述这个贤公子对当时的隐士“大梁夷门监者”侯嬴折节下交，后来得到侯嬴的助力，用奇计解了赵国邯郸之围的一段事。传中塑造信陵君和侯嬴的形象都很成功，篇末又说：

> 吾过大梁之墟，求问其所谓夷门。夷门者，城之东门也。天下诸公子亦有喜士者矣，然信陵君之接岩穴隐者，不耻下交，有以也。名冠诸侯，不虚耳。

这次旅行使司马迁获得了若干新的材料，同时也加深了他对原有材料的理解。材料丰富，印象深刻，所以文字充满了血肉，这也保证了本篇传记的成功。在遭遇了腐刑之后，发愤著书的司马迁对坎坷人生有了更充分的认识，对历史上那些正直人士的厄运，对人间悲剧也有了更切身的体悟，因而能在笔端蘸满真切的同情和深刻的理解，在叙事中融入自己的心理体验，在字里行间闪现出自己的感情世界。这就使这一部历史巨著不仅文笔优美，生动活泼，可读性强，而且具有浓烈的抒情色彩。后人赞扬

《史记》是“史家之绝唱，无韵之离骚”，也就是从这个角度出发的。

其次，司马迁对于传记文学的组织形式和表现手段也有很多方面创造性的贡献。将《春秋》、《左传》以来依年系事和因事成篇的结构，改进为以人物为中心的世家、列传，这是其贡献的第一点。文学，尤其是传记文学，主要是写人的，只有以人物为中心，才能使史传更富有文学意味，传记文学的产生才有可能。司马迁不一定是这一方式的创造者，但却是最成功地使用、推广这一方式并使之完善提高的巨匠。《史记》不仅使用这种以人物为中心的叙述方式，又进一步将它区分为专传、合传、类传这三种类型，这是司马迁的第二点贡献。专传是最基本的形式，每篇只叙一人。合传每篇叙述两人或两人以上，其中有的是因为事迹关联，不易分割，如《廉颇蔺相如列传》；有的虽然时代悬隔，但精神相通，如《屈原贾谊列传》；这样合在一处，结构完整，线索清楚，读者也更容易理解。类传是许多人，凡是思想、行为、学术等相类的，按照先后排在一起叙述，如《循吏》、《酷吏》、《游侠》、《货殖》等传，从中可以看出一个时代的特殊风气。另外，司马迁还创造了“互见法”，这是他对传记文学的第三点贡献。《史记》记述从黄帝到汉武帝之时的中国历史，上下约三千年，史事纷繁，为了避免重复，必须将彼此有牵连的事情重点写在一个人的传里，而在别的传里，只要简单地提一下，因此必然要采用“互见法”。不仅如此，这个办法有时还用以表达作者对人物的褒贬，在当时的环境里，也就曲折地透露了作者对现实的讥刺和反抗。例如，《高祖本纪》一开头就说刘邦“仁而爱人”，这是正面的叙述。而《张丞相传》中载周昌对汉高祖说：“陛下即桀纣之主也。”在《佞幸列传》中，作者更直截了当地说：“高祖至暴抗也。”在其他地方，也有许多刻画刘邦为人卑劣无赖的文字。刘邦完整的真面目便在这样巧妙的笔墨安排中被揭露出来了，读来有一种冷隽的快感。这种方法可以说是对《春秋》笔法的继承和发扬，在后代的历史著作和传记文学中，产生了很大的影响。

第三，对于史实的深入研究，对于历史人物个性的深刻、完整的把握，是司马迁创作最难以企及的地方。像《项羽本纪》中的鸿门宴那一场，那样娴熟地掌握叙事的节奏，那样从容地展开矛盾冲突，那样波澜起伏，绘声绘色，简直就是在上演一场精彩的历史剧。这样光辉灿烂的篇章足以使两千年以后的读者都为之惊心动魄。这里，我们只举另外一篇中一段较短的文字为例：

> 既罢，(赵王)归国，以相如功大，拜为上卿，位在廉颇之右。廉颇曰："我为赵将，有攻城野战之大功，而蔺相如徒以口舌为劳，而位居我上！且相如素贱人，吾羞，不忍为之下。"宣言曰："我见相如，必辱之。"相如闻，不肯与会。相如每朝时，常称病，不欲与廉颇争列。已而相如出，望见廉颇，相如引车避匿。于是舍人相与谏曰："臣所以去亲戚而事君者，徒慕君之高义也。今君与廉颇同列，廉君宣恶言，而君畏匿之，恐惧殊甚，且庸人尚羞之，况于将相乎？臣等不肖，请辞去。"蔺相如固止之，曰："公之视廉将军孰与秦王？"曰："不若也。"相如曰："夫以秦王之威，而相如廷叱之，辱其群臣。相如虽驽，独畏廉将军哉？顾吾念之：强秦之所以不敢加兵于赵者，徒以吾两人在也。今两虎共斗，其势不俱生。吾所以为此者，以先国家之急，而后私雠也。"廉颇闻之，肉袒负荆，因宾客至蔺相如门，谢罪，曰："鄙贱之人，不知将军宽之至此也。"卒相与驩，为刎颈之交。
>
> ——《廉颇蔺相如列传》

寥寥数笔，就活泼泼地勾画出了蔺相如公忠体国、豁达大度和廉颇虽然不免狭隘、可是勇于改过的性格，使我们对负荆请罪这一幕，如见其人，如闻其声。这段能够代表我们民族优良性格的故事从此获得了人民广泛的喜爱，流传几千年，至今仍以《将相和》的剧目在舞台上演出着。

最后，在语言的使用方面，《史记》也有特别值得注意的地方。中国文学语言，以春秋战国为界，前后发生了显著的变化。这只要拿《周颂》、《周诰》和《国风》、《楚辞》、《左传》、诸子来作一下比较就可以明白。概括地说，前者是一种简略的贵族雅语，后者则是比较丰富的民间语言。尽管它们之间的基本语法和词汇大致相同，但使用范围和书写工具的限制却还是使它们又存在着诸多差别。春秋战国时代，民间语言上升并扩张，逐渐取代了那种雅语，此后就成为古代作家主要的书面文学语言，也即一般所谓“文言”。文言大致是根据春秋战国以来黄河流域的方言形成的，在它产生的时候，正是以口语的姿态出现的，而且在汉朝还没有和活生生的口语分家。司马迁首先意识到古代雅语和当时文言的区别，他十分重视这种在当时是进步的语言形式，并有意识地在创作中进行多种尝试。所以，当他把《尚书》中的史料熔铸到他的著作中时，就常常加以修改，使之适合文言这种新的语言形式。如《尧典》：“允厘百工，庶绩咸熙。帝曰：‘畴咨若时登庸？’”（据近人从天文历法考订，《尧典》大约是前776—前600之间，即春秋前半期或稍前的作品。）《史记·五帝本纪》就写成：“信饬百官，群工皆兴。帝曰：‘谁可顺此事？’”《史记》在许多地方运用语言非常生动，就得力于他的这些开拓。这也是它的重要优点之一。下面这篇传记中就多处运用了当时人口头的话的语言，而使文章也鲜活了起来：

（陈涉既为王，）其故人尝与庸耕者闻之，之陈，扣宫门，曰：“吾欲见涉。”宫门令欲缚之。自辩数，乃置，不肯为通。陈王出，遮道而呼：“涉！”陈王闻之，乃召见，载与俱归，入宫，见殿屋帷帐。客曰：“夥颐！涉之为王沈沈者！”楚人谓多为夥，故天下传之。夥涉为王，由陈涉始。客出入愈益发舒，言陈王故情。或说陈王曰：“客愚无知，专妄言轻威。”陈王斩之。诸陈王故人皆自引去。由是无亲陈王者。

——《陈涉世家》

自从司马迁创始以后，后代许多史家都继续采用纪传体这种形式。因为周代以前的历史已经包括在《史记》中，所以后人编写纪传体史书时都改通史为断代史了。汉魏六朝是一个史学相当发达的时代，而且当时统治者对修史权还抓得不很紧，不像唐代以后，在一般情形下，正史都要设局官修。所以除了《史记》以外，这个时代还出现了价值仅次于《史记》的三部史学和史传文学的杰作，那就是东汉班固的《汉书》、西晋陈寿的《三国志》和刘宋范晔的《后汉书》，和《史记》合称四史或前四史。这几部书虽然没有跨越司马迁所达到的高度，但在史学和传记文学上也各有贡献，其文学成就更是后来那些设局官修的史书所不能同日而语的。

古代的纪传体史家实际上也就是传记家。《史记》乃至于前四史中确实有不少优秀的传记作品，但史家的主要目的仍然是记述整个时代的治乱兴衰，提供现实政治思考的参照系，尽管纪传体中的传记已发展为以一个人为中心，然而传主的某些事迹如果被作者认为无关国家大计，就往往被省略掉。《史记·留侯世家》提到："（留侯）所与上从容言天下事甚众，非天下所以存亡，故不著。"这便是明显的例证。又由于史家广泛地使用互见法以保持全书的系统性与完整性，所以，一个人的事迹常常散见于有关的许多篇中，也会使每篇传记只能是全书中的一个有机组成部分，而不能成为独立的作品。这样的处理，对于史学来说自然是适当的，然而对于要求在一篇作品中全面完整地表现一个人的传记文学家来说，则是迫不得已的。这就限制了它的发展。正因为受这种矛盾的刺激，所以从西汉末年起，传记文学便在史传的基础上分裂出来，成为独立的文学门类了。

这种产生于汉魏六朝时代的独立的传记文学，《隋书·经籍志》总称之为杂传，共计载有二百一十七种书目。清代目录学家章宗源又从各种古书中发掘出二百二十八种佚文。杂传题材广泛，内容涉及郡国、家世、圣贤、豪杰、孝友、忠良、文章、隐逸、妇女、儿童、僧尼、仙道、鬼神、奇怪，几乎无所不包。其数量之大，门类之多，足见它是这一时期文学创作的热点之一。可惜的是，这许多作品，除了若干有关宗教的传记由于教徒们的努力而得以保全外，其余绝大部分都只剩下了残篇断帙。今天，我们只能从古代类书，如《太平御览》，或古书的注文，如《三国志注》、《世说新语注》中，看到它的一鳞半爪。

杂传萌芽于西汉末年刘向所作的《列女传》等书，但东汉末年以后才特别盛行，其主要内容偏重于地域、家族的表扬，卓行、异迹的传播。同时，这种传记显然受到当时的政治局势、社会风尚和学术思想的影响。例如，东汉以来，士族制度逐渐形成，魏晋以后实行的九品中正制又保障了士族的特权地位，使得士族成为这一阶段封建社会的主要统治力量，并且造成了看重人物的郡望和家庭出身的社会风尚。各种名目的《先贤传》、《耆旧传》、《家传》就是在这一文化背景下出现的。又如，东汉末年以来士林流行清议，士大夫间品评人物的风气很盛，由是养成了爱惜名誉的氛围，后来甚至发展为矫言饰行，沽名钓誉，这就刺激了《忠臣》、《孝子》、《良吏》之类传记的产生。再如，建安以来，文学的创作开始自觉，文学的观念逐渐明晰，文士的地位也逐步提高，文学家随之受到了尊重，于是有了《文士传》；在政治黑暗的时代，有许多人希企隐逸，因为隐逸退可得名，进又可为入仕准备一条"终南捷径"，于是有了名异实同的《高士传》、《逸民传》、《高隐传》等；另外，诸如《高僧传》、《神仙传》、《集仙传》之类的传记，则更是当时佛道两教思想流行的结果。以上都是类传，也就是传记总集。至于单行传记，则大多数都冠以传主姓名，称为"某某别传"。传主的身份基本上也不超出上述诸种类别。

杂传的出现，特别是别传的大量涌现，标志着传记文学的全面展开。它离开史籍而独立，并在较史籍广袤得多的领域里展现了自己的价值和魅力，无论在文学史还是文化史上，这一点都有积极的意义。首先，史家为人作传，界限很严，正如《隋书·经籍志》所说："（司马迁、班固于）股肱辅弼之臣，扶义俶傥之士皆有记录，而操行高洁不涉于世者，《史记》独传夷、齐，《汉书》但述杨王孙之俦。其余皆略而不记。"而杂传的写作，则从西汉以来，都是"因其志尚，率尔而作，不在正史"。所以后来就"作者甚众，名目转广"了。从多样化的大量的传记文学创作中，产生了多种题材的传记精品，涌现出大批非史家兼任的纯粹的传记文学家。这就促进了传记文学本身的发展，同时也为唐代传奇小说的产生准备了条件。其次，正因为它们都是作者"率尔而作"的，所以，秉笔时不像史官那么正襟危坐，又多所顾忌，选材角度和剪裁眼光也有别于史家，因而就加强了作品的真实性和生动性，亦即更注重作品的文学性而不是史料性。虽然其中也不免掺杂有恩怨之情、虚妄之说，但总的来说，这些传记的文献价值还是很高的。又因为它们是作者"因其志尚"，即基于一种创作的欲望来写的，所以对所传人物的个性能够透彻把握，甚至寄予深切的同情和理解，从而使作品迸发出强烈的感染力。在少数自传，如陶渊明的《五柳先生传》中，这一点尤其明显。

现在，让我们先举产生于魏晋之际的佚名的《曹瞒传》为例：

常出军,行经麦中,令士卒无败麦,犯者死。骑士皆下马,付麦以相持。于是太祖马腾入麦中,敕主簿议罪。主簿对以《春秋》之义,罚不加于尊。太祖曰:"制法而自犯之,何以帅下?然孤为军帅,不可自杀,请自刑。"因援剑割发以置地。又有幸姬常从,昼寝,枕之卧,告之曰:"须臾觉我。"姬见太祖卧安,未即寤,及自觉,棒杀之。常讨贼,廪谷不足,私谓主者曰:"如何?"主者曰:"可以小斛以足之。"太祖曰:"善!"后军中言太祖欺众。太祖谓主者曰:"特当借君死以压众,不然,事不解。"乃斩之,取首题循曰:"行小斛,盗官谷。"斩之军门。其酷虐变诈,皆此类也。

——《曹瞒传》

曹操小名阿瞒。这篇传记的文字不十分好,今天我们看到的可能还是经过删节的文本,但通过这些叙述,我们对一代奸雄曹操的性格才有了进一步的理解。《三国志·魏武帝纪》说,曹操为人"矫情任算"、"明略最优",可见陈寿不见得没看到这种材料,只是囿于史籍体例的限制,不能不将其舍弃。反之,小说《三国演义》就充分利用了这类材料,将曹操塑造成一个个性非常鲜明的典型人物。由此也可以看出,史籍和杂传处理史料方法不同,侧重点也不同。杂传开拓了历史传记的领地,具有史籍所不可取代的文学价值。

十六国时代,在长安的高僧法显有感于佛教戒律残缺,遂于后秦姚兴弘始元年(399)与慧景、道整、慧应、慧嵬等人同往天竺寻求戒律,直到公元412年才回到中国。《法显行传》就是他回国以后写的。其中有一节描写他在狮子国的所见所闻:

佛至其国,欲化恶龙,以神足力,一足蹑王城北,一足蹑山顶,两迹相去十五由延。王于城北迹上起大塔,高四十丈,金银庄校,众宝合成。塔边复起一僧伽蓝,名无畏山,有五千僧。起一佛殿,金银刻镂,悉以众宝。中有一青玉像,高二丈许,通身七宝炎光,威相庄严,非言所载。右掌中有一无价宝珠。法显去汉地积年,所交接悉异域

> 人，山川草木，举目无旧。又同行分披，或留或亡，顾影惟己，心常怀悲。忽于此玉像边，见商人以晋地一白绢扇供养，不觉凄然，泪下满目。

舍身求法、四大皆空的高僧却如此眷眷于生死存亡和悲欢离合，怀念着遥远的祖国，而在他心中激起这层层涟漪的，竟又是异国所见的一柄祖国出产的白绢扇，这不能不说是一种奇妙的人生矛盾。作者丝毫不回避这样剧烈的冲突，正因为其坦白真实，所以更能引起后人思想感情上的强烈共鸣。

杂传中有关神仙鬼怪的部分，有的已脱离传记文学的范围，而介入笔记样式的神怪小说范畴。以写人为主的杂传，到了唐代，随着整个门阀政治结构的解体，也渐次衰微，代之而起，并且吸收了这种传记文学优点的是唐代的传奇小说。

第八章　子书的衰落与论说、文论的勃兴

子书的衰微与论说的兴起　论说文兴起的因缘　魏晋论辩文主要题材　文论的兴起及其与子书、论说的关系　曹丕文论与《典论·论文》　陆机的《文赋》　挚虞《文章流别论》与李充《翰林论》　体大思精的《文心雕龙》　个性突出的诗学专书《诗品》　《文选》与《文选序》

战国时代百家争鸣，子书的发展在那时也达到鼎盛，进入汉代，就开始走向衰落。一方面，汉武帝以后，随着封建中央集权制度的建立，学术思想开始定于儒家一尊，与此同时，“或反经术，非圣人，或明鬼神，信物怪”（《汉书·宣元六王传》）的诸子百家之学术必然日益衰歇，子书也不可能再现昔日的辉煌。另一方面，自战国末年开始，以《吕氏春秋》、《淮南子》等书为标志，中国学术已渐渐走向综合；汉以后学术文化的进展，各家思想之间更难免相互通融、彼此影响，先秦子书中常见的那种“越世高谈，自开户牖”（《文心雕龙·诸子篇》）的言论，也不复可见了。于是，“博明万事”的子书衰微，而“适辨一理”的“论”则日益发展。大致说来，两汉以后的子书的发展趋势，从内容上看是朝着论说的方向、从体制上看是朝着文集的方向变化的。

《汉书·艺文志》中收录的汉代子书，大多数兼取各体之文，其体制与后来的文集已经没有太大区别。汉成帝时，刘向校编中秘书，著《七略》，

其中《诸子略》收录一百八十余家。至魏晋时代，“作者间出，谰言兼存，璅语必录，类聚而求，亦充箱照轸矣。”（《文心雕龙·诸子篇》）《隋书·经籍志》中所收的八代子书书目，多达数百家。这些书亡佚严重，而且水平参差不齐，直正的佳作并不多。一般说来，汉初的子书还能上继先秦余风，或兼综博采，奇伟宏富，足以追步先秦，如《淮南子》；或虽然称说《诗》、《书》，而犹存战国余风，如陆贾《新语》、贾谊《新书》。自董仲舒以降，子书开始折衷于六艺，归本于儒家。东汉时代，儒学益盛，子书中也以儒家著作为多，如刘向《说苑》、扬雄《法言》、桓谭《新论》、王符《潜夫论》、荀悦《申鉴》、徐幹《中论》等。但另一方面，也要看到，自汉迄隋，八代之中，杂家子书也不绝如缕，刘安《淮南子》、王充《论衡》、仲长统《昌言》、傅玄《傅子》、葛洪《抱朴子》、颜之推《颜氏家训》等，就是其中的佼佼者。从学术思想上说，魏晋以后的子书有的纯粹蹈矩，依傍太多；有的驳杂出规，缺乏独创，以至于招来了《颜氏家训·序致篇》的批评：“魏晋已来所著诸子，理重事复，递相模敩，犹屋下架屋，床上施床尔。”从文章上看，不少子书驰骋翰藻，颇有文采，它们与一般的论说文、与包括论说作品在内的文集的界限也越来越模糊了。

子书和论之间历来就有着紧密的联系。先秦诸子散文本质上就是政论散文。《典论·论文》说“书论宜理”。曹丕将书（即子书）、论二者相提并论，就是因为书、论的渊源及文体特点相同。从历史上看，“论”字见于书名，始于子书《论语》。两汉以来的许多重要的子书，如桓谭《新论》、王充《论衡》、王符《潜夫论》、崔寔《政论》、徐幹《中论》、曹丕《典论》、蒋济《万机论》等等，“咸叙经典，或明政术，虽标论名，归乎诸子”（《文心雕龙·诸子篇》）。换句话说，这些子书介于子书和论说文之间，可分可合，分则可作为单篇论说文，合则可并入本人的文集。贾谊著名的《过秦论》，其实是他所著的子书《新书》中的一篇，却往往析出单行，与单篇论说文已没有实质的区别。

汉定天下以后，战国时代奔走六国的纵横家和策士适应时代变化，转变成了中央政权里的政客。作为政治家和思想家，他们密切关注着社会现实，他们的子书也可以看作是政论作品。汉初，陆贾《新语》、贾谊《新书》都重视总结嬴秦覆亡的历史教训，为汉朝统治者提供龟鉴。王充《论衡》、王符《潜夫论》、崔寔《政论》也不例外，他们根据各自所面临的时弊和社会问题，提出自己的批评和看法，一般都能分析透彻，论说深入，风格各有不同。值得注意的是汉宣帝时代桓宽所撰的《盐铁论》。它记叙了汉昭帝始元六年（前81）郡国贤良文学之士与御史大夫桑弘羊、丞相田千秋等人讨论盐铁国营及酒类专卖等问题时，双方往复辩难激烈争论的情景。这部十卷六十篇的书在外形上有些像杂家子书，实质上则是长篇系列论说文的集锦。东汉时代，就有了单篇的论说文，《后汉书》中有些传记提到传主的著述，就出现了"论"这一类。朱穆有感于时俗，作《崇厚论》、《绝交论》，则是最早的单篇论说文。

东汉中叶以后，政治黑暗，外戚、宦官专权，民生凋敝，风俗颓败，社会动荡，最后发展到黄巾起义、军阀混乱，中原板荡。士大夫对时政风俗都大胆地提出自己的批评，并且品鉴人物，呼朋引类，相与标榜，形成士人清议的局面。他们一方面以言论品论公卿，激浊扬清，而且著为论说文，指点天下人事。魏晋以后，由于时过境迁，士人清议渐衰，远离现实政治的玄学清谈代之而起，而由清议开始的臧否人物、题目流品的风气却没有改变。另一方面，东汉桓、灵以后，日益僵化腐朽的传统儒学面对大动荡的时局束手无策，而循名责实的刑名之学和洞幽通玄的老庄之学趁机兴起，并因得到曹操、曹丕等人的提倡和支持而加速发展，进而在行为上造成了虚伪放荡之风，在思想上则促进了玄学的出现。魏晋以后，儒、道、佛三家在相互竞争中发展，也在彼此辩难中吸收。这对于锻炼严密的思理、提高思辨水平，也无疑是有帮助的。魏晋之世，论说文发展之所以臻于极盛，是与社会政治动荡和哲学思潮变迁的时代背景分不开的。

从题材上看，魏晋论辩文主要有以下六类：首先是研寻哲理，尤其是探讨三玄（即《老子》、《庄子》、《周易》）中的哲理，或会通儒道两家，或较论彼此得失，多涉及本体，大畅玄言，都是先秦时代所不曾涉及的。最常见的论题如有无之论、才性之论、养生之论、言意之论、出处之论等。其次是宗教论辩，所涉及的题目有孔、老、佛之异同，儒、释、道之高下，因果报应之有无，形神生灭之究竟，以至夷夏戎华之辨等，都是当时思想界讨论的热点问题。其三是论评人物，对古今人物作优劣比较，如孔融《周武王汉高祖论》、习凿齿《青楚人物论》、戴逵《竹林七贤论》等。其四是箴砭风俗，鞭挞世风浅薄，批判社会的丑恶现象，如朱穆《绝交论》、干宝《晋纪总论》、鲁褒《钱神论》、刘峻《广绝交论》等。其五则是讨论礼制。六朝人特重礼学，所以关于丧、祭、冠、婚等方面的礼仪，常常往复多次，展开详细的讨论。其六是论科学艺文之事，涉及天文、音乐、舞蹈、书法、围棋、诗文等内容，如阮籍的《乐论》、虞喜《安天论》、裴子野《雕虫论》等。其中最值得一提的是文论，也就是有关文学的理论或评论。

东汉以降，文集代子书而兴起，成为新时代常用的一种著作载体，成为人们追求不朽的精神寄托，从而填补了子书退潮后所腾出的部分文化空间。古代学者早已经注意到这一点，并根据他们的观察，表述了这种变化。梁元帝《金楼子·立言篇》："诸子兴于战国，文集盛于二汉。"清章学诚《文史通义·诗教篇》："子史衰而文集之体盛，著作衰而辞章之学兴。"文集既盛，辞章之学既兴，对于文章亦即对于文学的各种评论自然随之兴起，第一篇单篇文论即蔡邕《铭论》就在东汉末年出现了。

如果从片断的言语来看，中国最早的文论，自然不始于东汉。通常我们可以追溯到《尚书·尧典》中的那段话："诗言志，歌永言，声依永，律和声。"或者《论语》中的若干片断，如《为政篇》："诗三百，一言以蔽之，曰思无邪。"或《阳货篇》："小子何莫学夫诗？诗可以兴，可以观，可以群，可以怨。迩之事父，远之事君，多识乎鸟兽草木之名。"我们还可以在先秦的《孟子》、《庄子》、《荀子》以及汉代的《毛诗序》、《史记·太史公自序》、《法言》、《论衡》、《汉书·艺文志》、《两都赋序》等书或篇章中，找出一些有关文学理论文学批评的文字。但这都不是单篇的文学论文，而且绝大部分文字的本来目的都不在于论文，而是附带言及，或者像"序"一样只是另一种著述的附属体。蔡邕《铭论》旨在讨论铭这一文体，既不是某书的一部分，也不是某一篇章的附属品，而是实实在在独立的论文文字，因而是最早的一篇单篇文论，也是最早的一篇文体专论。

早期文论文字的出现，与子书有着密切的关系，这一背景很值得我们注意。王充在《论衡·书解篇》中把当时的儒者分为两种："著作者为文儒，说经者为世儒。”在某种程度上，这两种儒的区别就是后世的学者与文人之间的不同。而在东汉以前，只有学者型的思想家，而没有纯粹的文人。这些学者型的思想家也就是子书的作者，子书实际上就是他们的文集。他们往往博学多闻，对政治对哲学以及对文学常常有独到的见解。因此，在他们的言论和著述中，涉及对文学总体或个别文章的评论，就不奇怪了。至今为止，除了少数经典以外，谈论先秦两汉的文学理论和批评，《论语》、《孟子》、《庄子》、《荀子》、《法言》（尤其其中的《吾子》篇）、《新论》（尤其《道赋》篇）、《论衡》（尤其《艺增》、《自纪》等篇）等子书仍然给我们提供了最宝贵的一些材料。例如，扬雄晚年认为辞赋乃童子雕虫篆刻而悔其少作，即见之于他仿《论语》而作的子书《法言·吾子》。扬雄关于文学创作的著名观点，“能读千赋，则善赋”的说法，最早见于桓谭《新论·道赋》（《意林》三转引）。

这一现象的余波，到魏晋南北朝仍可发现。魏晋南北朝文学理论批评的发达，一方面固然是自建安之后进入了文学的自觉时代，文人士大夫普遍对文学的观念和价值获取了新的认识，充分肯定了文学的地位和价值。另一方面，子书衰退之后，文人学者将其思想精力转移到文学理论的建立和文学批评上来，也是一个重要的原因。魏晋南北朝时代最重要的一些文学批评，不仅与子书没有脱离关系，反而与其息息相关。曹丕《与王朗书》说：“生有七尺之形，死唯一棺之土，唯立德扬名可以不朽，其次莫如著篇籍……故论撰所著《典论》、诗赋，盖百余篇。”他最重要的文学观点，几乎都见之于《典论·论文》。他关于文学的最著名的一段话“盖文章，经国之大业，不朽之盛事。年寿有时而尽，荣乐止乎其身，二者必至之常期，未若文章之无穷。是以古之作者，寄身于翰墨，见意于篇籍，不假良史之辞，不托飞驰之势，而声名自传于后”，也就发表在这里。子书之中而设有论文专篇，也许是始于桓谭《新论·道赋》篇，但《道赋》只存三四条片断，莫知其详，其对后代的影响自然不及《典论·论文》。以论文名著《文赋》称名于世的陆机，临终之前仍以所作子书未成为憾。东晋葛洪作《抱朴子》，在《钧世篇》中提出的文学进化的观点，也是广为人知的。梁元帝《金楼子》、颜之推《颜氏家训》等子书中，都有文学理论批评的材料。另外一些文学理论批评文献，如挚虞《文章流别论》、李充《翰林论》、裴子野《雕虫论》，虽然不是子书，也都成一家之言。它们都以论名书或名篇，则更可以看到由子书到论说文到文论的发展痕迹。

曹丕《典论·论文》除了确立文学的不朽价值之外，还谈到文人相轻的积习，并指出其原因是"文非一体，鲜能备善。是以各以所长，相轻所短。"谈到评文论人的正确态度，他主张"审己以度人"。这是建安时代文人的一种共识。曹植在《与杨德祖书》中也对刘季绪好讥弹时人之文而失之轻率表示过异议。曹丕对作家的风格、才气和个性以及彼此之间的关系，也有过很好的看法，指出"文以气为主。气之清浊有体，不可力强而致"。他并且分析了建安七子的个性及各人之所长，认为徐幹时有齐气（舒缓之态），孔融体气高妙，而"公干有逸气"（《与吴质书》）等等。这当然与后汉以来的人物品藻不无关系，但其中显然也有曹丕个人的思考。《典论·论文》还讨论了不同文体的风格特征："夫文本同而末异，盖奏议宜雅，书论宜理，铭诔尚实，诗赋欲丽。此四科不同，故能之者偏也。唯通才能备其体。"这可以算是对文学形式很切实的评论。

在另外一些书信，例如《与吴质书》、《与王朗书》中，曹丕也表达了他的文学观点。虽然文论的专篇专书已经屡见不鲜，但是书和序，仍然是魏晋南北朝文论存在的两种主要形态。陆云的《与兄平原书》就是与陆机往来讨论文学创作的一批书信，其中有十分重要的文学评论材料。信中讨论作品，探讨文章作法，往往具体翔实，甚至超出陆机《文赋》。

《文赋》第一次以文学作品的方式，通过艺术形象的方法，来阐述文学理论，展开文学批评。这无疑是一个新颖的尝试、大胆的开创，对于后代层出不穷的以论诗诗（论诗绝句）为首要代表的谈艺文学（从论赋赋到论书诗），起着导夫先路的作用。

《文赋》文采斐然，篇幅不长，却内容丰富。它的文体论，在《典论·论文》的基础上有所发展。曹丕的"四科不同"，在陆机手里进一步分作十种，并有更细密周到的辨析："诗缘情而绮靡，赋体物而浏亮。碑披文以相质，诔缠绵而凄怆。铭博约而温润，箴顿挫而清壮。颂优游以彬蔚，论精微而朗畅。奏平彻以闲雅，说炜晔而谲诳。"虽然用韵文（赋）的形式，却言简意赅，而且令人信服。在这一方面，《文赋》不仅充分展示了陆机富盛的文才，而且充分发挥了以文学形象阐释文学现象的特长。例如文中对于创作过程中艺术形象思维的形容，“其始也，皆收视反听，耽思傍讯，精骛八极，心游万仞。其致也，情曈昽而弥鲜，物昭晰而互进；倾群言之沥液，漱六艺之芳润；浮天渊以安流，濯下泉而潜浸”。对形象思维这种本来就属于玄而又玄的文学现象，通过文学形象来表述，自有其得天独厚的地方。《文赋》还重点讨论了篇章修辞、立意、创作技巧、方法、形式以及文病等问题，也涉及了创作中的音韵问题：“暨音声之迭代，若五色之相宣。”他提出，诗文要“立片言而居要，固一篇之警策”，追求警拔之句，这对于晋以后诗文中秀句的出现，显然也有影响。至于《文赋》中“伫中区以玄览，颐情志于典坟”等处，也表明陆机的文学理论思想，也确实受到过当世盛行的玄学的影响。

挚虞《文章流别论》和李充《翰林论》，都散佚了。从今存佚文来看，这两种文论似乎都以文体论为中心，至少文体论在其中占有相当重要的位置。《文章流别论》以文体为本，兼有对具体作品的评论。存世的关于赋、七等文体的片断，颇受后人看重，常被征引。李充《翰林论》也以文体论的形式展开。陆机、挚虞、李充等人的文学思想与观点中的合理成分，被后来的钟嵘、刘勰二人所吸收，虽然他们对一些问题与前贤持有不同看法，甚至有所批评。

公元6世纪初，刘勰（约465—约532）《文心雕龙》和钟嵘（471—518）《诗品》相继出现于文坛。从建安直到此时，各体文学经历了四百年的发展与进步，其中五言诗创作的成就又特别突出，对这一段文学历史作一番梳理总结的时机已经具备。同时，文学评论早已蔚为风气，玄学佛理又提高了人们的思辨能力，也为这些文论著作的出现，提供了可能性。

《文心雕龙》一书可以说是刘勰的子书。中国古代文学批评著作中，体大思精者，惟有《文心雕龙》与《文史通义》。此书内在逻辑结构之严密、思理之谨严，可能受到佛家思维的影响。刘勰曾师事当时的著名僧侣僧祐十余年，参加译经。他在梁朝开始入仕，仕至东宫通事舍人，深受昭明太子萧统的信任，晚年出家为僧，更名为慧地。虽然刘勰与佛教有密切的联系，但从《文心雕龙》中的《原道》、《征圣》、《宗经》诸篇来看，他的思想包括文学思想中，儒家思想仍然占着主导的地位。

《文心雕龙》全书恰好由五十篇组成，这是一个颇有完整圆满意味的整数，表明作者在篇章设置和结构安排上是煞费苦心的。此书内容丰富，囊括了当时的文学理论和文学批评的各项内容，既有文学历史的批评，也有文学理论的阐述、文学作品的评论、创作技术的讨论，结构严谨，气象宏大，足以上追《吕氏春秋》，下启《文史通义》。

从总体上看，《文心雕龙》一书包括总论、文体论、创作论、批评论和序志五个部分。总论五篇，即《原道》、《宗经》、《征圣》、《正纬》、《辨骚》，首先阐明为文之准则和论文之原则，是正本清源之论。作者自言"盖《文心》之作也，本乎道，师乎圣，体乎经，酌乎纬，变乎骚，文之枢纽，亦云极矣"(《序志》)。也就是说，道为万物之本原，而"道沿圣以垂文"(《原道》)，由于"道心惟微，圣谟卓绝"(《宗经》)，所以，师圣又必须宗经。前三篇密切相关，一脉相承。至于纬和骚，则是附经而生，依经而存，在思想渊源上近于总论，值得参酌，在外在形态上又似于文体，需要另眼相待，所以，刘勰将其列在总论和文体论之间，正可以承上启下，左右逢源。

《文心雕龙》的文体论由二十篇组成，包括《明诗》、《乐府》、《诠赋》、《颂赞》、《祝盟》、《铭箴》、《诔碑》、《哀吊》、《杂文》、《谐隐》、《史传》、《诸子》、《论说》、《诏策》、《檄移》、《封禅》、《章表》、《奏启》、《议对》、《书记》。这二十篇或者专论一种文体，或者将相近的两种乃至多种文体合而论之，涉及了当时所有的文体。其中，《谐隐》以上十篇所论，属于所谓"文"，多是讲究音韵情采之文；《史传》以下十篇所叙，属于所谓"笔"，则不重音韵文采。在这一部分，刘勰"论文叙笔，则囿别区分，原始以表末，释名以章义，选文以定篇，敷理以举统"(《序志》)，全面论述了各体文学，包括各种文体的名义、起源以及历史发展的情况，并分别列举代表作家与优秀作品，阐述其创作要求和风格特点，对前人的创作经验作了一次全面总结，也是对梁以前汉语文学遗产的一次总清理。与此前的文体论相比，刘勰的文体论不仅内容全面、具体、细密，其深刻度与系统性也远远超出前人，为中国古代文体论打下了坚实的基础。

按刘勰本人的看法,《文心雕龙》一书可以分为上下两篇,各二十五篇。上篇正好包括我们所谓总论和文体论,下篇则可分为我们所谓创作论、批评论和序志三个部分。创作论由十九篇组成,即《神思》、《体性》、《风骨》、《通变》、《定势》、《情采》、《熔裁》、《声律》、《章句》、《丽辞》、《比兴》、《夸饰》、《事类》、《练字》、《隐秀》、《指瑕》、《养气》、《附会》、《总术》,即《序志》所谓"至于剖情析采,笼圈条贯,摛神性,图风势,苞会通,阅声字"。形象思维或艺术构思是文学创作的根本特点,《神思》一篇专论这一问题,可以看作是《文心雕龙》创作论的总纲,足以统摄以下各篇。从《体性》到《熔裁》的六篇,分别从体与性、风与骨、情与采、熔与裁等两个相对的范畴出发,也就是从情与辞亦即内容与形式两个方面,论述创作中的一些带有普遍性的问题。从《声律》到《总术》的十二篇,则讨论创作中的一些具体技术问题,例如前七篇,主要讨论有关文学修辞的问题,如声律、比兴、夸饰、事类、练字,后五篇则涉及其他方面的创作技巧问题。正如在《文心雕龙》一书中创作论诸篇列在文体论各篇之后一样,刘勰的创作论也是在研究和总结前人的各体文学遗产的基础上建立起来的。正因为如此,所以,刘勰的创作论才不仅能够包容丰富,涉及文学创作中各个方面的重要问题,比如艺术构思、风格与个性、内容与形式、继承与创新、文学与现实、文学的修辞以及表现手法等问题,而且能分析更加细密,论述更加深入。《神思篇》对于形象思维的探讨,显然继承并发展了此前陆机《文赋》中的相关论述,并对其后的文学理论批评产生了显著的影响。刘勰以前,对于文学创作中的形象思维,人们所用名称各异,刘勰以后,多数人倾向于使用"神思"这一名词。以前的文论中早有关于"气"的说法,气在内则为才性,形之于文则为风骨。在《文心雕龙》中,刘勰遂析为《才性》、《风骨》两篇,对这一问题作了详细的讨论。《体性》不仅将艺术风格区分为八体:典雅、远奥、精约、显附、繁缛、壮丽、新奇、轻靡;而且分析了才、气、学、习诸因素对于风格形成的影响。在今天看来,刘勰的风格论也许还有偏颇和未尽之义,但与曹丕《典论・论文》的"文以气为主"的泛泛之谈,陆机《文赋》中的"夸目者尚奢,惬心者贵当,言穷者无隘,论达者唯旷"的粗略之论相比,刘勰的文论显得更为全面、富有独创,也是毋庸讳言的。从这些事例上可以看出，刘勰的文论正是晋宋齐梁二百年文学理论批评精进深入的突出代表。

《文心雕龙》的批评论包括《时序》、《物色》、《才略》、《知音》、《程器》等五篇，即“崇替于《时序》，褒贬于《才略》，怊怅于《知音》，耿介于《程器》”。《时序》是文学的社会历史批评；《物色》则是从自然景物季节变迁方面来评论文学描写；《才略》评论作家的创作才能；《程器》评论作家的器识修养。由此可以看出，刘勰认为要进行文学批评，必须结合文学的内部因素与外部环境，兼顾文学发展的社会环境与自然环境，综合作家的才性与品德，加以全面的衡量；同时，评论家还必须具备充足的知识素养，掌握正确的方法，怀抱恰当的态度，才能得出公正持平圆融的见解，而不导致误解或厚诬。因此，在他看来，文学批评实非易事。《知音》作为其批评论的中心，从主客观两方面分析了文学批评中存在的种种困难，并提出了具体的文学批评方法或角度，即六观：“一观位体，二观置辞，三观通变，四观奇正，五观事义，六观宫商。”刘勰的批评论虽然未见得纤细无遗，但却贯串了他的学术理论的一贯的严肃慎重的态度。

《序志》介绍著书宗旨和全书体例。他认为近代以来虽有不少论文著作，但都“各照隅隙，鲜观衢路”，未能“振叶以寻根，观澜而索源”。他著《文心雕龙》，不仅以之表达自己的文学理论思想，而且以之寄托他的学术思想，“文果载心，余心有寄”。本书思维缜密，方法折衷。“及其品列成文，有同乎旧谈者，非雷同也，势自不可异也；有异乎前论者，非苟异也，理自不可同也。同之与异，不屑古今；擘肌分理，唯务折衷。”大可作为一部“刘子”来看。值得指出的是，尽管刘勰的文学理论和批评十分重视历史，重视继承和发扬文学遗产，它仍然有着相当明确的现实目的性和十分强烈的现实针对性。《通变》中谈到的继承与革新的观点，文体论及创作论中一再强调的要注意内容与形式统一、情采兼美、不要舍本逐末，对于一味追新务奇、存在片面追求形式讲究词采倾向的晋宋以来的文坛来说，其意在“补偏救弊”（黄侃《文心雕龙札记》），也是不言而喻的。

与《文心雕龙》泛论各体文学创作不同，《诗品》则专论梁以前的五言诗，也堪称是钟嵘的一家之学。在《诗品序》中，作者系统表达了自己的诗学观点。他论述诗歌的产生及其功用，认为“气之动物，物之感人，故摇荡性灵，形诸舞咏”，自然界万物与节序变迁感动人心，内心的不同感触外发而为不同的诗作，驰骋性情，皆“可以群，可以怨，使穷贱易安，幽居靡闷”。接着，他追踪了五言诗的产生及其发展历史，对晋宋以来五言诗的盛衰起伏，也有详细的论评，相当于一篇梁以前的五言诗小史。钟嵘十分看重五言诗体的历史地位，认为“五言居文词之要，是众作之有滋味者也”。这种以滋味论诗的观念，具有强烈的主观情感投射和鲜明的主体审美特性，对于宋代严羽、清代王士祯等人的诗论都产生了深远的影响。钟嵘不仅对前代的诗论诗评不太满意，故乃作此书以发表自己的评论观点，而且对于晋宋以来诗坛上所存在的问题，也有敏锐的察觉，对于当时诗坛上某些流行的风尚，颇不以为然。例如，他指责刘宋大明、泰始中“文章殆同书钞”的风气，批评任昉、王融等人“词不贵奇，竞须新事”的作风。在他看来，诗歌创作不必专以用典为贵，而是贵在自然，贵在写“即目所见”，“古今胜语”，“多由直寻”。因为“文多拘忌，伤其真美”，所以，他对王融、沈约等人所提倡的四声八病之说，也毫无崇敬之意。他坚持声病之说没有王、沈诸子所说得那么神秘、高贵，直言不讳地说“平上去入，则余病未能，蜂腰鹤膝，闾里已具”。他理想中的诗歌，应当是自然真率的。这些观点并非绝无可议之处，但钟氏不从流俗坚持己见的勇气则是值得赞赏的。

在序之外，全书将梁以前的五言诗人分作上中下三品，加以品评。其中上品十一人，中品三十九人，下品七十二人，计一百二十二人。这种品第高下的做法，远源于班固《汉书・古今人表》中的九品评人的做法，近承魏晋以来所实行的九品中正制以九品论人的制度。既然序中已经论及时代背景对诗歌的影响，对某一时代诗坛风貌已有所勾画，对其存在的流弊也已有指摘，如批评西晋永嘉诗坛“平典似道德论”、“理过其辞，淡乎寡味”等，品评中就较少涉及诗史的线和诗坛的面，而专就语言艺术形式方面，追索其艺术渊源，描述其风格特性。序评二者分工明确，相辅相成。钟嵘特重追源溯流，在追溯中体现出他的历史观念和对诗史发展派系的认识。他所论的古今诗人源流及所属品次，略如下表所示：

- 国风
  - 古诗（上）—刘桢（上）—左思（上）
  - 曹植（上）
    - 陆机（上）—颜延之（中）
      - 谢超宗（下）
      - 丘灵鞠（下）
      - 刘祥（下）
      - 檀超（下）
      - 钟宪（下）
      - 颜则（下）
      - 顾则心（下）
    - 谢灵运（上）
- 小雅—阮籍（上）
- 楚辞—李陵（上）
  - 班姬（上）
  - 王粲（上）
    - 张华（中）
      - 谢瞻（中）
      - 谢混（中）—谢朓（中）
      - 袁淑（中）
      - 王微（中）
      - 王僧达（中）
    - 潘岳（上）—郭璞（中）
    - 张协（上）—鲍照（中）—沈约（中）
    - 刘琨（中）
    - 卢谌（中）
  - 曹丕（中）
    - 应璩（中）—陶潜（中）
    - 嵇康（中）

在钟嵘笔下，古今五言诗人不仅有着连贯清晰的源流师承脉络，而且分别以《国风》、《小雅》、《楚辞》为源，形成三大系列。这可以看作是后代以诗派论诗的滥觞。晚唐张为作《诗人主客图》，将中晚唐诗人析为六派，分别以白居易、孟云卿、李益、鲍溶、孟郊、武元衡为主（宗主），下分上入室、入室、升堂、及门等四等，皆属于所谓客，就分明受到钟氏的影响，并对宋人诗派之说，起了直接的引导作用。在具体的品评中，钟嵘阐述了他确立源流关系的理由，大多数是言出有据的。但由于他所见的诗歌文献至今失传已多，因此，他的一些看法在今天看来，有的似乎失之简单化，有的则似乎不好理解。从宋代叶梦得《石林诗话》开始，历代都有人指出《诗品》三品裁士不公，如指摘其以曹操居下品，而刘桢、王粲居上品；提出中品之潘、陆宜在中品；中品之刘琨、郭璞、陶潜、鲍照、谢朓、江淹诸人宜在上品；下品之徐幹、谢庄、王融、汤惠休宜在中品，诸如此类，见仁见智。这在很大程度上是由于后人所拥有的文献视野和所处的诗坛风气与钟嵘大有不同。后人所见既未必足为定论，更未足为钟嵘之大病。至于钟嵘在字里行间流露出来的轻视民歌、对七言诗体亦不置评等观点，则表明他仍受正统诗学和传统观念的影响。

钟嵘以三品论诗，深受汉魏以来人物品评的影响。他的每一篇短评，就有如《史记》中的传记，有专传，如上品诸人；有合传，如秦嘉徐淑夫妇、刘琨卢谌之属；有类传，如中品谢瞻以下五人皆源出于张华；等等。在批评方法上，《诗品》也有着鲜明的特点。比较同异是《诗品》中最常用的方法之一，在追源溯流与品第高下之中，其实也兼寓比较之意。在品评中，钟嵘还善于使用一些生动优美的意象，从形象与审美的角度来描述诗作的品格，如中品论范云丘迟诗："范诗清便宛转，如流风回雪，丘诗点缀映媚，似落花依草。"这一方法的自觉运用，是与他以"滋味"论诗的思想一脉相承的。陆机以后，诗中颇有秀句，刘宋以来的诗坛，更是以"争价一句之奇"为风尚。《诗品》中经常称引诗人的名句，如序中称引徐幹《室思》"思君如流水"、曹植《杂诗》"高台多悲风"，中品评陶渊明，称引其"欢言醉春酒"（《读山海经》），"日暮天无云"（《拟古》），等等。这是有意识的摘句批评，既反映了齐梁的时代风气，又为后代诗话开此风习。《诗品》中还常引用趣闻轶事，如下品评吴迈远诗："汤休谓远云：'我诗可为汝诗父。'以访谢光禄，云：'不然尔。汤可为庶兄。'"又如下品评袁嘏诗："嘏诗平平耳，多自谓能。尝语徐太尉云：'我诗有生气，须人捉着。不尔，便飞去。'"这类故事不仅保存了当代人的诗歌评论资料，透露了当代的诗歌价值观，也可资谈助，使后人对诗史获得一份更亲切更感性的理解，同时还为宋以后专门记谈资录轶事一类诗话的出现，起了导夫先路的作用。

此外，作为今存魏晋南北朝时代最重要的总集类著作，《文选》一书也很值得注意。该书收录了诸多梁以前各体文学的名家名篇，对保存梁以前的文学遗产，具有重要的意义。在编排上，该书按照文体，加以妥善有序的编录。对于收录作品最多、同时也是当时文学创作中最为重要的两个文体——诗与赋，编者还按照题材内容，将赋分作十五类，将诗分作二十三类，在分类编排当中，寓有题材类型研究之意。《文选序》叙述该书编选宗旨，以“事出于沉思，义归乎翰藻”界定本书所选文学作品的范围，既说明当时文学创作界的风气，也表明时人对于文学的认识正越来越明晰。正是在这样一种文学进步的潮流中，文学逐步脱离了经学、学术而独立为一门自觉自足的学科，文学理论批评也摆脱了子书、论说的羁绊，而独立为一门富有前景的学问。

第九章　五言诗的成熟和发展

汉末无名氏古诗的产生背景、意义与主题　　建安诗坛与曹操、曹植　　正始时代的阮籍　　傅玄与太康时代诸诗人　　左思、张协、刘琨等人的突围　　从永嘉到东晋的玄言诗风　　郭璞的游仙诗　　晋宋之际山水诗的兴起与殷仲文、谢混、谢灵运　　陶渊明：古今隐逸诗人之宗与有托而逃

建安时代(196—220)是中古文学史上一个极其重要的时代。它标志着儒学的衰微，带来了一次思想解放的浪潮，文学的独立价值也得到确认。在此基础上，文学的内容和形式都获得了空前的发展。这一点在五言诗中反映得特别显著。

东汉时代，五言诗正式成立，出现了文士创作的乐府歌辞和不入乐的五言古诗。最重要的是，稍前于建安时代，出现了一大批无名氏的杰作。这些作品，有的已经失去作者名，统称为古诗，如《文选》所载古诗十九首；有的虽有作者姓名，但据我们今天所知，实系后人妄托，如《玉台新咏》指为枚乘所作的古诗中的若干首；有的则是后人代作或拟作的代言体，久而久之被误认为前人的诗作，如《文选》所载苏武诗四首、李陵《与苏武诗》三首。这些诗作抒写忧愤、彷徨、怨慕、悲伤，善用比兴，“文温以丽，意悲而远，惊心动魄，可谓几乎一字千金”(钟嵘《诗品》上品)，堪称汉语五言古诗的最早典范。

从以古诗十九首为代表的无名氏古诗中所表达的思想内容及其情调来看，它们只能产生于社会动乱、儒家经术已经不能维持旧有的社会政治和思想文化格局，佛教已经传入中国，而老庄思想逐渐扩大其影响的汉末时代。在建安以前，作者个人的主体意识还不像后来那么强烈，文学的独立价值还不为一般人所肯定，作者或者是“行有余力，则以学文”（《论语·学而》），或者是“意有所郁结，不得通其道……退而论书策以舒其愤”（司马迁《报任安书》）。他们所注重的只是作品本身所代表的思想感情，并不一定在意作品的署名。《诗三百篇》、《楚辞》、乐府歌辞中无主名的作品如此之多，除了年代久远以致作者姓名失传外，这乃是一个很重要的原因。

至于旧传苏武李陵赠答诗及枚乘诗，从诗史发展的实际看，早在西汉武帝时代，是不可能产生这样成熟、这样具有高度艺术性的五言诗的，其年代有可能比无名氏古诗更晚，可能是汉末建安以后文人同情苏李等人的不幸遭遇而假托的。不仅如此，旧说作者为西汉人士的那些五言（包括五言乐府）诗作，如旧题为卓文君的《白头吟》、班婕妤的《怨歌行》等，也都属于这一种情况。汉末建安以后，文学的独立价值开始被认识到了，而西汉扬雄以来文坛盛行的模拟风气仍然流行着，并且由模拟发展为代作，即不一定以前人的原作为基础，而是替前人设身处地，模拟前人的身份口吻来写作诗歌，也即所谓代言体。随着建安以后五言诗的大量用于社交场合，代言、拟人、赠答等种种诗坛风习就开始流行了。以代拟来说，其中虽有练习的成分，但往往也为了借他人的酒杯来浇自己心中块垒。因此，从作者的原始动机来说，署名为苏武、李陵、卓文君、班婕妤等的诗作最初并非是有意作伪的产物。但客观上，由于作者一开始就没有署自己的真名，久而久之真正的作者反而被遗忘了，又由于它们如此逼真地再现出苏、李、卓、班等人的当时当地的情境，后人不明原委，自然容易将其误认作苏、李、卓、班等人的作品。

从风格上看，这些诗也不是民间作品，而是文人模仿民间五言乐府创作的成果。从作品所反映的思想感情来看，其作者很可能出于当时的士人阶层。东汉桓、灵二帝以来，“主荒政缪，国命委于阉寺，士子羞与为伍”，一些正直的士人采取了“匹夫抗愤，处士横议”（《后汉书·党锢传序》)的反抗方式，于是酿成了党锢之祸。与此同时，一些士人则转向内心的反省，体验着失意的彷徨、不遇的悲愤、别离的感伤、生命的忧思、现实的苦难……又一一将这些苦闷融化于诗中，使诗歌透露出消极的情绪，笼罩上灰暗的色彩。这一特征构成了古诗的基调。

> 驱车上东门，遥望郭北墓。白杨何萧萧，松柏夹广路。下有陈死人，杳杳即长暮。潜寐黄泉下，千载永不寤。浩浩阴阳移，年命如朝露。人生忽如寄，寿无金石固。万岁更相迭，圣贤莫能度。服食求神仙，多为药所误。不如饮美酒，被服纨与素。
>
> 今日良宴会，欢乐难具陈。弹筝奋逸响，新声妙入神。令德唱高言，识曲听其真。齐心同所愿，含意俱未伸。人生寄一世，奄忽若飙尘。何不策高足，先据要路津？无为守穷贱，轗轲长苦辛。

在颓唐中夹杂着愤慨，在今日的享乐中预感着未来的死亡，在入世的肯定中包含着对现实政治的否定，这显然是汉帝国崩溃过程中政治黑暗、社会混乱的反映。士人阶层在这种社会环境中产生了信念动摇和心理绝望，不可避免地给诗歌涂上了暗淡的色调。这种动摇和绝望是那么深刻，以致诗中那些灰暗苦闷的情绪往往无所不在，驱之不去，又难以具体落实。

除了这些比较抽象的消极情绪外，古诗还具体反映了当时一部分社会现实，例如战乱给人民带来的痛苦，在托名苏武诗的第二首就有很诚挚的描写：

> 结发为夫妻，恩爱两不疑。欢娱在今夕，燕婉及良时。征夫怀往路，起视夜何其。参辰皆已没，去去从此辞。行役在战场，相见未有期。握手一长叹，泪为生别滋。努力爱春华，莫忘欢乐时。生当复来归，死当长相思。

这是一幕缠绵而悲壮的别离。这一首诗中的战士和他的妻子对未来还抱有一点渺茫的希望，但这一点希望却往往产生了下面这首古诗中所表现的后果：

> 十五从军征，八十始得归。道逢乡里人，“家中有阿谁？”“遥望是君家，松柏冢累累。兔从狗窦入，雉从梁上飞。中庭生旅谷，井上生旅葵。”舂谷持作饭，采葵持作羹。羹饭一时熟，不知贻阿谁。出门东向望，泪落沾我衣。

这些诗歌充满了“逐臣弃妻，朋友阔绝，游子他乡，死生新故之感”（沈德潜《说诗晬语》卷上），从社会、人生等不同的侧面，深刻地表现离弃的主题，直接或间接地反映了那个大动乱的时代。而且，从乐府中变化出来的五言诗，到了这些不知名的文人手里，在艺术上闪现出新的光辉：一方面，它保留着民间文学语言朴素风格自然的特点，另一方面，它在表现手法、形式结构等方面又经过了加工。所以，《文心雕龙·明诗》说：“观其结体散文，直而不野，婉转附物，怊怅切情，实五言之冠冕也。”建安时代诗坛出现“五言腾踊”的局面，就是以此为基础和先兆的。

以三曹（曹操、曹丕、曹植）、七子（孔融、陈琳、王粲、徐干、阮瑀、应玚、刘桢）为主体的邺下文人集团的诗歌创作，即以五言诗为主。从历史发展来看，那些无名氏的古诗确是他们的先驱和楷模。就作品情调而言，二者又有较大的不同。而这种差异的产生又显然与当时政治经济领域的变革和学术文艺思潮的变迁有着密切的关系。

建安时代，以宦官养子曹操为首的寒门政治势力击败了以袁绍、袁术兄弟所代表的高门世族的政治势力，在北中国建立了统治权，并奠定了魏、蜀、吴三国鼎立的局面。这股新的统治力量的胜利，改变了两汉社会的政治经济结构，随即也给思想文化等领域带来了新的面貌。儒学被老庄取代，礼法让位于刑名，惟才是举成了选择人才的口号，伦理道德在生活中的比重大为缩小，个性解放成为这个时代精神的主要特征。如果说这些变化在汉末已经不同程度地展开，那么，曹氏的胜利，就是从政治上促进并确认了这样的变化。作为当时的政治首领，曹操父子不仅爱好文学，都是很有成就的诗人，而且他们对文学的认识已经摆脱了传统观念的支配，认为：“盖文章经国之大业，不朽之盛事。年寿有时而尽，荣乐止乎其身，二者必至之常期，未若文章之无穷。是以古之作者，寄身于翰墨，见意于篇籍，不假良史之辞，不托飞驰之势，而声名自传于后。”（曹丕《典论·论文》）这对于当时文学发展起了很大的推动作用。文学价值被肯定了，文人地位也随之提升。当时的文人不再是俳优，他们和曹氏父子的关系一方面是君臣，另一方面也是文友，常在一起共同创作和讨论。由是形成的同题共作和互相赠答的风气盛行于邺下文坛，这也促进了文学创作的发达，促进了文学批评的专篇的出现。因此，他们不仅形成了一个政治集团，而且形成了一个文学集团。“慷慨以任气，磊落以使才”（《文心雕龙·明诗》）是这个集团文学创作的基本倾向。

刘勰在《文心雕龙·时序》中对这个共同倾向作了更深入的分析：“观其时文，雅好慷慨。良由世积乱离，风衰俗怨，并志深而笔长，故梗概而多气也。”风衰俗怨是旧体制崩溃、旧秩序解体的结果，而建功立业、澄清天下则反映了士人建设新体制新秩序的志向。这也正是这一慷慨风格的思想内涵之一。具体地说，它悲壮而不哀愁，明朗而不阴暗，华美而不柔弱。这是一种积极向上的风格，这是一种上升的气象，它伴随着曹氏政治势力在建安时代的壮大，而支配了整个文坛。

建安诗歌的主题，除了描写离乱，反映民生疾苦，还有许多是“怜风月，狎池苑，述恩荣，叙酣宴”（《文心雕龙·明诗》），但都体现了强烈的功名心，洋溢着积极入世的精神。这种心态自然是和当时的社会现实密切结合着的。所以，在描写离乱的现实和人民的苦难时，也就往往混合着人道主义的精神和建功立业的壮志。例如曹操（155—220），作为当时的政治和文学的领袖，同时也是新主题和新风格的创始者之一，他的激烈壮怀便屡屡见于篇咏，“老骥伏枥，志在千里，烈士暮年，壮心不已”（《龟虽寿》），“不感年往，忧时不治”（《秋胡行》）。另一篇《蒿里行》则十分同情地描绘了人民在军阀内战中所受的痛苦，并严厉斥责了军阀们的尔虞我诈：

关东有义士，兴兵讨群凶，初期会盟津，乃心在咸阳。军合力不齐，踌躇而雁行。势利使人争，嗣还自相戕。淮南弟称号，刻玺于北

> 方。铠甲生虮虱，万姓以死亡。白骨露于野，千里无鸡鸣。生民百遗一，念之断人肠。

《诗品》评论曹操的诗说："曹公古直，甚有悲凉之句。"古直是由于主观的个性和素养，悲凉则系于客观的环境和题材。而他的儿子曹植则被评为："骨气奇高，词采华茂，情兼雅怨，体被文质。"敖陶孙《诗评》也说："魏武帝（操）如幽燕老将，气韵沈雄。曹子建（植）如三河少年，风流自赏。"曹氏父子由于整个时代、个人环境的不同而产生的风格上的差异，实质上也表明建安诗歌随着时代发展而演进。

曹植（192—232）虽然也说自己"生于乱，长于军"，但他从事创作活动却是在曹操已经巩固了自己的政权以后。他不像父亲是个创业的英雄，也没机会像其兄曹丕那样成为继位之君，他只是一个华贵公子。由于出生在一个文学气氛很浓厚的环境里，从小受父兄的影响和朋友的熏陶，加上资质聪颖，他在文学方面很早就积累了丰厚的修养，并为日后的发展打下了坚实的基础。从民间乐府来的五言诗到了他手里，比起古诗来，语言上有了更多的加工。所以，曹操的风格只是古直，也就是有风骨，有气魄，而曹植除了这种奇高的骨气外，更有华茂的词采，而且能把二者巧妙地统一在他的诗作中。这一进步是同时的其他诗人所共有的，但在曹植的诗作中表现得特别鲜明。因此，他就成了建安诗人的代表。

这些诗人都有反映当时社会状况的诗歌，例如曹植的《送应氏》：

> 步登北邙阪，遥望洛阳山。洛阳何寂寞，宫室尽烧焚。垣墙皆顿擗，荆棘上参天。不见旧耆老，但睹新少年。侧足无行径，荒畴不复田。游子久不归，不识陌与阡。中野何萧条，千里无人烟。念我平常居，气结不能言。

这是曹植送别诗人应玚、应璩兄弟的诗。经过战乱，东汉首都洛阳的残破景象给他留下了难忘的印象。不仅洛阳，其他地方也都如此。在地位仅次于曹植的另一位五言诗人王粲的《七哀诗》里，我们看到长安也是同样的情形。在这些作品中，诗人对人民确实是怀有丰富的同情心的。

西京乱无象，豺虎方遘患。复弃中国去，委身适荆蛮。亲戚对我悲，朋友相追攀。出门无所见，白骨蔽平原。路有饥妇人，抱子弃草间。顾闻号泣声，挥涕独不还。“未知身死处，何能两相完。”驱马弃之去，不忍听此言。南登霸陵岸，回首望长安。悟彼《下泉》人，喟然伤心肝。

在当时整个时代风气的影响之下，曹植虽然是一个贵公子，过着豪华的生活，然而也同样希望靖乱立功，“戮力上国，流惠下民”（《与杨德祖书》）。但他的地位比较特殊，除了早年比较自由以外，由于其兄魏文帝曹丕和其侄子魏明帝曹叡的忮刻，他后半生不断地遭受着疑忌、排挤和压迫。因此，他希望建功立业的心，就格外迫切。他想用功业来证明自己，解放自己，肯定自己。在曹植的诗中，就有着更强烈的自我表白、自我赞颂，比如下面这一篇出以比兴的《美女篇》：

美女妖且闲，采桑歧路间。柔条纷冉冉，落叶何翩翩。攘袖见素手，皓腕约金环。头上金雀钗，腰佩翠琅玕。明珠交玉体，珊瑚间木难。罗衣何飘飖，轻裾随风还。顾眄遗光采，长啸气若兰。行徒用息驾，休者以忘餐。借问女安居，乃在城南端。青楼临大路，高门结重关。容华耀朝日，谁不希令颜？媒氏何所营，玉帛不时安。佳人慕高义，求贤良独难。众人徒嗷嗷，安知彼所观。盛年处房室，中夜起长叹。

这个“盛年处房室，中夜起长叹”的美女，就是年富力强而怀才不遇的曹植的化身。这首诗，在内容上，代表着曹植创作的一个重要方面，就是希望别人认识重视自己的才华，希望自己有所表现，而在形式上，又代表着他创作的艺术成就，就是“文采缤纷而不离闾里歌谣之质”（黄季刚《诗品讲疏》），总起来说，就是“情兼雅怨，体被文质”。这首诗的原型是乐府《陌上桑》。乐府歌辞本来偏重叙事，建安诗人加以改造，用它们的调子来写抒情诗。这样，乐府和古诗在文学上的区别就逐渐消失了。这种现象，从曹植起才显著，《美女篇》也可以为证。

在诗史上，紧接着建安时代的，是魏废帝曹芳的正始时代（240—248）。继曹植而起的大作家则是阮籍（210—263）。他是建安七子之一、曹植的诗友阮瑀的儿子。曹植死时，阮籍已经二十三岁了。由于曹植晚年行动不自由，我们没有发现这两个诗人相互交往的迹象。而且由于政治局势、社会思想的改变，建安诗人"梗概多气"的传统到了阮籍的时代不仅没有获得进一步发展，反之，阮籍在自己的创作中表现了几乎与前一阶段相反的感情和风格。

阮籍生活在曹魏由隆盛转到衰微的时期。从魏废帝起，魏国的政治实权已落到了出身高门的司马氏手里。高门地主再度得势，寒门地主所建立的曹魏政权则日趋没落了。司马懿父子继承着曹魏那一套政治权术，翦除了以曹爽为首的宗室大臣，又大杀拥护曹魏的知名人士。249 年的高平陵之变，不仅曹爽等被夷三族，而且同日斩戮，名士凋零过半。在这种情况下，汉末以来的隐逸思想更加发展了。老庄哲学成为不愿意与新政权合作的人们的精神避难所。这样就产生了名教、自然两派的对立。当时的自然派中，主要人物为嵇康、阮籍、山涛、向秀、阮咸、王戎、刘伶等人，他们"相与友善，游于竹林，号为七贤"(《三国志·魏志·嵇康传》裴松之注引《魏氏春秋》)，而阮籍则是其中最有文学成就的一位。

自然派这种消极的不合作主义和反抗精神，一方面固然是对旧政权的拥护和对新政权的反对，有时也发展到对一切统治阶级都加以反对，认为名教的出现就是祸患的根苗，秩序的规定，就是争夺的开始，因此希望回到原始社会的生活中去。当然，这两者的区别有时并不十分明确，但就其反对统治阶级、鄙视虚伪的礼法名教来说，却有其积极进步的意义。

《晋书》本传说："籍本有济世志，属魏晋之际，天下多故，名士少有全者，籍由是不与世事，遂酣饮为常。""发言玄远，口不臧否人物。"但同时，阮籍又"尝登广武，观楚汉战处，叹曰：'时无英雄，使竖子成名'"。"时率意独驾，不由径路，车迹所穷，辄痛哭而反"。这种互相矛盾的思想感情和行为其实泄露了他内心难以名状的痛苦。就是在这种矛盾和痛苦的基础上，产生了他“志在刺讥，而文多隐避，百代之下，难以情测”（颜延年《咏怀诗注》）的《咏怀诗》。

《咏怀诗》九十五首（其中五言八十二首）不是一时一地之作，但其风格情调却颇为一致。在这些诗中，最容易使我们深受感动的是作者所暗示的由于政治上的窒息而引起的消极的人生嗟叹。

> 嘉树下成蹊，东园桃与李。秋风吹飞藿，零落从此始。繁华有憔悴，堂上生荆杞。驱马舍之去，去上西山趾。一身不自保，何况恋妻子。凝霜被野草，岁暮亦云已。

同时，对于司马氏势力及司马氏新政权的不合作态度，对于传统礼法名教的反抗，在一些篇章中也比较明显。

> 二妃游江滨，逍遥顺风翔，交甫怀环佩，婉娈有芬芳。猗靡情欢爱，千载不相忘。倾城迷下蔡，容好结中肠，感激生忧思，萱草树兰房。膏沐为谁施，其雨怨朝阳。如何金石交，一旦更离伤。
>
> 洪生资制度，被服正有常。尊卑设次序，事物齐纪纲。容饰整颜色，磬折执圭璋。堂上置玄酒，室中盛稻粱。外厉贞素谈，户内灭芬芳。放口从衷出，复说道义方。委曲周旋仪，姿态愁我肠。

前一首暗指司马氏和曹氏之间有始无终的关系，讥刺所谓的“金石交”比男女之爱还要反复多变，显然表示了作者的政治立场。后一首更是对当时虚伪的“礼法之士”的尖锐攻击。在《大人先生传》中，阮籍曾指出：“古者无君而庶物定，无臣而万事理。……君立而虐兴，臣立而贼生。造制礼法，束缚下民。”诗中所写的这个儒生矫言饰行，道貌岸然，其实正像《大人先生传》中所描绘的那个“动静有节，趋步商羽，进退周旋，咸有规矩”的儒生一样虚伪可厌。

阮籍的内心无疑是痛苦的，常常怀着愤激的情绪。然而在当时的形势之下，他又常常有意掩蔽这种痛苦，无处也无法痛快地发泄自己的愤激，所以只能通过日常事物，以朴素的外表隐约地露现心灵的痕迹，这也就是前人讲的“阮旨遥深”（《文心雕龙·明诗》），“言在耳目之内，情寄八荒之表。”（《诗品》）

西晋是一个只有五十二年的短命王朝。在这个非常短促的时代里，统治阶级内部的矛盾却非常激烈，这些矛盾的集中爆发便是八王之乱。这个时候，自然派与名教派的矛盾已经由于统治阶级的大杀自然派，而逐渐消除了。例如与阮籍齐名的嵇康是被司马昭借口违反名教杀了的，嵇康的儿子嵇绍却做了官，并成为晋朝死节的忠臣。山涛荐举嵇绍做秘书丞时，就是这样对嵇绍说的：“为君思之久矣。天地四时犹有消息，而况人乎？”（《世说新语·政事》）同时，王戎问阮籍的侄孙阮瞻：“圣人贵名教，老庄明自然，其旨同异？”阮瞻回答：“将毋同。”王戎大为赞赏，即刻请他做官（《晋书·阮瞻传》）。在晋武帝太康时代（280—289），国家统一，政治达到短期稳定，文坛上又热闹起来。历来认为能代表这一时期文学的，是张华、三张（张载、张协、张亢）、二陆（陆机、陆云）、两潘（潘岳、潘尼）、一左（左思），在他们的创作成就中，诗歌又是最突出的。

傅玄（约 217—278）的时代较这些太康诗人稍早。他学识渊博，长于音律，是西晋郊祀宗庙乐曲的主要作者之一。他的诗善于叙写儿女之情，模拟汉魏乐府而略加变化，注意辞藻的修饰。张华（232—300）少年贫贱，后来贵为晋室老臣，以博闻强记、提携后进为时所称。他的诗雍容温雅，辞藻雕丽，有时不免斫伤其自然灵动之气。这一倾向在二陆、两潘的诗作中也有不同形态的表现。潘岳（247？—300）情深辞丽，史称“辞藻绝丽，尤善为哀诔之文”（《晋书·潘岳传》）。《悼亡诗》抒写丧偶之痛，以情驱辞，情文相生。其同时代的诗人孙楚《除妇服诗》和嵇含《伉俪诗》同写伉俪之情，也颇有名于时，可与潘诗鼎足而三，但仍不免略逊一筹。陆机（261—303）天纵多才，他的诗作着意于词藻形式方面的经营，虽然词采富丽，句式工整，但气韵稍嫌不足。《赴洛道中作》、《猛虎行》等名篇，则是他自觉或不自觉地摆脱积习的结果。陆机以才学为凭恃，炼词琢句，其诗中开始出现“清露坠素辉，明月一何朗”（《赴洛道中作》）一类的佳句，从此，中国诗史进入了有句可摘的“秀句”时代。《诗品》曾说:“陆才如海,潘才如江。”《世说新语·文学篇》注引孙绰语云:“潘文烂若披锦,无处不善,陆文如排沙简金,往往见宝。”都指出了潘、陆诗的特点及其长短之处。潘尼与潘岳、陆云与陆机诗风相近,而才学较后者则有所不及。总的来看,他们的这种倾向固然是由其所处的时代及生活情感所致,也反映了魏晋诗歌由质趋文的历史趋势,同时恐怕也是五言诗语言艺术实验的必经之路。因此,我们可以总结西晋诗坛的时代风气为:华美而有些缛丽,典雅而有些芜杂、板滞。

西晋后期,左思、张协、刘琨、郭璞等人从这种风气之中突围而出。左思(约250—约305)出身寒微,在政治上又不十分得意,因而,他的诗比较能够继承建安时代慷慨任气的传统。在《杂诗》中,他曾说:“高志局四海,块然守空堂。壮齿不恒居,岁暮常慨慷。”表达了自己壮志不得伸展的慷慨之情。在《招隐》中,他则抒发了追求高蹈逍遥的隐居生活的愿望:“非必丝与竹,山水有清音。”“相与观所尚,逍遥撰良辰。”这也正是左思的代表作《咏史》八首中的两种基调。这组诗突破了班固《咏史》以叙事为主、规行矩步的旧格式,以咏史为表,以咏怀为心。诗人全以己意驱使史事,或专咏一事,或合写数人,直抒胸臆。他满腔热血,胸怀着宏伟的抱负,“长啸激清风,志若无东吴。铅刀贵一割,梦想骋良图”(其一),期望建功立业,创立不朽英名。然而,现实社会政治中的门阀制度,只给他带来压抑和蜷曲:“世胄蹑高位,英俊沉下僚。地势使之然,由来非一朝”(其二),这也正是所谓“上品无寒门,下品无士族”(刘毅《上疏请罢中正除九品》)。但是,左思在思想上并没有屈服,在精神上并没有萎缩。他以“振衣千仞冈,濯足万里流”的高蹈豪情,以骄傲倔强的自我,藐视豪族,鄙富贵如浮云。因此,他常引“功成不受爵,长揖归田庐”(其一)的先贤段干木、鲁仲连等人为同调,并借高歌燕市、旁若无人的荆轲,显示自己的傲骨。他也以古代不遇的冯唐、寂寞的扬雄来自我安慰。由压抑而生的愤慨之气,使其诗作显得气势充沛饱满,这也就是前人所谓“左思风力”(《诗品》中品陶渊明条)。正是这种情感力量激发了他的艺术创造激情,避免了为文造情和意为辞蔽的毛病。左思还有一篇《娇女诗》,描摹女儿天真活泼的娇憨情态，充满纯真的童趣，体现深挚的父爱，也是富有独创的。

三张之中，张协（？—307）“诗独劲出”（张溥《汉魏六朝百三家集·张孟阳景阳集题辞》）。张协与其兄张载不贪禄位，知命见机，有高尚之怀。他的《杂诗十首》善于写景状物，清丽警策，忧时叹世，感慨贪荣躁进之流俗，都以比兴之笔出之。这一表现手法显然出自阮籍《咏怀》。张诗深曲不及阮籍而明朗过之，健拔不如左思而细密过之。

和左思一样，刘琨（271—318）也曾奔走权门，为当时贵戚贾谧门下二十四友之一。他早年曾追慕老庄，放旷不羁，日常生活奢豪浮华。307年，他出任并州刺史，目睹人民流散、国家离乱，衷心感动，乃自我矫励。他的诗现存四篇，都是在“既体良材，又罹厄运”的中年以后所作，属于《诗品》中所谓“善叙丧乱，多感恨之词”一类的作品。《扶风歌》和《重赠卢谌》是刘琨的代表作，篇中充满了清刚超拔之气。早在赴任并州刺史时，他就有一些不祥的预感：“惟昔李骞期，寄在匈奴廷。忠信反获罪，汉武不见明。我欲竟此曲，此曲悲且长。弃置勿复陈，重陈令心伤。”（《扶风歌》）结果却不幸言中。由于偏安江左的小朝廷不肯大力支持他的抗敌事业，权臣王敦又蓄意谋害他，也由于他自己在政治策略上犯了错误，轻信了鲜卑族的段匹磾，刘琨终于为段匹磾所害。在被段匹磾所执自知必死之时，他惦念的不是一己的安危，而是：

> 功业未及建，夕阳忽西流。时哉不我与，去乎若云浮。朱实陨劲风，繁英落素秋。狭路倾华盖，骇驷摧双辀。何意百炼刚，化为绕指柔。
>
> ——《重赠卢谌》

诗句中所写的英雄途穷的幽愤和无奈的长叹，是深刻动人的。

可惜的是，左思寂寞委曲的歌唱，刘琨孤独幽愤的沉吟，在两晋诗坛上都缺少应和者。两晋之际，特别是东晋，弥漫诗坛的乃是玄言诗派。崇尚老庄的思想，始于建安，盛于正始。在最初，老庄之学专为自然派所尊奉，其中往往寄寓着对现实不满或反抗的思想倾向。到后来，名教自然两派合流，成为士大夫的典型的人格构成，玄学清谈也就变成了当时士大夫生活的一种点缀，成为生活情调和人生风度不可缺少的一部分。永嘉之乱，西晋灭亡，中原士大夫纷纷随晋室南渡。他们不敢面对现实，而是苟且偷安，在江左的自然山水中继续他们的玄学清谈。于是，玄学清谈更加发达起来，而且侵入了诗的领域，使当时的诗歌成为老庄哲学的口诀。例如，东晋权臣桓温屡次北伐，曾经收复洛阳，还提议将迁都洛阳，以便进一步恢复中原。而著名的玄言诗人孙绰却上疏反对，认为："校实量分，不得不保小以固存。自丧乱以来，六十余年，苍生殄灭，百不遗一。……播流江表，已经数世。存者长子老孙，亡者丘陇成行，虽北风之思感其素心，而目前之哀实为交切。"(《晋书》本传)这种苟安心理，正是创作玄言诗的一个重要基础。对于这一时期的文学发展，刘勰曾有很精辟的概括："自中朝贵玄，江左称盛。因谈余气，流成文体。是以世极迍邅，而辞意夷泰。诗必柱下之旨归，赋乃漆园之义疏。故知文变染乎世情，兴废系于时序，原始以要终，虽百世可知也。"(《文心雕龙·时序》)

玄言诗缺乏形象，平典似道德论，虽然盛极一时，却是没有艺术多少价值的。历史长河大浪淘沙，玄言诗传到今日的已为数不多。玄言诗的代表人物许询只有两个残篇和一联断句，孙绰还有若干作品传世。但孙绰即使在赠答送别友人的诗作，如《赠温峤诗》、《答许询诗》、《与庾冰诗》之类的作品中，也同样"理过其辞，淡乎寡味"(《诗品序》)，读来不免兴味索然。在刘琨以后，陶渊明之前，这一百年是玄言诗盛行的时代，其时比较有成就的诗人是两晋之际的郭璞(276—324)。郭璞的诗题为《游仙》，其实"词多慷慨，乖远玄宗。其云：'奈何虎豹姿。'又云：'戢翼栖榛梗。'乃是坎壈咏怀，非列仙之趣也。"(《诗品》中)不仅钟嵘所举的这两句佚诗如此，《游仙》诗中到处都能读到诗人的不平之鸣。例如：

> 京华游侠窟，山林隐遁栖。朱门何足荣？未若托蓬莱。临源挹清波，陵冈掇丹荑。灵溪可潜盘，安事登云梯？漆园有傲吏，莱氏有逸妻。进则保龙见，退为触藩羝。高蹈风尘外，长揖谢夷齐。(其一)

郭璞的所谓游仙，其实就是隐遁。他所面临的出世和入世的矛盾和困惑，其实反映了他所代表的中下层地主在门阀制度压抑下的困惑。

> 逸翮思拂霄，迅足羡远游。清源无增澜，安得运吞舟？珪璋虽特达，明月难暗投。潜颖怨青阳，陵苕哀素秋。悲来恻丹心，零泪缘缨流。（其五）

可见他的隐逸实在是走投无路的现实所逼迫的，在萧然放旷轻松高举的外表之下，掩盖的是诗人的忧生愤世之心。他以飘忽的诗思、瑰异的辞采、幽深的诗境，试图扭转永嘉诗坛的平典寡淡的诗风，虽因势单力薄而未能成功，但仍不愧为东晋“中兴第一”（《诗品》）。

东晋末年，当玄言诗已成强弩之末，颓势不可逆转，殷仲文、谢混起来革除孙绰、许询等人的玄言诗风，因而，山水诗继之而兴。从殷仲文、谢混到谢灵运（385—433），从东晋太元（376—396）到宋初元嘉（424—453），山水诗经历了约半个世纪的时间，才真正成熟。太元之时的殷仲文尚未尽除玄气。义熙中（405—418），谢混续以清新的山水景物描写，扫荡玄言诗的余氛。谢混《游西池诗》：“惠风荡繁囿，白云屯曾阿。晨昊鸣禽集，水木湛清华。”这几句诗也正可以移评他的山水诗。但直到谢灵运，山水诗的影响和成就才真正令人刮目相看。

《文心雕龙·明诗》叙述这一变迁和它的表现说：“宋初文咏，体有因革，庄老告退，而山水方滋。俪采百字之偶，争价一句之奇。情必极貌以写物，辞必穷力而追新。此近世之所竞也。”作风由平淡变为清新，题材由玄理变为山水，这一变化无疑为南朝诗歌发展开辟了一条新的路径。然而，从诗史脉络和早期山水诗发展的情况来看，山水诗又可以说是以新姿态出现的玄言诗，在它们之间，存在着密切的关系。

山水诗继承玄言诗而起不是偶然的。在中国文学史上，除了楚辞中反映了南方明丽的景色、汉赋中有若干山林景物的片断的陪衬性的描写以外，东晋以前的诗中，写景的成分是不多的，而且比较集中于行旅和宴游这两类题材的诗里。永嘉乱后，士族南渡，南方美丽的山川自然令他们流连忘返，优游其中，也可以使他们暂时逃避现实。东晋一代的名士，无不与山水结下不解之缘。玄言诗人孙绰、许询，也正是著名的山水爱好者。在他们看来，关注山水正是文学创作所不可或缺的条件。从在山水自然中谈玄论理，过渡到以山水形象来表达玄理，是很自然的。因此，早期的山水诗主要不是为写山水而写山水，而是为表达玄理而写山水，或者说，在山水描写背后，还拖着一条玄言的尾巴。即使在谢灵运的诗作中，也不例外。

谢氏是南朝富有文学传统的大世族之一。谢灵运作为出身高门的贵公子，具有良好的文学素养。他对山水诗的贡献，主要是在艺术技巧方面。

> 潜虬媚幽姿，飞鸿响远音。薄霄愧云浮，栖川怍渊沉。进德智所拙，退耕力不任。徇禄反穷海，卧痾对空林。衾枕昧节候，褰开暂窥临。倾耳聆波澜，举目眺岖嵚。初景革绪风，新阳改故阴。池塘生春草，园柳变鸣禽。祁祁伤豳歌，萋萋感楚吟。索居易永久，离群难处心。持操岂独古，无闷征在今。
>
> ——《登池上楼》

由于赋体文学长于体物，也较早有山水描写的经验，所以，早期山水诗受赋体影响较多，最明显的是有条不紊的细致铺叙。谢灵运本人就是一个有名的赋家，其《山居赋》即以写山水著称。他的山水诗在铺排景物方面，也以用赋笔为特点。这是造成谢诗“繁富”、“富艳”的一个原因。本诗在对偶、音节的安排以及风景的刻画等方面，极力追求工巧。“池塘生春草，园柳变鸣禽”则以善于捕捉大自然的细微变化、感觉尖新、含情绵邈，而被人们称为名句。此外，如《过始宁墅》中的“白云抱幽石，绿筱媚清涟”，《登江中孤屿》中的“乱流趋孤屿，孤屿媚中川”，《石壁精舍还湖中作》中的“林壑敛暝色，云霞收夕霏”等，也都以选词精确、刻画工细见长。

陶渊明(365？—427)是和谢灵运同时代的诗人。他的家世、生活与谢氏颇不相同，在诗的成就上也彼此截然不同。在当时，陶的声誉远不及谢，在唐朝以前，陶氏也很少为人重视。然而，在今天看来，陶的价值却比谢高得多。

陶渊明是晋大司马陶侃的曾孙，但到了他这一代，家道已经没落。在《五柳先生传》中，他曾提及自己的家境是："环堵萧然，不蔽风日，短褐穿结，箪瓢屡空。""性嗜酒，而家贫不能恒得。"这种贫困的境遇，使他在生活上、思想上比较接近人民。他也曾做过小官，但终于因为"不能为五斗米折腰"而辞官归隐。他是一个真正的隐士，正如朱熹说的，"晋、宋间人物，虽曰尚清高，然个个要官职，这边一面清谈，那边一面招权纳货。渊明却真个是能不要，此其所以高于晋、宋人也。"(《朱子语类》卷三十四)他的思想上承阮籍、嵇康，有着正始时代自然派名士的那种洁身自好，能真正体会老庄哲学的无为和自然。他生性喜欢田园生活，而且通过自己的生活实践，对田园生活产生了亲切满足的情感。在诗篇中，他歌颂田园风光，也歌颂自己的躬耕。这种情感，是假隐士所不可能体会到的。这为他赢得了"古今隐逸诗人之宗"的称号。他对隐居生活的真实的喜悦，对于耕作的朴素的感受，在《归去来兮辞》和许多诗篇中都有清晰的反映。

> 少无适俗韵，性本爱丘山。误落尘网中，一去三十年。羁鸟恋旧林，池鱼思故渊。开荒南野际，守拙归园田。方宅十余亩，草屋八九间。榆柳荫后檐，桃李罗堂前。暧暧远人村，依依墟里烟。狗吠深巷中，鸡鸣桑树颠。户庭无尘杂，虚室有余闲。久在樊笼里，复得返自然。
>
> ——《归园田居》其一

> 野外罕人事，穷巷寡轮鞅。白日掩荆扉，虚室绝尘想。时复墟曲中，披草共来往。相见无杂言，但道桑麻长。桑麻日已长，我土日已广，常恐霜霰至，零落同草莽。
>
> ——《归园田居》其二

田园生活使他远离了尘俗的喧嚣，使他接近了人民，养成了朴素、诚实的人格和风格，因此，他的诗也迥异于当时雕琢工巧的风气，而是“文体省净，殆无长语，笃意真古，辞兴婉惬”(《诗品》中)，成为六朝诗人中高出流辈独树一帜的作者。

但陶渊明并非生来就是一个隐士或田园诗人。他之所以归田，正是他在现实社会中挣扎、苦闷而希求解脱的结果。在《饮酒》诗中，他说：“颜生称为仁，荣公言有道，屡空不获年，长饥至于老。虽留身后名，一生亦枯槁。”可见他是不安于枯槁的。这一点，杜甫在《遣兴》诗里早就指出：“陶潜避俗翁，未必能达道。观其著诗集，颇亦恨枯槁。”韩愈在《送王秀才序》中更具体地说：“及诵阮籍、陶潜诗，乃知彼虽偃蹇，不欲与世接，然犹未能平其心，或为事物是非相感发，于是有托有逃者也。”

陶渊明作为一个晋朝大功臣的后代，不可能对桓玄篡位，特别是后来的刘裕篡晋毫无感触。他的家族和这个王朝，在他的主观上，是休戚相关的。司马氏政治的腐败和刘裕取司马氏而代之的行为，不能不在他心上打下深刻的烙印。只是这种触犯时忌的感触，是以十分隐蔽的方式表达的。例如《拟古》中的这一篇：

> 种桑长江边，三年望当采。枝条始欲茂，忽值山河改。柯叶自摧折，根株浮沧海。春蚕既无食，寒衣欲谁待？本不植高原，今日复何悔！

此外如在《咏荆轲》中，他赞美为国复仇的刺客荆轲：“惜哉剑术疏，奇功遂不成。其人虽已没，千载有余情。”可见他咀嚼的是这段历史故事在当时的回味。在《读山海经》中，他歌颂古代神话中不向困难低头、不向强权屈服的精卫和刑天：

> 精卫衔微木，将以填沧海。刑天舞干戚，猛志故常在。同物既无虑，化去不复悔。徒设在昔心，良辰讵可待！

这同样也表达了一种政治态度。

和阮籍一样,陶渊明因为对现实不满,就进一步企图否定现实政治。在著名的《桃花源记》和《桃花源诗》中,他把东晋以来各地在战乱中筑坞壁以自保的那种比较安定的生活加以理想化,幻想出一个“不知有汉,无论魏、晋”(《桃花源记》)和“儿孙生长与世隔,虽有父子无君臣”(王安石《桃源行》)的世界。这一方面显示他和阮籍一派思想相通的地方,虽然因为时移世异,已经比阮籍平和得多;另一方面,也正证明他之成为隐士,乃是“有托而逃”的。

本质上,陶渊明是一个性情高洁而真诚的人,所以,对于当时的社会现实、势利庸俗的官场、斫杀不断篡逆相继的政治,他有的只是厌倦、憎恶、反抗和逃避。他以素朴的语言来描写自然,他用诗的语言建造了一个隐士的世界。他笔下的农村风貌,那么恬静、美好,那么纯洁静穆,使人疑心进入了一个回荡着牧歌的羲皇时代。这当然是经过诗人之心过滤的,与现实有相当大的距离。事实上,现实世界也并不是那么理想,他甚至难免饥饿:

> 饥来驱我去,不知竟何之。行行至斯里,叩门拙言辞。主人解余意,遗赠副虚期。谈话终日夕,觞至辄倾杯。情欣新知欢,言咏遂赋诗。感子漂母惠,愧我非韩才。衔戢知何谢,冥报以相贻。
>
> ——《乞食》

但与精神上的穷困相比,物质上的贫乏还是比较容易度过的,正如诗中所描写的,交结新知的快乐显然远远胜过乞食有得。基本上,陶渊明是满足于隐士生涯的,亲友的情谊,邻里的往来,琴书遣兴,诗酒娱情,给他并不富足的隐居生活带来了很多快乐和安慰,虽然他有时也不免借酒消愁,纵酒寄意。

在《题未定草》中,鲁迅先生曾经指出:“被选家录取了《归去来辞》和《桃花源记》,被论客们赞赏着‘采菊东篱下,悠然见南山’的陶潜先生,在后人心目中,实在飘逸得太久了。但在全集里,他却有时很摩登,‘愿在丝而为履,附素足以周旋,悲行止之有节,空委弃于床前。’(见《闲情赋》)竟想摇身一变,化为‘阿呀呀,我的爱人呀’的鞋子,虽然后来自说因为‘止于礼义’,未能进攻到底,但那些胡思乱想的自由,究竟是大胆的。就是诗,除了论客们所佩服的‘悠然见南山’之外,也还有‘精卫衔微木,将以填沧海。刑天舞干戚,猛志故常在’之类的‘金刚怒目’式,在证明着他并非整天整夜的飘飘然。这‘猛志故常在’和‘悠然见南山’的是一个人,倘有取舍,即非全人,再加抑扬,更离真实。”这是对陶渊明的人格及风格的精辟阐述。我们即以此来终结我们对从汉末到宋初三百年诗歌发展大势和重要诗人风貌的粗略的描述。

第十章　文的骈化和诗的律化

骈化的三个表现　汉语骈化的根源与起源　六朝文章骈化的进程　南朝徐陵、庾信的骈文　律诗构成的基本条件　永明声律论与新变体　谢朓等人与齐梁诗的律化　声律论的深化与新变体向律体的过渡　鲍照的七言诗创作　七言诗的律化　绝句的产生与律化　小结

文的骈化和诗的律化，是中古文学史上一个非常重要的现象。这一变化萌芽于建安时代，而初步完成于南朝，其标志是骈文形式的成立和律诗形式的基本完成，并由此导致文言与口语分家并且日益疏远。

这一变化主要体现在三个方面。首先是句子由奇句变成偶句，也就是刘知几所说的“编字不只，捶句皆双。修短取均，奇偶相配。故应以一言蔽之者，辄足为二言；应以三句成文者，必分为四句”。（《史通·叙事》）只有这样，才能使文字在内容上、形式上（字义、语法……）都整齐对称。其次是句子与句子之间音节和谐。利用平仄或四声造成相间相重，除了诗赋句尾原须押韵外，文章句尾一字也须平仄互用，乃至于每句之中，平仄也有定式。这也就是刘勰所说的“异音相从谓之和，同声相应谓之韵”（《文心雕龙·声律》）和沈约所说的“若前有浮声，则后须切响。一简之内，音韵尽殊；两句之中，轻重悉异”。（《宋书·谢灵运传论》）第三，就是用典或隶事。用典本来属于修辞范围，和文学的骈偶、声律没有直接联

系，而且它是在骈文、律诗产生以前就在文学中存在的。但是在南朝时代，它却和前二者密切结合，成为当时文学中十分流行的风气，这正如钟嵘所说的“辞不贵奇，竞须新事”(《诗品序》)，或者如萧子显所说的“缉事比类，非对不发”(《南齐书·文学传论》)。

宋、齐以来，这种骈偶、声律、用典的风气盛行于文坛，到梁、陈时代发展到了最高点。这与汉语言文字的特点、魏晋以来的社会文化背景、文人的生活形态以及当时的文学思想都有一定关系。

汉语言文字绝大多数一字一音、一音一义，可以在字义上、语法上、音节上用许多人为的方式来排列和组合，使骈偶成为可能。魏晋以来，由于佛经转读方法从印度输入，促进了汉语声韵学的研究，到南朝时代，四声的辨析已经相当明确。同时，由于逐渐与音乐分家，诗歌也要求有本身的形式美和音节美，促进了对诗歌形式和音节的讲究。三国魏之后，类书越来越多，既便利了创作中的逞才骋学，也助长了诗文中的用典风气。

从文学本身的发展看，建安文学虽然已经较多地注意艺术技巧，但那时的文学仍然不脱慷慨磊落的特征；它美丽，却不失其健康。西晋潘陆以后，文胜质成为文坛风气，绝大多数文士越来越沉醉于艺术形式的钻研。宋齐以来，诗文创作中的贵游生活题材所占比重越来越大，在梁代宫廷特别是简文帝萧纲在东宫之时，以描写贵族们奢侈艳逸生活为主、以靡丽流荡为特征的宫体诗盛极一时，也助长了文学中的骈偶、声律以及用典的风气。《隋书·经籍志》说：“梁简文(萧纲)之在东宫，亦好篇什。清词巧制，止乎衽席之间，雕琢蔓藻，思极闺闱之内。后生好事，递相放习。朝野纷纷，号为宫体。流宕不已，讫于丧亡。陈氏因之，未能全变。”追源溯流，这类文学创作其实在宋、齐之时就已开始，直到陈朝亦未消歇，只是在梁简文帝之时弥漫朝野、风气最盛而已。

个别的骈偶句子在汉语文学中出现是非常早的。《诗三百篇》的第一篇《关雎》就有“参差荇菜，左右流之，窈窕淑女，寤寐求之”这样对仗十分工整的句子。其他如“学而不思则罔，思而不学则殆”(《论语·学而》)、“不敢请耳，固所愿也”(《孟子·公孙丑下》)、“举世而誉之而不加劝，举世而非之而不加沮，定乎内外之分，辩乎荣辱之境”，“日月出矣，而爝火不息，其于光也，不亦难乎！时雨降矣，而犹浸灌，其于泽也，不亦劳乎”（《庄子·逍遥游》），诸如此类的话，在先秦文学中真是俯拾皆是的。这说明汉语中确实存在一种易于构成骈偶的因素。

从东汉开始，文学语言开始在句意方面由单趋复，发展出骈偶的倾向。魏晋以后，由于开始重视和讲求文学的艺术技巧，扇扬了质文递嬗的风气，也推动了骈偶的潮流。显著的骈偶现象随之在作品中出现。但这是就总体倾向而言的，具体到各体文学上的影响、表现，则参差不齐。连珠大概是最早骈化的一种文体。当西汉末年扬雄初创此体时，只是粗略偶对而已，句式也并不整齐。东汉时代，班固、蔡邕等人拟作，对偶已相当工整。到曹丕、王粲等人拟作时，连珠以对偶形式设喻以明理的体格已经成为定型了。西晋陆机继作《演连珠》五十首，不仅整体规模大大超过前人，而且裁章置句，对偶工整，精致明丽，熟而生巧，后来居上。试举其中一首：

> 臣闻鉴之积也无厚，而照有重渊之深；目之察也有畔，而眡周天壤之际。何则？应事以精不以形，造物以神不以器。是以万邦凯乐，非悦钟鼓之娱；天下归仁，非感玉帛之惠。

这一组作品中，半数以上的对偶句的句末声调前后抑扬互异，音调爽利。陆机曾经说过：“暨音声之迭代，若五色之相宣。”（《文赋》）虽然他对此有朦胧的感觉，却还不能明确、自觉地追求这种效果。而与之相比，年代较早的曹植《与杨德祖书》则更加粗糙：

> 盖有南威之容，乃可以论于淑媛；有龙泉之利，乃可以议于断割。刘季绪才不能逮于作者，而好诋诃文章，掎摭利病。昔田巴毁五帝，罪三皇，呰五霸于稷下，一旦而服千人。鲁连一说，使终身杜口。刘生之辩，未若田氏，今之仲连，求之不难，可无叹息乎？

很显然，二者的骈化程度不平衡。其中既有文体的原因，又有时代的原因。曹植这段文章句法奇偶相兼，偶句当中，有的仅仅意思相对而结构不对，有的句子结构相对而句中词性不对。而声律方面，则还没有开始讲求。这正是文章初期骈化的特征。

到了晋宋时代，就更进一步以偶句和复意为主，然而在音节、词性等方面，仍然不是十分规律化的。如范晔《后汉书·逸民传》：

> 是以尧称则天，不屈颍阳之高；武尽美矣，终全孤竹之絜。自兹以降，风流弥繁。长往之轨未殊，而感致之数匪一：或隐居以求其志；或回避以全其道；或静己以镇其躁；或去危以图其安；或垢俗以动其概；或疵物以激其清。然观其甘心畎亩之中，憔悴江海之上，岂必亲鱼鸟乐林草哉，亦云性分所至而已。

这段文章全由偶句复意构成。范晔自称"性别宫商，识清浊"（范晔《狱中与诸甥侄书》，见《宋书》本传），也就是说他掌握了声律的规律，但实际上，他所掌握的可能还只是一些基本的规律，应用起来自然不够纯熟。

到了齐代，周颙、沈约、王融之流开始正式研讨四声、八病之类的问题，并在诗文创作中进行实践。骈偶、声律和用典的风气结合起来，使骈文达到了成熟的境地。其代表作家则是梁陈时代的徐陵（507—583）和庾信（513—581）。受南朝民歌和当时宫体艳诗风气的影响，不少骈文都写得十分绮丽。徐陵的《玉台新咏序》就是这一时代风气中产生的典型作品：

> 凌云概日，由余之所未窥；万户千门，张衡之所曾赋。周王璧台之上，汉帝金屋之中，玉树以珊瑚作枝，珠帘以玳瑁为柙。其中有丽人焉。其人也……妆鸣蝉之薄鬓，照堕马之垂鬟。反插金钿，横抽宝树。南都石黛，最发双蛾；北地燕脂，偏开两靥。……惊鸾冶袖，时飘韩掾之香；飞燕长裾，宜结陈王之珮。虽非图画，入甘泉而不分；言异神仙，戏阳台而无别。真可谓倾城倾国，无对无双者也。加以天情开朗，逸思雕华，妙解文章，尤工诗赋。琉璃砚匣，终日随身；翡翠笔床，无时离手。清文满箧，非惟芍药之花；新制连篇，宁止蒲萄之树。九

日登高，时有缘情之作；万年公主，非无诔德之辞。其佳丽也如彼，其才情也如此。

庾信早年的作品也和徐陵的一样，以贵游生活题材为主，充满宫体文学的绮丽色彩。如“出丽华之金屋，下飞燕之兰宫。钗朵多而讶重，髻鬟高而畏风。眉将柳而争绿，面共桃而竞红。影来池里，花落衫中”（《春赋》），就是一例。梁末大乱，庾信羁留北地，由魏入周，屈身异族，家国沧桑之感，北地风云之气，使得他的作品平添老成健笔，变得悲壮苍凉。代表当时骈文最高成就的《哀江南赋》，就是他在北周时回想侯景乱梁前后的情形而作的，堪称是一篇萧梁王朝的衰亡史。现实生活的惨痛教训使他超越了宫体文学的那种感情、题材和风格，使他能用骈体这种十分精致的形式，蘸着血泪，写出了这篇悲哀危苦之辞：

天道周星，物极不反。傅燮之但悲身世，无处求生；袁安之每念王室，自然流涕。昔桓君山之志事，杜元凯之平生，并有著书，咸能自序。潘岳之文采，始述家风；陆机之词赋，先陈世德。信年始二毛，即逢丧乱，藐是流离，至于暮齿。燕歌远别，悲不自胜；楚老相逢，泣将何及。畏南山之雨，忽践秦庭；让东海之滨，遂餐周粟。下亭飘泊，高桥羁旅，楚歌非取乐之方，鲁酒无忘忧之用。追为此赋，聊以记言。不无危苦之辞，惟以悲哀为主。

由上面的一些例子可以看出，骈文的基本规律首先是多用骈偶。在偶句之中，语法的结构和文字的意义都要相对。但每句字数并无限制，唐以来虽进一步形成所谓“四六”，但也仅是四字句和六字句较多，并非不可以使用其他字数的句子。同时，在偶句中，也仍然有奇句存在，并非一直偶对到底。其次则是讲求声律，只特别注意句末音节的相间相重，如单句末字是仄，则双句是平，反之亦然。但构成每一个句子本身的音节平仄，并没有严格的限制。因此，比起律诗来，它还不算是规律最严格的样式。

律诗的构成，基本上要包括这样一些条件：一、全篇要以五言句或七言句构成，不能长短参差。二、每篇除了起头两句和结尾两句外，一定要用偶句。三、句中某处必须用平声，某处必须用仄声，某处可以随意使用，都有规律，不能违反。四、在音节上，每四句构成一个单元，每八句体现一次相间相重，因此至少要四句才能成为一首绝句，至少要八句才能成为一首律诗。五、除了第一句以外，只有逢双的句子才能押韵，而且必须押韵。六、所押之韵必须平声，而且全篇都要一韵到底，不能中途更换。这种格律形式的奠立，经过了一个长期的实践摸索的过程。在唐以前，还很少见到完全符合这许多条件的作品，偶有所见，也是天成偶得，而非有意为之。所以，齐梁以来的诗还处于古诗与律诗之间的过渡时代。它标志着古诗逐步走向律化，对于这种诗，我们称之为新变体。

从建安以来，诗已经和文一样地倾向骈偶。到了谢灵运，竟有全篇都用对句写成的诗。但律诗的完成，除了骈偶以外，还有一个声律的问题。齐武帝（萧赜）永明七年（489），竟陵王萧子良在当时的京城建康召集了许多善声沙门和审音文士，造经呗新声。受印度梵音学特别是佛经转读及梵呗经声的启发，周颙首先发现了汉语中的平、上、去、入四种声调，著成《四声切韵》一书。这就使得从曹植、陆机、谢灵运、范晔以来不断摸索的声律问题获得了初步的系统的认识。当时的著名诗人沈约，又根据自己对四声的理解，特别是关于对诗文中声调配合以及声病避忌的领悟，撰为《四声谱》。同时文士，如王融、谢朓等人也从而竞相扇扬，并在创作中进行试验，永明声律论盛极一时。《梁书·庾肩吾传》说："齐永明中，文士王融、谢朓、沈约，文章始用四声，以为新变，至是转拘声韵，弥尚丽靡，复逾于往时。"《南史·陆厥传》也说："吴兴沈约、陈郡谢朓、琅琊王融以气类相推毂，汝南周颙，善识声韵。约等文皆用宫商，将平上去入四声，以此制韵，有平头、上尾、蜂腰、鹤膝。五字之中，音韵悉异；两句之内，角徵不同，不可增减，世呼为永明体。"从诗歌形式特别是声律方面来说，永明体是对古诗的变革，因此也称为新变体。

永明声律论的主要内容，从积极方面说，就是调谐平上去入四声，力求做到"一简之内，音韵尽殊；两句之中，轻重悉异"（《宋书·谢灵运传论》）。从消极方面说，则是要避免所谓八病，即平头、上尾、蜂腰、鹤膝、大韵、小韵、旁纽、正纽。平头即在五言诗两句之中，第一字与第六字、第二字与第七字同声；上尾指在五言诗两句之中，第五字与第十字同声；蜂腰是形容五言诗一句之中，第二字与第五字同声；鹤膝则是形容五言诗第五字与第十五字同声；大韵指两句之内，除韵字外其他九字用了同韵部的字；小韵则是指除所用韵外，其他九字中另有同韵相犯的；旁纽指五言诗一句之中用了有双声关系的字；正纽是指同一句中用了同音而不同调的字。需要指出的是，永明声律说虽然确立了平、上、去、入四声，但他们还是将四声当作四个不同声调来使用的，还没有四声二元（即分作平和仄）的概念，也就是说，他们所谓同声异声，都是指四声彼此之间的同和异，而不是近体诗中的平和仄（包括上去入）的同和异。同时，他们将五言分作前二后三两个小句，因而对句中第二字、第五字的声调规定就特别重视，也特别严格。

在永明时代诸诗人中，谢朓（464—499）是最重要的。在南朝诗歌发展史中，他是一个过渡性的人物。一方面，他是谢灵运一派山水诗的结尾，以清丽流转的诗风来纠补艰涩的偏弊；另一方面，又是梁陈宫体艳诗的开头。一方面，他的诗集中有很多古体诗作，另一方面，又出现了一些新变体。例如《之宣城郡出新林浦向板桥》，就与谢灵运的情趣风格很相似，却更加清丽：

江路西南永，归流东北骛。天际识归舟，云中辨江树。旅思倦摇摇，孤游昔已屡。既欢怀禄情，复协沧洲趣。嚣尘自兹隔，赏心于此遇。虽无玄豹姿，终隐南山雾。

而《夜听妓》一类的诗，则基本上已经内容是艳情，而形式是新变体了：

上客光四座，佳丽直千金。挂钗报缨绝，堕珥答琴心。蛾眉已共笑，清香复入衿。欢乐夜方静，翠帐垂沉沉。

随着时间的推移，到梁代前期，就有更多的诗人，如范云、柳恽、吴均、何逊、王籍、朱超等人，能够比较熟练地掌握调谐声调的技巧，选字用词也越来越讲究：

> 居人行转轼，客子暂维舟。念此一筵笑，分为两地愁。露湿寒塘草，月映清淮流。方抱新离恨，独守故园秋。
>
> ——何逊《与胡兴安夜别》

> 艅艎何泛泛，空水共悠悠。阴霞生远岫，阳景逐回流。蝉噪林逾静，鸟鸣山更幽。此地动归念，长年悲倦游。
>
> ——王籍《入若耶溪》

这一时期的五言诗，每篇的长度已经比较稳定，即集中在八句到十二句之间，而八句押平声韵的作品也越来越多起来，以上所举的两篇就是其代表。此外，像吴均《答柳恽》（十句，入声韵）、何逊《赠范记室云》（十句，去声韵）这样的诗篇，虽然在句数多少、押韵特点方面与律诗距离较大，至于炼句选境，却用笔老到，颇见功力。这也是在诗歌律化过程中逐渐成熟起来的艺术。

这种由新变体走向律诗的趋势，在梁代中后期又有了进一步的发展。其标志是刘滔在周颙、沈约等人的四声论的基础上，提出了一套更严密系统的诗律理论。他总结了平声的声调特点，首先将四声区分为平、仄（上、去、入）两大类，并指出五言诗句中第二字与第四字亦不得同声相犯。其后，隋代的刘善经又沿着这一思路，推演出与近体诗非常接近的五言诗句的平仄格式。初唐时代，声律学家元竞进一步明确了平声与上去入的对称关系，从而确立了以平声与上去入声相配对的原则，并提出了换头实质上也即拈二（粘二，即两联之间声调格式基本相同）理论。粘对理论实际上是近体诗格律架构的重要柱石，根据这一理论结句成联，接联成篇，很容易就可以全面确立近体诗的声律模式。经过初唐四杰、沈佺期、宋之问、李峤、杜审言等诗家的共同努力，这一声律格式终于在 7 世纪末 8 世纪初奠立了。

从梁代中后期直到唐初，可以说是由新变体向律体的过渡时期。其间，从梁代中后期到陈代，阴铿、张正见、徐陵、庾信等人的一些作品，已经十分接近唐人律诗。在隋代，杨素、卢思道、薛道衡等人，结合南朝靡丽词采和北地清刚之气，创作出一些清健秀拔的诗歌，为过渡期诗歌的发展指出了向上一路。其中，薛道衡的《昔昔盐》已经具备了排律的雏形。

> 大江一浩荡，离悲足几重？潮落犹如盖，云昏不作峰。远戍唯闻鼓，寒山但见松。九十方称半，归途讵有踪？
>
> ——阴铿《晚出新亭》

> 袅袅河堤树，依依魏主营。江陵有旧曲，洛下作新声。妾对长杨苑，君登高柳城。春还应共见，荡子太无情。
>
> ——徐陵《折杨柳》

> 垂柳覆金堤，蘼芜叶复齐。水溢芙蓉沼，花飞桃李蹊。采桑秦氏女，织锦窦家妻。关山别荡子，风月守空闺。恒敛千金笑，长垂双玉啼。盘龙随镜隐，彩凤逐帷低。飞魂同夜鹊，倦寝忆晨鸡。暗牖悬蛛网，空梁落燕泥。前年过代北，今岁往辽西。一去无消息，那能惜马蹄？
>
> ——薛道衡《昔昔盐》

以上这些，都是就五言诗的律化而说的。如果说五言古诗在汉末即已成熟，那么，五言律诗直到南朝后期才逐渐走向成熟，其间相距三四百年。至于七言诗，它虽然起源甚早，但其势力直到南朝才逐渐发展壮大。由于所处的特殊的时代环境，七言古诗甫一出现，就开始律化。因此，七言古诗和七言律诗成熟的时间是十分接近的。用一句俗语来说，这就叫“起了个大早，赶了个晚集”，或者叫“来得早，不如来得巧”。

年辈略晚于陶、谢的鲍照（约 414—466），是唐以前最重要的七言诗人，也是六朝七言诗的奠基者。他的清寒家世和他的骄傲个性使他能够较少受世俗和传统的文学观念的束缚，大量创作七言这种新的诗体，以自己的艺术创造力培育这棵细弱的文学幼苗。从张衡、曹丕以来只是偶尔被文人们试作的、在西晋时代还被人指为俚俗的七言诗体，到了鲍照手里，才发展到和五言诗一样的高度，焕发出前所未有的光辉。鲍照出身寒门，却生长在士族制度正盛的刘宋时代，"才秀人微，故取湮当代"（《诗品》中），令人感慨。这种人生境遇使他和左思、郭璞一样，在诗中有一股压抑不住的愤激情绪。他申诉自己的困苦，"长叹至天晓，愁苦穷日夕"（《代贫贱苦愁行》）。他指责世俗社会的愚昧，"小人自龌龊，安知旷士怀"（《代放歌行》）。这种不平的声音、愤怒的激情，在长期习惯了清雅华美的诗风的南朝读者看来，当然是对传统的叛逆，是对既有秩序的反抗和破坏，因此，他在当时诗坛的地位是并不高的，但他却对后代诗人特别是唐代大诗人李白产生了很大的影响。

事实上，鲍照本身就是一个有大家气魄的诗人。他的创作取资多方，诸体皆工，诗风亦有多种面目。他从汉魏乐府、文人五言诗、南朝民歌中吸取了多方面的艺术营养，因此，他的诗歌创作也呈现多角度的贡献。他的诗歌题材多样，拟古、咏史、题赠、行旅、咏物，都有佳作，对五言、七言、杂言各体都有相当高的造诣。他的五言诗中有张协的奇诡，也有张华的华丽，有谢混的高峻，却没有他的浅弱，有颜延之的雕藻，而融入了一股超迈之气。他的《咏史诗》像左思一样劲健，而更加夸丽。他的拟古诗，包括诗题中以"代"（或"拟"）字开头的拟古乐府、《拟古诗》、《绍古辞》、《学古诗》、《学刘公干体诗》、《学陶彭泽体诗》等，像陆机一样技巧娴熟，却感慨良深。他有《玩月城西门廨中》那样长于刻画景物的清绮之作，也有《吴歌》三首、《采菱歌》七首、《幽兰》五首这样的艳情丽词，前人所谓鲍照诗"雕藻淫艳，倾炫心魄"（萧子显《南齐书·文学传论》），指的主要就是这一部分作品。至于所谓"险俗"（《诗品》中），则应包括他的以《拟行路难》十八首为代表的七言和杂言体乐府诗。这是鲍照作品中最值得注意、最具独创性的：

泻水置平地，各自东西南北流。人生亦有命，安能行叹复坐愁？

酌酒以自宽，举杯断绝歌路难。心非木石岂无感？吞声踯躅不敢言。

对案不能食，拔剑击柱长叹息。丈夫生世会几时，安能蹀躞垂羽翼。弃置罢官去，还家自休息。朝出与亲辞，暮还在亲侧。弄儿床前戏，看妇机中织。自古圣贤尽贫贱，何况我辈孤且直。

——《拟行路难》

中庭杂树多，偏为梅咨嗟。问君何独然？念其霜中能作花，露中能作实，摇荡春风媚春日。念尔零落逐寒风，徒有霜华无霜质。

——《梅花落》

在声律对偶方面，鲍照的这些诗篇还不是十分讲究的。他的奔放的激情、雄肆的诗笔不愿受整齐划一的诗句的限制，更不愿意规规矩矩地按七言诗的传统做法句句押韵。在这一组诗里，他表达了自己对门阀士族制度的强烈不满，他描写了戍卒生活的苦辛和思妇旷离的悲哀，对于妇女的不幸命运表示了深切的同情。篇中充满了一个被压抑禁锢的灵魂渴望平等向往自由的呼声，以及伴随着这种渴望而来的躁动、失落和无奈。这种激情冲口而出，不拘一格，正是所谓“发唱惊挺，操调险急”（萧子显《南齐书·文学传论》）。传统的模式被鲍照勇敢地打破了，他赢得了自由，七言诗体也因而获得了解放，赢得了广阔的发展空间。也许可以说，是鲍照的振作，带动了七言诗体的振作。鲍照之后，吴均、江总、庾信、卢思道等人在七言诗的创作方面，都各有贡献。他们不仅为唐人七言古诗奠定了基础，也促进了六朝七言诗的律化。例如，庾信、江总等人吸收了当时五言诗律化的成果，发展出六朝七言诗的“新变体”，成为唐人七言律诗的先驱。如下面这一篇：

促柱繁弦非《子夜》，歌声舞态异《前溪》。御史府中何处宿，洛阳城头那得栖？弹琴蜀郡卓家女，织锦秦川窦氏妻。讵不自惊长泪落，到头啼乌恒夜啼。

——庾信《乌夜啼》

很显然,庾信的这种"新变体"七言诗虽然在形式方面比鲍照精致,但它在精神上的鲜活与力度却不能与鲍照的《拟行路难》一类的作品相提并论。同样,卢思道的《从军行》虽然在内容上没有太多新意,在形式方面却是一篇十分成熟的七言歌行,也可以说是初唐歌行的先声:

朔方烽火照甘泉,长安飞将出祁连。犀渠玉剑良家子,白马金羁侠少年。平明偃月屯右地,薄暮鱼丽逐左贤。谷中石虎经衔箭,山上金人曾祭天。天涯一去无穷已,蓟门迢递三千里。朝见马岭黄沙合,夕望龙城阵云起。庭中奇树已堪攀,塞外征人殊未还。白雪初下天山外,浮云直上五原间。关山万里不可越,谁能坐对芳菲月?流水本自断人肠,坚冰旧来伤马骨。边庭节物与华异,冬霰秋霜春不歇。长风萧萧渡水来,归雁连连映天没。从军行,军行万里出龙庭。单于渭桥今已拜,将军何处觅功名?

除了七言诗的律化现象而外,当时还有一种以四句组成的小诗也开始了律化,这就是后来所谓的绝句。由于它篇幅短小,绝句在唐代又被称为"小律诗"。它有两个不同的来源。一个是民间歌曲。吴歌、西曲的最基本的形式就是五言四句,上文提到的鲍照《吴歌》三首、《采菱歌》七首、《幽兰》五首等篇,就是模仿江南民歌五言四句的形式。另一个来源则是古诗。从晋以来,就有一种联句的风气,即由两人或多人共作一首诗,甲先做几句,乙再做几句……凑成一篇。彼此作成了,就称为联句(连句)。只有一个人作成,别人没有联或联不下去,就称为绝句(断句)。这是魏晋以来兴起的许多种文学游戏(包括离合体、建除体、药名诗、集句、字谜等)之一,在当时很盛行。宋明帝(刘彧)曾批评吴迈远说:"此人连(联)、绝之外,无所复有。"(《南史·文学传》)这里,"连(联)、绝"被用作诗的代语,可见它是当时相当流行的一种作诗方式。联句有两人共作的,如:

洛阳城东西,长作经年别。昔去雪如花,今来花似雪。(范云)

濛濛夕烟起，奄奄残晖灭。非君爱满堂，宁我安车辙？（何逊）

——《范广州宅联句》

也有三个人以至更多人参预的联句。如：

家本青山下，好上青山上。青山不可上，一上一惆怅。（何逊）
匣中一明镜，好鉴明镜光。明镜不可鉴，一鉴一情伤。（范云）
少知雅琴曲，好听雅琴声。雅琴不可听，一听一沾缨。（刘孝绰）

——《拟古三首联句》

除了极少数例外，这一时期的联句都是五言体，每人四句，可以押同韵，也可以换韵，总之，是各作各的，并不要求风格、意境等融为一体，因此，每一部分都有很强的独立性，完全可以各自成篇。当这种诗体逐渐摆脱了联句的母体，形成一种独立的五言四句的小诗时，还仍然保留着绝句的名称。同时，文士也在大量拟作吴歌、西曲一类的民歌。这样一来，五言四句的民歌和外形相同的绝句的区别就逐渐消除了。

随着当时文坛之走上骈偶和声律的道路，这种小诗也就一步步地接近新变体，而最终成为后来的“小律诗”。

燕戏还檐际，花飞落枕前。寸心君不见，拭泪坐调弦。

——何逊《为人妾怨》

觉罢方知恨，人心定不同。谁能对角枕，长夜一边空。

——姚翻《梦见故人》

委翠似知节，含芳如有情。全由履迹少，并欲上阶生。

——庾肩吾《咏长信宫中草》

立春才七日，离家已二年。人归落雁后，思发在花前。

——薛道衡《人日思归》

由七言诗发展出来的七言四句的小诗，也就是后来发展为七言的“小律诗”的，在唐以前还不多见，但也并非不可以找出少数的例子：

杨柳青青著地垂，杨花漫漫搅天飞。柳条折尽花飞尽，借问行人归不归？

——（隋）无名氏《送别》

南朝文学自陶渊明和鲍照以后，差不多两个世纪中间，没有产生一个伟大的作家。这一时期的文坛大体上是精致的、萎弱的，只有庾信入北以后的创作，能够振起，融入了北地刚健之气。但是，另一方面，由于南朝作家们追求文学形式之美，对于汉语的语言形式和音节之美，有所钻研，有所发明，因而完成了文的骈化，基本完成了诗的律化。这对于丰富后来古代文学的样式来说，是做出了显著贡献，因而是有积极意义的。

骈文到了徐陵、庾信，可以说是达到了一根曲线的顶点，因此，唐代便展开了一个“起八代之衰”的反骈复古运动。几种主要诗体，从五言古诗、五言律诗、五言绝句到七言古诗（包括杂言古诗）、七言律诗、七言绝句，除了五古以外，在六朝都还处于萌芽状态。诗国的疆土还是十分广阔的，它完全可以继续让唐代的作家们大显身手。于是，唐代就成为中国文学史上诗歌的黄金时代。

第十一章　汉魏六朝小说

小说溯源　汉代的小说著录及两汉小说的主要内容　汉代小说的渊源与所受的影响　佛道二教对六朝小说的影响　干宝《搜神记》与志怪小说　汉译佛经对小说的影响　志人小说　裴启《语林》　代表一个时代的《世说新语》　六朝小说的特点与贡献

"小说"这两个字，最早见于《庄子·外物》："饰小说以干县令，其于大达亦远矣。"其原义是指那些微不足道的细碎言谈，后来就用来指来自街谈巷议的故事传说、短书杂说。桓谭《新论》说："若其小说家，合丛残小语，近取譬论，以作短书，治身理家，有可观之辞。"（《文选》卷三十一江淹《杂体诗·李都尉从军》李善注引）班固《汉书·艺文志》也说："小说家者流，盖出于稗官，街谈巷语，道听途说者之所造也。孔子曰：'虽小道，必有可观者焉，致远恐泥，是以君子弗为也。'然亦弗灭也。闾里小知者之所及，亦使缀而不忘。如或一言可采，此亦刍荛狂夫之议也。"可见在西汉末东汉初，小说已有了指一种文学形式的含义。稗官意即小官，大概就是《左传》襄公十四年中所谓"史为书，瞽为诗，工诵箴谏，大夫规诲，士传言"中的"士"。其职责在于采集街谈巷语道听途说，使王者知闾巷风俗。班固所引的那段孔子的话出自《论语·子张》，其实不是孔子而是其"文学科"的弟子子夏说的。但这可以代表秦汉以后大多数儒家学者对于小说的态度:既轻视又不全盘否定。

《汉书·艺文志》有小说家十五家,一千三百八十篇,从数量上说是颇为可观的,从内容上说,又是极为庞杂的。已知的这些作品所涉及的题材,有封禅、养生、医巫、厌祝、方术等,有不少反映了原始道教的思想。其中如《伊尹说》二十七篇、《师旷》六篇、《天乙》三篇、《黄帝说》四十篇,都是假托古圣先贤以立言叙事,意在取信于人。《虞初周说》九百四十三篇和《百家》一百三十九卷是其中篇幅最大的。据《汉书》原注,虞初是武帝时的方士,河南人,其书内容与通常讲厌祝术数之类的方士书当无大区别。张衡《西京赋》云:"小说九百,本自《虞初》。"就是指这一部《虞初周说》。《百家》则是刘向集编而成的。刘向在秘阁校书时,将其故事可观者条其篇目,以类相从,编成《说苑》一书。其余浅薄不中义理者,另外编为《百家》,这就是后世所谓百家短书一类的东西。可见,诸如此类的丛残小说,在西汉时代民间是颇有流传的,可惜后来多数失传了,在梁朝的时候,传世的已经只有《青史子》一卷。因此,对于它们的内容,我们也就不能详言了。

两汉时代流传下来或旧说相传为两汉时代的小说作品有《燕丹子》、《神异经》、《海内十洲记》、《飞燕外传》、《汉武故事》、《汉武内传》、《汉武帝别国洞冥记》、《汉杂事秘辛》和《西京杂记》等。这些作品中有两个引人注目的题材热点:一是宫廷隐秘,一是与汉武帝有关的故事。这种题材能够吸引大众的兴趣是不用多说的。汉武帝迷信方术热衷求仙,因此,在关于他的小说故事中,常常有一个海外仙境存在。《燕丹子》写燕太子丹遣荆轲入秦刺秦王事,文辞古雅可观,而情节不免夸诞,但很多人认为此书不是汉代而是六朝人的作品。《西京杂记》是葛洪采集汉魏以来流传的百家短书集编而成,属于杂史类的小说,其所叙皆西汉故事,涉及政治斗争、宫闱秘闻、社会风俗、名流佚事以及文章制作等。其中的一些片断,如关于赵飞燕的故事,如记王昭君故事的《画工弃市》,记司马相如卓文君故事的《相如死渴》以及关于汉初宫闱生活的《戚夫人侍儿言宫中乐事》等,都委曲生动,文笔秀逸,在同类作品中是比较突出的。

作为叙事文学,中国小说的最早的渊源应该说是神话传说。神话传说无论把人神化，还是将神人化，多的是以人为中心，而人物也正是小说艺术的中心因素。在汉代小说的发展中，在那些怪诞神异的故事里，仍然可以清楚地看出这些神话传说的影响。另外，战国时代诸子著作中的寓言故事，以及以《左传》、《史记》为代表的史传文学传统对小说也有显著的影响。寓言短小的篇章、深刻的寓意，对汉代小说以及以后的小说创作都有影响。史传文学传统，使小说关注社会，关注现实人生，并以特殊的方式模仿正史，补充正史的不足。在汉代小说中，已有一些杂史或野史类的作品，以“外传”、“内传”、“杂记”命名，就足以表明其朝传记文学靠拢的倾向。同时，道家以及原始道教已经显示了它们对小说的渗透力。最后，小说出于稗官采集这一学术渊源，也对后代小说的产生形式有深远的影响。甚至可以说，中国小说从诞生之日起，就是来自民间，是具有民间传统的文艺。从汉代开始，采集来源丛杂的故事传说编为一书，就成了很常见的小说生产方式。但是，由于受到封建正统政治文化的压抑和排挤，加上文人对小说抱着轻视、游戏的态度，很多小说的作者或编者之名湮没无传，其身世也往往不为人所知。这一状况不仅在汉魏六朝，而且持续到唐宋以后的中国小说史。

佛道二教思想对于六朝小说的影响是很大的。自汉末建安开始，老庄思想在文人中的影响日益显著。素喜通脱旷达的文人，常持一种轻松滑稽的生活态度，日常生活中也好以小说之类的东西自娱娱人。因此，小说也更多地受到了文人的重视。曹植不仅承认“街谈巷说，必有可采”（《与杨德祖书》），而且还能“诵俳优小说数千言”（《三国志·魏志·王粲传》裴松之注引《魏略》）。在曹植的朋友中有一位就是《笑林》的作者邯郸淳，曾在现场欣赏过曹植的表演和谈说。显然，这是邯郸淳《笑林》、《世说新语·排调》、杨松玢（一说当作阳松玠）《解颐》以及侯白《启颜录》一类书或篇章出现的背景。

从汉明帝以来传入中国的佛教，对文人的影响越来越广泛。同时，佛教的因果报应观念，结合道教的鬼神冥界观念，形成了六朝时代十分普遍的民间信仰。在这种思想基础上，产生了六朝时代为数相当可观的一批志怪小说。例如干宝《搜神记》、旧题陶渊明《搜神后记》、刘敬叔《异苑》、祖冲之《述异记》、祖台之《志怪》、刘义庆《宣验记》、《幽明录》、王延秀《感应记》、朱君台《征应传》、东阳无疑《齐谐记》、吴均《续齐谐记》、王琰《冥祥记》、颜之推《还冤志》等。在这些小说中，篇幅最大、内容最丰富的是干宝《搜神记》。据《晋书》本传，干宝（？—336）少年勤学，博览书记，以才器召为著作郎，领国史，著《晋纪》二十卷，简略直婉，当时号为良史。当时人刘惔称干宝为“鬼之董狐”（《世说新语·排调》）。干宝又性好阴阳术数，其父先有所宠侍婢，母甚妒，及父亡，推婢于墓中。干宝其时年幼，未明其事详情。过了十余年，母丧，开墓，婢伏棺上如生，载还家，过若干天才苏醒，具言与其父恩情如生。后来将其出嫁，还生了一个儿子。宝兄曾生病气绝，后来复活过来，说看见了天地间的鬼神，仿佛从一场梦中醒来，不觉得是死了一回。干宝因此受到触动，遂撰集古今神祇及灵异人物的变化事迹，成《搜神记》三十卷。其中大部分采自前人成书，也有一些是作者本人的见闻。

像其他志怪小说一样，《搜神记》的主要意义也并不全在于猎奇，其宗旨也不全是为志怪而志怪，至少从客观效果上说，其中的很多故事都是有其现实立场的。明代吴承恩在他的《禹鼎志序》中说：“虽然吾书名为志怪，盖不专明鬼，时纪人间变异，亦微有鉴戒焉。”这话也可以借来说明以《搜神记》为代表的六朝志怪小说。六朝志怪小说中，很多都具有鲜明的现实性，在《搜神记》中不乏这一类的例子。例如写鬼，也总不失其真，只有“真”的鬼才是可信的，而未必可怖。在著名的宋定伯捉鬼的故事中，宋定伯不仅捉到了鬼，而且变鬼为羊卖羊得钱。作者在轻松的叙述中，赞扬了人的机智，嘲讽了鬼的愚笨。阅读这段故事，毫无闻鬼寒栗的恐惧，反而体会到一种诙谐幽默。

志怪小说中的神仙故事，有很多来自民间故事和神话传说。牛郎织女故事中的董永是个卖身葬父的孝子。天帝得悉此事后，命织女下凡，为董永妻，日织缣一百匹还债，事毕，遂凌空而去。这段故事最初的主题在于劝孝，后来逐渐转变为表现夫妻之恋与母子之情，从伦理的浅表层次，升华到人道人性的高度，但都没有脱离现实的社会。事实上，《搜神记》中也有不少美丽的爱情故事。与美丽的姑娘何氏相爱的韩凭，面对宋康王横刀夺妻的淫威，以自杀表示抗议，何氏也随之跳下高台，双双殉情。埋葬之后，在他们的坟上长出一株相思树，根交枝错，他们的精魂化作鸳鸯一对，在树上交颈悲鸣（卷十一《相思树》）。这与当时流传的孔雀东南飞故事、敦煌《韩朋赋》以及后来的梁祝故事，同是歌颂坚贞不屈的爱情的名篇。此外还有卷十五《河间郡男女》、卷十六《紫玉》、《谈生》等，写人鬼之恋、死生之爱、神鬼幻想，正体现了民间文学的特色。《搜神记》中还塑造了一些具有坚毅和反抗性格的人物形象。例如卷十一《三王墓》中誓死为父亲干将复仇的赤比以及借头勇士，又如卷十九《李寄》中因家贫而卖身饲蛇、最终独力斩妖的英雄李寄，都是值得关注的。

现存的《搜神记》虽然已不完整，但其篇幅还是可观的。它的意义还在于搜罗保存了晋以前神怪灵异的故事和民间传说。有些故事情节虽然简单，却为后来的文学创作提供了素材和想象发挥的基础，例如卷十一《东海孝妇》是王实甫等人的诸种《于公高门》及关汉卿《窦娥冤》所自出，《三王墓》则为鲁迅的小说《铸剑》提供了题材原型。在《搜神记》之后，志怪小说类型吸引了很多后来者的仿学。然而，继起者往往遗神取貌，或者一味追求其怪诞神异，或者以实录相标榜，或者津津乐道三教神鬼冥界鬼域的名目，缺乏文采想象，更无情思，只有自称"才非干宝，雅爱搜神"（《聊斋志异序》）的蒲松龄《聊斋志异》，堪称其最佳后劲。

佛教对小说的影响不限于思想方面，也包括一些具体故事情节。特别是魏晋以后日益增多的汉译佛经，在民间以及知识界都有很大影响，对小说的影响也是多方面的。例如三国吴康僧会译《旧杂譬喻经》，其中都是一些印度的寓言故事，是佛教为了说明某种理论或某种道理而作。在一段意在说明"天下不可信，女人也"的故事中，有下面这样的情节：

> 时道边有树，下有好泉水。太子上树，逢见梵志，独行来入水池浴，出饭食。作术吐出一壶，壶中有女子，与于屏处，作家室。梵志遂得卧。女人则复作术，吐出一壶，壶中有年少男子，复与共卧，已，便吞壶。须臾，梵志起，复内妇著壶中，吞之已，作，杖而去。

就是后来梁代吴均《续齐谐记》中著名的“阳羡书生”故事的蓝本：

> 阳羡许彦，于绥安山行。遇一书生，年十七八，卧路侧，云脚痛，求寄鹅笼中，彦以为戏言。书生便入笼。笼亦不更广，书生亦不更小，宛然与双鹅并坐，鹅亦不惊。彦负笼而去，都不觉重。前行，息树下，书生乃出笼，谓彦曰：“欲为君薄设。”彦曰：“善。”乃于口中吐出一铜奁子，奁子中具诸肴馔，海陆珍羞方丈。其器皿皆铜物，气味香旨，世所罕见。酒数行，谓彦曰：“向将一妇人自随，今欲暂邀之。”彦曰：“善。”又于口中吐出一女子，年可十五六，衣服绮丽，容貌殊绝，共坐宴。俄而书生醉卧，此女谓彦曰：“虽与书生结好，而实怀外心。向亦窃得一男子同行。书生既眠，暂唤之，君幸勿言。”彦曰：“善。”女子于口中吐出一男子，年可二十三四，亦颖悟可爱。乃与彦叙寒温。书生卧欲觉，女子口吐一锦行障遮书生。书生乃留女子共卧。男子谓彦曰：“此女子虽有情，心亦不甚尽。向复窃得一女子同行，今欲暂见之，愿君勿泄。”彦曰：“善。”男子又于口中吐一妇人，年可二十许。共宴酌戏谈甚久。闻书生动声，男子曰：“二人眠已觉。”因取所吐女人，还纳口中。须臾书生处女子乃出，谓彦曰：“书生欲起。”乃吞向男子，独对彦坐。然后书生起。谓彦曰：“暂眠遂久，君独坐，当悒悒邪。日又晚，当与君别。”遂吞其女子、诸器皿，悉纳口中，留大铜盘，可二尺广，与彦别曰：“无以藉君，与君相忆也。”彦太元中为兰台令史，以盘饷侍中张散。散看其铭题，云是永平三年作。

这段故事的作者与故事背景在吴地，而《旧杂譬喻经》正是吴人所译，这当然不是偶然巧合。显然，在《续齐谐记》中，这段印度故事经过了本土化，故事的情节大大丰富了，文字也增加了修饰，而主要人物、道具及至讽喻的主题还保留不动。

按鲁迅《中国小说史略》的说法，魏晋南北朝小说可分为志人和志怪两大类型。志人小说的产生，离不开汉末以来品鉴人物的风气以及魏晋以来越来越盛的清谈玄风。这种品评，包括人的学问文章、容貌举止、言语应对、气量见识、性格行事等等。魏晋南北朝最重要的志人小说——《世说新语》的全书内容分为三十六门，依次为：

> 德行、言语、政事、文学(以上孔门四科)、方正、雅量、识鉴、赏誉、品藻、规箴、捷悟、夙惠、豪爽、容止、自新(以上大抵为正面评述)、企羡、伤逝、栖逸、贤媛、术解、巧艺、宠礼、任诞、简傲、排调、轻诋(以上或褒或贬)、假谲、黜免、俭啬、汰侈、忿狷、谗险、尤悔、纰漏、惑溺、仇隙(以上多为反面叙述)。

从这些门类标题中，也能看出当时人物品鉴的大概内容。

裴启《语林》是比《世说新语》更早的一部志人小说。裴启，字荣期，河东闻喜人，少有才气，好论古今人物，而终生未仕。东晋隆和中(362—363)，他撰集汉魏以来至东晋之时贤人君子的嘉言懿行，著成《语林》一书。其书一出，“大为远近所传，时流年少，无不传写”(《世说新语·文学》)，影响之广，以致当时人称为“裴氏学”。当时的名流世家子弟也争相传抄并谈论此书。庾亮的小儿子庾道季就在谢安面前称述此书。《世说新语·轻诋》记：

> 庾道季诧谢公曰：“裴郎云：‘谢安谓裴郎乃可不恶，何得为复饮酒？’裴郎又云：‘谢安目支道林，如九方皋之相马，略其玄黄，取其隽逸。’”谢公云：“都无此二语。裴自为此辞耳。”庾意甚不以为好，因陈东亭《经酒垆下赋》。读毕，都不下赏裁，直云：“君乃复作裴氏学！”于此《语林》遂废。今时有者，皆是先写，无复谢语。

谢安以名公巨卿的身份，对一个布衣文士的书作如此苛刻的评论，一言九鼎，使此书声誉一落千丈，其影响大为衰减，最终导致此书在唐初过早散佚了。但在当时以及后世，此书并没有完全销声匿迹。宋临川王刘义庆命门下文学之士纂集《世说新语》和《幽明录》，其中《世说新语》一书有八十二条采袭自《语林》，占后人辑佚所得的《语林》全部一百八十余条佚文的将近一半。其中所记史实，如关于晋成帝时庾氏专权之类，可以弥补史传阙文，其他记载也往往可以广见闻、证风俗。如记钟会语曰："吾少年时一纸书，人云是阮步兵书，皆字字生义，既知是吾，不复道也。"说明了时人贵远贱近的风俗。又如关于桓温的一段逸事：

> 桓温自以雄姿风气，是司马宣王、刘越石一辈器，有以比王大将军者，意大不平。征苻健还，于北方得一巧作老婢，乃是刘越石妓女，一见温入，潸然而泣。温问其故，答曰："官家甚似刘司空。"温大悦，即出外修整衣冠，又入，呼问："我何处似司空？"婢答曰："眼甚似，恨小；面甚似，恨薄；须甚似，恨赤；形甚似，恨短；声甚似，恨雌。"宣武于是弛武解带，不觉昏然而睡，不怡者数日。

文字轻松诙谐，涉笔成趣，颇得幽默三昧。

《语林》的同类书还有东晋袁宏的《名士传》。无独有偶，《名士传》甫出，也被谢安当头泼了一盆冷水："我尝与诸人道江北事，特作狡狯耳，彦伯（袁宏字）遂以著书。"（《世说新语·文学篇》）但书中所记，也颇有可采者，如：

> 伶字伯伦，沛郡人，肆意放荡，以宇宙为狭。常乘鹿车，携一壶酒，使人荷锸随之，云"死便掘地以埋"。土木形骸，遨游一世。
>
> ——《世说新语·文学》"刘伶著《酒德颂》"条注引

《世说新语》成书在上述二书之后。一方面，它取材更广，搜罗更富，后出转精，是同类书中的集大成之作；另一方面，由于临川王的地位和影响，由于梁代作家刘孝标为之作了很翔实的注，补充了很多材料，得以相互参照发明，大大丰富了它的内容，提高了它的价值；因此，《世说新语》面世以后，才能流传千载，并以其简约隽永的文笔、生动活泼的记事，吸引了千百年来的读者。

《世说新语》正好可以代表一个时代。它记事志人的时间起讫，大约是后汉末年至东晋末年，正好是一个时代的开始与终止。这是一个思想解放和自由的时代，是儒学破坏和老庄佛道思想兴盛的时代，是清议清谈玄风畅行的时代，也是学术文化发展重心由北往南、从通都大邑到高门世族的时代，是文学开始自觉到文学即将被立为官学（宋文帝始立文学馆，与儒玄史三学并列）的时代，也是门阀士族最春风得意的时代。它的出现，既有文学上的划时代的意义，也有为一个时代的历史作终结和总结的意义。

要了解这一时代的士人的形象与心态，《世说新语》中有最好的史料。书中所记既有“我与我周旋久，宁作我”（《品藻》记殷浩语）之类明确的个性觉醒的自我表白，更多关于个性化的行为和人生的记录。刘伶脱衣裸形在室中，人或讥之，则答以“我以天地为栋宇，屋室为裈衣，诸君何为入我裈中”。“阮仲容（咸）居道南，诸阮居道北，北阮皆富，南阮贫，七月七日，北阮盛晒衣，皆纱罗锦绮。仲容以竿挂大布犊鼻裈于中庭。人或怪之，答曰：‘未能免俗，聊复尔耳。’”（《任诞》）阮咸与阮氏宗人共集饮酒，“围坐，相向大酌。时有群猪来饮，直接上去，便共饮之”（同上）。这是放荡的人生，也是鄙视世俗的人生，具有极其独特的个性。诸如此类匪夷所思的言行，在其他时代可能只会偶或一见，在《世说新语》的时代则屡见不鲜。这一类名士狂士，各有各的风采，各有各的个性魅力。或以风雅见称于世，如王子猷（徽之）雪夜往访戴安道，“乘兴而行，兴尽而返”（《任诞》）；或以见机知名于史，如张翰在洛阳见秋风起，思吴中莼菜羹、鲈鱼脍，遂命驾归里（《识鉴》）。有时，他们不免矫饰，如谢安正在下棋，得报淝水前线晋军大捷，表面上不动声色，轻描淡写地说：“小儿辈大破贼”（《雅量》），随后入门之时，却激动兴奋得几乎跌跤（《晋书·谢安传》）。处事不惊自然潇洒的风度固然为时人看重，雅量也颇为人称赏。太傅郗鉴想在琅琊王氏中选一个女婿，王家诸后生“闻来觅婿，咸自矜持。唯有一郎，在床上坦腹卧，如不闻”。这就是后来被郗鉴选为女婿的王羲之。《雅量》中这段坦腹卧东床的著名故事，既描写了王羲之的风操，更赞扬了郗鉴的雅量。当时很多人有非同寻常的癖好，如祖约好财，阮孚好屐（《雅量》），杜预有《左传》癖，和峤有钱癖，王济有马癖（《术解》），等等。《世说新语》以赞赏的口吻，津津乐道这些极具个性化的行为。这也说明了当时人的宽容和雅量。酒和药与这些名士关系密切，特别是酒。毕茂世宣称："一手持蟹螯，一手持酒杯，拍浮酒池中，便足了一生。"张翰更声称："使我有身后名，不如即时一杯酒。"(《任诞》)在出处问题上，当时人每脱略世事，以隐逸为高，但在实际生活中，也不免产生矛盾。所以，当谢安出仕时，有人赠以小草，以"处则为远志，出则为小草"(《排调》)相讽。

此外，当时士族对自然人生常持一种艺术的审美的态度。无论是对外界的自然山水美、社会生活美，还是对内心的人格美，他们都能以敏感的心，去观照，去印证，因此，对山，对水，对草木，都一往深情，常能推己及人，睹物伤情。"桓温北征，经金城，见前为琅琊时种柳，皆已十围，慨然曰：'木犹如此，人何以堪。'"(《言语》)日常生活中的一些琐碎小事，在这种态度的映照下，也能化俗为雅，具有特别的韵味。如"顾长康啖甘蔗，先食尾，问所以，云：渐至佳境。"(《排调》)

除了反映士人的形象与心态，《世说新语》中也有对当时社会生活、风俗图画的生动描绘。《汰侈》中写到富豪石崇与国戚王恺斗富，一个作紫丝布步障碧绫里四十里(重)，一个作锦步障五十里(重)，石崇击碎王恺的珊瑚树，王济家以人乳饮豘等等，无不是当时贵族极端奢侈的见证。在大多数场合温情脉脉的面纱之下，也隐藏着士族与寒族、士族与士族之间的矛盾与竞争。谢夫人(道蕴)认为谢家人才之盛，超过王家，对夫君王凝之的资质才地颇不以为然，因而意大不悦(《贤媛》)。"王右军郗夫人谓二弟司空、中郎曰：'王家见二谢，倾筐倒庋，见汝辈来，平平尔，汝可无烦复往。'"(《贤媛》)又《简傲》："王子敬兄弟见郗公，蹑履问讯，甚修外生礼。及嘉宾死，皆著高屐，仪容轻慢。命坐，皆云：'有事不暇坐。'既去，郗公(愔)慨然曰：'使嘉宾(郗超)不死，鼠辈敢尔。'"王家与谢家、郗家都是当时的高门大族，在这些家常事中，却透露出大族之间的势利和矛盾。

《世说新语》的文笔隽永简约，寥寥数笔描摹，淡淡几句言谈，就可以凸显人物的风神，饶有余味。作为一部志人小说，它所记人物的轶闻趣事，不一定件件都有案可稽、确凿无疑，考证起来，传闻异辞、张冠李戴的事时或可遇。但也不可否认，从时代精神上，这些记述又有极其精确、生动的纪实性，具有不可替代的价值。后人常责备《晋书》将这些轶事采入史传，生动有余，谨严不足，然而，这些事、语的穿插点缀，使读者对传主如见其形，如窥其神，觇知一代风气与一代人才之心，也不无积极的意义。同时，《世说新语》还是后代文学创作中许多常见的成语故实之渊薮，如坦腹东床、叠床架屋、卿卿我我、乘兴而来兴尽而返、天壤王郎、难兄难弟、日下长安等，不一而足。

总的来看，汉魏六朝小说在志人小说和志怪小说两大类型上的贡献最为突出。介乎二者之间，还有一种异闻琐语类的小说作品，例如王嘉《拾遗记》和张华《博物志》等，影响较小。在志人小说中，语林体和世说体在后世并行不废，宋有王谠《唐语林》，明有何良俊《何氏语林》，唐有王方庆《续世说新书》，宋有孔平仲《续世说》，明有林茂桂《南北朝新语》，清有王晫《今世说》……至今，这两种文学形式仍为人继承，时见其作品。这说明了六朝人首创的这种小说体裁是受人欢迎的，也是很有生命力的。

无论志怪小说还是志人小说，汉魏六朝小说都受到史传传统的强大影响。小说常以志、记、录、传等命名，就说明了它所承受的史传的传统。即使述奇志怪，也重视提供具体的时间空间人物背景及事件经过，也贯彻信而不诬的原则，具有史的意识。干宝序《搜神记》曰："今之所集，设有承于前载者，则非余之罪也。若使采访近世之事，苟有虚错，愿与先贤前儒分其讥谤。及其著述，亦足以明神道之不诬也。"至于传人记事，更重实录。"苟爱而知其丑，憎而知其善，善恶必书，斯为实录。"（《史通·惑经》）如此写人，不仅真实可信，而且可以塑造全面立体的性格。小说与史传的密切联系，一方面表明了它的艺术渊源，另一方面也说明汉魏六朝小说艺术还不够成熟。文人脱离史传传统而开始进入有意为小说的阶段，是唐以后的事。着意好奇，通过有意识的想象虚构加工，并讲究文采，正是唐代传奇家的能事。

汉魏六朝时代，小说著作绝大多数仍是集撰之书，完整的个人著作还很少见。所以，不少故事重复见于多种小说书目中。如葛洪《西京杂记》、张华《博物志》和干宝《搜神记》三书中，就有很多彼此重出、文字全同的作品。另外有些故事的情节或文字小有异同，大概是编者编集之时作了一些修饰加工，也是屡见不鲜的。另一方面，这一时代的小说故事，往往无法考知其作者（有不少则是属于集体的创作），兼之年代久远，散佚相当严重。《博物志》和旧题任昉《述异记》皆出于后人补缀。《搜神记》原书三十卷，今本只有二十卷，是出于明人胡应麟补辑。胡辑存在着不少误收和补缀不当的情况，经过今人汪绍楹的复校加工，才比较可信。《殷芸小说》也有赖于后人的辑佚整理（如鲁迅《古小说钩沉》）。包含有九日登高、七夕牛女、天台遇仙、伍子胥等有趣的故事的《续齐谐记》也很早散佚。这都是让后来的读者和研究者感到遗憾的。

第十二章　南北朝民歌

北朝异族的汉化与北朝民歌　北朝民歌中的草原气息和尚武精神　《木兰辞》　婚姻爱情题材的北朝民歌　南朝的商业都市与吴歌西曲的产生　吴歌　神弦歌　西曲　《西洲曲》　南北朝民歌的比较

汉末到三国是一个分裂的时代，那时文人大多仕于曹魏，因而魏国就成为文学的重心。吴、蜀二国的文学风气相对来说是淡薄的，只有个别作家，如吴国的闵鸿、张纮、杨泉等人的辞赋创作尚有可观。魏及西晋时代，北方的许昌、邺下、洛阳都曾经是当时文学活动的中心。从东晋起，中国陷入南北分裂局面。由于中原世家大族纷纷随晋室南渡，文学的重心也移到了江南。这期间，在文学方面，北朝始终是南朝的追随者——但是，这只是就文士创作的情况而言的。如果就民间文学来说，南北朝时代的民歌，却依据各自的社会情况发展着，走出了两条差异明显的路线。

北朝民歌中最早的是随着异族的内侵而传入的“虏歌”，也就是异族用他们自己的语言写的歌辞，配合他们自己的音乐来歌唱的。据《旧唐书·音乐志》，这种民歌在唐代尚存五十三章，然而“其词虏音，竟不可晓”，所以后来都亡失了。现存的六十六首“梁鼓角横吹曲”是梁代传入南方的北方歌辞，虽然是以汉语记录，仍然杂有所谓“虏音”，正如汉代的铙歌一样，有许多地方今天已不可解。

北魏是以鲜卑拓跋氏为主建立的异族政权。多年来，他们习惯了逐水草而居的游牧生活，一旦进入汉族文化的根据地黄河流域，不能不受到中原先进的生产和生活方式的影响。定居下来以后，他们的生产方式逐渐转为以农业生产为主，并且在与汉族杂居的过程中，日渐汉化。这是进入文明更发达地区的落后部族共同的、难以回避的选择。在当时，对这些异族来说，接受汉化是一个文明进步开化的过程，同时也是一个充满思想斗争感情矛盾的过程。民族的融合和文化的交流，是渐进性的、双向性的，语言无疑是其间的关键。

北魏的汉化，始于太武帝统一北方以后。孝文帝时实行汉化改革，在朝廷上禁止使用“北语”(即胡语，或所谓“虏音”)，可见语言确是汉化改革的一项重要内容。《北史·咸阳王禧传》说：“孝文引见朝臣，诏断北语，一从正音。禧赞成其事。于是诏年三十以上，习性已久，容或不可卒革。三十以下，见在朝廷之人，语音不听仍旧。若有故为，当降爵黜官。”在这种厉禁之下，语言的汉化很快产生了效果。在这一背景下，北朝异族用汉语写的民间歌辞越来越多。这些歌辞绝大部分都保存在上述的“梁鼓角横吹曲”中。《折杨柳歌》就是其中的一篇：“遥看孟津河，杨柳郁婆娑。我是虏家儿，不解汉儿歌。”显然，这个“虏家儿”很想能听懂“汉儿歌”，让自己也融入那歌声里。如果没有这篇用汉语写下来的歌辞，他那可爱的形象、纯朴的歌唱，恐怕也不可能为我们所知了。

尽管北方民间的汉歌是在汉化开始以后才大量出现的，但从歌辞的内容来看，却大半是游牧生活的反映。这类民歌中所散发出来的强烈的草原气息，给我们留下了深刻的印象。

> 敕勒川，阴山下，天似穹庐，笼盖四野。天苍苍，野茫茫，风吹草低见牛羊。
>
> ——《敕勒歌》

> 健儿须快马，快马须健儿。跸跋黄尘下，然后别雄雌。
>
> ——《折杨柳歌》

这些歌辞在我们面前展开了无比壮阔的边塞风光。前篇也是一篇翻译成汉语的作品。歌中对于草原风光的咏唱是那么生动。后一篇则洋溢着草原儿女迅猛刚健的英雄气概。像这样体现尚武精神的作品，在北朝民歌中屡见不鲜：

新买五尺刀，悬著中梁柱。一日三摩娑，剧于十五女。

——《琅琊王歌》

男儿欲作健，结伴不须多。鹞子经天飞，群雀两向波。

——《企喻歌》

他们的愿望是腰佩利刃，身跨骏马，驰骋草原，所向披靡。但是，独自飘泊或长年戍守在塞外那些荒凉寒冷的地方，也并不是一件令人愉快的事情。因此，下面的这首《陇头歌》中就有了艰难困苦之音，有了悲壮幽咽的歌声：

陇头流水，流离山下。念吾一身，飘然旷野。
朝发欣城，暮宿陇头。寒不能语，舌卷入喉。
陇头流水，鸣声幽咽。遥望秦川，心肝断绝。

也正是在这种尚武精神的基础上，产生了足以与《焦仲卿妻》媲美的《木兰诗》。这篇歌辞演出了一幕女扮男装、代父从军的英雄喜剧，和建安时代那一幕夫妻殉情的爱情悲剧遥遥相对。它们同是中国文学史上叙事诗的杰作，也一样给后代的文学以很大的影响。

唧唧复唧唧，木兰当户织。不闻机杼声，唯闻女叹息。问女何所思，问女何所忆。女亦无所思，女亦无所忆。昨夜见军帖，可汗大点兵。军书十二卷，卷卷有爷名。阿爷无大儿，木兰无长兄。愿为市鞍马，从此替爷征。

东市买骏马，西市买鞍鞯。南市买辔头，北市买长鞭。朝辞爷娘去，暮宿黄河边，不闻爷娘唤女声，但闻黄河流水鸣溅溅。旦辞黄河去，暮宿黑山头，不闻爷娘唤女声，但闻燕山胡骑鸣啾啾。

万里赴戎机，关山度若飞。朔气传金柝，寒光照铁衣。将军百战死，壮士十年归。

归来见天子，天子坐明堂。策勋十二转，赏赐百千强。可汗问所欲，木兰不用尚书郎；愿借明驼千里足，送儿还故乡。

爷娘闻女来，出郭相扶将；阿姊闻妹来，当户理红妆；小弟闻姊来，磨刀霍霍向猪羊。开我东阁门，坐我西阁床；脱我战时袍，著我旧时裳。当窗理云鬓，对镜帖花黄。出门看火伴，火伴皆惊惶。同行十二年，不知木兰是女郎。

雄兔脚扑朔，雌兔眼迷离。两兔傍地走，安能辨我是雄雌。

这篇歌辞在最初产生之时，可能依据了现实中某段相类似的故事情节，但在辗转流传的过程中，已经糅合了不同层次、不同地区人们的生活经历和情感体验，因此，诗中所涉及的人名、地名以及具体数量的描述，都不可拘泥。其诗句中也留下了后人添改的痕迹，例如“万里赴戎机”以下四句显然经过文人的律化修饰；“策勋十二转”所反映的也是唐代的制度；等等。但通篇来看，它所保存的民歌的结构和风格特征仍然很多。歌辞的首尾两节、“东市买骏马”以下十二句、“爷娘闻女来”以下十句，都是相当典型的民歌风调。一方面，对木兰这一艺术形象不能孤立地理解。游牧部族强悍尚武的社会风气，应该说正是木兰赖以产生的基础。木兰积极主动地代父从军，没有丝毫扭捏。在这个男权社会里，在这个从来只是男性天下的军营里，她毫不示弱。她以充分的自信，向这个男权社会提出挑战，并以自己的成功，为巾帼扬眉吐气。因此，诗中始终充溢着一种女性的胜利的喜悦。另一方面，对木兰这一艺术形象，又只能当作个案特例来看待。像木兰那样彻底冲破封建男权的束缚、达到男女平等，在当时毕竟是高于现实的想象，因此，在木兰身上又寄托了人民特别是广大妇女的浪漫的理想。

关于男女婚姻恋爱问题的健康、明朗的描写，是北朝民歌中的另一项重要内容。

侧侧力力，念君无极。枕郎左臂，随郎转侧。
摩捋郎须，看郎颜色。郎不念女，不可与力。

——《地驱乐歌》

腹中愁不乐，愿作郎马鞭。出入擐郎臂，蹀坐郎膝边。

——《折杨柳歌》

这些歌辞中对爱情的表白，十分朴素和豪爽，没有羞涩，没有做作，和同时代南方的同类作品是截然不同的。正因为这些生活在草原上的儿女具备这样爽朗的性格，所以，只有北朝民歌中的妇女们才敢于直截了当地提出迟婚的问题，并对此表示大大的不满：

门前一株枣，岁岁不知老。阿婆不嫁女，那得孙儿抱？
敕敕何力力，女子临窗织，不闻机杼声，只闻女叹息。
问女何所思，问女何所忆？"阿婆许嫁女，今年无消息。"

——《杨柳枝歌》

黄桑柘屐蒲子履，中央有丝两头系。小时怜母大怜婿，何不早嫁论家计？

谁家女子能行步，反著裌禅后裙露。天生男女共一处，愿得两个成翁妪。

——《捉搦歌》

"丈夫生而愿为之有室，女子生而愿为之有家"（《孟子·滕文公下》），本来是十分正常的、健康的感情，但在封建礼教压迫之下，这种感情却长期被压抑、歪曲了。因此，我们才对古代作品中这些偶尔爆发出来的火星感到一种新鲜的、陌生的喜悦。

北朝的民歌基本上是一种牧歌，它飘荡在北方广阔的草原之上，回响在边塞原野辽阔的天际。在农业社会的南方的民歌却并不是农歌，而主要是城市平民的歌曲，是商业都市的产物。按照其产生的地区，它们大体上可以分为吴歌和西曲两个部分。吴歌又称吴声歌曲。《晋书·乐志下》谓："吴歌杂曲并出江南。东晋以来，稍有增广。……始皆徒歌，既而被之管弦。"宋郭茂倩认为："盖自永嘉渡江之后，下及梁、陈，咸都建业。吴声歌曲，起于此也。"（《乐府诗集》卷四十四）他又指出："西曲歌出于荆、郢、樊、邓之间，而其声节送和与吴歌亦异，故因（?）其方俗谓之西曲云。"（《乐府诗集》卷四十七）吴歌西曲合计近五百首，绝大部分都是恋歌。吴歌中有一部分称为"神弦歌"，虽然是为宗教服务的祭歌，却和《九歌》一样，其中也杂以人神恋爱的描写，大体上也可以归入恋歌的范畴。

《宋书·沈昙庆传》（史臣曰）说："荆城跨南楚之富，扬部有全吴之沃。"长江上游的荆襄地区和下游的扬州（以建业为中心。六朝扬州刺史治所在建业）一带，不仅是南朝政治的也是商业的重镇。当时商业的盛况，据《宋书·孔琳之传》（史臣曰）记载，是："竞收罕至之珍，远蓄未名之货，明珠翠羽，无足而驰；丝罽文犀，飞不待翼。"当日的社会风气，按《宋书·周朗传》的记载，则是："凡厥庶民，制度日侈。商贩之室，饰等王侯；佣卖之身，制均妃后。凡一袖之大，足断为两，一裾之长，可分为二。见车马不辨贵贱，视冠服不知尊卑。"活跃在这些商业发达的都会里的，一方面是有权有势的贵族官僚和富裕的大商人，另一方面则是依靠卖艺甚至卖身为生的歌儿舞女。同时，在整个社会风气的支配下，城市中的一般平民也一样追求着享乐生活。吴歌和西曲就是在这样一种环境里大量产生的。

吴歌中比较著名的曲子，有《子夜》、《上柱》、《凤将雏》、《欢闻》、《前溪》、《丁督护》、《懊侬歌》、《团扇郎歌》等。让我们先来读几篇：

宿昔不梳头，丝发披两肩。婉伸郎膝上，何处不可怜。
始欲识郎时，两心望如一。理丝入残机，何悟不成匹。
揽枕北窗卧，郎来就侬嬉。小喜多唐突，相怜能几时。

夜长不得眠，明月何灼灼。想闻欢唤声，虚应空中诺。

——《子夜歌》

自从别欢后，叹音不绝响。黄蘖向春生，苦心随日长。（春歌）

反覆华簟上，屏帐了不施。郎君未可前，待我整容仪。（夏歌）

别在三阳初，望还九秋暮。恶见东流水，终年不西顾。（秋歌）

途涩无人行，冒寒往相觅。若不信侬时，但看雪上迹。（冬歌）

——《子夜四时歌》

未敢便相许。夜闻侬家论，不持侬与汝。

相送劳劳渚，长江不应满，是侬泪成许。

啼着曙，泪落枕将浮，身沉被流去。

奈何许，天下人何限，慊慊只为汝。

——《华山畿》

这些歌曲显然都是女性的歌唱，或者是描写相爱的欢乐，或者是抒发别离的感伤。吴歌中表现痴心女子负心汉的悲哀以及离愁别绪的成分特别多，这固然反映了妇女在以男性为中心的社会中的地位，同时也反映了商人职业上的流动性。白居易《琵琶行》中所写的故事，是可以部分地用来说明这些歌曲的。

《神弦歌》也产生于建业一带，前人虽然把它和吴歌分开，但事实上也是吴歌中的一种，不过其用途在祭神而已。

白石郎，临江居，前导江伯后从鱼。

积石如玉，列松如翠。郎艳独绝，世无其二。

——《白石郎曲》

开门白水，侧近桥梁。小姑所居，独处无郎。

——《青溪小姑曲》

当时民间所祭的神，并无关于天地山川之大，如白石郎、青溪小姑之类，事实上都是一些不见经传的杂鬼，比起那些庄严的神道来，他们是更被人民所喜爱的。祭神时所用的歌舞，对人来说，也就是一种娱乐。《晋书·隐逸传》记，夏统"从父敬宁祠先人，迎女巫章丹、陈珠二人，并有国色，庄服甚丽，善歌舞，又能隐形匿影。甲夜之初，撞钟击鼓，间以丝竹。丹、珠乃拔刀破舌，吞刀吐火，云雾杳冥，流光电发……在中庭轻步徊舞，灵谈鬼笑，飞触挑柈，酬酢翩翻。"可以想象，当时一定有许多观众围观这一边祭神、一边娱人的场面；当那些美丽的女巫向明艳的男神献祭的时候，情景也一定是十分动人的。在这些不登大雅之堂、不入正人君子之眼的淫祀杂鬼身上，也寄托和体现了人民对浪漫爱情的想象和渴望。

大体上说来，吴歌的风格是纤弱的、细腻的，而西曲则要勇敢些、热烈些。《石城乐》、《乌夜啼》、《估客乐》、《莫愁乐》、《襄阳乐》、《三洲歌》、《江陵乐》、《寻阳乐》、《寿阳乐》都是西曲中常见的曲名。从这些曲名上，可以大致推测它们最初产生的地域都是在所谓荆襄地区。至于其内容，则可以从下面的例子中窥其一斑：

吴中细布，阔幅长度。我有一端，与郎作袴。
微物虽轻，拙手所作，馀有三丈，为郎别厝。

——《安东平》

"闻欢下扬州，相送江津湾。愿得篙橹折，交郎到头还。"
"篙折当更觅，橹折当更安。各自是官人，那得到头还。"

——《那呵滩》

可怜乌臼鸟，强言知天曙。无故三更啼，欢子冒暗去。

——《乌夜啼》

夜来冒霜雪，晨去履风波。虽得叙微情，奈侬身苦何！

——《夜度娘》

鸡亭故侬去，九里新侬还。送一却迎两，无有暂时闲。

——《寻阳乐》

朝发襄阳城，暮至大堤宿。大堤诸女儿，花艳惊郎目。

人言襄阳乐，乐作非侬处。乘星冒风流，还侬扬州去。

——《襄阳乐》

和吴歌一样，西曲中所写的情侣多半不是夫妇关系，而只是恋爱关系。商人出外贸易，多半是孤身前往；某些官员仕宦于外，有时也不带眷属。他们或者在外地另娶外室，或者就狎娼。吴歌西曲中的女子，有很多是属于这类处于社会底层的无助的妇女。因此，她们对情人的思念、对别离的幽怨的倾诉，就格外令人感动。

代表南朝民歌最高造诣的是《西洲曲》：

忆梅下西洲，折梅寄江北。单衫杏子红，双鬓鸦雏色。西洲在何处，两桨桥头渡。日暮伯劳飞，风吹乌臼树。树下即门前，门中露翠钿。开门郎不至，出门采红莲。采莲南塘秋，莲花过人头。低头弄莲子，莲子青如水。置莲怀袖中，莲心彻底红。忆郎郎不至，仰首望飞鸿。鸿飞满西洲，望郎上青楼。楼高不可见，尽日栏杆头。栏杆十二曲，垂手明如玉。卷帘天自高，海水摇空绿。海水梦悠悠，君愁我亦愁。南风知我意，吹梦过西洲。

这是一篇叙写离愁别绪的典型作品。在南朝民歌中，它的篇幅之长是很引人注目的。长大的篇幅又保证了它的深刻、细腻与丰富。作者把握了这个女主人公情绪发展的时间过程，通过极其具体的形象体现出来。修辞中蝉联格的运用，又使全诗具有一种回环往复的音韵美。西洲、梅花、莲子、乌臼树等等，本是江南特有的地理环境或风物，加上女主人公的低吟柔唱，处处暗示了本诗的地域文化特征，与北方的《木兰诗》形成了鲜明的对照。

从整体上说，南北朝民歌的确呈现截然不同的艺术风貌。从风格上说，北朝民歌粗犷豪爽，即使女子的口吻也斩截痛快；而南朝民歌则细腻柔婉，以女子的歌唱为主。在表现上，北朝民歌直抒胸臆，没有一点忸怩遮掩；南朝民歌则喜欢用谐音（如以“丝”谐音“思”，以“莲”谐音“怜”）、双关（如以“布匹”之“匹”双关“匹偶”之“匹”）等修辞手段来暗示，通过景物描写、比兴等来渲染、烘托。如果说北朝民歌是英雄文学，富有阳刚之气；南朝民歌就是儿女文学，饶有阴柔之美。这也是从一个特定的方面反映了南北朝社会、文化的不同。

第十三章　诗的黄金时代

唐诗繁荣的表现及原因　从贞观诗坛到上官仪　初唐四杰的挑战　宫体的改造和律体的形成　陈子昂以复古为革新　盛唐之盛　孟浩然、王维和储光羲、裴迪、綦毋潜、丘为、常建等诗人　边塞诗与高适、岑参、王之涣、王昌龄等诗人　李白　杜甫　大历十才子和江南诗人群　韦应物、戴叔伦、顾况　元和诗坛　韩孟诗派：韩愈、孟郊、贾岛、姚合、李贺　元白诗派：白居易、元稹、李绅、张籍、王建　柳宗元和刘禹锡　晚唐诗风　晚唐前期：张祜、杜牧、李商隐、温庭筠、许浑等人　晚唐后期诗歌的三个系列

唐代是中国文学史上诗的黄金时代。在数量上，唐代二千三百多位诗人给我们留下了近五万篇的作品，其中包括李白、杜甫、白居易以及许多大家名家和他们的名篇佳作。在内容方面，唐诗所表现的比过去任何时代更为广阔。在形式方面，唐诗所运用的也比过去任何时代更为丰富。

这个百花齐放的局面的出现不是偶然的。首先，唐代社会经济基本上是呈上升势头的。不仅从高祖登基直到玄宗时代一百余年间，农业生产达到空前发展，手工业和商业也同时繁荣起来。即使在安史之乱后，其经济发展也没有停滞。这种经济日趋富饶同时各种矛盾也日益突出的社

会，就是唐代文学的温床。其次，由五胡乱华到隋唐统一，是一个由民族斗争到民族大融合的过程。南北的统一，促进了南北文化的融合。几百年中种族血液的混合，风习的吸收，都使得唐代文化呈现出新的面貌。从不间断的中外交流以及与唐朝的对外战争相伴随而发展的中西交通，沟通了中西文化，这不仅丰富了唐人的生活，开阔了他们的视野，也使他们的精神更加活泼了起来，并给诗人提供了有利的创作基础。再其次，唐朝在政治思想方面基本能保持比较宽松自由的气氛，属于在文化方面开放活跃、在精神方面充满自信的时代。大多数时候，统治者对儒、道、释三教采取兼容并蓄的态度。意识形态领域的这种宽容而较少拘忌的氛围，对于唐代文学特别是诗歌的繁荣无疑有积极的作用。复次，李唐皇室基于自己的政治利益，通过进士科举制度来选拔人才，这不仅拓宽了王朝的统治基础，更满足了中下阶层广大士人的政治要求。同时，进士科以诗赋为主的考试内容，又直接刺激了广大读书人爱好和钻研文学的风气，并在全社会提倡和培养了爱好文学的风尚，从而保证了诗人的层出不穷。因此，唐代诗歌的作家作品数量之多，就远远地超过了前代。最后，唐代是诗歌形式的完成期。五七言古诗、律诗、绝句这些最基本的体裁，经过六朝先驱者的努力，到了唐代，已经可以由作者自由采用。诗体的多种多样，使得作家们更容易驰骋自己的才力，抒发自己的感情，反过来又充实丰富了唐诗的内容。

在以上五点之中，前四点是唐代一切文学发达的总的原因，也可以说是外因，而后一点则是唐诗发达的本身的要素，是诗史发展的内在动力。

唐诗的发展呈现出明显的阶段性，人们一般将其依次称为初唐、盛唐、中唐、晚唐。初唐的诗风仍多沿袭六朝。如《新唐书・文艺传序》所说："高祖、太宗，大难始夷，沿江左余风，絺句绘章，揣合低昂。"因此，在唐朝开国之初的五十年中，诗坛还没有呈现新鲜的特色。贞观时代（627—649），围绕在太宗身边的是以虞世南、褚遂良、李百药等为代表的宫廷诗人。他们已试图扩大诗歌的题材范围，但创作中仍然带有不少南朝宫体诗艳丽雕饰的痕迹。唐太宗在治国余暇所作的《帝京篇》藻赡精华，颇见王者气象。不以诗人名的政治家魏徵（580—643），在隋唐之际的风云时势中，以《述怀》一诗慷慨高歌着建功立业的激烈壮怀，既卓然独立于时流之外，也拔萃于他本人集中众多郊庙应制篇章之上。在隐逸中消磨了大半生光阴的王绩（585—644），在唐诗史上是最早的一位引人注目的隐者。他从陶渊明及其田园诗中发现了自己的知音和心灵慰藉，怀着和这位前辈一样的恬淡闲逸的心情，轻轻地吟赏着暮色中的东皋，并在盛唐诗坛上引起了巨大的回响。魏徵胸次的自然流露，王绩诗笔的平淡闲远，殊途同归，都为初唐诗歌洗净铅华浮艳做出了自己的贡献。

高宗时代显赫一时的上官仪（约608—664），是初唐诗史上一个承上启下的人物。他的绮错婉媚的诗风和以应制奉和为主的内容，无疑是前一时代宫廷诗风的延续；而他对诗歌形式特别是诗歌对偶经验的探讨和总结，则为沈佺期、宋之问等人导夫先路。在上官仪春风得意的7世纪五六十年代，效仿他的诗风的很多，一时形成了所谓“上官体”。但是时隔不久，他就受到了来自王勃（650—676）、杨炯（650—693?）、卢照邻（634? —686?）、骆宾王（约622—684）等年轻一辈诗人的挑战。

被后人称为“初唐四杰”的这四位年轻诗人是从7世纪60年代陆续登上诗坛的。虽然年岁相去二十多岁，他们却有大体一致的文学目标。虽然有着各擅胜长的文学才华，他们的仕途却一样坎坷。这使他们较多地接触了社会，开阔了视野。他们的题材和主题由宫廷的淫靡改变为都市的繁华和正常的爱情，由台阁应制扩大到江山之美和关塞之情，风格也由纤靡卑弱转化为明快清新，他们的边塞诗中则涌现出俊爽刚健的诗风。这些都为唐诗开拓出新的领域。他们并不曾将宫体诗一脚踢开，而只是将宫体诗中所习惯于歌咏的感情从堕落、邪恶恢复到正常、健康的状态。在这一点上，卢照邻《长安古意》有着划时代的意义。虽然诗中大量的篇幅仍写的是“娼家日暮紫罗裙，清歌一啭口氛氲。北堂夜夜人如月，南陌朝朝骑似云”。然而，它已没有宫体诗中所习惯于运用的那些病态、颓废乃至下流的话，他也描写爱情，用的却是“得成比目何辞死，愿作鸳鸯不羡仙”这种明朗热烈的句子。而且，最后，还以下列对于宫体诗来说十分生疏的带有讽刺性的感情作结：

> 别有豪华称将相，转日回天不相让。意气由来排灌夫，专权判不容萧相。专权意气本豪雄，青虬紫燕坐春风。自言歌舞长千载，自谓骄奢凌五公。节物风光不相待，桑田碧海须臾改。昔时金阶白玉堂，即今惟见青松在。寂寂寥寥扬子居，年年岁岁一床书。独有南山桂花发，飞来飞去袭人裾。

这首诗之所以重要，正因为它是宫体诗中一个破天荒的转变，用闻一多先生的话来说，它是“一手挽住了衰老了的颓废，教给他如何回到健全的欲望，一手又指给他欲望的幻灭”（《宫体诗的自赎》），以此来涤荡宫体诗的毒素。

《长安古意》和骆宾王《帝京篇》、刘希夷《代悲白头翁》、李峤《汾阴行》一起，突出地显示了初唐歌行在改造宫体诗上的努力和所达到的全新的境界。张若虚（660？—720?）的《春江花月夜》的产生可以说是这一改造运动的顶点。

> 春江潮水连海平，海上明月共潮生。滟滟随波千万里，何处春江无月明？江流宛转绕芳甸，月照花林皆似霰。空里流霜不觉飞，汀上白沙看不见。江天一色无纤尘，皎皎空中孤月轮。江畔何人初见月，江月何年初照人？人生代代无穷已，江月年年只相似。不知江月待何人，但见长江送流水。白云一片去悠悠，青枫浦上不胜愁。谁家今夜扁舟子，何处相思明月楼？可怜楼上月徘徊，应照离人妆镜台。玉户帘中卷不去，捣衣砧上拂还来。此时相望不相闻，愿逐月华流照君。鸿雁长飞光不度，鱼龙潜跃水成文。昨夜闲潭梦落花，可怜春半不还家。江水流春去欲尽，江潭落月复西斜。斜月沉沉藏海雾，碣石潇湘无限路。不知乘月几人归，落月摇情满江树。

这首诗体现了永恒的世界与短促的生命的对立，真纯的爱情与惆怅的离别的对立，无情和有情的对立。诗人惊愕地注视着这个神奇的不朽的宇宙，以高度的敏感和多情歌唱着人世间的别绪离愁。它发源于南朝的宫体而大大地超越了宫体，因而也就替盛唐以下无数美丽的抒情诗铺下了道路。

初唐四杰的诗歌变革专注于诗的思想内涵，同时吸收了南朝以来在调声协律偶对等方面的经验，他们的一些五七言诗已接近律体。差不多与此同时，以沈佺期（656—715）、宋之问（656—713）和文章四友中的杜审言、李峤、崔融等人为代表的一批诗人，在山水行旅方面也各有一些名篇佳作：

阳月南飞雁，传闻至此回。我行殊未已，何日复归来？江静潮初落，林昏瘴不开。明朝望乡处，应见陇头梅。

——宋之问《题大庾岭北驿》

卢家少妇郁金堂，海燕双栖玳瑁梁。九月寒砧催木叶，十年征戍忆辽阳。白狼河北音书断，丹凤城南秋夜长。谁为含愁独不见，更教明月照流黄。

——沈佺期《古意》

独有宦游人，偏惊物候新。云霞出海曙，梅柳渡江春。淑气催黄鸟，晴光转绿苹。忽闻歌古调，归思欲沾襟。

——杜审言《和晋陵陆丞早春游望》

但他们的历史功绩主要表现在继承了六朝诗人对于诗形的研究，在诗律探索上付出了不懈的努力，终于完成了五七言近体诗格式的塑造。其中，沈、宋二人的贡献尤其突出。所以，《新唐书·宋之问传》说："魏建安后迄江左，诗律屡变，至沈约、庾信，以音韵相婉附，属对精密。及之问、沈佺期，又加靡丽，回忌声病，约句准篇，如锦绣成文。学者宗之，号为'沈宋'。"至此，对偶修辞声病回忌之类的知识，乃逐渐成为更周密精严、更加实用的技术。在宫廷应制作诗的场合，作为宫廷女官的上官婉儿经常代表朝廷，从词采和格律两方面评骘高下。这也推动了新的诗体格律的流行，很快，写律诗就明确地成为一种风气。

这时候，胸怀大志的陈子昂(661—702)却独辟蹊径，通过从汉魏作家的创作中汲取力量的方法，来开拓唐诗的疆土。他在《与东方左史虬修竹篇序》中大声疾呼："文章道弊五百年矣。汉、魏风骨，晋、宋莫传，然而文献有可征者。仆尝暇时观齐、梁间诗，彩丽竞繁，而兴寄都绝，每以永叹。思古人，常恐逶迤颓靡，风雅不作，以耿耿也。"这种以复古为革新的手段和以风骨兴寄来涤荡齐梁余风的主张，既体现了他的"高蹈"(韩愈《荐士》)的觉悟，又显示出很强的现实针对性。沈宋新声和陈子昂风骨兴寄说的结合，为唐诗新局面的开创注入了一股强大的推动力。陈子昂是一个有着远大的抱负和强烈的历史使命感的诗人，但同时又感受着寂寞、悲壮和苍凉：

> 前不见古人，后不见来者。念天地之悠悠，独怆然而涕下。
>
> ——《登幽州台歌》

显然显示了一种高远的意境和豪迈的气概，一种对于超现实的理想的向往。更能说明他的诗歌创作成就的是以《感遇》三十八首为代表的五言古诗。这组诗在题材上包括咏史、咏怀、感事三大类，无论借古说今，还是直抒怀抱，或是讽世刺时，都风格高古，兴寄深悠，并直接影响了张九龄的《感遇》十二首和李白的《古风》五十九首。正如张若虚《春江花月夜》是出于四杰而又超越了四杰一样，张九龄(678—740)平和清雅的诗风，也已经跨越了陈子昂，而迈入了新时代的门槛。

在诗歌史上，这个新时代被称做盛唐，大约从8世纪初到60年代。在这个时代，诗人层见，名家辈出，诗的形式各体皆备，题材内容空前丰富广泛，流派并立，风格多样，异彩纷呈，并在此基础上形成了乐观自信、高华浑厚、带有理想主义色彩和强烈的浪漫气息的盛唐气象。这种浪漫气息有时候表现为希企隐逸、爱好自然，诗中的代表人物形象是隐士；有时候表现为追逐功名，向往边塞，诗中的代表人物形象是侠少。这两方面，事实上乃是诗人生活中失意和得意的反映；由于生活情况不同，因此有的形成退守的高蹈者，有的形成热情的进取者，或者兼有两种倾向。

孟浩然、王维、常建、储光羲等人的许多作品，极为成功地描绘了山水田园自然景色中那种幽洁静穆的境界，借以反映其宁谧的心境，表现其对现实人生的高蹈退守的态度。在艺术上，他们远承陶渊明的田园诗和谢灵运的山水诗，吸取陶诗平淡自然和谢诗描摹景色的艺术经验，状物写景，传神达意，往往手法高妙，后来居上，并下开中唐韦应物、柳宗元一派。在这些诗人中，孟浩然(689—740)出生较早，而且死于安史之乱以前。在他身上集中体现了盛唐诗人心中时常交织着的仕与隐、进与退的矛盾交战。他早年隐居在鹿门山，直到四十岁，才出来应进士举，但据说由于当着玄宗皇帝朗诵了下列诗句，开罪了这位“明主”，结果只好终身做隐士了：

> 北阙休上书，南山归敝庐。不才明主弃，多病故人疏。白发催年老，青阳逼岁除。永怀愁不寐，松月夜窗虚。
>
> ——《岁暮归南山》

可见，他的隐逸是有些不得已的。《临洞庭上张丞相》中，就明显表露了请求张九龄汲引推荐的意思：“欲济无舟楫，端居耻圣明。坐观垂钓者，徒有羡鱼情”。长期的隐居生活，使他能细致地欣赏自然，深刻地描写自然，形成了古淡闲远的诗风。他擅长写景，着意刻画，流传下来的名句往往与写景有关，如“天边树若荠，江畔洲如月”(《秋登万山寄张五》)，“荷风送香气，竹露滴清响”(《夏日南亭怀辛大》)，“微云淡河汉，疏雨滴梧桐”(《秘省联句诗》)，意境清峭，也比王维更清远透劲，有时也透出一些悲凉的人生感喟。同时，孟浩然对于农家的朴素的田园生活，具有一种特别亲切的感怀，能以平淡省净的语言，表达真挚深厚的情怀。

> 夕阳度西岭，群壑倏已暝。松月生夜凉，风泉满清听。樵人归欲尽，烟鸟栖初定。之子期宿来，孤琴候萝径。
>
> ——《宿业师山房期丁大不至》

故人具鸡黍，邀我至田家。绿树村边合，青山郭外斜。开轩面场圃，把酒话桑麻。待到重阳日，还来就菊花。

——《过故人庄》

孟浩然长于五言诗，特别长于五律，但也能把五绝写得像《春晓》和《宿建德江》那样既平淡自然，又悠远深厚。

王维（？—761）在歌咏自然这一方面和孟浩然齐名，但他比孟浩然更才具多方，他兼通音乐，更是南宗写意画的开创者。孟诗的题材大半限于田园山水，王维则在各种体裁、题材的诗歌创作上都有很高的造诣，无论是应制律诗，还是七言歌行，无论是酬赠唱和，还是咏史叙事，都能得心应手。他最著名的山水田园诗多写于其晚年，以晚年所居的辋川别墅为生活背景和题材，每一首都像是一幅山水画，画意盎然，诗味深长。在辋川系列之外，王维还有大批优秀的山水田园诗作，其中包括含有许多耳熟能详的秀句的名篇《渭川田家》、《过香积寺》、《山居秋暝》、《终南山》、《汉江临泛》等。

独坐幽篁里，弹琴复长啸。深林人不知，明月来相照。

——《竹里馆》

木末芙蓉花，山中发红萼。涧户寂无人，纷纷开且落。

——《辛夷坞》

人闲桂花落，夜静春山空。月出惊山鸟，时鸣春涧中。

——《鸟鸣涧》

不知香积寺，数里入云峰。古木无人径，深山何处钟。泉声咽危石，日色冷青松。薄暮空潭曲，安禅制毒龙。

——《过香积寺》

空山新雨后，天气晚来秋。明月松间照，清泉石上流。竹喧归浣女，莲动下渔舟。随意春芳歇，王孙自可留。

——《山居秋暝》

苏轼赞美王维“诗中有画”、“画中有诗”(《书摩诘蓝田烟雨图》)。王维的山水田园诗的确是诗情画意的美妙结合，清美而静穆。他善于将绘画中把握色彩、动静、光感、线条以及空间位置等的经验融入诗歌创作，使诗充分体现色彩美、线条美、构图美，画面具有极强的空间立体感和冷暖明暗感，既体物精妙，又遗貌取神。他的这类诗的意境往往以静为主，再加以清冷色调的渲染和声音动感的反衬，追求浑穆澄洁，有时也不免透出些孤寂幽冷。这反映了王维晚年因人生挫折而灰心颓丧，退隐山林，学佛习禅，纵情于大自然的那种冷寂清静的心境。诗中所塑造的澄澈空明的境界，也闪现着他所追崇的禅宗精神的光芒。他使山水田园诗的艺术表现更上一层楼。

除了是一个杰出的山水田园诗人以外，他还擅长写离别怀人诗和边塞题材诗。其离别怀人诗情韵悠然，读后齿颊留香。“劝君更尽一杯酒，西出阳关无故人”(《送元二使安西》)、“独在异乡为异客，每逢佳节倍思亲”(《九月九日忆山东兄弟》)、“惟有相思似春色，江南江北送春归”(《送沈子福归江东》)之类千载传诵的佳句，触目可见。他的边塞题材的诗则豪迈劲健，壮丽开阔。《使至塞上》中“大漠孤烟直，长河落日圆”一联，苍茫雄浑，不愧为千古壮观的名句。《出塞作》也以它的雄健清壮，拔萃于盛唐七律之林：

居延城外猎天骄，白草连天野火烧。暮云空碛时驱马，秋日平原好射雕。护羌校尉朝乘障，破虏将军夜渡辽。玉靶角弓珠勒马，汉家将赐霍嫖姚。

储光羲(706？—763)、裴迪(716—？)、綦毋潜(692—749？)、丘为、刘昚虚、祖咏、常建(以上诸人生卒年不详)等人，诗风与王孟相近，虽然总体成就不及王孟，但却各有特色。储光羲、裴迪、綦毋潜、丘为、祖咏都是王维的朋友。储光羲的《同王十三维偶然作十首》、《田家杂兴八首》和《钓鱼湾》，清雅温润，可以作为其山水田园诗的代表。裴迪、綦毋潜、常建三人善写方外之情，以清隽脱俗的诗笔，塑造幽寂的境界。刘昚虚、祖咏多描绘自然景色和田园风物，在幽美的环境和清淡的笔调中，咀嚼着隐逸和悠闲的情味。

边塞题材的诗歌在唐以前虽时或可见，但对诗坛并没有产生显著的影响。初唐四杰和陈子昂继之而作，推阐风气。到盛唐，边塞诗才全面成熟，成为当时诗歌创作的热门题材，并由此发展成以高适、岑参为代表的边塞诗派。这一类诗作产生的时代背景之一，是当时边境上由民族矛盾而引发的民族战争。士人为谋求出路，寻找建功立业的时机，毅然秉笔参幕或投笔从戎。但边塞诗人并不限于亲身经历边塞生活的那些人，并未涉足边关的人也可以通过传闻、阅读和想象找到创作灵感。边塞诗向诗人敞开了新奇而广阔的题材天地。莽苍的塞外景色，瑰异的边塞风物，将士们的情感世界，闺中人的离悲别怨，战斗中的激烈场面，和平时的生活场景……都激发了诗人的生活热情和艺术创造的激情，更扩大了诗的表现空间。在情感内涵上，边塞诗也极为丰富复杂，既有对慷慨从戎建功立业的赞颂，也有对征夫旷妇的深切同情；既有对穷兵黩武的大胆非难，也有对将士矛盾的勇敢揭露；既有对战争苦难的哀悯，也有对战士爱情的歌唱；糅合着爱国主义、英雄主义和人道主义的精神光辉。边塞诗的总体风格是慷慨雄壮而又沉挚深厚的，这从一个侧面反映了盛唐诗人积极进取执著热烈的人生态度，体现了盛唐气象。其勇武刚健的气概，浪漫理想的气息，则与中晚唐时代的边塞诗有所不同，体现了盛唐边塞诗独特的社会价值和审美价值。适宜表现豪迈雄健一路风格的七言特别是乐府歌行，理所当然地成为边塞诗人的第一选择。

高适(702？—765)、岑参(715？—770)是边塞诗人中的佼佼者。李颀(690—751?)、王之涣(688—742)、王昌龄(？—756?)诸人也不甘示弱。被称为高适“第一大篇”的《燕歌行》、岑参的《白雪歌送武判官归京》和《走马川行》，纵横开阖，气势雄壮，内涵丰富，堪称是边塞诗的压卷之作。《燕歌行》笔墨凝炼，描绘了一场边塞战争的全过程。诗中不仅有对出师的浩浩荡荡和战况的如火如荼的生动描绘，也谴责了将帅荒淫失职，轻敌致败。少妇的哀怨、征人的苦辛穿插其间。古与今、将与士、胜与败的对比，更加强了对轻开边衅冒进贪功的讥刺。诗人利用自己丰富的边塞生活经历和情感体验，使形象更加集中典型，含义更深刻，更具普遍性。全诗感慨悲壮，淋漓尽致，平仄相间，铿锵有力。岑参也到过西域塞上，《白雪歌》从壮奇瑰丽的边地雪景展开，突出边塞雪中送别的情与景，奇情妙思，交织成一首壮丽的乐章。《走马川行》则在凛凛的寒风中展开出师行军的画幅，宣扬了将士们的坚毅豪迈和必胜信心，格调激越雄健。岑参好奇，所以诗风偏于清峻；高适粗犷，因而气势较为雄壮；正是各有千秋。此外，两家还都有一些声情并茂的边塞小诗，如高适的《营州歌》、《别董大》、《塞上听吹笛》；岑参的《武威送刘判官赴碛西行军》、《逢入京使》、《碛中作》，也都脍炙人口。

王之涣、王昌龄都是高适的朋友。王之涣擅长写边塞风光，他的一些小诗极有韵味。“白日依山尽，黄河入海流。欲穷千里目，更上一层楼。”（《登鹳雀楼》）气象雄阔，又富于哲理。“黄河远上白云间，一片孤城万仞山。羌笛何须怨杨柳，春风不度玉门关。”（《凉州曲》）那么辽阔，那么苍茫，却丝毫没有衰飒，没有迷惘。被尊为“诗家夫子”的王昌龄是七绝圣手。他的诗含蓄蕴藉，情味悠永，诗语优美，却平凡易诵。“青海长云暗雪山，孤城遥望玉门关。黄沙百战穿金甲，不破楼兰终不还。”（《从军行七首》之四）“秦时明月汉时关，万里长征人未还。但使龙城飞将在，不教胡马度阴山。”（《出塞二首》其一）边塞诗外，王昌龄的宫怨诗、离别诗也极为出色，前者如《春宫曲》、《西宫秋怨》、《长信秋词》，后者有《送魏二》、《芙蓉楼送辛渐》、《送柴侍御》等。李颀也喜欢以乐府古题写边塞题材，《古从军行》、《古意》、《古塞下行》、《塞下曲》等篇都是托古讽今，发调清越，修辞峻秀，情怀豪迈。而《听董大弹胡笳声兼寄语房给事》则形容音乐，绘声绘色，篇末寄托感慨，也令人欷歔。此外，王翰、崔国辅也写过一些新奇可喜的边塞诗。

盛唐对中国诗史的贡献，还在于诞育了李白、杜甫这两位伟大的诗人。虽然在上举诸人之外，我们还可以列举出一连串有特色的诗人，但他们只如众星拱月一般，衬托着李、杜的伟大与崇高。李白(701—762)的诗歌创作生涯正好与盛唐诗史相始终。他祖籍陇西成纪(今甘肃秦安西北)，先世流寓西域碎叶城(今吉尔吉斯斯坦托克马克附近)，李白即降生于此。他五岁随父迁居今四川江油青莲乡，二十五岁离家，漫游襄汉、吴越、齐鲁等地。天宝初年，李白入长安，老诗人贺知章读了他的《蜀道难》，大加赞赏，称为“谪仙人”，旋被玄宗召见，供奉翰林；又因受宦官高力士和杨贵妃的谗毁，离开长安，游历鲁越等地。安史之乱中，李白被永王李璘辟为幕僚，永王起兵失败，李白受牵连而流放夜郎，行至白帝城，遇赦得返，又开始了晚年的风尘飘泊。762 年，这颗诗坛巨星在当涂(今安徽马鞍山)陨落了。

李白一生向往人生自由，追求事业成功。但是，由于李白拥有广为人知的“谪仙人”、“诗仙”的称号，后人就产生了一种误解，好像李白之所以伟大，就在他的人和诗具有他人所无的超现实性。这是可悲的误会。其实，李白毫不掩盖自己对功名事业的向往，同时又对那些取得功名富贵利禄的附加条件而弃之如敝屣。他热爱现实生活中一切美好的事物，而对其中不合理的现象毫无顾忌地投之以轻蔑。这种已被现实牢笼，又不愿意接受，反过来却想征服现实的态度，正是李白的独特性的表现，也是和杜甫那种始终以严肃的、悲悯的心情注视、关心和反映祖国和人民的命运的现实主义精神相反相成的。

李白是一个天才的诗人，也是一个勤奋的诗人。他继承了前代文学的优秀遗产，广泛吸收了从《诗经》、楚辞、汉乐府、六朝诗歌直到当代诗家的创作经验和技巧，推陈出新，后来居上。屈原作品中的热烈情感和奇幻想象，庄子寓言中的狂放意绪与悠谬构思，道教的长生游仙思想，史传中任侠豪杰之士回肠荡气的英雄作为，都融会于其心灵与诗歌的血脉之中，塑造了他热爱自由反抗羁縻的豪迈天性，也成就了他“笔落惊风雨，诗成泣鬼神”(杜甫《寄李十二白二十韵》)的艺术境界。

李白的感情世界极其丰富，他的诗歌题材也极为广泛。他以诗描绘祖国的壮丽山河，歌颂纯洁的友谊和爱情；他以诗表达自己对时事的关注和观点，揭露和鞭挞封建社会的黑暗和丑陋；他以诗宣告自己“安能摧眉折腰事权贵，使我不得开心颜”（《梦游天姥吟留别》），却毫不掩饰和吝惜对普通人民的同情的眼泪。无论赠行送别（如《赠汪伦》、《黄鹤楼送孟浩然之广陵》），还是登临游览（如《望庐山瀑布》、《登金陵凤凰台》）；无论山川边塞（如《山中问答》、《塞下曲》），还是怀古讽今（如《夜泊牛渚怀古》、《古风》之十五），他都投入了炽热真挚的情感，做出了创造性的贡献。

李白留下了一千余篇各体诗作，其中五言诗多于七言诗，乐府歌行多于律绝。他的五言古诗如《古风》五十九首，近承陈子昂、张九龄，遥接汉魏风骨，苍劲雄浑，词采复以古淡取胜。他的五律诗雄健高远，可与孟浩然颉颃。五绝诗玲珑剔透，清空明静，只有王维可与之相提并论。七绝含蓄蕴藉，意境深远，在盛唐与王昌龄旗鼓相当，并称大师。乐府歌行如《蜀道难》、《将进酒》、《行路难》、《梦游天姥吟留别》等，皆一气贯注，酣畅淋漓，不仅当时少有其匹，后人也难望其项背。他的诗集中七律最少，这是因为他生性放达不羁，不愿为格律所束缚。偶有所作，也是以气运词，别具一格。《登金陵凤凰台》一诗，就是以一股天才豪纵之气贯串诗的章法意脉。总之，凡是李白用心留意的诗体，都能达到当时诗艺的顶峰，佳什之多，同样让人叹为观止。

仙、侠、酒是李白诗中最多见的三个意象，分别代表了他思想感情的三大特征：飘逸、勇武和热烈。浓烈的情感，瑰奇的想象，夸张的笔墨，在李白豪放的诗风中得到了完美的统一。在豪放的基调以外，他的诗风又表现出多姿多态、五彩斑斓的丰富性，或雄浑，或悲壮，或飘逸，或清峻，或奇险，或古淡，或深情绵邈，或萧疏自然。风格的多样性与一致性的辩证统一，构成了李白诗歌的总体风貌。

玄宗天宝十四载（755）爆发的安史之乱，是唐王朝由盛而衰的转折点。这场持续八年的叛乱，给唐代的社会、经济、文化造成了极大破坏。杜甫（712—770）是不幸地遭遇了这个离乱时世而又幸运地生存下来的少数几个盛唐诗人之一。他生命的最后几年实际上已跨入中唐。从其成长的历史环境来看，杜甫无疑是盛唐的最后一位诗人；从其对诗坛的影响来看，杜甫也可以说是中唐的第一位诗人。最早对杜诗作出崇高评价的正是中唐的两个重要诗人元稹和韩愈。

如果说李白更多地接受了老庄思想的影响，那么，杜甫则是自幼接受儒家思想文化的熏陶。他一生抱着“致君尧舜上，再使风俗淳”(《奉赠韦左丞丈二十二韵》)的远大志向，以满腔热忱关注着社会政治现实和人民生活。他是从《诗经》、汉乐府开始的我国诗歌的现实主义传统的继承者和光大者。杜甫对社会有一种执著的责任心，他在观察自然、审视时势时，能保持清醒的理性和现实的态度。这使杜甫透过开元盛世花团锦簇的繁华外表，看到了其中潜藏着的危机。这使他的诗歌有同时其他诗人所不及的深沉的忧患感。在他的后半生中，这种责任心和忧患感尤其显著。十年长安的困守，理想愿望的落空，令人失望的政治和丧乱冷酷的现实，使饱经沧桑的诗人越来越清醒，也越来越勇敢。他维护祖国的统一，反对军阀的割据叛乱，把自己的命运同国家的盛衰和人民的哀乐联系在一起。“许身一何愚，窃比稷与契”(《自京赴奉先县咏怀五百字》)的报国大志，“穷年忧黎元，叹息肠内热”(同上)的忧民感叹，“感时花溅泪，恨别鸟惊心”(《春望》)之类对国事的忧念，“安得壮士挽天河，尽洗甲兵长不用”(《洗兵马》)等对和平的美好向往，“安得广厦千万间，大庇天下寒士俱欢颜”(《茅屋为秋风所破歌》)的博大胸襟，这些旋律经常回荡在他的诗歌中。杜甫以如椽之笔，生动地反映了唐王朝由盛而衰的历史真实，形象地描绘了安史之乱前后唐代社会的方方面面。他的诗不仅关注现实，而且理直气壮、憎爱分明地干预现实。杜诗在反映现实的广泛性和深刻性上都达到了前所未有的高度。现实主义诗歌传统在杜甫手里实现了一次新的飞跃。后人称杜甫为诗史，其意义之一即在于此。

杜诗的基本风格是沉郁顿挫，这与他饱经忧患的人生经历和博大的爱心是一致的。《登高》、《秋兴八首》、《咏怀古迹五首》都是体现这种诗风的典型。为了成功地、艺术地反映社会现实，抒发内心情怀，杜甫在诗学上作了多种大胆的尝试。“别裁伪体亲风雅，转益多师是汝师”(《戏为六绝句》)，实亦夫子自道。杜甫出身书香门第，家世有诗学传统，先天聪颖，后天又十分刻苦。他在总结前人的创作经验和技巧的基础上，勇于创新，在对偶、声律、修辞、谋篇布局、运气遣词等方面，都有成功的实践，留下了宝贵的启示。杜甫晚年尤其专力于诗律的精严完善，一方面是“老去诗篇浑漫与”（《江上值水如海势聊短述》），一方面是“晚节渐于诗律细”（《遣闷戏呈路十九曹长》），“语不惊人死不休”（《江上值水如海势聊短述》）。近体诗格律在杜甫手里曲尽其妙，不管是成语典故还是口语俗词，经过他的锤炼，都各得其所，闪耀出新的光辉。同时，经过杜甫的努力，近体诗的表现范围大为拓宽，而其内涵也显著丰富。

元稹在《唐故工部员外郎杜君墓系铭》中这样评价杜甫：“上薄风骚，下该沈宋，古傍苏李，气夺曹刘，掩颜谢之孤高，杂徐庾之流丽，尽得古今之体势，而兼人人之所独专矣。”杜甫乐府诗“即事名篇，无复依傍”（元稹《乐府古题序》），影响了随后的元结和中唐元、白等人的新乐府诗。他的五七言巨篇如《北征》、《奉赠韦左丞丈二十二韵》、《自京赴奉先县咏怀五百字》等，纵横捭阖，起伏跌宕，气势磅礴，充分发挥了长篇诗歌叙事而兼抒情的功能。他的五言排律显示了深厚的学养和精湛的艺术功力，他的创作使五言排律从此成为诗国中的一个重要体裁。五七言律诗是杜甫最得心应手的抒情工具。格律对他来说不但不是束缚，反而是能最大限度地展现美的一种形式。七律诗体到杜甫才最后成熟完善，真正表现出情感的巨大容量和特殊的艺术表现力。他不仅把政治内涵引入七言诗体，使七律从应制奉和的狭窄天地步入广阔的世界，成为抒写时事表达情意的重要诗体，而且将议论引入近体绝句。著名的《戏为六绝句》开创了论诗绝句（组诗）的传统。为进一步扩大古近体诗艺术表现的深度和广度，杜甫创造并大量运用了五七言组诗或联章诗的形式，如《三吏》、《三别》、《前出塞五首》、《后出塞五首》、《秦州杂诗二十首》、《绝句漫兴九首》、《诸将五首》等等。总之，杜甫对诗歌尤其近体诗的创造性的贡献是多方面的。他不仅继承了传统，而且光大了诗歌艺术，对后代产生了巨大而深远的影响。他的“诗圣”的冠冕，杜诗集大成的荣誉，就是这样获得的。

安史叛乱带来的社会残破和精神打击，使乱后的许多诗人心上蒙上了一层荫翳。活跃于大历（766—779）年间的诗人们已不再有盛唐诗人那种豪爽、乐观、自信，他们的歌唱也不再那么高亢、雄阔。与几十年前相比，这一时期的诗坛比较低落沉寂，是两次高潮之间的低谷。代表大历诗歌的特点和成就的，是大历十才子和包括刘长卿、皇甫冉、严维、张继、李嘉祐、朱放等人的江南诗人群，以及韦应物、戴叔伦、张志和等人。

大历十才子指钱起、卢纶、司空曙、李端、苗发、耿沣、崔峒、吉中孚、夏侯审、韩翃等十人。十才子和江南诗人群是当时诗坛的两大创作群体，艺术倾向比较相近。他们多以山水风景为题材，力图追步盛唐，写得清淡闲远，却不免在字里行间流露出凄然的身世感慨。他们的诗多用以送行酬赠，诗中出现最多的是对节序变迁的敏感，对人事升沉离合的吟叹，以及对日常生活情事和场景所作的精细的描绘和品味，常夹带着柔美的感喟，而缺乏盛唐诗的浑厚。在诗体上，他们倾向于选用律体，用力于锻字炼句，使诗体变得更加圆润精美。追求深婉柔丽的格调，塑造淡泊宁静的诗境，注重主观情趣的宣达，这种对稍后的韦应物、戴叔伦以及刘禹锡、柳宗元等人特别是晚唐诗坛产生了影响的美学风气，是由大历诗人开创的。在他们当中，成就较高、艺术特色较显著的是刘长卿、钱起、卢纶、李益、司空曙五人。

刘长卿(？—790?)工五言诗，自诩为“五言长城”。他善于即景抒情，写景如画，诗语凝炼，意境清远，堪称王孟的后劲。例如《逢雪宿芙蓉山主人》、《送灵澈上人》等篇。在七言诗上，他也有很深的造诣。《长沙过贾谊宅》就是一首成功的怀古七律。“汉文有道恩犹薄，湘水无情吊岂知”一联，幽怨之中含讥讽。《别严士元》则是一首幽美的赠别诗。刘长卿年辈与杜甫接近，而成名在大历时期，与钱起齐名，并称“钱刘”。

钱起(710?—780?)又与郎士元齐名，并称“钱郎”，他名列十才子之首，在大历诗坛有很高的声望。大历末年，高仲武编《中兴间气集》，把他列为卷上第一人，称他的诗“体格新奇，理致清淡”。这其实也是大历诗坛的普遍风气。钱起最为人称赏的那首《省试湘灵鼓瑟》的空灵的结尾：“曲终人不见，江上数峰青。”也仍然不脱这一风气。

卢纶(？—799?)和李益(748—829)的诗歌题材比较广泛。二人都擅长边塞诗，李益尤以边塞诗著名，有《从军北征》、《过五原胡儿饮马泉》、《边思》、《夜上受降城闻笛》等名篇，反映征人的乡思和悲壮的情怀。卢纶的《和张仆射塞下曲》五绝六首颇有名。卢纶的《晚次鄂州》、《逢病军人》

反映战乱现实，李益的《喜见外弟又言别》和卢纶的《送李端》则在离情别绪中渗出离乱沧桑的慨叹。李益《宫怨》“似将海水添宫漏，共滴长门一夜长”，极尽夸张之妙；《江南曲》“嫁得瞿塘贾，朝朝误妾期。早知潮有信，嫁与弄潮儿”，则饶有民歌风韵。

司空曙(720？—790？)的诗亦多描绘山川景色，抒写羁旅乡愁和悲欢离合的感慨，有时不免有萧瑟之感。《云阳馆与韩绅宿别》与李益《喜见外弟又言别》异曲同工，抒写的是不堪聚散匆匆的黯淡心境和凄冷情调。“雨中黄叶树，灯下白头人”(《喜外弟卢纶见宿》)，这种苍凉的感受很有时代特色，但离盛唐之音也愈来愈远了。

韦应物、戴叔伦、顾况等人的创作时代稍晚，介于大历与元和之间。韦应物(737—792？)擅长写山水田园风光，是王孟诗派在中唐的继承者。他的诗风清淡闲雅，与陶渊明相近。《秋夜寄邱二十二员外》清幽古淡，可谓已入化境。《滁州西涧》在萧疏闲逸之中露出不得志的淡淡忧伤。《寄李儋元锡》中“身多疾病思田里，邑有流亡愧俸钱”的自我表白，证明他并未忘记职责，令人肃然起敬。戴叔伦(732—789)一方面以乐府歌行描写农村和边塞，情真词直；一方面以五七绝题咏自然山水景物，清丽蕴藉。顾况(727？—816？)受道家隐逸思想影响，自称华阳真逸，其创作态度与诗风却和元结等人相近，以古雅为宗。他的《囝》、《公子行》较著名。

元和(806—820)时代，盛唐的繁荣已经消逝，虽然王朝倾覆的威胁暂时解除，深刻的政治危机和社会危机并未根除，土地兼并、宦官专权、藩镇割据等严重的社会问题依然存在。诗人普遍怀着中兴的愿望，并深感危机的潜伏，因此立志改革，并企图以诗歌干预现实，传达心声。这集中体现在诗人尤其是元白诗派的创作中。从创作态度与方法上看，这派诗人是现实主义的，从创作目的看，又有较明显的政治功利倾向。而另一些诗人则更多致力于探索诗歌境界的开拓和表现手段的更新，在开拓现实世界的同时，更注重开拓心灵世界和艺术世界。韩孟诗派突出表现了这种美学倾向。元白和韩孟两派互补，构成元和诗坛的主要景观。

如果说，大历诗人还有意无意地效仿盛唐诗风，那么，贞元(785—805)、元和时代的诗人们已越来越强烈地感到独辟蹊径、别开生面的必要性和紧迫性了。韩愈(768—824)是最自觉最突出地在创作中追求新变、创造与盛唐诗迥然不同的风貌的一个诗人。在诗歌上,他创造性地运用了以文为诗的创作手法,更新并丰富了诗的艺术表现手段。

所谓以文为诗,即努力吸收散文句法、章法、结构等因素,剥落诗中过多的词藻、音色的装饰,使诗更明显地露出它的骨干和本质,从而打破诗歌尤其是近体诗发展到中唐时代已日益深厚牢固的对仗、粘连、平仄等传统格式,突破各种陈规旧式,通过局部的反均衡、反和谐,达到整体的新的和谐和均衡。为避免诗语流滑,韩愈在诗中大胆使用生硬奇崛的字词与意象,发掘前人不敢或不屑使用的诗料,开辟出狠重奇险的艺术境界。许多原来不美的甚至丑的东西经他的诗笔点化,变腐朽为神奇,放出令人惊讶的光辉,虽然这也导致某些诗作的险怪晦涩,佶屈聱牙。可以说,韩愈诗以不美为美、以丑为美、以非诗为诗,为诗歌树立了一个新的美学标准。这一新标准对当时的年轻诗人李贺、贾岛、卢仝等人很有吸引力,他们都以不同方式起而响应。

韩愈以散文笔法创作的诗作有清劲疏畅和怪僻生涩之别。后者如《南山诗》、《城南联句》、《陆浑山火》、《月蚀》等篇,奇才博学,光怪陆离,比较难读。前者则一般读者比较容易欣赏,因而知名度更高,如《山石》、《雉带箭》、《谒衡岳庙遂宿岳寺题门楼》、《八月十五日夜赠张功曹》和《左迁至蓝关示侄孙湘》等。今举古今体诗各一首:

山石荦确行径微,黄昏到寺蝙蝠飞。升堂坐阶新雨足,芭蕉叶大栀子肥。僧言古壁佛画好,以火来照所见稀。铺床拂席置羹饭,疏粝亦足饱我饥。夜深静卧百虫绝,清月出岭光入扉。天明独去无道路,出入高下穷烟霏。山红涧碧纷烂漫,时见松枥皆十围。当流赤足踏涧石,水声激激风吹衣。人生如此自可乐,岂必局束为人鞿?嗟哉吾党二三子,安得至老不更归。

——《山石》

一封朝奏九重天,夕贬潮州路八千。欲为圣明除弊事,肯将衰朽惜残年。云横秦岭家何在？雪拥蓝关马不前。知汝远来应有意，好收吾骨瘴江边。

——《左迁至蓝关示侄孙湘》

《山石》写一天游踪，纯用山水游记笔法，跌宕起伏，照应从容，章法自然，针线细密，简洁中见遒劲，流畅中寓壮美。《左迁至蓝关示侄孙湘》纵横开合，以文章之法行于律诗，以虚词连串直叙，浑成而沉雄，可谓善于学习杜甫七律而别开生面。

韩愈学力深湛，才具多方。他的诗不仅能“横空盘硬语，妥帖力排奡”（《荐士》），显得古朴苍劲，也会“奸穷怪变得，往往造平淡”（《送无本师归范阳》）。七绝如《晚春》、《早春呈水部张十八员外二首》等，清新明丽，自然淡雅，体现了他传趣写景的技巧和深厚的艺术功底。

韩愈的好友孟郊（751—814）字东野，对韩愈诗风的形成起过一定的影响。他一生穷困潦倒，前人以“寒瘦”评他和贾岛的诗，其实正是清苦的生活经历和心理体验的自然流露。他长于五言诗，工于锻炼字句，语言精警，而总体风格却以古淡瘦劲为主。穷愁寒苦的声音经常自觉或不自觉地渗入诗作的字里行间。他嗟叹老病穷愁的《秋怀》其二可以代表这一类型的诗风：

秋月颜色冰，老客志气单。冷露滴梦破，峭风梳骨寒。席上印病文，肠中转愁盘。疑虑无所凭，虚听多无端。梧桐枯峥嵘，声响如哀弹。

这里的色调是冷峭的（“冰”“冷露”“峭风”“梳骨寒”），气氛是衰飒的（“老”“单”“破”“骨”“枯”），情绪是低沉的（“病”“愁”“疑虑”“哀”），而造句却十分凝炼有力，露能滴进梦里，风可梳理瘦骨，尤为奇警。金代元好问《论诗三十首》之十八评价他为：“东野穷愁死不休，高天厚地一诗囚。”应当说，孟郊是自愿作诗神的奴隶，将穷困的一生奉献给了诗歌创作。虽然他也有一些质朴自然情真意切的小诗佳作，如歌颂伟大而高尚的母爱的《游子吟》，但人们往往只记住他的瘦硬诗风和苦吟态度。在这个时候，他的名字往往跟贾岛一起出现。

贾岛(779—843)的生活经历和创作态度与孟郊相似，而苦吟的名声比孟郊更大。作诗几乎是他生活的全部，成为他生命的支柱。“一日不作诗，心源如废井”(《戏赠友人》)。他的一些传诵甚广的诗句，如“鸟宿池边树，僧敲月下门”(《题李凝幽居》)、“秋风吹渭水，落叶满长安”(《忆江上吴处士》)、“独行潭底影，数息树边身”(《送无可上人》)都是在极其痴迷忘我的状态中创作出来的。贾岛也喜欢创造幽僻清奇的意境，感叹自己愁苦坎坷的际遇。他擅长五律，尤爱锤炼五律中间两联。这一艺术嗜好及风格取向对中晚唐诗尤其是晚唐的苦吟诗人有显著影响。与贾岛齐名的姚合(775? —855?)以五律见长，多写萧条荒凉的凋弊风景，洗静秾丽色泽而趋向浅淡，与贾岛的艰硬瘦苦不同，以《武功县中作》三十首最著名，但也仍有格局窄小、气度衰弱的缺点。

9世纪初年，青年诗人李贺(790—816)像一颗闪亮的流星划破中唐诗史的天空。李贺是个胸怀大志、十分自负而又极端敏感的诗人，却不公平地受到排挤压迫。他将自己的忧郁、苦闷、悲伤、愤懑、控诉一概倾注于诗，成为中国诗史上最著名的歌唱忧郁和苦闷的诗人。李贺对时间怀着飘忽、虚幻以及浓重的感伤意识。他喜欢用沉重的色彩、凄冷的字眼，喜欢使用坟墓、鬼魂、地狱、黑夜、血泪、死亡、哭泣等意象，正是与他内在的幽冷悲苦的情感心理同构的。诡怪的想象，诞幻的构思，冷艳的色彩，跳跃的空间，奇异的感觉，塑造了李贺与众不同的审美个性。奇情异想、大胆夸张和变形手法使李贺诗歌的措辞具有极其强烈的主观色彩和个性化特征。“独携大胆出秦门，金粟堆边哭陵树”(《吕将军歌》)，“一双瞳人剪秋水”(《唐儿歌》)，“缸花夜笑凝幽明”(《河南府试十二月乐词·其十月》)，“天若有情天亦老”(《金铜仙人辞汉歌》)，“羲和敲日玻璃声，劫灰飞尽古今平”(《秦王饮酒》)。这些非常规、非理性的遣词造句、意象组合，却是很主观化、感性化、风格化的。李贺善于把精微的感觉印象化为曲折峭奇的艺术形象，如《李凭箜篌引》：

吴丝蜀桐张高秋，空山凝云颓不流。江娥啼竹素女愁，李凭中国弹箜篌。昆山玉碎凤凰叫，芙蓉泣露香兰笑。十二门前融冷光，二十三丝动紫皇。女娲炼石补天处，石破天惊逗秋雨。梦入神山教神妪，老鱼跳波瘦蛟舞。吴质不眠倚桂树，露脚斜飞湿寒兔。

运用现代美学所谓艺术通感的原理，再现了丰富的感觉印象，使这首描绘音乐的诗别出心裁，光怪陆离而又动人心魄。他继承了从屈原到李白的浪漫主义诗歌传统，又从六朝乐府、齐梁艳体诗中搜奇猎艳，加以新奇的感觉、丰富的想象、峭奇诡异的语言，创造了冷艳幽美的诗的意境。“笔补造化天无功”（《高轩过》），正是这个诗坛鬼才呕心沥血的原因和目的。

总之，在审美心理上，正如余光中所说的，韩愈周围的几个诗人几乎都有因精神压抑苦闷而造成的心理变态和灵魂扭曲。在李贺，是一面玩赏自己凄冷悲伤的心境，一面表现自大与才能，“在孟郊和贾岛，这种变态是自卑加上自怜”。在艺术表现上，他们的诗歌世界往往是超世俗、怪异、畸形的，他们的诗写得晦涩、乖戾、背理，在“文字上古僻生冷，浓重拙露；在结构上，不规则而且不流畅；在习用的古风之中显示出散文的倾向；在音响上，好用突兀险仄之声，狭促而不谐和；在意象上，轮廓显著而笔触有力，往往纷繁而且复叠”（《从象牙塔到白玉楼》）。

元白诗派及其新乐府诗在元和长庆（821—824）间异军突起。所谓新乐府是针对古乐府（乐府古题）而言。建安时代曹操等人已借用乐府古题写时事，初唐长孙无忌、刘希夷等人在乐府古题外，间或创用新题。杜甫《悲陈陶》、《哀江头》、《兵车行》、《丽人行》等篇，以乐府诗体写时事，并即事名篇，其中所蕴涵的现实主义精神与创作方法，对于中唐诗人有重要启迪。最初，李绅创作了《新题乐府》二十首，接着元稹作《和李校书新题乐府二十首》。白居易更推广为《新乐府》五十首，正式将新题乐府定名为新乐府。诗的形式多为杂言歌行体，内容则多写时事，有所讽刺。虽然标名乐府，其实只有内在的现实精神与古乐府相通，形式上已全不入乐。白居易提出了“文章合为时而著，歌诗合为事而作”（《与元九书》），“惟歌生民病，愿得天子知”（《寄唐生》）的主张，力图以诗歌反映中唐时代的现实和社会矛盾，对时政有所裨益。他对新乐府诗要求“其辞质而径，欲见之者易喻也；其言直而切，欲闻之者深诫也；其事核而实，使采之者传信也；其体顺而肆，可以播于乐章歌曲也”（《新乐府序》），还效法《诗经》和《诗小序》，采取“首句标其目，卒章显其志”的写作方法，使主题显豁。总之，通俗化和明确的目的性是新乐府的两大特点。张籍、王建二人在创作中参用乐府新题古题，在反映民生疾苦、揭露社会黑暗方面，对元白等人起了先导作用。

白居易（772—846）曾将自己的诗分为讽谕诗、闲适诗、感伤诗、杂律诗四类。《秦中吟》十首和《新乐府》五十首都属于他所谓讽谕诗。《秦中吟》中的《重赋》、《轻肥》、《歌舞》、《买花》等篇，《新乐府》中的《上阳白发人》、《红线毯》、《杜陵叟》、《缭绫》、《卖炭翁》、《新丰折臂翁》、《涧底松》等篇，都讽谕时事，语言浅显易懂，笔法爽直，主题豁然，传诵甚广。《轻肥》讽刺那些乘肥马衣轻裘、奢侈腐化而不顾人民死活的达官贵人。《卖炭翁》中斥责扰民的宫市，其题下小注：“苦宫市也”，即所谓“首句标其目”，末句“半匹红纱一丈绫，系向牛头充炭直”，即“卒章显其志”。白居易的新乐府诗还长于叙事，善于塑造人物的典型形象，在叙事中融入鲜明的感情倾向，曲折动人。他又善于以新锐的立意，在通俗浅显的语言中制造峭奇的警句，如“是岁江南旱，衢州人食人”（《轻肥》）和“一丛深色花，十户中人赋”（《买花》），“地不知寒人要暖，少夺人衣作地衣”（《红线毯》），常能收到触目惊心的艺术效果。

被白居易划归感伤诗的《长恨歌》和《琵琶行》，是长篇叙事诗的杰作。这两首诗都有曲折的故事情节和浓郁的抒情气氛，叙事状物求实而又不拘泥于实，在流丽的描绘中寓有隽永的情味。《长恨歌》叙述唐玄宗和杨贵妃的爱情故事，虚实相间，详略得当，在比喻的运用、神态的描摹、情景的传达、气氛的烘托等方面都有独到的功夫。《琵琶行》中描写琵琶音乐一段，绘声绘色，妙喻迭出，尤见功力。这两首长篇歌行使白居易享誉当世及后世，足见其艺术魅力。白居易闲适诗为数不多，也有一些好的篇章，包括一些流连诗酒光景的“小碎篇章”，虽然情趣盎然，韵味悠永，但不足以代表其诗歌成就。

元稹(779—831)与白居易关系密切,唱和甚多。数十年的友谊,使他们在诗的风格、题材、作法、主张等方面都相互呼应、彼此影响。元稹乐府诗的数量、质量都不及白居易。他的两首有名的长篇叙事诗《连昌宫词》和《会真诗》,与《长恨歌》、《琵琶行》相比,也略逊一筹。从诗里看,元稹异常珍视友谊和感情,他与白居易、刘禹锡等人的深厚情谊在中唐诗坛传为佳话。他与友人的酬赠诗篇写得一往情深,如《闻乐天授江州司马》、《酬乐天频梦微之》、《得乐天书》、《重赠乐天》等。他的悼亡诗以缠绵哀婉的音调,吟唱夫妻之间的燕婉恩爱,表达了对其亡室韦丛的怀念。"惟将终夜常开眼,报答平生未展眉"(《遣悲怀三首》之三),"曾经沧海难为水,除却巫山不是云"(《离思》),都是感人至深的凄艳情语。

李绅(772—846)先于元白创作了《新题乐府》二十首,遗憾的是,这些诗作全都失传。传世的《追昔游诗》三卷"饰智矜能,夸荣殉势"(《直斋书录解题》卷十九),缺乏艺术欣赏价值。倒是那不起眼的《古风》二首四十字使我们看到诗人的仁爱之心,为他赢得了不朽的诗名。

张籍(766? —830?)、王建(766? —830?)虽然与韩、孟等人也有交往,但从创作倾向上说主要属于元白一派。张、王乐府兼用古题和新题,较注重用笔的含蓄、叙述的具体,议论铺叙较少,语言于平易晓畅中见简净,这就减少了直、露、尽一类的疵累。张籍《野老歌》、《猛虎行》、《征妇怨》、《估客乐》、《成都曲》、《凉州曲》等都是其乐府诗中的佳作。《秋思》诗云:"洛阳城里见秋风,欲作家书意万重。复恐匆匆说不尽,行人临发又开封。"以异常的行为表达异常浓厚的思念,既精巧别致,又平淡自然,确是"看似寻常最奇崛,成如容易却艰辛"(王安石《题张司业诗》)。王建乐府诗风格与张籍大同小异,《望夫石》、《水夫谣》、《羽林行》、《温泉宫行》是其代表作。《望夫石》以少总多,蕴蓄丰富,仿佛信手拈来,实则笔力遒劲。其五七绝新巧清美,饶有意趣,如《新嫁娘词三首》其一和《十五夜望月》。《宫词》一百首当时传播颇广,仿效者亦多,但水平参差不齐,有凑数之嫌。

此外,当时诗坛上能卓立于韩孟元白二派之外、自成一家的人只有柳宗元(773—819)和刘禹锡(772—842)二人。诗歌只是柳宗元多方面成就的一部分,他的诗"发纤秾于简古,寄至味于淡泊"(苏轼《书黄子思诗集后》)。古淡是柳宗元和韦应物诗风的共同特征,渊源于东晋陶渊明和盛唐王孟一派。但柳宗元同时吸收了谢灵运山水诗创作的艺术经验,古淡之中蕴涵有精密的构思。他以细致的观察,洗炼的句法,在冷寂的山水间寄寓了骚人的郁悒幽怨,呈现出与韦应物不同的精深峻洁的风貌。其山水诗多用五古体,多作于寄情山水的贬谪岁月,如《南涧中题》、《秋晓行南谷经荒村》、《雨后晓行独至愚溪北池》、《中夜起望西园值月上》。

> 杪秋霜露重,晨起行幽谷。黄叶覆溪桥,荒村唯古木。寒花疏寂历,幽泉微断续。机心久已忘,何事惊麋鹿?
>
> ——《秋晓行南谷经荒村》
>
> 千山鸟飞绝,万径人踪灭。孤舟蓑笠翁,独钓寒江雪。
>
> ——《江雪》

晚秋幽谷,黄叶堆积;荒村古木,寒花幽泉;幽冷甚至凄清的意境是柳宗元山水诗所偏爱的。《江雪》则以漫山遍野的雪与一个微不足道然而孤傲的老翁相对,突出了诗人清高峻洁的人格形象。柳宗元的近体诗最工于酬寄赠别,《与浩初上人同看山寄京华亲故》、《登柳州城楼寄漳、汀、封、连四州刺史》、《别舍弟宗一》、《酬曹侍御过象县见寄》,或深情绵邈,或沉郁壮阔,音韵清畅,与五古山水诗相比,别是一番风味。

刘禹锡和柳宗元一样在政治失败后被贬,但贬谪并没有摧毁诗人坚韧的性格,反而使他更接近民生和民间文化。刘禹锡从民歌中吸取营养,创作了一批清新活泼情趣盎然的好诗,如《插田歌》、《竹枝词九首》、《踏歌词四首》、《杨柳枝词》、《浪淘沙九首》,取得了时人无法匹敌的成就。他的诗歌语言洗炼明朗,风格清新婉丽,既没有元白那么率尔直露,也不像韩孟那么恣意挥洒,而有婉转含蓄之妙。他的七绝大多玲珑巧妙,意味深长,咏史怀古诗尤其脍炙人口。《金陵五题》曾博得白居易的高度赞扬,其中的《石头城》、《乌衣巷》两篇尤其广为传诵。刘禹锡与柳宗元同中有异:柳诗峻洁,而刘诗华美;柳诗精深,而刘诗婉丽;柳诗幽折,而刘诗明快;柳诗得力于谢灵运,刘诗受益于民歌。

从整体上看，中唐是唐诗的中兴期，诗人追求新变，在盛唐诗丰厚的基础上又有所发展，盛极一时，是唐诗史上承先启后的重要阶段。

从 9 世纪 20 年代中期开始，唐诗迈上它最后一段里程——晚唐(825—906)。这一时期，由于藩镇割据尾大不掉，愈演愈烈，日益威胁中央政权的统治；经济衰竭，阶级矛盾加速激化，造成政治混乱不堪和社会动荡不安，唐王朝最终在农民起义和藩镇叛乱的双重打击下倾覆。诗人在这种萧飒衰微的社会文化心理氛围中，歌唱心灵的郁闷和忧伤，抒写旅途的见闻和感触，感慨历史的沉重，赞叹黄昏的凄美。他们也用诗讽刺揭露时弊，但他们的诗笔更深入内心幽隐之处，更重视抒写性灵。同时，咏史怀古诗的显著增多也是晚唐诗坛的一个突出现象。晚唐诗努力的方向不是气象的雄健阔大，而是艺术的幽深精整。他们的胸襟气魄和诗的格局一起渐次衰减萎缩，比不上中唐前辈，更比不上盛唐诗人。这不是因为他们江郎才尽或禀性柔弱，而是时代大气候使然。晚唐诗所表现的阴柔美和病态美，除了受美学思潮的辩证发展规律的支配和新兴的以柔丽清婉为宗的词体的影响以外，本质上是病态软弱的现实社会的反映。

从敬宗宝历初到宣宗大中末(825—859)，是晚唐的前期。这一时期的主要诗人有张祜、杜牧、李商隐、温庭筠。许浑、陈陶、李群玉、雍陶等人也颇有诗名。张祜(782? —852?)在当时颇著诗名，后来诗作多佚，诗名一度湮没不彰。他的诗受张籍、王建影响较深，风格与王建尤近。他善于写乐府诗和宫词，也和王建相同。其《宫词》云："故国三千里，深宫二十年。一声何满子，双泪落君前。"这首诗以凝炼之笔写宫怨，连用四个数字而不觉堆砌，在遥远的空间上重叠以漫长的时间，更加重了怨情凝聚的分量，很受时人赏识。张祜七绝《题金陵渡》用笔细腻轻灵，意境宁静清幽，情景宛然可见。《集灵台二首》意在言外，语浅意深，辛辣讽刺了杨氏一门的嚣张气焰，并巧妙揭露了杨贵妃的三姐虢国夫人与玄宗的暧昧关系。《纵游淮南》的"人生只合扬州死，禅智山光好墓田"，以死入诗，措辞奇险，语调斩截，出奇制胜。

杜牧(803—852)出身仕宦之家，是清贵子弟，他的思想既有积极入世、抱负远大的一面，又有轻狂薄幸的浪漫一面。他最擅长七绝，几乎可以说是晚唐第一高手，只有李商隐差可与之比肩。其特点是俊爽流美，风流蕴藉，内容与形式相辅相成。叙述自己罗曼蒂克的经历，洋溢着浪漫情调，间或散发着轻狂意味的诗占去杜牧七绝的一大部分，如《寄扬州韩绰判官》、《赠别二首》、《遣怀》等。以下是《赠别》之一和《遣怀》：

娉娉袅袅十三余，豆蔻梢头二月初。春风十里扬州路，卷上珠帘总不如。

——《赠别》之一

落魄江湖载酒行，楚腰纤细掌中轻。十年一觉扬州梦，赢得青楼薄幸名。

——《遣怀》

而在《过华清宫绝句三首》中表现出来的则是一个截然不同的热诚参预政治生活的正直的杜牧。他的咏史诗有情有识，意味深长，时而露出旖旎的风韵，如《赤壁》、《泊秦淮》、《金谷园》、《题乌江亭》等。杜牧还有一些写景纪行的小诗，清丽生动，人见人爱，如《清明》、《秋夕》、《将赴吴兴登乐游原一绝》。他的古体诗和律诗学习杜甫、韩愈，抒写理想抱负和表现社会政治题材，往往豪健跌宕，流丽遒劲，只是传诵不如其七绝广。

与杜牧并称小李杜的李商隐(813—858)字义山，号玉溪生，以其独创的迷人风格吸引了后世众多诗人和读者。李商隐一生沉沦下僚，夹在牛李党争中左右为难，尝尽风尘苦辛。他的诗感时伤事或自伤遭际，往往出以比兴寄托，用意精微幽深。李商隐转益多师，杜甫、韩愈的句法在他手里变得更加精密多样，庾信、李贺的色调在他手里变得更为绚丽斑斓。典故的正用、反用、明用、暗用、连用、活用等，更是义山诗的一大特长和贡献，虽然有时也难免艰僻晦涩。在杜甫以下七律诗体后难为继的境况下，李商隐以勇敢的开拓和天才的创造，使七律形式更精致，内涵更丰富，开辟了新的艺术境界。他的七绝往往寄托深而措辞婉，与杜牧异曲同工。“君问归期未有期，巴山夜雨涨秋池。何当共剪西窗烛，却话巴山夜雨时”

(《夜雨寄北》),即以情深辞婉为人称诵。五古长诗《行次西郊作一百韵》远绍杜甫《北征》,气势磅礴,是一首史诗式的鸿篇。另一首五古长诗《骄儿诗》远承西晋左思《娇女诗》而别出心裁,纯用白描,在充满怜爱的生动活泼的情趣中,透露出父亲的谆谆叮嘱、沉重感慨和殷切期望。

李商隐无题诗题旨最朦胧,却最负盛名。从形式上说,无题诗包括标名无题或径取首句前二字为题这两种类型。从内容上说,有的无题诗纯为描写爱情经历和恋爱心理,有的无题诗则有深隐曲折的比兴寄托。对于一首诗是否有寄托以及具体寄托什么,往往有多种不同的说法,《锦瑟》诗最为典型:

锦瑟无端五十弦,一弦一柱思华年。庄生晓梦迷蝴蝶,望帝春心托杜鹃。沧海月明珠有泪,蓝田日暖玉生烟。此情可待成追忆,只是当时已惘然。

有人认为是自伤身世,有人认为是悼亡诗,有人认为乃描写锦瑟适怨清和之声,有人认为是恋爱诗或艳情诗,还有人认为其意在自题诗集以开卷,众说纷纭,见仁见智。即使我们难以准确把握此诗的内在意旨,仍会为其词藻声色的美丽而击节赞叹。这正是义山诗的独特魅力所在。

李商隐咏物诗更是词婉意深的典范,寄托了诗人的高情远意,如《落花》、《柳》和下面这首《蝉》:

本以高难饱,徒劳恨费声。五更疏欲断,一树碧无情。薄宦梗犹泛,故园芜已平。烦君最相警,我亦举家清。

既没有虞世南咏蝉的清华,也没有骆宾王咏蝉的高洁,只是自伤遭际的悲惋之语,空灵传神,自是咏物诗的上乘之作。他还擅长咏史怀古,名篇有《贾生》、《咏史》、《北齐二首》、《隋宫》、《筹笔驿》等,深婉精妍,颇多警策之句。他又善于以七律写时事,最得杜诗沉郁顿挫的神韵,笔力雄健,气格浑厚,其用典精巧,措辞深婉,较杜甫有过之而无不及,如《重有感》抒发诗人对甘露之变后昭义军节度使刘从谏上书指斥宦官一事的感慨，雄厚而沉重；《马嵬》借玄宗被六军所逼在马嵬赐死杨贵妃之事，讽刺玄宗的自私和虚伪，词锋犀利。

温庭筠(812—870)的诗风和李商隐相近，与李商隐齐名，并称温李。但他的诗一方面不如义山诗雅正，一方面又比义山诗清浅，繁密秾丽胜过义山，而用意微婉寄托遥深则有所不及。温诗艺术渊源主要是南朝的吴歌西曲、梁陈宫体诗和李贺诗，还有当时新兴的清丽艳缛的曲子词风。《湘宫人歌》、《三洲词》等作品中都能看到吴歌西曲和李贺诗的影响。温庭筠的咏史怀古诗和山水行旅诗也颇有特色。咏史怀古诗往往沉郁、清健、深厚；山水行旅诗则写景新切，体物工细，意境清朗，别具一格。《蔡中郎坟》中"今日爱才非昔日，莫抛心力作词人"的沉重感慨，深远寄托，可与《过陈琳墓》并读。《商山早行》中"鸡声茅店月，人迹板桥霜"一联，情景交融，状难写之景如在眼前，含不尽之意见于言外，是极负盛名的写景佳句。

许浑(788？—858)擅长律诗，尤工怀古登高题材。他的诗圆稳律切，与温、李、杜均不同。所谓圆稳律切，是指他律法圆熟，属对工稳，组织密致，虽时有挺拔精警之句，总的趋势却朝着稳妥的方向走。这使他的诗易于揣摩体会，便于初学。许浑对律诗的中间两联特别用力雕炼。《秋日赴阙题潼关驿楼》中的"残云归太华，疏雨过中条。树色随关迥，河声入海遥"，《登洛阳故城》中的"水声东去市朝变，山势北来宫殿高"，《咸阳城东楼晚眺》中的"溪云初起日沉阁，山雨欲来风满楼"，都是为许浑赢得盛誉的名联。《金陵怀古》一篇雄浑清壮，感慨淋漓，写出了人生的悲剧感和历史的沧桑感。

当时及稍晚的有名的诗人还有写过"可怜无定河边骨，犹是春闺梦里人"(《陇西行》)的陈陶；诗语通俗的李涉；仕宦贵显并编过《御览诗》的令狐楚；以《黄陵庙》诗著称的李群玉；诗人姚合的女婿李频；诗风接近于姚合、贾岛一派的雍陶、方干、马戴；作风与许浑相近似，以《长安秋望》之"残星几点雁横塞，长笛一声人倚楼"一联警句而得名"赵倚楼"的赵嘏；十分自负、喜欢标新立异的薛能；以及并称曹刘，常以诗指刺时弊，在精神上与元白新乐府运动相通的诗人曹邺、刘驾等。

懿宗大中元年(859)以后，唐王朝在此起彼伏、持续不断的农民起义、藩镇的争权割据、宦官的专横弄权中摇摇欲坠。这是一个走向穷途末路的时代，诗人心灵更加幽暗、消沉，更加悲哀、凄凉。“久经离乱心应破，乍睹升平眼渐开”(罗隐《送章碣赴举》)。“虽然诗胆大如斗，争奈愁肠牵似绳”(陆龟蒙《早秋吴体寄袭美》)。在无望和无奈之中，他们或者坚持抵抗，或者悲愤难言，或者更严密地掩盖起自己，在诗歌世界里构筑一个没有狂风暴雨的平静港湾。他们在诗的形式、体裁上投入更多精力，如皮日休、陆龟蒙相与唱和的杂体诗种种，以此排遣闲暇的愁闷，从中获得一些成功的喜悦和快慰，恢复心理的平衡。与当时的文艺美学思潮相对应，这一时期的诗歌从宏观上可以区分为三大系列或类型。第一类风格质实朴素，多是反映现实关怀民生疾苦的诗，以罗隐、皮日休、陆龟蒙、杜荀鹤、聂夷中等人为代表。第二类诗风清淡自然，以韦庄等人为代表。第三类诗作清丽绮艳，为韩偓、吴融、郑谷等人所倡导。

皮日休(834? —883?)与陆龟蒙(? —881?)并称皮陆。他们不仅写小品文讽刺时弊，还用诗来暴露现实的丑恶、政治的黑暗。皮日休的《正乐府十篇》是中唐新乐府在晚唐的嗣响。《橡媪叹》、《农父谣》、《哀陇民》等是其中的代表作。他的怀古诗也反映出忧时愤世的情绪。《馆娃宫怀古》和《汴河怀古》讥嘲前代统治者，议论有独到之处。陆龟蒙忧时愤世诗作的数量不及皮日休，锋芒也不如皮日休尖锐，但《新沙》“蓬莱有路教人到，应亦年年税紫芝”之句，却设想新奇，语调爽利，是对晚唐时代苛捐杂税的深刻揭露和辛辣讽刺。杜荀鹤(846—904)的名篇《山中寡妇》中有两句：“任是深山更深处，也应无计避征徭”，正可引为陆龟蒙诗的注脚。《松陵集》是皮陆的唱和诗集，其中有不少吟赏风物、流连光景的优游恬淡之作。他们还试作了不少杂体诗，如双声叠韵诗、四声诗、离合诗等，表现出对诗歌形式的浓厚兴趣。《和袭美春夕酒醒》是恬淡诗中写得较好的一篇，这说明皮陆二人在愤世嫉俗之外还有闲旷的一面。

罗隐(833—910)诗多为近体，用口语，通俗晓畅。他的讽刺诗善于运用比兴，托物寓志，往往冷隽新奇，颇有锋芒，如《蜂》、《柳》、《金钱花》、《鹦鹉》、《黄河》等。“采得百花成蜜后，为谁辛苦为谁甜?”(《蜂》)已是流传众口的名句。罗隐另有一批悲慨身世的诗作也写得真切动人,只是情绪不免愤激颓唐:“今朝有酒今朝醉,明日愁来明日愁”(《自遣》)。“我未成名君未嫁,可能俱是不如人?”(《赠妓云英》)

聂夷中(837—884?)和唐彦谦(? —893?)也以比较朴素浅显的诗歌语言,直面现实,意旨颇为深刻。聂夷中《公子家》与《咏田家》通过对不同社会阶层的两个家庭苦乐的描写,浓缩地展现了末世的腐败和没落,倾注了诗人强烈的爱憎。唐彦谦《采桑女》与聂夷中《咏田家》相辅相成,殊途同归。杜荀鹤诗反映的现实生活面较广,或感讽时事,或咒骂昏官污吏,或同情孤苦无助的人民,落笔大胆直率,语言通俗晓畅,但有时也摆出闲远的姿态,发些迂拙的议论。《山中寡妇》写得悲愤而沉痛。《再经胡城县》以匪夷所思的构思,在读者心中激起义愤填膺的美感效应。

韦庄(836? —910)一生辗转播迁,诗中有浓厚的思乡怀旧情绪,有沉重的沧桑感慨,笼罩了一层凄迷忧伤的色调。他的诗风介于淡泊自然和清丽绮艳之间,以清丽为主,其律绝最为典型。不同的是,绝句更清新蕴藉,律诗则较深婉圆整。在他写时事的诗作中,最重要的是那首失传近千年而于本世纪初在敦煌石窟重见天日的叙事长篇《秦妇吟》。诗人假托一个黄巢占领长安时逃难离京的秦妇之口,生动地描绘了黄巢占领长安前后那一地区的社会状况,场面壮阔,既写到黄巢部队的破坏行为和对人民的骚扰,也揭露了统治者昏庸腐朽和藩将拥兵自保,更大胆尖锐地控诉了官军的贪婪残暴。这是一篇既有认识意义、又有艺术价值的优秀的叙事诗。

韩偓(844—923)一生以挽救风烛残年的唐王朝为己任,然而内忧外患交至,使他独木难支,束手无策,留下终生遗恨。韩偓是个早熟的诗人,才华富赡,词采密丽。他继承了杜甫、李商隐以七律写时事的传统,把律对精切和清丽绮艳相结合,将沉郁顿挫苍凉悲慨的意绪纳入这种词章形式的轨道,熔铸出凄迷芊丽、悲凉沉痛的诗风。他的七律颇存杜、李风调,代表了唐末七律诗的最高水准。《惜花》、《春尽》借时序和景物抒发内心的落寞沉哀;《故都》以故都象征国运,家愁国恨打并到一起,笔调凄婉而激越。他的七绝清新芊丽,如:“碧阑干外绣帘垂,猩色屏风画折枝。八尺龙须方锦褥，已凉天气未寒时。”（《已凉》）这也是他的《香奁集》中许多诗的风格特点。《香奁集》诗多以男女情爱女色为题材，有的偏于靡丽绮艳，有些甚至泛滥为下流，成为后代色情诗人的范本。但是，自宋至今，始终有人认为《香奁集》是以男女艳情写君臣际遇，含有政治比兴。

吴融（？—903）诗词采靡丽，音节谐雅，尚存中唐遗韵。他善于写景状物，往往精工。《子规》中的杜鹃啼声，《途中见杏花》中的一枝红杏，都融入乡关之思、行旅之愁、流离之悲、故国之恨。他的感怀时事的诗不如韩偓多样而深沉，风格也较韩偓为疏淡。郑谷（851？—910？）著诗名于懿宗咸通（860—874）间，与张乔、喻坦之、剧燕、任涛、吴罕、张蠙、周繇、李栖远、温宪、李昌符、许棠等十二人合称“十哲”，后世称为“咸通十哲”。他的《鹧鸪》诗遗貌取神，以环境烘托神韵，颇为警绝，当时人称他“郑鹧鸪”。总的来看，他的诗轻快流丽，以写景咏物或个人感兴为主。

此外，晚唐还有一些有创作特色的诗人，如章碣、曹松、崔道融、女诗人鱼玄机、崔涂、僧齐己和专攻《游仙诗》的曹唐。好写咏史诗的胡曾、汪遵、周昙、孙元晏等人，诗作气格卑浅，上乘作品不多。而当他们频频回顾过去的时候，唐诗也一步步走进了历史。

第十四章　古文运动及其前后

古文运动的远源　唐代古文运动的社会文化基础　古文运动的基本内容　古文运动与辟佛　韩愈的文学主张：使命感、语言新创、言与气　韩愈的古文创作　柳宗元与《永州八记》　柳宗元的其他古文创作　柳宗元的创作主张　宋代古文运动的推阐　中唐：新的文学语言的上升点

六朝时代，对文学作品有“文”、“笔”之分，历来虽然有种种不同的解释，但都承认其最基本的区别为：“文”是抒情的，“笔”是应用的。所以在那个时代，凡是有色彩、对仗、音节之美的作品，无论诗、赋还是骈文，都可以归之于“文”。凡是一切诏令、奏议之类，则都可以归之于“笔”。但当时整个文坛是被以骈偶、声律、用典等为特征的文学风气所支配的，这样一来，“笔”也就渐渐浸染“文”风。在南朝后期，此风越演越烈，在北朝也有相当大的影响，直到北朝后期，这一风气才遇到一些抵抗。北朝宇文泰时代，曾经为了推行其关陇本位政策，提倡文体改革。他所宠信的文臣苏绰仿照《尚书》的文体，写了一篇《大诰》，作为复古文章的榜样。隋文帝开皇四年(584)，又曾诏令“公私文翰，并宜实录”。当时李谔也曾上书文帝，批评江左齐、梁文风的弊病：“连篇累牍，不出月露之形，积案盈箱，唯是风云之状。……至如羲皇、舜、禹之典，伊、傅、周、孔之说，不复关心，何尝入耳。以傲诞为清虚，以缘情为勋绩，指儒素为古拙，用词赋为君子。

故文笔日繁，其政日乱。良由弃大圣之轨模，构无用以为用也。”（《隋书·李谔传》）

这一系列起源于北朝的文体改革运动，由于种种原因，没有发生很大的效果，但却成为唐代古文运动的重要源头之一。唐代继承了北朝的政治文化传统，在创作上，唐代初年明显地受着南朝文学轻艳作风的影响，然而在理论上，却是一贯地反对那种唯美的倾向的。这些论点，主要地保存在唐初所修的六朝史书的文苑传、文学传的序赞中，例如《隋书·文学传序》说：“梁自大同之后，雅道沦缺，渐乖典则，争驰新巧。简文、湘东启其淫放，徐陵、庾信分路扬镳。其意浅而繁，其文匿而彩，词尚轻险，情多哀思。格以延陵之听，盖亦亡国之音乎？”《北齐书·文苑传赞》还总结出了“雅以正邦，哀以亡国”的原则。这就完全可以看出，唐朝统治者要求作为上层建筑之一的文学更多地关心自己的基础，更多地为当时的政治服务，这也就是这一种文学复古运动产生的政治文化基础。

从8世纪起，逐渐有人从创作方面来实践这些理论，如李华、萧颖士、元结、独孤及、梁肃、柳冕等人，都曾在这一方面努力过。他们的文章，以奇句代偶句，以朴素代华丽，形成了与骈文相对立的古文。事实上，古文也就是散文。其所以要称为古文，则是与载道这一观念密切相结合的。在理论上，特别是在有关文与道、气与言的论述中，韩愈也显然受到了这些前辈的影响，对他们的理论主张有所继承，也有所修正和发展。经历了安史之乱的沉重打击以后，唐朝统治阶级迫切要求恢复封建秩序，而新兴进士阶层也普遍怀着中兴的希望。以满足统治阶级这一要求为手段，以达到自己的政治要求为目的，他们举起了反对骈俪的古文的旗帜。韩愈是古文运动的中坚人物，也就是古文这一名词的创造者。他说：“愈之为古文，岂独取其句读不类于今者耶？思古人而不得见，学古道则欲兼通其辞。”（《题欧阳生哀辞后》）这和萧梁时代昭明太子萧统《文选序》将经史子书都排除于文学之外，而认为只有“事出于沉思，义归乎翰藻”的作品才可以称为文学作品的观念，是完全不同的。先秦两汉时代，经、史、子书和散文不分界限，事实上在先秦时代，除了经、史、子书之外，也很少有散文。魏晋以后，它们之间的界限逐渐分清了，因而使散文以及整个文学获得了独立的生命。中唐以后，又在已经分清了它们之间的界限的基础上，适应了当时的政治要求，开展了古文运动，再回过头来，从先秦两汉的经、史、子书中吸收思想和艺术的养分，从而使散文提高到一个新阶段。

这个在9世纪前半期展开的、以韩愈和柳宗元为中坚人物的古文运动，包括这样一些基本内容：

第一，在思想上，韩愈是儒学的宣扬者。在《原道》中，他将尧、舜、禹、汤、文、武、周公、孔、孟排成一个“道统”，在“孔子传之孟轲”这一句话底下，意味深长地接着说：“轲之死不得其传焉。”言下之意是自命为道统的继承者。从这一点上说，韩愈不仅是一个文学大家，而且是一个极有使命感的思想家。

第二，在文学的作用上，韩愈注意以文载道。所以，在《送杨支使序》中，他说：“修之以诗书六艺之学，先圣贤之德音，以成其文，以辅其质。”文是道的外观，道是文的内质，古之道与古之文相结合，弘道与弘文相一致，这就是古文运动的基本精神。他反对片面追求形式主义、思想内容单薄的骈文，而立志以古文宣扬儒学，通过文学的途径来复兴儒学。因此，在哲学思想上，他可以说是宋明理学的先驱，尽管取径不同，最终却殊途同归。

第三，在文学的传承关系上，韩愈和柳宗元都很注意向先秦两汉的经、史、子书学习。在《进学解》中，韩愈自赞其文是：“上规姚、姒，浑浑无涯。周诰、殷盘，佶屈聱牙。《春秋》谨严，左氏浮夸。《易》奇而法，《诗》正而葩。下逮《庄》、《骚》，太史所录，子云、相如，同工异曲。先生之于文，可谓闳其中而肆其外矣。”他们取径广博，有很强的文学吸收力，寓言、排比、夸张、诗谣韵语、魏晋志怪小说，无不广收博纳，总而言之，学习古代的文章，用这种文章来宣传古代的正统思想。

第四，在文体的改革上，古文运动也取得了多方面的显著成果。韩、柳二人改革了碑、志、书、序等文体，以自如流畅地表达自己的思想感情和理论主张；赠序也是韩愈最擅长的文体之一，他的赠序文中常有以诗为文的笔法，感慨淋漓，具有诗的韵味和诗的意境；原先的一些边缘性或附庸性的文体，例如游记、寓言等，经过韩、柳等作家的努力，也得以独立或引起了世人的瞩目，并成为后世文人抒情达意的新工具；……总的来看，古文运动不仅扩大了古文的适用性，也提升了古文的地位。韩、柳等人的古文创作成就，既提高了古文的思想和艺术境界，也有利于扩大这种文体和其中所体现的思想在当时社会上的影响。

但和任何文学现象一样，古文运动不是从韩愈、柳宗元的头脑中凭空产生的，而是当时社会现实的反映。韩愈提倡古之道，正因为当时社会上流行的有非古之道，那就是佛、道二教，尤其是佛教。他要提倡古之文，正因为当时社会上流行的有非古之文，那是些六朝文学的余波。古之道与古之文密切联系本来是公开的、众所周知的，因为从汉以来，就认为儒家的六经不仅是至高之道，也是至高之文，而史和子则是由经书派生的；所以扩大地说，经、史、子书就都是道与文的统一体。至于佛教和六朝文学，即非古之道与非古之文，也以一种比较隐蔽的方式密切联系在一起。六朝时代的文学和佛教不仅不互相排斥，反而相得益彰。佛教既抚慰了高门士族颓废绝望的心灵，也助长了他们在生活享受和文学创作上纵情声色的倾向；在文学上，佛教的梵呗新声既促进了声律说的形成，促进了雕饰绮丽杂糅声华的文风，这种文风又反过来影响了佛教的赞颂文体。因此，唐代古文运动必须在文与道两个方面同时展开，才能奏效。例如韩愈，他一方面积极宣扬儒家之道，树立儒家道统；另一方面则坚决反对佛教。

以古之道攻击非古之道，从思想史上看，是代表儒学向佛教的一次新的反击。但是，仅从这一方面来理解其意义，是远远不够的。还应该看到，这不仅是统治阶级内部的世俗地主与僧侣地主在思想上冲突的表现，而且是他们在经济上冲突的表现。

从六朝以来，佛教兴盛，信徒众多。由于教义盛行，就和儒学发生矛盾；又由于逐渐广拥资产，取得免税免役的特权，成为僧侣地主，又和世俗地主发生矛盾。南朝时代关于神灭的论争，就已经接触到这两方面的问题。唐初傅奕上疏辟佛，文中的警句是："不忠不孝，削发而揖君亲；游手游食，易服以逃租赋。"（《清除释教疏》）也是从思想和经济两方面立论的。这两者当中，经济当然是更为根本的问题。僧尼的增多，就是普通人民的减少。佛教的过分兴盛，就必然使整个社会消费和生产的情况愈来愈不平衡，不仅严重地影响了人民生活，而且也使世俗地主的利益受到影响。这在安史之乱以前，还不十分严重，而在乱后，因为农村凋敝，壮丁减少，就使得这个问题突出地严重起来。正如韩愈在其所著《原道》中说的："古之为民者四，今之为民者六。古之教者处其一，今之教者处其三。农之家一，而食粟之家六。工之家一，而用器之家六。贾之家一，而资焉之家六。奈之何民不穷且盗也！"

但韩愈从世俗地主立场出发的辟佛运动，最终是失败了。元和十四年(819)，宪宗迎佛骨，他上表谏阻，被贬为潮州刺史，"浮屠之徒，谨快以抃。"(皇甫湜《送简师序》)此后，佛教反而更兴隆了。这主要是因为僧侣地主虽然侵蚀了世俗地主的权益，但世俗地主中并非都是儒学的信徒，反之，却有许多是佛教的信徒。作为一种宗教，佛教对人民的麻醉效果有时更大于儒学的愚民政策；这也使它在封建社会中、在封建统治者眼里获得了客观存在的理由。因此，对于韩愈来说，反佛教和提倡古文固然是一件事情的两个方面，而对于后代的古文家来说，二者之间则不一定有什么不可分割的关系。不过，后来做古文的人，字里行间，总要牵扯一点古圣先贤，那倒还是韩愈遗留下来的影子。

辟佛失败了，古文运动在文学上却取得了成功。从文学史上看，古文运动反对的非古文主要是骈文，这是汉魏六朝文章由散趋骈的一个反动。其所以能够获得成功，是因为远则北朝隋代，近则唐朝，先驱者们已经在理论和创作上为这一运动打下基础。而徐陵、庾信时代已经达到高峰的骈文，到了唐代，也在走着下坡路，一般化、庸俗化的弊端越来越突出。到了韩愈，总结了前人的经验，又倔强地推行着自己的主张，从而为散文开辟了一个新的境界。虽然在推行古文运动上，在创作实践上，与韩愈同时的古文家如柳宗元、李翱、张籍等人，各有其显著的贡献，但韩愈的功绩不能不推为第一。韩愈《与冯宿论文书》自称：

> 仆为文久，每自测：意中以为好，则人必以为恶矣。小称意，人亦小怪之；大称意，即人必大怪之也。时时应事作俗下文字，下笔令人

渐。及示人，则人以为好矣。小渐者亦蒙谓之小好，大渐者即必以为大好矣。不知古文直何用于今世也？然以俟知者知耳。

在这种社会风气之中，他居然对自己的作品有这么坚定的信心。《进学解》同样表现了他致力于古文革新的坚定的立场和顽强的信念。他和许多友人共同鼓吹，形成一个运动，形成一个新的文学流派，其勇气和胆识也不能不令人敬佩。所以，他的学生李汉替他的文集作序说："时人始而惊，中而笑且排，先生志益坚，其终人亦翕然而随以定。呜呼，先生于文，摧陷廓清之功比于武事，可谓雄伟不常者矣。"

文章骈化的末流，使文言变成了与口语几乎绝缘的书面语言，而古文的发展，却使与口语几乎绝缘的书面语言又回到在词汇、语法、音节各方面比较接近口语的情况，因而就使它在此后一千年中，成为一种比较适于应用的书面语言。这种书面语言的形成，自然不始于唐代，其所以能广泛流行，也绝非韩愈等少数几个古文家的力量，然而自从有了这个运动，唐以后的作家才更多地注意到这种近于口语的书面语言，而且自觉地将其作为一种文学语言来使用。这就实质上推动了散文的进展。

韩愈对语言所下的功夫是很深的。他非常注意语言的独创性。在《答刘正夫书》里，他说："或问'为文宜何师？'必谨对曰：'宜师古圣贤人。'曰：'古圣贤人所为书具存，辞皆不同，宜何师？'必谨对曰：'师其意，不师其辞。'"在《答李翊书》中，他也提到，虽然在学习的时候，是"非三代、两汉之书不敢观，非圣人之志不敢存"，但写作的时候，却又是"唯陈言之务去，戛戛乎其难哉！"在他眼里，所谓"陈言"，既包括文章修辞中的那些浮华的陈词滥调，也包括主题内容上的那些庸滥的老生常谈。在《南阳樊绍述墓志铭》，他更指出，"唯古于词必己出，降而不能乃剽贼。后皆指前公相袭，从汉迄今用一律。"将这些论点和他的《荐士》诗中的"齐梁及陈隋，众作等蝉噪"等句合看，就可以知道，他之不满意魏晋六朝以来的作品，不仅是内容问题，也还有语言等形式问题。

不仅如此，他还进一步着重指出了思想感情和语言、音节的一致性。他说："气，水也；言，浮物也。水大而物之浮者大小毕浮。气之与言犹是也。气盛则言之长短与声之高下皆宜。”(《答李翊书》)在这一方面，孟子为人立论好辩，为文“善养浩然之气”，对韩愈的影响是较然可辨的。一方面，韩愈的语言主要是向书本语言学习得来的，长年的勤奋和出众的才华使他能够从中获得丰厚的滋养，他的大师手笔又使之在崇尚独造的同时，兼能率意为文，挥洒自如；另一方面，这一取径显然还是偏窄的，因此，在韩愈的一些同道及后学如樊宗师(如《绛守居园池记》)、段成式(如《靖居寺碑》)、宋祁等人的文章中，我们也看到了由于这一倾向的偏失而导致的生造僻涩的弊端。

其他古文家虽然没有像韩愈这样发表过许多的理论，但却朝着同一方向努力过，因而也获得了可观的成绩，只是比起韩愈来，未免相形逊色一些。韩愈在叙事、说理、抒情各方面，广泛地施展了他的散文创作才华，几乎无体不可用古文，无事不可入古文，反映了自觉的弘道弘文的意识。叙事名篇有《圬者王承福传》、《张中丞传后叙》；说理的散文有《原道》、《原毁》、《师说》等；抒情的名篇更是不胜枚举，以书、序二体最为突出。试举一篇抒情小品为例：

> 燕赵古称多感慨悲歌之士。董生举进士，连不得志于有司，怀抱利器，郁郁适兹土，吾知其必有合也。董生勉乎哉!
>
> 夫以子之不遇时，苟慕义强仁者，皆爱惜焉。矧燕赵之士出乎其性者哉? 然吾尝闻风俗与化移易，吾恶知其今不异于古所云耶? 聊以吾子之行卜之也。董生勉乎哉!
>
> 吾因子有所感矣。为我吊望诸君之墓，而观于其市，复有昔时屠狗者乎? 为我谢曰:“明天子在上，可以出而仕矣!”
>
> ——《送董邵南游河北序》

韩愈一生写过许多赠序，其中的著名篇章，就有《送孟东野序》、《送李愿归盘谷序》、《送董邵南游河北序》、《送杨少尹序》、《送石处士序》、《送温处士赴河阳军序》等，虽然体裁相同，而用笔因地制宜，各有千秋。这些赠序的寄赠对象大多是年轻一辈，在这些文章中往往寄托了韩愈对后辈不遇于时的爱惜抚慰之情。在当时，读书人如果不能取中进士，而还想求取功名，就只有北走河朔投入藩镇集团。这一现实也反映了中央和地方统治阶级的内部矛盾。作者从内心里是不愿意董邵南北行的，却又没有办法阻止他。抑郁的感情和曲折的文脉，使这篇小品跌宕起伏，涡流回旋，感人至深。

柳宗元是影响仅次于韩愈的古文家，也是韩愈的好友。他以优秀的创作实绩，有力地支持了古文运动。在对待佛教的问题上，他却没有韩愈那么绝对，而是认为佛教与儒道既有彼此相合也有互相矛盾之处。他与佛教人士有较多来往，也接受了一些佛教思想特别是禅宗的影响。在政治上，他的立场与观点也与韩愈颇有不同。由于参加了唐顺宗时代的永贞革新，他被贬到永州（今湖南零陵）一带。永州幽丽的山水给这位生长北方的作家打开了一个新的境界，作为迁客骚人，他将自己的“堙厄感郁，一寓诸文”（《新唐书·柳宗元传》）。因此，他文集中一些描写山水的小品就成为古典散文的珍品。

从小丘西行百二十步，隔篁竹，闻水声，如鸣佩环。心乐之，伐竹取道，下见小潭，水尤清冽。全石以为底，近岸卷石底以出，为坻，为屿，为嵁，为岩。青树翠蔓，蒙络摇缀，参差披拂。

潭中鱼可百许头，皆若空游无所依。日光下澈，影布石上，佁然不动，俶尔远逝，往来翕忽，似与游者相乐。

潭西南而望，斗折蛇行，明灭可见。其岸势犬牙差互，不可知其源。坐潭上，四面竹树环合，寂寥无人，凄神寒骨，悄怆幽邃。以其境过清，不可久居，乃记之而去。

同游者，吴武陵、龚古、余弟宗玄，隶而从者，崔氏二小生，曰恕己，曰奉壹。

——《至小丘西小石潭记》

这就是有名的《永州八记》中的一篇。这一组作品不仅以最简洁精练的语言作最形象的景物描绘，而且也暗示了作者徘徊于欣赏山水和抗拒寂寞、优游自然与抵抗失败之间的心情，在其深处蕴蓄着作者的郁愤。它以高洁、冷峭、幽邃的风格，显示了柳宗元山水散文极为独特的个性。它又是对韩愈古文的重要补充，是古文运动的创作成就的重要组成部分，同时，也大大推动了游记散文的发展。

政治上的失败和废弃，促使从小立志仕进的柳宗元转而肆力于文。贬谪永州的十年，是柳宗元文学人生中最辉煌的一段岁月。他不仅写作了《天说》、《天对》、《封建论》、《贞符》等富有深刻见解的论文，而且创作了《童区寄传》、《段太尉逸事状》等传记作品。同时，他的三篇寓言作品《三戒》，是最早的不依附于某一论著的独立的寓言创作。作者通过这些短小凝炼、趣味盎然、生活气息浓郁的故事，表达了一种深刻的寓意。应该说，柳宗元对于寓言体和寓言这种表现手法都是有偏爱的。贞元末年他在长安时所作的《种树郭橐驼传》和永州时期创作的《捕蛇者说》，都是立意深警而带有寓言性的作品。柳宗元才华卓著，文思富盛，确实如韩愈所说，“雄深雅健，似司马子长”（《新唐书·柳宗元传》）。另一方面，也应该指出，在柳宗元的古文创作中，特别是在其山水散文创作中，还有楚骚之幽深和禅宗的静寂的影子。

柳宗元在《答韦中立论师道书》中曾谈到自己学习作文的经过：“始吾幼且少，为文章，以辞为工。及长，乃知文者以明道，是固不苟为炳炳烺烺，务采色，夸声音，而以为能也。”他主张“文以明道”，认为文章要有充实的思想内容，而不能只计较辞采声韵。在这方面，他的观点是与韩愈相同的，虽然两个人心目中的“道”不一定相同。柳宗元又谈到他的写作经验：“抑之欲其奥，扬之欲其明，疏之欲其通，廉之欲其节，激而发之欲其清，固而存之欲其重。”能扬能抑，或通或节，既明快畅达，又曲折多变，既深刻透辟，又凝重含蓄。这是柳宗元的创作主张，也从一个角度概括了他的古文创作成就。

古文运动在中唐虽然展开了第一幕，取得了初步的成功，然而，它取得更为广泛的社会基础，却是北宋以后的事。北宋时代接连出现了几个大古文家，那就是欧阳修、曾巩、王安石、苏洵、苏轼、苏辙，以欧阳修为领导和核心，形成了一场新的古文运动。因此，后人将他们与韩愈、柳宗元一起并称为唐宋八大家。宋六家远绍秦汉魏晋的散文传统，近承唐代古文运动，结合本身的社会历史环境，适应自己的时代需要，从理论和创作两方面推动了宋代散文的发展。在这场运动中，欧阳修不仅自觉地大力倡导言之有物、“纡余委备，往复百折，而条达疏畅，无所间断”（苏洵《上欧阳内翰书》）的文风，而且团结并提携了一批作家，形成了古文运动的强大阵营和浩大声势。曾巩为文布局谨严，古雅平正；王安石为文曲折畅达，议论透辟，笔力峻健；苏洵之作雄奇老辣，颇有战国纵横家的色彩；苏轼则才华横溢，天纵多能，嬉笑怒骂，皆成好文字，论序书传，无不得心应手，既平易畅达，又气势雄伟，既挖掘了古文文体的巨大潜力，又显示了古文艺术的广阔前景；苏辙清拔淡雅，也饶有唱叹之致；正可谓争奇斗艳，各擅胜场。总之，宋代六家进一步丰富了古文的思想艺术内涵，扩大了古文的影响，提高了古文的表现力，使古文在其后数百年对骈文的斗争中立于不败之地，并奠定了在散文创作中的正宗地位。他们的功绩是显著的。

在唐代古文运动获得初步胜利的同时，从中唐开始，随着社会政治和文化形态的变化，随着人民生活的改变，汉语文学中开始较多地出现了一种更新的、更接近于口语的文学语言，而文言作为文学创作的惟一正统语言的局面则逐渐被打破了。在唐代曲子词、传奇小说，特别是在敦煌出土的大量来自民间的文学作品中，我们已经看到了这种民间语言所蕴藏的巨大的文学表现潜力，看到了它在汉语文学中日益上升的势头。

第十五章　唐代传奇小说

与汉魏六朝笔记小说的不同　　传奇小说兴起的多重背景　　传奇小说与进士集团　　传奇小说与政治的关系　　传奇小说与城市　　爱情故事　　女子形象塑造　　豪侠故事　　作意好奇：语言与结构　　唐代传奇小说的后劲及影响

汉魏六朝的笔记小说，由于过于短小，所以场面很难展开；因为偏重叙述记录，所以描写常欠细致，不容易显示人物与环境，以及两者之间不可分割的关系；因为还处在比较幼稚的阶段，所以反映现实的深度和广度还不够。唐代传奇小说产生以后，在这些方面都有了进一步的提高。它首尾完具，结构完整，体制也更接近于近代观念上的所谓小说，虽然它还只是短篇小说，但它的出现，在文学史上的意义是十分重要的。从传奇这一名称上，也可以看出它与汉魏六朝笔记小说的不同。

“传奇”本来是 9 世纪末叶的作家裴铏所写的一部小说集的专名。由于这一名称富有代表性，比较准确地说明了这一类作品既有真实、又有虚构的特点，因此，从宋朝起，就将这一类的小说作品一概称为传奇。为了免于和也称为传奇的明代戏曲相混，我们采用了传奇小说这一名称。

传奇小说产生的背景是多方面的。首先，就文学的传承关系来说，它一方面直接继承了汉魏六朝笔记小说的传统，另一方面又继承了汉魏六朝史传文学的传统。六朝虽然是散文骈化的时期，但由于笔记小说在当时文人眼里，还是不登大雅之堂的东西，所以使它们对骈文产生了免疫力，保持了语言的朴素，这对于唐传奇小说的发展，是有很大的好处的。同时，笔记小说也给唐传奇树立了叙述故事的榜样，前者包含的大量宗教故事，又使传奇具备了幻想的基础。史传文学中所描绘的则主要是社会人物，又使唐传奇知道如何有意识地反映现实生活，刻画人物；它较为丰长的篇幅以及由此而产生的艺术效果，也给了传奇以有益的启示。唐传奇中有许多作品，例如《任氏传》、《补江总白猿传》、《柳氏传》、《霍小玉传》、《南柯太守传》、《李娃传》、《虬髯客传》、《离魂记》、《枕中记》等，都是以传、记等命名，即说明了它与史传文学传统的关系。唐代传奇小说的作者沈既济本人以史才见称于时，又出其绪余为传奇志怪之体，有讽世之意，更是唐传奇与史传密切结合的例证。

其次，传奇小说和它同时代的古文也有密切的关系。它们是互为影响的。事实上，在初盛唐时代，已经出现了一些唐人传奇作品，只是数量不多，内容上虽然有些新意，规模上也有一些扩充，但还不到令人刮目相看的境地。其中，最常为人提及的《古镜记》，缕述古镜灵异故事十余则，从内容和规模上看，确实可以说是六朝以来有关灵镜神异故事的综合、集成，叙述之中，又穿插了王度、王绩兄弟的家世仕履，为故事增添诙诡眩惑的色彩。但故事的安排，仍严格依照时间的先后平铺直叙；每一则故事之间，也缺乏有机的缀合，篇章结构显得拘谨、平板、单调。《补江总白猿传》则是六朝志怪小说的路数，也没有很高的立意。《游仙窟》以骈词俪句叙写，作者为了充分展现或者说炫耀自己的诗赋才华，随处穿插艳诗、俪赋、对句，肆意挥洒他的丽词艳语，甚至在对话中也未革除积习，这就导致故事情节推进缓慢，小说在艺术上不得不付出了相应的代价。在8世纪中叶以后，传奇小说才有了迅速的发展，这与古文运动的开展不无关系。一方面，古文是最适合传奇小说的文体，古文家利用这种新文体试作传奇小说，而传奇小说的发达又反过来帮助了古文的推行。在当时的文坛上，从事古文写作的，并不止于韩、柳一派人，元、白等人也曾以实践支持过这一由骈趋散的文体改良运动。韩、柳一派的文体，高古简练，《毛颖传》（韩愈）、《种树郭橐驼传》、《河间传》（以上二篇柳宗元）等作品写得凝炼严谨。

而元、白等人的文体则丰缛委婉，他们所作的小说，如元稹《莺莺传》、白居易作歌、陈鸿作传的《长恨歌传》，则文情摇曳，饶有诗韵。

第三，诗歌在唐代的繁荣发达，对唐传奇的发展也不无影响。传奇中的系诗，以及诗中的故事性、叙事性，同样来自民间文学的影响。另外，传奇作品在构思上敢于展开绮思幻想，以梦入文，如沈既济《枕中记》、李公佐《南柯太守传》等作品以入梦写人生如梦世事空幻，梦成为作品中的重要结构因素，并使小说含蓄而有余韵。《毛颖传》以寓言故事的形式，写韩愈叹息其兄韩会及本人仕途坎坷，以笔为喻，作不平之鸣，也富有诗意。

第四，传奇小说风行唐代还有更直接的政治原因。它是被文士们用为应进士科举时"求知己"的工具的。从高宗、武后以后，进士科举已成为文士们最好的出路，而文士为了一举登第，也想方设法来钻营，这样，就产生了所谓"求知己"和"温卷"的现象。"王公大人，巍然于上。……天下之士，什什伍伍，戴破帽，骑蹇驴，未到门百步，辄下马，奉币刺，再拜以谒于典客者，投其所为文，名之曰'求知己'。如是而不问，则再如前所为者，名之曰'温卷'。如是而又不问，则有执贽于马前，自赞曰'某人上谒'者。"(《文献通考·选举考》)所投的文，除了当时最主要的样式即诗歌外，就是传奇小说。"唐世举人，先藉当世显人，以姓名达之主司，然后以所业投献。逾数日，又投，谓之'温卷'，如《幽怪录》、《传奇》等皆是。盖此等文备众体，可以见史才、诗笔、议论。"(赵彦卫《云麓漫钞》卷八)可见许多传奇小说乃是适应当时文士的实际需要而写作的。为了让主司在一篇作品中，就能看出作者在叙事、抒情、说理三方面的才能，传奇小说显然是一种最为理想的样式。再就现存的几十篇单行的传奇小说，及近十种传奇总集的作者来看，其作者可以确定为进士科举出身的约占三分之一，根据这一事实，也可以确认唐传奇与新兴进士集团的关系。

如果换一个角度，从题材内容上看，唐代传奇小说与这个新兴的进士集团也有密切的联系。很多传奇小说中的主角都是这些举子进士，故事往往就发生在他们奔走于江湖坊市的途中。在《霍小玉传》故事的开始，主角李益是"以进士擢第，其明年，拔萃，俟试于天官。夏六月，至长安，舍于新昌里"。《柳毅》中的柳毅，则是一个"应举下第，将还湘滨"的儒生，故事也正发生在他“念乡人有客于泾阳者，遂往告别”的途中。《枕中记》中的卢生，以及情节相类似的《樱桃青衣》中的范阳卢子(《太平广记》卷二八一)，都是频年不第的落魄举子。相反，在六朝时代的一篇情节类似的故事(《太平广记》卷二八三引《幽明录》)中，主角却是一个到庙里祈梦的商人(贾客)。这一对比，是很能说明时代特点的。这些落魄的举子，时刻都在梦想着有朝一日飞黄腾达，进士及第，娶妻高门，出将入相，是他们的现实理想。《枕中记》和《南柯太守传》中卢生和淳于棼的白日梦，也正是这种现实心理的折射。而作者所设计的黄粱一梦和南柯一梦的情节，正是对这种功名利禄熏心的针砭。

进士集团是唐代社会中一支十分重要的政治力量。它们往往卷入当时的政治斗争，这使得唐代传奇小说与政治特别是党争摆脱不了干系。初唐时代，就有人利用小说《补江总白猿传》，指名道姓地攻击当时的著名书法家欧阳询。有的学者更进一步指实，认为这是当时的另一位书法家褚遂良为争夺书坛领袖之名，以巩固其政治地位，授意手下文人诬蔑欧阳询而作。在中晚唐以后，这种通过小说攻击或诬蔑对手的做法更为常见。其中的一个重要原因，是中晚唐以来政治上的党争愈演愈烈。特别是新兴进士阶层和山东旧族之间的斗争，经过长时间的酝酿，到了 9 世纪前半期，利害冲突表面化，逐渐形成了两个互相对立的政治集团——代表进士阶层的、以牛僧孺为首的牛党和代表山东旧族的、以李德裕为首的李党。两党相争，前后长达四五十年之久。这是中晚唐政治史中最重要的矛盾之一。很多唐代传奇小说自觉或不自觉地、从正面或侧面，反映了当时的各类政治矛盾和政治斗争。只是从表现形态上说，有的公开；有的隐蔽；有的委婉，只是指责个人性格上的毛病；有的则猛烈攻击，必欲从政治上置对手以死地而后快。例如《霍小玉传》的作者蒋防，在政治立场上是属于山东旧族集团的李党的，他的政治感情使他深深厌恶进士阶层的浮薄，因此在笔下狠狠谴责了李益的薄情，并嘲笑了他的多疑。而《上清传》则是柳珵为迎合李德裕，毁谤陆贽，为窦参、李吉甫洗刷，并攻讦陆贽的门生李绛等人而作。最厉害的是据信为李德裕门客韦瓘所作的小说《周秦行纪》。这篇小说托名牛僧孺自叙，实质上意在攻击诬陷牛氏：

(薄)太后问余:“今天子为谁?”余对曰:“今皇帝,先帝长子。”太真笑曰:“沈婆儿作天子也,大奇!”太后曰:“何如主?”余对曰:“小臣不足以知君德。”太后曰:“然无嫌,但言之。”余曰:“民间传圣武。”太后首肯三四。

这篇小说流传后,李德裕又接着作了一篇《周秦行纪论》,彼此呼应。他说这篇作品“至戏德宗为沈婆儿,以代宗皇后为沈婆,令人骨战,可谓无礼于其君甚矣”。结论是:“须以太牢(古人称牛为太牢,这里用作牛僧孺的代称)少长咸置于法,则刑罚中而社稷安。”但小说的这一栽赃手段太明显也太笨拙了,以至于连文宗皇帝(李昂)看了也不能相信,使得这一政治阴谋没有得逞。

还有一些作品影射时事,发泄不平;或者针对丑闻,指桑说槐;不细心甄考体会,就很难察觉。例如,《任氏传》是沈既济讽刺刘晏无行,背叛元载,连畜生都不如,以抒发其内心的怨愤。《枕中记》是作者受了杨炎功高被杀的刺激,而渲染人生如梦。李公佐不满唐德宗姑息藩镇,把几个公主下嫁给逆息虏胤,他在《南柯太守传》中写到淳于棼成了槐安国的驸马和南柯郡太守,即有影射现实之意。白行简是李公佐的好友,白氏《李娃传》也受《南柯太守传》影射笔法的影响。白行简针对唐德宗滥封三个节度使的妾媵为国夫人、从而败坏国法有伤名教的现实,也怀着对乃兄白居易无辜被诬指甚伤名教一贬再贬的愤慨,撰写此篇,以讽刺名教的虚伪。另外一些传奇小说则直接对前代政治提出讽刺。陈鸿《长恨歌传》和《东城老父传》,对唐玄宗、杨贵妃荒淫生活及对国家造成的严重后果,有所批评。

传奇小说与城市的关系也是十分明显的。中晚唐以来城市的发展和市民阶层的兴起,为传奇小说提供了丰厚的社会土壤,也为传奇小说提供了一些新的思想内容和艺术表现方法。首先,许多传奇小说的故事背景都在城市里,特别是当时的首都长安。例如《李娃传》和《霍小玉传》的主要故事情节,便都是在长安城坊展开的。《李娃传》中写到的东西二肆较优劣一幕,就是一幅栩栩如生的唐代坊市繁荣生活的图画。传奇小说中写到的街道坊曲,按之《长安图志》和《北里志》,也往往一一可考。其次,传奇小说中的人物，大多是城市中生活的各色人物。李娃本是长安娼女，谢小娥则是估客之女。不管是娼妓，还是估客，其实都是与城市以及从城市中发展起来的商品经济相伴随而存在的。《会真记》中所谓“真”，有人认为就是《游仙窟》中所谓“仙”，也就是当时对娼妓的隐喻之称。《游仙窟》之窟，也可以理解为娼寮的隐喻，其中的五嫂即是鸨母一类的角色。再次，城市中的生活和语言，也不可避免地在传奇小说中留下痕迹。即使像《游仙窟》这样以骈俪语言为主的作品中，也依然保留了不少唐代城市民俗、俗语、隐语等。至于当时城市中流行的讲唱文学包括变文的韵散结合的文章形式，更给传奇小说以影响。元稹《酬翰林白学士代书一百韵》“光阴听话移”句下自注云：“尝于新昌宅听说《一枝花话》，自寅至巳，犹未毕词也。”李娃旧名一枝花，《李娃传》所根据的故事题材就是当时流行的《一枝花话》。

士人生活与城市繁荣相结合，自然产生了诸多或真或假、或久长或短暂、或深挚或浅薄的爱情。其中，就题材和主旨来说，《长恨歌传》都是比较特殊的。故事所讲述的不是一般人而是帝王与妃子之间的爱情，对于这段世人艳称的李杨爱情故事，作者既有怜惜，又有痛恨，他的态度是矛盾的、复杂的。元稹《莺莺传》、蒋防《霍小玉传》、白行简《李娃传》三篇也是描写爱情的名作，可以代表唐传奇小说在这一方面所达到的水平和所取得的成就。婚宦是唐代士人最为关心的两件事，以宦求婚，以婚促宦，二者相辅相成。三篇小说中的女主角都是小户人家，其中二人还是沦落风尘的女性。在可称为元稹自述的《莺莺传》中，张生先是千方百计追求崔莺莺，最终又断然抛弃，是因为要娶韦丛，“城南韦杜，离天尺五”。作者对于始乱终弃不仅公开宣扬，而且竟骂莺莺是“妖孽”，以自己的负心为“善补过”，后来一帆风顺做到宰相。这反映了当时的社会风气。在《霍小玉传》中，李益当面信誓旦旦，转身就背叛了，因为家里让他与高门卢氏攀上了亲。这种痴心女子负心汉的爱情悲剧，既是对薄情男子的鞭挞，也是对这种假名教假道德的封建思想的批判。

在形象的塑造上，唐代传奇小说取得了很大的成功，特别是在爱情故事中，唐人创作了一组各有光彩的不同的女子形象。长安名妓霍小玉，是一个美丽而坚强、明快而倔强的姑娘。她自知地位卑微，相爱不能久长，却依然执著地追求爱情："妾年始十八，君才二十有二，迨君壮室之秋，犹有八岁。一生欢爱，愿毕此期，然后妙选高门，以谐秦晋，亦未为晚。妾便舍弃人事，剪发披缁，夙昔之愿，于此足矣。"这么低的要求，这么有限的愿望，也不可能实现。她最终以死明志，以死抗争，化作厉鬼，进行仇恨的报复。如果说《霍小玉传》是一出悲剧，那么，《李娃传》则可以说是一出悲喜剧。李娃与霍小玉同为长安名妓，她心地善良，温柔贤慧。痴恋李娃的郑公子黄金用尽之后，鸨母逼她与郑公子断绝关系，并设计抛弃了郑公子。郑公子沦为挽歌郎，其父常州刺史荥阳公不但不予援助，而且鞭之数百，几乎致之死地。郑公子沦为乞丐，在走投无路的风雪之夜，来到李娃门前。李娃容留了他，精心护理，出钱助学。在郑公子金榜题名、功名得意之后，她却功成身退，只愿归养老姥，从此离去。最后，在她的品德感召之下，郑氏父子和好如初，而且"备六礼以迎之，遂如秦晋之偶"。在唐代的律令之下，这一结局恐怕不是现实的，而是理想化的，充满了浪漫色彩。《莺莺传》刻画莺莺的个性，和她与封建势力搏斗、由挣扎而失败的过程。待月西厢那一幕，最为动人，写女子性格也最为可信。莺莺对张生的挑逗先冷后热，假冷真热，外冷内热，半推半就，其中既有女子本身固有的羞怯矜持，也反映了她对张生真心未曾了解之前的谨慎。这就写出了大胆，也写出了周围的压力，描写既有真实感，又很好地把握了分寸。

在其他类型的传奇小说中，也有塑造得很成功的女子形象。谢小娥就是这样的一个。她性格刚强，忍辱负重，立志为父夫报仇雪恨，表现出了常人难以想象的意志力，终于如愿以偿，最后遁入空门，平静地度过自己的一生，堪称是一个女中豪杰。《任氏传》中的任氏，则是一个美丽多情的女子，由于过分柔顺，迁就郑氏，她献出了自己的生命。但她的温柔不是毫无原则的，对韦氏的坚辞以对就体现了她性格中坚强的一面。作者描写任氏之死的那一段文字，哀惋抒情，表达了对这个女子的真挚的同情和怜爱。

唐代社会思想开放，在士人之中，游侠任气的风气十分流行。这些风气不仅影响了他们的思想，见之于歌咏，也反映到他们的行为中来。同时，中唐以来，中央与地方，士大夫、宦官与藩镇集团常有矛盾冲突，当各种复杂的政治矛盾纠缠在一起时，暗杀常常被人作为一种政治斗争的手段来使用。这一手段与道教迷信相结合，又在口耳相传中被渲染神化，于是人间的侠客好汉便成为具有飞空隐形等不可思议的本领的人物。一般的城市平民，也想象着世上有一些济困扶危、安良除暴的侠客，以充实他们平淡的日子，或者发泄他们心中的不平之气。这也是唐代传奇小说中常有豪侠英雄出现的重要原因。

不同的侠客豪士形象在唐代传奇小说中也有着不同的意义。在小说中，他们有的是主角，在小说中占据中心位置，如《虬髯客传》；有的是次要人物，是主角的陪衬，例如《霍小玉传》中的黄衫豪士和《柳氏传》中的许俊，还有《传奇》中的《昆仑奴》，都写侠士对青年男女爱情的玉成，而居于配角地位。从气质上讲，《柳毅传》中的书生柳毅也是一个具有侠气的人物，也算得上一位侠士。在反映统治阶级内部矛盾方面，袁郊《甘泽谣》中的《红线》一篇最有代表性。它叙述魏博节度使田承嗣企图兼并潞州节度使薛嵩，薛氏因侠女红线的出力而转危为安。裴铏《传奇》中的《聂隐娘》一篇，与此同类。沈亚之《冯燕传》则歌颂江湖好汉式的道德观点。

明人胡应麟《少室山房笔丛·二酉缀遗》曾指出“变异之谈，盛于六朝，然多是传录舛讹，未必尽幻设语，至唐人乃作意好奇，假小说以寄笔端”。这是从艺术价值方面来肯定唐传奇的。唐人之所以能“作意好奇”，是与他们有意创作小说的文学态度相关联的。唐代出现了许多有名的传奇小说作家，例如李公佐、沈既济、裴铏、沈亚之、陈鸿等人，正可以说是唐人有意创作小说的一个证明。具体说来，唐人传奇小说的“作意好奇”主要表现在语言运用和结构经营两方面。

传奇小说在语言运用方面，很见功力。在叙述语言方面，《柳毅传》中写钱塘君勃然大怒，飞去惩治泾阳君之次子的情景，以节奏短促的语句表现当时的紧张气氛，栩栩如生，如闻其声，似见其容。在描写语言方面，也有颇多写景如画、画面感极强的好片断。例如《任氏传》中写到任氏为苍犬所杀后，郑氏出资埋葬了她的遗体，心里不胜悲痛，“回睹其马，啮草于路隅，衣服悉委于鞍上，履袜犹悬于镫间，若蝉蜕然。唯首饰坠地，余无所见，女奴亦逝矣”。真是此处无画胜有画，此地无声胜有声。《长恨歌》写道：“花钿委地无人收，翠翘金雀玉搔头。君王掩面救不得，回看血泪相和流。”“马嵬坡下泥土中，不见玉颜空死处。”这一段语言也富有诗的韵味，可以与之媲美，堪称异曲同工。

在结构经营方面，唐代传奇小说也有独到之处。《枕中记》和《南柯太守传》两篇，同样是以梦为重要的结构因素来展开整个故事，教人在一场梦寐中历尽荣华富贵的一生，然后指出，现实生活中的一切也不过是一场梦而已，这显然是一种高蹈者的思想，而这种思想又是作者对现实不满而企图解脱的表现。但在各自的表现上，两篇大不相同。前者委婉引导，层层深入，而收结直截。后者起笔直截，而收得曲折委婉，呈现出不同的美学风貌。《游仙窟》也许可以称为后世屡见不鲜的才子佳人小说（或者，更准确地说，香艳小说）之初祖，它开创了在小说中大量穿插诗作的风气，在以赋笔描写铺叙渲染情景方面，也可以说是后代长篇小说中同类作法的先驱。

唐代传奇小说以相当丰富而且高明的艺术手法，开始广泛地反映唐代社会各阶层的内部矛盾和各种社会问题，这一类矛盾和问题有不少在此后很长的一段时期内仍然存在，因此，宋以后的作者也时有继作。但正如鲁迅先生所说的，这些后出的传奇作品颇“好劝惩，摭实而泥，飞动之致，眇不可期”（《唐宋传奇集序例》）。拘泥于实录以及过于明确的现实的功利目的，反而使他们失去了艺术上的飞扬灵动之趣，于是，传奇小说在宋以后就不再产生高潮，但是，在后代的文言小说乃至近代的一些白话小说中，仍能窥见其持久的影响：《聊斋志异》和《阅微草堂笔记》中多的是《任氏传》一类的以狐女为主角的爱情故事；晚清的才子佳人小说、狭邪小说，在讲究藻饰和选择北里狭邪之地为背景方面，与《游仙窟》如出一辙；现代武侠小说中渲染的某些杀人秘术、飞檐走壁、夜行衣靠等，在唐代豪侠小说的读者看来也是似曾相识。

另一方面，唐代传奇小说中所反映的各种思想主题，对后代作者、读者都具有历久弥新的意味，经常给他们以艺术启迪和美的享受，因此，唐代传奇小说又是后来其他形式的小说以及各种戏剧的题材的重要来源之一。后来的作家们还常常从唐代作家们所首先发掘出来的一些题材中找到灵感，进行艺术再加工。例如元剧中，王实甫《西厢记》、尚仲贤《柳毅传书》、郑光祖《倩女离魂》，都是以唐代传奇小说为素材加工改写的。明代话本小说作家以之为题材原本，创作了许多拟话本小说。明代戏曲家汤显祖著名的传奇作品《临川四梦》中，《紫钗记》出自《霍小玉传》，《邯郸记》出自《枕中记》，《南柯记》出自《南柯太守传》，诸如此类，不胜枚举。由于这些故事和人物是人民所喜爱的，因而这种加工也是为人民所喜闻乐见的。

第十六章　民间通俗文学与词的成长

变文　唐代话本　俗赋　从文艺史和社会史两方面看词的起源　敦煌民间歌词　文人作词与花间鼻祖温庭筠　西蜀词客韦庄的词品　树立新典范的南唐二主词

除了雅文化、雅文学，唐代的俗文化、俗文学也十分发达。本世纪初敦煌遗书的发现，使我们获得了大批宝贵的文献，也使我们对唐代民间通俗文学有所了解。概括来说，这些民间通俗文学中最主要的是变文、俗赋、歌词和话本。

为了配合佛教宣传，魏晋南北朝时代的佛教讲经到隋唐时代就发展为俗讲，首先在城市中发展起来。俗讲包括将佛教经义通俗化、故事化的讲经文，和讲说经变故事和历史人物故事的变文。一般来说，后者离纯粹的宗教宣传较远，较贴近民间生活和市民欣赏趣味，因而，其世俗性和故事性也超过前者，其文学价值就更高一些。与此一发展趋势相呼应，作为一种讲唱文学，变文的讲唱者由最初的僧人发展到以此谋生的民间艺人，其影响也从寺院发展到市井，其内容也从佛门走向民间生活。

从内容上看，变文所讲唱的故事包括佛经故事和世俗故事两种。前者例如《维摩诘经讲经文》、《降魔变文》、《破魔变文》、《目连救母变文》，后者例如《伍子胥变文》、《孟姜女变文》、《张义潮变文》，多数作品讲说历史人物、历史故事，少数叙述当代史事。从形式上看，这种新兴的讲唱文学，语言上韵散相间，文白夹杂，句式长短灵活多变，基本上以口语为主，通俗可喜，充分体现了民间文艺活泼新鲜的特点；另一方面，它又吸收诗歌俗赋等文体的艺术养分，利用了绘画与音乐等作为辅助的艺术表现手段，大胆展开想象，善于幽默夸张，又表现了民间文艺敢于创新的特点，并为以后的讲唱文学打下了一个良好的基础。

敦煌遗书中还发现了一些唐代的话本小说，如《唐太宗入冥记》、《韩擒虎话本》、《庐山远公话》。这些以白话创作的小说虽然在艺术表现上还比较粗糙，却代表了唐人致力于小说开拓的另一个方向，更对宋元话本的发展起了先导作用。

以《韩朋赋》、《晏子赋》、《燕子赋》为代表的俗赋，既延续了自荀况《赋篇》至曹植《鹞雀赋》一脉相承的辞赋的通俗化发展的路线，又糅合了讲唱文学的一些特点，形式活泼，语言通俗，体现了民间文学的特点，其艺术风貌与作为唐代士大夫的精神文化形态之一、在唐代赋史中占主流地位的律赋是迥然不同的。

敦煌文献中还保存了许多唐代的民间歌词，它们不仅具有独特的思想艺术价值，而且衔接了从汉魏乐府发展到唐宋词的中间环节，对我们理解词体的起源和发展，提供了很大的帮助。

词是 8 世纪中叶以后、13 世纪以前这几百年中间最为流行的一种音乐歌词和抒情诗样式。因为它最初是以音乐歌词的身份出现的，所以就称为“曲子词”，或者简称为“曲子”，至于简称为词，却反而比较迟些。这意味着当初社会上对于“曲子词”即曲子（音乐）加词（歌词）这一复合的概念，是更加侧重在音乐方面的。而其后，如《诗三百篇》、汉乐府歌辞所走过的道路一样，它本身逐渐取得了独立的文学生命，词才成为一个更带普遍性的名称。

词的产生，可以从文艺史与社会史两方面来考察。

从文艺史方面来说，词既然首先是“曲子词”，必须是和当时的音乐有着密切的关系的。音乐与歌词的配合，自来只有两种基本方式：一种是由乐定词，或者说因声而作歌；另一种则是选词配乐，或者说因歌而造声。词由胡夷、里巷之曲产生的，大致属于前一种方式；由固有的律绝诗产生的，大致属于后一种方式。

《旧唐书·音乐志三》说："自开元以来，歌者杂用胡夷、里巷之曲。"《新唐书·礼乐志十二》也说："天宝乐曲，皆以边地名，若凉州、伊州、甘州之类。"唐代的政治和文化中有很多是沿袭南北朝和隋朝而来的，其音乐中杂有胡乐的成分，毫不足怪；只是到了开元、天宝时代，胡乐比以前更为流行。但在那时，胡乐和雅乐并不相混杂，而且其流行还限于边疆州县和一定的阶层。天宝十四载(755)后，随着安禄山乱军的侵入以及平乱中借重的异族武装的涌入，异族文化才进一步深入到中原各地，蔓延至社会各阶层，其势力与影响也越来越大了。元稹《法曲》说得很明白："明皇度曲多新态，宛转侵淫易沉著。……雅弄虽云已变乱，夷音未得相参错。自从胡骑起烟尘，毛毳腥膻满咸洛。女为胡妇学胡妆，伎进胡音务胡乐。……胡音胡骑与胡妆，五十年来竞纷泊。"为了配合这种流行的新乐，就需要有新的歌词。初期词调之中，如《甘州遍》、《甘州子》、《甘州曲》、《苏幕遮》、《酒泉子》之类，都是出于胡乐的。

所谓里巷之曲，就是当时的民歌。文士们接受了它的音乐部分，而改作了它的歌词部分，于是就产生了一批新词。中唐诗人刘禹锡就是最初从事这一工作的作家之一。《乐府诗集》卷八十一说："《竹枝》本出于巴渝。唐贞元中，刘禹锡在沅湘，以俚歌鄙陋，乃依骚人《九歌》作《竹枝》新辞九章，教里中儿歌之，由是盛于贞元、元和之间。"而刘禹锡和白居易的春词，题中也说："和乐天春词，依《忆江南》曲拍为句。"除了《竹枝》、《忆江南》，初期词调之中，如《渔歌子》、《采莲子》、《河渎神》之类，都是出于民歌的。在初期，这一类的歌词还有一个特点，就是词调的名称往往也就是歌词的主题，如《渔歌子》就咏渔父，《采莲子》就咏采莲之类。但很快地，词的主题就摆脱了词调的拘束，获得了抒写发挥的自由。

词也有出于律绝诗的。这是因为唐代的律诗和绝句本来都是可以用来配乐的。而七言绝句，更是其中最容易入乐的诗歌样式。在后代人所艳称的"旗亭画壁"的轶事中，歌女们所演唱的，就都是绝句，而七绝占多数。律绝诗有固定的形式，如果这种形式和某种乐调可以很适当地配合，那自然可以将其直接当作歌词使用，而不必加以改动。但实际上，音乐是一种很复杂的、而且变异性很大的艺术，律绝诗不必改动字句就可以作为歌词的情况，是不很多的。在多数情况下，需要改动增删词句以配合音乐，往往是将泛声和和声填上实字，如《全唐诗》所说："唐人乐府，原用律绝等诗，杂和声歌之。其并和声作实字，长短其句以就曲拍为填词。"如张志和《渔歌子》，就是将七绝略加改动、以便入乐而成为词的：

> 西塞山前白鹭飞，桃花流水鳜鱼肥。青箬笠，绿蓑衣，斜风细雨不须归。

而下面这两首，则是将五律和七绝入乐时的泛声填入实字而成为词的：

> 宝髻偏宜宫样，莲脸嫩，体红香。眉黛不须张敞画，天教入鬓长。莫倚倾国貌，嫁取个有情郎。彼此当年少，莫负好时光。
>
> ——唐玄宗《好时光》

> 秋夜香闺思寂寥，漏迢迢。鸳帏罗幌麝烟销，烛光摇。　　正忆玉郎游荡去，无寻处。更闻帘外雨潇潇，滴芭蕉。
>
> ——顾敻《杨柳枝》

从社会史方面来看，民间流行的歌曲中，又有相当一部分是和秦楼楚馆、北里绮筵分不开的。唐代城市经济和市民文化的发展，使一批秦楼楚馆、酒筵歌席应运而生。许多小令词，如果追溯其源起，本来就是酒筵歌席之类场合所行的酒令，其题目、内容乃至形式，都带有明显的游戏娱乐的色彩。例如《十六字令》、《如梦令》和下面的这两篇《调笑令》：

> 胡马，胡马，远放燕支山下。跑沙跑雪独嘶，东望西望路迷。迷路，迷路，边草无穷日暮。
>
> ——韦应物《调笑令》

边草，边草，边草尽来兵老。山南山北雪晴，千里万里月明。明月，明月，胡笳一声愁绝。

——戴叔伦《调笑令》

最流行、最需要这类歌曲的也就是这些场合。文人进士们由于涉足其间，自然而然就产生了如上举两首那样的作品，这更促进、刺激了这类歌曲的创作和流行。陈寅恪先生曾经指出："唐代新兴之进士词科阶级异于山东之礼法旧门者，尤在其放浪不羁之风习，故唐之进士一科与倡妓文学有密切关系。"(《唐代政治史述论稿》)这是词体由民间流行的里巷之曲上升到新兴进士官僚阶层的关键。在传奇小说中，我们已经看到了当时进士和妓女所演出的悲剧和喜剧，当黄巢的大兵逼近潼关时，当时的举子还在一面嫖妓女，一面考进士。晚唐的唯美文学，特别是词，之所以大量产生，正由于此。可以说，在词体从民间歌曲上升到文士手里的过程中，一开始是带有一种香艳的气息的。对此，欧阳炯《花间集序》说得很清楚："则有绮筵公子，绣幌佳人，递叶叶之花笺，文抽丽锦；举纤纤之玉指，拍按香檀。不无清绝之辞，用助娇娆之态。自南朝之宫体，扇北里之倡风，何止言之不文，所谓秀而不实。有唐已降，率土之滨，家家之香径春风，宁寻越艳；处处之红楼夜月，自锁嫦娥。"这也正是《花间集》中的大量词作所赖以产生的社会和艺术土壤。

然而，另一方面，那些仍在民间流行的歌词，却与此有所不同。它们的内容大多数也以叙写男欢女爱为主，但却透露出比较健康和清新的气息。敦煌文学宝库中的许多宝贵的抄本，使我们能够更贴近地了解唐代民间流行的歌词，也使我们听到了一些朴素的歌唱。例如：

天上月，遥望似一团银。夜久更阑风渐紧，为奴吹散月边云，照见负心人。

——《望江南》

枕前发尽千般愿，要休且待青山烂，水面上秤锤浮，直待黄河彻底枯。　　白日参辰现，北斗回南面。休即未能休，且待三更见日头。

——《菩萨蛮》

叵耐灵鹊多谩语，送喜何曾有凭据。几度飞来活捉取，锁上金笼休共语。　　“比拟好心来送喜，谁知锁我在金笼里。愿他征夫早归来，腾身却放我向青云里。”

——《鹊踏枝》

绿窗独坐，修得君书。征衣裁缝了，远寄边隅。想得为君贪苦战，不惮崎岖。终朝沙碛里，只凭三尺，勇战奸愚。　　岂知红脸，泪滴如珠。枉把金钗卜，卦卦皆虚。魂梦天涯无暂歇，枕上长嘘。待公卿回故里，容颜憔悴，彼此何如？

——《凤归云遍》

珠泪纷纷湿绮罗，少年公子负恩多。当初姊姊分明道：“莫把真心过与他。”子细思量着，淡薄知闻解好么？

——《抛球乐》

这些作品给我们提供了萌芽状态的词的样本。它们语言通俗、口语化，时常掺杂着民俗的内容，风格浑朴、真挚，具有浓郁的民歌气息。词上升到文士手中以后，由于作者身份和文化背景的变化，这些语言和风格的特点也相应发生了一些变化，而以爱情描写为主的内容特点却保持下来了。这样，与其他的抒情诗样式比较起来，词的题材一开始就显得比较窄狭。

中唐以来的著名诗人有许多作词的，白居易、刘禹锡、王建、韩偓都有词作流传。但他们对于这一种新样式的运用，都还不过是尝试的性质。一直到了晚唐温庭筠，才特别致力于词的写作。在文学史上，他是第一个以词人身份出现比以诗人身份出现更为重要的作家。《旧唐书》本传称他

“士行尘杂，不修边幅，能逐弦吹之音，为侧艳之词”。这证明他之所以能成为一个典型的词人，正是由于他首先是一个典型的浪子。由于他的出现，就使民间粗放朴素的情歌发展成为婉约、精致、典雅的艳歌，并因此在词史上开创了一个传统：从《花间集》起，以婉约的风格来写艳情就成为词的主要特征，并在相当长的时间里，被树立为词体艺术表现的传统规范，而温庭筠正是“花间鼻祖”。他那种以精丽细腻的笔触表现女性的生活环境及其心理的词风，从以下诸词中可见一斑：

> 小山重叠金明灭，鬓云欲度香腮雪。懒起画蛾眉，弄妆梳洗迟。照花前后镜，花面交相映。新帖绣罗襦，双双金鹧鸪。
>
> ——《菩萨蛮》

> 玉楼明月长相忆，柳丝袅娜春无力。门外草萋萋，送君闻马嘶。画罗金翡翠，香烛销成泪。花落子规啼，绿窗残梦迷。
>
> ——《菩萨蛮》

> 玉炉香，红蜡泪，偏照画堂秋思。眉翠薄，鬓云残，夜长衾枕寒。梧桐树，三更雨，不道离情正苦。一叶叶，一声声，空阶滴到明。
>
> ——《更漏子》

唐亡以后，形成了五代十国军阀割据的局面。其中只有西蜀(包括前蜀后蜀)和南唐处在一个较为安定的环境中，因此，这两地也就成为词体成长的温床。词作安慰着偏安君臣们的灵魂，装饰着他们悠闲的生活和柔弱的梦境。在后蜀赵崇祚所编的《花间集》中，选录了晚唐五代词人十八家的词作五百首，其中蜀地词人或入蜀词人就有十二家。

蜀地最主要的词人是韦庄。他的作品的特点，就是并没有完全追随温庭筠流传下来的那种通过语言的色彩、音响和线条去全力从事女性的外表与心理描写的方法，有时反而摆脱了那些艳丽的气息，以秀淡的笔墨写出了他在唐亡仕蜀一段生活中的身世之感、家国之哀，为晚唐词开出新的一脉。

红楼别夜堪惆怅，香灯半卷流苏帐。残月出门时，美人和泪辞。
琵琶金翠羽，弦上黄莺语。劝我早还家，绿窗人似花。

——《菩萨蛮》

人人尽说江南好，游人只合江南老。春水碧于天，画船听雨眠。
垆边人似月，皓腕凝霜雪。未老莫还乡，还乡须断肠。

——《菩萨蛮》

四月十七，正是去年今日。别君时，忍泪佯低面，含羞半敛眉。
不知魂已断，空有梦相随。除却天边月，没人知。

——《女冠子》

王国维在《人间词话》中曾说："'画屏金鹧鸪'，飞卿（温庭筠字）语也，其词品似之。'弦上黄莺语'，端己（韦庄字）语也，其词品亦似之。"温词喜欢用秾丽的色彩、物象来堆砌、装饰词境，类似于画中的工笔描绘，而难免留下人工的痕迹；韦词的语言更加自然、明白如话，类似于写意渲染。这种风格上的区别，不仅是他们的不同艺术个性的反映，也是其所表现的不同的感情内涵所要求的。

南唐的作家与作品都比蜀地少，但从词史上的地位来看，却比《花间集》中的那些蜀地词人更为重要，因为他们代表了词史的一个新的发展方向。中主李璟、后主李煜和冯延巳，都是南唐杰出的词作家，在词史上占有很重要的地位。

中主李璟（916—961）的词，流传的只有三首，其中却有两篇是历来所传诵的：

菡萏香销翠叶残，西风愁起绿波间。还与韶光共憔悴，不堪看。
细雨梦回鸡塞远，小楼吹彻玉笙寒。多少泪珠无限恨，倚阑干。

——《摊破浣溪沙》

手卷真珠上玉钩,依前春恨锁重楼。风里落花谁是主?思悠悠。青鸟不传云外信,丁香空结雨中愁。回首绿波三峡暮,接天流。

——《摊破浣溪沙》

这类春愁秋悲、无可奈何的情绪,在后主李煜的前期词中也有流露,与后主的后期词作相比,不免显得轻、浅。后主前期的词作与中主相近,也显得比较轻浅,而后期的词作由于身世遭际的突变,而发生了明显的变化。

后主李煜(937—978)的作品以975年为界,截然地分成了前后两个不同的阶段。在亡国以前,他是以一个贵族的身份歌唱的,所写的无非是歌舞宴乐的生活,不是“别殿遥闻箫鼓奏”,就是“春殿嫔娥鱼贯列”。但在亡国以后,他却是以一个俘虏的身份歌唱着。

帘外雨潺潺,春意阑珊。罗衾不耐五更寒。梦里不知身是客,一晌贪欢。　　独自莫凭栏,无限江山,别时容易见时难。流水落花春去也,天上人间。

——《浪淘沙》

春花秋月何时了,往事知多少。小楼昨夜又东风,故国不堪回首月明中。　　雕阑玉砌应犹在,只是朱颜改。问君能有几多愁,恰似一江春水向东流。

——《虞美人》

人生愁恨何能免,销魂独我情何限。故国梦重归,觉来双泪垂。高楼谁与上,长记秋晴望。往事已成空,还如一梦中。

——《菩萨蛮》

这些作品中所表现的虽然只是一个亡国之君的悲哀,但是其深度却是以前的文学作品中所没有达到的,更是词体本身所未曾见的。它的意义就在于透过那些美丽的哀愁、那些深哀巨痛,揭示了一个命运的悲剧。

李氏父子，特别是后主对词的贡献，使词这种样式突破了局限于描写男欢女爱那样一个狭窄的天地。所以，《人间词话》说："词至李后主而眼界始大，感慨遂深。"这是他以自己的巨大的亡国之痛、无边的悔恨换来的。他的词语言朴素而又精纯，自然而又明丽，善用白描而又深含意境，体现了极高的艺术造诣，成为后人追踪的榜样。南唐灭亡了，但词史却兴起了一个新的典范，这是文学对政治的又一次揶揄。

第十七章　诗世界的开拓

宋初诗坛：白体、西昆体和晚唐体　　开创宋诗面目的梅尧臣　　苏舜钦诗作与苏梅异同　　欧阳修与诗文革新　　精深华妙的王安石诗　　王令与曾巩　　大师级的诗人苏轼　　苏轼影响下的诗人群　　黄庭坚的诗歌创作与江西诗派的出现　　吕本中、陈与义、曾几与后期江西诗派诗风的转变　　陆游、杨万里、范成大等人对江西诗派的扬弃　　永嘉四灵和江湖诗人对江西诗风的反拨　　独树一帜的严羽《沧浪诗话》　　晚宋诗坛的战士悲歌与遗民哀吟

宋诗的发展历史，从根本上说就是对唐诗这座艺术高峰的攀登和突破，从而逐渐形成自己独特的风貌的过程。开拓唐诗未及开拓的诗歌世界，形成在诗史上足以与唐诗相抗衡的另一个诗歌典范，是时代对于宋代诗人的一个不容回避的挑战，是历史交给宋代诗人的责无旁贷的重任，也是宋代诗人惟一的明智选择。艰难与光荣俱来，压力与机遇并存。出现在唐诗之后，是宋诗的不幸，也是它的幸运。

宋初五六十年，文坛基本上还继承着晚唐、五代的风尚，不管作者的身份是当朝的达官贵人，还是流落山野的隐者高士，就诗歌来说，中晚唐诗都是当时诗坛的主要样板，先后流行过白(居易)体、西昆体和晚唐体。

从中晚唐以迄五代，白居易诗在社会上流传甚广，产生了持久的影

响。这种影响经由五代十国入宋的官僚文人李昉和徐铉、徐锴兄弟等人而带入宋朝，并通过他们的地位和声望，逐渐扩大这种影响。同时，在中晚唐诗坛十分流行、在白居易集中尤其多见的诗歌唱酬风气，也连带而传入宋朝，在宋初不仅余韵未歇，而且由于它可以作为新朝粉饰盛世、歌舞升平的重要手段，而盛极一时，从而成为当时诗歌创作的重要方式之一。这些官僚文人所接受的白居易诗是片面的，他们特别重视白居易集中那种细碎小巧的篇章，以之歌咏唱酬，交流彼此吟咏风月流连光景的生活感受，风格安雅闲适，而对白集中并不罕见的对现实社会的深切关怀则视而不见，归根结底还是典型的台阁文学。

王禹偁(954—1001)是宋初白体诗人中较早突破台阁文学局面，而放眼民生的一位。面对漫天飞雪，他笔下出现的不是诗酒风雅，而是戍卒辛劳苦力负重的惨淡景象，并因此自省自责："自念亦何人，偷安得如是！深为苍生蠹，仍尸谏官位。"(《对雪》)这首诗作于诗人仕途春风得意的时候，而能关注民生疾苦，实属难能可贵，其思想境界显然大大高出前此那些台阁诗人。这当与他的贫寒家世、三遭黜免而不屈的耿直性格、有志作为的志向有关。作为一个早慧的诗人，当时的风气使他很早就喜爱并熟悉了白诗。他人生的坎坷历练，特别是罢黜外州，使他更多接近了社会现实，也促成了诗风的转变。他从学习白居易新乐府诗入手，进而学习杜甫诗，从中寻找诗歌艺术的新突破点。这就扩展了他的心胸和眼界，使他取得了远非流辈所及的诗歌成就。他既有《畬田词》、《秋霖》、《感流亡》等讽谕现实、朴素流畅的诗作，也有《杏花》、《村行》之类清健精练写景抒情的诗作，在铸辞造境上颇见功力。他的诗句"本与乐天为后进，敢期子美是前身"(《前赋春居杂兴诗二首，间半岁，不复省视，因长男嘉祐读〈杜工部集〉，见语意颇有相类者，咨于予，且意予窃之也。予喜而作诗，聊以自贺》)，道出了他学诗的初衷和努力的目标。

台阁诗人的白体失于浅尽，在流行了五十余年之后终于衰退，代之而起的是推崇晚唐诗人贾岛的晚唐体和效法另一个晚唐诗人李商隐的西昆体。依然盛行的唱和诗风将他们的诗歌创作主张及影响推广开来，俨然成为一个诗派的规模。晚唐体的诗人主要是一些身在山野林泉的隐士僧侣,代表诗人有潘阆、种放、魏野、林逋、寇准以及九僧等人。其风格比较接近,大抵是晚唐贾岛、姚合的寒苦清奇一路,在诗体方面长于五律,写景喜用白描,少用典故,好锤炼字句,尤其是爱在中间二联下工夫。潘阆、种放、魏野、林逋等人都是隐士,啸傲林泉,放情湖山。诸人之中,潘阆年代较早,种、魏、林三人继之。而隐居西湖孤山的林逋因有所谓梅妻鹤子的佳话,而得名最盛。就诗作来说,潘阆诗清丽孤峭,魏野诗清淡野逸,都有独到之处。林逋(967—1028)诗清淡闲远,七言不及五言,其最负盛名的七律诗《山园小梅》,写得其实不及五律《秋日西湖闲泛》、《湖楼晚望》等篇精深。从历史上看,这些人的隐居多少都有些矫饰,实际上,他们往往乐于与达官贵人周旋唱酬,言清而意俗。在这一点上,后来的南宋永嘉四灵及江湖诗人与他们颇为相近。九僧指当时九个能诗的僧侣,包括剑南希昼、金华保暹、南越文兆、天台行肇、沃州简长、青城惟凤、淮南惠崇、江南宇昭、峨眉怀古,其中惠崇工诗善画,最为有名。他们的诗作被合并为一集,称《九僧诗集》,大多以精练的五律写幽情僻境,题材有限,意境也不开阔。比较特殊的是寇准(961—1023)。他虽然是朝廷的高官,却与诸隐士和九僧结为诗友,往来唱和,诗风也与之接近。他的《春日登楼怀归》写道:“野水无人渡,孤舟尽日横。荒村生断霭,古寺语流莺”,杂之贾、姚集中,也难以分辨。《江南春》一类的小诗清思凄婉,饶有小词的韵味。

西昆体的作者成分比较单纯,基本上是在朝的官僚。宋真宗景德二年(1005)九月,真宗命杨亿等人编纂一部大型类书《历代君臣事迹》(后来改名为《册府元龟》),参加编纂的人都聚集在作为皇家图书馆的秘阁里。在编纂工作的余暇,他们相与唱酬遣兴,日久渐多,在真宗大中祥符元年(1008)秋,杨亿将这些诗作编为一集,根据《山海经》和《穆天子传》中都曾记载昆仑山之西有玉山册府的典故,将此集定名为《西昆酬唱集》。集中共收十七位诗人的五七言近体诗二百五十首,其中的二百零二首,占全集五分之四以上,是杨亿、刘筠、钱惟演三人的唱酬诗作。这是因为此三人都自始至终在秘阁参与编纂工作,其他十四人则未必,甚至未必在京城。集中的诗作以学李商隐为主,追求用典精巧,属对工切,词采缛丽,音韵浏亮。但由于秘阁和编纂生活的单调,视野的局促,这些诗的题材内容也就不免贫乏单调，基本上不出咏物、咏史、拟古三类。可以说，他们只学到了李商隐诗的精丽的外形，而忽略了李商隐诗中的比兴寄托，绝大部分诗就空有一身丽服，却苍白而不能感动人。但以杨、刘等人在文坛的地位和影响，这部诗集在当时仍然风行一时，形成了所谓西昆诗派，直到宋仁宗时代，朝中大臣如晏殊、宋庠、宋祁、文彦博、赵抃、胡宿等人的诗风仍为西昆体所笼罩。后人乃至以西昆体称李商隐诗，以讹传讹，并约定俗成，也未始不是西昆体的影响之表现。

西昆体当其出现之初，本来只是优裕安雅生活的点缀，是盛世雍容典赡气象的展示。就杨亿(974—1020)本人而言，他的《武夷新集》中也有类似《狱多重囚》、《民牛多疫死》之类朴素真挚关心民瘼的篇章。但后进争相效法，竟流为专事模仿剽窃的作风，以致宫中内宴时，“优人有为义山者，衣服败裂，告人曰：‘吾为诸馆职挦扯至此！’”(刘攽《中山诗话》)另一方面，以石介为代表的一些正统理论家，也从道学的角度，攻击西昆派诗歌的浮艳缛丽。这样，11 世纪 40 年代以后，这种诗风就逐渐退出诗坛，继起的欧阳修、苏舜钦、梅尧臣等人开创了新的诗风，在文坛打开了新的局面。

梅尧臣(1002—1060)以其独特的成就，为宋诗指出向上一路，是开创宋诗独特面目的祖师。在仕途方面，他很不顺利，是欧阳修所谓诗穷而后工的一个典型。他的诗风深微淡远，深是说他诗作的用意，微指其构思，淡则是其语言风格，远指其诗作的饶有余味的效果。在他自己看来，这种诗风的核心乃是平淡。“作诗无古今，唯造平淡难。”(《读邵不疑学士诗卷》)“因吟适情性，稍欲到平淡。”(《依韵和晏相公》)所谓平淡，并不是平庸肤浅，乃是“意新语工，得前人所未道者”，“状难写之景如在目前，含不尽之意见于言外”(《六一诗话》记梅语)，是相当高的一种艺术境界。总之，梅尧臣力图以朴素和平淡，来纠正西昆体那种做作、矫饰和贫乏。在思想上，梅尧臣主张诗要关心社会现实，要反映民生疾苦，有美刺，有兴寄。他写了不少反映下层劳动人民生活和当时政治现实的诗作，其间充满对人民的同情和对统治者的指斥，例如其中的名篇《田家语》、《汝坟贫女》、《猛虎行》，多为五古，其作风近于杜甫《三吏》、《三别》及白居易新乐府，极富现实主义精神。就诗体而言，梅尧臣古今体兼工，尤长于五言。五古往往好用散文笔法入诗，古淡清切。五律如《鲁山山行》、《东溪》等诗状物写景，语工意新，在千锤百炼之后，呈现给读者的仍是一副平淡面目，富有余味。如：

适与野情惬，千山高复低。好峰随处改，幽径独行迷。霜落熊升树，林空鹿饮溪。人家在何处？云外一声鸡。

——《鲁山山行》

苏舜钦(1008—1048)是贵介公子出身，因为支持庆历新政，而受到保守派的诬陷打击，削职为民，退居苏州，筑沧浪亭。他虽然出生晚于欧阳修，但自少年时代起，就与穆修、石延年等人提倡文学的复古革新，不顾别人的讥笑，而坚持自己的文学主张。他诗文兼工，在迁谪之中所作的古文《沧浪亭记》合叙事、写景、抒情为一体，凝炼幽洁，颇得柳宗元《永州八记》之传。在诗歌方面，他用功更深，成就更大。他敢于以诗干预政治，反映现实，描写饥荒旱情，痛斥达官贵人昏聩无能、丧师辱国。《宋史》本传称其"时发愤懑于歌诗，其体豪放，往往惊人"。这种惊人既指其诗中所反映的政治激情的豪迈大胆、无所顾忌，也还包括他诗作用意措辞的激昂放达。苏舜钦也有一些五七言近体诗写得清丽明快，但古诗尤其是七言歌行似乎更适合他的个性。《和菱溪石歌》借溪石抒发胸中愤懑不平之气，使用散文笔法，句法峭劲，沉郁顿挫，颇得韩愈诗的神韵。《中秋夜吴江亭上对月怀前宰张子野及寄君谟蔡大》写对月怀人，意新语奇，情与境会，则有李白诗的风味。从发展的角度来看，他前期的诗较为明快，后期诗作则偏于沉郁，这显然与政治上所遭遇的挫折失败有关。

欧阳修在《水谷夜行寄子美圣俞》中，曾比较苏、梅二人诗风的异同："子美气尤雄，万窍呈一噫。有时肆颠狂，醉墨洒滂沛。譬如千里马，已发不可杀。盈前尽珠玑，一一难拣汰。梅翁事清切，石齿漱寒濑。作诗三十年，视我犹后辈。文词愈清新，心意难老大。譬如妖韶女，老自有余态。近诗尤古硬，咀嚼苦难嘬。初如食橄榄，真味久愈在。"也可以说，苏诗如高山奔流，长在豪纵；梅诗如平野渊潭，长在深远。苏诗缺少梅诗的细密，梅诗也不及苏诗洒脱不羁。作为多年的诗友，欧阳修的评价是十分准确的。

确如欧阳修自言，在诗文革新特别是诗歌方面，他的起步较晚于苏、梅二人。在北宋中期的诗文革新运动中，欧阳修（1007—1072）是一个至关重要的人物。他是宋朝开国以来第一个在诗、词、文及文学思想方面都卓有建树、在政治上又颇有地位的文学家。他在文学和政治上的地位，使他成为当时文坛公认的领袖，在诗文革新运动中所发挥的作用及取得的成绩也后来居上。北宋中叶兴起的第二次古文运动，是针对晚唐五代的文弊和当时的西昆体文风，以提倡恢复韩愈之道统和文统为号召，坚持明道、致用的原则。在欧阳修之前，王禹偁、柳开、穆修、石介、尹洙、范仲淹等人已提出文学革新的主张，但是或有偏颇，或不系统，虽然取得了一些创作实绩，但影响有限。欧阳修承上启下，摆脱了柳开、穆修、石介等人重道轻文的道学倾向，强调文学本身的特殊性，主张文章要为社会服务，反映社会生活和现实内容，而不能只成为狭隘的伦理道德的传声筒，肯定了作家的才华和艺术技巧的重要性。因此，他主张学习韩愈文从字顺的一面，反对艰深怪涩的文风，提倡自然为文、明白晓畅。他利用知贡举的机会，力纠当时太学士子中流行的太学体，纠正因离弃浮艳巧丽而堕入险怪奇涩的文风（宋祁就是这类文风的代表之一）。他用自己的一系列创作，身体力行，树立了新文风的榜样。他文备众体，书、序、论、记、碑志、史传，无体不工。他改造了传统的骈体文，开创了宋代四六文的新局面。他吸收骈文在语言及声律方面的长处，改造了骈赋和律赋，创立了文赋。苏轼说他"论大道似韩愈，论事似陆贽，记事似司马迁，诗赋似李白"（苏轼《六一居士集叙》），证明他在各方面确实都取得了很高的成就。欧阳修一以贯之的文风，是"纡余委备，往复百折，而条达疏畅，无所间断，气尽语极，急言竭论，而容与闲易，无艰难劳苦之态"（苏洵《上欧阳内翰书》）。如果说韩文深厚雄博，偏于阳刚之美，那么，欧文则和婉曲折，偏于阴柔之美；两人同样富有大家风度。

梅尧臣以古淡之词、苏舜钦以豪健之气来扭转西昆体的不良倾向，欧阳修则是以他最擅长的、无往不利的平易疏畅之文，来进一步革新诗风。他主张诗作平易疏畅，言必有物，反对无病呻吟。他和梅、苏等人发扬了韩愈以文为诗的传统，以古文的气势以及古文特有的某些艺术手法来丰富诗歌的表现手段，使宋诗趋向平易畅达，同时，也加强了宋诗散文化、议论化的倾向，显露了宋诗的创作个性和时代特征。他的诗题材广泛，内容丰富，风格多样。近体诗富于情韵，清新自然，佳作有《戏答元珍》、《黄溪夜泊》等。古体常能熔叙事、抒情与议论于一炉，如他本人极为自负的《明妃曲和王介甫作》、《再和明妃曲》，在流畅平易的行文中，有宛转的叙事，有深切的同情："谁将汉女嫁胡儿，风沙无情貌如玉。""玉颜流落死天涯，琵琶却传来汉家。汉宫争按新声谱，遗恨已深声更苦。"（《明妃曲和王介甫作》）更有不俗的议论："虽能杀画工，于事竟何益！耳目所及尚如此，万里安能制夷敌？"（《再和明妃曲》）从艺术渊源上说，欧阳修主要学习韩愈，也学李白，时而上溯杜甫。他很重视转益多师，取资多方。其峭健曲折处，多得力于韩愈，其奔放畅达处，则确有近于李白之处。

欧阳修虚心好学，乐于提携后进，王安石、曾巩、三苏等人都是经过他的提携，而登上全国文坛的。这些人既大大扩展了诗文革新运动的声势，又以各自的成熟的艺术创造，巩固和发展了欧、苏、梅等人的革新成果，奠定了宋诗的雄厚基础，使宋诗的独特面目完全显现出来了。

王安石（1021—1086）首先是一个政治家，其次才是一个文学家。他在政治上重实践，在文学上认为创作要反映国计民生，有补于世，特别强调文学的思想内容，而对艺术形式的看法不免有些过激。在他的心目中，杜甫、欧阳修的地位列在韩愈、李白之上，因为韩愈有时过于讲究文辞，而李白诗多言醇酒妇人。他博览群书，知识渊博，加上自负坚强而近乎执拗的个性，造成了他的深刻精能的诗文风格。他的奏事，如《上仁宗皇帝言事书》、《本朝百年无事札子》，逻辑谨严，笔力雄伟，富有见识。短篇书札、史论、游记，如《答司马谏议书》、《伤仲永》、《读〈孟尝君传〉》、《书刺客传后》、《游褒禅山记》等，抒写杂感，既有议论的锋芒，又有抒情的笔调，情韵与哲理兼而有之。总之，其散文师法孟子、韩愈，兼取荀子、扬雄，以议论精警、分析透辟、说理缜密为特征，将先秦以来的中国传统哲理散文的艺术发扬光大。

王安石的诗歌同样有这种以议论见长、峭刻简劲的风格，但比散文更重视抒发情韵、状物写景、营造意境等。他的诗风从年轻时的“直道其胸中事”到晚年的“尽深婉不迫之趣”（叶梦得《石林诗话》卷中），可以看出经历和学历的日益老成。他的诗特别是前期诗中，政治诗占了很大比重，这些诗从各种不同角度切中时弊，尖锐指斥。例如《河北民》、《出塞》、《收盐》、《感事》、《秃山》等，涉及当时边疆、内地民生的诸方面，在深切关心时事的同时，也表达了自己的政见。王安石的咏史怀古诗也很突出，从中经常可以读到他对历史事件及社会人生的独到理解和精辟的论断。例如《桃源行》和《明妃曲》二首。《明妃曲》中所表达的“意态由来画不成，当时枉杀毛延寿。”“家人万里传消息，好在毡城莫相忆。君不见，咫尺长门闭阿娇，人生失意无南北。”（其一）以及“汉宫侍女暗垂泪，沙上行人却回首；汉恩自浅胡自深，人生乐在相知心。”（其二）等等，构思立意，善于翻新出奇，传诵一时，当时名流如欧阳修、司马光、刘敞、曾巩等人纷纷和作。此外如《孟子》：“何妨举世嫌迂阔，故有斯人慰寂寥。”《贾生》：“一时谋议略施行，谁道君王薄贾生？爵位自高言尽废，古来何啻万公卿。”都巧运诗笔，作翻案文章，体现了他一贯的峭劲的诗格。王安石在近体诗特别是七绝方面，有很深的功力，可以用精深华妙四字来概括。精深是说其诗律精严，华妙是说其兴象玲珑美妙。这些诗多作于其退居江宁的晚年，题材以描摹风物写景抒情为主，其中有脍炙人口的《书湖阴先生壁》以及《北山》、《北陂杏花》等，极为后人称赏。此外，他喜欢造硬语、立生意、押险韵、好改窜古人诗句、好用典、追求对仗工巧等倾向，也给后来的江西诗派以明显的影响。

很受王安石推重的王令（1032—1059）是个短命的天才诗人。他的诗雄伟奔放，想象丰富而奇诡，充满奇情异彩，具有鲜明的个性。故《四库全书总目》卷一五三《广陵集》提要评他“才思奇轶，所为诗磅礴奥衍，大率以韩愈为宗，而出入于卢仝、李贺、孟郊之间。”古体长篇《梦蝗》出自卢仝《月蚀诗》，极奇玮瑰怪非常之观，构思立意出脱凡俗，风格奇崛可喜。《暑旱苦热》虽然只有短短八句：“清风无力屠得热，落日着翅飞上山。人固已惧江海竭，天岂不惜河汉干？昆仑之高有积雪，蓬莱之远常遗寒。不能手提天下往，何忍身去游其间。”大有先忧后乐的仁人之心，“骨气老苍，识度高远”（《后村诗话·前集》卷二）。近体诗中，也有不少境界开阔、诗思奇瑰的好诗。

曾巩（1019—1083）是著名散文家，有人说他不会作诗，这是不公平的。其实，他的诗“平实清健，自为一家”（方回《瀛奎律髓》卷十六），颇有感时写实的篇章，如《追租》、《边将》、《秋日感事示介甫》等。咏史诗也比较出色，如《咏虞姬》、《明妃曲》、《读五代史》等。《明妃曲》有句云“丹青有迹尚如此，何况无形论是非”，道前人所未道，堪称精警。就诗体而言，曾巩对七言近体最为娴熟，写景抒怀，往往思新语劲，《北归》、《西楼》等七绝，很像王安石晚年那些流连山川风物锤炼精纯的小律诗。如《西楼》：

海浪如云去却回，北风吹起数声雷。朱楼四面钩疏箔，卧看千山急雨来。

苏轼（1037—1101）是继欧阳修、王安石之后而起的北宋另一位文学大师。在散文创作中，他与父亲苏洵、弟弟苏辙都主张有为而作，并十分强调气势，而三人的风格又各有千秋。苏洵散文取法战国诸子及贾谊、陆贽，长于议论，有战国纵横家的遗风。苏辙之文“汪洋澹泊，深醇温粹”（《苏文定公谥议》）。苏轼取径更为广博，贾谊、陆贽的政论，孟子、庄子的文章，都曾给苏轼以启迪。他的文章“大略如行云流水，初无定质，但常行于所当行，常止于所不可不止，文理自然，姿态横生”（《答谢民师书》），风格介乎洵、辙之间。他的文章题材范围极广，可以说是“嬉笑怒骂皆成文章”（黄庭坚《东坡先生真赞》）。他的政论史论，气势磅礴，援古证今，说理透辟，又善于用生动、形象的比喻，来说明深刻的哲理，真是所谓“横说竖说，惟意所到，俊辩痛快，无复滞碍”（《鹤林玉露》丙编卷三）。他的山水游记名篇极多，往往既有诗情画意，又富含哲理。书札、序跋及杂文之类，挥洒自如，触处生春，尤能体现他风趣、幽默、乐观的个性。明代公安派文人从苏轼的这一类小品文中吸取营养，促成了晚明小品文的兴盛。

如果说欧阳修将文学革新由古文推广到诗歌,那么,苏轼则进一步在诗文领域扩大了革新运动的成果,而且将其影响与成果推展到词体。乌台诗案、贬谪黄州、远谪儋州,一次又一次越来越残酷的政治打击并没有使这个胸怀旷达坚强乐观的大诗人低下他的头颅,相反,却是更加开阔了他的心胸,成就了他的文学。正是在谪居黄州期间,他的思想和文学创作才进入全面成熟和丰收的阶段,他的一系列千古名篇就产生于这一时期。在贬谪海南遇赦的时候,我们更听到了他爽朗豪放的笑声:

> 参横斗转欲三更,苦雨终风也解晴。云散月明谁点缀,天容海色本澄清。空余鲁叟乘桴意,粗识轩辕奏乐声。九死南荒吾不恨,兹游奇绝冠平生。
>
> ——《六月二十日夜渡海》

苏轼诗题材丰富,无事不可入诗,而且因地制宜,风格多样,但无不表现了他的倔强、幽默,体现了他的丰富而敏感的诗心。对上至《诗三百篇》、《楚辞》,下迄欧阳修的历代诗歌,苏轼都曾深入钻研。陶渊明的冲淡高远、杜甫的现实精神、李白的超迈豪放、韩愈的以文为诗、白居易的流畅、柳宗元的峻洁、刘禹锡的怨刺笔法等等,钟毓于苏轼一身,并以他的高才博学为熔炉,熔铸出一个新时代的文学大师。他擅长用侧面讽刺的方法,来表达自己对政治和现实的观点立场。他以自己对生活的无限热爱、对困境的永不屈服,来表示对政敌迫害的极度蔑视、对艰难寂寞的顽强抵抗。同时,对于大自然的热爱,对于亲情友谊的歌颂,对于生死离合的咏叹,使这个有着天才仙气的诗人显得非常具有人情味,使他的诗歌读来亲切动人。苏轼兼擅各体诗歌,其中七言古诗最能体现其恢张豪迈、波澜壮阔、才思泉涌、浮想联翩的特长。他的诗歌语言清新流畅,无幽不达,无隐不显,用典也善于"以故为新,以俗为雅"(借用苏轼《题柳子厚诗》语)。同时,他还喜好"以文字为诗,以才学为诗,以议论为诗"(借用严羽《沧浪诗话·诗辨》语),这是以他充沛的才情和渊博的学识为基础的,所以能自然顺畅,如水到渠成,而丝毫没有艰苦俭涩之态。他的个性和诗歌艺术的魅力，使这些在苏轼以前就存在的诗歌倾向对后来的宋诗发展产生了更显著的影响。

苏轼身后，他的文学事业有很多的追随者。在北方，金国凭恃军事实力颠覆了北宋王朝，掳走徽、钦二帝；而在文学上，金国著名的文学家如蔡松年、赵秉文以及金代最杰出的诗人元好问，却都是苏轼的崇拜者和苏诗艺术的俘虏。他们特别是元好问的诗歌成就，就得力于学习苏轼并进而上溯到李白、杜甫。在南方，苏轼所培养或影响下的一批后进文人，以苏门四学士和苏门六君子为代表，还包括李格非、李之仪、唐庚、张舜民、毛滂和孔氏三兄弟（孔文仲、孔武仲、孔平仲）等，成为哲宗、徽宗时期的文坛主力。这个在苏轼影响下的作家群，各有所长，风格亦自不同，在文学艺术取向上与苏轼趋向分流，从而造成了文坛多样化的繁荣局面。

苏门四学士是指黄庭坚、张耒、晁补之、秦观，六君子则是在四学士之外，加上陈师道、李廌。张（1052—1112）、晁（1053—1110）二人诗文词并擅，张文汪洋冲淡，朴素自然，其诗长于乐府，效法张籍、白居易，风格平易，内容则多“哀哉天地间，生民常苦辛”（《粜官粟有感》）之类的感叹。绝句也颇有韵味。晁氏也以乐府诗见长，风格接近张耒，不同的是其古文较多波澜，诗也较多俊逸之气。李廌长于文而不以诗名。秦观长于词，而诗作则温婉清丽，饶有小词韵味，富有阴柔之美。他的《春日》诗：“一夕轻雷落万丝，霁光浮瓦碧参差。有情芍药含春泪，无力蔷薇卧晓枝。”甚至被元好问评为“女郎诗”。（《论诗绝句》第二十四首）此外的唐庚、张舜民以及三孔都颇有诗才，仅就诗歌创作来说，他们的成就不及黄庭坚和陈师道。

黄庭坚（1045—1105）是一个博学多才的诗人，其父黄庶是一个专学杜甫、韩愈的诗人，这对他有影响。他的思想中兼有儒道佛的成分，诗作中也常驱遣儒道释三教经典。他以学杜来反对学李商隐的西昆体，而特别强调杜诗在句律字句等形式上的特点。关于他的创作方法，有所谓“点铁成金”、“脱胎换骨”等说法，说明他是很注重从古人、从书本中寻找灵感的。他认为“老杜作诗，退之作文，无一字无来处。盖后人读书少，故谓韩杜自作此语耳。古之能为文章者，真能陶冶万物，虽取古人之陈言入于翰墨，如灵丹一粒，点铁成金也。”（《答洪驹父书》）又说：“不易其意而造其语，谓之换骨法，窥入其意而形容之，谓之夺胎法。”（《冷斋夜话》卷一）换骨即易其辞而达其意，如《再次韵四首》之四：“公有胸中五色线，平生补衮用功深。”出自杜牧《郡斋独酌》：“平生五色线，愿补舜衣裳。”夺胎是以旧有辞、意为基础，加以变化，使诗意更深刻，句法更峭劲，意境更深美。如改徐陵《鸳鸯赋》中“山鸡映水那相得，孤鸾照镜不成双”，成其《睡鸭》诗：“山鸡照影空自爱，孤鸾舞镜不作双。”总之，夺（脱）胎换骨的目的是推陈出新，化腐朽为神奇。同时，黄庭坚还好用拗律，押险韵，好用奇字僻典，刻意苦吟，在韵律与文字方面尽量避免圆熟和俗格，追求生新瘦硬的效果。就黄庭坚来说，这是他苦心独创的作诗的活法，虽然偏重艺术形式，题材范围不很宽广，运用起来还是得心应手、比较成功的，特别是在律诗方面，佳作较多，如《登快阁》、《寄黄几复》、《次元明韵寄子由》等。

黄庭坚把包括苏轼在内的他以前的宋诗发展中逐渐形成的一些特点，加以凝聚放大，使他的诗具有最鲜明的宋格，形成自己独特的风味。他的诗歌无论在谋篇、章法、造句、炼字、音韵等方面，都有其独到之处，但也容易导致掉书袋、生硬晦涩等诗病。这类弊端在最早师法黄庭坚的陈师道身上还不甚明显。由于性格孤介，又一生沉沦下僚，陈师道（1053—1102）作诗耽于苦吟，一意求深，形成了生硬僻涩的诗风。但他的佳作则能突破这些局限，深情笼罩，韵高格峻，有朴拙之致，如有关师友的三首诗：《妾薄命》、《怀远》和《九日寄秦觏》。

由于黄庭坚的诗法提出了一些比较具体的可以遵循操作的技术规范，而这种重视形式和技法、重视向书本学习的风气，特别适合那些诗才一般、生活经验也不太丰富的文士，因此，很多后进诗人起而从之，在北宋末年开始蔚然成风。崇宁元年至二年间（1102—1103），吕本中（1084—1145）作《江西诗社宗派图》，奉黄庭坚为宗派之祖，列陈师道、潘大临、谢逸等 25 个受黄氏影响的作家为诗派中人。这些诗人籍贯分布很广，彼此间多有交游唱和，只是由于黄庭坚是江南西路（简称江西）人，谢逸等十一位诗人也是江西人，所以得名江西诗派。南渡以后，诗派的成员与范围不断扩大，吕本中、陈与义、曾几等是后期诗人的主要代表。宋末元初，承继江西诗派衣钵的方回又提出了所谓“一祖三宗”的说法，即尊杜甫为一祖，奉黄庭坚、陈师道、陈与义为三宗，由此可以看出江西诗派的声势之广远及影响之持久。

靖康之难激发了诗人的爱国激情，促成了后期江西诗派诗风的转变，诗学门径也有所拓宽。吕本中首先提出学诗要悟入活法："所谓活法者，规矩备具，而能出于规矩之外，变化不测，而亦不背于规矩也。是道也，盖有定法而无定法，无定法而有定法。知是者，则可以与语活法矣。"（《夏均父集序》）作为活法的具体例证，他举出了谢朓所说的"好诗流转圆美如弹丸"，这种主张显然与黄陈的瘦硬生新或朴拙重大的主张不完全吻合。吕本中是江西诗派承先启后的关键人物。他的诗清丽和婉，鲜活流动，还有一些伤时感乱主张抗战的诗篇。陈与义（1090—1138）是诗派的后起之秀，"其诗虽源出豫章，而天分绝高，工于变化，风格遒上，思力沉挚，能卓然自辟蹊径"（《四库全书总目》卷一五六《简斋集》提要）。由于经历了与杜甫相似的山河破碎的时代，靖康以后，陈与义的诗像杜甫安史之乱以后的创作一样，风格发生了变化。他继承杜诗的现实主义传统，高扬忧国忧民之声，"以简洁扫繁缛，以雄浑代尖巧"（《后村诗话·前集》卷二）。如著名的《伤春》诗，抑扬顿挫，寄意深切，最得杜律三昧，末三句脱换自杜诗的痕迹尤为明显。和大多数江西诗派诗人一样，陈与义工于律体，精于对仗，"客子光阴诗卷里，杏花消息雨声中"（《怀天经智老因访之》）、"孤臣霜发三千丈，每岁烟花一万重"（《伤春》）等联，不求字面之工稳，而追求整体境界的圆融。他常用宽对、流水对，以造成诗句的流动。他吟咏光景的诗作，还师法陶、谢、韦、柳诸家，有清远平淡之致。曾几（1084—1166）传吕本中诗法，也主张"学诗如参禅，慎勿参死句"（《读吕居仁旧诗有怀其人作诗寄之》），故其诗清新活泼，又细密有韵味。曾几享年较高，他对年轻一辈诗人如陆游、杨万里、萧德藻、赵蕃、韩淲等人的影响，甚至超过了吕、陈二人。

在这些年轻诗人中，包括尤袤、杨万里、范成大、陆游在内的所谓中兴四大诗人（一说为范成大、杨万里、萧德藻、陆游四人）或包括尤袤、范成大、杨万里、陆游、萧德藻五人的中兴五大家最为突出。他们都曾经直接或间接、自觉或不自觉地受到江西诗派的影响，但最终都能逐步摆脱其束缚，而形成自己的诗风。尤袤（1127—1194）早年学诗于吕本中的学生汪应辰，萧德藻（生卒年不详）则曾学诗于曾几，跟江西诗派都有一定的渊源关系，但都能有所超越。如萧德藻明确提出，“诗不读书不可为，然以书为诗，不可也。”（范晞文《对床夜话》卷二）二人的诗作享誉当时，但诗集很早就已失传，尤诗大约只有百分之一流传下来。从留存的篇章来看，尤诗颇能写景，细润圆转。《雪》、《淮民谣》等关心国计民生的诗作，则是朴素鲜明。萧氏仕途困顿，其诗奇峭工致，别具一格，对其侄婿姜夔的诗风有影响。杨万里评论尤诗“平淡”，萧诗“工致”（《千岩摘稿序》），是有根据的。

陆游（1125—1210）是南宋最杰出的诗人。这个长寿的诗人经历了南宋的前半期，历任地方和中央官职，曾亲身从戎，前往南郑前线，有比较丰富的生活经验。他个性豪放不羁，富有激情，敏于感发，对祖国、对人民、对山川景物、对人情世态，都投注热情，形于歌咏，创作力异常充沛，诗篇内容异常丰富。他自称“六十年间万首诗”（《小饮梅花下作》），后来编定诗集时，删去一些早年习作，现存《剑南诗稿》八十五卷，诗作九千三百多首，古今诗人罕有其匹。

陆游诗歌风格的发展经过三个阶段。他童年时代私淑吕本中，青年时代又师事曾几，颇受江西诗派的影响。因此，他早年的诗以藻绘为工，颇重技巧。浪漫豪放的性格，使他特别重视吕本中提出而为曾几所接受的活法：“我得茶山一转语，文章切忌参死句”（《赠应秀才》），诗作倾向于师法江西诗派中的清新绚烂，而舍弃其中的瘦硬生涩。随着学力、阅历和自信心的增长，他的诗风也渐渐开始变化。乾道六年（1170），陆游出任夔州通判，入蜀途中，游历苏、皖、赣、鄂、湘、川等省，眼界和心胸都随之开阔。随后他又到达南郑前线，置身于全新的军旅生活之中，雄心壮志经常受到感发而激动。他在《示子遹》诗中说：“我初学诗日，但欲工藻绘。中年始稍悟，渐欲窥宏大。”这个“中年”，可以说是从乾道六年开始的。从这一年往后，他的诗风跨越了江西诗派的藩篱，诗境变得开阔，风格也趋向博大宏肆。绍熙元年（1190）以后，诗人退居绍兴故里，诗题多吟咏村居生活，风格转向闲适淡泊。

爱国主义是陆游诗中最主要、最重大的主题，他从不同的角度来表现这一主题。他歌颂抗金斗争,为每一场战役的胜利而欢欣鼓舞,如《闻武均州报已复西京》;他描写在金兵压迫下人民的痛苦,表达他们对于故国的深厚感情,如《秋夜将晓出篱门迎凉有感》、《追忆征西幕中旧事》;他斥责统治者为了自私的荒淫奢侈的享受而奉行偏安和投降的政策,如《关山月》、《追感往事》;……胜利和希望总是那么短暂,失败和失望总是那么频繁,严峻而残酷的现实使他时时沉浸在悲愤的情绪中,在《书愤》、《登赏心亭》等篇中,我们看到的就是这样一个面对寂寞和失败而绝不甘心的英雄形象。正如其临终绝笔《示儿》所显示的,陆游至死不忘恢复中原。沉重的时势虽然压抑着他的豪迈的英雄主义,却不能阻止它们不屈不挠地通过浪漫的想象,通过梦境得到缓释,得到补偿。他有一首纪梦诗题为《五月十一日夜且半,梦从大驾亲征,尽复汉唐故地,见城邑人物繁丽,云:西凉府也。喜甚,马上作长句,未终篇而觉,乃足成之》,以超卓的诗笔和崇高美丽的想象,寄寓了一腔无尽的爱国激情。

陆游也有不少描写自然风物、山川景物、农村生活景象的诗作,反映了广泛的社会生活面。与爱国之诗充满豪迈的激情和悲愤的感慨有所不同,这些诗或者朴素真纯如《岳池农家》、《游山西村》等农家诗;或者刻画真切如《南定楼遇急雨》、《临安春雨初霁》等山水行旅诗;或者深挚凄婉如《沈园》等爱情诗也是颇为突出的。

陆游曾对其子说:"汝果欲学诗,工夫在诗外。"(《示子遹》)所谓诗外工夫,在他看来,就是要丰富生活和情感体验。从文学传统上说,屈原、杜甫的忧国忧民的精神、李白的浪漫气息、岑参的雄伟豪迈的气魄、陶渊明和王维的恬淡,都给了陆游以滋养。他的诗取材广,命意新,各体兼工,最长于七言古诗和七言律诗,其次是五言古诗和七言绝句。他的"对仗工整,使事熨帖"(沈德潜《说诗晬语》卷下)的律法,对稍后的永嘉四灵以及戴复古、刘克庄等人都有明显的影响。在后来历史上那些国势危蹙的时代里,救国图强的仁人志士们常常发现陆游是他们的知音。

杨万里(1127—1206)与陆游同时而以诗擅名。他早年学诗也是从江西诗派入手,用力甚勤,三十六岁(绍兴三十二年,1162)那年,尽焚其少作,开始变革诗风,在五十一岁(淳熙四年,1177)那年,最后形成了独具风格的诚斋体。诚斋体的总的特点是语言通俗流畅，明白如话，注重诗味，词婉意新，长于七言特别是七绝。他的政治诗现实性较强，婉而多讽，用意颇深，例如《初入淮河四绝句》之一：

船离洪泽岸头沙，人到淮河意不佳。何必桑干方是远，中流以北即天涯。

他描写农民劳动生活的诗也立意求新，如《悯农》：

稻云不雨不多黄，荞麦空花早着霜。已分忍饥度残岁，更堪岁里闰添长！

诚斋体中最多见的则是吟咏自然风物、抒写日常生活之情的诗作。如：

莫言下岭便无难，赚得行人错喜欢。正入乱山圈子里，一山放出一山拦。

——《过松源晨炊漆公店》

才近中秋月已清，鸦青幕挂一团冰。忽然觉得今宵月，元不粘天独自行。

——《八月十三日望月》

梅子留酸软齿牙，芭蕉分绿与窗纱。日长睡起无情思，闲看儿童捉柳花。

——《闲居初夏午睡起》

诗人善于发掘日常生活中一些富有诗意而往往被人忽略的细节，以通俗流畅而又轻松风趣的语言表达出来，塑造了全新的意境，形成一种小巧、诙谐、活泼的风格。他有不少诗直接以“嘲”、“戏”等字为题，也正是这种诗风的一种体现。在诙谐嘲戏之中，有时也寓有对时事的感讽讥刺，如《嘲淮风进退格》。对杨万里来说，这只是他一贯幽默机趣的性格的表现，但如果处理不当，也容易导致浅俗油滑。江湖诗派末流的一些诗作即有此病。

清末诗评家陈衍《石遗室诗话》卷十六说，杨万里的诗“大抵浅意深一层说，直意曲一层说，正意反一层、侧一层说”。“又能俗语说得雅，粗语说得细，盖从少陵（杜甫）、香山（白居易）、玉川（卢仝）、皮（日休）、陆（龟蒙）诸家中一部脱化而出”。构思新巧、想象奇妙是诚斋体的一个重要特点，从中仍可以看出江西诗派特别是“活法为诗”对他的影响。与他同时的葛天民就是以“死蛇解弄活泼泼”（《葛无怀小集·寄杨诚斋》）来称赞他的。不是从书本而是从生活中直接吸收明快鲜活的口语，使他避免了江西诗派诗语硬涩之病。他强调独创，极力要跳出江西诗派的藩篱，但他并没有完全排斥江西诗派。他的推崇并效法中晚唐诗，对四灵及江湖诗人也有影响。

前人常以陆游比杜甫，以杨万里比李白。陆、杜才学相近而个性相远，杨、李则情才相似而气魄不同。

范成大（1126—1193）的诗，无论其内容还是风格都基本上介于陆、杨之间。杨万里《石湖集序》评他“清新妩丽，奄有鲍谢；奔逸俊伟，穷追太白”。也可以说，他的“清新妩丽”近于杨万里，而“奔逸俊伟”则近于陆游。范成大曾四次出任疆臣大吏，周知各地风土民情，诗中有很多关于行旅、风土、名胜的篇什，也有不少反映社会生活和民生疾苦的作品，如《姑恶》等描写农民生活的诗，如《催租行》、《后催租行》等悯农诗。《后催租行》诗曰：“去年衣尽到家口，大女临歧两分首；今年次女已行媒，亦复驱将换升斗；室中更有第三女，明年不怕催租苦。”冷隽的反语，掷出深刻的讥刺，表达了十分沉痛的心情。这一方面，他受张、王乐府和晚唐诗的影响较大。但他的诗风又有偏于清峭、好用奇字及佛家禅语的一面，则也在有意无意中袭用了苏（轼）、黄（庭坚）的遗法。

乾道六年（1170），范成大出使金国，在强敌面前表现了坚强的气节，不辱使命而还。他写的七十二首使金纪行诗和一卷《揽辔录》，享誉一时。这组诗描绘了北方的山河风物，记录了北方人民的苦难和希望，也从一个特殊角度反映了他们的爱国心情。《州桥》、《翠楼》等诗中所写到的北方父老争迎汉使忍泪失声的场面，是十分珍贵、动人的。晚年退休以后，范成大写了一批以《四时田园杂兴》七绝六十首和《腊月村田乐府》为代表的田园风情诗，广泛描写江南水乡农民的劳动生活、风土人情，反映他们的忧乐。这些诗题材新颖别致，读来淳朴亲切，风格清新闲雅，即使有所指斥，也用温婉之笔。请看《四时田园杂兴》中的下列几首：

昼出耘田夜绩麻，村庄儿女各当家。童孙未解供耕织，也傍桑阴学种瓜。

垂成穑事苦艰难，忌雨嫌风更怯寒。笺诉天公休掠剩，半偿私债半输官。

新筑场泥镜面平，家家打稻趁霜晴；笑歌声里轻雷动，一夜连枷响到明。

吕本中和曾几的改造和中兴诸诗人的背离，使江西诗派的影响逐渐淡出诗坛，继起的永嘉四灵、江湖诸诗人以及严羽，正式倡导师法唐诗，于是在晚宋诗坛上，唐诗特别是唐人的今体律绝诗重又成为诗坛的典范。与此同时，长期的失败和偏安，将英雄壮志消磨殆尽，吟咏风月、啸傲湖山的作品一时又流行起来。

永嘉四灵是指永嘉（今浙江温州）地区的四位诗人徐照（？—1211，字灵晖）、徐玑（1162—1214，字灵渊）、赵师秀（1170—1220，字灵芝，或说字灵秀）、翁卷（生卒年不详，字灵舒），因为他们的字中都有一个灵字，诗风相近，又都出自永嘉学派的理学家叶适门下，叶适曾编选《四灵诗选》以刊行，所以合称四灵。四灵不满于江西诗派专学杜甫一家，重新尊崇唐体特别是晚唐的律体，以相对抗。他们学晚唐，实际上专学贾岛姚合一派的五律，与杨万里之偏重七绝不同。同时，他们提倡生造苦吟，主张字琢句炼，工于对仗，多用白描，而反对江西诗派的以书为诗、好用成语故实的倾向。四灵或为布衣，或位居下僚，生活清苦，其诗风也与贾、姚相近，偏于野逸清瘦。诗的内容主要是抒发个人情感，互相唱酬，或描绘田园山水，或反映土俗民情，也有一些关心民生疾苦的作品。他们的七绝也写得灵秀清逸，如翁卷《野望》、《乡村四月》，赵师秀《数日》、《约客》等，传诵甚广。总的来看，四灵的诗题材比较狭窄，境界也不开阔，陷于雕琢琐碎。四灵的出现，从诗学上看是对江西诗派的反动，从思想上看则是永嘉学派对抗当时贬抑唐诗、崇尚以诗载道，乃至把诗写得如同议论文的程朱理学的表现，在当时产生了相当大的影响。

从诗史上看，四灵其实正是江湖派的先驱。两者的诗歌主张和风格并没有太大的分别。他们同学晚唐，四灵偏向清苦，江湖则趋于圆熟。江湖派的得名，缘于宝庆三年(1227)的江湖诗祸。它的成员构成，主要是一些山林隐士、奔走江湖的游士谒客以及一些不得意的下层官吏，是一个散处各地、流品甚杂的松散的创作群体。起初，杭州书商陈起将他所结识的一些山林隐士、小官幕僚以及江湖谒客游士等的诗集以丛刊的方式刻印出版，总名为《江湖集》。不料其中的一些诗句，如“未必朱三能跋扈，都缘郑五欠经纶”(刘克庄《黄巢战场》)，“东风谬掌花权柄，却忌孤高不主张”(刘克庄《落梅》)，“秋雨梧桐皇子府，春风杨柳太师桥”(陈起，一说为敖器之)，被言官诬为影射时事，讽刺奸相史弥远，同情被史弥远废黜逼死的原皇位继承人济王竑。于是，刘克庄、敖器之、曾极以及陈起等人均遭到迫害，书版亦被劈毁。这一事件之后，很多诗人噤若寒蝉，更少感时伤事忧国忧民之作，而流连光景诗酒应酬之诗则多起来了。

和四灵一样，江湖派诗人也崇尚晚唐诗，只是格局比四灵较为开阔，取材取径也较为灵活多样。在语言方面，他们也和四灵一样主张多用白描，反对掉书本为诗，反对堆砌典故。江湖诗人中，刘克庄、戴复古二人成就比较突出。戴复古(1167—1250?)曾学诗于陆游，其诗仍有雄放纵横的一面，有独创，也颇有一些忧民忧国的诗篇，风格和内容比较复杂，与一般的四灵江湖诗人有所不同。刘克庄(1187—1269)早年困顿下僚，六十岁后仕宦显达，是江湖诗人中的例外。他的诗学陆游、杨万里和四灵，颇为用功，数量甚多。他早年曾到过真州前线，写过一些反映当时政治腐败军中黑暗的乐府，如《国殇行》、《军中乐》等；后来贪多，率尔成篇，逞才炫博，往复酬唱，不免粗糙熟滑；晚年仕途得意，思想上反而趋于保守。他的诗歌的长处主要表现在写日常生活的五律，思新语工，颇长于偶对。他的《后村诗话》，内容丰富，体现了作者的博览和学识。

严羽（1192—？）自号沧浪逋客，以布衣终身，曾游历浙、赣、湘等地，与江湖诗友往来颇多，从身世、经历以及情趣来看，他也可以说是一个江湖诗人。严羽亦能诗，而使他垂名中国文学史的则是他的《沧浪诗话》。宋人好议论，好作诗话之书以载录轶闻，评骘高下，辩证讹误，考订句法。从欧阳修作《诗话》（后人多称之为《六一诗话》）起，后继的作者层出不穷，蔚为一时风气。宋代诗话著作已知者约有一百三十九部，至今仍流传者尚有四十二部，残存或由他人纂辑成书者四十六部，佚失者五十一部。这些诗话观点各异，侧重不同，内容庞杂，大多数并没有形成自己的理论系统，而严羽《沧浪诗话》是其中的一个例外。这部书由《诗辨》、《诗体》、《诗法》、《诗评》、《考证》五个部分组成，分别探讨了诗歌的理论、体裁、流派、风格和作法诸问题，并评论了历代诗家作品，对某些诗作诗人加以考订，结构完整，也系统地提出了一套自己的诗学理论。他对江西诗派末流的弊端提出了批评，对于四灵和江湖诗人偏重学晚唐也表示不满，而推尊盛唐。他反对苏轼、黄庭坚以降“以文字为诗，以才学为诗，以议论为诗”（《沧浪诗话・诗辩》）的倾向，特别强调诗的形象思维和诗的韵味，并提出了“别材”和“兴趣”之说：

> 夫诗有别材，非关书也；诗有别趣，非关理也。而古人未尝不读书，不穷理。所谓不涉理路、不落言筌者，上也。诗者，吟咏情性也。盛唐诸人，惟在兴趣，羚羊挂角，无迹可求。故其妙处莹彻玲珑，不可凑泊，如空中之音，相中之色，水中之月，镜中之像，言有尽而意无穷。
>
> ——《沧浪诗话・诗辨》

以禅喻诗是他的诗论的特点之一。禅宗有大小乘、南北宗，具正法眼者称为第一义，声闻、辟支等都只是第二三等。严羽认为汉魏晋及盛唐之诗，是第一义的，而中晚唐之诗只是声闻、辟支之类。而且，“妙悟”是学诗的关键：

> 大抵禅道惟在妙悟，诗道亦在妙悟。且孟襄阳学力下韩退之远甚，而其诗独出退之之上者，一味妙悟而已。惟悟乃为当行，乃为本色。然悟有浅深，有分限，有透彻之悟，有但得一知半解之悟。汉魏尚矣，不假悟也。谢灵运至盛唐诸公，透彻之悟也。
>
> ——《沧浪诗话·诗辨》

这种重视兴象、韵味、妙悟的诗论，上承《诗品》和吕本中、曾几等人的活法、悟入之说，下开清代王士祯的神韵说和袁枚的性灵说，确立了它在诗歌理论史上承先启后的地位。

当晚宋诗坛正如“乱蝉无数噪斜阳”（戴复古《论诗十绝》之六）之时，当严羽高倡妙悟兴趣之时，浩劫的阴影正一步步逼近。1234 年金国的灭亡，曾给南宋晦黯的天空带来一线阳光，时隔不久，蒙元的铁骑就踏碎了偏安的美梦。1279 年，南宋灭亡了。野蛮的统治者在南北大地上施行残暴掠夺的政策，激起了尖锐的民族矛盾。当此国破家亡前后，一些不屈的爱国者奋起抗争，他们强忍亡国的耻辱和悲痛，唱出了激扬慷慨的战歌。民族英雄文天祥（1236—1283）就是这些英勇的战士的代表。在毁家赴敌捐躯为国的艰苦卓绝的斗争中，文天祥给后人留下了一批读来令人回肠荡气的英雄诗篇：《过零丁洋》、《金陵驿》、《扬子江》、《正气歌》。他的奋不顾身的气节，他的虽九死其犹未悔的坚强斗志，他的知其不可而为之的悲壮情怀，无不淋漓尽致地宣泄于诗的字里行间。在失败被俘之后，在威逼利诱之前，他有悲痛，有苦闷，却没有一点奴颜媚骨，没有丝毫动摇退缩。他无意为诗，而只是情动乎中，不得不发，直抒忠愤之怀，豪迈雄浑，其境界卓然高于他早年的那些优游山水或诗友应酬之作。谢枋得、谢翱、林景熙和郑思肖等人都是文天祥的战友和诗侣，都在诗中表达了宁死不屈的民族气节。谢翱诗的风格精致奇崛，往往含有隐讽。林景熙诗幽婉清健，也常常托物比兴，透露对故国的忠爱。郑思肖为人为诗都爽朗明快，直明心迹，不加掩饰。

另一些遗民诗人遭此黍离麦秀之痛，也发为歌咏。汪元量（生卒年不详）曾以琴艺供奉内廷，早年诗学江湖派，乱离后作了不少组诗，如《醉歌》、《湖州歌》、《越州歌》等，篇中充满“亡国之戚，去国之苦，艰关愁叹之态”，“亦宋亡之诗史也”。（李珏《湖山类稿跋》）而在表达上，则如“再嫁妇人，望故夫之陇，神销意在，而不敢出声哭也。”（周方《书汪水云诗后》）另一些遗民如真山民、许月卿、方凤、萧立之等，宋亡以后都隐居不出，自放于山林江湖之间，抚摸心灵的创伤，低声悲吟。他们的诗虽然风格不同，但都不免“亡国之音哀以思”，也一样寄寓了忠爱之心。此外，以南宋故都杭州为中心，包括浙江和江南的其他地方，一些遗民诗人还经常结社吟诗，互通声气，如月泉吟社、杭清诗社、孤山社、武林社等，以杜甫离乱诗为楷模，抒发自己的凄凉怨慕之怀。天崩地坼的巨变使遗民诗歌走出了四灵江湖的狭窄门径，走进了关注生活时事的广阔天地，以致明人钱谦益说“宋之亡也，其诗称盛”（《牧斋有学集》卷十八《胡致果诗序》）。

第十八章　倚声家的盛世

宋词发达的时代背景　延续五代南唐词风的晏殊、欧阳修　晏几道自成风貌　范仲淹、张先异军突起　发展长调慢词的市井词人柳永　以诗为词革新词体的苏轼　清婉柔丽的秦观词　侠气柔情的贺铸词　典雅精美的周邦彦与大晟词人　南宋初的爱国词作　李清照的词及其《词论》　辛弃疾的爱国词及其豪放词风　辛词的同调　姜夔与南宋格律派的复兴　从晚宋到宋末的格律派词人

词在晚唐五代，已经有了很高的成就。但从这一样式发展的轨迹上看，它在9、10两个世纪中并没有发展到顶点。无论就内容、形式、风格来说，词的园地都还有许多值得开拓的地方。而两宋词人，正是在文学史上完成了这一使命，使宋代成为倚声家的盛世。

词这一新兴的抒情诗样式在宋代之所以特别发达，是要从当时的经济情况和思想文化两方面来理解的。经过晚唐五代的发展，这个起源于民间的文体已日益文人化、城市化。宋帝国对士大夫的优待和城市的高度繁荣，更使词的兴盛有了良好的社会基础和有利的条件。赵宋帝国的统治，从太祖赵匡胤“杯酒释兵权”开始，就以在政治上集权、在经济上分惠、在文化上附庸风雅的办法来控制和拉拢士大夫为其策略。因此，对待士大夫很仁厚，就成为宋朝政治的特点之一。待遇优厚的士大夫过着悠

闲优裕的生活,商业的繁盛,都市的发达,声乐伎艺的流行,都超越前代,又增添了士大夫生活享受的内容。同时,宋朝又是一个在思想上较多钳制的时代,朋党之争和文字之祸自宋初开始,历朝绵延不绝。宋代理学的盛行,对文学的发展也有显著的影响。从宋初石介开始,就扛起道统的旗帜,后来二程(程颐、程颢)、朱熹等一般理学家,更片面地将封建伦理道德观念推到极致。在这种风气之下,宋代的古文是"道貌岸然"的,而诗也注意雅正。但是,人终究是有感情的,那时候的士大夫们的感情生活,也需要有发泄的地方和时候。而词在当时一般的人心目中,还只是一种非正统的东西,用词来抒发一点不登大雅之堂的感情,主要是他们私人生活中的悲欢离合之情,在酒边花外,歌唱一番,正是无伤大雅的。这也就促成了词的发达,促成了词与诗、文体格的不同,而且使它在某种限度内成为理学的反动。对于用词来作为抒发感情和点缀尘俗忧乐的工具,文士们主观上也有一些具体的要求,久而久之,就形成了传统的习惯。不同文士对于这种要求的不同认识,也就形成了他们各自不同的词学观念,并影响了其创作的趋向。这既是宋词发展的一个基本动力,也在大体上规定了词体的发展道路,造就了宋代词坛繁盛的局面。

宋朝开国以后五六十年间,虽然王禹偁、寇准、潘阆、林逋、钱惟演等人都有一些小令佳作,但只是偶尔弄笔而已。其时的词坛还不是很活跃的。直到11世纪初期,由于社会经济的恢复,词人们才活跃起来。揭开这一新时代的幕布的,是当时的几个达官,而以晏殊(991—1055)、欧阳修为其领袖。他们的词乃是五代特别是南唐词风的继续,脱去了其中的脂粉气,以婉丽见长,在词境上也有所创新。南唐词人冯延巳对他们有很大的影响。刘攽《中山诗话》说:"元献(晏殊的谥号)尤喜冯延巳,其所自作,亦不减延巳。"至于欧阳修,在风格上更和冯延巳相近。因此,下引最后两篇《蝶恋花》至今难以确定为何人所作。

> 金风细细,叶叶梧桐坠。绿酒初尝人易醉,一枕小窗浓睡。
> 紫薇朱槿花残,斜阳却照阑干。双燕欲归时节,银屏昨夜微寒。
> ——晏殊《清平乐》

小径红稀，芳郊绿遍，高台树色阴阴见。春风不解禁杨花，濛濛乱扑行人面。　　翠叶藏莺，朱帘隔燕，炉香静逐游丝转。一场愁梦酒醒时，斜阳却照深深院。

——晏殊《踏莎行》

几日行云何处去？忘了归来，不道春将暮。百草千花寒食路，香车系在谁家树。　　泪眼倚楼频独语：双燕来时，陌上相逢否？撩乱春愁如柳絮，依依梦里无寻处。

——《蝶恋花》

六曲阑干偎碧树。杨柳风轻，展尽黄金缕。谁把钿筝移玉柱，穿帘海燕双飞去。　　满眼游丝兼落絮，红杏开时，一霎清明雨。浓睡觉来莺乱语，惊残好梦无寻处。

——《蝶恋花》

这些作品中充满了对光阴节物的细腻描写，显示了贵族华丽的生活场景与安详的生活气度，也流露了他们在这种环境中所体会的感伤情绪。这种感伤写得缥缈空灵，如梦如醉，在意象的营造、情境的烘托方面都很成功。词人并不透露或落实这种情感的本事背景，只是反映出一种无奈的怅惘、无端的忧愁，却往往更幽怨动人，吸引了广大读者。

晏几道（约1030—1106）是晏殊的小儿子。他生活在宰相家里，却因为天真痴绝，“磊隗权奇，疏于顾忌，文章翰墨，自立规模，常欲轩轾人而不受世之轻重……遂陆沉于下位”。（黄庭坚《小山词序》）因而，他的作品中那些关于爱情的悲欢离合的描写，往往通过细腻曲折的词境，透露了他的孤傲和寂寞，透露了一种哀怨感伤的情调。他的词没有晏殊的雍容和欧阳修的放旷，却有他们的深婉和明丽。他一生所经历的人事盛衰世态炎凉，使他对那些歌儿舞女们有更多的同情和理解，也使他的《小山词》读来更有一种真挚和深切动人之致，形成了自己独特的风貌：

梦后楼台高锁，酒醒帘幕低垂。去年春恨却来时，落花人独立，微雨燕双飞。　　记得小苹初见，两重心字罗衣。琵琶弦上说相思，当时明月在，曾照彩云归。

——《临江仙》

醉别西楼醒不记，春梦秋云，聚散真容易！斜月半窗还少睡，画屏闲展吴山翠。　　衣上酒痕诗里字，点点行行，总是凄凉意。红烛自怜无好计，夜寒空替人垂泪！

——《蝶恋花》

几乎与晏、欧同时，范仲淹(989—1052)、张先(990—1078)异军突起，彰显了时人试图摆脱南唐西蜀词风的努力。范仲淹词也有柔情丽语，但他的军旅生涯和疆场生活体验，使他的词风突破了晏、欧一类的格局，写出了以《渔家傲》("塞下秋来风景异")为代表的那样具有爽朗的风格、开阔的意境和悲壮的情调的佳作，以苍凉高旷一洗五代旧习。在这一方面，范仲淹可以说是苏轼词风的先行者。张先的词作追求构思的新巧和意境的独创，如《一丛花令》以新奇的比喻表现女主人公深刻的悲剧感："沉恨细思：不如桃杏，犹解嫁东风！"他在炼字造句方面也很见功力，特别是"云破月来花弄影"(《天仙子》)一句中的"弄"字，尤为传神。他很善于用"影"这一意象，来表现悠闲而朦胧的意境，达到含蓄的效果。同时，张先也很熟悉市井生活，用民间流行的乐调谱写了一些慢词。在这一方面，他可以说是柳永的同道，虽然他在长调写作方面用功不及柳永专注，在长调的结构层次以及铺叙艺术方面也有待完善。从风格上说，他的词"有含蓄处，亦有发越处，但含蓄不似温、韦，发越亦不似豪苏、腻柳"，"适得其中"(《白雨斋词话》卷一)，与范仲淹一样在词史上起着承先启后的作用。

柳永(987—1053)有意识地以慢词来代替令词，并自觉地以市民情调代替贵族情调，在词中开拓出另外一番境界。这主要是当时繁华的城市生活促成的。孟元老《东京梦华录序》描写全盛时代的北宋首都汴梁(今河南开封)的繁华时说："举目则青楼画阁，绣户珠帘。雕车竞驻于天街，宝马争驰于御路。金翠耀目，罗绮飘香。新声巧笑于柳陌花衢，按管调弦于茶坊酒肆。八荒争凑，万国咸通。集四海之珍奇，皆归市易；会寰区之异味，悉在庖厨。”在这种情况下，晚唐以来在词坛占尽优势的、比较短小的、以在酒席间行令得名的令词，就不能满足人们的需要了。于是，为了适应铺叙丰富的城市社会生活和反映日益复杂的思想感情的需要，与小令词同时兴起、而自晚唐以来长期为人忽视的长调慢词也就更多起来了，而当时最著名的慢词作家就是柳永。他是第一个以全力写作慢词、发展慢词、复兴慢词的词人。由于深明音律，他能够利用民间原有的曲调或旧曲，加以改造翻新；或者将一些小令扩展为慢词，将短章铺叙为长篇；或者自创新调；使慢词的曲牌大为丰富，为其后的词的发展奠定了良好的基础。

柳永的身份背景与上述诸词人颇有不同。作为一个落魄的读书人，他在生活和思想上与广大市民是比较接近的，“教坊乐工每得新腔，必求永为词，始行于世。”他的词中所反映的城市面貌市井风情，较其他人更为广阔和新鲜。他在词中歌唱郎才女貌的市民爱情观，以热烈细腻、少所顾忌的描写取代含蓄的作风，以通俗流利的语言取代雅致精丽的修辞。柳永使词作大规模走向市井坊巷，在民间广为传播，以致当时“凡有井水处，即能歌柳词”(叶梦得《避暑录话》卷下)。大概当时词作流传之广，是没有超过他的了。

严有翼说：柳词“大概非羁旅穷愁之词，即闺门淫媟之语”(《苕溪渔隐丛话》后集卷三十九引《艺苑雌黄》)。的确，柳永词中相当多一部分是为妓女所作的歌词，表现她们的生活和情感，供她们在酒筵歌席演唱，其中也确有一些庸俗不堪的描写，而且，也许当时最受欢迎的，也正是这一类作品。但另外一些作品，却证明作者对于市民生活有着很深刻的体会，在表现手段上有着极娴熟丰富的才能。在他的词作中，开始显示了五代和宋初词中所没有的境界。

对潇潇暮雨洒江天，一番洗清秋。渐霜风凄紧，关河冷落，残照当楼。是处红衰翠减，冉冉物华休。惟有长江水，无语东流。　不忍登高临远，望故乡渺邈，归思难收。叹年来踪迹，何事苦淹留？想佳人妆楼凝望，误几回天际识归舟。争知我，倚阑干处，正恁凝愁。

——《八声甘州》

寒蝉凄切，对长亭晚，骤雨初歇。都门帐饮无绪，方留恋处，兰舟催发。执手相看泪眼，竟无语凝咽。念去去千里烟波，暮霭沉沉楚天阔。　　多情自古伤离别，更那堪冷落清秋节。今宵酒醒何处？杨柳岸，晓风残月。此去经年，应是良辰好景虚设。便纵有千种风情，更与何人说。

——《雨霖铃》

这类词作中主人公的远行，可能是仕宦，可能是经商，可能是赴京应试，也可能是因别的事情而人在旅途，这种羁旅行役离愁别恨的经验很多人都有过，因此有广泛的社会基础，容易在各类读者心中引起共鸣。这类词实际上是一种市井罗曼斯（romance）文学，在歌曲的吟唱中，吟味把玩这种情感，满足市民对于爱情和生活状态的浪漫想象，想象自己就是词中那个“千种风情”、“多情”的主人公，是“妆楼凝望”或被凝望的那个人，无疑可以在心理和情绪上得到满足和安慰。在艺术上，这些词作长于铺叙，构思细密，布局完整，层次分明，风格高远。相比之下，柳永另一些堆满“千娇百媚”、“佳人才子”、“愿奶奶兰心蕙性”（《玉女摇仙佩》）之类字句的应酬词作，就不免浮浅粗俗了。

柳永曾有一首词说：“才子佳人，自是白衣卿相。”“忍把浮名，换了浅斟低唱。”（《鹤冲天》）这种和现实政治游离的态度，乃是他的创作基础，因而他也就能将流行于士大夫中间的令词，发展为流行于市民中间的慢词。同时，柳永不仅发展了慢词的调式，也发展了慢词的铺叙艺术，扩大了词体的容量和词的表现力。

不过，柳永对词的创造性的贡献主要在词调和艺术方面。从内容上说，他对传统的继承多于革新。真正能使词这种样式摆脱它与生俱来的绮罗香泽的传统，而使它走上一条崭新的道路的，是苏轼。苏轼是中国文艺史上一个多方面的天才，他以诗文革新运动的精神来填词，在柳永的基础上进一步开拓了词的意境，使歌者之词变成了诗人之词，同时也使词从酒筵歌席、市井坊巷之曲变成文人的案头读物，从注重口唱耳听的听觉享受到更重视诵读以及由此而引起的心灵感动。

词，由于它从唐以来就是供歌妓或教坊歌唱的曲子，所以，一开始就将题材局限在男欢女爱、离愁别绪，将风格局限于裁花剪叶、镂玉雕琼。在苏轼以前，作家们在从事词创作时，总要先考虑什么样的情感才能用词这种样式来表现。只有苏轼，以他的天才勇敢地打破了这一束缚，开始"以诗为词"。所谓以诗为词，也就是词的诗化，就是打破词体的题材内容局限，凡是可以用诗表现的题材和主题，也都大胆地以词来表现，这就使词境空前扩大。苏轼首创在词前添加小序，使词的主题以及从中流露出来的词人的个性更完整更鲜明地表达出来。他的词作语言极具个性，"一洗绮罗香泽之态，摆脱绸缪宛转之度，使人登高望远，举首高歌，而逸怀浩气，超然乎尘垢之外"（胡寅《题酒边词》），这也就是后人所概括的"豪放"。同时，他不屑于以内在的情感韵律迁就音律的外形，不屑于牺牲文意以迁就声情，在一定程度上摆脱了音律的束缚，"横放杰出，自是曲中缚不住者"（晁无咎语，见《苕溪渔隐丛话》后集卷三十三引《复斋漫录》）。总之，苏轼大胆突破词的多种传统束缚，使词在内容上可以容纳更丰富更复杂的情感，在形式上更自由开放，因而，词作为音乐歌词的身份特征就被逐渐淡化，而作为一种抒情诗的新样式的身份特征则日益明确了。这种革新在当时产生了惊世骇俗的效果，连与他同时、名列"苏门六学士"之一的陈师道也表示不能理解："子瞻（苏轼字）以诗为词，如教坊雷大使之舞，虽极天下之工，要非本色。"（《后山诗话》）苏门弟子中，秦观、张耒、晁补之、黄庭坚等人也没有追随苏轼，仍然走着传统的路子，这也说明了苏轼词学理论和实践的超前性。

苏轼词作的内容极为丰富，从个人襟抱，到农村风光，从咏物咏史到儿女之情，既有创新的豪放的一面，也有继承的婉约的一面。他擅长从平凡的生活琐事中写出自己不平凡的精神风貌：在射猎中表达抗敌报国的激烈壮怀（〔江城子〕《密州出猎》）；在赏月中寄托自己对于人生的高情奇慨(《水调歌头》“明月几时有”);在行旅风雨中展现自己宠辱不惊的处世姿态(〔定风波〕《三月七日,沙湖道中遇雨。雨具先去,同行皆狼狈,余独不觉。已而遂晴,故作此》);从溪水西流中体悟坚忍不拔的人生观(〔浣溪沙〕《游蕲水清泉寺,寺临兰溪,溪水西流》);……处处反映着他的豪迈、乐观、真率和幽默的天性。对于千秋历史、人生荣辱和死生聚散,苏轼具有一种超然达观的卓识,又时时洋溢着浪漫的生活激情:

> 大江东去,浪淘尽、千古风流人物。故垒西边,人道是三国周郎赤壁。乱石穿空,惊涛拍岸,卷起千堆雪。江山如画,一时多少豪杰。
>
> 遥想公瑾当年,小乔初嫁了,雄姿英发。羽扇纶巾,谈笑间、樯橹灰飞烟灭。故国神游,多情应笑我,早生华发。人间如梦,一尊还酹江月。
>
> ——《念奴娇》

> 夜饮东坡醒复醉,归来仿佛三更。家童鼻息已雷鸣。敲门都不应,倚杖听江声。　　长恨此身非我有,何时忘却营营?夜阑风静縠纹平。小舟从此逝,江海寄余生。
>
> ——《临江仙》

> 十年生死两茫茫,不思量,自难忘。千里孤坟,无处话凄凉。梦里相逢应不识,尘满面,鬓如霜。　　夜来幽梦忽还乡,小轩窗,正梳妆。相顾无言,惟有泪千行。料得年年肠断处,明月夜,短松冈。
>
> ——《江城子》

第一首题为“赤壁怀古”,第二首是黄州谪居时所作,都表现了他凌跨世俗的思想。第三首则是他悼念亡妻的篇章,渗透着深厚的爱情。苏轼在词坛上是以柳永的反对派面目出现的。俞文豹《吹剑录》载:“东坡在玉堂日,有幕士善歌。因问:‘我词何如柳七?’对曰:‘柳郎中词,只合十七八女郎,执红牙板,歌“杨柳岸晓风残月”。学士词,须关西大汉,铜琵琶,铁绰板，唱“大江东去”。’东坡为之绝倒。”这段文坛逸事极其形象地表现了柳、苏二人词风的差异。苏轼的出现，在柳永风靡一时的词坛上树起了另一杆大旗，他们从不同的方向推动了词的发展。

苏轼的豪放词风经过一段时间才为人理解和接受，而柳永开创的以慢词写市井风情的作风，很快就影响了许多人。稍后的秦观、贺铸以及北宋末年的周邦彦，都是沿着这一方向发展的，虽然各人词风又有雅俗深浅之别。

秦观(1049—1100)的令词大多仍走晏欧的传统路线，其上者则能自出机杼，独具匠心，如《鹊桥仙》。他也擅长以长调写缠绵柔情，能以清婉洗涤柳词的俗利，在章法方面仍可看出柳永的影响。他的名作《满庭芳》(“山抹微云”)用辞精确传神，将艳情与身世之感打并到一起，更明显地受到柳永的影响。但他晚年在政治上遭受打击、迫害，经历了种种艰难坎坷，环境和心境的变化，也影响了他的词风，使他的词凄婉感伤，情词相互感发，更加深刻动人，开始摆脱柳永的影响，而开辟了周邦彦的雅正一路。可叹其寿不永，这一苗头刚一出现就被风暴扑灭了。

贺铸(1052—1125)长于度曲，个性中则兼有侠气和柔情。因此，正如张耒在《〈东山词〉序》中所指出的，他的词风兼有盛丽、妖冶、幽索、悲壮四种特色，刚柔相济，尤善于以健笔写柔情，如著名的《横塘路(青玉案)》、《半死桐(鹧鸪天)》。像《六州歌头》(“少年侠气”)一类词中的意气风发，则能看出苏轼豪放词风的一些影响。从晏殊到秦观，词人们早就有在词作中化用或袭用前人诗句的先例，由于晚唐五代诗的语言风格与以绮语写柔情的词的风格比较相近，因此，这一时期的诗最经常被化用或袭用。贺铸更有意识地选择这些诗人所使用过的语言来填词，甚至直接引用其成句，如《柳色黄》中的“芭蕉不展丁香结”(李商隐《代赠》)和《小梅花》中的“衰兰送客咸阳道，天若有情天亦老”(李贺《金铜仙人辞汉歌》)。这一方面丰富了词体的文学语言，加快了词句成熟精纯的速度，不失为消化吸收和继承文学遗产的一个方法，同时也促使词的语言走向典雅精致化。这也正是周邦彦所选择的道路。

周邦彦(1056—1121)是当时国家音乐机构大晟府的提举，也是一个精通音乐的宫廷词人。他以精美的音律抑制了苏轼“横放杰出”的词风的影响，又以典雅的词句冲淡了柳永词的市井情味，而锻造出浑厚醇雅的词风。从艺术上说，周邦彦总结吸收了前此词学发展的成就，而有新的发展。在长调慢词的写作上，他善于铺叙，而又富艳精工，讲究章法结构，严谨之中又有变化，布局疏密相间(疏者如苏轼，密者如后来的吴文英)。他的词作善于隐括前人诗作，〔西河〕《金陵怀古》就是一个突出的例子。他又善于融铸前人成句，以致有人说他字字有来历，尊他为词中的杜甫(周济《宋四家词选》、王国维《清真先生遗事》)。在音律方面，他在提举大晟府期间，致力于整理词乐，审音创调，颇有功绩。他十分注意词作音乐的和谐，他所创制的新词调不仅对用字平仄有严格的要求，连仄声中的上去入也仔细分辨，一丝不苟。因此，在正统词论家眼里，周邦彦《清真词》是最为雅正、最有法度的。他既不像柳永那样“词语尘下”，又不像苏轼一派那样“不协音律”(李清照《词论》评两家语)，所以常被推崇为词的集大成者。例如南宋沈义父《乐府指迷》就认为：“凡作词当以清真(邦彦)为主。盖清真最为知音，且无一点市井气，下字运意，皆有法度，往往自唐、宋诸贤诗句中来，而不用经史中生硬字面，此所以冠绝也。”从长调写作上说，他是北宋柳永的后继；从音律上说，他又是南宋专门注重格律一派词人的先驱。由此说来，他在两宋词史上的地位也是继往开来的。

作为宫廷词人，周邦彦圆熟精美的艺术技巧是和他的比较狭窄单薄的题材内容并存于一体之内的。他不以小令见长，但也有如〔蝶恋花〕《早行》、《玉楼春》(“桃溪不作从容住”)的佳作，虽然所写不外乎离愁别绪。他所擅长的长调的主要题材也仍然是男女爱恋、羁旅行役和个人得失之类：

风老莺雏，雨肥梅子，午阴嘉树清圆。地卑山近，衣润费炉烟。人静乌鸢自乐，小桥外新绿溅溅。凭阑久，黄芦苦竹，疑泛九江船。

年年，如社燕，飘流瀚海，来寄修椽。且莫思身外，长近尊前。憔悴江南倦客，不堪听急管繁弦。歌筵畔，先安簟枕，容我醉时眠。

——〔满庭芳〕《夏日溧水无想山作》

柳阴直，烟里丝丝弄碧。隋堤上，曾见几番，拂水飘绵送行色。登临望故国，谁识京华倦客。长亭路，年去岁来，应折柔条过千尺。

闲寻旧踪迹，又酒趁哀弦，灯照离席。梨花榆火催寒食。愁一箭风快，半篙波暖，回头迢递便数驿。望人在天北。　凄恻，恨堆积。渐别浦萦洄，津堠岑寂，斜阳冉冉春无极。念月榭携手，露桥闻笛。沉思前事，似梦里，泪暗滴。

——〔兰陵王〕《柳》

《满庭芳》是他任溧水县令时的作品，委婉曲折地表现了一个江南倦客的无奈的感受，有无限低徊之致。“雨肥梅子”、“人静乌鸢自乐”、“且莫思身外”都自杜甫诗中融铸而来，“黄芦苦竹，疑泛九江船”则出自白居易《琵琶行》：“住近湓江地低湿，黄芦苦竹绕宅生”。白居易贬谪江州的境遇与词人当下的心境相互映衬，感慨由是更加深沉。《兰陵王》则是咏物的杰构，以柳寄寓别离的惨戚，“妙在才欲说破，便自咽住，其味正自无穷”（陈廷焯《白雨斋词话》卷一），前人称周词沉郁顿挫，就是指这种笔法。两首词同样流露了作者飘零身世的感慨，而境界却优美而深沉，体现了清真词善用比兴寄托的长处。

作为一个宫廷词人，周邦彦通过词乐的收集厘定，实现了宋王朝制礼作乐、推行雅乐、妆点升平的意图。与他同时供职大晟府而词作风格相近的有万俟咏、晁端礼、晁冲之、田为、徐伸等人，形成了大晟词人群体，他们的御用作品从一个角度反映了靖康之乱前士大夫逃避现实粉饰太平的思想倾向和精神面貌。

1127 年，北宋被金灭亡。神州陆沉，山河破碎，敲碎了词客的迷梦，一向以抒发个人感情为主的词，也放射出前所未有的爱国主义的光辉，北宋末年以来词坛逃避现实粉饰太平的倾向有较明显的改变。苏轼所开创的“横放杰出”、“以诗为词”的独特作风，显著地解放了词体，虽然未能立即风行词坛，却为南宋爱国词人和豪放词派开辟了道路。在这一点上，可以欣慰地说：北宋虽然结束，而宋词却刚刚开始。

在国难当头的形势之下，不仅词人们奋起以词笔支持抗战反对投降，发出了愤怒的吼声，一些武将也唱出了雄壮的歌声。岳飞留下的〔满江红〕《写怀》和《小重山》（“昨夜寒蝉不住鸣”），给我们描绘了一个抗金名将和爱国英雄的慷慨悲壮的形象，也表露了一个志士悲切苦闷的心曲。1138年，秦桧倡议向金求和，胡铨上疏请斩秦桧等奸臣，力斥宋高宗“竭民膏血而不恤，忘国大仇而不报”的投降政策，被贬新州，词人张元幹（1091—1170?）作《贺新郎》为他送行：

> 梦绕神州路。怅秋风，连营画角，故宫离黍。底事昆仑倾砥柱，九地黄流乱注？聚万落千村狐兔。天意从来高难问，况人情老易悲难诉。更南浦，送君去。　　凉生岸柳催残暑。耿斜河，疏星淡月，断云微度。万里江山知何处？回首对床夜语。雁不到，书成谁与？目尽青天怀今古，肯儿曹恩怨相尔汝！举大白，听金缕。

词人为胡铨的遭遇疾呼声援、愤愤不平，胸怀磊落慷慨。由于作词鼓励胡铨和被排挤的忠臣李纲，张元幹被秦桧下狱消籍。尽管遭受政治迫害和黑暗压力，他始终坚定不屈。在自订词集时，他将赠胡、李的两篇《贺新郎》词置于卷首，定为压卷之作，表明他始终为自己的词作从早年的婉丽转变为南渡后的慷慨悲壮而感到自豪。

张孝祥（1132—1169）也曾因替岳飞辩冤而被秦桧迫害，复职以后，又因积极赞助张浚北伐而被劾去职。这个具有雄略远志却不幸早卒的词人，留给我们一批可观的蹈厉骏发的英雄词，“寓诗人句法，继轨东坡，观其所作，气概亦几几近之”。“忠愤慷慨，有足动人者”（《四库全书总目》卷一九八《于湖词》提要）。下面这一首《六州歌头》是他传诵一时的名篇：

> 长淮望断，关塞莽然平。征尘暗，霜风劲，悄边声。黯销凝。追想当年事，殆天数，非人力，洙泗上，弦歌地，亦羶腥。隔水毡乡，落日牛羊下，区脱纵横。看名王宵猎，骑火一川明。笳鼓悲鸣，遣人惊。
> 　　念腰间箭，匣中剑，空埃蠹，竟何成？时易失，心徒壮，岁将零。渺神京。干羽方怀远，静烽燧，且休兵。冠盖使，纷驰骛，若为情？闻

道中原遗老，常南望，翠葆霓旌。使行人到此，忠愤气填膺，有泪如倾。

这首词对统治者忍辱求和，表现了极大的愤慨，“淋漓痛快，笔饱墨酣，读之令人起舞”（《白雨斋词话》卷六）。相传当时张孝祥写了这首词，在建康留守席上歌唱，在座的大将张浚竟为之“罢席而入”（《朝野遗记》）。可见它是如何使人感动了。这一类词纯以气概胜，有时候不免显得直露浅尽，如本词中的“忠愤气填膺，有泪如倾”一句，就留下篇终而蹶的瑕疵。相比之下，他的另一篇名作〔念奴娇〕《过洞庭》以高洁之境寓高洁之怀，情景交融，更自然浑成。

两宋之际的另一些词人，也受了时代现实的影响，而突破了个人旧的词风和格局。累官至龙图阁学士的叶梦得（1077—1148）早年词作受贺铸影响，多写个人闲情，“绰有温、李之风”，南渡以后，转而向苏轼的豪放词学习，“能于简淡时出雄杰”（关注《题〈石林词〉》）。隐士出身、南渡后才出仕的朱敦儒（1081—1159），在北宋末年曾满足于懒散疏狂的隐逸生活，歌吟着“给露支风”、“留云借月”的林下逍遥。南渡以后，他也创作了不少感慨家国兴亡今昔盛衰的作品。总的来看，在南渡之初，很多词人都加入了这类刚壮雄浑的歌唱，虽然声音有强弱之别，但对婉约派和大晟词风多少都有突破，成为辛弃疾爱国词作的先导。

女词人李清照（1084—1155?）卓然自立于这一潮流之外，在词学批评和创作方面，都做出了突出的贡献。实际上，她不仅精于填词，诗文创作也极其出色。诗风豪迈纵横，英气逼人，无论咏史写志，感物伤怀，一一举重若轻。《金石录后序》情文并茂，不仅记录了作者个人生活哀乐和情波心影，更是那一段动荡时世的实录。胡仔《苕溪渔隐丛话》后集卷三十三载其《词论》云：

逮至本朝，礼乐文武大备。又涵养百余年，始有柳屯田永者，变旧声作新声，出《乐章集》，大得声称于世，虽谐音律，而词语尘下。又有张子野、宋子京兄弟、沈唐、元绛、晁次膺辈继出，虽时时有妙语，而破碎何足名家？至晏元献、欧阳永叔、苏子瞻，学际天人，作为小歌词，直如酌蠡水于大海，然皆句读不葺之诗尔，又往往不协音律者。何耶？盖诗文分平侧，而歌词分五音，又分五声，又分六律，又分清浊轻重。且如近世所谓《声声慢》、《雨中花》、《喜迁莺》，既押平声韵，又押入声韵；《玉楼春》本押平声韵，又押上去声，又押入声。本押仄声韵，如押上声则协；如押入声，则不可歌矣。王介甫、曾子固文章似西汉，若作小歌词，则人必绝倒，不可读也。乃知别是一家，知之者少。后晏叔原、贺方回、秦少游、黄鲁直出，始能知之。又晏苦无铺叙；贺苦少典重；秦即专主情致而少故实，譬如贫家女，虽极妍丽丰逸，而终乏富贵态；黄即尚故实，而多疵病，譬如良玉有瑕，价自减半矣。

协律、浑成、铺叙、典重、情致、故实，是李清照提出的论词的六条原则，而其词论的中心则是词“别是一家”说。她维护词的婉约传统，强调词体的特殊性，极力追求当行本色，其观点近于周邦彦大晟词派。她对前辈词人的犀利批评，也说明她眼界之高和持论之严。没有丰富的创作经验，是不可能具有如此真知卓识的。不过，从历史的观点看，她的观点偏于保守，很少人能够奉行无碍，虽然她自身的创作可以当之无愧。

李清照的词以靖康之乱为界，分为前后两个时期。前期的词，如《如梦令》（“常记溪亭日暮”），主要表现一个少女、少妇风雅悠闲的生活情趣，洋溢着青春的活力。婚后的生活是幸福的，但有时又不免别离，这又给她的词抹上一层淡淡的忧郁色彩。她以女词人特有的多愁善感和敏锐的感觉，将思妇的离情写得更细腻缠绵、更贴切真实。《一剪梅》（“红藕香残玉簟秋”）、《醉花阴》（“薄雾浓云愁永昼”）和《凤凰台上忆吹箫》（“香冷金猊”），所写的都只不过是人生中一些最普通的情感，撷取的不过是生活中一些微小的波澜，却表现新颖，语言朴素而精警，令人玩味不已。南渡以后，李清照经历了国破、家亡、夫丧的苦难，她在词中也以自己特殊的方式，表达这种痛苦和爱国情绪。在《永遇乐》（“落日镕金”）中，她通过元宵节的今昔对比抒发盛衰之感，流露出家国兴亡之恨。《声声慢》将笔触深入内心，开篇由“寻寻觅觅，冷冷清清，凄凄惨惨戚戚”十四个叠字组成，以独创的形式反映了丰富而微妙的心理活动，重叠的齿音更巧妙地传达出轻细凄清的音韵效果，以浅语写深情，百转千回，分外悲凉。《武陵春》以狂风中的落花象征身世，将“物是人非”的沉重悲苦写得低徊往复。“只恐双溪舴艋舟，载不动，许多愁”，推陈出新，极为形象。

李清照博学多才，前人的词作给她提供了丰富的艺术滋养。她的词集中甚至有《渔家傲》(“天接云涛连晓雾”)那样倜傥豪迈的作品。她善于采用白描手法，表现深挚的感情，与此相适应的是她那独具个性的浅近清新的语言。历来公认她的语言功力深湛，既善于提炼日常生活中的口语，“用浅俗之语，发清新之思”(彭孙遹《金粟词话》)，如《声声慢》中“守着窗儿，独自怎生得黑”，“这次第，怎一个愁字了得”以及《武陵春》中的“闻说”、“也拟”、“只恐”诸领字，都表现出化俗为雅化腐朽为神奇的手段；又能自铸伟词，如《如梦令》中的“绿肥红瘦”、《声声慢》中的叠字等，从而形成清新自然而又精警真切的语言风格，以致被后人称为“易安体”，而奉为学习的榜样。

辛弃疾(1140—1207)就是推崇李清照的后代词人中的一个。他与李清照都是山东济南人，不过他出生时，北中国沦陷在女真族手中已经十余年了。他的少年时代就是在沦陷区度过的。在二十二岁那一年，他集合了两千义勇，加入了当时山东、河北地区以耿京为首的义军。不久，叛徒张安国杀害了耿京，投降金国。辛弃疾立即带了五十几个勇士，冲到金营，活捉了这个败类，使他得到了应得的惩罚。词人也在这一年回到了祖国的怀抱中。但在当时那个满足于偏安的小朝廷中，辛弃疾虽然具有文武全才，却是难以有所作为的。他先后担任了很多官职，采取一些改良措施，改善了人民的生活，但他坚持抗战的主张和精通策略的才能却始终没有被承认、被采用，他向朝廷献计献策，也没有被采纳，最终让悠闲岁月消磨了勇士的悲壮情怀。但他留下的六百多首词作，却以雄杰豪放的词风，多方面表现了他的爱国思想和战斗精神，展示了他个人和时代的悲剧。徐釚《词苑丛谈》(卷四引《借荆堂词话》)云：“稼轩当弱宋末造，负管、乐之才，不能尽展其用。一腔忠愤，无处发泄。……故其悲壮慷慨，抑郁无聊之气，一寄之于词。”这评论是中肯的。

辛弃疾在词中表现的早年的战斗生涯，大都是在回忆中展现的，在今昔对照中，更突出了命运的悲剧。当晚年回忆起自己逮捕叛徒张安国这件事时，他曾有一首词说：

壮岁旌旗拥万夫，锦襜突骑渡江初。燕兵夜娖银胡觮，汉箭朝飞金仆姑。　　追往事，叹今吾，春风不染白髭须。却将万字平戎策，换取东家种树书。

——《鹧鸪天》

这种国仇未报、而自己被迫赋闲、却又日渐衰老的悲愤，是辛词中的基调，在这首词中表现得格外沉痛。在另外两首《鹧鸪天》中，他说："不知筋力衰多少，但觉新来懒上楼。""十分筋力夸强健，只比年时病起时。"语气虽然和缓，但心情却是十分沉重的。在他六十五岁时，听说朝廷有意北伐，还跃跃欲试，"凭谁问：廉颇老矣，尚能饭否？"（《永遇乐》）可以看出，他的斗志是至老不衰的。

辛弃疾随时以词抒发自己的政治感情，表明自己的政治立场。他的赠人之作，也充满了战士的激情。他念念不忘恢复失地，对主张抗战的人总是多方鼓励，因此，对被召入京的好友范昂也寄予期望和祝愿（〔木兰花慢〕《滁州送范倅》）。他的朋友、政治家和词人韩元吉过生日，他用以祝贺的《水龙吟》词不是作泛泛应酬语，而是一方面感慨"长安父老，新亭风景，可怜依旧"，另一方面，寄希望于有朝一日，"绿野风烟，平泉草木，东山歌酒。待他年整顿，乾坤事了，为先生寿。"再如《为陈同甫赋壮词以寄之》：

醉里挑灯看剑，梦回吹角连营。八百里分麾下炙，五十弦翻塞外声，沙场秋点兵。　　马作的卢飞快，弓如霹雳弦惊。了却君王天下事，赢得生前身后名。可怜白发生。

——《破阵子》

这些词写得有气概，有血肉，真是所谓“激昂排宕，不可一世。”（彭孙遹《金粟词话》）如果对照一下柳永以及宋初其他词人的作品，就更能体会辛词的刚健作风和阔大境界了。在其他词作，如登山临水、怀古咏史的篇章中，像〔菩萨蛮〕《书江西造口壁》和〔永遇乐〕《京口北固亭怀古》，往往抒发了词人的无限悲慨。此外，还有寓悲壮于闲淡的词作，如〔水龙吟〕《登建康赏心亭》，就是一篇兼有壮美与柔美的佳制。

辛词多用赋体，直陈其事，但也有深于比兴妙于托讽者。他词中有一部分以婉约风格写成的作品，通过传统的比兴手法，表达了对现实政治的深切关怀：

野棠花落，又匆匆过了，清明时节。刬地东风欺客梦，一枕云屏寒怯。曲岸持觞，垂杨系马，此地曾经别。楼空人去，旧游飞燕能说。

闻道绮陌东头，行人曾见，帘底纤纤月。旧恨春江流不尽，新恨云山千叠。料得明朝，尊前重见，镜里花难折。也应惊问，近来多少华发？

——《念奴娇》

更能消几番风雨，匆匆春又归去。惜春长怕花开早，何况落红无数。春且住！见说道，天涯芳草无归路。怨春不语。算只有殷勤，画檐蛛网，尽日惹飞絮。　　长门事，准拟佳期又误。蛾眉曾有人妒。千金纵买相如赋，脉脉此情谁诉？君莫舞！君不见，玉环飞燕皆尘土。闲愁最苦。休去倚危阑，斜阳正在，烟柳断肠处。

——《摸鱼儿》

这两篇作品秾丽婉约，都是以春光零落，象征国运衰微，表面上是宣泄个人的苦闷，实际上是牵萦国家的安危，因而与其他词人浅斟低唱自己小天地以内的感情，是有本质的不同的。

辛弃疾博览群书，感情充沛，他的词作内容广泛，无所不写，其中有抒情，有议论，有英雄气概，也有儿女情长，有田园风光，也有壮阔的人生画卷，既有悲壮慷慨的爱国情怀，也有清新活泼或平淡简静的作品。十八年的隐居乡村生活，使他更接近了大自然，接近了乡村生活和农民的感情，写作了许多优美的田园词。政治上的失意，使他更倾全力作词，将自己的悲喜哀乐所思所感一一宣泄于词。他以自己的努力，进一步扩大了词体的表现范围。

辛弃疾词风格多样，这是与其广泛的内容相适应的。自来苏、辛并称，这自然是因为他们的词都具有豪放的作风，而在这一方面，辛弃疾又无疑是苏轼的进一步发展。但豪放只是他们的主导风格而已，即使苏轼，也同样会写出"萦损柔肠，困酣娇眼，欲开还闭"（《水龙吟》）或者是"采索身轻长趁燕，红窗睡重不闻莺"（《浣溪沙》）这一类的句子。辛弃疾也自不例外。他也有刚柔相济，疏密相间，婉约参以豪放的一面。在上举例子外，还有〔祝英台近〕《晚春》这样的作品，传写女子伤春伤别口吻，写得"昵狎温柔，魂销意尽"（沈谦《填词杂说》）。所以，刘克庄《辛稼轩集序》说："公所作大声鞺鞳，小声铿鍧，横绝六合，扫空万古，自有苍生以来所无。其秾纤绵密者，亦不在小晏（几道）、秦郎（观）之下。"

辛词的语言十分丰富。他不仅从前人的文学语言和当时的民间口头语言中吸收营养，提炼出有生命力的语言，更大胆突破诗、词、文各样式的语言界限，从群经、子、史、小说中发掘语言材料，加以融铸隐括，运用于自己的词作中，形成了独具特色的辛词语言风格。前人称辛弃疾是以文为词，除了说他在题材内容方面无所拘忌之外，也指他在语言等艺术形式方面的博采广取，如韩信将兵，多多益善。在这一点上，他显然大大超过苏轼和贺铸。〔贺新郎〕《别茂嘉十二弟》将昭君出塞、长门谪居、卫庄姜送妾、李陵别友、荆轲入秦等五种离恨并列，结构别致，堪称词中之《别赋》，就是在章法上向赋学习的一例。

总之，辛弃疾的词"慷慨纵横，有不可一世之概，于倚声家为变调，而异军特起，能于翦红刻翠之外，屹然别立一宗，迄今不废"（《四库全书总目》卷一九八《稼轩词》提要）。与辛弃疾差不多同时，还有韩元吉、陈亮、刘过、袁去华、杨炎正等人，都曾经以同样的创作态度从事词的创作，而在政治态度方面，他们也与辛弃疾接近。其中，韩、陈、刘三人与辛弃疾都有过往唱酬，词作的个性也更突出。

南宋后期，虽然姜夔的影响较大，仍有刘克庄、戴复古、陈人杰、刘辰翁等人继承了辛弃疾的英雄词风。刘克庄豪迈奔放，雄健疏宕。他自认为“粗识《国风・关雎》乱，羞学流莺百啭，总不涉闺情春怨”（〔贺新郎〕《席上闻歌有感》）。他志在有所作为，勉励友人“男儿西北有神州，莫滴水西桥畔泪”（〔玉楼春〕《戏呈林节推乡兄》），但同时又伤时念乱，时时处于“披衣起，但凄凉感旧，慷慨生哀”（〔沁园春〕《梦方孚若》）的悲凉境地。戴复古、陈人杰的词也抒发了他们感叹国势危蹙热望恢复中原的心情。刘辰翁身受亡国之痛，词中充满了眷怀故国之思，大部分作品更充满了亡国之音，风格较辛弃疾、刘克庄等人都更为沉痛。他曾经模拟李清照作《永遇乐》，“虽词情不及，而悲苦过之”。在他心里，亡国所带来的痛苦显然比李清照所遭遇的靖康之乱更为巨大。

另一方面，在南宋词坛上，也有一批词人继承着周邦彦的词风和李清照的词论，讲究字句和音律，追求雅正婉约。其中最主要的代表是姜夔(1155—1221?)。他的生活年代跨越南宋前后期，词风影响了后来的史达祖、吴文英、周密、王沂孙和张炎等人，而通过王沂孙和张炎，这种词风又被带入元初的词坛。

姜夔早年的诗学江西诗派，后来转以晚唐清新流利的诗风（陆龟蒙尤其是他学习的重点）改造江西诗派，以清新秀逸的诗风吟咏性情，这种诗法可以说是后来永嘉四灵和江湖诗派的先导。他的词在讲究格律、锤炼字句、善于咏物用典等方面，都与周邦彦相近，而在风格意境方面，则明显地受其诗学的影响。他的词实际上是江西诗法、晚唐诗风和传统的柳、周婉约词风的结合，擅长以清峭瘦劲的语言来表达缠绵宛转的情感。一方面，他以晚唐体的圆活补救江西诗派的生涩之弊；另一方面，又用江西诗派的清劲瘦硬剥除柳、周词中的绮靡软媚，精思巧运，穷力追新，创作了诸如“数峰清苦，商略黄昏雨”（《点绛唇》），“嫣然摇动，冷香飞上诗句”（《念奴娇》），“阅人多矣，谁得似长亭树；树若有情时，不会得青青如此”（《长亭怨慢》）等等的佳句。姜夔词的独特意境，就是通过这一类既清新又峭拔的词句凸显出来的。

姜词的内容主要是描述个人生活，抒发身世之感。他一生过着江湖游士和清客的生活，既时有奔走衣食之苦，又常能领略啸咏湖山之乐，既有名士潇洒孤洁的风姿，又有飘泊江湖的疲惫厌倦，词中常流露出淡淡的哀愁。萍踪不定甚至导致了他在合肥时期一段情感的失落，时隔二十多年，在他写的怀念这段旧情的《琵琶仙》、《淡黄柳》、《鬲溪梅令》、《长亭怨慢》、《踏莎行》、《鹧鸪天》等词作中，回忆依然那么鲜活，恨惋仍然那么深挚，其中所塑造的"淮南皓月冷千山，冥冥归去无人管"（〔踏莎行〕《自沔东来，丁未元日至金陵，江上感梦而作》）的悲惋凄迷的词境和抒发的"肥水东流无尽期，当初不合种相思"（〔鹧鸪天〕《元夕有所梦》）的悔恨，都是无比动人的。

姜词还善于咏物，从中寄托怀抱，以咏梅、柳之作为最多，如同是咏梅的两篇自度曲《暗香》、《疏影》：

> 旧时月色，算几番照我，梅边吹笛。唤起玉人，不管清寒与攀摘。何逊而今渐老，都忘却、春风词笔。但怪得、竹外疏花，香冷入瑶席。　　江国，正寂寂。叹寄与路遥，夜雪初积。翠尊易泣，红萼无言耿相忆。长记曾携手处，千树压、西湖寒碧。又片片吹尽也，几时见得？
>
> ——《暗香》

> 苔枝缀玉，有翠禽小小，枝上同宿。客里相逢，篱角黄昏，无言自倚修竹。昭君不惯胡沙远，但暗忆、江南江北。想佩环、月夜归来，化作此花幽独。　　犹记深宫旧事，那人正睡里，飞近蛾绿。莫似春风，不管盈盈，早与安排金屋。还教一片随波去，又却怨玉龙哀曲。等恁时、重觅幽香，已入小窗横幅。
>
> ——《疏影》

这两篇咏物都介于若即若离不即不离之间。前篇借梅花抒发今昔之感，寄托自己的身世飘零之慨和伤离念远之情；后篇则通过昭君入北暗喻徽钦二帝北行，以深宫梅落隐指日益衰亡的南宋王朝，表达了词人对国家命运的关切，用笔比较隐晦曲折。相比之下，《扬州慢》中对时事的感叹就明确多了：

> 淮左名都，竹西佳处，解鞍少驻初程。过春风十里，尽荠麦青青。自胡马窥江去后，废池乔木，犹厌言兵。渐黄昏，清角吹寒，都在空城。　　杜郎俊赏，算而今、重到须惊。纵豆蔻词工，青楼梦好，难赋深情。二十四桥仍在，波心荡，冷月无声。念桥边红药，年年知为谁生？

敌军铁蹄过后，繁华名都变为荒芜空城，词人以如此秀劲之句，写直面此景的悲凉之慨，是有特殊的哀切伤感的韵味的。

姜夔精通乐理，重视审音协律，或依调填词，或自创新调，或改订旧调，无不讲究格律，追求音节谐婉。他的创调是先写出歌词，然后配合谱曲，不仅唱腔流美，而且声情契合。流传至今的十七首带有旁谱的歌词，就是他在这一方面的成就的证明。他的词语言清峭凝炼，即使是艳情词，也用硬笔淡墨写柔情蜜意，淡雅疏宕，有效地戒除了词语俗媚、腻丽、熟滥等毛病。这是姜词语言的一大专长和特色。他还喜欢在词前加一段小序，清拔秀丽，极有韵致，往往与词文相映成趣。他的用典灵活多变，常能变熟为生，化俗为雅，转实为虚。张炎《词源》称其词兼有清空骚雅之长。所谓清空，就是用笔灵动，虚处落墨，不着实处，重视烘托陪衬；所谓骚雅就是有比兴寄托，含蓄蕴藉，余韵悠长。这就为婉约词开拓了新的词境，在词史上具有重要的意义，对南宋后期词人乃至清代浙西词派都有极大的影响。

南宋后期的姜派词人亦可称为格律派词人，因为他们都精通词乐，讲究格律，能自度曲。他们作词擅长琢句炼字，使事用典，融化前人诗句，追求雅正的语言风格。其词作题材比较狭窄，有时也因过于雕琢而损伤自然真率的意趣。其中，史达祖、高观国、卢祖皋、吴文英等人年代较早，活跃在宁宗时期或稍后；蒋捷、陈允平、周密、王沂孙和张炎等人已入宋末，并亲历了宋朝的亡国，可称为遗民词人。他们作词远祖周邦彦，近师姜夔，但也各有所成，由于取舍不同，风格大同而小异。王沂孙、张炎二人步趋姜夔，可谓嫡派真传，吴文英则转益多师，独树一帜，自成面目。传统词学奉此派为正宗，因此，它对后世词学的发展影响甚大。

姜夔曾为史达祖（生卒年不详）的词作序，称他的词“奇秀清逸”，“融情景于一家，会句意于两得”（黄升《花庵词选·中兴以来绝妙词选》卷七）。他的《梅溪词》中，咏物之作占了很大比重，〔双双燕〕《咏燕》和〔绮罗香〕《咏春雨》是其中有代表性的两篇。两词都不正面落墨，而是通过侧面烘托形容，形神兼备，情思宛转，可谓构思工巧，语言清峻秀逸，“全章精粹，所咏了然在目，且不留滞于物”（张炎《词源》卷下）。前篇的“还相雕梁藻井，又软语商量不定。飘然快拂花梢，翠尾分开红影”，后篇的“临断岸、新绿生时，是落红、带愁流处”，都善于捕捉物态，而遗貌写神，富有意趣。“做冷欺花，将烟困柳”，更见出其遣词造句的功力。史达祖还有一些爱情词和感慨身世表达忠爱之思的词作。他主张抗金报国，曾一度为韩侂胄所用，韩败亡之后，亦被治罪，晚年穷愁潦倒，而词风却转为遒劲，气势也较为豪宕了。高观国作词也善炼句，精于刻画，颇多警策，与史达祖有唱和，作风也相近。

吴文英（1212？—1272？）是一个江湖游士，喜欢交结权贵，以词章谋食于权贵之门，难免有一些投赠应酬之作。他和周邦彦、姜夔二人一样，也精通音律，能自制新腔，故作词重视格律，好以周、姜的创调填词。在词论上，他以周邦彦为楷模，同时也受了李清照和姜夔的影响。沈义父《乐府指迷》将他的词法概括为四点：音律欲其协，不协则成长短之诗；下字欲其雅，不雅则近乎缠令之体；用字不可太露，露则直突而无深长之味；发意不可太高，高则狂怪而失柔婉之意。可以说，他恪守词别是一家的立场，将传统婉约派的观点发扬光大。他的词主要是一些感旧怀人和伤今思古之作。怀人词作如：

听风听雨过清明，愁草瘗花铭。楼前绿暗分携路，一丝柳、一寸柔情。料峭春寒中酒，交加晓梦啼莺。　西园日日扫林亭，依旧赏

> 新晴。黄蜂频扑秋千索，有当时、纤手香凝。惆怅双鸳不到，幽阶一夜苔生。
>
> ——《风入松》

清丽流畅，在吴文英词中算是比较疏快流美的。吊古词作如〔八声甘州〕《灵岩陪庾幕诸公游》，抒发千古盛衰兴亡之感，隐喻时局，以吊古寄寓今日的身世之情：

> 渺空烟四远，是何年、青天坠长星。幻苍崖云树，名娃金屋，残霸宫城。箭径酸风射眼，腻水染花腥。时靸双鸳响，廊叶秋声。　宫里吴王沉醉，倩五湖倦客，独钓醒醒。问苍天无语，华发奈山青。水涵空、阑干高处，送乱鸦、斜日落渔汀。连呼酒，上琴台去，秋与云平。

另外，〔莺啼序〕《春晚感怀》写与旧情人的悲欢离合生离死别，笔势纵横开合，大起大落，被称为长调名篇。措辞新妙，结构绵密，修辞用典，刻意求工，都体现了吴文英词的特长。他的词以质实见长，与姜夔恰好形成疏密虚实之对比。所谓质实就是写景寓情，注重装饰堆砌，色彩丽密，光怪陆离，典故深僻，措辞隐晦，未能深入浅出，所以王国维以吴文英的词句“映梦窗，零乱碧”（《秋思》）来评他的词。由于吴文英的词中意脉经常跳跃，时空错综交错，结构灵活，传统读者不能习惯，故有晦涩难通的感觉。

宋元易代之际的一些姜派词人，都擅长咏物之作，借助比兴手法，寄托黍离之恨。周密、王沂孙、张炎等人曾填词分咏龙涎香、白莲、莼、蝉、蟹五物，隐喻南宋帝后陵墓被掘之事，编为《乐府补题》一卷。由于时势所迫，这些词不得不采取隐晦曲折的写法。蒋捷参以苏辛词风，明快典雅。陈允平淡雅和平。周密受吴文英影响较多，宋亡以后的词作苍凉幽咽，颇有寄托。王沂孙长于使事用典，咏物寄托，风格沉郁。他的〔水龙吟〕《落叶》、〔齐天乐〕《蝉》、〔眉妩〕《新月》，感时伤世，托之于物，写得精丽绵密。张炎本是贵游公子出身，宋亡后也常以词抒发自己的亡国之痛和身世之感，风格俊爽清逸，最接近姜夔。〔南浦〕《春水》和〔解连环〕《孤雁》，借咏物抒情寄意，宛转贴切，为他赢得了“张春水”、“张孤雁”的称号。

> 楚江空晚，怅离群万里，怳然惊散。自顾影、欲下寒塘，正沙净草枯，水平天远。写不成书，只寄得、相思一点。料因循误了，残毡拥雪，故人心眼。　　谁怜旅愁荏苒？谩长门夜悄，锦筝弹怨。想伴侣、犹宿芦花，也曾念春前，去程应转。暮雨相呼，怕蓦地、玉关重见。未羞他、双燕归来，画帘半卷。
>
> ——〔解连环〕《孤雁》

张炎的《词源》是一部有系统的词论著作，其主旨标榜清空，提倡雅正，讲究音律，推尊姜夔。这是张炎一生理论研究和艺术经验的总结，更是这一派审美思想的张扬。他的词学思想通过受业及再传弟子仇远、陆行直（著有《词旨》）、张翥等人，通过《词源》，对元代词坛产生了影响。

第十九章　说话与话本

说话的起源　宋代说话四家　话本在形式和结构上的特点　话本的语言特点　话本的文体特点　市井生活与市民价值观的体现　宋代话本的地位和影响

在唐宋人的语言中，说话的话字，就是故事的意思；说话，就是讲故事；话本，就是说话时所用的底本，也是后来白话小说的前身。说话虽然盛于两宋，但唐代已经萌芽。《元氏长庆集》卷十《酬翰林白学士代书一百韵》："翰墨题名尽，光阴听话移。"自注："又尝于新昌宅听说《一枝花话》，自寅至巳，犹未毕词也。"说明当时的说话至少在时间长度上已有相当的规模。李商隐《娇儿诗》描写其子学当时说话人的表演："或谑张飞胡，或笑邓艾吃。"唐郭湜《高力士外传》也记载着："上元元年(760)七月，上皇(唐玄宗)移杖西内安置，每日上皇与高公(力士)……或讲经、论议、转变、说话，虽不近文律，终冀悦圣情。"可见，这种民间文艺在8世纪中就很发达，甚至上升到宫廷中去了。

根据目前所能掌握的史料，唐朝人已经开始白话小说的创作。在敦煌石室中发现的唐写本《唐太宗入冥记》、《庐山远公话》、《韩擒虎话本》等，即是今天所能看到的最早的出自民间的白话小说。从它们所用的口语俗语来看，也应当就是唐代说话人的底本。但由于材料的缺乏，对于唐代说话的具体情形，我们知道得很少。

随着手工业和商业的发达，都市中就必然出现一些供市民娱乐的游艺场。这种游艺场在宋朝称为瓦舍或瓦子。据北宋时代孟元老《东京梦华录》、南宋时代灌园耐得翁《都城纪胜》、西湖老人《繁胜录》、吴自牧《梦粱录》、周密《武林旧事》等书所载，当时瓦舍的声乐伎艺是非常兴盛的，其种类也非常复杂。这些游艺的表演者，由于他们的身份既不是皇家的供奉，也不是贵族的承应，而是职业性地、经常地为广大市民服务的艺人，所以，首先，他们所表演的东西必须受市民兴趣的支配；其次，彼此之间必须互相竞争，推陈出新。这就使得瓦舍伎艺产生了他们的多样性、复杂性、专门性以及某些艺人所曾经达到的高度的艺术性。说话就是其中的一种，而他们所使用的话本，也就是最早的一批白话通俗小说。

说话有诸种不同的家数或派别，上述各书的记载也互有出入。按明抄本《说郛》卷三《古杭梦游录》的说法，当时的说话可以分为如下四家：第一种是“银字儿”，其内容包括“烟粉、灵怪、传奇、说公案，皆是抟（搏）拳提刀赶棒及发迹变泰之事”，包括了后来所谓恋爱小说、神怪小说、侠义小说和市民英雄小说（城市生活小说）；第二种是“说铁骑儿”，是讲“士马金鼓之事”，相当于后来所谓战争小说；第三种是“说经”，包括“说参请”，其内容是“演说佛书”，或“宾主参禅悟道等事”；第四种是“讲史书”，或称“讲史”，其内容是“说前代兴废争战之事”，即后来的历史小说。这四家说话，在宋代只有“银字儿”又被称做“小说”，其他三类，当时并无“小说”之名。所以“小说”这一名词，在那时涵义是比较狭的。按《武林旧事》卷六记载，南宋临安（杭州）一带的各家说话艺人中，就有讲小说的五十二人，讲史的二十三人，说经的十七人，其中有一些是享誉一时的名家，也有一些女艺人。而且，这些说话艺人已经有了自己的行业组织——书会。

宋代这四种说话的底本，今天都有流传。如《清平山堂话本》（又名《六十家小说》）、《京本通俗小说》、《古今小说》（又名《喻世明言》）、《警世通言》等话本集中，保存宋代“银字儿”、“说公案”、“说铁骑儿”的话本不少，而《东坡居士佛印禅师语录问答》（简称《问答录》）则是“说参请”的话本，《新编五代史平话》是“讲史”的话本。这些作品，从文献学的角度来考察，有的经过元代以来的人的修改，而从风格学的角度来考察，却仍然可以相信，它们基本上保存了宋人话本的本来面貌。

从这些话本上，可以体察它们在艺术上的特征。这些特征一方面使我们深信这一文学样式是从唐代以来的市井说话中发展出来的，因而解决了它的血统问题；而另一方面，又使我们明确了古典白话小说中某些特有的、今天还为广大人民所爱好的民族形式是怎样产生的，因而有助于今天的借鉴。

第一，为适应瓦舍说话的需要，话本逐渐形成了故事性很强、具有自己特殊的形式和结构等特点。由于话本最初都不是写给人看的，而是讲唱给人听的；作者不是背后受群众考验，而是当场受群众考验，所以每说一段话时，就必须首先掌握故事之相对的完整性，使之娓娓动听。即使是说经，也并不只是讲说佛教经义，而不过是利用经文作引子而已。这对于专讲佛经章句文义的旧方法来说，实在是一项重要的改革。对于情节的发展，人物的相貌、服饰、行动，说话时都必须仔仔细细、有头有尾地交代清楚。这样，才能使听众立刻发生兴趣，有身临其境的感觉。在必要的时候，加以穿插、盘旋，或带过，或夸张，或耸人听闻。在起头，为了等候或招徕更多的听众，也为了引人入胜，正文之前，常有一段“入话”，或者称做“得胜头回”。如《京本通俗小说》中的“错斩崔宁”一回，正文是说崔宁的故事，但却先拿魏进士的故事作为引子：

> 这回书单说一个官人，只因酒后一时戏笑之言，遂至杀身破家，陷了几条性命。且先引下一个故事来，权做个得胜头回。

这种“入话”，也称“致语”、“楔子”，或引几句诗文，发点议论，总结大意，概括主题，或说一个甚至两个比较完整、立意相类似或相反相成的故事，长短不拘。这种引子，也称为“笑耍头回”（《清平山堂话本·刎颈鸳鸯会》），或称为“德（得）胜头回”（《醒世恒言·十五贯戏言成巧祸》），后来长期保留在话本小说和带有话本痕迹或受话本影响的章回小说中。例如，“三言”中每一卷小说前面，基本上都有一则“入话”，有些入话故事十分完整，在别处甚至成为正话；《水浒传》开篇的“洪太尉放走妖魔”，《儒林外史》第一回中的王冕故事,也都属于这一类的引子。而每一段话说完以后,为了吸引听众,使他们下回非再来听不可,也总是奇峰突起地制造一个高潮。如《京本通俗小说》中的《碾玉观音》就是分成两回的。上回的末尾说到玉工崔宁和由郡王府逃出来的养娘秀秀逃到潭州同住,却在出外做工回家的时候,被郡王府中的郭排军碰见了。这正是故事最吃紧的关头,然而话本却在这个地方突然煞住,戛然而止:

正行间,只见一个汉子,头上带个竹丝笠儿,穿着一领白缎子两上领布衫,青白行缠扎着裤子口,着一双多耳麻鞋,挑着一个高肩担儿,正面来,把崔宁看了一看,——崔宁却不见这汉面貌,这个人却见崔宁。——从后大踏步尾着崔宁来。正是——

谁家稚子鸣榔板,惊起鸳鸯两处飞。

两句下场诗一念,说话人就走了。"欲知后事如何,且听下回分解。"他给听众留下一个悬念,从而有效地利用了听众的好奇心,吸引他们继续关注故事的进展,加强了说话的现场效果。这种结构形式在后来的章回小说中也被继承下来了,同样加强了阅读欣赏的效果。

第二,话本的语言有生动、朴素、简洁等优点。敦煌宝藏中所发现的唐代民间文学作品,用的或者是比较通俗化的文言,甚至于骈文,或者是幼稚阶段的白话,这些语言常常混合地存在于一篇作品中。这说明人们已经努力在创造一种新的越来越重要的文学语言,这种新的文学语言正是在与远离口语的书面的文学语言相对抗的过程中成长起来的。其所以有这种需要,是因为新的反映城市生活的题材和新的群众都要求新的工具。其所以能迅速成长,则是因为文言对于讲唱文学的适应性,比对其他传统样式的适应性更其微弱。而白话通过无数天才的民间艺人的吸收、加工,形成为一种新的越来越重要的文学语言。文言作为惟一的文学语言的局面被打破和白话作为文学语言的出现,对汉语文学的发展有着重大的意义。这不仅因为从 13 世纪以后,小说戏曲是古典文学的重要样式,其间涌现的杰作大多数都是用白话写的;而且因为这些白话文学杰作为我们提供了汉语文学语言的另一类重要典范。如《错斩崔宁》中的这一段：

刘官人驮了钱，一步一步捱到家中敲门，已是点灯时分。小娘子二姐独自在家，没一些事做，守得天黑，闭了门，在灯下打瞌睡。刘官人打门，他那里便听见？敲了半晌，方才知觉，答应一声："来了。"起身开了门。刘官人进去，到了房中。二姐替刘官人接了钱，放在桌上，便问："官人何处挪移这项钱来？却是甚用？"那刘官人一来有了几分酒；二来怪他开得门迟了；且戏言吓他一吓，便道："说出来，又恐你见怪；不说时，又须通你得知。只是我一时无奈，没计可施，只得把你典与一个客人。又因舍不得你，只典得十五贯钱。若是我有些好处，加利赎你回来。若是照前这般不顺溜，只索罢了。"那小娘子听了，欲待不信，又见十五贯钱堆在面前；欲待信来，他平白与我没半句言语，大娘子又过得好，怎么便下得这等狠心辣手？疑狐不决，只得再问道："虽然如此，也须通知我爹娘一声。"刘官人道："若是通知你爹娘，此事断然不成。你明日且到了人家，我慢慢央人与你爹娘说通，他也须怪我不得。"小娘子又问："官人今日在何处吃酒来？"刘官人道："便是把你典与人，写了文书，吃他的酒才来的。"小娘子又问："大姐姐如何不来？"刘官人道："他因不忍见你分离，待得你明日出了门才来。这也是我没计奈何，一言为定。"说罢，暗地忍不住笑；不脱衣裳，睡在床上，不觉睡去了。那小娘子好生摆脱不下，"不知他卖我与甚色样人家？我须先去爹娘家里说知。就是他明日有人来要我，寻到我家，也须有个下落。"沉吟了一会，却把这十五贯钱，一垛儿堆在刘官人脚后边，趁他酒醉，轻轻的收拾了随身衣服，款款的开了门出去，拽上了门，却去左边一个相熟的邻舍叫做朱三老儿家里，与朱三妈借宿了一夜。说道："丈夫今日无端卖我，我须先去与爹娘说知。烦你明日对他说一声，既有了主顾，可同我丈夫到爹娘家中来讨个分晓，也须有个下落。"那邻舍道："小娘子说得有理。你只顾自去，我便与刘官人说知就里。"过了一宵，小娘子作别去了。

这段语言的叙述朴素生动，准确而优美地描绘了故事的社会环境、当下情景，两个人的对话写得绘声绘色，近情近理，性格的展现和故事情节的发展有条不紊，丝丝入扣。从这个例子看，宋代一部分瓦舍艺人使用语言的能力，确实已经达到令人惊叹的艺术高度了。

第三，在文体上，话本虽然以说为主，也仍然有唱的成分。变文兼有讲和唱两种表达方式，而在话本之中，说的成分相对地扩充，而唱的成分则相对地缩减了。但开头的入话的一篇或一回的结尾都常用诗词，首尾呼应。当故事发展到关键环节或重要场景，当对人物需要作出色的描写时，往往也"有诗为证"，或加上一段音韵铿锵、可供朗诵的骈文或诗词歌赋。说的部分大多为散文，展开故事情节；而唱的部分则多是韵文，进行必要的描写和咏叹或渲染。韵散相兼，这也是话本语言的一个特点。这在后代的话本小说以及章回小说中也都留下了印迹。

虞候道："小娘子有甚本事？"待诏说出女孩儿一件本事来，有词寄《眼儿媚》为证：

深闺小院日初长，娇女绮罗裳。不做东君造化，金针刺绣群芳样。　斜枝嫩叶包开蕊，唯只欠馨香。曾向园林深处，引教蝶乱蜂狂。

原来这女儿会绣作。

——《碾玉观音》

惠光禅师坐在法堂上，年纪高大，十分精神，端的是罗汉圣僧。怎见得？

双眉垂雪，碧眼横波。衣披六幅烈火鲛绡，拄杖九环锡杖。霜姿古貌，有如南极老人星。鹤骨松形，好似西方长寿佛。料应元寂光中客，定是楞严会上人。

惠光长老坐定，用慧眼一观……

——《清平山堂话本·花灯轿莲女成佛记》

这说明原始的白话小说，并不是纯粹的散文，说话人在表演的时候是说唱并用的。这种方式在当时可以调节现场的气氛，加强听众的注意，因而宋人的说话虽然以说为主，仍然没有完全放弃歌唱朗诵。这就构成了古典白话小说中的一种特殊形式，因而也就获得了诗话、词话的名称。后世文人创作的章回小说中，有些仍然沿用了这类名目。

线索分明，结构完整，形象鲜明，语言简练，而且善于在关键时刻控制听众和读者的思想感情，正是古典小说传统的诸特点和优点。而这是与广大民间艺人所创造的话本分不开的。

说话主要是为都市中的平民服务的，因此，从它出现的时候起，就比其他前代的文学更其广泛地反映了各阶层人民的生活。例如，《新编五代史平话》不仅描写了五代统治阶级之间的不义战争，也为统治阶级镇压黄巢农民起义留下了一些侧面的记录。甚至“说参请”的话本《问答录》中，也有譬如“撑肩努眼恶精神，捏合从来假似真。刚被法门借权势，不知身自是泥人”的句子，对威风凛凛的金刚作了嘲弄。

与说经和讲史的话本相比，宋代“小说”的话本不仅是最富有艺术性的，而且是最富于现实性的，也因而最为广大人民所喜爱，逐渐成为一个总的名称。在现存的宋人“小说”话本中，故事的背景多在临安、建康之类的城市，其中不仅有贵族、官僚的活动，而且还有很多以主要或次要人物的身份出现的商人、店员、手工业工人、读书人、僧侣、妓女、媒婆、强盗、小偷等等。题材的广阔，正说明了话本作家们视野的开阔，也就形成了作品内容的丰富性和现实性。同时，说话是市民重要的娱乐方式，说话人本身也就是市民的一分子，他们自然要肯定市民的爱情观，通过小市民的不幸遭遇，揭露法律的不公正和社会的黑暗，如《错斩崔宁》一类故事所表现的；但另一方面，他们也不可避免地受到市民阶层所特有的庸俗、势利、妥协诸性格的制约，以至于局限了作品在思想性方面所可能达到的高度。例如《冯玉梅团圆》，是《京本通俗小说》中、也可以说是现存宋人话本小说中现实性较强的一篇。它说的是一个参加过农民起义的读书人范希周与一个官吏的女儿冯玉梅悲欢离合的故事。在《得胜头回》中，作者又先说了一段相似的故事。因为金兵南寇，陈州人徐信与妻子崔氏：

> 收拾细软家财，打做两个包裹，夫妻各背了一个，随着众百姓晓夜奔走。行至虞城，只听得背后喊声振天，只道鞑虏追来，却原来是南朝杀败的溃兵。只因武备久弛，军无纪律，教他杀贼，一个个胆寒心骇，不战自走；及至遇着平民，抢掳财帛子女，一般会扬威耀武。徐信虽然有三分本事，那溃兵如山而至，寡不敌众，舍命奔走，但闻四野号哭之声，回头不见了崔氏，乱军中无处寻觅，只得前行。

在正文的故事中，建州饥荒，民不聊生，官府只顾横征暴敛，不管百姓死活，很多人民被迫逃入深山，相聚为盗，奉“仗义执言，救民水火”的范汝为为首领。范希周本是个功名未就的读书君子，“被范汝为所逼”，“不得已而从之”。这篇话本大胆暴露了官兵对敌人的无能和对人民的残害，描写了人民的苦难和被迫揭竿而起的情况，是很有现实性的。但对于渴望安定维持现状的市民阶层来说，农民起义又如洪水猛兽般可怕。他们感兴趣的只是“双镜重圆”这一类的故事，因此，作者就从最初肯定官逼民反的立场上后退下来了，而赋予范希周以“我本非反贼，被族人逼迫在此；他日受了朝廷招安，仍做良民”的思想，在此基础上与官宦小姐冯玉梅“结为眷属”。这种情节安排当然也有一定的真实性，但更重要的是，它反映了市民的一种人生理想和思想意识中妥协动摇的局限性。

但无论如何，成熟的口语化的文学语言的出现，古典样式中某些优秀传统的建立，较广阔的社会生活面的展现，都使话本在中国文学史上占有一个不可忽视的地位。无论是从题材上还是从艺术上，话本都为后来的小说创作，提供了宝贵的基础。如果没有《大唐三藏取经诗话》、《大宋宣和遗事》、《武王伐纣平话》、《七国春秋平话》、《秦并六国平话》(后三种作品现存的虽是元代刻本，但也是以宋人的话本为基础的)之类的作品，很难想象会有后来的《西游记》、《水浒传》、《封神演义》、《东周列国志》之类名作的出现。

第二十章　声乐伎艺的繁兴和戏曲的形成

戏剧与戏曲　　唐宋以来声乐伎艺的繁兴　　大曲、法曲、曲破、队舞、转踏等歌舞伎艺　　滑稽戏、傀儡戏、影戏与扮演伎艺　　鼓子词、赚词、诸宫调等与讲唱伎艺　　宋杂剧的形成　　体制、结构、角色、剧目　　南方:宋元南戏的出现

戏剧是一种综合的艺术。它的底本是要通过演员在舞台上演出的,不仅需要具备一定的情节,而且必须依靠剧中人物本身的语言行动展开这些情节。这也就是说,它是代言体,而不是叙述体。戏剧中的语言,有说白,也有歌唱。戏剧中的行动,有动作,也有舞蹈。一般地说,说白与动作是戏剧中最基本的,而歌唱与舞蹈则是由前者派生的。而中国古典戏剧却充分发挥了歌唱与舞蹈方面的长处——古典戏剧的说白,虽然不是歌唱,却也是极其富有音乐旋律之美,或者说是音乐性的语言;古典戏剧的动作,虽然不是舞蹈,却也是极其富有舞蹈之美,或者说是舞蹈化的动作。因此,严格地说,它乃是一种歌剧或戏曲。近代学者王国维作《戏曲考原》和《宋元戏曲考》,开始把具有中国民族特色的传统戏剧定名为"戏曲",这是十分准确的,故一直沿用至今。

中国古典戏曲形成于宋代。这种综合的艺术有着复杂的来源。它和当时的民间声乐伎艺有多方面的、密切的联系。唐宋以来商业和手工业的发达,大都市的兴起,市民阶层的形成和他们对于文化娱乐的要求,保

证了声乐伎艺的空前发达，也就促进了戏曲的产生。如果没有城市生活的物质基础，没有广大的观众，戏曲的产生将是不可能的。南戏最早出现于永嘉（温州），而永嘉正是当时国际贸易的大都市之一，也是一个例证。

唐宋以来的民间声乐伎艺是十分丰富多样的，其中有关戏曲的部分往往也正是当时声乐伎艺的主要部分。如果从影响戏曲产生与形成的角度来划分，这些声乐伎艺大致可以分为歌舞伎艺、扮演伎艺和讲唱伎艺三大类。

首先，从音乐舞蹈上讲，法曲、大曲、曲破、转踏、队舞等，本来都是载歌载舞的形式，其中不仅有化了装的歌舞演员，有伴奏乐队，而且在歌舞中，也包含一些简单的情节。这一些，不仅为戏剧提供了丰富的曲调，其舞蹈身段、舞台经验等对戏曲的形成也有影响。队舞之中，有“竹竿子”负责演员调度，还有出场念致语口号的形式；转踏中也有勾队词、放队词，通常由诗或词组成；这显然对南戏中的演员调度、自报家门、开场及下场诗等有影响。宋代大曲之中，已经有许多以叙事为主的作品。例如曾布的《水调歌头》：

〔排遍第一〕魏豪有冯燕，年少客幽并。击球斗鸡为戏，游侠久知名，因避仇，来东郡，元戎逼属中军。直气凌貔虎，须臾叱咤，风云凛凛座中生。　　偶乘佳兴，轻裘锦带，东风跃马，往来寻幽访胜，游冶出东城。堤上莺花掩乱，香车宝马纵横。草软平沙稳，高楼两岸，春风笑语隔帘声。

〔排遍第二〕袖笼鞭敲镫，无语独闲行。绿杨下，人初静，烟淡夕阳明。窈窕佳人，独立瑶阶，掷果潘郎，瞥见红颜，横波盼，不胜娇软倚云屏。　　曳红裳，频推朱户，半开还掩，似欲倚咿哑声里，细诉深情。因遣林间青鸟，为言彼此心期，的的深相许，窃香解珮，绸缪相顾不胜情。

〔排遍第三〕说良人滑将张婴，从来嗜酒，回家镇长酩酊长醒。屋上鸣鸠空斗，梁间客燕相惊。谁与花为主，兰房从此，朝云夕雨两牵萦。　　似游丝狂荡，随风无定。奈何岁华荏苒，欢计苦难凭。惟见新恩缱绻，连枝并翼，香闺日日为郎，谁知松罗托蔓，一比一毫轻。

〔排遍第四〕一夕还家醉，开户起相迎。为郎引裾相庇，低首略潜形。情深无隐，欲郎乘间起佳兵。　授青萍，茫然抚弄，不忍欺心。尔能负心于彼，于我必无情。熟视花钿不足，刚肠终不能平。假手迎天意，一挥霜刃，窗间粉颈断瑶琼。

〔排遍第五〕凤凰钗，宝玉凋零。惨然怅，娇魂怨，饮泣吞声。还被凌波唤起，相将金谷同游，相见逢迎处，揶揄羞面，妆脸泪盈盈。

醉眠人醒来晨起，血凝螓首，但惊喧，白邻里，骇我卒难明。致幽囚推究，覆盆无计哀鸣。丹笔终诬服，圜门驱拥，衔冤垂首欲临刑。

〔排遍第六带花遍〕向红尘里，有喧呼攘臂，转身避众，莫遣人冤滥，杀张室，忍偷生。僚吏惊呼呵叱，狂辞不变如初，投身属吏，慷慨吐丹诚。　仿佛缧绁，自疑梦中，闻者皆惊叹，为不平。割爱无心，泣对虞姬，手戮倾城宠，翻然起死，不教仇怨负冤声。

〔排遍第七撷花十八〕义城元靖贤相国，嘉慕英雄士，赐金缯。闻此事，频叹赏，封章归印，请赎冯燕罪。日边紫泥封诏，阖境赦深刑。

万古三河风义在，青简上，众知名。河东注，任流水滔滔，水涸名难泯。至今乐府歌咏，流入管弦声。

这篇歌词，写的是中唐时代的一段真人真事。由于冯燕具有勇于承认错误的侠义性格，为广大的人民所钦佩，这个故事一直在社会上流传。唐代传奇小说作家沈亚之(《冯燕传》)和诗人司空图(《冯燕歌》)都曾经用这一题材写成作品。但在《冯燕传》中，冯燕杀张妻的情节是基于误会，带有很大的偶然性，而大曲则淡化了误会一节，而添加了“欲郎乘间起佳兵。授青萍，茫然抚弄，不忍欺心。尔能负心于彼，于我必无情”一段，不仅加重了女方的责任，减轻了冯燕的罪愆，而且解释了其行为的心理依据，也加强了故事情节的合理性。更重要的是，这说明宋代大曲已经变抒情为叙事，以歌舞敷演故事。这一种样式运用上的发展，代表了歌词向戏曲迫近的倾向。

其次，在扮演伎艺中，比较重要的有滑稽戏、傀儡戏和影戏等。滑稽戏和现在的相声、小品十分相似，其源头是唐以前的优伶表演和唐五代的参军戏。通常由两个人扮演，主角称为参军，配角称为苍鹘，其特点是见景生情，编造故事，通过问答，展开嘲讽。

宋高宗时，饔人瀹馄饨不熟，下大理寺。优人扮两士人，相貌各异；问其年，一曰甲子生，一曰丙子生。优人告曰："此二人皆合下大理。"高宗问故。优人曰："倏子、饼子皆生，与馄饨不熟者同罪。"上大笑，赦原饔人。

——刘绩《霏雪录》

秦桧以绍兴十五年四月丙子朔，赐第望仙桥。丁丑，赐银绢万匹两，钱千万，采千缣。有诏就第赐燕，假以教坊优伶。宰执咸与。中席，优长诵致语，退。有参军者，前褒桧功德，一伶以荷叶交椅从之，诙谐杂至。参军方拱揖谢，将就椅，忽坠其幞头。乃总发为髻，如行伍之巾，后有大巾镮，为双叠胜。伶指而问曰："此何镮"曰："二圣镮。"遽以朴击其首曰："尔但坐太师交椅，请取银绢例物，此镮掉脑后可也。"一坐失色。桧怒，明日下伶于狱，有死者。于是语禁始益繁。

——岳珂《桯史》卷七

壬戌省试，秦桧元子熹、侄昌时、昌龄皆奏名，公议籍籍，而无敢辄语。至乙丑春首，优者即戏场误为士子赴南宫，相与推论知举官为谁，指侍从某尚书、某侍郎当主文柄。优长者非之，曰："今年必差彭越。"问者曰："朝廷之上，不闻有此官员。"曰："汉梁王也。"曰："彼是古人，死已千年，如何来得？"曰："前举是楚王韩信。彭越一等人，所以知今为彭王。"问者嗤其妄，且叩厥旨。笑曰："若不是韩信，如何取得他三秦？"四座不敢领略，一哄而出。秦亦不敢明行谴罚云。

——洪迈《夷坚志》丁集卷四

绍兴间，内宴，有优人作善天文者，云："世间贵官人必应星象。

我悉能窥之。法当用浑仪，设玉衡。若对其人窥之，则见星而不见其人。玉衡不能卒办，用铜钱一文亦可。”乃令窥光尧，云：“帝星也。”秦师垣，曰：“相星也。”韩蕲王，曰：“将星也。”张循王，曰：“不见其星。”众皆骇，复令窥之。曰：“中不见星，只见张郡王在钱眼内坐。”殿上大笑。俊最多资，故讥之。

——罗点《闻见录》

这些来自民间的艺人，惯于随机应变，用讽刺讥嘲的方法来对付社会中黑暗腐朽或不合理的事物。这就构成了滑稽戏本身的思想性和艺术性，并且哺育了后来的戏曲。滑稽戏的表演者是以剧中人物的身份出现的（尽管还不是最严格的），在它被戏曲吸收以后，就使剧中人物的语言发展为独立的对白体，而不是像其他说唱文学一样，人物的说话必须通过讲唱者的叙述，而且代言的部分和叙述的部分必须结合在一起。这是一个重要的区别。只有代言体确立了，戏剧才算正式形成。而这一点，我们首先是从滑稽戏中找到鲜明的迹象的。滑稽戏是戏曲的萌芽形式，它与宋杂剧也只有一步之遥，难以截然区分。在某些文献中，有些滑稽戏段子就被称为杂剧，因为在最初，杂剧正是许多其他伎艺的笼统称号。

宋代的傀儡戏和影戏对于古典戏曲的形成也是一个不可缺少的因素。这两种民间伎艺娱乐性很强，至今还为人民大众所喜爱。傀儡戏就是木偶戏，早在汉代就已发明，而到了宋朝，它们的技巧已达到很高的程度。当时的傀儡戏有杖头傀儡，就是现在的托偶；有悬丝傀儡，就是现在的提偶；有水傀儡，是在水上表演的，《东京梦华录》中曾经详细记载了它的表演方法；最后，还有肉傀儡，这是傀儡戏的最高发展。肉傀儡是“以小儿后生辈为之”（《都城纪胜》），也就是由人来扮演的。这些傀儡戏的内容也极复杂，“敷演烟粉、灵怪故事、铁骑、公案之类，其话本或如杂剧，或如崖词，大抵多虚少实，如《巨灵神》、《朱姬大仙》之类是也。”（《都城纪胜》）

影戏至迟在北宋仁宗时代即已产生，高承《事物纪原》卷九云：“仁宗时，市人有能谈三国事者，或采其说加以缘饰，作影人，始为魏吴蜀三分战争之象。”张耒《明道杂志》中就有当时一富家子因贪看三国故事的影戏而被骗去酒食的记载。在南宋时代，都城杭州的影戏更加发达。《梦粱录》卷二十“百戏伎艺”条记：“杭城有贾四郎、王昇、王闰卿等，熟于摆布，立讲无差。其话本与讲史书颇同，大抵真假相半，公忠者雕以正貌，奸邪者刻以丑形，盖亦寓褒贬于其间耳。”和傀儡戏发展成肉傀儡一样，影戏后来也发展为用人扮演的“大影戏”（《武林旧事》卷二“元夕”条），成为当时民间很受欢迎的一种娱乐节目。艺人取代了傀儡或影人而登台表演，不仅拓展了情节内容的丰富性复杂性，增强了戏目的可看性，也使原先的叙述体就过渡到了代言体，第三人称的旁白也渐渐变成了第一人称的自赞。而代言体和自赞，正是后来戏曲中最典型的两种表现形式。影戏中根据人物的忠奸不同，施加不同的彩色装饰的做法，也正是后代戏曲中沿用的脸谱的先声。今传诸宫调中有《傀儡儿》唱词（《董西厢》卷七），南戏中有《大影戏》曲牌（《张协状元》第十六出），也从一个角度表明了傀儡戏和影戏对早期戏曲的显著影响。

第三，是宋代的音乐歌词和讲唱文学。词的发展，民间歌曲的繁兴，变文的演化，构成了宋代音乐歌词与讲唱文学异常复杂的内容。从戏曲文学方面讲，大曲、法曲、转踏等属于比较单纯的歌词一类，而赚词、鼓子词、诸宫调等则属于歌词和叙述的散文结合的讲唱一类。在结构上，这些歌词有一个共同的特色，就是无论它们是用词写的，还是用其他民间歌曲写的，都不是孤立的一篇，而是将许多篇连成一套。这显然是一种进步，而这一种进步，既适应了日益繁华的城市生活的发展，又适应了戏曲艺术的需要。在功能上，它们也不只用来抒情，同时也用来叙述故事。其中，诸宫调甚至完全是长篇的叙事作品。这显然是受了变文的影响才产生的。

与其他叙事歌词相比，长篇讲唱文学诸宫调和戏曲更为接近。在宋代社会盛行的各种歌词和讲唱中，词只是一种抒情的短曲，每一篇都是独立地存在着的。少数由同一词牌构成的一组词，也只是从不同的侧面来描写某些生活画面，并不前后相接，更不是叙说一个完整的故事。因而，各篇也完全可以独立存在。大曲和转踏等才演进为用许多同样的曲调来反复歌唱一个故事，因而形成了叙事诗的新形式，如上引曾布的《水调歌头》。鼓子词又进了一步，除了用许多同样的曲调来反复歌唱一个故事外，有时还在歌词中间加上一段散文的说明，形成了变文以后的一种新型的讲唱文学。这方面的作品，最常为人提及的是赵令畤写《莺莺传》故事的鼓子词《商调蝶恋花》。这套鼓子词共十章加首尾二阕，说白部分取自《莺莺传》原文，韵文部分则是自撰的《蝶恋花》词。法曲如曹勋《道情》，赚词如《事林广记》续集卷七所载《圆社市语》，其中虽然没有散文的部分，但它们却是用同一宫调中许多不同的曲调组成一个套数来演唱的，这比起仅仅局限于许多同样曲调的反复歌唱，当然又进步了一些。但诸宫调却比上述一切更为进步。它不只是用同一宫调中许多不同的曲调组成套数，而是用许多不同宫调的套数连接起来，组成长篇的叙事诗。它不只是在歌词中夹着便于说明的散文，而且，无论在歌词还是在散文中，都有着一些以作品中人物的身份来讲唱的痕迹。这样，除了不是扮演而是弹唱，不是完全的代言体而是杂有叙述体外，诸宫调与戏曲已非常近似了。

诸宫调创始于北宋时代。王灼《碧鸡漫志》卷二称："熙(熙宁，1068—1077)、丰(元丰，1078—1085)、元祐(1086—1093)间……泽州有孔三传者，首创诸宫调古传，士大夫皆能诵之。"可惜这位瓦舍艺人的创作，已经完全失传了。现存的诸宫调，有无名氏的《刘智远诸宫调》、金章宗时(1190—1208)董解元的《西厢记诸宫调》和元代王伯成的《天宝遗事诸宫调》三种。而完整留存下来的，又只有《西厢记诸宫调》一种。解元是宋以来对读书人的通称，《西厢记诸宫调》的作者董解元可能就是一位为瓦舍编写唱本的寒士。虽然自从1127年女真族攻破汴梁之后，金人统治了中原，但中国的先进文化，特别是保存在民间的文学艺术并未被毁灭，相反地，却顽强地成长起来，以致在12、13世纪之交，产生了《西厢记诸宫调》这样的伟大作品。

《莺莺传》的故事，在北宋赵令畤的《商调蝶恋花》鼓子词中，还完全依照元稹的原作，但到了董解元手里，这个悲剧便发展为悲喜剧了。在唐代，和高门女子结亲是读书人取得政治地位的有利条件之一，也是构成这个悲剧的基本因素之一。在金代，随着社会风习的改变，这一悲剧的因素也就消失了。同时，市民阶层的经济政治势力的逐步成长，市民阶层男才女貌的爱情价值观的日益深入人心，使得董解元可以而且必须用新的市民观点来处理这一题材。他增加了原来和莺莺有婚约的郑恒来具体地代表封建婚姻制度的势力，又增添了好心的法聪和尚、热情的白马将军这两个人物，加强了婢女红娘的性格，使他们成为男女主角反抗这种婚姻制度的有力的援军，终于使得崔莺莺和张君瑞在反对包办婚姻、坚持自由恋爱这一方面获得了全面胜利。这就是《西厢记诸宫调》最主要的贡献，而这种贡献又是通过作者所安排的比原作远为复杂的情节和高度的艺术手腕来完成的。作者激动的情绪，透过优美的语言，感染了广大读者。应该说，这个作品在一定程度上反映了当时人民对于婚姻爱情问题的愿望。

此外，从戏曲文学的角度来说，当时城市中盛行的说话伎艺和话本，对处于形成过程之中的戏曲也有积极作用。宋元以来的戏曲，就是从上述这些声乐伎艺中逐步形成的。由于当时政治局势的变迁而引起的地区文化差异，又先后产生了宋杂剧和南戏两个不同的剧种。

杂剧一词最早见于晚唐，指的是歌舞杂戏。在宋代，它最初也只是当时的各类娱乐性的伎艺的总称，后来逐渐在歌舞杂戏的基础上，发展成为综合性的戏曲。据《辽史》和《宋史》的《乐志》记载辽宋宫廷庆典演出中，都有杂剧一项，它综合了各种伎艺来演出，其中有歌唱舞蹈，也有参军戏那样的幽默故事和滑稽表演。有的杂剧像今天的相声或小品，称小杂剧，还有规模较大的大杂剧（如《目连救母》杂剧竟要连演八天）、只舞不歌的哑杂剧、宫廷演出的内殿杂剧、民间演出的浪子杂剧。在初期，杂剧先与诸色伎艺混杂，后来一枝独秀，到南宋已独占鳌头，并形成了自己的体制和角色。据《梦粱录》卷二十“妓乐”条，宋杂剧的体制结构一般分三节四段。第一节是艳段，一般演出日常生活中的内容，是杂剧的序幕；第二节是正杂剧，分两段，或滑稽嘲笑，或讽刺时政，含有鉴戒意义，兼有念白、歌唱、动作、舞蹈各项；第三节是杂扮或杂班，是杂剧之后的散段，是以打趣取笑田舍村夫村妇为主要内容的闹剧。在结构上，这一节有相对独立性，可有可无，也可以单独搬演。宋杂剧整体上这种四段结构，对元杂剧一本四折的固定结构形式的形成，有明显的影响。

宋杂剧演员也从参军戏的两个角色发展为四人或五人。这些演员有来自官方机构教坊乐部或钧容直(军乐班)的,称为杂剧色,也有来自民间勾栏的,则称为露台子弟,从中也涌现出像杂剧女伶丁都赛这样广受人们喜爱的名角。随着杂剧的发展,角色的分工也就越来越专业、越细密。《梦粱录》卷二十“妓乐”条云:“末泥色主张,引戏色分付,副净色发乔,副末色打诨。或添一人,名曰装孤。”末泥即优伶之长,相当于领班、主演,扮演男主角,发展为后来南戏中的生和北剧中的正末。引戏色分管舞台调度,有时也登台演出,必要时可装旦。副净也称次净,故意装呆卖傻,以供笑谑;副末专事插科打诨;这显然是从参军戏中的参军、苍鹘两个角色发展而来的。装孤就是装扮官员。这些角色后来又发展出专事杂剧艳段演出的戏头、由男演员扮演旦角的装旦以及仅次于女主角的旦角次贴等角色。从角色上看,宋杂剧已为后来的南戏和元杂剧打下了很好的基础。

宋杂剧的剧目相当丰富,现在可以考知的即有二百九十六种,最集中的著录见于《武林旧事》卷十,有官本杂剧段数二百八十本。当然,这还只是一个很不完全的统计。从音乐上看,这些剧目用大曲、法曲、曲破、诸宫调或其他杂曲来演唱,其内容既有滑稽戏,又有正杂剧和小杂剧等。关于它的舞台形制和人物形象,从古迹遗存、传世宋画或考古发掘出土的宋墓砖雕等文物中,我们还可以得知其大概情况。遗憾的是,至今还没有发现它的文学剧本流传下来,不能从文学角度深入探讨。但是,这些剧本对南戏及金元杂剧剧本有影响,则是可以确定无疑的。

杂剧传入南方以后,在今浙江、福建、四川等地都颇为流行,并且结合当地的音乐语言及生活形态,产生了一些变化,形成了一些地方性特征比较明显的戏曲,如川杂剧、永嘉(温州)杂剧。在温州杂剧的基础上,综合闽浙等地的戏曲、民间音乐舞蹈以及其他艺术因素,终于在温州一地形成了南戏这种新的戏剧形式。这不是偶然的。从六朝唐代以来,永嘉就是一座具有深厚的经济基础和悠久的文化传统的城市,又是当时重要的通商口岸和国际贸易的大都市,同时,它离南宋的政治文化中心杭州不远,并曾一度成为南宋中央机构所在地,各种民间伎艺云集于此,以满足商品经济和城市生活的需要。以上种种,都为南戏的形成提供了有利的土壤。祝允明《猥谈》记:“南戏出于宣和(1119—1125)之后。南渡之际,谓之温州杂剧。余见旧牒，其时有赵闳夫榜禁，颇述名目，如《赵贞女蔡二郎》等，亦不甚多。”徐渭《南词叙录》也说：“南戏始于宋光宗（1190—1194 在位）朝，永嘉人所作《赵贞女》、《王魁》二种实首之，故刘后村有‘死后是非谁管得，满村听唱蔡中郎’之句；或云宣和间已滥觞，其盛行则自南渡。号曰永嘉杂剧，又曰鹘伶声嗽。”这说明南戏最早出现于 12 世纪初叶，12 世纪末已颇为盛行。

这种来自民间的古典戏曲，很快便风行一时，先在江浙地区流行，继而在南方各地，元朝统一中国后，又流入北方。在传播过程中，其音乐曲调又根据各地的语言特色，形成风格各异的地方声腔。现在可考的宋元南戏剧目有二百四十多种，其中很多经过辗转修订后先承袭，时代比较模糊，比较可以确定为宋人作品的有《赵贞女》、《王魁》、《王焕》、《乐昌分镜》、《韫玉传奇》及《张协状元》。《赵贞女》、《王魁》和《张协状元》属于传统的痴心女子负心汉的故事，谴责了蔡伯喈、王魁、张协的忘恩负义，歌颂了贫妇赵贞女、王氏和妓女桂英纯洁的爱情。《王焕》、《乐昌分镜》、《韫玉传奇》都是写男女爱情故事。《张协状元》则是惟一现存的宋代南戏剧本，在情节和场次的安排上都还比较粗疏，保留了民间的原始风貌。总之，南戏在宋代虽然已走过一百多年的历程，但基本上还限于民间艺术的层次，处于其发展的初期，艺术上还比较粗糙，其体制结构也直到元末明初才成熟定型。后来的南戏多为长篇，通常有四五十出，而《张协状元》尚未分出；南戏第一出为开场，或称家门，一般用两首词分别报告演出宗旨和剧情梗概，而《张协状元》的家门只泛说宗旨，而用另一段诸宫调陈述剧情。在角色方面，南戏有生、旦、净、末、丑、外、贴七种，既在宋杂剧的基础上有所发展，也为后来的戏曲角色设定奠定了基础。

南戏流行于南方之时，北方正是金院本的时代。金院本与宋杂剧其实是同实异名，只是因为强调它是在行院（剧院）演出用的剧木，因此称为院本。元陶宗仪《辍耕录》载有院本名目七百多种，可见其盛极一时。从时代和地域上说，金院本正好可以说是宋杂剧到元杂剧的过渡形态。无论宋杂剧或金院本，和金元之间产生的杂剧，即一本四折用北曲来演唱的戏曲都还有一定的距离。至于南戏与北曲杂剧，其间区别就更为明显了：

在音乐方面，是使用南曲和北曲的不同；在语言方面，南戏用南方的语言，分辨四声，而北曲杂剧则用北方的语言，没有入声，两者用韵也不同；在剧本结构方面，南曲戏文有家门而无楔子，杂剧有楔子而无家门；在篇幅方面，戏文可以长到数十出，而杂剧通常只有四折；在表演方面，南戏人人可以演唱，杂剧则每折中只有主角一人可以歌唱。这两种戏剧在长期发展过程中，相互渗透，彼此影响，推动了中国民族戏曲的发展。

第二十一章　抒情新体：散曲的勃兴

散曲的体制和音乐构成　　前后期：不同的活动中心与风格　　散曲的语言风格与体性　　主题表现的传统倾向　　离弃浊世功名的散淡人生　　爱情诗的新开拓　　咏史怀古中的沉重感叹　　少而有特色的政治题材散曲

继宋词之后，散曲以其新鲜的曲调和歌词形式成为中国文学史上的新的抒情诗样式。它勃兴于13世纪前期，到了14世纪末叶，逐渐走向低潮。古典戏曲包括杂剧、戏文及传奇中的歌唱部分，由于音乐上存在地域性的区别，有北曲和南曲之分。在散曲方面，也同样是如此。从1234年到1367年，由于蒙元政权在北中国和南中国的相继建立，其音乐歌词是以北曲为主的。以南曲来写作和歌唱的散曲，直到明代即散曲创作的高潮已经过去之后，才开始流行。在散曲中，以北曲为主的元人的作品最有代表性。

在体制上，散曲大体上可以分作小令和套数两种。小令绝大多数是以一篇歌词即一篇抒情诗为一个独立的单位，间或有以两个或三个宫调相同而曲调不同的歌词结合起来写成一篇诗的带过曲，如无名氏的中吕《十二月带尧民歌》；或是以若干个相同的曲调写成一篇诗的重头曲，如《雍熙乐府》中所载〔小桃红〕(《西厢百咏》)就是以小令百篇歌咏崔莺莺和张生的故事。套数则是以同一个宫调(宫调虽异而乐调风格相近者亦可)

中的多个曲调联结起来，由长短不等的各段构成有起头有尾声、首尾一韵的篇幅较长的诗。从诗史上看，散曲中的小令近于词，而套数则近于赚词或诸宫调。散曲，特别是套数，常被应用到戏曲中，就成为它的歌唱部分。杂剧每一折中的唱词，多数是用一套散曲构成的。

作为继词而起的歌词，散曲的音乐成分很复杂。它包括当时来源不同的各种可唱的乐曲：旧有的或新创的，本土的或外来的，宫廷的或民间的。但其中旧有曲调并不很多，主要的来源乃是当时民间流行的里巷歌曲以及异域传来的胡夷之曲。从12世纪初期开始，北中国先后处于女真族和蒙古族统治之下，其文化也不可避免地受到这些民族的影响。正如《南词叙录》所说的："今之北曲，盖辽、金北鄙杀伐之音，壮伟狠戾。武夫马上之歌流入中原，遂为民间之日用。宋词既不可被弦管，南人遂亦尚此。"这一方面说明了北曲的来源之一是胡夷之曲，另一方面也说明了里巷之曲与胡夷之曲的统一过程。而散曲，就是根据这些音乐写作的新诗体。

这一种来自民间的、生气勃勃的新样式，在当时被各阶层的人普遍爱好着。其作者上至达官贵人，下至伶工妓女。同时，由于前人受正统文学观念的局限，视散曲为小道，不加重视，因而作品亡佚甚多，但就现存的作品来说，其思想品质和艺术水准仍然相当可观。它是关于那个时代人们的生活、思想和心理的一面镜子。

在元代，汉人地位低下，汉族读书人的社会地位尤其低下。宋遗民谢枋得《送方伯载归三山序》说："滑稽之雄，以儒为戏者曰：我大元制典，人有十等：一官，二吏，先之者，贵之也。七匠，八娼，九儒，十丐，后之者，贱之也。吾人品岂在娼之下、丐之上乎？"九儒十丐的说法，又见于郑思肖的《心史》，虽未必有法律明文规定，却反映了当时的某种大众观念和社会现实。这就决定了元曲作家们沉沦下位的命运。另一方面，元曲作者又以平民和小吏为主。除了作品以外，他们的生平事迹往往湮没无闻，无从详考。这也间接说明了他们在当时的卑微地位。

正是由于多数元散曲作家身处下层，他们才有机会接近人民，熟悉并运用民间的活的语言，丰富于文学语言的内涵，推动其进一步向前发展，从而奠定了近代文学语言的基础。散曲作家们在创作中大量使用方言、土语、行话、外来语，不避俚俗，造就了元曲崭新的美学风貌。相对于诗词来说，散曲在文学语言和美学追求上进行了双重革新，其语言通俗流利，风格泼辣放肆，有对世态的嘲笑，发出相当深刻的讽刺，也有对于性爱的描写，大胆而少有顾忌，有时也不免轻薄无聊。总之，其艺术表现是朝俚俗的方向更迈进了一步，而在这种俚俗中，往往又同时蕴含着清新、生动、活泼的美。

根据现有的史料来分析，金末元初以迄南宋灭亡不久，即14世纪以前，元曲作家的活动主要集中在北方的大都（今北京），其作品风格也比较浑朴自然。14世纪以来，作家的活动中心转移到南方的杭州，由于南方的生活和文风的影响，其作品风格逐渐变成清雅典丽。这也是散曲的文人化程度逐渐加深的一个表现。从通俗化走向文人化，本是元曲风格的自然发展过程，在散曲中表现得尤其显著。同时，后期也出现了一些专力写作散曲的曲家，如刘致（生卒年不详）、张可久（1274？—1348后）等人。张可久大胆地以词为曲，并将分题、分韵、次韵等风习引入曲苑，其作品题材广泛，语言典雅，手法含蓄，是散曲由市民歌曲转变为文士的新的抒情诗样式的关键性人物之一。实际上，在前期的作者中，马致远（1250？—1324？）的创作即有较多的文人气息。他的散曲有的含蓄，有的明朗，还有不少悲放清壮的歌曲。例如，他的散套〔双调·夜行船〕《秋思》“气势开阔，色泽鲜明，放逸宏丽，而不离本色”（王世贞《曲藻》）；而小令〔越调·天净沙〕《秋思》，则以最平白而简洁的语言创造了富含情韵的意象，而受到历来读者的喜爱和评论家的推崇；都肇示了散曲语言由俗转雅的趋向。

如果我们将前一时期的关汉卿（生卒年不详）、白朴（1226—？）和后一时期的张可久、乔吉（？—1345）等人的作品作一比较，就会更清楚地体会到这一风格的转变：

> 盼断归期，划损短金篦。一搦腰围，宽褪素罗衣。知他是甚病疾？好教人没理会。拣口儿食，陡恁的无滋味。医，越恁的难调理。
>
> ——关汉卿《双调·碧玉箫》

从来好事天生俭，自古瓜儿苦后甜。奶娘催逼紧拘钳，甚是严，越间阻越情忺。

——白朴〔中吕·阳春曲〕《题情》

黑海春愁，浑无处躲，嫩香腻玉渐消磨。瘦呵也不似今春个。无奈何，自画双蛾，越添得愁多。

——乔吉《双调·春闺怨》

月笼纱，十年心事赋琵琶。相思懒看帏屏画。人在天涯。春残豆蔻花，情写鸳鸯帕，香冷荼蘼架。旧游台榭，晓梦窗纱。

——张可久《双调·殿前欢》

而贯串在这两种不同风格之中的，却是作家的个人情志的抒发。具体说来，这种情志又以厌倦功名、游戏人生、玩世不恭、追求隐逸自足、闲适逍遥、及时行乐最为常见。这种思想的盛行，当然与其时的时代环境和作家的卑微的社会地位有关。既然作家们处于“娼之下，丐之上”的地位，他们即使志向远大，想有所作为，也很难实现自己的抱负。他们在生活中更多地体验到的是感伤、逃避、喟叹和失败等消极情绪，这也使他们在人生态度上容易受老庄哲学的影响，而散曲正是他们抒发这种思想和情绪的最合适的样式。

在当时，一方面，散曲以其在语言音韵上比词更为新颖而且轻松活泼的形式（如韵脚密、韵部宽、不分四声、多用衬字等）而引人注目；另一方面，它在美学上较词更甚的俚俗化倾向，又使之难以遽登大雅之堂，不适宜于那些庄重的场合、严肃的事件或题材，而偏宜抒写那些更加轻盈的、个人化的情绪和感觉。事实上，他们对于现实处境既有密切的关注、勇敢的抗争，也有游离的闲逸、无奈的叹息，只不过他们把这些不同的感触有选择地加以表现。他们倾向于以杂剧、诗歌或其他形式表现前一种感触，表现那些正面的攻击、刚强的血泪、恒久的热心；而在散曲中，则倾向于表现后一种感触，表现那些对现实的嘲讽、冷眼、不屑和鄙夷，或者体现对人生的散淡和闲适的态度。久而久之,散曲就逐渐形成了自己在主题表现上的传统倾向,也就是形成了自己的体性,即散曲作为一种文体或样式所具有的特殊性格和品质。这与词体初起之时的处境颇为相似。这也就是为什么即使像关汉卿这样在其杂剧创作中十分关注现实的作家,在散曲作品中所反映的却是另外一种截然不同的情绪。例如《南吕·四块玉》:

旧酒没,新醅泼,老瓦盆边笑呵呵。共山僧野叟闲吟和。他出一对鸡,我出一个鹅,闲快活。

南亩耕,东山卧,世态人情经历多。闲将往事思量过。贤的是他,愚的是我,争甚么?

另一位著名散曲作家白朴也在一首《仙吕·寄生草》中表示:

长醉后,方何碍?不醒时,有甚思?糟腌两个功名字,醅渰千古兴亡事,麯埋万丈虹霓志。不达时皆笑屈原非,但知音尽说陶潜是。

世情久谙,壮志消磨,抛却功名,饮酒自悦,这是关汉卿、白朴二人的共同选择。关汉卿和白朴都没有出入官场,但其实这种抉择在很大程度上是时世所逼迫的,从他们的作品中,我们可以体会到抑制在字里行间的深深的无奈。

值得注意的是,另外一些涉足官场,甚至曾经有过高官厚禄的散曲作家,也在其作品中表达类似的感受。例如曾经担任过江浙行省官吏的马致远,最后也发出了"空岩外,老了栋梁材"(《南吕·金字经》)的慨叹,感慨"半世逢场作戏,险些儿误了终焉计"(《般涉调·哨遍》)。在他的名作套数《秋思》中,他诉说了自己对历史和人生的认识,堪称是关汉卿和白朴的知音:

〔双调〕〔夜行船〕百岁光阴如梦蝶,重回首往事堪嗟。今日春来,明朝花谢,急罚盏夜阑灯灭。

〔乔木查〕想秦宫汉阙，都作了衰草牛羊野，不恁么渔樵没话说。纵荒坟，横断碑，不辨龙蛇。

〔庆宣和〕投至狐踪与兔穴，多少豪杰。鼎足三分半腰里折，知他是魏耶？晋耶？

〔落梅风〕天教你富，莫太奢。没多时好天良夜。看财奴硬将心似铁，争辜负了锦堂风月。

〔风入松〕眼前红日又西斜，疾似下坡车。不争镜里添白雪，上床与鞋履相别。休笑鸠巢计拙，葫芦提一向装呆。

〔拨不断〕利名竭，是非绝，红尘不向门前惹。绿树偏宜屋角遮，青山正补墙头缺，更那堪竹篱茅舍。

〔离亭宴带歇指煞〕蛩吟罢，一觉才宁贴。鸡鸣时，万事无休歇。何年是彻？看密匝匝蚁排兵，乱纷纷蜂酿蜜，闹穰穰蝇争血。裴公绿野堂，陶令白莲社，爱秋来那些：和露摘黄花，带霜分紫蟹，煮酒烧红叶。想人生有限杯，浑几个重阳节？人问我，顽童记者：便北海探吾来，道东篱醉了也。

对短促人生、沧桑世变的感喟，使作者勘破红尘，而以陶渊明为自己追踪的人生榜样。这可以解释为作者看透了黑暗污浊的官场，产生了难以抑制的厌倦和鄙弃，但与散曲的传统主题倾向恐怕也不无关系。从姚燧(1238—1313)和张养浩(1270—1329)的下面两篇作品看来，似乎前一个因素更为重要：

笔头风月时时过，眼底儿曹渐渐多。有人问我事如何？人海阔，无日不风波。

——姚燧〔中吕·喜春来〕

才上马齐声儿喝道，只这便是那送了人的根苗。直引到深坑里恰心焦。祸来了何处躲，天怒也怎生饶，把旧来时威风不见了。

——张养浩〔中吕·红绣鞋〕

姚燧和张养浩虽曾出仕，但作为汉族文人，面对种族的歧视和政治的混乱，有这样的感触也是很自然的。

但实际上，这一类对现实的失望和逃避情绪在当时颇为流行，来自其他民族包括贵族阶层的散曲作家也在作品中抒发了同样的感想。蒙古族作家不忽麻位至平章，却也高唱“宁可身卧糟丘，赛强如命悬君手”（《仙吕・点绛唇》套）。孛罗御史也说过：“利名场不再行踏，风波海其实怕他。”（〔南吕・一枝花〕套）畏吾（维吾尔族）作家贯云石学士（1286—1324）也曾欢呼：“弃微名去来，心快哉！一笑白云外。知音三五人，痛饮何妨碍，醉饱袖舞嫌天地窄。”（《双调・清江引》）他们所表达的对宦海风波的畏惧，对世俗名利的鄙弃，无疑与其身份形成极大的反差。至于这种抒发是否真诚无欺，是否丝毫没有为文造情的矫饰，则因人而异，需要作具体分析。

在吸收民间语言的同时，散曲创作也承受了民间通俗文化特别是新兴的都市文化的影响。有一些作品就直接描写城市风光和都市生活场景，如关汉卿〔南吕・一枝花〕《杭州景》写杭城迷人的山光水色，与柳永《望海潮》词异曲同工；又如马致远〔般涉调・耍孩儿〕《借马》，以漫画之笔描绘吝啬鬼的形象，也是市井中常见的图画，语言通俗，又带有浓郁的民间色彩。某些散曲作品中，也渗透了市民阶层的心理和趣味。例如杜善夫有一套题为〔般涉调・耍孩儿〕《庄家不识勾阑》的，就是以市民的眼光，嘲笑初次走进剧场的农民，表现了市民的倨傲和自得。同时，散曲不仅表现了士人的思想感情，也有大量叙写相思歌颂情爱的作品。这些作品大胆冲破了封建礼教的樊篱，展现了都市生活的重要一角，同时也适应了歌儿舞女酒筵歌席的职业需要。一些散曲作品可能就是在酒筵歌席边风流游戏调笑之作，例如关汉卿咏秃指甲的那篇《仙吕・醉扶归》。乔吉也曾在散曲中歌咏过钉鞋儿、红指甲、花篮髻等。关汉卿散曲中关于爱情的歌咏很突出，他在〔南吕・一枝花〕《不伏老》中所表现的隐士加浪子的形象，也正是对散曲作者在这一类作品中所体现出来的形象的典型概括。这类作品中有相当一部分描写显然融入了作家本人的情感体验，或者就是他们自己的爱情经历的自白，不愧为深刻、漂亮的情诗。例如：

碧纱窗外静无人，跪在床前忙要亲。骂了个负心回转身，虽是我话儿嗔，一半儿推辞一半儿肯。

多情多绪小冤家，拖逗得人来憔悴杀。说来的话先瞒住咱！怎知他一半儿真实一半儿假。

——关汉卿〔仙吕·一半儿〕《题情》

云笼月，风弄铁，两般儿助人凄切。剔银灯欲将心事写，长吁气一声吹灭。

从别后，音信绝，薄情种害杀人也。逢一个见一个因话说，不信你耳儿轮头热。

——马致远《双调·寿阳曲》

若还与他相见时，道个真传示：不是不修书，不是无才思，绕清江买不得天样纸。

——贯云石《双调·清江引》

平生不会相思，才会相思，便害相思。身似浮云，心如飞絮，气若游丝。空一缕余香在此，盼千金游子何之。证候来时，正是何时？灯半昏时，月半明时。

——徐再思《双调·折桂令》

一尊别酒断肠词，难说心间事。行李匆匆怎酬志。自寻思，从今别却文章士。至如小子，十分不是，好处也想些儿。

——乔吉《越调·小桃红》

与谁，画眉？猜破风流谜。铜驼巷里玉骢嘶，夜半归来醉。小意收拾，怪胆禁持，不识羞谁似你？自知理亏，灯下和衣睡。

——张可久《中吕·朝天子》

这些作品角度各异,设想并描摹了爱情恋爱婚姻生活中的各种不同情境,风格多样,有的高远,有的缠绵,有的热烈,有的含蓄,有的狂想飞扬,有的形容细腻,有的以大白话打情骂俏,通俗可爱,有的用平行并列的修辞手段,显得别致清雅,总的来看,其中所包含的情感都是十分丰富、真实的。可以说,散曲以其明朗通俗的美学特征,开拓了爱情题材的抒情诗歌的新境界。

一般说来,散曲中直接反映现实政治的作品为数不多。大多数作家并不直接在散曲中宣泄自己在政治方面的情感,而是倾向于将自己对现实的失望、对黑暗政治的不满收敛浓缩,以怀古或咏史的方式,更凝炼地表达出来。这与历史题材极多的元代杂剧趋向一致。例如张养浩《中吕・山坡羊》:

峰峦如聚,波涛如怒。山河表里潼关路。望西都,意踟蹰。伤心秦汉经行处。宫阙万间都做了土。兴,百姓苦。亡,百姓苦。

又如张可久《双调・卖花声》:

美人自刎乌江岸。战火曾烧赤壁山。将军空老玉门关。伤心秦汉,生民涂炭,读书人一声长叹。

传统上,抒情诗人面对历史古迹,偏爱发思古之幽情,或在其上涂饰一层古典的绮丽色彩。张养浩和张可久两人却拒绝了这种浪漫的情怀,在作品中引入了历史背后的一个严肃而沉重的话题:王朝无论兴亡成败,一样给人民带来深切的苦难,最终,不约而同地发出了“伤心秦汉”的感叹。他们充分发挥了〔山坡羊〕和〔卖花声〕的特殊的句式结构的长处,以犀利痛快的笔墨,在悲凉旷达的氛围中,完成了沉郁豪放的歌唱。

在为数不多的以现实政治为题材的作品中,我们也能发现一些很有特色而且锋芒毕露的作品。这也有力地证明了散曲作家绝非对现实问题漠不关心。14 世纪中叶,刘时中(生卒年不详)以《上高监司》为题,写作了两篇《正宫·端正好》。第二篇是暴露当时政府发行纸币，剥削人民，吏役又从中弄权作弊，表达了读书人对奸商猾吏的极端愤慨。第一篇本意在歌颂高监司拯救灾荒的德政，却以大量的篇幅描写了当时人民在饥饿线上挣扎的惨状，以及官吏豪强利用这一机会实行残酷的掠夺的罪恶行为：

众生灵，遭魔障，正值着时岁饥荒。谢恩光，拯济皆无恙，编做本词儿唱。

〔滚绣球〕去年时，正插秧，天反常。那里取若时雨降？旱魃生，四野灾伤。谷不登，麦不长，因此万民失望。一日日物价高涨。十分料钞加三倒，一斗粗粮折四量，煞是凄凉！

〔倘秀才〕殷实户欺心不良，停塌户瞒天不当。吞象心肠歹伎俩：谷中添秕屑，米内插粗糠，怎指望他儿孙久长！

〔滚绣球〕甑生尘，老弱饥，米如珠，少壮荒。有金银那里每典当？尽枵腹高卧斜阳。剥榆树餐，挑野菜尝，吃黄不老胜如熊掌，蕨根粉以代糇粮。鹅肠苦菜连根煮，荻笋芦莴带叶哇，则留下杞柳株樟。

〔倘秀才〕或是捶麻柘稠调豆浆，或是煮麦麸稀和细糠，他每早合掌擎拳谢上苍。一个个黄如经纸，一个个瘦似豺狼，填街卧巷。

〔滚绣球〕偷宰了些阔角牛，盗斫了些大叶桑，遭时瘟无棺活葬，贱卖了些家业田庄。嫡亲儿共女，等闲参与商，痛分离，是何情况！乳哺儿没人要，撇入长江。那里取厨中剩饭杯中酒？看了些河里孩儿岸上娘，不由我不哽咽悲伤。

〔倘秀才〕私牙子船湾外港，行过河中宵月朗。则发迹了些无徒，米麦行牙钱加倍解，卖面处两般装，昏钞早先除了四两。

〔滚绣球〕江乡相，有义仓，积年系税户掌。借贷数补搭得十分停当，都侵用过将官府行唐。那近日劝粜到江乡，按户口，给月粮。富户都用钱买放，无实惠尽是虚桩。充饥画饼诚堪笑，印信凭由却是谎，快活了些社长、知房。

〔伴读书〕磨灭尽诸豪壮，断送了些闲浮浪。抱子携男扶筇仗，尪羸伛偻如虾样，一丝好气沿途创，搁泪汪汪。

〔货郎〕见饿莩成行街上，乞丐出拦门斗抢。便财主每也怀金鹄立待其亡。感谢这监司主张，似汲黯开仓，披星戴月热中肠，济与粜，亲临发放。见孤孀疾病无皈向，差医煮粥分厢巷。更把赃输钱分例米，多般儿区处的最优长。众饥民共仰，似枯木逢春，萌芽再长。

〔叨叨令〕有钱的贩米谷，置田庄，添生放。无钱的少过活，分骨肉，无承望。有钱的纳宠妾，买人口，偏兴旺。无钱的受饥馁，填沟壑，遭灾障。小民好苦也么哥！小民好苦也么哥！便秋收，鬻妻卖子家私丧。

〔三煞〕这相公爱民忧国无偏党，发政施仁有激昂，恤老怜贫，视民如子，起死回生，扶弱摧强。万万人感恩知德，刻骨铭心，恨不得展草垂缰，覆盆之下，同受太阳光。

……

作品充分发挥了散曲这一样式的特点，对灾荒中人民生活的真相作了委曲详尽的描写。它所使用的接近小民声口的俚俗语言，使其艺术表现显得格外自然本色。虽然作品最后曲终奏雅，赞扬了爱民忧国的高监司，同时也表达了人民的善良愿望，但从整体上看来，对人民痛苦的关注、对现实黑暗的批判，客观上已经成为作品的重心，成为作品中最动人的部分。

与刘时中这篇作品在思想上可以媲美而在艺术上则更胜一筹的是睢景臣以《高祖还乡》为题所写的《般涉调·哨遍》。如果说《上高监司》中有的是下层人民的血泪，那么，《高祖还乡》中则多的是对上层统治者的嘲弄。在这篇作品中，衣锦荣归的汉高祖刘邦被轻蔑地描写成一个地痞无赖、政治流氓。作者将刘邦作为统治阶级的典型来处理，剥去了其华丽、高贵、装模作样的外表，还原其流氓无赖的本相，给以犀利的批判和辛辣的讽刺：

社长排门告示，但有的差使无推故，这差使不寻俗。一壁厢纳草也根，一边又要差夫索应付。又言是车驾，都说是銮舆，今日还乡故。

王乡老执定瓦台盘，赵忙郎抱着酒葫芦。新刷来的头巾，恰糨来的绸衫，畅好是装么大户。

〔耍孩儿〕瞎王留引定火乔男女，胡踢蹬吹笛擂鼓。见一飐人马到庄门，匹头里几面旗舒：一面旗白胡阑套住个迎霜兔，一面旗红曲连打着个毕月乌，一面旗鸡学舞，一面旗狗生双翅，一面旗蛇缠葫芦。

〔五煞〕红漆了叉，银铮了斧，甜瓜苦瓜黄金镀。明晃晃马鞾枪尖上挑，白雪雪鹅毛扇上铺。这几个乔人物，拿着些不曾见的器仗，穿着些大作怪的衣服。

〔四煞〕辕条上都是马，套顶上不见驴。黄罗伞柄天生曲。车前八个天曹判，车后若干递送夫。更几个多娇女，一般穿着，一样妆梳。

〔三煞〕那大汉下的车，众人施礼数。那大汉觑得人如无物。众乡老屈脚舒腰拜，那大汉挪身着手扶。猛可里抬头觑，觑多时认得，险气破我胸脯。

〔二煞〕你须身姓刘，你妻须姓吕，把你两家儿根脚从头数。你本身做亭长，耽几盏酒。你丈人教村学，读几卷书。曾在俺庄东住，也曾与我喂牛切草，拽坝扶锄。

〔一煞〕春采了桑，冬借了俺粟，零支了米麦无重数。换田契强秤了麻三秤，还酒债偷量了豆几斛。有甚胡突处？明标着册历，见放着文书。

〔尾〕少我的钱，差发内旋拨还。欠我的粟，税粮中私准除。只道刘三，谁肯把你揪摔住？白甚么改了姓，更了名，唤做汉高祖！

从主题上说，这篇作品介于历史题材和政治题材的作品之间，它以古喻今，巧妙地表达了自己的政治态度。它非常艺术地写出了“大人物”的渺小，表达了对“高贵者”的鄙夷，使人情不自禁地产生一种恍然大悟的快感。与睢景臣大致同时的散曲家乔吉曾说过，作曲“大概起要美丽，中要浩荡，结要响亮，尤贵在首尾贯穿，意思清新”（《辍耕录》卷八引），即所谓“凤头、猪肚、豹尾”。被钟嗣成《录鬼簿》称做“制作新奇”的睢景臣，在这篇作品中是达到了乔吉的要求的。值得注意的是，文人出身的睢景臣，在作品中却完全是以一个没有见过多少世面，以至于对当今皇上盛大的舆驾仪仗也懵然无知、信口雌黄的村夫的口吻来发言，惟其如此，他的轻蔑才显得更加合理，他的讽刺才显得格外无情。从远的来看，这种抒写的立场，有些类似前代诗史中的“代言”体（如陆机《代顾彦先赠妇》）或“拟作”体（如谢灵运《拟邺中七子诗》、江淹《杂体诗》）。而就近考察，其拟人的惟妙惟肖、口吻的鲜活粗犷，更显然受到了当时正盛行于世的杂剧艺术的启发和影响。正是在这一些地方，我们看到了散曲和杂剧这两种文学形式之间的血肉联系。

第二十二章　杂剧的繁盛

杂剧繁盛的诸重背景　杂剧作者成分的分析　题材的历史化处理　清官、污吏与冤狱故事　士人与商贾的矛盾　婚姻爱情故事　梁山故事的意义　后期杂剧的文人化倾向　小结

元代杂剧的繁盛，是以宋、金杂剧的发展为基础的，遗憾的是，早期的北曲杂剧剧本无一流传下来。从 1234 年到 1367 年，是北曲杂剧繁盛的一百多年。特别是 1300 年前后的几十年，是元朝政治相对稳定都市繁华的时期，是杂剧的黄金时代。这一时期的作家以大都（今北京）为活动中心。14 世纪以后，作家的活动中心南移杭州，虽然也出现过一些较好的作品，但与前期相比显然逊色多了。

明初，朱权作《太和正音谱》，书中著录元人杂剧达五百三十五种之多。事实上，元代杂剧总数还不止这个数字。今天我们所能够看到的、完整的元杂剧，也还有一百七十种，其中包含着许多杰作，是珍贵的文学遗产。

元代之所以成为杂剧繁盛同时也是古典戏曲繁荣的重要时期，有其社会文化背景。首先是社会经济发展引起的大都市的繁荣，这为剧场、道具及一切戏剧演出所需要的物质基础创造了条件。其次，随着城市的发展，城市平民在数量上扩大，使戏曲拥有了经常的、大量的观众。贵族官僚们往往以“唤官身”的方式，征发艺人到自己的衙门或住宅里去演唱；而

绝大多数市民百姓则是到勾阑(剧场)中去看戏。市民是当时剧场中最主要的观众,也是戏剧最广大的支持者。戏剧对他们的生活、心理乃至行为产生潜移默化的影响,而他们的情感、愿望也透过戏剧或隐或显地表露出来。其三,宋、金以来戏剧事业本身的进步,对于元人杂剧的发达来说,也是一个重要的原因。在搬演方面,12 世纪中,大都市中已经有了固定的剧场——勾阑。勾阑中有固定的表演场所——戏台或乐台,戏台后面还有后台——戏房,也有职业性的男女演员——路岐。路岐们分担着末、旦、净、丑等脚色,除了本名以外,他们还有艺名——乐名。他们组成的剧团,经常固定在一个城市公演——做场,有时也各处行走,作流动性的演出——冲州撞府,或称打野呵。在做场的前一日,先将海报——招子张挂出去,向观众作宣传。这些招子有的是彩色的,因此就叫做花招儿。道具——砌末、服装——行头、效果等都已经很完备。而演员们如何装扮——梳裹,也有具体的规定——穿关。同时,许多剧作家——才人也应运而生。才人有自己的行会组织——书会。书会彼此之间也有竞争。另一方面,当时雕版印刷已经很流行了。因此,剧本脱稿以后,就可以出版,以供剧团采用。而刊印的中心也正是前后期两个戏剧艺术的中心——大都和杭州。很显然,戏剧事业的发达和戏剧文学的发达,是互为因果的。

才人亦即杂剧作者的来源成分比较复杂,除了一般失意的读书人以外,有武将、文官、商人、医生等,而演员或教坊中其他的人也不少,他们的社会地位一般比较低。进一步来说,杂剧作者都是汉族文人,特别是受过教育的汉族小吏或市民。关于杂剧作者的这种特殊的种族和身份背景,王国维在《宋元戏曲史》第九章中曾经指出:“元初,名臣中有作小令、套数者;唯杂剧之作者,大抵布衣;否则为省掾令史之属。蒙古色目人中亦有作小令、套数者;而作杂剧者,则唯汉人(其中唯李直夫为女真人)。盖自金末重吏,自掾史出身者,其任用反优于科目。至蒙古灭金,而科目之废,垂八十年,为自有科目来未有之事。故文章之士,非刀笔吏无以进身,则杂剧家之多为掾史,固自不足怪也。”可见,造成杂剧作者这种特殊的身份背景构成的,还是当时的社会政治和文化政策。至于何以小令、套数能够拥有多民族多阶层的作者群,而没有这种特殊的身份背景分野,这恐怕与当时人们对散曲、杂剧有不同的看法有很大关系。散曲虽然较词曲俚俗，却不妨作为吟咏情性自娱消遣的一种工具，亦不妨视为广义的抒情诗歌的一体，即令个别词句有些不妥，其影响范围也有限。而作杂剧则必须与勾阑路歧倡优之流为伍，自然与名臣贵族之类的身份不符；剧本一旦搬演，流播甚广，也不是他们所乐于看到的。再者，从创作上说，杂剧与散曲相比多为长篇巨制，音律及文学上的限制更多也更严，一个剧本就体具多方，要求有综合多样的表现艺术，难度较高，客观上，这显然会将某些对杂剧不存偏见、饶有兴趣，而汉文化修养相对较低的非汉族文人排斥于杂剧作者之外。

从题材处理上看，元人杂剧有一个很显著的特点，那就是所有的剧本，几乎都是历史剧。这些历史性的题材，有的出于前代的古典作品，有的出于作者臆造，有的则分明是当时的真人真事，也要将其时代倒退若干年，给剧中人物戴上古代的衣冠。这种题材上偏重历史化处理的特点，自然有一些传统习惯的影响。例如早在中唐，白居易《长恨歌》明明歌咏当代人事，开篇却说："汉皇重色思倾国，御宇多年求不得。"但更重要的是作家基于当时的政治现实而采取的一种自我保护措施。《元史·刑法志》上载明："诸乱制词曲为讥议者，流。""诸妄撰词曲诬人以犯上恶言者，处死。"这一类严苛的律条，对作家的创作态度与题材处理方式也不能不产生一些影响。于是，作家们不约而同地发掘具有现实意义的历史题材，加以扩充、改编，就成了一种比较明智的做法。关汉卿《包待制智斩鲁斋郎》是以北宋包拯的故事为内容；马致远《江州司马青衫泪》取材于白居易《琵琶行》；王实甫《崔莺莺待月西厢记》取材自元稹《莺莺传》；马致远《破幽梦孤雁汉宫秋》根据的是昭君出塞的故事；白朴《唐明皇秋夜梧桐雨》写的是唐玄宗李隆基与贵妃杨玉环的恋爱悲剧；《黑旋风双献功》是高文秀所写的宋代梁山泊故事系列之一；郑光祖《迷青琐倩女离魂》是根据唐代陈玄祐的小说《离魂记》改写的；宫天挺《死生交范张鸡黍》则以东汉时代范式和张劭的真诚友谊为题材。从这一点上说，元代杂剧作家堪称是古为今用的典范。

《包待制智斩鲁斋郎》是关汉卿的代表作之一，也是元代公案剧的代表作之一。关汉卿是元代最杰出的杂剧作家，元代曲家钟嗣成在其所编《录鬼簿》这部最早的元剧目录中，将关汉卿列为“前辈已死名公才人有所编传奇行于世者”的第一人。关汉卿一生的大多数时间，是在花街柳巷、行院勾阑中混过去的。他自己宣称：“我是个普天下郎君领袖，盖世界浪子班头。”“我玩的是梁园月，饮的是东京酒，赏的是洛阳花，扳的是章台柳。我也会吟诗，会篆籀，会弹丝，会品竹。我也会唱鹧鸪，舞垂手，会打围，会蹴鞠，会围棋，会双陆。”（〔南吕·一枝花〕《不伏老》）这使他得以充分接触下层社会，广泛了解市井生活。同时，他还会演剧，“躬践排场，面敷粉墨，以为我家生活，偶倡优而不辞”（臧懋循《元曲选序》）。这使他获得了丰富的舞台经验，因而也使他的戏剧创作更加当行本色，具有结构紧凑、排场妥贴、冲突尖锐、观赏性强等特点和优点。关汉卿一生创作了六十多个剧本，由于多产，各本之间水平也难免有高下之分。现存十余种剧作，涉及的题材相当广阔多样。许多剧本揭示了当时所存在的尖锐的社会矛盾和社会问题：如《包待制智斩鲁斋郎》所涉及的清官与污吏问题，《感天动地窦娥冤》所涉及的冤狱问题，《赵盼儿风月救风尘》所提出的士人与商贾的矛盾问题，等等。

《包待制智斩鲁斋郎》写的是权豪势要鲁斋郎屡次强占民妻，结果被清官包公用计斩杀的故事。包公是古代作家和人民一致肯定和崇敬的清官的典型，在现在流传的元人剧作中，写包公故事的作品就不下十个。这反映了处于黑暗与压迫之中的人民对清廉政治的期盼。在剧本中，皇帝往往被粉饰为超阶级的存在，而包公的力量的根源也被描写为由上而下的。在李行道的《包待制智勘灰阑记》中，包公曾有一段自述：“老夫立心清正，持操坚刚，每皇皇于国家，耻营营于财利。……谢圣恩可怜，官拜龙图待制、天章阁学士，正授南衙开封府府尹之职。敕赐势剑金牌，体察滥官污吏，与百姓伸冤理枉，容老夫先斩后奏。以此，权豪势要之家，闻老夫之名，尽皆敛手；凶暴奸邪之辈，见老大之影，无不寒心。”在最后关头，包公往往搬出皇帝圣旨、尚方宝剑，这是当时政治的需要，也是斗争的策略。因为包公的敌人是恶毒、强大的，因此，剧作家就设计了一些机智的计谋，使包公得以巧妙地战胜敌人，从而也相应产生了剧中曲折的情节。这既反映了人民的愿望和他们对客观现实的理解，更增强了剧本的戏剧性。因此，这里所提到的两部包公戏的标题中都有一个“智”字，也绝不是偶然的。在《包待制智斩鲁斋郎》中，包公故意向皇帝面奏有一个叫鱼齐即的人，霸占人家妻女，残害良民，无恶不作，从而获得圣旨同意判斩。然后，在“鱼”字下添“日”，“齐”（齊）字下添“小”，“即”字上添一点，“鱼齐（齊）即”转眼变成了“鲁斋（齋）郎”。最后，皇帝也不得不承认这种人“合该斩首”，肯定了包公的为民除害。包公所采取的其实是先骗取圣旨、再篡改圣旨的做法，这样一种美丽而幼稚的幻想，在现实中显然未必可行。但在这种幻想当中，确实寄托了作家和人民的美好愿望，希望高高在上的皇帝能够主持正义，希望正义得到伸张邪恶受到惩处，希望官吏都能像包公那样不畏强权，以至不惜冒欺君罔上的罪名。这种想象和愿望体现了人民在那个时代的悲哀和无奈。

关汉卿在《包待制智斩鲁斋郎》中，设计了罪恶的鲁斋郎终于伏法、被害人银匠李四和张珪的家庭得以保全的圆满结局。在《望江亭中秋切鲙旦》中，他又描写了一个姬妾出身的谭记儿依靠自己的勇敢机智，使得权豪势要杨衙内的卑鄙阴谋未能得逞，从而保全了自己的婚姻和爱情的故事，富有喜剧的特色。但实际上，他对现实政治并不总是这么乐观，他清醒地意识到现实中更多的是残酷和绝望。《感天动地窦娥冤》的故事原型出自《汉书·于定国传》和《搜神记》卷十一《东海孝妇》。《于定国传》的着眼点在于表彰于公善于断狱，故事的主角是于公；《东海孝妇》意在说明“神道之不诬”（干宝《搜神记序》）；而关汉卿《窦娥冤》则一把拨开清官这一封建法治的遮羞障扇，而揭露出一个血淋淋的天大冤狱。贫寒士子窦天章因为借了蔡婆二十两银子的高利贷，无法归还，被迫将自己的女儿窦娥抵给她做儿媳妇。成亲不到两年，蔡婆的儿子又死掉了。有一次，蔡婆去向赛卢医讨债，债主还不出，就要勒死她，恰巧被张驴儿父子救下。这两个市井无赖恃恩搬入蔡婆家里，要硬娶蔡氏婆媳为妻，被窦娥坚决拒绝了。张驴儿便想趁蔡婆患病，先将她毒死，再来制服窦娥。哪知放下毒药的羊肚汤却误被张驴儿的父亲吃了，顿时毒发身亡。张驴儿就告到官里，而断案的是自称“我做官人胜别人，告状来的要金银。若是上司当刷卷，在家推病不出门”的昏庸的楚州太守桃杌。在酷刑拷打之下，窦娥并没有屈服；最后，为了让年老的婆婆不受同样的酷刑，富有孝心和爱心的她终于屈服了。这些细节都增加了全剧的悲剧气氛。

在悲剧的高潮，窦娥冤苦悲愤至极，“一腔怨气喷如火”，被刑之前，她发下了三大誓愿：血溅八尺旗枪；六月飞雪；楚州亢旱三年。后来，这三个誓愿一一应验了，更显得“皇天也肯从人愿”，而“官吏每无心正法，使百姓有口难言”，显得窦娥“委实的冤情不浅”。这三个荒诞的誓愿及其应验，反映了封建司法十倍的荒诞无理。最后，由于窦娥的托梦，她的做了廉访使的父亲出来平反了这一冤狱，使罪人受到了应有的裁判，使正义得到了伸张。这一结局显然带有很大的偶然性，但它反映了人民的愿望，更反映了这种愿望的脆弱性。另外，《感天动地窦娥冤》中塑造的诸人物形象也是值得注意的。士子窦天章父女的穷苦无靠、高利贷者蔡婆的软弱势利、赛卢医的市井庸医形象、张驴儿父子的流氓无赖嘴脸、窦娥的由苦难造就的刚强而又富于牺牲精神的反抗性格，代表了当时城市中的几个不同阶层以及他们的境遇。

元代读书人的社会地位的普遍下降，与豪商大贾的社会地位随着商品经济和都市的发展普遍上升形成了鲜明的对照。在《赵盼儿风月救风尘》中，关汉卿提出了这个当时社会中普遍存在的问题。事实上，从宋以来，作家面对这一对矛盾的现实存在，就以各种文体加以表现，使之成为文学作品中常见的主题之一。王实甫《苏小卿月夜贩茶船》就是一个具有典型性的故事。由于经济力量的差异，商人逐步排斥了士人在社会和生活中原占的某些位置，甚至剥夺了他们的恋爱机会。这正如王晔在其散曲《题双渐小卿问答》中所写的“书生俊俏却无钱，茶客村虔倒有缘”（《凌波仙》），或者如双渐的情敌茶商冯魁所坦白指出的，“双通叔你自才学，我揣与娘通行钞。他掂了咱传世宝，看谁能够凤友鸾交”（同上）。在元杂剧中，由于作家几乎都是不得意的读书人，因此，他们在处理这个题材的时候，自然要注入自己的情感和想象。他们笔下的妓女往往羡慕风雅，品格高尚，很有节操，士子则往往多才多艺，有情有义，俊俏温柔，以此来贬抑商人，加重商人用金钱收购爱情的罪恶。这类作品中所铸造的有情人终成眷属的美满结局，对在现实中屡遭挫折失败的读书人不失为一个安慰。

但现实却未必皆如这些剧中所安排的，即使在《赵盼儿风月救风尘》中，关汉卿所写的妓女宋引章，也是自愿嫁给豪富之家出身的纨绔子弟周舍的，因为他同时也是一个有钱的人。她全然不听热心肠而又精通人情世故的妓女赵盼儿的劝阻，结果周舍虚情假意，宋引章受骗上当，大吃苦头。幸亏热心而机智的盼儿相助，骗得了周舍的一纸休书，宋引章才和真心爱她的秀才安秀实结合了起来。剧本塑造了泼辣讲义气的赵盼儿和天真幼稚的宋引章这两个性格互为对照的人物形象，揭示了妓女们悲惨的命运和深刻的精神痛苦。剧末安排的宋、安二人终成眷属的结局，显然寄托了读书人的一种理想，但这一故事本身也反映出当时妇女们所受的封建礼教的束缚还没有放松，而商业资本已透过金钱使爱情沾上它的铜臭味来了。元杂剧中的爱情故事大都围绕商人（势利、金钱）和礼教这两个方面展开。马致远《江州司马青衫泪》与关汉卿《赵盼儿风月救风尘》同属于前者；王实甫《崔莺莺待月西厢记》和白朴《裴少俊墙头马上》则属于后者，同样以歌颂反封建礼教的爱情为主题。

王实甫和关汉卿、马致远、白朴是大都时代的四大剧作家。崔莺莺和张生的恋爱故事自中唐以来就深受人们喜爱。王实甫《崔莺莺待月西厢记》突破了杂剧中以四折加上楔子成为一本以写一个故事的成规，而创造性地以具有连续性的五本杂剧来写这段完整的浪漫故事。同时，他也突破了每折只让一人独唱的成规，在必要时，使一折中可以有两个角色歌唱。这些革新对扩展杂剧的表现力具有重要意义。另一方面，作者充实了董解元《西厢记诸宫调》中所已经塑造出来的人物，赋予他们以更鲜明的性格，更美丽的生命。同时，他几乎完全摆脱了封建礼教对于恋爱婚姻的支配，而以“情”为号召，提出了“有情人终成眷属”这样一个口号，这实际上道出了当时观众的心声，是对新兴的市民群众的恋爱观的总结，堪称是《西厢记》的重要思想突破。作者把握这一主导思想，使剧中代表封建礼教的老夫人屈服，使代表旧式父母之命媒妁之言的婚姻制度、却不甘心失败屈服的郑恒死亡。这是王实甫对这一老题材的新开拓。

在描写崔、张二人一见钟情时，作者调动了一些让人类灵魂的最底层都受到震撼的笔墨，唤起了观众和读者对崔、张的同情，使大家认为他们的相爱是完全应当的。而在张生退了贼兵，夫人却悔了成约之后，作者又以十分哀怨的诗句，替莺莺传达了她的痛苦心情。在红娘的支持和协助之下，张生、莺莺用实际行动粉碎了礼教的枷锁，有情人终成眷属。由于老夫人发现了他俩的私情，新旧两种恋爱观之间的冲突达到表面化。红娘在其中也起了重要作用。她积极主动、理直气壮，给崔、张二人以精神鼓舞和实际帮助，终于迫使老夫人鼻子碰了墙，不得不拐弯。后来，当郑恒来夺婚时，和他作正面斗争的也是红娘。当郑恒倚仗自己的出身卖弄富贵，并嘲笑张生是个穷书生时，红娘痛快地驳斥他："你道是官人则合做官人，信口喷，不本分。你道穷民到老是穷民，却不道将相出寒门?"(《圣药王》)这不仅反映了市民的道德观点，也反映了他们的人生观。正是由于这个恋爱喜剧根据市民群众的思想立场作过改编，于是产生了红娘这一身份低微却闪闪发光的角色，作者赋予她机智、勇敢、明朗的性格，使她成为舞台上最活跃的人物。从元稹手里的崔莺莺到王实甫笔下的红娘，可以看到这个故事中女性形象的丰富和成长过程，也可以看到故事的思想境界不断提高的过程。

马致远《破幽梦孤雁汉宫秋》和白朴《唐明皇秋夜梧桐雨》写的是汉唐深宫中发生的两段爱情故事，被公认为两个作家的代表作。《破幽梦孤雁汉宫秋》写的是汉元帝与宫女王昭君的恋爱悲剧，而《唐明皇秋夜梧桐雨》写的则是唐玄宗和杨贵妃之间的恋爱悲剧。汉元帝和唐玄宗这两个君主本身失德，而致遗祸家国，最终只能通过牺牲一个弱女子来维护自己的统治，原来是很难教人同情的，但在马致远和白朴的剧作中，他们却被处理成两个沉痛的忏悔者，处理成爱情悲剧的男主角，以此博得人们的好感，成为受欢迎的舞台形象。这是因为，一方面，时间的激流已经淡化了他们的君主身份，也冲淡了历史对他们的谴责，而更突出了悲情故事的哀婉憾恨。政治如过眼烟云，爱情传说却代代常新。另一方面，剧作所描写的那种因恋爱悲剧而极端痛苦的心情，在心理和艺术上都具有普遍意义，不仅给市民们带来艺术的感动，也增加了他们追求爱情自由的勇气，给他们以精神上的支援。总的来说，沉重的宫闱政治题材在作家笔下已作了轻松化、市井化的处理，并被套进才子佳人戏剧的模式；君妃关系也促使作家大肆点缀风流绮丽，纵笔描写其间的旖旎情趣，发抒悲凉的叹慨。

在描写因爱情悲剧而引起的心理痛苦方面，这两个剧本都深情动人。例如在王昭君出塞时，汉元帝唱道：

〔七弟兄〕说甚么大王不当恋王嫱，兀良！怎禁他临去也回头望？那堪这散风雪旌节影悠扬，动关山鼓角声悲壮？

〔梅花酒〕呀，俺向着这迥野悲凉，草已添黄，色早迎霜，犬褪得毛苍，人搠起缨枪，马负着行装，车运着餱粮，打猎起围场。他、他、他伤心辞汉主，我、我、我携手上河梁。他部从入穷荒，我銮舆返咸阳。返咸阳，过宫墙；过宫墙，绕回廊；绕回廊，近椒房；近椒房，月昏黄；月昏黄，夜生凉；夜生凉，泣寒螀；泣寒螀，绿纱窗；绿纱窗，不思量？

〔收江南〕呀！不思量，除是铁心肠。铁心肠，也愁滴泪千行。美人图今夜挂昭阳，我那里供养，便是我高烧银烛照红妆。

〔梅花酒〕一段歌唱，词句曲折往复，层层进逼，修辞上别具匠心，音韵上亦有悲旷苍凉之致。而唐玄宗听雨的歌辞则是：

〔蛮姑儿〕懊恼，窨约，惊我来的又不是楼头过雁、砌下寒蛩、檐前玉马、架上金鸡，是兀那窗儿外梧桐上雨潇潇。一声声洒残叶，一点点滴寒梢，会把愁人定虐。

〔滚绣球〕这雨呀，又不是救旱苗，润枯草。洒开花萼，谁望道秋雨如膏？向青翠条、碧玉梢，碎声儿剥剥，增百十倍歇和芭蕉。子管里珠连玉散飘千颗，平白地瀽瓮番盆下一宵，惹的人心焦。

〔叨叨令〕一会价紧呵，似玉盘中万颗珍珠落；一会价响呵，似玳筵前几簇笙歌闹；一会价清呵，似翠岩头一派寒泉瀑；一会价猛呵，似绣旗下数面征鼙操。兀的不恼杀人也么哥，兀的不恼杀人也么哥，则被他诸般儿雨声相聒噪。

这些富有情感的曲文所显示的现场气氛、人物性格，就是它们最吸引人的地方。从这里，我们体会到的显然不只是帝王深宫里的愁怨，而是天下所有失恋人的共同心曲。

基于元代剧作家创作中使用历史题材的习惯，南宋以来已经见于文学作品的梁山故事，就很自然地被许多人采用，而且得到了创造性的发展，这使后来伟大的小说家施耐庵写《水浒传》时，获得一些方便。在这些剧本中，作者都以其不可掩饰的心情，赞赏着这一些杀富济贫的英雄好汉。在马致远的《都孔目风雨还牢末》里，宋江念的下场诗是："俺梁山泊远近驰名，要替天行道公平。忠义堂施呈气概，结交尽四海豪英。"更妙的是无名氏的《争报恩三虎下山》。作者通过济州通判夫人李千娇的口说："我一向闻得宋江一伙，只杀滥官污吏，并不杀孝子节妇，以此天下驰名，都叫他做呼保义宋公明。"还居然让李千娇半夜烧香为宋江等好汉祷告。这当然有些夸张，但它说明了，在充满不平的社会里，梁山泊好汉和开封府的包青天是人们的两大希望。

故乡就在梁山泊所在的山东东平的剧作家高文秀生卒年不详，在他短暂的一生中就写了八个关于黑旋风李逵的剧本，称得上是元代作家中写梁山泊故事的专家。他写的水浒戏，占现在我们所能知道的全部元剧中这类剧本数量的三分之一弱，占他个人创作数量的四分之一弱。可惜他的这些剧本至今仅存《黑旋风双献功》一种。孔目孙荣要和妻子郭念儿去泰安烧香，到梁山请李逵做护臂。谁知白衙内与念儿有奸，便事先约好，在半路里将她拐走了。剧本写出了孙孔目的动摇、店小二的畏缩，更写出了李逵的勇烈性格。孙孔目想通过告状讨回公道，结果正碰上借坐衙门的白衙内，被下在死囚牢里，险些丧了性命。这种借坐衙门的现象并不是作家的臆造，而是当时现实的反映。它甚至有一个专门名词，称为"乔坐衙"。《元史·王磐传》就有西域大贾"恃势干官府，直来坐厅事，指挥自若"的记载。《策丹传》也载有："时有以驸马为江浙行省丞相者，其宦竖恃公主势，坐杭州达噜噶齐位，令有司强买民间物，不从，辄殴之。"最后，李逵用智谋放走了关在死牢里的孙孔目，又用武力杀死了奸夫淫妇，替孙孔目报仇雪怨，伸张了正义。这个故事说明，清官并不常有，告状在那个时代也没有多大意义，有时候梁山泊好汉比起开封府更能解决实际问题；同时也说明了元剧作家常常借古讽今，历史题材的杂剧往往有现实寓意。值得注意的是，高文秀笔下的李逵，不仅勇猛，而且机智多才艺，赋诗、斗鸡之类的把戏也样样精通。而在康进之《李逵负荆》中，李逵则是一个嫉恶如仇而又勇于认错、个性澄澈透明的好汉。可见，在元杂剧中，李逵的形象还没有固定于后来人们所熟悉的那个程式。

14 世纪以后，杂剧的发展进入了后期，其创作的中心南移到杭州。这一时期最重要的作家作品有郑光祖（生卒年不详）《迷青琐倩女离魂》、乔吉《玉箫女两世姻缘》、宫天挺（1260？—1329？）《死生交范张鸡黍》等。郑光祖和乔吉的两本剧作都是以恋爱为主题的。前者写的是张倩女生魂离窍，随着丈夫王文举入京应试的故事。后者写的是妓女韩玉箫和韦皋热恋，由于韦皋应考做官，耽搁太久，玉箫含恨而死，转世投胎，仍然嫁给了她的爱人。超现实的写法，浪漫的想象，是这两本剧作的共同特点。这种艺术处理也有利于显示封建制度下妇女们争取爱情幸福的强烈决心，连死亡也无法阻隔她们的心。同时，这些作品也反映了杂剧中心南移以后，由本色逐渐走向文华的语言风格。如倩女因离魂而生病时所唱的：

〔迎仙客〕日长也，愁更长，红稀也，信尤稀；春归也，奄然人未归。我则道相别也数十年，我则道相隔着几万里，为数归期，则那竹院里刻遍琅玕翠。

〔红绣鞋〕去时节杨柳西风落日，如今又过了梨花暮雨寒食。则兀那龟儿卦无定准，枉央及喜蛛儿难凭信，灵鹊不诚实，灯花儿何太喜？

〔普天乐〕想鬼病最关心，似宿酒迷春睡。绕晴雪杨花陌上，趁东风燕子楼西。抛闪杀我年少人，辜负了这韶华日。早是离愁添萦系，更那堪景物狼藉。愁心惊一声鸟啼，薄命趁一春事已，香魂逐一片花飞。

又如《两世姻缘》中韩玉箫临死前作自画像时所唱的：

〔金菊香〕怕不待几番落笔强施呈，争奈一段伤心画不能。腮斗上泪痕粉渍定，没颜色鬓乱钗横，和我这眼皮眉黛欠分明。

〔柳叶儿〕兀的不寂寞了菱花妆镜，自觑了自害心疼。将一片志诚心写入了冰绡帧，这一篇相思令寄与多情，道是人憔悴不似丹青。

这些诗句典雅丽密，细致而准确地刻画了女主角性格的特征，而在语言风格的文人化方面，则显示了一种新的发展倾向。这是与元散曲中前后两期风格不同相对应的。这种倾向到了明代传奇剧作家汤显祖等人的剧作中表现得更加突出。

宫天挺的《死生交范张鸡黍》虽然以东汉时代范式和张劭的真诚友谊为题材，但其用意却在为自己、为自己所生活的时代中的士子们发泄在黑暗政治中没有出路的悲哀。《录鬼簿》中称宫天挺“历学官，除钓台书院山长，为权豪所中，事获辨明，亦不见用”。这个剧本可能就是从作者的生活实感、从遭遇不平的愤激情绪中产生的。如下面这一段：

〔寄生草〕将凤凰池拦了前路，麒麟阁顶杀后门。便有那汉相如献赋难求进，贾长沙痛哭谁偢问，董仲舒对策无公论；便有那公孙弘撞不开招文馆内虎牢关，司马迁打不破编修院里长蛇阵。

〔幺篇〕口边厢奶腥也犹未落，顶门上胎发也尚自存，生下来便落在那爷羹娘饭长生运，正行着兄先弟后财帛运，又交着夫荣妻贵催官运。你拼着十年家富小儿娇，也少不得一朝马死黄金尽。

〔六幺序〕您父子每轮替着当朝贵，倒班儿居要津，则欺瞒着帝子王孙。猛力如轮，诡计如神，谁识您那一伙害军民聚敛之臣。现如今那栋梁材平地上刚三寸。你说波，怎支撑那万里乾坤。都是些装肥羊法酒人皮囤。一个个智无四两，肉重千斤。

这样的气愤和咒骂，反映了读书人对社会严重不公的极大愤慨。

元代杂剧中也有一些游戏调笑的成分，但总的说来，现实主义仍然是它的主要倾向。而高度艺术化的语言，又使得剧中人物形象栩栩如生。

但是在形式上,元杂剧仍然存在若干缺陷。由诸宫调的影响所形成的每一场只能由一人主唱的制度,妨碍了主角以外的人物性格的深入开掘。每本四折的固定程式,也妨碍了情节的充分展开。此外,诸如结构不够完整,故事近于捏合,过分追求戏剧性而导致情节发展不够自然真实,更是元人杂剧的通病。这一切,都有赖于戏剧本身的发展及其艺术的进一步提高。

第二十三章　由戏文到传奇

杂剧和戏文:南北两种戏剧文学的消长　南北合腔合套与传奇的产生　宋元南曲戏文三种　戏文向传奇的过渡:高明《琵琶记》和《荆》、《刘》、《拜》、《杀》　明初戏曲的偏向　昆腔登场与 16 世纪中叶戏曲复兴　从《浣纱记》到临川、吴江二派　万历时代戏曲的全盛:汤显祖的"临川四梦"及其他　清初传奇的两部杰作

从 1127 年到 1279 年之间一百五十多年,即从宋室南渡至蒙元统一中国,中国大地被人为地割裂为两个互相敌对的政治区域。这一时期的古典戏曲,由于语言、音乐以及其他文化因素的差异,形成了南北两个剧种,即北方的杂剧和南方的戏文,它们各自在不同的道路上发展着。元朝统一中国之后不久,杂剧和戏文的发展又有了新的趋势。

南北两种戏剧文学的消长,在一定程度上反映了当时的南北政治态势的变迁。随着金元二朝的力量的扩张,北曲盛而南曲衰;又随着它们力量的减弱,南曲盛而北曲衰。宋元南戏除了下面将要叙述的几个重要作品外,绝大多数都已散佚。从现存的《永乐大典戏文三种》及其他剧作的一些佚文来看,它们比起同时期的杂剧来,艺术成就显得比较低。其中部分原因是这些宋元戏文多半出自民间,也流行于民间,缺少有才能的作家对之进行艺术加工,亦即缺乏所谓"名人题咏"。这既有碍于它们的提高,

也使得它们更容易散佚。而元代杂剧则吸引了较多才华突出的作家从事创作加工,在这个时期内取得了较大的成就。

大体上说,在元代以前,南北两个剧种之间还没有发生密切的关系,南北合腔是直到元代中叶才开始的。但这一趋向到了戏文又趋发达的元末明初,就十分显著了。为了与杂剧竞争,戏文吸取了杂剧的某些特点,主要是在音乐方面融合了北曲,不仅在一套之中有南有北,形成南北合腔,而且在一个剧本之中,也加入整套的北曲,形成南北合套。这样,音乐从无宫调发展到有宫调,音乐系统也趋于谨严,于是戏文就发展为传奇。

传奇这个明清时代古典戏曲的主要形式,一方面是以宋元时代南曲戏文为主,融合北曲杂剧的某些成分而形成的;另一方面,它本身也适应舞台艺术的发展需要,做了一系列革新和调整。例如:最初,舞台上只演整本戏,而不是在一个剧本中挑出若干精彩部分来上演。到了明代,由于物质条件的改善,舞台装置、剧团组织等方面有了更多保障,剧本的篇幅也由原来的可长可短而趋向于长篇巨制。在这种情况下,也就同时产生了仅仅演出全部剧本中某些精彩片断的习惯。于是传奇就固定地分成若干出,分别加以标目,以便选择。又如:元人杂剧在每一个剧本的最后,都附有两句或四句"题目正名";宋元戏文在每一个剧本的最前面,也附有四句"题目";其内容都是说明作品的题材和主题,因此,语句中都藏有剧本的名称。同时,这种"题目正名"或"题目"是写在纸上,悬挂于剧场,类似今天的海报或节目单和说明书之类的东西,而不是剧本的有机组成部分。到了明代的传奇,既分了出,又有了出目,题目就失去了存在的必要,因而转变为传奇第一出中的下场诗。第一出通常称为"标目",一般用以说明创作缘起和剧情梗概,是从南戏中的家门发展而来的,故也称为"家门引子"。总之,在戏剧艺术上,传奇对于宋金元时代的古剧来说,乃是一个推陈出新的发展。

完整而未经后人改动的宋元时代的南曲戏文,目前仅存《张协状元》、《小孙屠》、《宦门弟子错立身》等三种。它们是明成祖永乐元年至五年(1403—1407)间修撰的按韵字编排的大型类书《永乐大典》"戏"字韵所收戏文三十三种中的仅存部分。这三种戏文中,《张协状元》写成的年代较早，一般认为产生于南宋；其他两种已经采用南北合腔，表明是元代中叶以来的作品。它们都是杭州书会中的才人为供给路歧人在勾阑中搬演而创作的，不仅在形式上保存了戏文的原始面貌，在内容上也反映了一些当时人民在生活中所关心的问题。《张协状元》基本上是一个“赵贞女蔡二郎”型的故事。《小孙屠》写的是孙必达娶妓女李琼梅为妻，琼梅与一个官吏私通，被必达弟必贵（外号小孙屠）揭破。兄弟二人都被奸夫淫妇陷害，几乎送命，后来才获得昭雪。两篇作品同样鞭挞了生活中的丑恶和黑暗。

特别值得注意的是《宦门弟子错立身》这本短戏。完颜同知的儿子延寿马本来是“宦门之裔”、“富豪之后”，因为迷恋散乐王金榜，竟然自愿去做行院人家的女婿，“一意随他去，情愿为路歧，管甚么抹土搽灰，折莫擂鼓吹笛，点拗收拾。更温习几本杂剧，问甚么妆孤扮末诸般会，更那堪会跳索扑旂。只得同欢共乐同鸳被，冲州撞府，求衣觅食”（《六么令》）。完颜同知得知后，拆散了这对恋人，并将王金榜一家赶走。延寿马居然实践了自己的诺言，赶上了王金榜，做了他家的女婿。后来，两个年轻人在一个偶然的机会里遇到了完颜同知，获得了他的宽恕，团圆而归。

这个故事在某些地方有些像唐代传奇小说《李娃传》和元代杂剧家石君宝据之改编的《李亚仙诗酒临江池》。但这两部作品中的荥阳公子或郑元和是被迫才去行乞的，并不曾为了爱情而情愿脱离自己的家庭，抛弃自己的地位。延寿马则将男女的相爱看得比其他一切更高，认为这才是婚姻的主要条件，这种爱情至上的观点冲破了封建正统观念的樊篱，是新兴的城市平民意识的体现。剧中塑造的这两个主要人物，女子单纯而坚定，男子热烈而执著。剧本中也有很优美的唱词，如王金榜一家被赶走以后，在路上唱的一支曲子，就是富有诗意的。它不但细致地描绘了旅途风景，而且通过各人对于自然的感受，显示了彼此不同的内心世界。

与同一时期的北曲杂剧相比，这些宋元南戏还显得较为稚拙。直到元末高明《琵琶记》出现以后，南曲戏文中才有了在艺术上足以与北曲抗衡的作品。这一部与北曲《西厢记》齐名的杰作，和元末明初的另外一些剧作如《荆钗记》、《刘知远白兔记》、《拜月亭》、《杀狗记》四种剧作都是由戏文走向传奇的过渡阶段的产物，“乐府家推此数种，以为高压群流……

盖以其指事通情，能与人说话相似，不假词采绚饰，自然成韵。”（《曲海总目提要》）

高明《琵琶记》是根据民间流行的南戏《赵贞女蔡二郎》改编的。据《南词叙录》，民间原本的情节是“伯喈弃亲背妇，为暴雷震死”。在《琵琶记》中，蔡伯喈的三不孝（生不能养，死不能葬，葬不能祭）变成了三不从（辞试不从，辞婚不从，辞官不从），他的入京应考、再婚牛氏、为官不归，都不是出自本心，因而也就没有责任。于是原来不忠不孝的人，变成了全忠全孝的人；原先的悲剧，换成了大团圆的结局。

高明虽然对民间原本的情节和结局作了很大改动，但在赵五娘、蔡伯喈这两个人物形象的塑造上，他还是比较尊重生活的逻辑和真实的。第二十一出《糟糠自厌》中“吃糠”场面是全剧中最动人的一幕。显然，吃糠是对赵五娘现实处境的苦难痛切的反映，而“糠”这一意象左右逢源，在这一幕中叠映出多层意义：糟糠之妻隐喻赵五娘的身份，糠米分离比喻她的旷离，贱如糠秕则象征了她的悲惨命运。赵五娘贤慧善良、忍辱负重的性格在这一幕中得到了充分的体现。对于蔡伯喈这个人物形象，剧本也没有简单化地处理。当他背亲弃妇、再婚牛氏、入居相府，生活在温柔富贵之乡时，他在思想感情上也不是毫无犹豫和斗争。有时，他也不免思念父母和原配妻子，想到“这壁厢，咱是个不撑达害羞乔相识；那壁厢，咱是个不睹亲负心的薄幸郎”（第二十四出《宦邸忧思》）。但遇到功名富贵和父母妻子不能兼顾的时候，他最后选择了个人的功名富贵，“只要保全金榜挂名时，他事急且相随”了（第三十出《几言谏父》）。这就写出了这个人物的动摇和自私，使其形象显得更为真实可信。

《荆钗记》传系元人柯丹邱所作，《拜月亭》传系元人施惠所作，《刘知远白兔记》则出于元代无名氏之手，《杀狗记》一说系元人萧德祥所作。这些作品大体上都有旧本和改本的区别，今传本多是明人的改写本，如《杀狗记》明代徐畛、冯梦龙等人就作过改编。从这种改动中，也能窥见戏文演进而为传奇的若干痕迹。这些作品当初还不是案头的读物，而是剧场的脚本，它会随着艺术本身的需要和观众的要求而有所改动，这是必然的。以《白兔记》为例，汲古阁本（《六十种曲》本同）和富春堂本虽然情节上还大致相同，其他方面却差别甚大，几乎是两个作品。《拜月亭》将爱情故事和悲欢离合置于动乱时世的大背景中，展现了较广阔的生活面，具有较深刻的意义，刻画人物也比较成功，在上述四部剧本中成就是最高的。此外，无名氏的《苏武牧羊记》也是元末南戏中一部值得重视的作品。它比较成功地刻画了苏武这个人物形象，歌颂了他宁死不屈的民族气节，弘扬了爱国主义的思想，从元末到清代数百年间，这个剧本一直在剧场搬演不衰。

总体上说，从戏文到传奇的发展，一方面是格律从自由趋于严整，另一方面是语言由本色而趋于文雅。于是，这种野生的艺术就逐渐上升为都市艺术以至于宫廷艺术，作家也由民间书会的才人逐步换成了士大夫。明初，统治者在加强专制统治的同时，也对戏曲艺术施加了种种严厉限制。洪武二十二年(1389)，明太祖朱元璋下旨：在京军官军人但有学唱戏曲者，作割舌惩处。永乐九年(1411)，明成祖朱棣也批准了曹润等人请求“今后人民倡优装扮杂剧，除依律，神仙道扮、义夫节妇、孝子顺孙、劝人为善及欢乐太平者不禁外，但有亵渎帝王圣贤之词曲、驾头、杂剧，非律所该载者，敢有收藏、传诵、印卖，一时拿送法司究治”的奏议，并下旨：“但这等词曲，出榜后，限他五日都要干净将赴官烧毁了；敢有收藏的，全家杀了。”(明顾起元《客座赘语》卷十“国初榜文”条)另一方面，统治阶级又极力以自己的思想和美学观点来影响当时的戏曲。于是，从洪武到嘉靖(1368—1566)之间两百年，真正的戏曲杰作绝少，而一批充满迂腐的道学气息、迎合封建政治需要的剧作则应运而生。例如，邱濬(1420—1495)的《伍伦全备忠孝记》连篇累牍是封建道德纲常礼教的宣传，当时的批评家就已经斥为“纯是措大书袋子语，陈腐臭烂，令人呕秽。”(徐复祚《三家村老曲谈》)邵璨的《香囊记》追随前者，更加上“大套丽语藻句，刺眼夺魂”，结果是“愈藻丽愈远本色”(同上)。戏曲创作中的这种被徐渭讥为“以八股作南曲”(《南词叙录》)的道德化、陈腐化的倾向，是这一时期剧作中相当普遍的现象。

直到16世纪中叶以后，这种状况才有了转机，出现了一些“丽语藻句”而较有真情实感的作品。同时，一种富于魅力的传奇新腔——昆腔也在16世纪后半期登上歌坛。苏州昆山籍的音乐家魏良辅以元末以来流行于昆山地区的昆山腔为基础，加以变革，并融会吸收了当时比较流行的南曲中的弋阳腔、海盐腔和北曲中的某些声腔，推出了昆腔这种以“流丽悠远”（《南词叙录》）、“清柔而婉折”（《客座赘语》卷九“戏剧”条）为特色的新腔。戏剧家梁辰鱼首先利用这种改良的新腔，创作了《浣纱记》一剧，旋即广为流传。梁辰鱼声誉鹊起，以致“为一时词家所宗。艳歌清引，传播戚里间。白金文绮、异香名马、奇伎淫巧之赠，络绎于途。歌儿舞女，不见伯龙（梁辰鱼字），自以为不祥也。”（徐又陵《蜗亭杂订》）《浣纱记》的演出和成功，使昆腔更加盛行，昆腔的盛行又反过来推动了其后戏剧创作的发展。

《浣纱记》在当时能够风靡一时，主要是因为它较为充分地体现了南曲中的这一新腔的特点，发挥了它的长处。在艺术上，它“罗织富丽，局面甚大”（吕天成《曲品》），语言十分华美，堪称是曲中骈俪派的代表作之一，但也存在“关目散缓，无骨无筋”（《三家村老委谈》），也就是笔力纤弱、结构松散的弊病。在思想内容上，剧本较为正确地处理了个人幸福与祖国利益之间的矛盾。作者首先描写了越国大夫范蠡和浣纱女子西施一见倾心的爱情。越国被吴国击败以后，他们为了替祖国复仇，情愿牺牲自己的幸福，让西施到吴王那里行使美人计，藉以保存濒于灭亡的祖国。在越国终于胜利以后，他们才重新团圆，功成身退，飘然隐去。剧中最主要的人物西施的形象塑造得也比较成功。第三十四出《思忆》，细致地刻画了西施身处吴宫、关心祖国、怀念家人的痛苦而复杂的心情，婉曲动人。在以男性为中心的社会里，西施和王昭君一样，以一个弱女子而能够承担祖国的深重灾难，因而就一直为作家所歌咏，为人民所同情。

昆腔和以昆腔歌唱的《浣纱记》的出现，是明代戏曲繁荣时代到来的先声。明神宗万历（1573—1620）时代，吴江沈璟和临川汤显祖（1550—1616）各自以其独特的成就，照耀了艺坛。吴江、临川二家的作风趣味颇有不同，由此形成了当时戏曲创作中的两个派别。王骥德《曲律》曾十分扼要地指出了他们之间的区别：“临川之于吴江，故自冰炭。吴江守法，斤斤三尺，不欲令一字乖律，而毫锋殊拙。临川尚趣，直是横行，组织之工，与天孙争巧，而屈曲聱牙，多使歌者龉舌。”大概来讲，吴江派强调音律，注重戏曲的娱乐性，语言比较浅近，思想内容上也不免凡俗，而临川派则强调意趣，注重戏曲的抒情性，语言讲究文采，思想内容上也较有个性。沈璟曾经把汤显祖的杰作《牡丹亭》中某些不合音律的字句加以修改，汤显祖颇不以为然，写信给人说：“彼恶知曲意哉？余意所至，不妨拗折天下人嗓子。”（事载《曲律》）吴江重律，临川重意，对于在戏曲创作中音乐与文学哪一方面更为重要的问题，两家的看法显然有很大分歧。同时，汤显祖的观点也说明，在那个时候，某些优秀剧本已经取得了独立的戏剧文学的地位，因而，即使它们仅仅是“案头之书”而非“台上之曲”，也不能贬低其价值。

沈、汤二家在当时齐名，但从文学史的角度来看，沈璟的地位远不如汤显祖。汤显祖的剧作，除了《牡丹亭还魂记》（简称《牡丹亭》）以外，都是根据唐人传奇小说创作的，即根据蒋防《霍小玉传》创作的《紫箫记》（后来改写成《紫钗记》），根据李公佐《南柯太守传》创作的《南柯记》，根据沈既济《枕中记》创作的《邯郸记》，合称“玉茗堂（汤显祖斋号）四记”或“临川四梦”。其中，前两种是其早年的创作，后两种则是其晚年的作品。

在政治生活中，汤显祖是一个不肯随波逐流的人。他曾拒绝过宰相张居正的延揽，抗议过政府“信私人，塞言路”（钱谦益《列朝诗集小传》丁集中），指斥过当时官僚们“鬻狱市荐，以渔厚利”的“罔识廉耻”（《明史》本传）。这导致他被褫夺职位，家居二十年，穷老以死。对于当时黑暗政治的攻击，对于功名富贵的游离，这种人生态度也反映在他的作品的主题里。

概括说来，政治和爱情是汤显祖剧作中的两大主题。《紫钗记》和《牡丹亭》主要是对爱情的歌颂，而《南柯记》及《邯郸记》则是对黑暗政治的攻击和对丑恶现实的游离。二者的共同目标在于透过针砭时弊，张扬合理的人性，追求美好的人生。吴梅先生曾经指出：“明之中叶，士大夫好谈性理，而多矫饰，科第利禄之见，深入骨髓。若士（汤显祖字）一切鄙弃，故假曼倩诙谐、东坡笑骂，为色庄中热者下一针砭。其自言：‘他人言性，我言情。’又曰：‘理之所必无，安知情之所必有。’……世之持买椟之见者，徒赏其节目之奇、词藻之丽，而鼠目寸光者，至诃为绮语，诅以泥犁，尤为可笑!”(《霜厓曲跋》)汤显祖高举“情”的旗帜，对束缚人性的封建道德、虚伪的道学和迂腐的礼教形成了巨大的冲击力，是应当充分肯定的。某些站在卫道立场的论客深为嫉恨，甚至恶毒诅咒汤显祖堕入地狱。

《牡丹亭》是汤显祖的代表作，也是一部歌唱青春、赞颂生命和爱情的伟大创作。它的素材来自话本小说《杜丽娘慕色还魂记》。汤显祖对原小说中的情节有所增删，使人物形象更加集中、鲜明、突出。陈最良和杜宝的形象塑造得都十分成功。腐儒陈最良作为深受八股毒害的塾师的典型，在作者笔下显得既可笑又可怜；杜丽娘之父杜宝政治上清廉正直，而道德观念上却陈旧顽固，也写得十分真实可信。中心人物杜丽娘的形象尤其血肉丰满。与《西厢记》中的崔莺莺相比，杜丽娘为争取自己的生命和爱情的幸福而作的斗争，也显得更加主动、机智、顽强，闪现出人性的光辉。如果说王实甫在《西厢记》中标榜的“情”，更多的指其社会人伦的内涵，那么，《牡丹亭》中的“情”，则直指正常的爱情和欲望，包括“食色性也”等正常的人性需要，从中我们可以看出时代进步的轨迹。

剧本深刻地解剖了一个人性从压抑到苏醒、爱情从禁锢到解放的过程，具有跨时代和超地域的意义。少女杜丽娘因为不愿意“如花美眷”在“似水流年”中虚度，在一个幸福的梦里遇到了少男柳梦梅，梦醒之后竟相思成疾，忧郁而死。三年后，柳梦梅来到她的坟场，拾到她的自画像，对之日夜祝祷，终于使杜丽娘复活了。因爱而死，为爱而生，在这部具有浓郁的浪漫气息和强烈的抒情色彩的剧作中，贯串了一条“情”的主线。汤显祖题词道：“如杜丽娘者，乃可谓之有情人耳。情不知所起，一往而深。生者可以死，死可以生。生而不可与死，死而不可复生者，皆非情之至也。梦中之情，何必非真？……自非通人，恒以理相格耳！第云理之所必无，安知情之所必有邪?”为了这一份“情”，主人公白日痴梦，出生入死，又起死回生，使戏剧的艺术表现更有振聋发聩的效果。

剧本的第十出《惊梦》“着意发挥怀春慕色之情，惊心动魄”(高奕《新传奇品》)，是一幕美丽的戏剧场面，也是一篇上等的抒情诗歌，历来被称为中国戏剧文学中的经典段落。其中最为人传诵的片断是：

原来姹紫嫣红开遍，似这般都付与断井颓垣。良辰美景奈何天，赏心乐事谁家院？朝飞暮卷，云霞翠轩，雨丝风片，烟波画船，锦屏人忒看的这韶光贱。遍春山啼红了杜鹃，荼蘼外烟丝醉软。牡丹虽好，他春归怎占的先。闲凝眄，生生燕语明如翦，呖呖莺歌溜的圆。

园林春色实际上就是外面世界的缩影，美丽而短暂的春天一如青春，一如人生。一向封闭于深闺内院、桎梏于封建礼教之下的少女，初临此境，春心唤醒，感慨万端，“不到园林，怎知春色如许”，并惊叹“恁般景致，我老爷和奶奶再不提起”。惊喜之余，不免自怜自叹，因思成梦，因梦而引起以下的情节发展。作为一位浪漫诗人，汤显祖常在剧作中以梦作为重要的结构框架，并赋予一定的象征意义。《邯郸记》和《南柯记》中的梦是唐人传奇小说中原本就有的，《牡丹亭》中的梦则是汤显祖的独创。惊梦、寻梦、圆梦，梦在剧本结构中处于中心位置，象征对美好愿望的无拘束的追求，也赋予剧本以浪漫奇幻的色彩。

此外，《牡丹亭》还在广阔的画面上展开了对虚伪的封建伦理道德的讽刺和批判，把反封建的主题和要求个性解放的主题结合到一起，笔锋所及，也时而对时局投以隐讽婉刺，表达了作者的现实关怀。

在《紫箫记》和《紫钗记》中，汤显祖让李益和霍小玉获得了团圆的结局，这可能受了《西厢记》将原作《莺莺传》由悲剧改为喜剧的影响。这两部作品同样显示了汤显祖突出的抒情才华。《紫钗记》中的《折柳阳关》等出，也一直被认为是最美丽的诗篇而广为传诵。

《邯郸记》则通过对一些卑劣形象的辛辣讽刺，抨击了晚明官场的污浊和势利。在第二十五出“召还”中，作家描写了一个“长梦做个高官”的崖州司户。开始，他听说被贬崖州的卢生“与朝廷相知，还有钦取之日”，就“再也不为难他”。后来，卢生的仇敌宇文丞相要他害死卢生，并许以“不次重用”，他马上就变了脸。正当他对卢生施用非刑，还要“铁钳生头，火烙生足”的时候，恰好有朝命召卢生还朝，这只刚才还凶狠万分的变色龙又立即换上了一副谄媚的嘴脸。这就彻底暴露了这个无耻的小官僚的卑污灵魂。作品“备述人世险诈之情，是明季官场习气，足以考镜万历年间仕途之况”(吴梅《霜厓曲跋》)。正因为汤显祖看透了当时的人世险诈之情,因此,在《南柯记》中,他着重发挥了原著《南柯太守传》中的高蹈思想。在《南柯记》结尾的一首诗中,作家写道:“不须看尽鱼龙戏,浮世纷纷蚁子群”,这和原著结尾所载李肇的赞语:“贵极禄位,权倾国都。达人视此,蚁聚何殊?”在思想上是一脉相通的。这说明他对现实政治的态度在游离之外,还有消极的反抗。这也是万历时代的政治生态在作家思想上的反映。

万历时代是明代戏曲的全盛时代,更是传奇的繁盛时代。旧题王世贞(1526—1590)而更可能是出于无名氏之手的《鸣凤记》和孙仁孺的《东郭记》,都是万历时代出现的。元明时代的剧作,无论是杂剧、传奇,大多数都是以古代生活为题材,陈古以刺今。《鸣凤记》则突破了这一传统表现方式,以当代重大政治事件作题材,直接描写16世纪中叶忠臣夏言、杨继盛等人和奸臣严嵩、严世蕃父子等的斗争。它不仅对当时的腐朽政治有所揭露,而且比较成功地塑造了某些正面人物如杨继盛的形象。虽然全剧的结构缺乏重心,多数人物的性格不够鲜明,甚至思想迂腐,但其强烈的现实感和积极的主题在当时的剧作中却是很突出的。

和《鸣凤记》不同,《东郭记》是取材于《孟子·离娄下》中齐人有一妻一妾那一段著名的寓言,糅合《滕文公篇》中所记陈仲子之事等材料,在孟子的讽刺基础上加以发挥。这段寓言描绘出那些趋炎附势、上谄下骄的小人的丑陋嘴脸,讥刺尖锐,含义深刻,为历代作家所喜爱,并被改编为各种样式的文学作品。据孙仁孺自序,此剧作于万历四十六年(1618),也就是明朝亡国前二十六年。作者正是有感于“末世苟安,人多秽德”(《蓑猗室曲话》)的晚明政治现实,而借此寓言,传达讥弹。剧本中所刻画的齐人、淳于髡、王驩等人的卑劣无耻、唯利是图的下贱形象,在当时的官场中是具有典型意义的。在反面人物的描写中,作者发挥了自己独特的讽刺才能,同时,他也塑造了洁身自好的隐士陈仲子,两相对照,褒贬更加鲜明。在第八出中,作者借绵驹之口,以古喻今,对那些不讲行藏的书生、堪称民贼的官吏、尸位素餐的朝臣、古道不存的乡间,无不嬉笑怒骂,投以鄙夷。他希望人们能记取这段笑骂,并奉劝“客官果是个中人,只日后富贵时莫忘却唱曲的日子”。这也表露了作者的创作动机。

在明清之际动荡的几十年间，作家的戏剧创作呈现出两种不同的走向：阮大铖《燕子笺》、《春灯谜》等作品，模仿玉茗堂的作风，刻意追求精致的形式、雅丽的曲词，在语言形式上高度文人化，实际上与汤显祖貌同而心异；吴伟业的《秣陵春》传奇、《通天台》、《临春阁》杂剧，以及王夫之的《龙舟会》杂剧，则表达了深沉的亡国之痛和遗民之恨。同时，戏剧创作和舞台表演经过数百年的发展，在实践中已经获得、积累了相当丰富的经验，在理论上加以探讨和总结的时机到明清之际也已经成熟了。王骥德的《曲律》和李渔的《闲情偶寄》就是在这种背景下产生的。前者主要讨论戏曲渊源、流派、南北曲风格差异、宫调声韵以及戏剧创作方法等方面的问题，有分析有比较，是第一部具有完整体系的曲学专著。后者中有《词曲部》，专论戏剧创作方法，有《演习部》，专谈戏剧表演方法，比较深入细致地提出了关于这两方面的一些重要理论和法则。有些理论和法则直到今天仍能启发我们的思考。从历史上看，李渔的戏曲理论不仅总结了过往的戏曲历史，而且在一定程度上，指导和推动了此后两个世纪中的戏剧发展。

17 世纪下半段，以《长生殿》和《桃花扇》为代表，清代戏剧文学创作进入了一个丰收期。《长生殿》是洪昇(1645—1704)在 1679 年写的。它取材于众所周知的唐玄宗李隆基和贵妃杨玉环的恋爱故事。从中唐以来，这一故事在民间流传颇广，成为文人赋咏的常见题材，而小说家也据之附会增饰，形成了一个传说故事的系统，如唐代的《明皇杂录》、《安禄山事迹》、《开元天宝遗事》和宋代乐史《杨太真外传》等。宋元杂剧院本中更有十余种抒写李杨故事，白朴《梧桐雨》无疑是其中的佼佼者。这些作品中所体现出来的作家们对李、杨爱情的态度，往往是混杂着谴责与同情的复合体。一方面，他们的腐败和姑息是造成安史之乱的一个原因；另一方面，在安史之乱中，李、杨二人也确实受到了损害，杨贵妃还成了政治的牺牲品。洪昇作《长生殿》，前后“经十余年，三易稿而始成”(《例言》)。他对这一题材的处理，既尊重历史真实和生活真实，也尊重艺术的真实和传统的主题表现方法，在此基础上对细节加以调整或充实，对主题也作了更全面的发挥。

洪昇既着重戏剧的政治主题,更着重其爱情主题。在他笔下,李、杨二人既是政治角色,更是爱情主角。为了突出李、杨的中心地位,他淡化、改变或删除了一些不必要的情节故事和人物关系,"义取崇雅,情在写真"(《例言》)。作者集中笔墨,以大量篇幅,描写李、杨二人在生前死后的恋爱纠葛,一波三折,起伏跌宕。在第二出《定情》时,两人的关系还是比较浮浅的。第二十二出《密誓》,两人的感情发展到顶点。第二十四出《惊变》,形势急转直下,乐极生悲。此后的生离死别,则使爱情得到了考验而更坚定,人物形象也更为突出。对这一过程的描写,《长生殿》不仅比《长恨歌传》、也比《梧桐雨》更为委曲详尽。如果说,剧本的前半部(第二十五出之前)既有历史故事也有爱情故事,那么,后半部的重点显然转向了爱情故事。全剧正是以恋爱故事为中心,展开广阔的社会历史画面,揭示了当时社会的复杂矛盾以及各种政治力量之间错综复杂的关系,篇幅长大,规模和气势也相当宏大。

《长生殿》成功地塑造了李隆基、杨贵妃等人物典型。剧中的李隆基显然不能简单等同于历史上的唐玄宗。作者有意淡化了李隆基生平和生活背景中某些与表现爱情主题不和谐的成分,特别是在后半部中,皇宫和天子的身份更淡化成了故事的背景,李隆基也只像是个恋爱中失落悲伤的男人。第九出《复召》中写杨玉环被放出宫后李隆基烦躁易怒的心理,是真实可信的。《闻铃》、《哭像》、《雨梦》等出中,都有细腻的内心描写、委婉美丽的抒情,都有助于突出李隆基的个性形象。随着情节的进展和故事的展开,杨贵妃这一人物形象也在不断丰富发展。在不同阶段不同的戏剧环境中,她展现了自己性格形象的不同侧面,这些侧面的合理组合融会,便构成了立体的、丰满的杨贵妃形象。在剧本的前半部,为了专宠,她有嫉妒和刻薄的一面;在剧本的中间,她有悲惨和可怜的一面;在剧本的后半,她又有浪漫多情的一面。在《梧桐雨》的马嵬一幕中,杨贵妃向李隆基求救,李隆基则表示无奈,不知如何是好;在《长生殿》中,杨贵妃明知求救无济于事,在临死关头表示的只是爱人生离死别的恋恋不舍。这是李杨和解的基础,同时也是后来升仙团圆的前提。作者设置了杨贵妃死前礼佛忏悔的情节,也是基于这一目的。

除了李、杨,剧本还写到其他人物,反映了其他阶层的生活:靠裙带关系而位极人臣,骄横跋扈,“君王舅子三公位,宰相家人七品官”(《贿权》)的杨贵妃的哥哥杨国忠;“兽心假人面”、“窃神器上逆皇天”(《骂贼》)的安禄山;忠于祖国的郭子仪(《疑谶》);在深重的灾难中顽强地生活下去的人民(《进果》),与淫逸奢侈的宫廷生活(《偷曲》、《舞盘》)形成鲜明对比。乐工雷海青是洪昇着意塑造的一个令人难忘的形象。他虽然未戴乌纱,身份卑贱,却不惜一死,敢于当面斥骂安禄山。作者有意将雷海青的气节与“那满朝文武,平日里高官厚禄,荫子封妻,享荣华,受富贵,哪一件不是朝廷恩典?如今却一个个贪生怕死,背义忘恩,争去投降不迭,只图安乐一时,那顾骂名千古”,“平日价张着口将忠孝谈,到临危翻着脸把富贵贪,早一齐儿摇尾受新衔,把一个君亲仇敌当作恩人感”(《骂贼》),作一个力透纸背的对比。这使人油然联想到明末剧变那一段记忆犹新的历史,联想到明末那些失节降敌的士大夫。作者在剧中特别强调安禄山叛乱的民族矛盾性质,异族的猖狂肆虐也使人联想到清兵对江南人民抗清的血腥镇压。这一类笔墨显然寄寓了作者对现实的感讽。

《长生殿》“措词协律,精严变化”(徐麟序),“爱文者喜其词,知音者赏其律”(吴人序),面世以后,各地竞相搬演,影响甚大。在《长生殿》出现二十年之后,即 1699 年,孔尚任(1648—1718)经过十余年经营,三易其稿,写出了可以与之媲美的《桃花扇》,孔尚任也因此得以与洪昇并称“南洪北孔”。

这两部剧本都以剧变中的时代为背景,同样都通过儿女之情的描写,展现波诡云谲的时代风云画卷。不同的是,首先,《长生殿》所写的是深宫内苑的爱情,较多涉及上层的政治斗争;《桃花扇》则写的是名士与名妓的爱情,较多涉及市井社会生活。其次,《长生殿》主于情,重传说,故虚幻多奇;《桃花扇》主于事,重历史,故所叙求实,“朝政得失,文人聚散,皆确考时地,全无假借。至于儿女钟情,宾客解嘲,虽稍有点染,亦非乌有子虚之比”(《桃花扇凡例》),所谓“实事实人,有凭有据”(《先声》)。作者还专门作《桃花扇考据》一篇,详细列举其文献依据。第三,《桃花扇》的故事不是发生于九百年前，而是近在五十年前，剧中时间起于 1643 年，迄于 1648 年，那正是明清之际风云动荡的大变乱时代。显然，它比《长生殿》更具有现实感。

正如作者自言，此剧"借离合之情，写兴亡之感"（《先声》），"南朝兴亡，遂系之桃花扇底"（《桃花扇本末》），感慨兴亡是本剧的重点。他以名士侯方域和名妓李香君的恋爱故事为纽带，以爱情为表，以政治为里，深刻而宽广地描写了民族矛盾和阶级矛盾异常尖锐复杂的明清之际的社会和时代：内部相互争权夺利，而又耽于选色征歌、苟且偷安的南明小朝廷，苦心维持政权而拼得一死的民族英雄史可法，具有正义感的士人代表陈贞慧、吴应箕等，那些身份卑微却又很有民族气节的市井人物柳敬亭、苏昆生等。而名妓李香君更是这些小人物的杰出代表。对这个被侮辱和被损害的秦淮名妓，孔尚任不仅赋予同情、理解，更大笔赞赏、歌颂。在李香君身上，对爱情的忠贞与祖国的忠贞，其精神本是相互贯通的。她虽然没有高贵的名分，却有着坚定的爱国立场和忠贞的爱情。她的出现和存在，她自始至终的坚强、正义和警惕，她的个性的光辉，不仅使南明昏君、奸臣自惭形秽，也使软弱动摇的侯方域黯然失色。李贞丽的庸俗、杨文骢的摇摆，还有阮大铖的阴险势利，在与李香君的对照中得到了突出的刻画。当阮大铖用卑鄙的手段诱惑侯方域的时候，她立刻表示了严正的态度，从而阻止侯方域走入歧途；当田仰要强娶她的时候，她以生命捍卫自己的爱情，不惜血溅扇面（后来，扇面上的血迹被加工成一幅折枝桃花，成为本剧的重要线索）；当被传去唱歌的时候，她竟当筵痛骂马士英、阮大铖等无耻官僚；最后，当她不幸被掠入南明昏君福王宫中，又从宫中逃出，终于见到侯方域时，她毅然割断情丝，出家修道。作家笔下的这个人物形象是相当完整的，这个小人物的命运与国家时代也息息相关，构成了剧本的主线。

《桃花扇》中出场的人物甚多，作者的安排有条不紊，并巧妙地以侯方域串起边镇和东林党人，以李香君串起城市和宫廷，关目安排灵活多变，针线细密，独辟境界。作者打破了传统戏剧以大团圆为结局的惯例，为几个正面人物安排了悲剧的结局：史可法跳江自杀，柳敬亭做了渔翁，苏昆生做了樵夫，侯方域和李香君在国破家亡以后，双双出家修道。这不仅是剧情的自然发展和表现悲剧主题的需要，也体现了那段历史中国破家亡的沧桑巨变。在孔尚任的时代，清政权已经巩固，作者仍然没有宽恕那些助敌为虐的降臣和噤若寒蝉的遗老，在剧本中斥责为“开国元勋留狗尾，换朝逸老缩龟头”（《余韵》）。这无疑是需要正义感和勇气的。

在剧本的最后一出《余韵》中，作者通过柳敬亭所唱的《秣陵秋》弹词和苏昆生所唱的《哀江南》套曲，强烈地宣泄了自己的亡国之痛，也集中体现了作者老辣苍凉的咏叹。《秣陵秋》是一篇写实的感慨兴亡的作品，把那些“俺们耳闻眼见的”，说得“一些不差”，“虽是几句弹词，竟似吴梅村一首长歌”。《哀江南》这一套曲子也见于与孔尚任同时的贾应宠（木皮散人）的《历代史略鼓词帽》和徐旭旦的《世经堂乐府》，因而未必出自孔尚任的手笔，但作家将其巧妙地融入于剧中，已经成为《桃花扇》的有机组成部分了。套曲的最后一支是《离亭宴带歇指煞》：

> 俺曾见金陵玉殿莺啼晓，秦淮水榭花开早，谁知道容易冰消！眼看他起朱楼，眼看他宴宾客，眼看他楼塌了。这青苔碧瓦堆，俺曾睡风流觉，将五十年兴亡看饱。那乌衣巷，不姓王；莫愁湖，鬼夜哭；凤凰台，栖枭鸟。残山梦最真，旧境丢难掉，不信这舆图换稿！诌一套《哀江南》，放悲声唱到老。

吊古伤今，集中体现了诗人世事无常、沧桑倏忽的感慨。这种感慨，也是全剧所抒发的感情的一个凝缩，是其主题的提炼和升华，增加了剧本深切动人的力量。确实如前人所说，此剧“慷慨悲歌，凄凉苦语。……读之而不堕泪者，其心必石，其眼必肉”（叶藩《桃花扇跋语》）。

在这两部杰作产生前后的两个世纪中，还产生过许多传奇，其中也有较好的，如吴伟业《秣陵春》、李玉《一捧雪》、《清忠谱》，但其成绩总的来说没有超过洪、孔二人。孔尚任《桃花扇》的语言虽然典雅精丽，但有时谨严有余而生动不足，已经显示出朝案头剧发展的趋势。从 18 世纪以后，这一倾向就更为明显，以越来越柔媚的昆腔来歌唱的传奇，也逐渐让位于从民间上升的另一种新的戏剧样式了。

第二十四章　四大长篇章回小说

章回小说释义　水浒故事的流行、成型　逼上梁山与替天行道　江湖社会里的正统政治格局　法度问题　江湖草莽生活与酒　市井生活画面与城市、妇人　英雄图谱与呼唤英雄　《三国演义》的成型　三国正统问题及其处理　诸葛亮、刘备、关羽、张飞、曹操、周瑜等形象分析　战争等大场面的描写与布局　通俗的文言　小说的多重文化意义　《西游记》故事的形成　孙悟空形象的生活依据：市井和江湖　唐僧形象及其作用　猪八戒形象分析　喜剧风格　童话《西游记》　《金瓶梅》西门庆及众多妇人、市井小人　市井风俗画与淫风　金钱政治和市侩哲学　语言艺术、冷笔、热景　说部中之《七发》

元、明以来盛行的古典长篇小说的最典型的样式就是章回小说。其所以称为章回小说，是因为它在结构上，将整部小说的情节分为若干章，每章称为一回，将每一回的故事内容以一至两句（后来通常是两句）的七言（有时也用八言、六言，偶而还有五言、九言乃至四言）句子作题目来加以概括。以一句七言作小说的题目，可能渊源于宋代讲史艺人说话时的分回标题，现在可以见到的最早使用这一体裁的，则是北宋刘斧编的《青琐高议》和《青琐摭遗》。这两本笔记小说集中的故事，除了正标题，还用七言一句作副标题，如《流红记》这一篇故事又题“红叶题诗娶韩氏”之类。这一个办法，由于它明白清楚、引人入胜的优点，从元以来就为戏曲和话本小说所吸收。随着社会生活和小说艺术本身的发展，短篇的话本小说扩大成为长篇小说，分回标目，就更加重要了。由于每一回里所包含的情节日益复杂，一句话比较难以概括周全，于是，标目的形式也就由单句到双句，从参差不齐发展到整齐划一。同时，为求艺术上的精巧美观，这两句又往往以一副七言或八言对联的形式出现。例如《水浒传》的第一回就是《张天师祈禳瘟疫　洪太尉误走妖魔》(本章所论《水浒传》，据明万历间袁无涯刻百二十回本)；第二回的题目则是《王教头私走延安府　九纹龙大闹史家村》。这一小说艺术形式既具有鲜明的民族特色，又为广大人民所喜闻乐见，自其产生以来，世代沿用，以至于今。

14 世纪以来，在话本小说的基础上，逐渐出现了许多部长篇章回小说。它们的杰出代表，同时也标志着元、明两代作家在这一方面的最高成就的，是被称为四大奇书的《水浒传》、通称《三国演义》的《三国志通俗演义》、《西游记》和通称《金瓶梅》的《金瓶梅词话》。

《水浒传》写的是北宋末年梁山泊上一批反抗贪官污吏的江湖豪杰的英雄故事。这个故事虽然有一定的历史文献依据，如《宋史》中的《徽宗本纪》、《张叔夜传》，《东都事略》中的《侯蒙传》和《三朝北盟会编》中的《童贯别传》等，但其中的记载都是片言只语，极其简略，不足为凭。它主要是由南宋到元末明初这三百多年间，在民间逐步丰富发展起来的。在南宋时代，三十六个人物的姓名就已经出现，南宋遗民龚开就曾作《宋江等三十六人赞》来歌颂他们。后来，在故事流传的过程中，人物各自的性格也逐渐明确、成型，而越来越多的故事情节也不断附益其中，情节越来越复杂，规模也越来越大，人物从三十六人发展到一百零八人，篇幅随之得以扩充，而艺术创作和想象的成分也相应增加。具体来说，则在宋代的说话中已有一些零散的片断的水浒故事，在元人杂剧中，也有不少是以梁山泊故事为题材的，但有些故事情节彼此雷同，大多数人物的形象也欠分明。今天我们看到的各种本子的《水浒传》，则是作家们对几百年来的民间创作逐步综合和加工的结果，其中某些地方还依然可以看出民间说话的痕迹。书中最精彩的那些故事、刻画得最为成功的那些人物形象，基本上也就是流传最久、可以说是经过千锤百炼的作品。

《水浒传》旧题《江湖豪客传》，是施耐庵根据南宋以来流行的各种梁山泊故事集撰而成的，从根本上说，《水浒传》主要是一部英雄传说，而不是历史演义。它吸收了民间英雄传说和其他文体特别是杂剧创作的精华，更融入了作家本人的人生经验和艺术造诣，因此，其思想艺术内涵都有了较大提升。这也就是为什么《水浒传》中对江湖众相、对市井百态的描绘显得特别举重若轻的一个原因。

在施耐庵以后差不多三个世纪中，《水浒传》出现了许多不同的本子，说明作家们还在根据丰富的传说和自己的经验继续加工，其中包括罗贯中和其他人。直到17世纪前期，即明朝末年，出现了一百二十回本，增加了征田虎和征王庆的故事，《水浒传》的创作才算告一段落。明末清初，金圣叹又将一百二十回本的后半部删掉，改为七十回本。这个七十回本实际上包括了《水浒传》最主要的和最精彩的部分，而且在语言方面，也比其他版本洗炼统一一些，所以成为后来最通行的本子。但金圣叹删去了后来宋江被招安、为统治者效命立功、最后为统治者杀害等情节，并在第七十回中伪造了卢俊义的一个幽梦，一百零八条好汉在梦中尽被处斩。这不仅篡改了小说的结局，也严重损害了原书的主题，破坏了原书在艺术上的完整性。

在封建时代，像梁山好汉那样的江湖豪客是不见容于当政者的，尽管梁山泊上有聚义厅，后来又改名为忠义堂，以“义”为标榜，以替天行道为旗帜，这一类的英雄故事的叛逆色彩还是毋庸讳言的。在第四十二回中，作者特地设置了一个宋江遇九天玄女授三卷天书的情节，力图为这群叛逆者披上一层神秘的外衣，给他们寻找合法的掩护。书中多次表明，“如今世上，都是那大头巾弄得歹了”（第三十二回），逼迫得豪杰义士们“有家难奔，有国难投”（第三十四回花荣语）。书中的每个江湖好汉，几乎都有一个被逼上梁山的经历，所谓官逼民反，民不得不反。连身为八十万禁军教头的林冲和世赐丹书铁券的周世宗嫡系后代柴进都身罹不白之冤，被迫走上造反的道路，其他人更不用说了。

事实上，梁山好汉不仅来自五湖四海，而且来自三教九流各种阶层，正如第七十一回的一篇赞语中所说“八方共域，异姓一家。……相貌语言，南北东西虽各别，心情肝胆，忠诚信义并无差。其人则有帝子神孙，富豪将吏，并三教九流，乃至猎户渔人，屠儿刽子，都一般儿哥弟称呼，不分贵贱……或笔舌，或刀枪，或奔驰，或偷骗，各有偏长，真是随才器使”。他们团结在“义”的旗帜之下，共同成就一番杀富济贫替天行道的事业。这里的“天”不是别的，指的正是大宋皇帝。确实，他们曾经寄希望于皇帝，寄厚望于清官能主持公道，但残酷的现实让他们的希望破灭了。他们被迫无奈，才走上啸聚山林的道路，自己来代表皇帝，代表政府，代表清官，承担他们不能完成的责任。这正是第十九回阮小五所唱歌中道的“酷吏赃官都杀尽，忠心报答赵官家”。甚至连梁山泊的组织，也在很大程度上受到封建政治格局的影响，是比照封建正统格局建立的江湖社会。在第四十一回里，率直的李逵曾大叫，“放着我们有许多军马，便造反，怕怎地！晁盖哥哥便做了大皇帝；宋江哥哥便做了小皇帝；吴先生做个丞相；公孙道士便做个国师；我们都做个将军；杀去东京，夺了鸟位，在那里快活，却不好！”虽然梁山泊没有实现他这个天真的理想，但在这个江湖社会中，我们确实可以看到，上下等级位次分明，各色好汉各司其职，俨然像政府中的各职能部门：总兵都头领二员有如皇帝和皇后，军师二员有如宰相和参知政事，马军、步军、水军一应齐全，行刑、赏罚、钱粮也莫不有专人负责，组织严格，井然有序。正因为各种角色齐全，所以，梁山泊好汉要假扮官军或官府要员及其仪从时易如反掌。事实上，这也正是他们常用的出其不意克敌制胜的奇计之一。

作为一个前所未有的有秩序、讲法度的江湖社会，梁山泊反映了在缺乏公平正义和安全保障的社会里人们对法度和秩序的向往。封建社会中即使有一些法律条文，也往往被贪官污吏们所践踏破坏，这些英雄好汉们倒往往循规蹈矩，虽然他们并没有因此而得到公正的待遇。小说中多次提到“法度”问题。第三十三回里，花荣大骂刘高“乱行法度，无所不为”；第三十六回写花荣要为宋江开枷，却被宋江以“此是国家法度，如何敢擅动”的理由加以拒绝；第四十六回中，石秀劝杨雄莫要莽撞行事时，也说：“你既是公门勾当的人，如何不知法度?”可见，他们并不否定整个封建制度，而且，从终极立场上说，他们与作为这一制度象征的皇帝以及积极维护这个制度的清官廉吏是一致的。只反贪官，不反皇帝，这就是梁山好汉终于接受招安的根源。

庙堂法度与江湖草莽在很大程度上是矛盾的。江湖行径的纵情任性，总要与本来就未必公正的法度产生矛盾冲突。无论好汉们立下多少汗马功劳，也终究不为统治者信任。于是，在身经百战九死一生之后，他们还是被视为眼中钉肉中刺，统治者千方百计必欲除之而后快。一百零八条好汉们的悲剧归宿，说明了宋江等人对于当时政治黑暗社会腐败还没有足够深刻的认识，也揭露了统治者的阴险和残忍。在统治者身上寄予希望，只能带来更大的失望。

《水浒传》交织着江湖草莽与市井生活的两幅社会风俗画面。出没江湖和流落市井，正是这一批绿林好汉的两大活动场所。在江湖上，他们或者啸聚山林，打家劫舍，占山为王，落草为寇，或者路见不平，拔刀相助。他们各有一身的本领和满腔的江湖义气，在很大程度上，江湖义气较之武艺本身更受人重视，更能为他们挣下声名。很多时候，他们就是靠名而生活、为名而存在着的。这些栩栩如生的人物形象，连同他们那些富有个性的绰号，包含了在小说形成的长期过程中人们对江湖人物的认识和这一类生活经验的总结，并对从清代迄于当代新武侠小说的后代侠义小说特别是长篇小说产生了深远的影响。剪径、蒙汗药之类的江湖行径，仗义疏财的豪爽性格，四海之内皆兄弟的侠义心肠等，处处显示了《水浒传》在侠义小说的历史上所具有的承先启后的重要位置。

在江湖好汉故事展开的过程中，特别值得一提的是酒。酒既是梁山好汉们生活中的重要伴侣，在很多章回中，更是激发小说情节戏剧性转变的关键媒介。第十六回《吴用智取生辰纲》，酒是重要的道具；第二十三回《景阳冈武松打虎》凭的是酒力；第二十九回则是《武松醉打蒋门神》；第三十九回《浔阳楼宋江吟反诗》，也是因醉酒而发生。武松痛打蒋门神之前，曾对施恩说：“你怕我醉了没本事？我却是没酒没本事。带一分酒便有一分本事，五分酒五分本事。我若吃了十分酒，这气力不知从何而来！”那快活林酒店酒旗上写着“醉里乾坤大”，“壶中日月长”，正好道出了这帮江湖豪杰们的心声。只有在醉中，才能有胆有势，才敢于敞开英雄的胸襟，蔑视“法度”，肆意作为。酒激发了英雄的激情和胆量，也使书中的有关场景带上浪漫的诗意。

小说中所展现的市井风俗画面，与《三言》、《二拍》中的短篇小说异曲同工。小说中对于社会生活的描绘，显示了强烈的风俗画的色彩。酒肆茶楼、元宵节俗、婚丧嫁娶、佛寺道观等，在这一广阔的画卷中都有所展示。大体上说，梁山好汉向往的是江湖草莽的生活环境，广渺的江湖更适合他们粗豪的本性，他们在其中感到自由自在，无所拘束。而在熙攘繁华的世俗的市井，他们的身份和价值往往受到严重的挑战，以致面临败亡的危机。市井之中固然也不乏义夫节妇、孝子顺孙、安分的良民、清慎的官吏，但数量不多而能量不小的贪官污吏、市井小人、收受贿赂上下其手的衙役公差、把持诉讼的强人，也无处不有。这使得小说中所描写的市井往往弥漫着一种势利庸俗的气息，江湖好汉们对此极端厌恶，但也时常感到失落、无奈，体验到英雄气短。本质上，这种描写代表了乡村农民和城市中某些不得志的文士官吏（这也正是梁山好汉的最主要的组成成分）对新兴城市的离弃乃至否定的情感倾向。这从小说所描绘的几个市井妇女画像中也能得到佐证。

基本上，《水浒传》是一部男性的小说，书中讲的都是男子汉英雄豪杰的故事，那是跟儿女情、脂粉气不沾边的。梁山好汉中也有少数几员女将，比如母夜叉孙二娘、母大虫顾大嫂、一丈青扈三娘等，但都不是书中最主要的角色，作者对其个性形象的塑造也并不十分着力。就其行事风格及性格特征来说，这几个女英雄可以说已相当男性化。她们能完全和谐地融入这个男性化的江湖社会里，就是有力的证明。她们本身的性别色彩既然已经如此淡化，那么，如果要在《水浒传》中找寻女性人物形象的代表，这几位显然不是最合适的人选。相反，倒是一些淫妇的形象使人印象深刻。淫妇奸夫往往一同出现，例如阎婆惜与张三，潘金莲与西门庆，潘巧云与和尚裴如海，卢俊义妻贾氏与李固。此外，还有九纹龙史进的旧相好娼妓李瑞兰和刘高的恭人。从整个小说的观点看来,这些女人几乎个个毫无见识,贪图眼前的物欲享受,有眼不识英雄好汉,浑身散发着浓厚的势利庸俗的市井气息。对英雄好汉来说,她们简直如同祸水,沾惹不得。宋江、武松、石秀、杨雄、卢俊义、史进、花荣等人都因为她们而吃了不少苦头,甚至几乎丧命。在第三十二回里,宋江笑矮脚虎王英"要贪女色,不是好汉的勾当",这显然不是一句普通的调侃之言,而是他经历磨难之后得出的惨痛教训。从总体上看,《水浒传》所塑造的女性形象当然不及《三言》、《二拍》全面,所体现的女性观也有些偏激,这一点在《金瓶梅》等小说中仍可看出其影响。

《水浒传》是一卷各色性格的江湖豪客的英雄图谱,"或精灵,或粗卤,或村朴,或风流"(第七十一回),纷然杂陈。突出的性格描写,细致的故事结构,明朗朴素的语言,使故事情节起伏跌宕,叙述节奏也变化多样。花和尚鲁智深、豹子头林冲、青面兽杨志、行者武松、黑旋风李逵是书中创造得最成功、最有光彩的几个英雄形象。他们都是武艺高强、敢作敢为的好汉,但性情又颇不相同。鲁智深性格急躁、嫉恶如仇;林冲忍辱负重、直至仇恨之火勃发;杨志清高自负,而怀才不遇;武松使酒任性,而不免带些无赖气;李逵行事鲁莽,而真率可爱。在第二十三回《景阳冈武松打虎》中,武松初时不信有虎,只是盲勇;到遇见猛虎之时,身处绝境之中,才焕发出真勇;最后精疲力竭,再看到猎人装成的假虎时,却不禁惊吓起来,叙事一波三折,曲折动人,真实感极强。第三回《鲁提辖拳打镇关西》写鲁智深先是极端蔑视镇关西,及至三拳打死镇关西,又怕受官司牵扯,就假装不知而快速离开,可谓粗中有细,勇而有智。透过人物的行动,主人公的性情跃然纸上。这一类的片断在小说中随时可见,它们的叙述堪称是古典小说中的典范。

在南宋以来的几百年间,梁山泊故事一直深受人民的喜爱。其中的原因,除了江湖景观的传奇色彩和精彩动人的故事本身具有持久的吸引力以外,与宋元两朝的社会和政治局势也有密切的关系。宋朝的积弱到南宋变本加厉,分裂的国土无望统一,被动挨打的政治弱势愈演愈烈,直至南宋覆亡。人民心中希望有这样一批英雄横空出世,创造统一祖国、重建汉族政权的奇迹。于是，在小说中，梁山英雄被赋予征辽凯旋的光荣使命。另一方面，南宋元朝政治的黑暗，也使许多士人灰心、痛心；明朝士大夫的失节堕落元气斫丧，更使有识之士痛心疾首；这些情绪在小说中也有所抒发。因此，小说中描写的虽然是北宋末年的污浊的官场和混乱的社会，其实也包含创作者对其所处时代的影射。从这一方面说，《水浒传》表达了 12 世纪以来人民对于刚健雄猛、义勇双全的英雄品格的呼唤，对于“死生相托，患难相扶”（第七十一回）的理想人格的追寻。这一基调实际上在前七十回中就已牢固奠定，后来的情节发展并没有对此产生多大影响，其中大部分都似乎无足轻重了。

《三国演义》的成型也有一段漫长的历史过程。它经过了民间传说、艺人讲唱和作家加工等三个阶段。晚唐诗人李商隐曾在《骄儿诗》中，描写他的孩子调皮地把父亲的朋友比作张飞、邓艾：“门有长者来，造次请先出。客前问所须，含意不吐实。归来学客面，闲败秉爷笏。或谑张飞胡，或笑邓艾吃。”可见早在 9 世纪中，三国故事就已经在民间流传了。苏轼《东坡志林》卷一也说：“王彭尝云‘涂巷中小儿薄劣，其家所厌苦，辄与钱，令聚坐听说古话。至说三国事，闻刘玄德败，频蹙，有出涕者；闻曹操败，即喜，唱快。以是知君子小人之泽，百世不斩’。”据孟元老《东京梦华录》卷五记载，北宋末年的瓦舍说话，“说三分”即讲三国故事的已经有了专家。这些文献记载都说明，《三国演义》的故事基础和人们对《三国演义》中的人物的评价，早在 11 世纪就已基本上奠定了。

三国故事进入文字记录阶段，至迟在北宋时代。宋人讲说三国故事，也应当有话本，可惜至今都已亡佚。从金院本到元杂剧，都有关于三国故事题材的剧本。元杂剧中这类剧本有近二十种，其内容绝大多数和今传《三国演义》相同。而更重要的是，在元朝至正（1341—1368）年间出现了新安虞氏刊刻的《全相三国志平话》。书由上下两阑组成，上阑是图画，下阑是文字，形式上近似于连环图画。此书在艺术上还比较幼稚，情节荒诞无稽，人名、地名、官制等多错讹，语法疏忽之处也不少。这些缺点是由于书在民间流传、未经文人加工而致。实际上，后来的经过文人加工的《三国演义》传本亦未完全杜绝这些瑕疵。

在元、明之间，罗贯中对社会上流传的三国故事加以改编，或增或删，使之符合于史传，加强其历史的真实性；同时，也对之进行了艺术加工，增强其艺术感染力。本书题为《三国志通俗演义》，署“晋平阳侯陈寿史传，后学罗贯中编次”。这说明罗贯中十分重视历史的真实。到了清初，毛宗岗又对罗贯中的本子作了一些修正，就成了现在所通行的《三国演义》。

《三国演义》是属于讲史系统的作品。中华民族自古以来就是一个富有历史观念、尊重历史传统的民族，史传文学一向很发达，而基本上根据史实来叙述的讲史小说——一般所谓通俗演义也很盛行。讲史的写作要兼顾历史真实与艺术真实，既不能完全受客观历史真实的制约，所能驰骋的想象空间也有一定局限。鲁迅先生论《五代史平话》时曾说：“大抵史上大事，即无发挥，一涉细故，便多增饰。”（《中国小说史略》第十二篇《宋之话本》）这正是包括《三国演义》在内的讲史演义的共同特点。和《水浒传》一样，《三国演义》也是在漫长的世代里，凝聚了无数人的生活经验和艺术经验而形成的，在“大事”和“细故”、虚与实的巧妙融合上，在其他方面，都显示了其不可企及的成就。

反映着这部作品所产生的社会中的矛盾以及作家世界观中的矛盾，《三国演义》本身也体现着复杂的矛盾。首先是魏、蜀、吴三国在当时孰为正统的问题。早在西晋时代，史学家陈寿著《三国志》之时，是以曹魏为正统的。对于生长蜀国的陈寿来说，这实在有些迫不得已。因为西晋继承了曹魏的天下，否定了魏的正统，就等于否定了西晋的正统。而到了东晋时代，史学家习凿齿著《汉晋春秋》，就改以蜀汉为正统。因为东晋时代，北方中原地区已为异族统治者所占据。东晋虽然偏安江东，但它显然是西晋正统的继承者，这就有如蜀汉虽然僻居西蜀，仍然自认为汉朝政权的继承者一样。如果认为偏安西蜀的蜀汉不是正统，那就无异于认为东晋不是正统。与此同时，同样偏安江东的孙吴政权即使在东晋时代也未被视为正统。可见，正统的认定并不主要以历史或地理的因素为依据，而是更多地考虑政治传统、现实需要以及种族等方面的问题。北宋时代，司马光著《资治通鉴》，以魏为正统；而到了南宋，朱熹的《通鉴纲目》又改以蜀汉为正统，也是基于同样的原因。从南宋以来，由于异族侵略的灾难不断加深，而在与异族政权的对峙中，汉族政权往往在军事上处于劣势，正如在三国中实力处于下风的蜀汉一样，这样，以蜀汉为三国时代的正统，也逐渐形成了一个传统，广大汉族人民更借此传统表达自己的爱国主义和民族思想。罗贯中生当元、明之交，他在《三国演义》中黜曹操为篡汉的奸臣，而拥戴自称皇室中山靖王刘胜之后、当今皇上之叔的刘备，其拥刘反曹、以蜀汉为正统的立场是十分明确的。这样处理既体现了南宋以来对此问题的传统态度，也在一定程度上反映了当时人民维护正统同情弱者的愿望，符合他们的利益。

在尊重客观历史事实的创作理念与尊蜀汉为正统的主观政治感情之间，罗贯中显然面临着矛盾。在大的事实和结局方面，他不能违背或改变历史；而在小的细节，甚至人物形象的塑造方面，他就比较灵活自如了。一般说来，作家在人物形象的塑造中，势必要流露出自己的感情倾向，《三国演义》也概莫能外。罗贯中维护蜀汉正统的立场和感情，也贯彻于人物评价及形象塑造之中。他在这方面的成功"歪曲"，致使读者的感情天平也随之倾斜，并陷入与作者相似的主客观矛盾之中。因而，许多人读过《三国演义》之后，都会遗憾并且纳闷：既然蜀汉拥有英明的君主、智慧的丞相和无敌于天下的五虎上将，为什么仍然以失败告终？

扶刘抗曹的蜀汉丞相诸葛亮，其形象的本质是忠贞和智慧的高度结合，在小说中，他的形象显然有被拔高乃至被神化之嫌。这一倾向由来已久。一方面，封建统治阶级将"鞠躬尽瘁，死而后已"的诸葛亮作为忠臣的榜样，加以宣传，给予充分肯定。另一方面，普通民众既崇敬这个贤明的丞相，又同情国势最为弱小的蜀汉，乃将他视为智慧和谋略的化身，在他身上集中糅合了许多人民的智慧，也寄托了人民的善良的愿望和美好的想象，期望借由诸葛亮过人的智慧和谋略，支持蜀国兴复汉室江山，完成统一大业。这一点早在元人杂剧如描写周瑜诸葛亮斗智的《两军师隔江斗智》中就已显示出来，越到后来就越为明显，以至于在小说的巧借东风等场次中，诸葛亮简直不是一个正常的聪明人的化身，而近似于搬弄神怪邪术的妖道。纵观整部小说，有关诸葛亮巧计智谋的片断往往比较引人入胜，而描写诸葛亮北伐失败以及星陨五丈原等场面，也格外哀感动人。

这也是作者最着力之处。然而，历史往往是不以人的意志为转移的，三国的最终结局也并不顺从人们的一厢情愿。于是，小说只好将其归之于天意，归之于宿命，归之于某些不可把握不可理喻的因素。《三国演义》中的某些迷信描写，大体上都有这一类的心理背景。

诸葛亮无疑是整部小说描写中最着力、也是最重要的人物形象。实际上，不仅对诸葛亮，在对其他人物形象的塑造上，也有偏重和偏爱蜀汉的倾向。刘备宽厚待人，礼贤下士，因而深孚民望，小说第四十一回《刘玄德携民渡江》中就提供了一些这一方面的细节。他重视人才，并善于识拔贤士，加以任用，第三十七回《刘玄德三顾草庐》中对此有生动的描写。不过，刘备的个性中也有优柔寡断、寡人之仁的一面，有时显得平庸，甚至虚伪，过度美化反致失真。但总的说来，他仍不失为一个开国的英主，是值得辅佐的。

如果说诸葛亮在《三国演义》中是“智”的象征，刘备在小说中是“仁”的代表，那么，关羽在小说中就是“义”的化身。“义”其实是贯穿小说始终的一个重要文化内涵，而关羽更是这一文化价值的最高最集中的体现者。他的一举一动，几乎都是与“义”这一品质相伴随的。小说一开幕，就是人所艳称的刘备、关羽、张飞“宴桃园豪杰三结义”。“逃难江湖”的义士关羽，与“贩屦织席为业”的皇族刘备以及“卖酒屠猪”的张飞义结金兰，宣誓“不求同年同月同日生，只愿同年同月同日死”，并终生维持了这种关系。这种结义，体现了封建社会中中小生产者所向往的那种纯朴的社会关系和古朴的宗法感情。关羽这个形象正是中国漫长的封建社会中这种牢固的宗法网络的产物，由于它植根于文化传统的丰厚土壤之中，有充分的合理性和存在根据，因而这一形象至今仍有其独特的魅力，而以“华容道捉放曹”为代表的关公戏，至今仍是舞台上常演不衰的保留节目。小说第五十回《关云长义释曹操》也是作者完成关羽形象塑造的关键一幕，是关羽性格中的“义”发展的顶峰，“义”字显然是这一节的点睛之笔。关羽形象中“义”的夺目光芒，甚至遮盖了他个性中的其他方面的一些缺点，例如骄傲、狂妄、盲目、自大等等。而正是这些缺点，严重损害了蜀汉的政治事业，并导致了关羽最终的失败和死亡。尽管如此，关羽的形象依然深入人心，至今民间直至海外华人社群中盛行的对关公（包括关帝庙之兴建、关帝圣之称呼）的祭祀崇拜，在很大程度上即与三国故事的流传有关。

虎将张飞是一面“勇”的旗帜，他鲁莽直率，性格刚烈，爱憎分明。小说第二回写《张翼德怒鞭督邮》，就是体现张飞个性形象的一个精彩镜头。在第二十八回的古城会，更显示了他的高度原则性，他的粗中有细。在蜀汉大将之中，与张飞同样英勇善战，并且在个性上形成对照的还有赵云、马超和老将黄忠等，但他们的个性形象显然都不及张飞鲜明突出。

除此之外，小说中成功塑造的人物还相当多，其中，曹操和周瑜二人特别值得一提。在小说中，曹操是个阴险狡诈、疑忌心极重的奸雄的典型。但作者并没有将这一反面形象平面化、简单化，也没有用漫画的笔法来处理，而是充分揭示出他性格的多面性和复杂性。一方面，他狡猾自私，奉行“宁教我负天下人，休教天下人负我”的人生信条；另一方面，他又多才多艺，知人善任，雄心勃勃地要开创统一天下的大业。周瑜则年轻英俊，足智多谋，同时又心高气傲，气量狭小，终于害了自己。实际上，历史上真实的曹操和周瑜与小说中的艺术形象颇有一段距离。小说如此塑造他们的形象，一方面固然是为了突出人物的个性，而有所夸张，有所畸重；另一方面，也是为了以曹操的奸诈、疑忌反衬刘备的礼贤下士、仁义忠厚，以周瑜的刚愎自用衬托诸葛亮的宽怀雅量。以个性相似的人物互相映衬，以性格相反的人物彼此对照，正是小说所惯用的手法，也是其成功地塑造众多人物形象的秘诀之一。在特定的情节进程中，曹操、周瑜、司马懿等人都曾经是诸葛亮的陪衬，或者说彼此陪衬。这一类陪衬对比中寓有作者的褒贬扬抑，也再次表现了小说审美感情的总体倾向。

不可否认，《三国演义》中有许多描写极其精彩的场面，特别是关于战争场面的描写，堪称古典小说中的经典片段。小说中所描写的各种大小战役难以计数，官渡之战、火烧新野、长坂坡、赤壁大战、战长沙、濡须之战、彝陵之战、七擒孟获、六出祁山，等等，无不绘声绘色，绝不雷同。小说不仅在展开赤壁鏖兵那样壮阔的战争画卷时，能够举重若轻，娓娓叙来，条理井然，笔墨集中，有张有弛，富有节奏；在处理日常生活场景时，也善于从中把握政治斗争的微妙局势，写得丝丝入扣。例如，第二十一回《曹操煮酒论英雄》,就以针锋相对的写法,刻画出两个人物的不同性格。狡猾的曹操那时已经做了丞相,“挟天子以令诸侯”,因此,他虽然总在提防刘备,有时却不免得意忘形,暴露出深藏的心机。刘备正在不得志之时,更要处心积虑地隐藏自己,一举一动,都用心眼,显得深沉而有策略。无论曹操说的话是有意还是无意,他都步步提防着。表面上的友谊和事实上的敌意,通过栩栩如生的对话以及失箸闻雷等动作细节的描写,构成了一幅令人玩味的图画。两个人的个性,连同他们的环境、心事,都透过这一场面巧妙地反映了出来。

“三顾茅庐”一场,则运用了先声夺人的笔法。诸葛亮还未露面,却仿佛到处可以见到他的影响,听到他的声音。小说先通过徐庶和司马徽二人的郑重推荐,以徐庶初露锋芒大败曹军的才干和司马徽的声名,来衬托出孔明非同凡响的才干;再以诸葛亮的友人如崔州平、石广元、孟公威等人,亲属如弟弟诸葛均、岳父黄承彦等人,层层铺垫,渲染烘托,铺垫越多,蓄势越足;同时又以关、张的躁狂反衬刘备的真诚。本来,刘备对徐庶、司马徽、崔州平乃至石广元、孟公威的诚恳态度,已足以印证其求贤若渴之心。作者又特地把三顾都安排在特殊的情境里,第一次是人不在,接待的童子也不大客气;第二次是大雪纷飞,冒寒前往;第三次则是在诸葛亮午睡之时,需要耐心等待。这显然是主人对客人诚意的考验,也可以说是作者有意识的安排。这些地方体现了作者在章法布局上的老到功夫。

此外,《三国演义》的语言,也有很值得一提的地方。它是用文言写的,可是这种文言又与古典诗文中通行的文言有所不同,它是长期在民间艺人话本中流传着的一种特殊形式。它极其广泛地吸收了口头语言,使自己达到了非常通俗化的程度,因而其使用范围,也达到了前所未有的最宽广的幅度。《三国演义》的语言极具个性,正是由于它充分发挥了文言作为一种叙事文体的表现能力,体现了这种具有漫长历史的书面语言的不同寻常的弹性和张力。再者,作为一部历史演义小说,很多地方需要直接剪裁使用《三国志》中的历史材料,使用浅近文言能够最方便地达到这一目的。作为一种以上层政治斗争和军事战争为主的历史叙述,使用这种与当代日常生活有一定距离的语言,也可以造成审美的距离,并营造一种古雅的气氛。

《三国演义》是一部杰出的历史小说，同时也是一部伟大的政治小说。它深刻而真实地表现了封建社会的内部斗争，以全部的篇幅直接地在非常广阔的范围内表现了政治斗争的主题。在不同集团你争我夺勾心斗角的斗争中，显示了封建社会内部矛盾的紧张、尖锐和复杂，也展现和总结了历代相传的各种政治和军事的谋略。从这一方面说，《三国演义》既是一部封建政治和军事的教科书，也是一部谋略大全。这些关于政治斗争及其策略的艺术描写，不仅给后人带来了美学趣味上的享受，也同时给人民带来心智的启迪。从统治阶级方面来说，他们希望《三国演义》维护正统的严正立场，以及书中众多的忠臣贤相的形象，有助于维护他们本身的统治，消除乱臣贼子们的篡逆之心。而实际上，在另一方面，它也指导并培育了人民在反抗封建暴政斗争中的策略和经验，其影响是相当显著的。正如黄人《小说小话》所载："张献忠、李自成及近世张格尔、洪秀全等初起，众皆乌合，羌无纪律。其后攻城略地，伏险设防，渐有机智……闻皆以《三国演义》中战案为玉帐唯一之秘本。"民间相传还有所谓"少不看《水浒》，老不看《三国》"或"男不看《三国》"一类的说法，大抵也是着眼于此。在当代，成功的中外商人中都有人承认从这部小说中体会到经营策略，从而在商场上克敌制胜。无疑，这些都体现了《三国演义》在文化史上的深远而广阔的影响。它在文化史上的意义，可以也应该从多方面加以阐释和理解。

《西游记》故事的形成过程，与《水浒传》和《三国演义》一样，也经历了长期的历史积累。它取材于唐太宗时高僧玄奘赴印度取经的故事，玄奘本人的《大唐西域记》、他的徒弟慧立写的《大唐慈恩三藏法师传》、唐代民间白话小说《唐太宗入冥记》等都给它提供了一些历史的或神话的材料。南宋时代，民间艺人的话本中出现了《大唐三藏取经诗话》，为今本《西游记》初步奠定了规模。而产生于元代中叶或元末的古本《西游记》，较《大唐三藏取经诗话》又有了一些发展扩充，可惜至今只有《梦斩泾河龙》这一片断保留于《永乐大典》之中。当吴承恩（1500—1582）在其晚年创作《西游记》时，这些历史积累显然对他有所帮助。但比起《水浒传》和《三国演义》来,《西游记》的个人创作成分似乎更多一些。

《西游记》中最主要的人物不是赴西天取经的唐僧,而是一路中保护唐僧的孙悟空。虽然孙悟空是由花果山中一块吸收天地精气的仙石孕育诞生的,他的出生充满了神异的色彩,但这个神话人物的性格形象,却有丰富的生活依据及其现实基础。具体说来,在孙悟空这一形象的塑造中,融入了大量市井和江湖生活的经验和素材。悟空最初拜菩提祖师为师,这祖师虽然取的是佛家的名字,却又被人称作神仙,他的言行作为更是一个不折不扣的江湖市井人物。从他身上,孙悟空沾染了一些江湖气息,也开始获得了一些江湖生活的经验,他后来的英雄生涯包括大闹天宫在内,只是使他变得更加精明敏捷,江湖历练也积累得越来越丰富。从原型上说,大闹天宫其实只是明清时代小说中市井英雄大闹京都,如《喻世明言》中的《宋四公大闹禁魂张》、《七侠五义》中的白玉堂闹东京一类故事的翻版。他们的大闹根本上并没有什么明确的政治目的,往往只是恃才负气,不能容忍别人小觑轻视自己,而极力显露自家的本领;而他们赖以成功的手段,最主要的是神偷善骗的伎俩和随机应变的本事。孙悟空亦复如此,他的大闹天宫和后来在西天路上降妖伏魔,也主要是以巧偷善骗、灵巧善变这两种本事为凭仗而克敌制胜的。此外,书中的天宫灵霄宝殿、地府森罗宝殿、西天大雄宝殿,也都可以还原为人间的金銮宝殿。

孙悟空历尽劫难的西天取经故事的原型,其实是一种闯荡江湖的历险记。与市井英雄一样,非凡的本领要在这一过程中受到考验,好汉的形象也只有经历这种磨练才获得最好的证明。所不同的是,在这里,江湖风波幻化为美丽或狰狞的妖魔鬼怪、险山恶水、毒雾迷瘴、各种诱惑和骗局。至于现实社会的江湖风波中常见的占山为王、拦路打劫、谋财害命,以及英雄们行侠仗义、拔刀相助,在《西游记》中也是屡见不鲜的。这正成就了孙悟空的出凡入圣的英雄品格。本来,在《大唐西域记》中,西域本身已充满了瑰异的风土景色,经过艺术想象的加工渲染,生成了火焰山、子母河、女儿国等故事单元,更增加了小说的神异色彩。在这种加工渲染中,行旅客商往来江湖的生活经验提供了丰富的素材和现实依据,使小说中的取经故事内容充实,细节生动。而市民文学中的英雄传奇传统,也将孙悟空的形象从最初的取经故事中那个单薄的猴行者提升为一个江湖好汉，又从一个单纯的江湖好汉升华为富有使命感的英雄。孙悟空性格形象的形成过程，也正是取经故事不断丰富、发展，直至在《西游记》中完成、定型的过程。

在历史演进中，孙悟空的形象不断丰富充实，并完成了多样性的统一。在南宋《大唐三藏取经诗话》和元明之际杨景贤《西游记》杂剧中，唐僧占据了最突出的位置，孙悟空还没有成为整个故事的主角。《西游记》改变了取经故事的传统结构，将孙悟空作为小说的第一号主角隆重推出。小说前七回开门见山，通过对孙悟空神奇的身世和大闹天宫的描写，为英雄人物设计了一个漂亮的登场亮相。这是孙悟空英雄生涯的开始，接下来除了简短的一段介绍唐僧出场的穿插以外，就展开了西天取经的艰难而漫长的历程。西天取经当然是全书的主干，而前七回却为后面的故事发展奠定了基础，为孙悟空在取经路上的作为提供了充足、可信的理由。唐僧的出场被相应地后推至大闹天宫以后，仅这一位置的变更，就足以说明唐僧的重要性在小说中已相应降低了。

实际上，在《西游记》中，唐僧这个人物的作用已几乎淡化成故事的一个缘起，他是支撑取经故事框架的柱子，没有他，取经就失去理由，下面的故事也就无从展开了。在他完成了这一结构作用之后，作者似乎不再保持先前对他的那种浓厚兴趣，将其视同鸡肋，置之不理，因此他的形象相对单薄苍白，缺乏血肉，也不再有发展。尽管这样，他的软弱、不识世务、慢性子，仍然与坚强精明急性子的孙悟空、贪馋动摇的猪八戒、忠心耿耿沉默寡言的沙和尚形成鲜明的对照。唐僧虽然佛学修养深湛，却空有书本知识，缺乏实际处事能力，其原型来自那些不通世故的书生（书呆子）。小说对他时有温和的讽刺，也可以看作是对明代士人“头巾气”的嘲笑。观音传授的紧箍咒，在小说中是作为唐僧的权威的象征，更重要的是，它使唐僧、孙悟空、猪八戒三个人之间的关系不流于简单化，故事的戏剧性也因之增强了。

如果说孙悟空的生活原型来自市井，他见多识广，行走江湖，久经历练；猪八戒的生活原型则来自农村，更准确地说，他其实代表的是市井眼中的农民形象。猪八戒长期住在高老庄，是一个农村式的闭塞环境。他眷恋家园，也正是安土重迁的传统农民意识的反映。个性上，他朴实憨厚，而又常自私地为自己打算；他有一些农民的精明，实际上又目光短浅。他形象粗陋笨拙，可爱亦复可笑。他的武器九齿钉钯形状滑稽，让人忍俊不禁。这钉钯不见于传统兵器谱中，实在是从筑地种菜的农具中衍生想象出来的，却很吻合猪八戒的个性形象。猪八戒在危险关头的动摇畏缩与孙悟空的坚定百折不挠恰恰形成了对照。在小说中，他常常是孙悟空耍笑的对象，这正是初入城市的农民常受市民嘲笑的现实的反映。从这一点上看，《西游记》是站在城市立场上的，它的叙述立场与《金瓶梅》相近，而与《水浒传》的否定城市迥然不同。

猪八戒本身的形象特点与市民的审美趣味及其娱乐需要相结合，使猪八戒在小说中很容易被塑造成一个喜剧色彩浓厚的角色。事实上，在很多时候，猪八戒的喜剧使命的实现，有赖于其他人尤其是孙悟空的配合。孙悟空性格乐观自信，谈吐机智幽默，连妖魔鬼怪也照样戏弄。取经路上，他和猪八戒两人之间插科打诨，调笑戏谑，也为出生入死的漫漫征途增添了不少轻松诙谐的意味。猪八戒这一角色犹如戏曲中的丑角，他的形象塑造显然受了元明以来戏曲传统的影响。同时，《西游记》一书语言充满机智、俏皮和幽默，自然是吸收了包括民间说书在内的市井曲艺的语言特色的结果，这构成了全书语言的喜剧风格。

一般地说，真正的英雄人物都产生于悲剧之中，而孙悟空却是一个喜剧的英雄。这与小说本质上是一部童话有关。童话以儿童的眼光观察世界，洋溢着自由天真的游戏气氛，充满着生动活泼的想象，充满了乐观和希望。童话就是儿童的神话，在儿童的眼里，万物都有生命。《西游记》是神话题材的小说而富有儿童天真浪漫的意趣，是成功的童话；题材类似的《封神演义》在这方面则失败了，它败在过分虚诞。所谓儿童天真浪漫的意趣，首先指小说多以动物为主角。《西游记》中从孙悟空、猪八戒、龙马到大小山精水怪，几乎包括了所有的动物，构成了一个儿童们目不暇接的动物园。其次，对这些动物的观察描写，又处处透出儿童的心理、眼光和兴致，既保留动物的形象特征和生活习性，又融入儿童的心理及性格特征，深受儿童的喜爱。所以，尽管妖魔鬼怪凶恶狰狞，却并不令人恐惧，反而让儿童觉得新奇可喜。猴的顽皮好动，近似儿童。小妖的举止口吻、天真出洋相，也像一群快乐嘻闹的孩童。第三，孙悟空常视除妖为游戏，声称要顺便抓几个妖精要耍，而且喜欢恶作剧，这都是儿童典型的生活形态，即生活的戏剧化与游戏化。最后，小说中某些情节的朴拙乃至不合理，甚至前后故事间的非逻辑关系，如神通广大的孙悟空有时不会变化，天蓬元帅出身的猪八戒有时竟不会腾云驾雾等，都是合乎童话思维原则，而不宜以成人世界的理性态度对之的，否则便索然无味了。明代中后期，一批激进文人致力于追求精神的自由和解放，如李贽提出"童心说"，提倡童心，即回到人的原初状态，回到心灵天真未凿的状态。《西游记》这一童话能在明代中后期出现，就是以明代中后期追求内心真诚心灵解放的社会文化思潮为背景的。从这里可以看出，《西游记》这样一部神话题材的童话小说同样反映了那个时代的文化精神。

在四大长篇章回小说中，《金瓶梅》是最具有现实感的。这部小说出现在明代万历年间，作者是一位笔名兰陵笑笑生的作家。至于兰陵笑笑生究竟为谁，有王世贞、李开先、赵南星、薛应旂、徐渭、冯惟敏、贾三近、屠隆诸说，至今莫衷一是。比较可以肯定的是，《金瓶梅》是一部个人创作，没有经过集体加工积累的阶段。作者按照当时小说界流行的风气，从书中三个重要女角潘金莲、李瓶儿、春梅的人名中各取一字，联成书名。《水浒传》中写到西门庆与潘金莲通奸，毒死武大郎，结果奸夫淫妇同为武松所杀。《金瓶梅》就在《水浒传》中的这一个小插曲的基础上，巧妙地加以铺陈生发，将情节改为武松没有杀死这两个人，却误杀旁人，因而刺配孟州，而使西门庆和潘金莲在作者笔下活了下来。表面上，《金瓶梅》是化用历史题材，写古代人物和他们的故事，实际上，书中所展现的正是晚明政治和社会的各种丑恶面相。

西门庆是这部小说的主角。一部《金瓶梅》，可以说就是西门庆这个反面典型人物的发家史，也是这个恶霸官僚的荒淫糜烂谋财害命史。他"原是清河县一个破落户财主，就县门前开着个生药铺。从小儿也是个好浮浪子弟……近来发迹有钱，专在县里管些公事，与人把揽说事过钱，交通官吏，因此满县人都惧怕他。……专一飘风戏月，调占良人妇女，娶到家中，稍不中意，就令媒人卖了。一个月倒在媒人家去二十余遍，人多不敢惹他”（第二回）。他毒死武大，占了武大的妻子潘金莲。他娶了寡妇孟玉楼，将她名下的家产也席卷而去。他和朋友花子虚的妻子李瓶儿通奸，花子虚气死后，他就娶了李瓶儿，人财两得。他的亲家陈洪政治上出了问题，他就趁机吞没了陈洪寄存的财产。后来，他投奔到太师蔡京门下，居然做起了山东提刑所的理刑千户。他从商人变成了官僚，一方面凭借经济力量来交通权贵，提高政治地位；另一方面，又依靠政治地位来贪赃枉法和扩大非法经营。这样，在数年之间，西门庆由大郎、大官人，扶摇而为朝廷的五品官，从拥有一间生药铺的商人变成拥有数家本银从五六千两到两万两的店铺的豪商和拥有许多债户的高利贷者了。最终，他的纵欲无度埋葬了他自己。

除了西门庆外，小说还成功地塑造了众多栩栩如生的人物形象，从富商官僚到仆从僧尼，从市井无赖、帮闲篾片到太监太师。大量突出的女性人物形象，更是这部小说的显著特色之一。这个家庭中的一妻五妾，加上成群的婢女、仆妇、来往于这个家庭的妓女、媒婆以及西门庆的众多外遇，从不同的角度显示着不同妇女或卑污、或势利、或庸俗的灵魂，也显示出市民生活五光十色的画面。西门庆的妻子吴月娘虽然恪尽妇道，却并不得宠，也不免嫉妒。她平日好善看经，打发时日，与这个家里的一群淫妇形成了对照。潘金莲就是这群淫妇中的淫妇。她专横善妒，工于心计，善于搬弄是非，也最善于依附和利用西门庆。她对西门庆的关系完全建立在纵欲享乐的基础之上。从她勾引武松、陈经济，毒死武大、唆使西门庆陷害来旺诸事上，无处不显出她的淫、贪、泼、狠。起初，她与李瓶儿之间基本上还能相安无事。在李瓶儿怀孕生子之后，她的嫉妒心便一发不可收拾，必欲将李瓶儿母子除之而后快。她的使女春梅伶俐厉害，是潘金莲争风夺宠的得力助手。李瓶儿以及其前的宋惠莲、其后的如意儿，都曾是潘金莲争宠吃醋的对手。李瓶儿对西门庆倒有一些真情，却只会依附而不能利用他。她性格软弱，虽然生下一子，终于还是给潘金莲千方百计害死了。另外一妾孟玉楼知道自己不是潘金莲的对手，只能常常将自己置身事外，超然以自保。此外还有李娇儿、孙雪娥二妾和宋惠莲、王六儿等仆妇，在作者笔下也莫不惟妙惟肖。

风流浪子陈经济，表面老实，背地奸滑，在惯能窃玉偷香方面，他正是岳父西门庆不教自通的好门生。西门庆结交的十弟兄，其实是一群无赖闲汉，帮闲应伯爵是其中塑造得最为成功的艺术形象。他势利无耻，常跟在西门庆后面奉承拍马，胁肩谄笑，混吃骗喝，一副谄媚的市井小人嘴脸。西门庆一死，这一群卑鄙势利的所谓“十弟兄”们就作鸟兽散。应伯爵投奔了新主子张二官，而且帮张二官出谋划策，把西门庆的第二房娘子李娇儿娶到张家。另一帮闲吴典恩，先是在西门庆门下奔走，后来靠西门庆的关系混上一个驿丞的小官，西门庆死后，他对吴月娘马上恩将仇报。这一类俗不可耐的市井小人正是风俗隳败的表现，小说中借此传达了作者的讽世之意。这种讽喻，即使从这些人物的姓名中，也可窥见一二。张竹坡在《金瓶梅寓意说》中曾加以分析，举出车(扯)淡、管世(事)宽、游守(手)、郝贤(好闲)、安忱(枕)、宋(送)乔生(比喻色欲伤生)、应伯爵(白嚼)字光候(喉)、谢希大(携带)字子纯(紫唇)、常时节(时借)等例子。此外，小说还刻画了贪财势利的媒婆、神仙、娼妓，如见西门庆当上理刑千户就来投靠做干女儿的丽春院粉头李桂姐，往往寥寥数笔，就现出一副市侩嘴脸。

这批小人群像既丰富了《金瓶梅》的人物画廊，又构成了市井风俗画的一部分。小说甫出，就受到了当时著名文人袁宏道、沈德符的称许，袁宏道甚至“以《金瓶梅》配《水浒传》为外典”(沈德符《顾曲杂言》,《万历野获编》卷二十五)。小说中众多的妻妾之间的争风吃醋，酒席歌筵的喧闹场面，节庆礼俗的描写，都勾画出活生生的当时社会风俗的画面。唱曲演剧，双关歇后，斗嘴打闹，这些市井日常生活场面一经作者写来，也莫不鲜活灵动，其细腻真实，非大手笔莫办。西门庆在家里家外花天酒地荒淫无耻的糜烂生活，乃是明代中后期以来社会盛行的淫风的反映，这一方面的表现也是小说的重要内容之一。在当时，封建道德的网络被新兴的市民撕毁了，这在一定程度上有它的进步意义，然而豪商大贾却利用这一种堤防的溃决，利用他们的金钱势力，来肆无忌惮地满足自己的兽欲。贵族官僚地主阶级也追逐着这些暴发户而更加堕落起来。鲁迅先生指出“成化

(1465—1487)时，方士李孜、僧继晓已以献房中术骤贵，至嘉靖(1522—1566)间，而陶仲文以进红铅得幸于世宗，官至特进光禄大夫柱国少师少傅少保礼部尚书恭诚伯。于是颓风渐及士流，都御史盛端明、布政使参议顾可学皆以进士起家，而俱藉秋石方致大位。瞬息显荣，世俗所企羡……世间乃渐不以纵谈闺帏方药之事为耻。风气既变，并及文林。故自方士进用以来，方药盛，妖心兴，而小说亦多神魔之谈，且每叙床笫之事也。”(《中国小说史略》第十九篇《明之人情小说(上)》)市侩们纵欲的动物主义将封建统治阶级的礼教腐蚀了，于是形成了这种弥漫朝野的可耻淫风。兰陵笑笑生在暴露西门庆的私生活时，也暴露了当时社会的这种风气。但是，有时候他不适当地强调了这一方面的描写，这就一定程度上分解了读者的注意力，冲淡了小说的暴露力量，成了这部佳作的一个缺点。与此同时，我们也不能因噎废食，将其简单地视为一部淫书，抹煞它多方面的价值。

透过西门庆的情欲活动，可以认识那个时代堕落的社会风俗。通过西门庆的社会活动，也可以认识那个时代的黑暗政治。小说对封建政治及司法体系的黑暗腐败的暴露是相当深刻无情的。从当朝太师到西门官人，无不贪财受贿；无论大小官司，有钱就能大事化小，小事化了。官商勾结，官官相护，说白了是权钱的交易。在小说中，当吴月娘劝西门庆少干几桩贪财好色的事儿的时候，西门庆却厚颜无耻地答道：“咱闻那佛祖西天也止不过要黄金铺地，阴司土殿也要些楮镪营求，咱只消尽这家私，广为善事，就使强奸了嫦娥，和奸了织女，拐了许飞琼，盗了西王母的女儿，也不减我泼天富贵。”(第五十七回)这是典型的市侩的人生哲学，其精义就在于“有钱能使鬼推磨”。这种思想基础显然只会促使西门庆之流更加贪婪荒淫，也更加败坏了社会风俗。

《金瓶梅》作为完全的个人创作，依傍极少，而作者却显示了深湛的语言功力和多方面的艺术修养。小说纯用白描，却能追魂摄影，由形而神，传达出人物的神采。作者对汉语白话的运用已达到炉火纯青的境界。小说中尤其擅长用个性化的语言，来刻画各种人物的形象，江湖市井，娼寮僧院，或艳或俗，或喜或怒，或尖酸或刻毒，神情口吻无不毕肖。第三十回前后，围绕着李瓶儿生子，描写各人的不同反应：西门庆的得意，吴月娘的关心，李瓶儿的紧张，孟玉楼的淡然，孙雪娥的趋附，应伯爵的献媚，潘金莲的妒恨和指桑骂槐，等等，而语言亦与之密切配合，恰到好处，即使抹去姓名，也不难分辨是何人声口。即使对潘金莲这样的人物，小说也没有作漫画处理，而是写出其内心性格的复杂性，写她也有伤感、怨恨、烦恼和自责等。小说的讽刺，常隐藏于冷峻的笔锋之下；透过那些缤纷杂沓喧闹繁荣的热景的描写，又常使人感觉到世态的炎凉。前者对《儒林外史》、后者对《红楼梦》都产生了显著的影响。

无疑，《金瓶梅》的使命在于暴露肮脏和丑恶，这是出于作者对黑暗的政治、堕落的道德风习以及市侩们的憎恨。他也试图探索正面人物，但找得到的只有一闪而过的武松、“清廉正气”的曾孝序御史和王杏庵居士那种淡得一缕轻烟似的影子；没有办法，最后只好让西门庆在纵欲身亡以后，转世投胎，做了自己的遗腹子，而又让他遁入空门，来了结前世的一切孽缘。正因为《金瓶梅》的艺术力量存在于暴露和讽刺之中。所以，袁中郎认为读《金瓶梅》，“云霞满纸，胜于枚生《七发》多矣”（《锦帆集·董思白》）。换句话说，小说正是通过俗人、俗事、俗语，从世俗中创造出艺术的美。

上述四部长篇小说是章回小说这种艺术形式的典范之作，代表了元明时代长篇小说创作所达到的艺术高度，它们是同类题材的小说作品中的佼佼者。当时乃至后来还产生了不少形式或题材与之类似的作品，但或者限于模仿，缺乏创新，或者叙写失去分寸，艺术上大欠火候，或失之过实，或失之虚妄，都不能与这四部小说相提并论。例如，《东周列国志》、《残唐五代史演义》之于《三国演义》，《封神演义》、《南游记》及《三宝太监下西洋》之于《西游记》，《隋史遗文》、《北宋志传》及《平妖传》之于《水浒传》，都是相形见绌，其他的就更等而下之了。

第二十五章　晚明话本小说集：市井生活画卷

话本与拟话本　《京本通俗小说》和《清平山堂话本》　《三言》、《二拍》产生的时代背景之一　《三言》题材类型：以市井生活为中心　《杜十娘怒沉百宝箱》和《卖油郎独占花魁》的分析与比较　《滕大尹鬼断官私》与市井家务事　当代政治故事《沈小霞相会出师表》　《二拍》的构成及其特点　《今古奇观》及后来的其他话本小说集　两个极端倾向

宋代说话艺术分为银字儿（包括烟粉、灵怪、传奇、说公案等）、说铁骑儿、说经和讲史四家，其中，银字儿一家又称为小说。它们在当时的瓦舍中流行，对后来文学样式的影响也很大。长篇讲史话本发展的结果，就出现了以《三国演义》为首的、为数众多的长篇通俗历史小说；而短篇的话本小说发展的结果，就出现了晚明时代的以《三言》、《二拍》为代表的一批短篇话本小说集。

从宋代的记载来看，当时在瓦舍中竞争着的诸种说话技艺中，似乎讲史还不如小说那么受人欢迎。《都城纪胜》曾经说到，“讲史书讲说前代书史文传战争兴废之事，最畏小说人。盖小说者，能以一朝一代故事顷刻间提破。”当时有个讲史艺人王六大夫，“诸史俱通……记问渊源甚广耳，但最畏小说人。盖小说者，能讲一朝一代故事，顷刻捏合。”（《梦粱录》卷二

十"小说讲经史")捏合就是在说话中提出矛盾，提破就是在说话中解决矛盾。讲史既然基本上是按照史实长篇大段地逐日讲说，就不能依据艺术上的需要，随时捏合，任意提破，因而也就不如短小精悍的小说那么吸引听众了。值得注意的是，直接从宋代说话发展下来的说书，今天仍在全国范围内盛行，可是所说绝大多数是连续性的长篇，短篇几乎绝迹。可见这两种说话艺术在发展过程中，已经由相互竞争到彼此吸收长处，融合了起来，将讲史故事的连续性与小说题材的多样性及表现方式上富有吸引力诸优点统一起来了。这也正是宋以来说话艺术发展的重要动向之一。

短篇的话本小说虽然在书场中不大有人讲说了，但却由于读者的爱好，通过印刷的流通，作为一种新的短篇小说样式而保留下来。它与笔记小说、传奇小说鼎足而三，成为中国古典小说的重要的一支，受到读者和作者的普遍喜爱。在时序上，它与另外两种小说后先承继，篇幅上则更加丰长，并形成了自具特色的演进轨迹。于是，除了艺人们自己创作的、作为说话的底本的话本之外，我们还看到了作家们用这种样式来创作的许多拟话本。在一部话本小说集中，往往既有宋元以来民间艺人所创作的、曾经在瓦舍讲说的话本，也有明以来作家们创作的、只供阅读的拟话本。它们是古典白话短篇小说的宝库之一。

在这些话本小说集中，最重要的是《三言》，其次是《二拍》。《京本通俗小说》和《清平山堂话本》则是它们的先驱，我们可以从中了解了宋元话本的一些面貌。《清平山堂话本》是大约 16 世纪中叶(约 1541—1551)由洪楩刊行的，分为六集，每集十篇，共有六十篇，所以又名《六十家小说》，现仅残存二十七篇。这些作品中，也杂有少数文言写的传奇小说和讲唱文学，但绝大多数是话本。《京本通俗小说》大约是书坊编辑的，年代很难确定。它只残存了七篇，都是话本。现存的《清平山堂话本》被改编后收入《三言》中的有十篇，现存《京本通俗小说》七篇则全部被改编收入《三言》，所以，《三言》乃是今天所能见到的由宋到晚明时代话本和拟话本小说的最重要的结集。

《三言》是原名《古今小说一刻》的《喻世明言》、《警世通言》和《醒世恒言》三部话本小说集的总称，都是由冯梦龙(1574—1646)于 17 世纪 20 年代(1620—1627)编辑的。冯梦龙是17世纪前期的一位兴趣广泛多才多艺的作家,他在保存、整理和传播民间通俗文学方面的功绩尤为显著。他自己创作了《万事足》、《双雄记》等传奇;改订了当时流行的一些传奇,称为《墨憨斋定本》;改编了《平妖传》、《新列国志》等章回小说;编印了《挂枝儿》、《山歌》等时调小曲;还辑录了《笑府》、《情史》、《智囊》、《古今谭概》等历代笑话、笔记、故事集。他曾一度出任县官,但不久就辞职了,他将生命的大部分贡献给民间文学的研究和整理。

冯梦龙和《二拍》的作者凌濛初(1580—1644)的家乡都在东南沿海一带,冯梦龙出生于江苏苏州,凌濛初则是浙江吴兴人,与苏州隔太湖相望。在明代,特别是在东南沿海一带,伴随手工业的大量发展,商品经济日益繁荣,资本主义因素的增长也更加显著。这种资本主义的因素受到封建统治阶级各种形式的压制和打击,在士大夫圈子中流行的"高雅"的正统文学也很少表达广大市民群众的声音和愿望。相反,在当时被视为不登大雅之堂的通俗文学,如话本小说、戏剧、时调小曲等作品中,却较多反映市民群众的声音和愿望,因而,也受到他们的特殊爱好和重视。当时以冯梦龙为代表的一些文人,已经注意到文化发展的这一新趋向,敢于走出大雅之堂,大力鼓吹通俗性小说的价值,并力图通过自己的实践,推广通俗文学的影响,提高其文学品位。其时,李梦阳等人"倡言复古,文必秦汉,诗必盛唐,非是弗道"(《明史·文苑传》)的复古主义已流行数十年,在正统文坛依然很有影响。而绿天馆主人在《古今小说序》中则极力推崇通俗性的小说:"大抵唐人选言,入于文心,宋人通俗,谐于里耳。天下之文心少而里耳多,则小说之资于选言者少,而资于通俗者多。试令说话人当场描写,可喜可愕,可悲可涕,可歌可舞,再欲捉刀,再欲下拜,再欲决脰,再欲捐金,怯者勇,淫者贞,薄者敦,顽钝者汗下,虽小诵《孝经》、《论语》,其感人未必如是之捷且深也。噫!不通俗而能之乎?"可一居士的《醒世恒言序》也肯定这部小说集与其他通俗小说有同等的价值,特别肯定小说的通俗性,更进一步指出了刊刻《三言》的用意:"六经国史而外,凡著述皆小说也。而尚理或病于艰深,修辞或伤于藻绘,则不足以触里耳而振恒心。此《醒世恒言》四十种所以继《明言》、《通言》而刻也。明者,取其可以导愚也；通者，取其可以适俗也；恒则习之而不厌，传之而可久。三刻殊名，其义一也。”《三言》的出现，也正是适应了当时广大市民群众的文化需要和启蒙要求，《三言》的题名，已经明确标示了它们对于文学的道德教化等社会功能的关注和重视。

《三言》每种都是四十篇，除了《警世通言》中的《蒋淑真刎颈鸳鸯会》的形式颇像是鼓子词外，其余都是话本小说。其中可以从文献学和风格学上考订和推断为宋元话本的近三分之一，可以定为明代拟话本的近二分之一。在七十篇以上的拟话本中，很可能有冯梦龙本人的创作在内。从这些作品中，我们可以看到这一文学样式由宋到明发展的印记，例如题材从烟粉、灵怪、传奇、说公案等趋于更现实更广阔的社会生活，语言风格由朴拙而趋于清新生动等，市民群众的道德、政治和经济等方面的要求和当时社会各阶层人民的精神状态，在作品中也有日益明确的反映。

《三言》中的话本小说题材是相当广泛的，其中大多数是围绕市民生活及其兴趣点展开的。小说集中有许多历史或现实中的发迹变泰的故事，例如《古今小说》中的《临安里钱婆留发迹》、《史弘肇龙虎君臣会》和《警世通言》中的《钝秀才一朝交泰》等。这类故事在一定程度上也反映了市民期望发迹变泰的心理。也有一些政治性的历史故事，如《古今小说》中写南宋奸相贾似道被杀的《木绵庵郑虎臣报冤》和《警世通言》中写王安石晚年辞官归隐南京的生活和思想的《拗相公饮恨半山堂》。《古今小说》中的《穷马周遭际卖䭔媪》和《范巨卿鸡黍死生交》，对世态人情作了深刻描摹，也正是市井百姓生活中屡见不鲜的。至于《古今小说》中的《陈御史巧勘金钗钿》和《蒋兴哥重会珍珠衫》，则通过报应情节的贯串，体现了对人生的宿命理解。

《三言》有很多作品以妓女的生活和感情经历为题材或背景，如《古今小说》中的《众名姬春风悼柳七》、《警世通言》中的《玉堂春落难逢夫》、《赵春儿重旺曹家庄》。这是市井生活题材的热点，从中也产生了《杜十娘怒沉百宝箱》及《卖油郎独占花魁》等一批名篇。

《杜十娘怒沉百宝箱》见于《警世通言》。故事人物涉及鸨母、名妓、富商、公子，显然都是市井百姓所喜闻乐见的。这篇拟话本小说虽然对话中夹杂许多文言，语言显得不够纯粹，仍不失为一篇十分精彩的作品。在简单的情节中，作品对这一传统烟粉题材的处理却显示了独特的视角和不同于凡俗的眼光。名妓杜十娘因为不能长久忍受非人生活，便嫁给了她认为靠得住的公子李甲。他们婚后不久，就在旅途舟中遇到一个好色的盐商孙富。孙富以利引诱李甲将十娘卖给他，在礼教面前露出怯懦原形的李甲居然答应了下来。杜十娘在愤怒地斥责李、孙二人后，跳江自沉。官僚世家的礼教和暴发商人的金钱，这两股势力终于联手扼杀了善良的小人物对于生活的最可怜的一点合理愿望。杜十娘是纯洁的，所以她要以自己的感情，而不是以金钱，去争取李甲的爱情。杜十娘也是明智的，所以她准备以金钱（自然同时也以自己对李甲的爱情）去打动公婆，争取自身的合法地位。她深谋远虑地积蓄了许多私房钱，巧妙地逃避了鸨母的敲诈，在三百两银子的赎身费中，她无论如何要李甲去筹措一半，借以考验李甲是否真心爱她。杜十娘更是悲剧性的，她最终没有逃脱礼教和金钱的围截，也没有能消灭礼教和势利在李甲心中播下的脆弱、动摇乃至卑劣、无耻的种子。在金钱礼教所代表的强大的社会经济势力面前，爱情所代表的个人幸福只能撞得粉碎。她所珍视的爱情留不住李甲的心，她所不屑的金钱却收买了李甲。最后，她以其人之道反治其人之身，用金钱财富狠狠地羞辱了这个负心人，表白了自己的纯洁爱情，读来有一种冷峻讽刺的快感。

小说最后一节，即怒沉百宝箱一幕，有十分成功的悲剧设计。杜、李二人尤其是杜十娘的心理变化，通过动作和语言层层推进，从“十娘抱持公子于怀间，软语抚慰”，“十娘大惊”，“十娘放开双手，冷笑一声”，“十娘即起身挑灯梳洗”，“十娘微窥公子欣欣似有喜色”，“十娘推开公子在一边，向孙富骂道”，到“十娘抱持宝匣，向江心一跳”，描写细腻而自然，一个宁为玉碎不为瓦全的刚烈而善良的风尘女子的形象跃然纸上。当然，我们也可以设想，如果杜十娘早些告诉李甲她富有万金，这个悲剧也就不会发生了。事实上，这种想法是没有意义的。杜十娘这个形象的意义，就在于她肯定心只能用心、而不能用其他任何东西来交换，她以死抗拒将自己纯洁的心标价出卖。小说中的三个主要人物李甲、孙富乃至杜十娘都用的是很虚泛化的名字，意在昭示这种“妾椟中有玉，恨郎眼内无珠。命之不辰，风尘困瘁，甫得脱离，又遭弃捐”的悲剧故事在世间的普遍性。在小说情节中，百宝箱是一个贯穿始终的重要道具，它不仅是杜十娘的价值的象征，也是对李甲之流有眼不识“千古女侠”、买椟还珠的莫大讽刺，这使小说又具有一种人生寓言的意味。

《醒世恒言》中的《卖油郎独占花魁》与《杜十娘怒沉百宝箱》同以名妓为题材，同以市井生活为背景，也同样是一篇非常出色的作品，但二者的意义却大不相同。如果说《杜十娘怒沉百宝箱》揭示了现实的丑陋邪恶和世态的冷酷无情，笔墨充满讥讽；《卖油郎独占花魁》则有不少浪漫色彩，也透出了人间的温情和真情。花魁娘子王美娘和卖油郎秦重的爱情和婚姻，构成小说情节的主线；王美娘堕落风尘的经过和她在妓院中的生活，以及王、秦二人与各自父母的悲欢离合，则是故事的辅线。卖油郎仰慕花魁娘子，竟不惜每日积蓄一分银子，经过三年之久，攒成十两银子，只为了和心爱的人作一夕的亲近。这本是一段浪漫的故事。恰值美娘醉酒，不省人事，秦重一片诚心，满怀关爱，为了照顾美娘而甘愿彻夜不眠。这又是一段动人的故事。这个“忠厚”、“老实”、“知情识趣”的“市井之辈”，与那些“任情使性，吃醋跳槽”、仗势欺人的“衣冠子弟”，如金二员外、吴八公子之流相比，显得多么善良和高尚。难怪自他走后，花魁娘子要记挂他、想念他。经过一番曲折，卖油郎终于独占花魁，两个人幸福地结合了。

像秦重这样的“志诚种子”，在受惯了玩弄、欺凌和蹂躏的风尘女子眼中，是难得一见的。所以，杜十娘和王美娘拥有不同的结局也是很自然的。实际上，“秦重”就是“情种”的谐音，也可以说，他便是情种的化身。作者笔下的秦重的个性形象与其经历也有很强的理想化色彩，他代表了市井审美的一个取向。出没于市井巷陌的卑微的秦重，与贵家公子李甲形成鲜明的对照；“作经纪本分人儿”的小卖油郎，与为富不仁的富商孙富也形成鲜明的对照；李、孙在作品中受到否定、批判，与秦重在作品中受到赞扬、歌颂，也形成了一个鲜明的对照。小说在权势与爱情、金钱与道德之间所作的价值判断和抉择，是毫不含糊的。它标举一个“情”字，对“风流”作了一种新的定义。《杜十娘怒沉百宝箱》篇末诗曰：“不会风流莫妄谈，单单情字费人参。若将情字能参透，唤作风流也不惭。”这正是市民群众在反对门阀婚姻和反抗买卖婚姻的生活中产生的一种对爱情婚姻的新认识，一种新的美学理想。以这种标准来衡量，才会得出“堪爱豪家多子弟，风流不及卖油人”（《卖油郎独占花魁》篇末诗句）这样具有叛逆性、先进性的思想认识。

这两篇话本小说处理的是典型的市井生活题材，也是这一类故事中的佼佼者。由于妓女是在社会地位上特殊的、卑贱的一群人，有传统道德所难以约束的一面，所以，这类故事容易被处理得浪漫一些，传奇色彩浓一些，而作者对道德教化的专注，也无形中消释了一些。同时，这一类故事中对市井生活风俗的描画，对市井人物形象的勾勒和心态的分析，在同时的诗歌散文中是难得一见的，这是晚明话本小说中最重要、也最成功的历史贡献之一。

话本小说中随处穿插一些在市井广为流传的谚语、俗语或者韵语，例如“春为茶博士，酒是色媒人”、“日前不做亏心事，半夜敲门不吃惊”、“火到猪头烂，钱到公事办”、“屋漏更遭连夜雨，船迟偏遇打头风”之类，不胜枚举。这些都可以视为市民生活经验和市井智慧的反映和总结。

《三言》中还有一些作品，从另外的角度描绘了市井生活中的众生相。《古今小说》中的《滕大尹鬼断官私》一篇描写倪太守死后的家变、遗产继承等问题。倪太守的作为和他死后这个官宦人家的遭遇，也没有逃脱市井生活的形态。倪太守晚年纳妾梅氏，生子善述，恐怕自己死后梅氏和善述受虐待，临死时表面上将家产都传给长子善继，暗中却在一间小屋地下埋了十坛银子、一坛金子。他把这秘密写在一张纸上，藏在自己的一幅画像里面，嘱咐梅氏好好收藏。后来，倪氏长子善继果然虐待其庶母和异母兄弟，于是梅氏母子拿着画像告到滕大尹处。这是一个很典型的市井家务事的题材。常言道，“清官难断家务事”。这个案子到了号称难得遇见的“贤明官府”滕大尹手里，果然有个不同寻常的结局。“最有机变”的滕大尹勘破这个机密以后，通过一番装神弄鬼，施展巧计，诈骗了一大笔钱财，而众人还以为这“真个倪太守许下酬谢他的，反以为理之当然”。面临这飞来横财和意外结局，各人的反应自然大不相同，所谓“喜杀善述，妒杀善继，唬杀众人，笑杀大尹”（本篇旧评语）。小说如此收结，显然含有对梅氏母子善良无助的同情，对善继欺凌孤寡的不义行为的斥责，对滕大尹这一类以才智济其贪污、从而坐获名利双收的所谓“贤明官府”，也作了犀利的讽刺。

与《滕大尹鬼断官私》相比，《古今小说》中的另一篇《沈小霞相会出师表》的政治色彩就浓厚多了。这篇小说的题材与传奇《鸣凤记》一样，写16世纪中叶一些正直的官吏和欺君误国的严嵩、严世蕃父子展开的斗争。严氏父子的罪状当时已经有了结论，因此，作者就突破了回避有关现代政治的题材这一习惯，而写出了这篇现代性、政治性的作品。

小说前半篇写沈炼反对严氏父子、杨顺等奸臣的斗争，被贬保安州，以至最终遇害屈死。后半篇写他的儿子沈襄（小霞）如何逃脱仇敌的魔掌、最终昭雪冤枉的故事。前半篇的情节，基本上都和《明史·沈炼传》相同。后半篇所写，据冯梦龙《情史》，大体上也是实有其事的。通过沈炼的贬谪异乡和沈襄的亡命江湖等情节，小说牵涉了许多市井生活场景的描写，同时也展示了这场政治斗争的广泛的社会背景。从艺术描写上看，后半篇比前半篇更为突出。

小说中的沈炼，具有刚强不屈、忠义慷慨这样一些英雄性格，同时，又是一个性情急躁、缺乏策略的书呆子。他恨严嵩，就扎个草人，把它当作严嵩，向它射箭。他恨杨顺，就写了骂杨顺的信和诗，当面交上（历史记载也是如此）。这就使人感到他是坚定地站在正义一边，但也同时使人感到，他在斗争中必然要失败。但沈炼在斗争中并不是孤独的，他得到了好友冯主事和贾石等人的支持。特别值得注意的是贾石这个人物的出现。据《明史·沈炼传》，沈炼被谪保安，“既至，未有馆舍。贾人某询知其得罪故，徙家舍之。”这个无名商人到了小说中被改为姓贾名石，而其职业也改为务农了。这种改动本身则暗示了各阶层对于这场以士人为主的正义斗争的普遍支持。在贾石身上所体现的人民对于沈炼父子的感情，也可以理解为市民群众反抗封建专制和贪官污吏的感情。冯主事实际上已将沈襄藏在家里，面对地方官或公差却装出极其害怕严氏父子的神情，把自己私藏钦犯的嫌疑洗刷得一干二净，显示了政治斗争中的机智和谋略。

在小说后半篇才出现的闻淑英，是拟话本中一个出色的妇女形象。她不是那种生长在深闺绣阁之中，虽然禀性纯良，却毫无社会生活经验，遇到意外祸事，就手足无措哭哭啼啼的女人。相反，她忠诚而勇敢，具有机智的才能。沈襄被捕时，她已经怀了两个半月的孕，却毅然决定与沈襄同行，并沿途照顾丈夫。途中，她发现公差张千、李万有谋害沈襄之意，定计教丈夫逃走；丈夫逃走以后，她又先发制人，立即告到官府，把这两个帮凶拴住，从而保障了自己和丈夫的安全。她巧妙地抓住公差的把柄和地方官的弱点，在这一场惊险的斗争中，终于获得了完全的胜利。

简称《二拍》的《初刻拍案惊奇》和《二刻拍案惊奇》在规模和重要性上都仅次于《三言》。这两种小说集的性质有所不同。《三言》主要选辑由宋到明的话本和拟话本，其中可能附有编者冯梦龙的一些创作；《二拍》则绝大多数是作家凌濛初的个人创作，其中有许多是根据古老题材进行再创造的。《初刻拍案惊奇》成于 1627 年，和《醒世恒言》同时，共收拟话本小说四十篇。《二刻拍案惊奇》成于 1632 年，共收拟话本小说三十九篇，另收有《宋公明闹元宵》杂剧一篇。从时间上说，《二拍》与《三言》的出现正好彼此接续。

在《初刻拍案惊奇》的自序中，凌濛初以即空观主人的笔名写道："龙子犹（冯梦龙的笔名）所辑《喻世》等诸言，颇存雅道，时着良规，一破今时陋习，如宋元旧种，亦被搜括殆尽。……因取古今来杂碎事可新听睹、佐谈谐者，演而畅之，得若干卷。"《二刻拍案惊奇》自序又说，在《初刻拍案惊奇》之外，"其为柏梁馀材、武昌剩竹，颇亦不少。意不能恝，聊复缀为四十则。"可见这两部话本小说集的编印，确实受到冯梦龙编辑《三言》的诱导。与《三言》相比，《二拍》同样描绘人情世态，摹写悲欢离合，大体上"叙述平板，引证贫辛，不能及也"（鲁迅《中国小说史略》第二十一篇《明之拟宋市人小说及后来选本》），但也有一些十分精彩的篇章。如《初刻拍案惊奇》中的《韩秀才乘乱聘娇妻，吴太守怜才主姻簿》和《卫朝奉狠心盘贵产，陈秀才巧计赚原房》之对于富商大贾的批判，前者还是一篇成功的喜剧故事；《张溜儿熟布迷魂局，陆蕙娘立决到头缘》和《顾阿秀喜舍檀那物，崔俊臣巧会芙蓉屏》之对于妇女遭受迫害的命运的描写和对于妇女们反抗迫害的赞扬；《二刻拍案惊奇》中的《痴公子狠使噪脾钱，贤丈人巧赚回头婿》、《两错认莫大姐私奔，再成交杨二郎正本》中的讽刺调侃笔调，都是很引人入胜的。在《二拍》的人物之中，来自政治舞台的更少，而来自社会下层的人特别是商人居其大半。作者似乎并不重视场景的描写，而喜欢借引子大发议论，有时离开小说主题作一些道德或政治的评论，对故事的结局也透出更强烈的宿命色彩的理解。

《三言》和《二拍》问世后，在当时社会上都十分流行。此后不久，大约在 1633 至 1644 年之间，抱瓮老人编选了一部拟话本选集，题为《今古奇观》，共计四十篇，全部选自《三言》和《二拍》，即：选自《古今小说》的八篇；选自《警世通言》的十篇；选自《醒世恒言》的十一篇；选自《初刻拍案惊奇》的八篇；选自《二刻拍案惊奇》的三篇。这部选集专选明代拟话本而不收宋元话本，由于它撷取的是《三言》、《二拍》中的较为精彩的作品，所以，它出版以后，很快就风行一时，并且取代了《三言》、《二拍》，成为清代最通行的一部白话短篇小说集。从历史上看，《今古奇观》既限制了作为一个整体的《三言》、《二拍》获得更广泛流通的机会，但同时又推广了拟话本小说的影响，使这一从 18 世纪以来就逐渐不为人所注意的文学样式能够不绝如缕地流传下去。

《三言》和《二拍》这两部话本小说集的成功，刺激了晚明话本小说的繁荣。在其后短短二十年内，就涌现了至少二十部话本小说集。其中大多数追随《三言》、《二拍》，题材和主题的视野比较狭窄，独创性也不够。也有不少作品的主题极端化，或者倾向于艳情庸俗，或者倾向于道德说教。前者如《鼓掌绝尘》和《欢喜冤家》等，这种倾向一方面显然受到明末重情的文艺美学思潮的影响，如冯梦龙通过编辑《情史》所宣扬的；另一方面也受当时淫俗的社会风气和《绣榻野史》、《痴婆子传》等色情小说的影响。后者如周楫的《西湖二集》（从"二集"这个名称来看，应该还有"初集"，但从未见过，可能已佚）和东鲁古狂生的《醉醒石》。在清初，也还有作家们写的拟话本小说集出现，例如李渔的《十二楼》（一名《觉世雅言》）、艾衲居士的《豆棚闲话》和酌元亭主人的《照世杯》等。再后来，则有苏州墨浪子的《西湖佳话》、石成金的《传家宝》和杜纲的《娱目醒心编》等。总的来说，这些作品的成就都没有超过《三言》和《二拍》。

实际上，艳情庸俗和道德说教两种倾向并不只存在于前面提到的那几种小说集中，相当多明代话本小说作品中都存在这种缺点，只是程度不同而已。本来，话本和由它派生出来的拟话本就是“市人小说”，它既广泛地反映了市民社会的生活，反映了市民阶层各方面的进步要求，也难免要反映市民的庸俗思想，如冤报迷信、宿命论以及淫佚之念等。同时，话本小说的流行使其本身成为一种商品，也促使某些书坊某些作者为求牟利，而不惜降格以迎合某些低级趣味。凌濛初在《初刻拍案惊奇》的序文中曾经说道：“近世承平日久，民佚志淫。一二轻薄，初学拈笔，便思污蔑世界，得罪名教，莫此为甚。有识者为世道忧，列诸厉禁，宜其然也。”其实，在凌氏自己的创作中，就有不少“污蔑世界”的描写。明代统治者、官僚、富商们对于官能享乐的痴迷和畸形追求，和人民反对封建礼教对于婚姻爱情的横暴干涉、要求灵肉一致，原来是有本质区别的，但作家们却常常将这两者混淆了。在这种不够清醒明确的思想观念指导下，作家甚至对小说中这一类不适当的猥亵性的细节描写津津乐道，以迎合某些人粗俗的审美趣味。晚明的有识之士已经认识到这种倾向对世道人心的危害。清兵入关以后，从顺治九年(1652)起，就一直查禁所谓“淫词小说”(俞正燮《癸巳存稿》卷九“演义小说”条)。同治七年(1868)，江苏巡抚丁汝昌颁布的《应禁书目》中，就包括《拍案惊奇》、《今古奇观》、《石点头》、《十二楼》等话本小说集在内。这说明，这种倾向客观上是阻滞话本小说的推广和发展的。

统治阶级的正统思想作为当时社会思想的主体，也难免要给话本小说打上烙印，使明代许多话本小说也不同程度地存在着道德说教的弊病。这正如鲁迅先生所指出的：“宋市人小说，虽亦间参训喻，然主意则在述市井间事，用以娱心；及明人拟作末流，乃诰诫连篇，喧而夺主，且多艳称荣遇，回护士人，故形式仅存，而精神与宋迥异矣。”(《中国小说史略》第二十一篇《明之拟宋市人小说及后来选本》)

第二十六章　时调小曲的流行

北曲和南曲　明代时曲发展概略　早期时曲集　《童痴一弄》(《挂枝儿》)　《童痴二弄》(《山歌》)　文人的拟作及影响　清代时曲集　《时尚南北雅调万花小曲》　《霓裳续谱》　《白雪遗音》　时曲的思想艺术特点

元代新兴的抒情诗样式散曲，在元帝国崩溃以后，仍然在社会上流行着。它原来主要和北方系统的音乐相联系着，到了后来，由于南方系统的音乐势力逐步膨胀，许多作家也就把这种抒情诗配合着它来歌唱。这样，就使得散曲和当时的剧曲一样，有了北曲和南曲之分。从现存作品来看，从 14 世纪后期到 17 世纪中叶的近三个世纪中，明朝的散曲一直是在社会上流行的，其间也产生过一些比较优秀的作家和作品。只不过与元人相比，其声势、影响和成就都尚有较大的差距。

大约从 15 世纪起，又开始出现了一种更新的歌曲或抒情诗。它们在地理、音乐、语言各方面，都显示着复杂的来源。为了有别于流传已久的南北曲，当时人们就称之为时调小曲，或者简称时曲。所谓时调，是针对南北曲之为古调而言的；所谓小曲，是针对南北曲之为大曲而言的。“时”意味着时尚流行；“小”意味着轻巧灵活；既不受正襟危坐的束缚，也没有陈腐的说教。

从现有的文献材料来看，时调小曲多数是从乡村流入城市以后已经城市化的作品,或者原来就是产生于城市的作品。基本上可以说,时调小曲就是明清时代的市民歌曲。和六朝诗歌中的吴歌、西曲,宋词中的某些作品特别是柳永等人的词一样,时调小曲也反映了市民的生活情调。与前者相比,后者数量更多,反映市民生活和感情的幅度也很广。

对于时调小曲的产生和发展,沈德符《万历野获编》卷二十五《时尚小令》曾有比较详细的描述:

> 元人小令,行于燕、赵,后浸淫日盛。自宣(德)、正(统)至成(化)、弘(治)后,中原又行《锁南枝》、《傍妆台》、《山坡羊》之属。李崆峒(梦阳)先生初自庆阳徙居汴梁,闻之,以为可继《国风》之后,何大复(景明)继至,亦酷爱之。今所传《泥捏人》及《鞋打卦》、《熬鬏髻》三阕,为三牌名之冠,故不虚也。自兹以后,又有《耍孩儿》、《驻云飞》、《醉太平》诸曲,然不如三曲之盛。嘉(靖)、隆(庆)间,乃兴《闹五更》、《寄生草》、《罗江怨》、《哭皇天》、《干荷叶》、《粉红莲》、《桐城歌》、《银纽丝》之属,自两淮以至江南,渐与词曲相远,不过写淫媟情态,略具抑扬而已。比年以来,又有《打枣竿》、《挂枝儿》二曲,其腔调约略相似,则不问南北,不问男女,不问老幼良贱,人人习之,亦人人喜听之,以至刊布成帙,举世传诵,沁入心腑。其谱不知从何来,真可骇叹!又《山坡羊》者,李、何二公所喜,今南北词俱有此名,但北方惟盛爱《数落山坡羊》。其曲自宣、大、辽东三镇传来。今京师妓女惯以此充弦索北调。其语秽亵鄙浅,并桑、濮之音亦离去已远,而羁人游婿,嗜之独深,丙夜开樽,争先招致;而教坊所隶筝篆等色,及九宫十二调,则皆不知为何物矣!

据沈氏的记载,明代时调小曲的产生和发展可以大致分作三个阶段:从明宣宗宣德(1426—1435)、明英宗正统(1436—1449)至明宪宗成化(1465—1487)、明孝宗弘治(1488—1505),即从15世纪20年代至16世纪初,是时调小曲的始生期,其影响区域主要在中原。其中又以《锁南枝》、《傍妆台》、《山坡羊》三曲最为流行,并引起当时著名诗人李梦阳、何景明的高度重视。从明世宗嘉靖(1522—1566)到明穆宗隆庆(1567—1572)间的五十年,出现了更多的曲调,本身的特征进一步明确,空间上则由北往南发展,及于两淮及江南地区。隆庆以后,其发展又进入了一个新阶段。

沈德符的记叙,揭示了时调小曲来源的广泛性,成分的复杂性,以及它在内容和形式、语言和音乐各方面对过去的抒情诗——诗、词、曲等的突破。他注意到这一新兴的文学现象,但在审视这一新生事物时,还不免带着正统诗学的眼光,流露出一些轻蔑和不屑。与此同时,也有许多卓有见识的诗人和批评家充分肯定了时调小曲来自民间的那份天然、清新、真纯。作为"前七子"的领袖,李梦阳、何景明二人的诗学观点并不完全一致,但他们都酷爱这类新兴的歌唱,称赞这些出自民间的作品真纯可爱,非文人创作所能及。袁宏道也曾指出,由于时调小曲是"闾阎妇人孺子所唱","真人所作,故多真声"(《小修诗序》)。一向重视民间通俗文学的冯梦龙则说:"今虽季世,而但有假诗文,无假山歌。"并认为这些作品可以"借男女之真情,发名教之伪药"(《山歌序》)。卓珂月更大胆宣称:"我明诗让唐,词让宋,曲让元,庶几《吴歌》、《挂枝儿》、《罗江怨》、《打枣杆》、《银绞丝》之属,为我明一绝耳。"(陈宏绪《寒夜录》)总之,时调小曲不仅是一种崭新的文学形式,还包含着一些不见之于当时正统诗歌形式的新的风格和内容。

北方的时调小曲,产生不久就流入南方,为南方人民所模仿;同时,南方的山歌之类本来就很流行。这样,就使得时调小曲在全国范围之内都盛行起来了。正如明代著名曲家王骥德所指出的,"小曲《挂枝儿》,即《打枣杆》,是北人长技,南人每不能及。昨毛允遂贻我吴中新刻一帙,中如《喷嚏》、《枕头》等曲,皆吴人所拟,即韵稍出入,然措意俊妙,虽北人无以加之,故知人情原不相违。"人心不隔,民情相通,是北曲南传并在全国流行的重要基础。"北之《打枣杆》与吴人之山歌,不必文士,皆北里之侠,或闺阃之秀,以无意得之,犹诸郑、卫诗风,修《大雅》者反不能作。"(《曲律》)这说明时调小曲的流行有其社会文化基础。

最早的明代时调小曲集,是成化年间金台鲁氏刊行的《四季五更驻云飞》、《题西厢记咏十二月赛驻云飞》、《太平时赛驻云飞》、《新编寡妇烈女诗曲》等四种，其中许多采用了联曲的形式。这些集子只收录了当时社会上流行的作品中的极小部分，从质量上说，也不是最好的。相反，在明代刊行的许多戏曲选集乃至在包括《金瓶梅》在内的白话小说中，附录有许多更其优美的作品。这当中最多的是恋人之间缠绵的倾诉和深情的誓言，如：

傻俊角，我的哥，和块黄泥儿捏咱两个。捏一个儿你，捏一个儿我，捏的来一个似活托，捏的来同床上歇卧。将泥人儿摔碎，着水儿重和过，再捏一个你，再捏一个我。哥哥身上也有妹妹，妹妹身上也有哥哥。

——《锁南枝·风情》(《南宫词纪》)

一重山，两重山，阻隔着关山迢递。恨不得来见你，空想着佳期。默地里思一会，想一会，要写封情书捎寄，才放一只桌儿，铺着一张纸儿，磨着一池墨儿，拿起一枝笔儿。未写着衷肠，泪珠儿先湿透了纸。

——《急催玉》(《词林一枝》)

钦天监造历的人儿好不知趣，偏闰年，偏闰月，不闰个更儿。鸳鸯枕上情难尽，刚才合着眼，不觉又鸡鸣。恨的是更儿，恼的是鸡儿。可怜我的人儿，热烘烘丢开，心下何曾忍！

——《急催玉》(《词林一枝》，又见《八能奏锦》)

也有丈夫临别时妻子温存的嘱托，如：

临行时扯着衣裳问：冤家几时回？还要回只待等桃花桃花绽。一杯酒递与心肝，双膝儿跪在眼前。临行时祝付千祝付千遍：逢桥时须下雕鞍，过渡时切莫争先，在外休把闲花闲花恋。得意时急早回还，免得奴受尽熬煎，那时方称奴心奴心愿。

——《罗江怨》(《词林一枝》)

还有准备与情人私逃的妓女的内心悸动和对光明前途的勇敢追求，如：

俏心肝，咱和你难丢手，终日里住秦楼，却不是良谋。今宵准备双双走。打破牢笼去，脱离狼虎口。清白人家白人家，乖，天长与地久。

——《劈破玉·走》(《词林一枝》)

和散曲一样，时调小曲的基本形态也是以一支曲子即小令为单位的，但有时也因内容的需要，发展成为联曲，即以若干支同样的曲子联结起来写一个主题的重头曲，或以若干支不同样的曲子联结起来写一个主题的套曲。《玉谷调簧》和《摘锦奇音》中都曾予以记载的《娘女问答》，便是一篇由四支《劈破玉》组成的咏写私情的重头曲：

小贱人生得自轻自贱，娘叫你怎的不在跟前？原何唬得筛糠战？因甚的红了脸？因甚的掉了簪？为甚的缘由，甚的缘由，(儿，)揉乱青丝纂？(又)

——《娘问女》

告娘亲非是我自轻自贱，娘叫我一时不在跟前，因此上走将来得心惊战。搽胭脂红了脸，耍鞦韆吊了簪，墙角上攀花，角上攀花，(娘，)挂乱青丝纂。(又)

——《女回娘》

小贱人休得胡争辩，为娘的幼年间比你更会转湾。你被情人扯住心惊战，为害羞红了脸，做表记丢了簪，云雨偷情，云雨偷情，(儿，)弄乱青丝纂。(又)

——《娘复骂》

小女儿非敢胡争辩，告娘亲恕孩儿实不相瞒。俏哥哥扯住唬得心惊战，吃交杯红了脸，俏冤家抢去簪。一阵昏迷，一阵昏迷，(娘，)

我也顾不得青丝纂。(又)

——《女自招》

在这篇作品中，作者以极其经济的对话，刻画了一个为了爱而变得勇敢的女儿和一个虽然也曾勇敢过但后来却给自己的感情涂上了漆，并且也希望把漆朝女儿的感情上涂的母亲。新鲜的形式，活泼的对话，写出了两个真实动人的形象。

万历时代，冯梦龙编辑了两部民歌集，即别题为《童痴一弄》的《挂枝儿》和别题为《童痴二弄》的《山歌》。“童痴”之称，正体现了冯梦龙对时调小曲的看法，即特重其童真和痴情。《挂枝儿》现仅存浮白山人的选本，计四十一篇；《山歌》的三百四十多篇则全部保存下来了。这些作品中，有些经过冯梦龙的加工，还附录有极少数的文人拟作，但基本上保存了时调小曲的精神面貌。冯书一出，即广为流传，“海内盛传冯生《挂枝儿》曲”，“浮薄子弟，靡然倾动，至有覆家破产者。其父兄群起讦之”(钮琇《觚賸》)，可见其影响之大。《挂枝儿》也和其他时曲一样，以情诗为主，例如下举几首，或抒写分离的思念，或斥责情郎的负心，都是《曲律》所赞为“措意俊妙”的作品：

对妆台忽然打个喷嚏，想是有情哥思量我，寄个信儿。难道他思量我刚刚一次？自从别了你，日日泪珠垂。似我这等把你思量也，想你的喷嚏常似雨。

——《喷嚏》

捎书人出得门儿骤，叫丫鬟唤转来，我少分付了话头：“你见他时，切莫说我因他瘦。现今他不好，说与他又添忧。若问起我身体也，只说灾病从没有。”

——《寄书》

这封书见了不由人不气，说来时，又不来，这话眼见得虚。那些个有缘千里能相会。亲口说的话儿还不作准，这几个草字儿要他做甚的？寄语我薄幸的情郎也，把这巧舌头儿收拾起。

——《见书》

其中也有少数偶尔接触到其他方面的，如《裹脚》一篇，就控诉了封建礼教对于妇女野蛮的生理摧残：

裹脚儿自幼的被你缠上，行双双，坐双双，到晚同床。白日里一步何曾松放？为你身子儿消瘦了，为你行步好郎当，为你绊住了我的跟儿也，只得随你同来往。

还有如讽刺时俗的，如《挂枝儿·山人》：

问山人，并不在山中住，止不过老着脸皮写几句歪诗。戴方巾称治民，到处去投刺。“京中某老先，近有书到治民处；乡中某老先，他与治民最相知。”临别，“有舍亲有一事干求也，只为公道没银子。”

明代山人最多，往往是假名士，这一首对其虚伪本质的针砭是够犀利的，可与李开先《一笑散》中讽刺贪小利者的《醉太平》一曲相媲美。

正如编者在序文中所指出的，《山歌》乃是一部“私情谱”。除了最后一卷《桐城时兴歌》是用通行语言写的以外，其余都是用吴语写的，其中也保留了从六朝吴歌中就存在着的某些传统表现方式，例如双关语的应用，以“幅”指“福”，以“园”指“缘”，以“丝”代“思”等。这种谐声隐语，是民歌语言运用方面的共同特征。以鲜活的语言，表达比六朝吴歌更加炽热的爱情愿望和对性爱解放的要求，则是明代《山歌》的新特点。例如：

滔滔风急浪潮天，情哥扳桩要开船。挟绢做裙郎无幅，屋檐头种菜姐无园。

——《别》

约郎约到月上时，那了月上子山头弗见渠。咦弗知奴处山低月上得早？咦弗知郎处山高月上得迟？

——《月上》

老公小，弗风流，只同罗帐弗同头。搭宅基一块好田只吃你弗会种，年年花利别人收。

——《老公小》

结识私情弗要慌，捉着子奸情奴自去当。拚得到官奴膝馒头跪子从实说，咬钉嚼铁我偷郎。

——《偷》

以上诸篇，冯梦龙称之为"私情四句"，是不入乐的徒歌，因而严格说来，它们也不是小曲。但在艺术上，它们却各有特点：《别》巧用双关语；《月上》虽用吴侬软语，但落想出奇，痴心可鉴；《老公小》善于用喻，语含幽怨；《偷》则热烈大胆；都给人留下了难忘的印象。

《山歌》中还有一些"曲白间用"的乐歌，篇幅一般比较长。其中如《门神》一篇，就深刻反映了一个被抛弃的恋人"结识私情像门神，恋新弃旧忒忘情"的哀怨心曲，和"私情四句"有异曲同工之妙。它句句写的是门神，却又句句讲的是被弃者。一年以前，初时光景是：

记得去年大年三十夜，捉我千刷万刷刷得我心悦诚服，千嘱万嘱嘱得我一板个正经。我虽然图你个糊口之计，你也敬得我介如神。……有介一起轻薄后生捉我摸手摸脚，我只是声色弗动。……我为你受子许多烹风露水，带月披星。……你当先见我颜色新鲜那亨介喝采，装扮得花噪，加倍介奉承。

才过了一年，情况就大不一样了，而痴心的女主人公心里却一直存有一丝希冀：

弗上一年个光景，只思量别恋个新人。你省我弗像个士女，我也道你弗是个善人。就要撚我出去，弗匡你起介一片个毒心。逼着介个残冬腊月，一刻也弗容我留停。你拿个冷水来泼我个身上，我还道你是取笑；拿个笓帚来支我，我也只弗做声；扯破子我个衣裳只是忍耐，撅破子我个面孔方才道你是认真。

这种巧妙的双关比喻手法，也正体现了无名作者的机智和民间文学的特征。

冯梦龙曾模拟时调小曲，创作了《夹竹桃顶针千家诗山歌》。明清的少数作家，如金銮、刘效祖、赵南星、冯惟敏、陈铎、王磐等人，也曾以时调小曲这种形式来作散曲，从而纠正了元末明初散曲创作中的典雅化倾向，也扩大了其题材内容。陈铎《滑稽余韵》中有不少作品写到城市下层人民的生活，如《雁儿落带过得胜令·机匠》写到机匠的艰辛；《雁儿落带过得胜令·媒人》讽刺了媒人的可笑；都有意识地以滑稽清活的风格，矫正雅丽板滞的作风。冯惟敏《海浮山堂词稿》也有较丰富的社会政治内容。王磐《王西楼乐府》中的《朝天子·咏喇叭》，继承了元代散曲的优良传统，以辛辣之笔挑战邪恶，与睢景臣《般涉调·高祖还乡》相似，而善用比兴过之。时调小曲的影响，使明代中后期的散曲创作有了新的成就与面目。

清代的时调小曲，从 18 世纪初叶起，开始进入了一个新的繁荣发展的阶段。仅刘复和李家瑞合编《中国俗曲总目稿》中，就收有单刊小册六千零四十四种，数目已相当可观。实际上，这一数目还只是当时民间创作的一部分，遗漏和亡佚的还有不少。乾隆九年(1744)刊行的《时尚南北雅调万花小曲》共有一百多篇，是清代出现较早的一部时曲集，因而，其中还保存了一些在明代就已流行的作品。其中题为“小曲”的一部分，有许多带有极为显著的民歌风格特征的篇章。如：

从南来了一行雁，也有成双也有孤单。成双的欢天喜地声嘹亮，孤单的落在后头飞不上。不看成双，只看孤单。细思量，你的凄凉和我是一般样。

《时尚南北雅调万花小曲》中最可注意的是《西调鼓儿天》。这是一套写思妇的作品，以十八篇《鼓儿天》作正文，以一篇《清江引》作尾声来组成的。曲中所写的“征西”，可能是指雍正七年至十二年(1729—1734)清军出征准噶尔部的战事。这场征战延续了四五年，糜费了大量钱粮，但并没有能取得胜利。人民对这场战争的不满，在这篇时曲中得到了反映。征夫思妇是一个在《诗三百篇》中就有表现的古老题材，这篇时曲充分发挥其形式上的特点和优势，十八篇《鼓儿天》从不同角度、侧面，反复铺叙思妇的生活和感情，其委曲细致显然超过了前人的同类作品。节录前一部分如下：

一更鼓儿天，(又)我男征西不见回还。早回还，与奴重相见，了呀！叫了一声天，哭了一声天，满斗焚香，祝告苍天。老天爷保佑他早回还，早回还，奴把猪羊献。了呀！

二更鼓儿多，(又)我男征西无其奈何。没奈何，叫奴实难过。了呀！叫了一声哥，哭了一声哥，我想我哥哥泪如梭，泪如梭，不敢把两脚错。了呀！

三更鼓儿催，(又)月照南楼奴好伤悲。一张象牙床，教奴独自睡。了呀！独守孤帏，又南来孤雁一声一声催。雁儿，你落下来，奴与你成双对。了呀！

四更鼓儿生，(又)我男征西在路径。在路径，叫奴身怀孕。了呀！你好很心！(又)是男是女早离了娘的身。山高路又远，谁人捎书信？了呀！

五更鼓儿发，(又)梦儿里梦见我的冤家，手搀手说了几句衷肠话。了呀！梦里梦见他，(又)架上金鸡叫喳喳，惊醒来忽听见人说话。了呀！

乾隆六十年(1795)，王廷绍刊行了当时的老曲师颜自德多年苦心搜集的时曲，题为《霓裳续谱》。这部集子汇编的作品多达五百四十七篇，“其曲词或从诸传奇析出，或撰自名公巨卿，逮诸骚客，下至衢巷之语，市井之谈，靡不毕具”(《霓裳续谱序》)。可见所收并不完全是民间创作。但对所收入的民间创作，作者一概保留其原貌，并没有进行加工，所谓“虽从友人之命，不过正其亥豕之讹，至鄙俚纰谬之处，固未尝改订”(同上)。因此，我们还可以从中看到一部分民间创作的本来面目。

《霓裳续谱》的编者把时曲分作西调和杂曲两大类。西调共有二百一十四篇，在书中所占比例甚大，但从风格上看来，大多数是出于不高明的文士之手，其价值还不及此外的各种小曲，亦即杂曲。杂曲中有一些很漂亮的情诗，如下面的《寄生草》：

> 熨斗儿熨不开的眉头儿皱；翦刀儿翦不断腹内的忧愁；对菱花照不出你我胖和瘦；周公的卦儿准，算不出你我的佳期凑。口儿说是“舍了罢”，我这心里又难丢，快刀儿割不断连心的肉。(重)
>
> 嗳哟哟，实难过！半夜三更睡不着。睡不着，披上衣服我坐一坐。盼才郎，脱下花鞋占一课。一只卸着，一只合着。要说是来，这只鞋儿那么着；要说是不来，那只鞋儿这么着！
>
> 情人送奴一把扇，一面是水，一面是山。画的山，层层叠叠真好看。画的水，曲曲弯弯流不断。山靠水来水靠山。山要离别，除非山崩水流断。(重)
>
> 相思牌儿在门前挂，买相思的来问咱：“借问声，这相思你要多少价？”“这相思得来的价儿大。”买的摇头，卖的把嘴咂：“请回来，奉让一半与尊驾。”(重)

由于其形式自由活泼，时曲往往能更多地突破传统抒情诗的某些局限或窠臼，有如奇峰突起，使人感觉格外尖巧清新。以上四篇都突破了旧有的格局，而以谋局之巧、设想之奇、意象之新引人注目。

道光八年(1828)华广生编《白雪遗音》刊行，本书共收时调小曲七百多篇，规模比《霓裳续谱》更大。其中所收以马头调最多，占全书五分之二。马头调可能是产生于码头亦即商业城市中的水陆交通枢纽的歌曲。如果这个推测准确，则这个调名本身已暗示了这些作品与城市及市民的关系。

《白雪遗音》中的情诗，风格与明代的《山歌》颇为相似。下面这一篇《马头调》和《满江红》即是其中的思新意奇之作：

> 热扑扑的离别去，凄凄凉凉独自回归。眼儿中掉下几点伤心泪，没奈何斜倚门框想滋味。这不是他吐的吐沫？那不是他磕的烟灰？这不是他照的影儿、坐的位？这才是“酒不醉人人自醉”。
>
> 要不咱俩散开罢？来来往往不是个长法。见了你，惶惶惚惚难招架；不见你，时时刻刻心坎挂。我也曾自己劝过我自家，是怎么空说丢门忘不下？到多咋你我二人不说话？
>
> ——《马头调》

> 俏人儿，我劝你回心转意，休想奴容颜好，奴是别人妻。将钗环赠与你，拿回家去，寻上一房妻，早早会佳期。到后来人谈论，反是奴误了你，反是奴误了你！
>
> ——《满江红》

唐代张籍《节妇吟》诗中那个面对“君知妾有夫，赠妾双明珠”的妇女，最终“还君明珠双泪垂，恨不相逢未嫁时”，可谓“发乎情止乎礼义”。相比之下，《满江红》中的这个女主人公一往深情，而温柔敦厚更令人感叹。《马头调》中所描绘的痴情女子的形象也给人留下了深刻的印象。

像这样一些发自普通人民内心的“深情苦语”，欢笑与悲哀，勇敢与疑惧，诚然是《白雪遗音》中的优秀作品，但这个集子中还有少数篇章，或者反映了那个时代另一些更重要的问题，或者更深刻揭露了人民生活的真相，也同样值得我们重视。如《马头调·带靶》写鸦片烟的危害：“鸦片烟儿真奇怪，吃烟的人儿，脸上挂着一个送命的招牌”；另一篇《马头调·带靶》写一少女“跑入公堂（告俺的爹娘），爱银钱将奴卖在烟花巷（丧尽天良）”，客观上反映了贫困对平民的压迫和对人性的摧残。贫困不仅逼良为娼，甚至沦落风尘也不能免于饥寒。如下面这篇《马头调》所唱的：

清晨起来门边站，身上无衣，怨着天寒。这几天何曾见个嫖客面？遇一人一把拉到勾阑院：“不当你是调情，只当你是可怜，可怜我三天吃了一顿饭。”叫爷们，“给我八个大钱吃碗面”。

读来让人不禁辛酸落泪。还有一篇《马头调·带靶》则大胆描写了小尼姑思念凡俗爱情的心理。

总的来看，时调小曲中所反映的思想感情是十分复杂的，其中既有面向生活的真实描写，也有一些庸俗无聊的东西。其中的一个显著特点，是其题材内容往往与妇女生活及其思想感情有关，从一般妇女的婚姻、恋爱、缠脚到奴婢、娼妓、尼姑等等，可以说是来自社会最底层的声音。她们的痛苦和欢乐，她们所承受的压迫和发出的反抗，在时调小曲中多有反映。这是妇女们的歌唱，或者拟代妇女的歌唱。时曲中为数众多的情歌中，有对私情的露骨咏唱，也有对性爱的夸张描写，实际上反映了在婚姻爱情上深受压迫和压抑的妇女所作的悲剧性反弹。这些时尚的作品虽然未必深刻，却往往以最真实、最裸露的形式，鲜活地勾勒出她们所处的时代。

这种新的歌曲和抒情诗样式，具有灵活多变、没有严整的格律的特征。在内容上，它以抒情为主，但也不缺乏叙事和咏物的篇章。除了少数谚谣以外，时调小曲直接介入政治斗争的不多，与时政的关系不密切，因为这一类题材非其重点，也非其所长。在结构上，它不仅有小令、重头、套数，而且有白有唱，有一人的独唱，有问答体的对唱。在口气上，叙述和代言也没有严格的区别。这些，都构成了它的新鲜活泼生动有力的优点。正是在这些地方，我们可以看出戏曲、诗歌和讲唱文学诸种样式的贯通和关联。至于它的语言反映了诗歌语言更进一步接近口语这一重要趋势，也是不言自明的。

第二十七章　儒林众生相和说不尽的《红楼梦》

与四大奇书的不同及互补　游离于儒林的浪子　范进、周进：对科举仕进的畸恋和讽刺　人性畸形、堕落与假名士　以功名富贵为中心　第一部“足称讽刺之书”　《红楼梦》：人物个性化和结构的独创性　晚期封建社会生活的百科全书　宝、黛、钗及其爱情悲剧　琳琅满目的人物画廊　偏重童真纯洁的境界的情感取向　诗化、抒情化及象征化　《醒世姻缘传》和《镜花缘》：高峰下的秀峦

《水浒传》重点铺展江湖社会；《三国演义》展开波澜壮阔的政治权谋和大场面军事战争的瑰丽画面；《金瓶梅》深入市民生活，描绘出市井风俗图画；《西游记》遨游神仙魔怪世界，充满童话般天真浪漫的情趣。它们在题材主题上各有千秋，又正好形成互补。不过，四大奇书对士人生活及其心理的深入刻画，对贵族家庭生活的全景描绘，则尚有不足。因此，《儒林外史》和《红楼梦》的出现，在文学史上有填补空白的意义。在清代众多的长篇章回小说中，真正足以上继四大奇书并能与之媲美的，也只有《儒林外史》和《红楼梦》。

这两部小说都产生于18世纪中叶。小说所处理的都是作者素日所熟悉的生活，他们曾经长期沉浸于这种生活方式的幸福与荣耀中，最终却

由于自愿或非自愿的原因，而游离了原来的社会阶层和生活方式。这一番出入升沉的人生经验，融入小说创作中，凸现了更亲切、清醒的现实感。这是与四大奇书的不同之处，也是它们艺术上获得巨大成功的原因之一。

吴敬梓（1701—1754）出生于安徽全椒一个靠科举制度而发达起来的士人家庭。在吴敬梓出生的时候，“五十年中，家门鼎盛”（《移家赋》）的荣光已是昨日黄花。青年时代，他也曾热衷于功名富贵，想走科举这条被当时读书人看作惟一正途的人生道路，但他的个性豪爽，又偏爱放荡风流的生活，逐渐挥霍了祖先留下的家产。他二十岁考上秀才之后，就一直没考取更高的举人进士。科场屡遭蹭蹬，日益消磨去他的功名心和进取的念头，使他逐渐从原来的那个阶层和群体中游离出来，成为被正统舆论所冷嘲热讽、所不齿的浪子。三十六岁时，安徽巡抚赵国霖荐举他到北京参加特别举行的博学鸿辞科考试，他也拒绝了。中年以后所经历的贫困的生活，更使他深刻体验了人情冷暖、世态炎凉，不仅使他扩大了眼界，更严肃而清醒地透视了现实人生。对于当时社会生活的诸种黑暗面，从八股取士的科举制度、那些野蛮而虚伪的封建礼教，到腐败而堕落的官僚政治，他的鄙夷是显然的，嘲笑是无情的，讽刺是辛辣的。这些揭露和批判，基于他经过巨大的精神痛苦和思想斗争后才得到的对这个社会的清醒而深刻的认识，因此，显得特别形象、具体、真实。

作者以悲悯而憎嫌的心情，塑造了一批深受科举制度的毒害，以致性格扭曲心态畸形的人物形象。周进和范进是这一类人的典型。两个人的名字都只有一个“进”字，也许不是巧合，而有讽刺其痴迷进学、进士亦即以科举进身之意。周进学了一辈子的八股制艺，却不得其门而入，到了六十多岁，依旧是个童生，不能进学，只好在乡下教蒙馆，受尽了羞辱。后来连蒙馆也教不成了，为生计所迫，跟着几个商人去做买卖，到了省城贡院门口，想挨进去看看，又被看门的大鞭子打了出来。可是他依然不死心，拿钱买通了看门的，到了晚间依旧进去看了。“周进一进了号，见两块号板摆的齐齐整整，不觉眼睛里一阵酸酸的，长叹一声，一头撞在号板上，直僵僵不醒人事。”几个商人见他着实可怜，筹了二百两银子，替他纳监进场。周进趴到地下，就磕了几个头，表示“若得如此，便是重生父母”，“变驴变马,也要报效”。苍天可怜,周进这次居然“巍然中了”,而且竟然接着又中了进士,三年之中,一路做到御史、广东学道,又以过来人的身份主持科考。在几百年间,历史裹挟着许许多多周进一流的人物,周而复始地循环,有力地支撑并维护了八股取士的制度,使其成为一种稳定的系统。

八股取士本来不全靠真才实学,也难说就有很客观的评判标准。满腹诗书经纶的人未必得中,巍然高中者却未必有什么学问和才干,科场中诸如此类荒唐可笑的故事实在太多。面黄肌瘦、花白胡须、冻得乞乞缩缩的童生范进引起了周进的怜悯,尽管原本是一篇坏卷子,最终还是自欺欺人地认为这样才是“一字一珠”的“天地间之至文”,将其取为第一名秀才。接着范进又考中了第七名举人。范进得知中举的消息,竟然欢喜得发疯,他的母亲在突如其来的生活变化面前,也激动得差点送掉性命。中举之前,范家已经穷得揭不开锅了。中举之后,来奉承趋附的络绎不绝,送钱物送田产送奴仆的都有,正是俗语所谓“书中自有黄金屋,书中自有千钟粟,书中自有颜如玉”。吴敬梓通过这些情节揭示了科举制度正是这样一条使人获得功名富贵,也使人趋于堕落的道路。多少士人在这条路上悲剧地拥挤着、奔逐着乃至互相排斥着,争先恐后。一些本性善良淳朴的人,在这一过程中被异化成虚伪卑鄙,顽钝无耻,或者迂腐愚昧,麻木不仁。范进原来也不是什么坏人,中举后也渐渐染上这类恶习,学会了一套虚伪作态。他死了母亲,到高要县打秋风,为了表示自己居丧守礼,硬是连牙筷也不肯用,但却可以用竹筷夹着虾圆子往嘴里送。

马纯上(马二先生)和王玉辉也是科举制度下成长的畸形士人。马二先生是个八股文选家,他以极虔诚的态度,宣扬应举做官是人生惟一的大事,除此之外,士人再没有别的事好做了。即使孔夫子生在今天,也不能例外。王玉辉是一个迂腐的老好人,科场上一辈子不曾得意,只“做了三十年的秀才”,但却深受封建伦理观念的毒害。女儿三姑娘在丈夫死后决心要殉节时,他不但不劝阻,反而认为“这是青史上留名的事”,加以鼓励,然后“在家,依旧看书写字”,居然安心等待女儿的死讯。女儿死后,他竟责怪悲痛欲绝的妻子说:“你这老人家真正是个呆子!三女儿她而今已是成了仙了,你哭他怎的?他这死的好,只怕我将来不能像他这样一个好题目死哩!”“因仰天大笑道:‘死的好! 死的好!’大笑着,走出房门去了。”可以想象得出,作者是以多么沉重的心情在描绘这一幅血淋淋的图画,是以多么愤怒的心情在控诉反动理学和封建礼教的罪恶。与吴敬梓同时的思想家和学者戴震说:“人死于法,犹有怜之者。死于理,其谁怜之!”(《孟子字义疏证》卷上)王三姑娘就正是这样一个“死于理”的女子,而她的父亲在精神上早已沦为反动理学和封建礼教的奴隶,他的灵魂可以说是虽生犹死。

不过,作者对马纯上、王玉辉这样的人物还是寓褒于贬的。说到底,他们也是封建礼教的受害者。因此,吴敬梓既痛恨腐朽的封建思想加于他们身上的毒害,怜悯他们的悲剧命运,同时又在另外一些场合赞扬他们所固有的善良品质,不掩盖他们的人性在某一方面闪射出来的光芒。这表明他已注意到人物性格的多重性和复杂性,在其他地方,他也同样注意到这一点。

作家犀利的笔锋,还主要指向另外一些利欲熏心、寡廉鲜耻的贪官污吏、假名士和豪商大贾。当时的官吏多数是靠科举出身的士人,其中也不乏庸俗、贪横、盗名欺世、贪污腐化之徒。例如以重办回教老师父为自己创造升迁条件的汤知县,用戥子、板子和算盘来压迫、剥削人民以求达到“三年清知府,十万雪花银”的南昌太守王惠,就是当时官场中的典型。不要说中举及第,做了官,便可以高人一等,作威作福,敲诈百姓,就是那些基层的乡绅,刚挨着一些科举的边,或者与当地或当权的官吏沾亲带故,也照样可以横行乡里,无恶不作。严贡生自称“为人率真,在乡里之间,从不晓得占人寸丝半粟的便宜”,实际上不但放高利贷,强占亡弟的遗产,无端扣押邻舍的肥猪,甚至连船钱也要赖掉。在这一卑劣的形象身上,我们同样可以嗅出八股制艺和虚伪礼教的气味。又如严监生,乃是一个家境富裕,却过着极端刻啬的日子的人。他临死的时候,因为油灯里多了一根灯芯,怕费了油,竟然不肯断气。作者对这种完全失去人生乐趣迷失人性本真的人,善于运用细节刻画形象,不动声色,却入木三分,令人不禁拍案叫绝。

《儒林外史》还以大量精彩的篇幅,描绘了当时一群假名士的生活。

这些人曾经也是科场上的功名势利之徒，由于感到在这条“正途”上博取功名富贵无望，就想走另一条终南捷径。他们和科举中人同样庸俗，甚至更加利欲熏心。他们自命清高，却依然奔走于权贵或富商之门，靠帮闲过活；他们自命风雅，却往往连诗也做不通。开头巾店的景兰江，“本来有两千银子本钱，一顿诗做得精光。每日在店里，手里拿着一个刷子刷头巾，口里还哼的是‘清明时节雨纷纷’”。牛浦郎偷了死去的老诗人牛布衣的诗稿，然后冒名顶替，到处招摇撞骗，终于弄出一场闹剧。他和另一个假名士牛玉圃认了祖孙之后，随着牛玉圃会见了大盐商万雪斋，就急于向旁人打听：“我这东家万雪斋老爷，他是甚么前程，将来几时有官做？”作者不仅准确地刻画了这些假名士的形象，而且剥开了他们的清高风雅的外衣，露出其空虚鄙陋的内心世界。

闲斋老人为本书所作序文说：“其书以功名富贵为一篇之骨。有心艳功名富贵而媚人下人者；有倚仗功名富贵而骄人傲人者；有假托无意功名富贵，自以为高，被人看破耻笑者；终乃以辞却功名富贵、品地最上一层为中流砥柱。”儒林各色人物对功名富贵的不同态度，构成了《儒林外史》的内容核心，吴敬梓也正是以这一标准来决定其是非憎爱的。尽管我们纵观全书，正面的为作者所肯定的人物极少，而反面的被作者否定的人物占了大多数，主导了全书的基调。他们来来往往，充斥各方，或者可笑，或者可恶，或者可怜，或者可悲，构成了一幅儒林众生相。但是，对于那些一贯讲究文行出处、鄙视功名富贵的人，他也从不掩饰自己的赞赏。第一回“说楔子敷陈大义，借名流隐括全文”虽然只是个楔子，却开宗明义，颇为引人注目，其意义的功能更大于其结构的功能。王冕视功名如敝屣，他的品格和他所处的时代，正好与全书中着力描绘的那种世相形成鲜明的对照。作者对现状的失望和感叹，以及对古典时代的向往和怀念，尽在不言之中。结尾的第五十五回“添四客述往思来，弹一曲高山流水”醒豁地点出此意，并寄托了对未来的期望。在这一回中，作者又写了擅长琴棋书画的季遐年、王太、盖宽、荆元等四个市井奇人，正好与开篇的楔子相互呼应。他们生活于市井中间，地位低贱，虽然不是所谓儒林人物，但在思想和性格上，却与书中另外一些为作者所肯定的儒林人物如虞博士、庄绍光、杜少卿等贤人君子相一致。作者以赞赏的心情，描绘了这些人萧散不羁的生活和思想，并通过他们表达了自己对于功名的鄙夷、对于个性的尊重以及对于个性解放的追求。这在一定程度上表现了他的思想的民主性和先进性。

这种思想还比较集中体现在作者对一些来自下层的小人物和女性人物形象的塑造方面。鲍文卿虽然有些封建意识，却是一个豪爽慷慨的善良的民间艺人。倪老爹则被科举制度害了一生，不得不靠修补乐器糊口，却又时刻为饥寒所威胁，连儿子都养不起。第二十五回中描写二人一见如故，一席对话，充满了人与人之间高贵的同情心，也流露了作者对沉沦于社会底层的卑微人物的尊重和怜悯、热爱和不平，闪射出人道主义思想的光辉。沈琼枝是作者所创造的一个十分出色的女性形象。她对骗她做妾的大盐商宋为富的勇敢而机智的强烈反抗，被作者寄予了极大的同情和尊敬。作者借杜少卿之口表示了对沈琼枝的支持和赞赏："盐商富贵奢华，多少士大夫见了就销魂夺魄。你一个弱女子，视如土芥，这就可敬的极了。"（第四十一回）

在18世纪以前，中国小说中虽有讽刺笔墨及成功的片断，但却没有一部完整的讽刺小说。"迨吴敬梓《儒林外史》出，乃秉持公心，指摘时弊，机锋所向，尤在士林；其文又戚而能谐，婉而多讽，于是说部中乃始有足称讽刺之书。"（鲁迅《中国小说史略》第二十三篇《清之讽刺小说》）作者对他所描写的儒林曾入乎其内，有十分贴近的观察；又能出乎其外，使思想境界超脱于流俗之上。他对士品之堕落既了然于心，又不能不忧愁、焦虑以至于愤怒、憎恶。这就构成了他的讽刺手法的思想力量和艺术力量。他对于反面典型的深刻概括，不仅栩栩如生地勾勒出那些丑陋的嘴脸，而且也目光四射地照明了产生这些丑恶的社会环境。他对平常生活现象的清醒透视和犀利剖析，往往在不动声色中见到锋芒，寓有沉痛，故鲁迅称之为"诚微辞之妙选，亦狙击之辣手"。（同上）《儒林外史》对中国小说讽刺艺术的贡献可以说是空前的。晚清时代出现的一批讽刺和谴责小说其艺术精神正是与《儒林外史》一脉相承的。

将《儒林外史》与有关历史文献作一对照，可以发现书中很多人物可能都有其历史原型，如杜少卿是作者本人，庄绍光是当时的著名经学家、以《骚赋论》驰名的程廷祚，马二先生则是徒步探访黄淮水道、著有《治河前后策》的冯祚秦（“冯”字拆开就是“马二”），虞博士就是以进士出任教官的吴培源（虞中含吴），等等。但作者显然结合了其他人物，并运用自己的艺术虚构，对这些形象作了艺术加工，使其更加鲜明突出。他还善于选择典型细节，凸显性格。全书文体省净，语言特别是白话以及方言口语的使用十分娴熟，也擅长用个性化的语言，寥寥数笔，就画出一个个鲜活的人物形象，如胡屠户、严监生等。

《儒林外史》的结构，在章回小说中也颇有独创性。它虽然是长篇小说，却更像一系列短篇小说的串接，章回之间的悬念安排颇具匠心。作家为了更便于选择生活的细节，充分反映那个时代的面貌，因而采取了在书中反映一个漫长的年代，并对于情节结构的某些环节予以放松的独特的艺术处理。换言之，作者是借一种既连续而又不十分连续的特殊结构来表达一个完整的主题，从而显示了结构的完整。第十八回往后开始收笔倒勾，回应篇首，也表明了作者对于结构的自觉把握。本书总的特点是形散而神不散。从表现本书主题、体现作者的艺术企图上看，这一独特结构是成功的。实际上，在明清人的笔记、笑话和小说中，早有不少因科举而产生的悲剧或喜剧或者令人啼笑皆非的短篇故事，《儒林外史》显然从中有所吸收、借鉴，它对名利场儒林相的曝光之所以能更集中更有力，结构的因素也是不能忽略的。

创作令我们骄傲的中国文学史上的不朽巨著《红楼梦》的曹雪芹（1724？—1763）是比吴敬梓晚一辈的作家。和吴敬梓在四十岁以后才开始写作《儒林外史》并且生前就把这部杰作完成不同，曹雪芹三十岁之前就以其早熟的天才开始写作《红楼梦》，直到他宝贵的生命终结时，全书才完成前八十回。八十回之后，只有一些片断的稿子。二十七年后，和曹雪芹同属汉军旗人的高鹗续成了后四十回，成了今天流传的一百二十回本的全书。高鹗比较忠实地保存了原作的创作意图及艺术风格，使全书成为一个完整的不可割裂的整体。

曹家曾是清初显赫一时的世家，从曹雪芹的曾祖到父亲，世袭江宁织造长达六十五年，其间还兼任过苏州织造和两淮盐政，都是当时的肥缺，可见所受恩宠之隆。但曹雪芹出生的时候，这个家族已日渐衰败。在短短的四十年中，作家亲历了家族由无比豪华到完全破落的整个过程。他根据这些家庭生活和社会生活的体验，以高度的典型化手段，清醒的现实主义精神，写出了这部封建贵族的衰亡史，在繁华灿烂的画面背后，是那个时代整个社会的满目苍凉。与《儒林外史》相比，《红楼梦》对封建观点和制度的鞭挞更加无情，批判更无保留，对于新的时代、新的理想的渴望也更加显著。

《红楼梦》是中国末期封建社会生活的百科全书。这部百科全书是围绕一个贵族家庭，特别是以生活在这个家庭里的一对青年男女追求爱情而终遭残酷迫害的故事为主要线索展开的。在这一对青年男女身上，作家体现了自己对生活中真和美的统一的追求。在由于另一位女性薛宝钗的介入而引起的三角恋爱纠纷中，作家对现实生活中没落和新生的事物都提出了正确的美学评价。理解这三个人物及他们之间的关系，是理解全部作品的关键。

贾宝玉作为《红楼梦》中最主要的正面人物，最引人注目的是他突出的叛逆性格，以及他身上透露出来的追求民主和个性解放的反封建意识和人道主义思想。他生长于贵族家庭，从小在女孩子中间长大，但却没有沾染那些贵族子弟庸俗淫乱的习气。他不但对她们不加以轻视和玩弄，反而格外同情和尊重。在他看来，这个世界上的女孩子，不管出身贵贱，都那么清纯可爱，因为她们没有受或少受浊世流俗的毒害和污染，而男人们追逐功名富贵，全那么虚伪、贪婪、庸俗，甚至有些妇女“只一嫁了汉子，染了男人的气味，就这样混账起来，比男人更可杀了”（第七十七回）。所以，他“见了女儿便清爽，见了男子便觉浊臭逼人”（第二回），甚至挨打时，只要叫姐姐妹妹，便不觉得痛楚了。这种看法无疑是对封建礼教的一个有力冲击，这种态度实际上反映了他对现实社会的否定。

宝玉对他所出生的那个家庭、阶级及其制度也是持否定态度的。他生长在功名富贵之家，却极为鄙视功名富贵。他生活在科举是正途出身的时代，却极端鄙弃科举制度。他处在封建伦理观念巩固等级制度森严的环境里，却“最厌峨冠礼服、庆吊往还等事”（第三十六回），嘲笑八股文是“拿他诓功名，混饭吃”的，却“还要说代圣贤立言”（第八十二回）。对于那些“文死谏，武死战”的“忠臣”，他认为这不过是“国贼禄鬼”的“沽名钓誉”（第三十六回）。因此，他本人“每日又不习文，又不学武，又怕见人，只爱在丫头群儿里闹”，见了仆人，“喜欢时，没上没下，大家乱玩一阵；不喜欢，各自走了”（第六十六回）。在当时那种社会环境里，这显然是一种典型的叛逆形象。因此，在流俗眼里，他自然是不折不扣的“似傻如狂”，“行为偏僻性乖张”（第三回）。

兰心蕙质的美丽姑娘林黛玉是书中性格塑造最为成功的人物形象之一。她的敏感、孤傲甚至尖刻，原本是她所经历的生活磨难在她心理上留下的印记。由于她坚守自己的个性，维护自己的理想，她的敏感、孤傲以及尖刻又同时成为她卫护自己的武器，成为她对自己所处的卑污的环境的近乎本能的抗拒的一种表现形式。在贾府中，贵族宗法关系早已严格规定了等级区别，人际关系表面上温情绵绵，实则明争暗斗，各谋私利，俨然一个封建社会的缩影。寄人篱下的林黛玉在心理上自然易生凛冽凄苦之感，所谓“一年三百六十日，风刀霜剑严相逼”。因而，她对爱之深笃的贾宝玉的心理期待就特别高，所以，宝、黛关系中出现的某些误会、斗嘴、吵架等不和谐，反映的是这一爱情的痛苦和沉重。实际上，贾宝玉和林黛玉的爱情，是建立在志同道合的基础上的。他们有共同的叛逆性格，共同的新生活思想，大多时候能相互理解，心意相通。尽管林黛玉爱赌气，宝玉却从来不恼她，因为林黛玉从来不劝他走读书考举人、进士然后为官作宰的世俗的人生道路，也不要他讲求那些仕途经济的学问，正如在第三十二回中宝玉所说的，“林姑娘从来说过这些混账话不曾？若他也说过这些混账话，我早和他生分了。”

薛宝钗则完整地体现了一切合乎正统标准的“大家闺秀”的性格，堪称是封建正统文化培养出来的才女。表面上，她是学识渊博，“品格端方”，“行为豁达”（第五回），“罕言寡语，人谓装愚；安分随时，自云守拙”（第八回），但实质上，她深于城府，富有圆融的社交手腕，因而一进贾府，就博得上上下下的认可、重视和喜爱。在宝、黛时时感到束缚、压抑和沉闷的社会环境里，她悠然从容，游刃有余，通过科举考试获得世俗荣华，对她始终有很大的吸引力。她期望早日成为贾家的主妇，并且想方设法诱导她的门当户对的意中人贾宝玉去博取功名富贵。为此，她谨言慎行，显得沉稳持重，时时处处注意维护一个大家闺秀的温柔敦厚的形象。为此，她甚至能委曲求全，迁就宝玉，而不像林黛玉那样自由任性，敢于袒露自己嬉笑怒哭的真情感。薛宝钗的出现和存在，既是作为林黛玉的爱情对手，又在明显的反差之中凸显了各自的性格。

从感情上说，钗、黛二人都是爱宝玉的，她们以不同的方式试图影响宝玉，争取宝玉的感情。林黛玉所希望得到的首先是一个有共同生活理想的知音的“宝哥哥”，而薛宝钗所希望得到的却首先是一个大贵族中主妇的地位，是花团锦簇中雍容华贵的“宝二奶奶”。对于宝玉来说，他在钗、黛二人之间的选择，实际上正是对于两种生活态度和人生道路的选择。在爱情抉择中，他不能不常将钗、黛二人比较。由于周围环境中各种因素和力量的掣肘，这一选择显得并不简单和轻松，为此宝玉有时甚至陷入矛盾彷徨之中。在这场争夺战中，林黛玉最终失败了，但薛宝钗也不是胜利者。在王熙凤设计、贾母等人赞同之下，他们利用贾宝玉精神失常，以薛宝钗冒充林黛玉与贾宝玉结婚。深谋远虑的薛宝钗虽然费尽心机获得了自己一直梦想着的地位，但在新婚之夜就受到了尴尬难堪的惩罚。

高鹗续书成功地续演并完成了这一幕悲剧。为了更集中地体现其戏剧性和悲剧性，作家特意把“黛玉气绝”安排在“正是宝玉娶宝钗的这个时辰”（第九十八回）。“都道是金玉良缘，俺只念木石前盟。空对着山中高士晶莹雪，终不忘世外仙姝寂寞林。叹人间美中不足今方信，纵然是齐眉举案，到底意难平！”（第五回）这场戏剧冲突更突出了各自的性格和悲剧命运。林黛玉用死，贾宝玉用出家，升华了不屈的叛逆个性。薛宝钗则在有名分而无实质的婚姻之后不久，就成了一个弃妇，亲手把自己的青春和幸福埋葬在寒灰里。这是一出爱情的悲剧，也是一出真、美和自由生活毁灭的悲剧。

在以贾、史、王、薛四大家族为脉络展开的这幅全景图画中，笼括了广阔的社会生活面。其中各式各样的人物即达数百人之多，男女老少，贫富贵贱，涉及不同阶层和文化背景。从贾贵妃到刘姥姥，绝大多数都有鲜明的个性，组成了一个琳琅满目的画廊，令人过目难忘。家族与家族之间以及家族内部人与人之间的各种复杂关系，政治的、经济的、伦理的，在作者笔下都有活泼泼的揭示。这些描写实际上可以视为当时整个封建社会的写照。道貌岸然实则虚伪庸俗的家主贾政，荒淫奢侈的贾珍、贾琏以及打死人却依然逍遥法外的蛮横的薛蟠，已足以体现这些贵族如何腐败、堕落，是注定要衰败的，再多几个王熙凤也无济于事。

王熙凤在小说中的出场就与众不同，引人注目。这个贾府中的少妇，同时也是贾府的当家人，她出身于诗书仕宦人家，自幼被当作男儿养大，性格中有男子的那种干练果断，也有市侩的势利狡诈。她机巧能干，也喜欢卖弄自己的权术和才干，确实算得上"脂粉队里的英雄"(第十三回)。她善于假公济私，谄上欺下，也费尽心机地撑持这个日趋没落的家族，维护着与她息息相关的这种制度与文化。最终，她也不得不承认徒劳和无奈。

王熙凤只是《红楼梦》成功地塑造了一系列各具风采的女性文学形象中的一个。《红楼梦》在这方面的成就只有《金瓶梅》略微近之，其他小说则难以企及。可以说，在对家族内部日常生活进行细致而成功的描写方面，《红楼梦》正是深受《金瓶梅》的影响，虽然在具体的表现上，两者有雅与俗、粗耍与精致之别。《红楼梦》也不同于吴敬梓《儒林外史》的冷峻的现实主义，它在人物的内心世界的开掘上最见功力，可以称之为心理的现实主义。它的描写中有大量具体而精确的个人生活经验、个人心理情感体验和诗的感悟，而且笔触深入到梦境和潜意识的层面，例如第三回写到宝黛初见时黛玉对宝玉的那种似曾相识的感觉，就是已被现代心理学揭示的深层心理现象之一。在这一方面，就总的倾向来说，《红楼梦》是传统中国小说集体历史化、非个人化倾向的反动，更是当时流行的只重情节不重人物性格形象的才子佳人小说的反动。

很明显，在曹雪芹的情感取向中，他认同更多的是入世未深的少男少女，而不是那些在功名利欲中浸淫已久的成年男人或纨绔子弟；是那些普普通通的并没有多少地位的侍女丫环倡伶乃至村姑乡妞等，而不是那些养尊处优的官僚贵族贵妇。换言之，这是一种偏重童真纯洁的境界的情感取向。它与晚明以来思想界涌现的个性解放的思潮特别是李贽哲学中的“童心说”一脉相承,代表了一种进步的思想倾向。作者设计了一个与外界包括与旧有的大家族生活环境有所疏离的大观园,有意以此回避现实环境的污浊,创造一个温馨和乐、恬淡宁静的清白世界,但这种环境也不能长久保持。不久,绣春囊事件和抄检大观园就撕破了温情脉脉的最后一层面纱,而揭开了悲剧的幕布,成为全书的一个重要转折点。美和丑,清和浊,最后都无可挽回地一起走向“千红一窟(哭)”,“万艳同杯(悲)”的终极归宿。

作者以凝聚着崇敬和同情之笔,描写了许多被统治被奴役的小人物的英勇反抗,如金钏儿、晴雯、芳官、龄官、司棋、尤三姐、鸳鸯以及石呆子、潘又安这些人,字里行间充满了对小人物被践踏的、无告的命运的深切关怀。这些人物的反抗,因为较少受到封建宗法及纲常伦理教条的束缚,显得更加激烈、无所掩饰,也因为没有任何势位的依托和屏障,显得更加无畏、奋不顾身。刚烈的尤三姐是她们中的典型。她表达对婚姻问题的看法,比宝玉和黛玉更加直爽:“这如今要办正事,不是我女孩儿家没羞耻,必得我拣一个素日可心如意的方跟他。若凭你们选择,虽是有钱有势的,我心里进不去,白过了这一世!”在第六十五回中,作者生动地描写了她对于贾珍、贾琏兄弟这两个淫荡而又卑劣的纨绔子弟的有力反击,那一通义正词严、酣畅淋漓的斥骂,正如在恶劣气候之中所迸发的疾雷暴雨。在这阵雷雨中,我们看到了这位一向在贫困孤苦的、被侮辱和被迫害的环境中成长起来的女子身上所放射的不可逼视的生命光辉,两个花花公子在这道强光的照耀之下,不由自主地露出了丑恶和怯懦的原形。

作家的文学天才和深沉炽热的情感,赋予了《红楼梦》难以追踪的诗意和蕴蓄丰厚的情采美。“满纸荒唐言,一把辛酸泪。都云作者痴,谁解其中味?”他在贫病交加中,呕心沥血,以生命谱写了中国小说史上最辉煌的篇章。脂砚斋批语谓其“哭成此书”,“泪尽而逝”,足见其一往情深。正是这种痴心,锻造出小说的抒情化特征。也不妨说,小说处理的是情的主题,“情”字乃是全书的中心,作为第一主人公的贾宝玉自然是当之无愧的“情种”。

曹雪芹并无诗词别集传世，但谁也不能否认，他是一个杰出的全能诗人。在小说中，古典诗歌的各种体裁和形式，诗、词、曲、赋、歌、谜、联句、唱和、酬赠，应有尽有，无不当行本色。最为难得的是，作者不仅善于以诗歌烘托全书意境，渲染情采，还特别擅长拟作各种不同风格、口吻的篇章，使诗歌成为人物性格塑造的一个重要而有效的手段。这确实是一项复杂而高难度的技艺，而作者却有如一位炉火纯青的口技演员，每一拟作，无不声形毕肖，或工或拙，或纤秾或淡雅，无不恰合其人身份。作者还以精要的诗句概括了书中主要人物的性格及其命运，林黛玉是“质本洁来还洁去，强于污淖陷渠沟”（第二十七回），薛宝钗则是“好风凭藉力，送我上青云”（第七十回），晴雯是“心比天高，身为下贱，风流灵巧招人怨”，而袭人则是“枉自温柔和顺，空云似桂如兰”（第五回），使人印象深刻。书中有不少优美的抒情段落，许多诗文，如《葬花辞》及《芙蓉女儿诔》等，是上等的抒情文字。从某种意义上也可以说，《红楼梦》是一部形象的诗学教科书。

本书的情节结构、人物姓名往往富有象征、暗喻，别有寄托，更是其无所不在的诗意的一种表现。作者深得庄骚之心，得意忘言，每有神来之笔。本书开篇，作者即借神话传说立局，不仅为小说构建了一个开放性的时空和意义结构，又增添了一种瑰异奇丽的意绪。远古时代女娲炼石补天，实用三万六千五百块，只余下一块顽石未用。这顽石吸收天地精气，化作鲜明莹洁的通灵宝玉，成为贾宝玉的胎根。顽石、美玉以及宝玉，都是钟灵毓秀之物，因而也就特别具有象征意义。“无才可去补苍天，枉入红尘若许年”（第一回）。石化为玉（美玉和宝玉实合二而一），古幻为今，时空变换，不改的是其共同的零余的特征。这种零余人的形象，也许会使我们联想到俄国文学中的多余人形象，虽然各自的时代和文化意义并不相同，却都有在传统禁锢下挣扎的无奈和痛苦。女娲炼石补天的大荒山、无稽（无稽之谈）崖之类自是假托；贾雨村（假雨村言）、甄士隐（真事隐）、警幻仙姑等亦莫非寓言。“金玉良缘”当然珠光宝气，却是不免世俗的富贵，“木石前盟”则隐喻幽洁灵秀，是命中也是性格所注定。这些无不体现了诗人天真恣意的浪漫情怀，同时也提示我们在阅读诠释时，要得鱼忘筌。其实，《红楼梦》全书既保存了生活的鲜活与丰富，又包容了缤纷多彩的学术文化背景，诗骚庄老只不过是其中一部分而已，这自然造就了它的多义性和开放性。

此外值得一提的是产生于《红楼梦》和《儒林外史》之前的西周生的《醒世姻缘传》和产生于这两部杰作之后的李汝珍的《镜花缘》。《醒世姻缘传》试图以现实主义的眼光观察封建社会中的婚姻和家庭问题，但作者把小说中的女主角薛素姐写成一个不近人情的悍妇，而她的丈夫狄希陈则被描写成了一个不近人情的惧内者，并且把他们之间的夫妻反目归结为因果报应、夙世业缘，显然受到了他的宿命论和虚无主义的世界观的局限。但不能否认，小说的描写也有颇多幽默生动的地方。《镜花缘》产生于乾、嘉时代，作者李汝珍是一个多才多艺颇有学问的文人。他在书中有意逞才炫博，这固然表现了乾嘉学术对于文学的渗透，却破坏了全书的艺术形象的完整性。但小说中也有不少奇妙的想象和有趣的描写，同时还体现了作者的一些民主进步的思想，比如要求妇女从物质到精神的真正解放，反对伪善、迷信和愚昧等。应该说，《红楼梦》和《儒林外史》这两座18世纪长篇小说的巍峨高峰的出现不是偶然的，在其前后左右还环绕着一批青翠的山峦，《醒世姻缘传》和《镜花缘》只是其中的两座而已。

第二十八章　弹词和鼓词:讲唱文学的新葩

讲唱文学的简要回顾及其形式结构　弹词与鼓词的前身　弹词的结构、题材和艺术特点　《天雨花》、《再生缘》、《义妖传》　鼓词的体制　《快嘴李翠莲记》例析　《万古愁》和《木皮鼓词》　《东郭外传》　子弟书　韩小窗《露泪缘》和《得钞傲妻》　弹词鼓词的两个特点

讲唱文学至少可以追溯到唐代的说话和变文。在宋代,它获得了巨大的发展,配合当时流行的各种不同音乐,分化为说话、鼓子词(以鼓为节拍,如南宋赵令畤《商调蝶恋花》)、赚词(赚是曲调名称的一种)、诸宫调等多种样式。其中只有说话中的小说一家后来更偏重于散文方面,可供歌唱的韵文退居次要地位,终于变得可有可无。其余的都以其有散有韵、可讲可唱的特色继续在民间盛行,并且以各种异名如陶真、涯词、词话、弹词、鼓词等在各个不同的时代出现。"陶"或作"淘",宋佚名《西湖老人繁胜录》:"唱涯词,只引子弟;听淘真,尽是村人。"明代田汝成《西湖游览志余》卷二十《熙朝乐事》亦记:"杭州男女瞽者多学琵琶,唱古今小说平话,以觅衣食,谓之陶真。大抵说宋时事,盖汴京遗俗也。"从唐迄清这数百年间音乐的发展变化,促使这些讲唱文学中的韵文部分发展出不同的唱法,拥有了不同的名称,也走上了不同的发展道路。

从结构上说,讲唱文学一般不外讲的散文和唱的韵文两部分。散文

方面的发展趋势是日益接近口语,与整个文学语言的发展方向一致。韵文方面则有诗赞体和乐曲体这两种不同的形态。两者基本上是平行发展的,但有时也相互交叉,互相影响,也有两者同时或先后出现在某种或某个讲唱文学作品中的情形。可以说,讲唱文学是一种中国特色的长篇叙事诗歌。

诗赞体是直接从唐代变文发展而来的。在唐宋时代,七字句(二、二、三)是其最基本的形式,有时也用三、三、七的句法。元明以来,又有了所谓"攒十字"的十字句(三、三、四)。诗赞体句式一般比较简单,语言较通俗,但仍然依照各种不同的音乐流派而有一定的声腔和唱法。它和乐曲体的区别是句子特别倾向于整齐,通常并不标明声腔、乐调。诗赞体是讲唱文学唱词部分源流最长、应用最广的一种形态。

乐曲体则是采用乐曲来演唱的。它们的特点是联成一套唱词的每一支曲子各有其不同的乐调(牌子),句式由乐调来决定,因而通常长短不齐。这些乐曲和乐调,都是当时最流行的,如宋代用词的乐调,而元、明以来则用南北曲、时调小曲的乐调。

讲唱文学从其诞生之日起,就和城市市民生活有密切的联系。由于它的表演不需要过多人力物力,在市民中间也比其他艺术如戏剧更易于流行。又由于它长期被视为下里巴人、不登大雅之堂的东西,因此,没有受到文人学士的更多重视,作品缺乏整理,散佚严重,艺术上也较粗糙。宋、元二代,讲唱文学也曾兴盛过,但其作品流传至今者不多,令人惋惜。

明代讲唱文学主要是南北通行的词话和流行于南方的陶真。至迟在16世纪中叶的嘉靖时代,弹词的名称即已出现。《西湖游览志余》卷二十《熙朝乐事》云:"其时优人百戏:击球、关扑、鱼鼓、弹词,声音鼎沸。"在17世纪的明、清之际,词话改称鼓词,同时又产生了小型的只唱不说的"段儿书",在18世纪的乾隆时代又有了子弟书。以上这些构成了明清讲唱文学的主体。它们主要是诗赞体,也有一部分乐曲体。至于弹词与鼓词的区别,仍然是在音乐方面,文辞风格的差异不如音乐区别显著。弹词用三弦、琵琶伴奏,主要流行于南方地区;鼓词则用鼓和三弦等伴奏,主要风行于北方地区。直到今天,仍有南方的评弹和北方的鼓书两大系统。清代弹词中的开篇、鼓词中的“段儿书”和子弟书等，以唱为主，或只唱不讲，纯是唱词，可谓是讲唱文学中派生出来的一个支流。其渊源固然可以远推到唐代俗讲中的“董永变”、“季布骂阵词文”等，但不如将其视作明、清以来讲唱文学本身嬗变的一种结果更为妥当。

弹词可以分为叙述体和叙述兼代言体二种。叙述体是用第三者的身份对人物、故事加以描绘叙述的，无论散文或韵文部分，都是如此。叙述兼代言体则是除此之外，作者或表演者还以作品中人物的口吻和身份进行活动。前者有表、有唱而无白，后者则表、唱、白三者俱全。前者只能作案头读物，后者则可以供书场演唱。弹词中那些篇幅很短、无表无白、只能歌唱的开篇，则是宋代说话中的“入话”或“得胜头回”的遗留，如《海上冶游备览》所言：“开篇者，编成七言字句，于所说正书以前，先唱一篇……俟开篇唱毕，乃唱正书焉。”

弹词的主要题材是婚姻和爱情问题。由于受封建正统思想的支配尤其是市民审美趣味的影响，不少弹词对这一题材的处理比较庸俗，充满才子佳人、好事多磨、衣锦荣归、皆大欢喜之类的故事。在思想倾向上，虽然同情青年男女在婚姻爱情问题上追求自由、反抗礼教，总体上仍维护忠孝等传统的伦理价值观念。在写作上，很多弹词作品有程式化之病，显示了创造力的贫弱。对这一点，弹词作者本身也早有觉察。橘道人的《娱萱草弹词》曾将其概括为：“自从小说演虞初，瞎女盲人遍唱歌。七字雷同千首共，情词依样画葫芦。大凡及第探花客，多出江湖落魄徒。他若慧心灵性女，花园解佩结丝萝。或因文笔多平淡，好事偏教故折磨。淑质每遭权贵辱，或逢宫掖选嫔娥。后来团叙荣归乐，一部全书已看过。”更简单一些，也可以概括为“私订终身游花园，落难公子中状元”的公式。这种模式在其他古典文学体裁如小说戏剧中也程度不等地存在着，在弹词中却显得更加突出。

优秀的弹词作品往往在不同程度上突破这种模式，表现了出类拔萃之处。如弹词中有所谓南词一类，即以通用汉语而不是苏州方言写就的那种弹词，其中就有大胆反抗礼教、明确鼓吹婚姻自由的内容。清代诗人蒋士铨（1725—1784）在其《唱南词》诗中说：“君不见：杭州士女垂垂手，听词心动鸾皇偶。父母之命礼经传，婚姻私定南词有，”就证明了这一点。

刊印出来或流传下来的弹词比起艺人的底本来，已经简略得多，而实际上艺人表演时还有许多临场发挥。这是一项考验艺人本领的真功夫。弹词名家不仅谈言微中，还往往善于“节上生枝，枝上生叶，叶上生花果，不密不疏”（赵景深《弹词选·导言》引苏州光裕社艺人周培春语），反复渲染气氛，铺陈情节，使弹词铺叙宛转、细腻熨帖的艺术特征，在表演中体现得更加淋漓尽致。弹词作品大多为长篇，甚至能连续表演长达数月的时间，这也是其主要原因之一。

在数以百计的弹词中，陶贞怀《天雨花》、陈端生《再生缘》、丘心如《笔生花》和陈遇乾《义妖传》是比较有代表性的优秀作品。前三部作品都出自女作家之手。《天雨花》是清初的作品，写明末忠臣与阉党的斗争，作者的政治道德立场无疑是正统的，虽然表现的是政治斗争的题材，但其描写往往比较肤浅，人物形象特别是正面人物的形象（如左维明）也显得比较单薄。相反，倒是在一些对日常生活的琐细繁复的描写中，显示了作者对生活的娴熟理解，体现了女性特有的细腻的艺术感觉，虽然这些描写未必都有助于主题的深化和人物形象的突出。陈端生是乾隆间钱塘才女，《再生缘》写的是元代女子孟丽君与皇甫少华的婚姻爱情故事。两人经过种种波折，历尽磨难，终于成为眷属，从中也展开了比较广阔的社会生活图景。陈端生本人由于遭遇不幸的身世，以富有“女性阴柔美之笔”，寄托其“哀怨缠绵”之怀，“其词语之优美，富于情感，不可与一般弹词七字唱之书等量齐观者也”（陈寅恪《寒柳堂集·论〈再生缘〉》）。

《义妖传》是18世纪末期或稍后的一位民间艺人陈遇乾根据一些旧有材料改编的，最早的本子刊行于嘉庆十四年（1809）。这部作品写的是人所共知的白蛇和许仙的恋爱被法海和尚横加破坏的悲剧。从文献记载上看，这个神话有相当长的历史。明代以来，作家和艺人不断地吸收着群众的智慧、想象和看法，并以小说、戏剧和讲唱文学等各种形式，对这一题材进行再创造和加工。在弹词《义妖传》中，这个悲剧的反封建主题更加明确了，白娘子、许仙、小青、法海这些人物的性格也更加鲜明了。

故事中的白娘子是人民根据自己追求自由幸福的愿望所塑造出来的

形象。她虽然是蛇变的，但却具有非常丰富的人性。她追求幸福的勇敢热烈、对待许仙的温柔善良和反抗法海的坚决顽强，合成了一个不顾生死捍卫自己的爱情和幸福的形象。作品以重点笔墨，诗意地歌颂了白娘子的善良多情。法海和尚虽然是人，却不通人情，坚持要超度许仙出家，千方百计破坏了他们的关系。这就引起了白娘子和法海之间不可调和的冲突。书生出身的许仙性格动摇、软弱。一方面，他和白娘子之间有着日益增长的爱情；另一方面，他的性格又使得他容易受法海那些危言耸听的蛊惑，因而，对白娘子又不能全无疑忌。当许仙和白娘子之间的隔阂由于爱情的加深而逐渐消失的时候，白娘子和法海的矛盾就达到了顶点。使女这种人物形象类型在以前的小说戏剧中也曾出现，《义妖传》中作为白娘子使女的小青的性格形象则有新的内涵。她是个忠诚、坚决、有正义感的姑娘。在白娘子被镇压之后，她一心要报仇雪恨，火烧雷峰塔，在故事发展中是不可或缺的一个人物。

将“义”和“妖”联系在一起，作为这一部作品的名字，这原本就是匪夷所思的。在作者以及广大民众心目中，这所谓“妖”比人更多情、更可爱，在她身上，有的是人性的集中和典型化，因此，其形象也显得十分真实。“妖”的身份不过使情节增添了波澜，给故事增加了瑰异色彩，却丝毫没有妨碍人们对白娘子的同情和认同。相反，作为礼教体统化身的和尚法海则被众人嫌恶地称为“贼秃”，雷峰塔更成了邪恶力量的代表和压迫的象征。长期以来，这种情感认同在广大听众或读者的心中引起强烈的共鸣。鲁迅先生就曾经说过，他小时候“惟一的愿望，就在这雷峰塔的倒掉”（鲁迅《论雷峰塔的倒掉》）。

鼓词的体制可以简单分为长篇和短篇两种。这种区别在其前身明代词话中即已存在。如杨慎（1488—1559）所作《历代史略十段锦词话》（又名《二十一史弹词》，是传到南方以后改用的当地名称）和明万历时人诸圣邻所作《大唐秦王词话》即属于长篇；而《清平山堂话本》中的《快嘴李翠莲记》则是短篇。这些作品，不论长短，基本上都是由韵散两部分组成。17世纪前期，在山东民间出现了短篇的、以唱为主的“段儿书”，因摘取长篇鼓词中的一段儿而得名。这种短小精悍的作品的出现，推动鼓词向前发展了一步。在18世纪中叶出现的子弟书，以及后来的快板书（说唱故事时自击竹板，以打节拍）、牌子曲（用各种曲牌连串起来演唱，有叙事，有抒情，有说理）、岔曲（相传在乾隆年间由民间盛行的戏曲高腔中的脆白发展而成）等，其唱词都是短篇韵文。随着近现代以来生活节奏的加快，各种形式的短篇鼓词越来越受欢迎，在今天的书场中，长篇的韵散兼备的大型鼓词已经为它们所替代而几乎绝迹了。

从文学角度来看，在今天遗留下来的鼓词中，短篇作品也是比较优秀的，例如《快嘴李翠莲记》。这是一部民间创作。有人认为是宋、元时代的作品，但就其中所写的一些服饰来看，则应出于明朝。这一类民间讲唱文学，在写定以前，通常已经在社会上流传过相当长一段时间，因而，年代特征往往比较模糊，至于主名，则更难指实。

李翠莲是个"年方二八，姿容出众"、"女红针指，书史百家，无所不通"的姑娘，但却心直口快，而不为婆家和娘家所容，最终剃度出家，勇敢而主动地与那种世俗社会及其生活方式决裂。作品着重对李翠莲的快嘴大事铺陈，给人留下了深刻的印象，并从中描绘出一个蔑视传统习俗、家长尊严和等级制度的女性形象。她性格粗犷而果决，乐观而自信。在她看来，出家为尼正好提供了云游四方的机会，满足了她对散澹逍遥的自由生活的追求。这本来是一幕悲剧，但李翠莲活泼的个性所散发出来的乐观气息，却荡涤了听众或读者心中可能有的悲哀和压抑，使作品自始至终保持了幽默、机智和轻松、风趣的特征，保持了风格的完整统一。

17世纪后半期的民族矛盾和民族斗争，在鼓词中也有清晰的反映。明清之际贾应宠（号凫西、木皮散人，约1590—约1676）的《木皮散人鼓词》，还有同时的熊开元或者归庄所写的《万古愁》（又名《击筑余音》）套曲，虽然采取的样式不同，但都以历史事实为题材，都体现了强烈的民族意识和崇高的爱国主义思想。在《万古愁》里，作者指出了当时令人痛心的政治局势："一霎时南人胆摇，北人气骄，长江水臊，钟山气消，已不是大明年号"，斥责了那些"金线鼠绦，红缨狗帽，恨不得向大鼻子把都们便做了亲爹叫"的无耻之徒，并表明了自己不与新政权合作的决心："任便是银青作饵，金紫为纶，漫天匝地张罗钓"，"俺自向长林丰草，山坳水峤，一曲伴渔樵”。

《木皮散人鼓词》的正式名称是《历代史略鼓词》，从开天辟地讲到明朝灭亡。“为什么说到此处便住手？只恐怕你铁打的心肠也泪如梭。”作者不隐讳自己对故国灭亡的沉痛之情。通过历代史实的概括叙述，他不仅表达了自己的民族意识，而且，更其重要地，还毫无掩饰地和毫无忌惮地写出了自己和传统观点不相同的对历代治乱兴衰的看法，从这些看法中，他揭开了一向为封建统治阶级所掩盖着的历史真实，对历史上和生活中的许多不公平提出严厉的质问：

> 古时比干、夷、齐，谁不称他那峻节高风，一个剖心于地，一个饿死于山。王莽、曹操，谁不恨他是老奸巨猾，一个窃位十七年，一个传国四五辈。人都说忠臣被屈，六月飞霜，我想那被屈的已是枉罪了好人，可为甚么又六月飞霜，打伤了天下的嫩禾苗？又说孝妇含冤，三年不雨，我想那含冤的已是没处去问天理，可为甚么又三年不雨，旱坏了四海的好百姓，究于忠臣孝子何益之有哉？
>
> 忠臣孝子是冤家，杀人放火享荣华；太仓的老鼠吃的撑撑饱；老牛耕地却肚儿瘪！河中游鱼犯了何罪？刮净鲜鳞还嫌刺杈札。那老虎前生修下几般福？生吃大肉不怕塞牙。野鸡兔子不敢惹祸，剁成肉酱加上葱花。

作者承认他的创作动机是“浪迹江湖，见些心中不平的事情”，“检开书本，便生出许多古今兴亡的感慨，云烟过眼的悲凉”。实际上，作者是以咏史怀古之外形，发泄自己愤世嫉俗的情绪，寄寓现实的批判和喟叹。

小说家蒲松龄也写过若干篇鼓词。其中，《东郭外传》、《逃学传》、《孔夫子鼓儿词》都是韵文和散文交织而成，而《学究自嘲》、《除日祭穷神文》、《穷神答文》则只有韵文部分。《东郭外传》的作者，除了蒲松龄外，还有贾庆宠、邱澄翠、马遵烈等异说。它和孙仁孺的《东郭记》一样，也是取材于《孟子》中“齐人一妻一妾”那一段著名的寓言。在《东郭外传》中，作者并没有加添人物、改变结构，而是紧紧地依照着原著所有的事实和线索，以恣肆横放的铺排、夸张以及漫画的笔法,生动描绘出齐人这一类寡廉鲜耻的人物的画像,并投以憎恶、轻蔑和嘲笑。需要说明的是,《东郭记》和《东郭外传》在明末和清初先后出现,其中可能还包含有作者对当时那些无耻无能的当权者的鄙夷和嘲弄。

在清代为数众多的鼓词流派中,子弟书是出现时代较早、同时其唱词的文学价值也较高的一种。震钧《天咫偶闻》中说:"旧日鼓词,有所谓子弟书者,始创于八旗子弟。其词雅驯,其声和缓,有东城调、西城调之分。"子弟书即得名于此。尽管如此,这类创作在当时也还属于不登大雅之堂者流,所以,流传下来的作品虽然不少,其作者姓名为我们所知的却并不多。其中,乾隆时代(1736—1795)的西城调子弟书作家罗松窗(有《红拂私奔》、《杜丽娘寻梦》等作品)和嘉庆、道光时代(1796—1850)的东城调子弟书作家韩小窗的作品,无论从数量和质量上看,都是比较出色的。而韩小窗的《露泪缘》和《得钞傲妻》更是其中的佼佼者。

《露泪缘》十三回是韩小窗的代表作。它是根据《红楼梦》中所写的宝黛的爱情悲剧进行再创作的。原书第九十六回《瞒消息凤姐设奇谋,泄机关颦儿迷本性》中,林黛玉从丫头傻大姐口中得知宝玉决定要娶宝钗的消息,这突如其来的巨大打击,使她心情变得非常复杂。在精神上遭受重大创伤的同时,她没有忘记去问一个究竟。这时,宝玉也正为她病着,精神已经失常,于是在书中就产生了会面以后,"两个人也不问好,也不说话,也无推让,只管对着脸傻笑起来"的惨痛场面。韩小窗在《露泪缘》的《痴对》一回中,透彻体会并忠实保持了原著的基本精神,并透过震撼人心的诗句,重演了这一幕撕裂心肠的悲剧。

以《金瓶梅词话》第五十六回《西门庆周济常时节》作底本的《得钞傲妻》,是韩小窗另一个精警夺目的短篇创作。他看透了"英雄气短是钱财的气短,夫妻情深是柴米的情深",所以才"笔端怒把雷霆震",写下了这么一段"世态文"。作者以极其酣畅的笔墨,把常时节妻子在她丈夫借到钱前后判若两人的两种精神状态作了可笑的对照,鲜明地揭露了这妇人的势利卑下的心态,从而对"有钱能使鬼推磨"的市侩哲学作了比较犀利的讽刺和批判,可以算是子弟书中的《钱神论》。

如前例所示，很多子弟书是根据既有的文学作品改编的。由于音乐的散失，子弟书已经很久没有人演唱了。但它的一些精彩唱词，却为另外一些曲艺形式所吸收，至今仍在歌场中流行着，证明着它的艺术生命力。

从题材上说，无论弹词还是鼓词，大多数有所依据或凭托。这种依据或凭托来源广泛，或者是经史中的故事寓言，或者是民间流传的神话传说，或者是前人的某些文学创作，如传奇、小说、戏曲等，毫无依傍的只是少数。铺陈、夸张以至漫画笔法，是这一类民间流行的讲唱文学的共同的艺术特征。这既是民众审美趣味的趋向，也是对旧题材内容进行再创造、发展出新的艺术生命所必需的。

第二十九章 传统样式的走势

传统样式的背离与回归　金元明诗文的走向　清诗的历史发展概略　清词中兴及其表现　清代散文与骈文的走向　文言小说的走势　《聊斋志异》的突破

汉语文学的传统样式即诗词散文及文言小说，在元明清三代的发展都没有也不可能摆脱如下三个因素的影响，只不过这种影响的程度有强有弱，其表现方式又略有不同而已：

第一，是当代社会政治和文化思潮的影响。元明清总体的社会环境是属于后期封建社会，具体的社会政治和文化环境各有不同，但对传统文体的发展，都有相当显著的影响。元代的异族统治以及所实行的压制儒生、定理学为官学的政策，使很多诗人逃避现实隐遁于山水自然之间。明清的八股考试，明代的专制统治，明末伴随着市民经济的发展和资本主义萌芽的出现而产生的市民思潮和启蒙主义思想，清初的文字狱和思想钳制，等等，对文学的发展也都各有影响。同样是复古学唐，元代诗人是为了避宋诗议论说理之弊，明代诗人的学唐，则有意从传统中寻找造血功能，呼唤盛世，再造辉煌。其出发点的不同，也体现了时代思潮的影响。

第二，是日益成长壮大的非传统文体的影响。从南宋后期开始，中国文学实际上已经开始转向，其重心开始倾向于以小说戏剧为代表的叙事文学。剧曲、散曲以及时调小曲等新的抒情样式相继诞生，并盛行一时；

话本、长篇白话小说、戏剧、说唱文学等通俗叙事文学则不断成熟壮大，成为文坛和社会生活中的活跃因素；八股文因其与功名利禄的特殊关系，而成为千万士子趋之若鹜的“时文”；……诸如此类，无不向诗词散文文言小说等传统样式的创作提出了种种挑战。如何应对这些挑战，与古为变，不断革新，开拓创造，是元明清诗人和古文作家所共同面临的问题。

第三，是积累深厚的传统文体的自身传统的影响。在唐宋时代被视为小道的文言小说和词体，在元明之后地位逐渐提升，终于和诗文一起成为古典正统文学的一部分。但无论诗、词还是散文、文言小说，到元明清都已度过其最繁盛的时代，整体发展的颓势是显而易见的。一方面，从总体趋势来说，这些传统样式早已成熟，并发展到相当的高度；它们都有自身的发展规律，某些发展机缘既不可再遇，其历史上曾经的鼎盛也不可重复。另一方面，从具体的作品和题材内容来看，也要承认每一种样式的发展又可能是无止境的，一定还有可待开拓的空间，完全有突破创新的余地。

沉重的传统，使诗词散文在元明清三代的发展，呈现出既对自身的传统有所背离，又不可避免地有所皈依的局面。从背离的方面说，则竭尽全力谋求突破，其手段则不外乎创意与创体两端。这需要胆识。从皈依的方面来说，则表现在步趋传统规矩、追慕传统风范。这需要自信，否则容易笼罩在前人的阴影中，不能自振。

从另一个角度来说，这也就是变与不变、自我作古与模拟学习的问题。这两者往往是结合在一起的。这几百年间成就较大的一些诗人，大多数对这一问题都有较清醒的认识，因此在实践中也能将二者的关系把握得比较好。如钱谦益《列朝诗集小传》丙集《李副使梦阳小传》写道：“天地之运会，人世之景物，新新不停，生生相续，而必曰汉后无文、唐后无诗，此数百年之宇宙日月尽皆缺陷晦蒙，直待献吉而洪荒再辟乎？”同集引杨循吉语：“大抵景物不穷，人事随变，位置迁易，在在成状，古人岂能道尽，不复可置语？”（《杨仪部循吉小传》）由此可见，钱、杨二人对这一问题已有比较清楚的认识。

回归与背离往往是相互依存、辩证统一的。作家对这一问题的不同倾向性，常取决于他对文学传统的认识，从中也反映出各时代的不同的思想文化的背景。从这一点上看，元明清许多文学论争和文学运动，并非是无谓的，而是文学家在理论和实践上努力挣扎的一种表现。以诗为例，在近体诗方面，最主要是唐宋诗之争，也就是学唐还是学宋、尊唐抑或尊宋之争；进而则在唐宋诸家各派之间，取舍侧重又各有不同。在古诗方面，争议虽然少一些，然而在选体和汉魏诗之间，各家也有不同的取向。就词而言，主要有南北宋之争，有婉约豪放之争，有苏辛与周姜之争；在同样师法婉约派的人当中，又有周、姜或周、张之争。

12 世纪 20 年代，金立国不久，就先后攻灭辽和北宋，定都于今北京地区，在其后的一百余年里，与南宋政权南北对峙。在文学上，金的成就虽然较辽胜出许多，但仍然笼罩在宋人的阴影下，在诗歌创作上，受北宋诗人苏轼、黄庭坚的影响最大。这是金人初入中原时所接受吸收的文学。金国前期的诗人，如蔡珪、党怀英、王庭筠、赵秉文等文学侍从之臣，多局限于模拟。金后期受新崛起的蒙古族的威胁，国势渐危，影响到诗人的心灵；同时由于金人入中原渐久，汉化渐深，诗歌风尚也发生了变化，出现了大诗人元好问(1190—1257)。元好问突破了当时诗坛流行的苏黄及江西诗派的诗风，转益多师，从汉魏古诗及杜甫诗中吸取营养，以沉郁苍凉悲壮豪迈的风格，抒写其亲历的亡国之痛，在写景、咏物、述怀等题材上，都有佳作，在诗体方面，尤长于七古七律，不愧为 13 世纪最为重要的诗人之一。《论诗绝句三十首》集中体现了他对建安以来诗歌的系统观点，借诗史批评表达了自己的诗论主张，在形式上以诗论诗，上承杜甫，下启王士祯等人。在词作方面，他悲壮慷慨，属于苏辛一派，也是金词中重要的一家。

元初文风，有南方和北方的不同。北方诗风中，受元好问的影响较大，如由金入元的刘因的七言诗；南方诗风中，江湖派余波犹在，如戴表元。延祐(1314—1320)以后，南北文风合流，逐渐形成了宗唐复古的格局。其代表是被后人称为元诗四大家、号称“虞杨范揭”的虞集、杨载、范梈、揭傒斯。这四个延祐前后享誉于大都地区的诗人，古诗宗魏晋，近体宗唐，由于取法不同，风格也各异，其实还不能算是元代最有成就的诗人。元代后期诗风中，中晚唐诗盛行一时，总体诗风则不免纤弱。有的人学习温(庭筠)、李(商隐),如萨都剌的诗受晚唐温、李乐府的影响颇大。有的人学习李贺、刘禹锡,如自负才气的杨维桢(1296—1370)。他的乐府诗得力于李贺诗尤多,不仅在修辞上袭得李贺诗的形貌,而且神情气势逼肖,想象奇诡,诗思往往不遵循正常路径,跳荡异常,类似蒙太奇画面,堪称是历来学习李贺的诗人中较为成功的一位。《鸿门会》、《五湖游》等诗,与李贺诗极像,一时风行,称为"铁崖体"杨维桢号铁崖。他以竹枝词描绘风俗画,在刘禹锡之后,对此体有新开拓,对明清以后竹枝词的发展也有影响。

与同时的词和文相比,元诗的成就还是比较突出的。但在新兴的戏曲、散曲面前,它则不免相形见绌。首先是独创较少,而因袭较多;其次是格局较小,气调较弱。所以,前人有元诗纤弱之说。

明代人多鄙薄元诗,轻者责其浅弱,重者乃谓宋元无诗,而以明朝直接唐朝。其实他们宗唐复古的做法,在宋末元代,已经发端。高棅《唐诗品汇》标举盛唐,成为明人学唐诗的重要范本,其实也可以从南宋严羽《沧浪诗话》和元代杨士弘的《唐音》中找到渊源。

整个明代诗文是以复古为主要特征的。明诗宗唐复古之风既源于宋末,自宋末以来盛行的结社之风,对明人也有影响。明人不仅结社,而且文人之间相互标榜之风更盛。明代文坛上派别、集团、争论之多,门户之见和意气之争之盛,几乎是前无古人的。彼此相轻,而又自大虚妄,在明代文人身上表现最为突出。

明初文坛,以地域分,有五个诗派:即以高启为代表的吴诗派,以刘基为代表的越诗派,以孙蕡为代表的岭南诗派,以刘崧为代表的江右诗派以及以林鸿、高棅为代表的闽中诗派(胡应麟《诗薮·续编》卷一)。其中,吴诗派最有创作实力,成就也最突出。高启、杨基、徐贲、张羽等人,合称"吴中四杰"。高启善于拟学古人,诗备众体,风格雄健奔放,是明代最杰出、最有大家气魄的诗人,在创作上无人企及。但在文学思想理论上,闽中诗派对后来影响最大。其主力是所谓"闽中十才子",包括林鸿、郑定、王褒、唐泰、高棅、王恭、陈亮、王偁、黄玄、周玄(二玄为林鸿弟子)。在洪、永之际,以林鸿、高棅为代表的闽中诗派,倡言诗宗盛唐。高棅仿照其闽中先贤严羽《沧浪诗话》将唐诗分初唐、盛唐、大历、元和、晚唐的做法,在《唐诗品汇》中将唐诗分为初、盛、中、晚四期，详盛唐，次初、中唐，略晚唐，认为“汉魏质过于文，六朝华浮于实，得二者之中，备风人之体，惟唐诗为然”，唐诗之中，“初唐声律未备，晚唐气息卑下”（王偁《唐诗品汇序》），只有盛唐诗可作为楷模。他极力鼓吹、标举盛唐，这一选本就是为提供一个学习的范本。这种观点的出现，一方面固然是反拨元末诗坛的纤弱倾向，更主要的是继承和发扬了自严羽以来贯穿元代直至明初的闽中地区的特有的崇唐风气，并奠定了以后明诗的基本走向。

永乐（1403—1424）至成化（1465—1487）间，诗坛上先是出现了以三杨（杨士奇、杨荣、杨溥）为代表的台阁体诗。在程朱理学教条、专制统治、八股盛行的时代，这些仕宦显达的官僚文人，作诗内容不外乎应制、颂圣、酬赠，追求表面的宏大气势和安雅气度。在成化、弘治（1488—1505）间，湖南茶陵人李东阳继而以台阁大臣的地位领导诗坛，后进趋之，因成“茶陵派”。李东阳论诗，对音调、修辞与句法、结构等津津乐道，希望通过学习前人在这些方面的经验，来改造台阁体诗，也就是说，这实际上是台阁体内部的改良，而且只看重技术或法度等外形因素。从某种角度看来，李东阳与前后七子殊途同归，堪称是他们的先声，但在前后七子看来，他做得还远远不够。

弘治、正德（1506—1521）间，以李梦阳、何景明为首的前七子（另五人为徐祯卿、边贡、康海、王九思、王廷相）崛起，倡言“文必秦汉，诗必盛唐”（《明史·李梦阳传》）。他们的本意在于借秦汉盛唐的崇高的古典典范，打破台阁体和八股文统治的文坛局面；通过取法乎上，促进诗文创作，但由于过分盲目尊古以至顶礼膜拜，于是学习变成了模拟，作品也被人讥笑为假盛唐诗、假古董。

前七子的主张遭到了唐宋派王慎中、唐顺之、茅坤、归有光等人的反对，特别是在散文方面。于是，嘉靖（1522—1566）隆庆（1567—1572）间，以王世贞、李攀龙为首的后七子（另五人为谢榛、宗臣、梁有誉、徐中行、吴国伦），再次发起了复古运动。李攀龙谓“文自西京，诗自天宝而下，俱无足观，于本朝独推李梦阳。诸子翕然和之，非是则诋为宋学”（《明史·李攀龙传》）。他作诗有如临帖，事事拟学，佳者颇能得前贤形貌，下者则生吞活剥，徒以剽窃古人为能事。

前后七子的复古，是将前此的崇唐复古主张大肆张扬，扩大为一场运动。其实，他们所谓学盛唐，片面强调形式、语词、修辞、外观、格调。应该承认，他们在这一方面积累了一定的经验和认识，但从诗学上讲，离开了生活，而只从书本中讨取灵感，是不会有广阔前途的。而且，对于书本源泉，他们也自我封闭拘束，“文必秦汉，诗必盛唐”，甚至“文必西汉，诗必盛唐，大历以后书勿读”(《明史·王世贞传》)。比起前七子，后七子持论更偏激，标榜更甚，也就是宗派意识更强。王世贞主盟文坛二十年间，门下有所谓“前五子”、“后五子”、“广五子”、“续五子”、“末五子”等名目。都是相互标榜的产物。李攀龙《古今诗删》中所选的明诗，最多的是前后七子等小圈子中人的作品。谢榛也是后七子之一，但头脑比较清醒，文学主张与李攀龙等人也有不同，就受到李攀龙的排斥。在创作上，他们的好作品，往往并不严格遵循他们自己的主张。李梦阳、何景明、王世贞的诗作成就较高。

自唐宋两代的两次古文运动之后，古文终于战胜了骈文，成了散文的正宗。元人的散文，或宗韩愈的奇崛一派，或宗欧阳修的清畅一派，都没有超出唐宋人的水平。比较值得一提的是，虽然元代理学被定为官学，而散文创作并未被理学堙塞性灵，包括理学家刘因的文章在内。明代唐宋派的古文，推尊唐宋八大家，即韩、柳、欧、三苏、王、曾，不废三代两汉文，直写胸臆。其中，归有光由唐宋回溯秦汉，成就最高，其小品文字，尤其擅长写家事亲情，如《先妣事状》、《寒花葬志》、《项脊轩志》等篇，都十分真切感人。

万历(1573—1619)时代的启蒙思想家李贽同时也是一个文学革新理论家。他反对模拟，反对贵古贱今，提出“童心”说，主张以赤诚之心，写真挚的情感，为公安派奠定了理论基础。湖北公安袁氏三兄弟，即袁宗道、袁宏道、袁中道，厌弃仕宦，寄情山水，受当时王派心学、禅宗思想和市民思潮的影响，主张个性解放，发挥个人才智，在生活中纵情乃至纵欲。在文学主张上，他们认为文学随时代变，各有特色，反对一代不如一代的倒退的历史观，也反对复古、模拟；认为创作要“独抒性灵，不拘格套”(袁宏道《叙小修诗》)，信口由心，乃见其真。因此，他们也重视通俗文学包括戏曲、小说、民歌等。在创作上，他们认为文学应当本色自然，流丽清新，反对矫饰、陈词滥调，但其末流不免走向俚俗、肤浅和油滑。

公安派的诗作平平，其文学创作成就主要表现在小品文方面。日记、游记、序跋、尺牍、传记这些比较个人化的文体，成了他们的首选，在他们手中焕发出特别的光辉，虽然其中多有流连湖山、吟赏风月，有颓放和疏狂，或散发着名士和山人的习气，但也有不平和怅惘。明末张岱《陶庵梦忆》、《西湖梦寻》、王思任和祁彪佳的游记等，都是在这种思潮下出现的。

竟陵派的出现，又是为了纠正公安派的偏颇。此派倡导者钟惺、谭元春是湖北竟陵(今天门县)人，因而得名。钟、谭二人通过评选《诗归》，表达自己的主张，强调写“幽情单绪，孤行静寄”(钟惺《诗归序》)，以幽深孤峭补救公安之平、俗、俚、滑之病，最终走向神秘化和晦涩化的道路。在某种意义上，竟陵派可以说是变本加厉的公安派。

前后七子既自卑(对汉唐)，又自大(对宋元及当世人)，既推崇前贤，又割裂历史，截去宋元，直接以明继唐，造成了很大的声势。直到明末，还有很多人沉浸于他们所阐扬的复古风气中，甚至明清之际天翻地覆的大变局，也没有完全扫荡前后七子的复古文学的影响。不过，作为复社主将、几社创始人之一的明清之际的诗人陈子龙，虽然仍承前后七子余绪，但以盛唐之笔，写沧桑时世，凭恃其大才雄气，故能有所作为，并影响了当时及稍后的一些诗人。可见，文学上同途也可能殊归。

明清之际的时代剧变，在各类诗人特别是遗民诗人的创作中留下了印记。顾炎武、黄宗羲、王夫之、屈大均、梁佩兰、陈恭尹、归庄、吴嘉纪、钱澄之等遗民诗人，皆以诗抒写自己在这一动荡时代的心灵激荡，而具体面目各异。明清之际的文坛领袖钱谦益(1582—1664)，早期作诗走复古路线，后来从复古派的圈子中跳出，反对模拟，提倡自写性情。由于他从内部倒戈反击，对复古派的打击就显得格外有力。同时，钱氏学识渊博，于诗能博采众长。他一反明代复古派的宗唐诗风，而推崇宋元，尊苏轼、元好问，开创了清代“专尚宋诗”的风气。钱氏也注意提携后进，培育新人，造就一代新诗风。他的诗作数量很多，所注杜诗和所撰《列朝诗集》也是其诗学的重要组成部分，很值得重视。与钱谦益差不多同时的吴伟业(1609—1672)，近体诗学习唐人的痕迹较著，歌行则融合初唐四杰的格律和中唐元白的叙事，叙事抒情兼擅，既有情韵，又有风华，自成一家，时称“梅村体”。他的以重大事件反映时代的《圆圆曲》最为著名。

顺康时代，随着清初六大家，即宋琬(1614—1674)、施闰章(1618—1683)、朱彝尊(1629—1709)、王士祯(1634—1711)、查慎行(1650—1727)、赵执信(1662—1744)的出现，真正的第一代清朝诗人走上诗坛。他们的共同特点是：大多成长或出生于清朝；大多在清朝以科举入仕；在地域上呈现南北对应相互呼应的局面。六家诗人地分南北，两两相对，彼此之间正好相差一辈。在他们的时代，清朝统治日益巩固，政治上逐渐稳定，经济已恢复发展，国势不断上升。所谓故国和前朝的影子逐渐离他们远去，甚至早年曾参加过抗清斗争的朱彝尊，也因为在康熙中以布衣出仕清廷，而对清朝感恩戴德。同时，清初统治者又加强了文化专制主义，顺、康、雍三朝屡兴文字狱，使不少士人罹祸。以清初这六家为例，宋琬、查慎行、赵执信皆曾因事牵连入狱，几致丧命。在这种社会环境里，诗人一方面有更多时间精力和更好的条件培养学术，钻研诗学，另一方面在诗歌创作中又不能不从重视内容转变到讲究形式，格调也不再像明清之际以及遗民诗人那样激愤沉郁，而是比较雍雅温和。从整体上看，这一时期诗坛上的唐宋诗之争，并没有结束，而是在一种新的历史环境、新的背景下展开了。

清初六家中，宋琬、施闰章年辈最早，并称“南施北宋”，在康熙间齐名于时。施长于五言，风格温和，涉及民生疾苦；宋则长于七言，诗风雄健，偏于个人境遇的描写和自我情感的抒发。稍后的朱彝尊、王士祯并称“南朱北王”。王士祯倡导神韵诗说，所作诗也以神韵相标榜，即要求诗要有含蓄不尽的韵致，象外寄情，言外寓意，但又神思摇曳飘渺，难以落实，风格上清空淡远。所以，他首选的典范是唐代王维、孟浩然、韦应物、柳宗元等诗人，特别是他们的山水田园隐逸闲适之作，注重揣摩古人的句法、腔调、用词，达到整体上清秀圆润、流畅蕴藉的境界。神韵说的历史渊源，可以追溯到旧题唐司空图《二十四诗品》中的“不著一字，尽得风流”、宋严羽

《沧浪诗话》中的“妙语”、“羚羊挂角，无迹可寻”等诗说以及始以“神韵”论诗的明代胡应麟《诗薮》中的有关论点。王士祯借用禅宗哲学中的一些话头，如“悟入”、“三昧”、“诗禅一致”等，以装饰其诗说，显得更加深不可测，有神秘色彩。他早年作于济南大明湖的传诵一时的《秋柳》即是这种诗的代表：

秋来何处最销魂，残照西风白下门。
他年差池春燕影，只今憔悴晚烟痕。
愁生陌上黄骢曲，梦远江南乌夜村。
莫听临风三弄笛，玉关哀怨总难论。

《秦淮杂诗二十首》之一也比较有代表性：

年来肠断秣陵舟，梦绕秦淮水上楼。
十日雨丝风片里，浓春烟景似残秋。

其中似乎有些寄托，有言外之意，又不好落实，这种表现手法符合康熙时代点缀太平盛世的政治和文化需要。王士祯通过自己的地位和影响，通过他提携的众多门人后进(其中包括吴雯、洪昇，甚至乾隆时期的著名诗人沈德潜、袁枚等人都是王士祯的再传弟子)，通过自己的诗歌创作，还通过编选《唐贤三昧集》等选本，极力鼓吹自己的主张，造成了很大的影响，乃至被推为“一代正宗”，继钱谦益之后，主持风雅数十年。集中体现其神韵诗创作风貌的是《渔洋山人精华录》，集中体现其诗论的是《带经堂诗话》。神韵诗说重视全局和整体效果，这显然比明代前后七子支离破碎的拟古模仿乃至剽窃吞剥，要高明一些，但仍然免不了模拟，更重要的是限制了诗歌表现方法和风格的多样性，也促进了诗坛脱离严肃沉重的人生的倾向，使诗歌创作远离了厚重壮阔崇高的境界，有其偏颇之处。所以，袁枚讥评曰：“一代正宗才力薄，望溪文集阮亭诗”(《仿元遗山论诗》三十八首之一)。

朱彝尊的诗前后期的区别变化比较明显。他前期的生活动荡流离，诗歌内容充实，多为唐调。后期出仕之后，反而生活单调，眼光思想皆因政治生涯而受局限或牢笼，不免空廓颓唐，于是乃转而学习宋诗，以图自救，并以此相倡，成为继钱谦益之后提倡宋诗的一大家，并成为清诗中的浙派的领袖。朱氏学问渊博，泛滥四部，著述颇多，有《日下旧闻》、《经义考》三百卷、《明诗综》一百卷(附《静志居诗话》)以及诗文合集《曝书亭集》等。赵执信《谈龙录》曰："王才美于朱，而学足以济之；朱学博于王，而才足以举之。"相对而言，王氏恃才，而朱氏重学，以学力见长，喜用典，追求典雅。

并称"南查北赵"的查慎行、赵执信可以说是朱、王对应关系的延续。就社会关系来说，查慎行是朱彝尊的表弟，而赵执信则是王士祯的甥婿。就诗学观点来说，查慎行继续推阐朱彝尊的宗宋诗说，学习苏轼、陆游，成绩斐然；赵执信对王士祯的诗论主张则颇有异议，其《谈龙录》即为批评王氏而作。他的诗论私淑清初冯班，主张取法晚唐，诗思清新峭拔，格局不大，有时也伤于刻露。

雍乾时代，伴随着对诗歌艺术的探索，诗人们提出了各种不同的诗歌理论主张，并由此形成了若干诗歌流派。继王士祯神韵诗说之后，格调说、性灵说、肌理说也在这一时期的诗坛上先后出现，诸家争鸣，各得一端，造成了当时诗坛的繁荣局面。

沈德潜(1673—1769)属于雍乾时代诗学的正统一派，继王士祯之后主盟文坛。他的诗学观点集中体现在他所编选的《古诗源》、《唐诗别裁集》、《明诗别裁集》、《清诗别裁集》及诗话《说诗晬语》等书中。他的诗说的核心是所谓"格调"，即强调诗作要符合儒家的诗教，具有温柔敦厚的格调。在选诗时，他明确提出要"去淫滥以归雅正"，主张诗要有益于"和性情，厚人伦，匡政治，感神明"(《重订唐诗别裁集序》)，风格上则要"微而婉，和而庄"(《唐诗别裁集》原序)。在明代前后七子的基础上，他进一步提出作诗要讲格调声律，并将其具体化为"先审宗旨，继论体裁，继论音节，继论神韵，而一归于中正和平"(《重订唐诗别裁集序》)，可见其持论侧重点与神韵说有不同。在唐诗中，他特重盛唐浑厚正大的诗风，其《唐诗别裁集》尤其推尊杜甫，并有意选入一些“杜少陵所云鲸海碧海，韩昌黎所云巨刃摩天”(《重订唐诗别裁集序》)的诗作，所针对的就是王氏《唐贤三昧集》。

朱彝尊、查慎行而后，浙江诗人有厉鹗、严遂成、王又曾、钱载、袁枚、吴锡麒等人，清人并称为“浙西六家”。其中厉鹗、钱载、袁枚影响最大。厉鹗(1692—1752)诗词兼工，诗学宋人，尤好四灵、姜夔等人，好用僻典，风格幽洁生涩。他长于描写山水之作，但格局窘狭，缺乏大家气象。他的《宋诗纪事》是一部重要的诗学著作。浙江秀水人钱载(1708—1793)则推尊韩愈、黄庭坚，创作拗折瘦硬之诗，注意锤炼句法，而用字则较平易，形成所谓秀水派，在浙派中别树一帜。

袁枚(1716—1798)虽然出生于钱塘(今杭州)，却不为浙派所牢笼而自成一家。他生性放纵，喜爱自由，不守故常，三十四岁就辞官闲居。在诗学上，他针对格调说，提出“艳诗宫体，自是诗家一格”(《再与沈大宗伯书》)。他主张诗要抒发诗人的性灵，符合自我，发扬天分，而不必有所拘束。只要其内容合乎性灵，则无不可写，无所顾忌，下层人民生活及日常生活情趣、男女之情，一一皆可入诗。这一方面扩大了诗的题材范围，但泛滥无涯，也带来一些浅薄无聊琐碎的内容。在创作上，他主张以灵心写性灵，明白如话，通俗晓畅，不假修饰，但也有俚俗油滑之病。他的诗论反映了艺术的创新要求和思想上追求自由的反封建倾向，对于解放受神韵、格调、肌理诸家诗说束缚的清诗，促进其发展，起了积极的作用。袁枚诗流传极广，弟子门生极多，影响广远。当时的郑燮、赵翼、张问陶、宋湘、黄景仁、舒位等都与袁枚同声气，或受过袁枚的影响。他的影响已超出浙派的范畴，而与赵翼、蒋士铨并称“江右三大家”。

赵翼(1727—1814)诗论也主张抒写性灵，强调创新，与袁枚相近。但他身兼史学家与诗人，故论诗更注意历史发展问题。他的诗作既长于写景，也长于议论，又因为有着博雅的学者素质，呈露出以文为诗的倾向，而总体上仍然自然流畅，风趣诙谐。蒋士铨(1725—1785)诗的突出主题在表彰忠孝节义，“每遇节妇烈女，忠臣孝子，则行以古文传记之法，不惟叙述其事，并将姓氏、年月、地名之类或顺或逆，或前或后，一一点出”(朱庭珍《筱园诗话》卷二)。赵翼也用诗称赞他:“谈忠说孝气崚峋,卅卷诗词了此身。”(《心余诗已刻于京师,谢蕴山太守觅以寄示,展阅累日,为题三律》之二)蒋诗抒写人伦情感,忠挚动人,艺术上则取法苏黄,上溯杜韩,雄健瘦硬,所病在于粗露。

杜甫《丽人行》诗曰:“肌理细腻骨肉匀。”博学的考据学者、金石学家翁方纲(1733—1818)从中拈出“肌理”二字以论诗。他主张作诗要有义理,从中透现经史学问和思想;又要有文理,即讲究诗法,针线细密。他认为应将经史学问作为作诗的根底,将诗(文学)与学(学术)结合到一起,大凡注疏考订题跋之类,无所不可为诗。在古代诗人中,他最推崇博学多才的苏轼,乃自号苏斋。他首创以诗体作金石题跋,这既是一个创格,也是以诗入学以学为诗的表现,反映了乾嘉考据之学对诗坛的影响。翁方纲的本意在于以学问考据的质实,补救神韵派的空浮和格调派的拘泥,但矫枉过正,导致沉闷窒塞,而被袁枚讥为“抄书为诗”。

从乾隆到嘉庆,历来称为中国传统考据学的盛世,但这一时期的诗学已呈衰退之势。崛起于南粤的宋湘(1756—1826)和从四川走出来的张问陶(1764—1814),都不同程度地受到袁枚的影响。来自江苏武进的年轻诗人黄景仁(1749—1783),则以杰出的诗才,在诗坛上刮起一阵旋风。他短促的一生贫病交加,落魄不偶,“好作幽苦语”(《两当轩集·自叙》)的诗作,实是其一生不幸的心影。《别老母》写为衣食奔走四方不忍别母的凄苦:“惨惨柴门风雪夜,此时有子不如无。”《都门秋思》之三写贫寒的生活处境:“全家都在西风里,九月衣裳未剪裁。”他的诗中常见衰败没落的意象,如落日、暮气、晚秋,更有寂寞危苦之言。《癸巳除夕偶成》二首之一:“千家笑语漏迟迟,忧患潜从物外知。悄立市桥人不识,一星如月看多时。”这种无人知晓、也无处倾诉的心灵的寂寞危苦,是对忧患时世的直觉感知,是时代的衰象即将出现的预兆。从诗学渊源上说,黄景仁的诗是李白的豪气和李商隐的哀情的结合。黄景仁的同乡兼好友洪亮吉(1746—1809)因事遣戍伊犁,写出了一批西北边疆风情诗,充满奇情壮彩,堪称清代边塞诗的翘楚。

此外,嘉庆时代较有个性的诗人还有舒位、王昙、孙原湘三人。孙原湘(1760—1829)擅长写山水景物,但才华与成就都不及舒、王。舒位(1765—1816)生长西南,《黔苗竹枝词》写西南人民的生活习俗、边疆及海外风光,很有特色。他的诗好用书卷,好逞奇肆,色彩秾丽,也有不少感慨个人身世、表达民间疾苦的作品。他的《乾嘉诗坛点将录》将当代诗人一一与《水浒传》中的人物相比拟,将小说与诗学批评结合起来,开创了一种新的诗歌批评方式,既有新意,又饶有趣味。王昙(1760—1817)恃才负气,诗风怪奇。由于身负奇技,而遭遇惨淡,故发愤为诗,多诡怪衰败之音。从这一点上说,他与黄景仁相近,都可以说是龚自珍的先导。

嘉、道诗坛上,黎简(1748—1799)、潘德舆(1785—1839)、陈沆(1785—1825)、程恩泽(1785—1837)等人的诗作也各有特色。程诗学韩愈、黄庭坚,以文为诗,注重学问,追求奇险拗折。他的诗学通过其友祁寯藻、其门下何绍基、郑珍、莫友芝,而影响到陈衍、陈三立、沈曾植等同光体诗人,对近代宋诗运动有较大的影响。

如果要比较明清人的诗创作,也许可以说明人作诗,表面上不自信,实质上很自信,乃至妄自尊大;清人作诗则反之,表面上自信,实质上很不自信,因而谨慎努力,终于有了自己的面目。从不同的基点出发,对清诗成就就有不同的评价。尊之者褒为诗道之盛,超越宋元明三代,抑之者则贬为衰落之极。客观地说,清诗的水平在元明之上,有独特个性的诗人的数量也超过元明两代。这说明传统样式并不是每况愈下,更不一定一代不如一代,即使历史悠久的诗体,也仍有开掘创新的余地。

词学在清代号称中兴,说明词体也大有可开掘的余地。金元词除少数词人如元好问、萨都剌、张翥、杨维桢等人外,整体水平不高。元后期词坛受曲学的侵袭,有明显的散曲化的倾向。明代词学从宏观上看,也无振起之象。至于清词,则有中兴之誉。其具体表现为如下几个方面:

首先,有清一代词人之多,前无古人。就个人而言,诗人文家大多兼擅词体,或同于诗,或异于诗。如龚自珍诗疏宕,而词绵丽,各不相同。清初诗人中,王士祯、吴伟业皆能词。王士祯的小令以深情绵邈见长。满族人中,男有纳兰性德,女有顾春(太清),都以善词著称。纳兰性德的词风近于南唐二主,长于白描,清新自然,以贵介公子,而自有一段凄婉情愫,萦回不尽，悼亡之篇，尤若不胜情者。他赠顾贞观的《金缕曲》，则出入苏辛，抒写君子磊落情怀，又说明其词多能，偏于婉约，只是得其性之所近而已。

其次，就宗派而言，清代词学大抵可分为豪放、婉约二派。婉约派中，又可分为浙西词派和常州词派。浙西词派创始于清初朱彝尊，师法姜夔、张炎，特别是张炎，辅以史达祖、吴文英；主张雅丽蕴藉，工丽精巧，讲究句律。其后，厉鹗继之，词境清幽峭拔，又讲究声律词藻，颇得白石之长。其后则有黄景仁、郭麐等人扬其波，清空而流为薄滑，柔婉而近于纤巧。乾嘉以后，此派逐渐衰微。选录唐宋元词的朱彝尊《词综》和王昶《清词综》，是反映浙西词派词学观点的两部重要选本。常州派倡自常州词家张惠言(1761—1802)。张氏为了推尊词体，倡言意内言外，主张词要有言外之意，要有寄托，风格上提倡深美闳约，沉着醇厚，推崇周邦彦，而鄙薄姜、张。周济(1781—1839)从而发挥其说，崇尚雅正，讲究比兴寄托，然而往往比事过情，扑朔迷离，迂阔晦涩，为学者所病。自常州派起，浙西词派渐次衰微，清代后期的词学发展，大多受常州词派的影响。词风豪放的陈维崧与朱彝尊齐名，宗苏辛，风格雄放姿肆，深厚沉郁，工壮语，有气魄，但也不免粗率之病。此外，一些规模和影响等而次之的词派，也不在少数。清中叶的项廷纪(莲生)、蒋春霖(鹿谭)诸人，也能在这二派之外自成一家。晚清国运虽衰，而词学复振。王鹏运、文廷式、郑文焯、朱孝臧、况周颐诸家，继轨常州词派而有所发挥或突破，各有所长，足称名家。

第三，清词创作中开辟了一些新的题材内容，产生了一批好的作品。清初吴兆骞以科场案流放宁古塔，曾作《念奴娇·家信至有感》。其友人顾贞观有寄词《金缕曲》二首，以词代书，明白如话，又痛快淋漓，纯为心声，最是深挚。邓廷桢、林则徐在禁烟斗争中并肩战斗相互勉励的《月华清》等词，反映了严峻的时局。张景祁《望海潮》及宦游台湾所作诸词，是在新的世界风云的背景下唱出的新声。

第四，清代词学研究极为兴盛。谈格律音乐者，则有万树《词律》、凌廷堪《燕乐考原》和戈载《词林正韵》；品评议论载录趣闻轶事者，则有众多的词话，其中最值得注意的是陈廷焯《白雨斋词话》、况周颐《蕙风词话》、王国维《人间词话》和徐钪《词苑丛谈》;词集选本更是难以计数。朱彝尊《词综》、厉鹗《绝妙好词笺》、张惠言《词选》、周济《宋四家词选》、冯煦《宋六十一家词选》、谭献《箧中词》、朱孝臧校刻唐宋金元词百六十家的《彊村丛书》,都是代表各家词学观点的重要著作,也是清代词学之盛的一个突出标志。

散文在清初,曾出现过侯方域、魏禧、汪琬等三大家,但直到桐城派出现,清代才形成了有自己独特面目的影响广远的散文流派。

明清两代,桐城一地人才辈出。在文学史上,最引人注目的是清代中叶的桐城派的出现。康熙时,戴名世(1653—1713)为文自然简净淡泊,论文强调道、法、辞三者兼备和精、气、神三者统一,可谓是桐城派的先驱。稍后,方苞(1668—1749)起而倡义法,义则言之有物,法则言之有序,义法相互作用,并以此为准则,把握正确的文体作法,对材料作适当取舍,注意文章的结构章法,达到文风雅洁的目的,奠定了桐城派文论的基础。随后,刘大櫆(1698—1779)续作开拓,姚鼐(1732—1815)集其大成,与方苞并称桐城三祖。刘氏论文重神气音节,创作雄奇高朗,其不平之气,不羁之才,可以弥补方氏为文朴质专以理胜的不足。姚鼐的文论和创作都能兼取方、刘之长,他在方苞的基础上发挥,提出义理(宗旨)、考证(材料)、文章(字句章法)三者相济,以调和与乾嘉汉学家的争议;又在刘大櫆的基础上,标举文章神、理、气、味和格、律、声、色的合一。他编的《古文辞类纂》是桐城派的圣典。姚文严而有法,简而能丰,又兼方、刘之长,格外见重于时。此外,他又提出了阳刚阴柔两种风格说,也是对文学批评的一大贡献。

桐城派论诗折衷唐宋,是唐宋诗之争中调和论的产物。姚鼐明确主张“熔铸唐宋”(《与鲍双五书》),以李白之豪迈、杜甫之阔大,兼采韩、苏、黄之劲健,熔铸出雄迈刚健、气象阔大的诗风,颇有阳刚清壮之气。他的《五七言今体诗抄》即是兼取唐宋的选本。

自姚鼐以后,桐城派声势日壮,门庭日广,其门下有方东树、管同、姚莹、梅曾亮等四大弟子,对前辈有继承,也有修正扩充,更传播至于桐城以外,及于江苏、浙江、广西、江西、湖南等地。道(光)、咸(丰)之间,湖南曾国藩及曾门弟子在新的时代环境里，对桐城派加以改造，使之在桐城以外复盛。直到清末民初，从严复、林纾、马其昶、姚永朴、姚永概等人的学术文章中，还能看出桐城的一线余脉相延。

总的来看，桐城派散文创作的长处在于凝炼雅洁，清通畅达。凝炼表现在其结构严密，取材有度，不事点染，亦无枝蔓，较少摇曳之姿，其失在枯淡；雅洁表现在追求醇雅，讲究用词用语，有选择，有避忌。方苞甚至明确主张，不能用语录中语、魏晋六朝人的俳语丽辞、汉赋中的板重字法、诗歌中的隽语、《南北史》中的俳巧语（沈廷芳《隐拙轩文钞》卷四《书方望溪先生传后》）。清通畅达体现了桐城文的总体风貌，这种风格显然有利于文章的流传，也有利于扩大影响，但清通则不免于平淡，畅达也不免孱弱。桐城派的不足，给乾嘉汉学家、嘉道骈文家、清末魏晋文派和五四新文学家留下了攻击的把柄。

张之洞《书目答问》分清代散文为桐城、阳湖和不立宗派三者，实际上，桐城、阳湖固然是清代散文最主要的两派，但两派间存在渊源师承关系，并无水火之势。阳湖派张惠言、恽敬等人颇受桐城派特别是刘大櫆的影响。二人并精音韵考据之学，以学问特别是经学为根底，初学骈文，及闻刘氏之说，才改而专治古文，从而上接阳湖之学并重骈散、推重学术考据的传统。由于恽、张先专力骈文，故其文论及创作中，都不废骈文，以补词采之不足。恽敬、张惠言之后，李兆洛继起，并称阳湖三家。此外则有陆继辂、陆耀遹、董祐诚、董士锡、谢士元等人，皆出阳湖，于是蔚然成风。

阳湖虽出于桐城，甚至有人将阳湖视为桐城的一支，但二家持论及文法却颇多异趣：桐城取法唐宋八大家与司马迁，溯源儒家经典；而阳湖派则重《文选》，不薄六朝辞赋，同时泛滥百家，参以诸子，以救桐城孱弱平庸之病。如果说桐城派文以简练雅洁见长，较多矜持，那么，阳湖派文则以博丽宏肆取胜，较多讲气势；桐城派文得力于法，为儒者之文，追求醇厚；而阳湖派文得力于学，为策士之文，不免驳杂。

骈文之体成立于六朝，即使在唐宋古文运动的时代，也仍有很多擅长骈文的人。唐代陆贽、李商隐自不必说，宋代四六文更呈一时之盛。元明二代，此道中衰，用途狭隘。清代一反其风气，号称骈文复兴，在清初，就有陈维崧、毛奇龄等名家。乾嘉之世，考据学兴，使崇学征典的骈文也随之复兴，当时有骈文八大家（袁枚、邵齐焘、刘星炜、吴锡麒、孙星衍、洪亮吉、孔广森、曾燠）之称。八家之外，胡天游沉博绝丽，纪昀朴茂精切，各有特色，而皆以学植为根基。同时，汪中上溯六朝，独树一帜，其《吊马守真文》、《哀盐船文》、《自序篇》，以散运骈，意脉流贯，而又萧疏淡雅，直接开启了从清末李慈铭、王闿运等人直到民国初年刘师培、章太炎等人的回归汉魏六朝诗文的运动。

在乾嘉桐城一派古文甚嚣尘上之时，李兆洛和阮元等人极力反对桐城派所提倡的散体单行之文，大声为骈文辩护，为骈体争正统，乃至指责古文为笔，意欲排斥于文域之外。李兆洛虽是阳湖派作家，却特重骈文。他编撰《骈体文钞》，目的就是与姚鼐《古文辞类纂》针锋相对，也确实产生了很大的影响。后起的桐城派作家如刘开、曾国藩在论文和创作中都兼取骈体，就是骈文影响上升的一个表现。

文言小说，在魏晋南北朝的志人志怪、唐代的传奇之后，依然不绝如缕。宋代以后，白话小说出现，并迅速崛起，以其灵活、朴素、贴近生活的语言，成为小说创作中最重要的语言形式。而由于广大士人仍花大量精力研读古典著作，在许多场合仍然使用文言，他们对文言的娴熟掌握，加上文言自身亦有相当的伸缩性、可调适性，因此，宋以后古典作家在进行叙事描述时，仍然时常使用文言，创作了数量相当可观的文言小说。

就题材而言，志人、志怪、丽情等唐前文言小说中常见的题材，在唐以后，还在连篇累牍地出现，或者模仿前人，或者翻新出奇。就体裁而论，宋元人的传奇小说，堪称是唐代传奇小说的新变，虽有不及，而自是不同。明清时代，文言小说全面复苏，不仅出现了大量文言小说的专集和别集，而且出现了对文言小说的理论研究；不仅志怪体、世说体相继复起，而且出现了传记体的文言小说。自《世说新语》以降，世说体一直流行不衰。唐王方庆《续世说新书》、宋王谠《唐语林》、明何良俊《何氏语林》，都是此体的小说集。明林茂桂辑《南北朝新语》，则是纂集南北史中的异闻轶事而成。清初王晫《今世说》，记顺康间文士言行，文笔简洁洗炼，颇能刻画人物，是较好的一种世说体的小说。沈复《浮生六记》是一部传记体小说的杰作，重抒情，重情韵，这种体裁也可以称为小品小说。此外，明代的《剪灯新话》、《剪灯余话》和《觅灯因话》也值得一提。但最值得注意的是康熙时代诞生的蒲松龄(1640—1715)《聊斋志异》，它标志着明清文言小说创作达到了一个新的高峰。

作者自述其生涯实况是："门庭之凄寂，则冷淡如僧；笔墨之耕耘，则萧条似钵。""集腋为裘，妄续幽冥之录；浮白载笔，仅成孤愤之书；寄托如此，亦足悲矣！"(《自序》)这种孤愤，一方面是他在现实生活中落拓不偶的遭遇的反映，另一方面也使他义无反顾地倾尽心血，来写作这种志异奇书。也就是说，孤愤不仅表现在他的创作态度上，也表现在他的具体的作品和内容中。他对科举制度的态度有揭露，有讽刺，而《王子安》篇中的"七似"最为沉痛。其故事中的主人公，有很多是落拓不遇的举子书生。《叶生》篇中的叶生就是这样一位。他"文章词赋，冠绝当时"，却"所遇不偶，困于名场"，而关东丁乘鹤(令威)对他有知遇之恩。后来，叶生贫病而卒，其魂魄却追随丁氏，并教丁氏子中举入仕。在篇末的"异史氏曰"中，蒲松龄感慨万千地写道：

> 嗟乎！遇合难期，遭逢不偶。行踪落落，对影长愁；傲骨嶙嶙，搔头自爱。叹面目之酸涩，来鬼物之揶揄。频居康子之中，则须发之条条可丑；一落孙山之外，则文章之处处皆疵。古今痛哭之人，卞和惟尔；颠倒逸群之物，伯乐伊谁？抱刺于怀，三年灭字；侧身以望，四海无家。人生世上，只须合眼放步，以听造物之低昂而已。天下之昂藏沦落如叶生者，亦复不少，顾安得令威复来，而生死从之也哉？噫！

这与其说是评论故事情节，不如说是作者自诉情怀。从愿意生死以追随知己的愤激之辞中，可以看出，他是看透红尘了。这骚怨孤愤，与屈子、太史公是一脉相承的。这一类感慨，使《聊斋志异》更有抒情的诗意美。

董元度题《聊斋志异》的《贺新凉》词云："庄语难谐世，拂残编，搜神博物，谈仙说鬼。"《聊斋志异》中的仙狐鬼怪，往往是有所寄托的。蒲松龄一生困于科场，穷途潦倒。书中有不少鬼狐教人致富的故事，这其实也体现了贫困交加的作者的幻想。现实的困顿，使他突破人鬼的界限，宁愿从鬼而游，与鬼为友。在《陆判》中，陆判官虽为鬼，却总能在紧要关头助朱生一臂之力，比起人间的世态炎凉人情冷暖，鬼界反而令人向往。难怪，蒲松龄表示如果陆判官还在，他“为之执鞭，所忻慕焉”。

由于长期生活在社会下层，蒲松龄对黑暗世道和腐朽政治有较清醒的认识。对此，书中也有揭露和抨击。《成仙》中写黄吏部家的牧佣仗势欺人，明明黄家的牛踩坏了周家的田，地方官却偏袒势家，把周家的仆人抓进官里笞责，去告状的周生也被抓起来了，陷入不白之冤，几致丧命。这正如故事中周生的至交成生所说的，“强梁世界，原无皂白，况今日官宰半强寇不操矛弧者耶?”在《潍水狐》中，他先借一个前身为狐的老翁之口，说自己羞与前身为驴的县令为伍，继而自己站出来，说了下面一通话：

> 驴之为物庞然也。一怒则踶趹嗥嘶，眼大于盎，气粗于牛，不惟声难闻，状亦难见。倘执束刍而诱之，则帖耳辑首，喜受羁勒矣。以此居民上，宜其饮糙而亦醉也。愿临民者，以驴为戒，而求齿于狐，则德日进矣。

在他眼里，那些欺上罔下贪赃枉法的官吏，就是一群丑驴蠢驴。相比之下，书中的狐往往真诚可爱，作者的褒贬一目了然。这种正义感，也同样体现在倡言正能胜邪的《妖术》篇中。

在艺术上，《聊斋志异》以传奇之笔，作志怪之文，使全书呈现出传奇和志怪互补的特色。此书写志怪故事，叙述大多跌宕起伏，生动活泼，委曲周详。作者的旨趣不是猎奇搜怪，而是将志怪故事也当作人事生活的一个部分来写，用唐传奇中写人间奇人奇事的惯用文体和笔法，以人或事为中心，精心剪裁，集中精华，从而将神仙鬼怪故事写得亦真亦幻，既注意把握生活细节的真实，符合艺术的逻辑，又富有浪漫无拘缥缈恍惚的想象。同时，作者在书中每一篇之后，往往自称“异史氏”发表议论，这一结构也见之于唐人传奇，但溯其远源，则显然是受到《史记》中的“太史公曰”的影响。也可以说，这本志异之书其实是有很强烈的“史”的人间性和现实性的。

书中成功地塑造了众多人物形象，举子、鬼狐、官吏、女子之类尤为多见。婚姻爱情故事特别是人鬼恋或人狐恋的故事，是《聊斋志异》中最常见的一类题材。书生举子和狐仙花魅，作为相对依存的两类人物，常相伴随而出现，他们在故事中的角色地位各不相同，性格也各异。《婴宁》无疑是这一类故事中的名篇之一，婴宁也无疑是其中塑造得最为成功的一个人物形象。这是一段很普通的人狐恋故事，而在作者笔下栩栩如生的婴宁的痴憨可爱的形象，使这一故事显得很不一般。显然，作者在故事和人物中倾注了自己的情感。此类故事题材虽或得之传闻，而皆经过作者心灵和艺术的再创造。对婴宁这个爱笑爱花的可爱的狐女，作者充满挚爱地称之为“我婴宁”，比之为一种名叫“笑矣乎”的山中草，“房中植此一种，则合欢、忘忧，并无颜色矣”。在故事中，他抓住爱笑的婴宁在不同场合不同的笑，以至后来的终日不笑，作为一个重要线索，贯穿全篇，展示她的性格，推动情节的节节进展，在结构的安排和节奏的掌握上，都表现出纯熟的功力。此外，如《鲁公女》篇中对小女子神态和心态的描摹，也极见功力。

在语言上，《聊斋志异》也体现了蒲松龄很高的造诣，除了整体的富有诗意的语言风格外，在具体的叙述描绘中，也常有高妙之笔。《红玉》写广平冯相如某夜“坐月下，忽见东邻女自墙上来窥。视之，美。近之，微笑。招以手，不来亦不去。”雅洁简劲，极有层次，寥寥数笔，已将当时情景全盘托出。《口技》写口技表演，杂沓往复，井然有序，惟妙惟肖。诸如此类的笔墨，书中在在可见。这些雅洁富有表现力的文字，以及“异史氏曰”富有抒情意味的发言，使本书的叙事带上浓厚的个性色彩和抒情化特征。

《聊斋志异》之后，有不少作者起而模仿，其中，比较重要的作品有沈起凤《谐铎》、和邦额《夜谭随录》、浩歌子《萤窗异草》、袁枚《子不语》(《新齐谐》)、《续子不语》、宣鼎《夜雨秋灯录》、王韬《淞隐漫录》。但是，这些作品，正如袁枚在《子不语》自序中说的：“文史无以自娱，乃广采游心骇耳之事，妄言妄听，记而存之，非有所感也。”他们都只是一意好奇，对志怪故事本身感兴趣，并不像蒲松龄那样在创作中发泄孤愤之怀，也不是有所寄托的文字。其中只有少数作品叙事流畅，文笔可观。纪昀《阅微草堂笔记》应该算是这类书中的佼佼者。他以回归汉魏六朝笔记小说的笔墨，去除浮华，崇尚雅洁，无意为文，姑妄言之，姑妄听之，用笔自然洒脱，也不特别着意表达什么。其简实朴质的文风，也与既幻又真化俗为雅的《聊斋志异》异趣。

这些小说的出现、存在和流传，说明以文言创作小说，还是有可为的，也说明文言的文学生命是相当强大和持久的。

第三十章　八股文的文化批评

八股文名义及其由来　八股文体的构造特点　历史发展梗概　八股文的义理、考据、辞章　杂合的文体　对士人的正负面影响　八股文功过的文化批评　八股文的选、批、评及对明清以来文论的影响

为了巩固统治，历代政权通过各种途径和方式选拔人才，以充实政治的各个层次。汉代靠察举，魏晋实行九品中正制，隋唐以下大抵采用科举，而所考内容又各有不同。唐代进士科试诗赋，宋代考经义策论等，明清两代则考八股文。在本世纪初废除八股文并实行新式考试制度以前，八股文已经在历史舞台上独领风骚长达五个世纪，可以说是行之最久、影响至为深远的科举文体。在新文学兴起以后，传统文学的各种样式虽然都经历了一段大幅度的消退乃至消亡的过程，而各种形式的研究、欣赏及其创作却未曾间断，近年来古典诗词对联散文等的欣赏创作更是方兴未艾。八股文则鲜为人道及，无人拟作，也无人欣赏此道，偶有齿及，也多伴随着贬斥的声气。这种鲜明的现实对照和显著的历史落差，不仅描绘出八股文的兴衰轨迹，也显示了近世文化发展的特殊背景。

八股文或称制义、经义、制艺、时文、时艺、《四书》文、八比等。因为它是奉皇帝的命令(制)，依据经书立义，代圣贤立言，所以称为制义、经义。经书当然是指儒家的经典，具体说来，也就是《四书》、《五经》。因为大多

数八股文题目出自《四书》，即简称《学》、《庸》、《语》、《孟》的《大学》、《中庸》（二者原为《礼记》中的两篇）、《论语》、《孟子》，所以有时候又称为《四书》文。命题之时，或取经文一句，或数句，或一章，或一段，或数节，长短不拘。同时，八股文又可以说是奉旨而进行的文艺制作或奉旨而学习的写作技艺，所以有了制艺的名称。制义、制艺读音相同，字形也只有一字之差，其实却代表了对八股文性质的两种不同看法和对其地位的两种不同估量。明清两代，这种文体是当时最流行的文体，也是每个士人最要揣摩学习的一种技艺，也可以说是最时兴的文艺，故又有时文、时艺之称。

定型的八股文的结构，具体分析起来，也不外乎起、承、转、合四个部分。起就是破题，即点出文章的主要内容或主题。承就是承题，也叫破承，即接着对主题作进一步的补充或限定之类的说明。承题之后是起讲，即较详细地说明题意。总起来看，破题、承题、起讲三部分还只是文章的开篇部分，所以又统之为“冒（帽）子”。起讲接下来为虚比、中比、后比、大结，又称起股、中股、后股、束股，大抵是从上下正反前后左右各方面论述文意，既要说得理直气壮，又是讲得面面俱到，而转、合之类，即寓于其中。这是八股文的重心部分，一般分为四段，每段都各由两股意义上互相对立音韵上互相对偶的文字组成，一共八股，八股文得名的由来就在于此。这种结构形式在一定程度上符合一般人的思维逻辑，在诗文中也早已有之，只是在八股文以前还没有哪一种文体在这些方面作过这么明确的限定而已。“八股”实际上只是流俗对它的特征的一种形象化概括，后来却大为流行。有的文士嫌“八股”二字不雅，乃以八比代之。近世以来，由于八股成了僵化死板空洞无物的代名词，八股文也就成了一种明显带有贬义的称呼。

下面举一篇八股文为例，说明其结构特点。这是选自《启祯名文摩集》卷一的金声《夫子温良恭俭让以得之》，其题目出自《论语学而》：

原圣人之闻政，有道焉以得之也。（破题）

夫夫子之温良恭让，非以示人国而欲其政也。而人则自此感矣，权固在夫子哉！（承题）

今夫国有大政，其君若臣相与商度于朝堂庙楹之上，非其亲贵，不得预也，而况异国羁旅之臣乎？今之诸侯，即好问周诹，不应至是，不应尽夫子所至之邦而皆若是。则尝于宾主相见之时，而观其感应不爽之机，其愿得奉教君子而就正有道者，非邦君之能与，而邦君之不能不与也。（起讲）

夫子殆温良恭俭让以得之者也。（过接）

天下之震惊夫子，而以为异人，非一日也。初不料其意象乃在若近若远之间，及身亲之，而殆忘其为圣人也，忘则其心夷。（第一股）

天下之想望夫子，而各以私度，非一人也。初不知其精神迥出言思拟议之外，比目接之，而始见有真圣人也，真则其神夺。（第二股。以上两股为虚比或起股。）

今之诸侯大抵多骄，既已令莫予反、行莫予违矣，从未见有草芥之人有身兼三才、气备四时之盛如吾夫子者，岂不厌薄而以为不足与谋，而要不能不大服吾圣人于一望之际，立锄其予智自雄之习。（第三股）

今之诸侯大抵多忌，亦既各君其国、各子其民矣，从未见有四方之士具天下一家、中国一人之概若吾夫子者，岂不猜虞而以为未可与言，而要不能不深言吾圣人于立谈之顷，遽化其分疆绝界之心。（第四股。以上两股为中比或中股。）

盖其道大，则天下莫能容。往往(有)心知其圣，终不能奉国以从，故貌合情疏，虽以父母之邦，不获自适其易世变国之心。（第五股）

其诚至，则万物无不动。往往一见其人，则莫不输诚以献，故删诗修史，即以托迹之所，而亦深悉其兴衰治乱之故。（第六股。以上两股为后比或后股。）

故若游说之士，探大人之意旨，而怵之以利害。（第七股）

智谋之臣，窥人国之浅深，而获之以计数。此皆衰世之风，或得或失，岂足以语大圣过化存神之妙哉！（第八股。以上两股为大结或束股，以散句收结，颂扬夫子的神圣。）

八股文可以追溯到北宋王安石等人提倡的“经义”，初时只是以经为题的议论，到宋末，已发展为渐有一定的程式。元代延祐(1314—1320)年间，兼以经义试诸生，并限定每篇字数三百字。明清两代，八股文在字数限制上逐步放宽，从不超过五百五十字到六百五十字，乾隆四十三年(1778)又放宽到以七百字为上限。宋元可以说是八股文的滥觞。论旨以朱熹的《四书集注》为依归，也是从元代开始的。明洪武初制订科举法，先时也是经疑经义并行，后来才改为专试经义，也仍重视阐发道理，于是，八股文初具雏形。大体上说，从14世纪后期到15世纪中叶，即从明代洪武(1368—1398)永乐(1403—1424)到明英宗天顺(1457—1464)年间，是八股文逐渐发展成熟的阶段；从明宪宗成化(1465—1487)到明孝宗弘治(1488—1505)年间，是八股文格式定型的阶段，八股文的名称也是在成化以后出现的。明初制义科条未立，格式也还比较宽松，行文有时兼用颂体的写法。天顺以前，行文或单或偶，尚无一定之规。成化以后，才严格要求对偶，形式更加工整。总的来说，这一时期的八股文比较谨守传注，体会其语气，文风则比较简朴。

从16世纪初到17世纪初，即从弘治末年到隆庆(1567—1572)万历(1573—1620)年间，明代八股文臻于鼎盛。16世纪可以说是八股文发展史上的黄金时代。这一时期的八股文以其“脉正理醇，清微淡远”的风格特点，为八股文家所津津乐道。其不足之处是略嫌拘谨，“止依题训义，题之节奏，即文之波澜而已”(清道光乙巳二十五年，1845，东昌叶氏书林校刊《制艺简摩集》卷首司徒修《简摩集启祯文小引》)。正德(1506—1521)嘉靖(1522—1566)间，唐宋派古文家唐顺之、茅坤、归有光等人提倡以古文的作法和气格融入八股文，通过遣词用字、谋篇布局、音韵节奏等方面的安排和讲究，使时文中的陈词滥调、板滞章法和庸弱积习等有所革除。但自隆、万以后，又“以机巧为贵，渐趋佻巧”(方苞《钦定四书文·凡例》)。吴敬梓《儒林外史》实际上写的是当代的人和事，却有意选择从明代成化到万历中这一时期作为故事的时代背景，表现他对这个所谓八股文的全盛时代的讽刺；同时，他在楔子中插入洪武初礼部议定以八股文取士，作为全书开篇的一部分，也说明他有意以此书为八股取士制度作一次历史清算。

明季，八股文风气一变，从天启（1621—1627）到崇祯（1628—1644）年间，不仅流行“以古文之气，行八股之法”，而且“阐性命之精微，穷事物之情变，纵横驰骤，不可羁系，而恰与题之窍会相赴。间有目击时事，借题以抒胸臆者，按诸题之神理、节奏，亦无不吻合”（《简摩集启祯文小引》）。其原因之一是受到当时的政治斗争和士林横议的刺激。黄淳耀、金声、陈子龙、章世纯、陈际泰、艾南英等人，都是启、祯时代的八股名家。这一时期的八股文，风格较前一时期畅达恣肆，喜欢借题发挥，作者能够在这种高头讲章中，隐讽时事，暗寓讥刺之笔。例如黄淳耀的《秦誓曰若有一个臣》一篇，就“多直道当时语，行墨间挟忠义贯日月之气”（《启祯名文简摩集》卷一）。其中“今观其所深好者，有容之臣也；所深恶者，妒贤之臣也。此两臣者，一则推奖气类，易涉朋党之嫌，而其心实为国家；一则诋毁朝士，若为孤立之迹，而其心实为富贵。所为不同则必争，争则人主必有所左右于其间，而胜负分焉”一段，即是有感于明季君子小人纷争的政治局面而发。其《见义不为无勇也》一篇，则以史论之笔作时文，言及世道人心，期望使当时的读者知所感奋。在今天看来，这一时期的八股文最有个性，最含锋芒，思想上最有光辉，文学上也最具价值。

但一些正统的八股文家的观点正好与此相反。清初信奉清真雅正的八股文家方苞就贬之为“驳杂不纯，猖狂自恣”（《钦定四书文·凡例》），甚至视之为士习坏而国运衰的标志之一。另一方面，明朝亡国以后，某些士人痛定思痛，愤激之极，也严厉责难八股文“断送江山”。这显然是过激之词。事实上，八股文只是整个封建政治文化体制中的一环，明朝覆亡的根源不在于此。换句话说，不是启、祯时代的八股文加重了明末的乱象，促成了明朝的灭亡，相反，倒是明季政治促成了八股文的良性激变，虽然统治者未必愿意看到这种变化。不过，这确实给清初的统治者一个前车之鉴。励精图治的康熙皇帝认识到八股文平庸则无补于世，犀利则有害于治，曾一度欲废除八股取士的制度。康熙七年（1668），上谕八股文章实与政事无涉，这类浮饰文章应当永行停止，可从为国为民的策论表制中出题考试，不料却遭到了许多大臣包括著名诗人王士祯的强烈反对，终于作罢。

早在北宋时代，欧阳修在知贡举时，就有意识地通过主试来扭转文风，转移文运。康熙以后，清代政治渐趋稳定，朝廷加强了对文化方面的管理和控制。通过八股文厘定文体，影响当时的文风，指导士林的风气，是清廷有意识推行的一项政策。八股取士本来就是封建政权的文化政策的一个重要组成部分。雍正十年(1732)，曾晓谕考官，所拔之文务令清真雅正、理法兼备，以破除明末的险诡之习。乾隆三年(1738)、十四年(1749)，又两度饬令各考官，衡文务以清真雅正为标准。自此以后，"清真雅正"遂悬为有清一代科举衡文的百余年不变的金科玉律。乾隆间，收入《四库全书》的惟一一种八股文选本、方苞奉敕编撰的《钦定四书文》四十一卷，即是以此为别裁标准的。而在这一律条的导引下，清代八股文也从此失去了启、祯先辈文章的辛辣和锋芒。清道光年间的八股文评家司徒修早已指出，"国朝之文甘，启、祯之文辣"，并委婉地表示这是清代八股文的不足，"甘而以辣济之，乃得骨肉停匀"(《简摩集启祯文小引》)。

在清一代，特别在清初，也出现了一批八股文名家，如李光地、韩菼、尤侗、王广心、刘子庄、张江、李来泰、颜光敏、熊伯龙等，大多以雄浑博大为宗。桐城方苞以古文笔法作八股文，与明代唐顺之等人遥相呼应，影响更是不小。总的来看，其发展趋势是律法日益严密，体格日益完备，而流弊也随之而生。实际上，如《儒林外史》所揭示的，早在 18 世纪初，也即康、乾时代，八股文的路子已开始越走越狭窄，截搭题之类荒唐的命题方式，也是从清代后期开始多起来的。所谓截搭题，就是截去前一句的头，将前一句的尾搭上后一句的头，或截去前一章的尾搭上后一章的头，甚至隔篇截搭的，常常搞得人不明所以。应试者只好牵强附会，生拉硬扯，以对付这一类题目。

八股文的形式结构符合文章和思维的一般逻辑，因此，有人认为《四书》之中早就有八股文的胚胎或因子。更重要的是，《四书》是明清二代规定士人必读的经典，以《四书》为题考作八股文，正是顺理成章的事。如上文提到的黄淳耀《秦誓曰若有一个臣》，其题出自《大学》；另一篇《见义不为无勇也》的题目则出自《论语·为政》。汉以对策取士，弊在泛滥而不切实用；唐以诗赋取士，其弊端是易导致浮华不实；宋以策论取士，其弊在肤廓无根;于是依经立义之文应运而生,代贤圣立言,而实各言其心之所得。一般来说,八股文是论述文字,因文见道,名句要从论析道理上出,跟诗赋等文学侧重抒情描写大不相同。从本来的宗旨上看,它试图将策论的思理与诗赋的词章结合起来,需要有思想,有见识,精通声律偶对,同时使用典实,需要有一定的腹笥。严格地说,后来桐城派古文论中所提出的义理、词章、考据三者,在八股文制作中也是缺一不可的。

八股文中使用典故,通常要求不能有时代的差讹,比如做唐虞题不能用商周时代的典故,而做商周题则不能用秦汉时代的典故,述孔孟言不得用《汉书》语等等。准确使用典实,是写作八股文的一项基本功。不过,由于中国古代典籍浩如烟海,皓首穷经也难以囊括无遗,即使少数博览群书的学者,也有可能有所不知,更不用说那些读书只为入仕、把八股文视同敲门砖的一般士人。因此,在八股考场上就发生一些很具讽刺性的故事。比如,一个秀才在考前散步,见到道旁有两棵槐树中夹一口井,考试时就自我作古,胡诌"自两槐夹井以来"。这莫测高深的一句也居然蒙骗了主考官,得以名列高第(清钱泳《履园丛话》卷二十一)。几百年来,诸如此类的科场笑话屡见不鲜,演出了一出出悲喜剧。

作为一种文体,八股文的文学价值可能还不及其文化价值。这并不意味着写作八股文不需要文学技巧,而是恰恰相反。实际上,八股文正是各种文体各种技艺的杂合体。揣摩上意,类似战国时代策士的说辞;指事说理,类似策论;拟人口气、代人立言,类似元人杂剧,以致有人说从观赏戏剧中可以领悟八股文的写作技巧;讲说道理,则近于经义;讲究换字用韵、排比对偶,格律精严,又兼有四六骈体文和近体诗的特点;起、承、转、合之类,也早已见于律诗;而六韵十二句的唐代试帖诗,其头尾两韵即相当于八股的起、结,中间四韵八句则相当于八比。此外,律赋大多限定韵字,往往为八韵,围绕赋题铺陈生发,与八股文的做法也颇有相通之处。八股文中常见的破题、长对等名目,亦早见诸律赋之中。所以,唐代律赋也颇为明清两朝的制艺中人垂青,视为初学悟入的一条辅助门径。总之,这是一种杂糅众体、程式谨严的文体,在一定程度上确实能衡量出士子对经典的分析理解能力以及对古典诗文最基本的技法掌握运用的娴熟程度。八股文能够产生，并在中国历史上生存五百年之久，与它的这个特征是分不开的。《儒林外史》第十一回中，那个迷信举业的鲁编修就对女儿说道："八股文若做的好，随你做甚么东西——要诗有诗，要赋有赋，都是一鞭一条痕，一掴一掌血；若是八股文章欠讲究，任你做出甚么来，都是野狐禅、邪魔外道。"他对八股文如此推崇以致排斥其他的文章学问，自然是盲目可笑的，但这也说明他对八股文体的这一特点是有所认知的。

从另一方面说来，八股文所训练的技能，无非是要能将那些卑之无甚高论的题目，做得冠冕堂皇；将空洞无物的题目，做得庄严典重；将胡乱截搭的题目，做得头头是道、气宇轩昂；也要能无中生有，以艰深文其浅易。明明是一些套话、空话、大话，却能说得婉转动听，铿锵有力。这虽然近于或等于文字游戏，但显然也需要有文字安排上的技巧。明清两代靠八股文进身的文士中的佼佼者，往往被选拔到翰林院供职。他们在八股文制作中练就的这套本领，在以后的官场文字应酬、公文写作中，特别是为皇帝草诏拟制时，很能派上用场。如果说这种文风助长了应付拖怠的官僚作风，也不是毫无根据的。

经过几百年的发展，八股文的制作已经形成了一套较为固定的格式，或者说是陈套，如常用"尝谓"二字作原题起语，"今夫"二字作大讲起语。这种领起句式可能从赋体的更端词中获得过启发。音韵上追求响朗顺溜，风格上要求典雅清正，发展到后来，所谓八股末流甚至规定在八股文中不能用诗词一类的笔法，不能使用《离骚》及子书中的典故，否则就算不得正经文字。不同的题目，也要求有不同的作法，例如"遇典实题则以考核为长"（梁章钜《制义丛话》卷五）；碰到截搭题，就不免要东拉西扯，穿凿附会，立论也不免偏、巧、怪，不过从中也可以测试出仓促趋附的本领。

在八股文的制作中，才气和理法构成了一对显著的矛盾。在一般情况下，逞才使气被认为是不合时宜的，尤其对初学者。《举业金针》中曾一再告诫初学者，入门但求平正，戒学高古简淡，深恐功力不够，反为其误。这也是为什么八股文体越到后来越不能创造真正的好文章，而只能批量生产四平八稳甚至平庸的作品。归根结底，八股文本是敲门砖，《举业金针》的作者看得很清楚，讲得也很明白："夫揣摩原欲荣世，非为传世，倘才高不遇，虽直与归（有光）、胡（友信。归、胡皆以八股文名于当世）比肩，无益也。”“学得诗书艺，卖于帝王家。”只要达到目的，暂时也顾不上其他。至其末流，则发展到除了八股文，其他学问都不问津。《儒林外史》第二十六回里的向知府说：“而今的人，可谓江河日下。这些中进士的、做翰林的，和他说到传道穷经，他便说迂而无当；和他说到通今博古，他便说杂而不精；究竟事君交友的所在，全然看不得！”

但实际上，这只是事实的一个方面。另一方面是，真正有学识有思想的士人都只是把八股文当作敲门砖，一旦科第的大门打开了，就转而通经治学，或致力于其他学术、事功。即使准备应试，也不曾《四书》之外，其他书都束之高阁。明清两代的不少有识之士，其中很多是八股考场的过来人，对八股取士制度的弊病，早已有所警惕。一些文人以玩世不恭的态度对待八股文。清初尤侗曾以《西厢记》中“怎当他临去秋波那一转”句为题，作了一篇八股文，文风华丽，旖旎多姿，是有名的游戏笔墨。还有人假托明代风流才子唐寅之名，全用《西厢记》中的句子为题，作了整整一本八股文，足见尤侗之外，爱调侃八股文的还大有人在。这是士人对道貌岸然、高头讲章的巧妙嘲弄，也是他们的文学智慧的折射。另一些人则加以更辛辣的讥刺。清初徐灵胎的《洄溪道情》中就有一首《刺时文》：“读书人，最不齐。烂时文，烂如泥。国家本为求材计，谁知道变作了欺人计。三句承题，两句破题，便道是圣门高弟。可知道三通四史是何等文章，汉祖唐宗是哪一朝皇帝。案头放高头讲章，店里买新科利器。读得来肩臂高低，口角嘘唏。甘蔗渣嚼了又嚼，有何滋味。辜负光明，白白昏迷一世。就教他骗得高官，也是百姓朝廷的晦气。”至于《儒林外史》中的揭露批判就更深刻了。

以八股文试士，其成其败，有相当大的偶然性，未必取决于实在的才学。不过，一般社会舆论仍不免以成败论英雄，“论出处，不过得手的就是才能，失意的就是愚拙”（《儒林外史》第五十五回）。这一方面造成了士人的侥幸心理，另一方面也增加了民间信仰因果报应的迷信色彩。蒲松龄终身不第，并不表明他的文章不好，或才学不足，相反，恰恰是准备八股文浪费了他许多时间、精力和才情。八股时代，一般士人都信奉熟读熟做，行文自佳，这与唐人信奉“《文选》烂，秀才半”的思路本是一致的。只不过唐人借此鼓励士人钻研古典诗文，其中包括各种体裁各种风格的历代文学名篇，从而在一定程度上促成了唐代诗赋的繁荣。而在八股时代钦定的文化教育政策和由此形成的全社会的心理认同与舆论导向的影响下，从蒙学开始，读书就局限于儒家经典特别是《四书》、《五经》之内。从积极方面说，这可以使士人集中精力，自幼打下良好的经学基础，从而推动经学研究的深入拓展；从消极方面说，则促使广大读书人视读书为名利工具，求知为功名之阶，培养了一种死读书、读死书的风气，始则不求甚解，囫囵吞枣，终而不思深造，一知半解，造就一批平庸乃至庸俗的“文化”官僚。中进士成了读书的最终也是惟一的正途，八股文也成了一切文章的代表，诗词歌赋及其他传统学问通通被视为杂学杂览，受到冷落，所谓“当今天子重文章，足下何须讲汉唐”(《儒林外史》第三回)。更严重的是，如果将这样一种读书作文的技术进而演化为投机取巧、揣摩钻营的人生态度，则势必毒害士人心灵，污染社会文化空气。李渔在《闲情偶寄》里说：“场中作文，有倒骗主司入彀之法。开卷之初，当有奇句夺目，使之一见而惊，不敢弃去，此一法也；终篇之际，当以媚语摄魂，使之执卷流连，若难遽别，此一法也。”果真执迷于此，专以此等炫惑之道投考官之所好，不就培养出一种“近于妾妇之道”(张爱玲《论写作》)的为人为文的作风吗？在《儒林外史》的时代，许多人就已经认识到，“与其出一个斫消元气的进士，不如出一个培养阴骘的通儒”(《儒林外史》第八回)。

八股文对明清以来文学理论批评的影响是显著的、多方面的。首先，明清时代的读书人几乎无一例外的都有学习和写作八股文的经验，在创作中多多少少会受到八股文的结构、章法、文法的潜移默化的影响。这种影响可能是积极的启发或教益，也可能是消极的拖累或破坏。其次，为了帮助士子早日顺利地敲开功名利禄之门，社会上出现了很多各种各样的八股文选本、范本及其他入门津梁之类的读物。早在元代，陈绎曾作《文说》，因延祐复行科举，示程试之式；倪士毅作《作义要诀》，指陈诸弊，足资龟鉴；二书已开其先声。此后，有关八股门径、举业捷诀一类的书，更是应运而生，层出不穷，在诗文评类著作中占了相当大的数量。其中既有选作范本的历科程墨，即试官的拟作和中式的卷子，又有从各种角度为各种目的而选编的进士文章，即房书或称房卷，和举人的文章，即行书或称行卷。除了选文、注释典故，还有批点，包括圈、点、眉批、夹批、总批等等。作为一种典型的中国文学批评方式，批点之道当然不始于八股文选家，至迟在南宋时代，词人刘辰翁就曾批点过若干家唐人诗集。八股文推广并普及了批点之道，并且发展出一整套格式、方法和术语。其所用术语，如“明暗顺逆等法”、“起承转合”、“正反开阖”、“钓”、“渡”、“擒题”，等等，在明清以至今人的评论赏析文章中也仍时或可见。明清文学批评家在其文论诗话中借用八股文批点中的那些格式、方法与术语，在其他体裁的文学选本的批点如明清小说的评点中，也时见借用、套用或化用。在流传极广的古文选本《古文观止》和金圣叹所评《水浒传》、《西厢记》等书中，也能见到诸如“开门见山”、“首尾呼应”、“针线细密”等评语。近世关于作文法则的教学实践中，也仍然沿用其中的部分术语。

通过以下数例，也许可以对八股选评、入门这一类的书有所了解：清咸丰己未年（九年，1859），维经楼校刊长沙曹原亮星庐著《十四层启蒙捷诀》（又名《禹门初步》），本来即是作为家塾启蒙用的读本，故特重起讲，“起讲每题除正面外，分十四层，第一层全反，第二层先正后反，第三层先反后正，第四层对面，第五层旁面，第六层翻说，第七层横说，第八层竖说，第九高一层，第十低一层，第十一前一层，第十二后一层，第十三退一层，第十四进一层”，诸如此类，胪列极详。这是着眼于初学入门的。清道光乙巳（二十五年，1845）东昌叶氏书林校刊《制艺简摩集》，封面署盩厔路润生先生鉴定，本来是关中书院的读本。此书共分四卷，收文二百篇，卷一选天启、崇祯间八股文五十篇，卷二、三选清初八股文九十四篇，卷四选清代自康熙至嘉庆间历科名墨五十六篇。这属于另一类：提供范文并加以评点，以供揣摩学习。《制艺简摩集》卷末附司徒修记注其族兄司徒德进《（贯易先生）墨谱》，又称《举业金针》。《举业金针》中有对八股文各个部分作法的分析导引，包括起讲要诀、炼墨要诀、认题、对法、两截题及滚作题作法、虚冒题法、长题法等专门论述。这是专门导引作法门径的书。

由于选文、批文、卖书在当时有利可图，自然就成了当时未能中举及第的读书人的几种谋生手段。《儒林外史》中的马纯上和匡超人，就是八股文选家。匡超人虽然学识浅薄，也不曾中举及第，连“先儒”是什么意思也没有弄清楚，却能够在短短六天之内，将三百多篇文章批完，并自称五六年间考卷、墨卷之类的书，就批选了九十五本。很难想象这里面没有敷衍塞责乃至欺世盗名。在整个八股文时代，这种指南、秘法、要诀、金针之类的书汗牛充栋，其中相当一批是匆忙拼凑成书，并非精心结撰之作；只是着眼于科场应试，教人如何使用敲门砖，甚至连敲门砖也不是。饱学之士固然鄙而弃之，一般有识士人在事后也弃如敝屣。它们虽然曾流行一时，时效却极为短暂。时过境迁，这些一度遍布坊间的书籍很快就烟消云散，留存于世的只是其中极少的一部分。清乾隆时编纂的巨大型丛书《四库全书》，撰录历代总集别集颇为详备，而于制义一体，只编录乾隆初方苞奉敕编撰的《钦定四书文》一种。此外，时文选本及各家专集一概不收。这自然是后代研究八股文的学者的损失。清道光间，福州人梁章钜广搜博采，编成《制义丛话》一书，“会而萃之，溯源流，别支干，搜轶事，辑异闻”（《制义丛话》江国霖序），既汇集了丰富的史料文献，又梳理了历史发展线索，可称是清以前八股文研究的集大成之作，也为今人的研究提供了宝贵的参考资料。

有五百年发展历程的八股文以及由此形成、与此相关的一系列教育、读书、考试、甄选人才的制度，在历史上形成了一种独特的文化现象，不妨称之为八股文文化。八股文本来是一种生造的文体。它缺少文学文化方面的深厚根基和土壤，全靠国家政策的导向和政治功利的诱惑刺激，由于先天不足，生命力本来孱弱，因此，容易走上一条畸形的不正常的发展道路。几百年来，有关八股读书、习作、考试、评选的故事和史料不知凡几，提供了文学史特别是文化史研究的丰富文献。《儒林外史》对这种畸形文化的展示，只是其中最集中的一例而已。

第三十一章　对联、诗钟及游戏文体和幽默文学

对联的起源　对联意义上的独立自足性　对联的不同形式与功能　诗钟的名义及其体格　诗钟的意义　诸种游戏文体　历代笑话书　笑话的艺术特点及其变形孳乳　相声　杂纂的滥觞　杂纂的形式和语言

汉语文学中有一些形式独特、具有与众不同的艺术特征和审美意味的作品，它们源远流长，在中国人的生活中发挥了很大的影响，也理当在文学史上占据一席之地。对联、诗钟、杂纂以及各种形式的游戏文学，都应当得到文学史的承认。

对联俗称对子，通常悬挂在墙壁或楹柱之上，故又称楹联、楹帖。一般认为，对联始于五代后蜀君主孟昶在岁除之日题写在门前桃符板上的两句诗："新年纳余庆，嘉节号长春。"其实，在敦煌卷子中，就已经有类似的对句，其用途及施用场所已接近于后世的对联。对联有可能起源于民间的门神崇拜，为了厌胜驱邪，岁尽春来之时，在门前的桃符板上题辞的民俗由来已久，其中有些题辞使用了对句的形式。因此，有人把对联的滥觞上推到南朝时代，甚至汉代。单纯从语言形式的角度来看，对联实际上就是近体诗中常见的对偶句，而这种对句的存在，更可以远溯到先秦时代的《老子》、《诗》、《骚》以及群经子史。《尚书·益稷谟》："决九川，距四

海。”《诗·大雅·抑》:“诲尔谆谆,听我藐藐。”《论语·为政》:“君子周而不比,小人比而不周。”《左传》隐公十一年:“天而既厌周德矣! 吾其能与许争乎?”在先秦典籍中,各类对句,从三言、四言直到六言、七言,一应俱全,屡见不鲜。这是由于汉语语言文字具有以单音字为主、形音义统一于一身,又有长短抑扬的声调变化等特征,容易构建成个体形式上相互对立、而总体精神上高度谐美的对句形式。这也正是对联在艺术美学方面的一个重要的生命基因。

上古时代,文学通常朴质无华,不事字词修饰,显然也没有雕章琢句的习惯。但是,在先秦时代,人们已经习惯赋诗言志,表明诗的章、句可以脱离全篇而存在。东汉以后,文学语言从单行趋向复行,特别是魏晋以来,文章由散文发展为骈文,进而演变为四六;这都促使对句越来越多地出现和被使用。文学家们在创作特别是诗歌创作中,也越来越注意词句的经营,于是,文学作品特别是诗歌中产生了越来越多的名句佳联,如陆机的“清露坠素辉,明月一何朗”(《赴洛道中作》)和谢灵运的“池塘生春草,园柳变鸣禽”(《登池上楼》)。人们也逐渐习惯依据作品的名章秀句,对作家作品展开批评,不久,摘句批评在文坛就蔚然成风。钟嵘《诗品》中评说梁代以前的历代诗人,常摘其佳句加以品评。刘勰《文心雕龙》也不例外,书中的《隐秀篇》更是着重秀句的品味。《隋书经籍志》中著录有《古今秀句》一书,说明魏晋南北朝人对秀句相当重视。唐五代迄宋,诗评家更将近体诗中的两句一联摘录出来作成所谓摘句图。这些秀句当中,有相当多属于对句,特别是骈文和近体诗形成以后,对句在秀句中所占比例更是居高不下。这说明,不管从思想内容还是艺术审美上说,对句都有相当强的独立性。它能独立表现一定的情、意、理,构成一个相对自足的意境。当它游离于原作之时,仍具备相当高的审美价值,焕发出相当强大的艺术生命力。文学史上集句诗词、集句联语的大量存在及其所受到的广泛喜爱,也证明了这一点。

在骈文、律赋、律诗及八股文中,对句是相当重要的结构成分,这几种体裁的成立和发展过程,在一定程度也就是对句这一艺术形式发展并日渐成熟的过程。在这个意义上可以说,对句或者对偶是律诗、骈文、律赋的派生物。在骈文、律赋、律诗以及八股文受重视的时代，对偶作为其技术基础，无疑会得到普遍应用，并受到强化训练。在骈文的早期阶段，就有连珠这样的文体，以大量采用对偶的句式结构为特征，只是在音韵方面，还不及后来的对句、对联精严。唐宋以降，随着骈体四六文的发达，巧对的才技在文坛上更是司空见惯。包含两副对联的律诗与对偶技术的发展之间，显然也是相互促进的。在明清二代流传极广、影响极大的八股文，又进而对这一过程推波助澜，尤其是助长了构撰长联的风气：

> 五百里滇池，奔来眼底。披襟岸帻，喜茫茫空阔无边。看东骧神骏，西翥灵仪，北走蜿蜒，南翔缟素；高人韵士，何妨选胜登临，趁蟹屿螺洲，梳裹就风鬟雾鬓；更苹天苇地，点缀些翠羽丹霞；莫辜负四围香稻，万顷晴沙，九夏芙蓉，三春杨柳。
>
> 数千年往事，注到心头。把酒凌虚，叹滚滚英雄谁在。想汉习楼船，唐标铁柱，宋挥玉斧，元跨革囊；伟烈丰功，费尽移山之力，尽珠帘画栋，卷不及暮雨朝云；便断碣残碑，都付与苍烟落照；只赢得几杵疏钟，半江渔火，两行秋雁，一枕清霜。

这便是颇负盛名的孙髯翁所撰昆明大观楼长联，以眼前风物，写兴衰之感，笔力雄浑，笼罩时间与空间，算得上一篇佳制。但同时也应该看到，它的结构正像八股文中的两股。

另一方面，对联又有别于骈文、律赋、律诗、八股文中的对偶结构，同构不同质，貌同而心异。对联长短不拘，不像律诗限定五、七言。它可以纪事，可以抒怀，可以戏谑，也可以咏叹，可以表示祝贺、劝勉，也可以表示哀悼、讽刺，风格或婉约柔媚，或豪放肆达，或古朴典雅，或风趣俗利，多姿多彩。它具有多种多样的社会功能，十分实用。举凡婚、丧、寿、庆等诸种场合，庙堂、店肆、亭台楼阁、山林祠宇等各类场所，无往而不可用，一般以切合场景为妙，而风格则因场合、功用之不同而异。从体格上说，对联有集句、嵌字、歇后、谐音、流水等格式，也有不严格追求平仄谐调而只求思巧意妙的。在漫长的成长岁月中，对联在形式和功能上不断丰富发展，由附庸而取得充分的独立自足的地位，它的盛衰变化也非昔日的母体所能牢笼的了。

集句联即以前人的诗文成句作联，是对联中起源甚早而且影响深远的一种格式。北宋王安石和蔡天启曾集白居易《琵琶行》和《长恨歌》中的句子为“江州司马青衫湿，梨园弟子白发新。”（周紫芝《竹坡诗话》）是最早的集句联语之一。近代梁启超曾以宋人词句集联：“更能消几番风雨，最可惜一片江山”，表达自己对时局的慨叹。此格至今行之未衰。有些集句联还格外限定在一个狭窄的范围内，从中找寻彼此匹配的两句，使人有佳偶天成妙手得之的感慨。例如清人张潮的《联庄》、《联骚》，就是专集《庄子》和《楚辞》之句为对联的。这种作法能够娱宾遣兴，也往往有逞才炫博的文学游戏成分。长联的集句则略有变通，可以对原作品中的词句作些小小的剪裁调整，或从多篇诗文中选择句子排比组合而成。清人曾集《后汉书·祢衡传》中语和苏轼诗句为长联云：“大儿孔文举，小儿杨德祖；前身陶彭泽，后身韦苏州。”从一个旧的语体环境中移植两句或多句诗文，使之在一个崭新的文体和语言环境里再生，并融合为一个新的艺术生命，这正是集句所作的一个大胆尝试。事实证明，由于形式短小灵活，易于调配，集句联往往比集句诗更可能也更容易在艺术上取得突破、成功。诗词旧句完全可以在不同的时空环境里调用，可以在新语境下复活，其通过对偶的映衬而形成的新的笔力、意味和美学张力甚至有可能超过原诗。抗日战争期间，著名画家张大千曾集联伤时：“即从巫峡穿巴峡，直把杭州作汴州”，前句唐诗（杜甫《闻官军收河南河北》），后句宋诗（林升《题临安邸》），相隔数百年，却巧妙地融合在一起，化古为今，表达了沉重的伤叹。

寿联、挽联之类，侧重于社交应酬的实用功能，有时难免言不由衷，或不关痛痒，堕入俗套，但也有一些确是出自肺腑的真情流露。例如清人梁绍壬的挽妻联：“四千里累尔远来，父在家，母在殡，翁姑在堂，属纩定知难瞑目；廿三年弃余永诀，拜无儿，哭无女，继承无侄，盖棺未免太伤心。”同时，寿联、挽联之类只要稍作点化，其内容就可以变成一篇精彩的“月旦评”，强有力地表达褒贬。甲午战争失败后，国势日蹙，而慈禧太后为庆祝七十大寿，依然大事铺张，歌舞升平。有人作长联给予辛辣的讥刺：“昨日幸颐和，今日幸南海，后日更幸圆明园，七十龄筹屋长添，只为一人歌庆有；前年失台湾，去年失朝鲜，他年再失东三省，八千里河山益蹙，每逢万寿叹疆无。”意新语妙，在形式上堪称化腐朽为神奇。

店肆中所用对联，讲究既体现行业特征，又富有风雅韵味，如酒楼中题集唐诗句联：“劝君更进一杯酒，与尔同销万古愁。”名胜对联通常描写山光水色，吟咏风物，充满诗情画意；或感慨今昔，发思古之幽情；也难免流连山水，表现文人的闲情逸志。南京莫愁湖胜棋楼旧有对联曰：“王者五百年，湖山犹有英雄气；春光二三月，莺花合是美人魂。”将有关此地的两段历史故事，明太祖朱元璋与大将徐达下棋赌胜和传说南朝美女莫愁旧曾居此，分别于上下联咏之，语意贴切，用语工丽。在著名的岳阳楼上，有过这样一副对联：“四面湖山归眼底，万家忧乐到心头。”境界阔大，胸襟不俗。又有关中人周元鼎所撰的一副对联：“后乐先忧，范希文庶几知道；昔闻今上，杜少陵可与言诗。”巧妙地将杜甫《登岳阳楼》诗句“昔闻洞庭水，今上岳阳楼”和范仲淹《岳阳楼记》中的名句“先天下之忧而忧，后天下之乐而乐”熔铸为一联，言志述怀，寄意深远，略不以流连光景为意。西湖畔岳飞祠前，铸有秦桧夫妇跪立像。有人作联语云：“青山有幸埋忠骨，白铁无辜铸佞臣。”又有人拟托秦氏夫妇口吻，作一对联，分别挂在秦桧和王氏的颈上，曰：“咳！仆本丧心，有贤妻何至若是？啐！妇虽长舌，无老贼不到今朝。”口吻逼真，嘲讽辣利。还有一副相传题财神庙的对联：“颇有几文钱，你也求，他也求，给谁是好？不作半点事，朝也拜，夕也拜，教我如何！”讽刺了迷信和懒惰，一箭双雕。以上例子表明，对联格式虽有不同，却同样可以抒情写志，批判现实，高瞻远瞩，表现深厚的思想内涵和很高的艺术价值。

在艺术上，对联的长处是以少胜多，可以在有限的篇幅之中，表达深刻精警的意思，容纳相当丰富浑厚的内涵。甚至许多迹近文字游戏的巧对，也同时含有善意的嘲谑或峻厉的讥刺，词意双绝，读后让人不禁拍手称快，拍案叫绝。有人利用字形构造特点，作对联嘲戏福建宁德古田二县：“上四心下四心，宁（繁体“寧”）德民心不一；外十口，内十口，古田户口何多”。虽然是文字游戏，却匠心独具，机巧可喜。晚清曾出现过一副对联，将李鸿章和翁同龢的官衔和籍贯嵌入一联，作成一副工对："丞相合肥天下瘦，司农常熟世间荒"，巧妙地讽刺了晚清腐败的时局。还有人将孟浩然《岁暮归南山》中的诗句"不才明主弃，多病故人疏"改为："不明才(财)主弃，多故病人疏。"来嘲笑那些庸医，也让人解颐开颜。如前所述，对联既可以悬于庙堂之上，也可以挂在店肆之间，是一种雅俗共赏的文学形式。因此，它也经常被当作一种风雅的游戏形式，在士大夫之间尤其盛行。诗钟就是对联游戏化的产物。

诗钟是七言对联在特殊场合下的变种。19世纪初即清代嘉庆、道光年间，诗钟起源于福建，后来流传至全国，直到本世纪四五十年代，在不少地方仍能见到其余风遗韵，就中仍以其发源地福建的风气为最盛。在这百余年间，文人雅士茶余饭后经常举行诗钟雅集，成为一种重要的业余生活消遣和文学游戏。其基本步骤是，主持人拈题之后，将一枚铜钱系于线上，再系上寸许长的一段香并点燃，下承铜盘，等香燃线断，钱落盘中，声如钟鸣，以此确定一轮的时限(具体实行中也有摇铃为号的)，故称诗钟。交卷之后，再进行评选，优胜者赏美酒，奉为"状元"，未成或不佳者罚苦茶，责其"誊录"，即在下一轮替别人抄录稿子。

就具体格式而言，诗钟主要有嵌字、分咏、集句三种。嵌字根据所嵌字在句中的位置，分别称一唱、二唱、三唱至七唱。有人嫌这些名称平实，不够雅致，还为之别制新名，将一唱至七唱分别称为凤顶(或鹤顶)格、燕颔(或凫颈)格、鸢肩(或鸳肩)格、蜂腰格、鹤膝格、凫胫格、雁足格之类。嵌字本来已有一层限制，又再限定其位置，可谓处处牵制，极不自由，尽管如此，也仍不乏一些佳作。如近代福建诗人陈宝琛作的天、我五唱："海到无边天是岸，山登绝顶我为峰。"将天、我二字分别嵌于上下句第五个字的位置上，属对工整，境界阔大，耐人寻味。分咏是将两个了不相干的事物列在一起，分别作状物题咏。如近人张伯驹咏王羲之、洛阳牡丹云："家声宜作登龙选，国色何能走马看"；咏司马相如、秦淮河："侍臣不赐金茎露，商女犹歌玉树花。"题目上似乎风马牛不相及，内容上却自然凑泊，甚至有类似意识流、蒙太奇的效果，有时还能让人产生哲理的回味。同时，嵌字、分咏还常常采取集句格，专门采集前人成句为对，就形式而言，这与集句联没有什么区别，但由于限定了嵌字位置和分咏之物，其难度无疑更大。这就不仅要善于联想、反应敏捷，而且必须记诵富博。如有人作女、花二唱的嵌字集句："神女生涯原是梦，落花时节又逢君。"上句出自李商隐《无题二首》，下句出自杜甫《江南逢李龟年》，是以唐诗对唐诗，格调相称，琅琅上口。"商女不知亡国恨，落花犹似坠楼人"是另一比女、花二唱的嵌字集句名作。上句采自杜牧《泊秦淮》，下句采自杜牧《金谷园》，是同一个诗人、同类题材（咏史，并且都与女子有关）的诗，真是无独有偶，天成巧对。此外，在后来的发展中，还出现了以四字分散嵌于两句中、而不限位置的碎锦格；限将四字分嵌于两句一、七字位置上的香囊格；分咏而兼嵌字的连珠格；上下句分咏一字的笼纱格；专嵌古人名的居易格；句意中含有谜底的诗谜格；诸如此类，名目繁多，都是追求别出心裁，争奇斗巧，这里不能一一缕述，但从其形象化的制名上，也大体能够推想其内涵。

咏诗作对本来是旧时代知识分子所必须具备的两项基本功。诗钟一般采用七言的形式，介于咏诗与作对之间，讲究因难见巧，对仗工整。就篇幅来说，它小于诗作；就拘限来说，它又多于对句和对联。正因为束缚繁多，才更能激起文人雅士的好胜之心和艺术灵感，在有限的时间内考验反应的淹速，比赛文思的敏钝。——这也正是科举考场所要求于士人的。表面上，诗钟只是文人的风雅游戏，实际上它有很强的竞争性，不乏紧张激烈的赛场气氛，故又有"战诗"的雅号。其目的是除了在实战中磨砺咏诗作对的本领外，还可以触类旁通，从中体会、熟悉八股文的一些基本技法。分咏格的制题方式与八股文中的截搭题一脉相连，对付这类驴唇不对马嘴的题目，就要善于附会搭连。诗钟作法中有所谓"无情搭"、"无情对"，前后两句字面相对，但没有内在意义上的关联，如木、果一唱的嵌字诗钟："木已半枯休纵斧，果然一点不相干"，其构思正是与作八股文尤其是"截搭题"的八股文息息相通的。八股文由八股即八比组成，诗钟作品通常不称则，不称阕，当然也不称首，更不称篇（因为它本来是断句，不成篇），而称作比，由此也可以看出它与八股文的气息相通之处。诗钟在晚清的兴起和盛行，当然不能排除这一重要的社会文化背景。

不可否认，诗钟有很多文学游戏的成分。应该说，文艺不是绝对不能当作游戏，游戏同样能给作者也给读者带来心灵的愉悦和美感的享受。以游戏态度或在游戏中产生出来的作品，也不都是没有意义、毫无价值的。在诗钟以前一千多年，荀子《赋篇》，形式上本是谜语的滥觞；宋玉《风赋》，也在诙谐之中寄托微讽；优旃、优孟等人的讽谏，每每杂以滑稽俳谐。游戏的态度，雅俗共赏的形式，使它们流传于后世。司马迁早就肯定了他们的价值，《史记》中专门列《滑稽列传》。汉代有东方朔和枚皋二人，为文“诋嫚媟弄，故其自称为赋，乃亦俳也。”（《文心雕龙·谐隐》）魏晋时代，受到当时个性觉醒的思潮和潇洒通脱的时代风尚的影响，文人滑稽谈笑的言行屡见不鲜，贵胄公子如曹丕、曹植等也没有自外于这种风气。邯郸淳《笑林》一类的笑话书乃应运而生，其他文类的游戏笔墨也层出不穷。赋体中，有左思《白发赋》、潘岳《丑妇赋》、束皙《饼赋》等；论，有鲁褒《钱神论》；移，有孔稚圭《北山移文》；笺，有乔道元《与天公笺》；表奏，有王琳《鲍表》、沈约《修竹弹甘蕉文》等。袁淑的《鸡九锡文》、《劝进笺》、《驴山公九锡文》、《大兰王九锡文》等篇，将庙堂之上冠冕堂皇的九锡文、劝进笺之类的文体施之鸡、驴、猪等禽兽，通过谐音双关的修辞手段，达到机智幽默的效果，奇诡巧技，涉笔成趣，对翻覆多变篡弑不断的魏晋南北朝政局，也不无嘲讽，令人莞尔。袁淑身居高位，却特好俳谐，曾“取古之文章令人笑者，次而题之，名曰《俳谐集》”。（《左传》襄公二十八年孔颖达正义）这应当就是《隋书经籍志》所著录的袁淑《俳谐文》十卷。唐宋以后，这一类的游戏笔墨进一步发展，旁及到其他文体，如传（韩愈有《毛颖传》）、药方（如《书本草》之类）、四六体公文（如刘克庄曾作《文房四宝除授文》）、八股文（清尤侗曾以《西厢记》词句为题作《怎当他临去秋波那一转》）、谜语、酒令等等。几乎每一种文体都可以用来创作游戏文学，或引入文学游戏。文人以诗、词、曲作品相互嘲谑、插科打诨的例子，不胜枚举，酒令之中大量引用的也正是这些韵文作品。至于回文诗，更是一种难度颇高的文字游戏。即使连珠这种通常以说理明赡为特征的文体，也可以写出游戏笔墨，例如清代叶小鸾题咏女人的发、眉、目、唇、手、腰、足以至全身等的《艳体连珠》。清代诗人毛际可曾作《灯谜》诗七绝十二首，每句打《孟子》中的一个人名，如其中咏老农的一首：“中男驱犊向前行，万事全抛静掩门。更与诸儿相共语，年来齿落复生根。”分别射牧仲、长息、告子、易牙四人，也属于风雅游戏的一种。

先秦诸子著作中，有一些寓言故事其实也就是笑话。至于专门的笑话之书，则始于三国魏邯郸淳《笑林》，其后隋有旧题侯白《启颜录》；唐有朱揆《谐噱录》、无名氏《笑言》；宋有高怿《群居解颐》、无名氏《籍川笑林》、邢居实《拊掌录》等。明代中后期以降，随着追求精神自由崇尚真情至性的文学思想和世俗化的审美思潮的涌起，通俗文艺受到了空前的重视，文人学者积极参与编辑撰写笑话故事，出现了如浮白主人《笑林》、江盈科《雪涛谐史》、钟惺《谐丛》、赵南星《笑赞》、醉月子《精选雅笑》一类的著作。通俗文学家冯梦龙也曾致力于此，辑撰笑话著作《笑府》。至于旧传冯梦龙辑《广笑府》，则已查明是后人伪托之作，是根据《笑府》和另一本明代笑话集乐天大笑生的《解愠编》割裂掺杂而成。冯梦龙辑《古今谭概》中也含有一些笑话故事。清代的笑话著作，举其要者，则有陈皋谟《笑倒》、石成金《笑得好》、独逸窝退士《笑笑录》、游戏主人《笑林广记》、程世爵《笑林广记》等。在此基础上，陈皋谟《半庵笑政》着手从笑话的创作、传播以及表演诸方面，试图作一个历史和经验的总结。

笑话篇幅短小，而语言精妙传神，高潮突起，引人入胜。其内容或者嘲笑人性的弱点和疵点，或者讽刺社会上的陈规陋习，或者挑战社会权威，或者纯以机智巧谑取笑。明清以来的笑话中，还有许多以性爱为题材的，它们有力地攻击了虚伪的礼教，肯定了正常的人性，表达了人们对于健康美好的性爱生活的赞扬和向往。至于其中某些猥亵乃至淫秽的故事以及所含有的若干粗鄙的成分，则无疑是应当扬弃的。与前代笑话相比，明清笑话从语言到精神都显得更加通俗，更加世俗化、民间化，性爱题材的大量存在，即是这种倾向的表现之一。

历代笔记著作中，也有许多笑话、幽默故事。近代胡山源等人据此编选的《幽默笔记》，篇幅相当可观。这些短小精悍的作品，语言幽默诙谐，想象丰富，有揭露，也有讽刺，有夸张，也有机智。亲朋好友之间的善意的戏谑，常能使人会心一笑；庸医、腐儒、迂生以及某些性格偏执举止怪僻的人，也往往成为被嘲笑的对象。在幽默笔记中，我们可以更多地领略到文人雅士茶余饭后优雅嘲谑的风姿。

变形和孳生是在笑话的传播过程中常常发生的现象。一段故事原型，一个幽默核心，在不同的时空环境中，往往会有不同的变形和孳乳。这种歧变，有的是无意的讹变，有的则是有意识的改造。因此，我们在不同的笑话集中，常常可以看到一些彼此相似、似曾相识的故事。文人笔记中的幽默故事，辗转传播而流降到民间，往往被进一步通俗化，以便“辞浅会俗，皆悦笑也”(《文心雕龙・谐隐》)。一种笑话集的笑话，到了另一种笑话集中，时常会有语言风格的差异。前代的笑话故事流传到后代，北方的笑话传播到南方，也会结合当时当地的环境条件，对原型做若干变异，或者环绕原故事核心，丰富生发，派生出另一个或一些相类似的笑话。还有一些笑话，则来源于史传或其他著作。《谐噱录》中一些笑话，就出自《世说新语》，如《危诗》一条，是采自《世说新语・排调》中殷仲堪等人共作了语一段，而只删取其中一节。宋天和子《善谑集》中有《目眇》一条：“梁元帝一目眇，为湘东王时，尝登其宫以望，其侍臣曰：‘今日所谓“帝子降于北渚”’。帝疑其戏之，答曰：‘卿道“目眇眇兮愁予”耶？’”则是取资于《南史・刘孝绰传》，而文字、细节皆有不同。不同著作形式之间的沟通和资源共享，在笑话中得到很好的佐证。

与此同时，笑话也给其他的文艺形式提供了丰富的资源。笑话本来就是一种讽刺幽默小品，与相声相近。很多相声段子中含有笑话，而单口相声往往就是一段笑话，只不过在表演时更有一套讲究罢了。传统乃至当代的相声段子中，都有取材于古代笑话的。例如，传统相声《怯跟班》，就是根据明代浮白主人《笑林》中的一则笑话《合种田》改编的。而当代相声中的五官争功段子，其原型在笑话中也早就有了。

相声起源很早，可以远溯到先秦那些善于俳谐滑稽的俳优。它广泛吸收了各种民间伎艺和幽默艺术，包括说唱伎艺、笑话、谜语、戏剧特别是喜剧表演等，最后发展成以讲究说、学、逗、唱为特色的近代相声形式，并定名为相声。宋代市井流行的以摹拟为内容的一种伎艺“学像生”、“乔像生”和明清时代以拟学人和物的各种声音为内容的口技艺术“像声”，都是它的源头。清乾隆年间，相声一词在翟灏所撰《通俗编》中首次出现：“今有相声技，以一人做十余人捷辩，而音不少杂，亦其类也。”所指当是口技，而与今天的相声有所区别。到了晚清，相声才真正成熟，名符其实。在几十年的发展过程中，涌现出一批优秀的相声作品。相声是一门最讲究语言的艺术，往往具有通俗而明快、精炼而犀利的优点，常常利用词语的谐音、多义、双关等特点，通过铺垫、铺排、对比、夸张等修辞手段，推出幽默的高潮，或达到讽刺的效果。它对世态的巧妙讽刺，它的机智精粹的语言，它的高度生活化的内容，它的喜剧性和娱乐性，都使这一艺术为广大人民喜闻乐见。

杂纂体介于游戏文字与笑话之间，是一种篇幅短小、语言俚俗、风格幽默的语录体笔记小品，因其取世俗中庞杂的事物纂集而成，故称杂纂。它可能起源于文人聚会或酒筵中觥筹交会之际的戏谑。《世说新语·排调》：“桓南郡与殷荆州语次，因共作了语。顾恺之曰：‘火烧平原无遗燎。’桓曰：‘白布缠棺竖旒旐’殷曰：‘投鱼深渊放飞鸟。’次复作危语。桓曰：‘矛头淅米剑头炊。’殷曰：‘百岁老翁攀枯枝。’顾曰：‘井上辘轳卧婴儿。’殷有一参军在座，云：‘盲人骑瞎马，夜半临深池。’殷曰：‘咄咄逼人！’仲堪眇目故也。”《世说新语》此条出自晋裴启《语林》。抽取各人的说话内容，就可以构成两条分别以“了”、“危”命题的杂纂体文字。另外，《古文苑》中所载旧题宋玉的《大言赋》、《小言赋》，是假托楚襄王、唐勒、景差、宋玉等人以大、小为题而作的赋，铺叙各种极大、极小之物，其形式也有与杂纂相似之处。这些赋未必是先秦的作品，但其年代早于李商隐应该是没有问题的。这也可以视作杂纂体的滥觞。

杂纂形式上的特点是将诸多不相干的事、物纂列一处，冠以标题，通过标题和正文的相互映衬，产生幽默精警的语言效果。它的语言结构有些像倒装的歇后语。例如，李商隐《义山杂纂》中就有“必不来”一题曰：“穷措大唤妓女。醉客逃席。把棒唤狗。客作偷物请假。追王侯家人。”便可以改造成“穷措大唤妓女——必不来”或“把棒唤狗——必不来”之类的系列歇后语。它以俚俗的语言创造出幽默滑稽的艺术效果，也有如歇后语。从体格上看，杂纂又具有边缘文体的特点：制题方式，类于酒令，尤其是那种命题联句式的酒令；内容庞杂，近于笔记；语言俚俗，同于游戏文；风格滑稽幽默，则似笑话。

杂纂的语言通俗流利，颇能曲尽人情世态，切中时俗，关乎痛痒，于笑噱之中，出其针砭，因而，在俗文学、俗语学以及语源学的研究上都有重要的价值。例如，《义山杂纂》谓“作客踏翻台桌”、“嚼残鱼肉归盘上”、“横箸在羹碗上”为“恶模样”，体现了当时的风俗；《广杂纂》指“诰封顶子，钱票”为“有真有假”，《杂纂续》讽刺“爱便宜”的人“共吃果子拣大的”，“共卧把自己被在上”，则含有讽世之意；《广杂纂》称“媒人嘴”为“听不得”；《杂纂新续》称“拉富贵作亲戚”、“恶书画对客挥毫”为“不识羞”，也嘲谑了浇薄的世风，颇堪解颐。自唐代李商隐创立此体以来，历代续作、仿作者不绝如缕，宋代有王君玉《杂纂续》、苏轼《杂纂二续》，明代有黄允交《杂纂三续》，清代有韦光黻《杂纂新续》、顾禄《广杂纂》、石成金《纂得确》、《纂得确二集》，等等，足见这个“不登大雅之堂”的小品深受大众的欢迎，具有久长的生命力。

中华民族是一个乐观、快乐、幽默的民族，从汉语文学作品中也可以看出这一点。古典戏曲中的插科打诨戏谑之言，对问体赋作中的自嘲传统，都是这种乐观性格的表现。上述各种文学形式，自然有雅俗之分，但同时也雅俗共赏，都反映了中国人生活文学化和文学生活化、文学游戏化和游戏文学化的特点。

第三十二章　晚清小说转型与谴责小说

晚清文学的发展环境　报刊的涌现及其影响　影响晚清小说发展的其他因素　晚清小说在艺术形式上的新变化　晚清小说的内容与谴责小说　李宝嘉及其《官场现形记》、《文明小史》等小说　吴沃尧《二十年目睹之怪现状》及其他小说创作　刘鹗的《老残游记》　曾朴的《孽海花》　通俗小说的兴起

晚清文学是在动荡的时代环境下、在内忧外患日益加剧着国家和民族的危机的形势下发展起来的，也是在广泛的世界文化的背景下展开的。

自18世纪中叶以来，除了少数有革新意识的作家外，在旧的文学格局中大量产生的是思想上保守而艺术上陈陈相因的作品。从19世纪20年代开始，在新的文化思潮和时代环境的刺激下，传统文学内部也在酝酿着裂变，一批先觉的作家开始为文学寻找思想和艺术的突破点。诗歌、散文、小说等传统文学样式，都因应着时代的剧变，寻求新的发展道路，激发出新的生机。为反映新的生活内容和丰富的情感，诗歌中出现了大量长篇的叙事或抒情篇章；文言朝通俗化的方向发展；小说的结构形式更加开放自由……在晚清文学的发展过程中，传统文学内部自然进化的惯性力量的作用是不能忽视的，而外力的介入，则加快了其进化的速度，产生了相当大的推动力。

清朝是在西方帝国主义列强的坚船利炮的威胁下，被迫开放门户的。

鸦片战争以后，清廷被迫增辟通商口岸，中外之间各种往来日益增多。最初出于了解西方、师夷之长以治夷的实用目的而兴办的翻译事业，也日益蓬勃地开展起来，从军事学、应用科学开始，到社会科学和文学作品，西方思想文化及文学作品已逐渐输入中国，并对中国文学的更新产生了影响。走出国门的最早的一批驻外使节和留学生，接触到西方的风物人情、思想观念，开阔了眼界，扩大了文学创作的题材内容，他们的文学创作观念和面貌甚至也受到相应的影响。

面对着清朝封建统治的腐朽和黑暗，面对着帝国主义的压迫和剥削，各阶层人民奋起反抗、自强自救的运动此起彼伏，连绵不断，从太平天国、戊戌变法、义和团到辛亥革命，这些斗争，在文学上，一方面反映为爱国主义（反侵略反殖民）和民主主义（反封建）的两大政治主题，另一方面也反映为文学界的诸番改革运动，从小说界革命（梁启超等）、诗界革命（黄遵宪、康有为、梁启超）、戏剧改良（梁启超、柳亚子、陈去病）到新文体（梁启超等），几乎各种文体都受到新的文学观念的冲击。然而，这些斗争，不管是起义、革命，还是革新、改良，最后都不免以失败告终，即使有暂时的胜利，其结果也常常出乎原先的意料。黑暗和腐败的现状依然存在，甚至变本加厉，满怀期望的心灵受此打击，不免产生颓唐和愤激的情绪，并通过文学宣泄出来。颓唐者因而走向狭邪，愤激者则疾言厉色地加以谴责。这就是谴责和狭邪小说出现的一个背景。在更广阔的背景下，弱小民族的压抑之感，危亡时世的忧愤之情，富国强兵的焦虑之念，又催化出晚清文学的突出的救亡启蒙主题和浓重的悲愤色彩，并凸显为晚清文学最显著的审美倾向。

伴随着近代资本主义的发展，出现了近代的商业都市。适应城市经济生活和市民文化生活的需要，以城市为基地的一系列近代报刊应运而生。一开始出现的报刊是由在华外商和传教士出资经营，其主要目的是扩大商业，推广教务，刊载的也主要是有关宗教和商业贸易方面的内容，兼向居华外侨介绍中国国情。这些报刊的出现，最初也是在一些开放的通商口岸，如上海、天津、汉口、广州、香港等地。为了办报刊的需要，他们输入了比当时通行的雕版印刷远为进步的铅印术和石印术，也聘请了一些维新派人士主持报政，发表文章，在这些报刊上就出现了最早的一些呼吁维新变革的言论。中日甲午战争之后，维新运动空前高涨，报禁渐弛，一些维新派所自办的报刊陆续出现。1896年8月，强学会上海分会筹办的《时务报》（旬刊）在上海发行，这是最早的中国人自办的报刊之一。该报由维新派的著名政论家和宣传家梁启超担任主笔，问世之后，“一时风靡海内，数月之间，销行至万余份，为中国有报以来所未有。”（梁启超《清议报第一百册祝辞》）1897年，湖南南学会的《湘学新报》（旬刊）和天津的《国闻报》（日刊）出版。1898年，湖南又出版了《湘报》（日刊）。这些报刊都偏重政治时事，以开启民智、传播新知为己任，除刊载国内新闻和维新派的言论，还译载了许多外国政治社会重要事件和学术名著。严复的名译《天演论》，最初就是在《国闻报》按期发表的。梁启超《戊戌政变记》中提到，在戊戌政变前三年内，全国设立了学会、学堂、报馆五十一所。报刊的发行，与学会、学堂相互配合彼此声援，既推动了维新运动，也扩大了报刊的影响面，壮大了报刊事业，从而推动了其他类型的报纸和某些专门性的文艺杂志的出现。

据统计，晚清时代出现的各类报刊多达六百七十余种，可见其盛况之一斑。这些报刊中，有被称为四大小说杂志的《新小说》、《绣像小说》、《月月小说》、《小说林》。1902年，梁启超在日本东京创办《新小说》（次年改在上海出版），是最先出现的文艺杂志。次年，早在1896年就在上海办报纸的著名作家李宝嘉主持的《绣像小说》（半月刊）在上海发行，到1906年止，共出版了七十二期。著名作家吴沃尧和翻译家周桂笙主持的《月月小说》（1906—1908）和批评家黄摩西主持的《小说林》（1907）继之而起。这些杂志虽然都以小说标名，对晚清小说史的影响和贡献也最大，但并不排斥其他样式的作品，事实上属于综合性的文艺刊物。其中，《绣像小说》以态度严肃、成就最高而引人瞩目，其所刊载，绝少描写闺阁闲情、身边琐事，而对于社会黑暗的暴露攻击则不遗余力。晚清著名文学作品，特别是小说，多数是先在这些报刊上连载，然后再出单行本的。《官场现形记》先连载于李宝嘉主办的《繁华报》，《孽海花》也曾在《小说林》和《真善美》杂志上连载，后来才结集出版。报刊特别是文艺报刊的出现，是晚清文学史乃至中国文学史上不容忽视的重要现象之一。它不仅提供了一个使文学作品更易于流通普及的传播手段，为文学发展提供了新的有利条件，而且报刊的连载方式，也在一定程度上影响了晚清小说的结构和形式。

19世纪20至60年代即道光、咸丰年间（1821—1861），小说总体上呈衰落的状态。这一时期出现的小说作品，基本上还停留在旧式侠客忠义或狭邪小说的范畴里，思想上没有跟上时代的步伐。例如，俞万春《荡寇志》是封建忠义小说，《施公案》是旧式公案小说，陈森《品花宝鉴》描写公子与优伶的同性恋故事，魏子安《花月痕》是常见的才子加妓女的狭邪故事。这些作品在思想上还沉醉在封建盛世的旧梦里，相信旧式忠义侠客即可挽救这一没落的社会；或者陶醉于文人墨客吟风弄月、狎妓狎优、寻欢作乐的生活幻想里，面对没落悲凉之世，放纵自己，麻醉自己。从19世纪70年代即光绪初年起，晚清小说摆脱了在此之前的三十年中步履迟缓的格局，开始步入繁荣时期。尤其是90年代末以后，小说创作取得了长足的进步，不仅在数量上逐渐增多，而且在质量上也大大地提高。据阿英《晚清戏曲小说目》很不完全的统计，晚清创作小说达四百六十多种，加上翻译小说，已在千种之上，这一数字已超过前此各代。这与中西文学的接触、维新运动的开展、文学特别是小说观念的更新，显然是分不开的。

新的文学观念的产生，突出表现在对小说的地位与价值的认识上。在国家危亡和民族危机面前，国内思想界以龚自珍、魏源等人为代表的经世致用的思想开始抬头，而在文学界，则要求作家和创作要关注国计民生。在小说方面，在西方文学观念的影响之下，维新派首先认识到小说的重要性，认识到小说可以作为政治斗争的武器。早在1897年，当《国闻报》创刊之时，严复和夏曾佑就合写了一篇《国闻报附印说部缘起》的长文，首先从小说语言的通俗性、故事的生动性、与民众开化的关系等方面，阐明小说的重要价值。同时，康有为也提出，小说可与儒家六艺并列为七。只是这些言论的影响还很有限。

1902年，梁启超在其主编的《新小说》杂志创刊号上，发表《论小说与群治之关系》，其倡言小说之重要性虽在严复等人之后数年，但因其明确提出“小说界革命”的号召，观点鲜明，影响至大。他先从社会意义上论证了小说的重要性，其言曰：

> 欲新一国之民，不可不先新一国之小说。故欲新道德，必新小说；欲新宗教，必新小说；欲新政治，必新小说；欲新风俗，必新小说；欲新学艺，必新小说；乃至欲新人心，欲新人格，必新小说。

因为小说“有不可思议之力”，足以支配人的心理，改变社会的风气，因此，“欲改良群治，必自小说界革命始；欲新民，必自新小说始”。在他眼里，小说仿佛是一切事务的中心，成了诸事成败的关键；这当然是夸大其辞。梁氏以政论作文论，以充满情感富有鼓动性的笔墨，鼓吹新的文学观念和小说观念，意在振聋发聩，故不惜矫枉过正。他的具体立论虽然有些偏颇，但这种宣传摧陷廓清，对于小说创作的推动，是有力的。1903年，梁启超又在《新小说》上创设《小说丛话》专刊，以新的观念对古今小说进行评述；同时通过创作小说，宣传自己的政治观点，实践自己的文学主张。在宣扬新的小说观念方面，梁启超并不是孤军奋战，狄葆贤、陶祐曾、王钟麒、黄人、徐念慈等人都堪称是他的同道。他们从各自不同的角度，充分肯定了小说的重要性，并对小说的功能、特点、艺术手法、语言等方面，作了一些探讨，也有助于推动小说的进步。

与此同时，印刷事业和新闻出版事业的发达，更加促进了西洋文学的输入，这为小说的繁荣提供了另外一些不可缺少的条件，并影响了晚清小说的发展态势。在上述各种因素的综合作用下，晚清小说在艺术形式方面，出现了如下几点显著的变化：

首先，晚清小说打破了传统章回小说的格局，而尝试借鉴西方小说中常用的分章形式。林纾的《京华碧血录》、金陵秋的《巾帼阳秋》、苏曼殊的《断鸿零雁记》和《天涯红泪记》，就都采用了新式的分章结构，给人以耳目一新的感觉。在传统小说艺术遗产中，《儒林外史》式的拆开来则自成片断、收拢起可无限延长的结构形式，在晚清小说界最受欢迎。很多长篇小说都沿用这种结构形式，因为它比较适宜处理繁复多变的故事内容，也因为《儒林外史》中的讽刺笔调和讽世精神与晚清的局势合拍，更主要的，则是由于这种类似若干短篇故事的连缀的形式，最适合报刊的连载，便于写作，也利于传播。

第二，晚清小说中，受西方文学的影响而出现的日记体（如徐枕亚《雪鸿泪史》）、书信体（如包天笑《冥鸿》）以及自传体（如符霖《禽海石》）的小说也占相当的比重，这丰富了晚清小说的体裁形式，并以其强烈的主观抒情色彩，在晚清小说林中占据一席之地。

第三，除了使用全知全能的连贯叙事或者第三人称的限制叙事以外，晚清小说中还大量引入了第一人称的叙事角度。苏曼殊《断鸿零雁记》、天虚我生《玉田恨史》、哀华《侨民泪》等作品，皆采取这一新的叙事角度。著名的《二十年目睹之怪现状》以九死一生的自传体笔记形式出现，也是从第一人称的角度叙述的。

第四，在表现手法方面，从西洋小说引进的倒叙笔法被广泛应用。吴沃尧人《九命奇冤》开篇用倒叙笔法增加故事的悬念，明显受翻译过来的法国鲍福的小说《毒蛇圈》的影响。梁启超《新中国未来记》在前二回写六十年后的中国，第三回才开始倒叙，则兼用幻想绮思和倒叙笔法；陈天华《狮子吼》也是倒叙，则借鉴了日本末广铁肠的小说《雪中梅》。甚至在年代较早的、一般认为比较传统的小说《儿女英雄传》中，在推出书中的主要人物十三妹时，作者也承认他采用了“西洋法子”（第十六回），足见这种借鉴是早已有之的。

第五，晚清小说，无论长篇抑或短篇，在语言方面都显得更加成熟，表现出明显的进步。在人物的心理描写、自然景色的描写、人物环境的描写等方面，尤其不乏成功的例子。这是汉语小说历史发展的内在动力与西方文学影响的外在作用相互结合而产生的结果。《老残游记》中大量的自然景色描写，有散文化和抒情化的色彩，近乎现代的抒情小说。其中有些心理描写的片断，细腻绵密，甚至被认为接近于西方现代小说中的意识流写法。苏曼殊小说中亦有大量心理描写，呈现出浓厚的抒情意味。晚清小说在这一方面的发展趋势，在20世纪的中国小说史中得以延续、升华。

与晚清复杂而动荡多变的政局相联系，小说作品中所反映的作家的世界观和思想面貌也比较复杂。1900年以后，作家思想的分化、立场的分野就更加显著。有死守封建堡垒的顽固派；有主张君主立宪的维新派；有比较彻底地主张进行民族民主革命的革命派；有专门宣传社会改革、以反对缠足反对迷信、反对吸鸦片为主旨的作家；也有初步揭露了帝国主义和买办阶级的罪恶、体现民族资产阶级要求的作家；可谓形形色色。新的小说观念已经广泛深入人心。于是，各种思想立场的作家，都不愿意放弃小说这一工具，以宣传自己的思想主张。这也决定了大多数作家的创作态度是严肃的、积极的。

晚清小说涉及的社会生活面和题材面复杂广阔。从口岸城市到偏僻乡村，从军官政客到乞儿娼妓，从本土孤岛到异域风光，无不纳入作家的眼界。晚清社会的各种面相，从政治上的立宪运动、庚子事变，到反华工禁约、工商界的实况，到种族革命、妇女问题、反迷信等等，在小说中都有比较集中的反映。以上海为中心基地产生的吴语小说，有堪称"嫖界指南"的《海上繁华梦》、《九尾龟》和李宝嘉《海天鸿雪记》，对近代商业都市的人情世态以及灯红酒绿的生活，有委曲细腻深刻传神的描绘；吴沃尧《恨海》所开创的写情小说，又下启鸳鸯蝴蝶派；都突破了传统才子佳人类的狭邪文学的格局。总之，晚清小说数量繁多，品种多样，流派纷呈，内容丰富，堪称是理解晚清中国社会的一部生动的教科书。

1900 年后，谴责小说独盛一时，成为晚清小说中成就最高影响最大的一类。其原因，是正如鲁迅先生所解释的，"光绪庚子(1900)后，谴责小说之出特盛。盖嘉庆以来，虽屡平内乱(白莲教、太平天国、捻、回)，亦屡挫于外敌(英、法、日本)。细民暗昧，尚啜茗听平逆武功，有识者则已幡然思改革，凭敌忾之心，呼维新与爱国，而于'富强'尤致意焉。戊戌变政既不成，越二年即庚子岁，而有义和团之变，群乃知政府不足与图治，顿有掊击之意矣。其在小说，则揭发伏藏，显其弊恶，而于时政，严加纠弹，或更扩充，并及风俗。"(《中国小说史略》第二十八篇《清末之谴责小说》)政治的失败和时局的危急，促使作家们走上了批判现实的道路。

谴责小说的作者的思想倾向虽然不尽相同，但其作品都以暴露晚清社会政治之黑暗、攻击各种时弊为己任。其中，最为人称道的是被称为四大谴责小说的《官场现形记》、《二十年目睹之怪现状》、《老残游记》和《孽海花》。它们也正是这一时期小说的代表。

《官场现形记》的作者李宝嘉(1867—1906),字伯元,别号南亭亭长,江苏武进(今常州市)人,曾考取第一名秀才,后未考中举人,遂绝意仕进,而作为一名编辑和作家度过一生。从1896年开始,他在上海先后创办了《指南报》、《游戏报》、《世界繁华报》,以游戏消遣为主,兼有讽刺时事之作,如《世界繁华报》上所刊登的《官场现形记》和吴沃尧《糊涂世界》。李宝嘉一生的最后几年(1903—1906)致力于主编《绣像小说》。他以更加认真严肃的编辑作风,在刊物上发表了大量暴露黑暗鼓吹改革的作品,反映当时人们的启蒙要求,使《绣像小说》成为晚清最有现实精神和自身特色的小说杂志之一。

李宝嘉的主要作品有《庚子国变弹词》、《官场现形记》、《文明小史》、《活地狱》等。《庚子国变弹词》以弹词这种通俗的样式,反映当代的重大政治事件,虽然作者对这一事件的理解还不够深刻,认识也不完全正确,虽然他的创作主要还是案头读物,亦即是"文词"而非"唱词",但这个作品表现了他在艺术上的大胆尝试,他对社会现实的强烈关注和批判精神,对封建顽固派的无情斥责和对帝国主义者的尖锐批判,则无疑是值得肯定的。这是与作者在小说中所体现出来的"以痛哭流涕之笔,写嬉笑怒骂之文"(吴沃尧《李伯元传》,《月月小说》第1年第3号)的精神相一致的。

《官场现形记》原拟写一百二十回,从1901年开始,直到1906年李宝嘉去世,才完成五十几回。后来由友人续至六十回,宣告结束。全书是由许多短篇故事联缀而成,各段故事可以自为起讫,有相对的独立性,所以读来并不让人觉得是一部残篇。本书的结构形式与冷峻的笔调,都显然受到《儒林外史》的影响。

本书以官场为中心,集中暴露了各地各类大小官吏的丑恶嘴脸,从中反映出晚清吏治的腐败龌龊;在具体描写中,又涉及各阶层的人物和生活,展开了一幅较广阔的晚清社会画图。广大人民水深火热的命运,帝国主义的侵略欺凌,洋奴买办的奴颜婢膝,在作者笔下无不有犀利的剖露。放眼官场,大大小小,无一不是贪官、赃官、伪官、黑官,表面上道貌岸然,清正廉俭,实际上见利忘义,贪污堕落,媚上欺下,道德沦丧。至于买卖官爵公行，行贿纳贿成风，更是司空见惯，不足为奇。上至军机朝堂，也不过是些尸位素餐而精于刮钱的圆滑角色，贾大少爷上京拜见华、黄、徐诸位军机一节（第二十五回），就是一例。地方官吏一个个都是千里为官只为财。得到一官半职就等于得到了搜刮盘剥的机会，为此而不择手段、无耻钻营的人比比皆是，更有不惜出妻献女、只为了阿谀奉承上司的寡廉鲜耻之徒。第三十回到三十一回，冒得官主动将女儿送给羊统领为妾；第三十八回，瞿耐庵"脸上起皱纹"、"鸡皮鹤发"的老婆竟然厚着脸皮拜制台的年轻丫头宝姑娘作干妈；这一类事例在书中随处可见。

《官场现形记》中还十分成功地塑造一批佐杂大人、候补官的形象，例如钱典史、随凤、秦梅士、申守尧、瞿耐庵等。这些穷官僚实际上处于卑微屈辱的地位，只能自欺欺人，以掩饰其极端空虚虚伪的内心，偶然得志，就狂妄自大，飞扬跋扈，有利可图之时，立即露出贪婪的本性。对这一类人，作者既可怜又厌恶，他的刻画真实而深刻。如第四十四回，写申守尧（谐音"伸手要"）与妻子的一番对话以及第二天上堂坐班的情形，可谓惟妙惟肖，对佐班人物的虚伪的讽刺入木三分，同时也混合着对其穷酸的同情。

洋奴也是本书着力描绘的一类人物。这些人无论官位高下，见了洋人，都如同耗子见了猫，立时现出其谄媚的洋奴丑态，就像书中的一个巡捕讲的，尽管是一个制台，"只要听见洋人两个字，一样吓得六神无主了"。第五十三回中写到的文制台，就是这样一个典型的洋奴。他骄横成性，对手下动不动就发脾气，甚至手打脚踢，而在洋人面前，却曲意奉承，奴才相十足。这种恐洋症，正是庚子事变后清朝统治者畏惧帝国主义、处处不敢得罪洋人的现实的反映。本书的勾画是极有讽刺性的。

写于 1903 年至 1905 年间的《文明小史》以当时的维新运动为中心，从另一个角度展开了维新时期的晚清社会的画面，与《官场现形记》正好可以互补。作者暴露了一批假维新派、假志士的真实嘴脸，写出了他们的可笑、可耻、可恶，勾画之笔，往往绘声绘色。这些人中，有宣称"又不是真正嫖婊子，不过叫几个局，摆台把酒，聚聚几个同志"（第二十二回）的维新学生；也有组织演说会、鼓吹救国，实则借机敛钱，又因分赃不均，以致发生争执的革命志士（第二十回）；有一面开办新式学堂、一面又严禁阅读

“讲平等、讲自由”的新书的官吏（第四十二回）；还有把抽鸦片当成“卫生”、“趋时”的维新人物佘西卿，等等。书中对维新派的首领安绍山的戏谑描写，实际上是影射康有为。安绍山装腔作势，自以为了不起，其实热衷名利，最是虚伪。这种处理，说明了李宝嘉在思想上已经不自觉地对维新立宪产生了怀疑、动摇，也说明了维新派的社会影响与声望在日益下落。

在《文明小史》中写到的洋务派，也是洋奴之流。第四十四回中的安徽巡抚黄升，只恨自己不是洋人肚子里的蛔虫，不能最大限度地向洋人讨好，乃要请一个洋人做顾问官，以便最好地巴结洋人。湖南永顺府柳知府，因为店小二打破了洋人的一只茶碗，而亲自向洋人赔情，并为巴结洋人，而停止全府的武考，激起了永顺府群众的暴动。通过群众暴动的描写，作者既表现了人民勇敢反抗的一面，而从乡民对来本地勘探矿藏的洋矿师的过激反应中，也揭示了其愚昧迷信易受人蛊惑的一面。在这些描写中，作家寄托了自己的愤怒和哀愁。

吏治的腐败，也同时反映在基层的州县衙门之中。李宝嘉在《活地狱》中，将州县衙门比作人间活地狱，认为其祸害比起刀兵水火还要厉害几倍。小说中写到的十五段故事，发生在不同地区，具有不同的背景，正好揭示了贪官污吏相互勾结贼民害政的现象的普遍性。一部《活地狱》，可以说就是一本晚清衙门的实录。

在李宝嘉的小说艺术中，讽刺艺术无疑是最为突出的。他善于抓住人物言行之间的自相矛盾，彰显其可笑之处。他也善于通过适度的夸张，突出故事情节的荒诞性；然后用嬉笑怒骂而不失幽默诙谐的语言，完成老辣恣肆的讽刺。他的笔调通常是冷峻的，他的目光却是无比犀利的，他的内心则是一团火热的。正因为如此，当他面对污浊的官场和腐败的社会现象时，有时难免按捺不住愤激之情，在笔端恣意攻击，穷诋极诃，淋漓尽致，但求快意于当前，而夸张溢恶，失去分寸，反而给人不实之感。但总的来看，李宝嘉不愧为晚清杰出的讽刺文学家，晚清社会令人痛心的现状引发了他的创作激情，使他的讽刺才能有了用武之地。

吴沃尧（1866—1910），字茧人，后改字趼人，广东南海人，因居佛山镇，故以我佛山人为笔名。他具有强烈的反帝思想，华工禁约运动发生时，他正在汉口担任美国人办的报纸《楚报》的主笔，闻讯之后，立刻辞职返沪，鼓吹抵制。吴沃尧大半生都在从事文学活动，早年在上海为日报写些小品文章。1902年《新小说》创办之后，他为这个杂志写作了不少长篇小说。1906年，又与周桂笙等创办《月月小说》。他所创作的小说甚多，比较著名的有《九命奇冤》、《痛史》、《二十年目睹之怪现状》、《瞎骗奇闻》、《发财秘诀》、《恨海》、《近十年之怪现状》等，其中尤以《二十年目睹之怪现状》最为重要。

这部小说写于1903年到1909年，是以一个自号为九死一生的人所作的关于他本人在这二十年间的所见所闻的笔记的形式出现的。作者在小说开头说，他在这世间二十年，所目睹的，无非是蛇虫鼠蚁、豺狼虎豹、魑魅魍魉，幸而都躲避了过去，因此才自号九死一生。《天铎报》所载李怀霜撰《吴趼人传》说吴氏"生负盛气，有激辄愤"。从小说的名称与开卷的这一段寓言中，我们应该可以体会到作家的愤世嫉俗之气，可以知道作家的用意所在。

与《官场现形记》和《文明小史》那种《儒林外史》式的"全书无主干，仅驱使各种人物，行列而来，事与其来俱起，亦与其去俱讫，虽云长篇，颇同短制"（鲁迅《中国小说史略》第二十三篇《清之讽刺小说》）的结构不同，《二十年目睹之怪现状》的结构有自身的特点。一方面，从总体结构上说，它以九死一生的行动为线索，根据他的闻见，随时记下一些怪现状，若干比较重要的人物，也曾经在书中反复出现。这就使得这部作品在形式和精神上都更像长篇小说。另一方面，从细部上说，由于作家细大不捐地在他的作品中搜集一些笑话奇谈，而对于这些题材往往没有进行必要的加工，又使它显得零碎，近于短篇笔记的集合。这也是晚清小说在总体格局上仍处在一个过渡时期的反映。

书中情节是从中法战争（1884—1885）前后开始的。作者企图从那二十年社会的变迁来反映这个老大帝国濒于倾圮之际的社会面貌，因此，小说所写的不是《官场现形记》和《文明小史》中所集中暴露的官场黑幕和政治生活中的污浊，而是着重写当时社会风习的败坏。封建制度在晚清时代已经到了总崩溃的前夕，旧的道德已经解体，新的道德却并未建立，社会风习出现惊人的堕落。在小说中，我们从多方面看到了这种堕落的情形。特别是对于伦理道德的败坏，作家作了无情的揭露。在小说中，有的是父亲才死，就去狂嫖，因此得病而死，却被人称作孝子的儿子（第八十五到八十六回）；有的是虐待祖父，不给饭吃，却口口声声说自己的祖父非常崇尚节俭的孙子（第七十三到七十四回）；有的是卖弟媳为娼或娶弟媳为妻的大伯子（第三十三到三十四回，第九十八回）；还有的是施用诡计侵吞侄儿财产的伯父（第五十回）。写得比较完整的，则是苟才这个人物。苟才是书中屡次出现的中心人物之一，他是当时官场中的红人，贪污的能手。作家并没有着重描写他的这些方面，而是比较生动地叙述了他的家庭内幕。他的发迹，主要靠的是将自己的寡媳送给制台做姨太太；他的死亡，则是由于其子苟龙光急于要得到他的遗产和他的姨太太，因而串通江湖医生下的毒手。在第八十九回，作家通过苟才夫妇为了胁迫寡媳去给制台做姨太太而不惜卑躬屈膝的镜头，暴露了这个寡廉鲜耻卑污下贱的灵魂。在这一类人身上，旧道德不仅被弃如敝屣，连同其虚伪的外衣也已荡然无存，有的只是赤裸裸的对世俗功名利禄的追逐。对此，作家除了愤激，只有无奈的悲悯。

各式各样的寄生虫，在小说中也占有相当大的比重。这里面有颟顸的官吏、不学无术却附庸风雅的假名士、洋场才子、已经衰败没落却还在大摆架子的旗人、手段高强的各类骗子等等。作家的用意在于揭露他们的无耻和麻木。第三十五回中对一群洋场才子的嘲谑固然令人喷饭，第六回对没落旗人的讽刺，更是犀利痛快。由于作家“富有才艺，自金石篆刻，以至江湖食力之伎，亡所不能，亦无所不精”（李怀霜撰《吴趼人传》），拥有见多识广的人生阅历，所以，在他笔下，社会各界人物的形象皆能穷形尽相，而很多人物故事也都有其现实原型，更显真实可信。

在李宝嘉受到《儒林外史》影响的两部小说中，没有出现作家所肯定的正面人物。而《二十年目睹之怪现状》却像《儒林外史》一样，塑造了很少几个正面人物。蔡侣笙虽然贫困潦倒，却是品行端正，不肯蝇营狗苟。吴继之为人外圆内方，虽入仕途，却不肯瞒心昧己，同流合污。这两个人后来都没有好的下场。正如本书最后一回(第一百零八回)标目“负屈含冤,贤令尹结果;风流云散,怪现状收场”所显示的,这是一个饱含忧郁的结局。它给全书笼罩了一层悲观的气氛,而作家的悲愤乃至厌世之心也正寓于其中。

吴沃尧的其他创作,特别是《九命奇冤》、《发财秘诀》、《瞎骗奇闻》等,都发展了包含在《二十年目睹之怪现状》里的题材的一部分,不过“谴责之度稍不同”(鲁迅《中国小说史略》第二十八篇《清末之谴责小说》)而已。《九命奇冤》写雍正朝的一件大冤狱,是根据旧题材改写的,而在技法上,特别是以对话开篇、采用倒叙笔法方面,则经由翻译而借鉴了外国小说的艺术形式。《发财秘诀》一名《黄奴外史》,旨在揭露那些汉奸、奸商、洋奴、买办的发财秘诀,描绘这些甘为洋奴为虎作伥的无耻之徒的丑恶面目。《瞎骗奇闻》则着重揭发瞎子算命的骗人伎俩,由于作者“曾肄星士之术”(李怀霜撰《吴趼人传》),因此,描写此类江湖骗术颇为细密生动。以庚子事变为背景的写情小说《恨海》,把两对青年男女的爱情悲剧写得缠绵悱恻,在短短十回中,比较深刻地开掘了人物的情感世界,并被改编为话剧、电影,影响甚大。《新石头记》的题材形式颇为新颖。作者假托贾宝玉等《石头记》(《红楼梦》)中的人物,写庚子事变前后的北京、上海、南京、武汉等城市的情形;后半部描写了作者理想中的文明社会,则属于社会幻想小说。此外,吴沃尧还有写立宪运动的《立宪万岁》,写反华工禁约运动的《劫余灰》、《人镜学社鬼哭传》等,涉及晚清社会的各大事件,表现了作家对社会现实的密切关注。

吴沃尧的小说创作不仅多产,而且题材多样。在直面晚清社会现状的同时,他也借历史题材寄寓自己的悲愤感慨。《痛史》写的是宋末的一批爱国志士,其激励国人之意也是至为显明的。他特别重视小说艺术结构的经营,有意识地推陈出新,追求新变,作了不少大胆而有益的尝试。但他在小说中的谴责讽刺,也存在与李宝嘉类似的毛病。他在《发财秘诀》最后的作者附言中说:“生平所著小说,以此篇为最劣。盖章回体例,其擅长处在于描摹,而此篇下笔时,每欲有时描摹,则怒眦先为之裂。”因此,就“未尽描摹之技”。其实,不但《发财秘诀》如此,在上举吴沃尧的其他小说中，也多少存在这一疵病。由于下笔时感情过于激动，急于揭露抨击那些丑恶腐败落后的社会现实，宣泄胸中的郁愤，因此，刻画不够细致深入，用笔也不免浮露，妨碍了主题的充分展开，也限制了小说的思想和艺术深度。与他“失之张皇，时或伤于溢恶”(《中国小说史略》第二十八篇《清末之谴责小说》)的描写相比，刘鹗的小说叙述就显得从容不迫、冷静而真实。

刘鹗(1857—1909)，字铁云，江苏丹徒(今镇江)人，曾研究过数学、水利学、医学，做过医生和商人。光绪十四年(1888)，郑州黄河决口，他献计治河，有功；其后，上书朝廷，建议利用外资开矿修铁路，被人骂为“汉奸”。庚子事变中，他以贱价购入俄军所占领的太仓之米，以赈济难民，几年后，被劾私售仓粟，流放新疆而死。他在政治上主张维新改良，也主张吸收西方科学技术和先进思想，以促进国家经济发展和社会进步。应该说，他对时代趋势是有比较清醒的认识的。这些思想认识，在他以“洪都百炼生”的笔名发表的小说《老残游记》中，也获得同样的反映。书中的老残，就是以作者为原型而塑造的。他落拓不羁，傲兀不群，不肯向达官贵人低头，又颇有用世之心，济世之才。在当时那个黑暗社会中，他无法实现自己的志向，只好浪迹江湖，行医糊口。他主张改良，既痛恨封建顽固派，也反对义和团运动和资产阶级革命，也与现实中的刘鹗一致。

此书完成于1906年，以铁英号老残者为骨干人物，通过他偏于山东一带的游历见闻，以展开叙述描写。和《官场现形记》等小说不同并且形成互补的是，《老残游记》所着重揭露的官吏不是昏庸无能、贪污腐化的人物，而是用残民以逞的方法来死心塌地地维护清王朝的垂死统治、往往有能员之誉的酷吏和清官。在小说中，清官与酷吏往往是合二而一的。曹州知府玉贤就是这样一个极端残酷、又极端自私的人。为了取得“路不拾遗”的“政绩”，他用特制刑具站笼站死了两千多人。在他的“政绩”之下，人民随时可能遭到家破人亡的命运，却欲哭无泪，欲诉无从。在第五回，老残和杂货店王掌柜有一段对话，很平淡朴素，却写出了这个“清官”、“好官”的可怕，写出了人民的悲惨处境。如果说，在玉贤这个人物身上，作家着重揭露了他的酷，则在另一个官吏刚弼身上，作家却是着重地批判了他的"清"。刚弼谐音"刚愎",实乃影射当时的顽固派官僚刚毅。与古典作品中以包公为代表的那些以公正爱民嫉恶如仇为共同特点的清官不同,刚弼这类清官乃是以清廉为掩护,来追逐个人的飞黄腾达,是以清廉为挡箭牌,来肆意迫害百姓。他为了诬陷魏氏父女谋害十三条人命,用上最惨酷的刑法。对此,作家沉痛地写道:"赃官可恨,人人知之;清官尤可恨,人多不知。盖赃官自知其病,不敢公然为非;清官则自以为不要钱,何所不可？刚愎自用,小则杀人,大则误国。"(《老残游记》第十六回作者原评)这也正是作家通过小说中血淋淋的现实所揭露出来的残酷世相,也使我们对晚清封建腐败吏治有了更深刻的认识。

在结构上,《老残游记》采用晚清时代最为流行的那种比较松散的结构形式。全书以老残的游历过程为线索,将有关的言论见闻描写叙事连串在一起,结构上是相当灵活自由的。在叙事手法上,作者的态度比较写实,没有太多的夸张和漫画笔法,反而让读者觉得更加真实可信。小说的篇幅虽然不长,却体现了作者深厚的语言功力。洗炼、清新、自然,带有浓厚的抒情笔调,是这部小说的语言特点。其景物描写和心理描写尤见功力。作者既善于绘制小幅的风景画,又善于把故事情节或人物的心理活动与景物密切地联系起来,使景物成为情节或心理描写的一个有机构成部分,有助于推动情节的发展,深化心理的刻画。例如第六回写老残在曹州府遇雪那一段,就将对阴寒雪天的景物描写与老残沉重的心情结合在一起,把寒冷阴森的气候对于老残沉重的心情的作用写得很生动,同时,这一描写也很好地服从了揭露了玉贤这一主题。书中还有许多片段,如第二回写白妞说书,第十二回写黄河堤上所见的山景,第十三回写黄河打冰,第十七回对翠环的心理描写,对景物和心理作细致的描摹,都精彩纷呈。胡适曾说过,"《老残游记》最擅长的是描写技术;无论写人写景,作者都不肯用套语滥调,总想熔铸新词,作实地的描写。在这一点上,这部书可算是前无古人了"(胡适《老残游记序》)。这一评价是公允的。

此外,在当时出现的谴责小说中,佚名作者的《苦社会》是一部旅美华工被虐待被压迫的血泪生活史,姬文的《市声》则反映商业斗争和民族经济的危机,在同类题材中算是比较好的作品,但也不免有这类谴责小说漫画化描写的通病。曾朴的《孽海花》在题材与成书方面，与这些小说颇不相同。

曾朴(1872—1935)，字孟朴，笔名东亚病夫，江苏常熟人。《孽海花》原署“爱自由者发起，东亚病夫编述”，爱自由者是金天翮的笔名。1903年，金天翮将其根据当时社会上盛传的名妓傅彩云的轶事写成的小说《孽海花》前六回，移交正在开办《小说林》书社的曾朴，由其续写。曾朴认为原稿过于注重傅彩云的私生活(近于后来的黑幕小说的写法)，将其改为以傅彩云为线索，反映19世纪最后三十年的政治社会变革。此书时作时辍，又屡次修订，持续了二十几年，三集合订三十回本刊出时，已是1931年。在1907年以前完成并出版的只是二十五回本。

在写作当中，曾朴采取了尽量利用当时实有的人物作为原型来塑造小说人物的方法，所以，“书中人物，几无不有所影射。”(鲁迅《中国小说史略》第二十八篇《清末之谴责小说》)在书中作为主要线索的名妓傅彩云，原名赵彩云。她所嫁的第一个丈夫洪钧(文卿)，则化名为金沟，字雯青，在书中出现。洪钧是同治七年(1868)状元，纳名妓赵彩云为妾，后来出使英国，也携之出洋，称公使夫人。洪钧死后，她离开洪家，又在上海重操旧业，改名曹梦兰，被苏州士绅陆润庠所逼，移居天津，改名赛金花。相传八国联军入京时，她因为与联军统帅瓦德西关系密切，成为显赫一时的人物。这就是小说用作线索的人和事的大致情况。

《孽海花》通过傅彩云和金雯青的关系，从侧面将清末的政治面貌和官僚生活，显示在读者面前。小说中的主角人物，是旧时代的贵族、官僚、清流、名士，通过这些人物的活动，展现一幅晚清社会的画图。宫廷的黑暗、吏治的败坏、帝国主义的侵略和革命运动的成长，在小说中都有比较丰富的反映。傅彩云从放荡的妓女，变成了公使夫人、唱小调的命妇。她的性格中既有虚荣放荡的一面，又有善于交际、机灵自信的一面。小说对傅彩云形象的塑造比较立体真实。金雯青这个状元书痴、官僚公使的外交无能，在小说中也受到了讽刺，虽然作者也肯定了他的爱国立场。对人物的处理没有简单化、平面化，是这部小说的可贵之处，在傅彩云、金雯青这两个主要人物身上，这一点表现得最为突出。

曾朴长于写名士和名士气的官僚。自命清高的名士和附庸风雅的官僚,实质上是一回事,二者经常互相转化。不过官做得得意一些,就更其是个官僚,反之,失意了,就变成为名士。小说第十九回写李纯客(以李慈铭为原型)的装腔作势,是人所共知的精彩画面。而第二十回写名流们为李纯客祝寿,更是集中体现了他们低下的精神状态。当时国家形势已十分危急,这些负一时重望的人却依然玩骨董,玩戏子,乌烟瘴气,兴高采烈。这种精神麻痹症是如此顽固,以致当中日战争已经发生之时,执政大臣尚书龚和甫(以翁同龢为原型)还为了失掉一只白鹤而大做其游戏文章,还恬不知耻地自命是韩非孤愤(第二十五回)。

曾朴对当时的清流派也作了解剖。从庄仑樵(以张佩纶为原型)等人的形象中,作家揭露了所谓清流的假公济私、骄矜自大、有名无实的特征。庄仑樵本来是个穷京官,愤而参奏当权大吏,被皇上召见,因此轰动京城,后来又不断参劾,气焰熏天,炙手可热,而且捞到了富贵利禄等种种好处,可是刚到福建会办海疆事宜不久,就打了一场大败仗,暴露了无计无能的本质(第五到六回)。另外,小说还以其他一些情节,将清末的局势体现得更为完整。库丁余敏靠纳赂做到东边道;土财主鱼阳伯为了升官,下毒手抢夺孤儿寡妇的传家名画献给上司;太监把持朝政;裁缝沟通关节;等等。如此看来,被作者暗喻为"奴乐岛"的清帝国,焉有不陆沉的道理?通过这些现实,小说揭示了这样一种历史结局,应该说是有革命意义的。

小说中还难能可贵地写到了外国和中国的一些革命者形象,虽然作者对革命及其道路的思想认识还不尽正确。他相信俄国虚无党人的恐怖手段,赞扬他们的个人英雄主义。他塑造并推崇的夏雅丽就是这样一位俄国女革命家,她牺牲爱情,劫持沙皇,最后慷慨就义。在她身上,反映了作者浪漫的革命幻想。小说大胆宣扬种族革命,在原本第四回(改本第二十九回)中公然描写了孙中山、史坚如、陈千秋等人的革命活动,并将其作为正面人物来歌颂。而这一时期出版的其他小说,如 1903 年出版的托名犹太遗民万古恨著、震旦女士自由花译的《自由结婚》,汉国厌世者著、冷情女史述的《洗耻记》,1905 年出版的怀仁的《卢梭魂》,在宣传种族革命时采取的还都是影射的方法,显然不如《孽海花》直接大胆。但曾朴对革命并没有切实深刻的理解，想象的成分居多，其笔下的革命家也不免失之概念化，显得肤浅。而革命志士陈天华宣传种族革命的小说《狮子吼》也有政论化概念化的倾向，则是由于对小说艺术特点的不熟悉或不屑。二者是有所不同的。

《孽海花》的写作特点，正如作者在1927年改本序中所称："避去正面，专把些有趣的琐闻逸事，来烘托出大事的背景，格局比较的廓大。"它的"结构工巧，文采斐然"(《中国小说史略》第二十八篇《清末之谴责小说》)的优点，也就体现在对这些琐闻逸事的组织之中。在晚清小说中，《孽海花》的艺术结构是比较复杂和比较完整的，它把《儒林外史》式的散串结构提高了一步。"譬如穿珠，《儒林外史》等是直穿的，拿着一根线，穿一颗算一颗，一直穿到底，是一根珠练；我是蟠曲回旋着穿的，时收时放，东西交错，不离中心，是一朵珠花。譬如植物学里说的花序，《儒林外史》等是上升花序或下降花序，从头开去，谢了一朵，再开一朵，开到末一朵为止；我是伞形花序，从中心干部一层一层地推展出各种形象来，互相连结，开成一朵球一般的大花。"(曾朴《修改后要说的几句话》)对于小说的艺术结构，曾朴不仅有自觉的讲究，而且能作科学的分析。这与他熟悉外国文学并具有多方面的文学素养当不无关系。《孽海花》的语言基本上是纯熟的白话，流畅优美，无论是在人物刻画还是环境描写方面，都富有表现力。在适当的地方，小说也增加了一些在古典小说较为少见的内心描写，如第三十回写傅彩云私逃以前的精神状态，就很委曲细腻。人物性格也能前后一致，虽然有一些夸张，也并不太离谱。整部小说还是采用了章回小说的传统样式，但在某些方面，却已经具有现代长篇小说的形态，显示了小说的传统样式向现代样式的过渡。

谴责小说的故事题材，大体上是通俗而易于流行的，报刊、杂志以及小说单行本借助近代商业媒体的力量，追随通俗文化的潮流，可以传播得更广更远。但谴责小说还不属于严格意义上的通俗小说。通俗小说主要是指鸳鸯蝴蝶派小说、黑幕小说、侦探小说、侠义小说等。通俗小说的兴起，是晚清文学史上的一个突出现象。它们适应近代商业经济和城市市民阶层的发展，迎合城市市民阶层的审美趣味，满足他们的文化娱乐需要，从而找到了适宜自身发展的土壤。本世纪初，以上海为基地，以《小说丛报》、《礼拜六》等文学期刊为大本营，出现了一批写才子佳人的婚姻爱情的小说和作家，其中的“佳人已是良家女子，和才子相悦相恋，分拆不开，柳阴花下，象一对鸳鸯，一双蝴蝶一样。”（鲁迅《上海文艺之一瞥》）这就是所谓鸳鸯蝴蝶派，它的影响后来渐渐扩展至其他大都市，五四以前曾盛行一时。在故事安排、结构经营以及通俗文学试验方面，鸳鸯蝴蝶派能够借鉴外国小说的艺术经验，取得了一定成绩，其余响波及本世纪 40 年代，但其作品也明显存在着平庸雷同的毛病。发表这类作品的《礼拜六》1914 年开始在上海发行，存在时间最长，影响最大，故鸳鸯蝴蝶派又称礼拜六派。与此同时，以揭露阴私为主、迎合大众之好奇、满足其窥伺心理的黑幕小说，受翻译小说影响而产生的侦探小说，以及若干侠义小说，也是晚清通俗小说的组成部分。在 20 世纪 20 年代以后的小说史中，犹能见到它们的发展余脉。

第三十三章　诗界的末路与生机

首开风气的龚自珍　同时的其他诗人　黄遵宪的新派诗　诗界革命口号的提出　林纾的《闽中新乐府》　秋瑾的诗歌与《新万古愁曲》　南社诗人　同光体及其他拟古诗派

进入道光时代(1821—1850)，清代社会已经走到了一个过渡性的时代，诗歌的发展也面临着重要的转折。这首先是由当时的时代所决定的。龚自珍就是在这个时代里诞生的一个代表诗人。

龚自珍(1792—1841)生活的这半个世纪，正是我国由封建社会进入半殖民地半封建社会的历史转折期。他早年就有用世之志，又曾从今文经学家刘逢禄研究公羊学，更坚定了经世致用、改革社会的思想。龚自珍的仕途并不得意，只做过一些小京官，但他并没有随波逐流，沉醉于天朝盛世的古典酣梦之中，而是不懈地研究朝章国故和边疆史地，致力于经世致用之学，希望能有补于国家中兴天下郅治。当时，国内问题重重，农民起义，边疆叛乱，危机四伏；国际上，以英帝国主义为首的西方列强，通过鸦片走私等手段，正在加紧对中国进行残酷的经济掠夺，其他贪婪的帝国主义也正对这个老大帝国虎视眈眈，蠢蠢欲动……龚自珍呼吸着大风暴来临之前沉闷的空气，以思想家的深刻和诗人的敏锐，察觉到了时代的危机，感觉到社会的暮气，并痛切地意识到在即将到来的这场大风暴面前，国家和民族将处于一种十分危急的形势之中。然而，人微言轻，他的意见不受重视，他的理想抱负不能实现。他只能拿起手中的笔，用诗文大声疾呼，呼唤变革，“九州生气恃风雷，万马齐喑究可哀。我劝天公重抖擞，不拘一格降人材。”（《己亥杂诗》）他渴望一代新人起来，扭转这种可悲哀的时局，开创文学和社会的新生机。

龚自珍的诗歌创作工于近体，尤工七绝，其中最为重要的是多达315首的组诗《己亥杂诗》。诗人于己亥年即道光十九年（1839）辞去京官，南归杭州，于途中写作了这组记录行程和心迹、体现其生平与思想的自传体诗篇。此外的诗作，也莫不是心声之发鸣。这些诗歌为我们勾画出一个孤独、忧郁的诗人形象，使我们领略了他对衰世的深刻批判和先觉意识。

诗人以敏感的诗心，透过治世的假象，感受到它的暮气沉沉。因此，“秋气”、“落花”、“暮霭”、“斜阳”之类的意象，常常见于诗中。“浩荡离愁白日斜，吟鞭东指即天涯。落红不是无情物，化作春泥更护花。”（《己亥杂诗》）“四海变秋气，一室难为春。……所以慷慨士，不得不悲辛。”（《自春徂秋，偶有所触，拉杂书之，漫不诠次，得十五首》）他清醒地意识到衰世的来临，预言社会已到了乱世的边缘，“日之将夕，悲风骤至，人思灯烛，惨惨目光，吸饮暮气，与梦为邻。”（《尊隐》）更集中而形象地表达了他对时局的认识。面对这种局面，诗人没有退葸远引，而是怀着慷慨悲愤的情怀，对各种弊政进行无情的揭露：

> 不论盐铁不筹河，独倚东南涕泪多。国赋三升民一斗，屠牛那不胜栽禾。
>
> ——《己亥杂诗》

清朝统治者不重视发展社会经济，也不筹划治理黄河，人民连年遭受水患的侵扰，生活在水深火热之中。层层盘剥，更加重了人民的赋税负担，百姓无法从事基本的农业生产劳动，被迫背井离乡。诗人对此发出深深的叹息。他讽喻现实，还常常托之咏史，例如讥讽当时东南地区所谓名流人物的《咏史》：

金粉东南十五州，万重恩怨属名流。牢盆狎客操全算，团扇才人踞上游。避席畏闻文字狱，著书都为稻粱谋。田横五百人安在，难道归来尽列侯？

他们沉湎声色，专意追逐个人的功名利禄，而对朝政得失国家兴亡漠不关心。这些名流当道，世事如何是可想而知的。

龚自珍深切地认识到，要改变这种局面，需要一场社会改革；要推动社会变革，急需一批不世之才，急需各类经世致用之士。在呼吁天公"不拘一格降人材"的同时，他不能不面对这样一个残酷的现实：在旧制度的压抑和束缚之下，许多正直的人才遭到了摧残，"锄其直，遏其生气"（《病梅馆记》）。他在《病梅馆记》中，以梅喻人，控诉了病态的社会对正直人性的戕害。他打破封建专制思想的禁锢，追求心灵的自由和解放，向往自我和个性无拘束的张扬。在诗中，这凝缩为童心的寻觅：

少年哀乐过于人，歌泣无端字字真。既壮周旋杂痴黠，童心来复梦中身。

——《己亥杂诗》

不似怀人不似禅，梦回清泪一潸然。瓶花帖妥炉香定，觅我童心廿六年。

——《午梦初觉怅然诗成》

在龚自珍看来，童心不仅是吟诗作文之本，而且是为人之本。奔走于风尘之中，周旋于世俗之间，他顽强地抵御外界的侵染，守护着自己的童真和梦想。

龚自珍对帝国主义侵略势力觊觎中国之心，早就有所警惕和预戒。他积极主张加快开发和建设祖国的西北边疆，防止内部分裂集团和外国侵略势力的勾结。他为自己人微言轻、谏言不被采纳深感忧愤："五十年中言定验，苍茫六合此微官。"（《己亥杂诗》）五十年后，这一预警果然应验了，当帝国主义加紧对我国新疆的分裂和侵略活动时，他的卓有远见的建议也终于被采纳了。龚自珍也痛恨掠夺中国经济、毒害中国人民的鸦片走私，并坚决主张禁烟。对那些庇护鸦片走私以及吸食鸦片的官员，他给予犀利的刺讥：

津梁条约遍南东，谁遣藏春深坞逢？不枉人呼莲幕客，碧纱橱护阿芙蓉。

——《己亥杂诗》

他曾以诗文，表达自己支持林则徐禁烟斗争的坚定立场。

剑和箫是龚自珍诗中的两个中心意象，也是极具象征意义的。“气寒西北何人剑，声满东南几处箫？”（《秋心》）“来何汹涌须挥剑，去尚缠绵可付箫。”（《又忏心》）“一剑一箫平生意，负尽狂名十五年。”（《漫感》）“少年击剑更吹箫，剑气箫心一例消。”（《己亥杂诗》）剑与箫，象征着思想家的睿智、锐利与诗人的深情、浪漫，象征着他性格中的刚与柔、雄壮与缠绵的两面，象征着他在人生道路上进与退的两种抉择。他在一首词中曾说：“怨去吹箫，狂来说剑，两样消魂味。”（《湘月·壬申夏泛舟西湖述怀有感，时予别杭州，盖十年矣》）剑与箫的结合，使龚自珍的诗刚柔相济，既刚奇，又哀绝，既有飞仙萧然高举之逸态，又有剑客勇猛坚决的英姿，奇情异彩，令人爱赏。

龚自珍在《最录李白集》中说：“庄、屈实二，不可以并，并之以为心，自白始。儒、仙、侠实三，不可以合，合之以为气，又自白始。”这正可以移评他的诗歌的美学风貌。他在诗中也曾自言：“名理孕异梦，秀句镌春心。庄骚两灵鬼，盘踞肝肠深。”（《自春徂秋，偶有所触，拉杂书之，漫不诠次，得十五首》之二）又说：“六艺但许庄骚邻，芳香悱恻怀义仁。”（《辨仙行》）他的诗熔庄、骚于一炉，有庄子飞扬的想象、闳大的胸襟、雄壮的气魄，也有屈骚绮丽的词彩，有香草美人式的讽喻。他的想象力不仅丰富，而且不落俗套，“我劝天公重抖擞”之类想落天外的豪句，也在集中屡见不鲜。“胸中海岳梦中飞”（《己亥杂诗》），善于驱使梦境，是龚自珍诗所具有的浓厚的浪漫主义特色的表现之一。他的诗风大气磅礴，即使律绝这样的短篇小诗，也常常挟带雄强的气势。他的语言自然清畅，关键处字词下得极准确有力。他又善于调遣神话典故，把词句装点得色彩瑰丽。《西郊落花歌》中连用八个新奇的比喻，描绘落花奇丽动人的姿态，“奇境独辟，如千金骏马，不受绁缚”，堪称“别开生面”。（林昌彝《射鹰楼诗话》卷十）

龚自珍的性格和思想中都有很多反传统和离经叛道的成分。他的思想来源颇杂，既吸取了今文经学中公羊派的进化的历史观和经世致用的人生观，也从庄禅之学中接受了崇尚自由狂放和个性解放的思想影响。在他的思想构成中，儒家传统的六经并不占有特别重要的地位。作为一个较早觉醒的启蒙思想家，他明确表示：“但开风气不为师”（《己亥杂诗》）。但他的思想对于晚清的思想解放，却产生过切实的影响。他的诗歌创作，对晚清诗人突破拟古复古的格局，在新的时代环境中发展浪漫主义的诗歌传统，也带来了积极的启示。晚清知识分子，从改良派到革命派，从康有为、梁启超、谭嗣同、黄遵宪到陈去病、高旭、柳亚子、苏曼殊等南社诗人，都曾经受到他的影响。梁启超曾说，“晚清思想之解放，自珍确与有功焉。光绪间所谓新学家者，大率人人皆经过崇拜龚氏之一时期；初读《定庵文集》，若受电然。”（梁启超《清代学术概论》第二十二节）在晚清文学史上，龚自珍是继往开来、开一代风气的先驱人物。

魏源（1794—1857）的思想倾向与龚自珍相近，他也曾从刘逢禄研究今文经学，从公羊学中引申出经世致用、变古改制的思想。由于生活年代晚于龚自珍，所以，他对世界大势有更多更全面的认识。他主张了解西方，学习西方，认为只有这样，才能达到富国强兵的目的。他不仅看到了西方科学技术的先进之处，而且认识到西方政治制度的优点。在《海国图志》等著作中，魏源致力于向国人介绍世界各国的情况，他是最早开眼看世界、并具有清醒的时代感的启蒙思想家之一。作为一个诗人，他的创作主要是政治诗和山水诗。他在政治诗倾注了爱国的悲愤情怀，反映了鸦片战争前后的社会现实，从怯懦无能的官吏，到妥协投降的清政府，从鸦片的危害，到人民反抗帝国主义侵略的抗英斗争，从下层民众的悲惨境遇，到上层的昏庸腐败，题材范围相当广阔。他还写下了一系列风格壮美的山水诗。他的诗大多奔放遒劲，与龚自珍相似；同时又比较质实，在富有情韵及抒情性方面较龚自珍略逊一筹。

在以鸦片战争为高潮的如火如荼的抗英斗争中，很多诗人都有感而发，不平则鸣。张维屏写下了传诵一时的反帝爱国诗《三元里》、《三将军歌》，风格与其前期的诗作迥然不同；张际亮也写了一系列反映鸦片战争的诗作；贝青乔则以由一百二十首构成的《咄咄吟》组诗，揭露并讽刺清军及其将领的昏聩无能；林昌彝有意将自己所作诗话题名为《射鹰楼诗话》（“鹰”谐音“英”），表彰抗英的诗人与诗作。林则徐也曾在诗中，表达自己效力祖国抵御外敌的忠诚和决心，抒发被遣戍伊犁之后的悲愤。他在贬谪期间，还写下了包括《回疆竹枝词》在内的一批描绘塞外风光的诗作，呈现了一个爱国者旷达的心胸。上述诗人都出于东南诸省，或者曾亲自投身抗英斗争，或者因地域之便而对这场斗争有更直接而亲切的了解，因而诗中的情感都显得质朴而真实。这些诗作所反映的生活、所表达的主题，不仅是新鲜的，而且是具有时代意义的。

鸦片战争后，中国国门进一步开放，一些西方近代自然科学和哲学社会科学知识输入中国，一批批新的名词也纷至沓来；同时，越来越多的中国人有机会走向世界，接触到西方的自然、社会和人物。有异国行旅经验的文人学者，常常用游记的形式向国人报道他们新鲜甚至奇怪的见闻，也用诗歌抒写眼中所见和心中所想，康有为、梁启超等人都有这类描写异国行旅和山川风物的诗。一批具有维新思想的诗人，如夏曾佑、蒋智由、麦孟华等人，则在诗歌中引进新的思想观念，使用新的名词，包括外国的人名、地名、典故及其他专有名词等，形成了当时所谓“新派诗”的一个显著特点。“新派诗”一名来自黄遵宪的诗《酬曾重伯编修》：“废君一月官书力，读我连篇新派诗。”这一派诗人在文学语言和风格诸方面力图突破陈陈相因的传统规范，以适应“足遍五洲多异想”（黄遵宪《以莲菊桃杂供一瓶作歌》）的新的生活状态，并表现新的时代现实，表达维新的思想主张。黄遵宪就是这一派诗人中的一员，他的诗歌内容最为丰富，成就也最为突出。

黄遵宪（1848—1905），字公度，广东嘉应州（今梅县）人。广东是当时比较开放的省份，因此，他较早就接触了一些新思想。光绪二年(1876)以后，他进入外交界工作，历时二十年之久，其间，行迹遍及日、美、英各国和新加坡等地。1895年，黄遵宪参加了维新变法运动的政团强学会，后来，在担任湖南按察使任上，又推行新政。1904年，他写了《病中纪梦述寄梁任公》三首，诗中云："孰能张网罗，尽杀革命徒？汝辈主立宪，宁非愚欲迂！"又云："人言廿世纪，无复容帝制。举世趋大同，度势有必至。"这表明，晚年的黄遵宪已经抛弃了维新派那一套君主立宪的政治理想，并认为帝制是背逆时代潮流的。

异国行旅和国外生活经验不仅给黄遵宪的诗歌带来了新鲜的内容，而且使他的诗体现出以全球为背景的一种更为开阔的视野。他在诗里写到美国、新加坡，也写到日本，堪称"吟到中华以外天"(《奉命为美国三富兰西士果总领事留别日本诸君子》)。他还有一组《日本杂事诗》，以传统的竹枝词诗体专咏异国风物，描写了日本的山川景物民风土俗，也记录了日本社会在明治维新以后发生的新变化。他的《今别离》四首属于传统的离别题材，却写到了许多新事物、新名词，如火车、电报、照相、东西半球昼夜相反等，无疑融会了来自西方的新观念和新知识。诗人巧妙地运用这些新奇的意象，别开生面地深化并丰富了这一传统题材的艺术表现。在《八月十五夜太平洋舟中望月作歌》诗中，他又写道："大千世界共此月，世人不共中秋节。泰西纪历二千年，只作寻常数圆缺。""举头只见故乡月，月不同时地各别。即今吾家隔海遥相望，彼乍东升此西没。"在清奇的诗思中，也反映出作者对近代科学的一些认识。

作为最早放眼看世界的诗人之一，黄遵宪在诗学上也主张对沉重的传统作一些变革，与古为新。在诗集自序中，他指出："今之世异于古，今之人亦何必与古人同。"(《人境庐诗草·自序》)从这一基本立场出发，他认为，不盲目尊古，敢于不同于古人，才能有所创新。早在同治七年(1868)，他就明确提出：

> 俗儒好尊古，日日故纸研。六经字所无，不敢入诗篇。古人弃糟粕，见之口流涎。沿习甘剽盗，妄造丛罪愆。黄土同抟人，今古何愚

贤？即今忽已古，断自何代前？……我手写我口，古岂能拘牵！即今流俗语，我若登简编，五千年后人，惊为古烂斑。

——《杂感》

这在当时，是对传统诗歌的美学观点和艺术观点的大胆挑战。而另一方面，创新并不意味着抛弃传统的诗歌文化资源。事实上，他对传统资源是相当重视的：

其取材也，自群经三史，逮于周、秦诸子之书，许、郑诸家之注，凡事名物名切于今者，皆采取而假借之。其述事也，举今日之官书、会典、方言、俗谚，以及古人未有之物，未辟之境，耳目所历，皆笔而书之。其炼格也，自曹、鲍、陶、谢、李、杜、韩、苏讫于晚近小家，不名一格，不专一体，要不失乎为我之诗。

——《人境庐诗草·自序》

无论题材、语言还是风格，黄遵宪都主张广采博收，不拘一格。在他看来，不仅古的、雅的、中国的资源可以利用，今的、俗的、外国的资源也同样应当吸收熔铸于诗中。他特别重视民歌，并通过搜集、加工民歌，从中吸取艺术营养，写出了一些具有民歌风味的诗作。他的诗在内容方面表现了新事物和新思想，在形式方面，也突破了许多自来为诗人所墨守的成规，使用了比较通俗的语言，比较自由的韵律，也更广泛地吸收了古典文学中多方面的优良传统。这样一些从内容到形式的特色，使得诗歌在现代白话新诗出现以前，既能够容纳一定的新内容，又不至于削弱传统诗体的表现力量，使之仍然能够发挥艺术作用。这是一场传统诗体内部的革新，黄遵宪的创作提供了一个比较成功的榜样。

黄遵宪的诗歌题材丰富多样，具有丰厚的现实内涵。这体现了他对古典文学的比兴精神和现实主义诗歌传统的继承。晚清中国的社会面貌以及人民反帝爱国的崇高精神，在他的诗里，得到了较为充实的反映。作为长期驻外的外交官，诗人对国际时事及时代趋势有比较清醒的认识。

他曾极力赞扬日本明治维新的效果，也反对裁撤留美学生。同时，他对西方政治社会制度中所存在的问题，也有所省察。他在驻美期间，耳闻目睹美国的总统选举，曾作《纪事》一诗，记录自己的观感。竞选中的两党互相攻讦，不遗余力，又到处拉票，乃至贿赂公行等等，在诗人看来，像一场滑稽闹剧。诗作以锋利的语言，解剖了美国政治的这一典型现象，揭露出这一民主制度的虚伪的一面。当黄遵宪奉派为驻旧金山总领事之时，正逢美帝国主义制造事端，排斥和迫害对美国西部开发有功的华侨工人。诗人身临其境，怒不可遏，写下了长达七百字的《逐客篇》，不仅歌颂了华工的勤劳和功绩，而且大胆指摘清政府的愚昧和无能，讽刺了美帝国主义的虚伪狡诈。在诗的结尾，诗人发出了“倒倾四海水，此耻难洗濯”的愤慨，并悲愤地提出了“芒芒问禹迹，何时版图廓”的问题。诗人的忧国忧民之心，在国际形势的衬托下，显得更加真实、深沉。

19 世纪 80 年代中期的中法战争和 90 年代中期的中日战争，标志着帝国主义列强加紧了对中国的侵略和殖民化，也加重了中国人民的苦难，促使晚清的政治和社会危机更加突出。这就是诗人的忧患意识的时代依据。他的一系列作品深刻地反映了这种忧患意识。《冯将军歌》歌颂在中法战争中老当益壮、取得镇南关大捷的老将军冯子材，意在振奋反对帝国主义侵略的民族精神。中日战争后，诗人痛心疾首，写下了《悲平壤》、《东沟行》、《哀旅顺》、《哭威海》、《马关纪事》、《书愤》等诗篇，悲凉沉痛，哀感动人。怯懦和投降，是诗人最不能容忍的。在《降将军歌》中，他按照当时的理解，讥刺了降将丁汝昌，认为丁汝昌自杀是企图卸责。《度辽将军歌》则是讽刺逃将吴大澂。“度辽将军”本来是吴大澂得到的一枚汉印，诗人选此为题，并以此印贯穿全诗，不仅见出布局之妙，对这个迂腐书生和糊涂名士的讽刺也显得特别有力。对日作战失败后，昏庸无能的清政府割让台湾给日本。在《台湾行》中，诗人以激越的调子，歌唱了人民英勇抵抗的爱国主义的行为。

黄遵宪的这类诗作，缘于时事，感于哀乐，深于比兴，可谓深得“《离骚》乐府之神理而不袭其貌”（《人境庐诗草·自序》）。在选择诗体时，他偏爱奔放畅达、可以自由挥洒的歌行体，采用比较散文化的句法，“以单行之神，运排偶之体”（同上）。事实证明，内容和形式的这种配合是比较成功的。

19世纪末，随着改良主义的政治运动的展开，在总结黄遵宪等人的诗歌创作的基础上，当时的维新派的理论家和思想家梁启超首先提出了“诗界革命”的主张。这是梁启超为配合当时的维新政治运动而倡导的一系列文学革新活动之一。梁启超所谓“诗界革命”，主要是指在思想内容方面的革新。他主张以新意境、新语句与古人的旧风格相融合，即“以旧风格含新意境”、“熔铸新理想以入旧风格”（《饮冰室诗话》），这在一定程度上肯定并助长了当时诗界中“挦撦新名词以自表异”（同上）的风气。在旧形式旧风格之中点缀若干新名词，有时确实能给人以耳目一新之感，但不同诗人对这些新名词的译法写法又各不相同，一时往往难以索解，而且，如果专恃嵌用新名词而不在诗的意境语句上用功，也作不出真正的新派诗。但当时的诗坛上确实存在这样的一种倾向，即热衷于写作诸如“纲伦惨以喀私德，法会盛于巴力门”之类的句子，仿佛不如此就不足以表现新的意境新的理想。所以，梁启超在后来也不能不承认：“吾党近好言诗界革命，虽然，若以堆积新名词为革命，是满清政府变法维新之类也。”（《饮冰室诗话》）同时，梁启超也很重视诗歌的音乐性和通俗性，对当时的台湾爱国诗人丘逢甲“以民间流行最俗最不经之语入诗”颇为欣赏。从历史上看，在旧形式中包含新内容，是有一定限度的，黄遵宪所能够做到的，已几乎是最大限度了，过此以往，最好要有新形式来适应新内容，这就有待于五四以后的新诗了。

以小说翻译著名于晚清的林纾（1852—1924）的一些诗作，也可以归入这一类新派诗的范畴。在中日战争后、戊戌变法前（1896—1897），林纾创作了《闽中新乐府》五十篇。这一组诗继承了白居易《新乐府》的现实主义传统，针对当时的社会现实，提出广泛的批评和建议。例如在《村先生》一篇中，作者就提出，当今之世对儿童进行教育，不应当再读什么《大学》、《中庸》之类的东西，而应首先应用人情物理方面的知识，对他们进行科学和理性的启蒙教育，“论月须辨无嫦娥，论鬼须辨无阎罗”。他援引法国为例，认为更重要的是要对儿童从小进行爱国主义的教育，才能避免下一代

“腐气入头脑”，打下“强国之基”。又如《谋生难》一篇，通过西方国家保护工商业、支持公司集股发展经济与清廷官吏不顾民生、“富商畏官如畏虎”的对比，指出了帝国主义对于中国的侵略和对人民生活的严重毒害，揭露了清朝帝国的腐败。这些诗作表达了诗人主张维新自强的政治观点，是相当有见识的。在艺术地表现新思想新观念方面，这一组诗也比那些单纯“挦撦新名词以自表异”的诗高出许多。

戊戌变法失败后，资产阶级民主革命渐次展开。在革命的宣传和鼓动中，文学特别是诗歌自然也成为不可或缺的一件利器。革命女侠秋瑾以其生命和诗歌，在黑暗和罗网中点燃了一把火炬。秋瑾(1875—1907)，字璿卿，后改竞雄，别号鉴湖女侠，浙江绍兴人。为了实现自己的革命志向，她毅然抛弃家庭，东渡日本留学，并参加同盟会，积极投身革命的宣传和组织活动，1907 年因谋划反清起义，而被捕就义。她的一生，文学活动一直与革命的政治活动密切相连。她并没有将全部的才力和精力投入文学创作活动，也没有有意识地要使自己成为一个诗人。她的诗作，严格地说来，成就并不是特别高的，其不足主要表现在主题比较仄狭，技巧也还不够熟练。她的诗，显然是一个革命者的诗，因此，诗中所出现的是一个精悍的革命者形象。在早年所作的《题芝龛记》绝句中，她歌颂明末的两位女民族英雄秦良玉、沈云英“同心两女肩朝事，多少男儿首自低”。这也就是她的心志的写照。1905 年，吴樾为了揭露清政府的立宪骗局，在北京车站舍身行刺出洋考察宪政的五大臣。秋瑾写了一首《吊吴烈士樾》，对这位豪杰之士表示了无限的敬爱。她的诗歌，充满了慷慨壮烈的雄放之音，“拚将十万头颅血，须把乾坤力挽回”(《应黄海舟中日人索句并见日俄战争地图有感》)，因为壮志未酬，常常“把剑悲歌涕纵横”(《感怀》)。她的革命激情，她的爱国情怀，她的英勇就义，大大震撼了当时人民的心灵，激励了人民的斗志，在她殉难之后不久，就出现了描写她的生平的戏剧和小说《六月霜》。鲁迅在小说《药》中，通过夏瑜这个人物，表达了自己对秋瑾的悼念。

明清之际，诗人归庄(一说熊开元)写了一首题为《万古愁》(或称《击筑余音》)的套曲，咏叹中国历史，从盘古开天地叙到清兵南下，对历代帝王卿相多有诋诃，并寄托对亡明的眷恋之情。辛亥革命前夕，一位笔名藐庐的作家写了一篇《新万古愁曲》。它继承了《万古愁》“慷慨激昂，目空一切”（《新万古愁曲小序》）的精神，比较深刻地反映了当时世界的和中国的根本问题。套曲以当时世界为大背景，悲叹祖国的不幸，严厉斥责陷祖国于重大不幸的统治者和帝国主义强盗们。他也揭穿了洋务派、立宪派的欺骗行为，指出了改良主义的没有意义。同时，作者还以世界历史为大背景，依据自己所掌握的世界史知识，历数各个帝国主义国家的发展过程，揭露了帝国主义“弱肉强食”侵略成性的本质，并将其与祖国的现状和命运联系起来，这样，就为中国人民的反帝运动提供了更有力的依据。这种对于新的世界及其政治态势的洞察力以及基于这种洞见而发抒于诗篇中的感情，在当时的文学中还是比较少见的。

事实上，当时包括革命党人在内的一些人，他们对帝国主义和封建主义也存在一些模糊的认识。例如，有的人一方面反满洲贵族统治，另一方面却不正确地提倡着大汉族主义；有的人则对帝国主义存有幻想，乃至希望自己发愤图强，也变成帝国主义，好去侵略别人。同时，他们对革命往往抱一种天真、浪漫或简单化的想法。鲁迅曾说：“那时有许多文人，例如属于‘南社’的人们，开初大抵是很革命的，但他们抱着一种幻想，以为只要将满洲人赶出去，便一切都恢复了‘汉官威仪’，人们都穿大袖的衣服，峨冠博带，大步地在街上走。谁知赶走满清皇帝以后，民国成立，情形却全不同，所以他们便失望，以后有些人甚至成为新的运动的反动者。”（《对于左翼作家联盟的意见》）这种情形，从南社的发展及其诗歌创作中，也能看出来。

南社是明末复社以后最重要的、最大的一个文学团体。无论从其成立背景、社员成分还是从其宗旨来看，这一团体都具有鲜明的政治色彩、明确的政治目标。它出现于辛亥革命前夕，1907年开始酝酿，1909年正式成立于苏州，发起人为陈去病（1874—1933）、高旭（1877—1925）和柳亚子（1887—1958）。社名取“操南音不忘本”（宁调元《南社诗序》）之意，“南者，对北而言，寓不向满清之意”（陈去病《南社长沙雅集纪事》），明确表示反对满清的种族压迫和专制统治，提倡民族民主革命。早期南社社员中，大多为同盟会会员，其后声势日益壮大，辛亥革命后，社员达千余人，但随着革命运动的进展，社员的政治立场发生分化，成分也就变得复杂了。作为一个文学团体，南社的创作主要见于从1910年出版到1923年停刊、载录诗词文章的二十二集社刊——《南社》，和1917年出版的《南社小说集》。但总的来看，南社在诗歌创作上的成就最大，只有苏曼殊（1884—1918）在小说创作方面较有成绩。他以诗人的清丽之笔作小说，显示出强烈的主观抒情色彩。

大多数南社诗人充满热情地投身革命活动，用诗抒写革命怀抱，宣传民族主义和爱国主义。在总体的风格倾向上，这些年轻诗人朝气蓬勃，又多少受到龚自珍和诗界革命的影响，在创作中表现出明显的浪漫主义倾向。他们提倡唐音，反对宋调，与提倡学宋诗的同光体相对，但也有一些诗人倾向于同光体的诗学立场。就诗歌风格而言，南社几个骨干社员也各有特色。陈去病追求苍凉悲壮，但不免拘谨；高旭恣肆奔放有余，而洗削锻炼不足；马君武的诗鼓吹新学思潮，标榜爱国主义，喜用西方的典实，融会西学，上承黄遵宪的新派诗；苏曼殊在南社诗人中较为特别，他长于七绝，又多爱情诗，缠绵悱恻，清婉悲凉，颇有晚唐诗的韵味，最受人喜爱；柳亚子则清迈流畅，思想上不断前进，创作灵感源源不绝，其诗作数量之多、持续时间之长，在20世纪诗人中是很罕见的。南社诗人大多属于浪漫激动型的人格，对于文学和政治，都抱有较多的想象和期望。因此，当革命遭遇挫折乃至失败时，他们就不免流露失意和感伤，乃至放纵为颓废的情绪。在苏曼殊的诗作中，我们更多地体会到这种愁苦和哀伤，这又与他特殊的身世和性情不无关系。

与南社诗人不同，同光体的成员中，有不少人是朝中官员或前官员，从主事、侍郎到宰辅大吏，在政治上属于“北”，与南社相对，隐然有一种廊庙与民间的分野。简而言之，同光体就是同治、光绪时代的宋诗派，这是晚清宋诗运动的重要组成部分。这一运动肇始于道、咸时期的郑珍、何绍基、莫友芝，延续到同、光时期，一脉相承。在诗学上，同光体诗人的总体倾向是崇尚宋诗，但各个诗人的具体蕲向又各有不同。以籍贯而论，同光体诗人可分为闽派（陈衍、陈宝琛、沈瑜庆、郑孝胥）、赣派（陈三立）和浙派

(沈曾植),其中闽派声势最大。同光体诗人往往学识渊博,陈衍、陈三立、沈曾植等人尤为突出,因此,他们的诗作中也有明显的学者诗的特点。他们都注重从古典中觅取灵感,熔铸诗语,驱使典实,力求推陈出新,风格一般比较古雅,但也容易走向生涩难解。在政治观点上,他们大多比较偏于保守,但他们的诗集中不乏抒写同光以来之朝政时局的诗作,从不同的角度反映了晚清的现实。

除同光体之外,晚清的拟古诗派还有中晚唐诗派和汉魏六朝诗派。中晚唐诗派以樊增祥、易顺鼎、杨圻等人为代表,他们的诗作以中晚唐诗人为师,讲究情采,富有装饰性,诗中也时常流露出一些颓废和没落的情绪。樊增祥诗风比较清丽,易顺鼎的风格比较清壮,各有千秋。汉魏六朝诗派的诗人则有王闿运、邓辅纶、高心夔等人,因为多出于湖湘之地,故又称湖湘派。这一派诗人摹拟汉魏六朝,所作五言高于七言。王闿运的《圆明园词》和樊增祥的前后《彩云曲》,分别描写英法联军劫掠焚烧圆明园的暴行以及庚子事变前后的史事,堪称诗史,虽然拟学元稹《连昌宫词》和吴伟业《圆圆曲》,却不失为别开生面,因而传诵一时,颇负盛名。

第三十四章　从花部崛起到戏剧改良

花部与雅部的对立与花部的崛起　　京剧的产生和发展　　京剧剧本的创作、流传和整理　　京剧优秀剧作举例　　晚清的戏剧改良运动　　汪笑侬与改良新剧　　晚清戏剧的若干新变　　话剧的出现

戏剧和小说继承了明清以来市民文学的传统，适应着城市平民日益增长的力量及其文艺需求，成为清代中后期文学最流行的样式。在戏剧方面，主要的变革是花部戏曲的隆盛，并基本上做到了取昆腔传奇的地位而代之。

从16世纪后半期起，昆腔在相当长的历史时间内，一直是中国古典戏曲最重要的声腔。随着昆腔本身的音乐语言和昆腔传奇剧本的文学语言逐渐发展完善，它的程式化、文人化、雅饬化的趋向也越来越明显。戏曲的音乐语言与文学语言之间本来就是互动的关系，昆腔传奇的音乐语言日趋谨严，就限制了文学语言的自由发挥；另一方面，“其曲虽极谐于律，而听者使未睹本文，无不茫然不知所谓”。这就使昆腔逐步脱离大众，失去鲜活与生动特色，而走上僵化的道路。同时，昆腔的发展，并不意味着其他声腔的衰颓或消失，相反，仍有相当多的其他声腔在不同的环境下成长、成熟，并产生了与之相配合的剧本，并努力与昆腔传奇争夺听众和观众。它们的比较活泼的音乐语言也支持了剧本的文学语言，产生了“其词质直，虽妇孺亦能解”（焦循《花部农谭》）的效果，无论其思想内容还是

艺术形式，都和广大城市居民的生活比较接近，这显然有利于它的发展壮大。这种情况明末就已经存在了。

到了清代，互相对立着的昆腔和非昆腔进一步在戏曲领域内形成了两个阵营，即所谓花部和雅部。“雅部即昆山腔，花部为京腔、秦腔、弋阳腔、梆子腔、罗罗腔、二簧腔，统谓之乱弹。”（李斗《扬州画舫录·新城北录下》）这些来自民间的花部声腔统称乱弹，是针对昆腔之有更其精严的格律而言。它们都有规律不严、变化多端的特点。而昆腔在乾嘉之世早已成为贵族士绅阶层的艺术，19世纪中叶以后动荡沧桑的时局，使昆腔曼妙的清歌和旖旎的绮梦愈益显得不合时宜，终于被花部那喧天的锣鼓和粗豪的歌词所代替。在与雅部的长期竞争中，花部吸收了对方的许多优点来充实自己。文学史上又一场的雅俗之争，以花部的胜利和雅部的没落而告终。

在花部戏曲中，京剧是最主要的戏曲样式。它的演进成熟也经过了一个相当长的历史过程。乾隆五十五年（1790），乾隆八十大寿，各有特长的四大徽班三庆、四喜、春台、和春等进京庆贺，把二簧戏带到北京。二簧是弋阳腔与其他曲调结合的产物。在以后的发展中，徽调的二簧调又和汉调中的西皮调合流，形成了皮簧合奏的新局面，为京剧的腔调形成奠定了基础。同时，京剧又不断吸收京腔、秦腔等花部腔调和民间戏曲成分，在歌唱和表演艺术上便日趋于丰富，大约在19世纪中期，京剧正式形成。这种新兴的戏曲在内容上、语言上和音乐上都比昆腔更接近人民，不仅获得一般市民的爱好，也以其新鲜获得贵族和宫廷的爱好，因而得到了各方面的培养和支持，并代替昆剧而统治了整个剧坛。它不仅在歌唱和表演上比其他戏曲有所提高，而且由于民间艺人的创造才能，也出现了许多优秀的剧本。1840年以来，杂剧、传奇也还出现过一些比较优秀的剧本，但作为晚清戏剧的代表样式的，仍不能不推京剧。

从乡村传入都市、逐步代替了雅部的花部剧本，绝大多数是成于无名作家之手。这种情形，不仅在鸦片战争以前当花部处于萌芽状态之时是如此，就是在鸦片战争以后当京剧成为最有势力的剧种的时候，也是如此。

《缀白裘》是清代出现较早和收罗较富的戏曲选集之一。其第六集刊行于 1770 年（乾隆三十五年），收有部分花部剧本。第十一集刊行于 1774 年（乾隆三十九年），所收全为花部剧本，由此也可以看出花部作品数量和影响的上升。从这些即使还比较粗糙和幼稚的作品中，我们又一次看到民间艺人对于生活的熟悉，领略到他们的艺术才能，也看到当时各种民间戏曲的远大前程。其中如取材于《水浒》的《闹林》、《夺店》，讽刺小戏《借靴》等，一直到后来还流行在舞台上。然而这些作品全都是无主名的。

京剧的情况也是如此。它在近百年中产生的大量剧本，多半是演员们自编自唱的集体创作，或者是爱好并且熟悉这种戏剧艺术的人们和演员们通力合作的产物。在演出过程中，剧本又不断得到修改和提高，因此逐渐出现了一些不仅演出效果很好，而且从戏剧文学的角度看来也是很优秀的作品。不过，也有一些京剧剧本至今仍保留着某些粗率不文的词句。这些作品绝大多数没有留下作者的姓名。早期的有主名的剧本，寥寥可数。19 世纪中叶的余治和 19 世纪末到 20 世纪初的汪笑侬所作剧本较多。余治曾经写作并刊行了二十八个京剧剧本，总名《庶几堂今乐》，思想陈腐，未能流行。

为数众多的京剧剧本，由于最初没有引起人们足够的重视，在很长一段时期内，只是以手钞本的形式在剧团中流传，至多也只是用比较粗劣的单行本发行。一直到 1880 年（光绪六年），才出现了李世忠等编辑的《梨园集成》，共收昆腔、京剧等剧本四十八种，仍然流传不广。1922 年起，上海中华图书馆陆续编印《戏考》（一名《顾曲指南》）四十册，所收剧本达五百多种，乃是自有京剧以来第一次最广泛的收集。由于演员们的唱腔和演技各有流派，这些剧本并不和舞台上的实际演出完全吻合。直到中华人民共和国成立以后，中国戏曲研究院才选择了一些在现代舞台上比较流行的京剧传统剧本，进行了严肃慎重的整理，出版了《京剧丛刊》。这一总集收集剧本不到百种，虽然只是已知剧目中的一小部分，但使原来那些比较粗糙、变易性比较大的京剧剧本有了加工写定本，在文学价值方面也有了提高。

京剧剧本的题材和在其以前的古典小说、戏剧有着密切的传承关系。它们多半是根据原来盛行于社会上的那些历史故事改编的。《三国》、《水浒》、《西游》、《说唐》、《杨家将》等小说及元明清时代的杂剧、传奇是京剧题材的主要来源。其中也有一些直接反映现实生活的小戏，以讽刺的手法揭露生活中的丑恶现象，体现了人民的智慧和幽默。

京剧在发展过程中出现了一些比较优秀的剧作，例如《打渔杀家》。这是一部取材于《水浒后传》的剧本，早在嘉庆十五年(1810)以前就在北京以秦腔演出过，其后由于京剧流行，又改编为京戏，并获得提高。它写的是在梁山泊农民起义失败以后，老英雄萧恩不愿受朝廷官职，归老江湖，和独女桂英以打鱼度日。在忍受着贫困的生活的同时，他还要忍受地方豪强丁自燮的欺侮和压榨。最后，他终于忍无可忍，被迫再次奋起反抗，走上杀人报仇的道路。剧本以同情和支持之笔，塑造了萧恩这样一个善良、正直、沉着、坚定的形象，对于恶霸丁府的爪牙特别是对那个色厉内荏的教师爷，给予无情的讽刺和讥笑。在人物形象的塑造上，这个剧本是有独到之处的。

《四进士》，又名《宋士杰》，是一个根据民间传说编写的、歌颂正义的胜利的剧本。明朝嘉靖时代，毛朋、田伦、顾读、刘题都放了外官，在出京之前，他们相约盟誓，要做清官，绝不贪赃枉法。然则不久之后，四人中的三个都变节了。刘题做了上蔡县令，好酒贪杯，不理政事，弄得百姓有冤无处伸。田伦放了江西巡抚，因父死居丧，没有赴任，当他姐姐和姐夫姚廷椿合谋毒死弟弟姚廷梅，并串通弟媳的哥哥杨青将弟媳杨素贞骗卖给南京布贩杨春，被告到信阳道台顾读那里时，他竟然写信给顾读，送银子三百两，行贿求情。顾读居然答应，作出了颠倒黑白的判决。只有河南巡抚毛朋一直坚守誓言，在一次微服私访中，他得知姚、杨夫妇的冤情，替杨素贞写下状子，叫她越衙告状。在告状的过程中，杨素贞得到一个被革去职位的旧刑房书吏宋士杰的帮助，最后告到毛朋那里，取得了胜利。戏中的宋士杰这个人物与元代公案戏中的清官或衙役形象都颇不相同。他生性倔强，好打抱不平，因此被革职，靠开一间小店度日。初见杨素贞被一群流氓追赶时，他犹豫权衡，但正义感终于战胜了明哲保身的世故，他救下杨氏，收为义女，并支持她寻求公正。由于他洞明世故人情，又有衙门经验，深通法律条文和官场关节，他的斗争就不仅勇敢、有正气，而且也是机智、沉着、有策略的。这是赢得官司的关键之一。可以说，宋士杰这个人物写得既真实可信，又带有理想的色彩。其次，毛朋是一个难得的清官，四进士中一与三的对比，已足以说明官场的黑暗、吏治的腐败。一方面，毛朋守正不阿，支持杨氏打官司；另一方面，他又坚决维护王法的尊严，要惩罚宋士杰以民告官，将其发往关外充军。宋士杰机智地抓住他的把柄，揭露了他行为中的矛盾，使之处于尴尬境地，并巧妙地保护了自己。在毛朋身上，显示了剧本对现实生活的深刻理解。商人杨春，深明大义，具有侠义心肠，了解内情之后，不再逼杨素贞为妻，也不要求退还身价银子，反而与之结为兄妹，陪她去告状伸冤。杨春与杨素贞非亲非故，而能如此，而其兄长、大伯却狠毒如斯，商人与士绅、亲人与陌路形成了强烈的对比。这也表达了剧本对世态人心的针砭。

与上述两部剧本之强烈的政治色彩相比，《玉堂春》更近于传统的才子佳人戏。这个剧本是依据《警世通言》中的《玉堂春落难逢夫》而再创作的，也是自来最受欢迎的剧本之一。其中的《苏三起解》、《三堂会审》、《监会团圆》等出，尤为精粹，至今还演唱不衰。玉堂春又名苏三，是明代北京的一个名妓，与礼部尚书的三公子王金龙相恋。后来，王金龙苦学成名，外放山西巡抚。玉堂春则被老鸨骗卖给山西洪洞县商人沈燕林。沈妻皮氏毒死亲夫，反过来诬陷玉堂春，致使玉堂春被判死罪。三堂会审之后，冤狱昭雪，玉堂春和王金龙夫妻团圆。这一剧本采用倒叙笔法，从苏三起解太原开始写起，然后是会审、昭雪、团圆，而此前玉、王二人有情相爱的过程，玉被卖被诬受尽苦难的经过，都只通过玉堂春必要的诉说加以呈现，从而避免了平铺直叙。巧妙的剪裁，煞费苦心的结构安排，使剧本引人入胜，也证明了它的卓越的艺术技巧。

美丽的风尘女子玉堂春，虽然地位卑贱，却不是一个单纯的弱者，更不甘于沉沦；虽然饱经灾难，却还有勇气捍卫自己的权利，坦然追求自己的爱情。在《苏三起解》中，她采取拜义父的方式，设法争取了崇公道的同情和支持，表现了她的机智和应变能力。《会审》中的大量唱词，如怨如慕，如泣如诉，感人泪下，以浓墨重彩勾画了她的丰富多情的内心世界。相比之下，剧中王金龙的形象则不免有些单薄。他虽然也能忠于爱情，没有动摇变心，乃至见到旧情人，激动得一上场就晕倒（《京剧丛刊》本将这一情节删去，代之以“王震动，旋即镇定”）。在《会审》中，他甚至表示：“我纵然罢职丢官，也要开脱于她，以图破镜重圆。”表现了难得的勇气和可贵的决心。但从具体的语言和行动上看，这一形象血肉不够丰满，显得有些苍白。着墨不算最多，也算不上剧中第一号人物的解差崇公道，反而给人留下了深刻的印象，耐人寻味。一方面，他饱经世故，洞悉人情，精于与世浮沉之道；另一方面，他良心未泯，仍葆有一定的正义感。这种个性的矛盾，透现出人物性格开掘的深度，也显出人物形象的真实。同时，这一类的艺术创造中所渗透出来的浓厚的世味，再次反映了京剧这一门新兴的艺术形式对社会人生的透彻而亲切的理解。

在京剧中还有一种小型的讽刺剧，在世态的刻画、世味的咀嚼上，也是比较成功的。《连升店》中，写举人受店主人冷淡；《绒花记》中，写寒士被强迫退婚；都是对势利、市侩的世态的讽刺。在《打面缸》中，对县官、书吏的伪善和丑态，对衙役张才和妓女周腊梅的机智，也有犀利而让人会心的描写。但京剧为了演出时的逗乐、抓哏需要，往往在诙谐戏谑的片断之外，也掺入一些庸俗的戏料，以迎合一部分观众的欣赏口味，在这一类剧本中，表现得更为突出。

京剧的主题和题材，也和在其以前盛行的其他古典戏曲相同，绝大多数属于过去的历史生活的范畴，因此，对于鸦片战争以来发生了巨大变化的社会面貌，反映得比较不够。这也是晚清戏剧改良运动产生的一个背景。另一方面，晚清时代，文化领域方兴未艾的启蒙运动也席卷了戏剧领域，对戏剧也提出了新的要求。《月月小说》所载天僇生以《剧场之教育》为题的论文，正是这一要求的反映。他写道：

> 古人之于戏剧，非仅借以怡耳而怿目也，将以资劝惩，动观感。迁流既久，愈变而愈失其真。……于是戏剧一途，乃至为雅士所不道也。……昔者，法之败于德也，法人设剧场于巴黎，演德兵入都时之

惨状，观者感泣，而法以复兴；美之与英战也，摄英人暴状于影戏，随到传观，而美以独立。演剧之效如此，是以西人于演剧者，则敬之重之；于撰剧者，更敬之重之。……夫西人之重视戏剧也如此，而吾国则如彼，如此一端，可以睹强弱之由矣。吾以为今日欲救吾国，当以输入国家思想为第一义；欲输入国家思想，当以广兴教育为第一义。然教育兴矣，其效力所及者，仅中上社会，而下等社会无闻焉。欲无老无幼，无上无下，人人能有国家思想而受其感化力者，舍戏剧莫由。盖戏剧者，学校之补助品也。

这些论点，在今日看来，难免显得粗略、不全面，但在当时，作者不仅能够援引古代对戏剧功用的认识，而且又征引西方人对戏剧的态度，来论述戏剧事业的重要性，提出戏剧应该而且可以为宣传爱国思想推动国家富强社会进步服务，则显然是有价值的。实际上，这反映了在19世纪末和20世纪初戏剧改良的呼声。这一时期，欧榘甲（署名无涯生）、健鹤、陈去病（署名佩忍）、陈独秀（署名三爱）、蒋智由（署名观云）、廖仲恺（署名渊实）等人都在报刊上发表文章，肯定戏剧在民众启蒙教育方面的重要作用，鼓吹戏剧改良的主张。1904年，汪笑侬、陈去病、柳亚子等人在上海创刊《二十世纪大舞台》，宣扬戏剧革命，使上海成为近代戏剧改良运动的中心之一。同时，汪笑侬还致力于艺术实践，为改良戏剧做出了突出的贡献。

汪笑侬（1858—1918），本名德克金（一作德克俊），满族人，曾中过举人，做过县令，1894年以前就弃官为伶，并取别号为“伶隐”。在表演艺术上，汪笑侬是一个革新家。为了讽刺时政，鼓吹反帝爱国，他除了遵守传统样式和程式，编写和演出了许多京戏以外，还大胆突破成规，取材于当时的政治社会事件以至外国故事，编写和演出了“改良新剧”，如《立宪镜》、《亡国惨史》等。基于自己的政治和艺术信念，他曾经大胆地在舞台上身穿西装，口唱京调，以京剧形式表现当代和外国题材，虽然这种改良不可能骤然获得成功，但无论对当时的反帝爱国运动还是对后来的戏剧革新来说，这都是很有意义的工作。在《亡国惨史》中，他借外国故事痛骂清朝，终于被禁止演出，这表明了他的显著的政治倾向。而从他和与他同时的名演员如夏月珊、夏月润、潘月樵的“改良新剧”的尝试中，最初的话剧活动也吸取了一些有益的经验教训。

汪笑侬所写的剧本，大概有三十个左右，大部分是京剧剧本。比较优秀的有《洗耳记》、《张松献地图》(一名《献西川》)、《哭祖庙》、《骂阎罗》、《党人碑》、《将相和》等。这些作品，虽然也同样属于新编历史剧，却大都影射现实。和过去的京剧剧本比较起来，具有更明确的政治主题指向，和当时的政治斗争结合得更加密切。《洗耳记》写的是上古隐士许由、巢父连现成的皇帝都不肯做，显然是对当时热衷富贵者的讽刺。《献地图》写张松卖主求荣，《哭祖庙》写刘禅甘心降敌，也影射了当时清政府的媚外行为。《骂阎罗》、《党人碑》都是写的历史上的忠臣遭受了不白之冤，因而引起正直的人们的愤慨的故事。《党人碑》意在影射戊戌六君子的被害。《将相和》是企图唤起文臣武将们捐弃私仇，同心御侮，用意更是不言自明的。虽然廉颇、蔺相如已是千载以前的历史人物，但当时国家所面临的内忧外患的形势，与廉颇、蔺相如之时的赵国有相似之处。剧本所歌颂的这种公忠体国、顾全大局的精神，无疑是值得永远提倡的。因此，这一剧本不仅在晚清风行一时，而且直到今天仍然受到人们的欢迎。从艺术上看，汪笑侬的作品大多是悲剧，风格慷慨悲壮，唱腔也悲凉遒劲。剧中的唱词往往横放自由，大胆突破格律的限制，自由发挥。以大段唱腔抒发剧中主要人物的内心感情，塑造人物性格，也是汪笑侬的特长之一。

19 世纪中叶以后的传奇戏剧创作，在总体上已呈衰退之势，但在动荡时局和文化思潮的激荡之下，也出现了一些新的变化，在一些剧本中涉及了重大社会题材，还产生了一些艺术形式改革的试验。例如，黄燮清在《居官鉴》中塑造了一个坚决抗击外敌、关心民生疾苦的爱国志士王文锡；钟祖芬在《招隐居》中描写鸦片毒害，宣传禁烟；范元亨写的爱情悲剧传奇《空山梦》，不遵用宫调，而全用自度腔，可谓别出心裁的大胆实验。在辛亥革命前几年，为了配合革命运动，无论传奇、杂剧还是乱弹剧中，都出现了鼓吹民族革命的作品。其中有的是历史题材，陈古以刺今，或意在感奋人心。如祈黄楼主写明末民族英雄张苍水(煌言)事的《悬嶴猿传奇》(1906)；吴梅写明末民族英雄瞿式耜事的《风洞山传奇》(1906)；孤的写宋末民族英雄文天祥事的《指南梦传奇》(1908)等。乱弹剧本中则有无名氏的《博浪椎》(1903),写张良刺秦始皇事;感惺《游侠传》,写西汉侠客朱家事。新广东武生《黄萧养回头》,则是以明正统末年广东黄萧养起义为内容,而借题发挥,宣传民族民主革命,剧中演唱的国家的内忧外患,更显然是晚清政局的反映。有的则是时事剧,徐锡麟、秋瑾被捕就义之后,当时出现的以此事为题材的剧本,就有伤时子《苍蝇击传奇》、孙雨霖《皖江血传奇》、华伟生《开国冤传奇》、湘灵子《鉴湖女侠传奇》、嬴宗季女《六月霜传奇》、吴梅《轩亭秋传奇》、啸庐《轩亭血传奇》等,形成为一个热点。乱弹剧本中,则有写向道隆起义的无名氏的《向道隆戏文》。还有的则是外国题材,例如感惺《断头台传奇》(1904),写法国山岳党事。至于剧本内容中牵涉外国史事者,则更不胜枚举。这些作品不约而同地在旧形式中注入新的革命内容,不过形式上大多陈陈相因,艺术上也无多创新,很多剧本还只是案头剧,诸如此类,都阻止它们产生更大的影响。

从这一意义上说,话剧这种新的艺术形式的引入并在中国大地上扎下根来,是很有必要的。话剧的出现,无疑是近代戏剧发展历程中的一件大事。京剧及乱弹中,本来有一些只有对白而没有唱词的剧本,如京剧《老黄请医》全是对白,《罗锅子抢亲》、《连升店》只有几句唱词。它们只是一种附庸性的表现特点,并没有发展成熟乃至成为一个独立的剧种。但这反映了人们对于戏剧革新的愿望和所作过的尝试。改良新剧的最终失败,也说明只有突破旧形式,才能获得全新的戏剧生命。话剧就是适应这种革新的要求,彻底突破旧形式,以只说不唱的形式,表现新的生活内容,适应了时代对于戏剧的要求。

1906 年,留日学生李叔同、曾孝谷、欧阳予倩、吴我尊、陆镜若等人,为了更好地宣传革命,借鉴西洋话剧和日本新派剧,开始从事话剧的演出。他们在东京组织了自己的业余剧团——春柳社,并于 1907 年演出了自己改编的剧本《茶花女》,及反抗民族压迫的《黑奴吁天录》、宣传赞助革命的《热泪》(据法剧日译改编),影响很大。受其鼓舞,1907 年,以王钟声(1874—1911)为首的春阳社,也在上海演出了《黑奴吁天录》。同年,留日学生任天知回国后,在上海创办了旨在培养话剧人才的通鉴学校,后又组织了职业剧团进化团。在1910年到1911年上半年，即在辛亥革命前夕，这个剧团沿长江沿岸各大城市作了一系列演出，所演剧目如《东亚风云》、《安重根》、《共和万岁》等，都是针对当时时事而发，目的就在于鼓动人民起来参加革命斗争，起到了一支革命宣传队的作用。

作为一种新的戏剧形式，话剧在这一时期还处于萌芽阶段，好的有成就的剧本还很少。有的演出甚至只有幕表，没有剧本。这些方面都还有待于改进提高。但这一新生事物，借鉴了外国戏剧中有益的形式和手法，继承了古典戏剧的现实主义传统，又为"五四"以后的剧运开辟了道路，它的前程正长。

第三十五章　新文体及政论文学

晚清白话文运动的产生及其背景　　白话报刊与白话书籍　　散文变革及对新文体的先导作用　　梁启超的新文体散文　　政论文学与陈天华、邹容等人的作品　　章太炎的政论文

宋元以来的市民文学的语言基本上是白话。到了晚清，白话作为文学语言至少已经有几百年的历史，但一些有偏见的作家仍然认为它不能登大雅之堂。文言无疑在文学史上起过重大作用，但它的使用和流传，局限于士大夫的圈子里，不利于知识的普及和思想的传播，到了晚清，它在某些方面甚至已经成为文学进一步发展的障碍，于是出现了自觉地使用白话并有意识地提倡白话以代替文言的主张。

晚清的白话文运动是适应当时的启蒙要求而提出的。它出现在维新运动高涨的19世纪80年代，绝非偶然。面对当时中国之羸弱，许多有志有识之士痛心疾首，千方百计地寻找病根，谋求解决的办法。语言也是其注意的一方面。光绪十三年(1887)，黄遵宪就认为："欲令天下之农工商贾妇女幼稚皆能通文字之用"，必须语言文字合一，即用白话作为书面语言和文学语言。他并且指出：东西各国之所以进步，是由于语文合一，"通文者多"(《日本国志·学术志》)。梁启超也在光绪二十三年(1897)提出："日本之变法，赖俚歌与小说之力。盖以悦童子而导愚氓，未有善于是者也。"(《蒙学报演义报合叙》)又说："俗语文体之流行，实文学进步之最大

关键也。各国皆尔，吾中国亦应有然。”(《新小说》1卷7期楚卿《论文学上小说之位置》引)同年，裘廷梁在《苏报》上发表了《论白话为维新之本》，呼吁废文言而崇白话。他列举了文言文的危害性，总结出学习白话的八大益处，并进一步指出，“愚天下之具，莫如文言；智天下之具，莫如白话”，如果“崇白话而废文言，则吾黄人聪明才力无他途以夺之。”结论是：“文言兴而后实学废，白话行而后实学兴。实学不兴，是谓无民。”同时，陈荣衮在《论报章宜改用浅说》中也说：“大抵变法，以开民智为先，开民智莫如改革文言。不改文言，则四万九千九百分之人日居于黑暗世界之中，是谓陆沉；若改文言，则四万九千九百分之人日嬉游于琉璃世界中，是谓不夜。”他甚至激烈地提出：“文言之祸，亡中国其一端矣。”要避免亡国，只有改用白话，也就是他所谓的浅说。在他们看来，提倡俗语文学，提倡白话文，不仅是开启民智维新自强的关键，而且是一个关系到国族兴亡的大问题。他们意识到了这种必要性和紧迫性，因而大声疾呼，并不惜矫枉过正。

要求语言文字合一，也就必然引起文字改革的进一步要求。楚卿(狄葆贤)在《论文学上小说之位置》中已经提出，最好是“能造出最适之新字，使言文一致”的理想，后来王照曾初步加以实践。王照曾经参加过戊戌变法，在变法失败之后，发愿要制定官话字母，使言文合一，以免“同国渐如异域”(《官话合声字母原序》)。可以说，他是中国近代最早提倡文字改革和汉语规范化的人物，他的改革努力显然也是有政治目的性的。

把语言或文字的改革夸大为政治社会改革的决定性的因素，显然是片面的，甚至是错误的，但这种主张在当时是有其民主性和革命性的。在这种理论的推动之下，开始出现白话的报刊。在戊戌政变前后，全国已经发刊了十来种白话报。其中以长江流域各省为最多，新疆和内蒙古也各有一种，足见当时白话文运动的影响是广泛的。其后，这类报刊更是层出不穷，截至1918年，各地出版的白话报刊已达一百七十多种，形式活泼，内容多样，涉及新闻、政论、时评、通俗文学等，在开启民智宣传新思想方面，发挥了相当大的作用。在1905年的反对美帝国主义的华工禁约的运动中，白话报刊就代表大众发出了自己的愤怒的呐喊。

在同一时期，白话书籍特别是白话小说和白话教科书也大量涌现。

陈荣衮在澳门创办蒙学书塾，编印了白话书刊三十六种，用新编的白话《妇孺三字经》等来代替旧时的文言蒙学课本《三字经》、《神童诗》之类。施崇恩在上海主持彪蒙书室，也编印了大量的白话课本，其中包括语文、历史、地理各科的教科书。白话小说的出版更是盛况空前，上海还出版了一种《白话小说》月刊。这不仅传播了知识，也扩大了白话文在社会上的影响。在这种影响的辐射之下，人们逐渐认识到，不仅戏剧小说原来就用白话来写的情况是很正常的，而且诗歌和散文语言可以也应当有所改革。这就成为五四时代规模更大的一次白话文运动的萌芽。但总的说来，诗歌和散文的语言，在这一时期还是停留在比较通俗的文言阶段，如黄遵宪的“新派诗”和梁启超的“新文体”。这也显示了文学语言在过渡时期的特征。

梁启超的新文体散文，大多数属于报章政论。从宣传维新变革的思想观点上说，这是与晚清的散文新变一脉相承的。晚清散文变革的呼声，肇始于龚自珍、魏源等人。他们从启蒙变革的思想立场出发，结合今文经学经世致用的学术传统，提出散文要干预时政、关注现实，适应社会的变革。随后，冯桂芬、马建忠、郑观应等人都以各自的政论文，宣传社会变革的思想，推动了散文变革的步伐。而王韬作为较早接触西学的政论作家，又是近代报章政论的开拓者，在报章政论文和游记散文写作方面，都给予梁启超以直接的影响。王韬既精于经学，又通外文，曾助英国传教士理雅各英译儒家经典，并有机会游历英、法、俄等国，写下了《漫游随录》等游记散文集。在与西方文化的接触中，他开阔了眼界，更坚定了维新变革的信念。1874 年，他创办《循环日报》，积极撰写报刊政论，宣传维新思想。在这些方面，王韬都为梁启超树立了榜样。此外，康有为淋漓酣畅、气势逼人的政论文，谭嗣同对报章体散文的大力鼓吹和大胆实践，对于梁启超的新文体的最后形成，也起了导夫先路的作用。

梁启超(1873—1929)是维新运动的政治宣传家、渊博的学者，也是最早的报人。作为政治宣传家，他早年追随其师康有为，参加公车上书，要求变法，并担任改良团体强学会的书记员，其后长期致力于政治宣传，锻炼出敏锐的政治神经和锐利的文学笔锋。作为学者，他一生好学不倦，博览群书，中学西学新刊旧籍，无不披阅，晚年更专力于学术研究，著述宏富，涉及社会、政治、思想、历史、文学等研究领域，具有很高的学术水平。作为报人，他在1896年就主编上海《时务报》，1898年在日本横滨创办《清议报》，1902年又创办了《新民丛报》和《新小说》，这些报刊在当时无一不产生巨大的影响。政治宣传家、学者、报人，这三重身份的合一，造成了梁启超散文的独特风貌：既有深厚的学问根底，又有政论家的敏锐反应和深刻见解，还有文学家的激情，深入浅出，风行一时。

早在19世纪90年代，梁启超就投身维新思想宣传，通过报纸文章和学堂讲授，影响世人。戊戌变法失败后，特别是1900年自立军起义失败后，流亡日本的梁启超“复专以宣传为业，为《新民丛报》、《新小说》等诸杂志畅其旨义。国人竞喜读之。清廷虽严禁，不能遏。每一册出，内地翻刻本辄十数。二十年来学生之思想，颇蒙其影响。启超夙不喜桐城派古文，幼年为文，学晚汉、魏晋，颇尚矜炼，至是自解放，务为平易畅达，时杂以俚语、韵语及外国语法，纵笔所至不检束。学者竞效之，号新文体。老辈则痛恨，诋为野狐。然其文理明晰，笔锋常带情感，对于读者，别有一种魔力焉”。（《清代学术概论》）应该指出，这样一种新文体，是早在他开始政治活动时就出现了的，不过到了流亡日本的时候，才更有意识地“自解放”其笔调，因而才更大地影响了当时的文坛罢了。这种“文理明晰，笔锋常带情感”的特点，几乎贯穿在梁启超早年的全部著作中，特别显著地体现在他的一些著名的政论中。

1896年，二十三岁的梁启超就已经写出了当时改良主义政治运动的纲领性著作《变法通议》。在这一著作的自序中，我们已经能够看到他晚年所总结出来的自己的文笔风格中的一些特征。

法何以必变？凡在天地之间者，莫不变。昼夜变而成日，寒暑变而成岁。大地肇起，流质炎炎，热溶冰迁，累变而成地球。海草螺蛤，大木大鸟，飞鱼飞鼍，袋兽脊兽，彼生此灭，更代迭变，而成世界。紫血红血，流注体内，呼炭吸养，刻刻相续，一日千变，而成生人。藉曰不变，则天地人类，并时而息矣。故夫变者，古今之公理也。贡助之法，变为租庸调，租庸调变为两税，两税变为一条鞭。井乘之法，变为府兵，府兵变为彍骑，彍骑变为禁军。学校升造之法，变为荐辟，荐辟变为九品中正，九品中正变为科目。上下千岁，无时不变，无事不变，公理有固然，非夫人之为也。如不变之说者，动曰：守古，守古！庸讵知自太古、上古、中古、近古以至今日，固已不知万百千变。今日所目为古法而守之者，其于古人之意，相去岂可以道里计哉？今夫自然之变，天之道也，或变则善，或变则敝，有人道焉。则智者之所审也。语曰：学者上达，不学下达。惟治亦然。委心任运，听其流变，则日趋于敝。振刷整顿，斟酌通变，则日趋于善，吾揆之于古，一姓受命，创法立制，数叶以后，其子孙之所奉行，必有以异于其祖父矣。而彼君民上下，犹侗焉以为吾今日之法，吾祖前者以之治天下而治，薾然守之。因循不察，渐移渐变，百事废弛，卒至疲敝，不可收拾。代兴者审其敝而变之，斯为新王矣。苟其子孙达于此义，自审其敝而自变之，斯号中兴矣。汉唐中兴，斯固然矣。《诗》曰："周虽旧邦，其命维新。"言治旧国必用新法也。其事甚顺，其义至明，有可为之机，有可取之法，有不得不行之势，有不容少缓之故。为不变之说者，犹曰：守古，守古！坐视其因循废弛，而漠然无所动于中。呜呼！可谓大惑不解者乎！

这是一篇正面立论。作家首先提出"凡在天地之间者莫不变"的原则，然后从自然现象、社会制度两方面，反复举例加以说明，再推论那些"守古"的人的荒谬：社会历史并不依照他们的主观意图，而是在不断地发展变化，必须掌握变的规律，主动地引导事物向好的方面发展，否则，就会被历史所抛弃。作家维新救国的满腔热情和对自己的政治主张的坚强自信，文中排比的结构，雄辩酣畅的气势，剥蕉抽茧的说明方式，旁征博引的举证，无疑都加强了论点的说服力。

1899 年在日本写的《饮冰室自由书》是梁启超的一部重要的政论集。它写于戊戌变法失败之后、义和团运动发生之前。在这一时期，作家的笔锋主要的还是指向当时清王朝的实际统治者慈禧太后以及死心塌地地维护这个垂死势力的顽固派官僚。虽然他对光绪皇帝还存有幻想，但他对祖国走上富强道路的强烈希望和对当时的封建反动势力的深刻解剖和猛烈攻击，仍然放射着热和光。例如《动物谈》一篇，他借一些动物的情况，说明了当时祖国在帝国主义侵略之下的深重危机，希望她由睡狮变为醒狮。在与对手的论战中，梁启超的政论文也显示出其澎湃的气势和思想的威力。在《地球第一守旧党》中，作者先写了奥地利首相梅特涅的反动政治措施和他的政权最后在人民的斗争之下完全崩溃的情况，然后一转说："抑世有才不及梅特涅，而欲学其愚民武断，模棱两可之术，以固宠沽名于一时者，吾益不知其所终极矣。"接着，他以讽刺的笔调批判了张之洞，并向他发出公开的挑战：

孔子曰："恶紫之夺朱也，恶郑声之乱雅乐也。"其南皮张公之谓乎！彼张公者，岂曾知中国为何状？岂曾知西国为何物？岂曾知西人为何学？而贸贸然号于众曰："吾，知西法者。"世人亦贸贸然推之曰："是知西法者。"夫天下无一人知西法者，吾犹有望焉。何也？彼其一旦知之，而进步之骤，将不可限量也。今天下知西法之人如张公者，不下千万，而中国之亡真不可救矣！张公著《劝学篇》，以去岁公于世，挟朝廷之力以行之，不胫而遍于海内。其声价视孟德斯鸠之《万法精理》、卢梭之《民约论》、弥勒约翰之《自由公理》初出世时，殆将过之。噫嘻！是嗫嗫嚅嚅者何足道？不三十年，将化为灰烬，为尘埃野马。其灰其尘，偶因风扬起，闻者犹将掩鼻而过之。虽然，其于今者二三年中，则俨然金科玉律，与四书、六经争运矣。天下事凡造因者必有结果。今张公复造此一层恶因，其谬见浸染于蚩蚩者之脑中，他日抵制其结果，固不得不费许多力也。伟哉！南海何沃生(启)，三水胡翼南(礼垣)。之二生者，廓清而辞辟之，如铸禹鼎，图罔两之形状；如然温犀，照百怪之症结。《劝学书篇后》一卷，排中国文明之阻力，其功不在禹下！张公见之，如以为莠言乱政乎，吾愿其集幕府中理学、经学、气节、文章之士，更为《书劝学篇书后后》一篇，则距邪说、扶正学之功不益多乎？虽然，吾有知张公之能怒而不能言也。

作家之笔纵横捭阖，出入中外古今，揭露张之洞为首的洋务派的实质以及对社会和人民的危害，以气势取胜。虽然梁启超后来的政治观点趋向保守，他的精力也更多投向学术研究，但他的政论文对于年轻一代的思想启蒙作用是不可否认的，而以他为代表的新文体，对于散文文体的解放，也是有积极意义的。

随着1905年同盟会的成立，资产阶级民主革命力量显著上升，革命与宣传、政论与文学的结合就更加密切了。当时革命派的宣传工作，无论在国内还是在国外，是非常广泛和相当深入的。据很不完全的统计，鼓吹革命的报纸计有六十多种，杂志也有四十多种，文学作品及其他书刊共有二百多种。这些作品，或者正面地宣传了民主革命派的主张，使之深入人心；或者在和君主立宪派的论战中，揭露改良主义所谓“君民同治”、“满汉不分”等为封建统治辩护的谬论，使之不能再蛊惑广大的青年知识分子；对于革命的实践都起了很大的推动作用。在这些作品中，除了占据最重要地位的政论性散文之外，还有以各种形式、各种文体出现的大量政论文学。

在当时这些政论文学中，陈天华(1875—1905)是一位重要的作家。他用白话散文体写成的通俗政论作品《警世钟》、用鼓词形式写的《猛回头》和用章回白话小说形式写成的《狮子吼》，虽然在样式上有所区别，却都是以反帝反封建为内容的，前两种在内容和结构上尤其相似。二者都从当时的现实局势出发，采用通俗的语言和普及的形式，描写当时国际形势和祖国所处的危亡局面，揭露清政府媚外的事实，意在唤醒国人，救亡图强。在援据了历史事实、分析了当时情势之后，作者也提出了积极而具体的主张，如《警世钟》中的“十个奉劝”，《猛回头》中的“十要”，然后以大声疾呼热情鼓动作结。由于其强烈的煽动性，《猛回头》曾被清朝当局查禁，这从反面说明了它的革命价值。《狮子吼》最初发表于同盟会的机关刊物《民报》上，仅完成楔子一回、正文八回。小说以政论的形式说明了当时世界和中国的局势，写到了列强的压迫、清廷政治的窳败和爱国救亡运动。小说中的很多情节以当时时事为原型，贴近现实。但小说在结构安排和人物形象塑造方面，处理得比较草率。相对而言，楔子里所穿插的短剧《黄帝魂》神思飞扬，文辞优美，更富有文艺性，也更能显示作家的文学才能。这个独白式的短剧，写的是想象中若干年后革命已获成功的未来中国的富强情形，反映了作家的革命的浪漫理想。

邹容(1885—1905)的同样旨在宣扬反帝反清的小册子《革命军》则可以说是一部有体系的政论著作。除了绪论和结论以外，该书共分“革命之原因”、“革命之教育”、“革命必剖清人种”、“革命必先去奴隶之根性”、“革命独立之大义”等五部分，用十分通俗的文言，揭露满清贵族之反动统治，抒发对祖国兴复的热烈向往。充沛的激情和澎湃的气势，雄辩而富于鼓动性的语言，使之成为一部出色的政论。此书甫一出版，章炳麟即在《苏报》上大力推荐，并作《驳康有为论革命书》，与之桴鼓相应。二作风行一时，大大激怒了清政府和保皇党。清政府勾结了租界当局，把邹、章二人逮捕入狱。这反而更刺激了作品在海内外的流传，禁而不止，越禁影响越大。二十多年后，鲁迅在《杂忆》中，曾从政治标准的角度给予《革命军》以崇高的评价：“倘说影响，则别的千言万语，大概都抵不过浅近直截的‘革命军中马前卒邹容’所做的《革命军》。”

当时的政论文学还使用了通俗诗歌和古乐府等文学样式。邹容《革命军》中附有古乐府《奴才好》一篇。此诗亦见梁启超《新中国未来记》，云出《因明集》，作者未详。它对奴隶根性的辛辣讽刺，对民主革命精神的呼唤，在当时有振聋发聩的作用。即使一向崇尚魏晋文章、以文言写作散文包括政论文的章太炎，也曾以通俗的语言创作《革命歌》、《逐满歌》等，以宣传革命，扩大影响。

总的来看，这些政论文学在具体的思想成分上无疑是比较驳杂的，但它们有一个共同特点，那就是通俗易懂，易上口，易流播，易深入人心。写作之时，作者往往侧重其政治宣传的功用，而不重视其艺术特征，也不大讲究技巧，艺术上时常显得比较粗糙，但饱满的政治热情、进步的政治道理与通俗的宣传形式的结合，使得这些政论文学在当时的斗争中发挥了巨大的作用。其他如本书《从花部崛起到戏剧改良》一章中所列举的那些剧作，其政治宣传的目的性也都要大于文艺性。

章太炎(1869—1936)是一位有学问的革命家，戊戌变法时期，他担任

《时务报》和《昌言报》的主笔，被清廷通缉，辗转流亡到日本。1902年，他在东京发起支那亡国二百四十二年纪念会，并撰文昭告天下。1903年回国后，他和刘师培、邓实、黄节等人在上海发起创办《国粹学报》，期于发扬祖国学术中的爱国主义和民主主义传统。当时，康有为发表《南海先生最近政见书》，章太炎即作《驳康有为论革命书》，迎头反击康有为的保皇言论。1905年，因主持《苏报》，鼓吹革命，他在租界被捕入狱；出狱后，即到日本主持同盟会机关报《民报》，与君主立宪派的《新民丛报》论战。民国成立以后，他愤慨于时局，退而从事著述，以学者终。

作为一个具有渊博的学问的革命家，章太炎早在流亡日本的时候，就从事讲学活动，在经学、诸子学、语言学各方面都有卓越的贡献。他不仅培养了不少既是有成就的学者、又是革命的战士的学生，而且善于发扬祖国学术的优秀传统，以自己的学术支持政治活动。

在章太炎丰富的著作中，《訄书》、《太炎文录》中的一些文章，不仅是资产阶级民主革命时期的重要文献，并且也是精彩夺目的政论。作为一位国学大师，一位渊博精深的古典学者，章太炎在文学语言问题上，有自己的一套见解。在写作中，他倾向于使用比较古雅的语言。他的政论文善于运用排比句式来增强气势，行文之中论点鲜明，笔锋犀利，逻辑性强。但他的典雅古奥的文辞特点，也使他那些符合当时人民要求的内容不能在普通大众中得到更广泛的传播。

宣扬民族主义，是章炳麟以及当时其他革命民主主义作家政论创作的中心思想。他们常以鼓吹种族斗争为其表现形式。在实质上，当时革命派之提倡反满反清，正如章太炎所说，“排满洲者，排其皇室也，排其官吏也，排其士卒也。若夫列为编氓，相从耕牧，是满人者，则岂欲剸刃其腹哉？”（《排满平议》）由于改良派想假借“满汉不分”的外衣来掩饰清朝封建统治的反动本质，革命民主主义者就不能不提出“夷夏之辨”来对抗。在这种形势下，革命派将反满反清和反封建结合起来，希望通过革命，推翻清朝，使中国变成一个独立、民主的国家，就不仅对汉族人民是有利的，而且对满族人民也是有利的。这正是章太炎等这样一些作品的价值所在。

《中夏亡国二百四十年纪念会书》是章太炎最重要和最杰出的政论之

一。在这篇文章中,他代表民主革命派的政治见解,驳斥了改良派的许多混淆人心的谬论,根据祖国和世界的历史事实,说明“光复旧物”的必要性。锋利的议论掺和着抒情的风调,深刻地表达了人民亡国的哀痛和革命的要求。其他作品,如《驳康有为论革命书》、《讨满洲檄》等,都是那一时期的大文章。前者,由于它在内容上比较系统和彻底地批判了康有为的保守落后的政见,在文词上,又具备了作家所特有的严密的逻辑性和锐利的讽刺性,就使它成为当时革命党人的重要宣传品之一。后者则以典重的风格详细而有力地揭露了满族统治者压迫汉族人民的史实,并宣布了军政府的基本政策,也反映了辛亥革命之前日益壮大的革命事业的力量和规模。应该说,章太炎的作品在晚清的政论文学中是别具一格的,它不够通俗,也因而显得更加传统,它最明显地体现了作者对于先秦诸子散文、汉代政论文以及魏晋文章中的有益成分的吸收和继承。

第三十六章　晚清的翻译文学

晚清翻译文学的时代背景　汉语翻译文学的简要回顾　晚清译事的发展脉络　严复翻译西方社会科学著作　林纾翻译西洋小说　曾朴及其他小说翻译家　鲁迅早年的小说翻译　小说翻译对小说创作影响一例　晚清文学翻译的选材　译述、改写、中国化　晚清的诗歌翻译　小结

近代中国时时处于亡国灭种内外忧患交织的危机之中，在被迫开启国门之后，它不能不与世界发生各种各样的联系。西方的文化产品和思想文献，也随着列强的军事、经济和政治的侵略而进入中国，并对中国社会产生了广泛的影响。各种不同的政治力量，从洋务派、改良派到革命派，为了达到自己的目的，都曾经将他们的眼光转向西方，寻找救世良方，但他们关注的内容和价值取向颇不相同。洋务派的主张核心是“中学为体，西学为用”，他们只想利用洋枪洋炮和西方的机器工业等来维护清朝的统治；改良主义则除此之外，还注意社会政治与文化方面的学习和改革；革命派更注意援引西方民主民族革命的一些思想文献，作为启蒙、发动和鼓舞群众的精神利器。另一方面，在这一时期，越来越多的西方商人、传教士、外交家来到中国，他们也客串起了最早的一批文化交流的使者的角色，自觉或不自觉地把西方文化介绍到中国。近代西方文化的输入，经由多种传播途径，而最主要的媒介是书面翻译。在翻译作品中，文

学作品占了相当大的比重，还有一些非文学作品经过汉译，也具有了相当的文学性。它们是晚清文学的一个组成部分，并对这一时期的文学发展产生了显著的影响。

在中国历史上，以汉语翻译另一种语言的文学作品或思想文献，可谓源远流长。它的源头可以追溯到先秦时代。《说苑·善说》中载录的那首优美的《越人歌》，就是根据越歌而译成汉语的。《后汉书·南蛮西南夷列传》中所载汉明帝时莋都夷白狼王唐菆所献《远夷乐德歌诗》等三章，也是根据夷人土语翻译过来的，李贤注还从《东观汉记》中抄录了夷人土语的汉语音译。这可以说是最早的翻译文学。降至汉魏六朝时代，随着佛教的传入中土，中国曾经掀起过佛经传译的热潮。佛经的大量汉译，对于中国哲学思想、中国文学创作、中国人的人生观，产生了多方面的影响。在南北朝的文化交流中，不同民族不同语言之间的交流也是很平常的事。以脍炙人口的《敕勒歌》为代表的许多北朝民歌，就是通过汉语翻译而传到南方，并得以保存、流传，从而进入我们民族的文化宝库之中的。晚清可以说是继汉魏六朝之后中国历史上出现的第二次翻译高峰。与前一次不同，这次翻译的作品大多数来自西方各国（欧美，也包括当时刚完成明治维新而走上近代富强道路的日本），而且不限于宗教经典，而是遍及各个学科；其时间持续之长、规模之大，远远超过了前一次，并构成近代文化史上的一个突出现象。

从 19 世纪 70 年代开始，曾国藩就“创制造局，首以译西书为第一义，数年之间，成者百种。而同时同文馆及西士之设教会于中国者，相继译录，至今（引者按：指 19 世纪 90 年代中）二十余年，可读之书略三百种。”在这一时期，官局所译多数是军事、科学方面的书，教会所译多数是医学方面的书，“西政各籍，译者寥寥。”（梁启超《西学书目表叙例》）到 90 年代，维新运动兴起后，不只是西方的应用科学，而且西方的社会科学著作，也陆续被译介到中国来，其目的是“讨论国闻，审敌自镜”（严复《天演论译序》），即是要通过翻译，获得借鉴，以期知己知彼，发愤图强。

翻译事业由最初的军事学、应用科学开始，逐渐及于社会科学，同时，文学作品特别是小说的翻译也开始出现，其后遂层出不穷。其中比较优秀的翻译小说，不仅对晚清小说创作的开展，有一定的借鉴作用，而且对维新运动的开展，也有一定的推动作用。早在1898年，梁启超就主张翻译政治小说，作为宣传武器。他写道："在昔欧洲各国变革之始，其魁儒硕学，仁人志士，往往以其身之所经历，及胸中所怀政治之议论，一写之于小说。于是彼中辍学之士，黉塾之暇，手之口之，下而兵丁，而市侩，而商氓，而工匠，而车夫马卒，而妇女，而童孺，靡不手之口之。往往一书出，则全国之议论为之一变。彼美、英、德、法、奥、意、日本各国政界之日进，则政治小说为功最高焉。"因此，梁启超们"特采外国名儒所撰述，而有关切于中国时局者，次第译之"（梁启超《译印政治小说序》），附于《时务报》末，以供爱国人士阅读。这种有意识的提倡，使得翻译小说的范围逐渐推广，从中就涌现出以一生中的大部分文学活动时间来从事小说翻译的作家林纾。

在晚清的翻译热潮之中，特别是90年代以后大规模的介绍翻译之中，小说所占数量最多。据日本学者樽本照雄等人《清末民初小说目录》统计，晚清七十一年中共出小说二千三百零四种，其中的翻译小说就有一千零十六种，将近总数的二分之一。1905年以后，翻译特别是文学翻译的增长速度很快，这一方面与报刊杂志的增多有关，另一方面与中外接触变得更加频繁也有关系。翻译文学中，各类体裁日趋完备，有小说，有戏剧，有诗歌，有散文，还有童话、散文诗。小说中，有中长篇，也有短篇，范围不断扩大，质量也不断提高，所用文体有文言，有白话，也有在通俗文言的基础上采用章回体小说的形式。如果我们以1905年为界大致划分一下，也许可以看出一条翻译文学前进的轨迹：前期的意译、编译、改译、错译的现象比较多，译者多不通外文，包括林纾、梁启超、吴沃尧等人；后期这种情况大为减少，同时，译者提高了对翻译的认识，注意了作品的档次，白话文体的使用越来越多，直译的影响也更大。五四以后，白话逐渐固定为通用的翻译文体。

在晚清前期的许多翻译家中，严复（1854—1921）是最杰出的一位。严复字又陵，一字几道，福建侯官（今福州）人，曾留学英国，学习海军，成绩优异。回国后，他大力提倡西学，宣传资产阶级民主启蒙思想，支持维新改良运动。他致力于翻译事业，翻译了许多西方资产阶级民主主义的重要著作，如《天演论》、《原富》等，对推动维新运动起了很大作用。他翻译的赫胥黎《天演论》，其中“物竞天择，适者生存”、“弱肉强食”的论点，在当时中国正受着帝国主义欺凌的局面之下，对于激发知识分子的爱国主义和民族意识是很有积极意义的。

严复的翻译，遵守“信、达、雅”三条原则。所谓信，就是要忠于原作，要谨严；所谓达，就是要能传达原著的内容和精神，不必斤斤计较，拘泥直译；信、达之外，为了使译本传之久远，还要雅。所谓雅，就是译作的语言形式要“求其尔雅”。他认为“用汉以前家法句法则为达易，用近世利俗文字则求达难”（严复《天演论译例言》）。他所用的语言非常古雅，“骎骎与晚周诸子相上下”（吴汝纶《严译天演论序》），甚至他自己也说，“吾译正以待多读古书之人”（严复《与〈新民丛报〉记者论所译〈原富〉书》）。这就妨碍了它们在广大人民中更广泛地流传。但另一方面，这种文体也比较容易被当时的深受传统文化浸染的知识分子所爱好和接受，因此其影响在知识阶层中也特别显著。严译《天演论》很能体现这位杰出翻译家的风格，如下面这一段：

> 赫胥黎独处一室之中，在英伦之南，背山而面野。槛外诸景，历历如在几下。乃悬想二千年前，当罗马大将凯撒未到时，此间有何景物。计惟天造草昧，人工未施，其藉征人境者，不过几处荒坟，散见陂陀起伏间，而灌木丛林，蒙茸山麓，未经删治如今日者，则无疑也。怒生之草，交加之藤，势如争长相雄，各据一抔壤土。夏与畏日争，冬与严霜争，四时之内，飘风怒吹，或西发西洋，或东起北海，旁午交扇，无时或息。上有鸟兽之践啄，下有蚁蝝之啮伤。憔悴孤虚，旋生旋灭。菀枯顷刻，莫可究详。是离离者亦各尽天能，以自存种族而已。数亩之内，战事炽燃，强者后亡，弱者先绝。年年岁岁，偏有遗留。未知始自何年，更不知止于何代。苟人事不施于其间，则莽莽榛榛，长此互相吞并，混逐蔓延而已，而诘之者谁耶？

严译选材严格，量少而精，并以意译为主。在散文创作观点上，严复受到桐城派的影响，讲究辞句的典雅，重视文章的腔调气韵。他的翻译不仅语言古雅，可堪讽诵，其结构形式也十分古典，增加了原著的文学色彩。他灵活地将原文一节译为一篇，并援引先秦诸子散文的体例，“随篇标目”，使译著在语言和结构上都带有中国化的特点，令人一见如故，这都有助于他的译作风靡知识界。他所介绍的西方资产阶级政治经济思想、进化论的观念，也随之推动了维新改良运动。

林纾与严复同样来自较早向外国开放的港口城市福州，曾任清末京师大学堂教习、北京大学教员。他以小说翻译知名于世，翻译了大量外国文学作品，自己却并不懂任何一种外国语言。他翻译的一百七十余种小说，都是通过与通晓外文的朋友合作而完成的。由于他本人不通外文，在原著的选择上，在对于原著忠实的程度上，都还不够理想。但林纾毕竟是一个对于语言艺术有着较丰富的修养的古文家，凭着自己的创作经验，还是完成了不少为人传诵的译作。他的翻译中，涉及欧美各国，其中英国最多，有九十九部，法国三十三部、美国二十部、俄国七部、比利时一部、西班牙一部、挪威一部、希腊一部、瑞士二部、日本一部、未知国五部。其中，《巴黎茶花女遗事》（法国小仲马）、《黑奴吁天录》（美国史拖活夫人）、《滑铁卢战血余腥录》、《撒克逊劫后英雄录》（英国司各特）最为著名，流传最广。

通过他的翻译，世界文学中第一流作家如莎士比亚、斐尔丁、狄更司、大仲马和小仲马、雨果、巴尔扎克、托尔斯泰、塞万提司等人的作品才传入了中国。这些外国名著的传入，对于视小说为小道的传统文学观念起了矫正作用，对于吸收外国文学中所体现的进步思想、新鲜用语，也起了一定的推动作用。这一工作，是适应和适合当时的启蒙要求的，并且作家也是在当时可能具有的条件下，自觉地为这一客观要求而服务的。林纾在日本德健富次郎的《不如归》一书的译本序文中，曾经对中国海军被日本帝国主义歼灭之后，就不知重行振作，不想发愤图强，表示了很大的愤慨，并且说这些意见是在译完小说之后，“若有不胜冤抑之情，而欲附以一伸，而质之海内君子”。其所以要这样做，则是由于“纾年已老，报国无日，故日为叫旦之鸡，冀我同胞警醒”。这种进步的意图，显然是值得肯定的。

在翻译中，林纾以自己所具有的丰富的文学修养，克服了不通原文的不利条件，借助口译者的传达，仍然能够捕捉住原作的精神，并且在不得不和原文精神吻合的情况下，突破了古文所具有的传统的表现方式。这就不仅为文言文体开辟了一条前所未有的新的道路，同时也使当时的知识分子通过这一推陈出新的方式，容易接受这样一些对于他们说来是全新的东西。例如林译小仲马《茶花女遗事》中的一段：

马克自是以后，竟弗谈公爵，一举一动均若防余忆其旧日狂荡之态，力自洗涤以对余者。情好日深，交游尽息。言语渐形庄重，用度归于撙节。时时冠草冠，着素衣，偕余同行水边林下，意态萧闲。人岂知为十余日前身在巴黎花天酒地中绝代出尘之马克耶？嗟呼！情浓分短，余此时身享艳福，如在梦中。……余与马克每值月明，辄依林荫而坐，夜气冲融和悦，若将余二人融成一片者。向晓帘深，浓睡未寤，偶为啼鸟惊觉，疑余身上之情倾吐不了，幻为汪洋巨浸，合马克深沉其中，偶出口鼻以受天气，旋复堕溺水底，不可复出者。一日，马克偶坐，若有泪容。余怪之。马克曰：“亚猛，尔我二人情爱似非寻常，然余偶复后顾，辄用悲凉。何者？人情不常。我爱亚猛，亚猛知之已审。设一日亚猛念余旧污，忽尔拂袖而去，又将如何？然吾领略双栖滋味已久，心便安之，万不能更揽新欢，断我旧爱。”余曰：“誓之，永不负马克也！”

这种译笔，以优雅的文言，将原作中所刻画的茶花女厌倦风尘，急于摆脱自己的悲剧生涯，而又感到罪恶的社会对她还在不断地隐蔽地施展着压力，因而滋长着内心矛盾，如实地传达了出来。再如林纾所译狄更司《孝女耐儿传》中的一段：

胖妇向主妇之母曰：“密昔司几尼温，胡不出其神通，为女公子吐气？”此密昔司圭而迫者，即密斯几尼温也。“以夫人高年，胡以不知

> 女公子之楚况？问心何以自聊！”几尼温曰：“吾女之父生时苟露愠色者，吾即……”语至此，手中方执一巨虾，断其身首，若示人以重罚其夫，即作如是观耳。胖妇点头知旨，赞曰：“夫人殊与我同趣。我当其境，亦复如是。”几尼温曰：“尊夫美善，可以毋滥其刑。夫人佳运，乃适如吾，吾夫亦美善人也。”胖妇曰：“但有其才，即温温无试，亦奚不可！”几尼温乃顾其女曰：“贝测，余屡诏汝，宜出其勇力，几于长跽乞哀，汝乃不吾听，何也？”密昔司圭而迫闻言微哂，摇其首不答，众人咸愠密昔司之柔懦，乃同声奋呼曰：“密昔司年少，不宜以老辈之言置若罔闻。且吾辈以忠良相质，弗听即为愎谏。君即自甘凌虐，亦宜为女伴卫其垣壁，以滋后悔。”语后，于是争举刀叉，攻取面包、牛油、海虾、生菜之属，猛如攻城，且食且言曰：“吾气填胸臆，几于不能下咽！”

这段译文，巧妙地再现了狄更司原作中两个悍妇的形象，她们的对话、她们的动作，以及她们的内心世界，还有原作者的幽默和讽刺，翻译家都充分地把握了，因而也细致传神地表现了。对于“不审西文，但能笔述”（林纾《西利亚郡主别传译序》）的林纾来说，这不能不说是一项难得的成就。

严、林二人同用古文从事翻译，虽然涉及的题材颇相异趣，但都在社会上尤其知识界引起了强大的共鸣。这也说明了文言在艺术表现上的张力。此外，当时还有另外一些翻译家，各有侧重与专长，在丰富晚清翻译文学、推动中外文学交流上，则殊途同归。例如吴梼从日文翻译俄国、日本等国的文学作品；陈冷血翻译俄国虚无党人小说；周桂笙用流畅的文言翻译侦探小说并率先倡议成立翻译协会；包天笑翻译教育小说；曾朴翻译法国文学；马君武翻译自然科学与社会科学以及拜伦的诗歌；还有徐念慈、周瘦鹃、伍光建等人，在文学翻译上也都各有建树。

在上述诸人中，曾朴的翻译与林纾形成了颇有意味的对照。曾朴本人精通法文，收藏法国文学作品颇为丰富，因此不满足于林纾式的间接翻译和意译，而是首先认真选择原著，然后研究原作的语言文法及风格，再努力将其准确地传达出来。他主张用白话翻译外国作品，认为白话才能传达“原著人的作风（风格），叫人认识外国文学的真面目、真情话”。（曾朴《致胡适函》)在白话文的翻译小说中,曾朴的翻译是最严谨、最优秀的。他翻译过雨果、莫里哀、福楼拜、左拉等人的小说,但他特别看重浪漫派文学,雨果的作品是他翻译的重点,除了译出雨果的多种小说戏剧外,还翻译了他的散文和诗歌作品。在译介法国文学方面,曾朴是晚清最有成绩的专家。他希望通过翻译扩展文学的视野,从翻译中激发自己的文学艺术的创造力,以建设新的文学。为此,他在翻译的基础上作了一些研究工作,出版了一些论著,比较系统地向国人介绍法国作家和作品,涉及面颇广。在这一方面的贡献,当时没有人能超过曾朴。

鲁迅从事文学翻译事业始于清末。他早年在翻译工作上的实绩是1909年出版的与周作人合译的《域外小说集》第一、二册,收录短篇小说十六篇。这些译作译文古朴,由于当时读者还不习惯这一类短篇小说,加以发行的关系,这种小说集发行量很小,十年间只卖出二十一册,在当时的直接影响也不大。但其选材的审慎、译文的忠实,却超过了当日风行一时的林译小说,说明了翻译的时代进步。同时,鲁迅也从这些翻译的短篇小说中吸取了一些艺术营养,为他后来在短篇小说创作上取得巨大成就奠定了最初的基础。

随着翻译事业的开展,外国长篇小说的艺术形式也输入了中国。这种和传统的章回小说迥然不同的形式,不能不在一定程度上影响当时的创作界。但一般说来,接受一种外来的艺术形式,是需要一个过程的,其间固有赖于介绍者的特别说明,更有赖于前驱者的勇气。小说家吴沃尧的朋友翻译家周桂笙翻译的法国鲍福的小说《毒蛇圈》,是最早采用直译法的译品之一。它是以对话开场的。在小说的前面,翻译家介绍说:“我国小说体裁,往往先将书中主人翁之姓氏来历叙述一番,然后详其事迹于后。或亦有用楔子、词章、言论之属以为之冠者,盖非如是则无下手处矣。……此篇……起笔处即就父女问答之辞,凭空落墨,恍若奇峰突兀从天外飞来。……然细察之,皆有条理,自非能手,不敢出此。虽然,此亦欧西小说家之常态耳。爰照译之,介绍于吾国小说界中,弗以不健全讥之。”这篇翻译小说刊登于《新小说》第1卷第8期,到了第1卷第12期,就出现了吴沃尧的《九命奇冤》。它一开头叙述一批强盗的对话,和他们攻打凌家杀人放火的情形，即首先正面介绍了这一件大谋杀案，到了全书中间，才叙述案子的前因后果。这显然是经由翻译接受了外国小说的叙述形式的影响。通过模仿学习，使小说摆脱了由话本的传统产生的单一的形式，从而丰富了民族的艺术形式，而且这一形式对于这样一个以惊险曲折为特点的故事题材来说，也是十分适应的。

从总体上看，晚清的翻译事业，特别是小说翻译，其首要目的往往在于政治宣传和民众启蒙。翻译家在选择译介书目时，也首先服从于这个目的。马君武所译席勒《威廉退尔》，写的是瑞士人在神射手威廉退尔的领导下，反抗奥地利的统治的故事，意在鼓舞人民反抗清朝的腐朽统治。鲁迅早期所翻译和介绍的，也侧重于外国资产阶级民主革命时期的作品和被压迫民族的作品。《域外小说集》中计有英、美、法一人各一篇，俄四人七篇，波兰一人三篇，波思尼亚一人二篇，芬兰一人一篇。其中鲁迅所译的是安特莱夫两篇，伽尔洵一篇，都是俄罗斯的作品。从这些作品的选择中，也可以看出鲁迅对于俄罗斯文学和被压迫民族（所谓弱小民族）的文学的关注和爱好。他一直很重视俄罗斯文学，因为他很早“就知道了俄国文学是我们的导师和朋友。因为从那里面，看见了被压迫者的善良，的酸辛，的挣扎，还和 40 年代的作品一同烧起希望，和 60 年代的作品一同感到悲哀。”（鲁迅《祝中俄文字之交》）在这里，我们看到了晚清翻译文学受政治风云激荡的余波。至于翻译通俗侦探小说，并占去了翻译小说的半壁江山，则是较后起的事，不过，这倒也反映了晚清文学特别是小说的通俗化、大众化的潮流。

如果说林纾的翻译不够忠实于原文，是因为他不能直接阅读西文，是不得已而为之，那么，另外一些翻译者则是因为着眼于政治宣传，而不忠于原作，乃至任意改动，介于改编和创作之间。对原著书名，他们常常径自改题，而不是按照原意翻译，甚至也不详标其原著者为谁，也不要求强合于原著，而往往随意发挥。事实上，林纾为了增加译作的文采和叙述的生动，有时也情不自禁地删节原作，或添油加醋地增补一些比喻描写，或改写某些文字。这些做法的产生，固然与当时人并不十分明确严谨的翻译观念有关，更与他们的翻译目的论密切相连。在他们看来，翻译不仅是一种介绍引进,更是自我表达自我抒发的重要手段,因此,便于读者阅读接受,尽量不使作品有一种陌生感、怪异感,才是最需要考虑的一个因素,至于其他方面,则不妨随机应变,甚至不惜做些牺牲。有些早期的翻译家,不如称作译述者更为合适。例如,陈冷血译日本押川春浪《白云塔》,就是一部半译半著的作品。陈译常常不标原作者及国名的做法,与他的这种翻译方法与态度是密切相关的。包天笑翻译意大利爱米西斯《馨儿就学记》,译述的成分也很大。他不仅常对原著中涉及的人名、地名、制度等作中国化的改动,还根据自己的生活经验,插入了少数创作,如清明扫墓一场。苏曼殊译雨果《悲惨世界》,将书名译为《惨社会》(经陈由已即陈独秀润饰),形式上则改成章回小说十四回,旨在更有针对性地讽刺晚清社会。译文的首尾八回有所改动,中间六回又是创作,以至有人将此书算作苏曼殊的创作。不仅文学作品,甚至一些文学论文,也属于这种情况。廖仲恺署名"实"发表的《中国诗乐之迁变与戏曲发展之关系》,就是近于编译改写的一篇。这是晚清翻译文学中的一个特殊而显著的现象,它说明了当时人灵活而不够严谨的翻译观念,反映了人们对翻译的实用态度。从这一角度上说,晚清的翻译方法,从重视自由发挥的意译发展到强调忠于原文的直译,其实就是在对翻译的观念认识上有所进步的一种表现。

与小说翻译相比,诗歌翻译的数量要少得多。最初的翻译诗歌,往往附见于其他翻译作品中,后来才有纯粹的译诗出现。最早的汉译诗歌,是英国驻华公使威妥玛译、董恂润饰的美国诗人朗费罗的《人生颂》,时在同治三年(1864)。威妥玛用长短参差的散句,以简朴的语言译写诗意,董恂的翻译则是在威妥玛的基础上加以改写,有不少误解和增删的成分。至于中国人独立完成的第一篇汉译西洋诗,则要迟至七年以后的同治十年(1871),这就是王韬与张芝轩合译之《普法战纪》中的法国人的《马赛曲》和普鲁士人的《祖国歌》。

从选材上看,诗歌翻译中也存在与小说等其他文体相类似的情况,即着重其现实政治的意义。爱国者、叛逆者、革命者的诗章,例如但丁、拜伦、雪莱、密茨凯维支、裴多菲等人的作品,特别受到翻译家的青睐,并较多地被译介到中国来,就多半是出于政治方面的考虑。苏曼殊崇敬拜伦,把拜伦和雪莱推为“灵界诗翁”。拜伦漂零的生涯，引起了他内心深深的感动。在模仿晚唐温庭筠《过陈琳墓》而作的《题拜伦集》诗中，他表达了自己对于诗人的凭吊：“秋风海上已黄昏，独向遗编吊拜伦。词客飘蓬君与我，可能异域为招魂。”他还表示过：“丹顿裴伦（但丁拜伦）是我师。”（《本事诗》）其中的原因，鲁迅先生的《杂忆》中曾有解释：

> 其实，那时 Byron 之所以比较地为中国人所知，还有别一原因，就是他的助希腊独立。时当清的末年，在一部分中国青年的心中，革命思潮正盛，凡有叫喊复仇和反抗的，便容易惹起感应。那时我所记得的人，还有波兰的复仇诗人 Adam Mickiewicz；匈牙利的爱国诗人 Petöfi Sándor；飞猎滨的文人而为西班牙政府所杀的釐沙路——他的祖父还是中国人，中国也曾译过他的绝命诗。

拜伦献身异国民族独立解放事业的无私的革命精神，征服了那一代知识分子。拜伦在其名作《哀希腊》诗中写到的希腊的命运，与中国当时的危亡命运何其相似，诗人为希腊独立而奔走呐喊，也最与当时中国人的心弦合拍，因此，在短短的几十年间，这首诗就出现了梁启超、马君武、苏曼殊、胡适等人的多种译本。鲁迅在其早期的诗论《摩罗诗力说》中，特别用“摩罗（摩罗是梵文魔鬼的意思）诗派”这一名词来称呼那些具有反抗性格、独立精神和爱国思想，在创作上具有积极浪漫主义特征的诗人，如拜伦、雪莱、普希金、莱蒙托夫、密茨凯维支、裴多菲等人，意在“求新声于异邦”，以促进“国民精神之发扬”。从外国诗歌中寻求心灵的支援，寻求鼓舞国民的精神力量，使晚清诗歌翻译的意义超出文学的界域。

晚清的诗歌翻译，在文体上多用文言，在形式上，多采用中国诗固有的形式，尤其喜用格律体，句式上或五言，或七言，或骚体。由于受到语言和格式的限制，翻译时仍不免有生硬迁就之嫌。总的来看，晚清诗歌受外国诗歌的影响，只是表现在借用某些词语、意象、诗意，形式体裁方面的借鉴不多，全面的借鉴学习则尚待将来的一代。在那些亲自从事诗歌翻译的诗人身上，翻译诗歌对诗歌创作的影响更有迹可寻。法国魏尔伦《无言之曲》中《一都冷雨》:“既与人无爱无嗔,又何事伤心如许?”苏曼殊诗《寄调筝人》三首之一:“禅心一任蛾眉妒,佛说原来怨是亲。雨笠烟蓑归去也,与人无爱亦无嗔。”诗意相近,明显受到前者的影响。

域外文学的引入和翻译文学的展开,使中国文学正式具有了世界背景。在广阔的世界文学的背景上,中国文学找到了一个参照系,在充分挖掘传统文学的深厚资源的同时,可以通过这一参照系修正自己、丰富自己。这一过程,在晚清还刚刚开始,主要表现在单向的吸纳、认知和学习;五四运动以后,这一过程加快了,规模也扩大了,作家通过广泛吸收灵活融化,创造出一批新的富有中华民族特征的文学作品,与此同时,中国文学也开始走向世界。

后　记

这本书是两个年轻人合作的产品。

大约是1992年冬季的一天，闲堂师第一次跟我讲起他年轻时代的一部旧稿——《中国文学史教程》。老师长期执教于武汉大学，主讲中国文学史。50年代中期，老师在积累了多年授课经验的基础上写成了这部书稿，分上中下三册，上中二册分四编，共二十五章：第一编上古迄秦代文学，共四章；第二编汉魏六朝文学，共六章；第三编唐宋文学，共七章；第四编元明清文学，共八章；下册实际上是近代文学部分，不分篇章，只分细目。我虽然已忝列门下十年，常常惊叹老师对祖国文学历史的渊博和精熟，却还是第一次知道老师早有这样一部撰作。正如老师在本书封面上所标明的，这只是一部未定稿，仅供当时的学生和同行参考，但其独特的结构、书中处处闪现的新见妙解，却牢牢吸引了我。如果不是接踵而至的反右斗争，作为老师当年理想中的宏伟规划的一部分，这部书应当早就问世了。将近四十年之后，当我的目光穿过时光的厚重的烟尘，触及那些发黄的书页时，我仍然禁不住为老师的学术理想、学术抱负而感动。写这部书的初稿时，老师才四十出头，正是意气风发、年富力强的时候。而我看到这部书稿时，老师正好八十岁。

我当时的第一个想法是建议老师修订旧稿，并尽快将其出版。没想到老师并不满足于此，而是要作全面改写，并将这个任务交给了我，让我借此对中国文学史作一次全面的温习。我理解这是老师对我的爱护和信任，但说实话，心里是很惶恐的。我深知自己的稚嫩和浅薄，深知需要学习的东西太多，惟恐不能胜任，辜负了老师的期望。如果说我有什么优势，那就只有年轻人的一股干劲、一股拼劲。老师说，这是两个年轻人的合作，是两颗年轻的心灵的碰撞，并鼓励我大胆做下去。

说起年轻，我指的不只是当年的老师，更指的是今天的老师。这几年，为了重写这部文学史，我不知多少次与老师交换意见，讨论问题，从全书结构、章节安排，到具体的观点和史料的使用，得到过许多启示。令我惊奇的是，每次讨论起文学史写作中相关的一些学术问题，老师的眼里总是放射出一种神奇的光芒，思维也特别的兴奋活跃。八十多岁的老人的年轻的思维和热情，深深地感染了我。

从接受老师的嘱托那一天起，我就时刻将它放在心上，甚至远行到美国之时，也随身带了参考书和书稿。因为学力的限制，因为我的种种文过饰非的理由，这部书稿拖了若干年。这主要是我的责任。现在，书稿终于完成了，我想借此机会，谈一谈我们关于中国文学史和文学史写作问题的一些看法。

（一）

中国文学有五千年的悠久历史，而中国文学史则是一门刚满百龄的年轻学科。1910 年公开出版的林传甲著《中国文学史》曾经被认为是第一部中国文学史著作。1901 年，英国剑桥大学中文教授 H. A. Giles（汉译翟理斯）在所著《中国文学史》（*A History of Chinese Literature*，*D. Appleton and Company*，1901）中，也曾经骄傲地自称那是世界上第一部中国文学史著作。实际上，1897 年日本富山房出版的古城贞吉《中国文学史》比林著早了十几年，比翟理斯也早了四年。如果从 1897 年算起，中国文学史至今也不过一百零二年的学科史。

文学史作为一门近代学科，其学科概念最初是从西方引进的，一开始，国人对这一学科无法适应，是很自然的。但很难说，中国学术传统中就没有文学史研究。《文心雕龙·时序》一篇，就是对梁以前中国文学发展的一个历史描述，应即属于文学史研究的范畴；《文心雕龙》文体论中的各篇，也都有关于文体的历史演进和主要作家作品的评述。但古典批评家们所做的，以片断的研究、感悟式的评论居多，一部完整的有系统的、近代意义上的中国文学史则尚付阙如。

中国传统的学问体系中，并没有将中国文学史划定为一个具体学科。这从传统目录学与近代图书分类的差异中可以看出。传统目录学以经、史、子、集四部区分。作一个粗略而不免牵强的比附，经相当于哲学；史相当于历史学，还包括考古学、历史地理学等；子部之中，既有哲学（如先秦诸子），也有笔记小说、学术笔记等；集部则相当于今天的文学。在《四库全书总目》中，集部之下又分楚辞、总集、别集、诗文评等类。如果以近代的文学观念来厘定四部，对其内涵重新作一分类定位，势必打乱原有体系，使之淆乱不堪。例如，经部之中，至少，《诗经》、《左传》等书可以也应当归入文学的范畴；史部之中，至少前四史（《史记》、《汉书》、《后汉书》、《三国志》）是文学和历史两个学科都不能忽略的；子部的先秦诸子、笔记小说，都是文学史中所必加论列的内容。显然，集部与文学是来自两个学问系统或知识体系的概念，二者既非彼此平行，更不能相互等同。这可以解释为什么在中国有漫长的文学研究传统，却没有出现所谓文学史著作。

中国传统治学重视融会贯通，崇尚兼通四部。近代以来，随着知识积累越来越多，势必趋向学有专攻，同时，由于学科建设和科学研究深受西方学术传统的影响，从注重综合到讲究分析，治学路径自然也要求改弦易辙，作相应的调适，适应急剧变化的时代思潮和学术大势。对中国传统文史学者来说，这意味着改变自己原有的学术背景，乃至放弃自己的学术优势，是一件艰难甚至痛苦的事。艰难，因为传统很深厚也很沉重，一旦割舍，容易丧失学术的自信，从原有的学术核心滑到边缘。痛苦，因为这无形中意味着在承认本国的政治、经济、军事等方面处于劣势、需要变革之外，又要承认自己的文化学术也处于劣势，也需要变革。实际上，这是中国近代文化人所面临的共同命运，不独中国文学史研究者为然。

说来惭愧，难道异邦学人对中华文化、中国文学的了解之深刻，感知之敏锐，就真的为炎黄子孙所不及？然而事实是：最早的两部《中国文学史》诞生于遥远的扶桑和大不列颠岛上；第一部《赋史》（日本京都帝国大学教授、文学博士铃木虎雄〈1878—1963〉1936年出版《赋史大要》，有殷孟伦译本)诞生于一衣带水的东瀛；甚至当20年代鲁迅先生划时代的著作《中国小说史略》出版后，也有人诬指他剽窃了日本人盐谷温的成果，搞得学界沸沸扬扬。即使排除政治攻击和人格抹黑之类的别有用心，这个事件在当时造成相当影响，也说明了很多人内心深处的不自信……诸如此类的现象，从中西学术传统的差异，从近代以来传统学术的自我迷惘，从近代学术文化大局这一大背景上，都可以获得新的更深切的理解。

(二)

星移斗转，当今之世，东方主义、文明冲突说、后殖民主义理论、文化帝国主义之类的时髦话题甚嚣尘上。我们所想说的只是，我们不羞于承认中国文化、学术以及中国文学都有自身的特点，同时也承认我们有时也“不识庐山真面目，只缘身在此山中”，也会“当局者迷，旁观者清”。在这个基础上，重视学术文化的交流，相互尊重，增进理解。即使是几十年前出版的外国学者的中国文学史著作，也有其不可忽视的参考价值。翟理斯曾长期在中国生活，并担任过驻宁波领事；铃木虎雄也曾留学中国——拥有文化交流的人生经验，对他们的学术事业显然是有帮助的。虽然自负的辜鸿铭在其名噪一时、近来又重新走红读书界的《春秋大义》(The Spirit of Chinese People，又译《中国人的精神》)中对翟理斯颇多讥讽，说他翻译的中国文学作品“或生吞活剥，或照本宣科，或断章取义，不能发掘文义内涵及精粹，亦不能认识中华文化之整体也，其他之中国研究更等而下之，不值一哂。”(《一位伟大的汉学家》)虽然林语堂也批评翟理斯书只是“作家作品的一系列介绍，而不是历史发展的介绍描述”，命名为《中国文学史》有些“名不符实(misnomer)”(林语堂《陈受颐中国文学史略序》)；但是，他的《中国文学史》毕竟是欧美世界第一部中国文学史著作，在30年代的中国大学里还曾被指定为参考书；虽然《赋史大要》只是一部纲要性的著作，疏略之处也不少，但是，它却开创了辞赋研究的新格局，因而被翻译介绍到中国学术界来，并促进了中国本土的辞赋学研究。

另一方面，中国文学有其特点，小者如具体的文学样式即所谓文体概念，大者如文学所包括的范围、理论观念、研究方法，都与西方有所不同。以文学样式为例，赋就是一个很特别的文体，在西方文学中找不到一个完全相同的对应物(counterpart)。赋的英文译名就有多种：rhapsody 是比附性的译名，此词原指古希腊适于一次吟诵的叙事诗，又称狂诗、狂言，或音乐中的狂想曲，在吟诵、叙事、狂想(令人联想到赋的夸饰)方面确实有些类似赋体，但赋体后来的变化太多，它不只是叙事和描写，也未必都有狂想；prose-poetry(散文诗)是意译，但人们似乎无从想象赋这一文体的特征；rhyme-prose(有韵的散文)，有些类似南朝文笔之辨中的"文"，也未免过于空泛；至于 exhibitory essay，poetic exposition 等，以短语作描述性的名词解释，不适合作为专有名词；还有音译为 fu 的，对于圈外读者来说，这等于没译。变通的做法是每次使用某一名词时，都附加一段描述、修饰性的说明文字，但这恐怕缺乏现实可行性。又如，楚辞一名，或者英译为 elegy，或者音译为 chu ci，至今也未能统一。关于哀挽文学，中国文学中可以分出碑(神道碑、墓碑)、志(墓志)、诔、祭文、吊文等多种，在西方文学中也很难一一找出对等物。海外汉学家在用英文写作时，碰到中国文学中的许多专有名词，往往也像严复当年一样，"一名之立，旬月踌躇"。

基于以上例证和论述，我们很容易理解，中国文学中包含有一些特殊的东西，是外国文学中所没有的，中国文学史理当将这些东西包容在内。比如对联，西方文学中固然有对句(couplet)，但其使用频率、范围、场合、功能都不能与中国的对联相比。各种文学游戏或游戏文学，比如俳谐文、谜语、笑话、诗钟之类的东西，也可以并应当划入文学和文学史的范围。又如八股文，长期以来，它承担的骂名可谓多矣，然而，正如马叙伦所说的，"撰文学史者断不能将占有数百年势力、与国家民族之治乱盛衰有关者，缺而不著。"(马叙伦《石屋续沈・八股文程式》)因此，本书特别辟出一些篇幅，以容纳这些内容。

中国文学研究在中国自身几千年的学术传统中，已经形成了一套丰富的适合中国国情、特别适合中国文学的实际情形的行之有效的理论、观念、方法，如言志、缘情、文与道；如风骨、文质；如论诗诗、摘句图、诗坛点将图；如知人论世、意象批评、寻源溯流；等等。诸如此类的宝贵遗产，显然值得我们去梳理、发挥、阐释、使用。这些学术遗产对于中国文学史研究的启示意义，正如一座富矿，还有许多有待开掘利用。此外，近代以来层出不穷的各种中国文学史著作中，也有很多好的思路、好的视角、好的论点值得我们吸收、借鉴。

（三）

与动荡的 20 世纪相伴随，中国文学史学走过了一段曲折的历程。在这个世纪里，仅在中国出版的中国文学史著作就难以计数，1949 年以后出版的文学史著作数量尤多。1986 年，安徽黄山书社出版了陈玉堂的《中国文学史书目提要》，收录了 1949 年以前出版的中国文学史著作版本和内容提要。1992 年，辽宁大学出版社出版了吉平平、黄晓静编著的《中国文学史著版本概览》，集录 1949 年至 1991 年国内外公开出版的各类文学史著作版本和内容简介，“所收史著五百七十八部，其中影印、重版、修订解放前的旧著五十五部，1976 年以前出版的史著八十一部，1977 年以后出版的史著四百四十二部。在这些史著中，港、台地区及海外出版或再版的史著占九十七部，诗歌、小说、戏剧等各体文学史著达二百二十八部”（见本书《编写说明》），并附有大部分作者的小传。其中，中国文学通史著作就占了一百多部，繁简不同，所适应的层次也不同。60 年代以来，在中国大陆最为流行的、在今日的大学教育中仍颇为通用的中国文学史著作，有三部。其一是游国恩、王起、萧涤非、季镇淮、费振纲主编的《中国文学史》。全书分为九编，基本上以朝代划分，只有末编按社会形态分。结构特点是先总后分，先有概说，再有分论，再有小结，眉目清楚，立论平实，便于教学使用。新时期以来，虽然对本书的批评不少，但本书的某些论述仍颇为精要，如其中关于李白诗艺术特点的分析。其二是中国社会科学院文学研究所编写的《中国文学史》，1962 年 7 月出版，分上中下三册。本书作者阵容不弱于前一部，结构框架与前一种无大区别，但更偏重以作家为纲，艺术分析常有精彩之笔。其本意不是作为教材，在章节设置、结构安排上比较灵活。它只写到1840年鸦片战争为止,固然意有未尽,但也避免了分期上使用两套理论逻辑的尴尬。第三种是刘大杰著《中国文学发展史》,1962年中华书局上海编辑所出版。本书突出文体流变的线索,并对各时期的大家相对集中叙述,并着重对每一时期的文学主潮作概括描述,概括多于分析,叙述多于议论。刘氏早年有创作经验,故文笔优美,可读性强。总的来看,本书框架结构和叙述语言都富有个性,是个人所著文学史中较为成功的。1973年至1976年间,由于历史原因,作者对原书作了较大改动,突出所谓儒法斗争的主线,学界颇多讥评。

此外,在通史方面,较早的、也较有特点的个人著作,有林庚《中国文学简史》。此书作过多次修订,最早是1947年由厦门大学出版社出版,是林氏在其厦门大学授课讲义的基础上写成的,最新版是北京大学出版社1995年版。该书突出中国文学的抒情传统,因此,对寒士文学的中心主题、文学语言诗化的曲折历程、浪漫主义文学传统等问题予以较多注意。在断代史方面,刘永济《十四朝文学要略》提纲挈领,叙述了隋以前的中国文学发展情况,在形式和内容方面,都很有特色。此外,还有刘师培《中国中古文学史》、王瑶《中古文学史论》、曹道衡与沈玉成《南北朝文学史》、程千帆与吴新雷《两宋文学史》等书,也各有创获。在分体文学史方面,鲁迅《中国小说史略》、萧涤非《汉魏六朝乐府文学史》、胡士莹《话本小说概论》等书,都是较有特色并已有定评的佳作。在概论方面,袁行霈《中国文学概论》分总论(特色、分期、地域、类别、趣味、鉴赏);分论(诗赋、词曲、小说、文论);结构和立论上都不乏新意。

除了中文著作以外,已公开出版的以英文撰写的中国文学史著作也有数种,为海外修读中国文学的学生经常参考和阅读。除了翟理斯的《中国文学史》是英国人所作而在美国重印外,其他四种均为美国汉学家撰写的:陈受颐《中国文学史略》(Chen Shou-yi, 1899—. *Chinese Literature: A Historical Introduction*. The Ronald Press Company, N. Y. 1961),华滋生《中国早期文学》(Burton Watson, 1925—. *Early Chinese Literature*. Columbia University Press, 1962,有罗香林中译本),柳无忌《中国文学概论》(Liu Wu-chi, 1907—. *An Introduction to Chinese Litera-*

ture. Indiana University Press. 1966)，赖明(音)《中国文学史》(Lai Ming，1920? —. *A History of Chinese Literature*. The John Day Company，N. Y. 1964)。值得注意的是，这几种中国文学史都是在60年代出版，适应了战后急速发展的学术、教育以及冷战时代的实际政治需要。70年代时，以康达维(David Knechtages)和宇文所安(Stephen Owen)为首的一批美国汉学家，曾有意合编一部多卷本中国文学史，大致思路是按断代(或断代再分体)分卷，参与者就其所长分头擅写，再汇总成一书。后来因工作量大，难度也不小，计划未能施行。时过境迁，实现这一计划的期望看来是越来越渺茫了。但在德国，慕尼黑大学东亚系汉学专业主任教授施米特·格凌策(Schmidt Glintzer. 1948—)在1990年用德文出版了一部《中国文学通史》(Geschtichter der Chinesischen Literatur von den Anfangen bis zur Gewart，Munchen，Bern，1990)，从《诗经》一直讲到朦胧诗。据悉，最近波恩大学东方语言学系中文专业主任顾彬教授(Wolfgang Kubin，1945—)正在撰写一本五卷本的《中国文学史》。这说明，虽然同类著作已经汗牛充栋，学者们尝试努力的热情依然没有衰减。

(四)

在中国大陆，这种尝试努力的热情，受80年代中期以来兴起的重写文学史的讨论的推动而更加高涨。这场讨论涉及古代文学界和现代文学界。重写文学史本来是一个不成问题的问题，意大利哲学家克罗齐早就说过，任何历史都是当代史，都是思想史。显然，每一代人都通过自己的研究、思考，在重写着历史。同时，文学史写作实际上也是一种文学评论，允许也应当有不同的写法。这场讨论表面上似乎只是对60年代以来通行的几种文学史及其陈旧框架、机械唯物论的思维模式的不满，要进行新的评价，并企图有新的突破，实际上却涉及如何看待文学的内涵、如何评价文学，包含划定新的界限、设定新的价值基准等根本性的问题。框架和方法也是当时讨论得很热烈的问题，活跃的文论界对于新方法论的热烈讨论，也在一旁起了推波助澜的作用。

讨论中，关于理论、观念、方法、框架之类讲了不少，在具体操作上，则实践还不够多。实际上，具体操作的技术性最强，最能显示学术水平，也是最重要的。任何没有经过具体操作考验的理论、观念、方法、框架，都是灰色的。在具体操作中，断代、分体的文学史也许相对容易一些，因此，近年来这一方面出现的佳作也比较多；而整体通史跨度大，难度也大，短期内比较难以产生佳制。而且，在通史的写作中，还有不少重要问题需要再思考、再讨论、再试验。例如关于文学史的分期问题。如何看待文学的兴衰与朝代兴亡之间的关系？是否一定要以朝代为分期？或者反过来，是否一定只能以年代（如以世纪）为断？除此二者，是否还有别的断法？能否两种断法交叉使用？历史学中使用的社会形态分期，文学中能不能搬用以及在怎样的范围内搬用？是否有必要把文学史分割成古代、近代和现代三大段？

又如文学史研究和编撰中的点、线、面问题。基于不同的角度、不同的范围，点、线、面可以有不同的理解。以作家而论，一篇作品是点，其前后期的发展是线，作家的不同才能、不同文体、风格的创作，则是面。以时期或时代而论，一个作家是点，各时期文学风尚的变迁和潮流的起伏，是一条线，一群作家、一个或多个文学团体，是面。以整个文学史而论，作家或作品、或文体个案、或文学现象是点，文体、理论、思想等的演变的历史脉络，是线，一个时期的文学的横断面、文学的各种面相，则形成各种不同的面。如何把握并处理好诸种不同的点、线、面的关系，是文学史写作中的难点之一。

再如文学史潮流中的合流和偏离、也即共性和个性的关系，也是必须注意的一个问题。一个时代有一个时代的潮流和时尚，有合乎这种潮流和时尚的作家，也有乖离这种潮流和时尚的人群。文学史描述当然要辨明主次，既把握其共性，也分清其个性，才算得全面。以汉赋为例，骋辞大赋自然是主体，但也要看到同时还有为数不少的各类小赋，不仅在东汉中后期存在，在大赋最隆盛的西汉时代也同样存在。最近，江苏东海县尹湾汉墓出土了一批汉简，其中有一篇为《神乌赋》，写的是一只雌乌鸦被为盗的乌鸦所伤，死前，雄乌决心同殉，雌乌劝其飞走的故事。赋用四言句式，叙事性强，富有民间俗赋的笔调，在已知的汉赋中从未见过，却与后来曹植的《鹞雀赋》、敦煌卷子中的《燕子赋》一脉相承。这也提醒我们，所谓合流和偏离，也即共性和个性，不能理解得过分绝对。学术的进展、新材料的发现，有可能会改变我们固有的看法。

此外还有关于文学史的结构框架问题。不言而喻，不同的文学史内容和不同的读者对象要求不同的文学史叙述结构；甚至对象相同而篇幅不同者，也适用不同的叙述结构框架。中国传统史学著作有各种不同的体裁，有通史、断代史、专史（如制度史，《三通》、《十通》之类），有编年体、国别体、纪传体、纪事本末体等等。现有的中国文学史著作中，有通史，也有断代史，某一专题的历史研究，类同于专史，某一文体的历史研究，类同于国别史。编年体也有不少人做过实验，产生了吴文治《中国文学史大事年表》（黄山书社，1987）、刘知渐《建安文学编年史》（重庆出版社，1985）、熊笃《天宝文学编年史》（重庆出版社，1987）等著作。此外，从纪事本末体和纪传体中，我们也可以得到一些有益的启示。以纪传体为例，“本纪”可以交代时代大背景；“世家”可以处理文体文类主题；“列传”可以用来评述文学史上的大家名家；“表”可以列举有关统计数字及图表；“志”可以讨论一些比较重要的文学史专题，例如雅俗问题、南北异同问题等等。六朝古典名著中，《三国志注》、《世说新语注》、《洛阳伽蓝记》、《水经注》等书都吸取了佛经合本子注的形式。在中国文学史著作中，刘永济先生的《十四朝文学要略》也是采用这种形式，以简弘繁，纲举目张，有其优长之处，在今天仍有启示意义。

唐以前的纪传体正史多出自个人之手。初唐朝廷设局修史，以后逐渐形成制度，为后代所沿用。这也是势所必然。因为越到后来，史料越多，以一人之力，难以胜任。中国文学史的编写也是如此。以个人的力量处理日益纷繁的史料文献，学识、精力之捉襟见肘是不难想象的。所以，哈佛大学教授海陶玮（Hightower）评陈受颐所作《中国文学史》时，就曾说过，个人编写文学史几乎是不可能的。于是，集体编写的文学史著作也就应运而生。集体协作式便于集思广益，发挥集体的智慧，可以在较短的时间内完成浩大的工程，这是其长处；但人文科学本质上特重独创性和个性，集体协作则要求前后统一、彼此一致，势必消磨个人风格，使之变得四平八稳，没有棱角，这是其短处。事实上，集体编写的文学史的长短优劣，在很大程度上即是由这种工作方式决定的。近年来，这种集体协作式的大工程又引起了人们的兴趣，不少计划提上了议事日程，并以不同的规模次第展开。大集体协作这种方式和由这种方式产生出来的文学史著作显然有其存在的必要和价值，虽然其具体操作的难度乃至成本要高一些。

这本书是由我们师生二人合作的，在讨论写作计划和就具体问题往返交换意见时，这种小范围的合作相当便利。书名冠以“程氏”，只是要说明我们恰好都姓程、并以此区别于其他众多的文学史著作而已，无他深意。尽管我们为此倾注了相当多的时间和精力，在写作过程中，仍然时时感到困惑和迷茫。我们参考了古今学人的许多研究著作论文，尽量弥补自身知识的不足，并从中得到了许多启示。如本书第八章中关于从子书衰落到论说文论勃兴的一些论述，就是从刘永济先生《十四朝文学要略》中受到启示，并参考利用了刘先生的一些思考结晶。在本书的相关章节中，我们也参考并采用了林庚先生《西游记漫话》中对《西游记》一书的性质及其人物形象的独到分析，以及启功、金克木、张中行诸先生关于八股文体的一些论述(《说八股》)。限于本书行文及体例的关系，没有逐一随文注明，这是我们应当特别说明并郑重致谢的。至于书中仍然存在的一些缺憾，则是要由我们自己负责的。

1998 年岁末，程章灿谨记于南京大学